Gesellschaftsrecht

dtv

Schnellübersicht

Gesellschaftsrecht

Textausgabe mit ausführlichem Sachverzeichnis
und einer Einführung
von Universitätsprofessor Dr. Jens Koch, Bonn

17., überarbeitete Auflage
Stand: 1. Mai 2020

dtv

www.dtv.de

www.beck.de

Sonderausgabe
dtv Verlagsgesellschaft mbH & Co. KG,
Tumblingerstraße 21, 80337 München

Gesamtherstellung: Druckerei C. H. Beck, Nördlingen
(Adresse der Druckerei: Wilhelmstraße 9, 80801 München)
Umschlagtypographie auf der Grundlage
der Gestaltung von Celestino Piatti

CO_2 neutral

chbeck.de/nachhaltig

ISBN 978-3-423-53038-5 (dtv)
ISBN 978-3-406-72858-7 (C. H. Beck)

9 783406 728587

Inhaltsverzeichnis

Abkürzungsverzeichnis

Abs.	Absatz
AG EWIV	Gesetz zur Ausführung über die Europäische wirtschaftl. Interessenvereinigung
Anh.	Anhang
AktG	Aktiengesetz
Anm.	Anmerkung
Art.	Artikel
aufgeh.	aufgehoben
Bek.	Bekanntmachung
BetrVG	Betriebsverfassungsgesetz
BewG	Bewertungsgesetz
BGB	Bürgerliches Gesetzbuch
BGBl. I bzw. II	Bundesgesetzblatt Teil I bzw. II (ab 1951)
BGBl. III	Bereinigte Sammlung des Bundesrechts, abgeschlossen am 31. 12. 1968 (in Nachweisform fortgeführt durch FNA)
BilMoG	Bilanzmodernisierungsgesetz
BZRG	Bundeszentralregistergesetz
COVInsAG	COVID-19-Insolvenzaussetzungsgesetz
DB	Durchführungsbestimmung
DCGK	Deutscher Corporate Governance Kodex
DDR	Deutsche Demokratische Republik
DrittelbG	Drittelbeteiligungsgesetz
EG	Einführungsgesetz, Europäische Gemeinschaft
eingef.	eingefügt
EVertr	Einigungsvertrag
EWIV	Europäische wirtschaftliche Interessenvereinigung
EWIVO	Verordnung über die Schaffung einer Europäischen wirtschaftl. Interessenvereinigung
FamFG	Gesetz über das Verfahren in Familiensachen und in den Angelegenheiten der freiwilligen Gerichtsbarkeit
FNA	Bundesgesetzblatt Teil I, Fundstellennachweis A (Bundesrecht ohne völkerrechtliche Vereinbarungen)
G	Gesetz
geänd.	geändert
GenG	Gesetz betreffend die Erwerbs- und Wirtschaftsgenossenschaften

Abkürzungsverzeichnis

GmbHG	Gesetz betreffend die Gesellschaften mit beschränkter Haftung
GVG	Gerichtsverfassungsgesetz
HGB	Handelsgesetzbuch
idF	in der Fassung
InsO	Insolvenzordnung
KapErhStG	Kapitalerhöhungssteuergesetz
Maßg	Maßgabe
MitbestG	Gesetz über die Mitbestimmung der Arbeitnehmer
MgVG	Gesetz über die Mitbestimmung der Arbeitnehmer bei einer grenzüberschreitenden Verschmelzung
MoMiG	Gesetz zur Modernisierung des GmbH-Rechts und zur Bekämpfung von Missbräuchen
mWv	mit Wirkung vom
neugef.	neu gefasst
nF	neue Fassung
Nr.	Nummer
PartGG	Gesetz über die Partnerschaftsgesellschaften
PublG	Gesetz über die Rechnungslegung von bestimmten Unternehmen und Konzernen
RechtspflegerG	Rechtspflegergesetz
RGBl.	Reichsgesetzblatt
S.	Seite
SE	Societas Europaea (Europäische Aktiengesellschaft)
SEAG	Gesetz zur Ausführung der Verordnung (EG) Nr. 2157/2001 des Rates vom 8. Oktober 2001 über das Statut der Europäischen Gesellschaft (SE) (SE-Ausführungsgesetz)
SEBG	Gesetz über die Beteiligung der Arbeitnehmer in einer Europäischen Gesellschaft (SE-Beteiligungsgesetz)
SE-VO	Verordnung (EG) Nr. 2157/2001 des Rates vom 8. Oktober 2001 über das Statut der Europäischen Gesellschaft (SE)
SpruchG	Spruchverfahrensgesetz
UmwG	Umwandlungsgesetz
v.	vom, von
VO	Verordnung
WpHG	Gesetz über den Wertpapierhandel
WpÜG	Wertpapiererwerbs- und Übernahmegesetz
ZPO	Zivilprozessordnung

Einführung

Von Universitätsprofessor Dr. Jens Koch, Bonn

I. Zur aktuellen Gesetzeslage

In den vergangenen drei Jahren waren im Kernbestand des Gesellschaftsrechts zunächst nur wenige signifikante Reformen zu verzeichnen. Im Jahr 2015 hatte noch die Geschlechterquote, im Jahr 2016 die Aktienrechtsnovelle für Aufsehen gesorgt, aber in den Folgejahren verlagerte sich das legislative Geschehen eher in die Peripherie des Gesellschaftsrechts. Tiefgreifende Neuerungen des Kapitalmarktrechts und der Abschlussprüfung sowie die Umsetzung der CSR-Richtlinie strahlten zwar wirkungsmächtig auf das unternehmerische Geschehen aus, ließen den gesellschaftsrechtlichen Normenbestand aber doch unberührt.

Der Jahreswechsel 2019/2020 hat diese Ruhephase mit der (verspäteten) Umsetzung der zweiten Aktionärsrechterichtlinie durch das ARUG II beendet. Wieder ist es damit das Aktienrecht, das im Mittelpunkt der legislativen Bemühungen steht. Die textlichen Eingriffe in das aktienrechtliche Normgefüge sind dabei durchaus beachtlich, doch ist zweifelhaft, ob damit auch ein entsprechender inhaltlicher Mehrwert einhergeht. Namentlich der nicht enden wollende gesetzgeberische Reformeifer im Bereich der Vorstandsvergütung stößt zunehmend auf Unverständnis. Als Ergebnis dieser „Vergütungsreform in Permanenz" sehen sich heute zumindest größere Unternehmen nicht mehr in der Lage, eine Vergütung ihrer Vorstandsmitglieder festzulegen, ohne entsprechende Beratungsleistungen in Anspruch zu nehmen. Auch von den umfangreichen neuen Berichtspflichten der institutionellen Investoren und Stimmrechtsberater werden nur wenig qualitative Verbesserungen erwartet. Positiver fällt der Befund zu den neuen, wenngleich sehr technischen Änderungen zur Intermediärskette aus. Bei den Related Party Transactions scheint dem deutschen Umsetzungsgesetzgeber das Kunststück gelungen zu sein, die europäischen Vorgaben minimalinvasiv und ohne erhebliche systematische Brüche in das bestehende deutsche Konzernrecht einzufügen.

Sehr tiefgehende, wenngleich nach heutigem Kenntnisstand nur zeitlich begrenzte Neuerungen in die gesamte Wirtschaftsrechtsordnung haben schließlich in Reaktion auf die Corona-Krise 2020 die beiden Covid-19-Gesetze zur vorübergehenden Aussetzung der Insolvenzantragspflicht (Text: 21) sowie über Maßnahmen im Gesellschafts-, Genossenschafts-, Vereins-, Stiftungs- und Wohnungseigentumsrechts zur Bekämpfung der Covid-19-Pandemie (Text: 22) vom 27. März 2020 gebracht. Da ihnen kein ordentlicher Gesetzgebungsprozess vorangegangen ist, in dessen Verlauf die einzelnen Neuregelungen sorgfältig geprüft und wissenschaftlich entschlüsselt wurden, stellen sie den Rechtsanwender vor besondere Herausforderungen. Ihre langfristige Wirkung könnte darin liegen, dass in diesem kurzfristig eröffneten Experimentierfenster einzelne Instrumente, wie etwa die virtuelle Hauptversammlung, erprobt werden können, die sich auch nach der Krise noch als sinnvolle Bereicherung des gesellschaftsrechtlichen Formenkatalogs erweisen könnten.

Auch unterhalb der Oberfläche des Gesetzesrechts sind deutliche Veränderungen zu verzeichnen. Der im Jahr 2002 erstmals veröffentlichte Deutsche Corporate Governance Kodex, der in der Vergangenheit starke Prägekraft auf die unternehmerische Betätigung deutscher Aktiengesellschaften hatte, ist in diesem Jahr vollständig neu gefasst worden, um auf diese Weise seiner neuerdings abnehmenden praktischen Relevanz entgegenzuwirken (Text: 2b).

II. Gesellschaftsformen im Überblick

1. Personengesellschaften und Körperschaften

Der Gesetzesstoff ändert sich, aber die grundsätzlichen Ordnungsaufgaben des Gesellschaftsrechts bleiben. Sein Gegenstand sind die Gesellschaften als zweckgerichtete Personenverbände rechtsgeschäftlichen Ursprungs. Ordnungsbedürftig und in unterschiedlicher Intensität geregelt sind Entstehung, Organisation und Vermögensgrundlagen dieser Verbände, die Rechtsbeziehungen der Mitglieder zum Verband und untereinander sowie die Außenbeziehungen der Verbände. Grundlegend ist die Unterscheidung zwischen Personengesellschaften und Körperschaften. Ein Verband ist Personengesellschaft, wenn seine rechtliche Existenz nach der gesetzlichen Regelung von den Mitgliedspersonen abhängt, Geschäftsführung und Vertretung in ihren Händen liegen und die Rechte und Pflichten der Mitglieder durch vertragliche Regelung bestimmt werden. Dagegen überdauern Körperschaften das Ausscheiden oder den Wechsel von Mitgliedern. Sie haben eine auf Satzung beruhende Ordnung, die Geschäftsführung, Vertretung und Willensbildung bestimmten Organen zuweist und im Rahmen der gesetzlichen Vorgaben auch den Inhalt der Mitgliedschaft bestimmt.

Personengesellschaften sind: die Gesellschaft bürgerlichen Rechts (§§ 705 ff. BGB; Text: 1), die offene Handelsgesellschaft (§§ 105 ff. HGB; Text: 5), die Kommanditgesellschaft (§§ 161 ff. HGB; Text: 5), die stille Gesellschaft (§§ 230 ff. HGB; Text: 5), die Partenreederei (§§ 489 ff. HGB [ohne Abdruck]), die Partnerschaft (PartGG; Text: 7) und die Europäische Wirtschaftliche Interessenvereinigung (VO des Rats der EG vom 25.7.1985 [Amtsblatt EG Nr. L 199 vom 31.7.1985; Text: 9] mit Ausführungsgesetz vom 14.4.1988 [BGBl. I S. 514; Text: 9a]; vgl. dazu noch VI 2).

Zu den Körperschaften gehören: der Verein bürgerlichen Rechts (§§ 21 ff., 54 BGB; Text: 1), die Aktiengesellschaft (AktG 1965; Text: 2) einschließlich der Kommanditgesellschaft auf Aktien (§§ 278 ff. AktG) und die GmbH (GmbHG 1892; Text: 3), ferner die Genossenschaft (GenG 1889; Text: 4) und der Versicherungsverein auf Gegenseitigkeit (§§ 171 ff. VAG [ohne Abdruck]).

2. Rechtstatsächliche Verbreitung

Die heute in der Praxis vorherrschenden Gesellschaftsformen sind die Gesellschaft mit beschränkter Haftung (GmbH), die Aktiengesellschaft (AG), die Gesellschaft bürgerlichen Rechts (GbR) und als besondere Ausprägung der Kommanditgesellschaft (KG) die GmbH & Co. KG. Zahlenmaterial steht dazu nur eingeschränkt zur Verfügung, wenngleich die Umstellung auf ein elektronisches Handelsregister die statistische Aufarbeitung deutlich erleichtert hat. Mit Abstand am häufigsten wird die Rechtsform der GmbH gewählt. Zum Stichtag des 1. 1. 2019 waren 1.289.037 Gesellschaften dieser Rechtsform in deutschen Handelsregistern eingetragen (*Kornblum*, GmbHR 2019, 689, 690). Als Unterform der GmbH hat sich in den vergangenen Jahren auch die Unternehmergesellschaft (haftungsbeschränkt), die insbesondere durch die deutlich herabgesenkten Kapitalanforderungen (Mindestkapital: 1 Euro) charakterisiert wird, ausgesprochen schnell in der deutschen Unternehmenspraxis etabliert. Zum 1. 1. 2019 waren bereits 143.561 Zusammenschlüsse in dieser verschlankten Form organisiert (*Kornblum*, GmbHR 2019, 689, 690). Diese Verbreitung erscheint umso imposanter, berücksichtigt man, dass sich die Anzahl dieser Gesellschaften nur neun Jahre zuvor noch auf 1.200 belief (vgl. *Kornblum*, GmbHR 2010, 739, 746). Der Gesetzgeber hat sein selbst gestecktes Ziel, die rasante Verbreitung der britischen Limited durch Einführung einer attraktiven nationalen Rechtsformalternative aufzuhalten, also offenkundig erreicht. Zwar ist der Bestand an Limiteds mit 7.406 Gesellschaften (*Kornblum*, GmbHR 2019, 689, 690) derzeit immer noch hoch, gegenüber der Vergleichszahl von 17.551 im Jahr 2010 (vgl. *Kornblum*, GmbHR 2010, 739, 746) aber deutlich rückläufig. Tatsächlich sind nach der Einführung der Unternehmergesellschaft bei inländischen Gründungen ohne unternehmerischen Auslandsbezug (und hier lag der klare Schwerpunkt der Limited-Gründungen) auch keine nennenswerten Gründe mehr erkennbar, die es ratsam erscheinen lassen, einer Limited den Vorzug vor der Unternehmergesellschaft zu geben. Vielmehr überwiegen die Vorteile der Unternehmergesellschaft aus Gründersicht mittlerweile so klar, dass eine gegenteilige anwaltliche Empfehlung heute gar als haftungsbegründender Beratungsfehler angesehen wird.

Hinter den Gesellschaften mbH bleibt die Zahl der Aktiengesellschaften zurück, auch wenn sie seit den 1980er Jahren kräftig angestiegen ist. Gab es 1980 in der Bundesrepublik nur 2.147 Aktiengesellschaften, so sind es nach dem Stand von Januar 2019 14.566; hinzu kommen 344 Kommanditgesellschaften auf Aktien (*Kornblum*, GmbHR 2019, 689, 690). Da die Aktiengesellschaft aber auch weiterhin die bevorzugte Organisationsform für Großunternehmen bleibt, ist das wirtschaftliche Gewicht dieser Gesellschaften doch erheblich. So entfällt laut Kapitalmarktstatistik der Deutschen Bundesbank (Stand: Juli 2019) auf deutsche Aktiengesellschaften und Kommanditgesellschaften auf Aktien ein Gesamtgrundkapital von ca. 179,85 Mrd. Euro. Für die erst im Jahr 2004 neu eingeführte Rechtsform einer europäischen Aktiengesellschaft, der sog. Societas Europaea (s. dazu noch VI 2), haben sich immerhin schon 554 deutsche Unternehmen entschieden (*Kornblum*, GmbHR 2019, 689, 690). Bei der Wahl dieser Rechtsform stehen für die Gründer mittlerweile in erster Linie mitbestimmungsrechtliche Erwägungen im Vordergrund.

Bei den Personengesellschaften begegnet die GbR vornehmlich als Organisationsform für freie Berufe und Kleingewerbe. Aufgrund der fehlenden Eintragungspflicht ist ihre statistische Erfassung problematisch. In der Umsatzsteuerstatistik 2015 werden 208.016 Steuerpflichtige in dieser Rechtsform erfasst (abrufbar über die Homepage des Statistischen Bundesamtes). Da die GbR aber auch als Organisationsform kleinerer Zusammenschlüsse unterhalb der Mindestumsatzschwelle oder ohne jede Gewinnerzielungsabsicht dient, ist diese Angabe nur bedingt aussagekräftig. Zahlenmäßig ins Hintertreffen geraten ist die offene Handelsgesellschaft (OHG). Sie bildet zwar die Grundform der Personenhandelsgesellschaften, hat aber vor allem wegen abnehmender Haftungsbereitschaft an Bedeutung verloren. In deutschen Handelsregistern sind derzeit nur noch 23.325 Unternehmen in dieser Rechtsform eingetragen. Ihnen stehen

272.735 Unternehmen in der Rechtsform der KG gegenüber (*Kornblum*, GmbHR 2019, 689, 690), von denen ein Großteil aber auf die weiterhin beliebte GmbH & Co. KG entfällt. Dabei handelt es sich um eine Kommanditgesellschaft unter Beteiligung einer GmbH als Komplementärin. Sie wird weithin als Alternative zur GmbH aufgefasst, verdankt ihre Entstehung jedenfalls ursprünglich steuerrechtlichen Überlegungen und hat zivilrechtliche Vorzüge insbesondere durch ihre flexible Eigenkapitalstruktur. Ebenso wie die Unternehmergesellschaft breitet sich neuerdings aber auch die UG (haftungsbeschränkt) & Co. KG mit beeindruckender Geschwindigkeit im Rechtsverkehr aus. Zum 1.1.2019 waren bereits 11.191 Unternehmen in dieser Rechtsform organisiert (vgl. *Kornblum*, GmbHR 2019, 689, 690).

3. Kapitalgesellschaften als vorherrschende Organisationsform

Der außergewöhnliche Erfolg der GmbH prägt die gesellschaftsrechtliche Praxis. Seine Ursachen liegen namentlich in der Verselbständigung der Gesellschaft zur juristischen Person unter Ausschluss der Gesellschafterhaftung, in einer nach der Legalordnung einfachen Organisationsstruktur und in der Satzungsautonomie der Gesellschafter (§ 45 Abs. 2 GmbHG), die es ihnen erlaubt, die Beziehungen zur Gesellschaft und ihre Rechtsverhältnisse untereinander entsprechend ihren Bedürfnissen flexibel zu gestalten. Die neu eingeführte Möglichkeit, eine GmbH in der Unterform der Unternehmergesellschaft mit einem Mindestkapital von nur einem Euro zu gründen, wird die zahlenmäßige Dominanz dieser Gesellschaftsform noch weiter festigen.

Demgegenüber erscheint die als juristische Person und Kapitalgesellschaft konkurrierende AG durch ihre dreigliedrige Organisationsstruktur (Vorstand, Aufsichtsrat und Hauptversammlung), durch verschärfte Gründungs- und Kapitalanforderungen und durch das Prinzip der Satzungsstrenge (§ 23 Abs. 5 AktG), das der Gestaltung der Gesellschaftsverhältnisse durch die Aktionäre nur wenig Raum lässt, eher schwerfällig. Allerdings hat sich der Gesetzgeber seit 1994 veranlasst gesehen, durch Änderungen der gesetzlichen Grundlagen diese Gesellschaftsform auch für die unternehmerischen Zwecke des Mittelstands attraktiver zu gestalten. Dass ihm das gelungen ist, belegt die lebhafte Entwicklung des Aktienwesens namentlich zu Beginn der 2000er Jahre. Das Erscheinungsbild der Aktiengesellschaft wird von der börsennotierten Publikumsgesellschaft geprägt, was jedoch den tatsächlichen Verhältnissen nicht voll entspricht. Auch wenn die bisherige empirische Erfassung unter zahlreichen Unschärfen litt, kann doch festgestellt werden, dass von den gut 15.000 Aktiengesellschaften nur relativ wenige den Weg an Börse und Kapitalmarkt gefunden haben. Als inländische Gesellschaften, die im Sinne des § 3 Abs. 2 AktG an einem regulierten Markt notiert sind, können nach einer neueren Untersuchung mit Stichtag zum 9.3.2015 allein 534 Gesellschaften rechnen, aufgeteilt auf 495 Aktiengesellschaften, 29 Europäische Aktiengesellschaften und 10 Kommanditgesellschaften auf Aktien (*Bayer*, Aktienrecht in Zahlen II, in: AG Sonderheft Oktober 2015, S. 5 ff.). Auch historisch verdankt die GmbH ihre Entstehung der zunehmenden Kompliziertheit und Strenge des Aktienrechts. Sie wurde nämlich 1892 als neue Rechtsform geschaffen, nachdem die Aktienrechtsnovelle von 1884 in Reaktion auf Missstände der Gründerjahre insbesondere die Gründungsanforderungen verschärft hatte. Die GmbH sollte vor allem die personalistische Kapitalgesellschaft ermöglichen, in der wenige Gesellschafter aktiv, vornehmlich als Geschäftsführer, tätig sind. Namentlich als Rechtsform für diesen Gesellschaftstypus hat sie auch in der Praxis Erfolg gehabt.

III. Rechtsquellen

Wie schon der Überblick über die Gesellschaftsformen zeigt, gibt es keine einheitliche Kodifikation des deutschen Gesellschaftsrechts. Seine Rechtsquellen sind vielmehr über das BGB, das HGB und über gesellschaftsrechtliche Sondergesetze verstreut, die nach Maßgabe praktischer Notwendigkeiten geschaffen wurden. Dieser Gesetzesstand erklärt sich im Wesentlichen aus der prägenden Bedeutung der Handelsgesellschaften und dem zeitlichen Vorsprung, den die handelsrechtliche Sondergesetzgebung im 19. Jahrhundert vor der Kodifikation des allgemeinen bürgerlichen Rechts erlangt hat. Handelsgesellschaften sind nach dem Gesetzesstand des Allgemeinen Deutschen Handelsgesetzbuchs (ADHGB) von 1861 die OHG, die KG, die (ursprünglich im Vordergrund stehende) Kommanditgesellschaft auf Aktien (KGaA) und die AG. Keine Handelsgesellschaft ist die stille Gesellschaft, die aber als Beteiligung am Handelsgewerbe eines anderen ebenfalls in das Handelsgesetzbuch gehört. Diese Rechtsformen waren im ADHGB geregelt und sind auch nach seiner durch das BGB von 1896 veranlassten Revision im Sonderprivatrecht des HGB von 1897 erhalten geblieben. Als gesellschaftsrechtliche Sondergesetze bestanden schon damals das GenG von 1889 und das GmbHG von 1892.

Der Gesetzgeber des BGB hat an diesen Gesetzesstand angeknüpft und ihm die Regelung des Vereins (§§ 21ff., 54 BGB) sowie der Gesellschaft bürgerlichen Rechts (§§ 705ff. BGB) hinzugefügt, ohne dabei jedoch eine spezifisch gesellschaftsrechtliche Regelungsperspektive zu entwickeln. Vielmehr hat er den Verein als Gegenstand des Personenrechts begriffen und die Gesellschaft im ersten Entwurf des BGB als bloßes Schuldverhältnis, im zweiten Entwurf als Schuldverhältnis mit besonderer, nämlich gesamthänderisch strukturierter, Vermögensordnung (§§ 718, 719 BGB) verstanden. Der bürgerlich-rechtliche Unterbau der handels- und gesellschaftsrechtlichen Sonderregelung ist damit schmal und nicht in allen Teilen überzeugend geraten.

Die gesetzliche Regelung hat sich als bemerkenswert stabil erwiesen. Wichtige Änderungen stellen vor allem die Reformen des Aktienrechts dar (Überblick über die Rechtsentwicklung bei *Bayer/Habersack*, Aktienrecht im Wandel, Band I, 2007). Meilensteine waren insofern die Reform von 1937, mit der das Aktienrecht aus dem HGB herausgelöst und zu einem eigenständigen Gesetz verselbständigt wurde, sowie die Reform von 1965. Eine weitere Reformwelle hat in den 1990er Jahren eingesetzt und bis heute noch nicht ihren Abschluss gefunden; man spricht insofern mittlerweile von einer „Reform in Permanenz". Für diese Permanenz sorgt mittlerweile auch der europäische Gesetzgeber, der namentlich im Aktienrecht immer häufiger eigenständige Impulse setzt (vgl. dazu noch die Ausführungen unter VI 1).

Das GmbH-Recht hat mit dem Gesetz zur Modernisierung des GmbH-Rechts und zur Bekämpfung von Missbräuchen aus dem Jahr 2008 eine einschneidende Reform erfahren, die insbesondere die Einführung der neuen Unternehmergesellschaft mit sich gebracht hat. Zur Ausbildung neuer Gesellschaftsformen ist es erst mit der Europäischen Wirtschaftlichen Interessenvereinigung (EWIV) von 1985/1988, seither mit der Partnerschaft von 1994 und zuletzt mit der Societas Europaea (SE) von 2001/2004 gekommen. Die Unternehmergesellschaft wurde vom Gesetzgeber bewusst nicht als eigenständige Rechtsform, sondern als Unterform der GmbH ausgestaltet, um den Rechtsformenkatalog nicht zu unübersichtlich geraten zu lassen und zugleich an die weit fortgeschrittene dogmatische Durchdringung des GmbH-Rechts anknüpfen zu können.

IV. Schwerpunkte der gesetzlichen Regelung

1. Überblick

Die gesetzliche Regelung folgt zwar aus den dargestellten Gründen den einzelnen Rechtsformen, doch lassen sich Aufgaben und Schwerpunkte der Regelung rechtsformübergreifend aufzeigen. Regelungsbedürftig sind im Wesentlichen: Strukturelemente der jeweiligen Gesellschaftsform, Geltungsbereich der handelsrechtlichen Sonderregelung, Gründung, Pflichten aus dem Gesellschaftsverhältnis, Organisation (Geschäftsführung, Vertretung, Willensbildung), Vermögen und Verbindlichkeiten der Gesellschaft, Haftung der Gesellschafter bzw. Sicherung eines Mindestvermögens der Gesellschaft und Auflösung. In der Regelung der einzelnen Rechtsformen erlangen diese Gesichtspunkte unterschiedliches Gewicht. Auch variiert der Aufbau nach legislatorischer Zweckmäßigkeit und historischem Zufall. Gleichwohl bezeichnen die genannten Gesichtspunkte die notwendigen Elemente gesellschaftsrechtlicher Regelung, wie sich exemplarisch aufzeigen lässt.

2. Strukturmerkmale

Strukturmerkmale sind diejenigen rechtlichen Merkmale des Personenverbandes, die ihn kennzeichnen und von anderen Verbandsformen abgrenzen. In diesem Sinne charakterisiert z.B. § 1 AktG die AG als Gesellschaft mit eigener Rechtspersönlichkeit (juristische Person) ohne persönliche Haftung der Aktionäre und als Kapitalgesellschaft (ähnlich: § 13 Abs. 1 und 2 GmbHG). Für die Gesellschaft bürgerlichen Rechts als Grundform der Personengesellschaften enthält § 705 BGB eine funktional ähnliche Umschreibung, die zugleich die allgemeinen Verbandsmerkmale enthält; man spricht insofern auch von einer Gesellschaft im weiteren Sinne. Für die Personenhandelsgesellschaften haben die §§ 105, 124, 128 HGB eine ähnliche Bedeutung. Sie kennzeichnen – aufbauend auf § 705 BGB – die OHG als rechtsfähige Gesellschaft zum gemeinsamen Betrieb eines Handelsgewerbes mit notwendiger persönlicher Haftung der Gesellschafter. § 161 HGB ergänzt für die Kommanditgesellschaft die Möglichkeit einer Aufteilung der Gesellschafter in Unternehmergesellschafter (Komplementäre) und Anlagegesellschafter (Kommanditisten).

3. Anwendbarkeit der handelsrechtlichen Sonderregelung

Ob die handelsrechtliche Sonderregelung für den jeweiligen Verband zur Anwendung kommt, bestimmt sich nach §§ 1 ff. HGB und damit nach dem Vorliegen eines Handelsgewerbes, das nach § 1 HGB dann gegeben ist, wenn der Betrieb des Gewerbes eine kaufmännische Betriebsorganisation erfordert (was § 1 Abs. 2 HGB vermutet) oder wenn die Inhaber zugunsten des Handelsrechts optiert haben (§ 2 HGB). Wird ein Handelsgewerbe betrieben, so ist die

Gesellschaft gemäß §§ 105 Abs. 1, 161 Abs. 1 HGB notwendig OHG oder KG und unterliegt deshalb dem Handelsrecht (§ 6 Abs. 1 HGB). Dasselbe würde ohne besondere Regelung für AG, GmbH und Genossenschaft gelten. AG und GmbH unterliegen jedoch auch dann dem Handelsrecht, wenn sie im Einzelfall kein Gewerbe oder jedenfalls kein Handelsgewerbe betreiben sollten (§ 3 Abs. 1 AktG; § 13 Abs. 3 GmbHG). Sie sind die Vereine, von denen § 6 Abs. 2 HGB spricht (sog. Formkaufleute). Für die Genossenschaft enthält § 17 Abs. 2 GenG eine entsprechende Vorschrift. Notwendig außerhalb des Handelsrechts steht die GbR (§ 705 BGB), weil sie bei Aufnahme eines kaufmännischen Geschäftsbetriebs kraft Gesetzes zur OHG oder, bei beschränkter Haftung wenigstens eines Gesellschafters, zur KG wird (§§ 105 Abs. 1, 161 Abs. 1 HGB). Dasselbe gilt für die stille Gesellschaft, weil das Handelsgewerbe nicht von ihr, sondern von dem Geschäftsinhaber betrieben wird (§§ 1 Abs. 1, 230 Abs. 1 HGB).

4. Gründungsanforderungen

Die Gründungsanforderungen hängen von der Rechtsform ab. Gemeinsam ist allen Rechtsformen, dass der Personenverband nur durch Rechtsgeschäft, regelmäßig durch Vertrag, entstehen kann. Das gilt für die Personengesellschaften (§ 705 BGB, §§ 105 Abs. 2, 161 Abs. 2 HGB) ebenso wie für die Körperschaften (vgl. insb. § 2 AktG, § 2 Abs. 1 S. 1 GmbHG). Besonderheiten bestehen bei den Kapitalgesellschaften allerdings hinsichtlich des Vertragsschlusses, der hier der notariellen Beurkundung bedarf (§ 23 Abs. 1 AktG, § 2 Abs. 1 S. 1 GmbHG). Überdies lässt das Gesetz bei den Kapitalgesellschaften auch eine Einmanngründung zu (§ 2 AktG, § 1 GmbHG). In diesem Fall belässt es die Gesetzessprache zwar bei der Gründung durch Gesellschaftsvertrag. Weil Verträge jedoch nur durch den erklärten Konsens zustande kommen und deshalb die Beteiligung von wenigstens zwei Personen voraussetzen, sind die Errichtungserklärungen des Alleingründers notwendig einseitige Rechtsgeschäfte. Die weiteren Gründungsanforderungen hängen davon ab, ob der Verband zur juristischen Person werden soll und ob das Gesetz die Existenz eines Mindestanfangsvermögens sicherstellen will. Als juristische Person können AG und GmbH nur mit ihrer Eintragung in das Handelsregister entstehen (§ 41 Abs. 1 S. 1 AktG, § 11 Abs. 1 GmbHG), der insofern also konstitutive Wirkung zukommt. Ob die Eintragung erfolgt, hängt von der Einhaltung bestimmter Gründungsanforderungen ab (Normativbedingungen). Beim Verein kommt es darauf an, ob er Idealverein ist oder einen wirtschaftlichen Geschäftsbetrieb hat (§§ 21, 22 BGB). Die Sicherung eines Mindestanfangsvermögens gehört in den Zusammenhang der Haftungsproblematik und ist dort näher anzusprechen (vgl. IV 7).

5. Organisationsrecht

Für das Organisationsrecht der Personenverbände ist die Unterscheidung zwischen Personengesellschaften und Körperschaften grundlegend (dazu II 1). Personengesellschaften haben eine mitgliedsbezogene Organisation mit vertraglicher Grundlage. Das Gesetz beschränkt sich auf Basisregeln über Geschäftsführung, Abstimmung und Vertretung (vgl. z.B. §§ 114ff., 119, 125ff. HGB) und überlässt das Nähere dem Gesellschaftsvertrag. Die Mitglieder werden zwar organschaftlich für die Gesellschaft tätig, doch gibt es keine besonderen Gesellschaftsorgane (Prinzip der Selbstorganschaft). Anders liegt es bei den Körperschaften. Ihre Organisation beruht auf einer Satzung, die bestimmte Organe vorsieht. Die Satzung ist zwar rechtsgeschäftlichen Ursprungs, verselbständigt sich jedoch mit der Errichtung des Vereins in dem Sinne, dass sie für gegenwärtige und künftige Mitglieder die objektiv geltende und entsprechenden Sonderregeln unterliegende Verbandsordnung abgibt. Mindestorgane sind ein Handlungs- und ein Beschlussorgan. Handlungsorgan ist der Vorstand (§ 26 BGB, §§ 76ff. AktG), bei der GmbH der Geschäftsführer (§§ 35ff. GmbHG). Ihm obliegen Geschäftsführung und Vertretung. Beschlussorgan ist die Mitglieder-, Gesellschafter- oder Hauptversammlung (§§ 32ff. BGB, §§ 45ff. GmbHG, §§ 118ff. AktG). Sie ist zuständig für die Willensbildung des Verbandes und entscheidet durch Beschluss, für den das Mehrheitsprinzip gilt. Bei der AG tritt zu Vorstand und Hauptversammlung noch der Aufsichtsrat als Überwachungsorgan (§§ 90, 111 AktG) und, soweit es um Vorstandsangelegenheiten geht, auch als Vertretungsorgan hinzu (§ 112 AktG).

6. Vermögensordnung

Vermögen und Verbindlichkeiten gehören dem bzw. treffen den Verband. Für die juristischen Personen folgt diese Vermögenszuordnung schon aus ihrer eigenen Rechtspersönlichkeit, die etwa in § 1 Abs. 1 S. 1 AktG ausdrücklich festgestellt wird. Auch § 13 Abs. 1 GmbHG meint dasselbe, wenngleich in einer noch an Art. 111 Abs. 1 ADHGB (III) als Vorläufernorm des § 124 Abs. 1 HGB angelehnten Textfassung. Schließlich ist auch in §§ 21, 22 BGB der Begriff der Rechtsfähigkeit im Sinne einer eigenen Rechtspersönlichkeit aufzufassen, wie ein Vergleich mit § 14 Abs. 2 BGB belegt. Wesentlich undeutlicher stellt sich die Gesetzeslage bei den Personengesellschaften dar. Namentlich bei der Grundform der Gesellschaft bürgerlichen Rechts wurde die gesetzliche Vermögensordnung aufgrund der überkommenen Vorstellung der Gesellschaft als schuldrechtliches Verhältnis in Form einer gesamthänderischen Bindung der dinglich berechtigten Gesellschafter ausgestaltet. Nachdem der BGH in einer grundlegenden Entscheidung aus dem Jahr 2001 (BGHZ 146, 341) die Gesellschaft bürgerlichen Rechts als rechtsfähige Wirkungseinheit anerkannt hat, steht aber auch hier fest, dass sie selbst und nicht ihre Gesellschafter Rechtsträgerin des Gesellschaftsvermögens ist. Erst recht gilt dies für die OHG und KG, deren Rechtsfähigkeit in §§ 124 Abs. 1, 161 Abs. 2 HGB sogar ausdrücklich angeordnet wird. Neben dieser eigenen Rechtsträgerschaft gibt es weder bei den zur juristischen Person verselbständigten Gesellschaften noch bei den Personengesellschaften eine Berechtigung der Mitglieder am Gesellschaftsvermögen. Soweit bei den Personengesellschaften trotzdem verbreitet noch von einem Anteil am Gesellschaftsvermögen gesprochen wird, handelt es sich nicht um eine Berechtigung neben der Mitgliedschaft, sondern um deren vermögensbezogenes Teilelement.

7. Haftung

Fraglich bleibt die Haftung der Gesellschafter und, sofern sie ausgeschlossen ist, die Sicherung eines Mindestvermögens der Gesellschaft als Haftungsgrundlage für ihre Gläubiger. Für die Personenhandelsgesellschaften ist kennzeichnend, dass wenigstens ein Gesellschafter unmittelbar, persönlich und unbeschränkt neben der Gesellschaft zum Schuldner wird und grundsätzlich auch dasselbe schuldet wie sie. § 128 HGB, der eine solche akzessorische Gesellschafterhaftung für die Mitglieder der OHG ausspricht, hat insoweit paradigmatische

Bedeutung. Bei der KG haften die Komplementäre wie die Gesellschafter der OHG (§§ 128, 161 Abs. 2 HGB), während die Haftung der Kommanditisten durch die vereinbarte Haftsumme begrenzt wird (§§ 161 Abs. 1, 171 ff. HGB). Bei der GbR wurde eine vergleichbare akzessorische Gesellschafterhaftung von der früher herrschenden Meinung abgelehnt, da sie angesichts der vielgestaltigen Erscheinungsformen dieses Gesellschaftstyps nicht durchweg angemessen erschien. Durch die Neuregelung des § 105 Abs. 2 HGB, der den Gesellschaftern einer GbR die Option eines Rechtsformwechsels in die OHG, die KG und die GmbH & Co. KG gestattet und ihnen somit den Zugang zu den Haftungsbeschränkungen des HGB eröffnet, sind diese Bedenken entfallen. Der BGH hat daher unter weitgehender Zustimmung des Schrifttums auch bei der GbR die akzessorische Gesellschafterhaftung anerkannt (BGHZ 146, 341, 358 ff.).

Ein gänzlich anderes Bild besteht bei AG und GmbH. Ihre Mitglieder haften den Gläubigern überhaupt nicht (§ 1 Abs. 1 S. 2 AktG, § 13 Abs. 2 GmbHG), auch nicht unter Beschränkung auf das Nennkapital. Weil nur AG oder GmbH Schuldner sind, muss das Gesetz für ein Mindestvermögen der Gesellschaft Sorge tragen. Das erfolgt durch die Einführung eines Grundkapitals (§ 7 AktG: mindestens 50.000 Euro) bzw. Stammkapitals (§ 5 Abs. 1 GmbHG: mindestens 25.000 Euro). Durch die Einführung der Unternehmergesellschaft mit einem Mindestkapital von 1 Euro im Zuge des MoMiG ist dieser klassische Dualismus von persönlicher Haftung oder Aufbau eines Mindestvermögens als Haftungsfonds aus wirtschaftlicher Perspektive ausgehöhlt worden. Dennoch prägt er auch weiterhin die rechtstechnische Ausgestaltung der beiden unterschiedlichen Haftungsregime. Grund- oder Stammkapital sind nicht Vermögen, sondern derjenige Passivposten der Bilanz, der die Herkunft der entsprechenden Mittel von den Gesellschaftern ausweist (§ 266 Abs. 3 A I HGB: Eigenkapital). Die der Kapitalziffer entsprechenden Vermögenswerte müssen aufgebracht werden (Grundsatz der Kapitalaufbringung) und der Gesellschaft in dem Sinne erhalten bleiben, dass ihre Verteilung unter die Mitglieder verboten ist (Grundsatz der Kapitalerhaltung). Das letztgenannte Prinzip der Kapitalerhaltung verwirklicht namentlich § 57 AktG, in dem jegliche Einlagenrückgewähr verboten wird. Für die GmbH sind die §§ 30, 31 GmbHG einschlägig, die zwar nicht jeder Einlagenrückgewähr entgegenstehen, aber das durch die Stammkapitalziffer gebundene Vermögen vor einer Verteilung schützen.

8. Auflösung der Gesellschaft

Abweichend vom herkömmlichen Sprachgebrauch wird eine Gesellschaft mit ihrer Auflösung noch nicht endgültig aus dem Rechtsverkehr entfernt. Vielmehr bewirkt die Auflösung lediglich eine Änderung des Gesellschaftszwecks, der nunmehr nicht länger auf die bisherige werbende Tätigkeit gerichtet ist, sondern auf die Liquidation der Gesellschaft. Im Zuge der Liquidation werden sodann die noch offenen Rechtsbeziehungen der Gesellschaft abgewickelt. Die Beendigung tritt im Regelfall erst mit vollständiger Abwicklung ein. Für die Personengesellschaften findet sich die Regelung in §§ 730 ff. BGB, §§ 145 ff. HGB, für die Kapitalgesellschaften in §§ 262 ff. AktG, §§ 60 ff. GmbHG. In beiden Fällen können die gesellschaftsrechtlichen Regelungen aber durch das speziellere Insolvenzrecht überlagert werden. Für Kapitalgesellschaften, deren Vermögen die Kosten eines beantragten Insolvenzverfahrens nicht deckt oder die gänzlich vermögenslos sind, bestehen Sonderregelungen in § 394 FamFG, in §§ 262 ff. AktG sowie in §§ 60, 65 f. GmbHG.

V. Rechtsformübergreifende (unternehmensrechtliche) Fragestellungen

1. Überblick

Das „klassische" Gesellschaftsrecht mit seinem unter IV im Groben umrissenen Regelungsgehalt erfährt unternehmensrechtliche Ergänzungen und Modifikationen. Dabei wird dem Begriff des Unternehmensrechts an dieser Stelle keine besondere rechtsdogmatische oder rechtspolitische Bedeutung zugemessen. Es dient vielmehr als Sammelbezeichnung für diejenigen Regelungen des Gesellschaftsrechts, die rechtsformübergreifend das Unternehmen als Normadressaten bezeichnen. Unter diesem Blickwinkel sind das Konzernrecht, die Publizität der Rechnungslegung und die Unternehmensmitbestimmung anzusprechen.

2. Konzernrecht

Das Konzernrecht (genauer: das Recht der verbundenen Unternehmen) dient in seiner gesetzlichen Ausgestaltung hauptsächlich der Abwehr konzernspezifischer Gefahren für die Gläubiger und die Minderheitsgesellschafter des abhängigen Unternehmens. Solche Gefahren erwachsen im Kern daraus, dass unter Konzernbedingungen gesellschaftsfremde Partikularinteressen des herrschenden Unternehmens bestehen und auch wirksam zur Geltung gebracht werden können. Dabei geht es im Wesentlichen um die Aushöhlung der Vermögensbasis des abhängigen Unternehmens und um die Abschöpfung anfallender Gewinne. Nicht Gegenstand der gesetzlichen Regelung, sondern rechtspolitische Aufgabe ist dagegen ein Konzernorganisations- oder Konzernverfassungsrecht, das den Konzern als eigenständige Wirtschaftseinheit (oder seinerseits als Unternehmen) begreift.

Die konzerntypischen Gefahren für Gläubiger und Minderheitsgesellschafter des abhängigen Unternehmens bestehen unabhängig von seiner Rechtsform. Die gesetzliche Regelung in den §§ 291ff. AktG ist jedoch rechtsformspezifisch angelegt, setzt also voraus, dass das abhängige Unternehmen (nicht auch das herrschende) die Rechtsform der AG oder KGaA hat. Dagegen gelten die Definitionsnormen der §§ 15ff. AktG schlechthin für die Verbindung von Unternehmen, also ohne auf ihre Rechtsform Rücksicht zu nehmen, insbesondere auch für die GmbH im Konzernverbund. Die insoweit für Unternehmensverträge und für die Haftung bei einfacher faktischer Konzernierung bestehenden Rechtssätze sind jedoch das Ergebnis von Richterrecht, das die §§ 291ff. AktG nicht übernimmt, sondern sachgerecht abwandelt. Für die Verlustausgleichspflicht des herrschenden Unternehmens wegen missbräuchlicher Ausübung seiner Leitungsmacht im qualifiziert faktischen Konzern hat der BGH sein ursprünglich an §§ 302, 303 AktG orientiertes Haftungskonzept indes aufgegeben und zunächst durch eine Durchgriffshaftung wegen existenzvernichtenden Eingriffs ersetzt (BGHZ 149, 10, 16 [Bremer Vulkan]; BGHZ 150, 61, 68; BGHZ 151, 181, 186). An deren Stelle ist seither eine Innenhaftung gegenüber der GmbH getreten, die ihre Rechtsgrundlage in § 826 BGB finden soll (BGHZ 173, 246 Tz. 16ff. [Trihotel]).

3. Publizität der Rechnungslegung

Unternehmensrecht im Sinne eines rechtsformunabhängigen Regelungsansatzes enthalten ferner die Vorschriften über die Publizität der Rechnungslegung. Dabei bedeutet Publizität Offenlegung des Jahresabschlusses und zusätzlicher Unterlagen durch elektronische Einreichung beim Betreiber des elektronischen Bundesanzeigers und Bekanntmachung in diesem Organ. Von der Rechnungslegung selbst ist die Publizität ihrer Ergebnisse zu unterscheiden. Während die Rechnungslegung zum Organisationsrecht kaufmännischer Geschäftsbetriebe gehört (§§ 238 ff. HGB; Text: 5), betrifft die Publizität ihrer Ergebnisse die Außenbeziehungen des Unternehmens. Dieser letztgenannten Offenlegungspflicht unterliegen gemäß §§ 325 ff. HGB AG, GmbH sowie Kapitalgesellschaften & Co., wobei allerdings die größenabhängigen Abstufungen der §§ 326, 327 HGB zu beachten sind. Daneben sind auch ohne Rücksicht auf ihre Rechtsform solche Unternehmen offenlegungspflichtig, die die Größenmerkmale des § 1 PublG (Text: 6) erreichen. Das wiederum ist der Fall, wenn ein Einzelunternehmen oder das Mutterunternehmen eines Konzerns eine Bilanzsumme von mehr als 65 Mio. Euro ausweist oder seine Umsatzerlöse 130 Mio. Euro übersteigen oder wenn es bzw. die Konzernunternehmen zusammen mehr als 5000 Arbeitnehmer beschäftigt oder beschäftigen. Weitere Erleichterungen gelten nach dem neu eingeführten Kleinstkapitalgesellschaften-Bilanzrechtsänderungsgesetz vom 20. Dezember 2012 (BGBl. I S. 2751) für Kleinstkapitalgesellschaften iSd § 267a HGB. Im Zuge des Bilanzrichtlinie-Umsetzungsgesetz vom 17. Juli 2015 (BGBl. I S. 1245) sind diese Erleichterungen abermals ausgedehnt worden.

4. Unternehmensmitbestimmung

Einen rechtsformübergreifenden Ansatz hat schließlich das Recht der Unternehmensmitbestimmung, das der Arbeitnehmerseite durch ihre Mitwirkung in den Leitungsorganen des Unternehmens, besonders im Aufsichtsrat, Einfluss auf die Leitung verschaffen will. Davon zu unterscheiden ist die betriebliche Mitbestimmung, die den Arbeitnehmer in seiner arbeitsrechtlichen und sozialen Stellung schützen soll; sie erfolgt durch den Betriebsrat und hat ihre Rechtsgrundlage im Betriebsverfassungsgesetz 1972. Rechtsquellen der im Einzelnen unterschiedlich strukturierten Unternehmensmitbestimmung sind das Montan-Mitbestimmungsgesetz von 1951 (Text: 14) sowie das Mitbestimmungsergänzungsgesetz („Holdinggesetz") von 1956 (Text: 15), ferner und vor allem das Mitbestimmungsgesetz 1976 (Text: 13), das Drittelbeteiligungsgesetz (Text: 16), das an die Stelle des zunächst fortgeltenden Betriebsverfassungsgesetzes 1952 getreten ist, und schließlich das Gesetz über die Mitbestimmung der Arbeitnehmer bei einer grenzüberschreitenden Verschmelzung (Text: 17). Rechtsformübergreifender Ansatz bedeutet im Wesentlichen, dass nicht nur die AG, sondern auch die GmbH der Mitbestimmung unterliegt. Der nach § 52 GmbHG nur fakultative Aufsichtsrat wird obligatorisch, soweit die GmbH mitbestimmungspflichtig ist. Welche Rechte und Pflichten dem Aufsichtsrat in seinem Verhältnis zu den anderen Gesellschaftsorganen zustehen, hängt jedoch von der Rechtsform ab; insoweit ist auch hier eine Verknüpfung von rechtsformübergreifendem Ansatz mit rechtsformspezifischer Durchführung zu verzeichnen. Auch von der drittelparitätischen Mitbestimmung nach dem Drittelbeteiligungsgesetz ausgenommen sind AG und GmbH, wenn sie weniger als 500 Arbeitnehmer beschäftigen (§ 1 DrittelbG). Für die AG gilt das jedoch nur, wenn sie nicht vor dem 10. August 1994 in das Handelsregister eingetragen oder zwar schon vorher eingetragen, aber eine sogenannte Familiengesellschaft ist. Die mitbestimmungsrechtliche Gleichstellung der Neugründungen geht auf das Gesetz für kleine Aktiengesellschaften und zur Deregulierung des Aktienrechts vom 2. 8. 1994 (BGBl. I S. 1961) zurück.

VI. Europäisierung des Gesellschaftsrechts

1. Rechtsangleichung

Ein wesentliches Kennzeichen des modernen Gesellschaftsrechts ist schließlich seine zunehmende Europäisierung. Sie erfolgt namentlich durch Rechtsangleichung und durch die Bildung von Unionsrecht. Auch der EuGH ist jedoch dazu übergegangen, die Entstehung eines mehr oder minder einheitlichen Rechtsraums durch seine Judikatur zu befördern.

Die Rechtsangleichung erfolgt durch Richtlinien (besonders gestützt auf Art. 50 Abs. 2 lit. g AEUV), die sich an die Mitgliedstaaten richten und durch Vorgabe von Regelungsstandards Rechtszustände erreichen wollen, die ungeachtet fortdauernder Unterschiede unter dem Blickwinkel der Niederlassungsfreiheit gleichwertig sind. Während die Richtlinienpraxis für das Recht der Personengesellschaft und auch (abgesehen vom Bilanzrecht) für das Recht der GmbH bislang wenig Bedeutung erlangt hat, sind ihre Einflüsse auf das Aktienrecht beachtlich. Sie reichen von Rechnungslegungsvorschriften über Vorgaben zur Kapitalausstattung und Vorgaben zu Aktionärsrechten bis hin zu speziellen Rechtsakten wie Verschmelzungen, Spaltungen und Übernahmen. 2017 sind die wichtigsten dieser Richtlinie nunmehr in der am 14.6.2017 verabschiedeten Richtlinie (EU) 2017/1132 des Europäischen Parlaments und des Rates über bestimmte Aspekte des Gesellschaftsrechts (2017/1132, ABl. EU Nr. L 169/46 vom 30.6.2017) zusammengefasst worden, ohne dass der europäische Gesetzgeber dabei noch einmal inhaltliche Änderungen vorgenommen hätte.

2. Rechtsvereinheitlichung

Einheitliches Unionsrecht entsteht durch Verordnungen gemäß Art. 352 AEUV, die gemäß Art. 288 Abs. 2 AEUV unmittelbar geltendes Recht enthalten. Anders als bei den Richtlinien ist eine Durchführung also weder erforderlich noch möglich, soweit die jeweilige Verordnung selbst eine Regelung trifft. Ein Beispiel dafür stellt die Europäische Wirtschaftliche Interessenvereinigung (EWIV) dar. Rechtsgrundlage der EWIV, die einen grenzüberschreitenden, auf Hilfstätigkeiten angelegten und in diesem Sinne kooperativen Zusammenschluss ihrer Mitglieder darstellt, ist die Verordnung vom 25.7.1985 (ABl. EG Nr. L 199/1 vom 31.7.1985; Text: 9). Sie regelt die Rechtsform jedoch nicht vollständig und bedurfte deshalb der Ergänzung durch das EWIV-Ausführungsgesetz vom 14.4.1988 (BGBl. I S. 514; Text: 9a). Als zweite gemeinschaftliche Rechtsform ist nach langjährigen Verhandlungen schließlich die Europa-AG, auch Societas Europaea (SE), hinzugetreten. Dabei handelt es sich um eine europäische Kapitalgesellschaft mit aktienrechtlicher Struktur. Die Umsetzung dieses Projekts war lange Zeit an unterschiedlichen mitbestimmungsrechtlichen Gestaltungswünschen gescheitert. Nachdem sich die Mitgliedstaaten insofern auf einen Kompromiss geeinigt haben, der ihnen weiterhin die individuelle mitbestimmungsrechtliche Ausgestaltung überlässt, hat der Rat der Europäischen Union im Oktober 2001 eine Verordnung über das Statut der Europäischen Gesellschaft erlassen (Nr. 2157/2001 vom 8.10.2001, ABl. EG Nr. L 294 vom 10.11.2001, S. 1 ff.), die im Oktober 2004 in Kraft getreten ist. Die mitbestimmungsrechtliche Ausgestaltung ist gesondert in der „Richtlinie des Rates zur Ergänzung des Statuts der Europäischen Gesellschaft hinsichtlich der Beteiligung der Arbeitnehmer“ (Nr. 2001/86/EG vom 8.10.2001, ABl. EG Nr. L 294 vom 10.11.2001, S. 22 ff.) geregelt worden. Diese europarechtlichen Vorgaben sind mittlerweile durch das Gesetz zur Einführung der Europäischen Gesellschaft (SEEG) vom 22.12.2004 (BGBl. I S. 3675) in das deutsche Recht umgesetzt worden.

3. Die Judikatur des EuGH

Zur Judikatur des EuGH ist auch an dieser Stelle auf die vielbeachteten Entscheidungen in den Rechtssachen Centros (Slg. 1999-I, 1484, 1489 ff. = NJW 1999, 2027), Überseering (Slg. 2002-I, 9919, 9974 = NJW 2002, 3614) und Inspire Art (EuGH Slg. 2003-I, 10 155, 10 223 ff. = NJW 2003, 331) hinzuweisen. Mit dieser Entscheidungstrilogie hat der EuGH die Mitgliedstaaten dazu verpflichtet, Gesellschaften aus anderen europäischen Staaten in ihrer ursprünglichen Rechtsform, einschließlich der dadurch begründeten wesentlichen Fähigkeiten und Eigenschaften, nach dem Recht des Gründungsstaats anzuerkennen (Herkunftslandprinzip). Das hat zu einem Umdenken im internationalen Gesellschaftsrecht der Mitgliedstaaten geführt, nämlich zur Aufgabe der traditionellen Sitztheorie zugunsten einer Anknüpfung an das Gründungsstatut. Damit einher gehen die spezifisch gesellschaftsrechtlichen Auswirkungen, die sich daraus ergeben, dass die Rechtsprechung des EuGH die deutschen AG oder GmbH (oder die vergleichbaren Rechtsformen anderer Mitgliedstaaten) dem Wettbewerb ihrer ausländischen Schwestern aussetzt. Welche Folgen der dadurch ausgelöste Anpassungsdruck auf das deutsche Gesellschaftsrecht haben kann, wurde eindrucksvoll durch die Entwicklungsgeschichte der Unternehmergesellschaft illustriert, die ihre Entstehung im Wesentlichen der rasanten Ausbreitung der englischen Limited in der deutschen Unternehmenslandschaft verdankt. Dieser Wettbewerb und die vergleichbar wirkende Existenz einer Societas Europaea werden einen Anpassungsdruck auslösen, der die aktienrechtliche „Reform in Permanenz“ zu einer Erscheinung wenigstens des Kapitalgesellschaftsrechts erweitern könnte.

4. Würdigung der europäischen Entwicklung

Man kann nicht sagen, dass jeder Einzelschritt der Europäisierung des Gesellschaftsrechts in seinem sachlichen Regelungsgehalt und seiner gesetzestechnischen Ausformung zu qualitativen Verbesserungen des deutschen Rechts geführt hat. Rechtsvereinheitlichung ist Kompromissfindung und kann schon deshalb aus nationaler Sicht nicht stets zu optimalen Ergebnissen führen. Auch die genaue Einpassung in den vorhandenen Regelungsstoff geht nicht immer ohne Reibungsverluste ab. Solche Probleme und die damit verbundenen Besonderheiten (Prinzip richtlinienkonformer Auslegung; Vorlage an den EuGH) stellen jedoch den notwendigen Preis des fortschreitenden europäischen Einigungsprozesses dar. Es ist zu erwarten, dass die Europäisierung Inhalt und Stil des Gesellschaftsrechts weiterhin und eher verstärkt prägen wird, nicht zuletzt auch wegen der mittelbaren Einflüsse, die von der stetig voranschreitenden Harmonisierung des Börsen- und Kapitalmarktrechts ausgehen.

1. Bürgerliches Gesetzbuch (BGB)

In der Fassung der Bekanntmachung vom 2. Januar 2002[1]
(BGBl. I S. 42, ber. S. 2909 und 2003 I S. 738)

FNA 400-2

zuletzt geänd. durch Art. 1 G zur Umsetzung der Entscheidung des BVerfG vom 26. März 2019 zum Ausschluss der Stiefkindadoption in nichtehel. Familien v. 19.3.2020 (BGBl. I S. 541)

– Auszug –[2]

Buch 1. Allgemeiner Teil

Abschnitt 1. Personen

Titel 2. Juristische Personen

Untertitel 1. Vereine

Kapitel 1. Allgemeine Vorschriften

§ 21 Nicht wirtschaftlicher Verein. Ein Verein, dessen Zweck nicht auf einen wirtschaftlichen Geschäftsbetrieb gerichtet ist, erlangt Rechtsfähigkeit durch Eintragung in das Vereinsregister des zuständigen Amtsgerichts.

§ 22 Wirtschaftlicher Verein. [1] Ein Verein, dessen Zweck auf einen wirtschaftlichen Geschäftsbetrieb gerichtet ist, erlangt in Ermangelung besonderer bundesgesetzlicher Vorschriften Rechtsfähigkeit durch staatliche Verleihung. [2] Die Verleihung steht dem Land zu, in dessen Gebiet der Verein seinen Sitz hat.

§ 23 *(aufgehoben)*

§ 24 Sitz. Als Sitz eines Vereins gilt, wenn nicht ein anderes bestimmt ist, der Ort, an welchem die Verwaltung geführt wird.

§ 25 Verfassung. Die Verfassung eines rechtsfähigen Vereins wird, soweit sie nicht auf den nachfolgenden Vorschriften beruht, durch die Vereinssatzung bestimmt.

§ 26 Vorstand und Vertretung. (1) [1] Der Verein muss einen Vorstand haben. [2] Der Vorstand vertritt den Verein gerichtlich und außergerichtlich; er hat die Stellung eines gesetzlichen Vertreters. [3] Der Umfang der Vertretungsmacht kann durch die Satzung mit Wirkung gegen Dritte beschränkt werden.

(2) [1] Besteht der Vorstand aus mehreren Personen, so wird der Verein durch die Mehrheit der Vorstandsmitglieder vertreten. [2] Ist eine Willenserklärung gegenüber einem Verein abzugeben, so genügt die Abgabe gegenüber einem Mitglied des Vorstands.

§ 27 Bestellung und Geschäftsführung des Vorstands. (1) Die Bestellung des Vorstands erfolgt durch Beschluss der Mitgliederversammlung.

---

[1] Neubekanntmachung des BGB v. 18.8.1896 (RGBl. S. 195) in der ab 1.1.2002 geltenden Fassung.

[2] Vollständig abgedruckt in **dtv 5001 „BGB“**.

(2) [1] Die Bestellung ist jederzeit widerruflich, unbeschadet des Anspruchs auf die vertragsmäßige Vergütung. [2] Die Widerruflichkeit kann durch die Satzung auf den Fall beschränkt werden, dass ein wichtiger Grund für den Widerruf vorliegt; ein solcher Grund ist insbesondere grobe Pflichtverletzung oder Unfähigkeit zur ordnungsmäßigen Geschäftsführung.

(3) [1] Auf die Geschäftsführung des Vorstands finden die für den Auftrag geltenden Vorschriften der §§ 664 bis 670 entsprechende Anwendung. [2] Die Mitglieder des Vorstands sind unentgeltlich tätig.

§ 28 Beschlussfassung des Vorstands. Bei einem Vorstand, der aus mehreren Personen besteht, erfolgt die Beschlussfassung nach den für die Beschlüsse der Mitglieder des Vereins geltenden Vorschriften der §§ 32 und 34.

§ 29 Notbestellung durch Amtsgericht. Soweit die erforderlichen Mitglieder des Vorstands fehlen, sind sie in dringenden Fällen für die Zeit bis zur Behebung des Mangels auf Antrag eines Beteiligten von dem Amtsgericht zu bestellen, das für den Bezirk, in dem der Verein seinen Sitz hat, das Vereinsregister führt.

§ 30 Besondere Vertreter. [1] Durch die Satzung kann bestimmt werden, dass neben dem Vorstand für gewisse Geschäfte besondere Vertreter zu bestellen sind. [2] Die Vertretungsmacht eines solchen Vertreters erstreckt sich im Zweifel auf alle Rechtsgeschäfte, die der ihm zugewiesene Geschäftskreis gewöhnlich mit sich bringt.

§ 31 Haftung des Vereins für Organe. Der Verein ist für den Schaden verantwortlich, den der Vorstand, ein Mitglied des Vorstands oder ein anderer verfassungsmäßig berufener Vertreter durch eine in Ausführung der ihm zustehenden Verrichtungen begangene, zum Schadensersatz verpflichtende Handlung einem Dritten zufügt.

§ 31a Haftung von Organmitgliedern und besonderen Vertretern.

(1) [1] Sind Organmitglieder oder besondere Vertreter unentgeltlich tätig oder erhalten sie für ihre Tätigkeit eine Vergütung, die 720 Euro jährlich nicht übersteigt, haften sie dem Verein für einen bei der Wahrnehmung ihrer Pflichten verursachten Schaden nur bei Vorliegen von Vorsatz oder grober Fahrlässigkeit. [2] Satz 1 gilt auch für die Haftung gegenüber den Mitgliedern des Vereins. [3] Ist streitig, ob ein Organmitglied oder ein besonderer Vertreter einen Schaden vorsätzlich oder grob fahrlässig verursacht hat, trägt der Verein oder das Vereinsmitglied die Beweislast.

(2) [1] Sind Organmitglieder oder besondere Vertreter nach Absatz 1 Satz 1 einem anderen zum Ersatz eines Schadens verpflichtet, den sie bei der Wahrnehmung ihrer Pflichten verursacht haben, so können sie von dem Verein die Befreiung von der Verbindlichkeit verlangen. [2] Satz 1 gilt nicht, wenn der Schaden vorsätzlich oder grob fahrlässig verursacht wurde.

§ 31b Haftung von Vereinsmitgliedern. (1) [1] Sind Vereinsmitglieder unentgeltlich für den Verein tätig oder erhalten sie für ihre Tätigkeit eine Vergütung, die 720 Euro jährlich nicht übersteigt, haften sie dem Verein für einen Schaden, den sie bei der Wahrnehmung der ihnen übertragenen satzungsgemäßen Vereinsaufgaben verursachen, nur bei Vorliegen von Vorsatz oder grober Fahrlässigkeit. [2] § 31a Absatz 1 Satz 3 ist entsprechend anzuwenden.

(2) [1] Sind Vereinsmitglieder nach Absatz 1 Satz 1 einem anderen zum Ersatz eines Schadens verpflichtet, den sie bei der Wahrnehmung der ihnen übertragenen satzungsgemäßen Vereinsaufgaben verursacht haben, so können sie von dem Verein die Befreiung von der Verbindlichkeit verlangen. [2] Satz 1 gilt nicht, wenn die Vereinsmitglieder den Schaden vorsätzlich oder grob fahrlässig verursacht haben.

§ 32 Mitgliederversammlung; Beschlussfassung. (1) [1] Die Angelegenheiten des Vereins werden, soweit sie nicht von dem Vorstand oder einem anderen Vereinsorgan zu besorgen sind, durch Beschlussfassung in einer Versammlung der Mitglieder geordnet. [2] Zur Gültigkeit des Beschlusses ist erforderlich, dass der Gegenstand bei der Berufung bezeichnet wird. [3] Bei der Beschlussfassung entscheidet die Mehrheit der abgegebenen Stimmen.

(2) Auch ohne Versammlung der Mitglieder ist ein Beschluss gültig, wenn alle Mitglieder ihre Zustimmung zu dem Beschluss schriftlich erklären.

§ 33 Satzungsänderung. (1) [1] Zu einem Beschluss, der eine Änderung der Satzung enthält, ist eine Mehrheit von drei Vierteln der abgegebenen Stimmen erforderlich. [2] Zur Änderung des Zweckes des Vereins ist die Zustimmung aller Mitglieder erforderlich; die Zustimmung der nicht erschienenen Mitglieder muss schriftlich erfolgen.

(2) Beruht die Rechtsfähigkeit des Vereins auf Verleihung, so ist zu jeder Änderung der Satzung die Genehmigung der zuständigen Behörde erforderlich.

§ 34 Ausschluss vom Stimmrecht. Ein Mitglied ist nicht stimmberechtigt, wenn die Beschlussfassung die Vornahme eines Rechtsgeschäfts mit ihm oder die Einleitung oder Erledigung eines Rechtsstreits zwischen ihm und dem Verein betrifft.

§ 35 Sonderrechte. Sonderrechte eines Mitglieds können nicht ohne dessen Zustimmung durch Beschluss der Mitgliederversammlung beeinträchtigt werden.

§ 36 Berufung der Mitgliederversammlung. Die Mitgliederversammlung ist in den durch die Satzung bestimmten Fällen sowie dann zu berufen, wenn das Interesse des Vereins es erfordert.

§ 37 Berufung auf Verlangen einer Minderheit. (1) Die Mitgliederversammlung ist zu berufen, wenn der durch die Satzung bestimmte Teil oder in Ermangelung einer Bestimmung der zehnte Teil der Mitglieder die Berufung schriftlich unter Angabe des Zweckes und der Gründe verlangt.

(2) [1] Wird dem Verlangen nicht entsprochen, so kann das Amtsgericht die Mitglieder, die das Verlangen gestellt haben, zur Berufung der Versammlung ermächtigen; es kann Anordnungen über die Führung des Vorsitzes in der Versammlung treffen. [2] Zuständig ist das Amtsgericht, das für den Bezirk, in dem der Verein seinen Sitz hat, das Vereinsregister führt. [3] Auf die Ermächtigung muss bei der Berufung der Versammlung Bezug genommen werden.

§ 38 Mitgliedschaft. [1]Die Mitgliedschaft ist nicht übertragbar und nicht vererblich. [2]Die Ausübung der Mitgliedschaftsrechte kann nicht einem anderen überlassen werden.

§ 39 Austritt aus dem Verein. (1) Die Mitglieder sind zum Austritt aus dem Verein berechtigt.

(2) Durch die Satzung kann bestimmt werden, dass der Austritt nur am Schluss eines Geschäftsjahrs oder erst nach dem Ablauf einer Kündigungsfrist zulässig ist; die Kündigungsfrist kann höchstens zwei Jahre betragen.

§ 40 Nachgiebige Vorschriften. [1]Die Vorschriften des § 26 Absatz 2 Satz 1, des § 27 Absatz 1 und 3, ,[1)] der §§ 28, 31a Abs. 1 Satz 2 sowie der §§ 32, 33 und 38 finden insoweit keine Anwendung als die Satzung ein anderes bestimmt. [2]Von § 34 kann auch für die Beschlussfassung des Vorstands durch die Satzung nicht abgewichen werden.

§ 41 Auflösung des Vereins. [1]Der Verein kann durch Beschluss der Mitgliederversammlung aufgelöst werden. [2]Zu dem Beschluss ist eine Mehrheit von drei Vierteln der abgegebenen Stimmen erforderlich, wenn nicht die Satzung ein anderes bestimmt.

§ 42 Insolvenz. (1) [1]Der Verein wird durch die Eröffnung des Insolvenzverfahrens und mit Rechtskraft des Beschlusses, durch den die Eröffnung des Insolvenzverfahrens mangels Masse abgewiesen worden ist, aufgelöst. [2]Wird das Verfahren auf Antrag des Schuldners eingestellt oder nach der Bestätigung eines Insolvenzplans, der den Fortbestand des Vereins vorsieht, aufgehoben, so kann die Mitgliederversammlung die Fortsetzung des Vereins beschließen. [3]Durch die Satzung kann bestimmt werden, dass der Verein im Falle der Eröffnung des Insolvenzverfahrens als nicht rechtsfähiger Verein fortbesteht; auch in diesem Falle kann unter den Voraussetzungen des Satzes 2 die Fortsetzung als rechtsfähiger Verein beschlossen werden.

(2) [1]Der Vorstand hat im Falle der Zahlungsunfähigkeit oder der Überschuldung die Eröffnung des Insolvenzverfahrens zu beantragen. [2]Wird die Stellung des Antrags verzögert, so sind die Vorstandsmitglieder, denen ein Verschulden zur Last fällt, den Gläubigern für den daraus entstehenden Schaden verantwortlich; sie haften als Gesamtschuldner.

§ 43 Entziehung der Rechtsfähigkeit. Einem Verein, dessen Rechtsfähigkeit auf Verleihung beruht, kann die Rechtsfähigkeit entzogen werden, wenn er einen anderen als den in der Satzung bestimmten Zweck verfolgt.

§ 44 Zuständigkeit und Verfahren. Die Zuständigkeit und das Verfahren für die Entziehung der Rechtsfähigkeit nach § 43 bestimmen sich nach dem Recht des Landes, in dem der Verein seinen Sitz hat.

§ 45 Anfall des Vereinsvermögens. (1) Mit der Auflösung des Vereins oder der Entziehung der Rechtsfähigkeit fällt das Vermögen an die in der Satzung bestimmten Personen.

[1)] Zeichensetzung amtlich.

(2) [1]Durch die Satzung kann vorgeschrieben werden, dass die Anfallberechtigten durch Beschluss der Mitgliederversammlung oder eines anderen Vereinsorgans bestimmt werden. [2]Ist der Zweck des Vereins nicht auf einen wirtschaftlichen Geschäftsbetrieb gerichtet, so kann die Mitgliederversammlung auch ohne eine solche Vorschrift das Vermögen einer öffentlichen Stiftung oder Anstalt zuweisen.

(3) Fehlt es an einer Bestimmung der Anfallberechtigten, so fällt das Vermögen, wenn der Verein nach der Satzung ausschließlich den Interessen seiner Mitglieder diente, an die zur Zeit der Auflösung oder der Entziehung der Rechtsfähigkeit vorhandenen Mitglieder zu gleichen Teilen, anderenfalls an den Fiskus des Landes, in dessen Gebiet der Verein seinen Sitz hatte.

§ 46 Anfall an den Fiskus. [1]Fällt das Vereinsvermögen an den Fiskus, so finden die Vorschriften über eine dem Fiskus als gesetzlichem Erben anfallende Erbschaft entsprechende Anwendung. [2]Der Fiskus hat das Vermögen tunlichst in einer den Zwecken des Vereins entsprechenden Weise zu verwenden.

§ 47 Liquidation. Fällt das Vereinsvermögen nicht an den Fiskus, so muss eine Liquidation stattfinden, sofern nicht über das Vermögen des Vereins das Insolvenzverfahren eröffnet ist.

§ 48 Liquidatoren. (1) [1]Die Liquidation erfolgt durch den Vorstand. [2]Zu Liquidatoren können auch andere Personen bestellt werden; für die Bestellung sind die für die Bestellung des Vorstands geltenden Vorschriften maßgebend.

(2) Die Liquidatoren haben die rechtliche Stellung des Vorstands, soweit sich nicht aus dem Zwecke der Liquidation ein anderes ergibt.

(3) Sind mehrere Liquidatoren vorhanden, so sind sie nur gemeinschaftlich zur Vertretung befugt und können Beschlüsse nur einstimmig fassen, sofern nicht ein anderes bestimmt ist.

§ 49 Aufgaben der Liquidatoren. (1) [1]Die Liquidatoren haben die laufenden Geschäfte zu beendigen, die Forderungen einzuziehen, das übrige Vermögen in Geld umzusetzen, die Gläubiger zu befriedigen und den Überschuss den Anfallberechtigten auszuantworten. [2]Zur Beendigung schwebender Geschäfte können die Liquidatoren auch neue Geschäfte eingehen. [3]Die Einziehung der Forderungen sowie die Umsetzung des übrigen Vermögens in Geld darf unterbleiben, soweit diese Maßregeln nicht zur Befriedigung der Gläubiger oder zur Verteilung des Überschusses unter die Anfallberechtigten erforderlich sind.

(2) Der Verein gilt bis zur Beendigung der Liquidation als fortbestehend, soweit der Zweck der Liquidation es erfordert.

§ 50 Bekanntmachung des Vereins in Liquidation. (1) [1]Die Auflösung des Vereins oder die Entziehung der Rechtsfähigkeit ist durch die Liquidatoren öffentlich bekannt zu machen. [2]In der Bekanntmachung sind die Gläubiger zur Anmeldung ihrer Ansprüche aufzufordern. [3]Die Bekanntmachung erfolgt durch das in der Satzung für Veröffentlichungen bestimmte Blatt. [4]Die Bekanntmachung gilt mit dem Ablauf des zweiten Tages nach der Einrückung oder der ersten Einrückung als bewirkt.

(2) Bekannte Gläubiger sind durch besondere Mitteilung zur Anmeldung aufzufordern.

§ 50a Bekanntmachungsblatt. Hat ein Verein in der Satzung kein Blatt für Bekanntmachungen bestimmt oder hat das bestimmte Bekanntmachungsblatt sein Erscheinen eingestellt, sind Bekanntmachungen des Vereins in dem Blatt zu veröffentlichen, welches für Bekanntmachungen des Amtsgerichts bestimmt ist, in dessen Bezirk der Verein seinen Sitz hat.

§ 51 Sperrjahr. Das Vermögen darf den Anfallberechtigten nicht vor dem Ablauf eines Jahres nach der Bekanntmachung der Auflösung des Vereins oder der Entziehung der Rechtsfähigkeit ausgeantwortet werden.

§ 52 Sicherung für Gläubiger. (1) Meldet sich ein bekannter Gläubiger nicht, so ist der geschuldete Betrag, wenn die Berechtigung zur Hinterlegung vorhanden ist, für den Gläubiger zu hinterlegen.

(2) Ist die Berichtigung einer Verbindlichkeit zur Zeit nicht ausführbar oder ist eine Verbindlichkeit streitig, so darf das Vermögen den Anfallberechtigten nur ausgeantwortet werden, wenn dem Gläubiger Sicherheit geleistet ist.

§ 53 Schadensersatzpflicht der Liquidatoren. Liquidatoren, welche die ihnen nach dem § 42 Abs. 2 und den §§ 50, 51 und 52 obliegenden Verpflichtungen verletzen oder vor der Befriedigung der Gläubiger Vermögen den Anfallberechtigten ausantworten, sind, wenn ihnen ein Verschulden zur Last fällt, den Gläubigern für den daraus entstehenden Schaden verantwortlich; sie haften als Gesamtschuldner.

§ 54 Nicht rechtsfähige Vereine. [1] Auf Vereine, die nicht rechtsfähig sind, finden die Vorschriften über die Gesellschaft Anwendung. [2] Aus einem Rechtsgeschäft, das im Namen eines solchen Vereins einem Dritten gegenüber vorgenommen wird, haftet der Handelnde persönlich; handeln mehrere, so haften sie als Gesamtschuldner.[1)]

Kapitel 2. Eingetragene Vereine

§ 55 Zuständigkeit für die Registereintragung. Die Eintragung eines Vereins der in § 21 bezeichneten Art in das Vereinsregister hat bei dem Amtsgericht zu geschehen, in dessen Bezirk der Verein seinen Sitz hat.

§ 55a Elektronisches Vereinsregister. (1) [1] Die Landesregierungen können durch Rechtsverordnung bestimmen, dass und in welchem Umfang das Vereinsregister in maschineller Form als automatisierte Datei geführt wird. [2] Hierbei muss gewährleistet sein, dass

1. die Grundsätze einer ordnungsgemäßen Datenverarbeitung eingehalten, insbesondere Vorkehrungen gegen einen Datenverlust getroffen sowie die erforderlichen Kopien der Datenbestände mindestens tagesaktuell gehalten und die originären Datenbestände sowie deren Kopien sicher aufbewahrt werden,
2. die vorzunehmenden Eintragungen alsbald in einen Datenspeicher aufgenommen und auf Dauer inhaltlich unverändert in lesbarer Form wiedergegeben werden können und
3. die nach den Artikeln 24, 25 und 32 der Verordnung (EU) 2016/679 erforderlichen Anforderungen erfüllt sind.

[1)] § 54 Satz 2 wird bei Parteien nicht angewandt; vgl. § 37 ParteienG idF der Bek. v. 31.1.1994 (BGBl. I S. 149), zuletzt geänd. durch G v. 10.7.2018 (BGBl. I S. 1116).

[3] Die Landesregierungen können durch Rechtsverordnung die Ermächtigung nach Satz 1 auf die Landesjustizverwaltungen übertragen.

(2) [1] Das maschinell geführte Vereinsregister tritt für eine Seite des Registers an die Stelle des bisherigen Registers, sobald die Eintragungen dieser Seite in den für die Vereinsregistereintragungen bestimmten Datenspeicher aufgenommen und als Vereinsregister freigegeben worden sind. [2] Die entsprechenden Seiten des bisherigen Vereinsregisters sind mit einem Schließungsvermerk zu versehen.

(3) [1] Eine Eintragung wird wirksam, sobald sie in den für die Registereintragungen bestimmten Datenspeicher aufgenommen ist und auf Dauer inhaltlich unverändert in lesbarer Form wiedergegeben werden kann. [2] Durch eine Bestätigungsanzeige oder in anderer geeigneter Weise ist zu überprüfen, ob diese Voraussetzungen eingetreten sind. [3] Jede Eintragung soll den Tag angeben, an dem sie wirksam geworden ist.

§ 56 Mindestmitgliederzahl des Vereins. Die Eintragung soll nur erfolgen, wenn die Zahl der Mitglieder mindestens sieben beträgt.

§ 57 Mindesterfordernisse an die Vereinssatzung. (1) Die Satzung muss den Zweck, den Namen und den Sitz des Vereins enthalten und ergeben, dass der Verein eingetragen werden soll.

(2) Der Name soll sich von den Namen der an demselben Orte oder in derselben Gemeinde bestehenden eingetragenen Vereine deutlich unterscheiden.

§ 58 Sollinhalt der Vereinssatzung. Die Satzung soll Bestimmungen enthalten:

1. über den Eintritt und Austritt der Mitglieder,
2. darüber, ob und welche Beiträge von den Mitgliedern zu leisten sind,
3. über die Bildung des Vorstands,
4. über die Voraussetzungen, unter denen die Mitgliederversammlung zu berufen ist, über die Form der Berufung und über die Beurkundung der Beschlüsse.

§ 59 Anmeldung zur Eintragung. (1) Der Vorstand hat den Verein zur Eintragung anzumelden.

(2) Der Anmeldung sind Abschriften der Satzung und der Urkunden über die Bestellung des Vorstands beizufügen.

(3) Die Satzung soll von mindestens sieben Mitgliedern unterzeichnet sein und die Angabe des Tages der Errichtung enthalten.

§ 60 Zurückweisung der Anmeldung. Die Anmeldung ist, wenn den Erfordernissen der §§ 56 bis 59 nicht genügt ist, von dem Amtsgericht unter Angabe der Gründe zurückzuweisen.

(2)[1)] (weggefallen)

§§ 61 bis 63 (weggefallen)

[1)] Absatzbezeichnung amtlich.

§ 64 Inhalt der Vereinsregistereintragung. Bei der Eintragung sind der Name und der Sitz des Vereins, der Tag der Errichtung der Satzung, die Mitglieder des Vorstands und ihre Vertretungsmacht anzugeben.

§ 65 Namenszusatz. Mit der Eintragung erhält der Name des Vereins den Zusatz „eingetragener Verein".

§ 66 Bekanntmachung der Eintragung und Aufbewahrung von Dokumenten. (1) Das Amtsgericht hat die Eintragung des Vereins in das Vereinsregister durch Veröffentlichung in dem von der Landesjustizverwaltung bestimmten elektronischen Informations- und Kommunikationssystem bekannt zu machen.

(2) Die mit der Anmeldung eingereichten Dokumente werden vom Amtsgericht aufbewahrt.

§ 67 Änderung des Vorstands. (1) [1] Jede Änderung des Vorstands ist von dem Vorstand zur Eintragung anzumelden. [2] Der Anmeldung ist eine Abschrift der Urkunde über die Änderung beizufügen.

(2) Die Eintragung gerichtlich bestellter Vorstandsmitglieder erfolgt von Amts wegen.

§ 68 Vertrauensschutz durch Vereinsregister. [1] Wird zwischen den bisherigen Mitgliedern des Vorstands und einem Dritten ein Rechtsgeschäft vorgenommen, so kann die Änderung des Vorstands dem Dritten nur entgegengesetzt werden, wenn sie zur Zeit der Vornahme des Rechtsgeschäfts im Vereinsregister eingetragen oder dem Dritten bekannt ist. [2] Ist die Änderung eingetragen, so braucht der Dritte sie nicht gegen sich gelten zu lassen, wenn er sie nicht kennt, seine Unkenntnis auch nicht auf Fahrlässigkeit beruht.

§ 69 Nachweis des Vereinsvorstands. Der Nachweis, dass der Vorstand aus den im Register eingetragenen Personen besteht, wird Behörden gegenüber durch ein Zeugnis des Amtsgerichts über die Eintragung geführt.

§ 70 Vertrauensschutz bei Eintragungen zur Vertretungsmacht. Die Vorschriften des § 68 gelten auch für Bestimmungen, die den Umfang der Vertretungsmacht des Vorstands beschränken oder die Vertretungsmacht des Vorstands abweichend von der Vorschrift des § 26 Absatz 2 Satz 1 regeln.

§ 71 Änderungen der Satzung. (1) [1] Änderungen der Satzung bedürfen zu ihrer Wirksamkeit der Eintragung in das Vereinsregister. [2] Die Änderung ist von dem Vorstand zur Eintragung anzumelden. [3] Der Anmeldung sind eine Abschrift des die Änderung enthaltenden Beschlusses und der Wortlaut der Satzung beizufügen. [4] In dem Wortlaut der Satzung müssen die geänderten Bestimmungen mit dem Beschluss über die Satzungsänderung, die unveränderten Bestimmungen mit dem zuletzt eingereichten vollständigen Wortlaut der Satzung und, wenn die Satzung geändert worden ist, ohne dass ein vollständiger Wortlaut der Satzung eingereicht wurde, auch mit den zuvor eingetragenen Änderungen übereinstimmen.

(2) Die Vorschriften der §§ 60, 64 und des § 66 Abs. 2 finden entsprechende Anwendung.

§ 72 Bescheinigung der Mitgliederzahl. Der Vorstand hat dem Amtsgericht auf dessen Verlangen jederzeit eine schriftliche Bescheinigung über die Zahl der Vereinsmitglieder einzureichen.

§ 73 Unterschreiten der Mindestmitgliederzahl. Sinkt die Zahl der Vereinsmitglieder unter drei herab, so hat das Amtsgericht auf Antrag des Vorstands und, wenn der Antrag nicht binnen drei Monaten gestellt wird, von Amts wegen nach Anhörung des Vorstands dem Verein die Rechtsfähigkeit zu entziehen.

(2)[1)] (weggefallen)

§ 74 Auflösung. (1) Die Auflösung des Vereins sowie die Entziehung der Rechtsfähigkeit ist in das Vereinsregister einzutragen.

(2) [1] Wird der Verein durch Beschluss der Mitgliederversammlung oder durch den Ablauf der für die Dauer des Vereins bestimmten Zeit aufgelöst, so hat der Vorstand die Auflösung zur Eintragung anzumelden. [2] Der Anmeldung ist im ersteren Falle eine Abschrift des Auflösungsbeschlusses beizufügen.

§ 75 Eintragungen bei Insolvenz. (1) [1] Die Eröffnung des Insolvenzverfahrens und der Beschluss, durch den die Eröffnung des Insolvenzverfahrens mangels Masse rechtskräftig abgewiesen worden ist, sowie die Auflösung des Vereins nach § 42 Absatz 2 Satz 1 sind von Amts wegen einzutragen. [2] Von Amts wegen sind auch einzutragen

1. die Aufhebung des Eröffnungsbeschlusses,
2. die Bestellung eines vorläufigen Insolvenzverwalters, wenn zusätzlich dem Schuldner ein allgemeines Verfügungsverbot auferlegt oder angeordnet wird, dass Verfügungen des Schuldners nur mit Zustimmung des vorläufigen Insolvenzverwalters wirksam sind, und die Aufhebung einer derartigen Sicherungsmaßnahme,
3. die Anordnung der Eigenverwaltung durch den Schuldner und deren Aufhebung sowie die Anordnung der Zustimmungsbedürftigkeit bestimmter Rechtsgeschäfte des Schuldners,
4. die Einstellung und die Aufhebung des Verfahrens und
5. die Überwachung der Erfüllung eines Insolvenzplans und die Aufhebung der Überwachung.

(2) [1] Wird der Verein durch Beschluss der Mitgliederversammlung nach § 42 Absatz 1 Satz 2 fortgesetzt, so hat der Vorstand die Fortsetzung zur Eintragung anzumelden. [2] Der Anmeldung ist eine Abschrift des Beschlusses beizufügen.

§ 76 Eintragungen bei Liquidation. (1) [1] Bei der Liquidation des Vereins sind die Liquidatoren und ihre Vertretungsmacht in das Vereinsregister einzutragen. [2] Das Gleiche gilt für die Beendigung des Vereins nach der Liquidation.

(2) [1] Die Anmeldung der Liquidatoren hat durch den Vorstand zu erfolgen. [2] Bei der Anmeldung ist der Umfang der Vertretungsmacht der Liquidatoren anzugeben. [3] Änderungen der Liquidatoren oder ihrer Vertretungsmacht sowie die Beendigung des Vereins sind von den Liquidatoren anzumelden. [4] Der

---

[1)] Absatzbezeichnung amtlich.

Anmeldung der durch Beschluss der Mitgliederversammlung bestellten Liquidatoren ist eine Abschrift des Bestellungsbeschlusses, der Anmeldung der Vertretungsmacht, die abweichend von § 48 Absatz 3 bestimmt wurde, ist eine Abschrift der diese Bestimmung enthaltenden Urkunde beizufügen.

(3) Die Eintragung gerichtlich bestellter Liquidatoren geschieht von Amts wegen.

§ 77 Anmeldepflichtige und Form der Anmeldungen. [1]Die Anmeldungen zum Vereinsregister sind von Mitgliedern des Vorstands sowie von den Liquidatoren, die insoweit zur Vertretung des Vereins berechtigt sind, mittels öffentlich beglaubigter Erklärung abzugeben. [2]Die Erklärung kann in Urschrift oder in öffentlich beglaubigter Abschrift beim Gericht eingereicht werden.

§ 78 Festsetzung von Zwangsgeld. (1) Das Amtsgericht kann die Mitglieder des Vorstands zur Befolgung der Vorschriften des § 67 Abs. 1, des § 71 Abs. 1, des § 72, des § 74 Abs. 2, des § 75 Absatz 2 und des § 76 durch Festsetzung von Zwangsgeld anhalten.

(2) In gleicher Weise können die Liquidatoren zur Befolgung der Vorschriften des § 76 angehalten werden.

§ 79 Einsicht in das Vereinsregister. (1) [1]Die Einsicht des Vereinsregisters sowie der von dem Verein bei dem Amtsgericht eingereichten Dokumente ist jedem gestattet. [2]Von den Eintragungen kann eine Abschrift verlangt werden; die Abschrift ist auf Verlangen zu beglaubigen. [3]Wird das Vereinsregister maschinell geführt, tritt an die Stelle der Abschrift ein Ausdruck, an die der beglaubigten Abschrift ein amtlicher Ausdruck.

(2) [1]Die Einrichtung eines automatisierten Verfahrens, das die Übermittlung von Daten aus maschinell geführten Vereinsregistern durch Abruf ermöglicht, ist zulässig, wenn sichergestellt ist, dass

1. der Abruf von Daten die zulässige Einsicht nach Absatz 1 nicht überschreitet und
2. die Zulässigkeit der Abrufe auf der Grundlage einer Protokollierung kontrolliert werden kann.

[2]Die Länder können für das Verfahren ein länderübergreifendes elektronisches Informations- und Kommunikationssystem bestimmen.

(3) [1]Der Nutzer ist darauf hinzuweisen, dass er die übermittelten Daten nur zu Informationszwecken verwenden darf. [2]Die zuständige Stelle hat (z.B. durch Stichproben) zu prüfen, ob sich Anhaltspunkte dafür ergeben, dass die nach Satz 1 zulässige Einsicht überschritten oder übermittelte Daten missbraucht werden.

(4) Die zuständige Stelle kann einen Nutzer, der die Funktionsfähigkeit der Abrufeinrichtung gefährdet, die nach Absatz 3 Satz 1 zulässige Einsicht überschreitet oder übermittelte Daten missbraucht, von der Teilnahme am automatisierten Abrufverfahren ausschließen; dasselbe gilt bei drohender Überschreitung oder drohendem Missbrauch.

(5) [1]Zuständige Stelle ist die Landesjustizverwaltung. [2]Örtlich zuständig ist die Landesjustizverwaltung, in deren Zuständigkeitsbereich das betreffende Amtsgericht liegt. [3]Die Zuständigkeit kann durch Rechtsverordnung der Landesregierung abweichend geregelt werden. [4]Sie kann diese Ermächtigung

durch Rechtsverordnung auf die Landesjustizverwaltung übertragen. [5]Die Länder können auch die Übertragung der Zuständigkeit auf die zuständige Stelle eines anderen Landes vereinbaren.

§ 79a Anwendung der Verordnung (EU) 2016/679 im Registerverfahren. (1) [1]Die Rechte nach Artikel 15 der Verordnung (EU) 2016/679 des Europäischen Parlaments und des Rates vom 27. April 2016 zum Schutz natürlicher Personen bei der Verarbeitung personenbezogener Daten, zum freien Datenverkehr und zur Aufhebung der Richtlinie 95/46/EG (Datenschutz-Grundverordnung) (ABl. L 119 vom 4.5.2016, S. 1; L 314 vom 22.11. 2016, S. 72; L 127 vom 23.5.2018, S. 2) werden nach § 79 und den dazu erlassenen Vorschriften der Vereinsregisterverordnung durch Einsicht in das Register oder den Abruf von Registerdaten über das länderübergreifende Informations- und Kommunikationssystem gewährt. [2]Das Registergericht ist nicht verpflichtet, Personen, deren personenbezogene Daten im Vereinsregister oder in den Registerakten gespeichert sind, über die Offenlegung dieser Daten an Dritte Auskunft zu erteilen.

(2) Das Recht auf Berichtigung nach Artikel 16 der Verordnung (EU) 2016/679 kann für personenbezogene Daten, die im Vereinsregister oder in den Registerakten gespeichert sind, nur unter den Voraussetzungen und in dem Verfahren ausgeübt werden, die im Gesetz über das Verfahren in Familiensachen und in den Angelegenheiten der freiwilligen Gerichtsbarkeit sowie der Vereinsregisterverordnung für eine Löschung oder Berichtigung von Eintragungen geregelt sind.

(3) Das Widerspruchsrecht nach Artikel 21 der Verordnung (EU) 2016/679 ist auf personenbezogene Daten, die im Vereinsregister und in den Registerakten gespeichert sind, nicht anzuwenden.

§§ 80–704 *(hier nicht wiedergegeben)*

Buch 2. Recht der Schuldverhältnisse

Abschnitt 8. Einzelne Schuldverhältnisse

Titel 16. Gesellschaft

§ 705 Inhalt des Gesellschaftsvertrags. Durch den Gesellschaftsvertrag verpflichten sich die Gesellschafter gegenseitig, die Erreichung eines gemeinsamen Zweckes in der durch den Vertrag bestimmten Weise zu fördern, insbesondere die vereinbarten Beiträge zu leisten.

§ 706 Beiträge der Gesellschafter. (1) Die Gesellschafter haben in Ermangelung einer anderen Vereinbarung gleiche Beiträge zu leisten.

(2) [1]Sind vertretbare oder verbrauchbare Sachen beizutragen, so ist im Zweifel anzunehmen, dass sie gemeinschaftliches Eigentum der Gesellschafter werden sollen. [2]Das Gleiche gilt von nicht vertretbaren und nicht verbrauchbaren Sachen, wenn sie nach einer Schätzung beizutragen sind, die nicht bloß für die Gewinnverteilung bestimmt ist.

(3) Der Beitrag eines Gesellschafters kann auch in der Leistung von Diensten bestehen.

§ 707 Erhöhung des vereinbarten Beitrags. Zur Erhöhung des vereinbarten Beitrags oder zur Ergänzung der durch Verlust verminderten Einlage ist ein Gesellschafter nicht verpflichtet.

§ 708 Haftung der Gesellschafter. Ein Gesellschafter hat bei der Erfüllung der ihm obliegenden Verpflichtungen nur für diejenige Sorgfalt einzustehen, welche er in eigenen Angelegenheiten anzuwenden pflegt.

§ 709 Gemeinschaftliche Geschäftsführung. (1) Die Führung der Geschäfte der Gesellschaft steht den Gesellschaftern gemeinschaftlich zu; für jedes Geschäft ist die Zustimmung aller Gesellschafter erforderlich.

(2) Hat nach dem Gesellschaftsvertrag die Mehrheit der Stimmen zu entscheiden, so ist die Mehrheit im Zweifel nach der Zahl der Gesellschafter zu berechnen.

§ 710 Übertragung der Geschäftsführung. [1] Ist in dem Gesellschaftsvertrag die Führung der Geschäfte einem Gesellschafter oder mehreren Gesellschaftern übertragen, so sind die übrigen Gesellschafter von der Geschäftsführung ausgeschlossen. [2] Ist die Geschäftsführung mehreren Gesellschaftern übertragen, so findet die Vorschrift des § 709 entsprechende Anwendung.

§ 711 Widerspruchsrecht. [1] Steht nach dem Gesellschaftsvertrag die Führung der Geschäfte allen oder mehreren Gesellschaftern in der Art zu, dass jeder allein zu handeln berechtigt ist, so kann jeder der Vornahme eines Geschäfts durch den anderen widersprechen. [2] Im Falle des Widerspruchs muss das Geschäft unterbleiben.

§ 712 Entziehung und Kündigung der Geschäftsführung. (1) Die einem Gesellschafter durch den Gesellschaftsvertrag übertragene Befugnis zur Geschäftsführung kann ihm durch einstimmigen Beschluss oder, falls nach dem Gesellschaftsvertrag die Mehrheit der Stimmen entscheidet, durch Mehrheitsbeschluss der übrigen Gesellschafter entzogen werden, wenn ein wichtiger Grund vorliegt; ein solcher Grund ist insbesondere grobe Pflichtverletzung oder Unfähigkeit zur ordnungsmäßigen Geschäftsführung.

(2) Der Gesellschafter kann auch seinerseits die Geschäftsführung kündigen, wenn ein wichtiger Grund vorliegt; die für den Auftrag geltende Vorschrift des § 671 Abs. 2, 3 findet entsprechende Anwendung.

§ 713 Rechte und Pflichten der geschäftsführenden Gesellschafter. Die Rechte und Verpflichtungen der geschäftsführenden Gesellschafter bestimmen sich nach den für den Auftrag geltenden Vorschriften der §§ 664 bis 670, soweit sich nicht aus dem Gesellschaftsverhältnis ein anderes ergibt.

§ 714 Vertretungsmacht. Soweit einem Gesellschafter nach dem Gesellschaftsvertrag die Befugnis zur Geschäftsführung zusteht, ist er im Zweifel auch ermächtigt, die anderen Gesellschafter Dritten gegenüber zu vertreten.

§ 715 Entziehung der Vertretungsmacht. Ist im Gesellschaftsvertrag ein Gesellschafter ermächtigt, die anderen Gesellschafter Dritten gegenüber zu vertreten, so kann die Vertretungsmacht nur nach Maßgabe des § 712 Abs. 1 und, wenn sie in Verbindung mit der Befugnis zur Geschäftsführung erteilt worden ist, nur mit dieser entzogen werden.

§ 716 Kontrollrecht der Gesellschafter. (1) Ein Gesellschafter kann, auch wenn er von der Geschäftsführung ausgeschlossen ist, sich von den Angelegenheiten der Gesellschaft persönlich unterrichten, die Geschäftsbücher und die Papiere der Gesellschaft einsehen und sich aus ihnen eine Übersicht über den Stand des Gesellschaftsvermögens anfertigen.

(2) Eine dieses Recht ausschließende oder beschränkende Vereinbarung steht der Geltendmachung des Rechts nicht entgegen, wenn Grund zu der Annahme unredlicher Geschäftsführung besteht.

§ 717 Nichtübertragbarkeit der Gesellschafterrechte. [1] Die Ansprüche, die den Gesellschaftern aus dem Gesellschaftsverhältnis gegeneinander zustehen, sind nicht übertragbar. [2] Ausgenommen sind die einem Gesellschafter aus seiner Geschäftsführung zustehenden Ansprüche, soweit deren Befriedigung vor der Auseinandersetzung verlangt werden kann, sowie die Ansprüche auf einen Gewinnanteil oder auf dasjenige, was dem Gesellschafter bei der Auseinandersetzung zukommt.

§ 718 Gesellschaftsvermögen. (1) Die Beiträge der Gesellschafter und die durch die Geschäftsführung für die Gesellschaft erworbenen Gegenstände werden gemeinschaftliches Vermögen der Gesellschafter (Gesellschaftsvermögen).

(2) Zu dem Gesellschaftsvermögen gehört auch, was auf Grund eines zu dem Gesellschaftsvermögen gehörenden Rechts oder als Ersatz für die Zerstörung, Beschädigung oder Entziehung eines zu dem Gesellschaftsvermögen gehörenden Gegenstands erworben wird.

§ 719 Gesamthänderische Bindung. (1) Ein Gesellschafter kann nicht über seinen Anteil an dem Gesellschaftsvermögen und an den einzelnen dazu gehörenden Gegenständen verfügen; er ist nicht berechtigt, Teilung zu verlangen.

(2) Gegen eine Forderung, die zum Gesellschaftsvermögen gehört, kann der Schuldner nicht eine ihm gegen einen einzelnen Gesellschafter zustehende Forderung aufrechnen.

§ 720 Schutz des gutgläubigen Schuldners. Die Zugehörigkeit einer nach § 718 Abs. 1 erworbenen Forderung zum Gesellschaftsvermögen hat der Schuldner erst dann gegen sich gelten zu lassen, wenn er von der Zugehörigkeit Kenntnis erlangt; die Vorschriften der §§ 406 bis 408 finden entsprechende Anwendung.

§ 721 Gewinn- und Verlustverteilung. (1) Ein Gesellschafter kann den Rechnungsabschluss und die Verteilung des Gewinns und Verlusts erst nach der Auflösung der Gesellschaft verlangen.

(2) Ist die Gesellschaft von längerer Dauer, so hat der Rechnungsabschluss und die Gewinnverteilung im Zweifel am Schluss jedes Geschäftsjahrs zu erfolgen.

§ 722 Anteile am Gewinn und Verlust. (1) Sind die Anteile der Gesellschafter am Gewinn und Verlust nicht bestimmt, so hat jeder Gesellschafter ohne Rücksicht auf die Art und die Größe seines Beitrags einen gleichen Anteil am Gewinn und Verlust.

(2) Ist nur der Anteil am Gewinn oder am Verlust bestimmt, so gilt die Bestimmung im Zweifel für Gewinn und Verlust.

§ 723 Kündigung durch Gesellschafter. (1) [1] Ist die Gesellschaft nicht für eine bestimmte Zeit eingegangen, so kann jeder Gesellschafter sie jederzeit kündigen. [2] Ist eine Zeitdauer bestimmt, so ist die Kündigung vor dem Ablauf der Zeit zulässig, wenn ein wichtiger Grund vorliegt. [3] Ein wichtiger Grund liegt insbesondere vor,

1. wenn ein anderer Gesellschafter eine ihm nach dem Gesellschaftsvertrag obliegende wesentliche Verpflichtung vorsätzlich oder aus grober Fahrlässigkeit verletzt hat oder wenn die Erfüllung einer solchen Verpflichtung unmöglich wird,
2. wenn der Gesellschafter das 18. Lebensjahr vollendet hat.

[4] Der volljährig Gewordene kann die Kündigung nach Nummer 2 nur binnen drei Monaten von dem Zeitpunkt an erklären, in welchem er von seiner Gesellschafterstellung Kenntnis hatte oder haben musste. [5] Das Kündigungsrecht besteht nicht, wenn der Gesellschafter bezüglich des Gegenstands der Gesellschaft zum selbständigen Betrieb eines Erwerbsgeschäfts gemäß § 112 ermächtigt war oder der Zweck der Gesellschaft allein der Befriedigung seiner persönlichen Bedürfnisse diente. [6] Unter den gleichen Voraussetzungen ist, wenn eine Kündigungsfrist bestimmt ist, die Kündigung ohne Einhaltung der Frist zulässig.

(2) [1] Die Kündigung darf nicht zur Unzeit geschehen, es sei denn, dass ein wichtiger Grund für die unzeitige Kündigung vorliegt. [2] Kündigt ein Gesellschafter ohne solchen Grund zur Unzeit, so hat er den übrigen Gesellschaftern den daraus entstehenden Schaden zu ersetzen.

(3) Eine Vereinbarung, durch welche das Kündigungsrecht ausgeschlossen oder diesen Vorschriften zuwider beschränkt wird, ist nichtig.

§ 724 Kündigung bei Gesellschaft auf Lebenszeit oder fortgesetzter Gesellschaft. [1] Ist eine Gesellschaft für die Lebenszeit eines Gesellschafters eingegangen, so kann sie in gleicher Weise gekündigt werden wie eine für unbestimmte Zeit eingegangene Gesellschaft. [2] Dasselbe gilt, wenn eine Gesellschaft nach dem Ablauf der bestimmten Zeit stillschweigend fortgesetzt wird.

§ 725 Kündigung durch Pfändungspfandgläubiger. (1) Hat ein Gläubiger eines Gesellschafters die Pfändung des Anteils des Gesellschafters an dem Gesellschaftsvermögen erwirkt, so kann er die Gesellschaft ohne Einhaltung einer Kündigungsfrist kündigen, sofern der Schuldtitel nicht bloß vorläufig vollstreckbar ist.

(2) Solange die Gesellschaft besteht, kann der Gläubiger die sich aus dem Gesellschaftsverhältnis ergebenden Rechte des Gesellschafters, mit Ausnahme des Anspruchs auf einen Gewinnanteil, nicht geltend machen.

§ 726 Auflösung wegen Erreichens oder Unmöglichwerdens des Zweckes. Die Gesellschaft endigt, wenn der vereinbarte Zweck erreicht oder dessen Erreichung unmöglich geworden ist.

§ 727 Auflösung durch Tod eines Gesellschafters. (1) Die Gesellschaft wird durch den Tod eines der Gesellschafter aufgelöst, sofern nicht aus dem Gesellschaftsvertrag sich ein anderes ergibt.

(2) [1]Im Falle der Auflösung hat der Erbe des verstorbenen Gesellschafters den übrigen Gesellschaftern den Tod unverzüglich anzuzeigen und, wenn mit dem Aufschub Gefahr verbunden ist, die seinem Erblasser durch den Gesellschaftsvertrag übertragenen Geschäfte fortzuführen, bis die übrigen Gesellschafter in Gemeinschaft mit ihm anderweit Fürsorge treffen können. [2]Die übrigen Gesellschafter sind in gleicher Weise zur einstweiligen Fortführung der ihnen übertragenen Geschäfte verpflichtet. [3]Die Gesellschaft gilt insoweit als fortbestehend.

§ 728 Auflösung durch Insolvenz der Gesellschaft oder eines Gesellschafters. (1) [1]Die Gesellschaft wird durch die Eröffnung des Insolvenzverfahrens über das Vermögen der Gesellschaft aufgelöst. [2]Wird das Verfahren auf Antrag des Schuldners eingestellt oder nach der Bestätigung eines Insolvenzplans, der den Fortbestand der Gesellschaft vorsieht, aufgehoben, so können die Gesellschafter die Fortsetzung der Gesellschaft beschließen.

(2) [1]Die Gesellschaft wird durch die Eröffnung des Insolvenzverfahrens über das Vermögen eines Gesellschafters aufgelöst. [2]Die Vorschrift des § 727 Abs. 2 Satz 2, 3 findet Anwendung.

§ 729 Fortdauer der Geschäftsführungsbefugnis. [1]Wird die Gesellschaft aufgelöst, so gilt die Befugnis eines Gesellschafters zur Geschäftsführung zu seinen Gunsten gleichwohl als fortbestehend, bis er von der Auflösung Kenntnis erlangt oder die Auflösung kennen muss. [2]Das Gleiche gilt bei Fortbestand der Gesellschaft für die Befugnis zur Geschäftsführung eines aus der Gesellschaft ausscheidenden Gesellschafters oder für ihren Verlust in sonstiger Weise.

§ 730 Auseinandersetzung; Geschäftsführung. (1) Nach der Auflösung der Gesellschaft findet in Ansehung des Gesellschaftsvermögens die Auseinandersetzung unter den Gesellschaftern statt, sofern nicht über das Vermögen der Gesellschaft das Insolvenzverfahren eröffnet ist.

(2) [1]Für die Beendigung der schwebenden Geschäfte, für die dazu erforderliche Eingehung neuer Geschäfte sowie für die Erhaltung und Verwaltung des Gesellschaftsvermögens gilt die Gesellschaft als fortbestehend, soweit der Zweck der Auseinandersetzung es erfordert. [2]Die einem Gesellschafter nach dem Gesellschaftsvertrag zustehende Befugnis zur Geschäftsführung erlischt jedoch, wenn nicht aus dem Vertrag sich ein anderes ergibt, mit der Auflösung der Gesellschaft; die Geschäftsführung steht von der Auflösung an allen Gesellschaftern gemeinschaftlich zu.

§ 731 Verfahren bei Auseinandersetzung. [1]Die Auseinandersetzung erfolgt in Ermangelung einer anderen Vereinbarung in Gemäßheit der §§ 732 bis 735. [2]Im Übrigen gelten für die Teilung die Vorschriften über die Gemeinschaft.

§ 732 Rückgabe von Gegenständen. [1]Gegenstände, die ein Gesellschafter der Gesellschaft zur Benutzung überlassen hat, sind ihm zurückzugeben. [2]Für einen durch Zufall in Abgang gekommenen oder verschlechterten Gegenstand kann er nicht Ersatz verlangen.

§ 733 Berichtigung der Gesellschaftsschulden; Erstattung der Einlagen. (1) [1]Aus dem Gesellschaftsvermögen sind zunächst die gemeinschaftlichen Schulden mit Einschluss derjenigen zu berichtigen, welche den Gläubigern gegenüber unter den Gesellschaftern geteilt sind oder für welche einem Gesellschafter die übrigen Gesellschafter als Schuldner haften. [2]Ist eine Schuld noch nicht fällig oder ist sie streitig, so ist das zur Berichtigung Erforderliche zurückzubehalten.

(2) [1]Aus dem nach der Berichtigung der Schulden übrig bleibenden Gesellschaftsvermögen sind die Einlagen zurückzuerstatten. [2]Für Einlagen, die nicht in Geld bestanden haben, ist der Wert zu ersetzen, den sie zur Zeit der Einbringung gehabt haben. [3]Für Einlagen, die in der Leistung von Diensten oder in der Überlassung der Benutzung eines Gegenstands bestanden haben, kann nicht Ersatz verlangt werden.

(3) Zur Berichtigung der Schulden und zur Rückerstattung der Einlagen ist das Gesellschaftsvermögen, soweit erforderlich, in Geld umzusetzen.

§ 734 Verteilung des Überschusses. Verbleibt nach der Berichtigung der gemeinschaftlichen Schulden und der Rückerstattung der Einlagen ein Überschuss, so gebührt er den Gesellschaftern nach dem Verhältnis ihrer Anteile am Gewinn.

§ 735 Nachschusspflicht bei Verlust. [1]Reicht das Gesellschaftsvermögen zur Berichtigung der gemeinschaftlichen Schulden und zur Rückerstattung der Einlagen nicht aus, so haben die Gesellschafter für den Fehlbetrag nach dem Verhältnis aufzukommen, nach welchem sie den Verlust zu tragen haben. [2]Kann von einem Gesellschafter der auf ihn entfallende Beitrag nicht erlangt werden, so haben die übrigen Gesellschafter den Ausfall nach dem gleichen Verhältnis zu tragen.

§ 736 Ausscheiden eines Gesellschafters, Nachhaftung. (1) Ist im Gesellschaftsvertrag bestimmt, dass, wenn ein Gesellschafter kündigt oder stirbt oder wenn das Insolvenzverfahren über sein Vermögen eröffnet wird, die Gesellschaft unter den übrigen Gesellschaftern fortbestehen soll, so scheidet bei dem Eintritt eines solchen Ereignisses der Gesellschafter, in dessen Person es eintritt, aus der Gesellschaft aus.

(2) Die für Personenhandelsgesellschaften geltenden Regelungen über die Begrenzung der Nachhaftung gelten sinngemäß.

§ 737 Ausschluss eines Gesellschafters. [1]Ist im Gesellschaftsvertrag bestimmt, dass, wenn ein Gesellschafter kündigt, die Gesellschaft unter den übrigen Gesellschaftern fortbestehen soll, so kann ein Gesellschafter, in dessen Person ein die übrigen Gesellschafter nach § 723 Abs. 1 Satz 2 zur Kündigung berechtigender Umstand eintritt, aus der Gesellschaft ausgeschlossen werden. [2]Das Ausschließungsrecht steht den übrigen Gesellschaftern gemeinschaftlich zu. [3]Die Ausschließung erfolgt durch Erklärung gegenüber dem auszuschließenden Gesellschafter.

§ 738 Auseinandersetzung beim Ausscheiden. (1) [1]Scheidet ein Gesellschafter aus der Gesellschaft aus, so wächst sein Anteil am Gesellschaftsvermögen den übrigen Gesellschaftern zu. [2]Diese sind verpflichtet, dem Ausscheidenden die Gegenstände, die er der Gesellschaft zur Benutzung überlassen hat, nach Maßgabe des § 732 zurückzugeben, ihn von den gemeinschaftlichen Schulden zu befreien und ihm dasjenige zu zahlen, was er bei der Auseinandersetzung erhalten würde, wenn die Gesellschaft zur Zeit seines Ausscheidens aufgelöst worden wäre. [3]Sind gemeinschaftliche Schulden noch nicht fällig, so können die übrigen Gesellschafter dem Ausscheidenden, statt ihn zu befreien, Sicherheit leisten.

(2) Der Wert des Gesellschaftsvermögens ist, soweit erforderlich, im Wege der Schätzung zu ermitteln.

§ 739 Haftung für Fehlbetrag. Reicht der Wert des Gesellschaftsvermögens zur Deckung der gemeinschaftlichen Schulden und der Einlagen nicht aus, so hat der Ausscheidende den übrigen Gesellschaftern für den Fehlbetrag nach dem Verhältnis seines Anteils am Verlust aufzukommen.

§ 740 Beteiligung am Ergebnis schwebender Geschäfte. (1) [1]Der Ausgeschiedene nimmt an dem Gewinn und dem Verlust teil, welcher sich aus den zur Zeit seines Ausscheidens schwebenden Geschäften ergibt. [2]Die übrigen Gesellschafter sind berechtigt, diese Geschäfte so zu beendigen, wie es ihnen am vorteilhaftesten erscheint.

(2) Der Ausgeschiedene kann am Schluss jedes Geschäftsjahrs Rechenschaft über die inzwischen beendigten Geschäfte, Auszahlung des ihm gebührenden Betrags und Auskunft über den Stand der noch schwebenden Geschäfte verlangen.

Titel 17. Gemeinschaft

§ 741 Gemeinschaft nach Bruchteilen. Steht ein Recht mehreren gemeinschaftlich zu, so finden, sofern sich nicht aus dem Gesetz ein anderes ergibt, die Vorschriften der §§ 742 bis 758 Anwendung (Gemeinschaft nach Bruchteilen).

§ 742 Gleiche Anteile. Im Zweifel ist anzunehmen, dass den Teilhabern gleiche Anteile zustehen.

§ 743 Früchteanteil; Gebrauchsbefugnis. (1) Jedem Teilhaber gebührt ein seinem Anteil entsprechender Bruchteil der Früchte.

(2) Jeder Teilhaber ist zum Gebrauch des gemeinschaftlichen Gegenstands insoweit befugt, als nicht der Mitgebrauch der übrigen Teilhaber beeinträchtigt wird.

§ 744 Gemeinschaftliche Verwaltung. (1) Die Verwaltung des gemeinschaftlichen Gegenstands steht den Teilhabern gemeinschaftlich zu.

(2) Jeder Teilhaber ist berechtigt, die zur Erhaltung des Gegenstands notwendigen Maßregeln ohne Zustimmung der anderen Teilhaber zu treffen; er kann verlangen, dass diese ihre Einwilligung zu einer solchen Maßregel im Voraus erteilen.

§ 745 Verwaltung und Benutzung durch Beschluss. (1) [1]Durch Stimmenmehrheit kann eine der Beschaffenheit des gemeinschaftlichen Gegenstands entsprechende ordnungsmäßige Verwaltung und Benutzung beschlossen werden. [2]Die Stimmenmehrheit ist nach der Größe der Anteile zu berechnen.

(2) Jeder Teilhaber kann, sofern nicht die Verwaltung und Benutzung durch Vereinbarung oder durch Mehrheitsbeschluss geregelt ist, eine dem Interesse aller Teilhaber nach billigem Ermessen entsprechende Verwaltung und Benutzung verlangen.

(3) [1] Eine wesentliche Veränderung des Gegenstands kann nicht beschlossen oder verlangt werden. [2] Das Recht des einzelnen Teilhabers auf einen seinem Anteil entsprechenden Bruchteil der Nutzungen kann nicht ohne seine Zustimmung beeinträchtigt werden.

§ 746 Wirkung gegen Sondernachfolger. Haben die Teilhaber die Verwaltung und Benutzung des gemeinschaftlichen Gegenstands geregelt, so wirkt die getroffene Bestimmung auch für und gegen die Sondernachfolger.

§ 747 Verfügung über Anteil und gemeinschaftliche Gegenstände.

[1] Jeder Teilhaber kann über seinen Anteil verfügen. [2] Über den gemeinschaftlichen Gegenstand im Ganzen können die Teilhaber nur gemeinschaftlich verfügen.

§ 748 Lasten- und Kostentragung. Jeder Teilhaber ist den anderen Teilhabern gegenüber verpflichtet, die Lasten des gemeinschaftlichen Gegenstands sowie die Kosten der Erhaltung, der Verwaltung und einer gemeinschaftlichen Benutzung nach dem Verhältnis seines Anteils zu tragen.

§ 749 Aufhebungsanspruch. (1) Jeder Teilhaber kann jederzeit die Aufhebung der Gemeinschaft verlangen.

(2) [1] Wird das Recht, die Aufhebung zu verlangen, durch Vereinbarung für immer oder auf Zeit ausgeschlossen, so kann die Aufhebung gleichwohl verlangt werden, wenn ein wichtiger Grund vorliegt. [2] Unter der gleichen Voraussetzung kann, wenn eine Kündigungsfrist bestimmt wird, die Aufhebung ohne Einhaltung der Frist verlangt werden.

(3) Eine Vereinbarung, durch welche das Recht, die Aufhebung zu verlangen, diesen Vorschriften zuwider ausgeschlossen oder beschränkt wird, ist nichtig.

§ 750 Ausschluss der Aufhebung im Todesfall. Haben die Teilhaber das Recht, die Aufhebung der Gemeinschaft zu verlangen, auf Zeit ausgeschlossen, so tritt die Vereinbarung im Zweifel mit dem Tode eines Teilhabers außer Kraft.

§ 751 Ausschluss der Aufhebung und Sondernachfolger. [1] Haben die Teilhaber das Recht, die Aufhebung der Gemeinschaft zu verlangen, für immer oder auf Zeit ausgeschlossen oder eine Kündigungsfrist bestimmt, so wirkt die Vereinbarung auch für und gegen die Sondernachfolger. [2] Hat ein Gläubiger die Pfändung des Anteils eines Teilhabers erwirkt, so kann er ohne Rücksicht auf die Vereinbarung die Aufhebung der Gemeinschaft verlangen, sofern der Schuldtitel nicht bloß vorläufig vollstreckbar ist.

§ 752 Teilung in Natur. [1] Die Aufhebung der Gemeinschaft erfolgt durch Teilung in Natur, wenn der gemeinschaftliche Gegenstand oder, falls mehrere Gegenstände gemeinschaftlich sind, diese sich ohne Verminderung des Wertes in gleichartige, den Anteilen der Teilhaber entsprechende Teile zerlegen lassen. [2]Die Verteilung gleicher Teile unter die Teilhaber geschieht durch das Los.

§ 753 Teilung durch Verkauf. (1) [1]Ist die Teilung in Natur ausgeschlossen, so erfolgt die Aufhebung der Gemeinschaft durch Verkauf des gemeinschaftlichen Gegenstands nach den Vorschriften über den Pfandverkauf, bei Grundstücken durch Zwangsversteigerung und durch Teilung des Erlöses. [2]Ist die Veräußerung an einen Dritten unstatthaft, so ist der Gegenstand unter den Teilhabern zu versteigern.

(2) Hat der Versuch, den Gegenstand zu verkaufen, keinen Erfolg, so kann jeder Teilhaber die Wiederholung verlangen; er hat jedoch die Kosten zu tragen, wenn der wiederholte Versuch misslingt.

§ 754 Verkauf gemeinschaftlicher Forderungen. [1]Der Verkauf einer gemeinschaftlichen Forderung ist nur zulässig, wenn sie noch nicht eingezogen werden kann. [2]Ist die Einziehung möglich, so kann jeder Teilhaber gemeinschaftliche Einziehung verlangen.

§ 755 Berichtigung einer Gesamtschuld. (1) Haften die Teilhaber als Gesamtschuldner für eine Verbindlichkeit, die sie in Gemäßheit des § 748 nach dem Verhältnis ihrer Anteile zu erfüllen haben oder die sie zum Zwecke der Erfüllung einer solchen Verbindlichkeit eingegangen sind, so kann jeder Teilhaber bei der Aufhebung der Gemeinschaft verlangen, dass die Schuld aus dem gemeinschaftlichen Gegenstand berichtigt wird.

(2) Der Anspruch kann auch gegen die Sondernachfolger geltend gemacht werden.

(3) Soweit zur Berichtigung der Schuld der Verkauf des gemeinschaftlichen Gegenstands erforderlich ist, hat der Verkauf nach § 753 zu erfolgen.

§ 756 Berichtigung einer Teilhaberschuld. [1]Hat ein Teilhaber gegen einen anderen Teilhaber eine Forderung, die sich auf die Gemeinschaft gründet, so kann er bei der Aufhebung der Gemeinschaft die Berichtigung seiner Forderung aus dem auf den Schuldner entfallenden Teil des gemeinschaftlichen Gegenstands verlangen. [2]Die Vorschrift des § 755 Abs. 2, 3 findet Anwendung.

§ 757 Gewährleistung bei Zuteilung an einen Teilhaber. Wird bei der Aufhebung der Gemeinschaft ein gemeinschaftlicher Gegenstand einem der Teilhaber zugeteilt, so hat wegen eines Mangels im Recht oder wegen eines Mangels der Sache jeder der übrigen Teilhaber zu seinem Anteil in gleicher Weise wie ein Verkäufer Gewähr zu leisten.

§ 758 Unverjährbarkeit des Aufhebungsanspruchs. Der Anspruch auf Aufhebung der Gemeinschaft unterliegt nicht der Verjährung.

§§ 795–2385 *(hier nicht wiedergegeben)*

2. Aktiengesetz

Vom 6. September 1965
(BGBl. I S. 1089)

FNA 4121-1

zuletzt geänd. durch Art. 1 G zur Umsetzung der zweiten AktionärsrechteRL v. 12.12.2019 (BGBl. I S. 2637)

Inhaltsübersicht

Der Bundestag hat mit Zustimmung des Bundesrates das folgende Gesetz beschlossen:

Erstes Buch. Aktiengesellschaft

Erster Teil. Allgemeine Vorschriften

§ 1 Wesen der Aktiengesellschaft (1) [1] Die Aktiengesellschaft ist eine Gesellschaft mit eigener Rechtspersönlichkeit. [2] Für die Verbindlichkeiten der Gesellschaft haftet den Gläubigern nur das Gesellschaftsvermögen.

(2) Die Aktiengesellschaft hat ein in Aktien zerlegtes Grundkapital.

§ 2 Gründerzahl. An der Feststellung des Gesellschaftsvertrags (der Satzung) müssen sich eine oder mehrere Personen beteiligen, welche die Aktien gegen Einlagen übernehmen.

§ 3 Formkaufmann; Börsennotierung. (1) Die Aktiengesellschaft gilt als Handelsgesellschaft, auch wenn der Gegenstand des Unternehmens nicht im Betrieb eines Handelsgewerbes besteht.

(2) Börsennotiert im Sinne dieses Gesetzes sind Gesellschaften, deren Aktien zu einem Markt zugelassen sind, der von staatlich anerkannten Stellen geregelt und überwacht wird, regelmäßig stattfindet und für das Publikum mittelbar oder unmittelbar zugänglich ist.

§ 4 Firma. Die Firma der Aktiengesellschaft muß, auch wenn sie nach § 22 des Handelsgesetzbuchs[1] oder nach anderen gesetzlichen Vorschriften fortgeführt wird, die Bezeichnung „Aktiengesellschaft" oder eine allgemein verständliche Abkürzung dieser Bezeichnung enthalten.

§ 5 Sitz. Sitz der Gesellschaft ist der Ort im Inland, den die Satzung bestimmt.

§ 6 Grundkapital. Das Grundkapital muß auf einen Nennbetrag in Euro lauten.

§ 7 Mindestnennbetrag des Grundkapitals. Der Mindestnennbetrag des Grundkapitals ist fünfzigtausend Euro.

§ 8 Form und Mindestbeträge der Aktien. (1) Die Aktien können entweder als Nennbetragsaktien oder als Stückaktien begründet werden.

(2) [1] Nennbetragsaktien müssen auf mindestens einen Euro lauten. [2] Aktien über einen geringeren Nennbetrag sind nichtig. [3] Für den Schaden aus der Ausgabe sind die Ausgeber den Inhabern als Gesamtschuldner verantwortlich. [4] Höhere Aktiennennbeträge müssen auf volle Euro lauten.

(3) [1] Stückaktien lauten auf keinen Nennbetrag. [2] Die Stückaktien einer Gesellschaft sind am Grundkapital in gleichem Umfang beteiligt. [3] Der auf die einzelne Aktie entfallende anteilige Betrag des Grundkapitals darf einen Euro nicht unterschreiten. [4] Absatz 2 Satz 2 und 3 findet entsprechende Anwendung.

(4) Der Anteil am Grundkapital bestimmt sich bei Nennbetragsaktien nach dem Verhältnis ihres Nennbetrags zum Grundkapital, bei Stückaktien nach der Zahl der Aktien.

(5) Die Aktien sind unteilbar.

(6) Diese Vorschriften gelten auch für Anteilscheine, die den Aktionären vor der Ausgabe der Aktien erteilt werden (Zwischenscheine).

§ 9 Ausgabebetrag der Aktien. (1) Für einen geringeren Betrag als den Nennbetrag oder den auf die einzelne Stückaktie entfallenden anteiligen Betrag des Grundkapitals dürfen Aktien nicht ausgegeben werden (geringster Ausgabebetrag).

(2) Für einen höheren Betrag ist die Ausgabe zulässig.

§ 10 Aktien und Zwischenscheine. (1) [1] Die Aktien lauten auf Namen. [2] Sie können auf den Inhaber lauten, wenn

1. die Gesellschaft börsennotiert ist oder
2. der Anspruch auf Einzelverbriefung ausgeschlossen ist und die Sammelurkunde bei einer der folgenden Stellen hinterlegt wird:
   a) einer Wertpapiersammelbank im Sinne des § 1 Absatz 3 Satz 1 des Depotgesetzes,
   b) einem zugelassenen Zentralverwahrer oder einem anerkannten Drittland-Zentralverwahrer gemäß der Verordnung (EU) Nr. 909/2014 des Europäischen Parlaments und des Rates vom 23. Juli 2014 zur Verbesserung der Wertpapierlieferungen und -abrechnungen in der Europäischen Union

---

[1] Nr. 5.

und über Zentralverwahrer sowie zur Änderung der Richtlinien 98/26/EG und 2014/65/EU und der Verordnung (EU) Nr. 236/2012 (ABl. L 257 vom 28.8.2014, S. 1) oder

c) einem sonstigen ausländischen Verwahrer, der die Voraussetzungen des § 5 Absatz 4 Satz 1 des Depotgesetzes erfüllt.

3 Solange im Fall des Satzes 2 Nummer 2 die Sammelurkunde nicht hinterlegt ist, ist § 67 entsprechend anzuwenden.

(2) 1 Die Aktien müssen auf Namen lauten, wenn sie vor der vollen Leistung des Ausgabebetrags ausgegeben werden. 2 Der Betrag der Teilleistungen ist in der Aktie anzugeben.

(3) Zwischenscheine müssen auf Namen lauten.

(4) 1 Zwischenscheine auf den Inhaber sind nichtig. 2 Für den Schaden aus der Ausgabe sind die Ausgeber den Inhabern als Gesamtschuldner verantwortlich.

(5) In der Satzung kann der Anspruch des Aktionärs auf Verbriefung seines Anteils ausgeschlossen oder eingeschränkt werden.

§ 11 Aktien besonderer Gattung. 1 Die Aktien können verschiedene Rechte gewähren, namentlich bei der Verteilung des Gewinns und des Gesellschaftsvermögens. 2 Aktien mit gleichen Rechten bilden eine Gattung.

§ 12 Stimmrecht. Keine Mehrstimmrechte. (1) 1 Jede Aktie gewährt das Stimmrecht. 2 Vorzugsaktien können nach den Vorschriften dieses Gesetzes als Aktien ohne Stimmrecht ausgegeben werden.

(2) Mehrstimmrechte sind unzulässig.

§ 13 Unterzeichnung der Aktien. 1 Zur Unterzeichnung von Aktien und Zwischenscheinen genügt eine vervielfältigte Unterschrift. 2 Die Gültigkeit der Unterzeichnung kann von der Beachtung einer besonderen Form abhängig gemacht werden. 3 Die Formvorschrift muß in der Urkunde enthalten sein.

§ 14 Zuständigkeit. Gericht im Sinne dieses Gesetzes ist, wenn nichts anderes bestimmt ist, das Gericht des Sitzes der Gesellschaft.

§ 15 Verbundene Unternehmen. Verbundene Unternehmen sind rechtlich selbständige Unternehmen, die im Verhältnis zueinander in Mehrheitsbesitz stehende Unternehmen und mit Mehrheit beteiligte Unternehmen (§ 16), abhängige und herrschende Unternehmen (§ 17), Konzernunternehmen (§ 18), wechselseitig beteiligte Unternehmen (§ 19) oder Vertragsteile eines Unternehmensvertrags (§§ 291, 292) sind.

§ 16 In Mehrheitsbesitz stehende Unternehmen und mit Mehrheit beteiligte Unternehmen. (1) Gehört die Mehrheit der Anteile eines rechtlich selbständigen Unternehmens einem anderen Unternehmen oder steht einem anderen Unternehmen die Mehrheit der Stimmrechte zu (Mehrheitsbeteiligung), so ist das Unternehmen ein in Mehrheitsbesitz stehendes Unternehmen, das andere Unternehmen ein an ihm mit Mehrheit beteiligtes Unternehmen.

(2) 1 Welcher Teil der Anteile einem Unternehmen gehört, bestimmt sich bei Kapitalgesellschaften nach dem Verhältnis des Gesamtnennbetrags der ihm

gehörenden Anteile zum Nennkapital, bei Gesellschaften mit Stückaktien nach der Zahl der Aktien. [2] Eigene Anteile sind bei Kapitalgesellschaften vom Nennkapital, bei Gesellschaften mit Stückaktien von der Zahl der Aktien abzusetzen. [3] Eigenen Anteilen des Unternehmens stehen Anteile gleich, die einem anderen für Rechnung des Unternehmens gehören.

(3) [1] Welcher Teil der Stimmrechte einem Unternehmen zusteht, bestimmt sich nach dem Verhältnis der Zahl der Stimmrechte, die es aus den ihm gehörenden Anteilen ausüben kann, zur Gesamtzahl aller Stimmrechte. [2] Von der Gesamtzahl aller Stimmrechte sind die Stimmrechte aus eigenen Anteilen sowie aus Anteilen, die nach Absatz 2 Satz 3 eigenen Anteilen gleichstehen, abzusetzen.

(4) Als Anteile, die einem Unternehmen gehören, gelten auch die Anteile, die einem von ihm abhängigen Unternehmen oder einem anderen für Rechnung des Unternehmens oder eines von diesem abhängigen Unternehmens gehören und, wenn der Inhaber des Unternehmens ein Einzelkaufmann ist, auch die Anteile, die sonstiges Vermögen des Inhabers sind.

§ 17 Abhängige und herrschende Unternehmen. (1) Abhängige Unternehmen sind rechtlich selbständige Unternehmen, auf die ein anderes Unternehmen (herrschendes Unternehmen) unmittelbar oder mittelbar einen beherrschenden Einfluß ausüben kann.

(2) Von einem in Mehrheitsbesitz stehenden Unternehmen wird vermutet, daß es von dem an ihm mit Mehrheit beteiligten Unternehmen abhängig ist.

§ 18 Konzern und Konzernunternehmen. (1) [1] Sind ein herrschendes und ein oder mehrere abhängige Unternehmen unter der einheitlichen Leitung des herrschenden Unternehmens zusammengefaßt, so bilden sie einen Konzern; die einzelnen Unternehmen sind Konzernunternehmen. [2] Unternehmen, zwischen denen ein Beherrschungsvertrag (§ 291) besteht oder von denen das eine in das andere eingegliedert ist (§ 319), sind als unter einheitlicher Leitung zusammengefaßt anzusehen. [3] Von einem abhängigen Unternehmen wird vermutet, daß es mit dem herrschenden Unternehmen einen Konzern bildet.

(2) Sind rechtlich selbständige Unternehmen, ohne daß das eine Unternehmen von dem anderen abhängig ist, unter einheitlicher Leitung zusammengefaßt, so bilden sie auch einen Konzern; die einzelnen Unternehmen sind Konzernunternehmen.

§ 19 Wechselseitig beteiligte Unternehmen. (1) [1] Wechselseitig beteiligte Unternehmen sind Unternehmen mit Sitz im Inland in der Rechtsform einer Kapitalgesellschaft, die dadurch verbunden sind, daß jedem Unternehmen mehr als der vierte Teil der Anteile des anderen Unternehmens gehört. [2] Für die Feststellung, ob einem Unternehmen mehr als der vierte Teil der Anteile des anderen Unternehmens gehört, gilt § 16 Abs. 2 Satz 1, Abs. 4.

(2) Gehört einem wechselseitig beteiligten Unternehmen an dem anderen Unternehmen eine Mehrheitsbeteiligung oder kann das eine auf das andere Unternehmen unmittelbar oder mittelbar einen beherrschenden Einfluß ausüben, so ist das eine als herrschendes, das andere als abhängiges Unternehmen anzusehen.

(3) Gehört jedem der wechselseitig beteiligten Unternehmen an dem anderen Unternehmen eine Mehrheitsbeteiligung oder kann jedes auf das andere

unmittelbar oder mittelbar einen beherrschenden Einfluß ausüben, so gelten beide Unternehmen als herrschend und als abhängig.

(4) § 328 ist auf Unternehmen, die nach Absatz 2 oder 3 herrschende oder abhängige Unternehmen sind, nicht anzuwenden.

§ 20 Mitteilungspflichten. (1) [1] Sobald einem Unternehmen mehr als der vierte Teil der Aktien einer Aktiengesellschaft mit Sitz im Inland gehört, hat es dies der Gesellschaft unverzüglich schriftlich mitzuteilen. [2] Für die Feststellung, ob dem Unternehmen mehr als der vierte Teil der Aktien gehört, gilt § 16 Abs. 2 Satz 1, Abs. 4.

(2) Für die Mitteilungspflicht nach Absatz 1 rechnen zu den Aktien, die dem Unternehmen gehören, auch Aktien,

1. deren Übereignung das Unternehmen, ein von ihm abhängiges Unternehmen oder ein anderer für Rechnung des Unternehmens oder eines von diesem abhängigen Unternehmens verlangen kann;
2. zu deren Abnahme das Unternehmen, ein von ihm abhängiges Unternehmen oder ein anderer für Rechnung des Unternehmens oder eines von diesem abhängigen Unternehmens verpflichtet ist.

(3) Ist das Unternehmen eine Kapitalgesellschaft, so hat es, sobald ihm ohne Hinzurechnung der Aktien nach Absatz 2 mehr als der vierte Teil der Aktien gehört, auch dies der Gesellschaft unverzüglich schriftlich mitzuteilen.

(4) Sobald dem Unternehmen eine Mehrheitsbeteiligung (§ 16 Abs. 1) gehört, hat es auch dies der Gesellschaft unverzüglich schriftlich mitzuteilen.

(5) Besteht die Beteiligung in der nach Absatz 1, 3 oder 4 mitteilungspflichtigen Höhe nicht mehr, so ist dies der Gesellschaft unverzüglich schriftlich mitzuteilen.

(6) [1] Die Gesellschaft hat das Bestehen einer Beteiligung, die ihr nach Absatz 1 oder 4 mitgeteilt worden ist, unverzüglich in den Gesellschaftsblättern bekanntzumachen; dabei ist das Unternehmen anzugeben, dem die Beteiligung gehört. [2] Wird der Gesellschaft mitgeteilt, daß die Beteiligung in der nach Absatz 1 oder 4 mitteilungspflichtigen Höhe nicht mehr besteht, so ist auch dies unverzüglich in den Gesellschaftsblättern bekanntzumachen.

(7) [1] Rechte aus Aktien, die einem nach Absatz 1 oder 4 mitteilungspflichtigen Unternehmen gehören, bestehen für die Zeit, für die das Unternehmen die Mitteilungspflicht nicht erfüllt, weder für das Unternehmen noch für ein von ihm abhängiges Unternehmen oder für einen anderen, der für Rechnung des Unternehmens oder eines von diesem abhängigen Unternehmens handelt. [2] Dies gilt nicht für Ansprüche nach § 58 Abs. 4 und § 271, wenn die Mitteilung nicht vorsätzlich unterlassen wurde und nachgeholt worden ist.

(8) Die Absätze 1 bis 7 gelten nicht für Aktien eines Emittenten im Sinne des § 33 Absatz 4 des Wertpapierhandelsgesetzes[1)].

§ 21 Mitteilungspflichten der Gesellschaft. (1) [1] Sobald der Gesellschaft mehr als der vierte Teil der Anteile einer anderen Kapitalgesellschaft mit Sitz im Inland gehört, hat sie dies dem Unternehmen, an dem die Beteiligung besteht, unverzüglich schriftlich mitzuteilen. [2] Für die Feststellung, ob der Gesellschaft

---

[1)] Nr. **10**.

mehr als der vierte Teil der Anteile gehört, gilt § 16 Abs. 2 Satz 1, Abs. 4 sinngemäß.

(2) Sobald der Gesellschaft eine Mehrheitsbeteiligung (§ 16 Abs. 1) an einem anderen Unternehmen gehört, hat sie dies dem Unternehmen, an dem die Mehrheitsbeteiligung besteht, unverzüglich schriftlich mitzuteilen.

(3) Besteht die Beteiligung in der nach Absatz 1 oder 2 mitteilungspflichtigen Höhe nicht mehr, hat die Gesellschaft dies dem anderen Unternehmen unverzüglich schriftlich mitzuteilen.

(4) [1] Rechte aus Anteilen, die einer nach Absatz 1 oder 2 mitteilungspflichtigen Gesellschaft gehören, bestehen nicht für die Zeit, für die sie die Mitteilungspflicht nicht erfüllt. [2] § 20 Abs. 7 Satz 2 gilt entsprechend.

(5) Die Absätze 1 bis 4 gelten nicht für Aktien eines Emittenten im Sinne des § 33 Absatz 4 des Wertpapierhandelsgesetzes[1)].

§ 22 Nachweis mitgeteilter Beteiligungen. Ein Unternehmen, dem eine Mitteilung nach § 20 Abs. 1, 3 oder 4, § 21 Abs. 1 oder 2 gemacht worden ist, kann jederzeit verlangen, daß ihm das Bestehen der Beteiligung nachgewiesen wird.

Zweiter Teil. Gründung der Gesellschaft

§ 23 Feststellung der Satzung. (1) [1] Die Satzung muß durch notarielle Beurkundung festgestellt werden. [2] Bevollmächtigte bedürfen einer notariell beglaubigten Vollmacht.

(2) In der Urkunde sind anzugeben

1. die Gründer;
2. bei Nennbetragsaktien der Nennbetrag, bei Stückaktien die Zahl, der Ausgabebetrag und, wenn mehrere Gattungen bestehen, die Gattung der Aktien, die jeder Gründer übernimmt;
3. der eingezahlte Betrag des Grundkapitals.

(3) Die Satzung muß bestimmen

1. die Firma und den Sitz der Gesellschaft;
2. den Gegenstand des Unternehmens; namentlich ist bei Industrie- und Handelsunternehmen die Art der Erzeugnisse und Waren, die hergestellt und gehandelt werden sollen, näher anzugeben;
3. die Höhe des Grundkapitals;
4. die Zerlegung des Grundkapitals entweder in Nennbetragsaktien oder in Stückaktien, bei Nennbetragsaktien deren Nennbeträge und die Zahl der Aktien jeden Nennbetrags, bei Stückaktien deren Zahl, außerdem, wenn mehrere Gattungen bestehen, die Gattung der Aktien und die Zahl der Aktien jeder Gattung;
5. ob die Aktien auf den Inhaber oder auf den Namen ausgestellt werden;
6. die Zahl der Mitglieder des Vorstands oder die Regeln, nach denen diese Zahl festgelegt wird.

(4) Die Satzung muß ferner Bestimmungen über die Form der Bekanntmachungen der Gesellschaft enthalten.

[1)] Nr. **10**.

(5) [1] Die Satzung kann von den Vorschriften dieses Gesetzes nur abweichen, wenn es ausdrücklich zugelassen ist. [2] Ergänzende Bestimmungen der Satzung sind zulässig, es sei denn, daß dieses Gesetz eine abschließende Regelung enthält.

§ 24 *(aufgehoben)*

§ 25 Bekanntmachungen der Gesellschaft. Bestimmt das Gesetz oder die Satzung, daß eine Bekanntmachung der Gesellschaft durch die Gesellschaftsblätter erfolgen soll, so ist sie in den Bundesanzeiger einzurücken.

§ 26 Sondervorteile. Gründungsaufwand. (1) Jeder einem einzelnen Aktionär oder einem Dritten eingeräumte besondere Vorteil muß in der Satzung unter Bezeichnung des Berechtigten festgesetzt werden.

(2) Der Gesamtaufwand, der zu Lasten der Gesellschaft an Aktionäre oder an andere Personen als Entschädigung oder als Belohnung für die Gründung oder ihre Vorbereitung gewährt wird, ist in der Satzung gesondert festzusetzen.

(3) [1] Ohne diese Festsetzung sind die Verträge und die Rechtshandlungen zu ihrer Ausführung der Gesellschaft gegenüber unwirksam. [2] Nach der Eintragung der Gesellschaft in das Handelsregister kann die Unwirksamkeit nicht durch Satzungsänderung geheilt werden.

(4) Die Festsetzungen können erst geändert werden, wenn die Gesellschaft fünf Jahre im Handelsregister eingetragen ist.

(5) Die Satzungsbestimmungen über die Festsetzungen können durch Satzungsänderung erst beseitigt werden, wenn die Gesellschaft dreißig Jahre im Handelsregister eingetragen ist und wenn die Rechtsverhältnisse, die den Festsetzungen zugrunde liegen, seit mindestens fünf Jahren abgewickelt sind.

§ 27 Sacheinlagen. Sachübernahmen; Rückzahlung von Einlagen.

(1) [1] Sollen Aktionäre Einlagen machen, die nicht durch Einzahlung des Ausgabebetrags der Aktien zu leisten sind (Sacheinlagen), oder soll die Gesellschaft vorhandene oder herzustellende Anlagen oder andere Vermögensgegenstände übernehmen (Sachübernahmen), so müssen in der Satzung festgesetzt werden der Gegenstand der Sacheinlage oder der Sachübernahme, die Person, von der die Gesellschaft den Gegenstand erwirbt, und der Nennbetrag, bei Stückaktien die Zahl der bei der Sacheinlage zu gewährenden Aktien oder die bei der Sachübernahme zu gewährende Vergütung. [2] Soll die Gesellschaft einen Vermögensgegenstand übernehmen, für den eine Vergütung gewährt wird, die auf die Einlage eines Aktionärs angerechnet werden soll, so gilt dies als Sacheinlage.

(2) Sacheinlagen oder Sachübernahmen können nur Vermögensgegenstände sein, deren wirtschaftlicher Wert feststellbar ist; Verpflichtungen zu Dienstleistungen können nicht Sacheinlagen oder Sachübernahmen sein.

(3) [1] Ist eine Geldeinlage eines Aktionärs bei wirtschaftlicher Betrachtung und auf Grund einer im Zusammenhang mit der Übernahme der Geldeinlage getroffenen Abrede vollständig oder teilweise als Sacheinlage zu bewerten (verdeckte Sacheinlage), so befreit dies den Aktionär nicht von seiner Einlageverpflichtung. [2] Jedoch sind die Verträge über die Sacheinlage und die Rechtshandlungen zu ihrer Ausführung nicht unwirksam. [3] Auf die fortbestehende Geldeinlagepflicht des Aktionärs wird der Wert des Vermögensgegenstandes im

Zeitpunkt der Anmeldung der Gesellschaft zur Eintragung in das Handelsregister oder im Zeitpunkt seiner Überlassung an die Gesellschaft, falls diese später erfolgt, angerechnet. [4]Die Anrechnung erfolgt nicht vor Eintragung der Gesellschaft in das Handelsregister. [5]Die Beweislast für die Werthaltigkeit des Vermögensgegenstandes trägt der Aktionär.

(4) [1]Ist vor der Einlage eine Leistung an den Aktionär vereinbart worden, die wirtschaftlich einer Rückzahlung der Einlage entspricht und die nicht als verdeckte Sacheinlage im Sinne von Absatz 3 zu beurteilen ist, so befreit dies den Aktionär von seiner Einlageverpflichtung nur dann, wenn die Leistung durch einen vollwertigen Rückgewähranspruch gedeckt ist, der jederzeit fällig ist oder durch fristlose Kündigung durch die Gesellschaft fällig werden kann. [2]Eine solche Leistung oder die Vereinbarung einer solchen Leistung ist in der Anmeldung nach § 37 anzugeben.

(5) Für die Änderung rechtswirksam getroffener Festsetzungen gilt § 26 Abs. 4, für die Beseitigung der Satzungsbestimmungen § 26 Abs. 5.

§ 28 Gründer. Die Aktionäre, die die Satzung festgestellt haben, sind die Gründer der Gesellschaft.

§ 29 Errichtung der Gesellschaft. Mit der Übernahme aller Aktien durch die Gründer ist die Gesellschaft errichtet.

§ 30 Bestellung des Aufsichtsrats, des Vorstands und des Abschlußprüfers. (1) [1]Die Gründer haben den ersten Aufsichtsrat der Gesellschaft und den Abschlußprüfer für das erste Voll- oder Rumpfgeschäftsjahr zu bestellen. [2]Die Bestellung bedarf notarieller Beurkundung.

(2) Auf die Zusammensetzung und die Bestellung des ersten Aufsichtsrats sind die Vorschriften über die Bestellung von Aufsichtsratsmitgliedern der Arbeitnehmer nicht anzuwenden.

(3) [1]Die Mitglieder des ersten Aufsichtsrats können nicht für längere Zeit als bis zur Beendigung der Hauptversammlung bestellt werden, die über die Entlastung für das erste Voll- oder Rumpfgeschäftsjahr beschließt. [2]Der Vorstand hat rechtzeitig vor Ablauf der Amtszeit des ersten Aufsichtsrats bekanntzumachen, nach welchen gesetzlichen Vorschriften der nächste Aufsichtsrat nach seiner Ansicht zusammenzusetzen ist; §§ 96 bis 99 sind anzuwenden.

(4) Der Aufsichtsrat bestellt den ersten Vorstand.

§ 31 Bestellung des Aufsichtsrats bei Sachgründung. (1) [1]Ist in der Satzung als Gegenstand einer Sacheinlage oder Sachübernahme die Einbringung oder Übernahme eines Unternehmens oder eines Teils eines Unternehmens festgesetzt worden, so haben die Gründer nur so viele Aufsichtsratsmitglieder zu bestellen, wie nach den gesetzlichen Vorschriften, die nach ihrer Ansicht nach der Einbringung oder Übernahme für die Zusammensetzung des Aufsichtsrats maßgebend sind, von der Hauptversammlung ohne Bindung an Wahlvorschläge zu wählen sind. [2]Sie haben jedoch, wenn dies nur zwei Aufsichtsratsmitglieder sind, drei Aufsichtsratsmitglieder zu bestellen.

(2) Der nach Absatz 1 Satz 1 bestellte Aufsichtsrat ist, soweit die Satzung nichts anderes bestimmt, beschlußfähig, wenn die Hälfte, mindestens jedoch drei seiner Mitglieder an der Beschlußfassung teilnehmen.

(3) [1]Unverzüglich nach der Einbringung oder Übernahme des Unternehmens oder des Unternehmensteils hat der Vorstand bekanntzumachen, nach welchen gesetzlichen Vorschriften nach seiner Ansicht der Aufsichtsrat zusammengesetzt sein muß. [2]§§ 97 bis 99 gelten sinngemäß. [3]Das Amt der bisherigen Aufsichtsratsmitglieder erlischt nur, wenn der Aufsichtsrat nach anderen als den von den Gründern für maßgebend gehaltenen Vorschriften zusammenzusetzen ist oder wenn die Gründer drei Aufsichtsratsmitglieder bestellt haben, der Aufsichtsrat aber auch aus Aufsichtsratsmitgliedern der Arbeitnehmer zu bestehen hat.

(4) Absatz 3 gilt nicht, wenn das Unternehmen oder der Unternehmensteil erst nach der Bekanntmachung des Vorstands nach § 30 Abs. 3 Satz 2 eingebracht oder übernommen wird.

(5) § 30 Abs. 3 Satz 1 gilt nicht für die nach Absatz 3 bestellten Aufsichtsratsmitglieder der Arbeitnehmer.

§ 32 Gründungsbericht. (1) Die Gründer haben einen schriftlichen Bericht über den Hergang der Gründung zu erstatten (Gründungsbericht).

(2) [1]Im Gründungsbericht sind die wesentlichen Umstände darzulegen, von denen die Angemessenheit der Leistungen für Sacheinlagen oder Sachübernahmen abhängt. [2]Dabei sind anzugeben

1. die vorausgegangenen Rechtsgeschäfte, die auf den Erwerb durch die Gesellschaft hingezielt haben;
2. die Anschaffungs- und Herstellungskosten aus den letzten beiden Jahren;
3. beim Übergang eines Unternehmens auf die Gesellschaft die Betriebserträge aus den letzten beiden Geschäftsjahren.

(3) Im Gründungsbericht ist ferner anzugeben, ob und in welchem Umfang bei der Gründung für Rechnung eines Mitglieds des Vorstands oder des Aufsichtsrats Aktien übernommen worden sind und ob und in welcher Weise ein Mitglied des Vorstands oder des Aufsichtsrats sich einen besonderen Vorteil oder für die Gründung oder ihre Vorbereitung eine Entschädigung oder Belohnung ausbedungen hat.

§ 33 Gründungsprüfung. Allgemeines. (1) Die Mitglieder des Vorstands und des Aufsichtsrats haben den Hergang der Gründung zu prüfen.

(2) Außerdem hat eine Prüfung durch einen oder mehrere Prüfer (Gründungsprüfer) stattzufinden, wenn

1. ein Mitglied des Vorstands oder des Aufsichtsrats zu den Gründern gehört oder
2. bei der Gründung für Rechnung eines Mitglieds des Vorstands oder des Aufsichtsrats Aktien übernommen worden sind oder
3. ein Mitglied des Vorstands oder des Aufsichtsrats sich einen besonderen Vorteil oder für die Gründung oder ihre Vorbereitung eine Entschädigung oder Belohnung ausbedungen hat oder
4. eine Gründung mit Sacheinlagen oder Sachübernahmen vorliegt.

(3) [1]In den Fällen des Absatzes 2 Nr. 1 und 2 kann der beurkundende Notar (§ 23 Abs. 1 Satz 1) anstelle eines Gründungsprüfers die Prüfung im Auftrag der Gründer vornehmen; die Bestimmungen über die Gründungsprüfung finden sinngemäße Anwendung. [2]Nimmt nicht der Notar die Prüfung vor, so

bestellt das Gericht die Gründungsprüfer. [3]Gegen die Entscheidung ist die Beschwerde zulässig.

(4) Als Gründungsprüfer sollen, wenn die Prüfung keine anderen Kenntnisse fordert, nur bestellt werden

1. Personen, die in der Buchführung ausreichend vorgebildet und erfahren sind;
2. Prüfungsgesellschaften, von deren gesetzlichen Vertretern mindestens einer in der Buchführung ausreichend vorgebildet und erfahren ist.

(5) [1]Als Gründungsprüfer darf nicht bestellt werden, wer nach § 143 Abs. 2 nicht Sonderprüfer sein kann. [2]Gleiches gilt für Personen und Prüfungsgesellschaften, auf deren Geschäftsführung die Gründer oder Personen, für deren Rechnung die Gründer Aktien übernommen haben, maßgebenden Einfluß haben.

§ 33a Sachgründung ohne externe Gründungsprüfung. (1) Von einer Prüfung durch Gründungsprüfer kann bei einer Gründung mit Sacheinlagen oder Sachübernahmen (§ 33 Abs. 2 Nr. 4) abgesehen werden, soweit eingebracht werden sollen:

1. übertragbare Wertpapiere oder Geldmarktinstrumente im Sinne des § 2 Absatz 1 und 2 des Wertpapierhandelsgesetzes[1)], wenn sie mit dem gewichteten Durchschnittspreis bewertet werden, zu dem sie während der letzten drei Monate vor dem Tag ihrer tatsächlichen Einbringung auf einem oder mehreren organisierten Märkten im Sinne von § 2 Absatz 11 des Wertpapierhandelsgesetzes[1)] gehandelt worden sind,
2. andere als die in Nummer 1 genannten Vermögensgegenstände, wenn eine Bewertung zu Grunde gelegt wird, die ein unabhängiger, ausreichend vorgebildeter und erfahrener Sachverständiger nach den allgemein anerkannten Bewertungsgrundsätzen mit dem beizulegenden Zeitwert ermittelt hat und wenn der Bewertungsstichtag nicht mehr als sechs Monate vor dem Tag der tatsächlichen Einbringung liegt.

(2) Absatz 1 ist nicht anzuwenden, wenn der gewichtete Durchschnittspreis der Wertpapiere oder Geldmarktinstrumente (Absatz 1 Nr. 1) durch außergewöhnliche Umstände erheblich beeinflusst worden ist oder wenn anzunehmen ist, dass der beizulegende Zeitwert der anderen Vermögensgegenstände (Absatz 1 Nr. 2) am Tag ihrer tatsächlichen Einbringung auf Grund neuer oder neu bekannt gewordener Umstände erheblich niedriger ist als der von dem Sachverständigen angenommene Wert.

§ 34 Umfang der Gründungsprüfung. (1) Die Prüfung durch die Mitglieder des Vorstands und des Aufsichtsrats sowie die Prüfung durch die Gründungsprüfer haben sich namentlich darauf zu erstrecken,

1. ob die Angaben der Gründer über die Übernahme der Aktien, über die Einlagen auf das Grundkapital und über die Festsetzungen nach §§ 26 und 27 richtig und vollständig sind;
2. ob der Wert der Sacheinlagen oder Sachübernahmen den geringsten Ausgabebetrag der dafür zu gewährenden Aktien oder den Wert der dafür zu gewährenden Leistungen erreicht.

[1)] Nr. **10**.

(2) [1]Über jede Prüfung ist unter Darlegung dieser Umstände schriftlich zu berichten. [2]In dem Bericht ist der Gegenstand jeder Sacheinlage oder Sachübernahme zu beschreiben sowie anzugeben, welche Bewertungsmethoden bei der Ermittlung des Wertes angewandt worden sind. [3]In dem Prüfungsbericht der Mitglieder des Vorstands und des Aufsichtsrats kann davon sowie von Ausführungen zu Absatz 1 Nr. 2 abgesehen werden, soweit nach § 33a von einer externen Gründungsprüfung abgesehen wird.

(3) [1]Je ein Stück des Berichts der Gründungsprüfer ist dem Gericht und dem Vorstand einzureichen. [2]Jedermann kann den Bericht bei dem Gericht einsehen.

§ 35 Meinungsverschiedenheiten zwischen Gründern und Gründungsprüfern. Vergütung und Auslagen der Gründungsprüfer.

(1) Die Gründungsprüfer können von den Gründern alle Aufklärungen und Nachweise verlangen, die für eine sorgfältige Prüfung notwendig sind.

(2) [1]Bei Meinungsverschiedenheiten zwischen den Gründern und den Gründungsprüfern über den Umfang der Aufklärungen und Nachweise, die von den Gründern zu gewähren sind, entscheidet das Gericht. [2]Die Entscheidung ist unanfechtbar. [3]Solange sich die Gründer weigern, der Entscheidung nachzukommen, wird der Prüfungsbericht nicht erstattet.

(3) [1]Die Gründungsprüfer haben Anspruch auf Ersatz angemessener barer Auslagen und auf Vergütung für ihre Tätigkeit. [2]Die Auslagen und die Vergütung setzt das Gericht fest. [3]Gegen die Entscheidung ist die Beschwerde zulässig; die Rechtsbeschwerde ist ausgeschlossen. [4]Aus der rechtskräftigen Entscheidung findet die Zwangsvollstreckung nach der Zivilprozeßordnung statt.

§ 36 Anmeldung der Gesellschaft. (1) Die Gesellschaft ist bei dem Gericht von allen Gründern und Mitgliedern des Vorstands und des Aufsichtsrats zur Eintragung in das Handelsregister anzumelden.

(2) Die Anmeldung darf erst erfolgen, wenn auf jede Aktie, soweit nicht Sacheinlagen vereinbart sind, der eingeforderte Betrag ordnungsgemäß eingezahlt worden ist (§ 54 Abs. 3) und, soweit er nicht bereits zur Bezahlung der bei der Gründung angefallenen Steuern und Gebühren verwandt wurde, endgültig zur freien Verfügung des Vorstands steht.

§ 36a Leistung der Einlagen. (1) Bei Bareinlagen muß der eingeforderte Betrag (§ 36 Abs. 2) mindestens ein Viertel des geringsten Ausgabebetrags und bei Ausgabe der Aktien für einen höheren als diesen auch den Mehrbetrag umfassen.

(2) [1]Sacheinlagen sind vollständig zu leisten. [2]Besteht die Sacheinlage in der Verpflichtung, einen Vermögensgegenstand auf die Gesellschaft zu übertragen, so muß diese Leistung innerhalb von fünf Jahren nach der Eintragung der Gesellschaft in das Handelsregister zu bewirken sein. [3]Der Wert muß dem geringsten Ausgabebetrag und bei Ausgabe der Aktien für einen höheren als diesen auch dem Mehrbetrag entsprechen.

§ 37 Inhalt der Anmeldung. (1) [1]In der Anmeldung ist zu erklären, daß die Voraussetzungen des § 36 Abs. 2 und des § 36a erfüllt sind; dabei sind der Betrag, zu dem die Aktien ausgegeben werden, und der darauf eingezahlte

Betrag anzugeben. [2] Es ist nachzuweisen, daß der eingezahlte Betrag endgültig zur freien Verfügung des Vorstands steht. [3] Ist der Betrag gemäß § 54 Abs. 3 durch Gutschrift auf ein Konto eingezahlt worden, so ist der Nachweis durch eine Bestätigung des kontoführenden Instituts zu führen. [4] Für die Richtigkeit der Bestätigung ist das Institut der Gesellschaft verantwortlich. [5] Sind von dem eingezahlten Betrag Steuern und Gebühren bezahlt worden, so ist dies nach Art und Höhe der Beträge nachzuweisen.

(2) [1] In der Anmeldung haben die Vorstandsmitglieder zu versichern, daß keine Umstände vorliegen, die ihrer Bestellung nach § 76 Abs. 3 Satz 2 Nr. 2 und 3 sowie Satz 3 entgegenstehen, und daß sie über ihre unbeschränkte Auskunftspflicht gegenüber dem Gericht belehrt worden sind. [2] Die Belehrung nach § 53 Abs. 2 des Bundeszentralregistergesetzes kann schriftlich vorgenommen werden; sie kann auch durch einen Notar oder einen im Ausland bestellten Notar, durch einen Vertreter eines vergleichbaren rechtsberatenden Berufs oder einen Konsularbeamten erfolgen.

(3) In der Anmeldung sind ferner anzugeben:

1. eine inländische Geschäftsanschrift,
2. Art und Umfang der Vertretungsbefugnis der Vorstandsmitglieder.

(4) Der Anmeldung sind beizufügen

1. die Satzung und die Urkunden, in denen die Satzung festgestellt worden ist und die Aktien von den Gründern übernommen worden sind;
2. im Fall der §§ 26 und 27 die Verträge, die den Festsetzungen zugrunde liegen oder zu ihrer Ausführung geschlossen worden sind, und eine Berechnung des der Gesellschaft zur Last fallenden Gründungsaufwands; in der Berechnung sind die Vergütungen nach Art und Höhe und die Empfänger einzeln anzuführen;
3. die Urkunden über die Bestellung des Vorstands und des Aufsichtsrats;

3a. eine Liste der Mitglieder des Aufsichtsrats, aus welcher Name, Vorname, ausgeübter Beruf und Wohnort der Mitglieder ersichtlich ist;

4. der Gründungsbericht und die Prüfungsberichte der Mitglieder des Vorstands und des Aufsichtsrats sowie der Gründungsprüfer nebst ihren urkundlichen Unterlagen.

(5) Für die Einreichung von Unterlagen nach diesem Gesetz gilt § 12 Abs. 2 des Handelsgesetzbuchs[1)] entsprechend.

§ 37a Anmeldung bei Sachgründung ohne externe Gründungsprüfung. (1) [1] Wird nach § 33a von einer externen Gründungsprüfung abgesehen, ist dies in der Anmeldung zu erklären. [2] Der Gegenstand jeder Sacheinlage oder Sachübernahme ist zu beschreiben. [3] Die Anmeldung muss die Erklärung enthalten, dass der Wert der Sacheinlagen oder Sachübernahmen den geringsten Ausgabebetrag der dafür zu gewährenden Aktien oder den Wert der dafür zu gewährenden Leistungen erreicht. [4] Der Wert, die Quelle der Bewertung sowie die angewandte Bewertungsmethode sind anzugeben.

(2) In der Anmeldung haben die Anmeldenden außerdem zu versichern, dass ihnen außergewöhnliche Umstände, die den gewichteten Durchschnittspreis der einzubringenden Wertpapiere oder Geldmarktinstrumente im Sinne von

---

[1)] Nr. **5**.

§ 33a Abs. 1 Nr. 1 während der letzten drei Monate vor dem Tag ihrer tatsächlichen Einbringung erheblich beeinflusst haben könnten, oder Umstände, die darauf hindeuten, dass der beizulegende Zeitwert der Vermögensgegenstände im Sinne von § 33a Abs. 1 Nr. 2 am Tag ihrer tatsächlichen Einbringung auf Grund neuer oder neu bekannt gewordener Umstände erheblich niedriger ist als der von dem Sachverständigen angenommene Wert, nicht bekannt geworden sind.

(3) Der Anmeldung sind beizufügen:

1. Unterlagen über die Ermittlung des gewichteten Durchschnittspreises, zu dem die einzubringenden Wertpapiere oder Geldmarktinstrumente während der letzten drei Monate vor dem Tag ihrer tatsächlichen Einbringung auf einem organisierten Markt gehandelt worden sind,
2. jedes Sachverständigengutachten, auf das sich die Bewertung in den Fällen des § 33a Abs. 1 Nr. 2 stützt.

§ 38 Prüfung durch das Gericht. (1) [1]Das Gericht hat zu prüfen, ob die Gesellschaft ordnungsgemäß errichtet und angemeldet ist. [2]Ist dies nicht der Fall, so hat es die Eintragung abzulehnen.

(2) [1]Das Gericht kann die Eintragung auch ablehnen, wenn die Gründungsprüfer erklären oder es offensichtlich ist, daß der Gründungsbericht oder der Prüfungsbericht der Mitglieder des Vorstands und des Aufsichtsrats unrichtig oder unvollständig ist oder den gesetzlichen Vorschriften nicht entspricht. [2]Gleiches gilt, wenn die Gründungsprüfer erklären oder das Gericht der Auffassung ist, daß der Wert der Sacheinlagen oder Sachübernahmen nicht unwesentlich hinter dem geringsten Ausgabebetrag der dafür zu gewährenden Aktien oder dem Wert der dafür zu gewährenden Leistungen zurückbleibt.

(3) [1]Enthält die Anmeldung die Erklärung nach § 37a Abs. 1 Satz 1, hat das Gericht hinsichtlich der Werthaltigkeit der Sacheinlagen oder Sachübernahmen ausschließlich zu prüfen, ob die Voraussetzungen des § 37a erfüllt sind. [2]Lediglich bei einer offenkundigen und erheblichen Überbewertung kann das Gericht die Eintragung ablehnen.

(4) Wegen einer mangelhaften, fehlenden oder nichtigen Bestimmung der Satzung darf das Gericht die Eintragung nach Absatz 1 nur ablehnen, soweit diese Bestimmung, ihr Fehlen oder ihre Nichtigkeit

1. Tatsachen oder Rechtsverhältnisse betrifft, die nach § 23 Abs. 3 oder auf Grund anderer zwingender gesetzlicher Vorschriften in der Satzung bestimmt sein müssen oder die in das Handelsregister einzutragen oder von dem Gericht bekanntzumachen sind,
2. Vorschriften verletzt, die ausschließlich oder überwiegend zum Schutze der Gläubiger der Gesellschaft oder sonst im öffentlichen Interesse gegeben sind, oder
3. die Nichtigkeit der Satzung zur Folge hat.

§ 39 Inhalt der Eintragung. (1) [1]Bei der Eintragung der Gesellschaft sind die Firma und der Sitz der Gesellschaft, eine inländische Geschäftsanschrift, der Gegenstand des Unternehmens, die Höhe des Grundkapitals, der Tag der Feststellung der Satzung und die Vorstandsmitglieder anzugeben. [2]Wenn eine Person, die für Willenserklärungen und Zustellungen an die Gesellschaft empfangsberechtigt ist, mit einer inländischen Anschrift zur Eintragung in das

Handelsregister angemeldet wird, sind auch diese Angaben einzutragen; Dritten gegenüber gilt die Empfangsberechtigung als fortbestehend, bis sie im Handelsregister gelöscht und die Löschung bekannt gemacht worden ist, es sei denn, dass die fehlende Empfangsberechtigung dem Dritten bekannt war. [3] Ferner ist einzutragen, welche Vertretungsbefugnis die Vorstandsmitglieder haben.

(2) Enthält die Satzung Bestimmungen über die Dauer der Gesellschaft oder über das genehmigte Kapital, so sind auch diese Bestimmungen einzutragen.

§ 40 *(aufgehoben)*

§ 41 Handeln im Namen der Gesellschaft vor der Eintragung. Verbotene Aktienausgabe. (1) [1] Vor der Eintragung in das Handelsregister besteht die Aktiengesellschaft als solche nicht. [2] Wer vor der Eintragung der Gesellschaft in ihrem Namen handelt, haftet persönlich; handeln mehrere, so haften sie als Gesamtschuldner.

(2) Übernimmt die Gesellschaft eine vor ihrer Eintragung in ihrem Namen eingegangene Verpflichtung durch Vertrag mit dem Schuldner in der Weise, daß sie an die Stelle des bisherigen Schuldners tritt, so bedarf es zur Wirksamkeit der Schuldübernahme der Zustimmung des Gläubigers nicht, wenn die Schuldübernahme binnen drei Monaten nach der Eintragung der Gesellschaft vereinbart und dem Gläubiger von der Gesellschaft oder dem Schuldner mitgeteilt wird.

(3) Verpflichtungen aus nicht in der Satzung festgesetzten Verträgen über Sondervorteile, Gründungsaufwand, Sacheinlagen oder Sachübernahmen kann die Gesellschaft nicht übernehmen.

(4) [1] Vor der Eintragung der Gesellschaft können Anteilsrechte nicht übertragen, Aktien oder Zwischenscheine nicht ausgegeben werden. [2] Die vorher ausgegebenen Aktien oder Zwischenscheine sind nichtig. [3] Für den Schaden aus der Ausgabe sind die Ausgeber den Inhabern als Gesamtschuldner verantwortlich.

§ 42 Einpersonen-Gesellschaft. Gehören alle Aktien allein oder neben der Gesellschaft einem Aktionär, ist unverzüglich eine entsprechende Mitteilung unter Angabe von Name, Vorname, Geburtsdatum und Wohnort des alleinigen Aktionärs zum Handelsregister einzureichen.

§§ 43, 44 *(aufgehoben)*

§ 45 Sitzverlegung. (1) Wird der Sitz der Gesellschaft im Inland verlegt, so ist die Verlegung beim Gericht des bisherigen Sitzes anzumelden.

(2) [1] Wird der Sitz aus dem Bezirk des Gerichts des bisherigen Sitzes verlegt, so hat dieses unverzüglich von Amts wegen die Verlegung dem Gericht des neuen Sitzes mitzuteilen. [2] Der Mitteilung sind die Eintragungen für den bisherigen Sitz sowie die bei dem bisher zuständigen Gericht aufbewahrten Urkunden beizufügen; bei elektronischer Registerführung sind die Eintragungen und die Dokumente elektronisch zu übermitteln. [3] Das Gericht des neuen Sitzes hat zu prüfen, ob die Verlegung ordnungsgemäß beschlossen und § 30 des Handelsgesetzbuchs[1)] beachtet ist. [4] Ist dies der Fall, so hat es die Sitzverlegung einzutragen und hierbei die ihm mitgeteilten Eintragungen ohne wei-

---

[1)] Nr. **5**.

tere Nachprüfung in sein Handelsregister zu übernehmen. [5] Mit der Eintragung wird die Sitzverlegung wirksam. [6] Die Eintragung ist dem Gericht des bisherigen Sitzes mitzuteilen. [7] Dieses hat die erforderlichen Löschungen von Amts wegen vorzunehmen.

(3) [1] Wird der Sitz an einen anderen Ort innerhalb des Bezirks des Gerichts des bisherigen Sitzes verlegt, so hat das Gericht zu prüfen, ob die Sitzverlegung ordnungsgemäß beschlossen und § 30 des Handelsgesetzbuchs beachtet ist. [2] Ist dies der Fall, so hat es die Sitzverlegung einzutragen. [3] Mit der Eintragung wird die Sitzverlegung wirksam.

§ 46 Verantwortlichkeit der Gründer. (1) [1] Die Gründer sind der Gesellschaft als Gesamtschuldner verantwortlich für die Richtigkeit und Vollständigkeit der Angaben, die zum Zwecke der Gründung der Gesellschaft über Übernahme der Aktien, Einzahlung auf die Aktien, Verwendung eingezahlter Beträge, Sondervorteile, Gründungsaufwand, Sacheinlagen und Sachübernahmen gemacht worden sind. [2] Sie sind ferner dafür verantwortlich, daß eine zur Annahme von Einzahlungen auf das Grundkapital bestimmte Stelle (§ 54 Abs. 3) hierzu geeignet ist und daß die eingezahlten Beträge zur freien Verfügung des Vorstands stehen. [3] Sie haben, unbeschadet der Verpflichtung zum Ersatz des sonst entstehenden Schadens, fehlende Einzahlungen zu leisten und eine Vergütung, die nicht unter den Gründungsaufwand aufgenommen ist, zu ersetzen.

(2) Wird die Gesellschaft von Gründern durch Einlagen, Sachübernahmen oder Gründungsaufwand vorsätzlich oder aus grober Fahrlässigkeit geschädigt, so sind ihr alle Gründer als Gesamtschuldner zum Ersatz verpflichtet.

(3) Von diesen Verpflichtungen ist ein Gründer befreit, wenn er die die Ersatzpflicht begründenden Tatsachen weder kannte noch bei Anwendung der Sorgfalt eines ordentlichen Geschäftsmannes kennen mußte.

(4) Entsteht der Gesellschaft ein Ausfall, weil ein Aktionär zahlungsunfähig oder unfähig ist, eine Sacheinlage zu leisten, so sind ihr zum Ersatz als Gesamtschuldner die Gründer verpflichtet, welche die Beteiligung des Aktionärs in Kenntnis seiner Zahlungsunfähigkeit oder Leistungsunfähigkeit angenommen haben.

(5) [1] Neben den Gründern sind in gleicher Weise Personen verantwortlich, für deren Rechnung die Gründer Aktien übernommen haben. [2] Sie können sich auf ihre eigene Unkenntnis nicht wegen solcher Umstände berufen, die ein für ihre Rechnung handelnder Gründer kannte oder kennen mußte.

§ 47 Verantwortlichkeit anderer Personen neben den Gründern.

Neben den Gründern und den Personen, für deren Rechnung die Gründer Aktien übernommen haben, ist als Gesamtschuldner der Gesellschaft zum Schadenersatz verpflichtet,

1. wer bei Empfang einer Vergütung, die entgegen den Vorschriften nicht in den Gründungsaufwand aufgenommen ist, wußte oder nach den Umständen annehmen mußte, daß die Verheimlichung beabsichtigt oder erfolgt war, oder wer zur Verheimlichung wissentlich mitgewirkt hat;
2. wer im Fall einer vorsätzlichen oder grobfahrlässigen Schädigung der Gesellschaft durch Einlagen oder Sachübernahmen an der Schädigung wissentlich mitgewirkt hat;

3. wer vor Eintragung der Gesellschaft in das Handelsregister oder in den ersten zwei Jahren nach der Eintragung die Aktien öffentlich ankündigt, um sie in den Verkehr einzuführen, wenn er die Unrichtigkeit oder Unvollständigkeit der Angaben, die zum Zwecke der Gründung der Gesellschaft gemacht worden sind (§ 46 Abs. 1), oder die Schädigung der Gesellschaft durch Einlagen oder Sachübernahmen kannte oder bei Anwendung der Sorgfalt eines ordentlichen Geschäftsmannes kennen mußte.

§ 48 Verantwortlichkeit des Vorstands und des Aufsichtsrats. [1] Mitglieder des Vorstands und des Aufsichtsrats, die bei der Gründung ihre Pflichten verletzen, sind der Gesellschaft zum Ersatz des daraus entstehenden Schadens als Gesamtschuldner verpflichtet; sie sind namentlich dafür verantwortlich, daß eine zur Annahme von Einzahlungen auf die Aktien bestimmte Stelle (§ 54 Abs. 3) hierzu geeignet ist, und daß die eingezahlten Beträge zur freien Verfügung des Vorstands stehen. [2] Für die Sorgfaltspflicht und Verantwortlichkeit der Mitglieder des Vorstands und des Aufsichtsrats bei der Gründung gelten im übrigen §§ 93 und 116 mit Ausnahme von § 93 Abs. 4 Satz 3 und 4 und Abs. 6.

§ 49 Verantwortlichkeit der Gründungsprüfer. § 323 Abs. 1 bis 4 des Handelsgesetzbuchs[1)] über die Verantwortlichkeit des Abschlußprüfers gilt sinngemäß.

§ 50 Verzicht und Vergleich. [1] Die Gesellschaft kann auf Ersatzansprüche gegen die Gründer, die neben diesen haftenden Personen und gegen die Mitglieder des Vorstands und des Aufsichtsrats (§§ 46 bis 48) erst drei Jahre nach der Eintragung der Gesellschaft in das Handelsregister und nur dann verzichten oder sich über sie vergleichen, wenn die Hauptversammlung zustimmt und nicht eine Minderheit, deren Anteile zusammen den zehnten Teil des Grundkapitals erreichen, zur Niederschrift Widerspruch erhebt. [2] Die zeitliche Beschränkung gilt nicht, wenn der Ersatzpflichtige zahlungsunfähig ist und sich zur Abwendung des Insolvenzverfahrens mit seinen Gläubigern vergleicht oder wenn die Ersatzpflicht in einem Insolvenzplan geregelt wird.

§ 51 Verjährung der Ersatzansprüche. [1] Ersatzansprüche der Gesellschaft nach den §§ 46 bis 48 verjähren in fünf Jahren. [2] Die Verjährung beginnt mit der Eintragung der Gesellschaft in das Handelsregister oder, wenn die zum Ersatz verpflichtende Handlung später begangen worden ist, mit der Vornahme der Handlung.

§ 52 Nachgründung. (1) [1] Verträge der Gesellschaft mit Gründern oder mit mehr als 10 vom Hundert des Grundkapitals an der Gesellschaft beteiligten Aktionären, nach denen sie vorhandene oder herzustellende Anlagen oder andere Vermögensgegenstände für eine den zehnten Teil des Grundkapitals übersteigende Vergütung erwerben soll, und die in den ersten zwei Jahren seit der Eintragung der Gesellschaft in das Handelsregister geschlossen werden, werden nur mit Zustimmung der Hauptversammlung und durch Eintragung in das Handelsregister wirksam. [2] Ohne die Zustimmung der Hauptversammlung

---

1) Nr. 5.

oder die Eintragung im Handelsregister sind auch die Rechtshandlungen zu ihrer Ausführung unwirksam.

(2) [1] Ein Vertrag nach Absatz 1 bedarf der schriftlichen Form, soweit nicht eine andere Form vorgeschrieben ist. [2] Er ist von der Einberufung der Hauptversammlung an, die über die Zustimmung beschließen soll, in dem Geschäftsraum der Gesellschaft zur Einsicht der Aktionäre auszulegen. [3] Auf Verlangen ist jedem Aktionär unverzüglich eine Abschrift zu erteilen. [4] Die Verpflichtungen nach den Sätzen 2 und 3 entfallen, wenn der Vertrag für denselben Zeitraum über die Internetseite der Gesellschaft zugänglich ist. [5] In der Hauptversammlung ist der Vertrag zugänglich zu machen. [6] Der Vorstand hat ihn zu Beginn der Verhandlung zu erläutern. [7] Der Niederschrift ist er als Anlage beizufügen.

(3) [1] Vor der Beschlußfassung der Hauptversammlung hat der Aufsichtsrat den Vertrag zu prüfen und einen schriftlichen Bericht zu erstatten (Nachgründungsbericht). [2] Für den Nachgründungsbericht gilt sinngemäß § 32 Abs. 2 und 3 über den Gründungsbericht.

(4) [1] Außerdem hat vor der Beschlußfassung eine Prüfung durch einen oder mehrere Gründungsprüfer stattzufinden. [2] § 33 Abs. 3 bis 5, §§ 34, 35 über die Gründungsprüfung gelten sinngemäß. [3] Unter den Voraussetzungen des § 33a kann von einer Prüfung durch Gründungsprüfer abgesehen werden.

(5) [1] Der Beschluß der Hauptversammlung bedarf einer Mehrheit, die mindestens drei Viertel des bei der Beschlußfassung vertretenen Grundkapitals umfaßt. [2] Wird der Vertrag im ersten Jahre nach der Eintragung der Gesellschaft in das Handelsregister geschlossen, so müssen außerdem die Anteile der zustimmenden Mehrheit mindestens ein Viertel des gesamten Grundkapitals erreichen. [3] Die Satzung kann an Stelle dieser Mehrheiten größere Kapitalmehrheiten und weitere Erfordernisse bestimmen.

(6) [1] Nach Zustimmung der Hauptversammlung hat der Vorstand den Vertrag zur Eintragung in das Handelsregister anzumelden. [2] Der Anmeldung ist der Vertrag mit dem Nachgründungsbericht und dem Bericht der Gründungsprüfer mit den urkundlichen Unterlagen beizufügen. [3] Wird nach Absatz 4 Satz 3 von einer externen Gründungsprüfung abgesehen, gilt § 37a entsprechend.

(7) [1] Bestehen gegen die Eintragung Bedenken, weil die Gründungsprüfer erklären oder weil es offensichtlich ist, daß der Nachgründungsbericht unrichtig oder unvollständig ist oder den gesetzlichen Vorschriften nicht entspricht oder daß die für die zu erwerbenden Vermögensgegenstände gewährte Vergütung unangemessen hoch ist, so kann das Gericht die Eintragung ablehnen. [2] Enthält die Anmeldung die Erklärung nach § 37a Abs. 1 Satz 1, gilt § 38 Abs. 3 entsprechend.

(8) Einzutragen sind der Tag des Vertragsschlusses und der Zustimmung der Hauptversammlung sowie der oder die Vertragspartner der Gesellschaft.

(9) Vorstehende Vorschriften gelten nicht, wenn der Erwerb der Vermögensgegenstände im Rahmen der laufenden Geschäfte der Gesellschaft, in der Zwangsvollstreckung oder an der Börse erfolgt.

§ 53 Ersatzansprüche bei der Nachgründung. [1] Für die Nachgründung gelten die §§ 46, 47, 49 bis 51 über die Ersatzansprüche der Gesellschaft sinngemäß. [2] An die Stelle der Gründer treten die Mitglieder des Vorstands und des Aufsichtsrats. [3] Sie haben die Sorgfalt eines ordentlichen und gewissenhaften

Geschäftsleiters anzuwenden. [4] Soweit Fristen mit der Eintragung der Gesellschaft in das Handelsregister beginnen, tritt an deren Stelle die Eintragung des Vertrags über die Nachgründung.

Dritter Teil. Rechtsverhältnisse der Gesellschaft und der Gesellschafter

§ 53a Gleichbehandlung der Aktionäre. Aktionäre sind unter gleichen Voraussetzungen gleich zu behandeln.

§ 54 Hauptverpflichtung der Aktionäre. (1) Die Verpflichtung der Aktionäre zur Leistung der Einlagen wird durch den Ausgabebetrag der Aktien begrenzt.

(2) Soweit nicht in der Satzung Sacheinlagen festgesetzt sind, haben die Aktionäre den Ausgabebetrag der Aktien einzuzahlen.

(3) [1] Der vor der Anmeldung der Gesellschaft eingeforderte Betrag kann nur in gesetzlichen Zahlungsmitteln oder durch Gutschrift auf ein Konto bei einem Kreditinstitut oder einem nach § 53 Abs. 1 Satz 1 oder § 53b Abs. 1 Satz 1 oder Abs. 7 des Gesetzes über das Kreditwesen tätigen Unternehmen der Gesellschaft oder des Vorstands zu seiner freien Verfügung eingezahlt werden. [2] Forderungen des Vorstands aus diesen Einzahlungen gelten als Forderungen der Gesellschaft.

(4) [1] Der Anspruch der Gesellschaft auf Leistung der Einlagen verjährt in zehn Jahren von seiner Entstehung an. [2] Wird das Insolvenzverfahren über das Vermögen der Gesellschaft eröffnet, so tritt die Verjährung nicht vor Ablauf von sechs Monaten ab dem Zeitpunkt der Eröffnung ein.

§ 55 Nebenverpflichtungen der Aktionäre. (1) [1] Ist die Übertragung der Aktien an die Zustimmung der Gesellschaft gebunden, so kann die Satzung Aktionären die Verpflichtung auferlegen, neben den Einlagen auf das Grundkapital wiederkehrende, nicht in Geld bestehende Leistungen zu erbringen. [2] Dabei hat sie zu bestimmen, ob die Leistungen entgeltlich oder unentgeltlich zu erbringen sind. [3] Die Verpflichtung und der Umfang der Leistungen sind in den Aktien und Zwischenscheinen anzugeben.

(2) Die Satzung kann Vertragsstrafen für den Fall festsetzen, daß die Verpflichtung nicht oder nicht gehörig erfüllt wird.

§ 56 Keine Zeichnung eigener Aktien; Aktienübernahme für Rechnung der Gesellschaft oder durch ein abhängiges oder in Mehrheitsbesitz stehendes Unternehmen. (1) Die Gesellschaft darf keine eigenen Aktien zeichnen.

(2) [1] Ein abhängiges Unternehmen darf keine Aktien der herrschenden Gesellschaft, ein in Mehrheitsbesitz stehendes Unternehmen keine Aktien der an ihm mit Mehrheit beteiligten Gesellschaft als Gründer oder Zeichner oder in Ausübung eines bei einer bedingten Kapitalerhöhung eingeräumten Umtausch- oder Bezugsrechts übernehmen. [2] Ein Verstoß gegen diese Vorschrift macht die Übernahme nicht unwirksam.

(3) [1] Wer als Gründer oder Zeichner oder in Ausübung eines bei einer bedingten Kapitalerhöhung eingeräumten Umtausch- oder Bezugsrechts eine Aktie für Rechnung der Gesellschaft oder eines abhängigen oder in Mehrheitsbesitz stehenden Unternehmens übernommen hat, kann sich nicht darauf berufen, daß er die Aktie nicht für eigene Rechnung übernommen hat. [2] Er

haftet ohne Rücksicht auf Vereinbarungen mit der Gesellschaft oder dem abhängigen oder in Mehrheitsbesitz stehenden Unternehmen auf die volle Einlage. [3]Bevor er die Aktie für eigene Rechnung übernommen hat, stehen ihm keine Rechte aus der Aktie zu.

(4) [1]Werden bei einer Kapitalerhöhung Aktien unter Verletzung der Absätze 1 oder 2 gezeichnet, so haftet auch jedes Vorstandsmitglied der Gesellschaft auf die volle Einlage. [2]Dies gilt nicht, wenn das Vorstandsmitglied beweist, daß es kein Verschulden trifft.

§ 57 Keine Rückgewähr, keine Verzinsung der Einlagen. (1) [1]Den Aktionären dürfen die Einlagen nicht zurückgewährt werden. [2]Als Rückgewähr gilt nicht die Zahlung des Erwerbspreises beim zulässigen Erwerb eigener Aktien. [3]Satz 1 gilt nicht bei Leistungen, die bei Bestehen eines Beherrschungs- oder Gewinnabführungsvertrags (§ 291) erfolgen oder durch einen vollwertigen Gegenleistungs- oder Rückgewähranspruch gegen den Aktionär gedeckt sind. [4]Satz 1 ist zudem nicht anzuwenden auf die Rückgewähr eines Aktionärsdarlehens und Leistungen auf Forderungen aus Rechtshandlungen, die einem Aktionärsdarlehen wirtschaftlich entsprechen.

(2) Den Aktionären dürfen Zinsen weder zugesagt noch ausgezahlt werden.

(3) Vor Auflösung der Gesellschaft darf unter die Aktionäre nur der Bilanzgewinn verteilt werden.

§ 58 Verwendung des Jahresüberschusses. (1) [1]Die Satzung kann nur für den Fall, daß die Hauptversammlung den Jahresabschluß feststellt, bestimmen, daß Beträge aus dem Jahresüberschuß in andere Gewinnrücklagen einzustellen sind. [2]Auf Grund einer solchen Satzungsbestimmung kann höchstens die Hälfte des Jahresüberschusses in andere Gewinnrücklagen eingestellt werden. [3]Dabei sind Beträge, die in die gesetzliche Rücklage einzustellen sind, und ein Verlustvortrag vorab vom Jahresüberschuß abzuziehen.

(2) [1]Stellen Vorstand und Aufsichtsrat den Jahresabschluß fest, so können sie einen Teil des Jahresüberschusses, höchstens jedoch die Hälfte, in andere Gewinnrücklagen einstellen. [2]Die Satzung kann Vorstand und Aufsichtsrat zur Einstellung eines größeren oder kleineren Teils des Jahresüberschusses ermächtigen. [3]Auf Grund einer solchen Satzungsbestimmung dürfen Vorstand und Aufsichtsrat keine Beträge in andere Gewinnrücklagen einstellen, wenn die anderen Gewinnrücklagen die Hälfte des Grundkapitals übersteigen oder soweit sie nach der Einstellung die Hälfte übersteigen würden. [4]Absatz 1 Satz 3 gilt sinngemäß.

(2a) [1]Unbeschadet der Absätze 1 und 2 können Vorstand und Aufsichtsrat den Eigenkapitalanteil von Wertaufholungen bei Vermögensgegenständen des Anlage- und Umlaufvermögens in andere Gewinnrücklagen einstellen. [2]Der Betrag dieser Rücklagen ist in der Bilanz gesondert auszuweisen; er kann auch im Anhang angegeben werden.

(3) [1]Die Hauptversammlung kann im Beschluß über die Verwendung des Bilanzgewinns weitere Beträge in Gewinnrücklagen einstellen oder als Gewinn vortragen. [2]Sie kann ferner, wenn die Satzung sie hierzu ermächtigt, auch eine andere Verwendung als nach Satz 1 oder als die Verteilung unter die Aktionäre beschließen.

(4) [1]Die Aktionäre haben Anspruch auf den Bilanzgewinn, soweit er nicht nach Gesetz oder Satzung, durch Hauptversammlungsbeschluß nach Absatz 3

oder als zusätzlicher Aufwand auf Grund des Gewinnverwendungsbeschlusses von der Verteilung unter die Aktionäre ausgeschlossen ist. [2]Der Anspruch ist am dritten auf den Hauptversammlungsbeschluss folgenden Geschäftstag fällig. [3]In dem Hauptversammlungsbeschluss oder in der Satzung kann eine spätere Fälligkeit festgelegt werden.

(5) Sofern die Satzung dies vorsieht, kann die Hauptversammlung auch eine Sachausschüttung beschließen.

§ 59 Abschlagszahlung auf den Bilanzgewinn. (1) Die Satzung kann den Vorstand ermächtigen, nach Ablauf des Geschäftsjahrs auf den voraussichtlichen Bilanzgewinn einen Abschlag an die Aktionäre zu zahlen.

(2) [1]Der Vorstand darf einen Abschlag nur zahlen, wenn ein vorläufiger Abschluß für das vergangene Geschäftsjahr einen Jahresüberschuß ergibt. [2]Als Abschlag darf höchstens die Hälfte des Betrags gezahlt werden, der von dem Jahresüberschuß nach Abzug der Beträge verbleibt, die nach Gesetz oder Satzung in Gewinnrücklagen einzustellen sind. [3]Außerdem darf der Abschlag nicht die Hälfte des vorjährigen Bilanzgewinns übersteigen.

(3) Die Zahlung eines Abschlags bedarf der Zustimmung des Aufsichtsrats.

§ 60 Gewinnverteilung. (1) Die Anteile der Aktionäre am Gewinn bestimmen sich nach ihren Anteilen am Grundkapital.

(2) [1]Sind die Einlagen auf das Grundkapital nicht auf alle Aktien in demselben Verhältnis geleistet, so erhalten die Aktionäre aus dem verteilbaren Gewinn vorweg einen Betrag von vier vom Hundert der geleisteten Einlagen. [2]Reicht der Gewinn dazu nicht aus, so bestimmt sich der Betrag nach einem entsprechend niedrigeren Satz. [3]Einlagen, die im Laufe des Geschäftsjahrs geleistet wurden, werden nach dem Verhältnis der Zeit berücksichtigt, die seit der Leistung verstrichen ist.

(3) Die Satzung kann eine andere Art der Gewinnverteilung bestimmen.

§ 61 Vergütung von Nebenleistungen. Für wiederkehrende Leistungen, zu denen Aktionäre nach der Satzung neben den Einlagen auf das Grundkapital verpflichtet sind, darf eine den Wert der Leistungen nicht übersteigende Vergütung ohne Rücksicht darauf gezahlt werden, ob ein Bilanzgewinn ausgewiesen wird.

§ 62 Haftung der Aktionäre beim Empfang verbotener Leistungen.

(1) [1]Die Aktionäre haben der Gesellschaft Leistungen, die sie entgegen den Vorschriften dieses Gesetzes von ihr empfangen haben, zurückzugewähren. [2]Haben sie Beträge als Gewinnanteile bezogen, so besteht die Verpflichtung nur, wenn sie wußten oder infolge von Fahrlässigkeit nicht wußten, daß sie zum Bezuge nicht berechtigt waren.

(2) [1]Der Anspruch der Gesellschaft kann auch von den Gläubigern der Gesellschaft geltend gemacht werden, soweit sie von dieser keine Befriedigung erlangen können. [2]Ist über das Vermögen der Gesellschaft das Insolvenzverfahren eröffnet, so übt während dessen Dauer der Insolvenzverwalter oder der Sachwalter das Recht der Gesellschaftsgläubiger gegen die Aktionäre aus.

(3) [1]Die Ansprüche nach diesen Vorschriften verjähren in zehn Jahren seit dem Empfang der Leistung. [2]§ 54 Abs. 4 Satz 2 findet entsprechende Anwendung.

§ 63 Folgen nicht rechtzeitiger Einzahlung. (1) [1]Die Aktionäre haben die Einlagen nach Aufforderung durch den Vorstand einzuzahlen. [2]Die Aufforderung ist, wenn die Satzung nichts anderes bestimmt, in den Gesellschaftsblättern bekanntzumachen.

(2) [1]Aktionäre, die den eingeforderten Betrag nicht rechtzeitig einzahlen, haben ihn vom Eintritt der Fälligkeit an mit fünf vom Hundert für das Jahr zu verzinsen. [2]Die Geltendmachung eines weiteren Schadens ist nicht ausgeschlossen.

(3) Für den Fall nicht rechtzeitiger Einzahlung kann die Satzung Vertragsstrafen festsetzen.

§ 64 Ausschluß säumiger Aktionäre. (1) Aktionären, die den eingeforderten Betrag nicht rechtzeitig einzahlen, kann eine Nachfrist mit der Androhung gesetzt werden, daß sie nach Fristablauf ihrer Aktien und der geleisteten Einzahlungen für verlustig erklärt werden.

(2) [1]Die Nachfrist muß dreimal in den Gesellschaftsblättern bekanntgemacht werden. [2]Die erste Bekanntmachung muß mindestens drei Monate, die letzte mindestens einen Monat vor Fristablauf ergehen. [3]Zwischen den einzelnen Bekanntmachungen muß ein Zeitraum von mindestens drei Wochen liegen. [4]Ist die Übertragung der Aktien an die Zustimmung der Gesellschaft gebunden, so genügt an Stelle der öffentlichen Bekanntmachungen die einmalige Einzelaufforderung an die säumigen Aktionäre; dabei muß eine Nachfrist gewährt werden, die mindestens einen Monat seit dem Empfang der Aufforderung beträgt.

(3) [1]Aktionäre, die den eingeforderten Betrag trotzdem nicht zahlen, werden durch Bekanntmachung in den Gesellschaftsblättern ihrer Aktien und der geleisteten Einzahlungen zugunsten der Gesellschaft für verlustig erklärt. [2]In der Bekanntmachung sind die für verlustig erklärten Aktien mit ihren Unterscheidungsmerkmalen anzugeben.

(4) [1]An Stelle der alten Urkunden werden neue ausgegeben; diese haben außer den geleisteten Teilzahlungen den rückständigen Betrag anzugeben. [2]Für den Ausfall der Gesellschaft an diesem Betrag oder an den später eingeforderten Beträgen haftet ihr der ausgeschlossene Aktionär.

§ 65 Zahlungspflicht der Vormänner. (1) [1]Jeder im Aktienregister verzeichnete Vormann des ausgeschlossenen Aktionärs ist der Gesellschaft zur Zahlung des rückständigen Betrags verpflichtet, soweit dieser von seinen Nachmännern nicht zu erlangen ist. [2]Von der Zahlungsaufforderung an einen früheren Aktionär hat die Gesellschaft seinen unmittelbaren Vormann zu benachrichtigen. [3]Daß die Zahlung nicht zu erlangen ist, wird vermutet, wenn sie nicht innerhalb eines Monats seit der Zahlungsaufforderung und der Benachrichtigung des Vormanns eingegangen ist. [4]Gegen Zahlung des rückständigen Betrags wird die neue Urkunde ausgehändigt.

(2) [1]Jeder Vormann ist nur zur Zahlung der Beträge verpflichtet, die binnen zwei Jahren eingefordert werden. [2]Die Frist beginnt mit dem Tage, an dem die Übertragung der Aktie zum Aktienregister der Gesellschaft angemeldet wird.

(3) [1]Ist die Zahlung des rückständigen Betrags von Vormännern nicht zu erlangen, so hat die Gesellschaft die Aktie unverzüglich zum Börsenpreis und beim Fehlen eines Börsenpreises durch öffentliche Versteigerung zu verkaufen. [2]Ist von der Versteigerung am Sitz der Gesellschaft kein angemessener Erfolg zu

erwarten, so ist die Aktie an einem geeigneten Ort zu verkaufen. [3]Zeit, Ort und Gegenstand der Versteigerung sind öffentlich bekanntzumachen. [4]Der ausgeschlossene Aktionär und seine Vormänner sind besonders zu benachrichtigen; die Benachrichtigung kann unterbleiben, wenn sie untunlich ist. [5]Bekanntmachung und Benachrichtigung müssen mindestens zwei Wochen vor der Versteigerung ergehen.

§ 66 Keine Befreiung der Aktionäre von ihren Leistungspflichten.

(1) [1]Die Aktionäre und ihre Vormänner können von ihren Leistungspflichten nach den §§ 54 und 65 nicht befreit werden. [2]Gegen eine Forderung der Gesellschaft nach den §§ 54 und 65 ist die Aufrechnung nicht zulässig.

(2) Absatz 1 gilt entsprechend für die Verpflichtung zur Rückgewähr von Leistungen, die entgegen den Vorschriften dieses Gesetzes empfangen sind, für die Ausfallhaftung des ausgeschlossenen Aktionärs sowie für die Schadenersatzpflicht des Aktionärs wegen nicht gehöriger Leistung einer Sacheinlage.

(3) Durch eine ordentliche Kapitalherabsetzung oder durch eine Kapitalherabsetzung durch Einziehung von Aktien können die Aktionäre von der Verpflichtung zur Leistung von Einlagen befreit werden, durch eine ordentliche Kapitalherabsetzung jedoch höchstens in Höhe des Betrags, um den das Grundkapital herabgesetzt worden ist.

§ 67 Eintragung im Aktienregister. (1) [1]Namensaktien sind unabhängig von einer Verbriefung unter Angabe des Namens, Geburtsdatums und einer Postanschrift sowie einer elektronischen Adresse des Aktionärs sowie der Stückzahl oder der Aktiennummer und bei Nennbetragsaktien des Betrags in das Aktienregister der Gesellschaft einzutragen. [2]Der Aktionär ist verpflichtet, der Gesellschaft die Angaben nach Satz 1 mitzuteilen. [3]Die Satzung kann Näheres dazu bestimmen, unter welchen Voraussetzungen Eintragungen im eigenen Namen für Aktien, die einem anderen gehören, zulässig sind. [4]Aktien, die zu einem inländischen, EU- oder ausländischen Investmentvermögen nach dem Kapitalanlagegesetzbuch gehören, dessen Anteile oder Aktien nicht ausschließlich von professionellen und semiprofessionellen Anlegern gehalten werden, gelten als Aktien des inländischen, EU- oder ausländischen Investmentvermögens, auch wenn sie im Miteigentum der Anleger stehen; verfügt das Investmentvermögen über keine eigene Rechtspersönlichkeit, gelten sie als Aktien der Verwaltungsgesellschaft des Investmentvermögens.

(2) [1]Im Verhältnis zur Gesellschaft bestehen Rechte und Pflichten aus Aktien nur für und gegen den im Aktienregister Eingetragenen. [2]Jedoch bestehen Stimmrechte aus Eintragungen nicht, die eine nach Absatz 1 Satz 3 bestimmte satzungsmäßige Höchstgrenze überschreiten oder hinsichtlich derer eine satzungsmäßige Pflicht zur Offenlegung, dass die Aktien einem anderen gehören, nicht erfüllt wird. [3]Ferner bestehen Stimmrechte aus Aktien nicht, solange ein Auskunftsverlangen gemäß Absatz 4 Satz 2 nach Fristablauf und Androhung des Stimmrechtsverlustes nicht erfüllt ist.

(3) [1]Löschung und Neueintragung im Aktienregister erfolgen auf Mitteilung und Nachweis. [2]Die Gesellschaft kann eine Eintragung auch auf Mitteilung nach § 67d Absatz 4 vornehmen.

(4) [1]Die bei Übertragung oder Verwahrung von Namensaktien mitwirkenden Intermediäre sind verpflichtet, der Gesellschaft die für die Führung des Aktienregisters erforderlichen Angaben gegen Erstattung der notwendigen

Kosten zu übermitteln. [2] Der Eingetragene hat der Gesellschaft auf ihr Verlangen unverzüglich mitzuteilen, inwieweit ihm die Aktien, für die er im Aktienregister eingetragen ist, auch gehören; soweit dies nicht der Fall ist, hat er die in Absatz 1 Satz 1 genannten Angaben zu demjenigen zu übermitteln, für den er die Aktien hält. [3] Dies gilt entsprechend für denjenigen, dessen Daten nach Satz 2 oder diesem Satz übermittelt werden. [4] Absatz 1 Satz 4 gilt entsprechend; für die Kostentragung gilt Satz 1. [5] Wird der Inhaber von Namensaktien nicht in das Aktienregister eingetragen, so ist der depotführende Intermediär auf Verlangen der Gesellschaft verpflichtet, sich gegen Erstattung der notwendigen Kosten durch die Gesellschaft an dessen Stelle gesondert in das Aktienregister eintragen zu lassen. [6] Wird ein Intermediär im Rahmen eines Übertragungsvorgangs von Namensaktien nur vorübergehend gesondert in das Aktienregister eingetragen, so löst diese Eintragung keine Pflichten infolge des Absatzes 2 aus und führt nicht zur Anwendung von satzungsmäßigen Beschränkungen nach Absatz 1 Satz 3. [7] § 67d bleibt unberührt.

(5) [1] Ist jemand nach Ansicht der Gesellschaft zu Unrecht als Aktionär in das Aktienregister eingetragen worden, so kann die Gesellschaft die Eintragung nur löschen, wenn sie vorher die Beteiligten von der beabsichtigten Löschung benachrichtigt und ihnen eine angemessene Frist zur Geltendmachung eines Widerspruchs gesetzt hat. [2] Widerspricht ein Beteiligter innerhalb der Frist, so hat die Löschung zu unterbleiben.

(6) [1] Der Aktionär kann von der Gesellschaft Auskunft über die zu seiner Person in das Aktienregister eingetragenen Daten verlangen. [2] Bei nichtbörsennotierten Gesellschaften kann die Satzung Weiteres bestimmen. [3] Die Gesellschaft darf die Registerdaten sowie die nach Absatz 4 Satz 2 und 3 mitgeteilten Daten für ihre Aufgaben im Verhältnis zu den Aktionären verwenden. [4] Zur Werbung für das Unternehmen darf sie die Daten nur verwenden, soweit der Aktionär nicht widerspricht. [5] Die Aktionäre sind in angemessener Weise über ihr Widerspruchsrecht zu informieren.

(7) Diese Vorschriften gelten sinngemäß für Zwischenscheine.

§ 67a Übermittlung von Informationen über Unternehmensereignisse; Begriffsbestimmungen. (1) [1] Börsennotierte Gesellschaften haben Informationen über Unternehmensereignisse gemäß Absatz 6, die den Aktionären nicht direkt oder von anderer Seite mitgeteilt werden, zur Weiterleitung an die Aktionäre wie folgt zu übermitteln:

1. an die im Aktienregister Eingetragenen, soweit die Gesellschaft Namensaktien ausgegeben hat,
2. im Übrigen an die Intermediäre, die Aktien der Gesellschaft verwahren.

[2] Für Informationen zur Einberufung der Hauptversammlung gilt § 125.

(2) [1] Die Informationen können durch beauftragte Dritte übermittelt werden. [2] Die Informationen sind den Intermediären elektronisch zu übermitteln. [3] Format, Inhalt und Frist der Informationsübermittlung nach Absatz 1 richten sich nach der Durchführungsverordnung (EU) 2018/1212 der Kommission vom 3. September 2018 zur Festlegung von Mindestanforderungen zur Umsetzung der Bestimmungen der Richtlinie 2007/36/EG des Europäischen Parlaments und des Rates in Bezug auf die Identifizierung der Aktionäre, die Informationsübermittlung und die Erleichterung der Ausübung der Aktionärsrechte (ABl. L 223 vom 4.9.2018, S. 1) in der jeweils geltenden Fassung. [4] Die

Übermittlung der Informationen kann gemäß den Anforderungen nach Artikel 8 Absatz 4 in Verbindung mit Tabelle 8 der Durchführungsverordnung (EU) 2018/1212 beschränkt werden.

(3) [1] Ein Intermediär in der Kette hat Informationen nach Absatz 1 Satz 1, die er von einem anderen Intermediär oder der Gesellschaft erhält, innerhalb der Fristen nach Artikel 9 Absatz 2 Unterabsatz 2 oder 3 und Absatz 7 der Durchführungsverordnung (EU) 2018/1212 dem nächsten Intermediär weiterzuleiten, es sei denn, ihm ist bekannt, dass der nächste Intermediär sie von anderer Seite erhält. [2] Dies gilt auch für Informationen einer börsennotierten Gesellschaft mit Sitz in einem anderen Mitgliedstaat der Europäischen Union. [3] Absatz 2 Satz 1 gilt entsprechend.

(4) Intermediär ist eine Person, die Dienstleistungen der Verwahrung oder der Verwaltung von Wertpapieren oder der Führung von Depotkonten für Aktionäre oder andere Personen erbringt, wenn die Dienstleistungen im Zusammenhang mit Aktien von Gesellschaften stehen, die ihren Sitz in einem Mitgliedstaat der Europäischen Union oder in einem anderen Vertragsstaat des Abkommens über den Europäischen Wirtschaftsraum haben.

(5) [1] Intermediär in der Kette ist ein Intermediär, der Aktien der Gesellschaft für einen anderen Intermediär verwahrt. [2] Letztintermediär ist, wer als Intermediär für einen Aktionär Aktien einer Gesellschaft verwahrt.

(6) Unternehmensereignisse sind Ereignisse gemäß Artikel 1 Nummer 3 der Durchführungsverordnung (EU) 2018/1212.

§ 67b Übermittlung von Informationen durch Intermediäre an die Aktionäre. (1) [1] Der Letztintermediär hat dem Aktionär die nach § 67a Absatz 1 Satz 1 erhaltenen Informationen nach Artikel 2 Absatz 1 und 4, Artikel 9 Absatz 2 Unterabsatz 1 sowie Absatz 3 und 4 Unterabsatz 3 sowie Artikel 10 der Durchführungsverordnung (EU) 2018/1212 zu übermitteln. [2] § 67a Absatz 2 Satz 1 und 4 gilt entsprechend.

(2) Absatz 1 gilt auch für Informationen einer börsennotierten Gesellschaft mit Sitz in einem anderen Mitgliedstaat der Europäischen Union.

§ 67c Übermittlung von Informationen durch Intermediäre an die Gesellschaft; Nachweis des Anteilsbesitzes. (1) [1] Der Letztintermediär hat die vom Aktionär einer börsennotierten Gesellschaft erhaltenen Informationen über die Ausübung seiner Rechte als Aktionär entweder direkt an die Gesellschaft oder an einen Intermediär in der Kette zu übermitteln. [2] Intermediäre haben die nach Satz 1 erhaltenen Informationen entweder direkt an die Gesellschaft oder an den jeweils nächsten Intermediär weiterzuleiten. [3] Die Sätze 1 und 2 gelten entsprechend für die Weiterleitung von Weisungen des Aktionärs zur Ausübung von Rechten aus Namensaktien börsennotierter Gesellschaften an den im Aktienregister eingetragenen Intermediär.

(2) [1] Der Aktionär kann Anweisungen zur Informationsübermittlung nach Absatz 1 erteilen. [2] § 67a Absatz 2 Satz 1 gilt entsprechend. [3] Format, Inhalt und Frist der Informationsübermittlung nach Absatz 1 richten sich nach den Anforderungen in Artikel 2 Absatz 1 und 3, Artikel 8 und 9 Absatz 4 der Durchführungsverordnung (EU) 2018/1212. [4] Eine rechtzeitige gesammelte Informationsübermittlung und -weiterleitung ist möglich. [5] Die Absätze 1 und 2 gelten auch für Informationen einer börsennotierten Gesellschaft mit Sitz in einem anderen Mitgliedstaat der Europäischen Union.

(3) Der Letztintermediär hat dem Aktionär für die Ausübung seiner Rechte in der Hauptversammlung auf Verlangen über dessen Anteilsbesitz unverzüglich einen Nachweis in Textform gemäß den Anforderungen nach Artikel 5 der Durchführungsverordnung (EU) 2018/1212 auszustellen oder diesen nach Absatz 1 der Gesellschaft zu übermitteln.

§ 67d Informationsanspruch der Gesellschaft gegenüber Intermediären. (1) [1] Die börsennotierte Gesellschaft kann von einem Intermediär, der Aktien der Gesellschaft verwahrt, Informationen über die Identität der Aktionäre und über den nächsten Intermediär verlangen. [2] Format und Inhalt dieses Verlangens richten sich nach der Durchführungsverordnung (EU) 2018/1212.

(2) [1] Informationen über die Identität der Aktionäre sind die Daten nach Artikel 3 Absatz 2 in Verbindung mit Tabelle 2 Buchstabe C der Durchführungsverordnung (EU) 2018/1212. [2] Bei nicht eingetragenen Gesellschaften sind deren Gesellschafter mit den Informationen nach Satz 1 zu nennen. [3] Steht eine Aktie mehreren Berechtigten zu, sind diese mit den Informationen nach Satz 1 zu nennen.

(3) Das Informationsverlangen der Gesellschaft ist von einem Intermediär innerhalb der Frist nach Artikel 9 Absatz 6 Unterabsatz 1, 2 oder 3 Satz 3 und Absatz 7 der Durchführungsverordnung (EU) 2018/1212 an den jeweils nächsten Intermediär weiterzuleiten, bis der Letztintermediär erreicht ist.

(4) [1] Der Letztintermediär hat die Informationen zur Beantwortung des Informationsverlangens der Gesellschaft zu übermitteln. [2] Das gilt nicht, wenn die Gesellschaft die Übermittlung von einem anderen Intermediär in der Kette verlangt; in diesem Fall sind Intermediäre verpflichtet, die Informationen unverzüglich diesem Intermediär oder dem jeweils nächsten Intermediär weiterzuleiten. [3] Der Intermediär, von dem die Gesellschaft die Übermittlung verlangt, ist verpflichtet, der Gesellschaft die erhaltenen Informationen unverzüglich zu übermitteln. [4] Format, Inhalt und Frist der Antwort auf das Informationsverlangen richten sich nach den Artikeln 2, 3, 9 Absatz 6 Unterabsatz 2 und 3 und Absatz 7 der Durchführungsverordnung (EU) 2018/1212.

(5) [1] Die Absätze 1 bis 4 gelten auch für das Informationsverlangen einer börsennotierten Gesellschaft mit Sitz in einem anderen Mitgliedstaat der Europäischen Union. [2] § 67a Absatz 2 Satz 1 gilt für die Absätze 1 bis 5 Satz 1 entsprechend.

§ 67e Verarbeitung und Berichtigung personenbezogener Daten der Aktionäre. (1) Gesellschaften und Intermediäre dürfen personenbezogene Daten der Aktionäre für die Zwecke der Identifikation, der Kommunikation mit den Aktionären, den Gesellschaften und den Intermediären, der Ausübung der Rechte der Aktionäre, der Führung des Aktienregisters und für die Zusammenarbeit mit den Aktionären verarbeiten.

(2) [1] Erlangen Gesellschaften oder Intermediäre Kenntnis davon, dass ein Aktionär nicht mehr Aktionär der Gesellschaft ist, dürfen sie dessen personenbezogene Daten vorbehaltlich anderer gesetzlicher Regelungen nur noch für höchstens zwölf Monate speichern. [2] Eine längere Speicherung durch die Gesellschaft ist zudem zulässig, solange dies für Rechtsverfahren erforderlich ist.

(3) Mit der Offenlegung von Informationen über die Identität von Aktionären gegenüber der Gesellschaft oder weiterleitungspflichtigen Intermediären

nach § 67d verstoßen Intermediäre nicht gegen vertragliche oder gesetzliche Verbote.

(4) Wer mit unvollständigen oder unrichtigen Informationen als Aktionär identifiziert wurde, kann von der Gesellschaft und von dem Intermediär, der diese Informationen erteilt hat, die unverzügliche Berichtigung verlangen.

§ 67f Kosten; Verordnungsermächtigung. (1) [1]Vorbehaltlich der Regelungen in Satz 2 trägt die Gesellschaft die Kosten für die nach den §§ 67a bis 67d, auch in Verbindung mit § 125 Absatz 1, 2 und 5, und nach § 118 Absatz 1 Satz 3 bis 5 sowie Absatz 2 Satz 2 notwendigen Aufwendungen der Intermediäre, soweit diese auf Methoden beruhen, die dem jeweiligen Stand der Technik entsprechen. [2]Die folgenden Kosten sind hiervon ausgenommen:

1. die Kosten für die notwendigen Aufwendungen der Letztintermediäre für die nichtelektronische Übermittlung von Informationen an den Aktionär gemäß § 67b Absatz 1 Satz 1 und
2. bei der Gesellschaft, die Namensaktien ausgegeben hat, die Kosten für die notwendigen Aufwendungen der Intermediäre für die Übermittlung und Weiterleitung von Informationen vom im Aktienregister eingetragenen Intermediär an den Aktionär nach § 125 Absatz 2 und 5 in Verbindung mit den §§ 67a und 67b.

[3]Die Intermediäre legen die Entgelte für die Aufwendungen für jede Dienstleistung, die nach den §§ 67a bis 67e, § 118 Absatz 1 Satz 3 bis 5 sowie Absatz 2 Satz 2, § 125 Absatz 1 Satz 1, Absatz 2 und 5 und § 129 Absatz 5 erbracht wird, offen. [4]Die Offenlegung erfolgt getrennt gegenüber der Gesellschaft und denjenigen Aktionären, für die sie die Dienstleistung erbringen. [5]Unterschiede zwischen den Entgelten für die Ausübung von Rechten im Inland und in grenzüberschreitenden Fällen sind nur zulässig, wenn sie gerechtfertigt sind und den Unterschieden bei den tatsächlichen Kosten, die für die Erbringung der Dienstleistungen entstanden sind, entsprechen.

(2) Unbeschadet sonstiger Regelungen nach diesem Gesetz sind für die Pflichten nach den §§ 67a bis 67e, 125 Absatz 1 Satz 1, Absatz 2 und 5 sowie für die Bestätigungen nach § 118 Absatz 1 Satz 3 bis 5 sowie Absatz 2 Satz 2 und § 129 Absatz 5 die Anforderungen der Durchführungsverordnung (EU) 2018/1212 zu beachten.

(3) [1]Das Bundesministerium der Justiz und für Verbraucherschutz wird ermächtigt, im Einvernehmen mit dem Bundesministerium für Wirtschaft und Energie und dem Bundesministerium der Finanzen durch Rechtsverordnung die Einzelheiten für den Ersatz von Aufwendungen der Intermediäre durch die Gesellschaft für die folgenden Handlungen zu regeln:

1. die Übermittlung der Angaben gemäß § 67 Absatz 4,
2. die Übermittlung und Weiterleitung von Informationen und Mitteilungen gemäß den §§ 67a bis 67d, 118 Absatz 1 Satz 3 bis 5 sowie Absatz 2 Satz 2 und § 129 Absatz 5 und
3. die Vervielfältigung, Übermittlung und Weiterleitung der Mitteilungen gemäß § 125 Absatz 1, 2 und 5 in Verbindung mit den §§ 67a und 67b.

[2]Es können Pauschbeträge festgesetzt werden. [3]Die Rechtsverordnung bedarf nicht der Zustimmung des Bundesrates.

§ 68 Übertragung von Namensaktien. Vinkulierung. (1) [1]Namensaktien können auch durch Indossament übertragen werden. [2]Für die Form des Indossaments, den Rechtsausweis des Inhabers und seine Verpflichtung zur Herausgabe gelten sinngemäß Artikel 12, 13 und 16 des Wechselgesetzes.

(2) [1]Die Satzung kann die Übertragung an die Zustimmung der Gesellschaft binden. [2]Die Zustimmung erteilt der Vorstand. [3]Die Satzung kann jedoch bestimmen, daß der Aufsichtsrat oder die Hauptversammlung über die Erteilung der Zustimmung beschließt. [4]Die Satzung kann die Gründe bestimmen, aus denen die Zustimmung verweigert werden darf.

(3) Bei Übertragung durch Indossament ist die Gesellschaft verpflichtet, die Ordnungsmäßigkeit der Reihe der Indossamente, nicht aber die Unterschriften zu prüfen.

(4) Diese Vorschriften gelten sinngemäß für Zwischenscheine.

§ 69 Rechtsgemeinschaft an einer Aktie. (1) Steht eine Aktie mehreren Berechtigten zu, so können sie die Rechte aus der Aktie nur durch einen gemeinschaftlichen Vertreter ausüben.

(2) Für die Leistungen auf die Aktie haften sie als Gesamtschuldner.

(3) [1]Hat die Gesellschaft eine Willenserklärung dem Aktionär gegenüber abzugeben, so genügt, wenn die Berechtigten der Gesellschaft keinen gemeinschaftlichen Vertreter benannt haben, die Abgabe der Erklärung gegenüber einem Berechtigten. [2]Bei mehreren Erben eines Aktionärs gilt dies nur für Willenserklärungen, die nach Ablauf eines Monats seit dem Anfall der Erbschaft abgegeben werden.

§ 70 Berechnung der Aktienbesitzzeit. [1]Ist die Ausübung von Rechten aus der Aktie davon abhängig, daß der Aktionär während eines bestimmten Zeitraums Inhaber der Aktie gewesen ist, so steht dem Eigentum ein Anspruch auf Übereignung gegen ein Kreditinstitut, Finanzdienstleistungsinstitut oder ein nach § 53 Abs. 1 Satz 1 oder § 53b Abs. 1 Satz 1 oder Abs. 7 des Gesetzes über das Kreditwesen tätiges Unternehmen gleich. [2]Die Eigentumszeit eines Rechtsvorgängers wird dem Aktionär zugerechnet, wenn er die Aktie unentgeltlich, von seinem Treuhänder, als Gesamtrechtsnachfolger, bei Auseinandersetzung einer Gemeinschaft oder bei einer Bestandsübertragung nach § 13 des Versicherungsaufsichtsgesetzes oder § 14 des Gesetzes über Bausparkassen erworben hat.

§ 71 Erwerb eigener Aktien. (1) Die Gesellschaft darf eigene Aktien nur erwerben,

1. wenn der Erwerb notwendig ist, um einen schweren, unmittelbar bevorstehenden Schaden von der Gesellschaft abzuwenden,
2. wenn die Aktien Personen, die im Arbeitsverhältnis zu der Gesellschaft oder einem mit ihr verbundenen Unternehmen stehen oder standen, zum Erwerb angeboten werden sollen,
3. wenn der Erwerb geschieht, um Aktionäre nach § 305 Abs. 2, § 320b oder nach § 29 Abs. 1, § 125 Satz 1 in Verbindung mit § 29 Abs. 1, § 207 Abs. 1 Satz 1 des Umwandlungsgesetzes[1)] abzufinden,

[1)] Nr. **12**.

4. wenn der Erwerb unentgeltlich geschieht oder ein Kreditinstitut mit dem Erwerb eine Einkaufskommission ausführt,
5. durch Gesamtrechtsnachfolge,
6. auf Grund eines Beschlusses der Hauptversammlung zur Einziehung nach den Vorschriften über die Herabsetzung des Grundkapitals,
7. wenn sie ein Kreditinstitut, Finanzdienstleistungsinstitut oder Finanzunternehmen ist, aufgrund eines Beschlusses der Hauptversammlung zum Zwecke des Wertpapierhandels. Der Beschluß muß bestimmen, daß der Handelsbestand der zu diesem Zweck zu erwerbenden Aktien fünf vom Hundert des Grundkapitals am Ende jeden Tages nicht übersteigen darf; er muß den niedrigsten und höchsten Gegenwert festlegen. Die Ermächtigung darf höchstens fünf Jahre gelten; oder
8. aufgrund einer höchstens fünf Jahre geltenden Ermächtigung der Hauptversammlung, die den niedrigsten und höchsten Gegenwert sowie den Anteil am Grundkapital, der zehn vom Hundert nicht übersteigen darf, festlegt. Als Zweck ist der Handel in eigenen Aktien ausgeschlossen. § 53a ist auf Erwerb und Veräußerung anzuwenden. Erwerb und Veräußerung über die Börse genügen dem. Eine andere Veräußerung kann die Hauptversammlung beschließen; § 186 Abs. 3, 4 und § 193 Abs. 2 Nr. 4 sind in diesem Fall entsprechend anzuwenden. Die Hauptversammlung kann den Vorstand ermächtigen, die eigenen Aktien ohne weiteren Haupversammlungsbeschluß einzuziehen.

(2) [1] Auf die zu den Zwecken nach Absatz 1 Nr. 1 bis 3, 7 und 8 erworbenen Aktien dürfen zusammen mit anderen Aktien der Gesellschaft, welche die Gesellschaft bereits erworben hat und noch besitzt, nicht mehr als zehn vom Hundert des Grundkapitals entfallen. [2] Dieser Erwerb ist ferner nur zulässig, wenn die Gesellschaft im Zeitpunkt des Erwerbs eine Rücklage in Höhe der Aufwendungen für den Erwerb bilden könnte, ohne das Grundkapital oder eine nach Gesetz oder Satzung zu bildende Rücklage zu mindern, die nicht zur Zahlung an die Aktionäre verwandt werden darf. [3] In den Fällen des Absatzes 1 Nr. 1, 2, 4, 7 und 8 ist der Erwerb nur zulässig, wenn auf die Aktien der Ausgabebetrag voll geleistet ist.

(3) [1] In den Fällen des Absatzes 1 Nr. 1 und 8 hat der Vorstand die nächste Hauptversammlung über die Gründe und den Zweck des Erwerbs, über die Zahl der erworbenen Aktien und den auf sie entfallenden Betrag des Grundkapitals, über deren Anteil am Grundkapital sowie über den Gegenwert der Aktien zu unterrichten. [2] Im Falle des Absatzes 1 Nr. 2 sind die Aktien innerhalb eines Jahres nach ihrem Erwerb an die Arbeitnehmer auszugeben.

(4) [1] Ein Verstoß gegen die Absätze 1 oder 2 macht den Erwerb eigener Aktien nicht unwirksam. [2] Ein schuldrechtliches Geschäft über den Erwerb eigener Aktien ist jedoch nichtig, soweit der Erwerb gegen die Absätze 1 oder 2 verstößt.

§ 71a Umgehungsgeschäfte. (1) [1] Ein Rechtsgeschäft, das die Gewährung eines Vorschusses oder eines Darlehens oder die Leistung einer Sicherheit durch die Gesellschaft an einen anderen zum Zweck des Erwerbs von Aktien dieser Gesellschaft zum Gegenstand hat, ist nichtig. [2] Dies gilt nicht für Rechtsgeschäfte im Rahmen der laufenden Geschäfte von Kreditinstituten oder Finanzdienstleistungsinstituten sowie für die Gewährung eines Vorschusses oder eines Darlehens oder für die Leistung einer Sicherheit zum Zweck des Erwerbs von Aktien durch Arbeitnehmer der Gesellschaft oder eines mit ihr verbundenen Unternehmens; auch in diesen Fällen ist das Rechtsgeschäft jedoch nichtig, wenn die Gesellschaft im Zeitpunkt des Erwerbs eine Rücklage in Höhe der Aufwendungen für den Erwerb nicht bilden könnte, ohne das Grundkapital oder eine nach Gesetz oder Satzung zu bildende Rücklage zu mindern, die nicht zur Zahlung an die Aktionäre verwandt werden darf. [3]Satz 1 gilt zudem nicht für Rechtsgeschäfte bei Bestehen eines Beherrschungs- oder Gewinnabführungsvertrags (§ 291).

(2) Nichtig ist ferner ein Rechtsgeschäft zwischen der Gesellschaft und einem anderen, nach dem dieser berechtigt oder verpflichtet sein soll, Aktien der Gesellschaft für Rechnung der Gesellschaft oder eines abhängigen oder eines in ihrem Mehrheitsbesitz stehenden Unternehmens zu erwerben, soweit der Erwerb durch die Gesellschaft gegen § 71 Abs. 1 oder 2 verstoßen würde.

§ 71b Rechte aus eigenen Aktien. Aus eigenen Aktien stehen der Gesellschaft keine Rechte zu.

§ 71c Veräußerung und Einziehung eigener Aktien. (1) Hat die Gesellschaft eigene Aktien unter Verstoß gegen § 71 Abs. 1 oder 2 erworben, so müssen sie innerhalb eines Jahres nach ihrem Erwerb veräußert werden.

(2) Entfallen auf die Aktien, welche die Gesellschaft nach § 71 Abs. 1 in zulässiger Weise erworben hat und noch besitzt, mehr als zehn vom Hundert des Grundkapitals, so muß der Teil der Aktien, der diesen Satz übersteigt, innerhalb von drei Jahren nach dem Erwerb der Aktien veräußert werden.

(3) Sind eigene Aktien innerhalb der in den Absätzen 1 und 2 vorgesehenen Fristen nicht veräußert worden, so sind sie nach § 237 einzuziehen.

§ 71d Erwerb eigener Aktien durch Dritte. [1]Ein im eigenen Namen, jedoch für Rechnung der Gesellschaft handelnder Dritter darf Aktien der Gesellschaft nur erwerben oder besitzen, soweit dies der Gesellschaft nach § 71 Abs. 1 Nr. 1 bis 5, 7 und 8 und Abs. 2 gestattet wäre. [2]Gleiches gilt für den Erwerb oder den Besitz von Aktien der Gesellschaft durch ein abhängiges oder ein im Mehrheitsbesitz der Gesellschaft stehendes Unternehmen sowie für den Erwerb oder den Besitz durch einen Dritten, der im eigenen Namen, jedoch für Rechnung eines abhängigen oder eines im Mehrheitsbesitz der Gesellschaft stehenden Unternehmens handelt. [3]Bei der Berechnung des Anteils am Grundkapital nach § 71 Abs. 2 Satz 1 und § 71c Abs. 2 gelten diese Aktien als Aktien der Gesellschaft. [4]Im übrigen gelten § 71 Abs. 3 und 4, §§ 71a bis 71c sinngemäß. [5]Der Dritte oder das Unternehmen hat der Gesellschaft auf ihr Verlangen das Eigentum an den Aktien zu verschaffen. [6]Die Gesellschaft hat den Gegenwert der Aktien zu erstatten.

§ 71e Inpfandnahme eigener Aktien. (1) [1]Dem Erwerb eigener Aktien nach § 71 Abs. 1 und 2, § 71d steht es gleich, wenn eigene Aktien als Pfand genommen werden. [2]Jedoch darf ein Kreditinstitut oder Finanzdienstleistungsinstitut im Rahmen der laufenden Geschäfte eigene Aktien bis zu dem in § 71 Abs. 2 Satz 1 bestimmten Anteil am Grundkapital als Pfand nehmen. [3]§ 71a gilt sinngemäß.

(2) [1]Ein Verstoß gegen Absatz 1 macht die Inpfandnahme eigener Aktien unwirksam, wenn auf sie der Ausgabebetrag noch nicht voll geleistet ist. [2]Ein

schuldrechtliches Geschäft über die Inpfandnahme eigener Aktien ist nichtig, soweit der Erwerb gegen Absatz 1 verstößt.

§ 72 Kraftloserklärung von Aktien im Aufgebotsverfahren. (1) [1] Ist eine Aktie oder ein Zwischenschein abhanden gekommen oder vernichtet, so kann die Urkunde im Aufgebotsverfahren nach dem Gesetz über das Verfahren in Familiensachen und in den Angelegenheiten der freiwilligen Gerichtsbarkeit für kraftlos erklärt werden. [2] § 799 Abs. 2 und § 800 des Bürgerlichen Gesetzbuchs gelten sinngemäß.

(2) Sind Gewinnanteilscheine auf den Inhaber ausgegeben, so erlischt mit der Kraftloserklärung der Aktie oder des Zwischenscheins auch der Anspruch aus den noch nicht fälligen Gewinnanteilscheinen.

(3) Die Kraftloserklärung einer Aktie nach §§ 73 oder 226 steht der Kraftloserklärung der Urkunde nach Absatz 1 nicht entgegen.

§ 73 Kraftloserklärung von Aktien durch die Gesellschaft. (1) [1] Ist der Inhalt von Aktienurkunden durch eine Veränderung der rechtlichen Verhältnisse unrichtig geworden, so kann die Gesellschaft die Aktien, die trotz Aufforderung nicht zur Berichtigung oder zum Umtausch bei ihr eingereicht sind, mit Genehmigung des Gerichts für kraftlos erklären. [2] Beruht die Unrichtigkeit auf einer Änderung des Nennbetrags der Aktien, so können sie nur dann für kraftlos erklärt werden, wenn der Nennbetrag zur Herabsetzung des Grundkapitals herabgesetzt ist. [3] Namensaktien können nicht deshalb für kraftlos erklärt werden, weil die Bezeichnung des Aktionärs unrichtig geworden ist. [4] Gegen die Entscheidung des Gerichts ist die Beschwerde zulässig; eine Anfechtung der Entscheidung, durch die die Genehmigung erteilt wird, ist ausgeschlossen.

(2) [1] Die Aufforderung, die Aktien einzureichen, hat die Kraftloserklärung anzudrohen und auf die Genehmigung des Gerichts hinzuweisen. [2] Die Kraftloserklärung kann nur erfolgen, wenn die Aufforderung in der in § 64 Abs. 2 für die Nachfrist vorgeschriebenen Weise bekanntgemacht worden ist. [3] Die Kraftloserklärung geschieht durch Bekanntmachung in den Gesellschaftsblättern. [4] In der Bekanntmachung sind die für kraftlos erklärten Aktien so zu bezeichnen, daß sich aus der Bekanntmachung ohne weiteres ergibt, ob eine Aktie für kraftlos erklärt ist.

(3) [1] An Stelle der für kraftlos erklärten Aktien sind, vorbehaltlich einer Satzungsregelung nach § 10 Abs. 5, neue Aktien auszugeben und dem Berechtigten auszuhändigen oder, wenn ein Recht zur Hinterlegung besteht, zu hinterlegen. [2] Die Aushändigung oder Hinterlegung ist dem Gericht anzuzeigen.

(4) Soweit zur Herabsetzung des Grundkapitals Aktien zusammengelegt werden, gilt § 226.

§ 74 Neue Urkunden an Stelle beschädigter oder verunstalteter Aktien oder Zwischenscheine. [1] Ist eine Aktie oder ein Zwischenschein so beschädigt oder verunstaltet, daß die Urkunde zum Umlauf nicht mehr geeignet ist, so kann der Berechtigte, wenn der wesentliche Inhalt und die Unterscheidungsmerkmale der Urkunde noch sicher zu erkennen sind, von der Gesellschaft die Erteilung einer neuen Urkunde gegen Aushändigung der alten verlangen. [2] Die Kosten hat er zu tragen und vorzuschießen.

§ 75 Neue Gewinnanteilscheine. Neue Gewinnanteilscheine dürfen an den Inhaber des Erneuerungsscheins nicht ausgegeben werden, wenn der Besitzer der Aktie oder des Zwischenscheins der Ausgabe widerspricht; sie sind dem Besitzer der Aktie oder des Zwischenscheins auszuhändigen, wenn er die Hauptkunde vorlegt.

Vierter Teil. Verfassung der Aktiengesellschaft

Erster Abschnitt. Vorstand

§ 76 Leitung der Aktiengesellschaft. (1) Der Vorstand hat unter eigener Verantwortung die Gesellschaft zu leiten.

(2) [1]Der Vorstand kann aus einer oder mehreren Personen bestehen. [2]Bei Gesellschaften mit einem Grundkapital von mehr als drei Millionen Euro hat er aus mindestens zwei Personen zu bestehen, es sei denn, die Satzung bestimmt, daß er aus einer Person besteht. [3]Die Vorschriften über die Bestellung eines Arbeitsdirektors bleiben unberührt.[1)]

(3) [1]Mitglied des Vorstands kann nur eine natürliche, unbeschränkt geschäftsfähige Person sein. [2]Mitglied des Vorstands kann nicht sein, wer

1. als Betreuter bei der Besorgung seiner Vermögensangelegenheiten ganz oder teilweise einem Einwilligungsvorbehalt (§ 1903 des Bürgerlichen Gesetzbuchs) unterliegt,
2. aufgrund eines gerichtlichen Urteils oder einer vollziehbaren Entscheidung einer Verwaltungsbehörde einen Beruf, einen Berufszweig, ein Gewerbe oder einen Gewerbezweig nicht ausüben darf, sofern der Unternehmensgegenstand ganz oder teilweise mit dem Gegenstand des Verbots übereinstimmt,
3. wegen einer oder mehrerer vorsätzlich begangener Straftaten
   a) des Unterlassens der Stellung des Antrags auf Eröffnung des Insolvenzverfahrens (Insolvenzverschleppung),
   b) nach den §§ 283 bis 283d des Strafgesetzbuchs (Insolvenzstraftaten),
   c) der falschen Angaben nach § 399 dieses Gesetzes oder § 82 des Gesetzes betreffend die Gesellschaften mit beschränkter Haftung[2)],
   d) der unrichtigen Darstellung nach § 400 dieses Gesetzes, § 331 des Handelsgesetzbuchs[3)], § 313 des Umwandlungsgesetzes[4)] oder § 17 des Publizitätsgesetzes[5)],
   e) nach den §§ 263 bis 264a oder den §§ 265b bis 266a des Strafgesetzbuchs zu einer Freiheitsstrafe von mindestens einem Jahr

---

[1)] Siehe das
– G über die Mitbestimmung der Arbeitnehmer (MitbestimmungsG – MitbestG) (Nr. **13**)
– G über die Mitbestimmung der Arbeitnehmer in den Aufsichtsräten und Vorständen der Unternehmen des Bergbaus und der Eisen und Stahl erzeugenden Industrie (sog. Montan-MitbestimmungsG) (Nr. **14**)
– G zur Ergänzung des Gesetzes über die Mitbestimmung der Arbeitnehmer in den Aufsichtsräten und Vorständen der Unternehmen des Bergbaus und der Eisen und Stahl erzeugenden Industrie (sog. Montan-MitbestimmungsergänzungsG) (Nr. **15**)

[2)] Nr. **3**.

[3)] Nr. **5**.

[4)] Nr. **12**.

[5)] Nr. **6**.

verurteilt worden ist; dieser Ausschluss gilt für die Dauer von fünf Jahren seit der Rechtskraft des Urteils, wobei die Zeit nicht eingerechnet wird, in welcher der Täter auf behördliche Anordnung in einer Anstalt verwahrt worden ist.

[3]Satz 2 Nr. 3 gilt entsprechend bei einer Verurteilung im Ausland wegen einer Tat, die mit den in Satz 2 Nr. 3 genannten Taten vergleichbar ist.

(4) [1]Der Vorstand von Gesellschaften, die börsennotiert sind oder der Mitbestimmung unterliegen, legt für den Frauenanteil in den beiden Führungsebenen unterhalb des Vorstands Zielgrößen fest. [2]Liegt der Frauenanteil bei Festlegung der Zielgrößen unter 30 Prozent, so dürfen die Zielgrößen den jeweils erreichten Anteil nicht mehr unterschreiten. [3]Gleichzeitig sind Fristen zur Erreichung der Zielgrößen festzulegen. [4]Die Fristen dürfen jeweils nicht länger als fünf Jahre sein.

§ 77 Geschäftsführung. (1) [1]Besteht der Vorstand aus mehreren Personen, so sind sämtliche Vorstandsmitglieder nur gemeinschaftlich zur Geschäftsführung befugt. [2]Die Satzung oder die Geschäftsordnung des Vorstands kann Abweichendes bestimmen; es kann jedoch nicht bestimmt werden, daß ein oder mehrere Vorstandsmitglieder Meinungsverschiedenheiten im Vorstand gegen die Mehrheit seiner Mitglieder entscheiden.

(2) [1]Der Vorstand kann sich eine Geschäftsordnung geben, wenn nicht die Satzung den Erlaß der Geschäftsordnung dem Aufsichtsrat übertragen hat oder der Aufsichtsrat eine Geschäftsordnung für den Vorstand erläßt. [2]Die Satzung kann Einzelfragen der Geschäftsordnung bindend regeln. [3]Beschlüsse des Vorstands über die Geschäftsordnung müssen einstimmig gefaßt werden.

§ 78 Vertretung. (1) [1]Der Vorstand vertritt die Gesellschaft gerichtlich und außergerichtlich. [2]Hat eine Gesellschaft keinen Vorstand (Führungslosigkeit), wird die Gesellschaft für den Fall, dass ihr gegenüber Willenserklärungen abgegeben oder Schriftstücke zugestellt werden, durch den Aufsichtsrat vertreten.

(2) [1]Besteht der Vorstand aus mehreren Personen, so sind, wenn die Satzung nichts anderes bestimmt, sämtliche Vorstandsmitglieder nur gemeinschaftlich zur Vertretung der Gesellschaft befugt. [2]Ist eine Willenserklärung gegenüber der Gesellschaft abzugeben, so genügt die Abgabe gegenüber einem Vorstandsmitglied oder im Fall des Absatzes 1 Satz 2 gegenüber einem Aufsichtsratsmitglied. [3]An die Vertreter der Gesellschaft nach Absatz 1 können unter der im Handelsregister eingetragenen Geschäftsanschrift Willenserklärungen gegenüber der Gesellschaft abgegeben und Schriftstücke für die Gesellschaft zugestellt werden. [4]Unabhängig hiervon können die Abgabe und die Zustellung auch unter der eingetragenen Anschrift der empfangsberechtigten Person nach § 39 Abs. 1 Satz 2 erfolgen.

(3) [1]Die Satzung kann auch bestimmen, daß einzelne Vorstandsmitglieder allein oder in Gemeinschaft mit einem Prokuristen zur Vertretung der Gesellschaft befugt sind. [2]Dasselbe kann der Aufsichtsrat bestimmen, wenn die Satzung ihn hierzu ermächtigt hat. [3]Absatz 2 Satz 2 gilt in diesen Fällen sinngemäß.

(4) [1]Zur Gesamtvertretung befugte Vorstandsmitglieder können einzelne von ihnen zur Vornahme bestimmter Geschäfte oder bestimmter Arten von Geschäften ermächtigen. [2]Dies gilt sinngemäß, wenn ein einzelnes Vorstands-

mitglied in Gemeinschaft mit einem Prokuristen zur Vertretung der Gesellschaft befugt ist.

§ 79 *(aufgehoben)*

§ 80 Angaben auf Geschäftsbriefen. (1) [1] Auf allen Geschäftsbriefen gleichviel welcher Form, die an einen bestimmten Empfänger gerichtet werden, müssen die Rechtsform und der Sitz der Gesellschaft, das Registergericht des Sitzes der Gesellschaft und die Nummer, unter der die Gesellschaft in das Handelsregister eingetragen ist, sowie alle Vorstandsmitglieder und der Vorsitzende des Aufsichtsrats mit dem Familiennamen und mindestens einem ausgeschriebenen Vornamen angegeben werden. [2] Der Vorsitzende des Vorstands ist als solcher zu bezeichnen. [3] Werden Angaben über das Kapital der Gesellschaft gemacht, so müssen in jedem Falle das Grundkapital sowie, wenn auf die Aktien der Ausgabebetrag nicht vollständig eingezahlt ist, der Gesamtbetrag der ausstehenden Einlagen angegeben werden.

(2) Der Angaben nach Absatz 1 Satz 1 und 2 bedarf es nicht bei Mitteilungen oder Berichten, die im Rahmen einer bestehenden Geschäftsverbindung ergehen und für die üblicherweise Vordrucke verwendet werden, in denen lediglich die im Einzelfall erforderlichen besonderen Angaben eingefügt zu werden brauchen.

(3) [1] Bestellscheine gelten als Geschäftsbriefe im Sinne des Absatzes 1. [2] Absatz 2 ist auf sie nicht anzuwenden.

(4) [1] Auf allen Geschäftsbriefen und Bestellscheinen, die von einer Zweigniederlassung einer Aktiengesellschaft mit Sitz im Ausland verwendet werden, müssen das Register, bei dem die Zweigniederlassung geführt wird, und die Nummer des Registereintrags angegeben werden; im übrigen gelten die Vorschriften der Absätze 1 bis 3 für die Angaben bezüglich der Haupt- und der Zweigniederlassung, soweit nicht das ausländische Recht Abweichungen nötig macht. [2] Befindet sich die ausländische Gesellschaft in Abwicklung, so sind auch diese Tatsache sowie alle Abwickler anzugeben.

§ 81 Änderung des Vorstands und der Vertretungsbefugnis seiner Mitglieder. (1) Jede Änderung des Vorstands oder der Vertretungsbefugnis eines Vorstandsmitglieds hat der Vorstand zur Eintragung in das Handelsregister anzumelden.

(2) Der Anmeldung sind die Urkunden über die Änderung in Urschrift oder öffentlich beglaubigter Abschrift beizufügen.

(3) [1] Die neuen Vorstandsmitglieder haben in der Anmeldung zu versichern, daß keine Umstände vorliegen, die ihrer Bestellung nach § 76 Abs. 3 Satz 2 Nr. 2 und 3 sowie Satz 3 entgegenstehen, und daß sie über ihre unbeschränkte Auskunftspflicht gegenüber dem Gericht belehrt worden sind. [2] § 37 Abs. 2 Satz 2 ist anzuwenden.

§ 82 Beschränkungen der Vertretungs- und Geschäftsführungsbefugnis. (1) Die Vertretungsbefugnis des Vorstands kann nicht beschränkt werden.

(2) Im Verhältnis der Vorstandsmitglieder zur Gesellschaft sind diese verpflichtet, die Beschränkungen einzuhalten, die im Rahmen der Vorschriften über die Aktiengesellschaft die Satzung, der Aufsichtsrat, die Hauptversamm-

lung und die Geschäftsordnungen des Vorstands und des Aufsichtsrats für die Geschäftsführungsbefugnis getroffen haben.

§ 83 Vorbereitung und Ausführung von Hauptversammlungsbeschlüssen. (1) [1] Der Vorstand ist auf Verlangen der Hauptversammlung verpflichtet, Maßnahmen, die in die Zuständigkeit der Hauptversammlung fallen, vorzubereiten. [2] Das gleiche gilt für die Vorbereitung und den Abschluß von Verträgen, die nur mit Zustimmung der Hauptversammlung wirksam werden. [3] Der Beschluß der Hauptversammlung bedarf der Mehrheiten, die für die Maßnahmen oder für die Zustimmung zu dem Vertrag erforderlich sind.

(2) Der Vorstand ist verpflichtet, die von der Hauptversammlung im Rahmen ihrer Zuständigkeit beschlossenen Maßnahmen auszuführen.

§ 84 Bestellung und Abberufung des Vorstands. (1) [1] Vorstandsmitglieder bestellt der Aufsichtsrat auf höchstens fünf Jahre. [2] Eine wiederholte Bestellung oder Verlängerung der Amtszeit, jeweils für höchstens fünf Jahre, ist zulässig. [3] Sie bedarf eines erneuten Aufsichtsratsbeschlusses, der frühestens ein Jahr vor Ablauf der bisherigen Amtszeit gefaßt werden kann. [4] Nur bei einer Bestellung auf weniger als fünf Jahre kann eine Verlängerung der Amtszeit ohne neuen Aufsichtsratsbeschluß vorgesehen werden, sofern dadurch die gesamte Amtszeit nicht mehr als fünf Jahre beträgt. [5] Dies gilt sinngemäß für den Anstellungsvertrag; er kann jedoch vorsehen, daß er für den Fall einer Verlängerung der Amtszeit bis zu deren Ablauf weitergilt.

(2) Werden mehrere Personen zu Vorstandsmitgliedern bestellt, so kann der Aufsichtsrat ein Mitglied zum Vorsitzenden des Vorstands ernennen.

(3) [1] Der Aufsichtsrat kann die Bestellung zum Vorstandsmitglied und die Ernennung zum Vorsitzenden des Vorstands widerrufen, wenn ein wichtiger Grund vorliegt. [2] Ein solcher Grund ist namentlich grobe Pflichtverletzung, Unfähigkeit zur ordnungsmäßigen Geschäftsführung oder Vertrauensentzug durch die Hauptversammlung, es sei denn, daß das Vertrauen aus offenbar unsachlichen Gründen entzogen worden ist. [3] Dies gilt auch für den vom ersten Aufsichtsrat bestellten Vorstand. [4] Der Widerruf ist wirksam, bis seine Unwirksamkeit rechtskräftig festgestellt ist. [5] Für die Ansprüche aus dem Anstellungsvertrag gelten die allgemeinen Vorschriften.

(4) Die Vorschriften des Gesetzes über die Mitbestimmung der Arbeitnehmer in den Aufsichtsräten und Vorständen der Unternehmen des Bergbaus und der Eisen und Stahl erzeugenden Industrie[1)] in der im Bundesgesetzblatt Teil III, Gliederungsnummer 801-2, veröffentlichten bereinigten Fassung – Montan-Mitbestimmungsgesetz – über die besonderen Mehrheitserfordernisse für einen Aufsichtsratsbeschluß über die Bestellung eines Arbeitsdirektors oder den Widerruf seiner Bestellung bleiben unberührt.

§ 85 Bestellung durch das Gericht. (1) [1] Fehlt ein erforderliches Vorstandsmitglied, so hat in dringenden Fällen das Gericht auf Antrag eines Beteiligten das Mitglied zu bestellen. [2] Gegen die Entscheidung ist die Beschwerde zulässig.

(2) Das Amt des gerichtlich bestellten Vorstandsmitglieds erlischt in jedem Fall, sobald der Mangel behoben ist.

---

1) Nr. **14**.

(3) [1]Das gerichtlich bestellte Vorstandsmitglied hat Anspruch auf Ersatz angemessener barer Auslagen und auf Vergütung für seine Tätigkeit. [2]Einigen sich das gerichtlich bestellte Vorstandsmitglied und die Gesellschaft nicht, so setzt das Gericht die Auslagen und die Vergütung fest. [3]Gegen die Entscheidung ist die Beschwerde zulässig; die Rechtsbeschwerde ist ausgeschlossen. [4]Aus der rechtskräftigen Entscheidung findet die Zwangsvollstreckung nach der Zivilprozeßordnung statt.

§ 86 *(aufgehoben)*

§ 87 Grundsätze für die Bezüge der Vorstandsmitglieder. (1) [1]Der Aufsichtsrat hat bei der Festsetzung der Gesamtbezüge des einzelnen Vorstandsmitglieds (Gehalt, Gewinnbeteiligungen, Aufwandsentschädigungen, Versicherungsentgelte, Provisionen, anreizorientierte Vergütungszusagen wie zum Beispiel Aktienbezugsrechte und Nebenleistungen jeder Art) dafür zu sorgen, dass diese in einem angemessenen Verhältnis zu den Aufgaben und Leistungen des Vorstandsmitglieds sowie zur Lage der Gesellschaft stehen und die übliche Vergütung nicht ohne besondere Gründe übersteigen. [2]Die Vergütungsstruktur ist bei börsennotierten Gesellschaften auf eine nachhaltige und langfristige Entwicklung der Gesellschaft auszurichten. [3]Variable Vergütungsbestandteile sollen daher eine mehrjährige Bemessungsgrundlage haben; für außerordentliche Entwicklungen soll der Aufsichtsrat eine Begrenzungsmöglichkeit vereinbaren. [4]Satz 1 gilt sinngemäß für Ruhegehalt, Hinterbliebenenbezüge und Leistungen verwandter Art.

(2) [1]Verschlechtert sich die Lage der Gesellschaft nach der Festsetzung so, dass die Weitergewährung der Bezüge nach Absatz 1 unbillig für die Gesellschaft wäre, so soll der Aufsichtsrat oder im Falle des § 85 Absatz 3 das Gericht auf Antrag des Aufsichtsrats die Bezüge auf die angemessene Höhe herabsetzen. [2]Ruhegehalt, Hinterbliebenenbezüge und Leistungen verwandter Art können nur in den ersten drei Jahren nach Ausscheiden aus der Gesellschaft nach Satz 1 herabgesetzt werden. [3]Durch eine Herabsetzung wird der Anstellungsvertrag im übrigen nicht berührt. [4]Das Vorstandsmitglied kann jedoch seinen Anstellungsvertrag für den Schluß des nächsten Kalendervierteljahrs mit einer Kündigungsfrist von sechs Wochen kündigen.

(3) Wird über das Vermögen der Gesellschaft das Insolvenzverfahren eröffnet und kündigt der Insolvenzverwalter den Anstellungsvertrag eines Vorstandsmitglieds, so kann es Ersatz für den Schaden, der ihm durch die Aufhebung des Dienstverhältnisses entsteht, nur für zwei Jahre seit dem Ablauf des Dienstverhältnisses verlangen.

(4) Die Hauptversammlung kann auf Antrag nach § 122 Absatz 2 Satz 1 die nach § 87a Absatz 1 Satz 2 Nummer 1 festgelegte Maximalvergütung herabsetzen.

§ 87a Vergütungssystem börsennotierter Gesellschaften. (1) [1]Der Aufsichtsrat der börsennotierten Gesellschaft beschließt ein klares und verständliches System zur Vergütung der Vorstandsmitglieder. [2]Dieses Vergütungssystem enthält mindestens die folgenden Angaben, in Bezug auf Vergütungsbestandteile jedoch nur, soweit diese tatsächlich vorgesehen sind:

1. die Festlegung einer Maximalvergütung der Vorstandsmitglieder;

2. den Beitrag der Vergütung zur Förderung der Geschäftsstrategie und zur langfristigen Entwicklung der Gesellschaft;
3. alle festen und variablen Vergütungsbestandteile und ihren jeweiligen relativen Anteil an der Vergütung;
4. alle finanziellen und nichtfinanziellen Leistungskriterien für die Gewährung variabler Vergütungsbestandteile einschließlich
   a) einer Erläuterung, wie diese Kriterien zur Förderung der Ziele gemäß Nummer 2 beitragen, und
   b) einer Darstellung der Methoden, mit denen die Erreichung der Leistungskriterien festgestellt wird;
5. Aufschubzeiten für die Auszahlung von Vergütungsbestandteilen;
6. Möglichkeiten der Gesellschaft, variable Vergütungsbestandteile zurückzufordern;
7. im Falle aktienbasierter Vergütung:
   a) Fristen,
   b) die Bedingungen für das Halten von Aktien nach dem Erwerb und
   c) eine Erläuterung, wie diese Vergütung zur Förderung der Ziele gemäß Nummer 2 beiträgt;
8. hinsichtlich vergütungsbezogener Rechtsgeschäfte:
   a) die Laufzeiten und die Voraussetzungen ihrer Beendigung, einschließlich der jeweiligen Kündigungsfristen,
   b) etwaige Zusagen von Entlassungsentschädigungen und
   c) die Hauptmerkmale der Ruhegehalts- und Vorruhestandsregelungen;
9. eine Erläuterung, wie die Vergütungs- und Beschäftigungsbedingungen der Arbeitnehmer bei der Festsetzung des Vergütungssystems berücksichtigt wurden, einschließlich einer Erläuterung, welcher Kreis von Arbeitnehmern einbezogen wurde;
10. eine Darstellung des Verfahrens zur Fest- und zur Umsetzung sowie zur Überprüfung des Vergütungssystems, einschließlich der Rolle eventuell betroffener Ausschüsse und der Maßnahmen zur Vermeidung und zur Behandlung von Interessenkonflikten;
11. im Fall der Vorlage eines gemäß § 120a Absatz 3 überprüften Vergütungssystems:
    a) eine Erläuterung aller wesentlichen Änderungen und
    b) eine Übersicht, inwieweit Abstimmung und Äußerungen der Aktionäre in Bezug auf das Vergütungssystem und die Vergütungsberichte berücksichtigt wurden.

(2) [1] Der Aufsichtsrat der börsennotierten Gesellschaft hat die Vergütung der Vorstandsmitglieder in Übereinstimmung mit einem der Hauptversammlung nach § 120a Absatz 1 zur Billigung vorgelegten Vergütungssystem festzusetzen. [2] Der Aufsichtsrat kann vorübergehend von dem Vergütungssystem abweichen, wenn dies im Interesse des langfristigen Wohlergehens der Gesellschaft notwendig ist und das Vergütungssystem das Verfahren des Abweichens sowie die Bestandteile des Vergütungssystems, von denen abgewichen werden kann, benennt.

§ 88 Wettbewerbsverbot. (1) [1] Die Vorstandsmitglieder dürfen ohne Einwilligung des Aufsichtsrats weder ein Handelsgewerbe betreiben noch im Geschäftszweig der Gesellschaft für eigene oder fremde Rechnung Geschäfte machen. [2] Sie dürfen ohne Einwilligung auch nicht Mitglied des Vorstands oder Geschäftsführer oder persönlich haftender Gesellschafter einer anderen Handelsgesellschaft sein. [3] Die Einwilligung des Aufsichtsrats kann nur für bestimmte Handelsgewerbe oder Handelsgesellschaften oder für bestimmte Arten von Geschäften erteilt werden.

(2) [1] Verstößt ein Vorstandsmitglied gegen dieses Verbot, so kann die Gesellschaft Schadenersatz fordern. [2] Sie kann statt dessen von dem Mitglied verlangen, daß es die für eigene Rechnung gemachten Geschäfte als für Rechnung der Gesellschaft eingegangen gelten läßt und die aus Geschäften für fremde Rechnung bezogene Vergütung herausgibt oder seinen Anspruch auf die Vergütung abtritt.

(3) [1] Die Ansprüche der Gesellschaft verjähren in drei Monaten seit dem Zeitpunkt, in dem die übrigen Vorstandsmitglieder und die Aufsichtsratsmitglieder von der zum Schadensersatz verpflichtenden Handlung Kenntnis erlangen oder ohne grobe Fahrlässigkeit erlangen müssten. [2] Sie verjähren ohne Rücksicht auf diese Kenntnis oder grob fahrlässige Unkenntnis in fünf Jahren von ihrer Entstehung an.

§ 89 Kreditgewährung an Vorstandsmitglieder. (1) [1] Die Gesellschaft darf ihren Vorstandsmitgliedern Kredit nur auf Grund eines Beschlusses des Aufsichtsrats gewähren. [2] Der Beschluß kann nur für bestimmte Kreditgeschäfte oder Arten von Kreditgeschäften und nicht für länger als drei Monate im voraus gefaßt werden. [3] Er hat die Verzinsung und Rückzahlung des Kredits zu regeln. [4] Der Gewährung eines Kredits steht die Gestattung einer Entnahme gleich, die über die dem Vorstandsmitglied zustehenden Bezüge hinausgeht, namentlich auch die Gestattung der Entnahme von Vorschüssen auf Bezüge. [5] Dies gilt nicht für Kredite, die ein Monatsgehalt nicht übersteigen.

(2) [1] Die Gesellschaft darf ihren Prokuristen und zum gesamten Geschäftsbetrieb ermächtigten Handlungsbevollmächtigten Kredit nur mit Einwilligung des Aufsichtsrats gewähren. [2] Eine herrschende Gesellschaft darf Kredite an gesetzliche Vertreter, Prokuristen oder zum gesamten Geschäftsbetrieb ermächtigte Handlungsbevollmächtigte eines abhängigen Unternehmens nur mit Einwilligung ihres Aufsichtsrats, eine abhängige Gesellschaft darf Kredite an gesetzliche Vertreter, Prokuristen oder zum gesamten Geschäftsbetrieb ermächtigte Handlungsbevollmächtigte des herrschenden Unternehmens nur mit Einwilligung des Aufsichtsrats des herrschenden Unternehmens gewähren. [3] Absatz 1 Satz 2 bis 5 gilt sinngemäß.

(3) [1] Absatz 2 gilt auch für Kredite an den Ehegatten, Lebenspartner oder an ein minderjähriges Kind eines Vorstandsmitglieds, eines anderen gesetzlichen Vertreters, eines Prokuristen oder eines zum gesamten Geschäftsbetrieb ermächtigten Handlungsbevollmächtigten. [2] Er gilt ferner für Kredite an einen Dritten, der für Rechnung dieser Personen oder für Rechnung eines Vorstandsmitglieds, eines anderen gesetzlichen Vertreters, eines Prokuristen oder eines zum gesamten Geschäftsbetrieb ermächtigten Handlungsbevollmächtigten handelt.

(4) [1] Ist ein Vorstandsmitglied, ein Prokurist oder ein zum gesamten Geschäftsbetrieb ermächtigter Handlungsbevollmächtigter zugleich gesetzlicher Vertreter oder Mitglied des Aufsichtsrats einer anderen juristischen Person oder Gesellschafter einer Personenhandelsgesellschaft, so darf die Gesellschaft der

juristischen Person oder der Personenhandelsgesellschaft Kredit nur mit Einwilligung des Aufsichtsrats gewähren; Absatz 1 Satz 2 und 3 gilt sinngemäß. [2] Dies gilt nicht, wenn die juristische Person oder die Personenhandelsgesellschaft mit der Gesellschaft verbunden ist oder wenn der Kredit für die Bezahlung von Waren gewährt wird, welche die Gesellschaft der juristischen Person oder der Personenhandelsgesellschaft liefert.

(5) Wird entgegen den Absätzen 1 bis 4 Kredit gewährt, so ist der Kredit ohne Rücksicht auf entgegenstehende Vereinbarungen sofort zurückzugewähren, wenn nicht der Aufsichtsrat nachträglich zustimmt.

(6) Ist die Gesellschaft ein Kreditinstitut oder Finanzdienstleistungsinstitut, auf das § 15 des Gesetzes über das Kreditwesen anzuwenden ist, gelten anstelle der Absätze 1 bis 5 die Vorschriften des Gesetzes über das Kreditwesen.

§ 90 Berichte an den Aufsichtsrat. (1) [1] Der Vorstand hat dem Aufsichtsrat zu berichten über

1. die beabsichtigte Geschäftspolitik und andere grundsätzliche Fragen der Unternehmensplanung (insbesondere die Finanz-, Investitions- und Personalplanung), wobei auf Abweichungen der tatsächlichen Entwicklung von früher berichteten Zielen unter Angabe von Gründen einzugehen ist;
2. die Rentabilität der Gesellschaft, insbesondere die Rentabilität des Eigenkapitals;
3. den Gang der Geschäfte, insbesondere den Umsatz, und die Lage der Gesellschaft;
4. Geschäfte, die für die Rentabilität oder Liquidität der Gesellschaft von erheblicher Bedeutung sein können.

[2] Ist die Gesellschaft Mutterunternehmen (§ 290 Abs. 1, 2 des Handelsgesetzbuchs[1)]), so hat der Bericht auch auf Tochterunternehmen und auf Gemeinschaftsunternehmen (§ 310 Abs. 1 des Handelsgesetzbuchs) einzugehen. [3] Außerdem ist dem Vorsitzenden des Aufsichtsrats aus sonstigen wichtigen Anlässen zu berichten; als wichtiger Anlaß ist auch ein dem Vorstand bekanntgewordener geschäftlicher Vorgang bei einem verbundenen Unternehmen anzusehen, der auf die Lage der Gesellschaft von erheblichem Einfluß sein kann.

(2) Die Berichte nach Absatz 1 Satz 1 Nr. 1 bis 4 sind wie folgt zu erstatten:

1. die Berichte nach Nummer 1 mindestens einmal jährlich, wenn nicht Änderungen der Lage oder neue Fragen eine unverzügliche Berichterstattung gebieten;
2. die Berichte nach Nummer 2 in der Sitzung des Aufsichtsrats, in der über den Jahresabschluß verhandelt wird;
3. die Berichte nach Nummer 3 regelmäßig, mindestens vierteljährlich;
4. die Berichte nach Nummer 4 möglichst so rechtzeitig, daß der Aufsichtsrat vor Vornahme der Geschäfte Gelegenheit hat, zu ihnen Stellung zu nehmen.

(3) [1] Der Aufsichtsrat kann vom Vorstand jederzeit einen Bericht verlangen über Angelegenheiten der Gesellschaft, über ihre rechtlichen und geschäftlichen Beziehungen zu verbundenen Unternehmen sowie über geschäftliche Vorgänge bei diesen Unternehmen, die auf die Lage der Gesellschaft von

---

[1)] Nr. 5.

erheblichem Einfluß sein können. 2 Auch ein einzelnes Mitglied kann einen Bericht, jedoch nur an den Aufsichtsrat, verlangen.

(4) 1 Die Berichte haben den Grundsätzen einer gewissenhaften und getreuen Rechenschaft zu entsprechen. 2 Sie sind möglichst rechtzeitig und, mit Ausnahme des Berichts nach Absatz 1 Satz 3, in der Regel in Textform zu erstatten.

(5) 1 Jedes Aufsichtsratsmitglied hat das Recht, von den Berichten Kenntnis zu nehmen. 2 Soweit die Berichte in Textform erstattet worden sind, sind sie auch jedem Aufsichtsratsmitglied auf Verlangen zu übermitteln, soweit der Aufsichtsrat nichts anderes beschlossen hat. 3 Der Vorsitzende des Aufsichtsrats hat die Aufsichtsratsmitglieder über die Berichte nach Absatz 1 Satz 3 spätestens in der nächsten Aufsichtsratssitzung zu unterrichten.

§ 91 Organisation; Buchführung. (1) Der Vorstand hat dafür zu sorgen, daß die erforderlichen Handelsbücher geführt werden.

(2) Der Vorstand hat geeignete Maßnahmen zu treffen, insbesondere ein Überwachungssystem einzurichten, damit den Fortbestand der Gesellschaft gefährdende Entwicklungen früh erkannt werden.

§ 92 Vorstandspflichten bei Verlust, Überschuldung oder Zahlungsunfähigkeit. (1) Ergibt sich bei Aufstellung der Jahresbilanz oder einer Zwischenbilanz oder ist bei pflichtmäßigem Ermessen anzunehmen, daß ein Verlust in Höhe der Hälfte des Grundkapitals besteht, so hat der Vorstand unverzüglich die Hauptversammlung einzuberufen und ihr dies anzuzeigen.

(2) 1 Nachdem die Zahlungsunfähigkeit der Gesellschaft eingetreten ist oder sich ihre Überschuldung ergeben hat, darf der Vorstand keine Zahlungen leisten. 2 Dies gilt nicht von Zahlungen, die auch nach diesem Zeitpunkt mit der Sorgfalt eines ordentlichen und gewissenhaften Geschäftsleiters vereinbar sind. 3 Die gleiche Verpflichtung trifft den Vorstand für Zahlungen an Aktionäre, soweit diese zur Zahlungsunfähigkeit der Gesellschaft führen mussten, es sei denn, dies war auch bei Beachtung der in § 93 Abs. 1 Satz 1 bezeichneten Sorgfalt nicht erkennbar.

§ 93 Sorgfaltspflicht und Verantwortlichkeit der Vorstandsmitglieder.

(1) 1 Die Vorstandsmitglieder haben bei ihrer Geschäftsführung die Sorgfalt eines ordentlichen und gewissenhaften Geschäftsleiters anzuwenden. 2 Eine Pflichtverletzung liegt nicht vor, wenn das Vorstandsmitglied bei einer unternehmerischen Entscheidung vernünftigerweise annehmen durfte, auf der Grundlage angemessener Information zum Wohle der Gesellschaft zu handeln. 3 Über vertrauliche Angaben und Geheimnisse der Gesellschaft, namentlich Betriebs- oder Geschäftsgeheimnisse, die den Vorstandsmitgliedern durch ihre Tätigkeit im Vorstand bekanntgeworden sind, haben sie Stillschweigen zu bewahren. 4 Die Pflicht des Satzes 3 gilt nicht gegenüber einer nach § 342b des Handelsgesetzbuchs[1)] anerkannten Prüfstelle im Rahmen einer von dieser durchgeführten Prüfung.

(2) 1 Vorstandsmitglieder, die ihre Pflichten verletzen, sind der Gesellschaft zum Ersatz des daraus entstehenden Schadens als Gesamtschuldner verpflichtet. 2 Ist streitig, ob sie die Sorgfalt eines ordentlichen und gewissenhaften Ge-

---

1) Nr. 5.

schäftsleiters angewandt haben, so trifft sie die Beweislast. [3] Schließt die Gesellschaft eine Versicherung zur Absicherung eines Vorstandsmitglieds gegen Risiken aus dessen beruflicher Tätigkeit für die Gesellschaft ab, ist ein Selbstbehalt von mindestens 10 Prozent des Schadens bis mindestens zur Höhe des Eineinhalbfachen der festen jährlichen Vergütung des Vorstandsmitglieds vorzusehen.

(3) Die Vorstandsmitglieder sind namentlich zum Ersatz verpflichtet, wenn entgegen diesem Gesetz

1. Einlagen an die Aktionäre zurückgewährt werden,
2. den Aktionären Zinsen oder Gewinnanteile gezahlt werden,
3. eigene Aktien der Gesellschaft oder einer anderen Gesellschaft gezeichnet, erworben, als Pfand genommen oder eingezogen werden,
4. Aktien vor der vollen Leistung des Ausgabebetrags ausgegeben werden,
5. Gesellschaftsvermögen verteilt wird,
6. Zahlungen entgegen § 92 Abs. 2 geleistet werden,
7. Vergütungen an Aufsichtsratsmitglieder gewährt werden,
8. Kredit gewährt wird,
9. bei der bedingten Kapitalerhöhung außerhalb des festgesetzten Zwecks oder vor der vollen Leistung des Gegenwerts Bezugsaktien ausgegeben werden.

(4) [1] Der Gesellschaft gegenüber tritt die Ersatzpflicht nicht ein, wenn die Handlung auf einem gesetzmäßigen Beschluß der Hauptversammlung beruht. [2] Dadurch, daß der Aufsichtsrat die Handlung gebilligt hat, wird die Ersatzpflicht nicht ausgeschlossen. [3] Die Gesellschaft kann erst drei Jahre nach der Entstehung des Anspruchs und nur dann auf Ersatzansprüche verzichten oder sich über sie vergleichen, wenn die Hauptversammlung zustimmt und nicht eine Minderheit, deren Anteile zusammen den zehnten Teil des Grundkapitals erreichen, zur Niederschrift Widerspruch erhebt. [4] Die zeitliche Beschränkung gilt nicht, wenn der Ersatzpflichtige zahlungsunfähig ist und sich zur Abwendung des Insolvenzverfahrens mit seinen Gläubigern vergleicht oder wenn die Ersatzpflicht in einem Insolvenzplan geregelt wird.

(5) [1] Der Ersatzanspruch der Gesellschaft kann auch von den Gläubigern der Gesellschaft geltend gemacht werden, soweit sie von dieser keine Befriedigung erlangen können. [2] Dies gilt jedoch in anderen Fällen als denen des Absatzes 3 nur dann, wenn die Vorstandsmitglieder die Sorgfalt eines ordentlichen und gewissenhaften Geschäftsleiters gröblich verletzt haben; Absatz 2 Satz 2 gilt sinngemäß. [3] Den Gläubigern gegenüber wird die Ersatzpflicht weder durch einen Verzicht oder Vergleich der Gesellschaft noch dadurch aufgehoben, daß die Handlung auf einem Beschluß der Hauptversammlung beruht. [4] Ist über das Vermögen der Gesellschaft das Insolvenzverfahren eröffnet, so übt während dessen Dauer der Insolvenzverwalter oder der Sachwalter das Recht der Gläubiger gegen die Vorstandsmitglieder aus.

(6) Die Ansprüche aus diesen Vorschriften verjähren bei Gesellschaften, die zum Zeitpunkt der Pflichtverletzung börsennotiert sind, in zehn Jahren, bei anderen Gesellschaften in fünf Jahren.

§ 94 Stellvertreter von Vorstandsmitgliedern. Die Vorschriften für die Vorstandsmitglieder gelten auch für ihre Stellvertreter.

Zweiter Abschnitt. Aufsichtsrat

§ 95 Zahl der Aufsichtsratsmitglieder. [1]Der Aufsichtsrat besteht aus drei Mitgliedern. [2]Die Satzung kann eine bestimmte höhere Zahl festsetzen. [3]Die Zahl muß durch drei teilbar sein, wenn dies zur Erfüllung mitbestimmungsrechtlicher Vorgaben erforderlich ist. [4]Die Höchstzahl der Aufsichtsratsmitglieder beträgt bei Gesellschaften mit einem Grundkapital

bis zu	1 500 000 Euro	neun,
von mehr als	1 500 000 Euro	fünfzehn,
von mehr als	10 000 000 Euro	einundzwanzig.

[5]Durch die vorstehenden Vorschriften werden hiervon abweichende Vorschriften des Mitbestimmungsgesetzes[1)] vom 4. Mai 1976 (BGBl. I S. 1153), des Montan-Mitbestimmungsgesetzes[2)] und des Gesetzes zur Ergänzung des Gesetzes über die Mitbestimmung der Arbeitnehmer in den Aufsichtsräten und Vorständen der Unternehmen des Bergbaus und der Eisen und Stahl erzeugenden Industrie[3)] in der im Bundesgesetzblatt Teil III, Gliederungsnummer 801-3, veröffentlichten bereinigten Fassung – Mitbestimmungsergänzungsgesetz – nicht berührt.

§ 96 Zusammensetzung des Aufsichtsrats. (1) Der Aufsichtsrat setzt sich zusammen
bei Gesellschaften, für die das Mitbestimmungsgesetz[1)] gilt, aus Aufsichtsratsmitgliedern der Aktionäre und der Arbeitnehmer,[4)]
bei Gesellschaften, für die das Montan-Mitbestimmungsgesetz[2)] gilt, aus Aufsichtsratsmitgliedern der Aktionäre und der Arbeitnehmer und aus weiteren Mitgliedern,
bei Gesellschaften, für die die §§ 5 bis 13 des Mitbestimmungsergänzungsgesetzes[3)] gelten, aus Aufsichtsratsmitgliedern der Aktionäre und der Arbeitnehmer und aus einem weiteren Mitglied,
bei Gesellschaften, für die das Drittelbeteiligungsgesetz[5)] gilt, aus Aufsichtsratsmitgliedern der Aktionäre und der Arbeitnehmer,
bei Gesellschaften für die das Gesetz über die Mitbestimmung der Arbeitnehmer bei einer grenzüberschreitenden Verschmelzung[6)] vom 21. Dezember 2006 (BGBl. I S. 3332) gilt, aus Aufsichtsratsmitgliedern der Aktionäre und der Arbeitnehmer,
bei den übrigen Gesellschaften nur aus Aufsichtsratsmitgliedern der Aktionäre.

(2) [1]Bei börsennotierten Gesellschaften, für die das Mitbestimmungsgesetz[1)], das Montan-Mitbestimmungsgesetz[2)] oder das Mitbestimmungsergänzungsgesetz[3)] gilt, setzt sich der Aufsichtsrat zu mindestens 30 Prozent aus Frauen und zu mindestens 30 Prozent aus Männern zusammen. [2]Der Mindestanteil ist vom Aufsichtsrat insgesamt zu erfüllen. [3]Widerspricht die Seite der Anteilseigner- oder Arbeitnehmervertreter auf Grund eines mit Mehrheit gefassten Beschlusses vor der Wahl der Gesamterfüllung gegenüber dem Aufsichtsratsvorsitzenden, so ist der Mindestanteil für diese Wahl von der Seite der Anteilseigner und

---

1) Nr. **13**.
2) Nr. **14**.
3) Nr. **15**.
4) Beachte hierzu §§ 1–7 MitbestimmungsG (Nr. **13**).
5) Nr. **16**.
6) Nr. **17**.

der Seite der Arbeitnehmer getrennt zu erfüllen. [4] Es ist in allen Fällen auf volle Personenzahlen mathematisch auf- beziehungsweise abzurunden. [5] Verringert sich bei Gesamterfüllung der höhere Frauenanteil einer Seite nachträglich und widerspricht sie nun der Gesamterfüllung, so wird dadurch die Besetzung auf der anderen Seite nicht unwirksam. [6] Eine Wahl der Mitglieder des Aufsichtsrats durch die Hauptversammlung und eine Entsendung in den Aufsichtsrat unter Verstoß gegen das Mindestanteilsgebot ist nichtig. [7] Ist eine Wahl aus anderen Gründen für nichtig erklärt, so verstoßen zwischenzeitlich erfolgte Wahlen insoweit nicht gegen das Mindestanteilsgebot. [8] Auf die Wahl der Aufsichtsratsmitglieder der Arbeitnehmer sind die in Satz 1 genannten Gesetze zur Mitbestimmung anzuwenden.

(3) [1] Bei börsennotierten Gesellschaften, die aus einer grenzüberschreitenden Verschmelzung hervorgegangen sind und bei denen nach dem Gesetz über die Mitbestimmung der Arbeitnehmer bei einer grenzüberschreitenden Verschmelzung[1)] das Aufsichts- oder Verwaltungsorgan aus derselben Zahl von Anteilseigner- und Arbeitnehmervertretern besteht, müssen in dem Aufsichts- oder Verwaltungsorgan Frauen und Männer jeweils mit einem Anteil von mindestens 30 Prozent vertreten sein. [2] Absatz 2 Satz 2, 4, 6 und 7 gilt entsprechend.

(4) Nach anderen als den zuletzt angewandten gesetzlichen Vorschriften kann der Aufsichtsrat nur zusammengesetzt werden[2)], wenn nach § 97 oder nach § 98 die in der Bekanntmachung des Vorstands oder in der gerichtlichen Entscheidung angegebenen gesetzlichen Vorschriften anzuwenden sind.

§ 97[2)] Bekanntmachung über die Zusammensetzung des Aufsichtsrats. (1) [1] Ist der Vorstand der Ansicht, daß der Aufsichtsrat nicht nach den für ihn maßgebenden gesetzlichen Vorschriften zusammengesetzt ist, so hat er dies unverzüglich in den Gesellschaftsblättern und gleichzeitig durch Aushang in sämtlichen Betrieben der Gesellschaft und ihrer Konzernunternehmen bekanntzumachen. [2] In der Bekanntmachung sind die nach Ansicht des Vorstands maßgebenden gesetzlichen Vorschriften anzugeben. [3] Es ist darauf hinzuweisen, daß der Aufsichtsrat nach diesen Vorschriften zusammengesetzt wird, wenn nicht Antragsberechtigte nach § 98 Abs. 2 innerhalb eines Monats nach der Bekanntmachung im Bundesanzeiger das nach § 98 Abs. 1 zuständige Gericht anrufen.

(2) [1] Wird das nach § 98 Abs. 1 zuständige Gericht nicht innerhalb eines Monats nach der Bekanntmachung im Bundesanzeiger angerufen, so ist der neue Aufsichtsrat nach den in der Bekanntmachung des Vorstands angegebenen gesetzlichen Vorschriften zusammenzusetzen. [2] Die Bestimmungen der Satzung über die Zusammensetzung des Aufsichtsrats, über die Zahl der Aufsichtsratsmitglieder sowie über die Wahl, Abberufung und Entsendung von Aufsichtsratsmitgliedern treten mit der Beendigung der ersten Hauptversammlung, die nach Ablauf der Anrufungsfrist einberufen wird, spätestens sechs Monate nach Ablauf dieser Frist insoweit außer Kraft, als sie den nunmehr anzuwendenden gesetzlichen Vorschriften widersprechen. [3] Mit demselben Zeitpunkt erlischt das Amt der bisherigen Aufsichtsratsmitglieder. [4] Eine Hauptversammlung, die innerhalb der Frist von sechs Monaten stattfindet, kann an Stelle der außer

[1)] Nr. **17**.
[2)] Beachte hierzu auch § 27 EGAktG (Nr. **2a**).

Kraft tretenden Satzungsbestimmungen mit einfacher Stimmenmehrheit neue Satzungsbestimmungen beschließen.

(3) Solange ein gerichtliches Verfahren nach §§ 98, 99 anhängig ist, kann eine Bekanntmachung über die Zusammensetzung des Aufsichtsrats nicht erfolgen.

§ 98[1] Gerichtliche Entscheidung über die Zusammensetzung des Aufsichtsrats. (1) Ist streitig oder ungewiss, nach welchen gesetzlichen Vorschriften der Aufsichtsrat zusammenzusetzen ist, so entscheidet darüber auf Antrag ausschließlich das Landgericht, in dessen Bezirk die Gesellschaft ihren Sitz hat.

(2) [1] Antragsberechtigt sind

1. der Vorstand,
2. jedes Aufsichtsratsmitglied,
3. jeder Aktionär,
4. der Gesamtbetriebsrat der Gesellschaft oder, wenn in der Gesellschaft nur ein Betriebsrat besteht, der Betriebsrat,
5. der Gesamt- oder Unternehmenssprecherausschuss der Gesellschaft oder, wenn in der Gesellschaft nur ein Sprecherausschuss besteht, der Sprecherausschuss,
6. der Gesamtbetriebsrat eines anderen Unternehmens, dessen Arbeitnehmer nach den gesetzlichen Vorschriften, deren Anwendung streitig oder ungewiß ist, selbst oder durch Delegierte an der Wahl von Aufsichtsratsmitgliedern der Gesellschaft teilnehmen, oder, wenn in dem anderen Unternehmen nur ein Betriebsrat besteht, der Betriebsrat,
7. der Gesamt- oder Unternehmenssprecherausschuss eines anderen Unternehmens, dessen Arbeitnehmer nach den gesetzlichen Vorschriften, deren Anwendung streitig oder ungewiss ist, selbst oder durch Delegierte an der Wahl von Aufsichtsratsmitgliedern der Gesellschaft teilnehmen, oder, wenn in dem anderen Unternehmen nur ein Sprecherausschuss besteht, der Sprecherausschuss,
8. mindestens ein Zehntel oder einhundert der Arbeitnehmer, die nach den gesetzlichen Vorschriften, deren Anwendung streitig oder ungewiß ist, selbst oder durch Delegierte an der Wahl von Aufsichtsratsmitgliedern der Gesellschaft teilnehmen,
9. Spitzenorganisationen der Gewerkschaften, die nach den gesetzlichen Vorschriften, deren Anwendung streitig oder ungewiß ist, ein Vorschlagsrecht hätten,
10. Gewerkschaften, die nach den gesetzlichen Vorschriften, deren Anwendung streitig oder ungewiß ist, ein Vorschlagsrecht hätten.

[2] Ist die Anwendung des Mitbestimmungsgesetzes[2] oder die Anwendung von Vorschriften des Mitbestimmungsgesetzes streitig oder ungewiß, so sind außer den nach Satz 1 Antragsberechtigten auch je ein Zehntel der wahlberechtigten in § 3 Abs. 1 Nr. 1 des Mitbestimmungsgesetzes bezeichneten Arbeitnehmer

---

[1] Beachte hierzu auch § 27 EGAktG (Nr. **2a**).
[2] Nr. **13**.

oder der wahlberechtigten leitenden Angestellten im Sinne des Mitbestimmungsgesetzes antragsberechtigt.

(3) Die Absätze 1 und 2 gelten sinngemäß, wenn streitig ist, ob der Abschlußprüfer das nach § 3 oder § 16 des Mitbestimmungsergänzungsgesetzes[1)] maßgebliche Umsatzverhältnis richtig ermittelt hat.

(4) [1] Entspricht die Zusammensetzung des Aufsichtsrats nicht der gerichtlichen Entscheidung, so ist der neue Aufsichtsrat nach den in der Entscheidung angegebenen gesetzlichen Vorschriften zusammenzusetzen. [2] § 97 Abs. 2 gilt sinngemäß mit der Maßgabe, daß die Frist von sechs Monaten mit dem Eintritt der Rechtskraft beginnt.

§ 99[2)] Verfahren. (1) Auf das Verfahren ist das Gesetz über das Verfahren in Familiensachen und in den Angelegenheiten der freiwilligen Gerichtsbarkeit anzuwenden, soweit in den Absätzen 2 bis 5 nichts anderes bestimmt ist.

(2) [1] Das Landgericht hat den Antrag in den Gesellschaftsblättern bekanntzumachen. [2] Der Vorstand und jedes Aufsichtsratsmitglied sowie die nach § 98 Abs. 2 antragsberechtigten Betriebsräte, Sprecherausschüsse, Spitzenorganisationen und Gewerkschaften sind zu hören.

(3) [1] Das Landgericht entscheidet durch einen mit Gründen versehenen Beschluss. [2] Gegen die Entscheidung des Landgerichts findet die Beschwerde statt. [3] Sie kann nur auf eine Verletzung des Rechts gestützt werden; § 72 Abs. 1 Satz 2 und § 74 Abs. 2 und 3 des Gesetzes über das Verfahren in Familiensachen und in den Angelegenheiten der freiwilligen Gerichtsbarkeit sowie § 547 der Zivilprozessordnung gelten sinngemäß. [4] Die Beschwerde kann nur durch die Einreichung einer von einem Rechtsanwalt unterzeichneten Beschwerdeschrift eingelegt werden. [5] Die Landesregierung kann durch Rechtsverordnung die Entscheidung über die Beschwerde für die Bezirke mehrerer Oberlandesgerichte einem der Oberlandesgerichte oder dem Obersten Landesgericht übertragen, wenn dies der Sicherung einer einheitlichen Rechtsprechung dient. [6] Die Landesregierung kann die Ermächtigung auf die Landesjustizverwaltung übertragen.

(4) [1] Das Gericht hat seine Entscheidung dem Antragsteller und der Gesellschaft zuzustellen. [2] Es hat sie ferner ohne Gründe in den Gesellschaftsblättern bekanntzumachen. [3] Die Beschwerde steht jedem nach § 98 Abs. 2 Antragsberechtigten zu. [4] Die Beschwerdefrist beginnt mit der Bekanntmachung der Entscheidung im Bundesanzeiger, für den Antragsteller und die Gesellschaft jedoch nicht vor der Zustellung der Entscheidung.

(5) [1] Die Entscheidung wird erst mit der Rechtskraft wirksam. [2] Sie wirkt für und gegen alle. [3] Der Vorstand hat die rechtskräftige Entscheidung unverzüglich zum Handelsregister einzureichen.

(6) [1] Die Kosten können ganz oder zum Teil dem Antragsteller auferlegt werden, wenn dies der Billigkeit entspricht. [2] Kosten der Beteiligten werden nicht erstattet.

---

1) Nr. **15**.

2) Beachte hierzu auch § 27 EGAktG (Nr. **2a**).

§ 100 Persönliche Voraussetzungen für Aufsichtsratsmitglieder.

(1) [1]Mitglied des Aufsichtsrats kann nur eine natürliche, unbeschränkt geschäftsfähige Person sein. [2]Ein Betreuter, der bei der Besorgung seiner Vermögensangelegenheiten ganz oder teilweise einem Einwilligungsvorbehalt (§ 1903 des Bürgerlichen Gesetzbuchs) unterliegt, kann nicht Mitglied des Aufsichtsrats sein.

(2) [1]Mitglied des Aufsichtsrats kann nicht sein, wer

1. bereits in zehn Handelsgesellschaften, die gesetzlich einen Aufsichtsrat zu bilden haben, Aufsichtsratsmitglied ist,
2. gesetzlicher Vertreter eines von der Gesellschaft abhängigen Unternehmens ist,
3. gesetzlicher Vertreter einer anderen Kapitalgesellschaft ist, deren Aufsichtsrat ein Vorstandsmitglied der Gesellschaft angehört, oder
4. in den letzten zwei Jahren Vorstandsmitglied derselben börsennotierten Gesellschaft war, es sei denn, seine Wahl erfolgt auf Vorschlag von Aktionären, die mehr als 25 Prozent der Stimmrechte an der Gesellschaft halten.

[2]Auf die Höchstzahl nach Satz 1 Nr. 1 sind bis zu fünf Aufsichtsratssitze nicht anzurechnen, die ein gesetzlicher Vertreter (beim Einzelkaufmann der Inhaber) des herrschenden Unternehmens eines Konzerns in zum Konzern gehörenden Handelsgesellschaften, die gesetzlich einen Aufsichtsrat zu bilden haben, inne hat. [3]Auf die Höchstzahl nach Satz 1 Nr. 1 sind Aufsichtsratsämter im Sinne der Nummer 1 doppelt anzurechnen, für die das Mitglied zum Vorsitzenden gewählt worden ist.

(3) Die anderen persönlichen Voraussetzungen der Aufsichtsratsmitglieder der Arbeitnehmer sowie der weiteren Mitglieder bestimmen sich nach dem Mitbestimmungsgesetz[1)], dem Montan-Mitbestimmungsgesetz[2)], dem Mitbestimmungsergänzungsgesetz[3)], dem Drittelbeteiligungsgesetz[4)] und dem Gesetz über die Mitbestimmung der Arbeitnehmer bei einer grenzüberschreitenden Verschmelzung.

(4) Die Satzung kann persönliche Voraussetzungen nur für Aufsichtsratsmitglieder fordern, die von der Hauptversammlung ohne Bindung an Wahlvorschläge gewählt oder auf Grund der Satzung in den Aufsichtsrat entsandt werden.

(5) Bei Gesellschaften, die kapitalmarktorientiert im Sinne des § 264d des Handelsgesetzbuchs[5)], die CRR-Kreditinstitute im Sinne des § 1 Absatz 3d Satz 1 des Kreditwesengesetzes, mit Ausnahme der in § 2 Absatz 1 Nummer 1 und 2 des Kreditwesengesetzes genannten Institute, oder die Versicherungsunternehmen im Sinne des Artikels 2 Absatz 1 der Richtlinie 91/674/EWG des Rates vom 19. Dezember 1991 über den Jahresabschluß und den konsolidierten Abschluß von Versicherungsunternehmen (ABl. L 374 vom 31.12. 1991, S. 7), die zuletzt durch die Richtlinie 2006/46/EG (ABl. L 224 vom 16.8.2006, S. 1) geändert worden ist, sind, muss mindestens ein Mitglied des Aufsichtsrats über Sachverstand auf den Gebieten Rechnungslegung oder Ab-

---

[1)] Nr. **13**.
[2)] Nr. **14**.
[3)] Nr. **15**.
[4)] Nr. **16**.
[5)] Nr. **5**.

schlussprüfung verfügen; die Mitglieder müssen in ihrer Gesamtheit mit dem Sektor, in dem die Gesellschaft tätig ist, vertraut sein.

§ 101 Bestellung der Aufsichtsratsmitglieder. (1) [1]Die Mitglieder des Aufsichtsrats werden von der Hauptversammlung gewählt, soweit sie nicht in den Aufsichtsrat zu entsenden oder als Aufsichtsratsmitglieder der Arbeitnehmer nach dem Mitbestimmungsgesetz[1)], dem Mitbestimmungsergänzungsgesetz[2)], dem Drittelbeteiligungsgesetz[3)] oder dem Gesetz über die Mitbestimmung der Arbeitnehmer bei einer grenzüberschreitenden Verschmelzung zu wählen sind. [2]An Wahlvorschläge ist die Hauptversammlung nur gemäß §§ 6 und 8 des Montan-Mitbestimmungsgesetzes[4)] gebunden.

(2) [1]Ein Recht, Mitglieder in den Aufsichtsrat zu entsenden, kann nur durch die Satzung und nur für bestimmte Aktionäre oder für die jeweiligen Inhaber bestimmter Aktien begründet werden. [2]Inhabern bestimmter Aktien kann das Entsendungsrecht nur eingeräumt werden, wenn die Aktien auf Namen lauten und ihre Übertragung an die Zustimmung der Gesellschaft gebunden ist. [3]Die Aktien der Entsendungsberechtigten gelten nicht als eine besondere Gattung. [4]Die Entsendungsrechte können insgesamt höchstens für ein Drittel der sich aus dem Gesetz oder der Satzung ergebenden Zahl der Aufsichtsratsmitglieder der Aktionäre eingeräumt werden.

(3) [1]Stellvertreter von Aufsichtsratsmitgliedern können nicht bestellt werden. [2]Jedoch kann für jedes Aufsichtsratsmitglied mit Ausnahme des weiteren Mitglieds, das nach dem Montan-Mitbestimmungsgesetz oder dem Mitbestimmungsergänzungsgesetz auf Vorschlag der übrigen Aufsichtsratsmitglieder gewählt wird, ein Ersatzmitglied bestellt werden, das Mitglied des Aufsichtsrats wird, wenn das Aufsichtsratsmitglied vor Ablauf seiner Amtszeit wegfällt. [3]Das Ersatzmitglied kann nur gleichzeitig mit dem Aufsichtsratsmitglied bestellt werden. [4]Auf seine Bestellung sowie die Nichtigkeit und Anfechtung seiner Bestellung sind die für das Aufsichtsratsmitglied geltenden Vorschriften anzuwenden.

§ 102 Amtszeit der Aufsichtsratsmitglieder. (1) [1]Aufsichtsratsmitglieder können nicht für längere Zeit als bis zur Beendigung der Hauptversammlung bestellt werden, die über die Entlastung für das vierte Geschäftsjahr nach dem Beginn der Amtszeit beschließt. [2]Das Geschäftsjahr, in dem die Amtszeit beginnt, wird nicht mitgerechnet.

(2) Das Amt des Ersatzmitglieds erlischt spätestens mit Ablauf der Amtszeit des weggefallenen Aufsichtsratsmitglieds.

§ 103 Abberufung der Aufsichtsratsmitglieder. (1) [1]Aufsichtsratsmitglieder, die von der Hauptversammlung ohne Bindung an einen Wahlvorschlag gewählt worden sind, können von ihr vor Ablauf der Amtszeit abberufen werden. [2]Der Beschluß bedarf einer Mehrheit, die mindestens drei Viertel der abgegebenen Stimmen umfaßt. [3]Die Satzung kann eine andere Mehrheit und weitere Erfordernisse bestimmen.

---

1) Nr. **13**.
2) Nr. **15**.
3) Nr. **16**.
4) Nr. **14**.

(2) [1] Ein Aufsichtsratsmitglied, das auf Grund der Satzung in den Aufsichtsrat entsandt ist, kann von dem Entsendungsberechtigten jederzeit abberufen und durch ein anderes ersetzt werden. [2] Sind die in der Satzung bestimmten Voraussetzungen des Entsendungsrechts weggefallen, so kann die Hauptversammlung das entsandte Mitglied mit einfacher Stimmenmehrheit abberufen.

(3) [1] Das Gericht hat auf Antrag des Aufsichtsrats ein Aufsichtsratsmitglied abzuberufen, wenn in dessen Person ein wichtiger Grund vorliegt. [2] Der Aufsichtsrat beschließt über die Antragstellung mit einfacher Mehrheit. [3] Ist das Aufsichtsratsmitglied auf Grund der Satzung in den Aufsichtsrat entsandt worden, so können auch Aktionäre, deren Anteile zusammen den zehnten Teil des Grundkapitals oder den anteiligen Betrag von einer Million Euro erreichen, den Antrag stellen. [4] Gegen die Entscheidung ist die Beschwerde zulässig.

(4) Für die Abberufung der Aufsichtsratsmitglieder, die weder von der Hauptversammlung ohne Bindung an einen Wahlvorschlag gewählt worden sind noch auf Grund der Satzung in den Aufsichtsrat entsandt sind, gelten außer Absatz 3 das Mitbestimmungsgesetz, das Montan-Mitbestimmungsgesetz, das Mitbestimmungsergänzungsgesetz, das Drittelbeteiligungsgesetz, das SE-Beteiligungsgesetz und das Gesetz über die Mitbestimmung der Arbeitnehmer bei einer grenzüberschreitenden Verschmelzung.

(5) Für die Abberufung eines Ersatzmitglieds gelten die Vorschriften über die Abberufung des Aufsichtsratsmitglieds, für das es bestellt ist.

§ 104 Bestellung durch das Gericht. (1) [1] Gehört dem Aufsichtsrat die zur Beschlußfähigkeit nötige Zahl von Mitgliedern nicht an, so hat ihn das Gericht auf Antrag des Vorstands, eines Aufsichtsratsmitglieds oder eines Aktionärs auf diese Zahl zu ergänzen. [2] Der Vorstand ist verpflichtet, den Antrag unverzüglich zu stellen, es sei denn, daß die rechtzeitige Ergänzung vor der nächsten Aufsichtsratssitzung zu erwarten ist. [3] Hat der Aufsichtsrat auch aus Aufsichtsratsmitgliedern der Arbeitnehmer zu bestehen, so können auch den Antrag stellen

1. der Gesamtbetriebsrat der Gesellschaft oder, wenn in der Gesellschaft nur ein Betriebsrat besteht, der Betriebsrat, sowie, wenn die Gesellschaft herrschendes Unternehmen eines Konzerns ist, der Konzernbetriebsrat,
2. der Gesamt- oder Unternehmenssprecherausschuss der Gesellschaft oder, wenn in der Gesellschaft nur ein Sprecherausschuss besteht, der Sprecherausschuss sowie, wenn die Gesellschaft herrschendes Unternehmen eines Konzerns ist, der Konzernsprecherausschuss,
3. der Gesamtbetriebsrat eines anderen Unternehmens, dessen Arbeitnehmer selbst oder durch Delegierte an der Wahl teilnehmen, oder, wenn in dem anderen Unternehmen nur ein Betriebsrat besteht, der Betriebsrat,
4. der Gesamt- oder Unternehmenssprecherausschuss eines anderen Unternehmens, dessen Arbeitnehmer selbst oder durch Delegierte an der Wahl teilnehmen, oder, wenn in dem anderen Unternehmen nur ein Sprecherausschuss besteht, der Sprecherausschuss,
5. mindestens ein Zehntel oder einhundert der Arbeitnehmer, die selbst oder durch Delegierte an der Wahl teilnehmen,
6. Spitzenorganisationen der Gewerkschaften, die das Recht haben, Aufsichtsratsmitglieder der Arbeitnehmer vorzuschlagen,
7. Gewerkschaften, die das Recht haben, Aufsichtsratsmitglieder der Arbeitnehmer vorzuschlagen.

[4] Hat der Aufsichtsrat nach dem Mitbestimmungsgesetz[1)] auch aus Aufsichtsratsmitgliedem der Arbeitnehmer zu bestehen, so sind außer den nach Satz 3 Antragsberechtigten auch je ein Zehntel der wahlberechtigten in § 3 Abs. 1 Nr. 1 des Mitbestimmungsgesetzes bezeichneten Arbeitnehmer oder der wahlberechtigten leitenden Angestellten im Sinne des Mitbestimmungsgesetzes antragsberechtigt. [5] Gegen die Entscheidung ist die Beschwerde zulässig.

(2) [1] Gehören dem Aufsichtsrat länger als drei Monate weniger Mitglieder als die durch Gesetz oder Satzung festgesetzte Zahl an, so hat ihn das Gericht auf Antrag auf diese Zahl zu ergänzen. [2] In dringenden Fällen hat das Gericht auf Antrag den Aufsichtsrat auch vor Ablauf der Frist zu ergänzen. [3] Das Antragsrecht bestimmt sich nach Absatz 1. [4] Gegen die Entscheidung ist die Beschwerde zulässig.

(3) Absatz 2 ist auf einen Aufsichtsrat, in dem die Arbeitnehmer ein Mitbestimmungsrecht nach dem Mitbestimmungsgesetz, dem Montan-Mitbestimmungsgesetz[2)] oder dem Mitbestimmungsergänzungsgesetz[3)] haben, mit der Maßgabe anzuwenden,

1. daß das Gericht den Aufsichtsrat hinsichtlich des weiteren Mitglieds, das nach dem Montan-Mitbestimmungsgesetz oder dem Mitbestimmungsergänzungsgesetz auf Vorschlag der übrigen Aufsichtsratsmitglieder gewählt wird, nicht ergänzen kann,
2. daß es stets ein dringender Fall ist, wenn dem Aufsichtsrat, abgesehen von dem in Nummer 1 genannten weiteren Mitglied, nicht alle Mitglieder angehören, aus denen er nach Gesetz oder Satzung zu bestehen hat.

(4) [1] Hat der Aufsichtsrat auch aus Aufsichtsratsmitgliedern der Arbeitnehmer zu bestehen, so hat das Gericht ihn so zu ergänzen, daß das für seine Zusammensetzung maßgebende zahlenmäßige Verhältnis hergestellt wird. [2] Wenn der Aufsichtsrat zur Herstellung seiner Beschlußfähigkeit ergänzt wird, gilt dies nur, soweit die zur Beschlußfähigkeit nötige Zahl der Aufsichtsratsmitglieder die Wahrung dieses Verhältnisses möglich macht. [3] Ist ein Aufsichtsratsmitglied zu ersetzen, das nach Gesetz oder Satzung in persönlicher Hinsicht besonderen Voraussetzungen entsprechen muß, so muß auch das vom Gericht bestellte Aufsichtsratsmitglied diesen Voraussetzungen entsprechen. [4] Ist ein Aufsichtsratsmitglied zu ersetzen, bei dessen Wahl eine Spitzenorganisation der Gewerkschaften, eine Gewerkschaft oder die Betriebsräte ein Vorschlagsrecht hätten, so soll das Gericht Vorschläge dieser Stellen berücksichtigen, soweit nicht überwiegende Belange der Gesellschaft oder der Allgemeinheit der Bestellung des Vorgeschlagenen entgegenstehen; das gleiche gilt, wenn das Aufsichtsratsmitglied durch Delegierte zu wählen wäre, für gemeinsame Vorschläge der Betriebsräte der Unternehmen, in denen Delegierte zu wählen sind.

(5) Die Ergänzung durch das Gericht ist bei börsennotierten Gesellschaften, für die das Mitbestimmungsgesetz[1)], das Montan-Mitbestimmungsgesetz[2)] oder das Mitbestimmungsergänzungsgesetz[3)] gilt, nach Maßgabe des § 96 Absatz 2 Satz 1 bis 5 vorzunehmen.

(6) Das Amt des gerichtlich bestellten Aufsichtsratsmitglieds erlischt in jedem Fall, sobald der Mangel behoben ist.

[1)] Nr. **13**.
[2)] Nr. **14**.
[3)] Nr. **15**.

(7) [1]Das gerichtlich bestellte Aufsichtsratsmitglied hat Anspruch auf Ersatz angemessener barer Auslagen und, wenn den Aufsichtsratsmitgliedern der Gesellschaft eine Vergütung gewährt wird, auf Vergütung für seine Tätigkeit. [2]Auf Antrag des Aufsichtsratsmitglieds setzt das Gericht die Auslagen und die Vergütung fest. [3]Gegen die Entscheidung ist die Beschwerde zulässig; die Rechtsbeschwerde ist ausgeschlossen. [4]Aus der rechtskräftigen Entscheidung findet die Zwangsvollstreckung nach der Zivilprozeßordnung statt.

§ 105 Unvereinbarkeit der Zugehörigkeit zum Vorstand und zum Aufsichtsrat. (1) Ein Aufsichtsratsmitglied kann nicht zugleich Vorstandsmitglied, dauernd Stellvertreter von Vorstandsmitgliedern, Prokurist oder zum gesamten Geschäftsbetrieb ermächtigter Handlungsbevollmächtigter der Gesellschaft sein.

(2) [1]Nur für einen im voraus begrenzten Zeitraum, höchstens für ein Jahr, kann der Aufsichtsrat einzelne seiner Mitglieder zu Stellvertretern von fehlenden oder verhinderten Vorstandsmitgliedern bestellen. [2]Eine wiederholte Bestellung oder Verlängerung der Amtszeit ist zulässig, wenn dadurch die Amtszeit insgesamt ein Jahr nicht übersteigt. [3]Während ihrer Amtszeit als Stellvertreter von Vorstandsmitgliedern können die Aufsichtsratsmitglieder keine Tätigkeit als Aufsichtsratsmitglied ausüben. [4]Das Wettbewerbsverbot des § 88 gilt für sie nicht.

§ 106 Bekanntmachung der Änderungen im Aufsichtsrat. Der Vorstand hat bei jeder Änderung in den Personen der Aufsichtsratsmitglieder unverzüglich eine Liste der Mitglieder des Aufsichtsrats, aus welcher Name, Vorname, ausgeübter Beruf und Wohnort der Mitglieder ersichtlich ist, zum Handelsregister einzureichen; das Gericht hat nach § 10 des Handelsgesetzbuchs[1)] einen Hinweis darauf bekannt zu machen, dass die Liste zum Handelsregister eingereicht worden ist.

§ 107 Innere Ordnung des Aufsichtsrats. (1) [1]Der Aufsichtsrat hat nach näherer Bestimmung der Satzung aus seiner Mitte einen Vorsitzenden und mindestens einen Stellvertreter zu wählen. [2]Der Vorstand hat zum Handelsregister anzumelden, wer gewählt ist. [3]Der Stellvertreter hat nur dann die Rechte und Pflichten des Vorsitzenden, wenn dieser verhindert ist.

(2) [1]Über die Sitzungen des Aufsichtsrats ist eine Niederschrift anzufertigen, die der Vorsitzende zu unterzeichnen hat. [2]In der Niederschrift sind der Ort und der Tag der Sitzung, die Teilnehmer, die Gegenstände der Tagesordnung, der wesentliche Inhalt der Verhandlungen und die Beschlüsse des Aufsichtsrats anzugeben. [3]Ein Verstoß gegen Satz 1 oder Satz 2 macht einen Beschluß nicht unwirksam. [4]Jedem Mitglied des Aufsichtsrats ist auf Verlangen eine Abschrift der Sitzungsniederschrift auszuhändigen.

(3) [1]Der Aufsichtsrat kann aus seiner Mitte einen oder mehrere Ausschüsse bestellen, namentlich, um seine Verhandlungen und Beschlüsse vorzubereiten oder die Ausführung seiner Beschlüsse zu überwachen. [2]Er kann insbesondere einen Prüfungsausschuss bestellen, der sich mit der Überwachung des Rechnungslegungsprozesses, der Wirksamkeit des internen Kontrollsystems, des Risikomanagementsystems und des internen Revisionssystems sowie der Ab-

---

[1)] Nr. 5.

schlussprüfung, hier insbesondere der Auswahl und der Unabhängigkeit des Abschlussprüfers und der vom Abschlussprüfer zusätzlich erbrachten Leistungen, befasst. 3 Der Prüfungsausschuss kann Empfehlungen oder Vorschläge zur Gewährleistung der Integrität des Rechnungslegungsprozesses unterbreiten. 4 Der Aufsichtsrat der börsennotierten Gesellschaft kann außerdem einen Ausschuss bestellen, der über die Zustimmung nach § 111b Absatz 1 beschließt. 5 An dem Geschäft beteiligte nahestehende Personen im Sinne des § 111a Absatz 1 Satz 2 können nicht Mitglieder des Ausschusses sein. 6 Er muss mehrheitlich aus Mitgliedern zusammengesetzt sein, bei denen keine Besorgnis eines Interessenkonfliktes auf Grund ihrer Beziehungen zu einer nahestehenden Person besteht. 7 Die Aufgaben nach Absatz 1 Satz 1, § 59 Abs. 3, § 77 Abs. 2 Satz 1, § 84 Abs. 1 Satz 1 und 3, Abs. 2 und Abs. 3 Satz 1, § 87 Abs. 1 und Abs. 2 Satz 1 und 2, § 111 Abs. 3, §§ 171, 314 Abs. 2 und 3 sowie Beschlüsse, daß bestimmte Arten von Geschäften nur mit Zustimmung des Aufsichtsrats vorgenommen werden dürfen, können einem Ausschuß nicht an Stelle des Aufsichtsrats zur Beschlußfassung überwiesen werden. 8 Dem Aufsichtsrat ist regelmäßig über die Arbeit der Ausschüsse zu berichten.

(4) Richtet der Aufsichtsrat einer Gesellschaft, die kapitalmarktorientiert im Sinne des § 264d des Handelsgesetzbuchs[1)], die CRR-Kreditinstitut im Sinne des § 1 Absatz 3d Satz 1 des Kreditwesengesetzes, mit Ausnahme der in § 2 Absatz 1 Nummer 1 und 2 des Kreditwesengesetzes genannten Institute, oder die Versicherungsunternehmen im Sinne des Artikels 2 Absatz 1 der Richtlinie 91/674/EWG ist, einen Prüfungsausschuss im Sinn des Absatzes 3 Satz 2 ein, so müssen die Voraussetzungen des § 100 Absatz 5 erfüllt sein.

§ 108 Beschlußfassung des Aufsichtsrats. (1) Der Aufsichtsrat entscheidet durch Beschluß.

(2) 1 Die Beschlußfähigkeit des Aufsichtsrats kann, soweit sie nicht gesetzlich geregelt ist, durch die Satzung bestimmt werden. 2 Ist sie weder gesetzlich noch durch die Satzung geregelt, so ist der Aufsichtsrat nur beschlußfähig, wenn mindestens die Hälfte der Mitglieder, aus denen er nach Gesetz oder Satzung insgesamt zu bestehen hat, an der Beschlußfassung teilnimmt. 3 In jedem Fall müssen mindestens drei Mitglieder an der Beschlußfassung teilnehmen. 4 Der Beschlußfähigkeit steht nicht entgegen, daß dem Aufsichtsrat weniger Mitglieder als die durch Gesetz oder Satzung festgesetzte Zahl angehören, auch wenn das für seine Zusammensetzung maßgebende zahlenmäßige Verhältnis nicht gewahrt ist.

(3) 1 Abwesende Aufsichtsratsmitglieder können dadurch an der Beschlußfassung des Aufsichtsrats und seiner Ausschüsse teilnehmen, daß sie schriftliche Stimmabgaben überreichen lassen. 2 Die schriftlichen Stimmabgaben können durch andere Aufsichtsratsmitglieder überreicht werden. 3 Sie können auch durch Personen, die nicht dem Aufsichtsrat angehören, übergeben werden, wenn diese nach § 109 Abs. 3 zur Teilnahme an der Sitzung berechtigt sind.

(4) Schriftliche, fernmündliche oder andere vergleichbare Formen der Beschlussfassung des Aufsichtsrats und seiner Ausschüsse sind vorbehaltlich einer näheren Regelung durch die Satzung oder eine Geschäftsordnung des Aufsichtsrats nur zulässig, wenn kein Mitglied diesem Verfahren widerspricht.

---

1) Nr. 5.

§ 109 Teilnahme an Sitzungen des Aufsichtsrats und seiner Ausschüsse. (1) [1] An den Sitzungen des Aufsichtsrats und seiner Ausschüsse sollen Personen, die weder dem Aufsichtsrat noch dem Vorstand angehören, nicht teilnehmen. [2] Sachverständige und Auskunftspersonen können zur Beratung über einzelne Gegenstände zugezogen werden.

(2) Aufsichtsratsmitglieder, die dem Ausschuß nicht angehören, können an den Ausschußsitzungen teilnehmen, wenn der Vorsitzende des Aufsichtsrats nichts anderes bestimmt.

(3) Die Satzung kann zulassen, daß an den Sitzungen des Aufsichtsrats und seiner Ausschüsse Personen, die dem Aufsichtsrat nicht angehören, an Stelle von verhinderten Aufsichtsratsmitgliedern teilnehmen können, wenn diese sie hierzu in Textform ermächtigt haben.

(4) Abweichende gesetzliche Vorschriften bleiben unberührt.

§ 110 Einberufung des Aufsichtsrats. (1) [1] Jedes Aufsichtsratsmitglied oder der Vorstand kann unter Angabe des Zwecks und der Gründe verlangen, daß der Vorsitzende des Aufsichtsrats unverzüglich den Aufsichtsrat einberuft. [2] Die Sitzung muß binnen zwei Wochen nach der Einberufung stattfinden.

(2) Wird dem Verlangen nicht entsprochen, so kann das Aufsichtsratsmitglied oder der Vorstand unter Mitteilung des Sachverhalts und der Angabe einer Tagesordnung selbst den Aufsichtsrat einberufen.

(3) [1] Der Aufsichtsrat muss zwei Sitzungen im Kalenderhalbjahr abhalten. [2] In nichtbörsennotierten Gesellschaften kann der Aufsichtsrat beschließen, dass eine Sitzung im Kalenderhalbjahr abzuhalten ist.

§ 111 Aufgaben und Rechte des Aufsichtsrats. (1) Der Aufsichtsrat hat die Geschäftsführung zu überwachen.

(2) [1] Der Aufsichtsrat kann die Bücher und Schriften der Gesellschaft sowie die Vermögensgegenstände, namentlich die Gesellschaftskasse und die Bestände an Wertpapieren und Waren, einsehen und prüfen. [2] Er kann damit auch einzelne Mitglieder oder für bestimmte Aufgaben besondere Sachverständige beauftragen. [3] Er erteilt dem Abschlußprüfer den Prüfungsauftrag für den Jahres- und den Konzernabschluß gemäß § 290 des Handelsgesetzbuchs[1)]. [4] Er kann darüber hinaus eine externe inhaltliche Überprüfung der nichtfinanziellen Erklärung oder des gesonderten nichtfinanziellen Berichts (§ 289b des Handelsgesetzbuchs[1)]), der nichtfinanziellen Konzernerklärung oder des gesonderten nichtfinanziellen Konzernberichts (§ 315b des Handelsgesetzbuchs) beauftragen.

(3) [1] Der Aufsichtsrat hat eine Hauptversammlung einzuberufen, wenn das Wohl der Gesellschaft es fordert. [2] Für den Beschluß genügt die einfache Mehrheit.

(4) [1] Maßnahmen der Geschäftsführung können dem Aufsichtsrat nicht übertragen werden. [2] Die Satzung oder der Aufsichtsrat hat jedoch zu bestimmen, daß bestimmte Arten von Geschäften nur mit seiner Zustimmung vorgenommen werden dürfen. [3] Verweigert der Aufsichtsrat seine Zustimmung, so kann der Vorstand verlangen, daß die Hauptversammlung über die Zustimmung beschließt. [4] Der Beschluß, durch den die Hauptversammlung zustimmt, bedarf

---

[1)] Nr. 5.

einer Mehrheit, die mindestens drei Viertel der abgegebenen Stimmen umfaßt. [5]Die Satzung kann weder eine andere Mehrheit noch weitere Erfordernisse bestimmen.

(5) [1]Der Aufsichtsrat von Gesellschaften, die börsennotiert sind oder der Mitbestimmung unterliegen, legt für den Frauenanteil im Aufsichtsrat und im Vorstand Zielgrößen fest. [2]Liegt der Frauenanteil bei Festlegung der Zielgrößen unter 30 Prozent, so dürfen die Zielgrößen den jeweils erreichten Anteil nicht mehr unterschreiten. [3]Gleichzeitig sind Fristen zur Erreichung der Zielgrößen festzulegen. [4]Die Fristen dürfen jeweils nicht länger als fünf Jahre sein. [5]Soweit für den Aufsichtsrat bereits eine Quote nach § 96 Absatz 2 gilt, sind die Festlegungen nur für den Vorstand vorzunehmen.

(6) Die Aufsichtsratsmitglieder können ihre Aufgaben nicht durch andere wahrnehmen lassen.

§ 111a Geschäfte mit nahestehenden Personen. (1) [1]Geschäfte mit nahestehenden Personen sind Rechtsgeschäfte oder Maßnahmen,

1. durch die ein Gegenstand oder ein anderer Vermögenswert entgeltlich oder unentgeltlich übertragen oder zur Nutzung überlassen wird und
2. die mit nahestehenden Personen gemäß Satz 2 getätigt werden.

[2]Nahestehende Personen sind nahestehende Unternehmen oder Personen im Sinne der internationalen Rechnungslegungsstandards, die durch die Verordnung (EG) Nr. 1126/2008 der Kommission vom 3. November 2008 zur Übernahme bestimmter internationaler Rechnungslegungsstandards gemäß der Verordnung (EG) Nr. 1606/2002 des Europäischen Parlaments und des Rates (ABl. L 320 vom 29.11.2008, S. 1; L 29 vom 2.2.2010, S. 34), die zuletzt durch die Verordnung (EU) 2019/412 (ABl. L 73 vom 15.3.2019, S. 93) geändert worden ist, in der jeweils geltenden Fassung übernommen wurden. [3]Ein Unterlassen ist kein Geschäft im Sinne des Satzes 1.

(2) [1]Geschäfte, die im ordentlichen Geschäftsgang und zu marktüblichen Bedingungen mit nahestehenden Personen getätigt werden, gelten nicht als Geschäfte mit nahestehenden Personen im Sinne der §§ 107 und 111a bis 111c. [2]Um regelmäßig zu bewerten, ob die Voraussetzungen nach Satz 1 vorliegen, richtet die börsennotierte Gesellschaft ein internes Verfahren ein, von dem die an dem Geschäft beteiligten nahestehenden Personen ausgeschlossen sind. [3]Die Satzung kann jedoch bestimmen, dass Satz 1 nicht anzuwenden ist.

(3) Nicht als Geschäfte mit nahestehenden Personen im Sinne der §§ 107 und 111a bis 111c gelten ferner

1. Geschäfte mit Tochterunternehmen im Sinne der internationalen Rechnungslegungsstandards, die durch die Verordnung (EG) Nr. 1126/2008 übernommen wurden, die unmittelbar oder mittelbar in 100-prozentigem Anteilsbesitz der Gesellschaft stehen oder an denen keine andere der Gesellschaft nahestehende Person beteiligt ist oder die ihren Sitz in einem Mitgliedstaat der Europäischen Union haben und deren Aktien zum Handel an einem in einem Mitgliedstaat gelegenen oder dort betriebenen geregelten Markt im Sinne des Artikels 4 Absatz 1 Nummer 21 der Richtlinie 2014/65/EU des Europäischen Parlaments und des Rates vom 15. Mai 2014 über Märkte für Finanzinstrumente sowie zur Änderung der Richtlinien 2002/92/EG und 2011/61/EU (ABl. L 173 vom 12.6.2014, S. 349; L 74 vom 18.3.2015, S. 38; L 188 vom 13.7.2016, S. 28; L 273 vom 8.10.2016, S. 35; L 64 vom 10.3.

2017, S. 116; L 278 vom 27.10.2017, S. 56), die zuletzt durch die Richtlinie (EU) 2016/1034 (ABl. L 175 vom 30.6.2016, S. 8) geändert worden ist, zugelassen sind;

2. Geschäfte, die einer Zustimmung oder Ermächtigung der Hauptversammlung bedürfen;
3. alle in Umsetzung der Hauptversammlungszustimmung oder -ermächtigung vorgenommenen Geschäfte und Maßnahmen, insbesondere
   a) Maßnahmen der Kapitalbeschaffung oder Kapitalherabsetzung (§§ 182 bis 240), Unternehmensverträge (§§ 291 bis 307) und Geschäfte auf Grundlage eines solchen Vertrages,
   b) die Übertragung des ganzen Gesellschaftsvermögens gemäß § 179a,
   c) der Erwerb eigener Aktien nach § 71 Absatz 1 Nummer 7 und 8 Satzteil vor Satz 2,
   d) Verträge der Gesellschaft mit Gründern im Sinne des § 52 Absatz 1 Satz 1,
   e) der Ausschluss von Minderheitsaktionären nach den §§ 327a bis 327f sowie
   f) Geschäfte im Rahmen einer Umwandlung im Sinne des Umwandlungsgesetzes;
4. Geschäfte, die die Vergütung betreffen, die den Mitgliedern des Vorstands oder Aufsichtsrats im Einklang mit § 113 Absatz 3 oder § 87a Absatz 2 gewährt oder geschuldet wird;
5. Geschäfte von Kreditinstituten, die zur Sicherung ihrer Stabilität durch die zuständige Behörde angeordnet oder gebilligt wurden;
6. Geschäfte, die allen Aktionären unter den gleichen Bedingungen angeboten werden.

§ 111b Zustimmungsvorbehalt des Aufsichtsrats bei Geschäften mit nahestehenden Personen. (1) Ein Geschäft der börsennotierten Gesellschaft mit nahestehenden Personen, dessen wirtschaftlicher Wert allein oder zusammen mit den innerhalb des laufenden Geschäftsjahres vor Abschluss des Geschäfts mit derselben Person getätigten Geschäften 1,5 Prozent der Summe aus dem Anlage- und Umlaufvermögen der Gesellschaft gemäß § 266 Absatz 2 Buchstabe A und B des Handelsgesetzbuchs[1] nach Maßgabe des zuletzt festgestellten Jahresabschlusses übersteigt, bedarf der vorherigen Zustimmung des Aufsichtsrats oder eines gemäß § 107 Absatz 3 Satz 4 bis 6 bestellten Ausschusses.

(2) Bei der Beschlussfassung des Aufsichtsrats nach Absatz 1 können diejenigen Mitglieder des Aufsichtsrats ihr Stimmrecht nicht ausüben, die an dem Geschäft als nahestehende Personen beteiligt sind oder bei denen die Besorgnis eines Interessenkonfliktes auf Grund ihrer Beziehungen zu der nahestehenden Person besteht.

(3) Ist die Gesellschaft Mutterunternehmen (§ 290 Absatz 1 und 2 des Handelsgesetzbuchs[1]) und nicht gemäß § 290 Absatz 5 oder den §§ 291 bis 293 des Handelsgesetzbuchs[1] von der Konzernrechnungslegungspflicht befreit, so tritt an die Stelle der Summe des Anlage- und Umlaufvermögens der Gesellschaft die Summe aus dem Anlage- und Umlaufvermögen des Konzerns gemäß

---

[1] Nr. **5**.

§ 298 Absatz 1 in Verbindung mit § 266 Absatz 2 Buchstabe A und B des Handelsgesetzbuchs[1] nach Maßgabe des zuletzt gebilligten Konzernabschlusses oder in den Fällen des § 315e des Handelsgesetzbuchs[1] die Summe aus den entsprechenden Vermögenswerten des Konzernabschlusses nach den internationalen Rechnungslegungsstandards.

(4) [1] Verweigert der Aufsichtsrat seine Zustimmung, so kann der Vorstand verlangen, dass die Hauptversammlung über die Zustimmung beschließt. [2] Die an dem Geschäft beteiligten nahestehenden Personen dürfen ihr Stimmrecht bei der Beschlussfassung der Hauptversammlung weder für sich noch für einen anderen ausüben.

§ 111c Veröffentlichung von Geschäften mit nahestehenden Personen. (1) [1] Die börsennotierte Gesellschaft hat Angaben zu solchen Geschäften mit nahestehenden Personen, die gemäß § 111b Absatz 1 der Zustimmung bedürfen, unverzüglich gemäß Absatz 2 zu veröffentlichen. [2] Ist die Zustimmungsbedürftigkeit eines Geschäfts nach § 111b Absatz 1 durch Zusammenrechnung mehrerer Geschäfte ausgelöst worden, so sind auch diese Geschäfte zu veröffentlichen.

(2) [1] Die Veröffentlichung hat in einer Art und Weise zu erfolgen, die der Öffentlichkeit einen leichten Zugang zu den Angaben ermöglicht. [2] Die Veröffentlichung hat entsprechend den Regelungen in § 3a Absatz 1 bis 4 der Wertpapierhandelsanzeigeverordnung vom 13. Dezember 2004 (BGBl. I S. 3376), die zuletzt durch Artikel 1 der Verordnung vom 19. Oktober 2018 (BGBl. I S. 1758) geändert worden ist, zu erfolgen. [3] Die Veröffentlichung muss alle wesentlichen Informationen enthalten, die erforderlich sind, um zu bewerten, ob das Geschäft aus Sicht der Gesellschaft und der Aktionäre, die keine nahestehenden Personen sind, angemessen ist. [4] Dies umfasst mindestens Informationen zur Art des Verhältnisses zu den nahestehenden Personen, die Namen der nahestehenden Personen sowie das Datum und den Wert des Geschäfts. [5] Die Angaben sind zudem auf der Internetseite der Gesellschaft für einen Zeitraum von mindestens fünf Jahren öffentlich zugänglich zu machen.

(3) [1] Handelt es sich bei dem Geschäft mit einer nahestehenden Person um eine Insiderinformation gemäß Artikel 17 der Verordnung (EU) Nr. 596/2014 des Europäischen Parlaments und des Rates vom 16. April 2014 über Marktmissbrauch (Marktmissbrauchsverordnung) und zur Aufhebung der Richtlinie 2003/6/EG des Europäischen Parlaments und des Rates und der Richtlinien 2003/124/EG, 2003/125/EG und 2004/72/EG der Kommission (ABl. L 173 vom 12.6.2014, S. 1; L 287 vom 21.10.2016, S. 320; L 348 vom 21.12.2016, S. 83), die zuletzt durch die Verordnung (EU) 2016/1033 (ABl. L 175 vom 30.6.2016, S. 1) geändert worden ist, sind die nach Absatz 2 erforderlichen Angaben in die Mitteilung gemäß Artikel 17 der Verordnung (EU) Nr. 596/2014 aufzunehmen. [2] In diesem Fall entfällt die Verpflichtung nach Absatz 1. [3] Artikel 17 Absatz 4 und 5 der Verordnung (EU) Nr. 596/2014 gilt sinngemäß.

(4) Ist die Gesellschaft Mutterunternehmen im Sinne der internationalen Rechnungslegungsstandards, die durch die Verordnung (EG) Nr. 1126/2008 übernommen wurden, gelten Absatz 1 Satz 1 sowie die Absätze 2 und 3 entsprechend für ein Geschäft eines Tochterunternehmens mit der Gesellschaft nahestehenden Personen, sofern dieses Geschäft, wenn es von der Gesellschaft

---

[1] Nr. **5**.

vorgenommen worden wäre, nach § 111b Absatz 1 und 3 einer Zustimmung bedürfte.

§ 112 Vertretung der Gesellschaft gegenüber Vorstandsmitgliedern. [1] Vorstandsmitgliedern gegenüber vertritt der Aufsichtsrat die Gesellschaft gerichtlich und außergerichtlich. [2] § 78 Abs. 2 Satz 2 gilt entsprechend.

§ 113 Vergütung der Aufsichtsratsmitglieder. (1) [1] Den Aufsichtsratsmitgliedern kann für ihre Tätigkeit eine Vergütung gewährt werden. [2] Sie kann in der Satzung festgesetzt oder von der Hauptversammlung bewilligt werden. [3] Sie soll in einem angemessenen Verhältnis zu den Aufgaben der Aufsichtsratsmitglieder und zur Lage der Gesellschaft stehen.

(2) [1] Den Mitgliedern des ersten Aufsichtsrats kann nur die Hauptversammlung eine Vergütung für ihre Tätigkeit bewilligen. [2] Der Beschluß kann erst in der Hauptversammlung gefaßt werden, die über die Entlastung der Mitglieder des ersten Aufsichtsrats beschließt.

(3) [1] Bei börsennotierten Gesellschaften ist mindestens alle vier Jahre über die Vergütung der Aufsichtsratsmitglieder Beschluss zu fassen. [2] Ein die Vergütung bestätigender Beschluss ist zulässig; im Übrigen gilt Absatz 1 Satz 2. [3] In dem Beschluss sind die nach § 87a Absatz 1 Satz 2 erforderlichen Angaben sinngemäß und in klarer und verständlicher Form zu machen oder in Bezug zu nehmen. [4] Die Angaben können in der Satzung unterbleiben, wenn die Vergütung in der Satzung festgesetzt wird. [5] Der Beschluss ist wegen eines Verstoßes gegen Satz 3 nicht anfechtbar. [6] § 120a Absatz 2 und 3 ist sinngemäß anzuwenden.

§ 114 Verträge mit Aufsichtsratsmitgliedern. (1) Verpflichtet sich ein Aufsichtsratsmitglied außerhalb seiner Tätigkeit im Aufsichtsrat durch einen Dienstvertrag, durch den ein Arbeitsverhältnis nicht begründet wird, oder durch einen Werkvertrag gegenüber der Gesellschaft zu einer Tätigkeit höherer Art, so hängt die Wirksamkeit des Vertrags von der Zustimmung des Aufsichtsrats ab.

(2) [1] Gewährt die Gesellschaft auf Grund eines solchen Vertrags dem Aufsichtsratsmitglied eine Vergütung, ohne daß der Aufsichtsrat dem Vertrag zugestimmt hat, so hat das Aufsichtsratsmitglied die Vergütung zurückzugewähren, es sei denn, daß der Aufsichtsrat den Vertrag genehmigt. [2] Ein Anspruch des Aufsichtsratsmitglieds gegen die Gesellschaft auf Herausgabe der durch die geleistete Tätigkeit erlangten Bereicherung bleibt unberührt; der Anspruch kann jedoch nicht gegen den Rückgewähranspruch aufgerechnet werden.

§ 115 Kreditgewährung an Aufsichtsratsmitglieder. (1) [1] Die Gesellschaft darf ihren Aufsichtsratsmitgliedern Kredit nur mit Einwilligung des Aufsichtsrats gewähren. [2] Eine herrschende Gesellschaft darf Kredite an Aufsichtsratsmitglieder eines abhängigen Unternehmens nur mit Einwilligung ihres Aufsichtsrats, eine abhängige Gesellschaft darf Kredite an Aufsichtsratsmitglieder des herrschenden Unternehmens nur mit Einwilligung des Aufsichtsrats des herrschenden Unternehmens gewähren. [3] Die Einwilligung kann nur für bestimmte Kreditgeschäfte oder Arten von Kreditgeschäften und nicht für länger als drei Monate im voraus erteilt werden. [4] Der Beschluß über die Einwilligung hat die Verzinsung und Rückzahlung des Kredits zu regeln. [5] Betreibt das Aufsichtsratsmitglied ein Handelsgewerbe als Einzelkaufmann, so ist die Einwilligung nicht erforderlich, wenn der Kredit für die Bezahlung von Waren gewährt wird, welche die Gesellschaft seinem Handelsgeschäft liefert.

(2) Absatz 1 gilt auch für Kredite an den Ehegatten, Lebenspartner oder an ein minderjähriges Kind eines Aufsichtsratsmitglieds und für Kredite an einen Dritten, der für Rechnung dieser Personen oder für Rechnung eines Aufsichtsratsmitglieds handelt.

(3) [1] Ist ein Aufsichtsratsmitglied zugleich gesetzlicher Vertreter einer anderen juristischen Person oder Gesellschafter einer Personenhandelsgesellschaft, so darf die Gesellschaft der juristischen Person oder der Personenhandelsgesellschaft Kredit nur mit Einwilligung des Aufsichtsrats gewähren; Absatz 1 Satz 3 und 4 gilt sinngemäß. [2] Dies gilt nicht, wenn die juristische Person oder die Personenhandelsgesellschaft mit der Gesellschaft verbunden ist oder wenn der Kredit für die Bezahlung von Waren gewährt wird, welche die Gesellschaft der juristischen Person oder der Personenhandelsgesellschaft liefert.

(4) Wird entgegen den Absätzen 1 bis 3 Kredit gewährt, so ist der Kredit ohne Rücksicht auf entgegenstehende Vereinbarungen sofort zurückzugewähren, wenn nicht der Aufsichtsrat nachträglich zustimmt.

(5) Ist die Gesellschaft ein Kreditinstitut oder Finanzdienstleistungsinstitut, auf das § 15 des Gesetzes über das Kreditwesen anzuwenden ist, gelten anstelle der Absätze 1 bis 4 die Vorschriften des Gesetzes über das Kreditwesen.

§ 116 Sorgfaltspflicht und Verantwortlichkeit der Aufsichtsratsmitglieder. [1] Für die Sorgfaltspflicht und Verantwortlichkeit der Aufsichtsratsmitglieder gilt § 93 mit Ausnahme des Absatzes 2 Satz 3 über die Sorgfaltspflicht und Verantwortlichkeit der Vorstandsmitglieder sinngemäß. [2] Die Aufsichtsratsmitglieder sind insbesondere zur Verschwiegenheit über erhaltene vertrauliche Berichte und vertrauliche Beratungen verpflichtet. [3] Sie sind namentlich zum Ersatz verpflichtet, wenn sie eine unangemessene Vergütung festsetzen (§ 87 Absatz 1).

Dritter Abschnitt. Benutzung des Einflusses auf die Gesellschaft

§ 117 Schadenersatzpflicht. (1) [1] Wer vorsätzlich unter Benutzung seines Einflusses auf die Gesellschaft ein Mitglied des Vorstands oder des Aufsichtsrats, einen Prokuristen oder einen Handlungsbevollmächtigten dazu bestimmt, zum Schaden der Gesellschaft oder ihrer Aktionäre zu handeln, ist der Gesellschaft zum Ersatz des ihr daraus entstehenden Schadens verpflichtet. [2] Er ist auch den Aktionären zum Ersatz des ihnen daraus entstehenden Schadens verpflichtet, soweit sie, abgesehen von einem Schaden, der ihnen durch Schädigung der Gesellschaft zugefügt worden ist, geschädigt worden sind.

(2) [1] Neben ihm haften als Gesamtschuldner die Mitglieder des Vorstands und des Aufsichtsrats, wenn sie unter Verletzung ihrer Pflichten gehandelt haben. [2] Ist streitig, ob sie die Sorgfalt eines ordentlichen und gewissenhaften Geschäftsleiters angewandt haben, so trifft sie die Beweislast. [3] Der Gesellschaft und auch den Aktionären gegenüber tritt die Ersatzpflicht der Mitglieder des Vorstands und des Aufsichtsrats nicht ein, wenn die Handlung auf einem gesetzmäßigen Beschluß der Hauptversammlung beruht. [4] Dadurch, daß der Aufsichtsrat die Handlung gebilligt hat, wird die Ersatzpflicht nicht ausgeschlossen.

(3) Neben ihm haftet ferner als Gesamtschuldner, wer durch die schädigende Handlung einen Vorteil erlangt hat, sofern er die Beeinflussung vorsätzlich veranlaßt hat.

(4) Für die Aufhebung der Ersatzpflicht gegenüber der Gesellschaft gilt sinngemäß § 93 Abs. 4 Satz 3 und 4.

(5) [1] Der Ersatzanspruch der Gesellschaft kann auch von den Gläubigern der Gesellschaft geltend gemacht werden, soweit sie von dieser keine Befriedigung erlangen können. [2] Den Gläubigern gegenüber wird die Ersatzpflicht weder durch einen Verzicht oder Vergleich der Gesellschaft noch dadurch aufgehoben, daß die Handlung auf einem Beschluß der Hauptversammlung beruht. [3] Ist über das Vermögen der Gesellschaft das Insolvenzverfahren eröffnet, so übt während dessen Dauer der Insolvenzverwalter oder der Sachwalter das Recht der Gläubiger aus.

(6) Die Ansprüche aus diesen Vorschriften verjähren in fünf Jahren.

(7) Diese Vorschriften gelten nicht, wenn das Mitglied des Vorstands oder des Aufsichtsrats, der Prokurist oder der Handlungsbevollmächtigte durch Ausübung

1. der Leitungsmacht auf Grund eines Beherrschungsvertrags oder
2. der Leitungsmacht einer Hauptgesellschaft (§ 319), in die die Gesellschaft eingegliedert ist,

zu der schädigenden Handlung bestimmt worden ist.

Vierter Abschnitt. Hauptversammlung

Erster Unterabschnitt. Rechte der Hauptversammlung

§ 118 Allgemeines. (1) [1] Die Aktionäre üben ihre Rechte in den Angelegenheiten der Gesellschaft in der Hauptversammlung aus, soweit das Gesetz nichts anderes bestimmt. [2] Die Satzung kann vorsehen oder den Vorstand dazu ermächtigen vorzusehen, dass die Aktionäre an der Hauptversammlung auch ohne Anwesenheit an deren Ort und ohne einen Bevollmächtigten teilnehmen und sämtliche oder einzelne ihrer Rechte ganz oder teilweise im Wege elektronischer Kommunikation ausüben können. [3] Bei elektronischer Ausübung des Stimmrechts ist dem Abgebenden der Zugang der elektronisch abgegebenen Stimme nach den Anforderungen gemäß Artikel 7 Absatz 1 und Artikel 9 Absatz 5 Unterabsatz 1 der Durchführungsverordnung (EU) 2018/1212 von der Gesellschaft elektronisch zu bestätigen. [4] Sofern die Bestätigung einem Intermediär erteilt wird, hat dieser die Bestätigung unverzüglich dem Aktionär zu übermitteln. [5] § 67a Absatz 2 Satz 1 und Absatz 3 gilt entsprechend.

(2) [1] Die Satzung kann vorsehen oder den Vorstand dazu ermächtigen vorzusehen, dass Aktionäre ihre Stimmen, auch ohne an der Versammlung teilzunehmen, schriftlich oder im Wege elektronischer Kommunikation abgeben dürfen (Briefwahl). [2] Absatz 1 Satz 3 bis 5 gilt entsprechend.

(3) [1] Die Mitglieder des Vorstands und des Aufsichtsrats sollen an der Hauptversammlung teilnehmen. [2] Die Satzung kann jedoch bestimmte Fälle vorsehen, in denen die Teilnahme von Mitgliedern des Aufsichtsrats im Wege der Bild- und Tonübertragung erfolgen darf.

(4) Die Satzung oder die Geschäftsordnung gemäß § 129 Abs. 1 kann vorsehen oder den Vorstand oder den Versammlungsleiter dazu ermächtigen vorzusehen, die Bild- und Tonübertragung der Versammlung zuzulassen.

§ 119 Rechte der Hauptversammlung. (1) Die Hauptversammlung beschließt in den im Gesetz und in der Satzung ausdrücklich bestimmten Fällen, namentlich über

1. die Bestellung der Mitglieder des Aufsichtsrats, soweit sie nicht in den Aufsichtsrat zu entsenden oder als Aufsichtsratsmitglieder der Arbeitnehmer nach dem Mitbestimmungsgesetz[1)], dem Mitbestimmungsergänzungsgesetz[2)], dem Drittelbeteiligungsgesetz[3)] oder dem Gesetz über die Mitbestimmung der Arbeitnehmer bei einer grenzüberschreitenden Verschmelzung zu wählen sind;
2. die Verwendung des Bilanzgewinns;
3. das Vergütungssystem und den Vergütungsbericht für Mitglieder des Vorstands und des Aufsichtsrats der börsennotierten Gesellschaft;
4. die Entlastung der Mitglieder des Vorstands und des Aufsichtsrats;
5. die Bestellung des Abschlußprüfers;
6. Satzungsänderungen;
7. Maßnahmen der Kapitalbeschaffung und der Kapitalherabsetzung;
8. die Bestellung von Prüfern zur Prüfung von Vorgängen bei der Gründung oder der Geschäftsführung;
9. die Auflösung der Gesellschaft.

(2) Über Fragen der Geschäftsführung kann die Hauptversammlung nur entscheiden, wenn der Vorstand es verlangt.

§ 120 Entlastung. (1) [1]Die Hauptversammlung beschließt alljährlich in den ersten acht Monaten des Geschäftsjahrs über die Entlastung der Mitglieder des Vorstands und über die Entlastung der Mitglieder des Aufsichtsrats. [2]Über die Entlastung eines einzelnen Mitglieds ist gesondert abzustimmen, wenn die Hauptversammlung es beschließt oder eine Minderheit es verlangt, deren Anteile zusammen den zehnten Teil des Grundkapitals oder den anteiligen Betrag von einer Million Euro erreichen.

(2) [1]Durch die Entlastung billigt die Hauptversammlung die Verwaltung der Gesellschaft durch die Mitglieder des Vorstands und des Aufsichtsrats. [2]Die Entlastung enthält keinen Verzicht auf Ersatzansprüche.

(3) Die Verhandlung über die Entlastung soll mit der Verhandlung über die Verwendung des Bilanzgewinns verbunden werden.

§ 120a Votum zum Vergütungssystem und zum Vergütungsbericht.

(1) [1]Die Hauptversammlung der börsennotierten Gesellschaft beschließt über die Billigung des vom Aufsichtsrat vorgelegten Vergütungssystems für die Vorstandsmitglieder bei jeder wesentlichen Änderung des Vergütungssystems, mindestens jedoch alle vier Jahre. [2]Der Beschluss begründet weder Rechte noch Pflichten. [3]Er ist nicht nach § 243 anfechtbar. [4]Ein das Vergütungssystem bestätigender Beschluss ist zulässig.

(2) Beschluss und Vergütungssystem sind unverzüglich auf der Internetseite der Gesellschaft zu veröffentlichen und für die Dauer der Gültigkeit des Ver-

---

1) Nr. **13**.
2) Nr. **15**.
3) Nr. **16**.

gütungssystems, mindestens jedoch für zehn Jahre, kostenfrei öffentlich zugänglich zu halten.

(3) Hat die Hauptversammlung das Vergütungssystem nicht gebilligt, so ist spätestens in der darauf folgenden ordentlichen Hauptversammlung ein überprüftes Vergütungssystem zum Beschluss vorzulegen.

(4) [1] Die Hauptversammlung der börsennotierten Gesellschaft beschließt über die Billigung des nach § 162 erstellten und geprüften Vergütungsberichts für das vorausgegangene Geschäftsjahr. [2] Absatz 1 Satz 2 und 3 ist anzuwenden.

(5) Bei börsennotierten kleinen und mittelgroßen Gesellschaften im Sinne des § 267 Absatz 1 und 2 des Handelsgesetzbuchs[1)] bedarf es keiner Beschlussfassung nach Absatz 4, wenn der Vergütungsbericht des letzten Geschäftsjahres als eigener Tagesordnungspunkt in der Hauptversammlung zur Erörterung vorgelegt wird.

Zweiter Unterabschnitt. Einberufung der Hauptversammlung

§ 121 Allgemeines. (1) Die Hauptversammlung ist in den durch Gesetz oder Satzung bestimmten Fällen sowie dann einzuberufen, wenn das Wohl der Gesellschaft es fordert.

(2) [1] Die Hauptversammlung wird durch den Vorstand einberufen, der darüber mit einfacher Mehrheit beschließt. [2] Personen, die in das Handelsregister als Vorstand eingetragen sind, gelten als befugt. [3] Das auf Gesetz oder Satzung beruhende Recht anderer Personen, die Hauptversammlung einzuberufen, bleibt unberührt.

(3) [1] Die Einberufung muss die Firma, den Sitz der Gesellschaft sowie Zeit und Ort der Hauptversammlung enthalten. [2] Zudem ist die Tagesordnung anzugeben. [3] Bei börsennotierten Gesellschaften hat der Vorstand oder, wenn der Aufsichtsrat die Versammlung einberuft, der Aufsichtsrat in der Einberufung ferner anzugeben:

1. die Voraussetzungen für die Teilnahme an der Versammlung und die Ausübung des Stimmrechts sowie gegebenenfalls den Nachweisstichtag nach § 123 Absatz 4 Satz 2 und dessen Bedeutung;
2. das Verfahren für die Stimmabgabe
   a) durch einen Bevollmächtigten unter Hinweis auf die Formulare, die für die Erteilung einer Stimmrechtsvollmacht zu verwenden sind, und auf die Art und Weise, wie der Gesellschaft ein Nachweis über die Bestellung eines Bevollmächtigten elektronisch übermittelt werden kann sowie
   b) durch Briefwahl oder im Wege der elektronischen Kommunikation gemäß § 118 Abs. 1 Satz 2, soweit die Satzung eine entsprechende Form der Stimmrechtsausübung vorsieht;
3. die Rechte der Aktionäre nach § 122 Abs. 2, § 126 Abs. 1, den §§ 127, 131 Abs. 1; die Angaben können sich auf die Fristen für die Ausübung der Rechte beschränken, wenn in der Einberufung im Übrigen auf weitergehende Erläuterungen auf der Internetseite der Gesellschaft hingewiesen wird;
4. die Internetseite der Gesellschaft, über die die Informationen nach § 124a zugänglich sind.

[1)] Nr. 5.

(4) [1] Die Einberufung ist in den Gesellschaftsblättern bekannt zu machen. [2] Sind die Aktionäre der Gesellschaft namentlich bekannt, so kann die Hauptversammlung mit eingeschriebenem Brief einberufen werden, wenn die Satzung nichts anderes bestimmt; der Tag der Absendung gilt als Tag der Bekanntmachung. [3] Die Mitteilung an die im Aktienregister Eingetragenen genügt.

(4a) Bei börsennotierten Gesellschaften, die nicht ausschließlich Namensaktien ausgegeben haben oder welche die Einberufung den Aktionären nicht unmittelbar nach Absatz 4 Satz 2 übersenden, ist die Einberufung spätestens zum Zeitpunkt der Bekanntmachung solchen Medien zur Veröffentlichung zuzuleiten, bei denen davon ausgegangen werden kann, dass sie die Information in der gesamten Europäischen Union verbreiten.

(5) [1] Wenn die Satzung nichts anderes bestimmt, soll die Hauptversammlung am Sitz der Gesellschaft stattfinden. [2] Sind die Aktien der Gesellschaft an einer deutschen Börse zum Handel im regulierten Markt zugelassen, so kann, wenn die Satzung nichts anderes bestimmt, die Hauptversammlung auch am Sitz der Börse stattfinden.

(6) Sind alle Aktionäre erschienen oder vertreten, kann die Hauptversammlung Beschlüsse ohne Einhaltung der Bestimmungen dieses Unterabschnitts fassen, soweit kein Aktionär der Beschlußfassung widerspricht.

(7) [1] Bei Fristen und Terminen, die von der Versammlung zurückberechnet werden, ist der Tag der Versammlung nicht mitzurechnen. [2] Eine Verlegung von einem Sonntag, einem Sonnabend oder einem Feiertag auf einen zeitlich vorausgehenden oder nachfolgenden Werktag kommt nicht in Betracht. [3] Die §§ 187 bis 193 des Bürgerlichen Gesetzbuchs sind nicht entsprechend anzuwenden. [4] Bei nichtbörsennotierten Gesellschaften kann die Satzung eine andere Berechnung der Frist bestimmen.

§ 122 Einberufung auf Verlangen einer Minderheit. (1) [1] Die Hauptversammlung ist einzuberufen, wenn Aktionäre, deren Anteile zusammen den zwanzigsten Teil des Grundkapitals erreichen, die Einberufung schriftlich unter Angabe des Zwecks und der Gründe verlangen; das Verlangen ist an den Vorstand zu richten. [2] Die Satzung kann das Recht, die Einberufung der Hauptversammlung zu verlangen, an eine andere Form und an den Besitz eines geringeren Anteils am Grundkapital knüpfen. [3] Die Antragsteller haben nachzuweisen, dass sie seit mindestens 90 Tagen vor dem Tag des Zugangs des Verlangens Inhaber der Aktien sind und dass sie die Aktien bis zur Entscheidung des Vorstands über den Antrag halten. [4] § 121 Absatz 7 ist entsprechend anzuwenden.

(2) [1] In gleicher Weise können Aktionäre, deren Anteile zusammen den zwanzigsten Teil des Grundkapitals oder den anteiligen Betrag von 500 000 Euro erreichen, verlangen, daß Gegenstände auf die Tagesordnung gesetzt und bekanntgemacht werden. [2] Jedem neuen Gegenstand muss eine Begründung oder eine Beschlussvorlage beiliegen. [3] Das Verlangen im Sinne des Satzes 1 muss der Gesellschaft mindestens 24 Tage, bei börsennotierten Gesellschaften mindestens 30 Tage vor der Versammlung zugehen; der Tag des Zugangs ist nicht mitzurechnen.

(3) [1] Wird dem Verlangen nicht entsprochen, so kann das Gericht die Aktionäre, die das Verlangen gestellt haben, ermächtigen, die Hauptversammlung einzuberufen oder den Gegenstand bekanntzumachen. [2] Zugleich kann das Gericht den Vorsitzenden der Versammlung bestimmen. [3] Auf die Ermächti-

gung muß bei der Einberufung oder Bekanntmachung hingewiesen werden. [4]Gegen die Entscheidung ist die Beschwerde zulässig. [5]Die Antragsteller haben nachzuweisen, dass sie die Aktien bis zur Entscheidung des Gerichts halten.

(4) Die Gesellschaft trägt die Kosten der Hauptversammlung und im Fall des Absatzes 3 auch die Gerichtskosten, wenn das Gericht dem Antrag stattgegeben hat.

§ 123 Frist, Anmeldung zur Hauptversammlung, Nachweis. (1) [1]Die Hauptversammlung ist mindestens dreißig Tage vor dem Tage der Versammlung einzuberufen. [2]Der Tag der Einberufung ist nicht mitzurechnen.

(2) [1]Die Satzung kann die Teilnahme an der Hauptversammlung oder die Ausübung des Stimmrechts davon abhängig machen, dass die Aktionäre sich vor der Versammlung anmelden. [2]Die Anmeldung muss der Gesellschaft unter der in der Einberufung hierfür mitgeteilten Adresse mindestens sechs Tage vor der Versammlung zugehen. [3]In der Satzung oder in der Einberufung auf Grund einer Ermächtigung durch die Satzung kann eine kürzere, in Tagen zu bemessende Frist vorgesehen werden. [4]Der Tag des Zugangs ist nicht mitzurechnen. [5]Die Mindestfrist des Absatzes 1 verlängert sich um die Tage der Anmeldefrist.

(3) Die Satzung kann bestimmen, wie die Berechtigung zur Teilnahme an der Versammlung oder zur Ausübung des Stimmrechts nachzuweisen ist; Absatz 2 Satz 5 gilt in diesem Fall entsprechend.

(4) [1]Bei Inhaberaktien börsennotierter Gesellschaften reicht ein Nachweis gemäß § 67c Absatz 3 aus. [2]Der Nachweis des Anteilsbesitzes nach § 67c Absatz 3 hat sich bei börsennotierten Gesellschaften auf den Beginn des 21. Tages vor der Versammlung zu beziehen und muss der Gesellschaft unter der in der Einberufung hierfür mitgeteilten Adresse mindestens sechs Tage vor der Versammlung zugehen. [3]In der Satzung oder in der Einberufung auf Grund einer Ermächtigung durch die Satzung kann eine kürzere, in Tagen zu bemessende Frist vorgesehen werden. [4]Der Tag des Zugangs ist nicht mitzurechnen. [5]Im Verhältnis zur Gesellschaft gilt für die Teilnahme an der Versammlung oder für die Ausübung des Stimmrechts als Aktionär nur, wer den Nachweis erbracht hat.

(5) Bei Namensaktien börsennotierter Gesellschaften folgt die Berechtigung zur Teilnahme an der Versammlung oder zur Ausübung des Stimmrechts gemäß § 67 Absatz 2 Satz 1 aus der Eintragung im Aktienregister.

§ 124 Bekanntmachung von Ergänzungsverlangen; Vorschläge zur Beschlussfassung. (1) [1]Hat die Minderheit nach § 122 Abs. 2 verlangt, dass Gegenstände auf die Tagesordnung gesetzt werden, so sind diese entweder bereits mit der Einberufung oder andernfalls unverzüglich nach Zugang des Verlangens bekannt zu machen. [2]§ 121 Abs. 4 gilt sinngemäß; zudem gilt bei börsennotierten Gesellschaften § 121 Abs. 4a entsprechend. [3]Bekanntmachung und Zuleitung haben dabei in gleicher Weise wie bei der Einberufung zu erfolgen.

(2) [1]Steht die Wahl von Aufsichtsratsmitgliedern auf der Tagesordnung, so ist in der Bekanntmachung anzugeben, nach welchen gesetzlichen Vorschriften sich der Aufsichtsrat zusammensetzt; ist die Hauptversammlung an Wahlvorschläge gebunden, so ist auch dies anzugeben. [2]Die Bekanntmachung muss bei

einer Wahl von Aufsichtsratsmitgliedern börsennotierter Gesellschaften, für die das Mitbestimmungsgesetz[1], das Montan-Mitbestimmungsgesetz[2] oder das Mitbestimmungsergänzungsgesetz[3] gilt, ferner enthalten:

1. Angabe, ob der Gesamterfüllung nach § 96 Absatz 2 Satz 3 widersprochen wurde, und
2. Angabe, wie viele der Sitze im Aufsichtsrat mindestens jeweils von Frauen und Männern besetzt sein müssen, um das Mindestanteilsgebot nach § 96 Absatz 2 Satz 1 zu erfüllen.

[3] Soll die Hauptversammlung über eine Satzungsänderung, das Vergütungssystem für die Vorstandsmitglieder, die Vergütung des Aufsichtsrats nach § 113 Absatz 3, den Vergütungsbericht oder über einen Vertrag beschließen, der nur mit Zustimmung der Hauptversammlung wirksam wird, so ist bei einer Satzungsänderung der Wortlaut der Satzungsänderung, bei einem vorbezeichneten Vertrag dessen wesentlicher Inhalt, im Übrigen der vollständige Inhalt der Unterlagen zu den jeweiligen Beschlussgegenständen bekanntzumachen. [4] Satz 3 gilt auch im Fall des § 120a Absatz 5.

(3) [1] Zu jedem Gegenstand der Tagesordnung, über den die Hauptversammlung beschließen soll, haben der Vorstand und der Aufsichtsrat, zur Beschlussfassung nach § 120a Absatz 1 Satz 1 und zur Wahl von Aufsichtsratsmitgliedern und Prüfern nur der Aufsichtsrat, in der Bekanntmachung Vorschläge zur Beschlußfassung zu machen. [2] Bei Gesellschaften, die kapitalmarktorientiert im Sinne des § 264d des Handelsgesetzbuchs[4], die CRR-Kreditinstitute im Sinne des § 1 Absatz 3d Satz 1 des Kreditwesengesetzes, mit Ausnahme der in § 2 Absatz 1 Nummer 1 und 2 des Kreditwesengesetzes genannten Institute, oder die Versicherungsunternehmen im Sinne des Artikels 2 Absatz 1 der Richtlinie 91/674/EWG sind, ist der Vorschlag des Aufsichtsrats zur Wahl des Abschlussprüfers auf die Empfehlung des Prüfungsausschusses zu stützen. [3] Satz 1 findet keine Anwendung, wenn die Hauptversammlung bei der Wahl von Aufsichtsratsmitgliedern nach § 6 des Montan-Mitbestimmungsgesetzes[2] an Wahlvorschläge gebunden ist, oder wenn der Gegenstand der Beschlußfassung auf Verlangen einer Minderheit auf die Tagesordnung gesetzt worden ist. [4] Der Vorschlag zur Wahl von Aufsichtsratsmitgliedern oder Prüfern hat deren Namen, ausgeübten Beruf und Wohnort anzugeben. [5] Hat der Aufsichtsrat auch aus Aufsichtsratsmitgliedern der Arbeitnehmer zu bestehen, so bedürfen Beschlüsse des Aufsichtsrats über Vorschläge zur Wahl von Aufsichtsratsmitgliedern nur der Mehrheit der Stimmen der Aufsichtsratsmitglieder der Aktionäre; § 8 des Montan-Mitbestimmungsgesetzes bleibt unberührt.

(4) [1] Über Gegenstände der Tagesordnung, die nicht ordnungsgemäß bekanntgemacht sind, dürfen keine Beschlüsse gefaßt werden. [2] Zur Beschlußfassung über den in der Versammlung gestellten Antrag auf Einberufung einer Hauptversammlung, zu Anträgen, die zu Gegenständen der Tagesordnung gestellt werden, und zu Verhandlungen ohne Beschlußfassung bedarf es keiner Bekanntmachung.

---

[1] Nr. **13**.
[2] Nr. **14**.
[3] Nr. **15**.
[4] Nr. **5**.

§ 124a Veröffentlichungen auf der Internetseite der Gesellschaft. [1]Bei börsennotierten Gesellschaften müssen alsbald nach der Einberufung der Hauptversammlung über die Internetseite der Gesellschaft zugänglich sein:

1. der Inhalt der Einberufung;
2. eine Erläuterung, wenn zu einem Gegenstand der Tagesordnung kein Beschluss gefasst werden soll;
3. die der Versammlung zugänglich zu machenden Unterlagen;
4. die Gesamtzahl der Aktien und der Stimmrechte im Zeitpunkt der Einberufung, einschließlich getrennter Angaben zur Gesamtzahl für jede Aktiengattung;
5. gegebenenfalls die Formulare, die bei Stimmabgabe durch Vertretung oder bei Stimmabgabe mittels Briefwahl zu verwenden sind, sofern diese Formulare den Aktionären nicht direkt übermittelt werden.

[2]Ein nach Einberufung der Versammlung bei der Gesellschaft eingegangenes Verlangen von Aktionären im Sinne von § 122 Abs. 2 ist unverzüglich nach seinem Eingang bei der Gesellschaft in gleicher Weise zugänglich zu machen.

§ 125 Mitteilungen für die Aktionäre und an Aufsichtsratsmitglieder. (1) [1]Der Vorstand einer Gesellschaft, die nicht ausschließlich Namensaktien ausgegeben hat, hat die Einberufung der Hauptversammlung mindestens 21 Tage vor derselben wie folgt mitzuteilen:

1. den Intermediären, die Aktien der Gesellschaft verwahren,
2. den Aktionären und Intermediären, die die Mitteilung verlangt haben, und
3. den Vereinigungen von Aktionären, die die Mitteilung verlangt haben oder die in der letzten Hauptversammlung Stimmrechte ausgeübt haben.

[2]Der Tag der Mitteilung ist nicht mitzurechnen. [3]Ist die Tagesordnung nach § 122 Abs. 2 zu ändern, so ist bei börsennotierten Gesellschaften die geänderte Tagesordnung mitzuteilen. [4]In der Mitteilung ist auf die Möglichkeiten der Ausübung des Stimmrechts durch einen Bevollmächtigten, auch durch eine Vereinigung von Aktionären, hinzuweisen. [5]Bei börsennotierten Gesellschaften sind einem Vorschlag zur Wahl von Aufsichtsratsmitgliedern Angaben zu deren Mitgliedschaft in anderen gesetzlich zu bildenden Aufsichtsräten beizufügen; Angaben zu ihrer Mitgliedschaft in vergleichbaren in- und ausländischen Kontrollgremien von Wirtschaftsunternehmen sollen beigefügt werden.

(2) Die gleiche Mitteilung hat der Vorstand einer Gesellschaft, die Namensaktien ausgegeben hat, den zu Beginn des 21. Tages vor der Hauptversammlung im Aktienregister Eingetragenen zu machen sowie den Aktionären und Intermediären, die die Mitteilung verlangt haben, und den Vereinigungen von Aktionären, die die Mitteilung verlangt oder die in der letzten Hauptversammlung Stimmrechte ausgeübt haben.

(3) Jedes Aufsichtsratsmitglied kann verlangen, daß ihm der Vorstand die gleichen Mitteilungen übersendet.

(4) Jedem Aufsichtsratmitglied und jedem Aktionär sind auf Verlangen die in der Hauptversammlung gefassten Beschlüsse mitzuteilen.

(5) [1]Für Inhalt und Format eines Mindestgehaltes an Informationen in den Mitteilungen gemäß Absatz 1 Satz 1 und Absatz 2 gelten die Anforderungen der Durchführungsverordnung (EU) 2018/1212. [2]§ 67a Absatz 2 Satz 1 gilt für

die Absätze 1 und 2 entsprechend. [3]Bei börsennotierten Gesellschaften sind die Intermediäre, die Aktien der Gesellschaft verwahren, entsprechend den §§ 67a und 67b zur Weiterleitung und Übermittlung der Informationen nach den Absätzen 1 und 2 verpflichtet, es sei denn, dem Intermediär ist bekannt, dass der Aktionär sie von anderer Seite erhält. [4]Das Gleiche gilt für nichtbörsennotierte Gesellschaften mit der Maßgabe, dass die Bestimmungen der Durchführungsverordnung (EU) 2018/1212 nicht anzuwenden sind.

§ 126 Anträge von Aktionären. (1) [1]Anträge von Aktionären einschließlich des Namens des Aktionärs, der Begründung und einer etwaigen Stellungnahme der Verwaltung sind den in § 125 Abs. 1 bis 3 genannten Berechtigten unter den dortigen Voraussetzungen zugänglich zu machen, wenn der Aktionär mindestens 14 Tage vor der Versammlung der Gesellschaft einen Gegenantrag gegen einen Vorschlag von Vorstand und Aufsichtsrat zu einem bestimmten Punkt der Tagesordnung mit Begründung an die in der Einberufung hierfür mitgeteilte Adresse übersandt hat. [2]Der Tag des Zugangs ist nicht mitzurechnen. [3]Bei börsennotierten Gesellschaften hat das Zugänglichmachen über die Internetseite der Gesellschaft zu erfolgen. [4]§ 125 Abs. 3 gilt entsprechend.

(2) [1]Ein Gegenantrag und dessen Begründung brauchen nicht zugänglich gemacht zu werden,

1. soweit sich der Vorstand durch das Zugänglichmachen strafbar machen würde,
2. wenn der Gegenantrag zu einem gesetz- oder satzungswidrigen Beschluß der Hauptversammlung führen würde,
3. wenn die Begründung in wesentlichen Punkten offensichtlich falsche oder irreführende Angaben oder wenn sie Beleidigungen enthält,
4. wenn ein auf denselben Sachverhalt gestützter Gegenantrag des Aktionärs bereits zu einer Hauptversammlung der Gesellschaft nach § 125 zugänglich gemacht worden ist,
5. wenn derselbe Gegenantrag des Aktionärs mit wesentlich gleicher Begründung in den letzten fünf Jahren bereits zu mindestens zwei Hauptversammlungen der Gesellschaft nach § 125 zugänglich gemacht worden ist und in der Hauptversammlung weniger als der zwanzigste Teil des vertretenen Grundkapitals für ihn gestimmt hat,
6. wenn der Aktionär zu erkennen gibt, daß er an der Hauptversammlung nicht teilnehmen und sich nicht vertreten lassen wird, oder
7. wenn der Aktionär in den letzten zwei Jahren in zwei Hauptversammlungen einen von ihm mitgeteilten Gegenantrag nicht gestellt hat oder nicht hat stellen lassen.

[2]Die Begründung braucht nicht zugänglich gemacht zu werden, wenn sie insgesamt mehr als 5 000 Zeichen beträgt.

(3) Stellen mehrere Aktionäre zu demselben Gegenstand der Beschlußfassung Gegenanträge, so kann der Vorstand die Gegenanträge und ihre Begründungen zusammenfassen.

§ 127 Wahlvorschläge von Aktionären. [1]Für den Vorschlag eines Aktionärs zur Wahl von Aufsichtsratsmitgliedern oder von Abschlußprüfern gilt § 126 sinngemäß. [2]Der Wahlvorschlag braucht nicht begründet zu werden. [3]Der Vorstand braucht den Wahlvorschlag auch dann nicht zugänglich zu machen, wenn der Vorschlag nicht die Angaben nach § 124 Absatz 3 Satz 4 und § 125 Abs. 1 Satz 5 enthält. [4]Der Vorstand hat den Vorschlag eines Aktionärs zur Wahl von Aufsichtsratsmitgliedern börsennotierter Gesellschaften, für die das Mitbestimmungsgesetz[1)], das Montan-Mitbestimmungsgesetz[2)] oder das Mitbestimmungsergänzungsgesetz[3)] gilt, mit folgenden Inhalten zu versehen:

1. Hinweis auf die Anforderungen des § 96 Absatz 2,
2. Angabe, ob der Gesamterfüllung nach § 96 Absatz 2 Satz 3 widersprochen wurde und
3. Angabe, wie viele der Sitze im Aufsichtsrat mindestens jeweils von Frauen und Männern besetzt sein müssen, um das Mindestanteilsgebot nach § 96 Absatz 2 Satz 1 zu erfüllen.

§ 127a Aktionärsforum. (1) Aktionäre oder Aktionärsvereinigungen können im Aktionärsforum des Bundesanzeigers andere Aktionäre auffordern, gemeinsam oder in Vertretung einen Antrag oder ein Verlangen nach diesem Gesetz zu stellen oder in einer Hauptversammlung das Stimmrecht auszuüben.

(2) Die Aufforderung hat folgende Angaben zu enthalten:

1. den Namen und eine Anschrift des Aktionärs oder der Aktionärsvereinigung,
2. die Firma der Gesellschaft,
3. den Antrag, das Verlangen oder einen Vorschlag für die Ausübung des Stimmrechts zu einem Tagesordnungspunkt,
4. den Tag der betroffenen Hauptversammlung.

(3) Die Aufforderung kann auf eine Begründung auf der Internetseite des Auffordernden und dessen elektronische Adresse hinweisen.

(4) Die Gesellschaft kann im Bundesanzeiger auf eine Stellungnahme zu der Aufforderung auf ihrer Internetseite hinweisen.

(5) Das Bundesministerium der Justiz und für Verbraucherschutz wird ermächtigt, durch Rechtsverordnung[4)] die äußere Gestaltung des Aktionärsforums und weitere Einzelheiten insbesondere zu der Aufforderung, dem Hinweis, den Entgelten, zu Löschungsfristen, Löschungsanspruch, zu Missbrauchsfällen und zur Einsichtnahme zu regeln.

§ 128 *(aufgehoben)*

Dritter Unterabschnitt. Verhandlungsniederschrift. Auskunftsrecht

§ 129 Geschäftsordnung; Verzeichnis der Teilnehmer; Nachweis der Stimmzählung. (1) [1]Die Hauptversammlung kann sich mit einer Mehrheit, die mindestens drei Viertel des bei der Beschlußfassung vertretenen Grundkapitals umfaßt, eine Geschäftsordnung mit Regeln für die Vorbereitung und Durchführung der Hauptversammlung geben. [2]In der Hauptversammlung ist ein Verzeichnis der erschienenen oder vertretenen Aktionäre und der Vertreter

---

[1)] Nr. **13**.
[2)] Nr. **14**.
[3)] Nr. **15**.
[4)] Siehe die VO über das Aktionärsforum nach § 127a des Aktiengesetzes (Aktionärsforumsverordnung – AktFoV) v. 22.11.2005 (BGBl. I S. 3193), zuletzt geänd. durch G v. 12.12.2019 (BGBl. I S. 2637).

von Aktionären mit Angabe ihres Namens und Wohnorts sowie bei Nennbetragsaktien des Betrags, bei Stückaktien der Zahl der von jedem vertretenen Aktien unter Angabe ihrer Gattung aufzustellen.

(2) [1] Sind einem Intermediär oder einer in § 135 Abs. 8 bezeichneten Person Vollmachten zur Ausübung des Stimmrechts erteilt worden und übt der Bevollmächtigte das Stimmrecht im Namen dessen, den es angeht, aus, so sind bei Nennbetragsaktien der Betrag, bei Stückaktien die Zahl und die Gattung der Aktien, für die ihm Vollmachten erteilt worden sind, zur Aufnahme in das Verzeichnis gesondert anzugeben. [2] Die Namen der Aktionäre, welche Vollmachten erteilt haben, brauchen nicht angegeben zu werden.

(3) [1] Wer von einem Aktionär ermächtigt ist, im eigenen Namen das Stimmrecht für Aktien auszuüben, die ihm nicht gehören, hat bei Nennbetragsaktien den Betrag, bei Stückaktien die Zahl und die Gattung dieser Aktien zur Aufnahme in das Verzeichnis gesondert anzugeben. [2] Dies gilt auch für Namensaktien, als deren Aktionär der Ermächtigte im Aktienregister eingetragen ist.

(4) [1] Das Verzeichnis ist vor der ersten Abstimmung allen Teilnehmern zugänglich zu machen. [2] Jedem Aktionär ist auf Verlangen bis zu zwei Jahren nach der Hauptversammlung Einsicht in das Teilnehmerverzeichnis zu gewähren.

(5) [1] Der Abstimmende kann von der Gesellschaft innerhalb eines Monats nach dem Tag der Hauptversammlung eine Bestätigung darüber verlangen, ob und wie seine Stimme gezählt wurde. [2] Die Gesellschaft hat die Bestätigung gemäß den Anforderungen in Artikel 7 Absatz 2 und Artikel 9 Absatz 5 Unterabsatz 2 der Durchführungsverordnung (EU) 2018/1212 zu erteilen. [3] Sofern die Bestätigung einem Intermediär erteilt wird, hat dieser die Bestätigung unverzüglich dem Aktionär zu übermitteln. [4] § 67a Absatz 2 Satz 1 und Absatz 3 gilt entsprechend.

§ 130 Niederschrift. (1) [1] Jeder Beschluß der Hauptversammlung ist durch eine über die Verhandlung notariell aufgenommene Niederschrift zu beurkunden. [2] Gleiches gilt für jedes Verlangen einer Minderheit nach § 120 Abs. 1 Satz 2, § 137. [3] Bei nichtbörsennotierten Gesellschaften reicht eine vom Vorsitzenden des Aufsichtsrats zu unterzeichnende Niederschrift aus, soweit keine Beschlüsse gefaßt werden, für die das Gesetz eine Dreiviertel- oder größere Mehrheit bestimmt.

(2) [1] In der Niederschrift sind der Ort und der Tag der Verhandlung, der Name des Notars sowie die Art und das Ergebnis der Abstimmung und die Feststellung des Vorsitzenden über die Beschlußfassung anzugeben. [2] Bei börsennotierten Gesellschaften umfasst die Feststellung über die Beschlussfassung für jeden Beschluss auch

1. die Zahl der Aktien, für die gültige Stimmen abgegeben wurden,
2. den Anteil des durch die gültigen Stimmen vertretenen Grundkapitals am eingetragenen Grundkapital,
3. die Zahl der für einen Beschluss abgegebenen Stimmen, Gegenstimmen und gegebenenfalls die Zahl der Enthaltungen.

[3] Abweichend von Satz 2 kann der Versammlungsleiter die Feststellung über die Beschlussfassung für jeden Beschluss darauf beschränken, dass die erforderliche Mehrheit erreicht wurde, falls kein Aktionär eine umfassende Feststellung gemäß Satz 2 verlangt.

(3) Die Belege über die Einberufung der Versammlung sind der Niederschrift als Anlage beizufügen, wenn sie nicht unter Angabe ihres Inhalts in der Niederschrift aufgeführt sind.

(4) [1]Die Niederschrift ist von dem Notar zu unterschreiben. [2]Die Zuziehung von Zeugen ist nicht nötig.

(5) Unverzüglich nach der Versammlung hat der Vorstand eine öffentlich beglaubigte, im Falle des Absatzes 1 Satz 3 eine vom Vorsitzenden des Aufsichtsrats unterzeichnete Abschrift der Niederschrift und ihrer Anlagen zum Handelsregister einzureichen.

(6) Börsennotierte Gesellschaften müssen innerhalb von sieben Tagen nach der Versammlung die festgestellten Abstimmungsergebnisse einschließlich der Angaben nach Absatz 2 Satz 2 auf ihrer Internetseite veröffentlichen.

§ 131 Auskunftsrecht des Aktionärs. (1) [1]Jedem Aktionär ist auf Verlangen in der Hauptversammlung vom Vorstand Auskunft über Angelegenheiten der Gesellschaft zu geben, soweit sie zur sachgemäßen Beurteilung des Gegenstands der Tagesordnung erforderlich ist. [2]Die Auskunftspflicht erstreckt sich auch auf die rechtlichen und geschäftlichen Beziehungen der Gesellschaft zu einem verbundenen Unternehmen. [3]Macht eine Gesellschaft von den Erleichterungen nach § 266 Absatz 1 Satz 3, § 276 oder § 288 des Handelsgesetzbuchs[1)] Gebrauch, so kann jeder Aktionär verlangen, dass ihm in der Hauptversammlung über den Jahresabschluss der Jahresabschluss in der Form vorgelegt wird, die er ohne diese Erleichterungen hätte. [4]Die Auskunftspflicht des Vorstands eines Mutterunternehmens (§ 290 Abs. 1, 2 des Handelsgesetzbuchs[1)]) in der Hauptversammlung, der der Konzernabschluss und der Konzernlagebericht vorgelegt werden, erstreckt sich auch auf die Lage des Konzerns und der in den Konzernabschluss einbezogenen Unternehmen.

(2) [1]Die Auskunft hat den Grundsätzen einer gewissenhaften und getreuen Rechenschaft zu entsprechen. [2]Die Satzung oder die Geschäftsordnung gemäß § 129 kann den Versammlungsleiter ermächtigen, das Frage- und Rederecht des Aktionärs zeitlich angemessen zu beschränken, und Näheres dazu bestimmen.

(3) [1]Der Vorstand darf die Auskunft verweigern,

1. soweit die Erteilung der Auskunft nach vernünftiger kaufmännischer Beurteilung geeignet ist, der Gesellschaft oder einem verbundenen Unternehmen einen nicht unerheblichen Nachteil zuzufügen;
2. soweit sie sich auf steuerliche Wertansätze oder die Höhe einzelner Steuern bezieht;
3. über den Unterschied zwischen dem Wert, mit dem Gegenstände in der Jahresbilanz angesetzt worden sind, und einem höheren Wert dieser Gegenstände, es sei denn, daß die Hautversammlung den Jahresabschluß feststellt;
4. über die Bilanzierungs- und Bewertungsmethoden, soweit die Angabe dieser Methoden im Anhang ausreicht, um ein den tatsächlichen Verhältnissen entsprechendes Bild der Vermögens-, Finanz- und Ertragslage der Gesellschaft im Sinne des § 264 Abs. 2 des Handelsgesetzbuchs zu vermitteln; dies gilt nicht, wenn die Hauptversammlung den Jahresabschluß feststellt;

---

1) Nr. 5.

5. soweit sich der Vorstand durch die Erteilung der Auskunft strafbar machen würde;
6. soweit bei einem Kreditinstitut oder Finanzdienstleistungsinstitut Angaben über angewandte Bilanzierungs- und Bewertungsmethoden sowie vorgenommene Verrechnungen im Jahresabschluß, Lagebericht, Konzernabschluß oder Konzernlagebericht nicht gemacht zu werden brauchen;
7. soweit die Auskunft auf der Internetseite der Gesellschaft über mindestens sieben Tage vor Beginn und in der Hauptversammlung durchgängig zugänglich ist.

[2] Aus anderen Gründen darf die Auskunft nicht verweigert werden.

(4) [1] Ist einem Aktionär wegen seiner Eigenschaft als Aktionär eine Auskunft außerhalb der Hauptversammlung gegeben worden, so ist sie jedem anderen Aktionär auf dessen Verlangen in der Hauptversammlung zu geben, auch wenn sie zur sachgemäßen Beurteilung des Gegenstands der Tagesordnung nicht erforderlich ist. [2] Der Vorstand darf die Auskunft nicht nach Absatz 3 Satz 1 Nr. 1 bis 4 verweigern. [3] Sätze 1 und 2 gelten nicht, wenn ein Tochterunternehmen (§ 290 Abs. 1, 2 des Handelsgesetzbuchs), ein Gemeinschaftsunternehmen (§ 310 Abs. 1 des Handelsgesetzbuchs) oder ein assoziiertes Unternehmen (§ 311 Abs. 1 des Handelsgesetzbuchs) die Auskunft einem Mutterunternehmen (§ 290 Abs. 1, 2 des Handelsgesetzbuchs) zum Zwecke der Einbeziehung der Gesellschaft in den Konzernabschluß des Mutterunternehmens erteilt und die Auskunft für diesen Zweck benötigt wird.

(5) Wird einem Aktionär eine Auskunft verweigert, so kann er verlangen, daß seine Frage und der Grund, aus dem die Auskunft verweigert worden ist, in die Niederschrift über die Verhandlung aufgenommen werden.

§ 132 Gerichtliche Entscheidung über das Auskunftsrecht. (1) Ob der Vorstand die Auskunft zu geben hat, entscheidet auf Antrag ausschließlich das Landgericht, in dessen Bezirk die Gesellschaft ihren Sitz hat.

(2) [1] Antragsberechtigt ist jeder Aktionär, dem die verlangte Auskunft nicht gegeben worden ist, und, wenn über den Gegenstand der Tagesordnung, auf den sich die Auskunft bezog, Beschluß gefaßt worden ist, jeder in der Hauptversammlung erschienene Aktionär, der in der Hauptversammlung Widerspruch zur Niederschrift erklärt hat. [2] Der Antrag ist binnen zwei Wochen nach der Hauptversammlung zu stellen, in der die Auskunft abgelehnt worden ist.

(3) [1] § 99 Abs. 1, 3 Satz 1, 2 und 4 bis 6 sowie Abs. 5 Satz 1 und 3 gilt entsprechend. [2] Die Beschwerde findet nur statt, wenn das Landgericht sie in der Entscheidung für zulässig erklärt. [3] § 70 Abs. 2 des Gesetzes über das Verfahren in Familiensachen und in den Angelegenheiten der freiwilligen Gerichtsbarkeit ist entsprechend anzuwenden.

(4) [1] Wird dem Antrag stattgegeben, so ist die Auskunft auch außerhalb der Hauptversammlung zu geben. [2] Aus der Entscheidung findet die Zwangsvollstreckung nach den Vorschriften der Zivilprozeßordnung statt.

(5) Das mit dem Verfahren befaßte Gericht bestimmt nach billigem Ermessen, welchem Beteiligten die Kosten des Verfahrens aufzuerlegen sind.

Vierter Unterabschnitt. Stimmrecht

§ 133 Grundsatz der einfachen Stimmenmehrheit. (1) Die Beschlüsse der Hauptversammlung bedürfen der Mehrheit der abgegebenen Stimmen (einfache Stimmenmehrheit), soweit nicht Gesetz oder Satzung eine größere Mehrheit oder weitere Erfordernisse bestimmen.

(2) Für Wahlen kann die Satzung andere Bestimmungen treffen.

§ 134 Stimmrecht. (1) [1]Das Stimmrecht wird nach Aktiennennbeträgen, bei Stückaktien nach deren Zahl ausgeübt. [2]Für den Fall, daß einem Aktionär mehrere Aktien gehören, kann bei einer nichtbörsennotierten Gesellschaft die Satzung das Stimmrecht durch Festsetzung eines Höchstbetrags oder von Abstufungen beschränken. [3]Die Satzung kann außerdem bestimmen, daß zu den Aktien, die dem Aktionär gehören, auch die Aktien rechnen, die einem anderen für seine Rechnung gehören. [4]Für den Fall, daß der Aktionär ein Unternehmen ist, kann sie ferner bestimmen, daß zu den Aktien, die ihm gehören, auch die Aktien rechnen, die einem von ihm abhängigen oder ihn beherrschenden oder einem mit ihm konzernverbundenen Unternehmen oder für Rechnung solcher Unternehmen einem Dritten gehören. [5]Die Beschränkungen können nicht für einzelne Aktionäre angeordnet werden. [6]Bei der Berechnung einer nach Gesetz oder Satzung erforderlichen Kapitalmehrheit bleiben die Beschränkungen außer Betracht.

(2) [1]Das Stimmrecht beginnt mit der vollständigen Leistung der Einlage. [2]Entspricht der Wert einer verdeckten Sacheinlage nicht dem in § 36a Abs. 2 Satz 3 genannten Wert, so steht dies dem Beginn des Stimmrechts nicht entgegen; das gilt nicht, wenn der Wertunterschied offensichtlich ist. [3]Die Satzung kann bestimmen, daß das Stimmrecht beginnt, wenn auf die Aktie die gesetzliche oder höhere satzungsmäßige Mindesteinlage geleistet ist. [4]In diesem Fall gewährt die Leistung der Mindesteinlage eine Stimme; bei höheren Einlagen richtet sich das Stimmenverhältnis nach der Höhe der geleisteten Einlagen. [5]Bestimmt die Satzung nicht, daß das Stimmrecht vor der vollständigen Leistung der Einlage beginnt, und ist noch auf keine Aktie die Einlage vollständig geleistet, so richtet sich das Stimmenverhältnis nach der Höhe der geleisteten Einlagen; dabei gewährt die Leistung der Mindesteinlage eine Stimme. [6]Bruchteile von Stimmen werden in diesen Fällen nur berücksichtigt, soweit sie für den stimmberechtigten Aktionär volle Stimmen ergeben. [7]Die Satzung kann Bestimmungen nach diesem Absatz nicht für einzelne Aktionäre oder für einzelne Aktiengattungen treffen.

(3) [1]Das Stimmrecht kann durch einen Bevollmächtigten ausgeübt werden. [2]Bevollmächtigt der Aktionär mehr als eine Person, so kann die Gesellschaft eine oder mehrere von diesen zurückweisen. [3]Die Erteilung der Vollmacht, ihr Widerruf und der Nachweis der Bevollmächtigung gegenüber der Gesellschaft bedürfen der Textform, wenn in der Satzung oder in der Einberufung auf Grund einer Ermächtigung durch die Satzung nichts Abweichendes und bei börsennotierten Gesellschaften nicht eine Erleichterung bestimmt wird. [4]Die börsennotierte Gesellschaft hat zumindest einen Weg elektronischer Kommunikation für die Übermittlung des Nachweises anzubieten. [5]Werden von der Gesellschaft benannte Stimmrechtsvertreter bevollmächtigt, so ist die Vollmachtserklärung von der Gesellschaft drei Jahre nachprüfbar festzuhalten; § 135 Abs. 5 gilt entsprechend.

(4) Die Form der Ausübung des Stimmrechts richtet sich nach der Satzung.

§ 134a Begriffsbestimmungen; Anwendungsbereich. (1) Im Sinne der §§ 134b bis 135 ist

1. institutioneller Anleger:
   a) ein Unternehmen mit Erlaubnis zum Betrieb der Lebensversicherung im Sinne des § 8 Absatz 1 in Verbindung mit Anlage 1 Nummer 19 bis 24 des Versicherungsaufsichtsgesetzes,
   b) ein Unternehmen mit Erlaubnis zum Betrieb der Rückversicherung im Sinne des § 8 Absatz 1 und 4 des Versicherungsaufsichtsgesetzes, sofern sich diese Tätigkeiten auf Lebensversicherungsverpflichtungen beziehen,
   c) eine Einrichtung der betrieblichen Altersversorgung gemäß den §§ 232 bis 244d des Versicherungsaufsichtsgesetzes;
2. Vermögensverwalter:
   a) ein Finanzdienstleistungsinstitut mit Erlaubnis zur Erbringung der Finanzportfolioverwaltung im Sinne des § 1 Absatz 1a Satz 2 Nummer 3 des Kreditwesengesetzes,
   b) eine Kapitalverwaltungsgesellschaft mit Erlaubnis gemäß § 20 Absatz 1 des Kapitalanlagegesetzbuchs;
3. Stimmrechtsberater:
   ein Unternehmen, das gewerbsmäßig und entgeltlich Offenlegungen und andere Informationen von börsennotierten Gesellschaften analysiert, um Anleger zu Zwecken der Stimmausübung durch Recherchen, Beratungen oder Stimmempfehlungen zu informieren.

(2) Für institutionelle Anleger, Vermögensverwalter und Stimmrechtsberater sind die §§ 134b bis 135 nur anwendbar, soweit sie den folgenden Bestimmungen der Richtlinie 2007/36/EG des Europäischen Parlaments und des Rates vom 11. Juli 2007 über die Ausübung bestimmter Rechte von Aktionären in börsennotierten Gesellschaften (ABl. L 184 vom 14.7.2007, S. 17), die zuletzt durch die Richtlinie (EU) 2017/828 (ABl. L 132 vom 20.5.2017, S. 1) geändert worden ist, unterfallen:

1. für institutionelle Anleger: Artikel 1 Absatz 2 Buchstabe a und Absatz 6 Buchstabe a,
2. für Vermögensverwalter: Artikel 1 Absatz 2 Buchstabe a und Absatz 6 Buchstabe b, und
3. für Stimmrechtsberater: Artikel 1 Absatz 2 Buchstabe b und Absatz 6 Buchstabe c sowie Artikel 3j Absatz 4.

§ 134b Mitwirkungspolitik, Mitwirkungsbericht, Abstimmungsverhalten. (1) Institutionelle Anleger und Vermögensverwalter haben eine Politik, in der sie ihre Mitwirkung in den Portfoliogesellschaften beschreiben (Mitwirkungspolitik), und in der insbesondere folgende Punkte behandelt werden, zu veröffentlichen:

1. die Ausübung von Aktionärsrechten, insbesondere im Rahmen ihrer Anlagestrategie,
2. die Überwachung wichtiger Angelegenheiten der Portfoliogesellschaften,
3. der Meinungsaustauch mit den Gesellschaftsorganen und den Interessenträgern der Gesellschaft,
4. die Zusammenarbeit mit anderen Aktionären sowie
5. der Umgang mit Interessenkonflikten.

(2) [1] Institutionelle Anleger und Vermögensverwalter haben jährlich über die Umsetzung der Mitwirkungspolitik zu berichten. [2] Der Bericht enthält Erläuterungen allgemeiner Art zum Abstimmungsverhalten, zu den wichtigsten Abstimmungen und zum Einsatz von Stimmrechtsberatern.

(3) Institutionelle Anleger und Vermögensverwalter haben ihr Abstimmungsverhalten zu veröffentlichen, es sei denn, die Stimmabgabe war wegen des Gegenstands der Abstimmung oder des Umfangs der Beteiligung unbedeutend.

(4) Erfüllen institutionelle Anleger und Vermögensverwalter eine oder mehrere der Vorgaben der Absätze 1 bis 3 nicht oder nicht vollständig, haben sie zu erklären, warum sie dies nicht tun.

(5) [1] Die Informationen nach den Absätzen 1 bis 4 sind für mindestens drei Jahre auf der Internetseite der institutionellen Anleger und der Vermögensverwalter öffentlich zugänglich zu machen und mindestens jährlich zu aktualisieren. [2] Davon abweichend können institutionelle Anleger auf die Internetseite der Vermögensverwalter oder andere kostenfrei und öffentlich zugängliche Internetseiten verweisen, wenn dort die Informationen nach den Absätzen 1 bis 4 verfügbar sind.

§ 134c Offenlegungspflichten von institutionellen Anlegern und Vermögensverwaltern. (1) Institutionelle Anleger haben offenzulegen, inwieweit die Hauptelemente ihrer Anlagestrategie dem Profil und der Laufzeit ihrer Verbindlichkeiten entsprechen und wie sie zur mittel- bis langfristigen Wertentwicklung ihrer Vermögenswerte beitragen.

(2) [1] Handelt ein Vermögensverwalter für einen institutionellen Anleger, hat der institutionelle Anleger solche Angaben über die Vereinbarungen mit dem Vermögensverwalter offenzulegen, die erläutern, wie der Vermögensverwalter seine Anlagestrategie und Anlageentscheidungen auf das Profil und die Laufzeit der Verbindlichkeiten des institutionellen Anlegers abstimmt. [2] Die Offenlegung umfasst insbesondere Angaben

1. zur Berücksichtigung der mittel- bis langfristigen Entwicklung der Gesellschaft bei der Anlageentscheidung,
2. zur Mitwirkung in der Gesellschaft, insbesondere durch Ausübung der Aktionärsrechte, einschließlich der Wertpapierleihe,
3. zu Methode, Leistungsbewertung und Vergütung des Vermögensverwalters,
4. zur Überwachung des vereinbarten Portfolioumsatzes und der angestrebten Portfolioumsatzkosten durch den institutionellen Anleger,
5. zur Laufzeit der Vereinbarung mit dem Vermögensverwalter.

[3] Wurde zu einzelnen Angaben keine Vereinbarung getroffen, hat der institutionelle Anleger zu erklären, warum dies nicht geschehen ist.

(3) [1] Institutionelle Anleger haben die Informationen nach den Absätzen 1 und 2 im Bundesanzeiger oder auf ihrer Internetseite für einen Zeitraum von mindestens drei Jahren öffentlich zugänglich zu machen und mindestens jährlich zu aktualisieren. [2] Die Veröffentlichung kann auch durch den Vermögensverwalter auf dessen Internetseite oder auf einer anderen kostenfrei und öffentlich zugänglichen Internetseite erfolgen; in diesem Fall genügt die Angabe der Internetseite, auf der die Informationen zu finden sind.

(4) [1] Vermögensverwalter, die eine Vereinbarung nach Absatz 2 geschlossen haben, haben den institutionellen Anlegern jährlich zu berichten, wie ihre Anlagestrategie und deren Umsetzung mit dieser Vereinbarung im Einklang stehen und zur mittel- bis langfristigen Wertentwicklung der Vermögenswerte beitragen. [2] Statt des Berichts an den institutionellen Anleger kann auch eine Veröffentlichung des Berichts entsprechend Absatz 3 Satz 2 erfolgen. [3] Der Bericht enthält Angaben

1. über die wesentlichen mittel- bis langfristigen Risiken,
2. über die Zusammensetzung des Portfolios, die Portfolioumsätze und die Portfolioumsatzkosten,
3. zur Berücksichtigung der mittel- bis langfristigen Entwicklung der Gesellschaft bei der Anlageentscheidung,
4. zum Einsatz von Stimmrechtsberatern,
5. zur Handhabung der Wertpapierleihe und zum Umgang mit Interessenkonflikten im Rahmen der Mitwirkung in den Gesellschaften, insbesondere durch Ausübung von Aktionärsrechten.

§ 134d Offenlegungspflichten der Stimmrechtsberater. (1) [1] Stimmrechtsberater haben jährlich zu erklären, dass sie den Vorgaben eines näher bezeichneten Verhaltenskodex entsprochen haben und entsprechen oder welche Vorgaben des Verhaltenskodex sie nicht eingehalten haben und einhalten und welche Maßnahmen sie stattdessen getroffen haben. [2] Wenn Stimmrechtsberater keinen Verhaltenskodex einhalten, haben sie zu erklären, warum nicht.

(2) Stimmrechtsberater veröffentlichen jährlich Informationen

1. zu den wesentlichen Merkmalen der eingesetzten Methoden und Modelle sowie ihren Hauptinformationsquellen,
2. zu den zur Qualitätssicherung sowie zur Vermeidung und zur Behandlung von potentiellen Interessenkonflikten eingesetzten Verfahren,
3. zur Qualifikation der an der Stimmrechtsberatung beteiligten Mitarbeiter,
4. zur Art und Weise, wie nationale Marktbedingungen sowie rechtliche, regulatorische und unternehmensspezifische Bedingungen berücksichtigt werden,
5. zu den wesentlichen Merkmalen der verfolgten Stimmrechtspolitik für die einzelnen Märkte,
6. dazu, wie und wie oft das Gespräch mit den betroffenen Gesellschaften und deren Interessenträgern gesucht wird.

(3) Die Informationen nach den Absätzen 1 und 2 sind gesondert oder gebündelt auf der Internetseite des Stimmrechtsberaters für mindestens drei Jahre öffentlich zugänglich zu machen und jährlich zu aktualisieren.

(4) Stimmrechtsberater haben ihre Kunden unverzüglich über Interessenkonflikte sowie über diesbezügliche Gegenmaßnahmen zu informieren.

§ 135 Ausübung des Stimmrechts durch Intermediäre und geschäftsmäßig Handelnde. (1) [1] Ein Intermediär darf das Stimmrecht für Aktien, die ihm nicht gehören und als deren Inhaber er nicht im Aktienregister eingetragen ist, nur ausüben, wenn er bevollmächtigt ist. [2] Die Vollmacht darf nur einem bestimmten Intermediär erteilt werden und ist von diesem nachprüfbar festzuhalten. [3] Die Vollmachtserklärung muss vollständig sein und darf nur mit der

Stimmrechtsausübung verbundene Erklärungen enthalten. [4] Erteilt der Aktionär keine ausdrücklichen Weisungen, so kann eine generelle Vollmacht nur die Berechtigung des Intermediärs zur Stimmrechtsausübung

1. entsprechend eigenen Abstimmungsvorschlägen (Absätze 2 und 3) oder
2. entsprechend den Vorschlägen des Vorstands oder des Aufsichtsrats oder für den Fall voneinander abweichender Vorschläge den Vorschlägen des Aufsichtsrats (Absatz 4)

vorsehen. [5] Bietet der Intermediär die Stimmrechtsausübung gemäß Satz 4 Nr. 1 oder Nr. 2 an, so hat er sich zugleich zu erbieten, im Rahmen des Zumutbaren und bis auf Widerruf einer Aktionärsvereinigung oder einem sonstigen Vertreter nach Wahl des Aktionärs die zur Stimmrechtsausübung erforderlichen Unterlagen zuzuleiten. [6] Der Intermediär hat den Aktionär jährlich und deutlich hervorgehoben auf die Möglichkeiten des jederzeitigen Widerrufs der Vollmacht und der Änderung des Bevollmächtigten hinzuweisen. [7] Die Erteilung von Weisungen zu den einzelnen Tagesordnungspunkten, die Erteilung und der Widerruf einer generellen Vollmacht nach Satz 4 und eines Auftrags nach Satz 5 einschließlich seiner Änderung sind dem Aktionär durch ein Formblatt oder Bildschirmformular zu erleichtern.

(2) [1] Ein Intermediär, der das Stimmrecht auf Grund einer Vollmacht nach Absatz 1 Satz 4 Nr. 1 ausüben will, hat dem Aktionär rechtzeitig eigene Vorschläge für die Ausübung des Stimmrechts zu den einzelnen Gegenständen der Tagesordnung zugänglich zu machen. [2] Bei diesen Vorschlägen hat sich der Intermediär vom Interesse des Aktionärs leiten zu lassen und organisatorische Vorkehrungen dafür zu treffen, dass Eigeninteressen aus anderen Geschäftsbereichen nicht einfließen; er hat ein Mitglied der Geschäftsleitung zu benennen, das die Einhaltung dieser Pflichten sowie die ordnungsgemäße Ausübung des Stimmrechts und deren Dokumentation zu überwachen hat. [3] Zusammen mit seinen Vorschlägen hat der Intermediär darauf hinzuweisen, dass er das Stimmrecht entsprechend den eigenen Vorschlägen ausüben werde, wenn der Aktionär nicht rechtzeitig eine andere Weisung erteilt. [4] Gehört ein Vorstandsmitglied oder ein Mitarbeiter des Intermediärs dem Aufsichtsrat der Gesellschaft oder ein Vorstandsmitglied oder ein Mitarbeiter der Gesellschaft dem Aufsichtsrat des Intermediärs an, so hat der Intermediär hierauf hinzuweisen. [5] Gleiches gilt, wenn der Intermediär an der Gesellschaft eine Beteiligung hält, die nach § 33 des Wertpapierhandelsgesetzes[1)] meldepflichtig ist, oder einem Konsortium angehörte, das die innerhalb von fünf Jahren zeitlich letzte Emission von Wertpapieren der Gesellschaft übernommen hat.

(3) [1] Hat der Aktionär dem Intermediär keine Weisung für die Ausübung des Stimmrechts erteilt, so hat der Intermediär im Falle des Absatzes 1 Satz 4 Nr. 1 das Stimmrecht entsprechend seinen eigenen Vorschlägen auszuüben, es sei denn, dass er den Umständen nach annehmen darf, dass der Aktionär bei Kenntnis der Sachlage die abweichende Ausübung des Stimmrechts billigen würde. [2] Ist der Intermediär bei der Ausübung des Stimmrechts von einer Weisung des Aktionärs oder, wenn der Aktionär keine Weisung erteilt hat, von seinem eigenen Vorschlag abgewichen, so hat es dies dem Aktionär mitzuteilen und die Gründe anzugeben. [3] In der eigenen Hauptversammlung darf der bevollmächtigte Intermediär das Stimmrecht auf Grund der Vollmacht nur

---

1) Nr. **10**.

ausüben, soweit der Aktionär eine ausdrückliche Weisung zu den einzelnen Gegenständen der Tagesordnung erteilt hat. [4] Gleiches gilt in der Versammlung einer Gesellschaft, an der er mit mehr als 20 Prozent des Grundkapitals unmittelbar oder mittelbar beteiligt ist; für die Berechnung der Beteiligungsschwelle bleiben mittelbare Beteiligungen im Sinne des § 35 Absatz 3 bis 6 des Wertpapierhandelsgesetzes[1)] außer Betracht.

(4) [1] Ein Intermediär, der in der Hauptversammlung das Stimmrecht auf Grund einer Vollmacht nach Absatz 1 Satz 4 Nr. 2 ausüben will, hat den Aktionären die Vorschläge des Vorstands und des Aufsichtsrats zugänglich zu machen, sofern dies nicht anderweitig erfolgt. [2] Absatz 2 Satz 3 sowie Absatz 3 Satz 1 bis 3 gelten entsprechend.

(5) [1] Wenn die Vollmacht dies gestattet, darf der Intermediär Personen, die nicht seine Angestellten sind, unterbevollmächtigen. [2] Wenn es die Vollmacht nicht anders bestimmt, übt der Intermediär das Stimmrecht im Namen dessen aus, den es angeht. [3] Ist die Briefwahl bei der Gesellschaft zugelassen, so darf der bevollmächtigte Intermediär sich ihrer bedienen. [4] Zum Nachweis seiner Stimmberechtigung gegenüber der Gesellschaft genügt bei börsennotierten Gesellschaften die Vorlegung eines Berechtigungsnachweises gemäß § 123 Abs. 3; im Übrigen sind die in der Satzung für die Ausübung des Stimmrechts vorgesehenen Erfordernisse zu erfüllen.

(6) [1] Ein Intermediär darf das Stimmrecht für Namensaktien, die ihm nicht gehören, als deren Inhaber er aber im Aktienregister eingetragen ist, nur auf Grund einer Ermächtigung ausüben. [2] Auf die Ermächtigung sind die Absätze 1 bis 5 entsprechend anzuwenden.

(7) Die Wirksamkeit der Stimmabgabe wird durch einen Verstoß gegen Absatz 1 Satz 2 bis 7, die Absätze 2 bis 6 nicht beeinträchtigt.

(8) Die Absätze 1 bis 7 gelten sinngemäß für Aktionärsvereinigungen, für Stimmrechtsberater sowie für Personen, die sich geschäftsmäßig gegenüber Aktionären zur Ausübung des Stimmrechts in der Hauptversammlung erbieten; dies gilt nicht, wenn derjenige, der das Stimmrecht ausüben will, gesetzlicher Vertreter, Ehegatte oder Lebenspartner des Aktionärs oder mit ihm bis zum vierten Grad verwandt oder verschwägert ist.

(9) Die Verpflichtung des Intermediärs, der Stimmrechtsberater sowie der Personen, die sich geschäftsmäßig gegenüber Aktionären zur Ausübung des Stimmrechts in der Hauptversammlung erbieten, zum Ersatz eines aus der Verletzung der Absätze 1 bis 6 entstehenden Schadens kann im Voraus weder ausgeschlossen noch beschränkt werden.

§ 136 Ausschluß des Stimmrechts. (1) [1] Niemand kann für sich oder für einen anderen das Stimmrecht ausüben, wenn darüber Beschluß gefaßt wird, ob er zu entlasten oder von einer Verbindlichkeit zu befreien ist oder ob die Gesellschaft gegen ihn einen Anspruch geltend machen soll. [2] Für Aktien, aus denen der Aktionär nach Satz 1 das Stimmrecht nicht ausüben kann, kann das Stimmrecht auch nicht durch einen anderen ausgeübt werden.

(2) [1] Ein Vertrag, durch den sich ein Aktionär verpflichtet, nach Weisung der Gesellschaft, des Vorstands oder des Aufsichtsrats der Gesellschaft oder nach Weisung eines abhängigen Unternehmens das Stimmrecht auszuüben, ist nich-

---

[1)] Nr. **10**.

tig. [2]Ebenso ist ein Vertrag nichtig, durch den sich ein Aktionär verpflichtet, für die jeweiligen Vorschläge des Vorstands oder des Aufsichtsrats der Gesellschaft zu stimmen.

§ 137 Abstimmung über Wahlvorschläge von Aktionären. Hat ein Aktionär einen Vorschlag zur Wahl von Aufsichtsratsmitgliedern nach § 127 gemacht und beantragt er in der Hauptversammlung die Wahl des von ihm Vorgeschlagenen, so ist über seinen Antrag vor dem Vorschlag des Aufsichtsrats zu beschließen, wenn es eine Minderheit der Aktionäre verlangt, deren Anteile zusammen den zehnten Teil des vertretenen Grundkapitals erreichen.

Fünfter Unterabschnitt. Sonderbeschluß

§ 138 Gesonderte Versammlung. Gesonderte Abstimmung. [1]In diesem Gesetz oder in der Satzung vorgeschriebene Sonderbeschlüsse gewisser Aktionäre sind entweder in einer gesonderten Versammlung dieser Aktionäre oder in einer gesonderten Abstimmung zu fassen, soweit das Gesetz nichts anderes bestimmt. [2]Für die Einberufung der gesonderten Versammlung und die Teilnahme an ihr sowie für das Auskunftsrecht gelten die Bestimmungen über die Hauptversammlung, für die Sonderbeschlüsse die Bestimmungen über Hauptversammlungsbeschlüsse sinngemäß. [3]Verlangen Aktionäre, die an der Abstimmung über den Sonderbeschluß teilnehmen können, die Einberufung einer gesonderten Versammlung oder die Bekanntmachung eines Gegenstands zur gesonderten Abstimmung, so genügt es, wenn ihre Anteile, mit denen sie an der Abstimmung über den Sonderbeschluß teilnehmen können, zusammen den zehnten Teil der Anteile erreichen, aus denen bei der Abstimmung über den Sonderbeschluß das Stimmrecht ausgeübt werden kann.

Sechster Unterabschnitt. Vorzugsaktien ohne Stimmrecht

§ 139 Wesen. (1) [1]Für Aktien, die mit einem Vorzug bei der Verteilung des Gewinns ausgestattet sind, kann das Stimmrecht ausgeschlossen werden (Vorzugsaktien ohne Stimmrecht). [2]Der Vorzug kann insbesondere in einem auf die Aktie vorweg entfallenden Gewinnanteil (Vorabdividende) oder einem erhöhten Gewinnanteil (Mehrdividende) bestehen. [3]Wenn die Satzung nichts anderes bestimmt, ist eine Vorabdividende nachzuzahlen.

(2) Vorzugsaktien ohne Stimmrecht dürfen nur bis zur Hälfte des Grundkapitals ausgegeben werden.

§ 140 Rechte der Vorzugsaktionäre. (1) Die Vorzugsaktien ohne Stimmrecht gewähren mit Ausnahme des Stimmrechts die jedem Aktionär aus der Aktie zustehenden Rechte.

(2) [1]Ist der Vorzug nachzuzahlen und wird der Vorzugsbetrag in einem Jahr nicht oder nicht vollständig gezahlt und im nächsten Jahr nicht neben dem vollen Vorzug für dieses Jahr nachgezahlt, so haben die Aktionäre das Stimmrecht, bis die Rückstände gezahlt sind. [2]Ist der Vorzug nicht nachzuzahlen und wird der Vorzugsbetrag in einem Jahr nicht oder nicht vollständig gezahlt, so haben die Vorzugsaktionäre das Stimmrecht, bis der Vorzug in einem Jahr vollständig gezahlt ist. [3]Solange das Stimmrecht besteht, sind die Vorzugsaktien auch bei der Berechnung einer nach Gesetz oder Satzung erforderlichen Kapitalmehrheit zu berücksichtigen.

(3) Soweit die Satzung nichts anderes bestimmt, entsteht dadurch, dass der nachzuzahlende Vorzugsbetrag in einem Jahr nicht oder nicht vollständig gezahlt wird, noch kein durch spätere Beschlüsse über die Gewinnverteilung bedingter Anspruch auf den rückständigen Vorzugsbetrag.

§ 141 Aufhebung oder Beschränkung des Vorzugs. (1) Ein Beschluß, durch den der Vorzug aufgehoben oder beschränkt wird, bedarf zu seiner Wirksamkeit der Zustimmung der Vorzugsaktionäre.

(2) [1] Ein Beschluß über die Ausgabe von Vorzugsaktien, die bei der Verteilung des Gewinns oder des Gesellschaftsvermögens den Vorzugsaktien ohne Stimmrecht vorgehen oder gleichstehen, bedarf gleichfalls der Zustimmung der Vorzugsaktionäre. [2] Der Zustimmung bedarf es nicht, wenn die Ausgabe bei Einräumung des Vorzugs oder, falls das Stimmrecht später ausgeschlossen wurde, bei der Ausschließung ausdrücklich vorbehalten worden war und das Bezugsrecht der Vorzugsaktionäre nicht ausgeschlossen wird.

(3) [1] Über die Zustimmung haben die Vorzugsaktionäre in einer gesonderten Versammlung einen Sonderbeschluß zu fassen. [2] Er bedarf einer Mehrheit, die mindestens drei Viertel der abgegebenen Stimmen umfaßt. [3] Die Satzung kann weder eine andere Mehrheit noch weitere Erfordernisse bestimmen. [4] Wird in dem Beschluß über die Ausgabe von Vorzugsaktien, die bei der Verteilung des Gewinns oder des Gesellschaftsvermögens den Vorzugsaktien ohne Stimmrecht vorgehen oder gleichstehen, das Bezugsrecht der Vorzugsaktionäre auf den Bezug solcher Aktien ganz oder zum Teil ausgeschlossen, so gilt für den Sonderbeschluß § 186 Abs. 3 bis 5 sinngemäß.

(4) Ist der Vorzug aufgehoben, so gewähren die Aktien das Stimmrecht.

Siebenter Unterabschnitt. Sonderprüfung. Geltendmachung von Ersatzansprüchen

§ 142 Bestellung der Sonderprüfer. (1) [1] Zur Prüfung von Vorgängen bei der Gründung oder der Geschäftsführung, namentlich auch bei Maßnahmen der Kapitalbeschaffung und Kapitalherabsetzung, kann die Hauptversammlung mit einfacher Stimmenmehrheit Prüfer (Sonderprüfer) bestellen. [2] Bei der Beschlußfassung kann ein Mitglied des Vorstands oder des Aufsichtsrats weder für sich noch für einen anderen mitstimmen, wenn die Prüfung sich auf Vorgänge erstrecken soll, die mit der Entlastung eines Mitglieds des Vorstands oder des Aufsichtsrats oder der Einleitung eines Rechtsstreits zwischen der Gesellschaft und einem Mitglied des Vorstands oder des Aufsichtsrats zusammenhängen. [3] Für ein Mitglied des Vorstands oder des Aufsichtsrats, das nach Satz 2 nicht mitstimmen kann, kann das Stimmrecht auch nicht durch einen anderen ausgeübt werden.

(2) [1] Lehnt die Hauptversammlung einen Antrag auf Bestellung von Sonderprüfern zur Prüfung eines Vorgangs bei der Gründung oder eines nicht über fünf Jahre zurückliegenden Vorgangs bei der Geschäftsführung ab, so hat das Gericht auf Antrag von Aktionären, deren Anteile bei Antragstellung zusammen den hundertsten Teil des Grundkapitals oder einen anteiligen Betrag von 100 000 Euro erreichen, Sonderprüfer zu bestellen, wenn Tatsachen vorliegen, die den Verdacht rechtfertigen, dass bei dem Vorgang Unredlichkeiten oder grobe Verletzungen des Gesetzes oder der Satzung vorgekommen sind; dies gilt auch für nicht über zehn Jahre zurückliegende Vorgänge, sofern die Gesellschaft zur Zeit des Vorgangs börsennotiert war. [2] Die Antragsteller haben nachzuwei-

sen, dass sie seit mindestens drei Monaten vor dem Tag der Hauptversammlung Inhaber der Aktien sind und dass sie die Aktien bis zur Entscheidung über den Antrag halten. [3] Für eine Vereinbarung zur Vermeidung einer solchen Sonderprüfung gilt § 149 entsprechend.

(3) Die Absätze 1 und 2 gelten nicht für Vorgänge, die Gegenstand einer Sonderprüfung nach § 258 sein können.

(4) [1] Hat die Hauptversammlung Sonderprüfer bestellt, so hat das Gericht auf Antrag von Aktionären, deren Anteile bei Antragstellung zusammen den hundertsten Teil des Grundkapitals oder einen anteiligen Betrag von 100 000 Euro erreichen, einen anderen Sonderprüfer zu bestellen, wenn dies aus einem in der Person des bestellten Sonderprüfers liegenden Grund geboten erscheint, insbesondere, wenn der bestellte Sonderprüfer nicht die für den Gegenstand der Sonderprüfung erforderlichen Kenntnisse hat, seine Befangenheit zu besorgen ist oder Bedenken wegen seiner Zuverlässigkeit bestehen. [2] Der Antrag ist binnen zwei Wochen seit dem Tage der Hauptversammlung zu stellen.

(5) [1] Das Gericht hat außer den Beteiligten auch den Aufsichtsrat und im Fall des Absatzes 4 den von der Hauptversammlung bestellten Sonderprüfer zu hören. [2] Gegen die Entscheidung ist die Beschwerde zulässig. [3] Über den Antrag gemäß den Absätzen 2 und 4 entscheidet das Landgericht, in dessen Bezirk die Gesellschaft ihren Sitz hat.

(6) [1] Die vom Gericht bestellten Sonderprüfer haben Anspruch auf Ersatz angemessener barer Auslagen und auf Vergütung für ihre Tätigkeit. [2] Die Auslagen und die Vergütung setzt das Gericht fest. [3] Gegen die Entscheidung ist die Beschwerde zulässig; die Rechtsbeschwerde ist ausgeschlossen. [4] Aus der rechtskräftigen Entscheidung findet die Zwangsvollstreckung nach der Zivilprozeßordnung statt.

(7) Ist für die Gesellschaft als Emittentin von zugelassenen Wertpapieren im Sinne des § 2 Absatz 1 des Wertpapierhandelsgesetzes[1)] mit Ausnahme von Anteilen und Aktien an offenen Investmentvermögen im Sinne des § 1 Absatz 4 des Kapitalanlagegesetzbuchs die Bundesrepublik Deutschland der Herkunftsstaat (§ 2 Absatz 13 des Wertpapierhandelsgesetzes[1)]), so hat im Falle des Absatzes 1 Satz 1 der Vorstand und im Falle des Absatzes 2 Satz 1 das Gericht der Bundesanstalt für Finanzdienstleistungsaufsicht die Bestellung des Sonderprüfers und dessen Prüfungsbericht mitzuteilen; darüber hinaus hat das Gericht den Eingang eines Antrags auf Bestellung eines Sonderprüfers mitzuteilen.

(8) Auf das gerichtliche Verfahren nach den Absätzen 2 bis 6 sind die Vorschriften des Gesetzes über das Verfahren in Familiensachen und in den Angelegenheiten der freiwilligen Gerichtsbarkeit anzuwenden, soweit in diesem Gesetz nichts anderes bestimmt ist.

§ 143 Auswahl der Sonderprüfer. (1) Als Sonderprüfer sollen, wenn der Gegenstand der Sonderprüfung keine anderen Kenntnisse fordert, nur bestellt werden

1. Personen, die in der Buchführung ausreichend vorgebildet und erfahren sind;
2. Prüfungsgesellschaften, von deren gesetzlichen Vertretern mindestens einer in der Buchführung ausreichend vorgebildet und erfahren ist.

[1)] Nr. **10**.

(2) [1] Sonderprüfer darf nicht sein, wer nach § 319 Abs. 2, 3, § 319a Abs. 1, § 319b des Handelsgesetzbuchs[1)] nicht Abschlußprüfer sein darf oder während der Zeit, in der sich der zu prüfende Vorgang ereignet hat, hätte sein dürfen. [2] Eine Prüfungsgesellschaft darf nicht Sonderprüfer sein, wenn sie nach § 319 Abs. 2, 4, § 319a Abs. 1, § 319b des Handelsgesetzbuchs nicht Abschlußprüfer sein darf oder während der Zeit, in der sich der zu prüfende Vorgang ereignet hat, hätte sein dürfen.

§ 144 Verantwortlichkeit der Sonderprüfer. § 323 des Handelsgesetzbuchs[1)] über die Verantwortlichkeit des Abschlußprüfers gilt sinngemäß.

§ 145 Rechte der Sonderprüfer. Prüfungsbericht. (1) Der Vorstand hat den Sonderprüfern zu gestatten, die Bücher und Schriften der Gesellschaft sowie die Vermögensgegenstände, namentlich die Gesellschaftskasse und die Bestände an Wertpapieren und Waren, zu prüfen.

(2) Die Sonderprüfer können von den Mitgliedern des Vorstands und des Aufsichtsrats alle Aufklärungen und Nachweise verlangen, welche die sorgfältige Prüfung der Vorgänge notwendig macht.

(3) Die Sonderprüfer haben die Rechte nach Absatz 2 auch gegenüber einem Konzernunternehmen sowie gegenüber einem abhängigen oder herrschenden Unternehmen.

(4) Auf Antrag des Vorstands hat das Gericht zu gestatten, dass bestimmte Tatsachen nicht in den Bericht aufgenommen werden, wenn überwiegende Belange der Gesellschaft dies gebieten und sie zur Darlegung der Unredlichkeiten oder groben Verletzungen gemäß § 142 Abs. 2 nicht unerlässlich sind.

(5) [1] Über den Antrag gemäß Absatz 4 entscheidet das Landgericht, in dessen Bezirk die Gesellschaft ihren Sitz hat. [2] § 142 Abs. 5 Satz 2, Abs. 8 gilt entsprechend.

(6) [1] Die Sonderprüfer haben über das Ergebnis der Prüfung schriftlich zu berichten. [2] Auch Tatsachen, deren Bekanntwerden geeignet ist, der Gesellschaft oder einem verbundenen Unternehmen einen nicht unerheblichen Nachteil zuzufügen, müssen in den Prüfungsbericht aufgenommen werden, wenn ihre Kenntnis zur Beurteilung des zu prüfenden Vorgangs durch die Hauptversammlung erforderlich ist. [3] Die Sonderprüfer haben den Bericht zu unterzeichnen und unverzüglich dem Vorstand und zum Handelsregister des Sitzes der Gesellschaft einzureichen. [4] Auf Verlangen hat der Vorstand jedem Aktionär eine Abschrift des Prüfungsberichts zu erteilen. [5] Der Vorstand hat den Bericht dem Aufsichtsrat vorzulegen und bei der Einberufung der nächsten Hauptversammlung als Gegenstand der Tagesordnung bekanntzumachen.

§ 146 Kosten. [1] Bestellt das Gericht Sonderprüfer, so trägt die Gesellschaft die Gerichtskosten und die Kosten der Prüfung. [2] Hat der Antragsteller die Bestellung durch vorsätzlich oder grob fahrlässig unrichtigen Vortrag erwirkt, so hat der Antragsteller der Gesellschaft die Kosten zu erstatten.

§ 147 Geltendmachung von Ersatzansprüchen. (1) [1] Die Ersatzansprüche der Gesellschaft aus der Gründung gegen die nach den §§ 46 bis 48, 53 verpflichteten Personen oder aus der Geschäftsführung gegen die Mitglieder

---

[1)] Nr. **5**.

des Vorstands und des Aufsichtsrats oder aus § 117 müssen geltend gemacht werden, wenn es die Hauptversammlung mit einfacher Stimmenmehrheit beschließt. [2]Der Ersatzanspruch soll binnen sechs Monaten seit dem Tage der Hauptversammlung geltend gemacht werden.

(2) [1]Zur Geltendmachung des Ersatzanspruchs kann die Hauptversammlung besondere Vertreter bestellen. [2]Das Gericht (§ 14) hat auf Antrag von Aktionären, deren Anteile zusammen den zehnten Teil des Grundkapitals oder den anteiligen Betrag von einer Million Euro erreichen, als Vertreter der Gesellschaft zur Geltendmachung des Ersatzanspruchs andere als die nach den §§ 78, 112 oder nach Satz 1 zur Vertretung der Gesellschaft berufenen Personen zu bestellen, wenn ihm dies für eine gehörige Geltendmachung zweckmäßig erscheint. [3]Gibt das Gericht dem Antrag statt, so trägt die Gesellschaft die Gerichtskosten. [4]Gegen die Entscheidung ist die Beschwerde zulässig. [5]Die gerichtlich bestellten Vertreter können von der Gesellschaft den Ersatz angemessener barer Auslagen und eine Vergütung für ihre Tätigkeit verlangen. [6]Die Auslagen und die Vergütung setzt das Gericht fest. [7]Gegen die Entscheidung ist die Beschwerde zulässig; die Rechtsbeschwerde ist ausgeschlossen. [8]Aus der rechtskräftigen Entscheidung findet die Zwangsvollstreckung nach der Zivilprozeßordnung statt.

§ 148 Klagezulassungsverfahren. (1) [1]Aktionäre, deren Anteile im Zeitpunkt der Antragstellung zusammen den einhundertsten Teil des Grundkapitals oder einen anteiligen Betrag von 100 000 Euro erreichen, können die Zulassung beantragen, im eigenen Namen die in § 147 Abs. 1 Satz 1 bezeichneten Ersatzansprüche der Gesellschaft geltend zu machen. [2]Das Gericht lässt die Klage zu, wenn

1. die Aktionäre nachweisen, dass sie die Aktien vor dem Zeitpunkt erworben haben, in dem sie oder im Falle der Gesamtrechtsnachfolge ihre Rechtsvorgänger von den behaupteten Pflichtverstößen oder dem behaupteten Schaden auf Grund einer Veröffentlichung Kenntnis erlangen mussten,
2. die Aktionäre nachweisen, dass sie die Gesellschaft unter Setzung einer angemessenen Frist vergeblich aufgefordert haben, selbst Klage zu erheben,
3. Tatsachen vorliegen, die den Verdacht rechtfertigen, dass der Gesellschaft durch Unredlichkeit oder grobe Verletzung des Gesetzes oder der Satzung ein Schaden entstanden ist, und
4. der Geltendmachung des Ersatzanspruchs keine überwiegenden Gründe des Gesellschaftswohls entgegenstehen.

(2) [1]Über den Antrag auf Klagezulassung entscheidet das Landgericht, in dessen Bezirk die Gesellschaft ihren Sitz hat, durch Beschluss. [2]Ist bei dem Landgericht eine Kammer für Handelssachen gebildet, so entscheidet diese anstelle der Zivilkammer. [3]Die Landesregierung kann die Entscheidung durch Rechtsverordnung für die Bezirke mehrerer Landgerichte einem der Landgerichte übertragen, wenn dies der Sicherung einer einheitlichen Rechtsprechung dient. [4]Die Landesregierung kann die Ermächtigung auf die Landesjustizverwaltung übertragen. [5]Die Antragstellung hemmt die Verjährung des streitgegenständlichen Anspruchs bis zur rechtskräftigen Antragsabweisung oder bis zum Ablauf der Frist für die Klageerhebung. [6]Vor der Entscheidung hat das Gericht dem Antragsgegner Gelegenheit zur Stellungnahme zu geben. [7]Gegen die Entscheidung findet die sofortige Beschwerde statt. [8]Die Rechtsbeschwerde

ist ausgeschlossen. [9] Die Gesellschaft ist im Zulassungsverfahren und im Klageverfahren beizuladen.

(3) [1] Die Gesellschaft ist jederzeit berechtigt, ihren Ersatzanspruch selbst gerichtlich geltend zu machen; mit Klageerhebung durch die Gesellschaft wird ein anhängiges Zulassungs- oder Klageverfahren von Aktionären über diesen Ersatzanspruch unzulässig. [2] Die Gesellschaft ist nach ihrer Wahl berechtigt, ein anhängiges Klageverfahren über ihren Ersatzanspruch in der Lage zu übernehmen, in der sich das Verfahren zur Zeit der Übernahme befindet. [3] Die bisherigen Antragsteller oder Kläger sind in den Fällen der Sätze 1 und 2 beizuladen.

(4) [1] Hat das Gericht dem Antrag stattgegeben, kann die Klage nur binnen drei Monaten nach Eintritt der Rechtskraft der Entscheidung und sofern die Aktionäre die Gesellschaft nochmals unter Setzung einer angemessenen Frist vergeblich aufgefordert haben, selbst Klage zu erheben, vor dem nach Absatz 2 zuständigen Gericht erhoben werden. [2] Sie ist gegen die in § 147 Abs. 1 Satz 1 genannten Personen und auf Leistung an die Gesellschaft zu richten. [3] Eine Nebenintervention durch Aktionäre ist nach Zulassung der Klage nicht mehr möglich. [4] Mehrere Klagen sind zur gleichzeitigen Verhandlung und Entscheidung zu verbinden.

(5) [1] Das Urteil wirkt, auch wenn es auf Klageabweisung lautet, für und gegen die Gesellschaft und die übrigen Aktionäre. [2] Entsprechendes gilt für einen nach § 149 bekannt zu machenden Vergleich; für und gegen die Gesellschaft wirkt dieser aber nur nach Klagezulassung.

(6) [1] Die Kosten des Zulassungsverfahrens hat der Antragsteller zu tragen, soweit sein Antrag abgewiesen wird. [2] Beruht die Abweisung auf entgegenstehenden Gründen des Gesellschaftswohls, die die Gesellschaft vor Antragstellung hätte mitteilen können, aber nicht mitgeteilt hat, so hat sie dem Antragsteller die Kosten zu erstatten. [3] Im Übrigen ist über die Kostentragung im Endurteil zu entscheiden. [4] Erhebt die Gesellschaft selbst Klage oder übernimmt sie ein anhängiges Klageverfahren von Aktionären, so trägt sie etwaige bis zum Zeitpunkt ihrer Klageerhebung oder Übernahme des Verfahrens entstandene Kosten des Antragstellers und kann die Klage nur unter den Voraussetzungen des § 93 Abs. 4 Satz 3 und 4 mit Ausnahme der Sperrfrist zurücknehmen. [5] Wird die Klage ganz oder teilweise abgewiesen, hat die Gesellschaft den Klägern die von diesen zu tragenden Kosten zu erstatten, sofern nicht die Kläger die Zulassung durch vorsätzlich oder grob fahrlässig unrichtigen Vortrag erwirkt haben. [6] Gemeinsam als Antragsteller oder als Streitgenossen handelnde Aktionäre erhalten insgesamt nur die Kosten eines Bevollmächtigten erstattet, soweit nicht ein weiterer Bevollmächtigter zur Rechtsverfolgung unerlässlich war.

§ 149 Bekanntmachungen zur Haftungsklage. (1) Nach rechtskräftiger Zulassung der Klage gemäß § 148 sind der Antrag auf Zulassung und die Verfahrensbeendigung von der börsennotierten Gesellschaft unverzüglich in den Gesellschaftsblättern bekannt zu machen.

(2) [1] Die Bekanntmachung der Verfahrensbeendigung hat deren Art, alle mit ihr im Zusammenhang stehenden Vereinbarungen einschließlich Nebenabreden im vollständigen Wortlaut sowie die Namen der Beteiligten zu enthalten. [2] Etwaige Leistungen der Gesellschaft und ihr zurechenbare Leistungen Dritter sind gesondert zu beschreiben und hervorzuheben. [3] Die vollständige Bekannt-

machung ist Wirksamkeitsvoraussetzung für alle Leistungspflichten. [4]Die Wirksamkeit von verfahrensbeendigenden Prozesshandlungen bleibt hiervon unberührt. [5]Trotz Unwirksamkeit bewirkte Leistungen können zurückgefordert werden.

(3) Die vorstehenden Bestimmungen gelten entsprechend für Vereinbarungen, die zur Vermeidung eines Prozesses geschlossen werden.

Fünfter Teil. Rechnungslegung[1]. Gewinnverwendung

Erster Abschnitt. Jahresabschluss und Lagebericht; Entsprechenserklärung und Vergütungsbericht

§ 150 Gesetzliche Rücklage. Kapitalrücklage. (1) In der Bilanz des nach den §§ 242, 264 des Handelsgesetzbuchs[2] aufzustellenden Jahresabschlusses ist eine gesetzliche Rücklage zu bilden.

(2) In diese ist der zwanzigste Teil des um einen Verlustvortrag aus dem Vorjahr geminderten Jahresüberschusses einzustellen, bis die gesetzliche Rücklage und die Kapitalrücklagen nach § 272 Abs. 2 Nr. 1 bis 3 des Handelsgesetzbuchs zusammen den zehnten oder den in der Satzung bestimmten höheren Teil des Grundkapitals erreichen.

(3) Übersteigen die gesetzliche Rücklage und die Kapitalrücklagen nach § 272 Abs. 2 Nr. 1 bis 3 des Handelsgesetzbuchs zusammen nicht den zehnten oder den in der Satzung bestimmten höheren Teil des Grundkapitals, so dürfen sie nur verwandt werden

1. zum Ausgleich eines Jahresfehlbetrags, soweit er nicht durch einen Gewinnvortrag aus dem Vorjahr gedeckt ist und nicht durch Auflösung anderer Gewinnrücklagen ausgeglichen werden kann;
2. zum Ausgleich eines Verlustvortrags aus dem Vorjahr, soweit er nicht durch einen Jahresüberschuß gedeckt ist und nicht durch Auflösung anderer Gewinnrücklagen ausgeglichen werden kann.

(4) [1]Übersteigen die gesetzliche Rücklage und die Kapitalrücklagen nach § 272 Abs. 2 Nr. 1 bis 3 des Handelsgesetzbuchs zusammen den zehnten oder den in der Satzung bestimmten höheren Teil des Grundkapitals, so darf der übersteigende Betrag verwandt werden

1. zum Ausgleich eines Jahresfehlbetrags, soweit er nicht durch einen Gewinnvortrag aus dem Vorjahr gedeckt ist;
2. zum Ausgleich eines Verlustvortrags aus dem Vorjahr, soweit er nicht durch einen Jahresüberschuß gedeckt ist;
3. zur Kapitalerhöhung aus Gesellschaftsmitteln nach den §§ 207 bis 220.

[2]Die Verwendung nach den Nummern 1 und 2 ist nicht zulässig, wenn gleichzeitig Gewinnrücklagen zur Gewinnausschüttung aufgelöst werden.

§§ 150a, 151 *(aufgehoben)*

§ 152 Vorschriften zur Bilanz. (1) [1]Das Grundkapital ist in der Bilanz als gezeichnetes Kapital auszuweisen. [2]Dabei ist der auf jede Aktiengattung entfal-

---

[1] Beachte hierzu das G über die Rechnungslegung von bestimmten Unternehmen und Konzernen (Publizitätsgesetz – PublG) (Nr. **6**).

[2] Nr. **5**.

lende Betrag des Grundkapitals gesondert anzugeben. [3]Bedingtes Kapital ist mit dem Nennbetrag zu vermerken. [4]Bestehen Mehrstimmrechtsaktien, so sind beim gezeichneten Kapital die Gesamtstimmenzahl der Mehrstimmrechtsaktien und die der übrigen Aktien zu vermerken.

(2) Zu dem Posten „Kapitalrücklage" sind in der Bilanz oder im Anhang gesondert anzugeben

1. der Betrag, der während des Geschäftsjahrs eingestellt wurde;
2. der Betrag, der für das Geschäftsjahr entnommen wird.

(3) Zu den einzelnen Posten der Gewinnrücklagen sind in der Bilanz oder im Anhang jeweils gesondert anzugeben

1. die Beträge, die die Hauptversammlung aus dem Bilanzgewinn des Vorjahrs eingestellt hat;
2. die Beträge, die aus dem Jahresüberschuß des Geschäftsjahrs eingestellt werden;
3. die Beträge, die für das Geschäftsjahr entnommen werden.

(4) [1]Die Absätze 1 bis 3 sind nicht anzuwenden auf Aktiengesellschaften, die Kleinstkapitalgesellschaften im Sinne des § 267a des Handelsgesetzbuchs[1)] sind, wenn sie von der Erleichterung nach § 266 Absatz 1 Satz 4 des Handelsgesetzbuchs[1)] Gebrauch machen. [2]Kleine Aktiengesellschaften im Sinne des § 267 Absatz 1 des Handelsgesetzbuchs[1)] haben die Absätze 2 und 3 mit der Maßgabe anzuwenden, dass die Angaben in der Bilanz zu machen sind.

§§ 153–157 *(aufgehoben)*

§ 158 Vorschriften zur Gewinn- und Verlustrechnung. (1) [1]Die Gewinn- und Verlustrechnung ist nach dem Posten „Jahresüberschuß/Jahresfehlbetrag" in Fortführung der Numerierung um die folgenden Posten zu ergänzen:

1. Gewinnvortrag/Verlustvortrag aus dem Vorjahr
2. Entnahmen aus der Kapitalrücklage
3. Entnahmen aus Gewinnrücklagen
   a) aus der gesetzlichen Rücklage
   b) aus der Rücklage für Anteile an einem herrschenden oder mehrheitlich beteiligten Unternehmen
   c) aus satzungsmäßigen Rücklagen
   d) aus anderen Gewinnrücklagen
4. Einstellungen in Gewinnrücklagen
   a) in die gesetzliche Rücklage
   b) in die Rücklage für Anteile an einem herrschenden oder mehrheitlich beteiligten Unternehmen
   c) in satzungsmäßige Rücklagen
   d) in andere Gewinnrücklagen
5. Bilanzgewinn/Bilanzverlust.

[2]Die Angaben nach Satz 1 können auch im Anhang gemacht werden.

[1)] Nr. **5**.

(2) [1] Von dem Ertrag aus einem Gewinnabführungs- oder Teilgewinnabführungsvertrag ist ein vertraglich zu leistender Ausgleich für außenstehende Gesellschafter abzusetzen; übersteigt dieser den Ertrag, so ist der übersteigende Betrag unter den Aufwendungen aus Verlustübernahme auszuweisen. [2] Andere Beträge dürfen nicht abgesetzt werden.

(3) Die Absätze 1 und 2 sind nicht anzuwenden auf Aktiengesellschaften, die Kleinstkapitalgesellschaften im Sinne des § 267a des Handelsgesetzbuchs[1)] sind, wenn sie von der Erleichterung nach § 275 Absatz 5 des Handelsgesetzbuchs[1)] Gebrauch machen.

§ 159 *(aufgehoben)*

§ 160 Vorschriften zum Anhang. (1) In jedem Anhang sind auch Angaben zu machen über

1. den Bestand und den Zugang an Aktien, die ein Aktionär für Rechnung der Gesellschaft oder eines abhängigen oder eines im Mehrheitsbesitz der Gesellschaft stehenden Unternehmens oder ein abhängiges oder im Mehrheitsbesitz der Gesellschaft stehendes Unternehmen als Gründer oder Zeichner oder in Ausübung eines bei einer bedingten Kapitalerhöhung eingeräumten Umtausch- oder Bezugsrechts übernommen hat; sind solche Aktien im Geschäftsjahr verwertet worden, so ist auch über die Verwertung unter Angabe des Erlöses und die Verwendung des Erlöses zu berichten;
2. den Bestand an eigenen Aktien der Gesellschaft, die sie, ein abhängiges oder im Mehrheitsbesitz der Gesellschaft stehendes Unternehmen oder ein anderer für Rechnung der Gesellschaft oder eines abhängigen oder eines im Mehrheitsbesitz der Gesellschaft stehenden Unternehmens erworben oder als Pfand genommen hat; dabei sind die Zahl dieser Aktien und der auf sie entfallende Betrag des Grundkapitals sowie deren Anteil am Grundkapital, für erworbene Aktien ferner der Zeitpunkt des Erwerbs und die Gründe für den Erwerb anzugeben. Sind solche Aktien im Geschäftsjahr erworben oder veräußert worden, so ist auch über den Erwerb oder die Veräußerung unter Angabe der Zahl dieser Aktien, des auf sie entfallenden Betrags des Grundkapitals, des Anteils am Grundkapital und des Erwerbs- oder Veräußerungspreises, sowie über die Verwendung des Erlöses zu berichten;
3. die Zahl der Aktien jeder Gattung, wobei zu Nennbetragsaktien der Nennbetrag und zu Stückaktien der rechnerische Wert für jede von ihnen anzugeben ist, sofern sich diese Angaben nicht aus der Bilanz ergeben; davon sind Aktien, die bei einer bedingten Kapitalerhöhung oder einem genehmigten Kapital im Geschäftsjahr gezeichnet wurden, jeweils gesondert anzugeben;
4. das genehmigte Kapital;
5. die Zahl der Bezugsrechte gemäß § 192 Absatz 2 Nummer 3;
6. *(aufgehoben)*
7. das Bestehen einer wechselseitigen Beteiligung unter Angabe des Unternehmens;
8. das Bestehen einer Beteiligung, die nach § 20 Abs. 1 oder Abs. 4 dieses Gesetzes oder nach § 33 Absatz 1 oder Absatz 2 des Wertpapierhandelsgesetzes[2)] mitgeteilt worden ist; dabei ist der nach § 20 Abs. 6 dieses Gesetzes

---

[1)] Nr. **5**.
[2)] Nr. **10**.

oder der nach § 40 Absatz 1 des Wertpapierhandelsgesetzes[1)] veröffentlichte Inhalt der Mitteilung anzugeben.

(2) Die Berichterstattung hat insoweit zu unterbleiben, als es für das Wohl der Bundesrepublik Deutschland oder eines ihrer Länder erforderlich ist.

(3) [1] Absatz 1 Nummer 1 und 3 bis 8 ist nicht anzuwenden auf Aktiengesellschaften, die kleine Kapitalgesellschaften im Sinne des § 267 Absatz 1 des Handelsgesetzbuchs[2)] sind. [2] Absatz 1 Nummer 2 ist auf diese Aktiengesellschaften mit der Maßgabe anzuwenden, dass die Gesellschaft nur Angaben zu von ihr selbst oder durch eine andere Person für Rechnung der Gesellschaft erworbenen und gehaltenen eigenen Aktien machen muss und über die Verwendung des Erlöses aus der Veräußerung eigener Aktien nicht zu berichten braucht.

§ 161 Erklärung zum Corporate Governance Kodex[3)]. (1) [1] Vorstand und Aufsichtsrat der börsennotierten Gesellschaft erklären jährlich, dass den vom Bundesministerium der Justiz und für Verbraucherschutz im amtlichen Teil des Bundesanzeigers bekannt gemachten Empfehlungen der „Regierungskommission Deutscher Corporate Governance Kodex" entsprochen wurde und wird oder welche Empfehlungen nicht angewendet wurden oder werden und warum nicht. [2] Gleiches gilt für Vorstand und Aufsichtsrat einer Gesellschaft, die ausschließlich andere Wertpapiere als Aktien zum Handel an einem organisierten Markt im Sinn des § 2 Absatz 11 des Wertpapierhandelsgesetzes[1)] ausgegeben hat und deren ausgegebene Aktien auf eigene Veranlassung über ein multilaterales Handelssystem im Sinn des § 2 Absatz 8 Satz 1 Nummer 8 des Wertpapierhandelsgesetzes[1)] gehandelt werden.

(2) Die Erklärung ist auf der Internetseite der Gesellschaft dauerhaft öffentlich zugänglich zu machen.

§ 162 Vergütungsbericht. (1) [1] Vorstand und Aufsichtsrat der börsennotierten Gesellschaft erstellen jährlich einen klaren und verständlichen Bericht über die im letzten Geschäftsjahr jedem einzelnen gegenwärtigen oder früheren Mitglied des Vorstands und des Aufsichtsrats von der Gesellschaft und von Unternehmen desselben Konzerns (§ 290 des Handelsgesetzbuchs[2)]) gewährte und geschuldete Vergütung. [2] Der Vergütungsbericht hat unter Namensnennung der in Satz 1 genannten Personen die folgenden Angaben zu enthalten, soweit sie inhaltlich tatsächlich vorliegen:

1. alle festen und variablen Vergütungsbestandteile, deren jeweiliger relativer Anteil sowie eine Erläuterung, wie sie dem maßgeblichen Vergütungssystem entsprechen, wie die Vergütung die langfristige Entwicklung der Gesellschaft fördert und wie die Leistungskriterien angewendet wurden;
2. eine vergleichende Darstellung der jährlichen Veränderung der Vergütung, der Ertragsentwicklung der Gesellschaft sowie der über die letzten fünf Geschäftsjahre betrachteten durchschnittlichen Vergütung von Arbeitnehmern auf Vollzeitäquivalenzbasis, einschließlich einer Erläuterung, welcher Kreis von Arbeitnehmern einbezogen wurde;

[1)] Nr. **10**.
[2)] Nr. **5**.
[3)] Nr. **2b**.

3. die Anzahl der gewährten oder zugesagten Aktien und Aktienoptionen und die wichtigsten Bedingungen für die Ausübung der Rechte, einschließlich Ausübungspreis, Ausübungsdatum und etwaiger Änderungen dieser Bedingungen;
4. Angaben dazu, ob und wie von der Möglichkeit Gebrauch gemacht wurde, variable Vergütungsbestandteile zurückzufordern;
5. Angaben zu etwaigen Abweichungen vom Vergütungssystem des Vorstands, einschließlich einer Erläuterung der Notwendigkeit der Abweichungen, und der Angabe der konkreten Bestandteile des Vergütungssystems, von denen abgewichen wurde;
6. eine Erläuterung, wie der Beschluss der Hauptversammlung nach § 120a Absatz 4 oder die Erörterung nach § 120a Absatz 5 berücksichtigt wurde;
7. eine Erläuterung, wie die festgelegte Maximalvergütung der Vorstandsmitglieder eingehalten wurde.

(2) Hinsichtlich der Vergütung jedes einzelnen Mitglieds des Vorstands hat der Vergütungsbericht ferner Angaben zu solchen Leistungen zu enthalten, die

1. einem Vorstandsmitglied von einem Dritten im Hinblick auf seine Tätigkeit als Vorstandsmitglied zugesagt oder im Geschäftsjahr gewährt worden sind,
2. einem Vorstandsmitglied für den Fall der vorzeitigen Beendigung seiner Tätigkeit zugesagt worden sind, einschließlich während des letzten Geschäftsjahres vereinbarter Änderungen dieser Zusagen,
3. einem Vorstandsmitglied für den Fall der regulären Beendigung seiner Tätigkeit zugesagt worden sind, mit ihrem Barwert und dem von der Gesellschaft während des letzten Geschäftsjahres hierfür aufgewandten oder zurückgestellten Betrag, einschließlich während des letzten Geschäftsjahres vereinbarter Änderungen dieser Zusagen,
4. einem früheren Vorstandsmitglied, das seine Tätigkeit im Laufe des letzten Geschäftsjahres beendet hat, in diesem Zusammenhang zugesagt und im Laufe des letzten Geschäftsjahres gewährt worden sind.

(3) [1] Der Vergütungsbericht ist durch den Abschlussprüfer zu prüfen. [2] Er hat zu prüfen, ob die Angaben nach den Absätzen 1 und 2 gemacht wurden. [3] Er hat einen Vermerk über die Prüfung des Vergütungsberichts zu erstellen. [4] Dieser ist dem Vergütungsbericht beizufügen. [5] § 323 des Handelsgesetzbuchs[1)] gilt entsprechend.

(4) Der Vergütungsbericht und der Vermerk nach Absatz 3 Satz 3 sind nach dem Beschluss gemäß § 120a Absatz 4 Satz 1 oder nach der Vorlage gemäß § 120a Absatz 5 von der Gesellschaft zehn Jahre lang auf ihrer Internetseite kostenfrei öffentlich zugänglich zu machen.

(5) [1] Der Vergütungsbericht darf keine Daten enthalten, die sich auf die Familiensituation einzelner Mitglieder des Vorstands oder des Aufsichtsrats beziehen. [2] Personenbezogene Angaben zu früheren Mitgliedern des Vorstands oder des Aufsichtsrats sind in allen Vergütungsberichten, die nach Ablauf von zehn Jahren nach Ablauf des Geschäftsjahres, in dem das jeweilige Mitglied seine Tätigkeit beendet hat, zu erstellen sind, zu unterlassen. [3] Im Übrigen sind personenbezogene Daten nach Ablauf der Frist des Absatzes 4 aus Vergütungsberichten zu entfernen, die über die Internetseite zugänglich sind.

[1)] Nr. **5**.

(6) [1] In den Vergütungsbericht brauchen keine Angaben aufgenommen zu werden, die nach vernünftiger kaufmännischer Beurteilung geeignet sind, der Gesellschaft einen nicht unerheblichen Nachteil zuzufügen. [2] Macht die Gesellschaft von der Möglichkeit nach Satz 1 Gebrauch und entfallen die Gründe für die Nichtaufnahme der Angaben nach der Veröffentlichung des Vergütungsberichts, sind die Angaben in den darauf folgenden Vergütungsbericht aufzunehmen.

Zweiter Abschnitt. Prüfung des Jahresabschlusses

Erster Unterabschnitt. Prüfung durch Abschlußprüfer

§§ 163–169 *(aufgehoben)*

Zweiter Unterabschnitt. Prüfung durch den Aufsichtsrat

§ 170 Vorlage an den Aufsichtsrat. (1) [1] Der Vorstand hat den Jahresabschluß und den Lagebericht unverzüglich nach ihrer Aufstellung dem Aufsichtsrat vorzulegen. [2] Satz 1 gilt entsprechend für einen Einzelabschluss nach § 325 Abs. 2a des Handelsgesetzbuchs[1)] sowie bei Mutterunternehmen (§ 290 Abs. 1, 2 des Handelsgesetzbuchs) für den Konzernabschluss und den Konzernlagebericht. [3] Nach Satz 1 vorzulegen sind auch der gesonderte nichtfinanzielle Bericht (§ 289b des Handelsgesetzbuchs[1)]) und der gesonderte nichtfinanzielle Konzernbericht (§ 315b des Handelsgesetzbuchs[1)]), sofern sie erstellt wurden.

(2) [1] Zugleich hat der Vorstand dem Aufsichtsrat den Vorschlag vorzulegen, den er der Hauptversammlung für die Verwendung des Bilanzgewinns machen will. [2] Der Vorschlag ist, sofern er keine abweichende Gliederung bedingt, wie folgt zu gliedern:

1. Verteilung an die Aktionäre ....
2. Einstellung in Gewinnrücklagen ....
3. Gewinnvortrag ....
4. Bilanzgewinn ....

(3) [1] Jedes Aufsichtsratsmitglied hat das Recht, von den Vorlagen und Prüfungsberichten Kenntnis zu nehmen. [2] Die Vorlagen und Prüfungsberichte sind auch jedem Aufsichtsratsmitglied oder, soweit der Aufsichtsrat dies beschlossen hat, den Mitgliedern eines Ausschusses zu übermitteln.

§ 171 Prüfung durch den Aufsichtsrat. (1) [1] Der Aufsichtsrat hat den Jahresabschluß, den Lagebericht und den Vorschlag für die Verwendung des Bilanzgewinns zu prüfen, bei Mutterunternehmen (§ 290 Abs. 1, 2 des Handelsgesetzbuchs[1)]) auch den Konzernabschluß und den Konzernlagebericht. [2] Ist der Jahresabschluss oder der Konzernabschluss durch einen Abschlussprüfer zu prüfen, so hat dieser an den Verhandlungen des Aufsichtsrats oder des Prüfungsausschusses über diese Vorlagen teilzunehmen und über die wesentlichen Ergebnisse seiner Prüfung, insbesondere wesentliche Schwächen des internen Kontroll- und des Risikomanagementsystems bezogen auf den Rechnungslegungsprozess, zu berichten. [3] Er informiert über Umstände, die seine Befangenheit besorgen lassen und über Leistungen, die er zusätzlich zu den Abschlussprüfungsleistungen erbracht hat. [4] Der Aufsichtsrat hat auch den gesonderten nichtfinanziellen Bericht (§ 289b des Handelsgesetzbuchs[1)]) und den

---

[1)] Nr. **5**.

gesonderten nichtfinanziellen Konzernbericht (§ 315b des Handelsgesetzbuchs[1)]) zu prüfen, sofern sie erstellt wurden.

(2) [1]Der Aufsichtsrat hat über das Ergebnis der Prüfung schriftlich an die Hauptversammlung zu berichten. [2]In dem Bericht hat der Aufsichtsrat auch mitzuteilen, in welcher Art und in welchem Umfang er die Geschäftsführung der Gesellschaft während des Geschäftsjahrs geprüft hat; bei börsennotierten Gesellschaften hat er insbesondere anzugeben, welche Ausschüsse gebildet worden sind, sowie die Zahl seiner Sitzungen und die der Ausschüsse mitzuteilen. [3]Ist der Jahresabschluß durch einen Abschlußprüfer zu prüfen, so hat der Aufsichtsrat ferner zu dem Ergebnis der Prüfung des Jahresabschlusses durch den Abschlußprüfer Stellung zu nehmen. [4]Am Schluß des Berichts hat der Aufsichtsrat zu erklären, ob nach dem abschließenden Ergebnis seiner Prüfung Einwendungen zu erheben sind und ob er den vom Vorstand aufgestellten Jahresabschluß billigt. [5]Bei Mutterunternehmen (§ 290 Abs. 1, 2 des Handelsgesetzbuchs) finden die Sätze 3 und 4 entsprechende Anwendung auf den Konzernabschluss.

(3) [1]Der Aufsichtsrat hat seinen Bericht innerhalb eines Monats, nachdem ihm die Vorlagen zugegangen sind, dem Vorstand zuzuleiten. [2]Wird der Bericht dem Vorstand nicht innerhalb der Frist zugeleitet, hat der Vorstand dem Aufsichtsrat unverzüglich eine weitere Frist von nicht mehr als einem Monat zu setzen. [3]Wird der Bericht dem Vorstand nicht vor Ablauf der weiteren Frist zugeleitet, gilt der Jahresabschluß als vom Aufsichtsrat nicht gebilligt; bei Mutterunternehmen (§ 290 Abs. 1, 2 des Handelsgesetzbuchs) gilt das Gleiche hinsichtlich des Konzernabschlusses.

(4) [1]Die Absätze 1 bis 3 gelten auch hinsichtlich eines Einzelabschlusses nach § 325 Abs. 2a des Handelsgesetzbuchs. [2]Der Vorstand darf den in Satz 1 genannten Abschluss erst nach dessen Billigung durch den Aufsichtsrat offen legen.

Dritter Abschnitt. Feststellung des Jahresabschlusses. Gewinnverwendung

Erster Unterabschnitt. Feststellung des Jahresabschlusses

§ 172 Feststellung durch Vorstand und Aufsichtsrat. [1]Billigt der Aufsichtsrat den Jahresabschluß, so ist dieser festgestellt, sofern nicht Vorstand und Aufsichtsrat beschließen, die Feststellung des Jahresabschlusses der Hauptversammlung zu überlassen. [2]Die Beschlüsse des Vorstands und des Aufsichtsrats sind in den Bericht des Aufsichtsrats an die Hauptversammlung aufzunehmen.

§ 173 Feststellung durch die Hauptversammlung. (1) [1]Haben Vorstand und Aufsichtsrat beschlossen, die Feststellung des Jahresabschlusses der Hauptversammlung zu überlassen, oder hat der Aufsichtsrat den Jahresabschluß nicht gebilligt, so stellt die Hauptversammlung den Jahresabschluß fest. [2]Hat der Aufsichtsrat eines Mutterunternehmens (§ 290 Abs. 1, 2 des Handelsgesetzbuchs[1)]) den Konzernabschluss nicht gebilligt, so entscheidet die Hauptversammlung über die Billigung.

(2) [1]Auf den Jahresabschluß sind bei der Feststellung die für seine Aufstellung geltenden Vorschriften anzuwenden. [2]Die Hauptversammlung darf bei

[1)] Nr. 5.

der Feststellung des Jahresabschlusses nur die Beträge in Gewinnrücklagen einstellen, die nach Gesetz oder Satzung einzustellen sind.

(3) [1] Ändert die Hauptversammlung einen von einem Abschlußprüfer auf Grund gesetzlicher Verpflichtung geprüften Jahresabschluß, so werden vor der erneuten Prüfung nach § 316 Abs. 3 des Handelsgesetzbuchs von der Hauptversammlung gefaßte Beschlüsse über die Feststellung des Jahresabschlusses und die Gewinnverwendung erst wirksam, wenn auf Grund der erneuten Prüfung ein hinsichtlich der Änderungen uneingeschränkter Bestätigungsvermerk erteilt worden ist. [2] Sie werden nichtig, wenn nicht binnen zwei Wochen seit der Beschlußfassung ein hinsichtlich der Änderungen uneingeschränkter Bestätigungsvermerk erteilt wird.

Zweiter Unterabschnitt. Gewinnverwendung

§ 174 [Beschluss über Gewinnverwendung] (1) [1] Die Hauptversammlung beschließt über die Verwendung des Bilanzgewinns. [2] Sie ist hierbei an den festgestellten Jahresabschluß gebunden.

(2) In dem Beschluß ist die Verwendung des Bilanzgewinns im einzelnen darzulegen, namentlich sind anzugeben

1. der Bilanzgewinn;
2. der an die Aktionäre auszuschüttende Betrag oder Sachwert;
3. die in Gewinnrücklagen einzustellenden Beträge;
4. ein Gewinnvortrag;
5. der zusätzliche Aufwand auf Grund des Beschlusses.

(3) Der Beschluß führt nicht zu einer Änderung des festgestellten Jahresabschlusses.

Dritter Unterabschnitt. Ordentliche Hauptversammlung

§ 175 Einberufung. (1) [1] Unverzüglich nach Eingang des Berichts des Aufsichtsrats hat der Vorstand die Hauptversammlung zur Entgegennahme des festgestellten Jahresabschlusses und des Lageberichts, eines vom Aufsichtsrat gebilligten Einzelabschlusses nach § 325 Abs. 2a des Handelsgesetzbuchs[1)] sowie zur Beschlußfassung über die Verwendung eines Bilanzgewinns, bei einem Mutterunternehmen (§ 290 Abs. 1, 2 des Handelsgesetzbuchs) auch zur Entgegennahme des vom Aufsichtsrat gebilligten Konzernabschlusses und des Konzernlageberichts, einzuberufen. [2] Die Hauptversammlung hat in den ersten acht Monaten des Geschäftsjahrs stattzufinden.

(2) [1] Der Jahresabschluss, ein vom Aufsichtsrat gebilligter Einzelabschluss nach § 325 Absatz 2a des Handelsgesetzbuchs[1)], der Lagebericht, der Bericht des Aufsichtsrats und der Vorschlag des Vorstands für die Verwendung des Bilanzgewinns sind von der Einberufung an in dem Geschäftsraum der Gesellschaft zur Einsicht durch die Aktionäre auszulegen. [2] Auf Verlangen ist jedem Aktionär unverzüglich eine Abschrift der Vorlagen zu erteilen. [3] Bei einem Mutterunternehmen (§ 290 Abs. 1, 2 des Handelsgesetzbuchs) gelten die Sätze 1 und 2 auch für den Konzernabschluss, den Konzernlagebericht und den Bericht des Aufsichtsrats hierüber. [4] Die Verpflichtungen nach den Sätzen 1

[1)] Nr. **5**.

bis 3 entfallen, wenn die dort bezeichneten Dokumente für denselben Zeitraum über die Internetseite der Gesellschaft zugänglich sind.

(3) [1] Hat die Hauptversammlung den Jahresabschluss festzustellen oder hat sie über die Billigung des Konzernabschlusses zu entscheiden, so gelten für die Einberufung der Hauptversammlung zur Feststellung des Jahresabschlusses oder zur Billigung des Konzernabschlusses und für das Zugänglichmachen der Vorlagen und die Erteilung von Abschriften die Absätze 1 und 2 sinngemäß. [2] Die Verhandlungen über die Feststellung des Jahresabschlusses und über die Verwendung des Bilanzgewinns sollen verbunden werden.

(4) [1] Mit der Einberufung der Hauptversammlung zur Entgegennahme des festgestellten Jahresabschlusses oder, wenn die Hauptversammlung den Jahresabschluß festzustellen hat, der Hauptversammlung zur Feststellung des Jahresabschlusses sind Vorstand und Aufsichtsrat an die in dem Bericht des Aufsichtsrats enthaltenen Erklärungen über den Jahresabschluß (§§ 172, 173 Abs. 1) gebunden. [2] Bei einem Mutterunternehmen (§ 290 Abs. 1, 2 des Handelsgesetzbuchs) gilt Satz 1 für die Erklärung des Aufsichtsrats über die Billigung des Konzernabschlusses entsprechend.

§ 176 Vorlagen. Anwesenheit des Abschlußprüfers. (1) [1] Der Vorstand hat der Hauptversammlung die in § 175 Abs. 2 genannten Vorlagen sowie bei börsennotierten Gesellschaften einen erläuternden Bericht zu den Angaben nach den §§ 289a und 315a des Handelsgesetzbuchs[1)] zugänglich zu machen. [2] Zu Beginn der Verhandlung soll der Vorstand seine Vorlagen, der Vorsitzende des Aufsichtsrats den Bericht des Aufsichtsrats erläutern. [3] Der Vorstand soll dabei auch zu einem Jahresfehlbetrag oder einem Verlust Stellung nehmen, der das Jahresergebnis wesentlich beeinträchtigt hat. [4] Satz 3 ist auf Kreditinstitute nicht anzuwenden.

(2) [1] Ist der Jahresabschluß von einem Abschlußprüfer zu prüfen, so hat der Abschlußprüfer an den Verhandlungen über die Feststellung des Jahresabschlusses teilzunehmen. [2] Satz 1 gilt entsprechend für die Verhandlungen über die Billigung eines Konzernabschlusses. [3] Der Abschlußprüfer ist nicht verpflichtet, einem Aktionär Auskunft zu erteilen.

Vierter Abschnitt. Bekanntmachung des Jahresabschlusses

§§ 177, 178 *(aufgehoben)*

Sechster Teil. Satzungsänderung. Maßnahmen der Kapitalbeschaffung und Kapitalherabsetzung

Erster Abschnitt. Satzungsänderung

§ 179 Beschluß der Hauptversammlung. (1) [1] Jede Satzungsänderung bedarf eines Beschlusses der Hauptversammlung. [2] Die Befugnis zu Änderungen, die nur die Fassung betreffen, kann die Hauptversammlung dem Aufsichtsrat übertragen.

(2) [1] Der Beschluß der Hauptversammlung bedarf einer Mehrheit, die mindestens drei Viertel des bei der Beschlußfassung vertretenen Grundkapitals umfaßt. [2] Die Satzung kann eine andere Kapitalmehrheit, für eine Änderung

---

1) Nr. **5**.

des Gegenstands des Unternehmens jedoch nur eine größere Kapitalmehrheit bestimmen. [3] Sie kann weitere Erfordernisse aufstellen.

(3) [1] Soll das bisherige Verhältnis mehrerer Gattungen von Aktien zum Nachteil einer Gattung geändert werden, so bedarf der Beschluß der Hauptversammlung zu seiner Wirksamkeit der Zustimmung der benachteiligten Aktionäre. [2] Über die Zustimmung haben die benachteiligten Aktionäre einen Sonderbeschluß zu fassen. [3] Für diesen gilt Absatz 2.

§ 179a Verpflichtung zur Übertragung des ganzen Gesellschaftsvermögens. (1) [1] Ein Vertrag, durch den sich eine Aktiengesellschaft zur Übertragung des ganzen Gesellschaftsvermögens verpflichtet, ohne daß die Übertragung unter die Vorschriften des Umwandlungsgesetzes[1)] fällt, bedarf auch dann eines Beschlusses der Hauptversammlung nach § 179, wenn damit nicht eine Änderung des Unternehmensgegenstandes verbunden ist. [2] Die Satzung kann nur eine größere Kapitalmehrheit bestimmen.

(2) [1] Der Vertrag ist von der Einberufung der Hauptversammlung an, die über die Zustimmung beschließen soll, in dem Geschäftsraum der Gesellschaft zur Einsicht der Aktionäre auszulegen. [2] Auf Verlangen ist jedem Aktionär unverzüglich eine Abschrift zu erteilen. [3] Die Verpflichtungen nach den Sätzen 1 und 2 entfallen, wenn der Vertrag für denselben Zeitraum über die Internetseite der Gesellschaft zugänglich ist. [4] In der Hauptversammlung ist der Vertrag zugänglich zu machen. [5] Der Vorstand hat ihn zu Beginn der Verhandlung zu erläutern. [6] Der Niederschrift ist er als Anlage beizufügen.

(3) Wird aus Anlaß der Übertragung des Gesellschaftsvermögens die Gesellschaft aufgelöst, so ist der Anmeldung der Auflösung der Vertrag in Ausfertigung oder öffentlich beglaubigter Abschrift beizufügen.

§ 180 Zustimmung der betroffenen Aktionäre. (1) Ein Beschluß, der Aktionären Nebenverpflichtungen auferlegt, bedarf zu seiner Wirksamkeit der Zustimmung aller betroffenen Aktionäre.

(2) Gleiches gilt für einen Beschluß, durch den die Übertragung von Namensaktien oder Zwischenscheinen an die Zustimmung der Gesellschaft gebunden wird.

§ 181 Eintragung der Satzungsänderung. (1) [1] Der Vorstand hat die Satzungsänderung zur Eintragung in das Handelsregister anzumelden. [2] Der Anmeldung ist der vollständige Wortlaut der Satzung beizufügen; er muß mit der Bescheinigung eines Notars versehen sein, daß die geänderten Bestimmungen der Satzung mit dem Beschluß über die Satzungsänderung und die unveränderten Bestimmungen mit dem zuletzt zum Handelsregister eingereichten vollständigen Wortlaut der Satzung übereinstimmen.

(2) Soweit nicht die Änderung Angaben nach § 39 betrifft, genügt bei der Eintragung die Bezugnahme auf die beim Gericht eingereichten Urkunden.

(3) Die Änderung wird erst wirksam, wenn sie in das Handelsregister des Sitzes der Gesellschaft eingetragen worden ist.

[1)] Nr. **12**.

Zweiter Abschnitt. Maßnahmen der Kapitalbeschaffung

Erster Unterabschnitt. Kapitalerhöhung gegen Einlagen

§ 182 Voraussetzungen. (1) [1] Eine Erhöhung des Grundkapitals gegen Einlagen kann nur mit einer Mehrheit beschlossen werden, die mindestens drei Viertel des bei der Beschlußfassung vertretenen Grundkapitals umfaßt. [2] Die Satzung kann eine andere Kapitalmehrheit, für die Ausgabe von Vorzugsaktien ohne Stimmrecht jedoch nur eine größere Kapitalmehrheit bestimmen. [3] Sie kann weitere Erfordernisse aufstellen. [4] Die Kapitalerhöhung kann nur durch Ausgabe neuer Aktien ausgeführt werden. [5] Bei Gesellschaften mit Stückaktien muß sich die Zahl der Aktien in demselben Verhältnis wie das Grundkapital erhöhen.

(2) [1] Sind mehrere Gattungen von stimmberechtigten Aktien vorhanden, so bedarf der Beschluß der Hauptversammlung zu seiner Wirksamkeit der Zustimmung der Aktionäre jeder Gattung. [2] Über die Zustimmung haben die Aktionäre jeder Gattung einen Sonderbeschluß zu fassen. [3] Für diesen gilt Absatz 1.

(3) Sollen die neuen Aktien für einen höheren Betrag als den geringsten Ausgabebetrag ausgegeben werden, so ist der Mindestbetrag, unter dem sie nicht ausgegeben werden sollen, im Beschluß über die Erhöhung des Grundkapitals festzusetzen.

(4) [1] Das Grundkapital soll nicht erhöht werden, solange ausstehende Einlagen auf das bisherige Grundkapital noch erlangt werden können. [2] Für Versicherungsgesellschaften kann die Satzung etwas anderes bestimmen. [3] Stehen Einlagen in verhältnismäßig unerheblichem Umfang aus, so hindert dies die Erhöhung des Grundkapitals nicht.

§ 183 Kapitalerhöhung mit Sacheinlagen; Rückzahlung von Einlagen. (1) [1] Wird eine Sacheinlage (§ 27 Abs. 1 und 2) gemacht, so müssen ihr Gegenstand, die Person, von der die Gesellschaft den Gegenstand erwirbt, und der Nennbetrag, bei Stückaktien die Zahl der bei der Sacheinlage zu gewährenden Aktien im Beschluß über die Erhöhung des Grundkapitals festgesetzt werden. [2] Der Beschluß darf nur gefaßt werden, wenn die Einbringung von Sacheinlagen und die Festsetzungen nach Satz 1 ausdrücklich und ordnungsgemäß bekanntgemacht worden sind.

(2) § 27 Abs. 3 und 4 gilt entsprechend.

(3) [1] Bei der Kapitalerhöhung mit Sacheinlagen hat eine Prüfung durch einen oder mehrere Prüfer stattzufinden. [2] § 33 Abs. 3 bis 5, die §§ 34, 35 gelten sinngemäß.

§ 183a Kapitalerhöhung mit Sacheinlagen ohne Prüfung. (1) [1] Von einer Prüfung der Sacheinlage (§ 183 Abs. 3) kann unter den Voraussetzungen des § 33a abgesehen werden. [2] Wird hiervon Gebrauch gemacht, so gelten die folgenden Absätze.

(2) [1] Der Vorstand hat das Datum des Beschlusses über die Kapitalerhöhung sowie die Angaben nach § 37a Abs. 1 und 2 in den Gesellschaftsblättern bekannt zu machen. [2] Die Durchführung der Erhöhung des Grundkapitals darf nicht in das Handelsregister eingetragen werden vor Ablauf von vier Wochen seit der Bekanntmachung.

(3) [1]Liegen die Voraussetzungen des § 33a Abs. 2 vor, hat das Amtsgericht auf Antrag von Aktionären, die am Tag der Beschlussfassung über die Kapitalerhöhung gemeinsam fünf vom Hundert des Grundkapitals hielten und am Tag der Antragstellung noch halten, einen oder mehrere Prüfer zu bestellen. [2]Der Antrag kann bis zum Tag der Eintragung der Durchführung der Erhöhung des Grundkapitals (§ 189) gestellt werden. [3]Das Gericht hat vor der Entscheidung über den Antrag den Vorstand zu hören. [4]Gegen die Entscheidung ist die Beschwerde gegeben.

(4) Für das weitere Verfahren gelten § 33 Abs. 4 und 5, die §§ 34, 35 entsprechend.

§ 184 Anmeldung des Beschlusses. (1) [1]Der Vorstand und der Vorsitzende des Aufsichtsrats haben den Beschluss über die Erhöhung des Grundkapitals zur Eintragung in das Handelsregister anzumelden. [2]In der Anmeldung ist anzugeben, welche Einlagen auf das bisherige Grundkapital noch nicht geleistet sind und warum sie nicht erlangt werden können. [3]Soll von einer Prüfung der Sacheinlage abgesehen werden und ist das Datum des Beschlusses der Kapitalerhöhung vorab bekannt gemacht worden (§ 183a Abs. 2), müssen die Anmeldenden in der Anmeldung nur noch versichern, dass ihnen seit der Bekanntmachung keine Umstände im Sinne von § 37a Abs. 2 bekannt geworden sind.

(2) Der Anmeldung sind der Bericht über die Prüfung von Sacheinlagen (§ 183 Abs. 3) oder die in § 37a Abs. 3 bezeichneten Anlagen beizufügen.

(3) [1]Das Gericht kann die Eintragung ablehnen, wenn der Wert der Sacheinlage nicht unwesentlich hinter dem geringsten Ausgabebetrag der dafür zu gewährenden Aktien zurückbleibt. [2]Wird von einer Prüfung der Sacheinlage nach § 183a Abs. 1 abgesehen, gilt § 38 Abs. 3 entsprechend.

§ 185 Zeichnung der neuen Aktien. (1) [1]Die Zeichnung der neuen Aktien geschieht durch schriftliche Erklärung (Zeichnungsschein), aus der die Beteiligung nach der Zahl und bei Nennbetragsaktien dem Nennbetrag und, wenn mehrere Gattungen ausgegeben werden, der Gattung der Aktien hervorgehen muß. [2]Der Zeichnungsschein soll doppelt ausgestellt werden. [3]Er hat zu enthalten

1. den Tag, an dem die Erhöhung des Grundkapitals beschlossen worden ist;
2. den Ausgabebetrag der Aktien, den Betrag der festgesetzten Einzahlungen sowie den Umfang von Nebenverpflichtungen;
3. die bei einer Kapitalerhöhung mit Sacheinlagen vorgesehenen Festsetzungen und, wenn mehrere Gattungen ausgegeben werden, den auf jede Aktiengattung entfallenden Betrag des Grundkapitals;
4. den Zeitpunkt, an dem die Zeichnung unverbindlich wird, wenn nicht bis dahin die Durchführung der Erhöhung des Grundkapitals eingetragen ist.

(2) Zeichnungsscheine, die diese Angaben nicht vollständig oder die außer dem Vorbehalt in Absatz 1 Nr. 4 Beschränkungen der Verpflichtung des Zeichners enthalten, sind nichtig.

(3) Ist die Durchführung der Erhöhung des Grundkapitals eingetragen, so kann sich der Zeichner auf die Nichtigkeit oder Unverbindlichkeit des Zeichnungsscheins nicht berufen, wenn er auf Grund des Zeichnungsscheins als Aktionär Rechte ausgeübt oder Verpflichtungen erfüllt hat.

(4) Jede nicht im Zeichnungsschein enthaltene Beschränkung ist der Gesellschaft gegenüber unwirksam.

§ 186 Bezugsrecht. (1) [1]Jedem Aktionär muß auf sein Verlangen ein seinem Anteil an dem bisherigen Grundkapital entsprechender Teil der neuen Aktien zugeteilt werden. [2]Für die Ausübung des Bezugsrechts ist eine Frist von mindestens zwei Wochen zu bestimmen.

(2) [1]Der Vorstand hat den Ausgabebetrag oder die Grundlagen für seine Festlegung und zugleich eine Bezugsfrist gemäß Absatz 1 in den Gesellschaftsblättern bekannt zu machen und gemäß § 67a zu übermitteln. [2]Sind nur die Grundlagen der Festlegung angegeben, so hat er spätestens drei Tage vor Ablauf der Bezugsfrist den Ausgabebetrag in den Gesellschaftsblättern und über ein elektronisches Informationsmedium bekannt zu machen.

(3) [1]Das Bezugsrecht kann ganz oder zum Teil nur im Beschluß über die Erhöhung des Grundkapitals ausgeschlossen werden. [2]In diesem Fall bedarf der Beschluß neben den in Gesetz oder Satzung für die Kapitalerhöhung aufgestellten Erfordernissen einer Mehrheit, die mindestens drei Viertel des bei der Beschlußfassung vertretenen Grundkapitals umfaßt. [3]Die Satzung kann eine größere Kapitalmehrheit und weitere Erfordernisse bestimmen. [4]Ein Ausschluß des Bezugsrechts ist insbesondere dann zulässig, wenn die Kapitalerhöhung gegen Bareinlagen zehn vom Hundert des Grundkapitals nicht übersteigt und der Ausgabebetrag den Börsenpreis nicht wesentlich unterschreitet.

(4) [1]Ein Beschluß, durch den das Bezugsrecht ganz oder zum Teil ausgeschlossen wird, darf nur gefaßt werden, wenn die Ausschließung ausdrücklich und ordnungsgemäß bekanntgemacht worden ist. [2]Der Vorstand hat der Hauptversammlung einen schriftlichen Bericht über den Grund für den teilweisen oder vollständigen Ausschluß des Bezugsrechts zugänglich zu machen; in dem Bericht ist der vorgeschlagene Ausgabebetrag zu begründen.

(5) [1]Als Ausschluß des Bezugsrechts ist es nicht anzusehen, wenn nach dem Beschluß die neuen Aktien von einem Kreditinstitut oder einem nach § 53 Abs. 1 Satz 1 oder § 53b Abs. 1 Satz 1 oder Abs. 7 des Gesetzes über das Kreditwesen tätigen Unternehmen mit der Verpflichtung übernommen werden sollen, sie den Aktionären zum Bezug anzubieten. [2]Der Vorstand hat dieses Bezugsangebot mit den Angaben gemäß Absatz 2 Satz 1 und einen endgültigen Ausgabebetrag gemäß Absatz 2 Satz 2 bekannt zu machen; gleiches gilt, wenn die neuen Aktien von einem anderen als einem Kreditinstitut oder Unternehmen im Sinne des Satzes 1 mit der Verpflichtung übernommen werden sollen, sie den Aktionären zum Bezug anzubieten.

§ 187 Zusicherung von Rechten auf den Bezug neuer Aktien.

(1) Rechte auf den Bezug neuer Aktien können nur unter Vorbehalt des Bezugsrechts der Aktionäre zugesichert werden.

(2) Zusicherungen vor dem Beschluß über die Erhöhung des Grundkapitals sind der Gesellschaft gegenüber unwirksam.

§ 188 Anmeldung und Eintragung der Durchführung. (1) Der Vorstand und der Vorsitzende des Aufsichtsrats haben die Durchführung der Erhöhung des Grundkapitals zur Eintragung in das Handelsregister anzumelden.

(2) [1] Für die Anmeldung gelten sinngemäß § 36 Abs. 2, § 36a und § 37 Abs. 1. [2] Durch Gutschrift auf ein Konto des Vorstands kann die Einzahlung nicht geleistet werden.

(3) Der Anmeldung sind beizufügen

1. die Zweitschriften der Zeichnungsscheine und ein vom Vorstand unterschriebenes Verzeichnis der Zeichner, das die auf jeden entfallenden Aktien und die auf sie geleisteten Einzahlungen angibt;
2. bei einer Kapitalerhöhung mit Sacheinlagen die Verträge, die den Festsetzungen nach § 183 zugrunde liegen oder zu ihrer Ausführung geschlossen worden sind;
3. eine Berechnung der Kosten, die für die Gesellschaft durch die Ausgabe der neuen Aktien entstehen werden.

(4) Anmeldung und Eintragung der Durchführung der Erhöhung des Grundkapitals können mit Anmeldung und Eintragung des Beschlusses über die Erhöhung verbunden werden.

§ 189 Wirksamwerden der Kapitalerhöhung. Mit der Eintragung der Durchführung der Erhöhung des Grundkapitals ist das Grundkapital erhöht.

§ 190 *(aufgehoben)*

§ 191 Verbotene Ausgabe von Aktien und Zwischenscheinen. [1] Vor der Eintragung der Durchführung der Erhöhung des Grundkapitals können die neuen Anteilsrechte nicht übertragen, neue Aktien und Zwischenscheine nicht ausgegeben werden. [2] Die vorher ausgegebenen neuen Aktien und Zwischenscheine sind nichtig. [3] Für den Schaden aus der Ausgabe sind die Ausgeber den Inhabern als Gesamtschuldner verantwortlich.

Zweiter Unterabschnitt. Bedingte Kapitalerhöhung

§ 192 Voraussetzungen. (1) Die Hauptversammlung kann eine Erhöhung des Grundkapitals beschließen, die nur so weit durchgeführt werden soll, wie von einem Umtausch- oder Bezugsrecht Gebrauch gemacht wird, das die Gesellschaft hat oder auf die neuen Aktien (Bezugsaktien) einräumt (bedingte Kapitalerhöhung).

(2) Die bedingte Kapitalerhöhung soll nur zu folgenden Zwecken beschlossen werden:

1. zur Gewährung von Umtausch- oder Bezugsrechten auf Grund von Wandelschuldverschreibungen;
2. zur Vorbereitung des Zusammenschlusses mehrerer Unternehmen;
3. zur Gewährung von Bezugsrechten an Arbeitnehmer und Mitglieder der Geschäftsführung der Gesellschaft oder eines verbundenen Unternehmens im Wege des Zustimmungs- oder Ermächtigungsbeschlusses.

(3) [1] Der Nennbetrag des bedingten Kapitals darf die Hälfte und der Nennbetrag des nach Absatz 2 Nr. 3 beschlossenen Kapitals den zehnten Teil des Grundkapitals, das zur Zeit der Beschlußfassung über die bedingte Kapitalerhöhung vorhanden ist, nicht übersteigen. [2] § 182 Abs. 1 Satz 5 gilt sinngemäß. [3] Satz 1 gilt nicht für eine bedingte Kapitalerhöhung nach Absatz 2 Nummer 1, die nur zu dem Zweck beschlossen wird, der Gesellschaft einen Umtausch zu ermöglichen, zu dem sie für den Fall ihrer drohenden Zahlungs-

unfähigkeit oder zum Zweck der Abwendung einer Überschuldung berechtigt ist. [4]Ist die Gesellschaft ein Institut im Sinne des § 1 Absatz 1b des Kreditwesengesetzes, gilt Satz 1 ferner nicht für eine bedingte Kapitalerhöhung nach Absatz 2 Nummer 1, die zu dem Zweck beschlossen wird, der Gesellschaft einen Umtausch zur Erfüllung bankaufsichtsrechtlicher oder zum Zweck der Restrukturierung oder Abwicklung erlassener Anforderungen zu ermöglichen. [5]Eine Anrechnung von bedingtem Kapital, auf das Satz 3 oder Satz 4 Anwendung findet, auf sonstiges bedingtes Kapital erfolgt nicht.

(4) Ein Beschluß der Hauptversammlung, der dem Beschluß über die bedingte Kapitalerhöhung entgegensteht, ist nichtig.

(5) Die folgenden Vorschriften über das Bezugsrecht gelten sinngemäß für das Umtauschrecht.

§ 193 Erfordernisse des Beschlusses. (1) [1]Der Beschluß über die bedingte Kapitalerhöhung bedarf einer Mehrheit, die mindestens drei Viertel des bei der Beschlußfassung vertretenen Grundkapitals umfaßt. [2]Die Satzung kann eine größere Kapitalmehrheit und weitere Erfordernisse bestimmen. [3]§ 182 Abs. 2 und § 187 Abs. 2 gelten.

(2) Im Beschluß müssen auch festgestellt werden

1. der Zweck der bedingten Kapitalerhöhung;
2. der Kreis der Bezugsberechtigten;
3. der Ausgabebetrag oder die Grundlagen, nach denen dieser Betrag errechnet wird; bei einer bedingten Kapitalerhöhung für die Zwecke des § 192 Abs. 2 Nr. 1 genügt es, wenn in dem Beschluss oder in dem damit verbundenen Beschluss nach § 221 der Mindestausgabebetrag oder die Grundlagen für die Festlegung des Ausgabebetrags oder des Mindestausgabebetrags bestimmt werden; sowie
4. bei Beschlüssen nach § 192 Abs. 2 Nr. 3 auch die Aufteilung der Bezugsrechte auf Mitglieder der Geschäftsführungen und Arbeitnehmer, Erfolgsziele, Erwerbs- und Ausübungszeiträume und Wartezeit für die erstmalige Ausübung (mindestens vier Jahre).

§ 194 Bedingte Kapitalerhöhung mit Sacheinlagen; Rückzahlung von Einlagen. (1) [1]Wird eine Sacheinlage gemacht, so müssen ihr Gegenstand, die Person, von der die Gesellschaft den Gegenstand erwirbt, und der Nennbetrag, bei Stückaktien die Zahl der bei der Sacheinlage zu gewährenden Aktien im Beschluß über die bedingte Kapitalerhöhung festgesetzt werden. [2]Als Sacheinlage gilt nicht der Umtausch von Schuldverschreibungen gegen Bezugsaktien. [3]Der Beschluß darf nur gefaßt werden, wenn die Einbringung von Sacheinlagen ausdrücklich und ordnungsgemäß bekanntgemacht worden ist.

(2) § 27 Abs. 3 und 4 gilt entsprechend; an die Stelle des Zeitpunkts der Anmeldung nach § 27 Abs. 3 Satz 3 und der Eintragung nach § 27 Abs. 3 Satz 4 tritt jeweils der Zeitpunkt der Ausgabe der Bezugsaktien.

(3) Die Absätze 1 und 2 gelten nicht für die Einlage von Geldforderungen, die Arbeitnehmern der Gesellschaft aus einer ihnen von der Gesellschaft eingeräumten Gewinnbeteiligung zustehen.

(4) [1]Bei der Kapitalerhöhung mit Sacheinlagen hat eine Prüfung durch einen oder mehrere Prüfer stattzufinden. [2]§ 33 Abs. 3 bis 5, die §§ 34, 35 gelten sinngemäß.

(5) § 183a gilt entsprechend.

§ 195 Anmeldung des Beschlusses. (1) [1] Der Vorstand und der Vorsitzende des Aufsichtsrats haben den Beschluß über die bedingte Kapitalerhöhung zur Eintragung in das Handelsregister anzumelden. [2] § 184 Abs. 1 Satz 3 gilt entsprechend.

(2) Der Anmeldung sind beizufügen

1. bei einer bedingten Kapitalerhöhung mit Sacheinlagen die Verträge, die den Festsetzungen nach § 194 zugrunde liegen oder zu ihrer Ausführung geschlossen worden sind, und der Bericht über die Prüfung von Sacheinlagen (§ 194 Abs. 4) oder die in § 37a Abs. 3 bezeichneten Anlagen;
2. eine Berechnung der Kosten, die für die Gesellschaft durch die Ausgabe der Bezugsaktien entstehen werden.

(3) [1] Das Gericht kann die Eintragung ablehnen, wenn der Wert der Sacheinlage nicht unwesentlich hinter dem geringsten Ausgabebetrag der dafür zu gewährenden Aktien zurückbleibt. [2] Wird von einer Prüfung der Sacheinlage nach § 183a Abs. 1 abgesehen, gilt § 38 Abs. 3 entsprechend.

§ 196 *(aufgehoben)*

§ 197 Verbotene Aktienausgabe. [1] Vor der Eintragung des Beschlusses über die bedingte Kapitalerhöhung können die Bezugsaktien nicht ausgegeben werden. [2] Ein Anspruch des Bezugsberechtigten entsteht vor diesem Zeitpunkt nicht. [3] Die vorher ausgegebenen Bezugsaktien sind nichtig. [4] Für den Schaden aus der Ausgabe sind die Ausgeber den Inhabern als Gesamtschuldner verantwortlich.

§ 198 Bezugserklärung. (1) [1] Das Bezugsrecht wird durch schriftliche Erklärung ausgeübt. [2] Die Erklärung (Bezugserklärung) soll doppelt ausgestellt werden. [3] Sie hat die Beteiligung nach der Zahl und bei Nennbetragsaktien dem Nennbetrag und, wenn mehrere Gattungen ausgegeben werden, der Gattung der Aktien, die Feststellungen nach § 193 Abs. 2, die nach § 194 bei der Einbringung von Sacheinlagen vorgesehenen Festsetzungen sowie den Tag anzugeben, an dem der Beschluß über die bedingte Kapitalerhöhung gefaßt worden ist.

(2) [1] Die Bezugserklärung hat die gleiche Wirkung wie eine Zeichnungserklärung. [2] Bezugserklärungen, deren Inhalt nicht dem Absatz 1 entspricht oder die Beschränkungen der Verpflichtung des Erklärenden enthalten, sind nichtig.

(3) Werden Bezugsaktien ungeachtet der Nichtigkeit einer Bezugserklärung ausgegeben, so kann sich der Erklärende auf die Nichtigkeit nicht berufen, wenn er auf Grund der Bezugserklärung als Aktionär Rechte ausgeübt oder Verpflichtungen erfüllt hat.

(4) Jede nicht in der Bezugserklärung enthaltene Beschränkung ist der Gesellschaft gegenüber unwirksam.

§ 199 Ausgabe der Bezugsaktien. (1) Der Vorstand darf die Bezugsaktien nur in Erfüllung des im Beschluß über die bedingte Kapitalerhöhung festgesetzten Zwecks und nicht vor der vollen Leistung des Gegenwerts ausgeben, der sich aus dem Beschluß ergibt.

(2) [1]Der Vorstand darf Bezugsaktien gegen Wandelschuldverschreibungen nur ausgeben, wenn der Unterschied zwischen dem Ausgabebetrag der zum Umtausch eingereichten Schuldverschreibungen und dem höheren geringsten Ausgabebetrag der für sie zu gewährenden Bezugsaktien aus einer anderen Gewinnrücklage, soweit sie zu diesem Zweck verwandt werden kann, oder durch Zuzahlung des Umtauschberechtigten gedeckt ist. [2]Dies gilt nicht, wenn der Gesamtbetrag, zu dem die Schuldverschreibungen ausgegeben sind, den geringsten Ausgabebetrag der Bezugsaktien insgesamt erreicht oder übersteigt.

§ 200 Wirksamwerden der bedingten Kapitalerhöhung. Mit der Ausgabe der Bezugsaktien ist das Grundkapital erhöht.

§ 201 Anmeldung der Ausgabe von Bezugsaktien. (1) Der Vorstand meldet ausgegebene Bezugsaktien zur Eintragung in das Handelsregister mindestens einmal jährlich bis spätestens zum Ende des auf den Ablauf des Geschäftsjahrs folgenden Kalendermonats an.

(2) [1]Der Anmeldung sind die Zweitschriften der Bezugserklärungen und ein vom Vorstand unterschriebenes Verzeichnis der Personen, die das Bezugsrecht ausgeübt haben, beizufügen. [2]Das Verzeichnis hat die auf jeden Aktionär entfallenden Aktien und die auf sie gemachten Einlagen anzugeben.

(3) In der Anmeldung hat der Vorstand zu erklären, daß die Bezugsaktien nur in Erfüllung des im Beschluß über die bedingte Kapitalerhöhung festgesetzten Zwecks und nicht vor der vollen Leistung des Gegenwerts ausgegeben worden sind, der sich aus dem Beschluß ergibt.

Dritter Unterabschnitt. Genehmigtes Kapital

§ 202 Voraussetzungen. (1) Die Satzung kann den Vorstand für höchstens fünf Jahre nach Eintragung der Gesellschaft ermächtigen, das Grundkapital bis zu einem bestimmten Nennbetrag (genehmigtes Kapital) durch Ausgabe neuer Aktien gegen Einlagen zu erhöhen.

(2) [1]Die Ermächtigung kann auch durch Satzungsänderung für höchstens fünf Jahre nach Eintragung der Satzungsänderung erteilt werden. [2]Der Beschluß der Hauptversammlung bedarf einer Mehrheit, die mindestens drei Viertel des bei der Beschlußfassung vertretenen Grundkapitals umfaßt. [3]Die Satzung kann eine größere Kapitalmehrheit und weitere Erfordernisse bestimmen. [4]§ 182 Abs. 2 gilt.

(3) [1]Der Nennbetrag des genehmigten Kapitals darf die Hälfte des Grundkapitals, das zur Zeit der Ermächtigung vorhanden ist, nicht übersteigen. [2]Die neuen Aktien sollen nur mit Zustimmung des Aufsichtsrats ausgegeben werden. [3]§ 182 Abs. 1 Satz 5 gilt sinngemäß.

(4) Die Satzung kann auch vorsehen, daß die neuen Aktien an Arbeitnehmer der Gesellschaft ausgegeben werden.

§ 203 Ausgabe der neuen Aktien. (1) [1]Für die Ausgabe der neuen Aktien gelten sinngemäß, soweit sich aus den folgenden Vorschriften nichts anderes ergibt, §§ 185 bis 191 über die Kapitalerhöhung gegen Einlagen. [2]An die Stelle des Beschlusses über die Erhöhung des Grundkapitals tritt die Ermächtigung der Satzung zur Ausgabe neuer Aktien.

(2) [1]Die Ermächtigung kann vorsehen, daß der Vorstand über den Ausschluß des Bezugsrechts entscheidet. [2]Wird eine Ermächtigung, die dies vorsieht, durch Satzungsänderung erteilt, so gilt § 186 Abs. 4 sinngemäß.

(3) [1]Die neuen Aktien sollen nicht ausgegeben werden, solange ausstehende Einlagen auf das bisherige Grundkapital noch erlangt werden können. [2]Für Versicherungsgesellschaften kann die Satzung etwas anderes bestimmen. [3]Stehen Einlagen in verhältnismäßig unerheblichem Umfang aus, so hindert dies die Ausgabe der neuen Aktien nicht. [4]In der ersten Anmeldung der Durchführung der Erhöhung des Grundkapitals ist anzugeben, welche Einlagen auf das bisherige Grundkapital noch nicht geleistet sind und warum sie nicht erlangt werden können.

(4) Absatz 3 Satz 1 und 4 gilt nicht, wenn die Aktien an Arbeitnehmer der Gesellschaft ausgegeben werden.

§ 204 Bedingungen der Aktienausgabe. (1) [1]Über den Inhalt der Aktienrechte und die Bedingungen der Aktienausgabe entscheidet der Vorstand, soweit die Ermächtigung keine Bestimmungen enthält. [2]Die Entscheidung des Vorstands bedarf der Zustimmung des Aufsichtsrats; gleiches gilt für die Entscheidung des Vorstands nach § 203 Abs. 2 über den Ausschluß des Bezugsrechts.

(2) Sind Vorzugsaktien ohne Stimmrecht vorhanden, so können Vorzugsaktien, die bei der Verteilung des Gewinns oder des Gesellschaftsvermögens ihnen vorgehen oder gleichstehen, nur ausgegeben werden, wenn die Ermächtigung es vorsieht.

(3) [1]Weist ein Jahresabschluß, der mit einem uneingeschränkten Bestätigungsvermerk versehen ist, einen Jahresüberschuß aus, so können Aktien an Arbeitnehmer der Gesellschaft auch in der Weise ausgegeben werden, daß die auf sie zu leistende Einlage aus dem Teil des Jahresüberschusses gedeckt wird, den nach § 58 Abs. 2 Vorstand und Aufsichtsrat in andere Gewinnrücklagen einstellen können. [2]Für die Ausgabe der neuen Aktien gelten die Vorschriften über eine Kapitalerhöhung gegen Bareinlagen, ausgenommen § 188 Abs. 2. [3]Der Anmeldung der Durchführung der Erhöhung des Grundkapitals ist außerdem der festgestellte Jahresabschluß mit Bestätigungsvermerk beizufügen. [4]Die Anmeldenden haben ferner die Erklärung nach § 210 Abs. 1 Satz 2 abzugeben.

§ 205 Ausgabe gegen Sacheinlagen; Rückzahlung von Einlagen.

(1) Gegen Sacheinlagen dürfen Aktien nur ausgegeben werden, wenn die Ermächtigung es vorsieht.

(2) [1]Der Gegenstand der Sacheinlage, die Person, von der die Gesellschaft den Gegenstand erwirbt, und der Nennbetrag, bei Stückaktien die Zahl der bei der Sacheinlage zu gewährenden Aktien sind, wenn sie nicht in der Ermächtigung festgesetzt sind, vom Vorstand festzusetzen und in den Zeichnungsschein aufzunehmen. [2]Der Vorstand soll die Entscheidung nur mit Zustimmung des Aufsichtsrats treffen.

(3) § 27 Abs. 3 und 4 gilt entsprechend.

(4) Die Absätze 2 und 3 gelten nicht für die Einlage von Geldforderungen, die Arbeitnehmern der Gesellschaft aus einer ihnen von der Gesellschaft eingeräumten Gewinnbeteiligung zustehen.

(5) [1]Bei Ausgabe der Aktien gegen Sacheinlagen hat eine Prüfung durch einen oder mehrere Prüfer stattzufinden; § 33 Abs. 3 bis 5, die §§ 34, 35 gelten sinngemäß. [2]§ 183a ist entsprechend anzuwenden. [3]Anstelle des Datums des Beschlusses über die Kapitalerhöhung hat der Vorstand seine Entscheidung über die Ausgabe neuer Aktien gegen Sacheinlagen sowie die Angaben nach § 37a Abs. 1 und 2 in den Gesellschaftsblättern bekannt zu machen.

(6) Soweit eine Prüfung der Sacheinlage nicht stattfindet, gilt für die Anmeldung der Durchführung der Kapitalerhöhung zur Eintragung in das Handelsregister (§ 203 Abs. 1 Satz 1, § 188) auch § 184 Abs. 1 Satz 3 und Abs. 2 entsprechend.

(7) [1]Das Gericht kann die Eintragung ablehnen, wenn der Wert der Sacheinlage nicht unwesentlich hinter dem geringsten Ausgabebetrag der dafür zu gewährenden Aktien zurückbleibt. [2]Wird von einer Prüfung der Sacheinlage nach § 183a Abs. 1 abgesehen, gilt § 38 Abs. 3 entsprechend.

§ 206 Verträge über Sacheinlagen vor Eintragung der Gesellschaft. [1]Sind vor Eintragung der Gesellschaft Verträge geschlossen worden, nach denen auf das genehmigte Kapital eine Sacheinlage zu leisten ist, so muß die Satzung die Festsetzungen enthalten, die für eine Ausgabe gegen Sacheinlagen vorgeschrieben sind. [2]Dabei gelten sinngemäß § 27 Abs. 3 und 5, die §§ 32 bis 35, 37 Abs. 4 Nr. 2, 4 und 5, die §§ 37a, 38 Abs. 2 und 3 sowie § 49 über die Gründung der Gesellschaft. [3]An die Stelle der Gründer tritt der Vorstand und an die Stelle der Anmeldung und Eintragung der Gesellschaft die Anmeldung und Eintragung der Durchführung der Erhöhung des Grundkapitals.

Vierter Unterabschnitt. Kapitalerhöhung aus Gesellschaftsmitteln

§ 207 Voraussetzungen. (1) Die Hauptversammlung kann eine Erhöhung des Grundkapitals durch Umwandlung der Kapitalrücklage und von Gewinnrücklagen in Grundkapital beschließen.

(2) [1]Für den Beschluß und für die Anmeldung des Beschlusses gelten § 182 Abs. 1, § 184 Abs. 1 sinngemäß. [2]Gesellschaften mit Stückaktien können ihr Grundkapital auch ohne Ausgabe neuer Aktien erhöhen; der Beschluß über die Kapitalerhöhung muß die Art der Erhöhung angeben.

(3) Dem Beschluß ist eine Bilanz zugrunde zu legen.

§ 208 Umwandlungsfähigkeit von Kapital- und Gewinnrücklagen. (1) [1]Die Kapitalrücklage und die Gewinnrücklagen, die in Grundkapital umgewandelt werden sollen, müssen in der letzten Jahresbilanz und, wenn dem Beschluß eine andere Bilanz zugrunde gelegt wird, auch in dieser Bilanz unter „Kapitalrücklage" oder „Gewinnrücklagen" oder im letzten Beschluß über die Verwendung des Jahresüberschusses oder des Bilanzgewinns als Zuführung zu diesen Rücklagen ausgewiesen sein. [2]Vorbehaltlich des Absatzes 2 können andere Gewinnrücklagen und deren Zuführungen in voller Höhe, die Kapitalrücklage und die gesetzliche Rücklage sowie deren Zuführungen nur, soweit sie zusammen den zehnten oder den in der Satzung bestimmten höheren Teil des bisherigen Grundkapitals übersteigen, in Grundkapital umgewandelt werden.

(2) [1]Die Kapitalrücklage und die Gewinnrücklagen sowie deren Zuführungen können nicht umgewandelt werden, soweit in der zugrunde gelegten Bilanz ein Verlust einschließlich eines Verlustvortrags ausgewiesen ist. [2]Ge-

winnrücklagen und deren Zuführungen, die für einen bestimmten Zweck bestimmt sind, dürfen nur umgewandelt werden, soweit dies mit ihrer Zweckbestimmung vereinbar ist.

§ 209 Zugrunde gelegte Bilanz. (1) Dem Beschluß kann die letzte Jahresbilanz zugrunde gelegt werden, wenn die Jahresbilanz geprüft und die festgestellte Jahresbilanz mit dem uneingeschränkten Bestätigungsvermerk des Abschlußprüfers versehen ist und wenn ihr Stichtag höchstens acht Monate vor der Anmeldung des Beschlusses zur Eintragung in das Handelsregister liegt.

(2) [1] Wird dem Beschluß nicht die letzte Jahresbilanz zugrunde gelegt, so muß die Bilanz §§ 150, 152 dieses Gesetzes, §§ 242 bis 256a, 264 bis 274a des Handelsgesetzbuchs[1)] entsprechen. [2] Der Stichtag der Bilanz darf höchstens acht Monate vor der Anmeldung des Beschlusses zur Eintragung in das Handelsregister liegen.

(3) [1] Die Bilanz muß durch einen Abschlußprüfer darauf geprüft werden, ob sie §§ 150, 152 dieses Gesetzes, §§ 242 bis 256a, 264 bis 274a des Handelsgesetzbuchs[1)] entspricht. [2] Sie muß mit einem uneingeschränkten Bestätigungsvermerk versehen sein.

(4) [1] Wenn die Hauptversammlung keinen anderen Prüfer wählt, gilt der Prüfer als gewählt, der für die Prüfung des letzten Jahresabschlusses von der Hauptversammlung gewählt oder vom Gericht bestellt worden ist. [2] Soweit sich aus der Besonderheit des Prüfungsauftrags nichts anderes ergibt, sind auf die Prüfung § 318 Abs. 1 Satz 3 und 4, § 319 Abs. 1 bis 4, § 319a Abs. 1, § 319b Abs. 1, § 320 Abs. 1, 2, §§ 321, 322 Abs. 7 und § 323 des Handelsgesetzbuchs entsprechend anzuwenden.

(5) [1] Bei Versicherungsgesellschaften wird der Prüfer vom Aufsichtsrat bestimmt; Absatz 4 Satz 1 gilt sinngemäß. [2] Soweit sich aus der Besonderheit des Prüfungsauftrags nichts anderes ergibt, ist auf die Prüfung § 341k des Handelsgesetzbuchs anzuwenden.

(6) Im Fall der Absätze 2 bis 5 gilt für das Zugänglichmachen der Bilanz und für die Erteilung von Abschriften § 175 Abs. 2 sinngemäß.

§ 210 Anmeldung und Eintragung des Beschlusses. (1) [1] Der Anmeldung des Beschlusses zur Eintragung in das Handelsregister ist die der Kapitalerhöhung zugrunde gelegte Bilanz mit Bestätigungsvermerk, im Fall des § 209 Abs. 2 bis 6 außerdem die letzte Jahresbilanz, sofern sie noch nicht nach § 325 Abs. 1 des Handelsgesetzbuchs[1)] eingereicht ist, beizufügen. [2] Die Anmeldenden haben dem Gericht gegenüber zu erklären, daß nach ihrer Kenntnis seit dem Stichtag der zugrunde gelegten Bilanz bis zum Tag der Anmeldung keine Vermögensminderung eingetreten ist, die der Kapitalerhöhung entgegenstünde, wenn sie am Tag der Anmeldung beschlossen worden wäre.

(2) Das Gericht darf den Beschluß nur eintragen, wenn die der Kapitalerhöhung zugrunde gelegte Bilanz auf einen höchstens acht Monate vor der Anmeldung liegenden Stichtag aufgestellt und eine Erklärung nach Absatz 1 Satz 2 abgegeben worden ist.

(3) Das Gericht braucht nicht zu prüfen, ob die Bilanzen den gesetzlichen Vorschriften entsprechen.

[1)] Nr. 5.

(4) Bei der Eintragung des Beschlusses ist anzugeben, daß es sich um eine Kapitalerhöhung aus Gesellschaftsmitteln handelt.

§ 211 Wirksamwerden der Kapitalerhöhung. (1) Mit der Eintragung des Beschlusses über die Erhöhung des Grundkapitals ist das Grundkapital erhöht.

(2) *(aufgehoben)*

§ 212 Aus der Kapitalerhöhung Berechtigte. [1] Neue Aktien stehen den Aktionären im Verhältnis ihrer Anteile am bisherigen Grundkapital zu. [2] Ein entgegenstehender Beschluß der Hauptversammlung ist nichtig.

§ 213 Teilrechte. (1) Führt die Kapitalerhöhung dazu, daß auf einen Anteil am bisherigen Grundkapital nur ein Teil einer neuen Aktie entfällt, so ist dieses Teilrecht selbständig veräußerlich und vererblich.

(2) Die Rechte aus einer neuen Aktie einschließlich des Anspruchs auf Ausstellung einer Aktienurkunde können nur ausgeübt werden, wenn Teilrechte, die zusammen eine volle Aktie ergeben, in einer Hand vereinigt sind oder wenn sich mehrere Berechtigte, deren Teilrechte zusammen eine volle Aktie ergeben, zur Ausübung der Rechte zusammenschließen.

§ 214 Aufforderung an die Aktionäre. (1) [1] Nach der Eintragung des Beschlusses über die Erhöhung des Grundkapitals durch Ausgabe neuer Aktien hat der Vorstand unverzüglich die Aktionäre aufzufordern, die neuen Aktien abzuholen. [2] Die Aufforderung ist in den Gesellschaftsblättern bekanntzumachen und gemäß § 67a zu übermitteln. [3] In der Bekanntmachung ist anzugeben,

1. um welchen Betrag das Grundkapital erhöht worden ist,
2. in welchem Verhältnis auf die alten Aktien neue Aktien entfallen.

[4] In der Bekanntmachung ist ferner darauf hinzuweisen, daß die Gesellschaft berechtigt ist, Aktien, die nicht innerhalb eines Jahres seit der Bekanntmachung der Aufforderung abgeholt werden, nach dreimaliger Androhung für Rechnung der Beteiligten zu verkaufen.

(2) [1] Nach Ablauf eines Jahres seit der Bekanntmachung der Aufforderung hat die Gesellschaft den Verkauf der nicht abgeholten Aktien anzudrohen. [2] Die Androhung ist dreimal in Abständen von mindestens einem Monat in den Gesellschaftsblättern bekanntzumachen. [3] Die letzte Bekanntmachung muß vor dem Ablauf von achtzehn Monaten seit der Bekanntmachung der Aufforderung ergehen.

(3) [1] Nach Ablauf eines Jahres seit der letzten Bekanntmachung der Androhung hat die Gesellschaft die nicht abgeholten Aktien für Rechnung der Beteiligten zum Börsenpreis und beim Fehlen eines Börsenpreises durch öffentliche Versteigerung zu verkaufen. [2] § 226 Abs. 3 Satz 2 bis 6 gilt sinngemäß.

(4) [1] Die Absätze 1 bis 3 gelten sinngemäß für Gesellschaften, die keine Aktienurkunden ausgegeben haben. [2] Die Gesellschaften haben die Aktionäre aufzufordern, sich die neuen Aktien zuteilen zu lassen.

§ 215 Eigene Aktien. Teileingezahlte Aktien. (1) Eigene Aktien nehmen an der Erhöhung des Grundkapitals teil.

(2) [1] Teileingezahlte Aktien nehmen entsprechend ihrem Anteil am Grundkapital an der Erhöhung des Grundkapitals teil. [2] Bei ihnen kann die Kapital-

erhöhung nicht durch Ausgabe neuer Aktien ausgeführt werden, bei Nennbetragsaktien wird deren Nennbetrag erhöht. [3]Sind neben teileingezahlten Aktien volleingezahlte Aktien vorhanden, so kann bei volleingezahlten Nennbetragsaktien die Kapitalerhöhung durch Erhöhung des Nennbetrags der Aktien und durch Ausgabe neuer Aktien ausgeführt werden; der Beschluß über die Erhöhung des Grundkapitals muß die Art der Erhöhung angeben. [4]Soweit die Kapitalerhöhung durch Erhöhung des Nennbetrags der Aktien ausgeführt wird, ist sie so zu bemessen, daß durch sie auf keine Aktie Beträge entfallen, die durch eine Erhöhung des Nennbetrags der Aktien nicht gedeckt werden können.

§ 216 Wahrung der Rechte der Aktionäre und Dritter. (1) Das Verhältnis der mit den Aktien verbundenen Rechte zueinander wird durch die Kapitalerhöhung nicht berührt.

(2) [1]Soweit sich einzelne Rechte teileingezahlter Aktien, insbesondere die Beteiligung am Gewinn oder das Stimmrecht, nach der auf die Aktie geleisteten Einlage bestimmen, stehen diese Rechte den Aktionären bis zur Leistung der noch ausstehenden Einlagen nur nach der Höhe der geleisteten Einlage, erhöht um den auf den Nennbetrag des Grundkapitals berechneten Hundertsatz der Erhöhung des Grundkapitals zu. [2]Werden weitere Einzahlungen geleistet, so erweitern sich diese Rechte entsprechend. [3]Im Fall des § 271 Abs. 3 gelten die Erhöhungsbeträge als voll eingezahlt.

(3) [1]Der wirtschaftliche Inhalt vertraglicher Beziehungen der Gesellschaft zu Dritten, die von der Gewinnausschüttung der Gesellschaft, dem Nennbetrag oder Wert ihrer Aktien oder ihres Grundkapitals oder sonst von den bisherigen Kapital- oder Gewinnverhältnissen abhängen, wird durch die Kapitalerhöhung nicht berührt. [2]Gleiches gilt für Nebenverpflichtungen der Aktionäre.

§ 217 Beginn der Gewinnbeteiligung. (1) Neue Aktien nehmen, wenn nichts anderes bestimmt ist, am Gewinn des ganzen Geschäftsjahrs teil, in dem die Erhöhung des Grundkapitals beschlossen worden ist.

(2) [1]Im Beschluß über die Erhöhung des Grundkapitals kann bestimmt werden, daß die neuen Aktien bereits am Gewinn des letzten vor der Beschlußfassung über die Kapitalerhöhung abgelaufenen Geschäftsjahrs teilnehmen. [2]In diesem Fall ist die Erhöhung des Grundkapitals zu beschließen, bevor über die Verwendung des Bilanzgewinns des letzten vor der Beschlußfassung abgelaufenen Geschäftsjahrs Beschluß gefaßt ist. [3]Der Beschluß über die Verwendung des Bilanzgewinns des letzten vor der Beschlußfassung über die Kapitalerhöhung abgelaufenen Geschäftsjahrs wird erst wirksam, wenn das Grundkapital erhöht ist. [4]Der Beschluß über die Erhöhung des Grundkapitals und der Beschluß über die Verwendung des Bilanzgewinns des letzten vor der Beschlußfassung über die Kapitalerhöhung abgelaufenen Geschäftsjahrs sind nichtig, wenn der Beschluß über die Kapitalerhöhung nicht binnen drei Monaten nach der Beschlußfassung in das Handelsregister eingetragen worden ist. [5]Der Lauf der Frist ist gehemmt, solange eine Anfechtungs- oder Nichtigkeitsklage rechtshängig ist.

§ 218 Bedingtes Kapital. [1]Bedingtes Kapital erhöht sich im gleichen Verhältnis wie das Grundkapital. [2]Ist das bedingte Kapital zur Gewährung von Umtauschrechten an Gläubiger von Wandelschuldverschreibungen beschlossen worden, so ist zur Deckung des Unterschieds zwischen dem Ausgabebetrag der

Schuldverschreibungen und dem höheren geringsten Ausgabebetrag der für sie zu gewährenden Bezugsaktien insgesamt eine Sonderrücklage zu bilden, soweit nicht Zuzahlungen der Umtauschberechtigten vereinbart sind.

§ 219 Verbotene Ausgabe von Aktien und Zwischenscheinen. Vor der Eintragung des Beschlusses über die Erhöhung des Grundkapitals in das Handelsregister dürfen neue Aktien und Zwischenscheine nicht ausgegeben werden.

§ 220 Wertansätze. [1]Als Anschaffungskosten der vor der Erhöhung des Grundkapitals erworbenen Aktien und der auf sie entfallenen neuen Aktien gelten die Beträge, die sich für die einzelnen Aktien ergeben, wenn die Anschaffungskosten der vor der Erhöhung des Grundkapitals erworbenen Aktien auf diese und auf die auf sie entfallenen neuen Aktien nach dem Verhältnis der Anteile am Grundkapital verteilt werden. [2]Der Zuwachs an Aktien ist nicht als Zugang auszuweisen.

Fünfter Unterabschnitt. Wandelschuldverschreibungen. Gewinnschuldverschreibungen

§ 221 [Wandel-, Gewinnschuldverschreibungen] (1) [1]Schuldverschreibungen, bei denen den Gläubigern oder der Gesellschaft ein Umtausch- oder Bezugsrecht auf Aktien eingeräumt wird (Wandelschuldverschreibungen), und Schuldverschreibungen, bei denen die Rechte der Gläubiger mit Gewinnanteilen von Aktionären in Verbindung gebracht werden (Gewinnschuldverschreibungen), dürfen nur auf Grund eines Beschlusses der Hauptversammlung ausgegeben werden. [2]Der Beschluß bedarf einer Mehrheit, die mindestens drei Viertel des bei der Beschlußfassung vertretenen Grundkapitals umfaßt. [3]Die Satzung kann eine andere Kapitalmehrheit und weitere Erfordernisse bestimmen. [4]§ 182 Abs. 2 gilt.

(2) [1]Eine Ermächtigung des Vorstandes zur Ausgabe von Wandelschuldverschreibungen kann höchstens für fünf Jahre erteilt werden. [2]Der Vorstand und der Vorsitzende des Aufsichtsrats haben den Beschluß über die Ausgabe der Wandelschuldverschreibungen sowie eine Erklärung über deren Ausgabe beim Handelsregister zu hinterlegen. [3]Ein Hinweis auf den Beschluß und die Erklärung ist in den Gesellschaftsblättern bekanntzumachen.

(3) Absatz 1 gilt sinngemäß für die Gewährung von Genußrechten.

(4) [1]Auf Wandelschuldverschreibungen, Gewinnschuldverschreibungen und Genußrechte haben die Aktionäre ein Bezugsrecht. [2]Die §§ 186 und 193 Abs. 2 Nr. 4 gelten sinngemäß.

Dritter Abschnitt. Maßnahmen der Kapitalherabsetzung

Erster Unterabschnitt. Ordentliche Kapitalherabsetzung

§ 222 Voraussetzungen. (1) [1]Eine Herabsetzung des Grundkapitals kann nur mit einer Mehrheit beschlossen werden, die mindestens drei Viertel des bei der Beschlußfassung vertretenen Grundkapitals umfaßt. [2]Die Satzung kann eine größere Kapitalmehrheit und weitere Erfordernisse bestimmen.

(2) [1]Sind mehrere Gattungen von stimmberechtigten Aktien vorhanden, so bedarf der Beschluß der Hauptversammlung zu seiner Wirksamkeit der Zustimmung der Aktionäre jeder Gattung. [2]Über die Zustimmung haben die

Aktionäre jeder Gattung einen Sonderbeschluß zu fassen. [3]Für diesen gilt Absatz 1.

(3) In dem Beschluß ist festzusetzen, zu welchem Zweck die Herabsetzung stattfindet, namentlich ob Teile des Grundkapitals zurückgezahlt werden sollen.

(4) [1]Die Herabsetzung des Grundkapitals erfordert bei Gesellschaften mit Nennbetragsaktien die Herabsetzung des Nennbetrags der Aktien. [2]Soweit der auf die einzelne Aktie entfallende anteilige Betrag des herabgesetzten Grundkapitals den Mindestbetrag nach § 8 Abs. 2 Satz 1 oder Abs. 3 Satz 3 unterschreiten würde, erfolgt die Herabsetzung durch Zusammenlegung der Aktien. [3]Der Beschluß muß die Art der Herabsetzung angeben.

§ 223 Anmeldung des Beschlusses. Der Vorstand und der Vorsitzende des Aufsichtsrats haben den Beschluß über die Herabsetzung des Grundkapitals zur Eintragung in das Handelsregister anzumelden.

§ 224 Wirksamwerden der Kapitalherabsetzung. Mit der Eintragung des Beschlusses über die Herabsetzung des Grundkapitals ist das Grundkapital herabgesetzt.

§ 225 Gläubigerschutz. (1) [1]Den Gläubigern, deren Forderungen begründet worden sind, bevor die Eintragung des Beschlusses bekanntgemacht worden ist, ist, wenn sie sich binnen sechs Monaten nach der Bekanntmachung zu diesem Zweck melden, Sicherheit zu leisten, soweit sie nicht Befriedigung verlangen können. [2]Die Gläubiger sind in der Bekanntmachung der Eintragung auf dieses Recht hinzuweisen. [3]Das Recht, Sicherheitsleistung zu verlangen, steht Gläubigern nicht zu, die im Fall des Insolvenzverfahrens ein Recht auf vorzugsweise Befriedigung aus einer Deckungsmasse haben, die nach gesetzlicher Vorschrift zu ihrem Schutz errichtet und staatlich überwacht ist.

(2) [1]Zahlungen an die Aktionäre dürfen auf Grund der Herabsetzung des Grundkapitals erst geleistet werden, nachdem seit der Bekanntmachung der Eintragung sechs Monate verstrichen sind und nachdem den Gläubigern, die sich rechtzeitig gemeldet haben, Befriedigung oder Sicherheit gewährt worden ist. [2]Auch eine Befreiung der Aktionäre von der Verpflichtung zur Leistung von Einlagen wird nicht vor dem bezeichneten Zeitpunkt und nicht vor Befriedigung oder Sicherstellung der Gläubiger wirksam, die sich rechtzeitig gemeldet haben.

(3) Das Recht der Gläubiger, Sicherheitsleistung zu verlangen, ist unabhängig davon, ob Zahlungen an die Aktionäre auf Grund der Herabsetzung des Grundkapitals geleistet werden.

§ 226 Kraftloserklärung von Aktien. (1) [1]Sollen zur Durchführung der Herabsetzung des Grundkapitals Aktien durch Umtausch, Abstempelung oder durch ein ähnliches Verfahren zusammengelegt werden, so kann die Gesellschaft die Aktien für kraftlos erklären, die trotz Aufforderung nicht bei ihr eingereicht worden sind. [2]Gleiches gilt für eingereichte Aktien, welche die zum Ersatz durch neue Aktien nötige Zahl nicht erreichen und der Gesellschaft nicht zur Verwertung für Rechnung der Beteiligten zur Verfügung gestellt sind.

(2) [1]Die Aufforderung, die Aktien einzureichen, hat die Kraftloserklärung anzudrohen. [2]Die Kraftloserklärung kann nur erfolgen, wenn die Aufforderung in der in § 64 Abs. 2 für die Nachfrist vorgeschriebenen Weise bekanntgemacht worden ist. [3]Die Kraftloserklärung geschieht durch Bekanntmachung in den

Gesellschaftsblättern. [4]In der Bekanntmachung sind die für kraftlos erklärten Aktien so zu bezeichnen, daß sich aus der Bekanntmachung ohne weiteres ergibt, ob eine Aktie für kraftlos erklärt ist.

(3) [1]Die neuen Aktien, die an Stelle der für kraftlos erklärten Aktien auszugeben sind, hat die Gesellschaft unverzüglich für Rechnung der Beteiligten zum Börsenpreis und beim Fehlen eines Börsenpreises durch öffentliche Versteigerung zu verkaufen. [2]Ist von der Versteigerung am Sitz der Gesellschaft kein angemessener Erfolg zu erwarten, so sind die Aktien an einem geeigneten Ort zu verkaufen. [3]Zeit, Ort und Gegenstand der Versteigerung sind öffentlich bekanntzumachen. [4]Die Beteiligten sind besonders zu benachrichtigen; die Benachrichtigung kann unterbleiben, wenn sie untunlich ist. [5]Bekanntmachung und Benachrichtigung müssen mindestens zwei Wochen vor der Versteigerung ergehen. [6]Der Erlös ist den Beteiligten auszuzahlen oder, wenn ein Recht zur Hinterlegung besteht, zu hinterlegen.

§ 227 Anmeldung der Durchführung. (1) Der Vorstand hat die Durchführung der Herabsetzung des Grundkapitals zur Eintragung in das Handelsregister anzumelden.

(2) Anmeldung und Eintragung der Durchführung der Herabsetzung des Grundkapitals können mit Anmeldung und Eintragung des Beschlusses über die Herabsetzung verbunden werden.

§ 228 Herabsetzung unter den Mindestnennbetrag. (1) Das Grundkapital kann unter den in § 7 bestimmten Mindestnennbetrag herabgesetzt werden, wenn dieser durch eine Kapitalerhöhung wieder erreicht wird, die zugleich mit der Kapitalherabsetzung beschlossen ist und bei der Sacheinlagen nicht festgesetzt sind.

(2) [1]Die Beschlüsse sind nichtig, wenn sie und die Durchführung der Erhöhung nicht binnen sechs Monaten nach der Beschlußfassung in das Handelsregister eingetragen worden sind. [2]Der Lauf der Frist ist gehemmt, solange eine Anfechtungs- oder Nichtigkeitsklage rechtshängig ist. [3]Die Beschlüsse und die Durchführung der Erhöhung des Grundkapitals sollen nur zusammen in das Handelsregister eingetragen werden.

Zweiter Unterabschnitt. Vereinfachte Kapitalherabsetzung

§ 229 Voraussetzungen. (1) [1]Eine Herabsetzung des Grundkapitals, die dazu dienen soll, Wertminderungen auszugleichen, sonstige Verluste zu decken oder Beträge in die Kapitalrücklage einzustellen, kann in vereinfachter Form vorgenommen werden. [2]Im Beschluß ist festzusetzen, daß die Herabsetzung zu diesen Zwecken stattfindet.

(2) [1]Die vereinfachte Kapitalherabsetzung ist nur zulässig, nachdem der Teil der gesetzlichen Rücklage und der Kapitalrücklage, um den diese zusammen über zehn vom Hundert des nach der Herabsetzung verbleibenden Grundkapitals hinausgehen, sowie die Gewinnrücklagen vorweg aufgelöst sind. [2]Sie ist nicht zulässig, solange ein Gewinnvortrag vorhanden ist.

(3) § 222 Abs. 1, 2 und 4, §§ 223, 224, 226 bis 228 über die ordentliche Kapitalherabsetzung gelten sinngemäß.

§ 230 Verbot von Zahlungen an die Aktionäre. [1]Die Beträge, die aus der Auflösung der Kapital- oder Gewinnrücklagen und aus der Kapitalherabsetzung gewonnen werden, dürfen nicht zu Zahlungen an die Aktionäre und nicht dazu verwandt werden, die Aktionäre von der Verpflichtung zur Leistung von Einlagen zu befreien. [2]Sie dürfen nur verwandt werden, um Wertminderungen auszugleichen, sonstige Verluste zu decken und Beträge in die Kapitalrücklage oder in die gesetzliche Rücklage einzustellen. [3]Auch eine Verwendung zu einem dieser Zwecke ist nur zulässig, soweit sie im Beschluß als Zweck der Herabsetzung angegeben ist.

§ 231 Beschränkte Einstellung in die Kapitalrücklage und in die gesetzliche Rücklage. [1]Die Einstellung der Beträge, die aus der Auflösung von anderen Gewinnrücklagen gewonnen werden, in die gesetzliche Rücklage und der Beträge, die aus der Kapitalherabsetzung gewonnen werden, in die Kapitalrücklage ist nur zulässig, soweit die Kapitalrücklage und die gesetzliche Rücklage zusammen zehn vom Hundert des Grundkapitals nicht übersteigen. [2]Als Grundkapital gilt dabei der Nennbetrag, der sich durch die Herabsetzung ergibt, mindestens aber der in § 7 bestimmte Mindestnennbetrag. [3]Bei der Bemessung der zulässigen Höhe bleiben Beträge, die in der Zeit nach der Beschlußfassung über die Kapitalherabsetzung in die Kapitalrücklage einzustellen sind, auch dann außer Betracht, wenn ihre Zahlung auf einem Beschluß beruht, der zugleich mit dem Beschluß über die Kapitalherabsetzung gefaßt wird.

§ 232 Einstellung von Beträgen in die Kapitalrücklage bei zu hoch angenommenen Verlusten. Ergibt sich bei Aufstellung der Jahresbilanz für das Geschäftsjahr, in dem der Beschluß über die Kapitalherabsetzung gefaßt wurde, oder für eines der beiden folgenden Geschäftsjahre, daß Wertminderungen und sonstige Verluste in der bei der Beschlußfassung angenommenen Höhe tatsächlich nicht eingetreten oder ausgeglichen waren, so ist der Unterschiedsbetrag in die Kapitalrücklage einzustellen.

§ 233 Gewinnausschüttung. Gläubigerschutz. (1) [1]Gewinn darf nicht ausgeschüttet werden, bevor die gesetzliche Rücklage und die Kapitalrücklage zusammen zehn vom Hundert des Grundkapitals erreicht haben. [2]Als Grundkapital gilt dabei der Nennbetrag, der sich durch die Herabsetzung ergibt, mindestens aber der in § 7 bestimmte Mindestnennbetrag.

(2) [1]Die Zahlung eines Gewinnanteils von mehr als vier vom Hundert ist erst für ein Geschäftsjahr zulässig, das später als zwei Jahre nach der Beschlußfassung über die Kapitalherabsetzung beginnt. [2]Dies gilt nicht, wenn die Gläubiger, deren Forderungen vor der Bekanntmachung der Eintragung des Beschlusses begründet worden waren, befriedigt oder sichergestellt sind, soweit sie sich binnen sechs Monaten nach der Bekanntmachung des Jahresabschlusses, auf Grund dessen die Gewinnverteilung beschlossen ist, zu diesem Zweck gemeldet haben. [3]Einer Sicherstellung der Gläubiger bedarf es nicht, die im Fall des Insolvenzverfahrens ein Recht auf vorzugsweise Befriedigung aus einer Deckungsmasse haben, die nach gesetzlicher Vorschrift zu ihrem Schutz errichtet und staatlich überwacht ist. [4]Die Gläubiger sind in der Bekanntmachung nach § 325 Abs. 2 des Handelsgesetzbuchs[1)] auf die Befriedigung oder Sicherstellung hinzuweisen.

[1)] Nr. 5.

(3) Die Beträge, die aus der Auflösung von Kapital- und Gewinnrücklagen und aus der Kapitalherabsetzung gewonnen sind, dürfen auch nach diesen Vorschriften nicht als Gewinn ausgeschüttet werden.

§ 234 Rückwirkung der Kapitalherabsetzung. (1) Im Jahresabschluß für das letzte vor der Beschlußfassung über die Kapitalherabsetzung abgelaufene Geschäftsjahr können das gezeichnete Kapital sowie die Kapital- und Gewinnrücklagen in der Höhe ausgewiesen werden, in der sie nach der Kapitalherabsetzung bestehen sollen.

(2) [1] In diesem Fall beschließt die Hauptversammlung über die Feststellung des Jahresabschlusses. [2] Der Beschluß soll zugleich mit dem Beschluß über die Kapitalherabsetzung gefaßt werden.

(3) [1] Die Beschlüsse sind nichtig, wenn der Beschluß über die Kapitalherabsetzung nicht binnen drei Monaten nach der Beschlußfassung in das Handelsregister eingetragen worden ist. [2] Der Lauf der Frist ist gehemmt, solange eine Anfechtungs- oder Nichtigkeitsklage rechtshängig ist.

§ 235 Rückwirkung einer gleichzeitigen Kapitalerhöhung. (1) [1] Wird im Fall des § 234 zugleich mit der Kapitalherabsetzung eine Erhöhung des Grundkapitals beschlossen, so kann auch die Kapitalerhöhung in dem Jahresabschluß als vollzogen berücksichtigt werden. [2] Die Beschlußfassung ist nur zulässig, wenn die neuen Aktien gezeichnet, keine Sacheinlagen festgesetzt sind und wenn auf jede Aktie die Einzahlung geleistet ist, die nach § 188 Abs. 2 zur Zeit der Anmeldung der Durchführung der Kapitalerhöhung bewirkt sein muß. [3] Die Zeichnung und die Einzahlung sind dem Notar nachzuweisen, der den Beschluß über die Erhöhung des Grundkapitals beurkundet.

(2) [1] Sämtliche Beschlüsse sind nichtig, wenn die Beschlüsse über die Kapitalherabsetzung und die Kapitalerhöhung und die Durchführung der Erhöhung nicht binnen drei Monaten nach der Beschlußfassung in das Handelsregister eingetragen worden sind. [2] Der Lauf der Frist ist gehemmt, solange eine Anfechtungs- oder Nichtigkeitsklage rechtshängig ist. [3] Die Beschlüsse und die Durchführung der Erhöhung des Grundkapitals sollen nur zusammen in das Handelsregister eingetragen werden.

§ 236 Offenlegung. Die Offenlegung des Jahresabschlusses nach § 325 des Handelsgesetzbuchs[1)] darf im Fall des § 234 erst nach Eintragung des Beschlusses über die Kapitalherabsetzung, im Fall des § 235 erst ergehen, nachdem die Beschlüsse über die Kapitalherabsetzung und Kapitalerhöhung und die Durchführung der Kapitalerhöhung eingetragen worden sind.

Dritter Unterabschnitt. Kapitalherabsetzung durch Einziehung von Aktien. Ausnahme für Stückaktien

§ 237 Voraussetzungen. (1) [1] Aktien können zwangsweise oder nach Erwerb durch die Gesellschaft eingezogen werden. [2] Eine Zwangseinziehung ist nur zulässig, wenn sie in der ursprünglichen Satzung oder durch eine Satzungsänderung vor Übernahme oder Zeichnung der Aktien angeordnet oder gestattet war.

---

1) Nr. **5**.

(2) [1] Bei der Einziehung sind die Vorschriften über die ordentliche Kapitalherabsetzung zu befolgen. [2] In der Satzung oder in dem Beschluß der Hauptversammlung sind die Voraussetzungen für eine Zwangseinziehung und die Einzelheiten ihrer Durchführung festzulegen. [3] Für die Zahlung des Entgelts, das Aktionären bei einer Zwangseinziehung oder bei einem Erwerb von Aktien zum Zwecke der Einziehung gewährt wird, und für die Befreiung dieser Aktionäre von der Verpflichtung zur Leistung von Einlagen gilt § 225 Abs. 2 sinngemäß.

(3) Die Vorschriften über die ordentliche Kapitalherabsetzung brauchen nicht befolgt zu werden, wenn Aktien, auf die der Ausgabebetrag voll geleistet ist,

1. der Gesellschaft unentgeltlich zur Verfügung gestellt oder
2. zu Lasten des Bilanzgewinns oder einer frei verfügbaren Rücklage, soweit sie zu diesem Zweck verwandt werden können, eingezogen werden oder
3. Stückaktien sind und der Beschluss der Hauptversammlung bestimmt, dass sich durch die Einziehung der Anteil der übrigen Aktien am Grundkapital gemäß § 8 Abs. 3 erhöht; wird der Vorstand zur Einziehung ermächtigt, so kann er auch zur Anpassung der Angabe der Zahl in der Satzung ermächtigt werden.

(4) [1] Auch in den Fällen des Absatzes 3 kann die Kapitalherabsetzung durch Einziehung nur von der Hauptversammlung beschlossen werden. [2] Für den Beschluß genügt die einfache Stimmenmehrheit. [3] Die Satzung kann eine größere Mehrheit und weitere Erfordernisse bestimmen. [4] Im Beschluß ist der Zweck der Kapitalherabsetzung festzusetzen. [5] Der Vorstand und der Vorsitzende des Aufsichtsrats haben den Beschluß zur Eintragung in das Handelsregister anzumelden.

(5) In den Fällen des Absatzes 3 Nr. 1 und 2 ist in die Kapitalrücklage ein Betrag einzustellen, der dem auf die eingezogenen Aktien entfallenden Betrag des Grundkapitals gleichkommt.

(6) [1] Soweit es sich um eine durch die Satzung angeordnete Zwangseinziehung handelt, bedarf es eines Beschlusses der Hauptversammlung nicht. [2] In diesem Fall tritt für die Anwendung der Vorschriften über die ordentliche Kapitalherabsetzung an die Stelle des Hauptversammlungsbeschlusses die Entscheidung des Vorstands über die Einziehung.

§ 238 Wirksamwerden der Kapitalherabsetzung. [1] Mit der Eintragung des Beschlusses oder, wenn die Einziehung nachfolgt, mit der Einziehung ist das Grundkapital um den auf die eingezogenen Aktien entfallenden Betrag herabgesetzt. [2] Handelt es sich um eine durch die Satzung angeordnete Zwangseinziehung, so ist, wenn die Hauptversammlung nicht über die Kapitalherabsetzung beschließt, das Grundkapital mit der Zwangseinziehung herabgesetzt. [3] Zur Einziehung bedarf es einer Handlung der Gesellschaft, die auf Vernichtung der Rechte aus bestimmten Aktien gerichtet ist.

§ 239 Anmeldung der Durchführung. (1) [1] Der Vorstand hat die Durchführung der Herabsetzung des Grundkapitals zur Eintragung in das Handelsregister anzumelden. [2] Dies gilt auch dann, wenn es sich um eine durch die Satzung angeordnete Zwangseinziehung handelt.

(2) Anmeldung und Eintragung der Durchführung der Herabsetzung können mit Anmeldung und Eintragung des Beschlusses über die Herabsetzung verbunden werden.

Vierter Unterabschnitt. Ausweis der Kapitalherabsetzung

§ 240 [Gesonderte Ausweisung] [1] Der aus der Kapitalherabsetzung gewonnene Betrag ist in der Gewinn- und Verlustrechnung als „Ertrag aus der Kapitalherabsetzung" gesondert, und zwar hinter dem Posten „Entnahmen aus Gewinnrücklagen", auszuweisen. [2] Eine Einstellung in die Kapitalrücklage nach § 229 Abs. 1 und § 232 ist als „Einstellung in die Kapitalrücklage nach den Vorschriften über die vereinfachte Kapitalherabsetzung" gesondert auszuweisen. [3] Im Anhang ist zu erläutern, ob und in welcher Höhe die aus der Kapitalherabsetzung und aus der Auflösung von Gewinnrücklagen gewonnenen Beträge

1. zum Ausgleich von Wertminderungen,
2. zur Deckung von sonstigen Verlusten oder
3. zur Einstellung in die Kapitalrücklage

verwandt werden. [4] Ist die Gesellschaft eine kleine Kapitalgesellschaft (§ 267 Absatz 1 des Handelsgesetzbuchs[1]), braucht sie Satz 3 nicht anzuwenden.

Siebenter Teil. Nichtigkeit von Hauptversammlungsbeschlüssen und des festgestellten Jahresabschlusses. Sonderprüfung wegen unzulässiger Unterbewertung

Erster Abschnitt. Nichtigkeit von Hauptversammlungsbeschlüssen

Erster Unterabschnitt. Allgemeines

§ 241 Nichtigkeitsgründe. Ein Beschluß der Hauptversammlung ist außer in den Fällen des § 192 Abs. 4, §§ 212, 217 Abs. 2, § 228 Abs. 2, § 234 Abs. 3 und § 235 Abs. 2 nur dann nichtig, wenn er

1. in einer Hauptversammlung gefaßt worden ist, die unter Verstoß gegen § 121 Abs. 2 und 3 Satz 1 oder Abs. 4 einberufen war,
2. nicht nach § 130 Abs. 1 und 2 Satz 1 und Abs. 4 beurkundet ist,
3. mit dem Wesen der Aktiengesellschaft nicht zu vereinbaren ist oder durch seinen Inhalt Vorschriften verletzt, die ausschließlich oder überwiegend zum Schutze der Gläubiger der Gesellschaft oder sonst im öffentlichen Interesse gegeben sind,
4. durch seinen Inhalt gegen die guten Sitten verstößt,
5. auf Anfechtungsklage durch Urteil rechtskräftig für nichtig erklärt worden ist,
6. nach § 398 des Gesetzes über das Verfahren in Familiensachen und in den Angelegenheiten der freiwilligen Gerichtsbarkeit auf Grund rechtskräftiger Entscheidung als nichtig gelöscht worden ist.

§ 242 Heilung der Nichtigkeit. (1) Die Nichtigkeit eines Hauptversammlungsbeschlusses, der entgegen § 130 Abs. 1 und 2 Satz 1 und Abs. 4 nicht oder

---

[1] Nr. 5.

nicht gehörig beurkundet worden ist, kann nicht mehr geltend gemacht werden, wenn der Beschluß in das Handelsregister eingetragen worden ist.

(2) [1] Ist ein Hauptversammlungsbeschluß nach § 241 Nr. 1, 3 oder 4 nichtig, so kann die Nichtigkeit nicht mehr geltend gemacht werden, wenn der Beschluß in das Handelsregister eingetragen worden ist und seitdem drei Jahre verstrichen sind. [2] Ist bei Ablauf der Frist eine Klage auf Feststellung der Nichtigkeit des Hauptversammlungsbeschlusses rechtshängig, so verlängert sich die Frist, bis über die Klage rechtskräftig entschieden ist oder sie sich auf andere Weise endgültig erledigt hat. [3] Eine Löschung des Beschlusses von Amts wegen nach § 398 des Gesetzes über das Verfahren in Familiensachen und in den Angelegenheiten der freiwilligen Gerichtsbarkeit wird durch den Zeitablauf nicht ausgeschlossen. [4] Ist ein Hauptversammlungsbeschluß wegen Verstoßes gegen § 121 Abs. 4 Satz 2 nach § 241 Nr. 1 nichtig, so kann die Nichtigkeit auch dann nicht mehr geltend gemacht werden, wenn der nicht geladene Aktionär den Beschluß genehmigt. [5] Ist ein Hauptversammlungsbeschluss nach § 241 Nr. 5 oder § 249 nichtig, so kann das Urteil nach § 248 Abs. 1 Satz 3 nicht mehr eingetragen werden, wenn gemäß § 246a Abs. 1 rechtskräftig festgestellt wurde, dass Mängel des Hauptversammlungsbeschlusses die Wirkung der Eintragung unberührt lassen; § 398 des Gesetzes über das Verfahren in Familiensachen und in den Angelegenheiten der freiwilligen Gerichtsbarkeit findet keine Anwendung.

(3) Absatz 2 gilt entsprechend, wenn in den Fällen des § 217 Abs. 2, § 228 Abs. 2, § 234 Abs. 3 und § 235 Abs. 2 die erforderlichen Eintragungen nicht fristgemäß vorgenommen worden sind.

§ 243 Anfechtungsgründe. (1) Ein Beschluß der Hauptversammlung kann wegen Verletzung des Gesetzes oder der Satzung durch Klage angefochten werden.

(2) [1] Die Anfechtung kann auch darauf gestützt werden, daß ein Aktionär mit der Ausübung des Stimmrechts für sich oder einen Dritten Sondervorteile zum Schaden der Gesellschaft oder der anderen Aktionäre zu erlangen suchte und der Beschluß geeignet ist, diesem Zweck zu dienen. [2] Dies gilt nicht, wenn der Beschluß den anderen Aktionären einen angemessenen Ausgleich für ihren Schaden gewährt.

(3) Die Anfechtung kann nicht gestützt werden:

1. auf die durch eine technische Störung verursachte Verletzung von Rechten, die nach § 118 Abs. 1 Satz 2, Abs. 2 Satz 1 und § 134 Abs. 3 auf elektronischem Wege wahrgenommen worden sind, es sei denn, der Gesellschaft ist grobe Fahrlässigkeit oder Vorsatz vorzuwerfen; in der Satzung kann ein strengerer Verschuldensmaßstab bestimmt werden,
2. auf eine Verletzung der §§ 67a, 67b, 121 Absatz 4a oder des § 124a,
3. auf Gründe, die ein Verfahren nach § 318 Abs. 3 des Handelsgesetzbuchs[1] rechtfertigen.

(4) [1] Wegen unrichtiger, unvollständiger oder verweigerter Erteilung von Informationen kann nur angefochten werden, wenn ein objektiv urteilender Aktionär die Erteilung der Information als wesentliche Voraussetzung für die sachgerechte Wahrnehmung seiner Teilnahme- und Mitgliedschaftsrechte ange-

---

[1] Nr. 5.

sehen hätte. [2]Auf unrichtige, unvollständige oder unzureichende Informationen in der Hauptversammlung über die Ermittlung, Höhe oder Angemessenheit von Ausgleich, Abfindung, Zuzahlung oder über sonstige Kompensationen kann eine Anfechtungsklage nicht gestützt werden, wenn das Gesetz für Bewertungsrügen ein Spruchverfahren vorsieht.

§ 244 Bestätigung anfechtbarer Hauptversammlungsbeschlüsse. [1]Die Anfechtung kann nicht mehr geltend gemacht werden, wenn die Hauptversammlung den anfechtbaren Beschluß durch einen neuen Beschluß bestätigt hat und dieser Beschluß innerhalb der Anfechtungsfrist nicht angefochten oder die Anfechtung rechtskräftig zurückgewiesen worden ist. [2]Hat der Kläger ein rechtliches Interesse, daß der anfechtbare Beschluß für die Zeit bis zum Bestätigungsbeschluß für nichtig erklärt wird, so kann er die Anfechtung weiterhin mit dem Ziel geltend machen, den anfechtbaren Beschluß für diese Zeit für nichtig zu erklären.

§ 245 Anfechtungsbefugnis. Zur Anfechtung ist befugt

1. jeder in der Hauptversammlung erschienene Aktionär, wenn er die Aktien schon vor der Bekanntmachung der Tagesordnung erworben hatte und gegen den Beschluß Widerspruch zur Niederschrift erklärt hat;
2. jeder in der Hauptversammlung nicht erschienene Aktionär, wenn er zu der Hauptversammlung zu Unrecht nicht zugelassen worden ist oder die Versammlung nicht ordnungsgemäß einberufen oder der Gegenstand der Beschlußfassung nicht ordnungsgemäß bekanntgemacht worden ist;
3. im Fall des § 243 Abs. 2 jeder Aktionär, wenn er die Aktien schon vor der Bekanntmachung der Tagesordnung erworben hatte;
4. der Vorstand;
5. jedes Mitglied des Vorstands und des Aufsichtsrats, wenn durch die Ausführung des Beschlusses Mitglieder des Vorstands oder des Aufsichtsrats eine strafbare Handlung oder eine Ordnungswidrigkeit begehen oder wenn sie ersatzpflichtig werden würden.

§ 246 Anfechtungsklage. (1) Die Klage muß innerhalb eines Monats nach der Beschlußfassung erhoben werden.

(2) [1]Die Klage ist gegen die Gesellschaft zu richten. [2]Die Gesellschaft wird durch Vorstand und Aufsichtsrat vertreten. [3]Klagt der Vorstand oder ein Vorstandsmitglied, wird die Gesellschaft durch den Aufsichtsrat, klagt ein Aufsichtsratsmitglied, wird sie durch den Vorstand vertreten.

(3) [1]Zuständig für die Klage ist ausschließlich das Landgericht, in dessen Bezirk die Gesellschaft ihren Sitz hat. [2]Ist bei dem Landgericht eine Kammer für Handelssachen gebildet, so entscheidet diese an Stelle der Zivilkammer. [3]§ 148 Abs. 2 Satz 3 und 4 gilt entsprechend. [4]Die mündliche Verhandlung findet nicht vor Ablauf der Monatsfrist des Absatzes 1 statt. [5]Die Gesellschaft kann unmittelbar nach Ablauf der Monatsfrist des Absatzes 1 eine eingereichte Klage bereits vor Zustellung einsehen und sich von der Geschäftsstelle Auszüge und Abschriften erteilen lassen. [6]Mehrere Anfechtungsprozesse sind zur gleichzeitigen Verhandlung und Entscheidung zu verbinden.

(4) [1]Der Vorstand hat die Erhebung der Klage unverzüglich in den Gesellschaftsblättern bekanntzumachen. [2]Ein Aktionär kann sich als Nebeninterve-

nient nur innerhalb eines Monats nach der Bekanntmachung an der Klage beteiligen.

§ 246a Freigabeverfahren. (1) [1]Wird gegen einen Hauptversammlungsbeschluss über eine Maßnahme der Kapitalbeschaffung, der Kapitalherabsetzung (§§ 182 bis 240) oder einen Unternehmensvertrag (§§ 291 bis 307) Klage erhoben, so kann das Gericht auf Antrag der Gesellschaft durch Beschluss feststellen, dass die Erhebung der Klage der Eintragung nicht entgegensteht und Mängel des Hauptversammlungsbeschlusses die Wirkung der Eintragung unberührt lassen. [2]Auf das Verfahren sind § 247, die §§ 82, 83 Abs. 1 und § 84 der Zivilprozessordnung sowie die im ersten Rechtszug für das Verfahren vor den Landgerichten geltenden Vorschriften der Zivilprozessordnung entsprechend anzuwenden, soweit nichts Abweichendes bestimmt ist. [3]Über den Antrag entscheidet ein Senat des Oberlandesgerichts, in dessen Bezirk die Gesellschaft ihren Sitz hat.

(2) Ein Beschluss nach Absatz 1 ergeht, wenn

1. die Klage unzulässig oder offensichtlich unbegründet ist,
2. der Kläger nicht binnen einer Woche nach Zustellung des Antrags durch Urkunden oder durch einen Nachweis nach § 67c Absatz 3 belegt hat, dass er seit Bekanntmachung der Einberufung einen anteiligen Betrag von mindestens 1 000 Euro hält oder
3. das alsbaldige Wirksamwerden des Hauptversammlungsbeschlusses vorrangig erscheint, weil die vom Antragsteller dargelegten wesentlichen Nachteile für die Gesellschaft und ihre Aktionäre nach freier Überzeugung des Gerichts die Nachteile für den Antragsgegner überwiegen, es sei denn, es liegt eine besondere Schwere des Rechtsverstoßes vor.

(3) [1]Eine Übertragung auf den Einzelrichter ist ausgeschlossen; einer Güteverhandlung bedarf es nicht. [2]In dringenden Fällen kann auf eine mündliche Verhandlung verzichtet werden. [3]Die vorgebrachten Tatsachen, auf Grund deren der Beschluss ergehen kann, sind glaubhaft zu machen. [4]Der Beschluss ist unanfechtbar. [5]Er ist für das Registergericht bindend; die Feststellung der Bestandskraft der Eintragung wirkt für und gegen jedermann. [6]Der Beschluss soll spätestens drei Monate nach Antragstellung ergehen; Verzögerungen der Entscheidung sind durch unanfechtbaren Beschluss zu begründen.

(4) [1]Erweist sich die Klage als begründet, so ist die Gesellschaft, die den Beschluss erwirkt hat, verpflichtet, dem Antragsgegner den Schaden zu ersetzen, der ihm aus einer auf dem Beschluss beruhenden Eintragung des Hauptversammlungsbeschlusses entstanden ist. [2]Nach der Eintragung lassen Mängel des Beschlusses seine Durchführung unberührt; die Beseitigung dieser Wirkung der Eintragung kann auch nicht als Schadensersatz verlangt werden.

§ 247 Streitwert. (1) [1]Den Streitwert bestimmt das Prozeßgericht unter Berücksichtigung aller Umstände des einzelnen Falles, insbesondere der Bedeutung der Sache für die Parteien, nach billigem Ermessen. [2]Er darf jedoch ein Zehntel des Grundkapitals oder, wenn dieses Zehntel mehr als 500 000 Euro beträgt, 500 000 Euro nur insoweit übersteigen, als die Bedeutung der Sache für den Kläger höher zu bewerten ist.

(2) [1]Macht eine Partei glaubhaft, daß die Belastung mit den Prozeßkosten nach dem gemäß Absatz 1 bestimmten Streitwert ihre wirtschaftliche Lage

erheblich gefährden würde, so kann das Prozeßgericht auf ihren Antrag anordnen, daß ihre Verpflichtung zur Zahlung von Gerichtskosten sich nach einem ihrer Wirtschaftslage angepaßten Teil des Streitwerts bemißt. [2]Die Anordnung hat zur Folge, daß die begünstigte Partei die Gebühren ihres Rechtsanwalts ebenfalls nur nach diesem Teil des Streitwerts zu entrichten hat. [3]Soweit ihr Kosten des Rechtsstreits auferlegt werden oder soweit sie diese übernimmt, hat sie die von dem Gegner entrichteten Gerichtsgebühren und die Gebühren seines Rechtsanwalts nur nach dem Teil des Streitwerts zu erstatten. [4]Soweit die außergerichtlichen Kosten dem Gegner auferlegt oder von ihm übernommen werden, kann der Rechtsanwalt der begünstigten Partei seine Gebühren von dem Gegner nach dem für diesen geltenden Streitwert beitreiben.

(3) [1]Der Antrag nach Absatz 2 kann vor der Geschäftsstelle des Prozeßgerichts zur Niederschrift erklärt werden. [2]Er ist vor der Verhandlung zur Hauptsache anzubringen. [3]Später ist er nur zulässig, wenn der angenommene oder festgesetzte Streitwert durch das Prozeßgericht heraufgesetzt wird. [4]Vor der Entscheidung über den Antrag ist der Gegner zu hören.

§ 248 Urteilswirkung. (1) [1]Soweit der Beschluß durch rechtskräftiges Urteil für nichtig erklärt ist, wirkt das Urteil für und gegen alle Aktionäre sowie die Mitglieder des Vorstands und des Aufsichtsrats, auch wenn sie nicht Partei sind. [2]Der Vorstand hat das Urteil unverzüglich zum Handelsregister einzureichen. [3]War der Beschluß in das Handelsregister eingetragen, so ist auch das Urteil einzutragen. [4]Die Eintragung des Urteils ist in gleicher Weise wie die des Beschlusses bekanntzumachen.

(2) Hatte der Beschluß eine Satzungsänderung zum Inhalt, so ist mit dem Urteil der vollständige Wortlaut der Satzung, wie er sich unter Berücksichtigung des Urteils und aller bisherigen Satzungsänderungen ergibt, mit der Bescheinigung eines Notars über diese Tatsache zum Handelsregister einzureichen.

§ 248a Bekanntmachungen zur Anfechtungsklage. [1]Wird der Anfechtungsprozess beendet, hat die börsennotierte Gesellschaft die Verfahrensbeendigung unverzüglich in den Gesellschaftsblättern bekannt zu machen. [2]§ 149 Abs. 2 und 3 ist entsprechend anzuwenden.

§ 249 Nichtigkeitsklage. (1) [1]Erhebt ein Aktionär, der Vorstand oder ein Mitglied des Vorstands oder des Aufsichtsrats Klage auf Feststellung der Nichtigkeit eines Hauptversammlungsbeschlusses gegen die Gesellschaft, so finden § 246 Abs. 2, Abs. 3 Satz 1 bis 5, Abs. 4, §§ 246a, 247, 248 und 248a entsprechende Anwendung. [2]Es ist nicht ausgeschlossen, die Nichtigkeit auf andere Weise als durch Erhebung der Klage geltend zu machen. [3]Schafft der Hauptversammlungsbeschluss Voraussetzungen für eine Umwandlung nach § 1 des Umwandlungsgesetzes[1)] und ist der Umwandlungsbeschluss eingetragen, so gilt § 20 Abs. 2 des Umwandlungsgesetzes für den Hauptversammlungsbeschluss entsprechend.

[1)] Nr. **12**.

(2) [1] Mehrere Nichtigkeitsprozesse sind zur gleichzeitigen Verhandlung und Entscheidung zu verbinden. [2] Nichtigkeits- und Anfechtungsprozesse können verbunden werden.

Zweiter Unterabschnitt. Nichtigkeit bestimmter Hauptversammlungsbeschlüsse

§ 250 Nichtigkeit der Wahl von Aufsichtsratsmitgliedern. (1) Die Wahl eines Aufsichtsratsmitglieds durch die Hauptversammlung ist außer im Falle des § 241 Nr. 1, 2 und 5 nur dann nichtig, wenn

1. der Aufsichtsrat unter Verstoß gegen § 96 Absatz 4, § 97 Abs. 2 Satz 1 oder § 98 Abs. 4 zusammengesetzt wird;
2. die Hauptversammlung, obwohl sie an Wahlvorschläge gebunden ist (§§ 6 und 8 des Montan-Mitbestimmungsgesetzes[1)]), eine nicht vorgeschlagene Person wählt;
3. durch die Wahl die gesetzliche Höchstzahl der Aufsichtsratsmitglieder überschritten wird (§ 95);
4. die gewählte Person nach § 100 Abs. 1 und 2 bei Beginn ihrer Amtszeit nicht Aufsichtsratsmitglied sein kann;
5. die Wahl gegen § 96 Absatz 2 verstößt.

(2) Für die Klage auf Feststellung, daß die Wahl eines Aufsichtsratsmitglieds nichtig ist, sind parteifähig

1. der Gesamtbetriebsrat der Gesellschaft oder, wenn in der Gesellschaft nur ein Betriebsrat besteht, der Betriebsrat, sowie, wenn die Gesellschaft herrschendes Unternehmen eines Konzerns ist, der Konzernbetriebsrat,
2. der Gesamt- oder Unternehmenssprecherausschuss der Gesellschaft oder, wenn in der Gesellschaft nur ein Sprecherausschuss besteht, der Sprecherausschuss sowie, wenn die Gesellschaft herrschendes Unternehmen eines Konzerns ist, der Konzernsprecherausschuss,
3. der Gesamtbetriebsrat eines anderen Unternehmens, dessen Arbeitnehmer selbst oder durch Delegierte an der Wahl von Aufsichtsratsmitgliedern der Gesellschaft teilnehmen, oder, wenn in dem anderen Unternehmen nur ein Betriebsrat besteht, der Betriebsrat,
4. der Gesamt- oder Unternehmenssprecherausschuss eines anderen Unternehmens, dessen Arbeitnehmer selbst oder durch Delegierte an der Wahl von Aufsichtsratsmitgliedern der Gesellschaft teilnehmen, oder, wenn in dem anderen Unternehmen nur ein Sprecherausschuss besteht, der Sprecherausschuss,
5. jede in der Gesellschaft oder in einem Unternehmen, dessen Arbeitnehmer selbst oder durch Delegierte an der Wahl von Aufsichtsratsmitgliedern der Gesellschaft teilnehmen, vertretene Gewerkschaft sowie deren Spitzenorganisation.

(3) [1] Erhebt ein Aktionär, der Vorstand, ein Mitglied des Vorstands oder des Aufsichtsrats oder eine in Absatz 2 bezeichnete Organisation oder Vertretung der Arbeitnehmer gegen die Gesellschaft Klage auf Feststellung, dass die Wahl eines Aufsichtsratsmitglieds nichtig ist, so gelten § 246 Abs. 2, Abs. 3 Satz 1 bis 4, Abs. 4, §§ 247, 248 Abs. 1 Satz 2, §§ 248a und 249 Abs. 2 sinngemäß.

---

1) Nr. **14**.

[2] Es ist nicht ausgeschlossen, die Nichtigkeit auf andere Weise als durch Erhebung der Klage geltend zu machen.

§ 251 Anfechtung der Wahl von Aufsichtsratsmitgliedern. (1) [1] Die Wahl eines Aufsichtsratsmitglieds durch die Hauptversammlung kann wegen Verletzung des Gesetzes oder der Satzung durch Klage angefochten werden. [2] Ist die Hauptversammlung an Wahlvorschläge gebunden, so kann die Anfechtung auch darauf gestützt werden, daß der Wahlvorschlag gesetzwidrig zustande gekommen ist. [3] § 243 Abs. 4 und § 244 gelten.

(2) [1] Für die Anfechtungsbefugnis gilt § 245 Nr. 1, 2 und 4. [2] Die Wahl eines Aufsichtsratsmitglieds, das nach dem Montan-Mitbestimmungsgesetz[1)] auf Vorschlag der Betriebsräte gewählt worden ist, kann auch von jedem Betriebsrat eines Betriebs der Gesellschaft, jeder in den Betrieben der Gesellschaft vertretenen Gewerkschaft oder deren Spitzenorganisation angefochten werden. [3] Die Wahl eines weiteren Mitglieds, das nach dem Montan-Mitbestimmungsgesetz oder dem Mitbestimmungsergänzungsgesetz[2)] auf Vorschlag der übrigen Aufsichtratsmitglieder gewählt worden ist, kann auch von jedem Aufsichtsratsmitglied angefochten werden.

(3) Für das Anfechtungsverfahren gelten die §§ 246, 247, 248 Abs. 1 Satz 2 und § 248a.

§ 252 Urteilswirkung. (1) Erhebt ein Aktionär, der Vorstand, ein Mitglied des Vorstands oder des Aufsichtsrats oder eine in § 250 Abs. 2 bezeichnete Organisation oder Vertretung der Arbeitnehmer gegen die Gesellschaft Klage auf Feststellung, daß die Wahl eines Aufsichtsratsmitglieds durch die Hauptversammlung nichtig ist, so wirkt ein Urteil, das die Nichtigkeit der Wahl rechtskräftig feststellt, für und gegen alle Aktionäre und Arbeitnehmer der Gesellschaft, alle Arbeitnehmer von anderen Unternehmen, deren Arbeitnehmer selbst oder durch Delegierte an der Wahl von Aufsichtsratsmitgliedern der Gesellschaft teilnehmen, die Mitglieder des Vorstands und des Aufsichtsrats sowie die in § 250 Abs. 2 bezeichneten Organisationen und Vertretungen der Arbeitnehmer, auch wenn sie nicht Partei sind.

(2) [1] Wird die Wahl eines Aufsichtsratsmitglieds durch die Hauptversammlung durch rechtskräftiges Urteil für nichtig erklärt, so wirkt das Urteil für und gegen alle Aktionäre sowie die Mitglieder des Vorstands und Aufsichtsrats, auch wenn sie nicht Partei sind. [2] Im Fall des § 251 Abs. 2 Satz 2 wirkt das Urteil auch für und gegen die nach dieser Vorschrift anfechtungsberechtigten Betriebsräte, Gewerkschaften und Spitzenorganisationen, auch wenn sie nicht Partei sind.

§ 253 Nichtigkeit des Beschlusses über die Verwendung des Bilanzgewinns. (1) [1] Der Beschluß über die Verwendung des Bilanzgewinns ist außer in den Fällen des § 173 Abs. 3, des § 217 Abs. 2 und des § 241 nur dann nichtig, wenn die Feststellung des Jahresabschlusses, auf dem er beruht, nichtig ist. [2] Die Nichtigkeit des Beschlusses aus diesem Grunde kann nicht mehr geltend gemacht werden, wenn die Nichtigkeit der Feststellung des Jahresabschlusses nicht mehr geltend gemacht werden kann.

---

1) Nr. **14**.
2) Nr. **15**.

(2) Für die Klage auf Feststellung der Nichtigkeit gegen die Gesellschaft gilt § 249.

§ 254 Anfechtung des Beschlusses über die Verwendung des Bilanzgewinns. (1) Der Beschluß über die Verwendung des Bilanzgewinns kann außer nach § 243 auch angefochten werden, wenn die Hauptversammlung aus dem Bilanzgewinn Beträge in Gewinnrücklagen einstellt oder als Gewinn vorträgt, die nicht nach Gesetz oder Satzung von der Verteilung unter die Aktionäre ausgeschlossen sind, obwohl die Einstellung oder der Gewinnvortrag bei vernünftiger kaufmännischer Beurteilung nicht notwendig ist, um die Lebens- und Widerstandsfähigkeit der Gesellschaft für einen hinsichtlich der wirtschaftlichen und finanziellen Notwendigkeiten übersehbaren Zeitraum zu sichern und dadurch unter die Aktionäre kein Gewinn in Höhe von mindestens vier vom Hundert des Grundkapitals abzüglich von noch nicht eingeforderten Einlagen verteilt werden kann.

(2) [1] Für die Anfechtung gelten die §§ 244 bis 246, 247 bis 248a. [2] Die Anfechtungsfrist beginnt auch dann mit der Beschlußfassung, wenn der Jahresabschluß nach § 316 Abs. 3 des Handelsgesetzbuchs[1)] erneut zu prüfen ist. [3] Zu einer Anfechtung nach Absatz 1 sind Aktionäre nur befugt, wenn ihre Anteile zusammen den zwanzigsten Teil des Grundkapitals oder den anteiligen Betrag von 500 000 Euro erreichen.

§ 255 Anfechtung der Kapitalerhöhung gegen Einlagen. (1) Der Beschluß über eine Kapitalerhöhung gegen Einlagen kann nach § 243 angefochten werden.

(2) [1] Die Anfechtung kann, wenn das Bezugsrecht der Aktionäre ganz oder zum Teil ausgeschlossen worden ist, auch darauf gestützt werden, daß der sich aus dem Erhöhungsbeschluß ergebende Ausgabebetrag oder der Mindestbetrag, unter dem die neuen Aktien nicht ausgegeben werden sollen, unangemessen niedrig ist. [2] Dies gilt nicht, wenn die neuen Aktien von einem Dritten mit der Verpflichtung übernommen werden sollen, sie den Aktionären zum Bezug anzubieten.

(3) Für die Anfechtung gelten die §§ 244 bis 248a.

Zweiter Abschnitt. Nichtigkeit des festgestellten Jahresabschlusses

§ 256 Nichtigkeit. (1) Ein festgestellter Jahresabschluß ist außer in den Fällen des § 173 Abs. 3, § 234 Abs. 3 und § 235 Abs. 2 nichtig, wenn

1. er durch seinen Inhalt Vorschriften verletzt, die ausschließlich oder überwiegend zum Schutze der Gläubiger der Gesellschaft gegeben sind,
2. er im Falle einer gesetzlichen Prüfungspflicht nicht nach § 316 Abs. 1 und 3 des Handelsgesetzbuchs[1)] geprüft worden ist,
3. er im Falle einer gesetzlichen Prüfungspflicht von Personen geprüft worden ist, die nach § 319 Absatz 1 des Handelsgesetzbuchs[1)] oder nach Artikel 25 des Einführungsgesetzes zum Handelsgesetzbuch[2)] nicht Abschlussprüfer sind oder aus anderen Gründen als den folgenden nicht zum Abschlussprüfer bestellt sind:

[1)] Nr. **5**.
[2)] Nr. **5a**.

a) Verstoß gegen § 319 Absatz 2, 3 oder 4 des Handelsgesetzbuchs[1],
b) Verstoß gegen § 319a Absatz 1 oder 3 des Handelsgesetzbuchs[1],
c) Verstoß gegen § 319b Absatz 1 des Handelsgesetzbuchs[1],
d) Verstoß gegen die Verordnung (EU) Nr. 537/2014 des Europäischen Parlaments und des Rates vom 16. April 2014 über spezifische Anforderungen an die Abschlussprüfung bei Unternehmen von öffentlichem Interesse und zur Aufhebung des Beschlusses 2005/909/EG der Kommission (ABl. L 158 vom 27.5.2014, S. 77, L 170 vom 11.6.2014, S. 66),

4. bei seiner Feststellung die Bestimmungen des Gesetzes oder der Satzung über die Einstellung von Beträgen in Kapital- oder Gewinnrücklagen oder über die Entnahme von Beträgen aus Kapital- oder Gewinnrücklagen verletzt worden sind.

(2) Ein von Vorstand und Aufsichtsrat festgestellter Jahresabschluß ist außer nach Absatz 1 nur nichtig, wenn der Vorstand oder der Aufsichtsrat bei seiner Feststellung nicht ordnungsgemäß mitgewirkt hat.

(3) Ein von der Hauptversammlung festgestellter Jahresabschluß ist außer nach Absatz 1 nur nichtig, wenn die Feststellung

1. in einer Hauptversammlung beschlossen worden ist, die unter Verstoß gegen § 121 Abs. 2 und 3 Satz 1 oder Abs. 4 einberufen war,
2. nicht nach § 130 Abs. 1 und 2 Satz 1 und Abs. 4 beurkundet ist,
3. auf Anfechtungsklage durch Urteil rechtskräftig für nichtig erklärt worden ist.

(4) Wegen Verstoßes gegen die Vorschriften über die Gliederung des Jahresabschlusses sowie wegen der Nichtbeachtung von Formblättern, nach denen der Jahresabschluß zu gliedern ist, ist der Jahresabschluß nur nichtig, wenn seine Klarheit und Übersichtlichkeit dadurch wesentlich beeinträchtigt sind.

(5) [1]Wegen Verstoßes gegen die Bewertungsvorschriften ist der Jahresabschluß nur nichtig, wenn

1. Posten überbewertet oder
2. Posten unterbewertet sind und dadurch die Vermögens- und Ertragslage der Gesellschaft vorsätzlich unrichtig wiedergegeben oder verschleiert wird.

[2]Überbewertet sind Aktivposten, wenn sie mit einem höheren Wert, Passivposten, wenn sie mit einem niedrigeren Betrag angesetzt sind, als nach §§ 253 bis 256a des Handelsgesetzbuchs zulässig ist. [3]Unterbewertet sind Aktivposten, wenn sie mit einem niedrigeren Wert, Passivposten, wenn sie mit einem höheren Betrag angesetzt sind, als nach §§ 253 bis 256a des Handelsgesetzbuchs zulässig ist. [4]Bei Kreditinstituten oder Finanzdienstleistungsinstituten sowie bei Kapitalverwaltungsgesellschaften im Sinn des § 17 des Kapitalanlagegesetzbuchs liegt ein Verstoß gegen die Bewertungsvorschriften nicht vor, soweit die Abweichung nach den für sie geltenden Vorschriften, insbesondere den §§ 340e bis 340g des Handelsgesetzbuchs, zulässig ist; dies gilt entsprechend für Versicherungsunternehmen nach Maßgabe der für sie geltenden Vorschriften, insbesondere der §§ 341b bis 341h des Handelsgesetzbuchs.

(6) [1]Die Nichtigkeit nach Absatz 1 Nr. 1, 3 und 4, Absatz 2, Absatz 3 Nr. 1 und 2, Absatz 4 und 5 kann nicht mehr geltend gemacht werden, wenn seit der

[1] Nr. **5**.

Bekanntmachung nach § 325 Abs. 2 des Handelsgesetzbuchs in den Fällen des Absatzes 1 Nr. 3 und 4, des Absatzes 2 und des Absatzes 3 Nr. 1 und 2 sechs Monate, in den anderen Fällen drei Jahre verstrichen sind. [2] Ist bei Ablauf der Frist eine Klage auf Feststellung der Nichtigkeit des Jahresabschlusses rechtshängig, so verlängert sich die Frist, bis über die Klage rechtskräftig entschieden ist oder sie sich auf andere Weise endgültig erledigt hat.

(7) [1] Für die Klage auf Feststellung der Nichtigkeit gegen die Gesellschaft gilt § 249 sinngemäß. [2] Ist für die Gesellschaft als Emittentin von zugelassenen Wertpapieren im Sinne des § 2 Absatz 1 des Wertpapierhandelsgesetzes[1)] mit Ausnahme von Anteilen und Aktien an offenen Investmentvermögen im Sinne des § 1 Absatz 4 des Kapitalanlagegesetzbuchs die Bundesrepublik Deutschland der Herkunftsstaat (§ 2 Absatz 13 des Wertpapierhandelsgesetzes[1)]), so hat das Gericht der Bundesanstalt für Finanzdienstleistungsaufsicht den Eingang einer Klage auf Feststellung der Nichtigkeit sowie jede rechtskräftige Entscheidung über diese Klage mitzuteilen.

§ 257 Anfechtung der Feststellung des Jahresabschlusses durch die Hauptversammlung. (1) [1] Die Feststellung des Jahresabschlusses durch die Hauptversammlung kann nach § 243 angefochten werden. [2] Die Anfechtung kann jedoch nicht darauf gestützt werden, daß der Inhalt des Jahresabschlusses gegen Gesetz oder Satzung verstößt.

(2) [1] Für die Anfechtung gelten die §§ 244 bis 246, 247 bis 248a. [2] Die Anfechtungsfrist beginnt auch dann mit der Beschlußfassung, wenn der Jahresabschluß nach § 316 Abs. 3 des Handelsgesetzbuchs[2)] erneut zu prüfen ist.

Dritter Abschnitt. Sonderprüfung wegen unzulässiger Unterbewertung

§ 258 Bestellung der Sonderprüfer. (1) [1] Besteht Anlaß für die Annahme, daß

1. in einem festgestellten Jahresabschluß bestimmte Posten nicht unwesentlich unterbewertet sind (§ 256 Abs. 5 Satz 3) oder
2. der Anhang die vorgeschriebenen Angaben nicht oder nicht vollständig enthält und der Vorstand in der Hauptversammlung die fehlenden Angaben, obwohl nach ihnen gefragt worden ist, nicht gemacht hat und die Aufnahme der Frage in die Niederschrift verlangt worden ist,

so hat das Gericht auf Antrag Sonderprüfer zu bestellen. [2] Die Sonderprüfer haben die bemängelten Posten darauf zu prüfen, ob sie nicht unwesentlich unterbewertet sind. [3] Sie haben den Anhang darauf zu prüfen, ob die vorgeschriebenen Angaben nicht oder nicht vollständig gemacht worden sind und der Vorstand in der Hauptversammlung die fehlenden Angaben, obwohl nach ihnen gefragt worden ist, nicht gemacht hat und die Aufnahme der Frage in die Niederschrift verlangt worden ist.

(1a) Bei Kreditinstituten oder Finanzdienstleistungsinstituten sowie bei Kapitalverwaltungsgesellschaften im Sinn des § 17 des Kapitalanlagegesetzbuchs kann ein Sonderprüfer nach Absatz 1 nicht bestellt werden, soweit die Unterbewertung oder die fehlenden Angaben im Anhang auf der Anwendung des § 340f des Handelsgesetzbuchs[2)] beruhen.

[1)] Nr. **10**.
[2)] Nr. **5**.

(2) [1]Der Antrag muß innerhalb eines Monats nach der Hauptversammlung über den Jahresabschluß gestellt werden. [2]Dies gilt auch, wenn der Jahresabschluß nach § 316 Abs. 3 des Handelsgesetzbuchs erneut zu prüfen ist. [3]Er kann nur von Aktionären gestellt werden, deren Anteile zusammen den Schwellenwert des § 142 Abs. 2 erreichen. [4]Die Antragsteller haben die Aktien bis zur Entscheidung über den Antrag zu hinterlegen oder eine Versicherung des depotführenden Instituts vorzulegen, dass die Aktien so lange nicht veräußert werden, und glaubhaft zu machen, daß sie seit mindestens drei Monaten vor dem Tage der Hauptversammlung Inhaber der Aktien sind. [5]Zur Glaubhaftmachung genügt eine eidesstattliche Versicherung vor einem Notar.

(3) [1]Vor der Bestellung hat das Gericht den Vorstand, den Aufsichtsrat und den Abschlußprüfer zu hören. [2]Gegen die Entscheidung ist die Beschwerde zulässig. [3]Über den Antrag gemäß Absatz 1 entscheidet das Landgericht, in dessen Bezirk die Gesellschaft ihren Sitz hat.

(4) [1]Sonderprüfer nach Absatz 1 können nur Wirtschaftsprüfer und Wirtschaftsprüfungsgesellschaften sein. [2]Für die Auswahl gelten § 319 Abs. 2 bis 4, § 319a Abs. 1 und § 319b Abs. 1 des Handelsgesetzbuchs sinngemäß. [3]Der Abschlußprüfer der Gesellschaft und Personen, die in den letzten drei Jahren vor der Bestellung Abschlußprüfer der Gesellschaft waren, können nicht Sonderprüfer nach Absatz 1 sein.

(5) [1]§ 142 Abs. 6 über den Ersatz angemessener barer Auslagen und die Vergütung gerichtlich bestellter Sonderprüfer, § 145 Abs. 1 bis 3 über die Rechte der Sonderprüfer, § 146 über die Kosten der Sonderprüfung und § 323 des Handelsgesetzbuchs über die Verantwortlichkeit des Abschlußprüfers gelten sinngemäß. [2]Die Sonderprüfer nach Absatz 1 haben die Rechte nach § 145 Abs. 2 auch gegenüber dem Abschlußprüfer der Gesellschaft.

§ 259 Prüfungsbericht. Abschließende Feststellungen. (1) [1]Die Sonderprüfer haben über das Ergebnis der Prüfung schriftlich zu berichten. [2]Stellen die Sonderprüfer bei Wahrnehmung ihrer Aufgaben fest, daß Posten überbewertet sind (§ 256 Abs. 5 Satz 2), oder daß gegen die Vorschriften über die Gliederung des Jahresabschlusses verstoßen ist oder Formblätter nicht beachtet sind, so haben sie auch darüber zu berichten. [3]Für den Bericht gilt § 145 Abs. 4 bis 6 sinngemäß.

(2) [1]Sind nach dem Ergebnis der Prüfung die bemängelten Posten nicht unwesentlich unterbewertet (§ 256 Abs. 5 Satz 3), so haben die Sonderprüfer am Schluß ihres Berichts in einer abschließenden Feststellung zu erklären,

1. zu welchem Wert die einzelnen Aktivposten mindestens und mit welchem Betrag die einzelnen Passivposten höchstens anzusetzen waren;
2. um welchen Betrag der Jahresüberschuß sich beim Ansatz dieser Werte oder Beträge erhöht oder der Jahresfehlbetrag sich ermäßigt hätte.

[2]Die Sonderprüfer haben ihrer Beurteilung die Verhältnisse am Stichtag des Jahresabschlusses zugrunde zu legen. [3]Sie haben für den Ansatz der Werte und Beträge nach Nummer 1 diejenige Bewertungs- und Abschreibungsmethode zugrunde zu legen, nach der die Gesellschaft die zu bewertenden Gegenstände oder vergleichbare Gegenstände zuletzt in zulässiger Weise bewertet hat.

(3) Sind nach dem Ergebnis der Prüfung die bemängelten Posten nicht oder nur unwesentlich unterbewertet (§ 256 Abs. 5 Satz 3), so haben die Sonderprüfer am Schluß ihres Berichts in einer abschließenden Feststellung zu erklä-

ren, daß nach ihrer pflichtmäßigen Prüfung und Beurteilung die bemängelten Posten nicht unzulässig unterbewertet sind.

(4) [1] Hat nach dem Ergebnis der Prüfung der Anhang die vorgeschriebenen Angaben nicht oder nicht vollständig enthalten und der Vorstand in der Hauptversammlung die fehlenden Angaben, obwohl nach ihnen gefragt worden ist, nicht gemacht und ist die Aufnahme der Frage in die Niederschrift verlangt worden, so haben die Sonderprüfer am Schluß ihres Berichts in einer abschließenden Feststellung die fehlenden Angaben zu machen. [2] Ist die Angabe von Abweichungen von Bewertungs- oder Abschreibungsmethoden unterlassen worden, so ist in der abschließenden Feststellung auch der Betrag anzugeben, um den der Jahresüberschuß oder Jahresfehlbetrag ohne die Abweichung, deren Angabe unterlassen wurde, höher oder niedriger gewesen wäre. [3] Sind nach dem Ergebnis der Prüfung keine Angaben nach Satz 1 unterlassen worden, so haben die Sonderprüfer in einer abschließenden Feststellung zu erklären, daß nach ihrer pflichtmäßigen Prüfung und Beurteilung im Anhang keine der vorgeschriebenen Angaben unterlassen worden ist.

(5) Der Vorstand hat die abschließenden Feststellungen der Sonderprüfer nach den Absätzen 2 bis 4 unverzüglich in den Gesellschaftsblättern bekanntzumachen.

§ 260 Gerichtliche Entscheidung über die abschließenden Feststellungen der Sonderprüfer. (1) [1] Gegen abschließende Feststellungen der Sonderprüfer nach § 259 Abs. 2 und 3 können die Gesellschaft oder Aktionäre, deren Anteile zusammen den zwanzigsten Teil des Grundkapitals oder den anteiligen Betrag von 500 000 Euro erreichen, innerhalb eines Monats nach der Veröffentlichung im Bundesanzeiger den Antrag auf Entscheidung durch das nach § 132 Abs. 1 zuständige Gericht stellen. [2] § 258 Abs. 2 Satz 4 und 5 gilt sinngemäß. [3] Der Antrag muß auf Feststellung des Betrags gerichtet sein, mit dem die im Antrag zu bezeichnenden Aktivposten mindestens oder die im Antrag zu bezeichnenden Passivposten höchstens anzusetzen waren. [4] Der Antrag der Gesellschaft kann auch auf Feststellung gerichtet sein, daß der Jahresabschluß die in der abschließenden Feststellung der Sonderprüfer festgestellten Unterbewertungen nicht enthielt.

(2) [1] Über den Antrag entscheidet das Gericht unter Würdigung aller Umstände nach freier Überzeugung. [2] § 259 Abs. 2 Satz 2 und 3 ist anzuwenden. [3] Soweit die volle Aufklärung aller maßgebenden Umstände mit erheblichen Schwierigkeiten verbunden ist, hat das Gericht die anzusetzenden Werte oder Beträge zu schätzen.

(3) [1] § 99 Abs. 1, Abs. 2 Satz 1, Abs. 3 und 5 gilt sinngemäß. [2] Das Gericht hat seine Entscheidung der Gesellschaft und, wenn Aktionäre den Antrag nach Absatz 1 gestellt haben, auch diesen zuzustellen. [3] Es hat sie ferner ohne Gründe in den Gesellschaftsblättern bekanntzumachen. [4] Die Beschwerde steht der Gesellschaft und Aktionären zu, deren Anteile zusammen den zwanzigsten Teil des Grundkapitals oder den anteiligen Betrag von 500 000 Euro erreichen. [5] § 258 Abs. 2 Satz 4 und 5 gilt sinngemäß. [6] Die Beschwerdefrist beginnt mit der Bekanntmachung der Entscheidung im Bundesanzeiger, jedoch für die Gesellschaft und, wenn Aktionäre den Antrag nach Absatz 1 gestellt haben, auch für diese nicht vor der Zustellung der Entscheidung.

(4) [1] Die Kosten sind, wenn dem Antrag stattgegeben wird, der Gesellschaft, sonst dem Antragsteller aufzuerlegen. [2] § 247 gilt sinngemäß.

§ 261 Entscheidung über den Ertrag auf Grund höherer Bewertung.

(1) [1] Haben die Sonderprüfer in ihrer abschließenden Feststellung erklärt, daß Posten unterbewertet sind, und ist gegen diese Feststellung nicht innerhalb der in § 260 Abs. 1 bestimmten Frist der Antrag auf gerichtliche Entscheidung gestellt worden, so sind die Posten in dem ersten Jahresabschluß, der nach Ablauf dieser Frist aufgestellt wird, mit den von den Sonderprüfern festgestellten Werten oder Beträgen anzusetzen. [2] Dies gilt nicht, soweit auf Grund veränderter Verhältnisse, namentlich bei Gegenständen, die der Abnutzung unterliegen, auf Grund der Abnutzung, nach §§ 253 bis 256a des Handelsgesetzbuchs oder nach den Grundsätzen ordnungsmäßiger Buchführung für Aktivposten ein niedrigerer Wert oder für Passivposten ein höherer Betrag anzusetzen ist. [3] In diesem Fall sind im Anhang die Gründe anzugeben und in einer Sonderrechnung die Entwicklung des von den Sonderprüfern festgestellten Wertes oder Betrags auf den nach Satz 2 angesetzten Wert oder Betrag darzustellen. [4] Sind die Gegenstände nicht mehr vorhanden, so ist darüber und über die Verwendung des Ertrags aus dem Abgang der Gegenstände im Anhang zu berichten. [5] Bei den einzelnen Posten der Jahresbilanz sind die Unterschiedsbeträge zu vermerken, um die auf Grund von Satz 1 und 2 Aktivposten zu einem höheren Wert oder Passivposten mit einem niedrigeren Betrag angesetzt worden sind. [6] Die Summe der Unterschiedsbeträge ist auf der Passivseite der Bilanz und in der Gewinn- und Verlustrechnung als „Ertrag auf Grund höherer Bewertung gemäß dem Ergebnis der Sonderprüfung" gesondert auszuweisen. [7] Ist die Gesellschaft eine kleine Kapitalgesellschaft (§ 267 Absatz 1 des Handelsgesetzbuchs[1)]), hat sie die Sätze 3 und 4 nur anzuwenden, wenn die Voraussetzungen des § 264 Absatz 2 Satz 2 des Handelsgesetzbuchs[1)] unter Berücksichtigung der nach diesem Abschnitt durchgeführten Sonderprüfung vorliegen.

(2) [1] Hat das gemäß § 260 angerufene Gericht festgestellt, daß Posten unterbewertet sind, so gilt für den Ansatz der Posten in dem ersten Jahresabschluß, der nach Rechtskraft der gerichtlichen Entscheidung aufgestellt wird, Absatz 1 sinngemäß. [2] Die Summe der Unterschiedsbeträge ist als „Ertrag auf Grund höherer Bewertung gemäß gerichtlicher Entscheidung" gesondert auszuweisen.

(3) [1] Der Ertrag aus höherer Bewertung nach Absätzen 1 und 2 rechnet für die Anwendung des § 58 nicht zum Jahresüberschuß. [2] Über die Verwendung des Ertrags abzüglich der auf ihn zu entrichtenden Steuern entscheidet die Hauptversammlung, soweit nicht in dem Jahresabschluß ein Bilanzverlust ausgewiesen wird, der nicht durch Kapital- oder Gewinnrücklagen gedeckt ist.

§ 261a Mitteilungen an die Bundesanstalt für Finanzdienstleistungsaufsicht. Das Gericht hat der Bundesanstalt für Finanzdienstleistungsaufsicht den Eingang eines Antrags auf Bestellung eines Sonderprüfers, jede rechtskräftige Entscheidung über die Bestellung von Sonderprüfern, den Prüfungsbericht sowie eine rechtskräftige gerichtliche Entscheidung über abschließende Feststellungen der Sonderprüfer nach § 260 mitzuteilen, wenn für die Gesellschaft als Emittentin von zugelassenen Wertpapieren im Sinne des § 2 Absatz 1 des Wertpapierhandelsgesetzes[2)] mit Ausnahme von Anteilen und Aktien an

[1)] Nr. **5**.
[2)] Nr. **10**.

offenen Investmentvermögen im Sinne des § 1 Absatz 4 des Kapitalanlagegesetzbuchs die Bundesrepublik Deutschland der Herkunftsstaat (§ 2 Absatz 13 des Wertpapierhandelsgesetzes[1]) ist.

Achter Teil. Auflösung und Nichtigerklärung der Gesellschaft

Erster Abschnitt. Auflösung

Erster Unterabschnitt. Auflösungsgründe und Anmeldung

§ 262 Auflösungsgründe. (1) Die Aktiengesellschaft wird aufgelöst

1. durch Ablauf der in der Satzung bestimmten Zeit;
2. durch Beschluß der Hauptversammlung; dieser bedarf einer Mehrheit, die mindestens drei Viertel des bei der Beschlußfassung vertretenen Grundkapitals umfaßt; die Satzung kann eine größere Kapitalmehrheit und weitere Erfordernisse bestimmen;
3. durch die Eröffnung des Insolvenzverfahrens über das Vermögen der Gesellschaft;
4. mit der Rechtskraft des Beschlusses, durch den die Eröffnung des Insolvenzverfahrens mangels Masse abgelehnt wird;
5. mit der Rechtskraft einer Verfügung des Registergerichts, durch welche nach § 399 des Gesetzes über das Verfahren in Familiensachen und in den Angelegenheiten der freiwilligen Gerichtsbarkeit ein Mangel der Satzung festgestellt worden ist;
6. durch Löschung der Gesellschaft wegen Vermögenslosigkeit nach § 394 des Gesetzes über das Verfahren in Familiensachen und in den Angelegenheiten der freiwilligen Gerichtsbarkeit.

(2) Dieser Abschnitt gilt auch, wenn die Aktiengesellschaft aus anderen Gründen aufgelöst wird.

§ 263 Anmeldung und Eintragung der Auflösung. [1]Der Vorstand hat die Auflösung der Gesellschaft zur Eintragung in das Handelsregister anzumelden. [2]Dies gilt nicht in den Fällen der Eröffnung und der Ablehnung der Eröffnung des Insolvenzverfahrens (§ 262 Abs. 1 Nr. 3 und 4) sowie im Falle der gerichtlichen Feststellung eines Mangels der Satzung (§ 262 Abs. 1 Nr. 5). [3]In diesen Fällen hat das Gericht die Auflösung und ihren Grund von Amts wegen einzutragen. [4]Im Falle der Löschung der Gesellschaft (§ 262 Abs. 1 Nr. 6) entfällt die Eintragung der Auflösung.

Zweiter Unterabschnitt. Abwicklung

§ 264 Notwendigkeit der Abwicklung. (1) Nach der Auflösung der Gesellschaft findet die Abwicklung statt, wenn nicht über das Vermögen der Gesellschaft das Insolvenzverfahren eröffnet worden ist.

(2) [1]Ist die Gesellschaft durch Löschung wegen Vermögenslosigkeit aufgelöst, so findet eine Abwicklung nur statt, wenn sich nach der Löschung herausstellt, daß Vermögen vorhanden ist, das der Verteilung unterliegt. [2]Die Abwickler sind auf Antrag eines Beteiligten durch das Gericht zu ernennen.

---

[1] Nr. **10**.

(3) Soweit sich aus diesem Unterabschnitt oder aus dem Zweck der Abwicklung nichts anderes ergibt, sind auf die Gesellschaft bis zum Schluß der Abwicklung die Vorschriften weiterhin anzuwenden, die für nicht aufgelöste Gesellschaften gelten.

§ 265 Abwickler. (1) Die Abwicklung besorgen die Vorstandsmitglieder als Abwickler.

(2) [1] Die Satzung oder ein Beschluß der Hauptversammlung kann andere Personen als Abwickler bestellen. [2] Für die Auswahl der Abwickler gilt § 76 Abs. 3 Satz 2 und 3 sinngemäß. [3] Auch eine juristische Person kann Abwickler sein.

(3) [1] Auf Antrag des Aufsichtsrats oder einer Minderheit von Aktionären, deren Anteile zusammen den zwanzigsten Teil des Grundkapitals oder den anteiligen Betrag von 500 000 Euro erreichen, hat das Gericht bei Vorliegen eines wichtigen Grundes die Abwickler zu bestellen und abzuberufen. [2] Die Aktionäre haben glaubhaft zu machen, daß sie seit mindestens drei Monaten Inhaber der Aktien sind. [3] Zur Glaubhaftmachung genügt eine eidesstattliche Versicherung vor einem Gericht oder Notar. [4] Gegen die Entscheidung ist die Beschwerde zulässig.

(4) [1] Die gerichtlich bestellten Abwickler haben Anspruch auf Ersatz angemessener barer Auslagen und auf Vergütung für ihre Tätigkeit. [2] Einigen sich der gerichtlich bestellte Abwickler und die Gesellschaft nicht, so setzt das Gericht die Auslagen und die Vergütung fest. [3] Gegen die Entscheidung ist die Beschwerde zulässig; die Rechtsbeschwerde ist ausgeschlossen. [4] Aus der rechtskräftigen Entscheidung findet die Zwangsvollstreckung nach der Zivilprozeßordnung statt.

(5) [1] Abwickler, die nicht vom Gericht bestellt sind, kann die Hauptversammlung jederzeit abberufen. [2] Für die Ansprüche aus dem Anstellungsvertrag gelten die allgemeinen Vorschriften.

(6) Die Absätze 2 bis 5 gelten nicht für den Arbeitsdirektor, soweit sich seine Bestellung und Abberufung nach den Vorschriften des Montan-Mitbestimmungsgesetzes[1)] bestimmen.

§ 266 Anmeldung der Abwickler. (1) Die ersten Abwickler sowie ihre Vertretungsbefugnis hat der Vorstand, jeden Wechsel der Abwickler und jede Änderung ihrer Vertretungsbefugnis haben die Abwickler zur Eintragung in das Handelsregister anzumelden.

(2) Der Anmeldung sind die Urkunden über die Bestellung oder Abberufung sowie über die Vertretungsbefugnis in Urschrift oder öffentlich beglaubigter Abschrift beizufügen.

(3) [1] In der Anmeldung haben die Abwickler zu versichern, daß keine Umstände vorliegen, die ihrer Bestellung nach § 265 Abs. 2 Satz 2 entgegenstehen, und daß sie über ihre unbeschränkte Auskunftspflicht gegenüber dem Gericht belehrt worden sind. [2] § 37 Abs. 2 Satz 2 ist anzuwenden.

(4) Die Bestellung oder Abberufung von Abwicklern durch das Gericht wird von Amts wegen eingetragen.

---

1) Nr. **14**.

§ 267 Aufruf der Gläubiger. [1]Die Abwickler haben unter Hinweis auf die Auflösung der Gesellschaft die Gläubiger der Gesellschaft aufzufordern, ihre Ansprüche anzumelden. [2]Die Aufforderung ist in den Gesellschaftsblättern bekanntzumachen.

§ 268 Pflichten der Abwickler. (1) [1]Die Abwickler haben die laufenden Geschäfte zu beenden, die Forderungen einzuziehen, das übrige Vermögen in Geld umzusetzen und die Gläubiger zu befriedigen. [2]Soweit es die Abwicklung erfordert, dürfen sie auch neue Geschäfte eingehen.

(2) [1]Im übrigen haben die Abwickler innerhalb ihres Geschäftskreises die Rechte und Pflichten des Vorstands. [2]Sie unterliegen wie dieser der Überwachung durch den Aufsichtsrat.

(3) Das Wettbewerbsverbot des § 88 gilt für sie nicht.

(4) [1]Auf allen Geschäftsbriefen, die an einen bestimmten Empfänger gerichtet werden, müssen die Rechtsform und der Sitz der Gesellschaft, die Tatsache, daß die Gesellschaft sich in Abwicklung befindet, das Registergericht des Sitzes der Gesellschaft und die Nummer, unter der die Gesellschaft in das Handelsregister eingetragen ist, sowie alle Abwickler und der Vorsitzende des Aufsichtsrats mit dem Familiennamen und mindestens einem ausgeschriebenen Vornamen angegeben werden. [2]Werden Angaben über das Kapital der Gesellschaft gemacht, so müssen in jedem Falle das Grundkapital sowie, wenn auf die Aktien der Ausgabebetrag nicht vollständig eingezahlt ist, der Gesamtbetrag der ausstehenden Einlagen angegeben werden. [3]Der Angaben nach Satz 1 bedarf es nicht bei Mitteilungen oder Berichten, die im Rahmen einer bestehenden Geschäftsverbindung ergehen und für die üblicherweise Vordrucke verwendet werden, in denen lediglich die im Einzelfall erforderlichen besonderen Angaben eingefügt zu werden brauchen. [4]Bestellscheine gelten als Geschäftsbriefe im Sinne des Satzes 1; Satz 3 ist auf sie nicht anzuwenden.

§ 269 Vertretung durch die Abwickler. (1) Die Abwickler vertreten die Gesellschaft gerichtlich und außergerichtlich.

(2) [1]Sind mehrere Abwickler bestellt, so sind, wenn die Satzung oder die sonst zuständige Stelle nichts anderes bestimmt, sämtliche Abwickler nur gemeinschaftlich zur Vertretung der Gesellschaft befugt. [2]Ist eine Willenserklärung gegenüber der Gesellschaft abzugeben, so genügt die Abgabe gegenüber einem Abwickler.

(3) [1]Die Satzung oder die sonst zuständige Stelle kann auch bestimmen, daß einzelne Abwickler allein oder in Gemeinschaft mit einem Prokuristen zur Vertretung der Gesellschaft befugt sind. [2]Dasselbe kann der Aufsichtsrat bestimmen, wenn die Satzung oder ein Beschluß der Hauptversammlung ihn hierzu ermächtigt hat. [3]Absatz 2 Satz 2 gilt in diesen Fällen sinngemäß.

(4) [1]Zur Gesamtvertretung befugte Abwickler können einzelne von ihnen zur Vornahme bestimmter Geschäfte oder bestimmter Arten von Geschäften ermächtigen. [2]Dies gilt sinngemäß, wenn ein einzelner Abwickler in Gemeinschaft mit einem Prokuristen zur Vertretung der Gesellschaft befugt ist.

(5) Die Vertretungsbefugnis der Abwickler kann nicht beschränkt werden.

(6) Abwickler zeichnen für die Gesellschaft, indem sie der Firma einen die Abwicklung andeutenden Zusatz und ihre Namensunterschrift hinzufügen.

§ 270 Eröffnungsbilanz. Jahresabschluß und Lagebericht. (1) Die Abwickler haben für den Beginn der Abwicklung eine Bilanz (Eröffnungsbilanz) und einen die Eröffnungsbilanz erläuternden Bericht sowie für den Schluß eines jeden Jahres einen Jahresabschluß und einen Lagebericht aufzustellen.

(2) [1] Die Hauptversammlung beschließt über die Feststellung der Eröffnungsbilanz und des Jahresabschlusses sowie über die Entlastung der Abwickler und der Mitglieder des Aufsichtsrats. [2] Auf die Eröffnungsbilanz und den erläuternden Bericht sind die Vorschriften über den Jahresabschluß entsprechend anzuwenden. [3] Vermögensgegenstände des Anlagevermögens sind jedoch wie Umlaufvermögen zu bewerten, soweit ihre Veräußerung innerhalb eines übersehbaren Zeitraums beabsichtigt ist oder diese Vermögensgegenstände nicht mehr dem Geschäftsbetrieb dienen; dies gilt auch für den Jahresabschluß.

(3) [1] Das Gericht kann von der Prüfung des Jahresabschlusses und des Lageberichts durch einen Abschlußprüfer befreien, wenn die Verhältnisse der Gesellschaft so überschaubar sind, daß eine Prüfung im Interesse der Gläubiger und Aktionäre nicht geboten erscheint. [2] Gegen die Entscheidung ist die Beschwerde zulässig.

§ 271 Verteilung des Vermögens. (1) Das nach der Berichtigung der Verbindlichkeiten verbleibende Vermögen der Gesellschaft wird unter die Aktionäre verteilt.

(2) Das Vermögen ist nach den Anteilen am Grundkapital zu verteilen, wenn nicht Aktien mit verschiedenen Rechten bei der Verteilung des Gesellschaftsvermögens vorhanden sind.

(3) [1] Sind die Einlagen auf das Grundkapital nicht auf alle Aktien in demselben Verhältnis geleistet, so werden die geleisteten Einlagen erstattet und ein Überschuß nach den Anteilen am Grundkapital verteilt. [2] Reicht das Vermögen zur Erstattung der Einlagen nicht aus, so haben die Aktionäre den Verlust nach ihren Anteilen am Grundkapital zu tragen; die noch ausstehenden Einlagen sind, soweit nötig, einzuziehen.

§ 272 Gläubigerschutz. (1) Das Vermögen darf nur verteilt werden, wenn ein Jahr seit dem Tage verstrichen ist, an dem der Aufruf der Gläubiger bekanntgemacht worden ist.

(2) Meldet sich ein bekannter Gläubiger nicht, so ist der geschuldete Betrag für ihn zu hinterlegen, wenn ein Recht zur Hinterlegung besteht.

(3) Kann eine Verbindlichkeit zur Zeit nicht berichtigt werden oder ist sie streitig, so darf das Vermögen nur verteilt werden, wenn dem Gläubiger Sicherheit geleistet ist.

§ 273 Schluß der Abwicklung. (1) [1] Ist die Abwicklung beendet und die Schlußrechnung gelegt, so haben die Abwickler den Schluß der Abwicklung zur Eintragung in das Handelsregister anzumelden. [2] Die Gesellschaft ist zu löschen.

(2) Die Bücher und Schriften der Gesellschaft sind an einen vom Gericht bestimmten sicheren Ort zur Aufbewahrung auf zehn Jahre zu hinterlegen.

(3) Das Gericht kann den Aktionären und den Gläubigern die Einsicht der Bücher und Schriften gestatten.

(4) [1] Stellt sich nachträglich heraus, daß weitere Abwicklungsmaßnahmen nötig sind, so hat auf Antrag eines Beteiligten das Gericht die bisherigen

Abwickler neu zu bestellen oder andere Abwickler zu berufen. [2] § 265 Abs. 4 gilt.

(5) Gegen die Entscheidungen nach den Absätzen 2, 3 und 4 Satz 1 ist die Beschwerde zulässig.

§ 274 Fortsetzung einer aufgelösten Gesellschaft. (1) [1] Ist eine Aktiengesellschaft durch Zeitablauf oder durch Beschluß der Hauptversammlung aufgelöst worden, so kann die Hauptversammlung, solange noch nicht mit der Verteilung des Vermögens unter die Aktionäre begonnen ist, die Fortsetzung der Gesellschaft beschließen. [2] Der Beschluß bedarf einer Mehrheit, die mindestens drei Viertel des bei der Beschlußfassung vertretenen Grundkapitals umfaßt. [3] Die Satzung kann eine größere Kapitalmehrheit und weitere Erfordernisse bestimmen.

(2) Gleiches gilt, wenn die Gesellschaft

1. durch die Eröffnung des Insolvenzverfahrens aufgelöst, das Verfahren aber auf Antrag des Schuldners eingestellt oder nach der Bestätigung eines Insolvenzplans, der den Fortbestand der Gesellschaft vorsieht, aufgehoben worden ist;
2. durch die gerichtliche Feststellung eines Mangels der Satzung nach § 262 Abs. 1 Nr. 5 aufgelöst worden ist, eine den Mangel behebende Satzungsänderung aber spätestens zugleich mit der Fortsetzung der Gesellschaft beschlossen wird.

(3) [1] Die Abwickler haben die Fortsetzung der Gesellschaft zur Eintragung in das Handelsregister anzumelden. [2] Sie haben bei der Anmeldung nachzuweisen, daß noch nicht mit der Verteilung des Vermögens der Gesellschaft unter die Aktionäre begonnen worden ist.

(4) [1] Der Fortsetzungsbeschluß wird erst wirksam, wenn er in das Handelsregister des Sitzes der Gesellschaft eingetragen worden ist. [2] Im Falle des Absatzes 2 Nr. 2 hat der Fortsetzungsbeschluß keine Wirkung, solange er und der Beschluß über die Satzungsänderung nicht in das Handelsregister des Sitzes der Gesellschaft eingetragen worden sind; die beiden Beschlüsse sollen nur zusammen in das Handelsregister eingetragen werden.

Zweiter Abschnitt. Nichtigerklärung der Gesellschaft

§ 275 Klage auf Nichtigerklärung. (1) [1] Enthält die Satzung keine Bestimmungen über die Höhe des Grundkapitals oder über den Gegenstand des Unternehmens oder sind die Bestimmungen der Satzung über den Gegenstand des Unternehmens nichtig, so kann jeder Aktionär und jedes Mitglied des Vorstands und des Aufsichtsrats darauf klagen, daß die Gesellschaft für nichtig erklärt werde. [2] Auf andere Gründe kann die Klage nicht gestützt werden.

(2) Kann der Mangel nach § 276 geheilt werden, so kann die Klage erst erhoben werden, nachdem ein Klageberechtigter die Gesellschaft aufgefordert hat, den Mangel zu beseitigen, und sie binnen drei Monaten dieser Aufforderung nicht nachgekommen ist.

(3) [1] Die Klage muß binnen drei Jahren nach Eintragung der Gesellschaft erhoben werden. [2] Eine Löschung der Gesellschaft von Amts wegen nach § 397 Abs. 1 des Gesetzes über das Verfahren in Familiensachen und in den Angelegenheiten der freiwilligen Gerichtsbarkeit wird durch den Zeitablauf nicht ausgeschlossen.

(4) [1] Für die Anfechtung gelten § 246 Abs. 2 bis 4, §§ 247, 248 Abs. 1 Satz 1, §§ 248a, 249 Abs. 2 sinngemäß. [2] Der Vorstand hat eine beglaubigte Abschrift der Klage und das rechtskräftige Urteil zum Handelsregister einzureichen. [3] Die Nichtigkeit der Gesellschaft auf Grund rechtskräftigen Urteils ist einzutragen.

§ 276 Heilung von Mängeln. Ein Mangel, der die Bestimmungen über den Gegenstand des Unternehmens betrifft, kann unter Beachtung der Bestimmungen des Gesetzes und der Satzung über Satzungsänderungen geheilt werden.

§ 277 Wirkung der Eintragung der Nichtigkeit. (1) Ist die Nichtigkeit einer Gesellschaft auf Grund rechtskräftigen Urteils oder einer Entscheidung des Registergerichts in das Handelsregister eingetragen, so findet die Abwicklung nach den Vorschriften über die Abwicklung bei Auflösung statt.

(2) Die Wirksamkeit der im Namen der Gesellschaft vorgenommenen Rechtsgeschäfte wird durch die Nichtigkeit nicht berührt.

(3) Die Gesellschafter haben die Einlagen zu leisten, soweit es zur Erfüllung der eingegangenen Verbindlichkeiten nötig ist.

Zweites Buch. Kommanditgesellschaft auf Aktien

§ 278 Wesen der Kommanditgesellschaft auf Aktien. (1) Die Kommanditgesellschaft auf Aktien ist eine Gesellschaft mit eigener Rechtspersönlichkeit, bei der mindestens ein Gesellschafter den Gesellschaftsgläubigern unbeschränkt haftet (persönlich haftender Gesellschafter) und die übrigen an dem in Aktien zerlegten Grundkapital beteiligt sind, ohne persönlich für die Verbindlichkeiten der Gesellschaft zu haften (Kommanditaktionäre).

(2) Das Rechtsverhältnis der persönlich haftenden Gesellschafter untereinander und gegenüber der Gesamtheit der Kommanditaktionäre sowie gegenüber Dritten, namentlich die Befugnis der persönlich haftenden Gesellschafter zur Geschäftsführung und zur Vertretung der Gesellschaft, bestimmt sich nach den Vorschriften des Handelsgesetzbuchs[1)] über die Kommanditgesellschaft.[2)]

(3) Im übrigen gelten für die Kommanditgesellschaft auf Aktien, soweit sich aus den folgenden Vorschriften oder aus dem Fehlen eines Vorstands nichts anderes ergibt, die Vorschriften des Ersten Buchs über die Aktiengesellschaft sinngemäß.

§ 279 Firma. (1) Die Firma der Kommanditgesellschaft auf Aktien muß, auch wenn sie nach § 22 des Handelsgesetzbuchs[3)] oder nach anderen gesetzlichen Vorschriften fortgeführt wird, die Bezeichnung „Kommanditgesellschaft auf Aktien" oder eine allgemein verständliche Abkürzung dieser Bezeichnung enthalten.

(2) Wenn in der Gesellschaft keine natürliche Person persönlich haftet, muß die Firma, auch wenn sie nach § 22 des Handelsgesetzbuchs oder nach anderen gesetzlichen Vorschriften fortgeführt wird, eine Bezeichnung enthalten, welche die Haftungsbeschränkung kennzeichnet.

[1)] Auszugsweise abgedruckt unter Nr. **5**.
[2)] §§ 161–177a HGB (Nr. **5**).
[3)] Nr. **5**.

§ 280 Feststellung der Satzung. Gründer. (1) [1]Die Satzung muß durch notarielle Beurkundung festgestellt werden. [2]In der Urkunde sind bei Nennbetragsaktien der Nennbetrag, bei Stückaktien die Zahl, der Ausgabebetrag und, wenn mehrere Gattungen bestehen, die Gattung der Aktien anzugeben, die jeder Beteiligte übernimmt. [3]Bevollmächtigte bedürfen einer notariell beglaubigten Vollmacht.

(2) [1]Alle persönlich haftenden Gesellschafter müssen sich bei der Feststellung der Satzung beteiligen. [2]Außer ihnen müssen die Personen mitwirken, die als Kommanditaktionäre Aktien gegen Einlagen übernehmen.

(3) Die Gesellschafter, die die Satzung festgestellt haben, sind die Gründer der Gesellschaft.

§ 281 Inhalt der Satzung. (1) Die Satzung muß außer den Festsetzungen nach § 23 Abs. 3 und 4 den Namen, Vornamen und Wohnort jedes persönlich haftenden Gesellschafters enthalten.

(2) Vermögenseinlagen der persönlich haftenden Gesellschafter müssen, wenn sie nicht auf das Grundkapital geleistet werden, nach Höhe und Art in der Satzung festgesetzt werden.

§ 282 Eintragung der persönlich haftenden Gesellschafter. [1]Bei der Eintragung der Gesellschaft in das Handelsregister sind statt der Vorstandsmitglieder die persönlich haftenden Gesellschafter anzugeben. [2]Ferner ist einzutragen, welche Vertretungsbefugnis die persönlich haftenden Gesellschafter haben.

§ 283 Persönlich haftende Gesellschafter. Für die persönlich haftenden Gesellschafter gelten sinngemäß die für den Vorstand der Aktiengesellschaft geltenden Vorschriften über

1. die Anmeldungen, Einreichungen, Erklärungen und Nachweise zum Handelsregister sowie über Bekanntmachungen;
2. die Gründungsprüfung;
3. die Sorgfaltspflicht und Verantwortlichkeit;
4. die Pflichten gegenüber dem Aufsichtsrat;
5. die Zulässigkeit einer Kreditgewährung;
6. die Einberufung der Hauptversammlung;
7. die Sonderprüfung;
8. die Geltendmachung von Ersatzansprüchen wegen der Geschäftsführung;
9. die Aufstellung, Vorlegung und Prüfung des Jahresabschlusses und des Vorschlags für die Verwendung des Bilanzgewinns;
10. die Vorlage und Prüfung des Lageberichts, eines gesonderten nichtfinanziellen Berichts sowie eines Konzernabschlusses, eines Konzernlageberichts und eines gesonderten nichtfinanziellen Konzernberichts;
11. die Vorlegung, Prüfung und Offenlegung eines Einzelabschlusses nach § 325 Abs. 2a des Handelsgesetzbuchs[1)];
12. die Ausgabe von Aktien bei bedingter Kapitalerhöhung, bei genehmigtem Kapital und bei Kapitalerhöhung aus Gesellschaftsmitteln;
13. die Nichtigkeit und Anfechtung von Hauptversammlungsbeschlüssen;

[1)] Nr. **5**.

14. den Antrag auf Eröffnung des Insolvenzverfahrens.

§ 284 Wettbewerbsverbot. (1) [1]Ein persönlich haftender Gesellschafter darf ohne ausdrückliche Einwilligung der übrigen persönlich haftenden Gesellschafter und des Aufsichtsrats weder im Geschäftszweig der Gesellschaft für eigene oder fremde Rechnung Geschäfte machen noch Mitglied des Vorstands oder Geschäftsführer oder persönlich haftender Gesellschafter einer anderen gleichartigen Handelsgesellschaft sein. [2]Die Einwilligung kann nur für bestimmte Arten von Geschäften oder für bestimmte Handelsgesellschaften erteilt werden.

(2) [1]Verstößt ein persönlich haftender Gesellschafter gegen dieses Verbot, so kann die Gesellschaft Schadenersatz fordern. [2]Sie kann statt dessen von dem Gesellschafter verlangen, daß er die für eigene Rechnung gemachten Geschäfte als für Rechnung der Gesellschaft eingegangen gelten läßt und die aus Geschäften für fremde Rechnung bezogene Vergütung herausgibt oder seinen Anspruch auf die Vergütung abtritt.

(3) [1]Die Ansprüche der Gesellschaft verjähren in drei Monaten seit dem Zeitpunkt, in dem die übrigen persönlich haftenden Gesellschafter und die Aufsichtsratsmitglieder von der zum Schadensersatz verpflichtenden Handlung Kenntnis erlangen oder ohne grobe Fahrlässigkeit erlangen müssten. [2]Sie verjähren ohne Rücksicht auf diese Kenntnis oder grob fahrlässige Unkenntnis in fünf Jahren von ihrer Entstehung an.

§ 285 Hauptversammlung. (1) [1]In der Hauptversammlung haben die persönlich haftenden Gesellschafter nur ein Stimmrecht für ihre Aktien. [2]Sie können das Stimmrecht weder für sich noch für einen anderen ausüben bei Beschlußfassungen über

1. die Wahl und Abberufung des Aufsichtsrats;
2. die Entlastung der persönlich haftenden Gesellschafter und der Mitglieder des Aufsichtsrats;
3. die Bestellung von Sonderprüfern;
4. die Geltendmachung von Ersatzansprüchen;
5. den Verzicht auf Ersatzansprüche;
6. die Wahl von Abschlußprüfern.

[3]Bei diesen Beschlußfassungen kann ihr Stimmrecht auch nicht durch einen anderen ausgeübt werden.

(2) [1]Die Beschlüsse der Hauptversammlung bedürfen der Zustimmung der persönlich haftenden Gesellschafter, soweit sie Angelegenheiten betreffen, für die bei einer Kommanditgesellschaft das Einverständnis der persönlich haftenden Gesellschafter und der Kommanditisten erforderlich ist. [2]Die Ausübung der Befugnisse, die der Hauptversammlung oder einer Minderheit von Kommanditaktionären bei der Bestellung von Prüfern und der Geltendmachung von Ansprüchen der Gesellschaft aus der Gründung oder der Geschäftsführung zustehen, bedarf nicht der Zustimmung der persönlich haftenden Gesellschafter.

(3) [1]Beschlüsse der Hauptversammlung, die der Zustimmung der persönlich haftenden Gesellschafter bedürfen, sind zum Handelsregister erst einzureichen, wenn die Zustimmung vorliegt. [2]Bei Beschlüssen, die in das Handelsregister einzutragen sind, ist die Zustimmung in der Verhandlungsniederschrift oder in einem Anhang zur Niederschrift zu beurkunden.

§ 286 Jahresabschluß. Lagebericht. (1) [1] Die Hauptversammlung beschließt über die Feststellung des Jahresabschlusses. [2] Der Beschluß bedarf der Zustimmung der persönlich haftenden Gesellschafter.

(2) [1] In der Jahresbilanz sind die Kapitalanteile der persönlich haftenden Gesellschafter nach dem Posten „Gezeichnetes Kapital" gesondert auszuweisen. [2] Der auf den Kapitalanteil eines persönlich haftenden Gesellschafters für das Geschäftsjahr entfallende Verlust ist von dem Kapitalanteil abzuschreiben. [3] Soweit der Verlust den Kapitalanteil übersteigt, ist er auf der Aktivseite unter der Bezeichnung „Einzahlungsverpflichtungen persönlich haftender Gesellschafter" unter den Forderungen gesondert auszuweisen, soweit eine Zahlungsverpflichtung besteht; besteht keine Zahlungsverpflichtung, so ist der Betrag als „Nicht durch Vermögenseinlagen gedeckter Verlustanteil persönlich haftender Gesellschafter" zu bezeichnen und gemäß § 268 Abs. 3 des Handelsgesetzbuchs[1)] auszuweisen. [4] Unter § 89 fallende Kredite, die die Gesellschaft persönlich haftenden Gesellschaftern, deren Ehegatten, Lebenspartnern oder minderjährigen Kindern oder Dritten, die für Rechnung dieser Personen handeln, gewährt hat, sind auf der Aktivseite bei den entsprechenden Posten unter der Bezeichnung „davon an persönlich haftende Gesellschafter und deren Angehörige" zu vermerken.

(3) In der Gewinn- und Verlustrechnung braucht der auf die Kapitalanteile der persönlich haftenden Gesellschafter entfallende Gewinn oder Verlust nicht gesondert ausgewiesen zu werden.

(4) § 285 Nr. 9 Buchstabe a und b des Handelsgesetzbuchs gilt für die persönlich haftenden Gesellschafter mit der Maßgabe, daß der auf den Kapitalanteil eines persönlich haftenden Gesellschafters entfallende Gewinn nicht angegeben zu werden braucht.

§ 287 Aufsichtsrat. (1) Die Beschlüsse der Kommanditaktionäre führt der Aufsichtsrat aus, wenn die Satzung nichts anderes bestimmt.

(2) [1] In Rechtsstreitigkeiten, die die Gesamtheit der Kommanditaktionäre gegen die persönlich haftenden Gesellschafter oder diese gegen die Gesamtheit der Kommanditaktionäre führen, vertritt der Aufsichtsrat die Kommanditaktionäre, wenn die Hauptversammlung keine besonderen Vertreter gewählt hat. [2] Für die Kosten des Rechtsstreits, die den Kommanditaktionären zur Last fallen, haftet die Gesellschaft unbeschadet ihres Rückgriffs gegen die Kommanditaktionäre.

(3) Persönlich haftende Gesellschafter können nicht Aufsichtsratsmitglieder sein.

§ 288 Entnahmen der persönlich haftenden Gesellschafter. Kreditgewährung. (1) [1] Entfällt auf einen persönlich haftenden Gesellschafter ein Verlust, der seinen Kapitalanteil übersteigt, so darf er keinen Gewinn auf seinen Kapitalanteil entnehmen. [2] Er darf ferner keinen solchen Gewinnanteil und kein Geld auf seinen Kapitalanteil entnehmen, solange die Summe aus Bilanzverlust, Einzahlungsverpflichtungen, Verlustanteilen persönlich haftender Gesellschafter und Forderungen aus Krediten an persönlich haftende Gesellschafter und deren Angehörige die Summe aus Gewinnvortrag, Kapital- und Gewinnrücklagen sowie Kapitalanteilen der persönlich haftenden Gesellschafter übersteigt.

---

1) Nr. 5.

(2) [1] Solange die Voraussetzung von Absatz 1 Satz 2 vorliegt, darf die Gesellschaft keinen unter § 286 Abs. 2 Satz 4 fallenden Kredit gewähren. [2] Ein trotzdem gewährter Kredit ist ohne Rücksicht auf entgegenstehende Vereinbarungen sofort zurückzugewähren.

(3) [1] Ansprüche persönlich haftender Gesellschafter auf nicht vom Gewinn abhängige Tätigkeitsvergütungen werden durch diese Vorschriften nicht berührt. [2] Für eine Herabsetzung solcher Vergütungen gilt § 87 Abs. 2 Satz 1 und 2 sinngemäß.

§ 289 Auflösung. (1) Die Gründe für die Auflösung der Kommanditgesellschaft auf Aktien und das Ausscheiden eines von mehreren persönlich haftenden Gesellschaftern aus der Gesellschaft richten sich, soweit in den Absätzen 2 bis 6 nichts anderes bestimmt ist, nach den Vorschriften des Handelsgesetzbuchs[1] über die Kommanditgesellschaft.[2]

(2) Die Kommanditgesellschaft auf Aktien wird auch aufgelöst

1. mit der Rechtskraft des Beschlusses, durch den die Eröffnung des Insolvenzverfahrens mangels Masse abgelehnt wird;
2. mit der Rechtskraft einer Verfügung des Registergerichts, durch welche nach § 399 des Gesetzes über das Verfahren in Familiensachen und in den Angelegenheiten der freiwilligen Gerichtsbarkeit ein Mangel der Satzung festgestellt worden ist;
3. durch die Löschung der Gesellschaft wegen Vermögenslosigkeit nach § 394 des Gesetzes über das Verfahren in Familiensachen und in den Angelegenheiten der freiwilligen Gerichtsbarkeit.

(3) [1] Durch die Eröffnung des Insolvenzverfahrens über das Vermögen eines Kommanditaktionärs wird die Gesellschaft nicht aufgelöst. [2] Die Gläubiger eines Kommanditaktionärs sind nicht berechtigt, die Gesellschaft zu kündigen.

(4) [1] Für die Kündigung der Gesellschaft durch die Kommanditaktionäre und für ihre Zustimmung zur Auflösung der Gesellschaft ist ein Beschluß der Hauptversammlung nötig. [2] Gleiches gilt für den Antrag auf Auflösung der Gesellschaft durch gerichtliche Entscheidung. [3] Der Beschluß bedarf einer Mehrheit, die mindestens drei Viertel des bei der Beschlußfassung vertretenen Grundkapitals umfaßt. [4] Die Satzung kann eine größere Kapitalmehrheit und weitere Erfordernisse bestimmen.

(5) Persönlich haftende Gesellschafter können außer durch Ausschließung nur ausscheiden, wenn es die Satzung für zulässig erklärt.

(6) [1] Die Auflösung der Gesellschaft und das Ausscheiden eines persönlich haftenden Gesellschafters ist von allen persönlich haftenden Gesellschaftern zur Eintragung in das Handelsregister anzumelden. [2] § 143 Abs. 3 des Handelsgesetzbuchs gilt sinngemäß. [3] In den Fällen des Absatzes 2 hat das Gericht die Auflösung und ihren Grund von Amts wegen einzutragen. [4] Im Falle des Absatzes 2 Nr. 3 entfällt die Eintragung der Auflösung.

§ 290 Abwicklung. (1) Die Abwicklung besorgen alle persönlich haftenden Gesellschafter und eine oder mehrere von der Hauptversammlung gewählte Personen als Abwickler, wenn die Satzung nichts anderes bestimmt.

---

[1] Auszugsweise abgedruckt unter Nr. **5**.
[2] §§ 161–177a HGB (Nr. **5**).

(2) Die Bestellung oder Abberufung von Abwicklern durch das Gericht kann auch jeder persönlich haftende Gesellschafter beantragen.

(3) [1] Ist die Gesellschaft durch Löschung wegen Vermögenslosigkeit aufgelöst, so findet eine Abwicklung nur statt, wenn sich nach der Löschung herausstellt, daß Vermögen vorhanden ist, das der Verteilung unterliegt. [2] Die Abwickler sind auf Antrag eines Beteiligten durch das Gericht zu ernennen.

Drittes Buch. Verbundene Unternehmen

Erster Teil. Unternehmensverträge

Erster Abschnitt. Arten von Unternehmensverträgen

§ 291 Beherrschungsvertrag. Gewinnabführungsvertrag. (1) [1] Unternehmensverträge sind Verträge, durch die eine Aktiengesellschaft oder Kommanditgesellschaft auf Aktien die Leitung ihrer Gesellschaft einem anderen Unternehmen unterstellt (Beherrschungsvertrag) oder sich verpflichtet, ihren ganzen Gewinn an ein anderes Unternehmen abzuführen (Gewinnabführungsvertrag). [2] Als Vertrag über die Abführung des ganzen Gewinns gilt auch ein Vertrag, durch den eine Aktiengesellschaft oder Kommanditgesellschaft auf Aktien es übernimmt, ihr Unternehmen für Rechnung eines anderen Unternehmens zu führen.

(2) Stellen sich Unternehmen, die voneinander nicht abhängig sind, durch Vertrag unter einheitliche Leitung, ohne daß dadurch eines von ihnen von einem anderen vertragschließenden Unternehmen abhängig wird, so ist dieser Vertrag kein Beherrschungsvertrag.

(3) Leistungen der Gesellschaft bei Bestehen eines Beherrschungs- oder eines Gewinnabführungsvertrags gelten nicht als Verstoß gegen die §§ 57, 58 und 60.

§ 292 Andere Unternehmensverträge. (1) Unternehmensverträge sind ferner Verträge, durch die eine Aktiengesellschaft oder Kommanditgesellschaft auf Aktien

1. sich verpflichtet, ihren Gewinn oder den Gewinn einzelner ihrer Betriebe ganz oder zum Teil mit dem Gewinn anderer Unternehmen oder einzelner Betriebe anderer Unternehmen zur Aufteilung eines gemeinschaftlichen Gewinns zusammenzulegen (Gewinngemeinschaft),
2. sich verpflichtet, einen Teil ihres Gewinns oder den Gewinn einzelner ihrer Betriebe ganz oder zum Teil an einen anderen abzuführen (Teilgewinnabführungsvertrag),
3. den Betrieb ihres Unternehmens einem anderen verpachtet oder sonst überläßt (Betriebspachtvertrag, Betriebsüberlassungsvertrag).

(2) Ein Vertrag über eine Gewinnbeteiligung mit Mitgliedern von Vorstand und Aufsichtsrat oder mit einzelnen Arbeitnehmern der Gesellschaft sowie eine Abrede über eine Gewinnbeteiligung im Rahmen von Verträgen des laufenden Geschäftsverkehrs oder Lizenzverträgen ist kein Teilgewinnabführungsvertrag.

(3) [1] Ein Betriebspacht- oder Betriebsüberlassungsvertrag und der Beschluß, durch den die Hauptversammlung dem Vertrag zugestimmt hat, sind nicht deshalb nichtig, weil der Vertrag gegen die §§ 57, 58 und 60 verstößt. [2] Satz 1 schließt die Anfechtung des Beschlusses wegen dieses Verstoßes nicht aus.

Zweiter Abschnitt. Abschluß, Änderung und Beendigung von Unternehmensverträgen

§ 293 Zustimmung der Hauptversammlung. (1) [1] Ein Unternehmensvertrag wird nur mit Zustimmung der Hauptversammlung wirksam. [2] Der Beschluß bedarf einer Mehrheit, die mindestens drei Viertel des bei der Beschlußfassung vertretenen Grundkapitals umfaßt. [3] Die Satzung kann eine größere Kapitalmehrheit und weitere Erfordernisse bestimmen. [4] Auf den Beschluß sind die Bestimmungen des Gesetzes und der Satzung über Satzungsänderungen nicht anzuwenden.

(2) [1] Ein Beherrschungs- oder ein Gewinnabführungsvertrag wird, wenn der andere Vertragsteil eine Aktiengesellschaft oder Kommanditgesellschaft auf Aktien ist, nur wirksam, wenn auch die Hauptversammlung dieser Gesellschaft zustimmt. [2] Für den Beschluß gilt Absatz 1 Satz 2 bis 4 sinngemäß.

(3) Der Vertrag bedarf der schriftlichen Form.

§ 293a Bericht über den Unternehmensvertrag. (1) [1] Der Vorstand jeder an einem Unternehmensvertrag beteiligten Aktiengesellschaft oder Kommanditgesellschaft auf Aktien hat, soweit die Zustimmung der Hauptversammlung nach § 293 erforderlich ist, einen ausführlichen schriftlichen Bericht zu erstatten, in dem der Abschluß des Unternehmensvertrags, der Vertrag im einzelnen und insbesondere Art und Höhe des Ausgleichs nach § 304 und der Abfindung nach § 305 rechtlich und wirtschaftlich erläutert und begründet werden; der Bericht kann von den Vorständen auch gemeinsam erstattet werden. [2] Auf besondere Schwierigkeiten bei der Bewertung der vertragschließenden Unternehmen sowie auf die Folgen für die Beteiligungen der Aktionäre ist hinzuweisen.

(2) [1] In den Bericht brauchen Tatsachen nicht aufgenommen zu werden, deren Bekanntwerden geeignet ist, einem der vertragschließenden Unternehmen oder einem verbundenen Unternehmen einen nicht unerheblichen Nachteil zuzufügen. [2] In diesem Falle sind in dem Bericht die Gründe, aus denen die Tatsachen nicht aufgenommen worden sind, darzulegen.

(3) Der Bericht ist nicht erforderlich, wenn alle Anteilsinhaber aller beteiligten Unternehmen auf seine Erstattung durch öffentlich beglaubigte Erklärung verzichten.

§ 293b Prüfung des Unternehmensvertrags. (1) Der Unternehmensvertrag ist für jede vertragschließende Aktiengesellschaft oder Kommanditgesellschaft auf Aktien durch einen oder mehrere sachverständige Prüfer (Vertragsprüfer) zu prüfen, es sei denn, daß sich alle Aktien der abhängigen Gesellschaft in der Hand des herrschenden Unternehmens befinden.

(2) § 293a Abs. 3 ist entsprechend anzuwenden.

§ 293c Bestellung der Vertragsprüfer. (1) [1] Die Vertragsprüfer werden jeweils auf Antrag der Vorstände der vertragschließenden Gesellschaften vom Gericht ausgewählt und bestellt. [2] Sie können auf gemeinsamen Antrag der Vorstände für alle vertragschließenden Gesellschaften gemeinsam bestellt werden. [3] Zuständig ist das Landgericht, in dessen Bezirk die abhängige Gesellschaft ihren Sitz hat. [4] Ist bei dem Landgericht eine Kammer für Handelssachen gebildet, so entscheidet deren Vorsitzender an Stelle der Zivilkammer. [5] Für den

Ersatz von Auslagen und für die Vergütung der vom Gericht bestellten Prüfer gilt § 318 Abs. 5 des Handelsgesetzbuchs[1].

(2) § 10 Abs. 3 bis 5 des Umwandlungsgesetzes[2] gilt entsprechend.

§ 293d Auswahl, Stellung und Verantwortlichkeit der Vertragsprüfer.

(1) [1] Für die Auswahl und das Auskunftsrecht der Vertragsprüfer gelten § 319 Abs. 1 bis 4, § 319a Abs. 1, § 319b Abs. 1, § 320 Abs. 1 Satz 2 und Abs. 2 Satz 1 und 2 des Handelsgesetzbuchs[1] entsprechend. [2] Das Auskunftsrecht besteht gegenüber den vertragschließenden Unternehmen und gegenüber einem Konzernunternehmen sowie einem abhängigen und einem herrschenden Unternehmen.

(2) [1] Für die Verantwortlichkeit der Vertragsprüfer, ihrer Gehilfen und der bei der Prüfung mitwirkenden gesetzlichen Vertreter einer Prüfungsgesellschaft gilt § 323 des Handelsgesetzbuchs entsprechend. [2] Die Verantwortlichkeit besteht gegenüber den vertragschließenden Unternehmen und deren Anteilsinhabern.

§ 293e Prüfungsbericht. (1) [1] Die Vertragsprüfer haben über das Ergebnis der Prüfung schriftlich zu berichten. [2] Der Prüfungsbericht ist mit einer Erklärung darüber abzuschließen, ob der vorgeschlagene Ausgleich oder die vorgeschlagene Abfindung angemessen ist. [3] Dabei ist anzugeben,

1. nach welchen Methoden Ausgleich und Abfindung ermittelt worden sind;
2. aus welchen Gründen die Anwendung dieser Methoden angemessen ist;
3. welcher Ausgleich oder welche Abfindung sich bei der Anwendung verschiedener Methoden, sofern mehrere angewandt worden sind, jeweils ergeben würde; zugleich ist darzulegen, welches Gewicht den verschiedenen Methoden bei der Bestimmung des vorgeschlagenen Ausgleichs oder der vorgeschlagenen Abfindung und der ihnen zugrunde liegenden Werte beigemessen worden ist und welche besonderen Schwierigkeiten bei der Bewertung der vertragschließenden Unternehmen aufgetreten sind.

(2) § 293a Abs. 2 und 3 ist entsprechend anzuwenden.

§ 293f Vorbereitung der Hauptversammlung. (1) Von der Einberufung der Hauptversammlung an, die über die Zustimmung zu dem Unternehmensvertrag beschließen soll, sind in dem Geschäftsraum jeder der beteiligten Aktiengesellschaften oder Kommanditgesellschaften auf Aktien zur Einsicht der Aktionäre auszulegen

1. der Unternehmensvertrag;
2. die Jahresabschlüsse und die Lageberichte der vertragschließenden Unternehmen für die letzten drei Geschäftsjahre;
3. die nach § 293a erstatteten Berichte der Vorstände und die nach § 293e erstatteten Berichte der Vertragsprüfer.

(2) Auf Verlangen ist jedem Aktionär unverzüglich und kostenlos eine Abschrift der in Absatz 1 bezeichneten Unterlagen zu erteilen.

---

[1] Nr. **5**.
[2] Nr. **12**.

(3) Die Verpflichtungen nach den Absätzen 1 und 2 entfallen, wenn die in Absatz 1 bezeichneten Unterlagen für denselben Zeitraum über die Internetseite der Gesellschaft zugänglich sind.

§ 293g Durchführung der Hauptversammlung. (1) In der Hauptversammlung sind die in § 293f Abs. 1 bezeichneten Unterlagen zugänglich zu machen.

(2) [1] Der Vorstand hat den Unternehmensvertrag zu Beginn der Verhandlung mündlich zu erläutern. [2] Er ist der Niederschrift als Anlage beizufügen.

(3) Jedem Aktionär ist auf Verlangen in der Hauptversammlung Auskunft auch über alle für den Vertragschluß wesentlichen Angelegenheiten des anderen Vertragsteils zu geben.

§ 294 Eintragung. Wirksamwerden. (1) [1] Der Vorstand der Gesellschaft hat das Bestehen und die Art des Unternehmensvertrages sowie den Namen des anderen Vertragsteils zur Eintragung in das Handelsregister anzumelden; beim Bestehen einer Vielzahl von Teilgewinnabführungsverträgen kann anstelle des Namens des anderen Vertragsteils auch eine andere Bezeichnung eingetragen werden, die den jeweiligen Teilgewinnabführungsvertrag konkret bestimmt. [2] Der Anmeldung sind der Vertrag sowie, wenn er nur mit Zustimmung der Hauptversammlung des anderen Vertragsteils wirksam wird, die Niederschrift dieses Beschlusses und ihre Anlagen in Urschrift, Ausfertigung oder öffentlich beglaubigter Abschrift beizufügen.

(2) Der Vertrag wird erst wirksam, wenn sein Bestehen in das Handelsregister des Sitzes der Gesellschaft eingetragen worden ist.

§ 295 Änderung. (1) [1] Ein Unternehmensvertrag kann nur mit Zustimmung der Hauptversammlung geändert werden. [2] §§ 293 bis 294 gelten sinngemäß.

(2) [1] Die Zustimmung der Hauptversammlung der Gesellschaft zu einer Änderung der Bestimmungen des Vertrags, die zur Leistung eines Ausgleichs an die außenstehenden Aktionäre der Gesellschaft oder zum Erwerb ihrer Aktien verpflichten, bedarf, um wirksam zu werden, eines Sonderbeschlusses der außenstehenden Aktionäre. [2] Für den Sonderbeschluß gilt § 293 Abs. 1 Satz 2 und 3. [3] Jedem außenstehenden Aktionär ist auf Verlangen in der Versammlung, die über die Zustimmung beschließt, Auskunft auch über alle für die Änderung wesentlichen Angelegenheiten des anderen Vertragsteils zu geben.

§ 296 Aufhebung. (1) [1] Ein Unternehmensvertrag kann nur zum Ende des Geschäftsjahrs oder des sonst vertraglich bestimmten Abrechnungszeitraums aufgehoben werden. [2] Eine rückwirkende Aufhebung ist unzulässig. [3] Die Aufhebung bedarf der schriftlichen Form.

(2) [1] Ein Vertrag, der zur Leistung eines Ausgleichs an die außenstehenden Aktionäre oder zum Erwerb ihrer Aktien verpflichtet, kann nur aufgehoben werden, wenn die außenstehenden Aktionäre durch Sonderbeschluß zustimmen. [2] Für den Sonderbeschluß gilt § 293 Abs. 1 Satz 2 und 3, § 295 Abs. 2 Satz 3 sinngemäß.

§ 297 Kündigung. (1) [1] Ein Unternehmensvertrag kann aus wichtigem Grunde ohne Einhaltung einer Kündigungsfrist gekündigt werden. [2] Ein wichtiger Grund liegt namentlich vor, wenn der andere Vertragsteil voraussichtlich nicht in der Lage sein wird, seine auf Grund des Vertrags bestehenden Verpflichtungen zu erfüllen.

(2) [1] Der Vorstand der Gesellschaft kann einen Vertrag, der zur Leistung eines Ausgleichs an die außenstehenden Aktionäre der Gesellschaft oder zum Erwerb ihrer Aktien verpflichtet, ohne wichtigen Grund nur kündigen, wenn die außenstehenden Aktionäre durch Sonderbeschluß zustimmen. [2] Für den Sonderbeschluß gilt § 293 Abs. 1 Satz 2 und 3, § 295 Abs. 2 Satz 3 sinngemäß.

(3) Die Kündigung bedarf der schriftlichen Form.

§ 298 Anmeldung und Eintragung. Der Vorstand der Gesellschaft hat die Beendigung eines Unternehmensvertrags, den Grund und den Zeitpunkt der Beendigung unverzüglich zur Eintragung in das Handelsregister anzumelden.

§ 299 Ausschluß von Weisungen. Auf Grund eines Unternehmensvertrags kann der Gesellschaft nicht die Weisung erteilt werden, den Vertrag zu ändern, aufrechtzuerhalten oder zu beendigen.

Dritter Abschnitt. Sicherung der Gesellschaft und der Gläubiger

§ 300 Gesetzliche Rücklage. In die gesetzliche Rücklage sind an Stelle des in § 150 Abs. 2 bestimmten Betrags einzustellen,

1. wenn ein Gewinnabführungsvertrag besteht, aus dem ohne die Gewinnabführung entstehenden, um einen Verlustvortrag aus dem Vorjahr geminderten Jahresüberschuß der Betrag, der erforderlich ist, um die gesetzliche Rücklage unter Hinzurechnung einer Kapitalrücklage innerhalb der ersten fünf Geschäftsjahre, die während des Bestehens des Vertrags oder nach Durchführung einer Kapitalerhöhung beginnen, gleichmäßig auf den zehnten oder den in der Satzung bestimmten höheren Teil des Grundkapitals aufzufüllen, mindestens aber der in Nummer 2 bestimmte Betrag;
2. wenn ein Teilgewinnabführungsvertrag besteht, der Betrag, der nach § 150 Abs. 2 aus dem ohne die Gewinnabführung entstehenden, um einen Verlustvortrag aus dem Vorjahr geminderten Jahresüberschuß in die gesetzliche Rücklage einzustellen wäre;
3. wenn ein Beherrschungsvertrag besteht, ohne daß die Gesellschaft auch zur Abführung ihres ganzen Gewinns verpflichtet ist, der zur Auffüllung der gesetzlichen Rücklage nach Nummer 1 erforderliche Betrag, mindestens aber der in § 150 Abs. 2 oder, wenn die Gesellschaft verpflichtet ist, ihren Gewinn zum Teil abzuführen, der in Nummer 2 bestimmte Betrag.

§ 301 Höchstbetrag der Gewinnabführung. [1] Eine Gesellschaft kann, gleichgültig welche Vereinbarungen über die Berechnung des abzuführenden Gewinns getroffen worden sind, als ihren Gewinn höchstens den ohne die Gewinnabführung entstehenden Jahresüberschuss, vermindert um einen Verlustvortrag aus dem Vorjahr, um den Betrag, der nach § 300 in die gesetzlichen Rücklagen einzustellen ist, und den nach § 268 Abs. 8 des Handelsgesetzbuchs[1)] ausschüttungsgesperrten Betrag, abführen. [2] Sind während der Dauer des Vertrags Beträge in andere Gewinnrücklagen eingestellt worden, so können diese Beträge den anderen Gewinnrücklagen entnommen und als Gewinn abgeführt werden.

[1)] Nr. **5**.

§ 302 Verlustübernahme. (1) Besteht ein Beherrschungs- oder ein Gewinnabführungsvertrag, so hat der andere Vertragsteil jeden während der Vertragsdauer sonst entstehenden Jahresfehlbetrag auszugleichen, soweit dieser nicht dadurch ausgeglichen wird, daß den anderen Gewinnrücklagen Beträge entnommen werden, die während der Vertragsdauer in sie eingestellt worden sind.

(2) Hat eine abhängige Gesellschaft den Betrieb ihres Unternehmens dem herrschenden Unternehmen verpachtet oder sonst überlassen, so hat das herrschende Unternehmen jeden während der Vertragsdauer sonst entstehenden Jahresfehlbetrag auszugleichen, soweit die vereinbarte Gegenleistung das angemessene Entgelt nicht erreicht.

(3) [1] Die Gesellschaft kann auf den Anspruch auf Ausgleich erst drei Jahre nach dem Tage, an dem die Eintragung der Beendigung des Vertrags in das Handelsregister nach § 10 des Handelsgesetzbuchs[1)] bekannt gemacht worden ist, verzichten oder sich über ihn vergleichen. [2] Dies gilt nicht, wenn der Ausgleichspflichtige zahlungsunfähig ist und sich zur Abwendung des Insolvenzverfahrens mit seinen Gläubigern vergleicht oder wenn die Ersatzpflicht in einem Insolvenzplan geregelt wird. [3] Der Verzicht oder Vergleich wird nur wirksam, wenn die außenstehenden Aktionäre durch Sonderbeschluß zustimmen und nicht eine Minderheit, deren Anteile zusammen den zehnten Teil des bei der Beschlußfassung vertretenen Grundkapitals erreichen, zur Niederschrift Widerspruch erhebt.

(4) Die Ansprüche aus diesen Vorschriften verjähren in zehn Jahren seit dem Tag, an dem die Eintragung der Beendigung des Vertrags in das Handelsregister nach § 10 des Handelsgesetzbuchs bekannt gemacht worden ist.

§ 303 Gläubigerschutz. (1) [1] Endet ein Beherrschungs- oder ein Gewinnabführungsvertrag, so hat der andere Vertragsteil den Gläubigern der Gesellschaft, deren Forderungen begründet worden sind, bevor die Eintragung der Beendigung des Vertrags in das Handelsregister nach § 10 des Handelsgesetzbuchs[1)] bekannt gemacht worden ist, Sicherheit zu leisten, wenn sie sich binnen sechs Monaten nach der Bekanntmachung der Eintragung zu diesem Zweck bei ihm melden. [2] Die Gläubiger sind in der Bekanntmachung der Eintragung auf dieses Recht hinzuweisen.

(2) Das Recht, Sicherheitsleistung zu verlangen, steht Gläubigern nicht zu, die im Fall des Insolvenzverfahrens ein Recht auf vorzugsweise Befriedigung aus einer Deckungsmasse haben, die nach gesetzlicher Vorschrift zu ihrem Schutz errichtet und staatlich überwacht ist.

(3) [1] Statt Sicherheit zu leisten, kann der andere Vertragsteil sich für die Forderung verbürgen. [2] § 349 des Handelsgesetzbuchs über den Ausschluß der Einrede der Vorausklage ist nicht anzuwenden.

Vierter Abschnitt. Sicherung der außenstehenden Aktionäre bei Beherrschungs- und Gewinnabführungsverträgen

§ 304 Angemessener Ausgleich. (1) [1] Ein Gewinnabführungsvertrag muß einen angemessenen Ausgleich für die außenstehenden Aktionäre durch eine auf die Anteile am Grundkapital bezogene wiederkehrende Geldleistung (Aus-

---

[1)] Nr. 5.

gleichszahlung) vorsehen. [2]Ein Beherrschungsvertrag muß, wenn die Gesellschaft nicht auch zur Abführung ihres ganzen Gewinns verpflichtet ist, den außenstehenden Aktionären als angemessenen Ausgleich einen bestimmten jährlichen Gewinnanteil nach der für die Ausgleichszahlung bestimmten Höhe garantieren. [3]Von der Bestimmung eines angemessenen Ausgleichs kann nur abgesehen werden, wenn die Gesellschaft im Zeitpunkt der Beschlußfassung ihrer Hauptversammlung über den Vertrag keinen außenstehenden Aktionär hat.

(2) [1]Als Ausgleichszahlung ist mindestens die jährliche Zahlung des Betrags zuzusichern, der nach der bisherigen Ertragslage der Gesellschaft und ihren künftigen Ertragsaussichten unter Berücksichtigung angemessener Abschreibungen und Wertberichtigungen, jedoch ohne Bildung anderer Gewinnrücklagen, voraussichtlich als durchschnittlicher Gewinnanteil auf die einzelne Aktie verteilt werden könnte. [2]Ist der andere Vertragsteil eine Aktiengesellschaft oder Kommanditgesellschaft auf Aktien, so kann als Ausgleichszahlung auch die Zahlung des Betrags zugesichert werden, der unter Herstellung eines angemessenen Umrechnungsverhältnisses auf Aktien der anderen Gesellschaft jeweils als Gewinnanteil entfällt. [3]Die Angemessenheit der Umrechnung bestimmt sich nach dem Verhältnis, in dem bei einer Verschmelzung auf eine Aktie der Gesellschaft Aktien der anderen Gesellschaft zu gewähren wären.

(3) [1]Ein Vertrag, der entgegen Absatz 1 überhaupt keinen Ausgleich vorsieht, ist nichtig. [2]Die Anfechtung des Beschlusses, durch den die Hauptversammlung der Gesellschaft dem Vertrag oder einer unter § 295 Abs. 2 fallenden Änderung des Vertrags zugestimmt hat, kann nicht auf § 243 Abs. 2 oder darauf gestützt werden, daß der im Vertrag bestimmte Ausgleich nicht angemessen ist. [3]Ist der im Vertrag bestimmte Ausgleich nicht angemessen, so hat das in § 2 des Spruchverfahrensgesetzes[1)] bestimmte Gericht auf Antrag den vertraglich geschuldeten Ausgleich zu bestimmen, wobei es, wenn der Vertrag einen nach Absatz 2 Satz 2 berechneten Ausgleich vorsieht, den Ausgleich nach dieser Vorschrift zu bestimmen hat.

(4) Bestimmt das Gericht den Ausgleich, so kann der andere Vertragsteil den Vertrag binnen zwei Monaten nach Rechtskraft der Entscheidung ohne Einhaltung einer Kündigungsfrist kündigen.

§ 305 Abfindung. (1) Außer der Verpflichtung zum Ausgleich nach § 304 muß ein Beherrschungs- oder ein Gewinnabführungsvertrag die Verpflichtung des anderen Vertragsteils enthalten, auf Verlangen eines außenstehenden Aktionärs dessen Aktien gegen eine im Vertrag bestimmte angemessene Abfindung zu erwerben.

(2) Als Abfindung muß der Vertrag,

1. wenn der andere Vertragsteil eine nicht abhängige und nicht in Mehrheitsbesitz stehende Aktiengesellschaft oder Kommanditgesellschaft auf Aktien mit Sitz in einem Mitgliedstaat der Europäischen Union oder in einem anderen Vertragsstaat des Abkommens über den Europäischen Wirtschaftsraum ist, die Gewährung eigener Aktien dieser Gesellschaft,
2. wenn der andere Vertragsteil eine abhängige oder in Mehrheitsbesitz stehende Aktiengesellschaft oder Kommanditgesellschaft auf Aktien und das herr-

---

[1)] Nr. **19**.

schende Unternehmen eine Aktiengesellschaft oder Kommanditgesellschaft auf Aktien mit Sitz in einem Mitgliedstaat der Europäischen Union oder in einem anderen Vertragsstaat des Abkommens über den Europäischen Wirtschaftsraum ist, entweder die Gewährung von Aktien der herrschenden oder mit Mehrheit beteiligten Gesellschaft oder eine Barabfindung,
3. in allen anderen Fällen eine Barabfindung

vorsehen.

(3) [1] Werden als Abfindung Aktien einer anderen Gesellschaft gewährt, so ist die Abfindung als angemessen anzusehen, wenn die Aktien in dem Verhältnis gewährt werden, in dem bei einer Verschmelzung auf eine Aktie der Gesellschaft Aktien der anderen Gesellschaft zu gewähren wären, wobei Spitzenbeträge durch bare Zuzahlungen ausgeglichen werden können. [2] Die angemessene Barabfindung muß die Verhältnisse der Gesellschaft im Zeitpunkt der Beschlußfassung ihrer Hauptversammlung über den Vertrag berücksichtigen. [3] Sie ist nach Ablauf des Tages, an dem der Beherrschungs- oder Gewinnabführungsvertrag wirksam geworden ist, mit jährlich 5 Prozentpunkten über dem jeweiligen Basiszinssatz nach § 247 des Bürgerlichen Gesetzbuchs zu verzinsen; die Geltendmachung eines weiteren Schadens ist nicht ausgeschlossen.

(4) [1] Die Verpflichtung zum Erwerb der Aktien kann befristet werden. [2] Die Frist endet frühestens zwei Monate nach dem Tage, an dem die Eintragung des Bestehens des Vertrags im Handelsregister nach § 10 des Handelsgesetzbuchs[1)] bekannt gemacht worden ist. [3] Ist ein Antrag auf Bestimmung des Ausgleichs oder der Abfindung durch das in § 2 des Spruchverfahrensgesetzes[2)] bestimmte Gericht gestellt worden, so endet die Frist frühestens zwei Monate nach dem Tage, an dem die Entscheidung über den zuletzt beschiedenen Antrag im Bundesanzeiger bekanntgemacht worden ist.

(5) [1] Die Anfechtung des Beschlusses, durch den die Hauptversammlung der Gesellschaft dem Vertrag oder einer unter § 295 Abs. 2 fallenden Änderung des Vertrags zugestimmt hat, kann nicht darauf gestützt werden, daß der Vertrag keine angemessene Abfindung vorsieht. [2] Sieht der Vertrag überhaupt keine oder eine den Absätzen 1 bis 3 nicht entsprechende Abfindung vor, so hat das in § 2 des Spruchverfahrensgesetzes bestimmte Gericht auf Antrag die vertraglich zu gewährende Abfindung zu bestimmen. [3] Dabei hat es in den Fällen des Absatzes 2 Nr. 2, wenn der Vertrag die Gewährung von Aktien der herrschenden oder mit Mehrheit beteiligten Gesellschaft vorsieht, das Verhältnis, in dem diese Aktien zu gewähren sind, wenn der Vertrag nicht die Gewährung von Aktien der herrschenden oder mit Mehrheit beteiligten Gesellschaft vorsieht, die angemessene Barabfindung zu bestimmen. [4] § 304 Abs. 4 gilt sinngemäß.

§ 306 *(aufgehoben)*

§ 307 Vertragsbeendigung zur Sicherung außenstehender Aktionäre.

Hat die Gesellschaft im Zeitpunkt der Beschlußfassung ihrer Hauptversammlung über einen Beherrschungs- oder Gewinnabführungsvertrag keinen außen-

---

1) Nr. **5**.
2) Nr. **19**.

stehenden Aktionär, so endet der Vertrag spätestens zum Ende des Geschäftsjahrs, in dem ein außenstehender Aktionär beteiligt ist.

Zweiter Teil. Leitungsmacht und Verantwortlichkeit bei Abhängigkeit von Unternehmen

Erster Abschnitt. Leitungsmacht und Verantwortlichkeit bei Bestehen eines Beherrschungsvertrags

§ 308 Leitungsmacht. (1) [1]Besteht ein Beherrschungsvertrag, so ist das herrschende Unternehmen berechtigt, dem Vorstand der Gesellschaft hinsichtlich der Leitung der Gesellschaft Weisungen zu erteilen. [2]Bestimmt der Vertrag nichts anderes, so können auch Weisungen erteilt werden, die für die Gesellschaft nachteilig sind, wenn sie den Belangen des herrschenden Unternehmens oder der mit ihm und der Gesellschaft konzernverbundenen Unternehmen dienen.

(2) [1]Der Vorstand ist verpflichtet, die Weisungen des herrschenden Unternehmens zu befolgen. [2]Er ist nicht berechtigt, die Befolgung einer Weisung zu verweigern, weil sie nach seiner Ansicht nicht den Belangen des herrschenden Unternehmens oder der mit ihm und der Gesellschaft konzernverbundenen Unternehmen dient, es sei denn, daß sie offensichtlich nicht diesen Belangen dient.

(3) [1]Wird der Vorstand angewiesen, ein Geschäft vorzunehmen, das nur mit Zustimmung des Aufsichtsrats der Gesellschaft vorgenommen werden darf, und wird diese Zustimmung nicht innerhalb einer angemessenen Frist erteilt, so hat der Vorstand dies dem herrschenden Unternehmen mitzuteilen. [2]Wiederholt das herrschende Unternehmen nach dieser Mitteilung die Weisung, so ist die Zustimmung des Aufsichtsrats nicht mehr erforderlich; die Weisung darf, wenn das herrschende Unternehmen einen Aufsichtsrat hat, nur mit dessen Zustimmung wiederholt werden.

§ 309 Verantwortlichkeit der gesetzlichen Vertreter des herrschenden Unternehmens. (1) Besteht ein Beherrschungsvertrag, so haben die gesetzlichen Vertreter (beim Einzelkaufmann der Inhaber) des herrschenden Unternehmens gegenüber der Gesellschaft bei der Erteilung von Weisungen an diese die Sorgfalt eines ordentlichen und gewissenhaften Geschäftsleiters anzuwenden.

(2) [1]Verletzen sie ihre Pflichten, so sind sie der Gesellschaft zum Ersatz des daraus entstehenden Schadens als Gesamtschuldner verpflichtet. [2]Ist streitig, ob sie die Sorgfalt eines ordentlichen und gewissenhaften Geschäftsleiters angewandt haben, so trifft sie die Beweislast.

(3) [1]Die Gesellschaft kann erst drei Jahre nach der Entstehung des Anspruchs und nur dann auf Ersatzansprüche verzichten oder sich über sie vergleichen, wenn die außenstehenden Aktionäre durch Sonderbeschluß zustimmen und nicht eine Minderheit, deren Anteile zusammen den zehnten Teil des bei der Beschlußfassung vertretenen Grundkapitals erreichen, zur Niederschrift Widerspruch erhebt. [2]Die zeitliche Beschränkung gilt nicht, wenn der Ersatzpflichtige zahlungsunfähig ist und sich zur Abwendung des Insolvenzverfahrens mit seinen Gläubigern vergleicht oder wenn die Ersatzpflicht in einem Insolvenzplan geregelt wird.

(4) [1]Der Ersatzanspruch der Gesellschaft kann auch von jedem Aktionär geltend gemacht werden. [2]Der Aktionär kann jedoch nur Leistung an die Gesellschaft fordern. [3]Der Ersatzanspruch kann ferner von den Gläubigern der Gesellschaft geltend gemacht werden, soweit sie von dieser keine Befriedigung erlangen können. [4]Den Gläubigern gegenüber wird die Ersatzpflicht durch einen Verzicht oder Vergleich der Gesellschaft nicht ausgeschlossen. [5]Ist über das Vermögen der Gesellschaft das Insolvenzverfahren eröffnet, so übt während dessen Dauer der Insolvenzverwalter oder der Sachwalter das Recht der Aktionäre und Gläubiger, den Ersatzanspruch der Gesellschaft geltend zu machen, aus.

(5) Die Ansprüche aus diesen Vorschriften verjähren in fünf Jahren.

§ 310 Verantwortlichkeit der Verwaltungsmitglieder der Gesellschaft.

(1) [1]Die Mitglieder des Vorstands und des Aufsichtsrats der Gesellschaft haften neben dem Ersatzpflichtigen nach § 309 als Gesamtschuldner, wenn sie unter Verletzung ihrer Pflichten gehandelt haben. [2]Ist streitig, ob sie die Sorgfalt eines ordentlichen und gewissenhaften Geschäftsleiters angewandt haben, so trifft sie die Beweislast.

(2) Dadurch, daß der Aufsichtsrat die Handlung gebilligt hat, wird die Ersatzpflicht nicht ausgeschlossen.

(3) Eine Ersatzpflicht der Verwaltungsmitglieder der Gesellschaft besteht nicht, wenn die schädigende Handlung auf einer Weisung beruht, die nach § 308 Abs. 2 zu befolgen war.

(4) § 309 Abs. 3 bis 5 ist anzuwenden.

Zweiter Abschnitt. Verantwortlichkeit bei Fehlen eines Beherrschungsvertrags

§ 311 Schranken des Einflusses. (1) Besteht kein Beherrschungsvertrag, so darf ein herrschendes Unternehmen seinen Einfluß nicht dazu benutzen, eine abhängige Aktiengesellschaft oder Kommanditgesellschaft auf Aktien zu veranlassen, ein für sie nachteiliges Rechtsgeschäft vorzunehmen oder Maßnahmen zu ihrem Nachteil zu treffen oder zu unterlassen, es sei denn, daß die Nachteile ausgeglichen werden.

(2) [1]Ist der Ausgleich nicht während des Geschäftsjahrs tatsächlich erfolgt, so muß spätestens am Ende des Geschäftsjahrs, in dem der abhängigen Gesellschaft der Nachteil zugefügt worden ist, bestimmt werden, wann und durch welche Vorteile der Nachteil ausgeglichen werden soll. [2]Auf die zum Ausgleich bestimmten Vorteile ist der abhängigen Gesellschaft ein Rechtsanspruch zu gewähren.

(3) Die §§ 111a bis 111c bleiben unberührt.

§ 312 Bericht des Vorstands über Beziehungen zu verbundenen Unternehmen. (1) [1]Besteht kein Beherrschungsvertrag, so hat der Vorstand einer abhängigen Gesellschaft in den ersten drei Monaten des Geschäftsjahrs einen Bericht über die Beziehungen der Gesellschaft zu verbundenen Unternehmen aufzustellen. [2]In dem Bericht sind alle Rechtsgeschäfte, welche die Gesellschaft im vergangenen Geschäftsjahr mit dem herrschenden Unternehmen oder einem mit ihm verbundenen Unternehmen oder auf Veranlassung oder im Interesse dieser Unternehmen vorgenommen hat, und alle anderen Maßnahmen, die sie auf Veranlassung oder im Interesse dieser Unternehmen im vergangenen Geschäftsjahr getroffen oder unterlassen hat, aufzuführen. [3]Bei den Rechtsgeschäften sind Leistung und Gegenleistung, bei den Maßnahmen die Gründe der Maßnahme und deren Vorteile und Nachteile für die Gesellschaft anzugeben. [4]Bei einem Ausgleich von Nachteilen ist im einzelnen anzugeben, wie der Ausgleich während des Geschäftsjahrs tatsächlich erfolgt ist, oder auf welche Vorteile der Gesellschaft ein Rechtsanspruch gewährt worden ist.

(2) Der Bericht hat den Grundsätzen einer gewissenhaften und getreuen Rechenschaft zu entsprechen.

(3) [1]Am Schluß des Berichts hat der Vorstand zu erklären, ob die Gesellschaft nach den Umständen, die ihm in dem Zeitpunkt bekannt waren, in dem das Rechtsgeschäft vorgenommen oder die Maßnahme getroffen oder unterlassen wurde, bei jedem Rechtsgeschäft eine angemessene Gegenleistung erhielt und dadurch, daß die Maßnahme getroffen oder unterlassen wurde, nicht benachteiligt wurde. [2]Wurde die Gesellschaft benachteiligt, so hat er außerdem zu erklären, ob die Nachteile ausgeglichen worden sind. [3]Die Erklärung ist auch in den Lagebericht aufzunehmen.

§ 313 Prüfung durch den Abschlußprüfer. (1) [1]Ist der Jahresabschluß durch einen Abschlußprüfer zu prüfen, so ist gleichzeitig mit dem Jahresabschluß und dem Lagebericht auch der Bericht über die Beziehungen zu verbundenen Unternehmen dem Abschlußprüfer vorzulegen. [2]Er hat zu prüfen, ob

1. die tatsächlichen Angaben des Berichts richtig sind,
2. bei den im Bericht aufgeführten Rechtsgeschäften nach den Umständen, die im Zeitpunkt ihrer Vornahme bekannt waren, die Leistung der Gesellschaft nicht unangemessen hoch war; soweit sie dies war, ob die Nachteile ausgeglichen worden sind,
3. bei den im Bericht aufgeführten Maßnahmen keine Umstände für eine wesentlich andere Beurteilung als die durch den Vorstand sprechen.

[3]§ 320 Abs. 1 Satz 2 und Abs. 2 Satz 1 und 2 des Handelsgesetzbuchs[1)] gilt sinngemäß. [4]Die Rechte nach dieser Vorschrift hat der Abschlußprüfer auch gegenüber einem Konzernunternehmen sowie gegenüber einem abhängigen oder herrschenden Unternehmen.

(2) [1]Der Abschlußprüfer hat über das Ergebnis der Prüfung schriftlich zu berichten. [2]Stellt er bei der Prüfung des Jahresabschlusses, des Lageberichts und des Berichts über die Beziehungen zu verbundenen Unternehmen fest, daß dieser Bericht unvollständig ist, so hat er auch hierüber zu berichten. [3]Der Abschlussprüfer hat seinen Bericht zu unterzeichnen und dem Aufsichtsrat vorzulegen; dem Vorstand ist vor der Zuleitung Gelegenheit zur Stellungnahme zu geben.

(3) [1]Sind nach dem abschließenden Ergebnis der Prüfung keine Einwendungen zu erheben, so hat der Abschlußprüfer dies durch folgenden Vermerk zum Bericht über die Beziehungen zu verbundenen Unternehmen zu bestätigen:

Nach meiner/unserer pflichtmäßigen Prüfung und Beurteilung bestätige ich/ bestätigen wir, daß

---

1) Nr. 5.

1. die tatsächlichen Angaben des Berichts richtig sind,
2. bei den im Bericht aufgeführten Rechtsgeschäften die Leistung der Gesellschaft nicht unangemessen hoch war oder Nachteile ausgeglichen worden sind,
3. bei den im Bericht aufgeführten Maßnahmen keine Umstände für eine wesentlich andere Beurteilung als die durch den Vorstand sprechen.

[2] Führt der Bericht kein Rechtsgeschäft auf, so ist Nummer 2, führt er keine Maßnahme auf, so ist Nummer 3 des Vermerks fortzulassen. [3] Hat der Abschlußprüfer bei keinem im Bericht aufgeführten Rechtsgeschäft festgestellt, daß die Leistung der Gesellschaft unangemessen hoch war, so ist Nummer 2 des Vermerks auf diese Bestätigung zu beschränken.

(4) [1] Sind Einwendungen zu erheben oder hat der Abschlußprüfer festgestellt, daß der Bericht über die Beziehungen zu verbundenen Unternehmen unvollständig ist, so hat er die Bestätigung einzuschränken oder zu versagen. [2] Hat der Vorstand selbst erklärt, daß die Gesellschaft durch bestimmte Rechtsgeschäfte oder Maßnahmen benachteiligt worden ist, ohne daß die Nachteile ausgeglichen worden sind, so ist dies in dem Vermerk anzugeben und der Vermerk auf die übrigen Rechtsgeschäfte oder Maßnahmen zu beschränken.

(5) [1] Der Abschlußprüfer hat den Bestätigungsvermerk mit Angabe von Ort und Tag zu unterzeichnen. [2] Der Bestätigungsvermerk ist auch in den Prüfungsbericht aufzunehmen.

§ 314 Prüfung durch den Aufsichtsrat. (1) [1] Der Vorstand hat den Bericht über die Beziehungen zu verbundenen Unternehmen unverzüglich nach dessen Aufstellung dem Aufsichtsrat vorzulegen. [2] Dieser Bericht und, wenn der Jahresabschluss durch einen Abschlussprüfer zu prüfen ist, der Prüfungsbericht des Abschlussprüfers sind auch jedem Aufsichtsratsmitglied oder, wenn der Aufsichtsrat dies beschlossen hat, den Mitgliedern eines Ausschusses zu übermitteln.

(2) [1] Der Aufsichtsrat hat den Bericht über die Beziehungen zu verbundenen Unternehmen zu prüfen und in seinem Bericht an die Hauptversammlung (§ 171 Abs. 2) über das Ergebnis der Prüfung zu berichten. [2] Ist der Jahresabschluß durch einen Abschlußprüfer zu prüfen, so hat der Aufsichtsrat in diesem Bericht ferner zu dem Ergebnis der Prüfung des Berichts über die Beziehungen zu verbundenen Unternehmen durch den Abschlußprüfer Stellung zu nehmen. [3] Ein von dem Abschlußprüfer erteilter Bestätigungsvermerk ist in den Bericht aufzunehmen, eine Versagung des Bestätigungsvermerks ausdrücklich mitzuteilen.

(3) Am Schluß des Berichts hat der Aufsichtsrat zu erklären, ob nach dem abschließenden Ergebnis seiner Prüfung Einwendungen gegen die Erklärung des Vorstands am Schluß des Berichts über die Beziehungen zu verbundenen Unternehmen zu erheben sind.

(4) Ist der Jahresabschluss durch einen Abschlussprüfer zu prüfen, so hat dieser an den Verhandlungen des Aufsichtsrats oder eines Ausschusses über den Bericht über die Beziehungen zu verbundenen Unternehmen teilzunehmen und über die wesentlichen Ergebnisse seiner Prüfung zu berichten.

§ 315 Sonderprüfung. [1] Auf Antrag eines Aktionärs hat das Gericht Sonderprüfer zur Prüfung der geschäftlichen Beziehungen der Gesellschaft zu dem herrschenden Unternehmen oder einem mit ihm verbundenen Unternehmen zu bestellen, wenn

1. der Abschlußprüfer den Bestätigungsvermerk zum Bericht über die Beziehungen zu verbundenen Unternehmen eingeschränkt oder versagt hat,
2. der Aufsichtsrat erklärt hat, daß Einwendungen gegen die Erklärung des Vorstands am Schluß des Berichts über die Beziehungen zu verbundenen Unternehmen zu erheben sind,
3. der Vorstand selbst erklärt hat, daß die Gesellschaft durch bestimmte Rechtsgeschäfte oder Maßnahmen benachteiligt worden ist, ohne daß die Nachteile ausgeglichen worden sind.

[2] Liegen sonstige Tatsachen vor, die den Verdacht einer pflichtwidrigen Nachteilszufügung rechtfertigen, kann der Antrag auch von Aktionären gestellt werden, deren Anteile zusammen den Schwellenwert des § 142 Abs. 2 erreichen, wenn sie glaubhaft machen, dass sie seit mindestens drei Monaten vor dem Tage der Antragstellung Inhaber der Aktien sind. [3] Über den Antrag entscheidet das Landgericht, in dessen Bezirk die Gesellschaft ihren Sitz hat. [4] § 142 Abs. 8 gilt entsprechend. [5] Gegen die Entscheidung ist die Beschwerde zulässig. [6] Hat die Hauptversammlung zur Prüfung derselben Vorgänge Sonderprüfer bestellt, so kann jeder Aktionär den Antrag nach § 142 Abs. 4 stellen.

§ 316 Kein Bericht über Beziehungen zu verbundenen Unternehmen bei Gewinnabführungsvertrag. §§ 312 bis 315 gelten nicht, wenn zwischen der abhängigen Gesellschaft und dem herrschenden Unternehmen ein Gewinnabführungsvertrag besteht.

§ 317 Verantwortlichkeit des herrschenden Unternehmens und seiner gesetzlichen Vertreter. (1) [1] Veranlaßt ein herrschendes Unternehmen eine abhängige Gesellschaft, mit der kein Beherrschungsvertrag besteht, ein für sie nachteiliges Rechtsgeschäft vorzunehmen oder zu ihrem Nachteil eine Maßnahme zu treffen oder zu unterlassen, ohne daß es den Nachteil bis zum Ende des Geschäftsjahrs tatsächlich ausgleicht oder der abhängigen Gesellschaft einen Rechtsanspruch auf einen zum Ausgleich bestimmten Vorteil gewährt, so ist es der Gesellschaft zum Ersatz des ihr daraus entstehenden Schadens verpflichtet. [2] Es ist auch den Aktionären zum Ersatz des ihnen daraus entstehenden Schadens verpflichtet, soweit sie, abgesehen von einem Schaden, der ihnen durch Schädigung der Gesellschaft zugefügt worden ist, geschädigt worden sind.

(2) Die Ersatzpflicht tritt nicht ein, wenn auch ein ordentlicher und gewissenhafter Geschäftsleiter einer unabhängigen Gesellschaft das Rechtsgeschäft vorgenommen oder die Maßnahme getroffen oder unterlassen hätte.

(3) Neben dem herrschenden Unternehmen haften als Gesamtschuldner die gesetzlichen Vertreter des Unternehmens, die die Gesellschaft zu dem Rechtsgeschäft oder der Maßnahme veranlaßt haben.

(4) § 309 Abs. 3 bis 5 gilt sinngemäß.

§ 318 Verantwortlichkeit der Verwaltungsmitglieder der Gesellschaft.

(1) [1] Die Mitglieder des Vorstands der Gesellschaft haften neben den nach § 317 Ersatzpflichtigen als Gesamtschuldner, wenn sie es unter Verletzung ihrer Pflichten unterlassen haben, das nachteilige Rechtsgeschäft oder die nachteilige Maßnahme in dem Bericht über die Beziehungen der Gesellschaft zu ver-

bundenen Unternehmen aufzuführen oder anzugeben, daß die Gesellschaft durch das Rechtsgeschäft oder die Maßnahme benachteiligt wurde und der Nachteil nicht ausgeglichen worden war. [2] Ist streitig, ob sie die Sorgfalt eines ordentlichen und gewissenhaften Geschäftsleiters angewandt haben, so trifft sie die Beweislast.

(2) Die Mitglieder des Aufsichtsrats der Gesellschaft haften neben den nach § 317 Ersatzpflichtigen als Gesamtschuldner, wenn sie hinsichtlich des nachteiligen Rechtsgeschäfts oder der nachteiligen Maßnahme ihre Pflicht, den Bericht über die Beziehungen zu verbundenen Unternehmen zu prüfen und über das Ergebnis der Prüfung an die Hauptversammlung zu berichten (§ 314), verletzt haben; Absatz 1 Satz 2 gilt sinngemäß.

(3) Der Gesellschaft und auch den Aktionären gegenüber tritt die Ersatzpflicht nicht ein, wenn die Handlung auf einem gesetzmäßigen Beschluß der Hauptversammlung beruht.

(4) § 309 Abs. 3 bis 5 gilt sinngemäß.

Dritter Teil. Eingegliederte Gesellschaften

§ 319 Eingliederung. (1) [1] Die Hauptversammlung einer Aktiengesellschaft kann die Eingliederung der Gesellschaft in eine andere Aktiengesellschaft mit Sitz im Inland (Hauptgesellschaft) beschließen, wenn sich alle Aktien der Gesellschaft in der Hand der zukünftigen Hauptgesellschaft befinden. [2] Auf den Beschluß sind die Bestimmungen des Gesetzes und der Satzung über Satzungsänderungen nicht anzuwenden.

(2) [1] Der Beschluß über die Eingliederung wird nur wirksam, wenn die Hauptversammlung der zukünftigen Hauptgesellschaft zustimmt. [2] Der Beschluß über die Zustimmung bedarf einer Mehrheit, die mindestens drei Viertel des bei der Beschlußfassung vertretenen Grundkapitals umfaßt. [3] Die Satzung kann eine größere Kapitalmehrheit und weitere Erfordernisse bestimmen. [4] Absatz 1 Satz 2 ist anzuwenden.

(3) [1] Von der Einberufung der Hauptversammlung der zukünftigen Hauptgesellschaft an, die über die Zustimmung zur Eingliederung beschließen soll, sind in dem Geschäftsraum dieser Gesellschaft zur Einsicht der Aktionäre auszulegen

1. der Entwurf des Eingliederungsbeschlusses;
2. die Jahresabschlüsse und die Lageberichte der beteiligten Gesellschaften für die letzten drei Geschäftsjahre;
3. ein ausführlicher schriftlicher Bericht des Vorstands der zukünftigen Hauptgesellschaft, in dem die Eingliederung rechtlich und wirtschaftlich erläutert und begründet wird (Eingliederungsbericht).

[2] Auf Verlangen ist jedem Aktionär der zukünftigen Hauptgesellschaft unverzüglich und kostenlos eine Abschrift der in Satz 1 bezeichneten Unterlagen zu erteilen. [3] Die Verpflichtungen nach den Sätzen 1 und 2 entfallen, wenn die in Satz 1 bezeichneten Unterlagen für denselben Zeitraum über die Internetseite der zukünftigen Hauptgesellschaft zugänglich sind. [4] In der Hauptversammlung sind diese Unterlagen zugänglich zu machen. [5] Jedem Aktionär ist in der Hauptversammlung auf Verlangen Auskunft auch über alle im Zusammenhang mit der Eingliederung wesentlichen Angelegenheiten der einzugliedernden Gesellschaft zu geben.

(4) [1]Der Vorstand der einzugliedernden Gesellschaft hat die Eingliederung und die Firma der Hauptgesellschaft zur Eintragung in das Handelsregister anzumelden. [2]Der Anmeldung sind die Niederschriften der Hauptversammlungsbeschlüsse und ihre Anlagen in Ausfertigung oder öffentlich beglaubigter Abschrift beizufügen.

(5) [1]Bei der Anmeldung nach Absatz 4 hat der Vorstand zu erklären, daß eine Klage gegen die Wirksamkeit eines Hauptversammlungsbeschlusses nicht oder nicht fristgemäß erhoben oder eine solche Klage rechtskräftig abgewiesen oder zurückgenommen worden ist; hierüber hat der Vorstand dem Registergericht auch nach der Anmeldung Mitteilung zu machen. [2]Liegt die Erklärung nicht vor, so darf die Eingliederung nicht eingetragen werden, es sei denn, daß die klageberechtigten Aktionäre durch notariell beurkundete Verzichtserklärung auf die Klage gegen die Wirksamkeit des Hauptversammlungsbeschlusses verzichten.

(6) [1]Der Erklärung nach Absatz 5 Satz 1 steht es gleich, wenn nach Erhebung einer Klage gegen die Wirksamkeit eines Hauptversammlungsbeschlusses das Gericht auf Antrag der Gesellschaft, gegen deren Hauptversammlungsbeschluß sich die Klage richtet, durch Beschluß festgestellt hat, daß die Erhebung der Klage der Eintragung nicht entgegensteht. [2]Auf das Verfahren sind § 247, die §§ 82, 83 Abs. 1 und § 84 der Zivilprozessordnung sowie die im ersten Rechtszug für das Verfahren vor den Landgerichten geltenden Vorschriften der Zivilprozessordnung entsprechend anzuwenden, soweit nichts Abweichendes bestimmt ist. [3]Ein Beschluss nach Satz 1 ergeht, wenn

1. die Klage unzulässig oder offensichtlich unbegründet ist,
2. der Kläger nicht binnen einer Woche nach Zustellung des Antrags durch Urkunden nachgewiesen hat, dass er seit Bekanntmachung der Einberufung einen anteiligen Betrag von mindestens 1 000 Euro hält oder
3. das alsbaldige Wirksamwerden des Hauptversammlungsbeschlusses vorrangig erscheint, weil die vom Antragsteller dargelegten wesentlichen Nachteile für die Gesellschaft und ihre Aktionäre nach freier Überzeugung des Gerichts die Nachteile für den Antragsgegner überwiegen, es sei denn, es liegt eine besondere Schwere des Rechtsverstoßes vor.

[4]Der Beschluß kann in dringenden Fällen ohne mündliche Verhandlung ergehen. [5]Der Beschluss soll spätestens drei Monate nach Antragstellung ergehen; Verzögerungen der Entscheidung sind durch unanfechtbaren Beschluss zu begründen. [6]Die vorgebrachten Tatsachen, aufgrund derer der Beschluß nach Satz 3 ergehen kann, sind glaubhaft zu machen. [7]Über den Antrag entscheidet ein Senat des Oberlandesgerichts, in dessen Bezirk die Gesellschaft ihren Sitz hat. [8]Eine Übertragung auf den Einzelrichter ist ausgeschlossen; einer Güteverhandlung bedarf es nicht. [9]Der Beschluss ist unanfechtbar. [10]Erweist sich die Klage als begründet, so ist die Gesellschaft, die den Beschluß erwirkt hat, verpflichtet, dem Antragsgegner den Schaden zu ersetzen, der ihm aus einer auf dem Beschluß beruhenden Eintragung der Eingliederung entstanden ist. [11]Nach der Eintragung lassen Mängel des Beschlusses seine Durchführung unberührt; die Beseitigung dieser Wirkung der Eintragung kann auch nicht als Schadenersatz verlangt werden.

(7) Mit der Eintragung der Eingliederung in das Handelsregister des Sitzes der Gesellschaft wird die Gesellschaft in die Hauptgesellschaft eingegliedert.

§ 320 Eingliederung durch Mehrheitsbeschluß. (1) [1]Die Hauptversammlung einer Aktiengesellschaft kann die Eingliederung der Gesellschaft in eine andere Aktiengesellschaft mit Sitz im Inland auch dann beschließen, wenn sich Aktien der Gesellschaft, auf die zusammen fünfundneunzig vom Hundert des Grundkapitals entfallen, in der Hand der zukünftigen Hauptgesellschaft befinden. [2]Eigene Aktien und Aktien, die einem anderen für Rechnung der Gesellschaft gehören, sind vom Grundkapital abzusetzen. [3]Für die Eingliederung gelten außer § 319 Abs. 1 Satz 2, Abs. 2 bis 7 die Absätze 2 bis 4.

(2) [1]Die Bekanntmachung der Eingliederung als Gegenstand der Tagesordnung ist nur ordnungsgemäß, wenn

1. sie die Firma und den Sitz der zukünftigen Hauptgesellschaft enthält,
2. ihr eine Erklärung der zukünftigen Hauptgesellschaft beigefügt ist, in der diese den ausscheidenden Aktionären als Abfindung für ihre Aktien eigene Aktien, im Falle des § 320b Abs. 1 Satz 3 außerdem eine Barabfindung anbietet.

[2]Satz 1 Nr. 2 gilt auch für die Bekanntmachung der zukünftigen Hauptgesellschaft.

(3) [1]Die Eingliederung ist durch einen oder mehrere sachverständige Prüfer (Eingliederungsprüfer) zu prüfen. [2]Diese werden auf Antrag des Vorstands der zukünftigen Hauptgesellschaft vom Gericht ausgewählt und bestellt. [3]§ 293a Abs. 3, §§ 293c bis 293e sind sinngemäß anzuwenden.

(4) [1]Die in § 319 Abs. 3 Satz 1 bezeichneten Unterlagen sowie der Prüfungsbericht nach Absatz 3 sind jeweils von der Einberufung der Hauptversammlung an, die über die Zustimmung zur Eingliederung beschließen soll, in dem Geschäftsraum der einzugliedernden Gesellschaft und der Hauptgesellschaft zur Einsicht der Aktionäre auszulegen. [2]In dem Eingliederungsbericht sind auch Art und Höhe der Abfindung nach § 320b rechtlich und wirtschaftlich zu erläutern und zu begründen; auf besondere Schwierigkeiten bei der Bewertung der beteiligten Gesellschaften sowie auf die Folgen für die Beteiligungen der Aktionäre ist hinzuweisen. [3]§ 319 Abs. 3 Satz 2 bis 5 gilt sinngemäß für die Aktionäre beider Gesellschaften.

§ 320a Wirkungen der Eingliederung. [1]Mit der Eintragung der Eingliederung in das Handelsregister gehen alle Aktien, die sich nicht in der Hand der Hauptgesellschaft befinden, auf diese über. [2]Sind über diese Aktien Aktienurkunden ausgegeben, so verbriefen sie bis zu ihrer Aushändigung an die Hauptgesellschaft nur den Anspruch auf Abfindung.

§ 320b Abfindung der ausgeschiedenen Aktionäre. (1) [1]Die ausgeschiedenen Aktionäre der eingegliederten Gesellschaft haben Anspruch auf angemessene Abfindung. [2]Als Abfindung sind ihnen eigene Aktien der Hauptgesellschaft zu gewähren. [3]Ist die Hauptgesellschaft eine abhängige Gesellschaft, so sind den ausgeschiedenen Aktionären nach deren Wahl eigene Aktien der Hauptgesellschaft oder eine angemessene Barabfindung zu gewähren. [4]Werden als Abfindung Aktien der Hauptgesellschaft gewährt, so ist die Abfindung als angemessen anzusehen, wenn die Aktien in dem Verhältnis gewährt werden, in dem bei einer Verschmelzung auf eine Aktie der Gesellschaft Aktien der Hauptgesellschaft zu gewähren wären, wobei Spitzenbeträge durch bare Zuzahlungen ausgeglichen werden können. [5]Die Barabfindung muß die Verhältnisse der Gesellschaft im Zeitpunkt der Beschlußfassung ihrer Hauptversammlung über die Eingliederung berücksichtigen. [6]Die Barabfindung sowie bare Zuzahlungen sind von der Bekanntmachung der Eintragung der Eingliederung an mit jährlich 5 Prozentpunkten über dem jeweiligen Basiszinssatz nach § 247 des Bürgerlichen Gesetzbuchs zu verzinsen; die Geltendmachung eines weiteren Schadens ist nicht ausgeschlossen.

(2) [1]Die Anfechtung des Beschlusses, durch den die Hauptversammlung der eingegliederten Gesellschaft die Eingliederung der Gesellschaft beschlossen hat, kann nicht auf § 243 Abs. 2 oder darauf gestützt werden, daß die von der Hauptgesellschaft nach § 320 Abs. 2 Nr. 2 angebotene Abfindung nicht angemessen ist. [2]Ist die angebotene Abfindung nicht angemessen, so hat das in § 2 des Spruchverfahrensgesetzes[1)] bestimmte Gericht auf Antrag die angemessene Abfindung zu bestimmen. [3]Das gleiche gilt, wenn die Hauptgesellschaft eine Abfindung nicht oder nicht ordnungsgemäß angeboten hat und eine hierauf gestützte Anfechtungsklage innerhalb der Anfechtungsfrist nicht erhoben oder zurückgenommen oder rechtskräftig abgewiesen worden ist.

§ 321 Gläubigerschutz. (1) [1]Den Gläubigern der eingegliederten Gesellschaft, deren Forderungen begründet worden sind, bevor die Eintragung der Eingliederung in das Handelsregister bekanntgemacht worden ist, ist, wenn sie sich binnen sechs Monaten nach der Bekanntmachung zu diesem Zweck melden, Sicherheit zu leisten, soweit sie nicht Befriedigung verlangen können. [2]Die Gläubiger sind in der Bekanntmachung der Eintragung auf dieses Recht hinzuweisen.

(2) Das Recht, Sicherheitsleistung zu verlangen, steht Gläubigern nicht zu, die im Falle des Insolvenzverfahrens ein Recht auf vorzugsweise Befriedigung aus einer Deckungsmasse haben, die nach gesetzlicher Vorschrift zu ihrem Schutz errichtet und staatlich überwacht ist.

§ 322 Haftung der Hauptgesellschaft. (1) [1]Von der Eingliederung an haftet die Hauptgesellschaft für die vor diesem Zeitpunkt begründeten Verbindlichkeiten der eingegliederten Gesellschaft den Gläubigern dieser Gesellschaft als Gesamtschuldner. [2]Die gleiche Haftung trifft sie für alle Verbindlichkeiten der eingegliederten Gesellschaft, die nach der Eingliederung begründet werden. [3]Eine entgegenstehende Vereinbarung ist Dritten gegenüber unwirksam.

(2) Wird die Hauptgesellschaft wegen einer Verbindlichkeit der eingegliederten Gesellschaft in Anspruch genommen, so kann sie Einwendungen, die nicht in ihrer Person begründet sind, nur insoweit geltend machen, als sie von der eingegliederten Gesellschaft erhoben werden können.

(3) [1]Die Hauptgesellschaft kann die Befriedigung des Gläubigers verweigern, solange der eingegliederten Gesellschaft das Recht zusteht, das ihrer Verbindlichkeit zugrunde liegende Rechtsgeschäft anzufechten. [2]Die gleiche Befugnis hat die Hauptgesellschaft, solange sich der Gläubiger durch Aufrechnung gegen eine fällige Forderung der eingegliederten Gesellschaft befriedigen kann.

(4) Aus einem gegen die eingegliederte Gesellschaft gerichteten vollstreckbaren Schuldtitel findet die Zwangsvollstreckung gegen die Hauptgesellschaft nicht statt.

---

1) Nr. **19**.

§ 323 Leitungsmacht der Hauptgesellschaft und Verantwortlichkeit der Vorstandsmitglieder. (1) [1] Die Hauptgesellschaft ist berechtigt, dem Vorstand der eingegliederten Gesellschaft hinsichtlich der Leitung der Gesellschaft Weisungen zu erteilen. [2] § 308 Abs. 2 Satz 1, Abs. 3, §§ 309, 310 gelten sinngemäß. [3] §§ 311 bis 318 sind nicht anzuwenden.

(2) Leistungen der eingegliederten Gesellschaft an die Hauptgesellschaft gelten nicht als Verstoß gegen die §§ 57, 58 und 60.

§ 324 Gesetzliche Rücklage. Gewinnabführung. Verlustübernahme.

(1) Die gesetzlichen Vorschriften über die Bildung einer gesetzlichen Rücklage, über ihre Verwendung und über die Einstellung von Beträgen in die gesetzliche Rücklage sind auf eingegliederte Gesellschaften nicht anzuwenden.

(2) [1] Auf einen Gewinnabführungsvertrag, eine Gewinngemeinschaft oder einen Teilgewinnabführungsvertrag zwischen der eingegliederten Gesellschaft und der Hauptgesellschaft sind die §§ 293 bis 296, 298 bis 303 nicht anzuwenden. [2] Der Vertrag, seine Änderung und seine Aufhebung bedürfen der schriftlichen Form. [3] Als Gewinn kann höchstens der ohne die Gewinnabführung entstehende Bilanzgewinn abgeführt werden. [4] Der Vertrag endet spätestens zum Ende des Geschäftsjahrs, in dem die Eingliederung endet.

(3) Die Hauptgesellschaft ist verpflichtet, jeden bei der eingegliederten Gesellschaft sonst entstehenden Bilanzverlust auszugleichen, soweit dieser den Betrag der Kapitalrücklagen und der Gewinnrücklagen übersteigt.

§ 325 *(aufgehoben)*

§ 326 Auskunftsrecht der Aktionäre der Hauptgesellschaft. Jedem Aktionär der Hauptgesellschaft ist über Angelegenheiten der eingegliederten Gesellschaft ebenso Auskunft zu erteilen wie über Angelegenheiten der Hauptgesellschaft.

§ 327 Ende der Eingliederung. (1) Die Eingliederung endet

1. durch Beschluß der Hauptversammlung der eingegliederten Gesellschaft,
2. wenn die Hauptgesellschaft nicht mehr eine Aktiengesellschaft mit Sitz im Inland ist,
3. wenn sich nicht mehr alle Aktien der eingegliederten Gesellschaft in der Hand der Hauptgesellschaft befinden,
4. durch Auflösung der Hauptgesellschaft.

(2) Befinden sich nicht mehr alle Aktien der eingegliederten Gesellschaft in der Hand der Hauptgesellschaft, so hat die Hauptgesellschaft dies der eingegliederten Gesellschaft unverzüglich schriftlich mitzuteilen.

(3) Der Vorstand der bisher eingegliederten Gesellschaft hat das Ende der Eingliederung, seinen Grund und seinen Zeitpunkt unverzüglich zur Eintragung in das Handelsregister des Sitzes der Gesellschaft anzumelden.

(4) [1] Endet die Eingliederung, so haftet die frühere Hauptgesellschaft für die bis dahin begründeten Verbindlichkeiten der bisher eingegliederten Gesellschaft, wenn sie vor Ablauf von fünf Jahren nach dem Ende der Eingliederung fällig und daraus Ansprüche gegen die frühere Hauptgesellschaft in einer in § 197 Abs. 1 Nr. 3 bis 5 des Bürgerlichen Gesetzbuchs bezeichneten Art festgestellt sind oder eine gerichtliche oder behördliche Vollstreckungshandlung

vorgenommen oder beantragt wird; bei öffentlich-rechtlichen Verbindlichkeiten genügt der Erlass eines Verwaltungsakts. [2]Die Frist beginnt mit dem Tag, an dem die Eintragung des Endes der Eingliederung in das Handelsregister nach § 10 des Handelsgesetzbuchs[1)] bekannt gemacht worden ist. [3]Die für die Verjährung geltenden §§ 204, 206, 210, 211 und 212 Abs. 2 und 3 des Bürgerlichen Gesetzbuchs sind entsprechend anzuwenden. [4]Einer Feststellung in einer in § 197 Abs. 1 Nr. 3 bis 5 des Bürgerlichen Gesetzbuchs bezeichneten Art bedarf es nicht, soweit die frühere Hauptgesellschaft den Anspruch schriftlich anerkannt hat.

Vierter Teil. Ausschluss von Minderheitsaktionären

§ 327a Übertragung von Aktien gegen Barabfindung. (1) [1]Die Hauptversammlung einer Aktiengesellschaft oder einer Kommanditgesellschaft auf Aktien kann auf Verlangen eines Aktionärs, dem Aktien der Gesellschaft in Höhe von 95 vom Hundert des Grundkapitals gehören (Hauptaktionär), die Übertragung der Aktien der übrigen Aktionäre (Minderheitsaktionäre) auf den Hauptaktionär gegen Gewährung einer angemessenen Barabfindung beschließen. [2]§ 285 Abs. 2 Satz 1 findet keine Anwendung.

(2) Für die Feststellung, ob dem Hauptaktionär 95 vom Hundert der Aktien gehören, gilt § 16 Abs. 2 und 4.

§ 327b Barabfindung. (1) [1]Der Hauptaktionär legt die Höhe der Barabfindung fest; sie muss die Verhältnisse der Gesellschaft im Zeitpunkt der Beschlussfassung ihrer Hauptversammlung berücksichtigen. [2]Der Vorstand hat dem Hauptaktionär alle dafür notwendigen Unterlagen zur Verfügung zu stellen und Auskünfte zu erteilen.

(2) Die Barabfindung ist von der Bekanntmachung der Eintragung des Übertragungsbeschlusses in das Handelsregister an mit jährlich 5 Prozentpunkten über dem jeweiligen Basiszinssatz nach § 247 des Bürgerlichen Gesetzbuchs zu verzinsen; die Geltendmachung eines weiteren Schadens ist nicht ausgeschlossen.

(3) Vor Einberufung der Hauptversammlung hat der Hauptaktionär dem Vorstand die Erklärung eines im Geltungsbereich dieses Gesetzes zum Geschäftsbetrieb befugten Kreditinstituts zu übermitteln, durch die das Kreditinstitut die Gewährleistung für die Erfüllung der Verpflichtung des Hauptaktionärs übernimmt, den Minderheitsaktionären nach Eintragung des Übertragungsbeschlusses unverzüglich die festgelegte Barabfindung für die übergegangenen Aktien zu zahlen.

§ 327c Vorbereitung der Hauptversammlung. (1) Die Bekanntmachung der Übertragung als Gegenstand der Tagesordnung hat folgende Angaben zu enthalten:

1. Firma und Sitz des Hauptaktionärs, bei natürlichen Personen Name und Adresse;
2. die vom Hauptaktionär festgelegte Barabfindung.

(2) [1]Der Hauptaktionär hat der Hauptversammlung einen schriftlichen Bericht zu erstatten, in dem die Voraussetzungen für die Übertragung dargelegt

---

1) Nr. 5.

und die Angemessenheit der Barabfindung erläutert und begründet werden. [2]Die Angemessenheit der Barabfindung ist durch einen oder mehrere sachverständige Prüfer zu prüfen. [3]Diese werden auf Antrag des Hauptaktionärs vom Gericht ausgewählt und bestellt. [4]§ 293a Abs. 2 und 3, § 293c Abs. 1 Satz 3 bis 5, Abs. 2 sowie die §§ 293d und 293e sind sinngemäß anzuwenden.

(3) Von der Einberufung der Hauptversammlung an sind in dem Geschäftsraum der Gesellschaft zur Einsicht der Aktionäre auszulegen

1. der Entwurf des Übertragungsbeschlusses;
2. die Jahresabschlüsse und Lageberichte für die letzten drei Geschäftsjahre;
3. der nach Absatz 2 Satz 1 erstattete Bericht des Hauptaktionärs;
4. der nach Absatz 2 Satz 2 bis 4 erstattete Prüfungsbericht.

(4) Auf Verlangen ist jedem Aktionär unverzüglich und kostenlos eine Abschrift der in Absatz 3 bezeichneten Unterlagen zu erteilen.

(5) Die Verpflichtungen nach den Absätzen 3 und 4 entfallen, wenn die in Absatz 3 bezeichneten Unterlagen für denselben Zeitraum über die Internetseite der Gesellschaft zugänglich sind.

§ 327d Durchführung der Hauptversammlung. [1]In der Hauptversammlung sind die in § 327c Abs. 3 bezeichneten Unterlagen zugänglich zu machen. [2]Der Vorstand kann dem Hauptaktionär Gelegenheit geben, den Entwurf des Übertragungsbeschlusses und die Bemessung der Höhe der Barabfindung zu Beginn der Verhandlung mündlich zu erläutern.

§ 327e Eintragung des Übertragungsbeschlusses. (1) [1]Der Vorstand hat den Übertragungsbeschluss zur Eintragung in das Handelsregister anzumelden. [2]Der Anmeldung sind die Niederschrift des Übertragungsbeschlusses und seine Anlagen in Ausfertigung oder öffentlich beglaubigter Abschrift beizufügen.

(2) § 319 Abs. 5 und 6 gilt sinngemäß.

(3) [1]Mit der Eintragung des Übertragungsbeschlusses in das Handelsregister gehen alle Aktien der Minderheitsaktionäre auf den Hauptaktionär über. [2]Sind über diese Aktien Aktienurkunden ausgegeben, so verbriefen sie bis zu ihrer Aushändigung an den Hauptaktionär nur den Anspruch auf Barabfindung.

§ 327f Gerichtliche Nachprüfung der Abfindung. [1]Die Anfechtung des Übertragungsbeschlusses kann nicht auf § 243 Abs. 2 oder darauf gestützt werden, dass die durch den Hauptaktionär festgelegte Barabfindung nicht angemessen ist. [2]Ist die Barabfindung nicht angemessen, so hat das in § 2 des Spruchverfahrensgesetzes[1)] bestimmte Gericht auf Antrag die angemessene Barabfindung zu bestimmen. [3]Das Gleiche gilt, wenn der Hauptaktionär eine Barabfindung nicht oder nicht ordnungsgemäß angeboten hat und eine hierauf gestützte Anfechtungsklage innerhalb der Anfechtungsfrist nicht erhoben, zurückgenommen oder rechtskräftig abgewiesen worden ist.

Fünfter Teil. Wechselseitig beteiligte Unternehmen

§ 328 Beschränkung der Rechte. (1) [1]Sind eine Aktiengesellschaft oder Kommanditgesellschaft auf Aktien und ein anderes Unternehmen wechselseitig beteiligte Unternehmen, so können, sobald dem einen Unternehmen das

---

[1)] Nr. **19**.

Bestehen der wechselseitigen Beteiligung bekannt geworden ist oder ihm das andere Unternehmen eine Mitteilung nach § 20 Abs. 3 oder § 21 Abs. 1 gemacht hat, Rechte aus den Anteilen, die ihm an dem anderen Unternehmen gehören, nur für höchstens den vierten Teil aller Anteile des anderen Unternehmens ausgeübt werden. [2]Dies gilt nicht für das Recht auf neue Aktien bei einer Kapitalerhöhung aus Gesellschaftsmitteln. [3]§ 16 Abs. 4 ist anzuwenden.

(2) Die Beschränkung des Absatzes 1 gilt nicht, wenn das Unternehmen seinerseits dem anderen Unternehmen eine Mitteilung nach § 20 Abs. 3 oder § 21 Abs. 1 gemacht hatte, bevor es von dem anderen Unternehmen eine solche Mitteilung erhalten hat und bevor ihm das Bestehen der wechselseitigen Beteiligung bekannt geworden ist.

(3) In der Hauptversammlung einer börsennotierten Gesellschaft kann ein Unternehmen, dem die wechselseitige Beteiligung gemäß Absatz 1 bekannt ist, sein Stimmrecht zur Wahl von Mitgliedern in den Aufsichtsrat nicht ausüben.

(4) Sind eine Aktiengesellschaft oder Kommanditgesellschaft auf Aktien und ein anderes Unternehmen wechselseitig beteiligte Unternehmen, so haben die Unternehmen einander unverzüglich die Höhe ihrer Beteiligung und jede Änderung schriftlich mitzuteilen.

Sechster Teil.[1)] Rechnungslegung im Konzern

§§ 329–393 *(aufgehoben)*

Viertes Buch. Sonder-, Straf- und Schlußvorschriften

Erster Teil. Sondervorschriften bei Beteiligung von Gebietskörperschaften

§ 394 Berichte der Aufsichtsratsmitglieder. [1]Aufsichtsratsmitglieder, die auf Veranlassung einer Gebietskörperschaft in den Aufsichtsrat gewählt oder entsandt worden sind, unterliegen hinsichtlich der Berichte, die sie der Gebietskörperschaft zu erstatten haben, keiner Verschwiegenheitspflicht. [2]Für vertrauliche Angaben und Geheimnisse der Gesellschaft, namentlich Betriebs- oder Geschäftsgeheimnisse, gilt dies nicht, wenn ihre Kenntnis für die Zwecke der Berichte nicht von Bedeutung ist. [3]Die Berichtspflicht nach Satz 1 kann auf Gesetz, auf Satzung oder auf dem Aufsichtsrat in Textform mitgeteiltem Rechtsgeschäft beruhen.

§ 395 Verschwiegenheitspflicht. (1) Personen, die damit betraut sind, die Beteiligungen einer Gebietskörperschaft zu verwalten oder für eine Gebietskörperschaft die Gesellschaft, die Betätigung der Gebietskörperschaft als Aktionär oder die Tätigkeit der auf Veranlassung der Gebietskörperschaft gewählten oder entsandten Aufsichtsratsmitglieder zu prüfen, haben über vertrauliche Angaben und Geheimnisse der Gesellschaft, namentlich Betriebs- oder Geschäftsgeheimnisse, die ihnen aus Berichten nach § 394 bekanntgeworden sind, Stillschweigen zu bewahren; dies gilt nicht für Mitteilungen im dienstlichen Verkehr.

[1)] Beachte hierzu das G über die Rechnungslegung von bestimmten Unternehmen und Konzernen (Publizitätsgesetz – PublG) (Nr. **6**).

(2) Bei der Veröffentlichung von Prüfungsergebnissen dürfen vertrauliche Angaben und Geheimnisse der Gesellschaft, namentlich Betriebs- oder Geschäftsgeheimnisse, nicht veröffentlicht werden.

Zweiter Teil. Gerichtliche Auflösung

§ 396 Voraussetzungen. (1) [1] Gefährdet eine Aktiengesellschaft oder Kommanditgesellschaft auf Aktien durch gesetzwidriges Verhalten ihrer Verwaltungsträger das Gemeinwohl und sorgen der Aufsichtsrat und die Hauptversammlung nicht für eine Abberufung der Verwaltungsträger, so kann die Gesellschaft auf Antrag der zuständigen obersten Landesbehörde des Landes, in dem die Gesellschaft ihren Sitz hat, durch Urteil aufgelöst werden. [2] Ausschließlich zuständig für die Klage ist das Landgericht, in dessen Bezirk die Gesellschaft ihren Sitz hat.

(2) [1] Nach der Auflösung findet die Abwicklung nach den §§ 264 bis 273 statt. [2] Den Antrag auf Abberufung oder Bestellung der Abwickler aus einem wichtigen Grund kann auch die in Absatz 1 Satz 1 bestimmte Behörde stellen.

§ 397 Anordnungen bei der Auflösung. Ist die Auflösungsklage erhoben, so kann das Gericht auf Antrag der in § 396 Abs. 1 Satz 1 bestimmten Behörde durch einstweilige Verfügung die nötigen Anordnungen treffen.

§ 398 Eintragung. [1] Die Entscheidungen des Gerichts sind dem Registergericht mitzuteilen. [2] Dieses trägt sie, soweit sie eintragungspflichtige Rechtsverhältnisse betreffen, in das Handelsregister ein.

Dritter Teil. Straf- und Bußgeldvorschriften. Schlußvorschriften

§ 399 Falsche Angaben. (1) Mit Freiheitsstrafe bis zu drei Jahren oder mit Geldstrafe wird bestraft, wer

1. als Gründer oder als Mitglied des Vorstands oder des Aufsichtsrats zum Zweck der Eintragung der Gesellschaft oder eines Vertrags nach § 52 Absatz 1 Satz 1 über die Übernahme der Aktien, die Einzahlung auf Aktien, die Verwendung eingezahlter Beträge, den Ausgabebetrag der Aktien, über Sondervorteile, Gründungsaufwand, Sacheinlagen und Sachübernahmen oder in der nach § 37a Absatz 2, auch in Verbindung mit § 52 Absatz 6 Satz 3, abzugebenden Versicherung,
2. als Gründer oder als Mitglied des Vorstands oder des Aufsichtsrats im Gründungsbericht, im Nachgründungsbericht oder im Prüfungsbericht,
3. in der öffentlichen Ankündigung nach § 47 Nr. 3,
4. als Mitglied des Vorstands oder des Aufsichtsrats zum Zweck der Eintragung einer Erhöhung des Grundkapitals (§§ 182 bis 206) über die Einbringung des bisherigen, die Zeichnung oder Einbringung des neuen Kapitals, den Ausgabebetrag der Aktien, die Ausgabe der Bezugsaktien, über Sacheinlagen, in der Bekanntmachung nach § 183a Abs. 2 Satz 1 in Verbindung mit § 37a Abs. 2 oder in der nach § 184 Abs. 1 Satz 3 abzugebenden Versicherung,
5. als Abwickler zum Zweck der Eintragung der Fortsetzung der Gesellschaft in dem nach § 274 Abs. 3 zu führenden Nachweis oder
6. als Mitglied des Vorstands einer Aktiengesellschaft oder des Leitungsorgans einer ausländischen juristischen Person in der nach § 37 Abs. 2 Satz 1 oder

§ 81 Abs. 3 Satz 1 abzugebenden Versicherung oder als Abwickler in der nach § 266 Abs. 3 Satz 1 abzugebenden Versicherung

falsche Angaben macht oder erhebliche Umstände verschweigt.

(2) Ebenso wird bestraft, wer als Mitglied des Vorstands oder des Aufsichtsrats zum Zweck der Eintragung einer Erhöhung des Grundkapitals die in § 210 Abs. 1 Satz 2 vorgeschriebene Erklärung der Wahrheit zuwider abgibt.

§ 400 Unrichtige Darstellung. (1) Mit Freiheitsstrafe bis zu drei Jahren oder mit Geldstrafe wird bestraft, wer als Mitglied des Vorstands oder des Aufsichtsrats oder als Abwickler

1. die Verhältnisse der Gesellschaft einschließlich ihrer Beziehungen zu verbundenen Unternehmen im Vergütungsbericht nach § 162 Absatz 1 oder 2, in Darstellungen oder Übersichten über den Vermögensstand oder in Vorträgen oder Auskünften in der Hauptversammlung unrichtig wiedergibt oder verschleiert, wenn die Tat nicht in § 331 Nr. 1 oder 1a des Handelsgesetzbuchs[1] mit Strafe bedroht ist, oder
2. in Aufklärungen oder Nachweisen, die nach den Vorschriften dieses Gesetzes einem Prüfer der Gesellschaft oder eines verbundenen Unternehmens zu geben sind, falsche Angaben macht oder die Verhältnisse der Gesellschaft unrichtig wiedergibt oder verschleiert, wenn die Tat nicht in § 331 Nr. 4 des Handelsgesetzbuchs mit Strafe bedroht ist.

(2) Ebenso wird bestraft, wer als Gründer oder Aktionär in Aufklärungen oder Nachweisen, die nach den Vorschriften dieses Gesetzes einem Gründungsprüfer oder sonstigen Prüfer zu geben sind, falsche Angaben macht oder erhebliche Umstände verschweigt.

§ 401 Pflichtverletzung bei Verlust, Überschuldung oder Zahlungsunfähigkeit. (1) Mit Freiheitsstrafe bis zu drei Jahren oder mit Geldstrafe wird bestraft, wer es als Mitglied des Vorstands entgegen § 92 Abs. 1 unterläßt, bei einem Verlust in Höhe der Hälfte des Grundkapitals die Hauptversammlung einzuberufen und ihr dies anzuzeigen.

(2) Handelt der Täter fahrlässig, so ist die Strafe Freiheitsstrafe bis zu einem Jahr oder Geldstrafe.

§ 402 Falsche Ausstellung von Berechtigungsnachweisen. (1) Wer Bescheinigungen, die zum Nachweis des Stimmrechts in einer Hauptversammlung oder in einer gesonderten Versammlung dienen sollen, falsch ausstellt oder verfälscht, wird mit Freiheitsstrafe bis zu drei Jahren oder mit Geldstrafe bestraft, wenn die Tat nicht in anderen Vorschriften über Urkundenstraftaten mit schwererer Strafe bedroht ist.

(2) Ebenso wird bestraft, wer von einer falschen oder verfälschten Bescheinigung der in Absatz 1 bezeichneten Art zur Ausübung des Stimmrechts Gebrauch macht.

(3) Der Versuch ist strafbar.

§ 403 Verletzung der Berichtspflicht. (1) Mit Freiheitsstrafe bis zu drei Jahren oder mit Geldstrafe wird bestraft, wer als Prüfer oder als Gehilfe eines

---

[1] Nr. 5.

Prüfers über das Ergebnis der Prüfung falsch berichtet oder erhebliche Umstände im Bericht verschweigt.

(2) Handelt der Täter gegen Entgelt oder in der Absicht, sich oder einen anderen zu bereichern oder einen anderen zu schädigen, so ist die Strafe Freiheitsstrafe bis zu fünf Jahren oder Geldstrafe.

§ 404 Verletzung der Geheimhaltungspflicht. (1) Mit Freiheitsstrafe bis zu einem Jahr, bei börsennotierten Gesellschaften bis zu zwei Jahren, oder mit Geldstrafe wird bestraft, wer ein Geheimnis der Gesellschaft, namentlich ein Betriebs- oder Geschäftsgeheimnis, das ihm in seiner Eigenschaft als

1. Mitglied des Vorstands oder des Aufsichtsrats oder Abwickler,
2. Prüfer oder Gehilfe eines Prüfers

bekanntgeworden ist, unbefugt offenbart; im Falle der Nummer 2 jedoch nur, wenn die Tat nicht in § 333 des Handelsgesetzbuchs[1)] mit Strafe bedroht ist.

(2) [1] Handelt der Täter gegen Entgelt oder in der Absicht, sich oder einen anderen zu bereichern oder einen anderen zu schädigen, so ist die Strafe Freiheitsstrafe bis zu zwei Jahren, bei börsennotierten Gesellschaften bis zu drei Jahren, oder Geldstrafe. [2] Ebenso wird bestraft, wer ein Geheimnis der in Absatz 1 bezeichneten Art, namentlich ein Betriebs- oder Geschäftsgeheimnis, das ihm unter den Voraussetzungen des Absatzes 1 bekanntgeworden ist, unbefugt verwertet.

(3) [1] Die Tat wird nur auf Antrag der Gesellschaft verfolgt. [2] Hat ein Mitglied des Vorstands oder ein Abwickler die Tat begangen, so ist der Aufsichtsrat, hat ein Mitglied des Aufsichtsrats die Tat begangen, so sind der Vorstand oder die Abwickler antragsberechtigt.

§ 404a Verletzung der Pflichten bei Abschlussprüfungen. (1) Mit Freiheitsstrafe bis zu einem Jahr oder mit Geldstrafe wird bestraft, wer als Mitglied des Aufsichtsrats oder als Mitglied eines Prüfungsausschusses einer Gesellschaft, die kapitalmarktorientiert im Sinne des § 264d des Handelsgesetzbuchs[1)], die CRR-Kreditinstitut im Sinne des § 1 Absatz 3d Satz 1 des Kreditwesengesetzes, mit Ausnahme der in § 2 Absatz 1 Nummer 1 und 2 des Kreditwesengesetzes genannten Institute, oder die Versicherungsunternehmen ist im Sinne des Artikels 2 Absatz 1 der Richtlinie 91/674/EWG des Rates vom 19. Dezember 1991 über den Jahresabschluß und den konsolidierten Abschluß von Versicherungsunternehmen (ABl. L 374 vom 31.12.1991, S. 7), die zuletzt durch die Richtlinie 2006/46/EG (ABl. L 224 vom 16.8.2006, S. 1) geändert worden ist,

1. eine in § 405 Absatz 3b bezeichnete Handlung begeht und dafür einen Vermögensvorteil erhält oder sich versprechen lässt oder
2. eine in § 405 Absatz 3b bezeichnete Handlung beharrlich wiederholt.

(2) Ebenso wird bestraft, wer als Mitglied des Aufsichtsrats oder als Mitglied eines Prüfungsausschusses einer Gesellschaft, die kapitalmarktorientiert im Sinne des § 264d des Handelsgesetzbuchs[1)] oder die CRR-Kreditinstitut ist im Sinne des § 1 Absatz 3d Satz 1 des Kreditwesengesetzes, mit Ausnahme der in § 2 Absatz 1 Nummer 1 und 2 des Kreditwesengesetzes genannten Institute,

---

[1)] Nr. 5.

1. eine in § 405 Absatz 3c oder 3d bezeichnete Handlung begeht und dafür einen Vermögensvorteil erhält oder sich versprechen lässt oder
2. eine in § 405 Absatz 3c oder 3d bezeichnete Handlung beharrlich wiederholt.

§ 405 Ordnungswidrigkeiten. (1) Ordnungswidrig handelt, wer als Mitglied des Vorstands oder des Aufsichtsrats oder als Abwickler

1. Namensaktien ausgibt, in denen der Betrag der Teilleistung nicht angegeben ist, oder Inhaberaktien ausgibt, bevor auf sie der Ausgabebetrag voll geleistet ist,
2. Aktien oder Zwischenscheine ausgibt, bevor die Gesellschaft oder im Fall einer Kapitalerhöhung die Durchführung der Erhöhung des Grundkapitals oder im Fall einer bedingten Kapitalerhöhung oder einer Kapitalerhöhung aus Gesellschaftsmitteln der Beschluß über die bedingte Kapitalerhöhung oder die Kapitalerhöhung aus Gesellschaftsmitteln eingetragen ist,
3. Aktien oder Zwischenscheine ausgibt, die auf einen geringeren als den nach § 8 Abs. 2 Satz 1 zulässigen Mindestnennbetrag lauten oder auf die bei einer Gesellschaft mit Stückaktien ein geringerer anteiliger Betrag des Grundkapitals als der nach § 8 Abs. 3 Satz 3 zulässige Mindesbetrag entfällt,
4. a) entgegen § 71 Abs. 1 Nr. 1 bis 4 oder Abs. 2 eigene Aktien der Gesellschaft erwirbt oder, in Verbindung mit § 71e Abs. 1, als Pfand nimmt,
   b) zu veräußernde eigene Aktien (§ 71c Abs. 1 und 2) nicht anbietet oder
   c) die zur Vorbereitung der Beschlußfassung über die Einziehung eigener Aktien (§ 71c Abs. 3) erforderlichen Maßnahmen nicht trifft,
5. entgegen § 120a Absatz 2 eine Veröffentlichung nicht, nicht richtig, nicht vollständig oder nicht rechtzeitig vornimmt oder
6. entgegen § 162 Absatz 4 einen dort genannten Bericht oder Vermerk nicht oder nicht mindestens zehn Jahre zugänglich macht.

(2) Ordnungswidrig handelt auch, wer als Aktionär oder als Vertreter eines Aktionärs die nach § 129 in das Verzeichnis aufzunehmenden Angaben nicht oder nicht richtig macht.

(2a) Ordnungswidrig handelt, wer

1. entgegen § 67 Absatz 4 Satz 2 erster Halbsatz, auch in Verbindung mit Satz 3, eine Mitteilung nicht, nicht richtig, nicht vollständig oder nicht rechtzeitig macht,
2. entgegen § 67a Absatz 3 Satz 1, auch in Verbindung mit Satz 2, jeweils auch in Verbindung mit § 125 Absatz 5 Satz 3, oder entgegen § 67c Absatz 1 Satz 2 oder § 67d Absatz 4 Satz 2 zweiter Halbsatz eine dort genannte Information nicht, nicht richtig, nicht vollständig oder nicht rechtzeitig weiterleitet,
3. entgegen § 67b Absatz 1 Satz 1, auch in Verbindung mit Absatz 2, jeweils auch in Verbindung mit § 125 Absatz 5 Satz 3, oder entgegen § 67c Absatz 1 Satz 1 oder § 67d Absatz 4 Satz 1 oder 3 eine dort genannte Information nicht, nicht richtig, nicht vollständig oder nicht rechtzeitig übermittelt,
4. entgegen § 67c Absatz 3 einen dort genannten Nachweis nicht, nicht richtig, nicht vollständig oder nicht rechtzeitig ausstellt,
5. entgegen § 67d Absatz 3 ein dort genanntes Informationsverlangen nicht, nicht richtig, nicht vollständig oder nicht rechtzeitig weiterleitet,

6. entgegen § 111c Absatz 1 Satz 1 eine Veröffentlichung nicht, nicht richtig, nicht vollständig oder nicht rechtzeitig vornimmt,
7. entgegen § 118 Absatz 1 Satz 3 oder 4, jeweils auch in Verbindung mit Absatz 2 Satz 2, oder entgegen § 129 Absatz 5 Satz 2 oder 3 eine dort genannte Bestätigung nicht, nicht richtig, nicht vollständig, nicht in der vorgeschriebenen Weise oder nicht rechtzeitig erteilt oder nicht, nicht richtig, nicht vollständig oder nicht rechtzeitig übermittelt,
8. entgegen § 134b Absatz 5 Satz 1 eine Information nach § 134b Absatz 1, 2 oder 4 nicht oder nicht mindestens drei Jahre zugänglich macht,
9. entgegen § 134c Absatz 3 Satz 1 eine Information nach § 134c Absatz 1 oder 2 Satz 1 oder 3 nicht oder nicht mindestens drei Jahre zugänglich macht,
10. entgegen § 134d Absatz 3 eine dort genannte Information nicht oder nicht mindestens drei Jahre zugänglich macht,
11. entgegen § 134d Absatz 4 eine Information nicht, nicht richtig, nicht vollständig oder nicht rechtzeitig gibt oder
12. entgegen § 135 Absatz 9 eine dort genannte Verpflichtung ausschließt oder beschränkt.

(3) Ordnungswidrig handelt ferner, wer
1. Aktien eines anderen, zu dessen Vertretung er nicht befugt ist, ohne dessen Einwilligung zur Ausübung von Rechten in der Hauptversammlung oder in einer gesonderten Versammlung benutzt,
2. zur Ausübung von Rechten in der Hauptversammlung oder in einer gesonderten Versammlung Aktien eines anderen benutzt, die er sich zu diesem Zweck durch Gewähren oder Versprechen besonderer Vorteile verschafft hat,
3. Aktien zu dem in Nummer 2 bezeichneten Zweck gegen Gewähren oder Versprechen besonderer Vorteile einem anderen überläßt,
4. Aktien eines anderen, für die er oder der von ihm Vertretene das Stimmrecht nach § 135 nicht ausüben darf, zur Ausübung des Stimmrechts benutzt,
5. Aktien, für die er oder der von ihm Vertretene das Stimmrecht nach § 20 Abs. 7, § 21 Abs. 4, §§ 71b, 71d Satz 4, § 134 Abs. 1, §§ 135, 136, 142 Abs. 1 Satz 2, § 285 Abs. 1 nicht ausüben darf, einem anderen zum Zweck der Ausübung des Stimmrechts überläßt oder solche ihm überlassene Aktien zur Ausübung des Stimmrechts benutzt,
6. besondere Vorteile als Gegenleistung dafür fordert, sich versprechen läßt oder annimmt, daß er bei einer Abstimmung in der Hauptversammlung oder in einer gesonderten Versammlung nicht oder in einem bestimmten Sinne stimme oder
7. besondere Vorteile als Gegenleistung dafür anbietet, verspricht oder gewährt, daß jemand bei einer Abstimmung in der Hauptversammlung oder in einer gesonderten Versammlung nicht oder in einem bestimmten Sinne stimme.

(3a) Ordnungswidrig handelt, wer vorsätzlich oder leichtfertig
1. entgegen § 121 Abs. 4a Satz 1, auch in Verbindung mit § 124 Abs. 1 Satz 3, die Einberufung nicht, nicht richtig, nicht vollständig oder nicht rechtzeitig zuleitet oder

2. entgegen § 124a Angaben nicht, nicht richtig oder nicht vollständig zugänglich macht.

(3b) Ordnungswidrig handelt, wer als Mitglied des Aufsichtsrats oder als Mitglied eines Prüfungsausschusses einer Gesellschaft, die kapitalmarktorientiert im Sinne des § 264d des Handelsgesetzbuchs[1], die CRR-Kreditinstitut im Sinne des § 1 Absatz 3d Satz 1 des Kreditwesengesetzes, mit Ausnahme der in § 2 Absatz 1 Nummer 1 und 2 des Kreditwesengesetzes genannten Institute, oder die Versicherungsunternehmen ist im Sinne des Artikels 2 Absatz 1 der Richtlinie 91/674/EWG des Rates vom 19. Dezember 1991 über den Jahresabschluß und den konsolidierten Abschluß von Versicherungsunternehmen (ABl. L 374 vom 31.12.1991, S. 7), die zuletzt durch die Richtlinie 2006/46/EG (ABl. L 224 vom 16.8.2006, S. 1) geändert worden ist,

1. die Unabhängigkeit des Abschlussprüfers oder der Prüfungsgesellschaft nicht nach Maßgabe des Artikels 4 Absatz 3 Unterabsatz 2, des Artikels 5 Absatz 4 Unterabsatz 1 Satz 1 oder des Artikels 6 Absatz 2 der Verordnung (EU) Nr. 537/2014 des Europäischen Parlaments und des Rates vom 16. April 2014 über spezifische Anforderungen an die Abschlussprüfung bei Unternehmen von öffentlichem Interesse und zur Aufhebung des Beschlusses 2005/909/EG der Kommission (ABl. L 158 vom 27.5.2014, S. 77, L 170 vom 11.6.2014, S. 66) überwacht oder
2. eine Empfehlung für die Bestellung eines Abschlussprüfers oder einer Prüfungsgesellschaft vorlegt, die nicht auf einem Verlangen der Aufsichtsbehörde nach § 36 Absatz 1 Satz 2 des Versicherungsaufsichtsgesetzes beruht und
   a) die den Anforderungen nach Artikel 16 Absatz 2 Unterabsatz 2 oder 3 der Verordnung (EU) Nr. 537/2014 nicht entspricht oder
   b) der ein Auswahlverfahren nach Artikel 16 Absatz 3 Unterabsatz 1 der Verordnung (EU) Nr. 537/2014 nicht vorangegangen ist.

(3c) Ordnungswidrig handelt, wer als Mitglied eines Aufsichtsrats, der einen Prüfungsausschuss nicht bestellt hat, einer Gesellschaft, die kapitalmarktorientiert im Sinne des § 264d des Handelsgesetzbuchs oder die CRR-Kreditinstitut ist im Sinne des § 1 Absatz 3d Satz 1 des Kreditwesengesetzes, mit Ausnahme der in § 2 Absatz 1 Nummer 1 und 2 des Kreditwesengesetzes genannten Institute, der Hauptversammlung einen Vorschlag für die Bestellung eines Abschlussprüfers oder einer Prüfungsgesellschaft vorlegt, der den Anforderungen nach Artikel 16 Absatz 5 Unterabsatz 1 der Verordnung (EU) Nr. 537/2014 nicht entspricht.

(3d) Ordnungswidrig handelt, wer als Mitglied eines Aufsichtsrats, der einen Prüfungsausschuss bestellt hat, einer in Absatz 3c genannten Gesellschaft der Hauptversammlung einen Vorschlag für die Bestellung eines Abschlussprüfers oder einer Prüfungsgesellschaft vorlegt, der den Anforderungen nach Artikel 16 Absatz 5 Unterabsatz 1 oder Unterabsatz 2 Satz 1 oder Satz 2 der Verordnung (EU) Nr. 537/2014 nicht entspricht.

(4) Die Ordnungswidrigkeit kann in den Fällen des Absatzes 2a Nummer 6 mit einer Geldbuße bis zu fünfhunderttausend Euro, in den Fällen der Absätze 3b bis 3d mit einer Geldbuße bis zu fünfzigtausend Euro, in den übrigen Fällen mit einer Geldbuße bis zu fünfundzwanzigtausend Euro geahndet werden.

---

[1] Nr. **5**.

(5) Verwaltungsbehörde im Sinne des § 36 Absatz 1 Satz 1 des Gesetzes über Ordnungswidrigkeiten ist

1. die Bundesanstalt für Finanzdienstleistungsaufsicht in den Fällen
   a) des Absatzes 2a Nummer 6, soweit die Handlung ein Geschäft nach § 111c Absatz 1 Satz 1 in Verbindung mit Absatz 3 Satz 1 betrifft, und
   b) der Absätze 3b bis 3d bei CRR-Kreditinstituten im Sinne des § 1 Absatz 3d Satz 1 des Kreditwesengesetzes, mit Ausnahme der in § 2 Absatz 1 Nummer 1 und 2 des Kreditwesengesetzes genannten Institute, und bei Versicherungsunternehmen im Sinne des Artikels 2 Absatz 1 der Richtlinie 91/674/EWG,
2. das Bundesamt für Justiz in den übrigen Fällen der Absätze 1 bis 3d.

§ 406 *(aufgehoben)*

§ 407 Zwangsgelder. (1) [1]Vorstandsmitglieder oder Abwickler, die § 52 Abs. 2 Satz 2 bis 4, § 71c, § 73 Abs. 3 Satz 2, §§ 80, 90, 104 Abs. 1, § 111 Abs. 2, § 145, §§ 170, 171 Abs. 3 oder Abs. 4 Satz 1 in Verbindung mit Abs. 3, §§ 175, 179a Abs. 2 Satz 1 bis 3, 214 Abs. 1, § 246 Abs. 4, §§ 248a, 259 Abs. 5, § 268 Abs. 4, § 270 Abs. 1, § 273 Abs. 2, §§ 293f, 293g Abs. 1, § 312 Abs. 1, § 313 Abs. 1, § 314 Abs. 1 nicht befolgen, sind hierzu vom Registergericht durch Festsetzung von Zwangsgeld anzuhalten; § 14 des Handelsgesetzbuchs[1)] bleibt unberührt. [2]Das einzelne Zwangsgeld darf den Betrag von fünftausend Euro nicht übersteigen.

(2) Die Anmeldungen zum Handelsregister nach den §§ 36, 45, 52, 181 Abs. 1, §§ 184, 188, 195, 210, 223, 237 Abs. 4, §§ 274, 294 Abs. 1, § 319 Abs. 3 werden durch Festsetzung von Zwangsgeld nicht erzwungen.

§ 407a Mitteilungen an die Abschlussprüferaufsichtsstelle. (1) Die nach § 405 Absatz 5 zuständige Verwaltungsbehörde übermittelt der Abschlussprüferaufsichtsstelle beim Bundesamt für Wirtschaft und Ausfuhrkontrolle alle Bußgeldentscheidungen nach § 405 Absatz 3b bis 3d.

(2) [1]In Strafverfahren, die eine Straftat nach § 404a zum Gegenstand haben, übermittelt die Staatsanwaltschaft im Falle der Erhebung der öffentlichen Klage der Abschlussprüferaufsichtsstelle die das Verfahren abschließende Entscheidung. [2]Ist gegen die Entscheidung ein Rechtsmittel eingelegt worden, ist die Entscheidung unter Hinweis auf das eingelegte Rechtsmittel zu übermitteln.

§ 408 Strafbarkeit persönlich haftender Gesellschafter einer Kommanditgesellschaft auf Aktien. [1]Die §§ 399 bis 407 gelten sinngemäß für die Kommanditgesellschaft auf Aktien. [2]Soweit sie Vorstandsmitglieder betreffen, gelten sie bei der Kommanditgesellschaft auf Aktien für die persönlich haftenden Gesellschafter.

§ 409 Geltung in Berlin. *(gegenstandslos)*

§ 410 Inkrafttreten. Dieses Gesetz tritt am 1. Januar 1966 in Kraft.

---

1) Nr. 5.

2a. Einführungsgesetz zum Aktiengesetz

Vom 6. September 1965
(BGBl. I S. 1185)

FNA 4121-2

zuletzt geänd. durch Art. 2 G zur Umsetzung der zweiten AktionärsrechteRL v. 12.12.2019 (BGBl. I S. 2637)

Nichtamtliche Inhaltsübersicht

Erster Abschnitt. Übergangsvorschriften

Zweiter Abschnitt. Anwendung aktienrechtlicher Vorschriften auf Unternehmen mit anderer Rechtsform

Erster Abschnitt. Übergangsvorschriften

§ 1 Grundkapital (1) [1] § 6 des Aktiengesetzes[1)] gilt nicht für Aktiengesellschaften, deren Grundkapital und Aktien beim Inkrafttreten des Aktiengesetzes nicht auf einen Nennbetrag in Deutscher Mark lauten, sowie für Aktiengesellschaften, die nach dem Inkrafttreten des Aktiengesetzes nach Maßgabe des § 2 des D-Markbilanzergänzungsgesetzes vom 28. Dezember 1950 (Bundesgesetzbl. S. 811) ihren Sitz in den Geltungsbereich des Aktiengesetzes verlegen. [2] Die Währung, auf die ihr Grundkapital und ihre Aktien lauten müssen, bestimmt sich nach den für sie geltenden besonderen Vorschriften.

(2) [1] Aktiengesellschaften, die vor dem 1. Januar 1999 in das Handelsregister eingetragen worden sind, dürfen die Nennbeträge ihres Grundkapitals und ihrer Aktien weiter in Deutscher Mark bezeichnen. [2] Bis zum 31. Dezember 2001 dürfen Aktiengesellschaften neu eingetragen werden, deren Grundkapital und Aktien auf Deutsche Mark lauten. [3] Danach dürfen Aktiengesellschaften nur eingetragen werden, wenn die Nennbeträge von Grundkapital und Aktien in Euro bezeichnet sind; das gleiche gilt für Beschlüsse über die Änderung des Grundkapitals.

§ 2 Mindestnennbetrag des Grundkapitals. [1] Für Aktiengesellschaften, die vor dem 1. Januar 1999 in das Handelsregister eingetragen oder zur Eintragung in das Handelsregister angemeldet worden sind, bleibt der bis dahin gültige Mindestbetrag des Grundkapitals maßgeblich, bis die Aktiennennbeträge an die seit diesem Zeitpunkt geltenden Beträge des § 8 des Aktiengesetzes[1)] angepaßt werden. [2] Für spätere Gründungen gilt der Mindestbetrag des Grundkapitals nach § 7 des Aktiengesetzes in der ab dem 1. Januar 1999 geltenden Fassung, der bei Gründungen in Deutscher Mark zu dem vom Rat der Europäischen Union gemäß Artikel 109l Abs. 4 Satz 1 des EG-Vertrages unwiderruflich festgelegten Umrechnungskurs in Deutsche Mark umzurechnen ist.

§ 3 Mindestnennbetrag der Aktien. (1) Aktien dürfen nur noch nach § 8 des Aktiengesetzes[1)] ausgegeben werden.

(2) [1] Aktien einer Gesellschaft, die vor dem 1. Januar 1999 in das Handelsregister eingetragen oder zur Eintragung in das Handelsregister angemeldet und bis zum 31. Dezember 2001 eingetragen worden ist, dürfen weiterhin auf einen nach den bis dahin geltenden Vorschriften zulässigen Nennbetrag lauten, Aktien, die auf Grund eines Kapitalerhöhungsbeschlusses ausgegeben werden, jedoch nur, wenn dieser bis zum 31. Dezember 2001 in das Handelsregister eingetragen worden ist. [2] Dies gilt nur einheitlich für sämtliche Aktien einer

[1)] Nr. 2.

Gesellschaft. [3] Die Nennbeträge können auch zu dem vom Rat der Europäischen Union gemäß Artikel 109l Abs. 4 Satz 1 des EG-Vertrages unwiderruflich festgelegten Umrechnungskurs in Euro ausgedrückt werden.

(3) Für Aktiengesellschaften, die auf Grund einer nach dem 31. Dezember 1998 erfolgten Anmeldung zum Handelsregister bis zum 31. Dezember 2001 eingetragen werden und deren Grundkapital und Aktien nach § 1 Abs. 2 Satz 2 auf Deutsche Mark lauten, gelten die zu dem vom Rat der Europäischen Union gemäß Artikel 109l Abs. 4 Satz 1 des EG-Vertrages unwiderruflich festgelegten Umrechnungskurs in Deutsche Mark umzurechnenden Beträge nach § 8 des Aktiengesetzes in der ab dem 1. Januar 1999 geltenden Fassung.

(4) [1] Das Verhältnis der mit den Aktien verbundenen Rechte zueinander und das Verhältnis ihrer Nennbeträge zum Nennkapital wird durch Umrechnung zwischen Deutscher Mark und Euro nicht berührt. [2] Nach Umrechnung gebrochene Aktiennennbeträge können auf mindestens zwei Stellen hinter dem Komma gerundet dargestellt werden; diese Rundung hat keine Rechtswirkung. [3] Auf sie ist in Beschlüssen und Satzung hinzuweisen; der jeweilige Anteil der Aktie am Grundkapital soll erkennbar bleiben.

(5) Beschließt eine Gesellschaft, die die Nennbeträge ihrer Aktien nicht an § 8 des Aktiengesetzes in der ab dem 1. Januar 1999 geltenden Fassung angepaßt hat, die Änderung ihres Grundkapitals, darf dieser Beschluß nach dem 31. Dezember 2001 in das Handelsregister nur eingetragen werden, wenn zugleich eine Satzungsänderung über die Anpassung der Aktiennennbeträge an § 8 des Aktiengesetzes eingetragen wird.

§ 4 Verfahren der Umstellung auf den Euro. (1) [1] Über die Umstellung des Grundkapitals und der Aktiennennbeträge sowie weiterer satzungsmäßiger Betragsangaben auf Euro zu dem gemäß Artikel 109l Abs. 4 Satz 1 des EG-Vertrages unwiderruflich festgelegten Umrechnungskurs beschließt die Hauptversammlung abweichend von § 179 Abs. 2 des Aktiengesetzes[1)] mit der einfachen Mehrheit des bei der Beschlußfassung vertretenen Grundkapitals. [2] Ab dem 1. Januar 2002 ist der Aufsichtsrat zu den entsprechenden Fassungsänderungen der Satzung ermächtigt. [3] Auf die Anmeldung und Eintragung der Umstellung in das Handelsregister ist § 181 Abs. 1 Satz 2 und 3 *und*[2)] des Aktiengesetzes nicht anzuwenden.

(2) [1] Für eine Erhöhung des Grundkapitals aus Gesellschaftsmitteln oder eine Herabsetzung des Kapitals auf den nächsthöheren oder nächstniedrigeren Betrag, mit dem die Nennbeträge der Aktien auf volle Euro gestellt werden können, genügt abweichend von § 207 Abs. 2, § 182 Abs. 1 und § 222 Abs. 1 des Aktiengesetzes die einfache Mehrheit des bei der Beschlußfassung vertretenen Grundkapitals, bei der Herabsetzung jedoch nur, wenn zumindest die Hälfte des Grundkapitals vertreten ist. [2] Diese Mehrheit gilt auch für Beschlüsse über die entsprechende Anpassung eines genehmigten Kapitals oder über die Teilung der auf volle Euro gestellten Aktien sowie für Änderungen der Satzungsfassung, wenn diese Beschlüsse mit der Kapitaländerung verbunden sind. [3] § 130 Abs. 1 Satz 3 des Aktiengesetzes findet keine Anwendung.

(3) [1] Eine Kapitalerhöhung aus Gesellschaftsmitteln oder eine Kapitalherabsetzung bei Umstellung auf Euro kann durch Erhöhung oder Herabsetzung des

---

[1)] Nr. **2**.
[2)] Wortlaut amtlich.

Nennbetrags der Aktien oder durch Neueinteilung der Aktiennennbeträge ausgeführt werden. [2]Die Neueinteilung der Nennbeträge bedarf der Zustimmung aller betroffenen Aktionäre, auf die nicht ihrem Anteil entsprechend volle Aktien oder eine geringere Zahl an Aktien als zuvor entfallen; bei teileingezahlten Aktien ist sie ausgeschlossen.

(4) [1]Sofern Aktien aus einem bedingten Kapital nach dem Beschluß über eine Kapitalerhöhung aus Gesellschaftsmitteln oder über eine andere Satzungsänderung zur Umstellung auf Euro, die mit der Zahl der Aktien verbunden ist, ausgegeben worden sind, gelten sie für den Beschluß erst nach dessen Eintragung in das Handelsregister als ausgegeben. [2]Diese aus einem bedingten Kapital ausgegebenen und die noch auszugebenden Aktien nehmen an der Änderung der Nennbeträge teil.

(5) [1]Für eine Kapitalerhöhung aus Gesellschaftsmitteln nach Absatz 2 können abweichend von § 208 Abs. 1 Satz 2 und § 150 Abs. 3 des Aktiengesetzes die Kapitalrücklage und die gesetzliche Rücklage sowie deren Zuführungen, auch soweit sie zusammen den zehnten Teil oder den in der Satzung bestimmten höheren Teil des bisherigen Grundkapitals nicht übersteigen, in Grundkapital umgewandelt werden. [2]Auf eine Kapitalherabsetzung nach Absatz 2, die in vereinfachter Form vorgenommen werden soll, findet § 229 Abs. 2 des Aktiengesetzes keine Anwendung.

(6) [1]§ 73 Abs. 1 Satz 2 des Aktiengesetzes findet keine Anwendung. [2]Im übrigen bleiben die aktienrechtlichen Vorschriften unberührt.

§ 5 Mehrstimmrechte; Höchststimmrechte. (1) [1]Mehrstimmrechte erlöschen am 1. Juni 2003, wenn nicht zuvor die Hauptversammlung mit einer Mehrheit, die mindestens drei Viertel des bei der Beschlußfassung vertretenen Grundkapitals umfaßt, ihre Fortgeltung beschlossen hat. [2]Inhaber von Mehrstimmrechtsaktien sind bei diesem Beschluß von der Ausübung des Stimmrechts insgesamt ausgeschlossen.

(2) [1]Unabhängig von Absatz 1 kann die Hauptversammlung die Beseitigung der Mehrstimmrechte beschließen. [2]Der Beschluß nach Satz 1 bedarf einer Mehrheit, die mindestens die Hälfte des bei der Beschlußfassung vertretenen Grundkapitals umfaßt, aber nicht der Mehrheit der abgegebenen Stimmen. [3]Eines Sonderbeschlusses der Aktionäre mit Mehrstimmrechten bedarf es nicht. [4]Abweichend von § 122 Abs 2 des Aktiengesetzes[1)] kann jeder Aktionär verlangen, daß die Beseitigung der Mehrstimmrechte auf die Tagesordnung der Hauptversammlung gesetzt wird.

(3) [1]Die Gesellschaft hat einem Inhaber von Mehrstimmrechtsaktien im Falle des Erlöschens nach Absatz 1 und der Beseitigung nach Absatz 2 einen Ausgleich zu gewähren, der den besonderen Wert der Mehrstimmrechte angemessen berücksichtigt. [2]Im Falle des Absatzes 1 kann der Anspruch auf den Ausgleich nur bis zum Ablauf von zwei Monaten seit dem Erlöschen der Mehrstimmrechte gerichtlich geltend gemacht werden. [3]Im Falle des Absatzes 2 hat die Hauptversammlung den Ausgleich mitzubeschließen; Absatz 2 Satz 2 und 3 ist anzuwenden.

(4) [1]Die Anfechtung des Beschlusses nach Absatz 2 kann nicht auf § 243 Abs. 2 des Aktiengesetzes oder darauf gestützt werden, daß die Beseitigung der

---

[1)] Nr. 2.

Mehrstimmrechte oder der festgesetzte Ausgleich unangemessen sind. [2]Statt dessen kann jeder in der Hauptversammlung erschienene Aktionär, der gegen den Beschluß Widerspruch zur Niederschrift erklärt hat, einen Antrag auf gerichtliche Bestimmung des angemessenen Ausgleichs stellen. [3]Der Antrag kann nur binnen zwei Monaten seit dem Tage gestellt werden, an dem die Satzungsänderung im Handelsregister nach § 10 des Handelsgesetzbuchs[1)] bekannt gemacht worden ist.

(5) Für das Verfahren in den Fällen des Absatzes 3 Satz 2 und des Absatzes 4 Satz 2 gilt das Spruchverfahrensgesetz[2)] sinngemäß.

(6) [1]Der durch Beschluß der Hauptversammlung festgesetzte Ausgleich wird erst zur Leistung fällig, wenn ein Antrag auf gerichtliche Bestimmung nicht oder nicht fristgemäß gestellt oder das Verfahren durch rechtskräftige Entscheidung oder Antragsrücknahme abgeschlossen ist. [2]Der Ausgleich ist seit dem Tage, an dem die Satzungsänderung im Handelsregister nach § 10 des Handelsgesetzbuchs bekannt gemacht worden ist, mit fünf vom Hundert für das Jahr zu verzinsen.

(7) Für Höchststimmrechte bei börsennotierten Gesellschaften, die vor dem 1. Mai 1998 von der Satzung bestimmt sind, gelten die Sätze 2 bis 5 des § 134 Abs. 1 des Aktiengesetzes in der vor dem 1. Mai 1998 geltenden Fassung bis zum 1. Juni 2000 fort.

§ 6 Wechselseitig beteiligte Unternehmen. (1) Sind eine Aktiengesellschaft und ein anderes Unternehmen bereits beim Inkrafttreten des Aktiengesetzes[3)] wechselseitig beteiligte Unternehmen, ohne daß die Voraussetzungen des § 19 Abs. 2 oder 3 des Aktiengesetzes vorliegen, und haben beide Unternehmen fristgemäß (§ 7) die Mitteilung nach § 20 Abs. 3 oder § 21 Abs. 1 des Aktiengesetzes gemacht, so gilt § 328 Abs. 1 und 2 des Aktiengesetzes für sie nicht.

(2) Solange die Unternehmen wechselseitig beteiligt sind und nicht die Voraussetzungen des § 19 Abs. 2 oder 3 des Aktiengesetzes vorliegen, gilt für die Ausübung der Rechte aus den Anteilen an dem anderen Unternehmen statt dessen folgendes:

1. Aus den Anteilen, die den Unternehmen beim Inkrafttreten des Aktiengesetzes gehört haben oder die auf diese Anteile bei einer Kapitalerhöhung aus Gesellschaftsmitteln entfallen, können alle Rechte ausgeübt werden.
2. Aus Anteilen, die bei einer Kapitalerhöhung gegen Einlagen auf Grund eines nach Nummer 1 bestehenden Bezugsrechts übernommen werden, können alle Rechte mit Ausnahme des Stimmrechts ausgeübt werden; das gleiche gilt für Anteile, die auf diese Anteile bei einer Kapitalerhöhung aus Gesellschaftsmitteln entfallen.
3. Aus anderen Anteilen können mit Ausnahme des Rechts auf neue Aktien bei einer Kapitalerhöhung aus Gesellschaftsmitteln keine Rechte ausgeübt werden.

[1)] Nr. **5**.
[2)] Nr. **19**.
[3)] Nr. **2**.

(3) Hat nur eines der wechselseitig beteiligten Unternehmen fristgemäß (§ 7) die Mitteilung nach § 20 Abs. 3 oder § 21 Abs. 1 des Aktiengesetzes gemacht, so gilt § 328 Abs. 1 und 2 nicht für dieses Unternehmen.

§ 7 Mitteilungspflicht von Beteiligungen. [1]Die Mitteilungspflichten nach §§ 20, 21 und 328 Abs. 3 des Aktiengesetzes[1)] gelten auch für Beteiligungen, die beim Inkrafttreten des Aktiengesetzes bestehen. [2]Die Beteiligungen sind binnen eines Monats nach dem Inkrafttreten des Aktiengesetzes mitzuteilen.

§ 8 Gegenstand des Unternehmens. Entspricht bei Aktiengesellschaften, die beim Inkrafttreten des Aktiengesetzes[1)] in das Handelsregister eingetragen sind, die Satzungsbestimmung über den Gegenstand des Unternehmens nicht dem § 23 Abs. 3 Nr. 2 des Aktiengesetzes, so sind Änderungen der Satzung durch die Hauptversammlung nur einzutragen, wenn zugleich die Satzungsbestimmung über den Gegenstand des Unternehmens an § 23 Abs. 3 Nr. 2 des Aktiengesetzes angepaßt wird.

§ 9 *(aufgehoben)*

§ 10 Nebenverpflichtungen der Aktionäre. [1]§ 55 Abs. 1 Satz 2 des Aktiengesetzes[1)] gilt nicht für Aktiengesellschaften, die bereits beim Inkrafttreten des Aktiengesetzes in ihrer Satzung Nebenverpflichtungen der Aktionäre vorgesehen haben. [2]Ändern jedoch solche Gesellschaften den Gegenstand des Unternehmens oder die Satzungsbestimmungen über die Nebenverpflichtungen, so sind diese Änderungen nur einzutragen, wenn zugleich bestimmt wird, ob die Leistungen entgeltlich oder unentgeltlich zu erbringen sind.

§ 11 Nachgründungsgeschäfte. Die Unwirksamkeit gemäß § 52 Aktiengesetz[1)] eines vor dem 1. Januar 2000 geschlossenen Nachgründungsgeschäfts kann nach dem 1. Januar 2002 nur noch auf Grund der zum 1. Januar 2000 geänderten Fassung der Vorschrift geltend gemacht werden.

§ 12 Aufsichtsrat. (1) [1]Bestimmungen der Satzung über die Zahl der Aufsichtsratsmitglieder und über Stellvertreter von Aufsichtsratsmitgliedern treten, soweit sie mit den Vorschriften des Aktiengesetzes[1)] nicht vereinbar sind, mit Beendigung der Hauptversammlung außer Kraft, die über die Entlastung der Mitglieder des Aufsichtsrats für das am 31. Dezember 1965 endende oder laufende Geschäftsjahr abgehalten wird, spätestens mit Ablauf der in § 120 Abs. 1 des Aktiengesetzes für die Beschlußfassung über die Entlastung bestimmten Frist. [2]Eine Hauptversammlung, die innerhalb dieser Frist stattfindet, kann an Stelle der außer Kraft tretenden Satzungsbestimmungen mit einfacher Stimmenmehrheit neue Satzungsbestimmungen beschließen.

(2) Treten Satzungsbestimmungen nach Absatz 1 Satz 1 außer Kraft, erlischt das Amt der Aufsichtsratsmitglieder oder der Stellvertreter von Aufsichtsratsmitgliedern mit dem in Absatz 1 genannten Zeitpunkt.

(3) Hat ein Aufsichtsratsmitglied am 1. Mai 1998 eine höhere Zahl von Aufsichtsratsmandaten, als nach § 100 Abs. 2 Satz 1 Nr. 1 in Verbindung mit Satz 3 des Aktiengesetzes in der ab dem 1. Mai 1998 geltenden Fassung zulässig ist, so gilt für diese Mandate § 100 Abs. 2 Aktiengesetz in der bis zum 30. April

---

1) Nr. 2.

1998 geltenden Fassung bis zum Ablauf der jeweils für das Mandat geltenden Amtszeit fort.

(4) § 100 Abs. 5 und § 107 Abs. 4 des Aktiengesetzes in der Fassung des Bilanzrechtsmodernisierungsgesetzes vom 25. Mai 2009 (BGBl. I S. 1102) finden keine Anwendung, solange alle Mitglieder des Aufsichtsrats und des Prüfungsausschusses vor dem 29. Mai 2009 bestellt worden sind.

(5) § 100 Absatz 5 und § 107 Absatz 4 des Aktiengesetzes jeweils in der Fassung des Abschlussprüfungsreformgesetzes vom 10. Mai 2016 (BGBl. I S. 1142) müssen so lange nicht angewandt werden, wie alle Mitglieder des Aufsichtsrats und des Prüfungsausschusses vor dem 17. Juni 2016 bestellt worden sind.

§ 13 Übergangsvorschrift zu § 175 und § 337 Abs. 2 und 3 des Aktiengesetzes. [1] § 175 des Aktiengesetzes[1)] in der Fassung des Artikels 1 Nr. 21 des Transparenz- und Publizitätsgesetzes vom 19. Juli 2002 (BGBl. I S. 2681) ist erstmals auf den Konzernabschluss und den Konzernlagebericht für das nach dem 31. Dezember 2001 beginnende Geschäftsjahr anzuwenden. [2] Auf den Konzernabschluss und den Konzernlagebericht für ein vorangehendes Geschäftsjahr sind die §§ 175, 337 Abs. 3 des Aktiengesetzes in der bis zum 25. Juli 2002 geltenden Fassung weiterhin anzuwenden. [3] § 337 Abs. 2 des Aktiengesetzes in der bis zum 25. Juli 2002 geltenden Fassung ist letztmals auf den Konzernabschluss und den Konzernlagebericht für das nach dem 31. Dezember 2001 beginnende Geschäftsjahr anzuwenden.

§ 14 Übergangsvorschrift zu § 171 Abs. 2, 3 und § 173 Abs. 1 des Aktiengesetzes. § 171 Abs. 2 Satz 5, Abs. 3 Satz 3 zweiter Halbsatz und § 173 Abs. 1 Satz 2 des Aktiengesetzes[1)] in der Fassung des Artikels 1 Nr. 18, 19 des Transparenz- und Publizitätsgesetzes vom 19. Juli 2002 (BGBl. I S. 2681) ist erstmals auf den Konzernabschluss für das nach dem 31. Dezember 2001 beginnende Geschäftsjahr anzuwenden.

§ 15 Übergangsvorschrift zu § 161 des Aktiengesetzes. [1] Die Erklärung nach § 161 des Aktiengesetzes[1)] ist erstmals im Jahr 2002 abzugeben. [2] Sie kann in diesem Jahr aber darauf beschränkt werden, dass den Empfehlungen der „Regierungskommission Deutscher Corporate Governance Kodex" entsprochen wird oder welche Empfehlungen nicht angewendet werden.

§ 16 Übergangsvorschrift zu § 123 Abs. 2, 3 und § 125 Abs. 2 des Aktiengesetzes. [1] § 123 Abs. 2 und 3 und § 125 Abs. 2 des Aktiengesetzes[1)] in der Fassung des Gesetzes zur Unternehmensintegrität und Modernisierung des Anfechtungsrechts gelten für Hauptversammlungen, zu denen nach dem 1. November 2005 einberufen wird. [2] Solange eine börsennotierte Gesellschaft ihre Satzung noch nicht an § 123 in der Fassung des Gesetzes zur Unternehmensintegrität und Modernisierung des Anfechtungsrechts angepasst hat, gilt die bisherige Satzungsregelung für die Teilnahme an der Hauptversammlung oder die Ausübung des Stimmrechts mit der Maßgabe fort, dass für den Zeitpunkt der Hinterlegung oder der Ausstellung eines sonstigen Legitimationsnachweises auf den Beginn des einundzwanzigsten Tages vor der Versammlung abzustellen ist. [3] Hat eine Gesellschaft auf Grund des Entwurfs des Gesetzes zur Unter-

[1)] Nr. 2.

nehmensintegrität und Modernisierung des Anfechtungsrechts einen Vorratsbeschluss gefasst, ist der Vorstand mit Zustimmung des Aufsichtsrats ermächtigt, den Beschluss hinsichtlich des Zeitpunkts der Ausstellung des Legitimationsnachweises zu ändern.

§ 17 Übergangsvorschrift zu § 243 Abs. 3 Nr. 2 und § 249 Abs. 1 Satz 1 des Aktiengesetzes. § 243 Abs. 3 Nr. 2 und § 249 Abs. 1 Satz 1 des Aktiengesetzes[1] in der Fassung des Bilanzrechtsreformgesetzes vom 4. Dezember 2004 (BGBl. I S. 3166) sind erstmals auf Anfechtungsklagen und Nichtigkeitsklagen anzuwenden, die nach dem 31. Dezember 2004 erhoben worden sind.

§ 18 Übergangsvorschrift zu den §§ 37 und 39 des Aktiengesetzes.

[1] Die Pflicht, die inländische Geschäftsanschrift bei dem Gericht nach § 37 des Aktiengesetzes[1] in der ab dem Inkrafttreten des Gesetzes vom 23. Oktober 2008 (BGBl. I S. 2026) am 1. November 2008 geltenden Fassung zur Eintragung in das Handelsregister anzumelden, gilt auch für Gesellschaften, die zu diesem Zeitpunkt bereits in das Handelsregister eingetragen sind, es sei denn, die inländische Geschäftsanschrift ist dem Gericht bereits nach § 24 Abs. 2 der Handelsregisterverordnung mitgeteilt worden und hat sich anschließend nicht geändert. [2] In diesen Fällen ist die inländische Geschäftsanschrift mit der ersten die eingetragene Gesellschaft betreffenden Anmeldung zum Handelsregister ab dem 1. November 2008, spätestens aber bis zum 31. Oktober 2009 anzumelden. [3] Wenn bis zum 31. Oktober 2009 keine inländische Geschäftsanschrift zur Eintragung in das Handelsregister angemeldet worden ist, trägt das Gericht von Amts wegen und ohne Überprüfung kostenfrei die ihm nach § 24 Abs. 2 der Handelsregisterverordnung bekannte inländische Anschrift als Geschäftsanschrift in das Handelsregister ein; in diesem Fall gilt die mitgeteilte Anschrift zudem unabhängig von dem Zeitpunkt ihrer tatsächlichen Eintragung ab dem 31. Oktober 2009 als eingetragene inländische Geschäftsanschrift der Gesellschaft, wenn sie im elektronischen Informations- und Kommunikationssystem nach § 9 Abs. 1 des Handelsgesetzbuchs[2] abrufbar ist. [4] Ist dem Gericht keine Mitteilung im Sinne des § 24 Abs. 2 der Handelsregisterverordnung gemacht worden, ist ihm aber in sonstiger Weise eine inländische Geschäftsanschrift bekannt geworden, so gilt Satz 3 mit der Maßgabe, dass diese Anschrift einzutragen ist, wenn sie im elektronischen Informations- und Kommunikationssystem nach § 9 Abs. 1 des Handelsgesetzbuchs abrufbar ist. [5] Dasselbe gilt, wenn eine in sonstiger Weise bekannt gewordene inländische Anschrift von einer früher nach § 24 Abs. 2 der Handelsregisterverordnung mitgeteilten Anschrift abweicht. [6] Eintragungen nach den Sätzen 3 bis 5 werden abweichend von § 10 des Handelsgesetzbuchs nicht bekannt gemacht.

§ 19 Übergangsvorschrift zu § 76 Abs. 3 Satz 2 Nr. 3 und Satz 3 des Aktiengesetzes. [1] § 76 Abs. 3 Satz 2 Nr. 3 Buchstabe a, c, d und e des Aktiengesetzes[1] in der ab dem Inkrafttreten des Gesetzes vom 23. Oktober 2008 (BGBl. I S. 2026) am 1. November 2008 geltenden Fassung ist auf Personen, die vor diesem Tag zum Vorstandsmitglied bestellt worden sind, nicht anzuwenden, wenn die Verurteilung vor dem 1. November 2008 rechtskräftig geworden ist. [2] Entsprechendes gilt für § 76 Abs. 3 Satz 3 des Aktiengesetzes in

---

[1] Nr. 2.
[2] Nr. 5.

der ab dem 1. November 2008 geltenden Fassung, soweit die Verurteilung wegen einer Tat erfolgte, die den Straftaten im Sinne des Satzes 1 vergleichbar ist.

§ 20 Übergangsvorschrift zum Gesetz zur Umsetzung der Aktionärsrechterichtlinie. (1) Die §§ 121, 122, 123, 124, 124a, 125, 126, 127, 130, 134, 175, 176, 241 bis 243 des Aktiengesetzes[1)] in der Fassung des Gesetzes zur Umsetzung der Aktionärsrechterichtlinie vom 30. Juli 2009 (BGBl. I S. 2479) sind erstmals auf Hauptversammlungen anzuwenden, zu denen nach dem 31. Oktober 2009 einberufen wird.

(2) Die §§ 128, 129 und 135 des Aktiengesetzes in der Fassung des Gesetzes zur Umsetzung der Aktionärsrechterichtlinie sind ab dem 1. November 2009 anzuwenden.

(3) [1] Enthält die Satzung einer Aktiengesellschaft eine Frist, die abweichend von § 123 Abs. 2 Satz 2 und 3 oder Abs. 3 Satz 3 und 4 des Aktiengesetzes in der Fassung des Gesetzes zur Umsetzung der Aktionärsrechterichtlinie nicht in Tagen ausgedrückt ist, so bleibt diese bis zur ersten ordentlichen Hauptversammlung nach Inkrafttreten des Gesetzes zur Umsetzung der Aktionärsrechterichtlinie am 1. September 2009 wirksam. [2] § 123 Abs. 4 des Aktiengesetzes in der vor Inkrafttreten des Gesetzes zur Umsetzung der Aktionärsrechterichtlinie geltenden Fassung bleibt für diese Frist anwendbar.

(4) § 246a Abs. 2 Nr. 2 und § 319 Abs. 6 Satz 3 Nr. 2 des Aktiengesetzes in der Fassung des Gesetzes zur Umsetzung der Aktionärsrechterichtlinie sind nicht auf Freigabeverfahren und Beschwerdeverfahren anzuwenden, die vor dem 1. September 2009 anhängig waren.

(5) In Fällen des § 305 Abs. 3 Satz 3, des § 320b Abs. 1 Satz 6 und des § 327b Abs. 2 des Aktiengesetzes bleibt es für die Zeit vor dem 1. September 2009 bei dem bis dahin geltenden Zinssatz.

(6) § 319 Abs. 6 Satz 11 des Aktiengesetzes in der Fassung des Gesetzes zur Umsetzung der Aktionärsrechterichtlinie ist nicht anzuwenden, wenn die Klage gegen die Wirksamkeit des Hauptversammlungsbeschlusses vor dem 1. September 2009 rechtshängig war.

(7) [1] § 27 Abs. 3 und 4 des Aktiengesetzes in der ab dem 1. September 2009 geltenden Fassung gilt auch für Einlagenleistungen, die vor diesem Zeitpunkt bewirkt worden sind, soweit sie nach der vor dem 1. September 2009 geltenden Rechtslage wegen der Vereinbarung einer Einlagenrückgewähr oder wegen einer verdeckten Sacheinlage keine Erfüllung der Einlagenverpflichtung bewirkt haben. [2] Dies gilt nicht, soweit über die aus der Unwirksamkeit folgenden Ansprüche zwischen der Gesellschaft und dem Gesellschafter bereits vor dem 1. September 2009 ein rechtskräftiges Urteil ergangen oder eine wirksame Vereinbarung zwischen der Gesellschaft und dem Gesellschafter getroffen worden ist; in diesem Fall beurteilt sich die Rechtslage nach den bis zum 1. September 2009 geltenden Vorschriften.

§ 21 Heilung der Nichtigkeit von Jahresabschlüssen. [1] § 256 Abs. 6 des Aktiengesetzes[1)] über die Heilung der Nichtigkeit von Jahresabschlüssen gilt auch für Jahresabschlüsse, die vor dem Inkrafttreten des Aktiengesetzes festgestellt worden sind; jedoch bleibt es für die Heilung der Nichtigkeit nach

---

[1)] Nr. 2.

§ 256 Abs. 2 des Aktiengesetzes bei den bisherigen Vorschriften. [2]Die in § 256 Abs. 6 des Aktiengesetzes bestimmten Fristen beginnen für Jahresabschlüsse, die vor dem Inkrafttreten des Aktiengesetzes festgestellt worden sind, nicht vor dem Inkrafttreten des Aktiengesetzes.

§ 22 Unternehmensverträge. (1) [1]Für Unternehmensverträge (§§ 291, 292 des Aktiengesetzes[1)]), die vor dem Inkrafttreten des Aktiengesetzes geschlossen worden sind, gelten §§ 295 bis 303, 307 bis 310, 316 des Aktiengesetzes mit Wirkung vom Inkrafttreten des Aktiengesetzes. [2]Die in § 300 Nr. 1 des Aktiengesetzes bestimmte Frist für die Auffüllung der gesetzlichen Rücklage läuft vom Beginn des nach dem 31. Dezember 1965 beginnenden Geschäftsjahrs an. [3]§ 300 Nr. 1 und 3 des Aktiengesetzes gilt jedoch nicht, wenn der andere Vertragsteil beim Inkrafttreten des Aktiengesetzes auf Grund der Satzung oder von Verträgen verpflichtet ist, seine Erträge für öffentliche Zwecke zu verwenden. [4]In die gesetzliche Rücklage ist im Falle des Satzes 3 spätestens bei Beendigung des Unternehmensvertrags oder der Verpflichtung nach Satz 3 der Betrag einzustellen, der nach § 300 des Aktiengesetzes in Verbindung mit Satz 2 in die gesetzliche Rücklage einzustellen gewesen wäre, wenn diese Vorschriften für die Gesellschaft gegolten hätten. [5]Reichen die während der Dauer des Vertrags in freie Rücklagen eingestellten Beträge hierzu nicht aus, hat der andere Vertragsteil den Fehlbetrag auszugleichen.

(2) [1]Der Vorstand der Gesellschaft hat das Bestehen und die Art des Unternehmensvertrags sowie den Namen des anderen Vertragsteils unverzüglich nach dem Inkrafttreten des Aktiengesetzes zur Eintragung in das Handelsregister anzumelden. [2]Bei der Anmeldung ist das Datum des Beschlusses anzugeben, durch den die Hauptversammlung dem Vertrag zugestimmt hat. [3]Bei Teilgewinnabführungsverträgen ist außerdem die Vereinbarung über die Höhe des abzuführenden Gewinns anzumelden.

§ 23 Übergangsvorschrift zum Gesetz zur Angemessenheit der Vorstandsvergütung. (1) [1]§ 93 Absatz 2 Satz 3 des Aktiengesetzes[1)] in der ab dem 5. August 2009 geltenden Fassung ist ab dem 1. Juli 2010 auch auf Versicherungsverträge anzuwenden, die vor dem 5. August 2009 geschlossen wurden. [2]Ist die Gesellschaft gegenüber dem Vorstand aus einer vor dem 5. August 2009 geschlossenen Vereinbarung zur Gewährung einer Versicherung ohne Selbstbehalt im Sinne des § 93 Absatz 2 Satz 3 des Aktiengesetzes verpflichtet, so darf sie diese Verpflichtung erfüllen.

(2) § 100 Absatz 2 Satz 1 Nummer 4 des Aktiengesetzes in der ab dem 5. August 2009 geltenden Fassung ist nicht auf Aufsichtsratsmitglieder anzuwenden, die ihr Mandat am 5. August 2009 bereits innehatten.

(3) § 120 Absatz 4 und § 193 des Aktiengesetzes in der ab dem 5. August 2009 geltenden Fassung ist erstmals auf Beschlüsse anzuwenden, die in Hauptversammlungen gefasst werden, die nach dem 5. August 2009 einberufen werden.

[1)] Nr. 2.

§ 24 Übergangsvorschrift zu dem Gesetz zur Restrukturierung und geordneten Abwicklung von Kreditinstituten, zur Errichtung eines Restrukturierungsfonds für Kreditinstitute und zur Verlängerung der Verjährungsfrist der aktienrechtlichen Organhaftung. § 93 Absatz 6 des Aktiengesetzes[1] in der seit dem 15. Dezember 2010 geltenden Fassung ist auch auf die vor dem 15. Dezember 2010 entstandenen und noch nicht verjährten Ansprüche anzuwenden.

§ 25 Übergangsvorschrift zu dem Gesetz für die gleichberechtigte Teilhabe von Frauen und Männern an Führungspositionen in der Privatwirtschaft und im öffentlichen Dienst. (1) [1] Die Festlegungen nach § 76 Absatz 4 Satz 1 und 3 sowie nach § 111 Absatz 5 Satz 1 und 3 des Aktiengesetzes[1] haben erstmals bis spätestens 30. September 2015 zu erfolgen. [2] Die nach § 76 Absatz 4 Satz 3 und die nach § 111 Absatz 5 Satz 3 des Aktiengesetzes erstmals festzulegende Frist darf nicht länger als bis zum 30. Juni 2017 dauern.

(2) [1] Der Mindestanteil von jeweils 30 Prozent an Frauen und Männern im Aufsichtsrat nach § 96 Absatz 2 des Aktiengesetzes ist bei erforderlich werdenden Neuwahlen und Entsendungen ab dem 1. Januar 2016 zur Besetzung einzelner oder mehrerer Aufsichtsratssitze zu beachten. [2] Reicht die Anzahl der neu zu besetzenden Aufsichtsratssitze nicht aus, um den Mindestanteil zu erreichen, sind die Sitze mit Personen des unterrepräsentierten Geschlechts zu besetzen, um dessen Anteil sukzessive zu steigern. [3] Bestehende Mandate können bis zu ihrem regulären Ende wahrgenommen werden.

(3) Für die Fälle des § 96 Absatz 3 des Aktiengesetzes gilt Absatz 2 entsprechend.

§ 26 Kommanditgesellschaften auf Aktien. Die Vorschriften dieses Abschnitts gelten sinngemäß für Kommanditgesellschaften auf Aktien.

§ 26a Ergänzung fortgeführter Firmen. [1] Führt eine Aktiengesellschaft gemäß § 22 Abs. 1 des Einführungsgesetzes zum Handelsgesetzbuch[2] ihre Firma fort, ohne daß diese die Bezeichnung „Aktiengesellschaft" enthält, so muß die Gesellschaft bis zum 16. Juni 1980 diese Bezeichnung in ihre Firma aufnehmen. [2] Findet bis zu diesem Tage eine Hauptversammlung nicht statt und soll die Firma nur um die Bezeichnung „Aktiengesellschaft" ergänzt werden, so ist der Aufsichtsrat zu dieser Änderung befugt.

§ 26b Änderung der Satzung. Eine Änderung der Satzung, die nach § 23 des Aktiengesetzes[1] wegen der vom 1. Juli 1979 an geltenden Fassung erforderlich wird, ist bis zum 16. Juni 1980 zur Eintragung in das Handelsregister anzumelden.

§ 26c Übergangsfristen. [1] Die Vorschriften des Aktiengesetzes[1] über Sacheinlagen und Sachübernahmen sowie über deren Prüfung in der vom 1. Juli 1979 an geltenden Fassung gelten nur für Gründungen und Kapitalerhöhungen, die nach dem 16. Juni 1980 zur Eintragung in das Handelsregister angemeldet werden. [2] Die Fristen, die in § 71 Abs. 3 Satz 2 und § 71c des Aktiengesetzes in der vom 1. Juli 1979 an geltenden Fassung vorgesehen sind, beginnen nicht vor

---

[1] Nr. **2**.
[2] Nr. **5a**.

dem 16. Juni 1980. 3 Die nach § 150a des Aktiengesetzes vorgeschriebene Rücklage für eigene Aktien braucht nicht vor dem 16. Juni 1980 gebildet zu werden.

§ 26d Übergangsregelung für Verschmelzungen. Die Vorschriften des Aktiengesetzes[1)] über Verschmelzungen und Vermögensübertragungen in der vom 1. Januar 1983 an geltenden Fassung sind nicht auf Vorgänge anzuwenden, zu deren Vorbereitung bereits vor diesem Tage der Verschmelzungs- oder Übertragungsvertrag beurkundet oder eine Haupt-, Gesellschafter- oder Gewerkenversammlung oder eine oberste Vertretung einberufen worden ist.

§ 26e Übergangsregelung zum Gesetz zur Anpassung von Verjährungsvorschriften an das Gesetz zur Modernisierung des Schuldrechts.

1 § 327 Abs. 4 des Aktiengesetzes[1)] in der ab dem 15. Dezember 2004 geltenden Fassung ist auf vor diesem Datum entstandene Verbindlichkeiten anzuwenden, wenn

1. die Eintragung des Endes der Eingliederung in das Handelsregister nach § 10 des Handelsgesetzbuchs[2)] nach diesem Datum bekannt gemacht worden ist und
2. die Verbindlichkeiten nicht später als vier Jahre nach dem Tag, an dem die Eintragung des Endes der Eingliederung in das Handelsregister nach § 10 des Handelsgesetzbuchs bekannt gemacht worden ist, fällig werden.

2 Auf später fällig werdende Verbindlichkeiten im Sinne des Satzes 1 ist das bisher geltende Recht mit der Maßgabe anwendbar, dass die Verjährungsfrist ein Jahr beträgt.

§ 26f Übergangsregelungen zum Kleinstkapitalgesellschaften-Bilanzrechtsänderungsgesetz. 1 Die §§ 152, 158 und 160 des Aktiengesetzes[1)] in der Fassung des Kleinstkapitalgesellschaften-Bilanzrechtsänderungsgesetzes vom 20. Dezember 2012 (BGBl. I S. 2751) sind erstmals auf Jahres- und Konzernabschlüsse anzuwenden, die sich auf einen nach dem 30. Dezember 2012 liegenden Abschlussstichtag beziehen. 2 Auf Jahres- und Konzernabschlüsse, die sich auf einen vor dem 31. Dezember 2012 liegenden Abschlussstichtag beziehen, bleiben die §§ 152, 158 und 160 des Aktiengesetzes vom 6. September 1965 (BGBl. I S. 1089) in der bis zum 27. Dezember 2012 geltenden Fassung anwendbar.

§ 26g Übergangsregelungen zum Bilanzrichtlinie-Umsetzungsgesetz.

1 Die §§ 58, 152, 160, 209, 240, 256 und 261 des Aktiengesetzes[1)] in der Fassung des Bilanzrichtlinie-Umsetzungsgesetzes vom 17. Juli 2015 (BGBl. I S. 1245) sind erstmals auf Jahres- und Konzernabschlüsse anzuwenden, die sich auf ein nach dem 31. Dezember 2015 beginnendes Geschäftsjahr beziehen. 2 Auf Jahres- und Konzernabschlüsse, die sich auf ein vor dem 1. Januar 2016 beginnendes Geschäftsjahr beziehen, bleiben die §§ 58, 152, 160, 209, 240, 256 und 261 des Aktiengesetzes in der bis zum 22. Juli 2015 geltenden Fassung anwendbar.

---

1) Nr. 2.
2) Nr. 5.

§ 26h Übergangsvorschrift zur Aktienrechtsnovelle 2016. (1) [1] § 10 Absatz 1 des Aktiengesetzes[1)] in der seit dem 31. Dezember 2015 geltenden Fassung ist nicht auf Gesellschaften anzuwenden, deren Satzung vor dem 31. Dezember 2015 durch notarielle Beurkundung festgestellt wurde und deren Aktien auf Inhaber lauten. [2] Für diese Gesellschaften ist § 10 Absatz 1 des Aktiengesetzes in der am 30. Dezember 2015 geltenden Fassung weiter anzuwenden.

(2) Sieht die Satzung einer Gesellschaft einen Umwandlungsanspruch gemäß § 24 des Aktiengesetzes in der bis zum 30. Dezember 2015 geltenden Fassung vor, so bleibt diese Satzungsbestimmung wirksam.

(3) [1] Bezeichnet die Satzung gemäß § 25 Satz 2 des Aktiengesetzes in der bis zum 30. Dezember 2015 geltenden Fassung neben dem Bundesanzeiger andere Informationsmedien als Gesellschaftsblätter, so bleibt diese Satzungsbestimmung auch ab dem 31. Dezember 2015 wirksam. [2] Für einen Fristbeginn oder das sonstige Eintreten von Rechtsfolgen ist ab dem 1. Februar 2016 ausschließlich die Bekanntmachung im Bundesanzeiger maßgeblich.

(4) [1] § 122 des Aktiengesetzes in der Fassung der Aktienrechtsnovelle 2016 vom 22. Dezember 2015 (BGBl. I S. 2565) ist erstmals auf Einberufungs- und Ergänzungsverlangen anzuwenden, die der Gesellschaft am 1. Juni 2016 zugehen. [2] Auf Ergänzungsverlangen, die der Gesellschaft vor dem 1. Juni 2016 zugehen, ist § 122 in der bis zum 30. Dezember 2015 geltenden Fassung weiter anzuwenden.

§ 26i Übergangsregelung zum CSR-Richtlinie-Umsetzungsgesetz. [1] Die §§ 111, 170, 171, 176, 237 und 283 des Aktiengesetzes[1)] in der Fassung des CSR-Richtlinie-Umsetzungsgesetzes vom 11. April 2017 (BGBl. I S. 802) sind erstmals auf Lage- und Konzernlageberichte anzuwenden, die sich auf ein nach dem 31. Dezember 2016 beginnendes Geschäftsjahr beziehen. [2] Auf Lage- und Konzernlageberichte, die sich auf vor dem 1. Januar 2017 beginnende Geschäftsjahre beziehen, bleiben die in Satz 1 bezeichneten Vorschriften in der bis zum 18. April 2017 geltenden Fassung anwendbar.

§ 26j Übergangsvorschrift zum Gesetz zur Umsetzung der zweiten Aktionärsrechterichtlinie. (1) [1] Die erstmalige Beschlussfassung nach § 87a Absatz 1, § 113 Absatz 3 und § 120a Absatz 1 des Aktiengesetzes[1)] in der ab dem 1. Januar 2020 geltenden Fassung hat bis zum Ablauf der ersten ordentlichen Hauptversammlung, die auf den 31. Dezember 2020 folgt, zu erfolgen. [2] Die erstmalige Beschlussfassung nach § 87a Absatz 2 Satz 1 des Aktiengesetzes in der ab dem 1. Januar 2020 geltenden Fassung hat bis zum Ablauf von zwei Monaten nach erstmaliger Billigung des Vergütungssystems durch die Hauptversammlung zu erfolgen. [3] Den gegenwärtigen und hinzutretenden Vorstands- oder Aufsichtsratsmitgliedern kann bis zu dem in Satz 2 zuletzt geregelten Zeitpunkt eine Vergütung nach der bestehenden Vergütungspraxis gewährt werden; die vor diesem Zeitpunkt mit ihnen geschlossenen Verträge bleiben unberührt.

(2) [1] § 162 des Aktiengesetzes in der ab dem 1. Januar 2020 geltenden Fassung ist erstmals für das nach dem 31. Dezember 2020 beginnende Geschäftsjahr anzuwenden. [2] § 162 Absatz 1 Satz 2 Nummer 2 ist bis zum Ablauf

---

[1)] Nr. **2**.

des fünften Geschäftsjahres, gerechnet ab dem Geschäftsjahr nach Satz 1, mit der Maßgabe anzuwenden, dass nicht die durchschnittliche Vergütung der letzten fünf Geschäftsjahre in die vergleichende Betrachtung einbezogen wird, sondern lediglich die durchschnittliche Vergütung über den Zeitraum seit dem Geschäftsjahr nach Satz 1. [3]Die erstmalige Beschlussfassung nach § 120a Absatz 4 des Aktiengesetzes in der ab dem 1. Januar 2020 geltenden Fassung hat bis zum Ablauf der ersten ordentlichen Hauptversammlung, gerechnet ab Beginn des zweiten Geschäftsjahres, das auf den 31. Dezember 2020 folgt, zu erfolgen.

(3) § 124 des Aktiengesetzes in der ab dem 1. Januar 2020 geltenden Fassung ist erst ab dem 1. März 2020 und erstmals auf Hauptversammlungen anzuwenden, die nach dem 1. März 2020 einberufen werden.

(4) Die §§ 67, 67a bis 67f, 118, 121, 123, 125, 128, 129, 186 Absatz 2 Satz 1, § 214 Absatz 1 Satz 2, § 243 Absatz 3, § 246a Absatz 2 Nummer 2 und § 405 Absatz 2a Nummer 1 bis 5 und 7 des Aktiengesetzes in der ab dem 1. Januar 2020 geltenden Fassung sind erst ab dem 3. September 2020 anzuwenden und sind erstmals auf Hauptversammlungen anzuwenden, die nach dem 3. September 2020 einberufen werden.

(5) [1]Die Verordnung über den Ersatz von Aufwendungen der Kreditinstitute vom 17. Juni 2003 (BGBl. I S. 885), die durch Artikel 15 des Gesetzes vom 30. Juli 2009 (BGBl. I S. 2479) geändert worden ist, ist in der bis einschließlich 2. September 2020 geltenden Fassung bis zum Inkrafttreten einer Verordnung auf Grundlage der Ermächtigung in § 67f Absatz 3 des Aktiengesetzes, jedoch längstens bis einschließlich 3. September 2025 weiterhin sinngemäß anzuwenden. [2]Die Verordnung über den Ersatz von Aufwendungen der Kreditinstitute ist wie folgt sinngemäß anzuwenden:

1. auf Mitteilungen nach § 67 Absatz 4 Satz 1 bis 5 des Aktiengesetzes und bei börsennotierten Gesellschaften nach § 67d des Aktiengesetzes ist § 3 der Verordnung über den Ersatz von Aufwendungen der Kreditinstitute sinngemäß anzuwenden, und
2. auf Mitteilungen nach den §§ 67a bis 67c, auch in Verbindung mit § 125 Absatz 1, 2 und 5 des Aktiengesetzes ist § 1 der Verordnung über den Ersatz von Aufwendungen der Kreditinstitute sinngemäß anzuwenden.

Zweiter Abschnitt. Anwendung aktienrechtlicher Vorschriften auf Unternehmen mit anderer Rechtsform

§ 27 Entscheidung über die Zusammensetzung des Aufsichtsrats.

§ 96 Absatz 4, §§ 97 bis 99 des Aktiengesetzes[1)] gelten sinngemäß für Gesellschaften mit beschränkter Haftung und bergrechtliche Gewerkschaften.

§ 28 *(aufgehoben)*

§ 28a Treuhandanstalt. [1]Die Vorschriften des Aktiengesetzes[1)] über herrschende Unternehmen sind auf die Treuhandanstalt nicht anzuwenden. [2]Dies gilt nicht für die Anwendung von Vorschriften über die Vertretung der Arbeit-

[1)] Nr. **2**.

nehmer im Aufsichtsrat eines von der Treuhandanstalt verwalteten Unternehmens.

Dritter Abschnitt. Aufhebung und Änderung von Gesetzen

§ 29 *(aufgehoben)*

§§ 30–32 *(nicht wiedergegebene Änderungsvorschriften)*

§ 33 Gesetz über die Kapitalerhöhung aus Gesellschaftsmitteln und über die Gewinn- und Verlustrechnung. (1) Die Vorschriften des Ersten Abschnitts des *Gesetzes über die Kapitalerhöhung aus Gesellschaftsmitteln und über die Gewinn- und Verlustrechnung*[1] vom 23. Dezember 1959 (Bundesgesetzbl. I S. 789) sind auf Aktiengesellschaften und Kommanditgesellschaften auf Aktien nicht mehr anzuwenden.

(2) [1] Haben Kreditinstitute auf Grund einer Aufforderung nach § 11 Abs. 1 des Gesetzes über die Kapitalerhöhung aus Gesellschaftsmitteln und über die Gewinn- und Verlustrechnung auf in ihre Sammelverwahrung genommene alte Aktien neue Aktien abgeholt und entfallen neue Aktien noch nach Ablauf eines Jahres seit der Bekanntmachung der Aufforderung zur Abholung oder, wenn diese Frist vor dem Inkrafttreten des Aktiengesetzes[2] abgelaufen ist, noch beim Inkrafttreten des Aktiengesetzes auf Teilrechte, die nicht in einer Hand vereinigt sind und deren Berechtigte sich auch nicht zur Ausübung der Rechte zusammengeschlossen haben, so gelten diese neuen Aktien als nicht abgeholt. [2] Sie sind der Gesellschaft nach Ablauf dieser Frist und, wenn die Frist beim Inkrafttreten des Aktiengesetzes bereits abgelaufen ist, unverzüglich zurückzugeben. [3] Hat die Gesellschaft den Verkauf der nicht abgeholten Aktien noch nicht angedroht, so hat sie ihn unverzüglich nach der Rückgabe der Aktien anzudrohen. [4] Für die Androhung gilt § 214 Abs. 2 Satz 2 und 3 des Aktiengesetzes. [5] § 214 Abs. 3 des Aktiengesetzes gilt sinngemäß; ist die Frist von einem Jahr seit der letzten Bekanntmachung der Androhung beim Inkrafttreten des Aktiengesetzes bereits abgelaufen, so tritt an ihre Stelle eine Frist von drei Monaten seit dem Inkrafttreten des Aktiengesetzes.

(3) *(nicht wiedergegebene Änderungsvorschrift)*

(4) Sind Aktien einer Gesellschaft an einer deutschen Börse zum amtlichen Handel zugelassen, so gilt die Zulassung auch für die neuen Aktien, die bei einer Kapitalerhöhung aus Gesellschaftsmitteln auf sie entfallen.

§§ 34–44 *(nicht wiedergegebene Änderungsvorschriften)*

Vierter Abschnitt. Schlußvorschriften

§ 45 Geltung in Berlin. *(gegenstandslos)*

§ 46 Inkrafttreten. Dieses Gesetz tritt am 1. Januar 1966 in Kraft.

---

[1] Aufgeh. mWv 1.1.1995 durch G v. 28.10.1994 (BGBl. I S. 3210).
[2] Nr. **2**.

2b. Deutscher Corporate Governance Kodex

in der Fassung vom 16. Dezember 2019
(BAnz AT 2020 20.03.2020 B3)

Präambel

Unter Corporate Governance wird der rechtliche und faktische Ordnungsrahmen für die Leitung und Überwachung eines Unternehmens verstanden. Der Deutsche Corporate Governance Kodex (der „Kodex") enthält Grundsätze, Empfehlungen und Anregungen für den Vorstand und den Aufsichtsrat, die dazu beitragen sollen, dass die Gesellschaft im Unternehmensinteresse geführt wird. Der Kodex verdeutlicht die Verpflichtung von Vorstand und Aufsichtsrat, im Einklang mit den Prinzipien der sozialen Marktwirtschaft unter Berücksichtigung der Belange der Aktionäre, der Belegschaft und der sonstigen mit dem Unternehmen verbundenen Gruppen (Stakeholder) für den Bestand des Unternehmens und seine nachhaltige Wertschöpfung zu sorgen (Unternehmensinteresse). Diese Prinzipien verlangen nicht nur Legalität, sondern auch ethisch fundiertes, eigenverantwortliches Verhalten (Leitbild des Ehrbaren Kaufmanns).

Die Gesellschaft und ihre Organe haben sich in ihrem Handeln der Rolle des Unternehmens in der Gesellschaft und ihrer gesellschaftlichen Verantwortung bewusst zu sein. Sozial- und Umweltfaktoren beeinflussen den Unternehmenserfolg. Im Interesse des Unternehmens stellen Vorstand und Aufsichtsrat sicher, dass die potenziellen Auswirkungen dieser Faktoren auf die Unternehmensstrategie und operative Entscheidungen erkannt und adressiert werden.

Der Kodex hat zum Ziel, das deutsche Corporate Governance System transparent und nachvollziehbar zu machen. Der Kodex enthält Grundsätze, Empfehlungen und Anregungen zur Leitung und Überwachung deutscher börsennotierter Unternehmen, die national und international als Standards guter und verantwortungsvoller Unternehmensführung anerkannt sind. Er will das Vertrauen der Anleger, der Kunden, der Belegschaft und der Öffentlichkeit in die Leitung und Überwachung deutscher börsennotierter Gesellschaften fördern.

Die Grundsätze geben wesentliche rechtliche Vorgaben verantwortungsvoller Unternehmensführung wieder und dienen hier der Information der Anleger und weiterer Stakeholder. Empfehlungen des Kodex sind im Text durch die Verwendung des Wortes „soll" gekennzeichnet. Die Gesellschaften können hiervon abweichen, sind dann aber verpflichtet, dies jährlich offenzulegen und die Abweichungen zu begründen („comply or explain"). Dies ermöglicht den Gesellschaften, branchen- oder unternehmensspezifische Besonderheiten zu berücksichtigen. Eine gut begründete Abweichung von einer Kodexempfehlung kann im Interesse einer guten Unternehmensführung liegen. Schließlich enthält der Kodex Anregungen, von denen ohne Offenlegung abgewichen werden kann; hierfür verwendet der Kodex den Begriff „sollte".

In Regelungen des Kodex, die nicht nur die Gesellschaft selbst, sondern auch ihre Konzernunternehmen betreffen, wird der Begriff „Unternehmen" statt „Gesellschaft" verwendet.

Die Aktionäre üben ihre Mitgliedschaftsrechte regelmäßig vor oder während der Hauptversammlung aus. Institutionelle Anleger sind für die Unternehmen von besonderer Bedeutung. Von ihnen wird erwartet, dass sie ihre Eigentumsrechte aktiv und verantwortungsvoll auf der Grundlage von transparenten und die Nachhaltigkeit berücksichtigenden Grundsätzen ausüben.

Der Kodex richtet sich an börsennotierte Gesellschaften und Gesellschaften mit Kapitalmarktzugang im Sinne des § 161 Absatz 1 Satz 2 des Aktiengesetzes[1]. Nicht kapitalmarktorientierten Gesellschaften mögen die Empfehlungen und Anregungen des Kodex zur Orientierung dienen.

Für die Corporate Governance börsennotierter Kreditinstitute und Versicherungsunternehmen ergeben sich aus dem jeweiligen Aufsichtsrecht Besonderheiten, die im Kodex nicht berücksichtigt sind. Empfehlungen des Kodex gelten nur insoweit, als keine gesetzlichen Bestimmungen entgegenstehen.

A. Leitung und Überwachung

I. Geschäftsführungsaufgaben des Vorstands

Grundsatz 1

Der Vorstand leitet das Unternehmen in eigener Verantwortung im Unternehmensinteresse. Die Mitglieder des Vorstands tragen gemeinsam die Verantwortung für die Unternehmensleitung. Der Vorstandsvorsitzende bzw. Sprecher des Vorstands koordiniert die Arbeit der Vorstandsmitglieder.

Grundsatz 2

Der Vorstand entwickelt die strategische Ausrichtung des Unternehmens, stimmt sie mit dem Aufsichtsrat ab und sorgt für ihre Umsetzung.

Grundsatz 3

Der Vorstand legt für den Frauenanteil in den beiden Führungsebenen unterhalb des Vorstands Zielgrößen fest.

Empfehlung:

A.1

Der Vorstand soll bei der Besetzung von Führungsfunktionen im Unternehmen auf Diversität achten.

Grundsatz 4

Für einen verantwortungsvollen Umgang mit den Risiken der Geschäftstätigkeit bedarf es eines geeigneten und wirksamen internen Kontroll- und Risikomanagementsystems.

Grundsatz 5

Der Vorstand hat für die Einhaltung der gesetzlichen Bestimmungen und der internen Richtlinien zu sorgen und wirkt auf deren Beachtung im Unternehmen hin (Compliance).

---

[1] Nr. 2.

Empfehlungen und Anregung:

A.2

Der Vorstand soll für ein an der Risikolage des Unternehmens ausgerichtetes Compliance Management System sorgen und dessen Grundzüge offenlegen. Beschäftigten soll auf geeignete Weise die Möglichkeit eingeräumt werden, geschützt Hinweise auf Rechtsverstöße im Unternehmen zu geben; auch Dritten sollte diese Möglichkeit eingeräumt werden.

II. Überwachungsaufgaben des Aufsichtsrats

Grundsatz 6

Der Aufsichtsrat bestellt und entlässt die Mitglieder des Vorstands, überwacht und berät den Vorstand bei der Leitung des Unternehmens und ist in Entscheidungen von grundlegender Bedeutung für das Unternehmen einzubinden.

Für Geschäfte von grundlegender Bedeutung legen die Satzung und/oder der Aufsichtsrat Zustimmungsvorbehalte fest.

Geschäfte mit nahestehenden Personen[1)] bedürfen darüber hinaus unter Umständen von Gesetzes wegen der vorherigen Zustimmung des Aufsichtsrats.

Grundsatz 7

Der Aufsichtsratsvorsitzende wird vom Aufsichtsrat aus seiner Mitte gewählt. Er koordiniert die Arbeit im Aufsichtsrat und nimmt die Belange des Aufsichtsrats nach außen wahr.

Anregung:

A.3

Der Aufsichtsratsvorsitzende sollte in angemessenem Rahmen bereit sein, mit Investoren über aufsichtsratsspezifische Themen Gespräche zu führen.

III. Funktion der Hauptversammlung

Grundsatz 8

Die Aktionäre üben ihre Mitgliedschaftsrechte regelmäßig in der Hauptversammlung aus. Die Hauptversammlung entscheidet insbesondere über die Gewinnverwendung sowie die Entlastung von Vorstand und Aufsichtsrat und wählt die Anteilseignervertreter in den Aufsichtsrat sowie den Abschlussprüfer. Daneben entscheidet die Hauptversammlung über rechtliche Grundlagen der Gesellschaft, wie insbesondere Änderungen der Satzung, Kapitalmaßnahmen, Unternehmensverträge und Umwandlungen. Die Hauptversammlung beschließt grundsätzlich mit beratendem Charakter über die Billigung des vom Aufsichtsrat vorgelegten Vergütungssystems für die Vorstandsmitglieder, über die konkrete Vergütung des Aufsichtsrats und mit empfehlendem Charakter über die Billigung des Vergütungsberichts für das vorausgegangene Geschäftsjahr.

[1)] **Amtl. Anm.:** Nahestehende Personen im Sinne von § 111a Absatz 1 Satz 2 des Aktiengesetzes.

Anregungen:

A.4

Der Hauptversammlungsleiter sollte sich davon leiten lassen, dass eine ordentliche Hauptversammlung spätestens nach vier bis sechs Stunden beendet ist.

A.5

Der Vorstand sollte im Fall eines Übernahmeangebots eine außerordentliche Hauptversammlung einberufen, in der die Aktionäre über das Übernahmeangebot beraten und gegebenenfalls über gesellschaftsrechtliche Maßnahmen beschließen.

B. Besetzung des Vorstands

Grundsatz 9

Der Aufsichtsrat entscheidet im Rahmen gesetzlicher und satzungsmäßiger Vorgaben über die Anzahl der Vorstandsmitglieder, die erforderlichen Qualifikationen sowie über die Besetzung der einzelnen Positionen durch geeignete Persönlichkeiten. Der Aufsichtsrat legt für den Anteil von Frauen im Vorstand Zielgrößen fest.

Empfehlungen:

B.1

Bei der Zusammensetzung des Vorstands soll der Aufsichtsrat auf die Diversität achten.

B.2

Der Aufsichtsrat soll gemeinsam mit dem Vorstand für eine langfristige Nachfolgeplanung sorgen; die Vorgehensweise soll in der Erklärung zur Unternehmensführung beschrieben werden.

B.3

Die Erstbestellung von Vorstandsmitgliedern soll für längstens drei Jahre erfolgen.

B.4

Eine Wiederbestellung vor Ablauf eines Jahres vor dem Ende der Bestelldauer bei gleichzeitiger Aufhebung der laufenden Bestellung soll nur bei Vorliegen besonderer Umstände erfolgen.

B.5

Für Vorstandsmitglieder soll eine Altersgrenze festgelegt und in der Erklärung zur Unternehmensführung angegeben werden.

C. Zusammensetzung des Aufsichtsrats

I. Allgemeine Anforderungen

Grundsatz 10

Der Aufsichtsrat setzt sich aus Vertretern der Aktionäre und gegebenenfalls Vertretern der Arbeitnehmer zusammen. Die Vertreter der Aktionäre werden in der Regel von der Hauptversammlung gewählt. Die Mitbestimmungsgesetze legen abhängig von der Zahl der Arbeitnehmer und der Branche fest, ob und gegebenenfalls wie viele Mitglieder des Aufsichtsrats von den Arbeitnehmern zu wählen sind. Die Anteilseignervertreter und die Arbeitnehmervertreter sind gleichermaßen dem Unternehmensinteresse verpflichtet.

Grundsatz 11

Der Aufsichtsrat ist so zusammenzusetzen, dass seine Mitglieder insgesamt über die zur ordnungsgemäßen Wahrnehmung der Aufgaben erforderlichen Kenntnisse, Fähigkeiten und fachlichen Erfahrungen verfügen und die gesetzliche Geschlechterquote eingehalten wird.

Empfehlungen:

C.1

Der Aufsichtsrat soll für seine Zusammensetzung konkrete Ziele benennen und ein Kompetenzprofil für das Gesamtgremium erarbeiten. Dabei soll der Aufsichtsrat auf Diversität achten. Vorschläge des Aufsichtsrats an die Hauptversammlung sollen diese Ziele berücksichtigen und gleichzeitig die Ausfüllung des Kompetenzprofils für das Gesamtgremium anstreben. Der Stand der Umsetzung soll in der Erklärung zur Unternehmensführung veröffentlicht werden. Diese soll auch über die nach Einschätzung der Anteilseignervertreter im Aufsichtsrat angemessene Anzahl unabhängiger Anteilseignervertreter und die Namen dieser Mitglieder informieren.

C.2

Für Aufsichtsratsmitglieder soll eine Altersgrenze festgelegt und in der Erklärung zur Unternehmensführung angegeben werden.

C.3

Die Dauer der Zugehörigkeit zum Aufsichtsrat soll offengelegt werden.

Grundsatz 12

Jedes Aufsichtsratsmitglied achtet darauf, dass ihm für die Wahrnehmung seiner Aufgaben genügend Zeit zur Verfügung steht.

Empfehlungen:

C.4

Ein Aufsichtsratsmitglied, das keinem Vorstand einer börsennotierten Gesellschaft angehört, soll insgesamt nicht mehr als fünf Aufsichtsratsmandate bei konzernexternen börsennotierten Gesellschaften oder vergleichbare Funktionen wahrnehmen, wobei ein Aufsichtsratsvorsitz doppelt zählt.

C.5

Wer dem Vorstand einer börsennotierten Gesellschaft angehört, soll insgesamt nicht mehr als zwei Aufsichtsratsmandate in konzernexternen börsennotierten Gesellschaften oder vergleichbare Funktionen und keinen Aufsichtsratsvorsitz in einer konzernexternen börsennotierten Gesellschaft wahrnehmen.

II. Unabhängigkeit der Aufsichtsratsmitglieder

Empfehlungen:

C.6

Dem Aufsichtsrat soll auf Anteilseignerseite eine nach deren Einschätzung angemessene Anzahl unabhängiger Mitglieder angehören; dabei soll die Eigentümerstruktur berücksichtigt werden.

Ein Aufsichtsratsmitglied ist im Sinne dieser Empfehlung als unabhängig anzusehen, wenn es unabhängig von der Gesellschaft und deren Vorstand und unabhängig von einem kontrollierenden Aktionär ist.

C.7

Mehr als die Hälfte der Anteilseignervertreter soll unabhängig von der Gesellschaft und vom Vorstand sein. Ein Aufsichtsratsmitglied ist unabhängig von der Gesellschaft und deren Vorstand, wenn es in keiner persönlichen oder geschäftlichen Beziehung zu der Gesellschaft oder deren Vorstand steht, die einen wesentlichen und nicht nur vorübergehenden Interessenkonflikt begründen kann.

Die Anteilseignerseite soll, wenn sie die Unabhängigkeit ihrer Mitglieder von der Gesellschaft und vom Vorstand einschätzt, insbesondere berücksichtigen, ob das Aufsichtsratsmitglied selbst oder ein naher Familienangehöriger des Aufsichtsratsmitglieds

- in den zwei Jahren vor der Ernennung Mitglied des Vorstands der Gesellschaft war,
- aktuell oder in dem Jahr bis zu seiner Ernennung direkt oder als Gesellschafter oder in verantwortlicher Funktion eines konzernfremden Unternehmens eine wesentliche geschäftliche Beziehung mit der Gesellschaft oder einem von dieser abhängigen Unternehmen unterhält oder unterhalten hat (z. B. als Kunde, Lieferant, Kreditgeber oder Berater),
- ein naher Familienangehöriger eines Vorstandsmitglieds ist oder
- dem Aufsichtsrat seit mehr als 12 Jahren angehört.

C.8

Sofern ein oder mehrere der in Empfehlung C.7 genannten Indikatoren erfüllt sind und das betreffende Aufsichtsratsmitglied dennoch als unabhängig angesehen wird, soll dies in der Erklärung zur Unternehmensführung begründet werden.

C.9

Sofern die Gesellschaft einen kontrollierenden Aktionär hat, sollen im Fall eines Aufsichtsrats mit mehr als sechs Mitgliedern mindestens zwei Anteilseignervertreter unabhängig vom kontrollierenden Aktionär sein. Im Fall eines Aufsichtsrats mit sechs oder weniger Mitgliedern soll mindestens ein Anteilseignervertreter unabhängig vom kontrollierenden Aktionär sein.

Ein Aufsichtsratsmitglied ist unabhängig vom kontrollierenden Aktionär, wenn es selbst oder ein naher Familienangehöriger weder kontrollierender Aktionär ist noch dem geschäftsführenden Organ des kontrollierenden Aktionärs angehört oder in einer persönlichen oder geschäftlichen Beziehung zum kontrollierenden Aktionär steht, die einen wesentlichen und nicht nur vorübergehenden Interessenkonflikt begründen kann.

C.10

Der Aufsichtsratsvorsitzende, der Vorsitzende des Prüfungsausschusses sowie der Vorsitzende des mit der Vorstandsvergütung befassten Ausschusses sollen unabhängig von der Gesellschaft und vom Vorstand sein. Der Vorsitzende des Prüfungsausschusses soll zudem auch unabhängig vom kontrollierenden Aktionär sein.

C.11

Dem Aufsichtsrat sollen nicht mehr als zwei ehemalige Mitglieder des Vorstands angehören.

C.12

Aufsichtsratsmitglieder sollen keine Organfunktion oder Beratungsaufgaben bei wesentlichen Wettbewerbern des Unternehmens ausüben und nicht in einer persönlichen Beziehung zu einem wesentlichen Wettbewerber stehen.

III. Wahlen zum Aufsichtsrat

Empfehlungen:

C.13

Der Aufsichtsrat soll bei seinen Wahlvorschlägen an die Hauptversammlung die persönlichen und die geschäftlichen Beziehungen eines jeden Kandidaten zum Unternehmen, den Organen der Gesellschaft und einem wesentlich an der Gesellschaft beteiligten Aktionär offenlegen. Die Empfehlung zur Offenlegung beschränkt sich auf solche Umstände, die nach der Einschätzung des Aufsichtsrats ein objektiv urteilender Aktionär für seine Wahlentscheidung als maßgebend ansehen würde. Wesentlich beteiligt im Sinn dieser Empfehlung sind Aktionäre, die direkt oder indirekt mehr als 10 % der stimmberechtigten Aktien der Gesellschaft halten.

C.14

Dem Kandidatenvorschlag soll ein Lebenslauf beigefügt werden, der über relevante Kenntnisse, Fähigkeiten und fachliche Erfahrungen Auskunft gibt; dieser soll durch eine Übersicht über die wesentlichen Tätigkeiten neben dem Aufsichtsratsmandat ergänzt und für alle Aufsichtsratsmitglieder jährlich aktualisiert auf der Internetseite des Unternehmens veröffentlicht werden.

C.15

Die Wahl der Anteilseignervertreter im Aufsichtsrat soll als Einzelwahl durchgeführt werden. Ein Antrag auf gerichtliche Bestellung eines Aufsichtsratsmitglieds der Anteilseignerseite soll bis zur nächsten Hauptversammlung befristet sein.

D. Arbeitsweise des Aufsichtsrats

I. Geschäftsordnung

Empfehlung:

D.1

Der Aufsichtsrat soll sich eine Geschäftsordnung geben und diese auf der Internetseite der Gesellschaft zugänglich machen.

II. Zusammenarbeit im Aufsichtsrat und mit dem Vorstand

1. Allgemeine Anforderungen

Grundsatz 13

Vorstand und Aufsichtsrat arbeiten zum Wohle des Unternehmens vertrauensvoll zusammen. Gute Unternehmensführung setzt eine offene Diskussion zwischen Vorstand und Aufsichtsrat sowie in Vorstand und Aufsichtsrat voraus. Die umfassende Wahrung der Vertraulichkeit ist dafür von entscheidender Bedeutung.

2. Ausschüsse des Aufsichtsrats

Grundsatz 14

Die Bildung von Ausschüssen fördert bei größeren Gesellschaften regelmäßig die Wirksamkeit der Arbeit des Aufsichtsrats.

Empfehlungen:

D.2

Der Aufsichtsrat soll abhängig von den spezifischen Gegebenheiten des Unternehmens und der Anzahl seiner Mitglieder fachlich qualifizierte Ausschüsse bilden. Die jeweiligen Ausschussmitglieder und der Ausschussvorsitzende sollen namentlich in der Erklärung zur Unternehmensführung genannt werden.

D.3

Der Aufsichtsrat soll einen Prüfungsausschuss einrichten, der sich – soweit kein anderer Ausschuss oder das Plenum damit betraut ist – insbesondere mit der Prüfung der Rechnungslegung, der Überwachung des Rechnungslegungsprozesses, der Wirksamkeit des internen Kontrollsystems, des Risikomanagementsystems und des internen Revisionssystems sowie der Abschlussprüfung und der Compliance befasst. Die Rechnungslegung umfasst insbesondere den Konzernabschluss und den Konzernlagebericht (einschließlich CSR-Berichterstattung), unterjährige Finanzinformationen und den Einzelabschluss nach HGB[1)].

D.4

Der Vorsitzende des Prüfungsausschusses soll über besondere Kenntnisse und Erfahrungen in der Anwendung von Rechnungslegungsgrundsätzen und internen Kontrollverfahren verfügen sowie mit der Abschlussprüfung vertraut und unabhängig sein. Der Aufsichtsratsvorsitzende soll nicht den Vorsitz im Prüfungsausschuss innehaben.

D.5

Der Aufsichtsrat soll einen Nominierungsausschuss bilden, der ausschließlich mit Vertretern der Anteilseigner besetzt ist und dem Aufsichtsrat geeignete Kandidaten für dessen Vorschläge an die Hauptversammlung zur Wahl von Aufsichtsratsmitgliedern benennt.

3. Informationsversorgung

Grundsatz 15

Die Information des Aufsichtsrats ist Aufgabe des Vorstands. Der Aufsichtsrat hat jedoch seinerseits sicherzustellen, dass er angemessen informiert wird. Der

---

1) Auszugsweise abgedruckt unter Nr. **5**.

Vorstand informiert den Aufsichtsrat regelmäßig, zeitnah und umfassend über alle für das Unternehmen relevanten Fragen insbesondere der Strategie, der Planung, der Geschäftsentwicklung, der Risikolage, des Risikomanagements und der Compliance. Er geht auf Abweichungen des Geschäftsverlaufs von den aufgestellten Plänen und vereinbarten Zielen unter Angabe von Gründen ein. Der Aufsichtsrat kann jederzeit zusätzliche Informationen vom Vorstand verlangen.

Grundsatz 16

Der Aufsichtsratsvorsitzende wird über wichtige Ereignisse, die für die Beurteilung der Lage und Entwicklung sowie für die Leitung des Unternehmens von wesentlicher Bedeutung sind, unverzüglich durch den Vorsitzenden bzw. Sprecher des Vorstands informiert. Der Aufsichtsratsvorsitzende hat sodann den Aufsichtsrat zu unterrichten und, falls erforderlich, eine außerordentliche Aufsichtsratssitzung einzuberufen.

Empfehlung:

D.6

Der Aufsichtsratsvorsitzende soll zwischen den Sitzungen mit dem Vorstand, insbesondere mit dem Vorsitzenden bzw. Sprecher des Vorstands, regelmäßig Kontakt halten und mit ihm Fragen der Strategie, der Geschäftsentwicklung, der Risikolage, des Risikomanagements und der Compliance des Unternehmens beraten.

4. Sitzungen und Beschlussfassung

Empfehlungen und Anregung:

D.7

Der Aufsichtsrat soll regelmäßig auch ohne den Vorstand tagen.

D.8

Im Bericht des Aufsichtsrats soll angegeben werden, an wie vielen Sitzungen des Aufsichtsrats und der Ausschüsse die einzelnen Mitglieder jeweils teilgenommen haben. Als Teilnahme gilt auch eine solche über Telefon- oder Videokonferenzen; diese sollte aber nicht die Regel sein.

III. Zusammenarbeit mit dem Abschlussprüfer

Grundsatz 17

Der Abschlussprüfer unterstützt den Aufsichtsrat bzw. den Prüfungsausschuss bei der Überwachung der Geschäftsführung, insbesondere bei der Prüfung der Rechnungslegung und der Überwachung der rechnungslegungsbezogenen Kontroll- und Risikomanagementsysteme. Der Bestätigungsvermerk des Abschlussprüfers informiert den Kapitalmarkt über die Ordnungsmäßigkeit der Rechnungslegung.

Empfehlungen:

D.9

Der Aufsichtsrat oder der Prüfungsausschuss soll mit dem Abschlussprüfer vereinbaren, dass dieser ihn unverzüglich über alle für seine Aufgaben wesentlichen Feststellungen und Vorkommnisse unterrichtet, die bei der Durchführung der Abschlussprüfung zu seiner Kenntnis gelangen.

D.10

Der Aufsichtsrat oder der Prüfungsausschuss soll mit dem Abschlussprüfer vereinbaren, dass dieser ihn informiert und im Prüfungsbericht vermerkt, wenn er bei Durchführung der Abschlussprüfung Tatsachen feststellt, die eine Unrichtigkeit der von Vorstand und Aufsichtsrat abgegebenen Erklärung zum Kodex ergeben.

D.11

Der Prüfungsausschuss soll regelmäßig eine Beurteilung der Qualität der Abschlussprüfung vornehmen.

IV. Aus- und Fortbildung

Grundsatz 18

Die Mitglieder des Aufsichtsrats nehmen die für ihre Aufgaben erforderlichen Aus- und Fortbildungsmaßnahmen eigenverantwortlich wahr.

Empfehlung:

D.12

Die Gesellschaft soll die Mitglieder des Aufsichtsrats bei ihrer Amtseinführung sowie den Aus- und Fortbildungsmaßnahmen angemessen unterstützen und über durchgeführte Maßnahmen im Bericht des Aufsichtsrats berichten.

V. Selbstbeurteilung

Empfehlung:

D.13

Der Aufsichtsrat soll regelmäßig beurteilen, wie wirksam der Aufsichtsrat insgesamt und seine Ausschüsse ihre Aufgaben erfüllen. In der Erklärung zur Unternehmensführung soll der Aufsichtsrat berichten, ob und wie eine Selbstbeurteilung durchgeführt wurde.

E. Interessenkonflikte

Grundsatz 19

Die Mitglieder von Vorstand und Aufsichtsrat sind dem Unternehmensinteresse verpflichtet. Sie dürfen bei ihren Entscheidungen weder persönliche Interessen verfolgen noch Geschäftschancen für sich nutzen, die dem Unternehmen zustehen. Vorstandsmitglieder unterliegen während ihrer Tätigkeit einem umfassenden Wettbewerbsverbot.

Empfehlungen:

E.1

Jedes Aufsichtsratsmitglied soll Interessenkonflikte unverzüglich dem Vorsitzenden des Aufsichtsrats offenlegen. Der Aufsichtsrat soll in seinem Bericht an die Hauptversammlung über aufgetretene Interessenkonflikte und deren Behandlung informieren. Wesentliche und nicht nur vorübergehende Interessenkonflikte in der Person eines Aufsichtsratsmitglieds sollen zur Beendigung des Mandats führen.

E.2

Jedes Vorstandsmitglied soll Interessenkonflikte unverzüglich dem Vorsitzenden des Aufsichtsrats und dem Vorsitzenden bzw. Sprecher des Vorstands offenlegen und die anderen Vorstandsmitglieder hierüber informieren.

E.3

Vorstandsmitglieder sollen Nebentätigkeiten, insbesondere konzernfremde Aufsichtsratsmandate, nur mit Zustimmung des Aufsichtsrats übernehmen.

F. Transparenz und externe Berichterstattung

Grundsatz 20

Die Gesellschaft behandelt die Aktionäre bei Informationen unter gleichen Voraussetzungen gleich.

Grundsatz 21

Anteilseigner und Dritte werden insbesondere durch den Konzernabschluss und den Konzernlagebericht (einschließlich CSR-Berichterstattung) sowie durch unterjährige Finanzinformationen unterrichtet.

Empfehlungen:

F.1

Die Gesellschaft soll den Aktionären unverzüglich sämtliche wesentlichen neuen Tatsachen, die Finanzanalysten und vergleichbaren Adressaten mitgeteilt worden sind, zur Verfügung stellen.

F.2

Der Konzernabschluss und der Konzernlagebericht sollen binnen 90 Tagen nach Geschäftsjahresende, die verpflichtenden unterjährigen Finanzinformationen sollen binnen 45 Tagen nach Ende des Berichtszeitraums öffentlich zugänglich sein.

F.3

Ist die Gesellschaft nicht zu Quartalsmitteilungen verpflichtet, soll sie unterjährig neben dem Halbjahresfinanzbericht in geeigneter Form über die Geschäftsentwicklung, insbesondere über wesentliche Veränderungen der Geschäftsaussichten sowie der Risikosituation, informieren.

Grundsatz 22

Aufsichtsrat und Vorstand berichten jährlich in der Erklärung zur Unternehmensführung über die Corporate Governance der Gesellschaft.

Empfehlungen:

F.4

Aufsichtsrat und Vorstand von börsennotierten, spezialgesetzlich regulierten Gesellschaften sollen in der Erklärung zur Unternehmensführung angeben, welche Empfehlungen des Kodex auf Grund vorrangiger gesetzlicher Bestimmungen nicht anwendbar waren.

F.5

Die Gesellschaft soll nicht mehr aktuelle Erklärungen zur Unternehmensführung und Entsprechenserklärungen zu den Empfehlungen des Kodex mindestens fünf Jahre lang auf ihrer Internetseite zugänglich halten.

G. Vergütung von Vorstand und Aufsichtsrat

I. Vergütung des Vorstands

Grundsatz 23

Der Aufsichtsrat beschließt ein klares und verständliches System zur Vergütung der Vorstandsmitglieder und bestimmt auf dessen Basis die konkrete Vergütung der einzelnen Vorstandsmitglieder.

Die Hauptversammlung beschließt grundsätzlich mit beratendem Charakter über die Billigung des vom Aufsichtsrat vorgelegten Vergütungssystems sowie mit empfehlendem Charakter über die Billigung des Vergütungsberichts für das vorausgegangene Geschäftsjahr.

Die Vergütungsstruktur ist bei börsennotierten Gesellschaften auf eine nachhaltige und langfristige Entwicklung der Gesellschaft auszurichten. Die Vergütung der Vorstandsmitglieder hat zur Förderung der Geschäftsstrategie und zur langfristigen Entwicklung der Gesellschaft beizutragen.

1. Festlegung des Vergütungssystems

Empfehlung:

G.1

Im Vergütungssystem soll insbesondere festgelegt werden,

- wie für die einzelnen Vorstandsmitglieder die Ziel-Gesamtvergütung bestimmt wird und welche Höhe die Gesamtvergütung nicht übersteigen darf (Maximalvergütung),
- welchen relativen Anteil die Festvergütung einerseits sowie kurzfristig variable und langfristig variable Vergütungsbestandteile andererseits an der Ziel-Gesamtvergütung haben,
- welche finanziellen und nichtfinanziellen Leistungskriterien für die Gewährung variabler Vergütungsbestandteile maßgeblich sind,
- welcher Zusammenhang zwischen der Erreichung der vorher vereinbarten Leistungskriterien und der variablen Vergütung besteht,
- in welcher Form und wann das Vorstandsmitglied über die gewährten variablen Vergütungsbeträge verfügen kann.

2. Festlegung der konkreten Gesamtvergütung

Empfehlungen:

G.2

Auf Basis des Vergütungssystems soll der Aufsichtsrat für jedes Vorstandsmitglied zunächst dessen konkrete Ziel-Gesamtvergütung festlegen, die in einem angemessenen Verhältnis zu den Aufgaben und Leistungen des Vorstandsmitglieds sowie zur Lage des Unternehmens stehen und die übliche Vergütung nicht ohne besondere Gründe übersteigen.

G.3

Zur Beurteilung der Üblichkeit der konkreten Gesamtvergütung der Vorstandsmitglieder im Vergleich zu anderen Unternehmen soll der Aufsichtsrat eine geeignete Vergleichsgruppe anderer Unternehmen heranziehen, deren Zusammensetzung er offenlegt. Der Peer Group-Vergleich ist mit Bedacht zu nutzen, damit es nicht zu einer automatischen Aufwärtsentwicklung kommt.

G.4

Zur Beurteilung der Üblichkeit innerhalb des Unternehmens soll der Aufsichtsrat das Verhältnis der Vorstandsvergütung zur Vergütung des oberen Führungskreises und der Belegschaft insgesamt und dieses auch in der zeitlichen Entwicklung berücksichtigen.

G.5

Zieht der Aufsichtsrat zur Entwicklung des Vergütungssystems und zur Beurteilung der Angemessenheit der Vergütung einen externen Vergütungsexperten hinzu, soll er auf dessen Unabhängigkeit vom Vorstand und vom Unternehmen achten.

3. Festsetzung der Höhe der variablen Vergütungsbestandteile

Empfehlungen:

G.6

Die variable Vergütung, die sich aus dem Erreichen langfristig orientierter Ziele ergibt, soll den Anteil aus kurzfristig orientierten Zielen übersteigen.

G.7

Der Aufsichtsrat soll für das bevorstehende Geschäftsjahr für jedes Vorstandsmitglied für alle variablen Vergütungsbestandteile die Leistungskriterien festlegen, die sich – neben operativen – vor allem an strategischen Zielsetzungen orientieren sollen. Der Aufsichtsrat soll festlegen, in welchem Umfang individuelle Ziele der einzelnen Vorstandsmitglieder oder Ziele für alle Vorstandsmitglieder zusammen maßgebend sind.

G.8

Eine nachträgliche Änderung der Zielwerte oder der Vergleichsparameter soll ausgeschlossen sein.

G.9

Nach Ablauf des Geschäftsjahres soll der Aufsichtsrat in Abhängigkeit von der Zielerreichung die Höhe der individuell für dieses Jahr zu gewährenden Vergütungsbestandteile festlegen. Die Zielerreichung soll dem Grunde und der Höhe nach nachvollziehbar sein.

G.10

Die dem Vorstandsmitglied gewährten variablen Vergütungsbeträge sollen von ihm unter Berücksichtigung der jeweiligen Steuerbelastung überwiegend in Aktien der Gesellschaft angelegt oder entsprechend aktienbasiert gewährt werden. Über die langfristig variablen Gewährungsbeträge soll das Vorstandsmitglied erst nach vier Jahren verfügen können.

G.11

Der Aufsichtsrat soll die Möglichkeit haben, außergewöhnlichen Entwicklungen in angemessenem Rahmen Rechnung zu tragen. In begründeten Fällen soll eine variable Vergütung einbehalten oder zurückgefordert werden können.

4. Leistungen bei Vertragsbeendigung

Empfehlungen und Anregung:

G.12

Im Fall der Beendigung eines Vorstandsvertrags soll die Auszahlung noch offener variabler Vergütungsbestandteile, die auf die Zeit bis zur Vertragsbeendigung entfallen, nach den ursprünglich vereinbarten Zielen und Vergleichsparametern und nach den im Vertrag festgelegten Fälligkeitszeitpunkten oder Haltedauern erfolgen.

G.13

Zahlungen an ein Vorstandsmitglied bei vorzeitiger Beendigung der Vorstandstätigkeit sollen den Wert von zwei Jahresvergütungen nicht überschreiten (Abfindungs-Cap) und nicht mehr als die Restlaufzeit des Anstellungsvertrags vergüten. Im Fall eines nachvertraglichen Wettbewerbsverbots soll die Abfindungszahlung auf die Karenzentschädigung angerechnet werden.

G.14

Zusagen für Leistungen aus Anlass der vorzeitigen Beendigung des Anstellungsvertrags durch das Vorstandsmitglied infolge eines Kontrollwechsels (Change of Control) sollten nicht vereinbart werden.

5. Sonstige Regelungen

Empfehlungen:

G.15

Sofern Vorstandsmitglieder konzerninterne Aufsichtsratsmandate wahrnehmen, soll die Vergütung angerechnet werden.

G.16

Bei der Übernahme konzernfremder Aufsichtsratsmandate soll der Aufsichtsrat entscheiden, ob und inwieweit die Vergütung anzurechnen ist.

II. Vergütung des Aufsichtsrats

Grundsatz 24

Die Mitglieder des Aufsichtsrats erhalten eine Vergütung, die in einem angemessenen Verhältnis zu ihren Aufgaben und der Lage der Gesellschaft steht. Sie wird durch Beschluss der Hauptversammlung, gegebenenfalls in der Satzung festgesetzt.

Empfehlungen und Anregung:

G.17

Bei der Vergütung der Aufsichtsratsmitglieder soll der höhere zeitliche Aufwand des Vorsitzenden und des stellvertretenden Vorsitzenden des Aufsichtsrats sowie des Vorsitzenden und der Mitglieder von Ausschüssen angemessen berücksichtigt werden.

G.18

Die Vergütung des Aufsichtsrats sollte in einer Festvergütung bestehen. Wird den Aufsichtsratsmitgliedern dennoch eine erfolgsorientierte Vergütung zugesagt, soll sie auf eine langfristige Entwicklung der Gesellschaft ausgerichtet sein.

III. Berichterstattung

Grundsatz 25

Vorstand und Aufsichtsrat erstellen jährlich nach den gesetzlichen Bestimmungen einen Vergütungsbericht.

3. Gesetz betreffend die Gesellschaften mit beschränkter Haftung (GmbHG)

in der Fassung der Bekanntmachung vom 20. Mai 1898[1)]
(RGBl. S. 846)

BGBl. III/FNA 4123-1

zuletzt geänd. durch Art. 10 G zur Umsetzung der Zweiten ZahlungsdiensteRL v. 17.7.2017 (BGBl. I S. 2446)

Inhaltsübersicht

[1)] Neubekanntmachung des GmbHG v. 20.4.1892 (RGBl. S. 477) in der ab 1.1.1900 geltenden Fassung.

Abschnitt 1.[1] Errichtung der Gesellschaft

§ 1 Zweck; Gründerzahl. Gesellschaften mit beschränkter Haftung können nach Maßgabe der Bestimmungen dieses Gesetzes zu jedem gesetzlich zulässigen Zweck durch eine oder mehrere Personen errichtet werden.

§ 2 Form des Gesellschaftsvertrags. (1) [1]Der Gesellschaftsvertrag bedarf notarieller Form. [2]Er ist von sämtlichen Gesellschaftern zu unterzeichnen.

(1a) [1]Die Gesellschaft kann in einem vereinfachten Verfahren gegründet werden, wenn sie höchstens drei Gesellschafter und einen Geschäftsführer hat. [2]Für die Gründung im vereinfachten Verfahren ist das in der Anlage bestimmte Musterprotokoll zu verwenden. [3]Darüber hinaus dürfen keine vom Gesetz abweichenden Bestimmungen getroffen werden. [4]Das Musterprotokoll gilt zugleich als Gesellschafterliste. [5]Im Übrigen finden auf das Musterprotokoll die Vorschriften dieses Gesetzes über den Gesellschaftsvertrag entsprechende Anwendung.

(2) Die Unterzeichnung durch Bevollmächtigte ist nur auf Grund einer notariell errichteten oder beglaubigten Vollmacht zulässig.

§ 3 Inhalt des Gesellschaftsvertrags. (1) Der Gesellschaftsvertrag muß enthalten:

1. die Firma und den Sitz der Gesellschaft,
2. den Gegenstand des Unternehmens,

---

[1] Siehe hierzu auch das MitbestimmungsG (Nr. **13**), das Montan-MitbestimmungsG (Nr. **14**) und das MitbestimmungsergänzungsG (Nr. **15**).

3. den Betrag des Stammkapitals,
4. die Zahl und die Nennbeträge der Geschäftsanteile, die jeder Gesellschafter gegen Einlage auf das Stammkapital (Stammeinlage) übernimmt.

(2) Soll das Unternehmen auf eine gewisse Zeit beschränkt sein oder sollen den Gesellschaftern außer der Leistung von Kapitaleinlagen noch andere Verpflichtungen gegenüber der Gesellschaft auferlegt werden, so bedürfen auch diese Bestimmungen der Aufnahme in den Gesellschaftsvertrag.

§ 4 Firma. [1] Die Firma der Gesellschaft muß, auch wenn sie nach § 22 des Handelsgesetzbuchs[1)] oder nach anderen gesetzlichen Vorschriften fortgeführt wird, die Bezeichnung „Gesellschaft mit beschränkter Haftung" oder eine allgemein verständliche Abkürzung dieser Bezeichnung enthalten. [2] Verfolgt die Gesellschaft ausschließlich und unmittelbar steuerbegünstigte Zwecke nach den §§ 51 bis 68 der Abgabenordnung kann die Abkürzung „gGmbH" lauten.

§ 4a Sitz der Gesellschaft. Sitz der Gesellschaft ist der Ort im Inland, den der Gesellschaftsvertrag bestimmt.

§ 5 Stammkapital; Geschäftsanteil. (1) Das Stammkapital der Gesellschaft muß mindestens fünfundzwanzigtausend Euro betragen.

(2) [1] Der Nennbetrag jedes Geschäftsanteils muss auf volle Euro lauten. [2] Ein Gesellschafter kann bei Errichtung der Gesellschaft mehrere Geschäftsanteile übernehmen.

(3) [1] Die Höhe der Nennbeträge der einzelnen Geschäftsanteile kann verschieden bestimmt werden. [2] Die Summe der Nennbeträge aller Geschäftsanteile muss mit dem Stammkapital übereinstimmen.

(4) [1] Sollen Sacheinlagen geleistet werden, so müssen der Gegenstand der Sacheinlage und der Nennbetrag des Geschäftsanteils, auf den sich die Sacheinlage bezieht, im Gesellschaftsvertrag festgesetzt werden. [2] Die Gesellschafter haben in einem Sachgründungsbericht die für die Angemessenheit der Leistungen für Sacheinlagen wesentlichen Umstände darzulegen und beim Übergang eines Unternehmens auf die Gesellschaft die Jahresergebnisse der beiden letzten Geschäftsjahre anzugeben.

§ 5a Unternehmergesellschaft. (1) Eine Gesellschaft, die mit einem Stammkapital gegründet wird, das den Betrag des Mindeststammkapitals nach § 5 Abs. 1 unterschreitet, muss in der Firma abweichend von § 4 die Bezeichnung „Unternehmergesellschaft (haftungsbeschränkt)" oder „UG (haftungsbeschränkt)" führen.

(2) [1] Abweichend von § 7 Abs. 2 darf die Anmeldung erst erfolgen, wenn das Stammkapital in voller Höhe eingezahlt ist. [2] Sacheinlagen sind ausgeschlossen.

(3) [1] In der Bilanz des nach den §§ 242, 264 des Handelsgesetzbuchs[1)] aufzustellenden Jahresabschlusses ist eine gesetzliche Rücklage zu bilden, in die ein Viertel des um einen Verlustvortrag aus dem Vorjahr geminderten Jahresüberschusses einzustellen ist. [2] Die Rücklage darf nur verwandt werden
1. für Zwecke des § 57c;

[1)] Nr. 5.

2. zum Ausgleich eines Jahresfehlbetrags, soweit er nicht durch einen Gewinnvortrag aus dem Vorjahr gedeckt ist;
3. zum Ausgleich eines Verlustvortrags aus dem Vorjahr, soweit er nicht durch einen Jahresüberschuss gedeckt ist.

(4) Abweichend von § 49 Abs. 3 muss die Versammlung der Gesellschafter bei drohender Zahlungsunfähigkeit unverzüglich einberufen werden.

(5) Erhöht die Gesellschaft ihr Stammkapital so, dass es den Betrag des Mindeststammkapitals nach § 5 Abs. 1 erreicht oder übersteigt, finden die Absätze 1 bis 4 keine Anwendung mehr; die Firma nach Absatz 1 darf beibehalten werden.

§ 6[1] Geschäftsführer. (1) Die Gesellschaft muß einen oder mehrere Geschäftsführer haben.

(2) [1] Geschäftsführer kann nur eine natürliche, unbeschränkt geschäftsfähige Person sein. [2] Geschäftsführer kann nicht sein, wer

1. als Betreuter bei der Besorgung seiner Vermögensangelegenheiten ganz oder teilweise einem Einwilligungsvorbehalt (§ 1903 des Bürgerlichen Gesetzbuchs) unterliegt,
2. aufgrund eines gerichtlichen Urteils oder einer vollziehbaren Entscheidung einer Verwaltungsbehörde einen Beruf, einen Berufszweig, ein Gewerbe oder einen Gewerbezweig nicht ausüben darf, sofern der Unternehmensgegenstand ganz oder teilweise mit dem Gegenstand des Verbots übereinstimmt,
3. wegen einer oder mehrerer vorsätzlich begangener Straftaten
   a) des Unterlassens der Stellung des Antrags auf Eröffnung des Insolvenzverfahrens (Insolvenzverschleppung),
   b) nach den §§ 283 bis 283d des Strafgesetzbuchs (Insolvenzstraftaten),
   c) der falschen Angaben nach § 82 dieses Gesetzes oder § 399 des Aktiengesetzes[2],
   d) der unrichtigen Darstellung nach § 400 des Aktiengesetzes, § 331 des Handelsgesetzbuchs[3], § 313 des Umwandlungsgesetzes[4] oder § 17 des Publizitätsgesetzes[5] oder
   e) nach den §§ 263 bis 264a oder den §§ 265b bis 266a des Strafgesetzbuchs zu einer Freiheitsstrafe von mindestens einem Jahr

   verurteilt worden ist; dieser Ausschluss gilt für die Dauer von fünf Jahren seit der Rechtskraft des Urteils, wobei die Zeit nicht eingerechnet wird, in welcher der Täter auf behördliche Anordnung in einer Anstalt verwahrt worden ist.

[3] Satz 2 Nr. 3 gilt entsprechend bei einer Verurteilung im Ausland wegen einer Tat, die mit den in Satz 2 Nr. 3 genannten Taten vergleichbar ist.

---

[1] Beachte hierzu Übergangsvorschrift in § 3 EGGmbHG (Nr. **3a**).
[2] Nr. **2**.
[3] Nr. **5**.
[4] Nr. **12**.
[5] Nr. **6**.

(3) [1] Zu Geschäftsführern können Gesellschafter oder andere Personen bestellt werden. [2] Die Bestellung erfolgt entweder im Gesellschaftsvertrag oder nach Maßgabe der Bestimmungen des dritten Abschnitts.

(4) Ist im Gesellschaftsvertrag bestimmt, daß sämtliche Gesellschafter zur Geschäftsführung berechtigt sein sollen, so gelten nur die der Gesellschaft bei Festsetzung dieser Bestimmung angehörenden Personen als die bestellten Geschäftsführer.

(5) Gesellschafter, die vorsätzlich oder grob fahrlässig einer Person, die nicht Geschäftsführer sein kann, die Führung der Geschäfte überlassen, haften der Gesellschaft solidarisch für den Schaden, der dadurch entsteht, dass diese Person die ihr gegenüber der Gesellschaft bestehenden Obliegenheiten verletzt.

§ 7 Anmeldung der Gesellschaft. (1) Die Gesellschaft ist bei dem Gericht, in dessen Bezirk sie ihren Sitz hat, zur Eintragung in das Handelsregister anzumelden.

(2) [1] Die Anmeldung darf erst erfolgen, wenn auf jeden Geschäftsanteil, soweit nicht Sacheinlagen vereinbart sind, ein Viertel des Nennbetrags eingezahlt ist. [2] Insgesamt muß auf das Stammkapital mindestens soviel eingezahlt sein, daß der Gesamtbetrag der eingezahlten Geldeinlagen zuzüglich des Gesamtnennbetrags der Geschäftsanteile, für die Sacheinlagen zu leisten sind, die Hälfte des Mindeststammkapitals gemäß § 5 Abs. 1 erreicht.

(3) Die Sacheinlagen sind vor der Anmeldung der Gesellschaft zur Eintragung in das Handelsregister so an die Gesellschaft zu bewirken, daß sie endgültig zur freien Verfügung der Geschäftsführer stehen.

§ 8[1)] Inhalt der Anmeldung. (1) Der Anmeldung müssen beigefügt sein:

1. der Gesellschaftsvertrag und im Fall des § 2 Abs. 2 die Vollmachten der Vertreter, welche den Gesellschaftsvertrag unterzeichnet haben, oder eine beglaubigte Abschrift dieser Urkunden,
2. die Legitimation der Geschäftsführer, sofern dieselben nicht im Gesellschaftsvertrag bestellt sind,
3. eine von den Anmeldenden unterschriebene Liste der Gesellschafter nach den Vorgaben des § 40,
4. im Fall des § 5 Abs. 4 die Verträge, die den Festsetzungen zugrunde liegen oder zu ihrer Ausführung geschlossen worden sind, und der Sachgründungsbericht,
5. wenn Sacheinlagen vereinbart sind, Unterlagen darüber, daß der Wert der Sacheinlagen den Nennbetrag der dafür übernommenen Geschäftsanteile erreicht.

(2) [1] In der Anmeldung ist die Versicherung abzugeben, daß die in § 7 Abs. 2 und 3 bezeichneten Leistungen auf die Geschäftsanteile bewirkt sind und daß der Gegenstand der Leistungen sich endgültig in der freien Verfügung der Geschäftsführer befindet. [2] Das Gericht kann bei erheblichen Zweifeln an der Richtigkeit der Versicherung Nachweise (unter anderem Einzahlungsbelege) verlangen.

(3) [1] In der Anmeldung haben die Geschäftsführer zu versichern, daß keine Umstände vorliegen, die ihrer Bestellung nach § 6 Abs. 2 Satz 2 Nr. 2 und 3

[1)] Beachte hierzu Übergangsvorschrift in § 8 EGGmbHG (Nr. **3a**).

sowie Satz 3 entgegenstehen, und daß sie über ihre unbeschränkte Auskunftspflicht gegenüber dem Gericht belehrt worden sind. [2]Die Belehrung nach § 53 Abs. 2 des Bundeszentralregistergesetzes kann schriftlich vorgenommen werden; sie kann auch durch einen Notar oder einen im Ausland bestellten Notar, durch einen Vertreter eines vergleichbaren rechtsberatenden Berufs oder einen Konsularbeamten erfolgen.

(4) In der Anmeldung sind ferner anzugeben

1. eine inländische Geschäftsanschrift,
2. Art und Umfang der Vertretungsbefugnis der Geschäftsführer.

(5) Für die Einreichung von Unterlagen nach diesem Gesetz gilt § 12 Abs. 2 des Handelsgesetzbuchs[1)] entsprechend.

§ 9 Überbewertung der Sacheinlagen. (1) [1]Erreicht der Wert einer Sacheinlage im Zeitpunkt der Anmeldung der Gesellschaft zur Eintragung in das Handelsregister nicht den Nennbetrag des dafür übernommenen Geschäftsanteils, hat der Gesellschafter in Höhe des Fehlbetrags eine Einlage in Geld zu leisten. [2]Sonstige Ansprüche bleiben unberührt.

(2) Der Anspruch der Gesellschaft nach Absatz 1 Satz 1 verjährt in zehn Jahren seit der Eintragung der Gesellschaft in das Handelsregister.

§ 9a Ersatzansprüche der Gesellschaft. (1) Werden zum Zweck der Errichtung der Gesellschaft falsche Angaben gemacht, so haben die Gesellschafter und Geschäftsführer der Gesellschaft als Gesamtschuldner fehlende Einzahlungen zu leisten, eine Vergütung, die nicht unter den Gründungsaufwand aufgenommen ist, zu ersetzen und für den sonst entstehenden Schaden Ersatz zu leisten.

(2) Wird die Gesellschaft von Gesellschaftern durch Einlagen oder Gründungsaufwand vorsätzlich oder aus grober Fahrlässigkeit geschädigt, so sind ihr alle Gesellschafter als Gesamtschuldner zum Ersatz verpflichtet.

(3) Von diesen Verpflichtungen ist ein Gesellschafter oder ein Geschäftsführer befreit, wenn er die die Ersatzpflicht begründenden Tatsachen weder kannte noch bei Anwendung der Sorgfalt eines ordentlichen Geschäftsmannes kennen mußte.

(4) [1]Neben den Gesellschaftern sind in gleicher Weise Personen verantwortlich, für deren Rechnung die Gesellschafter Geschäftsanteile übernommen haben. [2]Sie können sich auf ihre eigene Unkenntnis nicht wegen solcher Umstände berufen, die ein für ihre Rechnung handelnder Gesellschafter kannte oder bei Anwendung der Sorgfalt eines ordentlichen Geschäftsmannes kennen mußte.

§ 9b Verzicht auf Ersatzansprüche. (1) [1]Ein Verzicht der Gesellschaft auf Ersatzansprüche nach § 9a oder ein Vergleich der Gesellschaft über diese Ansprüche ist unwirksam, soweit der Ersatz zur Befriedigung der Gläubiger der Gesellschaft erforderlich ist. [2]Dies gilt nicht, wenn der Ersatzpflichtige zahlungsunfähig ist und sich zur Abwendung des Insolvenzverfahrens mit seinen Gläubigern vergleicht oder wenn die Ersatzpflicht in einem Insolvenzplan geregelt wird.

---

1) Nr. **5**.

(2) [1]Ersatzansprüche der Gesellschaft nach § 9a verjähren in fünf Jahren. [2]Die Verjährung beginnt mit der Eintragung der Gesellschaft in das Handelsregister oder, wenn die zum Ersatz verpflichtende Handlung später begangen worden ist, mit der Vornahme der Handlung.

§ 9c Ablehnung der Eintragung. (1) [1]Ist die Gesellschaft nicht ordnungsgemäß errichtet und angemeldet, so hat das Gericht die Eintragung abzulehnen. [2]Dies gilt auch, wenn Sacheinlagen nicht unwesentlich überbewertet worden sind.

(2) Wegen einer mangelhaften, fehlenden oder nichtigen Bestimmung des Gesellschaftsvertrages darf das Gericht die Eintragung nach Absatz 1 nur ablehnen, soweit diese Bestimmung, ihr Fehlen oder ihre Nichtigkeit

1. Tatsachen oder Rechtsverhältnisse betrifft, die nach § 3 Abs. 1 oder auf Grund anderer zwingender gesetzlicher Vorschriften in dem Gesellschaftsvertrag bestimmt sein müssen oder die in das Handelsregister einzutragen oder von dem Gericht bekanntzumachen sind,
2. Vorschriften verletzt, die ausschließlich oder überwiegend zum Schutze der Gläubiger der Gesellschaft oder sonst im öffentlichen Interesse gegeben sind, oder
3. die Nichtigkeit des Gesellschaftsvertrages zur Folge hat.

§ 10 Inhalt der Eintragung. (1) [1]Bei der Eintragung in das Handelsregister sind die Firma und der Sitz der Gesellschaft, eine inländische Geschäftsanschrift, der Gegenstand des Unternehmens, die Höhe des Stammkapitals, der Tag des Abschlusses des Gesellschaftsvertrages und die Personen der Geschäftsführer anzugeben. [2]Ferner ist einzutragen, welche Vertretungsbefugnis die Geschäftsführer haben.

(2) [1]Enthält der Gesellschaftsvertrag Bestimmungen über die Zeitdauer der Gesellschaft oder über das genehmigte Kapital, so sind auch diese Bestimmungen einzutragen. [2]Wenn eine Person, die für Willenserklärungen und Zustellungen an die Gesellschaft empfangsberechtigt ist, mit einer inländischen Anschrift zur Eintragung in das Handelsregister angemeldet wird, sind auch diese Angaben einzutragen; Dritten gegenüber gilt die Empfangsberechtigung als fortbestehend, bis sie im Handelsregister gelöscht und die Löschung bekannt gemacht worden ist, es sei denn, dass die fehlende Empfangsberechtigung dem Dritten bekannt war.

§ 11 Rechtszustand vor der Eintragung. (1) Vor der Eintragung in das Handelsregister des Sitzes der Gesellschaft besteht die Gesellschaft mit beschränkter Haftung als solche nicht.

(2) Ist vor der Eintragung im Namen der Gesellschaft gehandelt worden, so haften die Handelnden persönlich und solidarisch.

§ 12 Bekanntmachungen der Gesellschaft. [1]Bestimmt das Gesetz oder der Gesellschaftsvertrag, dass von der Gesellschaft etwas bekannt zu machen ist, so erfolgt die Bekanntmachung im Bundesanzeiger (Gesellschaftsblatt). [2]Daneben kann der Gesellschaftsvertrag andere öffentliche Blätter oder elektronische Informationsmedien als Gesellschaftsblätter bezeichnen.

Abschnitt 2. Rechtsverhältnisse der Gesellschaft und der Gesellschafter

§ 13 Juristische Person; Handelsgesellschaft. (1) Die Gesellschaft mit beschränkter Haftung als solche hat selbständig ihre Rechte und Pflichten; sie kann Eigentum und andere dingliche Rechte an Grundstücken erwerben, vor Gericht klagen und verklagt werden.

(2) Für die Verbindlichkeiten der Gesellschaft haftet den Gläubigern derselben nur das Gesellschaftsvermögen.

(3) Die Gesellschaft gilt als Handelsgesellschaft im Sinne des Handelsgesetzbuchs[1)].

§ 14 Einlagepflicht. [1] Auf jeden Geschäftsanteil ist eine Einlage zu leisten. [2] Die Höhe der zu leistenden Einlage richtet sich nach dem bei der Errichtung der Gesellschaft im Gesellschaftsvertrag festgesetzten Nennbetrag des Geschäftsanteils. [3] Im Fall der Kapitalerhöhung bestimmt sich die Höhe der zu leistenden Einlage nach dem in der Übernahmeerklärung festgesetzten Nennbetrag des Geschäftsanteils.

§ 15 Übertragung von Geschäftsanteilen. (1) Die Geschäftsanteile sind veräußerlich und vererblich.

(2) Erwirbt ein Gesellschafter zu seinem ursprünglichen Geschäftsanteil weitere Geschäftsanteile, so behalten dieselben ihre Selbständigkeit.

(3) Zur Abtretung von Geschäftsanteilen durch Gesellschafter bedarf es eines in notarieller Form geschlossenen Vertrages.

(4) [1] Der notariellen Form bedarf auch eine Vereinbarung, durch welche die Verpflichtung eines Gesellschafters zur Abtretung eines Geschäftsanteils begründet wird. [2] Eine ohne diese Form getroffene Vereinbarung wird jedoch durch den nach Maßgabe des vorigen Absatzes geschlossenen Abtretungsvertrag gültig.

(5) Durch den Gesellschaftsvertrag kann die Abtretung der Geschäftsanteile an weitere Voraussetzungen geknüpft, insbesondere von der Genehmigung der Gesellschaft abhängig gemacht werden.

§ 16[2)] Rechtsstellung bei Wechsel der Gesellschafter oder Veränderung des Umfangs ihrer Beteiligung; Erwerb vom Nichtberechtigten.

(1) [1] Im Verhältnis zur Gesellschaft gilt im Fall einer Veränderung in den Personen der Gesellschafter oder des Umfangs ihrer Beteiligung als Inhaber eines Geschäftsanteils nur, wer als solcher in der im Handelsregister aufgenommenen Gesellschafterliste (§ 40) eingetragen ist. [2] Eine vom Erwerber in Bezug auf das Gesellschaftsverhältnis vorgenommene Rechtshandlung gilt als von Anfang an wirksam, wenn die Liste unverzüglich nach Vornahme der Rechtshandlung in das Handelsregister aufgenommen wird.

(2) Für Einlageverpflichtungen, die in dem Zeitpunkt rückständig sind, ab dem der Erwerber gemäß Absatz 1 Satz 1 im Verhältnis zur Gesellschaft als Inhaber des Geschäftsanteils gilt, haftet der Erwerber neben dem Veräußerer.

---

1) Auszugsweise abgedruckt unter Nr. **5**.

2) Beachte hierzu Übergangsvorschrift in § 3 EGGmbHG (Nr. **3a**).

(3) [1]Der Erwerber kann einen Geschäftsanteil oder ein Recht daran durch Rechtsgeschäft wirksam vom Nichtberechtigten erwerben, wenn der Veräußerer als Inhaber des Geschäftsanteils in der im Handelsregister aufgenommenen Gesellschafterliste eingetragen ist. [2]Dies gilt nicht, wenn die Liste zum Zeitpunkt des Erwerbs hinsichtlich des Geschäftsanteils weniger als drei Jahre unrichtig und die Unrichtigkeit dem Berechtigten nicht zuzurechnen ist. [3]Ein gutgläubiger Erwerb ist ferner nicht möglich, wenn dem Erwerber die mangelnde Berechtigung bekannt oder infolge grober Fahrlässigkeit unbekannt ist oder der Liste ein Widerspruch zugeordnet ist. [4]Die Zuordnung eines Widerspruchs erfolgt aufgrund einer einstweiligen Verfügung oder aufgrund einer Bewilligung desjenigen, gegen dessen Berechtigung sich der Widerspruch richtet. [5]Eine Gefährdung des Rechts des Widersprechenden muss nicht glaubhaft gemacht werden.

§ 17 (weggefallen)

§ 18 Mitberechtigung am Geschäftsanteil. (1) Steht ein Geschäftsanteil mehreren Mitberechtigten ungeteilt zu, so können sie die Rechte aus demselben nur gemeinschaftlich ausüben.

(2) Für die auf den Geschäftsanteil zu bewirkenden Leistungen haften sie der Gesellschaft solidarisch.

(3) [1]Rechtshandlungen, welche die Gesellschaft gegenüber dem Inhaber des Anteils vorzunehmen hat, sind, sofern nicht ein gemeinsamer Vertreter der Mitberechtigten vorhanden ist, wirksam, wenn sie auch nur gegenüber einem Mitberechtigten vorgenommen werden. [2]Gegenüber mehreren Erben eines Gesellschafters findet diese Bestimmung nur in bezug auf Rechtshandlungen Anwendung, welche nach Ablauf eines Monats seit dem Anfall der Erbschaft vorgenommen werden.

§ 19 Leistung der Einlagen. (1) Die Einzahlungen auf die Geschäftsanteile sind nach dem Verhältnis der Geldeinlagen zu leisten.

(2) [1]Von der Verpflichtung zur Leistung der Einlagen können die Gesellschafter nicht befreit werden. [2]Gegen den Anspruch der Gesellschaft ist die Aufrechnung nur zulässig mit einer Forderung aus der Überlassung von Vermögensgegenständen, deren Anrechnung auf die Einlageverpflichtung nach § 5 Abs. 4 Satz 1 vereinbart worden ist. [3]An dem Gegenstand einer Sacheinlage kann wegen Forderungen, welche sich nicht auf den Gegenstand beziehen, kein Zurückbehaltungsrecht geltend gemacht werden.

(3) Durch eine Kapitalherabsetzung können die Gesellschafter von der Verpflichtung zur Leistung von Einlagen höchstens in Höhe des Betrags befreit werden, um den das Stammkapital herabgesetzt worden ist.

(4) [1]Ist eine Geldeinlage eines Gesellschafters bei wirtschaftlicher Betrachtung und aufgrund einer im Zusammenhang mit der Übernahme der Geldeinlage getroffenen Abrede vollständig oder teilweise als Sacheinlage zu bewerten (verdeckte Sacheinlage), so befreit dies den Gesellschafter nicht von seiner Einlageverpflichtung. [2]Jedoch sind die Verträge über die Sacheinlage und die Rechtshandlungen zu ihrer Ausführung nicht unwirksam. [3]Auf die fortbestehende Geldeinlagepflicht des Gesellschafters wird der Wert des Vermögensgegenstandes im Zeitpunkt der Anmeldung der Gesellschaft zur Eintragung in das Handelsregister oder im Zeitpunkt seiner Überlassung an die Gesellschaft,

falls diese später erfolgt, angerechnet. [4]Die Anrechnung erfolgt nicht vor Eintragung der Gesellschaft in das Handelsregister. [5]Die Beweislast für die Werthaltigkeit des Vermögensgegenstandes trägt der Gesellschafter.

(5) [1]Ist vor der Einlage eine Leistung an den Gesellschafter vereinbart worden, die wirtschaftlich einer Rückzahlung der Einlage entspricht und die nicht als verdeckte Sacheinlage im Sinne von Absatz 4 zu beurteilen ist, so befreit dies den Gesellschafter von seiner Einlageverpflichtung nur dann, wenn die Leistung durch einen vollwertigen Rückgewähranspruch gedeckt ist, der jederzeit fällig ist oder durch fristlose Kündigung durch die Gesellschaft fällig werden kann. [2]Eine solche Leistung oder die Vereinbarung einer solchen Leistung ist in der Anmeldung nach § 8 anzugeben.

(6) [1]Der Anspruch der Gesellschaft auf Leistung der Einlagen verjährt in zehn Jahren von seiner Entstehung an. [2]Wird das Insolvenzverfahren über das Vermögen der Gesellschaft eröffnet, so tritt die Verjährung nicht vor Ablauf von sechs Monaten ab dem Zeitpunkt der Eröffnung ein.

§ 20 Verzugszinsen. Ein Gesellschafter, welcher den auf die Stammeinlage eingeforderten Betrag nicht zur rechten Zeit einzahlt, ist zur Entrichtung von Verzugszinsen von Rechts wegen verpflichtet.

§ 21 Kaduzierung. (1) [1]Im Fall verzögerter Einzahlung kann an den säumigen Gesellschafter eine erneute Aufforderung zur Zahlung binnen einer zu bestimmenden Nachfrist unter Androhung seines Ausschlusses mit dem Geschäftsanteil, auf welchen die Zahlung zu erfolgen hat, erlassen werden. [2]Die Aufforderung erfolgt mittels eingeschriebenen Briefes. [3]Die Nachfrist muß mindestens einen Monat betragen.

(2) [1]Nach fruchtlosem Ablauf der Frist ist der säumige Gesellschafter seines Geschäftsanteils und der geleisteten Teilzahlungen zugunsten der Gesellschaft verlustig zu erklären. [2]Die Erklärung erfolgt mittels eingeschriebenen Briefes.

(3) Wegen des Ausfalls, welchen die Gesellschaft an dem rückständigen Betrag oder den später auf den Geschäftsanteil eingeforderten Beträgen der Stammeinlage erleidet, bleibt ihr der ausgeschlossene Gesellschafter verhaftet.

§ 22 Haftung der Rechtsvorgänger. (1) Für eine von dem ausgeschlossenen Gesellschafter nicht erfüllte Einlageverpflichtung haftet der Gesellschaft auch der letzte und jeder frühere Rechtsvorgänger des Ausgeschlossenen, der im Verhältnis zu ihr als Inhaber des Geschäftsanteils gilt.

(2) Ein früherer Rechtsvorgänger haftet nur, soweit die Zahlung von dessen Rechtsnachfolger nicht zu erlangen ist; dies ist bis zum Beweis des Gegenteils anzunehmen, wenn der letztere die Zahlung nicht bis zum Ablauf eines Monats geleistet hat, nachdem an ihn die Zahlungsaufforderung und an den Rechtsvorgänger die Benachrichtigung von derselben erfolgt ist.

(3) [1]Die Haftung des Rechtsvorgängers ist auf die innerhalb der Frist von fünf Jahren auf die Einlageverpflichtung eingeforderten Leistungen beschränkt. [2]Die Frist beginnt mit dem Tag, ab welchem der Rechtsnachfolger im Verhältnis zur Gesellschaft als Inhaber des Geschäftsanteils gilt.

(4) Der Rechtsvorgänger erwirbt gegen Zahlung des rückständigen Betrages den Geschäftsanteil des ausgeschlossenen Gesellschafters.

§ 23 Versteigerung des Geschäftsanteils. [1] Ist die Zahlung des rückständigen Betrages von Rechtsvorgängern nicht zu erlangen, so kann die Gesellschaft den Geschäftsanteil im Wege öffentlicher Versteigerung verkaufen lassen. [2] Eine andere Art des Verkaufs ist nur mit Zustimmung des ausgeschlossenen Gesellschafters zulässig.

§ 24 Aufbringung von Fehlbeträgen. [1] Soweit eine Stammeinlage weder von den Zahlungspflichtigen eingezogen, noch durch Verkauf des Geschäftsanteils gedeckt werden kann, haben die übrigen Gesellschafter den Fehlbetrag nach Verhältnis ihrer Geschäftsanteile aufzubringen. [2] Beiträge, welche von einzelnen Gesellschaftern nicht zu erlangen sind, werden nach dem bezeichneten Verhältnis auf die übrigen verteilt.

§ 25 Zwingende Vorschriften. Von den in den §§ 21 bis 24 bezeichneten Rechtsfolgen können die Gesellschafter nicht befreit werden.

§ 26 Nachschusspflicht. (1) Im Gesellschaftsvertrag kann bestimmt werden, daß die Gesellschafter über die Nennbeträge der Geschäftsanteile hinaus die Einforderung von weiteren Einzahlungen (Nachschüssen) beschließen können.

(2) Die Einzahlung der Nachschüsse hat nach Verhältnis der Geschäftsanteile zu erfolgen.

(3) Die Nachschußpflicht kann im Gesellschaftsvertrag auf einen bestimmten, nach Verhältnis der Geschäftsanteile festzusetzenden Betrag beschränkt werden.

§ 27 Unbeschränkte Nachschusspflicht. (1) [1] Ist die Nachschußpflicht nicht auf einen bestimmten Betrag beschränkt, so hat jeder Gesellschafter, falls er die Stammeinlage vollständig eingezahlt hat, das Recht, sich von der Zahlung des auf den Geschäftsanteil eingeforderten Nachschusses dadurch zu befreien, daß er innerhalb eines Monats nach der Aufforderung zur Einzahlung den Geschäftsanteil der Gesellschaft zur Befriedigung aus demselben zur Verfügung stellt. [2] Ebenso kann die Gesellschaft, wenn der Gesellschafter binnen der angegebenen Frist weder von der bezeichneten Befugnis Gebrauch macht, noch die Einzahlung leistet, demselben mittels eingeschriebenen Briefes erklären, daß sie den Geschäftsanteil als zur Verfügung gestellt betrachte.

(2) [1] Die Gesellschaft hat den Geschäftsanteil innerhalb eines Monats nach der Erklärung des Gesellschafters oder der Gesellschaft im Wege öffentlicher Versteigerung verkaufen zu lassen. [2] Eine andere Art des Verkaufs ist nur mit Zustimmung des Gesellschafters zulässig. [3] Ein nach Deckung der Verkaufskosten und des rückständigen Nachschusses verbleibender Überschuß gebührt dem Gesellschafter.

(3) [1] Ist die Befriedigung der Gesellschaft durch den Verkauf nicht zu erlangen, so fällt der Geschäftsanteil der Gesellschaft zu. [2] Dieselbe ist befugt, den Anteil für eigene Rechnung zu veräußern.

(4) Im Gesellschaftsvertrag kann die Anwendung der vorstehenden Bestimmungen auf den Fall beschränkt werden, daß die auf den Geschäftsanteil eingeforderten Nachschüsse einen bestimmten Betrag überschreiten.

§ 28 Beschränkte Nachschusspflicht. (1) [1] Ist die Nachschußpflicht auf einen bestimmten Betrag beschränkt, so finden, wenn im Gesellschaftsvertrag nicht ein anderes festgesetzt ist, im Fall verzögerter Einzahlung von Nachschüssen die auf die Einzahlung der Stammeinlagen bezüglichen Vorschriften der §§ 21 bis 23 entsprechende Anwendung. [2]Das gleiche gilt im Fall des § 27 Abs. 4 auch bei unbeschränkter Nachschußpflicht, soweit die Nachschüsse den im Gesellschaftsvertrag festgesetzten Betrag nicht überschreiten.

(2) Im Gesellschaftsvertrag kann bestimmt werden, daß die Einforderung von Nachschüssen, auf deren Zahlung die Vorschriften der §§ 21 bis 23 Anwendung finden, schon vor vollständiger Einforderung der Stammeinlagen zulässig ist.

§ 29 Ergebnisverwendung. (1) [1]Die Gesellschafter haben Anspruch auf den Jahresüberschuß zuzüglich eines Gewinnvortrags und abzüglich eines Verlustvortrags, soweit der sich ergebende Betrag nicht nach Gesetz oder Gesellschaftsvertrag, durch Beschluß nach Absatz 2 oder als zusätzlicher Aufwand auf Grund des Beschlusses über die Verwendung des Ergebnisses von der Verteilung unter die Gesellschafter ausgeschlossen ist. [2]Wird die Bilanz unter Berücksichtigung der teilweisen Ergebnisverwendung aufgestellt oder werden Rücklagen aufgelöst, so haben die Gesellschafter abweichend von Satz 1 Anspruch auf den Bilanzgewinn.

(2) Im Beschluß über die Verwendung des Ergebnisses können die Gesellschafter, wenn der Gesellschaftsvertrag nichts anderes bestimmt, Beträge in Gewinnrücklagen einstellen oder als Gewinn vortragen.

(3) [1]Die Verteilung erfolgt nach Verhältnis der Geschäftsanteile. [2]Im Gesellschaftsvertrag kann ein anderer Maßstab der Verteilung festgesetzt werden.

(4) [1]Unbeschadet der Absätze 1 und 2 und abweichender Gewinnverteilungsabreden nach Absatz 3 Satz 2 können die Geschäftsführer mit Zustimmung des Aufsichtsrats oder der Gesellschafter den Eigenkapitalanteil von Wertaufholungen bei Vermögensgegenständen des Anlage- und Umlaufvermögens in andere Gewinnrücklagen einstellen. [2]Der Betrag dieser Rücklagen ist in der Bilanz gesondert auszuweisen; er kann auch im Anhang angegeben werden.

§ 30 Kapitalerhaltung. (1) [1]Das zur Erhaltung des Stammkapitals erforderliche Vermögen der Gesellschaft darf an die Gesellschafter nicht ausgezahlt werden. [2]Satz 1 gilt nicht bei Leistungen, die bei Bestehen eines Beherrschungs- oder Gewinnabführungsvertrags (§ 291 des Aktiengesetzes[1)]) erfolgen, oder durch einen vollwertigen Gegenleistungs- oder Rückgewähranspruch gegen den Gesellschafter gedeckt sind. [3]Satz 1 ist zudem nicht anzuwenden auf die Rückgewähr eines Gesellschafterdarlehens und Leistungen auf Forderungen aus Rechtshandlungen, die einem Gesellschafterdarlehen wirtschaftlich entsprechen.

(2) [1]Eingezahlte Nachschüsse können, soweit sie nicht zur Deckung eines Verlustes am Stammkapital erforderlich sind, an die Gesellschafter zurückgezahlt werden. [2]Die Zurückzahlung darf nicht vor Ablauf von drei Monaten erfolgen, nachdem der Rückzahlungsbeschluß nach § 12 bekanntgemacht ist. [3]Im Fall des § 28 Abs. 2 ist die Zurückzahlung von Nachschüssen vor der Volleinzahlung des Stammkapitals unzulässig. [4]Zurückgezahlte Nachschüsse gelten als nicht eingezogen.

[1)] Nr. 2.

§ 31 Erstattung verbotener Rückzahlungen. (1) Zahlungen, welche den Vorschriften des § 30 zuwider geleistet sind, müssen der Gesellschaft erstattet werden.

(2) War der Empfänger in gutem Glauben, so kann die Erstattung nur insoweit verlangt werden, als sie zur Befriedigung der Gesellschaftsgläubiger erforderlich ist.

(3) [1] Ist die Erstattung von dem Empfänger nicht zu erlangen, so haften für den zu erstattenden Betrag, soweit er zur Befriedigung der Gesellschaftsgläubiger erforderlich ist, die übrigen Gesellschafter nach Verhältnis ihrer Geschäftsanteile. [2] Beiträge, welche von einzelnen Gesellschaftern nicht zu erlangen sind, werden nach dem bezeichneten Verhältnis auf die übrigen verteilt.

(4) Zahlungen, welche auf Grund der vorstehenden Bestimmungen zu leisten sind, können den Verpflichteten nicht erlassen werden.

(5) [1] Die Ansprüche der Gesellschaft verjähren in den Fällen des Absatzes 1 in zehn Jahren sowie in den Fällen des Absatzes 3 in fünf Jahren. [2] Die Verjährung beginnt mit dem Ablauf des Tages, an welchem die Zahlung, deren Erstattung beansprucht wird, geleistet ist. [3] In den Fällen des Absatzes 1 findet § 19 Abs. 6 Satz 2 entsprechende Anwendung.

(6) [1] Für die in den Fällen des Absatzes 3 geleistete Erstattung einer Zahlung sind den Gesellschaftern die Geschäftsführer, welchen in betreff der geleisteten Zahlung ein Verschulden zur Last fällt, solidarisch zum Ersatz verpflichtet. [2] Die Bestimmungen in § 43 Abs. 1 und 4 finden entsprechende Anwendung.

§ 32 Rückzahlung von Gewinn. Liegt die in § 31 Abs. 1 bezeichnete Voraussetzung nicht vor, so sind die Gesellschafter in keinem Fall verpflichtet, Beträge, welche sie in gutem Glauben als Gewinnanteile bezogen haben, zurückzuzahlen.

§§ 32a, 32b[1] (weggefallen)

§ 33 Erwerb eigener Geschäftsanteile. (1) Die Gesellschaft kann eigene Geschäftsanteile, auf welche die Einlagen noch nicht vollständig geleistet sind, nicht erwerben oder als Pfand nehmen.

(2) [1] Eigene Geschäftsanteile, auf welche die Einlage vollständig geleistet ist, darf sie nur erwerben, sofern sie im Zeitpunkt des Erwerbs eine Rücklage in Höhe der Aufwendungen für den Erwerb bilden könnte, ohne das Stammkapital oder eine nach dem Gesellschaftsvertrag zu bildende Rücklage zu mindern, die nicht zur Zahlung an die Gesellschafter verwandt werden darf. [2] Als Pfand nehmen darf sie solche Geschäftsanteile nur, soweit der Gesamtbetrag der durch Inpfandnahme eigener Geschäftsanteile gesicherten Forderungen oder, wenn der Wert der als Pfand genommenen Geschäftsanteile niedriger ist, dieser Betrag nicht höher ist als das über das Stammkapital hinaus vorhandene Vermögen. [3] Ein Verstoß gegen die Sätze 1 und 2 macht den Erwerb oder die Inpfandnahme der Geschäftsanteile nicht unwirksam; jedoch ist das schuldrechtliche Geschäft über einen verbotswidrigen Erwerb oder eine verbotswidrige Inpfandnahme nichtig.

(3) Der Erwerb eigener Geschäftsanteile ist ferner zulässig zur Abfindung von Gesellschaftern nach § 29 Abs. 1, § 122i Abs. 1 Satz 2, § 125 Satz 1 in

---

[1] Beachte hierzu Übergangsvorschrift in § 3 EGGmbHG (Nr. **3a**).

Verbindung mit § 29 Abs. 1 und § 207 Abs. 1 des Umwandlungsgesetzes, sofern der Erwerb binnen sechs Monaten nach dem Wirksamwerden der Umwandlung oder nach der Rechtskraft der gerichtlichen Entscheidung erfolgt und die Gesellschaft im Zeitpunkt des Erwerbs eine Rücklage in Höhe der Aufwendungen für den Erwerb bilden könnte, ohne das Stammkapital oder eine nach dem Gesellschaftsvertrag zu bildende Rücklage zu mindern, die nicht zur Zahlung an die Gesellschafter verwandt werden darf.

§ 34 Einziehung von Geschäftsanteilen. (1) Die Einziehung (Amortisation) von Geschäftsanteilen darf nur erfolgen, soweit sie im Gesellschaftsvertrag zugelassen ist.

(2) Ohne die Zustimmung des Anteilsberechtigten findet die Einziehung nur statt, wenn die Voraussetzungen derselben vor dem Zeitpunkt, in welchem der Berechtigte den Geschäftsanteil erworben hat, im Gesellschaftsvertrag festgesetzt waren.

(3) Die Bestimmung in § 30 Abs. 1 bleibt unberührt.

Abschnitt 3.[1] Vertretung und Geschäftsführung

§ 35 Vertretung der Gesellschaft. (1) [1]Die Gesellschaft wird durch die Geschäftsführer gerichtlich und außergerichtlich vertreten. [2]Hat eine Gesellschaft keinen Geschäftsführer (Führungslosigkeit), wird die Gesellschaft für den Fall, dass ihr gegenüber Willenserklärungen abgegeben oder Schriftstücke zugestellt werden, durch die Gesellschafter vertreten.

(2) [1]Sind mehrere Geschäftsführer bestellt, sind sie alle nur gemeinschaftlich zur Vertretung der Gesellschaft befugt, es sei denn, dass der Gesellschaftsvertrag etwas anderes bestimmt. [2]Ist der Gesellschaft gegenüber eine Willenserklärung abzugeben, genügt die Abgabe gegenüber einem Vertreter der Gesellschaft nach Absatz 1. [3]An die Vertreter der Gesellschaft nach Absatz 1 können unter der im Handelsregister eingetragenen Geschäftsanschrift Willenserklärungen abgegeben und Schriftstücke für die Gesellschaft zugestellt werden. [4]Unabhängig hiervon können die Abgabe und die Zustellung auch unter der eingetragenen Anschrift der empfangsberechtigten Person nach § 10 Abs. 2 Satz 2 erfolgen.

(3) [1]Befinden sich alle Geschäftsanteile der Gesellschaft in der Hand eines Gesellschafters oder daneben in der Hand der Gesellschaft und ist er zugleich deren alleiniger Geschäftsführer, so ist auf seine Rechtsgeschäfte mit der Gesellschaft § 181 des Bürgerlichen Gesetzbuchs anzuwenden. [2]Rechtsgeschäfte zwischen ihm und der von ihm vertretenen Gesellschaft sind, auch wenn er nicht alleiniger Geschäftsführer ist, unverzüglich nach ihrer Vornahme in eine Niederschrift aufzunehmen.

§ 35a Angaben auf Geschäftsbriefen. (1) [1]Auf allen Geschäftsbriefen gleichviel welcher Form, die an einen bestimmten Empfänger gerichtet werden, müssen die Rechtsform und der Sitz der Gesellschaft, das Registergericht des Sitzes der Gesellschaft und die Nummer, unter der die Gesellschaft in das Handelsregister eingetragen ist, sowie alle Geschäftsführer und, sofern die Gesellschaft einen Aufsichtsrat gebildet und dieser einen Vorsitzenden hat, der Vorsitzende des Aufsichtsrats mit dem Familiennamen und mindestens einem

---

[1] Siehe hierzu auch das DrittelbeteiligungsG (Nr. **16**).

ausgeschriebenen Vornamen angegeben werden. [2] Werden Angaben über das Kapital der Gesellschaft gemacht, so müssen in jedem Falle das Stammkapital sowie, wenn nicht alle in Geld zu leistenden Einlagen eingezahlt sind, der Gesamtbetrag der ausstehenden Einlagen angegeben werden.

(2) Der Angaben nach Absatz 1 Satz 1 bedarf es nicht bei Mitteilungen oder Berichten, die im Rahmen einer bestehenden Geschäftsverbindung ergehen und für die üblicherweise Vordrucke verwendet werden, in denen lediglich die im Einzelfall erforderlichen besonderen Angaben eingefügt zu werden brauchen.

(3) [1] Bestellscheine gelten als Geschäftsbriefe im Sinne des Absatzes 1. [2] Absatz 2 ist auf sie nicht anzuwenden.

(4) [1] Auf allen Geschäftsbriefen und Bestellscheinen, die von einer Zweigniederlassung einer Gesellschaft mit beschränkter Haftung mit Sitz im Ausland verwendet werden, müssen das Register, bei dem die Zweigniederlassung geführt wird, und die Nummer des Registereintrags angegeben werden; im übrigen gelten die Vorschriften der Absätze 1 bis 3 für die Angaben bezüglich der Haupt- und der Zweigniederlassung, soweit nicht das ausländische Recht Abweichungen nötig macht. [2] Befindet sich die ausländische Gesellschaft in Liquidation, so sind auch diese Tatsache sowie alle Liquidatoren anzugeben.

§ 36 Zielgrößen und Fristen zur gleichberechtigten Teilhabe von Frauen und Männern. [1] Die Geschäftsführer einer Gesellschaft, die der Mitbestimmung unterliegt, legen für den Frauenanteil in den beiden Führungsebenen unterhalb der Geschäftsführer Zielgrößen fest. [2] Liegt der Frauenanteil bei Festlegung der Zielgrößen unter 30 Prozent, so dürfen die Zielgrößen den jeweils erreichten Anteil nicht mehr unterschreiten. [3] Gleichzeitig sind Fristen zur Erreichung der Zielgrößen festzulegen. [4] Die Fristen dürfen jeweils nicht länger als fünf Jahre sein.

§ 37 Beschränkungen der Vertretungsbefugnis. (1) Die Geschäftsführer sind der Gesellschaft gegenüber verpflichtet, die Beschränkungen einzuhalten, welche für den Umfang ihrer Befugnis, die Gesellschaft zu vertreten, durch den Gesellschaftsvertrag oder, soweit dieser nicht ein anderes bestimmt, durch die Beschlüsse der Gesellschafter festgesetzt sind.

(2) [1] Gegen dritte Personen hat eine Beschränkung der Befugnis der Geschäftsführer, die Gesellschaft zu vertreten, keine rechtliche Wirkung. [2] Dies gilt insbesondere für den Fall, daß die Vertretung sich nur auf gewisse Geschäfte oder Arten von Geschäften erstrecken oder nur unter gewissen Umständen oder für eine gewisse Zeit oder an einzelnen Orten stattfinden soll, oder daß die Zustimmung der Gesellschafter oder eines Organs der Gesellschaft für einzelne Geschäfte erfordert ist.

§ 38 Widerruf der Bestellung. (1) Die Bestellung der Geschäftsführer ist zu jeder Zeit widerruflich, unbeschadet der Entschädigungsansprüche aus bestehenden Verträgen.

(2) [1] Im Gesellschaftsvertrag kann die Zulässigkeit des Widerrufs auf den Fall beschränkt werden, daß wichtige Gründe denselben notwendig machen. [2] Als solche Gründe sind insbesondere grobe Pflichtverletzung oder Unfähigkeit zur ordnungsmäßigen Geschäftsführung anzusehen.

§ 39 Anmeldung der Geschäftsführer. (1) Jede Änderung in den Personen der Geschäftsführer sowie die Beendigung der Vertretungsbefugnis eines Geschäftsführers ist zur Eintragung in das Handelsregister anzumelden.

(2) Der Anmeldung sind die Urkunden über die Bestellung der Geschäftsführer oder über die Beendigung der Vertretungsbefugnis in Urschrift oder öffentlich beglaubigter Abschrift beizufügen.

(3) [1] Die neuen Geschäftsführer haben in der Anmeldung zu versichern, daß keine Umstände vorliegen, die ihrer Bestellung nach § 6 Abs. 2 Satz 2 Nr. 2 und 3 sowie Satz 3 entgegenstehen und daß sie über ihre unbeschränkte Auskunftspflicht gegenüber dem Gericht belehrt worden sind. [2] § 8 Abs. 3 Satz 2 ist anzuwenden.

§ 40[1)] Liste der Gesellschafter, Verordnungsermächtigung. (1) [1] Die Geschäftsführer haben unverzüglich nach Wirksamwerden jeder Veränderung in den Personen der Gesellschafter oder des Umfangs ihrer Beteiligung eine von ihnen unterschriebene Liste der Gesellschafter zum Handelsregister einzureichen, aus welcher Name, Vorname, Geburtsdatum und Wohnort derselben sowie die Nennbeträge und die laufenden Nummern der von einem jeden derselben übernommenen Geschäftsanteile sowie die durch den jeweiligen Nennbetrag eines Geschäftsanteils vermittelte jeweilige prozentuale Beteiligung am Stammkapital zu entnehmen sind. [2] Ist ein Gesellschafter selbst eine Gesellschaft, so sind bei eingetragenen Gesellschaften in die Liste deren Firma, Satzungssitz, zuständiges Register und Registernummer aufzunehmen, bei nicht eingetragenen Gesellschaften deren jeweilige Gesellschafter unter einer zusammenfassenden Bezeichnung mit Name, Vorname, Geburtsdatum und Wohnort. [3] Hält ein Gesellschafter mehr als einen Geschäftsanteil, ist in der Liste der Gesellschafter zudem der Gesamtumfang der Beteiligung am Stammkapital als Prozentsatz gesondert anzugeben. [4] Die Änderung der Liste durch die Geschäftsführer erfolgt auf Mitteilung und Nachweis.

(2) [1] Hat ein Notar an Veränderungen nach Absatz 1 Satz 1 mitgewirkt, hat er unverzüglich nach deren Wirksamwerden ohne Rücksicht auf etwaige später eintretende Unwirksamkeitsgründe die Liste anstelle der Geschäftsführer zu unterschreiben, zum Handelsregister einzureichen und eine Abschrift der geänderten Liste an die Gesellschaft zu übermitteln. [2] Die Liste muss mit der Bescheinigung des Notars versehen sein, dass die geänderten Eintragungen den Veränderungen entsprechen, an denen er mitgewirkt hat, und die übrigen Eintragungen mit dem Inhalt der zuletzt im Handelsregister aufgenommenen Liste übereinstimmen.

(3) Geschäftsführer, welche die ihnen nach Absatz 1 obliegende Pflicht verletzen, haften denjenigen, deren Beteiligung sich geändert hat, und den Gläubigern der Gesellschaft für den daraus entstandenen Schaden als Gesamtschuldner.

(4) Das Bundesministerium der Justiz und für Verbraucherschutz wird ermächtigt, durch Rechtsverordnung mit Zustimmung des Bundesrates nähere Bestimmungen über die Ausgestaltung der Gesellschafterliste zu treffen.

(5) [1] Die Landesregierungen werden ermächtigt, durch Rechtsverordnung zu bestimmen, dass bestimmte in der Liste der Gesellschafter enthaltene Anga-

---

1) Beachte hierzu Übergangsvorschrift in § 8 EGGmbHG (Nr. **3a**).

ben in strukturierter maschinenlesbarer Form an das Handelsregister zu übermitteln sind, soweit nicht durch das Bundesministerium der Justiz und für Verbraucherschutz nach § 387 Absatz 2 des Gesetzes über das Verfahren in Familiensachen und in den Angelegenheiten der freiwilligen Gerichtsbarkeit entsprechende Vorschriften erlassen werden. [2] Die Landesregierungen können die Ermächtigung durch Rechtsverordnung auf die Landesjustizverwaltungen übertragen.

§ 41 Buchführung. Die Geschäftsführer sind verpflichtet, für die ordnungsmäßige Buchführung der Gesellschaft zu sorgen.

§ 42 Bilanz. (1) In der Bilanz des nach den §§ 242, 264 des Handelsgesetzbuchs[1)] aufzustellenden Jahresabschlusses ist das Stammkapital als gezeichnetes Kapital auszuweisen.

(2) [1] Das Recht der Gesellschaft zur Einziehung von Nachschüssen der Gesellschafter ist in der Bilanz insoweit zu aktivieren, als die Einziehung bereits beschlossen ist und den Gesellschaftern ein Recht, durch Verweisung auf den Geschäftsanteil sich von der Zahlung der Nachschüsse zu befreien, nicht zusteht. [2] Der nachzuschießende Betrag ist auf der Aktivseite unter den Forderungen gesondert unter der Bezeichnung „Eingeforderte Nachschüsse" auszuweisen, soweit mit der Zahlung gerechnet werden kann. [3] Ein dem Aktivposten entsprechender Betrag ist auf der Passivseite in dem Posten „Kapitalrücklage" gesondert auszuweisen.

(3) Ausleihungen, Forderungen und Verbindlichkeiten gegenüber Gesellschaftern sind in der Regel als solche jeweils gesondert auszuweisen oder im Anhang anzugeben; werden sie unter anderen Posten ausgewiesen, so muß diese Eigenschaft vermerkt werden.

§ 42a Vorlage des Jahresabschlusses und des Lageberichts. (1) [1] Die Geschäftsführer haben den Jahresabschluß und den Lagebericht unverzüglich nach der Aufstellung den Gesellschaftern zum Zwecke der Feststellung des Jahresabschlusses vorzulegen. [2] Ist der Jahresabschluß durch einen Abschlußprüfer zu prüfen, so haben die Geschäftsführer ihn zusammen mit dem Lagebericht und dem Prüfungsbericht des Abschlußprüfers unverzüglich nach Eingang des Prüfungsberichts vorzulegen. [3] Hat die Gesellschaft einen Aufsichtsrat, so ist dessen Bericht über das Ergebnis seiner Prüfung ebenfalls unverzüglich vorzulegen.

(2) [1] Die Gesellschafter haben spätestens bis zum Ablauf der ersten acht Monate oder, wenn es sich um eine kleine Gesellschaft handelt (§ 267 Abs. 1 des Handelsgesetzbuchs[1)]), bis zum Ablauf der ersten elf Monate des Geschäftsjahrs über die Feststellung des Jahresabschlusses und über die Ergebnisverwendung zu beschließen. [2] Der Gesellschaftsvertrag kann die Frist nicht verlängern. [3] Auf den Jahresabschluß sind bei der Feststellung die für seine Aufstellung geltenden Vorschriften anzuwenden.

(3) Hat ein Abschlußprüfer den Jahresabschluß geprüft, so hat er auf Verlangen eines Gesellschafters an den Verhandlungen über die Feststellung des Jahresabschlusses teilzunehmen.

[1)] Nr. 5.

(4) [1] Ist die Gesellschaft zur Aufstellung eines Konzernabschlusses und eines Konzernlageberichts verpflichtet, so sind die Absätze 1 bis 3 entsprechend anzuwenden. [2] Das Gleiche gilt hinsichtlich eines Einzelabschlusses nach § 325 Abs. 2a des Handelsgesetzbuchs, wenn die Gesellschafter die Offenlegung eines solchen beschlossen haben.

§ 43 Haftung der Geschäftsführer. (1) Die Geschäftsführer haben in den Angelegenheiten der Gesellschaft die Sorgfalt eines ordentlichen Geschäftsmannes anzuwenden.

(2) Geschäftsführer, welche ihre Obliegenheiten verletzen, haften der Gesellschaft solidarisch für den entstandenen Schaden.

(3) [1] Insbesondere sind sie zum Ersatze verpflichtet, wenn den Bestimmungen des § 30 zuwider Zahlungen aus dem zur Erhaltung des Stammkapitals erforderlichen Vermögen der Gesellschaft gemacht oder den Bestimmungen des § 33 zuwider eigene Geschäftsanteile der Gesellschaft erworben worden sind. [2] Auf den Ersatzanspruch finden die Bestimmungen in § 9b Abs. 1 entsprechende Anwendung. [3] Soweit der Ersatz zur Befriedigung der Gläubiger der Gesellschaft erforderlich ist, wird die Verpflichtung der Geschäftsführer dadurch nicht aufgehoben, daß dieselben in Befolgung eines Beschlusses der Gesellschafter gehandelt haben.

(4) Die Ansprüche auf Grund der vorstehenden Bestimmungen verjähren in fünf Jahren.

§ 43a Kreditgewährung aus Gesellschaftsvermögen. [1] Den Geschäftsführern, anderen gesetzlichen Vertretern, Prokuristen oder zum gesamten Geschäftsbetrieb ermächtigten Handlungsbevollmächtigten darf Kredit nicht aus dem zur Erhaltung des Stammkapitals erforderlichen Vermögen der Gesellschaft gewährt werden. [2] Ein entgegen Satz 1 gewährter Kredit ist ohne Rücksicht auf entgegenstehende Vereinbarungen sofort zurückzugewähren.

§ 44 Stellvertreter von Geschäftsführern. Die für die Geschäftsführer gegebenen Vorschriften gelten auch für Stellvertreter von Geschäftsführern.

§ 45 Rechte der Gesellschafter. (1) Die Rechte, welche den Gesellschaftern in den Angelegenheiten der Gesellschaft, insbesondere in bezug auf die Führung der Geschäfte zustehen, sowie die Ausübung derselben bestimmen sich, soweit nicht gesetzliche Vorschriften entgegenstehen, nach dem Gesellschaftsvertrag.

(2) In Ermangelung besonderer Bestimmungen des Gesellschaftsvertrages finden die Vorschriften der §§ 46 bis 51 Anwendung.

§ 46 Aufgabenkreis der Gesellschafter. Der Bestimmung der Gesellschafter unterliegen:

1. die Feststellung des Jahresabschlusses und die Verwendung des Ergebnisses;

1a. die Entscheidung über die Offenlegung eines Einzelabschlusses nach internationalen Rechnungslegungsstandards (§ 325 Abs. 2a des Handelsgesetzbuchs[1]) und über die Billigung des von den Geschäftsführern aufgestellten Abschlusses;

---

[1] Nr. **5**.

1b. die Billigung eines von den Geschäftsführern aufgestellten Konzernabschlusses;
2. die Einforderung der Einlagen;
3. die Rückzahlung von Nachschüssen;
4. die Teilung, die Zusammenlegung sowie die Einziehung von Geschäftsanteilen;
5. die Bestellung und die Abberufung von Geschäftsführern sowie die Entlastung derselben;
6. die Maßregeln zur Prüfung und Überwachung der Geschäftsführung;
7. die Bestellung von Prokuristen und von Handlungsbevollmächtigten zum gesamten Geschäftsbetrieb;
8. die Geltendmachung von Ersatzansprüchen, welche der Gesellschaft aus der Gründung oder Geschäftsführung gegen Geschäftsführer oder Gesellschafter zustehen, sowie die Vertretung der Gesellschaft in Prozessen, welche sie gegen die Geschäftsführer zu führen hat.

§ 47 Abstimmung. (1) Die von den Gesellschaftern in den Angelegenheiten der Gesellschaft zu treffenden Bestimmungen erfolgen durch Beschlußfassung nach der Mehrheit der abgegebenen Stimmen.

(2) Jeder Euro eines Geschäftsanteils gewährt eine Stimme.

(3) Vollmachten bedürfen zu ihrer Gültigkeit der Textform.

(4) [1] Ein Gesellschafter, welcher durch die Beschlußfassung entlastet oder von einer Verbindlichkeit befreit werden soll, hat hierbei kein Stimmrecht und darf ein solches auch nicht für andere ausüben. [2] Dasselbe gilt von einer Beschlußfassung, welche die Vornahme eines Rechtsgeschäfts oder die Einleitung oder Erledigung eines Rechtsstreites gegenüber einem Gesellschafter betrifft.

§ 48 Gesellschafterversammlung. (1) Die Beschlüsse der Gesellschafter werden in Versammlungen gefaßt.

(2) Der Abhaltung einer Versammlung bedarf es nicht, wenn sämtliche Gesellschafter in Textform mit der zu treffenden Bestimmung oder mit der schriftlichen Abgabe der Stimmen sich einverstanden erklären.

(3) Befinden sich alle Geschäftsanteile der Gesellschaft in der Hand eines Gesellschafters oder daneben in der Hand der Gesellschaft, so hat er unverzüglich nach der Beschlußfassung eine Niederschrift aufzunehmen und zu unterschreiben.

§ 49 Einberufung der Versammlung. (1) Die Versammlung der Gesellschafter wird durch die Geschäftsführer berufen.

(2) Sie ist außer den ausdrücklich bestimmten Fällen zu berufen, wenn es im Interesse der Gesellschaft erforderlich erscheint.

(3) Insbesondere muß die Versammlung unverzüglich berufen werden, wenn aus der Jahresbilanz oder aus einer im Laufe des Geschäftsjahres aufgestellten Bilanz sich ergibt, daß die Hälfte des Stammkapitals verloren ist.

§ 50 Minderheitsrechte. (1) Gesellschafter, deren Geschäftsanteile zusammen mindestens dem zehnten Teil des Stammkapitals entsprechen, sind berechtigt, unter Angabe des Zwecks und der Gründe die Berufung der Versammlung zu verlangen.

(2) In gleicher Weise haben die Gesellschafter das Recht zu verlangen, daß Gegenstände zur Beschlußfassung der Versammlung angekündigt werden.

(3) [1] Wird dem Verlangen nicht entsprochen oder sind Personen, an welche dasselbe zu richten wäre, nicht vorhanden, so können die in Absatz 1 bezeichneten Gesellschafter unter Mitteilung des Sachverhältnisses die Berufung oder Ankündigung selbst bewirken. [2] Die Versammlung beschließt, ob die entstandenen Kosten von der Gesellschaft zu tragen sind.

§ 51 Form der Einberufung. (1) [1] Die Berufung der Versammlung erfolgt durch Einladung der Gesellschafter mittels eingeschriebener Briefe. [2] Sie ist mit einer Frist von mindestens einer Woche zu bewirken.

(2) Der Zweck der Versammlung soll jederzeit bei der Berufung angekündigt werden.

(3) Ist die Versammlung nicht ordnungsmäßig berufen, so können Beschlüsse nur gefaßt werden, wenn sämtliche Gesellschafter anwesend sind.

(4) Das gleiche gilt in bezug auf Beschlüsse über Gegenstände, welche nicht wenigstens drei Tage vor der Versammlung in der für die Berufung vorgeschriebenen Weise angekündigt worden sind.

§ 51a Auskunfts- und Einsichtsrecht. (1) Die Geschäftsführer haben jedem Gesellschafter auf Verlangen unverzüglich Auskunft über die Angelegenheiten der Gesellschaft zu geben und die Einsicht der Bücher und Schriften zu gestatten.

(2) [1] Die Geschäftsführer dürfen die Auskunft und die Einsicht verweigern, wenn zu besorgen ist, daß der Gesellschafter sie zu gesellschaftsfremden Zwecken verwenden und dadurch der Gesellschaft oder einem verbundenen Unternehmen einen nicht unerheblichen Nachteil zufügen wird. [2] Die Verweigerung bedarf eines Beschlusses der Gesellschafter.

(3) Von diesen Vorschriften kann im Gesellschaftsvertrag nicht abgewichen werden.

§ 51b Gerichtliche Entscheidung über das Auskunfts- und Einsichtsrecht. [1] Für die gerichtliche Entscheidung über das Auskunfts- und Einsichtsrecht findet § 132 Abs. 1, 3 und 4 des Aktiengesetzes[1)] entsprechende Anwendung. [2] Antragsberechtigt ist jeder Gesellschafter, dem die verlangte Auskunft nicht gegeben oder die verlangte Einsicht nicht gestattet worden ist.

§ 52[2)] Aufsichtsrat. (1) Ist nach dem Gesellschaftsvertrag ein Aufsichtsrat zu bestellen, so sind § 90 Abs. 3, 4, 5 Satz 1 und 2, § 95 Satz 1, § 100 Abs. 1 und 2 Nr. 2 und Abs. 5, § 101 Abs. 1 Satz 1, § 103 Abs. 1 Satz 1 und 2, §§ 105, 107 Absatz 3 Satz 2 und 3 und Absatz 4, §§ 110 bis 114, 116 des Aktiengesetzes[1)] in Verbindung mit § 93 Abs. 1 und 2 Satz 1 und 2 des Aktiengesetzes, § 124 Abs. 3 Satz 2, §§ 170, 171, 394 und 395 des Aktiengesetzes entsprechend anzuwenden, soweit nicht im Gesellschaftsvertrag ein anderes bestimmt ist.

[1)] Nr. **2**.
[2)] Beachte hierzu Übergangsvorschrift in § 7 EGGmbHG (Nr. **3a**).

(2) [1] Ist nach dem Drittelbeteiligungsgesetz ein Aufsichtsrat zu bestellen, so legt die Gesellschafterversammlung für den Frauenanteil im Aufsichtsrat und unter den Geschäftsführern Zielgrößen fest, es sei denn, sie hat dem Aufsichtsrat diese Aufgabe übertragen. [2] Ist nach dem Mitbestimmungsgesetz, dem Montan-Mitbestimmungsgesetz oder dem Mitbestimmungsergänzungsgesetz ein Aufsichtsrat zu bestellen, so legt der Aufsichtsrat für den Frauenanteil im Aufsichtsrat und unter den Geschäftsführern Zielgrößen fest. [3] Liegt der Frauenanteil bei Festlegung der Zielgrößen unter 30 Prozent, so dürfen die Zielgrößen den jeweils erreichten Anteil nicht mehr unterschreiten. [4] Gleichzeitig sind Fristen zur Erreichung der Zielgrößen festzulegen. [5] Die Fristen dürfen jeweils nicht länger als fünf Jahre sein.

(3) [1] Werden die Mitglieder des Aufsichtsrats vor der Eintragung der Gesellschaft in das Handelsregister bestellt, gilt § 37 Abs. 4 Nr. 3 und 3a des Aktiengesetzes entsprechend. [2] Die Geschäftsführer haben bei jeder Änderung in den Personen der Aufsichtsratsmitglieder unverzüglich eine Liste der Mitglieder des Aufsichtsrats, aus welcher Name, Vorname, ausgeübter Beruf und Wohnort der Mitglieder ersichtlich ist, zum Handelsregister einzureichen; das Gericht hat nach § 10 des Handelsgesetzbuchs[1)] einen Hinweis darauf bekannt zu machen, dass die Liste zum Handelsregister eingereicht worden ist.

(4) Schadensersatzansprüche gegen die Mitglieder des Aufsichtsrats wegen Verletzung ihrer Obliegenheiten verjähren in fünf Jahren.

Abschnitt 4. Abänderungen des Gesellschaftsvertrags

§ 53 Form der Satzungsänderung. (1) Eine Abänderung des Gesellschaftsvertrages kann nur durch Beschluß der Gesellschafter erfolgen.

(2) [1] Der Beschluß muß notariell beurkundet werden, derselbe bedarf einer Mehrheit von drei Vierteilen der abgegebenen Stimmen. [2] Der Gesellschaftsvertrag kann noch andere Erfordernisse aufstellen.

(3) Eine Vermehrung der den Gesellschaftern nach dem Gesellschaftsvertrag obliegenden Leistungen kann nur mit Zustimmung sämtlicher beteiligter Gesellschafter beschlossen werden.

§ 54 Anmeldung und Eintragung der Satzungsänderung. (1) [1] Die Abänderung des Gesellschaftsvertrages ist zur Eintragung in das Handelsregister anzumelden. [2] Der Anmeldung ist der vollständige Wortlaut des Gesellschaftsvertrags beizufügen; er muß mit der Bescheinigung eines Notars versehen sein, daß die geänderten Bestimmungen des Gesellschaftsvertrags mit dem Beschluß über die Änderung des Gesellschaftsvertrags und die unveränderten Bestimmungen mit dem zuletzt zum Handelsregister eingereichten vollständigen Wortlaut des Gesellschaftsvertrags übereinstimmen.

(2) Bei der Eintragung genügt, sofern nicht die Abänderung die in § 10 bezeichneten Angaben betrifft, die Bezugnahme auf die bei dem Gericht eingereichten Dokumente über die Abänderung.

(3) Die Abänderung hat keine rechtliche Wirkung, bevor sie in das Handelsregister des Sitzes der Gesellschaft eingetragen ist.

---

1) Nr. 5.

§ 55 Erhöhung des Stammkapitals. (1) Wird eine Erhöhung des Stammkapitals beschlossen, so bedarf es zur Übernahme jedes Geschäftsanteils an dem erhöhten Kapital einer notariell aufgenommenen oder beglaubigten Erklärung des Übernehmers.

(2) [1] Zur Übernahme eines Geschäftsanteils können von der Gesellschaft die bisherigen Gesellschafter oder andere Personen, welche durch die Übernahme ihren Beitritt zu der Gesellschaft erklären, zugelassen werden. [2] Im letzteren Falle sind außer dem Nennbetrag des Geschäftsanteils auch sonstige Leistungen, zu welchen der Beitretende nach dem Gesellschaftsvertrage verpflichtet sein soll, in der in Absatz 1 bezeichneten Urkunde ersichtlich zu machen.

(3) Wird von einem der Gesellschaft bereits angehörenden Gesellschafter ein Geschäftsanteil an dem erhöhten Kapital übernommen, so erwirbt derselbe einen weiteren Geschäftsanteil.

(4) Die Bestimmungen in § 5 Abs. 2 und 3 über die Nennbeträge der Geschäftsanteile sowie die Bestimmungen in § 19 Abs. 6 über die Verjährung des Anspruchs der Gesellschaft auf Leistung der Einlagen sind auch hinsichtlich der an dem erhöhten Kapital übernommenen Geschäftsanteile anzuwenden.

§ 55a Genehmigtes Kapital. (1) [1] Der Gesellschaftsvertrag kann die Geschäftsführer für höchstens fünf Jahre nach Eintragung der Gesellschaft ermächtigen, das Stammkapital bis zu einem bestimmten Nennbetrag (genehmigtes Kapital) durch Ausgabe neuer Geschäftsanteile gegen Einlagen zu erhöhen. [2] Der Nennbetrag des genehmigten Kapitals darf die Hälfte des Stammkapitals, das zur Zeit der Ermächtigung vorhanden ist, nicht übersteigen.

(2) Die Ermächtigung kann auch durch Abänderung des Gesellschaftsvertrags für höchstens fünf Jahre nach deren Eintragung erteilt werden.

(3) Gegen Sacheinlagen (§ 56) dürfen Geschäftsanteile nur ausgegeben werden, wenn die Ermächtigung es vorsieht.

§ 56 Kapitalerhöhung mit Sacheinlagen. (1) [1] Sollen Sacheinlagen geleistet werden, so müssen ihr Gegenstand und der Nennbetrag des Geschäftsanteils, auf den sich die Sacheinlage bezieht, im Beschluß über die Erhöhung des Stammkapitals festgesetzt werden. [2] Die Festsetzung ist in die in § 55 Abs. 1 bezeichnete Erklärung des Übernehmers aufzunehmen.

(2) Die §§ 9 und 19 Abs. 2 Satz 2 und Abs. 4 finden entsprechende Anwendung.

§ 56a Leistungen auf das neue Stammkapital. Für die Leistungen der Einlagen auf das neue Stammkapital finden § 7 Abs. 2 Satz 1 und Abs. 3 sowie § 19 Abs. 5 entsprechende Anwendung.

§ 57 Anmeldung der Erhöhung. (1) Die beschlossene Erhöhung des Stammkapitals ist zur Eintragung in das Handelsregister anzumelden, nachdem das erhöhte Kapital durch Übernahme von Geschäftsanteilen gedeckt ist.

(2) [1] In der Anmeldung ist die Versicherung abzugeben, daß die Einlagen auf das neue Stammkapital nach § 7 Abs. 2 Satz 1 und Abs. 3 bewirkt sind und daß der Gegenstand der Leistungen sich endgültig in der freien Verfügung der Geschäftsführer befindet. [2] § 8 Abs. 2 Satz 2 gilt entsprechend.

(3) Der Anmeldung sind beizufügen:

1. die in § 55 Abs. 1 bezeichneten Erklärungen oder eine beglaubigte Abschrift derselben;
2. eine von den Anmeldenden unterschriebene Liste der Personen, welche die neuen Geschäftsanteile übernommen haben; aus der Liste müssen die Nennbeträge der von jedem übernommenen Geschäftsanteile ersichtlich sein;
3. bei einer Kapitalerhöhung mit Sacheinlagen die Verträge, die den Festsetzungen nach § 56 zugrunde liegen oder zu ihrer Ausführung geschlossen worden sind.

(4) Für die Verantwortlichkeit der Geschäftsführer, welche die Kapitalerhöhung zur Eintragung in das Handelsregister angemeldet haben, finden § 9a Abs. 1 und 3, § 9b entsprechende Anwendung.

§ 57a Ablehnung der Eintragung. Für die Ablehnung der Eintragung durch das Gericht findet § 9c Abs. 1 entsprechende Anwendung.

§ 57b (weggefallen)

§ 57c Kapitalerhöhung aus Gesellschaftsmitteln. (1) Das Stammkapital kann durch Umwandlung von Rücklagen in Stammkapital erhöht werden (Kapitalerhöhung aus Gesellschaftsmitteln).

(2) Die Erhöhung des Stammkapitals kann erst beschlossen werden, nachdem der Jahresabschluß für das letzte vor der Beschlußfassung über die Kapitalerhöhung abgelaufene Geschäftsjahr (letzter Jahresabschluß) festgestellt und über die Ergebnisverwendung Beschluß gefaßt worden ist.

(3) Dem Beschluß über die Erhöhung des Stammkapitals ist eine Bilanz zugrunde zu legen.

(4) Neben den §§ 53 und 54 über die Abänderung des Gesellschaftsvertrags gelten die §§ 57d bis 57o.

§ 57d Ausweisung von Kapital- und Gewinnrücklagen. (1) Die Kapital- und Gewinnrücklagen, die in Stammkapital umgewandelt werden sollen, müssen in der letzten Jahresbilanz und, wenn dem Beschluß eine andere Bilanz zugrunde gelegt wird, auch in dieser Bilanz unter „Kapitalrücklage" oder „Gewinnrücklagen" oder im letzten Beschluß über die Verwendung des Jahresergebnisses als Zuführung zu diesen Rücklagen ausgewiesen sein.

(2) Die Rücklagen können nicht umgewandelt werden, soweit in der zugrunde gelegten Bilanz ein Verlust, einschließlich eines Verlustvortrags, ausgewiesen ist.

(3) Andere Gewinnrücklagen, die einem bestimmten Zweck zu dienen bestimmt sind, dürfen nur umgewandelt werden, soweit dies mit ihrer Zweckbestimmung vereinbar ist.

§ 57e Zugrundelegung der letzten Jahresbilanz; Prüfung. (1) Dem Beschluß kann die letzte Jahresbilanz zugrunde gelegt werden, wenn die Jahresbilanz geprüft und die festgestellte Jahresbilanz mit dem uneingeschränkten Bestätigungsvermerk der Abschlußprüfer versehen ist und wenn ihr Stichtag höchstens acht Monate vor der Anmeldung des Beschlusses zur Eintragung in das Handelsregister liegt.

(2) Bei Gesellschaften, die nicht große im Sinne des § 267 Abs. 3 des Handelsgesetzbuchs[1)] sind, kann die Prüfung auch durch vereidigte Buchprüfer erfolgen; die Abschlußprüfer müssen von der Versammlung der Gesellschafter gewählt sein.

§ 57f Anforderungen an die Bilanz. (1) [1] Wird dem Beschluß nicht die letzte Jahresbilanz zugrunde gelegt, so muß die Bilanz den Vorschriften über die Gliederung der Jahresbilanz und über die Wertansätze in der Jahresbilanz entsprechen. [2] Der Stichtag der Bilanz darf höchstens acht Monate vor der Anmeldung des Beschlusses zur Eintragung in das Handelsregister liegen.

(2) [1] Die Bilanz ist, bevor über die Erhöhung des Stammkapitals Beschluß gefaßt wird, durch einen oder mehrere Prüfer darauf zu prüfen, ob sie dem Absatz 1 entspricht. [2] Sind nach dem abschließenden Ergebnis der Prüfung keine Einwendungen zu erheben, so haben die Prüfer dies durch einen Vermerk zu bestätigen. [3] Die Erhöhung des Stammkapitals kann nicht ohne diese Bestätigung der Prüfer beschlossen werden.

(3) [1] Die Prüfer werden von den Gesellschaftern gewählt; falls nicht andere Prüfer gewählt werden, gelten die Prüfer als gewählt, die für die Prüfung des letzten Jahresabschlusses von den Gesellschaftern gewählt oder vom Gericht bestellt worden sind. [2] Im übrigen sind, soweit sich aus der Besonderheit des Prüfungsauftrags nichts anderes ergibt, § 318 Abs. 1 Satz 2, § 319 Abs. 1 bis 4, § 319a Abs. 1, § 319b Abs. 1, § 320 Abs. 1 Satz 2, Abs. 2 und die §§ 321 und 323 des Handelsgesetzbuchs[1)] anzuwenden. [3] Bei Gesellschaften, die nicht große im Sinne des § 267 Abs. 3 des Handelsgesetzbuchs sind, können auch vereidigte Buchprüfer zu Prüfern bestellt werden.

§ 57g Vorherige Bekanntgabe des Jahresabschlusses. Die Bestimmungen des Gesellschaftsvertrags über die vorherige Bekanntgabe des Jahresabschlusses an die Gesellschafter sind in den Fällen des § 57f entsprechend anzuwenden.

§ 57h Arten der Kapitalerhöhung. (1) [1] Die Kapitalerhöhung kann vorbehaltlich des § 57l Abs. 2 durch Bildung neuer Geschäftsanteile oder durch Erhöhung des Nennbetrags der Geschäftsanteile ausgeführt werden. [2] Die neuen Geschäftsanteile und die Geschäftsanteile, deren Nennbetrag erhöht wird, müssen auf einen Betrag gestellt werden, der auf volle Euro lautet.

(2) [1] Der Beschluß über die Erhöhung des Stammkapitals muß die Art der Erhöhung angeben. [2] Soweit die Kapitalerhöhung durch Erhöhung des Nennbetrags der Geschäftsanteile ausgeführt werden soll, ist sie so zu bemessen, daß durch sie auf keinen Geschäftsanteil, dessen Nennbetrag erhöht wird, Beträge entfallen, die durch die Erhöhung des Nennbetrags des Geschäftsanteils nicht gedeckt werden können.

§ 57i Anmeldung und Eintragung des Erhöhungsbeschlusses.

(1) [1] Der Anmeldung des Beschlusses über die Erhöhung des Stammkapitals zur Eintragung in das Handelsregister ist die der Kapitalerhöhung zugrunde gelegte, mit dem Bestätigungsvermerk der Prüfer versehene Bilanz, in den Fällen des § 57f außerdem die letzte Jahresbilanz, sofern sie noch nicht nach § 325 Abs. 1 des Handelsgesetzbuchs[1)] eingereicht ist, beizufügen. [2] Die Anmeldenden haben dem Registergericht gegenüber zu erklären, daß nach ihrer

---

[1)] Nr. **5**.

Kenntnis seit dem Stichtag der zugrunde gelegten Bilanz bis zum Tag der Anmeldung keine Vermögensminderung eingetreten ist, die der Kapitalerhöhung entgegenstünde, wenn sie am Tag der Anmeldung beschlossen worden wäre.

(2) Das Registergericht darf den Beschluß nur eintragen, wenn die der Kapitalerhöhung zugrunde gelegte Bilanz für einen höchstens acht Monate vor der Anmeldung liegenden Zeitpunkt aufgestellt und eine Erklärung nach Absatz 1 Satz 2 abgegeben worden ist.

(3) Zu der Prüfung, ob die Bilanzen den gesetzlichen Vorschriften entsprechen, ist das Gericht nicht verpflichtet.

(4) Bei der Eintragung des Beschlusses ist anzugeben, daß es sich um eine Kapitalerhöhung aus Gesellschaftsmitteln handelt.

§ 57j Verteilung der Geschäftsanteile. [1]Die neuen Geschäftsanteile stehen den Gesellschaftern im Verhältnis ihrer bisherigen Geschäftsanteile zu. [2]Ein entgegenstehender Beschluß der Gesellschafter ist nichtig.

§ 57k Teilrechte; Ausübung der Rechte. (1) Führt die Kapitalerhöhung dazu, daß auf einen Geschäftsanteil nur ein Teil eines neuen Geschäftsanteils entfällt, so ist dieses Teilrecht selbständig veräußerlich und vererblich.

(2) Die Rechte aus einem neuen Geschäftsanteil, einschließlich des Anspruchs auf Ausstellung einer Urkunde über den neuen Geschäftsanteil, können nur ausgeübt werden, wenn Teilrechte, die zusammen einen vollen Geschäftsanteil ergeben, in einer Hand vereinigt sind oder wenn sich mehrere Berechtigte, deren Teilrechte zusammen einen vollen Geschäftsanteil ergeben, zur Ausübung der Rechte (§ 18) zusammenschließen.

§ 57l Teilnahme an der Erhöhung des Stammkapitals. (1) Eigene Geschäftsanteile nehmen an der Erhöhung des Stammkapitals teil.

(2) [1]Teileingezahlte Geschäftsanteile nehmen entsprechend ihrem Nennbetrag an der Erhöhung des Stammkapitals teil. [2]Bei ihnen kann die Kapitalerhöhung nur durch Erhöhung des Nennbetrags der Geschäftsanteile ausgeführt werden. [3]Sind neben teileingezahlten Geschäftsanteilen vollständig eingezahlte Geschäftsanteile vorhanden, so kann bei diesen die Kapitalerhöhung durch Erhöhung des Nennbetrags der Geschäftsanteile und durch Bildung neuer Geschäftsanteile ausgeführt werden. [4]Die Geschäftsanteile, deren Nennbetrag erhöht wird, können auf jeden Betrag gestellt werden, der auf volle Euro lautet.

§ 57m Verhältnis der Rechte; Beziehungen zu Dritten. (1) Das Verhältnis der mit den Geschäftsanteilen verbundenen Rechte zueinander wird durch die Kapitalerhöhung nicht berührt.

(2) [1]Soweit sich einzelne Rechte teileingezahlter Geschäftsanteile, insbesondere die Beteiligung am Gewinn oder das Stimmrecht, nach der je Geschäftsanteil geleisteten Einlage bestimmen, stehen diese Rechte den Gesellschaftern bis zur Leistung der noch ausstehenden Einlagen nur nach der Höhe der geleisteten Einlage, erhöht um den auf den Nennbetrag des Stammkapitals berechneten Hundertsatz der Erhöhung des Stammkapitals, zu. [2]Werden weitere Einzahlungen geleistet, so erweitern sich diese Rechte entsprechend.

(3) Der wirtschaftliche Inhalt vertraglicher Beziehungen der Gesellschaft zu Dritten, die von der Gewinnausschüttung der Gesellschaft, dem Nennbetrag oder Wert ihrer Geschäftsanteile oder ihres Stammkapitals oder in sonstiger Weise von den bisherigen Kapital- oder Gewinnverhältnissen abhängen, wird durch die Kapitalerhöhung nicht berührt.

§ 57n Gewinnbeteiligung der neuen Geschäftsanteile. (1) Die neuen Geschäftsanteile nehmen, wenn nichts anderes bestimmt ist, am Gewinn des ganzen Geschäftsjahres teil, in dem die Erhöhung des Stammkapitals beschlossen worden ist.

(2) [1] Im Beschluß über die Erhöhung des Stammkapitals kann bestimmt werden, daß die neuen Geschäftsanteile bereits am Gewinn des letzten vor der Beschlußfassung über die Kapitalerhöhung abgelaufenen Geschäftsjahrs teilnehmen. [2] In diesem Fall ist die Erhöhung des Stammkapitals abweichend von § 57c Abs. 2 zu beschließen, bevor über die Ergebnisverwendung für das letzte vor der Beschlußfassung abgelaufene Geschäftsjahr Beschluß gefaßt worden ist. [3] Der Beschluß über die Ergebnisverwendung für das letzte vor der Beschlußfassung über die Kapitalerhöhung abgelaufene Geschäftsjahr wird erst wirksam, wenn das Stammkapital erhöht worden ist. [4] Der Beschluß über die Erhöhung des Stammkapitals und der Beschluß über die Ergebnisverwendung für das letzte vor der Beschlußfassung über die Kapitalerhöhung abgelaufene Geschäftsjahr sind nichtig, wenn der Beschluß über die Kapitalerhöhung nicht binnen drei Monaten nach der Beschlußfassung in das Handelsregister eingetragen worden ist; der Lauf der Frist ist gehemmt, solange eine Anfechtungs- oder Nichtigkeitsklage rechtshängig ist.

§ 57o Anschaffungskosten. [1] Als Anschaffungskosten der vor der Erhöhung des Stammkapitals erworbenen Geschäftsanteile und der auf sie entfallenden neuen Geschäftsanteile gelten die Beträge, die sich für die einzelnen Geschäftsanteile ergeben, wenn die Anschaffungskosten der vor der Erhöhung des Stammkapitals erworbenen Geschäftsanteile auf diese und auf die auf sie entfallenden neuen Geschäftsanteile nach dem Verhältnis der Nennbeträge verteilt werden. [2] Der Zuwachs an Geschäftsanteilen ist nicht als Zugang auszuweisen.

§ 58 Herabsetzung des Stammkapitals. (1) Eine Herabsetzung des Stammkapitals kann nur unter Beobachtung der nachstehenden Bestimmungen erfolgen:

1. der Beschluß auf Herabsetzung des Stammkapitals muß von den Geschäftsführern in den Gesellschaftsblättern bekanntgemacht werden; in dieser Bekanntmachung sind zugleich die Gläubiger der Gesellschaft aufzufordern, sich bei derselben zu melden; die aus den Handelsbüchern der Gesellschaft ersichtlichen oder in anderer Weise bekannten Gläubiger sind durch besondere Mitteilung zur Anmeldung aufzufordern;
2. die Gläubiger, welche sich bei der Gesellschaft melden und der Herabsetzung nicht zustimmen, sind wegen der erhobenen Ansprüche zu befriedigen oder sicherzustellen;
3. die Anmeldung des Herabsetzungsbeschlusses zur Eintragung in das Handelsregister erfolgt nicht vor Ablauf eines Jahres seit dem Tage, an welchem die Aufforderung der Gläubiger in den Gesellschaftsblättern stattgefunden hat;

4. mit der Anmeldung ist die Bekanntmachung des Beschlusses einzureichen; zugleich haben die Geschäftsführer die Versicherung abzugeben, daß die Gläubiger, welche sich bei der Gesellschaft gemeldet und der Herabsetzung nicht zugestimmt haben, befriedigt oder sichergestellt sind.

(2) [1]Die Bestimmung in § 5 Abs. 1 über den Mindestbetrag des Stammkapitals bleibt unberührt. [2]Erfolgt die Herabsetzung zum Zweck der Zurückzahlung von Einlagen oder zum Zweck des Erlasses zu leistender Einlagen, dürfen die verbleibenden Nennbeträge der Geschäftsanteile nicht unter den in § 5 Abs. 2 und 3 bezeichneten Betrag herabgehen.

§ 58a Vereinfachte Kapitalherabsetzung. (1) Eine Herabsetzung des Stammkapitals, die dazu dienen soll, Wertminderungen auszugleichen oder sonstige Verluste zu decken, kann als vereinfachte Kapitalherabsetzung vorgenommen werden.

(2) [1]Die vereinfachte Kapitalherabsetzung ist nur zulässig, nachdem der Teil der Kapital- und Gewinnrücklagen, der zusammen über zehn vom Hundert des nach der Herabsetzung verbleibenden Stammkapitals hinausgeht, vorweg aufgelöst ist. [2]Sie ist nicht zulässig, solange ein Gewinnvortrag vorhanden ist.

(3) [1]Im Beschluß über die vereinfachte Kapitalherabsetzung sind die Nennbeträge der Geschäftsanteile dem herabgesetzten Stammkapital anzupassen. [2]Die Geschäftsanteile müssen auf einen Betrag gestellt werden, der auf volle Euro lautet.

(4) [1]Das Stammkapital kann unter den in § 5 Abs. 1 bestimmten Mindestnennbetrag herabgesetzt werden, wenn dieser durch eine Kapitalerhöhung wieder erreicht wird, die zugleich mit der Kapitalherabsetzung beschlossen ist und bei der Sacheinlagen nicht festgesetzt sind. [2]Die Beschlüsse sind nichtig, wenn sie nicht binnen drei Monaten nach der Beschlußfassung in das Handelsregister eingetragen worden sind. [3]Der Lauf der Frist ist gehemmt, solange eine Anfechtungs- oder Nichtigkeitsklage rechtshängig ist. [4]Die Beschlüsse sollen nur zusammen in das Handelsregister eingetragen werden.

(5) Neben den §§ 53 und 54 über die Abänderung des Gesellschaftsvertrags gelten die §§ 58b bis 58f.

§ 58b Beträge aus Rücklagenauflösung und Kapitalherabsetzung.

(1) Die Beträge, die aus der Auflösung der Kapital- oder Gewinnrücklagen und aus der Kapitalherabsetzung gewonnen werden, dürfen nur verwandt werden, um Wertminderungen auszugleichen und sonstige Verluste zu decken.

(2) [1]Daneben dürfen die gewonnenen Beträge in die Kapitalrücklage eingestellt werden, soweit diese zehn vom Hundert des Stammkapitals nicht übersteigt. [2]Als Stammkapital gilt dabei der Nennbetrag, der sich durch die Herabsetzung ergibt, mindestens aber der nach § 5 Abs. 1 zulässige Mindestnennbetrag.

(3) Ein Betrag, der auf Grund des Absatzes 2 in die Kapitalrücklage eingestellt worden ist, darf vor Ablauf des fünften nach der Beschlußfassung über die Kapitalherabsetzung beginnenden Geschäftsjahrs nur verwandt werden

1. zum Ausgleich eines Jahresfehlbetrags, soweit er nicht durch einen Gewinnvortrag aus dem Vorjahr gedeckt ist und nicht durch Auflösung von Gewinnrücklagen ausgeglichen werden kann;

2. zum Ausgleich eines Verlustvortrags aus dem Vorjahr, soweit er nicht durch einen Jahresüberschuß gedeckt ist und nicht durch Auflösung von Gewinnrücklagen ausgeglichen werden kann;
3. zur Kapitalerhöhung aus Gesellschaftsmitteln.

§ 58c Nichteintritt angenommener Verluste. [1] Ergibt sich bei Aufstellung der Jahresbilanz für das Geschäftsjahr, in dem der Beschluß über die Kapitalherabsetzung gefaßt wurde, oder für eines der beiden folgenden Geschäftsjahre, daß Wertminderungen und sonstige Verluste in der bei der Beschlußfassung angenommenen Höhe tatsächlich nicht eingetreten oder ausgeglichen waren, so ist der Unterschiedsbetrag in die Kapitalrücklage einzustellen. [2] Für einen nach Satz 1 in die Kapitalrücklage eingestellten Betrag gilt § 58b Abs. 3 sinngemäß.

§ 58d Gewinnausschüttung. (1) [1] Gewinn darf vor Ablauf des fünften nach der Beschlußfassung über die Kapitalherabsetzung beginnenden Geschäftsjahrs nur ausgeschüttet werden, wenn die Kapital- und Gewinnrücklagen zusammen zehn vom Hundert des Stammkapitals erreichen. [2] Als Stammkapital gilt dabei der Nennbetrag, der sich durch die Herabsetzung ergibt, mindestens aber der nach § 5 Abs. 1 zulässige Mindestnennbetrag.

(2) [1] Die Zahlung eines Gewinnanteils von mehr als vier vom Hundert ist erst für ein Geschäftsjahr zulässig, das später als zwei Jahre nach der Beschlußfassung über die Kapitalherabsetzung beginnt. [2] Dies gilt nicht, wenn die Gläubiger, deren Forderungen vor der Bekanntmachung der Eintragung des Beschlusses begründet worden waren, befriedigt oder sichergestellt sind, soweit sie sich binnen sechs Monaten nach der Bekanntmachung des Jahresabschlusses, auf Grund dessen die Gewinnverteilung beschlossen ist, zu diesem Zweck gemeldet haben. [3] Einer Sicherstellung der Gläubiger bedarf es nicht, die im Fall des Insolvenzverfahrens ein Recht auf vorzugsweise Befriedigung aus einer Deckungsmasse haben, die nach gesetzlicher Vorschrift zu ihrem Schutz errichtet und staatlich überwacht ist. [4] Die Gläubiger sind in der Bekanntmachung nach § 325 Abs. 2 des Handelsgesetzbuchs[1)] auf die Befriedigung oder Sicherstellung hinzuweisen.

§ 58e Beschluss über die Kapitalherabsetzung. (1) [1] Im Jahresabschluß für das letzte vor der Beschlußfassung über die Kapitalherabsetzung abgelaufene Geschäftsjahr können das Stammkapital sowie die Kapital- und Gewinnrücklagen in der Höhe ausgewiesen werden, in der sie nach der Kapitalherabsetzung bestehen sollen. [2] Dies gilt nicht, wenn der Jahresabschluß anders als durch Beschluß der Gesellschafter festgestellt wird.

(2) Der Beschluß über die Feststellung des Jahresabschlusses soll zugleich mit dem Beschluß über die Kapitalherabsetzung gefaßt werden.

(3) [1] Die Beschlüsse sind nichtig, wenn der Beschluß über die Kapitalherabsetzung nicht binnen drei Monaten nach der Beschlußfassung in das Handelsregister eingetragen worden ist. [2] Der Lauf der Frist ist gehemmt, solange eine Anfechtungs- oder Nichtigkeitsklage rechtshängig ist.

(4) Der Jahresabschluß darf nach § 325 des Handelsgesetzbuchs[1)] erst nach Eintragung des Beschlusses über die Kapitalherabsetzung offengelegt werden.

[1)] Nr. 5.

§ 58f Kapitalherabsetzung bei gleichzeitiger Erhöhung des Stammkapitals. (1) [1] Wird im Fall des § 58e zugleich mit der Kapitalherabsetzung eine Erhöhung des Stammkapitals beschlossen, so kann auch die Kapitalerhöhung in dem Jahresabschluß als vollzogen berücksichtigt werden. [2] Die Beschlussfassung ist nur zulässig, wenn die neuen Geschäftsanteile übernommen, keine Sacheinlagen festgesetzt sind und wenn auf jeden neuen Geschäftsanteil die Einzahlung geleistet ist, die nach § 56a zur Zeit der Anmeldung der Kapitalerhöhung bewirkt sein muss. [3] Die Übernahme und die Einzahlung sind dem Notar nachzuweisen, der den Beschluß über die Erhöhung des Stammkapitals beurkundet.

(2) [1] Sämtliche Beschlüsse sind nichtig, wenn die Beschlüsse über die Kapitalherabsetzung und die Kapitalerhöhung nicht binnen drei Monaten nach der Beschlußfassung in das Handelsregister eingetragen worden sind. [2] Der Lauf der Frist ist gehemmt, solange eine Anfechtungs- oder Nichtigkeitsklage rechtshängig ist. [3] Die Beschlüsse sollen nur zusammen in das Handelsregister eingetragen werden.

(3) Der Jahresabschluß darf nach § 325 des Handelsgesetzbuchs[1)] erst offengelegt werden, nachdem die Beschlüsse über die Kapitalherabsetzung und Kapitalerhöhung eingetragen worden sind.

§ 59 (weggefallen)

Abschnitt 5. Auflösung und Nichtigkeit der Gesellschaft

§ 60 Auflösungsgründe. (1) Die Gesellschaft mit beschränkter Haftung wird aufgelöst:

1. durch Ablauf der im Gesellschaftsvertrag bestimmten Zeit;
2. durch Beschluß der Gesellschafter; derselbe bedarf, sofern im Gesellschaftsvertrag nicht ein anderes bestimmt ist, einer Mehrheit von drei Vierteilen der abgegebenen Stimmen;
3. durch gerichtliches Urteil oder durch Entscheidung des Verwaltungsgerichts oder der Verwaltungsbehörde in den Fällen der §§ 61 und 62;
4. durch die Eröffnung des Insolvenzverfahrens; wird das Verfahren auf Antrag des Schuldners eingestellt oder nach der Bestätigung eines Insolvenzplans, der den Fortbestand der Gesellschaft vorsieht, aufgehoben, so können die Gesellschafter die Fortsetzung der Gesellschaft beschließen;
5. mit der Rechtskraft des Beschlusses, durch den die Eröffnung des Insolvenzverfahrens mangels Masse abgelehnt worden ist;
6. mit der Rechtskraft einer Verfügung des Registergerichts, durch welche nach § 399 des Gesetzes über das Verfahren in Familiensachen und in den Angelegenheiten der freiwilligen Gerichtsbarkeit ein Mangel des Gesellschaftsvertrags festgestellt worden ist;
7. durch die Löschung der Gesellschaft wegen Vermögenslosigkeit nach § 394 des Gesetzes über das Verfahren in Familiensachen und in den Angelegenheiten der freiwilligen Gerichtsbarkeit.

(2) Im Gesellschaftsvertrag können weitere Auflösungsgründe festgesetzt werden.

[1)] Nr. **5**.

§ 61 Auflösung durch Urteil. (1) Die Gesellschaft kann durch gerichtliches Urteil aufgelöst werden, wenn die Erreichung des Gesellschaftszweckes unmöglich wird, oder wenn andere, in den Verhältnissen der Gesellschaft liegende, wichtige Gründe für die Auflösung vorhanden sind.

(2) [1] Die Auflösungsklage ist gegen die Gesellschaft zu richten. [2] Sie kann nur von Gesellschaftern erhoben werden, deren Geschäftsanteile zusammen mindestens dem zehnten Teil des Stammkapitals entsprechen.

(3) Für die Klage ist das Landgericht ausschließlich zuständig, in dessen Bezirk die Gesellschaft ihren Sitz hat.

§ 62[1)] Auflösung durch eine Verwaltungsbehörde. (1) Wenn eine Gesellschaft das Gemeinwohl dadurch gefährdet, daß die Gesellschafter gesetzwidrige Beschlüsse fassen oder gesetzwidrige Handlungen der Geschäftsführer wissentlich geschehen lassen, so kann sie aufgelöst werden, ohne daß deshalb ein Anspruch auf Entschädigung stattfindet.

(2) Das Verfahren und die Zuständigkeit der Behörden richtet sich nach den für streitige Verwaltungssachen *landesgesetzlich* geltenden Vorschriften.

§ 63 (weggefallen)

§ 64 Haftung für Zahlungen nach Zahlungsunfähigkeit oder Überschuldung. [1] Die Geschäftsführer sind der Gesellschaft zum Ersatz von Zahlungen verpflichtet, die nach Eintritt der Zahlungsunfähigkeit der Gesellschaft oder nach Feststellung ihrer Überschuldung geleistet werden. [2] Dies gilt nicht von Zahlungen, die auch nach diesem Zeitpunkt mit der Sorgfalt eines ordentlichen Geschäftsmanns vereinbar sind. [3] Die gleiche Verpflichtung trifft die Geschäftsführer für Zahlungen an Gesellschafter, soweit diese zur Zahlungsunfähigkeit der Gesellschaft führen mussten, es sei denn, dies war auch bei Beachtung der in Satz 2 bezeichneten Sorgfalt nicht erkennbar. [4] Auf den Ersatzanspruch finden die Bestimmungen in § 43 Abs. 3 und 4 entsprechende Anwendung.

§ 65 Anmeldung und Eintragung der Auflösung. (1) [1] Die Auflösung der Gesellschaft ist zur Eintragung in das Handelsregister anzumelden. [2] Dies gilt nicht in den Fällen der Eröffnung oder der Ablehnung der Eröffnung des Insolvenzverfahrens und der gerichtlichen Feststellung eines Mangels des Gesellschaftsvertrags. [3] In diesen Fällen hat das Gericht die Auflösung und ihren Grund von Amts wegen einzutragen. [4] Im Falle der Löschung der Gesellschaft (§ 60 Abs. 1 Nr. 7) entfällt die Eintragung der Auflösung.

(2) [1] Die Auflösung ist von den Liquidatoren in den Gesellschaftsblättern bekanntzumachen. [2] Durch die Bekanntmachung sind zugleich die Gläubiger der Gesellschaft aufzufordern, sich bei derselben zu melden.

§ 66 Liquidatoren. (1) In den Fällen der Auflösung außer dem Fall des Insolvenzverfahrens erfolgt die Liquidation durch die Geschäftsführer, wenn nicht dieselbe durch den Gesellschaftsvertrag oder durch Beschluß der Gesellschafter anderen Personen übertragen wird.

[1)] § 62 Abs. 2 Sätze 2 und 3 gegenstandslos durch VwGO v. 21.1.1960 (BGBl. I S. 17).

(2) Auf Antrag von Gesellschaftern, deren Geschäftsanteile zusammen mindestens dem zehnten Teil des Stammkapitals entsprechen, kann aus wichtigen Gründen die Bestellung von Liquidatoren durch das Gericht erfolgen.

(3) [1] Die Abberufung von Liquidatoren kann durch das Gericht unter derselben Voraussetzung wie die Bestellung stattfinden. [2] Liquidatoren, welche nicht vom Gericht ernannt sind, können auch durch Beschluß der Gesellschafter vor Ablauf des Zeitraums, für welchen sie bestellt sind, abberufen werden.

(4) Für die Auswahl der Liquidatoren findet § 6 Abs. 2 Satz 2 und 3 entsprechende Anwendung.

(5) [1] Ist die Gesellschaft durch Löschung wegen Vermögenslosigkeit aufgelöst, so findet eine Liquidation nur statt, wenn sich nach der Löschung herausstellt, daß Vermögen vorhanden ist, das der Verteilung unterliegt. [2] Die Liquidatoren sind auf Antrag eines Beteiligten durch das Gericht zu ernennen.

§ 67 Anmeldung der Liquidatoren. (1) Die ersten Liquidatoren sowie ihre Vertretungsbefugnis sind durch die Geschäftsführer, jeder Wechsel der Liquidatoren und jede Änderung ihrer Vertretungsbefugnis sind durch die Liquidatoren zur Eintragung in das Handelsregister anzumelden.

(2) Der Anmeldung sind die Urkunden über die Bestellung der Liquidatoren oder über die Änderung in den Personen derselben in Urschrift oder öffentlich beglaubigter Abschrift beizufügen.

(3) [1] In der Anmeldung haben die Liquidatoren zu versichern, daß keine Umstände vorliegen, die ihrer Bestellung nach § 66 Abs. 4 in Verbindung mit § 6 Abs. 2 Satz 2 Nr. 2 und 3 sowie Satz 3 entgegenstehen, und daß sie über ihre unbeschränkte Auskunftspflicht gegenüber dem Gericht belehrt worden sind. [2] § 8 Abs. 3 Satz 2 ist anzuwenden.

(4) Die Eintragung der gerichtlichen Ernennung oder Abberufung der Liquidatoren geschieht von Amts wegen.

§ 68 Zeichnung der Liquidatoren. (1) [1] Die Liquidatoren haben in der bei ihrer Bestellung bestimmten Form ihre Willenserklärungen kundzugeben und für die Gesellschaft zu zeichnen. [2] Ist nichts darüber bestimmt, so muß die Erklärung und Zeichnung durch sämtliche Liquidatoren erfolgen.

(2) Die Zeichnungen geschehen in der Weise, daß die Liquidatoren der bisherigen, nunmehr als Liquidationsfirma zu bezeichnenden Firma ihre Namensunterschrift beifügen.

§ 69 Rechtsverhältnisse von Gesellschaft und Gesellschaftern.

(1) Bis zur Beendigung der Liquidation kommen ungeachtet der Auflösung der Gesellschaft in bezug auf die Rechtsverhältnisse derselben und der Gesellschafter die Vorschriften des zweiten und dritten Abschnitts zur Anwendung, soweit sich aus den Bestimmungen des gegenwärtigen Abschnitts und aus dem Wesen der Liquidation nicht ein anderes ergibt.

(2) Der Gerichtsstand, welchen die Gesellschaft zur Zeit ihrer Auflösung hatte, bleibt bis zur vollzogenen Verteilung des Vermögens bestehen.

§ 70 Aufgaben der Liquidatoren. [1] Die Liquidatoren haben die laufenden Geschäfte zu beendigen, die Verpflichtungen der aufgelösten Gesellschaft zu erfüllen, die Forderungen derselben einzuziehen und das Vermögen der Gesellschaft in Geld umzusetzen; sie haben die Gesellschaft gerichtlich und außergerichtlich zu vertreten. [2]Zur Beendigung schwebender Geschäfte können die Liquidatoren auch neue Geschäfte eingehen.

§ 71 Eröffnungsbilanz; Rechte und Pflichten. (1) Die Liquidatoren haben für den Beginn der Liquidation eine Bilanz (Eröffnungsbilanz) und einen die Eröffnungsbilanz erläuternden Bericht sowie für den Schluß eines jeden Jahres einen Jahresabschluß und einen Lagebericht aufzustellen.

(2) [1]Die Gesellschafter beschließen über die Feststellung der Eröffnungsbilanz und des Jahresabschlusses sowie über die Entlastung der Liquidatoren. [2]Auf die Eröffnungsbilanz und den erläuternden Bericht sind die Vorschriften über den Jahresabschluß entsprechend anzuwenden. [3]Vermögensgegenstände des Anlagevermögens sind jedoch wie Umlaufvermögen zu bewerten, soweit ihre Veräußerung innerhalb eines übersehbaren Zeitraums beabsichtigt ist oder diese Vermögensgegenstände nicht mehr dem Geschäftsbetrieb dienen; dies gilt auch für den Jahresabschluß.

(3) [1]Das Gericht kann von der Prüfung des Jahresabschlusses und des Lageberichts durch einen Abschlußprüfer befreien, wenn die Verhältnisse der Gesellschaft so überschaubar sind, daß eine Prüfung im Interesse der Gläubiger und der Gesellschafter nicht geboten erscheint. [2]Gegen die Entscheidung ist die Beschwerde zulässig.

(4) Im übrigen haben sie die aus §§ 37, 41, 43 Abs. 1, 2 und 4, § 49 Abs. 1 und 2, § 64 sich ergebenden Rechte und Pflichten der Geschäftsführer.

(5) Auf den Geschäftsbriefen ist anzugeben, dass sich die Gesellschaft in Liquidation befindet; im Übrigen gilt § 35a entsprechend.

§ 72 Vermögensverteilung. [1]Das Vermögen der Gesellschaft wird unter die Gesellschafter nach Verhältnis ihrer Geschäftsanteile verteilt. [2]Durch den Gesellschaftsvertrag kann ein anderes Verhältnis für die Verteilung bestimmt werden.

§ 73 Sperrjahr. (1) Die Verteilung darf nicht vor Tilgung oder Sicherstellung der Schulden der Gesellschaft und nicht vor Ablauf eines Jahres seit dem Tage vorgenommen werden, an welchem die Aufforderung an die Gläubiger (§ 65 Abs. 2) in den Gesellschaftsblättern erfolgt ist.

(2) [1]Meldet sich ein bekannter Gläubiger nicht, so ist der geschuldete Betrag, wenn die Berechtigung zur Hinterlegung vorhanden ist, für den Gläubiger zu hinterlegen. [2]Ist die Berichtigung einer Verbindlichkeit zur Zeit nicht ausführbar oder ist eine Verbindlichkeit streitig, so darf die Verteilung des Vermögens nur erfolgen, wenn dem Gläubiger Sicherheit geleistet ist.

(3) [1]Liquidatoren, welche diesen Vorschriften zuwiderhandeln, sind zum Ersatz der verteilten Beträge solidarisch verpflichtet. [2]Auf den Ersatzanspruch finden die Bestimmungen in § 43 Abs. 3 und 4 entsprechende Anwendung.

§ 74 Schluss der Liquidation. (1) [1]Ist die Liquidation beendet und die Schlußrechnung gelegt, so haben die Liquidatoren den Schluß der Liquidation zur Eintragung in das Handelsregister anzumelden. [2]Die Gesellschaft ist zu löschen.

(2) [1]Nach Beendigung der Liquidation sind die Bücher und Schriften der Gesellschaft für die Dauer von zehn Jahren einem der Gesellschafter oder einem Dritten in Verwahrung zu geben. [2]Der Gesellschafter oder der Dritte wird in

Ermangelung einer Bestimmung des Gesellschaftsvertrags oder eines Beschlusses der Gesellschafter durch das Gericht bestimmt.

(3) [1] Die Gesellschafter und deren Rechtsnachfolger sind zur Einsicht der Bücher und Schriften berechtigt. [2] Gläubiger der Gesellschaft können von dem Gericht zur Einsicht ermächtigt werden.

§ 75 Nichtigkeitsklage. (1) Enthält der Gesellschaftsvertrag keine Bestimmungen über die Höhe des Stammkapitals oder über den Gegenstand des Unternehmens oder sind die Bestimmungen des Gesellschaftsvertrags über den Gegenstand des Unternehmens nichtig, so kann jeder Gesellschafter, jeder Geschäftsführer und, wenn ein Aufsichtsrat bestellt ist, jedes Mitglied des Aufsichtsrats im Wege der Klage beantragen, daß die Gesellschaft für nichtig erklärt werde.

(2) Die Vorschriften der §§ 246 bis 248 des Aktiengesetzes[1)] finden entsprechende Anwendung.

§ 76 Heilung von Mängeln durch Gesellschafterbeschluss. Ein Mangel, der die Bestimmungen über den Gegenstand des Unternehmens betrifft, kann durch einstimmigen Beschluß der Gesellschafter geheilt werden.

§ 77 Wirkung der Nichtigkeit. (1) Ist die Nichtigkeit einer Gesellschaft in das Handelsregister eingetragen, so finden zum Zwecke der Abwicklung ihrer Verhältnisse die für den Fall der Auflösung geltenden Vorschriften entsprechende Anwendung.

(2) Die Wirksamkeit der im Namen der Gesellschaft mit Dritten vorgenommenen Rechtsgeschäfte wird durch die Nichtigkeit nicht berührt.

(3) Die Gesellschafter haben die versprochenen Einzahlungen zu leisten, soweit es zur Erfüllung der eingegangenen Verbindlichkeiten erforderlich ist.

Abschnitt 6. Ordnungs-, Straf- und Bußgeldvorschriften

§ 78 Anmeldepflichtige. Die in diesem Gesetz vorgesehenen Anmeldungen zum Handelsregister sind durch die Geschäftsführer oder die Liquidatoren, die in § 7 Abs. 1, § 57 Abs. 1, § 57i Abs. 1, § 58 Abs. 1 Nr. 3 vorgesehenen Anmeldungen sind durch sämtliche Geschäftsführer zu bewirken.

§ 79 Zwangsgelder. (1) [1] Geschäftsführer oder Liquidatoren, die §§ 35a, 71 Abs. 5 nicht befolgen, sind hierzu vom Registergericht durch Festsetzung von Zwangsgeld anzuhalten; § 14 des Handelsgesetzbuchs[2)] bleibt unberührt. [2] Das einzelne Zwangsgeld darf den Betrag von fünftausend Euro nicht übersteigen.

(2) In Ansehung der in §§ 7, 54, 57 Abs. 1, § 58 Abs. 1 Nr. 3 bezeichneten Anmeldungen zum Handelsregister findet, soweit es sich um die Anmeldung zum Handelsregister des Sitzes der Gesellschaft handelt, eine Festsetzung von Zwangsgeld nach § 14 des Handelsgesetzbuchs nicht statt.

§§ 80, 81 (weggefallen)

§ 81a *(aufgehoben)*

---

1) Nr. 2.
2) Nr. 5.

§ 82 Falsche Angaben. (1) Mit Freiheitsstrafe bis zu drei Jahren oder mit Geldstrafe wird bestraft, wer

1. als Gesellschafter oder als Geschäftsführer zum Zweck der Eintragung der Gesellschaft über die Übernahme der Geschäftsanteile, die Leistung der Einlagen, die Verwendung eingezahlter Beträge, über Sondervorteile, Gründungsaufwand und Sacheinlagen,
2. als Gesellschafter im Sachgründungsbericht,
3. als Geschäftsführer zum Zweck der Eintragung einer Erhöhung des Stammkapitals über die Zeichnung oder Einbringung des neuen Kapitals oder über Sacheinlagen,
4. als Geschäftsführer in der in § 57i Abs. 1 Satz 2 vorgeschriebenen Erklärung oder
5. als Geschäftsführer einer Gesellschaft mit beschränkter Haftung oder als Geschäftsleiter einer ausländischen juristischen Person in der nach § 8 Abs. 3 Satz 1 oder § 39 Abs. 3 Satz 1 abzugebenden Versicherung oder als Liquidator in der nach § 67 Abs. 3 Satz 1 abzugebenden Versicherung

falsche Angaben macht.

(2) Ebenso wird bestraft, wer

1. als Geschäftsführer zum Zweck der Herabsetzung des Stammkapitals über die Befriedigung oder Sicherstellung der Gläubiger eine unwahre Versicherung abgibt oder
2. als Geschäftsführer, Liquidator, Mitglied eines Aufsichtsrats oder ähnlichen Organs in einer öffentlichen Mitteilung die Vermögenslage der Gesellschaft unwahr darstellt oder verschleiert, wenn die Tat nicht in § 331 Nr. 1 oder Nr. 1a des Handelsgesetzbuchs[1)] mit Strafe bedroht ist.

§ 83 (weggefallen)

§ 84 Verletzung der Verlustanzeigepflicht. (1) Mit Freiheitsstrafe bis zu drei Jahren oder mit Geldstrafe wird bestraft, wer es als Geschäftsführer unterläßt, den Gesellschaftern einen Verlust in Höhe der Hälfte des Stammkapitals anzuzeigen.

(2) Handelt der Täter fahrlässig, so ist die Strafe Freiheitsstrafe bis zu einem Jahr oder Geldstrafe.

§ 85 Verletzung der Geheimhaltungspflicht. (1) Mit Freiheitsstrafe bis zu einem Jahr oder mit Geldstrafe wird bestraft, wer ein Geheimnis der Gesellschaft, namentlich ein Betriebs- oder Geschäftsgeheimnis, das ihm in seiner Eigenschaft als Geschäftsführer, Mitglied des Aufsichtsrats oder Liquidator bekanntgeworden ist, unbefugt offenbart.

(2) [1] Handelt der Täter gegen Entgelt oder in der Absicht, sich oder einen anderen zu bereichern oder einen anderen zu schädigen, so ist die Strafe Freiheitsstrafe bis zu zwei Jahren oder Geldstrafe. [2] Ebenso wird bestraft, wer ein Geheimnis der in Absatz 1 bezeichneten Art, namentlich ein Betriebs- oder Geschäftsgeheimnis, das ihm unter den Voraussetzungen des Absatzes 1 bekanntgeworden ist, unbefugt verwertet.

[1)] Nr. **5**.

(3) [1] Die Tat wird nur auf Antrag der Gesellschaft verfolgt. [2] Hat ein Geschäftsführer oder ein Liquidator die Tat begangen, so sind der Aufsichtsrat und, wenn kein Aufsichtsrat vorhanden ist, von den Gesellschaftern bestellte besondere Vertreter antragsberechtigt. [3] Hat ein Mitglied des Aufsichtsrats die Tat begangen, so sind die Geschäftsführer oder die Liquidatoren antragsberechtigt.

§ 86 Verletzung der Pflichten bei Abschlussprüfungen. (1) Mit Freiheitsstrafe bis zu einem Jahr oder mit Geldstrafe wird bestraft, wer als Mitglied eines Aufsichtsrats oder als Mitglied eines Prüfungsausschusses einer Gesellschaft, die kapitalmarktorientiert im Sinne des § 264d des Handelsgesetzbuchs[1)], die CRR-Kreditinstitut im Sinne des § 1 Absatz 3d Satz 1 des Kreditwesengesetzes, mit Ausnahme der in § 2 Absatz 1 Nummer 1 und 2 des Kreditwesengesetzes genannten Institute, oder die Versicherungsunternehmen ist im Sinne des Artikels 2 Absatz 1 der Richtlinie 91/674/EWG des Rates vom 19. Dezember 1991 über den Jahresabschluß und den konsolidierten Abschluß von Versicherungsunternehmen (ABl. L 374 vom 31.12.1991, S. 7), die zuletzt durch die Richtlinie 2006/46/EG (ABl. L 224 vom 16.8.2006, S. 1) geändert worden ist,

1. eine in § 87 Absatz 1 bezeichnete Handlung begeht und dafür einen Vermögensvorteil erhält oder sich versprechen lässt oder
2. eine in § 87 Absatz 1 bezeichnete Handlung beharrlich wiederholt.

(2) Ebenso wird bestraft, wer als Mitglied eines Aufsichtsrats oder als Mitglied eines Prüfungsausschusses einer Gesellschaft, die kapitalmarktorientiert im Sinne des § 264d des Handelsgesetzbuchs[1)] oder die CRR-Kreditinstitut ist im Sinne des § 1 Absatz 3d Satz 1 des Kreditwesengesetzes, mit Ausnahme der in § 2 Absatz 1 Nummer 1 und 2 des Kreditwesengesetzes genannten Institute,

1. eine in § 87 Absatz 2 oder 3 bezeichnete Handlung begeht und dafür einen Vermögensvorteil erhält oder sich versprechen lässt oder
2. eine in § 87 Absatz 2 oder 3 bezeichnete Handlung beharrlich wiederholt.

§ 87 Bußgeldvorschriften. (1) Ordnungswidrig handelt, wer als Mitglied eines Aufsichtsrats oder als Mitglied eines Prüfungsausschusses einer Gesellschaft, die kapitalmarktorientiert im Sinne des § 264d des Handelsgesetzbuchs[1)], die CRR-Kreditinstitut im Sinne des § 1 Absatz 3d Satz 1 des Kreditwesengesetzes, mit Ausnahme der in § 2 Absatz 1 Nummer 1 und 2 des Kreditwesengesetzes genannten Institute, oder die Versicherungsunternehmen ist im Sinne des Artikels 2 Absatz 1 der Richtlinie 91/674/EWG des Rates vom 19. Dezember 1991 über den Jahresabschluß und den konsolidierten Abschluß von Versicherungsunternehmen (ABl. L 374 vom 31.12.1991, S. 7), die zuletzt durch die Richtlinie 2006/46/EG (ABl. L 224 vom 16.8.2006, S. 1) geändert worden ist,

1. die Unabhängigkeit des Abschlussprüfers oder der Prüfungsgesellschaft nicht nach Maßgabe des Artikels 4 Absatz 3 Unterabsatz 2, des Artikels 5 Absatz 4 Unterabsatz 1 Satz 1 oder des Artikels 6 Absatz 2 der Verordnung (EU) Nr. 537/2014 des Europäischen Parlaments und des Rates vom 16. April 2014 über spezifische Anforderungen an die Abschlussprüfung bei Unternehmen von öffentlichem Interesse und zur Aufhebung des Beschlusses

---

[1)] Nr. **5**.

2005/909/EG der Kommission (ABl. L 158 vom 27.5.2014, S. 77, L 170 vom 11.6.2014, S. 66) überwacht oder

2. eine Empfehlung für die Bestellung eines Abschlussprüfers oder einer Prüfungsgesellschaft vorlegt, die nicht auf einem Verlangen der Aufsichtsbehörde nach § 36 Absatz 1 Satz 2 des Versicherungsaufsichtsgesetzes beruht und
   a) die den Anforderungen nach Artikel 16 Absatz 2 Unterabsatz 2 oder 3 der Verordnung (EU) Nr. 537/2014 nicht entspricht oder
   b) der ein Auswahlverfahren nach Artikel 16 Absatz 3 Unterabsatz 1 der Verordnung (EU) Nr. 537/2014 nicht vorangegangen ist.

(2) Ordnungswidrig handelt, wer als Mitglied eines Aufsichtsrats, der einen Prüfungsausschuss nicht bestellt hat, einer Gesellschaft, die kapitalmarktorientiert im Sinne des § 264d des Handelsgesetzbuchs[1] oder die CRR-Kreditinstitut ist im Sinne des § 1 Absatz 3d Satz 1 des Kreditwesengesetzes, mit Ausnahme der in § 2 Absatz 1 Nummer 1 und 2 des Kreditwesengesetzes genannten Institute, den Gesellschaftern einen Vorschlag für die Bestellung eines Abschlussprüfers oder einer Prüfungsgesellschaft vorlegt, der den Anforderungen nach Artikel 16 Absatz 5 Unterabsatz 1 der Verordnung (EU) Nr. 537/2014 nicht entspricht.

(3) Ordnungswidrig handelt, wer als Mitglied eines Aufsichtsrats, der einen Prüfungsausschuss bestellt hat, einer in Absatz 2 genannten Gesellschaft den Gesellschaftern einen Vorschlag für die Bestellung eines Abschlussprüfers oder einer Prüfungsgesellschaft vorlegt, der den Anforderungen nach Artikel 16 Absatz 5 Unterabsatz 1 oder Unterabsatz 2 Satz 1 oder Satz 2 der Verordnung (EU) Nr. 537/2014 nicht entspricht.

(4) Die Ordnungswidrigkeit kann mit einer Geldbuße bis zu fünfzigtausend Euro geahndet werden.

(5) Verwaltungsbehörde im Sinne des § 36 Absatz 1 Nummer 1 des Gesetzes über Ordnungswidrigkeiten ist bei CRR-Kreditinstituten im Sinne des § 1 Absatz 3d Satz 1 des Kreditwesengesetzes, mit Ausnahme der in § 2 Absatz 1 Nummer 1 und 2 des Kreditwesengesetzes genannten Institute, und bei Versicherungsunternehmen im Sinne des Artikels 2 Absatz 1 der Richtlinie 91/674/EWG die Bundesanstalt für Finanzdienstleistungsaufsicht, im Übrigen das Bundesamt für Justiz.

§ 88 Mitteilungen an die Abschlussprüferaufsichtsstelle. (1) Die nach § 87 Absatz 5 zuständige Verwaltungsbehörde übermittelt der Abschlussprüferaufsichtsstelle beim Bundesamt für Wirtschaft und Ausfuhrkontrolle alle Bußgeldentscheidungen nach § 87 Absatz 1 bis 3.

(2) In Strafverfahren, die eine Straftat nach § 86 zum Gegenstand haben, übermittelt die Staatsanwaltschaft im Falle der Erhebung der öffentlichen Klage der Abschlussprüferaufsichtsstelle die das Verfahren abschließende Entscheidung. Ist gegen die Entscheidung ein Rechtsmittel eingelegt worden, ist die Entscheidung unter Hinweis auf das eingelegte Rechtsmittel zu übermitteln.

---

[1] Nr. **5**.

Anlage
(zu § 2 Abs. 1a)

[Musterprotokolle]

a) Musterprotokoll für die Gründung einer Einpersonengesellschaft

UR. Nr. ....

Heute, den ....,

erschien vor mir, ...,
Notar/in mit dem Amtssitz in
....,

Herr/Frau[1)]
....
....
....[2)].

1. Der Erschienene errichtet hiermit nach § 2 Abs. 1a GmbHG eine Gesellschaft mit beschränkter Haftung unter der Firma .... mit dem Sitz in ....
2. Gegenstand des Unternehmens ist ....
3. Das Stammkapital der Gesellschaft beträgt .... € (i.W. .... Euro) und wird vollständig von Herrn/Frau[1)] .... (Geschäftsanteil Nr. 1) übernommen. Die Einlage ist in Geld zu erbringen, und zwar sofort in voller Höhe/zu 50 Prozent sofort, im Übrigen sobald die Gesellschafterversammlung ihre Einforderung beschließt[3)].
4. Zum Geschäftsführer der Gesellschaft wird Herr/Frau[4)] ...., geboren am ...., wohnhaft in ...., bestellt. Der Geschäftsführer ist von den Beschränkungen des § 181 des Bürgerlichen Gesetzbuchs befreit.
5. Die Gesellschaft trägt die mit der Gründung verbundenen Kosten bis zu einem Gesamtbetrag von 300 €, höchstens jedoch bis zum Betrag ihres Stammkapitals. Darüber hinausgehende Kosten trägt der Gesellschafter.
6. Von dieser Urkunde erhält eine Ausfertigung der Gesellschafter, beglaubigte Ablichtungen die Gesellschaft und das Registergericht (in elektronischer Form) sowie eine einfache Abschrift das Finanzamt – Körperschaftsteuerstelle –.
7. Der Erschienene wurde vom Notar/von der Notarin insbesondere auf Folgendes hingewiesen: ....

Hinweise:

1) Nicht Zutreffendes streichen. Bei juristischen Personen ist die Anrede Herr/Frau wegzulassen.

2) Hier sind neben der Bezeichnung des Gesellschafters und den Angaben zur notariellen Identitätsfeststellung ggf. der Güterstand und die Zustimmung des Ehegatten sowie die Angaben zu einer etwaigen Vertretung zu vermerken.

3) Nicht Zutreffendes streichen. Bei der Unternehmergesellschaft muss die zweite Alternative gestrichen werden.

4) Nicht Zutreffendes streichen.

b) Musterprotokoll für die Gründung einer Mehrpersonengesellschaft mit bis zu drei Gesellschaftern

UR. Nr. ....

Heute, den ....,

erschienen vor mir, ...,
Notar/in mit dem Amtssitz in

....,

Herr/Frau[1)]

....

....[2)],

Herr/Frau[1)]

....

....[2)],

Herr/Frau[1)]

....

....[2)].

1. Die Erschienenen errichten hiermit nach § 2 Abs. 1a GmbHG eine Gesellschaft mit beschränkter Haftung unter der Firma ....
mit dem Sitz in ....
2. Gegenstand des Unternehmens ist ....
3. Das Stammkapital der Gesellschaft beträgt .... € (i.W. .... Euro) und wird wie folgt übernommen:
Herr/Frau[1)] .... übernimmt einen Geschäftsanteil mit einem Nennbetrag in Höhe von .... € (i.W. .... Euro) (Geschäftsanteil Nr. 1),
Herr/Frau[1)] .... übernimmt einen Geschäftsanteil mit einem Nennbetrag in Höhe von .... € (i.W. .... Euro) (Geschäftsanteil Nr. 2),
Herr/Frau[1)] .... übernimmt einen Geschäftsanteil mit einem Nennbetrag in Höhe von .... € (i.W. .... Euro) (Geschäftsanteil Nr. 3).
Die Einlagen sind in Geld zu erbringen, und zwar sofort in voller Höhe/zu 50 Prozent sofort, im Übrigen sobald die Gesellschafterversammlung ihre Einforderung beschließt[3)].
4. Zum Geschäftsführer der Gesellschaft wird Herr/Frau[4)] ...., geboren am ...., wohnhaft in ...., bestellt. Der Geschäftsführer ist von den Beschränkungen des § 181 des Bürgerlichen Gesetzbuchs befreit.

5. Die Gesellschaft trägt die mit der Gründung verbundenen Kosten bis zu einem Gesamtbetrag von 300 €, höchstens jedoch bis zum Betrag ihres Stammkapitals. Darüber hinausgehende Kosten tragen die Gesellschafter im Verhältnis der Nennbeträge ihrer Geschäftsanteile.
6. Von dieser Urkunde erhält eine Ausfertigung jeder Gesellschafter, beglaubigte Ablichtungen die Gesellschaft und das Registergericht (in elektronischer Form) sowie eine einfache Abschrift das Finanzamt – Körperschaftsteuerstelle –.
7. Die Erschienenen wurden vom Notar/von der Notarin insbesondere auf Folgendes hingewiesen: ....

Hinweise:

1) Nicht Zutreffendes streichen. Bei juristischen Personen ist die Anrede Herr/Frau wegzulassen.

2) Hier sind neben der Bezeichnung des Gesellschafters und den Angaben zur notariellen Identitätsfeststellung ggf. der Güterstand und die Zustimmung des Ehegatten sowie die Angaben zu einer etwaigen Vertretung zu vermerken.

3) Nicht Zutreffendes streichen. Bei der Unternehmergesellschaft muss die zweite Alternative gestrichen werden.

4) Nicht Zutreffendes streichen.

3a. Einführungsgesetz zum Gesetz betreffend die Gesellschaften mit beschränkter Haftung (GmbHG-Einführungsgesetz – EGGmbHG)[1)]

Vom 23. Oktober 2008
(BGBl. I S. 2026)

FNA 4123-3

zuletzt geänd. durch Art. 15 G zur Umsetzung der Vierten EU-GeldwäscheRL, zur Ausführung der EU-GeldtransferVO und zur Neuorganisation der Zentralstelle für Finanztransaktionsuntersuchungen v. 23.6.2017 (BGBl. I S. 1822)

§ 1 Umstellung auf Euro. (1) [1] Gesellschaften, die vor dem 1. Januar 1999 in das Handelsregister eingetragen worden sind, dürfen ihr auf Deutsche Mark lautendes Stammkapital beibehalten; Entsprechendes gilt für Gesellschaften, die vor dem 1. Januar 1999 zur Eintragung in das Handelsregister angemeldet und bis zum 31. Dezember 2001 eingetragen worden sind. [2] Für Mindestbetrag und Teilbarkeit von Kapital, Einlagen und Geschäftsanteilen sowie für den Umfang des Stimmrechts bleiben bis zu einer Kapitaländerung nach Satz 4 die bis dahin gültigen Beträge weiter maßgeblich. [3] Dies gilt auch, wenn die Gesellschaft ihr Kapital auf Euro umgestellt hat; das Verhältnis der mit den Geschäftsanteilen verbundenen Rechte zueinander wird durch Umrechnung zwischen Deutscher Mark und Euro nicht berührt. [4] Eine Änderung des Stammkapitals darf nach dem 31. Dezember 2001 nur eingetragen werden, wenn das Kapital auf Euro umgestellt wird.

(2) [1] Bei Gesellschaften, die zwischen dem 1. Januar 1999 und dem 31. Dezember 2001 zum Handelsregister angemeldet und in das Register eingetragen worden sind, dürfen Stammkapital und Stammeinlagen auch auf Deutsche Mark lauten. [2] Für Mindestbetrag und Teilbarkeit von Kapital, Einlagen und Geschäftsanteilen sowie für den Umfang des Stimmrechts gelten die zu dem vom Rat der Europäischen Union nach Artikel 123 Abs. 4 Satz 1 des Vertrages zur Gründung der Europäischen Gemeinschaft unwiderruflich festgelegten Umrechnungskurs in Deutsche Mark umzurechnenden Beträge des Gesetzes in der ab dem 1. Januar 1999 geltenden Fassung.

(3) [1] Die Umstellung des Stammkapitals und der Geschäftsanteile sowie weiterer satzungsmäßiger Betragsangaben auf Euro zu dem nach Artikel 123 Abs. 4 Satz 1 des Vertrages zur Gründung der Europäischen Gemeinschaft unwiderruflich festgelegten Umrechnungskurs erfolgt durch Beschluss der Gesellschafter mit einfacher Stimmenmehrheit nach § 47 des Gesetzes betreffend die Gesellschaften mit beschränkter Haftung[2)]; § 53 Abs. 2 Satz 1 des Gesetzes betreffend die Gesellschaften mit beschränkter Haftung ist nicht anzuwenden. [2] Auf die Anmeldung und Eintragung der Umstellung in das Handelsregister ist § 54 Abs. 1 Satz 2 und Abs. 2 Satz 2 des Gesetzes betreffend die Gesellschaften mit beschränkter Haftung nicht anzuwenden. [3] Werden mit der Umstellung weitere Maßnahmen verbunden, insbesondere das Kapital verändert, bleiben

---

[1)] Verkündet als Art. 2 G zur Modernisierung des GmbH-Rechts und zur Bekämpfung von Missbräuchen (MoMiG) v. 23.10.2008 (BGBl. I S. 2026); Inkrafttreten gem. Art. 23 dieses G am 1.11. 2008.

[2)] Nr. **3**.

die hierfür geltenden Vorschriften unberührt; auf eine Herabsetzung des Stammkapitals, mit der die Nennbeträge der Geschäftsanteile auf einen Betrag nach Absatz 1 Satz 4 gestellt werden, ist jedoch § 58 Abs. 1 des Gesetzes betreffend die Gesellschaften mit beschränkter Haftung nicht anzuwenden, wenn zugleich eine Erhöhung des Stammkapitals gegen Bareinlagen beschlossen und diese in voller Höhe vor der Anmeldung zum Handelsregister geleistet werden.

§ 2 Übergangsvorschriften zum Transparenz- und Publizitätsgesetz.

§ 42a Abs. 4 des Gesetzes betreffend die Gesellschaften mit beschränkter Haftung[1)] in der Fassung des Artikels 3 Abs. 3 des Transparenz- und Publizitätsgesetzes vom 19. Juli 2002 (BGBl. I S. 2681) ist erstmals auf den Konzernabschluss und den Konzernlagebericht für das nach dem 31. Dezember 2001 beginnende Geschäftsjahr anzuwenden.

§ 3 Übergangsvorschriften zum Gesetz zur Modernisierung des GmbH-Rechts und zur Bekämpfung von Missbräuchen. (1) [1] Die Pflicht, die inländische Geschäftsanschrift bei dem Gericht nach § 8 des Gesetzes betreffend die Gesellschaften mit beschränkter Haftung[1)] in der ab dem Inkrafttreten des Gesetzes vom 23. Oktober 2008 (BGBl. I S. 2026) am 1. November 2008 geltenden Fassung zur Eintragung in das Handelsregister anzumelden, gilt auch für Gesellschaften, die zu diesem Zeitpunkt bereits in das Handelsregister eingetragen sind, es sei denn, die inländische Geschäftsanschrift ist dem Gericht bereits nach § 24 Abs. 2 der Handelsregisterverordnung mitgeteilt worden und hat sich anschließend nicht geändert. [2] In diesen Fällen ist die inländische Geschäftsanschrift mit der ersten die eingetragene Gesellschaft betreffenden Anmeldung zum Handelsregister ab dem 1. November 2008, spätestens aber bis zum 31. Oktober 2009 anzumelden. [3] Wenn bis zum 31. Oktober 2009 keine inländische Geschäftsanschrift zur Eintragung in das Handelsregister angemeldet worden ist, trägt das Gericht von Amts wegen und ohne Überprüfung kostenfrei die ihm nach § 24 Abs. 2 der Handelsregisterverordnung bekannte inländische Anschrift als Geschäftsanschrift in das Handelsregister ein; in diesem Fall gilt die mitgeteilte Anschrift zudem unabhängig von dem Zeitpunkt ihrer tatsächlichen Eintragung ab dem 31. Oktober 2009 als eingetragene inländische Geschäftsanschrift der Gesellschaft, wenn sie im elektronischen Informations- und Kommunikationssystem nach § 9 Abs. 1 des Handelsgesetzbuchs[2)] abrufbar ist. [4] Ist dem Gericht keine Mitteilung im Sinne des § 24 Abs. 2 der Handelsregisterverordnung gemacht worden, ist ihm aber in sonstiger Weise eine inländische Geschäftsanschrift bekannt geworden, so gilt Satz 3 mit der Maßgabe, dass diese Anschrift einzutragen ist, wenn sie im elektronischen Informations- und Kommunikationssystem nach § 9 Abs. 1 des Handelsgesetzbuchs abrufbar ist. [5] Dasselbe gilt, wenn eine in sonstiger Weise bekannt gewordene inländische Anschrift von einer früher nach § 24 Abs. 2 der Handelsregisterverordnung mitgeteilten Anschrift abweicht. [6] Eintragungen nach den Sätzen 3 bis 5 werden abweichend von § 10 des Handelsgesetzbuchs nicht bekannt gemacht.

(2) [1] § 6 Abs. 2 Satz 2 Nr. 3 Buchstabe a, c, d und e des Gesetzes betreffend die Gesellschaften mit beschränkter Haftung in der ab dem 1. November 2008

[1)] Nr. 3.
[2)] Nr. 5.

geltenden Fassung ist auf Personen, die vor dem 1. November 2008 zum Geschäftsführer bestellt worden sind, nicht anzuwenden, wenn die Verurteilung vor dem 1. November 2008 rechtskräftig geworden ist. [2]Entsprechendes gilt für § 6 Abs. 2 Satz 3 des Gesetzes betreffend die Gesellschaften mit beschränkter Haftung in der ab dem 1. November 2008 geltenden Fassung, soweit die Verurteilung wegen einer Tat erfolgte, die den Straftaten im Sinne des Satzes 1 vergleichbar ist.

(3) [1]Bei Gesellschaften, die vor dem 1. November 2008 gegründet worden sind, findet § 16 Abs. 3 des Gesetzes betreffend die Gesellschaften mit beschränkter Haftung in der ab dem 1. November 2008 geltenden Fassung für den Fall, dass die Unrichtigkeit in der Gesellschafterliste bereits vor dem 1. November 2008 vorhanden und dem Berechtigten zuzurechnen ist, hinsichtlich des betreffenden Geschäftsanteils frühestens auf Rechtsgeschäfte nach dem 1. Mai 2009 Anwendung. [2]Ist die Unrichtigkeit dem Berechtigten im Fall des Satzes 1 nicht zuzurechnen, so ist abweichend von dem 1. Mai 2009 der 1. November 2011 maßgebend.

(4) [1]§ 19 Abs. 4 und 5 des Gesetzes betreffend die Gesellschaften mit beschränkter Haftung in der ab dem 1. November 2008 geltenden Fassung gilt auch für Einlagenleistungen, die vor diesem Zeitpunkt bewirkt worden sind, soweit sie nach der vor dem 1. November 2008 geltenden Rechtslage wegen der Vereinbarung einer Einlagenrückgewähr oder wegen einer verdeckten Sacheinlage keine Erfüllung der Einlagenverpflichtung bewirkt haben. [2]Dies gilt nicht, soweit über die aus der Unwirksamkeit folgenden Ansprüche zwischen der Gesellschaft und dem Gesellschafter bereits vor dem 1. November 2008 ein rechtskräftiges Urteil ergangen oder eine wirksame Vereinbarung zwischen der Gesellschaft und dem Gesellschafter getroffen worden ist; in diesem Fall beurteilt sich die Rechtslage nach den bis zum 1. November 2008 geltenden Vorschriften.

§ 4 Übergangsvorschrift zum Bilanzrechtsmodernisierungsgesetz.

§ 52 Abs. 1 Satz 1 des Gesetzes betreffend die Gesellschaften mit beschränkter Haftung[1)] in Verbindung mit § 100 Abs. 5 und § 107 Abs. 4 des Aktiengesetzes[2)] in der Fassung des Bilanzrechtsmodernisierungsgesetzes vom 25. Mai 2009 (BGBl. I S. 1102) findet keine Anwendung, solange alle Mitglieder des Aufsichtsrats und des Prüfungsausschusses vor dem 29. Mai 2009 bestellt worden sind.

§ 5 Übergangsvorschrift zu dem Gesetz für die gleichberechtigte Teilhabe von Frauen und Männern an Führungspositionen in der Privatwirtschaft und im öffentlichen Dienst. [1]Die Festlegungen nach § 36 Satz 1 und 3 sowie § 52 Absatz 2 Satz 1, 2 und 4 des Gesetzes betreffend die Gesellschaften mit beschränkter Haftung[1)] haben erstmals bis spätestens 30. September 2015 zu erfolgen. [2]Die nach § 36 Satz 3 und § 52 Absatz 2 Satz 4 des Gesetzes betreffend die Gesellschaften mit beschränkter Haftung[1)] erstmals festzulegende Frist darf nicht länger als bis zum 30. Juni 2017 dauern.

[1)] Nr. 3.
[2)] Nr. 2.

§ 6 Übergangsvorschriften zum Bilanzrichtlinie-Umsetzungsgesetz.

[1] § 29 des Gesetzes betreffend die Gesellschaften mit beschränkter Haftung[1)] in der Fassung des Bilanzrichtlinie-Umsetzungsgesetzes vom 17. Juli 2015 (BGBl. I S. 1245) ist erstmals auf Jahres- und Konzernabschlüsse für ein nach dem 31. Dezember 2015 beginnendes Geschäftsjahr anzuwenden. [2] Auf Jahres- und Konzernabschlüsse für ein vor dem 1. Januar 2016 beginnendes Geschäftsjahr bleibt § 29 des Gesetzes betreffend die Gesellschaften mit beschränkter Haftung[1)] in der bis zum 22. Juli 2015 geltenden Fassung anwendbar.

§ 7 Übergangsvorschrift zum Abschlussprüfungsreformgesetz. § 52 Absatz 1 des Gesetzes betreffend die Gesellschaften mit beschränkter Haftung[1)] in Verbindung mit § 100 Absatz 5 und § 107 Absatz 4 des Aktiengesetzes[2)], jeweils in der Fassung des Abschlussprüfungsreformgesetzes vom 10. Mai 2016 (BGBl. I S. 1142) müssen so lange nicht angewandt werden, wie alle Mitglieder des Aufsichtsrats und des Prüfungsausschusses vor dem 17. Juni 2016 bestellt worden sind.

§ 8 Übergangsvorschrift zum Gesetz zur Umsetzung der Vierten EU-Geldwäscherichtlinie, zur Ausführung der EU-Geldtransferverordnung und zur Neuorganisation der Zentralstelle für Finanztransaktionsuntersuchungen. § 8 Absatz 1 Nummer 3 und § 40 Absatz 1 Satz 1 bis 3 des Gesetzes betreffend die Gesellschaften mit beschränkter Haftung[1)] in der Fassung des Gesetzes zur Umsetzung der Vierten EU-Geldwäscherichtlinie, zur Ausführung der EU-Geldtransferverordnung und zur Neuorganisation der Zentralstelle für Finanztransaktionsuntersuchungen vom 23. Juni 2017 (BGBl. I S. 1822) finden auf Gesellschaften mit beschränkter Haftung, die am 26. Juni 2017 in das Handelsregister eingetragen sind, mit der Maßgabe Anwendung, dass die geänderten Anforderungen an den Inhalt der Liste der Gesellschafter erst dann zu beachten sind, wenn aufgrund einer Veränderung nach § 40 Absatz 1 Satz 1 des Gesetzes betreffend die Gesellschaften mit beschränkter Haftung[1)] in der vor dem 26. Juni 2017 geltenden Fassung eine Liste einzureichen ist.

---

1) Nr. 3.
2) Nr. 2.

4. Gesetz betreffend die Erwerbs- und Wirtschaftsgenossenschaften (Genossenschaftsgesetz – GenG)

In der Fassung der Bekanntmachung vom 16. Oktober 2006[1)]
(BGBl. I S. 2230)

FNA 4125-1

zuletzt geänd. durch Art. 8 G zur Änd. des BundesversorgungsG und anderer Vorschriften v. 17.7.2017 (BGBl. I S. 2541)

Inhaltsübersicht

[1)] Neubekanntmachung des GenG v. 19.8.1994 (BGBl. I S. 2202) in der ab 18.8.2006 geltenden Fassung.

Abschnitt 1. Errichtung der Genossenschaft

§ 1 Wesen der Genossenschaft. (1) Gesellschaften von nicht geschlossener Mitgliederzahl, deren Zweck darauf gerichtet ist, den Erwerb oder die Wirtschaft ihrer Mitglieder oder deren soziale oder kulturelle Belange durch gemeinschaftlichen Geschäftsbetrieb zu fördern (Genossenschaften), erwerben die Rechte einer „eingetragenen Genossenschaft" nach Maßgabe dieses Gesetzes.

(2) Eine Beteiligung an Gesellschaften und sonstigen Personenvereinigungen einschließlich der Körperschaften des öffentlichen Rechts ist zulässig, wenn sie

1. der Förderung des Erwerbes oder der Wirtschaft der Mitglieder der Genossenschaft oder deren sozialer oder kultureller Belange oder,

2. ohne den alleinigen oder überwiegenden Zweck der Genossenschaft zu bilden, gemeinnützigen Bestrebungen der Genossenschaft

zu dienen bestimmt ist.

§ 2 Haftung für Verbindlichkeiten. Für die Verbindlichkeiten der Genossenschaft haftet den Gläubigern nur das Vermögen der Genossenschaft.

§ 3 Firma der Genossenschaft. [1] Die Firma der Genossenschaft muss, auch wenn sie nach § 22 des Handelsgesetzbuchs[1)] oder nach anderen gesetzlichen Vorschriften fortgeführt wird, die Bezeichnung „eingetragene Genossenschaft" oder die Abkürzung „eG" enthalten. [2] § 30 des Handelsgesetzbuchs[1)] gilt entsprechend.

§ 4 Mindestzahl der Mitglieder. Die Zahl der Mitglieder muss mindestens drei betragen.

§ 5 Form der Satzung. Die Satzung der Genossenschaft bedarf der schriftlichen Form.

§ 6 Mindestinhalt der Satzung. Die Satzung muss enthalten:

1. die Firma und den Sitz der Genossenschaft;
2. den Gegenstand des Unternehmens;
3. Bestimmungen darüber, ob die Mitglieder für den Fall, dass die Gläubiger im Insolvenzverfahren über das Vermögen der Genossenschaft nicht befriedigt werden, Nachschüsse zur Insolvenzmasse unbeschränkt, beschränkt auf eine bestimmte Summe (Haftsumme) oder überhaupt nicht zu leisten haben;
4. Bestimmungen über die Form für die Einberufung der Generalversammlung der Mitglieder sowie für die Beurkundung ihrer Beschlüsse und über den Vorsitz in der Versammlung; die Einberufung der Generalversammlung muss durch unmittelbare Benachrichtigung sämtlicher Mitglieder in Textform oder durch Bekanntmachung in einem öffentlichen Blatt erfolgen; das Gericht kann hiervon Ausnahmen zulassen; die Bekanntmachung im Bundesanzeiger oder in einem anderen öffentlich zugänglichen elektronischen Informationsmedium genügt nicht;
5. Bestimmungen über die Form der Bekanntmachungen der Genossenschaft sowie Bestimmung der öffentlichen Blätter für Bekanntmachungen, deren Veröffentlichung in öffentlichen Blättern durch Gesetz oder Satzung vorgeschrieben ist; als öffentliches Blatt kann die Satzung öffentlich zugängliche elektronische Informationsmedien bezeichnen.

§ 7 Weiterer zwingender Satzungsinhalt. Die Satzung muss ferner bestimmen:

1. den Betrag, bis zu welchem sich die einzelnen Mitglieder mit Einlagen beteiligen können (Geschäftsanteil), sowie die Einzahlungen auf den Geschäftsanteil, zu welchen jedes Mitglied verpflichtet ist; diese müssen bis zu einem Gesamtbetrage von mindestens einem Zehntel des Geschäftsanteils nach Betrag und Zeit bestimmt sein;

[1)] Nr. **5**.

2. die Bildung einer gesetzlichen Rücklage, welche zur Deckung eines aus der Bilanz sich ergebenden Verlustes zu dienen hat, sowie die Art dieser Bildung, insbesondere den Teil des Jahresüberschusses, welcher in diese Rücklage einzustellen ist, und den Mindestbetrag der letzteren, bis zu dessen Erreichung die Einstellung zu erfolgen hat.

§ 7a Mehrere Geschäftsanteile; Sacheinlagen. (1) [1] Die Satzung kann bestimmen, dass sich ein Mitglied mit mehr als einem Geschäftsanteil beteiligen darf. [2] Die Satzung kann eine Höchstzahl festsetzen und weitere Voraussetzungen aufstellen.

(2) [1] Die Satzung kann auch bestimmen, dass die Mitglieder sich mit mehreren Geschäftsanteilen zu beteiligen haben (Pflichtbeteiligung). [2] Die Pflichtbeteiligung muss für alle Mitglieder gleich sein oder sich nach dem Umfang der Inanspruchnahme von Einrichtungen oder anderen Leistungen der Genossenschaft durch die Mitglieder oder nach bestimmten wirtschaftlichen Merkmalen der Betriebe der Mitgliedern richten.

(3) Die Satzung kann Sacheinlagen als Einzahlungen auf den Geschäftsanteil zulassen.

§ 8 Satzungsvorbehalt für einzelne Bestimmungen. (1) Der Aufnahme in die Satzung bedürfen Bestimmungen, nach welchen:

1. die Genossenschaft auf eine bestimmte Zeit beschränkt wird;
2. Erwerb und Fortdauer der Mitgliedschaft an den Wohnsitz innerhalb eines bestimmten Bezirks geknüpft wird;
3. das Geschäftsjahr, insbesondere das erste, auf ein mit dem Kalenderjahr nicht zusammenfallendes Jahr oder auf eine kürzere Dauer als auf ein Jahr bemessen wird;
4. die Generalversammlung über bestimmte Gegenstände nicht mit einfacher, sondern mit einer größeren Mehrheit oder nach weiteren Erfordernissen beschließen kann;
5. die Ausdehnung des Geschäftsbetriebes auf Personen, welche nicht Mitglieder der Genossenschaft sind, zugelassen wird.

(2) [1] Die Satzung kann bestimmen, dass Personen, die für die Nutzung oder Produktion der Güter und die Nutzung oder Erbringung der Dienste der Genossenschaft nicht in Frage kommen, als investierende Mitglieder zugelassen werden können. [2] Sie muss durch geeignete Regelungen sicherstellen, dass investierende Mitglieder die anderen Mitglieder in keinem Fall überstimmen können und dass Beschlüsse der Generalversammlung, für die nach Gesetz oder Satzung eine Mehrheit von mindestens drei Vierteln der abgegebenen Stimmen vorgeschrieben ist, durch investierende Mitglieder nicht verhindert werden können; zu diesem Zweck kann die Satzung das Stimmrecht investierender Mitglieder auch ganz ausschließen. [3] Die Zulassung eines investierenden Mitglieds bedarf der Zustimmung der Generalversammlung; abweichend hiervon kann die Satzung die Zustimmung des Aufsichtrats vorschreiben. [4] Die Zahl der investierenden Mitglieder im Aufsichtsrat darf ein Viertel der Aufsichtsratsmitglieder nicht überschreiten.

§ 8a Mindestkapital. (1) In der Satzung kann ein Mindestkapital der Genossenschaft bestimmt werden, das durch die Auszahlung des Auseinandersetzungsguthabens von Mitgliedern, die ausgeschieden sind oder einzelne Geschäftsanteile gekündigt haben, nicht unterschritten werden darf.

(2) [1] Bestimmt die Satzung ein Mindestkapital, ist die Auszahlung des Auseinandersetzungsguthabens ausgesetzt, solange durch die Auszahlung das Mindestkapital unterschritten würde. [2] Das Nähere regelt die Satzung.

§ 9 Vorstand; Aufsichtsrat. (1) [1] Die Genossenschaft muss einen Vorstand und einen Aufsichtsrat haben. [2] Bei Genossenschaften mit nicht mehr als 20 Mitgliedern kann durch Bestimmung in der Satzung auf einen Aufsichtsrat verzichtet werden. [3] In diesem Fall nimmt die Generalversammlung die Rechte und Pflichten des Aufsichtsrats wahr, soweit in diesem Gesetz nichts anderes bestimmt ist.

(2) [1] Die Mitglieder des Vorstands und des Aufsichtsrats müssen Mitglieder der Genossenschaft und natürliche Personen sein. [2] Gehören der Genossenschaft eingetragene Genossenschaften als Mitglieder an, können deren Mitglieder, sofern sie natürliche Personen sind, in den Vorstand oder Aufsichtsrat der Genossenschaft berufen werden; gehören der Genossenschaft andere juristische Personen oder Personengesellschaften an, gilt dies für deren zur Vertretung befugte Personen.

(3) [1] Der Vorstand einer Genossenschaft, die der Mitbestimmung unterliegt, legt für den Frauenanteil in den beiden Führungsebenen unterhalb des Vorstands Zielgrößen fest. [2] Liegt der Frauenanteil bei Festlegung der Zielgrößen unter 30 Prozent, so dürfen die Zielgrößen den jeweils erreichten Anteil nicht mehr unterschreiten. [3] Gleichzeitig sind Fristen zur Erreichung der Zielgrößen festzulegen. [4] Die Fristen dürfen jeweils nicht länger als fünf Jahre sein.

(4) [1] Ist bei einer Genossenschaft, die der Mitbestimmung unterliegt, ein Aufsichtsrat bestellt, legt dieser für den Frauenanteil im Aufsichtsrat und im Vorstand Zielgrößen fest. [2] Liegt der Frauenanteil bei Festlegung der Zielgrößen unter 30 Prozent, so dürfen die Zielgrößen den jeweils erreichten Anteil nicht mehr unterschreiten. [3] Gleichzeitig sind Fristen zur Erreichung der Zielgrößen festzulegen. [4] Die Fristen dürfen jeweils nicht länger als fünf Jahre sein.

§ 10 Genossenschaftsregister. (1) Die Satzung sowie die Mitglieder des Vorstands sind in das Genossenschaftsregister bei dem Gericht einzutragen, in dessen Bezirk die Genossenschaft ihren Sitz hat.

(2) Andere Datensammlungen dürfen nicht unter Verwendung oder Beifügung der Bezeichnung „Genossenschaftsregister" in den Verkehr gebracht werden.

§ 11 Anmeldung der Genossenschaft. (1) Der Vorstand hat die Genossenschaft bei dem Gericht zur Eintragung in das Genossenschaftsregister anzumelden.

(2) Der Anmeldung sind beizufügen:

1. die Satzung, die von mindestens drei Mitgliedern unterzeichnet sein muss;
2. eine Abschrift der Urkunden über die Bestellung des Vorstands und des Aufsichtsrats;
3. die Bescheinigung eines Prüfungsverbandes, dass die Genossenschaft zum Beitritt zugelassen ist, sowie eine gutachtliche Äußerung des Prüfungsverbandes, ob nach den persönlichen oder wirtschaftlichen Verhältnissen, insbesondere der Vermögenslage der Genossenschaft, eine Gefährdung der Belange der Mitglieder oder der Gläubiger der Genossenschaft zu besorgen ist.

(3) In der Anmeldung ist ferner anzugeben, welche Vertretungsbefugnis die Vorstandsmitglieder haben.

(4) Für die Einreichung von Unterlagen nach diesem Gesetz gilt § 12 Abs. 2 des Handelsgesetzbuchs[1]) entsprechend.

§ 11a Prüfung durch das Gericht. (1) [1] Das Gericht hat zu prüfen, ob die Genossenschaft ordnungsmäßig errichtet und angemeldet ist. [2] Ist dies nicht der Fall, so hat es die Eintragung abzulehnen.

(2) [1] Das Gericht hat die Eintragung auch abzulehnen, wenn offenkundig oder auf Grund der gutachtlichen Äußerung des Prüfungsverbandes eine Gefährdung der Belange der Mitglieder oder der Gläubiger der Genossenschaft zu besorgen ist. [2] Gleiches gilt, wenn der Prüfungsverband erklärt, dass Sacheinlagen überbewertet worden sind.

(3) Wegen einer mangelhaften, fehlenden oder nichtigen Bestimmung der Satzung darf das Gericht die Eintragung nach Absatz 1 nur ablehnen, soweit diese Bestimmung, ihr Fehlen oder ihre Nichtigkeit

1. Tatsachen oder Rechtsverhältnisse betrifft, die nach den §§ 6 und 7 oder auf Grund anderer zwingender gesetzlicher Vorschriften in der Satzung bestimmt sein müssen oder die in das Genossenschaftsregister einzutragen oder von dem Gericht bekannt zu machen sind,
2. Vorschriften verletzt, die ausschließlich oder überwiegend zum Schutze der Gläubiger der Genossenschaft oder sonst im öffentlichen Interesse gegeben sind, oder
3. die Nichtigkeit der Satzung zur Folge hat.

§ 12 Veröffentlichung der Satzung. (1) Die eingetragene Satzung ist von dem Gericht im Auszug zu veröffentlichen.

(2) Die Veröffentlichung muss enthalten:

1. das Datum der Satzung,
2. die Firma und den Sitz der Genossenschaft,
3. den Gegenstand des Unternehmens,
4. die Mitglieder des Vorstands sowie deren Vertretungsbefugnis,
5. die Zeitdauer der Genossenschaft, falls diese auf eine bestimmte Zeit beschränkt ist.

§ 13 Rechtszustand vor der Eintragung. Vor der Eintragung in das Genossenschaftsregister ihres Sitzes hat die Genossenschaft die Rechte einer eingetragenen Genossenschaft nicht.

§ 14 Errichtung einer Zweigniederlassung. (1) [1] Die Errichtung einer Zweigniederlassung ist vom Vorstand beim Gericht des Sitzes der Genossenschaft unter Angabe des Ortes der Zweigniederlassung und eines Zusatzes, falls der Firma der Zweigniederlassung ein solcher beigefügt wird, zur Eintragung in das Genossenschaftsregister anzumelden. [2] In gleicher Weise sind spätere Änderungen der die Zweigniederlassung betreffenden einzutragenden Tatsachen anzumelden.

---

1) Nr. 5.

(2) Das zuständige Gericht trägt die Zweigniederlassung auf dem Registerblatt des Sitzes unter Angabe des Ortes der Zweigniederlassung und des Zusatzes, falls der Firma der Zweigniederlassung ein solcher beigefügt ist, ein, es sei denn, die Zweigniederlassung ist offensichtlich nicht errichtet worden.

(3) Die vorstehenden Vorschriften gelten sinngemäß für die Aufhebung einer Zweigniederlassung.

§ 14a *(aufgehoben)*

§ 15 Beitrittserklärung. (1) [1] Die Mitgliedschaft wird durch eine schriftliche, unbedingte Beitrittserklärung und die Zulassung des Beitritts durch die Genossenschaft erworben. [2] Dem Antragsteller ist vor Abgabe seiner Beitrittserklärung eine Abschrift der Satzung in der jeweils geltenden Fassung zur Verfügung zu stellen; es reicht aus, wenn die Satzung im Internet unter der Adresse der Genossenschaft abrufbar ist und dem Antragsteller ein Ausdruck der Satzung angeboten wird. [3] Eine Vollmacht zur Abgabe der Beitrittserklärung bedarf der Schriftform. [4] Bei Gründungsmitgliedern kann die Mitgliedschaft statt durch Beitrittserklärung durch Unterzeichnung der Satzung erworben werden.

(2) [1] Das Mitglied ist unverzüglich in die Mitgliederliste einzutragen und hiervon unverzüglich zu benachrichtigen. [2] Lehnt die Genossenschaft die Zulassung ab, hat sie dies dem Antragsteller unverzüglich unter Rückgabe seiner Beitrittserklärung mitzuteilen.

§ 15a Inhalt der Beitrittserklärung. [1] Die Beitrittserklärung muss die ausdrückliche Verpflichtung des Mitglieds enthalten, die nach Gesetz und Satzung geschuldeten Einzahlungen auf den Geschäftsanteil zu leisten. [2] Bestimmt die Satzung, dass die Mitglieder unbeschränkt oder beschränkt auf eine Haftsumme Nachschüsse zu leisten haben, so muss die Beitrittserklärung ferner die ausdrückliche Verpflichtung enthalten, die zur Befriedigung der Gläubiger erforderlichen Nachschüsse unbeschränkt oder bis zu der in der Satzung bestimmten Haftsumme zu zahlen. [3] Bestimmt die Satzung weitere Zahlungspflichten oder eine Kündigungsfrist von mehr als einem Jahr, so muss dies in der Beitrittserklärung ausdrücklich zur Kenntnis genommen werden.

§ 15b Beteiligung mit weiteren Geschäftsanteilen. (1) [1] Zur Beteiligung mit weiteren Geschäftsanteilen bedarf es einer schriftlichen und unbedingten Beitrittserklärung. [2] Für deren Inhalt gilt § 15a entsprechend.

(2) Die Beteiligung mit weiteren Geschäftsanteilen darf, außer bei einer Pflichtbeteiligung, nicht zugelassen werden, bevor alle Geschäftsanteile des Mitglieds, bis auf den zuletzt neu übernommenen, voll eingezahlt sind.

(3) [1] Die Beteiligung mit weiteren Geschäftsanteilen wird mit der Beitrittserklärung nach Absatz 1 und der Zulassung durch die Genossenschaft wirksam. [2] § 15 Abs. 2 gilt entsprechend.

§ 16 Änderung der Satzung. (1) Eine Änderung der Satzung oder die Fortsetzung einer auf bestimmte Zeit beschränkten Genossenschaft kann nur durch die Generalversammlung beschlossen werden.

(2) [1] Für folgende Änderungen der Satzung bedarf es einer Mehrheit, die mindestens drei Viertel der abgegebenen Stimmen umfasst:

1. Änderung des Gegenstandes des Unternehmens,

2. Erhöhung des Geschäftsanteils,
3. Einführung oder Erweiterung einer Pflichtbeteiligung mit mehreren Geschäftsanteilen,
4. Einführung oder Erweiterung der Verpflichtung der Mitglieder zur Leistung von Nachschüssen,
5. Verlängerung der Kündigungsfrist auf eine längere Frist als zwei Jahre,
6. Einführung oder Erweiterung der Beteiligung ausscheidender Mitglieder an der Ergebnisrücklage nach § 73 Abs. 3,
7. Einführung oder Erweiterung von Mehrstimmrechten,
8. Zerlegung von Geschäftsanteilen,
9. Einführung oder Erhöhung eines Mindestkapitals,
10. Einschränkung des Anspruchs des Mitglieds nach § 73 Abs. 2 Satz 2 und Abs. 4 auf Auszahlung des Auseinandersetzungsguthabens,
11. Einführung der Möglichkeit nach § 8 Abs. 2 Satz 1 und 2, investierende Mitglieder zuzulassen.

[2] Die Satzung kann eine größere Mehrheit und weitere Erfordernisse bestimmen.

(3) [1] Zu einer Änderung der Satzung, durch die eine Verpflichtung der Mitglieder zur Inanspruchnahme von Einrichtungen oder anderen Leistungen der Genossenschaft oder zur Leistung von Sachen oder Diensten eingeführt oder erweitert wird, bedarf es einer Mehrheit, die mindestens neun Zehntel der abgegebenen Stimmen umfasst. [2] Zu einer Änderung der Satzung, durch die eine Verpflichtung der Mitglieder zur Zahlung laufender Beiträge für Leistungen, welche die Genossenschaft den Mitgliedern erbringt oder zur Verfügung stellt, eingeführt oder erweitert wird, bedarf es einer Mehrheit von mindestens drei Vierteln der abgegebenen Stimmen. [3] Die Satzung kann eine größere Mehrheit und weitere Erfordernisse bestimmen.

(4) Zu sonstigen Änderungen der Satzung bedarf es einer Mehrheit, die mindestens drei Viertel der abgegebenen Stimmen umfasst, sofern nicht die Satzung andere Erfordernisse aufstellt.

(5) [1] Auf die Anmeldung und Eintragung des Beschlusses finden die Vorschriften des § 11 mit der Maßgabe entsprechende Anwendung, dass der Anmeldung der Beschluss nur in Abschrift beizufügen ist. [2] Der Anmeldung ist der vollständige Wortlaut der Satzung beizufügen; er muss mit der Erklärung des Vorstands versehen sein, dass die geänderten Bestimmungen der Satzung mit dem Beschluss über die Satzungsänderung und die unveränderten Bestimmungen mit dem zuletzt zum Register eingereichten vollständigen Wortlaut der Satzung übereinstimmen. [3] Ist bei Satzungsänderungen der vollständige Wortlaut der Satzung bisher nicht eingereicht worden, so hat der Vorstand zu erklären, dass der eingereichte Wortlaut der Satzung mit dem zuletzt zum Register eingereichten vollständigen Wortlaut der Satzung und allen seither beschlossenen Änderungen übereinstimmt. [4] Die Veröffentlichung des Beschlusses findet nur insoweit statt, als derselbe eine der in § 12 Abs. 2 bezeichneten Bestimmungen zum Gegenstand hat.

(6) Der Beschluss hat keine rechtliche Wirkung, bevor er in das Genossenschaftsregister des Sitzes der Genossenschaft eingetragen ist.

Abschnitt 2. Rechtsverhältnisse der Genossenschaft und ihrer Mitglieder

§ 17 Juristische Person; Formkaufmann. (1) Die eingetragene Genossenschaft als solche hat selbständig ihre Rechte und Pflichten; sie kann Eigentum und andere dingliche Rechte an Grundstücken erwerben, vor Gericht klagen und verklagt werden.

(2) Genossenschaften gelten als Kaufleute im Sinne des Handelsgesetzbuchs[1)].

§ 18 Rechtsverhältnis zwischen Genossenschaft und Mitgliedern. [1] Das Rechtsverhältnis der Genossenschaft und ihrer Mitglieder richtet sich zunächst nach der Satzung. [2] Diese darf von den Bestimmungen dieses Gesetzes nur insoweit abweichen, als dies ausdrücklich für zulässig erklärt ist.

§ 19 Gewinn- und Verlustverteilung. (1) [1] Der bei Feststellung des Jahresabschlusses für die Mitglieder sich ergebende Gewinn oder Verlust des Geschäftsjahres ist auf diese zu verteilen. [2] Die Verteilung geschieht für das erste Geschäftsjahr nach dem Verhältnis ihrer auf den Geschäftsanteil geleisteten Einzahlungen, für jedes folgende nach dem Verhältnis ihrer durch die Zuschreibung von Gewinn oder die Abschreibung von Verlust zum Schluss des vorhergegangenen Geschäftsjahres ermittelten Geschäftsguthaben. [3] Die Zuschreibung des Gewinns erfolgt so lange, als nicht der Geschäftsanteil erreicht ist.

(2) [1] Die Satzung kann einen anderen Maßstab für die Verteilung von Gewinn und Verlust aufstellen und bestimmen, inwieweit der Gewinn vor Erreichung des Geschäftsanteils an die Mitglieder auszuzahlen ist. [2] Bis zur Wiederergänzung eines durch Verlust verminderten Guthabens findet eine Auszahlung des Gewinns nicht statt.

§ 20 Ausschluss der Gewinnverteilung. [1] Die Satzung kann bestimmen, dass der Gewinn nicht verteilt, sondern der gesetzlichen Rücklage und anderen Ergebnisrücklagen zugeschrieben wird. [2] Die Satzung kann ferner bestimmen, dass der Vorstand einen Teil des Jahresüberschusses, höchstens jedoch die Hälfte, in die Ergebnisrücklagen einstellen kann.

§ 21 Verbot der Verzinsung der Geschäftsguthaben. (1) Für das Geschäftsguthaben werden vorbehaltlich des § 21a Zinsen von bestimmter Höhe nicht vergütet, auch wenn das Mitglied Einzahlungen in höheren als den geschuldeten Beträgen geleistet hat.

(2) Auch können Mitglieder, welche mehr als die geschuldeten Einzahlungen geleistet haben, im Falle eines Verlustes andere Mitglieder nicht aus dem Grunde in Anspruch nehmen, dass von letzteren nur diese Einzahlungen geleistet sind.

§ 21a Ausnahmen vom Verbot der Verzinsung. (1) [1] Die Satzung kann bestimmen, dass die Geschäftsguthaben verzinst werden. [2] Bestimmt die Satzung keinen festen Zinssatz, muss sie einen Mindestzinssatz festsetzen. [3] Die Zinsen berechnen sich nach dem Stand der Geschäftsguthaben am Schluss des vorhergegangenen Geschäftsjahres. [4] Sie sind spätestens sechs Monate nach Schluss des Geschäftsjahres auszuzahlen, für das sie gewährt werden.

---

1) Auszugsweise abgedruckt unter Nr. **5**.

(2) Ist in der Bilanz der Genossenschaft für ein Geschäftsjahr ein Jahresfehlbetrag oder ein Verlustvortrag ausgewiesen, der ganz oder teilweise durch die Ergebnisrücklagen, einen Jahresüberschuss und einen Gewinnvortrag nicht gedeckt ist, so dürfen in Höhe des nicht gedeckten Betrags Zinsen für dieses Geschäftsjahr nicht gezahlt werden.

§ 21b Mitgliederdarlehen. (1) Zum Zweck der Finanzierung oder Modernisierung von zu ihrem Anlagevermögen gehörenden Gegenständen kann eine Genossenschaft, auch wenn sie über keine Erlaubnis zum Betreiben des Einlagengeschäfts nach dem Kreditwesengesetz verfügt, Darlehen ihrer Mitglieder entgegennehmen, wenn

1. im Darlehensvertrag vereinbart ist, dass das Darlehen zweckgebunden nur zugunsten eines konkreten Investitionsvorhabens der Genossenschaft in ihr Anlagevermögen verwendet werden darf,
2. die Darlehenssumme beim jeweiligen Mitglied, sofern es kein Unternehmer ist, 25 000 Euro nicht übersteigt,
3. der Gesamtbetrag sämtlicher von Genossenschaftsmitgliedern zu dem in Nummer 1 genannten Zweck gewährten Darlehen 2,5 Millionen Euro nicht übersteigt und
4. der vereinbarte jährliche Sollzinssatz den höheren der folgenden beiden Werte nicht übersteigt:
   a) 1,5 Prozent,
   b) die marktübliche Emissionsrendite für Anlagen am Kapitalmarkt in Hypothekenpfandbriefen mit gleicher Laufzeit.

(2) Der Vorstand der Genossenschaft hat dafür zu sorgen, dass den Mitgliedern der Genossenschaft vor Vertragsschluss die wesentlichen Informationen über das Investitionsvorhaben sowie mögliche Risiken aus der Darlehensgewährung zur Verfügung gestellt werden.

(3) [1] Der Vorstand hat während der gesamten Laufzeit des Darlehens die Einhaltung der Zweckbindung sicherzustellen. [2] Eine Änderung der Zweckbindung zugunsten eines anderen zulässigen Investitionsvorhabens der Genossenschaft ist nur gestattet, wenn das jeweilige Mitglied der Änderung schriftlich zustimmt, nachdem es die wesentlichen Informationen über das andere Investitionsvorhaben erhalten hat.

(4) [1] Das Mitglied ist an seine Willenserklärung, die auf den Abschluss des Darlehensvertrags gerichtet ist, nicht mehr gebunden, wenn es sie fristgerecht in Textform gegenüber der Genossenschaft widerrufen hat. [2] Der Widerruf muss keine Begründung enthalten. [3] Die Widerrufsfrist beträgt 14 Tage. [4] Sie beginnt mit Vertragsschluss, wenn der Vertrag einen deutlichen Hinweis auf das Widerrufsrecht enthält, sonst zu dem Zeitpunkt, zu dem das Mitglied einen solchen Hinweis in Textform erhält. [5] Ist der Beginn der Widerrufsfrist streitig, so trifft die Beweislast die Genossenschaft. [6] Das Widerrufsrecht erlischt spätestens zwölf Monate nach dem Vertragsschluss. [7] Zur Fristwahrung genügt die rechtzeitige Absendung des Widerrufs. [8] Im Fall des Widerrufs ist der empfangene Darlehensbetrag unverzüglich zurückzugewähren. [9] Für den Zeitraum zwischen der Auszahlung des Darlehensbetrages des Mitglieds an die Genossenschaft und der Rückzahlung an das Mitglied hat die Genossenschaft den vereinbarten Sollzinssatz zu zahlen.

§ 22 Herabsetzung des Geschäftsanteils; Verbot der Auszahlung des Geschäftsguthabens. (1) Werden der Geschäftsanteil oder die auf ihn zu leistenden Einzahlungen herabgesetzt oder die für die Einzahlungen festgesetzten Fristen verlängert, so ist der wesentliche Inhalt des Beschlusses der Generalversammlung durch das Gericht bei der Bekanntmachung der Eintragung in das Genossenschaftsregister anzugeben.

(2) [1]Den Gläubigern der Genossenschaft ist, wenn sie sich binnen sechs Monaten nach der Bekanntmachung bei der Genossenschaft zu diesem Zweck melden, Sicherheit zu leisten, soweit sie nicht Befriedigung verlangen können. [2]In der Bekanntmachung ist darauf hinzuweisen. [3]Das Recht, Sicherheitsleistung zu verlangen, steht Gläubigern nicht zu, die im Fall der Insolvenz ein Recht auf vorzugsweise Befriedigung aus einer Deckungsmasse haben, die nach gesetzlicher Vorschrift zu ihrem Schutz errichtet und staatlich überwacht ist.

(3) Mitglieder, die zur Zeit der Eintragung des Beschlusses der Genossenschaft angehörten, können sich auf die Änderung erst berufen, wenn die Bekanntmachung erfolgt ist und die Gläubiger, die sich rechtzeitig gemeldet haben, wegen der erhobenen Ansprüche befriedigt oder sichergestellt sind.

(4) [1]Das Geschäftsguthaben eines Mitglieds darf, solange es nicht ausgeschieden ist, von der Genossenschaft nicht ausgezahlt oder im geschäftlichen Betrieb zum Pfand genommen, eine geschuldete Einzahlung darf nicht erlassen werden. [2]Die Genossenschaft darf den Mitgliedern keinen Kredit zum Zweck der Leistung von Einzahlungen auf den Geschäftsanteil gewähren.

(5) Gegen eine geschuldete Einzahlung kann das Mitglied nicht aufrechnen.

(6) [1]Der Anspruch der Genossenschaft auf Leistung von Einzahlungen auf den Geschäftsanteil verjährt in zehn Jahren von seiner Entstehung an. [2]Wird das Insolvenzverfahren über das Vermögen der Genossenschaft eröffnet, so tritt die Verjährung nicht vor Ablauf von sechs Monaten ab dem Zeitpunkt der Eröffnung ein.

§ 22a Nachschusspflicht. (1) Wird die Verpflichtung der Mitglieder, Nachschüsse zur Insolvenzmasse zu leisten, auf eine Haftsumme beschränkt oder aufgehoben, so gilt § 22 Abs. 1 bis 3 sinngemäß.

(2) Die Einführung oder Erweiterung der Verpflichtung zur Leistung von Nachschüssen wirkt nicht gegenüber Mitgliedern, die bei Wirksamwerden der Änderung der Satzung bereits aus der Genossenschaft ausgeschieden waren.

§ 22b Zerlegung des Geschäftsanteils. (1) [1]Der Geschäftsanteil kann in mehrere Geschäftsanteile zerlegt werden. [2]Die Zerlegung und eine ihr entsprechende Herabsetzung der Einzahlungen gelten nicht als Herabsetzung des Geschäftsanteils oder der Einzahlungen.

(2) [1]Mit der Eintragung des Beschlusses über die Zerlegung des Geschäftsanteils sind die Mitglieder mit der Zahl von Geschäftsanteilen beteiligt, die sich aus der Zerlegung ergibt. [2]§ 15b Abs. 3 ist nicht anzuwenden. [3]Die Mitgliederliste ist unverzüglich zu berichtigen.

§ 23 Haftung der Mitglieder. (1) Für die Verbindlichkeiten der Genossenschaft haften die Mitglieder nach Maßgabe dieses Gesetzes.

(2) Wer in die Genossenschaft eintritt, haftet auch für die vor seinem Eintritt eingegangenen Verbindlichkeiten.

(3) Vereinbarungen, die gegen die vorstehenden Absätze verstoßen, sind unwirksam.

Abschnitt 3. Verfassung der Genossenschaft

§ 24 Vorstand. (1) [1] Die Genossenschaft wird durch den Vorstand gerichtlich und außergerichtlich vertreten. [2] Hat eine Genossenschaft keinen Vorstand (Führungslosigkeit), wird die Genossenschaft für den Fall, dass ihr gegenüber Willenserklärungen abgegeben oder Schriftstücke zugestellt werden, durch den Aufsichtsrat vertreten.

(2) [1] Der Vorstand besteht aus zwei Personen und wird von der Generalversammlung gewählt und abberufen. [2] Die Satzung kann eine höhere Personenzahl sowie eine andere Art der Bestellung und Abberufung bestimmen. [3] Bei Genossenschaften mit nicht mehr als 20 Mitgliedern kann die Satzung bestimmen, dass der Vorstand aus einer Person besteht.

(3) [1] Die Mitglieder des Vorstandes können besoldet oder unbesoldet sein. [2] Ihre Bestellung ist zu jeder Zeit widerruflich, unbeschadet der Entschädigungsansprüche aus bestehenden Verträgen.

§ 25 Vertretung, Zeichnung durch Vorstandsmitglieder. (1) [1] Die Mitglieder des Vorstands sind nur gemeinschaftlich zur Vertretung der Genossenschaft befugt. [2] Die Satzung kann Abweichendes bestimmen. [3] Ist eine Willenserklärung gegenüber der Genossenschaft abzugeben, so genügt die Abgabe gegenüber einem Vorstandsmitglied oder im Fall des § 24 Abs. 1 Satz 2 gegenüber einem Aufsichtsratsmitglied.

(2) [1] Die Satzung kann auch bestimmen, dass einzelne Vorstandsmitglieder allein oder in Gemeinschaft mit einem Prokuristen zur Vertretung der Genossenschaft befugt sind. [2] Absatz 1 Satz 3 gilt in diesen Fällen sinngemäß.

(3) [1] Zur Gesamtvertretung befugte Vorstandsmitglieder können einzelne von ihnen zur Vornahme bestimmter Geschäfte oder bestimmter Arten von Geschäften ermächtigen. [2] Dies gilt sinngemäß, falls ein einzelnes Vorstandsmitglied in Gemeinschaft mit einem Prokuristen zur Vertretung der Genossenschaft befugt ist.

§ 25a Angaben auf Geschäftsbriefen. (1) Auf allen Geschäftsbriefen gleichviel welcher Form, die an einen bestimmten Empfänger gerichtet werden, müssen die Rechtsform und der Sitz der Genossenschaft, das Registergericht des Sitzes der Genossenschaft und die Nummer, unter der die Genossenschaft in das Genossenschaftsregister eingetragen ist, sowie alle Vorstandsmitglieder und, sofern der Aufsichtsrat einen Vorsitzenden hat, dieser mit dem Familiennamen und mindestens einem ausgeschriebenen Vornamen angegeben werden.

(2) Der Angaben nach Absatz 1 bedarf es nicht bei Mitteilungen oder Berichten, die im Rahmen einer bestehenden Geschäftsverbindung ergehen und für die üblicherweise Vordrucke verwendet werden, in denen lediglich die im Einzelfall erforderlichen besonderen Angaben eingefügt zu werden brauchen.

(3) [1] Bestellscheine gelten als Geschäftsbriefe im Sinne des Absatzes 1. [2] Absatz 2 ist auf sie nicht anzuwenden.

§ 26 Vertretungsbefugnis des Vorstands. (1) Die Genossenschaft wird durch die von dem Vorstand in ihrem Namen geschlossenen Rechtsgeschäfte berechtigt und verpflichtet; es ist gleichgültig, ob das Geschäft ausdrücklich im Namen der Genossenschaft geschlossen worden ist, oder ob die Umstände ergeben, dass es nach dem Willen der Vertragschließenden für die Genossenschaft geschlossen werden sollte.

(2) Zur Legitimation des Vorstands Behörden gegenüber genügt eine Bescheinigung des Registergerichts, dass die darin zu bezeichnenden Personen als Mitglieder des Vorstands in das Genossenschaftsregister eingetragen sind.

§ 27 Beschränkung der Vertretungsbefugnis. (1) [1] Der Vorstand hat die Genossenschaft unter eigener Verantwortung zu leiten. [2] Er hat dabei die Beschränkungen zu beachten, die durch die Satzung festgesetzt worden sind. [3] Bei Genossenschaften mit nicht mehr als 20 Mitgliedern kann die Satzung vorsehen, dass der Vorstand an Weisungen der Generalversammlung gebunden ist.

(2) [1] Gegen dritte Personen hat eine Beschränkung der Befugnis des Vorstands, die Genossenschaft zu vertreten, keine rechtliche Wirkung. [2] Dies gilt insbesondere für den Fall, dass die Vertretung sich nur auf bestimmte Geschäfte oder Arten von Geschäften erstrecken oder nur unter bestimmten Umständen oder für eine bestimmte Zeit oder an einzelnen Orten stattfinden soll oder dass die Zustimmung der Generalversammlung, des Aufsichtsrats oder eines anderen Organs der Genossenschaft für einzelne Geschäfte erforderlich ist.

§ 28 Änderung des Vorstands und der Vertretungsbefugnis. [1] Jede Änderung des Vorstands oder der Vertretungsbefugnis eines Vorstandsmitglieds hat der Vorstand zur Eintragung in das Genossenschaftsregister anzumelden. [2] Der Anmeldung sind die Urkunden über die Änderung in Urschrift oder Abschrift beizufügen. [3] Die Eintragung ist vom Gericht bekannt zu machen.

§ 29 Publizität des Genossenschaftsregisters. (1) Solange eine Änderung des Vorstands oder der Vertretungsbefugnis eines Vorstandsmitglieds nicht in das Genossenschaftsregister eingetragen und bekannt gemacht ist, kann sie von der Genossenschaft einem Dritten nicht entgegengesetzt werden, es sei denn, dass sie diesem bekannt war.

(2) [1] Ist die Änderung eingetragen und bekannt gemacht worden, so muss ein Dritter sie gegen sich gelten lassen. [2] Dies gilt nicht bei Rechtshandlungen, die innerhalb von fünfzehn Tagen nach der Bekanntmachung vorgenommen werden, sofern der Dritte beweist, dass er die Änderung weder kannte noch kennen musste.

(3) Ist die Änderung unrichtig bekannt gemacht, so kann sich ein Dritter auf die Bekanntmachung der Änderung berufen, es sei denn, dass er die Unrichtigkeit kannte.

§ 30 Mitgliederliste. (1) Der Vorstand ist verpflichtet, die Mitgliederliste zu führen.

(2) [1] In die Mitgliederliste ist jedes Mitglied der Genossenschaft mit folgenden Angaben einzutragen:

1. Familienname, Vornamen und Anschrift, bei juristischen Personen und Personenhandelsgesellschaften Firma und Anschrift, bei anderen Personenvereinigungen Bezeichnung und Anschrift der Vereinigung oder Familiennamen, Vornamen und Anschriften ihrer Mitglieder,
2. Zahl der von ihm übernommenen weiteren Geschäftsanteile,

3. Ausscheiden aus der Genossenschaft.

[2] Die Satzung kann regeln, mit welchen weiteren erforderlichen Angaben jedes Mitglied eingetragen wird. [3] Der Zeitpunkt, zu dem der Beitritt, eine Veränderung der Zahl weiterer Geschäftsanteile oder das Ausscheiden wirksam wird oder geworden ist, ist anzugeben.

(3) [1] Die Unterlagen, aufgrund deren die Eintragung des Beitritts, der Veränderung der Zahl weiterer Geschäftsanteile oder des Ausscheidens in die Mitgliederliste erfolgt, sind drei Jahre aufzubewahren. [2] Die Frist beginnt mit dem Schluss des Kalenderjahres, in dem das Mitglied aus der Genossenschaft ausgeschieden ist. [3] Im Übrigen gelten für die Aufbewahrung der Unterlagen die Regelungen für Handelsbriefe in § 257 des Handelsgesetzbuchs[1)].

§ 31 Einsicht in die Mitgliederliste. (1) [1] Die Mitgliederliste kann von jedem Mitglied sowie von einem Dritten, der ein berechtigtes Interesse darlegt, bei der Genossenschaft eingesehen werden. [2] Abschriften aus der Mitgliederliste sind dem Mitglied hinsichtlich der ihn betreffenden Eintragungen auf Verlangen zu erteilen.

(2) [1] Der Dritte darf die übermittelten Daten nur für den Zweck speichern und nutzen, zu dessen Erfüllung sie ihm übermittelt werden; eine Speicherung und Nutzung für andere Zwecke ist nur zulässig, soweit die Daten auch dafür hätten übermittelt werden dürfen. [2] Ist der Empfänger eine nicht öffentliche Stelle, hat die Genossenschaft ihn darauf hinzuweisen; eine Speicherung und Nutzung für andere Zwecke bedarf in diesem Fall der Zustimmung der Genossenschaft.

§ 32 Vorlage der Mitgliederliste beim Gericht. Der Vorstand hat dem Registergericht auf dessen Verlangen eine Abschrift der Mitgliederliste unverzüglich einzureichen.

§ 33 Buchführung; Jahresabschluss und Lagebericht. (1) [1] Der Vorstand hat dafür zu sorgen, dass die erforderlichen Bücher der Genossenschaft ordnungsgemäß geführt werden. [2] Der Jahresabschluss und der Lagebericht sind unverzüglich nach ihrer Aufstellung dem Aufsichtsrat und mit dessen Bemerkungen der Generalversammlung vorzulegen.

(2) Mit einer Verletzung der Vorschriften über die Gliederung der Bilanz und der Gewinn- und Verlustrechnung sowie mit einer Nichtbeachtung von Formblättern kann, wenn hierdurch die Klarheit des Jahresabschlusses nur unwesentlich beeinträchtigt wird, eine Anfechtung nicht begründet werden.

(3) Ergibt sich bei Aufstellung der Jahresbilanz oder einer Zwischenbilanz oder ist bei pflichtgemäßem Ermessen anzunehmen, dass ein Verlust besteht, der durch die Hälfte des Gesamtbetrages der Geschäftsguthaben und die Rücklagen nicht gedeckt ist, so hat der Vorstand unverzüglich die Generalversammlung einzuberufen und ihr dies anzuzeigen.

§§ 33a–33i (weggefallen)

§ 34 Sorgfaltspflicht und Verantwortlichkeit der Vorstandsmitglieder.

(1) [1] Die Vorstandsmitglieder haben bei ihrer Geschäftsführung die Sorgfalt eines ordentlichen und gewissenhaften Geschäftsleiters einer Genossenschaft an-

---

1) Nr. 5.

zuwenden. [2] Eine Pflichtverletzung liegt nicht vor, wenn das Vorstandsmitglied bei einer unternehmerischen Entscheidung vernünftigerweise annehmen durfte, auf Grundlage angemessener Informationen zum Wohle der Genossenschaft zu handeln. [3] Über vertrauliche Angaben und Geheimnisse der Genossenschaft, namentlich Betriebs- oder Geschäftsgeheimnisse, die ihnen durch die Tätigkeit im Vorstand bekannt geworden sind, haben sie Stillschweigen zu bewahren.

(2) [1] Vorstandsmitglieder, die ihre Pflichten verletzen, sind der Genossenschaft zum Ersatz des daraus entstehenden Schadens als Gesamtschuldner verpflichtet. [2] Ist streitig, ob sie die Sorgfalt eines ordentlichen und gewissenhaften Geschäftsleiters einer Genossenschaft angewandt haben, tragen sie die Beweislast. [3] Wenn ein Vorstandsmitglied im Wesentlichen unentgeltlich tätig ist, muss dies bei der Beurteilung seiner Sorgfalt zu seinen Gunsten berücksichtigt werden.

(3) Die Mitglieder des Vorstands sind namentlich zum Ersatz verpflichtet, wenn entgegen diesem Gesetz oder der Satzung

1. Geschäftsguthaben ausgezahlt werden,
2. den Mitgliedern Zinsen oder Gewinnanteile gewährt werden,
3. Genossenschaftsvermögen verteilt wird,
4. Zahlungen geleistet werden, nachdem die Zahlungsunfähigkeit der Genossenschaft eingetreten ist oder sich eine Überschuldung ergeben hat, die für die Genossenschaft nach § 98 Grund für die Eröffnung des Insolvenzverfahrens ist,
5. Kredit gewährt wird.

(4) [1] Der Genossenschaft gegenüber tritt die Ersatzpflicht nicht ein, wenn die Handlung auf einem gesetzmäßigen Beschluss der Generalversammlung beruht. [2] Dadurch, dass der Aufsichtsrat die Handlung gebilligt hat, wird die Ersatzpflicht nicht ausgeschlossen.

(5) [1] In den Fällen des Absatzes 3 kann der Ersatzanspruch auch von den Gläubigern der Genossenschaft geltend gemacht werden, soweit sie von dieser keine Befriedigung erlangen können. [2] Den Gläubigern gegenüber wird die Ersatzpflicht weder durch einen Verzicht oder Vergleich der Genossenschaft noch dadurch aufgehoben, dass die Handlung auf einem Beschluss der Generalversammlung beruht. [3] Ist über das Vermögen der Genossenschaft das Insolvenzverfahren eröffnet, so übt während dessen Dauer der Insolvenzverwalter oder Sachverwalter das Recht der Gläubiger gegen die Vorstandsmitglieder aus.

(6) Die Ansprüche aus diesen Vorschriften verjähren in fünf Jahren.

§ 35 Stellvertreter von Vorstandsmitgliedern. Die für Mitglieder des Vorstands gegebenen Vorschriften gelten auch für Stellvertreter von Mitgliedern.

§ 36 Aufsichtsrat. (1) [1] Der Aufsichtsrat besteht, sofern nicht die Satzung eine höhere Zahl festsetzt, aus drei von der Generalversammlung zu wählenden Personen. [2] Die zu einer Beschlussfassung erforderliche Zahl ist durch die Satzung zu bestimmen.

(2) Die Mitglieder des Aufsichtsrats dürfen keine nach dem Geschäftsergebnis bemessene Vergütung beziehen.

(3) [1] Die Bestellung zum Mitglied des Aufsichtsrats kann auch vor Ablauf des Zeitraums, für welchen es gewählt ist, durch die Generalversammlung widerrufen werden. [2] Der Beschluss bedarf einer Mehrheit, die mindestens drei Viertel der abgegebenen Stimmen umfasst.

(4) Bei einer Genossenschaft, die kapitalmarktorientiert im Sinne des § 264d des Handelsgesetzbuchs[1] oder die CRR-Kreditinstitut im Sinne des § 1 Absatz 3d Satz 1 des Kreditwesengesetzes ist, müssen die Mitglieder des Aufsichtsrats in ihrer Gesamtheit mit dem Sektor, in dem die Genossenschaft tätig ist, vertraut sein; mindestens ein Mitglied muss über Sachverstand auf den Gebieten Rechnungslegung oder Abschlussprüfung verfügen.

(5) [1] Abweichend von Absatz 1 Satz 1 kann die Satzung vorsehen, dass für bestimmte Mitglieder das Recht besteht, Mitglieder in den Aufsichtsrat zu entsenden. [2] Die Zahl der nach Satz 1 in den Aufsichtsrat entsandten Personen darf zusammen mit der Zahl der investierenden Mitglieder im Aufsichtsrat ein Drittel der Aufsichtsratsmitglieder nicht überschreiten.

§ 37 Unvereinbarkeit von Ämtern. (1) [1] Die Mitglieder des Aufsichtsrats dürfen nicht zugleich Vorstandsmitglieder, dauernde Stellvertreter der Vorstandsmitglieder, Prokuristen oder zum Betrieb des gesamten Geschäfts ermächtigte Handlungsbevollmächtigte der Genossenschaft sein. [2] Der Aufsichtsrat kann einzelne seiner Mitglieder für einen im Voraus begrenzten Zeitraum zu Stellvertretern verhinderter Vorstandsmitglieder bestellen; während dieses Zeitraums und bis zur Erteilung der Entlastung als stellvertretendes Vorstandsmitglied darf dieses Mitglied seine Tätigkeit als Aufsichtsratsmitglied nicht ausüben.

(2) Scheiden aus dem Vorstand Mitglieder aus, so dürfen dieselben nicht vor erteilter Entlastung in den Aufsichtsrat gewählt werden.

§ 38 Aufgaben des Aufsichtsrats. (1) [1] Der Aufsichtsrat hat den Vorstand bei dessen Geschäftsführung zu überwachen. [2] Er kann zu diesem Zweck von dem Vorstand jederzeit Auskünfte über alle Angelegenheiten der Genossenschaft verlangen und die Bücher und Schriften der Genossenschaft sowie den Bestand der Genossenschaftskasse und die Bestände an Wertpapieren und Waren einsehen und prüfen. [3] Er kann einzelne seiner Mitglieder beauftragen, die Einsichtnahme und Prüfung durchzuführen. [4] Auch ein einzelnes Mitglied des Aufsichtsrats kann Auskünfte, jedoch nur an den Aufsichtsrat, verlangen. [5] Der Aufsichtsrat hat den Jahresabschluss, den Lagebericht und den Vorschlag für die Verwendung des Jahresüberschusses oder die Deckung des Jahresfehlbetrags zu prüfen; über das Ergebnis der Prüfung hat er der Generalversammlung vor der Feststellung des Jahresabschlusses zu berichten.

(1a) [1] Der Aufsichtsrat kann einen Prüfungsausschuss bestellen, der sich mit der Überwachung des Rechnungslegungsprozesses sowie der Wirksamkeit des internen Kontrollsystems, des Risikomanagementsystems und des internen Revisionssystems sowie der Abschlussprüfung befasst. [2] Der Prüfungsausschuss kann Empfehlungen oder Vorschläge zur Gewährleistung der Integrität des Rechnungslegungsprozesses unterbreiten. [3] Richtet der Aufsichtsrat einer Genossenschaft, die kapitalmarktorientiert im Sinne des § 264d des Handelsgesetzbuchs oder die CRR-Kreditinstitut im Sinne des § 1 Absatz 3d Satz 1 des Kreditwesengesetzes ist, einen Prüfungsausschuss ein, so muss dieser die Voraussetzungen des § 36 Absatz 4 erfüllen. [4] Artikel 6 Absatz 2 Buchstabe a der Verordnung (EU) Nr. 537/2014 des Europäischen Parlaments und des Rates vom 16. April 2014 über spezifische Anforderungen an die Abschlussprüfung bei Unternehmen von öffentlichem Interesse und zur Aufhebung des Beschlusses 2005/909/EG der Kommis-

[1] Nr. **5**.

sion (ABl. L 158 vom 27.5.2014, S. 77, L 170 vom 11.6.2014, S. 66) findet mit der Maßgabe Anwendung, dass die Erklärung bezogen auf die gesetzlichen Vertreter des Verbandes und die vom Verband beschäftigten Personen, die das Ergebnis der Prüfung beeinflussen können, abzugeben ist.

(1b) Der Aufsichtsrat hat auch den gesonderten nichtfinanziellen Bericht (§ 289b des Handelsgesetzbuchs[1]) zu prüfen, sofern er erstellt wurde.

(2) [1] Der Aufsichtsrat hat eine Generalversammlung einzuberufen, wenn dies im Interesse der Genossenschaft erforderlich ist. [2] Ist nach der Satzung kein Aufsichtsrat zu bilden, gilt § 44.

(3) Weitere Aufgaben des Aufsichtsrats werden durch die Satzung bestimmt.

(4) Die Mitglieder des Aufsichtsrats können ihre Aufgaben nicht durch andere Personen wahrnehmen lassen.

§ 39 Vertretungsbefugnis des Aufsichtsrats. (1) [1] Der Aufsichtsrat vertritt die Genossenschaft gegenüber den Vorstandsmitgliedern gerichtlich und außergerichtlich. [2] Ist nach der Satzung kein Aufsichtsrat zu bilden, wird die Genossenschaft durch einen von der Generalversammlung gewählten Bevollmächtigten vertreten. [3] Die Satzung kann bestimmen, dass über die Führung von Prozessen gegen Vorstandsmitglieder die Generalversammlung entscheidet.

(2) [1] Der Genehmigung des Aufsichtsrats bedarf jede Gewährung von Kredit an ein Mitglied des Vorstands, soweit die Gewährung des Kredits nicht durch die Satzung an noch andere Erfordernisse geknüpft oder ausgeschlossen ist. [2] Das gleiche gilt von der Annahme eines Vorstandsmitglieds als Bürgen für eine Kreditgewährung.

(3) In Prozessen gegen die Mitglieder des Aufsichtsrats wird die Genossenschaft durch Bevollmächtigte vertreten, welche von der Generalversammlung gewählt werden.

§ 40 Vorläufige Amtsenthebung von Vorstandsmitgliedern. Der Aufsichtsrat ist befugt, nach seinem Ermessen von der Generalversammlung abzuberufende Mitglieder des Vorstands vorläufig, bis zur Entscheidung der unverzüglich einzuberufenden Generalversammlung, von ihren Geschäften zu entheben und wegen einstweiliger Fortführung derselben das Erforderliche zu veranlassen.

§ 41 Sorgfaltspflicht und Verantwortlichkeit der Aufsichtsratsmitglieder. Für die Sorgfaltspflicht und Verantwortlichkeit der Aufsichtsratsmitglieder gilt § 34 über die Verantwortlichkeit der Vorstandsmitglieder sinngemäß.

§ 42 Prokura; Handlungsvollmacht. (1) [1] Die Genossenschaft kann Prokura nach Maßgabe der §§ 48 bis 53 des Handelsgesetzbuchs[1] erteilen. [2] An die Stelle der Eintragung in das Handelsregister tritt die Eintragung in das Genossenschaftsregister. [3] § 28 Satz 3 und § 29 gelten entsprechend.

(2) [1] Die Genossenschaft kann auch Handlungsvollmacht erteilen. [2] § 54 des Handelsgesetzbuchs[1] ist anzuwenden.

§ 43 Generalversammlung; Stimmrecht der Mitglieder. (1) Die Mitglieder üben ihre Rechte in den Angelegenheiten der Genossenschaft in der Generalversammlung aus, soweit das Gesetz nichts anderes bestimmt.

---

[1] Nr. **5**.

(2) [1]Die Generalversammlung beschließt mit der Mehrheit der abgegebenen Stimmen (einfache Stimmenmehrheit), soweit nicht Gesetz oder Satzung eine größere Mehrheit oder weitere Erfordernisse bestimmen. [2]Für Wahlen kann die Satzung eine abweichende Regelung treffen.

(3) [1]Jedes Mitglied hat eine Stimme. [2]Die Satzung kann die Gewährung von Mehrstimmrechten vorsehen. [3]Die Voraussetzungen für die Gewährung von Mehrstimmrechten müssen in der Satzung mit folgender Maßgabe bestimmt werden:

1. [1]Mehrstimmrechte sollen nur Mitgliedern gewährt werden, die den Geschäftsbetrieb besonders fördern. [2]Keinem Mitglied können mehr als drei Stimmen gewährt werden. [3]Bei Beschlüssen, die nach dem Gesetz zwingend einer Mehrheit von drei Vierteln der abgegebenen Stimmen oder einer größeren Mehrheit bedürfen, sowie bei Beschlüssen über die Aufhebung oder Einschränkung der Bestimmungen der Satzung über Mehrstimmrechte hat ein Mitglied, auch wenn ihm ein Mehrstimmrecht gewährt ist, nur eine Stimme.
2. [1]Auf Genossenschaften, bei denen mehr als drei Viertel der Mitglieder als Unternehmer im Sinne des § 14 des Bürgerlichen Gesetzbuchs Mitglied sind, ist Nummer 1 nicht anzuwenden. [2]Bei diesen Genossenschaften können Mehrstimmrechte vom einzelnen Mitglied höchstens bis zu einem Zehntel der in der Generalversammlung anwesenden Stimmen ausgeübt werden; das Nähere hat die Satzung zu regeln.
3. [1]Auf Genossenschaften, deren Mitglieder ausschließlich oder überwiegend eingetragene Genossenschaften sind, sind die Nummern 1 und 2 nicht anzuwenden. [2]Die Satzung dieser Genossenschaften kann das Stimmrecht der Mitglieder nach der Höhe ihrer Geschäftsguthaben oder einem anderen Maßstab abstufen.

[4]Zur Aufhebung oder Änderung der Bestimmungen der Satzung über Mehrstimmrechte bedarf es nicht der Zustimmung der betroffenen Mitglieder.

(4) [1]Das Mitglied soll sein Stimmrecht persönlich ausüben. [2]Das Stimmrecht geschäftsunfähiger oder in der Geschäftsfähigkeit beschränkter natürlicher Personen sowie das Stimmrecht von juristischen Personen wird durch ihre gesetzlichen Vertreter, das Stimmrecht von Personenhandelsgesellschaften durch zur Vertretung ermächtigte Gesellschafter ausgeübt.

(5) [1]Das Mitglied oder sein gesetzlicher Vertreter können Stimmvollmacht erteilen. [2]Für die Vollmacht ist die schriftliche Form erforderlich. [3]Ein Bevollmächtigter kann nicht mehr als zwei Mitglieder vertreten. [4]Die Satzung kann persönliche Voraussetzungen für Bevollmächtigte aufstellen, insbesondere die Bevollmächtigung von Personen ausschließen, die sich geschäftsmäßig zur Ausübung des Stimmrechts erbieten.

(6) Niemand kann für sich oder für einen anderen das Stimmrecht ausüben, wenn darüber Beschluss gefasst wird, ob er oder das vertretene Mitglied zu entlasten oder von einer Verbindlichkeit zu befreien ist oder ob die Genossenschaft gegen ihn oder das vertretene Mitglied einen Anspruch geltend machen soll.

(7) [1]Die Satzung kann zulassen, dass Beschlüsse der Mitglieder schriftlich oder in elektronischer Form gefasst werden; das Nähere hat die Satzung zu regeln. [2]Ferner kann die Satzung vorsehen, dass in bestimmten Fällen Mitglieder des Aufsichtsrats im Wege der Bild- und Tonübertragung an der Generalversammlung

teilnehmen können und dass die Generalversammlung in Bild und Ton übertragen werden darf.

§ 43a Vertreterversammlung. (1) [1]Bei Genossenschaften mit mehr als 1 500 Mitgliedern kann die Satzung bestimmen, dass die Generalversammlung aus Vertretern der Mitglieder (Vertreterversammlung) besteht. [2]Die Satzung kann auch bestimmen, dass bestimmte Beschlüsse der Generalversammlung vorbehalten bleiben. [3]Der für die Feststellung der Mitgliederzahl maßgebliche Zeitpunkt ist für jedes Geschäftsjahr jeweils das Ende des vorausgegangenen Geschäftsjahres.

(2) [1]Als Vertreter kann jede natürliche, unbeschränkt geschäftsfähige Person, die Mitglied der Genossenschaft ist und nicht dem Vorstand oder Aufsichtsrat angehört, gewählt werden. [2]Ist ein Mitglied der Genossenschaft eine juristische Person oder eine Personengesellschaft, kann jeweils eine natürliche Person, die zu deren Vertretung befugt ist, als Vertreter gewählt werden.

(3) [1]Die Vertreterversammlung besteht aus mindestens fünfzig Vertretern, die von den Mitgliedern der Genossenschaft gewählt werden. [2]Die Vertreter können nicht durch Bevollmächtigte vertreten werden. [3]Mehrstimmrechte können ihnen nicht eingeräumt werden.

(4) [1]Die Vertreter werden in allgemeiner, unmittelbarer, gleicher und geheimer Wahl gewählt; Mehrstimmrechte bleiben unberührt. [2]Für die Vertretung von Mitgliedern bei der Wahl gilt § 43 Abs. 4 und 5 entsprechend. [3]Kein Vertreter kann für längere Zeit als bis zur Beendigung der Vertreterversammlung gewählt werden, die über die Entlastung der Mitglieder des Vorstands und des Aufsichtsrats für das vierte Geschäftsjahr nach dem Beginn der Amtszeit beschließt. [4]Das Geschäftsjahr, in dem die Amtszeit beginnt, wird nicht mitgerechnet. [5]Die Satzung muss bestimmen,

1. auf wie viele Mitglieder ein Vertreter entfällt;
2. die Amtszeit der Vertreter.

[6]Eine Zahl von 150 Mitgliedern ist in jedem Fall ausreichend, um einen Wahlvorschlag einreichen zu können. [7]Nähere Bestimmungen über das Wahlverfahren einschließlich der Feststellung des Wahlergebnisses können in einer Wahlordnung getroffen werden, die vom Vorstand und Aufsichtsrat auf Grund übereinstimmender Beschlüsse erlassen wird. [8]Sie bedarf der Zustimmung der Generalversammlung.

(5) [1]Fällt ein Vertreter vor Ablauf der Amtszeit weg, muss ein Ersatzvertreter an seine Stelle treten. [2]Seine Amtszeit erlischt spätestens mit Ablauf der Amtszeit des weggefallenen Vertreters. [3]Auf die Wahl des Ersatzvertreters sind die für den Vertreter geltenden Vorschriften anzuwenden.

(6) [1]Eine Liste mit den Namen sowie den Anschriften, Telefonnummern oder E-Mail-Adressen der gewählten Vertreter und Ersatzvertreter ist zur Einsichtnahme für die Mitglieder mindestens zwei Wochen lang in den Geschäftsräumen der Genossenschaft und ihren Niederlassungen auszulegen oder bis zum Ende der Amtszeit der Vertreter auf der Internetseite der Genossenschaft zugänglich zu machen. [2]Die Auslegung oder die Zugänglichkeit im Internet ist in einem öffentlichen Blatt bekannt zu machen. [3]Die Frist für die Auslegung oder Zugänglichmachung beginnt mit der Bekanntmachung. [4]Jedes Mitglied kann jederzeit eine Abschrift der Liste der Vertreter und Ersatzvertreter verlangen; hierauf ist in der Bekanntmachung nach Satz 2 hinzuweisen.

(7) [1]Die Generalversammlung ist zur Beschlussfassung über die Abschaffung der Vertreterversammlung unverzüglich einzuberufen, wenn dies von mindestens einem Zehntel der Mitglieder oder dem in der Satzung hierfür bestimmten geringeren Teil in Textform beantragt wird. [2]§ 45 Abs. 3 gilt entsprechend.

§ 44 Einberufung der Generalversammlung. (1) Die Generalversammlung wird durch den Vorstand einberufen, soweit nicht nach der Satzung oder diesem Gesetz auch andere Personen dazu befugt sind.

(2) Eine Generalversammlung ist außer in den in der Satzung oder diesem Gesetz ausdrücklich bestimmten Fällen einzuberufen, wenn dies im Interesse der Genossenschaft erforderlich erscheint.

§ 45 Einberufung auf Verlangen einer Minderheit. (1) [1]Die Generalversammlung muss unverzüglich einberufen werden, wenn mindestens ein Zehntel der Mitglieder oder der in der Satzung hierfür bezeichnete geringere Teil in Textform unter Anführung des Zwecks und der Gründe die Einberufung verlangt. [2]Mitglieder, auf deren Verlangen eine Vertreterversammlung einberufen wird, können an dieser Versammlung mit Rede- und Antragsrecht teilnehmen. [3]Die Satzung kann Bestimmungen darüber treffen, dass das Rede- und Antragsrecht in der Vertreterversammlung nur von einem oder mehreren von den teilnehmenden Mitgliedern aus ihrem Kreis gewählten Bevollmächtigten ausgeübt werden kann.

(2) [1]In gleicher Weise sind die Mitglieder berechtigt zu verlangen, dass Gegenstände zur Beschlussfassung einer Generalversammlung angekündigt werden. [2]Mitglieder, auf deren Verlangen Gegenstände zur Beschlussfassung einer Vertreterversammlung angekündigt werden, können an dieser Versammlung mit Rede- und Antragsrecht hinsichtlich dieser Gegenstände teilnehmen. [3]Absatz 1 Satz 3 ist anzuwenden.

(3) [1]Wird dem Verlangen nicht entsprochen, kann das Gericht die Mitglieder, welche das Verlangen gestellt haben, zur Einberufung der Generalversammlung oder zur Ankündigung des Gegenstandes ermächtigen. [2]Mit der Einberufung oder Ankündigung ist die gerichtliche Ermächtigung bekannt zu machen.

§ 46 Form und Frist der Einberufung. (1) [1]Die Generalversammlung muss in der durch die Satzung bestimmten Weise mit einer Frist von mindestens zwei Wochen einberufen werden. [2]Bei der Einberufung ist die Tagesordnung bekannt zu machen. [3]Die Tagesordnung einer Vertreterversammlung ist allen Mitgliedern durch Veröffentlichung in den Genossenschaftsblättern oder im Internet unter der Adresse der Genossenschaft oder durch unmittelbare Benachrichtigung in Textform bekannt zu machen.

(2) [1]Über Gegenstände, deren Verhandlung nicht in der durch die Satzung oder nach § 45 Abs. 3 vorgesehenen Weise mindestens eine Woche vor der Generalversammlung angekündigt ist, können Beschlüsse nicht gefasst werden. [2]Dies gilt nicht, wenn sämtliche Mitglieder erschienen sind oder es sich um Beschlüsse über die Leitung der Versammlung oder um Anträge auf Einberufung einer außerordentlichen Generalversammlung handelt.

(3) Zur Stellung von Anträgen und zu Verhandlungen ohne Beschlussfassung bedarf es der Ankündigung nicht.

§ 47 Niederschrift. (1) [1]Über die Beschlüsse der Generalversammlung ist eine Niederschrift anzufertigen. [2]Sie soll den Ort und den Tag der Versammlung, den

Namen des Vorsitzenden sowie Art und Ergebnis der Abstimmung und die Feststellung des Vorsitzenden über die Beschlussfassung enthalten.

(2) [1] Die Niederschrift ist vom Vorsitzenden und mindestens einem anwesenden Mitglied des Vorstands zu unterschreiben. [2] Ihr sind die Belege über die Einberufung als Anlagen beizufügen.

(3) [1] Sieht die Satzung die Zulassung investierender Mitglieder oder die Gewährung von Mehrstimmrechten vor oder wird eine Änderung der Satzung beschlossen, die einen der in § 16 Abs. 2 Satz 1 Nr. 2 bis 5, 9 bis 11 oder Abs. 3 aufgeführten Gegenstände oder eine wesentliche Änderung des Gegenstandes des Unternehmens betrifft, oder wird die Fortsetzung der Genossenschaft nach § 117 beschlossen, ist der Niederschrift außerdem ein Verzeichnis der erschienenen oder vertretenen Mitglieder und der vertretenden Personen beizufügen. [2] Bei jedem erschienenen oder vertretenen Mitglied ist dessen Stimmenzahl zu vermerken.

(4) [1] Jedes Mitglied kann jederzeit Einsicht in die Niederschrift nehmen. [2] Ferner ist jedem Mitglied auf Verlangen eine Abschrift der Niederschrift einer Vertreterversammlung unverzüglich zur Verfügung zu stellen. [3] Die Niederschrift ist von der Genossenschaft aufzubewahren.

§ 48 Zuständigkeit der Generalversammlung. (1) [1] Die Generalversammlung stellt den Jahresabschluss fest. [2] Sie beschließt über die Verwendung des Jahresüberschusses oder die Deckung eines Jahresfehlbetrags sowie über die Entlastung des Vorstands und des Aufsichtsrats. [3] Die Generalversammlung hat in den ersten sechs Monaten des Geschäftsjahrs stattzufinden.

(2) [1] Auf den Jahresabschluss sind bei der Feststellung die für seine Aufstellung geltenden Vorschriften anzuwenden. [2] Wird der Jahresabschluss bei der Feststellung geändert und ist die Prüfung nach § 53 bereits abgeschlossen, so werden vor der erneuten Prüfung gefasste Beschlüsse über die Feststellung des Jahresabschlusses und über die Ergebnisverwendung erst wirksam, wenn auf Grund einer erneuten Prüfung ein hinsichtlich der Änderung uneingeschränkter Bestätigungsvermerk erteilt worden ist.

(3) [1] Der Jahresabschluss, der Lagebericht sowie der Bericht des Aufsichtsrats sollen mindestens eine Woche vor der Versammlung in dem Geschäftsraum der Genossenschaft oder an einer anderen durch den Vorstand bekannt zu machenden geeigneten Stelle zur Einsichtnahme der Mitglieder ausgelegt, auf der Internetseite der Genossenschaft zugänglich gemacht oder ihnen sonst zur Kenntnis gebracht werden. [2] Jedes Mitglied ist berechtigt, auf seine Kosten eine Abschrift des Jahresabschlusses, des Lageberichts und des Berichts des Aufsichtsrats zu verlangen.

(4) [1] Die Generalversammlung beschließt über die Offenlegung eines Einzelabschlusses nach § 339 Abs. 2 in Verbindung mit § 325 Abs. 2a des Handelsgesetzbuchs[1)]. [2] Der Beschluss kann für das nächstfolgende Geschäftsjahr im Voraus gefasst werden. [3] Die Satzung kann die in den Sätzen 1 und 2 genannten Entscheidungen dem Aufsichtsrat übertragen. [4] Ein vom Vorstand auf Grund eines Beschlusses nach den Sätzen 1 bis 3 aufgestellter Abschluss darf erst nach seiner Billigung durch den Aufsichtsrat offen gelegt werden.

§ 49 Beschränkungen für Kredite. Die Generalversammlung hat die Beschränkungen festzusetzen, die bei Gewährung von Kredit an denselben Schuldner eingehalten werden sollen.

[1)] Nr. 5.

§ 50 Bestimmung der Einzahlungen auf den Geschäftsanteil. Soweit die Satzung die Mitglieder zu Einzahlungen auf den Geschäftsanteil verpflichtet, ohne dieselben nach Betrag und Zeit festzusetzen, unterliegt ihre Festsetzung der Beschlussfassung durch die Generalversammlung.

§ 51 Anfechtung von Beschlüssen der Generalversammlung. (1) [1] Ein Beschluss der Generalversammlung kann wegen Verletzung des Gesetzes oder der Satzung im Wege der Klage angefochten werden. [2] Die Klage muss binnen einem Monat erhoben werden.

(2) [1] Zur Anfechtung befugt ist jedes in der Generalversammlung erschienene Mitglied, sofern es gegen den Beschluss Widerspruch zum Protokoll erklärt hat, und jedes nicht erschienene Mitglied, sofern es zu der Generalversammlung unberechtigterweise nicht zugelassen worden ist oder sofern es die Anfechtung darauf gründet, dass die Einberufung der Versammlung oder die Ankündigung des Gegenstandes der Beschlussfassung nicht ordnungsgemäß erfolgt sei. [2] Ferner sind der Vorstand und der Aufsichtsrat zur Anfechtung befugt, ebenso jedes Mitglied des Vorstands und des Aufsichtsrats, wenn es durch die Ausführung des Beschlusses eine strafbare Handlung oder eine Ordnungswidrigkeit begehen oder wenn es ersatzpflichtig werden würde.

(3) [1] Die Klage ist gegen die Genossenschaft zu richten. [2] Die Genossenschaft wird durch den Vorstand, sofern dieser nicht selbst klagt, und durch den Aufsichtsrat, sofern dieser nicht selbst klagt, vertreten; § 39 Abs. 1 Satz 2 ist entsprechend anzuwenden. [3] Zuständig für die Klage ist ausschließlich das Landgericht, in dessen Bezirke die Genossenschaft ihren Sitz hat. [4] Die mündliche Verhandlung erfolgt nicht vor Ablauf der im ersten Absatz bezeichneten Frist. [5] Mehrere Anfechtungsprozesse sind zur gleichzeitigen Verhandlung und Entscheidung zu verbinden.

(4) Die Erhebung der Klage sowie der Termin zur mündlichen Verhandlung sind unverzüglich vom Vorstand in den für die Bekanntmachung der Genossenschaft bestimmten Blättern zu veröffentlichen.

(5) [1] Soweit der Beschluss durch Urteil rechtskräftig für nichtig erklärt ist, wirkt dieses Urteil auch gegenüber den Mitgliedern der Genossenschaft, die nicht Partei des Rechtsstreits waren. [2] Ist der Beschluss in das Genossenschaftsregister eingetragen, hat der Vorstand dem Registergericht das Urteil einzureichen und dessen Eintragung zu beantragen. [3] Eine gerichtliche Bekanntmachung der Eintragung erfolgt nur, wenn der eingetragene Beschluss veröffentlicht worden war.

§ 52 (weggefallen)

Abschnitt 4. Prüfung und Prüfungsverbände

§ 53 Pflichtprüfung. (1) [1] Zwecks Feststellung der wirtschaftlichen Verhältnisse und der Ordnungsmäßigkeit der Geschäftsführung sind die Einrichtungen, die Vermögenslage sowie die Geschäftsführung der Genossenschaft mindestens in jedem zweiten Geschäftsjahr zu prüfen. [2] Bei Genossenschaften, deren Bilanzsumme 2 Millionen Euro übersteigt, muss die Prüfung in jedem Geschäftsjahr stattfinden.

(2) [1] Im Rahmen der Prüfung nach Absatz 1 ist bei Genossenschaften, deren Bilanzsumme 1,5 Millionen Euro und deren Umsatzerlöse 3 Millionen Euro übersteigen, der Jahresabschluss unter Einbeziehung der Buchführung und des

Lageberichts zu prüfen. [2] § 316 Abs. 3, § 317 Abs. 1 Satz 2 und 3, Abs. 2 des Handelsgesetzbuchs[1)] sind entsprechend anzuwenden; Artikel 17 der Verordnung (EU) Nr. 537/2014 findet keine Anwendung. [3] Bei der Prüfung großer Genossenschaften im Sinn des § 58 Abs. 2 ist § 317 Abs. 5 und 6 des Handelsgesetzbuchs[1)] entsprechend anzuwenden.

(3) Für Genossenschaften, die kapitalmarktorientiert im Sinn des § 264d des Handelsgesetzbuchs[1)] oder die CRR-Kreditinstitut im Sinne des § 1 Absatz 3d Satz 1 des Kreditwesengesetzes sind und keinen Aufsichtsrat haben, gilt § 324 des Handelsgesetzbuchs[1)] entsprechend.

§ 53a Vereinfachte Prüfung; Verordnungsermächtigung. (1) [1] Bei Kleinstgenossenschaften (§ 336 Absatz 2 Satz 3 des Handelsgesetzbuchs[1)]), deren Satzung keine Nachschusspflicht der Mitglieder vorsieht und die im maßgeblichen Prüfungszeitraum von ihren Mitgliedern keine Darlehen nach § 21b Absatz 1 entgegengenommen haben, beschränkt sich jede zweite Prüfung nach § 53 Absatz 1 Satz 1 auf eine vereinfachte Prüfung. [2] Eine vereinfachte Prüfung umfasst die Durchsicht der in Absatz 2 Satz 1 genannten Unterlagen und die Feststellung, ob es Anhaltspunkte dafür gibt, an einer geordneten Vermögenslage oder der Ordnungsmäßigkeit der Geschäftsführung zu zweifeln. [3] § 57 Absatz 2 und 4 findet keine Anwendung.

(2) [1] Bei der vereinfachten Prüfung sind folgende Unterlagen einzureichen:

1. eine Abschrift der Satzung in der geltenden Fassung oder eine Erklärung des Vorstands, dass gegenüber der zuletzt eingereichten Fassung keine Änderung erfolgt ist;
2. die im Prüfungszeitraum festgestellten Jahresabschlüsse;
3. ein Nachweis über die im Prüfungszeitraum erfolgte Offenlegung des Jahresabschlusses im Bundesanzeiger oder darüber, dass ein entsprechender Bekanntmachungs- oder Hinterlegungsauftrag erteilt wurde;
4. eine Abschrift der Mitgliederliste;
5. eine Abschrift der im Prüfungszeitraum erstellten Niederschriften der Beschlüsse der Generalversammlung, des Vorstands und des Aufsichtsrats, wenn es einen solchen gibt;
6. sofern die Genossenschaft im Prüfungszeitraum ihren Mitgliedern Vermögensanlagen nach § 2 Absatz 1 Nummer 1a des Vermögensanlagengesetzes vom 6. Dezember 2011 (BGBl. I S. 2481), das zuletzt durch Artikel 4 Absatz 54 des Gesetzes vom 18. Juli 2016 (BGBl. I S. 1666) geändert worden ist, in der jeweils geltenden Fassung angeboten hat, eine Erklärung des Vorstands, dass und auf welche Weise den Mitgliedern die nach § 2 Absatz 2 Satz 2 des Vermögensanlagengesetzes erforderlichen Informationen zur Verfügung gestellt wurden.

[2] Die Unterlagen sind innerhalb von zwei Monaten nach Aufforderung durch den Prüfungsverband in Textform einzureichen. [3] In der Aufforderung hat der Prüfungsverband den maßgeblichen Prüfungszeitraum zu bezeichnen.

(3) [1] Werden die erforderlichen Unterlagen nicht oder nicht vollständig eingereicht, hat der Prüfungsverband das Recht, eine vollständige Prüfung nach § 53 Absatz 1 Satz 1 vorzunehmen. [2] Die Generalversammlung kann jederzeit eine solche vollständige Prüfung beschließen. [3] Die erstmalige Pflichtprüfung einer Genossenschaft ist stets eine vollständige Prüfung.

[1)] Nr. **5**.

(4) [1]Das Bundesministerium der Justiz und für Verbraucherschutz wird ermächtigt, im Einvernehmen mit dem Bundesministerium für Wirtschaft und Energie, durch Rechtsverordnung mit Zustimmung des Bundesrates für die vereinfachte Prüfung zu bestimmen, dass abweichend von Absatz 2 dem Prüfungsverband von der Genossenschaft weitere Unterlagen einzureichen sind. [2]Dabei kann nach der Branchenzugehörigkeit der Genossenschaft unterschieden werden.

§ 54 Pflichtmitgliedschaft im Prüfungsverband. [1]Die Genossenschaft muss einem Verband angehören, dem das Prüfungsrecht verliehen ist (Prüfungsverband). [2]Die Genossenschaft hat den Namen und den Sitz dieses Prüfungsverbandes auf ihrer Internetseite oder in Ermangelung einer solchen auf den Geschäftsbriefen anzugeben.

§ 54a Wechsel des Prüfungsverbandes. (1) [1]Scheidet eine Genossenschaft aus dem Verband aus, so hat der Verband das Registergericht unverzüglich zu benachrichtigen. [2]Das Registergericht hat eine Frist zu bestimmen, innerhalb derer die Genossenschaft die Mitgliedschaft bei einem Verband zu erwerben hat. [3]Die Artikel 16 und 19 der Verordnung (EU) Nr. 537/2014 finden keine Anwendung.

(2) [1]Weist die Genossenschaft nicht innerhalb der gesetzten Frist dem Registergericht nach, dass sie die Mitgliedschaft erworben hat, so hat das Registergericht von Amts wegen nach Anhörung des Vorstands die Auflösung der Genossenschaft auszusprechen. [2]§ 80 Abs. 2 findet Anwendung.

§ 55 Prüfung durch den Verband. (1) [1]Die Genossenschaft wird durch den Verband geprüft, dem sie angehört. [2]Der Verband bedient sich zum Prüfen der von ihm angestellten Prüfer. [3]Diese sollen im genossenschaftlichen Prüfungswesen ausreichend vorgebildet und erfahren sein.

(2) [1]Ein gesetzlicher Vertreter des Verbandes oder eine vom Verband beschäftigte Person, die das Ergebnis der Prüfung beeinflussen kann, ist von der Prüfung der Genossenschaft ausgeschlossen, wenn Gründe, insbesondere Beziehungen geschäftlicher, finanzieller oder persönlicher Art, vorliegen, nach denen die Besorgnis der Befangenheit besteht. [2]Dies ist insbesondere der Fall, wenn der Vertreter oder die Person

1. Mitglied der zu prüfenden Genossenschaft ist;
2. Mitglied des Vorstands oder Aufsichtsrats oder Arbeitnehmer der zu prüfenden Genossenschaft ist;
3. über die Prüfungstätigkeit hinaus bei der zu prüfenden Genossenschaft oder für diese in dem zu prüfenden Geschäftsjahr oder bis zur Erteilung des Bestätigungsvermerks
   a) bei der Führung der Bücher oder der Aufstellung des zu prüfenden Jahresabschlusses mitgewirkt hat,
   b) bei der Durchführung der internen Revision in verantwortlicher Position mitgewirkt hat,
   c) Unternehmensleitungs- oder Finanzdienstleistungen erbracht hat oder
   d) eigenständige versicherungsmathematische oder Bewertungsleistungen erbracht hat, die sich auf den zu prüfenden Jahresabschluss nicht nur unwesentlich auswirken,

   sofern diese Tätigkeiten nicht von untergeordneter Bedeutung sind; dies gilt auch, wenn eine dieser Tätigkeiten von einem Unternehmen für die zu prüfende Genossenschaft ausgeübt wird, bei dem der gesetzliche Vertreter des Verbandes oder die vom Verband beschäftigte Person als gesetzlicher Vertreter, Arbeitnehmer, Mitglied des Aufsichtsrats oder Gesellschafter, der mehr als 20 Prozent der den Gesellschaftern zustehenden Stimmrechte besitzt, diese Tätigkeit ausübt oder deren Ergebnis beeinflussen kann.

[3] Satz 2 Nr. 2 ist auf Mitglieder des Aufsichtsorgans des Verbandes nicht anzuwenden, sofern sichergestellt ist, dass der Prüfer die Prüfung unabhängig von den Weisungen durch das Aufsichtsorgan durchführen kann. [4] Die Sätze 2 und 3 gelten auch, wenn der Ehegatte oder der Lebenspartner einen Ausschlussgrund erfüllt. [5] Ist die zu prüfende Genossenschaft kapitalmarktorientiert im Sinne des § 264d des Handelsgesetzbuchs[1)] oder ist sie ein CRR-Kreditinstitut im Sinne des § 1 Absatz 3d Satz 1 des Kreditwesengesetzes, sind über die in den Sätzen 1 bis 4 genannten Gründe hinaus § 319a Absatz 1 und 3 des Handelsgesetzbuchs[1)] sowie Artikel 5 Absatz 1, 4 Unterabsatz 1 und Absatz 5 der Verordnung (EU) Nr. 537/2014 auf die in Satz 1 genannten Vertreter und Personen des Verbandes entsprechend anzuwenden; auf den Verband findet Artikel 5 der Verordnung (EU) Nr. 537/2014 keine Anwendung.

(2a) [1] Artikel 4 Absatz 3 Unterabsatz 1 der Verordnung (EU) Nr. 537/2014 findet auf alle in Absatz 2 Satz 1 genannten Vertreter und Personen des Verbandes entsprechende Anwendung; auf den Verband findet Artikel 4 Absatz 2 und 3 Unterabsatz 1 der Verordnung (EU) Nr. 537/2014 keine Anwendung. [2] Artikel 4 Absatz 3 Unterabsatz 2 der Verordnung (EU) Nr. 537/2014 findet keine Anwendung.

(3) [1] Der Verband kann sich eines von ihm nicht angestellten Prüfers bedienen, wenn dies im Einzelfall notwendig ist, um eine gesetzmäßige sowie sach- und termingerechte Prüfung zu gewährleisten. [2] Der Verband darf jedoch nur einen anderen Prüfungsverband, einen Wirtschaftsprüfer oder eine Wirtschaftsprüfungsgesellschaft mit der Prüfung beauftragen.

(4) Gehört die Genossenschaft mehreren Verbänden an, wird die Prüfung durch denjenigen Verband durchgeführt, bei dem die Genossenschaft die Mitgliedschaft zuerst erworben hat, es sei denn, dieser Verband, die Genossenschaft und der andere Verband, der künftig die Prüfung durchführen soll, einigen sich darauf, dass der andere Verband die Prüfung durchführt.

§ 56 Ruhen des Prüfungsrechts des Verbandes. (1) [1] Die Aufsichtsbehörde kann das Ruhen des Prüfungsrechts des Verbandes anordnen, wenn dieser sich einer angeordneten Untersuchung nach § 64 Absatz 2 Satz 2 Nummer 4 entzieht oder wenn nach den Ergebnissen einer solchen Untersuchung ein Ruhen des Prüfungsrechts erforderlich erscheint, um weitere Feststellungen dazu treffen zu können, ob der Verband seine Aufgaben ordnungsgemäß erfüllt. [2] Das Prüfungsrecht eines Verbandes, der sich nach § 63e Absatz 1 einer Qualitätskontrolle zu unterziehen hat, ruht, wenn der Verband nicht mehr gemäß § 40a Absatz 1 Satz 1 der Wirtschaftsprüferordnung im Register eingetragen ist.

(2) [1] Ruht das Prüfungsrecht des Verbandes, so hat der Spitzenverband, dem der Verband angehört, auf Antrag des Vorstands der Genossenschaft oder des Verbandes einen anderen Prüfungsverband, einen Wirtschaftsprüfer oder eine Wirtschaftsprüfungsgesellschaft als Prüfer zu bestellen. [2] Bestellt der Spitzenver-

---

1) Nr. 5.

band keinen Prüfer oder gehört der Verband keinem Spitzenverband an, so hat das Registergericht auf Antrag des Vorstands der Genossenschaft oder des Verbandes einen Prüfer im Sinne des Satzes 1 zu bestellen. [3] Der Vorstand ist verpflichtet, die Anträge unverzüglich zu stellen, soweit diese nicht vom Verband gestellt werden.

(3) [1] Die Rechte und Pflichten des nach Absatz 2 bestellten Prüfers bestimmen sich nach den für den Verband geltenden Vorschriften dieses Gesetzes. [2] Der Prüfer hat dem Verband eine Abschrift seines Prüfungsberichts vorzulegen.

§ 57 Prüfungsverfahren. (1) [1] Der Vorstand der Genossenschaft hat dem Prüfer die Einsicht der Bücher und Schriften der Genossenschaft sowie die Untersuchung des Kassenbestandes und der Bestände an Wertpapieren und Waren zu gestatten; er hat ihm alle Aufklärungen und Nachweise zu geben, die der Prüfer für eine sorgfältige Prüfung benötigt. [2] Das gilt auch, wenn es sich um die Vornahme einer vom Verband angeordneten außerordentlichen Prüfung handelt.

(2) [1] Der Verband hat dem Vorsitzenden des Aufsichtsrats der Genossenschaft den Beginn der Prüfung rechtzeitig anzuzeigen. [2] Der Vorsitzende des Aufsichtsrats hat die übrigen Mitglieder des Aufsichtsrats von dem Beginn der Prüfung unverzüglich zu unterrichten und sie auf ihr Verlangen oder auf Verlangen des Prüfers zu der Prüfung zuzuziehen.

(3) Von wichtigen Feststellungen, nach denen dem Prüfer sofortige Maßnahmen des Aufsichtsrats erforderlich erscheinen, soll der Prüfer unverzüglich den Vorsitzenden des Aufsichtsrats in Kenntnis setzen.

(4) [1] In unmittelbarem Zusammenhang mit der Prüfung soll der Prüfer in einer gemeinsamen Sitzung des Vorstands und des Aufsichtsrats der Genossenschaft über das voraussichtliche Ergebnis der Prüfung mündlich berichten. [2] Er kann zu diesem Zwecke verlangen, dass der Vorstand oder der Vorsitzende des Aufsichtsrats zu einer solchen Sitzung einladen; wird seinem Verlangen nicht entsprochen, so kann er selbst Vorstand und Aufsichtsrat unter Mitteilung des Sachverhalts berufen.

(5) [1] Ist eine Genossenschaft kapitalmarktorientiert im Sinne des § 264d des Handelsgesetzbuchs[1)] oder ist sie ein CRR-Kreditinstitut im Sinne des § 1 Absatz 3d Satz 1 des Kreditwesengesetzes, so hat der Prüfer an einer gemeinsamen Sitzung des Vorstands und des Aufsichtsrats der Genossenschaft über das voraussichtliche Ergebnis der Prüfung teilzunehmen und über die wesentlichen Ergebnisse seiner Prüfung, insbesondere über wesentliche Schwächen des internen Kontroll- und des Risikomanagementsystems bezogen auf den Rechnungslegungsprozess, zu berichten. [2] Er informiert über Umstände, die seine Befangenheit besorgen lassen, und über Leistungen, die er zusätzlich zu den Prüfungsleistungen erbracht hat.

(6) Ist nach der Satzung kein Aufsichtsrat zu bilden, werden die Rechte und Pflichten des Aufsichtsratsvorsitzenden nach den Absätzen 2 bis 4 durch einen von der Generalversammlung aus ihrer Mitte gewählten Bevollmächtigten wahrgenommen.

§ 57a Prüfungsbegleitende Qualitätssicherung. [1] Ist die zu prüfende Genossenschaft kapitalmarktorientiert im Sinne des § 264d des Handelsgesetzbuchs[1)] oder ist sie ein CRR-Kreditinstitut im Sinne des § 1 Absatz 3d Satz 1 des Kreditwesengesetzes mit einer Bilanzsumme von mehr als 3 Milliarden Euro, hat

---

[1)] Nr. **5**.

in entsprechender Anwendung des Artikels 8 der Verordnung (EU) Nr. 537/2014 eine prüfungsbegleitende Qualitätssicherung stattzufinden. [2]Die prüfungsbegleitende Qualitätssicherung darf nur von solchen fachlich und persönlich geeigneten Personen wahrgenommen werden, die an der Durchführung der Prüfung nicht beteiligt sind.

§ 58 Prüfungsbericht. (1) [1]Der Verband hat über das Ergebnis der Prüfung schriftlich zu berichten. [2]Auf den Prüfungsbericht ist, soweit er den Jahresabschluss und den Lagebericht betrifft, § 321 Abs. 1 bis 3 sowie 4a des Handelsgesetzbuchs[1)] entsprechend anzuwenden. [3]Im Prüfungsbericht ist Stellung dazu zu nehmen, ob und auf welche Weise die Genossenschaft im Prüfungszeitraum einen zulässigen Förderzweck verfolgt hat.

(2) [1]Auf die Prüfung von Genossenschaften, die die Größenmerkmale des § 267 Abs. 3 des Handelsgesetzbuchs[1)] erfüllen, ist § 322 des Handelsgesetzbuchs[1)] über den Bestätigungsvermerk entsprechend anzuwenden. [2]Artikel 10 Absatz 2 Buchstabe g der Verordnung (EU) Nr. 537/2014 findet auf alle in § 55 Absatz 2 Satz 1 genannten Vertreter und Personen des Verbandes entsprechende Anwendung; auf den Verband findet Artikel 10 Absatz 2 Buchstabe g der Verordnung (EU) Nr. 537/2014 keine Anwendung.

(3) [1]Der Verband hat den Prüfungsbericht zu unterzeichnen und dem Vorstand der Genossenschaft sowie dem Vorsitzenden des Aufsichtsrats vorzulegen; § 57 Absatz 6 ist entsprechend anzuwenden, Artikel 11 Absatz 1, 2 Satz 1 und Absatz 4 der Verordnung (EU) Nr. 537/2014 ist nicht anzuwenden. [2]Jedes Mitglied des Aufsichtsrats hat den Inhalt des Prüfungsberichts zur Kenntnis zu nehmen.

(4) [1]Über das Ergebnis der Prüfung haben Vorstand und Aufsichtsrat der Genossenschaft in gemeinsamer Sitzung unverzüglich nach Eingang des Prüfungsberichts zu beraten; ist die Genossenschaft kapitalmarktorientiert im Sinne des § 264d des Handelsgesetzbuchs[1)] oder ist sie CRR-Kreditinstitut im Sinne des § 1 Absatz 3d Satz 1 des Kreditwesengesetzes, so hat der Aufsichtsrat darzulegen, wie die Prüfung sowie die Befassung des Aufsichtsrats oder Prüfungsausschusses mit der Abschlussprüfung dazu beigetragen hat, dass die Rechnungslegung ordnungsgemäß ist. [2]Verband und Prüfer sind berechtigt, an der Sitzung teilzunehmen; der Vorstand ist verpflichtet, den Verband von der Sitzung in Kenntnis zu setzen.

§ 59 Befassung der Generalversammlung. (1) [1]Der Vorstand hat den Prüfungsbericht bei der Einberufung der nächsten Generalversammlung als Gegenstand der Beratung und möglichen Beschlussfassung anzukündigen. [2]Jedes Mitglied hat das Recht, Einsicht in das zusammengefasste Ergebnis des Prüfungsberichts zu nehmen.

(2) In der Generalversammlung hat sich der Aufsichtsrat über wesentliche Feststellungen oder Beanstandungen der Prüfung zu erklären.

(3) Der Verband ist berechtigt, an der Generalversammlung beratend teilzunehmen; auf seinen Antrag oder auf Beschluss der Generalversammlung ist der Bericht ganz oder in bestimmten Teilen zu verlesen.

§ 60 Einberufungsrecht des Prüfungsverbandes. (1) Gewinnt der Verband die Überzeugung, dass die Beratung und mögliche Beschlussfassung über den Prüfungsbericht ungebührlich verzögert wird oder dass die Generalversammlung

1) Nr. 5.

bei der Beratung und möglichen Beschlussfassung unzulänglich über wesentliche Feststellungen oder Beanstandungen des Prüfungsberichts unterrichtet war, so ist er berechtigt, eine außerordentliche Generalversammlung der Genossenschaft auf deren Kosten zu berufen und zu bestimmen, über welche Gegenstände zwecks Beseitigung festgestellter Mängel verhandelt und beschlossen werden soll.

(2) In der von dem Verband einberufenen Generalversammlung führt eine vom Verband bestimmte Person den Vorsitz.

§ 61 Vergütung des Prüfungsverbandes. Der Verband hat gegen die Genossenschaft Anspruch auf Erstattung angemessener barer Auslagen und auf Vergütung für seine Leistung.

§ 62 Verantwortlichkeit der Prüfungsorgane. (1) [1] Verbände, Prüfer und Prüfungsgesellschaften sind zur gewissenhaften und unparteiischen Prüfung und zur Verschwiegenheit verpflichtet. [2] Sie dürfen Geschäfts- und Betriebsgeheimnisse, die sie bei ihrer Tätigkeit erfahren haben, nicht unbefugt verwerten. [3] Wer seine Pflichten vorsätzlich oder fahrlässig verletzt, haftet der Genossenschaft für den daraus entstehenden Schaden. [4] Mehrere Personen haften als Gesamtschuldner.

(2) [1] Die Ersatzpflicht von Personen, die fahrlässig gehandelt haben, beschränkt sich auf eine Million Euro für eine Prüfung. [2] Dies gilt auch, wenn an der Prüfung mehrere Personen beteiligt gewesen oder mehrere zum Ersatz verpflichtende Handlungen begangen worden sind, und ohne Rücksicht darauf, ob andere Beteiligte vorsätzlich gehandelt haben.

(3) [1] Der Verband kann einem Spitzenverband, dem er angehört, Abschriften der Prüfungsberichte mitteilen; der Spitzenverband darf sie so verwerten, wie es die Erfüllung der ihm obliegenden Pflichten erfordert. [2] Der Verband ist berechtigt, der Bundesanstalt für Finanzdienstleistungsaufsicht eine Abschrift eines Prüfungsberichts ganz oder auszugsweise zur Verfügung zu stellen, wenn sich aus diesem Anhaltspunkte dafür ergeben, dass die geprüfte Genossenschaft keinen zulässigen Förderzweck verfolgt, sondern ihr Vermögen gemäß einer festgelegten Anlagestrategie investiert, so dass ein Investmentvermögen im Sinne des § 1 Absatz 1 des Kapitalanlagegesetzbuchs vorliegen könnte.

(4) [1] Die Verpflichtung zur Verschwiegenheit nach Absatz 1 Satz 1 besteht, wenn eine Prüfungsgesellschaft die Prüfung vornimmt, auch gegenüber dem Aufsichtsrat und den Mitgliedern des Aufsichtsrats der Prüfungsgesellschaft. [2] Der Vorsitzende des Aufsichtsrats der Prüfungsgesellschaft und sein Stellvertreter dürfen jedoch die von der Prüfungsgesellschaft erstatteten Berichte einsehen, die hierbei erlangten Kenntnisse aber nur verwerten, soweit es die Erfüllung der Überwachungspflicht des Aufsichtsrats erfordert.

(5) Die Haftung nach diesen Vorschriften kann durch Vertrag weder ausgeschlossen noch beschränkt werden; das gleiche gilt von der Haftung des Verbandes für die Personen, deren er sich zur Vornahme der Prüfung bedient.

§ 63 Zuständigkeit für Verleihung des Prüfungsrechts. [1] Das Prüfungsrecht wird dem Verband durch die zuständige oberste Landesbehörde (Aufsichtsbehörde) verliehen, in deren Gebiet der Verband seinen Sitz hat. [2] Die Landesregierungen werden ermächtigt, die Zuständigkeiten nach Satz 1 und § 64 Abs. 1 durch Rechtsverordnung auf eine andere Behörde zu übertragen. [3] Mehrere Länder können die Errichtung einer gemeinsamen Behörde oder die Ausdehnung der Zuständigkeit einer Behörde über die Landesgrenzen hinaus vereinbaren.

§ 63a Verleihung des Prüfungsrechts. (1) Dem Antrag auf Verleihung des Prüfungsrechts darf nur stattgegeben werden, wenn der Verband die Gewähr für die Erfüllung der von ihm zu übernehmenden Aufgaben bietet.

(2) Die Aufsichtsbehörde kann die Verleihung des Prüfungsrechts von der Erfüllung von Auflagen und insbesondere davon abhängig machen, dass der Verband sich gegen Schadensersatzansprüche aus der Prüfungstätigkeit in ausreichender Höhe versichert oder den Nachweis führt, dass eine andere ausreichende Sicherstellung erfolgt ist.

§ 63b Rechtsform, Mitglieder und Zweck des Prüfungsverbandes.

(1) [1] Der Verband soll die Rechtsform des eingetragenen Vereins haben. [2] Eine andere Rechtsform ist nur zulässig, wenn sichergestellt ist, dass der Verband ohne Gewinnerzielungsabsicht handelt.

(2) [1] Mitglieder des Verbandes können nur eingetragene Genossenschaften und ohne Rücksicht auf ihre Rechtsform solche Unternehmen oder andere Vereinigungen sein, die sich ganz oder überwiegend in der Hand eingetragener Genossenschaften befinden oder dem Genossenschaftswesen dienen. [2] Ob diese Voraussetzungen vorliegen, entscheidet im Zweifelsfall die Aufsichtsbehörde. [3] Sie kann Ausnahmen von der Vorschrift des Satzes 1 zulassen, wenn ein wichtiger Grund vorliegt.

(3) Mitglieder des Verbandes, die nicht eingetragene Genossenschaften sind und anderen gesetzlichen Prüfungsvorschriften unterliegen, bleiben trotz ihrer Zugehörigkeit zum Verband diesen anderen Prüfungsvorschriften unterworfen und unterliegen nicht der Prüfung nach diesem Gesetz.

(4) [1] Der Verband muss unbeschadet der Vorschriften des Absatzes 3 die Prüfung seiner Mitglieder und kann auch sonst die gemeinsame Wahrnehmung ihrer Interessen, insbesondere die Unterhaltung gegenseitiger Geschäftsbeziehungen zum Zweck haben. [2] Andere Zwecke darf er nicht verfolgen.

(5) [1] Dem Vorstand des Prüfungsverbandes soll mindestens ein Wirtschaftsprüfer angehören. [2] Gehört dem Vorstand kein Wirtschaftsprüfer an, so muss der Prüfungsverband einen Wirtschaftsprüfer als seinen besonderen Vertreter nach § 30 des Bürgerlichen Gesetzbuchs[1)] bestellen. [3] Die Aufsichtsbehörde kann den Prüfungsverband bei Vorliegen besonderer Umstände von der Einhaltung der Sätze 1 und 2 befreien, jedoch höchstens für die Dauer eines Jahres. [4] In Ausnahmefällen darf sie auch eine Befreiung auf längere Dauer gewähren, wenn und solange nach Art und Umfang des Geschäftsbetriebes der Mitglieder des Prüfungsverbandes eine Prüfung durch Wirtschaftsprüfer nicht erforderlich ist.

(6) Mitgliederversammlungen des Verbandes dürfen nur innerhalb des Verbandsbezirkes abgehalten werden.

§ 63c Satzung des Prüfungsverbandes. (1) Die Satzung des Verbandes muss enthalten:

1. die Zwecke des Verbandes;

---

1) Nr. **1**.

2. den Namen; er soll sich von dem Namen anderer bereits bestehender Verbände deutlich unterscheiden;
3. den Sitz;
4. den Bezirk.

(2) Die Satzung soll ferner Bestimmungen enthalten über Auswahl und Befähigungsnachweis der anzustellenden Prüfer, über Art und Umfang der Prüfungen sowie, soweit der Prüfungsverband gesetzlich vorgeschriebene Abschlussprüfungen von Genossenschaften im Sinne des § 53 Absatz 2, im Sinn des § 340k Abs. 2 Satz 1 des Handelsgesetzbuchs[1)], im Sinn des Artikels 25 Abs. 1 Satz 1 des Einführungsgesetzes zum Handelsgesetzbuch[2)] durchführt oder den Konzernabschluss einer Genossenschaft nach § 14 Abs. 1 des Publizitätsgesetzes[3)] prüft, über die Registrierung als Abschlussprüfer, über die Bindung an die Berufsgrundsätze und die Beachtung der Prüfungsstandards entsprechend den für Wirtschaftsprüfungsgesellschaften geltenden Bestimmungen, über Berufung, Sitz, Aufgaben und Befugnisse des Vorstandes und über die sonstigen Organe des Verbandes.

(3) Änderungen der Satzung, die nach den Absätzen 1 und 2 notwendige Bestimmungen zum Gegenstand haben, sind der Aufsichtsbehörde unverzüglich anzuzeigen.

§ 63d Einreichungen bei Gericht. [1]Der Verband hat den Registergerichten, in deren Bezirk die ihm angehörenden Genossenschaften ihren Sitz haben, die Satzung mit einer beglaubigten Abschrift der Verleihungsurkunde sowie jährlich im Monat Januar ein Verzeichnis der ihm angehörenden Genossenschaften einzureichen. [2]Wurde bei einer dieser Genossenschaften im letzten sich aus § 53 Absatz 1 ergebenden Prüfungszeitraum keine Pflichtprüfung durchgeführt, ist dies in einer Anlage zum Verzeichnis unter Angabe der Gründe für die ausstehende Prüfung anzugeben. [3]Liegt der Grund darin, dass die betreffende Genossenschaft auch Mitglied bei einem anderen Prüfungsverband ist und dieser andere Verband die Prüfung durchführt, ist der Name dieses anderen Verbandes anzugeben.

§ 63e Qualitätskontrolle für Prüfungsverbände. (1) [1]Die Prüfungsverbände sind verpflichtet, sich im Abstand von jeweils sechs Jahren einer Qualitätskontrolle nach Maßgabe der §§ 63f und 63g zu unterziehen. [2]Prüft ein Prüfungsverband auch eine Genossenschaft, eine in Artikel 25 Abs. 1 Satz 1 Nr. 1 des Einführungsgesetzes zum Handelsgesetzbuch[2)] genannte Gesellschaft oder ein in Artikel 25 Abs. 1 Satz 1 Nr. 2 des Einführungsgesetzes zum Handelsgesetzbuch[2)] genanntes Unternehmen, die kapitalmarktorientiert im Sinne des § 264d des Handelsgesetzbuchs[1)] oder ein CRR-Kreditinstitut im Sinne des § 1 Absatz 3d Satz 1 des Kreditwesengesetzes sind, verringert sich der Abstand auf drei Jahre. [3]Ein Prüfungsverband, der keine gesetzlich vorgeschriebene Abschlussprüfung durchführt, ist nicht verpflichtet, sich einer Qualitätskontrolle zu unterziehen.

(2) [1]Die Qualitätskontrolle dient der Überwachung, ob die Grundsätze und Maßnahmen zur Qualitätssicherung nach Maßgabe der gesetzlichen Vorschriften insgesamt und bei der Durchführung einzelner Aufträge eingehalten werden. [2]Sie erstreckt sich auf die Prüfungen nach § 53 Abs. 1 und 2 bei den in § 53 Abs. 2 Satz 1 bezeichneten Genossenschaften und die Prüfungen bei den in Artikel 25

---

1) Nr. **5**.
2) Nr. **5a**.
3) Nr. **6**.

Abs. 1 Satz 1 des Einführungsgesetzes zum Handelsgesetzbuche[1] genannten Gesellschaften und Unternehmen, die keine kleinen Kapitalgesellschaften im Sinne des § 267 Absatz 1 des Handelsgesetzbuchs[2] sind.

(3) Der Prüfungsverband hat der zuständigen Aufsichtsbehörde die erfolgte Durchführung einer Qualitätskontrolle mitzuteilen.

(4) Ein Prüfungsverband, der erstmalig eine gesetzlich vorgeschriebene Abschlussprüfung durchführt, hat sich spätestens drei Jahre nach deren Beginn einer Qualitätskontrolle zu unterziehen.

§ 63f Prüfer für Qualitätskontrolle. (1) Die Qualitätskontrolle wird durch Prüfungsverbände nach Maßgabe des Absatzes 2 oder durch Wirtschaftsprüfer oder Wirtschaftsprüfungsgesellschaften durchgeführt, die nach § 57a Abs. 3 der Wirtschaftsprüferordnung als Prüfer für Qualitätskontrolle registriert sind.

(2) [1] Ein Prüfungsverband ist auf Antrag bei der Wirtschaftsprüferkammer als Prüfer für Qualitätskontrolle zu registrieren, wenn

1. ihm das Prüfungsrecht seit mindestens drei Jahren zusteht;
2. mindestens ein Mitglied seines Vorstands oder ein nach § 30 des Bürgerlichen Gesetzbuchs[3] bestellter besonderer Vertreter ein Wirtschaftsprüfer ist, der als Prüfer für Qualitätskontrolle nach § 57a Abs. 3 der Wirtschaftsprüferordnung registriert ist;
3. der Prüfungsverband nach § 40a Absatz 1 Satz 1 der Wirtschaftsprüferordnung eingetragen ist.

[2] Wird einem Prüfungsverband der Auftrag zur Durchführung einer Qualitätskontrolle erteilt, so muss der für die Qualitätskontrolle verantwortliche Wirtschaftsprüfer die Voraussetzungen des Satzes 1 Nr. 2 erfüllen.

(3) § 57a Absatz 3a Satz 1 und Absatz 4 der Wirtschaftsprüferordnung ist entsprechend anzuwenden.

§ 63g Durchführung der Qualitätskontrolle. (1) [1] Der Prüfungsverband muss Mitglied der Wirtschaftsprüferkammer nach Maßgabe des § 58 Abs. 2 Satz 2 der Wirtschaftsprüferordnung sein. [2] Er erteilt einem Prüfer für Qualitätskontrolle den Auftrag zur Durchführung der Qualitätskontrolle. [3] § 57a Abs. 7 der Wirtschaftsprüferordnung über die Kündigung des Auftrags ist entsprechend anzuwenden.

(2) [1] Auf das Prüfungsverfahren sind § 57a Absatz 5, 5b, 6, 6a Satz 1 sowie Absatz 8, die §§ 57b bis 57e Absatz 1, 2 Satz 1, 2 und 4 und Absatz 3 Satz 1, § 66a Absatz 1 Satz 1, Absatz 3 Satz 1 bis 3, Absatz 5 Satz 1 und § 66b der Wirtschaftsprüferordnung entsprechend anzuwenden. [2] Die Ergebnisse einer Inspektion nach § 63h sind im Rahmen der Qualitätskontrolle zu berücksichtigen. [3] Soweit dies zur Durchführung der Qualitätskontrolle erforderlich ist, ist die Pflicht zur Verschwiegenheit nach § 62 Abs. 1 eingeschränkt.

(3) Die Kommission für Qualitätskontrolle nach § 57e Absatz 1 der Wirtschaftsprüferordnung hat die zuständige Aufsichtsbehörde unverzüglich zu unterrichten, wenn ein Prüfungsverband wegen fehlender Durchführung der Quali-

---

[1] Nr. **5a**.
[2] Nr. **5**.
[3] Nr. **1**.

tätskontrolle aus dem Register nach § 40a der Wirtschaftsprüferordnung gelöscht werden soll.

§ 63h Inspektionen. [1] Führt ein Prüfungsverband die gesetzlich vorgeschriebene Abschlussprüfung bei einem Unternehmen durch, das kapitalmarktorientiert im Sinne des § 264d des Handelsgesetzbuchs[1)] ist, können bei diesem Prüfungsverband Inspektionen in entsprechender Anwendung des § 62b der Wirtschaftsprüferordnung stichprobenartig ohne besonderen Anlass durchgeführt werden. [2] § 57e Absatz 6 Satz 2, § 62 Absatz 4 und 5 sowie die §§ 66a und 66b der Wirtschaftsprüferordnung gelten entsprechend. [3] Die Wirtschaftsprüferkammer hat der Aufsichtsbehörde das Ergebnis der Inspektion mitzuteilen. [4] Im Übrigen findet Artikel 26 der Verordnung (EU) Nr. 537/2014 keine Anwendung.

§ 63i (weggefallen)

§ 64 Staatsaufsicht. (1) Die genossenschaftlichen Prüfungsverbände unterliegen der Aufsicht durch die zuständige Aufsichtsbehörde.

(2) [1] Die Aufsichtsbehörde kann die erforderlichen Maßnahmen ergreifen, um sicherzustellen, dass der Verband die ihm nach diesem Gesetz obliegenden Aufgaben ordnungsgemäß erfüllt. [2] Die Aufsichtsbehörde ist insbesondere befugt,

1. von dem Verband Auskunft über alle seine Aufgabenerfüllung betreffenden Angelegenheiten sowie Vorlage von Prüfungsberichten und anderen geschäftlichen Unterlagen zu verlangen,
2. von dem Verband regelmäßige Berichte nach festgelegten Kriterien zu verlangen,
3. an der Mitgliederversammlung des Verbandes durch einen Beauftragten teilzunehmen,
4. bei Bedarf Untersuchungen bei dem Verband durchzuführen und hierzu Dritte heranzuziehen.

[3] Die mit der Durchführung von Aufsichtsmaßnahmen betrauten Personen und die mit Untersuchungen beauftragten Dritten sind berechtigt, die Geschäftsräume des Verbandes während der Geschäfts- und Arbeitszeiten zu betreten, um Untersuchungen vorzunehmen oder sonst Feststellungen zu treffen, die zur Ausübung der Aufsicht erforderlich sind. [4] Bei einem Verband, der nur solche Genossenschaften prüft, die nicht unter § 53 Absatz 2 Satz 1 fallen, hat die Aufsichtsbehörde mindestens alle zehn Jahre eine Untersuchung nach Satz 2 Nummer 4 durchzuführen, es sei denn, der Verband weist die freiwillige Durchführung einer Qualitätskontrolle oder einer anderen geeigneten Organisationsuntersuchung nach.

(3) [1] Für Amtshandlungen nach dieser Vorschrift kann die zuständige Behörde zur Deckung des Verwaltungsaufwands Kosten (Gebühren und Auslagen) erheben. [2] Die Landesregierungen werden ermächtigt, durch Verordnung die Gebührentatbestände sowie die Gebührenhöhe festzulegen. [3] Sie können die Ermächtigung auf die zuständigen obersten Landesbehörden übertragen. [4] Die Kosten, die der Aufsichtsbehörde durch eine nach Absatz 2 Satz 2 Nummer 4 vorgenommene Untersuchung entstehen, sind ihr von dem betroffenen Verband gesondert zu erstatten und auf Verlangen vorzuschießen.

---

1) Nr. **5**.

§ 64a Entziehung des Prüfungsrechts. [1]Die Aufsichtsbehörde kann dem Verband das Prüfungsrecht entziehen, wenn der Verband nicht mehr die Gewähr für die Erfüllung seiner Aufgaben bietet. [2]Vor der Entziehung ist der Vorstand des Verbandes anzuhören. [3]Die Entziehung ist den in § 63d genannten Gerichten mitzuteilen.

§ 64b Bestellung eines Prüfungsverbandes. [1]Gehört eine Genossenschaft keinem Prüfungsverband an, so kann das Gericht einen Prüfungsverband zur Wahrnehmung der im Gesetz den Prüfungsverbänden übertragenen Aufgaben bestellen. [2]Dabei sollen die fachliche Eigenart und der Sitz der Genossenschaft berücksichtigt werden.

§ 64c Prüfung aufgelöster Genossenschaften. Auch aufgelöste Genossenschaften unterliegen den Vorschriften dieses Abschnitts.

Abschnitt 5. Beendigung der Mitgliedschaft

§ 65 Kündigung des Mitglieds. (1) Jedes Mitglied hat das Recht, seine Mitgliedschaft durch Kündigung zu beenden.

(2) [1]Die Kündigung kann nur zum Schluss eines Geschäftsjahres und mindestens drei Monate vor dessen Ablauf in schriftlicher Form erklärt werden. [2]In der Satzung kann eine längere, höchstens fünfjährige Kündigungsfrist bestimmt werden. [3]Bei Genossenschaften, bei denen mehr als drei Viertel der Mitglieder als Unternehmer im Sinn des § 14 des Bürgerlichen Gesetzbuchs Mitglied sind, kann die Satzung zum Zweck der Sicherung der Finanzierung des Anlagevermögens für die Unternehmer eine Kündigungsfrist bis zu zehn Jahre bestimmen.

(3) [1]Entgegen einer in der Satzung bestimmten Kündigungsfrist von mehr als zwei Jahren kann jedes Mitglied, das der Genossenschaft mindestens ein volles Geschäftsjahr angehört hat, seine Mitgliedschaft durch Kündigung vorzeitig beenden, wenn ihm nach seinen persönlichen oder wirtschaftlichen Verhältnissen ein Verbleib in der Genossenschaft bis zum Ablauf der Kündigungsfrist nicht zugemutet werden kann. [2]Die Kündigung ist in diesem Fall mit einer Frist von drei Monaten zum Schluss eines Geschäftsjahres zu erklären, zu dem das Mitglied nach der Satzung noch nicht kündigen kann.

(4) [1]Die Mitgliedschaft endet nicht, wenn die Genossenschaft vor dem Zeitpunkt, zu dem die Kündigung wirksam geworden wäre, aufgelöst wird. [2]Die Auflösung der Genossenschaft steht der Beendigung der Mitgliedschaft nicht entgegen, wenn die Fortsetzung der Genossenschaft beschlossen wird. [3]In diesem Fall wird der Zeitraum, während dessen die Genossenschaft aufgelöst war, bei der Berechnung der Kündigungsfrist mitgerechnet; die Mitgliedschaft endet jedoch frühestens zum Schluss des Geschäftsjahres, in dem der Beschluss über die Fortsetzung der Genossenschaft in das Genossenschaftsregister eingetragen wird.

(5) Vereinbarungen, die gegen die vorstehenden Absätze verstoßen, sind unwirksam.

§ 66 Kündigung durch Gläubiger. (1) [1]Der Gläubiger eines Mitglieds, der die Pfändung und Überweisung eines dem Mitglied bei der Auseinandersetzung mit der Genossenschaft zustehenden Guthabens erwirkt hat, nachdem innerhalb der letzten sechs Monate eine Zwangsvollstreckung in das Vermögen des Mitglieds fruchtlos verlaufen ist, kann das Kündigungsrecht des Mitglieds an dessen

Stelle ausüben. [2]Die Ausübung des Kündigungsrechts ist ausgeschlossen, solange der Schuldtitel nur vorläufig vollstreckbar ist.

(2) Der Kündigung muss eine beglaubigte Abschrift der vollstreckbaren Ausfertigung des Titels und der Bescheinigungen über den fruchtlosen Verlauf der Zwangsvollstreckung in das Vermögen des Schuldners beigefügt werden.

§ 66a Kündigung im Insolvenzverfahren. Wird das Insolvenzverfahren über das Vermögen eines Mitglieds eröffnet und ein Insolvenzverwalter bestellt, so kann der Insolvenzverwalter das Kündigungsrecht des Mitglieds an dessen Stelle ausüben.

§ 67 Beendigung der Mitgliedschaft wegen Aufgabe des Wohnsitzes.

[1]Ist nach der Satzung die Mitgliedschaft an den Wohnsitz innerhalb eines bestimmten Bezirks geknüpft, kann ein Mitglied, das seinen Wohnsitz in diesem Bezirk aufgibt, seine Mitgliedschaft ohne Einhaltung einer Kündigungsfrist zum Schluss des Geschäftsjahres kündigen; die Kündigung bedarf der Schriftform. [2]Über die Aufgabe des Wohnsitzes ist die Bescheinigung einer Behörde vorzulegen.

§ 67a Außerordentliches Kündigungsrecht. (1) [1]Wird eine Änderung der Satzung beschlossen, die einen der in § 16 Abs. 2 Satz 1 Nr. 2 bis 5, 9 bis 11 oder Abs. 3 aufgeführten Gegenstände oder eine wesentliche Änderung des Gegenstandes des Unternehmens betrifft, kann kündigen:

1. jedes in der Generalversammlung erschienene Mitglied, wenn es gegen den Beschluss Widerspruch zur Niederschrift erklärt hat oder wenn die Aufnahme seines Widerspruchs in die Niederschrift verweigert worden ist;
2. jedes in der Generalversammlung nicht erschienene Mitglied, wenn es zu der Generalversammlung zu Unrecht nicht zugelassen worden ist oder die Versammlung nicht ordnungsgemäß einberufen oder der Gegenstand der Beschlussfassung nicht ordnungsgemäß angekündigt worden ist.

[2]Hat eine Vertreterversammlung die Änderung der Satzung beschlossen, kann jedes Mitglied kündigen; für die Vertreter gilt Satz 1.

(2) [1]Die Kündigung bedarf der Schriftform. [2]Sie kann nur innerhalb eines Monats zum Schluss des Geschäftsjahres erklärt werden. [3]Die Frist beginnt in den Fällen des Absatzes 1 Satz 1 Nr. 1 mit der Beschlussfassung, in den Fällen des Absatzes 1 Satz 1 Nr. 2 mit der Erlangung der Kenntnis von der Beschlussfassung. [4]Ist der Zeitpunkt der Kenntniserlangung streitig, trägt die Genossenschaft die Beweislast. [5]Im Falle der Kündigung wirkt die Änderung der Satzung weder für noch gegen das Mitglied.

§ 67b Kündigung einzelner Geschäftsanteile. (1) Ein Mitglied, das mit mehreren Geschäftsanteilen beteiligt ist, kann die Beteiligung mit einem oder mehreren seiner weiteren Geschäftsanteile zum Schluss eines Geschäftsjahres durch schriftliche Erklärung kündigen, soweit es nicht nach der Satzung oder einer Vereinbarung mit der Genossenschaft zur Beteiligung mit mehreren Geschäftsanteilen verpflichtet ist oder die Beteiligung mit mehreren Geschäftsanteilen Voraussetzung für eine von dem Mitglied in Anspruch genommene Leistung der Genossenschaft ist.

(2) § 65 Abs. 2 bis 5 gilt sinngemäß.

§ 67c Kündigungsausschluss bei Wohnungsgenossenschaften. (1) Die Kündigung der Mitgliedschaft in einer Wohnungsgenossenschaft durch den Gläubiger (§ 66) oder den Insolvenzverwalter (§ 66a) ist ausgeschlossen, wenn

1. die Mitgliedschaft Voraussetzung für die Nutzung der Wohnung des Mitglieds ist und
2. das Geschäftsguthaben des Mitglieds höchstens das Vierfache des auf einen Monat entfallenden Nutzungsentgelts ohne die als Pauschale oder Vorauszahlung ausgewiesenen Betriebskosten oder höchstens 2 000 Euro beträgt.

(2) Übersteigt das Geschäftsguthaben des Mitglieds den Betrag nach Absatz 1 Nummer 2, ist die Kündigung der Mitgliedschaft nach Absatz 1 auch dann ausgeschlossen, wenn es durch Kündigung einzelner Geschäftsanteile nach § 67b auf einen nach Absatz 1 Nummer 2 zulässigen Betrag vermindert werden kann.

§ 68 Ausschluss eines Mitglieds. (1) [1]Die Gründe, aus denen ein Mitglied aus der Genossenschaft ausgeschlossen werden kann, müssen in der Satzung bestimmt sein. [2]Ein Ausschluss ist nur zum Schluss eines Geschäftsjahres zulässig.

(2) [1]Der Beschluss, durch den das Mitglied ausgeschlossen wird, ist dem Mitglied vom Vorstand unverzüglich durch eingeschriebenen Brief mitzuteilen. [2]Das Mitglied verliert ab dem Zeitpunkt der Absendung der Mitteilung das Recht auf Teilnahme an der Generalversammlung oder der Vertreterversammlung sowie seine Mitgliedschaft im Vorstand oder Aufsichtsrat.

§ 69 Eintragung in die Mitgliederliste. In den Fällen der §§ 65 bis 67a und 68 ist der Zeitpunkt der Beendigung der Mitgliedschaft, im Falle des § 67b sind der Zeitpunkt der Herabsetzung der Zahl der Geschäftsanteile sowie die Zahl der verbliebenen weiteren Geschäftsanteile unverzüglich in die Mitgliederliste einzutragen; das Mitglied ist hiervon unverzüglich zu benachrichtigen.

§§ 70–72 (weggefallen)

§ 73 Auseinandersetzung mit ausgeschiedenem Mitglied. (1) [1]Nach Beendigung der Mitgliedschaft erfolgt eine Auseinandersetzung der Genossenschaft mit dem ausgeschiedenen Mitglied. [2]Sie bestimmt sich nach der Vermögenslage der Genossenschaft und der Zahl ihrer Mitglieder zum Zeitpunkt der Beendigung der Mitgliedschaft.

(2) [1]Die Auseinandersetzung erfolgt unter Zugrundelegung der Bilanz. [2]Das Geschäftsguthaben des Mitglieds ist vorbehaltlich des Absatzes 4 und des § 8a Abs. 2 binnen sechs Monaten nach Beendigung der Mitgliedschaft auszuzahlen. [3]Auf die Rücklagen und das sonstige Vermögen der Genossenschaft hat das Mitglied vorbehaltlich des Absatzes 3 keinen Anspruch. [4]Reicht das Vermögen einschließlich der Rücklagen und aller Geschäftsguthaben zur Deckung der Schulden der Genossenschaft nicht aus, hat das ehemalige Mitglied von dem Fehlbetrag den ihn betreffenden Anteil an die Genossenschaft zu zahlen, soweit es im Falle des Insolvenzverfahrens Nachschüsse an die Genossenschaft zu leisten gehabt hätte; der Anteil wird nach der Kopfzahl der Mitglieder berechnet, soweit nicht die Satzung eine abweichende Berechnung bestimmt.

(3) [1]Die Satzung kann Mitgliedern, die ihren Geschäftsanteil voll eingezahlt haben, für den Fall der Beendigung der Mitgliedschaft einen Anspruch auf Auszahlung eines Anteils an einer zu diesem Zweck aus dem Jahresüberschuss zu bildenden Ergebnisrücklage einräumen. [2]Die Satzung kann den Anspruch von

einer Mindestdauer der Mitgliedschaft abhängig machen sowie weitere Erfordernisse aufstellen und Beschränkungen des Anspruchs vorsehen. [3]Absatz 2 Satz 2 ist entsprechend anzuwenden.

(4) Die Satzung kann die Voraussetzungen, die Modalitäten und die Frist für die Auszahlung des Auseinandersetzungsguthabens abweichend von Absatz 2 Satz 2 regeln; eine Bestimmung, nach der über Voraussetzungen oder Zeitpunkt der Auszahlung ausschließlich der Vorstand zu entscheiden hat, ist unwirksam.

§ 74 (weggefallen)

§ 75 Fortdauer der Mitgliedschaft bei Auflösung der Genossenschaft.

[1]Wird die Genossenschaft binnen sechs Monaten nach Beendigung der Mitgliedschaft eines Mitglieds aufgelöst, gilt die Beendigung der Mitgliedschaft als nicht erfolgt. [2]Wird die Fortsetzung der Genossenschaft beschlossen, gilt die Beendigung der Mitgliedschaft als zum Schluss des Geschäftsjahres erfolgt, in dem der Beschluss über die Fortsetzung der Genossenschaft in das Genossenschaftsregister eingetragen ist.

§ 76 Übertragung des Geschäftsguthabens. (1) [1]Jedes Mitglied kann sein Geschäftsguthaben jederzeit durch schriftliche Vereinbarung einem anderen ganz oder teilweise übertragen und hierdurch seine Mitgliedschaft ohne Auseinandersetzung beenden oder die Anzahl seiner Geschäftsanteile verringern, sofern der Erwerber, im Fall einer vollständigen Übertragung anstelle des Mitglieds, der Genossenschaft beitritt oder bereits Mitglied der Genossenschaft ist und das bisherige Geschäftsguthaben dieses Mitglieds mit dem ihm zuzuschreibenden Betrag den Geschäftsanteil nicht übersteigt. [2]Eine teilweise Übertragung von Geschäftsguthaben ist unwirksam, soweit das Mitglied nach der Satzung oder einer Vereinbarung mit der Genossenschaft zur Beteiligung mit mehreren Geschäftsanteilen verpflichtet ist oder die Beteiligung mit mehreren Geschäftsanteilen Voraussetzung für eine von dem Mitglied in Anspruch genommene Leistung der Genossenschaft ist.

(2) Die Satzung kann eine vollständige oder teilweise Übertragung von Geschäftsguthaben ausschließen oder an weitere Voraussetzungen knüpfen; dies gilt nicht für die Fälle, in denen in der Satzung nach § 65 Abs. 2 Satz 3 eine Kündigungsfrist von mehr als fünf Jahren bestimmt oder nach § 8a oder § 73 Abs. 4 der Anspruch nach § 73 Abs. 2 Satz 2 auf Auszahlung des Auseinandersetzungsguthabens eingeschränkt ist.

(3) Auf die Beendigung der Mitgliedschaft und die Verringerung der Anzahl der Geschäftsanteile ist § 69 entsprechend anzuwenden.

(4) Wird die Genossenschaft binnen sechs Monaten nach der Beendigung der Mitgliedschaft aufgelöst, hat das ehemalige Mitglied im Fall der Eröffnung des Insolvenzverfahrens die Nachschüsse, zu deren Zahlung es verpflichtet gewesen sein würde, insoweit zu leisten, als der Erwerber diese nicht leisten kann.

(5) Darf sich nach der Satzung ein Mitglied mit mehr als einem Geschäftsanteil beteiligen, so gelten diese Vorschriften mit der Maßgabe, dass die Übertragung des Geschäftsguthabens auf ein anderes Mitglied zulässig ist, sofern das Geschäftsguthaben des Erwerbers nach Zuschreibung des Geschäftsguthabens des Veräußerers den Gesamtbetrag der Geschäftsanteile, mit denen der Erwerber beteiligt ist oder sich beteiligt, nicht übersteigt.

§ 77 Tod des Mitglieds. (1) [1]Mit dem Tod eines Mitglieds geht die Mitgliedschaft auf den Erben über. [2]Sie endet mit dem Schluss des Geschäftsjahres, in dem der Erbfall eingetreten ist. [3]Mehrere Erben können das Stimmrecht in der Generalversammlung nur durch einen gemeinschaftlichen Vertreter ausüben.

(2) [1]Die Satzung kann bestimmen, dass im Falle des Todes eines Mitglieds dessen Mitgliedschaft in der Genossenschaft durch dessen Erben fortgesetzt wird. [2]Die Satzung kann die Fortsetzung der Mitgliedschaft von persönlichen Voraussetzungen des Rechtsnachfolgers abhängig machen. [3]Für den Fall der Beerbung des Erblassers durch mehrere Erben kann auch bestimmt werden, dass die Mitgliedschaft endet, wenn sie nicht innerhalb einer in der Satzung festgesetzten Frist einem Miterben allein überlassen worden ist.

(3) [1]Der Tod des Mitglieds sowie der Zeitpunkt der Beendigung der Mitgliedschaft, im Falle des Absatzes 2 auch die Fortsetzung der Mitgliedschaft durch einen oder mehrere Erben, sind unverzüglich in die Mitgliederliste einzutragen. [2]Die Erben des verstorbenen Mitglieds sind unverzüglich von der Eintragung zu benachrichtigen.

(4) Bei Beendigung der Mitgliedschaft des Erben gelten die §§ 73 und 75, im Falle der Fortsetzung der Mitgliedschaft gilt § 76 Abs. 4 entsprechend.

§ 77a Auflösung oder Erlöschen einer juristischen Person oder Personengesellschaft. [1]Wird eine juristische Person oder eine Personengesellschaft aufgelöst oder erlischt sie, so endet die Mitgliedschaft mit dem Abschluss des Geschäftsjahres, in dem die Auflösung oder das Erlöschen wirksam geworden ist. [2]Im Falle der Gesamtrechtsnachfolge wird die Mitgliedschaft bis zum Schluss des Geschäftsjahres durch den Gesamtrechtsnachfolger fortgesetzt. [3]Die Beendigung der Mitgliedschaft ist unverzüglich in die Mitgliederliste einzutragen; das Mitglied oder der Gesamtrechtsnachfolger ist hiervon unverzüglich zu benachrichtigen.

Abschnitt 6. Auflösung und Nichtigkeit der Genossenschaft

§ 78 Auflösung durch Beschluss der Generalversammlung. (1) [1]Die Genossenschaft kann durch Beschluss der Generalversammlung jederzeit aufgelöst werden; der Beschluss bedarf einer Mehrheit, die mindestens drei Viertel der abgegebenen Stimmen umfasst. [2]Die Satzung kann eine größere Mehrheit und weitere Erfordernisse bestimmen.

(2) Die Auflösung ist durch den Vorstand unverzüglich zur Eintragung in das Genossenschaftsregister anzumelden.

§§ 78a, 78b (weggefallen)

§ 79 Auflösung durch Zeitablauf. (1) Ist die Genossenschaft nach der Satzung auf eine bestimmte Zeit beschränkt, ist sie mit dem Ablauf der bestimmten Zeit aufgelöst.

(2) § 78 Abs. 2 ist anzuwenden.

§ 79a Fortsetzung der aufgelösten Genossenschaft. (1) [1]Ist die Genossenschaft durch Beschluss der Generalversammlung oder durch Zeitablauf aufgelöst worden, kann die Generalversammlung, solange noch nicht mit der Verteilung des nach Berichtigung der Schulden verbleibenden Vermögens an die Mitglieder begonnen ist, die Fortsetzung der Genossenschaft beschließen; der Beschluss bedarf einer Mehrheit, die mindestens drei Viertel der abgegebenen Stimmen umfasst. [2]Die Satzung kann eine größere Mehrheit und weitere Erfordernisse bestimmen. [3]Die Fortsetzung kann nicht beschlossen werden, wenn die Mitglieder nach § 87a Abs. 2 zu Zahlungen herangezogen worden sind.

(2) Vor der Beschlussfassung ist der Prüfungsverband, dem die Genossenschaft angehört, darüber zu hören, ob die Fortsetzung der Genossenschaft mit den Interessen der Mitglieder vereinbar ist.

(3) [1]Das Gutachten des Prüfungsverbandes ist in jeder über die Fortsetzung der Genossenschaft beratenden Generalversammlung zu verlesen. [2]Dem Prüfungsverband ist Gelegenheit zu geben, das Gutachten in der Generalversammlung zu erläutern.

(4) Ist die Fortsetzung der Genossenschaft nach dem Gutachten des Prüfungsverbandes mit den Interessen der Mitglieder nicht vereinbar, bedarf der Beschluss einer Mehrheit von drei Vierteln der Mitglieder in zwei mit einem Abstand von mindestens einem Monat aufeinander folgenden Generalversammlungen; Absatz 1 Satz 2 gilt entsprechend.

(5) [1]Die Fortsetzung der Genossenschaft ist durch den Vorstand unverzüglich zur Eintragung in das Genossenschaftsregister anzumelden. [2]Der Vorstand hat bei der Anmeldung die Versicherung abzugeben, dass der Beschluss der Generalversammlung zu einer Zeit gefasst wurde, zu der noch nicht mit der Verteilung des nach der Berichtigung der Schulden verbleibenden Vermögens der Genossenschaft an die Mitglieder begonnen worden war.

§ 80 Auflösung durch das Gericht. (1) [1]Hat die Genossenschaft weniger als drei Mitglieder, hat das Registergericht auf Antrag des Vorstands und, wenn der Antrag nicht binnen sechs Monaten erfolgt, von Amts wegen nach Anhörung des Vorstands die Auflösung der Genossenschaft auszusprechen. [2]Bei der Bestimmung der Mindestmitgliederzahl nach Satz 1 bleiben investierende Mitglieder außer Betracht.

(2) [1]Der gerichtliche Beschluss ist der Genossenschaft zuzustellen. [2]Gegen den Beschluss steht der Genossenschaft die sofortige Beschwerde nach der Zivilprozessordnung zu. [3]Mit der Rechtskraft des Beschlusses ist die Genossenschaft aufgelöst.

§ 81 Auflösung auf Antrag der obersten Landesbehörde. (1) [1]Gefährdet eine Genossenschaft durch gesetzwidriges Verhalten ihrer Verwaltungsträger das Gemeinwohl und sorgen die Generalversammlung und der Aufsichtsrat nicht für eine Abberufung der Verwaltungsträger oder ist der Zweck der Genossenschaft entgegen § 1 nicht auf die Förderung der Mitglieder gerichtet, kann die Genossenschaft auf Antrag der zuständigen obersten Landesbehörde, in deren Bezirk die Genossenschaft ihren Sitz hat, durch Urteil aufgelöst werden. [2]Ausschließlich zuständig für die Klage ist das Landgericht, in dessen Bezirk die Genossenschaft ihren Sitz hat.

(2) [1]Nach der Auflösung findet die Liquidation nach den §§ 83 bis 93 statt. [2]Den Antrag auf Bestellung oder Abberufung der Liquidatoren kann auch die in Absatz 1 Satz 1 bestimmte Behörde stellen.

(3) Ist die Auflösungsklage erhoben, kann das Gericht auf Antrag der in Absatz 1 Satz 1 bestimmten Behörde durch einstweilige Verfügung die nötigen Anordnungen treffen.

(4) [1] Die Entscheidungen des Gerichts sind dem Registergericht mitzuteilen. [2] Dieses trägt sie, soweit eintragungspflichtige Rechtsverhältnisse betroffen sind, in das Genossenschaftsregister ein.

§ 81a Auflösung bei Insolvenz. Die Genossenschaft wird aufgelöst

1. mit der Rechtskraft des Beschlusses, durch den die Eröffnung des Insolvenzverfahrens mangels Masse abgelehnt worden ist;
2. durch die Löschung wegen Vermögenslosigkeit nach § 394 des Gesetzes über das Verfahren in Familiensachen und in den Angelegenheiten der freiwilligen Gerichtsbarkeit.

§ 82 Eintragung der Auflösung. (1) Die Auflösung der Genossenschaft ist von dem Gericht unverzüglich in das Genossenschaftsregister einzutragen.

(2) [1] Sie muss von den Liquidatoren durch die für die Bekanntmachungen der Genossenschaft bestimmten Blätter bekannt gemacht werden. [2] Durch die Bekanntmachung sind zugleich die Gläubiger aufzufordern, sich bei der Genossenschaft zu melden.

(3) Im Falle der Löschung der Genossenschaft wegen Vermögenslosigkeit sind die Absätze 1 und 2 nicht anzuwenden.

§ 83 Bestellung und Abberufung der Liquidatoren. (1) Die Liquidation erfolgt durch den Vorstand, wenn sie nicht durch die Satzung oder durch Beschluss der Generalversammlung anderen Personen übertragen wird.

(2) Auch eine juristische Person kann Liquidator sein.

(3) Auf Antrag des Aufsichtsrats oder mindestens des zehnten Teils der Mitglieder kann die Ernennung von Liquidatoren durch das Gericht erfolgen.

(4) [1] Die Abberufung der Liquidatoren kann durch das Gericht unter denselben Voraussetzungen wie die Bestellung erfolgen. [2] Liquidatoren, welche nicht vom Gericht ernannt sind, können auch durch die Generalversammlung vor Ablauf des Zeitraums, für welchen sie bestellt sind, abberufen werden.

(5) [1] Ist die Genossenschaft durch Löschung wegen Vermögenslosigkeit aufgelöst, so findet eine Liquidation nur statt, wenn sich nach der Löschung herausstellt, dass Vermögen vorhanden ist, das der Verteilung unterliegt. [2] Die Liquidatoren sind auf Antrag eines Beteiligten durch das Gericht zu ernennen.

§ 84 Anmeldung der Liquidatoren. (1) [1] Die ersten Liquidatoren sowie ihre Vertretungsbefugnis hat der Vorstand, jede Änderung in den Personen der Liquidatoren und jede Änderung ihrer Vertretungsbefugnis haben die Liquidatoren zur Eintragung in das Genossenschaftsregister anzumelden. [2] Der Anmeldung ist eine Abschrift der Urkunden über die Bestellung oder Abberufung sowie über die Vertretungsbefugnis beizufügen.

(2) Die Eintragung der gerichtlichen Ernennung oder Abberufung von Liquidatoren geschieht von Amts wegen.

§ 85 Zeichnung der Liquidatoren. (1) [1] Die Liquidatoren haben in der bei ihrer Bestellung bestimmten Form ihre Willenserklärung kundzugeben und für die Genossenschaft zu zeichnen. [2] Ist nichts darüber bestimmt, so muss die Erklärung und Zeichnung durch sämtliche Liquidatoren erfolgen.

(2) Die Bestimmung ist mit der Bestellung der Liquidatoren zur Eintragung in das Genossenschaftsregister anzumelden.

(3) Die Liquidatoren zeichnen für die Genossenschaft, indem sie der Firma einen die Liquidation andeutenden Zusatz und ihre Namensunterschrift hinzufügen.

§ 86 Publizität des Genossenschaftsregisters. Die Vorschriften in § 29 über das Verhältnis zu dritten Personen finden bezüglich der Liquidatoren Anwendung.

§ 87 Rechtsverhältnisse im Liquidationsstadium. (1) Bis zur Beendigung der Liquidation sind ungeachtet der Auflösung der Genossenschaft in Bezug auf die Rechtsverhältnisse der Genossenschaft und ihrer Mitglieder die §§ 17 bis 51 weiter anzuwenden, soweit sich aus den Vorschriften dieses Abschnitts und aus dem Wesen der Liquidation nichts anderes ergibt.

(2) Der Gerichtsstand, welchen die Genossenschaft zur Zeit ihrer Auflösung hatte, bleibt bis zur vollzogenen Verteilung des Vermögens bestehen.

§ 87a Zahlungspflichten bei Überschuldung. (1) [1] Ergibt sich bei Aufstellung der Liquidationseröffnungsbilanz, einer späteren Jahresbilanz oder einer Zwischenbilanz oder ist bei pflichtmäßigem Ermessen anzunehmen, dass das Vermögen auch unter Berücksichtigung fälliger, rückständiger Einzahlungen die Schulden nicht mehr deckt, so kann die Generalversammlung beschließen, dass die Mitglieder, die ihren Geschäftsanteil noch nicht voll eingezahlt haben, zu weiteren Einzahlungen auf den Geschäftsanteil verpflichtet sind, soweit dies zur Deckung des Fehlbetrages erforderlich ist. [2] Der Beschlussfassung der Generalversammlung stehen abweichende Bestimmungen der Satzung nicht entgegen.

(2) [1] Reichen die weiteren Einzahlungen auf den Geschäftsanteil zur Deckung des Fehlbetrags nicht aus, kann die Generalversammlung beschließen, dass die Mitglieder nach dem Verhältnis ihrer Geschäftsanteile bis zur Deckung des Fehlbetrags weitere Zahlungen zu leisten haben. [2] Für Genossenschaften, bei denen die Mitglieder keine Nachschüsse zur Insolvenzmasse zu leisten haben, gilt dies nur, wenn die Satzung dies bestimmt. [3] Ein Mitglied kann zu weiteren Zahlungen höchstens bis zu dem Betrag in Anspruch genommen werden, der dem Gesamtbetrag seiner Geschäftsanteile entspricht. [4] Absatz 1 Satz 2 gilt entsprechend. [5] Bei der Feststellung des Verhältnisses der Geschäftsanteile und des Gesamtbetrags der Geschäftsanteile gelten als Geschäftsanteile eines Mitglieds auch die Geschäftsanteile, die es entgegen den Bestimmungen der Satzung über eine Pflichtbeteiligung noch nicht übernommen hat.

(3) [1] Die Beschlüsse bedürfen einer Mehrheit, die mindestens drei Viertel der abgegebenen Stimmen umfasst. [2] Die Satzung kann eine größere Mehrheit und weitere Erfordernisse bestimmen.

(4) Die Beschlüsse dürfen nicht gefasst werden, wenn das Vermögen auch unter Berücksichtigung der weiteren Zahlungspflichten die Schulden nicht mehr deckt.

§ 87b Verbot der Erhöhung von Geschäftsanteil oder Haftsumme.

Nach Auflösung der Genossenschaft können weder der Geschäftsanteil noch die Haftsumme erhöht werden.

§ 88 Aufgaben der Liquidatoren. [1] Die Liquidatoren haben die laufenden Geschäfte zu beendigen, die Verpflichtungen der aufgelösten Genossenschaft zu erfüllen, die Forderungen derselben einzuziehen und das Vermögen der Genossenschaft in Geld umzusetzen; sie haben die Genossenschaft gerichtlich und außergerichtlich zu vertreten. [2] Zur Beendigung schwebender Geschäfte können die Liquidatoren auch neue Geschäfte eingehen.

§ 88a Abtretbarkeit der Ansprüche auf rückständige Einzahlungen und anteilige Fehlbeträge. (1) Die Liquidatoren können den Anspruch der Genossenschaft auf rückständige Einzahlungen auf den Geschäftsanteil und den Anspruch auf anteilige Fehlbeträge nach § 73 Abs. 2 Satz 4 mit Zustimmung des Prüfungsverbandes abtreten.

(2) Der Prüfungsverband soll nur zustimmen, wenn der Anspruch an eine genossenschaftliche Zentralbank oder an eine der Prüfung durch einen Prüfungsverband unterstehende Stelle abgetreten wird und schutzwürdige Belange der Mitglieder nicht entgegenstehen.

§ 89 Rechte und Pflichten der Liquidatoren. [1] Die Liquidatoren haben die aus den §§ 26, 27, 33 Abs. 1 Satz 1, §§ 34, 44 bis 47, 48 Abs. 3, §§ 51, 57 bis 59 sich ergebenden Rechte und Pflichten des Vorstands und unterliegen gleich diesem der Überwachung des Aufsichtsrats. [2] Sie haben für den Beginn der Liquidation eine Bilanz (Eröffnungsbilanz) sowie für den Schluss eines jeden Jahres einen Jahresabschluss und erforderlichenfalls einen Lagebericht aufzustellen. [3] Die Eröffnungsbilanz ist zu veröffentlichen; die Bekanntmachung ist zu dem Genossenschaftsregister einzureichen.

§ 90 Voraussetzung für Vermögensverteilung. (1) Eine Verteilung des Vermögens unter die Mitglieder darf nicht vor Tilgung oder Deckung der Schulden und nicht vor Ablauf eines Jahres seit dem Tage vollzogen werden, an welchem die Aufforderung der Gläubiger in den hierzu bestimmten Blättern erfolgt ist.

(2) [1] Meldet sich ein bekannter Gläubiger nicht, so ist der geschuldete Betrag, wenn die Berechtigung zur Hinterlegung vorhanden ist, für den Gläubiger zu hinterlegen. [2] Ist die Berichtigung einer Verbindlichkeit zur Zeit nicht ausführbar oder ist eine Verbindlichkeit streitig, so darf die Verteilung des Vermögens nur erfolgen, wenn dem Gläubiger Sicherheit geleistet ist.

§ 91 Verteilung des Vermögens. (1) [1] Die Verteilung des Vermögens unter die einzelnen Mitglieder erfolgt bis zum Gesamtbetrag ihrer auf Grund der Eröffnungsbilanz ermittelten Geschäftsguthaben nach dem Verhältnis der letzteren. [2] Waren die Mitglieder nach § 87a Abs. 2 zu Zahlungen herangezogen worden, so sind zunächst diese Zahlungen nach dem Verhältnis der geleisteten Beträge zu erstatten. [3] Bei Ermittlung der einzelnen Geschäftsguthaben bleiben für die Verteilung des Gewinns oder Verlustes, welcher sich für den Zeitraum zwischen dem letzten Jahresabschluss und der Eröffnungsbilanz ergeben hat, die seit dem letzten Jahresabschluss geleisteten Einzahlungen außer Betracht. [4] Der Gewinn aus diesem Zeitraum ist dem Guthaben auch insoweit zuzuschreiben, als dadurch der Geschäftsanteil überschritten wird.

(2) Überschüsse, welche sich über den Gesamtbetrag dieser Guthaben hinaus ergeben, sind nach Köpfen zu verteilen.

(3) Durch die Satzung kann die Verteilung des Vermögens ausgeschlossen oder ein anderes Verhältnis für die Verteilung bestimmt werden.

§ 92 Unverteilbares Reinvermögen. [1] Ein bei der Auflösung der Genossenschaft verbleibendes unverteilbares Reinvermögen fällt, sofern dasselbe nicht durch die Satzung einer natürlichen oder juristischen Person zu einem bestimmten Verwendungszweck überwiesen ist, an diejenige Gemeinde, in der die Genossenschaft ihren Sitz hatte. [2]Die Zinsen dieses Fonds sind zu gemeinnützigen Zwecken zu verwenden.

§ 93 Aufbewahrung von Unterlagen. [1]Nach Beendigung der Liquidation sind die Bücher und Schriften der aufgelösten Genossenschaft für zehn Jahre einem ihrer ehemaligen Mitglieder oder einem Dritten in Verwahrung zu geben. [2]Ist die Person weder durch Satzung noch durch einen Beschluss der Generalversammlung benannt, wird sie durch das Gericht bestimmt. [3]Das Gericht kann die ehemaligen Mitglieder und deren Rechtsnachfolger sowie die Gläubiger der Genossenschaft ermächtigen, die Bücher und Schriften einzusehen.

§§ 93a–93s (weggefallen)

§ 94 Klage auf Nichtigerklärung. Enthält die Satzung nicht die für sie wesentlichen Bestimmungen oder ist eine dieser Bestimmungen nichtig, so kann jedes Mitglied der Genossenschaft und jedes Vorstands- oder Aufsichtsratsmitglied im Wege der Klage beantragen, dass die Genossenschaft für nichtig erklärt werde.

§ 95 Nichtigkeitsgründe; Heilung von Mängeln. (1) Als wesentlich im Sinne des § 94 gelten die in den §§ 6, 7 und 119 bezeichneten Bestimmungen der Satzung mit Ausnahme derjenigen über die Beurkundung der Beschlüsse der Generalversammlung und den Vorsitz in dieser.

(2) Ein Mangel, der eine hiernach wesentliche Bestimmung der Satzung betrifft, kann durch einen den Vorschriften dieses Gesetzes über Änderungen der Satzung entsprechenden Beschluss der Generalversammlung geheilt werden.

(3) Die Einberufung der Generalversammlung erfolgt, wenn sich der Mangel auf die Bestimmungen über die Form der Einberufung bezieht, durch Bekanntmachung im Bundesanzeiger.

(4) Betrifft bei einer Genossenschaft, bei der die Mitglieder beschränkt auf eine Haftsumme Nachschüsse zur Insolvenzmasse zu leisten haben, der Mangel die Bestimmungen über die Haftsumme, so darf durch die zur Heilung des Mangels beschlossenen Bestimmungen der Gesamtbetrag der von den einzelnen Mitgliedern übernommenen Haftung nicht vermindert werden.

§ 96 Verfahren bei Nichtigkeitsklage. Das Verfahren über die Klage auf Nichtigkeitserklärung und die Wirkungen des Urteils bestimmen sich nach den Vorschriften des § 51 Abs. 3 bis 5.

§ 97 Wirkung der Eintragung der Nichtigkeit. (1) Ist die Nichtigkeit einer Genossenschaft in das Genossenschaftsregister eingetragen, so finden zum Zweck der Abwicklung ihrer Verhältnisse die für den Fall der Auflösung geltenden Vorschriften entsprechende Anwendung.

(2) Die Wirksamkeit der im Namen der Genossenschaft mit Dritten vorgenommenen Rechtsgeschäfte wird durch die Nichtigkeit nicht berührt.

(3) Soweit die Mitglieder eine Haftung für die Verbindlichkeiten der Genossenschaft übernommen haben, sind sie verpflichtet, die zur Befriedigung der Gläubiger erforderlichen Beträge nach Maßgabe der Vorschriften des Abschnitts 7 zu leisten.

Abschnitt 7. Insolvenzverfahren; Nachschusspflicht der Mitglieder

§ 98 Eröffnung des Insolvenzverfahrens. Abweichend von § 19 Abs. 1 der Insolvenzordnung[1)] ist bei einer Genossenschaft die Überschuldung nur dann Grund für die Eröffnung des Insolvenzverfahrens, wenn

1. die Mitglieder Nachschüsse bis zu einer Haftsumme zu leisten haben und die Überschuldung ein Viertel des Gesamtbetrags der Haftsummen aller Mitglieder übersteigt;
2. die Mitglieder keine Nachschüsse zu leisten haben oder
3. die Genossenschaft aufgelöst ist.

§ 99 Zahlungsverbot bei Zahlungsunfähigkeit oder Überschuldung. [1]Der Vorstand darf keine Zahlung mehr leisten, sobald die Genossenschaft zahlungsunfähig geworden ist oder sich eine Überschuldung ergeben hat, die für die Genossenschaft nach § 98 Grund für die Eröffnung des Insolvenzverfahrens ist. [2]Dies gilt nicht für Zahlungen, die auch nach diesem Zeitpunkt mit der Sorgfalt eines ordentlichen und gewissenhaften Geschäftsleiters einer Genossenschaft vereinbar sind.

§ 100 (weggefallen)

§ 101 Wirkung der Eröffnung des Insolvenzverfahrens. Durch die Eröffnung des Insolvenzverfahrens wird die Genossenschaft aufgelöst.

§ 102 Eintragung der Eröffnung des Insolvenzverfahrens. (1) [1]Die Eröffnung des Insolvenzverfahrens ist von Amts wegen in das Genossenschaftsregister einzutragen. [2]Das Gleiche gilt für

1. die Aufhebung des Eröffnungsbeschlusses,
2. die Bestellung eines vorläufigen Insolvenzverwalters, wenn zusätzlich dem Schuldner ein allgemeines Verfügungsverbot auferlegt oder angeordnet wird, dass Verfügungen des Schuldners nur mit Zustimmung des vorläufigen Insolvenzverwalters wirksam sind, und die Aufhebung einer derartigen Sicherungsmaßnahme,
3. die Anordnung der Eigenverwaltung durch den Schuldner und deren Aufhebung sowie die Anordnung der Zustimmungsbedürftigkeit bestimmter Rechtsgeschäfte des Schuldners,
4. die Einstellung und die Aufhebung des Verfahrens und
5. die Überwachung der Erfüllung eines Insolvenzplans und die Aufhebung der Überwachung.

(2) Die Eintragungen nach Absatz 1 werden nicht bekannt gemacht.

§§ 103, 104 (weggefallen)

§ 105 Nachschusspflicht der Mitglieder. (1) [1]Soweit die Ansprüche der Massegläubiger oder die bei der Schlussverteilung nach § 196 der Insolvenzordnung berücksichtigten Forderungen der Insolvenzgläubiger aus dem vorhandenen Vermögen der Genossenschaft nicht berichtigt werden, sind die Mitglieder

---

[1)] Nr. **20**.

verpflichtet, Nachschüsse zur Insolvenzmasse zu leisten, es sei denn, dass die Nachschusspflicht durch die Satzung ausgeschlossen ist. [2] Im Falle eines rechtskräftig bestätigten Insolvenzplans besteht die Nachschusspflicht insoweit, als sie im gestaltenden Teil des Plans vorgesehen ist.

(2) Die Nachschüsse sind von den Mitgliedern nach Köpfen zu leisten, es sei denn, dass die Satzung ein anderes Beitragsverhältnis bestimmt.

(3) Beiträge, zu deren Leistung einzelne Mitglieder nicht in der Lage sind, werden auf die übrigen Mitglieder verteilt.

(4) [1] Zahlungen, die Mitglieder über die von ihnen nach den vorstehenden Vorschriften geschuldeten Beiträge hinaus leisten, sind ihnen nach der Befriedigung der Gläubiger aus den Nachschüssen zu erstatten. [2] Das Gleiche gilt für Zahlungen der Mitglieder auf Grund des § 87a Abs. 2 nach Erstattung der in Satz 1 bezeichneten Zahlungen.

(5) Gegen die Nachschüsse kann das Mitglied eine Forderung an die Genossenschaft aufrechnen, sofern die Voraussetzungen vorliegen, unter denen es als Insolvenzgläubiger Befriedigung wegen der Forderung aus den Nachschüssen zu beanspruchen hat.

§ 106 Vorschussberechnung. (1) [1] Der Insolvenzverwalter hat unverzüglich, nachdem die Vermögensübersicht nach § 153 der Insolvenzordnung auf der Geschäftsstelle niedergelegt ist, zu berechnen, wie viel die Mitglieder zur Deckung des aus der Vermögensübersicht ersichtlichen Fehlbetrags vorzuschießen haben. [2] Sind in der Vermögensübersicht Fortführungs- und Stilllegungswerte nebeneinander angegeben, ist der Fehlbetrag maßgeblich, der sich auf der Grundlage der Stilllegungswerte ergibt.

(2) [1] In der Vorschussberechnung sind alle Mitglieder namentlich zu bezeichnen und die Beiträge auf sie zu verteilen. [2] Die Höhe der Beiträge ist so zu bemessen, dass durch ein vorauszusehendes Unvermögen einzelner Mitglieder zur Leistung von Beiträgen kein Ausfall an dem zu deckenden Gesamtbetrag entsteht.

(3) [1] Die Berechnung ist dem Insolvenzgericht mit dem Antrag einzureichen, dieselbe für vollstreckbar zu erklären. [2] Dem Antrag ist eine beglaubigte Abschrift der Mitgliederliste und, sofern das Genossenschaftsregister nicht bei dem Insolvenzgericht geführt wird, eine beglaubigte Abschrift der Satzung beizufügen.

§ 107 Gerichtliche Erklärung über die Vorschussberechnung. (1) [1] Zur Erklärung über die Berechnung bestimmt das Gericht einen Termin, welcher nicht über zwei Wochen hinaus anberaumt werden darf. [2] Der Termin ist öffentlich bekannt zu machen; die in der Berechnung aufgeführten Mitglieder sind besonders zu laden.

(2) [1] Die Berechnung ist spätestens drei Tage vor dem Termin auf der Geschäftsstelle zur Einsicht der Beteiligten niederzulegen. [2] Hierauf ist in der Bekanntmachung und den Ladungen hinzuweisen.

§ 108 Erklärungstermin. (1) In dem Termin sind Vorstand und Aufsichtsrat der Genossenschaft sowie der Insolvenzverwalter und der Gläubigerausschuss und, soweit Einwendungen erhoben werden, die sonst Beteiligten zu hören.

(2) [1] Das Gericht entscheidet über die erhobenen Einwendungen, berichtigt, soweit erforderlich, die Berechnung oder ordnet die Berichtigung an und erklärt die Berechnung für vollstreckbar. [2] Die Entscheidung ist in dem Termin oder in einem sofort anzuberaumenden Termin, welcher nicht über eine Woche hinaus

angesetzt werden soll, zu verkünden. [3] Die Berechnung mit der sie für vollstreckbar erklärenden Entscheidung ist zur Einsicht der Beteiligten auf der Geschäftsstelle niederzulegen.

(3) Gegen die Entscheidung findet ein Rechtsmittel nicht statt.

§ 108a Abtretbarkeit von Ansprüchen der Genossenschaft. (1) Der Insolvenzverwalter kann die Ansprüche der Genossenschaft auf rückständige Einzahlungen auf den Geschäftsanteil, auf anteilige Fehlbeträge nach § 73 Abs. 2 Satz 4 und auf Nachschüsse mit Genehmigung des Insolvenzgerichts abtreten.

(2) Die Genehmigung soll nur nach Anhörung des Prüfungsverbandes und nur dann erteilt werden, wenn der Anspruch an eine genossenschaftliche Zentralbank oder an eine der Prüfung durch einen Prüfungsverband unterstehende Stelle abgetreten wird.

§ 109 Einziehung der Vorschüsse. (1) Nachdem die Berechnung für vollstreckbar erklärt ist, hat der Insolvenzverwalter unverzüglich die Beiträge von den Mitgliedern einzuziehen.

(2) Die Zwangsvollstreckung gegen ein Mitglied findet nach Maßgabe der Zivilprozessordnung auf Grund einer vollstreckbaren Ausfertigung der Entscheidung und eines Auszuges aus der Berechnung statt.

(3) Für die in den Fällen der §§ 731, 767, 768 der Zivilprozessordnung zu erhebenden Klagen ist das Amtsgericht, bei welchem das Insolvenzverfahren anhängig ist und, wenn der Streitgegenstand zur Zuständigkeit der Amtsgerichte nicht gehört, das Landgericht ausschließlich zuständig, zu dessen Bezirk das Insolvenzgericht gehört.

§ 110 Hinterlegung oder Anlage der Vorschüsse. Die eingezogenen Beträge sind nach Maßgabe des § 149 der Insolvenzordnung zu hinterlegen oder anzulegen.

§ 111 Anfechtungsklage. (1) [1] Jedes Mitglied ist befugt, die für vollstreckbar erklärte Berechnung im Wege der Klage anzufechten. [2] Die Klage ist gegen den Insolvenzverwalter zu richten. [3] Sie findet nur binnen der Notfrist eines Monats seit Verkündung der Entscheidung und nur insoweit statt, als der Kläger den Anfechtungsgrund in dem nach § 107 Abs. 1 anberaumten Termin geltend gemacht hat oder ohne sein Verschulden geltend zu machen außerstande war.

(2) Das rechtskräftige Urteil wirkt für und gegen alle beitragspflichtigen Mitglieder.

§ 112 Verfahren bei Anfechtungsklage. (1) [1] Die Klage ist ausschließlich bei dem Amtsgericht zu erheben, welches die Berechnung für vollstreckbar erklärt hat. [2] Die mündliche Verhandlung erfolgt nicht vor Ablauf der bezeichneten Notfrist. [3] Mehrere Anfechtungsprozesse sind zur gleichzeitigen Verhandlung und Entscheidung zu verbinden.

(2) [1] Übersteigt der Streitgegenstand eines Prozesses die sonst für die sachliche Zuständigkeit der Amtsgerichte geltende Summe, so hat das Gericht, sofern eine Partei in einem solchen Prozess vor der Verhandlung zur Hauptsache dies beantragt, durch Beschluss die sämtlichen Streitsachen an das Landgericht, in dessen Bezirk es seinen Sitz hat, zu verweisen. [2] Gegen diesen Beschluss findet die sofortige Beschwerde statt. [3] Die Notfrist beginnt mit der Verkündung des Beschlusses.

(3) [1] Ist der Beschluss rechtskräftig, so gelten die Streitsachen als bei dem Landgericht anhängig. [2] Die im Verfahren vor dem Amtsgericht erwachsenen Kosten werden als Teil der bei dem Landgericht erwachsenen Kosten behandelt und gelten als Kosten einer Instanz.

(4) Die §§ 769 und 770 der Zivilprozessordnung über die Einstellung der Zwangsvollstreckung und die Aufhebung der Vollstreckungsmaßregeln finden entsprechende Anwendung.

§ 112a Vergleich über Nachschüsse. (1) [1] Der Insolvenzverwalter kann über den von dem Mitglied zu leistenden Nachschuss einen Vergleich abschließen. [2] Der Vergleich bedarf zu seiner Wirksamkeit der Zustimmung des Gläubigerausschusses, wenn ein solcher bestellt ist, und der Bestätigung durch das Insolvenzgericht.

(2) Der Vergleich wird hinfällig, wenn das Mitglied mit seiner Erfüllung in Verzug gerät.

§ 113 Zusatzberechnung. (1) [1] Soweit infolge des Unvermögens einzelner Mitglieder zur Leistung von Beiträgen der zu deckende Gesamtbetrag nicht erreicht wird oder auf Grund des auf eine Anfechtungsklage ergehenden Urteils oder aus anderen Gründen die Berechnung abzuändern ist, hat der Insolvenzverwalter eine Zusatzberechnung aufzustellen. [2] Die Vorschriften der §§ 106 bis 112a gelten auch für die Zusatzberechnung.

(2) Die Aufstellung einer Zusatzberechnung ist erforderlichenfalls zu wiederholen.

§ 114 Nachschussberechnung. (1) [1] Sobald mit dem Vollzug der Schlussverteilung nach § 196 der Insolvenzordnung begonnen wird oder sobald nach einer Anzeige der Masseunzulänglichkeit nach § 208 der Insolvenzordnung die Insolvenzmasse verwertet ist, hat der Insolvenzverwalter schriftlich festzustellen, ob und in welcher Höhe nach der Verteilung des Erlöses ein Fehlbetrag verbleibt und inwieweit er durch die bereits geleisteten Nachschüsse gedeckt ist. [2] Die Feststellung ist auf der Geschäftsstelle des Gerichts niederzulegen.

(2) Verbleibt ein ungedeckter Fehlbetrag und können die Mitglieder zu weiteren Nachschüssen herangezogen werden, so hat der Insolvenzverwalter in Ergänzung oder Berichtigung der Vorschussberechnung und der zu ihr etwa ergangenen Zusätze zu berechnen, wieviel die Mitglieder nach § 105 an Nachschüssen zu leisten haben (Nachschussberechnung).

(3) Die Nachschussberechnung unterliegt den Vorschriften der §§ 106 bis 109, 111 bis 113, der Vorschrift des § 106 Abs. 2 mit der Maßgabe, dass auf Mitglieder, deren Unvermögen zur Leistung von Beiträgen sich herausgestellt hat, Beiträge nicht verteilt werden.

§ 115 Nachtragsverteilung. (1) [1] Der Insolvenzverwalter hat, nachdem die Nachschussberechnung für vollstreckbar erklärt ist, unverzüglich den gemäß § 110 vorhanden Bestand und, so oft von den noch einzuziehenden Beiträgen hinreichender Bestand eingegangen ist, diesen im Wege der Nachtragsverteilung nach § 203 der Insolvenzordnung unter die Gläubiger zu verteilen. [2] Soweit es keiner Nachschussberechnung bedarf, hat der Insolvenzverwalter die Verteilung unverzüglich vorzunehmen, nachdem die Feststellung nach § 114 Abs. 1 auf der Geschäftsstelle des Gerichts niedergelegt ist.

(2) [1]Außer den Anteilen auf die in §§ 189 bis 191 der Insolvenzordnung bezeichneten Forderungen sind zurückzubehalten die Anteile auf Forderungen, welche im Prüfungstermin von dem Vorstand ausdrücklich bestritten worden sind. [2]Dem Gläubiger bleibt überlassen, den Widerspruch des Vorstands durch Klage zu beseitigen. [3]Soweit der Widerspruch rechtskräftig für begründet erklärt wird, werden die Anteile zur Verteilung unter die übrigen Gläubiger frei.

(3) Die zur Befriedigung der Gläubiger nicht erforderlichen Überschüsse hat der Insolvenzverwalter an die Mitglieder zurückzuzahlen.

§ 115a Abschlagsverteilung der Nachschüsse. (1) [1]Nimmt die Abwicklung des Insolvenzverfahrens voraussichtlich längere Zeit in Anspruch, so kann der Insolvenzverwalter mit Zustimmung des Gläubigerausschusses, wenn ein solcher bestellt ist, und des Insolvenzgerichts die nach § 110 eingezogenen Beträge schon vor dem in § 115 Abs. 1 bezeichneten Zeitpunkt im Wege der Abschlagsverteilung nach den §§ 187 bis 195 der Insolvenzordnung an die Gläubiger verteilen. [2]Eine Abschlagsverteilung soll unterbleiben, soweit nach dem Verhältnis der Schulden zu dem Vermögen mit einer Erstattung eingezogener Beträge an Mitglieder nach § 105 Abs. 4 oder § 115 Abs. 3 zu rechnen ist.

(2) Sollte sich dennoch nach Befriedigung der Gläubiger ein Überschuss aus der Insolvenzsmasse ergeben, so sind die zuviel gezahlten Beträge den Mitgliedern aus dem Überschuss zu erstatten.

§ 115b Nachschusspflicht ausgeschiedener Mitglieder. Sobald mit Sicherheit anzunehmen ist, dass die in § 105 Abs. 1 bezeichneten Insolvenzgläubiger auch nicht durch Einziehung der Nachschüsse von den Mitgliedern Befriedigung oder Sicherstellung erlangen, sind die hierzu erforderlichen Beiträge von den innerhalb der letzten achtzehn Monate vor dem Antrag auf Eröffnung des Insolvenzverfahrens oder nach diesem Antrag ausgeschiedenen Mitgliedern, welche nicht schon nach § 75 oder § 76 Abs. 4 der Nachschusspflicht unterliegen, nach Maßgabe des § 105 zur Insolvenzmasse zu leisten.

§ 115c Beitragspflicht ausgeschiedener Mitglieder. (1) Der Insolvenzverwalter hat unverzüglich eine Berechnung über die Beitragspflicht der ausgeschiedenen Mitglieder aufzustellen.

(2) In der Berechnung sind die ausgeschiedenen Mitglieder namentlich zu bezeichnen und auf sie die Beiträge zu verteilen, soweit nicht das Unvermögen einzelner zur Leistung von Beiträgen vorauszusehen ist.

(3) Im Übrigen finden die Vorschriften in § 106 Abs. 3, §§ 107 bis 109, 111 bis 113 und 115 entsprechende Anwendung.

§ 115d Einziehung und Erstattung von Nachschüssen. (1) Durch die Vorschriften der §§ 115b, 115c wird die Einziehung der Nachschüsse von den in der Genossenschaft verbliebenen Mitgliedern nicht berührt.

(2) Aus den Nachschüssen der verbliebenen Mitglieder sind den ausgeschiedenen Mitgliedern die von diesen geleisteten Beiträge zu erstatten, sobald die in § 105 Abs. 1 bezeichneten Insolvenzgläubiger vollständig befriedigt oder sichergestellt sind.

§ 115e Eigenverwaltung. Ist gemäß § 270 oder § 271 der Insolvenzordnung die Eigenverwaltung unter Aufsicht eines Sachwalters angeordnet, so gelten die

§§ 105 bis 115d mit der Maßgabe, dass an die Stelle des Insolvenzverwalters der Sachwalter tritt.

§ 116 Insolvenzplan. Die Vorschriften der Insolvenzordnung[1)] über den Insolvenzplan sind mit folgenden Abweichungen anzuwenden:

1. Ein Plan wird berücksichtigt, wenn er vor der Beendigung des Nachschussverfahrens beim Insolvenzgericht eingeht;
2. im darstellenden Teil des Plans ist anzugeben, in welcher Höhe die Mitglieder bereits Nachschüsse geleistet haben und zu welchen weiteren Nachschüssen sie nach der Satzung herangezogen werden könnten;
3. bei der Bildung der Gruppen für die Festlegung der Rechte der Gläubiger im Plan kann zwischen den Gläubigern, die zugleich Mitglieder der Genossenschaft sind, und den übrigen Gläubigern unterschieden werden;
4. vor dem Erörterungstermin hat das Insolvenzgericht den Prüfungsverband, dem die Genossenschaft angehört, darüber zu hören, ob der Plan mit den Interessen der Mitglieder vereinbar ist.

§ 117 Fortsetzung der Genossenschaft. (1) [1] Ist das Insolvenzverfahren auf Antrag des Schuldners eingestellt oder nach der Bestätigung eines Insolvenzplans, der den Fortbestand der Genossenschaft vorsieht, aufgehoben worden, so kann die Generalversammlung die Fortsetzung der Genossenschaft beschließen. [2] Zugleich mit dem Beschluss über die Fortsetzung der Genossenschaft ist die nach § 6 Nr. 3 notwendige Bestimmung in der Satzung zu beschließen, ob die Mitglieder für den Fall, dass die Gläubiger im Insolvenzverfahren über das Vermögen der Genossenschaft nicht befriedigt werden, Nachschüsse zur Insolvenzmasse unbeschränkt, beschränkt auf eine Haftsumme oder überhaupt nicht zu leisten haben.

(2) [1] Die Beschlüsse nach Absatz 1 bedürfen einer Mehrheit, die mindestens drei Viertel der abgegebenen Stimmen umfasst. [2] Die Satzung kann eine größere Mehrheit und weitere Erfordernisse bestimmen. [3] Die Vorschriften des § 79a Abs. 2 bis 4 sind anzuwenden.

(3) Die Fortsetzung der Genossenschaft ist zusammen mit dem Beschluss über die Nachschusspflicht der Mitglieder durch den Vorstand unverzüglich zur Eintragung in das Genossenschaftsregister anzumelden.

§ 118 Kündigung bei Fortsetzung der Genossenschaft. (1) [1] Wird die Fortsetzung der Genossenschaft nach § 117 beschlossen, kann kündigen

1. jedes in der Generalversammlung erschienene Mitglied, wenn es gegen den Beschluss Widerspruch zur Niederschrift erklärt hat oder wenn die Aufnahme seines Widerspruchs in die Niederschrift verweigert worden ist;
2. jedes in der Generalversammlung nicht erschienene Mitglied, wenn es zu der Generalversammlung zu Unrecht nicht zugelassen worden ist oder die Versammlung nicht ordnungsgemäß einberufen oder der Gegenstand der Beschlussfassung nicht ordnungsgemäß angekündigt worden ist.

[2] Hat eine Vertreterversammlung die Fortsetzung der Genossenschaft beschlossen, kann jedes Mitglied kündigen; für die Vertreter gilt Satz 1.

(2) [1] Die Kündigung bedarf der Schriftform. [2] Sie kann nur innerhalb eines Monats zum Schluss des Geschäftsjahres erklärt werden. [3] Die Frist beginnt in den

---

1) Auszugsweise abgedruckt unter Nr. **20**.

Fällen des Absatzes 1 Satz 1 Nr. 1 mit der Beschlussfassung, in den Fällen des Absatzes 1 Satz 1 Nr. 2 mit der Erlangung der Kenntnis von der Beschlussfassung. [4] Ist der Zeitpunkt der Kenntniserlangung streitig, trägt die Genossenschaft die Beweislast. [5] Im Fall der Kündigung wirkt der Beschluss über die Fortsetzung der Genossenschaft weder für noch gegen das Mitglied.

(3) Der Zeitpunkt der Beendigung der Mitgliedschaft ist unverzüglich in die Mitgliederliste einzutragen; das Mitglied ist hiervon unverzüglich zu benachrichtigen.

(4) [1] Für die Auseinandersetzung des ehemaligen Mitglieds mit der Genossenschaft ist die für die Fortsetzung der Genossenschaft aufgestellte Eröffnungsbilanz maßgeblich. [2] Das Geschäftsguthaben des Mitglieds ist vorbehaltlich des § 8a Abs. 2 und des § 73 Abs. 4 binnen sechs Monaten nach Beendigung der Mitgliedschaft auszuzahlen; auf die Rücklagen und das sonstige Vermögen der Genossenschaft hat es vorbehaltlich des § 73 Abs. 3 keinen Anspruch.

Abschnitt 8. Haftsumme

§ 119 Bestimmung der Haftsumme. Bestimmt die Satzung, dass die Mitglieder beschränkt auf eine Haftsumme Nachschüsse zur Insolvenzmasse zu leisten haben, so darf die Haftsumme in der Satzung nicht niedriger als der Geschäftsanteil festgesetzt werden.

§ 120 Herabsetzung der Haftsumme. (1) [1] Für die Herabsetzung der Haftsumme gilt § 22 Abs. 1 bis 3 sinngemäß. [2] Das Recht nach § 22 Absatz 2 Satz 1 steht den Gläubigern jedoch nur zu, wenn sie glaubhaft machen, dass durch die Herabsetzung der Haftsumme die Erfüllung ihrer Forderung gefährdet wird.

(2) [1] Wird über das Vermögen der Genossenschaft mit herabgesetzter Haftsumme binnen zwei Jahren nach dem Tag, an dem die Eintragung der Haftsummenherabsetzung in das Genossenschaftsregister bekannt gemacht worden ist, das Insolvenzverfahren eröffnet, so ist jedes Mitglied, dessen Nachschusspflicht durch die Herabsetzung der Haftsumme reduziert wurde, in der Höhe zu Nachschüssen verpflichtet, wie es vor Herabsetzung der Haftsumme zu leisten verpflichtet war. [2] Die §§ 105 bis 115b sind mit der Maßgabe entsprechend anzuwenden, dass nur solche Verbindlichkeiten zu berücksichtigen sind, die bereits im Zeitpunkt der Herabsetzung der Haftsumme begründet waren.

§ 121 Haftsumme bei mehreren Geschäftsanteilen. [1] Ist ein Mitglied mit mehr als einem Geschäftsanteil beteiligt, so erhöht sich die Haftsumme, wenn sie niedriger als der Gesamtbetrag der Geschäftsanteile ist, auf den Gesamtbetrag. [2] Die Satzung kann einen noch höheren Betrag festsetzen. [3] Sie kann auch bestimmen, dass durch die Beteiligung mit weiteren Geschäftsanteilen eine Erhöhung der Haftsumme nicht eintritt.

§§ 122–145 (weggefallen)

Abschnitt 9. Straf- und Bußgeldvorschriften

§ 146 (weggefallen)

§ 147 Falsche Angaben oder unrichtige Darstellung. (1) Mit Freiheitsstrafe bis zu drei Jahren oder mit Geldstrafe wird bestraft, wer als Mitglied des

Vorstands oder als Liquidator in einer schriftlichen Versicherung nach § 79a Abs. 5 Satz 2 über den Beschluss zur Fortsetzung der Genossenschaft falsche Angaben macht oder erhebliche Umstände verschweigt.

(2) Ebenso wird bestraft, wer als Mitglied des Vorstands oder des Aufsichtsrats oder als Liquidator

1. die Verhältnisse der Genossenschaft in Darstellungen oder Übersichten über den Vermögensstand, die Mitglieder oder die Haftsummen, in Vorträgen oder Auskünften in der Generalversammlung unrichtig wiedergibt oder verschleiert, wenn die Tat nicht in § 340m in Verbindung mit § 331 Nr. 1 oder Nr. 1a des Handelsgesetzbuchs[1] mit Strafe bedroht ist,
2. in Aufklärungen oder Nachweisen, die nach den Vorschriften dieses Gesetzes einem Prüfer der Genossenschaft zu geben sind, falsche Angaben macht oder die Verhältnisse der Genossenschaft unrichtig wiedergibt oder verschleiert, wenn die Tat nicht in § 340m in Verbindung mit § 331 Nr. 4 des Handelsgesetzbuchs[1] mit Strafe bedroht ist.

§ 148 Pflichtverletzung bei Verlust. (1) Mit Freiheitsstrafe bis zu drei Jahren oder mit Geldstrafe wird bestraft, wer entgegen § 33 Abs. 3 die Generalversammlung nicht oder nicht rechtzeitig einberuft oder eine Anzeige nicht, nicht richtig, nicht vollständig oder nicht rechtzeitig erstattet.

(2) Handelt der Täter fahrlässig, ist die Strafe Freiheitsstrafe bis zu einem Jahr oder Geldstrafe.

§ 149 (weggefallen)

§ 150 Verletzung der Berichtspflicht. (1) Mit Freiheitsstrafe bis zu drei Jahren oder mit Geldstrafe wird bestraft, wer als Prüfer oder als Gehilfe eines Prüfers über das Ergebnis der Prüfung falsch berichtet oder erhebliche Umstände im Bericht verschweigt.

(2) Handelt der Täter gegen Entgelt oder in der Absicht, sich oder einen anderen zu bereichern oder einen anderen zu schädigen, so ist die Strafe Freiheitsstrafe bis zu fünf Jahren oder Geldstrafe.

§ 151 Verletzung der Geheimhaltungspflicht. (1) Mit Freiheitsstrafe bis zu einem Jahr oder mit Geldstrafe wird bestraft, wer ein Geheimnis der Genossenschaft, namentlich ein Betriebs- oder Geschäftsgeheimnis, das ihm in seiner Eigenschaft als

1. Mitglied des Vorstands oder des Aufsichtsrats oder Liquidator oder
2. Prüfer oder Gehilfe eines Prüfers

bekannt geworden ist, unbefugt offenbart, im Falle der Nummer 2 jedoch nur, wenn die Tat nicht in § 340m in Verbindung mit § 333 des Handelsgesetzbuchs[1] mit Strafe bedroht ist.

(2) [1] Handelt der Täter gegen Entgelt oder in der Absicht, sich oder einen anderen zu bereichern oder einen anderen zu schädigen, so ist die Strafe Freiheitsstrafe bis zu zwei Jahren oder Geldstrafe. [2] Ebenso wird bestraft, wer ein Geheimnis der in Absatz 1 bezeichneten Art, namentlich ein Betriebs- oder Geschäfts-

[1] Nr. 5.

geheimnis, das ihm unter den Voraussetzungen des Absatzes 1 bekannt geworden ist, unbefugt verwertet.

(3) [1] Die Tat wird nur auf Antrag der Genossenschaft verfolgt. [2] Hat ein Mitglied des Vorstands oder ein Liquidator die Tat begangen, so ist der Aufsichtsrat, hat ein Mitglied des Aufsichtsrats die Tat begangen, so sind der Vorstand oder die Liquidatoren antragsberechtigt.

§ 151a Verletzung der Pflichten bei Abschlussprüfungen. Mit Freiheitsstrafe bis zu einem Jahr oder mit Geldstrafe wird bestraft, wer als Mitglied des Aufsichtsrats oder als Mitglied eines Prüfungsausschusses einer Genossenschaft, die kapitalmarktorientiert im Sinne des § 264d des Handelsgesetzbuchs[1)] oder die CRR-Kreditinstitut im Sinne des § 1 Absatz 3d Satz 1 des Kreditwesengesetzes ist,

1. eine in § 152 Absatz 1a bezeichnete Handlung begeht und dafür einen Vermögensvorteil erhält oder sich versprechen lässt oder
2. eine in § 152 Absatz 1a bezeichnete Handlung beharrlich wiederholt.

§ 152 Bußgeldvorschriften. (1) Ordnungswidrig handelt, wer

1. besondere Vorteile als Gegenleistung dafür fordert, sich versprechen lässt oder annimmt, dass er bei einer Abstimmung in der Generalversammlung oder der Vertreterversammlung oder bei der Wahl der Vertreter nicht oder in einem bestimmten Sinne stimme oder
2. besondere Vorteile als Gegenleistung dafür anbietet, verspricht oder gewährt, dass jemand bei einer Abstimmung in der Generalversammlung oder der Vertreterversammlung oder bei der Wahl der Vertreter nicht oder in einem bestimmten Sinne stimme.

(1a) Ordnungswidrig handelt, wer als Mitglied des Aufsichtsrats oder als Mitglied eines Prüfungsausschusses einer Genossenschaft, die kapitalmarktorientiert im Sinne des § 264d des Handelsgesetzbuchs[1)] oder die CRR-Kreditinstitut im Sinne des § 1 Absatz 3d Satz 1 des Kreditwesengesetzes ist, die Unabhängigkeit der in § 55 Absatz 2 Satz 1 genannten Vertreter und Personen nicht nach Maßgabe des Artikels 5 Absatz 4 Unterabsatz 1 Satz 1 der Verordnung (EU) Nr. 537/2014 des Europäischen Parlaments und des Rates vom 16. April 2014 über spezifische Anforderungen an die Abschlussprüfung bei Unternehmen von öffentlichem Interesse und zur Aufhebung des Beschlusses 2005/909/EG der Kommission (ABl. L 158 vom 27.5.2014, S. 77, L 170 vom 11.6.2014, S. 66) in Verbindung mit § 55 Absatz 2 Satz 5 oder nach Maßgabe des Artikels 6 Absatz 2 der Verordnung (EU) Nr. 537/2014 in Verbindung mit § 38 Absatz 1a Satz 4 überwacht.

(2) Die Ordnungswidrigkeit kann in den Fällen des Absatzes 1a mit einer Geldbuße bis zu fünfzigtausend Euro, in den übrigen Fällen mit einer Geldbuße bis zu zehntausend Euro geahndet werden.

(3) Verwaltungsbehörde im Sinne des § 36 Absatz 1 Nummer 1 des Gesetzes über Ordnungswidrigkeiten ist in den Fällen des Absatzes 1a bei CRR-Kreditinstituten im Sinne des § 1 Absatz 3d Satz 1 des Kreditwesengesetzes die Bundesanstalt für Finanzdienstleistungsaufsicht, im Übrigen das Bundesamt für Justiz.

[1)] Nr. **5**.

§ 153 Mitteilungen an die Abschlussprüferaufsichtsstelle. (1) Die nach § 152 Absatz 3 zuständige Verwaltungsbehörde übermittelt der Abschlussprüferaufsichtsstelle beim Bundesamt für Wirtschaft und Ausfuhrkontrolle alle Bußgeldentscheidungen nach § 152 Absatz 1a.

(2) [1] In Strafverfahren, die eine Straftat nach § 151a zum Gegenstand haben, übermittelt die Staatsanwaltschaft im Falle der Erhebung der öffentlichen Klage der Abschlussprüferaufsichtsstelle die das Verfahren abschließende Entscheidung. [2] Ist gegen die Entscheidung ein Rechtsmittel eingelegt worden, ist die Entscheidung unter Hinweis auf das eingelegte Rechtsmittel zu übermitteln.

§ 154 (weggefallen)

Abschnitt 10. Schlussvorschriften

§ 155 Altregister im Beitrittsgebiet. [1] Register, in die landwirtschaftliche Produktionsgenossenschaften, Produktionsgenossenschaften des Handwerks oder andere Genossenschaften oder kooperative Einrichtungen mit Sitz in dem in Artikel 3 des Einigungsvertrages genannten Gebiet am 3. Oktober 1990 eingetragen waren, gelten als Genossenschaftsregister im Sinne dieses Gesetzes und des Gesetzes über das Verfahren in Familiensachen und in den Angelegenheiten der freiwilligen Gerichtsbarkeit. [2] Die Wirksamkeit von Eintragungen in diese Register wird nicht dadurch berührt, dass diese Eintragungen vor dem Inkrafttreten des Registerverfahrenbeschleunigungsgesetzes vom 20. Dezember 1993 (BGBl. I S. 2182) am 25. Dezember 1993 von der Verwaltungsbehörde vorgenommen worden sind.

§ 156 Anwendbarkeit von Vorschriften über das Handelsregister; Bekanntmachung von Eintragungen. (1) [1] § 8 Abs. 1 sowie die §§ 8a, 9, 10a und 11 des Handelsgesetzbuchs[1)] finden auf das Genossenschaftsregister Anwendung. [2] Eine gerichtliche Bekanntmachung von Eintragungen findet nur gemäß den §§ 12, 16 Abs. 5, § 28 Satz 3, § 42 Abs. 1 Satz 3, § 51 Abs. 5 sowie in den Fällen des § 22 Abs. 1, des § 22a Abs. 1, des § 82 Abs. 1 und des § 97 statt. [3] § 10 des Handelsgesetzbuchs[1)] ist entsprechend anzuwenden.

(2) Soweit nicht ein anderes bestimmt ist, werden die Eintragungen ihrem ganzen Inhalt nach veröffentlicht.

§ 157 Anmeldungen zum Genossenschaftsregister. Die in § 11 Abs. 1 geregelte Anmeldung zum Genossenschaftsregister ist von sämtlichen Mitgliedern des Vorstands, die anderen nach diesem Gesetz vorzunehmenden Anmeldungen sind vom Vorstand oder den Liquidatoren elektronisch in öffentlich beglaubigter Form einzureichen.

§ 158 Ersatzweise Bekanntmachung. Bestimmt die Satzung einer Genossenschaft für deren Bekanntmachungen ein öffentliches Blatt, das nicht mehr zur Verfügung steht, müssen bis zu einer anderweitigen Regelung in der Satzung die Bekanntmachungen im Bundesanzeiger erfolgen.

§ 159 (weggefallen)

---

1) Nr. 5.

§ 160 Zwangsgeldverfahren. (1) [1] Die Mitglieder des Vorstands sind von dem Registergericht zur Befolgung der in den §§ 14, 25a, 28, 30, 32, 54 Satz 2, § 57 Absatz 1, § 59 Abs. 1, § 78 Abs. 2, § 79 Abs. 2 enthaltenen Vorschriften durch Festsetzung von Zwangsgeld anzuhalten. [2] In gleicher Weise sind die Mitglieder des Vorstands und die Liquidatoren zur Befolgung der in § 33 Abs. 1 Satz 2, § 42 Abs. 1 in Verbindung mit § 53 des Handelsgesetzbuchs[1)], §§ 47, 48 Abs. 3 und 4 Satz 4, § 51 Abs. 4 und 5, § 56 Abs. 2, §§ 84, 85 Abs. 2, § 89 dieses Gesetzes enthaltenen Vorschriften sowie die Mitglieder des Vorstands und des Aufsichtsrats und die Liquidatoren dazu anzuhalten, dafür zu sorgen, dass die Genossenschaft vorbehaltlich des § 9 Abs. 1 Satz 2 nicht länger als drei Monate ohne oder ohne beschlussfähigen Aufsichtsrat ist. [3] Das einzelne Zwangsgeld darf den Betrag von fünftausend Euro nicht übersteigen.

(2) Für das Verfahren sind die Vorschriften maßgebend, welche zur Erzwingung der im Handelsgesetzbuch[2)] angeordneten Anmeldungen zum Handelsregister gelten.

§ 161 *(aufgehoben)*

§ 162 Übergangsvorschrift für Wohnungsunternehmen. Am 31. Dezember 1989 als gemeinnützige Wohnungsunternehmen oder als Organe der staatlichen Wohnungspolitik anerkannte Unternehmen, die nicht eingetragene Genossenschaften sind, bleiben Mitglieder des Prüfungsverbandes, dem sie zu diesem Zeitpunkt angehören.

§ 163 (weggefallen)

§ 164 Übergangsregelung zur Beschränkung der Jahresabschlussprüfung. § 53 Abs. 2 Satz 1 in der vom 22. Juli 2017 an geltenden Fassung ist erstmals auf die Prüfung des Jahresabschlusses für ein frühestens am 31. Dezember 2017 endendes Geschäftsjahr anzuwenden.

§ 165 *(aufgehoben)*

§ 166 Übergangsregelung zum Berufsaufsichtsreformgesetz. (1) Ein Prüfungsverband, dem vor dem 6. September 2007 eine Bescheinigung über die Teilnahme an der Qualitätskontrolle erteilt wurde, kann eine Verlängerung der Befristung der Teilnahmebescheinigung auf insgesamt sechs Jahre beantragen, soweit er nicht unter § 63e Abs. 1 Satz 2 fällt.

(2) Ist die Teilnahmebescheinigung auf sechs Jahre befristet worden, hat ein Prüfungsverband, der bei einer Genossenschaft, einer in Artikel 25 Abs. 1 Satz 1 Nr. 1 des Einführungsgesetzes zum Handelsgesetzbuch[3)] genannten Gesellschaft oder einem in Artikel 25 Abs. 1 Satz 1 Nr. 2 des Einführungsgesetzes zum Handelsgesetzbuch[3)] genannten Unternehmen, die einen organisierten Markt im Sinne des § 2 Absatz 11 des Wertpapierhandelsgesetzes[4)] in Anspruch nehmen, mehr als drei Jahre nach Ausstellen der Teilnahmebescheinigung eine der Qualitätskontrolle unterfallende Prüfung durchführt, innerhalb von sechs Monaten

---

1) Nr. **5**.
2) Auszugsweise abgedruckt unter Nr. **5**.
3) Nr. **5a**.
4) Nr. **10**.

nach Annahme des Prüfungsauftrages eine Qualitätskontrolle durchführen zu lassen.

§ 167 Übergangsvorschrift zum Bilanzrechtsmodernisierungsgesetz.

(1) § 36 Abs. 4 und § 38 Abs. 1a Satz 2 in der Fassung des Bilanzrechtsmodernisierungsgesetzes vom 25. Mai 2009 (BGBl. I S. 1102) finden keine Anwendung, solange alle Mitglieder des Aufsichtsrats und des Prüfungsausschusses vor dem 29. Mai 2009 bestellt worden sind.

(2) § 53 Abs. 3 in der Fassung des Bilanzrechtsmodernisierungsgesetzes vom 25. Mai 2009 (BGBl. I S. 1102) ist erstmals ab dem 1. Januar 2010 anzuwenden.

§ 168 Übergangsvorschrift zu dem Gesetz für die gleichberechtigte Teilhabe von Frauen und Männern an Führungspositionen in der Privatwirtschaft und im öffentlichen Dienst. [1] Die Festlegungen nach § 9 Absatz 3 Satz 1 und 3 sowie Absatz 4 Satz 1 und 3 haben erstmals bis spätestens 30. September 2015 zu erfolgen. [2] Die nach § 9 Absatz 3 Satz 3 und Absatz 4 Satz 3 erstmals festzulegende Frist darf nicht länger als bis zum 30. Juni 2017 dauern.

§ 169 Übergangsvorschrift zum Abschlussprüfungsreformgesetz.

§ 36 Absatz 4 und § 38 Absatz 1a Satz 3 jeweils in der Fassung des Abschlussprüfungsreformgesetzes vom 10. Mai 2016 (BGBl. I S. 1142) müssen so lange nicht angewandt werden, wie alle Mitglieder des Aufsichtsrats und des Prüfungsausschusses vor dem 17. Juni 2016 bestellt worden sind.

§ 170 Übergangsregelung zum CSR-Richtlinie-Umsetzungsgesetz.

[1] § 38 in der Fassung des CSR-Richtlinie-Umsetzungsgesetzes vom 11. April 2017 (BGBl. I S. 802) ist erstmals auf Lageberichte und Konzernlageberichte anzuwenden, die sich auf ein nach dem 31. Dezember 2016 beginnendes Geschäftsjahr beziehen. [2] Auf Lage- und Konzernlageberichte, die sich auf vor dem 1. Januar 2017 beginnende Geschäftsjahre beziehen, bleibt § 38 in der bis zum 18. April 2017 geltenden Fassung anwendbar.

§ 171 Übergangsvorschrift zur Einführung der vereinfachten Prüfung.

§ 53a ist erstmals auf die Prüfung für ein frühestens am 31. Dezember 2017 endendes Geschäftsjahr anzuwenden.

5. Handelsgesetzbuch

Vom 10. Mai 1897
(RGBl. S. 219)

BGBl. III/FNA 4100-1

zuletzt geänd. durch Art. 3 G zur Umsetzung der zweiten AktionärsrechteRL v. 12.12.2019 (BGBl. I S. 2637)

– Auszug –[1)]

Erstes Buch. Handelsstand

Erster Abschnitt. Kaufleute

§ 1 [Istkaufmann] (1) Kaufmann im Sinne dieses Gesetzbuchs ist, wer ein Handelsgewerbe betreibt.

(2) Handelsgewerbe ist jeder Gewerbebetrieb, es sei denn, daß das Unternehmen nach Art oder Umfang einen in kaufmännischer Weise eingerichteten Geschäftsbetrieb nicht erfordert.

§ 2 [Kannkaufmann] [1]Ein gewerbliches Unternehmen, dessen Gewerbebetrieb nicht schon nach § 1 Abs. 2 Handelsgewerbe ist, gilt als Handelsgewerbe im Sinne dieses Gesetzbuchs, wenn die Firma des Unternehmens in das Handelsregister eingetragen ist. [2]Der Unternehmer ist berechtigt, aber nicht verpflichtet, die Eintragung nach den für die Eintragung kaufmännischer Firmen geltenden Vorschriften herbeizuführen. [3]Ist die Eintragung erfolgt, so findet eine Löschung der Firma auch auf Antrag des Unternehmers statt, sofern nicht die Voraussetzung des § 1 Abs. 2 eingetreten ist.

§ 3 [Land- und Forstwirtschaft; Kannkaufmann] (1) Auf den Betrieb der Land- und Forstwirtschaft finden die Vorschriften des § 1 keine Anwendung.

(2) Für ein land- oder forstwirtschaftliches Unternehmen, das nach Art und Umfang einen in kaufmännischer Weise eingerichteten Geschäftsbetrieb erfordert, gilt § 2 mit der Maßgabe, daß nach Eintragung in das Handelsregister eine Löschung der Firma nur nach den allgemeinen Vorschriften stattfindet, welche für die Löschung kaufmännischer Firmen gelten.

(3) Ist mit dem Betrieb der Land- oder Forstwirtschaft ein Unternehmen verbunden, das nur ein Nebengewerbe des land- oder forstwirtschaftlichen Unternehmens darstellt, so finden auf das im Nebengewerbe betriebene Unternehmen die Vorschriften der Absätze 1 und 2 entsprechende Anwendung.

§ 4 *(aufgehoben)*

§ 5 [Kaufmann kraft Eintragung] Ist eine Firma im Handelsregister eingetragen, so kann gegenüber demjenigen, welcher sich auf die Eintragung beruft, nicht geltend gemacht werden, daß das unter der Firma betriebene Gewerbe kein Handelsgewerbe sei.

[1)] Vollständig abgerduckt in **dtv 5002 „HGB"**.

§ 6 [Handelsgesellschaften; Formkaufmann] (1) Die in betreff der Kaufleute gegebenen Vorschriften finden auch auf die Handelsgesellschaften Anwendung.

(2) Die Rechte und Pflichten eines Vereins, dem das Gesetz ohne Rücksicht auf den Gegenstand des Unternehmens die Eigenschaft eines Kaufmanns beilegt, bleiben unberührt, auch wenn die Voraussetzungen des § 1 Abs. 2 nicht vorliegen.

§ 7 [Kaufmannseigenschaft und öffentliches Recht] Durch die Vorschriften des öffentlichen Rechtes, nach welchen die Befugnis zum Gewerbebetrieb ausgeschlossen oder von gewissen Voraussetzungen abhängig gemacht ist, wird die Anwendung der die Kaufleute betreffenden Vorschriften dieses Gesetzbuchs nicht berührt.

Zweiter Abschnitt. Handelsregister; Unternehmensregister

§ 8 Handelsregister. (1) Das Handelsregister wird von den Gerichten elektronisch geführt.

(2) Andere Datensammlungen dürfen nicht unter Verwendung oder Beifügung der Bezeichnung „Handelsregister" in den Verkehr gebracht werden.

§ 8a Eintragungen in das Handelsregister; Verordnungsermächtigung. (1) Eine Eintragung in das Handelsregister wird wirksam, sobald sie in den für die Handelsregistereintragungen bestimmten Datenspeicher aufgenommen ist und auf Dauer inhaltlich unverändert in lesbarer Form wiedergegeben werden kann.

(2) [1] Die Landesregierungen werden ermächtigt, durch Rechtsverordnung nähere Bestimmungen über die elektronische Führung des Handelsregisters, die elektronische Anmeldung, die elektronische Einreichung von Dokumenten sowie deren Aufbewahrung zu treffen, soweit nicht durch das Bundesministerium der Justiz und für Verbraucherschutz nach § 387 Abs. 2 des Gesetzes über das Verfahren in Familiensachen und in den Angelegenheiten der freiwilligen Gerichtsbarkeit entsprechende Vorschriften erlassen werden. [2] Dabei können sie auch Einzelheiten der Datenübermittlung regeln sowie die Form zu übermittelnder elektronischer Dokumente festlegen, um die Eignung für die Bearbeitung durch das Gericht sicherzustellen. [3] Die Landesregierungen können die Ermächtigung durch Rechtsverordnung auf die Landesjustizverwaltungen übertragen.

§ 8b Unternehmensregister. (1) Das Unternehmensregister wird vorbehaltlich einer Regelung nach § 9a Abs. 1 vom Bundesministerium der Justiz und für Verbraucherschutz elektronisch geführt.

(2) Über die Internetseite des Unternehmensregisters sind zugänglich:

1. Eintragungen im Handelsregister und deren Bekanntmachung und zum Handelsregister eingereichte Dokumente;
2. Eintragungen im Genossenschaftsregister und deren Bekanntmachung und zum Genossenschaftsregister eingereichte Dokumente;
3. Eintragungen im Partnerschaftsregister und deren Bekanntmachung und zum Partnerschaftsregister eingereichte Dokumente;

4. Unterlagen der Rechnungslegung nach den §§ 325 und 339 sowie Unterlagen nach § 341w, soweit sie bekannt gemacht wurden;
5. gesellschaftsrechtliche Bekanntmachungen im Bundesanzeiger;
6. im Aktionärsforum veröffentlichte Eintragungen nach § 127a des Aktiengesetzes[1)];
7. Veröffentlichungen von Unternehmen nach dem Wertpapierhandelsgesetz oder dem Vermögensanlagengesetz im Bundesanzeiger, von Bietern, Gesellschaften, Vorständen und Aufsichtsräten nach dem Wertpapiererwerbs- und Übernahmegesetz im Bundesanzeiger sowie Veröffentlichungen nach der Börsenzulassungs-Verordnung im Bundesanzeiger;
8. Bekanntmachungen und Veröffentlichungen von Kapitalverwaltungsgesellschaften und extern verwalteten Investmentgesellschaften nach dem Kapitalanlagegesetzbuch, dem Investmentgesetz und dem Investmentsteuergesetz im Bundesanzeiger;
9. Veröffentlichungen und sonstige der Öffentlichkeit zur Verfügung gestellte Informationen nach den §§ 5, 26 Absatz 1 und 2, § 40 Absatz 1, den §§ 41, 46 Absatz 2, den §§ 50, 51 Absatz 2, § 114 Absatz 1 bis § 116 Absatz 2, den §§ 117, 118 Absatz 4 und § 127 des Wertpapierhandelsgesetzes[2)], sofern die Veröffentlichung nicht bereits über Nummer 4 oder Nummer 7 in das Unternehmensregister eingestellt wird,
10. Mitteilungen über kapitalmarktrechtliche Veröffentlichungen an die Bundesanstalt für Finanzdienstleistungsaufsicht, sofern die Veröffentlichung selbst nicht bereits über Nummer 7 oder Nummer 9 in das Unternehmensregister eingestellt wird;
11. Bekanntmachungen der Insolvenzgerichte nach § 9 der Insolvenzordnung, ausgenommen Verfahren nach dem Zehnten Teil der Insolvenzordnung.

(3) [1] Zur Einstellung in das Unternehmensregister sind dem Unternehmensregister zu übermitteln:

1. die Daten nach Absatz 2 Nr. 4 bis 8 und die nach § 326 Absatz 2 von einer Kleinstkapitalgesellschaft hinterlegten Bilanzen durch den Betreiber des Bundesanzeigers;
2. die Daten nach Absatz 2 Nr. 9 und 10 durch den jeweils Veröffentlichungspflichtigen oder den von ihm mit der Veranlassung der Veröffentlichung beauftragten Dritten.

[2] Die Landesjustizverwaltungen übermitteln die Daten nach Absatz 2 Nr. 1 bis 3 und 11 zum Unternehmensregister, soweit die Übermittlung für die Eröffnung eines Zugangs zu den Originaldaten über die Internetseite des Unternehmensregisters erforderlich ist. [3] Die Bundesanstalt für Finanzdienstleistungsaufsicht überwacht die Übermittlung der Veröffentlichungen und der sonstigen der Öffentlichkeit zur Verfügung gestellten Informationen nach den §§ 5, 26 Absatz 1 und 2, § 40 Absatz 1, den §§ 41, 46 Absatz 2, den §§ 50, 51 Absatz 2, § 114 Absatz 1 bis § 116 Absatz 2, den §§ 117, 118 Absatz 4 und § 127 des Wertpapierhandelsgesetzes[2)] an das Unternehmensregister zur Speicherung und kann Anordnungen treffen, die zu ihrer Durchsetzung geeignet und erforderlich sind. [4] Die Bundesanstalt kann die gebotene Übermittlung der

---

1) Nr. **2**.
2) Nr. **10**.

in Satz 3 genannten Veröffentlichungen, der Öffentlichkeit zur Verfügung gestellten Informationen und Mitteilung auf Kosten des Pflichtigen vornehmen, wenn die Übermittlungspflicht nicht, nicht richtig, nicht vollständig oder nicht in der vorgeschriebenen Weise erfüllt wird. [5] Für die Überwachungstätigkeit der Bundesanstalt gelten § 6 Absatz 3 Satz 1 und 3, Absatz 15 und 16, die §§ 13, 18 und 21 des Wertpapierhandelsgesetzes[1)] entsprechend.

(4) [1] Die Führung des Unternehmensregisters schließt die Erteilung von Ausdrucken sowie die Beglaubigung entsprechend § 9 Abs. 3 und 4 hinsichtlich der im Unternehmensregister gespeicherten Unterlagen der Rechnungslegung im Sinn des Absatzes 2 Nr. 4 ein. [2] Gleiches gilt für die elektronische Übermittlung von zum Handelsregister eingereichten Schriftstücken nach § 9 Abs. 2, soweit sich der Antrag auf Unterlagen der Rechnungslegung im Sinn des Absatzes 2 Nr. 4 bezieht; § 9 Abs. 3 gilt entsprechend.

§ 9 Einsichtnahme in das Handelsregister und das Unternehmensregister. (1) [1] Die Einsichtnahme in das Handelsregister sowie in die zum Handelsregister eingereichten Dokumente ist jedem zu Informationszwecken gestattet. [2] Die Landesjustizverwaltungen bestimmen das elektronische Informations- und Kommunikationssystem, über das die Daten aus den Handelsregistern abrufbar sind, und sind für die Abwicklung des elektronischen Abrufverfahrens zuständig. [3] Die Landesregierung kann die Zuständigkeit durch Rechtsverordnung abweichend regeln; sie kann diese Ermächtigung durch Rechtsverordnung auf die Landesjustizverwaltung übertragen. [4] Die Länder können ein länderübergreifendes, zentrales elektronisches Informations- und Kommunikationssystem bestimmen. [5] Sie können auch eine Übertragung der Abwicklungsaufgaben auf die zuständige Stelle eines anderen Landes sowie mit dem Betreiber des Unternehmensregisters eine Übertragung der Abwicklungsaufgaben auf das Unternehmensregister vereinbaren.

(2) Sind Dokumente nur in Papierform vorhanden, kann die elektronische Übermittlung nur für solche Schriftstücke verlangt werden, die weniger als zehn Jahre vor dem Zeitpunkt der Antragstellung zum Handelsregister eingereicht wurden.

(3) [1] Die Übereinstimmung der übermittelten Daten mit dem Inhalt des Handelsregisters und den zum Handelsregister eingereichten Dokumenten wird auf Antrag durch das Gericht beglaubigt. [2] Dafür ist eine qualifizierte elektronische Signatur zu verwenden.

(4) [1] Von den Eintragungen und den eingereichten Dokumenten kann ein Ausdruck verlangt werden. [2] Von den zum Handelsregister eingereichten Schriftstücken, die nur in Papierform vorliegen, kann eine Abschrift gefordert werden. [3] Die Abschrift ist von der Geschäftsstelle zu beglaubigen und der Ausdruck als amtlicher Ausdruck zu fertigen, wenn nicht auf die Beglaubigung verzichtet wird.

(5) Das Gericht hat auf Verlangen eine Bescheinigung darüber zu erteilen, dass bezüglich des Gegenstandes einer Eintragung weitere Eintragungen nicht vorhanden sind oder dass eine bestimmte Eintragung nicht erfolgt ist.

(6) [1] Für die Einsichtnahme in das Unternehmensregister gilt Absatz 1 Satz 1 entsprechend. [2] Anträge nach den Absätzen 2 bis 5 können auch über das

---

[1)] Nr. **10**.

Unternehmensregister an das Gericht vermittelt werden. [3]Die Einsichtnahme in die Bilanz einer Kleinstkapitalgesellschaft (§ 267a), die von dem Recht nach § 326 Absatz 2 Gebrauch gemacht hat, erfolgt nur auf Antrag durch Übermittlung einer Kopie.

§ 9a Übertragung der Führung des Unternehmensregisters; Verordnungsermächtigung. (1) [1]Das Bundesministerium der Justiz und für Verbraucherschutz wird ermächtigt, durch Rechtsverordnung mit Zustimmung des Bundesrates einer juristischen Person des Privatrechts die Aufgaben nach § 8b Abs. 1 zu übertragen. [2]Der Beliehene erlangt die Stellung einer Justizbehörde des Bundes. [3]Zur Erstellung von Beglaubigungen führt der Beliehene ein Dienstsiegel; nähere Einzelheiten hierzu können in der Rechtsverordnung nach Satz 1 geregelt werden. [4]Die Dauer der Beleihung ist zu befristen; sie soll fünf Jahre nicht unterschreiten; Kündigungsrechte aus wichtigem Grund sind vorzusehen. [5]Eine juristische Person des Privatrechts darf nur beliehen werden, wenn sie grundlegende Erfahrungen mit der Veröffentlichung von kapitalmarktrechtlichen Informationen und gerichtlichen Mitteilungen, insbesondere Handelsregisterdaten, hat und ihr eine ausreichende technische und finanzielle Ausstattung zur Verfügung steht, die die Gewähr für den langfristigen und sicheren Betrieb des Unternehmensregisters bietet.

(2) [1]Das Bundesministerium der Justiz und für Verbraucherschutz wird ermächtigt, durch Rechtsverordnung mit Zustimmung des Bundesrates Einzelheiten der Datenübermittlung zwischen den Behörden der Länder und dem Unternehmensregister einschließlich Vorgaben über Datenformate zu regeln. [2]Abweichungen von den Verfahrensregelungen durch Landesrecht sind ausgeschlossen.

(3) [1]Das Bundesministerium der Justiz und für Verbraucherschutz wird ermächtigt, durch Rechtsverordnung ohne Zustimmung des Bundesrates die technischen Einzelheiten zu Aufbau und Führung des Unternehmensregisters, Einzelheiten der Datenübermittlung einschließlich Vorgaben über Datenformate, die nicht unter Absatz 2 fallen, Löschungsfristen für die im Unternehmensregister gespeicherten Daten, Überwachungsrechte der Bundesanstalt für Finanzdienstleistungsaufsicht gegenüber dem Unternehmensregister hinsichtlich der Übermittlung, Einstellung, Verwaltung, Verarbeitung und des Abrufs kapitalmarktrechtlicher Daten einschließlich der Zusammenarbeit mit amtlich bestellten Speicherungssystemen anderer Mitgliedstaaten der Europäischen Union oder anderer Vertragsstaaten des Abkommens über den Europäischen Wirtschaftsraum im Rahmen des Aufbaus eines europaweiten Netzwerks zwischen den Speicherungssystemen, die Zulässigkeit sowie Art und Umfang von Auskunftsdienstleistungen mit den im Unternehmensregister gespeicherten Daten, die über die mit der Führung des Unternehmensregisters verbundenen Aufgaben nach diesem Gesetz hinausgehen, zu regeln. [2]Soweit Regelungen getroffen werden, die kapitalmarktrechtliche Daten berühren, ist die Rechtsverordnung nach Satz 1 im Einvernehmen mit dem Bundesministerium der Finanzen zu erlassen. [3]Die Rechtsverordnung nach Satz 1 hat dem schutzwürdigen Interesse der Unternehmen am Ausschluss einer zweckändernden Verwendung der im Register gespeicherten Daten angemessen Rechnung zu tragen.

§ 9b Europäisches System der Registervernetzung; Verordnungsermächtigung. (1) [1]Die Eintragungen im Handelsregister und die zum Handelsregister eingereichten Dokumente sowie die Unterlagen der Rechnungslegung nach § 325 sind, soweit sie Kapitalgesellschaften betreffen oder Zweigniederlassungen von Kapitalgesellschaften, die dem Recht eines anderen Mitgliedstaates der Europäischen Union oder eines anderen Vertragsstaates des Abkommens über den Europäischen Wirtschaftsraum unterliegen, auch über das Europäische Justizportal zugänglich. [2] Hierzu übermitteln die Landesjustizverwaltungen die Daten des Handelsregisters und der Betreiber des Unternehmensregisters übermittelt die Daten der Rechnungslegungsunterlagen jeweils an die zentrale Europäische Plattform nach Artikel 4a Absatz 1 der Richtlinie 2009/101/EG des Europäischen Parlaments und des Rates vom 16. September 2009 zur Koordinierung der Schutzbestimmungen, die in den Mitgliedstaaten den Gesellschaften im Sinne des Artikels 54 Absatz 2 des Vertrags im Interesse der Gesellschafter sowie Dritter vorgeschrieben sind, um diese Bestimmungen gleichwertig zu gestalten (ABl. L 258 vom 1.10.2009, S. 11), die zuletzt durch die Richtlinie 2013/24/EU (ABl. L 158 vom 10.6. 2013, S. 365) geändert worden ist, soweit die Übermittlung für die Eröffnung eines Zugangs zu den Originaldaten über den Suchdienst auf der Internetseite des Europäischen Justizportals erforderlich ist.

(2) [1] Das Registergericht, bei dem das Registerblatt einer Kapitalgesellschaft oder Zweigniederlassung einer Kapitalgesellschaft im Sinne des Absatzes 1 Satz 1 geführt wird, nimmt am Informationsaustausch zwischen den Registern über die zentrale Europäische Plattform teil. [2] Den Kapitalgesellschaften und Zweigniederlassungen von Kapitalgesellschaften im Sinne des Absatzes 1 Satz 1 ist zu diesem Zweck eine einheitliche europäische Kennung zuzuordnen. [3] Das Registergericht übermittelt nach Maßgabe der folgenden Absätze an die zentrale Europäische Plattform die Information über

1. die Eintragung der Eröffnung, Einstellung oder Aufhebung eines Insolvenzverfahrens über das Vermögen der Gesellschaft,
2. die Eintragung der Auflösung der Gesellschaft und die Eintragung über den Schluss der Liquidation oder Abwicklung oder über die Fortsetzung der Gesellschaft,
3. die Löschung der Gesellschaft sowie
4. das Wirksamwerden einer Verschmelzung nach § 122a des Umwandlungsgesetzes[1)].

(3) [1] Die Landesjustizverwaltungen bestimmen das elektronische Informations- und Kommunikationssystem, über das die Daten aus dem Handelsregister zugänglich gemacht (Absatz 1) und im Rahmen des Informationsaustauschs zwischen den Registern übermittelt und empfangen werden (Absatz 2), und sie sind, vorbehaltlich der Zuständigkeit des Betreibers des Unternehmensregisters nach Absatz 1 Satz 2, für die Abwicklung des Datenverkehrs nach den Absätzen 1 und 2 zuständig. [2] § 9 Absatz 1 Satz 3 bis 5 gilt entsprechend.

(4) Das Bundesministerium der Justiz und für Verbraucherschutz wird ermächtigt, durch Rechtsverordnung mit Zustimmung des Bundesrates die erforderlichen Bestimmungen zu treffen über

1. Struktur, Zuordnung und Verwendung der einheitlichen europäischen Kennung,

---

[1)] Nr. **12**.

2. den Umfang der Mitteilungspflicht im Rahmen des Informationsaustauschs zwischen den Registern und die Liste der dabei zu übermittelnden Daten,
3. die Einzelheiten des elektronischen Datenverkehrs nach den Absätzen 1 und 2 einschließlich Vorgaben über Datenformate und Zahlungsmodalitäten sowie
4. den Zeitpunkt der erstmaligen Datenübermittlung.

§ 10 Bekanntmachung der Eintragungen. [1]Das Gericht macht die Eintragungen in das Handelsregister in dem von der Landesjustizverwaltung bestimmten elektronischen Informations- und Kommunikationssystem in der zeitlichen Folge ihrer Eintragung nach Tagen geordnet bekannt; § 9 Abs. 1 Satz 4 und 5 gilt entsprechend. [2]Soweit nicht ein Gesetz etwas anderes vorschreibt, werden die Eintragungen ihrem ganzen Inhalt nach veröffentlicht.

§ 10a Anwendung der Verordnung (EU) 2016/679. (1) [1]Das Auskunftsrecht nach Artikel 15 Absatz 1 und das Recht auf Erhalt einer Kopie nach Artikel 15 Absatz 3 der Verordnung (EU) 2016/679 des Europäischen Parlaments und des Rates vom 27. April 2016 zum Schutz natürlicher Personen bei der Verarbeitung personenbezogener Daten, zum freien Datenverkehr und zur Aufhebung der Richtlinie 95/46/EG (Datenschutz-Grundverordnung) (ABl. L 119 vom 4.5.2016, S. 1; L 314 vom 22.11.2016, S. 72) wird dadurch erfüllt, dass die betroffene Person Einsicht in das Handelsregister und in die zum Handelsregister eingereichten Dokumente sowie in das für die Bekanntmachungen der Eintragungen bestimmte elektronische Informations- und Kommunikationssystem nehmen kann. [2]Eine Information der betroffenen Person über konkrete Empfänger, gegenüber denen die im Register, in Bekanntmachungen der Eintragungen oder in zum Register einzureichenden Dokumenten enthaltenen personenbezogenen Daten offengelegt werden, erfolgt nicht.

(2) Hinsichtlich der im Handelsregister, in Bekanntmachungen der Eintragungen oder in zum Handelsregister einzureichenden Dokumenten enthaltenen personenbezogenen Daten kann das Recht auf Berichtigung nach Artikel 16 der Verordnung (EU) 2016/679 nur unter den Voraussetzungen ausgeübt werden, die in den §§ 393 bis 395 und §§ 397 bis 399 des Gesetzes über das Verfahren in Familiensachen und in den Angelegenheiten der Freiwilligen Gerichtsbarkeit sowie der Rechtsverordnung nach § 387 Absatz 2 des Gesetzes über das Verfahren in Familiensachen und in den Angelegenheiten der Freiwilligen Gerichtsbarkeit für eine Löschung oder Berichtigung vorgesehen sind.

(3) Das Widerspruchsrecht gemäß Artikel 21 der Verordnung (EU) 2016/679 findet in Bezug auf die im Handelsregister, in Bekanntmachungen der Eintragungen oder in zum Handelsregister einzureichenden Dokumenten enthaltenen personenbezogenen Daten keine Anwendung.

§ 11 Offenlegung in der Amtssprache eines Mitgliedstaats der Europäischen Union. (1) [1]Die zum Handelsregister einzureichenden Dokumente sowie der Inhalt einer Eintragung können zusätzlich in jeder Amtssprache eines Mitgliedstaats der Europäischen Union übermittelt werden. [2]Auf die Übersetzungen ist in geeigneter Weise hinzuweisen. [3]§ 9 ist entsprechend anwendbar.

(2) Im Fall der Abweichung der Originalfassung von einer eingereichten Übersetzung kann letztere einem Dritten nicht entgegengehalten werden; dieser kann sich jedoch auf die eingereichte Übersetzung berufen, es sei denn, der Eingetragene weist nach, dass dem Dritten die Originalfassung bekannt war.

§ 12 Anmeldungen zur Eintragung und Einreichungen. (1) [1] Anmeldungen zur Eintragung in das Handelsregister sind elektronisch in öffentlich beglaubigter Form einzureichen. [2] Die gleiche Form ist für eine Vollmacht zur Anmeldung erforderlich. [3] Anstelle der Vollmacht kann die Bescheinigung eines Notars nach § 21 Absatz 3 der Bundesnotarordnung eingereicht werden. [4] Rechtsnachfolger eines Beteiligten haben die Rechtsnachfolge soweit tunlich durch öffentliche Urkunden nachzuweisen.

(2) [1] Dokumente sind elektronisch einzureichen. [2] Ist eine Urschrift oder eine einfache Abschrift einzureichen oder ist für das Dokument die Schriftform bestimmt, genügt die Übermittlung einer elektronischen Aufzeichnung; ist ein notariell beurkundetes Dokument oder eine öffentlich beglaubigte Abschrift einzureichen, so ist ein mit einem einfachen elektronischen Zeugnis (§ 39a des Beurkundungsgesetzes) versehenes Dokument zu übermitteln.

§ 13 Zweigniederlassungen von Unternehmen mit Sitz im Inland.

(1) [1] Die Errichtung einer Zweigniederlassung ist von einem Einzelkaufmann oder einer juristischen Person beim Gericht der Hauptniederlassung, von einer Handelsgesellschaft beim Gericht des Sitzes der Gesellschaft, unter Angabe des Ortes und der inländischen Geschäftsanschrift der Zweigniederlassung und des Zusatzes, falls der Firma der Zweigniederlassung ein solcher beigefügt wird, zur Eintragung anzumelden. [2] In gleicher Weise sind spätere Änderungen der die Zweigniederlassung betreffenden einzutragenden Tatsachen anzumelden.

(2) Das zuständige Gericht trägt die Zweigniederlassung auf dem Registerblatt der Hauptniederlassung oder des Sitzes unter Angabe des Ortes sowie der inländischen Geschäftsanschrift der Zweigniederlassung und des Zusatzes, falls der Firma der Zweigniederlassung ein solcher beigefügt ist, ein, es sei denn, die Zweigniederlassung ist offensichtlich nicht errichtet worden.

(3) Die Absätze 1 und 2 gelten entsprechend für die Aufhebung der Zweigniederlassung.

§§ 13a–13c *(aufgehoben)*

§ 13d Sitz oder Hauptniederlassung im Ausland. (1) Befindet sich die Hauptniederlassung eines Einzelkaufmanns oder einer juristischen Person oder der Sitz einer Handelsgesellschaft im Ausland, so haben alle eine inländische Zweigniederlassung betreffenden Anmeldungen, Einreichungen und Eintragungen bei dem Gericht zu erfolgen, in dessen Bezirk die Zweigniederlassung besteht.

(2) Die Eintragung der Errichtung der Zweigniederlassung hat auch den Ort und die inländische Geschäftsanschrift der Zweigniederlassung zu enthalten; ist der Firma der Zweigniederlassung ein Zusatz beigefügt, so ist auch dieser einzutragen.

(3) Im übrigen gelten für die Anmeldungen, Einreichungen, Eintragungen, Bekanntmachungen und Änderungen einzutragender Tatsachen, die die Zweigniederlassung eines Einzelkaufmanns, einer Handelsgesellschaft oder einer juristischen Person mit Ausnahme von Aktiengesellschaften, Kommanditgesellschaften auf Aktien und Gesellschaften mit beschränkter Haftung betreffen, die Vorschriften für Hauptniederlassungen oder Niederlassungen am Sitz der Gesellschaft sinngemäß, soweit nicht das ausländische Recht Abweichungen nötig macht.

§ 13e Zweigniederlassungen von Kapitalgesellschaften mit Sitz im Ausland. (1) Für Zweigniederlassungen von Aktiengesellschaften und Gesellschaften mit beschränkter Haftung mit Sitz im Ausland gelten ergänzend zu § 13d die folgenden Vorschriften.

(2) [1] Die Errichtung einer Zweigniederlassung einer Aktiengesellschaft ist durch den Vorstand, die Errichtung einer Zweigniederlassung einer Gesellschaft mit beschränkter Haftung ist durch die Geschäftsführer zur Eintragung in das Handelsregister anzumelden. [2] Bei der Anmeldung ist das Bestehen der Gesellschaft als solcher nachzuweisen. [3] Die Anmeldung hat auch eine inländische Geschäftsanschrift und den Gegenstand der Zweigniederlassung zu enthalten. [4] Daneben kann eine Person, die für Willenserklärungen und Zustellungen an die Gesellschaft empfangsberechtigt ist, mit einer inländischen Anschrift zur Eintragung in das Handelsregister angemeldet werden; Dritten gegenüber gilt die Empfangsberechtigung als fortbestehend, bis sie im Handelsregister gelöscht und die Löschung bekannt gemacht worden ist, es sei denn, dass die fehlende Empfangsberechtigung dem Dritten bekannt war. [5] In der Anmeldung sind ferner anzugeben

1. das Register, bei dem die Gesellschaft geführt wird, und die Nummer des Registereintrags, sofern das Recht des Staates, in dem die Gesellschaft ihren Sitz hat, eine Registereintragung vorsieht;
2. die Rechtsform der Gesellschaft;
3. die Personen, die befugt sind, als ständige Vertreter für die Tätigkeit der Zweigniederlassung die Gesellschaft gerichtlich und außergerichtlich zu vertreten, unter Angabe ihrer Befugnisse;
4. wenn die Gesellschaft nicht dem Recht eines Mitgliedstaates der Europäischen Union oder eines anderen Vertragsstaates des Abkommens über den Europäischen Wirtschaftsraum unterliegt, das Recht des Staates, dem die Gesellschaft unterliegt.

(3) [1] Die in Absatz 2 Satz 5 Nr. 3 genannten Personen haben jede Änderung dieser Personen oder der Vertretungsbefugnis einer dieser Personen zur Eintragung in das Handelsregister anzumelden. [2] Für die gesetzlichen Vertreter der Gesellschaft gelten in Bezug auf die Zweigniederlassung § 76 Abs. 3 Satz 2 und 3 des Aktiengesetzes[1)] sowie § 6 Abs. 2 Satz 2 und 3 des Gesetzes betreffend die Gesellschaften mit beschränkter Haftung[2)] entsprechend.

(3a) [1] An die in Absatz 2 Satz 5 Nr. 3 genannten Personen als Vertreter der Gesellschaft können unter der im Handelsregister eingetragenen inländischen Geschäftsanschrift der Zweigniederlassung Willenserklärungen abgegeben und

---

1) Nr. **2**.
2) Nr. **3**.

Schriftstücke zugestellt werden. [2] Unabhängig hiervon können die Abgabe und die Zustellung auch unter der eingetragenen Anschrift der empfangsberechtigten Person nach Absatz 2 Satz 4 erfolgen.

(4) Die in Absatz 2 Satz 5 Nr. 3 genannten Personen oder, wenn solche nicht angemeldet sind, die gesetzlichen Vertreter der Gesellschaft haben die Eröffnung oder die Ablehnung der Eröffnung eines Insolvenzverfahrens oder ähnlichen Verfahrens über das Vermögen der Gesellschaft zur Eintragung in das Handelsregister anzumelden.

(5) [1] Errichtet eine Gesellschaft mehrere Zweigniederlassungen im Inland, so brauchen die Satzung oder der Gesellschaftsvertrag sowie deren Änderungen nach Wahl der Gesellschaft nur zum Handelsregister einer dieser Zweigniederlassungen eingereicht zu werden. [2] In diesem Fall haben die nach Absatz 2 Satz 1 Anmeldepflichtigen zur Eintragung in den Handelsregistern der übrigen Zweigniederlassungen anzumelden, welches Register die Gesellschaft gewählt hat und unter welcher Nummer die Zweigniederlassung eingetragen ist.

(6) Die Landesjustizverwaltungen stellen sicher, dass die Daten einer Kapitalgesellschaft mit Sitz im Ausland, die im Rahmen des Europäischen Systems der Registervernetzung (§ 9b) empfangen werden, an das Registergericht weitergeleitet werden, das für eine inländische Zweigniederlassung dieser Gesellschaft zuständig ist.

§ 13f Zweigniederlassungen von Aktiengesellschaften mit Sitz im Ausland. (1) Für Zweigniederlassungen von Aktiengesellschaften mit Sitz im Ausland gelten ergänzend die folgenden Vorschriften.

(2) [1] Der Anmeldung ist die Satzung in öffentlich beglaubigter Abschrift und, sofern die Satzung nicht in deutscher Sprache erstellt ist, eine beglaubigte Übersetzung in deutscher Sprache beizufügen. [2] Die Vorschriften des § 37 Abs. 2 und 3 des Aktiengesetzes[1] finden Anwendung. [3] Soweit nicht das ausländische Recht eine Abweichung nötig macht, sind in die Anmeldung die in § 23 Abs. 3 und 4 des Aktiengesetzes[1] vorgesehenen Bestimmungen und Bestimmungen der Satzung über die Zusammensetzung des Vorstandes aufzunehmen; erfolgt die Anmeldung in den ersten zwei Jahren nach der Eintragung der Gesellschaft in das Handelsregister ihres Sitzes, sind auch die Angaben über Festsetzungen nach den §§ 26 und 27 des Aktiengesetzes[1] und der Ausgabebetrag der Aktien sowie Name und Wohnort der Gründer aufzunehmen. [4] Der Anmeldung ist die für den Sitz der Gesellschaft ergangene gerichtliche Bekanntmachung beizufügen.

(3) Die Eintragung der Errichtung der Zweigniederlassung hat auch die Angaben nach § 39 des Aktiengesetzes sowie die Angaben nach § 13e Abs. 2 Satz 3 bis 5 zu enthalten.

(4) [1] Änderungen der Satzung der ausländischen Gesellschaft sind durch den Vorstand zur Eintragung in das Handelsregister anzumelden. [2] Für die Anmeldung gelten die Vorschriften des § 181 Abs. 1 und 2 des Aktiengesetzes sinngemäß, soweit nicht das ausländische Recht Abweichungen nötig macht.

(5) Im übrigen gelten die Vorschriften der §§ 81, 263 Satz 1, § 266 Abs. 1 und 2, § 273 Abs. 1 Satz 1 des Aktiengesetzes sinngemäß, soweit nicht das ausländische Recht Abweichungen nötig macht.

---

[1] Nr. 2.

(6) Für die Aufhebung einer Zweigniederlassung gelten die Vorschriften über ihre Errichtung sinngemäß.

(7) Die Vorschriften über Zweigniederlassungen von Aktiengesellschaften mit Sitz im Ausland gelten sinngemäß für Zweigniederlassungen von Kommanditgesellschaften auf Aktien mit Sitz im Ausland, soweit sich aus den Vorschriften der §§ 278 bis 290 des Aktiengesetzes oder aus dem Fehlen eines Vorstands nichts anderes ergibt.

§ 13g Zweigniederlassungen von Gesellschaften mit beschränkter Haftung mit Sitz im Ausland. (1) Für Zweigniederlassungen von Gesellschaften mit beschränkter Haftung mit Sitz im Ausland gelten ergänzend die folgenden Vorschriften.

(2) [1] Der Anmeldung ist der Gesellschaftsvertrag in öffentlich beglaubigter Abschrift und, sofern der Gesellschaftsvertrag nicht in deutscher Sprache erstellt ist, eine beglaubigte Übersetzung in deutscher Sprache beizufügen. [2] Die Vorschriften des § 8 Abs. 1 Nr. 2 und Abs. 3 und 4 des Gesetzes betreffend die Gesellschaften mit beschränkter Haftung[1)] sind anzuwenden. [3] Wird die Errichtung der Zweigniederlassung in den ersten zwei Jahren nach der Eintragung der Gesellschaft in das Handelsregister ihres Sitzes angemeldet, so sind in die Anmeldung auch die nach § 5 Abs. 4 des Gesetzes betreffend die Gesellschaften mit beschränkter Haftung getroffenen Festsetzungen aufzunehmen, soweit nicht das ausländische Recht Abweichungen nötig macht.

(3) Die Eintragung der Errichtung der Zweigniederlassung hat auch die Angaben nach § 10 des Gesetzes betreffend die Gesellschaften mit beschränkter Haftung sowie die Angaben nach § 13e Abs. 2 Satz 3 bis 5 zu enthalten.

(4) [1] Änderungen des Gesellschaftsvertrages der ausländischen Gesellschaft sind durch die Geschäftsführer zur Eintragung in das Handelsregister anzumelden. [2] Für die Anmeldung gelten die Vorschriften des § 54 Abs. 1 und 2 des Gesetzes betreffend die Gesellschaften mit beschränkter Haftung sinngemäß, soweit nicht das ausländische Recht Abweichungen nötig macht.

(5) Im übrigen gelten die Vorschriften der §§ 39, 65 Abs. 1 Satz 1, § 67 Abs. 1 und 2, § 74 Abs. 1 Satz 1 des Gesetzes betreffend die Gesellschaften mit beschränkter Haftung sinngemäß, soweit nicht das ausländische Recht Abweichungen nötig macht.

(6) Für die Aufhebung einer Zweigniederlassung gelten die Vorschriften über ihre Errichtung sinngemäß.

§ 13h Verlegung des Sitzes einer Hauptniederlassung im Inland.

(1) Wird die Hauptniederlassung eines Einzelkaufmanns oder einer juristischen Person oder der Sitz einer Handelsgesellschaft im Inland verlegt, so ist die Verlegung beim Gericht der bisherigen Hauptniederlassung oder des bisherigen Sitzes anzumelden.

(2) [1] Wird die Hauptniederlassung oder der Sitz aus dem Bezirk des Gerichts der bisherigen Hauptniederlassung oder des bisherigen Sitzes verlegt, so hat dieses unverzüglich von Amts wegen die Verlegung dem Gericht der neuen Hauptniederlassung oder des neuen Sitzes mitzuteilen. [2] Der Mitteilung sind die Eintragungen für die bisherige Hauptniederlassung oder den bisherigen Sitz

---

1) Nr. 3.

sowie die bei dem bisher zuständigen Gericht aufbewahrten Urkunden beizufügen. [3] Das Gericht der neuen Hauptniederlassung oder des neuen Sitzes hat zu prüfen, ob die Hauptniederlassung oder der Sitz ordnungsgemäß verlegt und § 30 beachtet ist. [4] Ist dies der Fall, so hat es die Verlegung einzutragen und dabei die ihm mitgeteilten Eintragungen ohne weitere Nachprüfung in sein Handelsregister zu übernehmen. [5] Die Eintragung ist dem Gericht der bisherigen Hauptniederlassung oder des bisherigen Sitzes mitzuteilen. [6] Dieses hat die erforderlichen Eintragungen von Amts wegen vorzunehmen.

(3) [1] Wird die Hauptniederlassung oder der Sitz an einen anderen Ort innerhalb des Bezirks des Gerichts der bisherigen Hauptniederlassung oder des bisherigen Sitzes verlegt, so hat das Gericht zu prüfen, ob die Hauptniederlassung oder der Sitz ordnungsgemäß verlegt und § 30 beachtet ist. [2] Ist dies der Fall, so hat es die Verlegung einzutragen.

§ 14 [Festsetzung von Zwangsgeld] [1] Wer seiner Pflicht zur Anmeldung oder zur Einreichung von Dokumenten zum Handelsregister nicht nachkommt, ist hierzu von dem Registergericht durch Festsetzung von Zwangsgeld anzuhalten. [2] Das einzelne Zwangsgeld darf den Betrag von fünftausend Euro nicht übersteigen.

§ 15 [Publizität des Handelsregisters] (1) Solange eine in das Handelsregister einzutragende Tatsache nicht eingetragen und bekanntgemacht ist, kann sie von demjenigen, in dessen Angelegenheiten sie einzutragen war, einem Dritten nicht entgegengesetzt werden, es sei denn, daß sie diesem bekannt war.

(2) [1] Ist die Tatsache eingetragen und bekanntgemacht worden, so muß ein Dritter sie gegen sich gelten lassen. [2] Dies gilt nicht bei Rechtshandlungen, die innerhalb von fünfzehn Tagen nach der Bekanntmachung vorgenommen werden, sofern der Dritte beweist, daß er die Tatsache weder kannte noch kennen mußte.

(3) Ist eine einzutragende Tatsache unrichtig bekanntgemacht, so kann sich ein Dritter demjenigen gegenüber, in dessen Angelegenheiten die Tatsache einzutragen war, auf die bekanntgemachte Tatsache berufen, es sei denn, daß er die Unrichtigkeit kannte.

(4) Für den Geschäftsverkehr mit einer in das Handelsregister eingetragenen Zweigniederlassung eines Unternehmens mit Sitz oder Hauptniederlassung im Ausland ist im Sinne dieser Vorschriften die Eintragung und Bekanntmachung durch das Gericht der Zweigniederlassung entscheidend.

§ 15a Öffentliche Zustellung. [1] Ist bei einer juristischen Person, die zur Anmeldung einer inländischen Geschäftsanschrift zum Handelsregister verpflichtet ist, der Zugang einer Willenserklärung nicht unter der eingetragenen Anschrift oder einer im Handelsregister eingetragenen Anschrift einer für Zustellungen empfangsberechtigten Person oder einer ohne Ermittlungen bekannten anderen inländischen Anschrift möglich, kann die Zustellung nach den für die öffentliche Zustellung geltenden Vorschriften der Zivilprozessordnung erfolgen. [2] Zuständig ist das Amtsgericht, in dessen Bezirk sich die eingetragene inländische Geschäftsanschrift der Gesellschaft befindet. [3] § 132 des Bürgerlichen Gesetzbuchs bleibt unberührt.

§ 16 [Entscheidung des Prozessgerichts] (1) [1] Ist durch eine rechtskräftige oder vollstreckbare Entscheidung des Prozeßgerichts die Verpflichtung zur Mitwirkung bei einer Anmeldung zum Handelsregister oder ein Rechtsverhältnis, bezüglich dessen eine Eintragung zu erfolgen hat, gegen einen von mehreren bei der Vornahme der Anmeldung Beteiligten festgestellt, so genügt zur Eintragung die Anmeldung der übrigen Beteiligten. [2] Wird die Entscheidung, auf Grund deren die Eintragung erfolgt ist, aufgehoben, so ist dies auf Antrag eines der Beteiligten in das Handelsregister einzutragen.

(2) Ist durch eine rechtskräftige oder vollstreckbare Entscheidung des Prozeßgerichts die Vornahme einer Eintragung für unzulässig erklärt, so darf die Eintragung nicht gegen den Widerspruch desjenigen erfolgen, welcher die Entscheidung erwirkt hat.

Dritter Abschnitt. Handelsfirma

§ 17 [Begriff] (1) Die Firma eines Kaufmanns ist der Name, unter dem er seine Geschäfte betreibt und die Unterschrift abgibt.

(2) Ein Kaufmann kann unter seiner Firma klagen und verklagt werden.

§ 18 [Firma des Kaufmanns] (1) Die Firma muß zur Kennzeichnung des Kaufmanns geeignet sein und Unterscheidungskraft besitzen.

(2) [1] Die Firma darf keine Angaben enthalten, die geeignet sind, über geschäftliche Verhältnisse, die für die angesprochenen Verkehrskreise wesentlich sind, irrezuführen. [2] Im Verfahren vor dem Registergericht wird die Eignung zur Irreführung nur berücksichtigt, wenn sie ersichtlich ist.

§ 19 [Bezeichnung der Firma bei Einzelkaufleuten, einer OHG oder KG] (1) Die Firma muß, auch wenn sie nach den §§ 21, 22, 24 oder nach anderen gesetzlichen Vorschriften fortgeführt wird, enthalten:

1. bei Einzelkaufleuten die Bezeichnung „eingetragener Kaufmann", „eingetragene Kauffrau" oder eine allgemein verständliche Abkürzung dieser Bezeichnung, insbesondere „e.K.", „e.Kfm." oder „e.Kfr.";
2. bei einer offenen Handelsgesellschaft die Bezeichnung „offene Handelsgesellschaft" oder eine allgemein verständliche Abkürzung dieser Bezeichnung;
3. bei einer Kommanditgesellschaft die Bezeichnung „Kommanditgesellschaft" oder eine allgemein verständliche Abkürzung dieser Bezeichnung.

(2) Wenn in einer offenen Handelsgesellschaft oder Kommanditgesellschaft keine natürliche Person persönlich haftet, muß die Firma, auch wenn sie nach den §§ 21, 22, 24 oder nach anderen gesetzlichen Vorschriften fortgeführt wird, eine Bezeichnung enthalten, welche die Haftungsbeschränkung kennzeichnet.

§ 20 *(aufgehoben)*

§ 21 [Fortführung bei Namensänderung] Wird ohne eine Änderung der Person der in der Firma enthaltene Name des Geschäftsinhabers oder eines Gesellschafters geändert, so kann die bisherige Firma fortgeführt werden.

§ 22 [Fortführung bei Erwerb des Handelsgeschäfts] (1) Wer ein bestehendes Handelsgeschäft unter Lebenden oder von Todes wegen erwirbt, darf für das Geschäft die bisherige Firma, auch wenn sie den Namen des bisherigen Geschäftsinhabers enthält, mit oder ohne Beifügung eines das Nachfolgeverhältnis andeutenden Zusatzes fortführen, wenn der bisherige Geschäftsinhaber oder dessen Erben in die Fortführung der Firma ausdrücklich willigen.

(2) Wird ein Handelsgeschäft auf Grund eines Nießbrauchs, eines Pachtvertrags oder eines ähnlichen Verhältnisses übernommen, so finden diese Vorschriften entsprechende Anwendung.

§ 23 [Veräußerungsverbot] Die Firma kann nicht ohne das Handelsgeschäft, für welches sie geführt wird, veräußert werden.

§ 24 [Fortführung bei Änderungen im Gesellschafterbestand]

(1) Wird jemand in ein bestehendes Handelsgeschäft als Gesellschafter aufgenommen oder tritt ein neuer Gesellschafter in eine Handelsgesellschaft ein oder scheidet aus einer solchen ein Gesellschafter aus, so kann ungeachtet dieser Veränderung die bisherige Firma fortgeführt werden, auch wenn sie den Namen des bisherigen Geschäftsinhabers oder Namen von Gesellschaftern enthält.

(2) Bei dem Ausscheiden eines Gesellschafters, dessen Name in der Firma enthalten ist, bedarf es zur Fortführung der Firma der ausdrücklichen Einwilligung des Gesellschafters oder seiner Erben.

§ 25 [Haftung des Erwerbers bei Firmenfortführung] (1) [1] Wer ein unter Lebenden erworbenes Handelsgeschäft unter der bisherigen Firma mit oder ohne Beifügung eines das Nachfolgeverhältnis andeutenden Zusatzes fortführt, haftet für alle im Betriebe des Geschäfts begründeten Verbindlichkeiten des früheren Inhabers. [2] Die in dem Betriebe begründeten Forderungen gelten den Schuldnern gegenüber als auf den Erwerber übergegangen, falls der bisherige Inhaber oder seine Erben in die Fortführung der Firma gewilligt haben.

(2) Eine abweichende Vereinbarung ist einem Dritten gegenüber nur wirksam, wenn sie in das Handelsregister eingetragen und bekanntgemacht oder von dem Erwerber oder dem Veräußerer dem Dritten mitgeteilt worden ist.

(3) Wird die Firma nicht fortgeführt, so haftet der Erwerber eines Handelsgeschäfts für die früheren Geschäftsverbindlichkeiten nur, wenn ein besonderer Verpflichtungsgrund vorliegt, insbesondere wenn die Übernahme der Verbindlichkeiten in handelsüblicher Weise von dem Erwerber bekanntgemacht worden ist.

§ 26 [Fristen bei Haftung nach § 25] (1) [1] Ist der Erwerber des Handelsgeschäfts auf Grund der Fortführung der Firma oder auf Grund der in § 25 Abs. 3 bezeichneten Kundmachung für die früheren Geschäftsverbindlichkeiten haftbar, so haftet der frühere Geschäftsinhaber für diese Verbindlichkeiten nur, wenn sie vor Ablauf von fünf Jahren fällig und daraus Ansprüche gegen ihn in einer in § 197 Abs. 1 Nr. 3 bis 5 des Bürgerlichen Gesetzbuchs bezeichneten Art festgestellt sind oder eine gerichtliche oder behördliche Vollstreckungshandlung vorgenommen oder beantragt wird; bei öffentlich-rechtlichen Verbindlichkeiten genügt der Erlass eines Verwaltungsakts. [2] Die Frist beginnt im Falle des § 25 Abs. 1 mit dem Ende des Tages, an dem der neue Inhaber der Firma in das Handelsregister des Gerichts der Hauptniederlassung eingetragen wird, im Falle des § 25 Abs. 3 mit dem Ende des Tages, an dem die Übernahme kundgemacht wird. [3] Die für die Verjährung geltenden §§ 204, 206, 210, 211 und 212 Abs. 2 und 3 des Bürgerlichen Gesetzbuches sind entsprechend anzuwenden.

(2) Einer Feststellung in einer in § 197 Abs. 1 Nr. 3 bis 5 des Bürgerlichen Gesetzbuchs bezeichneten Art bedarf es nicht, soweit der frühere Geschäftsinhaber den Anspruch schriftlich anerkannt hat.

§ 27 [Haftung des Erben bei Geschäftsfortführung] (1) Wird ein zu einem Nachlasse gehörendes Handelsgeschäft von dem Erben fortgeführt, so finden auf die Haftung des Erben für die früheren Geschäftsverbindlichkeiten die Vorschriften des § 25 entsprechende Anwendung.

(2) [1] Die unbeschränkte Haftung nach § 25 Abs. 1 tritt nicht ein, wenn die Fortführung des Geschäfts vor dem Ablaufe von drei Monaten nach dem Zeitpunkt, in welchem der Erbe von dem Anfalle der Erbschaft Kenntnis erlangt hat, eingestellt wird. [2] Auf den Lauf der Frist finden die für die Verjährung geltenden Vorschriften des § 210 des Bürgerlichen Gesetzbuchs entsprechende Anwendung. [3] Ist bei dem Ablaufe der drei Monate das Recht zur Ausschlagung der Erbschaft noch nicht verloren, so endigt die Frist nicht vor dem Ablaufe der Ausschlagungsfrist.

§ 28 [Eintritt in das Geschäft eines Einzelkaufmanns] (1) [1] Tritt jemand als persönlich haftender Gesellschafter oder als Kommanditist in das Geschäft eines Einzelkaufmanns ein, so haftet die Gesellschaft, auch wenn sie die frühere Firma nicht fortführt, für alle im Betriebe des Geschäfts entstandenen Verbindlichkeiten des früheren Geschäftsinhabers. [2] Die in dem Betriebe begründeten Forderungen gelten den Schuldnern gegenüber als auf die Gesellschaft übergegangen.

(2) Eine abweichende Vereinbarung ist einem Dritten gegenüber nur wirksam, wenn sie in das Handelsregister eingetragen und bekanntgemacht oder von einem Gesellschafter dem Dritten mitgeteilt worden ist.

(3) [1] Wird der frühere Geschäftsinhaber Kommanditist und haftet die Gesellschaft für die im Betrieb seines Geschäfts entstandenen Verbindlichkeiten, so ist für die Begrenzung seiner Haftung § 26 entsprechend mit der Maßgabe anzuwenden, daß die in § 26 Abs. 1 bestimmte Frist mit dem Ende des Tages beginnt, an dem die Gesellschaft in das Handelsregister eingetragen wird. [2] Dies gilt auch, wenn er in der Gesellschaft oder einem ihr als Gesellschafter angehörenden Unternehmen geschäftsführend tätig wird. [3] Seine Haftung als Kommanditist bleibt unberührt.

§ 29 [Anmeldung der Firma] Jeder Kaufmann ist verpflichtet, seine Firma, den Ort und die inländische Geschäftsanschrift seiner Handelsniederlassung bei dem Gericht, in dessen Bezirke sich die Niederlassung befindet, zur Eintragung in das Handelsregister anzumelden.

§ 30 [Unterscheidbarkeit] (1) Jede neue Firma muß sich von allen an demselben Ort oder in derselben Gemeinde bereits bestehenden und in das Handelsregister oder in das Genossenschaftsregister eingetragenen Firmen deutlich unterscheiden.

(2) Hat ein Kaufmann mit einem bereits eingetragenen Kaufmanne die gleichen Vornamen und den gleichen Familiennamen und will auch er sich dieser Namen als seiner Firma bedienen, so muß er der Firma einen Zusatz

beifügen, durch den sie sich von der bereits eingetragenen Firma deutlich unterscheidet.

(3) Besteht an dem Orte oder in der Gemeinde, wo eine Zweigniederlassung errichtet wird, bereits eine gleiche eingetragene Firma, so muß der Firma für die Zweigniederlassung ein der Vorschrift des Absatzes 2 entsprechender Zusatz beigefügt werden.

(4) Durch die Landesregierungen kann bestimmt werden, daß benachbarte Orte oder Gemeinden als ein Ort oder als eine Gemeinde im Sinne dieser Vorschriften anzusehen sind.

§ 31 [Änderung der Firma; Erlöschen] (1) Eine Änderung der Firma oder ihrer Inhaber, die Verlegung der Niederlassung an einen anderen Ort sowie die Änderung der inländischen Geschäftsanschrift ist nach den Vorschriften des § 29 zur Eintragung in das Handelsregister anzumelden.

(2) [1] Das gleiche gilt, wenn die Firma erlischt. [2] Kann die Anmeldung des Erlöschens einer eingetragenen Firma durch die hierzu Verpflichteten nicht auf dem in § 14 bezeichneten Wege herbeigeführt werden, so hat das Gericht das Erlöschen von Amts wegen einzutragen.

§ 32 [Insolvenzverfahren] (1) [1] Wird über das Vermögen eines Kaufmanns das Insolvenzverfahren eröffnet, so ist dies von Amts wegen in das Handelsregister einzutragen. [2] Das gleiche gilt für

1. die Aufhebung des Eröffnungsbeschlusses,
2. die Bestellung eines vorläufigen Insolvenzverwalters, wenn zusätzlich dem Schuldner ein allgemeines Verfügungsverbot auferlegt oder angeordnet wird, daß Verfügungen des Schuldners nur mit Zustimmung des vorläufigen Insolvenzverwalters wirksam sind, und die Aufhebung einer derartigen Sicherungsmaßnahme,
3. die Anordnung der Eigenverwaltung durch den Schuldner und deren Aufhebung sowie die Anordnung der Zustimmungsbedürftigkeit bestimmter Rechtsgeschäfte des Schuldners,
4. die Einstellung und die Aufhebung des Verfahrens und
5. die Überwachung der Erfüllung eines Insolvenzplans und die Aufhebung der Überwachung.

(2) [1] Die Eintragungen werden nicht bekanntgemacht. [2] Die Vorschriften des § 15 sind nicht anzuwenden.

§ 33 [Juristische Person] (1) Eine juristische Person, deren Eintragung in das Handelsregister mit Rücksicht auf den Gegenstand oder auf die Art und den Umfang ihres Gewerbebetriebes zu erfolgen hat, ist von sämtlichen Mitgliedern des Vorstandes zur Eintragung anzumelden.

(2) [1] Der Anmeldung sind die Satzung der juristischen Person und die Urkunden über die Bestellung des Vorstandes in Urschrift oder in öffentlich beglaubigter Abschrift beizufügen; ferner ist anzugeben, welche Vertretungsmacht die Vorstandsmitglieder haben. [2] Bei der Eintragung sind die Firma und der Sitz der juristischen Person, der Gegenstand des Unternehmens, die Mitglieder des Vorstandes und ihre Vertretungsmacht anzugeben. [3] Besondere Bestimmungen der Satzung über die Zeitdauer des Unternehmens sind gleichfalls einzutragen.

(3) Die Errichtung einer Zweigniederlassung ist durch den Vorstand anzumelden.

(4) Für juristische Personen im Sinne von Absatz 1 gilt die Bestimmung des § 37a entsprechend.

§ 34 [Anmeldung und Eintragung von Änderungen] (1) Jede Änderung der nach § 33 Abs. 2 Satz 2 und 3 einzutragenden Tatsachen oder der Satzung, die Auflösung der juristischen Person, falls sie nicht die Folge der Eröffnung des Insolvenzverfahrens ist, sowie die Personen der Liquidatoren, ihre Vertretungsmacht, jeder Wechsel der Liquidatoren und jede Änderung ihrer Vertretungsmacht sind zur Eintragung in das Handelsregister anzumelden.

(2) Bei der Eintragung einer Änderung der Satzung genügt, soweit nicht die Änderung die in § 33 Abs. 2 Satz 2 und 3 bezeichneten Angaben betrifft, die Bezugnahme auf die bei dem Gericht eingereichten Urkunden über die Änderung.

(3) Die Anmeldung hat durch den Vorstand oder, sofern die Eintragung erst nach der Anmeldung der ersten Liquidatoren geschehen soll, durch die Liquidatoren zu erfolgen.

(4) Die Eintragung gerichtlich bestellter Vorstandsmitglieder oder Liquidatoren geschieht von Amts wegen.

(5) Im Falle des Insolvenzverfahrens finden die Vorschriften des § 32 Anwendung.

§§ 35, 36 *(aufgehoben)*

§ 37 [Unzulässiger Firmengebrauch] (1) Wer eine nach den Vorschriften dieses Abschnitts ihm nicht zustehende Firma gebraucht, ist von dem Registergerichte zur Unterlassung des Gebrauchs der Firma durch Festsetzung von Ordnungsgeld anzuhalten.

(2) [1] Wer in seinen Rechten dadurch verletzt wird, daß ein anderer eine Firma unbefugt gebraucht, kann von diesem die Unterlassung des Gebrauchs der Firma verlangen. [2] Ein nach sonstigen Vorschriften begründeter Anspruch auf Schadensersatz bleibt unberührt.

§ 37a [Angaben auf Geschäftsbriefen] (1) Auf allen Geschäftsbriefen des Kaufmanns gleichviel welcher Form, die an einen bestimmten Empfänger gerichtet werden, müssen seine Firma, die Bezeichnung nach § 19 Abs. 1 Nr. 1, der Ort seiner Handelsniederlassung, das Registergericht und die Nummer, unter der die Firma in das Handelsregister eingetragen ist, angegeben werden.

(2) Der Angaben nach Absatz 1 bedarf es nicht bei Mitteilungen oder Berichten, die im Rahmen einer bestehenden Geschäftsverbindung ergehen und für die üblicherweise Vordrucke verwendet werden, in denen lediglich die im Einzelfall erforderlichen besonderen Angaben eingefügt zu werden brauchen.

(3) [1] Bestellscheine gelten als Geschäftsbriefe im Sinne des Absatzes 1. [2] Absatz 2 ist auf sie nicht anzuwenden.

(4) [1] Wer seiner Pflicht nach Absatz 1 nicht nachkommt, ist hierzu von dem Registergericht durch Festsetzung von Zwangsgeld anzuhalten. [2] § 14 Satz 2 gilt entsprechend.

Vierter Abschnitt. Handelsbücher

§§ 38–47b *(aufgehoben)*

Fünfter Abschnitt. Prokura und Handlungsvollmacht[1)]

§ 48 [Erteilung der Prokura; Gesamtprokura] (1) Die Prokura kann nur von dem Inhaber des Handelsgeschäfts oder seinem gesetzlichen Vertreter und nur mittels ausdrücklicher Erklärung erteilt werden.

(2) Die Erteilung kann an mehrere Personen gemeinschaftlich erfolgen (Gesamtprokura).

§ 49 [Umfang der Prokura] (1) Die Prokura ermächtigt zu allen Arten von gerichtlichen und außergerichtlichen Geschäften und Rechtshandlungen, die der Betrieb eines Handelsgewerbes mit sich bringt.

(2) Zur Veräußerung und Belastung von Grundstücken ist der Prokurist nur ermächtigt, wenn ihm diese Befugnis besonders erteilt ist.

§ 50 [Beschränkung des Umfanges] (1) Eine Beschränkung des Umfanges der Prokura ist Dritten gegenüber unwirksam.

(2) Dies gilt insbesondere von der Beschränkung, daß die Prokura nur für gewisse Geschäfte oder gewisse Arten von Geschäften oder nur unter gewissen Umständen oder für eine gewisse Zeit oder an einzelnen Orten ausgeübt werden soll.

(3) [1] Eine Beschränkung der Prokura auf den Betrieb einer von mehreren Niederlassungen des Geschäftsinhabers ist Dritten gegenüber nur wirksam, wenn die Niederlassungen unter verschiedenen Firmen betrieben werden. [2] Eine Verschiedenheit der Firmen im Sinne dieser Vorschrift wird auch dadurch begründet, daß für eine Zweigniederlassung der Firma ein Zusatz beigefügt wird, der sie als Firma der Zweigniederlassung bezeichnet.

§ 51 [Zeichnung des Prokuristen] Der Prokurist hat in der Weise zu zeichnen, daß er der Firma seinen Namen mit einem die Prokura andeutenden Zusatze beifügt.

§ 52 [Widerruflichkeit; Unübertragbarkeit; Tod des Inhabers]

(1) Die Prokura ist ohne Rücksicht auf das der Erteilung zugrunde liegende Rechtsverhältnis jederzeit widerruflich, unbeschadet des Anspruchs auf die vertragsmäßige Vergütung.

(2) Die Prokura ist nicht übertragbar.

(3) Die Prokura erlischt nicht durch den Tod des Inhabers des Handelsgeschäfts.

§ 53 [Anmeldung der Erteilung und des Erlöschens] (1) [1] Die Erteilung der Prokura ist von dem Inhaber des Handelsgeschäfts zur Eintragung in das Handelsregister anzumelden. [2] Ist die Prokura als Gesamtprokura erteilt, so muß auch dies zur Eintragung angemeldet werden.

---

1) Beachte hierzu auch §§ 164 ff. BGB idF der Bek. v. 2.1.2002 (BGBl. I S. 42, ber. S. 2909, 2003 S. 738), zuletzt geänd. durch G v. 21.12.2019 (BGBl. I S. 2911).

(2) Das Erlöschen der Prokura ist in gleicher Weise wie die Erteilung zur Eintragung anzumelden.

§ 54 [Handlungsvollmacht] (1) Ist jemand ohne Erteilung der Prokura zum Betrieb eines Handelsgewerbes oder zur Vornahme einer bestimmten zu einem Handelsgewerbe gehörigen Art von Geschäften oder zur Vornahme einzelner zu einem Handelsgewerbe gehöriger Geschäfte ermächtigt, so erstreckt sich die Vollmacht (Handlungsvollmacht) auf alle Geschäfte und Rechtshandlungen, die der Betrieb eines derartigen Handelsgewerbes oder die Vornahme derartiger Geschäfte gewöhnlich mit sich bringt.

(2) Zur Veräußerung oder Belastung von Grundstücken, zur Eingehung von Wechselverbindlichkeiten, zur Aufnahme von Darlehen und zur Prozeßführung ist der Handlungsbevollmächtigte nur ermächtigt, wenn ihm eine solche Befugnis besonders erteilt ist.

(3) Sonstige Beschränkungen der Handlungsvollmacht braucht ein Dritter nur dann gegen sich gelten zu lassen, wenn er sie kannte oder kennen mußte.

§ 55 [Abschlussvertreter] (1) Die Vorschriften des § 54 finden auch Anwendung auf Handlungsbevollmächtigte, die Handelsvertreter sind oder die als Handlungsgehilfen damit betraut sind, außerhalb des Betriebes des Prinzipals Geschäfte in dessen Namen abzuschließen.

(2) Die ihnen erteilte Vollmacht zum Abschluß von Geschäften bevollmächtigt sie nicht, abgeschlossene Verträge zu ändern, insbesondere Zahlungsfristen zu gewähren.

(3) Zur Annahme von Zahlungen sind sie nur berechtigt, wenn sie dazu bevollmächtigt sind.

(4) Sie gelten als ermächtigt, die Anzeige von Mängeln einer Ware, die Erklärung, daß eine Ware zur Verfügung gestellt werde, sowie ähnliche Erklärungen, durch die ein Dritter seine Rechte aus mangelhafter Leistung geltend macht oder sie vorbehält, entgegenzunehmen; sie können die dem Unternehmer (Prinzipal) zustehenden Rechte auf Sicherung des Beweises geltend machen.

§ 56 [Angestellte in Laden oder Warenlager] Wer in einem Laden oder in einem offenen Warenlager angestellt ist, gilt als ermächtigt zu Verkäufen und Empfangnahmen, die in einem derartigen Laden oder Warenlager gewöhnlich geschehen.

§ 57 [Zeichnung des Handlungsbevollmächtigten] Der Handlungsbevollmächtigte hat sich bei der Zeichnung jedes eine Prokura andeutenden Zusatzes zu enthalten; er hat mit einem das Vollmachtsverhältnis ausdrückenden Zusatze zu zeichnen.

§ 58 [Unübertragbarkeit der Handlungsvollmacht] Der Handlungsbevollmächtigte kann ohne Zustimmung des Inhabers des Handelsgeschäfts seine Handlungsvollmacht auf einen anderen nicht übertragen.

§§ 59–104a *(hier nicht wiedergegeben)*

Zweites Buch. Handelsgesellschaften und stille Gesellschaft

Erster Abschnitt. Offene Handelsgesellschaft

Erster Titel. Errichtung der Gesellschaft

§ 105 [Begriff der OHG; Anwendbarkeit des BGB] (1) Eine Gesellschaft, deren Zweck auf den Betrieb eines Handelsgewerbes unter gemeinschaftlicher Firma gerichtet ist, ist eine offene Handelsgesellschaft, wenn bei keinem der Gesellschafter die Haftung gegenüber den Gesellschaftsgläubigern beschränkt ist.

(2) [1] Eine Gesellschaft, deren Gewerbebetrieb nicht schon nach § 1 Abs. 2 Handelsgewerbe ist oder die nur eigenes Vermögen verwaltet, ist offene Handelsgesellschaft, wenn die Firma des Unternehmens in das Handelsregister eingetragen ist. [2] § 2 Satz 2 und 3 gilt entsprechend.

(3) Auf die offene Handelsgesellschaft finden, soweit nicht in diesem Abschnitt ein anderes vorgeschrieben ist, die Vorschriften des Bürgerlichen Gesetzbuchs[1)] über die Gesellschaft Anwendung.

§ 106 [Anmeldung zum Handelsregister] (1) Die Gesellschaft ist bei dem Gericht, in dessen Bezirke sie ihren Sitz hat, zur Eintragung in das Handelsregister anzumelden.

(2) Die Anmeldung hat zu enthalten:

1. den Namen, Vornamen, Geburtsdatum und Wohnort jedes Gesellschafters;
2. die Firma der Gesellschaft, den Ort, an dem sie ihren Sitz hat, und die inländische Geschäftsanschrift;
3. *(aufgehoben)*
4. die Vertretungsmacht der Gesellschafter.

§ 107 [Anzumeldende Änderungen] Wird die Firma einer Gesellschaft geändert, der Sitz der Gesellschaft an einen anderen Ort verlegt, die inländische Geschäftsanschrift geändert,[2)] tritt ein neuer Gesellschafter in die Gesellschaft ein oder ändert sich die Vertretungsmacht eines Gesellschafters, so ist dies ebenfalls zur Eintragung in das Handelsregister anzumelden.

§ 108 [Anmeldung durch alle Gesellschafter] [1] Die Anmeldungen sind von sämtlichen Gesellschaftern zu bewirken. [2] Das gilt nicht, wenn sich nur die inländische Geschäftsanschrift ändert.

Zweiter Titel. Rechtsverhältnis der Gesellschafter untereinander

§ 109 [Gesellschaftsvertrag] Das Rechtsverhältnis der Gesellschafter untereinander richtet sich zunächst nach dem Gesellschaftsvertrage; die Vorschriften der §§ 110 bis 122 finden nur insoweit Anwendung, als nicht durch den Gesellschaftsvertrag ein anderes bestimmt ist.

§ 110 [Ersatz für Aufwendungen und Verluste] (1) Macht der Gesellschafter in den Gesellschaftsangelegenheiten Aufwendungen, die er den Um-

---

[1)] Auszugsweise abgedruckt unter Nr. **1**.

[2)] Komma fehlt im BGBl. I.

ständen nach für erforderlich halten darf, oder erleidet er unmittelbar durch seine Geschäftsführung oder aus Gefahren, die mit ihr untrennbar verbunden sind, Verluste, so ist ihm die Gesellschaft zum Ersatze verpflichtet.

(2) Aufgewendetes Geld hat die Gesellschaft von der Zeit der Aufwendung an zu verzinsen.

§ 111 [Verzinsungspflicht] (1) Ein Gesellschafter, der seine Geldeinlage nicht zur rechten Zeit einzahlt oder eingenommenes Gesellschaftsgeld nicht zur rechten Zeit an die Gesellschaftskasse abliefert oder unbefugt Geld aus der Gesellschaftskasse für sich entnimmt, hat Zinsen von dem Tage an zu entrichten, an welchem die Zahlung oder die Ablieferung hätte geschehen sollen oder die Herausnahme des Geldes erfolgt ist.

(2) Die Geltendmachung eines weiteren Schadens ist nicht ausgeschlossen.

§ 112 [Wettbewerbsverbot] (1) Ein Gesellschafter darf ohne Einwilligung der anderen Gesellschafter weder in dem Handelszweig der Gesellschaft Geschäfte machen noch an einer anderen gleichartigen Handelsgesellschaft als persönlich haftender Gesellschafter teilnehmen.

(2) Die Einwilligung zur Teilnahme an einer anderen Gesellschaft gilt als erteilt, wenn den übrigen Gesellschaftern bei Eingehung der Gesellschaft bekannt ist, daß der Gesellschafter an einer anderen Gesellschaft als persönlich haftender Gesellschafter teilnimmt, und gleichwohl die Aufgabe dieser Beteiligung nicht ausdrücklich bedungen wird.

§ 113 [Verletzung des Wettbewerbsverbots] (1) Verletzt ein Gesellschafter die ihm nach § 112 obliegende Verpflichtung, so kann die Gesellschaft Schadensersatz fordern; sie kann statt dessen von dem Gesellschafter verlangen, daß er die für eigene Rechnung gemachten Geschäfte als für Rechnung der Gesellschaft eingegangen gelten lasse und die aus Geschäften für fremde Rechnung bezogene Vergütung herausgebe oder seinen Anspruch auf die Vergütung abtrete.

(2) Über die Geltendmachung dieser Ansprüche beschließen die übrigen Gesellschafter.

(3) Die Ansprüche verjähren in drei Monaten von dem Zeitpunkt an, in welchem die übrigen Gesellschafter von dem Abschluss des Geschäfts oder von der Teilnahme des Gesellschafters an der anderen Gesellschaft Kenntnis erlangen oder ohne grobe Fahrlässigkeit erlangen müssten; sie verjähren ohne Rücksicht auf diese Kenntnis oder grob fahrlässige Unkenntnis in fünf Jahren von ihrer Entstehung an.

(4) Das Recht der Gesellschafter, die Auflösung der Gesellschaft zu verlangen, wird durch diese Vorschriften nicht berührt.

§ 114 [Geschäftsführung] (1) Zur Führung der Geschäfte der Gesellschaft sind alle Gesellschafter berechtigt und verpflichtet.

(2) Ist im Gesellschaftsvertrage die Geschäftsführung einem Gesellschafter oder mehreren Gesellschaftern übertragen, so sind die übrigen Gesellschafter von der Geschäftsführung ausgeschlossen.

§ 115 [Geschäftsführung durch mehrere Gesellschafter] (1) Steht die Geschäftsführung allen oder mehreren Gesellschaftern zu, so ist jeder von ihnen allein zu handeln berechtigt; widerspricht jedoch ein anderer geschäftsführender Gesellschafter der Vornahme einer Handlung, so muß diese unterbleiben.

(2) Ist im Gesellschaftsvertrage bestimmt, daß die Gesellschafter, denen die Geschäftsführung zusteht, nur zusammen handeln können, so bedarf es für jedes Geschäft der Zustimmung aller geschäftsführenden Gesellschafter, es sei denn, daß Gefahr im Verzug ist.

§ 116 [Umfang der Geschäftsführungsbefugnis] (1) Die Befugnis zur Geschäftsführung erstreckt sich auf alle Handlungen, die der gewöhnliche Betrieb des Handelsgewerbes der Gesellschaft mit sich bringt.

(2) Zur Vornahme von Handlungen, die darüber hinausgehen, ist ein Beschluß sämtlicher Gesellschafter erforderlich.

(3) [1] Zur Bestellung eines Prokuristen bedarf es der Zustimmung aller geschäftsführenden Gesellschafter, es sei denn, daß Gefahr im Verzug ist. [2] Der Widerruf der Prokura kann von jedem der zur Erteilung oder zur Mitwirkung bei der Erteilung befugten Gesellschafter erfolgen.

§ 117 [Entziehung der Geschäftsführungsbefugnis] Die Befugnis zur Geschäftsführung kann einem Gesellschafter auf Antrag der übrigen Gesellschafter durch gerichtliche Entscheidung entzogen werden, wenn ein wichtiger Grund vorliegt; ein solcher Grund ist insbesondere grobe Pflichtverletzung oder Unfähigkeit zur ordnungsmäßigen Geschäftsführung.

§ 118 [Kontrollrecht der Gesellschafter] (1) Ein Gesellschafter kann, auch wenn er von der Geschäftsführung ausgeschlossen ist, sich von den Angelegenheiten der Gesellschaft persönlich unterrichten, die Handelsbücher und die Papiere der Gesellschaft einsehen und sich aus ihnen eine Bilanz und einen Jahresabschluß anfertigen.

(2) Eine dieses Recht ausschließende oder beschränkende Vereinbarung steht der Geltendmachung des Rechtes nicht entgegen, wenn Grund zu der Annahme unredlicher Geschäftsführung besteht.

§ 119 [Beschlussfassung] (1) Für die von den Gesellschaftern zu fassenden Beschlüsse bedarf es der Zustimmung aller zur Mitwirkung bei der Beschlußfassung berufenen Gesellschafter.

(2) Hat nach dem Gesellschaftsvertrage die Mehrheit der Stimmen zu entscheiden, so ist die Mehrheit im Zweifel nach der Zahl der Gesellschafter zu berechnen.

§ 120 [Gewinn und Verlust] (1) Am Schlusse jedes Geschäftsjahrs wird auf Grund der Bilanz der Gewinn oder der Verlust des Jahres ermittelt und für jeden Gesellschafter sein Anteil daran berechnet.

(2) Der einem Gesellschafter zukommende Gewinn wird dem Kapitalanteile des Gesellschafters zugeschrieben; der auf einen Gesellschafter entfallende Verlust sowie das während des Geschäftsjahrs auf den Kapitalanteil entnommene Geld wird davon abgeschrieben.

§ 121 [Verteilung von Gewinn und Verlust] (1) [1] Von dem Jahresgewinne gebührt jedem Gesellschafter zunächst ein Anteil in Höhe von vier vom Hundert seines Kapitalanteils. [2] Reicht der Jahresgewinn hierzu nicht aus, so bestimmen sich die Anteile nach einem entsprechend niedrigeren Satze.

(2) [1] Bei der Berechnung des nach Absatz 1 einem Gesellschafter zukommenden Gewinnanteils werden Leistungen, die der Gesellschafter im Laufe des Geschäftsjahrs als Einlage gemacht hat, nach dem Verhältnisse der seit der Leistung abgelaufenen Zeit berücksichtigt. [2] Hat der Gesellschafter im Laufe des Geschäftsjahrs Geld aus seinem Kapitalanteil entnommen, so werden die entnommenen Beträge nach dem Verhältnisse der bis zur Entnahme abgelaufenen Zeit berücksichtigt.

(3) Derjenige Teil des Jahresgewinns, welcher die nach den Absätzen 1 und 2 zu berechnenden Gewinnanteile übersteigt, sowie der Verlust eines Geschäftsjahrs wird unter die Gesellschafter nach Köpfen verteilt.

§ 122 [Entnahmen] (1) Jeder Gesellschafter ist berechtigt, aus der Gesellschaftskasse Geld bis zum Betrage von vier vom Hundert seines für das letzte Geschäftsjahr festgestellten Kapitalanteils zu seinen Lasten zu erheben und, soweit es nicht zum offenbaren Schaden der Gesellschaft gereicht, auch die Auszahlung seines den bezeichneten Betrag übersteigenden Anteils am Gewinne des letzten Jahres zu verlangen.

(2) Im übrigen ist ein Gesellschafter nicht befugt, ohne Einwilligung der anderen Gesellschafter seinen Kapitalanteil zu vermindern.

Dritter Titel. Rechtsverhältnis der Gesellschafter zu Dritten

§ 123 [Wirksamkeit im Verhältnis zu Dritten] (1) Die Wirksamkeit der offenen Handelsgesellschaft tritt im Verhältnisse zu Dritten mit dem Zeitpunkt ein, in welchem die Gesellschaft in das Handelsregister eingetragen wird.

(2) Beginnt die Gesellschaft ihre Geschäfte schon vor der Eintragung, so tritt die Wirksamkeit mit dem Zeitpunkte des Geschäftsbeginns ein, soweit nicht aus § 2 oder § 105 Abs. 2 sich ein anderes ergibt.

(3) Eine Vereinbarung, daß die Gesellschaft erst mit einem späteren Zeitpunkt ihren Anfang nehmen soll, ist Dritten gegenüber unwirksam.

§ 124 [Rechtliche Selbständigkeit; Zwangsvollstreckung in Gesellschaftsvermögen] (1) Die offene Handelsgesellschaft kann unter ihrer Firma Rechte erwerben und Verbindlichkeiten eingehen, Eigentum und andere dingliche Rechte an Grundstücken erwerben, vor Gericht klagen und verklagt werden.

(2) Zur Zwangsvollstreckung in das Gesellschaftsvermögen ist ein gegen die Gesellschaft gerichteter vollstreckbarer Schuldtitel erforderlich.

§ 125 [Vertretung der Gesellschaft] (1) Zur Vertretung der Gesellschaft ist jeder Gesellschafter ermächtigt, wenn er nicht durch den Gesellschaftsvertrag von der Vertretung ausgeschlossen ist.

(2) [1] Im Gesellschaftsvertrage kann bestimmt werden, daß alle oder mehrere Gesellschafter nur in Gemeinschaft zur Vertretung der Gesellschaft ermächtigt sein sollen (Gesamtvertretung). [2] Die zur Gesamtvertretung berechtigten Gesellschafter können einzelne von ihnen zur Vornahme bestimmter Geschäfte oder bestimmter Arten von Geschäften ermächtigen. [3] Ist der Gesellschaft gegenüber eine Willenserklärung abzugeben, so genügt die Abgabe gegenüber einem der zur Mitwirkung bei der Vertretung befugten Gesellschafter.

(3) [1] Im Gesellschaftsvertrage kann bestimmt werden, daß die Gesellschafter, wenn nicht mehrere zusammen handeln, nur in Gemeinschaft mit einem Pro-

kuristen zur Vertretung der Gesellschaft ermächtigt sein sollen. [2]Die Vorschriften des Absatzes 2 Satz 2 und 3 finden in diesem Falle entsprechende Anwendung.

§ 125a [Angaben auf Geschäftsbriefen] (1) [1]Auf allen Geschäftsbriefen der Gesellschaft gleichviel welcher Form, die an einen bestimmten Empfänger gerichtet werden, müssen die Rechtsform und der Sitz der Gesellschaft, das Registergericht und die Nummer, unter der die Gesellschaft in das Handelsregister eingetragen ist, angegeben werden. [2]Bei einer Gesellschaft, bei der kein Gesellschafter eine natürliche Person ist, sind auf den Geschäftsbriefen der Gesellschaft ferner die Firmen der Gesellschafter anzugeben sowie für die Gesellschafter die nach § 35a des Gesetzes betreffend die Gesellschaften mit beschränkter Haftung[1)] oder § 80 des Aktiengesetzes[2)] für Geschäftsbriefe vorgeschriebenen Angaben zu machen. [3]Die Angaben nach Satz 2 sind nicht erforderlich, wenn zu den Gesellschaftern der Gesellschaft eine offene Handelsgesellschaft oder Kommanditgesellschaft gehört, bei der ein persönlich haftender Gesellschafter eine natürliche Person ist.

(2) Für Vordrucke und Bestellscheine ist § 37a Abs. 2 und 3, für Zwangsgelder gegen die zur Vertretung der Gesellschaft ermächtigten Gesellschafter oder deren organschaftliche Vertreter und die Liquidatoren ist § 37a Abs. 4 entsprechend anzuwenden.

§ 126 [Umfang der Vertretungsmacht] (1) Die Vertretungsmacht der Gesellschafter erstreckt sich auf alle gerichtlichen und außergerichtlichen Geschäfte und Rechtshandlungen einschließlich der Veräußerung und Belastung von Grundstücken sowie der Erteilung und des Widerrufs einer Prokura.

(2) Eine Beschränkung des Umfanges der Vertretungsmacht ist Dritten gegenüber unwirksam; dies gilt insbesondere von der Beschränkung, daß sich die Vertretung nur auf gewisse Geschäfte oder Arten von Geschäften erstrecken oder daß sie nur unter gewissen Umständen oder für eine gewisse Zeit oder an einzelnen Orten stattfinden soll.

(3) In betreff der Beschränkung auf den Betrieb einer von mehreren Niederlassungen der Gesellschaft finden die Vorschriften des § 50 Abs. 3 entsprechende Anwendung.

§ 127 [Entziehung der Vertretungsmacht] Die Vertretungsmacht kann einem Gesellschafter auf Antrag der übrigen Gesellschafter durch gerichtliche Entscheidung entzogen werden, wenn ein wichtiger Grund vorliegt; ein solcher Grund ist insbesondere grobe Pflichtverletzung oder Unfähigkeit zur ordnungsgemäßen Vertretung der Gesellschaft.

§ 128 [Persönliche Haftung der Gesellschafter] [1]Die Gesellschafter haften für die Verbindlichkeiten der Gesellschaft den Gläubigern als Gesamtschuldner persönlich. [2]Eine entgegenstehende Vereinbarung ist Dritten gegenüber unwirksam.

§ 129 [Einwendungen des Gesellschafters] (1) Wird ein Gesellschafter wegen einer Verbindlichkeit der Gesellschaft in Anspruch genommen, so kann

---

1) Nr. 3.
2) Nr. 2.

er Einwendungen, die nicht in seiner Person begründet sind, nur insoweit geltend machen, als sie von der Gesellschaft erhoben werden können.

(2) Der Gesellschafter kann die Befriedigung des Gläubigers verweigern, solange der Gesellschaft das Recht zusteht, das ihrer Verbindlichkeit zugrunde liegende Rechtsgeschäft anzufechten.

(3) Die gleiche Befugnis hat der Gesellschafter, solange sich der Gläubiger durch Aufrechnung gegen eine fällige Forderung der Gesellschaft befriedigen kann.

(4) Aus einem gegen die Gesellschaft gerichteten vollstreckbaren Schuldtitel findet die Zwangsvollstreckung gegen die Gesellschafter nicht statt.

§ 129a *(aufgehoben)*

§ 130 [Haftung des eintretenden Gesellschafters] (1) Wer in eine bestehende Gesellschaft eintritt, haftet gleich den anderen Gesellschaftern nach Maßgabe der §§ 128 und 129 für die vor seinem Eintritte begründeten Verbindlichkeiten der Gesellschaft, ohne Unterschied, ob die Firma eine Änderung erleidet oder nicht.

(2) Eine entgegenstehende Vereinbarung ist Dritten gegenüber unwirksam.

§ 130a [Antragspflicht bei Zahlungsunfähigkeit oder Überschuldung]

(1) [1] Nachdem bei einer Gesellschaft, bei der kein Gesellschafter eine natürliche Person ist, die Zahlungsunfähigkeit eingetreten ist oder sich ihre Überschuldung ergeben hat, dürfen die organschaftlichen Vertreter der zur Vertretung der Gesellschaft ermächtigten Gesellschafter und die Liquidatoren für die Gesellschaft keine Zahlungen leisten. [2] Dies gilt nicht von Zahlungen, die auch nach diesem Zeitpunkt mit der Sorgfalt eines ordentlichen und gewissenhaften Geschäftsleiters vereinbar sind. [3] Entsprechendes gilt für Zahlungen an Gesellschafter, soweit diese zur Zahlungsunfähigkeit der Gesellschaft führen mussten, es sei denn, dies war auch bei Beachtung der in Satz 2 bezeichneten Sorgfalt nicht erkennbar. [4] Die Sätze 1 bis 3 gelten nicht, wenn zu den Gesellschaftern der offenen Handelsgesellschaft eine andere offene Handelsgesellschaft oder Kommanditgesellschaft gehört, bei der ein persönlich haftender Gesellschafter eine natürliche Person ist.

(2) [1] Wird entgegen § 15a Abs. 1 der Insolvenzordnung[1)] die Eröffnung des Insolvenzverfahrens nicht oder nicht rechtzeitig beantragt oder werden entgegen Absatz 1 Zahlungen geleistet, so sind die organschaftlichen Vertreter der zur Vertretung der Gesellschaft ermächtigten Gesellschafter und die Liquidatoren der Gesellschaft gegenüber zum Ersatz des daraus entstehenden Schadens als Gesamtschuldner verpflichtet. [2] Ist dabei streitig, ob sie die Sorgfalt eines ordentlichen und gewissenhaften Geschäftsleiters angewandt haben, so trifft sie die Beweislast. [3] Die Ersatzpflicht kann durch Vereinbarung mit den Gesellschaftern weder eingeschränkt noch ausgeschlossen werden. [4] Soweit der Ersatz zur Befriedigung der Gläubiger der Gesellschaft erforderlich ist, wird die Ersatzpflicht weder durch einen Verzicht oder Vergleich der Gesellschaft noch dadurch aufgehoben, daß die Handlung auf einem Beschluß der Gesellschafter beruht. [5] Satz 4 gilt nicht, wenn der Ersatzpflichtige zahlungsunfähig ist und sich zur Abwendung des Insolvenzverfahrens mit seinen Gläubigern vergleicht

---

[1)] Nr. **20**.

oder wenn die Ersatzpflicht in einem Insolvenzplan geregelt wird. [6]Die Ansprüche aus diesen Vorschriften verjähren in fünf Jahren.

(3) Diese Vorschriften gelten sinngemäß, wenn die in den Absätzen 1 und 2 genannten organschaftlichen Vertreter ihrerseits Gesellschaften sind, bei denen kein Gesellschafter eine natürliche Person ist, oder sich die Verbindung von Gesellschaften in dieser Art fortsetzt.

§ 130b *(aufgehoben)*

Vierter Titel. Auflösung der Gesellschaft und Ausscheiden von Gesellschaftern

§ 131 [Auflösungsgründe] (1) Die offene Handelsgesellschaft wird aufgelöst:

1. durch den Ablauf der Zeit, für welche sie eingegangen ist;
2. durch Beschluß der Gesellschafter;
3. durch die Eröffnung des Insolvenzverfahrens über das Vermögen der Gesellschaft;
4. durch gerichtliche Entscheidung.

(2) [1]Eine offene Handelsgesellschaft, bei der kein persönlich haftender Gesellschafter eine natürliche Person ist, wird ferner aufgelöst:

1. mit der Rechtskraft des Beschlusses, durch den die Eröffnung des Insolvenzverfahrens mangels Masse abgelehnt worden ist;
2. durch die Löschung wegen Vermögenslosigkeit nach § 394 des Gesetzes über das Verfahren in Familiensachen und in den Angelegenheiten der freiwilligen Gerichtsbarkeit.

[2]Dies gilt nicht, wenn zu den persönlich haftenden Gesellschaftern eine andere offene Handelsgesellschaft oder Kommanditgesellschaft gehört, bei der ein persönlich haftender Gesellschafter eine natürliche Person ist.

(3) [1]Folgende Gründe führen mangels abweichender vertraglicher Bestimmung zum Ausscheiden eines Gesellschafters:

1. Tod des Gesellschafters,
2. Eröffnung des Insolvenzverfahrens über das Vermögen des Gesellschafters,
3. Kündigung des Gesellschafters,
4. Kündigung durch den Privatgläubiger des Gesellschafters,
5. Eintritt von weiteren im Gesellschaftsvertrag vorgesehenen Fällen,
6. Beschluß der Gesellschafter.

[2]Der Gesellschafter scheidet mit dem Eintritt des ihn betreffenden Ereignisses aus, im Falle der Kündigung aber nicht vor Ablauf der Kündigungsfrist.

§ 132 [Kündigung eines Gesellschafters] Die Kündigung eines Gesellschafters kann, wenn die Gesellschaft für unbestimmte Zeit eingegangen ist, nur für den Schluß eines Geschäftsjahrs erfolgen; sie muß mindestens sechs Monate vor diesem Zeitpunkte stattfinden.

§ 133 [Auflösung durch gerichtliche Entscheidung] (1) Auf Antrag eines Gesellschafters kann die Auflösung der Gesellschaft vor dem Ablaufe der für ihre Dauer bestimmten Zeit oder bei einer für unbestimmte Zeit eingegangenen Gesellschaft ohne Kündigung durch gerichtliche Entscheidung ausgesprochen werden, wenn ein wichtiger Grund vorliegt.

(2) Ein solcher Grund ist insbesondere vorhanden, wenn ein anderer Gesellschafter eine ihm nach dem Gesellschaftsvertrag obliegende wesentliche Verpflichtung vorsätzlich oder aus grober Fahrlässigkeit verletzt oder wenn die Erfüllung einer solchen Verpflichtung unmöglich wird.

(3) Eine Vereinbarung, durch welche das Recht des Gesellschafters, die Auflösung der Gesellschaft zu verlangen, ausgeschlossen oder diesen Vorschriften zuwider beschränkt wird, ist nichtig.

§ 134 [Gesellschaft auf Lebenszeit; fortgesetzte Gesellschaft] Eine Gesellschaft, die für die Lebenszeit eines Gesellschafters eingegangen ist oder nach dem Ablaufe der für ihre Dauer bestimmten Zeit stillschweigend fortgesetzt wird, steht im Sinne der Vorschriften der §§ 132 und 133 einer für unbestimmte Zeit eingegangenen Gesellschaft gleich.

§ 135 [Kündigung durch den Privatgläubiger] Hat ein Privatgläubiger eines Gesellschafters, nachdem innerhalb der letzten sechs Monate eine Zwangsvollstreckung in das bewegliche Vermögen des Gesellschafters ohne Erfolg versucht ist, auf Grund eines nicht bloß vorläufig vollstreckbaren Schuldtitels die Pfändung und Überweisung des Anspruchs auf dasjenige erwirkt, was dem Gesellschafter bei der Auseinandersetzung zukommt, so kann er die Gesellschaft ohne Rücksicht darauf, ob sie für bestimmte oder unbestimmte Zeit eingegangen ist, sechs Monate vor dem Ende des Geschäftsjahrs für diesen Zeitpunkt kündigen.

§§ 136–138 *(aufgehoben)*

§ 139 [Fortsetzung mit den Erben] (1) Ist im Gesellschaftsvertrage bestimmt, daß im Falle des Todes eines Gesellschafters die Gesellschaft mit dessen Erben fortgesetzt werden soll, so kann jeder Erbe sein Verbleiben in der Gesellschaft davon abhängig machen, daß ihm unter Belassung des bisherigen Gewinnanteils die Stellung eines Kommanditisten eingeräumt und der auf ihn fallende Teil der Einlage des Erblassers als seine Kommanditeinlage anerkannt wird.

(2) Nehmen die übrigen Gesellschafter einen dahingehenden Antrag des Erben nicht an, so ist dieser befugt, ohne Einhaltung einer Kündigungsfrist sein Ausscheiden aus der Gesellschaft zu erklären.

(3) [1] Die bezeichneten Rechte können von dem Erben nur innerhalb einer Frist von drei Monaten nach dem Zeitpunkt, in welchem er von dem Anfalle der Erbschaft Kenntnis erlangt hat, geltend gemacht werden. [2] Auf den Lauf der Frist finden die für die Verjährung geltenden Vorschriften des § 210 des Bürgerlichen Gesetzbuchs entsprechende Anwendung. [3] Ist bei dem Ablaufe der drei Monate das Recht zur Ausschlagung der Erbschaft noch nicht verloren, so endigt die Frist nicht vor dem Ablaufe der Ausschlagungsfrist.

(4) Scheidet innerhalb der Frist des Absatzes 3 der Erbe aus der Gesellschaft aus oder wird innerhalb der Frist die Gesellschaft aufgelöst oder dem Erben die Stellung eines Kommanditisten eingeräumt, so haftet er für die bis dahin entstandenen Gesellschaftsschulden nur nach Maßgabe der die Haftung des Erben für die Nachlaßverbindlichkeiten betreffenden Vorschriften des bürgerlichen Rechtes.

(5) Der Gesellschaftsvertrag kann die Anwendung der Vorschriften der Absätze 1 bis 4 nicht ausschließen; es kann jedoch für den Fall, daß der Erbe sein Verbleiben in der Gesellschaft von der Einräumung der Stellung eines Kommanditisten abhängig macht, sein Gewinnanteil anders als der des Erblassers bestimmt werden.

§ 140 [Ausschließung eines Gesellschafters] (1) [1] Tritt in der Person eines Gesellschafters ein Umstand ein, der nach § 133 für die übrigen Gesellschafter das Recht begründet, die Auflösung der Gesellschaft zu verlangen, so kann vom Gericht anstatt der Auflösung die Ausschließung dieses Gesellschafters aus der Gesellschaft ausgesprochen werden, sofern die übrigen Gesellschafter dies beantragen. [2] Der Ausschließungsklage steht nicht entgegen, daß nach der Ausschließung nur ein Gesellschafter verbleibt.

(2) Für die Auseinandersetzung zwischen der Gesellschaft und dem ausgeschlossenen Gesellschafter ist die Vermögenslage der Gesellschaft in dem Zeitpunkte maßgebend, in welchem die Klage auf Ausschließung erhoben ist.

§§ 141, 142 *(aufgehoben)*

§ 143 [Anmeldung von Auflösung und Ausscheiden] (1) [1] Die Auflösung der Gesellschaft ist von sämtlichen Gesellschaftern zur Eintragung in das Handelsregister anzumelden. [2] Dies gilt nicht in den Fällen der Eröffnung oder der Ablehnung der Eröffnung des Insolvenzverfahrens über das Vermögen der Gesellschaft (§ 131 Abs. 1 Nr. 3 und Abs. 2 Nr. 1). [3] In diesen Fällen hat das Gericht die Auflösung und ihren Grund von Amts wegen einzutragen. [4] Im Falle der Löschung der Gesellschaft (§ 131 Abs. 2 Nr. 2) entfällt die Eintragung der Auflösung.

(2) Absatz 1 Satz 1 gilt entsprechend für das Ausscheiden eines Gesellschafters aus der Gesellschaft.

(3) Ist anzunehmen, daß der Tod eines Gesellschafters die Auflösung oder das Ausscheiden zur Folge gehabt hat, so kann, auch ohne daß die Erben bei der Anmeldung mitwirken, die Eintragung erfolgen, soweit einer solchen Mitwirkung besondere Hindernisse entgegenstehen.

§ 144 [Fortsetzung nach Insolvenz der Gesellschaft] (1) Ist die Gesellschaft durch die Eröffnung des Insolvenzverfahrens über ihr Vermögen aufgelöst, das Verfahren aber auf Antrag des Schuldners eingestellt oder nach der Bestätigung eines Insolvenzplans, der den Fortbestand der Gesellschaft vorsieht, aufgehoben, so können die Gesellschafter die Fortsetzung der Gesellschaft beschließen.

(2) Die Fortsetzung ist von sämtlichen Gesellschaftern zur Eintragung in das Handelsregister anzumelden.

Fünfter Titel. Liquidation der Gesellschaft

§ 145 [Notwendigkeit der Liquidation] (1) Nach der Auflösung der Gesellschaft findet die Liquidation statt, sofern nicht eine andere Art der Auseinandersetzung von den Gesellschaftern vereinbart oder über das Vermögen der Gesellschaft das Insolvenzverfahren eröffnet ist.

(2) Ist die Gesellschaft durch Kündigung des Gläubigers eines Gesellschafters oder durch die Eröffnung des Insolvenzverfahrens über das Vermögen eines

Gesellschafters aufgelöst, so kann die Liquidation nur mit Zustimmung des Gläubigers oder des Insolvenzverwalters unterbleiben; ist im Insolvenzverfahren Eigenverwaltung angeordnet, so tritt an die Stelle der Zustimmung des Insolvenzverwalters die Zustimmung des Schuldners.

(3) Ist die Gesellschaft durch Löschung wegen Vermögenslosigkeit aufgelöst, so findet eine Liquidation nur statt, wenn sich nach der Löschung herausstellt, daß Vermögen vorhanden ist, das der Verteilung unterliegt.

§ 146 [Bestellung der Liquidatoren] (1) [1] Die Liquidation erfolgt, sofern sie nicht durch Beschluß der Gesellschafter oder durch den Gesellschaftsvertrag einzelnen Gesellschaftern oder anderen Personen übertragen ist, durch sämtliche Gesellschafter als Liquidatoren. [2] Mehrere Erben eines Gesellschafters haben einen gemeinsamen Vertreter zu bestellen.

(2) [1] Auf Antrag eines Beteiligten kann aus wichtigen Gründen die Ernennung von Liquidatoren durch das Gericht erfolgen, in dessen Bezirke die Gesellschaft ihren Sitz hat; das Gericht kann in einem solchen Falle Personen zu Liquidatoren ernennen, die nicht zu den Gesellschaftern gehören. [2] Als Beteiligter gilt außer den Gesellschaftern im Falle des § 135 auch der Gläubiger, durch den die Kündigung erfolgt ist. [3] Im Falle des § 145 Abs. 3 sind die Liquidatoren auf Antrag eines Beteiligten durch das Gericht zu ernennen.

(3) Ist über das Vermögen eines Gesellschafters das Insolvenzverfahren eröffnet und ist ein Insolvenzverwalter bestellt, so tritt dieser an die Stelle des Gesellschafters.

§ 147 [Abberufung von Liquidatoren] Die Abberufung von Liquidatoren geschieht durch einstimmigen Beschluß der nach § 146 Abs. 2 und 3 Beteiligten; sie kann auf Antrag eines Beteiligten aus wichtigen Gründen auch durch das Gericht erfolgen.

§ 148 [Anmeldung der Liquidatoren] (1) [1] Die Liquidatoren und ihre Vertretungsmacht sind von sämtlichen Gesellschaftern zur Eintragung in das Handelsregister anzumelden. [2] Das gleiche gilt von jeder Änderung in den Personen der Liquidatoren oder in ihrer Vertretungsmacht. [3] Im Falle des Todes eines Gesellschafters kann, wenn anzunehmen ist, daß die Anmeldung den Tatsachen entspricht, die Eintragung erfolgen, auch ohne daß die Erben bei der Anmeldung mitwirken, soweit einer solchen Mitwirkung besondere Hindernisse entgegenstehen.

(2) Die Eintragung gerichtlich bestellter Liquidatoren sowie die Eintragung der gerichtlichen Abberufung von Liquidatoren geschieht von Amts wegen.

§ 149 [Rechte und Pflichten der Liquidatoren] [1] Die Liquidatoren haben die laufenden Geschäfte zu beendigen, die Forderungen einzuziehen, das übrige Vermögen in Geld umzusetzen und die Gläubiger zu befriedigen; zur Beendigung schwebender Geschäfte können sie auch neue Geschäfte eingehen. [2] Die Liquidatoren vertreten innerhalb ihres Geschäftskreises die Gesellschaft gerichtlich und außergerichtlich.

§ 150 [Mehrere Liquidatoren] (1) Sind mehrere Liquidatoren vorhanden, so können sie die zur Liquidation gehörenden Handlungen nur in Gemeinschaft vornehmen, sofern nicht bestimmt ist, daß sie einzeln handeln können.

(2) [1] Durch die Vorschrift des Absatzes 1 wird nicht ausgeschlossen, daß die Liquidatoren einzelne von ihnen zur Vornahme bestimmter Geschäfte oder bestimmter Arten von Geschäften ermächtigen. [2] Ist der Gesellschaft gegenüber eine Willenserklärung abzugeben, so findet die Vorschrift des § 125 Abs. 2 Satz 3 entsprechende Anwendung.

§ 151 [Unbeschränkbarkeit der Befugnisse] Eine Beschränkung des Umfanges der Befugnisse der Liquidatoren ist Dritten gegenüber unwirksam.

§ 152 [Bindung an Weisungen] Gegenüber den nach § 146 Abs. 2 und 3 Beteiligten haben die Liquidatoren, auch wenn sie vom Gerichte bestellt sind, den Anordnungen Folge zu leisten, welche die Beteiligten in betreff der Geschäftsführung einstimmig beschließen.

§ 153 [Unterschrift] Die Liquidatoren haben ihre Unterschrift in der Weise abzugeben, daß sie der bisherigen, als Liquidationsfirma zu bezeichnenden Firma ihren Namen beifügen.

§ 154 [Bilanzen] Die Liquidatoren haben bei dem Beginne sowie bei der Beendigung der Liquidation eine Bilanz aufzustellen.

§ 155 [Verteilung des Gesellschaftsvermögens] (1) Das nach Berichtigung der Schulden verbleibende Vermögen der Gesellschaft ist von den Liquidatoren nach dem Verhältnisse der Kapitalanteile, wie sie sich auf Grund der Schlußbilanz ergeben, unter die Gesellschafter zu verteilen.

(2) [1] Das während der Liquidation entbehrliche Geld wird vorläufig verteilt. [2] Zur Deckung noch nicht fälliger oder streitiger Verbindlichkeiten sowie zur Sicherung der den Gesellschaftern bei der Schlußverteilung zukommenden Beträge ist das Erforderliche zurückzubehalten. [3] Die Vorschriften des § 122 Abs. 1 finden während der Liquidation keine Anwendung.

(3) Entsteht über die Verteilung des Gesellschaftsvermögens Streit unter den Gesellschaftern, so haben die Liquidatoren die Verteilung bis zur Entscheidung des Streites auszusetzen.

§ 156 [Rechtsverhältnisse der Gesellschafter] Bis zur Beendigung der Liquidation kommen in bezug auf das Rechtsverhältnis der bisherigen Gesellschafter untereinander sowie der Gesellschaft zu Dritten die Vorschriften des zweiten und dritten Titels zur Anwendung, soweit sich nicht aus dem gegenwärtigen Titel oder aus dem Zwecke der Liquidation ein anderes ergibt.

§ 157 [Anmeldung des Erlöschens; Geschäftsbücher] (1) Nach der Beendigung der Liquidation ist das Erlöschen der Firma von den Liquidatoren zur Eintragung in das Handelsregister anzumelden.

(2) [1] Die Bücher und Papiere der aufgelösten Gesellschaft werden einem der Gesellschafter oder einem Dritten in Verwahrung gegeben. [2] Der Gesellschafter oder der Dritte wird in Ermangelung einer Verständigung durch das Gericht bestimmt, in dessen Bezirke die Gesellschaft ihren Sitz hat.

(3) Die Gesellschafter und deren Erben behalten das Recht auf Einsicht und Benutzung der Bücher und Papiere.

§ 158 [Andere Art der Auseinandersetzung] Vereinbaren die Gesellschafter statt der Liquidation eine andere Art der Auseinandersetzung, so finden, solange noch ungeteiltes Gesellschaftsvermögen vorhanden ist, im Verhältnisse zu Dritten die für die Liquidation geltenden Vorschriften entsprechende Anwendung.

Sechster Titel. Verjährung. Zeitliche Begrenzung der Haftung

§ 159 [Ansprüche gegen einen Gesellschafter] (1) Die Ansprüche gegen einen Gesellschafter aus Verbindlichkeiten der Gesellschaft verjähren in fünf Jahren nach der Auflösung der Gesellschaft, sofern nicht der Anspruch gegen die Gesellschaft einer kürzeren Verjährung unterliegt.

(2) Die Verjährung beginnt mit dem Ende des Tages, an welchem die Auflösung der Gesellschaft in das Handelsregister des für den Sitz der Gesellschaft zuständigen Gerichts eingetragen wird.

(3) Wird der Anspruch des Gläubigers gegen die Gesellschaft erst nach der Eintragung fällig, so beginnt die Verjährung mit dem Zeitpunkte der Fälligkeit.

(4) Der Neubeginn der Verjährung und ihre Hemmung nach § 204 des Bürgerlichen Gesetzbuchs gegenüber der aufgelösten Gesellschaft wirken auch gegenüber den Gesellschaftern, die der Gesellschaft zur Zeit der Auflösung angehört haben.

§ 160 [Haftung des ausscheidenden Gesellschafters; Fristen; Haftung als Kommanditist] (1) [1] Scheidet ein Gesellschafter aus der Gesellschaft aus, so haftet er für ihre bis dahin begründeten Verbindlichkeiten, wenn sie vor Ablauf von fünf Jahren nach dem Ausscheiden fällig und daraus Ansprüche gegen ihn in einer in § 197 Abs. 1 Nr. 3 bis 5 des Bürgerlichen Gesetzbuchs bezeichneten Art festgestellt sind oder eine gerichtliche oder behördliche Vollstreckungshandlung vorgenommen oder beantragt wird; bei öffentlich-rechtlichen Verbindlichkeiten genügt der Erlass eines Verwaltungsakts. [2] Die Frist beginnt mit dem Ende des Tages, an dem das Ausscheiden in das Handelsregister des für den Sitz der Gesellschaft zuständigen Gerichts eingetragen wird. [3] Die für die Verjährung geltenden §§ 204, 206, 210, 211 und 212 Abs. 2 und 3 des Bürgerlichen Gesetzbuches sind entsprechend anzuwenden.

(2) Einer Feststellung in einer in § 197 Abs. 1 Nr. 3 bis 5 des Bürgerlichen Gesetzbuchs bezeichneten Art bedarf es nicht, soweit der Gesellschafter den Anspruch schriftlich anerkannt hat.

(3) [1] Wird ein Gesellschafter Kommanditist, so sind für die Begrenzung seiner Haftung für die im Zeitpunkt der Eintragung der Änderung in das Handelsregister begründeten Verbindlichkeiten die Absätze 1 und 2 entsprechend anzuwenden. [2] Dies gilt auch, wenn er in der Gesellschaft oder einem ihr als Gesellschafter angehörenden Unternehmen geschäftsführend tätig wird. [3] Seine Haftung als Kommanditist bleibt unberührt.

Zweiter Abschnitt. Kommanditgesellschaft

§ 161 [Begriff der KG; Anwendbarkeit der OHG-Vorschriften]

(1) Eine Gesellschaft, deren Zweck auf den Betrieb eines Handelsgewerbes unter gemeinschaftlicher Firma gerichtet ist, ist eine Kommanditgesellschaft, wenn bei einem oder bei einigen von den Gesellschaftern die Haftung gegenüber den Gesellschaftsgläubigern auf den Betrag einer bestimmten Vermögenseinlage beschränkt ist (Kommanditisten), während bei dem anderen Teile der

Gesellschafter eine Beschränkung der Haftung nicht stattfindet (persönlich haftende Gesellschafter).

(2) Soweit nicht in diesem Abschnitt ein anderes vorgeschrieben ist, finden auf die Kommanditgesellschaft die für die offene Handelsgesellschaft geltenden Vorschriften Anwendung.

§ 162 [Anmeldung zum Handelsregister] (1) [1] Die Anmeldung der Gesellschaft hat außer den in § 106 Abs. 2 vorgesehenen Angaben die Bezeichnung der Kommanditisten und den Betrag der Einlage eines jeden von ihnen zu enthalten. [2] Ist eine Gesellschaft bürgerlichen Rechts Kommanditist, so sind auch deren Gesellschafter entsprechend § 106 Abs. 2 und spätere Änderungen in der Zusammensetzung der Gesellschafter zur Eintragung anzumelden.

(2) Bei der Bekanntmachung der Eintragung der Gesellschaft sind keine Angaben zu den Kommanditisten zu machen; die Vorschriften des § 15 sind insoweit nicht anzuwenden.

(3) Diese Vorschriften finden im Falle des Eintritts eines Kommanditisten in eine bestehende Handelsgesellschaft und im Falle des Ausscheidens eines Kommanditisten aus einer Kommanditgesellschaft entsprechende Anwendung.

§ 163 [Rechtsverhältnis der Gesellschafter untereinander] Für das Verhältnis der Gesellschafter untereinander gelten in Ermangelung abweichender Bestimmungen des Gesellschaftsvertrags die besonderen Vorschriften der §§ 164 bis 169.

§ 164 [Geschäftsführung] [1] Die Kommanditisten sind von der Führung der Geschäfte der Gesellschaft ausgeschlossen; sie können einer Handlung der persönlich haftenden Gesellschafter nicht widersprechen, es sei denn, daß die Handlung über den gewöhnlichen Betrieb des Handelsgewerbes der Gesellschaft hinausgeht. [2] Die Vorschriften des § 116 Abs. 3 bleiben unberührt.

§ 165 [Wettbewerbsverbot] Die §§ 112 und 113 finden auf die Kommanditisten keine Anwendung.

§ 166 [Kontrollrecht] (1) Der Kommanditist ist berechtigt, die abschriftliche Mitteilung des Jahresabschlusses zu verlangen und dessen Richtigkeit unter Einsicht der Bücher und Papiere zu prüfen.

(2) Die in § 118 dem von der Geschäftsführung ausgeschlossenen Gesellschafter eingeräumten weiteren Rechte stehen dem Kommanditisten nicht zu.

(3) Auf Antrag eines Kommanditisten kann das Gericht, wenn wichtige Gründe vorliegen, die Mitteilung einer Bilanz und eines Jahresabschlusses oder sonstiger Aufklärungen sowie die Vorlegung der Bücher und Papiere jederzeit anordnen.

§ 167 [Gewinn und Verlust] (1) Die Vorschriften des § 120 über die Berechnung des Gewinns oder Verlustes gelten auch für den Kommanditisten.

(2) Jedoch wird der einem Kommanditisten zukommende Gewinn seinem Kapitalanteil nur so lange zugeschrieben, als dieser den Betrag der bedungenen Einlage nicht erreicht.

(3) An dem Verluste nimmt der Kommanditist nur bis zum Betrage seines Kapitalanteils und seiner noch rückständigen Einlage teil.

§ 168 [Verteilung von Gewinn und Verlust] (1) Die Anteile der Gesellschafter am Gewinne bestimmen sich, soweit der Gewinn den Betrag von vier vom Hundert der Kapitalanteile nicht übersteigt, nach den Vorschriften des § 121 Abs. 1 und 2.

(2) In Ansehung des Gewinns, welcher diesen Betrag übersteigt, sowie in Ansehung des Verlustes gilt, soweit nicht ein anderes vereinbart ist, ein den Umständen nach angemessenes Verhältnis der Anteile als bedungen.

§ 169 [Gewinnauszahlung] (1) [1] § 122 findet auf den Kommanditisten keine Anwendung. [2] Dieser hat nur Anspruch auf Auszahlung des ihm zukommenden Gewinns; er kann auch die Auszahlung des Gewinns nicht fordern, solange sein Kapitalanteil durch Verlust unter den auf die bedungene Einlage geleisteten Betrag herabgemindert ist oder durch die Auszahlung unter diesen Betrag herabgemindert werden würde.

(2) Der Kommanditist ist nicht verpflichtet, den bezogenen Gewinn wegen späterer Verluste zurückzuzahlen.

§ 170 [Vertretung der KG] Der Kommanditist ist zur Vertretung der Gesellschaft nicht ermächtigt.

§ 171 [Haftung des Kommanditisten] (1) Der Kommanditist haftet den Gläubigern der Gesellschaft bis zur Höhe seiner Einlage unmittelbar; die Haftung ist ausgeschlossen, soweit die Einlage geleistet ist.

(2) Ist über das Vermögen der Gesellschaft das Insolvenzverfahren eröffnet, so wird während der Dauer des Verfahrens das den Gesellschaftsgläubigern nach Absatz 1 zustehende Recht durch den Insolvenzverwalter oder den Sachwalter ausgeübt.

§ 172 [Umfang der Haftung] (1) Im Verhältnisse zu den Gläubigern der Gesellschaft wird nach der Eintragung in das Handelsregister die Einlage eines Kommanditisten durch den in der Eintragung angegebenen Betrag bestimmt.

(2) Auf eine nicht eingetragene Erhöhung der aus dem Handelsregister ersichtlichen Einlage können sich die Gläubiger nur berufen, wenn die Erhöhung in handelsüblicher Weise kundgemacht oder ihnen in anderer Weise von der Gesellschaft mitgeteilt worden ist.

(3) Eine Vereinbarung der Gesellschafter, durch die einem Kommanditisten die Einlage erlassen oder gestundet wird, ist den Gläubigern gegenüber unwirksam.

(4) [1] Soweit die Einlage eines Kommanditisten zurückbezahlt wird, gilt sie den Gläubigern gegenüber als nicht geleistet. [2] Das gleiche gilt, soweit ein Kommanditist Gewinnanteile entnimmt, während sein Kapitalanteil durch Verlust unter den Betrag der geleisteten Einlage herabgemindert ist, oder soweit durch die Entnahme der Kapitalanteil unter den bezeichneten Betrag herabgemindert wird. [3] Bei der Berechnung des Kapitalanteils nach Satz 2 sind Beträge im Sinn des § 268 Abs. 8 nicht zu berücksichtigen.

(5) Was ein Kommanditist auf Grund einer in gutem Glauben errichteten Bilanz in gutem Glauben als Gewinn bezieht, ist er in keinem Falle zurückzuzahlen verpflichtet.

(6) [1] Gegenüber den Gläubigern einer Gesellschaft, bei der kein persönlich haftender Gesellschafter eine natürliche Person ist, gilt die Einlage eines Kom-

manditisten als nicht geleistet, soweit sie in Anteilen an den persönlich haftenden Gesellschaftern bewirkt ist. [2]Dies gilt nicht, wenn zu den persönlich haftenden Gesellschaftern eine offene Handelsgesellschaft oder Kommanditgesellschaft gehört, bei der ein persönlich haftender Gesellschafter eine natürliche Person ist.

§ 172a *(aufgehoben)*

§ 173 [Haftung bei Eintritt als Kommanditist] (1) Wer in eine bestehende Handelsgesellschaft als Kommanditist eintritt, haftet nach Maßgabe der §§ 171 und 172 für die vor seinem Eintritte begründeten Verbindlichkeiten der Gesellschaft, ohne Unterschied, ob die Firma eine Änderung erleidet oder nicht.

(2) Eine entgegenstehende Vereinbarung ist Dritten gegenüber unwirksam.

§ 174 [Herabsetzung der Einlage] Eine Herabsetzung der Einlage eines Kommanditisten ist, solange sie nicht in das Handelsregister des Gerichts, in dessen Bezirke die Gesellschaft ihren Sitz hat, eingetragen ist, den Gläubigern gegenüber unwirksam; Gläubiger, deren Forderungen zur Zeit der Eintragung begründet waren, brauchen die Herabsetzung nicht gegen sich gelten zu lassen.

§ 175 [Anmeldung der Änderung einer Einlage] [1]Die Erhöhung sowie die Herabsetzung einer Einlage ist durch die sämtlichen Gesellschafter zur Eintragung in das Handelsregister anzumelden. [2]§ 162 Abs. 2 gilt entsprechend. [3]Auf die Eintragung in das Handelsregister des Sitzes der Gesellschaft finden die Vorschriften des § 14 keine Anwendung.

§ 176 [Haftung vor Eintragung] (1) [1]Hat die Gesellschaft ihre Geschäfte begonnen, bevor sie in das Handelsregister des Gerichts, in dessen Bezirke sie ihren Sitz hat, eingetragen ist, so haftet jeder Kommanditist, der dem Geschäftsbeginne zugestimmt hat, für die bis zur Eintragung begründeten Verbindlichkeiten der Gesellschaft gleich einem persönlich haftenden Gesellschafter, es sei denn, daß seine Beteiligung als Kommanditist dem Gläubiger bekannt war. [2]Diese Vorschrift kommt nicht zur Anwendung, soweit sich aus § 2 oder § 105 Abs. 2 ein anderes ergibt.

(2) Tritt ein Kommanditist in eine bestehende Handelsgesellschaft ein, so findet die Vorschrift des Absatzes 1 Satz 1 für die in der Zeit zwischen seinem Eintritt und dessen Eintragung in das Handelsregister begründeten Verbindlichkeiten der Gesellschaft entsprechende Anwendung.

§ 177 [Tod des Kommanditisten] Beim Tod eines Kommanditisten wird die Gesellschaft mangels abweichender vertraglicher Bestimmung mit den Erben fortgesetzt.

§ 177a [Angaben auf Geschäftsbriefen; Antragspflicht bei Zahlungsunfähigkeit oder Überschuldung] [1]Die §§ 125a und 130a gelten auch für die Gesellschaft, bei der ein Kommanditist eine natürliche Person ist, § 130a jedoch mit der Maßgabe, daß anstelle des Absatzes 1 Satz 4 der § 172 Abs. 6 Satz 2 anzuwenden ist. [2]Der in § 125a Abs. 1 Satz 2 für die Gesellschafter vorgeschriebenen Angaben bedarf es nur für die persönlich haftenden Gesellschafter der Gesellschaft.

§§ 178–229 *(aufgehoben)*

Dritter Abschnitt. Stille Gesellschaft

§ 230 [Begriff und Wesen der stillen Gesellschaft] (1) Wer sich als stiller Gesellschafter an dem Handelsgewerbe, das ein anderer betreibt, mit einer Vermögenseinlage beteiligt, hat die Einlage so zu leisten, daß sie in das Vermögen des Inhabers des Handelsgeschäfts übergeht.

(2) Der Inhaber wird aus den in dem Betriebe geschlossenen Geschäften allein berechtigt und verpflichtet.

§ 231 [Gewinn und Verlust] (1) Ist der Anteil des stillen Gesellschafters am Gewinn und Verluste nicht bestimmt, so gilt ein den Umständen nach angemessener Anteil als bedungen.

(2) Im Gesellschaftsvertrage kann bestimmt werden, daß der stille Gesellschafter nicht am Verluste beteiligt sein soll; seine Beteiligung am Gewinne kann nicht ausgeschlossen werden.

§ 232 [Gewinn- und Verlustrechnung] (1) Am Schlusse jedes Geschäftsjahrs wird der Gewinn und Verlust berechnet und der auf den stillen Gesellschafter fallende Gewinn ihm ausbezahlt.

(2) [1] Der stille Gesellschafter nimmt an dem Verluste nur bis zum Betrage seiner eingezahlten oder rückständigen Einlage teil. [2] Er ist nicht verpflichtet, den bezogenen Gewinn wegen späterer Verluste zurückzuzahlen; jedoch wird, solange seine Einlage durch Verlust vermindert ist, der jährliche Gewinn zur Deckung des Verlustes verwendet.

(3) Der Gewinn, welcher von dem stillen Gesellschafter nicht erhoben wird, vermehrt dessen Einlage nicht, sofern nicht ein anderes vereinbart ist.

§ 233 [Kontrollrecht des stillen Gesellschafters] (1) Der stille Gesellschafter ist berechtigt, die abschriftliche Mitteilung des Jahresabschlusses zu verlangen und dessen Richtigkeit unter Einsicht der Bücher und Papiere zu prüfen.

(2) Die in § 716 des Bürgerlichen Gesetzbuchs[1)] dem von der Geschäftsführung ausgeschlossenen Gesellschafter eingeräumten weiteren Rechte stehen dem stillen Gesellschafter nicht zu.

(3) Auf Antrag des stillen Gesellschafters kann das Gericht, wenn wichtige Gründe vorliegen, die Mitteilung einer Bilanz und eines Jahresabschlusses oder sonstiger Aufklärungen sowie die Vorlegung der Bücher und Papiere jederzeit anordnen.

§ 234 [Kündigung der Gesellschaft; Tod des stillen Gesellschafters]

(1) [1] Auf die Kündigung der Gesellschaft durch einen der Gesellschafter oder durch einen Gläubiger des stillen Gesellschafters finden die Vorschriften der §§ 132, 134 und 135 entsprechende Anwendung. [2] Die Vorschriften des § 723 des Bürgerlichen Gesetzbuchs[1)] über das Recht, die Gesellschaft aus wichtigen Gründen ohne Einhaltung einer Frist zu kündigen, bleiben unberührt.

[1)] Nr. 1.

(2) Durch den Tod des stillen Gesellschafters wird die Gesellschaft nicht aufgelöst.

§ 235 [Auseinandersetzung] (1) Nach der Auflösung der Gesellschaft hat sich der Inhaber des Handelsgeschäfts mit dem stillen Gesellschafter auseinanderzusetzen und dessen Guthaben in Geld zu berichtigen.

(2) [1]Die zur Zeit der Auflösung schwebenden Geschäfte werden von dem Inhaber des Handelsgeschäfts abgewickelt. [2]Der stille Gesellschafter nimmt teil an dem Gewinn und Verluste, der sich aus diesen Geschäften ergibt.

(3) Er kann am Schlusse jedes Geschäftsjahrs Rechenschaft über die inzwischen beendigten Geschäfte, Auszahlung des ihm gebührenden Betrags und Auskunft über den Stand der noch schwebenden Geschäfte verlangen.

§ 236 [Insolvenz des Inhabers] (1) Wird über das Vermögen des Inhabers des Handelsgeschäfts das Insolvenzverfahren eröffnet, so kann der stille Gesellschafter wegen der Einlage, soweit sie den Betrag des auf ihn fallenden Anteils am Verlust übersteigt, seine Forderung als Insolvenzgläubiger geltend machen.

(2) Ist die Einlage rückständig, so hat sie der stille Gesellschafter bis zu dem Betrage, welcher zur Deckung seines Anteils am Verlust erforderlich ist, zur Insolvenzmasse einzuzahlen.

§ 237 *(aufgehoben)*

Drittes Buch. Handelsbücher

Erster Abschnitt. Vorschriften für alle Kaufleute

Erster Unterabschnitt. Buchführung. Inventar

§ 238 Buchführungspflicht. (1) [1]Jeder Kaufmann ist verpflichtet, Bücher zu führen und in diesen seine Handelsgeschäfte und die Lage seines Vermögens nach den Grundsätzen ordnungsmäßiger Buchführung ersichtlich zu machen. [2]Die Buchführung muß so beschaffen sein, daß sie einem sachverständigen Dritten innerhalb angemessener Zeit einen Überblick über die Geschäftsvorfälle und über die Lage des Unternehmens vermitteln kann. [3]Die Geschäftsvorfälle müssen sich in ihrer Entstehung und Abwicklung verfolgen lassen.

(2) Der Kaufmann ist verpflichtet, eine mit der Urschrift übereinstimmende Wiedergabe der abgesandten Handelsbriefe (Kopie, Abdruck, Abschrift oder sonstige Wiedergabe des Wortlauts auf einem Schrift-, Bild- oder anderen Datenträger) zurückzubehalten.

§ 239 Führung der Handelsbücher. (1) [1]Bei der Führung der Handelsbücher und bei den sonst erforderlichen Aufzeichnungen hat sich der Kaufmann einer lebenden Sprache zu bedienen. [2]Werden Abkürzungen, Ziffern, Buchstaben oder Symbole verwendet, muß im Einzelfall deren Bedeutung eindeutig festliegen.

(2) Die Eintragungen in Büchern und die sonst erforderlichen Aufzeichnungen müssen vollständig, richtig, zeitgerecht und geordnet vorgenommen werden.

(3) [1]Eine Eintragung oder eine Aufzeichnung darf nicht in einer Weise verändert werden, daß der ursprüngliche Inhalt nicht mehr feststellbar ist. [2]Auch solche Veränderungen dürfen nicht vorgenommen werden, deren Be-

schaffenheit es ungewiß läßt, ob sie ursprünglich oder erst später gemacht worden sind.

(4) [1]Die Handelsbücher und die sonst erforderlichen Aufzeichnungen können auch in der geordneten Ablage von Belegen bestehen oder auf Datenträgern geführt werden, soweit diese Formen der Buchführung einschließlich des dabei angewandten Verfahrens den Grundsätzen ordnungsmäßiger Buchführung entsprechen. [2]Bei der Führung der Handelsbücher und der sonst erforderlichen Aufzeichnungen auf Datenträgern muß insbesondere sichergestellt sein, daß die Daten während der Dauer der Aufbewahrungsfrist verfügbar sind und jederzeit innerhalb angemessener Frist lesbar gemacht werden können. [3]Absätze 1 bis 3 gelten sinngemäß.

§ 240 Inventar. (1) Jeder Kaufmann hat zu Beginn seines Handelsgewerbes seine Grundstücke, seine Forderungen und Schulden, den Betrag seines baren Geldes sowie seine sonstigen Vermögensgegenstände genau zu verzeichnen und dabei den Wert der einzelnen Vermögensgegenstände und Schulden anzugeben.

(2) [1]Er hat demnächst für den Schluß eines jeden Geschäftsjahrs ein solches Inventar aufzustellen. [2]Die Dauer des Geschäftsjahres darf zwölf Monate nicht überschreiten. [3]Die Aufstellung des Inventars ist innerhalb der einem ordnungsmäßigen Geschäftsgang entsprechenden Zeit zu bewirken.

(3) [1]Vermögensgegenstände des Sachanlagevermögens sowie Roh-, Hilfs- und Betriebsstoffe können, wenn sie regelmäßig ersetzt werden und ihr Gesamtwert für das Unternehmen von nachrangiger Bedeutung ist, mit einer gleichbleibenden Menge und einem gleichbleibenden Wert angesetzt werden, sofern ihr Bestand in seiner Größe, seinem Wert und seiner Zusammensetzung nur geringen Veränderungen unterliegt. [2]Jedoch ist in der Regel alle drei Jahre eine körperliche Bestandsaufnahme durchzuführen.

(4) Gleichartige Vermögensgegenstände des Vorratsvermögens sowie andere gleichartige oder annähernd gleichwertige bewegliche Vermögensgegenstände und Schulden können jeweils zu einer Gruppe zusammengefaßt und mit dem gewogenen Durchschnittswert angesetzt werden.

§ 241 Inventurvereinfachungsverfahren. (1) [1]Bei der Aufstellung des Inventars darf der Bestand der Vermögensgegenstände nach Art, Menge und Wert auch mit Hilfe anerkannter mathematisch-statistischer Methoden auf Grund von Stichproben ermittelt werden. [2]Das Verfahren muß den Grundsätzen ordnungsmäßiger Buchführung entsprechen. [3]Der Aussagewert des auf diese Weise aufgestellten Inventars muß dem Aussagewert eines auf Grund einer körperlichen Bestandsaufnahme aufgestellten Inventars gleichkommen.

(2) Bei der Aufstellung des Inventars für den Schluß eines Geschäftsjahrs bedarf es einer körperlichen Bestandsaufnahme der Vermögensgegenstände für diesen Zeitpunkt nicht, soweit durch Anwendung eines den Grundsätzen ordnungsmäßiger Buchführung entsprechenden anderen Verfahrens gesichert ist, daß der Bestand der Vermögensgegenstände nach Art, Menge und Wert auch ohne die körperliche Bestandsaufnahme für diesen Zeitpunkt festgestellt werden kann.

(3) In dem Inventar für den Schluß eines Geschäftsjahrs brauchen Vermögensgegenstände nicht verzeichnet zu werden, wenn

1. der Kaufmann ihren Bestand auf Grund einer körperlichen Bestandsaufnahme oder auf Grund eines nach Absatz 2 zulässigen anderen Verfahrens nach Art, Menge und Wert in einem besonderen Inventar verzeichnet hat, das für einen Tag innerhalb der letzten drei Monate vor oder der ersten beiden Monate nach dem Schluß des Geschäftsjahrs aufgestellt ist, und
2. auf Grund des besonderen Inventars durch Anwendung eines den Grundsätzen ordnungsmäßiger Buchführung entsprechenden Fortschreibungs- oder Rückrechnungsverfahrens gesichert ist, daß der am Schluß des Geschäftsjahrs vorhandene Bestand der Vermögensgegenstände für diesen Zeitpunkt ordnungsgemäß bewertet werden kann.

§ 241a Befreiung von der Pflicht zur Buchführung und Erstellung eines Inventars. [1] Einzelkaufleute, die an den Abschlussstichtagen von zwei aufeinander folgenden Geschäftsjahren nicht mehr als jeweils 600 000 Euro Umsatzerlöse und jeweils 60 000 Euro Jahresüberschuss aufweisen, brauchen die §§ 238 bis 241 nicht anzuwenden. [2] Im Fall der Neugründung treten die Rechtsfolgen schon ein, wenn die Werte des Satzes 1 am ersten Abschlussstichtag nach der Neugründung nicht überschritten werden.

Zweiter Unterabschnitt. Eröffnungsbilanz. Jahresabschluß

Erster Titel. Allgemeine Vorschriften

§ 242 Pflicht zur Aufstellung. (1) [1] Der Kaufmann hat zu Beginn seines Handelsgewerbes und für den Schluß eines jeden Geschäftsjahrs einen das Verhältnis seines Vermögens und seiner Schulden darstellenden Abschluß (Eröffnungsbilanz, Bilanz) aufzustellen. [2] Auf die Eröffnungsbilanz sind die für den Jahresabschluß geltenden Vorschriften entsprechend anzuwenden, soweit sie sich auf die Bilanz beziehen.

(2) Er hat für den Schluß eines jeden Geschäftsjahrs eine Gegenüberstellung der Aufwendungen und Erträge des Geschäftsjahrs (Gewinn- und Verlustrechnung) aufzustellen.

(3) Die Bilanz und die Gewinn- und Verlustrechnung bilden den Jahresabschluß.

(4) [1] Die Absätze 1 bis 3 sind auf Einzelkaufleute im Sinn des § 241a nicht anzuwenden. [2] Im Fall der Neugründung treten die Rechtsfolgen nach Satz 1 schon ein, wenn die Werte des § 241a Satz 1 am ersten Abschlussstichtag nach der Neugründung nicht überschritten werden.

§ 243 Aufstellungsgrundsatz. (1) Der Jahresabschluß ist nach den Grundsätzen ordnungsmäßiger Buchführung aufzustellen.

(2) Er muß klar und übersichtlich sein.

(3) Der Jahresabschluß ist innerhalb der einem ordnungsmäßigen Geschäftsgang entsprechenden Zeit aufzustellen.

§ 244 Sprache. Währungseinheit. Der Jahresabschluß ist in deutscher Sprache und in Euro aufzustellen.

§ 245 Unterzeichnung. [1] Der Jahresabschluß ist vom Kaufmann unter Angabe des Datums zu unterzeichnen. [2] Sind mehrere persönlich haftende Gesellschafter vorhanden, so haben sie alle zu unterzeichnen.

Zweiter Titel. Ansatzvorschriften

§ 246 Vollständigkeit. Verrechnungsverbot. (1) [1]Der Jahresabschluss hat sämtliche Vermögensgegenstände, Schulden, Rechnungsabgrenzungsposten sowie Aufwendungen und Erträge zu enthalten, soweit gesetzlich nichts anderes bestimmt ist. [2]Vermögensgegenstände sind in der Bilanz des Eigentümers aufzunehmen; ist ein Vermögensgegenstand nicht dem Eigentümer, sondern einem anderen wirtschaftlich zuzurechnen, hat dieser ihn in seiner Bilanz auszuweisen. [3]Schulden sind in die Bilanz des Schuldners aufzunehmen. [4]Der Unterschiedsbetrag, um den die für die Übernahme eines Unternehmens bewirkte Gegenleistung den Wert der einzelnen Vermögensgegenstände des Unternehmens abzüglich der Schulden im Zeitpunkt der Übernahme übersteigt (entgeltlich erworbener Geschäfts- oder Firmenwert), gilt als zeitlich begrenzt nutzbarer Vermögensgegenstand.

(2) [1]Posten der Aktivseite dürfen nicht mit Posten der Passivseite, Aufwendungen nicht mit Erträgen, Grundstücksrechte nicht mit Grundstückslasten verrechnet werden. [2]Vermögensgegenstände, die dem Zugriff aller übrigen Gläubiger entzogen sind und ausschließlich der Erfüllung von Schulden aus Altersversorgungsverpflichtungen oder vergleichbaren langfristig fälligen Verpflichtungen dienen, sind mit diesen Schulden zu verrechnen; entsprechend ist mit den zugehörigen Aufwendungen und Erträgen aus der Abzinsung und aus dem zu verrechnenden Vermögen zu verfahren. [3]Übersteigt der beizulegende Zeitwert der Vermögensgegenstände den Betrag der Schulden, ist der übersteigende Betrag unter einem gesonderten Posten zu aktivieren.

(3) [1]Die auf den vorhergehenden Jahresabschluss angewandten Ansatzmethoden sind beizubehalten. [2]§ 252 Abs. 2 ist entsprechend anzuwenden.

§ 247 Inhalt der Bilanz. (1) In der Bilanz sind das Anlage- und das Umlaufvermögen, das Eigenkapital, die Schulden sowie die Rechnungsabgrenzungsposten gesondert auszuweisen und hinreichend aufzugliedern.

(2) Beim Anlagevermögen sind nur die Gegenstände auszuweisen, die bestimmt sind, dauernd dem Geschäftsbetrieb zu dienen.

§ 248 Bilanzierungsverbote und -wahlrechte. (1) In die Bilanz dürfen nicht als Aktivposten aufgenommen werden

1. Aufwendungen für die Gründung eines Unternehmens,
2. Aufwendungen für die Beschaffung des Eigenkapitals und
3. Aufwendungen für den Abschluss von Versicherungsverträgen.

(2) [1]Selbst geschaffene immaterielle Vermögensgegenstände des Anlagevermögens können als Aktivposten in die Bilanz aufgenommen werden. [2]Nicht aufgenommen werden dürfen selbst geschaffene Marken, Drucktitel, Verlagsrechte, Kundenlisten oder vergleichbare immaterielle Vermögensgegenstände des Anlagevermögens.

§ 249 Rückstellungen. (1) [1]Rückstellungen sind für ungewisse Verbindlichkeiten und für drohende Verluste aus schwebenden Geschäften zu bilden. [2]Ferner sind Rückstellungen zu bilden für

1. im Geschäftsjahr unterlassene Aufwendungen für Instandhaltung, die im folgenden Geschäftsjahr innerhalb von drei Monaten, oder für Abraumbeseitigung, die im folgenden Geschäftsjahr nachgeholt werden,

2. Gewährleistungen, die ohne rechtliche Verpflichtung erbracht werden.

(2) [1] Für andere als die in Absatz 1 bezeichneten Zwecke dürfen Rückstellungen nicht gebildet werden. [2] Rückstellungen dürfen nur aufgelöst werden, soweit der Grund hierfür entfallen ist.

§ 250 Rechnungsabgrenzungsposten. (1) Als Rechnungsabgrenzungsposten sind auf der Aktivseite Ausgaben vor dem Abschlußstichtag auszuweisen, soweit sie Aufwand für eine bestimmte Zeit nach diesem Tag darstellen.

(2) Auf der Passivseite sind als Rechnungsabgrenzungsposten Einnahmen vor dem Abschlußstichtag auszuweisen, soweit sie Ertrag für eine bestimmte Zeit nach diesem Tag darstellen.

(3) [1] Ist der Erfüllungsbetrag einer Verbindlichkeit höher als der Ausgabebetrag, so darf der Unterschiedsbetrag in den Rechnungsabgrenzungsposten auf der Aktivseite aufgenommen werden. [2] Der Unterschiedsbetrag ist durch planmäßige jährliche Abschreibungen zu tilgen, die auf die gesamte Laufzeit der Verbindlichkeit verteilt werden können.

§ 251 Haftungsverhältnisse. [1] Unter der Bilanz sind, sofern sie nicht auf der Passivseite auszuweisen sind, Verbindlichkeiten aus der Begebung und Übertragung von Wechseln, aus Bürgschaften, Wechsel- und Scheckbürgschaften und aus Gewährleistungsverträgen sowie Haftungsverhältnisse aus der Bestellung von Sicherheiten für fremde Verbindlichkeiten zu vermerken; sie dürfen in einem Betrag angegeben werden. [2] Haftungsverhältnisse sind auch anzugeben, wenn ihnen gleichwertige Rückgriffsforderungen gegenüberstehen.

Dritter Titel. Bewertungsvorschriften

§ 252 Allgemeine Bewertungsgrundsätze. (1) Bei der Bewertung der im Jahresabschluß ausgewiesenen Vermögensgegenstände und Schulden gilt insbesondere folgendes:

1. Die Wertansätze in der Eröffnungsbilanz des Geschäftsjahrs müssen mit denen der Schlußbilanz des vorhergehenden Geschäftsjahrs übereinstimmen.
2. Bei der Bewertung ist von der Fortführung der Unternehmenstätigkeit auszugehen, sofern dem nicht tatsächliche oder rechtliche Gegebenheiten entgegenstehen.
3. Die Vermögensgegenstände und Schulden sind zum Abschlußstichtag einzeln zu bewerten.
4. Es ist vorsichtig zu bewerten, namentlich sind alle vorhersehbaren Risiken und Verluste, die bis zum Abschlußstichtag entstanden sind, zu berücksichtigen, selbst wenn diese erst zwischen dem Abschlußstichtag und dem Tag der Aufstellung des Jahresabschlusses bekanntgeworden sind; Gewinne sind nur zu berücksichtigen, wenn sie am Abschlußstichtag realisiert sind.
5. Aufwendungen und Erträge des Geschäftsjahrs sind unabhängig von den Zeitpunkten der entsprechenden Zahlungen im Jahresabschluß zu berücksichtigen.
6. Die auf den vorhergehenden Jahresabschluss angewandten Bewertungsmethoden sind beizubehalten.

(2) Von den Grundsätzen des Absatzes 1 darf nur in begründeten Ausnahmefällen abgewichen werden.

§ 253 Zugangs- und Folgebewertung. (1) [1]Vermögensgegenstände sind höchstens mit den Anschaffungs- oder Herstellungskosten, vermindert um die Abschreibungen nach den Absätzen 3 bis 5, anzusetzen. [2]Verbindlichkeiten sind zu ihrem Erfüllungsbetrag und Rückstellungen in Höhe des nach vernünftiger kaufmännischer Beurteilung notwendigen Erfüllungsbetrages anzusetzen. [3]Soweit sich die Höhe von Altersversorgungsverpflichtungen ausschließlich nach dem beizulegenden Zeitwert von Wertpapieren im Sinn des § 266 Abs. 2 A. III. 5 bestimmt, sind Rückstellungen hierfür zum beizulegenden Zeitwert dieser Wertpapiere anzusetzen, soweit er einen garantierten Mindestbetrag übersteigt. [4]Nach § 246 Abs. 2 Satz 2 zu verrechnende Vermögensgegenstände sind mit ihrem beizulegenden Zeitwert zu bewerten. [5]Kleinstkapitalgesellschaften (§ 267a) dürfen eine Bewertung zum beizulegenden Zeitwert nur vornehmen, wenn sie von keiner der in § 264 Absatz 1 Satz 5, § 266 Absatz 1 Satz 4, § 275 Absatz 5 und § 326 Absatz 2 vorgesehenen Erleichterungen Gebrauch machen. [6]Macht eine Kleinstkapitalgesellschaft von mindestens einer der in Satz 5 genannten Erleichterungen Gebrauch, erfolgt die Bewertung der Vermögensgegenstände nach Satz 1, auch soweit eine Verrechnung nach § 246 Absatz 2 Satz 2 vorgesehen ist.

(2) [1]Rückstellungen mit einer Restlaufzeit von mehr als einem Jahr sind abzuzinsen mit dem ihrer Restlaufzeit entsprechenden durchschnittlichen Marktzinssatz, der sich im Falle von Rückstellungen für Altersversorgungsverpflichtungen aus den vergangenen zehn Geschäftsjahren und im Falle sonstiger Rückstellungen aus den vergangenen sieben Geschäftsjahren ergibt. [2]Abweichend von Satz 1 dürfen Rückstellungen für Altersversorgungsverpflichtungen oder vergleichbare langfristig fällige Verpflichtungen pauschal mit dem durchschnittlichen Marktzinssatz abgezinst werden, der sich bei einer angenommenen Restlaufzeit von 15 Jahren ergibt. [3]Die Sätze 1 und 2 gelten entsprechend für auf Rentenverpflichtungen beruhende Verbindlichkeiten, für die eine Gegenleistung nicht mehr zu erwarten ist. [4]Der nach den Sätzen 1 und 2 anzuwendende Abzinsungszinssatz wird von der Deutschen Bundesbank nach Maßgabe einer Rechtsverordnung ermittelt und monatlich bekannt gegeben. [5]In der Rechtsverordnung nach Satz 4, die nicht der Zustimmung des Bundesrates bedarf, bestimmt das Bundesministerium der Justiz und für Verbraucherschutz im Benehmen mit der Deutschen Bundesbank das Nähere zur Ermittlung der Abzinsungszinssätze, insbesondere die Ermittlungsmethodik und deren Grundlagen, sowie die Form der Bekanntgabe.

(3) [1]Bei Vermögensgegenständen des Anlagevermögens, deren Nutzung zeitlich begrenzt ist, sind die Anschaffungs- oder die Herstellungskosten um planmäßige Abschreibungen zu vermindern. [2]Der Plan muss die Anschaffungs- oder Herstellungskosten auf die Geschäftsjahre verteilen, in denen der Vermögensgegenstand voraussichtlich genutzt werden kann. [3]Kann in Ausnahmefällen die voraussichtliche Nutzungsdauer eines selbst geschaffenen immateriellen Vermögensgegenstands des Anlagevermögens nicht verlässlich geschätzt werden, sind planmäßige Abschreibungen auf die Herstellungskosten über einen Zeitraum von zehn Jahren vorzunehmen. [4]Satz 3 findet auf einen entgeltlich erworbenen Geschäfts- oder Firmenwert entsprechende Anwendung. [5]Ohne Rücksicht darauf, ob ihre Nutzung zeitlich begrenzt ist, sind bei Vermögensgegenständen des Anlagevermögens bei voraussichtlich dauernder Wertminderung außerplanmäßige Abschreibungen vorzunehmen, um diese mit dem niedrigeren Wert anzusetzen, der ihnen am Abschlussstichtag bei-

zulegen ist. [6]Bei Finanzanlagen können außerplanmäßige Abschreibungen auch bei voraussichtlich nicht dauernder Wertminderung vorgenommen werden.

(4) [1]Bei Vermögensgegenständen des Umlaufvermögens sind Abschreibungen vorzunehmen, um diese mit einem niedrigeren Wert anzusetzen, der sich aus einem Börsen- oder Marktpreis am Abschlussstichtag ergibt. [2]Ist ein Börsen- oder Marktpreis nicht festzustellen und übersteigen die Anschaffungs- oder Herstellungskosten den Wert, der den Vermögensgegenständen am Abschlussstichtag beizulegen ist, so ist auf diesen Wert abzuschreiben.

(5) [1]Ein niedrigerer Wertansatz nach Absatz 3 Satz 5 oder 6 und Absatz 4 darf nicht beibehalten werden, wenn die Gründe dafür nicht mehr bestehen. [2]Ein niedrigerer Wertansatz eines entgeltlich erworbenen Geschäfts- oder Firmenwertes ist beizubehalten.

(6) [1]Im Falle von Rückstellungen für Altersversorgungsverpflichtungen ist der Unterschiedsbetrag zwischen dem Ansatz der Rückstellungen nach Maßgabe des entsprechenden durchschnittlichen Marktzinssatzes aus den vergangenen zehn Geschäftsjahren und dem Ansatz der Rückstellungen nach Maßgabe des entsprechenden durchschnittlichen Marktzinssatzes aus den vergangenen sieben Geschäftsjahren in jedem Geschäftsjahr zu ermitteln. [2]Gewinne dürfen nur ausgeschüttet werden, wenn die nach der Ausschüttung verbleibenden frei verfügbaren Rücklagen zuzüglich eines Gewinnvortrags und abzüglich eines Verlustvortrags mindestens dem Unterschiedsbetrag nach Satz 1 entsprechen. [3]Der Unterschiedsbetrag nach Satz 1 ist in jedem Geschäftsjahr im Anhang oder unter der Bilanz darzustellen.

§ 254 Bildung von Bewertungseinheiten. [1]Werden Vermögensgegenstände, Schulden, schwebende Geschäfte oder mit hoher Wahrscheinlichkeit erwartete Transaktionen zum Ausgleich gegenläufiger Wertänderungen oder Zahlungsströme aus dem Eintritt vergleichbarer Risiken mit Finanzinstrumenten zusammengefasst (Bewertungseinheit), sind § 249 Abs. 1, § 252 Abs. 1 Nr. 3 und 4, § 253 Abs. 1 Satz 1 und § 256a in dem Umfang und für den Zeitraum nicht anzuwenden, in dem die gegenläufigen Wertänderungen oder Zahlungsströme sich ausgleichen. [2]Als Finanzinstrumente im Sinn des Satzes 1 gelten auch Termingeschäfte über den Erwerb oder die Veräußerung von Waren.

§ 255 Bewertungsmaßstäbe. (1) [1]Anschaffungskosten sind die Aufwendungen, die geleistet werden, um einen Vermögensgegenstand zu erwerben und ihn in einen betriebsbereiten Zustand zu versetzen, soweit sie dem Vermögensgegenstand einzeln zugeordnet werden können. [2]Zu den Anschaffungskosten gehören auch die Nebenkosten sowie die nachträglichen Anschaffungskosten. [3]Anschaffungspreisminderungen, die dem Vermögensgegenstand einzeln zugeordnet werden können, sind abzusetzen.

(2) [1]Herstellungskosten sind die Aufwendungen, die durch den Verbrauch von Gütern und die Inanspruchnahme von Diensten für die Herstellung eines Vermögensgegenstands, seine Erweiterung oder für eine über seinen ursprünglichen Zustand hinausgehende wesentliche Verbesserung entstehen. [2]Dazu gehören die Materialkosten, die Fertigungskosten und die Sonderkosten der Fertigung sowie angemessene Teile der Materialgemeinkosten, der Fertigungsgemeinkosten und des Werteverzehrs des Anlagevermögens, soweit dieser durch die Fertigung veranlasst ist. [3]Bei der Berechnung der Herstellungskosten dürfen angemessene Teile der Kosten der allgemeinen Verwaltung sowie an-

gemessene Aufwendungen für soziale Einrichtungen des Betriebs, für freiwillige soziale Leistungen und für die betriebliche Altersversorgung einbezogen werden, soweit diese auf den Zeitraum der Herstellung entfallen. [4] Forschungs- und Vertriebskosten dürfen nicht einbezogen werden.

(2a) [1] Herstellungskosten eines selbst geschaffenen immateriellen Vermögensgegenstands des Anlagevermögens sind die bei dessen Entwicklung anfallenden Aufwendungen nach Absatz 2. [2] Entwicklung ist die Anwendung von Forschungsergebnissen oder von anderem Wissen für die Neuentwicklung von Gütern oder Verfahren oder die Weiterentwicklung von Gütern oder Verfahren mittels wesentlicher Änderungen. [3] Forschung ist die eigenständige und planmäßige Suche nach neuen wissenschaftlichen oder technischen Erkenntnissen oder Erfahrungen allgemeiner Art, über deren technische Verwertbarkeit und wirtschaftliche Erfolgsaussichten grundsätzlich keine Aussagen gemacht werden können. [4] Können Forschung und Entwicklung nicht verlässlich voneinander unterschieden werden, ist eine Aktivierung ausgeschlossen.

(3) [1] Zinsen für Fremdkapital gehören nicht zu den Herstellungskosten. [2] Zinsen für Fremdkapital, das zur Finanzierung der Herstellung eines Vermögensgegenstands verwendet wird, dürfen angesetzt werden, soweit sie auf den Zeitraum der Herstellung entfallen; in diesem Falle gelten sie als Herstellungskosten des Vermögensgegenstands.

(4) [1] Der beizulegende Zeitwert entspricht dem Marktpreis. [2] Soweit kein aktiver Markt besteht, anhand dessen sich der Marktpreis ermitteln lässt, ist der beizulegende Zeitwert mit Hilfe allgemein anerkannter Bewertungsmethoden zu bestimmen. [3] Lässt sich der beizulegende Zeitwert weder nach Satz 1 noch nach Satz 2 ermitteln, sind die Anschaffungs- oder Herstellungskosten gemäß § 253 Abs. 4 fortzuführen. [4] Der zuletzt nach Satz 1 oder 2 ermittelte beizulegende Zeitwert gilt als Anschaffungs- oder Herstellungskosten im Sinn des Satzes 3.

§ 256 Bewertungsvereinfachungsverfahren. [1] Soweit es den Grundsätzen ordnungsmäßiger Buchführung entspricht, kann für den Wertansatz gleichartiger Vermögensgegenstände des Vorratsvermögens unterstellt werden, daß die zuerst oder daß die zuletzt angeschafften oder hergestellten Vermögensgegenstände zuerst verbraucht oder veräußert worden sind. [2] § 240 Abs. 3 und 4 ist auch auf den Jahresabschluß anwendbar.

§ 256a Währungsumrechnung. [1] Auf fremde Währung lautende Vermögensgegenstände und Verbindlichkeiten sind zum Devisenkassamittelkurs am Abschlussstichtag umzurechnen. [2] Bei einer Restlaufzeit von einem Jahr oder weniger sind § 253 Abs. 1 Satz 1 und § 252 Abs. 1 Nr. 4 Halbsatz 2 nicht anzuwenden.

Dritter Unterabschnitt. Aufbewahrung und Vorlage

§ 257 Aufbewahrung von Unterlagen. Aufbewahrungsfristen.

(1) Jeder Kaufmann ist verpflichtet, die folgenden Unterlagen geordnet aufzubewahren:

1. Handelsbücher, Inventare, Eröffnungsbilanzen, Jahresabschlüsse, Einzelabschlüsse nach § 325 Abs. 2a, Lageberichte, Konzernabschlüsse, Konzernlageberichte sowie die zu ihrem Verständnis erforderlichen Arbeitsanweisungen und sonstigen Organisationsunterlagen,

2. die empfangenen Handelsbriefe,
3. Wiedergaben der abgesandten Handelsbriefe,
4. Belege für Buchungen in den von ihm nach § 238 Abs. 1 zu führenden Büchern (Buchungsbelege).

(2) Handelsbriefe sind nur Schriftstücke, die ein Handelsgeschäft betreffen.

(3) [1] Mit Ausnahme der Eröffnungsbilanzen und Abschlüsse können die in Absatz 1 aufgeführten Unterlagen auch als Wiedergabe auf einem Bildträger oder auf anderen Datenträgern aufbewahrt werden, wenn dies den Grundsätzen ordnungsmäßiger Buchführung entspricht und sichergestellt ist, daß die Wiedergabe oder die Daten

1. mit den empfangenen Handelsbriefen und den Buchungsbelegen bildlich und mit den anderen Unterlagen inhaltlich übereinstimmen, wenn sie lesbar gemacht werden,
2. während der Dauer der Aufbewahrungsfrist verfügbar sind und jederzeit innerhalb angemessener Frist lesbar gemacht werden können.

[2] Sind Unterlagen auf Grund des § 239 Abs. 4 Satz 1 auf Datenträgern hergestellt worden, können statt des Datenträgers die Daten auch ausgedruckt aufbewahrt werden; die ausgedruckten Unterlagen können auch nach Satz 1 aufbewahrt werden.

(4) Die in Absatz 1 Nr. 1 und 4 aufgeführten Unterlagen sind zehn Jahre, die sonstigen in Absatz 1 aufgeführten Unterlagen sechs Jahre aufzubewahren.

(5) Die Aufbewahrungsfrist beginnt mit dem Schluß des Kalenderjahrs, in dem die letzte Eintragung in das Handelsbuch gemacht, das Inventar aufgestellt, die Eröffnungsbilanz oder der Jahresabschluß festgestellt, der Einzelabschluss nach § 325 Abs. 2a oder der Konzernabschluß aufgestellt, der Handelsbrief empfangen oder abgesandt worden oder der Buchungsbeleg entstanden ist.

§ 258 Vorlegung im Rechtsstreit. (1) Im Laufe eines Rechtsstreits kann das Gericht auf Antrag oder von Amts wegen die Vorlegung der Handelsbücher einer Partei anordnen.

(2) Die Vorschriften der Zivilprozeßordnung über die Verpflichtung des Prozeßgegners zur Vorlegung von Urkunden bleiben unberührt.

§ 259 Auszug bei Vorlegung im Rechtsstreit. [1] Werden in einem Rechtsstreit Handelsbücher vorgelegt, so ist von ihrem Inhalt, soweit er den Streitpunkt betrifft, unter Zuziehung der Parteien Einsicht zu nehmen und geeignetenfalls ein Auszug zu fertigen. [2] Der übrige Inhalt der Bücher ist dem Gericht insoweit offenzulegen, als es zur Prüfung ihrer ordnungsmäßigen Führung notwendig ist.

§ 260 Vorlegung bei Auseinandersetzungen. Bei Vermögensauseinandersetzungen, insbesondere in Erbschafts-, Gütergemeinschafts- und Gesellschaftsteilungssachen, kann das Gericht die Vorlegung der Handelsbücher zur Kenntnisnahme von ihrem ganzen Inhalt anordnen.

§ 261 Vorlegung von Unterlagen auf Bild- oder Datenträgern. Wer aufzubewahrende Unterlagen nur in der Form einer Wiedergabe auf einem Bildträger oder auf anderen Datenträgern vorlegen kann, ist verpflichtet, auf seine Kosten diejenigen Hilfsmittel zur Verfügung zu stellen, die erforderlich sind, um die Unterlagen lesbar zu machen; soweit erforderlich, hat er die Unterlagen auf seine Kosten auszudrucken oder ohne Hilfsmittel lesbare Reproduktionen beizubringen.

Vierter Unterabschnitt. Landesrecht

§ 262 *(aufgehoben)*

§ 263 Vorbehalt landesrechtlicher Vorschriften. Unberührt bleiben bei Unternehmen ohne eigene Rechtspersönlichkeit einer Gemeinde, eines Gemeindeverbands oder eines Zweckverbands landesrechtliche Vorschriften, die von den Vorschriften dieses Abschnitts abweichen.

Zweiter Abschnitt. Ergänzende Vorschriften für Kapitalgesellschaften (Aktiengesellschaften, Kommanditgesellschaften auf Aktien und Gesellschaften mit beschränkter Haftung) sowie bestimmte Personenhandelsgesellschaften

Erster Unterabschnitt. Jahresabschluß der Kapitalgesellschaft und Lagebericht

Erster Titel. Allgemeine Vorschriften

§ 264 Pflicht zur Aufstellung; Befreiung. (1) [1] Die gesetzlichen Vertreter einer Kapitalgesellschaft haben den Jahresabschluß (§ 242) um einen Anhang zu erweitern, der mit der Bilanz und der Gewinn- und Verlustrechnung eine Einheit bildet, sowie einen Lagebericht aufzustellen. [2] Die gesetzlichen Vertreter einer kapitalmarktorientierten Kapitalgesellschaft, die nicht zur Aufstellung eines Konzernabschlusses verpflichtet ist, haben den Jahresabschluss um eine Kapitalflussrechnung und einen Eigenkapitalspiegel zu erweitern, die mit der Bilanz, Gewinn- und Verlustrechnung und dem Anhang eine Einheit bilden; sie können den Jahresabschluss um eine Segmentberichterstattung erweitern. [3] Der Jahresabschluß und der Lagebericht sind von den gesetzlichen Vertretern in den ersten drei Monaten des Geschäftsjahrs für das vergangene Geschäftsjahr aufzustellen. [4] Kleine Kapitalgesellschaften (§ 267 Abs. 1) brauchen den Lagebericht nicht aufzustellen; sie dürfen den Jahresabschluß auch später aufstellen, wenn dies einem ordnungsgemäßen Geschäftsgang entspricht, jedoch innerhalb der ersten sechs Monate des Geschäftsjahres. [5] Kleinstkapitalgesellschaften (§ 267a) brauchen den Jahresabschluss nicht um einen Anhang zu erweitern, wenn sie

1. die in § 268 Absatz 7 genannten Angaben,
2. die in § 285 Nummer 9 Buchstabe c genannten Angaben und
3. im Falle einer Aktiengesellschaft die in § 160 Absatz 3 Satz 2 des Aktiengesetzes genannten Angaben

unter der Bilanz angeben.

(1a) [1] In dem Jahresabschluss sind die Firma, der Sitz, das Registergericht und die Nummer, unter der die Gesellschaft in das Handelsregister eingetragen ist, anzugeben. [2] Befindet sich die Gesellschaft in Liquidation oder Abwicklung, ist auch diese Tatsache anzugeben.

(2) [1] Der Jahresabschluß der Kapitalgesellschaft hat unter Beachtung der Grundsätze ordnungsmäßiger Buchführung ein den tatsächlichen Verhältnissen entsprechendes Bild der Vermögens-, Finanz- und Ertragslage der Kapitalgesell-

schaft zu vermitteln. [2] Führen besondere Umstände dazu, daß der Jahresabschluß ein den tatsächlichen Verhältnissen entsprechendes Bild im Sinne des Satzes 1 nicht vermittelt, so sind im Anhang zusätzliche Angaben zu machen. [3] Die gesetzlichen Vertreter einer Kapitalgesellschaft, die Inlandsemittent im Sinne des § 2 Absatz 14 des Wertpapierhandelsgesetzes[1)] und keine Kapitalgesellschaft im Sinne des § 327a ist, haben bei der Unterzeichnung schriftlich zu versichern, dass nach bestem Wissen der Jahresabschluss ein den tatsächlichen Verhältnissen entsprechendes Bild im Sinne des Satzes 1 vermittelt oder der Anhang Angaben nach Satz 2 enthält. [4] Macht eine Kleinstkapitalgesellschaft von der Erleichterung nach Absatz 1 Satz 5 Gebrauch, sind nach Satz 2 erforderliche zusätzliche Angaben unter der Bilanz zu machen. [5] Es wird vermutet, dass ein unter Berücksichtigung der Erleichterungen für Kleinstkapitalgesellschaften aufgestellter Jahresabschluss den Erfordernissen des Satzes 1 entspricht.

(3) [1] Eine Kapitalgesellschaft, die als Tochterunternehmen in den Konzernabschluss eines Mutterunternehmens mit Sitz in einem Mitgliedstaat der Europäischen Union oder einem anderen Vertragsstaat des Abkommens über den Europäischen Wirtschaftsraum einbezogen ist, braucht die Vorschriften dieses Unterabschnitts und des Dritten und Vierten Unterabschnitts dieses Abschnitts nicht anzuwenden, wenn alle folgenden Voraussetzungen erfüllt sind:

1. alle Gesellschafter des Tochterunternehmens haben der Befreiung für das jeweilige Geschäftsjahr zugestimmt;
2. das Mutterunternehmen hat sich bereit erklärt, für die von dem Tochterunternehmen bis zum Abschlussstichtag eingegangenen Verpflichtungen im folgenden Geschäftsjahr einzustehen;
3. der Konzernabschluss und der Konzernlagebericht des Mutterunternehmens sind nach den Rechtsvorschriften des Staates, in dem das Mutterunternehmen seinen Sitz hat, und im Einklang mit folgenden Richtlinien aufgestellt und geprüft worden:
   a) Richtlinie 2013/34/EU des Europäischen Parlaments und des Rates vom 26. Juni 2013 über den Jahresabschluss, den konsolidierten Abschluss und damit verbundene Berichte von Unternehmen bestimmter Rechtsformen und zur Änderung der Richtlinie 2006/43/EG des Europäischen Parlaments und des Rates und zur Aufhebung der Richtlinien 78/660/EWG und 83/349/EWG des Rates (ABl. L 182 vom 29.6.2013, S. 19), die zuletzt durch die Richtlinie 2014/102/EU (ABl. L 334 vom 21.11.2014, S. 86) geändert worden ist,
   b) Richtlinie 2006/43/EG des Europäischen Parlaments und des Rates vom 17. Mai 2006 über Abschlussprüfungen von Jahresabschlüssen und konsolidierten Abschlüssen, zur Änderung der Richtlinien 78/660/EWG und 83/349/EWG des Rates und zur Aufhebung der Richtlinie 84/253/EWG des Rates (ABl. L 157 vom 9.6.2006, S. 87), die durch die Richtlinie 2013/34/EU (ABl. L 182 vom 29.6.2013, S. 19) geändert worden ist;
4. die Befreiung des Tochterunternehmens ist im Anhang des Konzernabschlusses des Mutterunternehmens angegeben und

---

[1)] Nr. **10**.

5. für das Tochterunternehmen sind nach § 325 Absatz 1 bis 1b offengelegt worden:
   a) der Beschluss nach Nummer 1,
   b) die Erklärung nach Nummer 2,
   c) der Konzernabschluss,
   d) der Konzernlagebericht und
   e) der Bestätigungsvermerk zum Konzernabschluss und Konzernlagebericht des Mutterunternehmens nach Nummer 3.

[2] Hat bereits das Mutterunternehmen einzelne oder alle der in Satz 1 Nummer 5 bezeichneten Unterlagen offengelegt, braucht das Tochterunternehmen die betreffenden Unterlagen nicht erneut offenzulegen, wenn sie im Bundesanzeiger unter dem Tochterunternehmen auffindbar sind; § 326 Absatz 2 ist auf diese Offenlegung nicht anzuwenden. [3] Satz 2 gilt nur dann, wenn das Mutterunternehmen die betreffende Unterlage in deutscher oder in englischer Sprache offengelegt hat oder das Tochterunternehmen zusätzlich eine beglaubigte Übersetzung dieser Unterlage in deutscher Sprache nach § 325 Absatz 1 bis 1b offenlegt.

(4) Absatz 3 ist nicht anzuwenden, wenn eine Kapitalgesellschaft das Tochterunternehmen eines Mutterunternehmens ist, das einen Konzernabschluss nach den Vorschriften des Publizitätsgesetzes aufgestellt hat, und wenn in diesem Konzernabschluss von dem Wahlrecht des § 13 Absatz 3 Satz 1 des Publizitätsgesetzes[1)] Gebrauch gemacht worden ist; § 314 Absatz 3 bleibt unberührt.

§ 264a Anwendung auf bestimmte offene Handelsgesellschaften und Kommanditgesellschaften. (1) Die Vorschriften des Ersten bis Fünften Unterabschnitts des Zweiten Abschnitts sind auch anzuwenden auf offene Handelsgesellschaften und Kommanditgesellschaften, bei denen nicht wenigstens ein persönlich haftender Gesellschafter

1. eine natürliche Person oder
2. eine offene Handelsgesellschaft, Kommanditgesellschaft oder andere Personengesellschaft mit einer natürlichen Person als persönlich haftendem Gesellschafter

ist oder sich die Verbindung von Gesellschaften in dieser Art fortsetzt.

(2) In den Vorschriften dieses Abschnitts gelten als gesetzliche Vertreter einer offenen Handelsgesellschaft und Kommanditgesellschaft nach Absatz 1 die Mitglieder des vertretungsberechtigten Organs der vertretungsberechtigten Gesellschaften.

§ 264b Befreiung der offenen Handelsgesellschaften und Kommanditgesellschaften im Sinne des § 264a von der Anwendung der Vorschriften dieses Abschnitts. Eine Personenhandelsgesellschaft im Sinne des § 264a Absatz 1 ist von der Verpflichtung befreit, einen Jahresabschluss und einen Lagebericht nach den Vorschriften dieses Abschnitts aufzustellen, prüfen zu lassen und offenzulegen, wenn alle folgenden Voraussetzungen erfüllt sind:

[1)] Nr. **6**.

1. die betreffende Gesellschaft ist einbezogen in den Konzernabschluss und in den Konzernlagebericht
   a) eines persönlich haftenden Gesellschafters der betreffenden Gesellschaft oder
   b) eines Mutterunternehmens mit Sitz in einem Mitgliedstaat der Europäischen Union oder einem anderen Vertragsstaat des Abkommens über den Europäischen Wirtschaftsraum, wenn in diesen Konzernabschluss eine größere Gesamtheit von Unternehmen einbezogen ist;
2. die in § 264 Absatz 3 Satz 1 Nummer 3 genannte Voraussetzung ist erfüllt;
3. die Befreiung der Personenhandelsgesellschaft ist im Anhang des Konzernabschlusses angegeben und
4. für die Personenhandelsgesellschaft sind der Konzernabschluss, der Konzernlagebericht und der Bestätigungsvermerk nach § 325 Absatz 1 bis 1b offengelegt worden; § 264 Absatz 3 Satz 2 und 3 ist entsprechend anzuwenden.

§ 264c Besondere Bestimmungen für offene Handelsgesellschaften und Kommanditgesellschaften im Sinne des § 264a. (1) [1] Ausleihungen, Forderungen und Verbindlichkeiten gegenüber Gesellschaftern sind in der Regel als solche jeweils gesondert auszuweisen oder im Anhang anzugeben. [2] Werden sie unter anderen Posten ausgewiesen, so muss diese Eigenschaft vermerkt werden.

(2) [1] § 266 Abs. 3 Buchstabe A ist mit der Maßgabe anzuwenden, dass als Eigenkapital die folgenden Posten gesondert auszuweisen sind:

I. Kapitalanteile
II. Rücklagen
III. Gewinnvortrag/Verlustvortrag
IV. Jahresüberschuss/Jahresfehlbetrag.

[2] Anstelle des Postens „Gezeichnetes Kapital“ sind die Kapitalanteile der persönlich haftenden Gesellschafter auszuweisen; sie dürfen auch zusammengefasst ausgewiesen werden. [3] Der auf den Kapitalanteil eines persönlich haftenden Gesellschafters für das Geschäftsjahr entfallende Verlust ist von dem Kapitalanteil abzuschreiben. [4] Soweit der Verlust den Kapitalanteil übersteigt, ist er auf der Aktivseite unter der Bezeichnung „Einzahlungsverpflichtungen persönlich haftender Gesellschafter“ unter den Forderungen gesondert auszuweisen, soweit eine Zahlungsverpflichtung besteht. [5] Besteht keine Zahlungsverpflichtung, so ist der Betrag als „Nicht durch Vermögenseinlagen gedeckter Verlustanteil persönlich haftender Gesellschafter“ zu bezeichnen und gemäß § 268 Abs. 3 auszuweisen. [6] Die Sätze 2 bis 5 sind auf die Einlagen von Kommanditisten entsprechend anzuwenden, wobei diese insgesamt gesondert gegenüber den Kapitalanteilen der persönlich haftenden Gesellschafter auszuweisen sind. [7] Eine Forderung darf jedoch nur ausgewiesen werden, soweit eine Einzahlungsverpflichtung besteht; dasselbe gilt, wenn ein Kommanditist Gewinnanteile entnimmt, während sein Kapitalanteil durch Verlust unter den Betrag der geleisteten Einlage herabgemindert ist, oder soweit durch die Entnahme der Kapitalanteil unter den bezeichneten Betrag herabgemindert wird. [8] Als Rücklagen sind nur solche Beträge auszuweisen, die auf Grund einer gesellschaftsrechtlichen Vereinbarung gebildet worden sind. [9] Im Anhang ist der Betrag der im

Handelsregister gemäß § 172 Abs. 1 eingetragenen Einlagen anzugeben, soweit diese nicht geleistet sind.

(3) [1] Das sonstige Vermögen der Gesellschafter (Privatvermögen) darf nicht in die Bilanz und die auf das Privatvermögen entfallenden Aufwendungen und Erträge dürfen nicht in die Gewinn- und Verlustrechnung aufgenommen werden. [2] In der Gewinn- und Verlustrechnung darf jedoch nach dem Posten „Jahresüberschuss/Jahresfehlbetrag" ein dem Steuersatz der Komplementärgesellschaft entsprechender Steueraufwand der Gesellschafter offen abgesetzt oder hinzugerechnet werden.

(4) [1] Anteile an Komplementärgesellschaften sind in der Bilanz auf der Aktivseite unter den Posten A.III.1 oder A.III.3 auszuweisen. [2] § 272 Abs. 4 ist mit der Maßgabe anzuwenden, dass für diese Anteile in Höhe des aktivierten Betrags nach dem Posten „Eigenkapital" ein Sonderposten unter der Bezeichnung „Ausgleichsposten für aktivierte eigene Anteile" zu bilden ist.

(5) [1] Macht die Gesellschaft von einem Wahlrecht nach § 266 Absatz 1 Satz 3 oder Satz 4 Gebrauch, richtet sich die Gliederung der verkürzten Bilanz nach der Ausübung dieses Wahlrechts. [2] Die Ermittlung der Bilanzposten nach den vorstehenden Absätzen bleibt unberührt.

§ 264d Kapitalmarktorientierte Kapitalgesellschaft. Eine Kapitalgesellschaft ist kapitalmarktorientiert, wenn sie einen organisierten Markt im Sinn des § 2 Absatz 11 des Wertpapierhandelsgesetzes[1)] durch von ihr ausgegebene Wertpapiere im Sinn des § 2 Absatz 1 des Wertpapierhandelsgesetzes[1)] in Anspruch nimmt oder die Zulassung solcher Wertpapiere zum Handel an einem organisierten Markt beantragt hat.

§ 265 Allgemeine Grundsätze für die Gliederung. (1) [1] Die Form der Darstellung, insbesondere die Gliederung der aufeinanderfolgenden Bilanzen und Gewinn- und Verlustrechnungen, ist beizubehalten, soweit nicht in Ausnahmefällen wegen besonderer Umstände Abweichungen erforderlich sind. [2] Die Abweichungen sind im Anhang anzugeben und zu begründen.

(2) [1] In der Bilanz sowie in der Gewinn- und Verlustrechnung ist zu jedem Posten der entsprechende Betrag des vorhergehenden Geschäftsjahrs anzugeben. [2] Sind die Beträge nicht vergleichbar, so ist dies im Anhang anzugeben und zu erläutern. [3] Wird der Vorjahresbetrag angepaßt, so ist auch dies im Anhang anzugeben und zu erläutern.

(3) Fällt ein Vermögensgegenstand oder eine Schuld unter mehrere Posten der Bilanz, so ist die Mitzugehörigkeit zu anderen Posten bei dem Posten, unter dem der Ausweis erfolgt ist, zu vermerken oder im Anhang anzugeben, wenn dies zur Aufstellung eines klaren und übersichtlichen Jahresabschlusses erforderlich ist.

(4) [1] Sind mehrere Geschäftszweige vorhanden und bedingt dies die Gliederung des Jahresabschlusses nach verschiedenen Gliederungsvorschriften, so ist der Jahresabschluß nach der für einen Geschäftszweig vorgeschriebenen Gliederung aufzustellen und nach der für die anderen Geschäftszweige vorgeschriebenen Gliederung zu ergänzen. [2] Die Ergänzung ist im Anhang anzugeben und zu begründen.

---

1) Nr. **10**.

(5) [1] Eine weitere Untergliederung der Posten ist zulässig; dabei ist jedoch die vorgeschriebene Gliederung zu beachten. [2] Neue Posten und Zwischensummen dürfen hinzugefügt werden, wenn ihr Inhalt nicht von einem vorgeschriebenen Posten gedeckt wird.

(6) Gliederung und Bezeichnung der mit arabischen Zahlen versehenen Posten der Bilanz und der Gewinn- und Verlustrechnung sind zu ändern, wenn dies wegen Besonderheiten der Kapitalgesellschaft zur Aufstellung eines klaren und übersichtlichen Jahresabschlusses erforderlich ist.

(7) Die mit arabischen Zahlen versehenen Posten der Bilanz und der Gewinn- und Verlustrechnung können, wenn nicht besondere Formblätter vorgeschrieben sind, zusammengefaßt ausgewiesen werden, wenn

1. sie einen Betrag enthalten, der für die Vermittlung eines den tatsächlichen Verhältnissen entsprechenden Bildes im Sinne des § 264 Abs. 2 nicht erheblich ist,
   oder
2. dadurch die Klarheit der Darstellung vergrößert wird; in diesem Falle müssen die zusammengefaßten Posten jedoch im Anhang gesondert ausgewiesen werden.

(8) Ein Posten der Bilanz oder der Gewinn- und Verlustrechnung, der keinen Betrag ausweist, braucht nicht aufgeführt zu werden, es sei denn, daß im vorhergehenden Geschäftsjahr unter diesem Posten ein Betrag ausgewiesen wurde.

Zweiter Titel. Bilanz

§ 266 Gliederung der Bilanz. (1) [1] Die Bilanz ist in Kontoform aufzustellen. [2] Dabei haben mittelgroße und große Kapitalgesellschaften (§ 267 Absatz 2 und 3) auf der Aktivseite die in Absatz 2 und auf der Passivseite die in Absatz 3 bezeichneten Posten gesondert und in der vorgeschriebenen Reihenfolge auszuweisen. [3] Kleine Kapitalgesellschaften (§ 267 Abs. 1) brauchen nur eine verkürzte Bilanz aufzustellen, in die nur die in den Absätzen 2 und 3 mit Buchstaben und römischen Zahlen bezeichneten Posten gesondert und in der vorgeschriebenen Reihenfolge aufgenommen werden. [4] Kleinstkapitalgesellschaften (§ 267a) brauchen nur eine verkürzte Bilanz aufzustellen, in die nur die in den Absätzen 2 und 3 mit Buchstaben bezeichneten Posten gesondert und in der vorgeschriebenen Reihenfolge aufgenommen werden.

(2) Aktivseite

A. Anlagevermögen:
   I. Immaterielle Vermögensgegenstände:
      1. Selbst geschaffene gewerbliche Schutzrechte und ähnliche Rechte und Werte;
      2. entgeltlich erworbene Konzessionen, gewerbliche Schutzrechte und ähnliche Rechte und Werte sowie Lizenzen an solchen Rechten und Werten;
      3. Geschäfts- oder Firmenwert;
      4. geleistete Anzahlungen;
   II. Sachanlagen:
      1. Grundstücke, grundstücksgleiche Rechte und Bauten einschließlich der Bauten auf fremden Grundstücken;

2. technische Anlagen und Maschinen;
3. andere Anlagen, Betriebs- und Geschäftsausstattung;
4. geleistete Anzahlungen und Anlagen im Bau;

III. Finanzanlagen:
1. Anteile an verbundenen Unternehmen;
2. Ausleihungen an verbundene Unternehmen;
3. Beteiligungen;
4. Ausleihungen an Unternehmen, mit denen ein Beteiligungsverhältnis besteht;
5. Wertpapiere des Anlagevermögens;
6. sonstige Ausleihungen.

B. Umlaufvermögen:

I. Vorräte:
1. Roh-, Hilfs- und Betriebsstoffe;
2. unfertige Erzeugnisse, unfertige Leistungen;
3. fertige Erzeugnisse und Waren;
4. geleistete Anzahlungen;

II. Forderungen und sonstige Vermögensgegenstände:
1. Forderungen aus Lieferungen und Leistungen;
2. Forderungen gegen verbundene Unternehmen;
3. Forderungen gegen Unternehmen, mit denen ein Beteiligungsverhältnis besteht;
4. sonstige Vermögensgegenstände;

III. Wertpapiere:
1. Anteile an verbundenen Unternehmen;
2. sonstige Wertpapiere;

IV. Kassenbestand, Bundesbankguthaben, Guthaben bei Kreditinstituten und Schecks.

C. Rechnungsabgrenzungsposten.

D. Aktive latente Steuern.

E. Aktiver Unterschiedsbetrag aus der Vermögensverrechnung.

(3) Passivseite

A. Eigenkapital:

I. Gezeichnetes Kapital;

II. Kapitalrücklage;

III. Gewinnrücklagen:
1. gesetzliche Rücklage;
2. Rücklage für Anteile an einem herrschenden oder mehrheitlich beteiligten Unternehmen;
3. satzungsmäßige Rücklagen;
4. andere Gewinnrücklagen;

IV. Gewinnvortrag/Verlustvortrag;

V. Jahresüberschuß/Jahresfehlbetrag.

B. Rückstellungen:

1. Rückstellungen für Pensionen und ähnliche Verpflichtungen;
2. Steuerrückstellungen;
3. sonstige Rückstellungen.

C. Verbindlichkeiten:
1. Anleihen,
davon konvertibel;
2. Verbindlichkeiten gegenüber Kreditinstituten;
3. erhaltene Anzahlungen auf Bestellungen;
4. Verbindlichkeiten aus Lieferungen und Leistungen;
5. Verbindlichkeiten aus der Annahme gezogener Wechsel und der Ausstellung eigener Wechsel;
6. Verbindlichkeiten gegenüber verbundenen Unternehmen;
7. Verbindlichkeiten gegenüber Unternehmen, mit denen ein Beteiligungsverhältnis besteht;
8. sonstige Verbindlichkeiten,
davon aus Steuern,
davon im Rahmen der sozialen Sicherheit.

D. Rechnungsabgrenzungsposten.

E. Passive latente Steuern.

§ 267 Umschreibung der Größenklassen. (1) Kleine Kapitalgesellschaften sind solche, die mindestens zwei der drei nachstehenden Merkmale nicht überschreiten:

1. 6 000 000 Euro Bilanzsumme.
2. 12 000 000 Euro Umsatzerlöse in den zwölf Monaten vor dem Abschlußstichtag.
3. Im Jahresdurchschnitt fünfzig Arbeitnehmer.

(2) Mittelgroße Kapitalgesellschaften sind solche, die mindestens zwei der drei in Absatz 1 bezeichneten Merkmale überschreiten und jeweils mindestens zwei der drei nachstehenden Merkmale nicht überschreiten:

1. 20 000 000 Euro Bilanzsumme.
2. 40 000 000 Euro Umsatzerlöse in den zwölf Monaten vor dem Abschlußstichtag.
3. Im Jahresdurchschnitt zweihundertfünfzig Arbeitnehmer.

(3) [1] Große Kapitalgesellschaften sind solche, die mindestens zwei der drei in Absatz 2 bezeichneten Merkmale überschreiten. [2] Eine Kapitalgesellschaft im Sinn des § 264d gilt stets als große.

(4) [1] Die Rechtsfolgen der Merkmale nach den Absätzen 1 bis 3 Satz 1 treten nur ein, wenn sie an den Abschlußstichtagen von zwei aufeinanderfolgenden Geschäftsjahren über- oder unterschritten werden. [2] Im Falle der Umwandlung oder Neugründung treten die Rechtsfolgen schon ein, wenn die Voraussetzungen des Absatzes 1, 2 oder 3 am ersten Abschlußstichtag nach der Umwandlung oder Neugründung vorliegen. [3] Satz 2 findet im Falle des Formwechsels keine Anwendung, sofern der formwechselnde Rechtsträger eine Kapitalgesellschaft oder eine Personenhandelsgesellschaft im Sinne des § 264a Absatz 1 ist.

(4a) [1] Die Bilanzsumme setzt sich aus den Posten zusammen, die in den Buchstaben A bis E des § 266 Absatz 2 aufgeführt sind. [2] Ein auf der Aktivseite ausgewiesener Fehlbetrag (§ 268 Absatz 3) wird nicht in die Bilanzsumme einbezogen.

(5) Als durchschnittliche Zahl der Arbeitnehmer gilt der vierte Teil der Summe aus den Zahlen der jeweils am 31. März, 30. Juni, 30. September und 31. Dezember beschäftigten Arbeitnehmer einschließlich der im Ausland beschäftigten Arbeitnehmer, jedoch ohne die zu ihrer Berufsausbildung Beschäftigten.

(6) Informations- und Auskunftsrechte der Arbeitnehmervertretungen nach anderen Gesetzen bleiben unberührt.

§ 267a Kleinstkapitalgesellschaften. (1) [1] Kleinstkapitalgesellschaften sind kleine Kapitalgesellschaften, die mindestens zwei der drei nachstehenden Merkmale nicht überschreiten:

1. 350 000 Euro Bilanzsumme;
2. 700 000 Euro Umsatzerlöse in den zwölf Monaten vor dem Abschlussstichtag;
3. im Jahresdurchschnitt zehn Arbeitnehmer.

[2] § 267 Absatz 4 bis 6 gilt entsprechend.

(2) Die in diesem Gesetz für kleine Kapitalgesellschaften (§ 267 Absatz 1) vorgesehenen besonderen Regelungen gelten für Kleinstkapitalgesellschaften entsprechend, soweit nichts anderes geregelt ist.

(3) Keine Kleinstkapitalgesellschaften sind:

1. Investmentgesellschaften im Sinne des § 1 Absatz 11 des Kapitalanlagegesetzbuchs,
2. Unternehmensbeteiligungsgesellschaften im Sinne des § 1a Absatz 1 des Gesetzes über Unternehmensbeteiligungsgesellschaften oder
3. Unternehmen, deren einziger Zweck darin besteht, Beteiligungen an anderen Unternehmen zu erwerben sowie die Verwaltung und Verwertung dieser Beteiligungen wahrzunehmen, ohne dass sie unmittelbar oder mittelbar in die Verwaltung dieser Unternehmen eingreifen, wobei die Ausübung der ihnen als Aktionär oder Gesellschafter zustehenden Rechte außer Betracht bleibt.

§ 268 Vorschriften zu einzelnen Posten der Bilanz. Bilanzvermerke.

(1) [1] Die Bilanz darf auch unter Berücksichtigung der vollständigen oder teilweisen Verwendung des Jahresergebnisses aufgestellt werden. [2] Wird die Bilanz unter Berücksichtigung der teilweisen Verwendung des Jahresergebnisses aufgestellt, so tritt an die Stelle der Posten „Jahresüberschuß/Jahresfehlbetrag" und „Gewinnvortrag/Verlustvortrag" der Posten „Bilanzgewinn/Bilanzverlust"; ein vorhandener Gewinn- oder Verlustvortrag ist in den Posten „Bilanzgewinn/Bilanzverlust" einzubeziehen und in der Bilanz gesondert anzugeben. [3] Die Angabe kann auch im Anhang gemacht werden.

(2) *(aufgehoben)*

(3) Ist das Eigenkapital durch Verluste aufgebraucht und ergibt sich ein Überschuß der Passivposten über die Aktivposten, so ist dieser Betrag am

Schluß der Bilanz auf der Aktivseite gesondert unter der Bezeichnung „Nicht durch Eigenkapital gedeckter Fehlbetrag“ auszuweisen.

(4) [1]Der Betrag der Forderungen mit einer Restlaufzeit von mehr als einem Jahr ist bei jedem gesondert ausgewiesenen Posten zu vermerken. [2]Werden unter dem Posten „sonstige Vermögensgegenstände“ Beträge für Vermögensgegenstände ausgewiesen, die erst nach dem Abschlußstichtag rechtlich entstehen, so müssen Beträge, die einen größeren Umfang haben, im Anhang erläutert werden.

(5) [1]Der Betrag der Verbindlichkeiten mit einer Restlaufzeit bis zu einem Jahr und der Betrag der Verbindlichkeiten mit einer Restlaufzeit von mehr als einem Jahr sind bei jedem gesondert ausgewiesenen Posten zu vermerken. [2]Erhaltene Anzahlungen auf Bestellungen sind, soweit Anzahlungen auf Vorräte nicht von dem Posten „Vorräte“ offen abgesetzt werden, unter den Verbindlichkeiten gesondert auszuweisen. [3]Sind unter dem Posten „Verbindlichkeiten“ Beträge für Verbindlichkeiten ausgewiesen, die erst nach dem Abschlußstichtag rechtlich entstehen, so müssen Beträge, die einen größeren Umfang haben, im Anhang erläutert werden.

(6) Ein nach § 250 Abs. 3 in den Rechnungsabgrenzungsposten auf der Aktivseite aufgenommener Unterschiedsbetrag ist in der Bilanz gesondert auszuweisen oder im Anhang anzugeben.

(7) Für die in § 251 bezeichneten Haftungsverhältnisse sind

1. die Angaben zu nicht auf der Passivseite auszuweisenden Verbindlichkeiten und Haftungsverhältnissen im Anhang zu machen,
2. dabei die Haftungsverhältnisse jeweils gesondert unter Angabe der gewährten Pfandrechte und sonstigen Sicherheiten anzugeben und
3. dabei Verpflichtungen betreffend die Altersversorgung und Verpflichtungen gegenüber verbundenen oder assoziierten Unternehmen jeweils gesondert zu vermerken.

(8) [1]Werden selbst geschaffene immaterielle Vermögensgegenstände des Anlagevermögens in der Bilanz ausgewiesen, so dürfen Gewinne nur ausgeschüttet werden, wenn die nach der Ausschüttung verbleibenden frei verfügbaren Rücklagen zuzüglich eines Gewinnvortrags und abzüglich eines Verlustvortrags mindestens den insgesamt angesetzten Beträgen abzüglich der hierfür gebildeten passiven latenten Steuern entsprechen. [2]Werden aktive latente Steuern in der Bilanz ausgewiesen, ist Satz 1 auf den Betrag anzuwenden, um den die aktiven latenten Steuern die passiven latenten Steuern übersteigen. [3]Bei Vermögensgegenständen im Sinn des § 246 Abs. 2 Satz 2 ist Satz 1 auf den Betrag abzüglich der hierfür gebildeten passiven latenten Steuern anzuwenden, der die Anschaffungskosten übersteigt.

§ 269 *(aufgehoben)*

§ 270 Bildung bestimmter Posten. (1) Einstellungen in die Kapitalrücklage und deren Auflösung sind bereits bei der Aufstellung der Bilanz vorzunehmen.

(2) Wird die Bilanz unter Berücksichtigung der vollständigen oder teilweisen Verwendung des Jahresergebnisses aufgestellt, so sind Entnahmen aus Gewinnrücklagen sowie Einstellungen in Gewinnrücklagen, die nach Gesetz, Gesellschaftsvertrag oder Satzung vorzunehmen sind oder auf Grund solcher Vor-

schriften beschlossen worden sind, bereits bei der Aufstellung der Bilanz zu berücksichtigen.

§ 271 Beteiligungen. Verbundene Unternehmen. (1) [1]Beteiligungen sind Anteile an anderen Unternehmen, die bestimmt sind, dem eigenen Geschäftsbetrieb durch Herstellung einer dauernden Verbindung zu jenen Unternehmen zu dienen. [2]Dabei ist es unerheblich, ob die Anteile in Wertpapieren verbrieft sind oder nicht. [3]Eine Beteiligung wird vermutet, wenn die Anteile an einem Unternehmen insgesamt den fünften Teil des Nennkapitals dieses Unternehmens oder, falls ein Nennkapital nicht vorhanden ist, den fünften Teil der Summe aller Kapitalanteile an diesem Unternehmen überschreiten. [4]Auf die Berechnung ist § 16 Abs. 2 und 4 des Aktiengesetzes[1)] entsprechend anzuwenden. [5]Die Mitgliedschaft in einer eingetragenen Genossenschaft gilt nicht als Beteiligung im Sinne dieses Buches.

(2) Verbundene Unternehmen im Sinne dieses Buches sind solche Unternehmen, die als Mutter- oder Tochterunternehmen (§ 290) in den Konzernabschluß eines Mutterunternehmens nach den Vorschriften über die Vollkonsolidierung einzubeziehen sind, das als oberstes Mutterunternehmen den am weitestgehenden Konzernabschluß nach dem Zweiten Unterabschnitt aufzustellen hat, auch wenn die Aufstellung unterbleibt, oder das einen befreienden Konzernabschluß nach den §§ 291 oder 292 aufstellt oder aufstellen könnte; Tochterunternehmen, die nach § 296 nicht einbezogen werden, sind ebenfalls verbundene Unternehmen.

§ 272 Eigenkapital. (1) [1]Gezeichnetes Kapital ist mit dem Nennbetrag anzusetzen. [2]Die nicht eingeforderten ausstehenden Einlagen auf das gezeichnete Kapital sind von dem Posten „Gezeichnetes Kapital" offen abzusetzen; der verbleibende Betrag ist als Posten „Eingefordertes Kapital" in der Hauptspalte der Passivseite auszuweisen; der eingeforderte, aber noch nicht eingezahlte Betrag ist unter den Forderungen gesondert auszuweisen und entsprechend zu bezeichnen.

(1a) [1]Der Nennbetrag oder, falls ein solcher nicht vorhanden ist, der rechnerische Wert von erworbenen eigenen Anteilen ist in der Vorspalte offen von dem Posten „Gezeichnetes Kapital" abzusetzen. [2]Der Unterschiedsbetrag zwischen dem Nennbetrag oder dem rechnerischen Wert und den Anschaffungskosten der eigenen Anteile ist mit den frei verfügbaren Rücklagen zu verrechnen. [3]Aufwendungen, die Anschaffungsnebenkosten sind, sind Aufwand des Geschäftsjahrs.

(1b) [1]Nach der Veräußerung der eigenen Anteile entfällt der Ausweis nach Absatz 1a Satz 1. [2]Ein den Nennbetrag oder den rechnerischen Wert übersteigender Differenzbetrag aus dem Veräußerungserlös ist bis zur Höhe des mit den frei verfügbaren Rücklagen verrechneten Betrages in die jeweiligen Rücklagen einzustellen. [3]Ein darüber hinausgehender Differenzbetrag ist in die Kapitalrücklage gemäß Absatz 2 Nr. 1 einzustellen. [4]Die Nebenkosten der Veräußerung sind Aufwand des Geschäftsjahrs.

(2) Als Kapitalrücklage sind auszuweisen

[1)] Nr. 2.

1. der Betrag, der bei der Ausgabe von Anteilen einschließlich von Bezugsanteilen über den Nennbetrag oder, falls ein Nennbetrag nicht vorhanden ist, über den rechnerischen Wert hinaus erzielt wird;
2. der Betrag, der bei der Ausgabe von Schuldverschreibungen für Wandlungsrechte und Optionsrechte zum Erwerb von Anteilen erzielt wird;
3. der Betrag von Zuzahlungen, die Gesellschafter gegen Gewährung eines Vorzugs für ihre Anteile leisten;
4. der Betrag von anderen Zuzahlungen, die Gesellschafter in das Eigenkapital leisten.

(3) [1] Als Gewinnrücklagen dürfen nur Beträge ausgewiesen werden, die im Geschäftsjahr oder in einem früheren Geschäftsjahr aus dem Ergebnis gebildet worden sind. [2] Dazu gehören aus dem Ergebnis zu bildende gesetzliche oder auf Gesellschaftsvertrag oder Satzung beruhende Rücklagen und andere Gewinnrücklagen.

(4) [1] Für Anteile an einem herrschenden oder mit Mehrheit beteiligten Unternehmen ist eine Rücklage zu bilden. [2] In die Rücklage ist ein Betrag einzustellen, der dem auf der Aktivseite der Bilanz für die Anteile an dem herrschenden oder mit Mehrheit beteiligten Unternehmen angesetzten Betrag entspricht. [3] Die Rücklage, die bereits bei der Aufstellung der Bilanz zu bilden ist, darf aus vorhandenen frei verfügbaren Rücklagen gebildet werden. [4] Die Rücklage ist aufzulösen, soweit die Anteile an dem herrschenden oder mit Mehrheit beteiligten Unternehmen veräußert, ausgegeben oder eingezogen werden oder auf der Aktivseite ein niedrigerer Betrag angesetzt wird.

(5) [1] Übersteigt der auf eine Beteiligung entfallende Teil des Jahresüberschusses in der Gewinn- und Verlustrechnung die Beträge, die als Dividende oder Gewinnanteil eingegangen sind oder auf deren Zahlung die Kapitalgesellschaft einen Anspruch hat, ist der Unterschiedsbetrag in eine Rücklage einzustellen, die nicht ausgeschüttet werden darf. [2] Die Rücklage ist aufzulösen, soweit die Kapitalgesellschaft die Beträge vereinnahmt oder einen Anspruch auf ihre Zahlung erwirbt.

§ 273 *(aufgehoben)*

§ 274 Latente Steuern. (1) [1] Bestehen zwischen den handelsrechtlichen Wertansätzen von Vermögensgegenständen, Schulden und Rechnungsabgrenzungsposten und ihren steuerlichen Wertansätzen Differenzen, die sich in späteren Geschäftsjahren voraussichtlich abbauen, so ist eine sich daraus insgesamt ergebende Steuerbelastung als passive latente Steuern (§ 266 Abs. 3 E.) in der Bilanz anzusetzen. [2] Eine sich daraus insgesamt ergebende Steuerentlastung kann als aktive latente Steuern (§ 266 Abs. 2 D.) in der Bilanz angesetzt werden. [3] Die sich ergebende Steuerbe- und die sich ergebende Steuerentlastung können auch unverrechnet angesetzt werden. [4] Steuerliche Verlustvorträge sind bei der Berechnung aktiver latenter Steuern in Höhe der innerhalb der nächsten fünf Jahre zu erwartenden Verlustverrechnung zu berücksichtigen.

(2) [1] Die Beträge der sich ergebenden Steuerbe- und -entlastung sind mit den unternehmensindividuellen Steuersätzen im Zeitpunkt des Abbaus der Differenzen zu bewerten und nicht abzuzinsen. [2] Die ausgewiesenen Posten sind aufzulösen, sobald die Steuerbe- oder -entlastung eintritt oder mit ihr nicht mehr zu rechnen ist. [3] Der Aufwand oder Ertrag aus der Veränderung

bilanzierter latenter Steuern ist in der Gewinn- und Verlustrechnung gesondert unter dem Posten „Steuern vom Einkommen und vom Ertrag" auszuweisen.

§ 274a Größenabhängige Erleichterungen. Kleine Kapitalgesellschaften sind von der Anwendung der folgenden Vorschriften befreit:

1. § 268 Abs. 4 Satz 2 über die Pflicht zur Erläuterung bestimmter Forderungen im Anhang,
2. § 268 Abs. 5 Satz 3 über die Erläuterung bestimmter Verbindlichkeiten im Anhang,
3. § 268 Abs. 6 über den Rechnungsabgrenzungsposten nach § 250 Abs. 3,
4. § 274 über die Abgrenzung latenter Steuern.

Dritter Titel. Gewinn- und Verlustrechnung

§ 275 Gliederung. (1) [1] Die Gewinn- und Verlustrechnung ist in Staffelform nach dem Gesamtkostenverfahren oder dem Umsatzkostenverfahren aufzustellen. [2] Dabei sind die in Absatz 2 oder 3 bezeichneten Posten in der angegebenen Reihenfolge gesondert auszuweisen.

(2) Bei Anwendung des Gesamtkostenverfahrens sind auszuweisen:

1. Umsatzerlöse
2. Erhöhung oder Verminderung des Bestands an fertigen und unfertigen Erzeugnissen
3. andere aktivierte Eigenleistungen
4. sonstige betriebliche Erträge
5. Materialaufwand:
   a) Aufwendungen für Roh-, Hilfs- und Betriebsstoffe und für bezogene Waren
   b) Aufwendungen für bezogene Leistungen
6. Personalaufwand:
   a) Löhne und Gehälter
   b) soziale Abgaben und Aufwendungen für Altersversorgung und für Unterstützung,
   davon für Altersversorgung
7. Abschreibungen:
   a) auf immaterielle Vermögensgegenstände des Anlagevermögens und Sachanlagen
   b) auf Vermögensgegenstände des Umlaufvermögens, soweit diese die in der Kapitalgesellschaft üblichen Abschreibungen überschreiten
8. sonstige betriebliche Aufwendungen
9. Erträge aus Beteiligungen,
   davon aus verbundenen Unternehmen
10. Erträge aus anderen Wertpapieren und Ausleihungen des Finanzanlagevermögens,
    davon aus verbundenen Unternehmen
11. sonstige Zinsen und ähnliche Erträge,
    davon aus verbundenen Unternehmen
12. Abschreibungen auf Finanzanlagen und auf Wertpapiere des Umlaufvermögens

13. Zinsen und ähnliche Aufwendungen,
davon an verbundene Unternehmen
14. Steuern vom Einkommen und vom Ertrag
15. Ergebnis nach Steuern
16. sonstige Steuern
17. Jahresüberschuss/Jahresfehlbetrag.

(3) Bei Anwendung des Umsatzkostenverfahrens sind auszuweisen:

1. Umsatzerlöse
2. Herstellungskosten der zur Erzielung der Umsatzerlöse erbrachten Leistungen
3. Bruttoergebnis vom Umsatz
4. Vertriebskosten
5. allgemeine Verwaltungskosten
6. sonstige betriebliche Erträge
7. sonstige betriebliche Aufwendungen
8. Erträge aus Beteiligungen,
davon aus verbundenen Unternehmen
9. Erträge aus anderen Wertpapieren und Ausleihungen des Finanzanlagevermögens,
davon aus verbundenen Unternehmen
10. sonstige Zinsen und ähnliche Erträge,
davon aus verbundenen Unternehmen
11. Abschreibungen auf Finanzanlagen und auf Wertpapiere des Umlaufvermögens
12. Zinsen und ähnliche Aufwendungen,
davon an verbundene Unternehmen
13. Steuern vom Einkommen und vom Ertrag
14. Ergebnis nach Steuern
15. sonstige Steuern
16. Jahresüberschuss/Jahresfehlbetrag.

(4) Veränderungen der Kapital- und Gewinnrücklagen dürfen in der Gewinn- und Verlustrechnung erst nach dem Posten „Jahresüberschuß/Jahresfehlbetrag“ ausgewiesen werden.

(5) Kleinstkapitalgesellschaften (§ 267a) können anstelle der Staffelungen nach den Absätzen 2 und 3 die Gewinn- und Verlustrechnung wie folgt darstellen:

1. Umsatzerlöse,
2. sonstige Erträge,
3. Materialaufwand,
4. Personalaufwand,
5. Abschreibungen,
6. sonstige Aufwendungen,
7. Steuern,
8. Jahresüberschuss/Jahresfehlbetrag.

§ 276 Größenabhängige Erleichterungen. [1]Kleine und mittelgroße Kapitalgesellschaften (§ 267 Abs. 1, 2) dürfen die Posten § 275 Abs. 2 Nr. 1 bis 5 oder Abs. 3 Nr. 1 bis 3 und 6 zu einem Posten unter der Bezeichnung „Rohergebnis" zusammenfassen. [2]Die Erleichterungen nach Satz 1 gelten nicht für Kleinstkapitalgesellschaften (§ 267a), die von der Regelung des § 275 Absatz 5 Gebrauch machen.

§ 277 Vorschriften zu einzelnen Posten der Gewinn- und Verlustrechnung. (1) Als Umsatzerlöse sind die Erlöse aus dem Verkauf und der Vermietung oder Verpachtung von Produkten sowie aus der Erbringung von Dienstleistungen der Kapitalgesellschaft nach Abzug von Erlösschmälerungen und der Umsatzsteuer sowie sonstiger direkt mit dem Umsatz verbundener Steuern auszuweisen.

(2) Als Bestandsveränderungen sind sowohl Änderungen der Menge als auch solche des Wertes zu berücksichtigen; Abschreibungen jedoch nur, soweit diese die in der Kapitalgesellschaft sonst üblichen Abschreibungen nicht überschreiten.

(3) [1]Außerplanmäßige Abschreibungen nach § 253 Absatz 3 Satz 5 und 6 sind jeweils gesondert auszuweisen oder im Anhang anzugeben. [2]Erträge und Aufwendungen aus Verlustübernahme und auf Grund einer Gewinngemeinschaft, eines Gewinnabführungs- oder eines Teilgewinnabführungsvertrags erhaltene oder abgeführte Gewinne sind jeweils gesondert unter entsprechender Bezeichnung auszuweisen.

(4) *(aufgehoben)*

(5) [1]Erträge aus der Abzinsung sind in der Gewinn- und Verlustrechnung gesondert unter dem Posten „Sonstige Zinsen und ähnliche Erträge" und Aufwendungen gesondert unter dem Posten „Zinsen und ähnliche Aufwendungen" auszuweisen. [2]Erträge aus der Währungsumrechnung sind in der Gewinn- und Verlustrechnung gesondert unter dem Posten „Sonstige betriebliche Erträge" und Aufwendungen aus der Währungsumrechnung gesondert unter dem Posten „Sonstige betriebliche Aufwendungen" auszuweisen.

§§ 278–283 *(aufgehoben)*

Fünfter Titel. Anhang

§ 284 Erläuterung der Bilanz und der Gewinn- und Verlustrechnung.

(1) [1]In den Anhang sind diejenigen Angaben aufzunehmen, die zu den einzelnen Posten der Bilanz oder der Gewinn- und Verlustrechnung vorgeschrieben sind; sie sind in der Reihenfolge der einzelnen Posten der Bilanz und der Gewinn- und Verlustrechnung darzustellen. [2]Im Anhang sind auch die Angaben zu machen, die in Ausübung eines Wahlrechts nicht in die Bilanz oder in die Gewinn- und Verlustrechnung aufgenommen wurden.

(2) Im Anhang müssen

1. die auf die Posten der Bilanz und der Gewinn- und Verlustrechnung angewandten Bilanzierungs- und Bewertungsmethoden angegeben werden;
2. Abweichungen von Bilanzierungs- und Bewertungsmethoden angegeben und begründet werden; deren Einfluß auf die Vermögens-, Finanz- und Ertragslage ist gesondert darzustellen;

3. bei Anwendung einer Bewertungsmethode nach § 240 Abs. 4, § 256 Satz 1 die Unterschiedsbeträge pauschal für die jeweilige Gruppe ausgewiesen werden, wenn die Bewertung im Vergleich zu einer Bewertung auf der Grundlage des letzten vor dem Abschlußstichtag bekannten Börsenkurses oder Marktpreises einen erheblichen Unterschied aufweist;
4. Angaben über die Einbeziehung von Zinsen für Fremdkapital in die Herstellungskosten gemacht werden.

(3) [1] Im Anhang ist die Entwicklung der einzelnen Posten des Anlagevermögens in einer gesonderten Aufgliederung darzustellen. [2] Dabei sind, ausgehend von den gesamten Anschaffungs- und Herstellungskosten, die Zugänge, Abgänge, Umbuchungen und Zuschreibungen des Geschäftsjahrs sowie die Abschreibungen gesondert aufzuführen. [3] Zu den Abschreibungen sind gesondert folgende Angaben zu machen:
1. die Abschreibungen in ihrer gesamten Höhe zu Beginn und Ende des Geschäftsjahrs,
2. die im Laufe des Geschäftsjahrs vorgenommenen Abschreibungen und
3. Änderungen in den Abschreibungen in ihrer gesamten Höhe im Zusammenhang mit Zu- und Abgängen sowie Umbuchungen im Laufe des Geschäftsjahrs.

[4] Sind in die Herstellungskosten Zinsen für Fremdkapital einbezogen worden, ist für jeden Posten des Anlagevermögens anzugeben, welcher Betrag an Zinsen im Geschäftsjahr aktiviert worden ist.

§ 285 Sonstige Pflichtangaben. Ferner sind im Anhang anzugeben:
1. zu den in der Bilanz ausgewiesenen Verbindlichkeiten
   a) der Gesamtbetrag der Verbindlichkeiten mit einer Restlaufzeit von mehr als fünf Jahren,
   b) der Gesamtbetrag der Verbindlichkeiten, die durch Pfandrechte oder ähnliche Rechte gesichert sind, unter Angabe von Art und Form der Sicherheiten;
2. die Aufgliederung der in Nummer 1 verlangten Angaben für jeden Posten der Verbindlichkeiten nach dem vorgeschriebenen Gliederungsschema;
3. Art und Zweck sowie Risiken, Vorteile und finanzielle Auswirkungen von nicht in der Bilanz enthaltenen Geschäften, soweit die Risiken und Vorteile wesentlich sind und die Offenlegung für die Beurteilung der Finanzlage des Unternehmens erforderlich ist;

3a. der Gesamtbetrag der sonstigen finanziellen Verpflichtungen, die nicht in der Bilanz enthalten sind und die nicht nach § 268 Absatz 7 oder Nummer 3 anzugeben sind, sofern diese Angabe für die Beurteilung der Finanzlage von Bedeutung ist; davon sind Verpflichtungen betreffend die Altersversorgung und Verpflichtungen gegenüber verbundenen oder assoziierten Unternehmen jeweils gesondert anzugeben;

4. die Aufgliederung der Umsatzerlöse nach Tätigkeitsbereichen sowie nach geografisch bestimmten Märkten, soweit sich unter Berücksichtigung der Organisation des Verkaufs, der Vermietung oder Verpachtung von Produkten und der Erbringung von Dienstleistungen der Kapitalgesellschaft die Tätigkeitsbereiche und geografisch bestimmten Märkte untereinander erheblich unterscheiden;

5. *(aufgehoben)*
6. *(aufgehoben)*
7. die durchschnittliche Zahl der während des Geschäftsjahrs beschäftigten Arbeitnehmer getrennt nach Gruppen;
8. bei Anwendung des Umsatzkostenverfahrens (§ 275 Abs. 3)
   a) der Materialaufwand des Geschäftsjahrs, gegliedert nach § 275 Abs. 2 Nr. 5,
   b) der Personalaufwand des Geschäftsjahrs, gegliedert nach § 275 Abs. 2 Nr. 6;
9. für die Mitglieder des Geschäftsführungsorgans, eines Aufsichtsrats, eines Beirats oder einer ähnlichen Einrichtung jeweils für jede Personengruppe
   a) die für die Tätigkeit im Geschäftsjahr gewährten Gesamtbezüge (Gehälter, Gewinnbeteiligungen, Bezugsrechte und sonstige aktienbasierte Vergütungen, Aufwandsentschädigungen, Versicherungsentgelte, Provisionen und Nebenleistungen jeder Art). In die Gesamtbezüge sind auch Bezüge einzurechnen, die nicht ausgezahlt, sondern in Ansprüche anderer Art umgewandelt oder zur Erhöhung anderer Ansprüche verwendet werden. Außer den Bezügen für das Geschäftsjahr sind die weiteren Bezüge anzugeben, die im Geschäftsjahr gewährt, bisher aber in keinem Jahresabschluss angegeben worden sind. Bezugsrechte und sonstige aktienbasierte Vergütungen sind mit ihrer Anzahl und dem beizulegenden Zeitwert zum Zeitpunkt ihrer Gewährung anzugeben; spätere Wertveränderungen, die auf einer Änderung der Ausübungsbedingungen beruhen, sind zu berücksichtigen;
   b) die Gesamtbezüge (Abfindungen, Ruhegehälter, Hinterbliebenenbezüge und Leistungen verwandter Art) der früheren Mitglieder der bezeichneten Organe und ihrer Hinterbliebenen. Buchstabe a Satz 2 und 3 ist entsprechend anzuwenden. Ferner ist der Betrag der für diese Personengruppe gebildeten Rückstellungen für laufende Pensionen und Anwartschaften auf Pensionen und der Betrag der für diese Verpflichtungen nicht gebildeten Rückstellungen anzugeben;
   c) die gewährten Vorschüsse und Kredite unter Angabe der Zinssätze, der wesentlichen Bedingungen und der gegebenenfalls im Geschäftsjahr zurückgezahlten oder erlassenen Beträge sowie die zugunsten dieser Personen eingegangenen Haftungsverhältnisse;
10. alle Mitglieder des Geschäftsführungsorgans und eines Aufsichtsrats, auch wenn sie im Geschäftsjahr oder später ausgeschieden sind, mit dem Familiennamen und mindestens einem ausgeschriebenen Vornamen, einschließlich des ausgeübten Berufs und bei börsennotierten Gesellschaften auch der Mitgliedschaft in Aufsichtsräten und anderen Kontrollgremien im Sinne des § 125 Abs. 1 Satz 5 des Aktiengesetzes[1]. Der Vorsitzende eines Aufsichtsrats, seine Stellvertreter und ein etwaiger Vorsitzender des Geschäftsführungsorgans sind als solche zu bezeichnen;
11. Name und Sitz anderer Unternehmen, die Höhe des Anteils am Kapital, das Eigenkapital und das Ergebnis des letzten Geschäftsjahrs dieser Unternehmen, für das ein Jahresabschluss vorliegt, soweit es sich um Beteiligun-

---

[1] Nr. 2.

gen im Sinne des § 271 Absatz 1 handelt oder ein solcher Anteil von einer Person für Rechnung der Kapitalgesellschaft gehalten wird;

11a. Name, Sitz und Rechtsform der Unternehmen, deren unbeschränkt haftender Gesellschafter die Kapitalgesellschaft ist;

11b. von börsennotierten Kapitalgesellschaften sind alle Beteiligungen an großen Kapitalgesellschaften anzugeben, die 5 Prozent der Stimmrechte überschreiten;

12. Rückstellungen, die in der Bilanz unter dem Posten „sonstige Rückstellungen" nicht gesondert ausgewiesen werden, sind zu erläutern, wenn sie einen nicht unerheblichen Umfang haben;

13. jeweils eine Erläuterung des Zeitraums, über den ein entgeltlich erworbener Geschäfts- oder Firmenwert abgeschrieben wird;

14. Name und Sitz des Mutterunternehmens der Kapitalgesellschaft, das den Konzernabschluss für den größten Kreis von Unternehmen aufstellt, sowie der Ort, wo der von diesem Mutterunternehmen aufgestellte Konzernabschluss erhältlich ist;

14a. Name und Sitz des Mutterunternehmens der Kapitalgesellschaft, das den Konzernabschluss für den kleinsten Kreis von Unternehmen aufstellt, sowie der Ort, wo der von diesem Mutterunternehmen aufgestellte Konzernabschluss erhältlich ist;

15. soweit es sich um den Anhang des Jahresabschlusses einer Personenhandelsgesellschaft im Sinne des § 264a Abs. 1 handelt, Name und Sitz der Gesellschaften, die persönlich haftende Gesellschafter sind, sowie deren gezeichnetes Kapital;

15a. das Bestehen von Genussscheinen, Genussrechten, Wandelschuldverschreibungen, Optionsscheinen, Optionen, Besserungsscheinen oder vergleichbaren Wertpapieren oder Rechten, unter Angabe der Anzahl und der Rechte, die sie verbriefen;

16. dass die nach § 161 des Aktiengesetzes[1] vorgeschriebene Erklärung abgegeben und wo sie öffentlich zugänglich gemacht worden ist;

17. das von dem Abschlussprüfer für das Geschäftsjahr berechnete Gesamthonorar, aufgeschlüsselt in das Honorar für
    a) die Abschlussprüfungsleistungen,
    b) andere Bestätigungsleistungen,
    c) Steuerberatungsleistungen,
    d) sonstige Leistungen,

    soweit die Angaben nicht in einem das Unternehmen einbeziehenden Konzernabschluss enthalten sind;

18. für zu den Finanzanlagen (§ 266 Abs. 2 A. III.) gehörende Finanzinstrumente, die über ihrem beizulegenden Zeitwert ausgewiesen werden, da eine außerplanmäßige Abschreibung nach § 253 Absatz 3 Satz 6 unterblieben ist,
    a) der Buchwert und der beizulegende Zeitwert der einzelnen Vermögensgegenstände oder angemessener Gruppierungen sowie

---

[1] Nr. 2.

b) die Gründe für das Unterlassen der Abschreibung einschließlich der Anhaltspunkte, die darauf hindeuten, dass die Wertminderung voraussichtlich nicht von Dauer ist;

19. für jede Kategorie nicht zum beizulegenden Zeitwert bilanzierter derivativer Finanzinstrumente
    a) deren Art und Umfang,
    b) deren beizulegender Zeitwert, soweit er sich nach § 255 Abs. 4 verlässlich ermitteln lässt, unter Angabe der angewandten Bewertungsmethode,
    c) deren Buchwert und der Bilanzposten, in welchem der Buchwert, soweit vorhanden, erfasst ist, sowie
    d) die Gründe dafür, warum der beizulegende Zeitwert nicht bestimmt werden kann;
20. für mit dem beizulegenden Zeitwert bewertete Finanzinstrumente
    a) die grundlegenden Annahmen, die der Bestimmung des beizulegenden Zeitwertes mit Hilfe allgemein anerkannter Bewertungsmethoden zugrunde gelegt wurden, sowie
    b) Umfang und Art jeder Kategorie derivativer Finanzinstrumente einschließlich der wesentlichen Bedingungen, welche die Höhe, den Zeitpunkt und die Sicherheit künftiger Zahlungsströme beeinflussen können;
21. zumindest die nicht zu marktüblichen Bedingungen zustande gekommenen Geschäfte, soweit sie wesentlich sind, mit nahe stehenden Unternehmen und Personen, einschließlich Angaben zur Art der Beziehung, zum Wert der Geschäfte sowie weiterer Angaben, die für die Beurteilung der Finanzlage notwendig sind; ausgenommen sind Geschäfte mit und zwischen mittel- oder unmittelbar in 100-prozentigem Anteilsbesitz stehenden in einen Konzernabschluss einbezogenen Unternehmen; Angaben über Geschäfte können nach Geschäftsarten zusammengefasst werden, sofern die getrennte Angabe für die Beurteilung der Auswirkungen auf die Finanzlage nicht notwendig ist;
22. im Fall der Aktivierung nach § 248 Abs. 2 der Gesamtbetrag der Forschungs- und Entwicklungskosten des Geschäftsjahrs sowie der davon auf die selbst geschaffenen immateriellen Vermögensgegenstände des Anlagevermögens entfallende Betrag;
23. bei Anwendung des § 254,
    a) mit welchem Betrag jeweils Vermögensgegenstände, Schulden, schwebende Geschäfte und mit hoher Wahrscheinlichkeit erwartete Transaktionen zur Absicherung welcher Risiken in welche Arten von Bewertungseinheiten einbezogen sind sowie die Höhe der mit Bewertungseinheiten abgesicherten Risiken,
    b) für die jeweils abgesicherten Risiken, warum, in welchem Umfang und für welchen Zeitraum sich die gegenläufigen Wertänderungen oder Zahlungsströme künftig voraussichtlich ausgleichen einschließlich der Methode der Ermittlung,
    c) eine Erläuterung der mit hoher Wahrscheinlichkeit erwarteten Transaktionen, die in Bewertungseinheiten einbezogen wurden,

    soweit die Angaben nicht im Lagebericht gemacht werden;

24. zu den Rückstellungen für Pensionen und ähnliche Verpflichtungen das angewandte versicherungsmathematische Berechnungsverfahren sowie die grundlegenden Annahmen der Berechnung, wie Zinssatz, erwartete Lohn- und Gehaltssteigerungen und zugrunde gelegte Sterbetafeln;
25. im Fall der Verrechnung von Vermögensgegenständen und Schulden nach § 246 Abs. 2 Satz 2 die Anschaffungskosten und der beizulegende Zeitwert der verrechneten Vermögensgegenstände, der Erfüllungsbetrag der verrechneten Schulden sowie die verrechneten Aufwendungen und Erträge; Nummer 20 Buchstabe a ist entsprechend anzuwenden;
26. zu Anteilen an Sondervermögen im Sinn des § 1 Absatz 10 des Kapitalanlagegesetzbuchs oder Anlageaktien an Investmentaktiengesellschaften mit veränderlichem Kapital im Sinn der §§ 108 bis 123 des Kapitalanlagegesetzbuchs oder vergleichbaren EU-Investmentvermögen oder vergleichbaren ausländischen Investmentvermögen von mehr als dem zehnten Teil, aufgegliedert nach Anlagezielen, deren Wert im Sinn der §§ 168, 278 des Kapitalanlagegesetzbuchs oder des § 36 des Investmentgesetzes in der bis zum 21. Juli 2013 geltenden Fassung oder vergleichbarer ausländischer Vorschriften über die Ermittlung des Marktwertes, die Differenz zum Buchwert und die für das Geschäftsjahr erfolgte Ausschüttung sowie Beschränkungen in der Möglichkeit der täglichen Rückgabe; darüber hinaus die Gründe dafür, dass eine Abschreibung gemäß § 253 Absatz 3 Satz 6 unterblieben ist, einschließlich der Anhaltspunkte, die darauf hindeuten, dass die Wertminderung voraussichtlich nicht von Dauer ist; Nummer 18 ist insoweit nicht anzuwenden;
27. für nach § 268 Abs. 7 im Anhang ausgewiesene Verbindlichkeiten und Haftungsverhältnisse die Gründe der Einschätzung des Risikos der Inanspruchnahme;
28. der Gesamtbetrag der Beträge im Sinn des § 268 Abs. 8, aufgegliedert in Beträge aus der Aktivierung selbst geschaffener immaterieller Vermögensgegenstände des Anlagevermögens, Beträge aus der Aktivierung latenter Steuern und aus der Aktivierung von Vermögensgegenständen zum beizulegenden Zeitwert;
29. auf welchen Differenzen oder steuerlichen Verlustvorträgen die latenten Steuern beruhen und mit welchen Steuersätzen die Bewertung erfolgt ist;
30. wenn latente Steuerschulden in der Bilanz angesetzt werden, die latenten Steuersalden am Ende des Geschäftsjahrs und die im Laufe des Geschäftsjahrs erfolgten Änderungen dieser Salden;
31. jeweils der Betrag und die Art der einzelnen Erträge und Aufwendungen von außergewöhnlicher Größenordnung oder außergewöhnlicher Bedeutung, soweit die Beträge nicht von untergeordneter Bedeutung sind;
32. eine Erläuterung der einzelnen Erträge und Aufwendungen hinsichtlich ihres Betrags und ihrer Art, die einem anderen Geschäftsjahr zuzurechnen sind, soweit die Beträge nicht von untergeordneter Bedeutung sind;
33. Vorgänge von besonderer Bedeutung, die nach dem Schluss des Geschäftsjahrs eingetreten und weder in der Gewinn- und Verlustrechnung noch in der Bilanz berücksichtigt sind, unter Angabe ihrer Art und ihrer finanziellen Auswirkungen;
34. der Vorschlag für die Verwendung des Ergebnisses oder der Beschluss über seine Verwendung.

§ 286 Unterlassen von Angaben. (1) Die Berichterstattung hat insoweit zu unterbleiben, als es für das Wohl der Bundesrepublik Deutschland oder eines ihrer Länder erforderlich ist.

(2) Die Aufgliederung der Umsatzerlöse nach § 285 Nr. 4 kann unterbleiben, soweit die Aufgliederung nach vernünftiger kaufmännischer Beurteilung geeignet ist, der Kapitalgesellschaft einen erheblichen Nachteil zuzufügen; die Anwendung der Ausnahmeregelung ist im Anhang anzugeben.

(3) [1]Die Angaben nach § 285 Nr. 11 und 11b können unterbleiben, soweit sie

1. für die Darstellung der Vermögens-, Finanz- und Ertragslage der Kapitalgesellschaft nach § 264 Abs. 2 von untergeordneter Bedeutung sind oder
2. nach vernünftiger kaufmännischer Beurteilung geeignet sind, der Kapitalgesellschaft oder dem anderen Unternehmen einen erheblichen Nachteil zuzufügen.

[2]Die Angabe des Eigenkapitals und des Jahresergebnisses kann unterbleiben, wenn das Unternehmen, über das zu berichten ist, seinen Jahresabschluß nicht offenzulegen hat und die berichtende Kapitalgesellschaft keinen beherrschenden Einfluss auf das betreffende Unternehmen ausüben kann. [3]Satz 1 Nr. 2 ist nicht anzuwenden, wenn die Kapitalgesellschaft oder eines ihrer Tochterunternehmen (§ 290 Abs. 1 und 2) am Abschlussstichtag kapitalmarktorientiert im Sinn des § 264d ist. [4]Im Übrigen ist die Anwendung der Ausnahmeregelung nach Satz 1 Nr. 2 im Anhang anzugeben.

(4) Bei Gesellschaften, die keine börsennotierten Aktiengesellschaften sind, können die in § 285 Nr. 9 Buchstabe a und b verlangten Angaben über die Gesamtbezüge der dort bezeichneten Personen unterbleiben, wenn sich anhand dieser Angaben die Bezüge eines Mitglieds dieser Organe feststellen lassen.

§ 287 *(aufgehoben)*

§ 288 Größenabhängige Erleichterungen. (1) Kleine Kapitalgesellschaften (§ 267 Absatz 1) brauchen nicht

1. die Angaben nach § 264c Absatz 2 Satz 9, § 265 Absatz 4 Satz 2, § 284 Absatz 2 Nummer 3, Absatz 3, § 285 Nummer 2, 3, 4, 8, 9 Buchstabe a und b, Nummer 10 bis 12, 14, 15, 15a, 17 bis 19, 21, 22, 24, 26 bis 30, 32 bis 34 zu machen;
2. eine Trennung nach Gruppen bei der Angabe nach § 285 Nummer 7 vorzunehmen;
3. bei der Angabe nach § 285 Nummer 14a den Ort anzugeben, wo der vom Mutterunternehmen aufgestellte Konzernabschluss erhältlich ist.

(2) [1]Mittelgroße Kapitalgesellschaften (§ 267 Absatz 2) brauchen die Angabe nach § 285 Nummer 4, 29 und 32 nicht zu machen. [2]Wenn sie die Angabe nach § 285 Nummer 17 nicht machen, sind sie verpflichtet, diese der Wirtschaftsprüferkammer auf deren schriftliche Anforderung zu übermitteln. [3]Sie brauchen die Angaben nach § 285 Nummer 21 nur zu machen, sofern die Geschäfte direkt oder indirekt mit einem Gesellschafter, Unternehmen, an denen die Gesellschaft selbst eine Beteiligung hält, oder Mitgliedern des Geschäftsführungs-, Aufsichts- oder Verwaltungsorgans abgeschlossen wurden.

Sechster Titel. Lagebericht

§ 289 Inhalt des Lageberichts. (1) [1] Im Lagebericht sind der Geschäftsverlauf einschließlich des Geschäftsergebnisses und die Lage der Kapitalgesellschaft so darzustellen, dass ein den tatsächlichen Verhältnissen entsprechendes Bild vermittelt wird. [2] Er hat eine ausgewogene und umfassende, dem Umfang und der Komplexität der Geschäftstätigkeit entsprechende Analyse des Geschäftsverlaufs und der Lage der Gesellschaft zu enthalten. [3] In die Analyse sind die für die Geschäftstätigkeit bedeutsamsten finanziellen Leistungsindikatoren einzubeziehen und unter Bezugnahme auf die im Jahresabschluss ausgewiesenen Beträge und Angaben zu erläutern. [4] Ferner ist im Lagebericht die voraussichtliche Entwicklung mit ihren wesentlichen Chancen und Risiken zu beurteilen und zu erläutern; zugrunde liegende Annahmen sind anzugeben. [5] Die Mitglieder des vertretungsberechtigten Organs einer Kapitalgesellschaft im Sinne des § 264 Abs. 2 Satz 3 haben zu versichern, dass nach bestem Wissen im Lagebericht der Geschäftsverlauf einschließlich des Geschäftsergebnisses und die Lage der Kapitalgesellschaft so dargestellt sind, dass ein den tatsächlichen Verhältnissen entsprechendes Bild vermittelt wird, und dass die wesentlichen Chancen und Risiken im Sinne des Satzes 4 beschrieben sind.

(2) [1] Im Lagebericht ist auch einzugehen auf:

1. a) die Risikomanagementziele und -methoden der Gesellschaft einschließlich ihrer Methoden zur Absicherung aller wichtigen Arten von Transaktionen, die im Rahmen der Bilanzierung von Sicherungsgeschäften erfasst werden, sowie

   b) die Preisänderungs-, Ausfall- und Liquiditätsrisiken sowie die Risiken aus Zahlungsstromschwankungen, denen die Gesellschaft ausgesetzt ist,

   jeweils in Bezug auf die Verwendung von Finanzinstrumenten durch die Gesellschaft und sofern dies für die Beurteilung der Lage oder der voraussichtlichen Entwicklung von Belang ist;
2. den Bereich Forschung und Entwicklung sowie
3. bestehende Zweigniederlassungen der Gesellschaft.

[2] Sind im Anhang Angaben nach § 160 Absatz 1 Nummer 2 des Aktiengesetzes[1)] zu machen, ist im Lagebericht darauf zu verweisen.

(3) Bei einer großen Kapitalgesellschaft (§ 267 Abs. 3) gilt Absatz 1 Satz 3 entsprechend für nichtfinanzielle Leistungsindikatoren, wie Informationen über Umwelt- und Arbeitnehmerbelange, soweit sie für das Verständnis des Geschäftsverlaufs oder der Lage von Bedeutung sind.

(4) Kapitalgesellschaften im Sinn des § 264d haben im Lagebericht die wesentlichen Merkmale des internen Kontroll- und des Risikomanagementsystems im Hinblick auf den Rechnungslegungsprozess zu beschreiben.

§ 289a Ergänzende Vorgaben für bestimmte Aktiengesellschaften und Kommanditgesellschaften auf Aktien. [1] Aktiengesellschaften und Kommanditgesellschaften auf Aktien, die einen organisierten Markt im Sinne des § 2 Absatz 7 des Wertpapiererwerbs- und Übernahmegesetzes[2)] durch von ihnen ausgegebene stimmberechtigte Aktien in Anspruch nehmen, haben im Lagebericht außerdem anzugeben:

---

1) Nr. **2**.
2) Nr. **11**.

1. die Zusammensetzung des gezeichneten Kapitals unter gesondertem Ausweis der mit jeder Gattung verbundenen Rechte und Pflichten und des Anteils am Gesellschaftskapital;
2. Beschränkungen, die Stimmrechte oder die Übertragung von Aktien betreffen, auch wenn sie sich aus Vereinbarungen zwischen Gesellschaftern ergeben können, soweit sie dem Vorstand der Gesellschaft bekannt sind;
3. direkte oder indirekte Beteiligungen am Kapital, die 10 Prozent der Stimmrechte überschreiten;
4. die Inhaber von Aktien mit Sonderrechten, die Kontrollbefugnisse verleihen, und eine Beschreibung dieser Sonderrechte;
5. die Art der Stimmrechtskontrolle, wenn Arbeitnehmer am Kapital beteiligt sind und ihre Kontrollrechte nicht unmittelbar ausüben;
6. die gesetzlichen Vorschriften und Bestimmungen der Satzung über die Ernennung und Abberufung der Mitglieder des Vorstands und über die Änderung der Satzung;
7. die Befugnisse des Vorstands insbesondere hinsichtlich der Möglichkeit, Aktien auszugeben oder zurückzukaufen;
8. wesentliche Vereinbarungen der Gesellschaft, die unter der Bedingung eines Kontrollwechsels infolge eines Übernahmeangebots stehen, und die hieraus folgenden Wirkungen;
9. Entschädigungsvereinbarungen der Gesellschaft, die für den Fall eines Übernahmeangebots mit den Mitgliedern des Vorstands oder mit Arbeitnehmern getroffen sind.

[2]Die Angaben nach Satz 1 Nummer 1, 3 und 9 können unterbleiben, soweit sie im Anhang zu machen sind. [3]Sind Angaben nach Satz 1 im Anhang zu machen, ist im Lagebericht darauf zu verweisen. [4]Die Angaben nach Satz 1 Nummer 8 können unterbleiben, soweit sie geeignet sind, der Gesellschaft einen erheblichen Nachteil zuzufügen; die Angabepflicht nach anderen gesetzlichen Vorschriften bleibt unberührt.

§ 289b Pflicht zur nichtfinanziellen Erklärung; Befreiungen. (1) [1]Eine Kapitalgesellschaft hat ihren Lagebericht um eine nichtfinanzielle Erklärung zu erweitern, wenn sie die folgenden Merkmale erfüllt:

1. die Kapitalgesellschaft erfüllt die Voraussetzungen des § 267 Absatz 3 Satz 1,
2. die Kapitalgesellschaft ist kapitalmarktorientiert im Sinne des § 264d und
3. die Kapitalgesellschaft hat im Jahresdurchschnitt mehr als 500 Arbeitnehmer beschäftigt.

[2]§ 267 Absatz 4 bis 5 ist entsprechend anzuwenden. [3]Wenn die nichtfinanzielle Erklärung einen besonderen Abschnitt des Lageberichts bildet, darf die Kapitalgesellschaft auf die an anderer Stelle im Lagebericht enthaltenen nichtfinanziellen Angaben verweisen.

(2) [1]Eine Kapitalgesellschaft im Sinne des Absatzes 1 ist unbeschadet anderer Befreiungsvorschriften von der Pflicht zur Erweiterung des Lageberichts um eine nichtfinanzielle Erklärung befreit, wenn

1. die Kapitalgesellschaft in den Konzernlagebericht eines Mutterunternehmens einbezogen ist und
2. der Konzernlagebericht nach Nummer 1 nach Maßgabe des nationalen Rechts eines Mitgliedstaats der Europäischen Union oder eines anderen Ver-

tragsstaats des Abkommens über den Europäischen Wirtschaftsraum im Einklang mit der Richtlinie 2013/34/EU aufgestellt wird und eine nichtfinanzielle Konzernerklärung enthält.

[2] Satz 1 gilt entsprechend, wenn das Mutterunternehmen im Sinne von Satz 1 einen gesonderten nichtfinanziellen Konzernbericht nach § 315b Absatz 3 oder nach Maßgabe des nationalen Rechts eines Mitgliedstaats der Europäischen Union oder eines anderen Vertragsstaats des Abkommens über den Europäischen Wirtschaftsraum im Einklang mit der Richtlinie 2013/34/EU erstellt und öffentlich zugänglich macht. [3] Ist eine Kapitalgesellschaft nach Satz 1 oder 2 von der Pflicht zur Erstellung einer nichtfinanziellen Erklärung befreit, hat sie dies in ihrem Lagebericht mit einer Erläuterung anzugeben, welches Mutterunternehmen den Konzernlagebericht oder den gesonderten nichtfinanziellen Konzernbericht öffentlich zugänglich macht und wo der Bericht in deutscher oder englischer Sprache offengelegt oder veröffentlicht ist.

(3) [1] Eine Kapitalgesellschaft im Sinne des Absatzes 1 ist auch dann von der Pflicht zur Erweiterung des Lageberichts um eine nichtfinanzielle Erklärung befreit, wenn die Kapitalgesellschaft für dasselbe Geschäftsjahr einen gesonderten nichtfinanziellen Bericht außerhalb des Lageberichts erstellt und folgende Voraussetzungen erfüllt sind:

1. der gesonderte nichtfinanzielle Bericht erfüllt zumindest die inhaltlichen Vorgaben nach § 289c und
2. die Kapitalgesellschaft macht den gesonderten nichtfinanziellen Bericht öffentlich zugänglich durch
   a) Offenlegung zusammen mit dem Lagebericht nach § 325 oder
   b) Veröffentlichung auf der Internetseite der Kapitalgesellschaft spätestens vier Monate nach dem Abschlussstichtag und mindestens für zehn Jahre, sofern der Lagebericht auf diese Veröffentlichung unter Angabe der Internetseite Bezug nimmt.

[2] Absatz 1 Satz 3 und die §§ 289d und 289e sind auf den gesonderten nichtfinanziellen Bericht entsprechend anzuwenden.

(4) Ist die nichtfinanzielle Erklärung oder der gesonderte nichtfinanzielle Bericht inhaltlich überprüft worden, ist auch die Beurteilung des Prüfungsergebnisses in gleicher Weise wie die nichtfinanzielle Erklärung oder der gesonderte nichtfinanzielle Bericht öffentlich zugänglich zu machen.

§ 289c Inhalt der nichtfinanziellen Erklärung. (1) In der nichtfinanziellen Erklärung im Sinne des § 289b ist das Geschäftsmodell der Kapitalgesellschaft kurz zu beschreiben.

(2) Die nichtfinanzielle Erklärung bezieht sich darüber hinaus zumindest auf folgende Aspekte:

1. Umweltbelange, wobei sich die Angaben beispielsweise auf Treibhausgasemissionen, den Wasserverbrauch, die Luftverschmutzung, die Nutzung von erneuerbaren und nicht erneuerbaren Energien oder den Schutz der biologischen Vielfalt beziehen können,
2. Arbeitnehmerbelange, wobei sich die Angaben beispielsweise auf die Maßnahmen, die zur Gewährleistung der Geschlechtergleichstellung ergriffen wurden, die Arbeitsbedingungen, die Umsetzung der grundlegenden Übereinkommen der Internationalen Arbeitsorganisation, die Achtung der Rech-

te der Arbeitnehmerinnen und Arbeitnehmer, informiert und konsultiert zu werden, den sozialen Dialog, die Achtung der Rechte der Gewerkschaften, den Gesundheitsschutz oder die Sicherheit am Arbeitsplatz beziehen können,

3. Sozialbelange, wobei sich die Angaben beispielsweise auf den Dialog auf kommunaler oder regionaler Ebene oder auf die zur Sicherstellung des Schutzes und der Entwicklung lokaler Gemeinschaften ergriffenen Maßnahmen beziehen können,
4. die Achtung der Menschenrechte, wobei sich die Angaben beispielsweise auf die Vermeidung von Menschenrechtsverletzungen beziehen können, und
5. die Bekämpfung von Korruption und Bestechung, wobei sich die Angaben beispielsweise auf die bestehenden Instrumente zur Bekämpfung von Korruption und Bestechung beziehen können.

(3) Zu den in Absatz 2 genannten Aspekten sind in der nichtfinanziellen Erklärung jeweils diejenigen Angaben zu machen, die für das Verständnis des Geschäftsverlaufs, des Geschäftsergebnisses, der Lage der Kapitalgesellschaft sowie der Auswirkungen ihrer Tätigkeit auf die in Absatz 2 genannten Aspekte erforderlich sind, einschließlich

1. einer Beschreibung der von der Kapitalgesellschaft verfolgten Konzepte, einschließlich der von der Kapitalgesellschaft angewandten Due-Diligence-Prozesse,
2. der Ergebnisse der Konzepte nach Nummer 1,
3. der wesentlichen Risiken, die mit der eigenen Geschäftstätigkeit der Kapitalgesellschaft verknüpft sind und die sehr wahrscheinlich schwerwiegende negative Auswirkungen auf die in Absatz 2 genannten Aspekte haben oder haben werden, sowie die Handhabung dieser Risiken durch die Kapitalgesellschaft,
4. der wesentlichen Risiken, die mit den Geschäftsbeziehungen der Kapitalgesellschaft, ihren Produkten und Dienstleistungen verknüpft sind und die sehr wahrscheinlich schwerwiegende negative Auswirkungen auf die in Absatz 2 genannten Aspekte haben oder haben werden, soweit die Angaben von Bedeutung sind und die Berichterstattung über diese Risiken verhältnismäßig ist, sowie die Handhabung dieser Risiken durch die Kapitalgesellschaft,
5. der bedeutsamsten nichtfinanziellen Leistungsindikatoren, die für die Geschäftstätigkeit der Kapitalgesellschaft von Bedeutung sind,
6. soweit es für das Verständnis erforderlich ist, Hinweisen auf im Jahresabschluss ausgewiesene Beträge und zusätzliche Erläuterungen dazu.

(4) Wenn die Kapitalgesellschaft in Bezug auf einen oder mehrere der in Absatz 2 genannten Aspekte kein Konzept verfolgt, hat sie dies anstelle der auf den jeweiligen Aspekt bezogenen Angaben nach Absatz 3 Nummer 1 und 2 in der nichtfinanziellen Erklärung klar und begründet zu erläutern.

§ 289d Nutzung von Rahmenwerken. [1]Die Kapitalgesellschaft kann für die Erstellung der nichtfinanziellen Erklärung nationale, europäische oder internationale Rahmenwerke nutzen. [2]In der Erklärung ist anzugeben, ob die Kapitalgesellschaft für die Erstellung der nichtfinanziellen Erklärung ein Rahmenwerk genutzt hat und, wenn dies der Fall ist, welches Rahmenwerk genutzt wurde, sowie andernfalls, warum kein Rahmenwerk genutzt wurde.

§ 289e Weglassen nachteiliger Angaben. (1) Die Kapitalgesellschaft muss in die nichtfinanzielle Erklärung ausnahmsweise keine Angaben zu künftigen Entwicklungen oder Belangen, über die Verhandlungen geführt werden, aufnehmen, wenn

1. die Angaben nach vernünftiger kaufmännischer Beurteilung der Mitglieder des vertretungsberechtigten Organs der Kapitalgesellschaft geeignet sind, der Kapitalgesellschaft einen erheblichen Nachteil zuzufügen, und
2. das Weglassen der Angaben ein den tatsächlichen Verhältnissen entsprechendes und ausgewogenes Verständnis des Geschäftsverlaufs, des Geschäftsergebnisses, der Lage der Kapitalgesellschaft und der Auswirkungen ihrer Tätigkeit nicht verhindert.

(2) Macht eine Kapitalgesellschaft von Absatz 1 Gebrauch und entfallen die Gründe für die Nichtaufnahme der Angaben nach der Veröffentlichung der nichtfinanziellen Erklärung, sind die Angaben in die darauf folgende nichtfinanzielle Erklärung aufzunehmen.

§ 289f Erklärung zur Unternehmensführung. (1) [1] Börsennotierte Aktiengesellschaften sowie Aktiengesellschaften, die ausschließlich andere Wertpapiere als Aktien zum Handel an einem organisierten Markt im Sinn des § 2 Absatz 11 des Wertpapierhandelsgesetzes[1)] ausgegeben haben und deren ausgegebene Aktien auf eigene Veranlassung über ein multilaterales Handelssystem im Sinn des § 2 Absatz 8 Satz 1 Nummer 8 des Wertpapierhandelsgesetzes[1)] gehandelt werden, haben eine Erklärung zur Unternehmensführung in ihren Lagebericht aufzunehmen, die dort einen gesonderten Abschnitt bildet. [2] Sie kann auch auf der Internetseite der Gesellschaft öffentlich zugänglich gemacht werden. [3] In diesem Fall ist in den Lagebericht eine Bezugnahme aufzunehmen, welche die Angabe der Internetseite enthält.

(2) In die Erklärung zur Unternehmensführung sind aufzunehmen

1. die Erklärung gemäß § 161 des Aktiengesetzes[2)];

1a. eine Bezugnahme auf die Internetseite der Gesellschaft, auf der der Vergütungsbericht über das letzte Geschäftsjahr und der Vermerk des Abschlussprüfers gemäß § 162 des Aktiengesetzes[2)], das geltende Vergütungssystem gemäß § 87a Absatz 1 und 2 Satz 1 des Aktiengesetzes[2)] und der letzte Vergütungsbeschluss gemäß § 113 Absatz 3 des Aktiengesetzes[2)] öffentlich zugänglich gemacht werden;

2. relevante Angaben zu Unternehmensführungspraktiken, die über die gesetzlichen Anforderungen hinaus angewandt werden, nebst Hinweis, wo sie öffentlich zugänglich sind;
3. eine Beschreibung der Arbeitsweise von Vorstand und Aufsichtsrat sowie der Zusammensetzung und Arbeitsweise von deren Ausschüssen; sind die Informationen auf der Internetseite der Gesellschaft öffentlich zugänglich, kann darauf verwiesen werden;
4. bei börsennotierten Aktiengesellschaften die Festlegungen nach § 76 Absatz 4 und § 111 Absatz 5 des Aktiengesetzes[2)] und die Angabe, ob die festgelegten Zielgrößen während des Bezugszeitraums erreicht worden sind, und wenn nicht, Angaben zu den Gründen;

[1)] Nr. **10**.
[2)] Nr. **2**.

5. die Angabe, ob die Gesellschaft bei der Besetzung des Aufsichtsrats mit Frauen und Männern jeweils Mindestanteile im Bezugszeitraum eingehalten hat, und wenn nicht, Angaben zu den Gründen, sofern es sich um folgende Gesellschaften handelt:
   a) börsennotierte Aktiengesellschaften, die auf Grund von § 96 Absatz 2 und 3 des Aktiengesetzes[1)] Mindestanteile einzuhalten haben oder
   b) börsennotierte Europäische Gesellschaften (SE), die auf Grund von § 17 Absatz 2 oder § 24 Absatz 3 des SE-Ausführungsgesetzes[2)] Mindestanteile einzuhalten haben;
6. bei Aktiengesellschaften im Sinne des Absatzes 1, die nach § 267 Absatz 3 Satz 1 und Absatz 4 bis 5 große Kapitalgesellschaften sind, eine Beschreibung des Diversitätskonzepts, das im Hinblick auf die Zusammensetzung des vertretungsberechtigten Organs und des Aufsichtsrats in Bezug auf Aspekte wie beispielsweise Alter, Geschlecht, Bildungs- oder Berufshintergrund verfolgt wird, sowie der Ziele dieses Diversitätskonzepts, der Art und Weise seiner Umsetzung und der im Geschäftsjahr erreichten Ergebnisse.

(3) Auf börsennotierte Kommanditgesellschaften auf Aktien sind die Absätze 1 und 2 entsprechend anzuwenden.

(4) [1] Andere Unternehmen, deren Vertretungsorgan und Aufsichtsrat nach § 36 oder § 52 des Gesetzes betreffend die Gesellschaften mit beschränkter Haftung[3)] oder nach § 76 Absatz 4 des Aktiengesetzes[1)], auch in Verbindung mit § 188 Absatz 1 Satz 2 des Versicherungsaufsichtsgesetzes, oder nach § 111 Absatz 5 des Aktiengesetzes[1)], auch in Verbindung mit § 189 Absatz 3 Satz 1 des Versicherungsaufsichtsgesetzes, verpflichtet sind, Zielgrößen für den Frauenanteil und Fristen für deren Erreichung festzulegen, haben in ihrem Lagebericht als gesonderten Abschnitt eine Erklärung zur Unternehmensführung mit den Festlegungen und Angaben nach Absatz 2 Nummer 4 aufzunehmen; Absatz 1 Satz 2 und 3 gilt entsprechend. [2] Gesellschaften, die nicht zur Offenlegung eines Lageberichts verpflichtet sind, haben eine Erklärung mit den Festlegungen und Angaben nach Absatz 2 Nummer 4 zu erstellen und gemäß Absatz 1 Satz 2 zu veröffentlichen. [3] Sie können diese Pflicht auch durch Offenlegung eines unter Berücksichtigung von Satz 1 erstellten Lageberichts erfüllen.

(5) Wenn eine Gesellschaft nach Absatz 2 Nummer 6, auch in Verbindung mit Absatz 3, kein Diversitätskonzept verfolgt, hat sie dies in der Erklärung zur Unternehmensführung zu erläutern.

Zweiter Unterabschnitt. Konzernabschluß und Konzernlagebericht

Erster Titel. Anwendungsbereich

§ 290 Pflicht zur Aufstellung. (1) [1] Die gesetzlichen Vertreter einer Kapitalgesellschaft (Mutterunternehmen) mit Sitz im Inland haben in den ersten fünf Monaten des Konzerngeschäftsjahrs für das vergangene Konzerngeschäftsjahr einen Konzernabschluss und einen Konzernlagebericht aufzustellen, wenn diese auf ein anderes Unternehmen (Tochterunternehmen) unmittel- oder mittelbar einen beherrschenden Einfluss ausüben kann. [2] Ist das Mutterunter-

---

1) Nr. **2**.
2) Nr. **8a**.
3) Nr. **3**.

nehmen eine Kapitalgesellschaft im Sinn des § 325 Abs. 4 Satz 1, sind der Konzernabschluss sowie der Konzernlagebericht in den ersten vier Monaten des Konzerngeschäftsjahrs für das vergangene Konzerngeschäftsjahr aufzustellen.

(2) Beherrschender Einfluss eines Mutterunternehmens besteht stets, wenn

1. ihm bei einem anderen Unternehmen die Mehrheit der Stimmrechte der Gesellschafter zusteht;
2. ihm bei einem anderen Unternehmen das Recht zusteht, die Mehrheit der Mitglieder des die Finanz- und Geschäftspolitik bestimmenden Verwaltungs-, Leitungs- oder Aufsichtsorgans zu bestellen oder abzuberufen, und es gleichzeitig Gesellschafter ist;
3. ihm das Recht zusteht, die Finanz- und Geschäftspolitik auf Grund eines mit einem anderen Unternehmen geschlossenen Beherrschungsvertrages oder auf Grund einer Bestimmung in der Satzung des anderen Unternehmens zu bestimmen oder
4. es bei wirtschaftlicher Betrachtung die Mehrheit der Risiken und Chancen eines Unternehmens trägt, das zur Erreichung eines eng begrenzten und genau definierten Ziels des Mutterunternehmens dient (Zweckgesellschaft). Neben Unternehmen können Zweckgesellschaften auch sonstige juristische Personen des Privatrechts oder unselbständige Sondervermögen des Privatrechts sein, ausgenommen Spezial-Sondervermögen im Sinn des § 2 Absatz 3 des Investmentgesetzes oder vergleichbare ausländische Investmentvermögen oder als Sondervermögen aufgelegte offene inländische Spezial-AIF mit festen Anlagebedingungen im Sinn des § 284 des Kapitalanlagegesetzbuchs oder vergleichbare EU-Investmentvermögen oder ausländische Investmentvermögen, die den als Sondervermögen aufgelegten offenen inländischen Spezial-AIF mit festen Anlagebedingungen im Sinn des § 284 des Kapitalanlagegesetzbuchs vergleichbar sind.

(3) [1] Als Rechte, die einem Mutterunternehmen nach Absatz 2 zustehen, gelten auch die einem anderen Tochterunternehmen zustehenden Rechte und die den für Rechnung des Mutterunternehmens oder von Tochterunternehmen handelnden Personen zustehenden Rechte. [2] Den einem Mutterunternehmen an einem anderen Unternehmen zustehenden Rechten werden die Rechte hinzugerechnet, über die es selbst oder eines seiner Tochterunternehmen auf Grund einer Vereinbarung mit anderen Gesellschaftern dieses Unternehmens verfügen kann. [3] Abzuziehen sind Rechte, die

1. mit Anteilen verbunden sind, die von dem Mutterunternehmen oder von dessen Tochterunternehmen für Rechnung einer anderen Person gehalten werden, oder
2. mit Anteilen verbunden sind, die als Sicherheit gehalten werden, sofern diese Rechte nach Weisung des Sicherungsgebers oder, wenn ein Kreditinstitut die Anteile als Sicherheit für ein Darlehen hält, im Interesse des Sicherungsgebers ausgeübt werden.

(4) [1] Welcher Teil der Stimmrechte einem Unternehmen zusteht, bestimmt sich für die Berechnung der Mehrheit nach Absatz 2 Nr. 1 nach dem Verhältnis der Zahl der Stimmrechte, die es aus den ihm gehörenden Anteilen ausüben kann, zur Gesamtzahl aller Stimmrechte. [2] Von der Gesamtzahl aller Stimmrechte sind die Stimmrechte aus eigenen Anteilen abzuziehen, die dem Toch-

terunternehmen selbst, einem seiner Tochterunternehmen oder einer anderen Person für Rechnung dieser Unternehmen gehören.

(5) Ein Mutterunternehmen ist von der Pflicht, einen Konzernabschluss und einen Konzernlagebericht aufzustellen befreit, wenn es nur Tochterunternehmen hat, die gemäß § 296 nicht in den Konzernabschluss einbezogen werden brauchen.

§ 291 Befreiende Wirkung von EU/EWR-Konzernabschlüssen.

(1) [1] Ein Mutterunternehmen, das zugleich Tochterunternehmen eines Mutterunternehmens mit Sitz in einem Mitgliedstaat der Europäischen Union oder in einem anderen Vertragsstaat des Abkommens über den Europäischen Wirtschaftsraum ist, braucht einen Konzernabschluß und einen Konzernlagebericht nicht aufzustellen, wenn ein den Anforderungen des Absatzes 2 entsprechender Konzernabschluß und Konzernlagebericht seines Mutterunternehmens einschließlich des Bestätigungsvermerks oder des Vermerks über dessen Versagung nach den für den entfallenden Konzernabschluß und Konzernlagebericht maßgeblichen Vorschriften in deutscher oder englischer Sprache offengelegt wird. [2] Ein befreiender Konzernabschluß und ein befreiender Konzernlagebericht können von jedem Unternehmen unabhängig von seiner Rechtsform und Größe aufgestellt werden, wenn das Unternehmen als Kapitalgesellschaft mit Sitz in einem Mitgliedstaat der Europäischen Union oder in einem anderen Vertragsstaat des Abkommens über den Europäischen Wirtschaftsraum zur Aufstellung eines Konzernabschlusses unter Einbeziehung des zu befreienden Mutterunternehmens und seiner Tochterunternehmen verpflichtet wäre.

(2) [1] Der Konzernabschluß und Konzernlagebericht eines Mutterunternehmens mit Sitz in einem Mitgliedstaat der Europäischen Union oder in einem anderen Vertragsstaat des Abkommens über den Europäischen Wirtschaftsraum haben befreiende Wirkung, wenn

1. das zu befreiende Mutterunternehmen und seine Tochterunternehmen in den befreienden Konzernabschluß unbeschadet des § 296 einbezogen worden sind,
2. der befreiende Konzernabschluss nach dem auf das Mutterunternehmen anwendbaren Recht im Einklang mit der Richtlinie 2013/34/EU oder im Einklang mit den in § 315e Absatz 1 bezeichneten internationalen Rechnungslegungsstandards aufgestellt und im Einklang mit der Richtlinie 2006/43/EG geprüft worden ist,
3. der befreiende Konzernlagebericht nach dem auf das Mutterunternehmen anwendbaren Recht im Einklang mit der Richtlinie 2013/34/EU aufgestellt und im Einklang mit der Richtlinie 2006/43/EG geprüft worden ist,
4. der Anhang des Jahresabschlusses des zu befreienden Unternehmens folgende Angaben enthält:
   a) Name und Sitz des Mutterunternehmens, das den befreienden Konzernabschluß und Konzernlagebericht aufstellt,
   b) einen Hinweis auf die Befreiung von der Verpflichtung, einen Konzernabschluß und einen Konzernlagebericht aufzustellen, und
   c) eine Erläuterung der im befreienden Konzernabschluß vom deutschen Recht abweichend angewandten Bilanzierungs-, Bewertungs- und Konsolidierungsmethoden.

[2]Satz 1 gilt für Kreditinstitute und Versicherungsunternehmen entsprechend; unbeschadet der übrigen Voraussetzungen in Satz 1 hat die Aufstellung des befreienden Konzernabschlusses und des befreienden Konzernlageberichts bei Kreditinstituten im Einklang mit der Richtlinie 86/635/EWG des Rates vom 8. Dezember 1986 über den Jahresabschluß und den konsolidierten Abschluß von Banken und anderen Finanzinstituten (ABl. EG Nr. L 372 S. 1) und bei Versicherungsunternehmen im Einklang mit der Richtlinie 91/674/EWG des Rates vom 19. Dezember 1991 über den Jahresabschluß und den konsolidierten Jahresabschluß von Versicherungsunternehmen (ABl. EG Nr. L 374 S. 7) in ihren jeweils geltenden Fassungen zu erfolgen.

(3) Die Befreiung nach Absatz 1 kann trotz Vorliegens der Voraussetzungen nach Absatz 2 von einem Mutterunternehmen nicht in Anspruch genommen werden, wenn

1. das zu befreiende Mutterunternehmen einen organisierten Markt im Sinn des § 2 Absatz 11 des Wertpapierhandelsgesetzes[1)] durch von ihm ausgegebene Wertpapiere im Sinn des § 2 Absatz 1 des Wertpapierhandelsgesetzes[1)] in Anspruch nimmt,
2. Gesellschafter, denen bei Aktiengesellschaften und Kommanditgesellschaften auf Aktien mindestens 10 vom Hundert und bei Gesellschaften mit beschränkter Haftung mindestens 20 vom Hundert der Anteile an dem zu befreienden Mutterunternehmen gehören, spätestens sechs Monate vor dem Ablauf des Konzerngeschäftsjahrs die Aufstellung eines Konzernabschlusses und eines Konzernlageberichts beantragt haben.

§ 292 Befreiende Wirkung von Konzernabschlüssen aus Drittstaaten.

(1) Ein Mutterunternehmen, das zugleich Tochterunternehmen eines Mutterunternehmens mit Sitz in einem Staat, der nicht Mitglied der Europäischen Union und auch nicht Vertragsstaat des Abkommens über den Europäischen Wirtschaftsraum ist, braucht einen Konzernabschluss und einen Konzernlagebericht nicht aufzustellen, wenn dieses andere Mutterunternehmen einen dem § 291 Absatz 2 Nummer 1 entsprechenden Konzernabschluss (befreiender Konzernabschluss) und Konzernlagebericht (befreiender Konzernlagebericht) aufstellt sowie außerdem alle folgenden Voraussetzungen erfüllt sind:

1. der befreiende Konzernabschluss wird wie folgt aufgestellt:
   a) nach Maßgabe des Rechts eines Mitgliedstaats der Europäischen Union oder eines anderen Vertragsstaats des Abkommens über den Europäischen Wirtschaftsraum im Einklang mit der Richtlinie 2013/34/EU,
   b) im Einklang mit den in § 315e Absatz 1 bezeichneten internationalen Rechnungslegungsstandards,
   c) derart, dass er einem nach den in Buchstabe a bezeichneten Vorgaben erstellten Konzernabschluss gleichwertig ist, oder
   d) derart, dass er internationalen Rechnungslegungsstandards entspricht, die gemäß der Verordnung (EG) Nr. 1569/2007 der Kommission vom 21. Dezember 2007 über die Einrichtung eines Mechanismus zur Festlegung der Gleichwertigkeit der von Drittstaatemittenten angewandten Rechnungslegungsgrundsätze gemäß den Richtlinien 2003/71/EG und 2004/109/EG des Europäischen Parlaments und des Rates (ABl. L 340 vom 22.12.

[1)] Nr. **10**.

2007, S. 66), die durch die Delegierte Verordnung (EU) Nr. 310/2012 (ABl. L 103 vom 13.4.2012, S. 11) geändert worden ist, in ihrer jeweils geltenden Fassung festgelegt wurden;

2. der befreiende Konzernlagebericht wird nach Maßgabe der in Nummer 1 Buchstabe a genannten Vorgaben aufgestellt oder ist einem nach diesen Vorgaben aufgestellten Konzernlagebericht gleichwertig;
3. der befreiende Konzernabschluss ist von einem oder mehreren Abschlussprüfern oder einer oder mehreren Prüfungsgesellschaften geprüft worden, die auf Grund der einzelstaatlichen Rechtsvorschriften, denen das Unternehmen unterliegt, das diesen Abschluss aufgestellt hat, zur Prüfung von Jahresabschlüssen zugelassen sind;
4. der befreiende Konzernabschluss, der befreiende Konzernlagebericht und der Bestätigungsvermerk sind nach den für den entfallenden Konzernabschluss und Konzernlagebericht maßgeblichen Vorschriften in deutscher oder englischer Sprache offengelegt worden.

(2) [1] Die befreiende Wirkung tritt nur ein, wenn im Anhang des Jahresabschlusses des zu befreienden Unternehmens die in § 291 Absatz 2 Satz 1 Nummer 4 genannten Angaben gemacht werden und zusätzlich angegeben wird, nach welchen der in Absatz 1 Nummer 1 genannten Vorgaben sowie gegebenenfalls nach dem Recht welchen Staates der befreiende Konzernabschluss und der befreiende Konzernlagebericht aufgestellt worden sind. [2] Im Übrigen ist § 291 Absatz 2 Satz 2 und Absatz 3 entsprechend anzuwenden.

(3) [1] Ist ein nach Absatz 1 zugelassener Konzernabschluß nicht von einem in Übereinstimmung mit den Vorschriften der Richtlinie 2006/43/EG zugelassenen Abschlußprüfer geprüft worden, so kommt ihm befreiende Wirkung nur zu, wenn der Abschlußprüfer eine den Anforderungen dieser Richtlinie gleichwertige Befähigung hat und der Konzernabschluß in einer den Anforderungen des Dritten Unterabschnitts entsprechenden Weise geprüft worden ist. [2] Nicht in Übereinstimmung mit den Vorschriften der Richtlinie 2006/43/EG zugelassene Abschlussprüfer von Unternehmen mit Sitz in einem Drittstaat im Sinn des § 3 Abs. 1 Satz 1 der Wirtschaftsprüferordnung, deren Wertpapiere im Sinn des § 2 Absatz 1 des Wertpapierhandelsgesetzes[1)] an einer inländischen Börse zum Handel am regulierten Markt zugelassen sind, haben nur dann eine den Anforderungen der Richtlinie gleichwertige Befähigung, wenn sie bei der Wirtschaftsprüferkammer gemäß § 134 Abs. 1 der Wirtschaftsprüferordnung eingetragen sind oder die Gleichwertigkeit gemäß § 134 Abs. 4 der Wirtschaftsprüferordnung anerkannt ist. [3] Satz 2 ist nicht anzuwenden, soweit ausschließlich Schuldtitel im Sinne des § 2 Absatz 1 Nummer 3 des Wertpapierhandelsgesetzes[1)]

1. mit einer Mindeststückelung zu je 100 000 Euro oder einem entsprechenden Betrag anderer Währung an einer inländischen Börse zum Handel am regulierten Markt zugelassen sind oder
2. mit einer Mindeststückelung zu je 50 000 Euro oder einem entsprechenden Betrag anderer Währung an einer inländischen Börse zum Handel am regulierten Markt zugelassen sind und diese Schuldtitel vor dem 31. Dezember 2010 begeben worden sind.

[1)] Nr. **10**.

[4]Im Falle des Satzes 2 ist mit dem Bestätigungsvermerk nach Absatz 1 Nummer 4 auch eine Bescheinigung der Wirtschaftsprüferkammer gemäß § 134 Absatz 2a der Wirtschaftsprüferordnung über die Eintragung des Abschlussprüfers oder eine Bestätigung der Wirtschaftsprüferkammer gemäß § 134 Absatz 4 Satz 8 der Wirtschaftsprüferordnung über die Befreiung von der Eintragungsverpflichtung offenzulegen.

§ 292a *(aufgehoben)*

§ 293 Größenabhängige Befreiungen. (1) [1]Ein Mutterunternehmen ist von der Pflicht, einen Konzernabschluß und einen Konzernlagebericht aufzustellen, befreit, wenn

1. am Abschlußstichtag seines Jahresabschlusses und am vorhergehenden Abschlußstichtag mindestens zwei der drei nachstehenden Merkmale zutreffen:
   a) Die Bilanzsummen in den Bilanzen des Mutterunternehmens und der Tochterunternehmen, die in den Konzernabschluß einzubeziehen wären, übersteigen insgesamt nicht 24 000 000 Euro.
   b) Die Umsatzerlöse des Mutterunternehmens und der Tochterunternehmen, die in den Konzernabschluß einzubeziehen wären, übersteigen in den zwölf Monaten vor dem Abschlußstichtag insgesamt nicht 48 000 000 Euro.
   c) Das Mutterunternehmen und die Tochterunternehmen, die in den Konzernabschluß einzubeziehen wären, haben in den zwölf Monaten vor dem Abschlußstichtag im Jahresdurchschnitt nicht mehr als 250 Arbeitnehmer beschäftigt;
   oder
2. am Abschlußstichtag eines von ihm aufzustellenden Konzernabschlusses und am vorhergehenden Abschlußstichtag mindestens zwei der drei nachstehenden Merkmale zutreffen:
   a) Die Bilanzsumme übersteigt nicht 20 000 000 Euro.
   b) Die Umsatzerlöse in den zwölf Monaten vor dem Abschlußstichtag übersteigen nicht 40 000 000 Euro.
   c) Das Mutterunternehmen und die in den Konzernabschluß einbezogenen Tochterunternehmen haben in den zwölf Monaten vor dem Abschlußstichtag im Jahresdurchschnitt nicht mehr als 250 Arbeitnehmer beschäftigt.

[2]Auf die Ermittlung der durchschnittlichen Zahl der Arbeitnehmer ist § 267 Abs. 5 anzuwenden.

(2) Auf die Ermittlung der Bilanzsumme ist § 267 Absatz 4a entsprechend anzuwenden.

(3) *(aufgehoben)*

(4) [1]Außer in den Fällen des Absatzes 1 ist ein Mutterunternehmen von der Pflicht zur Aufstellung des Konzernabschlusses und des Konzernlageberichts befreit, wenn die Voraussetzungen des Absatzes 1 nur am Abschlußstichtag oder nur am vorhergehenden Abschlußstichtag erfüllt sind und das Mutterunternehmen am vorhergehenden Abschlußstichtag von der Pflicht zur Aufstellung des Konzernabschlusses und des Konzernlageberichts befreit war. [2]§ 267 Abs. 4 Satz 2 und 3 ist entsprechend anzuwenden.

(5) Die Absätze 1 und 4 sind nicht anzuwenden, wenn das Mutterunternehmen oder ein in dessen Konzernabschluss einbezogenes Tochterunternehmen am Abschlussstichtag kapitalmarktorientiert im Sinn des § 264d ist oder es den Vorschriften des Ersten oder Zweiten Unterabschnitts des Vierten Abschnitts unterworfen ist.

Zweiter Titel. Konsolidierungskreis

§ 294 Einzubeziehende Unternehmen. Vorlage- und Auskunftspflichten. (1) In den Konzernabschluß sind das Mutterunternehmen und alle Tochterunternehmen ohne Rücksicht auf den Sitz und die Rechtsform der Tochterunternehmen einzubeziehen, sofern die Einbeziehung nicht nach § 296 unterbleibt.

(2) Hat sich die Zusammensetzung der in den Konzernabschluß einbezogenen Unternehmen im Laufe des Geschäftsjahrs wesentlich geändert, so sind in den Konzernabschluß Angaben aufzunehmen, die es ermöglichen, die aufeinanderfolgenden Konzernabschlüsse sinnvoll zu vergleichen.

(3) [1] Die Tochterunternehmen haben dem Mutterunternehmen ihre Jahresabschlüsse, Einzelabschlüsse nach § 325 Abs. 2a, Lageberichte, gesonderten nichtfinanziellen Berichte, Konzernabschlüsse, Konzernlageberichte, gesonderten nichtfinanziellen Konzernberichte und, wenn eine Abschlussprüfung stattgefunden hat, die Prüfungsberichte sowie, wenn ein Zwischenabschluß aufzustellen ist, einen auf den Stichtag des Konzernabschlusses aufgestellten Abschluß unverzüglich einzureichen. [2] Das Mutterunternehmen kann von jedem Tochterunternehmen alle Aufklärungen und Nachweise verlangen, welche die Aufstellung des Konzernabschlusses, des Konzernlageberichts und des gesonderten nichtfinanziellen Konzernberichts erfordert.

§ 295 *(aufgehoben)*

§ 296 Verzicht auf die Einbeziehung. (1) Ein Tochterunternehmen braucht in den Konzernabschluß nicht einbezogen zu werden, wenn

1. erhebliche und andauernde Beschränkungen die Ausübung der Rechte des Mutterunternehmens in bezug auf das Vermögen oder die Geschäftsführung dieses Unternehmens nachhaltig beeinträchtigen,
2. die für die Aufstellung des Konzernabschlusses erforderlichen Angaben nicht ohne unverhältnismäßig hohe Kosten oder unangemessene Verzögerungen zu erhalten sind oder
3. die Anteile des Tochterunternehmens ausschließlich zum Zwecke ihrer Weiterveräußerung gehalten werden.

(2) [1] Ein Tochterunternehmen braucht in den Konzernabschluß nicht einbezogen zu werden, wenn es für die Verpflichtung, ein den tatsächlichen Verhältnissen entsprechendes Bild der Vermögens-, Finanz- und Ertragslage des Konzerns zu vermitteln, von untergeordneter Bedeutung ist. [2] Entsprechen mehrere Tochterunternehmen der Voraussetzung des Satzes 1, so sind diese Unternehmen in den Konzernabschluß einzubeziehen, wenn sie zusammen nicht von untergeordneter Bedeutung sind.

(3) Die Anwendung der Absätze 1 und 2 ist im Konzernanhang zu begründen.

Dritter Titel. Inhalt und Form des Konzernabschlusses

§ 297 Inhalt. (1) [1] Der Konzernabschluss besteht aus der Konzernbilanz, der Konzern-Gewinn- und Verlustrechnung, dem Konzernanhang, der Kapitalflussrechnung und dem Eigenkapitalspiegel. [2] Er kann um eine Segmentberichterstattung erweitert werden.

(1a) [1] Im Konzernabschluss sind die Firma, der Sitz, das Registergericht und die Nummer, unter der das Mutterunternehmen in das Handelsregister eingetragen ist, anzugeben. [2] Befindet sich das Mutterunternehmen in Liquidation oder Abwicklung, ist auch diese Tatsache anzugeben.

(2) [1] Der Konzernabschluß ist klar und übersichtlich aufzustellen. [2] Er hat unter Beachtung der Grundsätze ordnungsmäßiger Buchführung ein den tatsächlichen Verhältnissen entsprechendes Bild der Vermögens-, Finanz- und Ertragslage des Konzerns zu vermitteln. [3] Führen besondere Umstände dazu, daß der Konzernabschluß ein den tatsächlichen Verhältnissen entsprechendes Bild im Sinne des Satzes 2 nicht vermittelt, so sind im Konzernanhang zusätzliche Angaben zu machen. [4] Die gesetzlichen Vertreter eines Mutterunternehmens, das Inlandsemittent im Sinne des § 2 Absatz 14 des Wertpapierhandelsgesetzes[1)] und keine Kapitalgesellschaft im Sinne des § 327a ist, haben bei der Unterzeichnung schriftlich zu versichern, dass nach bestem Wissen der Konzernabschluss ein den tatsächlichen Verhältnissen entsprechendes Bild im Sinne des Satzes 2 vermittelt oder der Konzernanhang Angaben nach Satz 3 enthält.

(3) [1] Im Konzernabschluß ist die Vermögens-, Finanz- und Ertragslage der einbezogenen Unternehmen so darzustellen, als ob diese Unternehmen insgesamt ein einziges Unternehmen wären. [2] Die auf den vorhergehenden Konzernabschluß angewandten Konsolidierungsmethoden sind beizubehalten. [3] Abweichungen von Satz 2 sind in Ausnahmefällen zulässig. [4] Sie sind im Konzernanhang anzugeben und zu begründen. [5] Ihr Einfluß auf die Vermögens-, Finanz- und Ertragslage des Konzerns ist anzugeben.

§ 298 Anzuwendende Vorschriften. Erleichterungen. (1) Auf den Konzernabschluß sind, soweit seine Eigenart keine Abweichung bedingt oder in den folgenden Vorschriften nichts anderes bestimmt ist, die §§ 244 bis 256a, 264c, 265, 266, 268 Absatz 1 bis 7, die §§ 270, 271, 272 Absatz 1 bis 4, die §§ 274, 275 und 277 über den Jahresabschluß und die für die Rechtsform und den Geschäftszweig der in den Konzernabschluß einbezogenen Unternehmen mit Sitz im Geltungsbereich dieses Gesetzes geltenden Vorschriften, soweit sie für große Kapitalgesellschaften gelten, entsprechend anzuwenden.

(2) [1] Der Konzernanhang und der Anhang des Jahresabschlusses des Mutterunternehmens dürfen zusammengefaßt werden. [2] In diesem Falle müssen der Konzernabschluß und der Jahresabschluß des Mutterunternehmens gemeinsam offengelegt werden. [3] Aus dem zusammengefassten Anhang muss hervorgehen, welche Angaben sich auf den Konzern und welche Angaben sich nur auf das Mutterunternehmen beziehen.

§ 299 Stichtag für die Aufstellung. (1) Der Konzernabschluss ist auf den Stichtag des Jahresabschlusses des Mutterunternehmens aufzustellen.

(2) [1] Die Jahresabschlüsse der in den Konzernabschluß einbezogenen Unternehmen sollen auf den Stichtag des Konzernabschlusses aufgestellt werden.

[1)] Nr. **10**.

[2] Liegt der Abschlußstichtag eines Unternehmens um mehr als drei Monate vor dem Stichtag des Konzernabschlusses, so ist dieses Unternehmen auf Grund eines auf den Stichtag und den Zeitraum des Konzernabschlusses aufgestellten Zwischenabschlusses in den Konzernabschluß einzubeziehen.

(3) Wird bei abweichenden Abschlußstichtagen ein Unternehmen nicht auf der Grundlage eines auf den Stichtag und den Zeitraum des Konzernabschlusses aufgestellten Zwischenabschlusses in den Konzernabschluß einbezogen, so sind Vorgänge von besonderer Bedeutung für die Vermögens-, Finanz- und Ertragslage eines in den Konzernabschluß einbezogenen Unternehmens, die zwischen dem Abschlußstichtag dieses Unternehmens und dem Abschlußstichtag des Konzernabschlusses eingetreten sind, in der Konzernbilanz und der Konzern-Gewinn- und Verlustrechnung zu berücksichtigen oder im Konzernanhang anzugeben.

Vierter Titel. Vollkonsolidierung

§ 300 Konsolidierungsgrundsätze. Vollständigkeitsgebot. (1) [1] In dem Konzernabschluß ist der Jahresabschluß des Mutterunternehmens mit den Jahresabschlüssen der Tochterunternehmen zusammenzufassen. [2] An die Stelle der dem Mutterunternehmen gehörenden Anteile an den einbezogenen Tochterunternehmen treten die Vermögensgegenstände, Schulden, Rechnungsabgrenzungsposten und Sonderposten der Tochterunternehmen, soweit sie nach dem Recht des Mutterunternehmens bilanzierungsfähig sind und die Eigenart des Konzernabschlusses keine Abweichungen bedingt oder in den folgenden Vorschriften nichts anderes bestimmt ist.

(2) [1] Die Vermögensgegenstände, Schulden und Rechnungsabgrenzungsposten sowie die Erträge und Aufwendungen der in den Konzernabschluß einbezogenen Unternehmen sind unabhängig von ihrer Berücksichtigung in den Jahresabschlüssen dieser Unternehmen vollständig aufzunehmen, soweit nach dem Recht des Mutterunternehmens nicht ein Bilanzierungsverbot oder ein Bilanzierungswahlrecht besteht. [2] Nach dem Recht des Mutterunternehmens zulässige Bilanzierungswahlrechte dürfen im Konzernabschluß unabhängig von ihrer Ausübung in den Jahresabschlüssen der in den Konzernabschluß einbezogenen Unternehmen ausgeübt werden. [3] Ansätze, die auf der Anwendung von für Kreditinstitute oder Versicherungsunternehmen wegen der Besonderheiten des Geschäftszweigs geltenden Vorschriften beruhen, dürfen beibehalten werden; auf die Anwendung dieser Ausnahme ist im Konzernanhang hinzuweisen.

§ 301 Kapitalkonsolidierung. (1) [1] Der Wertansatz der dem Mutterunternehmen gehörenden Anteile an einem in den Konzernabschluß einbezogenen Tochterunternehmen wird mit dem auf diese Anteile entfallenden Betrag des Eigenkapitals des Tochterunternehmens verrechnet. [2] Das Eigenkapital ist mit dem Betrag anzusetzen, der dem Zeitwert der in den Konzernabschluss aufzunehmenden Vermögensgegenstände, Schulden, Rechnungsabgrenzungsposten und Sonderposten entspricht, der diesen an dem für die Verrechnung nach Absatz 2 maßgeblichen Zeitpunkt beizulegen ist. [3] Rückstellungen sind nach § 253 Abs. 1 Satz 2 und 3, Abs. 2 und latente Steuern nach § 274 Abs. 2 zu bewerten.

(2) [1] Die Verrechnung nach Absatz 1 ist auf Grundlage der Wertansätze zu dem Zeitpunkt durchzuführen, zu dem das Unternehmen Tochterunternehmen geworden ist. [2] Können die Wertansätze zu diesem Zeitpunkt nicht end-

gültig ermittelt werden, sind sie innerhalb der darauf folgenden zwölf Monate anzupassen. [3] Stellt ein Mutterunternehmen erstmalig einen Konzernabschluss auf, sind die Wertansätze zum Zeitpunkt der Einbeziehung des Tochterunternehmens in den Konzernabschluss zugrunde zu legen, soweit das Tochterunternehmen nicht in dem Jahr Tochterunternehmen geworden ist, für das der Konzernabschluss aufgestellt wird. [4] Das Gleiche gilt für die erstmalige Einbeziehung eines Tochterunternehmens, auf die bisher gemäß § 296 verzichtet wurde. [5] In Ausnahmefällen dürfen die Wertansätze nach Satz 1 auch in den Fällen der Sätze 3 und 4 zugrunde gelegt werden; dies ist im Konzernanhang anzugeben und zu begründen.

(3) [1] Ein nach der Verrechnung verbleibender Unterschiedsbetrag ist in der Konzernbilanz, wenn er auf der Aktivseite entsteht, als Geschäfts- oder Firmenwert und, wenn er auf der Passivseite entsteht, unter dem Posten „Unterschiedsbetrag aus der Kapitalkonsolidierung" nach dem Eigenkapital auszuweisen. [2] Der Posten und wesentliche Änderungen gegenüber dem Vorjahr sind im Konzernanhang zu erläutern.

(4) Anteile an dem Mutterunternehmen, die einem in den Konzernabschluss einbezogenen Tochterunternehmen gehören, sind in der Konzernbilanz als eigene Anteile des Mutterunternehmens mit ihrem Nennwert oder, falls ein solcher nicht vorhanden ist, mit ihrem rechnerischen Wert, in der Vorspalte offen von dem Posten „Gezeichnetes Kapital" abzusetzen.

§ 302 *(aufgehoben)*

§ 303 Schuldenkonsolidierung. (1) Ausleihungen und andere Forderungen, Rückstellungen und Verbindlichkeiten zwischen den in den Konzernabschluß einbezogenen Unternehmen sowie entsprechende Rechnungsabgrenzungsposten sind wegzulassen.

(2) Absatz 1 braucht nicht angewendet zu werden, wenn die wegzulassenden Beträge für die Vermittlung eines den tatsächlichen Verhältnissen entsprechenden Bildes der Vermögens-, Finanz- und Ertragslage des Konzerns nur von untergeordneter Bedeutung sind.

§ 304 Behandlung der Zwischenergebnisse. (1) In den Konzernabschluß zu übernehmende Vermögensgegenstände, die ganz oder teilweise auf Lieferungen oder Leistungen zwischen in den Konzernabschluß einbezogenen Unternehmen beruhen, sind in der Konzernbilanz mit einem Betrag anzusetzen, zu dem sie in der auf den Stichtag des Konzernabschlusses aufgestellten Jahresbilanz dieses Unternehmens angesetzt werden könnten, wenn die in den Konzernabschluß einbezogenen Unternehmen auch rechtlich ein einziges Unternehmen bilden würden.

(2) Absatz 1 braucht nicht angewendet zu werden, wenn die Behandlung der Zwischenergebnisse nach Absatz 1 für die Vermittlung eines den tatsächlichen Verhältnissen entsprechenden Bildes der Vermögens-, Finanz- und Ertragslage des Konzerns nur von untergeordneter Bedeutung ist.

§ 305 Aufwands- und Ertragskonsolidierung. (1) In der Konzern-Gewinn- und Verlustrechnung sind

1. bei den Umsatzerlösen die Erlöse aus Lieferungen und Leistungen zwischen den in den Konzernabschluß einbezogenen Unternehmen mit den auf sie

entfallenden Aufwendungen zu verrechnen, soweit sie nicht als Erhöhung des Bestands an fertigen und unfertigen Erzeugnissen oder als andere aktivierte Eigenleistungen auszuweisen sind,

2. andere Erträge aus Lieferungen und Leistungen zwischen den in den Konzernabschluß einbezogenen Unternehmen mit den auf sie entfallenden Aufwendungen zu verrechnen, soweit sie nicht als andere aktivierte Eigenleistungen auszuweisen sind.

(2) Aufwendungen und Erträge brauchen nach Absatz 1 nicht weggelassen zu werden, wenn die wegzulassenden Beträge für die Vermittlung eines den tatsächlichen Verhältnissen entsprechenden Bildes der Vermögens-, Finanz- und Ertragslage des Konzerns nur von untergeordneter Bedeutung sind.

§ 306 Latente Steuern. [1]Führen Maßnahmen, die nach den Vorschriften dieses Titels durchgeführt worden sind, zu Differenzen zwischen den handelsrechtlichen Wertansätzen der Vermögensgegenstände, Schulden oder Rechnungsabgrenzungsposten und deren steuerlichen Wertansätzen und bauen sich diese Differenzen in späteren Geschäftsjahren voraussichtlich wieder ab, so ist eine sich insgesamt ergebende Steuerbelastung als passive latente Steuern und eine sich insgesamt ergebende Steuerentlastung als aktive latente Steuern in der Konzernbilanz anzusetzen. [2]Die sich ergebende Steuerbe- und die sich ergebende Steuerentlastung können auch unverrechnet angesetzt werden. [3]Differenzen aus dem erstmaligen Ansatz eines nach § 301 Abs. 3 verbleibenden Unterschiedsbetrages bleiben unberücksichtigt. [4]Das Gleiche gilt für Differenzen, die sich zwischen dem steuerlichen Wertansatz einer Beteiligung an einem Tochterunternehmen, assoziierten Unternehmen oder einem Gemeinschaftsunternehmen im Sinn des § 310 Abs. 1 und dem handelsrechtlichen Wertansatz des im Konzernabschluss angesetzten Nettovermögens ergeben. [5]§ 274 Abs. 2 ist entsprechend anzuwenden. [6]Die Posten dürfen mit den Posten nach § 274 zusammengefasst werden.

§ 307 Anteile anderer Gesellschafter. (1) In der Konzernbilanz ist für nicht dem Mutterunternehmen gehörende Anteile an in den Konzernabschluß einbezogenen Tochterunternehmen ein Ausgleichsposten für die Anteile der anderen Gesellschafter in Höhe ihres Anteils am Eigenkapital unter dem Posten „nicht beherrschende Anteile“ innerhalb des Eigenkapitals gesondert auszuweisen.

(2) In der Konzern-Gewinn- und Verlustrechnung ist der im Jahresergebnis enthaltene, anderen Gesellschaftern zustehende Gewinn und der auf sie entfallende Verlust nach dem Posten „Jahresüberschuß/Jahresfehlbetrag“ unter dem Posten „nicht beherrschende Anteile“ gesondert auszuweisen.

Fünfter Titel. Bewertungsvorschriften

§ 308 Einheitliche Bewertung. (1) [1]Die in den Konzernabschluß nach § 300 Abs. 2 übernommenen Vermögensgegenstände und Schulden der in den Konzernabschluß einbezogenen Unternehmen sind nach den auf den Jahresabschluß des Mutterunternehmens anwendbaren Bewertungsmethoden einheitlich zu bewerten. [2]Nach dem Recht des Mutterunternehmens zulässige Bewertungswahlrechte können im Konzernabschluß unabhängig von ihrer Ausübung in den Jahresabschlüssen der in den Konzernabschluß einbezogenen Unternehmen ausgeübt werden. [3]Abweichungen von den auf den Jahresabschluß des Mutterunternehmens angewandten Bewertungsmethoden sind im Konzernanhang anzugeben und zu begründen.

(2) [1] Sind in den Konzernabschluß aufzunehmende Vermögensgegenstände oder Schulden des Mutterunternehmens oder der Tochterunternehmen in den Jahresabschlüssen dieser Unternehmen nach Methoden bewertet worden, die sich von denen unterscheiden, die auf den Konzernabschluß anzuwenden sind oder die von den gesetzlichen Vertretern des Mutterunternehmens in Ausübung von Bewertungswahlrechten auf den Konzernabschluß angewendet werden, so sind die abweichend bewerteten Vermögensgegenstände oder Schulden nach den auf den Konzernabschluß angewandten Bewertungsmethoden neu zu bewerten und mit den neuen Wertansätzen in den Konzernabschluß zu übernehmen. [2] Wertansätze, die auf der Anwendung von für Kreditinstitute oder Versicherungsunternehmen wegen der Besonderheiten des Geschäftszweigs geltenden Vorschriften beruhen, dürfen beibehalten werden; auf die Anwendung dieser Ausnahme ist im Konzernanhang hinzuweisen. [3] Eine einheitliche Bewertung nach Satz 1 braucht nicht vorgenommen zu werden, wenn ihre Auswirkungen für die Vermittlung eines den tatsächlichen Verhältnissen entsprechenden Bildes der Vermögens-, Finanz- und Ertragslage des Konzerns nur von untergeordneter Bedeutung sind. [4] Darüber hinaus sind Abweichungen in Ausnahmefällen zulässig; sie sind im Konzernanhang anzugeben und zu begründen.

§ 308a Umrechnung von auf fremde Währung lautenden Abschlüssen. [1] Die Aktiv- und Passivposten einer auf fremde Währung lautenden Bilanz sind, mit Ausnahme des Eigenkapitals, das zum historischen Kurs in Euro umzurechnen ist, zum Devisenkassamittelkurs am Abschlussstichtag in Euro umzurechnen. [2] Die Posten der Gewinn- und Verlustrechnung sind zum Durchschnittskurs in Euro umzurechnen. [3] Eine sich ergebende Umrechnungsdifferenz ist innerhalb des Konzerneigenkapitals nach den Rücklagen unter dem Posten „Eigenkapitaldifferenz aus Währungsumrechnung" auszuweisen. [4] Bei teilweisem oder vollständigem Ausscheiden des Tochterunternehmens ist der Posten in entsprechender Höhe erfolgswirksam aufzulösen.

§ 309 Behandlung des Unterschiedsbetrags. (1) Die Abschreibung eines nach § 301 Abs. 3 auszuweisenden Geschäfts- oder Firmenwertes bestimmt sich nach den Vorschriften des Ersten Abschnitts.

(2) Ein nach § 301 Absatz 3 auf der Passivseite auszuweisender Unterschiedsbetrag kann ergebniswirksam aufgelöst werden, soweit ein solches Vorgehen den Grundsätzen der §§ 297 und 298 in Verbindung mit den Vorschriften des Ersten Abschnitts entspricht.

Sechster Titel. Anteilmäßige Konsolidierung

§ 310 Anteilmäßige Konsolidierung. (1) Führt ein in einen Konzernabschluß einbezogenes Mutter- oder Tochterunternehmen ein anderes Unternehmen gemeinsam mit einem oder mehreren nicht in den Konzernabschluß einbezogenen Unternehmen, so darf das andere Unternehmen in den Konzernabschluß entsprechend den Anteilen am Kapital einbezogen werden, die dem Mutterunternehmen gehören.

(2) Auf die anteilmäßige Konsolidierung sind die §§ 297 bis 301, §§ 303 bis 306, 308, 308a, 309 entsprechend anzuwenden.

Siebenter Titel. Assoziierte Unternehmen

§ 311 Definition. Befreiung. (1) [1]Wird von einem in den Konzernabschluß einbezogenen Unternehmen ein maßgeblicher Einfluß auf die Geschäfts- und Finanzpolitik eines nicht einbezogenen Unternehmens, an dem das Unternehmen nach § 271 Abs. 1 beteiligt ist, ausgeübt (assoziiertes Unternehmen), so ist diese Beteiligung in der Konzernbilanz unter einem besonderen Posten mit entsprechender Bezeichnung auszuweisen. [2]Ein maßgeblicher Einfluß wird vermutet, wenn ein Unternehmen bei einem anderen Unternehmen mindestens den fünften Teil der Stimmrechte der Gesellschafter innehat.

(2) Auf eine Beteiligung an einem assoziierten Unternehmen brauchen Absatz 1 und § 312 nicht angewendet zu werden, wenn die Beteiligung für die Vermittlung eines den tatsächlichen Verhältnissen entsprechenden Bildes der Vermögens-, Finanz- und Ertragslage des Konzerns von untergeordneter Bedeutung ist.

§ 312 Wertansatz der Beteiligung und Behandlung des Unterschiedsbetrags. (1) [1]Eine Beteiligung an einem assoziierten Unternehmen ist in der Konzernbilanz mit dem Buchwert anzusetzen. [2]Der Unterschiedsbetrag zwischen dem Buchwert und dem anteiligen Eigenkapital des assoziierten Unternehmens sowie ein darin enthaltener Geschäfts- oder Firmenwert oder passiver Unterschiedsbetrag sind im Konzernanhang anzugeben.

(2) [1]Der Unterschiedsbetrag nach Absatz 1 Satz 2 ist den Wertansätzen der Vermögensgegenstände, Schulden, Rechnungsabgrenzungsposten und Sonderposten des assoziierten Unternehmens insoweit zuzuordnen, als deren beizulegender Zeitwert höher oder niedriger ist als ihr Buchwert. [2]Der nach Satz 1 zugeordnete Unterschiedsbetrag ist entsprechend der Behandlung der Wertansätze dieser Vermögensgegenstände, Schulden, Rechnungsabgrenzungsposten und Sonderposten im Jahresabschluss des assoziierten Unternehmens im Konzernabschluss fortzuführen, abzuschreiben oder aufzulösen. [3]Auf einen nach Zuordnung nach Satz 1 verbleibenden Geschäfts- oder Firmenwert oder passiven Unterschiedsbetrag ist § 309 entsprechend anzuwenden. [4]§ 301 Abs. 1 Satz 3 ist entsprechend anzuwenden.

(3) [1]Der Wertansatz der Beteiligung und der Unterschiedsbetrag sind auf der Grundlage der Wertansätze zu dem Zeitpunkt zu ermitteln, zu dem das Unternehmen assoziiertes Unternehmen geworden ist. [2]Können die Wertansätze zu diesem Zeitpunkt nicht endgültig ermittelt werden, sind sie innerhalb der darauf folgenden zwölf Monate anzupassen. [3]§ 301 Absatz 2 Satz 3 bis 5 gilt entsprechend.

(4) [1]Der nach Absatz 1 ermittelte Wertansatz einer Beteiligung ist in den Folgejahren um den Betrag der Eigenkapitalveränderungen, die den dem Mutterunternehmen gehörenden Anteilen am Kapital des assoziierten Unternehmens entsprechen, zu erhöhen oder zu vermindern; auf die Beteiligung entfallende Gewinnausschüttungen sind abzusetzen. [2]In der Konzern-Gewinn- und Verlustrechnung ist das auf assoziierte Beteiligungen entfallende Ergebnis unter einem gesonderten Posten auszuweisen.

(5) [1]Wendet das assoziierte Unternehmen in seinem Jahresabschluß vom Konzernabschluß abweichende Bewertungsmethoden an, so können abweichend bewertete Vermögensgegenstände oder Schulden für die Zwecke der Absätze 1 bis 4 nach den auf den Konzernabschluß angewandten Bewertungs-

methoden bewertet werden. [2]Wird die Bewertung nicht angepaßt, so ist dies im Konzernanhang anzugeben. [3]Die §§ 304 und 306 sind entsprechend anzuwenden, soweit die für die Beurteilung maßgeblichen Sachverhalte bekannt oder zugänglich sind.

(6) [1]Es ist jeweils der letzte Jahresabschluß des assoziierten Unternehmens zugrunde zu legen. [2]Stellt das assoziierte Unternehmen einen Konzernabschluß auf, so ist von diesem und nicht vom Jahresabschluß des assoziierten Unternehmens auszugehen.

Achter Titel. Konzernanhang

§ 313 Erläuterung der Konzernbilanz und der Konzern-Gewinn- und Verlustrechnung. Angaben zum Beteiligungsbesitz. (1) [1]In den Konzernanhang sind diejenigen Angaben aufzunehmen, die zu einzelnen Posten der Konzernbilanz oder der Konzern-Gewinn- und Verlustrechnung vorgeschrieben sind; diese Angaben sind in der Reihenfolge der einzelnen Posten der Konzernbilanz und der Konzern-Gewinn- und Verlustrechnung darzustellen. [2]Im Konzernanhang sind auch die Angaben zu machen, die in Ausübung eines Wahlrechts nicht in die Konzernbilanz oder in die Konzern-Gewinn- und Verlustrechnung aufgenommen wurden. [3]Im Konzernanhang müssen

1. die auf die Posten der Konzernbilanz und der Konzern-Gewinn- und Verlustrechnung angewandten Bilanzierungs- und Bewertungsmethoden angegeben werden;
2. Abweichungen von Bilanzierungs-, Bewertungs- und Konsolidierungsmethoden angegeben und begründet werden; deren Einfluß auf die Vermögens-, Finanz- und Ertragslage des Konzerns ist gesondert darzustellen.

(2) Im Konzernanhang sind außerdem anzugeben:

1. [1]Name und Sitz der in den Konzernabschluß einbezogenen Unternehmen, der Anteil am Kapital der Tochterunternehmen, der dem Mutterunternehmen und den in den Konzernabschluß einbezogenen Tochterunternehmen gehört oder von einer für Rechnung dieser Unternehmen handelnden Person gehalten wird, sowie der zur Einbeziehung in den Konzernabschluß verpflichtende Sachverhalt, sofern die Einbeziehung nicht auf einer der Kapitalbeteiligung entsprechenden Mehrheit der Sitmmrechte beruht. [2]Diese Angaben sind auch für Tochterunternehmen zu machen, die nach § 296 nicht einbezogen worden sind;
2. [1]Name und Sitz der assoziierten Unternehmen, der Anteil am Kapital der assoziierten Unternehmen, der dem Mutterunternehmen und den in den Konzernabschluß einbezogenen Tochterunternehmen gehört oder von einer für Rechnung dieser Unternehmen handelnden Person gehalten wird. [2]Die Anwendung des § 311 Abs. 2 ist jeweils anzugeben und zu begründen;
3. Name und Sitz der Unternehmen, die nach § 310 nur anteilmäßig in den Konzernabschluß einbezogen worden sind, der Tatbestand, aus dem sich die Anwendung dieser Vorschrift ergibt, sowie der Anteil am Kapital dieser Unternehmen, der dem Mutterunternehmen und den in den Konzernabschluß einbezogenen Tochterunternehmen gehört oder von einer für Rechnung dieser Unternehmen handelnden Person gehalten wird;
4. Name und Sitz anderer Unternehmen, die Höhe des Anteils am Kapital, das Eigenkapital und das Ergebnis des letzten Geschäftsjahrs dieser Unternehmen, für das ein Jahresabschluss vorliegt, soweit es sich um Beteiligungen im

Sinne des § 271 Absatz 1 handelt oder ein solcher Anteil von einer Person für Rechnung des Mutterunternehmens oder eines anderen in den Konzernabschluss einbezogenen Unternehmens gehalten wird;

5. alle nicht nach den Nummern 1 bis 4 aufzuführenden Beteiligungen an großen Kapitalgesellschaften, die 5 Prozent der Stimmrechte überschreiten, wenn sie von einem börsennotierten Mutterunternehmen, börsennotierten Tochterunternehmen oder von einer für Rechnung eines dieser Unternehmen handelnden Person gehalten werden;
6. Name, Sitz und Rechtsform der Unternehmen, deren unbeschränkt haftender Gesellschafter das Mutterunternehmen oder ein anderes in den Konzernabschluss einbezogenes Unternehmen ist;
7. Name und Sitz des Unternehmens, das den Konzernabschluss für den größten Kreis von Unternehmen aufstellt, dem das Mutterunternehmen als Tochterunternehmen angehört, und im Falle der Offenlegung des von diesem anderen Mutterunternehmen aufgestellten Konzernabschlusses der Ort, wo dieser erhältlich ist;
8. Name und Sitz des Unternehmens, das den Konzernabschluss für den kleinsten Kreis von Unternehmen aufstellt, dem das Mutterunternehmen als Tochterunternehmen angehört, und im Falle der Offenlegung des von diesem anderen Mutterunternehmen aufgestellten Konzernabschlusses der Ort, wo dieser erhältlich ist.

(3) [1] Die in Absatz 2 verlangten Angaben brauchen insoweit nicht gemacht zu werden, als nach vernünftiger kaufmännischer Beurteilung damit gerechnet werden muß, daß durch die Angaben dem Mutterunternehmen, einem Tochterunternehmen oder einem anderen in Absatz 2 bezeichneten Unternehmen erhebliche Nachteile entstehen können. [2] Die Anwendung der Ausnahmeregelung ist im Konzernanhang anzugeben. [3] Satz 1 gilt nicht, wenn ein Mutterunternehmen oder eines seiner Tochterunternehmen kapitalmarktorientiert im Sinn des § 264d ist. [4] Die Angaben nach Absatz 2 Nummer 4 und 5 brauchen nicht gemacht zu werden, wenn sie für die Vermittlung eines den tatsächlichen Verhältnissen entsprechenden Bilds der Vermögens-, Finanz- und Ertragslage des Konzerns von untergeordneter Bedeutung sind. [5] Die Pflicht zur Angabe von Eigenkapital und Ergebnis nach Absatz 2 Nummer 4 braucht auch dann nicht erfüllt zu werden, wenn das in Anteilsbesitz stehende Unternehmen seinen Jahresabschluss nicht offenlegt.

(4) § 284 Absatz 2 Nummer 4 und Absatz 3 ist entsprechend anzuwenden.

§ 314 Sonstige Pflichtangaben. (1) Im Konzernanhang sind ferner anzugeben:

1. der Gesamtbetrag der in der Konzernbilanz ausgewiesenen Verbindlichkeiten mit einer Restlaufzeit von mehr als fünf Jahren sowie der Gesamtbetrag der in der Konzernbilanz ausgewiesenen Verbindlichkeiten, die von in den Konzernabschluß einbezogenen Unternehmen durch Pfandrechte oder ähnliche Rechte gesichert sind, unter Angabe von Art und Form der Sicherheiten;
2. Art und Zweck sowie Risiken, Vorteile und finanzielle Auswirkungen von nicht in der Konzernbilanz enthaltenen Geschäften des Mutterunternehmens und der in den Konzernabschluss einbezogenen Tochterunterneh-

men, soweit die Risiken und Vorteile wesentlich sind und die Offenlegung für die Beurteilung der Finanzlage des Konzerns erforderlich ist;

2a. der Gesamtbetrag der sonstigen finanziellen Verpflichtungen, die nicht in der Konzernbilanz enthalten sind und die nicht nach § 298 Absatz 1 in Verbindung mit § 268 Absatz 7 oder nach Nummer 2 anzugeben sind, sofern diese Angabe für die Beurteilung der Finanzlage des Konzerns von Bedeutung ist; davon sind Verpflichtungen betreffend die Altersversorgung sowie Verpflichtungen gegenüber Tochterunternehmen, die nicht in den Konzernabschluss einbezogen werden, oder gegenüber assoziierten Unternehmen jeweils gesondert anzugeben;

3. die Aufgliederung der Umsatzerlöse des Konzerns nach Tätigkeitsbereichen sowie nach geografisch bestimmten Märkten, soweit sich unter Berücksichtigung der Organisation des Verkaufs, der Vermietung oder Verpachtung von Produkten und der Erbringung von Dienstleistungen des Konzerns die Tätigkeitsbereiche und geografisch bestimmten Märkte untereinander erheblich unterscheiden;

4. die durchschnittliche Zahl der Arbeitnehmer der in den Konzernabschluss einbezogenen Unternehmen während des Geschäftsjahrs, getrennt nach Gruppen und gesondert für die nach § 310 nur anteilmäßig konsolidierten Unternehmen, sowie, falls er nicht gesondert in der Konzern-Gewinn- und Verlustrechnung ausgewiesen ist, der in dem Geschäftsjahr entstandene gesamte Personalaufwand, aufgeschlüsselt nach Löhnen und Gehältern, Kosten der sozialen Sicherheit und Kosten der Altersversorgung;

5. *(aufgehoben)*

6. für die Mitglieder des Geschäftsführungsorgans, eines Aufsichtsrats, eines Beirats oder einer ähnlichen Einrichtung des Mutterunternehmens, jeweils für jede Personengruppe:

   a) die für die Wahrnehmung ihrer Aufgaben im Mutterunternehmen und den Tochterunternehmen im Geschäftsjahr gewährten Gesamtbezüge (Gehälter, Gewinnbeteiligungen, Bezugsrechte und sonstige aktienbasierte Vergütungen, Aufwandsentschädigungen, Versicherungsentgelte, Provisionen und Nebenleistungen jeder Art). In die Gesamtbezüge sind auch Bezüge einzurechnen, die nicht ausgezahlt, sondern in Ansprüche anderer Art umgewandelt oder zur Erhöhung anderer Ansprüche verwendet werden. Außer den Bezügen für das Geschäftsjahr sind die weiteren Bezüge anzugeben, die im Geschäftsjahr gewährt, bisher aber in keinem Konzernabschluss angegeben worden sind. Bezugsrechte und sonstige aktienbasierte Vergütungen sind mit ihrer Anzahl und dem beizulegenden Zeitwert zum Zeitpunkt ihrer Gewährung anzugeben; spätere Wertveränderungen, die auf einer Änderung der Ausübungsbedingungen beruhen, sind zu berücksichtigen;

   b) die für die Wahrnehmung ihrer Aufgaben im Mutterunternehmen und den Tochterunternehmen gewährten Gesamtbezüge (Abfindungen, Ruhegehälter, Hinterbliebenenbezüge und Leistungen verwandter Art) der früheren Mitglieder der bezeichneten Organe und ihrer Hinterbliebenen; Buchstabe a Satz 2 und 3 ist entsprechend anzuwenden. Ferner ist der Betrag der für diese Personengruppe gebildeten Rückstellungen für laufende Pensionen und Anwartschaften auf Pensionen und der Betrag der für diese Verpflichtungen nicht gebildeten Rückstellungen anzugeben;

c) die vom Mutterunternehmen und den Tochterunternehmen gewährten Vorschüsse und Kredite unter Angabe der gegebenenfalls im Geschäftsjahr zurückgezahlten oder erlassenen Beträge sowie die zugunsten dieser Personen eingegangenen Haftungsverhältnisse;

7. der Bestand an Anteilen an dem Mutterunternehmen, die das Mutterunternehmen oder ein Tochterunternehmen oder ein anderer für Rechnung eines in den Konzernabschluß einbezogenen Unternehmens erworben oder als Pfand genommen hat; dabei sind die Zahl und der Nennbetrag oder rechnerische Wert dieser Anteile sowie deren Anteil am Kapital anzugeben;

7a. die Zahl der Aktien jeder Gattung der während des Geschäftsjahrs im Rahmen des genehmigten Kapitals gezeichneten Aktien des Mutterunternehmens, wobei zu Nennbetragsaktien der Nennbetrag und zu Stückaktien der rechnerische Wert für jede von ihnen anzugeben ist;

7b. das Bestehen von Genussscheinen, Wandelschuldverschreibungen, Optionsscheinen, Optionen oder vergleichbaren Wertpapieren oder Rechten, aus denen das Mutterunternehmen verpflichtet ist, unter Angabe der Anzahl und der Rechte, die sie verbriefen;

8. für jedes in den Konzernabschluss einbezogene börsennotierte Unternehmen, dass die nach § 161 des Aktiengesetzes[1)] vorgeschriebene Erklärung abgegeben und wo sie öffentlich zugänglich gemacht worden ist;

9. das von dem Abschlussprüfer des Konzernabschlusses für das Geschäftsjahr berechnete Gesamthonorar, aufgeschlüsselt in das Honorar für
   a) die Abschlussprüfungsleistungen,
   b) andere Bestätigungsleistungen,
   c) Steuerberatungsleistungen,
   d) sonstige Leistungen;

10. für zu den Finanzanlagen (§ 266 Abs. 2 A. III.) gehörende Finanzinstrumente, die in der Konzernbilanz über ihrem beizulegenden Zeitwert ausgewiesen werden, da eine außerplanmäßige Abschreibung gemäß § 253 Absatz 3 Satz 6 unterblieben ist,
   a) der Buchwert und der beizulegende Zeitwert der einzelnen Vermögensgegenstände oder angemessener Gruppierungen sowie
   b) die Gründe für das Unterlassen der Abschreibung einschließlich der Anhaltspunkte, die darauf hindeuten, dass die Wertminderung voraussichtlich nicht von Dauer ist;

11. für jede Kategorie nicht zum beizulegenden Zeitwert bilanzierter derivativer Finanzinstrumente
   a) deren Art und Umfang,
   b) deren beizulegender Zeitwert, soweit er sich nach § 255 Abs. 4 verlässlich ermitteln lässt, unter Angabe der angewandten Bewertungsmethode,
   c) deren Buchwert und der Bilanzposten, in welchem der Buchwert, soweit vorhanden, erfasst ist, sowie
   d) die Gründe dafür, warum der beizulegende Zeitwert nicht bestimmt werden kann;

12. für mit dem beizulegenden Zeitwert bewertete Finanzinstrumente

---

[1)] Nr. **2**.

a) die grundlegenden Annahmen, die der Bestimmung des beizulegenden Zeitwertes mit Hilfe allgemein anerkannter Bewertungsmethoden zugrunde gelegt wurden, sowie

b) Umfang und Art jeder Kategorie derivativer Finanzinstrumente einschließlich der wesentlichen Bedingungen, welche die Höhe, den Zeitpunkt und die Sicherheit künftiger Zahlungsströme beeinflussen können;

13. zumindest die nicht zu marktüblichen Bedingungen zustande gekommenen Geschäfte des Mutterunternehmens und seiner Tochterunternehmen, soweit sie wesentlich sind, mit nahe stehenden Unternehmen und Personen, einschließlich Angaben zur Art der Beziehung, zum Wert der Geschäfte sowie weiterer Angaben, die für die Beurteilung der Finanzlage des Konzerns notwendig sind; ausgenommen sind Geschäfte zwischen in einen Konzernabschluss einbezogenen nahestehenden Unternehmen, wenn diese Geschäfte bei der Konsolidierung weggelassen werden; Angaben über Geschäfte können nach Geschäftsarten zusammengefasst werden, sofern die getrennte Angabe für die Beurteilung der Auswirkungen auf die Finanzlage des Konzerns nicht notwendig ist;

14. im Fall der Aktivierung nach § 248 Abs. 2 der Gesamtbetrag der Forschungs- und Entwicklungskosten des Geschäftsjahres der in den Konzernabschluss einbezogenen Unternehmen sowie der davon auf die selbst geschaffenen immateriellen Vermögensgegenstände des Anlagevermögens entfallende Betrag;

15. bei Anwendung des § 254 im Konzernabschluss,

a) mit welchem Betrag jeweils Vermögensgegenstände, Schulden, schwebende Geschäfte und mit hoher Wahrscheinlichkeit erwartete Transaktionen zur Absicherung welcher Risiken in welche Arten von Bewertungseinheiten einbezogen sind sowie die Höhe der mit Bewertungseinheiten abgesicherten Risiken;

b) für die jeweils abgesicherten Risiken, warum, in welchem Umfang und für welchen Zeitraum sich die gegenläufigen Wertänderungen oder Zahlungsströme künftig voraussichtlich ausgleichen einschließlich der Methode der Ermittlung;

c) eine Erläuterung der mit hoher Wahrscheinlichkeit erwarteten Transaktionen, die in Bewertungseinheiten einbezogen wurden,

soweit die Angaben nicht im Konzernlagebericht gemacht werden;

16. zu den in der Konzernbilanz ausgewiesenen Rückstellungen für Pensionen und ähnliche Verpflichtungen das angewandte versicherungsmathematische Berechnungsverfahren sowie die grundlegenden Annahmen der Berechnung, wie Zinssatz, erwartete Lohn- und Gehaltssteigerungen und zugrunde gelegte Sterbetafeln;

17. im Fall der Verrechnung von in der Konzernbilanz ausgewiesenen Vermögensgegenständen und Schulden nach § 246 Abs. 2 Satz 2 die Anschaffungskosten und der beizulegende Zeitwert der verrechneten Vermögensgegenstände, der Erfüllungsbetrag der verrechneten Schulden sowie die verrechneten Aufwendungen und Erträge; Nummer 12 Buchstabe a ist entsprechend anzuwenden;

18. zu den in der Konzernbilanz ausgewiesenen Anteilen an Sondervermögen im Sinn des § 1 Absatz 10 des Kapitalanlagegesetzbuchs oder Anlageaktien an Investmentaktiengesellschaften mit veränderlichem Kapital im Sinn der

§§ 108 bis 123 des Kapitalanlagegesetzbuchs oder vergleichbaren EU-Investmentvermögen oder vergleichbaren ausländischen Investmentvermögen von mehr als dem zehnten Teil, aufgegliedert nach Anlagezielen, deren Wert im Sinn der §§ 168, 278 des Kapitalanlagegesetzbuchs oder des § 36 des Investmentgesetzes in der bis zum 21. Juli 2013 geltenden Fassung oder vergleichbarer ausländischer Vorschriften über die Ermittlung des Marktwertes, die Differenz zum Buchwert und die für das Geschäftsjahr erfolgte Ausschüttung sowie Beschränkungen in der Möglichkeit der täglichen Rückgabe; darüber hinaus die Gründe dafür, dass eine Abschreibung gemäß § 253 Absatz 3 Satz 6 unterblieben ist, einschließlich der Anhaltspunkte, die darauf hindeuten, dass die Wertminderung voraussichtlich nicht von Dauer ist; Nummer 10 ist insoweit nicht anzuwenden;

19. für nach § 268 Abs. 7 im Konzernanhang ausgewiesene Verbindlichkeiten und Haftungsverhältnisse die Gründe der Einschätzung des Risikos der Inanspruchnahme;
20. jeweils eine Erläuterung des Zeitraums, über den ein entgeltlich erworbener Geschäfts- oder Firmenwert abgeschrieben wird;
21. auf welchen Differenzen oder steuerlichen Verlustvorträgen die latenten Steuern beruhen und mit welchen Steuersätzen die Bewertung erfolgt ist;
22. wenn latente Steuerschulden in der Konzernbilanz angesetzt werden, die latenten Steuersalden am Ende des Geschäftsjahrs und die im Laufe des Geschäftsjahrs erfolgten Änderungen dieser Salden;
23. jeweils den Betrag und die Art der einzelnen Erträge und Aufwendungen von außergewöhnlicher Größenordnung oder außergewöhnlicher Bedeutung, soweit die Beträge nicht von untergeordneter Bedeutung sind;
24. eine Erläuterung der einzelnen Erträge und Aufwendungen hinsichtlich ihres Betrages und ihrer Art, die einem anderen Konzerngeschäftsjahr zuzurechnen sind, soweit die Beträge für die Beurteilung der Vermögens-, Finanz- und Ertragslage des Konzerns nicht von untergeordneter Bedeutung sind;
25. Vorgänge von besonderer Bedeutung, die nach dem Schluss des Konzerngeschäftsjahrs eingetreten und weder in der Konzern-Gewinn- und Verlustrechnung noch in der Konzernbilanz berücksichtigt sind, unter Angabe ihrer Art und ihrer finanziellen Auswirkungen;
26. der Vorschlag für die Verwendung des Ergebnisses des Mutterunternehmens oder gegebenenfalls der Beschluss über die Verwendung des Ergebnisses des Mutterunternehmens.

(2) Mutterunternehmen, die den Konzernabschluss um eine Segmentberichterstattung erweitern (§ 297 Abs. 1 Satz 2), sind von der Angabepflicht gemäß Absatz 1 Nr. 3 befreit.

(3) Für die Angabepflicht gemäß Absatz 1 Nummer 6 Buchstabe a und b gilt § 286 Absatz 4 entsprechend.

Neunter Titel. Konzernlagebericht

§ 315 Inhalt des Konzernlageberichts. (1) [1]Im Konzernlagebericht sind der Geschäftsverlauf einschließlich des Geschäftsergebnisses und die Lage des Konzerns so darzustellen, dass ein den tatsächlichen Verhältnissen entsprechendes Bild vermittelt wird. [2]Er hat eine ausgewogene und umfassende, dem Umfang und der Komplexität der Geschäftstätigkeit entsprechende Analyse des

Geschäftsverlaufs und der Lage des Konzerns zu enthalten. [3] In die Analyse sind die für die Geschäftstätigkeit bedeutsamsten finanziellen Leistungsindikatoren einzubeziehen und unter Bezugnahme auf die im Konzernabschluss ausgewiesenen Beträge und Angaben zu erläutern. [4] Ferner ist im Konzernlagebericht die voraussichtliche Entwicklung mit ihren wesentlichen Chancen und Risiken zu beurteilen und zu erläutern; zugrunde liegende Annahmen sind anzugeben. [5] Die Mitglieder des vertretungsberechtigten Organs eines Mutterunternehmens im Sinne des § 297 Abs. 2 Satz 4 haben zu versichern, dass nach bestem Wissen im Konzernlagebericht der Geschäftsverlauf einschließlich des Geschäftsergebnisses und die Lage des Konzerns so dargestellt sind, dass ein den tatsächlichen Verhältnissen entsprechendes Bild vermittelt wird, und dass die wesentlichen Chancen und Risiken im Sinne des Satzes 4 beschrieben sind.

(2) [1] Im Konzernlagebericht ist auch einzugehen auf:

1. a) die Risikomanagementziele und -methoden des Konzerns einschließlich seiner Methoden zur Absicherung aller wichtigen Arten von Transaktionen, die im Rahmen der Bilanzierung von Sicherungsgeschäften erfasst werden, sowie
   b) die Preisänderungs-, Ausfall- und Liquiditätsrisiken sowie die Risiken aus Zahlungsstromschwankungen, denen der Konzern ausgesetzt ist,

   jeweils in Bezug auf die Verwendung von Finanzinstrumenten durch den Konzern und sofern dies für die Beurteilung der Lage oder der voraussichtlichen Entwicklung von Belang ist;
2. den Bereich Forschung und Entwicklung des Konzerns und
3. für das Verständnis der Lage des Konzerns wesentliche Zweigniederlassungen der insgesamt in den Konzernabschluss einbezogenen Unternehmen.

[2] Ist das Mutterunternehmen eine Aktiengesellschaft, hat es im Konzernlagebericht auf die nach § 160 Absatz 1 Nummer 2 des Aktiengesetzes[1)] im Anhang zu machenden Angaben zu verweisen.

(3) Absatz 1 Satz 3 gilt entsprechend für nichtfinanzielle Leistungsindikatoren, wie Informationen über Umwelt- und Arbeitnehmerbelange, soweit sie für das Verständnis des Geschäftsverlaufs oder der Lage des Konzerns von Bedeutung sind.

(4) Ist das Mutterunternehmen oder ein in den Konzernabschluss einbezogenes Tochterunternehmen kapitalmarktorientiert im Sinne des § 264d, ist im Konzernlagebericht auch auf die wesentlichen Merkmale des internen Kontroll- und Risikomanagementsystems im Hinblick auf den Konzernrechnungslegungsprozess einzugehen.

(5) § 298 Absatz 2 über die Zusammenfassung von Konzernanhang und Anhang ist entsprechend anzuwenden.

§ 315a Ergänzende Vorschriften für bestimmte Aktiengesellschaften und Kommanditgesellschaften auf Aktien. [1] Mutterunternehmen (§ 290), die einen organisierten Markt im Sinne des § 2 Absatz 7 des Wertpapiererwerbs- und Übernahmegesetzes[2)] durch von ihnen ausgegebene stimmberechtigte Aktien in Anspruch nehmen, haben im Konzernlagebericht außerdem anzugeben:

[1)] Nr. **2**.
[2)] Nr. **11**.

1. die Zusammensetzung des gezeichneten Kapitals unter gesondertem Ausweis der mit jeder Gattung verbundenen Rechte und Pflichten und des Anteils am Gesellschaftskapital;
2. Beschränkungen, die Stimmrechte oder die Übertragung von Aktien betreffen, auch wenn sie sich aus Vereinbarungen zwischen Gesellschaftern ergeben können, soweit die Beschränkungen dem Vorstand der Gesellschaft bekannt sind;
3. direkte oder indirekte Beteiligungen am Kapital, die 10 Prozent der Stimmrechte überschreiten;
4. die Inhaber von Aktien mit Sonderrechten, die Kontrollbefugnisse verleihen, und eine Beschreibung dieser Sonderrechte;
5. die Art der Stimmrechtskontrolle, wenn Arbeitnehmer am Kapital beteiligt sind und ihre Kontrollrechte nicht unmittelbar ausüben;
6. die gesetzlichen Vorschriften und Bestimmungen der Satzung über die Ernennung und Abberufung der Mitglieder des Vorstands und über die Änderung der Satzung;
7. die Befugnisse des Vorstands insbesondere hinsichtlich der Möglichkeit, Aktien auszugeben oder zurückzukaufen;
8. wesentliche Vereinbarungen des Mutterunternehmens, die unter der Bedingung eines Kontrollwechsels infolge eines Übernahmeangebots stehen, und die hieraus folgenden Wirkungen;
9. Entschädigungsvereinbarungen des Mutterunternehmens, die für den Fall eines Übernahmeangebots mit den Mitgliedern des Vorstands oder mit Arbeitnehmern getroffen sind.

[2] Die Angaben nach Satz 1 Nummer 1, 3 und 9 können unterbleiben, soweit sie im Konzernanhang zu machen sind. [3] Sind Angaben nach Satz 1 im Konzernanhang zu machen, ist im Konzernlagebericht darauf zu verweisen. [4] Die Angaben nach Satz 1 Nummer 8 können unterbleiben, soweit sie geeignet sind, dem Mutterunternehmen einen erheblichen Nachteil zuzufügen; die Angabepflicht nach anderen gesetzlichen Vorschriften bleibt unberührt.

§ 315b Pflicht zur nichtfinanziellen Konzernerklärung; Befreiungen.

(1) [1] Eine Kapitalgesellschaft, die Mutterunternehmen (§ 290) ist, hat ihren Konzernlagebericht um eine nichtfinanzielle Konzernerklärung zu erweitern, wenn die folgenden Merkmale erfüllt sind:

1. die Kapitalgesellschaft ist kapitalmarktorientiert im Sinne des § 264d,
2. für die in den Konzernabschluss einzubeziehenden Unternehmen gilt:
   a) sie erfüllen die in § 293 Absatz 1 Satz 1 Nummer 1 oder 2 geregelten Voraussetzungen für eine größenabhängige Befreiung nicht und
   b) bei ihnen sind insgesamt im Jahresdurchschnitt mehr als 500 Arbeitnehmer beschäftigt.

[2] § 267 Absatz 4 bis 5 sowie § 298 Absatz 2 sind entsprechend anzuwenden. [3] Wenn die nichtfinanzielle Konzernerklärung einen besonderen Abschnitt des Konzernlageberichts bildet, darf die Kapitalgesellschaft auf die an anderer Stelle im Konzernlagebericht enthaltenen nichtfinanziellen Angaben verweisen.

(2) [1] Ein Mutterunternehmen im Sinne des Absatzes 1 ist unbeschadet anderer Befreiungsvorschriften von der Pflicht zur Erweiterung des Konzernlageberichts um eine nichtfinanzielle Konzernerklärung befreit, wenn

1. das Mutterunternehmen zugleich ein Tochterunternehmen ist, das in den Konzernlagebericht eines anderen Mutterunternehmens einbezogen ist, und
2. der Konzernlagebericht nach Nummer 1 nach Maßgabe des nationalen Rechts eines Mitgliedstaats der Europäischen Union oder eines anderen Vertragsstaats des Abkommens über den Europäischen Wirtschaftsraum im Einklang mit der Richtlinie 2013/34/EU aufgestellt wird und eine nichtfinanzielle Konzernerklärung enthält.

[2] Satz 1 gilt entsprechend, wenn das andere Mutterunternehmen im Sinne des Satzes 1 einen gesonderten nichtfinanziellen Konzernbericht nach Absatz 3 oder nach Maßgabe des nationalen Rechts eines Mitgliedstaats der Europäischen Union oder eines anderen Vertragsstaats des Abkommens über den Europäischen Wirtschaftsraum im Einklang mit der Richtlinie 2013/34/EU erstellt und öffentlich zugänglich macht. [3] Ist ein Mutterunternehmen nach Satz 1 oder 2 von der Pflicht zur Erstellung einer nichtfinanziellen Konzernerklärung befreit, hat es dies in seinem Konzernlagebericht mit der Erläuterung anzugeben, welches andere Mutterunternehmen den Konzernlagebericht oder den gesonderten nichtfinanziellen Konzernbericht öffentlich zugänglich macht und wo der Bericht in deutscher oder englischer Sprache offengelegt oder veröffentlicht ist.

(3) [1] Ein Mutterunternehmen im Sinne des Absatzes 1 ist auch dann von der Pflicht zur Erweiterung des Konzernlageberichts um eine nichtfinanzielle Konzernerklärung befreit, wenn das Mutterunternehmen für dasselbe Geschäftsjahr einen gesonderten nichtfinanziellen Konzernbericht außerhalb des Konzernlageberichts erstellt und folgende Voraussetzungen erfüllt:

1. der gesonderte nichtfinanzielle Konzernbericht erfüllt zumindest die inhaltlichen Vorgaben nach § 315c in Verbindung mit § 289c und
2. das Mutterunternehmen macht den gesonderten nichtfinanziellen Konzernbericht öffentlich zugänglich durch
   a) Offenlegung zusammen mit dem Konzernlagebericht nach § 325 oder
   b) Veröffentlichung auf der Internetseite des Mutterunternehmens spätestens vier Monate nach dem Abschlussstichtag und mindestens für zehn Jahre, sofern der Konzernlagebericht auf diese Veröffentlichung unter Angabe der Internetseite Bezug nimmt.

[2] Absatz 1 Satz 3, die §§ 289d und 289e sowie § 298 Absatz 2 sind auf den gesonderten nichtfinanziellen Konzernbericht entsprechend anzuwenden.

(4) Ist die nichtfinanzielle Konzernerklärung oder der gesonderte nichtfinanzielle Konzernbericht inhaltlich überprüft worden, ist auch die Beurteilung des Prüfungsergebnisses in gleicher Weise wie die nichtfinanzielle Konzernerklärung oder der gesonderte nichtfinanzielle Konzernbericht öffentlich zugänglich zu machen.

§ 315c Inhalt der nichtfinanziellen Konzernerklärung. (1) Auf den Inhalt der nichtfinanziellen Konzernerklärung ist § 289c entsprechend anzuwenden.

(2) § 289c Absatz 3 gilt mit der Maßgabe, dass diejenigen Angaben zu machen sind, die für das Verständnis des Geschäftsverlaufs, des Geschäftsergebnisses, der Lage des Konzerns sowie der Auswirkungen seiner Tätigkeit auf die in § 289c Absatz 2 genannten Aspekte erforderlich sind.

(3) Die §§ 289d und 289e sind entsprechend anzuwenden.

§ 315d Konzernerklärung zur Unternehmensführung. [1]Ein Mutterunternehmen, das eine Gesellschaft im Sinne des § 289f Absatz 1 oder Absatz 3 ist, hat für den Konzern eine Erklärung zur Unternehmensführung zu erstellen und als gesonderten Abschnitt in den Konzernlagebericht aufzunehmen. [2]§ 289f ist entsprechend anzuwenden.

Zehnter Titel. Konzernabschluss nach internationalen Rechnungslegungsstandards

§ 315e [Konzernabschluss nach internationalen Rechnungslegungsstandards] (1) Ist ein Mutterunternehmen, das nach den Vorschriften des Ersten Titels einen Konzernabschluss aufzustellen hat, nach Artikel 4 der Verordnung (EG) Nr. 1606/2002 des Europäischen Parlaments und des Rates vom 19. Juli 2002 in der jeweils geltenden Fassung verpflichtet, die nach den Artikeln 2, 3 und 6 der genannten Verordnung übernommenen internationalen Rechnungslegungsstandards anzuwenden, so sind von den Vorschriften des Zweiten bis Achten Titels nur § 294 Abs. 3, § 297 Absatz 1a, 2 Satz 4, § 298 Abs. 1, dieser jedoch nur in Verbindung mit den §§ 244 und 245, ferner § 313 Abs. 2 und 3, § 314 Abs. 1 Nr. 4, 6, 8 und 9, Absatz 3 sowie die Bestimmungen des Neunten Titels und die Vorschriften außerhalb dieses Unterabschnitts, die den Konzernabschluss oder den Konzernlagebericht betreffen, entsprechend anzuwenden.

(2) Mutterunternehmen, die nicht unter Absatz 1 fallen, haben ihren Konzernabschluss nach den dort genannten internationalen Rechnungslegungsstandards und Vorschriften aufzustellen, wenn für sie bis zum jeweiligen Bilanzstichtag die Zulassung eines Wertpapiers im Sinne des § 2 Absatz 1 des Wertpapierhandelsgesetzes[1)] zum Handel an einem organisierten Markt im Sinne des § 2 Absatz 11 des Wertpapierhandelsgesetzes[1)] im Inland beantragt worden ist.

(3) [1]Mutterunternehmen, die nicht unter Absatz 1 oder 2 fallen, dürfen ihren Konzernabschluss nach den in Absatz 1 genannten internationalen Rechnungslegungsstandards und Vorschriften aufstellen. [2]Ein Unternehmen, das von diesem Wahlrecht Gebrauch macht, hat die in Absatz 1 genannten Standards und Vorschriften vollständig zu befolgen.

Dritter Unterabschnitt. Prüfung

§ 316 Pflicht zur Prüfung. (1) [1]Der Jahresabschluß und der Lagebericht von Kapitalgesellschaften, die nicht kleine im Sinne des § 267 Abs. 1 sind, sind durch einen Abschlußprüfer zu prüfen. [2]Hat keine Prüfung stattgefunden, so kann der Jahresabschluß nicht festgestellt werden.

(2) [1]Der Konzernabschluß und der Konzernlagebericht von Kapitalgesellschaften sind durch einen Abschlußprüfer zu prüfen. [2]Hat keine Prüfung stattgefunden, so kann der Konzernabschluss nicht gebilligt werden.

(3) [1]Werden der Jahresabschluß, der Konzernabschluß, der Lagebericht oder der Konzernlagebericht nach Vorlage des Prüfungsberichts geändert, so hat der Abschlußprüfer diese Unterlagen erneut zu prüfen, soweit es die Änderung

---

[1)] Nr. **10**.

erfordert. [2] Über das Ergebnis der Prüfung ist zu berichten; der Bestätigungsvermerk ist entsprechend zu ergänzen.

§ 317 Gegenstand und Umfang der Prüfung. (1) [1] In die Prüfung des Jahresabschlusses ist die Buchführung einzubeziehen. [2] Die Prüfung des Jahresabschlusses und des Konzernabschlusses hat sich darauf zu erstrecken, ob die gesetzlichen Vorschriften und sie ergänzende Bestimmungen des Gesellschaftsvertrags oder der Satzung beachtet worden sind. [3] Die Prüfung ist so anzulegen, daß Unrichtigkeiten und Verstöße gegen die in Satz 2 aufgeführten Bestimmungen, die sich auf die Darstellung des sich nach § 264 Abs. 2 ergebenden Bildes der Vermögens-, Finanz- und Ertragslage des Unternehmens wesentlich auswirken, bei gewissenhafter Berufsausübung erkannt werden.

(2) [1] Der Lagebericht und der Konzernlagebericht sind darauf zu prüfen, ob der Lagebericht mit dem Jahresabschluß, gegebenenfalls auch mit dem Einzelabschluss nach § 325 Abs. 2a, und der Konzernlagebericht mit dem Konzernabschluß sowie mit den bei der Prüfung gewonnenen Erkenntnissen des Abschlußprüfers in Einklang stehen und ob der Lagebericht insgesamt ein zutreffendes Bild von der Lage des Unternehmens und der Konzernlagebericht insgesamt ein zutreffendes Bild von der Lage des Konzerns vermittelt. [2] Dabei ist auch zu prüfen, ob die Chancen und Risiken der künftigen Entwicklung zutreffend dargestellt sind. [3] Die Prüfung des Lageberichts und des Konzernlageberichts hat sich auch darauf zu erstrecken, ob die gesetzlichen Vorschriften zur Aufstellung des Lage- oder Konzernlageberichts beachtet worden sind. [4] Im Hinblick auf die Vorgaben nach den §§ 289b bis 289e und den §§ 315b und 315c ist nur zu prüfen, ob die nichtfinanzielle Erklärung oder der gesonderte nichtfinanzielle Bericht, die nichtfinanzielle Konzernerklärung oder der gesonderte nichtfinanzielle Konzernbericht vorgelegt wurde. [5] Im Fall des § 289b Absatz 3 Satz 1 Nummer 2 Buchstabe b ist vier Monate nach dem Abschlussstichtag eine ergänzende Prüfung durch denselben Abschlussprüfer durchzuführen, ob der gesonderte nichtfinanzielle Bericht oder der gesonderte nichtfinanzielle Konzernbericht vorgelegt wurde; § 316 Absatz 3 Satz 2 gilt entsprechend mit der Maßgabe, dass der Bestätigungsvermerk nur dann zu ergänzen ist, wenn der gesonderte nichtfinanzielle Bericht oder der gesonderte nichtfinanzielle Konzernbericht nicht innerhalb von vier Monaten nach dem Abschlussstichtag vorgelegt worden ist. [6] Die Prüfung der Angaben nach § 289f Absatz 2 und 5 sowie § 315d ist darauf zu beschränken, ob die Angaben gemacht wurden.

(3) [1] Der Abschlußprüfer des Konzernabschlusses hat auch die im Konzernabschluß zusammengefaßten Jahresabschlüsse, insbesondere die konsolidierungsbedingten Anpassungen, in entsprechender Anwendung des Absatzes 1 zu prüfen. [2] Sind diese Jahresabschlüsse von einem anderen Abschlussprüfer geprüft worden, hat der Konzernabschlussprüfer dessen Arbeit zu überprüfen und dies zu dokumentieren.

(3a) Auf die Abschlussprüfung bei Unternehmen, die kapitalmarktorientiert im Sinne des § 264d sind, sind die Vorschriften dieses Unterabschnitts nur insoweit anzuwenden, als nicht die Verordnung (EU) Nr. 537/2014 des Europäischen Parlaments und des Rates vom 16. April 2014 über spezifische Anforderungen an die Abschlussprüfung bei Unternehmen von öffentlichem Interesse und zur Aufhebung des Beschlusses 2005/909/EG der Kommission (ABl. L 158 vom 27.5.2014, S. 77, L 170 vom 11.6.2014, S. 66) anzuwenden ist.

(4) Bei einer börsennotierten Aktiengesellschaft ist außerdem im Rahmen der Prüfung zu beurteilen, ob der Vorstand die ihm nach § 91 Abs. 2 des Aktiengesetzes[1] obliegenden Maßnahmen in einer geeigneten Form getroffen hat und ob das danach einzurichtende Überwachungssystem seine Aufgaben erfüllen kann.

(4a) Soweit nichts anderes bestimmt ist, hat die Prüfung sich nicht darauf zu erstrecken, ob der Fortbestand des geprüften Unternehmens oder die Wirksamkeit und Wirtschaftlichkeit der Geschäftsführung zugesichert werden kann.

(5) Bei der Durchführung einer Prüfung hat der Abschlussprüfer die internationalen Prüfungsstandards anzuwenden, die von der Europäischen Kommission in dem Verfahren nach Artikel 26 Absatz 3 der Richtlinie 2006/43/EG des Europäischen Parlaments und des Rates vom 17. Mai 2006 über Abschlussprüfungen von Jahresabschlüssen und konsolidierten Abschlüssen, zur Änderung der Richtlinien 78/660/EWG und 83/349/EWG des Rates und zur Aufhebung der Richtlinie 84/253/EWG des Rates (ABl. EU Nr. L 157 S. 87), die zuletzt durch die Richtlinie 2014/56/EU (ABl. L 158 vom 27.5.2014, S. 196) geändert worden ist, angenommen worden sind.

(6) Das Bundesministerium der Justiz und für Verbraucherschutz wird ermächtigt, im Einvernehmen mit dem Bundesministerium für Wirtschaft und Energie durch Rechtsverordnung, die nicht der Zustimmung des Bundesrates bedarf, zusätzlich zu den bei der Durchführung der Abschlussprüfung nach Absatz 5 anzuwendenden internationalen Prüfungsstandards weitere Abschlussprüfungsanforderungen vorzuschreiben, wenn dies durch den Umfang der Abschlussprüfung bedingt ist und den in den Absätzen 1 bis 4 genannten Prüfungszielen dient.

§ 318 Bestellung und Abberufung des Abschlußprüfers. (1) [1]Der Abschlußprüfer des Jahresabschlusses wird von den Gesellschaftern gewählt; den Abschlußprüfer des Konzernabschlusses wählen die Gesellschafter des Mutterunternehmens. [2]Bei Gesellschaften mit beschränkter Haftung und bei offenen Handelsgesellschaften und Kommanditgesellschaften im Sinne des § 264a Abs. 1 kann der Gesellschaftsvertrag etwas anderes bestimmen. [3]Der Abschlußprüfer soll jeweils vor Ablauf des Geschäftsjahrs gewählt werden, auf das sich seine Prüfungstätigkeit erstreckt. [4]Die gesetzlichen Vertreter, bei Zuständigkeit des Aufsichtsrats dieser, haben unverzüglich nach der Wahl den Prüfungsauftrag zu erteilen. [5]Der Prüfungsauftrag kann nur widerrufen werden, wenn nach Absatz 3 ein anderer Prüfer bestellt worden ist.

(1a) [1]Die Höchstlaufzeit des Prüfungsmandats nach Artikel 17 Absatz 1 Unterabsatz 2 der Verordnung (EU) Nr. 537/2014 verlängert sich auf 20 Jahre, wenn der Wahl für das elfte Geschäftsjahr in Folge, auf das sich die Prüfungstätigkeit des Abschlussprüfers erstreckt, ein im Einklang mit Artikel 16 Absatz 2 bis 5 der Verordnung (EU) Nr. 537/2014 durchgeführtes Auswahl- und Vorschlagsverfahren vorausgeht. [2]Werden ab dem in Satz 1 genannten elften Geschäftsjahr mehrere Wirtschaftsprüfer oder Wirtschaftsprüfungsgesellschaften gemeinsam zum Abschlussprüfer bestellt, verlängert sich die Höchstlaufzeit des Prüfungsmandats gemäß Artikel 17 Absatz 1 Unterabsatz 2 der Verordnung (EU) Nr. 537/2014 auf 24 Jahre.

---

[1] Nr. 2.

(1b) Eine Vereinbarung, die die Wahlmöglichkeiten nach Absatz 1 auf bestimmte Kategorien oder Listen von Prüfern oder Prüfungsgesellschaften beschränkt, ist nichtig.

(2) [1] Als Abschlußprüfer des Konzernabschlusses gilt, wenn kein anderer Prüfer bestellt wird, der Prüfer als bestellt, der für die Prüfung des in den Konzernabschluß einbezogenen Jahresabschlusses des Mutterunternehmens bestellt worden ist. [2] Erfolgt die Einbeziehung auf Grund eines Zwischenabschlusses, so gilt, wenn kein anderer Prüfer bestellt wird, der Prüfer als bestellt, der für die Prüfung des letzten vor dem Konzernabschlußstichtag aufgestellten Jahresabschlusses des Mutterunternehmens bestellt worden ist.

(3) [1] Auf Antrag der gesetzlichen Vertreter, des Aufsichtsrats oder von Gesellschaftern, deren Anteile bei Antragstellung zusammen den zwanzigsten Teil der Stimmrechte oder des Grundkapitals oder einen Börsenwert von 500 000 Euro erreichen, hat das Gericht nach Anhörung der Beteiligten und des gewählten Prüfers einen anderen Abschlussprüfer zu bestellen, wenn

1. dies aus einem in der Person des gewählten Prüfers liegenden Grund geboten erscheint, insbesondere, wenn ein Ausschlussgrund nach § 319 Absatz 2 bis 5 oder nach den §§ 319a und 319b besteht oder ein Verstoß gegen Artikel 5 Absatz 4 Unterabsatz 1 oder Absatz 5 Unterabsatz 2 Satz 2 der Verordnung (EU) Nr. 537/2014 vorliegt, oder
2. die Vorschriften zur Bestellung des Prüfers nach Artikel 16 der Verordnung (EU) Nr. 537/2014 oder die Vorschriften zur Laufzeit des Prüfungsmandats nach Artikel 17 der Verordnung (EU) Nr. 527/2014 nicht eingehalten worden sind.

[2] Der Antrag ist binnen zwei Wochen nach dem Tag der Wahl des Abschlussprüfers zu stellen; Aktionäre können den Antrag nur stellen, wenn sie gegen die Wahl des Abschlussprüfers bei der Beschlussfassung Widerspruch erklärt haben. [3] Wird ein Befangenheitsgrund erst nach der Wahl bekannt oder tritt ein Befangenheitsgrund erst nach der Wahl ein, ist der Antrag binnen zwei Wochen nach dem Tag zu stellen, an dem der Antragsberechtigte Kenntnis von den befangenheitsbegründenden Umständen erlangt hat oder ohne grobe Fahrlässigkeit hätte erlangen müssen. [4] Stellen Aktionäre den Antrag, so haben sie glaubhaft zu machen, dass sie seit mindestens drei Monaten vor dem Tag der Wahl des Abschlussprüfers Inhaber der Aktien sind. [5] Zur Glaubhaftmachung genügt eine eidesstattliche Versicherung vor einem Notar. [6] Unterliegt die Gesellschaft einer staatlichen Aufsicht, so kann auch die Aufsichtsbehörde den Antrag stellen. [7] Der Antrag kann nach Erteilung des Bestätigungsvermerks, im Fall einer Nachtragsprüfung nach § 316 Abs. 3 nach Ergänzung des Bestätigungsvermerks nicht mehr gestellt werden. [8] Gegen die Entscheidung ist die Beschwerde zulässig.

(4) [1] Ist der Abschlußprüfer bis zum Ablauf des Geschäftsjahrs nicht gewählt worden, so hat das Gericht auf Antrag der gesetzlichen Vertreter, des Aufsichtsrats oder eines Gesellschafters den Abschlußprüfer zu bestellen. [2] Gleiches gilt, wenn ein gewählter Abschlußprüfer die Annahme des Prüfungsauftrags abgelehnt hat, weggefallen ist oder am rechtzeitigen Abschluß der Prüfung verhindert ist und ein anderer Abschlußprüfer nicht gewählt worden ist. [3] Die gesetzlichen Vertreter sind verpflichtet, den Antrag zu stellen. [4] Gegen die Entscheidung des Gerichts findet die Beschwerde statt; die Bestellung des Abschlußprüfers ist unanfechtbar.

(5) [1] Der vom Gericht bestellte Abschlußprüfer hat Anspruch auf Ersatz angemessener barer Auslagen und auf Vergütung für seine Tätigkeit. [2] Die Auslagen und die Vergütung setzt das Gericht fest. [3] Gegen die Entscheidung findet die Beschwerde statt; die Rechtsbeschwerde ist ausgeschlossen. [4] Aus der rechtskräftigen Entscheidung findet die Zwangsvollstreckung nach der Zivilprozeßordnung statt.

(6) [1] Ein von dem Abschlußprüfer angenommener Prüfungsauftrag kann von dem Abschlußprüfer nur aus wichtigem Grund gekündigt werden. [2] Als wichtiger Grund ist es nicht anzusehen, wenn Meinungsverschiedenheiten über den Inhalt des Bestätigungsvermerks, seine Einschränkung oder Versagung bestehen. [3] Die Kündigung ist schriftlich zu begründen. [4] Der Abschlußprüfer hat über das Ergebnis seiner bisherigen Prüfung zu berichten; § 321 ist entsprechend anzuwenden.

(7) [1] Kündigt der Abschlußprüfer den Prüfungsauftrag nach Absatz 6, so haben die gesetzlichen Vertreter die Kündigung dem Aufsichtsrat, der nächsten Hauptversammlung oder bei Gesellschaften mit beschränkter Haftung den Gesellschaftern mitzuteilen. [2] Den Bericht des bisherigen Abschlußprüfers haben die gesetzlichen Vertreter unverzüglich dem Aufsichtsrat vorzulegen. [3] Jedes Aufsichtsratsmitglied hat das Recht, von dem Bericht Kenntnis zu nehmen. [4] Der Bericht ist auch jedem Aufsichtsratsmitglied oder, soweit der Aufsichtsrat dies beschlossen hat, den Mitgliedern eines Ausschusses auszuhändigen. [5] Ist der Prüfungsauftrag vom Aufsichtsrat erteilt worden, obliegen die Pflichten der gesetzlichen Vertreter dem Aufsichtsrat einschließlich der Unterrichtung der gesetzlichen Vertreter.

(8) Die Wirtschaftsprüferkammer ist unverzüglich und schriftlich begründet durch den Abschlussprüfer und die gesetzlichen Vertreter der geprüften Gesellschaft von der Kündigung oder dem Widerruf des Prüfungsauftrages zu unterrichten.

§ 319 Auswahl der Abschlussprüfer und Ausschlussgründe. (1) [1] Abschlussprüfer können Wirtschaftsprüfer und Wirtschaftsprüfungsgesellschaften sein. [2] Abschlussprüfer von Jahresabschlüssen und Lageberichten mittelgroßer Gesellschaften mit beschränkter Haftung (§ 267 Abs. 2) oder von mittelgroßen Personenhandelsgesellschaften im Sinne des § 264a Abs. 1 können auch vereidigte Buchprüfer und Buchprüfungsgesellschaften sein. [3] Die Abschlussprüfer nach den Sätzen 1 und 2 müssen über einen Auszug aus dem Berufsregister verfügen, aus dem sich ergibt, dass die Eintragung nach § 38 Nummer 1 Buchstabe h oder Nummer 2 Buchstabe f der Wirtschaftsprüferordnung vorgenommen worden ist; Abschlussprüfer, die erstmalig eine gesetzlich vorgeschriebene Abschlussprüfung nach § 316 des Handelsgesetzbuchs durchführen, müssen spätestens sechs Wochen nach Annahme eines Prüfungsauftrages über den Auszug aus dem Berufsregister verfügen. [4] Die Abschlussprüfer sind während einer laufenden Abschlussprüfung verpflichtet, eine Löschung der Eintragung unverzüglich gegenüber der Gesellschaft anzuzeigen.

(2) Ein Wirtschaftsprüfer oder vereidigter Buchprüfer ist als Abschlussprüfer ausgeschlossen, wenn während des Geschäftsjahres, für dessen Schluss der zu prüfende Jahresabschluss aufgestellt wird, oder während der Abschlussprüfung Gründe, insbesondere Beziehungen geschäftlicher, finanzieller oder persönlicher Art, vorliegen, nach denen die Besorgnis der Befangenheit besteht.

(3) [1] Ein Wirtschaftsprüfer oder vereidigter Buchprüfer ist insbesondere von der Abschlussprüfung ausgeschlossen, wenn er oder eine Person, mit der er seinen Beruf gemeinsam ausübt,

1. Anteile oder andere nicht nur unwesentliche finanzielle Interessen an der zu prüfenden Kapitalgesellschaft oder eine Beteiligung an einem Unternehmen besitzt, das mit der zu prüfenden Kapitalgesellschaft verbunden ist oder von dieser mehr als zwanzig vom Hundert der Anteile besitzt;
2. gesetzlicher Vertreter, Mitglied des Aufsichtsrats oder Arbeitnehmer der zu prüfenden Kapitalgesellschaft oder eines Unternehmens ist, das mit der zu prüfenden Kapitalgesellschaft verbunden ist oder von dieser mehr als zwanzig vom Hundert der Anteile besitzt;
3. über die Prüfungstätigkeit hinaus bei der zu prüfenden oder für die zu prüfende Kapitalgesellschaft in dem zu prüfenden Geschäftsjahr oder bis zur Erteilung des Bestätigungsvermerks
   a) bei der Führung der Bücher oder der Aufstellung des zu prüfenden Jahresabschlusses mitgewirkt hat,
   b) bei der Durchführung der internen Revision in verantwortlicher Position mitgewirkt hat,
   c) Unternehmensleitungs- oder Finanzdienstleistungen erbracht hat oder
   d) eigenständige versicherungsmathematische oder Bewertungsleistungen erbracht hat, die sich auf den zu prüfenden Jahresabschluss nicht nur unwesentlich auswirken,

   sofern diese Tätigkeiten nicht von untergeordneter Bedeutung sind; dies gilt auch, wenn eine dieser Tätigkeiten von einem Unternehmen für die zu prüfende Kapitalgesellschaft ausgeübt wird, bei dem der Wirtschaftsprüfer oder vereidigte Buchprüfer gesetzlicher Vertreter, Arbeitnehmer, Mitglied des Aufsichtsrats oder Gesellschafter, der mehr als zwanzig vom Hundert der den Gesellschaftern zustehenden Stimmrechte besitzt, ist;
4. bei der Prüfung eine Person beschäftigt, die nach den Nummern 1 bis 3 nicht Abschlussprüfer sein darf;
5. in den letzten fünf Jahren jeweils mehr als dreißig vom Hundert der Gesamteinnahmen aus seiner beruflichen Tätigkeit von der zu prüfenden Kapitalgesellschaft und von Unternehmen, an denen die zu prüfende Kapitalgesellschaft mehr als zwanzig vom Hundert der Anteile besitzt, bezogen hat und dies auch im laufenden Geschäftsjahr zu erwarten ist; zur Vermeidung von Härtefällen kann die Wirtschaftsprüferkammer befristete Ausnahmegenehmigungen erteilen.

[2] Dies gilt auch, wenn der Ehegatte oder der Lebenspartner einen Ausschlussgrund nach Satz 1 Nr. 1, 2 oder 3 erfüllt.

(4) [1] Wirtschaftsprüfungsgesellschaften und Buchprüfungsgesellschaften sind von der Abschlussprüfung ausgeschlossen, wenn sie selbst, einer ihrer gesetzlichen Vertreter, ein Gesellschafter, der mehr als zwanzig vom Hundert der den Gesellschaftern zustehenden Stimmrechte besitzt, ein verbundenes Unternehmen, ein bei der Prüfung in verantwortlicher Position beschäftigter Gesellschafter oder eine andere von ihr beschäftigte Person, die das Ergebnis der Prüfung beeinflussen kann, nach Absatz 2 oder Absatz 3 ausgeschlossen sind. [2] Satz 1 gilt auch, wenn ein Mitglied des Aufsichtsrats nach Absatz 3 Satz 1 Nr. 2 ausgeschlossen ist oder wenn mehrere Gesellschafter, die zusammen mehr als

zwanzig vom Hundert der den Gesellschaftern zustehenden Stimmrechte besitzen, jeweils einzeln oder zusammen nach Absatz 2 oder Absatz 3 ausgeschlossen sind.

(5) Absatz 1 Satz 3 sowie die Absätze 2 bis 4 sind auf den Abschlussprüfer des Konzernabschlusses entsprechend anzuwenden.

§ 319a Besondere Ausschlussgründe bei Unternehmen von öffentlichem Interesse. (1) [1] Ein Wirtschaftsprüfer ist über die in § 319 Abs. 2 und 3 genannten Gründe hinaus auch dann von der Abschlussprüfung eines Unternehmens, das kapitalmarktorientiert im Sinn des § 264d, das CRR-Kreditinstitut im Sinne des § 1 Absatz 3d Satz 1 des Kreditwesengesetzes, mit Ausnahme der in § 2 Absatz 1 Nummer 1 und 2 des Kreditwesengesetzes genannten Institute, oder das Versicherungsunternehmen im Sinne des Artikels 2 Absatz 1 der Richtlinie 91/674/EWG ist, ausgeschlossen, wenn er

1. *(aufgehoben)*
2. in dem Geschäftsjahr, für dessen Schluss der zu prüfende Jahresabschluss aufzustellen ist, über die Prüfungstätigkeit hinaus Steuerberatungsleistungen im Sinne des Artikels 5 Absatz 1 Unterabsatz 2 Buchstabe a Ziffer i und iv bis vii der Verordnung (EU) Nr. 537/2014 erbracht hat, die sich einzeln oder zusammen auf den zu prüfenden Jahresabschluss unmittelbar und nicht nur unwesentlich auswirken; eine nicht nur unwesentliche Auswirkung liegt insbesondere dann vor, wenn die Erbringung der Steuerberatungsleistungen im zu prüfenden Geschäftsjahr den für steuerliche Zwecke zu ermittelnden Gewinn im Inland erheblich gekürzt hat oder ein erheblicher Teil des Gewinns ins Ausland verlagert worden ist, ohne dass eine über die steuerliche Vorteilserlangung hinausgehende wirtschaftliche Notwendigkeit für das Unternehmen besteht, oder
3. in dem zu prüfenden Geschäftsjahr oder bis zur Erteilung des Bestätigungsvermerks über die Prüfungstätigkeit hinaus bei der zu prüfenden oder für die zu prüfende Kapitalgesellschaft Bewertungsleistungen im Sinne des Artikels 5 Absatz 1 Unterabsatz 2 Buchstabe f der Verordnung (EU) Nr. 537/2014 erbracht hat, die sich einzeln oder zusammen auf den zu prüfenden Jahresabschluss unmittelbar und nicht nur unwesentlich auswirken.

[2] § 319 Abs. 3 Satz 1 Nr. 3 letzter Teilsatz, Satz 2 und Abs. 4 gilt für die in Satz 1 genannten Ausschlussgründe entsprechend. [3] Satz 1 Nummer 2 und 3 gilt auch, wenn Personen, mit denen der Wirtschaftsprüfer seinen Beruf gemeinsam ausübt, die dort genannten Ausschlussgründe erfüllen; erbringt der Wirtschaftsprüfer Steuerberatungsleistungen im Sinne des Artikels 5 Absatz 1 Unterabsatz 2 Buchstabe a Ziffer i und iv bis vii der Verordnung (EU) Nr. 537/2014 oder Bewertungsleistungen im Sinne des Artikels 5 Absatz 1 Unterabsatz 2 Buchstabe f der Verordnung (EU) Nr. 537/2014, so hat er deren Auswirkungen auf den zu prüfenden Jahresabschluss im Prüfungsbericht darzustellen und zu erläutern. [4] Verantwortlicher Prüfungspartner ist, wer den Bestätigungsvermerk nach § 322 unterzeichnet oder als Wirtschaftsprüfer von einer Wirtschaftsprüfungsgesellschaft als für die Durchführung einer Abschlussprüfung vorrangig verantwortlich bestimmt worden ist.

(1a) Auf Antrag des Abschlussprüfers kann die Abschlussprüferaufsichtsstelle beim Bundesamt für Wirtschaft und Ausfuhrkontrolle diesen von den Anforderungen des Artikels 4 Absatz 2 Unterabsatz 1 der Verordnung (EU) Nr. 537/

2014 ausnahmsweise für höchstens ein Geschäftsjahr ausnehmen, allerdings nur bis zu 140 Prozent des Durchschnitts der in Artikel 4 Absatz 2 Unterabsatz 1 der Verordnung (EU) Nr. 537/2014 genannten Honorare.

(2) [1] Absatz 1 ist auf den Abschlussprüfer des Konzernabschlusses entsprechend anzuwenden. [2] Als verantwortlicher Prüfungspartner gilt auf Konzernebene auch, wer als Wirtschaftsprüfer auf der Ebene bedeutender Tochterunternehmen als für die Durchführung von deren Abschlussprüfung vorrangig verantwortlich bestimmt worden ist.

(3) [1] Der Prüfungsausschuss des Unternehmens muss der Erbringung von Steuerberatungsleistungen im Sinne des Artikels 5 Absatz 1 Unterabsatz 2 Buchstabe a Ziffer i und iv bis vii der Verordnung (EU) Nr. 537/2014 durch den Abschlussprüfer vorher zustimmen. [2] Falls das Unternehmen keinen Prüfungsausschuss eingerichtet hat, muss die Zustimmung durch seinen Aufsichts- oder Verwaltungsrat erfolgen.

§ 319b Netzwerk. (1) [1] Ein Abschlussprüfer ist von der Abschlussprüfung ausgeschlossen, wenn ein Mitglied seines Netzwerks einen Ausschlussgrund nach § 319 Abs. 2, 3 Satz 1 Nr. 1, 2 oder Nr. 4, Abs. 3 Satz 2 oder Abs. 4 erfüllt, es sei denn, dass das Netzwerkmitglied auf das Ergebnis der Abschlussprüfung keinen Einfluss nehmen kann. [2] Er ist ausgeschlossen, wenn ein Mitglied seines Netzwerks einen Ausschlussgrund nach § 319 Abs. 3 Satz 1 Nr. 3 oder § 319a Abs. 1 Satz 1 Nr. 2 oder 3 erfüllt. [3] Ein Netzwerk liegt vor, wenn Personen bei ihrer Berufsausübung zur Verfolgung gemeinsamer wirtschaftlicher Interessen für eine gewisse Dauer zusammenwirken.

(2) Absatz 1 ist auf den Abschlussprüfer des Konzernabschlusses entsprechend anzuwenden.

§ 320 Vorlagepflicht. Auskunftsrecht. (1) [1] Die gesetzlichen Vertreter der Kapitalgesellschaft haben dem Abschlußprüfer den Jahresabschluß, den Lagebericht und den gesonderten nichtfinanziellen Bericht unverzüglich nach der Aufstellung vorzulegen. [2] Sie haben ihm zu gestatten, die Bücher und Schriften der Kapitalgesellschaft sowie die Vermögensgegenstände und Schulden, namentlich die Kasse und die Bestände an Wertpapieren und Waren, zu prüfen.

(2) [1] Der Abschlußprüfer kann von den gesetzlichen Vertretern alle Aufklärungen und Nachweise verlangen, die für eine sorgfältige Prüfung notwendig sind. [2] Soweit es die Vorbereitung der Abschlußprüfung erfordert, hat der Abschlußprüfer die Rechte nach Absatz 1 Satz 2 und nach Satz 1 auch schon vor Aufstellung des Jahresabschlusses. [3] Soweit es für eine sorgfältige Prüfung notwendig ist, hat der Abschlußprüfer die Rechte nach den Sätzen 1 und 2 auch gegenüber Mutter- und Tochterunternehmen.

(3) [1] Die gesetzlichen Vertreter einer Kapitalgesellschaft, die einen Konzernabschluß aufzustellen hat, haben dem Abschlußprüfer des Konzernabschlusses den Konzernabschluß, den Konzernlagebericht, den gesonderten nichtfinanziellen Konzernbericht, die Jahresabschlüsse, Lageberichte, die gesonderten nichtfinanziellen Berichte und, wenn eine Prüfung stattgefunden hat, die Prüfungsberichte des Mutterunternehmens und der Tochterunternehmen vorzulegen. [2] Der Abschlußprüfer hat die Rechte nach Absatz 1 Satz 2 und nach Absatz 2 bei dem Mutterunternehmen und den Tochterunternehmen, die Rechte nach Absatz 2 auch gegenüber den Abschlußprüfern des Mutterunternehmens und der Tochterunternehmen.

(4) Der bisherige Abschlussprüfer hat dem neuen Abschlussprüfer auf schriftliche Anfrage über das Ergebnis der bisherigen Prüfung zu berichten; § 321 ist entsprechend anzuwenden.

(5) [1] Ist die Kapitalgesellschaft als Tochterunternehmen in den Konzernabschluss eines Mutterunternehmens einbezogen, das seinen Sitz nicht in einem Mitgliedstaat der Europäischen Union oder einem anderen Vertragsstaat des Abkommens über den Europäischen Wirtschaftsraum hat, kann der Prüfer nach Absatz 2 zur Verfügung gestellte Unterlagen an den Abschlussprüfer des Konzernabschlusses weitergeben, soweit diese für die Prüfung des Konzernabschlusses des Mutterunternehmens erforderlich sind. [2] Die Übermittlung personenbezogener Daten muss im Einklang mit den Vorgaben der Verordnung (EU) 2016/679 und den allgemeinen datenschutzrechtlichen Vorschriften stehen.

§ 321 Prüfungsbericht. (1) [1] Der Abschlußprüfer hat über Art und Umfang sowie über das Ergebnis der Prüfung zu berichten; auf den Bericht sind die Sätze 2 und 3 sowie die Absätze 2 bis 4a anzuwenden. [2] Der Bericht ist schriftlich und mit der gebotenen Klarheit abzufassen; in ihm ist vorweg zu der Beurteilung der Lage des Unternehmens oder Konzerns durch die gesetzlichen Vertreter Stellung zu nehmen, wobei insbesondere auf die Beurteilung des Fortbestandes und der künftigen Entwicklung des Unternehmens unter Berücksichtigung des Lageberichts und bei der Prüfung des Konzernabschlusses von Mutterunternehmen auch des Konzerns unter Berücksichtigung des Konzernlageberichts einzugehen ist, soweit die geprüften Unterlagen und der Lagebericht oder der Konzernlagebericht eine solche Beurteilung erlauben. [3] Außerdem hat der Abschlussprüfer über bei Durchführung der Prüfung festgestellte Unrichtigkeiten oder Verstöße gegen gesetzliche Vorschriften sowie Tatsachen zu berichten, die den Bestand des geprüften Unternehmens oder des Konzerns gefährden oder seine Entwicklung wesentlich beeinträchtigen können oder die schwerwiegende Verstöße der gesetzlichen Vertreter oder von Arbeitnehmern gegen Gesetz, Gesellschaftsvertrag oder die Satzung erkennen lassen.

(2) [1] Im Hauptteil des Prüfungsberichts ist festzustellen, ob die Buchführung und die weiteren geprüften Unterlagen, der Jahresabschluss, der Lagebericht, der Konzernabschluss und der Konzernlagebericht den gesetzlichen Vorschriften und den ergänzenden Bestimmungen des Gesellschaftsvertrags oder der Satzung entsprechen. [2] In diesem Rahmen ist auch über Beanstandungen zu berichten, die nicht zur Einschränkung oder Versagung des Bestätigungsvermerks geführt haben, soweit dies für die Überwachung der Geschäftsführung und des geprüften Unternehmens von Bedeutung ist. [3] Es ist auch darauf einzugehen, ob der Abschluss insgesamt unter Beachtung der Grundsätze ordnungsmäßiger Buchführung oder sonstiger maßgeblicher Rechnungslegungsgrundsätze ein den tatsächlichen Verhältnissen entsprechendes Bild der Vermögens-, Finanz- und Ertragslage der Kapitalgesellschaft oder des Konzerns vermittelt. [4] Dazu ist auch auf wesentliche Bewertungsgrundlagen sowie darauf einzugehen, welchen Einfluss Änderungen in den Bewertungsgrundlagen einschließlich der Ausübung von Bilanzierungs- und Bewertungswahlrechten und der Ausnutzung von Ermessensspielräumen sowie sachverhaltsgestaltende Maßnahmen insgesamt auf die Darstellung der Vermögens-, Finanz- und Ertragslage haben. [5] Hierzu sind die Posten des Jahres- und des Konzernabschlusses aufzugliedern und ausreichend zu erläutern, soweit diese Angaben nicht im An-

hang enthalten sind. [6]Es ist darzustellen, ob die gesetzlichen Vertreter die verlangten Aufklärungen und Nachweise erbracht haben.

(3) [1]In einem besonderen Abschnitt des Prüfungsberichts sind Gegenstand, Art und Umfang der Prüfung zu erläutern. [2]Dabei ist auch auf die angewandten Rechnungslegungs- und Prüfungsgrundsätze einzugehen.

(4) [1]Ist im Rahmen der Prüfung eine Beurteilung nach § 317 Abs. 4 abgegeben worden, so ist deren Ergebnis in einem besonderen Teil des Prüfungsberichts darzustellen. [2]Es ist darauf einzugehen, ob Maßnahmen erforderlich sind, um das interne Überwachungssystem zu verbessern.

(4a) Der Abschlussprüfer hat im Prüfungsbericht seine Unabhängigkeit zu bestätigen.

(5) [1]Der Abschlußprüfer hat den Bericht unter Angabe des Datums zu unterzeichnen und den gesetzlichen Vertretern vorzulegen; § 322 Absatz 7 Satz 3 und 4 gilt entsprechend. [2]Hat der Aufsichtsrat den Auftrag erteilt, so ist der Bericht ihm und gleichzeitig einem eingerichteten Prüfungsausschuss vorzulegen. [3]Im Fall des Satzes 2 ist der Bericht unverzüglich nach Vorlage dem Geschäftsführungsorgan mit Gelegenheit zur Stellungnahme zuzuleiten.

§ 321a Offenlegung des Prüfungsberichts in besonderen Fällen.

(1) [1]Wird über das Vermögen der Gesellschaft ein Insolvenzverfahren eröffnet oder wird der Antrag auf Eröffnung des Insolvenzverfahren mangels Masse abgewiesen, so hat ein Gläubiger oder Gesellschafter die Wahl, selbst oder durch einen von ihm zu bestimmenden Wirtschaftsprüfer oder im Falle des § 319 Abs. 1 Satz 2 durch einen vereidigten Buchprüfer Einsicht in die Prüfungsberichte des Abschlussprüfers über die aufgrund gesetzlicher Vorschriften durchzuführende Prüfung des Jahresabschlusses der letzten drei Geschäftsjahre zu nehmen, soweit sich diese auf die nach § 321 geforderte Berichterstattung beziehen. [2]Der Anspruch richtet sich gegen denjenigen, der die Prüfungsberichte in seinem Besitz hat.

(2) [1]Bei einer Aktiengesellschaft oder einer Kommanditgesellschaft auf Aktien stehen den Gesellschaftern die Rechte nach Absatz 1 Satz 1 nur zu, wenn ihre Anteile bei Geltendmachung des Anspruchs zusammen den einhundertsten Teil des Grundkapitals oder einen Börsenwert von 100 000 Euro erreichen. [2]Dem Abschlussprüfer ist die Erläuterung des Prüfungsberichts gegenüber den in Absatz 1 Satz 1 aufgeführten Personen gestattet.

(3) [1]Der Insolvenzverwalter oder ein gesetzlicher Vertreter des Schuldners kann einer Offenlegung von Geheimnissen, namentlich Betriebs- oder Geschäftsgeheimnissen, widersprechen, wenn die Offenlegung geeignet ist, der Gesellschaft einen erheblichen Nachteil zuzufügen. [2]§ 323 Abs. 1 und 3 bleibt im Übrigen unberührt. [3]Unbeschadet des Satzes 1 sind die Berechtigten nach Absatz 1 Satz 1 zur Verschwiegenheit über den Inhalt der von ihnen eingesehenen Unterlagen nach Absatz 1 Satz 1 verpflichtet.

(4) Die Absätze 1 bis 3 gelten entsprechend, wenn der Schuldner zur Aufstellung eines Konzernabschlusses und Konzernlageberichts verpflichtet ist.

§ 322 Bestätigungsvermerk. (1) [1]Der Abschlussprüfer hat das Ergebnis der Prüfung schriftlich in einem Bestätigungsvermerk zum Jahresabschluss oder zum Konzernabschluss zusammenzufassen. [2]Der Bestätigungsvermerk hat Gegenstand, Art und Umfang der Prüfung zu beschreiben und dabei die angewandten Rechnungslegungs- und Prüfungsgrundsätze anzugeben; er hat ferner eine Beurteilung des Prüfungsergebnisses zu enthalten. [3] In einem einleitenden Abschnitt haben zumindest die Beschreibung des Gegenstands der Prüfung und die Angabe zu den angewandten Rechnungslegungsgrundsätzen zu erfolgen.

(1a) Bei der Erstellung des Bestätigungsvermerks hat der Abschlussprüfer die internationalen Prüfungsstandards anzuwenden, die von der Europäischen Kommission in dem Verfahren nach Artikel 26 Absatz 3 der Richtlinie 2006/43/EG angenommen worden sind.

(2) [1] Die Beurteilung des Prüfungsergebnisses muss zweifelsfrei ergeben, ob

1. ein uneingeschränkter Bestätigungsvermerk erteilt,
2. ein eingeschränkter Bestätigungsvermerk erteilt,
3. der Bestätigungsvermerk aufgrund von Einwendungen versagt oder
4. der Bestätigungsvermerk deshalb versagt wird, weil der Abschlussprüfer nicht in der Lage ist, ein Prüfungsurteil abzugeben.

[2] Die Beurteilung des Prüfungsergebnisses soll allgemein verständlich und problemorientiert unter Berücksichtigung des Umstandes erfolgen, dass die gesetzlichen Vertreter den Abschluss zu verantworten haben. [3] Auf Risiken, die den Fortbestand des Unternehmens oder eines Konzernunternehmens gefährden, ist gesondert einzugehen. [4] Auf Risiken, die den Fortbestand eines Tochterunternehmens gefährden, braucht im Bestätigungsvermerk zum Konzernabschluss des Mutterunternehmens nicht eingegangen zu werden, wenn das Tochterunternehmen für die Vermittlung eines den tatsächlichen Verhältnissen entsprechenden Bildes der Vermögens-, Finanz- und Ertragslage des Konzerns nur von untergeordneter Bedeutung ist.

(3) [1] In einem uneingeschränkten Bestätigungsvermerk (Absatz 2 Satz 1 Nr. 1) hat der Abschlussprüfer zu erklären, dass die von ihm nach § 317 durchgeführte Prüfung zu keinen Einwendungen geführt hat und dass der von den gesetzlichen Vertretern der Gesellschaft aufgestellte Jahres- oder Konzernabschluss aufgrund der bei der Prüfung gewonnenen Erkenntnisse des Abschlussprüfers nach seiner Beurteilung den gesetzlichen Vorschriften entspricht und unter Beachtung der Grundsätze ordnungsmäßiger Buchführung oder sonstiger maßgeblicher Rechnungslegungsgrundsätze ein den tatsächlichen Verhältnissen entsprechendes Bild der Vermögens-, Finanz- und Ertragslage des Unternehmens oder des Konzerns vermittelt. [2] Der Abschlussprüfer kann zusätzlich einen Hinweis auf Umstände aufnehmen, auf die er in besonderer Weise aufmerksam macht, ohne den Bestätigungsvermerk einzuschränken.

(4) [1] Sind Einwendungen zu erheben, so hat der Abschlussprüfer seine Erklärung nach Absatz 3 Satz 1 einzuschränken (Absatz 2 Satz 1 Nr. 2) oder zu versagen (Absatz 2 Satz 1 Nr. 3). [2] Die Versagung ist in den Vermerk, der nicht mehr als Bestätigungsvermerk zu bezeichnen ist, aufzunehmen. [3] Die Einschränkung oder Versagung ist zu begründen; Absatz 3 Satz 2 findet Anwendung. [4] Ein eingeschränkter Bestätigungsvermerk darf nur erteilt werden, wenn der geprüfte Abschluss unter Beachtung der vom Abschlussprüfer vorgenommenen, in ihrer Tragweite erkennbaren Einschränkung ein den tatsächlichen Verhältnissen im Wesentlichen entsprechendes Bild der Vermögens-, Finanz- und Ertragslage vermittelt.

(5) [1] Der Bestätigungsvermerk ist auch dann zu versagen, wenn der Abschlussprüfer nach Ausschöpfung aller angemessenen Möglichkeiten zur Klä-

rung des Sachverhalts nicht in der Lage ist, ein Prüfungsurteil abzugeben (Absatz 2 Satz 1 Nr. 4). [2]Absatz 4 Satz 2 und 3 gilt entsprechend.

(6) [1]Die Beurteilung des Prüfungsergebnisses hat sich auch darauf zu erstrecken, ob der Lagebericht oder der Konzernlagebericht nach dem Urteil des Abschlussprüfers mit dem Jahresabschluss und gegebenenfalls mit dem Einzelabschluss nach § 325 Abs. 2a oder mit dem Konzernabschluss in Einklang steht, die gesetzlichen Vorschriften zur Aufstellung des Lage- oder Konzernlageberichts beachtet worden sind und der Lage- oder Konzernlagebericht insgesamt ein zutreffendes Bild von der Lage des Unternehmens oder des Konzerns vermittelt. [2]Dabei ist auch darauf einzugehen, ob die Chancen und Risiken der zukünftigen Entwicklung zutreffend dargestellt sind.

(6a) [1]Wurden mehrere Prüfer oder Prüfungsgesellschaften gemeinsam zum Abschlussprüfer bestellt, soll die Beurteilung des Prüfungsergebnisses einheitlich erfolgen. [2]Ist eine einheitliche Beurteilung ausnahmsweise nicht möglich, sind die Gründe hierfür darzulegen; die Beurteilung ist jeweils in einem gesonderten Absatz vorzunehmen. [3]Die Sätze 1 und 2 gelten im Fall der gemeinsamen Bestellung von

1. Wirtschaftsprüfern oder Wirtschaftsprüfungsgesellschaften,
2. vereidigten Buchprüfern oder Buchprüfungsgesellschaften sowie
3. Prüfern oder Prüfungsgesellschaften nach den Nummern 1 und 2.

(7) [1]Der Abschlussprüfer hat den Bestätigungsvermerk oder den Vermerk über seine Versagung unter Angabe des Ortes der Niederlassung des Abschlussprüfers und des Tages der Unterzeichnung zu unterzeichnen; im Fall des Absatzes 6a hat die Unterzeichnung durch alle bestellten Personen zu erfolgen. [2]Der Bestätigungsvermerk oder der Vermerk über seine Versagung ist auch in den Prüfungsbericht aufzunehmen. [3]Ist der Abschlussprüfer eine Wirtschaftsprüfungsgesellschaft, so hat die Unterzeichnung zumindest durch den Wirtschaftsprüfer zu erfolgen, welcher die Abschlussprüfung für die Prüfungsgesellschaft durchgeführt hat. [4]Satz 3 ist auf Buchprüfungsgesellschaften entsprechend anzuwenden.

§ 323 Verantwortlichkeit des Abschlußprüfers. (1) [1]Der Abschlußprüfer, seine Gehilfen und die bei der Prüfung mitwirkenden gesetzlichen Vertreter einer Prüfungsgesellschaft sind zur gewissenhaften und unparteiischen Prüfung und zur Verschwiegenheit verpflichtet; § 57b der Wirtschaftsprüferordnung bleibt unberührt. [2]Sie dürfen nicht unbefugt Geschäfts- und Betriebsgeheimnisse verwerten, die sie bei ihrer Tätigkeit erfahren haben. [3]Wer vorsätzlich oder fahrlässig seine Pflichten verletzt, ist der Kapitalgesellschaft und, wenn ein verbundenes Unternehmen geschädigt worden ist, auch diesem zum Ersatz des daraus entstehenden Schadens verpflichtet. [4]Mehrere Personen haften als Gesamtschuldner.

(2) [1]Die Ersatzpflicht von Personen, die fahrlässig gehandelt haben, beschränkt sich auf eine Million Euro für eine Prüfung. [2]Bei Prüfung einer Aktiengesellschaft, deren Aktien zum Handel im regulierten Markt zugelassen sind, beschränkt sich die Ersatzpflicht von Personen, die fahrlässig gehandelt haben, abweichend von Satz 1 auf vier Millionen Euro für eine Prüfung. [3]Dies gilt auch, wenn an der Prüfung mehrere Personen beteiligt gewesen oder mehrere zum Ersatz verpflichtende Handlungen begangen worden sind, und ohne Rücksicht darauf, ob andere Beteiligte vorsätzlich gehandelt haben.

(3) Die Verpflichtung zur Verschwiegenheit besteht, wenn eine Prüfungsgesellschaft Abschlußprüfer ist, auch gegenüber dem Aufsichtsrat und den Mitgliedern des Aufsichtsrats der Prüfungsgesellschaft.

(4) Die Ersatzpflicht nach diesen Vorschriften kann durch Vertrag weder ausgeschlossen noch beschränkt werden.

§ 324 Prüfungsausschuss. (1) [1]Unternehmen, die kapitalmarktorientiert im Sinne des § 264d sind, die keinen Aufsichts- oder Verwaltungsrat haben, der die Voraussetzungen des § 100 Abs. 5 des Aktiengesetzes[1)] erfüllen muss, sind verpflichtet, einen Prüfungsausschuss im Sinn des Absatzes 2 einzurichten, der sich insbesondere mit den in § 107 Abs. 3 Satz 2 und 3 des Aktiengesetzes[1)] beschriebenen Aufgaben befasst. [2]Dies gilt nicht für

1. Kapitalgesellschaften im Sinn des Satzes 1, deren ausschließlicher Zweck in der Ausgabe von Wertpapieren im Sinn des § 2 Absatz 1 des Wertpapierhandelsgesetzes[2)] besteht, die durch Vermögensgegenstände besichert sind; im Anhang ist darzulegen, weshalb ein Prüfungsausschuss nicht eingerichtet wird;
2. Kreditinstitute im Sinn des § 340 Abs. 1, die einen organisierten Markt im Sinn des § 2 Absatz 11 des Wertpapierhandelsgesetzes[2)] nur durch die Ausgabe von Schuldtiteln im Sinn des § 2 Absatz 1 Nummer 3 Buchstabe a des Wertpapierhandelsgesetzes[2)] in Anspruch nehmen, soweit deren Nominalwert 100 Millionen Euro nicht übersteigt und keine Verpflichtung zur Veröffentlichung eines Prospekts nach der Verordnung (EU) 2017/1129 des Europäischen Parlaments und des Rates vom 14. Juni 2017 über den Prospekt, der beim öffentlichen Angebot von Wertpapieren oder bei deren Zulassung zum Handel an einem geregelten Markt zu veröffentlichen ist und zur Aufhebung der Richtlinie 2003/71/EG (ABl. L 168 vom 30.6.2017, S. 12) besteht;
3. Investmentvermögen im Sinne des § 1 Absatz 1 des Kapitalanlagegesetzbuchs.

(2) [1]Die Mitglieder des Prüfungsausschusses sind von den Gesellschaftern zu wählen. [2]Die Mitglieder müssen in ihrer Gesamtheit mit dem Sektor, in dem das Unternehmen tätig ist, vertraut sein; die Mehrheit der Mitglieder, darunter der Vorsitzende, muss unabhängig sein und mindestens ein Mitglied muss über Sachverstand auf den Gebieten Rechnungslegung oder Abschlussprüfung verfügen. [3]Der Vorsitzende des Prüfungsausschusses darf nicht mit der Geschäftsführung betraut sein. [4]§ 107 Absatz 3 Satz 8, § 124 Abs. 3 Satz 2 und § 171 Abs. 1 Satz 2 und 3 des Aktiengesetzes[1)] sind entsprechend anzuwenden.

(3) [1]Die Abschlussprüferaufsichtsstelle beim Bundesamt für Wirtschaft und Ausfuhrkontrolle kann zur Erfüllung ihrer Aufgaben gemäß Artikel 27 Absatz 1 Buchstabe c der Verordnung (EU) Nr. 537/2014 von einem Unternehmen, das kapitalmarktorientiert im Sinne des § 264d, das CRR-Kreditinstitut im Sinne des § 1 Absatz 3d Satz 1 des Kreditwesengesetzes, mit Ausnahme der in § 2 Absatz 1 Nummer 1 und 2 des Kreditwesengesetzes genannten Institute, oder das Versicherungsunternehmen im Sinne des Artikels 2 Absatz 1 der Richtlinie 91/674/EWG ist, eine Darstellung und Erläuterung des Ergebnisses sowie der

---

[1)] Nr. **2**.
[2)] Nr. **10**.

Durchführung der Tätigkeit seines Prüfungsausschusses verlangen. [2] Die Abschlussprüferaufsichtsstelle soll zunächst auf Informationen aus öffentlich zugänglichen Quellen zurückgreifen. [3] Satz 1 findet keine Anwendung, wenn das Unternehmen eine Genossenschaft, eine Sparkasse oder ein sonstiges landesrechtliches öffentlich-rechtliches Kreditinstitut ist.

§ 324a Anwendung auf den Einzelabschluss nach § 325 Abs. 2a.

(1) [1] Die Bestimmungen dieses Unterabschnitts, die sich auf den Jahresabschluss beziehen, sind auf einen Einzelabschluss nach § 325 Abs. 2a entsprechend anzuwenden. [2] An Stelle des § 316 Abs. 1 Satz 2 gilt § 316 Abs. 2 Satz 2 entsprechend.

(2) [1] Als Abschlussprüfer des Einzelabschlusses nach § 325 Abs. 2a gilt der für die Prüfung des Jahresabschlusses bestellte Prüfer als bestellt. [2] Der Prüfungsbericht zum Einzelabschluss nach § 325 Abs. 2a kann mit dem Prüfungsbericht zum Jahresabschluss zusammengefasst werden.

Vierter Unterabschnitt. Offenlegung. Prüfung durch den Betreiber des Bundesanzeigers

§ 325 Offenlegung. (1) [1] Die Mitglieder des vertretungsberechtigten Organs von Kapitalgesellschaften haben für die Gesellschaft folgende Unterlagen in deutscher Sprache offenzulegen:

1. den festgestellten oder gebilligten Jahresabschluss, den Lagebericht und den Bestätigungsvermerk oder den Vermerk über dessen Versagung sowie
2. den Bericht des Aufsichtsrats und die nach § 161 des Aktiengesetzes[1)] vorgeschriebene Erklärung.

[2] Die Unterlagen sind elektronisch beim Betreiber des Bundesanzeigers in einer Form einzureichen, die ihre Bekanntmachung ermöglicht.

(1a) [1] Die Unterlagen nach Absatz 1 Satz 1 sind spätestens ein Jahr nach dem Abschlussstichtag des Geschäftsjahrs einzureichen, auf das sie sich beziehen. [2] Liegen die Unterlagen nach Absatz 1 Satz 1 Nummer 2 nicht innerhalb der Frist vor, sind sie unverzüglich nach ihrem Vorliegen nach Absatz 1 offenzulegen.

(1b) [1] Wird der Jahresabschluss oder der Lagebericht geändert, so ist auch die Änderung nach Absatz 1 Satz 1 offenzulegen. [2] Ist im Jahresabschluss nur der Vorschlag für die Ergebnisverwendung enthalten, ist der Beschluss über die Ergebnisverwendung nach seinem Vorliegen nach Absatz 1 Satz 1 offenzulegen.

(2) Die Mitglieder des vertretungsberechtigten Organs der Kapitalgesellschaft haben für diese die in Absatz 1 bezeichneten Unterlagen jeweils unverzüglich nach der Einreichung im Bundesanzeiger bekannt machen zu lassen.

(2a) [1] Bei der Offenlegung nach Absatz 2 kann an die Stelle des Jahresabschlusses ein Einzelabschluss treten, der nach den in § 315e Absatz 1 bezeichneten internationalen Rechnungslegungsstandards aufgestellt worden ist. [2] Ein Unternehmen, das von diesem Wahlrecht Gebrauch macht, hat die dort genannten Standards vollständig zu befolgen. [3] Auf einen solchen Abschluss sind § 243 Abs. 2, die §§ 244, 245, 257, § 264 Absatz 1a, 2 Satz 3, § 285 Nr. 7, 8 Buchstabe b, Nr. 9 bis 11a, 14 bis 17, § 286 Absatz 1 und 3 anzuwenden. [4] Die

---

1) Nr. 2.

Verpflichtung, einen Lagebericht offenzulegen, bleibt unberührt; der Lagebericht nach § 289 muss in dem erforderlichen Umfang auch auf den Einzelabschluss nach Satz 1 Bezug nehmen. [5]Die übrigen Vorschriften des Zweiten Unterabschnitts des Ersten Abschnitts und des Ersten Unterabschnitts des Zweiten Abschnitts gelten insoweit nicht. [6]Kann wegen der Anwendung des § 286 Abs. 1 auf den Anhang die in Satz 2 genannte Voraussetzung nicht eingehalten werden, entfällt das Wahlrecht nach Satz 1.

(2b) Die befreiende Wirkung der Offenlegung des Einzelabschlusses nach Absatz 2a tritt ein, wenn

1. statt des vom Abschlussprüfer zum Jahresabschluss erteilten Bestätigungsvermerks oder des Vermerks über dessen Versagung der entsprechende Vermerk zum Abschluss nach Absatz 2a in die Offenlegung nach Absatz 2 einbezogen wird,
2. der Vorschlag für die Verwendung des Ergebnisses und gegebenenfalls der Beschluss über seine Verwendung unter Angabe des Jahresüberschusses oder Jahresfehlbetrags in die Offenlegung nach Absatz 2 einbezogen werden und
3. der Jahresabschluss mit dem Bestätigungsvermerk oder dem Vermerk über dessen Versagung nach Absatz 1 und 1a Satz 1 offen gelegt wird.

(3) Die Absätze 1 bis 2 und 4 Satz 1 gelten entsprechend für die Mitglieder des vertretungsberechtigten Organs einer Kapitalgesellschaft, die einen Konzernabschluss und einen Konzernlagebericht aufzustellen haben.

(3a) Wird der Konzernabschluss zusammen mit dem Jahresabschluss des Mutterunternehmens oder mit einem von diesem aufgestellten Einzelabschluss nach Absatz 2a bekannt gemacht, können die Vermerke des Abschlussprüfers nach § 322 zu beiden Abschlüssen zusammengefasst werden; in diesem Fall können auch die jeweiligen Prüfungsberichte zusammengefasst werden.

(4) [1]Bei einer Kapitalgesellschaft im Sinn des § 264d, die keine Kapitalgesellschaft im Sinn des § 327a ist, beträgt die Frist nach Absatz 1a Satz 1 längstens vier Monate. [2]Für die Wahrung der Fristen nach Satz 1 und Absatz 1a Satz 1 ist der Zeitpunkt der Einreichung der Unterlagen maßgebend.

(5) Auf Gesetz, Gesellschaftsvertrag oder Satzung beruhende Pflichten der Gesellschaft, den Jahresabschluss, den Einzelabschluss nach Absatz 2a, den Lagebericht, den Konzernabschluss oder den Konzernlagebericht in anderer Weise bekannt zu machen, einzureichen oder Personen zugänglich zu machen, bleiben unberührt.

(6) Die §§ 11 und 12 Abs. 2 gelten für die beim Betreiber des Bundesanzeigers einzureichenden Unterlagen entsprechend; § 325a Absatz 1 Satz 5 und § 340l Absatz 2 Satz 6 bleiben unberührt.

§ 325a Zweigniederlassungen von Kapitalgesellschaften mit Sitz im Ausland. (1) [1]Bei inländischen Zweigniederlassungen von Kapitalgesellschaften mit Sitz in einem anderen Mitgliedstaat der Europäischen Union oder Vertragsstaat des Abkommens über den Europäischen Wirtschaftsraum haben die in § 13e Abs. 2 Satz 4 Nr. 3 genannten Personen oder, wenn solche nicht angemeldet sind, die gesetzlichen Vertreter der Gesellschaft für diese die Unterlagen der Rechnungslegung der Hauptniederlassung, die nach dem für die Hauptniederlassung maßgeblichen Recht erstellt, geprüft und offengelegt oder hinterlegt worden sind, nach den §§ 325, 328, 329 Abs. 1 und 4 offenzulegen. [2]Bestehen mehrere inländische Zweigniederlassungen derselben Gesellschaft, brauchen die Unterlagen der Rechnungslegung der Hauptniederlassung nur von den nach Satz 1 verpflichteten Personen einer dieser Zweigniederlassungen offengelegt zu werden. [3] In diesem Fall beschränkt sich die Offenlegungspflicht der übrigen Zweigniederlassungen auf die Angabe des Namens der Zweigniederlassung, des Registers sowie der Registernummer der Zweigniederlassung, für die die Offenlegung gemäß Satz 2 bewirkt worden ist. [4] Die Unterlagen sind in deutscher Sprache einzureichen. [5] Soweit dies nicht die Amtssprache am Sitz der Hauptniederlassung ist, können die Unterlagen der Hauptniederlassung auch

1. in englischer Sprache oder
2. in einer von dem Register der Hauptniederlassung beglaubigten Abschrift oder,
3. wenn eine dem Register vergleichbare Einrichtung nicht vorhanden oder diese nicht zur Beglaubigung befugt ist, in einer von einem Wirtschaftsprüfer bescheinigten Abschrift, verbunden mit der Erklärung, dass entweder eine dem Register vergleichbare Einrichtung nicht vorhanden oder diese nicht zur Beglaubigung befugt ist,

eingereicht werden; von der Beglaubigung des Registers ist eine beglaubigte Übersetzung in deutscher Sprache einzureichen.

(2) Diese Vorschrift gilt nicht für Zweigniederlassungen, die von Kreditinstituten im Sinne des § 340 oder von Versicherungsunternehmen im Sinne des § 341 errichtet werden.

(3) [1] Bei der Anwendung von Absatz 1 ist für die Einstufung einer Kapitalgesellschaft als Kleinstkapitalgesellschaft (§ 267a) und für die Geltung von Erleichterungen bei der Rechnungslegung das Recht des anderen Mitgliedstaates der Europäischen Union oder das Recht des Vertragsstaates des Abkommens über den Europäischen Wirtschaftsraum maßgeblich. [2] Darf eine Kleinstkapitalgesellschaft nach dem für sie maßgeblichen Recht die Offenlegungspflicht durch die Hinterlegung der Bilanz erfüllen, darf sie die Offenlegung nach Absatz 1 ebenfalls durch Hinterlegung bewirken. [3] § 326 Absatz 2 gilt entsprechend.

§ 326 Größenabhängige Erleichterungen für kleine Kapitalgesellschaften und Kleinstkapitalgesellschaften bei der Offenlegung.

(1) [1] Auf kleine Kapitalgesellschaften (§ 267 Abs. 1) ist § 325 Abs. 1 mit der Maßgabe anzuwenden, daß die gesetzlichen Vertreter nur die Bilanz und den Anhang einzureichen haben. [2] Der Anhang braucht die die Gewinn- und Verlustrechnung betreffenden Angaben nicht zu enthalten.

(2) [1] Die gesetzlichen Vertreter von Kleinstkapitalgesellschaften (§ 267a) können ihre sich aus § 325 Absatz 1 bis 2 ergebenden Pflichten auch dadurch erfüllen, dass sie die Bilanz in elektronischer Form zur dauerhaften Hinterlegung beim Betreiber des Bundesanzeigers einreichen und einen Hinterlegungsauftrag erteilen. [2] § 325 Absatz 1 Satz 2, Absatz 1a und 1b ist entsprechend anzuwenden. [3] Kleinstkapitalgesellschaften dürfen von dem in Satz 1 geregelten Recht nur Gebrauch machen, wenn sie gegenüber dem Betreiber des Bundesanzeigers mitteilen, dass sie zwei der drei in § 267a Absatz 1 genannten Merkmale für die nach § 267 Absatz 4 maßgeblichen Abschlussstichtage nicht überschreiten.

§ 327 Größenabhängige Erleichterungen für mittelgroße Kapitalgesellschaften bei der Offenlegung. Auf mittelgroße Kapitalgesellschaften (§ 267 Abs. 2) ist § 325 Abs. 1 mit der Maßgabe anzuwenden, daß die gesetzlichen Vertreter

1. die Bilanz nur in der für kleine Kapitalgesellschaften nach § 266 Abs. 1 Satz 3 vorgeschriebenen Form beim Betreiber des Bundesanzeigers einreichen müssen. In der Bilanz oder im Anhang sind jedoch die folgenden Posten des § 266 Abs. 2 und 3 zusätzlich gesondert anzugeben:

   Auf der Aktivseite

A I 1	Selbst geschaffene gewerbliche Schutzrechte und ähnliche Rechte und Werte;
A I 2	Geschäfts- oder Firmenwert;
A II 1	Grundstücke, grundstücksgleiche Rechte und Bauten einschließlich der Bauten auf fremden Grundstücken;
A II 2	technische Anlagen und Maschinen;
A II 3	andere Anlagen, Betriebs- und Geschäftsausstattung;
A II 4	geleistete Anzahlungen und Anlagen im Bau;
A III 1	Anteile an verbundenen Unternehmen;
A III 2	Ausleihungen an verbundene Unternehmen;
A III 3	Beteiligungen;
A III 4	Ausleihungen an Unternehmen, mit denen ein Beteiligungsverhältnis besteht;
B II 2	Forderungen gegen verbundene Unternehmen;
B II 3	Forderungen gegen Unternehmen, mit denen ein Beteiligungsverhältnis besteht;
B III 1	Anteile an verbundenen Unternehmen.

   Auf der Passivseite

C 1	Anleihen, davon konvertibel;
C 2	Verbindlichkeiten gegenüber Kreditinstituten;
C 6	Verbindlichkeiten gegenüber verbundenen Unternehmen;
C 7	Verbindlichkeiten gegenüber Unternehmen, mit denen ein Beteiligungsverhältnis besteht;

2. den Anhang ohne die Angaben nach § 285 Nr. 2 und 8 Buchstabe a, Nr. 12 beim Betreiber des Bundesanzeigers einreichen dürfen.

§ 327a Erleichterung für bestimmte kapitalmarktorientierte Kapitalgesellschaften. § 325 Abs. 4 Satz 1 ist auf eine Kapitalgesellschaft nicht anzuwenden, wenn sie ausschließlich zum Handel an einem organisierten Markt zugelassene Schuldtitel im Sinn des § 2 Absatz 1 Nummer 3 des Wertpapierhandelsgesetzes[1)] mit einer Mindeststückelung von 100 000 Euro oder dem am Ausgabetag entsprechenden Gegenwert einer anderen Währung begibt.

§ 328 Form und Inhalt der Unterlagen bei der Offenlegung, Veröffentlichung und Vervielfältigung. (1) [1]Bei der Offenlegung des Jahres-

---

[1)] Nr. **10**.

abschlusses, des Einzelabschlusses nach § 325 Absatz 2a, des Konzernabschlusses oder des Lage- oder Konzernlageberichts sind diese Abschlüsse und Lageberichte so wiederzugeben, dass sie den für ihre Aufstellung maßgeblichen Vorschriften entsprechen, soweit nicht Erleichterungen nach den §§ 326 und 327 in Anspruch genommen werden oder eine Rechtsverordnung des Bundesministeriums der Justiz und für Verbraucherschutz nach Absatz 4 hiervon Abweichungen ermöglicht. [2] Sie haben in diesem Rahmen vollständig und richtig zu sein. [3] Die Sätze 1 und 2 gelten auch für die teilweise Offenlegung sowie für die Veröffentlichung oder Vervielfältigung in anderer Form auf Grund des Gesellschaftsvertrages oder der Satzung.

(1a) [1] Das Datum der Feststellung oder der Billigung der in Absatz 1 Satz 1 bezeichneten Abschlüsse ist anzugeben. [2] Wurde der Abschluss auf Grund gesetzlicher Vorschriften durch einen Abschlussprüfer geprüft, so ist jeweils der vollständige Wortlaut des Bestätigungsvermerks oder des Vermerks über dessen Versagung wiederzugeben; wird der Jahresabschluss wegen der Inanspruchnahme von Erleichterungen nur teilweise offengelegt und bezieht sich der Bestätigungsvermerk auf den vollständigen Jahresabschluss, ist hierauf hinzuweisen. [3] Bei der Offenlegung von Jahresabschluss, Einzelabschluss nach § 325 Absatz 2a oder Konzernabschluss ist gegebenenfalls darauf hinzuweisen, dass die Offenlegung nicht gleichzeitig mit allen anderen nach § 325 offenzulegenden Unterlagen erfolgt.

(2) [1] Werden Abschlüsse in Veröffentlichungen und Vervielfältigungen, die nicht durch Gesetz, Gesellschaftsvertrag oder Satzung vorgeschrieben sind, nicht in der nach Absatz 1 vorgeschriebenen Form wiedergegeben, so ist jeweils in einer Überschrift darauf hinzuweisen, daß es sich nicht um eine der gesetzlichen Form entsprechende Veröffentlichung handelt. [2] Ein Bestätigungsvermerk darf nicht beigefügt werden. [3] Ist jedoch auf Grund gesetzlicher Vorschriften eine Prüfung durch einen Abschlußprüfer erfolgt, so ist anzugeben, zu welcher der in § 322 Abs. 2 Satz 1 genannten zusammenfassenden Beurteilungen des Prüfungsergebnisses der Abschlussprüfer in Bezug auf den in gesetzlicher Form erstellten Abschluss gelangt ist und ob der Bestätigungsvermerk einen Hinweis nach § 322 Abs. 3 Satz 2 enthält. [4] Ferner ist anzugeben, ob die Unterlagen bei dem Betreiber des Bundesanzeigers eingereicht worden sind.

(3) [1] Absatz 1 ist auf den Lagebericht, den Konzernlagebericht, den Vorschlag für die Verwendung des Ergebnisses und den Beschluß über seine Verwendung entsprechend anzuwenden. [2] Werden die in Satz 1 bezeichneten Unterlagen nicht gleichzeitig mit dem Jahresabschluß oder dem Konzernabschluß offengelegt, so ist bei ihrer nachträglichen Offenlegung jeweils anzugeben, auf welchen Abschluß sie sich beziehen und wo dieser offengelegt worden ist; dies gilt auch für die nachträgliche Offenlegung des Bestätigungsvermerks oder des Vermerks über seine Versagung.

(4) Die Rechtsverordnung nach § 330 Abs. 1 Satz 1, 4 und 5 kann dem Betreiber des Bundesanzeigers Abweichungen von der Kontoform nach § 266 Abs. 1 Satz 1 gestatten.

(5) Für die Hinterlegung der Bilanz einer Kleinstkapitalgesellschaft (§ 326 Absatz 2) gilt Absatz 1 entsprechend.

§ 329 Prüfungs- und Unterrichtungspflicht des Betreibers des Bundesanzeigers. (1) [1] Der Betreiber des Bundesanzeigers prüft, ob die einzureichenden Unterlagen fristgemäß und vollzählig eingereicht worden sind. [2] Der

Betreiber des Unternehmensregisters stellt dem Betreiber des Bundesanzeigers die nach § 8b Abs. 3 Satz 2 von den Landesjustizverwaltungen übermittelten Daten zur Verfügung, soweit dies für die Erfüllung der Aufgaben nach Satz 1 erforderlich ist. [3]Die Daten dürfen vom Betreiber des Bundesanzeigers nur für die in Satz 1 genannten Zwecke verwendet werden.

(2) [1]Gibt die Prüfung Anlass zu der Annahme, dass von der Größe der Kapitalgesellschaft abhängige Erleichterungen oder die Erleichterung nach § 327a nicht hätten in Anspruch genommen werden dürfen, kann der Betreiber des Bundesanzeigers von der Kapitalgesellschaft innerhalb einer angemessenen Frist die Mitteilung der Umsatzerlöse (§ 277 Abs. 1) und der durchschnittlichen Zahl der Arbeitnehmer (§ 267 Abs. 5) oder Angaben zur Eigenschaft als Kapitalgesellschaft im Sinn des § 327a verlangen. [2]Unterlässt die Kapitalgesellschaft die fristgemäße Mitteilung, gelten die Erleichterungen als zu Unrecht in Anspruch genommen.

(3) In den Fällen des § 325a Absatz 1 Satz 5 und des § 340l Absatz 2 Satz 6 kann im Einzelfall die Vorlage einer Übersetzung in die deutsche Sprache verlangt werden.

(4) Ergibt die Prüfung nach Absatz 1 Satz 1, dass die offen zu legenden Unterlagen nicht oder unvollständig eingereicht wurden, wird die jeweils für die Durchführung von Ordnungsgeldverfahren nach den §§ 335, 340o und 341o zuständige Verwaltungsbehörde unterrichtet.

Fünfter Unterabschnitt. Verordnungsermächtigung für Formblätter und andere Vorschriften

§ 330 [Verordnungsermächtigung für Formblätter und andere Vorschriften] (1) [1]Das Bundesministerium der Justiz und für Verbraucherschutz wird ermächtigt, im Einvernehmen mit dem Bundesministerium der Finanzen und dem Bundesministerium für Wirtschaft und Energie durch Rechtsverordnung[1)], die nicht der Zustimmung des Bundesrates bedarf, für Kapitalgesellschaften Formblätter vorzuschreiben oder andere Vorschriften für die Gliederung des Jahresabschlusses oder des Konzernabschlusses oder den Inhalt des Anhangs, des Konzernanhangs, des Lageberichts oder des Konzernlageberichts zu erlassen, wenn der Geschäftszweig eine von den §§ 266, 275 abweichende Gliederung des Jahresabschlusses oder des Konzernabschlusses oder von den Vorschriften des Ersten Abschnitts und des Ersten und Zweiten Unterabschnitts des Zweiten Abschnitts abweichende Regelungen erfordert. [2]Die sich aus den abweichenden Vorschriften ergebenden Anforderungen an die in Satz 1 bezeichneten Unterlagen sollen den Anforderungen gleichwertig sein, die sich für große Kapitalgesellschaften (§ 267 Abs. 3) aus den Vorschriften des Ersten

---

[1)] Siehe ua die
- Kreditinstituts-RechnungslegungsVO idF der Bek. v. 11.12.1998 (BGBl. I S. 3658), zuletzt geänd. durch G v. 17.7.2015 (BGBl. I S. 1245);
- Versicherungsunternehmens-RechnungslegungsVO v. 8.11.1994 (BGBl. I S. 3378), zuletzt geänd. durch G v. 19.12.2018 (BGBl. I S. 2672);
- Pensionsfonds-RechnungslegungsVO v. 25.2.2003 (BGBl. I S. 246), zuletzt geänd. durch G v. 17.7. 2015 (BGBl. I S. 1245);
- VO über Formblätter für die Gliederung des Jahresabschlusses von Wohnungsunternehmen v. 22.9. 1970 (BGBl. I S. 1334), zuletzt geänd. durch G v. 17.7.2015 (BGBl. I S. 1245);
- VO über die Gliederung des Jahresabschlusses von Verkehrsunternehmen v. 27.2.1968 (BGBl. I S. 193), zuletzt geänd. durch G v. 17.7.2015 (BGBl. I S. 1245).

Abschnitts und des Ersten und Zweiten Unterabschnitts des Zweiten Abschnitts sowie den für den Geschäftszweig geltenden Vorschriften ergeben. [3] Über das geltende Recht hinausgehende Anforderungen dürfen nur gestellt werden, soweit sie auf Rechtsakten des Rates der Europäischen Union beruhen. [4] Die Rechtsverordnung nach Satz 1 kann auch Abweichungen von der Kontoform nach § 266 Abs. 1 Satz 1 gestatten. [5] Satz 4 gilt auch in den Fällen, in denen ein Geschäftszweig eine von den §§ 266 und 275 abweichende Gliederung nicht erfordert.

(2) [1] Absatz 1 ist auf Kreditinstitute im Sinne des § 1 Abs. 1 des Gesetzes über das Kreditwesen, soweit sie nach dessen § 2 Abs. 1, 4 oder 5 von der Anwendung nicht ausgenommen sind, und auf Finanzdienstleistungsinstitute im Sinne des § 1 Abs. 1a des Gesetzes über das Kreditwesen, soweit sie nach dessen § 2 Abs. 6 oder 10 von der Anwendung nicht ausgenommen sind, sowie auf Institute im Sinne des § 1 Absatz 3 des Zahlungsdiensteaufsichtsgesetzes, nach Maßgabe der Sätze 3 und 4 ungeachtet ihrer Rechtsform anzuwenden. [2] Satz 1 ist auch auf Zweigstellen von Unternehmen mit Sitz in einem Staat anzuwenden, der nicht Mitglied der Europäischen Gemeinschaft und auch nicht Vertragsstaat des Abkommens über den Europäischen Wirtschaftsraum ist, sofern die Zweigstelle nach § 53 Abs. 1 des Gesetzes über das Kreditwesen als Kreditinstitut oder als Finanzinstitut gilt. [3] Die Rechtsverordnung bedarf nicht der Zustimmung des Bundesrates; sie ist im Einvernehmen mit dem Bundesministerium der Finanzen und im Benehmen mit der Deutschen Bundesbank zu erlassen. [4] In die Rechtsverordnung nach Satz 1 können auch nähere Bestimmungen über die Aufstellung des Jahresabschlusses und des Konzernabschlusses im Rahmen der vorgeschriebenen Formblätter für die Gliederung des Jahresabschlusses und des Konzernabschlusses sowie des Zwischenabschlusses gemäß § 340a Abs. 3 und des Konzernzwischenabschlusses gemäß § 340i Abs. 4 aufgenommen werden, soweit dies zur Erfüllung der Aufgaben der Bundesanstalt für Finanzdienstleistungsaufsicht oder der Deutschen Bundesbank erforderlich ist, insbesondere um einheitliche Unterlagen zur Beurteilung der von den Kreditinstituten und Finanzdienstleistungsinstituten durchgeführten Bankgeschäfte und erbrachten Finanzdienstleistungen zu erhalten.

(3) [1] Absatz 1 ist auf Versicherungsunternehmen nach Maßgabe der Sätze 3 und 4 ungeachtet ihrer Rechtsform anzuwenden. [2] Satz 1 ist auch auf Niederlassungen im Geltungsbereich dieses Gesetzes von Versicherungsunternehmen mit Sitz in einem anderen Staat anzuwenden, wenn sie zum Betrieb des Direktversicherungsgeschäfts der Erlaubnis durch die deutsche Versicherungsaufsichtsbehörde bedürfen. [3] Die Rechtsverordnung bedarf der Zustimmung des Bundesrates und ist im Einvernehmen mit dem Bundesministerium der Finanzen zu erlassen. [4] In die Rechtsverordnung nach Satz 1 können auch nähere Bestimmungen über die Aufstellung des Jahresabschlusses und des Konzernabschlusses im Rahmen der vorgeschriebenen Formblätter für die Gliederung des Jahresabschlusses und des Konzernabschlusses sowie Vorschriften über den Ansatz und die Bewertung von versicherungstechnischen Rückstellungen, insbesondere die Näherungsverfahren, aufgenommen werden. [5] Die Zustimmung des Bundesrates ist nicht erforderlich, soweit die Verordnung ausschließlich dem Zweck dient, Abweichungen nach Absatz 1 Satz 4 und 5 zu gestatten.

(4) [1] In der Rechtsverordnung nach Absatz 1 in Verbindung mit Absatz 3 kann bestimmt werden, daß Versicherungsunternehmen, auf die die Richtlinie 91/674/EWG nach deren Artikel 2 in Verbindung mit den Artikeln 4, 7 und 9

Nummer 1 und 2 sowie Artikel 10 Nummer 1 der Richtlinie 2009/138/EG des Europäischen Parlaments und des Rates vom 25. November 2009 betreffend die Aufnahme und Ausübung der Versicherungs- und der Rückversicherungstätigkeit (Solvabilität II) (ABl. L 335 vom 17.12.2009, S. 1) nicht anzuwenden ist, von den Regelungen des Zweiten Unterabschnitts des Vierten Abschnitts ganz oder teilweise befreit werden, soweit dies erforderlich ist, um eine im Verhältnis zur Größe der Versicherungsunternehmen unangemessene Belastung zu vermeiden; Absatz 1 Satz 2 ist insoweit nicht anzuwenden. [2] In der Rechtsverordnung dürfen diesen Versicherungsunternehmen auch für die Gliederung des Jahresabschlusses und des Konzernabschlusses, für die Erstellung von Anhang und Lagebericht und Konzernanhang und Konzernlagebericht sowie für die Offenlegung ihrer Größe angemessene Vereinfachungen gewährt werden.

(5) Die Absätze 3 und 4 sind auf Pensionsfonds (§ 236 Absatz 1 des Versicherungsaufsichtsgesetzes) entsprechend anzuwenden.

Sechster Unterabschnitt. Straf- und Bußgeldvorschriften. Ordnungsgelder

Erster Titel. Straf- und Bußgeldvorschriften

§ 331 Unrichtige Darstellung. Mit Freiheitsstrafe bis zu drei Jahren oder mit Geldstrafe wird bestraft, wer

1. als Mitglied des vertretungsberechtigten Organs oder des Aufsichtsrats einer Kapitalgesellschaft die Verhältnisse der Kapitalgesellschaft in der Eröffnungsbilanz, im Jahresabschluß, im Lagebericht einschließlich der nichtfinanziellen Erklärung, im gesonderten nichtfinanziellen Bericht oder im Zwischenabschluß nach § 340a Abs. 3 unrichtig wiedergibt oder verschleiert,

1a. als Mitglied des vertretungsberechtigten Organs einer Kapitalgesellschaft zum Zwecke der Befreiung nach § 325 Abs. 2a Satz 1, Abs. 2b einen Einzelabschluss nach den in § 315e Absatz 1 genannten internationalen Rechnungslegungsstandards, in dem die Verhältnisse der Kapitalgesellschaft unrichtig wiedergegeben oder verschleiert worden sind, vorsätzlich oder leichtfertig offen legt,

2. als Mitglied des vertretungsberechtigten Organs oder des Aufsichtsrats einer Kapitalgesellschaft die Verhältnisse des Konzerns im Konzernabschluß, im Konzernlagebericht einschließlich der nichtfinanziellen Konzernerklärung, im gesonderten nichtfinanziellen Konzernbericht oder im Konzernzwischenabschluß nach § 340i Abs. 4 unrichtig wiedergibt oder verschleiert,

3. als Mitglied des vertretungsberechtigten Organs einer Kapitalgesellschaft zum Zwecke der Befreiung nach § 291 Abs. 1 und 2 oder nach § 292 einen Konzernabschluß oder Konzernlagebericht, in dem die Verhältnisse des Konzerns unrichtig wiedergegeben oder verschleiert worden sind, vorsätzlich oder leichtfertig offenlegt,

3a. entgegen § 264 Abs. 2 Satz 3, § 289 Abs. 1 Satz 5, § 297 Abs. 2 Satz 4 oder § 315 Absatz 1 Satz 5 eine Versicherung nicht richtig abgibt,

4. als Mitglied des vertretungsberechtigten Organs einer Kapitalgesellschaft oder als Mitglied des vertretungsberechtigten Organs oder als vertretungsberechtigter Gesellschafter eines ihrer Tochterunternehmen (§ 290 Abs. 1, 2) in Aufklärungen oder Nachweisen, die nach § 320 einem Abschlußprüfer der Kapitalgesellschaft, eines verbundenen Unternehmens oder des Konzerns zu geben sind, unrichtige Angaben macht oder die Verhält-

nisse der Kapitalgesellschaft, eines Tochterunternehmens oder des Konzerns unrichtig wiedergibt oder verschleiert.

§ 332 Verletzung der Berichtspflicht. (1) Mit Freiheitsstrafe bis zu drei Jahren oder mit Geldstrafe wird bestraft, wer als Abschlußprüfer oder Gehilfe eines Abschlußprüfers über das Ergebnis der Prüfung eines Jahresabschlusses, eines Einzelabschlusses nach § 325 Abs. 2a, eines Lageberichts, eines Konzernabschlusses, eines Konzernlageberichts einer Kapitalgesellschaft oder eines Zwischenabschlusses nach § 340a Abs. 3 oder eines Konzernzwischenabschlusses gemäß § 340i Abs. 4 unrichtig berichtet, im Prüfungsbericht (§ 321) erhebliche Umstände verschweigt oder einen inhaltlich unrichtigen Bestätigungsvermerk (§ 322) erteilt.

(2) Handelt der Täter gegen Entgelt oder in der Absicht, sich oder einen anderen zu bereichern oder einen anderen zu schädigen, so ist die Strafe Freiheitsstrafe bis zu fünf Jahren oder Geldstrafe.

§ 333 Verletzung der Geheimhaltungspflicht. (1) Mit Freiheitsstrafe bis zu einem Jahr oder mit Geldstrafe wird bestraft, wer ein Geheimnis der Kapitalgesellschaft, eines Tochterunternehmens (§ 290 Abs. 1, 2), eines gemeinsam geführten Unternehmens (§ 310) oder eines assoziierten Unternehmens (§ 311), namentlich ein Betriebs- oder Geschäftsgeheimnis, das ihm in seiner Eigenschaft als Abschlußprüfer oder Gehilfe eines Abschlußprüfers bei Prüfung des Jahresabschlusses, eines Einzelabschlusses nach § 325 Abs. 2a oder des Konzernabschlusses bekannt geworden ist, oder wer ein Geschäfts- oder Betriebsgeheimnis oder eine Erkenntnis über das Unternehmen, das ihm als Beschäftigter bei einer Prüfstelle im Sinne von § 342b Abs. 1 bei der Prüftätigkeit bekannt geworden ist, unbefugt offenbart.

(2) [1]Handelt der Täter gegen Entgelt oder in der Absicht, sich oder einen anderen zu bereichern oder einen anderen zu schädigen, so ist die Strafe Freiheitsstrafe bis zu zwei Jahren oder Geldstrafe. [2]Ebenso wird bestraft, wer ein Geheimnis der in Absatz 1 bezeichneten Art, namentlich ein Betriebs- oder Geschäftsgeheimnis, das ihm unter den Voraussetzungen des Absatzes 1 bekannt geworden ist, unbefugt verwertet.

(3) Die Tat wird nur auf Antrag der Kapitalgesellschaft verfolgt.

§ 333a Verletzung der Pflichten bei Abschlussprüfungen. Mit Freiheitsstrafe bis zu einem Jahr oder mit Geldstrafe wird bestraft, wer als Mitglied eines nach § 324 Absatz 1 Satz 1 eingerichteten Prüfungsausschusses

1. eine in § 334 Absatz 2a bezeichnete Handlung begeht und dafür einen Vermögensvorteil erhält oder sich versprechen lässt oder
2. eine in § 334 Absatz 2a bezeichnete Handlung beharrlich wiederholt.

§ 334 Bußgeldvorschriften. (1) Ordnungswidrig handelt, wer als Mitglied des vertretungsberechtigten Organs oder des Aufsichtsrats einer Kapitalgesellschaft

1. bei der Aufstellung oder Feststellung des Jahresabschlusses einer Vorschrift
   a) des § 243 Abs. 1 oder 2, der §§ 244, 245, 246, 247, 248, 249 Abs. 1 Satz 1 oder Abs. 2, des § 250 Abs. 1 oder 2, des § 251 oder des § 264 Absatz 1a oder Absatz 2 über Form oder Inhalt,

b) des § 253 Absatz 1 Satz 1, 2, 3, 4, 5 oder Satz 6, Abs. 2 Satz 1, auch in Verbindung mit Satz 2, Absatz 3 Satz 1, 2, 3, 4 oder Satz 5, Abs. 4 oder 5, des § 254 oder des § 256a über die Bewertung,
c) des § 265 Abs. 2, 3, 4 oder 6, der §§ 266, 268 Absatz 3, 4, 5, 6 oder Absatz 7, der §§ 272, 274, 275 oder des § 277 über die Gliederung oder
d) des § 284 oder des § 285 über die in der Bilanz, unter der Bilanz oder im Anhang zu machenden Angaben,

2. bei der Aufstellung des Konzernabschlusses einer Vorschrift
   a) des § 294 Abs. 1 über den Konsolidierungskreis,
   b) des § 297 Absatz 1a, 2 oder 3 oder des § 298 Abs. 1 in Verbindung mit den §§ 244, 245, 246, 247, 248, 249 Abs. 1 Satz 1 oder Abs. 2, dem § 250 Abs. 1 oder dem § 251 über Inhalt oder Form,
   c) des § 300 über die Konsolidierungsgrundsätze oder das Vollständigkeitsgebot,
   d) des § 308 Abs. 1 Satz 1 in Verbindung mit den in Nummer 1 Buchstabe b bezeichneten Vorschriften, des § 308 Abs. 2 oder des § 308a über die Bewertung,
   e) des § 311 Abs. 1 Satz 1 in Verbindung mit § 312 über die Behandlung assoziierter Unternehmen oder
   f) des § 308 Abs. 1 Satz 3, des § 313 oder des § 314 über die im Konzernanhang zu machenden Angaben,
3. bei der Aufstellung des Lageberichts oder der Erstellung eines gesonderten nichtfinanziellen Berichts einer Vorschrift der §§ 289 bis 289b Absatz 1, §§ 289c, 289d, 289e Absatz 2, auch in Verbindung mit § 289b Absatz 2 oder 3, oder des § 289f über den Inhalt des Lageberichts oder des gesonderten nichtfinanziellen Berichts,
4. bei der Aufstellung des Konzernlageberichts oder der Erstellung eines gesonderten nichtfinanziellen Konzernberichts einer Vorschrift der §§ 315 bis 315b Absatz 1, des § 315c, auch in Verbindung mit § 315b Absatz 2 oder 3, oder des § 315d über den Inhalt des Konzernlageberichts oder des gesonderten nichtfinanziellen Konzernberichts,
5. bei der Offenlegung, Hinterlegung, Veröffentlichung oder Vervielfältigung einer Vorschrift des § 328 über Form oder Inhalt oder
6. einer auf Grund des § 330 Abs. 1 Satz 1 erlassenen Rechtsverordnung, soweit sie für einen bestimmten Tatbestand auf diese Bußgeldvorschrift verweist,

zuwiderhandelt.

(2) Ordnungswidrig handelt, wer zu einem Jahresabschluss, zu einem Einzelabschluss nach § 325 Abs. 2a oder zu einem Konzernabschluss, der aufgrund gesetzlicher Vorschriften zu prüfen ist, einen Vermerk nach § 322 Abs. 1 erteilt, obwohl nach § 319 Abs. 2, 3, 5, § 319a Abs. 1 Satz 1, Abs. 2, § 319b Abs. 1 Satz 1 oder 2 er oder nach § 319 Abs. 4, auch in Verbindung mit § 319a Abs. 1 Satz 2, oder § 319b Abs. 1 die Wirtschaftsprüfungsgesellschaft oder die Buchprüfungsgesellschaft, für die er tätig wird, nicht Abschlussprüfer sein darf.

(2a) Ordnungswidrig handelt, wer als Mitglied eines nach § 324 Absatz 1 Satz 1 eingerichteten Prüfungsausschusses

1. die Unabhängigkeit des Abschlussprüfers oder der Prüfungsgesellschaft nicht nach Maßgabe des Artikels 4 Absatz 3 Unterabsatz 2, des Artikels 5 Absatz 4 Unterabsatz 1 Satz 1 oder des Artikels 6 Absatz 2 der Verordnung (EU)

Nr. 537/2014 des Europäischen Parlaments und des Rates vom 16. April 2014 über spezifische Anforderungen an die Abschlussprüfung bei Unternehmen von öffentlichem Interesse und zur Aufhebung des Beschlusses 2005/909/EG der Kommission (ABl. L 158 vom 27.5.2014, S. 77, L 170 vom 11.6.2014, S. 66) überwacht,

2. eine Empfehlung für die Bestellung eines Abschlussprüfers oder einer Prüfungsgesellschaft vorlegt, die den Anforderungen nach Artikel 16 Absatz 2 Unterabsatz 2 oder 3 der Verordnung (EU) Nr. 537/2014 nicht entspricht oder der ein Auswahlverfahren nach Artikel 16 Absatz 3 Unterabsatz 1 der Verordnung (EU) Nr. 537/2014 nicht vorangegangen ist, oder
3. den Gesellschaftern einen Vorschlag für die Bestellung eines Abschlussprüfers oder einer Prüfungsgesellschaft vorlegt, der den Anforderungen nach Artikel 16 Absatz 5 Unterabsatz 1 der Verordnung (EU) Nr. 537/2014 nicht entspricht.

(3) [1] Die Ordnungswidrigkeit kann mit einer Geldbuße bis zu fünfzigtausend Euro geahndet werden. [2] Ist die Kapitalgesellschaft kapitalmarktorientiert im Sinne des § 264d, beträgt die Geldbuße in den Fällen des Absatzes 1 höchstens den höheren der folgenden Beträge:

1. zwei Millionen Euro oder
2. das Zweifache des aus der Ordnungswidrigkeit gezogenen wirtschaftlichen Vorteils, wobei der wirtschaftliche Vorteil erzielte Gewinne und vermiedene Verluste umfasst und geschätzt werden kann.

(3a) Wird gegen eine kapitalmarktorientierte Kapitalgesellschaft im Sinne des § 264d in den Fällen des Absatzes 1 eine Geldbuße nach § 30 des Gesetzes über Ordnungswidrigkeiten verhängt, beträgt diese Geldbuße höchstens den höchsten der folgenden Beträge:

1. zehn Millionen Euro,
2. 5 Prozent des jährlichen Gesamtumsatzes, den die Kapitalgesellschaft in dem der Behördenentscheidung vorausgegangenen Geschäftsjahr erzielt hat oder
3. das Zweifache des aus der Ordnungswidrigkeit gezogenen wirtschaftlichen Vorteils, wobei der wirtschaftliche Vorteil erzielte Gewinne und vermiedene Verluste umfasst und geschätzt werden kann.

(3b) [1] Gesamtumsatz im Sinne des Absatzes 3a Nummer 2 ist der Betrag der Umsatzerlöse nach § 277 Absatz 1 oder der Betrag der Nettoumsatzerlöse nach Maßgabe des auf das Unternehmen anwendbaren nationalen Rechts im Einklang mit Artikel 2 Nummer 5 der Richtlinie 2013/34/EU. [2] Handelt es sich bei der Kapitalgesellschaft um ein Mutterunternehmen oder um ein Tochterunternehmen im Sinne des § 290, ist anstelle des Gesamtumsatzes der Kapitalgesellschaft der Gesamtumsatz im Konzernabschluss des Mutterunternehmens maßgeblich, der für den größten Kreis von Unternehmen aufgestellt wird. [3] Wird der Konzernabschluss für den größten Kreis von Unternehmen nicht nach den in Satz 1 genannten Vorschriften aufgestellt, ist der Gesamtumsatz nach Maßgabe der den Umsatzerlösen vergleichbaren Posten des Konzernabschlusses zu ermitteln. [4] Ist ein Jahres- oder Konzernabschluss für das maßgebliche Geschäftsjahr nicht verfügbar, ist der Jahres- oder Konzernabschluss für das unmittelbar vorausgehende Geschäftsjahr maßgeblich; ist auch dieser nicht verfügbar, kann der Gesamtumsatz geschätzt werden.

(4) Verwaltungsbehörde im Sinn des § 36 Abs. 1 Nr. 1 des Gesetzes über Ordnungswidrigkeiten ist in den Fällen der Absätze 1 und 2a das Bundesamt für Justiz, in den Fällen des Absatzes 2 die Abschlussprüferaufsichtsstelle beim Bundesamt für Wirtschaft und Ausfuhrkontrolle.

(5) Die Absätze 1 bis 4 sind auf Kreditinstitute im Sinn des § 340 und auf Versicherungsunternehmen im Sinn des § 341 Abs. 1 nicht anzuwenden.

Zweiter Titel. Ordnungsgelder

§ 335 Festsetzung von Ordnungsgeld; Verordnungsermächtigungen.

(1) [1] Gegen die Mitglieder des vertretungsberechtigten Organs einer Kapitalgesellschaft, die

1. § 325 über die Pflicht zur Offenlegung des Jahresabschlusses, des Lageberichts, des Konzernabschlusses, des Konzernlageberichts und anderer Unterlagen der Rechnungslegung oder
2. § 325a über die Pflicht zur Offenlegung der Rechnungslegungsunterlagen der Hauptniederlassung

nicht befolgen, ist wegen des pflichtwidrigen Unterlassens der rechtzeitigen Offenlegung vom Bundesamt für Justiz (Bundesamt) ein Ordnungsgeldverfahren nach den Absätzen 2 bis 6 durchzuführen; im Fall der Nummer 2 treten die in § 13e Absatz 2 Satz 5 Nummer 3 genannten Personen, sobald sie angemeldet sind, an die Stelle der Mitglieder des vertretungsberechtigten Organs der Kapitalgesellschaft. [2] Das Ordnungsgeldverfahren kann auch gegen die Kapitalgesellschaft durchgeführt werden, für die die Mitglieder des vertretungsberechtigten Organs die in Satz 1 Nr. 1 und 2 genannten Pflichten zu erfüllen haben. [3] Dem Verfahren steht nicht entgegen, dass eine der Offenlegung vorausgehende Pflicht, insbesondere die Aufstellung des Jahres- oder Konzernabschlusses oder die unverzügliche Erteilung des Prüfauftrags, noch nicht erfüllt ist. [4] Das Ordnungsgeld beträgt mindestens zweitausendfünfhundert und höchstens fünfundzwanzigtausend Euro. [5] Eingenommene Ordnungsgelder fließen dem Bundesamt zu.

(1a) [1] Ist die Kapitalgesellschaft kapitalmarktorientiert im Sinne des § 264d, beträgt das Ordnungsgeld höchstens den höheren der folgenden Beträge:

1. zehn Millionen Euro,
2. 5 Prozent des jährlichen Gesamtumsatzes, den die Kapitalgesellschaft im der Behördenentscheidung vorausgegangenen Geschäftsjahr erzielt hat, oder
3. das Zweifache des aus der unterlassenen Offenlegung gezogenen wirtschaftlichen Vorteils; der wirtschaftliche Vorteil umfasst erzielte Gewinne und vermiedene Verluste und kann geschätzt werden.

[2] Wird das Ordnungsgeld einem Mitglied des gesetzlichen Vertretungsorgans der Kapitalgesellschaft angedroht, beträgt das Ordnungsgeld abweichend von Satz 1 höchstens den höheren der folgenden Beträge:

1. zwei Millionen Euro oder
2. das Zweifache des aus der unterlassenen Offenlegung gezogenen Vorteils; der wirtschaftliche Vorteil umfasst erzielte Gewinne und vermiedene Verluste und kann geschätzt werden.

(1b) [1] Gesamtumsatz im Sinne des Absatzes 1a Satz 1 Nummer 2 ist

1. im Falle von Kreditinstituten, Zahlungsinstituten und Finanzdienstleistungsinstituten im Sinne des § 340 der sich aus dem auf das Institut anwendbaren nationalen Recht im Einklang mit Artikel 27 Nummer 1, 3, 4, 6 und 7 oder Artikel 28 Nummer B1, B2, B3, B4 und B7 der Richtlinie 86/635/EWG des Rates vom 8. Dezember 1986 über den Jahresabschluss und den konsolidierten Abschluss von Banken und anderen Finanzinstituten (ABl. L 372 vom 31.12.1986, S. 1) ergebende Gesamtbetrag, abzüglich der Umsatzsteuer und sonstiger direkt auf diese Erträge erhobener Steuern,
2. im Falle von Versicherungsunternehmen der sich aus dem auf das Versicherungsunternehmen anwendbaren nationalen Recht im Einklang mit Artikel 63 der Richtlinie 91/674/EWG des Rates vom 19. Dezember 1991 über den Jahresabschluss und den konsolidierten Abschluss von Versicherungsunternehmen (ABl. L 374 vom 31.12.1991, S. 7) ergebende Gesamtbetrag, abzüglich der Umsatzsteuer und sonstiger direkt auf diese Erträge erhobener Steuern,
3. im Übrigen der Betrag der Umsatzerlöse nach § 277 Absatz 1 oder der Nettoumsatzerlöse nach Maßgabe des auf das Unternehmen anwendbaren nationalen Rechts im Einklang mit Artikel 2 Nummer 5 der Richtlinie 2013/34/EU.

[2] Handelt es sich bei der Kapitalgesellschaft um ein Mutterunternehmen oder um ein Tochterunternehmen im Sinne von § 290, ist anstelle des Gesamtumsatzes der Kapitalgesellschaft der Gesamtumsatz im Konzernabschluss des Mutterunternehmens maßgeblich, der für den größten Kreis von Unternehmen aufgestellt wird. [3] Wird der Konzernabschluss für den größten Kreis von Unternehmen nicht nach den in Satz 1 genannten Vorschriften aufgestellt, ist der Gesamtumsatz nach Maßgabe der den in Satz 1 Nummer 1 bis 3 vergleichbaren Posten des Konzernabschlusses zu ermitteln. [4] Ist ein Jahresabschluss oder Konzernabschluss für das maßgebliche Geschäftsjahr nicht verfügbar, ist der Jahres- oder Konzernabschluss für das unmittelbar vorausgehende Geschäftsjahr maßgeblich; ist auch dieser nicht verfügbar, kann der Gesamtumsatz geschätzt werden.

(1c) Soweit dem Bundesamt Ermessen bei der Höhe eines Ordnungsgeldes zusteht, hat es auch frühere Verstöße der betroffenen Person zu berücksichtigen.

(1d) [1] Das Bundesamt unterrichtet die Bundesanstalt für Finanzdienstleistungsaufsicht unverzüglich über jedes Ordnungsgeld, das gemäß Absatz 1 gegen eine Kapitalgesellschaft im Sinne des § 264d oder gegen ein Mitglied ihrer Vertretungsorgane festgesetzt wird. [2] Wird gegen eine solche Ordnungsgeldfestsetzung Beschwerde eingelegt, unterrichtet das Bundesamt die Bundesanstalt für Finanzdienstleistungsaufsicht über diesen Umstand sowie über den Ausgang des Beschwerdeverfahrens.

(2) [1] Auf das Verfahren sind die §§ 15 bis 19, § 40 Abs. 1, § 388 Abs. 1, § 389 Abs. 3, § 390 Abs. 2 bis 6 des Gesetzes über das Verfahren in Familiensachen und in den Angelegenheiten der freiwilligen Gerichtsbarkeit sowie im Übrigen § 11 Nr. 1 und 2, § 12 Abs. 1 Nr. 1 bis 3, Abs. 2 und 3, §§ 14, 15, 20 Abs. 1 und 3, § 21 Abs. 1, §§ 23 und 26 des Verwaltungsverfahrensgesetzes nach Maßgabe der nachfolgenden Absätze entsprechend anzuwenden. [2] Das Ordnungsgeldverfahren ist ein Justizverwaltungsverfahren. [3] Zur Vertretung der Beteiligten sind auch Wirtschaftsprüfer und vereidigte Buchprüfer, Steuerbera-

ter, Steuerbevollmächtigte, Personen und Vereinigungen im Sinn des § 3 Nr. 4 des Steuerberatungsgesetzes sowie Gesellschaften im Sinn des § 3 Nr. 2 und 3 des Steuerberatungsgesetzes, die durch Personen im Sinn des § 3 Nr. 1 des Steuerberatungsgesetzes handeln, befugt.

(2a) [1] Die Akten einschließlich der Verfahrensakten in der Zwangsvollstreckung werden elektronisch geführt. [2] Auf die elektronische Aktenführung und die elektronische Kommunikation ist § 110c des Gesetzes über Ordnungswidrigkeiten entsprechend anzuwenden, jedoch dessen Satz 1

1. nicht in Verbindung mit dessen Satz 2 und § 32b der Strafprozessordnung auf
   a) die Androhung eines Ordnungsgeldes nach Absatz 3 Satz 1,
   b) die Kostenentscheidung nach Absatz 3 Satz 2 und
   c) den Erlass von Zwischenverfügungen;
2. nicht in Verbindung mit den §§ 32d und 32e Absatz 3 Satz 1 und 2 der Strafprozessordnung auf das Verfahren insgesamt sowie
3. einschließlich dessen Sätze 2 und 3 nicht auf die Beitreibung nach dem Justizbeitreibungsgesetz.

[3] Satz 2 gilt entsprechend auch für Verfügungen im Sinne der Absätze 3 und 4, die automatisiert erlassen werden können.

(3) [1] Den in Absatz 1 Satz 1 und 2 bezeichneten Beteiligten ist unter Androhung eines Ordnungsgeldes in bestimmter Höhe aufzugeben, innerhalb einer Frist von sechs Wochen vom Zugang der Androhung an ihrer gesetzlichen Verpflichtung nachzukommen oder die Unterlassung mittels Einspruchs gegen die Verfügung zu rechtfertigen. [2] Mit der Androhung des Ordnungsgeldes sind den Beteiligten zugleich die Kosten des Verfahrens aufzuerlegen. [3] Der Einspruch kann auf Einwendungen gegen die Entscheidung über die Kosten beschränkt werden. [4] Der Einspruch gegen die Androhung des Ordnungsgeldes und gegen die Entscheidung über die Kosten hat keine aufschiebende Wirkung. [5] Führt der Einspruch zu einer Einstellung des Verfahrens, ist zugleich auch die Kostenentscheidung nach Satz 2 aufzuheben.

(4) [1] Wenn die Beteiligten nicht spätestens sechs Wochen nach dem Zugang der Androhung der gesetzlichen Pflicht entsprochen oder die Unterlassung mittels Einspruchs gerechtfertigt haben, ist das Ordnungsgeld festzusetzen und zugleich die frühere Verfügung unter Androhung eines erneuten Ordnungsgeldes zu wiederholen. [2] Haben die Beteiligten die gesetzliche Pflicht erst nach Ablauf der Sechswochenfrist erfüllt, hat das Bundesamt das Ordnungsgeld wie folgt herabzusetzen:

1. auf einen Betrag von 500 Euro, wenn die Beteiligten von dem Recht einer Kleinstkapitalgesellschaft nach § 326 Absatz 2 Gebrauch gemacht haben;
2. auf einen Betrag von 1 000 Euro, wenn es sich um eine kleine Kapitalgesellschaft im Sinne des § 267 Absatz 1 handelt;
3. auf einen Betrag von 2 500 Euro, wenn ein höheres Ordnungsgeld angedroht worden ist und die Voraussetzungen der Nummern 1 und 2 nicht vorliegen, oder
4. jeweils auf einen geringeren Betrag, wenn die Beteiligten die Sechswochenfrist nur geringfügig überschritten haben.

[3] Bei der Herabsetzung sind nur Umstände zu berücksichtigen, die vor der Entscheidung des Bundesamtes eingetreten sind.

(5) [1] Waren die Beteiligten unverschuldet gehindert, in der Sechswochenfrist nach Absatz 4 Einspruch einzulegen oder ihrer gesetzlichen Verpflichtung nachzukommen, hat ihnen das Bundesamt auf Antrag Wiedereinsetzung in den vorigen Stand zu gewähren. [2] Das Verschulden eines Vertreters ist der vertretenen Person zuzurechnen. [3] Ein Fehlen des Verschuldens wird vermutet, wenn eine Rechtsbehelfsbelehrung unterblieben ist oder fehlerhaft ist. [4] Der Antrag auf Wiedereinsetzung ist binnen zwei Wochen nach Wegfall des Hindernisses schriftlich beim Bundesamt zu stellen. [5] Die Tatsachen zur Begründung des Antrags sind bei der Antragstellung oder im Verfahren über den Antrag glaubhaft zu machen. [6] Die versäumte Handlung ist spätestens sechs Wochen nach Wegfall des Hindernisses nachzuholen. [7] Ist innerhalb eines Jahres seit dem Ablauf der Sechswochenfrist nach Absatz 4 weder Wiedereinsetzung beantragt noch die versäumte Handlung nachgeholt worden, kann Wiedereinsetzung nicht mehr gewährt werden. [8] Die Wiedereinsetzung ist nicht anfechtbar. [9] Haben die Beteiligten Wiedereinsetzung nicht beantragt oder ist die Ablehnung des Wiedereinsetzungsantrags bestandskräftig geworden, können sich die Beteiligten mit der Beschwerde nicht mehr darauf berufen, dass sie unverschuldet gehindert waren, in der Sechswochenfrist Einspruch einzulegen oder ihrer gesetzlichen Verpflichtung nachzukommen.

(6) [1] Liegen dem Bundesamt in einem Verfahren nach den Absätzen 1 bis 5 keine Anhaltspunkte über die Einstufung einer Gesellschaft im Sinne des § 267 Absatz 1 bis 3 oder des § 267a vor, kann es den in Absatz 1 Satz 1 und 2 bezeichneten Beteiligten aufgeben, die Bilanzsumme nach Abzug eines auf der Aktivseite ausgewiesenen Fehlbetrags (§ 268 Absatz 3), die Umsatzerlöse (§ 277 Absatz 1) und die durchschnittliche Zahl der Arbeitnehmer (§ 267 Absatz 5) für das betreffende Geschäftsjahr und für diejenigen Geschäftsjahre, die für die Einstufung erforderlich sind, anzugeben. [2] Unterbleiben die Angaben nach Satz 1, so wird für das weitere Verfahren vermutet, dass die Erleichterungen der §§ 326 und 327 nicht in Anspruch genommen werden können. [3] Die Sätze 1 und 2 gelten für den Konzernabschluss und den Konzernlagebericht entsprechend mit der Maßgabe, dass an die Stelle der §§ 267, 326 und 327 der § 293 tritt.

(7) [1] Das Bundesministerium der Justiz und für Verbraucherschutz kann zur näheren Ausgestaltung der elektronischen Aktenführung und elektronischen Kommunikation nach Absatz 2a in der ab dem 1. Januar 2018 geltenden Fassung durch Rechtsverordnung, die nicht der Zustimmung des Bundesrates bedarf,

1. die Weiterführung von Akten in Papierform gestatten, die bereits vor Einführung der elektronischen Aktenführung in Papierform angelegt wurden,
2. die organisatorischen und dem Stand der Technik entsprechenden technischen Rahmenbedingungen für die elektronische Aktenführung einschließlich der einzuhaltenden Anforderungen des Datenschutzes, der Datensicherheit und der Barrierefreiheit festlegen,
3. die Standards für die Übermittlung elektronischer Akten zwischen dem Bundesamt und einer anderen Behörde oder einem Gericht näher bestimmen,
4. die Standards für die Einsicht in elektronische Akten vorgeben,
5. elektronische Formulare einführen und

a) bestimmen, dass die in den Formularen enthaltenen Angaben ganz oder teilweise in strukturierter maschinenlesbarer Form zu übermitteln sind,

b) eine Kommunikationsplattform vorgeben, auf der die Formulare im Internet zur Nutzung bereitzustellen sind, und

c) bestimmen, dass eine Identifikation des Formularverwenders abweichend von Absatz 2a in Verbindung mit § 110c des Gesetzes über Ordnungswidrigkeiten und § 32a Absatz 3 der Strafprozessordnung durch Nutzung des elektronischen Identitätsnachweises nach § 18 des Personalausweisgesetzes ***[ab 1.11.2020:** , § 12 des eIDKarte-Gesetzes]* oder § 78 Absatz 5 des Aufenthaltsgesetzes erfolgen kann,

6. Formanforderungen und weitere Einzelheiten für den automatisierten Erlass von Entscheidungen festlegen,

7. die Einreichung elektronischer Dokumente, abweichend von Absatz 2a in Verbindung mit § 110c des Gesetzes über Ordnungswidrigkeiten und § 32a der Strafprozessordnung, erst zum 1. Januar des Jahres 2019 oder 2020 zulassen und

8. die Weiterführung der Akten in der bisherigen elektronischen Form bis zu einem bestimmten Zeitpunkt vor dem 1. Januar 2026 gestatten.

[2] Das Bundesministerium der Justiz und für Verbraucherschutz kann die Ermächtigungen des Satzes 1 durch Rechtsverordnung ohne Zustimmung des Bundesrates auf das Bundesamt für Justiz übertragen.

§ 335a Beschwerde gegen die Festsetzung von Ordnungsgeld; Rechtsbeschwerde; Verordnungsermächtigung. (1) Gegen die Entscheidung, durch die das Ordnungsgeld festgesetzt oder der Einspruch oder der Antrag auf Wiedereinsetzung in den vorigen Stand verworfen wird, sowie gegen die Entscheidung nach § 335 Absatz 3 Satz 5 findet die Beschwerde nach den Vorschriften des Gesetzes über das Verfahren in Familiensachen und in den Angelegenheiten der freiwilligen Gerichtsbarkeit statt, soweit sich aus den nachstehenden Absätzen nichts anderes ergibt.

(2) [1] Die Beschwerde ist binnen einer Frist von zwei Wochen einzulegen; über sie entscheidet das für den Sitz des Bundesamtes zuständige Landgericht. [2] Zur Vermeidung von erheblichen Verfahrensrückständen oder zum Ausgleich einer übermäßigen Geschäftsbelastung wird die Landesregierung des Landes, in dem das Bundesamt seinen Sitz unterhält, ermächtigt, durch Rechtsverordnung die Entscheidung über die Rechtsmittel nach Satz 1 einem anderen Landgericht oder weiteren Landgerichten zu übertragen. [3] Die Landesregierung kann diese Ermächtigung auf die Landesjustizverwaltung übertragen. [4] Ist bei dem Landgericht eine Kammer für Handelssachen gebildet, so tritt diese Kammer an die Stelle der Zivilkammer. [5] Entscheidet über die Beschwerde die Zivilkammer, so sind die §§ 348 und 348a der Zivilprozessordnung entsprechend anzuwenden; über eine bei der Kammer für Handelssachen anhängige Beschwerde entscheidet der Vorsitzende. [6] Das Landgericht kann nach billigem Ermessen bestimmen, dass den Beteiligten die außergerichtlichen Kosten, die zur zweckentsprechenden Rechtsverfolgung notwendig waren, ganz oder teilweise aus der Staatskasse zu erstatten sind. [7] Satz 6 gilt entsprechend, wenn das Bundesamt der Beschwerde abhilft. [8] § 91 Absatz 1 Satz 2 und die §§ 103 bis 107 der Zivilprozessordnung gelten entsprechend. [9] § 335 Absatz 2 Satz 3 ist anzuwenden.

(3) [1] Gegen die Beschwerdeentscheidung ist die Rechtsbeschwerde statthaft, wenn das Landgericht sie zugelassen hat. [2] Für die Rechtsbeschwerde gelten die Vorschriften des Gesetzes über das Verfahren in Familiensachen und in den Angelegenheiten der freiwilligen Gerichtsbarkeit entsprechend, soweit sich aus diesem Absatz nichts anderes ergibt. [3] Über die Rechtsbeschwerde entscheidet das für den Sitz des Landgerichts zuständige Oberlandesgericht. [4] Die Rechtsbeschwerde steht auch dem Bundesamt zu. [5] Vor dem Oberlandesgericht müssen sich die Beteiligten durch einen Rechtsanwalt vertreten lassen; dies gilt nicht für das Bundesamt. [6] Absatz 2 Satz 6 und 8 gilt entsprechend.

(4) Auf die elektronische Aktenführung des Gerichts und die Kommunikation mit dem Gericht nach den Absätzen 1 bis 3 sind die folgenden Vorschriften entsprechend anzuwenden:

1. § 110a Absatz 1 Satz 1 und § 110c des Gesetzes über Ordnungswidrigkeiten sowie
2. § 110a Absatz 1 Satz 2 und 3, Absatz 2 Satz 1 und § 134 Satz 1 des Gesetzes über Ordnungswidrigkeiten mit der Maßgabe, dass die Landesregierung des Landes, in dem das Bundesamt seinen Sitz hat, die Rechtsverordnung erlässt und die Ermächtigungen durch Rechtsverordnung auf die Landesjustizverwaltung übertragen kann.

Dritter Titel. Gemeinsame Vorschriften für Straf-, Bußgeld- und Ordnungsgeldverfahren

§ 335b Anwendung der Straf- und Bußgeld- sowie der Ordnungsgeldvorschriften auf bestimmte offene Handelsgesellschaften und Kommanditgesellschaften. [1] Die Strafvorschriften der §§ 331 bis 333a, die Bußgeldvorschrift des § 334 sowie die Ordnungsgeldvorschrift des § 335 gelten auch für offene Handelsgesellschaften und Kommanditgesellschaften im Sinn des § 264a Abs. 1. [2] Das Verfahren nach § 335 ist in diesem Fall gegen die persönlich haftenden Gesellschafter oder gegen die Mitglieder der vertretungsberechtigten Organe der persönlich haftenden Gesellschafter zu richten. [3] Es kann auch gegen die offene Handelsgesellschaft oder gegen die Kommanditgesellschaft gerichtet werden. [4] § 335a ist entsprechend anzuwenden.

§ 335c Mitteilungen an die Abschlussprüferaufsichtsstelle. (1) Das Bundesamt für Justiz übermittelt der Abschlussprüferaufsichtsstelle beim Bundesamt für Wirtschaft und Ausfuhrkontrolle alle Bußgeldentscheidungen nach § 334 Absatz 2a.

(2) [1] In Strafverfahren, die eine Straftat nach § 333a zum Gegenstand haben, übermittelt die Staatsanwaltschaft im Falle der Erhebung der öffentlichen Klage der Abschlussprüferaufsichtsstelle die das Verfahren abschließende Entscheidung. [2] Ist gegen die Entscheidung ein Rechtsmittel eingelegt worden, ist die Entscheidung unter Hinweis auf das eingelegte Rechtsmittel zu übermitteln.

Dritter Abschnitt. Ergänzende Vorschriften für eingetragene Genossenschaften

§ 336 Pflicht zur Aufstellung von Jahresabschluß und Lagebericht.

(1) [1] Der Vorstand einer Genossenschaft hat den Jahresabschluß (§ 242) um einen Anhang zu erweitern, der mit der Bilanz und der Gewinn- und Verlustrechnung eine Einheit bildet, sowie einen Lagebericht aufzustellen. [2] Der

Jahresabschluß und der Lagebericht sind in den ersten fünf Monaten des Geschäftsjahrs für das vergangene Geschäftsjahr aufzustellen.

(2) [1] Auf den Jahresabschluss und den Lagebericht sind, soweit in diesem Abschnitt nichts anderes bestimmt ist, die folgenden Vorschriften entsprechend anzuwenden:

1. § 264 Absatz 1 Satz 4 erster Halbsatz und Absatz 1a, 2,
2. die §§ 265 bis 289e, mit Ausnahme von § 277 Absatz 3 Satz 1 und § 285 Nummer 17,
3. § 289f Absatz 4 nach Maßgabe des § 9 Absatz 3 und 4 des Genossenschaftsgesetzes[1)].

[2] Sonstige Vorschriften, die durch den Geschäftszweig bedingt sind, bleiben unberührt. [3] Genossenschaften, die die Merkmale für Kleinstkapitalgesellschaften nach § 267a Absatz 1 erfüllen (Kleinstgenossenschaften), dürfen auch die Erleichterungen für Kleinstkapitalgesellschaften nach näherer Maßgabe des § 337 Absatz 4 und § 338 Absatz 4 anwenden.

(3) § 330 Abs. 1 über den Erlaß von Rechtsverordnungen ist entsprechend anzuwenden.

§ 337 Vorschriften zur Bilanz. (1) [1] An Stelle des gezeichneten Kapitals ist der Betrag der Geschäftsguthaben der Mitglieder auszuweisen. [2] Dabei ist der Betrag der Geschäftsguthaben der mit Ablauf des Geschäftsjahrs ausgeschiedenen Mitglieder gesondert anzugeben. [3] Werden rückständige fällige Einzahlungen auf Geschäftsanteile in der Bilanz als Geschäftsguthaben ausgewiesen, so ist der entsprechende Betrag auf der Aktivseite unter der Bezeichnung „Rückständige fällige Einzahlungen auf Geschäftsanteile“ einzustellen. [4] Werden rückständige fällige Einzahlungen nicht als Geschäftsguthaben ausgewiesen, so ist der Betrag bei dem Posten „Geschäftsguthaben“ zu vermerken. [5] In beiden Fällen ist der Betrag mit dem Nennwert anzusetzen. [6] Ein in der Satzung bestimmtes Mindestkapital ist gesondert anzugeben.

(2) An Stelle der Gewinnrücklagen sind die Ergebnisrücklagen auszuweisen und wie folgt aufzugliedern:

1. Gesetzliche Rücklage;
2. andere Ergebnisrücklagen; die Ergebnisrücklage nach § 73 Abs. 3 des Genossenschaftsgesetzes[1)] und die Beträge, die aus dieser Ergebnisrücklage an ausgeschiedene Mitglieder auszuzahlen sind, müssen vermerkt werden.

(3) Bei den Ergebnisrücklagen sind in der Bilanz oder im Anhang gesondert aufzuführen:

1. Die Beträge, welche die Generalversammlung aus dem Bilanzgewinn des Vorjahrs eingestellt hat;
2. die Beträge, die aus dem Jahresüberschuß des Geschäftsjahrs eingestellt werden;
3. die Beträge, die für das Geschäftsjahr entnommen werden.

(4) Kleinstgenossenschaften, die von der Erleichterung für Kleinstkapitalgesellschaften nach § 266 Absatz 1 Satz 4 Gebrauch machen, haben den Betrag

---

[1)] Nr. 4.

der Geschäftsguthaben der Mitglieder sowie die gesetzliche Rücklage in der Bilanz im Passivposten A Eigenkapital wie folgt auszuweisen:
Davon:
Geschäftsguthaben der Mitglieder
gesetzliche Rücklage.

§ 338 Vorschriften zum Anhang. (1) [1] Im Anhang sind auch Angaben zu machen über die Zahl der im Laufe des Geschäftsjahrs eingetretenen oder ausgeschiedenen sowie die Zahl der am Schluß des Geschäftsjahrs der Genossenschaft angehörenden Mitglieder. [2] Ferner sind der Gesamtbetrag, um welchen in diesem Jahr die Geschäftsguthaben sowie die Haftsummen der Mitglieder sich vermehrt oder vermindert haben, und der Betrag der Haftsummen anzugeben, für welche am Jahresschluß alle Mitglieder zusammen aufzukommen haben.

(2) Im Anhang sind ferner anzugeben:

1. Name und Anschrift des zuständigen Prüfungsverbandes, dem die Genossenschaft angehört;
2. alle Mitglieder des Vorstands und des Aufsichtsrats, auch wenn sie im Geschäftsjahr oder später ausgeschieden sind, mit dem Familiennamen und mindestens einem ausgeschriebenen Vornamen; ein etwaiger Vorsitzender des Aufsichtsrats ist als solcher zu bezeichnen.

(3) [1] An Stelle der in § 285 Nr. 9 vorgeschriebenen Angaben über die an Mitglieder von Organen geleisteten Bezüge, Vorschüsse und Kredite sind lediglich die Forderungen anzugeben, die der Genossenschaft gegen Mitglieder des Vorstands oder Aufsichtsrats zustehen. [2] Die Beträge dieser Forderungen können für jedes Organ in einer Summe zusammengefaßt werden.

(4) Kleinstgenossenschaften brauchen den Jahresabschluss nicht um einen Anhang zu erweitern, wenn sie unter der Bilanz angeben:

1. die in den §§ 251 und 268 Absatz 7 genannten Angaben und
2. die in den Absätzen 1, 2 Nummer 1 und Absatz 3 genannten Angaben.

§ 339 Offenlegung. (1) [1] Der Vorstand hat unverzüglich nach der Generalversammlung über den Jahresabschluß, jedoch spätestens vor Ablauf des zwölften Monats des dem Abschlussstichtag nachfolgenden Geschäftsjahrs, den festgestellten Jahresabschluß, den Lagebericht und den Bericht des Aufsichtsrats beim Betreiber des Bundesanzeigers elektronisch einzureichen. [2] Ist die Erteilung eines Bestätigungsvermerks nach § 58 Abs. 2 des Genossenschaftsgesetzes[1] oder nach Artikel 10 Absatz 1 der Verordnung (EU) Nr. 537/2014 vorgeschrieben, so ist dieser mit dem Jahresabschluß einzureichen; hat der Prüfungsverband die Bestätigung des Jahresabschlusses versagt, so muß dies auf dem eingereichten Jahresabschluß vermerkt und der Vermerk vom Prüfungsverband unterschrieben sein. [3] Ist die Prüfung des Jahresabschlusses im Zeitpunkt der Einreichung der Unterlagen nach Satz 1 nicht abgeschlossen, so ist der Bestätigungsvermerk oder der Vermerk über seine Versagung unverzüglich nach Abschluß der Prüfung einzureichen. [4] Wird der Jahresabschluß oder der Lagebericht nach der Einreichung geändert, so ist auch die geänderte Fassung einzureichen.

---

[1] Nr. 4.

(2) [1] § 325 Absatz 1 Satz 2, Absatz 2, 2a und 6 sowie die §§ 326 bis 329 sind entsprechend anzuwenden. [2] Hat eine Kleinstgenossenschaft von der Erleichterung für Kleinstkapitalgesellschaften nach § 326 Absatz 2 Gebrauch gemacht, gilt § 9 Absatz 6 Satz 3 entsprechend.

(3) [1] Die §§ 335 und 335a finden mit den Maßgaben entsprechende Anwendung, dass sich das Ordnungsgeldverfahren gegen die Mitglieder des Vorstands der Genossenschaft richtet und nur auf Antrag des Prüfungsverbandes, dem die Genossenschaft angehört, oder eines Mitglieds, Gläubigers oder Arbeitnehmers der Genossenschaft durchzuführen ist. [2] Das Ordnungsgeldverfahren kann auch gegen die Genossenschaft durchgeführt werden, für die die Mitglieder des Vorstands die in Absatz 1 genannten Pflichten zu erfüllen haben.

Vierter Abschnitt. Ergänzende Vorschriften für Unternehmen bestimmter Geschäftszweige

Erster Unterabschnitt. Ergänzende Vorschriften für Kreditinstitute und Finanzdienstleistungsinstitute

Erster Titel. Anwendungsbereich

§ 340 [Anwendungsbereich] (1) [1] Dieser Unterabschnitt ist auf Kreditinstitute im Sinne des § 1 Abs. 1 des Gesetzes über das Kreditwesen anzuwenden, soweit sie nach dessen § 2 Abs. 1, 4 oder 5 von der Anwendung nicht ausgenommen sind, sowie auf CRR-Kreditinstitute im Sinne des § 1 Absatz 3d Satz 1 des Kreditwesengesetzes, soweit sie nicht nach § 2 Absatz 1 Nummer 1 und 2 des Kreditwesengesetzes von der Anwendung ausgenommen sind, und auf Zweigniederlassungen von Unternehmen mit Sitz in einem Staat, der nicht Mitglied der Europäischen Gemeinschaft und auch nicht Vertragsstaat des Abkommens über den Europäischen Wirtschaftsraum ist, sofern die Zweigniederlassung nach § 53 Abs. 1 des Gesetzes über das Kreditwesen als Kreditinstitut gilt. [2] § 340l Abs. 2 und 3 ist außerdem auf Zweigniederlassungen im Sinne des § 53b Abs. 1 Satz 1 und Abs. 7 des Gesetzes über das Kreditwesen, auch in Verbindung mit einer Rechtsverordnung nach § 53c Nr. 1 dieses Gesetzes, anzuwenden, sofern diese Zweigniederlassungen Bankgeschäfte im Sinne des § 1 Abs. 1 Satz 2 Nr. 1 bis 5 und 7 bis 12 dieses Gesetzes betreiben. [3] Zusätzliche Anforderungen auf Grund von Vorschriften, die wegen der Rechtsform oder für Zweigniederlassungen bestehen, bleiben unberührt.

(2) Dieser Unterabschnitt ist auf Unternehmen der in § 2 Abs. 1 Nr. 4 und 5 des Gesetzes über das Kreditwesen bezeichneten Art insoweit ergänzend anzuwenden, als sie Bankgeschäfte betreiben, die nicht zu den ihnen eigentümlichen Geschäften gehören.

(3) Dieser Unterabschnitt ist auf Wohnungsunternehmen mit Spareinrichtung nicht anzuwenden.

(4) [1] Dieser Unterabschnitt ist auch auf Finanzdienstleistungsinstitute im Sinne des § 1 Abs. 1a des Gesetzes über das Kreditwesen anzuwenden, soweit sie nicht nach dessen § 2 Abs. 6 oder 10 von der Anwendung ausgenommen sind, sowie auf Zweigniederlassungen von Unternehmen mit Sitz in einem anderen Staat, der nicht Mitglied der Europäischen Gemeinschaft und auch nicht Vertragsstaat des Abkommens über den Europäischen Wirtschaftsraum ist, sofern die Zweigniederlassung nach § 53 Abs. 1 des Gesetzes über das Kreditwesen als Finanzdienstleistungsinstitut gilt. [2] § 340c Abs. 1 ist nicht anzuwenden auf Finanzdienstleistungsinstitute und Kreditinstitute, soweit letztere Skontroführer

im Sinne des § 27 Abs. 1 Satz 1 des Börsengesetzes und nicht CRR-Kreditinstitute im Sinne des § 1 Abs. 3d Satz 1 des Gesetzes über das Kreditwesen sind. [3] Zusätzliche Anforderungen auf Grund von Vorschriften, die wegen der Rechtsform oder für Zweigniederlassungen bestehen, bleiben unberührt.

(5) [1] Dieser Unterabschnitt ist auch auf Institute im Sinne des § 1 Absatz 3 des Zahlungsdiensteaufsichtsgesetzes anzuwenden. [2] Zusätzliche Anforderungen auf Grund von Vorschriften, die wegen der Rechtsform oder für Zweigniederlassungen bestehen, bleiben unberührt.

Zweiter Titel. Jahresabschluß, Lagebericht, Zwischenabschluß

§ 340a[1)] Anzuwendende Vorschriften. (1) [1] Kreditinstitute, auch wenn sie nicht in der Rechtsform einer Kapitalgesellschaft betrieben werden, haben auf ihren Jahresabschluß die für große Kapitalgesellschaften geltenden Vorschriften des Ersten Unterabschnitts des Zweiten Abschnitts anzuwenden, soweit in den Vorschriften dieses Unterabschnitts nichts anderes bestimmt ist. [2] Kreditinstitute haben außerdem einen Lagebericht nach den für große Kapitalgesellschaften geltenden Bestimmungen aufzustellen.

(1a) [1] Ein Kreditinstitut hat seinen Lagebericht um eine nichtfinanzielle Erklärung zu erweitern, wenn es in entsprechender Anwendung des § 267 Absatz 3 Satz 1 und Absatz 4 bis 5 als groß gilt und im Jahresdurchschnitt mehr als 500 Arbeitnehmer beschäftigt. [2] Wenn die nichtfinanzielle Erklärung einen besonderen Abschnitt des Lageberichts bildet, darf das Kreditinstitut auf die an anderer Stelle im Lagebericht enthaltenen nichtfinanziellen Angaben verweisen. [3] § 289b Absatz 2 bis 4 und die §§ 289c bis 289e sind entsprechend anzuwenden.

(1b) Ein Kreditinstitut, das nach Absatz 1 in Verbindung mit § 289f Absatz 1 eine Erklärung zur Unternehmensführung zu erstellen hat, hat darin Angaben nach § 289f Absatz 2 Nummer 6 aufzunehmen, wenn es in entsprechender Anwendung des § 267 Absatz 3 Satz 1 und Absatz 4 bis 5 als groß gilt.

(2) [1] § 265 Abs. 6 und 7, §§ 267, 268 Abs. 4 Satz 1, Abs. 5 Satz 1 und 2, §§ 276, 277 Abs. 1, 2, 3 Satz 1, § 284 Absatz 2 Nummer 3, § 285 Nr. 8 und 12, § 288 sind nicht anzuwenden. [2] An Stelle von § 247 Abs. 1, §§ 251, 266, 268 Absatz 7, §§ 275, 284 Absatz 3, § 285 Nummer 1, 2, 4, 9 Buchstabe c und Nummer 27 sind die durch Rechtsverordnung erlassenen Formblätter und anderen Vorschriften anzuwenden. [3] § 246 Abs. 2 ist nicht anzuwenden, soweit abweichende Vorschriften bestehen. [4] § 264 Abs. 3 und § 264b sind mit der Maßgabe anzuwenden, daß das Kreditinstitut unter den genannten Voraussetzungen die Vorschriften des Vierten Unterabschnitts des Zweiten Abschnitts nicht anzuwenden braucht. [5] § 285 Nummer 31 ist nicht anzuwenden; unter den Posten „außerordentliche Erträge" und „außerordentliche Aufwendungen" sind Erträge und Aufwendungen auszuweisen, die außerhalb der gewöhnlichen Geschäftstätigkeit anfallen. [6] Im Anhang sind diese Posten hinsichtlich ihres Betrags und ihrer Art zu erläutern, soweit die ausgewiesenen Beträge für die Beurteilung der Ertragslage nicht von untergeordneter Bedeutung sind.

(3) [1] Sofern Kreditinstitute einer prüferischen Durchsicht zu unterziehende Zwischenabschlüsse zur Ermittlung von Zwischenergebnissen im Sinne des

---

[1)] Siehe hierzu die Kreditinstituts-RechnungslegungsVO idF der Bek. v. 11.12.1998 (BGBl. I S. 3658), zuletzt geänd. durch G v. 17.7.2015 (BGBl. I S. 1245).

Artikels 26 Absatz 2 der Verordnung (EU) Nr. 575/2013 des Europäischen Parlaments und des Rates vom 26. Juni 2013 über Aufsichtsanforderungen an Kreditinstitute und Wertpapierfirmen und zur Änderung der Verordnung (EU) Nr. 646/2012 (ABl. L 176 vom 27.6.2013, S. 1) aufstellen, sind auf diese die für den Jahresabschluss geltenden Rechnungslegungsgrundsätze anzuwenden. [2]Die Vorschriften über die Bestellung des Abschlussprüfers sind auf die prüferische Durchsicht entsprechend anzuwenden. [3]Die prüferische Durchsicht ist so anzulegen, dass bei gewissenhafter Berufsausübung ausgeschlossen werden kann, dass der Zwischenabschluss in wesentlichen Belangen den anzuwendenden Rechnungslegungsgrundsätzen widerspricht. [4]Der Abschlussprüfer hat das Ergebnis der prüferischen Durchsicht in einer Bescheinigung zusammenzufassen. [5]§ 320 und § 323 gelten entsprechend.

(4) Zusätzlich haben Kreditinstitute im Anhang zum Jahresabschluß anzugeben:

1. alle Mandate in gesetzlich zu bildenden Aufsichtsgremien von großen Kapitalgesellschaften (§ 267 Abs. 3), die von gesetzlichen Vertretern oder anderen Mitarbeitern wahrgenommen werden;
2. alle Beteiligungen an großen Kapitalgesellschaften, die fünf vom Hundert der Stimmrechte überschreiten.

§ 340b Pensionsgeschäfte. (1) Pensionsgeschäfte sind Verträge, durch die ein Kreditinstitut oder der Kunde eines Kreditinstituts (Pensionsgeber) ihm gehörende Vermögensgegenstände einem anderen Kreditinstitut oder einem seiner Kunden (Pensionsnehmer) gegen Zahlung eines Betrags überträgt und in denen gleichzeitig vereinbart wird, daß die Vermögensgegenstände später gegen Entrichtung des empfangenen oder eines im voraus vereinbarten anderen Betrags an den Pensionsgeber zurückübertragen werden müssen oder können.

(2) Übernimmt der Pensionsnehmer die Verpflichtung, die Vermögensgegenstände zu einem bestimmten oder vom Pensionsgeber zu bestimmenden Zeitpunkt zurückzuübertragen, so handelt es sich um ein echtes Pensionsgeschäft.

(3) Ist der Pensionsnehmer lediglich berechtigt, die Vermögensgegenstände zu einem vorher bestimmten oder von ihm noch zu bestimmenden Zeitpunkt zurückzuübertragen, so handelt es sich um ein unechtes Pensionsgeschäft.

(4) [1]Im Falle von echten Pensionsgeschäften sind die übertragenen Vermögensgegenstände in der Bilanz des Pensionsgebers weiterhin auszuweisen. [2]Der Pensionsgeber hat in Höhe des für die Übertragung erhaltenen Betrags eine Verbindlichkeit gegenüber dem Pensionsnehmer auszuweisen. [3]Ist für die Rückübertragung ein höherer oder ein niedrigerer Betrag vereinbart, so ist der Unterschiedsbetrag über die Laufzeit des Pensionsgeschäfts zu verteilen. [4]Außerdem hat der Pensionsgeber den Buchwert der in Pension gegebenen Vermögensgegenstände im Anhang anzugeben. [5]Der Pensionsnehmer darf die ihm in Pension gegebenen Vermögensgegenstände nicht in seiner Bilanz ausweisen; er hat in Höhe des für die Übertragung gezahlten Betrags eine Forderung an den Pensionsgeber in seiner Bilanz auszuweisen. [6]Ist für die Rückübertragung ein höherer oder ein niedrigerer Betrag vereinbart, so ist der Unterschiedsbetrag über die Laufzeit des Pensionsgeschäfts zu verteilen.

(5) [1]Im Falle von unechten Pensionsgeschäften sind die Vermögensgegenstände nicht in der Bilanz des Pensionsgebers, sondern in der Bilanz des

Pensionsnehmers auszuweisen. [2] Der Pensionsgeber hat unter der Bilanz den für den Fall der Rückübertragung vereinbarten Betrag anzugeben.

(6) Devisentermingeschäfte, Finanztermingeschäfte und ähnliche Geschäfte sowie die Ausgabe eigener Schuldverschreibungen auf abgekürzte Zeit gelten nicht als Pensionsgeschäfte im Sinne dieser Vorschrift.

§ 340c Vorschriften zur Gewinn- und Verlustrechnung und zum Anhang. (1) [1] Als Ertrag oder Aufwand des Handelsbestands ist der Unterschiedsbetrag aller Erträge und Aufwendungen aus Geschäften mit Finanzinstrumenten des Handelsbestands und dem Handel mit Edelmetallen sowie der zugehörigen Erträge aus Zuschreibungen und Aufwendungen aus Abschreibungen auszuweisen. [2] In die Verrechnung sind außerdem die Aufwendungen für die Bildung von Rückstellungen für drohende Verluste aus den in Satz 1 bezeichneten Geschäften und die Erträge aus der Auflösung dieser Rückstellungen einzubeziehen.

(2) [1] Die Aufwendungen aus Abschreibungen auf Beteiligungen, Anteile an verbundenen Unternehmen und wie Anlagevermögen behandelte Wertpapiere dürfen mit den Erträgen aus Zuschreibungen zu solchen Vermögensgegenständen verrechnet und in einem Aufwand- oder Ertragsposten ausgewiesen werden. [2] In die Verrechnung nach Satz 1 dürfen auch die Aufwendungen und Erträge aus Geschäften mit solchen Vermögensgegenständen einbezogen werden.

(3) Kreditinstitute, die dem haftenden Eigenkapital nicht realisierte Reserven nach § 10 Abs. 2b Satz 1 Nr. 6 oder 7 des Gesetzes über das Kreditwesen in der bis zum 31. Dezember 2013 geltenden Fassung zurechnen, haben den Betrag, mit dem diese Reserven dem haftenden Eigenkapital zugerechnet werden, im Anhang zur Bilanz und zur Gewinn- und Verlustrechnung anzugeben.

§ 340d Fristengliederung. [1] Die Forderungen und Verbindlichkeiten sind im Anhang nach der Fristigkeit zu gliedern. [2] Für die Gliederung nach der Fristigkeit ist die Restlaufzeit am Bilanzstichtag maßgebend.

Dritter Titel. Bewertungsvorschriften

§ 340e Bewertung von Vermögensgegenständen. (1) [1] Kreditinstitute haben Beteiligungen einschließlich der Anteile an verbundenen Unternehmen, Konzessionen, gewerbliche Schutzrechte und ähnliche Rechte und Werte sowie Lizenzen an solchen Rechten und Werten, Grundstücke, grundstücksgleiche Rechte und Bauten einschließlich der Bauten auf fremden Grundstücken, technische Anlagen und Maschinen, andere Anlagen, Betriebs- und Geschäftsausstattung sowie Anlagen im Bau nach den für das Anlagevermögen geltenden Vorschriften zu bewerten, es sei denn, daß sie nicht dazu bestimmt sind, dauernd dem Geschäftsbetrieb zu dienen; in diesem Falle sind sie nach Satz 2 zu bewerten. [2] Andere Vermögensgegenstände, insbesondere Forderungen und Wertpapiere, sind nach den für das Umlaufvermögen geltenden Vorschriften zu bewerten, es sei denn, daß sie dazu bestimmt werden, dauernd dem Geschäftsbetrieb zu dienen; in diesem Falle sind sie nach Satz 1 zu bewerten. [3] § 253 Absatz 3 Satz 6 ist nur auf Beteiligungen und Anteile an verbundenen Unternehmen im Sinn des Satzes 1 sowie Wertpapiere und Forderungen im Sinn des Satzes 2, die dauernd dem Geschäftsbetrieb zu dienen bestimmt sind, anzuwenden.

(2) [1] Abweichend von § 253 Abs. 1 Satz 1 dürfen Hypothekendarlehen und andere Forderungen mit ihrem Nennbetrag angesetzt werden, soweit der Unterschiedsbetrag zwischen dem Nennbetrag und dem Auszahlungsbetrag oder den Anschaffungskosten Zinscharakter hat. [2] Ist der Nennbetrag höher als der Auszahlungsbetrag oder die Anschaffungskosten, so ist der Unterschiedsbetrag in den Rechnungsabgrenzungsposten auf der Passivseite aufzunehmen; er ist planmäßig aufzulösen und in seiner jeweiligen Höhe in der Bilanz oder im Anhang gesondert anzugeben. [3] Ist der Nennbetrag niedriger als der Auszahlungsbetrag oder die Anschaffungskosten, so darf der Unterschiedsbetrag in den Rechnungsabgrenzungsposten auf der Aktivseite aufgenommen werden; er ist planmäßig aufzulösen und in seiner jeweiligen Höhe in der Bilanz oder im Anhang gesondert anzugeben.

(3) [1] Finanzinstrumente des Handelsbestands sind zum beizulegenden Zeitwert abzüglich eines Risikoabschlags zu bewerten. [2] Eine Umgliederung in den Handelsbestand ist ausgeschlossen. [3] Das Gleiche gilt für eine Umgliederung aus dem Handelsbestand, es sei denn, außergewöhnliche Umstände, insbesondere schwerwiegende Beeinträchtigungen der Handelbarkeit der Finanzinstrumente, führen zu einer Aufgabe der Handelsabsicht durch das Kreditinstitut. [4] Finanzinstrumente des Handelsbestands können nachträglich in eine Bewertungseinheit einbezogen werden; sie sind bei Beendigung der Bewertungseinheit wieder in den Handelsbestand umzugliedern.

(4) [1] In der Bilanz ist dem Sonderposten „Fonds für allgemeine Bankrisiken" nach § 340g in jedem Geschäftsjahr ein Betrag, der mindestens 10 vom Hundert der Nettoerträge des Handelsbestands entspricht, zuzuführen und dort gesondert auszuweisen. [2] Dieser Posten darf nur aufgelöst werden

1. zum Ausgleich von Nettoaufwendungen des Handelsbestands sowie
2. zum Ausgleich eines Jahresfehlbetrags, soweit er nicht durch einen Gewinnvortrag aus dem Vorjahr gedeckt ist,
3. zum Ausgleich eines Verlustvortrags aus dem Vorjahr, soweit er nicht durch einen Jahresüberschuss gedeckt ist, oder
4. soweit er 50 vom Hundert des Durchschnitts der letzten fünf jährlichen Nettoerträge des Handelsbestands übersteigt.

[3] Auflösungen, die nach Satz 2 erfolgen, sind im Anhang anzugeben und zu erläutern.

§ 340f Vorsorge für allgemeine Bankrisiken. (1) [1] Kreditinstitute dürfen Forderungen an Kreditinstitute und Kunden, Schuldverschreibungen und andere festverzinsliche Wertpapiere sowie Aktien und andere nicht festverzinsliche Wertpapiere, die weder wie Anlagevermögen behandelt werden noch Teil des Handelsbestands sind, mit einem niedrigeren als dem nach § 253 Abs. 1 Satz 1, Abs. 4 vorgeschriebenen oder zugelassenen Wert ansetzen, soweit dies nach vernünftiger kaufmännischer Beurteilung zur Sicherung gegen die besonderen Risiken des Geschäftszweigs der Kreditinstitute notwendig ist. [2] Der Betrag der auf diese Weise gebildeten Vorsorgereserven darf vier vom Hundert des Gesamtbetrags der in Satz 1 bezeichneten Vermögensgegenstände, der sich bei deren Bewertung nach § 253 Abs. 1 Satz 1, Abs. 4 ergibt, nicht übersteigen. [3] Ein niedrigerer Wertansatz darf beibehalten werden.

(2) *(aufgehoben)*

(3) Aufwendungen und Erträge aus der Anwendung von Absatz 1 und aus Geschäften mit in Absatz 1 bezeichneten Wertpapieren und Aufwendungen aus Abschreibungen sowie Erträge aus Zuschreibungen zu diesen Wertpapieren dürfen mit den Aufwendungen aus Abschreibungen auf Forderungen, Zuführungen zu Rückstellungen für Eventualverbindlichkeiten und für Kreditrisiken sowie mit den Erträgen aus Zuschreibungen zu Forderungen oder aus deren Eingang nach teilweiser oder vollständiger Abschreibung und aus Auflösungen von Rückstellungen für Eventualverbindlichkeiten und für Kreditrisiken verrechnet und in der Gewinn- und Verlustrechnung in einem Aufwand- oder Ertragsposten ausgewiesen werden.

(4) Angaben über die Bildung und Auflösung von Vorsorgereserven nach Absatz 1 sowie über vorgenommene Verrechnungen nach Absatz 3 brauchen im Jahresabschluß, Lagebericht, Konzernabschluß und Konzernlagebericht nicht gemacht zu werden.

§ 340g Sonderposten für allgemeine Bankrisiken. (1) Kreditinstitute dürfen auf der Passivseite ihrer Bilanz zur Sicherung gegen allgemeine Bankrisiken einen Sonderposten „Fonds für allgemeine Bankrisiken" bilden, soweit dies nach vernünftiger kaufmännischer Beurteilung wegen der besonderen Risiken des Geschäftszweigs der Kreditinstitute notwendig ist.

(2) Die Zuführungen zum Sonderposten oder die Erträge aus der Auflösung des Sonderpostens sind in der Gewinn- und Verlustrechnung gesondert auszuweisen.

Vierter Titel. Währungsumrechnung

§ 340h Währungsumrechnung. § 256a gilt mit der Maßgabe, dass Erträge, die sich aus der Währungsumrechnung ergeben, in der Gewinn- und Verlustrechnung zu berücksichtigen sind, soweit die Vermögensgegenstände, Schulden oder Termingeschäfte durch Vermögensgegenstände, Schulden oder andere Termingeschäfte in derselben Währung besonders gedeckt sind.

Fünfter Titel. Konzernabschluß, Konzernlagebericht, Konzernzwischenabschluß

§ 340i Pflicht zur Aufstellung. (1) [1] Kreditinstitute, auch wenn sie nicht in der Rechtsform einer Kapitalgesellschaft betrieben werden, haben unabhängig von ihrer Größe einen Konzernabschluß und einen Konzernlagebericht nach den Vorschriften des Zweiten Unterabschnitts des Zweiten Abschnitts über den Konzernabschluß und Konzernlagebericht aufzustellen, soweit in den Vorschriften dieses Unterabschnitts nichts anderes bestimmt ist. [2] Zusätzliche Anforderungen auf Grund von Vorschriften, die wegen der Rechtsform bestehen, bleiben unberührt.

(2) [1] Auf den Konzernabschluß sind, soweit seine Eigenart keine Abweichung bedingt, die §§ 340a bis 340g über den Jahresabschluß und die für die Rechtsform und den Geschäftszweig der in den Konzernabschluß einbezogenen Unternehmen mit Sitz im Geltungsbereich dieses Gesetzes geltenden Vorschriften entsprechend anzuwenden, soweit sie für große Kapitalgesellschaften gelten. [2] Die §§ 293, 298 Absatz 1, § 314 Abs. 1 Nr. 1, 3, 6 Buchstabe c und Nummer 23 sind nicht anzuwenden. [3] In den Fällen des § 315e Abs. 1 finden von den in Absatz 1 genannten Vorschriften nur die §§ 290 bis 292, 315e Anwendung; die Sätze 1 und 2 dieses Absatzes sowie § 340j sind nicht an-

zuwenden. [4] Soweit § 315e Absatz 1 auf § 314 Absatz 1 Nummer 6 Buchstabe c verweist, tritt an dessen Stelle § 34 Absatz 2 Nummer 2 in Verbindung mit § 37 der Kreditinstituts-Rechnungslegungsverordnung in der Fassung der Bekanntmachung vom 11. Dezember 1998 (BGBl. I S. 3658), die zuletzt durch Artikel 8 Absatz 13 des Gesetzes vom 17. Juli 2015 (BGBl. I S. 1245) geändert worden ist, in der jeweils geltenden Fassung. [5] Im Übrigen findet die Kreditinstituts-Rechnungslegungsverordnung in den Fällen des § 315e Absatz 1 keine Anwendung.

(3) Als Kreditinstitute im Sinne dieses Titels gelten auch Mutterunternehmen, deren einziger Zweck darin besteht, Beteiligungen an Tochterunternehmen zu erwerben sowie die Verwaltung und Verwertung dieser Beteiligungen wahrzunehmen, sofern diese Tochterunternehmen ausschließlich oder überwiegend Kreditinstitute sind.

(4) [1] Sofern Kreditinstitute einer prüferischen Durchsicht zu unterziehende Konzernzwischenabschlüsse zur Ermittlung von Konzernzwischenergebnissen im Sinne des Artikels 26 Absatz 2 in Verbindung mit Artikel 11 der Verordnung (EU) Nr. 575/2013 aufstellen, sind auf diese die für den Konzernabschluss geltenden Rechnungslegungsgrundsätze anzuwenden. [2] Die Vorschriften über die Bestellung des Abschlussprüfers sind auf die prüferische Durchsicht entsprechend anzuwenden. [3] Die prüferische Durchsicht ist so anzulegen, dass bei gewissenhafter Berufsausübung ausgeschlossen werden kann, dass der Zwischenabschluss in wesentlichen Belangen den anzuwendenden Rechnungslegungsgrundsätzen widerspricht. [4] Der Abschlussprüfer hat das Ergebnis der prüferischen Durchsicht in einer Bescheinigung zusammenzufassen. [5] § 320 und § 323 gelten entsprechend.

(5) [1] Ein Kreditinstitut, das ein Mutterunternehmen (§ 290) ist, hat den Konzernlagebericht um eine nichtfinanzielle Konzernerklärung zu erweitern, wenn auf die in den Konzernabschluss einzubeziehenden Unternehmen die folgenden Merkmale zutreffen:

1. sie erfüllen die in § 293 Absatz 1 Satz 1 Nummer 1 oder 2 geregelten Voraussetzungen für eine größenabhängige Befreiung nicht und
2. bei ihnen sind insgesamt im Jahresdurchschnitt mehr als 500 Arbeitnehmer beschäftigt.

[2] § 267 Absatz 4 bis 5, § 298 Absatz 2, § 315b Absatz 2 bis 4 und § 315c sind entsprechend anzuwenden. [3] Wenn die nichtfinanzielle Konzernerklärung einen besonderen Abschnitt des Konzernlageberichts bildet, darf das Kreditinstitut auf die an anderer Stelle im Konzernlagebericht enthaltenen nichtfinanziellen Angaben verweisen.

(6) Ein Kreditinstitut, das nach Absatz 1 in Verbindung mit § 315d eine Konzernerklärung zur Unternehmensführung zu erstellen hat, hat darin Angaben nach § 315d in Verbindung mit § 289f Absatz 2 Nummer 6 aufzunehmen, wenn die in den Konzernabschluss einzubeziehenden Unternehmen die in § 293 Absatz 1 Satz 1 Nummer 1 oder 2 geregelten Voraussetzungen für eine Befreiung nicht erfüllen.

§ 340j Einzubeziehende Unternehmen. Bezieht ein Kreditinstitut ein Tochterunternehmen, das Kreditinstitut ist, nach § 296 Abs. 1 Nr. 3 in seinen Konzernabschluß nicht ein und ist der vorübergehende Besitz von Aktien oder Anteilen dieses Unternehmens auf eine finanzielle Stützungsaktion zur Sanierung oder Rettung des genannten Unternehmens zurückzuführen, so hat es den Jahresabschluß dieses Unternehmens seinem Konzernabschluß beizufügen und im Konzernanhang zusätzliche Angaben über die Art und die Bedingungen der finanziellen Stützungsaktion zu machen.

Sechster Titel. Prüfung

§ 340k [Prüfung] (1) [1]Kreditinstitute haben unabhängig von ihrer Größe ihren Jahresabschluß und Lagebericht sowie ihren Konzernabschluß und Konzernlagebericht unbeschadet der Vorschriften der §§ 28 und 29 des Gesetzes über das Kreditwesen nach den Vorschriften des Dritten Unterabschnitts des Zweiten Abschnitts über die Prüfung prüfen zu lassen; § 318 Absatz 1a und § 319 Absatz 1 Satz 2 sind nicht anzuwenden. [2]Die Prüfung ist spätestens vor Ablauf des fünften Monats des dem Abschlußstichtag nachfolgenden Geschäftsjahrs vorzunehmen. [3]Der Jahresabschluß ist nach der Prüfung unverzüglich festzustellen. [4]Auf CRR-Kreditinstitute im Sinne des § 1 Absatz 3d Satz 1 des Kreditwesengesetzes, mit Ausnahme der in § 2 Absatz 1 Nummer 1 und 2 des Kreditwesengesetzes genannten Institute, sind die Vorschriften des Dritten Unterabschnitts des Zweiten Abschnitts nur insoweit anzuwenden, als nicht die Verordnung (EU) Nr. 537/2014 anzuwenden ist.

(2) [1]Ist das Kreditinstitut eine Genossenschaft oder ein rechtsfähiger wirtschaftlicher Verein, so ist die Prüfung abweichend von § 319 Abs. 1 Satz 1 von dem Prüfungsverband durchzuführen, dem das Kreditinstitut als Mitglied angehört, sofern mehr als die Hälfte der geschäftsführenden Mitglieder des Vorstands dieses Prüfungsverbands Wirtschaftsprüfer sind. [2]Hat der Prüfungsverband nur zwei Vorstandsmitglieder, so muß einer von ihnen Wirtschaftsprüfer sein. [3]§ 319 Abs. 2 und 3 sowie § 319a Abs. 1 sind auf die gesetzlichen Vertreter des Prüfungsverbandes und auf alle vom Prüfungsverband beschäftigten Personen, die das Ergebnis der Prüfung beeinflussen können, entsprechend anzuwenden; § 319 Abs. 3 Satz 1 Nr. 2 ist auf Mitglieder des Aufsichtsorgans des Prüfungsverbandes nicht anzuwenden, sofern sichergestellt ist, dass der Abschlussprüfer die Prüfung unabhängig von den Weisungen durch das Aufsichtsorgan durchführen kann. [4]§ 319 Absatz 1 Satz 3 und 4 gilt entsprechend mit der Maßgabe, dass der Prüfungsverband über einen Auszug hinsichtlich seiner Eintragung nach § 40a der Wirtschaftsprüferordnung verfügen muss, bei erstmaliger Durchführung einer Prüfung nach Absatz 1 Satz 1 spätestens sechs Wochen nach deren Beginn. [5]Ist das Mutterunternehmen eine Genossenschaft, so ist der Prüfungsverband, dem die Genossenschaft angehört, unter den Voraussetzungen der Sätze 1 bis 4 auch Abschlußprüfer des Konzernabschlusses und des Konzernlageberichts.

(2a) [1]Bei der Prüfung des Jahresabschlusses der in Absatz 2 bezeichneten Kreditinstitute durch einen Prüfungsverband darf der gesetzlich vorgeschriebene Bestätigungsvermerk nur von Wirtschaftsprüfern unterzeichnet werden. [2]Die im Prüfungsverband tätigen Wirtschaftsprüfer haben ihre Prüfungstätigkeit unabhängig, gewissenhaft, verschwiegen und eigenverantwortlich auszuüben. [3]Sie haben sich insbesondere bei der Erstattung von Prüfungsberichten unparteiisch zu verhalten. [4]Weisungen dürfen ihnen hinsichtlich ihrer Prüfungstätigkeit von Personen, die nicht Wirtschaftsprüfer sind, nicht erteilt werden. [5]Die Zahl der im Verband tätigen Wirtschaftsprüfer muss so bemessen sein, dass die den Bestätigungsvermerk unterschreibenden Wirtschaftsprüfer die Prüfung verantwortlich durchführen können.

(3) [1] Ist das Kreditinstitut eine Sparkasse, so dürfen die nach Absatz 1 vorgeschriebenen Prüfungen abweichend von § 319 Abs. 1 Satz 1 von der Prüfungsstelle eines Sparkassen- und Giroverbands durchgeführt werden. [2] Die Prüfung darf von der Prüfungsstelle jedoch nur durchgeführt werden, wenn der Leiter der Prüfungsstelle die Voraussetzungen des § 319 Abs. 1 Satz 1 und 2 erfüllt; § 319 Abs. 2, 3 und 5 , § 319a Absatz 1 und 2 sowie Artikel 5 Absatz 1, 4 Unterabsatz 1 und Absatz 5 der Verordnung (EU) Nr. 537/2014 sind auf alle vom Sparkassen- und Giroverband beschäftigten Personen, die das Ergebnis der Prüfung beeinflussen können, entsprechend anzuwenden. [3] Auf die Prüfungsstellen findet Artikel 5 der Verordnung (EU) Nr. 537/2014 keine Anwendung. [4] Außerdem muß sichergestellt sein, daß der Abschlußprüfer die Prüfung unabhängig von den Weisungen der Organe des Sparkassen- und Giroverbands durchführen kann. [5] Soweit das Landesrecht nichts anderes vorsieht, findet § 319 Absatz 1 Satz 3 und 4 mit der Maßgabe Anwendung, dass die Prüfungsstelle über einen Auszug hinsichtlich ihrer Eintragung nach § 40a der Wirtschaftsprüferordnung verfügen muss, bei erstmaliger Durchführung einer Prüfung nach Absatz 1 Satz 1 spätestens sechs Wochen nach deren Beginn.

(4) [1] Ist das Kreditinstitut eine Sparkasse, finden Artikel 4 Absatz 3 Unterabsatz 2 sowie die Artikel 16, 17 und 19 der Verordnung (EU) Nr. 537/2014 keine Anwendung. [2] Artikel 4 Absatz 3 Unterabsatz 1 sowie Artikel 10 Absatz 2 Buchstabe g der Verordnung (EU) Nr. 537/2014 finden auf alle vom Sparkassen- und Giroverband beschäftigten Personen, die das Ergebnis der Prüfung beeinflussen können, entsprechende Anwendung. [3] Auf die Prüfungsstellen finden Artikel 4 Absatz 2 und 3 Unterabsatz 1 sowie Artikel 10 Absatz 2 Buchstabe g der Verordnung (EU) Nr. 537/2014 keine Anwendung.

(5) [1] CRR-Kreditinstitute im Sinne des § 1 Absatz 3d Satz 1 des Kreditwesengesetzes, mit Ausnahme der in § 2 Absatz 1 Nummer 1 und 2 des Kreditwesengesetzes genannten Institute, haben, auch wenn sie nicht kapitalmarktorientiert im Sinne des § 264d sind, § 324 Absatz 1 und 2 anzuwenden, wenn sie keinen Aufsichts- oder Verwaltungsrat haben, der die Voraussetzungen des § 100 Absatz 5 des Aktiengesetzes[1)] erfüllen muss. [2] Dies gilt für Sparkassen im Sinn des Absatzes 3 sowie sonstige landesrechtliche öffentlich-rechtliche Kreditinstitute nur, soweit das Landesrecht nichts anderes vorsieht.

Siebenter Titel. Offenlegung

§ 340l [Offenlegung] (1) [1] Kreditinstitute haben den Jahresabschluß und den Lagebericht sowie den Konzernabschluß und den Konzernlagebericht und die anderen in § 325 bezeichneten Unterlagen nach § 325 Abs. 2 bis 5, §§ 328, 329 Abs. 1 und 4 offenzulegen. [2] Kreditinstitute, die nicht Zweigniederlassungen sind, haben die in Satz 1 bezeichneten Unterlagen außerdem in jedem anderen Mitgliedstaat der Europäischen Gemeinschaft und in jedem anderen Vertragsstaat des Abkommens über den Europäischen Wirtschaftsraum offenzulegen, in dem sie eine Zweigniederlassung errichtet haben. [3] Die Offenlegung nach Satz 2 richtet sich nach dem Recht des jeweiligen Mitgliedstaats oder Vertragsstaats.

(2) [1] Zweigniederlassungen im Geltungsbereich dieses Gesetzes von Unternehmen mit Sitz in einem anderen Staat haben die in Absatz 1 Satz 1 bezeichneten Unterlagen ihrer Hauptniederlassung, die nach deren Recht aufgestellt

---

1) Nr. **2**.

und geprüft worden sind, nach § 325 Abs. 2 bis 5, §§ 328, 329 Abs. 1, 3 und 4 offenzulegen. [2] Unternehmen mit Sitz in einem Drittstaat im Sinn des § 3 Abs. 1 Satz 1 der Wirtschaftsprüferordnung, deren Wertpapiere im Sinn des § 2 Absatz 1 des Wertpapierhandelsgesetzes[1)] an einer inländischen Börse zum Handel am regulierten Markt zugelassen sind, haben zudem eine Bescheinigung der Wirtschaftsprüferkammer gemäß § 134 Abs. 2a der Wirtschaftsprüferordnung über die Eintragung des Abschlussprüfers oder eine Bestätigung der Wirtschaftsprüferkammer gemäß § 134 Abs. 4 Satz 8 der Wirtschaftsprüferordnung über die Befreiung von der Eintragungsverpflichtung offenzulegen. [3] Satz 2 ist nicht anzuwenden, soweit ausschließlich Schuldtitel im Sinne des § 2 Absatz 1 Nummer 3 des Wertpapierhandelsgesetzes [1)]

1. mit einer Mindeststückelung zu je 100 000 Euro oder einem entsprechenden Betrag anderer Währung an einer inländischen Behörde zum Handel am regulierten Markt zugelassen sind oder
2. mit einer Mindeststückelung zu je 50 000 Euro oder einem entsprechenden Betrag anderer Währung an einer inländischen Börse zum Handel am regulierten Markt zugelassen sind und diese Schuldtitel vor dem 31. Dezember 2010 begeben worden sind.

[4] Zweigniederlassungen im Geltungsbereich dieses Gesetzes von Unternehmen mit Sitz in einem Staat, der nicht Mitglied der Europäischen Gemeinschaft und auch nicht Vertragsstaat des Abkommens über den Europäischen Wirtschaftsraum ist, brauchen auf ihre eigene Geschäftstätigkeit bezogene gesonderte Rechnungslegungsunterlagen nach Absatz 1 Satz 1 nicht offenzulegen, sofern die nach den Sätzen 1 und 2 offenzulegenden Unterlagen nach einem an die Richtlinie 86/635/EWG angepaßten Recht aufgestellt und geprüft worden oder den nach einem dieser Rechte aufgestellten Unterlagen gleichwertig sind. [5] Die Unterlagen sind in deutscher Sprache einzureichen. [6] Soweit dies nicht die Amtssprache am Sitz der Hauptniederlassung ist, können die Unterlagen der Hauptniederlassung auch

1. in englischer Sprache oder
2. in einer von dem Register der Hauptniederlassung beglaubigten Abschrift oder,
3. wenn eine dem Register vergleichbare Einrichtung nicht vorhanden oder diese nicht zur Beglaubigung befugt ist, in einer von einem Wirtschaftsprüfer bescheinigten Abschrift, verbunden mit der Erklärung, dass entweder eine dem Register vergleichbare Einrichtung nicht vorhanden oder diese nicht zur Beglaubigung befugt ist,

eingereicht werden; von der Beglaubigung des Registers ist eine beglaubigte Übersetzung in deutscher Sprache einzureichen.

(3) § 339 ist auf Kreditinstitute, die Genossenschaften sind, nicht anzuwenden.

(4) Macht ein Kreditinstitut von dem Wahlrecht nach § 325 Absatz 2a Satz 1 Gebrauch, sind § 325 Absatz 2a Satz 3 und 5 mit folgenden Maßgaben anzuwenden:

1. Die in § 325 Abs. 2a Satz 3 genannten Vorschriften des Ersten Unterabschnitts des Zweiten Abschnitts des Dritten Buchs sind auch auf Kredit-

---

[1)] Nr. **10**.

institute anzuwenden, die nicht in der Rechtsform einer Kapitalgesellschaft betrieben werden.
2. § 285 Nummer 8 Buchstabe b findet keine Anwendung; der Personalaufwand des Geschäftsjahres ist jedoch im Anhang zum Einzelabschluss nach § 325 Absatz 2a gemäß der Gliederung nach Formblatt 3 im Posten Allgemeine Verwaltungsaufwendungen Unterposten Buchstabe a Personalaufwand der Kreditinstituts-Rechnungslegungsverordnung in der Fassung der Bekanntmachung vom 11. Dezember 1998 (BGBl. I S. 3658) in der jeweils geltenden Fassung anzugeben, sofern diese Angaben nicht gesondert in der Gewinn- und Verlustrechnung erscheinen.
3. An Stelle des § 285 Nr. 9 Buchstabe c gilt § 34 Abs. 2 Nr. 2 der Kreditinstituts-Rechnungslegungsverordnung in der Fassung der Bekanntmachung vom 11. Dezember 1998 (BGBl. I S. 3658) in der jeweils geltenden Fassung.
4. Für den Anhang gilt zusätzlich die Vorschrift des § 340a Abs. 4.
5. Im Übrigen finden die Bestimmungen des Zweiten bis Vierten Titels dieses Unterabschnitts sowie der Kreditinstituts-Rechnungslegungsverordnung keine Anwendung.

Achter Titel. Straf- und Bußgeldvorschriften, Ordnungsgelder

§ 340m Strafvorschriften. (1) [1]Die Strafvorschriften der §§ 331 bis 333 sind auch auf nicht in der Rechtsform einer Kapitalgesellschaft betriebene Kreditinstitute, auf Finanzdienstleistungsinstitute im Sinne des § 340 Absatz 4 sowie auf Institute im Sinne des § 340 Absatz 5 anzuwenden. [2]§ 331 ist darüber hinaus auch anzuwenden auf die Verletzung von Pflichten durch

1. den Geschäftsleiter (§ 1 Absatz 2 Satz 1 des Kreditwesengesetzes) eines nicht in der Rechtsform der Kapitalgesellschaft betriebenen Kreditinstituts oder Finanzdienstleistungsinstituts im Sinne des § 340 Absatz 4 Satz 1,
2. den Geschäftsleiter (§ 1 Absatz 8 Satz 1 und 2 des Zahlungsdiensteaufsichtsgesetzes) eines nicht in der Rechtsform der Kapitalgesellschaft betriebenen Instituts im Sinne des § 340 Absatz 5,
3. den Inhaber eines in der Rechtsform des Einzelkaufmanns betriebenen Kreditinstituts oder Finanzdienstleistungsinstituts im Sinne des § 340 Absatz 4 Satz 1 und
4. den Geschäftsleiter im Sinne des § 53 Absatz 2 Nummer 1 des Kreditwesengesetzes.

(2) Mit Freiheitsstrafe bis zu einem Jahr oder mit Geldstrafe wird bestraft, wer als Mitglied eines nach § 340k Absatz 5 Satz 1 in Verbindung mit § 324 Absatz 1 Satz 1 eingerichteten Prüfungsausschusses eines dort genannten CRR-Kreditinstituts

1. eine in § 340n Absatz 2a bezeichnete Handlung begeht und dafür einen Vermögensvorteil erhält oder sich versprechen lässt oder
2. eine in § 340n Absatz 2a bezeichnete Handlung beharrlich wiederholt.

(3) § 335c Absatz 2 gilt in den Fällen des Absatzes 2 entsprechend.

§ 340n Bußgeldvorschriften. (1) Ordnungswidrig handelt, wer als Geschäftsleiter im Sinne des § 1 Abs. 2 Satz 1 oder des § 53 Abs. 2 Nr. 1 des Kreditwesengesetzes oder als Inhaber eines in der Rechtsform des Einzelkaufmanns betriebenen Kreditinstituts oder Finanzdienstleistungsinstituts im Sinne des § 340 Abs. 4 Satz 1 oder als Geschäftsleiter im Sinne des § 1 Absatz 8 Satz 1 und 2 des Zahlungsdiensteaufsichtsgesetzes eines Instituts im Sinne des § 340 Absatz 5 oder als Mitglied des Aufsichtsrats eines der vorgenannten Unternehmen

1. bei der Aufstellung oder Feststellung des Jahresabschlusses oder bei der Aufstellung des Zwischenabschlusses gemäß § 340a Abs. 3 einer Vorschrift
   a) des § 243 Abs. 1 oder 2, der §§ 244, 245, 246 Abs. 1 oder 2, dieser in Verbindung mit § 340a Abs. 2 Satz 3, des § 246 Abs. 3 Satz 1, des § 247 Abs. 2 oder 3, der §§ 248, 249 Abs. 1 Satz 1 oder Abs. 2, des § 250 Abs. 1 oder Abs. 2, des § 264 Absatz 1a oder Absatz 2, des § 340b Abs. 4 oder 5 oder des § 340c Abs. 1 über Form oder Inhalt,
   b) des § 253 Abs. 1 Satz 1, 2, 3 oder 4, Abs. 2 Satz 1, auch in Verbindung mit Satz 2, Absatz 3 Satz 1, 2, 3, 4 oder Satz 5, Abs. 4 oder 5, der §§ 254, 256a, 340e Abs. 1 Satz 1 oder 2, Abs. 3 Satz 1, 2, 3 oder 4 Halbsatz 2, Abs. 4 Satz 1 oder 2, des § 340f Abs. 1 Satz 2 oder des § 340g Abs. 2 über die Bewertung,
   c) des § 265 Abs. 2, 3 oder 4, des § 268 Abs. 3 oder 6, der §§ 272, 274 oder des § 277 Abs. 3 Satz 2 über die Gliederung,
   d) des § 284 Absatz 1, 2 Nummer 1, 2 oder Nummer 4, Absatz 3 oder des § 285 Nummer 3, 3a, 7, 9 Buchstabe a oder Buchstabe b, Nummer 10 bis 11b, 13 bis 15a, 16 bis 26, 28 bis 33 oder Nummer 34 über die im Anhang zu machenden Angaben,
2. bei der Aufstellung des Konzernabschlusses oder des Konzernzwischenabschlusses gemäß § 340i Abs. 4 einer Vorschrift
   a) des § 294 Abs. 1 über den Konsolidierungskreis,
   b) des § 297 Absatz 1a, 2 oder Absatz 3 oder des § 340i Abs. 2 Satz 1 in Verbindung mit einer der in Nummer 1 Buchstabe a bezeichneten Vorschriften über Form oder Inhalt,
   c) des § 300 über die Konsolidierungsgrundsätze oder das Vollständigkeitsgebot,
   d) des § 308 Abs. 1 Satz 1 in Verbindung mit den in Nummer 1 Buchstabe b bezeichneten Vorschriften, des § 308 Abs. 2 oder des § 308a über die Bewertung,
   e) des § 311 Abs. 1 Satz 1 in Verbindung mit § 312 über die Behandlung assoziierter Unternehmen oder
   f) des § 308 Abs. 1 Satz 3, des § 313 oder des § 314 über die im Konzernanhang zu machenden Angaben,
3. bei der Aufstellung des Lageberichts oder der Erstellung eines gesonderten nichtfinanziellen Berichts einer Vorschrift der §§ 289, 289a, 340a Absatz 1a, auch in Verbindung mit § 289b Absatz 2 oder 3 oder mit den §§ 289c, 289d oder § 289e Absatz 2, oder des § 340a Absatz 1b in Verbindung mit § 289f über den Inhalt des Lageberichts oder des gesonderten nichtfinanziellen Berichts,
4. bei der Aufstellung des Konzernlageberichts oder der Erstellung eines gesonderten nichtfinanziellen Konzernberichts einer Vorschrift der §§ 315, 315a, 340i Absatz 5, auch in Verbindung mit § 315b Absatz 2 oder 3 oder § 315c, oder des § 340i Absatz 6 in Verbindung mit § 315d über den Inhalt

des Konzernlageberichts oder des gesonderten nichtfinanziellen Konzernberichts,

5. bei der Offenlegung, Veröffentlichung oder Vervielfältigung einer Vorschrift des § 328 über Form oder Inhalt oder
6. einer auf Grund des § 330 Abs. 2 in Verbindung mit Abs. 1 Satz 1 erlassenen Rechtsverordnung, soweit sie für einen bestimmten Tatbestand auf diese Bußgeldvorschrift verweist,

zuwiderhandelt.

(2) Ordnungswidrig handelt, wer zu einem Jahresabschluss, zu einem Einzelabschluss nach § 325 Abs. 2a oder zu einem Konzernabschluss, der aufgrund gesetzlicher Vorschriften zu prüfen ist, einen Vermerk nach § 322 Abs. 1 erteilt, obwohl nach § 319 Abs. 2, 3, 5, § 319a Abs. 1 Satz 1, Abs. 2, § 319b Abs. 1 er, nach § 319 Abs. 4, auch in Verbindung mit § 319a Abs. 1 Satz 2, oder § 319b Abs. 1 die Wirtschaftsprüfungsgesellschaft oder nach § 340k Abs. 2 oder Abs. 3 der Prüfungsverband oder die Prüfungsstelle, für die oder für den er tätig wird, nicht Abschlussprüfer sein darf.

(2a) Ordnungswidrig handelt, wer

1. als Mitglied eines nach § 340k Absatz 5 Satz 1 in Verbindung mit § 324 Absatz 1 Satz 1 eingerichteten Prüfungsausschusses eines CRR-Kreditinstituts im Sinne des § 1 Absatz 3d Satz 1 des Kreditwesengesetzes, mit Ausnahme der in § 2 Absatz 1 Nummer 1 und 2 des Kreditwesengesetzes genannten Institute, das keine Sparkasse ist,
   a) die Unabhängigkeit des Abschlussprüfers oder der Prüfungsgesellschaft nicht nach Maßgabe des Artikels 4 Absatz 3 Unterabsatz 2, des Artikels 5 Absatz 4 Unterabsatz 1 Satz 1 oder des Artikels 6 Absatz 2 der Verordnung (EU) Nr. 537/2014 des Europäischen Parlaments und des Rates vom 16. April 2014 über spezifische Anforderungen an die Abschlussprüfung bei Unternehmen von öffentlichem Interesse und zur Aufhebung des Beschlusses 2005/909/EG der Kommission (ABl. L 158 vom 27.5.2014, S. 77, L 170 vom 11.6.2014, S. 66) überwacht,
   b) eine Empfehlung für die Bestellung eines Abschlussprüfers oder einer Prüfungsgesellschaft vorlegt, die den Anforderungen nach Artikel 16 Absatz 2 Unterabsatz 2 oder 3 der Verordnung (EU) Nr. 537/2014 nicht entspricht oder der ein Auswahlverfahren nach Artikel 16 Absatz 3 Unterabsatz 1 der Verordnung (EU) Nr. 537/2014 nicht vorangegangen ist, oder
   c) den Gesellschaftern oder der sonst für die Bestellung des Abschlussprüfers zuständigen Stelle einen Vorschlag für die Bestellung eines Abschlussprüfers oder einer Prüfungsgesellschaft vorlegt, der den Anforderungen nach Artikel 16 Absatz 5 Unterabsatz 1 der Verordnung (EU) Nr. 537/2014 nicht entspricht, oder
2. als Mitglied eines nach § 340k Absatz 5 in Verbindung mit § 324 Absatz 1 Satz 1 eingerichteten Prüfungsausschusses eines CRR-Kreditinstituts im Sinne des § 1 Absatz 3d Satz 1 des Kreditwesengesetzes, mit Ausnahme der in § 2 Absatz 1 Nummer 1 und 2 des Kreditwesengesetzes genannten Institute, das eine Sparkasse ist, die Unabhängigkeit der in § 340k Absatz 3 Satz 2 zweiter Halbsatz genannten Personen nicht nach Maßgabe des Artikels 5 Absatz 4 Unterabsatz 1 Satz 1 der Verordnung (EU) Nr. 537/2014 in

Verbindung mit § 340k Absatz 3 Satz 2 oder nach Maßgabe des Artikels 6 Absatz 2 der Verordnung (EU) Nr. 537/2014 überwacht.

(3) [1] Die Ordnungswidrigkeit kann mit einer Geldbuße bis zu fünfzigtausend Euro geahndet werden. [2] Ist das Kreditinstitut kapitalmarktorientiert im Sinne des § 264d, beträgt die Geldbuße in den Fällen des Absatzes 1 höchstens den höheren der folgenden Beträge:

1. zwei Millionen Euro oder
2. das Zweifache des aus der Ordnungswidrigkeit gezogenen wirtschaftlichen Vorteils, wobei der wirtschaftliche Vorteil erzielte Gewinne und vermiedene Verluste umfasst und geschätzt werden kann.

(3a) Wird gegen ein Kreditinstitut, das kapitalmarktorientiert im Sinne des § 264d ist, in den Fällen des Absatzes 1 eine Geldbuße nach § 30 des Gesetzes über Ordnungswidrigkeiten verhängt, beträgt diese Geldbuße höchstens den höchsten der folgenden Beträge:

1. zehn Millionen Euro,
2. 5 Prozent des jährlichen Gesamtumsatzes, den das Kreditinstitut im der Behördenentscheidung vorausgegangenen Geschäftsjahr erzielt hat oder
3. das Zweifache des aus der Ordnungswidrigkeit gezogenen wirtschaftlichen Vorteils, wobei der wirtschaftliche Vorteil erzielte Gewinne und vermiedene Verluste umfasst und geschätzt werden kann.

(3b) [1] Als Gesamtumsatz ist anstelle des Betrags der Umsatzerlöse der sich aus dem auf das Kreditinstitut anwendbaren nationalen Recht im Einklang mit Artikel 27 Nummer 1, 3, 4, 6 und 7 oder Artikel 28 Buchstabe B Nummer 1, 2, 3, 4 und 7 der Richtlinie 86/635/EWG des Rates vom 8. Dezember 1986 über den Jahresabschluss und den konsolidierten Abschluss von Banken und anderen Finanzinstituten (ABl. L 372 vom 31.12.1986, S. 1; L 316 vom 23.11. 1988, S. 51), die zuletzt durch die Richtlinie 2006/46/EG (ABl. L 224 vom 16.8.2006, S. 1) geändert worden ist, ergebende Gesamtbetrag, abzüglich der Umsatzsteuer und sonstiger direkt auf diese Erträge erhobener Steuern, maßgeblich. [2] Handelt es sich bei dem Kreditinstitut um ein Mutterunternehmen oder um ein Tochterunternehmen im Sinne des § 290, ist anstelle des Gesamtumsatzes des Kreditinstituts der jeweilige Gesamtbetrag im Konzernabschluss des Mutterunternehmens maßgeblich, der für den größten Kreis von Unternehmen aufgestellt wird. [3] Wird der Konzernabschluss für den größten Kreis von Unternehmen nicht nach den in Satz 1 genannten Vorschriften aufgestellt, ist der Gesamtumsatz nach Maßgabe der Posten des Konzernabschlusses zu ermitteln, die mit den von Satz 1 erfassten Posten vergleichbar sind. [4] Ist ein Jahres- oder Konzernabschluss für das maßgebliche Geschäftsjahr nicht verfügbar, ist der Jahres- oder Konzernabschluss für das unmittelbar vorausgehende Geschäftsjahr maßgeblich; ist auch dieser nicht verfügbar, kann der Gesamtumsatz geschätzt werden.

(4) Verwaltungsbehörde im Sinn des § 36 Abs. 1 Nr. 1 des Gesetzes über Ordnungswidrigkeiten ist in den Fällen der Absätze 1 und 2a die Bundesanstalt für Finanzdienstleistungsaufsicht, in den Fällen des Absatzes 2 die Abschlussprüferaufsichtsstelle beim Bundesamt für Wirtschaft und Ausfuhrkontrolle.

(5) Die Bundesanstalt für Finanzdienstleistungsaufsicht übermittelt der Abschlussprüferaufsichtsstelle beim Bundesamt für Wirtschaft und Ausfuhrkontrolle alle Bußgeldentscheidungen nach Absatz 2a.

§ 340o Festsetzung von Ordnungsgeld. [1] Personen, die

1. als Geschäftsleiter im Sinne des § 1 Absatz 2 Satz 1 des Kreditwesengesetzes eines Kreditinstituts oder Finanzdienstleistungsinstituts im Sinne des § 340 Absatz 4 Satz 1 oder als Geschäftsleiter im Sinne des § 1 Absatz 8 Satz 1 und 2 des Zahlungsdiensteaufsichtsgesetzes eines Instituts im Sinne des § 340 Absatz 5 oder als Inhaber eines in der Rechtsform des Einzelkaufmanns betriebenen Kreditinstituts oder Finanzdienstleistungsinstituts im Sinne des § 340 Absatz 4 Satz 1, den § 340l Absatz 1 Satz 1 in Verbindung mit § 325 Absatz 2 bis 5, die §§ 328, 329 Absatz 1 über die Pflicht zur Offenlegung des Jahresabschlusses, des Lageberichts, des Konzernabschlusses, des Konzernlageberichts und anderer Unterlagen der Rechnungslegung oder
2. als Geschäftsleiter von Zweigniederlassungen im Sinn des § 53 Abs. 1 des Kreditwesengesetzes § 340l Abs. 1 oder Abs. 2 über die Offenlegung der Rechnungslegungsunterlagen

nicht befolgen, sind hierzu vom Bundesamt für Justiz durch Festsetzung von Ordnungsgeld anzuhalten. [2] Die §§ 335 bis 335b sind entsprechend anzuwenden.

Zweiter Unterabschnitt. Ergänzende Vorschriften für Versicherungsunternehmen und Pensionsfonds

Erster Titel. Anwendungsbereich

§ 341 [Anwendungsbereich] (1) [1] Dieser Unterabschnitt ist, soweit nichts anderes bestimmt ist, auf Unternehmen, die den Betrieb von Versicherungsgeschäften zum Gegenstand haben und nicht Träger der Sozialversicherung sind (Versicherungsunternehmen), anzuwenden. [2] Dies gilt nicht für solche Versicherungsunternehmen, die auf Grund von Gesetz, Tarifvertrag oder Satzung ausschließlich für ihre Mitglieder oder die durch Gesetz oder Satzung begünstigten Personen Leistungen erbringen oder als nicht rechtsfähige Einrichtungen ihre Aufwendungen im Umlageverfahren decken, es sei denn, sie sind Aktiengesellschaften, Versicherungsvereine auf Gegenseitigkeit oder rechtsfähige kommunale Schadenversicherungsunternehmen.

(2) [1] Versicherungsunternehmen im Sinne des Absatzes 1 sind auch Niederlassungen im Geltungsbereich dieses Gesetzes von Versicherungsunternehmen mit Sitz in einem anderen Staat, wenn sie zum Betrieb des Direktversicherungsgeschäfts der Erlaubnis durch die deutsche Versicherungsaufsichtsbehörde bedürfen. [2] Niederlassungen von Versicherungsunternehmen mit Sitz in einem Mitgliedstaat der Europäischen Union oder einem anderen Vertragsstaat des Abkommens über den Europäischen Wirtschaftsraum, die keiner Erlaubnis zum Betrieb des Direktversicherungsgeschäfts durch die deutsche Versicherungsaufsichtsbehörde bedürfen, haben die ergänzenden Vorschriften über den Ansatz und die Bewertung von Vermögensgegenständen und Schulden des Ersten bis Vierten Titels dieses Unterabschnitts und der Versicherungsunternehmens-Rechnungslegungsverordnung in ihrer jeweils geltenden Fassung anzuwenden.

(3) Zusätzliche Anforderungen auf Grund von Vorschriften, die wegen der Rechtsform oder für Niederlassungen bestehen, bleiben unberührt.

(4) [1] Die Vorschriften des Ersten bis Siebenten Titels dieses Unterabschnitts sind mit Ausnahme von Absatz 1 Satz 2 auf Pensionsfonds (§ 236 Absatz 1 des Versicherungsaufsichtsgesetzes) entsprechend anzuwenden. [2] § 341d ist mit der

Maßgabe anzuwenden, dass Kapitalanlagen für Rechnung und Risiko von Arbeitnehmern und Arbeitgebern mit dem Zeitwert unter Berücksichtigung des Grundsatzes der Vorsicht zu bewerten sind; §§ 341b, 341c sind insoweit nicht anzuwenden.

Zweiter Titel. Jahresabschluß, Lagebericht

§ 341a Anzuwendende Vorschriften. (1) [1] Versicherungsunternehmen haben einen Jahresabschluß und einen Lagebericht nach den für große Kapitalgesellschaften geltenden Vorschriften des Ersten Unterabschnitts des Zweiten Abschnitts in den ersten vier Monaten des Geschäftsjahres für das vergangene Geschäftsjahr aufzustellen und dem Abschlußprüfer zur Durchführung der Prüfung vorzulegen; die Frist des § 264 Abs. 1 Satz 3 gilt nicht. [2] Ist das Versicherungsunternehmen eine Kapitalgesellschaft im Sinn des § 325 Abs. 4 Satz 1 und nicht zugleich im Sinn des § 327a, beträgt die Frist nach Satz 1 vier Monate.

(1a) [1] Ein Versicherungsunternehmen hat seinen Lagebericht um eine nichtfinanzielle Erklärung zu erweitern, wenn es in entsprechender Anwendung des § 267 Absatz 3 Satz 1 und Absatz 4 bis 5 als groß gilt und im Jahresdurchschnitt mehr als 500 Arbeitnehmer beschäftigt. [2] Wenn die nichtfinanzielle Erklärung einen besonderen Abschnitt des Lageberichts bildet, darf das Versicherungsunternehmen auf die an anderer Stelle im Lagebericht enthaltenen nichtfinanziellen Angaben verweisen. [3] § 289b Absatz 2 bis 4 und die §§ 289c bis 289e sind entsprechend anzuwenden.

(1b) Ein Versicherungsunternehmen, das nach Absatz 1 in Verbindung mit § 289f Absatz 1 eine Erklärung zur Unternehmensführung zu erstellen hat, hat darin Angaben nach § 289f Absatz 2 Nummer 6 aufzunehmen, wenn es in entsprechender Anwendung des § 267 Absatz 3 Satz 1 und Absatz 4 bis 5 als groß gilt.

(2) [1] § 265 Abs. 6, §§ 267, 268 Abs. 4 Satz 1, Abs. 5 Satz 1 und 2, §§ 276, 277 Abs. 1 und 2, § 285 Nr. 8 Buchstabe a und § 288 sind nicht anzuwenden. [2] Anstelle von § 247 Abs. 1, §§ 251, 265 Abs. 7, §§ 266, 268 Absatz 7, §§ 275, 284 Absatz 3, § 285 Nummer 4 und 8 Buchstabe b sowie § 286 Abs. 2 sind die durch Rechtsverordnung erlassenen Formblätter und anderen Vorschriften anzuwenden. [3] § 246 Abs. 2 ist nicht anzuwenden, soweit abweichende Vorschriften bestehen. [4] § 264 Abs. 3 und § 264b sind mit der Maßgabe anzuwenden, daß das Versicherungsunternehmen unter den genannten Voraussetzungen die Vorschriften des Vierten Unterabschnitts des Zweiten Abschnitts nicht anzuwenden braucht. [5] § 285 Nr. 3a gilt mit der Maßgabe, daß die Angaben für solche finanzielle Verpflichtungen nicht zu machen sind, die im Rahmen des Versicherungsgeschäfts entstehen. [6] § 285 Nummer 31 ist nicht anzuwenden; unter den Posten „außerordentliche Erträge" und „außerordentliche Aufwendungen" sind Erträge und Aufwendungen auszuweisen, die außerhalb der gewöhnlichen Geschäftstätigkeit anfallen. [7] Im Anhang sind diese Posten hinsichtlich ihres Betrags und ihrer Art zu erläutern, soweit die ausgewiesenen Beträge für die Beurteilung der Ertragslage nicht von untergeordneter Bedeutung sind.

(3) Auf Krankenversicherungsunternehmen, die das Krankenversicherungsgeschäft ausschließlich oder überwiegend nach Art der Lebensversicherung betreiben, sind die für die Rechnungslegung der Lebensversicherungsunternehmen geltenden Vorschriften entsprechend anzuwenden.

(4) Auf Versicherungsunternehmen, die nicht Aktiengesellschaften, Kommanditgesellschaften auf Aktien oder kleinere Vereine sind, sind § 152 Abs. 2 und 3 sowie die §§ 170 bis 176 des Aktiengesetzes[1] entsprechend anzuwenden.

(5) [1] Bei Versicherungsunternehmen, die ausschließlich die Rückversicherung betreiben oder deren Beiträge aus in Rückdeckung übernommenen Versicherungen die übrigen Beiträge übersteigen, verlängert sich die in Absatz 1 Satz 1 erster Halbsatz genannte Frist von vier Monaten auf zehn Monate, sofern das Geschäftsjahr mit dem Kalenderjahr übereinstimmt; die Hauptversammlung oder die Versammlung der obersten Vertretung, die den Jahresabschluß entgegennimmt oder festzustellen hat, muß abweichend von § 175 Abs. 1 Satz 2 des Aktiengesetzes spätestens 14 Monate nach dem Ende des vergangenen Geschäftsjahres stattfinden. [2] Die Frist von vier Monaten nach Absatz 1 Satz 2 verlängert sich in den Fällen des Satzes 1 nicht.

Dritter Titel. Bewertungsvorschriften

§ 341b Bewertung von Vermögensgegenständen. (1) [1] Versicherungsunternehmen haben immaterielle Vermögensgegenstände, soweit sie entgeltlich erworben wurden, Grundstücke, grundstücksgleiche Rechte und Bauten einschließlich der Bauten auf fremden Grundstücken, technische Anlagen und Maschinen, andere Anlagen, Betriebs- und Geschäftsausstattung, Anlagen im Bau und Vorräte nach den für das Anlagevermögen geltenden Vorschriften zu bewerten. [2] Satz 1 ist vorbehaltlich Absatz 2 und § 341c auch auf Kapitalanlagen anzuwenden, soweit es sich hierbei um Beteiligungen, Anteile an verbundenen Unternehmen, Ausleihungen an verbundene Unternehmen oder an Unternehmen, mit denen ein Beteiligungsverhältnis besteht, Namensschuldverschreibungen, Hypothekendarlehen und andere Forderungen und Rechte, sonstige Ausleihungen und Depotforderungen aus dem in Rückdeckung übernommenen Versicherungsgeschäft handelt. [3] § 253 Absatz 3 Satz 6 ist nur auf die in Satz 2 bezeichneten Vermögensgegenstände anzuwenden.

(2) Auf Kapitalanlagen, soweit es sich hierbei um Aktien einschließlich der eigenen Anteile, Anteile oder Aktien an Investmentvermögen sowie sonstige festverzinsliche und nicht festverzinsliche Wertpapiere handelt, sind die für das Umlaufvermögen geltenden § 253 Abs. 1 Satz 1, Abs. 4 und 5, § 256 anzuwenden, es sei denn, dass sie dazu bestimmt werden, dauernd dem Geschäftsbetrieb zu dienen; in diesem Fall sind sie nach den für das Anlagevermögen geltenden Vorschriften zu bewerten.

(3) § 256 Satz 2 in Verbindung mit § 240 Abs. 3 über die Bewertung zum Festwert ist auf Grundstücke, Bauten und im Bau befindliche Anlagen nicht anzuwenden.

(4) Verträge, die von Pensionsfonds bei Lebensversicherungsunternehmen zur Deckung von Verpflichtungen gegenüber Versorgungsberechtigten eingegangen werden, sind mit dem Zeitwert unter Berücksichtigung des Grundsatzes der Vorsicht zu bewerten; die Absätze 1 bis 3 sind insoweit nicht anzuwenden.

§ 341c Namensschuldverschreibungen, Hypothekendarlehen und andere Forderungen. (1) Abweichend von § 253 Abs. 1 Satz 1 dürfen Namensschuldverschreibungen mit ihrem Nennbetrag angesetzt werden.

---

[1] Nr. 2.

(2) [1] Ist der Nennbetrag höher als die Anschaffungskosten, so ist der Unterschiedsbetrag in den Rechnungsabgrenzungsposten auf der Passivseite aufzunehmen, planmäßig aufzulösen und in seiner jeweiligen Höhe in der Bilanz oder im Anhang gesondert anzugeben. [2] Ist der Nennbetrag niedriger als die Anschaffungskosten, darf der Unterschiedsbetrag in den Rechnungsabgrenzungsposten auf der Aktivseite aufgenommen werden; er ist planmäßig aufzulösen und in seiner jeweiligen Höhe in der Bilanz oder im Anhang gesondert anzugeben.

(3) Bei Hypothekendarlehen und anderen Forderungen dürfen die Anschaffungskosten zuzüglich oder abzüglich der kumulierten Amortisation einer Differenz zwischen den Anschaffungskosten und dem Rückzahlungsbetrag unter Anwendung der Effektivzinsmethode angesetzt werden.

§ 341d Anlagestock der fondsgebundenen Lebensversicherung. Kapitalanlagen für Rechnung und Risiko von Inhabern von Lebensversicherungsverträgen, bei denen das Anlagerisiko vom Versicherungsnehmer getragen wird, sind mit dem Zeitwert unter Berücksichtigung des Grundsatzes der Vorsicht zu bewerten; die §§ 341b, 341c sind nicht anzuwenden.

Vierter Titel. Versicherungstechnische Rückstellungen

§ 341e Allgemeine Bilanzierungsgrundsätze. (1) [1] Versicherungsunternehmen haben versicherungstechnische Rückstellungen auch insoweit zu bilden, wie dies nach vernünftiger kaufmännischer Beurteilung notwendig ist, um die dauernde Erfüllbarkeit der Verpflichtungen aus den Versicherungsverträgen sicherzustellen. [2] Dabei sind mit Ausnahme der Vorschriften der §§ 74 bis 87 des Versicherungsaufsichtsgesetzes die im Interesse der Versicherten erlassenen aufsichtsrechtlichen Vorschriften über die bei der Berechnung der Rückstellungen zu verwendenden Rechnungsgrundlagen einschließlich des dafür anzusetzenden Rechnungszinsfußes und über die Zuweisung bestimmter Kapitalerträge zu den Rückstellungen zu berücksichtigen. [3] Die Rückstellungen sind nach den Wertverhältnissen am Abschlussstichtag zu bewerten und nicht nach § 253 Abs. 2 abzuzinsen.

(2) Versicherungstechnische Rückstellungen sind außer in den Fällen der §§ 341f bis 341h insbesondere zu bilden

1. für den Teil der Beiträge, der Ertrag für eine bestimmte Zeit nach dem Abschlußstichtag darstellt (Beitragsüberträge);
2. für erfolgsabhängige und erfolgsunabhängige Beitragsrückerstattungen, soweit die ausschließliche Verwendung der Rückstellung zu diesem Zweck durch Gesetz, Satzung, geschäftsplanmäßige Erklärung oder vertragliche Vereinbarung gesichert ist (Rückstellung für Beitragsrückerstattung);
3. für Verluste, mit denen nach dem Abschlußstichtag aus bis zum Ende des Geschäftsjahres geschlossenen Verträgen zu rechnen ist (Rückstellung für drohende Verluste aus dem Versicherungsgeschäft).

(3) Soweit eine Bewertung nach § 252 Abs. 1 Nr. 3 oder § 240 Abs. 4 nicht möglich ist oder der damit verbundene Aufwand unverhältnismäßig wäre, können die Rückstellungen auf Grund von Näherungsverfahren geschätzt werden, wenn anzunehmen ist, daß diese zu annähernd gleichen Ergebnissen wie Einzelberechnungen führen.

§ 341f Deckungsrückstellung. (1) [1]Deckungsrückstellungen sind für die Verpflichtungen aus dem Lebensversicherungs- und dem nach Art der Lebensversicherung betriebenen Versicherungsgeschäft in Höhe ihres versicherungsmathematisch errechneten Wertes einschließlich bereits zugeteilter Überschußanteile mit Ausnahme der verzinslich angesammelten Überschußanteile und nach Abzug des versicherungsmathematisch ermittelten Barwerts der künftigen Beiträge zu bilden (prospektive Methode). [2]Ist eine Ermittlung des Wertes der künftigen Verpflichtungen und der künftigen Beiträge nicht möglich, hat die Berechnung auf Grund der aufgezinsten Einnahmen und Ausgaben der vorangegangenen Geschäftsjahre zu erfolgen (retrospektive Methode).

(2) Bei der Bildung der Deckungsrückstellung sind auch gegenüber den Versicherten eingegangene Zinssatzverpflichtungen zu berücksichtigen, sofern die derzeitigen oder zu erwartenden Erträge der Vermögenswerte des Unternehmens für die Deckung dieser Verpflichtungen nicht ausreichen.

(3) [1]In der Krankenversicherung, die nach Art der Lebensversicherung betrieben wird, ist als Deckungsrückstellung eine Alterungsrückstellung zu bilden; hierunter fallen auch der Rückstellung bereits zugeführte Beträge aus der Rückstellung für Beitragsrückerstattung sowie Zuschreibungen, die dem Aufbau einer Anwartschaft auf Beitragsermäßigung im Alter dienen. [2]Bei der Berechnung sind die für die Berechnung der Prämien geltenden aufsichtsrechtlichen Bestimmungen zu berücksichtigen.

§ 341g Rückstellung für noch nicht abgewickelte Versicherungsfälle.

(1) [1]Rückstellungen für noch nicht abgewickelte Versicherungsfälle sind für die Verpflichtungen aus den bis zum Ende des Geschäftsjahres eingetretenen, aber noch nicht abgewickelten Versicherungsfällen zu bilden. [2]Hierbei sind die gesamten Schadenregulierungsaufwendungen zu berücksichtigen.

(2) [1]Für bis zum Abschlußstichtag eingetretene, aber bis zur inventurmäßigen Erfassung noch nicht gemeldete Versicherungsfälle ist die Rückstellung pauschal zu bewerten. [2]Dabei sind die bisherigen Erfahrungen in bezug auf die Anzahl der nach dem Abschlußstichtag gemeldeten Versicherungsfälle und die Höhe der damit verbundenen Aufwendungen zu berücksichtigen.

(3) [1]Bei Krankenversicherungsunternehmen ist die Rückstellung anhand eines statistischen Näherungsverfahrens zu ermitteln. [2]Dabei ist von den in den ersten Monaten des nach dem Abschlußstichtag folgenden Geschäftsjahres erfolgten Zahlungen für die bis zum Abschlußstichtag eingetretenen Versicherungsfälle auszugehen.

(4) Bei Mitversicherungen muß die Rückstellung der Höhe nach anteilig zumindest derjenigen entsprechen, die der führende Versicherer nach den Vorschriften oder der Übung in dem Land bilden muß, von dem aus er tätig wird.

(5) Sind die Versicherungsleistungen auf Grund rechtskräftigen Urteils, Vergleichs oder Anerkenntnisses in Form einer Rente zu erbringen, so müssen die Rückstellungsbeträge nach anerkannten versicherungsmathematischen Methoden berechnet werden.

§ 341h Schwankungsrückstellung und ähnliche Rückstellungen.

(1) Schwankungsrückstellungen sind zum Ausgleich der Schwankungen im Schadenverlauf künftiger Jahre zu bilden, wenn insbesondere

1. nach den Erfahrungen in dem betreffenden Versicherungszweig mit erheblichen Schwankungen der jährlichen Aufwendungen für Versicherungsfälle zu rechnen ist,
2. die Schwankungen nicht jeweils durch Beiträge ausgeglichen werden und
3. die Schwankungen nicht durch Rückversicherungen gedeckt sind.

(2) Für Risiken gleicher Art, bei denen der Ausgleich von Leistung und Gegenleistung wegen des hohen Schadenrisikos im Einzelfall nach versicherungsmathematischen Grundsätzen nicht im Geschäftsjahr, sondern nur in einem am Abschlußstichtag nicht bestimmbaren Zeitraum gefunden werden kann, ist eine Rückstellung zu bilden und in der Bilanz als „ähnliche Rückstellung" unter den Schwankungsrückstellungen auszuweisen.

Fünfter Titel. Konzernabschluß, Konzernlagebericht

§ 341i Aufstellung, Fristen. (1) [1] Versicherungsunternehmen, auch wenn sie nicht in der Rechtsform einer Kapitalgesellschaft betrieben werden, haben unabhängig von ihrer Größe einen Konzernabschluß und einen Konzernlagebericht aufzustellen. [2] Zusätzliche Anforderungen auf Grund von Vorschriften, die wegen der Rechtsform bestehen, bleiben unberührt.

(2) Als Versicherungsunternehmen im Sinne dieses Titels gelten auch Mutterunternehmen, deren einziger oder hauptsächlicher Zweck darin besteht, Beteiligungen an Tochterunternehmen zu erwerben, diese Beteiligungen zu verwalten und rentabel zu machen, sofern diese Tochterunternehmen ausschließlich oder überwiegend Versicherungsunternehmen sind.

(3) [1] Die gesetzlichen Vertreter eines Mutterunternehmens haben den Konzernabschluß und den Konzernlagebericht abweichend von § 290 Abs. 1 innerhalb von zwei Monaten nach Ablauf der Aufstellungsfrist für den zuletzt aufzustellenden und in den Konzernabschluß einzubeziehenden Abschluß, spätestens jedoch innerhalb von zwölf Monaten nach dem Stichtag des Konzernabschlusses, für das vergangene Konzerngeschäftsjahr aufzustellen und dem Abschlußprüfer des Konzernabschlusses vorzulegen; ist das Mutterunternehmen eine Kapitalgesellschaft im Sinn des § 325 Abs. 4 Satz 1 und nicht zugleich im Sinn des § 327a, tritt an die Stelle der Frist von längstens zwölf eine Frist von längstens vier Monaten. [2] § 299 Abs. 2 Satz 2 ist mit der Maßgabe anzuwenden, daß der Stichtag des Jahresabschlusses eines Unternehmens nicht länger als sechs Monate vor dem Stichtag des Konzernabschlusses liegen darf.

(4) Der Konzernabschluß und der Konzernlagebericht sind abweichend von § 175 Abs. 1 Satz 1 des Aktiengesetzes[1)] spätestens der nächsten nach Ablauf der Aufstellungsfrist für den Konzernabschluß und Konzernlagebericht einzuberufenden Hauptversammlung, die einen Jahresabschluß des Mutterunternehmens entgegennimmt oder festzustellen hat, vorzulegen.

§ 341j Anzuwendende Vorschriften. (1) [1] Auf den Konzernabschluß und den Konzernlagebericht sind die Vorschriften des Zweiten Unterabschnitts des Zweiten Abschnitts über den Konzernabschluß und den Konzernlagebericht und, soweit die Eigenart des Konzernabschlusses keine Abweichungen bedingt, die §§ 341a bis 341h über den Jahresabschluß sowie die für die Rechtsform und den Geschäftszweig der in den Konzernabschluß einbezogenen Unterneh-

---

[1)] Nr. 2.

men mit Sitz im Geltungsbereich dieses Gesetzes geltenden Vorschriften entsprechend anzuwenden, soweit sie für große Kapitalgesellschaften gelten. [2]Die §§ 293, 298 Absatz 1 sowie § 314 Absatz 1 Nummer 3 und 23 sind nicht anzuwenden. [3]§ 314 Abs. 1 Nr. 2a gilt mit der Maßgabe, daß die Angaben für solche finanzielle Verpflichtungen nicht zu machen sind, die im Rahmen des Versicherungsgeschäfts entstehen. [4]In den Fällen des § 315e Abs. 1 finden abweichend von Satz 1 nur die §§ 290 bis 292, 315e Anwendung; die Sätze 2 und 3 dieses Absatzes und Absatz 2, § 341i Abs. 3 Satz 2 sowie die Bestimmungen der Versicherungsunternehmens-Rechnungslegungsverordnung vom 8. November 1994 (BGBl. I S. 3378) und der Pensionsfonds-Rechnungslegungsverordnung vom 25. Februar 2003 (BGBl. I S. 246) in ihren jeweils geltenden Fassungen sind nicht anzuwenden.

(2) § 304 Abs. 1 braucht nicht angewendet zu werden, wenn die Lieferungen oder Leistungen zu üblichen Marktbedingungen vorgenommen worden sind und Rechtsansprüche der Versicherungsnehmer begründet haben.

(3) Auf Versicherungsunternehmen, die nicht Aktiengesellschaften, Kommanditgesellschaften auf Aktien oder kleinere Vereine sind, ist § 170 Abs. 1 und 3 des Aktiengesetzes[1)] entsprechend anzuwenden.

(4) [1]Ein Versicherungsunternehmen, das ein Mutterunternehmen (§ 290) ist, hat den Konzernlagebericht um eine nichtfinanzielle Konzernerklärung zu erweitern, wenn auf die in den Konzernabschluss einzubeziehenden Unternehmen die folgenden Merkmale zutreffen:

1. sie erfüllen die in § 293 Absatz 1 Satz 1 Nummer 1 oder 2 geregelten Voraussetzungen für eine größenabhängige Befreiung nicht und
2. bei ihnen sind insgesamt im Jahresdurchschnitt mehr als 500 Arbeitnehmer beschäftigt.

[2]§ 267 Absatz 4 bis 5, § 298 Absatz 2, § 315b Absatz 2 bis 4 und § 315c sind entsprechend anzuwenden. [3]Wenn die nichtfinanzielle Erklärung einen besonderen Abschnitt des Konzernlageberichts bildet, darf das Versicherungsunternehmen auf die an anderer Stelle im Konzernlagebericht enthaltenen nichtfinanziellen Angaben verweisen.

(5) Ein Versicherungsunternehmen, das nach Absatz 1 in Verbindung mit § 315d eine Konzernerklärung zur Unternehmensführung zu erstellen hat, hat darin Angaben nach § 315d in Verbindung mit § 289f Absatz 2 Nummer 6 aufzunehmen, wenn die in den Konzernabschluss einzubeziehenden Unternehmen die in § 293 Absatz 1 Satz 1 Nummer 1 oder 2 geregelten Voraussetzungen für eine Befreiung nicht erfüllen.

Sechster Titel. Prüfung

§ 341k [Prüfung] (1) [1]Versicherungsunternehmen haben unabhängig von ihrer Größe ihren Jahresabschluß und Lagebericht sowie ihren Konzernabschluß und Konzernlagebericht nach den Vorschriften des Dritten Unterabschnitts des Zweiten Abschnitts prüfen zu lassen. [2]§ 318 Absatz 1a und § 319 Absatz 1 Satz 2 sind nicht anzuwenden. [3]Hat keine Prüfung stattgefunden, so kann der Jahresabschluß nicht festgestellt werden. [4]Auf Versicherungsunternehmen im Sinne des Artikels 2 Absatz 1 der Richtlinie 91/674/EWG sind die

---

1) Nr. **2**.

Vorschriften des Dritten Unterabschnitts des Zweiten Abschnitts nur insoweit anzuwenden, als nicht die Verordnung (EU) Nr. 537/2014 anzuwenden ist.

(2) [1] § 318 Abs. 1 Satz 1 ist mit der Maßgabe anzuwenden, daß der Abschlußprüfer des Jahresabschlusses und des Konzernabschlusses vom Aufsichtsrat bestimmt wird. [2] § 318 Abs. 1 Satz 3 und 4 gilt entsprechend.

(3) In den Fällen des § 321 Abs. 1 Satz 3 hat der Abschlußprüfer die Aufsichtsbehörde unverzüglich zu unterrichten.

(4) [1] Versicherungsunternehmen im Sinne des Artikels 2 Absatz 1 der Richtlinie 91/674/EWG haben, auch wenn sie nicht kapitalmarktorientiert im Sinne des § 264d sind, § 324 Absatz 1 und 2 anzuwenden, wenn sie keinen Aufsichts- oder Verwaltungsrat haben, der die Voraussetzungen des § 100 Absatz 5 des Aktiengesetzes[1)] erfüllen muss. [2] Dies gilt für landesrechtliche öffentlich-rechtliche Versicherungsunternehmen nur, soweit das Landesrecht nichts anderes vorsieht.

Siebenter Titel. Offenlegung

§ 341l [Offenlegung] (1) [1] Versicherungsunternehmen haben den Jahresabschluß und den Lagebericht sowie den Konzernabschluß und den Konzernlagebericht und die anderen in § 325 bezeichneten Unterlagen nach § 325 Abs. 2 bis 5, §§ 328, 329 Abs. 1 und 4 offenzulegen. [2] Von den in § 341a Abs. 5 genannten Versicherungsunternehmen ist § 325 Abs. 1 mit der Maßgabe anzuwenden, dass die Frist für die Einreichung der Unterlagen beim Betreiber des Bundesanzeigers 15 Monate, im Fall des § 325 Abs. 4 Satz 1 vier Monate beträgt; § 327a ist anzuwenden.

(2) Die gesetzlichen Vertreter eines Mutterunternehmens haben abweichend von § 325 Abs. 3 unverzüglich nach der Hauptversammlung oder der dieser entsprechenden Versammlung der obersten Vertretung, welcher der Konzernabschluß und der Konzernlagebericht vorzulegen sind, jedoch spätestens vor Ablauf des dieser Versammlung folgenden Monats den Konzernabschluß mit dem Bestätigungsvermerk oder dem Vermerk über dessen Versagung und den Konzernlagebericht mit Ausnahme der Aufstellung des Anteilsbesitzes beim Betreiber des Bundesanzeigers elektronisch einzureichen.

(3) Soweit Absatz 1 Satz 1 auf § 325 Abs. 2a Satz 3 und 5 verweist, gelten die folgenden Maßgaben und ergänzenden Bestimmungen:

1. Die in § 325 Abs. 2a Satz 3 genannten Vorschriften des Ersten Unterabschnitts des Zweiten Abschnitts des Dritten Buchs sind auch auf Versicherungsunternehmen anzuwenden, die nicht in der Rechtsform einer Kapitalgesellschaft betrieben werden.
2. An Stelle des § 285 Nr. 8 Buchstabe b gilt die Vorschrift des § 51 Abs. 5 in Verbindung mit Muster 2 der Versicherungsunternehmens-Rechnungslegungsverordnung vom 8. November 1994 (BGBl. I S. 3378) in der jeweils geltenden Fassung.
3. § 341a Abs. 4 ist anzuwenden, soweit er auf die Bestimmungen der §§ 170, 171 und 175 des Aktiengesetzes[1)] über den Einzelabschluss nach § 325 Abs. 2a dieses Gesetzes verweist.

[1)] Nr. **2**.

4. Im Übrigen finden die Bestimmungen des Zweiten bis Vierten Titels dieses Unterabschnitts sowie der Versicherungsunternehmens-Rechnungslegungsverordnung keine Anwendung.

Achter Titel. Straf- und Bußgeldvorschriften, Ordnungsgelder

§ 341m Strafvorschriften. (1) [1]Die Strafvorschriften der §§ 331 bis 333 sind auch auf nicht in der Rechtsform einer Kapitalgesellschaft betriebene Versicherungsunternehmen und Pensionsfonds anzuwenden. [2]§ 331 ist darüber hinaus auch anzuwenden auf die Verletzung von Pflichten durch den Hauptbevollmächtigten (§ 68 Absatz 2 des Versicherungsaufsichtsgesetzes).

(2) Mit Freiheitsstrafe bis zu einem Jahr oder mit Geldstrafe wird bestraft, wer als Mitglied eines nach § 341k Absatz 4 Satz 1 in Verbindung mit § 324 Absatz 1 Satz 1 eingerichteten Prüfungsausschusses

1. eine in § 341n Absatz 2a bezeichnete Handlung begeht und dafür einen Vermögensvorteil erhält oder sich versprechen lässt oder
2. eine in § 341n Absatz 2a bezeichnete Handlung beharrlich wiederholt.

(3) § 335c Absatz 2 gilt in den Fällen des Absatzes 2 entsprechend.

§ 341n Bußgeldvorschriften. (1) Ordnungswidrig handelt, wer als Mitglied des vertretungsberechtigten Organs oder des Aufsichtsrats eines Versicherungsunternehmens oder eines Pensionsfonds oder als Hauptbevollmächtigter (§ 68 Absatz 2 des Versicherungsaufsichtsgesetzes)

1. bei der Aufstellung oder Feststellung des Jahresabschlusses einer Vorschrift
   a) des § 243 Abs. 1 oder 2, der §§ 244, 245, 246 Abs. 1 oder 2, dieser in Verbindung mit § 341a Abs. 2 Satz 3, des § 246 Abs. 3 Satz 1, des § 247 Abs. 3, der §§ 248, 249 Abs. 1 Satz 1 oder Abs. 2, des § 250 Abs. 1 oder Abs. 2, des § 264 Absatz 1a oder Absatz 2, des § 341e Abs. 1 oder 2 oder der §§ 341f, 341g oder 341h über Form oder Inhalt,
   b) des § 253 Abs. 1 Satz 1, 2, 3 oder Satz 4, Abs. 2 Satz 1, auch in Verbindung mit Satz 2, Absatz 3 Satz 1, 2, 3, 4 oder Satz 5, Abs. 4, 5, der §§ 254, 256a, 341b Abs. 1 Satz 1 oder des § 341d über die Bewertung,
   c) des § 265 Abs. 2, 3 oder 4, des § 268 Abs. 3 oder 6, der §§ 272, 274 oder des § 277 Abs. 3 Satz 2 über die Gliederung,
   d) der §§ 284, 285 Nr. 1, 2 oder Nr. 3, auch in Verbindung mit § 341a Abs. 2 Satz 5, oder des § 285 Nummer 3a, 7, 9 bis 14a, 15a, 16 bis 33 oder Nummer 34 über die im Anhang zu machenden Angaben,
2. bei der Aufstellung des Konzernabschlusses einer Vorschrift
   a) des § 294 Abs. 1 über den Konsolidierungskreis,
   b) des § 297 Absatz 1a, 2 oder Absatz 3 oder des § 341j Abs. 1 Satz 1 in Verbindung mit einer der in Nummer 1 Buchstabe a bezeichneten Vorschriften über Form oder Inhalt,
   c) des § 300 über die Konsolidierungsgrundsätze oder das Vollständigkeitsgebot,
   d) des § 308 Abs. 1 Satz 1 in Verbindung mit den in Nummer 1 Buchstabe b bezeichneten Vorschriften, des § 308 Abs. 2 oder des § 308a über die Bewertung,
   e) des § 311 Abs. 1 Satz 1 in Verbindung mit § 312 über die Behandlung assoziierter Unternehmen oder

f) des § 308 Abs. 1 Satz 3, des § 313 oder des § 314 in Verbindung mit § 341j Abs. 1 Satz 2 oder 3 über die im Konzernanhang zu machenden Angaben,

3. bei der Aufstellung des Lageberichts oder der Erstellung eines gesonderten nichtfinanziellen Berichts einer Vorschrift der §§ 289, 289a, 341a Absatz 1a, auch in Verbindung mit § 289b Absatz 2 oder 3 oder mit den §§ 289c, 289d oder § 289e Absatz 2, oder des § 341a Absatz 1b in Verbindung mit § 289f über den Inhalt des Lageberichts oder des gesonderten nichtfinanziellen Berichts,
4. bei der Aufstellung des Konzernlageberichts oder der Erstellung eines gesonderten nichtfinanziellen Konzernberichts einer Vorschrift der §§ 315, 315a, 341j Absatz 4, auch in Verbindung mit § 315b Absatz 2 oder 3 oder § 315c, oder des § 341j Absatz 5 in Verbindung mit § 315d über den Inhalt des Konzernlageberichts oder des gesonderten nichtfinanziellen Konzernberichts,
5. bei der Offenlegung, Veröffentlichung oder Vervielfältigung einer Vorschrift des § 328 über Form oder Inhalt oder
6. einer auf Grund des § 330 Abs. 3 und 4 in Verbindung mit Abs. 1 Satz 1 erlassenen Rechtsverordnung, soweit sie für einen bestimmten Tatbestand auf diese Bußgeldvorschrift verweist,

zuwiderhandelt.

(2) Ordnungswidrig handelt, wer zu einem Jahresabschluss, zu einem Einzelabschluss nach § 325 Abs. 2a oder zu einem Konzernabschluss, der aufgrund gesetzlicher Vorschriften zu prüfen ist, einen Vermerk nach § 322 Abs. 1 erteilt, obwohl nach § 319 Abs. 2, 3, 5, § 319a Abs. 1 Satz 1, Abs. 2, § 319b Abs. 1 er oder nach § 319 Abs. 4, auch in Verbindung mit § 319a Abs. 1 Satz 2, oder § 319b Abs. 1 die Wirtschaftsprüfungsgesellschaft, für die er tätig wird, nicht Abschlussprüfer sein darf.

(2a) Ordnungswidrig handelt, wer als Mitglied eines nach § 341k Absatz 4 Satz 1 in Verbindung mit § 324 Absatz 1 Satz 1 eingerichteten Prüfungsausschusses

1. die Unabhängigkeit des Abschlussprüfers oder der Prüfungsgesellschaft nicht nach Maßgabe des Artikels 4 Absatz 3 Unterabsatz 2, des Artikels 5 Absatz 4 Unterabsatz 1 Satz 1 oder des Artikels 6 Absatz 2 der Verordnung (EU) Nr. 537/2014 des Europäischen Parlaments und des Rates vom 16. April 2014 über spezifische Anforderungen an die Abschlussprüfung bei Unternehmen von öffentlichem Interesse und zur Aufhebung des Beschlusses 2005/909/EG der Kommission (ABl. L 158 vom 27.5.2014, S. 77, L 170 vom 11.6.2014, S. 66) überwacht oder
2. eine Empfehlung für die Bestellung eines Abschlussprüfers oder einer Prüfungsgesellschaft vorlegt, die nicht auf einem Verlangen der Aufsichtsbehörde nach § 36 Absatz 1 Satz 2 des Versicherungsaufsichtsgesetzes beruht und
   a) die den Anforderungen nach Artikel 16 Absatz 2 Unterabsatz 2 oder 3 der Verordnung (EU) Nr. 537/2014 nicht entspricht oder
   b) der ein Auswahlverfahren nach Artikel 16 Absatz 3 Unterabsatz 1 der Verordnung (EU) Nr. 537/2014 nicht vorangegangen ist.

(3) [1]Die Ordnungswidrigkeit kann mit einer Geldbuße bis zu fünfzigtausend Euro geahndet werden. [2]Ist das Versicherungsunternehmen kapitalmarktorien-

tiert im Sinne des § 264d, beträgt die Geldbuße in den Fällen des Absatzes 1 höchstens den höheren der folgenden Beträge:

1. zwei Millionen Euro oder
2. das Zweifache des aus der Ordnungswidrigkeit gezogenen wirtschaftlichen Vorteils, wobei der wirtschaftliche Vorteil erzielte Gewinne und vermiedene Verluste umfasst und geschätzt werden kann.

(3a) Wird gegen ein Versicherungsunternehmen, das kapitalmarktorientiert im Sinne des § 264d ist, in den Fällen des Absatzes 1 eine Geldbuße nach § 30 des Gesetzes über Ordnungswidrigkeiten verhängt, beträgt diese Geldbuße höchstens den höchsten der folgenden Beträge:

1. zehn Millionen Euro,
2. 5 Prozent des jährlichen Gesamtumsatzes, den das Versicherungsunternehmen im der Behördenentscheidung vorausgegangenen Geschäftsjahr erzielt hat oder
3. das Zweifache des aus der Ordnungswidrigkeit gezogenen wirtschaftlichen Vorteils, wobei der wirtschaftliche Vorteil erzielte Gewinne und vermiedene Verluste umfasst und geschätzt werden kann.

(3b) [1] Als Gesamtumsatz ist anstelle des Betrags der Umsatzerlöse der sich aus dem auf das Versicherungsunternehmen anwendbaren nationalen Recht im Einklang mit Artikel 63 der Richtlinie 91/674/EWG des Rates vom 19. Dezember 1991 über den Jahresabschluss und den konsolidierten Abschluss von Versicherungsunternehmen (ABl. L 374 vom 31.12.1991, S. 7), die zuletzt durch die Richtlinie 2006/46/EG (ABl. L 224 vom 16.8.2006, S. 1) geändert worden ist, ergebende Gesamtbetrag, abzüglich der Umsatzsteuer und sonstiger direkt auf diese Erträge erhobener Steuern, maßgeblich. [2] Handelt es sich bei dem Versicherungsunternehmen um ein Mutterunternehmen oder um ein Tochterunternehmen im Sinne des § 290, ist anstelle des Gesamtumsatzes des Versicherungsunternehmens der jeweilige Gesamtbetrag im Konzernabschluss des Mutterunternehmens maßgeblich, der für den größten Kreis von Unternehmen aufgestellt wird. [3] Wird der Konzernabschluss für den größten Kreis von Unternehmen nicht nach der in Satz 1 genannten Vorschrift aufgestellt, ist der Gesamtumsatz nach Maßgabe der Posten des Konzernabschlusses zu ermitteln, die mit den von Satz 1 erfassten Posten vergleichbar sind. [4] Ist ein Jahres- oder Konzernabschluss für das maßgebliche Geschäftsjahr nicht verfügbar, ist der Jahres- oder Konzernabschluss für das unmittelbar vorausgehende Geschäftsjahr maßgeblich; ist auch dieser nicht verfügbar, kann der Gesamtumsatz geschätzt werden.

(4) [1] Verwaltungsbehörde im Sinne des § 36 Abs. 1 Nr. 1 des Gesetzes über Ordnungswidrigkeiten ist in den Fällen der Absätze 1 und 2a die Bundesanstalt für Finanzdienstleistungsaufsicht für die ihrer Aufsicht unterliegenden Versicherungsunternehmen und Pensionsfonds. [2] Unterliegt ein Versicherungsunternehmen und Pensionsfonds der Aufsicht einer Landesbehörde, so ist diese in den Fällen der Absätze 1 und 2a zuständig. [3] In den Fällen des Absatzes 2 ist die Abschlussprüferaufsichtsstelle beim Bundesamt für Wirtschaft und Ausfuhrkontrolle zuständig.

(5) Die nach Absatz 4 Satz 1 oder 2 zuständige Verwaltungsbehörde übermittelt der Abschlussprüferaufsichtsstelle beim Bundesamt für Wirtschaft und Ausfuhrkontrolle alle Bußgeldentscheidungen nach Absatz 2a.

§ 341o Festsetzung von Ordnungsgeld. [1] Personen, die

1. als Mitglieder des vertretungsberechtigten Organs eines Versicherungsunternehmens oder eines Pensionsfonds § 341l in Verbindung mit § 325 über die Pflicht zur Offenlegung des Jahresabschlusses, des Lageberichts, des Konzernabschlusses, des Konzernlageberichts und anderer Unterlagen der Rechnungslegung oder
2. als Hauptbevollmächtigter (§ 68 Absatz 2 des Versicherungsaufsichtsgesetzes) § 341l Abs. 1 über die Offenlegung der Rechnungslegungsunterlagen

nicht befolgen, sind hierzu vom Bundesamt für Justiz durch Festsetzung von Ordnungsgeld anzuhalten. [2] Die §§ 335 bis 335b sind entsprechend anzuwenden.

§ 341p Anwendung der Straf- und Bußgeld- sowie der Ordnungsgeldvorschriften auf Pensionsfonds. Die Strafvorschriften des § 341m Absatz 1, die Bußgeldvorschrift des § 341n Absatz 1 und 2 sowie die Ordnungsgeldvorschrift des § 341o gelten auch für Pensionsfonds im Sinn des § 341 Abs. 4 Satz 1.

Dritter Unterabschnitt. Ergänzende Vorschriften für bestimmte Unternehmen des Rohstoffsektors

Erster Titel. Anwendungsbereich; Begriffsbestimmungen

§ 341q Anwendungsbereich. [1] Dieser Unterabschnitt gilt für Kapitalgesellschaften mit Sitz im Inland, die in der mineralgewinnenden Industrie tätig sind oder Holzeinschlag in Primärwäldern betreiben, wenn auf sie nach den Vorschriften des Dritten Buchs die für große Kapitalgesellschaften geltenden Vorschriften des Zweiten Abschnitts anzuwenden sind. [2] Satz 1 gilt entsprechend für Personenhandelsgesellschaften im Sinne des § 264a Absatz 1.

§ 341r Begriffsbestimmungen. Im Sinne dieses Unterabschnitts sind

1. Tätigkeiten in der mineralgewinnenden Industrie: Tätigkeiten auf dem Gebiet der Exploration, Prospektion, Entdeckung, Weiterentwicklung und Gewinnung von Mineralien, Erdöl-, Erdgasvorkommen oder anderen Stoffen in den Wirtschaftszweigen, die in Anhang I Abschnitt B Abteilung 05 bis 08 der Verordnung (EG) Nr. 1893/2006 des Europäischen Parlaments und des Rates vom 20. Dezember 2006 zur Aufstellung der statistischen Systematik der Wirtschaftszweige NACE Revision 2 und zur Änderung der Verordnung (EWG) Nr. 3037/90 des Rates sowie einiger Verordnungen der EG über bestimmte Bereiche der Statistik (ABl. L 393 vom 30.12.2006, S. 1) aufgeführt sind;
2. Kapitalgesellschaften, die Holzeinschlag in Primärwäldern betreiben: Kapitalgesellschaften, die auf den in Anhang I Abschnitt A Abteilung 02 Gruppe 02.2 der Verordnung (EG) Nr. 1893/2006 aufgeführten Gebieten in natürlich regenerierten Wäldern mit einheimischen Arten, in denen es keine deutlich sichtbaren Anzeichen für menschliche Eingriffe gibt und die ökologischen Prozesse nicht wesentlich gestört sind, tätig sind;
3. Zahlungen: als Geldleistung oder Sachleistung entrichtete Beträge im Zusammenhang mit Tätigkeiten in der mineralgewinnenden Industrie oder dem Betrieb des Holzeinschlags in Primärwäldern, wenn sie auf einem der nachfolgend bezeichneten Gründe beruhen:

a) Produktionszahlungsansprüche,
b) Steuern, die auf die Erträge, die Produktion oder die Gewinne von Kapitalgesellschaften erhoben werden; ausgenommen sind Verbrauchsteuern, Umsatzsteuern, Mehrwertsteuern sowie Lohnsteuern der in Kapitalgesellschaften beschäftigten Arbeitnehmer und vergleichbare Steuern,
c) Nutzungsentgelte,
d) Dividenden und andere Gewinnausschüttungen aus Gesellschaftsanteilen,
e) Unterzeichnungs-, Entdeckungs- und Produktionsboni,
f) Lizenz-, Miet- und Zugangsgebühren sowie sonstige Gegenleistungen für Lizenzen oder Konzessionen sowie
g) Zahlungen für die Verbesserung der Infrastruktur;

4. staatliche Stellen: nationale, regionale oder lokale Behörden eines Mitgliedstaats der Europäischen Union, eines anderen Vertragsstaats des Abkommens über den Europäischen Wirtschaftsraum oder eines Drittstaats einschließlich der von einer Behörde kontrollierten Abteilungen oder Agenturen sowie Unternehmen, auf die eine dieser Behörden im Sinne von § 290 beherrschenden Einfluss ausüben kann;
5. Projekte: die Zusammenfassung operativer Tätigkeiten, die die Grundlage für Zahlungsverpflichtungen gegenüber einer staatlichen Stelle bilden und sich richten nach
   a) einem Vertrag, einer Lizenz, einem Mietvertrag, einer Konzession oder einer ähnlichen rechtlichen Vereinbarung oder
   b) einer Gesamtheit von operativ und geografisch verbundenen Verträgen, Lizenzen, Mietverträgen oder Konzessionen oder damit verbundenen Vereinbarungen mit einer staatlichen Stelle, die im Wesentlichen ähnliche Bedingungen vorsehen;
6. Zahlungsberichte: Berichte über Zahlungen von Kapitalgesellschaften an staatliche Stellen im Zusammenhang mit ihrer Tätigkeit in der mineralgewinnenden Industrie oder mit dem Betrieb des Holzeinschlags in Primärwäldern;
7. Konzernzahlungsberichte: Zahlungsberichte von Mutterunternehmen über Zahlungen aller einbezogenen Unternehmen an staatliche Stellen auf konsolidierter Ebene, die in Zusammenhang mit ihrer Tätigkeit in der mineralgewinnenden Industrie oder mit dem Betrieb des Holzeinschlags in Primärwäldern stehen;
8. Berichtszeitraum: das Geschäftsjahr der Kapitalgesellschaft oder des Mutterunternehmens, das den Zahlungsbericht oder Konzernzahlungsbericht zu erstellen hat.

Zweiter Titel. Zahlungsbericht, Konzernzahlungsbericht und Offenlegung

§ 341s[1)] Pflicht zur Erstellung des Zahlungsberichts; Befreiungen.

(1) Kapitalgesellschaften im Sinne des § 341q haben jährlich einen Zahlungsbericht zu erstellen.

(2) [1] Ist die Kapitalgesellschaft in den von ihr oder einem anderen Unternehmen mit Sitz in einem Mitgliedstaat der Europäischen Union oder einem

---

[1)] Beachte hierzu Übergangsvorschrift in Art. 83 Abs. 1 EGHGB v. 10.5.1897 (RGBl. S. 437), zuletzt geänd. durch G v. 12.12.2019 (BGBl. I S. 2637).

anderen Vertragsstaat des Abkommens über den Europäischen Wirtschaftsraum erstellten Konzernzahlungsbericht einbezogen, braucht sie keinen Zahlungsbericht zu erstellen. [2] In diesem Fall hat die Kapitalgesellschaft im Anhang des Jahresabschlusses anzugeben, bei welchem Unternehmen sie in den Konzernzahlungsbericht einbezogen ist und wo dieser erhältlich ist.

(3) [1] Hat die Kapitalgesellschaft einen Bericht im Einklang mit den Rechtsvorschriften eines Drittstaats, dessen Berichtspflichten die Europäische Kommission im Verfahren nach Artikel 47 der Richtlinie 2013/34/EU als gleichwertig bewertet hat, erstellt und diesen Bericht nach § 341w offengelegt, braucht sie den Zahlungsbericht nicht zu erstellen. [2] Auf die Offenlegung dieses Berichts ist § 325a Absatz 1 Satz 5 entsprechend anzuwenden.

§ 341t Inhalt des Zahlungsberichts. (1) [1] In dem Zahlungsbericht hat die Kapitalgesellschaft anzugeben, welche Zahlungen sie im Berichtszeitraum an staatliche Stellen im Zusammenhang mit ihrer Geschäftstätigkeit in der mineralgewinnenden Industrie oder mit dem Betrieb des Holzeinschlags in Primärwäldern geleistet hat. [2] Andere Zahlungen dürfen in den Zahlungsbericht nicht einbezogen werden. [3] Hat eine zur Erstellung eines Zahlungsberichts verpflichtete Kapitalgesellschaft in einem Berichtszeitraum an keine staatliche Stelle berichtspflichtige Zahlungen geleistet, hat sie im Zahlungsbericht für den betreffenden Berichtszeitraum nur anzugeben, dass eine Geschäftstätigkeit in der mineralgewinnenden Industrie ausgeübt oder Holzeinschlag in Primärwäldern betrieben wurde, ohne dass Zahlungen geleistet wurden.

(2) Die Kapitalgesellschaft hat nur über staatliche Stellen zu berichten, an die sie Zahlungen unmittelbar erbracht hat; das gilt auch dann, wenn eine staatliche Stelle die Zahlung für mehrere verschiedene staatliche Stellen einzieht.

(3) Ist eine staatliche Stelle stimmberechtigter Gesellschafter oder Aktionär der Kapitalgesellschaft, so müssen gezahlte Dividenden oder Gewinnanteile nur berücksichtigt werden, wenn sie

1. nicht unter denselben Bedingungen wie an andere Gesellschafter oder Aktionäre mit vergleichbaren Anteilen oder Aktien gleicher Gattung gezahlt wurden oder
2. anstelle von Produktionsrechten oder Nutzungsentgelten gezahlt wurden.

(4) [1] Die Kapitalgesellschaft braucht Zahlungen unabhängig davon, ob sie als eine Einmalzahlung oder als eine Reihe verbundener Zahlungen geleistet werden, nicht in dem Zahlungsbericht zu berücksichtigen, wenn sie im Berichtszeitraum 100 000 Euro unterschreiten. [2] Im Falle einer bestehenden Vereinbarung über regelmäßige Zahlungen ist der Gesamtbetrag der verbundenen regelmäßigen Zahlungen oder Raten im Berichtszeitraum zu betrachten. [3] Eine staatliche Stelle, an die im Berichtszeitraum insgesamt weniger als 100 000 Euro gezahlt worden sind, braucht im Zahlungsbericht nicht berücksichtigt zu werden.

(5) [1] Werden Zahlungen als Sachleistungen getätigt, werden sie ihrem Wert und gegebenenfalls ihrem Umfang nach berücksichtigt. [2] Im Zahlungsbericht ist gegebenenfalls zu erläutern, wie der Wert festgelegt worden ist.

(6) [1] Bei der Angabe von Zahlungen wird auf den Inhalt der betreffenden Zahlung oder Tätigkeit und nicht auf deren Form Bezug genommen. [2] Zahlungen und Tätigkeiten dürfen nicht künstlich mit dem Ziel aufgeteilt oder zusammengefasst werden, die Anwendung dieses Unterabschnitts zu umgehen.

§ 341u Gliederung des Zahlungsberichts. (1) [1]Der Zahlungsbericht ist nach Staaten zu gliedern. [2]Für jeden Staat hat die Kapitalgesellschaft diejenigen staatlichen Stellen zu bezeichnen, an die sie innerhalb des Berichtszeitraums Zahlungen geleistet hat. [3]Die Bezeichnung der staatlichen Stelle muss eine eindeutige Zuordnung ermöglichen. [4]Dazu genügt es in der Regel, die amtliche Bezeichnung der staatlichen Stelle zu verwenden und zusätzlich anzugeben, an welchem Ort und in welcher Region des Staates die Stelle ansässig ist. [5]Die Kapitalgesellschaft braucht die Zahlungen nicht danach aufzugliedern, auf welche Rohstoffe sie sich beziehen.

(2) Zu jeder staatlichen Stelle hat die Kapitalgesellschaft folgende Angaben zu machen:

1. den Gesamtbetrag aller an diese staatliche Stelle geleisteten Zahlungen und
2. die Gesamtbeträge getrennt nach den in § 341r Nummer 3 Buchstabe a bis g benannten Zahlungsgründen; zur Bezeichnung der Zahlungsgründe genügt die Angabe des nach § 341r Nummer 3 maßgeblichen Buchstabens.

(3) Wenn Zahlungen an eine staatliche Stelle für mehr als ein Projekt geleistet wurden, sind für jedes Projekt ergänzend folgende Angaben zu machen:

1. eine eindeutige Bezeichnung des Projekts,
2. den Gesamtbetrag aller in Bezug auf das Projekt an diese staatliche Stelle geleisteten Zahlungen und
3. die Gesamtbeträge getrennt nach den in § 341r Nummer 3 Buchstabe a bis g benannten Zahlungsgründen, die an diese staatliche Stelle in Bezug auf das Projekt geleistet wurden; zur Bezeichnung der Zahlungsgründe genügt die Angabe des nach § 341r Nummer 3 maßgeblichen Buchstabens.

(4) Angaben nach Absatz 3 sind nicht erforderlich für Zahlungen zur Erfüllung von Verpflichtungen, die der Kapitalgesellschaft ohne Zuordnung zu einem bestimmten Projekt auferlegt werden.

§ 341v Konzernzahlungsbericht; Befreiung. (1) [1]Kapitalgesellschaften im Sinne des § 341q, die Mutterunternehmen (§ 290) sind, haben jährlich einen Konzernzahlungsbericht zu erstellen. [2]Mutterunternehmen sind auch dann in der mineralgewinnenden Industrie tätig oder betreiben Holzeinschlag in Primärwäldern, wenn diese Voraussetzungen nur auf eines ihrer Tochterunternehmen zutreffen.

(2) Ein Mutterunternehmen ist nicht zur Erstellung eines Konzernzahlungsberichts verpflichtet, wenn es zugleich ein Tochterunternehmen eines anderen Mutterunternehmens mit Sitz in einem Mitgliedstaat der Europäischen Union oder in einem anderen Vertragsstaat des Abkommens über den Europäischen Wirtschaftsraum ist.

(3) In den Konzernzahlungsbericht sind das Mutterunternehmen und alle Tochterunternehmen unabhängig von deren Sitz einzubeziehen; die auf den Konzernabschluss angewandten Vorschriften sind entsprechend anzuwenden, soweit in den nachstehenden Absätzen nichts anderes bestimmt ist.

(4) [1]Unternehmen, die nicht in der mineralgewinnenden Industrie tätig sind und keinen Holzeinschlag in Primärwäldern betreiben, sind nicht nach Absatz 3 einzubeziehen. [2]Ein Unternehmen braucht nicht in den Konzernzahlungsbericht einbezogen zu werden, wenn es

1. nach § 296 Absatz 1 Nummer 1 oder 3 nicht in den Konzernabschluss einbezogen wurde,
2. nach § 296 Absatz 1 Nummer 2 nicht in den Konzernabschluss einbezogen wurde und die für die Erstellung des Konzernzahlungsberichts erforderlichen Angaben ebenfalls nur mit unverhältnismäßig hohen Kosten oder ungebührlichen Verzögerungen zu erhalten sind.

(5) [1] Auf den Konzernzahlungsbericht sind die §§ 341s bis 341u entsprechend anzuwenden. [2] Im Konzernzahlungsbericht sind konsolidierte Angaben über alle Zahlungen an staatliche Stellen zu machen, die von den einbezogenen Unternehmen im Zusammenhang mit ihrer Tätigkeit in der mineralgewinnenden Industrie oder mit dem Holzeinschlag in Primärwäldern geleistet worden sind. [3] Das Mutterunternehmen braucht die Zahlungen nicht danach aufzugliedern, auf welche Rohstoffe sie sich beziehen.

§ 341w Offenlegung. (1) [1] Die gesetzlichen Vertreter von Kapitalgesellschaften haben für diese den Zahlungsbericht spätestens ein Jahr nach dem Abschlussstichtag elektronisch in deutscher Sprache beim Betreiber des Bundesanzeigers einzureichen und unverzüglich nach Einreichung im Bundesanzeiger bekannt machen zu lassen. [2] Im Falle einer Kapitalgesellschaft im Sinne des § 264d beträgt die Frist abweichend von Satz 1 sechs Monate nach dem Abschlussstichtag; § 327a gilt entsprechend.

(2) Absatz 1 gilt entsprechend für die gesetzlichen Vertreter von Mutterunternehmen, die einen Konzernzahlungsbericht zu erstellen haben.

(3) § 325 Absatz 1 Satz 2 und Absatz 6 sowie die §§ 328 und 329 Absatz 1, 3 und 4 gelten entsprechend.

Dritter Titel. Bußgeldvorschriften, Ordnungsgelder

§ 341x Bußgeldvorschriften. (1) Ordnungswidrig handelt, wer als Mitglied des vertretungsberechtigten Organs oder des Aufsichtsrats einer Kapitalgesellschaft

1. bei der Erstellung eines Zahlungsberichts einer Vorschrift des § 341t Absatz 1, 2, 3, 5 oder Absatz 6 oder des § 341u Absatz 1, 2 oder Absatz 3 über den Inhalt oder die Gliederung des Zahlungsberichts zuwiderhandelt oder
2. bei der Erstellung eines Konzernzahlungsberichts einer Vorschrift des § 341v Absatz 4 Satz 1 in Verbindung mit § 341t Absatz 1, 2, 3, 5 oder Absatz 6 oder mit § 341u Absatz 1, 2 oder Absatz 3 über den Inhalt oder die Gliederung des Konzernzahlungsberichts zuwiderhandelt.

(2) Die Ordnungswidrigkeit kann mit einer Geldbuße bis fünfzigtausend Euro geahndet werden.

(3) Verwaltungsbehörde im Sinne des § 36 Absatz 1 Nummer 1 des Gesetzes über Ordnungswidrigkeiten ist in den Fällen des Absatzes 1 das Bundesamt für Justiz.

(4) Die Bestimmungen der Absätze 1 bis 3 gelten auch für die Mitglieder der gesetzlichen Vertretungsorgane von Personenhandelsgesellschaften im Sinne des § 341q Satz 2.

§ 341y Ordnungsgeldvorschriften. (1) [1] Gegen die Mitglieder des vertretungsberechtigten Organs einer Kapitalgesellschaft im Sinne des § 341q oder eines Mutterunternehmens im Sinne des § 341v, die § 341w hinsichtlich der

Pflicht zur Offenlegung des Zahlungsberichts oder Konzernzahlungsberichts nicht befolgen, hat das Bundesamt für Justiz in entsprechender Anwendung der §§ 335 bis 335b ein Ordnungsgeldverfahren durchzuführen. [2] Das Verfahren kann auch gegen die Kapitalgesellschaft gerichtet werden.

(2) [1] Das Bundesamt für Justiz kann eine Kapitalgesellschaft zur Erklärung auffordern, ob sie im Sinne des § 341q in der mineralgewinnenden Industrie tätig ist oder Holzeinschlag in Primärwäldern betreibt, und eine angemessene Frist setzen. [2] Die Aufforderung ist zu begründen. [3] Gibt die Kapitalgesellschaft innerhalb der Frist keine Erklärung ab, wird für die Einleitung des Verfahrens nach Absatz 1 vermutet, dass die Gesellschaft in den Anwendungsbereich des § 341q fällt. [4] Die Sätze 1 bis 3 sind entsprechend anzuwenden, wenn das Bundesamt für Justiz Anlass für die Annahme hat, dass eine Kapitalgesellschaft ein Mutterunternehmen im Sinne des § 341v Absatz 1 ist.

(3) Die vorstehenden Absätze gelten entsprechend für Personenhandelsgesellschaften im Sinne des § 341q Satz 2.

Fünfter Abschnitt. Privates Rechnungslegungsgremium; Rechnungslegungsbeirat

§ 342 Privates Rechnungslegungsgremium. (1) [1] Das Bundesministerium der Justiz und für Verbraucherschutz kann eine privatrechtlich organisierte Einrichtung durch Vertrag anerkennen und ihr folgende Aufgaben übertragen:

1. Entwicklung von Empfehlungen zur Anwendung der Grundsätze über die Konzernrechnungslegung,
2. Beratung des Bundesministeriums der Justiz und für Verbraucherschutz bei Gesetzgebungsvorhaben zu Rechnungslegungsvorschriften,
3. Vertretung der Bundesrepublik Deutschland in internationalen Standardisierungsgremien und
4. Erarbeitung von Interpretationen der internationalen Rechnungslegungsstandards im Sinn des § 315e Absatz 1.

[2] Es darf jedoch nur eine solche Einrichtung anerkannt werden, die aufgrund ihrer Satzung gewährleistet, daß die Empfehlungen und Interpretationen unabhängig und ausschließlich von Rechnungslegern in einem Verfahren entwickelt und beschlossen werden, das die fachlich interessierte Öffentlichkeit einbezieht. [3] Soweit Unternehmen oder Organisationen von Rechnungslegern Mitglied einer solchen Einrichtung sind, dürfen die Mitgliedschaftsrechte nur von Rechnungslegern ausgeübt werden.

(2) Die Beachtung der die Konzernrechnungslegung betreffenden Grundsätze ordnungsmäßiger Buchführung wird vermutet, soweit vom Bundesministerium der Justiz und für Verbraucherschutz bekanntgemachte Empfehlungen einer nach Absatz 1 Satz 1 anerkannten Einrichtung beachtet worden sind.

§ 342a Rechnungslegungsbeirat. (1) Beim Bundesministerium der Justiz und für Verbraucherschutz wird vorbehaltlich Absatz 9 ein Rechnungslegungsbeirat mit den Aufgaben nach § 342 Abs. 1 Satz 1 gebildet.

(2) Der Rechnungslegungsbeirat setzt sich zusammen aus

1. einem Vertreter des Bundesministeriums der Justiz und für Verbraucherschutz als Vorsitzendem sowie je einem Vertreter des Bundesministeriums der Finanzen und des Bundesministeriums für Wirtschaft und Energie,

2. vier Vertretern von Unternehmen,
3. vier Vertretern der wirtschaftsprüfenden Berufe,
4. zwei Vertretern der Hochschulen.

(3) [1]Die Mitglieder des Rechnungslegungsbeirats werden durch das Bundesministerium der Justiz und für Verbraucherschutz berufen. [2]Als Mitglieder sollen nur Rechnungsleger berufen werden.

(4) [1]Die Mitglieder des Rechnungslegungsbeirats sind unabhängig und nicht weisungsgebunden. [2]Ihre Tätigkeit im Beirat ist ehrenamtlich.

(5) Das Bundesministerium der Justiz und für Verbraucherschutz kann eine Geschäftsordnung für den Beirat erlassen.

(6) Der Beirat kann für bestimmte Sachgebiete Fachausschüsse und Arbeitskreise einsetzen.

(7) [1]Der Beirat, seine Fachausschüsse und Arbeitskreise sind beschlußfähig, wenn mindestens zwei Drittel der Mitglieder anwesend sind. [2]Bei Abstimmungen entscheidet die Stimmenmehrheit, bei Stimmengleichheit die Stimme des Vorsitzenden.

(8) Für die Empfehlungen des Rechnungslegungsbeirats gilt § 342 Abs. 2 entsprechend.

(9) Die Bildung eines Rechnungslegungsbeirats nach Absatz 1 unterbleibt, soweit das Bundesministerium der Justiz und für Verbraucherschutz eine Einrichtung nach § 342 Abs. 1 anerkennt.

Sechster Abschnitt. Prüfstelle für Rechnungslegung

§ 342b Prüfstelle für Rechnungslegung. (1) [1]Das Bundesministerium der Justiz und für Verbraucherschutz kann im Einvernehmen mit dem Bundesministerium der Finanzen eine privatrechtlich organisierte Einrichtung zur Prüfung von Verstößen gegen Rechnungslegungsvorschriften durch Vertrag anerkennen (Prüfstelle) und ihr die in den folgenden Absätzen festgelegten Aufgaben übertragen. [2]Es darf nur eine solche Einrichtung anerkannt werden, die aufgrund ihrer Satzung, ihrer personellen Zusammensetzung und der von ihr vorgelegten Verfahrensordnung gewährleistet, dass die Prüfung unabhängig, sachverständig, vertraulich und unter Einhaltung eines festgelegten Verfahrensablaufs erfolgt. [3]Änderungen der Satzung und der Verfahrensordnung sind vom Bundesministerium der Justiz und für Verbraucherschutz im Einvernehmen mit dem Bundesministerium der Finanzen zu genehmigen. [4]Die Prüfstelle kann sich bei der Durchführung ihrer Aufgaben anderer Personen bedienen. [5]Das Bundesministerium der Justiz und für Verbraucherschutz macht die Anerkennung einer Prüfstelle sowie eine Beendigung der Anerkennung im amtlichen Teil des Bundesanzeigers bekannt.

(2) [1]Die Prüfstelle prüft, ob der zuletzt festgestellte Jahresabschluss und der zugehörige Lagebericht oder der zuletzt gebilligte Konzernabschluss und der zugehörige Konzernlagebericht, der zuletzt veröffentlichte verkürzte Abschluss und der zugehörige Zwischenlagebericht sowie zuletzt veröffentlichte Zahlungsberichte oder Konzernzahlungsberichte, jeweils einschließlich der zugrunde liegenden Buchführung, eines Unternehmens im Sinne des Satzes 2 den gesetzlichen Vorschriften einschließlich der Grundsätze ordnungsmäßiger Buchführung oder den sonstigen durch Gesetz zugelassenen Rechnungslegungsstandards entspricht. [2]Geprüft werden die Abschlüsse und Berichte von

Unternehmen, die als Emittenten von zugelassenen Wertpapieren im Sinne des § 2 Absatz 1 des Wertpapierhandelsgesetzes[1)] die Bundesrepublik Deutschland als Herkunftsstaat haben; unberücksichtigt bleiben hierbei Anteile und Aktien an offenen Investmentvermögen im Sinne des § 1 Absatz 4 des Kapitalanlagegesetzbuchs. [3]Die Prüfstelle prüft,

1. soweit konkrete Anhaltspunkte für einen Verstoß gegen Rechnungslegungsvorschriften vorliegen,
2. auf Verlangen der Bundesanstalt für Finanzdienstleistungsaufsicht oder
3. ohne besonderen Anlass (stichprobenartige Prüfung).

[4]Im Fall des Satzes 3 Nr. 1 unterbleibt die Prüfung, wenn offensichtlich kein öffentliches Interesse an der Prüfung besteht; Satz 3 Nr. 3 ist auf die Prüfung des verkürzten Abschlusses und des zugehörigen Zwischenlageberichts sowie des Zahlungsberichts und des Konzernzahlungsberichts nicht anzuwenden. [5]Die stichprobenartige Prüfung erfolgt nach den von der Prüfstelle im Einvernehmen mit dem Bundesministerium der Justiz und für Verbraucherschutz und dem Bundesministerium der Finanzen festgelegten Grundsätzen. [6]Das Bundesministerium der Finanzen kann die Ermächtigung zur Erteilung seines Einvernehmens auf die Bundesanstalt für Finanzdienstleistungsaufsicht übertragen. [7]Die Prüfung kann trotz Wegfalls der Zulassung der Wertpapiere zum Handel im organisierten Markt fortgesetzt werden, insbesondere dann, wenn Gegenstand der Prüfung ein Fehler ist, an dessen Bekanntmachung ein öffentliches Interesse besteht.

(2a) [1]Prüfungsgegenstand nach Absatz 2 können auch die Abschlüsse und Berichte sein, die das Geschäftsjahr zum Gegenstand haben, das dem Geschäftsjahr vorausgeht, auf das Absatz 2 Satz 1 Bezug nimmt. [2]Eine stichprobenartige Prüfung ist hierbei nicht zulässig.

(3) [1]Eine Prüfung des Jahresabschlusses und des zugehörigen Lageberichts durch die Prüfstelle findet nicht statt, solange eine Klage auf Nichtigkeit gemäß § 256 Abs. 7 des Aktiengesetzes[2)] anhängig ist. [2]Wenn nach § 142 Abs. 1 oder Abs. 2 oder § 258 Abs. 1 des Aktiengesetzes ein Sonderprüfer bestellt worden ist, findet eine Prüfung ebenfalls nicht statt, soweit der Gegenstand der Sonderprüfung, der Prüfungsbericht oder eine gerichtliche Entscheidung über die abschließenden Feststellungen der Sonderprüfer nach § 260 des Aktiengesetzes reichen.

(4) [1]Wenn das Unternehmen bei einer Prüfung durch die Prüfstelle mitwirkt, sind die gesetzlichen Vertreter des Unternehmens und die sonstigen Personen, derer sich die gesetzlichen Vertreter bei der Mitwirkung bedienen, verpflichtet, richtige und vollständige Auskünfte zu erteilen und richtige und vollständige Unterlagen vorzulegen. [2]Die Auskunft und die Vorlage von Unterlagen kann verweigert werden, soweit diese den Verpflichteten oder einen seiner in § 52 Abs. 1 der Strafprozessordnung bezeichneten Angehörigen der Gefahr strafgerichtlicher Verfolgung oder eines Verfahrens nach dem Gesetz über Ordnungswidrigkeiten aussetzen würde. [3]Der Verpflichtete ist über sein Recht zur Verweigerung zu belehren.

(5) [1]Die Prüfstelle teilt dem Unternehmen das Ergebnis der Prüfung mit. [2]Ergibt die Prüfung, dass die Rechnungslegung fehlerhaft ist, so hat sie ihre

---

[1)] Nr. **10**.
[2)] Nr. **2**.

Entscheidung zu begründen und dem Unternehmen unter Bestimmung einer angemessenen Frist Gelegenheit zur Äußerung zu geben, ob es mit dem Ergebnis der Prüfstelle einverstanden ist.

(6) [1] Die Prüfstelle berichtet der Bundesanstalt für Finanzdienstleistungsaufsicht über:

1. die Absicht, eine Prüfung einzuleiten,
2. die Weigerung des betroffenen Unternehmens, an einer Prüfung mitzuwirken,
3. das Ergebnis der Prüfung und gegebenenfalls darüber, ob sich das Unternehmen mit dem Prüfungsergebnis einverstanden erklärt hat.

[2] Ein Rechtsbehelf dagegen ist nicht statthaft.

(7) Die Prüfstelle und ihre Beschäftigten sind zur gewissenhaften und unparteiischen Prüfung verpflichtet; sie haften für durch die Prüfungstätigkeit verursachte Schäden nur bei Vorsatz.

(8) [1] Die Prüfstelle zeigt Tatsachen, die den Verdacht einer Straftat im Zusammenhang mit der Rechnungslegung eines Unternehmens begründen, der für die Verfolgung zuständigen Behörde an. [2] Tatsachen, die auf das Vorliegen einer Berufspflichtverletzung durch den Abschlussprüfer schließen lassen, übermittelt sie der Abschlussprüferaufsichtsstelle beim Bundesamt für Wirtschaft und Ausfuhrkontrolle.

(9) Die Prüfstelle stellt der Europäischen Wertpapier- und Marktaufsichtsbehörde gemäß Artikel 35 der Verordnung (EU) Nr. 1095/2010 des Europäischen Parlaments und des Rates vom 24. November 2010 zur Errichtung einer Europäischen Aufsichtsbehörde (Europäische Wertpapier- und Marktaufsichtsbehörde), zur Änderung des Beschlusses Nr. 716/2009/EG und zur Aufhebung des Beschlusses 2009/77/EG der Kommission (ABl. L 331 vom 15.12.2010, S. 84; L 115 vom 27.4.2012, S. 35), die zuletzt durch die Richtlinie 2014/51/EU (ABl. L 153 vom 22.5.2014, S. 1) geändert worden ist, auf Verlangen unverzüglich alle für die Erfüllung ihrer Aufgaben erforderlichen Informationen zur Verfügung.

§ 342c Verschwiegenheitspflicht. (1) [1] Die bei der Prüfstelle Beschäftigten sind verpflichtet, über die Geschäfts- und Betriebsgeheimnisse des Unternehmens und die bei ihrer Prüftätigkeit bekannt gewordenen Erkenntnisse über das Unternehmen Verschwiegenheit zu bewahren. [2] Dies gilt nicht im Fall von gesetzlich begründeten Mitteilungspflichten. [3] Die bei der Prüfstelle Beschäftigten dürfen nicht unbefugt Geschäfts- und Betriebsgeheimnisse verwerten, die sie bei ihrer Tätigkeit erfahren haben. [4] Wer vorsätzlich oder fahrlässig diese Pflichten verletzt, ist dem geprüften Unternehmen und, wenn ein verbundenes Unternehmen geschädigt worden ist, auch diesem zum Ersatz des daraus entstehenden Schadens verpflichtet. [5] Mehrere Personen haften als Gesamtschuldner.

(2) [1] Die Ersatzpflicht von Personen, die fahrlässig gehandelt haben, beschränkt sich für eine Prüfung und die damit im Zusammenhang stehenden Pflichtverletzungen auf den in § 323 Abs. 2 Satz 2 genannten Betrag. [2] Dies gilt auch, wenn an der Prüfung mehrere Personen beteiligt gewesen oder mehrere zum Ersatz verpflichtende Handlungen begangen worden sind, und ohne Rücksicht darauf, ob andere Beteiligte vorsätzlich gehandelt haben. [3] Sind im Fall des Satzes 1 durch eine zum Schadensersatz verpflichtende Handlung

mehrere Unternehmen geschädigt worden, beschränkt sich die Ersatzpflicht insgesamt auf das Zweifache der Höchstgrenze des Satzes 1. [4] Übersteigen in diesem Fall mehrere nach Absatz 1 Satz 4 zu leistende Entschädigungen das Zweifache der Höchstgrenze des Satzes 1, so verringern sich die einzelnen Entschädigungen in dem Verhältnis, in dem ihr Gesamtbetrag zum Zweifachen der Höchstgrenze des Satzes 1 steht.

(3) [1] Die §§ 93 und 97 der Abgabenordnung gelten nicht für die in Absatz 1 Satz 1 bezeichneten Personen, soweit sie zur Durchführung des § 342b tätig werden. [2] Sie finden Anwendung, soweit die Finanzbehörden die Kenntnisse für die Durchführung eines Verfahrens wegen einer Steuerstraftat sowie eines damit zusammenhängenden Besteuerungsverfahrens benötigen, an deren Verfolgung ein zwingendes öffentliches Interesse besteht, und nicht Tatsachen betroffen sind, die von einer ausländischen Stelle mitgeteilt worden sind, die mit der Prüfung von Rechnungslegungsverstößen betraut ist.

§ 342d Finanzierung der Prüfstelle. [1] Die Prüfstelle hat über die zur Finanzierung der Erfüllung ihrer Aufgaben erforderlichen Mittel einen Wirtschaftsplan für das Folgejahr im Einvernehmen mit der Bundesanstalt für Finanzdienstleistungsaufsicht aufzustellen. [2] Der Wirtschaftsplan ist dem Bundesministerium der Justiz und für Verbraucherschutz und dem Bundesministerium der Finanzen zur Genehmigung vorzulegen. [3] Die Bundesanstalt für Finanzdienstleistungsaufsicht schießt der Prüfstelle die dieser nach dem Wirtschaftsplan voraussichtlich entstehenden Kosten aus der gemäß § 17d Absatz 1 Satz 4 des Finanzdienstleistungsaufsichtsgesetzes eingezogenen Umlagevorauszahlung vor, wobei etwaige Fehlbeträge und nicht eingegangene Beträge nach dem Verhältnis von Wirtschaftsplan zu dem betreffenden Teil des Haushaltsplanes der Bundesanstalt für Finanzdienstleistungsaufsicht anteilig zu berücksichtigen sind. [4] Nach Ende des Haushaltsjahres hat die Prüfstelle ihren Jahresabschluss aufzustellen. [5] Die Entlastung erteilt das zuständige Organ der Prüfstelle mit Zustimmung des Bundesministeriums der Justiz und für Verbraucherschutz und des Bundesministeriums der Finanzen.

§ 342e Bußgeldvorschriften. (1) Ordnungswidrig handelt, wer vorsätzlich oder fahrlässig entgegen § 342b Abs. 4 Satz 1 der Prüfstelle eine Auskunft nicht richtig oder nicht vollständig erteilt oder eine Unterlage nicht richtig oder nicht vollständig vorlegt.

(2) Die Ordnungswidrigkeit kann mit einer Geldbuße bis zu fünfzigtausend Euro geahndet werden.

(3) Verwaltungsbehörde im Sinne des § 36 Abs. 1 Nr. 1 des Gesetzes über Ordnungswidrigkeiten ist bei Ordnungswidrigkeiten nach Absatz 1 die Bundesanstalt für Finanzdienstleistungsaufsicht.

§§ 343–905 *(hier nicht wiedergegeben)*

5a. Einführungsgesetz zum Handelsgesetzbuch[1)]

Vom 10. Mai 1897
(RGBl. S. 437)

BGBl. III/FNA 4101-1

zuletzt geänd. durch Art. 4 G zur Umsetzung der zweiten AktionärsrechteRL (ARUG II) v. 12.12. 2019 (BGBl. I S. 2637)

Erster Abschnitt. Einführung des Handelsgesetzbuchs

Art. 1 [Inkrafttreten] (1) Das Handelsgesetzbuch[2)] tritt gleichzeitig mit dem Bürgerlichen Gesetzbuch[3)] in Kraft.

(2) Der sechste Abschnitt des ersten Buches des Handelsgesetzbuchs tritt mit Ausnahme des § 65 am 1. Januar 1898 in Kraft.

(3) *(gegenstandslos)*

Art. 2 [Verhältnis zum BGB und zu Bundesgesetzen] (1)[4)] In Handelssachen kommen die Vorschriften des Bürgerlichen Gesetzbuchs[3)] nur insoweit zur Anwendung, als nicht im Handelsgesetzbuch[2)] oder in diesem Gesetz ein anderes bestimmt ist.

Art. 3 *(nicht wiedergegebene Änderungsvorschrift)*

Art. 4 [Handelsgewerbe und eheliches Güterrecht] (1) [1] Die nach dem bürgerlichen Rechte mit einer Eintragung in das Güterrechtsregister verbundenen Wirkungen treten, sofern ein Ehegatte Kaufmann ist und seine Handelsniederlassung sich nicht in dem Bezirke eines für den gewöhnlichen Aufenthalt auch nur eines der Ehegatten zuständigen Registergerichts befindet, in Ansehung der auf den Betrieb des Handelsgewerbes sich beziehenden Rechtsverhältnisse nur ein, wenn die Eintragung auch in das Güterrechtsregister des für den Ort der Handelsniederlassung zuständigen Gerichts erfolgt ist. [2] Bei mehreren Niederlassungen genügt die Eintragung in das Register des Ortes der Hauptniederlassung.

(2) Wird die Niederlassung verlegt, so finden die Vorschriften des § 1559 des Bürgerlichen Gesetzbuchs entsprechende Anwendung.

Art. 5 [Bergwerksgesellschaften] Auf Bergwerksgesellschaften, die nach den Vorschriften der Landesgesetze nicht die Rechte einer juristischen Person besitzen, findet § 1 des Handelsgesetzbuchs[5)] keine Anwendung.

Art. 6–8 *(betreffen Seehandelsrecht; vom Abdruck wurde abgesehen)*

Art. 9–14 *(nicht wiedergegebene Änderungsvorschriften)*

---

1) Die Änderung durch Art. 15 Abs. 2 G v. 20.4.2013 (BGBl. I S. 831) tritt an dem Tag in Kraft, an dem das Internationale Abkommen vom 25. August 1924 zur Vereinheitlichung von Regeln über Konnossemente (RGBl. 1939 II S. 1049) für die Bundesrepublik Deutschland außer Kraft tritt.

2) Auszugsweise abgedruckt unter Nr. **5**.

3) Auszugsweise abgedruckt unter Nr. **1**.

4) Absatzzähler amtlich.

5) Nr. **5**.

Art. 15 [Verhältnis zu den Landesgesetzen] (1) Die privatrechtlichen Vorschriften der Landesgesetze bleiben insoweit unberührt, als es in diesem Gesetze bestimmt oder als im Handelsgesetzbuch[1] auf die Landesgesetze verwiesen ist.

(2) Soweit die Landesgesetze unberührt bleiben, können auch neue landesgesetzliche Vorschriften erlassen werden.

Art. 16 *(aufgehoben)*

Art. 17 *(gegenstandslos)*

Art. 18 [Landesrecht über Bierlieferungsvertrag] Unberührt bleiben die landesgesetzlichen Vorschriften über den Vertrag zwischen dem Brauer und dem Wirte über die Lieferung von Bier, soweit sie das aus dem Vertrage sich ergebende Schuldverhältnis für den Fall regeln, daß nicht besondere Vereinbarungen getroffen werden.

Art. 19–21 *(gegenstandslos)*

Art. 22 [Weiterführung von eingetragenen Firmen] (1) Die zur Zeit des Inkrafttretens des Handelsgesetzbuchs[1] im Handelsregister eingetragenen Firmen können weitergeführt werden, soweit sie nach den bisherigen Vorschriften geführt werden durften.

(2) *(gegenstandslos)*

Zweiter Abschnitt. Übergangsvorschriften zum Bilanzrichtlinien-Gesetz

Art. 23 [Jahresabschluss, Lagebericht und Pflicht zur Offenlegung; Konzernabschluss; Prüfung] (1) [1] Die vom Inkrafttreten der Artikel 1 bis 10 des Bilanzrichtlinien-Gesetzes vom 19. Dezember 1985 (BGBl. I S. 2355) an geltende Fassung[2] der Vorschriften über den Jahresabschluß und den Lagebericht sowie über die Pflicht zur Offenlegung dieser und der dazu gehörenden Unterlagen ist erstmals auf das nach dem 31. Dezember 1986 beginnende Geschäftsjahr anzuwenden. [2] Die neuen Vorschriften können auf ein früheres Geschäftsjahr angewendet werden, jedoch nur insgesamt.

(2) [1] Die vom Inkrafttreten der Artikel 1 bis 10 des Bilanzrichtlinien-Gesetzes an geltende Fassung der Vorschriften über den Konzernabschluß und den Konzernlagebericht sowie über die Pflicht zur Offenlegung dieser und der dazu gehörenden Unterlagen ist erstmals auf das nach dem 31. Dezember 1989 beginnende Geschäftsjahr anzuwenden. [2] Die neuen Vorschriften können auf ein früheres Geschäftsjahr angewendet werden, jedoch nur insgesamt. [3] Mutterunternehmen, die bereits bei Inkrafttreten des Bilanzrichtlinien-Gesetzes zur Konzernrechnungslegung verpflichtet sind, brauchen bei früherer Anwendung der neuen Vorschriften Tochterunternehmen mit Sitz im Ausland nicht einzubeziehen und einheitliche Bewertungsmethoden im Sinne des § 308 sowie

[1] Auszugsweise abgedruckt unter Nr. **5**.
[2] Das Bilanzrichtlinien-Gesetz ist am 1.1.1986 in Kraft getreten.

die §§ 311, 312 des Handelsgesetzbuchs[1)] über assoziierte Unternehmen nicht anzuwenden.

(3) [1] Die vom Inkrafttreten der Artikel 1 bis 10 des Bilanzrichtlinien-Gesetzes an geltende Fassung der Vorschriften über die Pflicht zur Prüfung des Jahresabschlusses und des Lageberichts ist auf Unternehmen, die bei Inkrafttreten des Bilanzrichtlinien-Gesetzes ihren Jahresabschluß nicht auf Grund bundesgesetzlicher Vorschriften prüfen lassen müssen, erstmals für das nach dem 31. Dezember 1986 beginnende Geschäftsjahr anzuwenden. [2] Die vom Inkrafttreten der Artikel 1 bis 10 des Bilanzrichtlinien-Gesetzes an geltende Fassung der Vorschriften über die Pflicht zur Prüfung des Konzernabschlusses und des Konzernlageberichts ist auf Unternehmen, die bei Inkrafttreten des Bilanzrichtlinien-Gesetzes nicht zur Konzernrechnungslegung verpflichtet sind, erstmals für das nach dem 31. Dezember 1989 beginnende Geschäftsjahr anzuwenden. [3] Der Bestätigungsvermerk nach § 322 Abs. 1 des Handelsgesetzbuchs ist erstmals auf Jahresabschlüsse, Konzernabschlüsse und Teilkonzernabschlüsse sowie auf Lageberichte, Konzernlageberichte und Teilkonzernlageberichte anzuwenden, die nach den am 1. Januar 1986 in Kraft tretenden Vorschriften aufgestellt worden sind.

(4) § 319 Abs. 2 Nr. 8 des Handelsgesetzbuchs ist erstmals auf das sechste nach dem Inkrafttreten des Bilanzrichtlinien-Gesetzes beginnende Geschäftsjahr anzuwenden.

(5) [1] Sind die neuen Vorschriften nach den Absätzen 1 bis 3 auf ein früheres Geschäftsjahr nicht anzuwenden und werden sie nicht freiwillig angewendet, so ist für das Geschäftsjahr die am 31. Dezember 1985 geltende Fassung der geänderten oder aufgehobenen Vorschriften anzuwenden. [2] Satz 1 ist auf Gesellschaften mit beschränkter Haftung hinsichtlich der Anwendung des Gesetzes über die Rechnungslegung von bestimmten Unternehmen und Konzernen entsprechend anzuwenden.

Art. 24 [Bewertungsvorschriften] (1) [1] Waren Vermögensgegenstände des Anlagevermögens im Jahresabschluß für das am 31. Dezember 1986 endende oder laufende Geschäftsjahr mit einem niedrigeren Wert angesetzt, als er nach § 240 Abs. 3 und 4, §§ 252, 253 Abs. 1, 2 und 4, §§ 254, 255, 279 und 280 Abs. 1 und 2 des Handelsgesetzbuchs zulässig ist, so darf der niedrigere Wertansatz beibehalten werden. [2] § 253 Abs. 2 des Handelsgesetzbuchs ist in diesem Falle mit der Maßgabe anzuwenden, daß der niedrigere Wertansatz um planmäßige Abschreibungen entsprechend der voraussichtlichen Restnutzungsdauer zu vermindern ist.

(2) Waren Vermögensgegenstände des Umlaufvermögens im Jahresabschluß für das am 31. Dezember 1986 endende oder laufende Geschäftsjahr mit einem niedrigeren Wert angesetzt als er nach §§ 252, 253 Abs. 1, 3 und 4, §§ 254, 255 Abs. 1 und 2, §§ 256, 279 Abs. 1 Satz 1, Abs. 2, § 280 Abs. 1 und 2 des Handelsgesetzbuchs zulässig ist, so darf der niedrigere Wertansatz insoweit beibehalten werden, als

1. er aus den Gründen des § 253 Abs. 3, §§ 254, 279 Abs. 2, § 280 Abs. 2 des Handelsgesetzbuchs angesetzt worden ist oder

---

1) Nr. **5**.

2. es sich um einen niedrigeren Wertansatz im Sinne des § 253 Abs. 4 des Handelsgesetzbuchs handelt.

(3) [1] Sind bei der erstmaligen Anwendung des § 268 Abs. 2 des Handelsgesetzbuchs über die Darstellung der Entwicklung des Anlagevermögens die Anschaffungs- oder Herstellungskosten eines Vermögensgegenstands des Anlagevermögens nicht ohne unverhältnismäßige Kosten oder Verzögerungen feststellbar, so dürfen die Buchwerte dieser Vermögensgegenstände aus dem Jahresabschluß des vorhergehenden Geschäftsjahrs als ursprüngliche Anschaffungs- oder Herstellungskosten übernommen und fortgeführt werden. [2] Satz 1 darf entsprechend auf die Darstellung des Postens „Aufwendungen für die Ingangsetzung und Erweiterung des Geschäftsbetriebs" angewendet werden. [3] Kapitalgesellschaften müssen die Anwendung der Sätze 1 und 2 im Anhang angeben.

Art. 25 [Abschlussprüfer und Konzernabschlussprüfer bei gemeinnützigen Wohnungsunternehmen, AG, KGaA und GmbH] (1) [1] Auf die Prüfung des Jahresabschlusses

1. von Aktiengesellschaften, Gesellschaften mit beschränkter Haftung und Gesellschaften, bei denen kein persönlich haftender Gesellschafter eine natürliche Person ist, wenn die Mehrheit der Anteile und die Mehrheit der Stimmrechte an diesen Gesellschaften Genossenschaften oder zur Prüfung von Genossenschaften zugelassenen Prüfungsverbänden zusteht, oder
2. von Unternehmen, die am 31. Dezember 1989 als gemeinnützige Wohnungsunternehmen oder als Organe der staatlichen Wohnungspolitik anerkannt waren und die nicht eingetragene Genossenschaften sind,

ist § 319 Abs. 1 des Handelsgesetzbuchs[1)] mit der Maßgabe anzuwenden, daß diese Gesellschaften oder Unternehmen sich auch von dem Prüfungsverband prüfen lassen dürfen, dem sie als Mitglied angehören, sofern mehr als die Hälfte der geschäftsführenden Mitglieder des Vorstands dieses Prüfungsverbands Wirtschaftsprüfer sind und dem Prüfungsverband vor dem 29. Mai 2009 das Prüfungsrecht verliehen worden ist. [2] Hat der Prüfungsverband nur zwei Vorstandsmitglieder, so muß einer von ihnen Wirtschaftsprüfer sein. [3] § 319 Absatz 1 Satz 3 des Handelsgesetzbuchs[1)] gilt mit der Maßgabe, dass der Prüfungsverband über einen Auszug hinsichtlich seiner Eintragung nach § 40a der Wirtschaftsprüferordnung verfügen muss. [4] § 319 Abs. 2 und 3 sowie § 319a Abs. 1 des Handelsgesetzbuchs sind auf die gesetzlichen Vertreter des Prüfungsverbandes und auf alle vom Prüfungsverband beschäftigten Personen, die das Ergebnis der Prüfung beeinflussen können, entsprechend anzuwenden; § 319 Abs. 3 Satz 1 Nr. 2 ist auf Mitglieder des Aufsichtsorgans des Prüfungsverbandes nicht anzuwenden, wenn sichergestellt ist, dass der Abschlussprüfer die Prüfung unabhängig von den Weisungen durch das Aufsichtsorgan durchführen kann.

(2) [1] Bei der Prüfung des Jahresabschlusses der in Absatz 1 bezeichneten Gesellschaften oder Unternehmen durch einen Prüfungsverband darf der gesetzlich vorgeschriebene Bestätigungsvermerk nur von Wirtschaftsprüfern unterzeichnet werden. [2] Die im Prüfungsverband tätigen Wirtschaftsprüfer haben ihre Prüfungstätigkeit unabhängig, gewissenhaft, verschwiegen und eigenverantwortlich auszuüben. [3] Sie haben sich insbesondere bei der Erstattung von Prüfungsberichten unparteiisch zu verhalten. [4] Weisungen dürfen ihnen hin-

---

1) Nr. **5**.

sichtlich ihrer Prüfungstätigkeit von Personen, die nicht Wirtschaftsprüfer sind, nicht erteilt werden. [5]Die Zahl der im Verband tätigen Wirtschaftsprüfer muß so bemessen sein, daß die den Bestätigungsvermerk unterschreibenden Wirtschaftsprüfer die Prüfung verantwortlich durchführen können.

(3) Ist ein am 31. Dezember 1989 als gemeinnütziges Wohnungsunternehmen oder als Organ der staatlichen Wohnungspolitik anerkanntes Unternehmen als Aktiengesellschaft, Kommanditgesellschaft auf Aktien oder als Gesellschaft mit beschränkter Haftung zur Aufstellung eines Konzernabschlusses und eines Konzernlageberichts nach dem Zweiten Unterabschnitt des Zweiten Abschnitts des Dritten Buchs des Handelsgesetzbuchs verpflichtet, so ist der Prüfungsverband, dem das Unternehmen angehört, auch Abschlußprüfer des Konzernabschlusses.

Art. 26 [Abschlussprüfer nach § 319 HGB] (1) [1]Abschlußprüfer nach § 319 Abs. 1 Satz 1 des Handelsgesetzbuchs[1)] kann auch eine nach § 131f Abs. 2 der Wirtschaftsprüferordnung bestellte Person sein. [2]Abschlußprüfer nach § 319 Abs. 1 Satz 2 des Handelsgesetzbuchs kann auch eine nach § 131b Abs. 2 der Wirtschaftsprüferordnung bestellte Person sein. [3]Für die Durchführung der Prüfung von Jahresabschlüssen und Lageberichten haben diese Personen die Rechte und Pflichten von Abschlußprüfern.

(2) Für die Anwendung des § 319 Abs. 2 und 3 des Handelsgesetzbuchs in der Fassung des Bilanzrichtlinien-Gesetzes bleibt eine Mitgliedschaft im Aufsichtsrat des zu prüfenden Unternehmens außer Betracht, wenn sie spätestens mit der Beendigung der ersten Versammlung der Aktionäre oder Gesellschafter der zu prüfenden Gesellschaft, die nach Inkrafttreten des Bilanzrichtlinien-Gesetzes stattfindet, endet.

Art. 27 [Kapitalkonsolidierung] (1) [1]Hat ein Mutterunternehmen ein Tochterunternehmen schon vor der erstmaligen Anwendung des § 301 des Handelsgesetzbuchs[1)] in seinen Konzernabschluß auf Grund gesetzlicher Verpflichtung oder freiwillig nach einer den Grundsätzen ordnungsmäßiger Buchführung entsprechenden Methode einbezogen, so braucht es diese Vorschrift auf dieses Tochterunternehmen nicht anzuwenden. [2]Auf einen noch vorhandenen Unterschiedsbetrag aus der früheren Kapitalkonsolidierung ist § 309 des Handelsgesetzbuchs anzuwenden, soweit das Mutterunternehmen den Unterschiedsbetrag nicht in entsprechender Anwendung des § 301 Abs. 1 Satz 3 des Handelsgesetzbuchs den in den Konzernabschluß übernommenen Vermögensgegenständen und Schulden des Tochterunternehmens zuschreibt oder mit diesen verrechnet.

(2) Ist ein Mutterunternehmen verpflichtet, § 301 des Handelsgesetzbuchs auf ein schon bisher in seinen Konzernabschluß einbezogenes Tochterunternehmen anzuwenden oder wendet es diese Vorschrift freiwillig an, so kann als Zeitpunkt für die Verrechnung auch der Zeitpunkt der erstmaligen Anwendung dieser Vorschrift gewählt werden.

(3) Die Absätze 1 und 2 sind entsprechend auf die Behandlung von Beteiligungen an assoziierten Unternehmen nach §§ 311, 312 des Handelsgesetzbuchs anzuwenden.

[1)] Nr. 5.

(4) Ergibt sich bei der erstmaligen Anwendung der §§ 303, 304, 306 oder 308 des Handelsgesetzbuchs eine Erhöhung oder Verminderung des Ergebnisses, so kann der Unterschiedsbetrag in die Gewinnrücklagen eingestellt oder mit diesen offen verrechnet werden; dieser Betrag ist nicht Bestandteil des Jahresergebnisses.

Art. 28 [Pensionsrückstellungen] (1) [1] Für eine laufende Pension oder eine Anwartschaft auf eine Pension auf Grund einer unmittelbaren Zusage braucht eine Rückstellung nach § 249 Abs. 1 Satz 1 des Handelsgesetzbuchs[1)] nicht gebildet zu werden, wenn der Pensionsberechtigte seinen Rechtsanspruch vor dem 1. Januar 1987 erworben hat oder sich ein vor diesem Zeitpunkt erworbener Rechtsanspruch nach dem 31. Dezember 1986 erhöht. [2] Für eine mittelbare Verpflichtung aus einer Zusage für eine laufende Pension oder eine Anwartschaft auf eine Pension sowie für eine ähnliche unmittelbare oder mittelbare Verpflichtung braucht eine Rückstellung in keinem Fall gebildet zu werden.

(2) Bei Anwendung des Absatzes 1 müssen Kapitalgesellschaften die in der Bilanz nicht ausgewiesenen Rückstellungen für laufende Pensionen, Anwartschaften auf Pensionen und ähnliche Verpflichtungen jeweils im Anhang und im Konzernanhang in einem Betrag angeben.

Dritter Abschnitt. Übergangsvorschrift zum Gesetz zur Durchführung der EG-Richtlinie zur Koordinierung des Rechts der Handelsvertreter vom 23. Oktober 1989 (BGBl. I S. 1910)

Art. 29 [Handelsvertreterverträge] Auf Handelsvertretervertragsverhältnisse, die vor dem 1. Januar 1990 begründet sind und an diesem Tag noch bestehen, sind die §§ 86, 86a, 87, 87a, 89, 89b, 90a und 92c des Handelsgesetzbuchs in der am 31. Dezember 1989 geltenden Fassung bis zum Ablauf des Jahres 1993 weiterhin anzuwenden.

Art. 29a [Wettbewerbsabrede] § 90a Abs. 2 und 3 des Handelsgesetzbuchs in der ab dem 1. Juli 1998 geltenden Fassung ist auch auf Ansprüche aus vor dem 1. Juli 1998 begründeten Handelsvertretervertragsverhältnissen anzuwenden, über die noch nicht rechtskräftig entschieden worden ist.

Vierter Abschnitt. Übergangsvorschriften zum Bankbilanzrichtlinie-Gesetz

Art. 30 [Art. 1 bis 10 Bankbilanzrichtlinie-Gesetz] (1) Die vom Inkrafttreten der Artikel 1 bis 10 des Bankbilanzrichtlinie-Gesetzes vom 30. November 1990 (BGBl. I S. 2570) an geltende Fassung der Vorschriften über den Jahresabschluß, den Lagebericht und deren Prüfung sowie über die Pflicht zur Offenlegung dieser und der dazu gehörenden Unterlagen ist erstmals auf das nach dem 31. Dezember 1992 beginnende Geschäftsjahr anzuwenden.

(2) [1] Die vom Inkrafttreten der Artikel 1 bis 10 des Bankbilanzrichtlinie-Gesetzes an geltende Fassung der Vorschriften über den Konzernabschluß, den Konzernlagebericht und deren Prüfung sowie über die Pflicht zur Offenlegung dieser und der dazu gehörenden Unterlagen ist erstmals auf das nach dem

[1)] Nr. 5.

31. Dezember 1992 beginnende Geschäftsjahr anzuwenden; dies gilt für Kreditinstitute auch für die erstmalige Anwendung der in Artikel 23 Abs. 2 Satz 1 bezeichneten Vorschriften. [2]Die neuen Vorschriften einschließlich derjenigen über den Jahresabschluß können auf den Konzernabschluß eines früheren Geschäftsjahrs angewendet werden, jedoch nur insgesamt; Artikel 23 Abs. 2 Satz 3 ist entsprechend anzuwenden.

(3) Auf Geschäftsjahre, die vor dem 1. Januar 1993 beginnen, sind die Vorschriften über den Jahresabschluß, den Lagebericht und deren Prüfung sowie über die Pflicht zur Offenlegung dieser und der dazu gehörenden Unterlagen in der am 1. Januar 1986 geltenden Fassung und die Vorschriften der Verordnung über Formblätter für die Gliederung des Jahresabschlusses von Kreditinstituten in der Fassung der Bekanntmachung vom 14. September 1987 (BGBl. I S. 2169) anzuwenden.

(4) [1]Auf Geschäftsjahre, die vor dem 1. Januar 1993 beginnen, sind die Vorschriften über den Konzernabschluß, den Konzernlagebericht und deren Prüfung sowie über die Pflicht zur Offenlegung dieser und der dazu gehörenden Unterlagen in der am 31. Dezember 1985 geltenden Fassung anzuwenden, sofern die neuen Vorschriften nicht freiwillig angewendet werden. [2]Werden nach Artikel 23 Abs. 2 die Vorschriften in der am 1. Januar 1986 geltenden Fassung freiwillig angewendet, so gilt Satz 1 mit der Maßgabe, daß diese Vorschriften anzuwenden sind. [3]Sind auf den Konzernabschluß Vorschriften über den Jahresabschluß anzuwenden, ist Absatz 3 entsprechend anzuwenden.

Art. 31 [Vermögensgegenstände im Jahresabschluss] (1) [1]Waren wie Anlagevermögen behandelte Vermögensgegenstände im Jahresabschluß für das am 31. Dezember 1992 endende oder laufende Geschäftsjahr mit einem niedrigeren Wert angesetzt, als er nach § 240 Abs. 3 und 4, §§ 252, 253 Abs. 1 und 2, §§ 254, 255, 279, 280 Abs. 1 und 2 sowie § 340e des Handelsgesetzbuchs[1)] zulässig ist, so darf der niedrigere Wertansatz beibehalten werden. [2]§ 253 Abs. 2 des Handelsgesetzbuchs ist in diesem Falle mit der Maßgabe anzuwenden, daß der niedrigere Wertansatz um planmäßige Abschreibungen entsprechend der voraussichtlichen Restnutzungsdauer zu vermindern ist.

(2) [1]Waren nicht wie Anlagevermögen behandelte Vermögensgegenstände im Jahresabschluß für das am 31. Dezember 1992 endende oder laufende Geschäftsjahr mit einem niedrigeren Wert angesetzt, als er nach §§ 252, 253 Abs. 1 und 3, §§ 254, 255 Abs. 1 und 2, §§ 256, 279 Abs. 1 Satz 1, Abs. 2, § 280 Abs. 1 und 2 sowie § 340f Abs. 1 Satz 1 des Handelsgesetzbuchs zulässig ist, so darf der niedrigere Wertansatz insoweit beibehalten werden, als

1. er aus den Gründen des § 253 Abs. 3, §§ 254, 279 Abs. 2, § 280 Abs. 2 des Handelsgesetzbuchs angesetzt worden ist oder
2. es sich um einen niedrigeren Wertansatz im Sinne des § 340f Abs. 1 Satz 1 des Handelsgesetzbuchs handelt.

[2]Nach § 26a Abs. 1 des Gesetzes über das Kreditwesen[2)] gebildete Vorsorgen können fortgeführt werden.

[1)] Nr. **5**.

[2)] § 26a aF KreditwesenG (betr. Wertansätze in der Jahresbilanz von AG und KGaA) aufgeh. mWv 1.1.1991 durch G v. 30.11.1990 (BGBl. I S. 2570).

(3) [1]Sind bei der erstmaligen Anwendung des § 340a in Verbindung mit § 268 Abs. 2 des Handelsgesetzbuchs über die Darstellung der Entwicklung der wie Anlagevermögen behandelten Vermögensgegenstände die Anschaffungs- oder Herstellungskosten eines Vermögensgegenstands nicht ohne unverhältnismäßige Kosten oder Verzögerungen feststellbar, so dürfen die Buchwerte dieser Vermögensgegenstände aus dem Jahresabschluß des vorhergehenden Geschäftsjahrs als ursprüngliche Anschaffungs- oder Herstellungskosten übernommen und fortgeführt werden. [2]Satz 1 darf entsprechend auf die Darstellung des Postens „Aufwendungen für die Ingangsetzung und Erweiterung des Geschäftsbetriebs" angewendet werden. [3]Die Anwendung der Sätze 1 und 2 ist im Anhang anzugeben.

Fünfter Abschnitt. Übergangsvorschriften zum Versicherungsbilanzrichtlinie-Gesetz

Art. 32 [Abschlüsse und Lageberichte] (1) [1]Die vom Inkrafttreten der Artikel 1 bis 5 des Versicherungsbilanzrichtlinie-Gesetzes vom 24. Juni 1994 an geltende Fassung der Vorschriften über den Jahresabschluß, den Lagebericht, den Konzernabschluß, den Konzernlagebericht und deren Prüfung sowie über die Pflicht zur Offenlegung dieser und der dazugehörenden Unterlagen ist erstmals auf das nach dem 31. Dezember 1994 beginnende Geschäftsjahr anzuwenden. [2]In der nach Artikel 1 des Versicherungsbilanzrichtlinie-Gesetzes (§ 330 Abs. 1 in Verbindung mit Abs. 3 und 4 des Handelsgesetzbuchs[1)]) zu erlassenden Verordnung kann bestimmt werden, daß der Zeitwert der Grundstücke und Bauten im Anhang erstmals für das nach dem 31. Dezember 1998 beginnende Geschäftsjahr und der Zeitwert für die in § 341b Abs. 1 Satz 2, Abs. 2 des Handelsgesetzbuchs genannten Vermögensgegenstände erstmals für das nach dem 31. Dezember 1996 beginnende Geschäftsjahr anzugeben ist.

(2) Auf Geschäftsjahre, die vor dem 1. Januar 1995 beginnen, sind die Vorschriften über den Jahresabschluß, den Lagebericht, den Konzernabschluß, den Konzernlagebericht und deren Prüfung sowie über die Pflicht zur Offenlegung dieser und der dazugehörenden Unterlagen in der am 1. Januar 1986 geltenden Fassung und die Vorschriften der Verordnung über die Rechnungslegung von Versicherungsunternehmen vom 11. Juli 1973 (BGBl. I S. 1209), zuletzt geändert durch Verordnung vom 23. Dezember 1986 (BGBl. 1987 I S. 2), anzuwenden.

(3) Niederlassungen im Geltungsbereich dieses Gesetzes von Versicherungsunternehmen mit Sitz in einem anderen Mitgliedstaat der Europäischen Gemeinschaft brauchen die Vorschriften über den Jahresabschluß, den Lagebericht und deren Prüfung sowie über die Pflicht zur Offenlegung dieser und der dazugehörenden Unterlagen in der bis zum Inkrafttreten der Artikel 1 bis 5 des Versicherungsbilanzrichtlinie-Gesetzes vom 24. Juni 1994 geltenden Fassung bereits auf Geschäftsjahre, die nach dem 31. Dezember 1993 enden, nicht mehr anzuwenden, wenn sie die Vorschriften über die Pflicht zur Offenlegung des Jahresabschlusses, des Lageberichts, des Konzernabschlusses, des Konzernlageberichts sowie der dazu gehörenden Unterlagen in der vom Inkrafttreten der Artikel 1 bis 5 des Versicherungsbilanzrichtlinie-Gesetzes vom 24. Juni 1994 an geltenden Fassung anwenden.

[1)] Nr. 5.

(4) [1] § 341b Abs. 2 des Handelsgesetzbuchs in der vom 4. April 2002 an geltenden Fassung ist erstmals auf den Jahres- und Konzernabschluss für das am 30. September 2001 oder später endende Geschäftsjahr anzuwenden. [2] § 341b Abs. 2 des Handelsgesetzbuchs in der am 3. April 2002 geltenden Fassung ist letztmals auf den Jahres- und Konzernabschluss für das vor dem 30. September 2001 endende Geschäftsjahr anzuwenden.

Art. 33 [Wie Anlagevermögen behandelte Vermögensgegenstände]

(1) [1] Waren wie Anlagevermögen behandelte Vermögensgegenstände im Abschluß für das am 31. Dezember 1994 endende oder laufende Geschäftsjahr mit einem niedrigeren Wert angesetzt, als er nach § 240 Abs. 3 und 4, §§ 252, 253 Abs. 1 und 2, §§ 254, 255, 279, 280 Abs. 1 und 2 sowie §§ 341b bis 341d des Handelsgesetzbuchs[1)] zulässig ist, so darf der niedrigere Wertansatz beibehalten werden. [2] § 253 Abs. 2 des Handelsgesetzbuchs ist in diesem Fall mit der Maßgabe anzuwenden, daß der niedrigere Wertansatz um planmäßige Abschreibungen entsprechend der voraussichtlichen Restnutzungsdauer zu vermindern ist.

(2) Waren nicht wie Anlagevermögen behandelte Vermögensgegenstände im Jahresabschluß für das am 31. Dezember 1994 endende oder laufende Geschäftsjahr mit einem niedrigeren Wert angesetzt, als er nach §§ 252, 253 Abs. 1, 3 und 4, §§ 254, 255 Abs. 1 und 2, §§ 256, 279 Abs. 1 Satz 1, Abs. 2, § 280 Abs. 1 und 2 zulässig sowie §§ 341b bis 341d des Handelsgesetzbuchs zulässig ist, so darf der niedrigere Wertansatz insoweit beibehalten werden, als er aus den Gründen des § 253 Abs. 3, §§ 254, 279 Abs. 2, § 280 Abs. 2 des Handelsgesetzbuchs angesetzt worden ist.

Sechster Abschnitt. Übergangsvorschriften zum Gesetz zur Durchführung der Elften gesellschaftsrechtlichen Richtlinie vom 22. Juli 1993

Art. 34 [Inländische Zweigniederlassungen] (1) [1] Bei inländischen Zweigniederlassungen von Aktiengesellschaften, Kommanditgesellschaften auf Aktien und Gesellschaften mit beschränkter Haftung mit Sitz im Ausland, die vor dem 1. November 1993 in das Handelsregister eingetragen worden sind, haben die gesetzlichen Vertreter der Gesellschaft die in § 13e Abs. 2 Satz 4 des Handelsgesetzbuchs[1)] vorgeschriebenen Angaben bis zum 1. Mai 1994 zur Eintragung in das Handelsregister anzumelden. [2] Die gesetzlichen Vertreter haben innerhalb dieses Zeitraums auch die Anschrift und den Gegenstand der Zweigniederlassung anzumelden, sofern nicht bereits die Anmeldung der Errichtung der Zweigniederlassung diese Angaben enthalten hat.

(2) Hat eine Aktiengesellschaft, Kommanditgesellschaft auf Aktien oder Gesellschaft mit beschränkter Haftung mit Sitz im Ausland am 1. November 1993 mehrere inländische Zweigniederlassungen oder errichtet sie neben einer oder mehreren bereits bestehenden inländischen Zweigniederlassungen weitere inländische Zweigniederlassungen, so ist § 13e Abs. 5 des Handelsgesetzbuchs sinngemäß anzuwenden.

[1)] Nr. **5**.

(3) Die §§ 289, 325a und § 335 des Handelsgesetzbuchs in der ab 1. November 1993 geltenden Fassung sind erstmals auf das nach dem 31. Dezember 1992 beginnende Geschäftsjahr anzuwenden.

Siebenter Abschnitt. Übergangsvorschriften zum Nachhaftungsbegrenzungsgesetz

Art. 35 [Übergangsvorschrift zu § 160 HGB] [1] § 160 des Handelsgesetzbuches[1)] in der ab dem 26. März 1994 geltenden Fassung ist auf vor diesem Datum entstandene Verbindlichkeiten anzuwenden, wenn

1. das Ausscheiden des Gesellschafters oder sein Wechsel in die Rechtsstellung eines Kommanditisten nach dem 26. März 1994 in das Handelsregister eingetragen wird und
2. die Verbindlichkeiten nicht später als vier Jahre nach der Eintragung fällig werden.

[2] Auf später fällig werdende Verbindlichkeiten im Sinne des Satzes 1 ist das bisher geltende Recht mit der Maßgabe anwendbar, daß die Verjährungsfrist ein Jahr beträgt.

Art. 36 [Verbindlichkeiten aus fortbestehenden Arbeitsverhältnissen]

(1) [1] Abweichend von Artikel 35 gilt § 160 Abs. 3 Satz 2 des Handelsgesetzbuches[1)] auch für Verbindlichkeiten im Sinne des Artikels 35 Satz 2, wenn diese aus fortbestehenden Arbeitsverhältnissen entstanden sind. [2] Dies gilt auch dann, wenn der Wechsel in der Rechtsstellung des Gesellschafters bereits vor dem 26. März 1994 stattgefunden hat, mit der Maßgabe, daß dieser Wechsel mit dem 26. März 1994 als in das Handelsregister eingetragen gilt.

(2) [1] Die Enthaftung nach Absatz 1 gilt nicht für Ansprüche auf Arbeitsentgelt, für die der Arbeitnehmer bei Zahlungsunfähigkeit der Gesellschaft keinen Anspruch auf Insolvenzgeld hat. [2] Insoweit bleibt es bei dem bisher anwendbaren Recht.

Art. 37 [Übergangsvorschrift zu §§ 26 und 28 Abs. 3 HGB] (1) [1] Die §§ 26 und 28 Abs. 3 des Handelsgesetzbuches[1)] in der ab dem 26. März 1994 geltenden Fassung sind auf vor diesem Datum entstandene Verbindlichkeiten anzuwenden, wenn

1. nach dem 26. März 1994 der neue Inhaber oder die Gesellschaft eingetragen wird oder die Kundmachung der Übernahme stattfindet und
2. die Verbindlichkeiten nicht später als vier Jahre nach der Eintragung oder der Kundmachung fällig werden.

[2] Auf später fällig werdende Verbindlichkeiten im Sinne des Satzes 1 ist das bisher geltende Recht mit der Maßgabe anwendbar, daß die Verjährungsfrist ein Jahr beträgt.

(2) [1] Abweichend von Absatz 1 gilt § 28 Abs. 3 des Handelsgesetzbuches auch für Verbindlichkeiten im Sinne des Absatzes 1 Satz 2, wenn diese aus fortbestehenden Arbeitsverhältnissen entstanden sind. [2] Dies gilt auch dann, wenn die Gesellschaft bereits vor dem 26. März 1994 ins Handelsregister einge-

---

[1)] Nr. 5.

tragen wurde, mit der Maßgabe, daß der 26. März 1994 als Tag der Eintragung gilt.

(3) [1] Die Enthaftung nach Absatz 2 gilt nicht für Ansprüche auf Arbeitsentgelt, für die der Arbeitnehmer bei Zahlungsunfähigkeit der Gesellschaft keinen Anspruch auf Insolvenzgeld hat. [2] Insoweit bleibt es bei dem bisher anwendbaren Recht.

Achter Abschnitt. Übergangsvorschrift zum Handelsrechtsreformgesetz

Art. 38 [Eintragung ins Handelsregister] Hat die Änderung der Firma eines Einzelkaufmanns oder einer Personenhandelsgesellschaft ausschließlich die Aufnahme der nach § 19 Abs. 1 des Handelsgesetzbuchs[1)] in der ab dem 1. Juli 1998 geltenden Fassung vorgeschriebenen Bezeichnung zum Gegenstand, bedarf diese Änderung nicht der Anmeldung zur Eintragung in das Handelsregister.

Art. 39–41 *(aufgehoben)*

Neunter Abschnitt. Übergangsvorschriften zur Einführung des Euro

Art. 42 [Jahres- und Konzernabschluss] (1) [1] Die §§ 244, 284 Abs. 2 Nr. 2, § 292a Abs. 1 Satz 1, § 313 Abs. 1 Nr. 2 und § 340h Abs. 1 Satz 1 und 2 des Handelsgesetzbuchs[1)] in der ab 1. Januar 1999 geltenden Fassung sind erstmals auf das nach dem 31. Dezember 1998 endende Geschäftsjahr anzuwenden. [2] Der Jahres- und Konzernabschluß darf auch in Deutscher Mark aufgestellt werden, letztmals für das im Jahre 2001 endende Geschäftsjahr. [3] Sofern der Jahresabschluß und der Konzernabschluß nach Satz 2 in Deutscher Mark aufgestellt werden, sind auch die nach § 284 Abs. 2 Nr. 2, § 292a Abs. 1 Satz 1, § 313 Abs. 1 Nr. 2 sowie § 340h Abs. 1 Satz 1 und 2 vorgeschriebenen Angaben weiterhin in Deutscher Mark zu machen. [4] § 328 Abs. 4 des Handelsgesetzbuchs ist letztmals auf das spätestens am 31. Dezember 1998 endende Geschäftsjahr anzuwenden.

(2) [1] Werden der Jahresabschluß und der Konzernabschluß in Euro aufgestellt, ist § 265 Abs. 2 des Handelsgesetzbuchs mit der Maßgabe anzuwenden, daß zu jedem Posten der entsprechende Betrag des vorhergehenden Geschäftsjahres in Euro anzugeben ist. [2] Die Umrechnung hat insoweit auch für ein Geschäftsjahr, das vor dem 1. Januar 1999 endet, zu dem vom Rat der Europäischen Union gemäß Artikel 109l Abs. 4 Satz 1 des EG-Vertrages unwiderruflich festgelegten Umrechnungskurs zu erfolgen. [3] Satz 2 gilt entsprechend für die Darstellung der Entwicklung der einzelnen Posten des Anlagevermögens und des Postens „Aufwendungen für die Ingangsetzung und Erweiterung des Geschäftsbetriebs“ in der Bilanz oder im Anhang nach § 268 Abs. 2 des Handelsgesetzbuchs.

(3) [1] Stellen Unternehmen vor Umstellung ihres gezeichneten Kapitals auf Euro den Jahres- und Konzernabschluß in Euro auf, darf das gezeichnete Kapital in der Vorspalte der Bilanz weiterhin in Deutscher Mark ausgewiesen

---

[1)] Nr. **5**.

werden, sofern der sich in Euro ergebende Betrag in der Hauptspalte ausgewiesen wird. [2]Stellen Unternehmen den Jahres- und Konzernabschluß nach Umstellung ihres gezeichneten Kapitals auf Euro in Deutscher Mark auf, darf das gezeichnete Kapital in der Vorspalte in Euro ausgewiesen werden, sofern der sich in Deutscher Mark ergebende Betrag in der Hauptspalte ausgewiesen wird. [3]Statt des Ausweises in der Vorspalte darf das gezeichnete Kapital auch im Anhang angegeben werden.

Art. 43 [Ausleihungen, Forderungen und Verbindlichkeiten] (1) [1]Ausleihungen, Forderungen und Verbindlichkeiten, die auf Währungseinheiten der an der Wirtschafts- und Währungsunion teilnehmenden anderen Mitgliedstaaten oder auf die ECU im Sinne des Artikels 2 der Verordnung (EG) Nr. 1103/97 des Rates vom 17. Juni 1997 (ABl. EG Nr. L 162 S. 1) lauten, sind zum nächsten auf den 31. Dezember 1998 folgenden Stichtag im Jahresabschluß und im Konzernabschluß mit dem vom Rat der Europäischen Union gemäß Artikel 109l Abs. 4 Satz 1 des EG-Vertrages unwiderruflich festgelegten Umrechnungskurs umzurechnen und anzusetzen. [2]Erträge, die sich aus der Umrechnung und dem entsprechenden Bilanzansatz ergeben, dürfen auf der Passivseite in einen gesonderten Posten unter der Bezeichnung „Sonderposten aus der Währungsumstellung auf den Euro" nach dem Eigenkapital eingestellt werden. [3]Der Posten ist insoweit aufzulösen, als die Ausleihungen, Forderungen und Verbindlichkeiten, für die er gebildet worden ist, aus dem Vermögen des Unternehmens ausscheiden, spätestens jedoch am Schluß des fünften nach dem 31. Dezember 1998 endenden Geschäftsjahres.

(2) [1]In den Sonderposten gemäß Absatz 1 Satz 2 dürfen auch Erträge eingestellt werden, die sich aus der Aktivierung von Vermögensgegenständen aufgrund der unwiderruflichen Festlegung der Wechselkurse ergeben. [2]Absatz 1 Satz 3 gilt entsprechend.

Art. 44 [Aufwendungen für Währungsumstellung] (1) [1]Die Aufwendungen für die Währungsumstellung auf den Euro dürfen als Bilanzierungshilfe aktiviert werden, soweit es sich um selbstgeschaffene immaterielle Vermögensgegenstände des Anlagevermögens handelt. [2]Der Posten ist in der Bilanz unter der Bezeichnung „Aufwendungen für die Währungsumstellung auf den Euro" vor dem Anlagevermögen auszuweisen. [3]Die als Bilanzierungshilfe ausgewiesenen Beträge sind in jedem folgenden Geschäftsjahr zu mindestens einem Viertel durch Abschreibung zu tilgen. [4]Im Jahresabschluß von Kapitalgesellschaften ist der Posten im Anhang zu erläutern. [5]Werden solche Aufwendungen in der Bilanz von Kapitalgesellschaften ausgewiesen, so dürfen Gewinne nur ausgeschüttet werden, wenn die nach der Ausschüttung verbleibenden jederzeit auflösbaren Gewinnrücklagen zuzüglich eines Gewinnvortrags und abzüglich eines Verlustvortrags dem angesetzten Betrag mindestens entsprechen.

(2) Absatz 1 ist erstmals auf das nach dem 31. Dezember 1997 endende Geschäftsjahr anzuwenden.

Art. 45 [Anmeldungen zur Eintragung ins Handelsregister] (1) [1]Anmeldungen zur Eintragung in das Handelsregister, die nur die Ersetzung von auf Deutsche Mark lautenden Beträgen durch den zu dem vom Rat der Europäischen Union gemäß Artikel 109l Abs. 4 Satz 1 des EG-Vertrages unwiderruflich festgelegten Umrechnungskurs ermittelten Betrag in Euro zum Gegenstand haben, bedürfen nicht der in § 12 des Handelsgesetzbuchs[1)] vorgeschriebenen Form. [2]Entsprechende Eintragungen werden abweichend von § 10 des Handelsgesetzbuchs nicht bekannt gemacht.

(2) Für die Anmeldung der Erhöhung des Grund- oder Stammkapitals aus Gesellschaftsmitteln oder der Herabsetzung des Kapitals auf den nächsthöheren oder nächstniedrigeren Betrag, mit dem die Nennbeträge der Aktien auf volle Euro oder die Nennbeträge der Geschäftsanteile auf einen durch zehn teilbaren Betrag in Euro gestellt werden können, zum Handelsregister ist die Hälfte des sich auf § 105 Absatz 1 Nummer 3 oder 4 des Gerichts- und Notarkostengesetzes ergebenden Wertes als Geschäftswert zugrunde zu legen.

Zehnter Abschnitt. Übergangsvorschriften zum Gesetz zur Kontrolle und Transparenz im Unternehmensbereich

Art. 46 [Übergangsvorschriften zum KonTraG] (1) [1]Die §§ 285, 289, 297, 315, 317, 321, 322, 340a und 341k des Handelsgesetzbuchs[1)] in der Fassung des Gesetzes zur Kontrolle und Transparenz im Unternehmensbereich sind spätestens auf das nach dem 31. Dezember 1998 beginnende Geschäftsjahr anzuwenden. [2]§ 323 des Handelsgesetzbuchs in der Fassung des in Satz 1 genannten Gesetzes ist erstmals auf die Prüfung des Abschlusses für das nach dem 31. Dezember 1998 beginnende Geschäftsjahr anzuwenden.

(2) § 319 des Handelsgesetzbuchs in der Fassung des in Absatz 1 Satz 1 genannten Gesetzes ist erstmals auf das nach dem 31. Dezember 2001 beginnende Geschäftsjahr anzuwenden.

(3) Sind die neuen Vorschriften nach den Absätzen 1 und 2 auf ein früheres Geschäftsjahr nicht anzuwenden und werden die neuen Vorschriften nach Absatz 1 Satz 1 nicht freiwillig angewendet, so ist für das Geschäftsjahr die am 30. April 1998 geltende Fassung der geänderten Vorschriften anzuwenden.

Elfter Abschnitt. Übergangsvorschrift zum Gesetz zur Verlängerung der steuerlichen und handelsrechtlichen Aufbewahrungsfristen

Art. 47 [Aufbewahrungsfrist] § 257 Abs. 4 des Handelsgesetzbuchs[1)] in der Fassung des Artikels 4 des Gesetzes vom 19. Dezember 1998 (BGBl. I S. 3816) gilt erstmals für Unterlagen, deren Aufbewahrungsfrist nach § 257 Abs. 4 des Handelsgesetzbuchs in der bis zum 23. Dezember 1998 geltenden Fassung noch nicht abgelaufen ist.

Zwölfter Abschnitt. Übergangsvorschriften zum Kapitalgesellschaften- und Co-Richtlinie-Gesetz

Art. 48 [Übergangsvorschriften zum KapCoRiLiG] (1) [1]Die Bestimmungen des Zweiten Abschnitts des Dritten Buchs des Handelsgesetzbuchs[2)] in der vom 9. März 2000 an geltenden Fassung sind von offenen Handelsgesell-

---

[1)] Nr. **5**.

[2)] Auszugsweise abgedruckt unter Nr. **5**.

schaften und Kommanditgesellschaften im Sinne des § 264a des Handelsgesetzbuchs erstmals auf Jahresabschlüsse und Lageberichte sowie auf Konzernabschlüsse und Konzernlageberichte für das nach dem 31. Dezember 1999 beginnende Geschäftsjahr anzuwenden; sie können auf ein früheres Geschäftsjahr angewendet werden, jedoch nur insgesamt. [2] § 264 Abs. 4, §§ 267, 292a Abs. 1, § 313 Abs. 2 Nr. 4 Satz 2, § 314 Abs. 1 Nr. 6 Buchstabe a Satz 1, § 325 Abs. 1 Satz 1, Abs. 3 Satz 1, § 326 Satz 1, §§ 335a, 335b, 339 Abs. 1 Satz 1, Abs. 2, §§ 340o und 341o des Handelsgesetzbuchs in der vom 9. März 2000 an geltenden Fassung sind vorbehaltlich des Satzes 1 erstmals auf Jahres- und Konzernabschlüsse für das nach dem 31. Dezember 1998 beginnende Geschäftsjahr anzuwenden. [3] § 335 des Handelsgesetzbuchs in der bis zum 8. März 2000 geltenden Fassung ist letztmals zur Durchsetzung der in Satz 1 dieser Vorschrift bezeichneten Pflichten anzuwenden, soweit sie ein Geschäftsjahr betreffen, das vor dem 1. Januar 1999 begonnen hat.

(2) [1] Waren Vermögensgegenstände des Anlagevermögens im Jahresabschluss für das am 31. Dezember 1999 endende oder laufende Geschäftsjahr mit einem niedrigeren Wert angesetzt, als er nach § 240 Abs. 3 und 4, §§ 252, 253 Abs. 1, 2 und 4, §§ 254, 255, 279 und 280 Abs. 1 und 2 des Handelsgesetzbuchs zulässig ist, so darf der niedrigere Wertansatz beibehalten werden. [2] § 253 Abs. 2 des Handelsgesetzbuchs ist in diesen Fällen mit der Maßgabe anzuwenden, dass der niedrigere Wertansatz um planmäßige Abschreibungen entsprechend der voraussichtlichen Restnutzungsdauer zu vermindern ist.

(3) Waren Vermögensgegenstände des Umlaufvermögens im Jahresabschluss für das am 31. Dezember 1999 endende oder laufende Geschäftsjahr mit einem niedrigeren Wert angesetzt, als er nach §§ 252, 253 Abs. 1, 3 und 4, §§ 254, 255 Abs. 1 und 2, §§ 256, 279 Abs. 1 Satz 1, Abs. 2, § 280 Abs. 1 und 2 des Handelsgesetzbuchs zulässig ist, so darf der niedrigere Wertansatz insoweit beibehalten werden, als er aus den Gründen des § 253 Abs. 3, §§ 254, 279 Abs. 2, § 280 Abs. 2 des Handelsgesetzbuchs angesetzt worden ist.

(4) [1] Ändern sich bei der erstmaligen Anwendung der durch die Artikel 1 und 5 des Kapitalgesellschaften- und Co-Richtlinie-Gesetzes geänderten Vorschriften auf eine Personenhandelsgesellschaft im Sinne des § 264a des Handelsgesetzbuchs die bisherige Form der Darstellung oder die bisher angewandten Bewertungsmethoden, so sind § 252 Abs. 1 Nr. 6, § 265 Abs. 1, § 284 Abs. 2 Nr. 3 des Handelsgesetzbuchs bei der erstmaligen Aufstellung eines Jahresabschlusses nach den geänderten Vorschriften nicht anzuwenden. [2] Außerdem brauchen die Vorjahreszahlen bei der erstmaligen Anwendung nicht angegeben zu werden.

(5) [1] Sind bei der erstmaligen Anwendung des § 268 Abs. 2 des Handelsgesetzbuchs über die Darstellung der Entwicklung des Anlagevermögens die Anschaffungs- oder Herstellungskosten eines Vermögensgegenstandes des Anlagevermögens nicht ohne unverhältnismäßige Kosten oder Verzögerungen feststellbar, so dürfen die Buchwerte dieser Vermögensgegenstände aus dem Jahresabschluss des vorhergehenden Geschäftsjahrs als ursprüngliche Anschaffungs- oder Herstellungskosten übernommen und fortgeführt werden. [2] Satz 1 darf entsprechend auf die Darstellung des Postens „Aufwendungen für die Ingangsetzung und Erweiterung des Geschäftsbetriebs" angewendet werden. [3] Die Anwendung der Sätze 1 und 2 ist im Anhang anzugeben. [4] Die Sätze 1 und 2 sind nicht anzuwenden, soweit aus Gründen des Steuerrechts die Anschaffungs- oder Herstellungskosten ermittelt werden müssen.

(6) Personenhandelsgesellschaften im Sinne des § 264a des Handelsgesetzbuchs haben bei Anwendung des Artikels 28 Abs. 1 die in Artikel 28 Abs. 2 vorgeschriebenen Angaben erstmals für das nach dem 31. Dezember 1999 beginnende Geschäftsjahr zu machen.

Dreizehnter Abschnitt. Übergangsvorschrift zur Anpassung der Abgrenzungsmerkmale für größenabhängige Befreiungen bei der Aufstellung des Konzernabschlusses nach den §§ 290 bis 293 des Handelsgesetzbuchs

Art. 49 [Maßgaben zu § 293 HGB] § 293 Abs. 1 des Handelsgesetzbuchs[1] ist für Geschäftsjahre, die nach dem 31. Dezember 1998 beginnen und die spätestens am 31. Dezember 1999 enden, mit folgenden Maßgaben anzuwenden:

1. In Nummer 1 treten
   a) in Buchstabe a an die Stelle des Geldbetrages „32 270 000 Deutsche Mark" der Geldbetrag von „80 670 000 Deutsche Mark",
   b) in Buchstabe b an die Stelle des Geldbetrages „64 540 000 Deutsche Mark" der Geldbetrag von „161 330 000 Deutsche Mark" und
   c) in Buchstabe c an die Stelle der Arbeitnehmerzahl „250" die Arbeitnehmerzahl „500".
2. In Nummer 2 treten
   a) in Buchstabe a an die Stelle des Geldbetrages „26 890 000 Deutsche Mark" der Geldbetrag von „67 230 000 Deutsche Mark",
   b) in Buchstabe b an die Stelle des Geldbetrages „53 780 000 Deutsche Mark" der Geldbetrag von „134 460 000 Deutsche Mark" und
   c) in Buchstabe c an die Stelle der Arbeitnehmerzahl „250" die Arbeitnehmerzahl „500".

Vierzehnter Abschnitt. Übergangsvorschrift zum Gesetz zur Änderung von Vorschriften über die Tätigkeit der Wirtschaftsprüfer

Art. 50 [Prüfung einer Aktiengesellschaft] § 319 Abs. 2 Satz 2 Nr. 2 und Abs. 3 Nr. 7 des Handelsgesetzbuchs[1] in der am 1. Januar 2001 geltenden Fassung sind für die Prüfung einer Aktiengesellschaft, die Aktien mit amtlicher Notierung ausgegeben hat, erstmals auf die Prüfung des Abschlusses für das nach dem 31. Dezember 2002 beginnende Geschäftsjahr anzuwenden.

Fünfzehnter Abschnitt. Übergangsvorschriften zum Euro-Bilanzgesetz

Art. 51 [Übergangsvorschriften zum Euro-Bilanzgesetz] (1) [1] § 323 Abs. 2 und § 340k Abs. 4 des Handelsgesetzbuchs[1] in der vom 1. Januar 2002 an geltenden Fassung sind erstmals auf die Prüfung des Abschlusses für ein nach dem 31. Dezember 2001 endendes Geschäftsjahr anzuwenden. [2] § 323 Abs. 2

---

[1] Nr. **5**.

und § 340k Abs. 4 des Handelsgesetzbuchs in der bis zum 31. Dezember 2001 geltenden Fassung sind letztmals auf die Prüfung des Abschlusses für ein spätestens am 31. Dezember 2001 endendes Geschäftsjahr anzuwenden.

(2) [1] § 325a Abs. 1 Satz 3bis 5, § 340l Abs. 2 Satz 3 und 4, Abs. 4 des Handelsgesetzbuchs in der am 15. Dezember 2001 geltenden Fassung sind erstmals auf die Offenlegung des Jahres- und Konzernabschlusses, des Lageberichts und Konzernlageberichts sowie der dazugehörenden Unterlagen für das am 31. Dezember 2000 oder später endende Geschäftsjahr anzuwenden. [2] § 325a Abs. 1 Satz 3 und 4, § 340l Abs. 2 Satz 3 und 4, Abs. 4 des Handelsgesetzbuchs in der am 14. Dezember 2001 geltenden Fassung sind letztmals auf die Offenlegung des Jahres- und Konzernabschlusses, des Lageberichts und Konzernlageberichts sowie der dazugehörenden Unterlagen für das vor dem 31. Dezember 2000 endende Geschäftsjahr anzuwenden. [3] Sofern die Offenlegung des Jahres- und Konzernabschlusses, des Lageberichts und Konzernlageberichts sowie der dazugehörenden Unterlagen eines Geschäftsjahres, das vor dem 31. Dezember 2000 endet, bisher nicht erfolgt ist und das Unternehmen diesen Umstand nicht zu vertreten hat, können auf die Offenlegung die Vorschriften des Satzes 1 angewendet werden.

Sechzehnter Abschnitt. Übergangsvorschrift zum Gesetz über elektronische Register und Justizkosten für Telekommunikation

Art. 52 [Anmeldung und Eintragung einer Vertretungsmacht] [1] Bei nach § 33 des Handelsgesetzbuchs[1)] eingetragenen juristischen Personen, Offenen Handelsgesellschaften und Kommanditgesellschaften muss die Anmeldung und Eintragung einer dem gesetzlichen Regelfall entsprechenden Vertretungsmacht der persönlich haftenden Gesellschafter, des Vorstandes und der Liquidatoren erst erfolgen, wenn eine vom gesetzlichen Regelfall abweichende Bestimmung des Gesellschaftsvertrages oder der Satzung über die Vertretungsmacht angemeldet und eingetragen wird oder wenn erstmals die Liquidatoren zur Eintragung angemeldet und eingetragen werden. [2] Das Registergericht kann die Eintragung einer dem gesetzlichen Regelfall entsprechenden Vertretungsmacht auch von Amts wegen vornehmen.

Siebzehnter Abschnitt. Übergangsvorschriften zum Altfahrzeug-Gesetz

Art. 53 [Rückstellungen bei Verpflichtung zur Rücknahme und Verwertung von Altfahrzeugen] (1) Für Verpflichtungen zur Rücknahme und Verwertung von Altfahrzeugen nach den §§ 3 bis 5 der Altfahrzeug-Verordnung in der Fassung der Bekanntmachung vom 21. Juni 2002 (BGBl. I S. 2214) sind Rückstellungen hinsichtlich der bis zum jeweiligen Abschlussstichtag in Verkehr gebrachten Fahrzeuge erstmals im Jahresabschluss für das nach dem 26. April 2002 endende Geschäftsjahr zu bilden.

(2) [1] Soweit sich die in Absatz 1 genannten Verpflichtungen auf Fahrzeuge beziehen, die vor dem 1. Juli 2002 in Verkehr gebracht wurden, darf als Bilanzierungshilfe jeweils der Unterschiedsbetrag zwischen den hierfür nach Absatz 1 anzusetzenden Rückstellungen und dem Rückstellungsbetrag aktiviert

---

1) Nr. 5.

werden, der sich bei Ansammlung dieser Rückstellungen in gleichmäßig bemessenen Jahresraten ergäbe. 2 Dabei ist ein Ansammlungszeitraum zugrunde zu legen, der mit dem in Absatz 1 bezeichneten Geschäftsjahr beginnt und mit dem letzten vor dem 1. Januar 2007 endenden Geschäftsjahr endet. 3 Der Posten ist in der Bilanz unter der Bezeichnung „Ausgleichsbetrag nach dem Altfahrzeug-Gesetz" vor dem Anlagevermögen auszuweisen. 4 Artikel 44 Abs. 1 Satz 4 und 5 gilt entsprechend.

Achtzehnter Abschnitt. Übergangsvorschriften zum Transparenz- und Publizitätsgesetz

Art. 54 [Übergangsvorschriften zum Transparenz- und Publizitätsgesetz] (1) 1 Die vom Inkrafttreten des Artikels 2 des Transparenz- und Publizitätsgesetzes an geltende Fassung des § 285 Nr. 9, § 286 Abs. 3, § 291 Abs. 3, § 297 Abs. 1 Satz 2, § 298 Abs. 1, § 299 Abs. 1, § 301 Abs. 1, der §§ 304, 308, 313 Abs. 3, des § 314 Abs. 1 Nr. 6 sowie des § 341j Abs. 2 des Handelsgesetzbuchs[1)] ist erstmals auf das nach dem 31. Dezember 2002 beginnende Geschäftsjahr anzuwenden. 2 Die Vorschriften können auf ein früheres Geschäftsjahr angewendet werden. 3 Die vom Inkrafttreten des Artikels 2 des Transparenz- und Publizitätsgesetzes an geltende Fassung des § 285 Nr. 16, § 314 Abs. 1 Nr. 8, Abs. 2, § 316 Abs. 2 Satz 2, § 317 Abs. 4, § 321 Abs. 1 Satz 3, Abs. 2, § 325 Abs. 1 Satz 1, Abs. 3 Satz 1 und 2 sowie des § 341 Abs. 4 Satz 2 des Handelsgesetzbuchs ist erstmals auf das nach dem 31. Dezember 2001 beginnende Geschäftsjahr anzuwenden.

(2) Ergibt sich bei der erstmaligen Anwendung der in Absatz 1 genannten Bestimmungen eine Erhöhung oder Verminderung des Ergebnisses, so ist der Unterschiedsbetrag in die Gewinnrücklagen einzustellen oder offen mit diesen zu verrechnen; dieser Betrag ist nicht Bestandteil des Jahresergebnisses.

Neunzehnter Abschnitt. Übergangsvorschrift zum Wirtschaftsprüfungsexamens-Reformgesetz

Art. 55 [Verjährungsfrist] (1) Die regelmäßige Verjährungsfrist nach § 195 des Bürgerlichen Gesetzbuchs findet auf die am 1. Januar 2004 bestehenden und noch nicht verjährten Ansprüche nach § 323 des Handelsgesetzbuchs[1)] Anwendung.

(2) 1 Die regelmäßige Verjährungsfrist nach § 195 des Bürgerlichen Gesetzbuchs wird vom 1. Januar 2004 an berechnet. 2 Läuft jedoch die Verjährungsfrist nach dem bis zum 31. Dezember 2003 geltenden § 323 Abs. 5 des Handelsgesetzbuchs früher als die Verjährungsfrist nach § 195 des Bürgerlichen Gesetzbuchs ab, so ist die Verjährung mit Ablauf der in § 323 Abs. 5 des Handelsgesetzbuchs in der bis zum 31. Dezember 2003 geltenden Fassung bestimmten Verjährungsfrist vollendet.

---

1) Nr. **5**.

Zwanzigster Abschnitt. Übergangsvorschriften zum Bilanzkontrollgesetz

Art. 56 [Übergangsvorschriften zum BilKoG] (1) [1]Die Bestimmungen des Sechsten Abschnitts des Dritten Buchs des Handelsgesetzbuchs[1)] in der Fassung des Bilanzkontrollgesetzes vom 15. Dezember 2004 finden erstmals auf Abschlüsse des Geschäftsjahres Anwendung, das am 31. Dezember 2004 oder später endet. [2]Prüfungen durch eine anerkannte Prüfstelle im Sinne von § 342b Abs. 1 des Handelsgesetzbuchs finden frühestens ab dem 1. Juli 2005 statt.

(2) In dem ersten nach Anerkennung einer Prüfstelle gemäß § 342d des Handelsgesetzbuchs aufzustellenden Wirtschaftsplan sind auch die Kosten zu berücksichtigen, die zur Errichtung der Prüfstelle erforderlich waren, auch wenn sie bereits vor Anerkennung der Prüfstelle entstanden sind.

Einundzwanzigster Abschnitt. Übergangsvorschriften zur Verordnung (EG) Nr. 1606/2002 sowie zum Bilanzrechtsreformgesetz

Art. 57 [Übergangsvorschrift zur Verordnung (EG) Nr. 1606/2002]

[1]Auf Gesellschaften, von denen

1. lediglich Schuldtitel zum Handel in einem geregelten Markt eines Mitgliedstaats der Europäischen Union oder eines anderen Vertragsstaats des Abkommens über den Europäischen Wirtschaftsraum im Sinne des Artikels 1 Nr. 13 der Richtlinie 93/22/EWG des Rates vom 10. Mai 1993 über Wertpapierdienstleistungen (ABl. EG Nr. L 141 S. 27), die zuletzt durch die Richtlinie 2002/87/EG des Europäischen Parlaments und des Rates vom 16. Dezember 2002 (ABl. EU 2003 Nr. L 35 S. 1) geändert worden ist, zugelassen sind, oder
2. Wertpapiere zum öffentlichen Handel in einem Drittstaat zugelassen sind und die zu diesem Zweck seit dem Geschäftsjahr, das vor dem 11. September 2002 begann, international anerkannte Rechnungslegungsstandards anwenden,

findet Artikel 4 der Verordnung (EG) Nr. 1606/2002 des Europäischen Parlaments und des Rates vom 19. Juli 2002 betreffend die Anwendung internationaler Rechnungslegungsstandards (ABl. EG Nr. L 243 S. 1) in der jeweils geltenden Fassung erst von dem Geschäftsjahr an Anwendung, das nach dem 31. Dezember 2006 beginnt. [2]Drittstaat im Sinne des Satzes 1 Nr. 2 ist ein Staat, der weder Mitgliedstaat der Europäischen Union noch Vertragsstaat des Abkommens über den Europäischen Wirtschaftsraum ist.

Art. 58 [Übergangsvorschrift zum Bilanzrechtsreformgesetz]

(1) § 267 Abs. 1 und 2, § 293 Abs. 1 des Handelsgesetzbuchs[2)] in der Fassung des Bilanzrechtsreformgesetzes vom 4. Dezember 2004 (BGBl. I S. 3166) sind erstmals auf Jahres- und Konzernabschlüsse für das nach dem 31. Dezember 2003 beginnende Geschäftsjahr anzuwenden.

---

1) Auszugsweise abgedruckt unter Nr. **5**.
2) Nr. **5**.

(2) [1] § 285 Satz 1 Nr. 18, 19, Satz 2 bis 6, §§ 286 bis 288, 289 Abs. 2 Nr. 2, § 314 Abs. 1 Nr. 10, 11, § 315 Abs. 2 Nr. 2, §§ 327, 336, 338, 340a Abs. 2, § 341a Abs. 2 des Handelsgesetzbuchs in der Fassung des Bilanzrechtsreformgesetzes sind erstmals auf Jahres- und Konzernabschlüsse für das nach dem 31. Dezember 2003 beginnende Geschäftsjahr anzuwenden. [2] Im Lagebericht und im Konzernlagebericht ist für Geschäftsjahre, die nach dem 31. Dezember 2003 beginnen und die spätestens am 31. Dezember 2004 enden, auch auf die voraussichtliche Entwicklung der Kapitalgesellschaft und des Konzerns einzugehen.

(3) [1] Die §§ 257, 285 Satz 1 Nr. 17, § 289 Abs. 1, 3, § 291 Abs. 3, § 294 Abs. 3 Satz 1, § 297 Abs. 1, § 298 Abs. 3, § 313 Abs. 2 Nr. 1, § 314 Abs. 1 Nr. 9, § 315 Abs. 1, § 315a Abs. 1 und 3, § 317 Abs. 2, §§ 321, 321a, 322, 324a, 325, 328, 339, 340a Abs. 1, §§ 340i, 340j, 340l Abs. 5, § 341j Abs. 1, § 341l Abs. 4 des Handelsgesetzbuchs in der Fassung des Bilanzrechtsreformgesetzes finden erstmals auf das nach dem 31. Dezember 2004 beginnende Geschäftsjahr Anwendung. [2] § 315a Abs. 2 des Handelsgesetzbuchs in der Fassung des Bilanzrechtsreformgesetzes findet erstmals auf das nach dem 31. Dezember 2006 beginnende Geschäftsjahr Anwendung. [3] § 318 Abs. 3 des Handelsgesetzbuchs in der Fassung des Bilanzrechtsreformgesetzes ist erstmals anzuwenden auf Ersetzungsverfahren, die nach dem 31. Dezember 2004 beantragt werden. [4] Die bis zum 9. Dezember 2004 geltenden Fassungen der §§ 257, 289 Abs. 1, § 291 Abs. 3, §§ 292a, 294 Abs. 3 Satz 1, §§ 295, 297 Abs. 1, § 298 Abs. 3, § 313 Abs. 2 Nr. 1, § 315 Abs. 1, § 317 Abs. 2, §§ 321, 322, 325, 328, 339, 340a Abs. 1, §§ 340i, 340j, 341j Abs. 1 des Handelsgesetzbuchs sind letztmals auf das vor dem 1. Januar 2005 beginnende Geschäftsjahr anzuwenden. [5] § 292a des Handelsgesetzbuchs gilt entsprechend für nach dem 31. Dezember 2002 und vor dem 1. Januar 2005 beginnende Geschäftsjahre auch für Mutterunternehmen, die keinen organisierten Markt im Sinne des § 2 Abs. 5 des Wertpapierhandelsgesetzes[1)] in Anspruch nehmen.

(4) [1] Die §§ 319 und 319a des Handelsgesetzbuchs in der Fassung des Bilanzrechtsreformgesetzes finden vorbehaltlich der Sätze 3, 4 und 6 erstmals auf alle gesetzlich vorgeschriebenen Abschlussprüfungen für das nach dem 31. Dezember 2004 beginnende Geschäftsjahr Anwendung. [2] Die bis zum 9. Dezember 2004 geltende Fassung des § 319 des Handelsgesetzbuchs ist letztmals auf alle gesetzlich vorgeschriebenen Abschlussprüfungen für das vor dem 1. Januar 2005 beginnende Geschäftsjahr anzuwenden. [3] § 319 Abs. 1 Satz 3 des Handelsgesetzbuchs in der Fassung des Bilanzrechtsreformgesetzes ist auf alle gesetzlich vorgeschriebenen Abschlussprüfungen mit Ausnahme der Prüfung einer Aktiengesellschaft, die Aktien mit amtlicher Notierung ausgegeben hat, erstmals für das nach dem 31. Dezember 2005 beginnende Geschäftsjahr anzuwenden. [4] § 319a Abs. 1 Satz 1 Nr. 1, 4 und Satz 4 des Handelsgesetzbuchs in der Fassung des Bilanzrechtsreformgesetzes ist erstmals auf Abschlussprüfungen für das nach dem 31. Dezember 2006 beginnende Geschäftsjahr anzuwenden. [5] Auf Abschlussprüfungen für vor dem 1. Januar 2007 beginnende Geschäftsjahre findet § 319 Abs. 3 Nr. 6 des Handelsgesetzbuchs in der bis zum 9. Dezember 2004 geltenden Fassung Anwendung. [6] § 319 Abs. 3 Satz 1 Nr. 3 und § 319a Abs. 1 Satz 1 Nr. 2 des Handelsgesetzbuchs in der Fassung des Bilanzrechtsreformgesetzes sind auf Abschlussprüfungen für vor dem 1. Januar 2006 begin-

---

[1)] Nr. **10**.

nende Geschäftsjahre nicht anzuwenden, wenn der Auftrag zur Erbringung der dort genannten Leistungen vor dem 29. Oktober 2004 erteilt worden ist und die Tätigkeit nach der bis zum 9. Dezember 2004 geltenden Fassung des Handelsgesetzbuchs zulässig war.

(5) [1] Erfüllt ein Mutterunternehmen (§ 290 des Handelsgesetzbuchs) die Voraussetzungen des Artikels 57 Satz 1 Nr. 1 dieses Gesetzes, so ist die bis zum 9. Dezember 2004 geltende Fassung des § 297 Abs. 1 des Handelsgesetzbuchs abweichend von Absatz 3 Satz 4 letztmals auf das vor dem 1. Januar 2007 beginnende Geschäftsjahr anzuwenden; dies gilt nicht, wenn ein Konzernabschluss nach § 315a Abs. 3 des Handelsgesetzbuchs aufgestellt wird. [2] In den Fällen des Artikels 57 Satz 1 dürfen die in dieser Vorschrift bezeichneten Rechnungslegungsstandards nach Maßgabe des § 292a des Handelsgesetzbuchs in der bis zum 9. Dezember 2004 geltenden Fassung noch auf Geschäftsjahre angewendet werden, die vor dem 1. Januar 2007 beginnen.

(6) Soweit § 292a des Handelsgesetzbuchs in der bis zum 9. Dezember 2004 geltenden Fassung nach Absatz 3 Satz 4 oder 5 oder nach Absatz 5 Satz 2 weiterhin Anwendung findet, ist auch § 331 Nr. 3 des Handelsgesetzbuchs in der bis zum 9. Dezember 2004 geltenden Fassung weiter anzuwenden.

Zweiundzwanzigster Abschnitt. Übergangsvorschriften zum Vorstandsvergütungs-Offenlegungsgesetz

Art. 59 [Übergangsvorschriften zum VorstOG und zum RechtsbereinigungsG BMJ] [1] § 285 Satz 1 Nr. 9 Buchstabe a, § 286 Abs. 4, 5, § 289 Abs. 2 Nr. 5, § 314 Abs. 1 Nr. 6 Buchstabe a, Abs. 2 Satz 2, § 315 Abs. 2 Nr. 4, § 334 Abs. 3, § 340n Abs. 3 und § 341n Abs. 3 des Handelsgesetzbuchs[1)] in der Fassung des Gesetzes vom 3. August 2005 (BGBl. I S. 2267) sowie § 315a Abs. 1 und § 325 Abs. 2a des Handelsgesetzbuchs in der Fassung des Artikels 145 des Gesetzes vom 19. April 2006 (BGBl. I S. 866) sind erstmals auf Jahres- und Konzernabschlüsse für das nach dem 31. Dezember 2005 beginnende Geschäftsjahr anzuwenden. [2] Die in Satz 1 genannten Bestimmungen sind auch auf Gesellschaften im Sinne des Artikels 57 Satz 1 Nr. 2 anzuwenden.

Dreiundzwanzigster Abschnitt. Übergangsvorschriften zum Übernahmerichtlinie-Umsetzungsgesetz

Art. 60 [Übergangsvorschriften zum Übernahmerichtlinie-Umsetzungsgesetz] § 289 Abs. 4, § 315 Abs. 4, § 334 Abs. 1 Nr. 3 und 4, § 340n Abs. 1 Nr. 3 und 4 sowie § 341n Abs. 1 Nr. 3 und 4 in der Fassung des Übernahmerichtlinie-Umsetzungsgesetzes sind erstmals auf Jahres- und Konzernabschlüsse für das nach dem 31. Dezember 2005 beginnende Geschäftsjahr anzuwenden.

---

1) Nr. 5.

Vierundzwanzigster Abschnitt. Übergangsvorschriften zum Gesetz über elektronische Handelsregister und Genossenschaftsregister sowie das Unternehmensregister

Art. 61 [Übergangsvorschriften zum Gesetz über elektronische Handelsregister und Genossenschaftsregister sowie das Unternehmensregister] (1)–(4) *(aufgehoben)*

(5) [1] § 264 Abs. 3, § 264b Nr. 3, § 287 Satz 3, § 290 Abs. 1, § 313 Abs. 4 Satz 3, die §§ 325, 325a, 327a und 328 Abs. 2, die §§ 329, 334, 335, 335b, 339, 340l, 340n, 340o, 341i Abs. 3 Satz 1, die §§ 341a, 341l, 341n, 341o und 341p des Handelsgesetzbuchs in der Fassung des Gesetzes über elektronische Handelsregister und Genossenschaftsregister sowie das Unternehmensregister sind erstmals auf Jahres- und Konzernabschlüsse sowie Lageberichte und Konzernlageberichte für das nach dem 31. Dezember 2005 beginnende Geschäftsjahr anzuwenden. [2] § 264 Abs. 3, § 264b Nr. 3 und 4, § 287 Satz 3, § 290 Abs. 1, § 313 Abs. 4 Satz 3, die §§ 325, 325a, 327 und 328 Abs. 2, die §§ 329, 334, 335, 335a, 335b, 339, 340l, 340n, 340o, 341a, 341i Abs. 3 Satz 1, die §§ 341l, 341n, 341o und § 341p des Handelsgesetzbuchs in der bis zum Inkrafttreten des Gesetzes über elektronische Handelsregister und Genossenschaftsregister sowie das Unternehmensregister am 1. Januar 2007 geltenden Fassung sind letztmals auf Jahres- und Konzernabschlüsse für das vor dem 1. Januar 2006 beginnende Geschäftsjahr anzuwenden. [3] Jahres- und Konzernabschlussunterlagen nach Satz 2, die ab dem 1. Januar 2007 beim Betreiber des Bundesanzeigers eingereicht werden, leitet dieser an das bis dahin zuständige Amtsgericht weiter, das nach den bis zum 31. Dezember 2006 geltenden Bestimmungen verfährt. [4] In den Fällen des Satzes 3 werden die Jahres- und Konzernabschlussunterlagen sowie Lageberichte und Konzernlageberichte nach § 325 Abs. 2 oder Abs. 3 sowie die Hinweisbekanntmachung nach § 325 Abs. 1 Satz 2 des Handelsgesetzbuchs, jeweils in der bis zum Inkrafttreten des Gesetzes über elektronische Handelsregister und Genossenschaftsregister sowie das Unternehmensregister am 1. Januar 2007 geltenden Fassung, im Bundesanzeiger bekannt gemacht.

Fünfundzwanzigster Abschnitt. Übergangsvorschriften zum Transparenzrichtlinie-Umsetzungsgesetz

Art. 62 [Übergangsvorschriften zum Transparenzrichtlinie-Umsetzungsgesetz] § 264 Abs. 2 Satz 3, § 289 Abs. 1 Satz 5, § 297 Abs. 2 Satz 4, § 315 Abs. 1 Satz 6, § 315a Abs. 1, § 325 Abs. 2a Satz 3, § 331 Nr. 3 und 3a, § 340a Abs. 3, § 340i Abs. 4 sowie § 342b Abs. 2 Satz 1 des Handelsgesetzbuchs[1)] in der Fassung des Transparenzrichtlinie-Umsetzungsgesetzes sind erstmals auf Jahres- und Konzernabschlüsse sowie Lageberichte und Konzernlageberichte und Halbjahresfinanzberichte sowie Zwischenabschlüsse und Konzernzwischenabschlüsse für das nach dem 31. Dezember 2006 beginnende Geschäftsjahr anzuwenden.

[1)] Nr. **5**.

Sechsundzwanzigster Abschnitt. Übergangsvorschrift zum Gesetz zur Reform des Versicherungsvertragsrechts

Art. 63 [Übergangsvorschrift] Der Zehnte Abschnitt des Fünften Buchs und § 905 des Handelsgesetzbuchs sind auf Versicherungsverhältnisse, die bis zum Inkrafttreten des Versicherungsvertragsgesetzes vom 23. November 2007 (BGBl. I S. 2631) am 1. Januar 2008 entstanden sind, bis zum 31. Dezember 2008 anzuwenden.

Siebenundzwanzigster Abschnitt. Übergangsvorschrift zum Risikobegrenzungsgesetz

Art. 64 [Übergangsvorschrift zum Risikobegrenzungsgesetz] § 354a des Handelsgesetzbuchs ist in seiner seit dem 19. August 2008 geltenden Fassung nur auf Vereinbarungen anzuwenden, die *nach 18.*[1)] August 2008 geschlossen werden.

Achtundzwanzigster Abschnitt. Übergangsvorschriften zum Gesetz zur Modernisierung des GmbH-Rechts und zur Bekämpfung von Missbräuchen

Art. 65 [Übergangsvorschriften zum Gesetz zur Modernisierung des GmbH-Rechts und zur Bekämpfung von Missbräuchen] [1] Die Pflicht, die inländische Geschäftsanschrift bei dem Gericht nach den §§ 13, 13d, 13e, 29 und 106 des Handelsgesetzbuchs[2)] in der ab dem Inkrafttreten des Gesetzes vom 23. Oktober 2008 (BGBl. I S. 2026) am 1. November 2008 geltenden Fassung zur Eintragung in das Handelsregister anzumelden, gilt auch für diejenigen, die zu diesem Zeitpunkt bereits in das Handelsregister eingetragen sind, es sei denn, die inländische Geschäftsanschrift ist dem Gericht bereits nach § 24 Abs. 2 oder Abs. 3 der Handelsregisterverordnung mitgeteilt worden und hat sich anschließend nicht geändert. [2] In diesen Fällen ist die inländische Geschäftsanschrift mit der ersten das eingetragene Unternehmen betreffenden Anmeldung zum Handelsregister ab dem 1. November 2008, spätestens aber bis zum 31. Oktober 2009 anzumelden. [3] Wenn bis zum 31. Oktober 2009 keine inländische Geschäftsanschrift zur Eintragung in das Handelsregister angemeldet worden ist, trägt das Gericht von Amts wegen und ohne Überprüfung kostenfrei die ihm nach § 24 Abs. 2, bei Zweigniederlassungen die nach § 24 Abs. 3 der Handelsregisterverordnung bekannte inländische Anschrift als Geschäftsanschrift in das Handelsregister ein; in diesem Fall gilt bei Zweigniederlassungen nach § 13e Abs. 1 des Handelsgesetzbuchs die mitgeteilte Anschrift zudem unabhängig von dem Zeitpunkt ihrer tatsächlichen Eintragung ab dem 31. Oktober 2009 als eingetragene inländische Geschäftsanschrift, wenn sie im elektronischen Informations- und Kommunikationssystem nach § 9 Abs. 1 des Handelsgesetzbuchs abrufbar ist. [4] Ist dem Gericht keine Mitteilung im Sinne des § 24 Abs. 2 oder Abs. 3 der Handelsregisterverordnung gemacht worden, ist ihm aber in sonstiger Weise eine inländische Geschäfts-

---

[1)] Richtig wohl: „nach dem 18.“.
[2)] Nr. **5**.

anschrift bekannt geworden, so gilt Satz 3 mit der Maßgabe, dass diese Anschrift einzutragen ist, wenn sie im elektronischen Informations- und Kommunikationssystem nach § 9 Abs. 1 des Handelsgesetzbuchs abrufbar ist. [5]Dasselbe gilt, wenn eine in sonstiger Weise bekanntgewordene inländische Anschrift von einer früher nach § 24 Abs. 2 oder Abs. 3 der Handelsregisterverordnung mitgeteilten Anschrift abweicht. [6]Eintragungen nach den Sätzen 3 bis 5 werden abweichend von § 10 des Handelsgesetzbuchs nicht bekannt gemacht.

Neunundzwanzigster Abschnitt. Übergangsvorschriften zum Bilanzrechtsmodernisierungsgesetz

Art. 66 [Übergangsvorschriften zum Bilanzrechtsmodernisierungsgesetz] (1) Die §§ 241a, 242 Abs. 4, § 267 Abs. 1 und 2 sowie § 293 Abs. 1 des Handelsgesetzbuchs[1)] in der Fassung des Bilanzrechtsmodernisierungsgesetzes vom 25. Mai 2009 (BGBl. I S. 1102) sind erstmals auf Jahres- und Konzernabschlüsse für das nach dem 31. Dezember 2007 beginnende Geschäftsjahr anzuwenden.

(2) [1]§ 285 Nr. 3, 3a, 16, 17 und 21, § 288 soweit auf § 285 Nr. 3, 3a, 17 und 21 Bezug genommen wird, § 289 Abs. 4 und 5, die §§ 289a, 292 Abs. 2, § 314 Abs. 1 Nr. 2, 2a, 8, 9 und 13, § 315 Abs. 2 und 4, § 317 Abs. 2 Satz 2, Abs. 3 Satz 2, Abs. 5 und 6, § 318 Abs. 3 und 8, § 319a Abs. 1 Satz 1 Nr. 4, Satz 4 und 5, Abs. 2 Satz 2, die §§ 319b, 320 Abs. 4, § 321 Abs. 4a, § 340k Abs. 2a, § 340l Abs. 2 Satz 2 bis 4, § 341a Abs. 2 Satz 5 und § 341j Abs. 1 Satz 3 des Handelsgesetzbuchs[1)] in der Fassung des Bilanzrechtsmodernisierungsgesetzes vom 25. Mai 2009 (BGBl. I S. 1102) sind erstmals auf Jahres- und Konzernabschlüsse für das nach dem 31. Dezember 2008 beginnende Geschäftsjahr anzuwenden. [2]§ 285 Satz 1 Nr. 3, 16 und 17, § 288 soweit auf § 285 Nr. 3 und 17 Bezug genommen wird, § 289 Abs. 4, § 292 Abs. 2, § 314 Abs. 1 Nr. 2, 8 und 9, § 315 Abs. 4, § 317 Abs. 3 Satz 2 und 3, § 318 Abs. 3, § 319a Abs. 1 Satz 1 Nr. 4, Satz 4, § 341a Abs. 2 Satz 5 sowie § 341j Abs. 1 Satz 3 des Handelsgesetzbuchs in der bis zum 28. Mai 2009 geltenden Fassung sind letztmals auf Jahres- und Konzernabschlüsse für vor dem 1. Januar 2009 beginnende Geschäftsjahre anzuwenden.

(3) [1]§ 172 Abs. 4 Satz 3, die §§ 246, 248 bis 250, § 252 Abs. 1 Nr. 6 , die §§ 253 bis 255 Abs. 2a und 4, § 256 Satz 1, die §§ 256a, 264 Abs. 1 Satz 2, die §§ 264d, 266, 267 Abs. 3 Satz 2, § 268 Abs. 2 und 8, § 272 Abs. 1, 1a, 1b und 4, die §§ 274, 274a Nr. 5, § 277 Abs. 3 Satz 1, Abs. 4 Satz 3, Abs. 5, § 285 Nr. 13, 18 bis 20, 22 bis 29, § 286 Abs. 3 Satz 3, § 288 soweit auf § 285 Nr. 19, 22 und 29 Bezug genommen wird, die §§ 290, 291 Abs. 3, § 293 Abs. 4 Satz 2, Abs. 5, § 297 Abs. 3 Satz 2, § 298 Abs. 1, § 300 Abs. 1 Satz 2, § 301 Abs. 3 Satz 1, Abs. 4, die §§ 306, 308a, 310 Abs. 2, § 313 Abs. 3 Satz 3, § 314 Abs. 1 Nr. 10 bis 12, 14 bis 21, § 315a Abs. 1, § 319a Abs. 1 Halbsatz 1, § 325 Abs. 4, § 325a Abs. 1 Satz 1, § 327 Nr. 1 Satz 2, die §§ 334, 336 Abs. 2, die §§ 340a, 340c, 340e, 340f, 340h, 340n, 341a Abs. 1 Satz 1, Abs. 2 Satz 1 und 2, die §§ 341b, 341e, 341l und 341n des Handelsgesetzbuchs[1)] in der Fassung des Bilanzrechtsmodernisierungsgesetzes vom 25. Mai 2009 (BGBl. I S. 1102) sind erstmals auf Jahres- und Konzernabschlüsse für das nach dem 31. Dezember

[1)] Nr. **5**.

2009 beginnende Geschäftsjahr anzuwenden. ²§ 253 des Handelsgesetzbuchs in der Fassung des Bilanzrechtsmodernisierungsgesetzes findet erstmals auf Geschäfts- oder Firmenwerte im Sinn des § 246 Abs. 1 Satz 4 des Handelsgesetzbuchs in der Fassung des Bilanzrechtsmodernisierungsgesetzes Anwendung, die aus Erwerbsvorgängen herrühren, die in Geschäftsjahren erfolgt sind, die nach dem 31. Dezember 2009 begonnen haben. ³§ 255 Abs. 2 des Handelsgesetzbuchs in der Fassung des Bilanzrechtsmodernisierungsgesetzes findet erstmals auf Herstellungsvorgänge Anwendung, die in dem in Satz 1 bezeichneten Geschäftsjahr begonnen wurden. ⁴§ 294 Abs. 2, § 301 Abs. 1 Satz 2 und 3, Abs. 2, § 309 Abs. 1 und § 312 in der Fassung des Bilanzrechtsmodernisierungsgesetzes finden erstmals auf Erwerbsvorgänge Anwendung, die in Geschäftsjahren erfolgt sind, die nach dem 31. Dezember 2009 begonnen haben. ⁵Für nach § 290 Abs. 1 und 2 des Handelsgesetzbuchs in der Fassung des Bilanzrechtsmodernisierungsgesetzes erstmals zu konsolidierende Tochterunternehmen oder bei erstmaliger Aufstellung eines Konzernabschlusses für nach dem 31. Dezember 2009 beginnende Geschäftsjahre finden § 301 Abs. 1 Satz 2 und 3, Abs. 2 und § 309 Abs. 1 des Handelsgesetzbuchs in der Fassung des Bilanzrechtsmodernisierungsgesetzes auf Konzernabschlüsse für nach dem 31. Dezember 2009 beginnende Geschäftsjahre Anwendung. ⁶Die neuen Vorschriften können bereits auf nach dem 31. Dezember 2008 beginnende Geschäftsjahre angewandt werden, dies jedoch nur insgesamt; dies ist im Anhang und Konzernanhang anzugeben.

(4) Die §§ 324, 340k Abs. 5 sowie § 341k Abs. 4 des Handelsgesetzbuchs[1)] in der Fassung des Bilanzrechtsmodernisierungsgesetzes vom 25. Mai 2009 (BGBl. I S. 1102) sind erstmals ab dem 1. Januar 2010 anzuwenden; § 12 Abs. 4 des Einführungsgesetzes zum Aktiengesetz[2)] ist entsprechend anzuwenden.

(5) § 246 Abs. 1 und 2, § 247 Abs. 3, die §§ 248 bis 250, § 252 Abs. 1 Nr. 6, die §§ 253, 254, 255 Abs. 2 und 4, § 256 Satz 1, § 264c Abs. 4 Satz 3, § 265 Abs. 3 Satz 2, die §§ 266, 267 Abs. 3 Satz 2, § 268 Abs. 2, die §§ 269, 270 Abs. 1 Satz 2, § 272 Abs. 1 und 4, die §§ 273, 274, 274a Nr. 5, § 275 Abs. 2 Nr. 7 Buchstabe a, § 277 Abs. 3 Satz 1, Abs. 4 Satz 3, die §§ 279 bis 283, 285 Satz 1 Nr. 2, 5, 13, 18 und 19, Sätze 2 bis 6, § 286 Abs. 3 Satz 3, die §§ 287, 288 soweit auf § 285 Satz 1 Nr. 2, 5 und 18 Bezug genommen wird, die §§ 290, 291 Abs. 3 Nr. 1 und 2 Satz 2, § 293 Abs. 4 Satz 2, Abs. 5, § 294 Abs. 2 Satz 2, § 297 Abs. 3 Satz 2, § 298 Abs. 1, § 300 Abs. 1 Satz 2, § 301 Abs. 1 Satz 2 bis 4, Abs. 2, 3 Satz 1 und 3, Abs. 4, die §§ 302, 306, 307 Abs. 1 Satz 2, § 309 Abs. 1, § 310 Abs. 2, § 312 Abs. 1 bis 3, § 313 Abs. 3 Satz 3, Abs. 4, § 314 Abs. 1 Nr. 10 und 11, § 315a Abs. 1, § 319a Abs. 1 Satz 1 Halbsatz 1, § 325 Abs. 4, § 325a Abs. 1 Satz 1, § 327 Nr. 1 Satz 2, die §§ 334, 336 Abs. 2, § 340a Abs. 2 Satz 1, die §§ 340c, 340e, 340f, 340h, 340n, 341a Abs. 1 und 2 Satz 1 und 2, § 341b Abs. 1 und 2, § 341e Abs. 1, § 341l Abs. 1 und 3 und § 341n des Handelsgesetzbuchs[1)] in der bis zum 28. Mai 2009 geltenden Fassung sind letztmals auf Jahres- und Konzernabschlüsse für das vor dem 1. Januar 2010 beginnende Geschäftsjahr anzuwenden.

(6) § 248 Abs. 2 und § 255 Abs. 2a des Handelsgesetzbuchs[1)] in der Fassung des Bilanzrechtsmodernisierungsgesetzes vom 25. Mai 2009 (BGBl. I S. 1102) finden nur auf die selbst geschaffenen immateriellen Vermögensgegenstände

---

[1)] Nr. **5**.
[2)] Nr. **2a**.

des Anlagevermögens Anwendung, mit deren Entwicklung in Geschäftsjahren begonnen wird, die nach dem 31. Dezember 2009 beginnen.

Art. 67 [Übergangsvorschriften zum Bilanzrechtsmodernisierungsgesetz] (1) [1] Soweit auf Grund der geänderten Bewertung der laufenden Pensionen oder Anwartschaften auf Pensionen eine Zuführung zu den Rückstellungen erforderlich ist, ist dieser Betrag bis spätestens zum 31. Dezember 2024 in jedem Geschäftsjahr zu mindestens einem Fünfzehntel anzusammeln. [2] Ist auf Grund der geänderten Bewertung von Verpflichtungen, die die Bildung einer Rückstellung erfordern, eine Auflösung der Rückstellungen erforderlich, dürfen diese beibehalten werden, soweit der aufzulösende Betrag bis spätestens zum 31. Dezember 2024 wieder zugeführt werden müsste. [3] Wird von dem Wahlrecht nach Satz 2 kein Gebrauch gemacht, sind die aus der Auflösung resultierenden Beträge unmittelbar in die Gewinnrücklagen einzustellen. [4] Wird von dem Wahlrecht nach Satz 2 Gebrauch gemacht, ist der Betrag der Überdeckung jeweils im Anhang und im Konzernanhang anzugeben.

(2) Bei Anwendung des Absatzes 1 müssen Kapitalgesellschaften, Kreditinstitute und Finanzdienstleistungsinstitute im Sinn des § 340 des Handelsgesetzbuchs[1)], Versicherungsunternehmen und Pensionsfonds im Sinn des § 341 des Handelsgesetzbuchs, eingetragene Genossenschaften und Personenhandelsgesellschaften im Sinn des § 264a des Handelsgesetzbuchs die in der Bilanz nicht ausgewiesenen Rückstellungen für laufende Pensionen, Anwartschaften auf Pensionen und ähnliche Verpflichtungen jeweils im Anhang und im Konzernanhang angeben.

(3) [1] Waren im Jahresabschluss für das letzte vor dem 1. Januar 2010 beginnende Geschäftsjahr Rückstellungen nach § 249 Abs. 1 Satz 3, Abs. 2 des Handelsgesetzbuchs[1)], Sonderposten mit Rücklageanteil nach § 247 Abs. 3, § 273 des Handelsgesetzbuchs oder Rechnungsabgrenzungsposten nach § 250 Abs. 1 Satz 2 des Handelsgesetzbuchs in der bis zum 28. Mai 2009 geltenden Fassung enthalten, können diese Posten unter Anwendung der für sie geltenden Vorschriften in der bis zum 28. Mai 2009 geltenden Fassung, Rückstellungen nach § 249 Abs. 1 Satz 3, Abs. 2 des Handelsgesetzbuchs auch teilweise, beibehalten werden. [2] Wird von dem Wahlrecht nach Satz 1 kein Gebrauch gemacht, ist der Betrag unmittelbar in die Gewinnrücklagen einzustellen; dies gilt nicht für Beträge, die der Rückstellung nach § 249 Abs. 1 Satz 3, Abs. 2 des Handelsgesetzbuchs in der bis zum 28. Mai 2009 geltenden Fassung im letzten vor dem 1. Januar 2010 beginnenden Geschäftsjahr zugeführt wurden.

(4) [1] Niedrigere Wertansätze von Vermögensgegenständen, die auf Abschreibungen nach § 253 Abs. 3 Satz 3, § 253 Abs. 4 des Handelsgesetzbuchs oder nach den §§ 254, 279 Abs. 2 des Handelsgesetzbuchs in der bis zum 28. Mai 2009 geltenden Fassung beruhen, die in Geschäftsjahren vorgenommen wurden, die vor dem 1. Januar 2010 begonnen haben, können unter Anwendung der für sie geltenden Vorschriften in der bis zum 28. Mai 2009 geltenden Fassung fortgeführt werden. [2] Wird von dem Wahlrecht nach Satz 1 kein Gebrauch gemacht, sind die aus der Zuschreibung resultierenden Beträge unmittelbar in die Gewinnrücklagen einzustellen; dies gilt nicht für Abschreibungen, die im letzten vor dem 1. Januar 2010 beginnenden Geschäftsjahr vorgenommen worden sind.

[1)] Nr. **5**.

(5) [1] Ist im Jahresabschluss für ein vor dem 1. Januar 2010 beginnendes Geschäftsjahr eine Bilanzierungshilfe für Aufwendungen für die Ingangsetzung und Erweiterung des Geschäftsbetriebs nach § 269 des Handelsgesetzbuchs in der bis zum 28. Mai 2009 geltenden Fassung gebildet worden, so darf diese unter Anwendung der für sie geltenden Vorschriften in der bis zum 28. Mai 2009 geltenden Fassung fortgeführt werden. [2] Ist im Konzernabschluss für ein vor dem 1. Januar 2010 beginnendes Geschäftsjahr eine Kapitalkonsolidierung gemäß § 302 des Handelsgesetzbuchs in der bis zum 28. Mai 2009 geltenden Fassung vorgenommen worden, so darf diese unter Anwendung der für sie geltenden Vorschriften in der bis zum 28. Mai 2009 geltenden Fassung beibehalten werden.

(6) [1] Aufwendungen oder Erträge aus der erstmaligen Anwendung der §§ 274, 306 des Handelsgesetzbuchs[1)] in der Fassung des Bilanzrechtsmodernisierungsgesetzes vom 25. Mai 2009 (BGBl. I S. 1102) sind unmittelbar mit den Gewinnrücklagen zu verrechnen. [2] Werden Beträge nach Absatz 1 Satz 3, nach Absatz 3 Satz 2 oder nach Absatz 4 Satz 2 unmittelbar mit den Gewinnrücklagen verrechnet, sind daraus nach den §§ 274, 306 des Handelsgesetzbuchs[1)] in der Fassung des Bilanzrechtsmodernisierungsgesetzes entstehende Aufwendungen und Erträge ebenfalls unmittelbar mit den Gewinnrücklagen zu verrechnen.

(7) *(aufgehoben)*

(8) [1] Ändern sich bei der erstmaligen Anwendung der durch die Artikel 1 bis 11 des Bilanzrechtsmodernisierungsgesetzes vom 25. Mai 2009 (BGBl. I S. 1102) geänderten Vorschriften die bisherige Form der Darstellung oder die bisher angewandten Bewertungsmethoden, so sind § 252 Abs. 1 Nr. 6, § 265 Abs. 1, § 284 Abs. 2 Nr. 3 und § 313 Abs. 1 Nr. 3 des Handelsgesetzbuchs[1)] bei der erstmaligen Aufstellung eines Jahres- oder Konzernabschlusses nach den geänderten Vorschriften nicht anzuwenden. [2] Außerdem brauchen die Vorjahreszahlen bei erstmaliger Anwendung nicht angepasst zu werden; hierauf ist im Anhang und Konzernanhang hinzuweisen.

Dreißigster Abschnitt. Übergangsvorschriften zum Gesetz zur Angemessenheit der Vorstandsvergütung

Art. 68 [Übergangsvorschriften zum Gesetz zur Angemessenheit der Vorstandsvergütung] [1] § 285 Nummer 9, § 286 Absatz 5 Satz 1, § 289 Absatz 2 Nummer 5, § 314 Absatz 1 Nummer 6, Absatz 2 und § 315 Absatz 2 Nummer 4 des Handelsgesetzbuchs[1)] in der Fassung des Gesetzes zur Angemessenheit der Vorstandsvergütung vom 31. Juli 2009 (BGBl. I S. 2509) sind erstmals auf Jahres- und Konzernabschlüsse für das nach dem 31. Dezember 2009 beginnende Geschäftsjahr anzuwenden. [2] Die bis zum 4. August 2009 geltenden Fassungen der § 285 Nummer 9, § 286 Absatz 5 Satz 1, § 289 Absatz 2 Nummer 5, § 314 Absatz 1 Nummer 6, Absatz 2 und § 315 Absatz 2 Nummer 4 des Handelsgesetzbuchs[1)] sind letztmals auf Jahres- und Konzernabschlüsse für das vor dem 1. Januar 2010 beginnende Geschäftsjahr anzuwenden.

[1)] Nr. **5**.

Einunddreißigster Abschnitt. Übergangsvorschrift zum Gesetz zur Umsetzung der geänderten Bankenrichtlinie und der geänderten Kapitaladäquanzrichtlinie

Art. 69 [Übergangsvorschrift zum Gesetz zur Umsetzung der geänderten Bankenrichtlinie und der geänderten Kapitaladäquanzrichtlinie] (1) § 341c des Handelsgesetzbuchs[1)] in der Fassung des Gesetzes zur Umsetzung der geänderten Bankenrichtlinie und der geänderten Kapitaladäquanzrichtlinie ist erstmals auf Jahres- und Konzernabschlüsse für nach dem 31. Dezember 2010 beginnende Geschäftsjahre anzuwenden.

(2) § 341c des Handelsgesetzbuchs[1)] in der bis zum 24. November 2010 geltenden Fassung ist letztmals auf Jahres- und Konzernabschlüsse für vor dem 1. Januar 2011 beginnende Geschäftsjahre anzuwenden.

Zweiunddreißigster Abschnitt. Übergangsvorschrift zum Kleinstkapitalgesellschaften-Bilanzrechtsänderungsgesetz

Art. 70 [Übergangsvorschrift zum Kleinstkapitalgesellschaften-BilanzrechtsänderungsG und zum HGB-ÄnderungsG vom 4.10.2013]

(1) [1] Die Erleichterungen für Kleinstkapitalgesellschaften bei der Rechnungslegung nach § 264 Absatz 1, § 266 Absatz 1, den §§ 267a, 275 Absatz 5, § 325a Absatz 2, § 326 Absatz 2 und die Änderungen der §§ 8b, 9, 253, 264 Absatz 2, der §§ 264c, 276, 328, 334 und 335 des Handelsgesetzbuchs[1)] in der Fassung des Kleinstkapitalgesellschaften-Bilanzrechtsänderungsgesetzes vom 20. Dezember 2012 (BGBl. I S. 2751) gelten erstmals für Jahres- und Konzernabschlüsse, die sich auf einen nach dem 30. Dezember 2012 liegenden Abschlussstichtag beziehen. [2] Für Jahres- und Konzernabschlüsse, die sich auf einen vor dem 31. Dezember 2012 liegenden Abschlussstichtag beziehen, bleiben die in Satz 1 genannten Vorschriften des Handelsgesetzbuchs in der bis zum 27. Dezember 2012 geltenden Fassung weiterhin anwendbar.

(2) [1] § 264 Absatz 3 und § 290 des Handelsgesetzbuchs[1)] in der Fassung des Kleinstkapitalgesellschaften-Bilanzrechtsänderungsgesetzes sind erstmals auf Jahres- und Konzernabschlüsse für Geschäftsjahre anzuwenden, die nach dem 31. Dezember 2012 beginnen. [2] Für Jahres- und Konzernabschlüsse für Geschäftsjahre, die vor dem 1. Januar 2013 beginnen, bleiben die Vorschriften des Handelsgesetzbuchs[2)] in der bis zum 27. Dezember 2012 geltenden Fassung weiterhin anwendbar.

(3) [1] Für die §§ 264, 335, 335a Absatz 1, 2 und 4, die §§ 340o und 341o des Handelsgesetzbuchs[1)] in der Fassung des Gesetzes zur Änderung des Handelsgesetzbuchs vom 4. Oktober 2013 (BGBl. I S. 3746) gilt Absatz 1 entsprechend. [2] § 335a Absatz 3 des Handelsgesetzbuchs[1)] in der Fassung des Gesetzes zur Änderung des Handelsgesetzbuchs vom 4. Oktober 2013 (BGBl. I S. 3746) ist erstmals auf Ordnungsgeldverfahren anzuwenden, die nach dem 31. Dezember 2013 eingeleitet werden.

---

1) Nr. **5**.
2) Auszugsweise abgedruckt unter Nr. **5**.

Dreiunddreißigster Abschnitt. Übergangsvorschrift zum Gesetz zur Reform des Seehandelsrechts

Art. 71 [Übergangsvorschrift zum Gesetz zur Reform des Seehandelsrechts] (1) Für Partenreedereien und Baureedereien, die vor dem 25. April 2013 entstanden sind, bleiben die §§ 489 bis 509 des Handelsgesetzbuchs in der bis zu diesem Tag geltenden Fassung maßgebend.

(2) [1] Auf ein im Fünften Buch des Handelsgesetzbuchs[1)] geregeltes Schuldverhältnis, das vor dem 25. April 2013 entstanden ist, sind die bis zu diesem Tag geltenden Gesetze weiter anzuwenden. [2] Dies gilt auch für die Verjährung der aus einem solchen Schuldverhältnis vor dem 25. April 2013 entstandenen Ansprüche.

Vierunddreißigster Abschnitt. Übergangsvorschriften zum AIFM-Umsetzungsgesetz

Art. 72 [Übergangsvorschriften zum AIFM-Umsetzungsgesetz]

(1) Die in § 8b Absatz 2 Nummer 8, § 285 Nummer 26, § 290 Absatz 2 Nummer 4 Satz 2 und § 314 Absatz 1 Nummer 18 des Handelsgesetzbuchs[2)] jeweils in Bezug genommenen Bestimmungen des Investmentgesetzes sind die bis zum 21. Juli 2013 geltenden Fassungen dieser Bestimmungen.

(2) [1] § 285 Nummer 26, § 290 Absatz 2 Nummer 4 Satz 2, § 314 Absatz 1 Nummer 18 und § 341b Absatz 2 des Handelsgesetzbuchs in der Fassung des AIFM-Umsetzungsgesetzes sind erstmals auf Jahres- und Konzernabschlüsse für nach dem 21. Juli 2013 beginnende Geschäftsjahre anzuwenden. [2] Für Jahres- und Konzernabschlüsse für Geschäftsjahre, die vor dem 22. Juli 2013 beginnen, bleiben die Vorschriften des Handelsgesetzbuchs in der bis zum 21. Juli 2013 geltenden Fassung weiterhin anwendbar.

Fünfunddreißigster Abschnitt. Übergangsvorschrift zum Gesetz für die gleichberechtigte Teilhabe von Frauen und Männern an Führungspositionen in der Privatwirtschaft und im öffentlichen Dienst

Art. 73 [Übergangsvorschrift zum Gesetz für die gleichberechtigte Teilhabe von Frauen und Männern an Führungspositionen in der Privatwirtschaft und im öffentlichen Dienst] [1] § 289a Absatz 2 Nummer 4, auch in Verbindung mit Absatz 3, und § 289a Absatz 4, auch in Verbindung mit § 336 Absatz 2 Satz 1, des Handelsgesetzbuchs[2)] in der Fassung des Gesetzes für die gleichberechtigte Teilhabe von Frauen und Männern an Führungspositionen in der Privatwirtschaft und im öffentlichen Dienst vom 24. April 2015 (BGBl. I S. 642) sind erstmals anzuwenden auf Lageberichte, die sich auf Geschäftsjahre mit einem nach dem 30. September 2015 liegenden Abschlussstichtag beziehen. [2] § 289a Absatz 2 Nummer 5, auch in Verbindung mit Absatz 3, des Handelsgesetzbuchs[2)] in der Fassung des Gesetzes für die gleichberechtigte Teilhabe von Frauen und Männern an Führungspositionen in der

[1)] Auszugsweise abgedruckt unter Nr. **5**.
[2)] Nr. **5**.

Privatwirtschaft und im öffentlichen Dienst vom 24. April 2015 (BGBl. I S. 642) ist erstmals anzuwenden auf Lageberichte, die sich auf Geschäftsjahre mit einem nach dem 31. Dezember 2015 liegenden Abschlussstichtag beziehen.

Sechsunddreißigster Abschnitt. Übergangsvorschriften zum Kleinanlegerschutzgesetz

Art. 74 [Übergangsvorschriften zum Kleinanlegerschutzgesetz] § 335 Absatz 1 Satz 4 des Handelsgesetzbuchs[1)] in der Fassung des Kleinanlegerschutzgesetzes vom 3. Juli 2015 (BGBl. I S. 1114) ist erstmals auf Jahres- und Konzernabschlüsse für Geschäftsjahre anzuwenden, die nach dem 31. Dezember 2014 beginnen.

Siebenunddreißigster Abschnitt. Übergangsvorschriften zum Bilanzrichtlinie-Umsetzungsgesetz

Art. 75 [Übergangsvorschriften zum Bilanzrichtlinie-Umsetzungsgesetz] (1) [1]Die §§ 255, 264, 264b, 265, 267a Absatz 3, die §§ 268, 271, 272, 274a, 275, 276, 277 Absatz 3, die §§ 284, 285, 286, 288, 289, 291, 292, 294, 296 bis 298, 301, 307, 309, 310, 312 bis 315a, 317, 322, 325, 326, 328, 331, 334, 336 bis 340a, 340e, 340i, 340n, 341a, 341b, 341j sowie 341n des Handelsgesetzbuchs[1)] in der Fassung des Bilanzrichtlinie-Umsetzungsgesetzes vom 17. Juli 2015 (BGBl. I S. 1245) sind erstmals auf Jahres- und Konzernabschlüsse sowie Lage- und Konzernlageberichte für das nach dem 31. Dezember 2015 beginnende Geschäftsjahr anzuwenden. [2]Die in Satz 1 bezeichneten Vorschriften sowie § 277 Absatz 4 und § 278 des Handelsgesetzbuchs[1)] in der bis zum 22. Juli 2015 geltenden Fassung sind letztmals anzuwenden auf Jahres- und Konzernabschlüsse sowie Lage- und Konzernlageberichte für ein vor dem 1. Januar 2016 beginnendes Geschäftsjahr.

(2) [1]Die §§ 267, 267a Absatz 1, § 277 Absatz 1 sowie § 293 des Handelsgesetzbuchs[1)] in der Fassung des Bilanzrichtlinie-Umsetzungsgesetzes vom 17. Juli 2015 (BGBl. I S. 1245) dürfen erstmals auf Jahres- und Konzernabschlüsse, Lageberichte und Konzernlageberichte für das nach dem 31. Dezember 2013 beginnende Geschäftsjahr angewendet werden, jedoch nur insgesamt. [2]Wird von der vorgezogenen Anwendung der §§ 267, 267a Absatz 1, von § 277 Absatz 1 oder § 293 in der Fassung des Bilanzrichtlinie-Umsetzungsgesetzes kein Gebrauch gemacht, sind die in Satz 1 genannten Vorschriften erstmals auf Jahres- und Konzernabschlüsse, Lage- und Konzernlageberichte für das nach dem 31. Dezember 2015 beginnende Geschäftsjahr anzuwenden; in diesem Fall sind die §§ 267, 267a Absatz 1, § 277 Absatz 1 und § 293 des Handelsgesetzbuchs[1)] in der bis zum 22. Juli 2015 geltenden Fassung letztmals auf das vor dem 1. Januar 2016 beginnende Geschäftsjahr anzuwenden. [3]Bei der erstmaligen Anwendung der in Satz 1 bezeichneten Vorschriften ist im Anhang oder Konzernanhang auf die fehlende Vergleichbarkeit der Umsatzerlöse hinzuweisen und unter nachrichtlicher Darstellung des Betrags der Umsatzerlöse des Vorjahres, der sich aus der Anwendung von § 277 Absatz 1 in

---

[1)] Nr. **5**.

der Fassung des Bilanzrichtlinie-Umsetzungsgesetzes ergeben haben würde, zu erläutern.

(3) § 8b und die Vorschriften des Dritten Unterabschnitts des Vierten Abschnitts des Dritten Buchs des Handelsgesetzbuchs[1)] in der Fassung des Bilanzrichtlinie-Umsetzungsgesetzes sind erstmals auf Zahlungsberichte und Konzernzahlungsberichte für ein nach dem 23. Juli 2015 beginnendes Geschäftsjahr anzuwenden.

(4) [1] § 253 Absatz 3 Satz 3 des Handelsgesetzbuchs[2)] in der Fassung des Bilanzrichtlinie-Umsetzungsgesetzes findet erstmals auf immaterielle Vermögensgegenstände des Anlagevermögens Anwendung, die nach dem 31. Dezember 2015 aktiviert werden. [2] § 253 Absatz 3 Satz 4 des Handelsgesetzbuchs[2)] in der Fassung des Bilanzrichtlinie-Umsetzungsgesetzes findet erstmals auf Geschäfts- oder Firmenwerte Anwendung, die aus Erwerbsvorgängen herrühren, die in Geschäftsjahren erfolgt sind, die nach dem 31. Dezember 2015 begonnen haben.

(5) Aufwendungen aus der Anwendung des Artikels 67 Absatz 1 und 2 sind in der Gewinn- und Verlustrechnung innerhalb der sonstigen betrieblichen Aufwendungen als „Aufwendungen nach Artikel 67 Absatz 1 und 2 EGHGB“ und Erträge hieraus innerhalb der sonstigen betrieblichen Erträge als „Erträge nach Artikel 67 Absatz 1 und 2 EGHGB“ gesondert anzugeben.

(6) [1] § 253 Absatz 2 und 6 des Handelsgesetzbuchs[2)] in der Fassung des Gesetzes zur Umsetzung der Wohnimmobilienkreditrichtlinie und zur Änderung handelsrechtlicher Vorschriften vom 11. März 2016 (BGBl. I S. 396) ist erstmals auf Jahresabschlüsse für das nach dem 31. Dezember 2015 endende Geschäftsjahr anzuwenden. [2] Für Geschäftsjahre, die vor dem 1. Januar 2016 enden, ist § 253 Absatz 2 des Handelsgesetzbuchs[2)] in der bis zum 16. März 2016 geltenden Fassung weiter anzuwenden. [3] Auf den Konzernabschluss sind die Sätze 1 und 2 hinsichtlich des § 253 Absatz 2 des Handelsgesetzbuchs[2)] entsprechend anzuwenden.

(7) [1] Unternehmen dürfen für einen Jahresabschluss, der sich auf ein Geschäftsjahr bezieht, das nach dem 31. Dezember 2014 beginnt und vor dem 1. Januar 2016 endet, auch die ab dem 17. März 2016 geltende Fassung des § 253 Absatz 2 des Handelsgesetzbuchs[2)] anwenden. [2] In diesem Fall gilt § 253 Absatz 6 entsprechend. [3] Auf den Konzernabschluss ist Satz 1 entsprechend anzuwenden. [4] Mittelgroße und große Kapitalgesellschaften haben zur Erläuterung der Ausübung der Anwendung des Wahlrechts Angaben im Anhang zu machen.

Achtunddreißigster Abschnitt. Übergangsvorschrift zum Bürokratieentlastungsgesetz

Art. 76 [Übergangsvorschrift zum Bürokratieentlastungsgesetz]

[1] § 241a Satz 1 des Handelsgesetzbuchs[2)] in der Fassung des Bürokratieentlastungsgesetzes vom 28. Juli 2015 (BGBl. I S. 1400) ist erstmals auf das nach dem 31. Dezember 2015 beginnende Geschäftsjahr anzuwenden. [2] § 241a Satz 1 des Handelsgesetzbuchs[2)] in der bis zum 31. Dezember 2015 geltenden Fassung

---

1) Auszugsweise abgedruckt unter Nr. **5**.
2) Nr. **5**.

ist letztmals auf das vor dem 1. Januar 2016 beginnende Geschäftsjahr anzuwenden.

Neununddreißigster Abschnitt. Übergangsvorschriften zum Transparenzrichtlinie-Umsetzungsgesetz

Art. 77 [Übergangsvorschriften zum Transparenzrichtlinie-Umsetzungsgesetz] § 342b des Handelsgesetzbuchs[1] in der vom 26. November 2015 geltenden Fassung findet ab dem 1. Januar 2016 Anwendung.

Vierzigster Abschnitt. Übergangsvorschrift zum Abschlussprüferaufsichtsreformgesetz

Art. 78 [Übergangsvorschrift zum Abschlussprüferaufsichtsreformgesetz] Für die Anwendung des § 319 Absatz 1 Satz 3 des Handelsgesetzbuchs[1] in der ab dem 17. Juni 2016 geltenden Fassung gilt eine für den Abschlussprüfer geltende Teilnahmebescheinigung oder Ausnahmegenehmigung nach dem bis zum 16. Juni 2016 geltenden § 57a Absatz 1 der Wirtschaftsprüferordnung als Nachweis der Eintragung gemäß § 319 Absatz 1 Satz 3 des Handelsgesetzbuchs[1] in der ab dem 17. Juni 2016 geltenden Fassung, solange der Registerauszug über die Eintragung nach § 40 Absatz 3 oder § 40a Absatz 1 Satz 3 der Wirtschaftsprüferordnung noch nicht erteilt worden ist.

Einundvierzigster Abschnitt. Übergangsvorschrift zum Abschlussprüfungsreformgesetz

Art. 79 [Übergangsvorschrift zum Abschlussprüfungsreformgesetz]

(1) [1] § 319a Absatz 1, 2 und 3 sowie die §§ 321 und 322 des Handelsgesetzbuchs[1] jeweils in der Fassung des Abschlussprüfungsreformgesetzes vom 10. Mai 2016 (BGBl. I S. 1142) sind erstmals auf Jahres- und Konzernabschlüsse für das nach dem 16. Juni 2016 beginnende Geschäftsjahr anzuwenden. [2] § 319a Absatz 1 und 2 sowie die §§ 321 und 322 des Handelsgesetzbuchs[1] in der bis zum 16. Juni 2016 geltenden Fassung sind letztmals auf Jahres- und Konzernabschlüsse für vor dem 17. Juni 2016 beginnende Geschäftsjahre anzuwenden.

(2) § 324 Absatz 2 Satz 2 des Handelsgesetzbuchs[1] in der Fassung des Abschlussprüfungsreformgesetzes vom 10. Mai 2016 (BGBl. I S. 1142) muss so lange nicht angewandt werden, wie alle Mitglieder des Prüfungsausschusses vor dem 17. Juni 2016 bestellt worden sind.

(3) [1] Prüfungsmandate können entsprechend § 318 Absatz 1a Satz 1 des Handelsgesetzbuchs[1] auch verlängert werden, wenn die Wahl des Abschlussprüfers für das zwölfte oder dreizehnte Geschäftsjahr erfolgt, auf das sich die Prüfungstätigkeit des Abschlussprüfers erstreckt, und die Wahl des Abschlussprüfers für das nächste nach dem 16. Juni 2016 beginnende Geschäftsjahr erfolgt. [2] Prüfungsmandate entsprechend § 318 Absatz 1a Satz 2 des Handelsgesetzbuchs[1] können auch verlängert werden, wenn mehrere Wirtschaftsprüfer oder Wirtschaftsprüfungsgesellschaften gemeinsam im zwölften oder dreizehnten Geschäftsjahr, auf das sich die Prüfungstätigkeit des Abschlussprüfers er-

---

[1] Nr. **5**.

streckt, zum Abschlussprüfer bestellt werden und die gemeinsame Bestellung für das nächste nach dem 16. Juni 2016 beginnende Geschäftsjahr erfolgt.

Zweiundvierzigster Abschnitt. Übergangsvorschriften zum CSR-Richtlinie-Umsetzungsgesetz

Art. 80 [Übergangsvorschrift zum CSR-Richtlinie-Umsetzungsgesetz] [1] Die §§ 264, 285, 289 bis 289f, 291, 292, 294, 314 bis 315e, 317, 320, 325, 331, 334, 335, 336, 340a, 340i, 340n, 341a, 341j, 341n und 342 des Handelsgesetzbuchs[1)] in der Fassung des CSR-Richtlinie-Umsetzungsgesetzes vom 11. April 2017 (BGBl. I S. 802) sind erstmals auf Jahres- und Konzernabschlüsse, Lage- und Konzernlageberichte für das nach dem 31. Dezember 2016 beginnende Geschäftsjahr anzuwenden. [2] Die in Satz 1 bezeichneten Vorschriften in der bis zum 18. April 2017 geltenden Fassung sind letztmals anzuwenden auf Lage- und Konzernlageberichte für das vor dem 1. Januar 2017 beginnende Geschäftsjahr.

Art. 81 [Weitere Übergangsvorschrift zum CSR-Richtlinie-Umsetzungsgesetz] § 289b Absatz 4 und § 315b Absatz 4 des Handelsgesetzbuchs[1)] in der ab dem 1. Januar 2019 geltenden Fassung sind erstmals auf Jahres- und Konzernabschlüsse, Lage- und Konzernlageberichte für das nach dem 31. Dezember 2018 beginnende Geschäftsjahr anzuwenden.

Dreiundvierzigster Abschnitt. Übergangsvorschriften zum Gesetz zum Bürokratieabbau und zur Förderung der Transparenz bei Genossenschaften

Art. 82 [Übergangsvorschriften zum Gesetz zum Bürokratieabbau und zur Förderung der Transparenz bei Genossenschaften] [1] § 339 Absatz 3 des Handelsgesetzbuchs[1)] in der Fassung des Gesetzes zum Bürokratieabbau und zur Förderung der Transparenz bei Genossenschaften vom 17. Juli 2017 (BGBl. I S. 2434) ist erstmals anzuwenden auf Jahresabschlüsse für nach dem 31. Dezember 2016 beginnende Geschäftsjahre. [2] Ein Prüfungsverband kann einen Antrag im Sinne des § 339 Absatz 3 Satz 1 auch im Hinblick auf vor dem 31. Dezember 2016 begonnene Geschäftsjahre stellen.

Vierundvierzigster Abschnitt. Übergangsvorschrift zum Gesetz zur Umsetzung der zweiten Aktionärsrechterichtlinie

Art. 83 [Übergangsvorschrift zum Gesetz zur Umsetzung der zweiten Aktionärsrechterichtlinie] (1) [1] Die §§ 285, 286, 289a, 289f, 291, 314, 315a, 324, 325, 325a, 329 und 341s des Handelsgesetzbuchs[1)] in der ab dem 1. Januar 2020 geltenden Fassung sind erstmals auf Jahres- und Konzernabschlüsse sowie Lage- und Konzernlageberichte für das nach dem 31. Dezember 2020 beginnende Geschäftsjahr anzuwenden. [2] Die in Satz 1 bezeichneten Vorschriften in der bis einschließlich 31. Dezember 2019 geltenden Fassung sind letztmals anzuwenden auf Jahres- und Konzernabschlüsse sowie Lage- und Konzernlageberichte für das vor dem 1. Januar 2021 beginnende Geschäftsjahr. [3] Wurde für

---

[1)] Nr. 5.

das in Satz 2 bezeichnete Geschäftsjahr oder für ein diesem vorausgehendes Geschäftsjahr bereits ein Vergütungsbericht nach § 162 des Aktiengesetzes[1)] erstellt, so sind für dieses Geschäftsjahr nicht die in Satz 2 bezeichneten Vorschriften, sondern die in Satz 1 bezeichneten Vorschriften anzuwenden.

(2) [1] § 340i Absatz 6 und § 341j Absatz 5 des Handelsgesetzbuchs[2)] in der ab dem 1. Januar 2020 geltenden Fassung sind erstmals auf Konzernerklärungen zur Unternehmensführung für das nach dem 31. Dezember 2018 beginnende Geschäftsjahr anzuwenden. [2] Die in Satz 1 bezeichneten Vorschriften können bereits auf Konzernerklärungen zur Unternehmensführung für die nach dem 31. Dezember 2016 beginnenden Geschäftsjahre angewendet werden.

[1)] Nr. **2**.
[2)] Nr. **5**.

6. Gesetz über die Rechnungslegung von bestimmten Unternehmen und Konzernen (Publizitätsgesetz – PublG)

Vom 15. August 1969

(BGBl. I S. 1189, ber. 1970 I S. 1113)

FNA 4120-7

zuletzt geänd. durch Art. 15 G zur Umsetzung der zweiten AktionärsrechteRL v. 12.12.2019 (BGBl. I S. 2637)

Nichtamtliche Inhaltsübersicht

Der Bundestag hat das folgende Gesetz beschlossen:

Erster Abschnitt. Rechnungslegung von Unternehmen

§ 1 Zur Rechnungslegung verpflichtete Unternehmen (1) Ein Unternehmen hat nach diesem Abschnitt Rechnung zu legen, wenn für den Tag des Ablaufs eines Geschäftsjahrs (Abschlußstichtag) und für die zwei darauf folgenden Abschlußstichtage jeweils mindestens zwei der drei nachstehenden Merkmale zutreffen:

1. Die Bilanzsumme einer auf den Abschlußstichtag aufgestellten Jahresbilanz übersteigt 65 Millionen Euro.

2. Die Umsatzerlöse des Unternehmens in den zwölf Monaten vor dem Abschlußstichtag übersteigen 130 Millionen Euro.
3. Das Unternehmen hat in den zwölf Monaten vor dem Abschlußstichtag durchschnittlich mehr als fünftausend Arbeitnehmer beschäftigt.

(2) [1] Bilanzsumme nach Absatz 1 Nr. 1 ist die Bilanzsumme einer gemäß § 5 Abs. 2 aufgestellten Jahresbilanz; bei Unternehmen, die in ihrer Jahresbilanz Beträge für von ihnen geschuldete Verbrauchsteuern oder Monopolabgaben unter Rückstellungen oder Verbindlichkeiten angesetzt haben, ist die Bilanzsumme um diese Beträge zu kürzen. [2] Trifft für den Abschlußstichtag das Merkmal nach Absatz 1 Nr. 2 oder das Merkmal nach Absatz 1 Nr. 3 zu, hat das Unternehmen zur Feststellung, ob auch das Merkmal nach Absatz 1 Nr. 1 zutrifft, eine Jahresbilanz nach § 5 Abs. 2 aufzustellen. [3] Für die Ermittlung der Umsatzerlöse nach Absatz 1 Nr. 2 gilt § 277 Abs. 1 des Handelsgesetzbuchs[1)] mit der Maßgabe, daß auch die in den Umsatzerlösen enthaltenen Verbrauchsteuern oder Monopolabgaben abzusetzen sind. [4] Umsatzerlöse in fremder Währung sind nach dem amtlichen Kurs in Euro umzurechnen. [5] Durchschnittliche Zahl der Arbeitnehmer nach Absatz 1 Nr. 3 ist der zwölfte Teil der Summe aus den Zahlen der am Ende eines jeden Monats beschäftigten Arbeitnehmer einschließlich der zu ihrer Berufsausbildung Beschäftigten sowie der im Ausland beschäftigten Arbeitnehmer.

(3), (4) *(aufgehoben)*

(5) Mehrere Handelsgeschäfte eines Einzelkaufmanns sind, auch wenn sie nicht unter der gleichen Firma betrieben werden, nur ein Unternehmen im Sinne dieses Gesetzes.

§ 2 Beginn und Dauer der Pflicht zur Rechnungslegung. (1) [1] Das Unternehmen hat erstmals für den dritten der aufeinander folgenden Abschlußstichtage, für die mindestens zwei der drei Merkmale des § 1 Abs. 1 zutreffen, Rechnung zu legen. [2] Es hat jedoch bereits für den ersten Abschlußstichtag Rechnung zu legen, für den mindestens zwei der drei Merkmale des § 1 Abs. 1 zutreffen, wenn auf das Unternehmen während des Geschäftsjahrs das Vermögen eines anderen Unternehmens durch Umwandlung oder in anderer Weise als Ganzes übergegangen ist und auf das andere Unternehmen an den beiden letzten Abschlußstichtagen mindestens zwei der drei Merkmale des § 1 Abs. 1 zutrafen; dies gilt auch, wenn das andere Unternehmen nicht nach diesem Abschnitt Rechnung zu legen brauchte. [3] Ein Unternehmen braucht nicht mehr nach diesem Abschnitt Rechnung zu legen, wenn für drei aufeinander folgende Abschlußstichtage mindestens zwei der drei Merkmale des § 1 Abs. 1 nicht mehr zutreffen.

(2) [1] Die gesetzlichen Vertreter eines Unternehmens, auf das erstmals für einen Abschlussstichtag mindestens zwei der drei Merkmale des § 1 Abs. 1 oder die Merkmale des § 1 Abs. 3 zutreffen, haben unverzüglich beim Betreiber des Bundesanzeigers elektronisch (§ 12 Abs. 2 des Handelsgesetzbuchs[1)]) die Erklärung einzureichen, dass für diesen Abschlussstichtag zwei der drei Merkmale des § 1 Abs. 1 oder die Merkmale des § 1 Abs. 3 oder 4 zutreffen. [2] Eine entsprechende Erklärung haben die gesetzlichen Vertreter auch für jeden der beiden folgenden Abschlussstichtage unverzüglich beim Betreiber des Bundes-

---

[1)] Nr. **5**.

anzeigers elektronisch einzureichen, wenn die Merkmale auch für diesen Abschlussstichtag zutreffen. [3]Die gesetzlichen Vertreter haben die Erklärungen nach den Sätzen 1 und 2 unverzüglich nach ihrer Einreichung im Bundesanzeiger bekannt machen zu lassen.

(3) [1]Das Gericht hat zur Prüfung der Frage, ob ein Unternehmen nach diesem Abschnitt Rechnung zu legen hat, Prüfer zu bestellen, wenn Anlaß für die Annahme besteht, daß das Unternehmen zur Rechnungslegung nach diesem Abschnitt verpflichtet ist. [2]Hat das Unternehmen einen Aufsichtsrat, ist vor der Bestellung außer den gesetzlichen Vertretern auch dieser zu hören. [3]Gegen die Entscheidung ist die Beschwerde zulässig. [4]Für die Auswahl der Prüfer, den Ersatz angemessener barer Auslagen und die Vergütung der Prüfer, die Verantwortlichkeit und die Rechte der Prüfer und die Kosten gelten § 142 Abs. 6, §§ 143, 145 Abs. 1 bis 3, § 146 des Aktiengesetzes[1)] und § 323 des Handelsgesetzbuchs[2)] sinngemäß; die Kosten trägt jedoch die Staatskasse, wenn eine Verpflichtung zur Rechnungslegung nach diesem Abschnitt nicht besteht. [5]Die Prüfer haben über das Ergebnis der Prüfung schriftlich zu berichten und den Bericht zu unterzeichnen. [6]Sie haben ihn unverzüglich dem Gericht und den gesetzlichen Vertretern einzureichen; kommt der Bericht zu dem Ergebnis, dass das Unternehmen zur Rechnungslegung nach diesem Abschnitt verpflichtet ist, ist der Bericht auch beim Betreiber des Bundesanzeigers elektronisch einzureichen; Absatz 2 Satz 3 gilt entsprechend. [7]Auf Verlangen haben die gesetzlichen Vertreter jedem Gesellschafter eine Abschrift des Berichts zu erteilen.

§ 3 Geltungsbereich. (1) Dieser Abschnitt ist nur anzuwenden auf Unternehmen in der Rechtsform

1. einer Personenhandelsgesellschaft, für die kein Abschluss nach § 264a oder § 264b des Handelsgesetzbuchs[2)] aufgestellt wird, oder des Einzelkaufmanns,
2. *(aufgehoben)*
3. des Vereins, dessen Zweck auf einen wirtschaftlichen Geschäftsbetrieb gerichtet ist,
4. der rechtsfähigen Stiftung des bürgerlichen Rechts, wenn sie ein Gewerbe betreibt,
5. einer Körperschaft, Stiftung oder Anstalt des öffentlichen Rechts, die Kaufmann nach § 1 des Handelsgesetzbuchs[2)] sind oder als Kaufmann im Handelsregister eingetragen sind.

(2) [1]Dieser Abschnitt gilt nicht für

1. Unternehmen in der Rechtsform der Genossenschaft,

1a. Unternehmen ohne eigene Rechtspersönlichkeit einer Gemeinde, eines Gemeindeverbandes oder eines Zweckverbandes,

2. Verwertungsgesellschaften nach dem Verwertungsgesellschaftengesetz.

[2]Dieser Abschnitt ist ferner auf Kreditinstitute im Sinne des § 340 des Handelsgesetzbuchs[2)] und auf die in § 2 Abs. 1 Nr. 1, 2 und 4 des Gesetzes über das Kreditwesen genannten Personen sowie auf Versicherungsunternehmen im Sinne des § 341 des Handelsgesetzbuchs[2)] nicht anzuwenden.

[1)] Nr. **2**.
[2)] Nr. **5**.

(3) Dieser Abschnitt gilt nicht für Unternehmen in Abwicklung.

§ 4 Gesetzliche Vertreter, Aufsichtsrat, Feststellung, Gericht. (1) [1]Im Sinne dieses Gesetzes sind gesetzliche Vertreter eines Unternehmens

1. bei einer juristischen Person die Mitglieder des vertretungsberechtigten Organs,
2. bei einer Personenhandelsgesellschaft der oder die vertretungsberechtigten Gesellschafter.

[2]Die Vorschriften für die gesetzlichen Vertreter des Unternehmens gelten, wenn es sich um das Unternehmen eines Einzelkaufmanns handelt, sinngemäß für den Einzelkaufmann oder seinen gesetzlichen Vertreter.

(2) Die Vorschriften dieses Gesetzes für den Aufsichtsrat gelten sinngemäß für ein entsprechendes Überwachungsorgan.

(3) Als Feststellung des Jahresabschlusses ist die Billigung des Jahresabschlusses durch die zuständige Stelle, und wenn es sich um das Unternehmen eines Einzelkaufmanns handelt, die Billigung des Jahresabschlusses durch den Inhaber anzusehen.

(4) Gericht im Sinne dieses Gesetzes ist das Gericht des Sitzes (der Hauptniederlassung) des Unternehmens.

§ 5 Aufstellung von Jahresabschluß und Lagebericht. (1) [1]Die gesetzlichen Vertreter des Unternehmens haben den Jahresabschluß (§ 242 des Handelsgesetzbuchs[1)]) in den ersten drei Monaten des Geschäftsjahrs für das vergangene Geschäftsjahr aufzustellen. [2]Für den Inhalt des Jahresabschlusses, seine Gliederung und für die einzelnen Posten des Jahresabschlusses gelten § 264 Absatz 1a sowie die §§ 265, 266, 268 bis 275 und 277 des Handelsgesetzbuchs[1)] sinngemäß. [3]Sonstige Vorschriften, die durch die Rechtsform oder den Geschäftszweig bedingt sind, bleiben unberührt.

(2) [1]Die gesetzlichen Vertreter eines Unternehmens, das nicht in der Rechtsform einer Personenhandelsgesellschaft oder des Einzelkaufmanns geführt wird, haben den Jahresabschluß um einen Anhang zu erweitern, der mit der Bilanz und der Gewinn- und Verlustrechnung eine Einheit bildet, sowie einen Lagebericht aufzustellen. [2]Für den Anhang gelten die §§ 284, 285 Nummer 1 bis 4, 7 bis 13, 15a, 17 bis 34, § 286 des Handelsgesetzbuchs[1)] und für den Lagebericht § 289 des Handelsgesetzbuchs[1)] sinngemäß.

(2a) [1]Unternehmen, die in sinngemäßer Anwendung des § 264d des Handelsgesetzbuchs[1)] kapitalmarktorientiert sind, haben den Jahresabschluss um einen Anhang nach Absatz 2 zu ergänzen. [2]§ 264 Abs. 1 Satz 2 des Handelsgesetzbuchs[1)] ist sinngemäß anzuwenden.

(3) § 330 des Handelsgesetzbuchs[1)] über den Erlaß von Rechtsverordnungen gilt auch für Unternehmen, auf die dieser Abschnitt nach § 3 Abs. 1 anzuwenden ist.

(4) Handelt es sich um das Unternehmen einer Personenhandelsgesellschaft oder eines Einzelkaufmanns, so dürfen das sonstige Vermögen des Einzelkaufmanns oder der Gesellschafter (Privatvermögen) nicht in die Bilanz und die auf das Privatvermögen entfallenden Aufwendungen und Erträge nicht in die Gewinn- und Verlustrechnung aufgenommen werden.

[1)] Nr. 5.

(5) [1] Personenhandelsgesellschaften und Einzelkaufleute können die Gewinn- und Verlustrechnung nach den für ihr Unternehmen geltenden Bestimmungen aufstellen. [2] Bei Anwendung einer Gliederung nach § 275 des Handelsgesetzbuchs[1)] dürfen die Steuern, die Personenhandelsgesellschaften und Einzelkaufleute als Steuerschuldner zu entrichten haben, unter den sonstigen Aufwendungen ausgewiesen werden. [3] Soll die Gewinn- und Verlustrechnung nicht nach § 9 offengelegt werden, sind außerdem in einer Anlage zur Bilanz folgende Angaben zu machen:

1. Die Umsatzerlöse im Sinne des § 277 Abs. 1 des Handelsgesetzbuchs[1)],
2. die Erträge aus Beteiligungen,
3. die Löhne, Gehälter, sozialen Abgaben sowie Aufwendungen für Altersversorgung und Unterstützung,
4. die Bewertungs- und Abschreibungsmethoden einschließlich wesentlicher Änderungen,
5. die durchschnittliche Zahl der in den letzten zwölf Monaten vor dem Abschlussstichtag beschäftigten Arbeitnehmer.

(6) Unternehmen im Sinne des § 3 Abs. 1 sind von den Anforderungen dieses Gesetzes befreit, wenn sie in den Konzernabschluss eines Mutterunternehmens im Sinne des § 11 dieses Gesetzes oder des § 290 des Handelsgesetzbuchs[1)] einbezogen sind und sie im Übrigen die entsprechend geltenden Voraussetzungen des § 264 Abs. 3 des Handelsgesetzbuchs[1)] erfüllen.

§ 6 Prüfung durch die Abschlußprüfer. (1) [1] Der Jahresabschluß und der Lagebericht sind durch einen Abschlußprüfer zu prüfen. [2] Soweit in den Absätzen 2 bis 4 nichts anderes bestimmt ist, gelten § 316 Abs. 3, § 317 Abs. 1, 2, 4a, 5 und 6, § 318 Abs. 1 bis 1b, 3 bis 8, § 319 Abs. 1 bis 4, § 319a Abs. 1, 1a und 3, § 319b Abs. 1, § 320 Abs. 1, 2 und 4 sowie die §§ 321 bis 324 des Handelsgesetzbuchs[1)] über die Prüfung des Jahresabschlusses sinngemäß, bei einem Unternehmen, das kapitalmarktorientiert im Sinne des § 264d des Handelsgesetzbuchs[1)] ist, jedoch nur insoweit, als nicht die Verordnung (EU) Nr. 537/2014 anzuwenden ist.

(2) Handelt es sich um das Unternehmen einer Personenhandelsgesellschaft oder eines Einzelkaufmanns, so hat sich die Prüfung auch darauf zu erstrecken, ob § 5 Abs. 4 beachtet worden ist.

(3) [1] Der Abschlußprüfer wird bei Personenhandelsgesellschaften, soweit nicht das Gesetz, die Satzung oder der Gesellschaftsvertrag etwas anderes vorsehen, von den Gesellschaftern gewählt. [2] Handelt es sich um das Unternehmen eines Einzelkaufmanns, so bestellt dieser den Abschlußprüfer. [3] Bei anderen Unternehmen wird der Abschlußprüfer, sofern über seine Bestellung nichts anderes bestimmt ist, vom Aufsichtsrat gewählt; hat das Unternehmen keinen Aufsichtsrat, so bestellen die gesetzlichen Vertreter den Abschlußprüfer. [4] Bei einem Unternehmen, das kapitalmarktorientiert im Sinne des § 264d des Handelsgesetzbuchs[1)] ist, ist der Vorschlag zur Wahl des Abschlussprüfers auf die Empfehlung des Prüfungsausschusses zu stützen.

§ 7 Prüfung durch den Aufsichtsrat. [1] Hat das Unternehmen einen Aufsichtsrat, so haben die gesetzlichen Vertreter unverzüglich nach Eingang des

---

[1)] Nr. 5.

Prüfungsberichts der Abschlußprüfer den Jahresabschluß, den Lagebericht und den Prüfungsbericht der Abschlußprüfer dem Aufsichtsrat vorzulegen. [2]Der Aufsichtsrat hat den Jahresabschluß und den Lagebericht zu prüfen; er hat über das Ergebnis seiner Prüfung schriftlich zu berichten. [3]§ 170 Abs. 3, § 171 Abs. 1 Satz 2 und 3, Abs. 2 Satz 2 bis 5, Abs. 3 des Aktiengesetzes[1)] gelten sinngemäß. [4]Die Sätze 1 bis 3 gelten auch für einen Einzelabschluss nach § 9 Abs. 1 Satz 1 dieses Gesetzes in Verbindung mit § 325 Abs. 2a des Handelsgesetzbuchs[2)]; für einen solchen Abschluss gilt ferner § 171 Abs. 4 Satz 1 des Aktiengesetzes[1)] sinngemäß. [5]Hat das Unternehmen, das kapitalmarktorientiert im Sinne des § 264d des Handelsgesetzbuchs[2)] ist, einen Aufsichtsrat, gelten auch § 100 Absatz 5 und § 107 Absatz 3 Satz 1 und 2 des Aktiengesetzes[1)] entsprechend. [6]Richtet der Aufsichtsrat einen Prüfungsausschuss ein, so gelten für diesen § 100 Absatz 5 und § 107 Absatz 3 Satz 2 und 3 des Aktiengesetzes[1)] entsprechend.

§ 8 Feststellung des Jahresabschlusses. (1) [1]Bedarf es zur Feststellung des Jahresabschlusses der Entscheidung oder Mitwirkung einer anderen Stelle als der gesetzlichen Vertreter und des Aufsichtsrats, so haben die gesetzlichen Vertreter den Jahresabschluß, wenn das Unternehmen einen Aufsichtsrat hat, unverzüglich nach Eingang seines Prüfungsberichts (§ 7), wenn das Unternehmen keinen Aufsichtsrat hat, unverzüglich nach Eingang des Prüfungsberichts der Abschlußprüfer der zuständigen Stelle vorzulegen. [2]Bedarf es zur Feststellung des Jahresabschlusses einer Versammlung der Gesellschafter, so ist die Versammlung unverzüglich nach dem Eingang des Prüfungsberichts des Aufsichtsrats oder der Abschlußprüfer einzuberufen; berufen die für die Einberufung zuständigen Stellen die Versammlung nicht unverzüglich ein, so haben die gesetzlichen Vertreter sie einzuberufen.

(2) Auf den Jahresabschluß sind bei der Feststellung die für seine Aufstellung geltenden Vorschriften anzuwenden.

(3) [1]Wird der Jahresabschluss nach Vorlage des Prüfungsberichts geändert, so hat der Abschlussprüfer diese Unterlagen erneut zu prüfen, soweit es die Änderung erfordert. [2]Über das Ergebnis der Prüfung ist zu berichten; der Bestätigungsvermerk ist entsprechend zu ergänzen. [3]Eine vor der erneuten Prüfung getroffene Entscheidung über die Feststellung des Jahresabschlusses wird erst wirksam, wenn auf Grund der erneuten Prüfung ein hinsichtlich der Änderung uneingeschränkter Bestätigungsvermerk erteilt worden ist. [4]Sie wird nichtig, wenn nicht binnen zwei Wochen seit der Entscheidung ein hinsichtlich der Änderung uneingeschränkter Bestätigungsvermerk erteilt wird.

(4) Der festgestellte Jahresabschluß ist der Jahresabschluß im Sinne der für die Rechtsform des Unternehmens geltenden Vorschriften.

§ 9 Offenlegung des Jahresabschlusses und des Lageberichts, Prüfung durch den Betreiber des Bundesanzeigers. (1) [1]Die gesetzlichen Vertreter des Unternehmens haben für dieses den Jahresabschluß und die sonst in § 325 Abs. 1 des Handelsgesetzbuchs[2)] bezeichneten Unterlagen, soweit sie aufzustellen sind, in sinngemäßer Anwendung des § 325 Absatz 1 bis 2b, 4 bis 6, § 328

[1)] Nr. **2**.
[2)] Nr. **5**.

des Handelsgesetzbuchs[1] offenzulegen. [2] § 329 Abs. 1 und 4 des Handelsgesetzbuchs[1] gilt sinngemäß.

(2) Personenhandelsgesellschaften und Einzelkaufleute brauchen die Gewinn- und Verlustrechnung und den Beschluß über die Verwendung des Ergebnisses nicht offenzulegen, wenn sie in einer Anlage zur Bilanz die nach § 5 Abs. 5 Satz 3 erforderlichen Angaben aufnehmen.

(3) In der Bilanz von Personenhandelsgesellschaften dürfen bei der Offenlegung die Kapitalanteile der Gesellschafter, die Rücklagen, ein Gewinnvortrag und ein Gewinn unter Abzug der nicht durch Vermögenseinlagen gedeckten Verlustanteile von Gesellschaftern, eines Verlustvortrags und eines Verlustes in einem Posten „Eigenkapital" ausgewiesen werden.

§ 10 Nichtigkeit des Jahresabschlusses. [1] Der Jahresabschluß ist nichtig, wenn er

1. nicht nach § 6 Abs. 1 Satz 1 und 2 dieses Gesetzes in Verbindung mit § 316 Abs. 3 des Handelsgesetzbuchs[1] geprüft worden ist oder
2. von Personen geprüft worden ist, die nicht zum Abschlußprüfer bestellt sind oder nach § 6 Abs. 1 Satz 2 dieses Gesetzes in Verbindung mit § 319 Abs. 1 des Handelsgesetzbuchs[1] nicht Abschlußprüfer sind.

[2] Die Nichtigkeit nach Nummer 2 kann nicht mehr geltend gemacht werden, wenn seit der Bekanntmachung des Jahresabschlusses im Bundesanzeiger sechs Monate verstrichen sind. [3] § 256 Abs. 6 Satz 2 des Aktiengesetzes[2] gilt sinngemäß.

Zweiter Abschnitt. Rechnungslegung von Konzernen

§ 11 Zur Rechnungslegung verpflichtete Mutterunternehmen.

(1) Kann ein Unternehmen mit Sitz (Hauptniederlassung) im Inland unmittelbar oder mittelbar einen beherrschenden Einfluss auf ein anderes Unternehmen ausüben, so hat dieses Unternehmen (Mutterunternehmen) nach den folgenden Vorschriften Rechnung zu legen, wenn für drei aufeinanderfolgende Konzernabschlußstichtage jeweils mindestens zwei der drei folgenden Merkmale zutreffen:

1. Die Bilanzsumme einer auf den Konzernabschlußstichtag aufgestellten Konzernbilanz übersteigt 65 Millionen Euro.
2. Die Umsatzerlöse einer auf den Konzernabschlußstichtag aufgestellten Konzern-Gewinn- und Verlustrechnung in den zwölf Monaten vor dem Abschlußstichtag übersteigen 130 Millionen Euro.
3. Die Konzernunternehmen mit Sitz im Inland haben in den zwölf Monaten vor dem Konzernabschlußstichtag insgesamt durchschnittlich mehr als fünftausend Arbeitnehmer beschäftigt.

(2) [1] Bilanzsumme nach Absatz 1 Nr. 1 ist die Bilanzsumme einer nach § 13 Abs. 2 aufgestellten Konzernbilanz; § 1 Abs. 2 Satz 2 bis 5 gilt sinngemäß. [2] Braucht das Mutterunternehmen einen Jahresabschluß nicht aufzustellen, so

---

[1] Nr. 5.
[2] Nr. 2.

ist der Abschlußstichtag des größten Unternehmens mit Sitz im Inland maßgebend.

(3) [1] Kann ein Unternehmen mit Sitz (Hauptniederlassung) im Ausland unmittelbar oder mittelbar einen beherrschenden Einfluss auf ein anderes Unternehmen ausüben und beherrscht dieses Unternehmen über ein oder mehrere zum Konzern gehörende Unternehmen mit Sitz (Hauptniederlassung) im Inland andere Unternehmen, so haben die Unternehmen mit Sitz im Inland, die der Konzernleitung am nächsten stehen (Mutterunternehmen), für ihren Konzernbereich (Teilkonzern) nach diesem Abschnitt Rechnung zu legen, wenn für drei aufeinanderfolgende Abschlußstichtage des Mutterunternehmens mindestens zwei der drei Merkmale des Absatzes 1 für den Teilkonzern zutreffen. [2] Absatz 2 gilt sinngemäß.

(4) *(aufgehoben)*

(5) [1] Dieser Abschnitt ist nicht anzuwenden, wenn das Mutterunternehmen eine Aktiengesellschaft, eine Kommanditgesellschaft auf Aktien, eine Gesellschaft mit beschränkter Haftung, ein Kreditinstitut im Sinne des § 340 des Handelsgesetzbuchs[1)] oder eine in § 2 Abs. 1 Nr. 1, 2 und 4 des Gesetzes über das Kreditwesen genannte Person oder ein Versicherungsunternehmen im Sinne des § 341 des Handelsgesetzbuchs[1)] ist oder als Personenhandelsgesellschaft nach § 3 Abs. 1 Satz 1 Nr. 1 den ersten Abschnitt nicht anzuwenden hat. [2] Weiterhin sind Personenhandelsgesellschaften und Einzelkaufleute zur Aufstellung eines Konzernabschlusses nach diesem Abschnitt nicht verpflichtet, wenn sich ihr Gewerbebetrieb auf die Vermögensverwaltung beschränkt und sie nicht die Aufgaben der Konzernleitung wahrnehmen.

(6) [1] Folgende Bestimmungen des Handelsgesetzbuchs[2)] gelten sinngemäß:

1. § 290 Abs. 2 bis 5 über die Pflicht zur Aufstellung sowie die §§ 291 und 292 über befreiende Konzernabschlüsse und Konzernlageberichte;
2. § 315e über den Konzernabschluss nach internationalen Rechnungslegungsstandards, Absatz 2 der Vorschrift jedoch nur, wenn das Mutterunternehmen seiner Rechtsform nach in den Anwendungsbereich der Verordnung (EG) Nr. 1606/2002 des Europäischen Parlaments und des Rates vom 19. Juli 2002 betreffend die Anwendung internationaler Rechnungslegungsstandards (ABl. EG Nr. L 243 S. 1) in ihrer jeweils geltenden Fassung fällt.

[2] Sind die Voraussetzungen des § 315e des Handelsgesetzbuchs erfüllt, so gilt § 13 Abs. 2 Satz 1 und 2, Abs. 3 Satz 1 und 2 in Verbindung mit § 5 Abs. 5 dieses Gesetzes nicht.

§ 12 Beginn und Dauer der Pflicht zur Konzernrechnungslegung.

(1) Für den Beginn und die Dauer der Pflicht, nach diesem Abschnitt Rechnung zu legen, gilt § 2 Abs. 1 Satz 1 und 3 sinngemäß.

(2) [1] Die gesetzlichen Vertreter eines Mutterunternehmens, für dessen Abschlussstichtag mindestens zwei der drei Merkmale des § 11 Abs. 1 zutreffen, haben unverzüglich beim Betreiber des Bundesanzeigers elektronisch (§ 12 Abs. 2 des Handelsgesetzbuchs[1)]) die Erklärung einzureichen, dass für diesen Abschlussstichtag zwei der drei Merkmale des § 11 Abs. 1 zutreffen; § 11 Abs. 2 Satz 2 gilt entsprechend. [2] Eine entsprechende Erklärung haben die gesetzlichen

---

1) Nr. **5**.
2) Auszugsweise abgedruckt unter Nr. **5**.

Vertreter des Mutterunternehmens auch für jeden der beiden folgenden Abschlussstichtage unverzüglich beim Betreiber des Bundesanzeigers elektronisch einzureichen, wenn die Merkmale auch für diesen Abschlussstichtag zutreffen. [3] § 2 Abs. 2 Satz 3 gilt entsprechend.

(3) [1] Das Gericht hat zur Prüfung der Frage, ob ein Mutterunternehmen nach diesem Abschnitt Rechnung zu legen hat, Prüfer zu bestellen, wenn Anlaß für die Annahme besteht, daß das Mutterunternehmen zur Rechnungslegung nach diesem Abschnitt verpflichtet ist. [2] Hat das Mutterunternehmen einen Aufsichtsrat, so ist vor der Bestellung außer den gesetzlichen Vertretern des Mutterunternehmens auch dieser zu hören. [3] § 2 Abs. 3 Satz 3 bis 8 gilt sinngemäß.

§ 13 Aufstellung von Konzernabschluß und Konzernlagebericht.

(1) [1] Die gesetzlichen Vertreter des Mutterunternehmens haben in den ersten fünf Monaten des Konzerngeschäftsjahrs für das vergangene Konzerngeschäftsjahr einen Konzernabschluss sowie einen Konzernlagebericht oder einen Teilkonzernabschluss oder einen Teilkonzernlagebericht aufzustellen. [2] Ist das Mutterunternehmen kapitalmarktorientiert im Sinn des § 264d des Handelsgesetzbuchs[1)], sind der Konzernabschluss sowie der Konzernlagebericht in den ersten vier Monaten des Konzerngeschäftsjahres für das vergangene Konzerngeschäftsjahr aufzustellen; dies gilt nicht, wenn es ausschließlich zum Handel an einem organisierten Markt zugelassene Schuldtitel im Sinn des § 2 Absatz 1 Nummer 3 des Wertpapierhandelsgesetzes[2)] mit einer Mindeststückelung von 100 000 Euro oder dem am Ausgabetag entsprechenden Gegenwert einer anderen Währung begibt.

(2) [1] Für den Konzernabschluß oder Teilkonzernabschluß gelten die §§ 294 bis 314 des Handelsgesetzbuchs[1)] sinngemäß; soweit eine abweichende Gliederung zulässig ist, kann diese auch für den Konzernabschluß oder den Teilkonzernabschluß verwendet werden. [2] Sonstige Vorschriften, die durch die Rechtsform oder den Geschäftszweig bedingt sind, bleiben unberührt. [3] Für den Konzernlagebericht oder den Teilkonzernlagebericht gilt § 315 des Handelsgesetzbuchs[1)] sinngemäß.

(3) [1] Auf den Konzernabschluss oder den Teilkonzernabschluss braucht § 314 Abs. 1 Nr. 6 des Handelsgesetzbuchs[1)] nicht angewendet zu werden. [2] Ist das Mutterunternehmen eine Personenhandelsgesellschaft oder ein Einzelkaufmann, so gilt § 5 Abs. 4, 5 für den Konzernabschluß sinngemäß; dieser braucht Kapitalflussrechnung und Eigenkapitalspiegel nicht zu umfassen, soweit das Mutterunternehmen nicht kapitalmarktorientiert im Sinn des § 264d des Handelsgesetzbuchs[1)] ist. [3] Bei Anwendung des Satzes 1 oder des § 5 Abs. 5 haben der Konzernabschluß oder der Teilkonzernabschluß befreiende Wirkung nach den §§ 291 und 292 des Handelsgesetzbuchs[1)] nur, wenn das befreite Tochterunternehmen, das gleichzeitig Mutterunternehmen ist, diese Erleichterungen für seinen Konzernabschluß oder Teilkonzernabschluß hätte in Anspruch nehmen können.

(4) § 330 des Handelsgesetzbuchs[1)] über den Erlass von Rechtsverordnungen gilt auch für Konzernabschlüsse, Teilkonzernabschlüsse, Konzernlageberichte und Teilkonzernlageberichte nach diesem Abschnitt.

[1)] Nr. **5**.
[2)] Nr. **10**.

§ 14 Prüfung des Konzernabschlusses. (1) [1]Der Konzernabschluß oder Teilkonzernabschluß ist unter Einbeziehung des Konzernlageberichts oder des Teilkonzernlageberichts durch einen Abschlußprüfer zu prüfen. [2]§ 316 Abs. 3, §§ 317 bis 324 des Handelsgesetzbuchs[1)] über die Prüfung sowie § 6 Abs. 2, 3 dieses Gesetzes gelten sinngemäß.

(2) [1]Ist das Mutterunternehmen eine Genossenschaft, so ist der Prüfungsverband, dem die Genossenschaft angehört, auch Abschlußprüfer des Konzernabschlusses. [2]Der von einem Prüfungsverband geprüfte Konzernabschluß oder Teilkonzernabschluß hat befreiende Wirkung nach *nach*[2)] den §§ 291 und 292 des Handelsgesetzbuchs[1)] nur, wenn das befreite Tochterunternehmen, das gleichzeitig Mutterunternehmen ist, seinen Konzernabschluß oder Teilkonzernabschluß von dieser Person hätte prüfen lassen können.

(3) [1]Hat das Mutterunternehmen einen Aufsichtsrat, so haben die gesetzlichen Vertreter den Konzernabschluß oder den Teilkonzernabschluß, den Konzernlagebericht oder den Teilkonzernlagebericht und den Prüfungsbericht des Abschlußprüfers des Konzernabschlusses unverzüglich nach Eingang des Prüfungsberichts dem Aufsichtsrat zur Kenntnisnahme vorzulegen. [2]Jedes Aufsichtsratsmitglied hat das Recht, von den Vorlagen Kenntnis zu nehmen. [3]Die Vorlagen sind auch jedem Aufsichtsratsmitglied auf Verlangen auszuhändigen, soweit der Aufsichtsrat nichts anderes beschlossen hat.

§ 15 Offenlegung des Konzernabschlusses. (1) Die gesetzlichen Vertreter des Mutterunternehmens haben für dieses den Konzernabschluß oder Teilkonzernabschluß mit dem Bestätigungsvermerk oder dem Vermerk über dessen Versagung und den Konzernlagebericht oder Teilkonzernlagebericht in sinngemäßer Anwendung des § 325 Abs. 3 bis 6 des Handelsgesetzbuchs[1)] offenzulegen.

(2) Für die Offenlegung, Veröffentlichung und Vervielfältigung des Konzernabschlusses, Teilkonzernabschlusses, Konzernlageberichts und des Teilkonzernlageberichts gilt § 328, für die Prüfungspflicht des Betreibers des Bundesanzeigers § 329 Abs. 1 und 4 des Handelsgesetzbuchs[1)] sinngemäß.

§ 16 *(aufgehoben)*

Dritter Abschnitt. Straf-, Bußgeld- und Schlußvorschriften

§ 17 Unrichtige Darstellung. Mit Freiheitsstrafe bis zu drei Jahren oder mit Geldstrafe wird bestraft, wer als gesetzlicher Vertreter (§ 4 Abs. 1 Satz 1) eines Unternehmens oder eines Mutterunternehmens, beim Einzelkaufmann als Inhaber oder dessen gesetzlicher Vertreter,

1. die Verhältnisse des Unternehmens im Jahresabschluß oder Lagebericht unrichtig wiedergibt oder verschleiert,

1a. zum Zwecke der Befreiung nach § 9 Abs. 1 Satz 1 in Verbindung mit § 325 Abs. 2a Satz 1, Abs. 2b des Handelsgesetzbuchs[1)] einen Einzelabschluss nach den in § 315e Abs. 1 des Handelsgesetzbuchs genannten internationalen Rechnungslegungsstandards, in dem die Verhältnisse des Unternehmens

[1)] Nr. 5.
[2)] Wortlaut amtlich.

unrichtig wiedergegeben oder verschleiert worden sind, vorsätzlich oder leichtfertig offen legt,

2. die Verhältnisse des Konzerns oder Teilkonzerns im Konzernabschluß, Konzernlagebericht, Teilkonzernabschluß oder Teilkonzernlagebericht unrichtig wiedergibt oder verschleiert,
3. zum Zwecke der Befreiung nach § 11 Abs. 6 Satz 1 Nr. 1 in Verbindung mit den §§ 291 und 292 des Handelsgesetzbuchs[1] einen Konzernabschluß, Konzernlagebericht, Teilkonzernabschluß oder Teilkonzernlagebericht, in dem die Verhältnisse des Konzerns oder Teilkonzerns unrichtig wiedergegeben oder verschleiert worden sind, vorsätzlich oder leichtfertig offenlegt oder
4. in Aufklärungen oder Nachweisen, die nach § 2 Abs. 3 Satz 4 in Verbindung mit § 145 Abs. 2 und 3 des Aktiengesetzes[2], § 6 Abs. 1 Satz 2 in Verbindung mit § 320 Abs. 1, 2 des Handelsgesetzbuchs[1], § 12 Abs. 3 Satz 3 in Verbindung mit § 2 Abs. 3 Satz 4 und § 145 Abs. 2 und 3 des Aktiengesetzes[2] oder § 14 Abs. 1 Satz 2 in Verbindung mit § 320 Abs. 3 des Handelsgesetzbuchs[1] einem Abschlußprüfer des Unternehmens, eines verbundenen Unternehmens, des Konzerns oder des Teilkonzerns zu geben sind, unrichtige Angaben macht oder die Verhältnisse des Unternehmens, eines Tochterunternehmens, des Konzerns oder des Teilkonzerns unrichtig wiedergibt oder verschleiert.

§ 18 Verletzung der Berichtspflicht. (1) Mit Freiheitsstrafe bis zu drei Jahren oder mit Geldstrafe wird bestraft, wer als Prüfer nach diesem Gesetz oder als Gehilfe eines solchen Prüfers über das Ergebnis der Prüfung falsch berichtet oder erhebliche Umstände im Bericht verschweigt.

(2) Handelt der Täter gegen Entgelt oder in der Absicht, sich oder einen anderen zu bereichern oder einen anderen zu schädigen, so ist die Strafe Freiheitsstrafe bis zu fünf Jahren oder Geldstrafe.

§ 19 Verletzung der Geheimhaltungspflicht. (1) Mit Freiheitsstrafe bis zu einem Jahr oder mit Geldstrafe wird bestraft, wer ein Geheimnis des Unternehmens (Konzernleitung, Teilkonzernleitung), namentlich ein Betriebs- oder Geschäftsgeheimnis, das ihm in seiner Eigenschaft als Prüfer nach diesem Gesetz oder als Gehilfe eines solchen Prüfers bekanntgeworden ist, unbefugt offenbart.

(2) [1] Handelt der Täter gegen Entgelt oder in der Absicht, sich oder einen anderen zu bereichern oder einen anderen zu schädigen, so ist die Strafe Freiheitsstrafe bis zu zwei Jahren oder Geldstrafe. [2] Ebenso wird bestraft, wer ein Geheimnis der in Absatz 1 bezeichneten Art, namentlich ein Betriebs- oder Geschäftsgeheimnis, das ihm unter den Voraussetzungen des Absatzes 1 bekanntgeworden ist, unbefugt verwertet.

(3) Die Tat wird nur auf Antrag des Unternehmens (Konzernleitung, Teilkonzernleitung) verfolgt.

§ 19a Verletzung der Pflichten bei Abschlussprüfungen. Mit Freiheitsstrafe bis zu einem Jahr oder mit Geldstrafe wird bestraft, wer als Mitglied eines

---

[1] Nr. 5.
[2] Nr. 2.

Aufsichtsrats nach § 7 Satz 5 oder als Mitglied eines nach § 6 Absatz 1 Satz 2 in Verbindung mit § 324 Absatz 1 Satz 1 des Handelsgesetzbuchs[1] oder nach § 7 Satz 6 eingerichteten Prüfungsausschusses eines Unternehmens, das kapitalmarktorientiert im Sinne des § 264d des Handelsgesetzbuchs[1] ist,

1. eine in § 20 Absatz 2a, 2b oder Absatz 2c bezeichnete Handlung begeht und dafür einen Vermögensvorteil erhält oder sich versprechen lässt oder
2. eine in § 20 Absatz 2a, 2b oder Absatz 2c bezeichnete Handlung beharrlich wiederholt.

§ 20 Bußgeldvorschriften. (1) Ordnungswidrig handelt, wer als gesetzlicher Vertreter (§ 4 Abs. 1 Satz 1) eines Unternehmens oder eines Mutterunternehmens, beim Einzelkaufmann als Inhaber oder dessen gesetzlicher Vertreter,

1. bei der Aufstellung oder Feststellung des Jahresabschlusses einer Vorschrift
   a) des § 243 Abs. 1 oder 2, der §§ 244, 245, 246, 247, 248, 249 Abs. 1 Satz 1 oder Abs. 2, des § 250 Abs. 1 oder Abs. 2 oder des § 251 des Handelsgesetzbuchs[1] über Form oder Inhalt,
   b) des § 253 Abs. 1 Satz 1, 2, 3 oder Satz 4, Abs. 2 Satz 1, auch in Verbindung mit Satz 2, Absatz 3 Satz 1, 2, 3, 4 oder Satz 5, Abs. 4 oder Abs. 5 des Handelsgesetzbuchs[1] über die Bewertung;[2]
   c) *(aufgehoben)*
   d) des § 5 Abs. 1 Satz 2 in Verbindung mit einer Vorschrift des § 264 Absatz 1a, des § 265 Abs. 2, 3, 4 oder 6, der §§ 266, 268 Absatz 3, 4, 5, 6 oder Absatz 7, der §§ 272, 274 oder des § 275 oder des § 277 des Handelsgesetzbuchs[1] über die Gliederung oder
   e) des § 5 Abs. 2 Satz 2 in Verbindung mit § 284 oder des § 285 Nummer 1 bis 4, 7 bis 13, 15a, 17 bis 33 oder Nummer 34 des Handelsgesetzbuchs[1] über die im Anhang zu machenden Angaben,
2. bei der Aufstellung des Konzernabschlusses oder Teilkonzernabschlusses einer Vorschrift des § 13 Abs. 2 Satz 1 in Verbindung mit einer Vorschrift
   a) des § 294 Abs. 1 des Handelsgesetzbuchs[1] über den Konsolidierungskreis,
   b) des § 297 Absatz 1a, 2 oder 3 oder des § 298 Abs. 1 in Verbindung mit den §§ 244, 245, 246, 247, 248, 249 Abs. 1 Satz 1 oder Abs. 2, des § 250 Abs. 1 oder Abs. 2 oder dem § 251 des Handelsgesetzbuchs[1] über Inhalt oder Form des Konzernabschlusses,
   c) des § 300 des Handelsgesetzbuchs[1] über die Konsolidierungsgrundsätze oder das Vollständigkeitsgebot,
   d) des § 308 Abs. 1 Satz 1 in Verbindung mit den in Nummer 1 Buchstabe b bezeichneten Vorschriften des Handelsgesetzbuchs, des § 308 Abs. 2 oder des § 308a des Handelsgesetzbuchs über die Bewertung,
   e) des § 311 Abs. 1 Satz 1 in Verbindung mit § 312 des Handelsgesetzbuchs[1] über die Behandlung assoziierter Unternehmen oder
   f) des § 308 Abs. 1 Satz 3, des § 313 oder des § 314 des Handelsgesetzbuchs[1] über die im Konzernanhang zu machenden Angaben,

---

[1] Nr. 5.
[2] Zeichensetzung amtlich.

3. bei der Aufstellung des Lageberichts der Vorschrift des § 5 Abs. 2 Satz 2 in Verbindung mit § 289 Abs. 1 des Handelsgesetzbuchs[1] über den Inhalt des Lageberichts,
4. bei der Aufstellung des Konzernlageberichts oder des Teilkonzernlageberichts der Vorschrift des § 13 Abs. 2 Satz 3 in Verbindung mit § 315 Absatz 1, auch in Verbindung mit Absatz 3, des Handelsgesetzbuchs[1] über den Inhalt des Konzernlageberichts,
5. bei der Offenlegung, Veröffentlichung oder Vervielfältigung einer Vorschrift des § 9 Abs. 1 oder des § 15 Abs. 2, jeweils in Verbindung mit § 328 des Handelsgesetzbuchs[1] über Form oder Inhalt, oder
6. einer auf Grund des § 5 Abs. 3 oder des § 13 Abs. 4, jeweils in Verbindung mit § 330 Satz 1 des Handelsgesetzbuchs[1], erlassenen Rechtsverordnung, soweit sie für einen bestimmten Tatbestand auf diese Bußgeldvorschrift verweist,

zuwiderhandelt.

(2) Ordnungswidrig handelt auch, wer entgegen § 2 Abs. 2 oder § 12 Abs. 2 die dort vorgeschriebene Erklärung beim Betreiber des Bundesanzeigers oder der Aufsichtsbehörde nicht oder nicht rechtzeitig einreicht.

(2a) Ordnungswidrig handelt, wer als Mitglied eines Aufsichtsrats nach § 7 Satz 5 oder als Mitglied eines nach § 6 Absatz 1 Satz 2 in Verbindung mit § 324 Absatz 1 Satz 1 des Handelsgesetzbuchs[1] oder nach § 7 Satz 6 eingerichteten Prüfungsausschusses eines Unternehmens, das kapitalmarktorientiert im Sinne des § 264d des Handelsgesetzbuchs[1] ist,

1. die Unabhängigkeit des Abschlussprüfers oder der Prüfungsgesellschaft nicht nach Maßgabe des Artikels 4 Absatz 3 Unterabsatz 2, des Artikels 5 Absatz 4 Unterabsatz 1 Satz 1 oder des Artikels 6 Absatz 2 der Verordnung (EU) Nr. 537/2014 des Europäischen Parlaments und des Rates vom 16. April 2014 über spezifische Anforderungen an die Abschlussprüfung bei Unternehmen von öffentlichem Interesse und zur Aufhebung des Beschlusses 2005/909/EG der Kommission (ABl. L 158 vom 27.5.2014, S. 77, L 170 vom 11.6.2014, S. 66) überwacht oder
2. eine Empfehlung für die Bestellung eines Abschlussprüfers oder einer Prüfungsgesellschaft vorlegt, die den Anforderungen nach Artikel 16 Absatz 2 Unterabsatz 2 oder 3 der Verordnung (EU) Nr. 537/2014 nicht entspricht oder der ein Auswahlverfahren nach Artikel 16 Absatz 3 Unterabsatz 1 der Verordnung (EU) Nr. 537/2014 nicht vorangegangen ist.

(2b) Ordnungswidrig handelt, wer als Mitglied eines Aufsichtsrats nach § 7 Satz 5, der keinen Prüfungsausschuss eingerichtet hat, oder als Mitglied eines nach § 6 Absatz 1 Satz 2 in Verbindung mit § 324 Absatz 1 Satz 1 des Handelsgesetzbuchs[1] eingerichteten Prüfungsausschusses eines in Absatz 2a genannten Unternehmens den Gesellschaftern oder der sonst für die Bestellung des Abschlussprüfers zuständigen Stelle einen Vorschlag für die Bestellung eines Abschlussprüfers oder einer Prüfungsgesellschaft vorlegt, der den Anforderungen nach Artikel 16 Absatz 5 Unterabsatz 1 der Verordnung (EU) Nr. 537/2014 nicht entspricht.

---

[1] Nr. **5**.

(2c) Ordnungswidrig handelt, wer als Mitglied eines Aufsichtsrats nach § 7 Satz 5, der einen Prüfungsausschuss eingerichtet hat, eines in Absatz 2a genannten Unternehmens den Gesellschaftern oder der sonst für die Bestellung des Abschlussprüfers zuständigen Stelle einen Vorschlag für die Bestellung eines Abschlussprüfers oder einer Prüfungsgesellschaft vorlegt, der den Anforderungen nach Artikel 16 Absatz 5 Unterabsatz 1 oder Unterabsatz 2 Satz 1 oder Satz 2 der Verordnung (EU) Nr. 537/2014 nicht entspricht.

(3) Die Ordnungswidrigkeit kann mit einer Geldbuße bis zu fünfzigtausend Euro geahndet werden.

(4) Verwaltungsbehörde im Sinne des § 36 Abs. 1 Nr. 1 des Gesetzes über Ordnungswidrigkeiten ist das Bundesamt für Justiz.

§ 21 Festsetzung von Ordnungsgeld. [1]Gegen die gesetzlichen Vertreter (§ 4 Abs. 1 Satz 1) eines Unternehmens oder eines Mutterunternehmens, beim Einzelkaufmann gegen die Inhaber oder deren gesetzliche Vertreter, die § 9 Abs. 1, § 15 Abs. 1 hinsichtlich der Pflicht zur Offenlegung des Jahresabschlusses, des Lageberichts, des Konzernabschlusses, des Konzernlageberichts, des Teilkonzernabschlusses oder des Teilkonzernlageberichts im Bundesanzeiger nicht befolgen, ist wegen des pflichtwidrigen Unterlassens der Offenlegung vom Bundesamt für Justiz ein Ordnungsgeld festzusetzen. [2]Die §§ 335 bis 335b des Handelsgesetzbuchs[1)] sind entsprechend anzuwenden.

§ 21a Mitteilungen an die Abschlussprüferaufsichtsstelle. (1) Das Bundesamt für Justiz übermittelt der Abschlussprüferaufsichtsstelle beim Bundesamt für Wirtschaft und Ausfuhrkontrolle alle Bußgeldentscheidungen nach § 20 Absatz 2a bis 2c.

(2) [1]In Strafverfahren, die eine Straftat nach § 19a zum Gegenstand haben, übermittelt die Staatsanwaltschaft im Falle der Erhebung der öffentlichen Klage der Abschlussprüferaufsichtsstelle die das Verfahren abschließende Entscheidung. [2]Ist gegen die Entscheidung ein Rechtsmittel eingelegt worden, ist die Entscheidung unter Hinweis auf das eingelegte Rechtsmittel zu übermitteln.

§ 22 Erstmalige Anwendung geänderter Vorschriften. (1) [1]Die §§ 7, 9, 11, 13 Abs. 3 Satz 2 und § 21 in der Fassung des Bilanzrechtsreformgesetzes vom 4. Dezember 2004 (BGBl. I S. 3166) finden erstmals auf das nach dem 31. Dezember 2004 beginnende Geschäftsjahr Anwendung. [2]§ 315a Abs. 2 des Handelsgesetzbuchs[1)] in der Fassung des Bilanzrechtsreformgesetzes vom 4. Dezember 2004 (BGBl. I S. 3166) in Verbindung mit § 11 Abs. 6 Satz 1 Nr. 2 dieses Gesetzes in der Fassung des Bilanzrechtsreformgesetzes vom 4. Dezember 2004 (BGBl. I S. 3166) ist erstmals auf das nach dem 31. Dezember 2006 beginnende Geschäftsjahr anzuwenden. [3]Die bis zum 9. Dezember 2004 geltenden Fassungen des § 11 Abs. 6 Nr. 2 dieses Gesetzes und des § 292a des Handelsgesetzbuchs sind letztmals auf das vor dem 1. Januar 2005 beginnende Geschäftsjahr anzuwenden; Artikel 58 Abs. 5 Satz 2 des Einführungsgesetzes zum Handelsgesetzbuch[2)] gilt entsprechend. [4]Soweit § 5 Abs. 1 Satz 2, Abs. 2, § 6 Abs. 1, § 9 Abs. 1 Satz 1, § 10 Satz 1 Nr. 2, § 13 Abs. 2, § 14 Abs. 1 und § 15 dieses Gesetzes auf Bestimmungen des Handelsgesetzbuchs[3)] verweisen,

---

[1)] Nr. **5**.
[2)] Nr. **5a**.
[3)] Auszugsweise abgedruckt unter Nr. **5**.

die in Artikel 58 Abs. 2 bis 4 des Einführungsgesetzes zum Handelsgesetzbuch[1] aufgeführt sind, gelten die in der letztgenannten Vorschrift getroffenen Übergangsregelungen entsprechend. [5] Soweit § 13 Abs. 2 Satz 1 dieses Gesetzes auf § 297 Abs. 1 des Handelsgesetzbuchs[2] verweist, ist Artikel 58 Abs. 5 Satz 1 des Einführungsgesetzes zum Handelsgesetzbuch[1] entsprechend anzuwenden; dies gilt nicht, wenn das Mutterunternehmen eine Personengesellschaft oder ein Einzelkaufmann ist.

(2) [1] Die §§ 2, 9, 12, 15, 20 und 21 in der Fassung des Gesetzes über elektronische Handelsregister und Genossenschaftsregister sowie das Unternehmensregister vom 10. November 2006 (BGBl. I S. 2553) in der vom 1. Januar 2007 an geltenden Fassung finden erstmals auf das nach dem 31. Dezember 2005 beginnende Geschäftsjahr Anwendung. [2] Die §§ 2, 9, 12, 15, 20 und 21 in der bis zum Inkrafttreten des Gesetzes über elektronische Handelsregister und Genossenschaftsregister sowie das Unternehmensregister am 1. Januar 2007 geltenden Fassung sind letztmals auf das vor dem 1. Januar 2006 beginnende Geschäftsjahr anzuwenden. [3] Soweit die §§ 2, 9, 15, 20 und 21 auf Bestimmungen des Handelsgesetzbuchs[3] verweisen, die in Artikel 61 des Einführungsgesetzes zum Handelsgesetzbuch[1] genannt sind, gelten die in der letztgenannten Vorschrift getroffenen Übergangsregelungen im Übrigen entsprechend.

(3) [1] Soweit die §§ 5, 6, 13 und 20 in der Fassung des Bilanzrechtsmodernisierungsgesetzes vom 25. Mai 2009 (BGBl. I S. 1102) sowie in der zuvor geltenden Fassung, und soweit durch das Bilanzrechtsmodernisierungsgesetz nicht geänderte Bestimmungen dieses Gesetzes auf Bestimmungen des Handelsgesetzbuchs[3] verweisen, sind die hierauf bezogenen Übergangsregelungen der Artikel 66 und 67 des Einführungsgesetzes zum Handelsgesetzbuch[1] entsprechend anzuwenden. [2] In Bezug auf § 11 dieses Gesetzes sind die auf § 290 des Handelsgesetzbuchs[2] bezogenen Übergangsregelungen des Artikels 66 Abs. 3 und 5 des Einführungsgesetzes zum Handelsgesetzbuch[1] entsprechend anzuwenden. [3] Das Gleiche gilt für Artikel 66 Abs. 3 Satz 6 des Einführungsgesetzes zum Handelsgesetzbuch[1].

(4) Für § 21 in der durch das Gesetz zur Änderung des Handelsgesetzbuchs vom 4. Oktober 2013 (BGBl. I S. 3746) geänderten Fassung gilt Artikel 70 Absatz 3 des Einführungsgesetzes zum Handelsgesetzbuch entsprechend.

(5) [1] Die §§ 5, 9, 11, 13 Absatz 3 und 4 sowie die §§ 14, 17 und 20 in der Fassung des Bilanzrichtlinie-Umsetzungsgesetzes vom 17. Juli 2015 (BGBl. I S. 1245) sind erstmals auf Jahres- und Konzernabschlüsse für Geschäftsjahre anzuwenden, die nach dem 31. Dezember 2015 beginnen. [2] Auf vor dem 1. Januar 2016 beginnende Geschäftsjahre bleiben die §§ 5, 9, 11, 13, 14, 17 und 20 in der bis zum 22. Juli 2015 geltenden Fassung anwendbar.

(6) § 7 Satz 5 und 6 muss so lange nicht angewandt werden, wie alle Mitglieder des Aufsichtsrats und des Prüfungsausschusses vor dem 17. Juni 2016 bestellt worden sind.

(7) [1] Die §§ 11, 13, 17 und 20 in der Fassung des CSR-Richtlinie-Umsetzungsgesetzes vom 11. April 2017 (BGBl. I S. 802) sind erstmals auf Jahres- und Konzernabschlüsse, Lage- und Konzernlageberichte für das nach dem 31. Dezember 2016 beginnende Geschäftsjahr anzuwenden. [2] Die in Satz 1 bezeichne-

---

[1] Nr. **5a**.
[2] Nr. **5**.
[3] Auszugsweise abgedruckt unter Nr. **5**.

ten Vorschriften in der bis zum 18. April 2017 geltenden Fassung sind letztmals anzuwenden auf Lage- und Konzernlageberichte für das vor dem 1. Januar 2017 beginnende Geschäftsjahr.

§ 23 Inkrafttreten. Dieses Gesetz tritt am Tage nach seiner Verkündung[1] in Kraft.

[1] Verkündet am 20.8.1969.

7. Gesetz über Partnerschaftsgesellschaften Angehöriger Freier Berufe (Partnerschaftsgesellschaftsgesetz – PartGG)[1]

Vom 25. Juli 1994
(BGBl. I S. 1744)

FNA 4127-1

zuletzt geänd. durch Art. 7 Aktienrechtsnovelle 2016 v. 22.12.2015 (BGBl. I S. 2565)

Nichtamtliche Inhaltsübersicht

§ 1 Voraussetzungen der Partnerschaft. (1) [1]Die Partnerschaft ist eine Gesellschaft, in der sich Angehörige Freier Berufe zur Ausübung ihrer Berufe zusammenschließen. [2]Sie übt kein Handelsgewerbe aus. [3]Angehörige einer Partnerschaft können nur natürliche Personen sein.

(2) [1]Die Freien Berufe haben im allgemeinen auf der Grundlage besonderer beruflicher Qualifikation oder schöpferischer Begabung die persönliche, eigenverantwortliche und fachlich unabhängige Erbringung von Dienstleistungen höherer Art im Interesse der Auftraggeber und der Allgemeinheit zum Inhalt. [2]Ausübung eines Freien Berufs im Sinne dieses Gesetzes ist die selbständige Berufstätigkeit der Ärzte, Zahnärzte, Tierärzte, Heilpraktiker, Krankengymnasten, Hebammen, Heilmasseure, Diplom-Psychologen, Mitglieder der Rechtsanwaltskammern, Patentanwälte, Wirtschaftsprüfer, Steuerberater, beratenden Volks- und Betriebswirte, vereidigten Buchprüfer (vereidigte Buchrevisoren), Steuerbevollmächtigten, Ingenieure, Architekten, Handelschemiker, Lotsen, hauptberuflichen Sachverständigen, Journalisten, Bildberichterstatter, Dolmetscher, Übersetzer und ähnlicher Berufe sowie der Wissenschaftler, Künstler, Schriftsteller, Lehrer und Erzieher.

(3) Die Berufsausübung in der Partnerschaft kann in Vorschriften über einzelne Berufe ausgeschlossen oder von weiteren Voraussetzungen abhängig gemacht werden.

(4) Auf die Partnerschaft finden, soweit in diesem Gesetz nichts anderes bestimmt ist, die Vorschriften des Bürgerlichen Gesetzbuchs[2] über die Gesellschaft Anwendung.

---

[1] Verkündet als Art. 1 G zur Schaffung von Partnerschaftsgesellschaften und zur Änd. anderer G v. 25.7.1994 (BGBl I S. 1744); Inkrafttreten gem. Art. 9 dieses G am 1.7.1995 mit Ausnahme des § 5 Abs. 2, der bereits am 1.5.1995 in Kraft getreten ist.

[2] Auszugsweise abgedruckt unter Nr. **1**.

§ 2 Name der Partnerschaft. (1) [1]Der Name der Partnerschaft muß den Namen mindestens eines Partners, den Zusatz „und Partner" oder „Partnerschaft" sowie die Berufsbezeichnungen aller in der Partnerschaft vertretenen Berufe enthalten. [2]Die Beifügung von Vornamen ist nicht erforderlich. [3]Die Namen anderer Personen als der Partner dürfen nicht in den Namen der Partnerschaft aufgenommen werden.

(2) § 18 Abs. 2, §§ 21, 22 Abs. 1, §§ 23, 24, 30, 31 Abs. 2, §§ 32 und 37 des Handelsgesetzbuchs[1)] sind entsprechend anzuwenden; § 24 Abs. 2 des Handelsgesetzbuchs[1)] gilt auch bei Umwandlung einer Gesellschaft bürgerlichen Rechts in eine Partnerschaft.

§ 3 Partnerschaftsvertrag. (1) Der Partnerschaftsvertrag bedarf der Schriftform.

(2) Der Partnerschaftsvertrag muß enthalten

1. den Namen und den Sitz der Partnerschaft;
2. den Namen und den Vornamen sowie den in der Partnerschaft ausgeübten Beruf und den Wohnort jedes Partners;
3. den Gegenstand der Partnerschaft.

§ 4 Anmeldung der Partnerschaft. (1) [1]Auf die Anmeldung der Partnerschaft in das Partnerschaftsregister sind § 106 Abs. 1 und § 108 Satz 1 des Handelsgesetzbuchs[1)] entsprechend anzuwenden. [2]Die Anmeldung hat die in § 3 Abs. 2 vorgeschriebenen Angaben, das Geburtsdatum jedes Partners und die Vertretungsmacht der Partner zu enthalten. [3]Änderungen dieser Angaben sind gleichfalls zur Eintragung in das Partnerschaftsregister anzumelden.

(2) [1]In der Anmeldung ist die Zugehörigkeit jedes Partners zu dem Freien Beruf, den er in der Partnerschaft ausübt, anzugeben. [2]Das Registergericht legt bei der Eintragung die Angaben der Partner zugrunde, es sei denn, ihm ist deren Unrichtigkeit bekannt.

(3) Der Anmeldung einer Partnerschaft mit beschränkter Berufshaftung nach § 8 Absatz 4 muss eine Versicherungsbescheinigung gemäß § 113 Absatz 2 des Gesetzes über den Versicherungsvertrag beigefügt sein.

§ 5 Inhalt der Eintragung; anzuwendende Vorschriften. (1) Die Eintragung hat die in § 3 Abs. 2 genannten Angaben, das Geburtsdatum jedes Partners und die Vertretungsmacht der Partner zu enthalten.

(2) Auf das Partnerschaftsregister und die registerrechtliche Behandlung von Zweigniederlassungen sind die §§ 8, 8a, 9, 10 bis 12, 13, 13d, 13h und 14 bis 16 des Handelsgesetzbuchs[1)] über das Handelsregister entsprechend anzuwenden; eine Pflicht zur Anmeldung einer inländischen Geschäftsanschrift besteht nicht.

§ 6 Rechtsverhältnis der Partner untereinander. (1) Die Partner erbringen ihre beruflichen Leistungen unter Beachtung des für sie geltenden Berufsrechts.

(2) Einzelne Partner können im Partnerschaftsvertrag nur von der Führung der sonstigen Geschäfte ausgeschlossen werden.

(3) [1]Im übrigen richtet sich das Rechtsverhältnis der Partner untereinander nach dem Partnerschaftsvertrag. [2]Soweit der Partnerschaftsvertrag keine Bestim-

---

[1)] Nr. 5.

mungen enthält, sind die §§ 110 bis 116 Abs. 2, §§ 117 bis 119 des Handelsgesetzbuchs[1)] entsprechend anzuwenden.

§ 7 Wirksamkeit im Verhältnis zu Dritten; rechtliche Selbständigkeit; Vertretung. (1) Die Partnerschaft wird im Verhältnis zu Dritten mit ihrer Eintragung in das Partnerschaftsregister wirksam.

(2) § 124 des Handelsgesetzbuchs[1)] ist entsprechend anzuwenden.

(3) Auf die Vertretung der Partnerschaft sind die Vorschriften des § 125 Abs. 1 und 2 sowie der §§ 126 und 127 des Handelsgesetzbuchs[1)] entsprechend anzuwenden.

(4) [1] Die Partnerschaft kann als Prozess- oder Verfahrensbevollmächtigte beauftragt werden. [2] Sie handelt durch ihre Partner und Vertreter, in deren Person die für die Erbringung rechtsbesorgender Leistungen gesetzlich vorgeschriebenen Voraussetzungen im Einzelfalle vorliegen müssen, und ist in gleichem Umfang wie diese postulationsfähig. [3] Verteidiger im Sinne der §§ 137 ff. der Strafprozessordnung ist nur die für die Partnerschaft handelnde Person.

(5) Für die Angabe auf Geschäftsbriefen der Partnerschaft ist § 125a Absatz 1 Satz 1, Absatz 2 des Handelsgesetzbuchs[1)] mit der Maßgabe entsprechend anzuwenden, dass bei einer Partnerschaft mit beschränkter Berufshaftung auch der von dieser gewählte Namenszusatz im Sinne des § 8 Absatz 4 Satz 3 anzugeben ist.

§ 8 Haftung für Verbindlichkeiten der Partnerschaft. (1) [1] Für Verbindlichkeiten der Partnerschaft haften den Gläubigern neben dem Vermögen der Partnerschaft die Partner als Gesamtschuldner. [2] Die §§ 129 und 130 des Handelsgesetzbuchs[1)] sind entsprechend anzuwenden.

(2) Waren nur einzelne Partner mit der Bearbeitung eines Auftrags befaßt, so haften nur sie gemäß Absatz 1 für berufliche Fehler neben der Partnerschaft; ausgenommen sind Bearbeitungsbeiträge von untergeordneter Bedeutung.

(3) Durch Gesetz kann für einzelne Berufe eine Beschränkung der Haftung für Ansprüche aus Schäden wegen fehlerhafter Berufsausübung auf einen bestimmten Höchstbetrag zugelassen werden, wenn zugleich eine Pflicht zum Abschluß einer Berufshaftpflichtversicherung der Partner oder der Partnerschaft begründet wird.

(4) [1] Für Verbindlichkeiten der Partnerschaft aus Schäden wegen fehlerhafter Berufsausübung haftet den Gläubigern nur das Gesellschaftsvermögen, wenn die Partnerschaft eine zu diesem Zweck durch Gesetz vorgegebene Berufshaftpflichtversicherung unterhält. [2] Für die Berufshaftpflichtversicherung gelten § 113 Absatz 3 und die §§ 114 bis 124 des Versicherungsvertragsgesetzes entsprechend. [3] Der Name der Partnerschaft muss den Zusatz „mit beschränkter Berufshaftung“ oder die Abkürzung „mbB“ oder eine andere allgemein verständliche Abkürzung dieser Bezeichnung enthalten; anstelle der Namenszusätze nach § 2 Absatz 1 Satz 1 kann der Name der Partnerschaft mit beschränkter Berufshaftung den Zusatz „Part“ oder „PartG“ enthalten.

§ 9 Ausscheiden eines Partners; Auflösung der Partnerschaft. (1) Auf das Ausscheiden eines Partners und die Auflösung der Partnerschaft sind, soweit im folgenden nichts anderes bestimmt ist, die §§ 131 bis 144 des Handelsgesetzbuchs[1)] entsprechend anzuwenden.

(2) *(aufgehoben)*

[1)] Nr. **5**.

(3) Verliert ein Partner eine erforderliche Zulassung zu dem Freien Beruf, den er in der Partnerschaft ausübt, so scheidet er mit deren Verlust aus der Partnerschaft aus.

(4) [1] Die Beteiligung an einer Partnerschaft ist nicht vererblich. [2] Der Partnerschaftsvertrag kann jedoch bestimmen, daß sie an Dritte vererblich ist, die Partner im Sinne des § 1 Abs. 1 und 2 sein können. [3] § 139 des Handelsgesetzbuchs[1)] ist nur insoweit anzuwenden, als der Erbe der Beteiligung befugt ist, seinen Austritt aus der Partnerschaft zu erklären.

§ 10 Liquidation der Partnerschaft; Nachhaftung. (1) Für die Liquidation der Partnerschaft sind die Vorschriften über die Liquidation der offenen Handelsgesellschaft entsprechend anwendbar.

(2) Nach der Auflösung der Partnerschaft oder nach dem Ausscheiden des Partners bestimmt sich die Haftung der Partner aus Verbindlichkeiten der Partnerschaft nach den §§ 159, 160 des Handelsgesetzbuchs[1)].

§ 11 Übergangsvorschriften. (1) [1] Den Zusatz „Partnerschaft" oder „und Partner" dürfen nur Partnerschaften nach diesem Gesetz führen. [2] Gesellschaften, die eine solche Bezeichnung bei Inkrafttreten dieses Gesetzes in ihrem Namen führen, ohne Partnerschaft im Sinne dieses Gesetzes zu sein, dürfen diese Bezeichnung noch bis zum Ablauf von zwei Jahren nach Inkrafttreten dieses Gesetzes weiterverwenden. [3] Nach Ablauf dieser Frist dürfen sie eine solche Bezeichnung nur noch weiterführen, wenn sie in ihrem Namen der Bezeichnung „Partnerschaft" oder „und Partner" einen Hinweis auf die andere Rechtsform hinzufügen.

(2) [1] Die Anmeldung und Eintragung einer dem gesetzlichen Regelfall entsprechenden Vertretungsmacht der Partner und der Abwickler muss erst erfolgen, wenn eine vom gesetzlichen Regelfall abweichende Bestimmung des Partnerschaftsvertrages über die Vertretungsmacht angemeldet und eingetragen wird oder wenn erstmals die Abwickler zur Eintragung angemeldet und eingetragen werden. [2] Das Registergericht kann die Eintragung einer dem gesetzlichen Regelfall entsprechenden Vertretungsmacht auch von Amts wegen vornehmen. [3] Die Anmeldung und Eintragung des Geburtsdatums bereits eingetragener Partner muss erst bei einer Anmeldung und Eintragung bezüglich eines der Partner erfolgen.

(3) [1] Die Landesregierungen können durch Rechtsverordnung bestimmen, dass Anmeldungen und alle oder einzelne Dokumente bis zum 31. Dezember 2009 auch in Papierform zum Partnerschaftsregister eingereicht werden können. [2] Soweit eine Rechtsverordnung nach Satz 1 erlassen wird, gelten die Vorschriften über die Anmeldung und die Einreichung von Dokumenten zum Partnerschaftsregister in ihrer bis zum Inkrafttreten des Gesetzes über elektronische Handelsregister und Genossenschaftsregister sowie das Unternehmensregister vom 10. November 2006 (BGBl. I S. 2553) am 1. Januar 2007 geltenden Fassung. [3] Die Landesregierungen können durch Rechtsverordnung die Ermächtigung nach Satz 1 auf die Landesjustizverwaltungen übertragen.

[1)] Nr. 5.

8. Verordnung (EG) Nr. 2157/2001 des Rates vom 8. Oktober 2001 über das Statut der Europäischen Gesellschaft (SE)

(ABl. L 294 S. 1)

Celex-Nr. 3 2001 R 2157

zuletzt geänd. durch Art. 1 Abs. 1 Buchst. c) ÄndVO (EU) 517/2013 v. 13.5.2013 (ABl. L 158 S. 1)

Nichtamtliche Inhaltsübersicht

DER RAT DER EUROPÄISCHEN UNION –

gestützt auf den Vertrag zur Gründung der Europäischen Gemeinschaft[1], insbesondere auf Artikel 308[2],

auf Vorschlag der Kommission[3],

nach Stellungnahme des Europäischen Parlaments[4],

nach Stellungnahme des Wirtschafts- und Sozialausschusses[5],

in Erwägung nachstehender Gründe:

(1) Voraussetzung für die Verwirklichung des Binnenmarkts und für die damit angestrebte Verbesserung der wirtschaftlichen und sozialen Lage in der gesamten Gemeinschaft ist außer der Beseitigung der Handelshemmnisse eine gemeinschaftsweite Reorganisation der Produktionsfaktoren. Dazu ist es unerlässlich, dass die Unternehmen, deren Tätigkeit sich nicht auf die Befriedigung rein örtlicher Bedürfnisse beschränkt, die Neuordnung ihrer Tätigkeiten auf Gemeinschaftsebene planen und betreiben können.

(2) Eine solche Umgestaltung setzt die Möglichkeit voraus, das Wirtschaftspotential bereits bestehender Unternehmen mehrerer Mitgliedstaaten durch Konzentrations- und Fusionsmaßnahmen zusammenzufassen. Dies darf jedoch nur unter Beachtung der Wettbewerbsregeln des Vertrags geschehen.

(3) Die Verwirklichung der Umstrukturierungs- und Kooperationsmaßnahmen, an denen Unternehmen verschiedener Mitgliedstaaten beteiligt sind, stößt auf rechtliche, steuerliche und psychologische Schwierigkeiten. Einige davon konnten mit der Angleichung des Gesellschaftsrechts der Mitgliedstaaten durch aufgrund von Artikel 44 des Vertrags[6] erlassene Richtlinien ausgeräumt werden. Dies erspart Unternehmen, die verschiedenen Rechtsordnungen unterliegen, jedoch nicht die Wahl einer Gesellschaftsform, für die ein bestimmtes nationales Recht gilt.

(4) Somit entspricht der rechtliche Rahmen, in dem sich die Unternehmen in der Gemeinschaft noch immer bewegen müssen und der hauptsächlich von innerstaatlichem Recht bestimmt wird, nicht mehr dem wirtschaftlichen Rahmen, in dem sie sich entfalten sollen, um die Erreichung der in Artikel 18 des Vertrags[7] genannten Ziele zu ermöglichen. Dieser Zustand ist geeignet, Zusammenschlüsse zwischen Gesellschaften verschiedener Mitgliedstaaten erheblich zu behindern.

(5) Die Mitgliedstaaten sind verpflichtet, dafür zu sorgen, dass die Bestimmungen, die auf Europäische Gesellschaften aufgrund dieser Verordnung anwendbar sind, weder zu einer Diskriminierung dadurch führen, dass die Europäischen Gesellschaften ungerechtfertigterweise anders behandelt werden als die Aktiengesellschaften, noch unverhältnismäßig strenge Auflagen für die Errichtung einer Europäischen Gesellschaft oder die Verlegung ihres Sitzes mit sich bringen.

---

[1] Nunmehr Vertrag über die Arbeitsweise der Europäischen Union durch Vertrag von Lissabon v. 13.12.2007 (ABl. C 306 S. 1).

[2] Nunmehr Art. 352 AEUV durch Vertrag von Lissabon v. 13.12.2007 (ABl. C 306 S. 1).

[3] **Amtl. Anm.:** ABl. C 263 vom 16.10.1989, S. 41, und ABl. C 176 vom 8.7.1991, S. 1.

[4] **Amtl. Anm.:** Stellungnahme vom 4. September 2001 (noch nicht im Amtsblatt veröffentlicht).

[5] **Amtl. Anm.:** ABl. C 124 vom 21.5.1990, S. 34.

[6] Nunmehr Art. 50 AEUV durch Vertrag von Lissabon v. 13.12.2007 (ABl. C 306 S. 1).

[7] Nunmehr Art. 44 AEUV durch Vertrag von Lissabon v. 13.12.2007 (ABl. C 306 S. 1).

(6) Die juristische Einheitlichkeit der europäischen Unternehmen muss ihrer wirtschaftlichen weitestgehend entsprechen. Neben den bisherigen Gesellschaftsformen nationalen Rechts ist daher die Schaffung von Gesellschaften vorzusehen, deren Struktur und Funktionsweise durch eine in allen Mitgliedstaaten unmittelbar geltende gemeinschaftsrechtliche Verordnung geregelt werden.

(7) Dadurch werden sowohl die Gründung als auch die Leitung von Gesellschaften europäischen Zuschnitts ermöglicht, ohne dass die bestehenden Unterschiede zwischen den für die Handelsgesellschaften geltenden einzelstaatlichen Rechtsvorschriften und ihr räumlich begrenzter Geltungsbereich dafür ein Hindernis darstellten.

(8) Das Statut der Europäischen Aktiengesellschaft (nachfolgend „SE" genannt) zählt zu jenen Rechtsakten, die der Rat gemäß dem Weißbuch der Kommission über die Vollendung des Binnenmarkts, das der Europäische Rat von Mailand im Juni 1985 angenommen hat, vor dem Jahre 1992 erlassen musste. 1987 äußerte der Europäische Rat auf seiner Tagung in Brüssel den Wunsch, dass ein solches Statut rasch geschaffen wird.

(9) Seit der Vorlage des Kommissionsvorschlags für eine Verordnung über das Statut der Europäischen Aktiengesellschaften im Jahre 1970 und der Vorlage des 1975 geänderten Vorschlags sind bei der Angleichung des nationalen Gesellschaftsrechts beachtliche Fortschritte erzielt worden, so dass in Bereichen, in denen es für das Funktionieren der SE keiner einheitlichen Gemeinschaftsregelung bedarf, auf das Aktienrecht des Sitzmitgliedstaats verwiesen werden kann.

(10) Das wichtigste mit der Rechtsform einer SE verfolgte Ziel erfordert jedenfalls – unbeschadet wirtschaftlicher Erfordernisse, die sich in der Zukunft ergeben können –, dass eine SE gegründet werden kann, um es Gesellschaften verschiedener Mitgliedstaaten zu ermöglichen, zu fusionieren oder eine Holdinggesellschaft zu errichten, und damit Gesellschaften und andere juristische Personen aus verschiedenen Mitgliedstaaten, die eine Wirtschaftstätigkeit betreiben, gemeinsame Tochtergesellschaften gründen können.

(11) Im gleichen Sinne sollte es Aktiengesellschaften, die ihren satzungsmäßigen Sitz und ihre Hauptverwaltung in der Gemeinschaft haben, ermöglicht werden, eine SE durch Umwandlung ohne vorherige Auflösung zu gründen, wenn sie eine Tochtergesellschaft in einem anderen Mitgliedstaat als dem ihres Sitzes haben.

(12) Die für öffentlich zur Zeichnung auffordernde Aktiengesellschaften und für Wertpapiergeschäfte geltenden einzelstaatlichen Bestimmungen müssen auch dann, wenn die Gründung der SE durch eine öffentliche Aufforderung zur Zeichnung erfolgt, gelten sowie für SE, die diese Finanzierungsinstrumente in Anspruch nehmen möchten.

(13) Die SE selbst muss eine Kapitalgesellschaft in Form einer Aktiengesellschaft sein, die sowohl von der Finanzierung als auch von der Geschäftsführung her am besten den Bedürfnissen der gemeinschaftsweit tätigen Unternehmen entspricht. Um eine sinnvolle Unternehmensgröße dieser Gesellschaften zu gewährleisten, empfiehlt es sich, ein Mindestkapital festzusetzen, das die Gewähr dafür bietet, dass diese Gesellschaften über eine ausreichende Vermögensgrundlage verfügen, ohne dass dadurch kleinen und mittleren Unternehmen die Gründung von SE erschwert wird.

(14) Es ist erforderlich, der SE alle Möglichkeiten einer leistungsfähigen Geschäftsführung an die Hand zu geben und gleichzeitig deren wirksame Überwachung sicherzustellen. Dabei ist dem Umstand Rechnung zu tragen, dass in der Gemeinschaft hinsichtlich der Verwaltung der Aktiengesellschaften derzeit zwei verschiedene Systeme bestehen. Die Wahl des Systems bleibt der SE überlassen, jedoch ist eine klare Abgrenzung der Verantwortungsbereiche jener Personen, denen die Geschäftsführung obliegt, und der Personen, die mit der Aufsicht betraut sind, wünschenswert.

(15) Die Rechte und Pflichten hinsichtlich des Schutzes von Minderheitsaktionären und von Dritten, die sich für ein Unternehmen aus der Kontrolle durch ein anderes Unternehmen, das einer anderen Rechtsordnung unterliegt, ergeben, bestimmen sich gemäß den Vorschriften und allgemeinen Grundsätzen des internationalen Privatrechts nach dem für das kontrollierte Unternehmen geltenden Recht, unbeschadet der sich für das herrschende Unternehmen aus den geltenden Rechtsvorschriften ergebenden Pflichten, beispielsweise bei der Aufstellung der konsolidierten Abschlüsse.

(16) Unbeschadet des sich möglicherweise aus einer späteren Koordinierung des Rechts der Mitgliedstaaten ergebenden Handlungsbedarfs ist eine Sonderregelung für die SE hier gegenwärtig nicht erforderlich. Es empfiehlt sich daher, sowohl für den Fall, dass die SE die Kontrolle ausübt, als auch für den Fall, dass die SE das kontrollierte Unternehmen ist, auf die allgemeinen Vorschriften und Grundsätze zurückzugreifen.

(17) Wird die SE von einem anderen Unternehmen beherrscht, so ist anzugeben, welches Recht anwendbar ist; hierzu ist auf die Rechtsvorschriften zu verweisen, die für Aktiengesellschaften gelten, die dem Recht des Sitzstaates der SE unterliegen.

(18) Es muss sichergestellt werden, dass jeder Mitgliedstaat bei Verstößen gegen Bestimmungen dieser Verordnung die für die seiner Rechtsordnung unterliegenden Aktiengesellschaften geltenden Sanktionen anwendet.

(19) Die Stellung der Arbeitnehmer in der SE wird durch die Richtlinie 2001/86/EG des Rates vom 8. Oktober 2001 zur Ergänzung des Statuts der Europäischen Gesellschaft hinsichtlich der Beteiligung der Arbeitnehmer[1] auf der Grundlage von Artikel 308 des Vertrags[2] geregelt. Diese Bestimmungen stellen somit eine untrennbare Ergänzung der vorliegenden Verordnung dar und müssen zum gleichen Zeitpunkt anwendbar sein.

(20) Andere Rechtsbereiche wie das Steuerrecht, das Wettbewerbsrecht, der gewerbliche Rechtsschutz und das Konkursrecht werden nicht von dieser Verordnung erfasst. Die Rechtsvorschriften der Mitgliedstaaten und das Gemeinschaftsrecht gelten in den oben genannten sowie in anderen nicht von dieser Verordnung erfassten Bereichen.

(21) Mit der Richtlinie 2001/86/EG soll ein Recht der Arbeitnehmer auf Beteiligung bei den den Geschäftsverlauf der SE betreffenden Fragen und Entscheidungen gewährleistet werden. Die übrigen arbeits- und sozialrechtlichen Fragen, insbesondere das in den Mitgliedstaaten geltende Recht auf Information und Anhörung der Arbeitnehmer, unterliegen hingegen den einzelstaatlichen Vorschriften, die unter denselben Bedingungen für die Aktiengesellschaften gelten.

---

[1] **Amtl. Anm.:** Siehe S. 22 dieses Amtsblatts. *[Red. Anm.: ABl. 2001 Nr. L 294.]*

[2] Nunmehr Art. 352 AEUV durch Vertrag von Lissabon v. 13.12.2007 (ABl. C 306 S. 1).

(22) Das Inkrafttreten dieser Verordnung muss zeitlich aufgeschoben erfolgen, um alle Mitgliedstaaten in die Lage zu versetzen, die Richtlinie 2001/86/EG in innerstaatliches Recht umzusetzen und die für die Gründung und den Geschäftsbetrieb von SE mit Sitz in ihrem Hoheitsgebiet notwendigen Verfahren rechtzeitig einzuführen, dergestalt, dass die Verordnung und die Richtlinie gleichzeitig zur Anwendung gebracht werden können.

(23) Eine Gesellschaft, deren Hauptverwaltung sich außerhalb der Gemeinschaft befindet, kann sich an der Gründung einer SE beteiligen, sofern die betreffende Gesellschaft nach dem Recht eines Mitgliedstaats gegründet wurde, ihren Sitz in diesem Mitgliedstaat hat und in tatsächlicher und dauerhafter Verbindung mit der Wirtschaft eines Mitgliedstaats im Sinne der Grundsätze des allgemeinen Programms zur Aufhebung der Beschränkungen der Niederlassungsfreiheit von 1962 steht. Eine solche Verbindung besteht, wenn die Gesellschaft in dem Mitgliedstaat eine Niederlassung hat, von dem aus sie ihre Geschäfte betreibt.

(24) Die SE sollte ihren Sitz in einen anderen Mitgliedstaat verlegen können. Ein angemessener Schutz der Interessen der Minderheitsaktionäre, die sich gegen die Verlegung ausgesprochen haben, sowie der Interessen der Gläubiger und der sonstigen Forderungsberechtigten sollte in einem ausgewogenen Verhältnis stehen. Vor der Verlegung entstandene Ansprüche dürfen durch eine solche Verlegung nicht berührt werden.

(25) Bestimmungen, die die zuständige Gerichtsbarkeit im Falle der Sitzverlegung einer Aktiengesellschaft von einem Mitgliedstaat in einen anderen betreffen und die in das Brüsseler Übereinkommen von 1968 oder in einen Rechtsakt der Mitgliedstaaten oder des Rates zur Ersetzung dieses Übereinkommens aufgenommen werden, werden von dieser Verordnung nicht berührt.

(26) Für die Tätigkeiten von Finanzinstituten gelten Einzelrichtlinien, und das einzelstaatliche Recht zur Umsetzung dieser Richtlinien sowie ergänzende einzelstaatliche Vorschriften zur Regelung der betreffenden Tätigkeiten finden auf eine SE uneingeschränkt Anwendung.

(27) In Anbetracht des spezifischen und gemeinschaftlichen Charakters der SE lässt die in dieser Verordnung für die SE gewählte Regelung des tatsächlichen Sitzes die Rechtsvorschriften der Mitgliedstaaten unberührt und greift der Entscheidung bei anderen Gemeinschaftstexten im Bereich des Gesellschaftsrechts nicht vor.

(28) Der Vertrag enthält Befugnisse für die Annahme dieser Verordnung nur in Artikel 308[1)].

(29) Da die Ziele der beabsichtigten Maßnahme – wie oben ausgeführt – nicht hinreichend von den Mitgliedstaaten erreicht werden können, weil es darum geht, die SE auf europäischer Ebene zu errichten, und da die Ziele daher wegen des Umfangs und der Wirkungen der Maßnahme besser auf Gemeinschaftsebene erreicht werden können, kann die Gemeinschaft im Einklang mit dem Subsidiaritätsprinzip nach Artikel 5 des Vertrags[2)] Maßnahmen ergreifen. Im Einklang mit dem Verhältnismäßigkeitsprinzip nach jenem Artikel geht diese Verordnung nicht über das für die Erreichung dieser Ziele erforderliche Maß hinaus –

[1)] Nunmehr Art. 352 AEUV durch Vertrag von Lissabon v. 13.12.2007 (ABl. C 306 S. 1).
[2)] Nunmehr Art. 5 EUV durch Vertrag von Lissabon v. 13.12.2007 (ABl. C 306 S. 1).

HAT FOLGENDE VERORDNUNG ERLASSEN:

Titel I. Allgemeine Vorschriften

Art. 1 [Societas Europaea] (1) Handelsgesellschaften können im Gebiet der Gemeinschaft in der Form europäischer Aktiengesellschaften (Societas Europaea, nachfolgend „SE" genannt) unter den Voraussetzungen und in der Weise gegründet werden, die in dieser Verordnung vorgesehen sind.

(2) [1] Die SE ist eine Gesellschaft, deren Kapital in Aktien zerlegt ist. [2] Jeder Aktionär haftet nur bis zur Höhe des von ihm gezeichneten Kapitals.

(3) Die SE besitzt Rechtspersönlichkeit.

(4) Die Beteiligung der Arbeitnehmer in der SE wird durch die Richtlinie 2001/86/EG geregelt.

Art. 2 [Gründung einer SE] (1) Aktiengesellschaften im Sinne des Anhangs I, die nach dem Recht eines Mitgliedstaats gegründet worden sind und ihren Sitz sowie ihre Hauptverwaltung in der Gemeinschaft haben, können eine SE durch Verschmelzung gründen, sofern mindestens zwei von ihnen dem Recht verschiedener Mitgliedstaaten unterliegen.

(2) Aktiengesellschaften und Gesellschaften mit beschränkter Haftung im Sinne des Anhangs II, die nach dem Recht eines Mitgliedstaats gegründet worden sind und ihren Sitz sowie ihre Hauptverwaltung in der Gemeinschaft haben, können die Gründung einer Holding-SE anstreben, sofern mindestens zwei von ihnen

a) dem Recht verschiedener Mitgliedstaaten unterliegen oder
b) seit mindestens zwei Jahren eine dem Recht eines anderen Mitgliedstaats unterliegende Tochtergesellschaft oder eine Zweigniederlassung in einem anderen Mitgliedstaat haben.

(3) Gesellschaften im Sinne des Artikels 48 Absatz 2 des Vertrags[1)] sowie juristische Personen des öffentlichen oder privaten Rechts, die nach dem Recht eines Mitgliedstaats gegründet worden sind und ihren Sitz sowie ihre Hauptverwaltung in der Gemeinschaft haben, können eine Tochter-SE durch Zeichnung ihrer Aktien gründen, sofern mindestens zwei von ihnen

a) dem Recht verschiedener Mitgliedstaaten unterliegen oder
b) seit mindestens zwei Jahren eine dem Recht eines anderen Mitgliedstaats unterliegende Tochtergesellschaft oder eine Zweigniederlassung in einem anderen Mitgliedstaat haben.

(4) Eine Aktiengesellschaft, die nach dem Recht eines Mitgliedstaats gegründet worden ist und ihren Sitz sowie ihre Hauptverwaltung in der Gemeinschaft hat, kann in eine SE umgewandelt werden, wenn sie seit mindestens zwei Jahren eine dem Recht eines anderen Mitgliedstaats unterliegende Tochtergesellschaft hat.

(5) Ein Mitgliedstaat kann vorsehen, dass sich eine Gesellschaft, die ihre Hauptverwaltung nicht in der Gemeinschaft hat, an der Gründung einer SE beteiligen kann, sofern sie nach dem Recht eines Mitgliedstaats gegründet wurde, ihren Sitz in diesem Mitgliedstaat hat und mit der Wirtschaft eines Mitgliedstaats in tatsächlicher und dauerhafter Verbindung steht.

[1)] Nunmehr Art. 54 AEUV durch Vertrag von Lissabon v. 13.12.2007 (ABl. C 306 S. 1).

Art. 3 [SE als Aktiengesellschaft] (1) Die SE gilt als Aktiengesellschaft, die zum Zwecke der Anwendung des Artikels 2 Absätze 1, 2 und 3 dem Recht des Sitzmitgliedstaats unterliegt.

(2) [1] Eine SE kann selbst eine oder mehrere Tochtergesellschaften in Form einer SE gründen. [2] Bestimmungen des Sitzmitgliedstaats der Tochter-SE, gemäß denen eine Aktiengesellschaft mehr als einen Aktionär haben muss, gelten nicht für die Tochter-SE. [3] Die einzelstaatlichen Bestimmungen, die aufgrund der Zwölften Richtlinie 89/667/EWG des Rates vom 21. Dezember 1989 auf dem Gebiet des Gesellschaftsrechts betreffend Gesellschaften mit beschränkter Haftung mit einem einzigen Gesellschafter[1)] angenommen wurden, gelten sinngemäß für die SE.

Art. 4 [Gezeichnetes Kapital] (1) Das Kapital der SE lautet auf Euro.

(2) Das gezeichnete Kapital muss mindestens 120 000 EUR betragen.

(3) Die Rechtsvorschriften eines Mitgliedstaats, die ein höheres gezeichnetes Kapital für Gesellschaften vorsehen, die bestimmte Arten von Tätigkeiten ausüben, gelten auch für SE mit Sitz in dem betreffenden Mitgliedstaat.

Art. 5 [Kapital der SE] Vorbehaltlich des Artikels 4 Absätze 1 und 2 gelten für das Kapital der SE, dessen Erhaltung und dessen Änderungen sowie die Aktien, die Schuldverschreibungen und sonstige vergleichbare Wertpapiere der SE die Vorschriften, die für eine Aktiengesellschaft mit Sitz in dem Mitgliedstaat, in dem die SE eingetragen ist, gelten würden.

Art. 6 [Satzungsbegriff] Für die Zwecke dieser Verordnung bezeichnet der Ausdruck „Satzung der SE" zugleich die Gründungsurkunde und, falls sie Gegenstand einer getrennten Urkunde ist, die Satzung der SE im eigentlichen Sinne.

Art. 7 [Sitz der SE] [1] Der Sitz der SE muss in der Gemeinschaft liegen, und zwar in dem Mitgliedstaat, in dem sich die Hauptverwaltung der SE befindet. [2] Jeder Mitgliedstaat kann darüber hinaus den in seinem Hoheitsgebiet eingetragenen SE vorschreiben, dass sie ihren Sitz und ihre Hauptverwaltung am selben Ort haben müssen.

Art. 8 [Verlegung des Sitzes der SE] (1) [1] Der Sitz der SE kann gemäß den Absätzen 2 bis 13 in einen anderen Mitgliedstaat verlegt werden. [2] Diese Verlegung führt weder zur Auflösung der SE noch zur Gründung einer neuen juristischen Person.

(2) [1] Ein Verlegungsplan ist von dem Leitungs- oder dem Verwaltungsorgan zu erstellen und unbeschadet etwaiger vom Sitzmitgliedstaat vorgesehener zusätzlicher Offenlegungsformen gemäß Artikel 13 offen zu legen. [2] Dieser Plan enthält die bisherige Firma, den bisherigen Sitz und die bisherige Registriernummer der SE sowie folgende Angaben:

a) den vorgesehenen neuen Sitz der SE,

b) die für die SE vorgesehene Satzung sowie gegebenenfalls die neue Firma,

c) die etwaigen Folgen der Verlegung für die Beteiligung der Arbeitnehmer,

d) den vorgesehenen Zeitplan für die Verlegung,

[1)] **Amtl. Anm.:** ABl. L 395 vom 30.12.1989, S. 40. Zuletzt geändert durch die Beitrittsakte von 1994.

e) etwaige zum Schutz der Aktionäre und/oder Gläubiger vorgesehene Rechte.

(3) Das Leitungs- oder das Verwaltungsorgan erstellt einen Bericht, in dem die rechtlichen und wirtschaftlichen Aspekte der Verlegung erläutert und begründet und die Auswirkungen der Verlegung für die Aktionäre, die Gläubiger sowie die Arbeitnehmer im Einzelnen dargelegt werden.

(4) Die Aktionäre und die Gläubiger der SE haben vor der Hauptversammlung, die über die Verlegung befinden soll, mindestens einen Monat lang das Recht, am Sitz der SE den Verlegungsplan und den Bericht nach Absatz 3 einzusehen und die unentgeltliche Aushändigung von Abschriften dieser Unterlagen zu verlangen.

(5) Die Mitgliedstaaten können in Bezug auf die in ihrem Hoheitsgebiet eingetragenen SE Vorschriften erlassen, um einen angemessenen Schutz der Minderheitsaktionäre, die sich gegen die Verlegung ausgesprochen haben, zu gewährleisten.

(6) [1] Der Verlegungsbeschluss kann erst zwei Monate nach der Offenlegung des Verlegungsplans gefasst werden. [2] Er muss unter den in Artikel 59 vorgesehenen Bedingungen gefasst werden.

(7) *[1]* Bevor die zuständige Behörde die Bescheinigung gemäß Absatz 8 ausstellt, hat die SE gegenüber der Behörde den Nachweis zu erbringen, dass die Interessen ihrer Gläubiger und sonstigen Forderungsberechtigten (einschließlich der öffentlich-rechtlichen Körperschaften) in Bezug auf alle vor der Offenlegung des Verlegungsplans entstandenen Verbindlichkeiten im Einklang mit den Anforderungen des Mitgliedstaats, in dem die SE vor der Verlegung ihren Sitz hat, angemessen geschützt sind.

[2] Die einzelnen Mitgliedstaaten können die Anwendung von Unterabsatz 1 auf Verbindlichkeiten ausdehnen, die bis zum Zeitpunkt der Verlegung entstehen (oder entstehen können).

[3] Die Anwendung der einzelstaatlichen Rechtsvorschriften über das Leisten oder Absichern von Zahlungen an öffentlich-rechtliche Körperschaften auf die SE wird von den Unterabsätzen 1 und 2 nicht berührt.

(8) Im Sitzstaat der SE stellt das zuständige Gericht, der Notar oder eine andere zuständige Behörde eine Bescheinigung aus, aus der zweifelsfrei hervorgeht, dass die der Verlegung vorangehenden Rechtshandlungen und Formalitäten durchgeführt wurden.

(9) Die neue Eintragung kann erst vorgenommen werden, wenn die Bescheinigung nach Absatz 8 vorgelegt und die Erfüllung der für die Eintragung in dem neuen Sitzstaat erforderlichen Formalitäten nachgewiesen wurde.

(10) Die Sitzverlegung der SE sowie die sich daraus ergebenden Satzungsänderungen werden zu dem Zeitpunkt wirksam, zu dem die SE gemäß Artikel 12 im Register des neuen Sitzes eingetragen wird.

(11) [1] Das Register des neuen Sitzes meldet dem Register des früheren Sitzes die neue Eintragung der SE, sobald diese vorgenommen worden ist. [2] Die Löschung der früheren Eintragung der SE erfolgt erst nach Eingang dieser Meldung.

(12) Die neue Eintragung und die Löschung der früheren Eintragung werden gemäß Artikel 13 in den betreffenden Mitgliedstaaten offen gelegt.

(13) [1] Mit der Offenlegung der neuen Eintragung der SE ist der neue Sitz Dritten gegenüber wirksam. [2] Jedoch können sich Dritte, solange die Löschung

der Eintragung im Register des früheren Sitzes nicht offen gelegt worden ist, weiterhin auf den alten Sitz berufen, es sei denn, die SE beweist, dass den Dritten der neue Sitz bekannt war.

(14) *[1]* [1]Die Rechtsvorschriften eines Mitgliedstaats können bestimmen, dass eine Sitzverlegung, die einen Wechsel des maßgeblichen Rechts zur Folge hätte, im Falle der in dem betreffenden Mitgliedstaat eingetragenen SE nicht wirksam wird, wenn eine zuständige Behörde dieses Staates innerhalb der in Absatz 6 genannten Frist von zwei Monaten dagegen Einspruch erhebt. [2]Dieser Einspruch ist nur aus Gründen des öffentlichen Interesses zulässig.

[2] Untersteht eine SE nach Maßgabe von Gemeinschaftsrichtlinien der Aufsicht einer einzelstaatlichen Finanzaufsichtsbehörde, so gilt das Recht auf Erhebung von Einspruch gegen die Sitzverlegung auch für die genannte Behörde.

[3] Gegen den Einspruch muss ein Rechtsmittel vor einem Gericht eingelegt werden können.

(15) Eine SE kann ihren Sitz nicht verlegen, wenn gegen sie ein Verfahren wegen Auflösung, Liquidation, Zahlungsunfähigkeit oder vorläufiger Zahlungseinstellung oder ein ähnliches Verfahren eröffnet worden ist.

(16) Eine SE, die ihren Sitz in einen anderen Mitgliedstaat verlegt hat, gilt in Bezug auf alle Forderungen, die vor dem Zeitpunkt der Verlegung gemäß Absatz 10 entstanden sind, als SE mit Sitz in dem Mitgliedstaat, in dem sie vor der Verlegung eingetragen war, auch wenn sie erst nach der Verlegung verklagt wird.

Art. 9 [Anzuwendendes Recht] (1) Die SE unterliegt

a) den Bestimmungen dieser Verordnung,
b) sofern die vorliegende Verordnung dies ausdrücklich zulässt, den Bestimmungen der Satzung der SE,
c) in Bezug auf die nicht durch diese Verordnung geregelten Bereiche oder, sofern ein Bereich nur teilweise geregelt ist, in Bezug auf die nicht von dieser Verordnung erfassten Aspekte
   i) den Rechtsvorschriften, die die Mitgliedstaaten in Anwendung der speziell die SE betreffenden Gemeinschaftsmaßnahmen erlassen,
   ii) den Rechtsvorschriften der Mitgliedstaaten, die auf eine nach dem Recht des Sitzstaats der SE gegründete Aktiengesellschaft Anwendung finden würden,
   iii) den Bestimmungen ihrer Satzung unter den gleichen Voraussetzungen wie im Falle einer nach dem Recht des Sitzstaats der SE gegründeten Aktiengesellschaft.

(2) Von den Mitgliedstaaten eigens für die SE erlassene Rechtsvorschriften müssen mit den für Aktiengesellschaften im Sinne des Anhangs I maßgeblichen Richtlinien im Einklang stehen.

(3) Gelten für die von der SE ausgeübte Geschäftstätigkeit besondere Vorschriften des einzelstaatlichen Rechts, so finden diese Vorschriften auf die SE uneingeschränkt Anwendung.

Art. 10 [Recht des Sitzstaats] Vorbehaltlich der Bestimmungen dieser Verordnung wird eine SE in jedem Mitgliedstaat wie eine Aktiengesellschaft behandelt, die nach dem Recht des Sitzstaats der SE gegründet wurde.

Art. 11 [Benennung der Firma] (1) Die SE muss ihrer Firma den Zusatz „SE“ voran- oder nachstellen.

(2) Nur eine SE darf ihrer Firma den Zusatz „SE“ hinzufügen.

(3) Die in einem Mitgliedstaat vor dem Zeitpunkt des Inkrafttretens dieser Verordnung eingetragenen Gesellschaften oder sonstigen juristischen Personen, deren Firma den Zusatz „SE“ enthält, brauchen ihre Namen jedoch nicht zu ändern.

Art. 12 [Eintragung ins Register] (1) Jede SE wird gemäß Artikel 3 der Ersten Richtlinie 68/151/EWG des Rates vom 9. März 1968 zur Koordinierung der Schutzbestimmungen, die in den Mitgliedstaaten den Gesellschaften im Sinne des Artikels 58 Absatz 2 des Vertrages[1] im Interesse der Gesellschafter sowie Dritter vorgeschrieben sind, um diese Bestimmungen gleichwertig zu gestalten[2], im Sitzstaat in ein nach dem Recht dieses Staates bestimmtes Register eingetragen.

(2) Eine SE kann erst eingetragen werden, wenn eine Vereinbarung über die Beteiligung der Arbeitnehmer gemäß Artikel 4 der Richtlinie 2001/86/EG geschlossen worden ist, ein Beschluss nach Artikel 3 Absatz 6 der genannten Richtlinie gefasst worden ist oder die Verhandlungsfrist nach Artikel 5 der genannten Richtlinie abgelaufen ist, ohne dass eine Vereinbarung zustande gekommen ist.

(3) Voraussetzung dafür, dass eine SE in einem Mitgliedstaat, der von der in Artikel 7 Absatz 3 der Richtlinie 2001/86/EG vorgesehenen Möglichkeit Gebrauch gemacht hat, registriert werden kann, ist, dass eine Vereinbarung im Sinne von Artikel 4 der genannten Richtlinie über die Modalitäten der Beteiligung der Arbeitnehmer – einschließlich der Mitbestimmung – geschlossen wurde oder dass für keine der teilnehmenden Gesellschaften vor der Registrierung der SE Mitbestimmungsvorschriften galten.

(4) *[1]* [1]Die Satzung der SE darf zu keinem Zeitpunkt im Widerspruch zu der ausgehandelten Vereinbarung stehen. [2]Steht eine neue gemäß der Richtlinie 2001/86/EG geschlossene Vereinbarung im Widerspruch zur geltenden Satzung, ist diese – soweit erforderlich – zu ändern.

[2] In diesem Fall kann ein Mitgliedstaat vorsehen, dass das Leitungs- oder das Verwaltungsorgan der SE befugt ist, die Satzungsänderung ohne weiteren Beschluss der Hauptversammlung vorzunehmen.

Art. 13 [Offenlegung von Urkunden und Angaben] Die die SE betreffenden Urkunden und Angaben, die nach dieser Verordnung der Offenlegungspflicht unterliegen, werden gemäß der Richtlinie 68/151/EWG nach Maßgabe der Rechtsvorschriften des Sitzstaats der SE offen gelegt.

Art. 14 [Eintragung und Löschung] (1) [1]Die Eintragung und die Löschung der Eintragung einer SE werden mittels einer Bekanntmachung zu Informationszwecken im *Amtsblatt der Europäischen Gemeinschaften* veröffentlicht, nachdem die Offenlegung gemäß Artikel 13 erfolgt ist. [2]Diese Bekanntmachung enthält die Firma der SE, Nummer, Datum und Ort der Eintragung der SE, Datum, Ort und Titel der Veröffentlichung sowie den Sitz und den Geschäftszweig der SE.

---

[1] Nunmehr Art. 65 AEUV durch Vertrag von Lissabon v. 13.12.2007 (ABl. C 306 S. 1).

[2] **Amtl. Anm.:** ABl. L 65 vom 14.3.1968, S. 8. Zuletzt geändert durch die Beitrittsakte von 1994.

(2) Bei der Verlegung des Sitzes der SE gemäß Artikel 8 erfolgt eine Bekanntmachung mit den Angaben gemäß Absatz 1 sowie mit denjenigen im Falle einer Neueintragung.

(3) Die Angaben gemäß Absatz 1 werden dem Amt für amtliche Veröffentlichungen der Europäischen Gemeinschaften innerhalb eines Monats nach der Offenlegung gemäß Artikel 13 übermittelt.

Titel II. Gründung

Abschnitt 1. Allgemeines

Art. 15 [Gründung nach Recht des Sitzstaats] (1) Vorbehaltlich der Bestimmungen dieser Verordnung findet auf die Gründung einer SE das für Aktiengesellschaften geltende Recht des Staates Anwendung, in dem die SE ihren Sitz begründet.

(2) Die Eintragung einer SE wird gemäß Artikel 13 offen gelegt.

Art. 16 [Rechtspersönlichkeit] (1) Die SE erwirbt die Rechtspersönlichkeit am Tag ihrer Eintragung in das in Artikel 12 genannte Register.

(2) Wurden im Namen der SE vor ihrer Eintragung gemäß Artikel 12 Rechtshandlungen vorgenommen und übernimmt die SE nach der Eintragung die sich aus diesen Rechtshandlungen ergebenden Verpflichtungen nicht, so haften die natürlichen Personen, die Gesellschaften oder anderen juristischen Personen, die diese Rechtshandlungen vorgenommen haben, vorbehaltlich anders lautender Vereinbarungen unbegrenzt und gesamtschuldnerisch.

Abschnitt 2. Gründung einer SE durch Verschmelzung

Art. 17 [Gründung einer SE durch Verschmelzung] (1) Eine SE kann gemäß Artikel 2 Absatz 1 durch Verschmelzung gegründet werden.

(2) *[1]* Die Verschmelzung erfolgt

a) entweder nach dem Verfahren der Verschmelzung durch Aufnahme gemäß Artikel 3 Absatz 1 der Richtlinie 78/855/EWG[1)]

b) oder nach dem Verfahren der Verschmelzung durch Gründung einer neuen Gesellschaft gemäß Artikel 4 Absatz 1 der genannten Richtlinie.

[2] [1] Im Falle einer Verschmelzung durch Aufnahme nimmt die aufnehmende Gesellschaft bei der Verschmelzung die Form einer SE an. [2] Im Falle einer Verschmelzung durch Gründung einer neuen Gesellschaft ist die neue Gesellschaft eine SE.

Art. 18 [Anwendung geltender Rechtsvorschriften] In den von diesem Abschnitt nicht erfassten Bereichen sowie in den nicht erfassten Teilbereichen eines von diesem Abschnitt nur teilweise abgedeckten Bereichs sind bei der Gründung einer SE durch Verschmelzung auf jede Gründungsgesellschaft die mit der Richtlinie 78/855/EWG in Einklang stehenden, für die Verschmelzung von

---

[1)] **Amtl. Anm.:** Dritte Richtlinie 78/855/EWG des Rates vom 9. Oktober 1978 gemäß Artikel 54 Absatz 3 Buchstabe g des Vertrages *[Red. Anm.: nunmehr Art. 50 AEUV durch Vertrag von Lissabon v. 13.12.2007 (ABl. Nr. C 306 S. 1).]* betreffend die Verschmelzung von Aktiengesellschaften (ABl. L 295 vom 20.10.1978, S. 36). Zuletzt geändert durch die Beitrittsakte von 1994.

Aktiengesellschaften geltenden Rechtsvorschriften des Mitgliedstaats anzuwenden, dessen Recht sie unterliegt.

Art. 19 [Einspruch gegen eine Verschmelzung] *[1]* Die Rechtsvorschriften eines Mitgliedstaates können vorsehen, dass die Beteiligung einer Gesellschaft, die dem Recht dieses Mitgliedstaates unterliegt, an der Gründung einer SE durch Verschmelzung nur möglich ist, wenn keine zuständige Behörde dieses Mitgliedstaats vor der Erteilung der Bescheinigung gemäß Artikel 25 Absatz 2 dagegen Einspruch erhebt.

[2] [1] Dieser Einspruch ist nur aus Gründen des öffentlichen Interesses zulässig. [2] Gegen ihn muss ein Rechtsmittel eingelegt werden können.

Art. 20 [Verschmelzungsplan] (1) [1] Die Leitungs- oder die Verwaltungsorgane der sich verschmelzenden Gesellschaften stellen einen Verschmelzungsplan auf. [2] Dieser Verschmelzungsplan enthält

a) die Firma und den Sitz der sich verschmelzenden Gesellschaften sowie die für die SE vorgesehene Firma und ihren geplanten Sitz,
b) das Umtauschverhältnis der Aktien und gegebenenfalls die Höhe der Ausgleichsleistung,
c) die Einzelheiten hinsichtlich der Übertragung der Aktien der SE,
d) den Zeitpunkt, von dem an diese Aktien das Recht auf Beteiligung am Gewinn gewähren, sowie alle Besonderheiten in Bezug auf dieses Recht,
e) den Zeitpunkt, von dem an die Handlungen der sich verschmelzenden Gesellschaften unter dem Gesichtspunkt der Rechnungslegung als für Rechnung der SE vorgenommen gelten,
f) die Rechte, welche die SE den mit Sonderrechten ausgestatteten Aktionären der Gründungsgesellschaften und den Inhabern anderer Wertpapiere als Aktien gewährt, oder die für diese Personen vorgeschlagenen Maßnahmen,
g) jeder besondere Vorteil, der den Sachverständigen, die den Verschmelzungsplan prüfen, oder den Mitgliedern der Verwaltungs-, Leitungs-, Aufsichts- oder Kontrollorgane der sich verschmelzenden Gesellschaften gewährt wird,
h) die Satzung der SE,
i) Angaben zu dem Verfahren, nach dem die Vereinbarung über die Beteiligung der Arbeitnehmer gemäß der Richtlinie 2001/86/EG geschlossen wird.

(2) Die sich verschmelzenden Gesellschaften können dem Verschmelzungsplan weitere Punkte hinzufügen.

Art. 21 [Angaben im Amtsblatt] Für jede der sich verschmelzenden Gesellschaften und vorbehaltlich weiterer Auflagen seitens des Mitgliedstaates, dessen Recht die betreffende Gesellschaft unterliegt, sind im Amtsblatt dieses Mitgliedstaats nachstehende Angaben bekannt zu machen:

a) Rechtsform, Firma und Sitz der sich verschmelzenden Gesellschaften,
b) das Register, bei dem die in Artikel 3 Absatz 2 der Richtlinie 68/151/EWG genannten Urkunden für jede der sich verschmelzenden Gesellschaften hinterlegt worden sind, sowie die Nummer der Eintragung in das Register,
c) einen Hinweis auf die Modalitäten für die Ausübung der Rechte der Gläubiger der betreffenden Gesellschaft gemäß Artikel 24 sowie die Anschrift, unter der erschöpfende Auskünfte über diese Modalitäten kostenlos eingeholt werden können,

d) einen Hinweis auf die Modalitäten für die Ausübung der Rechte der Minderheitsaktionäre der betreffenden Gesellschaft gemäß Artikel 24 sowie die Anschrift, unter der erschöpfende Auskünfte über diese Modalitäten kostenlos eingeholt werden können,
e) die für die SE vorgesehene Firma und ihr künftiger Sitz.

Art. 22 [Unabhängige Sachverständige] *[1]* Als Alternative zur Heranziehung von Sachverständigen, die für Rechnung jeder der sich verschmelzenden Gesellschaften tätig sind, können ein oder mehrere unabhängige Sachverständige im Sinne des Artikels 10 der Richtlinie 78/855/EWG, die auf gemeinsamen Antrag dieser Gesellschaften von einem Gericht oder einer Verwaltungsbehörde des Mitgliedstaats, dessen Recht eine der sich verschmelzenden Gesellschaften oder die künftige SE unterliegt, dazu bestellt wurden, den Verschmelzungsplan prüfen und einen für alle Aktionäre bestimmten einheitlichen Bericht erstellen.

[2] Die Sachverständigen haben das Recht, von jeder der sich verschmelzenden Gesellschaften alle Auskünfte zu verlangen, die sie zur Erfüllung ihrer Aufgabe für erforderlich halten.

Art. 23 [Zustimmung zum Verschmelzungsplan] (1) Die Hauptversammlung jeder der sich verschmelzenden Gesellschaften stimmt dem Verschmelzungsplan zu.

(2) [1] Die Beteiligung der Arbeitnehmer in der SE wird gemäß der Richtlinie 2001/86/EG festgelegt. [2] Die Hauptversammlung jeder der sich verschmelzenden Gesellschaften kann sich das Recht vorbehalten, die Eintragung der SE davon abhängig zu machen, dass die geschlossene Vereinbarung von ihr ausdrücklich genehmigt wird.

Art. 24 [Schutz der Rechteinhaber] (1) Das Recht des Mitgliedstaats, das jeweils für die sich verschmelzenden Gesellschaften gilt, findet wie bei einer Verschmelzung von Aktiengesellschaften unter Berücksichtigung des grenzüberschreitenden Charakters der Verschmelzung Anwendung zum Schutz der Interessen

a) der Gläubiger der sich verschmelzenden Gesellschaften,
b) der Anleihegläubiger der sich verschmelzenden Gesellschaften,
c) der Inhaber von mit Sonderrechten gegenüber den sich verschmelzenden Gesellschaften ausgestatteten Wertpapieren mit Ausnahme von Aktien.

(2) Jeder Mitgliedstaat kann in Bezug auf die sich verschmelzenden Gesellschaften, die seinem Recht unterliegen, Vorschriften erlassen, um einen angemessenen Schutz der Minderheitsaktionäre, die sich gegen die Verschmelzung ausgesprochen haben, zu gewährleisten.

Art. 25 [Rechtmäßigkeitsprüfung] (1) Die Rechtmäßigkeit der Verschmelzung wird, was die die einzelnen sich verschmelzenden Gesellschaften betreffenden Verfahrensabschnitte anbelangt, nach den für die Verschmelzung von Aktiengesellschaften geltenden Rechtsvorschriften des Mitgliedstaats kontrolliert, dessen Recht die jeweilige verschmelzende Gesellschaft unterliegt.

(2) In jedem der betreffenden Mitgliedstaaten stellt das zuständige Gericht, der Notar oder eine andere zuständige Behörde eine Bescheinigung aus, aus der zweifelsfrei hervorgeht, dass die der Verschmelzung vorangehenden Rechtshandlungen und Formalitäten durchgeführt wurden.

(3) [1] Ist nach dem Recht eines Mitgliedstaats, dem eine sich verschmelzende Gesellschaft unterliegt, ein Verfahren zur Kontrolle und Änderung des Umtauschverhältnisses der Aktien oder zur Abfindung von Minderheitsaktionären vorgesehen, das jedoch der Eintragung der Verschmelzung nicht entgegensteht, so findet ein solches Verfahren nur dann Anwendung, wenn die anderen sich verschmelzenden Gesellschaften in Mitgliedstaaten, in denen ein derartiges Verfahren nicht besteht, bei der Zustimmung zu dem Verschmelzungsplan gemäß Artikel 23 Absatz 1 ausdrücklich akzeptieren, dass die Aktionäre der betreffenden sich verschmelzenden Gesellschaft auf ein solches Verfahren zurückgreifen können. [2] In diesem Fall kann das zuständige Gericht, der Notar oder eine andere zuständige Behörde die Bescheinigung gemäß Absatz 2 ausstellen, auch wenn ein derartiges Verfahren eingeleitet wurde. [3] Die Bescheinigung muss allerdings einen Hinweis auf das anhängige Verfahren enthalten. [4] Die Entscheidung in dem Verfahren ist für die übernehmende Gesellschaft und ihre Aktionäre bindend.

Art. 26 [Kontrolle der Rechtmäßigkeitsprüfung] (1) Die Rechtmäßigkeit der Verschmelzung wird, was den Verfahrensabschnitt der Durchführung der Verschmelzung und der Gründung der SE anbelangt, von dem/der im künftigen Sitzstaat der SE für die Kontrolle dieses Aspekts der Rechtmäßigkeit der Verschmelzung von Aktiengesellschaften zuständigen Gericht, Notar oder sonstigen Behörde kontrolliert.

(2) Hierzu legt jede der sich verschmelzenden Gesellschaften dieser zuständigen Behörde die in Artikel 25 Absatz 2 genannte Bescheinigung binnen sechs Monaten nach ihrer Ausstellung sowie eine Ausfertigung des Verschmelzungsplans, dem sie zugestimmt hat, vor.

(3) Die gemäß Absatz 1 zuständige Behörde kontrolliert insbesondere, ob die sich verschmelzenden Gesellschaften einem gleich lautenden Verschmelzungsplan zugestimmt haben und ob eine Vereinbarung über die Beteiligung der Arbeitnehmer gemäß der Richtlinie 2001/86/EG geschlossen wurde.

(4) Diese Behörde kontrolliert ferner, ob gemäß Artikel 15 die Gründung der SE den gesetzlichen Anforderungen des Sitzstaates genügt.

Art. 27 [Eintragung gemäß Art. 12] (1) Die Verschmelzung und die gleichzeitige Gründung der SE werden mit der Eintragung der SE gemäß Artikel 12 wirksam.

(2) Die SE kann erst nach Erfüllung sämtlicher in den Artikeln 25 und 26 vorgesehener Formalitäten eingetragen werden.

Art. 28 [Offenlegung der Verschmelzung] Für jede sich verschmelzende Gesellschaft wird die Durchführung der Verschmelzung nach den in den Rechtsvorschriften des jeweiligen Mitgliedstaats vorgesehenen Verfahren in Übereinstimmung mit Artikel 3 der Richtlinie 68/151/EWG offen gelegt.

Art. 29 [Folgen der Verschmelzung] (1) Die nach Artikel 17 Absatz 2 Buchstabe a vollzogene Verschmelzung bewirkt ipso jure gleichzeitig Folgendes:

a) Das gesamte Aktiv- und Passivvermögen jeder übertragenden Gesellschaft geht auf die übernehmende Gesellschaft über;
b) die Aktionäre der übertragenden Gesellschaft werden Aktionäre der übernehmenden Gesellschaft;
c) die übertragende Gesellschaft erlischt;

d) die übernehmende Gesellschaft nimmt die Rechtsform einer SE an.

(2) Die nach Artikel 17 Absatz 2 Buchstabe b vollzogene Verschmelzung bewirkt ipso jure gleichzeitig Folgendes:

a) Das gesamte Aktiv- und Passivvermögen der sich verschmelzenden Gesellschaften geht auf die SE über;

b) die Aktionäre der sich verschmelzenden Gesellschaften werden Aktionäre der SE;

c) die sich verschmelzenden Gesellschaften erlöschen.

(3) Schreibt ein Mitgliedstaat im Falle einer Verschmelzung von Aktiengesellschaften besondere Formalitäten für die Rechtswirksamkeit der Übertragung bestimmter von den sich verschmelzenden Gesellschaften eingebrachter Vermögensgegenstände, Rechte und Verbindlichkeiten gegenüber Dritten vor, so gelten diese fort und sind entweder von den sich verschmelzenden Gesellschaften oder von der SE nach deren Eintragung zu erfüllen.

(4) Die zum Zeitpunkt der Eintragung aufgrund der einzelstaatlichen Rechtsvorschriften und Gepflogenheiten sowie aufgrund individueller Arbeitsverträge oder Arbeitsverhältnisse bestehenden Rechte und Pflichten der beteiligten Gesellschaften hinsichtlich der Beschäftigungsbedingungen gehen mit der Eintragung der SE auf diese über.

Art. 30 [Nichtigerklärung bzw. Auflösung der Verschmelzung]

[1] Eine Verschmelzung im Sinne des Artikels 2 Absatz 1 kann nach der Eintragung der SE nicht mehr für nichtig erklärt werden.

[2] Das Fehlen einer Kontrolle der Rechtmäßigkeit der Verschmelzung gemäß Artikel 25 und 26 kann einen Grund für die Auflösung der SE darstellen.

Art. 31 [Nichtparitätische Verschmelzung] (1) [1] Wird eine Verschmelzung nach Artikel 17 Absatz 2 Buchstabe a durch eine Gesellschaft vollzogen, die Inhaberin sämtlicher Aktien und sonstiger Wertpapiere ist, die Stimmrechte in der Hauptversammlung einer anderen Gesellschaft gewähren, so finden Artikel 20 Absatz 1 Buchstaben b, c und d, Artikel 22 und Artikel 29 Absatz 1 Buchstabe b keine Anwendung. [2] Die jeweiligen einzelstaatlichen Vorschriften, denen die einzelnen sich verschmelzenden Gesellschaften unterliegen und die für die Verschmelzungen von Aktiengesellschaften nach Artikel 24 der Richtlinie 78/855/EWG maßgeblich sind, sind jedoch anzuwenden.

(2) *[1]* Vollzieht eine Gesellschaft, die Inhaberin von mindestens 90 %, nicht aber aller der in der Hauptversammlung einer anderen Gesellschaft Stimmrecht verleihenden Aktien und sonstigen Wertpapiere ist, eine Verschmelzung durch Aufnahme, so sind die Berichte des Leitungs- oder des Verwaltungsorgans, die Berichte eines oder mehrerer unabhängiger Sachverständiger sowie die zur Kontrolle notwendigen Unterlagen nur insoweit erforderlich, als dies entweder in den einzelstaatlichen Rechtsvorschriften, denen die übernehmende Gesellschaft unterliegt, oder in den für die übertragende Gesellschaft maßgeblichen einzelstaatlichen Rechtsvorschriften vorgesehen ist.

[2] Die Mitgliedstaaten können jedoch vorsehen, dass dieser Absatz Anwendung auf eine Gesellschaft findet, die Inhaberin von Aktien ist, welche mindestens 90 % der Stimmrechte, nicht aber alle verleihen.

Abschnitt 3. Gründung einer Holding-SE

Art. 32 [Gründung einer Holding-SE] (1) *[1]* Eine SE kann gemäß Artikel 2 Absatz 2 gegründet werden.

[2] Die die Gründung einer SE im Sinne des Artikels 2 Absatz 2 anstrebenden Gesellschaften bestehen fort.

(2) [1] Die Leitungs- oder die Verwaltungsorgane der die Gründung anstrebenden Gesellschaften erstellen einen gleich lautenden Gründungsplan für die SE. [2] Dieser Plan enthält einen Bericht, der die Gründung aus rechtlicher und wirtschaftlicher Sicht erläutert und begründet sowie darlegt, welche Auswirkungen der Übergang zur Rechtsform einer SE für die Aktionäre und für die Arbeitnehmer hat. [3] Er enthält ferner die in Artikel 20 Absatz 1 Buchstaben a, b, c, f, g, h und i vorgesehenen Angaben und setzt von jeder die Gründung anstrebenden Gesellschaft den Mindestprozentsatz der Aktien oder sonstigen Anteile fest, der von den Aktionären eingebracht werden muss, damit die SE gegründet werden kann. [4] Dieser Prozentsatz muss mehr als 50 % der durch Aktien verliehenen ständigen Stimmrechte betragen.

(3) Der Gründungsplan ist mindestens einen Monat vor der Hauptversammlung, die über die Gründung zu beschließen hat, für jede der die Gründung anstrebenden Gesellschaften nach den in den Rechtsvorschriften der einzelnen Mitgliedstaaten gemäß Artikel 3 der Richtlinie 68/151/EWG vorgesehenen Verfahren offen zu legen.

(4) [1] Ein oder mehrere von den die Gründung anstrebenden Gesellschaften unabhängige Sachverständige, die von einem Gericht oder einer Verwaltungsbehörde des Mitgliedstaats, dessen Recht die einzelnen Gesellschaften gemäß den nach Maßgabe der Richtlinie 78/855/EWG erlassenen einzelstaatlichen Vorschriften unterliegen, bestellt oder zugelassen sind, prüfen den gemäß Absatz 2 erstellten Gründungsplan und erstellen einen schriftlichen Bericht für die Aktionäre der einzelnen Gesellschaften. [2] Im Einvernehmen zwischen den die Gründung anstrebenden Gesellschaften kann durch einen oder mehrere unabhängige Sachverständige, der/die von einem Gericht oder einer Verwaltungsbehörde des Mitgliedstaats, dessen Recht eine der die Gründung anstrebenden Gesellschaften oder die künftige SE gemäß den nach Maßgabe der Richtlinie 78/855/EWG erlassenen einzelstaatlichen Rechtsvorschriften unterliegt, bestellt oder zugelassen ist/sind, ein schriftlicher Bericht für die Aktionäre aller Gesellschaften erstellt werden.

(5) Der Bericht muss auf besondere Bewertungsschwierigkeiten hinweisen und erklären, ob das Umtauschverhältnis der Aktien oder Anteile angemessen ist, sowie angeben, nach welchen Methoden es bestimmt worden ist und ob diese Methoden im vorliegenden Fall angemessen sind.

(6) *[1]* Die Hauptversammlung jeder der die Gründung anstrebenden Gesellschaften stimmt dem Gründungsplan für die SE zu.

[2] [1] Die Beteiligung der Arbeitnehmer in der SE wird gemäß der Richtlinie 2001/86/EG festgelegt. [2] Die Hauptversammlung jeder der die Gründung anstrebenden Gesellschaften kann sich das Recht vorbehalten, die Eintragung der SE davon abhängig zu machen, dass die geschlossene Vereinbarung von ihr ausdrücklich genehmigt wird.

(7) Dieser Artikel gilt sinngemäß auch für Gesellschaften mit beschränkter Haftung.

Art. 33 [Formalitäten einer Gründung] (1) [1] Die Gesellschafter der die Gründung anstrebenden Gesellschaften verfügen über eine Frist von drei Monaten, um diesen Gesellschaften mitzuteilen, ob sie beabsichtigen, ihre Gesellschaftsanteile bei der Gründung der SE einzubringen. [2] Diese Frist beginnt mit dem Zeitpunkt, zu dem der Gründungsplan für die SE gemäß Artikel 32 endgültig festgelegt worden ist.

(2) Die SE ist nur dann gegründet, wenn die Gesellschafter der die Gründung anstrebenden Gesellschaften innerhalb der in Absatz 1 genannten Frist den nach dem Gründungsplan für jede Gesellschaft festgelegten Mindestprozentsatz der Gesellschaftsanteile eingebracht haben und alle übrigen Bedingungen erfüllt sind.

(3) *[1]* Sind alle Bedingungen für die Gründung der SE gemäß Absatz 2 erfüllt, so hat jede der die Gründung anstrebenden Gesellschaften diese Tatsache gemäß den nach Artikel 3 der Richtlinie 68/151/EWG erlassenen Vorschriften des einzelstaatlichen Rechts, dem sie unterliegt, offen zu legen.

[2] Die Gesellschafter der die Gründung anstrebenden Gesellschaften, die nicht innerhalb der Frist nach Absatz 1 mitgeteilt haben, ob sie die Absicht haben, ihre Gesellschaftsanteile diesen Gesellschaften im Hinblick auf die Gründung der künftigen SE zur Verfügung zu stellen, verfügen über eine weitere Frist von einem Monat, um dies zu tun.

(4) Die Gesellschafter, die ihre Wertpapiere im Hinblick auf die Gründung der SE einbringen, erhalten Aktien der SE.

(5) Die SE kann erst dann eingetragen werden, wenn die Formalitäten gemäß Artikel 32 und die in Absatz 2 genannten Voraussetzungen nachweislich erfüllt sind.

Art. 34 [Interessenschutz bei Gründung] Ein Mitgliedstaat kann für die eine Gründung anstrebenden Gesellschaften Vorschriften zum Schutz der die Gründung ablehnenden Minderheitsgesellschafter, der Gläubiger und der Arbeitnehmer erlassen.

Abschnitt 4. Gründung einer Tochter-SE

Art. 35 [Gründung einer Tochter-SE] Eine SE kann gemäß Artikel 2 Absatz 3 gegründet werden.

Art. 36 [Anwendung nationaler Vorschriften] Auf die an der Gründung beteiligten Gesellschaften oder sonstigen juristischen Personen finden die Vorschriften über deren Beteiligung an der Gründung einer Tochtergesellschaft in Form einer Aktiengesellschaft nationalen Rechts Anwendung.

Abschnitt 5. Umwandlung einer bestehenden Aktiengesellschaft in eine SE

Art. 37 [Umwandlung einer AG in eine SE] (1) Eine SE kann gemäß Artikel 2 Absatz 4 gegründet werden.

(2) Unbeschadet des Artikels 12 hat die Umwandlung einer Aktiengesellschaft in eine SE weder die Auflösung der Gesellschaft noch die Gründung einer neuen juristischen Person zur Folge.

(3) Der Sitz der Gesellschaft darf anlässlich der Umwandlung nicht gemäß Artikel 8 in einen anderen Mitgliedstaat verlegt werden.

(4) Das Leitungs- oder das Verwaltungsorgan der betreffenden Gesellschaft erstellt einen Umwandlungsplan und einen Bericht, in dem die rechtlichen und wirtschaftlichen Aspekte der Umwandlung erläutert und begründet sowie die Auswirkungen, die der Übergang zur Rechtsform einer SE für die Aktionäre und für die Arbeitnehmer hat, dargelegt werden.

(5) Der Umwandlungsplan ist mindestens einen Monat vor dem Tag der Hauptversammlung, die über die Umwandlung zu beschließen hat, nach den in den Rechtsvorschriften der einzelnen Mitgliedstaaten gemäß Artikel 3 der Richtlinie 68/151/EWG vorgesehenen Verfahren offen zu legen.

(6) Vor der Hauptversammlung nach Absatz 7 ist von einem oder mehreren unabhängigen Sachverständigen, die nach den einzelstaatlichen Durchführungsbestimmungen zu Artikel 10 der Richtlinie 78/855/EWG durch ein Gericht oder eine Verwaltungsbehörde des Mitgliedstaates, dessen Recht die sich in eine SE umwandelnde Aktiengesellschaft unterliegt, bestellt oder zugelassen sind, gemäß der Richtlinie 77/91/EWG[1)] sinngemäß zu bescheinigen, dass die Gesellschaft über Nettovermögenswerte mindestens in Höhe ihres Kapitals zuzüglich der kraft Gesetzes oder Statut nicht ausschüttungsfähigen Rücklagen verfügt.

(7) [1] Die Hauptversammlung der betreffenden Gesellschaft stimmt dem Umwandlungsplan zu und genehmigt die Satzung der SE. [2] Die Beschlussfassung der Hauptversammlung erfolgt nach Maßgabe der einzelstaatlichen Durchführungsbestimmungen zu Artikel 7 der Richtlinie 78/855/EWG.

(8) Ein Mitgliedstaat kann die Umwandlung davon abhängig machen, dass das Organ der umzuwandelnden Gesellschaft, in dem die Mitbestimmung der Arbeitnehmer vorgesehen ist, der Umwandlung mit qualifizierter Mehrheit oder einstimmig zustimmt.

(9) Die zum Zeitpunkt der Eintragung aufgrund der einzelstaatlichen Rechtsvorschriften und Gepflogenheiten sowie aufgrund individueller Arbeitsverträge oder Arbeitsverhältnisse bestehenden Rechte und Pflichten der umzuwandelnden Gesellschaft hinsichtlich der Beschäftigungsbedingungen gehen mit der Eintragung der SE auf diese über.

Titel III. Aufbau der SE

Art. 38 [Aufbau der SE] Die SE verfügt nach Maßgabe dieser Verordnung über

a) eine Hauptversammlung der Aktionäre und
b) entweder ein Aufsichtsorgan und ein Leitungsorgan (dualistisches System) oder ein Verwaltungsorgan (monistisches System), entsprechend der in der Satzung gewählten Form.

[1)] **Amtl. Anm.:** Zweite Richtlinie 77/91/EWG des Rates vom 13. Dezember 1976 zur Koordinierung der Schutzbestimmungen, die in den Mitgliedstaaten den Gesellschaften im Sinne des Artikels 58 Absatz 2 des Vertrages *[Red. Anm.: nunmehr Art. 54 AEUV durch Vertrag von Lissabon v. 13.12.2007 (ABl. Nr. C 306 S. 1).]* im Interesse der Gesellschafter sowie Dritter für die Gründung der Aktiengesellschaft sowie für die Erhaltung und Änderung ihres Kapitals vorgeschrieben sind, um diese Bestimmungen gleichwertig zu gestalten (ABl. L 26 vom 31.1.1977, S. 1). Zuletzt geändert durch die Beitrittsakte von 1994.

Abschnitt 1. Dualistisches System

Art. 39 [Dualistisches System] (1) [1]Das Leitungsorgan führt die Geschäfte der SE in eigener Verantwortung. [2]Ein Mitgliedstaat kann vorsehen, dass ein oder mehrere Geschäftsführer die laufenden Geschäfte in eigener Verantwortung unter denselben Voraussetzungen, wie sie für Aktiengesellschaften mit Sitz im Hoheitsgebiet des betreffenden Mitgliedstaates gelten, führt bzw. führen.

(2) *[1]* Das Mitglied/die Mitglieder des Leitungsorgans wird/werden vom Aufsichtsorgan bestellt und abberufen.

[2] Die Mitgliedstaaten können jedoch vorschreiben oder vorsehen, dass in der Satzung festgelegt werden kann, dass das Mitglied/die Mitglieder des Leitungsorgans von der Hauptversammlung unter den Bedingungen, die für Aktiengesellschaften mit Sitz in ihrem Hoheitsgebiet gelten, bestellt und abberufen wird/werden.

(3) [1]Niemand darf zugleich Mitglied des Leitungsorgans und Mitglied des Aufsichtsorgans der SE sein. [2]Das Aufsichtsorgan kann jedoch eines seiner Mitglieder zur Wahrnehmung der Aufgaben eines Mitglieds des Leitungsorgans abstellen, wenn der betreffende Posten nicht besetzt ist. [3]Während dieser Zeit ruht das Amt der betreffenden Person als Mitglied des Aufsichtsorgans. [4]Die Mitgliedstaaten können eine zeitliche Begrenzung hierfür vorsehen.

(4) [1]Die Zahl der Mitglieder des Leitungsorgans oder die Regeln für ihre Festlegung werden durch die Satzung der SE bestimmt. [2]Die Mitgliedstaaten können jedoch eine Mindest- und/oder Höchstzahl festsetzen.

(5) Enthält das Recht eines Mitgliedstaats in Bezug auf Aktiengesellschaften mit Sitz in seinem Hoheitsgebiet keine Vorschriften über ein dualistisches System, kann dieser Mitgliedstaat entsprechende Vorschriften in Bezug auf SE erlassen.

Art. 40 [Aufsichtsorgan] (1) [1]Das Aufsichtsorgan überwacht die Führung der Geschäfte durch das Leitungsorgan. [2]Es ist nicht berechtigt, die Geschäfte der SE selbst zu führen.

(2) [1]Die Mitglieder des Aufsichtsorgans werden von der Hauptversammlung bestellt. [2]Die Mitglieder des ersten Aufsichtsorgans können jedoch durch die Satzung bestellt werden. [3]Artikel 47 Absatz 4 oder eine etwaige nach Maßgabe der Richtlinie 2001/86/EG geschlossene Vereinbarung über die Mitbestimmung der Arbeitnehmer bleibt hiervon unberührt.

(3) [1]Die Zahl der Mitglieder des Aufsichtsorgans oder die Regeln für ihre Festlegung werden durch die Satzung bestimmt. [2]Die Mitgliedstaaten können jedoch für die in ihrem Hoheitsgebiet eingetragenen SE die Zahl der Mitglieder des Aufsichtsorgans oder deren Höchst- und/oder Mindestzahl festlegen.

Art. 41 [Unterrichtung über Geschäftsgang] (1) Das Leitungsorgan unterrichtet das Aufsichtsorgan mindestens alle drei Monate über den Gang der Geschäfte der SE und deren voraussichtliche Entwicklung.

(2) Neben der regelmäßigen Unterrichtung gemäß Absatz 1 teilt das Leitungsorgan dem Aufsichtsorgan rechtzeitig alle Informationen über Ereignisse mit, die sich auf die Lage der SE spürbar auswirken können.

(3) [1]Das Aufsichtsorgan kann vom Leitungsorgan jegliche Information verlangen, die für die Ausübung der Kontrolle gemäß Artikel 40 Absatz 1 erforderlich ist. [2]Die Mitgliedstaaten können vorsehen, dass jedes Mitglied des Aufsichtsorgans von dieser Möglichkeit Gebrauch machen kann.

(4) Das Aufsichtsorgan kann alle zur Erfüllung seiner Aufgaben erforderlichen Überprüfungen vornehmen oder vornehmen lassen.

(5) Jedes Mitglied des Aufsichtsorgans kann von allen Informationen, die diesem Organ übermittelt werden, Kenntnis nehmen.

Art. 42 [Vorsitzender des Aufsichtsorgans] [1] Das Aufsichtsorgan wählt aus seiner Mitte einen Vorsitzenden. [2] Wird die Hälfte der Mitglieder des Aufsichtsorgans von den Arbeitnehmern bestellt, so darf nur ein von der Hauptversammlung der Aktionäre bestelltes Mitglied zum Vorsitzenden gewählt werden.

Abschnitt 2. Monistisches System

Art. 43 [Verfassung des Verwaltungsorgans] (1) [1] Das Verwaltungsorgan führt die Geschäfte der SE. [2] Ein Mitgliedstaat kann vorsehen, dass ein oder mehrere Geschäftsführer die laufenden Geschäfte in eigener Verantwortung unter denselben Voraussetzungen, wie sie für Aktiengesellschaften mit Sitz im Hoheitsgebiet des betreffenden Mitgliedstaates gelten, führt bzw. führen.

(2) *[1]* [1] Die Zahl der Mitglieder des Verwaltungsorgans oder die Regeln für ihre Festlegung sind in der Satzung der SE festgelegt. [2] Die Mitgliedstaaten können jedoch eine Mindestzahl und erforderlichenfalls eine Höchstzahl festsetzen.

[2] Ist jedoch die Mitbestimmung der Arbeitnehmer in der SE gemäß der Richtlinie geregelt, so muss das Verwaltungsorgan aus mindestens drei Mitgliedern bestehen.

(3) [1] Das Mitglied/die Mitglieder des Verwaltungsorgans wird/werden von der Hauptversammlung bestellt. [2] Die Mitglieder des ersten Verwaltungsorgans können jedoch durch die Satzung bestellt werden. [3] Artikel 47 Absatz 4 oder eine etwaige nach Maßgabe der Richtlinie 2001/86/EG geschlossene Vereinbarung über die Mitbestimmung der Arbeitnehmer bleibt hiervon unberührt.

(4) Enthält das Recht eines Mitgliedstaats in Bezug auf Aktiengesellschaften mit Sitz in seinem Hoheitsgebiet keine Vorschriften über ein monistisches System, kann dieser Mitgliedstaat entsprechende Vorschriften in Bezug auf SE erlassen.

Art. 44 [Sitzungstermine; Geschäftsgang] (1) Das Verwaltungsorgan tritt in den durch die Satzung bestimmten Abständen, mindestens jedoch alle drei Monate, zusammen, um über den Gang der Geschäfte der SE und deren voraussichtliche Entwicklung zu beraten.

(2) Jedes Mitglied des Verwaltungsorgans kann von allen Informationen, die diesem Organ übermittelt werden, Kenntnis nehmen.

Art. 45 [Vorsitzender des Verwaltungsorgans] [1] Das Verwaltungsorgan wählt aus seiner Mitte einen Vorsitzenden. [2] Wird die Hälfte der Mitglieder des Verwaltungsorgans von den Arbeitnehmern bestellt, so darf nur ein von der Hauptversammlung der Aktionäre bestelltes Mitglied zum Vorsitzenden gewählt werden.

Abschnitt 3. Gemeinsame Vorschriften für das monistische und das dualistische System

Art. 46 [Zeitraum für Bestellung und Wiederbestellung der Organe] (1) Die Mitglieder der Organe der Gesellschaft werden für einen in der Satzung festgelegten Zeitraum, der sechs Jahre nicht überschreiten darf, bestellt.

(2) Vorbehaltlich in der Satzung festgelegter Einschränkungen können die Mitglieder einmal oder mehrmals für den gemäß Absatz 1 festgelegten Zeitraum wiederbestellt werden.

Art. 47 [Mitglieder der Organe] (1) *[1]* Die Satzung der SE kann vorsehen, dass eine Gesellschaft oder eine andere juristische Person Mitglied eines Organs sein kann, sofern das für Aktiengesellschaften maßgebliche Recht des Sitzstaats der SE nichts anderes bestimmt.

[2] Die betreffende Gesellschaft oder sonstige juristische Person hat zur Wahrnehmung ihrer Befugnisse in dem betreffenden Organ eine natürliche Person als Vertreter zu bestellen.

(2) Personen, die

a) nach dem Recht des Sitzstaats der SE dem Leitungs-, Aufsichts- oder Verwaltungsorgan einer dem Recht dieses Mitgliedstaats unterliegenden Aktiengesellschaft nicht angehören dürfen oder
b) infolge einer Gerichts- oder Verwaltungsentscheidung, die in einem Mitgliedstaat ergangen ist, dem Leitungs-, Aufsichts- oder Verwaltungsorgan einer dem Recht eines Mitgliedstaats unterliegenden Aktiengesellschaft nicht angehören dürfen,

können weder Mitglied eines Organs der SE noch Vertreter eines Mitglieds im Sinne von Absatz 1 sein.

(3) Die Satzung der SE kann für Mitglieder, die die Aktionäre vertreten, in Anlehnung an die für Aktiengesellschaften geltenden Rechtsvorschriften des Sitzstaats der SE besondere Voraussetzungen für die Mitgliedschaft festlegen.

(4) Einzelstaatliche Rechtsvorschriften, die auch einer Minderheit von Aktionären oder anderen Personen oder Stellen die Bestellung eines Teils der Organmitglieder erlauben, bleiben von dieser Verordnung unberührt.

Art. 48 [Geschäftsarten] (1) *[1]* In der Satzung der SE werden die Arten von Geschäften aufgeführt, für die im dualistischen System das Aufsichtsorgan dem Leitungsorgan seine Zustimmung erteilen muss und im monistischen System ein ausdrücklicher Beschluss des Verwaltungsorgans erforderlich ist.

[2] Die Mitgliedstaaten können jedoch vorsehen, dass im dualistischen System das Aufsichtsorgan selbst bestimmte Arten von Geschäften von seiner Zustimmung abhängig machen kann.

(2) Die Mitgliedstaaten können für die in ihrem Hoheitsgebiet eingetragenen SE festlegen, welche Arten von Geschäften auf jeden Fall in die Satzung aufzunehmen sind.

Art. 49 [Verschwiegenheitsverpflichtung] Die Mitglieder der Organe der SE dürfen Informationen über die SE, die im Falle ihrer Verbreitung den Interessen der Gesellschaft schaden könnten, auch nach Ausscheiden aus ihrem Amt nicht weitergeben; dies gilt nicht in Fällen, in denen eine solche Informationsweitergabe nach den Bestimmungen des für Aktiengesellschaften geltenden einzelstaatlichen Rechts vorgeschrieben oder zulässig ist oder im öffentlichen Interesse liegt.

Art. 50 [Beschlussfähigkeit; Beschlussfassung] (1) Sofern in dieser Verordnung oder der Satzung nichts anderes bestimmt ist, gelten für die Beschlussfähigkeit und die Beschlussfassung der Organe der SE die folgenden internen Regeln:

a) Beschlussfähigkeit: mindestens die Hälfte der Mitglieder muss anwesend oder vertreten sein;

b) Beschlussfassung: mit der Mehrheit der anwesenden oder vertretenen Mitglieder.

(2) [1] Sofern die Satzung keine einschlägige Bestimmung enthält, gibt die Stimme des Vorsitzenden des jeweiligen Organs bei Stimmengleichheit den Ausschlag. [2] Eine anders lautende Satzungsbestimmung ist jedoch nicht möglich, wenn sich das Aufsichtsorgan zur Hälfte aus Arbeitnehmervertretern zusammensetzt.

(3) Ist die Mitbestimmung der Arbeitnehmer gemäß der Richtlinie 2001/86/EG vorgesehen, so kann ein Mitgliedstaat vorsehen, dass sich abweichend von den Absätzen 1 und 2 Beschlussfähigkeit und Beschlussfassung des Aufsichtsorgans nach den Vorschriften richten, die unter denselben Bedingungen für die Aktiengesellschaften gelten, die dem Recht des betreffenden Mitgliedstaats unterliegen.

Art. 51 [Haftung] Die Mitglieder des Leitungs-, Aufsichts- oder Verwaltungsorgans haften gemäß den im Sitzstaat der SE für Aktiengesellschaften maßgeblichen Rechtsvorschriften für den Schaden, welcher der SE durch eine Verletzung der ihnen bei der Ausübung ihres Amtes obliegenden gesetzlichen, satzungsmäßigen oder sonstigen Pflichten entsteht.

Abschnitt 4. Hauptversammlung

Art. 52 [Angelegenheiten der Hauptversammlung] *[1]* Die Hauptversammlung beschließt über die Angelegenheiten, für die ihr

a) durch diese Verordnung oder

b) durch in Anwendung der Richtlinie 2001/86/EG erlassene Rechtsvorschriften des Sitzstaats der SE

die alleinige Zuständigkeit übertragen wird.

[2] Außerdem beschließt die Hauptversammlung in Angelegenheiten, für die der Hauptversammlung einer dem Recht des Sitzstaats der SE unterliegenden Aktiengesellschaft die Zuständigkeit entweder aufgrund der Rechtsvorschriften dieses Mitgliedstaats oder aufgrund der mit diesen Rechtsvorschriften in Einklang stehenden Satzung übertragen worden ist.

Art. 53 [Organisation und Ablauf] Für die Organisation und den Ablauf der Hauptversammlung sowie für die Abstimmungsverfahren gelten unbeschadet der Bestimmungen dieses Abschnitts die im Sitzstaat der SE für Aktiengesellschaften maßgeblichen Rechtsvorschriften.

Art. 54 [Hauptversammlungstermin] (1) [1] Die Hauptversammlung tritt mindestens einmal im Kalenderjahr binnen sechs Monaten nach Abschluss des Geschäftsjahres zusammen, sofern die im Sitzstaat der SE für Aktiengesellschaften, die dieselbe Art von Aktivitäten wie die SE betreiben, maßgeblichen Rechtsvorschriften nicht häufigere Versammlungen vorsehen. [2] Die Mitgliedstaaten können jedoch vorsehen, dass die erste Hauptversammlung bis zu 18 Monate nach Gründung der SE abgehalten werden kann.

(2) Die Hauptversammlung kann jederzeit vom Leitungs-, Aufsichts- oder Verwaltungsorgan oder von jedem anderen Organ oder jeder zuständigen Behörde nach den für Aktiengesellschaften im Sitzstaat der SE maßgeblichen einzelstaatlichen Rechtsvorschriften einberufen werden.

Art. 55 [Einberufung der Hauptversammlung] (1) Die Einberufung der Hauptversammlung und die Aufstellung ihrer Tagesordnung können von einem oder mehreren Aktionären beantragt werden, sofern sein/ihr Anteil am gezeichneten Kapital mindestens 10 % beträgt; die Satzung oder einzelstaatliche Rechtsvorschriften können unter denselben Voraussetzungen, wie sie für Aktiengesellschaften gelten, einen niedrigeren Prozentsatz vorsehen.

(2) Der Antrag auf Einberufung muss die Punkte für die Tagesordnung enthalten.

(3) [1] Wird die Hauptversammlung nicht rechtzeitig bzw. nicht spätestens zwei Monate nach dem Zeitpunkt, zu dem der in Absatz 1 genannte Antrag gestellt worden ist, abgehalten, so kann das am Sitz der SE zuständige Gericht oder die am Sitz der SE zuständige Verwaltungsbehörde anordnen, dass sie innerhalb einer bestimmten Frist einzuberufen ist, oder die Aktionäre, die den Antrag gestellt haben, oder deren Vertreter dazu ermächtigen. [2] Hiervon unberührt bleiben einzelstaatliche Bestimmungen, aufgrund deren die Aktionäre gegebenenfalls die Möglichkeit haben, selbst die Hauptversammlung einzuberufen.

Art. 56 [Ergänzung der Tagesordnung] [1] Die Ergänzung der Tagesordnung für eine Hauptversammlung durch einen oder mehrere Punkte kann von einem oder mehreren Aktionären beantragt werden, sofern sein/ihr Anteil am gezeichneten Kapital mindestens 10 % beträgt. [2] Die Verfahren und Fristen für diesen Antrag werden nach dem einzelstaatlichen Recht des Sitzstaats der SE oder, sofern solche Vorschriften nicht vorhanden sind, nach der Satzung der SE festgelegt. [3] Die Satzung oder das Recht des Sitzstaats können unter denselben Voraussetzungen, wie sie für Aktiengesellschaften gelten, einen niedrigeren Prozentsatz vorsehen.

Art. 57 [Beschlüsse der Hauptversammlung] Die Beschlüsse der Hauptversammlung werden mit der Mehrheit der abgegebenen gültigen Stimmen gefasst, sofern diese Verordnung oder gegebenenfalls das im Sitzstaat der SE für Aktiengesellschaften maßgebliche Recht nicht eine größere Mehrheit vorschreibt.

Art. 58 [Ungültige Stimmen] Zu den abgegebenen Stimmen zählen nicht die Stimmen, die mit Aktien verbunden sind, deren Inhaber nicht an der Abstimmung teilgenommen oder sich der Stimme enthalten oder einen leeren oder ungültigen Stimmzettel abgegeben haben.

Art. 59 [Änderung der Satzung] (1) Die Änderung der Satzung bedarf eines Beschlusses der Hauptversammlung, der mit der Mehrheit von nicht weniger als zwei Dritteln der abgegebenen Stimmen gefasst worden ist, sofern die Rechtsvorschriften für Aktiengesellschaften im Sitzstaat der SE keine größere Mehrheit vorsehen oder zulassen.

(2) Jeder Mitgliedstaat kann jedoch bestimmen, dass die einfache Mehrheit der Stimmen im Sinne von Absatz 1 ausreicht, sofern mindestens die Hälfte des gezeichneten Kapitals vertreten ist.

(3) Jede Änderung der Satzung wird gemäß Artikel 13 offen gelegt.

Art. 60 [Gesonderte Abstimmung] (1) Sind mehrere Gattungen von Aktien vorhanden, so erfordert jeder Beschluss der Hauptversammlung noch eine gesonderte Abstimmung durch jede Gruppe von Aktionären, deren spezifische Rechte durch den Beschluss berührt werden.

(2) Bedarf der Beschluss der Hauptversammlung der Mehrheit der Stimmen gemäß Artikel 59 Absätze 1 oder 2, so ist diese Mehrheit auch für die gesonderte Abstimmung jeder Gruppe von Aktionären erforderlich, deren spezifische Rechte durch den Beschluss berührt werden.

Titel IV. Jahresabschluss und konsolidierter Abschluss

Art. 61 [Vorschriften des Sitzstaats] Vorbehaltlich des Artikels 62 unterliegt die SE hinsichtlich der Aufstellung ihres Jahresabschlusses und gegebenenfalls ihres konsolidierten Abschlusses einschließlich des dazugehörigen Lageberichts sowie der Prüfung und der Offenlegung dieser Abschlüsse den Vorschriften, die für dem Recht des Sitzstaates der SE unterliegende Aktiengesellschaften gelten.

Art. 62 [Abschlüsse für Finanz- bzw. Kreditinstitute und Versicherungsunternehmen] (1) Handelt es sich bei der SE um ein Kreditinstitut oder ein Finanzinstitut, so unterliegt sie hinsichtlich der Aufstellung ihres Jahresabschlusses und gegebenenfalls ihres konsolidierten Abschlusses einschließlich des dazugehörigen Lageberichts sowie der Prüfung und der Offenlegung dieser Abschlüsse den gemäß der Richtlinie 2000/12/EG des Europäischen Parlaments und des Rates vom 20. März 2000 über die Aufnahme und Ausübung der Tätigkeit der Kreditinstitute[1] erlassenen einzelstaatlichen Rechtsvorschriften des Sitzstaats.

(2) Handelt es sich bei der SE um ein Versicherungsunternehmen, so unterliegt sie hinsichtlich der Aufstellung ihres Jahresabschlusses und gegebenenfalls ihres konsolidierten Abschlusses einschließlich des dazugehörigen Lageberichts sowie der Prüfung und der Offenlegung dieser Abschlüsse den gemäß der Richtlinie 91/674/EWG des Rates vom 19. Dezember 1991 über den Jahresabschluss und den konsolidierten Abschluss von Versicherungsunternehmen[2] erlassenen einzelstaatlichen Rechtsvorschriften des Sitzstaats.

Titel V. Auflösung, Liquidation, Zahlungsunfähigkeit und Zahlungseinstellung

Art. 63 [Recht des Sitzstaats] Hinsichtlich der Auflösung, Liquidation, Zahlungsunfähigkeit, Zahlungseinstellung und ähnlicher Verfahren unterliegt die SE den Rechtsvorschriften, die für eine Aktiengesellschaft maßgeblich wären, die nach dem Recht des Sitzstaats der SE gegründet worden ist; dies gilt auch für die Vorschriften hinsichtlich der Beschlussfassung durch die Hauptversammlung.

---

[1] **Amtl. Anm.:** ABl. L 126 vom 26.5.2000, S. 1.
[2] **Amtl. Anm.:** ABl. L 374 vom 31.12.1991, S. 7.

Art. 64 [Verfahren bei Trennung von Sitz und Hauptverwaltung]

(1) Erfüllt eine SE nicht mehr die Verpflichtung nach Artikel 7, so trifft der Mitgliedstaat, in dem die SE ihren Sitz hat, geeignete Maßnahmen, um die SE zu verpflichten, innerhalb einer bestimmten Frist den vorschriftswidrigen Zustand zu beenden, indem sie

a) entweder ihre Hauptverwaltung wieder im Sitzstaat errichtet

b) oder ihren Sitz nach dem Verfahren des Artikels 8 verlegt.

(2) Der Sitzstaat trifft die erforderlichen Maßnahmen, um zu gewährleisten, dass eine SE, die den vorschriftswidrigen Zustand nicht gemäß Absatz 1 beendet, liquidiert wird.

(3) [1] Der Sitzstaat sieht vor, dass ein Rechtsmittel gegen die Feststellung des Verstoßes gegen Artikel 7 eingelegt werden kann. [2] Durch dieses Rechtsmittel werden die in den Absätzen 1 und 2 vorgesehenen Verfahren ausgesetzt.

(4) Wird auf Veranlassung der Behörden oder einer betroffenen Partei festgestellt, dass sich die Hauptverwaltung einer SE unter Verstoß gegen Artikel 7 im Hoheitsgebiet eines Mitgliedstaats befindet, so teilen die Behörden dieses Mitgliedstaats dies unverzüglich dem Mitgliedstaat mit, in dem die SE ihren Sitz hat.

Art. 65 [Offenlegung bei Auflösung i.w.S.] Die Eröffnung eines Auflösungs-, Liquidations-, Zahlungsunfähigkeits- und Zahlungseinstellungsverfahrens und sein Abschluss sowie die Entscheidung über die Weiterführung der Geschäftstätigkeit werden unbeschadet einzelstaatlicher Bestimmungen, die zusätzliche Anforderungen in Bezug auf die Offenlegung enthalten, gemäß Artikel 13 offen gelegt.

Art. 66 [Umwandlung in nationale AG] (1) [1] Eine SE kann in eine dem Recht ihres Sitzstaats unterliegende Aktiengesellschaft umgewandelt werden. [2] Ein Umwandlungsbeschluss darf erst zwei Jahre nach Eintragung der SE oder nach Genehmigung der ersten beiden Jahresabschlüsse gefasst werden.

(2) Die Umwandlung einer SE in eine Aktiengesellschaft führt weder zur Auflösung der Gesellschaft noch zur Gründung einer neuen juristischen Person.

(3) Das Leitungs- oder das Verwaltungsorgan der SE erstellt einen Umwandlungsplan sowie einen Bericht, in dem die rechtlichen und wirtschaftlichen Aspekte der Umwandlung erläutert und begründet sowie die Auswirkungen, die der Übergang zur Rechtsform der Aktiengesellschaft für die Aktionäre und die Arbeitnehmer hat, dargelegt werden.

(4) Der Umwandlungsplan ist mindestens einen Monat vor dem Tag der Hauptversammlung, die über die Umwandlung zu beschließen hat, nach den in den Rechtsvorschriften der einzelnen Mitgliedstaaten gemäß Artikel 3 der Richtlinie 68/151/EWG vorgesehenen Verfahren offen zu legen.

(5) Vor der Hauptversammlung nach Absatz 6 ist von einem oder mehreren unabhängigen Sachverständigen, der/die nach den einzelstaatlichen Durchführungsbestimmungen zu Artikel 10 der Richtlinie 78/855/EWG durch ein Gericht oder eine Verwaltungsbehörde des Mitgliedstaates, dem die sich in eine Aktiengesellschaft umwandelnde SE unterliegt, bestellt oder zugelassen ist/sind, zu bescheinigen, dass die Gesellschaft über Vermögenswerte mindestens in Höhe ihres Kapitals verfügt.

(6) [1] Die Hauptversammlung der SE stimmt dem Umwandlungsplan zu und genehmigt die Satzung der Aktiengesellschaft. [2] Die Beschlussfassung der Haupt-

versammlung erfolgt nach Maßgabe der einzelstaatlichen Bestimmungen im Einklang mit Artikel 7 der Richtlinie 78/855/EWG.

Titel VI. Ergänzungs- und Übergangsbestimmung

Art. 67 [SE-Währung außerhalb der WWU] (1) [1]Jeder Mitgliedstaat kann, sofern und solange für ihn die dritte Stufe der Wirtschafts- und Währungsunion (WWU) nicht gilt, auf die SE mit Sitz in seinem Hoheitsgebiet in der Frage, auf welche Währung ihr Kapital zu lauten hat, dieselben Bestimmungen anwenden wie auf die Aktiengesellschaften, für die seine Rechtsvorschriften gelten. [2]Die SE kann ihr Kapital auf jeden Fall auch in Euro ausdrücken. [3]In diesem Fall wird für die Umrechnung zwischen Landeswährung und Euro der Satz zugrunde gelegt, der am letzten Tag des Monats vor der Gründung der SE galt.

(2) [1]Sofern und solange für den Sitzstaat der SE die dritte Stufe der WWU nicht gilt, kann die SE jedoch die Jahresabschlüsse und gegebenenfalls die konsolidierten Abschlüsse in Euro erstellen und offen legen. [2]Der Mitgliedstaat kann verlangen, dass die Jahresabschlüsse und gegebenenfalls die konsolidierten Abschlüsse nach denselben Bedingungen, wie sie für die dem Recht dieses Mitgliedstaats unterliegenden Aktiengesellschaften vorgesehen sind, in der Landeswährung erstellt und offen gelegt werden. [3]Dies gilt unbeschadet der der SE zusätzlich eingeräumten Möglichkeit, ihre Jahresabschlüsse und gegebenenfalls ihre konsolidierten Abschlüsse entsprechend der Richtlinie 90/604/EWG[1)] in Euro offen zu legen.

Titel VII. Schlussbestimmungen

Art. 68 [Mitgliedstaatliche Vorkehrungen] (1) Die Mitgliedstaaten treffen alle geeigneten Vorkehrungen, um das Wirksamwerden dieser Verordnung zu gewährleisten.

(2) [1]Jeder Mitgliedstaat benennt die zuständigen Behörden im Sinne der Artikel 8, 25, 26, 54, 55 und 64. [2]Er setzt die Kommission und die anderen Mitgliedstaaten davon in Kenntnis.

Art. 69 [Evaluierungsbericht] [1]Spätestens fünf Jahre nach Inkrafttreten dieser Verordnung legt die Kommission dem Rat und dem Europäischen Parlament einen Bericht über die Anwendung der Verordnung sowie gegebenenfalls Vorschläge für Änderungen vor. [2]In dem Bericht wird insbesondere geprüft, ob es zweckmäßig ist,

a) zuzulassen, dass sich die Hauptverwaltung und der Sitz der SE in verschiedenen Mitgliedstaaten befinden,
b) den Begriff der Verschmelzung in Artikel 17 Absatz 2 auszuweiten, um auch andere als die in Artikel 3 Absatz 1 und Artikel 4 Absatz 1 der Richtlinie 78/855/EWG definierten Formen der Verschmelzung zuzulassen,
c) die Gerichtsstandsklausel des Artikels 8 Absatz 16 im Lichte von Bestimmungen, die in das Brüsseler Übereinkommen von 1968 oder in einen Rechtsakt

---

[1)] **Amtl. Anm.:** Richtlinie 90/604/EWG des Rates vom 8. November 1990 zur Änderung der Richtlinie 78/660/EWG über den Jahresabschluss und der Richtlinie 83/349/EWG über den konsolidierten Abschluss hinsichtlich der Ausnahme für kleine und mittlere Gesellschaften sowie der Offenlegung von Abschlüssen in Ecu (ABl. L 317 vom 16.11.1990, S. 57).

der Mitgliedstaaten oder des Rates zur Ersetzung dieses Übereinkommens aufgenommen wurden, zu überprüfen,

d) vorzusehen, dass ein Mitgliedstaat in den Rechtsvorschriften, die er in Ausübung der durch diese Verordnung übertragenen Befugnisse oder zur Sicherstellung der tatsächlichen Anwendung dieser Verordnung auf eine SE erlässt, Bestimmungen in der Satzung der SE zulassen kann, die von diesen Rechtsvorschriften abweichen oder diese ergänzen, auch wenn derartige Bestimmungen in der Satzung einer Aktiengesellschaft mit Sitz in dem betreffenden Mitgliedstaat nicht zulässig wären.

Art. 70 [Inkrafttreten] Diese Verordnung tritt am 8. Oktober 2004 in Kraft.

Diese Verordnung ist in allen ihren Teilen verbindlich und gilt unmittelbar in jedem Mitgliedstaat.

Anhang I.
Aktiengesellschaften gemäß Artikel 2 Absatz 1

BELGIEN:
la société anonyme/de naamloze vennootschap
BULGARIEN:
акционерно дружество
TSCHECHISCHE REPUBLIK:
akciová společnost'
DÄNEMARK:
aktieselskaber
DEUTSCHLAND:
die Aktiengesellschaft
ESTLAND:
aktsiaselts
GRIECHENLAND:
ανώνυμη εταιρία
SPANIEN:
la sociedad anónima
FRANKREICH:
la société anonyme
KROATIEN:
dioničko društvo
IRLAND:
public companies limited by shares
public companies limited by guarantee having a share capital
ITALIEN:
società per azioni
ZYPERN:
Δημόσια Εταιρεία περιορισμένης ευθύνης με μετοχές, Δημόσια Εταιρεία περιορισμένης ευθύνης με εγγύηση
LETTLAND:
akciju sabiedrība

LITAUEN:
akcinės bendrovės
LUXEMBURG:
la société anonyme
UNGARN:
részvénytársaság
MALTA:
kumpaniji pubbliċi / public limited liability companies
NIEDERLANDE:
de naamloze vennootschap
ÖSTERREICH:
die Aktiengesellschaft
POLEN:
spółka akcyjna
PORTUGAL:
a sociedade anónima de responsabilidade limitada
RUMÄNIEN:
societate pe acţiuni
SLOWENIEN:
delniška družba
SLOWAKEI:
akciová spoločnos
FINNLAND:
julkinen osakeyhtiö/publikt aktiebolag
SCHWEDEN:
publikt aktiebolag
VEREINIGTES KÖNIGREICH:
public companies limited by shares
public companies limited by guarantee having a share capital

Anhang II.
Aktiengesellschaften und Gesellschaften mit Beschränkter Haftung gemäß Artikel 2 Absatz 2

BELGIEN:
la société anonyme/de naamloze vennootschap,
la société privée à responsabilité limitée/besloten vennootschap met beperkte aansprakelijkheid
BULGARIEN:
акционерно дружество, дружество с ограничена оттоворност
TSCHECHISCHE REPUBLIK:
akciová společnost,
společnost s ručením omezeným
DÄNEMARK:
aktieselskaber,
anpartselskaber
DEUTSCHLAND:
die Aktiengesellschaft,

die Gesellschaft mit beschränkter Haftung
ESTLAND:
aktsiaselts ja osaühing
GRIECHENLAND:
ανώνυμη εταιρία
εταιρία περιορισμένης ευθύνης
SPANIEN:
la sociedad anónima,
la sociedad de responsabilidad limitada
FRANKREICH:
la société anonyme
la société à responsabilité limitée
KROATIEN:
dioničko društvo,
društvo s ograničenom odgovornošću
IRLAND:
public companies limited by shares
public companies limited by guarantee having a share capital
private companies limited by shares
private companies limited by guarantee having a share capital
ITALIEN:
società per azioni,
società a responsabilità limitata
ZYPERN:
Δημόσια εταιρεία περιορισμένης ευθύνης με μετοχές,
δημόσια Εταιρεία περιορισμένης ευθύνης με εγγύηση
ιδιωτική εταιρεία
LETTLAND:
akciju sabiedrība,
un sabiedrība ar ierobežotu atbildību
LITAUEN:
akcinės bendrovės,
uždarosios akcinės bendrovės
LUXEMBURG:
la société anonyme,
la société à responsabilité limitée
UNGARN:
részvénytársaság,
korlátolt felelősségű társaság
MALTA:
kumpaniji pubbliċi/public limited liability companies
kumpaniji privati/private limited liability companies
NIEDERLANDE:
de naamloze vennootschap,
de besloten vennootschap met beperkte aansprakelijkheid
ÖSTERREICH:
die Aktiengesellschaft,
die Gesellschaft mit beschränkter Haftung

POLEN:
spółka akcyjna,
spółka z ograniczoną odpowiedzialnością
PORTUGAL:
a sociedade anónima de responsabilidade limitada,
a sociedade por quotas de responsabilidade limitada
RUMÄNIEN:
societate pe acţiuni, societate cu răspundere limitată
SLOWENIEN:
delniška družba,
družba z omejeno odgovornostjo
SLOWAKEI:
akciová spoločnos',
spoločnost' s ručením obmedzeným
FINNLAND:
osakeyhtiö/aktiebolag
SCHWEDEN:
aktiebolag
VEREINIGTES KÖNIGREICH:
public companies limited by shares
public companies limited by guarantee having a share capital
private companies limited by shares
private companies limited by guarantee having a share capital

8a. Gesetz zur Ausführung der Verordnung (EG) Nr. 2157/2001 des Rates vom 8. Oktober 2001 über das Statut der Europäischen Gesellschaft (SE) (SE-Ausführungsgesetz – SEAG)[1)]

Vom 22. Dezember 2004

(BGBl. I S. 3675)

FNA 4121-4

zuletzt geänd. durch Art. 9 G zur Umsetzung der zweiten AktionärsrechteRL v. 12.12.2019 (BGBl. I S. 2637)

Inhaltsübersicht

[1)] Verkündet als Art. 1 SEEG v. 22.12.2004 (BGBl. I S. 3675); Inkrafttreten gem. Art. 9 Abs. 1 dieses G am 14.2.2005.

Abschnitt 1. Allgemeine Vorschriften

§ 1 Anzuwendende Vorschriften. Soweit nicht die Verordnung (EG) Nr. 2157/2001[1] des Rates vom 8. Oktober 2001 über das Statut der Europäischen Gesellschaft (SE) (ABl. EG Nr. L 294 S. 1) (Verordnung) gilt, sind auf eine Europäische Gesellschaft (SE) mit Sitz im Inland und auf die an der Gründung einer Europäischen Gesellschaft beteiligten Gesellschaften mit Sitz im Inland die folgenden Vorschriften anzuwenden.

§ 2 *(aufgehoben)*

§ 3 Eintragung. Die SE wird gemäß den für Aktiengesellschaften geltenden Vorschriften im Handelsregister eingetragen.

§ 4 Zuständigkeiten. [1] Für die Eintragung der SE und für die in Artikel 8 Abs. 8, Artikel 25 Abs. 2 sowie den Artikeln 26 und 64 Abs. 4 der Verordnung[1] bezeichneten Aufgaben ist das nach den §§ 376 und 377 des Gesetzes über das Verfahren in Familiensachen und in den Angelegenheiten der freiwilligen Gerichtsbarkeit bestimmte Gericht zuständig. [2] Das zuständige Gericht im Sinne des Artikels 55 Abs. 3 Satz 1 der Verordnung[1] bestimmt sich nach § 375 Nr. 4, §§ 376 und 377 des Gesetzes über das Verfahren in Familiensachen und in den Angelegenheiten der freiwilligen Gerichtsbarkeit.

---

[1] Nr. **8**.

Abschnitt 2. Gründung einer SE

Unterabschnitt 1. Verschmelzung

§ 5 Bekanntmachung. [1]Die nach Artikel 21 der Verordnung[1)] bekannt zu machenden Angaben sind dem Register bei Einreichung des Verschmelzungsplans mitzuteilen. [2]Das Gericht hat diese Angaben zusammen mit dem nach § 61 Satz 2 des Umwandlungsgesetzes[2)] vorgeschriebenen Hinweis bekannt zu machen.

§ 6 Verbesserung des Umtauschverhältnisses. (1) Unter den Voraussetzungen des Artikels 25 Abs. 3 Satz 1 der Verordnung[1)] kann eine Klage gegen den Verschmelzungsbeschluss einer übertragenden Gesellschaft nicht darauf gestützt werden, dass das Umtauschverhältnis der Anteile nicht angemessen ist.

(2) Ist bei der Gründung einer SE durch Verschmelzung nach dem Verfahren der Verordnung[1)] das Umtauschverhältnis der Anteile nicht angemessen, so kann jeder Aktionär einer übertragenden Gesellschaft, dessen Recht, gegen die Wirksamkeit des Verschmelzungsbeschlusses Klage zu erheben, nach Absatz 1 ausgeschlossen ist, von der SE einen Ausgleich durch bare Zuzahlung verlangen.

(3) [1]Die bare Zuzahlung ist nach Ablauf des Tages, an dem die Verschmelzung im Sitzstaat der SE nach den dort geltenden Vorschriften eingetragen und bekannt gemacht worden ist, mit jährlich 5 Prozentpunkten über dem jeweiligen Basiszinssatz nach § 247 des Bürgerlichen Gesetzbuchs zu verzinsen. [2]Die Geltendmachung eines weiteren Schadens ist nicht ausgeschlossen.

(4) [1]Macht ein Aktionär einer übertragenden Gesellschaft unter den Voraussetzungen des Artikels 25 Abs. 3 Satz 1 der Verordnung[1)] geltend, dass das Umtauschverhältnis der Anteile nicht angemessen sei, so hat auf seinen Antrag das Gericht nach dem Spruchverfahrensgesetz[3)] vom 12. Juni 2003 (BGBl. I S. 838) eine angemessene bare Zuzahlung zu bestimmen. [2]Satz 1 findet auch auf Aktionäre einer übertragenden Gesellschaft mit Sitz in einem anderen Mitgliedstaat der Europäischen Union oder in einem anderen Vertragsstaat des Abkommens über den Europäischen Wirtschaftsraum Anwendung, sofern nach dem Recht dieses Staates ein Verfahren zur Kontrolle und Änderung des Umtauschverhältnisses der Aktien vorgesehen ist und deutsche Gerichte für die Durchführung eines solchen Verfahrens international zuständig sind.

§ 7 Abfindungsangebot im Verschmelzungsplan. (1) [1]Bei der Gründung einer SE, die ihren Sitz im Ausland haben soll, durch Verschmelzung nach dem Verfahren der Verordnung[1)] hat eine übertragende Gesellschaft im Verschmelzungsplan oder in seinem Entwurf jedem Aktionär, der gegen den Verschmelzungsbeschluss der Gesellschaft Widerspruch zur Niederschrift erklärt, den Erwerb seiner Aktien gegen eine angemessene Barabfindung anzubieten. [2]Die Vorschriften des Aktiengesetzes[4)] über den Erwerb eigener Aktien gelten entsprechend, jedoch ist § 71 Abs. 4 Satz 2 des Aktiengesetzes[4)] insoweit nicht anzuwenden. [3]Die Bekanntmachung des Verschmelzungsplans als Gegenstand

---

[1)] Nr. **8**.
[2)] Nr. **12**.
[3)] Nr. **19**.
[4)] Nr. **2**.

der Beschlussfassung muss den Wortlaut dieses Angebots enthalten. [4]Die Gesellschaft hat die Kosten für eine Übertragung zu tragen. [5]§ 29 Abs. 2 des Umwandlungsgesetzes[1)] findet entsprechende Anwendung.

(2) [1]Die Barabfindung muss die Verhältnisse der Gesellschaft im Zeitpunkt der Beschlussfassung über die Verschmelzung berücksichtigen. [2]Die Barabfindung ist nach Ablauf des Tages, an dem die Verschmelzung im Sitzstaat der SE nach den dort geltenden Vorschriften eingetragen und bekannt gemacht worden ist, mit jährlich 5 Prozentpunkten über dem jeweiligen Basiszinssatz nach § 247 des Bürgerlichen Gesetzbuchs zu verzinsen. [3]Die Geltendmachung eines weiteren Schadens ist nicht ausgeschlossen.

(3) [1]Die Angemessenheit einer anzubietenden Barabfindung ist stets durch Verschmelzungsprüfer zu prüfen. [2]Die §§ 10 bis 12 des Umwandlungsgesetzes[1)] sind entsprechend anzuwenden. [3]Die Berechtigten können auf die Prüfung oder den Prüfungsbericht verzichten; die Verzichtserklärungen sind notariell zu beurkunden.

(4) [1]Das Angebot nach Absatz 1 kann nur binnen zwei Monaten nach dem Tage angenommen werden, an dem die Verschmelzung im Sitzstaat der SE nach den dort geltenden Vorschriften eingetragen und bekannt gemacht worden ist. [2]Ist nach Absatz 7 dieser Vorschrift ein Antrag auf Bestimmung der Barabfindung durch das Gericht gestellt worden, so kann das Angebot binnen zwei Monaten nach dem Tage angenommen werden, an dem die Entscheidung im Bundesanzeiger bekannt gemacht worden ist.

(5) Unter den Voraussetzungen des Artikels 25 Abs. 3 Satz 1 der Verordnung[2)] kann eine Klage gegen die Wirksamkeit des Verschmelzungsbeschlusses einer übertragenden Gesellschaft nicht darauf gestützt werden, dass das Angebot nach Absatz 1 zu niedrig bemessen oder dass die Barabfindung im Verschmelzungsplan nicht oder nicht ordnungsgemäß angeboten worden ist.

(6) Einer anderweitigen Veräußerung des Anteils durch den Aktionär stehen nach Fassung des Verschmelzungsbeschlusses bis zum Ablauf der in Absatz 4 bestimmten Frist Verfügungsbeschränkungen bei den beteiligten Rechtsträgern nicht entgegen.

(7) [1]Macht ein Aktionär einer übertragenden Gesellschaft unter den Voraussetzungen des Artikels 25 Abs. 3 Satz 1 der Verordnung[2)] geltend, dass eine im Verschmelzungsplan bestimmte Barabfindung, die ihm nach Absatz 1 anzubieten war, zu niedrig bemessen sei, so hat auf seinen Antrag das Gericht nach dem Spruchverfahrensgesetz[3)] vom 12. Juni 2003 (BGBl. I S. 838) die angemessene Barabfindung zu bestimmen. [2]Das Gleiche gilt, wenn die Barabfindung nicht oder nicht ordnungsgemäß angeboten worden ist. [3]Die Sätze 1 und 2 finden auch auf Aktionäre einer übertragenden Gesellschaft mit Sitz in einem anderen Mitgliedstaat der Europäischen Union oder in einem anderen Vertragsstaat des Abkommens über den Europäischen Wirtschaftsraum Anwendung, sofern nach dem Recht dieses Staates ein Verfahren zur Abfindung von Minderheitsaktionären vorgesehen ist und deutsche Gerichte für die Durchführung eines solchen Verfahrens international zuständig sind.

---

1) Nr. **12**.
2) Nr. **8**.
3) Nr. **19**.

§ 8 Gläubigerschutz. [1]Liegt der künftige Sitz der SE im Ausland, ist § 13 Abs. 1 und 2 entsprechend anzuwenden. [2]Das zuständige Gericht stellt die Bescheinigung nach Artikel 25 Abs. 2 der Verordnung[1)] nur aus, wenn die Vorstandsmitglieder einer übertragenden Gesellschaft die Versicherung abgeben, dass allen Gläubigern, die nach Satz 1 einen Anspruch auf Sicherheitsleistung haben, eine angemessene Sicherheit geleistet wurde.

Unterabschnitt 2. Gründung einer Holding-SE

§ 9 Abfindungsangebot im Gründungsplan. (1) [1]Bei der Gründung einer Holding-SE nach dem Verfahren der Verordnung[1)], die ihren Sitz im Ausland haben soll oder die ihrerseits abhängig im Sinne des § 17 des Aktiengesetzes[2)] ist, hat eine die Gründung anstrebende Aktiengesellschaft im Gründungsplan jedem Anteilsinhaber, der gegen den Zustimmungsbeschluss dieser Gesellschaft zum Gründungsplan Widerspruch zur Niederschrift erklärt, den Erwerb seiner Anteile gegen eine angemessene Barabfindung anzubieten. [2]Die Vorschriften des Aktiengesetzes[2)] über den Erwerb eigener Aktien gelten entsprechend, jedoch ist § 71 Abs. 4 Satz 2 des Aktiengesetzes[2)] insoweit nicht anzuwenden. [3]Die Bekanntmachung des Gründungsplans als Gegenstand der Beschlussfassung muss den Wortlaut dieses Angebots enthalten. [4]Die Gesellschaft hat die Kosten für eine Übertragung zu tragen. [5]§ 29 Abs. 2 des Umwandlungsgesetzes[3)] findet entsprechende Anwendung.

(2) § 7 Abs. 2 bis 7 findet entsprechende Anwendung, wobei an die Stelle der Eintragung und Bekanntmachung der Verschmelzung die Eintragung und Bekanntmachung der neu gegründeten Holding-SE tritt.

§ 10 Zustimmungsbeschluss; Negativerklärung. (1) Der Zustimmungsbeschluss gemäß Artikel 32 Abs. 6 der Verordnung[1)] bedarf einer Mehrheit, die bei einer Aktiengesellschaft mindestens drei Viertel des bei der Beschlussfassung vertretenen Grundkapitals und bei einer Gesellschaft mit beschränkter Haftung mindestens drei Viertel der abgegebenen Stimmen umfasst.

(2) Bei der Anmeldung der Holding-SE haben ihre Vertretungsorgane zu erklären, dass eine Klage gegen die Wirksamkeit der Zustimmungsbeschlüsse gemäß Artikel 32 Abs. 6 der Verordnung[1)] nicht oder nicht fristgemäß erhoben oder eine solche Klage rechtskräftig abgewiesen oder zurückgenommen worden ist.

§ 11 Verbesserung des Umtauschverhältnisses. (1) Ist bei der Gründung einer Holding-SE nach dem Verfahren der Verordnung[1)] das Umtauschverhältnis der Anteile nicht angemessen, so kann jeder Anteilsinhaber der die Gründung anstrebenden Gesellschaft von der Holding-SE einen Ausgleich durch bare Zuzahlung verlangen.

(2) § 6 Abs. 1, 3 und 4 findet entsprechende Anwendung, wobei an die Stelle der Eintragung und Bekanntmachung der Verschmelzung die Eintragung und Bekanntmachung der Gründung der Holding-SE tritt.

[1)] Nr. **8**.
[2)] Nr. **2**.
[3)] Nr. **12**.

Abschnitt 3. Sitzverlegung

§ 12 Abfindungsangebot im Verlegungsplan. (1) [1]Verlegt eine SE nach Maßgabe von Artikel 8 der Verordnung[1)] ihren Sitz, hat sie jedem Aktionär, der gegen den Verlegungsbeschluss Widerspruch zur Niederschrift erklärt, den Erwerb seiner Aktien gegen eine angemessene Barabfindung anzubieten. [2]Die Vorschriften des Aktiengesetzes[2)] über den Erwerb eigener Aktien gelten entsprechend, jedoch ist § 71 Abs. 4 Satz 2 des Aktiengesetzes[2)] insoweit nicht anzuwenden. [3]Die Bekanntmachung des Verlegungsplans als Gegenstand der Beschlussfassung muss den Wortlaut dieses Angebots enthalten. [4]Die Gesellschaft hat die Kosten für eine Übertragung zu tragen. [5]§ 29 Abs. 2 des Umwandlungsgesetzes[3)] findet entsprechende Anwendung.

(2) § 7 Abs. 2 bis 7 findet entsprechende Anwendung, wobei an die Stelle der Eintragung und Bekanntmachung der Verschmelzung die Eintragung und Bekanntmachung der SE im neuen Sitzstaat tritt.

§ 13 Gläubigerschutz. (1) [1]Verlegt eine SE nach Maßgabe von Artikel 8 der Verordnung[1)] ihren Sitz, ist den Gläubigern der Gesellschaft, wenn sie binnen zwei Monaten nach dem Tag, an dem der Verlegungsplan offen gelegt worden ist, ihren Anspruch nach Grund und Höhe schriftlich anmelden, Sicherheit zu leisten, soweit sie nicht Befriedigung verlangen können. [2]Dieses Recht steht den Gläubigern jedoch nur zu, wenn sie glaubhaft machen, dass durch die Sitzverlegung die Erfüllung ihrer Forderungen gefährdet wird. [3]Die Gläubiger sind im Verlegungsplan auf dieses Recht hinzuweisen.

(2) Das Recht auf Sicherheitsleistung nach Absatz 1 steht Gläubigern nur im Hinblick auf solche Forderungen zu, die vor oder bis zu 15 Tage nach Offenlegung des Verlegungsplans entstanden sind.

(3) Das zuständige Gericht stellt die Bescheinigung nach Artikel 8 Abs. 8 der Verordnung[1)] nur aus, wenn bei einer SE mit dualistischem System die Mitglieder des Leitungsorgans und bei einer SE mit monistischem System die geschäftsführenden Direktoren die Versicherung abgeben, dass allen Gläubigern, die nach den Absätzen 1 und 2 einen Anspruch auf Sicherheitsleistung haben, eine angemessene Sicherheit geleistet wurde.

§ 14 Negativerklärung. Das zuständige Gericht stellt die Bescheinigung nach Artikel 8 Abs. 8 der Verordnung[1)] nur aus, wenn die Vertretungsorgane einer SE, die nach Maßgabe des Artikels 8 der Verordnung[1)] ihren Sitz verlegt, erklären, dass eine Klage gegen die Wirksamkeit des Verlegungsbeschlusses nicht oder nicht fristgemäß erhoben oder eine solche Klage rechtskräftig abgewiesen oder zurückgenommen worden ist.

Abschnitt 4. Aufbau der SE

Unterabschnitt 1. Dualistisches System

§ 15 Wahrnehmung der Geschäftsleitung durch Mitglieder des Aufsichtsorgans. [1]Die Abstellung eines Mitglieds des Aufsichtsorgans zur Wahr-

---

1) Nr. **8**.
2) Nr. **2**.
3) Nr. **12**.

nehmung der Aufgaben eines Mitglieds des Leitungsorgans nach Artikel 39 Abs. 3 Satz 2 der Verordnung[1] ist nur für einen im Voraus begrenzten Zeitraum, höchstens für ein Jahr, zulässig. [2]Eine wiederholte Bestellung oder Verlängerung der Amtszeit ist zulässig, wenn dadurch die Amtszeit insgesamt ein Jahr nicht übersteigt.

§ 16 Zahl der Mitglieder des Leitungsorgans. [1]Bei Gesellschaften mit einem Grundkapital von mehr als 3 Millionen Euro hat das Leitungsorgan aus mindestens zwei Personen zu bestehen, es sei denn, die Satzung bestimmt, dass es aus einer Person bestehen soll. [2]§ 38 Abs. 2 des SE-Beteiligungsgesetzes[2] bleibt unberührt.

§ 17 Zahl der Mitglieder und Zusammensetzung des Aufsichtsorgans.

(1) [1]Das Aufsichtsorgan besteht aus drei Mitgliedern. [2]Die Satzung kann eine bestimmte höhere Zahl festsetzen. [3]Die Zahl muss durch drei teilbar sein, wenn dies für die Beteiligung der Arbeitnehmer auf Grund des SE-Beteiligungsgesetzes[2] erforderlich ist. [4]Die Höchstzahl beträgt bei Gesellschaften mit einem Grundkapital

bis zu	1 500 000 Euro	neun,
von mehr als	1 500 000 Euro	fünfzehn,
von mehr als	10 000 000 Euro	einundzwanzig.

(2) [1]Besteht bei einer börsennotierten SE das Aufsichtsorgan aus derselben Zahl von Anteilseigner- und Arbeitnehmervertretern, müssen in dem Aufsichtsorgan Frauen und Männer jeweils mit einem Anteil von mindestens 30 Prozent vertreten sein. [2]Der Mindestanteil von jeweils 30 Prozent an Frauen und Männern im Aufsichtsorgan ist bei erforderlich werdenden Neubesetzungen einzelner oder mehrerer Sitze im Aufsichtsorgan zu beachten. [3]Reicht die Zahl der neu zu besetzenden Sitze nicht aus, um den Mindestanteil zu erreichen, sind die Sitze mit Personen des unterrepräsentierten Geschlechts zu besetzen, um dessen Anteil sukzessive zu steigern. [4]Bestehende Mandate können bis zu ihrem regulären Ende wahrgenommen werden.

(3) Die Beteiligung der Arbeitnehmer nach dem SE-Beteiligungsgesetz[2] bleibt unberührt.

(4) [1]Für Verfahren entsprechend den §§ 98, 99 oder 104 des Aktiengesetzes[3] ist auch der SE-Betriebsrat antragsberechtigt. [2]Für Klagen entsprechend § 250 des Aktiengesetzes[3] ist auch der SE-Betriebsrat parteifähig; § 252 des Aktiengesetzes[3] gilt entsprechend.

(5) [1]§ 251 des Aktiengesetzes[3] findet mit der Maßgabe Anwendung, dass das gesetzeswidrige Zustandekommen von Wahlvorschlägen für die Arbeitnehmervertreter im Aufsichtsorgan nur nach den Vorschriften der Mitgliedstaaten über die Besetzung der ihnen zugewiesenen Sitze geltend gemacht werden kann. [2]Für die Arbeitnehmervertreter aus dem Inland gilt § 37 Abs. 2 des SE-Beteiligungsgesetzes[2].

---

[1] Nr. **8**.
[2] Nr. **18**.
[3] Nr. **2**.

§ 18 Informationsverlangen einzelner Mitglieder des Aufsichtsorgans. Jedes einzelne Mitglied des Aufsichtsorgans kann vom Leitungsorgan jegliche Information nach Artikel 41 Abs. 3 Satz 1 der Verordnung[1)], jedoch nur an das Aufsichtsorgan, verlangen.

§ 19 Festlegung zustimmungsbedürftiger Geschäfte durch das Aufsichtsorgan. Das Aufsichtsorgan kann selbst bestimmte Arten von Geschäften von seiner Zustimmung abhängig machen.

Unterabschnitt 2. Monistisches System

§ 20 Anzuwendende Vorschriften. Wählt eine SE gemäß Artikel 38 Buchstabe b der Verordnung[1)] in ihrer Satzung das monistische System mit einem Verwaltungsorgan (Verwaltungsrat), so gelten anstelle der §§ 76 bis 116 des Aktiengesetzes[2)] die nachfolgenden Vorschriften.

§ 21 Anmeldung und Eintragung. (1) Die SE ist bei Gericht von allen Gründern, Mitgliedern des Verwaltungsrats und geschäftsführenden Direktoren zur Eintragung in das Handelsregister anzumelden.

(2) [1]In der Anmeldung haben die geschäftsführenden Direktoren zu versichern, dass keine Umstände vorliegen, die ihrer Bestellung nach § 40 Abs. 1 Satz 4 entgegenstehen und dass sie über ihre unbeschränkte Auskunftspflicht gegenüber dem Gericht belehrt worden sind. [2]In der Anmeldung sind Art und Umfang der Vertretungsbefugnis der geschäftsführenden Direktoren anzugeben. [3]Der Anmeldung sind die Urkunden über die Bestellung des Verwaltungsrats und der geschäftsführenden Direktoren sowie die Prüfungsberichte der Mitglieder des Verwaltungsrats beizufügen.

(3) Das Gericht kann die Anmeldung ablehnen, wenn für den Prüfungsbericht der Mitglieder des Verwaltungsrats die Voraussetzungen des § 38 Abs. 2 des Aktiengesetzes[2)] gegeben sind.

(4) Bei der Eintragung sind die geschäftsführenden Direktoren sowie deren Vertretungsbefugnis anzugeben.

§ 22 Aufgaben und Rechte des Verwaltungsrats. (1) Der Verwaltungsrat leitet die Gesellschaft, bestimmt die Grundlinien ihrer Tätigkeit und überwacht deren Umsetzung.

(2) [1]Der Verwaltungsrat hat eine Hauptversammlung einzuberufen, wenn das Wohl der Gesellschaft es fordert. [2]Für den Beschluss genügt die einfache Mehrheit. [3]Für die Vorbereitung und Ausführung von Hauptversammlungsbeschlüssen gilt § 83 des Aktiengesetzes[2)] entsprechend; der Verwaltungsrat kann einzelne damit verbundene Aufgaben auf die geschäftsführenden Direktoren übertragen.

(3) [1]Der Verwaltungsrat hat dafür zu sorgen, dass die erforderlichen Handelsbücher geführt werden. [2]Der Verwaltungsrat hat geeignete Maßnahmen zu treffen, insbesondere ein Überwachungssystem einzurichten, damit den Fortbestand der Gesellschaft gefährdende Entwicklungen früh erkannt werden.

[1)] Nr. 8.
[2)] Nr. 2.

(4) [1]Der Verwaltungsrat kann die Bücher und Schriften der Gesellschaft sowie die Vermögensgegenstände, namentlich die Gesellschaftskasse und die Bestände an Wertpapieren und Waren, einsehen und prüfen. [2]Er kann damit auch einzelne Mitglieder oder für bestimmte Aufgaben besondere Sachverständige beauftragen. [3]Er erteilt dem Abschlussprüfer den Prüfungsauftrag für den Jahres- und Konzernabschluss gemäß § 290 des Handelsgesetzbuchs[1)].

(5) [1]Ergibt sich bei Aufstellung der Jahresbilanz oder einer Zwischenbilanz oder ist bei pflichtmäßigem Ermessen anzunehmen, dass ein Verlust in der Hälfte des Grundkapitals besteht, so hat der Verwaltungsrat unverzüglich die Hauptversammlung einzuberufen und ihr dies anzuzeigen. [2]Bei Zahlungsunfähigkeit oder Überschuldung der Gesellschaft hat der Verwaltungsrat den Insolvenzantrag nach § 15a Abs. 1 der Insolvenzordnung[2)] zu stellen; § 92 Abs. 2 des Aktiengesetzes[3)] gilt entsprechend.

(6) Rechtsvorschriften, die außerhalb dieses Gesetzes dem Vorstand oder dem Aufsichtsrat einer Aktiengesellschaft Rechte oder Pflichten zuweisen, gelten sinngemäß für den Verwaltungsrat, soweit nicht in diesem Gesetz für den Verwaltungsrat und für geschäftsführende Direktoren besondere Regelungen enthalten sind.

§ 23 Zahl der Mitglieder des Verwaltungsrats. (1) [1]Der Verwaltungsrat besteht aus drei Mitgliedern. [2]Die Satzung kann etwas anderes bestimmen; bei Gesellschaften mit einem Grundkapital von mehr als 3 Millionen Euro hat der Verwaltungsrat jedoch aus mindestens drei Personen zu bestehen. [3]Die Höchstzahl der Mitglieder des Verwaltungsrats beträgt bei Gesellschaften mit einem Grundkapital

bis zu	1 500 000 Euro	neun,
von mehr als	1 500 000 Euro	fünfzehn,
von mehr als	10 000 000 Euro	einundzwanzig.

(2) Die Beteiligung der Arbeitnehmer nach dem SE-Beteiligungsgesetz[4)] bleibt unberührt.

§ 24 Zusammensetzung des Verwaltungsrats. (1) Der Verwaltungsrat setzt sich zusammen aus Verwaltungsratsmitgliedern der Aktionäre und, soweit eine Vereinbarung nach § 21 oder die §§ 34 bis 38 des SE-Beteiligungsgesetzes[4)] dies vorsehen, auch aus Verwaltungsratsmitgliedern der Arbeitnehmer.

(2) Nach anderen als den zuletzt angewandten vertraglichen oder gesetzlichen Vorschriften kann der Verwaltungsrat nur zusammengesetzt werden, wenn nach § 25 oder nach § 26 die in der Bekanntmachung des Vorsitzenden des Verwaltungsrats oder in der gerichtlichen Entscheidung angegebenen vertraglichen oder gesetzlichen Vorschriften anzuwenden sind.

(3) [1]Besteht bei einer börsennotierten SE der Verwaltungsrat aus derselben Zahl von Anteilseigner- und Arbeitnehmervertretern, müssen in dem Verwaltungsrat Frauen und Männer jeweils mit einem Anteil von mindestens 30 Prozent vertreten sein. [2]Der Mindestanteil von jeweils 30 Prozent an Frauen und Männern im Verwaltungsrat ist bei erforderlich werdenden Neubesetzun-

---

1) Nr. **5**.
2) Nr. **20**.
3) Nr. **2**.
4) Nr. **18**.

gen einzelner oder mehrerer Sitze im Verwaltungsrat zu beachten. [3] Reicht die Zahl der neu zu besetzenden Sitze nicht aus, um den Mindestanteil zu erreichen, sind die Sitze mit Personen des unterrepräsentierten Geschlechts zu besetzen, um dessen Anteil sukzessive zu steigern. [4] Bestehende Mandate können bis zu ihrem regulären Ende wahrgenommen werden.

§ 25 Bekanntmachung über die Zusammensetzung des Verwaltungsrats. (1) [1] Ist der Vorsitzende des Verwaltungsrats der Ansicht, dass der Verwaltungsrat nicht nach den maßgeblichen vertraglichen oder gesetzlichen Vorschriften zusammengesetzt ist, so hat er dies unverzüglich in den Gesellschaftsblättern und gleichzeitig durch Aushang in sämtlichen Betrieben der Gesellschaft und ihrer Konzernunternehmen bekannt zu machen. [2] Der Aushang kann auch in elektronischer Form erfolgen. [3] In der Bekanntmachung sind die nach Ansicht des Vorsitzenden des Verwaltungsrats maßgeblichen vertraglichen oder gesetzlichen Vorschriften anzugeben. [4] Es ist darauf hinzuweisen, dass der Verwaltungsrat nach diesen Vorschriften zusammengesetzt wird, wenn nicht Antragsberechtigte nach § 26 Abs. 2 innerhalb eines Monats nach der Bekanntmachung im Bundesanzeiger das nach § 26 Abs. 1 zuständige Gericht anrufen.

(2) [1] Wird das nach § 26 Abs. 1 zuständige Gericht nicht innerhalb eines Monats nach der Bekanntmachung im Bundesanzeiger angerufen, so ist der neue Verwaltungsrat nach den in der Bekanntmachung angegebenen Vorschriften zusammenzusetzen. [2] Die Bestimmungen der Satzung über die Zusammensetzung des Verwaltungsrats, über die Zahl der Mitglieder des Verwaltungsrats sowie über die Wahl, Abberufung und Entsendung von Mitgliedern des Verwaltungsrats treten mit der Beendigung der ersten Hauptversammlung, die nach Ablauf der Anrufungsfrist einberufen wird, spätestens sechs Monate nach Ablauf dieser Frist insoweit außer Kraft, als sie den nunmehr anzuwendenden Vorschriften widersprechen. [3] Mit demselben Zeitpunkt erlischt das Amt der bisherigen Mitglieder des Verwaltungsrats. [4] Eine Hauptversammlung, die innerhalb der Frist von sechs Monaten stattfindet, kann an Stelle der außer Kraft tretenden Satzungsbestimmungen mit einfacher Stimmenmehrheit neue Satzungsbestimmungen beschließen.

(3) Solange ein gerichtliches Verfahren nach § 26 anhängig ist, kann eine Bekanntmachung über die Zusammensetzung des Verwaltungsrats nicht erfolgen.

§ 26 Gerichtliche Entscheidung über die Zusammensetzung des Verwaltungsrats. (1) Ist streitig oder ungewiss, nach welchen Vorschriften der Verwaltungsrat zusammenzusetzen ist, so entscheidet darüber auf Antrag ausschließlich das Landgericht, in dessen Bezirk die Gesellschaft ihren Sitz hat.

(2) Antragsberechtigt sind

1. jedes Mitglied des Verwaltungsrats,
2. jeder Aktionär,
3. die nach § 98 Abs. 2 Satz 1 Nr. 4 bis 10 des Aktiengesetzes[1)] Antragsberechtigten,
4. der SE-Betriebsrat.

[1)] Nr. 2.

(3) [1] Entspricht die Zusammensetzung des Verwaltungsrats nicht der gerichtlichen Entscheidung, so ist der neue Verwaltungsrat nach den in der Entscheidung angegebenen Vorschriften zusammenzusetzen. [2] § 25 Abs. 2 gilt entsprechend mit der Maßgabe, dass die Frist von sechs Monaten mit dem Eintritt der Rechtskraft beginnt.

(4) Für das Verfahren gilt § 99 des Aktiengesetzes[1)] entsprechend mit der Maßgabe, dass die nach Absatz 5 der Vorschrift vorgesehene Einreichung der rechtskräftigen Entscheidung durch den Vorsitzenden des Verwaltungsrats erfolgt.

§ 27 Persönliche Voraussetzungen der Mitglieder des Verwaltungsrats.

(1) [1] Mitglied des Verwaltungsrats kann nicht sein, wer

1. bereits in zehn Handelsgesellschaften, die gesetzlich einen Aufsichtsrat oder einen Verwaltungsrat zu bilden haben, Mitglied des Aufsichtsrats oder des Verwaltungsrats ist,
2. gesetzlicher Vertreter eines von der Gesellschaft abhängigen Unternehmens ist oder
3. gesetzlicher Vertreter einer anderen Kapitalgesellschaft ist, deren Aufsichtsrat oder Verwaltungsrat ein Vorstandsmitglied oder ein geschäftsführender Direktor der Gesellschaft angehört.

[2] Auf die Höchstzahl nach Satz 1 Nr. 1 sind bis zu fünf Sitze in Aufsichts- oder Verwaltungsräten nicht anzurechnen, die ein gesetzlicher Vertreter (beim Einzelkaufmann der Inhaber) des herrschenden Unternehmens eines Konzerns in zum Konzern gehörenden Handelsgesellschaften, die gesetzlich einen Aufsichtsrat oder einen Verwaltungsrat zu bilden haben, inne hat. [3] Auf die Höchstzahl nach Satz 1 Nr. 1 sind Aufsichtsrats- oder Verwaltungsratsämter im Sinne der Nummer 1 doppelt anzurechnen, für die das Mitglied zum Vorsitzenden gewählt worden ist. [4] Bei einer SE, die kapitalmarktorientiert im Sinne des § 264d des Handelsgesetzbuchs[2)], die CRR-Kreditinstitut im Sinne des § 1 Absatz 3d Satz 1 des Kreditwesengesetzes, mit Ausnahme der in § 2 Absatz 1 Nummer 1 und 2 des Kreditwesengesetzes genannten Institute, oder die Versicherungsunternehmen ist im Sinne des Artikels 2 Absatz 1 der Richtlinie 91/674/EWG des Rates vom 19. Dezember 1991 über den *Jahresabschluß*[3)] und den konsolidierten *Abschluß*[3)] von Versicherungsunternehmen (ABl. L 374 vom 31.12.1991, S. 7), die zuletzt durch die Richtlinie 2006/46/EG (ABl. L 224 vom 16.8.2006, S. 1) geändert worden ist, müssen die Voraussetzungen des § 100 Absatz 5 des Aktiengesetzes[1)] erfüllt sein.

(2) § 36 Abs. 3 Satz 2 in Verbindung mit § 6 Abs. 2 bis 4 des SE-Beteiligungsgesetzes[4)] oder eine Vereinbarung nach § 21 des SE-Beteiligungsgesetzes[4)] über weitere persönliche Voraussetzungen der Mitglieder der Arbeitnehmer bleibt unberührt.

(3) Eine juristische Person kann nicht Mitglied des Verwaltungsrats sein.

[1)] Nr. **2**.
[2)] Nr. **5**.
[3)] Amtliche Schreibweise.
[4)] Nr. **18**.

§ 28 Bestellung der Mitglieder des Verwaltungsrats. (1) Die Bestellung der Mitglieder des Verwaltungsrats richtet sich nach der Verordnung[1].

(2) § 101 Abs. 2 des Aktiengesetzes[2] gilt entsprechend.

(3) [1] Stellvertreter von Mitgliedern des Verwaltungsrats können nicht bestellt werden. [2] Jedoch kann für jedes Mitglied ein Ersatzmitglied bestellt werden, das Mitglied des Verwaltungsrats wird, wenn das Mitglied vor Ablauf seiner Amtszeit wegfällt. [3] Das Ersatzmitglied kann nur gleichzeitig mit dem Mitglied bestellt werden. [4] Auf seine Bestellung sowie die Nichtigkeit und Anfechtung seiner Bestellung sind die für das Mitglied geltenden Vorschriften anzuwenden. [5] Das Amt des Ersatzmitglieds erlischt spätestens mit Ablauf der Amtszeit des weggefallenen Mitglieds.

§ 29 Abberufung der Mitglieder des Verwaltungsrats. (1) [1] Mitglieder des Verwaltungsrats, die von der Hauptversammlung ohne Bindung an einen Wahlvorschlag gewählt worden sind, können von ihr vor Ablauf der Amtszeit abberufen werden. [2] Der Beschluss bedarf einer Mehrheit, die mindestens drei Viertel der abgegebenen Stimmen umfasst. [3] Die Satzung kann eine andere Mehrheit und weitere Erfordernisse bestimmen.

(2) [1] Ein Mitglied des Verwaltungsrats, das auf Grund der Satzung in den Verwaltungsrat entsandt ist, kann von dem Entsendungsberechtigten jederzeit abberufen und durch ein anderes ersetzt werden. [2] Sind die in der Satzung bestimmten Voraussetzungen des Entsendungsrechts weggefallen, so kann die Hauptversammlung das entsandte Mitglied mit einfacher Stimmenmehrheit abberufen.

(3) [1] Das Gericht hat auf Antrag des Verwaltungsrats ein Mitglied abzuberufen, wenn in dessen Person ein wichtiger Grund vorliegt. [2] Der Verwaltungsrat beschließt über die Antragstellung mit einfacher Mehrheit. [3] Ist das Mitglied auf Grund der Satzung in den Verwaltungsrat entsandt worden, so können auch Aktionäre, deren Anteile zusammen den zehnten Teil des Grundkapitals oder den anteiligen Betrag von 1 Million Euro erreichen, den Antrag stellen. [4] Gegen die Entscheidung ist die Beschwerde zulässig.

(4) Für die Abberufung eines Ersatzmitglieds gelten die Vorschriften über die Abberufung des Mitglieds, für das es bestellt ist.

§ 30 Bestellung durch das Gericht. (1) [1] Gehört dem Verwaltungsrat die zur Beschlussfähigkeit nötige Zahl von Mitgliedern nicht an, so hat ihn das Gericht auf Antrag eines Mitglieds des Verwaltungsrats oder eines Aktionärs auf diese Zahl zu ergänzen. [2] Mitglieder des Verwaltungsrats sind verpflichtet, den Antrag unverzüglich zu stellen, es sei denn, dass die rechtzeitige Ergänzung vor der nächsten Sitzung des Verwaltungsrats zu erwarten ist. [3] Hat der Verwaltungsrat auch aus Mitgliedern der Arbeitnehmer zu bestehen, so können auch den Antrag stellen

1. die nach § 104 Abs. 1 Satz 3 des Aktiengesetzes[2] Antragsberechtigten,
2. der SE-Betriebsrat.

[4] Gegen die Entscheidung ist die Beschwerde zulässig.

---

[1] Nr. **8**.
[2] Nr. **2**.

(2) [1] Gehören dem Verwaltungsrat länger als drei Monate weniger Mitglieder als die durch Vereinbarung, Gesetz oder Satzung festgelegte Zahl an, so hat ihn das Gericht auf Antrag auf diese Zahl zu ergänzen. [2] In dringenden Fällen hat das Gericht auf Antrag den Verwaltungsrat auch vor Ablauf der Frist zu ergänzen. [3] Das Antragsrecht bestimmt sich nach Absatz 1. [4] Gegen die Entscheidung ist die Beschwerde zulässig.

(3) Das Amt des gerichtlich bestellten Mitglieds erlischt in jedem Fall, sobald der Mangel behoben ist.

(4) [1] Das gerichtlich bestellte Mitglied hat Anspruch auf Ersatz angemessener barer Auslagen und, wenn den Mitgliedern der Gesellschaft eine Vergütung gewährt wird, auf Vergütung für seine Tätigkeit. [2] Auf Antrag des Mitglieds setzt das Gericht die Vergütung und die Auslagen fest. [3] Gegen die Entscheidung ist die Beschwerde zulässig; die Rechtsbeschwerde ist ausgeschlossen. [4] Aus der rechtskräftigen Entscheidung findet die Zwangsvollstreckung nach der Zivilprozessordnung statt.

§ 31 Nichtigkeit der Wahl von Verwaltungsratsmitgliedern. (1) Die Wahl eines Verwaltungsratsmitglieds durch die Hauptversammlung ist außer im Fall des § 241 Nr. 1, 2 und 5 des Aktiengesetzes[1)] nur dann nichtig, wenn

1. der Verwaltungsrat unter Verstoß gegen § 24 Abs. 2, § 25 Abs. 2 Satz 1 oder § 26 Abs. 3 zusammengesetzt wird;
2. durch die Wahl die gesetzliche Höchstzahl der Verwaltungsratsmitglieder überschritten wird (§ 23);
3. die gewählte Person nach Artikel 47 Abs. 2 der Verordnung[2)] bei Beginn ihrer Amtszeit nicht Verwaltungsratsmitglied sein kann.

(2) [1] Für die Parteifähigkeit für die Klage auf Feststellung, dass die Wahl eines Verwaltungsratsmitglieds nichtig ist, gilt § 250 Abs. 2 des Aktiengesetzes[1)] entsprechend. [2] Parteifähig ist auch der SE-Betriebsrat.

(3) [1] Erhebt ein Aktionär, ein Mitglied des Verwaltungsrats oder ein nach Absatz 2 Parteifähiger gegen die Gesellschaft Klage auf Feststellung, dass die Wahl eines Verwaltungsratsmitglieds nichtig ist, so gelten § 246 Abs. 2, 3 Satz 1 bis 4, Abs. 4, die §§ 247, 248 Abs. 1 Satz 2, die §§ 248a und 249 Abs. 2 des Aktiengesetzes[1)] entsprechend. [2] Es ist nicht ausgeschlossen, die Nichtigkeit auf andere Weise als durch Erhebung der Klage geltend zu machen.

§ 32 Anfechtung der Wahl von Verwaltungsratsmitgliedern. [1] Für die Anfechtung der Wahl von Verwaltungsratsmitgliedern findet § 251 des Aktiengesetzes[1)] mit der Maßgabe Anwendung, dass das gesetzwidrige Zustandekommen von Wahlvorschlägen für die Arbeitnehmervertreter im Verwaltungsrat nur nach den Vorschriften der Mitgliedstaaten über die Besetzung der ihnen zugewiesenen Sitze geltend gemacht werden kann. [2] Für die Arbeitnehmervertreter aus dem Inland gilt § 37 Abs. 2 des SE-Beteiligungsgesetzes[3)].

§ 33 Wirkung des Urteils. Für die Urteilswirkung gilt § 252 des Aktiengesetzes[1)] entsprechend.

---

1) Nr. **2**.
2) Nr. **8**.
3) Nr. **18**.

§ 34 Innere Ordnung des Verwaltungsrats. (1) [1]Der Verwaltungsrat hat neben dem Vorsitzenden nach näherer Bestimmung der Satzung aus seiner Mitte mindestens einen Stellvertreter zu wählen. [2]Der Stellvertreter hat nur dann die Rechte und Pflichten des Vorsitzenden, wenn dieser verhindert ist. [3]Besteht der Verwaltungsrat nur aus einer Person, nimmt diese die dem Vorsitzenden des Verwaltungsrats gesetzlich zugewiesenen Aufgaben wahr.

(2) [1]Der Verwaltungsrat kann sich eine Geschäftsordnung geben. [2]Die Satzung kann Einzelfragen der Geschäftsordnung bindend regeln.

(3) [1]Über die Sitzungen des Verwaltungsrats ist eine Niederschrift anzufertigen, die der Vorsitzende zu unterzeichnen hat. [2]In der Niederschrift sind der Ort und der Tag der Sitzung, die Teilnehmer, die Gegenstände der Tagesordnung, der wesentliche Inhalt der Verhandlungen und die Beschlüsse des Verwaltungsrats anzugeben. [3]Ein Verstoß gegen Satz 1 oder Satz 2 macht einen Beschluss nicht unwirksam. [4]Jedem Mitglied des Verwaltungsrats ist auf Verlangen eine Abschrift der Sitzungsniederschrift auszuhändigen. [5]Die Sätze 1 bis 4 finden auf einen Verwaltungsrat, der nur aus einer Person besteht, keine Anwendung.

(4) [1]Der Verwaltungsrat kann aus seiner Mitte einen oder mehrere Ausschüsse bestellen, namentlich, um seine Verhandlungen und Beschlüsse vorzubereiten oder die Ausführung seiner Beschlüsse zu überwachen. [2]Die Aufgaben nach Absatz 1 Satz 1 und nach § 22 Abs. 1 und 3, § 40 Abs. 1 Satz 1 und § 47 Abs. 3 dieses Gesetzes sowie nach § 68 Abs. 2 Satz 2, § 87 Absatz 1 und 2 Satz 1 und 2, § 203 Abs. 2, § 204 Abs. 1 Satz 1, § 205 Abs. 2 Satz 1 und § 314 Abs. 2 und 3 des Aktiengesetzes[1)] können einem Ausschuss nicht an Stelle des Verwaltungsrats zur Beschlussfassung überwiesen werden. [3]Dem Verwaltungsrat ist regelmäßig über die Arbeit der Ausschüsse zu berichten. [4]Der Verwaltungsrat kann einen Prüfungsausschuss einrichten, dem insbesondere die Aufgaben nach § 107 Abs. 3 Satz 2 des Aktiengesetzes übertragen werden können. [5]Richtet der Verwaltungsrat einer SE, die kapitalmarktorientiert im Sinne des § 264d des Handelsgesetzbuchs[2)], die CRR-Kreditinstitut im Sinne des § 1 Absatz 3d Satz 1 des Kreditwesengesetzes, mit Ausnahme der in § 2 Absatz 1 Nummer 1 und 2 des Kreditwesengesetzes genannten Institute, oder die Versicherungsunternehmen im Sinne des Artikels 2 Absatz 1 der Richtlinie 91/674/EWG ist, einen Prüfungsausschuss ein, so muss dieser die Voraussetzungen des § 100 Absatz 5 des Aktiengesetzes[1)] erfüllen. [6]Der Verwaltungsrat kann ferner einen Ausschuss einrichten, dem die Aufgaben nach § 107 Absatz 3 Satz 4 des Aktiengesetzes[1)] übertragen werden. [7]Der Ausschuss muss mehrheitlich mit nicht geschäftsführenden Mitgliedern besetzt sein. [8]Im Übrigen gilt § 107 Absatz 3 Satz 4 bis 6 des Aktiengesetzes[1)] hinsichtlich der Besetzung des Ausschusses entsprechend.

§ 35 Beschlussfassung. (1) [1]Abwesende Mitglieder können dadurch an der Beschlussfassung des Verwaltungsrats und seiner Ausschüsse teilnehmen, dass sie schriftliche Stimmabgaben überreichen lassen. [2]Die schriftlichen Stimmabgaben können durch andere Mitglieder überreicht werden. [3]Sie können auch durch Personen, die nicht dem Verwaltungsrat angehören, übergeben werden,

---

[1)] Nr. 2.
[2)] Nr. 5.

wenn diese nach § 109 Abs. 3 des Aktiengesetzes[1)] zur Teilnahme an der Sitzung berechtigt sind.

(2) Schriftliche, fernmündliche oder andere vergleichbare Formen der Beschlussfassung des Verwaltungsrats und seiner Ausschüsse sind vorbehaltlich einer näheren Regelung durch die Satzung oder eine Geschäftsordnung des Verwaltungsrats nur zulässig, wenn kein Mitglied diesem Verfahren widerspricht.

(3) Ist ein geschäftsführender Direktor, der zugleich Mitglied des Verwaltungsrats ist, aus rechtlichen Gründen gehindert, an der Beschlussfassung im Verwaltungsrat teilzunehmen, hat insoweit der Vorsitzende des Verwaltungsrats eine zusätzliche Stimme.

§ 36 Teilnahme an Sitzungen des Verwaltungsrats und seiner Ausschüsse. (1) [1] An den Sitzungen des Verwaltungsrats und seiner Ausschüsse sollen Personen, die dem Verwaltungsrat nicht angehören, nicht teilnehmen. [2] Sachverständige und Auskunftspersonen können zur Beratung über einzelne Gegenstände zugezogen werden.

(2) Mitglieder des Verwaltungsrats, die dem Ausschuss nicht angehören, können an den Ausschusssitzungen teilnehmen, wenn der Vorsitzende des Verwaltungsrats nichts anderes bestimmt.

(3) Die Satzung kann zulassen, dass an den Sitzungen des Verwaltungsrats und seiner Ausschüsse Personen, die dem Verwaltungsrat nicht angehören, an Stelle von verhinderten Mitgliedern teilnehmen können, wenn diese sie in Textform ermächtigt haben.

(4) Abweichende gesetzliche Bestimmungen bleiben unberührt.

§ 37 Einberufung des Verwaltungsrats. (1) [1] Jedes Verwaltungsratsmitglied kann unter Angabe des Zwecks und der Gründe verlangen, dass der Vorsitzende des Verwaltungsrats unverzüglich den Verwaltungsrat einberuft. [2] Die Sitzung muss binnen zwei Wochen nach der Einberufung stattfinden.

(2) Wird dem Verlangen nicht entsprochen, so kann das Verwaltungsratsmitglied unter Mitteilung des Sachverhalts und der Angabe einer Tagesordnung selbst den Verwaltungsrat einberufen.

§ 38 Rechtsverhältnisse der Mitglieder des Verwaltungsrats. (1) Für die Vergütung der Mitglieder des Verwaltungsrats gilt § 113 des Aktiengesetzes[1)] entsprechend.

(2) Für die Gewährung von Krediten an Mitglieder des Verwaltungsrats und für sonstige Verträge mit Mitgliedern des Verwaltungsrats gelten die §§ 114 und 115 des Aktiengesetzes[1)] entsprechend.

§ 39 Sorgfaltspflicht und Verantwortlichkeit der Verwaltungsratsmitglieder. Für die Sorgfaltspflicht und Verantwortlichkeit der Verwaltungsratsmitglieder gilt § 93 des Aktiengesetzes[1)] entsprechend.

§ 40 Geschäftsführende Direktoren. (1) [1] Der Verwaltungsrat bestellt einen oder mehrere geschäftsführende Direktoren. [2] Mitglieder des Verwaltungsrats können zu geschäftsführenden Direktoren bestellt werden, sofern die

---

[1)] Nr. 2.

Mehrheit des Verwaltungsrats weiterhin aus nicht geschäftsführenden Mitgliedern besteht. [3] Die Bestellung ist zur Eintragung in das Handelsregister anzumelden. [4] Werden Dritte zu geschäftsführenden Direktoren bestellt, gilt für sie § 76 Abs. 3 des Aktiengesetzes[1)] entsprechend. [5] Die Satzung kann Regelungen über die Bestellung eines oder mehrerer geschäftsführender Direktoren treffen. [6] § 38 Abs. 2 des SE-Beteiligungsgesetzes[2)] bleibt unberührt.

(2) [1] Die geschäftsführenden Direktoren führen die Geschäfte der Gesellschaft. [2] Sind mehrere geschäftsführende Direktoren bestellt, so sind sie nur gemeinschaftlich zur Geschäftsführung befugt; die Satzung oder eine vom Verwaltungsrat erlassene Geschäftsordnung kann Abweichendes bestimmen. [3] Gesetzlich dem Verwaltungsrat zugewiesene Aufgaben können nicht auf die geschäftsführenden Direktoren übertragen werden. [4] Soweit nach den für Aktiengesellschaften geltenden Rechtsvorschriften der Vorstand Anmeldungen und die Einreichung von Unterlagen zum Handelsregister vorzunehmen hat, treten an die Stelle des Vorstands die geschäftsführenden Direktoren.

(3) [1] Ergibt sich bei der Aufstellung der Jahresbilanz oder einer Zwischenbilanz oder ist bei pflichtgemäßem Ermessen anzunehmen, dass ein Verlust in der Hälfte des Grundkapitals besteht, so haben die geschäftsführenden Direktoren dem Vorsitzenden des Verwaltungsrats unverzüglich darüber zu berichten. [2] Dasselbe gilt, wenn die Gesellschaft zahlungsunfähig wird oder sich eine Überschuldung der Gesellschaft ergibt.

(4) [1] Sind mehrere geschäftsführende Direktoren bestellt, können sie sich eine Geschäftsordnung geben, wenn nicht die Satzung den Erlass einer Geschäftsordnung dem Verwaltungsrat übertragen hat oder der Verwaltungsrat eine Geschäftsordnung erlässt. [2] Die Satzung kann Einzelfragen der Geschäftsordnung bindend regeln. [3] Beschlüsse der geschäftsführenden Direktoren über die Geschäftsordnung müssen einstimmig gefasst werden.

(5) [1] Geschäftsführende Direktoren können jederzeit durch Beschluss des Verwaltungsrats abberufen werden, sofern die Satzung nichts anderes regelt. [2] Für die Ansprüche aus dem Anstellungsvertrag gelten die allgemeinen Vorschriften.

(6) Geschäftsführende Direktoren berichten dem Verwaltungsrat entsprechend § 90 des Aktiengesetzes[1)], sofern die Satzung oder die Geschäftsordnung nichts anderes vorsieht.

(7) Die §§ 87 bis 89 des Aktiengesetzes[1)] gelten entsprechend.

(8) Für Sorgfaltspflicht und Verantwortlichkeit der geschäftsführenden Direktoren gilt § 93 des Aktiengesetzes[1)] entsprechend.

(9) Die Vorschriften über die geschäftsführenden Direktoren gelten auch für ihre Stellvertreter.

§ 41 Vertretung. (1) [1] Die geschäftsführenden Direktoren vertreten die Gesellschaft gerichtlich und außergerichtlich. [2] Hat eine Gesellschaft keine geschäftsführenden Direktoren (Führungslosigkeit), wird die Gesellschaft für den Fall, dass ihr gegenüber Willenserklärungen abgegeben oder Schriftstücke zugestellt werden, durch den Verwaltungsrat vertreten.

---

1) Nr. **2**.
2) Nr. **18**.

(2) [1]Mehrere geschäftsführende Direktoren sind, wenn die Satzung nichts anderes bestimmt, nur gemeinschaftlich zur Vertretung der Gesellschaft befugt. [2]Ist eine Willenserklärung gegenüber der Gesellschaft abzugeben, so genügt die Abgabe gegenüber einem geschäftsführenden Direktor oder im Fall des Absatzes 1 Satz 2 gegenüber einem Mitglied des Verwaltungsrats. [3]§ 78 Abs. 2 Satz 3 und 4 des Aktiengesetzes[1)] gilt entsprechend.

(3) [1]Die Satzung kann auch bestimmen, dass einzelne geschäftsführende Direktoren allein oder in Gemeinschaft mit einem Prokuristen zur Vertretung der Gesellschaft befugt sind. [2]Absatz 2 Satz 2 gilt in diesen Fällen entsprechend.

(4) [1]Zur Gesamtvertretung befugte geschäftsführende Direktoren können einzelne von ihnen zur Vornahme bestimmter Geschäfte oder bestimmter Arten von Geschäften ermächtigen. [2]Dies gilt entsprechend, wenn ein einzelner geschäftsführender Direktor in Gemeinschaft mit einem Prokuristen zur Vertretung der Gesellschaft befugt ist.

(5) Den geschäftsführenden Direktoren gegenüber vertritt der Verwaltungsrat die Gesellschaft gerichtlich und außergerichtlich.

§ 42 *(aufgehoben)*

§ 43 Angaben auf Geschäftsbriefen. (1) [1]Auf allen Geschäftsbriefen gleichviel welcher Form, die an einen bestimmten Empfänger gerichtet werden, müssen die Rechtsform und der Sitz der Gesellschaft, das Registergericht des Sitzes der Gesellschaft und die Nummer, unter der die Gesellschaft in das Handelsregister eingetragen ist, sowie alle geschäftsführenden Direktoren und der Vorsitzende des Verwaltungsrats mit dem Familiennamen und mindestens einem ausgeschriebenen Vornamen angegeben werden. [2]§ 80 Abs. 1 Satz 3 des Aktiengesetzes[1)] gilt entsprechend.

(2) § 80 Abs. 2 bis 4 des Aktiengesetzes[1)] gilt entsprechend.

§ 44 Beschränkungen der Vertretungs- und Geschäftsführungsbefugnis. (1) Die Vertretungsbefugnis der geschäftsführenden Direktoren kann nicht beschränkt werden.

(2) Im Verhältnis zur Gesellschaft sind die geschäftsführenden Direktoren verpflichtet, die Anweisungen und Beschränkungen zu beachten, die im Rahmen der für die SE geltenden Vorschriften die Satzung, der Verwaltungsrat, die Hauptversammlung und die Geschäftsordnungen des Verwaltungsrats und der geschäftsführenden Direktoren für die Geschäftsführungsbefugnis getroffen haben.

§ 45 Bestellung durch das Gericht. [1]Fehlt ein erforderlicher geschäftsführender Direktor, so hat in dringenden Fällen das Gericht auf Antrag eines Beteiligten das Mitglied zu bestellen. [2]§ 85 Abs. 1 Satz 2, Abs. 2 und 3 des Aktiengesetzes[1)] gilt entsprechend.

§ 46 Anmeldung von Änderungen. (1) [1]Die geschäftsführenden Direktoren haben jeden Wechsel der Verwaltungsratsmitglieder unverzüglich in den Gesellschaftsblättern bekannt zu machen und die Bekanntmachung zum Handelsregister einzureichen. [2]Sie haben jede Änderung der geschäftsführenden Direktoren oder der Vertretungsbefugnis eines geschäftsführenden Direktors

---

[1)] Nr. **2**.

zur Eintragung in das Handelsregister anzumelden. [3] Sie haben weiterhin die Wahl des Verwaltungsratsvorsitzenden und seines Stellvertreters sowie jede Änderung in der Person des Verwaltungsratsvorsitzenden oder seines Stellvertreters zum Handelsregister anzumelden.

(2) [1] Die neuen geschäftsführenden Direktoren haben in der Anmeldung zu versichern, dass keine Umstände vorliegen, die ihrer Bestellung nach § 40 Abs. 1 Satz 4 entgegenstehen und dass sie über ihre unbeschränkte Auskunftspflicht gegenüber dem Gericht belehrt worden sind. [2] § 37 Abs. 2 Satz 2 des Aktiengesetzes[1)] ist anzuwenden.

(3) § 81 Abs. 2 des Aktiengesetzes[1)] gilt für die geschäftsführenden Direktoren entsprechend.

§ 47 Prüfung und Feststellung des Jahresabschlusses. (1) [1] Die geschäftsführenden Direktoren haben den Jahresabschluss und den Lagebericht unverzüglich nach ihrer Aufstellung dem Verwaltungsrat vorzulegen. [2] Zugleich haben die geschäftsführenden Direktoren einen Vorschlag vorzulegen, den der Verwaltungsrat der Hauptversammlung für die Verwendung des Bilanzgewinns machen soll; § 170 Abs. 2 Satz 2 des Aktiengesetzes[1)] gilt entsprechend.

(2) [1] Jedes Verwaltungsratsmitglied hat das Recht, von den Vorlagen und Prüfungsberichten Kenntnis zu nehmen. [2] Die Vorlagen und Prüfungsberichte sind auch jedem Verwaltungsratsmitglied oder, soweit der Verwaltungsrat dies beschlossen hat und ein Bilanzausschuss besteht, den Mitgliedern des Ausschusses auszuhändigen.

(3) Für die Prüfung durch den Verwaltungsrat gilt § 171 Abs. 1 und 2 des Aktiengesetzes[1)] entsprechend.

(4) [1] Absatz 1 Satz 1 und Absatz 3 gelten entsprechend für einen Einzelabschluss nach § 325 Abs. 2a Satz 1 des Handelsgesetzbuchs[2)] sowie bei Mutterunternehmen (§ 290 Abs. 1, 2 des Handelsgesetzbuchs[2)]) für den Konzernabschluss und den Konzernlagebericht. [2] Der Einzelabschluss nach § 325 Abs. 2a Satz 1 des Handelsgesetzbuchs[2)] darf erst nach Billigung durch den Verwaltungsrat offen gelegt werden.

(5) [1] Billigt der Verwaltungsrat den Jahresabschluss, so ist dieser festgestellt, sofern nicht der Verwaltungsrat beschließt, die Feststellung des Jahresabschlusses der Hauptversammlung zu überlassen. [2] Die Beschlüsse des Verwaltungsrats sind in den Bericht des Verwaltungsrats an die Hauptversammlung aufzunehmen.

(6) [1] Hat der Verwaltungsrat beschlossen, die Feststellung des Jahresabschlusses der Hauptversammlung zu überlassen, oder hat der Verwaltungsrat den Jahresabschluss nicht gebilligt, so stellt die Hauptversammlung den Jahresabschluss fest. [2] Hat der Verwaltungsrat eines Mutterunternehmens (§ 290 Abs. 1, 2 des Handelsgesetzbuchs[2)]) den Konzernabschluss nicht gebilligt, so entscheidet die Hauptversammlung über die Billigung. [3] Für die Feststellung des Jahresabschlusses oder die Billigung des Konzernabschlusses durch die Hauptversammlung gilt § 173 Abs. 2 und 3 des Aktiengesetzes[1)] entsprechend.

§ 48 Ordentliche Hauptversammlung. (1) Unverzüglich nach der Zuleitung des Berichts an die geschäftsführenden Direktoren hat der Verwaltungsrat die Hauptversammlung zur Entgegennahme des festgestellten Jahresabschlusses

---

[1)] Nr. **2**.
[2)] Nr. **5**.

und des Lageberichts, eines vom Verwaltungsrat gebilligten Einzelabschlusses nach § 325 Abs. 2a Satz 1 des Handelsgesetzbuchs[1] sowie zur Beschlussfassung über die Verwendung des Bilanzgewinns, bei einem Mutterunternehmen (§ 290 Abs. 1, 2 des Handelsgesetzbuchs[1]) auch zur Entgegennahme des vom Verwaltungsrat gebilligten Konzernabschlusses und des Konzernlageberichts, einzuberufen.

(2) [1] Die Vorschriften des § 175 Abs. 2 bis 4 und des § 176 Abs. 2 des Aktiengesetzes[2] gelten entsprechend. [2] Der Verwaltungsrat hat der Hauptversammlung die in § 176 Abs. 1 Satz 1 des Aktiengesetzes[2] angegebenen Vorlagen zugänglich zu machen. [3] Zu Beginn der Verhandlung soll der Verwaltungsrat seine Vorlagen erläutern. [4] Er soll dabei auch zu einem Jahresfehlbetrag oder einem Verlust Stellung nehmen, der das Jahresergebnis wesentlich beeinträchtigt hat. [5] Satz 4 ist auf Kreditinstitute nicht anzuwenden.

§ 49 Leitungsmacht und Verantwortlichkeit bei Abhängigkeit von Unternehmen. (1) Für die Anwendung der Vorschriften der §§ 308 bis 318 des Aktiengesetzes[2] treten an die Stelle des Vorstands der Gesellschaft die geschäftsführenden Direktoren.

(2) Für die Anwendung der Vorschriften der §§ 319 bis 327 des Aktiengesetzes[2] treten an die Stelle des Vorstands der eingegliederten Gesellschaft die geschäftsführenden Direktoren.

Unterabschnitt 3. Hauptversammlung

§ 50 Einberufung und Ergänzung der Tagesordnung auf Verlangen einer Minderheit. (1) Die Einberufung der Hauptversammlung und die Aufstellung ihrer Tagesordnung nach Artikel 55 der Verordnung[3] kann von einem oder mehreren Aktionären beantragt werden, sofern sein oder ihr Anteil am Grundkapital mindestens 5 Prozent beträgt.

(2) Die Ergänzung der Tagesordnung für eine Hauptversammlung durch einen oder mehrere Punkte kann von einem oder mehreren Aktionären beantragt werden, sofern sein oder ihr Anteil 5 Prozent des Grundkapitals oder den anteiligen Betrag von 500 000 Euro erreicht.

§ 51 Satzungsänderungen. [1] Die Satzung kann bestimmen, dass für einen Beschluss der Hauptversammlung über die Änderung der Satzung die einfache Mehrheit der abgegebenen Stimmen ausreicht, sofern mindestens die Hälfte des Grundkapitals vertreten ist. [2] Dies gilt nicht für die Änderung des Gegenstands des Unternehmens, für einen Beschluss gemäß Artikel 8 Abs. 6 der Verordnung[3] sowie für Fälle, für die eine höhere Kapitalmehrheit gesetzlich zwingend vorgeschrieben ist.

Abschnitt 5. Auflösung

§ 52 Auflösung der SE bei Auseinanderfallen von Sitz und Hauptverwaltung. (1) [1] Erfüllt eine SE nicht mehr die Verpflichtung nach Artikel 7 der Verordnung[3], so gilt dies als Mangel der Satzung im Sinne des § 262 Abs. 1

[1] Nr. 5.
[2] Nr. 2.
[3] Nr. 8.

Nr. 5 des Aktiengesetzes[1]. [2]Das Registergericht fordert die SE auf, innerhalb einer bestimmten Frist den vorschriftswidrigen Zustand zu beenden, indem sie

1. entweder ihre Hauptverwaltung wieder im Sitzstaat errichtet oder
2. ihren Sitz nach dem Verfahren des Artikels 8 der Verordnung[2] verlegt.

(2) Wird innerhalb der nach Absatz 1 bestimmten Frist der Aufforderung nicht genügt, so hat das Gericht den Mangel der Satzung festzustellen.

(3) Gegen Verfügungen, durch welche eine Feststellung nach Absatz 2 getroffen wird, findet die Beschwerde statt.

Abschnitt 6. Straf- und Bußgeldvorschriften

§ 53 Straf- und Bußgeldvorschriften. (1) [1]Die Strafvorschriften des § 399 Abs. 1 Nr. 1 bis 5 und Abs. 2, des § 400 und der §§ 402 bis 404a des Aktiengesetzes[1], der §§ 331 bis 333 des Handelsgesetzbuchs[3] und der §§ 313 bis 315 des Umwandlungsgesetzes[4] sowie die Bußgeldvorschriften des § 405 des Aktiengesetzes[1] und des § 334 des Handelsgesetzbuchs[3] gelten auch für die SE im Sinne des Artikels 9 Abs. 1 Buchstabe c Doppelbuchstabe ii der Verordnung[2]. [2]Soweit sie

1. Mitglieder des Vorstands,
2. Mitglieder des Aufsichtsrats oder
3. Mitglieder des vertretungsberechtigten Organs einer Kapitalgesellschaft

betreffen, gelten sie bei der SE mit dualistischem System in den Fällen der Nummern 1 und 3 für die Mitglieder des Leitungsorgans und in den Fällen der Nummer 2 für die Mitglieder des Aufsichtsorgans. [3]Bei der SE mit monistischem System gelten sie in den Fällen der Nummern 1 und 3 für die geschäftsführenden Direktoren und in den Fällen der Nummer 2 für die Mitglieder des Verwaltungsrats. [4]§ 407a des Aktiengesetzes[1] gilt bei Anwendung der Strafvorschriften des § 404a des Aktiengesetzes[1] sowie der Bußgeldvorschriften des § 405 Absatz 3b bis 3d des Aktiengesetzes[1] entsprechend.

(2) [1]Die Strafvorschriften des § 399 Abs. 1 Nr. 6 und des § 401 des Aktiengesetzes[1] gelten im Sinne des Artikels 9 Abs. 1 Buchstabe c Doppelbuchstabe ii der Verordnung[2] auch für die SE mit dualistischem System. [2]Soweit sie Mitglieder des Vorstands betreffen, gelten sie für die Mitglieder des Leitungsorgans.

(3) Mit Freiheitsstrafe bis zu drei Jahren oder mit Geldstrafe wird bestraft, wer

1. als Vorstandsmitglied entgegen § 8 Satz 2,
2. als Mitglied des Leitungsorgans einer SE mit dualistischem System oder als geschäftsführender Direktor einer SE mit monistischem System entgegen § 13 Abs. 3,
3. als geschäftsführender Direktor einer SE mit monistischem System entgegen § 21 Abs. 2 Satz 1 oder § 46 Abs. 2 Satz 1 oder

---

[1] Nr. **2**.
[2] Nr. **8**.
[3] Nr. **5**.
[4] Nr. **12**.

4. als Abwickler einer SE mit monistischem System entgegen Artikel 9 Abs. 1 Buchstabe c Doppelbuchstabe ii der Verordnung[1] in Verbindung mit § 266 Abs. 3 Satz 1 des Aktiengesetzes[2]

eine Versicherung nicht richtig abgibt.

(4) Ebenso wird bestraft, wer bei einer SE mit monistischem System

1. als Mitglied des Verwaltungsrats entgegen § 22 Abs. 5 Satz 1 die Hauptversammlung nicht oder nicht rechtzeitig einberuft oder ihr den Verlust nicht, nicht richtig, nicht vollständig oder nicht rechtzeitig anzeigt oder
2. als Mitglied des Verwaltungsrats entgegen § 22 Abs. 5 Satz 2 in Verbindung mit § 15a Abs. 1 Satz 1 der Insolvenzordnung[3]

die Eröffnung des Insolvenzverfahrens nicht oder nicht rechtzeitig beantragt.

(5) Handelt der Täter in den Fällen des Absatzes 4 fahrlässig, so ist die Strafe Freiheitsstrafe bis zu einem Jahr oder Geldstrafe.

Abschnitt 7. Schlussbestimmungen

§ 54 Übergangsvorschrift zum Bilanzrechtsmodernisierungsgesetz.

§ 27 Abs. 1 Satz 4 und § 34 Abs. 4 Satz 2 und 3 in der Fassung des Bilanzrechtsmodernisierungsgesetzes vom 25. Mai 2009 (BGBl. I S. 1102) finden keine Anwendung, solange alle Mitglieder des Verwaltungsrats und des Prüfungsausschusses vor dem 29. Mai 2009 bestellt worden sind.

§ 55 Übergangsvorschrift zum Gesetz zur Umsetzung der Aktionärsrechterichtlinie. In den Fällen des § 6 Abs. 3 Satz 1 und des § 7 Abs. 2 Satz 2 bleibt es für die Zeit vor dem 1. September 2009 bei dem bis dahin geltenden Zinssatz.

§ 56 Übergangsvorschrift zum Abschlussprüfungsreformgesetz.

§ 27 Absatz 1 Satz 4 und § 34 Absatz 4 Satz 5 jeweils in der Fassung des Abschlussprüfungsreformgesetzes vom 10. Mai 2016 (BGBl. I S. 1142) müssen so lange nicht angewandt werden, wie alle Mitglieder des Verwaltungsrates und des Prüfungsausschusses vor dem 17. Juni 2016 bestellt worden sind.

---

[1] Nr. **8**.
[2] Nr. **2**.
[3] Nr. **20**.

9. Verordnung (EWG) Nr. 2137/85 des Rates vom 25. Juli 1985 über die Schaffung einer Europäischen wirtschaftlichen Interessenvereinigung (EWIV)

(ABl. L 199 S. 1)

Celex-Nr. 3 1985 R 2137

Nichtamtliche Inhaltsübersicht

DER RAT DER EUROPÄISCHEN GEMEINSCHAFTEN –

gestützt auf den Vertrag zur Gründung der Europäischen Wirtschaftsgemeinschaft, insbesondere auf Artikel 308,

auf Vorschlag der Kommission[1)],

nach Stellungnahme des Europäischen Parlaments[2)],

nach Stellungnahme des Wirtschafts- und Sozialausschusses[3)],

in Erwägung nachstehender Gründe:

Eine harmonische Entwicklung des Wirtschaftslebens sowie ein beständiges und ausgewogenes Wirtschaftswachstum in der gesamten Gemeinschaft hängen von der Errichtung und dem Funktionieren eines Gemeinsamen Marktes ab, der ähnliche Bedingungen wie ein nationaler Binnenmarkt bietet. Für die Verwirklichung eines solchen einheitlichen Marktes und die Stärkung seiner Einheit empfiehlt es sich insbesondere, daß für natürliche Personen, Gesellschaften und andere juristische Einheiten ein rechtlicher Rahmen geschaffen wird, welcher die Anpassung ihrer Tätigkeit an die wirtschaftlichen Gegebenheiten der Gemeinschaft erleichtert. Hierzu ist es erforderlich, daß diese Personen, Gesellschaften und anderen juristischen Einheiten über die Grenzen hinweg zusammenarbeiten können.

Eine solche Zusammenarbeit kann auf rechtliche, steuerliche und psychologische Schwierigkeiten stoßen. Die Schaffung eines geeigneten Rechtsinstruments auf Gemeinschaftsebene in Form einer Europäischen wirtschaftlichen Interessenvereinigung trägt zur Errreichung der genannten Ziele bei und erscheint daher notwendig.

Besondere Befugnisse für die Einführung dieses Rechtsinstruments sind im Vertrag nicht vorgesehen.

Die Fähigkeit der Vereinigung zur Anpassung an die wirtschaftlichen Bedingungen ist dadurch zu gewährleisten, daß ihren Mitgliedern weitgehende Freiheit bei der Gestaltung ihrer vertraglichen Beziehungen sowie der inneren Verfassung der Vereinigung gelassen wird.

Die Vereinigung unterscheidet sich von einer Gesellschaft hauptsächlich durch ihren Zweck, der allein darin besteht, die wirtschaftliche Tätigkeit ihrer Mitglieder zu erleichtern oder zu entwickeln, um es ihnen zu ermöglichen, ihre eigenen Ergebnisse zu steigern. Wegen dieses Hilfscharakters muß die Tätigkeit der Vereinigung mit der wirtschaftlichen Tätigkeit ihrer Mitglieder verknüpft sein und darf nicht an deren Stelle treten, und die Vereinigung selbst kann insoweit zum Beispiel keinen freien Beruf gegenüber Dritten ausüben; der Begriff der wirtschaftlichen Tätigkeit ist im weitesten Sinne auszulegen.

Der Zugang zur Vereinigung ist so weit wie möglich natürlichen Personen, Gesellschaften und anderen juristischen Einheiten unter Wahrung der Ziele dieser Verordnung zu eröffnen. Dies präjudiziert jedoch nicht die Anwendung – auf einzelstaatlicher Ebene – der Rechts- und/oder Standesvorschriften über die Bedingungen für die Ausübung einer Tätigkeit oder eines Berufs.

[1)] **Amtl. Anm.:** ABl. Nr. C 14 vom 15.2.1974, S. 30, und ABl. Nr. C 103 vom 28.4.1978, S. 4.
[2)] **Amtl. Anm.:** ABl. Nr. C 163 vom 11.7.1977, S. 17.
[3)] **Amtl. Anm.:** ABl. Nr. C 108 vom 15.5.1975, S. 46.

Mit dieser Verordnung allein wird nicht das Recht verliehen, sich an einer Vereinigung zu beteiligen, selbst wenn die Bedingungen der Verordnung erfüllt sind.

Die in dieser Verordnung vorgesehene Möglichkeit, die Beteiligung an Vereinigungen aus Gründen des öffentlichen Interesses zu untersagen oder einzuschränken, läßt die Rechtsvorschriften der Mitgliedstaaten unberührt, in denen die Ausübung von Tätigkeiten geregelt ist und gegebenenfalls weitere Verbote oder Beschränkungen vorgesehen sind oder aufgrund derer in anderer Weise die Beteiligung einer natürlichen Person, Gesellschaft oder anderen juristischen Einheit oder einer Gruppe hiervon an einer Vereinigung kontrolliert oder überwacht wird.

Damit die Vereinigung ihr Ziel erreichen kann, ist sie mit eigener Geschäftsfähigkeit auszustatten, und es ist vorzusehen, daß ein rechtlich von den Mitgliedern der Vereinigung getrenntes Organ sie gegenüber Dritten vertritt.

Der Schutz Dritter erfordert, daß eine weitgehende Offenlegung sichergestellt wird und die Mitglieder der Vereinigung unbeschränkt und gesamtschuldnerisch für deren Verbindlichkeiten, einschließlich der Verbindlichkeiten im Bereich der Steuern und der sozialen Sicherheit, haften, ohne daß jedoch dieser Grundsatz die Freiheit berührt, durch besonderen Vertrag zwischen der Vereinigung und einem Dritten die Haftung eines oder mehrerer ihrer Mitglieder für eine bestimmte Verbindlichkeit auszuschließen oder zu beschränken.

Die Fragen, die den Personenstand und die Rechts-, Geschäfts- und Handlungsfähigkeit natürlicher Personen sowie die Rechts- und Handlungsfähigkeit juristischer Personen betreffen, werden durch das einzelstaatliche Recht geregelt.

Die besonderen Gründe für die Auflösung der Vereinigung sind festzulegen; für die Abwicklung und deren Schluß ist jedoch auf das einzelstaatliche Recht zu verweisen.

Die Vereinigung unterliegt in bezug auf Zahlungsunfähigkeit und Zahlungseinstellung dem einzelstaatlichen Recht; dieses kann andere Gründe für die Auflösung der Vereinigung vorsehen.

Diese Verordnung sieht vor, daß das Ergebnis der Tätigkeit der Vereinigung nur bei den Mitgliedern zu besteuern ist. Im übrigen ist das einzelstaatliche Steuerrecht anzuwenden, und zwar insbesondere in bezug auf Gewinnverteilung, Steuerverfahren und alle Verpflichtungen, die durch die einzelstaatlichen Steuervorschriften auferlegt werden.

In den nicht durch diese Verordnung erfaßten Bereichen gelten die Rechtsvorschriften der Mitgliedstaaten und der Gemeinschaft, zum Beispiel

- im Sozial- und Arbeitsrecht,
- im Wettbewerbsrecht,
- im Recht des geistigen Eigentums.

Die Tätigkeit der Vereinigung unterliegt den Rechtsvorschriften der Mitgliedstaaten über die Ausübung einer Tätigkeit und deren Überwachung. Für den Fall von Mißbrauch oder Umgehung von Rechtsvorschriften eines Mitgliedstaats durch die Vereinigung oder eines ihrer Mitglieder kann dieser Mitgliedstaat geeignete Maßregeln ergreifen.

Den Mitgliedstaaten steht es frei, Rechts- und Verwaltungsvorschriften anzuwenden oder zu erlassen, die der Tragweite und den Zielen dieser Verordnung nicht zuwiderlaufen.

Diese Verordnung soll in allen ihren Teilen unverzüglich in Kraft treten. Die Anwendung einiger Bestimmungen muß jedoch aufgeschoben werden, damit die Mitgliedstaaten zunächst die Mechanismen einführen können, welche für die Eintragung der Vereinigung in ihrem Hoheitsgebiet und die Offenlegung der sie betreffenden Urkunden erforderlich sind. Ab dem Beginn der Anwendung dieser Verordnung können die gegründeten Vereinigungen ohne territoriale Einschränkung tätig werden –

HAT FOLGENDE VERORDNUNG ERLASSEN:

Art. 1 [Gründung] (1) *[1]* Europäische wirtschaftliche Interessenvereinigungen werden unter den Voraussetzungen, in der Weise und mit den Wirkungen gegründet, die in dieser Verordnung vorgesehen sind.

[2] Zu diesem Zweck müssen diejenigen, die eine Vereinigung gründen wollen, einen Vertrag schließen und die Eintragung nach Artikel 6 vornehmen lassen.

(2) Die so gegründete Vereinigung hat von der Eintragung nach Artikel 6 an die Fähigkeit, im eigenen Namen Träger von Rechten und Pflichten jeder Art zu sein, Verträge zu schließen oder andere Rechtshandlungen vorzunehmen und vor Gericht zu stehen.

(3) Die Mitgliedstaaten bestimmen, ob die in ihren Registern gemäß Artikel 6 eingetragenen Vereinigungen Rechtspersönlichkeit haben.

Art. 2 [Geltung des innerstaatlichen Rechts] (1) Vorbehaltlich dieser Verordnung ist das innerstaatliche Recht des Staates anzuwenden, in dem die Vereinigung nach dem Gründungsvertrag ihren Sitz hat, und zwar einerseits auf den Gründungsvertrag mit Ausnahme der Fragen, die den Personenstand und die Rechts-, Geschäfts- und Handlungsfähigkeit natürlicher Personen sowie die Rechts- und Handlungsfähigkeit juristischer Personen betreffen, und andererseits auf die innere Verfassung der Vereinigung.

(2) Umfaßt ein Staat mehrere Gebietseinheiten, von denen jede ihre eigenen Rechtsnormen hat, die auf die in Absatz 1 bezeichneten Gegenstände anzuwenden sind, so gilt für die Bestimmung des nach diesem Artikel anzuwendenden Rechts jede Gebietseinheit als Staat.

Art. 3 [Zweck der Vereinigung] (1) *[1]* Die Vereinigung hat den Zweck, die wirtschaftliche Tätigkeit ihrer Mitglieder zu erleichtern oder zu entwickeln sowie die Ergebnisse dieser Tätigkeit zu verbessern oder zu steigern; sie hat nicht den Zweck, Gewinn für sich selbst zu erzielen.

[2] Ihre Tätigkeit muß im Zusammenhang mit der wirtschaftlichen Tätigkeit ihrer Mitglieder stehen und darf nur eine Hilfstätigkeit hierzu bilden.

(2) Die Vereinigung darf daher

a) weder unmittelbar noch mittelbar die Leitungs- oder Kontrollmacht über die eigenen Tätigkeiten ihrer Mitglieder oder die Tätigkeiten eines anderen Unternehmens, insbesondere auf den Gebieten des Personal-, Finanz- und Investitionswesens, ausüben;

b) weder unmittelbar noch mittelbar, aus welchem Grunde auch immer, Anteile oder Aktien – gleich welcher Form – an einem Mitgliedsunternehmen halten; das Halten von Anteilen oder Aktien an einem anderen Unternehmen ist nur insoweit zulässig, als es notwendig ist, um das Ziel der Vereinigung zu erreichen, und für Rechnung ihrer Mitglieder geschieht;

c) nicht mehr als fünfhundert Arbeitnehmer beschäftigen;

d) von einer Gesellschaft nicht dazu benutzt werden, einem Leiter einer Gesellschaft oder einer mit ihm verbundenen Person ein Darlehen zu gewähren, wenn solche Darlehen nach den für die Gesellschaften geltenden Gesetzen der Mitgliedstaaten einer Einschränkung oder Kontrolle unterliegen. Auch darf eine Vereinigung nicht für die Übertragung eines Vermögensgegenstandes zwischen einer Gesellschaft und einem Leiter oder einer mit ihm verbundenen Person benutzt werden, außer soweit es nach den für die Gesellschaften geltenden Gesetzen der Mitgliedstaaten zulässig ist. Im Sinne dieser Bestimmung umfaßt das Darlehen jedes Geschäft ähnlicher Wirkung und kann es sich bei dem Vermögensgegenstand um ein bewegliches oder unbewegliches Gut handeln;

e) nicht Mitglied einer anderen Europäischen wirtschaftlichen Interessenvereinigung sein.

Art. 4 [Mitglieder] (1) Mitglieder einer Vereinigung können nur sein:

a) Gesellschaften im Sinne des Artikels 48 Absatz 2 des Vertrages sowie andere juristische Einheiten des öffentlichen oder des Privatrechts, die nach dem Recht eines Mitgliedstaats gegründet worden sind und ihren satzungsmäßigen oder gesetzlichen Sitz und ihre Hauptverwaltung in der Gemeinschaft haben; wenn nach dem Recht eines Mitgliedstaats eine Gesellschaft oder andere juristische Einheit keinen satzungsmäßigen oder gesetzlichen Sitz zu haben braucht, genügt es, daß sie ihre Hauptverwaltung in der Gemeinschaft hat;

b) natürliche Personen, die eine gewerbliche, kaufmännische, handwerkliche, landwirtschaftliche oder freiberufliche Tätigkeit in der Gemeinschaft ausüben oder dort andere Dienstleistungen erbringen.

(2) Eine Vereinigung muß mindestens bestehen aus:

a) zwei Gesellschaften oder anderen juristischen Einheiten im Sinne des Absatzes 1, die ihre Hauptverwaltung in verschiedenen Mitgliedstaaten haben;

b) zwei natürlichen Personen im Sinne des Absatzes 1, die ihre Haupttätigkeit in verschiedenen Mitgliedstaaten ausüben;

c) einer Gesellschaft oder anderen juristischen Einheit und einer natürlichen Person im Sinne des Absatzes 1, von denen erstere ihre Hauptverwaltung in einem Mitgliedstaat hat und letztere ihre Haupttätigkeit in einem anderen Mitgliedstaat ausübt.

(3) [1] Ein Mitgliedstaat kann vorsehen, daß die in seinen Registern gemäß Artikel 6 eingetragenen Vereinigungen nicht mehr als zwanzig Mitglieder haben dürfen. [2] Zu diesem Zweck kann der Mitgliedstaat vorsehen, daß in Übereinstimmung mit seinen Rechtsvorschriften jedes Mitglied einer nach seinen Rechtsvorschriften gebildeten rechtlichen Einheit, die keine eingetragene Gesellschaft ist, als Einzelmitglied der Vereinigung behandelt wird.

(4) Jeder Mitgliedstaat ist ermächtigt, bestimmte Gruppen von natürlichen Personen, Gesellschaften und anderen juristischen Einheiten aus Gründen seines öffentlichen Interesses von der Beteiligung an einer Vereinigung auszuschließen oder diese Beteiligung Einschränkungen zu unterwerfen.

Art. 5 [Gründungsvertrag] Der Gründungsvertrag muß mindestens folgende Angaben enthalten:

a) den Namen der Vereinigung mit den voran- oder nachgestellten Worten „Europäische wirtschaftliche Interessenvereinigung" oder der Abkürzung „EWIV", es sei denn, daß diese Worte oder diese Abkürzung bereits im Namen enthalten sind;

b) den Sitz der Vereinigung;

c) den Unternehmensgegenstand, für den die Vereinigung gegründet worden ist;

d) den Namen, die Firma, die Rechtsform, den Wohnsitz oder den Sitz sowie gegebenenfalls die Nummer und den Ort der Registereintragung eines jeden Mitglieds der Vereinigung;

e) die Dauer der Vereinigung, sofern sie nicht unbestimmt ist.

Art. 6 [Registereintragung] Die Vereinigung wird im Staat des Sitzes in das nach Artikel 39 Absatz 1 bestimmte Register eingetragen.

Art. 7 [Hinterlegung von Gründungsvertrag und sonstigen Angaben]

[1] Der Gründungsvertrag ist bei dem in Artikel 6 genannten Register zu hinterlegen.

[2] Ebenso sind dort alle Urkunden und Angaben zu hinterlegen, die folgendes betreffen:

a) jede Änderung des Gründungsvertrags, einschließlich jeder Änderung der Zusammensetzung der Vereinigung;

b) die Errichtung und die Aufhebung jeder Niederlassung der Vereinigung;

c) die gerichtliche Entscheidung, welche die Nichtigkeit der Vereinigung gemäß Artikel 15 feststellt oder ausspricht;

d) die Bestellung des Geschäftsführers oder der Geschäftsführer der Vereinigung, ihre Namen und alle anderen Angaben zur Person, die von dem Recht des Mitgliedstaats, in dem das Register geführt wird, verlangt werden, die Angabe, ob sie allein oder nur gemeinschaftlich handeln können, sowie die Beendigung der Stellung als Geschäftsführer;

e) jede Abtretung der gesamten oder eines Teils der Beteiligung an der Vereinigung durch ein Mitglied gemäß Artikel 22 Absatz 1;

f) den Beschluß der Mitglieder, der die Auflösung der Vereinigung gemäß Artikel 31 ausspricht oder feststellt, oder die gerichtliche Entscheidung, die diese Auflösung gemäß Artikel 31 oder 32 ausspricht;

g) die Bestellung des oder der in Artikel 35 genannten Abwickler der Vereinigung, ihre Namen und alle anderen Angaben zur Person, die von dem Recht des Mitgliedstaats, in dem das Register geführt wird, verlangt werden, sowie die Beendigung der Stellung als Abwickler;

h) den Schluß der in Artikel 35 Absatz 2 genannten Abwicklung der Vereinigung;

i) den in Artikel 14 Absatz 1 genannten Verlegungsplan;

j) die Klausel, die ein neues Mitglied gemäß Artikel 26 Absatz 2 von der Haftung für Verbindlichkeiten befreit, die vor seinem Beitritt entstanden sind.

Art. 8 [Bekanntmachung im Mitteilungsblatt] *[1]* In dem in Artikel 39 Absatz 1 genannten Mitteilungsblatt ist gemäß Artikel 39 folgendes bekanntzumachen:

a) die nach Artikel 5 zwingend vorgeschriebenen Angaben im Gründungsvertrag und ihre Änderungen;

b) Nummer, Tag und Ort der Eintragung der Vereinigung sowie die Löschung der Eintragung;

c) die in Artikel 7 Buchstaben b) bis j) bezeichneten Urkunden und Angaben.

[2] [1]Die unter den Buchstaben a) und b) genannten Angaben sind in Form einer vollständigen Wiedergabe bekanntzumachen. [2]Die unter Buchstabe c) genannten Urkunden und Angaben können entsprechend dem anwendbaren einzelstaatlichen Recht entweder in Form einer vollständigen oder auszugsweisen Wiedergabe oder in Form eines Hinweises auf ihre Hinterlegung beim Register bekanntgemacht werden.

Art. 9 [Publizitätswirkung] (1) Die nach dieser Verordnung bekanntmachungspflichtigen Urkunden und Angaben können von der Vereinigung Dritten entsprechend den Bedingungen entgegengesetzt werden, die in den anwendbaren einzelstaatlichen Rechtsvorschriften gemäß Artikel 3 Absätze 5 und 7 der Richtlinie 68/151/EWG des Rates vom 9. März 1968 zur Koordinierung der Schutzbestimmungen, die in den Mitgliedstaaten den Gesellschaften im Sinne des Artikels 58 Absatz 2 des Vertrags im Interesse der Gesellschafter sowie Dritter vorgeschrieben sind, um diese Bestimmungen gleichwertig zu gestalten[1)], vorgesehen sind.

(2) Ist im Namen einer Vereinigung vor ihrer Eintragung gemäß Artikel 6 gehandelt worden und übernimmt die Vereinigung nach der Eintragung die sich aus diesen Handlungen ergebenden Verpflichtungen nicht, so haften die natürlichen Personen, Gesellschaften oder anderen juristischen Einheiten, die diese Handlungen vorgenommen haben, aus ihnen unbeschränkt und gesamtschuldnerisch.

Art. 10 [Eintragung jeder Niederlassung] [1]Jede Niederlassung der Vereinigung in einem anderen Mitgliedstaat als dem des Sitzes ist in diesem Mitgliedstaat einzutragen. [2]Zum Zwecke dieser Eintragung hinterlegt die Vereinigung bei dem zuständigen Register dieses Mitgliedstaats eine Abschrift der Unterlagen, deren Hinterlegung bei dem Register des Mitgliedstaats des Sitzes vorgeschrieben ist, erforderlichenfalls zusammen mit einer Übersetzung entsprechend den Gepflogenheiten bei dem Register der Eintragung der Niederlassung.

Art. 11 [Anzeige im Amtsblatt der EG] Nach der Bekanntmachung in dem in Artikel 39 Absatz 1 genannten Mitteilungsblatt werden die Gründung einer Vereinigung und der Schluß ihrer Abwicklung unter Angabe von Num-

---

[1)] **Amtl. Anm.:** ABl. Nr. L 65 vom 14.3.1968, S. 8.

mer, Tag und Ort der Eintragung sowie von Tag und Ort der Bekanntmachung und Titel des Mitteilungsblatts im *Amtsblatt der Europäischen Gemeinschaften* angezeigt.

Art. 12 [Sitz der Vereinigung] *[1]* Der im Gründungsvertrag genannte Sitz muß in der Gemeinschaft gelegen sein.

[2] Als Sitz ist zu bestimmen

a) entweder der Ort, an dem die Vereinigung ihre Hauptverwaltung hat,

b) oder der Ort, an dem eines der Mitglieder der Vereinigung seine Hauptverwaltung hat oder, wenn es sich um eine natürliche Person handelt, seine Haupttätigkeit ausübt, sofern die Vereinigung dort tatsächlich eine Tätigkeit ausübt.

Art. 13 [Sitzverlegung] *[1]* Der Sitz der Vereinigung kann innerhalb der Gemeinschaft verlegt werden.

[2] Hat diese Verlegung keinen Wechsel des nach Artikel 2 anwendbaren Rechts zur Folge, so wird der Beschluß über die Verlegung unter den im Gründungsvertrag vorgesehenen Bedingungen gefaßt.

Art. 14 [Erstellen eines Verlegungsplans; Löschung der Eintragung]

(1) *[1]* Hat die Sitzverlegung einen Wechsel des nach Artikel 2 anwendbaren Rechts zur Folge, so muß ein Verlegungsplan erstellt und gemäß den Artikeln 7 und 8 hinterlegt und bekanntgemacht werden.

[2] [1]Der Beschluß über die Verlegung kann erst zwei Monate nach der Bekanntmachung des Verlegungsplanes gefaßt werden. [2]Er bedarf der Einstimmigkeit der Mitglieder der Vereinigung. [3]Die Verlegung wird zu dem Zeitpunkt wirksam, an dem die Vereinigung entsprechend Artikel 6 im Register des neuen Sitzes eingetragen wird. [4]Diese Eintragung kann erst aufgrund des Nachweises über die Bekanntmachung des Verlegungsplanes erfolgen.

(2) Die Löschung der Eintragung der Vereinigung im Register des früheren Sitzes kann erst aufgrund des Nachweises über die Eintragung der Vereinigung im Register des neuen Sitzes erfolgen.

(3) Mit Bekanntgabe der neuen Eintragung der Vereinigung kann der neue Sitz Dritten nach den in Artikel 9 Absatz 1 genannten Bedingungen entgegengesetzt werden; jedoch können sich Dritte, solange die Löschung der Eintragung im Register des früheren Sitzes nicht bekanntgemacht worden ist, weiterhin auf den alten Sitz berufen, es sei denn, daß die Vereinigung beweist, daß den Dritten der neue Sitz bekannt war.

(4) [1]Die Rechtsvorschriften eines Mitgliedstaats können bestimmen, daß eine Sitzverlegung, die einen Wechsel des anwendbaren Rechts zur Folge hätte, im Falle von gemäß Artikel 6 in dem betreffenden Mitgliedstaat eingetragenen Vereinigungen nicht wirksam wird, wenn innerhalb der in Absatz 1 genannten Frist von zwei Monaten eine zuständige Behörde dieses Staates dagegen Einspruch erhebt. [2]Dieser Einspruch ist nur aus Gründen des öffentlichen Interesses zulässig. [3]Gegen ihn muß ein Rechtsbehelf bei einem Gericht eingelegt werden können.

Art. 15 [Nichtigkeit der Vereinigung] (1) [1]Sieht das nach Artikel 2 auf die Vereinigung anwendbare Recht die Nichtigkeit der Vereinigung vor, so muß sie durch gerichtliche Entscheidung festgestellt oder ausgesprochen werden.

[2]Das angerufene Gericht muß jedoch, sofern eine Behebung der Mängel der Vereinigung möglich ist, dafür eine Frist setzen.

(2) Die Nichtigkeit der Vereinigung bewirkt deren Abwicklung gemäß Artikel 35.

(3) *[1]* Die Entscheidung, mit der die Nichtigkeit der Vereinigung festgestellt oder ausgesprochen wird, kann Dritten nach den in Artikel 9 Absatz 1 genannten Bedingungen entgegengesetzt werden.

[2] Diese Entscheidung berührt für sich allein nicht die Wirksamkeit der Verpflichtungen, die zu Lasten oder zugunsten der Vereinigung vor dem Zeitpunkt entstanden sind, von dem an sie Dritten gemäß Unterabsatz 1 entgegengesetzt werden kann.

Art. 16 [Organe] (1) *[1]* Die Organe der Vereinigung sind die gemeinschaftlich handelnden Mitglieder und der oder die Geschäftsführer.

[2] Der Gründungsvertrag kann andere Organe vorsehen; er bestimmt in diesem Fall deren Befugnisse.

(2) Die als Organ handelnden Mitglieder der Vereinigung können jeden Beschluß zur Verwirklichung des Unternehmensgegenstandes der Vereinigung fassen.

Art. 17 [Stimmverteilung; Beschlussfassung] (1) [1]Jedes Mitglied hat eine Stimme. [2]Der Gründungsvertrag kann jedoch bestimmten Mitgliedern mehrere Stimmen unter der Bedingung gewähren, daß ein einziges Mitglied nicht die Stimmenmehrheit besitzt.

(2) Die Mitglieder können folgende Beschlüsse nur einstimmig fassen:

a) Änderungen des Unternehmensgegenstandes der Vereinigung;
b) Änderungen der Stimmenzahl eines jeden Mitglieds;
c) Änderungen der Bedingungen für die Beschlußfassung;
d) eine Verlängerung der Dauer der Vereinigung über den im Gründungsvertrag festgelegten Zeitpunkt hinaus;
e) Änderungen des Beitrags jedes Mitglieds oder bestimmter Mitglieder zur Finanzierung der Vereinigung;
f) Änderungen jeder anderen Verpflichtung eines Mitglieds, es sei denn, daß der Gründungsvertrag etwas anderes bestimmt;
g) jede nicht in diesem Absatz bezeichnete Änderung des Gründungsvertrags, es sei denn, daß dieser etwas anderes bestimmt.

(3) [1]In allen Fällen, in denen diese Verordnung nicht vorsieht, daß die Beschlüsse einstimmig gefaßt werden müssen, kann der Gründungsvertrag die Bedingungen für die Beschlußfähigkeit und die Mehrheit, die für die Beschlüsse oder bestimmte Beschlüsse gelten sollen, festlegen. [2]Enthält der Vertrag keine Bestimmungen, so sind die Beschlüsse einstimmig zu fassen.

(4) Auf Veranlassung eines Geschäftsführers oder auf Verlangen eines Mitglieds haben der oder die Geschäftsführer eine Anhörung der Mitglieder durchzuführen, damit diese einen Beschluß fassen.

Art. 18 [Einsicht in Unterlagen] Jedes Mitglied hat das Recht, von den Geschäftsführern Auskünfte über die Geschäfte der Vereinigung zu erhalten und in die Bücher und Geschäftsunterlagen Einsicht zu nehmen.

Art. 19 [Geschäftsführung] (1) *[1]* Die Geschäfte der Vereinigung werden von einer oder mehreren natürlichen Personen geführt, die durch den Gründungsvertrag oder durch Beschluß der Mitglieder bestellt werden.

[2] Geschäftsführer einer Vereinigung können nicht Personen sein, die

– nach dem auf sie anwendbaren Recht oder
– nach dem innerstaatlichen Recht des Staates des Sitzes der Vereinigung oder
– aufgrund einer in einem Mitgliedstaat ergangenen oder anerkannten gerichtlichen Entscheidung oder Verwaltungsentscheidung

dem Verwaltungs- oder Leitungsorgan von Gesellschaften nicht angehören dürfen, Unternehmen nicht leiten dürfen oder nicht als Geschäftsführer einer Europäischen wirtschaftlichen Interessenvereinigung handeln dürfen.

(2) *[1]* Ein Mitgliedstaat kann bei Vereinigungen, die nach Artikel 6 in seine Register eingetragen sind, vorsehen, daß eine juristische Person unter der Bedingung Geschäftsführer sein kann, daß sie eine oder mehrere natürliche Personen als Vertreter bestimmt, die Gegenstand der in Artikel 7 Buchstabe d) vorgesehenen Angabe sein müssen.

[2] Macht ein Mitgliedstaat von dieser Möglichkeit Gebrauch, so hat er vorzusehen, daß dieser oder diese Vertreter so haften, als ob sie selbst Geschäftsführer der Vereinigung wären.

[3] Die Verbote nach Absatz 1 gelten auch für diese Vertreter.

(3) Der Gründungsvertrag oder, falls dieser keine dahingehenden Bestimmungen enthält, ein einstimmiger Beschluß der Mitglieder legt die Bedingungen für die Bestellung und die Entlassung des Geschäftsführers oder der Geschäftsführer sowie deren Befugnisse fest.

Art. 20 [Vertretung der Vereinigung] (1) *[1]* Gegenüber Dritten wird die Vereinigung ausschließlich durch den Geschäftsführer oder, wenn es mehrere sind, durch einen jeden Geschäftsführer vertreten.

[2] Jeder der Geschäftsführer verpflichtet die Vereinigung, wenn er in ihrem Namen handelt, gegenüber Dritten, selbst wenn seine Handlungen nicht zum Unternehmensgegenstand der Vereinigung gehören, es sei denn, die Vereinigung beweist, daß dem Dritten bekannt war oder daß er darüber nach den Umständen nicht in Unkenntnis sein konnte, daß die Handlung die Grenzen des Unternehmensgegenstandes der Vereinigung überschritt; allein die Bekanntmachung der in Artikel 5 Buchstabe c) genannten Angabe reicht nicht aus, um diesen Beweis zu erbringen.

[3] Eine Beschränkung der Befugnisse des Geschäftsführers oder der Geschäftsführer durch den Gründungsvertrag oder durch einen Beschluß der Mitglieder kann Dritten nicht entgegengesetzt werden, selbst wenn sie bekanntgemacht worden ist.

(2) [1] Der Gründungsvertrag kann vorsehen, daß die Vereinigung nur durch zwei oder mehr gemeinschaftlich handelnde Geschäftsführer wirksam verpflichtet werden kann. [2] Diese Bestimmung kann Dritten nur dann nach den in Artikel 9 Absatz 1 genannten Bedingungen entgegengesetzt werden, wenn sie nach Artikel 8 bekanntgemacht worden ist.

Art. 21 [Gewinnverteilung] (1) Gewinne aus den Tätigkeiten der Vereinigung gelten als Gewinne der Mitglieder und sind auf diese in dem im Gründungsvertrag vorgesehenen Verhältnis oder, falls dieser hierüber nichts bestimmt, zu gleichen Teilen aufzuteilen.

(2) Die Mitglieder der Vereinigung tragen entsprechend dem im Gründungsvertrag vorgesehenen Verhältnis oder, falls dieser hierüber nichts bestimmt, zu gleichen Teilen zum Ausgleich des Betrages bei, um den die Ausgaben die Einnahmen übersteigen.

Art. 22 [Abtretung der Beteiligung] (1) Jedes Mitglied der Vereinigung kann seine Beteiligung an der Vereinigung ganz oder teilweise an ein anderes Mitglied oder an einen Dritten abtreten; die Abtretung wird erst wirksam, wenn die übrigen Mitglieder ihr einstimmig zugestimmt haben.

(2) [1] Ein Mitglied der Vereinigung kann eine Sicherheit an seiner Beteiligung an der Vereinigung erst dann bestellen, wenn die übrigen Mitglieder dem einstimmig zugestimmt haben, es sei denn, daß der Gründungsvertrag etwas anderes bestimmt. [2] Der Sicherungsnehmer kann zu keinem Zeitpunkt aufgrund dieser Sicherheit Mitglied der Vereinigung werden.

Art. 23 [Keine Börsenfähigkeit] Die Vereinigung darf sich nicht öffentlich an den Kapitalmarkt wenden.

Art. 24 [Haftung der Mitglieder] (1) [1] Die Mitglieder der Vereinigung haften unbeschränkt und gesamtschuldnerisch für deren Verbindlichkeiten jeder Art. [2] Das einzelstaatliche Recht bestimmt die Folgen dieser Haftung.

(2) Bis zum Schluß der Abwicklung der Vereinigung können deren Gläubiger ihre Forderungen gegenüber einem Mitglied gemäß Absatz 1 erst dann geltend machen, wenn sie die Vereinigung zur Zahlung aufgefordert haben und die Zahlung nicht innerhalb einer angemessenen Frist erfolgt ist.

Art. 25 [Schriftstücke der Vereinigung] *[1]* Briefe, Bestellscheine und ähnliche Schriftstücke müssen lesbar folgende Angaben enthalten:

a) den Namen der Vereinigung mit den voran- oder nachgestellten Worten „Europäische wirtschaftliche Interessenvereinigung“ oder der Abkürzung „EWIV“, es sei denn, daß diese Worte oder diese Abkürzung bereits im Namen enthalten sind;
b) den Ort des Registers nach Artikel 6, in das die Vereinigung eingetragen ist, und die Nummer der Eintragung der Vereinigung in dieses Register;
c) die Anschrift der Vereinigung an ihrem Sitz;
d) gegebenenfalls die Angabe, daß die Geschäftsführer gemeinschaftlich handeln müssen;
e) gegebenenfalls die Angabe, daß sich die Vereinigung nach Artikel 15, 31, 32 oder 36 in Abwicklung befindet.

[2] Jede Niederlassung der Vereinigung hat, wenn sie nach Artikel 10 eingetragen ist, auf den in Absatz 1 bezeichneten Schriftstücken, die von dieser Niederlassung ausgehen, die obigen Angaben zusammen mit denen über ihre eigene Eintragung zu machen.

Art. 26 [Aufnahme neuer Mitglieder] (1) Die Mitglieder der Vereinigung entscheiden einstimmig über die Aufnahme neuer Mitglieder.

(2) *[1]* Jedes neue Mitglied haftet gemäß Artikel 24 für die Verbindlichkeiten der Vereinigung einschließlich derjenigen, die sich aus der Tätigkeit der Vereinigung vor seinem Beitritt ergeben.

[2] [1] Er kann jedoch durch eine Klausel im Gründungsvertrag oder in dem Rechtsakt über seine Aufnahme von der Zahlung der vor seinem Beitritt entstandenen Verbindlichkeiten befreit werden. [2] Diese Klausel kann gemäß den in Artikel 9 Absatz 1 genannten Bedingungen Dritten nur dann entgegengesetzt werden, wenn sie gemäß Artikel 8 bekanntgemacht worden ist.

Art. 27 [Kündigung eines Mitglieds] (1) *[1]* Die Kündigung eines Mitglieds der Vereinigung ist nach Maßgabe des Gründungsvertrags oder, falls dieser hierüber nichts bestimmt, mit einstimmiger Zustimmung der übrigen Mitglieder möglich.

[2] Jedes Mitglied der Vereinigung kann ferner aus wichtigem Grund kündigen.

(2) *[1]* Jedes Mitglied der Vereinigung kann aus den im Gründungsvertrag angeführten Gründen, in jedem Fall aber dann ausgeschlossen werden, wenn es grob gegen seine Pflichten verstößt oder wenn es schwere Störungen der Arbeit der Vereinigung verursacht oder zu verursachen droht.

[2] Dieser Ausschluß kann nur durch gerichtliche Entscheidung auf gemeinsamen Antrag der Mehrheit der übrigen Mitglieder erfolgen, es sei denn, daß der Gründungsvertrag etwas anderes bestimmt.

Art. 28 [Ausscheiden eines Mitglieds] (1) *[1]* Ein Mitglied der Vereinigung scheidet aus der Vereinigung aus, wenn es verstirbt oder wenn es nicht mehr den in Artikel 4 Absatz 1 festgelegten Bedingungen entspricht.

[2] Außerdem kann ein Mitgliedstaat für die Zwecke seiner Rechtsvorschriften über Auflösung, Abwicklung, Zahlungsunfähigkeit oder Zahlungseinstellung vorsehen, daß ein Mitglied einer Vereinigung ab dem in diesen Rechtsvorschriften bestimmten Zeitpunkt aus dieser ausscheidet.

(2) Im Falle des Todes einer natürlichen Person, die Mitglied der Vereinigung ist, kann niemand ihre Nachfolge in der Vereinigung antreten, es sei denn nach Maßgabe des Gründungsvertrags oder, wenn dieser hierüber nichts enthält, mit einstimmiger Zustimmung der verbleibenden Mitglieder.

Art. 29 [Unterrichtung der übrigen Mitglieder] [1] Sobald ein Mitglied aus der Vereinigung ausgeschieden ist, unterrichten der oder die Geschäftsführer hierüber die übrigen Mitglieder; der oder die Geschäftsführer erfüllen außerdem die jeweiligen Verpflichtungen nach den Artikeln 7 und 8. [2] Ferner kann jeder Beteiligte diese Verpflichtungen erfüllen.

Art. 30 [Fortbestehen der Vereinigung] Bei Ausscheiden eines Mitglieds besteht die Vereinigung unbeschadet der von einer Person gemäß Artikel 22 Absatz 1 oder Artikel 28 Absatz 2 erworbenen Rechte unter den im Gründungsvertrag vorgesehenen oder in einem einstimmigen Beschluß der betreffenden Mitglieder festgelegten Bedingungen zwischen den verbleibenden Mitgliedern fort, es sei denn, daß der Gründungsvertrag etwas anderes bestimmt.

Art. 31 [Auflösung der Vereinigung] (1) [1] Die Vereinigung kann durch Beschluß ihrer Mitglieder aufgelöst werden, der diese Auflösung ausspricht.

[2] Dieser Beschluß muß einstimmig gefaßt werden, es sei denn, daß der Gründungsvertrag etwas anderes bestimmt.

(2) *[1]* Die Vereinigung muß durch Beschluß ihrer Mitglieder aufgelöst werden, der feststellt, daß

a) die im Gründungsvertrag bestimmte Dauer abgelaufen oder ein anderer in diesem Vertrag vorgesehener Auflösungsgrund eingetreten ist oder

b) der Unternehmensgegenstand der Vereinigung verwirklicht worden ist oder nicht weiter verfolgt werden kann.

[2] Ist binnen drei Monaten nach Eintritt eines der in Unterabsatz 1 genannten Fälle kein Beschluß der Mitglieder über die Auflösung der Vereinigung ergangen, so kann jedes Mitglied bei Gericht beantragen, diese Auflösung auszusprechen.

(3) Die Vereinigung muß ferner durch Beschluß ihrer Mitglieder oder des verbleibenden Mitglieds aufgelöst werden, wenn die Bedingungen des Artikels 4 Absatz 2 nicht mehr erfüllt sind.

(4) [1] Nach Auflösung der Vereinigung durch Beschluß ihrer Mitglieder müssen der oder die Geschäftsführer die jeweiligen Verpflichtungen nach den Artikeln 7 und 8 erfüllen. [2] Ferner kann jeder Beteiligte diese Verpflichtungen erfüllen.

Art. 32 [Auflösung durch Gerichtsbeschluss] (1) Auf Antrag jedes Beteiligten oder einer zuständigen Behörde muß das Gericht im Falle der Verletzung des Artikels 3, des Artikels 12 oder des Artikels 31 Absatz 3 die Auflösung der Vereinigung aussprechen, es sei denn, daß die Mängel der Vereinigung behoben werden können und vor der Entscheidung in der Sache behoben werden.

(2) Auf Antrag eines Mitglieds kann das Gericht die Auflösung der Vereinigung aus wichtigem Grund aussprechen.

(3) Ein Mitgliedstaat kann vorsehen, daß das Gericht auf Antrag einer zuständigen Behörde die Auflösung einer Vereinigung, die ihren Sitz in dem Staat dieser Behörde hat, in den Fällen aussprechen kann, in denen die Vereinigung durch ihre Tätigkeit gegen das öffentliche Interesse dieses Staates verstößt, sofern diese Möglichkeit in den Rechtsvorschriften dieses Staates für eingetragene Gesellschaften oder andere juristische Einheiten, die diesen Rechtsvorschriften unterliegen, vorgesehen ist.

Art. 33 [Ansprüche und Verbindlichkeiten eines ausscheidenden Mitglieds] *[1]* Scheidet ein Mitglied aus einem anderen Grund als dem der Abtretung seiner Rechte gemäß Artikel 22 Absatz 1 aus der Vereinigung aus, so wird das Auseinandersetzungsguthaben dieses Mitglieds oder die Höhe der Forderungen der Vereinigung gegen dieses Mitglied auf der Grundlage des Vermögens der Vereinigung ermittelt, wie es im Zeitpunkt des Ausscheidens des Mitglieds vorhanden ist.

[2] Der Wert der Ansprüche und Verbindlichkeiten des ausscheidenden Mitglieds darf nicht im voraus pauschal bestimmt werden.

Art. 34 [Haftung ausscheidender Mitglieder] Unbeschadet des Artikels 37 Absatz 1 haftet jedes aus der Vereinigung ausscheidende Mitglied gemäß Artikel 24 für die Verbindlichkeiten, die sich aus der Tätigkeit der Vereinigung vor seinem Ausscheiden ergeben.

Art. 35 [Abwicklung der Vereinigung] (1) Die Auflösung der Vereinigung führt zu deren Abwicklung.

(2) Die Abwicklung der Vereinigung und der Schluß dieser Abwicklung unterliegen dem einzelstaatlichen Recht.

(3) Die Geschäftsfähigkeit der Vereinigung im Sinne von Artikel 1 Absatz 2 besteht bis zum Schluß der Abwicklung fort.

(4) Der oder die Abwickler erfüllen die ihnen nach den Artikeln 7 und 8 obliegenden Pflichten.

Art. 36 [Insolvenz] [1] Europäische wirtschaftliche Interessenvereinigungen unterliegen dem einzelstaatlichen Recht über Zahlungsunfähigkeit und Zahlungseinstellung. [2] Die Eröffnung eines Verfahrens gegen eine Vereinigung wegen Zahlungsunfähigkeit oder Zahlungseinstellung hat nicht von Rechts wegen zur Folge, daß ein solches Verfahren auch gegen die Mitglieder dieser Vereinigung eröffnet wird.

Art. 37 [Verjährungsfristen] (1) Jede durch das anwendbare einzelstaatliche Recht vorgesehene längere Verjährungsfrist wird durch eine Verjährungsfrist von fünf Jahren nach der in Artikel 8 vorgeschriebenen Bekanntmachung des Ausscheidens eines Mitglieds der Vereinigung für Ansprüche gegen dieses Mitglied wegen Verbindlichkeiten, die sich aus der Tätigkeit der Vereinigung vor seinem Ausscheiden ergeben haben, ersetzt.

(2) Jede durch das anwendbare einzelstaatliche Recht vorgesehene längere Verjährungsfrist wird durch eine Verjährungsfrist von fünf Jahren nach der in Artikel 8 vorgeschriebenen Bekanntmachung des Schlusses der Abwicklung der Vereinigung für Ansprüche gegen ein Mitglied der Vereinigung wegen Verbindlichkeiten, die sich aus der Tätigkeit der Vereinigung ergeben haben, ersetzt.

Art. 38 [Untersagung einer Tätigkeit] [1] Übt eine Vereinigung in einem Mitgliedstaat eine Tätigkeit aus, die gegen dessen öffentliches Interesse verstößt, so kann eine zuständige Behörde dieses Staates diese Tätigkeit untersagen. [2] Gegen die Entscheidung der zuständigen Behörde muß ein Rechtsbehelf bei einem Gericht eingelegt werden können.

Art. 39 [Maßnahmen der Mitgliedstaaten] (1) *[1]* [1] Die Mitgliedstaaten bestimmen das oder die Register, die für die in Artikel 6 und 10 genannte Eintragung zuständig sind, sowie die für die Eintragung geltenden Vorschriften. [2] Sie legen die Bedingungen für die Hinterlegung der in Artikel 7 und 10 genannten Urkunden fest. [3] Sie stellen sicher, daß die Urkunden und Angaben nach Artikel 8 in dem geeigneten amtlichen Mitteilungsblatt des Mitgliedstaats, in dem die Vereinigung ihren Sitz hat, bekanntgemacht werden, und sehen gegebenenfalls die Einzelheiten der Bekanntmachung für die in Artikel 8 Buchstabe c) genannten Urkunden und Angaben vor.

[2] Ferner stellen die Mitgliedstaaten sicher, daß jeder bei dem aufgrund des Artikels 6 oder gegebenenfalls des Artikels 10 zuständigen Register die in Artikel 7 genannten Urkunden einsehen und hiervon eine Abschrift oder einen Auszug erhalten kann, welche ihm auf Verlangen zuzusenden sind.

[3] Die Mitgliedstaaten können die Erhebung von Gebühren zur Deckung der Kosten für die in den vorstehenden Unterabsätzen genannten Maßnahmen vorsehen; diese Gebühren dürfen die Verwaltungskosten nicht übersteigen.

(2) Die Mitgliedstaaten stellen sicher, daß die nach Artikel 11 im *Amtsblatt der Europäischen Gemeinschaften* zu veröffentlichenden Angaben binnen eines Monats nach Bekanntmachung in dem in Absatz 1 genannten amtlichen Mitteilungsblatt dem Amt für amtliche Veröffentlichungen der Europäischen Gemeinschaften mitgeteilt werden.

(3) Die Mitgliedstaaten sehen geeignete Maßregeln für den Fall vor, daß die Bestimmungen der Artikel 7, 8 und 10 über die Offenlegung nicht eingehalten werden oder daß gegen Artikel 25 verstoßen wird.

Art. 40 [Einzelbesteuerung] Das Ergebnis der Tätigkeit der Vereinigung wird nur bei ihren Mitgliedern besteuert.

Art. 41 [Umsetzungsfrist; Ausschluss von einer Vereinigung] (1) [1]Die Mitgliedstaaten treffen die nach Artikel 39 erforderlichen Maßnahmen vor dem 1. Juli 1989. [2]Sie teilen sie unverzüglich der Kommission mit.

(2) [1]Die Mitgliedstaaten teilen der Kommission zur Unterrichtung mit, welche Gruppen von natürlichen Personen, Gesellschaften oder anderen juristischen Einheiten sie gemäß Artikel 4 Absatz 4 von der Beteiligung an einer Vereinigung ausgeschlossen haben. [2]Die Kommission unterrichtet hierüber die anderen Mitgliedstaaten.

Art. 42 [Kontaktausschuss] (1) Bei der Kommission wird, sobald diese Verordnung genehmigt ist, ein Kontaktausschuß eingesetzt, der zur Aufgabe hat,

a) unbeschadet der Artikel 226 und 227 des Vertrages die Durchführung dieser Verordnung durch eine regelmäßige Abstimmung, insbesondere in konkreten Durchführungsfragen, zu erleichtern;

b) die Kommission, falls dies erforderlich sein sollte, bezüglich Ergänzungen oder Änderungen dieser Verordnung zu beraten.

(2) [1]Der Kontaktausschuß setzt sich aus Vertretern der Mitgliedstaaten sowie Vertretern der Kommission zusammen. [2]Der Vorsitz wird von einem Vertreter der Kommission wahrgenommen. [3]Die Sekretariatsgeschäfte werden von den Dienststellen der Kommission geführt.

(3) Der Vorsitzende beruft den Kontaktausschuß von sich aus oder auf Antrag eines der Mitglieder des Ausschusses ein.

Art. 43 [Inkrafttreten] *[1]* Diese Verordnung tritt am dritten Tag nach ihrer Veröffentlichung[1)] im *Amtsblatt der Europäischen Gemeinschaften* in Kraft.

[2] Diese Verordnung gilt ab 1. Juli 1989; hiervon ausgenommen sind die Artikel 39, 41 und 42, die vom Inkrafttreten dieser Verordnung an gelten.

Diese Verordnung ist in allen ihren Teilen verbindlich und gilt unmittelbar in jedem Mitgliedstaat.

[1)] Veröffentlicht am 31.7.1985.

9a. Gesetz zur Ausführung der EWG-Verordnung über die Europäische wirtschaftliche Interessenvereinigung (EWIV-Ausführungsgesetz)

Vom 14. April 1988
(BGBl. I S. 514)

FNA 4101-8

zuletzt geänd. durch Art. 16 G zur Modernisierung des GmbH-Rechts und zur Bekämpfung von Missbräuchen v. 23.10.2008 (BGBl. I S. 2026)

Nichtamtliche Inhaltsübersicht

Der Bundestag hat mit Zustimmung des Bundesrates das folgende Gesetz beschlossen:

§ 1 Anzuwendende Vorschriften Soweit nicht die Verordnung (EWG) Nr. 2137/85[1] des Rates vom 25. Juli 1985 über die Schaffung einer Europäischen wirtschaftlichen Interessenvereinigung (EWIV) – ABl. EG Nr. L 199 S. 1 – (Verordnung) gilt, sind auf eine Europäische wirtschaftliche Interessenvereinigung (EWIV) mit Sitz im Geltungsbereich dieses Gesetzes (Vereinigung) die folgenden Vorschriften, im übrigen entsprechend die für eine offene Handelsgesellschaft geltenden Vorschriften anzuwenden; die Vereinigung gilt als Handelsgesellschaft im Sinne des Handelsgesetzbuchs[2].

§ 2 Anmeldung zum Handelsregister. (1) Die Vereinigung ist bei dem Gericht, in dessen Bezirk sie ihren im Gründungsvertrag genannten Sitz hat, zur Eintragung in das Handelsregister anzumelden.

(2) Die Anmeldung zur Eintragung der Vereinigung in das Handelsregister hat zu enthalten:

1. die Firma der Vereinigung mit den voran- oder nachgestellten Worten „Europäische wirtschaftliche Interessenvereinigung" oder der Abkürzung

---

[1] Nr. **9**.
[2] Auszugsweise abgedruckt unter Nr. **5**.

„EWIV“, es sei denn, daß diese Worte oder die Abkürzung bereits in der Firma enthalten sind;
2. den Sitz der Vereinigung;
3. den Unternehmensgegenstand;
4. den Namen, das Geburtsdatum, die Firma, die Rechtsform, den Wohnsitz oder den Sitz sowie gegebenenfalls die Nummer und den Ort der Registereintragung eines jeden Mitglieds der Vereinigung;
5. die Geschäftsführer mit Namen, Geburtsdatum und Wohnsitz sowie mit der Angabe, welche Vertretungsbefugnis sie haben;
6. die Dauer der Vereinigung, sofern die Dauer nicht unbestimmt ist.

(3) Zur Eintragung in das Handelsregister sind ferner anzumelden:
1. Änderungen der Angaben nach Absatz 2;
2. die Nichtigkeit der Vereinigung;
3. die Errichtung und die Aufhebung jeder Zweigniederlassung der Vereinigung;
4. die Auflösung der Vereinigung;
5. die Abwickler mit den in Absatz 2 Nr. 5 genannten Angaben sowie Änderungen der Personen der Abwickler und der Angaben;
6. der Schluß der Abwicklung der Vereinigung;
7. eine Klausel, die ein neues Mitglied gemäß Artikel 26 Abs. 2 der Verordnung von der Haftung für Verbindlichkeiten befreit, die vor seinem Beitritt entstanden sind.

(4) Die Verpflichtung zur Anmeldung weiterer Tatsachen auf Grund des § 1 bleibt unberührt.

§ 3 Besonderheiten der Handelsregisteranmeldung. (1) [1] Die Anmeldungen zur Eintragung in das Handelsregister sind von den Geschäftsführern oder den Abwicklern vorzunehmen. [2] Die Anmeldung zur Eintragung einer Vereinigung ist durch sämtliche Geschäftsführer, die Anmeldung zur Eintragung des Schlusses der Abwicklung durch sämtliche Abwickler zu bewirken.

(2) [1] Das Ausscheiden eines Mitglieds aus der Vereinigung und die Auflösung der Vereinigung durch Beschluß ihrer Mitglieder kann jeder Beteiligte anmelden. [2] Die Klausel nach § 2 Abs. 3 Nr. 7 kann auch das neue Mitglied anmelden.

(3) [1] In der Anmeldung zur Eintragung haben die Geschäftsführer zu versichern, daß keine Umstände vorliegen, die nach Artikel 19 Abs. 1 der Verordnung ihrer Bestellung entgegenstehen, und daß sie über ihre unbeschränkte Auskunftspflicht gegenüber dem Gericht belehrt worden sind. [2] Die Belehrung nach § 53 Abs. 2 des Bundeszentralregistergesetzes kann schriftlich vorgenommen werden; sie kann auch durch einen Notar oder einen im Ausland bestellten Notar, durch einen Vertreter eines vergleichbaren rechtsberatenden Berufs oder einen Konsularbeamten erfolgen.

(4) Absatz 3 gilt auch für neu bestellte Geschäftsführer.

§ 4 Bekanntmachungen. (1) Das Gericht hat einen Verlegungsplan nach Artikel 14 Abs. 1 der Verordnung sowie die Abtretung der gesamten oder eines

Teils der Beteiligung an der Vereinigung durch ein Mitglied nach Artikel 22 Abs. 1 der Verordnung gemäß § 10 des Handelsgesetzbuchs[1] durch einen Hinweis auf die Einreichung der Urkunden beim Handelsregister bekanntzumachen.

(2) Das Gericht hat die nach Artikel 11 der Verordnung im Amtsblatt der Europäischen Gemeinschaften zu veröffentlichenden Angaben binnen eines Monats nach der Bekanntmachung nach § 10 des Handelsgesetzbuchs[1] dem Amt für amtliche Veröffentlichungen der Europäischen Gemeinschaften mitzuteilen.

§ 5 Sorgfaltspflicht und Verantwortlichkeit der Geschäftsführer.

(1) [1] Die Geschäftsführer haben bei ihrer Geschäftsführung die Sorgfalt eines ordentlichen und gewissenhaften Geschäftsleiters anzuwenden. [2] Über vertrauliche Angaben und Geheimnisse der Vereinigung, namentlich Betriebs- und Geschäftsgeheimnisse, die ihnen durch ihre Tätigkeit bekannt geworden sind, haben sie Stillschweigen zu bewahren.

(2) [1] Geschäftsführer, die ihre Pflichten verletzen, sind der Vereinigung zum Ersatz des daraus entstehenden Schadens als Gesamtschuldner verpflichtet. [2] Ist streitig, ob sie die Sorgfalt eines ordentlichen und gewissenhaften Geschäftsleiters angewandt haben, so trifft sie die Beweislast.

(3) Die Ansprüche aus Absatz 2 verjähren in fünf Jahren.

§ 6 Aufstellung des Jahresabschlusses. Die Geschäftsführer sind verpflichtet, für die ordnungsmäßige Buchführung der Vereinigung zu sorgen und den Jahresabschluß aufzustellen.

§ 7 Entlassung der Geschäftsführer. Sind die Bedingungen für die Entlassung der Geschäftsführer nicht gemäß Artikel 19 Abs. 3 der Verordnung festgelegt, so ist die Bestellung der Geschäftsführer zu jeder Zeit widerruflich, unbeschadet der Entschädigungsansprüche aus bestehenden Verträgen.

§ 8 Ausscheiden eines Mitgliedes. Ein Mitglied scheidet außer aus den Gründen nach Artikel 28 Abs. 1 Satz 1 der Verordnung aus der Vereinigung aus, wenn über sein Vermögen das Insolvenzverfahren eröffnet wird.

§ 9 *(aufgehoben)*

§ 10 Abwicklung der Vereinigung. (1) In den Fällen der Auflösung der Vereinigung außer im Fall des Insolvenzverfahrens über das Vermögen der Vereinigung erfolgt die Abwicklung durch die Geschäftsführer, wenn sie nicht durch den Gründungsvertrag oder durch Beschluß der Mitglieder der Vereinigung anderen Personen übertragen ist.

(2) Auf die Auswahl der Abwickler ist Artikel 19 Abs. 1 Satz 2 der Verordnung, auf die Anmeldung zur Eintragung in das Handelsregister § 3 Abs. 3 entsprechend anzuwenden.

§ 11 Eröffnung des Insolvenzverfahrens. [1] Den Antrag auf Eröffnung des Insolvenzverfahrens können auch die Geschäftsführer stellen. [2] Im Fall des § 15a

---

[1] Nr. **5**.

Abs. 1 Satz 2 der Insolvenzordnung[1)] sind die Geschäftsführer und die Abwickler verpflichtet, diesen Antrag zu stellen.

§ 12 Zwangsgelder. [1] Geschäftsführer oder Abwickler, die Artikel 25 der Verordnung nicht befolgen, sind hierzu vom Registergericht durch Festsetzung von Zwangsgeld anzuhalten; § 14 des Handelsgesetzbuchs[2)] bleibt unberührt. [2] Das einzelne Zwangsgeld darf den Betrag von fünftausend Euro nicht übersteigen.

§ 13 Falsche Angaben. Mit Freiheitsstrafe bis zu drei Jahren oder mit Geldstrafe wird bestraft, wer als Geschäftsführer in der nach § 3 Abs. 3 Satz 1, auch in Verbindung mit Absatz 5, abzugebenden Versicherung oder als Abwickler in der nach § 3 Abs. 3 Satz 1 in Verbindung mit § 10 Abs. 2 zweiter Halbsatz abzugebenden Versicherung falsche Angaben macht.

§ 14 Verletzung der Geheimhaltungspflicht. (1) Mit Freiheitsstrafe bis zu einem Jahr oder mit Geldstrafe wird bestraft, wer ein Geheimnis der Vereinigung, namentlich ein Betriebs- oder Geschäftsgeheimnis, das ihm in seiner Eigenschaft als Geschäftsführer oder Abwickler bekanntgeworden ist, unbefugt offenbart.

(2) [1] Handelt der Täter gegen Entgelt oder in der Absicht, sich oder einen anderen zu bereichern oder einen anderen zu schädigen, so ist die Strafe Freiheitsstrafe bis zu zwei Jahren oder Geldstrafe. [2] Ebenso wird bestraft, wer ein Geheimnis der in Absatz 1 bezeichneten Art, namentlich ein Betriebs- oder Geschäftsgeheimnis, das ihm unter den Voraussetzungen des Absatzes 1 bekanntgeworden ist, unbefugt verwertet.

(3) [1] Die Tat wird nur auf Antrag der Vereinigung verfolgt. [2] Antragsberechtigt sind von den Mitgliedern bestellte besondere Vertreter.

§ 15 *(aufgehoben)*

§§ 16, 17 *(gegenstandslos)*

§ 18 Inkrafttreten. Dieses Gesetz tritt am 1. Januar 1989 in Kraft.

---

1) Nr. **20**.
2) Nr. **5**.

10. Gesetz über den Wertpapierhandel (Wertpapierhandelsgesetz – WpHG)

In der Fassung der Bekanntmachung vom 9. September 1998[1)]
(BGBl. I S. 2708)

FNA 4110-4

zuletzt geänd. durch Art. 4 Wirtschaftsstabilisierungsfondsgesetz v. 27.3.2020 (BGBl. I S. 543)

Inhaltsübersicht

---

1) Neubekanntmachung des WpHG v. 26.7.1994 (BGBl. I S. 1794) in der ab 1.8.1998 geltenden Fassung.

Abschnitt 1. Anwendungsbereich, Begriffsbestimmungen

§ 1 Anwendungsbereich (1) Dieses Gesetz enthält Regelungen in Bezug auf

1. die Erbringung von Wertpapierdienstleistungen und Wertpapiernebendienstleistungen,
2. die Erbringung von Datenbereitstellungsdiensten und die Organisation von Datenbereitstellungsdienstleistern,
3. das marktmissbräuchliche Verhalten im börslichen und außerbörslichen Handel mit Finanzinstrumenten,
4. die Vermarktung, den Vertrieb und den Verkauf von Finanzinstrumenten und strukturierten Einlagen,
5. die Konzeption von Finanzinstrumenten zum Vertrieb,
6. die Überwachung von Unternehmensabschlüssen und die Veröffentlichung von Finanzberichten, die den Vorschriften dieses Gesetzes unterliegen,
7. die Veränderungen der Stimmrechtsanteile von Aktionären an börsennotierten Gesellschaften sowie
8. die Zuständigkeiten und Befugnisse der Bundesanstalt für Finanzdienstleistungsaufsicht (Bundesanstalt) und die Ahndung von Verstößen hinsichtlich

a) der Vorschriften dieses Gesetzes,

b) der Verordnung (EG) Nr. 1060/2009 des Europäischen Parlaments und des Rates vom 16. September 2009 über Ratingagenturen (ABl. L 302 vom 17.11.2009, S. 1; L 350 vom 29.12.2009, S. 59; L 145 vom 31.5. 2011, S. 57; L 267 vom 6.9.2014, S. 30), die zuletzt durch die Richtlinie 2014/51/EU (ABl. L 153 vom 22.5.2014, S. 1; L 108 vom 28.4.2015, S. 8) geändert worden ist, in der jeweils geltenden Fassung,

c) der Verordnung (EU) Nr. 236/2012 des Europäischen Parlaments und des Rates vom 14. März 2012 über Leerverkäufe und bestimmte Aspekte von Credit Default Swaps (ABl. L 86 vom 24.3.2012, S. 1), die zuletzt durch die Verordnung (EU) Nr. 909/2014 (ABl. L 257 vom 28.8.2014, S. 1) geändert worden ist, in der jeweils geltenden Fassung,

d) der Verordnung (EU) Nr. 648/2012 des Europäischen Parlaments und des Rates vom 4. Juli 2012 über OTC-Derivate, zentrale Gegenparteien und Transaktionsregister (ABl. L 201 vom 27.7.2012, S. 1; L 321 vom 30.11. 2013, S. 6), die zuletzt durch die Verordnung (EU) 2019/834 (ABl. L 141 vom 28.5.2019, S. 42) geändert worden ist, in der jeweils geltenden Fassung,

e) der Verordnung (EU) Nr. 596/2014 des Europäischen Parlaments und des Rates vom 16. April 2014 über Marktmissbrauch (Marktmissbrauchsverordnung) und zur Aufhebung der Richtlinie 2003/6/EG des Europäischen Parlaments und des Rates und der Richtlinien 2003/124/EG, 2003/125/EG und 2004/72/EG der Kommission (ABl. L 173 vom 12.6. 2014, S. 1; L 287 vom 21.10.2016, S. 320; L 306 vom 15.11.2016, S. 43; L 348 vom 21.12.2016, S. 83), die zuletzt durch die Verordnung (EU) 2016/1033 (ABl. L 175 vom 30.6.2016, S. 1) geändert worden ist, in der jeweils geltenden Fassung,

f) der Verordnung (EU) Nr. 600/2014 des Europäischen Parlaments und des Rats vom 15. Mai 2014 über Märkte für Finanzinstrumente und zur Änderung der Verordnung (EU) Nr. 648/2012 (ABl. L 173 vom 12.6. 2014, S. 84; L 6 vom 10.1.2015, S. 6; L 270 vom 15.10.2015, S. 4) in der jeweils geltenden Fassung,

g) der Verordnung (EU) Nr. 909/2014 des Europäischen Parlaments und des Rates vom 23. Juli 2014 zur Verbesserung der Wertpapierlieferungen und -abrechnungen in der Europäischen Union und über Zentralverwahrer sowie zur Änderung der Richtlinien 98/26/EG und 2014/65/EU und der Verordnung (EU) Nr. 236/2012 (ABl. L 257 vom 28.8.2014, S. 1; L 349 vom 21.12.2016, S. 5), die zuletzt durch die Verordnung (EU) 2016/ 1033 (ABl. L 175 vom 30.6.2016, S. 1) geändert worden ist, in der jeweils geltenden Fassung,

h) der Verordnung (EU) Nr. 1286/2014 des Europäischen Parlaments und des Rates vom 26. November 2014 über Basisinformationsblätter für verpackte Anlageprodukte für Kleinanleger und Versicherungsanlageprodukte (PRIIP) (ABl. L 352 vom 9.12.2014, S. 1; L 358 vom 13.12.2014, S. 50), in der jeweils geltenden Fassung,

i) der Verordnung (EU) 2015/2365 des Europäischen Parlaments und des Rates vom 25. November 2015 über die Transparenz von Wertpapierfinanzierungsgeschäften und der Weiterverwendung sowie zur Änderung der Verordnung (EU) Nr. 648/2012 (ABl. L 337 vom 23.12.2015, S. 1), in der jeweils geltenden Fassung,

j) der Verordnung (EU) 2016/1011 des Europäischen Parlaments und des Rates vom 8. Juni 2016 über Indizes, die bei Finanzinstrumenten und Finanzkontrakten als Referenzwert oder zur Messung der Wertentwicklung eines Investmentfonds verwendet werden, und zur Änderung der Richtlinien 2008/48/EG und 2014/17/EU sowie der Verordnung (EU) Nr. 596/2014 (ABl. L 171 vom 29.6.2016, S. 1), in der jeweils geltenden Fassung.

(2) [1] Soweit nicht abweichend geregelt, sind die Vorschriften des Abschnitts 11 sowie die §§ 54 bis 57 auch anzuwenden auf Handlungen und Unterlassungen, die im Ausland vorgenommen werden, sofern sie

1. einen Emittenten mit Sitz im Inland,
2. Finanzinstrumente, die an einem inländischen organisierten Markt, einem inländischen multilateralen Handelssystem oder einem inländischen organisierten Handelssystem gehandelt werden oder
3. Wertpapierdienstleistungen oder Wertpapiernebendienstleistungen, die im Inland angeboten werden,

betreffen. [2] Die §§ 54 bis 57 gelten auch für im Ausland außerhalb eines Handelsplatzes gehandelte Warenderivate, die wirtschaftlich gleichwertig mit Warenderivaten sind, die an Handelsplätzen im Inland gehandelt werden.

(3) [1] Bei Anwendung der Vorschriften der Abschnitte 6, 7 und 16 unberücksichtigt bleiben Anteile und Aktien an offenen Investmentvermögen im Sinne des § 1 Absatz 4 des Kapitalanlagegesetzbuchs. [2] Für Abschnitt 6 gilt dies nur, soweit es sich nicht um Spezial-AIF im Sinne des § 1 Absatz 6 des Kapitalanlagegesetzbuchs handelt.

§ 2 Begriffsbestimmungen. (1) Wertpapiere im Sinne dieses Gesetzes sind, auch wenn keine Urkunden über sie ausgestellt sind, alle Gattungen von übertragbaren Wertpapieren mit Ausnahme von Zahlungsinstrumenten, die ihrer Art nach auf den Finanzmärkten handelbar sind, insbesondere

1. Aktien,
2. andere Anteile an in- oder ausländischen juristischen Personen, Personengesellschaften und sonstigen Unternehmen, soweit sie Aktien vergleichbar sind, sowie Hinterlegungsscheine, die Aktien vertreten,
3. Schuldtitel,
   a) insbesondere Genussscheine und Inhaberschuldverschreibungen und Orderschuldverschreibungen sowie Hinterlegungsscheine, die Schuldtitel vertreten,
   b) sonstige Wertpapiere, die zum Erwerb oder zur Veräußerung von Wertpapieren nach den Nummern 1 und 2 berechtigen oder zu einer Barzahlung führen, die in Abhängigkeit von Wertpapieren, von Währungen, Zinssätzen oder anderen Erträgen, von Waren, Indices oder Messgrößen bestimmt wird; nähere Bestimmungen enthält die Delegierte Verordnung (EU) 2017/565 der Kommission vom 25. April 2016 zur Ergänzung der Richtlinie 2014/65/EU des Europäischen Parlaments und des Rates in Bezug auf die organisatorischen Anforderungen an Wertpapierfirmen und die Bedingungen für die Ausübung ihrer Tätigkeit sowie in Bezug auf die

Definition bestimmter Begriffe für die Zwecke der genannten Richtlinie (ABl. L 87 vom 31.3.2017, S. 1), in der jeweils geltenden Fassung.

(2) Geldmarktinstrumente im Sinne dieses Gesetzes sind Instrumente, die üblicherweise auf dem Geldmarkt gehandelt werden, insbesondere Schatzanweisungen, Einlagenzertifikate, Commercial Papers und sonstige vergleichbare Instrumente, sofern im Einklang mit Artikel 11 der Delegierten Verordnung (EU) 2017/565

1. ihr Wert jederzeit bestimmt werden kann,
2. es sich nicht um Derivate handelt und
3. ihre Fälligkeit bei Emission höchstens 397 Tage beträgt,

es sei denn, es handelt sich um Zahlungsinstrumente.

(3) Derivative Geschäfte im Sinne dieses Gesetzes sind

1. als Kauf, Tausch oder anderweitig ausgestaltete Festgeschäfte oder Optionsgeschäfte, die zeitlich verzögert zu erfüllen sind und deren Wert sich unmittelbar oder mittelbar vom Preis oder Maß eines Basiswertes ableitet (Termingeschäfte) mit Bezug auf die folgenden Basiswerte:
   a) Wertpapiere oder Geldmarktinstrumente,
   b) Devisen, soweit das Geschäft nicht die in Artikel 10 der Delegierten Verordnung (EU) 2017/565 genannten Voraussetzungen erfüllt, oder Rechnungseinheiten,
   c) Zinssätze oder andere Erträge,
   d) Indices der Basiswerte der Buchstaben a, b, c oder f, andere Finanzindizes oder Finanzmessgrößen,
   e) derivative Geschäfte oder
   f) Berechtigungen nach § 3 Nummer 3 des Treibhausgas-Emissionshandelsgesetzes, Emissionsreduktionseinheiten nach § 2 Nummer 20 des Projekt-Mechanismen-Gesetzes und zertifizierte Emissionsreduktionen nach § 2 Nummer 21 des Projekt-Mechanismen-Gesetzes, soweit diese jeweils im Emissionshandelsregister gehalten werden dürfen (Emissionszertifikate);
2. Termingeschäfte mit Bezug auf Waren, Frachtsätze, Klima- oder andere physikalische Variablen, Inflationsraten oder andere volkswirtschaftliche Variablen oder sonstige Vermögenswerte, Indices oder Messwerte als Basiswerte, sofern sie
   a) durch Barausgleich zu erfüllen sind oder einer Vertragspartei das Recht geben, einen Barausgleich zu verlangen, ohne dass dieses Recht durch Ausfall oder ein anderes Beendigungsereignis begründet ist,
   b) auf einem organisierten Markt oder in einem multilateralen oder organisierten Handelssystem geschlossen werden und nicht über ein organisiertes Handelssystem gehandelte Energiegroßhandelsprodukte im Sinne von Absatz 20 sind, die effektiv geliefert werden müssen, oder
   c) die Merkmale anderer Derivatekontrakte im Sinne des Artikels 7 der Delegierten Verordnung (EU) 2017/565 aufweisen und nichtkommerziellen Zwecken dienen,

   und sofern sie keine Kassageschäfte im Sinne des Artikels 7 der Delegierten Verordnung (EU) 2017/565 sind;
3. finanzielle Differenzgeschäfte;

4. als Kauf, Tausch oder anderweitig ausgestaltete Festgeschäfte oder Optionsgeschäfte, die zeitlich verzögert zu erfüllen sind und dem Transfer von Kreditrisiken dienen (Kreditderivate);
5. Termingeschäfte mit Bezug auf die in Artikel 8 der Delegierten Verordnung (EU) 2017/565 genannten Basiswerte, sofern sie die Bedingungen der Nummer 2 erfüllen.

(4) Finanzinstrumente im Sinne dieses Gesetzes sind

1. Wertpapiere im Sinne des Absatzes 1,
2. Anteile an Investmentvermögen im Sinne des § 1 Absatz 1 des Kapitalanlagegesetzbuchs,
3. Geldmarktinstrumente im Sinne des Absatzes 2,
4. derivative Geschäfte im Sinne des Absatzes 3,
5. Emissionszertifikate,
6. Rechte auf Zeichnung von Wertpapieren und
7. Vermögensanlagen im Sinne des § 1 Absatz 2 des Vermögensanlagengesetzes mit Ausnahme von Anteilen an einer Genossenschaft im Sinne des § 1 des Genossenschaftsgesetzes[1)] sowie Namensschuldverschreibungen, die mit einer vereinbarten festen Laufzeit, einem unveränderlich vereinbarten festen positiven Zinssatz ausgestattet sind, bei denen das investierte Kapital ohne Anrechnung von Zinsen ungemindert zum Zeitpunkt der Fälligkeit zum vollen Nennwert zurückgezahlt wird, und die von einem CRR-Kreditinstitut im Sinne des § 1 Absatz 3d Satz 1 des Kreditwesengesetzes, dem eine Erlaubnis nach § 32 Absatz 1 des Kreditwesengesetzes erteilt worden ist, ausgegeben werden, wenn das darauf eingezahlte Kapital im Falle des Insolvenzverfahrens über das Vermögen des Instituts oder der Liquidation des Instituts nicht erst nach Befriedigung aller nicht nachrangigen Gläubiger zurückgezahlt wird.

(5) Waren im Sinne dieses Gesetzes sind fungible Wirtschaftsgüter, die geliefert werden können; dazu zählen auch Metalle, Erze und Legierungen, landwirtschaftliche Produkte und Energien wie Strom.

(6) Waren-Spot-Kontrakt im Sinne dieses Gesetzes ist ein Vertrag im Sinne des Artikels 3 Absatz 1 Nummer 15 der Verordnung (EU) Nr. 596/2014.

(7) Referenzwert im Sinne dieses Gesetzes ist ein Kurs, Index oder Wert im Sinne des Artikels 3 Absatz 1 Nummer 29 der Verordnung (EU) Nr. 596/2014.

(8) [1] Wertpapierdienstleistungen im Sinne dieses Gesetzes sind

1. die Anschaffung oder Veräußerung von Finanzinstrumenten im eigenen Namen für fremde Rechnung (Finanzkommissionsgeschäft),
2. das
   a) kontinuierliche Anbieten des An- und Verkaufs von Finanzinstrumenten an den Finanzmärkten zu selbst gestellten Preisen für eigene Rechnung unter Einsatz des eigenen Kapitals (Market-Making),
   b) häufige organisierte und systematische Betreiben von Handel für eigene Rechnung in erheblichem Umfang außerhalb eines organisierten Marktes oder eines multilateralen oder organisierten Handelssystems, wenn Kundenaufträge außerhalb eines geregelten Marktes oder eines multilate-

---

[1)] Nr. **4**.

ralen oder organisierten Handelssystems ausgeführt werden, ohne dass ein multilaterales Handelssystem betrieben wird (systematische Internalisierung),

c) Anschaffen oder Veräußern von Finanzinstrumenten für eigene Rechnung als Dienstleistung für andere (Eigenhandel) oder

d) Kaufen oder Verkaufen von Finanzinstrumenten für eigene Rechnung als unmittelbarer oder mittelbarer Teilnehmer eines inländischen organisierten Marktes oder eines multilateralen oder organisierten Handelssystems mittels einer hochfrequenten algorithmischen Handelstechnik im Sinne von Absatz 44, auch ohne Dienstleistung für andere (Hochfrequenzhandel),

3. die Anschaffung oder Veräußerung von Finanzinstrumenten in fremdem Namen für fremde Rechnung (Abschlussvermittlung),
4. die Vermittlung von Geschäften über die Anschaffung und die Veräußerung von Finanzinstrumenten (Anlagevermittlung),
5. die Übernahme von Finanzinstrumenten für eigenes Risiko zur Platzierung oder die Übernahme gleichwertiger Garantien (Emissionsgeschäft),
6. die Platzierung von Finanzinstrumenten ohne feste Übernahmeverpflichtung (Platzierungsgeschäft),
7. die Verwaltung einzelner oder mehrerer in Finanzinstrumenten angelegter Vermögen für andere mit Entscheidungsspielraum (Finanzportfolioverwaltung),
8. der Betrieb eines multilateralen Systems, das die Interessen einer Vielzahl von Personen am Kauf und Verkauf von Finanzinstrumenten innerhalb des Systems und nach nichtdiskretionären Bestimmungen in einer Weise zusammenbringt, die zu einem Vertrag über den Kauf dieser Finanzinstrumente führt (Betrieb eines multilateralen Handelssystems),
9. der Betrieb eines multilateralen Systems, bei dem es sich nicht um einen organisierten Markt oder ein multilaterales Handelssystem handelt und das die Interessen einer Vielzahl Dritter am Kauf und Verkauf von Schuldverschreibungen, strukturierten Finanzprodukten, Emissionszertifikaten oder Derivaten innerhalb des Systems auf eine Weise zusammenführt, die zu einem Vertrag über den Kauf dieser Finanzinstrumente führt (Betrieb eines organisierten Handelssystems),
10. die Abgabe von persönlichen Empfehlungen im Sinne des Artikels 9 der Delegierten Verordnung (EU) 2017/565 an Kunden oder deren Vertreter, die sich auf Geschäfte mit bestimmten Finanzinstrumenten beziehen, sofern die Empfehlung auf eine Prüfung der persönlichen Umstände des Anlegers gestützt oder als für ihn geeignet dargestellt wird und nicht ausschließlich über Informationsverbreitungskanäle oder für die Öffentlichkeit bekannt gegeben wird (Anlageberatung).

[2] Das Finanzkommissionsgeschäft, der Eigenhandel und die Abschlussvermittlung umfassen den Abschluss von Vereinbarungen über den Verkauf von Finanzinstrumenten, die von einem Wertpapierdienstleistungsunternehmen oder einem Kreditinstitut ausgegeben werden, im Zeitpunkt ihrer Emission. [3] Ob ein häufiger systematischer Handel vorliegt, bemisst sich nach der Zahl der Geschäfte außerhalb eines Handelsplatzes (OTC-Handel) mit einem Finanzinstrument zur Ausführung von Kundenaufträgen, die von dem Wertpapierdienstleistungsunternehmen für eigene Rechnung durchgeführt werden. [4] Ob

ein Handel in erheblichem Umfang vorliegt, bemisst sich entweder nach dem Anteil des OTC-Handels an dem Gesamthandelsvolumen des Wertpapierdienstleistungsunternehmens in einem bestimmten Finanzinstrument oder nach dem Verhältnis des OTC-Handels des Wertpapierdienstleistungsunternehmens zum Gesamthandelsvolumen in einem bestimmten Finanzinstrument in der Europäischen Union; nähere Bestimmungen enthalten die Artikel 12 bis 17 der Delegierten Verordnung (EU) 2017/565. [5] Die Voraussetzungen der systematischen Internalisierung sind erst dann erfüllt, wenn sowohl die Obergrenze für den häufigen systematischen Handel als auch die Obergrenze für den Handel in erheblichem Umfang überschritten werden oder wenn ein Unternehmen sich freiwillig den für die systematische Internalisierung geltenden Regelungen unterworfen und eine Erlaubnis zum Betreiben der systematischen Internalisierung bei der Bundesanstalt beantragt hat. [6] Als Wertpapierdienstleistung gilt auch die Anschaffung und Veräußerung von Finanzinstrumenten für eigene Rechnung, die keine Dienstleistung für andere im Sinne des Satzes 1 Nr. 2 darstellt (Eigengeschäft). [7] Der Finanzportfolioverwaltung gleichgestellt ist hinsichtlich der §§ 63 bis 83 und 85 bis 92 dieses Gesetzes sowie des Artikels 20 Absatz 1 der Verordnung (EU) Nr. 596/2014, des Artikels 26 der Verordnung (EU) Nr. 600/2014 und der Artikel 72 bis 76 der Delegierten Verordnung (EU) 2017/565 die erlaubnispflichtige Anlageverwaltung nach § 1 Absatz 1a Satz 2 Nummer 11 des Kreditwesengesetzes.

(9) Wertpapiernebendienstleistungen im Sinne dieses Gesetzes sind

1. die Verwahrung und die Verwaltung von Finanzinstrumenten für andere, einschließlich Depotverwahrung und verbundener Dienstleistungen wie Cash-Management oder die Verwaltung von Sicherheiten mit Ausnahme der Bereitstellung und Führung von Wertpapierkonten auf oberster Ebene (zentrale Kontenführung) gemäß Abschnitt A Nummer 2 des Anhangs zur Verordnung (EU) Nr. 909/2014 (Depotgeschäft),
2. die Gewährung von Krediten oder Darlehen an andere für die Durchführung von Wertpapierdienstleistungen, sofern das Unternehmen, das den Kredit oder das Darlehen gewährt, an diesen Geschäften beteiligt ist,
3. die Beratung von Unternehmen über die Kapitalstruktur, die industrielle Strategie sowie die Beratung und das Angebot von Dienstleistungen bei Unternehmenskäufen und Unternehmenszusammenschlüssen,
4. Devisengeschäfte, die in Zusammenhang mit Wertpapierdienstleistungen stehen,
5. das Erstellen oder Verbreiten von Empfehlungen oder Vorschlägen von Anlagestrategien im Sinne des Artikels 3 Absatz 1 Nummer 34 der Verordnung (EU) Nr. 596/2014 (Anlagestrategieempfehlung) oder von Anlageempfehlungen im Sinne des Artikels 3 Absatz 1 Nummer 35 der Verordnung (EU) Nr. 596/2014 (Anlageempfehlung),
6. Dienstleistungen, die im Zusammenhang mit dem Emissionsgeschäft stehen,
7. Dienstleistungen, die sich auf einen Basiswert im Sinne des Absatzes 2 Nr. 2 oder Nr. 5 beziehen und im Zusammenhang mit Wertpapierdienstleistungen oder Wertpapiernebendienstleistungen stehen.

(10) Wertpapierdienstleistungsunternehmen im Sinne dieses Gesetzes sind Kreditinstitute, Finanzdienstleistungsinstitute und nach § 53 Abs. 1 Satz 1 des Kreditwesengesetzes tätige Unternehmen, die Wertpapierdienstleistungen allein oder zusammen mit Wertpapiernebendienstleistungen gewerbsmäßig oder in

einem Umfang erbringen, der einen in kaufmännischer Weise eingerichteten Geschäftsbetrieb erfordert.

(11) Organisierter Markt im Sinne dieses Gesetzes ist ein im Inland, in einem anderen Mitgliedstaat der Europäischen Union oder einem anderen Vertragsstaat des Abkommens über den Europäischen Wirtschaftsraum betriebenes oder verwaltetes, durch staatliche Stellen genehmigtes, geregeltes und überwachtes multilaterales System, das die Interessen einer Vielzahl von Personen am Kauf und Verkauf von dort zum Handel zugelassenen Finanzinstrumenten innerhalb des Systems und nach nichtdiskretionären Bestimmungen in einer Weise zusammenbringt oder das Zusammenbringen fördert, die zu einem Vertrag über den Kauf dieser Finanzinstrumente führt.

(12) Drittstaat im Sinne dieses Gesetzes ist ein Staat, der weder Mitgliedstaat der Europäischen Union (Mitgliedstaat) noch Vertragsstaat des Abkommens über den Europäischen Wirtschaftsraum ist.

(13) Emittenten, für die die Bundesrepublik Deutschland der Herkunftsstaat ist, sind

1. Emittenten von Schuldtiteln mit einer Stückelung von weniger als 1 000 Euro oder dem am Ausgabetag entsprechenden Gegenwert in einer anderen Währung oder von Aktien,
   a) die ihren Sitz im Inland haben und deren Wertpapiere zum Handel an einem organisierten Markt im Inland oder in einem anderen Mitgliedstaat der Europäischen Union oder einem anderen Vertragsstaat des Abkommens über den Europäischen Wirtschaftsraum zugelassen sind oder
   b) die ihren Sitz in einem Drittstaat haben, deren Wertpapiere zum Handel an einem organisierten Markt im Inland zugelassen sind und die die Bundesrepublik Deutschland als Herkunftsstaat nach § 4 Absatz 1 gewählt haben,
2. Emittenten, die andere als die in Nummer 1 genannten Finanzinstrumente begeben und
   a) die ihren Sitz im Inland haben und deren Finanzinstrumente zum Handel an einem organisierten Markt im Inland oder in anderen Mitgliedstaaten der Europäischen Union oder in anderen Vertragsstaaten des Abkommens über den Europäischen Wirtschaftsraum zugelassen sind oder
   b) die ihren Sitz nicht im Inland haben und deren Finanzinstrumente zum Handel an einem organisierten Markt im Inland zugelassen sind

   und die die Bundesrepublik Deutschland nach Maßgabe des § 4 Absatz 2 als Herkunftsstaat gewählt haben,
3. Emittenten, die nach Nummer 1 Buchstabe b oder Nummer 2 die Bundesrepublik Deutschland als Herkunftsstaat wählen können und deren Finanzinstrumente zum Handel an einem organisierten Markt im Inland zugelassen sind, solange sie nicht wirksam einen Herkunftsmitgliedstaat gewählt haben nach § 4 in Verbindung mit § 5 oder nach entsprechenden Vorschriften anderer Mitgliedstaaten der Europäischen Union oder anderer Vertragsstaaten des Abkommens über den Europäischen Wirtschaftsraum.

(14) Inlandsemittenten sind

1. Emittenten, für die die Bundesrepublik Deutschland der Herkunftsstaat ist, mit Ausnahme solcher Emittenten, deren Wertpapiere nicht im Inland, sondern lediglich in einem anderen Mitgliedstaat der Europäischen Union

oder einem anderen Vertragsstaat des Abkommens über den Europäischen Wirtschaftsraum zugelassen sind, soweit sie in diesem anderen Staat Veröffentlichungs- und Mitteilungspflichten nach Maßgabe der Richtlinie 2004/109/EG des Europäischen Parlaments und des Rates vom 15. Dezember 2004 zur Harmonisierung der Transparenzanforderungen in Bezug auf Informationen über Emittenten, deren Wertpapiere zum Handel auf einem geregelten Markt zugelassen sind, und zur Änderung der Richtlinie 2001/34/EG (ABl. EU Nr. L 390 S. 38) unterliegen, und

2. Emittenten, für die nicht die Bundesrepublik Deutschland, sondern ein anderer Mitgliedstaat der Europäischen Union oder ein anderer Vertragsstaat des Abkommens über den Europäischen Wirtschaftsraum der Herkunftsstaat ist, deren Wertpapiere aber nur im Inland zum Handel an einem organisierten Markt zugelassen sind.

(15) MTF-Emittenten im Sinne dieses Gesetzes sind Emittenten von Finanzinstrumenten,

1. die ihren Sitz im Inland haben und die für ihre Finanzinstrumente eine Zulassung zum Handel an einem multilateralen Handelssystem im Inland oder in einem anderen Mitgliedstaat der Europäischen Union (Mitgliedstaat) oder einem anderen Vertragsstaat des Abkommens über den Europäischen Wirtschaftsraum beantragt oder genehmigt haben, wenn diese Finanzinstrumente nur auf multilateralen Handelssystemen gehandelt werden, mit Ausnahme solcher Emittenten, deren Finanzinstrumente nicht im Inland, sondern lediglich in einem anderen Mitgliedstaat oder einem anderen Vertragsstaat des Abkommens über den Europäischen Wirtschaftsraum zugelassen sind, oder
2. die ihren Sitz nicht im Inland haben und die für ihre Finanzinstrumente eine Zulassung zum Handel auf einem multilateralen Handelssystem im Inland beantragt oder genehmigt haben, wenn diese Finanzinstrumente nur an multilateralen Handelssystemen im Inland gehandelt werden.

(16) OTF-Emittenten im Sinne dieses Gesetzes sind Emittenten von Finanzinstrumenten,

1. die ihren Sitz im Inland haben und die für ihre Finanzinstrumente eine Zulassung zum Handel an einem organisierten Handelssystem im Inland oder in einem anderen Mitgliedstaat oder einem anderen Vertragsstaat des Abkommens über den Europäischen Wirtschaftsraum beantragt oder genehmigt haben, wenn diese Finanzinstrumente nur auf organisierten Handelssystemen gehandelt werden, mit Ausnahme solcher Emittenten, deren Finanzinstrumente nicht im Inland, sondern lediglich in einem anderen Mitgliedstaat oder einem anderen Vertragsstaat des Abkommens über den Europäischen Wirtschaftsraum zugelassen sind, soweit sie in diesem Staat den Anforderungen des Artikels 21 der Richtlinie 2004/109/EG unterliegen, oder
2. die ihren Sitz nicht im Inland haben und die für ihre Finanzinstrumente nur eine Zulassung zum Handel an einem organisierten Handelssystem im Inland beantragt oder genehmigt haben.

(17) Herkunftsmitgliedstaat im Sinne dieses Gesetzes ist

1. im Falle eines Wertpapierdienstleistungsunternehmens,

a) sofern es sich um eine natürliche Person handelt, der Mitgliedstaat, in dem sich die Hauptverwaltung des Wertpapierdienstleistungsunternehmens befindet;

b) sofern es sich um eine juristische Person handelt, der Mitgliedstaat, in dem sich ihr Sitz befindet;

c) sofern es sich um eine juristische Person handelt, für die nach dem nationalen Recht, das für das Wertpapierdienstleistungsunternehmen maßgeblich ist, kein Sitz bestimmt ist, der Mitgliedstaat, in dem sich die Hauptverwaltung befindet;

2. im Falle eines organisierten Marktes der Mitgliedstaat, in dem dieser registriert oder zugelassen ist, oder, sofern für ihn nach dem Recht dieses Mitgliedstaats kein Sitz bestimmt ist, der Mitgliedstaat, in dem sich die Hauptverwaltung befindet;

3. im Falle eines Datenbereitstellungsdienstes,

a) sofern es sich um eine natürliche Person handelt, der Mitgliedstaat, in dem sich die Hauptverwaltung des Datenbereitstellungsdienstes befindet;

b) sofern es sich um eine juristische Person handelt, der Mitgliedstaat, in dem sich der Sitz des Datenbereitstellungsdienstes befindet;

c) sofern es sich um eine juristische Person handelt, für die nach dem nationalen Recht, das für den Datenbereitstellungsdienst maßgeblich ist, kein Sitz bestimmt ist, der Mitgliedstaat, in dem sich die Hauptverwaltung befindet.

(18) Aufnahmemitgliedstaat im Sinne dieses Gesetzes ist

1. für ein Wertpapierdienstleistungsunternehmen der Mitgliedstaat, in dem es eine Zweigniederlassung unterhält oder Wertpapierdienstleistungen im Wege des grenzüberschreitenden Dienstleistungsverkehrs erbringt;

2. für einen organisierten Markt der Mitgliedstaat, in dem er geeignete Vorkehrungen bietet, um in diesem Mitgliedstaat niedergelassenen Marktteilnehmern den Zugang zum Handel über sein System zu erleichtern.

(19) [1] Eine strukturierte Einlage ist eine Einlage im Sinne des § 2 Absatz 3 Satz 1 und 2 des Einlagensicherungsgesetzes, die bei Fälligkeit in voller Höhe zurückzuzahlen ist, wobei sich die Zahlung von Zinsen oder einer Prämie, das Zinsrisiko oder das Prämienrisiko aus einer Formel ergibt, die insbesondere abhängig ist von

1. einem Index oder einer Indexkombination,

2. einem Finanzinstrument oder einer Kombination von Finanzinstrumenten,

3. einer Ware oder einer Kombination von Waren oder anderen körperlichen oder nicht körperlichen nicht übertragbaren Vermögenswerten oder

4. einem Wechselkurs oder einer Kombination von Wechselkursen.

[2] Keine strukturierten Einlagen stellen variabel verzinsliche Einlagen dar, deren Ertrag unmittelbar an einen Zinsindex, insbesondere den Euribor oder den Libor, gebunden ist.

(20) Energiegroßhandelsprodukt im Sinne dieses Gesetzes ist ein Energiegroßhandelsprodukt im Sinne des Artikels 2 Nummer 4 der Verordnung (EU) Nr. 1227/2011 des Europäischen Parlaments und des Rates vom 25. Oktober 2011 über die Integrität und Transparenz des Energiegroßhandelsmarkts (ABl. L

326 vom 8.12.2011, S. 1), sowie der Artikel 5 und 6 der Delegierten Verordnung (EU) 2017/565.

(21) Multilaterales System im Sinne dieses Gesetzes ist ein System oder ein Mechanismus, der die Interessen einer Vielzahl Dritter am Kauf und Verkauf von Finanzinstrumenten innerhalb des Systems zusammenführt.

(22) Handelsplatz im Sinne dieses Gesetzes ist ein organisierter Markt, ein multilaterales Handelssystem oder ein organisiertes Handelssystem.

(23) [1] Liquider Markt im Sinne dieses Gesetzes ist ein Markt für ein Finanzinstrument oder für eine Kategorie von Finanzinstrumenten,

1. auf dem kontinuierlich kauf- oder verkaufsbereite vertragswillige Käufer oder Verkäufer verfügbar sind und
2. der unter Berücksichtigung der speziellen Marktstrukturen des betreffenden Finanzinstruments oder der betreffenden Kategorie von Finanzinstrumenten nach den folgenden Kriterien bewertet wird:
   a) Durchschnittsfrequenz und -volumen der Geschäfte bei einer bestimmten Bandbreite von Marktbedingungen unter Berücksichtigung der Art und des Lebenszyklus von Produkten innerhalb der Kategorie von Finanzinstrumenten;
   b) Zahl und Art der Marktteilnehmer, einschließlich des Verhältnisses der Marktteilnehmer zu den gehandelten Finanzinstrumenten in Bezug auf ein bestimmtes Finanzinstrument;
   c) durchschnittlicher Spread, sofern verfügbar.

[2] Nähere Bestimmungen enthalten die Artikel 1 bis 4 der Delegierten Verordnung (EU) 2017/567 der Kommission vom 18. Mai 2016 zur Ergänzung der Verordnung (EU) Nr. 600/2014 des Europäischen Parlaments und des Rates im Hinblick auf Begriffsbestimmungen, Transparenz, Portfoliokomprimierung und Aufsichtsmaßnahmen zur Produktintervention und zu den Positionen (ABl. L 87 vom 31.3.2017, S. 90), in der jeweils geltenden Fassung.

(24) [1] Zweigniederlassung im Sinne dieses Gesetzes ist eine Betriebsstelle, die

1. nicht die Hauptverwaltung ist,
2. einen rechtlich unselbstständigen Teil eines Wertpapierdienstleistungsunternehmens bildet und
3. Wertpapierdienstleistungen, gegebenenfalls auch Wertpapiernebendienstleistungen, erbringt, für die dem Wertpapierdienstleistungsunternehmen eine Zulassung erteilt wurde.

[2] Alle Betriebsstellen eines Wertpapierdienstleistungsunternehmens mit Hauptverwaltung in einem anderen Mitgliedstaat, die sich in demselben Mitgliedstaat befinden, gelten als eine einzige Zweigniederlassung.

(25) Mutterunternehmen im Sinne dieses Gesetzes ist, sofern nicht die Abschnitte 6 und 16 besondere Regelungen enthalten, ein Mutterunternehmen im Sinne des Artikels 2 Nummer 9 und des Artikels 22 der Richtlinie 2013/34/EU des Europäischen Parlaments und des Rates vom 26. Juni 2013 über den Jahresabschluss, den konsolidierten Abschluss und damit verbundene Berichte von Unternehmen bestimmter Rechtsformen und zur Änderung der Richtlinie 2006/43/EG des Europäischen Parlaments und des Rates und zur Aufhebung der Richtlinien 78/660/EWG und 83/349/EWG des Rates (ABl. L

182 vom 29.6.2013, S. 19), die zuletzt durch die Richtlinie 2014/102/EU (ABl. L 334 vom 21.11.2014, S. 86) geändert worden ist.

(26) Tochterunternehmen im Sinne dieses Gesetzes ist, sofern nicht die Abschnitte 6 und 16 besondere Regelungen enthalten, ein Tochterunternehmen im Sinne des Artikels 2 Nummer 10 und des Artikels 22 der Richtlinie 2013/34/EU, einschließlich aller Tochterunternehmen eines Tochterunternehmens des an der Spitze stehenden Mutterunternehmens.

(27) Gruppe im Sinne dieses Gesetzes ist eine Gruppe im Sinne des Artikels 2 Nummer 11 der Richtlinie 2013/34/EU.

(28) Eine enge Verbindung im Sinne dieses Gesetzes liegt vor, wenn zwei oder mehr natürliche oder juristische Personen wie folgt miteinander verbunden sind:

1. durch eine Beteiligung in Form des direkten Haltens oder des Haltens im Wege der Kontrolle von mindestens 20 Prozent der Stimmrechte oder der Anteile an einem Unternehmen,
2. durch Kontrolle in Form eines Verhältnisses zwischen Mutter- und Tochterunternehmen, wie in allen Fällen des Artikels 22 Absatz 1 und 2 der Richtlinie 2013/34/EU oder einem vergleichbaren Verhältnis zwischen einer natürlichen oder juristischen Person und einem Unternehmen; Tochterunternehmen von Tochterunternehmen gelten ebenfalls als Tochterunternehmen des Mutterunternehmens, das an der Spitze dieser Unternehmen steht oder
3. durch ein dauerhaftes Kontrollverhältnis beider oder aller Personen, das zu derselben dritten Person besteht.

(29) Zusammenführung sich deckender Kundenaufträge (Matched Principal Trading) im Sinne dieses Gesetzes ist ein Geschäft, bei dem

1. zwischen Käufer und Verkäufer ein Vermittler zwischengeschaltet ist, der während der gesamten Ausführung des Geschäfts zu keiner Zeit einem Marktrisiko ausgesetzt ist,
2. Kauf- und Verkaufsgeschäfte gleichzeitig ausgeführt werden und
3. das zu Preisen abgeschlossen wird, durch die der Vermittler abgesehen von einer vorab offengelegten Provision, Gebühr oder sonstigen Vergütung weder Gewinn noch Verlust macht.

(30) [1] Direkter elektronischer Zugang im Sinne dieses Gesetzes ist eine Vereinbarung, in deren Rahmen ein Mitglied, ein Teilnehmer oder ein Kunde eines Handelsplatzes einer anderen Person die Nutzung seines Handelscodes gestattet, damit diese Person Aufträge in Bezug auf Finanzinstrumente elektronisch direkt an den Handelsplatz übermitteln kann, mit Ausnahme der in Artikel 20 der Delegierten Verordnung (EU) 2017/565 genannten Fälle. [2] Der direkte elektronische Zugang umfasst auch Vereinbarungen, die die Nutzung der Infrastruktur oder eines anderweitigen Verbindungssystems des Mitglieds, des Teilnehmers oder des Kunden durch diese Person zur Übermittlung von Aufträgen beinhalten (direkter Marktzugang), sowie diejenigen Vereinbarungen, bei denen eine solche Infrastruktur nicht durch diese Person genutzt wird (geförderter Zugang).

(31) Hinterlegungsscheine im Sinne dieses Gesetzes sind Wertpapiere, die auf dem Kapitalmarkt handelbar sind und die ein Eigentumsrecht an Wertpapieren von Emittenten mit Sitz im Ausland verbriefen, zum Handel auf

einem organisierten Markt zugelassen sind und unabhängig von den Wertpapieren des jeweiligen Emittenten mit Sitz im Ausland gehandelt werden können.

(32) Börsengehandeltes Investmentvermögen im Sinne dieses Gesetzes ist ein Investmentvermögen im Sinne des Kapitalanlagegesetzbuchs, bei dem mindestens eine Anteilsklasse oder Aktiengattung ganztägig an mindestens einem Handelsplatz und mit mindestens einem Market Maker, der tätig wird, um sicherzustellen, dass der Preis seiner Anteile oder Aktien an diesem Handelsplatz nicht wesentlich von ihrem Nettoinventarwert und, sofern einschlägig, von ihrem indikativen Nettoinventarwert abweicht, gehandelt wird.

(33) Zertifikat im Sinne dieses Gesetzes ist ein Wertpapier, das auf dem Kapitalmarkt handelbar ist und das im Falle der durch den Emittenten vorgenommenen Rückzahlung einer Anlage bei dem Emittenten Vorrang vor Aktien hat, aber nicht besicherten Anleiheinstrumenten und anderen vergleichbaren Instrumenten nachgeordnet ist.

(34) Strukturiertes Finanzprodukt im Sinne dieses Gesetzes ist ein Wertpapier, das zur Verbriefung und Übertragung des mit einer ausgewählten Palette an finanziellen Vermögenswerten einhergehenden Kreditrisikos geschaffen wurde und das den Wertpapierinhaber zum Empfang regelmäßiger Zahlungen berechtigt, die vom Geldfluss der Basisvermögenswerte abhängen.

(35) Derivate im Sinne dieses Gesetzes sind derivative Geschäfte im Sinne des Absatzes 3 sowie Wertpapiere im Sinne des Absatzes 1 Nummer 3 Buchstabe b.

(36) Warenderivate im Sinne dieses Gesetzes sind Finanzinstrumente im Sinne des Artikels 2 Absatz 1 Nummer 30 der Verordnung (EU) Nr. 600/2014.

(37) Genehmigtes Veröffentlichungssystem im Sinne dieses Gesetzes ist ein Unternehmen, das im Namen von Wertpapierdienstleistungsunternehmen Handelsveröffentlichungen im Sinne der Artikel 20 und 21 der Verordnung (EU) Nr. 600/2014 vornimmt.

(38) Bereitsteller konsolidierter Datenticker im Sinne dieses Gesetzes ist ein Unternehmen, das zur Einholung von Handelsveröffentlichungen nach den Artikeln 6, 7, 10, 12, 13, 20 und 21 der Verordnung (EU) Nr. 600/2014 auf geregelten Märkten, multilateralen und organisierten Handelssystemen und bei genehmigten Veröffentlichungssystemen berechtigt ist und diese Handelsveröffentlichungen in einem kontinuierlichen elektronischen Echtzeitdatenstrom konsolidiert, über den Preis- und Handelsvolumendaten für jedes einzelne Finanzinstrument abrufbar sind.

(39) Genehmigter Meldemechanismus im Sinne dieses Gesetzes ist ein Unternehmen, das dazu berechtigt ist, im Namen des Wertpapierdienstleistungsunternehmens Einzelheiten zu Geschäften an die zuständigen Behörden oder die Europäische Wertpapier- und Marktaufsichtsbehörde zu melden.

(40) Datenbereitstellungsdienst im Sinne dieses Gesetzes ist

1. ein genehmigtes Veröffentlichungssystem,
2. ein Bereitsteller konsolidierter Datenticker oder
3. ein genehmigter Meldemechanismus.

(41) Drittlandunternehmen im Sinne dieses Gesetzes ist ein Unternehmen, das ein Wertpapierdienstleistungsunternehmen wäre, wenn es seinen Sitz im Europäischen Wirtschaftsraum hätte.

(42) Öffentliche Emittenten im Sinne dieses Gesetzes sind folgende Emittenten von Schuldtiteln:

1. die Europäische Union,
2. ein Mitgliedstaat einschließlich eines Ministeriums, einer Behörde oder einer Zweckgesellschaft dieses Mitgliedstaats,
3. im Falle eines bundesstaatlich organisierten Mitgliedstaats einer seiner Gliedstaaten,
4. eine für mehrere Mitgliedstaaten tätige Zweckgesellschaft,
5. ein von mehreren Mitgliedstaaten gegründetes internationales Finanzinstitut, das dem Zweck dient, Finanzmittel zu mobilisieren und seinen Mitgliedern Finanzhilfen zu gewähren, sofern diese von schwerwiegenden Finanzierungsproblemen betroffen oder bedroht sind,
6. die Europäische Investitionsbank.

(43) [1] Ein dauerhafter Datenträger ist jedes Medium, das

1. es dem Kunden gestattet, an ihn persönlich gerichtete Informationen derart zu speichern, dass er sie in der Folge für eine Dauer, die für die Zwecke der Informationen angemessen ist, einsehen kann, und
2. die unveränderte Wiedergabe der gespeicherten Informationen ermöglicht.

[2] Nähere Bestimmungen enthält Artikel 3 der Delegierten Verordnung (EU) 2017/565.

(44) Hochfrequente algorithmische Handelstechnik im Sinne dieses Gesetzes ist ein algorithmischer Handel im Sinne des § 80 Absatz 2 Satz 1, der gekennzeichnet ist durch

1. eine Infrastruktur zur Minimierung von Netzwerklatenzen und anderen Verzögerungen bei der Orderübertragung (Latenzen), die mindestens eine der folgenden Vorrichtungen für die Eingabe algorithmischer Aufträge aufweist: Kollokation, Proximity Hosting oder einen direkten elektronischen Hochgeschwindigkeitszugang,
2. die Fähigkeit des Systems, einen Auftrag ohne menschliche Intervention im Sinne des Artikels 18 der Delegierten Verordnung (EU) 2017/565 einzuleiten, zu erzeugen, weiterzuleiten oder auszuführen und
3. ein hohes untertägiges Mitteilungsaufkommen im Sinne des Artikels 19 der Delegierten Verordnung (EU) 2017/565 in Form von Aufträgen, Kursangaben oder Stornierungen.

(45) Zentrale Gegenpartei im Sinne dieses Gesetzes ist ein Unternehmen im Sinne des Artikels 2 Nummer 1 der Verordnung (EU) Nr. 648/2012 in der jeweils geltenden Fassung.

(46) [1] Kleine und mittlere Unternehmen im Sinne dieses Gesetzes sind Unternehmen, deren durchschnittliche Marktkapitalisierung auf der Grundlage der Notierungen zum Jahresende in den letzten drei Kalenderjahren weniger als 200 Millionen Euro betrug. [2] Nähere Bestimmungen enthalten die Artikel 77 bis 79 der Delegierten Verordnung (EU) 2017/565.

(47) Öffentlicher Schuldtitel im Sinne dieses Gesetzes ist ein Schuldtitel, der von einem öffentlichen Emittenten begeben wird.

(48) PRIP im Sinne dieses Gesetzes ist ein Produkt im Sinne des Artikels 4 Nummer 1 der Verordnung (EU) Nr. 1286/2014.

(49) PRIIP im Sinne dieses Gesetzes ist ein Produkt im Sinne des Artikels 4 Nummer 3 der Verordnung (EU) Nr. 1286/2014.

§ 3 Ausnahmen; Verordnungsermächtigung. (1) [1] Als Wertpapierdienstleistungsunternehmen gelten nicht

1. Unternehmen, die Wertpapierdienstleistungen im Sinne des § 2 Absatz 8 Satz 1 ausschließlich für ihr Mutterunternehmen oder ihre Tochter- oder Schwesterunternehmen im Sinne des Artikels 4 Absatz 1 Nummer 15 und 16 der Verordnung (EU) Nr. 575/2013 des Europäischen Parlaments und des Rates vom 26. Juni 2013 über Aufsichtsanforderungen an Kreditinstitute und Wertpapierfirmen und zur Änderung der Verordnung (EU) Nr. 646/2012 (ABl. L 176 vom 27.6.2013, S. 1) und des § 1 Absatz 7 des Kreditwesengesetzes erbringen,
2. Unternehmen, deren Wertpapierdienstleistung für andere ausschließlich in der Verwaltung eines Systems von Arbeitnehmerbeteiligungen an den eigenen oder an mit ihnen verbundenen Unternehmen besteht,
3. Unternehmen, die ausschließlich Wertpapierdienstleistungen sowohl nach Nummer 1 als auch nach Nummer 2 erbringen,
4. private und öffentlich-rechtliche Versicherungsunternehmen, soweit sie die Tätigkeiten ausüben, die in der Richtlinie 2009/138/EG des Europäischen Parlaments und des Rates vom 25. November 2009 betreffend die Aufnahme und Ausübung der Versicherungs- und der Rückversicherungstätigkeit (Solvabilität II) (ABl. L 335 vom 17.12.2009, S. 1; L 219 vom 25.7. 2014, S. 66; L 108 vom 28.4.2015, S. 8), die zuletzt durch die Richtlinie 2014/51/EU (ABl. L 153 vom 22.5.2014, S. 1; L 108 vom 28.4.2015, S. 8) geändert worden ist, genannt sind,
5. die öffentliche Schuldenverwaltung des Bundes oder eines Landes, eines ihrer Sondervermögen, eines anderen Mitgliedstaates der Europäischen Union oder eines anderen Vertragsstaates des Abkommens über den Europäischen Wirtschaftsraum, die Deutsche Bundesbank und andere Mitglieder des Europäischen Systems der Zentralbanken sowie die Zentralbanken der anderen Vertragsstaaten und internationale Finanzinstitute, die von zwei oder mehreren Staaten gemeinsam errichtet werden, um zugunsten dieser Staaten Finanzierungsmittel zu beschaffen und Finanzhilfen zu geben, wenn Mitgliedstaaten von schwerwiegenden Finanzierungsproblemen betroffen oder bedroht sind,
6. Angehörige freier Berufe, die Wertpapierdienstleistungen nur gelegentlich im Sinne des Artikels 4 der Delegierten Verordnung (EU) 2017/565 und im Rahmen eines Mandatsverhältnisses als Freiberufler erbringen und einer Berufskammer in der Form der Körperschaft des öffentlichen Rechts angehören, deren Berufsrecht die Erbringung von Wertpapierdienstleistungen nicht ausschließt,
7. Unternehmen, die als Wertpapierdienstleistung für andere ausschließlich die Anlageberatung und die Anlagevermittlung zwischen Kunden und
   a) Instituten im Sinne des Kreditwesengesetzes,
   b) Instituten oder Finanzunternehmen mit Sitz in einem anderen Staat des Europäischen Wirtschaftsraums, die die Voraussetzungen nach § 53b Abs. 1 Satz 1 oder Abs. 7 des Kreditwesengesetzes erfüllen,

c) Unternehmen, die aufgrund einer Rechtsverordnung nach § 53c des Kreditwesengesetzes gleichgestellt oder freigestellt sind,

d) Kapitalverwaltungsgesellschaften, extern verwalteten Investmentgesellschaften, EU-Verwaltungsgesellschaften oder ausländischen AIF-Verwaltungsgesellschaften oder

e) Anbietern oder Emittenten von Vermögensanlagen im Sinne des § 1 Absatz 2 des Vermögensanlagengesetzes

betreiben, sofern sich diese Wertpapierdienstleistungen auf Anteile oder Aktien von inländischen Investmentvermögen, die von einer Kapitalverwaltungsgesellschaft ausgegeben werden, die eine Erlaubnis nach § 7 oder § 97 Absatz 1 des Investmentgesetzes in der bis zum 21. Juli 2013 geltenden Fassung hat, die für den in § 345 Absatz 2 Satz 1, Absatz 3 Satz 2, in Verbindung mit Absatz 2 Satz 1, oder Absatz 4 Satz 1 des Kapitalanlagegesetzbuchs vorgesehenen Zeitraum noch fortbesteht, oder die eine Erlaubnis nach den §§ 20, 21 oder den §§ 20, 22 des Kapitalanlagegesetzbuchs hat, oder die von einer EU-Verwaltungsgesellschaft ausgegeben werden, die eine Erlaubnis nach Artikel 6 der Richtlinie 2009/65/EG des Europäischen Parlaments und des Rates vom 13. Juli 2009 zur Koordinierung der Rechts- und Verwaltungsvorschriften betreffend bestimmte Organismen für gemeinsame Anlagen in Wertpapieren (OGAW) (ABl. L 302 vom 17.11.2009, S. 32, L 269 vom 13.10.2010, S. 27), die zuletzt durch die Richtlinie 2014/91/EU (ABl. L 257 vom 28.8.2014, S. 186) geändert worden ist, oder nach Artikel 6 der Richtlinie 2011/61/EU des Europäischen Parlaments und des Rates vom 8. Juni 2011 über die Verwalter alternativer Investmentfonds und zur Änderung der Richtlinien 2003/41/EG und 2009/65/EG und der Verordnungen (EG) Nr. 1060/2009 und (EU) Nr. 1095/2010 (ABl. L 174 vom 1.7.2011, S. 1, L 115 vom 27.4.2012, S. 35), die zuletzt durch die Richtlinie 2014/65/EU (ABl. L 173 vom 12.6.2014, S. 349, L 74 vom 18.3.2015, S. 38) geändert worden ist, hat, oder auf Anteile oder Aktien an EU-Investmentvermögen oder ausländischen AIF, die nach dem Kapitalanlagegesetzbuch vertrieben werden dürfen, mit Ausnahme solcher AIF, die nach § 330a des Kapitalanlagegesetzbuchs vertrieben werden dürfen, oder auf Vermögensanlagen im Sinne des § 1 Absatz 2 des Vermögensanlagengesetzes, die erstmals öffentlich angeboten werden, beschränken und die Unternehmen nicht befugt sind, sich bei der Erbringung dieser Finanzdienstleistungen Eigentum oder Besitz an Geldern oder Anteilen von Kunden zu verschaffen, es sei denn, das Unternehmen beantragt und erhält eine entsprechende Erlaubnis nach § 32 Abs. 1 des Kreditwesengesetzes; Anteile oder Aktien an Hedgefonds im Sinne des § 283 des Kapitalanlagegesetzbuchs gelten nicht als Anteile an Investmentvermögen im Sinne dieser Vorschrift,

8. Unternehmen, die bezüglich Warenderivaten, Emissionszertifikaten oder Derivaten auf Emissionszertifikate Eigengeschäft oder Market-Making betreiben oder ausschließlich Wertpapierdienstleistungen im Sinne des § 2 Absatz 8 Nummer 1 und 3 bis 10 gegenüber den Kunden und Zulieferern ihrer Haupttätigkeit erbringen, sofern

a) diese Tätigkeiten in jedem dieser Fälle auf sowohl individueller als auch aggregierter Basis auf der Ebene der Unternehmensgruppe eine Nebentätigkeit im Sinne der Delegierten Verordnung (EU) 2017/592 der Kommission vom 1. Dezember 2016 zur Ergänzung der Richtlinie

2014/65/EU des Europäischen Parlaments und des Rates durch technische Regulierungsstandards zur Festlegung der Kriterien, nach denen eine Tätigkeit als Nebentätigkeit zur Haupttätigkeit gilt (ABl. L 87 vom 31.3.2017, S. 492), in der jeweils geltenden Fassung, darstellen,

b) die Haupttätigkeit des Unternehmens weder in der Erbringung von Wertpapierdienstleistungen im Sinne des § 2 Absatz 8 Satz 1 Nummer 1, 2 Buchstabe b bis d, Nummer 3 bis 10 oder Satz 2, noch in der Tätigkeit als Market Maker in Bezug auf Warenderivate noch in der Erbringung von Bankgeschäften im Sinne des § 1 Absatz 1 Satz 2 des Kreditwesengesetzes besteht,

c) das Unternehmen keine hochfrequente algorithmische Handelstechnik anwendet und

d) das Unternehmen der Bundesanstalt gemäß § 2 Absatz 1 Satz 3 und 4 oder Absatz 6 Satz 3 und 4 des Kreditwesengesetzes angezeigt hat, dass es von der Ausnahme nach dieser Nummer Gebrauch macht,

9. Unternehmen, die Wertpapierdienstleistungen ausschließlich in Bezug auf Warenderivate, Emissionszertifikate oder Derivate auf Emissionszertifikate mit dem alleinigen Ziel der Absicherung der Geschäftsrisiken ihrer Kunden erbringen, sofern diese Kunden

a) ausschließlich lokale Elektrizitätsunternehmen im Sinne des Artikels 2 Nummer 35 der Richtlinie 2009/72/EG des Europäischen Parlaments und des Rates vom 13. Juli 2009 über gemeinsame Vorschriften für den Elektrizitätsbinnenmarkt und zur Aufhebung der Richtlinie 2003/54/EG (ABl. L 211 vom 14.8.2009, S. 55) oder Erdgasunternehmen im Sinne des Artikels 2 Nummer 1 der Richtlinie 2009/73/EG des Europäischen Parlaments und des Rates vom 13. Juli 2009 über gemeinsame Vorschriften für den Erdgasbinnenmarkt und zur Aufhebung der Richtlinie 2003/55/EG (ABl. L 211 vom 14.8.2009, S. 94) sind,

b) zusammen 100 Prozent des Kapitals oder der Stimmrechte der betreffenden Unternehmen halten und dieses gemeinsam kontrollieren und

c) nach Nummer 8 ausgenommen wären, wenn sie die betreffenden Wertpapierdienstleistungen selbst erbrächten,

10. Unternehmen, die Wertpapierdienstleistungen ausschließlich in Bezug auf Emissionszertifikate oder Derivate auf Emissionszertifikate mit dem alleinigen Ziel der Absicherung der Geschäftsrisiken ihrer Kunden erbringen, sofern diese Kunden

a) ausschließlich Anlagenbetreiber im Sinne des § 3 Nummer 2 des Treibhausgas-Emissionshandelsgesetzes sind,

b) zusammen 100 Prozent des Kapitals oder der Stimmrechte der betreffenden Unternehmen halten und dieses gemeinsam kontrollieren und

c) nach Nummer 8 ausgenommen wären, wenn sie die betreffenden Wertpapierdienstleistungen selbst erbrächten,

11. Unternehmen, die ausschließlich Eigengeschäft mit anderen Finanzinstrumenten als Warenderivaten, Emissionszertifikaten oder Derivaten auf Emissionszertifikate betreiben, die keine anderen Wertpapierdienstleistungen erbringen, einschließlich keiner anderen Anlagetätigkeiten, in anderen Finanzinstrumenten als Warenderivaten, Emissionszertifikaten oder Derivaten auf Emissionszertifikate, es sei denn,

a) es handelt sich bei diesen Unternehmen um Market Maker,

b) die Unternehmen sind entweder Mitglied oder Teilnehmer eines organisierten Marktes oder multilateralen Handelssystems oder haben einen direkten elektronischen Zugang zu einem Handelsplatz, mit Ausnahme von nichtfinanziellen Stellen, die an einem Handelsplatz Geschäfte tätigen, die in objektiv messbarer Weise die direkt mit der Geschäftstätigkeit oder dem Liquiditäts- und Finanzmanagement verbundenen Risiken dieser nichtfinanziellen Stellen oder ihrer Gruppen verringern,
c) die Unternehmen wenden eine hochfrequente algorithmische Handelstechnik an oder
d) die Unternehmen betreiben Eigengeschäft bei der Ausführung von Kundenaufträgen,

12. Unternehmen, die als Wertpapierdienstleistung ausschließlich die Anlageberatung im Rahmen einer anderen beruflichen Tätigkeit erbringen, ohne sich die Anlageberatung gesondert vergüten zu lassen,
13. Börsenträger oder Betreiber organisierter Märkte, die neben dem Betrieb eines multilateralen oder organisierten Handelssystems keine anderen Wertpapierdienstleistungen im Sinne des § 2 Absatz 8 Satz 1 erbringen,
14. Unternehmen, die das Platzierungsgeschäft ausschließlich für Anbieter oder für Emittenten von Vermögensanlagen im Sinne des § 1 Absatz 2 des Vermögensanlagengesetzes erbringen,
15. Betreiber im Sinne des § 3 Nummer 4 des Treibhausgas-Emissionshandelsgesetzes, wenn sie beim Handel mit Emissionszertifikaten
    a) ausschließlich Eigengeschäft betreiben,
    b) keine Anlagevermittlung und keine Abschlussvermittlung betreiben,
    c) keine hochfrequente algorithmische Handelstechnik anwenden und
    d) keine anderen Wertpapierdienstleistungen erbringen,
16. Übertragungsnetzbetreiber im Sinne des Artikels 2 Nummer 4 der Richtlinie 2009/72/EG oder des Artikels 2 Nummer 4 der Richtlinie 2009/73/EG, wenn sie ihre Aufgaben gemäß diesen Richtlinien, gemäß der Verordnung (EG) Nr. 714/2009 des Europäischen Parlaments und des Rates vom 13. Juli 2009 über die Netzzugangsbedingungen für den grenzüberschreitenden Stromhandel und zur Aufhebung der Verordnung (EG) Nr. 1228/2003 (ABl. L 211 vom 14.8.2009, S. 15), die zuletzt durch die Verordnung (EU) Nr. 543/2013 (ABl. L 163 vom 15.6.2013, S. 1) geändert worden ist, gemäß der Verordnung (EG) Nr. 715/2009 des Europäischen Parlaments und des Rates vom 13. Juli 2009 über die Bedingungen für den Zugang zu den Erdgasfernleitungsnetzen und zur Aufhebung der Verordnung (EG) Nr. 1775/2005 (ABl. L 211 vom 14.8.2009, S. 36; L 229 vom 1.9.2009, S. 29; L 309 vom 24.11.2009, S. 87), die zuletzt durch den Beschluss (EU) 2015/715 (ABl. L 114 vom 5.5.2015, S. 9) geändert worden ist, sowie gemäß den nach diesen Verordnungen erlassenen Netzcodes oder Leitlinien wahrnehmen, Personen, die in ihrem Namen als Dienstleister handeln, um die Aufgaben eines Übertragungsnetzbetreibers gemäß diesen Gesetzgebungsakten sowie gemäß den nach diesen Verordnungen erlassenen Netzcodes oder Leitlinien wahrzunehmen, sowie Betreiber oder Verwalter eines Energieausgleichssystems, eines Rohrleitungsnetzes oder eines Systems zum Ausgleich von Energieangebot und -verbrauch bei der Wahrnehmung solcher Aufgaben, sofern sie die Wertpapierdienstleistung in Bezug auf Warenderivate, die mit dieser Tätigkeit in Zusammenhang stehen,

erbringen und sofern sie weder einen Sekundärmarkt noch eine Plattform für den Sekundärhandel mit finanziellen Übertragungsrechten betreiben,

17. Zentralverwahrer im Sinne des Artikels 2 Absatz 1 Nummer 1 der Verordnung (EU) Nr. 909/2014, soweit sie die in den Abschnitten A und B des Anhangs dieser Verordnung genannten Dienstleistungen erbringen und
18. Kapitalverwaltungsgesellschaften, EU-Verwaltungsgesellschaften und extern verwaltete Investmentgesellschaften, sofern sie nur die kollektive Vermögensverwaltung oder neben der kollektiven Vermögensverwaltung ausschließlich die in § 20 Absatz 2 und 3 des Kapitalanlagegesetzbuchs aufgeführten Dienstleistungen oder Nebendienstleistungen erbringen.

[2] Unternehmen, die die Voraussetzungen des Satzes 1 Nummer 8 bis 10 erfüllen, haben dies der Bundesanstalt jährlich anzuzeigen.

(2) [1] Ein Unternehmen, das als vertraglich gebundener Vermittler im Sinne des § 2 Absatz 10 Satz 1 des Kreditwesengesetzes als Wertpapierdienstleistung nur die Anlagevermittlung, das Platzieren von Finanzinstrumenten ohne feste Übernahmeverpflichtung oder Anlageberatung erbringt, gilt nicht als Wertpapierdienstleistungsunternehmen. [2] Seine Tätigkeit wird dem Institut oder Unternehmen zugerechnet, für dessen Rechnung und unter dessen Haftung es seine Tätigkeit erbringt.

(3) [1] Für Unternehmen, die Mitglieder oder Teilnehmer von organisierten Märkten oder multilateralen Handelssystemen sind und die von der Ausnahme nach Absatz 1 Nummer 4, 8 oder 15 Gebrauch machen, gelten die §§ 77, 78 und 80 Absatz 2 und 3 entsprechend. [2] Für Unternehmen, die von einer Ausnahme nach Absatz 1 Nummer 9 oder 10 Gebrauch machen, gelten die §§ 63 bis 83 und 85 bis 92 sowie Artikel 26 der Verordnung (EU) Nr. 600/2014 entsprechend.

(4) [1] Das Bundesministerium der Finanzen kann durch Rechtsverordnung nähere Bestimmungen über Zeitpunkt, Inhalt und Form der Einreichung der Anzeige nach Absatz 1 Satz 2 sowie die Führung eines öffentlichen Registers über die anzeigenden Unternehmen erlassen. [2] Das Bundesministerium der Finanzen kann die Ermächtigung durch Rechtsverordnung auf die Bundesanstalt übertragen.

§ 4 Wahl des Herkunftsstaates; Verordnungsermächtigung. (1) [1] Ein Emittent im Sinne des § 2 Absatz 13 Nummer 1 Buchstabe b kann die Bundesrepublik Deutschland als Herkunftsstaat wählen, wenn

1. er nicht bereits einen anderen Staat als Herkunftsstaat gewählt hat oder
2. er zwar zuvor einen anderen Staat als Herkunftsstaat gewählt hatte, aber seine Wertpapiere in diesem Staat an keinem organisierten Markt mehr zum Handel zugelassen sind.

[2] Die Wahl gilt so lange, bis

1. die Wertpapiere des Emittenten an keinem inländischen organisierten Markt mehr zugelassen sind, sondern stattdessen in einem anderen Mitgliedstaat der Europäischen Union oder in einem anderen Vertragsstaat des Abkommens über den Europäischen Wirtschaftsraum zum Handel an einem organisierten Markt zugelassen sind und der Emittent einen neuen Herkunftsstaat wählt, oder

2. die Wertpapiere des Emittenten an keinem organisierten Markt in einem Mitgliedstaat der Europäischen Union oder in einem anderen Vertragsstaat des Abkommens über den Europäischen Wirtschaftsraum mehr zum Handel zugelassen sind.

(2) [1] Ein Emittent im Sinne des § 2 Absatz 13 Nummer 2 kann die Bundesrepublik Deutschland als Herkunftsstaat wählen, wenn

1. er nicht innerhalb der letzten drei Jahre einen anderen Staat als Herkunftsstaat gewählt hat oder
2. er zwar bereits einen anderen Staat als Herkunftsstaat gewählt hatte, aber seine Finanzinstrumente in diesem Staat an keinem organisierten Markt mehr zum Handel zugelassen sind.

[2] Die Wahl gilt so lange, bis

1. der Emittent Wertpapiere im Sinne des § 2 Absatz 13 Nummer 1, die zum Handel an einem organisierten Markt in einem Mitgliedstaat der Europäischen Union oder in einem anderen Vertragsstaat des Abkommens über den Europäischen Wirtschaftsraum zugelassen sind, begibt,
2. die Finanzinstrumente des Emittenten an keinem organisierten Markt in einem Mitgliedstaat der Europäischen Union oder in einem anderen Vertragsstaat des Abkommens über den Europäischen Wirtschaftsraum mehr zum Handel zugelassen sind oder
3. der Emittent nach Satz 3 einen neuen Herkunftsstaat wählt.

[3] Ein Emittent im Sinne des § 2 Absatz 13 Nummer 2, der die Bundesrepublik Deutschland als Herkunftsstaat gewählt hat, kann einen neuen Herkunftsstaat wählen, wenn

1. die Finanzinstrumente des Emittenten an keinem inländischen organisierten Markt mehr zugelassen sind, aber stattdessen in einem anderen Mitgliedstaat der Europäischen Union oder in einem anderen Vertragsstaat des Abkommens über den Europäischen Wirtschaftsraum zum Handel an einem organisierten Markt zugelassen sind, oder
2. die Finanzinstrumente des Emittenten zum Handel an einem organisierten Markt in einem anderen Mitgliedstaat der Europäischen Union oder in einem anderen Vertragsstaat des Abkommens über den Europäischen Wirtschaftsraum zugelassen sind und seit der Wahl der Bundesrepublik Deutschland als Herkunftsstaat mindestens drei Jahre vergangen sind.

(3) Die Wahl des Herkunftsstaates wird mit der Veröffentlichung nach § 5 wirksam.

(4) Das Bundesministerium der Finanzen kann durch Rechtsverordnung, die nicht der Zustimmung des Bundesrates bedarf, nähere Bestimmungen zur Wahl des Herkunftsstaates erlassen.

§ 5 Veröffentlichung des Herkunftsstaates; Verordnungsermächtigung. (1) [1] Ein Emittent, dessen Herkunftsstaat nach § 2 Absatz 11 Nummer 1 Buchstabe a die Bundesrepublik Deutschland ist oder der nach § 4 Absatz 1 oder Absatz 2 die Bundesrepublik Deutschland als Herkunftsstaat wählt, hat dies unverzüglich zu veröffentlichen. [2] Außerdem muss er die Information, dass die Bundesrepublik Deutschland sein Herkunftsstaat ist,

1. unverzüglich dem Unternehmensregister gemäß § 8b des Handelsgesetzbuchs[1)] zur Speicherung übermitteln und
2. unverzüglich den folgenden Behörden mitteilen:
   a) der Bundesanstalt für Finanzdienstleistungsaufsicht (Bundesanstalt),
   b) wenn er seinen Sitz in einem anderen Mitgliedstaat der Europäischen Union oder einem anderen Vertragsstaat des Abkommens über den Europäischen Wirtschaftsraum hat, auch der dort zuständigen Behörde im Sinne des Artikels 24 der Richtlinie 2004/109/EG des Europäischen Parlaments und des Rates vom 15. Dezember 2004 zur Harmonisierung der Transparenzanforderungen in Bezug auf Informationen über Emittenten, deren Wertpapiere zum Handel auf einem geregelten Markt zugelassen sind, und zur Änderung der Richtlinie 2001/34/EG (ABl. L 390 vom 31.12.2004, S. 38), die durch die Richtlinie 2013/50/EU (ABl. L 294 vom 6.11.2013, S. 13) geändert worden ist, und,
   c) wenn seine Finanzinstrumente zum Handel an einem organisierten Markt in einem anderen Mitgliedstaat der Europäischen Union oder einem anderen Vertragsstaat des Abkommens über den Europäischen Wirtschaftsraum zugelassen sind, auch der dort zuständigen Behörde im Sinne des Artikels 24 der Richtlinie 2004/109/EG.

(2) Das Bundesministerium der Finanzen kann durch Rechtsverordnung, die nicht der Zustimmung des Bundesrates bedarf, nähere Bestimmungen zur Veröffentlichung des Herkunftsstaates erlassen.

Abschnitt 2. Bundesanstalt für Finanzdienstleistungsaufsicht[2)]

§ 6 Aufgaben und allgemeine Befugnisse der Bundesanstalt. (1) [1]Die Bundesanstalt übt die Aufsicht nach den Vorschriften dieses Gesetzes aus. [2]Sie hat im Rahmen der ihr zugewiesenen Aufgaben Missständen entgegenzuwirken, welche die ordnungsgemäße Durchführung des Handels mit Finanzinstrumenten oder von Wertpapierdienstleistungen, Wertpapiernebendienstleistungen oder Datenbereitstellungsdienstleistungen beeinträchtigen oder erhebliche Nachteile für den Finanzmarkt bewirken können. [3]Sie kann Anordnungen treffen, die geeignet und erforderlich sind, diese Missstände zu beseitigen oder zu verhindern.

(2) [1]Die Bundesanstalt überwacht im Rahmen der ihr jeweils zugewiesenen Zuständigkeit die Einhaltung der Verbote und Gebote dieses Gesetzes, der auf Grund dieses Gesetzes erlassenen Rechtsverordnungen, der in § 1 Absatz 1 Nummer 8 aufgeführten europäischen Verordnungen einschließlich der auf Grund dieser Verordnungen erlassenen delegierten Rechtsakte und Durchführungsrechtsakte der Europäischen Kommission. [2]Sie kann Anordnungen treffen, die zu ihrer Durchsetzung geeignet und erforderlich sind. [3]Sie kann insbesondere auf ihrer Internetseite öffentlich Warnungen aussprechen, soweit dies für die Erfüllung ihrer Aufgaben erforderlich ist. [4]Sie kann den Handel mit einzelnen oder mehreren Finanzinstrumenten vorübergehend untersagen oder die Aussetzung des Handels in einzelnen oder mehreren Finanzinstrumenten

---

1) Nr. **5**.
2) Siehe auch die VO zur Übertragung von Befugnissen zum Erlass von Rechtsverordnungen auf die BAFin v. 13.12.2002 (BGBl. 2003 I S. 3), zuletzt geänd. durch G v. 19.3.2020 (BGBl. I S. 529).

an Märkten, an denen Finanzinstrumente gehandelt werden, anordnen, soweit dies zur Durchsetzung der Verbote und Gebote dieses Gesetzes, der Verordnung (EU) Nr. 596/2014 oder der Verordnung (EU) Nr. 600/2014 oder zur Beseitigung oder Verhinderung von Missständen nach Absatz 1 geboten ist.

(2a) [1] Hat die Bundesanstalt einen hinreichend begründeten Verdacht, dass gegen Bestimmungen der Verordnung (EU) 2017/1129 des Europäischen Parlaments und des Rates vom 14. Juni 2017 über den Prospekt, der beim öffentlichen Angebot von Wertpapieren oder bei deren Zulassung zum Handel an einem geregelten Markt zu veröffentlichen ist und zur Aufhebung der Richtlinie 2003/71/EG (ABl. L 168 vom 30.6.2017, S. 12), insbesondere Artikel 3, auch in Verbindung mit Artikel 5, sowie die Artikel 12, 20, 23, 25 oder 27 verstoßen wurde, kann sie

1. die Zulassung zum Handel an einem geregelten Markt oder
2. den Handel
   a) an einem geregelten Markt,
   b) an einem multilateralen Handelssystem oder
   c) an einem organisierten Handelssystem

für jeweils höchstens zehn aufeinander folgende Arbeitstage aussetzen oder gegenüber den Betreibern der betreffenden geregelten Märkte oder Handelssysteme die Aussetzung des Handels für einen entsprechenden Zeitraum anordnen. [2] Wurde gegen die in Satz 1 genannten Bestimmungen verstoßen, so kann die Bundesanstalt den Handel an dem betreffenden geregelten Markt, multilateralen Handelssystem oder organisierten Handelssystem untersagen. [3] Wurde gegen die in Satz 1 genannten Bestimmungen verstoßen oder besteht ein hinreichend begründeter Verdacht, dass dagegen verstoßen würde, so kann die Bundesanstalt eine Zulassung zum Handel an einem geregelten Markt untersagen. [4] Die Bundesanstalt kann ferner den Handel der Wertpapiere aussetzen oder von dem Betreiber des betreffenden multilateralen Handelssystems oder organisierten Handelssystems die Aussetzung des Handels verlangen, wenn der Handel angesichts der Lage des Emittenten den Anlegerinteressen abträglich wäre.

(2b) Verhängt die Bundesanstalt nach Artikel 42 der Verordnung (EU) Nr. 600/2014 oder die Europäische Wertpapier- und Marktaufsichtsbehörde nach Artikel 40 der Verordnung (EU) Nr. 600/2014 ein Verbot oder eine Beschränkung, so kann die Bundesanstalt zudem anordnen, dass die Zulassung zum Handel an einem geregelten Markt ausgesetzt oder eingeschränkt wird, solange dieses Verbot oder diese Beschränkungen gelten.

(2c) In Ausübung der in Absatz 2 Satz 4 und den Absätzen 2a und 2b genannten Befugnisse kann sie Anordnungen auch gegenüber einem öffentlich-rechtlichen Rechtsträger oder gegenüber einer Börse erlassen.

(2d) Die Bundesanstalt kann den Vertrieb oder Verkauf von Finanzinstrumenten oder strukturierten Einlagen aussetzen, wenn ein Wertpapierdienstleistungsunternehmen kein wirksames Produktfreigabeverfahren nach § 80 Absatz 9 entwickelt hat oder anwendet oder in anderer Weise gegen § 80 Absatz 1 Satz 2 Nummer 2 oder Absatz 9 bis 11 verstoßen hat.

(3) [1] Die Bundesanstalt kann, um zu überwachen, ob die Verbote oder Gebote dieses Gesetzes oder der Verordnung (EU) Nr. 596/2014, der Verordnung (EU) Nr. 600/2014, der Verordnung (EU) Nr. 1286/2014, der Verord-

nung (EU) 2015/2365, der Verordnung (EU) 2016/1011 eingehalten werden, oder um zu prüfen, ob die Voraussetzungen für eine Maßnahme nach § 15 oder nach Artikel 42 der Verordnung (EU) Nr. 600/2014 vorliegen, von jedermann Auskünfte, die Vorlage von Unterlagen oder sonstigen Daten und die Überlassung von Kopien verlangen sowie Personen laden und vernehmen. [2] Sie kann insbesondere folgende Angaben verlangen:

1. über Veränderungen im Bestand in Finanzinstrumenten,
2. über die Identität weiterer Personen, insbesondere der Auftraggeber und der aus Geschäften berechtigten oder verpflichteten Personen,
3. über Volumen und Zweck einer mittels eines Warenderivats eingegangenen Position oder offenen Forderung sowie
4. über alle Vermögenswerte oder Verbindlichkeiten am Basismarkt.

[3] Gesetzliche Auskunfts- oder Aussageverweigerungsrechte sowie gesetzliche Verschwiegenheitspflichten bleiben unberührt. [4] Im Hinblick auf die Verbote und Gebote der Verordnung (EU) 2016/1011 gelten die Sätze 1 und 3 bezüglich der Erteilung von Auskünften, der Vorladung und der Vernehmung jedoch nur gegenüber solchen Personen, die an der Bereitstellung eines Referenzwertes im Sinne der Verordnung (EU) 2016/1011 beteiligt sind oder die dazu beitragen.

(4) [1] Von einem Wertpapierdienstleistungsunternehmen, das algorithmischen Handel im Sinne des § 80 Absatz 2 Satz 1 betreibt, kann die Bundesanstalt insbesondere jederzeit Informationen über seinen algorithmischen Handel und die für diesen Handel eingesetzten Systeme anfordern, soweit dies auf Grund von Anhaltspunkten für die Überwachung der Einhaltung eines Verbots oder Gebots dieses Gesetzes erforderlich ist. [2] Die Bundesanstalt kann insbesondere eine Beschreibung der algorithmischen Handelsstrategien, von Einzelheiten der Handelsparameter oder Handelsobergrenzen, denen das System unterliegt, von den wichtigsten Verfahren zur Überprüfung der Risiken und Einhaltung der Vorgaben des § 80 sowie von Einzelheiten über seine Systemprüfung verlangen.

(5) [1] Die Bundesanstalt ist unbeschadet des § 3 Absatz 5, 11 und 12 sowie des § 15 Absatz 7 des Börsengesetzes zuständige Behörde im Sinne des Artikels 22 der Verordnung (EU) Nr. 596/2014 und im Sinne des Artikels 2 Absatz 1 Nummer 18 der Verordnung (EU) Nr. 600/2014. [2] Die Bundesanstalt ist zuständige Behörde für die Zwecke des Artikels 25 Absatz 4 Buchstabe a Unterabsatz 3 der Richtlinie 2014/65/EU des Europäischen Parlaments und des Rates vom 15. Mai 2014 über Märkte für Finanzinstrumente sowie zur Änderung der Richtlinien 2002/92/EG und 2011/61/EU (ABl. L 173 vom 12.6. 2014, S. 349; L 74 vom 18.3.2015, S. 38; L 188 vom 13.7.2016, S. 28; L 273 vom 8.10.2016, S. 35; L 64 vom 10.3.2017, S. 116; L 278 vom 27.10.2017, S. 56), die zuletzt durch die Richtlinie (EU) 2016/1034 (ABl. L 175 vom 30.6. 2016, S. 8) geändert worden ist, in der jeweils geltenden Fassung.

(6) [1] Im Falle eines Verstoßes gegen

1. Vorschriften des Abschnitts 3 dieses Gesetzes sowie die zur Durchführung dieser Vorschriften erlassenen Rechtsverordnungen,
2. Vorschriften der Verordnung (EU) Nr. 596/2014, insbesondere gegen deren Artikel 4 und 14 bis 21, sowie die auf Grundlage dieser Artikel erlassenen

delegierten Rechtsakte und Durchführungsrechtsakte der Europäischen Kommission,

3. Vorschriften der Abschnitte 9 bis 11 dieses Gesetzes sowie die zur Durchführung dieser Vorschriften erlassenen Rechtsverordnungen,
4. Vorschriften der Verordnung (EU) Nr. 600/2014, insbesondere die in den Titeln II bis VI enthaltenen Artikel sowie die auf Grundlage dieser Artikel erlassenen delegierten Rechtsakte und Durchführungsrechtsakte der Europäischen Kommission,
5. die Artikel 4 und 15 der Verordnung (EU) 2015/2365 sowie die auf Grundlage des Artikels 4 erlassenen delegierten Rechtsakte und Durchführungsrechtsakte der Europäischen Kommission,
6. Vorschriften der Verordnung (EU) 2016/1011 sowie die auf deren Grundlage erlassenen delegierten Rechtsakte und Durchführungsrechtsakte der Europäischen Kommission oder
7. eine Anordnung der Bundesanstalt, die sich auf eine der in den Nummern 1 bis 6 genannte Vorschrift bezieht,

kann die Bundesanstalt zur Verhinderung weiterer Verstöße für einen Zeitraum von bis zu zwei Jahren die Einstellung der den Verstoß begründenden Handlungen oder Verhaltensweisen verlangen. [2] Bei Verstößen gegen die in Satz 1 Nummer 3 und 4 genannten Vorschriften sowie gegen Anordnungen der Bundesanstalt, die sich hierauf beziehen, kann sie verlangen, dass die den Verstoß begründenden Handlungen oder Verhaltensweisen dauerhaft eingestellt werden sowie deren Wiederholung verhindern.

(7) Die Bundesanstalt kann es einer natürlichen Person, die verantwortlich ist für einen Verstoß gegen die Artikel 14, 15, 16 Absatz 1 und 2, Artikel 17 Absatz 1, 2, 4, 5 und 8, Artikel 18 Absatz 1 bis 6, Artikel 19 Absatz 1 bis 3, 5 bis 7 und 11 sowie Artikel 20 Absatz 1 der Verordnung (EU) Nr. 596/2014 oder gegen eine Anordnung der Bundesanstalt, die sich auf diese Vorschriften bezieht, für einen Zeitraum von bis zu zwei Jahren untersagen, Geschäfte für eigene Rechnung in den in Artikel 2 Absatz 1 der Verordnung (EU) Nr. 596/2014 genannten Finanzinstrumenten und Produkten zu tätigen.

(8) [1] Die Bundesanstalt kann einer Person, die bei einem von der Bundesanstalt beaufsichtigten Unternehmen tätig ist, für einen Zeitraum von bis zu zwei Jahren die Ausübung der Berufstätigkeit untersagen, wenn diese Person vorsätzlich gegen eine der in Absatz 6 Satz 1 Nummer 1 bis 4 und 6 genannten Vorschriften oder gegen eine Anordnung der Bundesanstalt, die sich auf diese Vorschriften bezieht, verstoßen hat und dieses Verhalten trotz Verwarnung durch die Bundesanstalt fortsetzt. [2] Bei einem Verstoß gegen eine der in Absatz 6 Satz 1 Nummer 5 genannten Vorschriften oder eine sich auf diese Vorschriften beziehende Anordnung der Bundesanstalt kann die Bundesanstalt einer Person für einen Zeitraum von bis zu zwei Jahren die Wahrnehmung von Führungsaufgaben untersagen, wenn diese den Verstoß vorsätzlich begangen hat und das Verhalten trotz Verwarnung durch die Bundesanstalt fortsetzt.

(9) [1] Bei einem Verstoß gegen eine der in Absatz 6 Satz 1 Nummer 1 bis 5 genannten Vorschriften oder eine vollziehbare Anordnung der Bundesanstalt, die sich auf diese Vorschriften bezieht, kann die Bundesanstalt auf ihrer Internetseite eine Warnung unter Nennung der natürlichen oder juristischen Person oder der Personenvereinigung, die den Verstoß begangen hat, sowie der Art des Verstoßes veröffentlichen. [2] § 125 Absatz 3 und 5 gilt entsprechend.

(10) Die Bundesanstalt kann es einem Wertpapierdienstleistungsunternehmen, das gegen eine der in Absatz 6 Satz 1 Nummer 3 und 4 genannten Vorschriften oder gegen eine vollziehbare Anordnung der Bundesanstalt, die sich auf diese Vorschriften bezieht, verstoßen hat, für einen Zeitraum von bis zu drei Monaten untersagen, am Handel eines Handelsplatzes teilzunehmen.

(11) [1] Während der üblichen Arbeitszeit ist Bediensteten der Bundesanstalt und den von ihr beauftragten Personen, soweit dies zur Wahrnehmung ihrer Aufgaben erforderlich ist, das Betreten der Grundstücke und Geschäftsräume der nach Absatz 3 auskunftspflichtigen Personen zu gestatten. [2] Das Betreten außerhalb dieser Zeit oder wenn die Geschäftsräume sich in einer Wohnung befinden, ist ohne Einverständnis nur zulässig und insoweit zu dulden, wie dies zur Verhütung von dringenden Gefahren für die öffentliche Sicherheit und Ordnung erforderlich ist und Anhaltspunkte vorliegen, dass die auskunftspflichtige Person gegen ein Verbot oder Gebot dieses Gesetzes verstoßen hat. [3] Das Grundrecht des Artikels 13 des Grundgesetzes wird insoweit eingeschränkt.

(12) [1] Bedienstete der Bundesanstalt dürfen Geschäfts- und Wohnräume durchsuchen, soweit dies zur Verfolgung von Verstößen gegen die Artikel 14 und 15 der Verordnung (EU) Nr. 596/2014 geboten ist. [2] Das Grundrecht des Artikels 13 des Grundgesetzes wird insoweit eingeschränkt. [3] Im Rahmen der Durchsuchung dürfen Bedienstete der Bundesanstalt Gegenstände sicherstellen, die als Beweismittel für die Ermittlung des Sachverhalts von Bedeutung sein können. [4] Befinden sich die Gegenstände im Gewahrsam einer Person und werden sie nicht freiwillig herausgegeben, können Bedienstete der Bundesanstalt die Gegenstände beschlagnahmen. [5] Durchsuchungen und Beschlagnahmen sind, außer bei Gefahr im Verzug, durch den Richter anzuordnen. [6] Zuständig ist das Amtsgericht Frankfurt am Main. [7] Gegen die richterliche Entscheidung ist die Beschwerde zulässig. [8] Die §§ 306 bis 310 und 311a der Strafprozessordnung gelten entsprechend. [9] Bei Beschlagnahmen ohne gerichtliche Anordnung gilt § 98 Absatz 2 der Strafprozessordnung entsprechend. [10] Zuständiges Gericht für die nachträglich eingeholte gerichtliche Entscheidung ist das Amtsgericht Frankfurt am Main. [11] Über die Durchsuchung ist eine Niederschrift zu fertigen. [12] Sie muss die verantwortliche Dienststelle, Grund, Zeit und Ort der Durchsuchung und ihr Ergebnis enthalten. [13] Die Sätze 1 bis 11 gelten für die Räumlichkeiten juristischer Personen entsprechend, soweit dies zur Verfolgung von Verstößen gegen die Verordnung (EU) 2016/1011 geboten ist.

(13) [1] Die Bundesanstalt kann die Beschlagnahme von Vermögenswerten beantragen, soweit dies zur Durchsetzung der Verbote und Gebote der in Absatz 6 Satz 1 Nummer 3, 4 und 6 genannten Vorschriften und der Verordnung (EU) Nr. 596/2014 geboten ist. [2] Maßnahmen nach Satz 1 sind durch den Richter anzuordnen. [3] Zuständig ist das Amtsgericht Frankfurt am Main. [4] Gegen eine richterliche Entscheidung ist die Beschwerde zulässig; die §§ 306 bis 310 und 311a der Strafprozessordnung gelten entsprechend.

(14) Die Bundesanstalt kann eine nach den Vorschriften dieses Gesetzes oder nach der Verordnung (EU) Nr. 596/2014 gebotene Veröffentlichung oder Mitteilung auf Kosten des Pflichtigen vornehmen, wenn die Veröffentlichungs- oder Mitteilungspflicht nicht, nicht richtig, nicht vollständig oder nicht in der vorgeschriebenen Weise erfüllt wird.

(15) [1] Der zur Erteilung einer Auskunft Verpflichtete kann die Auskunft auf solche Fragen verweigern, deren Beantwortung ihn selbst oder einen der in

§ 383 Absatz 1 Nummer 1 bis 3 der Zivilprozessordnung bezeichneten Angehörigen der Gefahr strafgerichtlicher Verfolgung oder eines Verfahrens nach dem Gesetz über Ordnungswidrigkeiten aussetzen würde. [2] Der Verpflichtete ist über sein Recht zur Verweigerung der Auskunft oder Aussage zu belehren und darauf hinzuweisen, dass es ihm nach dem Gesetz freisteht, jederzeit, auch schon vor seiner Vernehmung, einen von ihm zu wählenden Verteidiger zu befragen.

(16) Die Bundesanstalt darf ihr mitgeteilte personenbezogene Daten nur zur Erfüllung ihrer aufsichtlichen Aufgaben und für Zwecke der internationalen Zusammenarbeit nach Maßgabe des § 18 speichern, verändern und nutzen.

(17) Bei der Durchführung ihrer Aufgaben kann sich die Bundesanstalt anderer sachverständiger Personen und Einrichtungen bedienen.

§ 7 Herausgabe von Kommunikationsdaten. (1) [1] Die Bundesanstalt kann von einem Telekommunikationsbetreiber die Herausgabe von in dessen Besitz befindlichen bereits existierenden Verkehrsdaten im Sinne des § 96 Absatz 1 des Telekommunikationsgesetzes verlangen, wenn bestimmte Tatsachen den Verdacht begründen, dass jemand gegen Artikel 14 oder 15 der Verordnung (EU) Nr. 596/2014 oder eine der in § 6 Absatz 6 Satz 1 Nummer 3 und 4 genannten Vorschriften verstoßen hat, soweit dies zur Erforschung des Sachverhalts erforderlich ist. [2] § 100a Absatz 3 und 4, § 100e Absatz 1, 3 und 5 Satz 1 der Strafprozessordnung gelten entsprechend mit der Maßgabe, dass die Bundesanstalt antragsberechtigt ist. [3] Zuständig ist das Amtsgericht Frankfurt am Main. [4] Gegen die richterliche Entscheidung ist die Beschwerde zulässig; die §§ 306 bis 310 und 311a der Strafprozessordnung gelten entsprechend. [5] Das Briefgeheimnis sowie das Post- und Fernmeldegeheimnis nach Artikel 10 des Grundgesetzes werden insoweit eingeschränkt.

(2) [1] Die Bundesanstalt kann von Wertpapierdienstleistungsunternehmen, Datenbereitstellungsdiensten, Kreditinstituten im Sinne des Artikels 4 Absatz 1 Nummer 1 der Verordnung (EU) Nr. 575/2013, beaufsichtigten Unternehmen im Sinne des Artikels 3 Absatz 1 Nummer 17 der Verordnung (EU) 2016/1011 und Finanzinstituten im Sinne des Artikels 4 Absatz 1 Nummer 26 der Verordnung (EU) Nr. 575/2013 die Herausgabe von bereits existierenden

1. Aufzeichnungen von Telefongesprächen,
2. elektronischen Mitteilungen oder
3. Verkehrsdaten im Sinne des § 96 Absatz 1 des Telekommunikationsgesetzes,

die sich im Besitz dieser Unternehmen befinden, verlangen, soweit dies auf Grund von Anhaltspunkten für die Überwachung der Einhaltung eines Verbots nach den Artikeln 14 und 15 der Verordnung (EU) Nr. 596/2014 oder einer in § 6 Absatz 6 Satz 1 Nummer 3 und 4 genannten Vorschriften oder eines Verbots oder Gebots nach der Verordnung (EU) 2016/1011 erforderlich ist. [2] Das Briefgeheimnis sowie das Post- und Fernmeldegeheimnis nach Artikel 10 des Grundgesetzes werden insoweit eingeschränkt.

§ 8 Übermittlung und Herausgabe marktbezogener Daten; Verordnungsermächtigung. (1) [1] Von Börsen und Betreibern von Märkten, an denen Finanzinstrumente gehandelt werden, kann die Bundesanstalt insbesondere verlangen, dass die Daten, die zur Erfüllung der Aufgaben der Bundesanstalt nach § 54, nach Artikel 4 der Verordnung (EU) Nr. 596/2014, nach Artikel 27 der Verordnung (EU) Nr. 600/2014 und den auf Grundlage dieser

Artikel sowie den auf Grundlage von Artikel 57 der Richtlinie 2014/65/EU erlassenen delegierten Rechtsakten und Durchführungsrechtsakten erforderlich sind, in standardisierter und elektronischer Form übermittelt werden. [2]Die Bundesanstalt kann, insbesondere auf Grund der Meldungen, die sie nach Artikel 4 der Verordnung (EU) Nr. 596/2014 erhält, auf ihrer Internetseite Informationen dazu veröffentlichen, welcher Emittent beantragt oder genehmigt hat, dass seine Finanzinstrumente auf einem Handelsplatz gehandelt oder zum Handel zugelassen werden und welche Finanzinstrumente dies betrifft.

(2) [1]Von Marktteilnehmern, die an Spotmärkten im Sinne des Artikels 3 Absatz 1 Nummer 16 der Verordnung (EU) Nr. 596/2014 tätig sind, kann die Bundesanstalt insbesondere Auskünfte und die Meldung von Geschäften in Warenderivaten verlangen, soweit dies auf Grund von Anhaltspunkten für die Überwachung der Einhaltung eines Verbots nach den Artikeln 14 und 15 der Verordnung (EU) Nr. 596/2014 in Bezug auf Warenderivate erforderlich ist. [2]Der Bundesanstalt ist unter den Voraussetzungen des Satzes 1 ferner der direkte Zugriff auf die Handelssysteme von Händlern zu gewähren. [3]Die Bundesanstalt kann verlangen, dass die Informationen nach Satz 1 in standardisierter Form übermittelt werden. [4]§ 6 Absatz 15 gilt entsprechend.

(3) [1]Das Bundesministerium der Finanzen kann durch Rechtsverordnung, die nicht der Zustimmung des Bundesrates bedarf, nähere Bestimmungen über Inhalt, Art, Umfang und Form der nach Absatz 1 Satz 1 und Absatz 2 zu übermittelnden Mitteilungen und über die zulässigen Datenträger und Übertragungswege sowie zu Form, Inhalt, Umfang und Darstellung der Veröffentlichung nach Absatz 1 Satz 2 erlassen. [2]Das Bundesministerium der Finanzen kann die Ermächtigung durch Rechtsverordnung auf die Bundesanstalt übertragen.

§ 9 Verringerung und Einschränkung von Positionen oder offenen Forderungen. (1) Die Bundesanstalt kann von jedermann verlangen, die Größe der Positionen oder offenen Forderungen in Finanzinstrumenten zu verringern, soweit dies zur Durchsetzung der Verbote und Gebote der in § 6 Absatz 6 Satz 1 Nummer 3 und 4 genannten Vorschriften geboten ist.

(2) Die Bundesanstalt kann für jedermann die Möglichkeit einschränken, eine Position in Warenderivaten einzugehen, soweit dies zur Durchsetzung der Verbote und Gebote der in § 6 Absatz 6 Satz 1 Nummer 3 und 4 genannten Vorschriften erforderlich ist.

§ 10 Besondere Befugnisse nach der Verordnung (EU) Nr. 1286/2014 und der Verordnung (EU) 2016/1011. (1) [1]Die Bundesanstalt überwacht die Einhaltung der Verbote und Gebote der Verordnung (EU) Nr. 1286/2014 sowie der auf deren Grundlage erlassenen delegierten Rechtsakte und Durchführungsrechtsakte der Europäischen Kommission. [2]Gegenüber einem Wertpapierdienstleistungsunternehmen, das über ein PRIIP berät, es verkauft oder Hersteller von PRIIP ist, kann sie Anordnungen treffen, die zur Durchsetzung der in Satz 1 genannten Verbote und Gebote geeignet und erforderlich sind. [3]Insbesondere kann sie

1. die Vermarktung, den Vertrieb oder den Verkauf des PRIIP vorübergehend oder dauerhaft untersagen, wenn ein Verstoß gegen Artikel 5 Absatz 1, die Artikel 6, 7 und 8 Absatz 1 bis 3, die Artikel 9, 10 Absatz 1, Artikel 13

Absatz 1, 3 und 4 oder die Artikel 14 oder 19 der Verordnung (EU) Nr. 1286/2014 vorliegt,

2. die Bereitstellung eines Basisinformationsblattes untersagen, das nicht den Anforderungen der Artikel 6 bis 8 oder 10 der Verordnung (EU) Nr. 1286/2014 genügt,
3. den Hersteller eines PRIIP verpflichten, eine neue Fassung des Basisinformationsblattes zu veröffentlichen, sofern die veröffentlichte Fassung nicht den Anforderungen der Artikel 6 bis 8 oder 10 der Verordnung (EU) Nr. 1286/2014 genügt, und
4. bei einem Verstoß gegen eine der in Nummer 1 genannten Vorschriften auf ihrer Internetseite eine Warnung unter Nennung des verantwortlichen Wertpapierdienstleistungsunternehmens sowie der Art des Verstoßes veröffentlichen; § 125 Absatz 3 und 5 gilt entsprechend.

[4] Die in Satz 2 genannten Befugnisse stehen der Bundesanstalt vorbehaltlich von § 34d Absatz 8 Nummer 5, § 34e Absatz 2 und § 34g Absatz 1 Satz 2 Nummer 5 der Gewerbeordnung, jeweils in Verbindung mit einer hierzu erlassenen Rechtsverordnung, § 5 Absatz 6a des Kapitalanlagegesetzbuchs, § 308a des Versicherungsaufsichtsgesetzes und § 47 des Kreditwesengesetzes auch gegenüber sonstigen Personen oder Personenvereinigungen zu, die über ein PRIIP beraten, es verkaufen oder Hersteller von PRIIP sind.

(2) [1] Außer für Versicherungsunternehmen unter Landesaufsicht ist die Bundesanstalt zuständige Behörde im Sinne des Artikels 40 Absatz 1 der Verordnung (EU) 2016/1011. [2] Sie überwacht die Einhaltung der Verbote und Gebote der Verordnung (EU) 2016/1011 sowie der delegierten Rechtsakte und Durchführungsrechtsakte der Europäischen Kommission, die auf der Grundlage dieser Verordnung erlassen worden sind, und kann Anordnungen treffen, die zu ihrer Durchsetzung geeignet und erforderlich sind. [3] Insbesondere kann sie

1. Maßnahmen zur korrekten Information der Öffentlichkeit über die Bereitstellung eines Referenzwertes treffen und Richtigstellungen verlangen,
2. von Kontributoren, die an Spotmärkten tätig sind und dabei Daten zur Erstellung eines Rohstoff-Referenzwertes bereitstellen, Auskünfte und die Meldung von Geschäften verlangen, soweit dies erforderlich ist, um die Einhaltung der Gebote und Verbote der Verordnung (EU) 2016/1011 in Bezug auf diese Rohstoff-Referenzwerte zu überwachen; hierbei gelten § 8 Absatz 2 Satz 2 und 3 und die Vorschriften einer nach § 8 Absatz 3 erlassenen Rechtsverordnung entsprechend,
3. bei einem Verstoß gegen die Artikel 4 bis 16, 21, 23 bis 29 und 34 der Verordnung (EU) 2016/1011 oder gegen eine vollziehbare Anordnung der Bundesanstalt, die im Zusammenhang mit einer Untersuchung betreffend die Einhaltung der Pflichten nach dieser Verordnung gemäß Nummer 1 oder 2, § 6 Absatz 3 Satz 4, Absatz 6 Satz 1, Absatz 8, 11 bis 13, § 7 Absatz 2 ergangen ist
   a) von einem beaufsichtigten Unternehmen im Sinne des Artikels 3 Absatz 1 Nummer 17 dieser Verordnung eine dauerhafte Einstellung der den Verstoß begründenden Handlungen oder Verhaltensweisen verlangen,
   b) bezüglich eines beaufsichtigten Unternehmens im Sinne des Artikels 3 Absatz 1 Nummer 17 dieser Verordnung eine Warnung gemäß § 6 Absatz 9 unter Nennung der natürlichen oder juristischen Person oder Personenvereinigung, die den Verstoß begangen hat, veröffentlichen,

c) die Zulassung oder Registrierung eines Administrators entziehen oder aussetzen,

d) einer Person für einen Zeitraum von bis zu zwei Jahren die Wahrnehmung von Führungsaufgaben bei einem Administrator oder beaufsichtigten Kontributor untersagen, wenn die Person den Verstoß vorsätzlich oder grob fahrlässig begangen hat und dieses Verhalten trotz Verwarnung durch die Bundesanstalt fortsetzt.

§ 11 Anzeige straftatbegründender Tatsachen. [1]Die Bundesanstalt hat Tatsachen, die den Verdacht einer Straftat nach § 119 begründen, der zuständigen Staatsanwaltschaft unverzüglich anzuzeigen. [2]Sie kann die personenbezogenen Daten der betroffenen Personen, gegen die sich der Verdacht richtet oder die als Zeugen in Betracht kommen, der Staatsanwaltschaft übermitteln, soweit dies für Zwecke der Strafverfolgung erforderlich ist. [3]Die Staatsanwaltschaft entscheidet über die Vornahme der erforderlichen Ermittlungsmaßnahmen, insbesondere über Durchsuchungen, nach den Vorschriften der Strafprozessordnung. [4]Die Befugnisse der Bundesanstalt nach § 6 Absatz 2 bis 13 sowie den §§ 7 bis 9 und 10 Absatz 2 bleiben hiervon unberührt, soweit dies für die Vornahme von Verwaltungsmaßnahmen oder zur Erfüllung von Ersuchen ausländischer Stellen nach § 18 Absatz 2, 4 Satz 1 oder Absatz 10 erforderlich ist und soweit eine Gefährdung des Untersuchungszwecks von Ermittlungen der Strafverfolgungsbehörden oder der für Strafsachen zuständigen Gerichte nicht zu besorgen ist.

§ 12 Adressaten einer Maßnahme wegen möglichen Verstoßes gegen Artikel 14 oder 15 der Verordnung (EU) Nr. 596/2014. Die Adressaten von Maßnahmen nach § 6 Absatz 2 bis 4, 6 bis 8 und 10 bis 13 sowie den §§ 7 bis 9, die von der Bundesanstalt wegen eines möglichen Verstoßes gegen ein Verbot nach Artikel 14 oder 15 der Verordnung (EU) Nr. 596/2014 ergriffen werden, dürfen andere Personen als Mitarbeiter staatlicher Stellen und solche, die auf Grund ihres Berufs einer gesetzlichen Verschwiegenheitspflicht unterliegen, von diesen Maßnahmen oder von einem daraufhin eingeleiteten Ermittlungsverfahren nicht in Kenntnis setzen.

§ 13 Sofortiger Vollzug. Widerspruch und Anfechtungsklage gegen Maßnahmen nach § 6 Absatz 1 bis 14 und den §§ 7 bis 10 und 54 Absatz 1 haben keine aufschiebende Wirkung.

§ 14 Befugnisse zur Sicherung des Finanzsystems. (1) [1]Die Bundesanstalt kann im Benehmen mit der Deutschen Bundesbank Anordnungen treffen, die geeignet und erforderlich sind, Missstände, die Nachteile für die Stabilität der Finanzmärkte bewirken oder das Vertrauen in die Funktionsfähigkeit der Finanzmärkte erschüttern können, zu beseitigen oder zu verhindern. [2]Insbesondere kann die Bundesanstalt vorübergehend

1. den Handel mit einzelnen oder mehreren Finanzinstrumenten untersagen, insbesondere ein Verbot des Erwerbs von Rechten aus Währungsderivaten im Sinne des § 2 Absatz 2 Nummer 1 Buchstabe b, d oder e anordnen, deren Wert sich unmittelbar oder mittelbar vom Devisenpreis des Euro ableitet, soweit zu erwarten ist, dass der Marktwert dieser Rechte bei einem Kursrückgang des Euro steigt, und wenn der Erwerb der Rechte nicht der Absicherung eigener bestehender oder erwarteter Währungsrisiken dient,

wobei das Verbot auch auf den rechtsgeschäftlichen Eintritt in solche Geschäfte erstreckt werden kann,

2. die Aussetzung des Handels mit einzelnen oder mehreren Finanzinstrumenten an Märkten, an denen Finanzinstrumente gehandelt werden, anordnen oder
3. anordnen, dass Märkte, an denen Finanzinstrumente gehandelt werden, mit Ausnahme von Börsen im Sinne des § 2 des Börsengesetzes, schließen oder geschlossen bleiben oder die Tätigkeit der systematischen Internalisierung eingestellt wird.

[3]Die Bundesanstalt kann Anordnungen nach Satz 2 Nummer 1 und 2 auch gegenüber einem öffentlich-rechtlichen Rechtsträger oder gegenüber einer Börse erlassen.

(2) [1]Die Bundesanstalt kann anordnen, dass Personen, die Geschäfte in Finanzinstrumenten tätigen, ihre Positionen in diesen Finanzinstrumenten veröffentlichen und gleichzeitig der Bundesanstalt mitteilen müssen. [2]Die Bundesanstalt kann Mitteilungen nach Satz 1 auf ihrer Internetseite öffentlich bekannt machen.

(3) § 6 Absatz 3, 11, 14 und 16 ist entsprechend anzuwenden.

(4) [1]Maßnahmen nach den Absätzen 1 bis 3 sind auf höchstens zwölf Monate zu befristen. [2]Eine Verlängerung über diesen Zeitraum hinaus um bis zu zwölf weitere Monate ist zulässig. [3]In diesem Falle legt das Bundesministerium der Finanzen dem Deutschen Bundestag innerhalb eines Monates nach erfolgter Verlängerung einen Bericht vor. [4]Widerspruch und Anfechtungsklage gegen Maßnahmen nach den Absätzen 1 bis 3 haben keine aufschiebende Wirkung.

§ 15 Produktintervention. (1) [1]Der Bundesanstalt stehen die Befugnisse nach Artikel 42 der Verordnung (EU) Nr. 600/2014 unter den dort genannten Voraussetzungen, mit Ausnahme der Voraussetzungen nach Artikel 42 Absatz 3 und 4 der Verordnung (EU) Nr. 600/2014, entsprechend für Vermögensanlagen im Sinne des § 1 Absatz 2 des Vermögensanlagengesetzes zu. [2]Die Bundesanstalt kann Maßnahmen nach Satz 1 und Artikel 42 der Verordnung (EU) Nr. 600/2014 gegenüber jedermann treffen, soweit die Verordnung nicht unmittelbar anwendbar ist.

(2) Widerspruch und Anfechtungsklage gegen Maßnahmen nach Absatz 1 und Artikel 42 der Verordnung (EU) Nr. 600/2014 haben keine aufschiebende Wirkung.

§ 16 Wertpapierrat. (1) [1]Bei der Bundesanstalt wird ein Wertpapierrat gebildet. [2]Er besteht aus Vertretern der Länder. [3]Die Mitgliedschaft ist nicht personengebunden. [4]Jedes Land entsendet einen Vertreter. [5]An den Sitzungen können Vertreter der Bundesministerien der Finanzen, der Justiz und für Verbraucherschutz und für Wirtschaft und Energie sowie der Deutschen Bundesbank teilnehmen. [6]Der Wertpapierrat kann Sachverständige insbesondere aus dem Bereich der Börsen, der Marktteilnehmer, der Wirtschaft und der Wissenschaft anhören. [7]Der Wertpapierrat gibt sich eine Geschäftsordnung.

(2) [1]Der Wertpapierrat wirkt bei der Aufsicht mit. [2]Er berät die Bundesanstalt, insbesondere

1. bei dem Erlass von Rechtsverordnungen und der Aufstellung von Richtlinien für die Aufsichtstätigkeit der Bundesanstalt,
2. hinsichtlich der Auswirkungen von Aufsichtsfragen auf die Börsen- und Marktstrukturen sowie den Wettbewerb im Handel mit Finanzinstrumenten,
3. bei der Abgrenzung von Zuständigkeiten zwischen der Bundesanstalt und den Börsenaufsichtsbehörden sowie bei Fragen der Zusammenarbeit.

[3] Der Wertpapierrat kann bei der Bundesanstalt Vorschläge zur allgemeinen Weiterentwicklung der Aufsichtspraxis einbringen. [4] Die Bundesanstalt berichtet dem Wertpapierrat mindestens einmal jährlich über die Aufsichtstätigkeit, die Weiterentwicklung der Aufsichtspraxis sowie über die internationale Zusammenarbeit.

(3) [1] Der Wertpapierrat wird mindestens einmal jährlich vom Präsidenten der Bundesanstalt einberufen. [2] Er ist ferner auf Verlangen von einem Drittel seiner Mitglieder einzuberufen. [3] Jedes Mitglied hat das Recht, Beratungsvorschläge einzubringen.

§ 17 Zusammenarbeit mit anderen Behörden im Inland. (1) [1] Die Börsenaufsichtsbehörden werden im Wege der Organleihe für die Bundesanstalt bei der Durchführung von eilbedürftigen Maßnahmen im Rahmen der Überwachung der Verbote von Insidergeschäften nach Artikel 14 der Verordnung (EU) Nr. 596/2014 und des Verbots der Marktmanipulation nach Artikel 15 der Verordnung (EU) Nr. 596/2014 an den ihrer Aufsicht unterliegenden Börsen tätig. [2] Das Nähere regelt ein Verwaltungsabkommen zwischen dem Bund und den börsenaufsichtsführenden Ländern.

(2) Die Bundesanstalt, die Deutsche Bundesbank im Rahmen ihrer Tätigkeit nach Maßgabe des Kreditwesengesetzes, das Bundeskartellamt, die Börsenaufsichtsbehörden, die Handelsüberwachungsstellen, die zuständigen Behörden für die Durchführung der Verordnung (EU) Nr. 1308/2013 des Europäischen Parlaments und des Rates vom 17. Dezember 2013 über eine gemeinsame Marktorganisation für landwirtschaftliche Erzeugnisse und zur Aufhebung der Verordnungen (EWG) Nr. 922/72, (EWG) Nr. 234/79, (EG) Nr. 1037/2001 und (EG) Nr. 1234/2007 (ABl. L 347 vom 20.12.2013, S. 671; L 189 vom 27.6.2014, S. 261; L 130 vom 19.5.2016, S. 18; L 34 vom 9.2.2017, S. 41), die zuletzt durch die Delegierte Verordnung (EU) 2016/1226 (ABl. L 202 vom 28.7.2016, S. 5) geändert worden ist, im Rahmen ihrer Tätigkeiten nach Maßgabe des Energiewirtschaftsgesetzes die Bundesnetzagentur und die Landeskartellbehörden sowie die für die Aufsicht über Versicherungsvermittler und die Unternehmen im Sinne des § 3 Absatz 1 Nummer 7 zuständigen Stellen haben einander Beobachtungen und Feststellungen einschließlich personenbezogener Daten mitzuteilen, die für die Erfüllung ihrer Aufgaben erforderlich sind.

(3) Die Bundesanstalt arbeitet mit den Börsenaufsichtsbehörden, den Handelsüberwachungsstellen sowie mit den nach § 19 Absatz 1 des Treibhausgas-Emissionshandelsgesetzes zuständigen Behörden zusammen, um sicherzustellen, dass sie sich einen Gesamtüberblick über die Emissionszertifikatemärkte verschaffen kann.

(4) [1] Die Bundesanstalt darf zur Erfüllung ihrer Aufgaben die nach § 2 Abs. 10, §§ 2c, 24 Abs. 1 Nr. 1, 2, 5, 7 und 10 und Abs. 3, § 25b Absatz 1 bis 3, § 32 Abs. 1 Satz 1 und 2 Nr. 2 und 6 Buchstabe a und b des Kreditwesenge-

setzes bei der Deutschen Bundesbank gespeicherten Daten im automatisierten Verfahren abrufen. [2]Die Deutsche Bundesbank hat für Zwecke der Datenschutzkontrolle den Zeitpunkt, die Angaben, welche die Feststellung der aufgerufenen Datensätze ermöglichen, sowie die für den Abruf verantwortliche Person zu protokollieren. [3]Die protokollierten Daten dürfen nur für Zwecke der Datenschutzkontrolle, der Datensicherung oder zur Sicherstellung eines ordnungsmäßigen Betriebs der Datenverarbeitungsanlage verarbeitet werden. [4]Die Protokolldaten sind am Ende des auf die Speicherung folgenden Kalenderjahres zu löschen.

§ 18 Zusammenarbeit mit zuständigen Stellen im Ausland; Verordnungsermächtigung. (1) [1]Der Bundesanstalt obliegt die Zusammenarbeit mit den für die Überwachung von Verhaltens- und Organisationspflichten von Unternehmen, die Wertpapierdienstleistungen erbringen, von Finanzinstrumenten und von Märkten, an denen Finanzinstrumente oder Waren gehandelt werden, zuständigen Stellen der Europäischen Union, der anderen Mitgliedstaaten der Europäischen Union und der anderen Vertragsstaaten des Abkommens über den Europäischen Wirtschaftsraum. [2]Die Bundesanstalt kann im Rahmen ihrer Zusammenarbeit zum Zwecke der Überwachung der Einhaltung der Verbote und Gebote dieses Gesetzes und der Verordnung (EU) Nr. 600/2014 sowie der Verbote und Gebote der in Satz 1 genannten Staaten, die denen dieses Gesetzes, des Börsengesetzes oder der genannten Verordnungen entsprechen, von allen ihr nach diesem Gesetz und der Verordnung (EU) Nr. 600/2014 zustehenden Befugnissen Gebrauch machen, soweit dies geeignet und erforderlich ist, um den Ersuchen der in Satz 1 genannten Stellen nachzukommen. [3]Sie kann auf ein Ersuchen der in Satz 1 genannten Stellen die Untersagung oder Aussetzung des Handels nach § 6 Absatz 2 Satz 4 an einem inländischen Markt nur anordnen, sofern die Interessen der Anleger oder der ordnungsgemäße Handel an dem betreffenden Markt nicht erheblich gefährdet werden. [4]Die Vorschriften des Börsengesetzes über die Zusammenarbeit der Handelsüberwachungsstellen mit entsprechenden Stellen oder Börsengeschäftsführungen anderer Staaten bleiben hiervon unberührt.

(2) [1]Auf Ersuchen der in Absatz 1 Satz 1 genannten zuständigen Stellen führt die Bundesanstalt nach Maßgabe der auf Grundlage von Artikel 80 Absatz 4 und Artikel 81 Absatz 4 der Richtlinie 2014/65/EU erlassenen Durchführungsverordnung Untersuchungen durch und übermittelt unverzüglich alle Informationen, soweit dies für die Überwachung von organisierten Märkten oder anderen Märkten für Finanzinstrumente, von Kreditinstituten, Finanzdienstleistungsinstituten, Kapitalverwaltungsgesellschaften, extern verwaltete Investmentgesellschaften, EU-Verwaltungsgesellschaften, ausländische AIF-Verwaltungsgesellschaften, Finanzunternehmen oder Versicherungsunternehmen oder damit zusammenhängender Verwaltungs- oder Gerichtsverfahren erforderlich ist. [2]Bei der Übermittlung von Informationen hat die Bundesanstalt den Empfänger darauf hinzuweisen, dass er unbeschadet seiner Verpflichtungen im Rahmen von Strafverfahren die übermittelten Informationen einschließlich personenbezogener Daten nur zur Erfüllung von Überwachungsaufgaben nach Satz 1 und für damit zusammenhängende Verwaltungs- und Gerichtsverfahren verarbeiten darf.

(3) Die Bundesanstalt trifft angemessene Vorkehrungen für eine wirksame Zusammenarbeit insbesondere gegenüber solchen Mitgliedstaaten, in denen die

Geschäfte eines inländischen Handelsplatzes eine wesentliche Bedeutung für das Funktionieren der Finanzmärkte und den Anlegerschutz nach Maßgabe des Artikels 90 der Delegierten Verordnung (EU) 2017/565 haben oder deren Handelsplätze eine solche Bedeutung im Inland haben.

(4) [1] Die Bundesanstalt kann Bediensteten der zuständigen Stellen anderer Staaten auf Ersuchen die Teilnahme an den von der Bundesanstalt durchgeführten Untersuchungen gestatten. [2] Nach vorheriger Unterrichtung der Bundesanstalt sind die zuständigen Stellen im Sinne des Absatzes 1 Satz 1 befugt, selbst oder durch ihre Beauftragten die Informationen, die für eine Überwachung der Einhaltung der Meldepflichten nach Artikel 26 der Verordnung (EU) Nr. 600/2014, der Verhaltens-, Organisations- und Transparenzpflichten nach den §§ 63 bis 83 oder entsprechender ausländischer Vorschriften durch eine Zweigniederlassung im Sinne des § 53b Absatz 1 Satz 1 des Kreditwesengesetzes erforderlich sind, bei dieser Zweigniederlassung zu prüfen. [3] Bedienstete der Europäischen Wertpapier- und Marktaufsichtsbehörde können an Untersuchungen nach Satz 1 teilnehmen.

(5) Die Bundesanstalt kann in Bezug auf die Erleichterung der Einziehung von Geldbußen mit den in Absatz 1 Satz 1 genannten Stellen zusammenarbeiten.

(6) [1] Die Bundesanstalt kann eine Untersuchung, die Übermittlung von Informationen oder die Teilnahme von Bediensteten zuständiger ausländischer Stellen im Sinne von Absatz 1 Satz 1 verweigern, wenn auf Grund desselben Sachverhalts gegen die betreffenden Personen bereits ein gerichtliches Verfahren eingeleitet worden oder eine unanfechtbare Entscheidung ergangen ist. [2] Kommt die Bundesanstalt einem Ersuchen nicht nach oder macht sie von ihrem Recht nach Satz 1 Gebrauch, so teilt sie ihre Entscheidung einschließlich ihrer Gründe der ersuchenden Stelle und der Europäischen Wertpapier- und Marktaufsichtsbehörde unverzüglich mit und übermittelt diesen genaue Informationen über das gerichtliche Verfahren oder die unanfechtbare Entscheidung.

(7) [1] Die Bundesanstalt ersucht die in Absatz 1 genannten zuständigen Stellen nach Maßgabe der auf Grundlage von Artikel 80 Absatz 4 und Artikel 81 Absatz 4 der Richtlinie 2014/65/EU erlassenen Durchführungsverordnung um die Durchführung von Untersuchungen und die Übermittlung von Informationen, die für die Erfüllung ihrer Aufgaben nach den Vorschriften dieses Gesetzes geeignet und erforderlich sind. [2] Sie kann die zuständigen Stellen ersuchen, Bediensteten der Bundesanstalt die Teilnahme an den Untersuchungen zu gestatten. [3] Mit Einverständnis der zuständigen Stellen kann die Bundesanstalt Untersuchungen im Ausland durchführen und hierfür Wirtschaftsprüfer oder Sachverständige beauftragen; bei Untersuchung eine Zweigniederlassung eines inländischen Wertpapierdienstleistungsunternehmens in einem Aufnahmemitgliedstaat durch die Bundesanstalt genügt eine vorherige Unterrichtung der zuständigen Stelle im Ausland. [4] Trifft die Bundesanstalt Anordnungen gegenüber Unternehmen mit Sitz im Ausland, die Mitglieder inländischer organisierter Märkte sind, unterrichtet sie die für die Überwachung dieser Unternehmen zuständigen Stellen. [5] Werden der Bundesanstalt von einer Stelle eines anderen Staates Informationen mitgeteilt, so darf sie diese unbeschadet ihrer Verpflichtungen in strafrechtlichen Angelegenheiten, die den Verdacht einer Straftat nach den Strafvorschriften dieses Gesetzes zum Gegenstand haben, nur zur Erfüllung von Überwachungsaufgaben nach Absatz 2 Satz 1 und

für damit zusammenhängende Verwaltungs- und Gerichtsverfahren verarbeiten. [6]Die Bundesanstalt darf diese Informationen unter Beachtung der Zweckbestimmung der übermittelnden Stelle den in § 17 Absatz 2 genannten Stellen mitteilen, sofern dies für die Erfüllung ihrer Aufgaben erforderlich ist. [7]Eine anderweitige Verarbeitung der Informationen ist nur mit Zustimmung der übermittelnden Stelle zulässig. [8]Außer bei Informationen im Zusammenhang mit Insiderhandel oder Marktmanipulation kann in begründeten Ausnahmefällen auf diese Zustimmung verzichtet werden, sofern dieses der übermittelnden Stelle unverzüglich unter Angabe der Gründe mitgeteilt wird. [9]Wird einem Ersuchen der Bundesanstalt nach den Sätzen 1 bis 3 nicht innerhalb angemessener Frist Folge geleistet oder wird es ohne hinreichende Gründe abgelehnt, kann die Bundesanstalt die Europäische Wertpapier- und Marktaufsichtsbehörde nach Maßgabe des Artikels 19 der Verordnung (EU) Nr. 1095/2010 des Europäischen Parlaments und des Rates vom 24. November 2010 zur Errichtung einer Europäischen Aufsichtsbehörde (Europäische Wertpapier- und Marktaufsichtsbehörde), zur Änderung des Beschlusses Nr. 716/2009/EG und zur Aufhebung des Beschlusses 2009/77/EG der Kommission (ABl. L 331 vom 15.12.2010, S. 84) um Hilfe ersuchen.

(8) [1]Hat die Bundesanstalt hinreichende Anhaltspunkte für einen Verstoß gegen Verbote oder Gebote nach den Vorschriften dieses Gesetzes oder nach entsprechenden ausländischen Vorschriften der in Absatz 1 Satz 1 genannten Staaten, teilt sie diese Anhaltspunkte der Europäischen Wertpapier- und Marktaufsichtsbehörde und den nach Absatz 1 Satz 1 zuständigen Stellen des Staates mit, auf dessen Gebiet die vorschriftswidrige Handlung stattfindet oder stattgefunden hat oder auf dessen Gebiet die betroffenen Finanzinstrumente an einem organisierten Markt gehandelt werden oder der nach dem Recht der Europäischen Union für die Verfolgung des Verstoßes zuständig ist. [2]Sind die daraufhin getroffenen Maßnahmen der zuständigen ausländischen Stellen unzureichend oder wird weiterhin gegen die Vorschriften dieses Gesetzes oder gegen die entsprechenden ausländischen Vorschriften verstoßen, ergreift die Bundesanstalt nach vorheriger Unterrichtung der zuständigen Stellen alle für den Schutz der Anleger erforderlichen Maßnahmen und unterrichtet davon die Europäische Kommission und die Europäische Wertpapier- und Marktaufsichtsbehörde. [3]Erhält die Bundesanstalt eine entsprechende Mitteilung von zuständigen ausländischen Stellen, unterrichtet sie diese sowie die Europäische Wertpapier- und Marktaufsichtsbehörde über Ergebnisse daraufhin eingeleiteter Untersuchungen. [4]Die Bundesanstalt unterrichtet ferner

1. die zuständigen Stellen nach Satz 1 und die Europäische Wertpapier- und Marktaufsichtsbehörde über Anordnungen zur Aussetzung, Untersagung oder Einstellung des Handels nach § 6 Absatz 2 Satz 4 dieses Gesetzes sowie § 3 Absatz 5 Satz 3 Nummer 1 und § 25 Absatz 1 des Börsengesetzes,
2. die zuständigen Stellen nach Satz 1 innerhalb eines Monats nach Erhalt einer Mitteilung nach § 19 Absatz 10 des Börsengesetzes von der Absicht der Geschäftsführung einer Börse, Handelsteilnehmern aus den betreffenden Staaten einen unmittelbaren Zugang zu ihrem Handelssystem zu gewähren,
3. die zuständigen Stellen nach Satz 1 und die Europäische Wertpapier- und Marktaufsichtsbehörde über Anordnungen nach § 9 Absatz 1 zur Verringerung von Positionsgrößen oder offenen Forderungen sowie

4. die zuständigen Stellen nach Satz 1 und die Europäische Wertpapier- und Marktaufsichtsbehörde über Anordnungen nach § 9 Absatz 2 zur Beschränkung von Positionen in Warenderivaten.

[5] Die Unterrichtung nach Satz 4 Nummer 3 und 4 muss mindestens 24 Stunden vor Bekanntgabe der Anordnung erfolgen; wenn dies im Ausnahmefall nicht möglich ist, muss die Unterrichtung spätestens vor der Bekanntgabe erfolgen. [6] Die Unterrichtung nach Satz 4 Nummer 3 und 4 umfasst Angaben über Auskunfts- und Vorlageersuchen gemäß § 6 Absatz 3 Satz 2 Nummer 1 einschließlich ihrer Begründung und den Adressaten sowie über den Umfang von Anordnungen gemäß § 9 Absatz 2 einschließlich ihres Adressatenkreises, der betroffenen Finanzinstrumente, Positionsschranken und Ausnahmen, die nach § 56 Absatz 3 gewährt wurden. [7] Betrifft eine in Satz 4 Nummer 3 und 4 genannte Maßnahme Energiegroßhandelsprodukte, so unterrichtet die Bundesanstalt auch die durch die Verordnung (EG) Nr. 713/2009 gegründete Agentur für die Zusammenarbeit der Energieregulierungsbehörden.

(9) Die Regelungen über die internationale Rechtshilfe in Strafsachen bleiben unberührt.

(10) [1] Die Bundesanstalt kann mit den zuständigen Stellen anderer als der in Absatz 1 genannten Staaten entsprechend den Absätzen 1 bis 9 zusammenarbeiten und Vereinbarungen über den Informationsaustausch abschließen. [2] Absatz 7 Satz 5 und 6 findet mit der Maßgabe Anwendung, dass Informationen, die von diesen Stellen übermittelt werden, nur unter Beachtung einer Zweckbestimmung der übermittelnden Stelle verarbeitet und nur mit ausdrücklicher Zustimmung der übermittelnden Stelle der Deutschen Bundesbank oder dem Bundeskartellamt mitgeteilt werden dürfen, sofern dies für die Erfüllung ihrer Aufgaben erforderlich ist. [3] Absatz 7 Satz 8 findet keine Anwendung. [4] Die Übermittlung personenbezogener Daten muss im Einklang mit Kapitel V der Verordnung (EU) 2016/679 des Europäischen Parlaments und des Rates vom 27. April 2016 zum Schutz natürlicher Personen bei der Verarbeitung personenbezogener Daten, zum freien Datenverkehr und zur Aufhebung der Richtlinie 95/46/EG (Datenschutz-Grundverordnung) (ABl. L 119 vom 4.5.2016, S. 1; L 314 vom 22.11.2016, S. 72; L 127 vom 23.5.2018, S. 2) in der jeweils geltenden Fassung und mit den sonstigen allgemeinen datenschutzrechtlichen Vorschriften stehen. [5] Die Bundesanstalt unterrichtet die Europäische Wertpapier- und Marktaufsichtsbehörde über den Abschluss von Vereinbarungen nach Satz 1.

(11) Für Zwecke der Zusammenarbeit im Zusammenhang mit der Verordnung (EU) Nr. 596/2014 stehen der Bundesanstalt die Befugnisse nach diesem Gesetz zu, um den einschlägigen Ersuchen der zuständigen Behörden nach der Verordnung (EU) Nr. 596/2014 sowie der für die Überwachung entsprechender ausländischer Bestimmungen zuständigen Behörden anderer Vertragsstaaten des Abkommens über den Europäischen Wirtschaftsraum oder von Drittstaaten nachzukommen.

(12) [1] Das Bundesministerium der Finanzen kann durch Rechtsverordnung, die nicht der Zustimmung des Bundesrates bedarf, zu den in den Absätzen 2, 3 und 7 genannten Zwecken nähere Bestimmungen über die Übermittlung von Informationen an ausländische Stellen, die Durchführung von Untersuchungen auf Ersuchen ausländischer Stellen sowie Ersuchen der Bundesanstalt an ausländische Stellen erlassen. [2] Das Bundesministerium der Finanzen kann die Er-

mächtigung durch Rechtsverordnung auf die Bundesanstalt für Finanzdienstleistungsaufsicht übertragen.

§ 19 Zusammenarbeit mit der Europäischen Wertpapier- und Marktaufsichtsbehörde. (1) Die Bundesanstalt stellt der Europäischen Wertpapier- und Marktaufsichtsbehörde gemäß den Artikeln 35 und 36 der Verordnung (EU) Nr. 1095/2010 auf Verlangen unverzüglich alle für die Erfüllung ihrer Aufgaben erforderlichen Informationen zur Verfügung.

(2) Die Bundesanstalt übermittelt der Europäischen Wertpapier- und Marktaufsichtsbehörde jährlich eine Zusammenfassung von Informationen zu allen im Zusammenhang mit der Überwachung nach den Abschnitten 9 bis 11 ergriffenen Verwaltungsmaßnahmen und verhängten Sanktionen.

(3) Die Bundesanstalt unterrichtet die Europäische Wertpapier- und Marktaufsichtsbehörde über das Erlöschen einer Erlaubnis nach § 4 Absatz 4 des Börsengesetzes und die Aufhebung einer Erlaubnis nach § 4 Absatz 5 des Börsengesetzes oder nach den Vorschriften der Verwaltungsverfahrensgesetze der Länder.

§ 20 Zusammenarbeit mit der Europäischen Kommission im Rahmen des Energiewirtschaftsgesetzes. Die Bundesanstalt übermittelt der Europäischen Kommission auf Verlangen diejenigen Angaben zu Geschäften in Finanzinstrumenten einschließlich personenbezogenen Daten, die ihr nach Artikel 26 der Verordnung (EU) Nr. 600/2014 mitgeteilt worden sind, soweit die Europäische Kommission deren Überlassung gemäß § 5a Absatz 1 des Energiewirtschaftsgesetzes auch unmittelbar von den mitteilungspflichtigen Unternehmen verlangen könnte und die Europäische Kommission diese Informationen zur Erfüllung ihrer im Energiewirtschaftsgesetz näher beschriebenen Aufgaben benötigt.

§ 21 Verschwiegenheitspflicht. (1) [1]Die bei der Bundesanstalt Beschäftigten und die nach § 4 Abs. 3 des Finanzdienstleistungsaufsichtsgesetzes beauftragten Personen dürfen die ihnen bei ihrer Tätigkeit bekannt gewordenen Tatsachen, deren Geheimhaltung im Interesse eines nach diesem Gesetz Verpflichteten oder eines Dritten liegt, insbesondere Geschäfts- und Betriebsgeheimnisse sowie personenbezogene Daten, nicht unbefugt offenbaren oder verwenden, auch wenn sie nicht mehr im Dienst sind oder ihre Tätigkeit beendet ist. [2]Dies gilt auch für andere Personen, die durch dienstliche Berichterstattung Kenntnis von den in Satz 1 bezeichneten Tatsachen erhalten. [3]Ein unbefugtes Offenbaren oder Verwenden im Sinne des Satzes 1 liegt insbesondere nicht vor, wenn Tatsachen weitergegeben werden an

1. Strafverfolgungsbehörden oder für Straf- und Bußgeldsachen zuständige Gerichte,
2. kraft Gesetzes oder im öffentlichen Auftrag mit der Überwachung von Börsen oder anderen Märkten, an denen Finanzinstrumente gehandelt werden, des Handels mit Finanzinstrumenten oder Devisen, von Kreditinstituten, Finanzdienstleistungsinstituten, Kapitalverwaltungsgesellschaften, extern verwaltete Investmentgesellschaften, EU-Verwaltungsgesellschaften oder ausländische AIF-Verwaltungsgesellschaften, Finanzunternehmen, Versicherungsunternehmen, Versicherungsvermittlern, Unternehmen im Sinne von

§ 3 Absatz 1 Nummer 7 oder Mitarbeitern im Sinne des § 87 Absatz 1 bis 5 betraute Stellen sowie von diesen beauftragte Personen,
3. Zentralbanken in ihrer Eigenschaft als Währungsbehörden sowie an andere staatliche Behörden, die mit der Überwachung der Zahlungssysteme betraut sind,
4. mit der Liquidation oder dem Insolvenzverfahren über das Vermögen eines Wertpapierdienstleistungsunternehmens, eines organisierten Marktes oder des Betreibers eines organisierten Marktes befasste Stellen,
5. die Europäische Zentralbank, das Europäische System der Zentralbanken, die Europäische Wertpapier- und Marktaufsichtsbehörde, die Europäische Aufsichtsbehörde für das Versicherungswesen und die betriebliche Altersversorgung, die Europäische Bankenaufsichtsbehörde, den Gemeinsamen Ausschuss der Europäischen Finanzaufsichtsbehörden, den Europäischen Ausschuss für Systemrisiken oder die Europäische Kommission,

soweit diese Stellen die Informationen zur Erfüllung ihrer Aufgaben benötigen. [4] Für die bei den in Satz 3 Nummer 1 bis 4 genannten Stellen beschäftigten Personen sowie von diesen Stellen beauftragten Personen gilt die Verschwiegenheitspflicht nach Satz 1 entsprechend. [5] Befindet sich eine in Satz 3 Nummer 1 bis 4 genannte Stelle in einem anderen Staat, so dürfen die Tatsachen nur weitergegeben werden, wenn die bei dieser Stelle beschäftigten und die von dieser Stelle beauftragten Personen einer dem Satz 1 entsprechenden Verschwiegenheitspflicht unterliegen.

(2) [1] Die §§ 93, 97 und 105 Absatz 1, § 111 Absatz 5 in Verbindung mit § 105 Absatz 1 sowie § 116 Absatz 1 der Abgabenordnung gelten für die in Absatz 1 Satz 1 und 2 bezeichneten Personen nur, soweit die Finanzbehörden die Kenntnisse für die Durchführung eines Verfahrens wegen einer Steuerstraftat sowie eines damit zusammenhängenden Besteuerungsverfahrens benötigen. [2] Die in Satz 1 genannten Vorschriften sind jedoch nicht anzuwenden, soweit Tatsachen betroffen sind,
1. die den in Absatz 1 Satz 1 oder Satz 2 bezeichneten Personen durch eine Stelle eines anderen Staates im Sinne von Absatz 1 Satz 3 Nummer 2 oder durch von dieser Stelle beauftragte Personen mitgeteilt worden sind oder
2. von denen bei der Bundesanstalt beschäftigte Personen dadurch Kenntnis erlangen, dass sie an der Aufsicht über direkt von der Europäischen Zentralbank beaufsichtigte Institute mitwirken, insbesondere in gemeinsamen Aufsichtsteams nach Artikel 2 Nummer 6 der Verordnung (EU) Nr. 468/2014 der Europäischen Zentralbank vom 16. April 2014 zur Einrichtung eines Rahmenwerks für die Zusammenarbeit zwischen der Europäischen Zentralbank und den nationalen zuständigen Behörden und den nationalen benannten Behörden innerhalb des einheitlichen Aufsichtsmechanismus (SSM-Rahmenverordnung) (EZB/2014/17) (ABl. L 141 vom 14.5.2014 S. 1), und die nach den Regeln der Europäischen Zentralbank geheim sind.

§ 22 Meldepflichten. (1) [1] Die Bundesanstalt ist zuständige Behörde im Sinne der Artikel 26 und 27 der Verordnung (EU) Nr. 600/2014. [2] Dies gilt insbesondere auch für die Mitteilung von Referenzdaten, die von Handelsplätzen nach Artikel 27 Absatz 1 der Verordnung (EU) Nr. 600/2014 zu übermitteln sind. [3] Sie ist zuständig für die Übermittlung von Mitteilungen nach Artikel 26 Absatz 1 der Verordnung (EU) Nr. 600/2014 an die zuständige

Behörde eines anderen Mitgliedstaates oder eines anderen Vertragsstaates des Abkommens über den Europäischen Wirtschaftsraum, wenn sich in diesem Staat der unter Liquiditätsaspekten relevanteste Markt für das gemeldete Finanzinstrument im Sinne des Artikels 26 Absatz 1 der Verordnung (EU) Nr. 600/2014 befindet.

(2) [1] Ein inländischer Handelsplatz, der im Namen eines Wertpapierdienstleistungsunternehmens Meldungen nach Artikel 26 Absatz 1 der Verordnung (EU) Nr. 600/2014 vornimmt, muss Sicherheitsmechanismen einrichten, die die Sicherheit und Authentifizierung der Informationsübermittlungswege gewährleisten sowie eine Verfälschung der Daten und einen unberechtigten Zugriff und ein Bekanntwerden von Informationen verhindern und so jederzeit die Vertraulichkeit der Daten wahren. [2] Der Handelsplatz muss ausreichende Mittel vorhalten und Notfallsysteme einrichten, um seine diesbezüglichen Dienste jederzeit anbieten und aufrechterhalten zu können.

(3) [1] Die Verpflichtung nach Artikel 26 Absatz 1 bis 3 sowie 6 und 7 der Verordnung (EU) Nr. 600/2014 in Verbindung mit der Delegierten Verordnung (EU) 2017/590 der Kommission vom 28. Juli 2016 zur Ergänzung der Verordnung (EU) Nr. 600/2014 des Europäischen Parlaments und des Rates durch technische Regulierungsstandards für die Meldung von Geschäften an die zuständigen Behörden (ABl. L 87 vom 31.3.2017, S. 449), in der jeweils geltenden Fassung, gilt entsprechend für inländische zentrale Gegenparteien im Sinne des § 1 Absatz 31 des Kreditwesengesetzes hinsichtlich der Informationen, über die sie auf Grund der von ihnen abgeschlossenen Geschäfte verfügen. [2] Diese Informationen umfassen Inhalte, die gemäß Anhang 1 Tabelle 2 Meldefelder Nummer 1 bis 4, 6, 7, 16, 28 bis 31, 33 bis 36 und 38 bis 56 der Delegierten Verordnung (EU) 2017/590 anzugeben sind. [3] Die übrigen Meldefelder sind so zu befüllen, dass sie den technischen Validierungsregeln, die von der Europäischen Wertpapier- und Marktaufsichtsbehörde vorgegeben sind, entsprechen.

§ 23 Anzeige von Verdachtsfällen. (1) [1] Wertpapierdienstleistungsunternehmen, andere Kreditinstitute, Kapitalverwaltungsgesellschaften und Betreiber von außerbörslichen Märkten, an denen Finanzinstrumente gehandelt werden, haben bei der Feststellung von Tatsachen, die den Verdacht begründen, dass mit einem Geschäft über Finanzinstrumente, für die die Bundesanstalt die zuständige Behörde im Sinne des Artikels 2 Absatz 1 Buchstabe j der Verordnung (EU) Nr. 236/2012 ist, gegen die Artikel 12, 13 oder 14 der Verordnung (EU) Nr. 236/2012 verstoßen wird, diese unverzüglich der Bundesanstalt mitzuteilen. [2] Sie dürfen andere Personen als staatliche Stellen und solche, die auf Grund ihres Berufs einer gesetzlichen Verschwiegenheitspflicht unterliegen, von der Anzeige oder von einer daraufhin eingeleiteten Untersuchung nicht in Kenntnis setzen.

(2) [1] Der Inhalt einer Anzeige nach Absatz 1 darf von der Bundesanstalt nur zur Erfüllung ihrer Aufgaben verwendet werden. [2] Die Bundesanstalt darf die Identität einer anzeigenden Person nach Absatz 1 anderen als staatlichen Stellen nicht zugänglich machen. [3] Das Recht der Bundesanstalt nach § 123 bleibt unberührt.

(3) Wer eine Anzeige nach Absatz 1 erstattet, darf wegen dieser Anzeige nicht verantwortlich gemacht werden, es sei denn, die Anzeige ist vorsätzlich oder grob fahrlässig unwahr erstattet worden.

(4) [1] Das Bundesministerium der Finanzen kann durch Rechtsverordnung, die nicht der Zustimmung des Bundesrates bedarf, nähere Bestimmungen erlassen über

1. die Form und den Inhalt einer Anzeige nach Absatz 1 und
2. die Art und Weise der Übermittlung einer Mitteilung nach Artikel 16 Absatz 1 und 2 der Verordnung (EU) Nr. 596/2014.

[2] Das Bundesministerium der Finanzen kann die Ermächtigung durch Rechtsverordnung auf die Bundesanstalt übertragen.

§ 24 Verpflichtung des Insolvenzverwalters. (1) Wird über das Vermögen eines nach diesem Gesetz zu einer Handlung Verpflichteten ein Insolvenzverfahren eröffnet, hat der Insolvenzverwalter den Schuldner bei der Erfüllung der Pflichten nach diesem Gesetz zu unterstützen, insbesondere indem er aus der Insolvenzmasse die hierfür erforderlichen Mittel bereitstellt.

(2) Wird vor Eröffnung des Insolvenzverfahrens ein vorläufiger Insolvenzverwalter bestellt, hat dieser den Schuldner bei der Erfüllung seiner Pflichten zu unterstützen, insbesondere indem er der Verwendung der Mittel durch den Verpflichteten zustimmt oder, wenn dem Verpflichteten ein allgemeines Verfügungsverbot auferlegt wurde, indem er die Mittel aus dem von ihm verwalteten Vermögen zur Verfügung stellt.

Abschnitt 3. Marktmissbrauchsüberwachung

§ 25 Anwendung der Verordnung (EU) Nr. 596/2014 auf Waren und ausländische Zahlungsmittel. Artikel 15 in Verbindung mit Artikel 12 Absatz 1 bis 4 der Verordnung (EU) Nr. 596/2014 gilt entsprechend für

1. Waren im Sinne des § 2 Absatz 5 und
2. ausländische Zahlungsmittel im Sinne des § 51 des Börsengesetzes,

die an einer inländischen Börse oder einem vergleichbaren Markt in einem anderen Mitgliedstaat der Europäischen Union oder in einem anderen Vertragsstaat des Abkommens über den Europäischen Wirtschaftsraum gehandelt werden.

§ 26 Übermittlung von Insiderinformationen und von Eigengeschäften; Verordnungsermächtigung. (1) Ein Inlandsemittent, ein MTF-Emittent oder ein OTF-Emittent, der gemäß Artikel 17 Absatz 1, 7 oder 8 der Verordnung (EU) Nr. 596/2014 verpflichtet ist, Insiderinformationen zu veröffentlichen, hat diese vor ihrer Veröffentlichung der Bundesanstalt und den Geschäftsführungen der Handelsplätze, an denen seine Finanzinstrumente zum Handel zugelassen oder in den Handel einbezogen sind, mitzuteilen sowie unverzüglich nach ihrer Veröffentlichung dem Unternehmensregister im Sinne des § 8b des Handelsgesetzbuchs[1)] zur Speicherung zu übermitteln.

(2) Ein Inlandsemittent, ein MTF-Emittent oder ein OTF-Emittent, der gemäß Artikel 19 Absatz 3 der Verordnung (EU) Nr. 596/2014 verpflichtet ist, Informationen zu Eigengeschäften von Führungskräften zu veröffentlichen, hat diese Informationen unverzüglich, jedoch nicht vor ihrer Veröffentlichung, dem Unternehmensregister im Sinne des § 8b des Handelsgesetzbuchs zur

[1)] Nr. 5.

Speicherung zu übermitteln sowie die Veröffentlichung der Bundesanstalt mitzuteilen.

(3) [1] Verstößt der Emittent gegen die Verpflichtungen nach Absatz 1 oder nach Artikel 17 Absatz 1, 7 oder 8 der Verordnung (EU) Nr. 596/2014, so ist er einem anderen nur unter den Voraussetzungen der §§ 97 und 98 zum Ersatz des daraus entstehenden Schadens verpflichtet. [2] Schadensersatzansprüche, die auf anderen Rechtsgrundlagen beruhen, bleiben unberührt.

(4) [1] Das Bundesministerium der Finanzen kann durch Rechtsverordnung, die nicht der Zustimmung des Bundesrates bedarf, nähere Bestimmungen erlassen über

1. den Mindestinhalt, die Art, die Sprache, den Umfang und die Form einer Mitteilung nach Absatz 1 oder Absatz 2,
2. den Mindestinhalt, die Art, die Sprache, den Umfang und die Form einer Veröffentlichung nach Artikel 17 Absatz 1, 2 und 6 bis 9 der Verordnung (EU) Nr. 596/2014,
3. die Bedingungen, die ein Emittent oder Teilnehmer am Markt für Emissionszertifikate nach Artikel 17 Absatz 4 Unterabsatz 1 der Verordnung (EU) Nr. 596/2014 erfüllen muss, um die Offenlegung von Insiderinformationen aufzuschieben,
4. die Art und Weise der Übermittlung sowie den Mindestinhalt einer Mitteilung nach Artikel 17 Absatz 4 Unterabsatz 3 Satz 1 und Absatz 6 Unterabsatz 1 Satz 1 der Verordnung (EU) Nr. 596/2014,
5. die Art und Weise der Übermittlung einer Insiderliste nach Artikel 18 Absatz 1 Buchstabe c der Verordnung (EU) Nr. 596/2014,
6. die Art und Weise der Übermittlung sowie der Sprache einer Meldung nach Artikel 19 Absatz 1 der Verordnung (EU) Nr. 596/2014 und
7. den Inhalt, die Art, den Umfang und die Form einer zusätzlichen Veröffentlichung der Informationen nach Artikel 19 Absatz 3 der Verordnung (EU) Nr. 596/2014 durch die Bundesanstalt gemäß Artikel 19 Absatz 3 Unterabsatz 3 der Verordnung (EU) Nr. 596/2014.

[2] Das Bundesministerium der Finanzen kann die Ermächtigung durch Rechtsverordnung auf die Bundesanstalt übertragen.

§ 27 Aufzeichnungspflichten. [1] Wertpapierdienstleistungsunternehmen sowie Unternehmen mit Sitz im Inland, die an einer inländischen Börse zur Teilnahme am Handel zugelassen sind, haben vor Durchführung von Aufträgen, die Finanzinstrumente im Sinne des Artikels 2 Absatz 1 Unterabsatz 1 der Verordnung (EU) Nr. 596/2014 oder Handlungen oder Geschäfte im Sinne des Artikels 2 Absatz 1 Unterabsatz 2 Satz 1 der Verordnung (EU) Nr. 596/2014 zum Gegenstand haben, bei natürlichen Personen den Namen, das Geburtsdatum und die Anschrift, bei Unternehmen die Firma und die Anschrift der Auftraggeber und der berechtigten oder verpflichteten Personen oder Unternehmen festzustellen und diese Angaben aufzuzeichnen. [2] Die Aufzeichnungen nach Satz 1 sind mindestens sechs Jahre aufzubewahren. [3] Für die Aufbewahrung gilt § 257 Abs. 3 und 5 des Handelsgesetzbuchs[1] entsprechend.

---

[1] Nr. 5.

§ 28 Überwachung der Geschäfte der bei der Bundesanstalt Beschäftigten. (1) Die Bundesanstalt muss über angemessene interne Kontrollverfahren verfügen, die geeignet sind, Verstößen der bei der Bundesanstalt Beschäftigten gegen die Verbote nach Artikel 14 der Verordnung (EU) Nr. 596/2014 entgegenzuwirken.

(2) [1] Der Dienstvorgesetzte oder die von ihm beauftragte Person kann von den bei der Bundesanstalt Beschäftigten die Erteilung von Auskünften und die Vorlage von Unterlagen über Geschäfte in Finanzinstrumenten im Sinne des Artikels 2 Absatz 1 Unterabsatz 1 der Verordnung (EU) Nr. 596/2014 und Handlungen und Geschäfte im Sinne des Artikels 2 Absatz 1 Unterabsatz 2 Satz 1 der Verordnung (EU) Nr. 596/2014 verlangen, die sie für eigene oder fremde Rechnung oder für einen anderen abgeschlossen haben. [2] § 6 Absatz 15 ist anzuwenden. [3] Beschäftigte, die bei ihren Dienstgeschäften bestimmungsgemäß Kenntnis von Insiderinformationen haben oder haben können, sind verpflichtet, Geschäfte in Finanzinstrumenten im Sinne des Artikels 2 Absatz 1 Unterabsatz 1 der Verordnung (EU) Nr. 596/2014 und Handlungen und Geschäfte im Sinne des Artikels 2 Absatz 1 Unterabsatz 2 Satz 1 der Verordnung (EU) Nr. 596/2014, die sie für eigene oder fremde Rechnung oder für einen anderen abgeschlossen haben, unverzüglich dem Dienstvorgesetzten oder der von ihm beauftragten Person schriftlich oder elektronisch anzuzeigen. [4] Der Dienstvorgesetzte oder die von ihm beauftragte Person bestimmt die in Satz 3 genannten Beschäftigten.

Abschnitt 4. Ratingagenturen

§ 29 Zuständigkeit im Sinne der Verordnung (EG) Nr. 1060/2009.

(1) Die Bundesanstalt ist zuständige Behörde im Sinne des Artikels 22 der Verordnung (EG) Nr. 1060/2009 des Europäischen Parlaments und des Rates vom 16. September 2009 über Ratingagenturen (ABl. L 302 vom 17.11.2009, S. 1), die zuletzt durch die Verordnung (EU) Nr. 462/2013 (ABl. L 146 vom 31.5.2013, S. 1) geändert worden ist, in der jeweils geltenden Fassung.

(2) Für Wertpapierdienstleistungsunternehmen ist die Bundesanstalt nach diesem Gesetz sektoral zuständige Behörde im Sinne des Artikels 25a der Verordnung (EG) Nr. 1060/2009 in der jeweils geltenden Fassung, soweit diese Unternehmen bei der Erbringung von Wertpapierdienstleistungen oder Wertpapiernebendienstleistungen Ratings verwenden.

(3) Soweit in der Verordnung (EG) Nr. 1060/2009 in der jeweils geltenden Fassung oder den auf ihrer Grundlage erlassenen Rechtsakten nichts Abweichendes geregelt ist, sind die §§ 2, 3, 6 bis 13, 17 Absatz 2, § 18 mit Ausnahme von Absatz 7 Satz 5 bis 8, § 21 mit Ausnahme von Absatz 1 Satz 3 bis 5 für die Ausübung der Aufsicht durch die Bundesanstalt nach den Absätzen 1, 2 und 5 entsprechend anzuwenden.

(4) Widerspruch und Anfechtungsklage gegen Maßnahmen der Bundesanstalt nach den Absätzen 1 und 2, auch aufgrund oder in Verbindung mit der Verordnung (EG) Nr. 1060/2009 in der jeweils geltenden Fassung oder den auf ihrer Grundlage erlassenen Rechtsakten, haben keine aufschiebende Wirkung.

(5) [1] Zulassungsantragsteller im Sinne von § 2 Nummer 7 und Anbieter im Sinne von § 2 Nummer 6 des Wertpapierprospektgesetzes, die einen Antrag auf Billigung eines Prospekts im Sinne der Verordnung (EU) 2017/1129 für ein

öffentliches Angebot oder die Zulassung zum Handel von strukturierten Finanzinstrumenten im Sinne der Artikel 8b oder Artikel 8c der Verordnung (EG) Nr. 1060/2009 in der jeweils geltenden Fassung oder einer Emission im Sinne des Artikels 8d der Verordnung (EG) Nr. 1060/2009 in der jeweils geltenden Fassung bei der Bundesanstalt stellen und zugleich Emittent dieses strukturierten Finanzinstruments oder dieser Emission sind, haben der Bundesanstalt mit der Stellung des Billigungsantrags eine Erklärung beizufügen, dass sie die auf sie anwendbaren Pflichten aus den Artikeln 8b, 8c oder Artikel 8d der Verordnung (EG) Nr. 1060/2009 in der jeweils geltenden Fassung erfüllen. [2]Die Wirksamkeit des Billigungsantrags bleibt von der ordnungsgemäßen Abgabe dieser Erklärung unberührt.

Abschnitt 5. OTC-Derivate und Transaktionsregister

§ 30 Überwachung des Clearings von OTC-Derivaten und Aufsicht über Transaktionsregister. (1) [1]Die Bundesanstalt ist unbeschadet des § 6 des Kreditwesengesetzes nach diesem Gesetz zuständig für die Einhaltung der Vorschriften nach den Artikeln 4, 4a, 5 und 7 bis 13 der Verordnung (EU) Nr. 648/2012 des Europäischen Parlaments und des Rates vom 4. Juli 2012 über OTC-Derivate, zentrale Gegenparteien und Transaktionsregister (ABl. L 201 vom 27.7.2012, S. 1), soweit sich nicht aus § 3 Absatz 5 oder § 5 Absatz 6 des Börsengesetzes etwas anderes ergibt. [2]Die Bundesanstalt ist zuständige Behörde im Sinne des Artikels 62 Absatz 4, des Artikels 63 Absatz 3 bis 7, des Artikels 68 Absatz 3 und des Artikels 74 Absatz 1 bis 3 der Verordnung (EU) Nr. 648/2012. [3]Soweit in der Verordnung (EU) Nr. 648/2012 nichts Abweichendes geregelt ist, gelten die Vorschriften der Abschnitte 1 und 2 dieses Gesetzes, mit Ausnahme der §§ 22 und 23, entsprechend.

(2) Eine inländische finanzielle Gegenpartei im Sinne des Artikels 2 Nummer 8 der Verordnung (EU) Nr. 648/2012 hat, wenn sie eine Garantie im Sinne der Artikel 1 und 2 Absatz 1 der Delegierten Verordnung (EU) Nr. 285/2014 der Kommission vom 13. Februar 2014 zur Ergänzung der Verordnung (EU) Nr. 648/2012 des Europäischen Parlaments und des Rates im Hinblick auf technische Regulierungsstandards in Bezug auf unmittelbare, wesentliche und vorhersehbare Auswirkungen von Kontrakten innerhalb der Union und die Verhinderung der Umgehung von Vorschriften und Pflichten (ABl. L 85 vom 21.3.2014, S. 1) in der jeweils geltenden Fassung gewährt oder erweitert, durch geeignete Maßnahmen, insbesondere durch Vertragsgestaltung und Kontrollen, sicherzustellen, dass die an garantierten OTC-Derivatekontrakten beteiligten, in einem Drittstaat ansässigen Einrichtungen nicht gegen auf diese garantierten OTC-Derivatekontrakte anwendbare Bestimmungen der Verordnung (EU) Nr. 648/2012 verstoßen.

(3) Inländische Clearingmitglieder im Sinne des Artikels 2 Nummer 14 der Verordnung (EU) Nr. 648/2012 sowie Handelsplätze im Sinne des Artikels 2 Nummer 4 der Verordnung (EU) Nr. 648/2012 dürfen Clearingdienste einer in einem Drittstaat ansässigen zentralen Gegenpartei im Sinne des Artikels 25 Absatz 1 der Verordnung (EU) Nr. 648/2012 nur nutzen, wenn diese von der Europäischen Wertpapier- und Marktaufsichtsbehörde anerkannt wurde.

(4) Die Bundesanstalt übt die ihr nach Absatz 1 in Verbindung mit der Verordnung (EU) Nr. 648/2012 übertragenen Befugnisse aus, soweit dies für

die Wahrnehmung ihrer Aufgaben und die Überwachung der Einhaltung der in der Verordnung (EU) Nr. 648/2012 geregelten Pflichten erforderlich ist.

(5) [1] Sofern die Bundesanstalt als zuständige Behörde nach Absatz 1 tätig wird oder Befugnisse nach Absatz 4 ausübt, sind die vorzulegenden Unterlagen in deutscher Sprache und auf Verlangen der Bundesanstalt zusätzlich in englischer Sprache zu erstellen und vorzulegen. [2] Die Bundesanstalt kann gestatten, dass die Unterlagen ausschließlich in englischer Sprache erstellt und vorgelegt werden.

(6) [1] Die Bundesanstalt kann von Unternehmen Auskünfte, die Vorlage von Unterlagen und die Überlassung von Kopien verlangen, soweit dies für die Überwachung der Einhaltung der Vorschriften nach Absatz 1 erforderlich ist. [2] Gesetzliche Auskunfts- oder Aussageverweigerungsrechte sowie gesetzliche Verschwiegenheitspflichten bleiben unberührt.

(7) Widerspruch und Anfechtungsklage gegen Maßnahmen der Bundesanstalt nach den Absätzen 4 und 6, auch in Verbindung mit der Verordnung (EU) Nr. 648/2012, haben keine aufschiebende Wirkung.

§ 31 Verordnungsermächtigung zu den Mitteilungspflichten nach der Verordnung (EU) Nr. 648/2012. [1] Das Bundesministerium der Finanzen kann durch Rechtsverordnung, die nicht der Zustimmung des Bundesrates bedarf, nähere Bestimmungen erlassen über den Inhalt, die Art, die Sprache, den Umfang und die Form der Unterrichtung nach Artikel 4a Absatz 1 Unterabsatz 2 Buchstabe a oder nach Artikel 10 Absatz 1 Unterabsatz 2 Buchstabe a sowie der Nachweise nach Artikel 4a Absatz 2 Unterabsatz 1 oder nach Artikel 10 Absatz 2 Unterabsatz 1 der Verordnung (EU) Nr. 648/2012. [2] Das Bundesministerium der Finanzen kann die Ermächtigung durch Rechtsverordnung auf die Bundesanstalt übertragen.

§ 32 Prüfung der Einhaltung bestimmter Pflichten der Verordnung (EU) Nr. 648/2012 und der Verordnung (EU) Nr. 600/2014. (1) [1] Kapitalgesellschaften, die weder kleine Kapitalgesellschaften im Sinne des § 267 Absatz 1 des Handelsgesetzbuchs[1)] noch finanzielle Gegenparteien im Sinne des Artikels 2 Nummer 8 der Verordnung (EU) Nr. 648/2012 sind und die im abgelaufenen Geschäftsjahr entweder

1. OTC-Derivate im Sinne des Artikels 2 Nummer 7 der Verordnung (EU) Nr. 648/2012 mit einem Gesamtnominalvolumen von mehr als 100 Millionen Euro oder
2. mehr als 100 OTC-Derivatekontrakte im Sinne des Artikels 2 Nummer 7 der Verordnung (EU) Nr. 648/2012

eingegangen sind, haben durch einen geeigneten Prüfer innerhalb von neun Monaten nach Ablauf des Geschäftsjahres prüfen und bescheinigen zu lassen, dass sie über geeignete Systeme verfügen, die die Einhaltung der Anforderungen nach Artikel 4 Absatz 1, 2 und 3 Unterabsatz 2, Artikel 9 Absatz 1 bis 3, Artikel 10 Absatz 1 bis 3 sowie Artikel 11 Absatz 1, 2 und 3 Satz 2 und Absatz 5 bis 11 Unterabsatz 1 der Verordnung (EU) Nr. 648/2012, nach Artikel 28 Absatz 1 bis 3 der Verordnung (EU) Nr. 600/2014 sowie nach einer auf Grund des § 31 dieses Gesetzes erlassenen Rechtsverordnung sicherstellen. [2] Für die Zwecke der Berechnung der Schwelle nach Satz 1 Nummer 1 und 2 sind

---

[1)] Nr. 5.

solche Geschäfte nicht zu berücksichtigen, die als gruppeninterne Geschäfte der Ausnahme des Artikels 4 Absatz 2 der Verordnung (EU) Nr. 648/2012 unterliegen oder von den Anforderungen des Artikels 11 Absatz 3 der Verordnung (EU) Nr. 648/2012 befreit sind. [3] Die Pflichten nach Satz 1 gelten nicht für solche Unternehmen, die den Prüfungspflichten nach § 35 des Versicherungsaufsichtsgesetzes oder den Prüfungspflichten nach § 29 des Kreditwesengesetzes unterliegen.

(2) [1] Geeignete Prüfer im Sinne des Absatzes 1 Satz 1 sind Wirtschaftsprüfer, vereidigte Buchprüfer sowie Wirtschaftsprüfungs- und Buchprüfungsgesellschaften, die hinsichtlich des Prüfungsgegenstandes über ausreichende Kenntnisse verfügen. [2] Die Kapitalgesellschaft hat den Prüfer spätestens 15 Monate nach Beginn des Geschäftsjahres, auf das sich die Prüfung erstreckt, zu bestellen.

(3) [1] Der Prüfer hat die Bescheinigung zu unterzeichnen und innerhalb von neun Monaten nach Ablauf des Geschäftsjahres, auf das sich die Prüfung erstreckt, den gesetzlichen Vertretern und dem Aufsichtsrat vorzulegen, falls die Kapitalgesellschaft über einen solchen verfügt. [2] Vor der Zuleitung der Bescheinigung an den Aufsichtsrat ist der Geschäftsleitung Gelegenheit zur Stellungnahme zu geben. [3] In der Bescheinigung hat der Prüfer über die Ergebnisse der Prüfung schriftlich zu berichten. [4] Werden dem Prüfer bei der Prüfung schwerwiegende Verstöße gegen die Anforderungen des Absatzes 1 bekannt, hat er die Bundesanstalt unverzüglich zu unterrichten. [5] § 323 des Handelsgesetzbuchs[1)] gilt entsprechend.

(4) [1] Enthält die Bescheinigung des Prüfers die Feststellung von Mängeln, hat die Kapitalgesellschaft die Bescheinigung unverzüglich der Bundesanstalt zu übermitteln. [2] Stellt ein Prüfer fest, dass die Geschäftsleitung eine entsprechende Übermittlung an die Bundesanstalt in einem Geschäftsjahr, das vor dem Prüfungszeitraum liegt, unterlassen hat, hat er dies der Bundesanstalt unverzüglich mitzuteilen. [3] Tatsachen, die auf das Vorliegen einer Berufspflichtverletzung durch den Prüfer schließen lassen, übermittelt die Bundesanstalt der Wirtschaftsprüferkammer. [4] § 110 Absatz 1 Satz 2 gilt entsprechend.

(5) [1] Die Pflichten nach Absatz 1 in Verbindung mit den Absätzen 2 bis 4 gelten auch für offene Handelsgesellschaften und Kommanditgesellschaften im Sinne des § 264a Absatz 1 des Handelsgesetzbuchs[1)]. [2] § 264a Absatz 2 des Handelsgesetzbuchs[1)] gilt entsprechend.

(6) [1] Das Bundesministerium der Finanzen kann durch Rechtsverordnung, die nicht der Zustimmung des Bundesrates bedarf, im Einvernehmen mit dem Bundesministerium der Justiz und für Verbraucherschutz nähere Bestimmungen über Art, Umfang und Zeitpunkt der Prüfung nach Absatz 1 sowie über Art und Umfang der Bescheinigungen nach Absatz 3 erlassen, soweit dies zur Erfüllung der Aufgaben der Bundesanstalt erforderlich ist, insbesondere um auf die Einhaltung der in Absatz 1 Satz 1 genannten Pflichten und Anforderungen hinzuwirken und um einheitliche Unterlagen zu erhalten. [2] Das Bundesministerium der Finanzen kann die Ermächtigung durch Rechtsverordnung im Einvernehmen mit dem Bundesministerium der Justiz und für Verbraucherschutz auf die Bundesanstalt übertragen.

[1)] Nr. **5**.

Abschnitt 6. Mitteilung, Veröffentlichung und Übermittlung von Veränderungen des Stimmrechtsanteils an das Unternehmensregister

§ 33 Mitteilungspflichten des Meldepflichtigen; Verordnungsermächtigung. (1) [1] Wer durch Erwerb, Veräußerung oder auf sonstige Weise 3 Prozent, 5 Prozent, 10 Prozent, 15 Prozent, 20 Prozent, 25 Prozent, 30 Prozent, 50 Prozent oder 75 Prozent der Stimmrechte aus ihm gehörenden Aktien an einem Emittenten, für den die Bundesrepublik Deutschland der Herkunftsstaat ist, erreicht, überschreitet oder unterschreitet (Meldepflichtiger), hat dies unverzüglich dem Emittenten und gleichzeitig der Bundesanstalt, spätestens innerhalb von vier Handelstagen unter Beachtung von § 34 Absatz 1 und 2 mitzuteilen. [2] Bei Hinterlegungsscheinen, die Aktien vertreten, trifft die Mitteilungspflicht ausschließlich den Inhaber der Hinterlegungsscheine. [3] Die Frist des Satzes 1 beginnt mit dem Zeitpunkt, zu dem der Meldepflichtige Kenntnis davon hat oder nach den Umständen haben mußte, daß sein Stimmrechtsanteil die genannten Schwellen erreicht, überschreitet oder unterschreitet. [4] Hinsichtlich des Fristbeginns wird unwiderleglich vermutet, dass der Meldepflichtige spätestens zwei Handelstage nach dem Erreichen, Überschreiten oder Unterschreiten der genannten Schwellen Kenntnis hat. [5] Kommt es infolge von Ereignissen, die die Gesamtzahl der Stimmrechte verändern, zu einer Schwellenberührung, so beginnt die Frist abweichend von Satz 3, sobald der Meldepflichtige von der Schwellenberührung Kenntnis erlangt, spätestens jedoch mit der Veröffentlichung des Emittenten nach § 41 Absatz 1.

(2) [1] Wem im Zeitpunkt der erstmaligen Zulassung der Aktien zum Handel an einem organisierten Markt 3 Prozent oder mehr der Stimmrechte an einem Emittenten zustehen, für den die Bundesrepublik Deutschland der Herkunftsstaat ist, hat diesem Emittenten sowie der Bundesanstalt eine Mitteilung entsprechend Absatz 1 Satz 1 zu machen. [2] Absatz 1 Satz 2 gilt entsprechend.

(3) Als Gehören im Sinne dieses Abschnitts gilt bereits das Bestehen eines auf die Übertragung von Aktien gerichteten unbedingten und ohne zeitliche Verzögerung zu erfüllenden Anspruchs oder einer entsprechenden Verpflichtung.

(4) Inlandsemittenten und Emittenten, für die die Bundesrepublik Deutschland der Herkunftsstaat ist, sind im Sinne dieses Abschnitts nur solche, deren Aktien zum Handel an einem organisierten Markt zugelassen sind.

(5) [1] Das Bundesministerium der Finanzen kann durch Rechtsverordnung, die nicht der Zustimmung des Bundesrates bedarf, nähere Bestimmungen erlassen über den Inhalt, die Art, die Sprache, den Umfang und die Form der Mitteilung nach Absatz 1 Satz 1 und Absatz 2. [2] Das Bundesministerium der Finanzen kann die Ermächtigung durch Rechtsverordnung auf die Bundesanstalt übertragen, soweit die Art und die Form der Mitteilung nach Absatz 1 oder Absatz 2, insbesondere die Nutzung eines elektronischen Verfahrens, betroffen sind.

§ 34 Zurechnung von Stimmrechten. (1) [1] Für die Mitteilungspflichten nach § 33 Absatz 1 und 2 stehen den Stimmrechten des Meldepflichtigen Stimmrechte aus Aktien des Emittenten, für den die Bundesrepublik Deutschland der Herkunftsstaat ist, gleich,

1. die einem Tochterunternehmen des Meldepflichtigen gehören,

2. die einem Dritten gehören und von ihm für Rechnung des Meldepflichtigen gehalten werden,
3. die der Meldepflichtige einem Dritten als Sicherheit übertragen hat, es sei denn, der Dritte ist zur Ausübung der Stimmrechte aus diesen Aktien befugt und bekundet die Absicht, die Stimmrechte unabhängig von den Weisungen des Meldepflichtigen auszuüben,
4. an denen zugunsten des Meldepflichtigen ein Nießbrauch bestellt ist,
5. die der Meldepflichtige durch eine Willenserklärung erwerben kann,
6. die dem Meldepflichtigen anvertraut sind oder aus denen er die Stimmrechte als Bevollmächtigter ausüben kann, sofern er die Stimmrechte aus diesen Aktien nach eigenem Ermessen ausüben kann, wenn keine besonderen Weisungen des Aktionärs vorliegen,
7. aus denen der Meldepflichtige die Stimmrechte ausüben kann auf Grund einer Vereinbarung, die eine zeitweilige Übertragung der Stimmrechte ohne die damit verbundenen Aktien gegen Gegenleistung vorsieht,
8. die bei dem Meldepflichtigen als Sicherheit verwahrt werden, sofern der Meldepflichtige die Stimmrechte hält und die Absicht bekundet, diese Stimmrechte auszuüben.

[2] Für die Zurechnung nach Satz 1 Nummer 2 bis 8 stehen dem Meldepflichtigen Tochterunternehmen des Meldepflichtigen gleich. [3] Stimmrechte des Tochterunternehmens werden dem Meldepflichtigen in voller Höhe zugerechnet.

(2) [1] Dem Meldepflichtigen werden auch Stimmrechte eines Dritten aus Aktien des Emittenten, für den die Bundesrepublik Deutschland der Herkunftsstaat ist, in voller Höhe zugerechnet, mit dem der Meldepflichtige oder sein Tochterunternehmen sein Verhalten in Bezug auf diesen Emittenten auf Grund einer Vereinbarung oder in sonstiger Weise abstimmt; ausgenommen sind Vereinbarungen in Einzelfällen. [2] Ein abgestimmtes Verhalten setzt voraus, dass der Meldepflichtige oder sein Tochterunternehmen und der Dritte sich über die Ausübung von Stimmrechten verständigen oder mit dem Ziel einer dauerhaften und erheblichen Änderung der unternehmerischen Ausrichtung des Emittenten in sonstiger Weise zusammenwirken. [3] Für die Berechnung des Stimmrechtsanteils des Dritten gilt Absatz 1 entsprechend.

(3) [1] Wird eine Vollmacht im Falle des Absatzes 1 Satz 1 Nummer 6 nur zur Ausübung der Stimmrechte für eine Hauptversammlung erteilt, ist es für die Erfüllung der Mitteilungspflicht nach § 33 Absatz 1 und 2 in Verbindung mit Absatz 1 Satz 1 Nummer 6 ausreichend, wenn die Mitteilung lediglich bei Erteilung der Vollmacht abgegeben wird. [2] Die Mitteilung muss die Angabe enthalten, wann die Hauptversammlung stattfindet und wie hoch nach Erlöschen der Vollmacht oder des Ausübungsermessens der Stimmrechtsanteil sein wird, der dem Bevollmächtigten zugerechnet wird.

§ 35 Tochterunternehmenseigenschaft; Verordnungsermächtigung.

(1) Vorbehaltlich der Absätze 2 bis 4 sind Tochterunternehmen im Sinne dieses Abschnitts Unternehmen,

1. die als Tochterunternehmen im Sinne des § 290 des Handelsgesetzbuchs[1] gelten oder
2. auf die ein beherrschender Einfluss ausgeübt werden kann,

ohne dass es auf die Rechtsform oder den Sitz ankommt.

(2) Nicht als Tochterunternehmen im Sinne dieses Abschnitts gilt ein Wertpapierdienstleistungsunternehmen hinsichtlich der Beteiligungen, die von ihm im Rahmen einer Wertpapierdienstleistung nach § 2 Absatz 3 Satz 1 Nummer 7 verwaltet werden, wenn

1. das Wertpapierdienstleistungsunternehmen die Stimmrechte, die mit den betreffenden Aktien verbunden sind, unabhängig vom Mutterunternehmen ausübt,
2. das Wertpapierdienstleistungsunternehmen
   a) die Stimmrechte nur auf Grund von in schriftlicher Form oder über elektronische Hilfsmittel erteilten Weisungen ausüben darf oder
   b) durch geeignete Vorkehrungen sicherstellt, dass die Finanzportfolioverwaltung unabhängig von anderen Dienstleistungen und unter Bedingungen erfolgt, die gleichwertig sind denen der Richtlinie 2009/65/EG des Europäischen Parlaments und des Rates vom 13. Juli 2009 zur Koordinierung der Rechts- und Verwaltungsvorschriften betreffend bestimmte Organismen für gemeinsame Anlagen in Wertpapieren (OGAW) (ABl. L 302 vom 17.11.2009, S. 32) in der jeweils geltenden Fassung,
3. das Mutterunternehmen der Bundesanstalt den Namen des Wertpapierdienstleistungsunternehmens und die für dessen Überwachung zuständige Behörde oder das Fehlen einer solchen Behörde mitteilt und
4. das Mutterunternehmen gegenüber der Bundesanstalt erklärt, dass die Voraussetzungen der Nummer 1 erfüllt sind.

(3) Nicht als Tochterunternehmen im Sinne dieses Abschnitts gelten Kapitalverwaltungsgesellschaften im Sinne des § 17 Absatz 1 des Kapitalanlagegesetzbuchs und EU-Verwaltungsgesellschaften im Sinne des § 1 Absatz 17 des Kapitalanlagegesetzbuchs hinsichtlich der Beteiligungen, die zu den von ihnen verwalteten Investmentvermögen gehören, wenn

1. die Verwaltungsgesellschaft die Stimmrechte, die mit den betreffenden Aktien verbunden sind, unabhängig vom Mutterunternehmen ausübt,
2. die Verwaltungsgesellschaft die zu dem Investmentvermögen gehörenden Beteiligungen im Sinne der §§ 33 und 34 nach Maßgabe der Richtlinie 2009/65/EG verwaltet,
3. das Mutterunternehmen der Bundesanstalt den Namen der Verwaltungsgesellschaft und die für deren Überwachung zuständige Behörde oder das Fehlen einer solchen Behörde mitteilt und
4. das Mutterunternehmen gegenüber der Bundesanstalt erklärt, dass die Voraussetzungen der Nummer 1 erfüllt sind.

(4) Ein Unternehmen mit Sitz in einem Drittstaat, das nach § 32 Absatz 1 Satz 1 in Verbindung mit § 1 Absatz 1a Satz 2 Nummer 3 des Kreditwesengesetzes einer Zulassung für die Finanzportfolioverwaltung oder einer Erlaubnis nach § 20 oder § 113 des Kapitalanlagegesetzbuchs bedürfte, wenn es seinen

[1] Nr. **5**.

Sitz oder seine Hauptverwaltung im Inland hätte, gilt nicht als Tochterunternehmen im Sinne dieses Abschnitts, wenn

1. das Unternehmen bezüglich seiner Unabhängigkeit Anforderungen genügt, die denen nach Absatz 2 oder Absatz 3, auch in Verbindung mit einer Rechtsverordnung nach Absatz 6, jeweils gleichwertig sind,
2. das Mutterunternehmen der Bundesanstalt den Namen dieses Unternehmens und die für dessen Überwachung zuständige Behörde oder das Fehlen einer solchen Behörde mitteilt und
3. das Mutterunternehmen gegenüber der Bundesanstalt erklärt, dass die Voraussetzungen der Nummer 1 erfüllt sind.

(5) Abweichend von den Absätzen 2 bis 4 gelten Wertpapierdienstleistungsunternehmen und Verwaltungsgesellschaften jedoch dann als Tochterunternehmen im Sinne dieses Abschnitts, wenn

1. das Mutterunternehmen oder ein anderes Tochterunternehmen des Mutterunternehmens seinerseits Anteile an der von dem Unternehmen verwalteten Beteiligung hält und
2. das Unternehmen die Stimmrechte, die mit diesen Beteiligungen verbunden sind, nicht nach freiem Ermessen, sondern nur auf Grund unmittelbarer oder mittelbarer Weisungen ausüben kann, die ihm vom Mutterunternehmen oder von einem anderen Tochterunternehmen des Mutterunternehmens erteilt werden.

(6) Das Bundesministerium der Finanzen wird ermächtigt, durch Rechtsverordnung, die nicht der Zustimmung des Bundesrates bedarf, nähere Bestimmungen zu erlassen über die Umstände, unter denen in den Fällen der Absätze 2 bis 5 eine Unabhängigkeit vom Mutterunternehmen gegeben ist.

§ 36 Nichtberücksichtigung von Stimmrechten. (1) Stimmrechte aus Aktien eines Emittenten, für den die Bundesrepublik Deutschland der Herkunftsstaat ist, bleiben bei der Berechnung des Stimmrechtsanteils unberücksichtigt, wenn ihr Inhaber

1. ein Kreditinstitut oder ein Wertpapierdienstleistungsunternehmen mit Sitz in einem Mitgliedstaat der Europäischen Union oder in einem anderen Vertragsstaat des Abkommens über den Europäischen Wirtschaftsraum ist,
2. die betreffenden Aktien im Handelsbuch hält und dieser Anteil nicht mehr als 5 Prozent der Stimmrechte beträgt und
3. sicherstellt, dass die Stimmrechte aus den betreffenden Aktien nicht ausgeübt und nicht anderweitig genutzt werden, um auf die Geschäftsführung des Emittenten Einfluss zu nehmen.

(2) Unberücksichtigt bei der Berechnung des Stimmrechtsanteils bleiben Stimmrechte aus Aktien, die gemäß der Verordnung (EG) Nr. 2273/2003 zu Stabilisierungszwecken erworben wurden, wenn der Aktieninhaber sicherstellt, dass die Stimmrechte aus den betreffenden Aktien nicht ausgeübt und nicht anderweitig genutzt werden, um auf die Geschäftsführung des Emittenten Einfluss zu nehmen.

(3) Stimmrechte aus Aktien eines Emittenten, für den die Bundesrepublik Deutschland der Herkunftsstaat ist, bleiben bei der Berechnung des Stimmrechtsanteils unberücksichtigt, sofern

1. die betreffenden Aktien ausschließlich für den Zweck der Abrechnung und Abwicklung von Geschäften für höchstens drei Handelstage gehalten werden, selbst wenn die Aktien auch außerhalb eines organisierten Marktes gehandelt werden, oder
2. eine mit der Verwahrung von Aktien betraute Stelle die Stimmrechte aus den verwahrten Aktien nur aufgrund von Weisungen, die schriftlich oder über elektronische Hilfsmittel erteilt wurden, ausüben darf.

(4) [1] Stimmrechte aus Aktien, die die Mitglieder des Europäischen Systems der Zentralbanken bei der Wahrnehmung ihrer Aufgaben als Währungsbehörden zur Verfügung gestellt bekommen oder die sie bereitstellen, bleiben bei der Berechnung des Stimmrechtsanteils am Emittenten, für den die Bundesrepublik Deutschland der Herkunftsstaat ist, unberücksichtigt, soweit es sich bei den Transaktionen um kurzfristige Geschäfte handelt und die Stimmrechte aus den betreffenden Aktien nicht ausgeübt werden. [2] Satz 1 gilt insbesondere für Stimmrechte aus Aktien, die einem oder von einem Mitglied im Sinne des Satzes 1 zur Sicherheit übertragen werden, und für Stimmrechte aus Aktien, die dem Mitglied als Pfand oder im Rahmen eines Pensionsgeschäfts oder einer ähnlichen Vereinbarung gegen Liquidität für geldpolitische Zwecke oder innerhalb eines Zahlungssystems zur Verfügung gestellt oder von diesem bereitgestellt werden.

(5) [1] Für die Meldeschwellen von 3 Prozent und 5 Prozent bleiben Stimmrechte aus solchen Aktien eines Emittenten, für den die Bundesrepublik Deutschland der Herkunftsstaat ist, unberücksichtigt, die von einer Person erworben oder veräußert werden, die an einem Markt dauerhaft anbietet, Finanzinstrumente im Wege des Eigenhandels zu selbst gestellten Preisen zu kaufen oder zu verkaufen, wenn

1. diese Person dabei in ihrer Eigenschaft als Market Maker handelt,
2. sie eine Zulassung nach der Richtlinie 2004/39/EG hat,
3. sie nicht in die Geschäftsführung des Emittenten eingreift und keinen Einfluss auf ihn dahingehend ausübt, die betreffenden Aktien zu kaufen oder den Preis der Aktien zu stützen und
4. sie der Bundesanstalt unverzüglich, spätestens innerhalb von vier Handelstagen mitteilt, dass sie hinsichtlich der betreffenden Aktien als Market Maker tätig ist; für den Beginn der Frist gilt § 33 Absatz 1 Satz 3 und 4 entsprechend.

[2] Die Person kann die Mitteilung auch schon zu dem Zeitpunkt abgeben, an dem sie beabsichtigt, hinsichtlich der betreffenden Aktien als Market Maker tätig zu werden.

(6) Stimmrechte aus Aktien, die nach den Absätzen 1 bis 5 bei der Berechnung des Stimmrechtsanteils unberücksichtigt bleiben, können mit Ausnahme von Absatz 3 Nummer 2 nicht ausgeübt werden.

(7) Das Bundesministerium der Finanzen kann durch Rechtsverordnung[1)], die nicht der Zustimmung des Bundesrates bedarf,

1. eine geringere Höchstdauer für das Halten der Aktien nach Absatz 3 Nummer 1 festlegen,

---

[1)] Siehe die Transparenzrichtlinie-DurchführungsVO v. 13.3.2008 (BGBl. I S. 408), zuletzt geänd. durch G v. 23.6.2017 (BGBl. I S. 1693).

2. nähere Bestimmungen erlassen über die Nichtberücksichtigung der Stimmrechte eines Market Maker nach Absatz 5 und
3. nähere Bestimmungen erlassen über elektronische Hilfsmittel, mit denen Weisungen nach Absatz 3 Nummer 2 erteilt werden können.

(8) Die Berechnung der Stimmrechte, die nach den Absätzen 1 und 5 nicht zu berücksichtigen sind, bestimmt sich nach den in Artikel 9 Absatz 6b und Artikel 13 Absatz 4 der Richtlinie 2004/109/EG des Europäischen Parlaments und des Rates vom 15. Dezember 2004 zur Harmonisierung der Transparenzanforderungen in Bezug auf Informationen über Emittenten, deren Wertpapiere zum Handel auf einem geregelten Markt zugelassen sind, und zur Änderung der Richtlinie 2001/34/EG (ABl. L 390 vom 31.12.2004, S. 38) benannten technischen Regulierungsstandards.

§ 37 Mitteilung durch Mutterunternehmen; Verordnungsermächtigung. (1) Ein Meldepflichtiger ist von den Meldepflichten nach § 33 Absatz 1 und 2, § 38 Absatz 1 und § 39 Absatz 1 befreit, wenn die Mitteilung von seinem Mutterunternehmen erfolgt oder, falls das Mutterunternehmen selbst ein Tochterunternehmen ist, durch dessen Mutterunternehmen erfolgt.

(2) Das Bundesministerium der Finanzen kann durch Rechtsverordnung, die nicht der Zustimmung des Bundesrates bedarf, nähere Bestimmungen erlassen über den Inhalt, die Art, die Sprache, den Umfang und die Form der Mitteilung nach Absatz 1.

§ 38 Mitteilungspflichten beim Halten von Instrumenten; Verordnungsermächtigung. (1) [1]Die Mitteilungspflicht nach § 33 Absatz 1 und 2 gilt bei Erreichen, Überschreiten oder Unterschreiten der in § 33 Absatz 1 Satz 1 genannten Schwellen mit Ausnahme der Schwelle von 3 Prozent entsprechend für unmittelbare oder mittelbare Inhaber von Instrumenten, die

1. dem Inhaber entweder
   a) bei Fälligkeit ein unbedingtes Recht auf Erwerb mit Stimmrechten verbundener und bereits ausgegebener Aktien eines Emittenten, für den die Bundesrepublik Deutschland der Herkunftsstaat ist, oder
   b) ein Ermessen in Bezug auf sein Recht auf Erwerb dieser Aktien

   verleihen, oder
2. sich auf Aktien im Sinne der Nummer 1 beziehen und eine vergleichbare wirtschaftliche Wirkung haben wie die in Nummer 1 genannten Instrumente, unabhängig davon, ob sie einen Anspruch auf physische Lieferung einräumen oder nicht.

[2]Die §§ 36 und 37 gelten entsprechend.

(2) Instrumente im Sinne des Absatzes 1 können insbesondere sein:

1. übertragbare Wertpapiere,
2. Optionen,
3. Terminkontrakte,
4. Swaps,
5. Zinsausgleichsvereinbarungen und
6. Differenzgeschäfte.

(3) [1]Die Anzahl der für die Mitteilungspflicht nach Absatz 1 maßgeblichen Stimmrechte ist anhand der vollen nominalen Anzahl der dem Instrument zugrunde liegenden Aktien zu berechnen. [2]Sieht das Instrument ausschließlich einen Barausgleich vor, ist die Anzahl der Stimmrechte abweichend von Satz 1 auf einer Delta-angepassten Basis zu berechnen, wobei die nominale Anzahl der zugrunde liegenden Aktien mit dem Delta des Instruments zu multiplizieren ist. [3]Die Einzelheiten der Berechnung bestimmen sich nach den in Artikel 13 Absatz 1a der Richtlinie 2004/109/EG des Europäischen Parlaments und des Rates vom 15. Dezember 2004 zur Harmonisierung der Transparenzanforderungen in Bezug auf Informationen über Emittenten, deren Wertpapiere zum Handel auf einem geregelten Markt zugelassen sind, und zur Änderung der Richtlinie 2001/34/EG (ABl. L 390 vom 31.12.2004, S. 38) benannten technischen Regulierungsstandards. [4]Bei Instrumenten, die sich auf einen Aktienkorb oder einen Index beziehen, bestimmt sich die Berechnung ebenfalls nach den technischen Regulierungsstandards gemäß Satz 2.

(4) [1]Beziehen sich verschiedene der in Absatz 1 genannten Instrumente auf Aktien desselben Emittenten, sind die Stimmrechte aus diesen Aktien zusammenzurechnen. [2]Erwerbspositionen dürfen nicht mit Veräußerungspositionen verrechnet werden.

(5) [1]Das Bundesministerium der Finanzen kann durch Rechtsverordnung, die nicht der Zustimmung des Bundesrates bedarf, nähere Bestimmungen erlassen über den Inhalt, die Art, die Sprache, den Umfang und die Form der Mitteilung nach Absatz 1. [2]Das Bundesministerium der Finanzen kann die Ermächtigung durch Rechtsverordnung auf die Bundesanstalt übertragen, soweit die Art und die Form der Mitteilung nach Absatz 1, insbesondere die Nutzung eines elektronischen Verfahrens, betroffen sind.

§ 39 Mitteilungspflichten bei Zusammenrechnung; Verordnungsermächtigung. (1) Die Mitteilungspflicht nach § 33 Absatz 1 und 2 gilt entsprechend für Inhaber von Stimmrechten im Sinne des § 33 und Instrumenten im Sinne des § 38, wenn die Summe der nach § 33 Absatz 1 Satz 1 oder Absatz 2 und § 38 Absatz 1 Satz 1 zu berücksichtigenden Stimmrechte an demselben Emittenten die in § 33 Absatz 1 Satz 1 genannten Schwellen mit Ausnahme der Schwelle von 3 Prozent erreicht, überschreitet oder unterschreitet.

(2) [1]Das Bundesministerium der Finanzen kann durch Rechtsverordnung, die nicht der Zustimmung des Bundesrates bedarf, nähere Bestimmungen erlassen über den Inhalt, die Art, die Sprache, den Umfang und die Form der Mitteilung nach Absatz 1. [2]Das Bundesministerium der Finanzen kann die Ermächtigung durch Rechtsverordnung auf die Bundesanstalt übertragen, soweit die Art und die Form der Mitteilung nach Absatz 1, insbesondere die Nutzung eines elektronischen Verfahrens, betroffen sind.

§ 40 Veröffentlichungspflichten des Emittenten und Übermittlung an das Unternehmensregister. (1) [1]Ein Inlandsemittent hat Informationen nach § 33 Absatz 1 Satz 1, Absatz 2 und § 38 Absatz 1 Satz 1 sowie § 39 Absatz 1 Satz 1 oder nach entsprechenden Vorschriften anderer Mitgliedstaaten der Europäischen Union oder anderer Vertragsstaaten des Abkommens über den Europäischen Wirtschaftsraum unverzüglich, spätestens drei Handelstage nach Zugang der Mitteilung zu veröffentlichen; er übermittelt sie außerdem unverzüglich, jedoch nicht vor ihrer Veröffentlichung dem Unternehmensregister im Sinne des § 8b des Handelsgesetzbuchs[1] zur Speicherung. [2] Erreicht, überschreitet oder unterschreitet ein Inlandsemittent in Bezug auf eigene Aktien entweder selbst, über ein Tochterunternehmen oder über eine in eigenem Namen, aber für Rechnung dieses Emittenten handelnde Person die Schwellen von 5 Prozent oder 10 Prozent durch Erwerb, Veräußerung oder auf sonstige Weise, gilt Satz 1 entsprechend mit der Maßgabe, dass abweichend von Satz 1 eine Erklärung zu veröffentlichen ist, deren Inhalt sich nach § 33 Absatz 1 Satz 1, auch in Verbindung mit einer Rechtsverordnung nach § 33 Absatz 5 bestimmt, und die Veröffentlichung spätestens vier Handelstage nach Erreichen, Überschreiten oder Unterschreiten der genannten Schwellen zu erfolgen hat; wenn für den Emittenten die Bundesrepublik Deutschland der Herkunftsstaat ist, ist außerdem die Schwelle von 3 Prozent maßgeblich.

(2) Der Inlandsemittent hat gleichzeitig mit der Veröffentlichung nach Absatz 1 Satz 1 und 2 diese der Bundesanstalt mitzuteilen.

(3) Das Bundesministerium der Finanzen kann durch Rechtsverordnung, die nicht der Zustimmung des Bundesrates bedarf, nähere Bestimmungen erlassen über

1. den Inhalt, die Art, die Sprache, den Umfang und die Form sowie die elektronische Verarbeitung der Angaben der Veröffentlichung nach Absatz 1 Satz 1 einschließlich enthaltener personenbezogener Daten und
2. den Inhalt, die Art, die Sprache, den Umfang, die Form sowie die elektronische Verarbeitung der Angaben der Mitteilung nach Absatz 2 einschließlich enthaltener personenbezogener Daten.

§ 41 Veröffentlichung der Gesamtzahl der Stimmrechte und Übermittlung an das Unternehmensregister. (1) [1] Ist es bei einem Inlandsemittenten zu einer Zu- oder Abnahme von Stimmrechten gekommen, so ist er verpflichtet, die Gesamtzahl der Stimmrechte und das Datum der Wirksamkeit der Zu- oder Abnahme in der in § 40 Absatz 1 Satz 1, auch in Verbindung mit einer Rechtsverordnung nach Absatz 3 Nummer 1, vorgesehenen Weise unverzüglich, spätestens innerhalb von zwei Handelstagen zu veröffentlichen. [2] Er hat die Veröffentlichung gleichzeitig der Bundesanstalt entsprechend § 40 Absatz 2, auch in Verbindung mit einer Rechtsverordnung nach Absatz 3 Nummer 2, mitzuteilen. [3] Er übermittelt die Informationen außerdem unverzüglich, jedoch nicht vor ihrer Veröffentlichung, dem Unternehmensregister nach § 8b des Handelsgesetzbuchs[1] zur Speicherung.

(2) [1] Bei der Ausgabe von Bezugsaktien ist die Gesamtzahl der Stimmrechte abweichend von Absatz 1 Satz 1 nur im Zusammenhang mit einer ohnehin erforderlichen Veröffentlichung nach Absatz 1, spätestens jedoch am Ende des Kalendermonats, in dem es zu einer Zu- oder Abnahme von Stimmrechten gekommen ist, zu veröffentlichen. [2] Der Veröffentlichung des Datums der Wirksamkeit der Zu- oder Abnahme bedarf es nicht.

§ 42 Nachweis mitgeteilter Beteiligungen. Wer eine Mitteilung nach § 33 Absatz 1 oder 2, § 38 Absatz 1 oder § 39 Absatz 1 abgegeben hat, muß auf Verlangen der Bundesanstalt oder des Emittenten, für den die Bundesrepublik

---

[1] Nr. **5**.

Deutschland der Herkunftsstaat ist, das Bestehen der mitgeteilten Beteiligung nachweisen.

§ 43 Mitteilungspflichten für Inhaber wesentlicher Beteiligungen.

(1) [1] Ein Meldepflichtiger im Sinne der §§ 33 und 34, der die Schwelle von 10 Prozent der Stimmrechte aus Aktien oder eine höhere Schwelle erreicht oder überschreitet, muss dem Emittenten, für den die Bundesrepublik Deutschland Herkunftsstaat ist, die mit dem Erwerb der Stimmrechte verfolgten Ziele und die Herkunft der für den Erwerb verwendeten Mittel innerhalb von 20 Handelstagen nach Erreichen oder Überschreiten dieser Schwellen mitteilen. [2] Eine Änderung der Ziele im Sinne des Satzes 1 ist innerhalb von 20 Handelstagen mitzuteilen. [3] Hinsichtlich der mit dem Erwerb der Stimmrechte verfolgten Ziele hat der Meldepflichtige anzugeben, ob

1. die Investition der Umsetzung strategischer Ziele oder der Erzielung von Handelsgewinnen dient,
2. er innerhalb der nächsten zwölf Monate weitere Stimmrechte durch Erwerb oder auf sonstige Weise zu erlangen beabsichtigt,
3. er eine Einflussnahme auf die Besetzung von Verwaltungs-, Leitungs- und Aufsichtsorganen des Emittenten anstrebt und
4. er eine wesentliche Änderung der Kapitalstruktur der Gesellschaft, insbesondere im Hinblick auf das Verhältnis von Eigen- und Fremdfinanzierung und die Dividendenpolitik anstrebt.

[4] Hinsichtlich der Herkunft der verwendeten Mittel hat der Meldepflichtige anzugeben, ob es sich um Eigen- oder Fremdmittel handelt, die der Meldepflichtige zur Finanzierung des Erwerbs der Stimmrechte aufgenommen hat. [5] Eine Mitteilungspflicht nach Satz 1 besteht nicht, wenn der Schwellenwert auf Grund eines Angebots im Sinne des § 2 Absatz 1 des Wertpapiererwerbs- und Übernahmegesetzes[1)] erreicht oder überschritten wurde. [6] Die Mitteilungspflicht besteht ferner nicht für Kapitalverwaltungsgesellschaften sowie ausländische Verwaltungsgesellschaften und Investmentgesellschaften im Sinne der Richtlinie 2009/65/EG, die einem Artikel 56 Absatz 1 Satz 1 der Richtlinie 2009/65/EG entsprechenden Verbot unterliegen, sofern eine Anlagegrenze von 10 Prozent oder weniger festgelegt worden ist; eine Mitteilungspflicht besteht auch dann nicht, wenn eine Artikel 57 Absatz 1 Satz 1 und Absatz 2 der Richtlinie 2009/65/EG entsprechende zulässige Ausnahme bei der Überschreitung von Anlagegrenzen vorliegt.

(2) Der Emittent hat die erhaltene Information oder die Tatsache, dass die Mitteilungspflicht nach Absatz 1 nicht erfüllt wurde, entsprechend § 40 Absatz 1 Satz 1 in Verbindung mit der Rechtsverordnung nach § 40 Absatz 3 Nummer 1 zu veröffentlichen; er übermittelt diese Informationen außerdem unverzüglich, jedoch nicht vor ihrer Veröffentlichung dem Unternehmensregister nach § 8b des Handelsgesetzbuchs[2)] zur Speicherung.

(3) [1] Die Satzung eines Emittenten mit Sitz im Inland kann vorsehen, dass Absatz 1 keine Anwendung findet. [2] Absatz 1 findet auch keine Anwendung auf Emittenten mit Sitz im Ausland, deren Satzung oder sonstige Bestimmungen eine Nichtanwendung vorsehen.

---

1) Nr. **11**.
2) Nr. **5**.

(4) Das Bundesministerium der Finanzen kann durch Rechtsverordnung, die nicht der Zustimmung des Bundesrates bedarf, nähere Bestimmungen über den Inhalt, die Art, die Sprache, den Umfang und die Form der Mitteilungen nach Absatz 1 erlassen.

§ 44 Rechtsverlust. (1) [1]Rechte aus Aktien, die einem Meldepflichtigen gehören oder aus denen ihm Stimmrechte gemäß § 34 zugerechnet werden, bestehen nicht für die Zeit, für welche die Mitteilungspflichten nach § 33 Absatz 1 oder 2 nicht erfüllt werden. [2]Dies gilt nicht für Ansprüche nach § 58 Abs. 4 des Aktiengesetzes[1)] und § 271 des Aktiengesetzes, wenn die Mitteilung nicht vorsätzlich unterlassen wurde und nachgeholt worden ist. [3]Sofern die Höhe des Stimmrechtsanteils betroffen ist, verlängert sich die Frist nach Satz 1 bei vorsätzlicher oder grob fahrlässiger Verletzung der Mitteilungspflichten um sechs Monate. [4]Satz 3 gilt nicht, wenn die Abweichung bei der Höhe der in der vorangegangenen unrichtigen Mitteilung angegebenen Stimmrechte weniger als 10 Prozent des tatsächlichen Stimmrechtsanteils beträgt und keine Mitteilung über das Erreichen, Überschreiten oder Unterschreiten einer der in § 33 genannten Schwellen unterlassen wird.

(2) Kommt der Meldepflichtige seinen Mitteilungspflichten nach § 38 Absatz 1 oder § 39 Absatz 1 nicht nach, so ist Absatz 1 auf Aktien desselben Emittenten anzuwenden, die dem Meldepflichtigen gehören.

§ 45 Richtlinien der Bundesanstalt. [1]Die Bundesanstalt kann Richtlinien aufstellen, nach denen sie für den Regelfall beurteilt, ob die Voraussetzungen für einen mitteilungspflichtigen Vorgang oder eine Befreiung von den Mitteilungspflichten nach § 33 Absatz 1 gegeben sind. [2]Die Richtlinien sind im Bundesanzeiger zu veröffentlichen.

§ 46 Befreiungen; Verordnungsermächtigung. (1) [1]Die Bundesanstalt kann Inlandsemittenten mit Sitz in einem Drittstaat von den Pflichten nach § 40 Absatz 1 und § 41 freistellen, soweit diese Emittenten gleichwertigen Regeln eines Drittstaates unterliegen oder sich solchen Regeln unterwerfen. [2]Die Bundesanstalt unterrichtet die Europäische Wertpapier- und Marktaufsichtsbehörde über die erteilte Freistellung. [3]Satz 1 gilt nicht für Pflichten dieser Emittenten nach § 40 Absatz 1 und § 41 auf Grund von Mitteilungen nach § 39.

(2) [1]Emittenten, denen die Bundesanstalt eine Befreiung nach Absatz 1 erteilt hat, müssen Informationen über Umstände, die denen des § 33 Absatz 1 Satz 1 und Absatz 2, § 38 Absatz 1 Satz 1, § 40 Absatz 1 Satz 1 und 2 sowie § 41 entsprechen und die nach den gleichwertigen Regeln eines Drittstaates der Öffentlichkeit zur Verfügung zu stellen sind, in der in § 40 Absatz 1 Satz 1, auch in Verbindung mit einer Rechtsverordnung nach Absatz 3, geregelten Weise veröffentlichen und gleichzeitig der Bundesanstalt mitteilen. [2]Die Informationen sind außerdem unverzüglich, jedoch nicht vor ihrer Veröffentlichung dem Unternehmensregister im Sinne des § 8b des Handelsgesetzbuchs[2)] zur Speicherung zu übermitteln.

[1)] Nr. **2**.
[2)] Nr. **5**.

(3) Das Bundesministerium der Finanzen wird ermächtigt, durch Rechtsverordnung[1], die nicht der Zustimmung des Bundesrates bedarf, nähere Bestimmungen über die Gleichwertigkeit von Regeln eines Drittstaates und die Freistellung von Emittenten nach Absatz 1 zu erlassen.

§ 47 Handelstage. (1) Für die Berechnung der Mitteilungs- und Veröffentlichungsfristen nach diesem Abschnitt gelten als Handelstage alle Kalendertage, die nicht Sonnabende, Sonntage oder zumindest in einem Land landeseinheitliche gesetzlich anerkannte Feiertage sind.

(2) Die Bundesanstalt stellt im Internet unter ihrer Adresse einen Kalender der Handelstage zur Verfügung.

Abschnitt 7. Notwendige Informationen für die Wahrnehmung von Rechten aus Wertpapieren

§ 48 Pflichten der Emittenten gegenüber Wertpapierinhabern.

(1) Emittenten, für die die Bundesrepublik Deutschland der Herkunftsstaat ist, müssen sicherstellen, dass

1. alle Inhaber der zugelassenen Wertpapiere unter gleichen Voraussetzungen gleich behandelt werden;
2. alle Einrichtungen und Informationen, die die Inhaber der zugelassenen Wertpapiere zur Ausübung ihrer Rechte benötigen, im Inland öffentlich zur Verfügung stehen;
3. Daten zu Inhabern zugelassener Wertpapiere vor einer Kenntnisnahme durch Unbefugte geschützt sind;
4. für die gesamte Dauer der Zulassung der Wertpapiere mindestens ein Finanzinstitut als Zahlstelle im Inland bestimmt ist, bei der alle erforderlichen Maßnahmen hinsichtlich der Wertpapiere, im Falle der Vorlegung der Wertpapiere bei dieser Stelle kostenfrei, bewirkt werden können;
5. im Falle zugelassener Aktien jeder stimmberechtigten Person zusammen mit der Einladung zur Hauptversammlung oder nach deren Anberaumung auf Verlangen in Textform ein Formular für die Erteilung einer Vollmacht für die Hauptversammlung übermittelt wird;
6. im Falle zugelassener Schuldtitel im Sinne des § 2 Absatz 1 Nummer 3 mit Ausnahme von Wertpapieren, die zugleich unter § 2 Absatz 1 Nummer 2 fallen oder die ein zumindest bedingtes Recht auf den Erwerb von Wertpapieren nach § 2 Absatz 1 Nummer 1 oder Nummer 2 begründen, jeder stimmberechtigten Person zusammen mit der Einladung zur Gläubigerversammlung oder nach deren Anberaumung auf Verlangen rechtzeitig in Textform ein Formular für die Erteilung einer Vollmacht für die Gläubigerversammlung übermittelt wird.

(2) [1] Ein Emittent von zugelassenen Schuldtiteln im Sinne des Absatzes 1 Nummer 6, für den die Bundesrepublik Deutschland der Herkunftsstaat ist, kann die Gläubigerversammlung in jedem Mitgliedstaat der Europäischen Union oder in jedem anderen Vertragsstaat des Abkommens über den Europäischen Wirtschaftsraum abhalten. [2] Das setzt voraus, dass in dem Staat alle für die

---

[1] Siehe die Transparenzrichtlinie-DurchführungsVO v. 13.3.2008 (BGBl. I S. 408), zuletzt geänd. durch G v. 23.6.2017 (BGBl. I S. 1693).

Ausübung der Rechte erforderlichen Einrichtungen und Informationen für die Schuldtitelinhaber verfügbar sind und zur Gläubigerversammlung ausschließlich Inhaber von folgenden Schuldtiteln eingeladen werden:

1. Schuldtiteln mit einer Mindeststückelung von 100 000 Euro oder dem am Ausgabetag entsprechenden Gegenwert in einer anderen Währung oder
2. noch ausstehenden Schuldtiteln mit einer Mindeststückelung von 50 000 Euro oder dem am Ausgabetag entsprechenden Gegenwert in einer anderen Währung, wenn die Schuldtitel bereits vor dem 31. Dezember 2010 zum Handel an einem organisierten Markt im Inland oder in einem anderen Mitgliedstaat der Europäischen Union oder einem anderen Vertragsstaat des Abkommens über den Europäischen Wirtschaftsraum zugelassen worden sind.

(3) Für die Bestimmungen nach Absatz 1 Nr. 1 bis 5 sowie nach § 49 Absatz 3 Nummer 1 stehen die Inhaber Aktien vertretender Hinterlegungsscheine den Inhabern der vertretenen Aktien gleich.

§ 49 Veröffentlichung von Mitteilungen und Übermittlung im Wege der Datenfernübertragung. (1) [1]Der Emittent von zugelassenen Aktien, für den die Bundesrepublik Deutschland der Herkunftsstaat ist, muss

1. die Einberufung der Hauptversammlung einschließlich der Tagesordnung, die Gesamtzahl der Aktien und Stimmrechte im Zeitpunkt der Einberufung der Hauptversammlung und die Rechte der Aktionäre bezüglich der Teilnahme an der Hauptversammlung sowie
2. Mitteilungen über die Ausschüttung und Auszahlung von Dividenden, die Ankündigung der Ausgabe neuer Aktien und die Vereinbarung oder Ausübung von Umtausch-, Bezugs-, Einziehungs- und Zeichnungsrechten sowie die Beschlussfassung über diese Rechte

unverzüglich im Bundesanzeiger veröffentlichen. [2]Soweit eine entsprechende Veröffentlichung im Bundesanzeiger auch durch sonstige Vorschriften vorgeschrieben wird, ist eine einmalige Veröffentlichung ausreichend.

(2) [1]Der Emittent zugelassener Schuldtitel im Sinne von § 48 Absatz 1 Nummer 6, für den die Bundesrepublik Deutschland der Herkunftsstaat ist, muss

1. den Ort, den Zeitpunkt und die Tagesordnung der Gläubigerversammlung und Mitteilungen über das Recht der Schuldtitelinhaber zur Teilnahme daran sowie
2. Mitteilungen über die Ausübung von Umtausch-, Zeichnungs- und Kündigungsrechten sowie über die Zinszahlungen, die Rückzahlungen, die Auslosungen und die bisher gekündigten oder ausgelosten, noch nicht eingelösten Stücke

unverzüglich im Bundesanzeiger veröffentlichen. [2]Absatz 1 Satz 2 gilt entsprechend.

(3) [1]Unbeschadet der Veröffentlichungspflichten nach den Absätzen 1 und 2 dürfen Emittenten, für die die Bundesrepublik Deutschland der Herkunftsstaat ist, Informationen an die Inhaber zugelassener Wertpapiere im Wege der Datenfernübertragung übermitteln, wenn die dadurch entstehenden Kosten nicht unter Verletzung des Gleichbehandlungsgrundsatzes nach § 48 Absatz 1 Nummer 1 den Wertpapierinhabern auferlegt werden und

1. im Falle zugelassener Aktien
   a) die Hauptversammlung zugestimmt hat,
   b) die Wahl der Art der Datenfernübertragung nicht vom Sitz oder Wohnsitz der Aktionäre oder der Personen, denen Stimmrechte in den Fällen des § 34 zugerechnet werden, abhängt,
   c) Vorkehrungen zur sicheren Identifizierung und Adressierung der Aktionäre oder derjenigen, die Stimmrechte ausüben oder Weisungen zu deren Ausübung erteilen dürfen, getroffen worden sind und
   d) die Aktionäre oder in Fällen des § 34 Absatz 1 Satz 1 Nummer 1, 3, 4 und Absatz 2 die zur Ausübung von Stimmrechten Berechtigten in die Übermittlung im Wege der Datenfernübertragung ausdrücklich eingewilligt haben oder einer Bitte in Textform um Zustimmung nicht innerhalb eines angemessenen Zeitraums widersprochen und die dadurch als erteilt geltende Zustimmung nicht zu einem späteren Zeitpunkt widerrufen haben,
2. im Falle zugelassener Schuldtitel im Sinne von § 48 Absatz 1 Nummer 6
   a) eine Gläubigerversammlung zugestimmt hat,
   b) die Wahl der Art der Datenfernübertragung nicht vom Sitz oder Wohnsitz der Schuldtitelinhaber oder deren Bevollmächtigten abhängt,
   c) Vorkehrungen zur sicheren Identifizierung und Adressierung der Schuldtitelinhaber getroffen worden sind,
   d) die Schuldtitelinhaber in die Übermittlung im Wege der Datenfernübertragung ausdrücklich eingewilligt haben oder einer Bitte in Textform um Zustimmung nicht innerhalb eines angemessenen Zeitraums widersprochen und die dadurch als erteilt geltende Zustimmung nicht zu einem späteren Zeitpunkt widerrufen haben.

[2] Ist eine Datenfernübertragung unter diesen Voraussetzungen nicht möglich, erfolgt die Übermittlung ohne Rücksicht auf anderweitige Satzungsregelungen des Emittenten auf schriftlichem Wege.

§ 50 Veröffentlichung zusätzlicher Angaben und Übermittlung an das Unternehmensregister; Verordnungsermächtigung. (1) [1] Ein Inlandsemittent muss

1. jede Änderung der mit den zugelassenen Wertpapieren verbundenen Rechte sowie
   a) im Falle zugelassener Aktien der Rechte, die mit derivativen vom Emittenten selbst begebenen Wertpapieren verbunden sind, sofern sie ein Umtausch- oder Erwerbsrecht auf die zugelassenen Aktien des Emittenten verschaffen,
   b) im Falle anderer Wertpapiere als Aktien Änderungen der Ausstattung dieser Wertpapiere, insbesondere von Zinssätzen, oder der damit verbundenen Bedingungen, soweit die mit den Wertpapieren verbundenen Rechte hiervon indirekt betroffen sind, und
2. Informationen, die er in einem Drittstaat veröffentlicht und die für die Öffentlichkeit in der Europäischen Union und dem Europäischen Wirtschaftsraum Bedeutung haben können,

unverzüglich veröffentlichen und gleichzeitig der Bundesanstalt diese Veröffentlichung mitteilen. [2] Er übermittelt diese Informationen außerdem unverzüglich, jedoch nicht vor ihrer Veröffentlichung dem Unternehmensregister im Sinne des § 8b des Handelsgesetzbuchs[1)] zur Speicherung.

(2) Das Bundesministerium der Finanzen wird ermächtigt, durch Rechtsverordnung, die nicht der Zustimmung des Bundesrates bedarf, nähere Bestimmungen zu erlassen über den Mindestinhalt, die Art, die Sprache, den Umfang und die Form der Veröffentlichung und der Mitteilung nach Absatz 1 Satz 1.

§ 51 Befreiung. (1) [1]Die Bundesanstalt kann Inlandsemittenten mit Sitz in einem Drittstaat von den Pflichten nach den §§ 48, 49 und 50 Absatz 1 Satz 1 Nummer 1 und 2 freistellen, soweit diese Emittenten gleichwertigen Regeln eines Drittstaates unterliegen oder sich solchen Regeln unterwerfen. [2]Die Bundesanstalt unterrichtet die Europäische Wertpapier- und Marktaufsichtsbehörde über die erteilte Freistellung.

(2) Emittenten, denen die Bundesanstalt eine Befreiung nach Absatz 1 erteilt hat, müssen Informationen über Umstände im Sinne des § 50 Absatz 1 Satz 1 Nummer 1 und 2, die nach den gleichwertigen Regeln eines Drittstaates der Öffentlichkeit zur Verfügung zu stellen sind, nach Maßgabe des § 50 Absatz 1 in Verbindung mit einer Rechtsverordnung nach § 50 Absatz 2 veröffentlichen und die Veröffentlichung gleichzeitig der Bundesanstalt mitteilen; sie müssen die Informationen außerdem unverzüglich, jedoch nicht vor der Veröffentlichung dem Unternehmensregister im Sinne des § 8b des Handelsgesetzbuchs[1)] zur Speicherung übermitteln.

(3) Das Bundesministerium der Finanzen wird ermächtigt, durch Rechtsverordnung[2)], die nicht der Zustimmung des Bundesrates bedarf, nähere Bestimmungen über die Gleichwertigkeit von Regeln eines Drittstaates und die Freistellung von Emittenten nach Absatz 1 zu erlassen.

§ 52 Ausschluss der Anfechtung. Die Anfechtung eines Hauptversammlungsbeschlusses kann nicht auf eine Verletzung der Vorschriften dieses Abschnitts gestützt werden.

Abschnitt 8. Leerverkäufe und Geschäfte in Derivaten

§ 53 Überwachung von Leerverkäufen; Verordnungsermächtigung.

(1) [1]Die Bundesanstalt ist zuständige Behörde im Sinne der Verordnung (EU) Nr. 236/2012. [2]§ 15 Absatz 7 des Börsengesetzes bleibt unberührt. [3]Soweit in der Verordnung (EU) Nr. 236/2012 nichts Abweichendes geregelt ist, gelten die Vorschriften der Abschnitte 1 und 2 dieses Gesetzes, mit Ausnahme des § 18 Absatz 7 Satz 5 bis 8, des § 21 Absatz 1 Satz 3 und des § 22, entsprechend.

(2) [1]Die Bundesanstalt übt die ihr nach Absatz 1 Satz 1 in Verbindung mit der Verordnung (EU) Nr. 236/2012 übertragenen Befugnisse aus, soweit dies für die Wahrnehmung ihrer Aufgaben und die Überwachung der Einhaltung der in der Verordnung (EU) Nr. 236/2012 geregelten Pflichten erforderlich ist. [2]Für die Zwecke des Artikels 9 Absatz 4 Satz 2 der Verordnung (EU) Nr. 236/

[1)] Nr. **5**.

[2)] Siehe die Transparenzrichtlinie-DurchführungsVO v. 13.3.2008 (BGBl. I S. 408), zuletzt geänd. durch G v. 23.6.2017 (BGBl. I S. 1693).

2012 beaufsichtigt die Bundesanstalt die entsprechenden Internetseiten des Bundesanzeigers.

(3) Widerspruch und Anfechtungsklage gegen Maßnahmen der Bundesanstalt nach Absatz 2, auch in Verbindung mit der Verordnung (EU) Nr. 236/2012, haben keine aufschiebende Wirkung.

(4) [1] Das Bundesministerium der Finanzen kann durch Rechtsverordnung, die nicht der Zustimmung des Bundesrates bedarf, nähere Bestimmungen über

1. Art, Umfang und Form von Mitteilungen und Veröffentlichungen von Netto-Leerverkaufspositionen nach den Artikeln 5 bis 8 der Verordnung (EU) Nr. 236/2012,
2. die Beaufsichtigung der Internetseiten des Bundesanzeigers für die Zwecke des Artikels 9 Absatz 4 Satz 2 der Verordnung (EU) Nr. 236/2012 sowie
3. Art, Umfang und Form der Mitteilungen, Übermittlungen und Benachrichtigungen gemäß Artikel 17 Absatz 5, 6 und 8 bis 10 der Verordnung (EU) Nr. 236/2012

erlassen. [2] Das Bundesministerium der Finanzen kann die Ermächtigung des Satzes 1 durch Rechtsverordnung ohne Zustimmung des Bundesrates auf die Bundesanstalt übertragen.

Abschnitt 9. Positionslimits und Positionsmanagementkontrollen bei Warenderivaten und Positionsmeldungen

§ 54 Positionslimits und Positionsmanagementkontrollen. (1) Die Bundesanstalt legt vorbehaltlich des § 55 für jedes Warenderivat, das an einem inländischen Handelsplatz gehandelt wird, einen quantitativen Schwellenwert für die maximale Größe einer Position in diesem Derivat, die eine Person halten darf (Positionslimit), fest.

(2) [1] Das Positionslimit ist so festzulegen, dass es

1. Marktmissbrauch im Sinne des Artikels 1 der Verordnung (EU) Nr. 596/2014 verhindert und
2. zu geordneten Preisbildungs- und Abwicklungsbedingungen beiträgt.

[2] Insbesondere trägt das Positionslimit zu Preisbildungs- und Abwicklungsbedingungen im Sinne des Satzes 1 Nummer 2 bei, wenn es

1. marktverzerrende Positionen verhindert und
2. eine Konvergenz zwischen dem Preis des Derivats im Monat der Lieferung und dem Preis für die zugrunde liegende Ware an den entsprechenden Spotmärkten sicherstellt, ohne dass die Preisbildung am Markt für die zugrunde liegende Ware davon berührt wird.

(3) [1] Die Bundesanstalt kann in Ausnahmefällen Positionslimits festlegen, die strenger sind als die nach den Absätzen 1 und 2 berechneten, wenn dies unter Berücksichtigung der Liquidität in dem betreffenden Derivat und im Interesse einer geordneten Funktionsweise des betreffenden Marktes geboten und verhältnismäßig ist. [2] Eine Festlegung nach Satz 1 ist auf der Internetseite der Bundesanstalt zu veröffentlichen und auf höchstens sechs Monate ab dem Zeitpunkt der Veröffentlichung befristet. [3] Liegen die Gründe nach Satz 1 auch nach Ablauf dieser Frist weiter vor, kann die Festlegung jeweils für einen

Zeitraum von höchstens sechs Monaten verlängert werden. [4] Absatz 4 gilt entsprechend.

(4) [1] Vor Festlegung eines Positionslimits nach Absatz 1 teilt die Bundesanstalt der Europäischen Wertpapier- und Marktaufsichtsbehörde das beabsichtigte Positionslimit mit. [2] Verlangt diese binnen zwei Monaten nach Erhalt der Mitteilung nach Satz 1 eine Änderung an dem Positionslimit und kommt die Bundesanstalt diesem Verlangen nicht nach, teilt sie ihre Entscheidung einschließlich ihrer Gründe der Europäischen Wertpapier- und Marktaufsichtsbehörde mit und veröffentlicht ihre begründete Entscheidung auf ihrer Internetseite. [3] Die Bundesanstalt übermittelt die Einzelheiten der von ihr festgelegten Positionslimits an die Europäische Wertpapier- und Marktaufsichtsbehörde.

(5) [1] Ändert sich die lieferbare Menge eines Derivats oder die Anzahl oder das Volumen offener Kontraktpositionen in einem Derivat in erheblichem Umfang oder treten sonstige erhebliche Änderungen auf dem Markt auf, legt die Bundesanstalt die Positionslimits nach Maßgabe der Absätze 1 bis 4 neu fest. [2] Die Betreiber von Handelsplätzen unterrichten die Bundesanstalt über nach Satz 1 erhebliche Änderungen an ihrem Handelsplatz.

(6) [1] Der Betreiber eines multilateralen oder organisierten Handelssystems, an dem Warenderivate gehandelt werden, muss Verfahren zur Überwachung der Einhaltung der nach den Absätzen 1 bis 5 und § 55 festgelegten Positionslimits (Positionsmanagementkontrollen) einrichten. [2] Diese müssen transparent und diskriminierungsfrei ausgestaltet werden, festlegen, wie sie anzuwenden sind und der Art und Zusammensetzung der Marktteilnehmer sowie deren Nutzung der zum Handel zugelassenen Kontrakte Rechnung tragen. [3] Im Rahmen von Kontrollen nach den Sätzen 1 und 2 hat der Betreiber eines Handelsplatzes insbesondere sicherzustellen, dass er das Recht hat,

1. die offenen Kontraktpositionen jeder Person zu überwachen,
2. von jeder Person Zugang zu Informationen, einschließlich aller einschlägigen Unterlagen, über Größe und Zweck einer von ihr eingegangenen Position oder offenen Forderung, über wirtschaftliche oder tatsächliche Eigentümer, etwaige Absprachen sowie über alle zugehörigen Vermögenswerte oder Verbindlichkeiten am Basismarkt zu erhalten,
3. von jeder Person die zeitweilige oder dauerhafte Auflösung oder Reduzierung einer von ihr eingegangenen Position zu verlangen und, falls der Betreffende dem nicht nachkommt, einseitig geeignete Maßnahmen zu ergreifen, um die Auflösung oder Reduzierung sicherzustellen, und
4. von jeder Person zu verlangen, zeitweilig Liquidität zu einem vereinbarten Preis und in vereinbartem Umfang eigens zu dem Zweck in den Markt zurückfließen zu lassen, die Auswirkungen einer großen oder marktbeherrschenden Position abzumildern.

[4] Der Betreiber unterrichtet die Bundesanstalt über Einzelheiten der Positionsmanagementkontrollen nach den Sätzen 1 bis 3. [5] Die Bundesanstalt übermittelt diese Informationen an die Europäische Wertpapier- und Marktaufsichtsbehörde.

§ 55 Positionslimits bei europaweit gehandelten Derivaten. (1) [1] Wird dasselbe Warenderivat auch an einem Handelsplatz in einem anderen Mitgliedstaat oder einem anderen Vertragsstaat des Abkommens über den Europäischen Wirtschaftsraum in erheblichem Volumen gehandelt, legt die Bundesanstalt ein

Positionslimit nach § 54 Absatz 1 nur dann fest, wenn sie für dieses Derivat zentrale zuständige Behörde ist. [2]Die Bundesanstalt ist für ein Derivat zentrale zuständige Behörde, wenn das größte Volumen dieses Derivats an einem inländischen Handelsplatz gehandelt wird. [3]Nähere Bestimmungen dazu, wann es sich um dasselbe Warenderivat im Sinne des Satzes 1 handelt und wie Volumina im Sinne der Sätze 1 und 2 berechnet werden, ergeben sich aus Artikel 5 der Delegierten Verordnung (EU) 2017/591 der Kommission vom 1. Dezember 2016 zur Ergänzung der Richtlinie 2014/65/EU des Europäischen Parlaments und des Rates durch technische Regulierungsstandards für die Anwendung von Positionslimits für Warenderivate (ABl. L 87 vom 31.3. 2017, S. 479), in der jeweils geltenden Fassung.

(2) [1]Ist die Bundesanstalt im Falle des Absatzes 1 Satz 1 zentrale zuständige Behörde für das betreffende Derivat, teilt sie ein beabsichtigtes Positionslimit für dieses Derivat vor seiner Festlegung auch den zuständigen Behörden der anderen Handelsplätze, an denen große Volumina dieses Derivats gehandelt werden, mit. [2]Verlangt eine dieser Behörden binnen zwei Monaten nach Erhalt der Mitteilung nach Satz 1 eine Änderung an dem Positionslimit und kommt die Bundesanstalt diesem Verlangen nicht nach, teilt sie ihre Entscheidung einschließlich ihrer Gründe der Europäischen Wertpapier- und Marktaufsichtsbehörde mit.

(3) [1]Ist die Bundesanstalt im Falle des Absatzes 1 Satz 1 nicht zentrale zuständige Behörde für das betreffende Derivat, ist das von der zentralen zuständigen Behörde für dieses Derivat festgelegte Positionslimit auch im Inland maßgeblich. [2]Die Bundesanstalt teilt in diesem Fall der zentralen zuständigen Behörde für dieses Derivat binnen zwei Monaten nach Erhalt der Mitteilung über ein von dieser Behörde beabsichtigtes Positionslimit mit, ob sie mit dem beabsichtigten Positionslimit einverstanden ist. [3]Kommt die zentrale zuständige Behörde einem Verlangen der Bundesanstalt zur Änderung des Positionslimits nicht nach, teilt die Bundesanstalt ihr Verlangen einschließlich ihrer Gründe der Europäischen Wertpapier- und Marktaufsichtsbehörde mit.

§ 56 Anwendung von Positionslimits. (1) [1]Bei der Anwendung der nach den §§ 54 und 55 festgelegten Positionslimits werden alle Positionen berücksichtigt, die von einer natürlichen oder juristischen Person oder einer Personenvereinigung selbst oder aggregiert auf Gruppenebene gehalten werden. [2]Nähere Bestimmungen zur Berechnung der Position ergeben sich aus den Artikeln 3, 4 und 9 bis 20 der Delegierten Verordnung (EU) 2017/591.

(2) [1]Die nach den §§ 54 und 55 festgelegten Positionslimits gelten auch für OTC-Kontrakte, die wirtschaftlich gleichwertig mit Warenderivaten im Sinne des Absatzes 1 sind. [2]Nähere Bestimmungen zur wirtschaftlichen Gleichwertigkeit ergeben sich aus Artikel 6 der Delegierten Verordnung (EU) 2017/591.

(3) [1]Die nach den §§ 54 und 55 festgelegten Positionslimits gelten nicht für Positionen, für die die Bundesanstalt oder die zuständige Behörde eines anderen Mitgliedstaats auf Antrag festgestellt hat, dass sie von einer oder für eine nichtfinanzielle Partei gehalten werden und die die Risiken, die mit deren Geschäftstätigkeit verbunden sind, objektiv messbar verringern. [2]Nähere Bestimmungen zu risikoverringernden Positionen und dem Verfahren nach Satz 1 ergeben sich aus den Artikeln 7 und 8 der Delegierten Verordnung (EU) 2017/591.

§ 57 Positionsmeldungen; Verordnungsermächtigung. (1) [1]Mitglieder und Teilnehmer von Handelsplätzen sind verpflichtet, dem jeweiligen Betreiber des Handelsplatzes einmal täglich die Einzelheiten ihrer eigenen Positionen in Warenderivaten, die an diesem Handelsplatz gehandelt werden, wie auch die Positionen ihrer Kunden und der Kunden dieser Kunden bis zum Endkunden zu melden. [2]Kunden und deren Kunden bis zum Endkunden haben den zur Meldung verpflichteten Teilnehmern an Handelsplätzen die für die Meldung notwendigen Informationen zur Verfügung zu stellen.

(2) [1]Der Betreiber eines Handelsplatzes, an dem Warenderivate, Emissionszertifikate oder Derivate davon gehandelt werden, muss wöchentlich eine Aufstellung der aggregierten Positionen in den verschiedenen an dem Handelsplatz gehandelten Warenderivaten oder Emissionszertifikaten oder Derivaten davon, die von Personenkategorien nach Satz 4 in diesen Finanzinstrumenten gehalten werden, veröffentlichen und der Bundesanstalt sowie der Europäischen Wertpapier- und Marktaufsichtsbehörde übermitteln. [2]Die Aufstellung muss enthalten:

1. die Zahl der Kauf- und Verkaufspositionen, aufgeteilt nach den in den Sätzen 4 und 5 genannten Kategorien,
2. diesbezügliche Änderungen seit dem letzten Bericht,
3. den prozentualen Anteil der gesamten offenen Kontraktpositionen in jeder Kategorie sowie
4. die Anzahl der Positionsinhaber in jeder Kategorie.

[3]Bei den Angaben nach Satz 2 sind jeweils Positionen getrennt darzustellen, die objektiv messbar die unmittelbar mit einer Geschäftstätigkeit in Zusammenhang stehenden Risiken verringern, und andere Positionen. [4]Für die Zwecke des Satzes 1 hat der Betreiber des Handelsplatzes die Inhaber einer Position entsprechend ihrer Haupttätigkeit, für die sie zugelassen sind, einer der folgenden Kategorien zuzuordnen:

1. Wertpapierdienstleistungsunternehmen und Kreditinstitute,
2. Investmentvermögen im Sinne des § 1 Absatz 1 des Kapitalanlagegesetzbuchs,
3. sonstige Finanzinstitute, einschließlich Versicherungsunternehmen oder Rückversicherungsunternehmen im Sinne der Richtlinie 2009/138/EG und Einrichtungen der betrieblichen Altersversorgung im Sinne der Richtlinie 2003/41/EG,
4. sonstige kommerzielle Unternehmen.

[5]Im Falle eines Emissionszertifikats oder eines Derivats davon ist ergänzend zu Satz 4 eine weitere Kategorie für Betreiber mit der Verpflichtung zur Einhaltung der Anforderungen der Richtlinie 2003/87/EG bei Emissionszertifikaten oder Derivaten davon zu bilden. [6]Die Pflicht nach Satz 1 gilt nur für Warenderivate, Emissionszertifikate und Derivate davon, bei denen die in Artikel 83 der Delegierten Verordnung (EU) 2017/565 festgelegten Mindestschwellen überschritten werden.

(3) Betreiber eines Handelsplatzes, an dem Warenderivate, Emissionszertifikate oder Derivate davon gehandelt werden, müssen der Bundesanstalt darüber hinaus einmal täglich eine vollständige Aufstellung der Positionen aller Mitglieder oder Teilnehmer an diesem Handelsplatz sowie deren Kunden in Warenderivaten, Emissionszertifikaten oder Derivaten davon übermitteln.

(4) [1] Wertpapierdienstleistungsunternehmen, die außerhalb eines Handelsplatzes mit Warenderivaten, Emissionszertifikaten oder Derivaten davon handeln, die auch an einem Handelsplatz gehandelt werden, sind verpflichtet, der in Satz 2 genannten Behörde mindestens einmal täglich eine vollständige Aufstellung ihrer Positionen in diesen Finanzinstrumenten und in wirtschaftlich gleichwertigen OTC-Kontrakten sowie der entsprechenden Positionen ihrer Kunden und der Kunden dieser Kunden bis zum Endkunden gemäß Artikel 26 der Verordnung (EU) Nr. 600/2014 oder Artikel 8 der Verordnung (EU) Nr. 1227/2011 zu übermitteln. [2] Die Aufstellung nach Satz 1 ist zu übermitteln

1. bei Warenderivaten, Emissionszertifikaten oder Derivaten davon, die in erheblichem Volumen nur an inländischen Handelsplätzen gehandelt werden, an die Bundesanstalt,
2. bei Warenderivaten, Emissionszertifikaten oder Derivaten davon, die in erheblichem Volumen nur vollständig oder teilweise an einem Handelsplatz in einem anderen Mitgliedstaat oder einem Vertragsstaat des Abkommens über den Europäischen Wirtschaftsraum gehandelt werden, an die zuständige Behörde der entsprechenden Handelsplätze und
3. bei Warenderivaten, Emissionszertifikaten oder Derivaten davon, die in erheblichem Volumen an Handelsplätzen in mehr als einem Mitgliedstaat oder Vertragsstaat des Abkommens über den Europäischen Wirtschaftsraum gehandelt werden, der entsprechenden zentralen zuständigen Behörde im Sinne des § 55.

[3] Kunden und deren Kunden bis zum Endkunden haben den zur Übermittlung verpflichteten Wertpapierdienstleistungsunternehmen die für die Übermittlung notwendigen Informationen zur Verfügung zu stellen.

(5) Die Bundesanstalt kann in kritischen Marktsituationen verlangen, dass die Mitteilungen nach den Absätzen 1, 3 und 4 mehrfach innerhalb eines Tages erfolgen müssen.

(6) [1] Das Bundesministerium der Finanzen kann durch Rechtsverordnung, die nicht der Zustimmung des Bundesrates bedarf,

1. nähere Bestimmungen über Inhalt, Art, Umfang, Form und Häufigkeit der Mitteilungen nach den Absätzen 1 und 3 bis 5 und über die zulässigen Datenträger und Übertragungswege erlassen sowie
2. vorschreiben, dass in den in den Absätzen 1, 3 und 4 genannten Fällen über die dort genannten Angaben hinaus zusätzliche Angaben zu übermitteln sind, wenn die zusätzlichen Angaben auf Grund der besonderen Eigenschaften des Finanzinstruments, das Gegenstand der Mitteilung ist, oder der besonderen Bedingungen an dem Handelsplatz, an dem das Geschäft ausgeführt wurde, zur Überwachung der Positionslimits nach § 54 durch die Bundesanstalt erforderlich sind.

[2] Das Bundesministerium der Finanzen kann die Ermächtigung durch Rechtsverordnung auf die Bundesanstalt übertragen.

Abschnitt 10. Organisationspflichten von Datenbereitstellungsdiensten

§ 58 Organisationspflichten für genehmigte Veröffentlichungssysteme. (1) [1] Ein genehmigtes Veröffentlichungssystem muss angemessene Grundsätze aufstellen und Vorkehrungen treffen, um mindestens die nachfolgenden Informationen über Geschäfte in Finanzinstrumenten zu angemessenen kaufmännischen Bedingungen und, soweit technisch möglich, auf Echtzeitbasis veröffentlichen zu können:

1. Kennung des Finanzinstruments;
2. Kurs, zu dem das Geschäft abgeschlossen wurde;
3. Volumen des Geschäfts;
4. Zeitpunkt des Geschäfts;
5. Zeitpunkt, zu dem das Geschäft gemeldet wurde;
6. Kurszusatz des Geschäfts;
7. Code für den Handelsplatz, an dem das Geschäft ausgeführt wurde, oder, wenn das Geschäft über einen systematischen Internalisierer ausgeführt wurde, den Code „SI" oder andernfalls den Code „OTC";
8. sofern anwendbar, einen Hinweis, dass das Geschäft besonderen Bedingungen unterlag.

[2] Die Informationen nach Satz 1 sind spätestens 15 Minuten nach der Veröffentlichung kostenlos zur Verfügung zu stellen.

(2) [1] Ein genehmigtes Veröffentlichungssystem muss die Informationen effizient und konsistent in einer Weise verbreiten, die einen raschen diskriminierungsfreien Zugang zu den betreffenden Informationen sicherstellt. [2] Die Informationen sind in einem Format zu veröffentlichen, das die Konsolidierung der Daten mit vergleichbaren Daten aus anderen Quellen erleichtert.

(3) [1] Ein genehmigtes Veröffentlichungssystem muss organisatorische Vorkehrungen treffen, um Interessenkonflikte mit seinen Kunden zu vermeiden. [2] Insbesondere muss es, wenn es zugleich auch Börsenbetreiber oder Wertpapierdienstleistungsunternehmen ist, alle erhobenen Informationen in nichtdiskriminierender Weise behandeln und auf Dauer geeignete Vorkehrungen treffen, um diese unterschiedlichen Unternehmensfunktionen voneinander zu trennen.

(4) [1] Ein genehmigtes Veröffentlichungssystem muss Mechanismen einrichten, die die Sicherheit der Informationsübermittlungswege gewährleisten, das Risiko der unbefugten Datenveränderung und des unberechtigten Zugriffs minimieren und ein Bekanntwerden noch nicht veröffentlichter Informationen verhindern. [2] Es muss über ausreichende Mittel und Notfallsysteme verfügen, um seine Dienste jederzeit anbieten und aufrechterhalten zu können.

(5) Ein genehmigtes Veröffentlichungssystem muss über wirksame Mechanismen verfügen, um die zu veröffentlichenden Informationen auf Vollständigkeit prüfen zu können, Lücken und offensichtliche Fehler zu erkennen und es zu ermöglichen, bei fehlerhaften Auskünften eine Neuübermittlung anfordern zu können.

(6) Ein genehmigtes Veröffentlichungssystem muss über ein Hinweisgeberverfahren in entsprechender Anwendung von § 25a Absatz 1 Satz 6 Nummer 3 des Kreditwesengesetzes verfügen.

(7) Näheres zu den Organisationspflichten nach den Absätzen 1 bis 6 regelt die Delegierte Verordnung (EU) 2017/571 der Kommission vom 2. Juni 2016 zur Ergänzung der Richtlinie 2014/65/EU des Europäischen Parlaments und des Rates durch technische Regulierungsstandards für die Zulassung, die organisatorischen Anforderungen und die Veröffentlichung von Geschäften für

Datenbereitstellungsdienste (ABl. L 87 vom 31.3.2017, S. 126), in der jeweils geltenden Fassung.

§ 59 Organisationspflichten für Bereitsteller konsolidierter Datenticker. (1) [1]Ein Bereitsteller konsolidierter Datenticker ist dazu verpflichtet, die bereitgestellten Daten von allen Handelsplätzen und genehmigten Veröffentlichungssystemen zu konsolidieren. [2]Er muss angemessene Grundsätze aufstellen und Vorkehrungen treffen, um mindestens die folgenden Informationen über Geschäfte in Finanzinstrumenten zu erheben, zu einem kontinuierlichen elektronischen Datenstrom zu konsolidieren und diesen der Öffentlichkeit zu angemessenen kaufmännischen Bedingungen und, soweit technisch möglich, auf Echtzeitbasis zur Verfügung zu stellen:

1. Kennung des Finanzinstruments;
2. Kurs, zu dem das Geschäft abgeschlossen wurde;
3. Volumen des Geschäfts;
4. Zeitpunkt des Geschäfts;
5. Zeitpunkt, zu dem das Geschäft gemeldet wurde;
6. Kurszusatz des Geschäfts;
7. den Code für den Handelsplatz, an dem das Geschäft ausgeführt wurde, oder, wenn das Geschäft über einen systematischen Internalisierer ausgeführt wurde, den Code „SI" oder andernfalls den Code „OTC";
8. sofern anwendbar, einen Hinweis, dass die Anlageentscheidung und Ausführung des Geschäfts durch das Wertpapierdienstleistungsunternehmen auf einem Computeralgorithmus beruhte;
9. sofern anwendbar, einen Hinweis, dass das Geschäft besonderen Bedingungen unterlag;
10. falls für die Pflicht zur Veröffentlichung der Informationen gemäß Artikel 3 Absatz 1 der Verordnung (EU) Nr. 600/2014 eine Ausnahme gemäß Artikel 4 Absatz 1 Buchstabe a oder b der Verordnung (EU) Nr. 600/2014 gewährt wurde, eine Kennzeichnung dieser Ausnahme.

[3]Die Informationen nach Satz 2 sind binnen 15 Minuten nach der Veröffentlichung kostenlos zur Verfügung zu stellen.

(2) [1]Ein Bereitsteller konsolidierter Datenticker muss die Informationen nach Absatz 1 effizient und konsistent in einer Weise verbreiten, die einen raschen diskriminierungsfreien Zugang zu den betreffenden Informationen sicherstellt. [2]Die Informationen sind in einem Format zu veröffentlichen, das für die Marktteilnehmer leicht zugänglich und nutzbar ist.

(3) [1]Ein Bereitsteller konsolidierter Datenticker muss organisatorische Vorkehrungen treffen, um Interessenkonflikte mit seinen Kunden zu vermeiden. [2]Insbesondere muss er, wenn er zugleich auch ein Börsenbetreiber oder ein genehmigtes Veröffentlichungssystem ist, alle erhobenen Informationen in nichtdiskriminierender Weise behandeln und auf Dauer geeignete Vorkehrungen treffen, um die unterschiedlichen Unternehmensfunktionen voneinander zu trennen.

(4) [1]Ein Bereitsteller konsolidierter Datenticker muss Mechanismen einrichten, die die Sicherheit der Informationsübermittlungswege gewährleisten und das Risiko der unbefugten Datenveränderung und des unberechtigten Zugriffs

minimieren. [2] Es muss über ausreichende Mittel und über Notfallsysteme verfügen, um seine Dienste jederzeit anbieten und aufrechterhalten zu können.

(5) Ein Bereitsteller muss über ein Hinweisgeberverfahren in entsprechender Anwendung des § 25a Absatz 1 Satz 6 Nummer 3 des Kreditwesengesetzes verfügen.

(6) Näheres zu den Organisationspflichten nach den Absätzen 1 bis 5 regelt die Delegierte Verordnung (EU) 2017/571.

§ 60 Organisationspflichten für genehmigte Meldemechanismen.

(1) [1] Ein genehmigter Meldemechanismus muss angemessene Grundsätze aufstellen und Vorkehrungen treffen, um die nach Artikel 26 der Verordnung (EU) Nr. 600/2014 zu meldenden Informationen für die meldepflichtigen Wertpapierdienstleistungsunternehmen so schnell wie möglich, spätestens jedoch bei Geschäftsschluss des auf den Vertragsabschluss des Geschäfts über das Finanzinstrument folgenden Arbeitstages, zu melden. [2] Näheres zur Meldung dieser Informationen regelt Artikel 26 der Verordnung (EU) Nr. 600/2014.

(2) [1] Ein genehmigter Meldemechanismus muss organisatorische Vorkehrungen treffen, um Interessenkonflikte mit seinen Kunden zu vermeiden. [2] Insbesondere muss er, wenn er zugleich auch Börsenbetreiber oder ein Wertpapierdienstleistungsunternehmen ist, alle erhobenen Informationen in nichtdiskriminierender Weise behandeln und auf Dauer geeignete Vorkehrungen treffen, um die unterschiedlichen Unternehmensfunktionen voneinander zu trennen.

(3) [1] Ein genehmigter Meldemechanismus muss wirksame Mechanismen einrichten, die die Sicherheit der Informationsübermittlungswege gewährleisten, um das Risiko der unbefugten Datenveränderung und des unberechtigten Zugriffs zu minimieren und ein Bekanntwerden noch nicht veröffentlichter Informationen zu verhindern. [2] Er muss über ausreichende Mittel und Notfallsysteme verfügen, um seine Dienste jederzeit anbieten und aufrechterhalten zu können.

(4) Ein genehmigter Meldemechanismus muss Vorkehrungen treffen, um

1. die Meldungen von Geschäften auf Vollständigkeit prüfen zu können, durch das Wertpapierdienstleistungsunternehmen verschuldete Lücken und offensichtliche Fehler zu erkennen und diesem in diesen Fällen genaue Angaben hierzu zu übermitteln und eine Neuübermittlung anzufordern und
2. selbst verschuldete Fehler oder Lücken zu erkennen, diese zu berichtigen und der Bundesanstalt korrigierte und vollständige Meldungen der Geschäfte zu übermitteln.

(5) Ein genehmigter Meldemechanismus muss über ein Hinweisgeberverfahren in entsprechender Anwendung des § 25a Absatz 1 Satz 6 Nummer 3 des Kreditwesengesetzes verfügen.

(6) Das Nähere zu den Organisationspflichten nach den Absätzen 1 bis 5 regelt die Delegierte Verordnung (EU) 2017/571.

§ 61 Überwachung der Organisationspflichten. [1] Die Bundesanstalt kann zur Überwachung der in diesem Abschnitt geregelten Pflichten bei den Datenbereitstellungsdiensten auch ohne besonderen Anlass Prüfungen vornehmen. [2] § 88 Absatz 3 gilt entsprechend. [3] Hinsichtlich des Umfangs der Prüfungen gilt

§ 88 Absatz 2 entsprechend. [4]Widerspruch und Anfechtungsklage gegen Maßnahmen nach Satz 1 haben keine aufschiebende Wirkung.

§ 62 Prüfung der Organisationspflichten; Verordnungsermächtigung.

(1) [1]Unbeschadet des § 61 ist die Einhaltung der in diesem Abschnitt geregelten Pflichten sowie der sich aus der Delegierten Verordnung (EU) 2017/565, der Delegierten Verordnung (EU) 2017/571 und der gemäß Artikel 61 Absatz 5 der Richtlinie 2014/65/EU erlassenen Durchführungsverordnung, in der jeweils geltenden Fassung, ergebenden Pflichten einmal jährlich durch einen geeigneten Prüfer zu prüfen. [2]§ 89 Absatz 1 Satz 4 und 6, Absatz 2 Satz 1 und 2, Absatz 3 und 4 gilt entsprechend.

(2) [1]Das Bundesministerium der Finanzen kann durch Rechtsverordnung, die nicht der Zustimmung des Bundesrates bedarf, nähere Bestimmungen über Art, Umfang und Zeitpunkt der Prüfung nach Absatz 1 sowie den Inhalt der Prüfungsberichte erlassen. [2]Das Bundesministerium der Finanzen kann die Ermächtigung durch Rechtsverordnung auf die Bundesanstalt übertragen.

Abschnitt 11. Verhaltenspflichten, Organisationspflichten, Transparenzpflichten

§ 63 Allgemeine Verhaltensregeln; Verordnungsermächtigung.

(1) Ein Wertpapierdienstleistungsunternehmen ist verpflichtet, Wertpapierdienstleistungen und Wertpapiernebendienstleistungen ehrlich, redlich und professionell im bestmöglichen Interesse seiner Kunden zu erbringen.

(2) [1]Ein Wertpapierdienstleistungsunternehmen hat einem Kunden, bevor es Geschäfte für ihn durchführt, die allgemeine Art und Herkunft von Interessenkonflikten und die zur Begrenzung der Risiken der Beeinträchtigung der Kundeninteressen unternommenen Schritte eindeutig darzulegen, soweit die organisatorischen Vorkehrungen nach § 80 Absatz 1 Satz 2 Nummer 2 nicht ausreichen, um nach vernünftigem Ermessen zu gewährleisten, dass das Risiko der Beeinträchtigung von Kundeninteressen vermieden wird. [2]Die Darlegung nach Satz 1 muss

1. mittels eines dauerhaften Datenträgers erfolgen und
2. unter Berücksichtigung der Einstufung des Kunden im Sinne des § 67 so detailliert sein, dass der Kunde in die Lage versetzt wird, seine Entscheidung über die Wertpapierdienstleistung oder Wertpapiernebendienstleistung, in deren Zusammenhang der Interessenkonflikt auftritt, in Kenntnis der Sachlage zu treffen.

(3) [1]Ein Wertpapierdienstleistungsunternehmen muss sicherstellen, dass es die Leistung seiner Mitarbeiter nicht in einer Weise vergütet oder bewertet, die mit seiner Pflicht, im bestmöglichen Interesse der Kunden zu handeln, kollidiert. [2]Insbesondere darf es bei seinen Mitarbeitern weder durch Vergütungsvereinbarungen noch durch Verkaufsziele oder in sonstiger Weise Anreize dafür setzen, einem Privatkunden ein bestimmtes Finanzinstrument zu empfehlen, obwohl das Wertpapierdienstleistungsunternehmen dem Privatkunden ein anderes Finanzinstrument anbieten könnte, das den Bedürfnissen des Privatkunden besser entspricht.

(4) [1] Ein Wertpapierdienstleistungsunternehmen, das Finanzinstrumente zum Verkauf an Kunden konzipiert, muss sicherstellen, dass diese Finanzinstrumente so ausgestaltet sind, dass

1. sie den Bedürfnissen eines bestimmten Zielmarktes im Sinne des § 80 Absatz 9 entsprechen und
2. die Strategie für den Vertrieb der Finanzinstrumente mit diesem Zielmarkt vereinbar ist.

[2] Das Wertpapierdienstleistungsunternehmen muss zumutbare Schritte unternehmen, um zu gewährleisten, dass das Finanzinstrument an den bestimmten Zielmarkt vertrieben wird.

(5) [1] Ein Wertpapierdienstleistungsunternehmen muss die von ihm angebotenen oder empfohlenen Finanzinstrumente verstehen. [2] Es muss deren Vereinbarkeit mit den Bedürfnissen der Kunden, denen gegenüber es Wertpapierdienstleistungen erbringt, beurteilen, auch unter Berücksichtigung des in § 80 Absatz 9 genannten Zielmarktes, und sicherstellen, dass es Finanzinstrumente nur anbietet oder empfiehlt, wenn dies im Interesse der Kunden liegt.

(6) [1] Alle Informationen, die Wertpapierdienstleistungsunternehmen Kunden zugänglich machen, einschließlich Marketingmitteilungen, müssen redlich und eindeutig sein und dürfen nicht irreführend sein. [2] Marketingmitteilungen müssen eindeutig als solche erkennbar sein. [3] § 302 des Kapitalanlagegesetzbuchs, Artikel 22 der Verordnung (EU) 2017/1129 und § 7 des Wertpapierprospektgesetzes bleiben unberührt.

(7) [1] Wertpapierdienstleistungsunternehmen sind verpflichtet, ihren Kunden rechtzeitig und in verständlicher Form angemessene Informationen über das Wertpapierdienstleistungsunternehmen und seine Dienstleistungen, über die Finanzinstrumente und die vorgeschlagenen Anlagestrategien, über Ausführungsplätze und alle Kosten und Nebenkosten zur Verfügung zu stellen, die erforderlich sind, damit die Kunden nach vernünftigem Ermessen die Art und die Risiken der ihnen angebotenen oder von ihnen nachgefragten Arten von Finanzinstrumenten oder Wertpapierdienstleistungen verstehen und auf dieser Grundlage ihre Anlageentscheidung treffen können. [2] Die Informationen können auch in standardisierter Form zur Verfügung gestellt werden. [3] Die Informationen nach Satz 1 müssen folgende Angaben enthalten:

1. hinsichtlich der Arten von Finanzinstrumenten und der vorgeschlagenen Anlagestrategie unter Berücksichtigung des Zielmarktes im Sinne des Absatzes 3 oder 4:
   a) geeignete Leitlinien zur Anlage in solche Arten von Finanzinstrumenten oder zu den einzelnen Anlagestrategien,
   b) geeignete Warnhinweise zu den Risiken, die mit dieser Art von Finanzinstrumenten oder den einzelnen Anlagestrategien verbunden sind, und
   c) ob die Art des Finanzinstruments für Privatkunden oder professionelle Kunden bestimmt ist;
2. hinsichtlich aller Kosten und Nebenkosten:
   a) Informationen in Bezug auf Kosten und Nebenkosten sowohl der Wertpapierdienstleistungen als auch der Wertpapiernebendienstleistungen, einschließlich eventueller Beratungskosten,
   b) Kosten der Finanzinstrumente, die dem Kunden empfohlen oder an ihn vermarktet werden sowie

c) Zahlungsmöglichkeiten des Kunden einschließlich etwaiger Zahlungen durch Dritte.

[4]Informationen zu Kosten und Nebenkosten, einschließlich solchen Kosten und Nebenkosten im Zusammenhang mit der Wertpapierdienstleistung und dem Finanzinstrument, die nicht durch ein zugrunde liegendes Marktrisiko verursacht werden, muss das Wertpapierdienstleistungsunternehmen in zusammengefasster Weise darstellen, damit der Kunde sowohl die Gesamtkosten als auch die kumulative Wirkung der Kosten auf die Rendite der Anlage verstehen kann. [5]Auf Verlangen des Kunden muss das Wertpapierdienstleistungsunternehmen eine Aufstellung, die nach den einzelnen Posten aufgegliedert ist, zur Verfügung stellen. [6]Solche Informationen sollen dem Kunden unter den in Artikel 50 Absatz 9 der Delegierten Verordnung (EU) 2017/565 genannten Voraussetzungen regelmäßig, mindestens jedoch jährlich während der Laufzeit der Anlage zur Verfügung gestellt werden. [7]Die §§ 293 bis 297, 303 bis 307 des Kapitalanlagegesetzbuchs bleiben unberührt. [8]Bei zertifizierten Altersvorsorge- und Basisrentenverträgen im Sinne des Altersvorsorgeverträge-Zertifizierungsgesetzes gilt die Informationspflicht nach diesem Absatz durch Bereitstellung des individuellen Produktinformationsblattes nach § 7 des Altersvorsorgeverträge-Zertifizierungsgesetzes als erfüllt. [9]Dem Kunden sind auf Nachfrage die nach diesem Absatz erforderlichen Informationen über Kosten und Nebenkosten zur Verfügung zu stellen. [10]Der Kunde ist bei Bereitstellung des individuellen Produktinformationsblattes nach § 7 des Altersvorsorgeverträge-Zertifizierungsgesetzes ausdrücklich auf dieses Recht hinzuweisen. [11]Wird einem Kunden ein standardisiertes Informationsblatt nach § 64 Absatz 2 Satz 3 zur Verfügung gestellt, sind dem Kunden die Informationen hinsichtlich aller Kosten und Nebenkosten nach den Sätzen 4 und 5 unverlangt unter Verwendung einer formalisierten Kostenaufstellung zur Verfügung zu stellen.

(8) Die Absätze 6 und 7 gelten nicht für Wertpapierdienstleistungen, die als Teil eines Finanzprodukts angeboten werden, das in Bezug auf die Informationspflichten bereits anderen Bestimmungen des Europäischen Gemeinschaftsrechts, die Kreditinstitute und Verbraucherkredite betreffen, unterliegt.

(9) [1]Bietet ein Wertpapierdienstleistungsunternehmen Wertpapierdienstleistungen verbunden mit anderen Dienstleistungen oder anderen Produkten als Gesamtpaket oder in der Form an, dass die Erbringung der Wertpapierdienstleistungen, der anderen Dienstleistungen oder der Geschäfte über die anderen Produkte Bedingung für die Durchführung der jeweils anderen Bestandteile oder des Abschlusses der anderen Vereinbarungen ist, muss es den Kunden darüber informieren, ob die einzelnen Bestandteile auch getrennt voneinander bezogen werden können und dem Kunden für jeden Bestandteil getrennt Kosten und Gebühren nachweisen. [2]Besteht die Wahrscheinlichkeit, dass die mit dem Gesamtpaket oder der Gesamtvereinbarung verknüpften Risiken von den mit den einzelnen Bestandteilen verknüpften Risiken abweichen, hat es Privatkunden in angemessener Weise über die einzelnen Bestandteile, die mit ihnen verknüpften Risiken und die Art und Weise, wie ihre Wechselwirkung das Risiko beeinflusst, zu informieren.

(10) [1]Vor der Erbringung anderer Wertpapierdienstleistungen als der Anlageberatung oder der Finanzportfolioverwaltung hat ein Wertpapierdienstleistungsunternehmen von den Kunden Informationen einzuholen über Kenntnisse und Erfahrungen der Kunden in Bezug auf Geschäfte mit bestimmten Arten von

Finanzinstrumenten oder Wertpapierdienstleistungen, soweit diese Informationen erforderlich sind, um die Angemessenheit der Finanzinstrumente oder Wertpapierdienstleistungen für die Kunden beurteilen zu können. [2] Sind verbundene Dienstleistungen oder Produkte im Sinne des Absatzes 9 Gegenstand des Kundenauftrages, muss das Wertpapierdienstleistungsunternehmen beurteilen, ob das gesamte verbundene Geschäft für den Kunden angemessen ist. [3] Gelangt ein Wertpapierdienstleistungsunternehmen auf Grund der nach Satz 1 erhaltenen Informationen zu der Auffassung, dass das vom Kunden gewünschte Finanzinstrument oder die Wertpapierdienstleistung für den Kunden nicht angemessen ist, hat es den Kunden darauf hinzuweisen. [4] Erlangt das Wertpapierdienstleistungsunternehmen nicht die erforderlichen Informationen, hat es den Kunden darüber zu informieren, dass eine Beurteilung der Angemessenheit im Sinne des Satzes 1 nicht möglich ist. [5] Näheres zur Angemessenheit und zu den Pflichten, die im Zusammenhang mit der Beurteilung der Angemessenheit geltenden Pflichten regeln die Artikel 55 und 56 der Delegierten Verordnung (EU) 2017/565. [6] Der Hinweis nach Satz 3 und die Information nach Satz 4 können in standardisierter Form erfolgen.

(11) Die Pflichten nach Absatz 10 gelten nicht, soweit das Wertpapierdienstleistungsunternehmen

1. auf Veranlassung des Kunden Finanzkommissionsgeschäft, Eigenhandel, Abschlussvermittlung oder Anlagevermittlung erbringt in Bezug auf
   a) Aktien, die zum Handel an einem organisierten Markt, an einem diesem gleichwertigen Markt eines Drittlandes oder an einem multilateralen Handelssystem zugelassen sind, mit Ausnahme von Aktien an AIF im Sinne von § 1 Absatz 3 des Kapitalanlagegesetzbuchs, und von Aktien, in die ein Derivat eingebettet ist,
   b) Schuldverschreibungen und andere verbriefte Schuldtitel, die zum Handel an einem organisierten Markt, einem diesem gleichwertigen Markt eines Drittlandes oder einem multilateralen Handelssystem zugelassen sind, mit Ausnahme solcher, in die ein Derivat eingebettet ist und solcher, die eine Struktur aufweisen, die es dem Kunden erschwert, die mit ihnen einhergehenden Risiken zu verstehen,
   c) Geldmarktinstrumente, mit Ausnahme solcher, in die ein Derivat eingebettet ist, und solcher, die eine Struktur aufweisen, die es dem Kunden erschwert, die mit ihnen einhergehenden Risiken zu verstehen,
   d) Anteile oder Aktien an OGAW im Sinne von § 1 Absatz 2 des Kapitalanlagegesetzbuchs, mit Ausnahme der in Artikel 36 Absatz 1 Unterabsatz 2 der Verordnung (EU) Nr. 583/2010 genannten strukturierten OGAW,
   e) strukturierte Einlagen, mit Ausnahme solcher, die eine Struktur aufweisen, die es dem Kunden erschwert, das Ertragsrisiko oder die Kosten des Verkaufs des Produkts vor Fälligkeit zu verstehen oder
   f) andere nicht komplexe Finanzinstrumente für Zwecke dieses Absatzes, die die in Artikel 57 der Delegierten Verordnung (EU) 2017/565 genannten Kriterien erfüllen,
2. diese Wertpapierdienstleistung nicht gemeinsam mit der Gewährung eines Darlehens als Wertpapiernebendienstleistung im Sinne des § 2 Absatz 7 Nummer 2 erbringt, außer sie besteht in der Ausnutzung einer Kreditobergrenze eines bereits bestehenden Darlehens oder eines bereits bestehenden Darlehens, das in der Weise gewährt wurde, dass der Darlehensgeber in

einem Vertragsverhältnis über ein laufendes Konto dem Darlehensnehmer das Recht einräumt, sein Konto in bestimmter Höhe zu überziehen (Überziehungsmöglichkeit) oder darin, dass der Darlehensgeber im Rahmen eines Vertrages über ein laufendes Konto, ohne eingeräumte Überziehungsmöglichkeit die Überziehung des Kontos durch den Darlehensnehmer duldet und hierfür vereinbarungsgemäß ein Entgelt verlangt, und

3. den Kunden ausdrücklich darüber informiert, dass keine Angemessenheitsprüfung im Sinne des Absatzes 10 vorgenommen wird, wobei diese Information in standardisierter Form erfolgen kann.

(12) [1] Wertpapierdienstleistungsunternehmen müssen ihren Kunden in geeigneter Weise auf einem dauerhaften Datenträger über die erbrachten Wertpapierdienstleistungen berichten; insbesondere müssen sie nach Ausführung eines Geschäftes mitteilen, wo sie den Auftrag ausgeführt haben. [2] Die Pflicht nach Satz 1 beinhaltet einerseits nach den in den Artikeln 59 bis 63 der Delegierten Verordnung (EU) 2017/565 näher bestimmten Fällen regelmäßige Berichte an den Kunden, wobei die Art und Komplexität der jeweiligen Finanzinstrumente sowie die Art der erbrachten Wertpapierdienstleistungen zu berücksichtigen ist, und andererseits, sofern relevant, Informationen zu den angefallenen Kosten. [3] Bei zertifizierten Altersvorsorge- und Basisrentenverträgen im Sinne des Altersvorsorgeverträge-Zertifizierungsgesetzes gilt die Informationspflicht gemäß Satz 1 bei Beachtung der jährlichen Informationspflicht nach § 7a des Altersvorsorgeverträge-Zertifizierungsgesetzes als erfüllt. [4] Dem Kunden sind auf Nachfrage die nach diesem Absatz erforderlichen Informationen über Kosten und Nebenkosten zur Verfügung zu stellen. [5] Der Kunde ist bei Bereitstellung der jährlichen Information nach § 7a des Altersvorsorgeverträge-Zertifizierungsgesetzes ausdrücklich auf dieses Recht hinzuweisen.

(13) Nähere Bestimmungen zu den Absätzen 1 bis 3, 6, 7, 10 und 12 ergeben sich aus der Delegierten Verordnung (EU) 2017/565, insbesondere zu

1. der Verpflichtung nach Absatz 1 aus den Artikeln 58, 64, 65 und 67 bis 69,
2. Art, Umfang und Form der Offenlegung nach Absatz 2 aus den Artikeln 34 und 41 bis 43,
3. der Vergütung oder Bewertung nach Absatz 3 aus Artikel 27,
4. den Voraussetzungen, unter denen Informationen im Sinne von Absatz 6 Satz 1 als redlich, eindeutig und nicht irreführend angesehen werden aus den Artikeln 36 und 44,
5. Art, Inhalt, Gestaltung und Zeitpunkt der nach Absatz 7 notwendigen Informationen für die Kunden aus den Artikeln 38, 39, 41, 45 bis 53, 61 und 65,
6. Art, Umfang und Kriterien der nach Absatz 10 von den Kunden einzuholenden Informationen aus den Artikeln 54 bis 56,
7. Art, Inhalt und Zeitpunkt der Berichtspflichten nach Absatz 12 aus den Artikeln 59 bis 63.

(14) [1] Das Bundesministerium der Finanzen kann im Einvernehmen mit dem Bundesministerium der Justiz und für Verbraucherschutz durch Rechtsverordnung, die nicht der Zustimmung des Bundesrates bedarf, nähere Bestimmungen zu Inhalt und Aufbau der formalisierten Kostenaufstellung nach Absatz 7 Satz 11 erlassen. [2] Das Bundesministerium der Finanzen kann die Ermächtigung durch Rechtsverordnung auf die Bundesanstalt übertragen.

§ 64 Besondere Verhaltensregeln bei der Erbringung von Anlageberatung und Finanzportfolioverwaltung; Verordnungsermächtigung.

(1) [1] Erbringt ein Wertpapierdienstleistungsunternehmen Anlageberatung, muss es den Kunden zusätzlich zu den Informationen nach § 63 Absatz 7 rechtzeitig vor der Beratung und in verständlicher Form darüber informieren

1. ob die Anlageberatung unabhängig erbracht wird (Unabhängige Honorar-Anlageberatung) oder nicht;
2. ob sich die Anlageberatung auf eine umfangreiche oder eine eher beschränkte Analyse verschiedener Arten von Finanzinstrumenten stützt, insbesondere, ob die Palette an Finanzinstrumenten auf Finanzinstrumente beschränkt ist, die von Anbietern oder Emittenten stammen, die in einer engen Verbindung zum Wertpapierdienstleistungsunternehmen stehen oder zu denen in sonstiger Weise rechtliche oder wirtschaftliche Verbindungen bestehen, die so eng sind, dass das Risiko besteht, dass die Unabhängigkeit der Anlageberatung beeinträchtigt wird, und
3. ob das Wertpapierdienstleistungsunternehmen dem Kunden regelmäßig eine Beurteilung der Geeignetheit der empfohlenen Finanzinstrumente zur Verfügung stellt.

[2] § 63 Absatz 7 Satz 2 und bei Vorliegen der dort genannten Voraussetzungen die Ausnahme nach § 63 Absatz 8 gelten entsprechend.

(2) [1] Im Falle einer Anlageberatung hat das Wertpapierdienstleistungsunternehmen einem Privatkunden rechtzeitig vor dem Abschluss eines Geschäfts über Finanzinstrumente, für die kein Basisinformationsblatt nach der Verordnung (EU) Nr. 1286/2014 erstellt werden muss,

1. über jedes Finanzinstrument, auf das sich eine Kaufempfehlung bezieht, ein kurzes und leicht verständliches Informationsblatt,
2. in den Fällen des Satzes 3 ein in Nummer 1 genanntes Informationsblatt oder wahlweise ein standardisiertes Informationsblatt oder
3. in den Fällen des Satzes 4 ein dort genanntes Dokument anstelle des in Nummer 1 genannten Informationsblatts

zur Verfügung zu stellen. [2] Die Angaben in den Informationsblättern nach Satz 1 dürfen weder unrichtig noch irreführend sein und müssen mit den Angaben des Prospekts vereinbar sein. [3] Für Aktien, die zum Zeitpunkt der Anlageberatung an einem organisierten Markt gehandelt werden, kann anstelle des Informationsblattes nach Satz 1 Nummer 1 ein standardisiertes Informationsblatt verwendet werden. [4] An die Stelle des Informationsblattes treten

1. bei Anteilen oder Aktien an OGAW oder an offenen Publikums-AIF die wesentlichen Anlegerinformationen nach den §§ 164 und 166 des Kapitalanlagegesetzbuchs,
2. bei Anteilen oder Aktien an geschlossenen Publikums-AIF die wesentlichen Anlegerinformationen nach den §§ 268 und 270 des Kapitalanlagegesetzbuchs,
3. bei Anteilen oder Aktien an Spezial-AIF die wesentlichen Anlegerinformationen nach § 166 oder § 270 des Kapitalanlagegesetzbuchs, sofern die AIF-Kapitalverwaltungsgesellschaft solche gemäß § 307 Absatz 5 des Kapitalanlagegesetzbuchs erstellt hat,
4. bei EU-AIF und ausländischen AIF die wesentlichen Anlegerinformationen nach § 318 Absatz 5 des Kapitalanlagegesetzbuchs,

5. bei EU-OGAW die wesentlichen Anlegerinformationen, die nach § 298 Absatz 1 Satz 2 des Kapitalanlagegesetzbuchs in deutscher Sprache veröffentlicht worden sind,
6. bei inländischen Investmentvermögen im Sinne des Investmentgesetzes in der bis zum 21. Juli 2013 geltenden Fassung, die für den in § 345 Absatz 6 Satz 1 des Kapitalanlagegesetzbuchs genannten Zeitraum noch weiter vertrieben werden dürfen, die wesentlichen Anlegerinformationen, die nach § 42 Absatz 2 des Investmentgesetzes in der bis zum 21. Juli 2013 geltenden Fassung erstellt worden sind,
7. bei ausländischen Investmentvermögen im Sinne des Investmentgesetzes in der bis zum 21. Juli 2013 geltenden Fassung, die für den in § 345 Absatz 8 Satz 2 oder § 355 Absatz 2 Satz 10 des Kapitalanlagegesetzbuchs genannten Zeitraum noch weiter vertrieben werden dürfen, die wesentlichen Anlegerinformationen, die nach § 137 Absatz 2 des Investmentgesetzes in der bis zum 21. Juli 2013 geltenden Fassung erstellt worden sind,
8. bei Vermögensanlagen im Sinne des § 1 Absatz 2 des Vermögensanlagengesetzes das Vermögensanlagen-Informationsblatt nach § 13 des Vermögensanlagengesetzes, soweit der Anbieter der Vermögensanlagen zur Erstellung eines solchen Vermögensanlagen-Informationsblatts verpflichtet ist,
9. bei zertifizierten Altersvorsorge- und Basisrentenverträgen im Sinne des Altersvorsorgeverträge-Zertifizierungsgesetzes das individuelle Produktinformationsblatt nach § 7 Absatz 1 des Altersvorsorgeverträge-Zertifizierungsgesetzes sowie zusätzlich die wesentlichen Anlegerinformationen nach Nummer 1, 3 oder Nummer 4, sofern es sich um Anteile an den in Nummer 1, 3 oder Nummer 4 genannten Organismen für gemeinsame Anlagen handelt und
10. bei Wertpapieren im Sinne des § 2 Nummer 1 des Wertpapierprospektgesetzes das Wertpapier-Informationsblatt nach § 4 des Wertpapierprospektgesetzes, soweit der Anbieter der Wertpapiere zur Erstellung eines solchen Wertpapier-Informationsblatts verpflichtet ist.

(3) [1] Das Wertpapierdienstleistungsunternehmen muss von einem Kunden alle Informationen

1. über Kenntnisse und Erfahrungen des Kunden in Bezug auf Geschäfte mit bestimmten Arten von Finanzinstrumenten oder Wertpapierdienstleistungen,
2. über die finanziellen Verhältnisse des Kunden, einschließlich seiner Fähigkeit, Verluste zu tragen, und
3. über seine Anlageziele, einschließlich seiner Risikotoleranz,

einholen, die erforderlich sind, um dem Kunden ein Finanzinstrument oder eine Wertpapierdienstleistung empfehlen zu können, das oder die für ihn geeignet ist und insbesondere seiner Risikotoleranz und seiner Fähigkeit, Verluste zu tragen, entspricht. [2] Ein Wertpapierdienstleistungsunternehmen darf seinen Kunden nur Finanzinstrumente und Wertpapierdienstleistungen empfehlen oder Geschäfte im Rahmen der Finanzportfolioverwaltung tätigen, die nach den eingeholten Informationen für den Kunden geeignet sind. [3] Näheres zur Geeignetheit und den im Zusammenhang mit der Beurteilung der Geeignetheit geltenden Pflichten regeln die Artikel 54 und 55 der Delegierten Verordnung (EU) 2017/565. [4] Näheres zur Geeignetheit von Verbriefungen und den im Zusammenhang mit der Beurteilung der Geeignetheit geltenden Pflichten regelt Artikel 3 der Verordnung (EU) 2017/2402 des Europäischen

Parlaments und des Rates vom 12. Dezember 2017 zur Festlegung eines allgemeinen Rahmens für Verbriefungen und zur Schaffung eines spezifischen Rahmens für einfache, transparente und standardisierte Verbriefung und zur Änderung der Richtlinien 2009/65/EG, 2009/138/EG, 2011/61/EU und der Verordnungen (EG) Nr. 1060/2009 und (EU) Nr. 648/2012 (ABl. L 347 vom 28.12.2017, S. 35). [5]Erbringt ein Wertpapierdienstleistungsunternehmen eine Anlageberatung, bei der verbundene Produkte oder Dienstleistungen im Sinne des § 63 Absatz 9 empfohlen werden, gilt Satz 2 für das gesamte verbundene Geschäft entsprechend.

(4) [1]Ein Wertpapierdienstleistungsunternehmen, das Anlageberatung erbringt, muss dem Privatkunden auf einem dauerhaften Datenträger vor Vertragsschluss eine Erklärung über die Geeignetheit der Empfehlung (Geeignetheitserklärung) zur Verfügung stellen. [2]Die Geeignetheitserklärung muss die erbrachte Beratung nennen sowie erläutern, wie sie auf die Präferenzen, Anlageziele und die sonstigen Merkmale des Kunden abgestimmt wurde. [3]Näheres regelt Artikel 54 Absatz 12 der Delegierten Verordnung (EU) 2017/565. [4]Wird die Vereinbarung über den Kauf oder Verkauf eines Finanzinstruments mittels eines Fernkommunikationsmittels geschlossen, das die vorherige Übermittlung der Geeignetheitserklärung nicht erlaubt, darf das Wertpapierdienstleistungsunternehmen die Geeignetheitserklärung ausnahmsweise unmittelbar nach dem Vertragsschluss zur Verfügung stellen, wenn der Kunde zugestimmt hat, dass ihm die Geeignetheitserklärung unverzüglich nach Vertragsschluss zur Verfügung gestellt wird und das Wertpapierdienstleistungsunternehmen dem Kunden angeboten hat, die Ausführung des Geschäfts zu verschieben, damit der Kunde die Möglichkeit hat, die Geeignetheitserklärung zuvor zu erhalten.

(5) [1]Ein Wertpapierdienstleistungsunternehmen, das Unabhängige Honorar-Anlageberatung erbringt,

1. muss bei der Beratung eine ausreichende Palette von auf dem Markt angebotenen Finanzinstrumenten berücksichtigen, die
   a) hinsichtlich ihrer Art und des Emittenten oder Anbieters hinreichend gestreut sind und
   b) nicht beschränkt sind auf Finanzinstrumente, die das Wertpapierdienstleistungsunternehmen selbst emittiert oder anbietet oder deren Anbieter oder Emittenten in einer engen Verbindung zum Wertpapierdienstleistungsunternehmen stehen oder in sonstiger Weise so enge rechtliche oder wirtschaftliche Verbindung zu diesem unterhalten, dass die Unabhängigkeit der Beratung dadurch gefährdet werden könnte;
2. darf sich die Unabhängige Honorar-Anlageberatung allein durch den Kunden vergüten lassen.

[2]Es dürfen nach Satz 1 Nummer 2 im Zusammenhang mit der Unabhängigen Honorar-Anlageberatung keinerlei nichtmonetäre Zuwendungen von einem Dritten, der nicht Kunde dieser Dienstleistung ist oder von dem Kunden dazu beauftragt worden ist, angenommen werden. [3]Monetäre Zuwendungen dürfen nur dann angenommen werden, wenn das empfohlene Finanzinstrument oder ein in gleicher Weise geeignetes Finanzinstrument ohne Zuwendung nicht erhältlich ist. [4]In diesem Fall sind die monetären Zuwendungen so schnell wie nach vernünftigem Ermessen möglich, nach Erhalt und in vollem Umfang an den Kunden auszukehren. [5]Vorschriften über die Entrichtung von Steuern und Abgaben bleiben davon unberührt. [6]Das Wertpapierdienstleistungsunterneh-

men muss Kunden über die ausgekehrten monetären Zuwendungen unterrichten. [7] Im Übrigen gelten die allgemeinen Anforderungen für die Anlageberatung.

(6) [1] Bei der Empfehlung von Geschäftsabschlüssen in Finanzinstrumenten, die auf einer Unabhängigen Honorar-Anlageberatung beruhen, deren Anbieter oder Emittent das Wertpapierdienstleistungsunternehmen selbst ist oder zu deren Anbieter oder Emittenten eine enge Verbindung oder sonstige wirtschaftliche Verflechtung besteht, muss das Wertpapierdienstleistungsunternehmen den Kunden rechtzeitig vor der Empfehlung und in verständlicher Form informieren über

1. die Tatsache, dass es selbst Anbieter oder Emittent der Finanzinstrumente ist,
2. das Bestehen einer engen Verbindung oder einer sonstigen wirtschaftlichen Verflechtung zum Anbieter oder Emittenten sowie
3. das Bestehen eines eigenen Gewinninteresses oder des Interesses eines mit ihm verbundenen oder wirtschaftlich verflochtenen Emittenten oder Anbieters an dem Geschäftsabschluss.

[2] Ein Wertpapierdienstleistungsunternehmen darf einen auf seiner Unabhängigen Honorar-Anlageberatung beruhenden Geschäftsabschluss nicht als Geschäft mit dem Kunden zu einem festen oder bestimmbaren Preis für eigene Rechnung (Festpreisgeschäft) ausführen. [3] Ausgenommen sind Festpreisgeschäfte in Finanzinstrumenten, deren Anbieter oder Emittent das Wertpapierdienstleistungsunternehmen selbst ist.

(7) [1] Ein Wertpapierdienstleistungsunternehmen, das Finanzportfolioverwaltung erbringt, darf im Zusammenhang mit der Finanzportfolioverwaltung keine Zuwendungen von Dritten oder für Dritte handelnder Personen annehmen und behalten. [2] Abweichend von Satz 1 dürfen nichtmonetäre Vorteile nur angenommen werden, wenn es sich um geringfügige nichtmonetäre Vorteile handelt,

1. die geeignet sind, die Qualität der für den Kunden erbrachten Wertpapierdienstleistung und Wertpapiernebendienstleistungen zu verbessern und
2. die hinsichtlich ihres Umfangs, wobei die Gesamthöhe der von einem einzelnen Unternehmen oder einer einzelnen Unternehmensgruppe gewährten Vorteile zu berücksichtigen ist, und ihrer Art vertretbar und verhältnismäßig sind und daher nicht vermuten lassen, dass sie die Pflicht des Wertpapierdienstleistungsunternehmens, im bestmöglichen Interesse ihrer Kunden zu handeln, beeinträchtigen,

wenn diese Zuwendungen dem Kunden unmissverständlich offengelegt werden, bevor die betreffende Wertpapierdienstleistung oder Wertpapiernebendienstleistung für die Kunden erbracht wird. [3] Die Offenlegung kann in Form einer generischen Beschreibung erfolgen. [4] Monetäre Zuwendungen, die im Zusammenhang mit der Finanzportfolioverwaltung angenommen werden, sind so schnell wie nach vernünftigem Ermessen möglich nach Erhalt und in vollem Umfang an den Kunden auszukehren. [5] Vorschriften über die Entrichtung von Steuern und Abgaben bleiben davon unberührt. [6] Das Wertpapierdienstleistungsunternehmen muss den Kunden über die ausgekehrten monetären Zuwendungen unterrichten.

(8) Erbringt ein Wertpapierdienstleistungsunternehmen Finanzportfolioverwaltung oder hat es den Kunden nach Absatz 1 Satz 1 Nummer 3 darüber

informiert, dass es die Geeignetheit der empfohlenen Finanzinstrumente regelmäßig beurteilt, so müssen die regelmäßigen Berichte gegenüber Privatkunden nach § 63 Absatz 12 insbesondere eine Erklärung darüber enthalten, wie die Anlage den Präferenzen, den Anlagezielen und den sonstigen Merkmalen des Kunden entspricht.

(9) Nähere Bestimmungen zu den Absätzen 1, 3, 5 und 8 ergeben sich aus der Delegierten Verordnung (EU) 2017/565, insbesondere zu

1. Art, Inhalt, Gestaltung und Zeitpunkt der nach den Absätzen 1 und 5, auch in Verbindung mit § 63 Absatz 7, notwendigen Informationen für die Kunden aus den Artikeln 52 und 53,
2. der Geeignetheit nach Absatz 3, den im Zusammenhang mit der Beurteilung der Geeignetheit geltenden Pflichten sowie zu Art, Umfang und Kriterien der nach Absatz 3 von den Kunden einzuholenden Informationen aus den Artikeln 54 und 55,
3. der Erklärung nach Absatz 4 aus Artikel 54 Absatz 12,
4. der Anlageberatung nach Absatz 5 aus Artikel 53,
5. Art, Inhalt und Zeitpunkt der Berichtspflichten nach Absatz 8, auch in Verbindung mit § 63 Absatz 12, aus den Artikeln 60 und 62.

(10) [1] Das Bundesministerium der Finanzen kann durch Rechtsverordnung, die nicht der Zustimmung des Bundesrates bedarf, nähere Bestimmungen erlassen

1. im Einvernehmen mit dem Bundesministerium der Justiz und für Verbraucherschutz zu Inhalt und Aufbau sowie zu Art und Weise der Zurverfügungstellung der Informationsblätter im Sinne des Absatzes 2 Satz 1 und zu Inhalt und Aufbau sowie Art und Weise der Zurverfügungstellung des standardisierten Informationsblattes im Sinne des Absatzes 2 Satz 3,
2. zu Art, inhaltlicher Gestaltung, Zeitpunkt und Datenträger der nach Absatz 6 notwendigen Informationen für die Kunden,
3. zu Kriterien dazu, wann geringfügige nichtmonetäre Vorteile im Sinne des Absatzes 7 vorliegen.

[2] Das Bundesministerium der Finanzen kann die Ermächtigung durch Rechtsverordnung auf die Bundesanstalt übertragen.

§ 65 Selbstauskunft bei der Vermittlung des Vertragsschlusses über eine Vermögensanlage im Sinne des § 2a des Vermögensanlagengesetzes. (1) [1] Ein Wertpapierdienstleistungsunternehmen hat vor der Vermittlung des Vertragsschlusses über eine Vermögensanlage im Sinne des § 2a des Vermögensanlagengesetzes von dem Kunden insoweit eine Selbstauskunft über dessen Vermögen oder dessen Einkommen einzuholen, wie dies erforderlich ist, um prüfen zu können, ob der Gesamtbetrag der Vermögensanlagen desselben Emittenten, die von dem Kunden erworben werden, folgende Beträge nicht übersteigt:

1. 10 000 Euro, sofern der jeweilige Anleger nach seiner Selbstauskunft über ein frei verfügbares Vermögen in Form von Bankguthaben und Finanzinstrumenten von mindestens 100 000 Euro verfügt, oder
2. den zweifachen Betrag des durchschnittlichen monatlichen Nettoeinkommens des jeweiligen Anlegers, höchstens jedoch 25 000 Euro.

[2] Satz 1 gilt nicht, wenn der Gesamtbetrag der Vermögensanlagen desselben Emittenten, die von dem Kunden erworben werden, 1 000 Euro nicht überschreitet. [3] Ein Wertpapierdienstleistungsunternehmen darf einen Vertragsschluss über eine Vermögensanlage im Sinne des § 2a des Vermögensanlagengesetzes nur vermitteln, wenn es geprüft hat, dass der Gesamtbetrag der Vermögensanlagen desselben Emittenten, die von dem Kunden erworben werden, 1 000 Euro oder die in Satz 1 Nummer 1 und 2 genannten Beträge nicht übersteigt. [4] Die Sätze 1 und 3 gelten nicht, wenn der Anleger eine Kapitalgesellschaft ist oder eine GmbH & Co. KG, deren Kommanditisten gleichzeitig Gesellschafter der GmbH oder an der Entscheidungsfindung der GmbH beteiligt sind, sofern die GmbH & Co. KG kein Investmentvermögen und keine Verwaltungsgesellschaft nach dem Kapitalanlagegesetzbuch ist.

(2) Soweit die in Absatz 1 genannten Informationen auf Angaben des Kunden beruhen, hat das Wertpapierdienstleistungsunternehmen die Fehlerhaftigkeit oder Unvollständigkeit der Angaben seines Kunden nicht zu vertreten, es sei denn, die Unvollständigkeit oder Unrichtigkeit der Kundenangaben ist ihm bekannt oder infolge grober Fahrlässigkeit unbekannt.

§ 65a Selbstauskunft bei der Vermittlung des Vertragsschlusses über Wertpapiere im Sinne des § 6 des Wertpapierprospektgesetzes.

(1) [1] Ein Wertpapierdienstleistungsunternehmen hat vor der Vermittlung des Vertragsschlusses über Wertpapiere im Sinne des § 6 des Wertpapierprospektgesetzes von dem nicht qualifizierten Anleger eine Selbstauskunft über dessen Vermögen oder dessen Einkommen in dem Umfang einzuholen, wie dies erforderlich ist, um prüfen zu können, ob der Gesamtbetrag der Wertpapiere, die von dem nicht qualifizierten Anleger erworben werden, folgende Beträge nicht übersteigt:

1. 10 000 Euro, sofern der jeweilige nicht qualifizierte Anleger nach seiner Selbstauskunft über ein frei verfügbares Vermögen in Form von Bankguthaben und Finanzinstrumenten von mindestens 100 000 Euro verfügt, oder
2. den zweifachen Betrag des durchschnittlichen monatlichen Nettoeinkommens des jeweiligen nicht qualifizierten Anlegers, höchstens jedoch 25 000 Euro.

[2] Satz 1 gilt nicht, wenn der Gesamtbetrag der Wertpapiere, die von dem nicht qualifizierten Anleger erworben werden, 1 000 Euro nicht überschreitet. [3] Ein Wertpapierdienstleistungsunternehmen darf einen Vertragsschluss über Wertpapiere im Sinne des § 6 des Wertpapierprospektgesetzes nur vermitteln, wenn es geprüft hat, dass der Gesamtbetrag der Wertpapiere, die von dem nicht qualifizierten Anleger erworben werden, 1 000 Euro oder die in Satz 1 genannten Beträge nicht übersteigt.

(2) Soweit die in Absatz 1 genannten Informationen auf Angaben des nicht qualifizierten Anlegers beruhen, hat das Wertpapierdienstleistungsunternehmen die Fehlerhaftigkeit oder Unvollständigkeit der Angaben seines nicht qualifizierten Anlegers nicht zu vertreten, es sei denn, die Unvollständigkeit oder Unrichtigkeit der Angaben des nicht qualifizierten Anlegers ist ihm bekannt oder infolge grober Fahrlässigkeit unbekannt.

§ 66 Ausnahmen für Immobiliar-Verbraucherdarlehensverträge.

§ 63 Absatz 10 und 12 sowie § 64 Absatz 3, 4 und 8 gelten nicht für Immobiliar-Verbraucherdarlehensverträge, die an die Vorbedingung geknüpft sind, dass dem Verbraucher eine Wertpapierdienstleistung in Bezug auf gedeckte Schuldverschreibungen, die zur Besicherung der Finanzierung des Kredits begeben worden sind und denen dieselben Konditionen wie dem Immobiliar-Verbraucherdarlehensvertrag zugrunde liegen, erbracht wird, und wenn damit das Darlehen ausgezahlt, refinanziert oder abgelöst werden kann.

§ 67 Kunden; Verordnungsermächtigung. (1) Kunden im Sinne dieses Gesetzes sind alle natürlichen oder juristischen Personen, für die Wertpapierdienstleistungsunternehmen Wertpapierdienstleistungen oder Wertpapiernebendienstleistungen erbringen oder anbahnen.

(2) [1] Professionelle Kunden im Sinne dieses Gesetzes sind Kunden, die über ausreichende Erfahrungen, Kenntnisse und Sachverstand verfügen, um ihre Anlageentscheidungen zu treffen und die damit verbundenen Risiken angemessen beurteilen zu können. [2] Professionelle Kunden im Sinne des Satzes 1 sind

1. Unternehmen, die als
   a) Wertpapierdienstleistungsunternehmen,
   b) sonstige zugelassene oder beaufsichtigte Finanzinstitute,
   c) Versicherungsunternehmen,
   d) Organismen für gemeinsame Anlagen und ihre Verwaltungsgesellschaften,
   e) Pensionsfonds und ihre Verwaltungsgesellschaften,
   f) Börsenhändler und Warenderivatehändler,
   g) sonstige institutionelle Anleger, deren Haupttätigkeit nicht von den Buchstaben a bis f erfasst wird,

   im Inland oder Ausland zulassungs- oder aufsichtspflichtig sind, um auf den Finanzmärkten tätig werden zu können;
2. nicht im Sinne der Nummer 1 zulassungs- oder aufsichtspflichtige Unternehmen, die mindestens zwei der drei nachfolgenden Merkmale überschreiten:
   a) 20 000 000 Euro Bilanzsumme,
   b) 40 000 000 Euro Umsatzerlöse,
   c) 2 000 000 Euro Eigenmittel;
3. nationale und regionale Regierungen sowie Stellen der öffentlichen Schuldenverwaltung auf nationaler oder regionaler Ebene;
4. Zentralbanken, internationale und überstaatliche Einrichtungen wie die Weltbank, der Internationale Währungsfonds, die Europäische Zentralbank, die Europäische Investmentbank und andere vergleichbare internationale Organisationen;
5. andere nicht im Sinne der Nummer 1 zulassungs- oder aufsichtspflichtige institutionelle Anleger, deren Haupttätigkeit in der Investition in Finanzinstrumente besteht, und Einrichtungen, die die Verbriefung von Vermögenswerten und andere Finanzierungsgeschäfte betreiben.

[3] Sie werden in Bezug auf alle Finanzinstrumente, Wertpapierdienstleistungen und Wertpapiernebendienstleistungen als professionelle Kunden angesehen.

(3) Privatkunden im Sinne dieses Gesetzes sind Kunden, die keine professionellen Kunden sind.

(4) [1] Geeignete Gegenparteien sind Unternehmen im Sinne des Absatzes 2 Satz 2 Nummer 1 Buchstabe a bis e sowie Einrichtungen nach Absatz 2 Nummer 3 und 4. [2] Den geeigneten Gegenparteien stehen gleich

1. Unternehmen im Sinne des Absatzes 2 Nummer 2 mit Sitz im In- oder Ausland,
2. Unternehmen mit Sitz in einem anderen Mitgliedstaat der Europäischen Union oder einem anderen Vertragsstaat des Abkommens über den Europäischen Wirtschaftsraum, die nach dem Recht des Herkunftsmitgliedstaates als geeignete Gegenparteien im Sinne des Artikels 30 Absatz 3 Satz 1 der Richtlinie 2014/65/EU anzusehen sind,

wenn diese zugestimmt haben, für alle oder einzelne Geschäfte als geeignete Gegenpartei behandelt zu werden.

(5) [1] Ein professioneller Kunde kann mit dem Wertpapierdienstleistungsunternehmen eine Einstufung als Privatkunde vereinbaren. [2] Die Vereinbarung über die Änderung der Einstufung bedarf der Schriftform. [3] Soll die Änderung nicht alle Wertpapierdienstleistungen, Wertpapiernebendienstleistungen und Finanzinstrumente betreffen, ist dies ausdrücklich festzulegen. [4] Ein Wertpapierdienstleistungsunternehmen muss professionelle Kunden im Sinne des Absatzes 2 Satz 2 Nummer 2 und des Absatzes 6 am Anfang einer Geschäftsbeziehung darauf hinweisen, dass sie als professionelle Kunden eingestuft sind und die Möglichkeit einer Änderung der Einstufung nach Satz 1 besteht. [5] Hat ein Wertpapierdienstleistungsunternehmen Kunden vor dem 1. November 2007 auf der Grundlage eines Bewertungsverfahrens, das auf den Sachverstand, die Erfahrungen und Kenntnisse der Kunden abstellt, im Sinne des Absatzes 2 Satz 1 eingestuft, hat die Einstufung nach dem 1. November 2007 Bestand. [6] Diese Kunden sind über die Voraussetzungen der Einstufung nach den Absätzen 2 und 5 und die Möglichkeit der Änderung der Einstufung nach Absatz 5 Satz 4 zu informieren.

(6) [1] Ein Privatkunde kann auf Antrag oder durch Festlegung des Wertpapierdienstleistungsunternehmens als professioneller Kunde eingestuft werden. [2] Der Änderung der Einstufung hat eine Bewertung durch das Wertpapierdienstleistungsunternehmen vorauszugehen, ob der Kunde aufgrund seiner Erfahrungen, Kenntnisse und seines Sachverstandes in der Lage ist, generell oder für eine bestimmte Art von Geschäften eine Anlageentscheidung zu treffen und die damit verbundenen Risiken angemessen zu beurteilen. [3] Eine Änderung der Einstufung kommt nur in Betracht, wenn der Privatkunde mindestens zwei der drei folgenden Kriterien erfüllt:

1. der Kunde hat an dem Markt, an dem die Finanzinstrumente gehandelt werden, für die er als professioneller Kunde eingestuft werden soll, während des letzten Jahres durchschnittlich zehn Geschäfte von erheblichem Umfang im Quartal getätigt;
2. der Kunde verfügt über Bankguthaben und Finanzinstrumente im Wert von mehr als 500 000 Euro;
3. der Kunde hat mindestens für ein Jahr einen Beruf am Kapitalmarkt ausgeübt, der Kenntnisse über die in Betracht kommenden Geschäfte, Wertpapierdienstleistungen und Wertpapiernebendienstleistungen voraussetzt.

[4] Das Wertpapierdienstleistungsunternehmen muss den Privatkunden schriftlich darauf hinweisen, dass mit der Änderung der Einstufung die Schutzvorschriften dieses Gesetzes für Privatkunden nicht mehr gelten. [5] Der Kunde muss schriftlich bestätigen, dass er diesen Hinweis zur Kenntnis genommen hat. [6] Informiert ein professioneller Kunde im Sinne des Satzes 1 oder des Absatzes 2 Satz 2 Nr. 2 das Wertpapierdienstleistungsunternehmen nicht über alle Änderungen, die seine Einstufung als professioneller Kunde beeinflussen können, begründet eine darauf beruhende fehlerhafte Einstufung keinen Pflichtverstoß des Wertpapierdienstleistungsunternehmens.

(7) [1] Das Bundesministerium der Finanzen kann durch Rechtsverordnung, die nicht der Zustimmung des Bundesrates bedarf, nähere Bestimmungen erlassen zu den Vorgaben an eine Einstufung gemäß Absatz 2 Satz 2 Nummer 2 und zu den Kriterien, dem Verfahren und den organisatorischen Vorkehrungen bei einer Änderung oder Beibehaltung der Einstufung nach den Absätzen 5 und 6. [2] Das Bundesministerium der Finanzen kann die Ermächtigung durch Rechtsverordnung auf die Bundesanstalt übertragen.

§ 68 Geschäfte mit geeigneten Gegenparteien; Verordnungsermächtigung. (1) [1] Wertpapierdienstleistungsunternehmen, die das Finanzkommissionsgeschäft, die Anlage- und Abschlussvermittlung und den Eigenhandel sowie damit in direktem Zusammenhang stehende Wertpapiernebendienstleistungen gegenüber geeigneten Gegenparteien erbringen, sind nicht an die Vorgaben von § 63 Absatz 1, 3 bis 7, 9, 10, § 64 Absatz 3, 5 und 7, § 69 Absatz 1, der §§ 70, 82, 83 Absatz 2 und § 87 Absatz 1 und 2 gebunden. [2] Satz 1 ist nicht anwendbar, sofern die geeignete Gegenpartei mit dem Wertpapierdienstleistungsunternehmen für alle oder für einzelne Geschäfte vereinbart hat, als professioneller Kunde oder als Privatkunde behandelt zu werden. [3] Wertpapierdienstleistungsunternehmen müssen in ihrer Beziehung mit geeigneten Gegenparteien auf eine Art und Weise kommunizieren, die redlich, eindeutig und nicht irreführend ist und müssen dabei der Form der geeigneten Gegenpartei und deren Geschäftstätigkeit Rechnung tragen.

(2) Nähere Bestimmungen zu Absatz 1, insbesondere zu der Form und dem Inhalt einer Vereinbarung nach Absatz 1 Satz 2 und zur Art und Weise der Zustimmung nach § 67 Absatz 4 Satz 2 ergeben sich aus Artikel 71 der Delegierten Verordnung (EU) 2017/565.

§ 69 Bearbeitung von Kundenaufträgen; Verordnungsermächtigung.

(1) Ein Wertpapierdienstleistungsunternehmen muss geeignete Vorkehrungen treffen, um

1. Kundenaufträge unverzüglich und redlich im Verhältnis zu anderen Kundenaufträgen und den Handelsinteressen des Wertpapierdienstleistungsunternehmens auszuführen oder an Dritte weiterzuleiten und
2. vergleichbare Kundenaufträge der Reihenfolge ihres Eingangs nach auszuführen oder an Dritte zum Zwecke der Ausführung weiterzuleiten.

(2) [1] Können limitierte Kundenaufträge in Bezug auf Aktien, die zum Handel an einem organisierten Markt zugelassen sind oder die an einem Handelsplatz gehandelt werden, aufgrund der Marktbedingungen nicht unverzüglich ausgeführt werden, muss das Wertpapierdienstleistungsunternehmen diese Aufträge unverzüglich so bekannt machen, dass sie anderen Marktteilnehmern leicht zugänglich sind, soweit der Kunde keine andere Weisung erteilt. [2] Die

Verpflichtung nach Satz 1 gilt als erfüllt, wenn die Aufträge an einen Handelsplatz weitergeleitet worden sind oder werden, der den Vorgaben des Artikels 70 Absatz 1 der Delegierten Verordnung (EU) 2017/565 entspricht. [3]Die Bundesanstalt kann die Pflicht nach Satz 1 in Bezug auf solche Aufträge, die den marktüblichen Geschäftsumfang erheblich überschreiten, aufheben.

(3) Nähere Bestimmungen zu den Verpflichtungen nach den Absätzen 1 und 2 ergeben sich aus den Artikeln 67 bis 70 der Delegierten Verordnung (EU) 2017/565.

(4) [1]Das Bundesministerium der Finanzen kann durch Rechtsverordnung, die nicht der Zustimmung des Bundesrates bedarf, nähere Bestimmungen zu den Voraussetzungen erlassen, unter denen die Bundesanstalt nach Absatz 2 Satz 3 die Pflicht nach Absatz 2 Satz 1 aufheben kann. [2]Das Bundesministerium der Finanzen kann die Ermächtigung durch Rechtsverordnung auf die Bundesanstalt übertragen.

§ 70 Zuwendungen und Gebühren; Verordnungsermächtigung.

(1) [1]Ein Wertpapierdienstleistungsunternehmen darf im Zusammenhang mit der Erbringung von Wertpapierdienstleistungen oder Wertpapiernebendienstleistungen keine Zuwendungen von Dritten annehmen oder an Dritte gewähren, die nicht Kunden dieser Dienstleistung sind oder nicht im Auftrag des Kunden tätig werden, es sei denn,

1. die Zuwendung ist darauf ausgelegt, die Qualität der für den Kunden erbrachten Dienstleistung zu verbessern und steht der ordnungsgemäßen Erbringung der Dienstleistung im bestmöglichen Interesse des Kunden im Sinne des § 63 Absatz 1 nicht entgegen und
2. Existenz, Art und Umfang der Zuwendung oder, soweit sich der Umfang noch nicht bestimmen lässt, die Art und Weise seiner Berechnung, wird dem Kunden vor der Erbringung der Wertpapierdienstleistung oder Wertpapiernebendienstleistung in umfassender, zutreffender und verständlicher Weise unmissverständlich offen gelegt.

[2]Wertpapierdienstleistungsunternehmen müssen nachweisen können, dass jegliche von ihnen erhaltenen oder gewährten Zuwendungen dazu bestimmt sind, die Qualität der jeweiligen Dienstleistung für den Kunden zu verbessern. [3]Konnte ein Wertpapierdienstleistungsunternehmen den Umfang der Zuwendung noch nicht bestimmen und hat es dem Kunden statt dessen die Art und Weise der Berechnung offengelegt, so muss es den Kunden nachträglich auch über den genauen Betrag der Zuwendung, die es erhalten oder gewährt hat, unterrichten. [4]Solange das Wertpapierdienstleistungsunternehmen im Zusammenhang mit den für die betreffenden Kunden erbrachten Wertpapierdienstleistungen fortlaufend Zuwendungen erhält, muss es seine Kunden mindestens einmal jährlich individuell über die tatsächliche Höhe der angenommenen oder gewährten Zuwendungen unterrichten.

(2) [1]Zuwendungen im Sinne dieser Vorschrift sind Provisionen, Gebühren oder sonstige Geldleistungen sowie alle nichtmonetären Vorteile. [2]Die Bereitstellung von Analysen durch Dritte an das Wertpapierdienstleistungsunternehmen stellt keine Zuwendung dar, wenn sie die Gegenleistung ist für

1. eine direkte Zahlung des Wertpapierdienstleistungsunternehmens aus seinen eigenen Mitteln oder

2. Zahlungen von einem durch das Wertpapierdienstleistungsunternehmen kontrollierten separaten Analysekonto, wenn
   a) auf diesem vom Kunden entrichtete spezielle Analysegebühren verbucht werden,
   b) das Wertpapierdienstleistungsunternehmen ein Analysebudget als Bestandteil der Einrichtung eines Analysekontos festlegt und dieses einer regelmäßigen Bewertung unterzieht,
   c) das Wertpapierdienstleistungsunternehmen für das Analysekonto haftbar ist und
   d) das Wertpapierdienstleistungsunternehmen die Analysen regelmäßig anhand belastbarer Qualitätskriterien und dahingehend bewertet, ob sie zu besseren Anlageentscheidungen beitragen können.

[3] Hat ein Wertpapierdienstleistungsunternehmen ein Analysekonto eingerichtet, muss es den jeweiligen Kunden vor der Erbringung einer Wertpapierdienstleistung Informationen über die für Analysen veranschlagten Mittel und die Höhe der geschätzten Gebühren sowie jährlich Informationen über die Gesamtkosten, die auf jeden Kunden für die Analysen Dritter entfallen, übermitteln. [4] Für die Bewertung nach Satz 2 Nummer 2 Buchstabe d müssen Wertpapierdienstleistungsunternehmen über alle erforderlichen Bestandteile schriftliche Grundsätze aufstellen und diese ihren Kunden übermitteln.

(3) Führt ein Wertpapierdienstleistungsunternehmen ein Analysekonto, ist es verpflichtet, auf Verlangen des Kunden oder der Bundesanstalt eine Zusammenstellung vorzulegen, die Folgendes beinhaltet:

1. die von einem Analysekonto im Sinne des Absatzes 2 Satz 2 Nummer 2 vergüteten Anbieter,
2. den an die Anbieter von Analysen in einem bestimmten Zeitraum gezahlten Gesamtbetrag,
3. die von dem Wertpapierdienstleistungsunternehmen erhaltenen Vorteile und Dienstleistungen und
4. eine Gegenüberstellung des von dem Analysekonto gezahlten Gesamtbetrages mit dem von dem Unternehmen für diesen Zeitraum veranschlagten Analysebudget,

wobei jede Rückerstattung oder jeder Übertrag, falls Mittel auf dem Konto verbleiben, auszuweisen ist.

(4) [1] Die Offenlegung nach Absatz 1 Satz 1 Nummer 2 und Satz 4 kann im Falle geringfügiger nichtmonetärer Vorteile in Form einer generischen Beschreibung erfolgen. [2] Andere nichtmonetäre Vorteile, die das Wertpapierdienstleistungsunternehmen im Zusammenhang mit der für einen Kunden erbrachten Wertpapierdienstleistung oder Wertpapiernebendienstleistung annimmt oder gewährt, sind der Höhe nach anzugeben und separat offenzulegen. [3] Nähere Einzelheiten zu den Anforderungen nach diesem Absatz sowie nach Absatz 1 Satz 1 Nummer 2 und Satz 3 und 4 ergeben sich aus Artikel 50 der Delegierten Verordnung (EU) 2017/565; darüber hinaus haben Wertpapierdienstleistungsunternehmen den Vorgaben des § 63 Absatz 7 Satz 3 Nummer 2 Rechnung zu tragen.

(5) Ist ein Wertpapierdienstleistungsunternehmen dazu verpflichtet, Zuwendungen, die es im Zusammenhang mit der Erbringung von Wertpapierdienst-

leistungen oder Wertpapiernebendienstleistungen erhält, an den Kunden auszukehren, muss es ihn über die diesbezüglichen Verfahren informieren.

(6) [1]Ein Wertpapierdienstleistungsunternehmen muss für jede Wertpapierdienstleistung, durch die Aufträge von Kunden ausgeführt werden, separate Gebühren ausweisen, die nur den Kosten für die Ausführung des Geschäfts entsprechen. [2]Die Gewährung jedes anderen Vorteils oder die Erbringung jeder anderen Dienstleistung durch dasselbe Wertpapierdienstleistungsunternehmen für ein anderes Wertpapierdienstleistungsunternehmen, das seinen Sitz in der Europäischen Union hat, wird mit einer separat erkennbaren Gebühr ausgewiesen. [3]Die Gewährung eines anderen Vorteils oder die Erbringung einer anderen Dienstleistung nach Satz 2 und die dafür verlangten Gebühren dürfen nicht beeinflusst sein oder abhängig gemacht werden von der Höhe der Zahlungen für Wertpapierdienstleistungen, durch die Aufträge von Kunden ausgeführt werden.

(7) Gebühren und Entgelte, die die Erbringung von Wertpapierdienstleistungen erst ermöglichen oder dafür notwendig sind, und die ihrer Art nach nicht geeignet sind, die Erfüllung der Pflicht nach § 63 Absatz 1 zu gefährden, sind von dem Verbot nach Absatz 1 ausgenommen.

(8) Nähere Bestimmungen betreffend die Annahme von Zuwendungen nach Absatz 1 ergeben sich aus Artikel 40 der Delegierten Verordnung (EU) 2017/565.

(9) [1]Das Bundesministerium der Finanzen kann durch Rechtsverordnung, die nicht der Zustimmung des Bundesrates bedarf, nähere Bestimmungen erlassen zu

1. Kriterien für die Art und Bestimmung einer Verbesserung der Qualität im Sinne des Absatzes 1 Satz 1 Nummer 1,
2. Art und Inhalt des Nachweises nach Absatz 1 Satz 2,
3. Art, Inhalt und Verfahren zur Erhebung einer Analysegebühr sowie der Festlegung, Verwaltung und Verwendung des Analysebudgets nach Absatz 2 Satz 2 Nummer 2 Buchstabe a und b,
4. Art, Inhalt und Verfahren betreffend die Verwaltung und Verwendung des von Wertpapierdienstleistungsunternehmen geführten Analysekontos nach Absatz 2 Nummer 2,
5. Art und Inhalt der schriftlichen Grundsätze nach Absatz 2 Satz 4.

[2]Das Bundesministerium der Finanzen kann die Ermächtigung durch Rechtsverordnung auf die Bundesanstalt übertragen.

§ 71 Erbringung von Wertpapierdienstleistungen und Wertpapiernebendienstleistungen über ein anderes Wertpapierdienstleistungsunternehmen. Erhält ein Wertpapierdienstleistungsunternehmen über ein anderes Wertpapierdienstleistungsunternehmen einen Auftrag, Wertpapierdienstleistungen oder Wertpapiernebendienstleistungen für einen Kunden zu erbringen, ist das entgegennehmende Unternehmen mit folgenden Maßgaben verantwortlich für die Durchführung der Wertpapierdienstleistung oder Wertpapiernebendienstleistung im Einklang mit den Bestimmungen dieses Abschnitts:

1. das entgegennehmende Wertpapierdienstleistungsunternehmen ist nicht verpflichtet, Kundenangaben und Kundenanweisungen, die ihm von dem ande-

ren Wertpapierdienstleistungsunternehmen übermittelt werden, auf ihre Vollständigkeit und Richtigkeit zu überprüfen,

2. das entgegennehmende Wertpapierdienstleistungsunternehmen darf sich darauf verlassen, dass Empfehlungen in Bezug auf die Wertpapierdienstleistung oder Wertpapiernebendienstleistung dem Kunden von dem anderen Wertpapierdienstleistungsunternehmen im Einklang mit den gesetzlichen Vorschriften gegeben wurden.

§ 72 Betrieb eines multilateralen Handelssystems oder eines organisierten Handelssystems. (1) [1] Der Betreiber eines multilateralen oder organisierten Handelssystems ist dazu verpflichtet,

1. nichtdiskriminierende Regelungen für den Zugang zu dem multilateralen oder organisierten Handelssystem festzulegen, die kein Ermessen des Betreibers vorsehen;
2. Regelungen für die Einbeziehung von Finanzinstrumenten in den Handel, für die ordnungsgemäße Durchführung des Handels und der Preisermittlung, für die Verwendung von einbezogenen Referenzpreisen und für die vertragsgemäße Abwicklung der abgeschlossenen Geschäfte festzulegen;
3. über angemessene Verfahren zur Überwachung der Einhaltung der Regelungen nach Nummer 2 und der Verordnung (EU) Nr. 596/2014 zu verfügen;
4. alle Informationen zu veröffentlichen, die unter Berücksichtigung der Art der Nutzer und der gehandelten Finanzinstrumente für die Nutzung des multilateralen oder organisierten Handelssystems erforderlich und zweckdienlich sind;
5. separate Entgelte zu verlangen für die übermäßige Nutzung des multilateralen oder organisierten Handelssystems, insbesondere durch unverhältnismäßig viele Auftragseingaben, -änderungen und -löschungen; die Höhe dieser Entgelte ist so zu bemessen, dass einer übermäßigen Nutzung und den damit verbundenen negativen Auswirkungen auf die Systemstabilität oder die Marktintegrität wirksam begegnet wird;
6. geeignete Vorkehrungen zu treffen, um auch bei erheblichen Preisschwankungen eine ordnungsgemäße Preisermittlung sicherzustellen; geeignete Vorkehrungen sind insbesondere kurzfristige Änderungen des Marktmodells, kurzzeitige Volatilitätsunterbrechungen unter Berücksichtigung statischer oder dynamischer Preiskorridore und Limitsysteme der mit der Preisfeststellung betrauten Handelsteilnehmer, wobei es dem Betreiber in Ausnahmefällen möglich sein muss, jedes Geschäft aufzuheben, zu ändern oder zu berichtigen; die Parameter für solche Volatilitätsunterbrechungen müssen der Liquidität der einzelnen Kategorien und Teilkategorien der betreffenden Finanzinstrumente, der Art des Marktmodells und der Art der Nutzer Rechnung tragen und ermöglichen, dass wesentliche Störungen eines ordnungsgemäßen Handels unterbunden werden; der Betreiber hat der Bundesanstalt diese Parameter mitzuteilen;
7. sicherzustellen, dass ein angemessenes Verhältnis zwischen Auftragseingaben, -änderungen und -löschungen und den tatsächlich ausgeführten Geschäften (Order-Transaktions-Verhältnis) besteht, um Risiken für den ordnungsgemäßen Handel im multilateralen oder organisierten Handelssystem zu vermeiden; das Order-Transaktions-Verhältnis ist dabei jeweils für ein

Finanzinstrument und anhand des zahlenmäßigen Volumens der Aufträge und Geschäfte innerhalb eines Tages zu bestimmen; ein Order-Transaktions-Verhältnis ist insbesondere angemessen, wenn es auf Grund der Liquidität des betroffenen Finanzinstruments, der konkreten Marktlage oder der Funktion des Handelsteilnehmers wirtschaftlich nachvollziehbar ist;

8. eine angemessene Größe der kleinstmöglichen Preisänderung bei den gehandelten Aktien, Aktienzertifikaten, Exchange Traded Funds, Zertifikaten und anderen vergleichbaren Finanzinstrumenten sowie allen anderen Finanzinstrumenten, die von dem auf der Grundlage von Artikel 49 Absatz 4 der Richtlinie 2014/65/EU erlassenen delegierten Rechtsakt der Europäischen Kommission erfasst werden, festzulegen, um negative Auswirkungen auf die Marktintegrität und -liquidität zu verringern; dabei ist insbesondere zu berücksichtigen, dass diese den Preisfindungsmechanismus und das Ziel eines angemessenen Order-Transaktions-Verhältnisses nicht beeinträchtigt; wegen der einzelnen Anforderungen an die Festlegung der Mindestpreisänderungsgröße wird auf die Delegierte Verordnung (EU) 2017/588 der Kommission vom 14. Juli 2016 zur Ergänzung der Richtlinie 2014/65/EU des Europäischen Parlaments und des Rates durch technische Regulierungsstandards für das Tick-Größen-System für Aktien, Aktienzertifikate und börsengehandelte Fonds (ABl. L 87 vom 31.3.2017, S. 411), in der jeweils geltenden Fassung, verwiesen;
9. angemessene Risikokontrollen und Schwellen für den Handel über den direkten elektronischen Zugang festzulegen, insbesondere Regelungen festzulegen über
   a) die Kennzeichnung von Aufträgen, die über einen direkten elektronischen Zugang erteilt werden, und
   b) die Möglichkeit einer jederzeitigen Sperrung oder Beendigung eines direkten elektronischen Zugangs bei Verstößen des Inhabers des direkten Zugangs gegen geltende Rechtsvorschriften;
10. Regelungen festzulegen für die Kennzeichnung aller Aufträge, die durch den algorithmischen Handel im Sinne des § 80 Absatz 2 Satz 1 erzeugt werden, durch die Handelsteilnehmer und für die Offenlegung der hierfür jeweils verwendeten Handelsalgorithmen sowie der Personen, die diese Aufträge initiiert haben;
11. eine zuverlässige Verwaltung der technischen Abläufe des Handelssystems sicherzustellen, insbesondere
    a) wirksame Notfallmaßnahmen bei einem Systemausfall oder bei Störungen in seinen Handelssystemen vorzusehen, um die Kontinuität des Geschäftsbetriebs gewährleisten zu können,
    b) sicherzustellen, dass die Handelssysteme belastbar sind und über ausreichende Kapazitäten für Spitzenvolumina an Aufträgen und Mitteilungen verfügen und
    c) sicherzustellen, dass die Systeme in der Lage sind, auch unter extremen Stressbedingungen auf den Märkten einen ordnungsgemäßen Handel zu gewährleisten, und dass sie für diese Zwecke vollständig geprüft sind;
12. Vorkehrungen zu treffen, mit denen sich mögliche nachteilige Auswirkungen von Interessenkonflikten zwischen dem multilateralen oder organisierten Handelssystem und seinem Eigentümer oder Betreiber einerseits und dem einwandfreien Funktionieren des multilateralen oder organisierten

Handelssystems andererseits auf dessen Betrieb oder auf seine Handelsteilnehmer klar erkennen und regeln lassen;

13. sicherzustellen, dass das multilaterale oder organisierte Handelssystem über mindestens drei aktive Mitglieder oder Nutzer verfügt, denen es jeweils möglich ist, mit allen übrigen Mitgliedern und Nutzern zum Zwecke der Preisbildung zu interagieren.

[2] § 5 Absatz 4a, die §§ 22a, 26c und 26d des Börsengesetzes gelten entsprechend.

(2) [1] Die Gebührenstrukturen, einschließlich der Ausführungsgebühren, Nebengebühren und möglichen Rabatte, müssen transparent und diskriminierungsfrei ausgestaltet sein. [2] Die Gebühren dürfen keine Anreize schaffen, Aufträge so zu platzieren, zu ändern oder zu stornieren oder Geschäfte so zu tätigen, dass dies zu marktstörenden Handelsbedingungen oder Marktmissbrauch beiträgt. [3] Insbesondere dürfen Rabatte in Bezug auf einzelne Aktien oder Aktienportfolios nur als Gegenleistung für die Übernahme von Market-Making-Pflichten gewährt werden.

(3) [1] Der Betreiber eines multilateralen oder organisierten Handelssystems hat der Bundesanstalt eine ausführliche Beschreibung der Funktionsweise des Handelssystems vorzulegen. [2] Diese hat auch etwaige Verbindungen des Handelssystems zu Börsen, anderen multilateralen oder organisierten Handelssystemen oder systematischen Internalisierern, deren Träger oder Betreiber im Eigentum des Betreibers des Handelssystems stehen, sowie eine Liste der Mitglieder, Teilnehmer und Nutzer des Handelssystems zu umfassen. [3] Die Bundesanstalt stellt diese Informationen auf Verlangen der Europäischen Wertpapier- und Marktaufsichtsbehörde zur Verfügung. [4] Sie hat der Europäischen Wertpapier- und Marktaufsichtsbehörde jede Erteilung einer Erlaubnis zum Betrieb eines multilateralen oder organisierten Handelssystems mitzuteilen.

(4) Emittenten, deren Finanzinstrumente ohne ihre Zustimmung in den Handel in einem multilateralen oder organisierten Handelssystem einbezogen worden sind, können nicht dazu verpflichtet werden, Informationen in Bezug auf diese Finanzinstrumente für dieses multilaterale oder organisierte Handelssystem zu veröffentlichen.

(5) Der Betreiber eines multilateralen oder organisierten Handelssystems kann von einem Emittenten die Übermittlung von Referenzdaten in Bezug auf dessen Finanzinstrumente verlangen, soweit dies zur Erfüllung der Anforderungen aus Artikel 4 der Verordnung (EU) Nr. 596/2014 erforderlich ist.

(6) [1] Der Betreiber eines multilateralen oder organisierten Handelssystems hat der Bundesanstalt schwerwiegende Verstöße gegen die Handelsregeln, Störungen der Marktintegrität und Anhaltspunkte für einen Verstoß gegen die Vorschriften der Verordnung (EU) Nr. 596/2014 unverzüglich mitzuteilen und diese bei ihren Untersuchungen umfassend zu unterstützen. [2] Die Bundesanstalt hat die Informationen nach Satz 1 der Europäischen Wertpapier- und Marktaufsichtsbehörde und den zuständigen Behörden der anderen Mitgliedstaaten und der Vertragsstaaten des Abkommens über den Europäischen Wirtschaftsraum zu übermitteln. [3] Im Falle von Anhaltspunkten für Verstöße gegen die Vorschriften der Verordnung (EU) Nr. 596/2014 übermittelt die Bundesanstalt Informationen erst dann, wenn sie von einem Verstoß überzeugt ist.

(7) Darüber hinaus hat der Betreiber eines multilateralen oder organisierten Handelssystems der Bundesanstalt unverzüglich mitzuteilen, wenn bei einem an

seinem Handelssystem gehandelten Finanzinstrument ein signifikanter Kursverfall im Sinne des Artikels 23 der Verordnung (EU) Nr. 236/2012 eintritt.

(8) [1]Der Betreiber eines multilateralen oder organisierten Handelssystems hat die Bundesanstalt über den Eingang von Anträgen auf Zugang nach den Artikeln 7 und 8 der Verordnung (EU) Nr. 648/2012 unverzüglich schriftlich zu unterrichten. [2]Die Bundesanstalt kann

1. unter den in Artikel 7 Absatz 4 der Verordnung (EU) Nr. 648/2012 genannten Voraussetzungen dem Betreiber eines multilateralen oder organisierten Handelssystems den Zugang zu einer zentralen Gegenpartei im Sinne der genannten Verordnung untersagen sowie
2. unter den in Artikel 8 Absatz 4 der Verordnung (EU) Nr. 648/2012 genannten Voraussetzungen dem Betreiber eines multilateralen oder organisierten Handelssystems untersagen, einer zentralen Gegenpartei im Sinne der genannten Verordnung Zugang zu gewähren.

§ 73 Aussetzung des Handels und Ausschluss von Finanzinstrumenten. (1) [1]Der Betreiber eines multilateralen oder organisierten Handelssystems kann den Handel mit einem Finanzinstrument aussetzen oder dieses Instrument vom Handel ausschließen, wenn dies zur Sicherung eines ordnungsgemäßen Handels oder zum Schutz des Publikums geboten erscheint, insbesondere, wenn

1. das Finanzinstrument den Regeln des Handelssystems nicht mehr entspricht,
2. der Verdacht eines Marktmissbrauchs im Sinne des Artikels 1 der Verordnung (EU) Nr. 596/2014 oder einer Nichtveröffentlichung von Insiderinformationen entgegen Artikel 17 der Verordnung (EU) Nr. 596/2014 in Bezug auf das Finanzinstrument besteht oder
3. ein Übernahmeangebot in Bezug auf den Emittenten des Finanzinstruments veröffentlicht wurde.

[2]Im Falle einer Maßnahme nach Satz 1 setzt der Betreiber auch den Handel mit Derivaten, die mit diesem Finanzinstrument verbunden sind oder sich auf dieses beziehen, aus oder stellt den Handel mit diesen Finanzinstrumenten ein, wenn dies zur Verwirklichung der Ziele der Maßnahme nach Satz 1 erforderlich ist. [3]Eine Maßnahme nach Satz 1 oder Satz 2 unterbleibt, wenn sie die Interessen der betroffenen Anleger oder das ordnungsgemäße Funktionieren des Marktes erheblich beeinträchtigen könnte. [4]Der Betreiber veröffentlicht Entscheidungen nach den Sätzen 1 und 2 und teilt sie unverzüglich der Bundesanstalt mit.

(2) [1]Wird ein Finanzinstrument, das in den in Absatz 1 Satz 1 Nummer 2 oder Nummer 3 genannten Fällen Gegenstand einer Maßnahme nach Absatz 1 Satz 1 oder Satz 2 ist, oder ein Derivat, das mit einem solchen Finanzinstrument verbunden ist oder sich auf dieses bezieht, auch an einem anderen inländischen multilateralen oder organisierten Handelssystem oder durch einen systematischen Internalisierer gehandelt, so ordnet die Bundesanstalt ebenfalls Maßnahmen nach Absatz 1 Satz 1 oder Satz 2 an. [2]Absatz 1 Satz 3 gilt entsprechend.

(3) [1]Die Bundesanstalt veröffentlicht Maßnahmen nach den Absätzen 1 und 2 unverzüglich und übermittelt diese der Europäischen Wertpapier- und Marktaufsichtsbehörde sowie den zuständigen Behörden der anderen Mitgliedstaaten der Europäischen Union und der Vertragsstaaten des Abkommens über

den Europäischen Wirtschaftsraum. [2] Erhält die Bundesanstalt ihrerseits eine solche Mitteilung von einer zuständigen Behörde eines anderen Mitgliedstaats der Europäischen Union oder eines Vertragsstaats des Abkommens über den Europäischen Wirtschaftsraum, teilt sie dies den Geschäftsführungen der Börsen, an denen die betreffenden Finanzinstrumente gehandelt werden, und der jeweiligen Börsenaufsichtsbehörde mit. [3] Sie ordnet gegenüber den Betreibern inländischer multilateraler und organisierter Handelssysteme sowie gegenüber systematischen Internalisierern, die die betreffenden Finanzinstrumente handeln, ebenfalls Maßnahmen nach Absatz 1 Satz 1 oder Satz 2 an. [4] Absatz 1 Satz 3 gilt entsprechend. [5] Die Bundesanstalt informiert die Europäische Wertpapier- und Marktaufsichtsbehörde und die zuständigen Behörden der anderen Mitgliedstaaten der Europäischen Union und der Vertragsstaaten des Abkommens über den Europäischen Wirtschaftsraum über Maßnahmen, die sie nach Satz 3 angeordnet hat, einschließlich einer Erläuterung, falls keine Handelsaussetzung oder Handelseinstellung erfolgt ist. [6] Die Sätze 1 bis 5 gelten entsprechend für die Aufhebung einer Handelsaussetzung.

§ 74 Besondere Anforderungen an multilaterale Handelssysteme.

(1) Die Regeln für den Zugang zu einem multilateralen Handelssystem müssen mindestens den Anforderungen nach § 19 Absatz 2 und 4 Satz 1 und 2 des Börsengesetzes entsprechen.

(2) Die Regeln für den Handel und die Preisermittlung dürfen dem Betreiber eines multilateralen Handelssystems keinen Ermessensspielraum einräumen; dabei müssen die Preise im multilateralen Handelssystem entsprechend den Regelungen des § 24 Absatz 2 des Börsengesetzes zustande kommen.

(3) Der Betreiber eines multilateralen Handelssystems hat Vorkehrungen zu treffen, um

1. die Risiken, denen das System ausgesetzt ist, angemessen steuern zu können, insbesondere alle für den Betrieb des Handelssystems wesentlichen Risiken ermitteln und wirksam begrenzen zu können, und
2. einen reibungslosen und rechtzeitigen Abschluss der innerhalb seiner Systeme ausgeführten Geschäfte zu erleichtern.

(4) Der Betreiber eines multilateralen Handelssystems muss fortlaufend über ausreichende Finanzmittel verfügen, um ein ordnungsgemäßes Funktionieren des Systems sicherzustellen, wobei der Art und dem Umfang der an dem Handelssystem abgeschlossenen Geschäfte sowie der Art und der Höhe der Risiken, denen es ausgesetzt ist, Rechnung zu tragen ist.

(5) Dem Betreiber eines multilateralen Handelssystems ist es nicht gestattet, an einem multilateralen Handelssystem Kundenaufträge unter Einsatz seines eigenen Kapitals auszuführen oder auf die Zusammenführung sich deckender Kundenaufträge im Sinne von § 2 Absatz 29 zurückzugreifen.

§ 75 Besondere Anforderungen an organisierte Handelssysteme.

(1) Der Betreiber eines organisierten Handelssystems hat geeignete Vorkehrungen zu treffen, durch die die Ausführung von Kundenaufträgen in dem organisierten Handelssystem unter Einsatz des eigenen Kapitals des Betreibers oder eines Mitglieds derselben Unternehmensgruppe verhindert wird.

(2) [1] Der Betreiber eines organisierten Handelssystems darf auf die Zusammenführung sich deckender Kundenaufträge im Sinne von § 2 Absatz 29 für

Schuldverschreibungen, strukturierte Finanzprodukte, Emissionszertifikate und bestimmte Derivate zurückgreifen, wenn der Kunde dem zugestimmt hat. [2]Er darf auf die Zusammenführung sich deckender Kundenaufträge über Derivate nicht zurückgreifen, wenn diese der Verpflichtung zum Clearing nach Artikel 4 der Verordnung (EU) Nr. 648/2012 unterliegen.

(3) Der Handel für eigene Rechnung ist einem Betreiber eines organisierten Handelssystems nur gestattet, soweit es sich nicht um die Zusammenführung sich deckender Kundenaufträge im Sinne von § 2 Absatz 29 handelt und nur in Bezug auf öffentliche Schuldtitel, für die kein liquider Markt besteht.

(4) [1]Ein organisiertes Handelssystem darf nicht innerhalb derselben rechtlichen Einheit mit einer systematischen Internalisierung betrieben werden. [2]Ein organisiertes Handelssystem darf keine Verbindung zu einem systematischen Internalisierer oder einem anderen organisierten Handelssystem in einer Weise herstellen, die eine Interaktion von Aufträgen in dem organisierten Handelssystem mit den Aufträgen oder Angeboten des systematischen Internalisierers oder in dem organisierten Handelssystem ermöglicht.

(5) [1]Der Betreiber eines organisierten Handelssystems kann ein anderes Wertpapierdienstleistungsunternehmen beauftragen, unabhängig von dem Betreiber an dem organisierten Handelssystem Market-Making zu betreiben. [2]Ein unabhängiges Betreiben liegt nur dann vor, wenn keine enge Verbindung des Wertpapierdienstleistungsunternehmens zu dem Betreiber des organisierten Handelssystems besteht.

(6) [1]Der Betreiber eines organisierten Handelssystems hat die Entscheidung über die Ausführung eines Auftrags in dem organisierten Handelssystem nach Ermessen zu treffen, wenn er darüber entscheidet,

1. einen Auftrag zu platzieren oder zurückzunehmen oder
2. einen bestimmten Kundenauftrag nicht mit anderen zu einem bestimmten Zeitpunkt im System vorhandenen Aufträgen zusammenzuführen.

[2]Im Falle des Satzes 1 Nummer 2 darf eine Zusammenführung nur dann unterbleiben, wenn dies mit etwaigen Anweisungen des Kunden sowie der Verpflichtung zur bestmöglichen Ausführung von Kundenaufträgen im Sinne von § 82 vereinbar ist. [3]Bei einem System, bei dem gegenläufige Kundenaufträge eingehen, kann der Betreiber entscheiden, ob, wann und in welchem Umfang er zwei oder mehr Aufträge innerhalb des Systems zusammenführt. [4]Im Einklang mit den Absätzen 1, 2, 4 und 5 und unbeschadet des Absatzes 3 kann der Betreiber bei einem System, über das Geschäfte mit Nichteigenkapitalinstrumenten in die Wege geleitet werden, die Verhandlungen zwischen den Kunden erleichtern, um so zwei oder mehr möglicherweise kompatible Handelsinteressen in einem Geschäft zusammenzuführen. [5]Diese Verpflichtung gilt unbeschadet der §§ 72 und 82 dieses Gesetzes.

(7) [1]Die Bundesanstalt kann von dem Betreiber eines organisierten Handelssystems jederzeit, insbesondere bei Antrag auf Zulassung des Betriebs, eine ausführliche Erklärung darüber verlangen, warum das organisierte Handelssystem keinem regulierten Markt, multilateralen Handelssystem oder systematischen Internalisierer entspricht und nicht in dieser Form betrieben werden kann. [2]Die Erklärung hat eine ausführliche Beschreibung zu enthalten, wie der Ermessensspielraum genutzt wird, insbesondere, wann ein Auftrag im organisierten Handelssystem zurückgezogen werden kann und wann und wie zwei oder mehr sich deckende Kundenaufträge innerhalb des organisierten Handels-

systems zusammengeführt werden. [3] Außerdem hat der Betreiber eines organisierten Handelssystems der Bundesanstalt Informationen zur Verfügung zu stellen, mit denen der Rückgriff auf die Zusammenführung sich deckender Kundenaufträge erklärt wird.

(8) Die Bundesanstalt überwacht den Handel durch Zusammenführung sich deckender Aufträge durch den Betreiber des organisierten Handelssystems, damit sichergestellt ist, dass dieser die hierfür geltenden Anforderungen einhält und dass der von ihm betriebene Handel durch Zusammenführung sich deckender Aufträge nicht zu Interessenkonflikten zwischen dem Betreiber und seinen Kunden führt.

(9) § 63 Absatz 1, 3 bis 7 und 9, § 64 Absatz 1 sowie die §§ 69, 70 und 82 gelten entsprechend für Geschäfte, die über ein organisiertes Handelssystem abgeschlossen wurden.

§ 76 KMU-Wachstumsmärkte; Verordnungsermächtigung. (1) [1] Der Betreiber eines multilateralen Handelssystems kann dieses bei der Bundesanstalt als Wachstumsmarkt für kleine und mittlere Unternehmen (KMU-Wachstumsmarkt) registrieren lassen, sofern folgende Anforderungen erfüllt sind:

1. bei mindestens 50 Prozent der Emittenten, deren Finanzinstrumente zum Handel auf dem multilateralen Handelssystem zugelassen sind, handelt es sich um kleine und mittlere Unternehmen;
2. der Betreiber hat geeignete Kriterien für die Zulassung der Finanzinstrumente zum Handel an dem Markt festgelegt;
3. der Betreiber macht die Zulassung von Finanzinstrumenten zum Handel an dem Markt davon abhängig, dass bei der Zulassung ausreichende Informationen veröffentlicht werden, um dem Publikum eine zutreffende Beurteilung des Emittenten und der Finanzinstrumente zu ermöglichen; bei diesen Informationen handelt es sich entweder um ein Zulassungsdokument oder einen Prospekt, falls auf Basis der Verordnung (EU) 2017/1129 festgelegte Anforderungen im Hinblick auf ein öffentliches Angebot im Zusammenhang mit der ursprünglichen Zulassung des Finanzinstruments zum Handel auf dem multilateralen Handelssystem Anwendung finden;
4. der Betreiber stellt sicher, dass eine geeignete regelmäßige Finanzberichterstattung durch den Emittenten am Markt stattfindet, dessen Finanzinstrumente zum Handel an dem multilateralen Handelssystem zugelassen sind, insbesondere durch geprüfte Jahresberichte;
5. die in Artikel 3 Absatz 1 Nummer 21 der Verordnung (EU) Nr. 596/2014 definierten Emittenten und die in Artikel 3 Absatz 1 Nummer 25 der Verordnung (EU) Nr. 596/2014 definierten Personen, die bei einem Emittenten Führungsaufgaben wahrnehmen, sowie die in Artikel 3 Absatz 1 Nummer 26 der Verordnung (EU) Nr. 596/2014 definierten Personen, die in enger Beziehung zu diesen stehen, erfüllen die jeweiligen Anforderungen, die für sie gemäß der Verordnung (EU) Nr. 596/2014 gelten;
6. der Betreiber erfasst Informationen, die von einem Emittenten auf Grund einer rechtlichen Verpflichtung veröffentlicht wurden, und stellt diese öffentlich zur Verfügung und
7. der Betreiber richtet wirksame Systeme und Kontrollen ein, die geeignet sind, einen Marktmissbrauch an dem betreffenden Markt gemäß der Verordnung (EU) Nr. 596/2014 zu erkennen und zu verhindern.

[2] Die Möglichkeit des Betreibers, zusätzliche Anforderungen festzulegen, bleibt unberührt.

(2) [1] Die Bundesanstalt hebt die Registrierung eines KMU-Wachstumsmarktes auf, wenn dessen Betreiber dies beantragt oder wenn die Voraussetzungen für eine Registrierung nach Absatz 1 nicht mehr vorliegen. [2] Die Bundesanstalt unterrichtet die Europäische Wertpapier- und Marktaufsichtsbehörde unverzüglich über die Registrierung eines KMU-Wachstumsmarktes und über deren Aufhebung.

(3) [1] Ein Finanzinstrument, das zum Handel an einem KMU-Wachstumsmarkt zugelassen ist, kann nur dann in einem anderen KMU-Wachstumsmarkt gehandelt werden, wenn der Emittent des Finanzinstruments hierüber unterrichtet wurde und dem nicht widersprochen hat. [2] In einem solchen Fall entstehen dem Emittenten im Hinblick auf diesen anderen KMU-Wachstumsmarkt keine Verpflichtungen in Bezug auf die Unternehmensführung und -kontrolle oder erstmalige, laufende oder punktuelle Veröffentlichungspflichten.

(4) [1] Das Bundesministerium der Finanzen kann durch Rechtsverordnung, die nicht der Zustimmung des Bundesrates bedarf, nähere Bestimmungen treffen

1. zur Art der Kriterien nach Absatz 1 Nummer 2,
2. zu Inhalt, Art, Umfang und Form der bei Zulassung zu veröffentlichenden Informationen nach Absatz 1 Nummer 3 und
3. zu Inhalt, Art, Umfang und Form der Berichterstattung nach Absatz 1 Nummer 4.

[2] Das Bundesministerium der Finanzen kann die Ermächtigung durch Rechtsverordnung auf die Bundesanstalt übertragen.

§ 77 Direkter elektronischer Zugang. (1) Ein Wertpapierdienstleistungsunternehmen, das einen direkten elektronischen Zugang zu einem Handelsplatz anbietet, muss

1. die Eignung der Kunden, die diesen Dienst nutzen, vor Gewährung des Zugangs beurteilen und regelmäßig überprüfen,
2. die im Zusammenhang mit diesem Dienst bestehenden Rechte und Pflichten des Kunden und des Wertpapierdienstleistungsunternehmens in einem schriftlichen Vertrag festlegen, wobei die Verantwortlichkeit des Wertpapierdienstleistungsunternehmens nach diesem Gesetz nicht auf den Kunden übertragen werden darf,
3. angemessene Handels- und Kreditschwellen für den Handel dieser Kunden festlegen,
4. den Handel dieser Kunden überwachen, um
   a) sicherzustellen, dass die Kunden die nach Nummer 3 festgelegten Schwellen nicht überschreiten,
   b) sicherzustellen, dass der Handel den Anforderungen der Verordnung (EU) Nr. 596/2014, dieses Gesetzes sowie der Vorschriften des Handelsplatzes entspricht,
   c) marktstörende Handelsbedingungen oder auf Marktmissbrauch hindeutende Verhaltensweisen, die an die zuständige Behörde zu melden sind, erkennen zu können und

d) sicherzustellen, dass durch den Handel keine Risiken für das Wertpapierdienstleistungsunternehmen selbst entstehen.

(2) [1] Ein Wertpapierdienstleistungsunternehmen, das einen direkten elektronischen Zugang zu einem Handelsplatz anbietet, teilt dies der Bundesanstalt und den zuständigen Behörden des Handelsplatzes, an dem sie den direkten elektronischen Zugang anbietet, mit. [2] Die Bundesanstalt kann dem Wertpapierdienstleistungsunternehmen vorschreiben, regelmäßig oder jederzeit auf Anforderung eine Beschreibung der in Absatz 1 genannten Systeme und Kontrollen sowie Nachweise für ihre Anwendung vorzulegen. [3] Auf Ersuchen einer zuständigen Behörde des Handelsplatzes, zu dem ein Wertpapierdienstleistungsunternehmen direkten elektronischen Zugang bietet, leitet die Bundesanstalt diese Informationen unverzüglich an diese Behörde weiter.

(3) Das Wertpapierdienstleistungsunternehmen sorgt dafür, dass Aufzeichnungen zu den in diesem Paragrafen genannten Angelegenheiten mindestens für fünf Jahre aufbewahrt werden, und stellt sicher, dass diese ausreichend sind, um der Bundesanstalt zu ermöglichen, die Einhaltung der Anforderungen dieses Gesetzes zu überprüfen.

§ 78 Handeln als General-Clearing-Mitglied. [1] Ein Wertpapierdienstleistungsunternehmen, das als General-Clearing-Mitglied für andere Personen handelt, muss über wirksame Systeme und Kontrollen verfügen, um sicherzustellen, dass die Clearing-Dienste nur für solche Personen erbracht werden, die dafür geeignet sind und die von dem Wertpapierdienstleistungsunternehmen vorher festgelegte eindeutige Kriterien erfüllen. [2] Es muss diesen Personen geeignete Anforderungen auferlegen, die dafür sorgen, dass die Risiken für das Wertpapierdienstleistungsunternehmen und den Markt verringert werden. [3] Es muss ein schriftlicher Vertrag zwischen dem Wertpapierdienstleistungsunternehmen und der jeweiligen Person bestehen, der die im Zusammenhang mit diesem Dienst bestehenden Rechte und Pflichten regelt.

§ 79 Mitteilungspflicht von systematischen Internalisierern. [1] Wertpapierdienstleistungsunternehmen, die als systematischer Internalisierer tätig sind, haben dies der Bundesanstalt unverzüglich mitzuteilen. [2] Die Bundesanstalt übermittelt diese Information an die Europäische Wertpapier- und Marktaufsichtsbehörde.

§ 80 Organisationspflichten; Verordnungsermächtigung. (1) [1] Ein Wertpapierdienstleistungsunternehmen muss die organisatorischen Pflichten nach § 25a Absatz 1 und § 25e des Kreditwesengesetzes einhalten. [2] Darüber hinaus muss es

1. angemessene Vorkehrungen treffen, um die Kontinuität und Regelmäßigkeit der Wertpapierdienstleistungen und Wertpapiernebendienstleistungen zu gewährleisten;
2. auf Dauer wirksame Vorkehrungen für angemessene Maßnahmen treffen, um Interessenkonflikte bei der Erbringung von Wertpapierdienstleistungen und Wertpapiernebendienstleistungen oder einer Kombination davon zwischen einerseits ihm selbst einschließlich seiner Geschäftsleitung, seiner Mitarbeiter, seiner vertraglich gebundenen Vermittler und der mit ihm direkt oder indirekt durch Kontrolle im Sinne des Artikels 4 Absatz 1 Nummer 37 der Verordnung (EU) Nr. 575/2013 verbundenen Personen und Unterneh-

men und andererseits seinen Kunden oder zwischen seinen Kunden untereinander zu erkennen und zu vermeiden oder zu regeln; dies umfasst auch solche Interessenkonflikte, die durch die Annahme von Zuwendungen Dritter sowie durch die eigene Vergütungsstruktur oder sonstige Anreizstrukturen des Wertpapierdienstleistungsunternehmens verursacht werden;

3. im Rahmen der Vorkehrungen nach Nummer 2 Grundsätze oder Ziele, die den Umsatz, das Volumen oder den Ertrag der im Rahmen der Anlageberatung empfohlenen Geschäfte unmittelbar oder mittelbar betreffen (Vertriebsvorgaben), derart ausgestalten, umsetzen und überwachen, dass Kundeninteressen nicht beeinträchtigt werden;
4. über solide Sicherheitsmechanismen verfügen, die die Sicherheit und Authentifizierung der Informationsübermittlungswege gewährleisten, das Risiko der Datenverfälschung und des unberechtigten Zugriffs minimieren und verhindern, dass Informationen bekannt werden, so dass die Vertraulichkeit der Daten jederzeit gewährleistet ist.

[3] Nähere Bestimmungen zur Organisation der Wertpapierdienstleistungsunternehmen enthalten die Artikel 21 bis 26 der Delegierten Verordnung (EU) 2017/565.

(2) [1] Ein Wertpapierdienstleistungsunternehmen muss zusätzlich die in diesem Absatz genannten Bestimmungen einhalten, wenn es in der Weise Handel mit Finanzinstrumenten betreibt, dass ein Computeralgorithmus die einzelnen Auftragsparameter automatisch bestimmt, ohne dass es sich um ein System handelt, das nur zur Weiterleitung von Aufträgen zu einem oder mehreren Handelsplätzen, zur Bearbeitung von Aufträgen ohne die Bestimmung von Auftragsparametern, zur Bestätigung von Aufträgen oder zur Nachhandelsbearbeitung ausgeführter Aufträge verwendet wird (algorithmischer Handel). [2] Auftragsparameter im Sinne des Satzes 1 sind insbesondere Entscheidungen, ob der Auftrag eingeleitet werden soll, über Zeitpunkt, Preis oder Quantität des Auftrags oder wie der Auftrag nach seiner Einreichung mit eingeschränkter oder überhaupt keiner menschlichen Beteiligung bearbeitet wird. [3] Ein Wertpapierdienstleistungsunternehmen, das algorithmischen Handel betreibt, muss über Systeme und Risikokontrollen verfügen, die sicherstellen, dass

1. seine Handelssysteme belastbar sind, über ausreichende Kapazitäten verfügen und angemessenen Handelsschwellen und Handelsobergrenzen unterliegen;
2. die Übermittlung von fehlerhaften Aufträgen oder eine Funktionsweise des Systems vermieden wird, durch die Störungen auf dem Markt verursacht oder ein Beitrag zu diesen geleistet werden könnten;
3. seine Handelssysteme nicht für einen Zweck verwendet werden können, der gegen die europäischen und nationalen Vorschriften gegen Marktmissbrauch oder die Vorschriften des Handelsplatzes verstößt, mit dem es verbunden ist.

[4] Ein Wertpapierdienstleistungsunternehmen, das algorithmischen Handel betreibt, muss ferner über wirksame Notfallvorkehrungen verfügen, um mit unvorgesehenen Störungen in seinen Handelssystemen umzugehen, und sicherstellen, dass seine Systeme vollständig geprüft sind und ordnungsgemäß überwacht werden. [5] Das Wertpapierdienstleistungsunternehmen zeigt der Bundesanstalt und den zuständigen Behörden des Handelsplatzes, dessen Mitglied oder Teilnehmer es ist, an, dass es algorithmischen Handel betreibt.

(3) [1] Ein Wertpapierdienstleistungsunternehmen, das algorithmischen Handel im Sinne des Artikels 18 der Delegierten Verordnung (EU) 2017/565 betreibt, hat ausreichende Aufzeichnungen zu den in Absatz 2 genannten Angelegenheiten für mindestens fünf Jahre aufzubewahren. [2] Nutzt das Wertpapierdienstleistungsunternehmen eine hochfrequente algorithmische Handelstechnik, müssen diese Aufzeichnungen insbesondere alle von ihm platzierten Aufträge einschließlich Auftragsstornierungen, ausgeführten Aufträge und Kursnotierungen an Handelsplätzen umfassen und chronologisch geordnet aufbewahrt werden. [3] Auf Verlangen der Bundesanstalt sind diese Aufzeichnungen herauszugeben.

(4) Betreibt ein Wertpapierdienstleistungsunternehmen algorithmischen Handel im Sinne des Absatzes 2 unter Verfolgung einer Market-Making-Strategie, hat es unter Berücksichtigung der Liquidität, des Umfangs und der Art des konkreten Marktes und der konkreten Merkmale des gehandelten Instruments

1. dieses Market-Making während eines festgelegten Teils der Handelszeiten des Handelsplatzes kontinuierlich zu betreiben, abgesehen von außergewöhnlichen Umständen, so dass der Handelsplatz regelmäßig und verlässlich mit Liquidität versorgt wird,
2. einen schriftlichen Vertrag mit dem Handelsplatz zu schließen, in dem zumindest die Verpflichtungen nach Nummer 1 festgelegt werden, sofern es nicht den Vorschriften des § 26c des Börsengesetzes unterliegt, und
3. über wirksame Systeme und Kontrollen zu verfügen, durch die gewährleistet wird, dass es jederzeit diesen Verpflichtungen nachkommt.

(5) Ein Wertpapierdienstleistungsunternehmen, das algorithmischen Handel betreibt, verfolgt eine Market-Making-Strategie im Sinne des Absatzes 4, wenn es Mitglied oder Teilnehmer eines oder mehrerer Handelsplätze ist und seine Strategie beim Handel auf eigene Rechnung beinhaltet, dass es in Bezug auf ein oder mehrere Finanzinstrumente an einem einzelnen Handelsplatz oder an verschiedenen Handelsplätzen feste, zeitgleiche Geld- und Briefkurse vergleichbarer Höhe zu wettbewerbsfähigen Preisen stellt.

(6) [1] Ein Wertpapierdienstleistungsunternehmen muss bei einer Auslagerung von Aktivitäten und Prozessen sowie von Finanzdienstleistungen die Anforderungen nach § 25b des Kreditwesengesetzes einhalten. [2] Die Auslagerung darf nicht die Rechtsverhältnisse des Unternehmens zu seinen Kunden und seine Pflichten, die nach diesem Abschnitt gegenüber den Kunden bestehen, verändern. [3] Die Auslagerung darf die Voraussetzungen, unter denen dem Wertpapierdienstleistungsunternehmen eine Erlaubnis nach § 32 des Kreditwesengesetzes erteilt worden ist, nicht verändern. [4] Nähere Bestimmungen zu den Anforderungen an die Auslagerung ergeben sich aus den Artikeln 30 bis 32 der Delegierten Verordnung (EU) 2017/565.

(7) [1] Ein Wertpapierdienstleistungsunternehmen darf die Anlageberatung nur dann als Unabhängige Honorar-Anlageberatung erbringen, wenn es ausschließlich Unabhängige Honorar-Anlageberatung erbringt oder wenn es die Unabhängige Honorar-Anlageberatung organisatorisch, funktional und personell von der übrigen Anlageberatung trennt. [2] Wertpapierdienstleistungsunternehmen müssen Vertriebsvorgaben im Sinne des Absatzes 1 Nummer 3 für die Unabhängige Honorar-Anlageberatung so ausgestalten, dass in keinem Falle Interessenkonflikte mit Kundeninteressen entstehen können. [3] Ein Wertpapierdienstleistungsunternehmen, das Unabhängige Honorar-Anlageberatung er-

bringt, muss auf seiner Internetseite angeben, ob die Unabhängige Honorar-Anlageberatung in der Hauptniederlassung und in welchen inländischen Zweigniederlassungen angeboten wird.

(8) Ein Wertpapierdienstleistungsunternehmen, das Finanzportfolioverwaltung oder Unabhängige Honorar-Anlageberatung erbringt, muss durch entsprechende Grundsätze sicherstellen, dass alle monetären Zuwendungen, die im Zusammenhang mit der Finanzportfolioverwaltung oder Unabhängigen Honorar-Anlageberatung von Dritten oder von für Dritte handelnden Personen angenommen werden, dem jeweiligen Kunden zugewiesen und an diesen weitergegeben werden.

(9) [1] Ein Wertpapierdienstleistungsunternehmen, das Finanzinstrumente zum Verkauf konzipiert, hat ein Verfahren für die Freigabe jedes einzelnen Finanzinstruments und jeder wesentlichen Anpassung bestehender Finanzinstrumente zu unterhalten, zu betreiben und zu überprüfen, bevor das Finanzinstrument an Kunden vermarktet oder vertrieben wird (Produktfreigabeverfahren). [2] Das Verfahren muss sicherstellen, dass für jedes Finanzinstrument für Endkunden innerhalb der jeweiligen Kundengattung ein bestimmter Zielmarkt festgelegt wird. [3] Dabei sind alle einschlägigen Risiken für den Zielmarkt zu bewerten. [4] Darüber hinaus ist sicherzustellen, dass die beabsichtigte Vertriebsstrategie dem nach Satz 2 bestimmten Zielmarkt entspricht.

(10) [1] Ein Wertpapierdienstleistungsunternehmen hat von ihm angebotene oder vermarktete Finanzinstrumente regelmäßig zu überprüfen und dabei alle Ereignisse zu berücksichtigen, die wesentlichen Einfluss auf das potentielle Risiko für den bestimmten Zielmarkt haben könnten. [2] Zumindest ist regelmäßig zu beurteilen, ob das Finanzinstrument den Bedürfnissen des nach Absatz 9 Satz 2 bestimmten Zielmarkts weiterhin entspricht und ob die beabsichtigte Vertriebsstrategie zur Erreichung dieses Zielmarkts weiterhin geeignet ist.

(11) [1] Ein Wertpapierdienstleistungsunternehmen, das Finanzinstrumente konzipiert, hat allen Vertriebsunternehmen sämtliche erforderlichen und sachdienlichen Informationen zu dem Finanzinstrument und dem Produktfreigabeverfahren nach Absatz 9 Satz 1, einschließlich des nach Absatz 9 Satz 2 bestimmten Zielmarkts, zur Verfügung zu stellen. [2] Vertreibt ein Wertpapierdienstleistungsunternehmen Finanzinstrumente oder empfiehlt es diese, ohne sie zu konzipieren, muss es über angemessene Vorkehrungen verfügen, um sich die in Satz 1 genannten Informationen vom konzipierenden Wertpapierdienstleistungsunternehmen oder vom Emittenten zu verschaffen und die Merkmale sowie den Zielmarkt des Finanzinstruments zu verstehen.

(12) [1] Ein Wertpapierdienstleistungsunternehmen, das Finanzinstrumente anzubieten oder zu empfehlen beabsichtigt und das von einem anderen Wertpapierdienstleistungsunternehmen konzipierte Finanzinstrumente vertreibt, hat geeignete Verfahren aufrechtzuerhalten und Maßnahmen zu treffen, um sicherzustellen, dass die Anforderungen nach diesem Gesetz eingehalten werden. [2] Dies umfasst auch solche Anforderungen, die für die Offenlegung, für die Bewertung der Eignung und der Angemessenheit, für Anreize und für den ordnungsgemäßen Umgang mit Interessenkonflikten gelten. [3] Das Wertpapierdienstleistungsunternehmen ist zu besonderer Sorgfalt verpflichtet, wenn es als Vertriebsunternehmen ein neues Finanzprodukt anzubieten oder zu empfehlen beabsichtigt oder wenn sich die Dienstleistungen ändern, die es als Vertriebsunternehmen anzubieten oder zu empfehlen beabsichtigt.

(13) [1] Das Wertpapierdienstleistungsunternehmen hat seine Produktfreigabevorkehrungen regelmäßig zu überprüfen, um sicherzustellen, dass diese belastbar und zweckmäßig sind und zur Umsetzung erforderlicher Änderungen geeignete Maßnahmen zu treffen. [2] Es hat sicherzustellen, dass seine gemäß Artikel 22 Absatz 2 der Delegierten Verordnung (EU) 2017/565 eingerichtete Compliance-Funktion die Entwicklung und regelmäßige Überprüfung der Produktfreigabevorkehrungen überwacht und etwaige Risiken, dass Anforderungen an den Produktüberwachungsprozess nicht erfüllt werden, frühzeitig erkennt.

(14) [1] Das Bundesministerium der Finanzen kann durch Rechtsverordnung, die nicht der Zustimmung des Bundesrates bedarf, nähere Bestimmungen zur Anwendung der Delegierten Verordnung (EU) 2017/565 sowie zur Umsetzung der Delegierten Richtlinie (EU) 2017/593 der Kommission vom 7. April 2016 zur Ergänzung der Richtlinie 2014/65/EU des Europäischen Parlaments und des Rates im Hinblick auf den Schutz der Finanzinstrumente und Gelder von Kunden, Produktüberwachungspflichten und Vorschriften für die Entrichtung beziehungsweise Gewährung oder Entgegennahme von Gebühren, Provisionen oder anderen monetären oder nicht-monetären Vorteilen (ABl. L 87 vom 31.3.2017, S. 500), in der jeweils geltenden Fassung, und den organisatorischen Anforderungen nach Absatz 1 Satz 2 und Absatz 7, den Anforderungen an das Produktfreigabeverfahren und den Produktvertrieb nach Absatz 9 und das Überprüfungsverfahren nach Absatz 10 sowie den nach Absatz 11 zur Verfügung zu stellenden Informationen und damit zusammenhängenden Pflichten der Wertpapierdienstleistungsunternehmen erlassen. [2] Das Bundesministerium der Finanzen kann die Ermächtigung durch Rechtsverordnung auf die Bundesanstalt übertragen.

§ 81 Geschäftsleiter. (1) [1] Die Geschäftsleiter eines Wertpapierdienstleistungsunternehmens haben im Rahmen der Pflichten aus § 25c Absatz 3 des Kreditwesengesetzes ihre Aufgaben in einer Art und Weise wahrzunehmen, die die Integrität des Marktes wahrt und durch die die Interessen der Kunden gefördert werden. [2] Insbesondere müssen die Geschäftsleiter Folgendes festlegen, umsetzen und überwachen:

1. unter Berücksichtigung von Art, Umfang und Komplexität der Geschäftstätigkeit des Wertpapierdienstleistungsunternehmens sowie aller von dem Wertpapierdienstleistungsunternehmen einzuhaltenden Anforderungen
   a) die Organisation zur Erbringung von Wertpapierdienstleistungen und Wertpapiernebendienstleistungen, einschließlich der hierfür erforderlichen Mittel, und organisatorischen Regelungen sowie
   b) ob das Personal über die erforderlichen Fähigkeiten, Kenntnisse und Erfahrungen verfügt,
2. die Geschäftspolitik hinsichtlich
   a) der angebotenen oder erbrachten Wertpapierdienstleistungen und Wertpapiernebendienstleistungen und
   b) der angebotenen oder vertriebenen Produkte,

   die in Einklang stehen muss mit der Risikotoleranz des Wertpapierdienstleistungsunternehmens und etwaigen Besonderheiten und Bedürfnissen seiner Kunden, wobei erforderlichenfalls geeignete Stresstests durchzuführen sind, sowie

3. die Vergütungsregelungen für Personen, die an der Erbringung von Wertpapierdienstleistungen oder Wertpapiernebendienstleistungen für Kunden beteiligt sind, und die ausgerichtet sein müssen auf
   a) eine verantwortungsvolle Unternehmensführung,
   b) die faire Behandlung der Kunden und
   c) die Vermeidung von Interessenkonflikten im Verhältnis zu den Kunden.

(2) [1] Die Geschäftsleiter eines Wertpapierdienstleistungsunternehmens müssen regelmäßig Folgendes überwachen und überprüfen:

1. die Eignung und die Umsetzung der strategischen Ziele des Wertpapierdienstleistungsunternehmens bei der Erbringung von Wertpapierdienstleistungen und Wertpapiernebendienstleistungen,
2. die Wirksamkeit der Unternehmensführungsregelungen des Wertpapierdienstleistungsunternehmens und
3. die Angemessenheit der Unternehmensstrategie hinsichtlich der Erbringung von Wertpapierdienstleistungen und Wertpapiernebendienstleistungen an die Kunden.

[2] Bestehen Mängel, müssen die Geschäftsleiter unverzüglich die erforderlichen Schritte unternehmen, um diese zu beseitigen.

(3) Das Wertpapierdienstleistungsunternehmen hat sicherzustellen, dass die Geschäftsleiter einen angemessenen Zugang zu den Informationen und Dokumenten haben, die für die Beaufsichtigung und Überwachung erforderlich sind.

(4) [1] Die Geschäftsleiter haben den Produktfreigabeprozess wirksam zu überwachen. [2] Sie haben sicherzustellen, dass die Compliance-Berichte an die Geschäftsleiter systematisch Informationen über die von dem Wertpapierdienstleistungsunternehmen konzipierten und empfohlenen Finanzinstrumente enthalten, insbesondere über die jeweilige Vertriebsstrategie. [3] Auf Verlangen sind die Compliance-Berichte der Bundesanstalt zur Verfügung zu stellen.

(5) [1] Das Wertpapierdienstleistungsunternehmen hat einen Beauftragten zu ernennen, der die Verantwortung dafür trägt, dass das Wertpapierdienstleistungsunternehmen seine Verpflichtungen in Bezug auf den Schutz von Finanzinstrumenten und Geldern von Kunden einhält. [2] Der Beauftragte kann daneben auch weitere Aufgaben wahrnehmen.

§ 82 Bestmögliche Ausführung von Kundenaufträgen. (1) Ein Wertpapierdienstleistungsunternehmen, das Aufträge seiner Kunden für den Kauf oder Verkauf von Finanzinstrumenten im Sinne des § 2 Absatz 8 Satz 1 Nummer 1 bis 3 ausführt, muss

1. alle hinreichenden Vorkehrungen treffen, insbesondere Grundsätze zur Auftragsausführung festlegen und regelmäßig, insbesondere unter Berücksichtigung der nach den Absätzen 9 bis 12 und § 26e des Börsengesetzes veröffentlichten Informationen, überprüfen, um das bestmögliche Ergebnis für seine Kunden zu erreichen und
2. sicherstellen, dass die Ausführung jedes einzelnen Kundenauftrags nach Maßgabe dieser Grundsätze vorgenommen wird.

(2) Das Wertpapierdienstleistungsunternehmen muss bei der Aufstellung der Ausführungsgrundsätze alle relevanten Kriterien zur Erzielung des bestmögli-

chen Ergebnisses, insbesondere die Preise der Finanzinstrumente, die mit der Auftragsausführung verbundenen Kosten, die Geschwindigkeit, die Wahrscheinlichkeit der Ausführung und die Abwicklung des Auftrags sowie den Umfang und die Art des Auftrags berücksichtigen und die Kriterien unter Berücksichtigung der Merkmale des Kunden, des Kundenauftrags, des Finanzinstrumentes und des Ausführungsplatzes gewichten.

(3) [1] Führt das Wertpapierdienstleistungsunternehmen Aufträge von Privatkunden aus, müssen die Ausführungsgrundsätze Vorkehrungen dafür enthalten, dass sich das bestmögliche Ergebnis am Gesamtentgelt orientiert. [2] Das Gesamtentgelt ergibt sich aus dem Preis für das Finanzinstrument und sämtlichen mit der Auftragsausführung verbundenen Kosten. [3] Kann ein Auftrag über ein Finanzinstrument nach Maßgabe der Ausführungsgrundsätze des Wertpapierdienstleistungsunternehmens an mehreren konkurrierenden Plätzen ausgeführt werden, zählen zu den Kosten auch die eigenen Provisionen oder Gebühren, die das Wertpapierdienstleistungsunternehmen dem Kunden für eine Wertpapierdienstleistung in Rechnung stellt. [4] Zu den bei der Berechnung des Gesamtentgelts zu berücksichtigenden Kosten zählen Gebühren und Entgelte des Ausführungsplatzes, an dem das Geschäft ausgeführt wird, Kosten für Clearing und Abwicklung und alle sonstigen Entgelte, die an Dritte gezahlt werden, die an der Auftragsausführung beteiligt sind.

(4) Führt das Wertpapierdienstleistungsunternehmen einen Auftrag gemäß einer ausdrücklichen Kundenweisung aus, gilt die Pflicht zur Erzielung des bestmöglichen Ergebnisses entsprechend dem Umfang der Weisung als erfüllt.

(5) [1] Die Grundsätze zur Auftragsausführung müssen

1. Angaben zu den verschiedenen Ausführungsplätzen in Bezug auf jede Gattung von Finanzinstrumenten und die ausschlaggebenden Faktoren für die Auswahl eines Ausführungsplatzes,
2. mindestens die Ausführungsplätze, an denen das Wertpapierdienstleistungsunternehmen gleichbleibend die bestmöglichen Ergebnisse bei der Ausführung von Kundenaufträgen erzielen kann,

enthalten. [2] Lassen die Ausführungsgrundsätze im Sinne des Absatzes 1 Nummer 1 auch eine Auftragsausführung außerhalb von Handelsplätzen im Sinne von § 2 Absatz 22 zu, muss das Wertpapierdienstleistungsunternehmen seine Kunden auf diesen Umstand gesondert hinweisen und deren ausdrückliche Einwilligung generell oder in Bezug auf jedes Geschäft einholen, bevor die Kundenaufträge an diesen Ausführungsplätzen ausgeführt werden.

(6) [1] Das Wertpapierdienstleistungsunternehmen muss

1. seine Kunden vor der erstmaligen Erbringung von Wertpapierdienstleistungen über seine Ausführungsgrundsätze informieren und ihre Zustimmung zu diesen Grundsätzen einholen, und
2. seinen Kunden wesentliche Änderungen der Vorkehrungen nach Absatz 1 Nummer 1 unverzüglich mitteilen.

[2] Die Informationen über die Ausführungsgrundsätze müssen klar, ausführlich und auf eine für den Kunden verständliche Weise erläutern, wie das Wertpapierdienstleistungsunternehmen die Kundenaufträge ausführt.

(7) Das Wertpapierdienstleistungsunternehmen muss in der Lage sein, einem Kunden auf Anfrage darzulegen, dass sein Auftrag entsprechend den Ausführungsgrundsätzen ausgeführt wurde.

(8) Ein Wertpapierdienstleistungsunternehmen darf sowohl für die Ausführung von Kundenaufträgen an einem bestimmten Handelsplatz oder Ausführungsplatz als auch für die Weiterleitung von Kundenaufträgen an einen bestimmten Handelsplatz oder Ausführungsplatz weder eine Vergütung noch einen Rabatt oder einen nichtmonetären Vorteil annehmen, wenn dies einen Verstoß gegen die Anforderungen nach § 63 Absatz 1 bis 7 und 9, § 64 Absatz 1 und 5, den §§ 70, 80 Absatz 1 Satz 2 Nummer 2, Absatz 9 bis 11 oder die Absätze 1 bis 4 darstellen würde.

(9) Das Wertpapierdienstleistungsunternehmen muss einmal jährlich für jede Gattung von Finanzinstrumenten die fünf Ausführungsplätze, die ausgehend vom Handelsvolumen am wichtigsten sind, auf denen es Kundenaufträge im Vorjahr ausgeführt hat, und Informationen über die erreichte Ausführungsqualität zusammenfassen und nach den Vorgaben der Delegierten Verordnung (EU) 2017/576 der Kommission vom 8. Juni 2016 zur Ergänzung der Richtlinie 2014/65/EU des Europäischen Parlaments und des Rates durch technische Regulierungsstandards für die jährliche Veröffentlichung von Informationen durch Wertpapierfirmen zur Identität von Handelsplätzen und zur Qualität der Ausführung (ABl. L 87 vom 31.3.2017, S. 166), in der jeweils geltenden Fassung, veröffentlichen.

(10) Vorbehaltlich des § 26e des Börsengesetzes müssen Handelsplätze und systematische Internalisierer für jedes Finanzinstrument, das der Handelspflicht nach Artikel 23 oder Artikel 28 der Verordnung (EU) Nr. 600/2014 unterliegt, mindestens einmal jährlich gebührenfrei Informationen über die Ausführungsqualität von Aufträgen veröffentlichen.

(11) Vorbehaltlich des § 26e des Börsengesetzes müssen Ausführungsplätze für jedes Finanzinstrument, das nicht von Absatz 10 erfasst wird, mindestens einmal jährlich gebührenfrei Informationen über die Ausführungsqualität von Aufträgen veröffentlichen.

(12) [1] Die Veröffentlichungen nach den Absätzen 10 und 11 müssen ausführliche Angaben zum Preis, zu den mit einer Auftragsausführung verbundenen Kosten, der Geschwindigkeit und der Wahrscheinlichkeit der Ausführung sowie der Abwicklung eines Auftrags in den einzelnen Finanzinstrumenten enthalten. [2] Das Nähere regelt die Delegierte Verordnung (EU) 2017/575 der Kommission vom 8. Juni 2016 zur Ergänzung der Richtlinie 2014/65/EU des Europäischen Parlaments und des Rates über Märkte für Finanzinstrumente durch technische Regulierungsstandards bezüglich der Daten, die Ausführungsplätze zur Qualität der Ausführung von Geschäften veröffentlichen müssen (ABl. L 87 vom 31.3.2017, S. 152), in der jeweils geltenden Fassung.

(13) Nähere Bestimmungen ergeben sich aus der Delegierten Verordnung (EU) 2017/565, insbesondere zu

1. der Aufstellung der Ausführungsgrundsätze nach den Absätzen 1 bis 5 aus Artikel 64,
2. der Überprüfung der Vorkehrungen nach Absatz 1 aus Artikel 66,
3. Art, Umfang und Datenträger der Informationen über die Ausführungsgrundsätze nach Absatz 6 aus Artikel 66 und
4. den Pflichten von Wertpapierdienstleistungsunternehmen, die Aufträge ihrer Kunden an Dritte zur Ausführung weiterleiten oder die Finanzportfolioverwaltung betreiben, ohne die Aufträge oder Entscheidungen selbst auszuführen, im bestmöglichen Interesse ihrer Kunden zu handeln, aus Artikel 65.

§ 83 Aufzeichnungs- und Aufbewahrungspflicht. (1) Ein Wertpapierdienstleistungsunternehmen muss, unbeschadet der Aufzeichnungspflichten nach den Artikeln 74 und 75 der Delegierten Verordnung (EU) 2017/565, über die von ihm erbrachten Wertpapierdienstleistungen und Wertpapiernebendienstleistungen sowie die von ihm getätigten Geschäfte Aufzeichnungen erstellen, die es der Bundesanstalt ermöglichen, die Einhaltung der in diesem Abschnitt, in der Verordnung (EU) Nr. 600/2014 und der Verordnung (EU) Nr. 596/2014 geregelten Pflichten zu prüfen und durchzusetzen.

(2) [1] Das Wertpapierdienstleistungsunternehmen hat Aufzeichnungen zu erstellen über Vereinbarungen mit Kunden, die die Rechte und Pflichten der Vertragsparteien sowie die sonstigen Bedingungen festlegen, zu denen das Wertpapierdienstleistungsunternehmen Wertpapierdienstleistungen oder Wertpapiernebendienstleistungen für den Kunden erbringt. [2] In anderen Dokumenten oder Rechtstexten normierte oder vereinbarte Rechte und Pflichten können durch Verweis in die Vereinbarungen einbezogen werden. [3] Nähere Bestimmungen zur Aufzeichnungspflicht nach Satz 1 ergeben sich aus Artikel 58 der Delegierten Verordnung (EU) 2017/565.

(3) [1] Hinsichtlich der beim Handel für eigene Rechnung getätigten Geschäfte und der Erbringung von Dienstleistungen, die sich auf die Annahme, Übermittlung und Ausführung von Kundenaufträgen beziehen, hat das Wertpapierdienstleistungsunternehmen für Zwecke der Beweissicherung die Inhalte der Telefongespräche und der elektronischen Kommunikation aufzuzeichnen. [2] Die Aufzeichnung hat insbesondere diejenigen Teile der Telefongespräche und der elektronischen Kommunikation zu beinhalten, in welchen die Risiken, die Ertragschancen oder die Ausgestaltung von Finanzinstrumenten oder Wertpapierdienstleistungen erörtert werden. [3] Hierzu darf das Wertpapierdienstleistungsunternehmen personenbezogene Daten verarbeiten. [4] Dies gilt auch, wenn das Telefongespräch oder die elektronische Kommunikation nicht zum Abschluss eines solchen Geschäftes oder zur Erbringung einer solchen Dienstleistung führt.

(4) [1] Das Wertpapierdienstleistungsunternehmen hat alle angemessenen Maßnahmen zu ergreifen, um einschlägige Telefongespräche und elektronische Kommunikation aufzuzeichnen, die über Geräte erstellt oder von Geräten gesendet oder empfangen werden, die das Wertpapierdienstleistungsunternehmen seinen Mitarbeitern oder beauftragten Personen zur Verfügung stellt oder deren Nutzung das Wertpapierdienstleistungsunternehmen billigt oder gestattet. [2] Telefongespräche und elektronische Kommunikation, die nach Absatz 3 Satz 1 aufzuzeichnen sind, dürfen über private Geräte oder private elektronische Kommunikation der Mitarbeiter nur geführt werden, wenn das Wertpapierdienstleistungsunternehmen diese mit Zustimmung der Mitarbeiter aufzeichnen oder nach Abschluss des Gesprächs auf einen eigenen Datenspeicher kopieren kann.

(5) [1] Das Wertpapierdienstleistungsunternehmen hat Neu- und Altkunden sowie seine Mitarbeiter und beauftragten Personen vorab in geeigneter Weise über die Aufzeichnung von Telefongesprächen nach Absatz 3 Satz 1 zu informieren. [2] Hat ein Wertpapierdienstleistungsunternehmen seine Kunden nicht vorab über die Aufzeichnung der Telefongespräche oder der elektronischen Kommunikation informiert oder hat der Kunde einer Aufzeichnung widersprochen, darf das Wertpapierdienstleistungsunternehmen für den Kunden keine telefonisch oder mittels elektronischer Kommunikation veranlassten Wert-

papierdienstleistungen erbringen, wenn sich diese auf die Annahme, Übermittlung und Ausführung von Kundenaufträgen beziehen. [3] Näheres regelt Artikel 76 der Delegierten Verordnung (EU) 2017/565.

(6) [1] Erteilt der Kunde dem Wertpapierdienstleistungsunternehmen seinen Auftrag im Rahmen eines persönlichen Gesprächs, hat das Wertpapierdienstleistungsunternehmen die Erteilung des Auftrags mittels eines dauerhaften Datenträgers zu dokumentieren. [2] Zu diesem Zweck dürfen auch schriftliche Protokolle oder Vermerke über den Inhalt des persönlichen Gesprächs angefertigt werden. [3] Erteilt der Kunde seinen Auftrag auf andere Art und Weise, müssen solche Mitteilungen auf einem dauerhaften Datenträger erfolgen. [4] Näheres regelt Artikel 76 Absatz 9 der Delegierten Verordnung (EU) 2017/565.

(7) Der Kunde kann von dem Wertpapierdienstleistungsunternehmen bis zur Löschung oder Vernichtung nach Absatz 8 jederzeit verlangen, dass ihm die Aufzeichnungen nach Absatz 3 Satz 1 und der Dokumentation nach Absatz 6 Satz 1 oder eine Kopie zur Verfügung gestellt werden.

(8) [1] Die Aufzeichnungen nach den Absätzen 3 und 6 sind für fünf Jahre aufzubewahren, soweit sie für die dort genannten Zwecke erforderlich sind. [2] Sie sind nach Ablauf der in Satz 1 genannten Frist zu löschen oder zu vernichten. [3] Die Löschung oder Vernichtung ist zu dokumentieren. [4] Erhält die Bundesanstalt vor Ablauf der in Satz 1 genannten Frist Kenntnis von Umständen, die eine über die in Satz 1 genannte Höchstfrist hinausgehende Speicherung der Aufzeichnung insbesondere zur Beweissicherung erfordern, kann die Bundesanstalt die in Satz 1 genannte Höchstfrist zur Speicherung der Aufzeichnung um zwei Jahre verlängern.

(9) [1] Die nach den Absätzen 3 und 6 erstellten Aufzeichnungen sind gegen nachträgliche Verfälschung und unbefugte Verwendung zu sichern und dürfen nicht für andere Zwecke genutzt werden, insbesondere nicht zur Überwachung der Mitarbeiter durch das Wertpapierdienstleistungsunternehmen. [2] Sie dürfen nur unter bestimmten Voraussetzungen, insbesondere zur Erfüllung eines Kundenauftrags, der Anforderung durch die Bundesanstalt oder eine andere Aufsichts- oder eine Strafverfolgungsbehörde und nur durch einen oder mehrere vom Wertpapierdienstleistungsunternehmen gesondert zu benennende Mitarbeiter ausgewertet werden.

(10) [1] Das Bundesministerium der Finanzen kann durch Rechtsverordnung[1)], die nicht der Zustimmung des Bundesrates bedarf, nähere Bestimmungen zu den Aufzeichnungspflichten und zu der Geeignetheit von Datenträgern nach den Absätzen 1 bis 7 erlassen. [2] Das Bundesministerium der Finanzen kann die Ermächtigung durch Rechtsverordnung auf die Bundesanstalt übertragen.

(11) Die Bundesanstalt veröffentlicht auf ihrer Internetseite ein Verzeichnis der Mindestaufzeichnungen, die die Wertpapierdienstleistungsunternehmen nach diesem Gesetz in Verbindung mit einer Rechtsverordnung nach Absatz 10 vorzunehmen haben.

(12) Absatz 2 gilt nicht für Immobiliar-Verbraucherdarlehensverträge nach § 491 Absatz 3 des Bürgerlichen Gesetzbuchs, die an die Vorbedingung geknüpft sind, dass dem Verbraucher eine Wertpapierdienstleistung in Bezug auf gedeckte Schuldverschreibungen, die zur Besicherung der Finanzierung des

---

[1)] Siehe die Wertpapierdienstleistungs-Verhaltens- und OrganisationsVO v. 17.10.2017 (BGBl. I S. 3566), zuletzt geänd. durch G v. 8.7.2019 (BGBl. I S. 1002).

Kredits begeben worden sind und denen dieselben Konditionen wie dem Immobiliar-Verbraucherdarlehensvertrag zugrunde liegen, erbracht wird, und wenn damit das Darlehen ausgezahlt, refinanziert oder abgelöst werden kann.

§ 84 Vermögensverwahrung und Finanzsicherheiten; Verordnungsermächtigung. (1) Ein Wertpapierdienstleistungsunternehmen, das nicht über eine Erlaubnis für das Einlagengeschäft nach § 1 Absatz 1 Satz 2 Nummer 1 des Kreditwesengesetzes verfügt und das Gelder von Kunden hält, hat geeignete Vorkehrungen zu treffen, um die Rechte der Kunden zu schützen und zu verhindern, dass die Gelder des Kunden ohne dessen ausdrückliche Zustimmung für eigene Rechnung oder für Rechnung einer anderen Person verwendet werden.

(2) [1] Ein Wertpapierdienstleistungsunternehmen, das über keine Erlaubnis für das Einlagengeschäft im Sinne des § 1 Abs. 1 Satz 2 Nr. 1 des Kreditwesengesetzes verfügt, hat Kundengelder, die es im Zusammenhang mit einer Wertpapierdienstleistung oder einer Wertpapiernebendienstleistung entgegennimmt, unverzüglich getrennt von den Geldern des Unternehmens und von anderen Kundengeldern auf Treuhandkonten bei solchen Kreditinstituten, Unternehmen im Sinne des § 53b Abs. 1 Satz 1 des Kreditwesengesetzes oder vergleichbaren Instituten mit Sitz in einem Drittstaat, welche zum Betreiben des Einlagengeschäftes befugt sind, einer Zentralbank oder einem qualifizierten Geldmarktfonds zu verwahren, bis die Gelder zum vereinbarten Zweck verwendet werden. [2] Der Kunde kann im Wege individueller Vertragsabrede hinsichtlich der Trennung der Kundengelder voneinander anderweitige Weisung erteilen, wenn er über den mit der Trennung der Kundengelder verfolgten Schutzzweck informiert wurde. [3] Zur Verwahrung bei einem qualifizierten Geldmarktfonds hat das Wertpapierdienstleistungsunternehmen die vorherige Zustimmung des Kunden einzuholen. [4] Die Zustimmung ist nur dann wirksam, wenn das Wertpapierdienstleistungsunternehmen den Kunden vor Erteilung der Zustimmung darüber unterrichtet hat, dass die bei dem qualifizierten Geldmarktfonds verwahrten Gelder nicht entsprechend den Schutzstandards dieses Gesetzes und nicht entsprechend der Verordnung zur Konkretisierung der Verhaltensregeln und Organisationsanforderungen für Wertpapierdienstleistungsunternehmen gehalten werden. [5] Das Wertpapierdienstleistungsunternehmen hat dem verwahrenden Institut vor der Verwahrung offen zu legen, dass die Gelder treuhänderisch eingelegt werden. [6] Es hat den Kunden unverzüglich darüber zu unterrichten, bei welchem Institut und auf welchem Konto die Kundengelder verwahrt werden und ob das Institut, bei dem die Kundengelder verwahrt werden, einer Einrichtung zur Sicherung der Ansprüche von Einlegern und Anlegern angehört und in welchem Umfang die Kundengelder durch diese Einrichtung gesichert sind.

(3) [1] Werden die Kundengelder bei einem Kreditinstitut, einem vergleichbaren Institut mit Sitz in einem Drittstaat oder einem Geldmarktfonds, die zur Unternehmensgruppe des Wertpapierdienstleistungsunternehmens gehören, gehalten, dürfen die bei einem solchen Unternehmen oder einer Gemeinschaft von solchen Unternehmen verwahrten Gelder 20 Prozent aller Kundengelder des Wertpapierdienstleistungsunternehmens nicht übersteigen. [2] Die Bundesanstalt kann dem Wertpapierdienstleistungsunternehmen auf Antrag erlauben, die Obergrenze nach Satz 1 zu überschreiten, wenn es nachweist, dass die gemäß Satz 1 geltende Anforderung angesichts der Art, des Umfangs und der

Komplexität seiner Tätigkeit sowie angesichts der Sicherheit, die die Verwahrstellen nach Satz 1 bieten sowie angesichts des geringen Saldos an Kundengeldern, das das Wertpapierdienstleistungsunternehmen hält, unverhältnismäßig ist. [3] Das Wertpapierdienstleistungsunternehmen überprüft die nach Satz 2 durchgeführte Bewertung jährlich und leitet der Bundesanstalt seine Ausgangsbewertung sowie die überprüften Bewertungen zur Prüfung zu.

(4) [1] Ein Wertpapierdienstleistungsunternehmen, das Finanzinstrumente von Kunden hält, hat geeignete Vorkehrungen zu treffen, um die Eigentumsrechte der Kunden an diesen Finanzinstrumenten zu schützen. [2] Dies gilt insbesondere für den Fall der Insolvenz des Wertpapierdienstleistungsunternehmens. [3] Das Wertpapierdienstleistungsunternehmen hat durch geeignete Vorkehrungen zu verhindern, dass die Finanzinstrumente eines Kunden ohne dessen ausdrückliche Zustimmung für eigene Rechnung oder für Rechnung einer anderen Person verwendet werden.

(5) [1] Ein Wertpapierdienstleistungsunternehmen ohne eine Erlaubnis zum Betreiben des Depotgeschäftes im Sinne des § 1 Absatz 1 Satz 2 Nummer 5 des Kreditwesengesetzes hat Wertpapiere, die es im Zusammenhang mit einer Wertpapierdienstleistung oder einer Wertpapiernebendienstleistung entgegennimmt, unverzüglich einem Kreditinstitut, das im Inland zum Betreiben des Depotgeschäftes befugt ist, oder einem Institut mit Sitz im Ausland, das zum Betreiben des Depotgeschäftes befugt ist und bei welchem dem Kunden eine Rechtsstellung eingeräumt wird, die derjenigen nach dem Depotgesetz gleichwertig ist, zur Verwahrung weiterzuleiten. [2] Absatz 2 Satz 6 gilt entsprechend.

(6) [1] Das Wertpapierdienstleistungsunternehmen darf die Finanzinstrumente eines Kunden nur unter genau festgelegten Bedingungen für eigene Rechnung oder für Rechnung einer anderen Person verwenden und hat geeignete Vorkehrungen zu treffen, um die unbefugte Verwendung der Finanzinstrumente des Kunden für eigene Rechnung oder für Rechnung einer anderen Person zu verhindern. [2] Der Kunde muss den Bedingungen im Voraus ausdrücklich zugestimmt haben und seine Zustimmung muss durch seine Unterschrift oder eine gleichwertige schriftliche Bestätigung eindeutig dokumentiert sein. [3] Werden die Finanzinstrumente auf Sammeldepots bei einem Dritten verwahrt, sind für eine Verwendung nach Satz 1 zusätzlich die ausdrückliche Zustimmung aller anderen Kunden des Sammeldepots oder Systeme und Kontrolleinrichtungen erforderlich, mit denen die Beschränkung der Verwendung auf Finanzinstrumente gewährleistet ist, für die eine Zustimmung nach Satz 2 vorliegt. [4] In den Fällen des Satzes 3 muss das Wertpapierdienstleistungsunternehmen über Kunden, auf deren Weisung hin eine Nutzung der Finanzinstrumente erfolgt, und über die Zahl der von jedem einzelnen Kunden mit dessen Zustimmung verwendeten Finanzinstrumente Aufzeichnungen führen, die eine eindeutige und zutreffende Zuordnung der im Rahmen der Verwendung eingetretenen Verluste ermöglichen.

(7) Ein Wertpapierdienstleistungsunternehmen darf sich von Privatkunden zur Besicherung oder Deckung von Verpflichtungen der Kunden, auch soweit diese noch nicht bestehen, keine Finanzsicherheiten in Form von Vollrechtsübertragungen im Sinne des Artikels 2 Absatz 1 Buchstabe b der Richtlinie 2002/47/EG des Europäischen Parlaments und des Rates vom 6. Juni 2002 über Finanzsicherheiten (ABl. L 168 vom 27.6.2002, S. 43), die zuletzt durch die Richtlinie 2014/59/EU (ABl. L 173 vom 12.6.2014, S. 190) geändert worden ist, in der jeweils geltenden Fassung, gewähren lassen.

(8) [1] Soweit eine Vollrechtsübertragung zulässig ist, hat das Wertpapierdienstleistungsunternehmen die Angemessenheit der Verwendung eines Finanzinstruments als Finanzsicherheit ordnungsgemäß vor dem Hintergrund der Vertragsbeziehung des Kunden mit dem Wertpapierdienstleistungsunternehmen und den Vermögensgegenständen des Kunden zu prüfen und diese Prüfung zu dokumentieren. [2] Professionelle Kunden und geeignete Gegenparteien sind auf die Risiken und die Folgen der Stellung einer Finanzsicherheit in Form der Vollrechtsübertragung hinzuweisen.

(9) [1] Ein Wertpapierdienstleistungsunternehmen hat im Rahmen von Wertpapierleihgeschäften mit Dritten, die Finanzinstrumente von Kunden zum Gegenstand haben, durch entsprechende Vereinbarungen sicherzustellen, dass der Entleiher der Kundenfinanzinstrumente angemessene Sicherheiten stellt. [2] Das Wertpapierdienstleistungsunternehmen hat die Angemessenheit der gestellten Sicherheiten durch geeignete Vorkehrungen sicherzustellen sowie fortlaufend zu überwachen und das Gleichgewicht zwischen dem Wert der Sicherheit und dem Wert des Finanzinstruments des Kunden aufrechtzuerhalten.

(10) [1] Das Bundesministerium der Finanzen kann durch Rechtsverordnung, die nicht der Zustimmung des Bundesrates bedarf, zum Schutz der einem Wertpapierdienstleistungsunternehmen anvertrauten Gelder oder Wertpapiere der Kunden nähere Bestimmungen über den Umfang der Verpflichtungen nach den Absätzen 1 bis 9 sowie zu den Anforderungen an qualifizierte Geldmarktfonds im Sinne des Absatzes 2 erlassen. [2] Das Bundesministerium der Finanzen kann die Ermächtigung durch Rechtsverordnung auf die Bundesanstalt übertragen.

§ 85 Anlagestrategieempfehlungen und Anlageempfehlungen; Verordnungsermächtigung. (1) [1] Unternehmen, die Anlagestrategieempfehlungen im Sinne des Artikels 3 Absatz 1 Nummer 34 der Verordnung (EU) Nr. 596/2014 oder Anlageempfehlungen im Sinne des Artikels 3 Absatz 1 Nummer 35 der Verordnung (EU) Nr. 596/2014 erstellen oder verbreiten, müssen so organisiert sein, dass Interessenkonflikte im Sinne des Artikels 20 Absatz 1 der Verordnung (EU) Nr. 596/2014 möglichst gering sind. [2] Sie müssen insbesondere über angemessene Kontrollverfahren verfügen, die geeignet sind, Verstößen gegen die Verpflichtungen nach Artikel 20 Absatz 1 der Verordnung (EU) Nr. 596/2014 entgegenzuwirken.

(2) Die Befugnisse der Bundesanstalt nach § 88 gelten hinsichtlich der Einhaltung der in Absatz 1 genannten Pflichten und der Pflichten, die sich aus Artikel 20 Absatz 1 der Verordnung (EU) Nr. 596/2014 in Verbindung mit einem auf der Grundlage von Artikel 20 Absatz 3 der Verordnung (EU) Nr. 596/2014 erlassenen delegierten Rechtsakt ergeben, entsprechend.

(3) [1] Das Bundesministerium der Finanzen kann durch Rechtsverordnung, die nicht der Zustimmung des Bundesrates bedarf, nähere Bestimmungen über die angemessene Organisation nach Absatz 1 Satz 1 erlassen. [2] Das Bundesministerium der Finanzen kann die Ermächtigung durch Rechtsverordnung auf die Bundesanstalt übertragen.

§ 86 Anzeigepflicht. (1) [1] Andere Personen als Wertpapierdienstleistungsunternehmen, Kapitalverwaltungsgesellschaften, EU-Verwaltungsgesellschaften oder Investmentgesellschaften, die in Ausübung ihres Berufes oder im Rahmen ihrer Geschäftstätigkeit für die Erstellung von Anlagestrategieempfehlungen im

Sinne des Artikels 3 Absatz 1 Nummer 34 der Verordnung (EU) Nr. 596/2014 oder von Anlageempfehlungen im Sinne des Artikels 3 Absatz 1 Nummer 35 der Verordnung (EU) Nr. 596/2014 oder deren Weitergabe verantwortlich sind, haben dies der Bundesanstalt vor Erstellung oder Weitergabe der Empfehlungen anzuzeigen. [2] Die Anzeige muss folgende Angaben enthalten:

1. bei einer natürlichen Person Name, Geburtsort, Geburtsdatum, Wohn- und Geschäftsanschrift sowie telefonische und elektronische Kontaktdaten,
2. bei einer juristischen Person oder einer Personenvereinigung Firma, Name oder Bezeichnung, Rechtsform, Registernummer wenn vorhanden, Anschrift des Sitzes oder der Hauptniederlassung, Namen der Mitglieder des Vertretungsorgans oder der gesetzlichen Vertreter und telefonische und elektronische Kontaktdaten; ist ein Mitglied des Vertretungsorgans oder der gesetzliche Vertreter eine juristische Person, so sind deren Firma, Name oder Bezeichnung, Rechtsform, Registernummer wenn vorhanden und Anschrift des Sitzes oder der Hauptniederlassung ebenfalls anzugeben.

[3] Die Angaben nach Satz 2 sind glaubhaft zu machen. [4] Beabsichtigt der Anzeigepflichtige die Verbreitung der Empfehlungen, muss die Anzeige auch eine detaillierte Beschreibung der beabsichtigen Verbreitungswege enthalten. [5] Der Anzeigepflichtige hat weiterhin anzuzeigen, inwiefern bei mit ihm verbundenen Unternehmen Tatsachen vorliegen, die Interessenkonflikte begründen können. [6] Veränderungen der angezeigten Daten und Sachverhalte sowie die Einstellung der in Satz 1 genannten Tätigkeiten sind der Bundesanstalt innerhalb von vier Wochen anzuzeigen.

(2) Die Bundesanstalt veröffentlicht auf ihrer Internetseite den Namen, die Firma oder die Bezeichnung der nach Absatz 1 Satz 2 Nummer 2 ordnungsgemäß angezeigten Personen und Personenvereinigungen sowie den Ort und das Land der Wohn- und Geschäftsanschrift oder des Sitzes oder der Hauptniederlassung.

§ 87 Einsatz von Mitarbeitern in der Anlageberatung, als Vertriebsbeauftragte, in der Finanzportfolioverwaltung oder als Compliance-Beauftragte; Verordnungsermächtigung. (1) [1] Ein Wertpapierdienstleistungsunternehmen darf einen Mitarbeiter nur dann mit der Anlageberatung betrauen, wenn dieser sachkundig ist und über die für die Tätigkeit erforderliche Zuverlässigkeit verfügt. [2] Das Wertpapierdienstleistungsunternehmen muss der Bundesanstalt

1. den Mitarbeiter und,
2. sofern das Wertpapierdienstleistungsunternehmen über Vertriebsbeauftragte im Sinne des Absatzes 4 verfügt, den auf Grund der Organisation des Wertpapierdienstleistungsunternehmens für den Mitarbeiter unmittelbar zuständigen Vertriebsbeauftragten

anzeigen, bevor der Mitarbeiter die Tätigkeit nach Satz 1 aufnimmt. [3] Ändern sich die von dem Wertpapierdienstleistungsunternehmen nach Satz 2 angezeigten Verhältnisse, sind die neuen Verhältnisse unverzüglich der Bundesanstalt anzuzeigen. [4] Ferner sind der Bundesanstalt, wenn auf Grund der Tätigkeit des Mitarbeiters eine oder mehrere Beschwerden im Sinne des Artikels 26 der Delegierten Verordnung (EU) 2017/565 durch Privatkunden gegenüber dem Wertpapierdienstleistungsunternehmen erhoben werden,

1. jede Beschwerde,

2. der Name des Mitarbeiters, auf Grund dessen Tätigkeit die Beschwerde erhoben wird, sowie,
3. sofern das Wertpapierdienstleistungsunternehmen mehrere Zweigstellen, Zweigniederlassungen oder sonstige Organisationseinheiten hat, die Zweigstelle, Zweigniederlassung oder Organisationseinheit, welcher der Mitarbeiter zugeordnet ist oder für welche er überwiegend oder in der Regel die nach Satz 1 anzuzeigende Tätigkeit ausübt,

anzuzeigen.

(2) Ein Wertpapierdienstleistungsunternehmen darf einen Mitarbeiter nur dann damit betrauen, Kunden über Finanzinstrumente, strukturierte Einlagen, Wertpapierdienstleistungen oder Wertpapiernebendienstleistungen zu informieren (Vertriebsmitarbeiter), wenn dieser sachkundig ist und über die für die Tätigkeit erforderliche Zuverlässigkeit verfügt.

(3) Ein Wertpapierdienstleistungsunternehmen darf einen Mitarbeiter nur dann mit der Finanzportfolioverwaltung betrauen, wenn dieser sachkundig ist und über die für die Tätigkeit erforderliche Zuverlässigkeit verfügt.

(4) [1] Ein Wertpapierdienstleistungsunternehmen darf einen Mitarbeiter mit der Ausgestaltung, Umsetzung oder Überwachung von Vertriebsvorgaben im Sinne des § 80 Absatz 1 Satz 2 Nummer 3 nur dann betrauen (Vertriebsbeauftragter), wenn dieser sachkundig ist und über die für die Tätigkeit erforderliche Zuverlässigkeit verfügt. [2] Das Wertpapierdienstleistungsunternehmen muss der Bundesanstalt den Mitarbeiter anzeigen, bevor dieser die Tätigkeit nach Satz 1 aufnimmt. [3] Ändern sich die von dem Wertpapierdienstleistungsunternehmen nach Satz 2 angezeigten Verhältnisse, sind die neuen Verhältnisse unverzüglich der Bundesanstalt anzuzeigen.

(5) [1] Ein Wertpapierdienstleistungsunternehmen darf einen Mitarbeiter nur dann mit der Verantwortlichkeit für die Compliance-Funktion im Sinne des Artikels 22 Absatz 2 der Delegierten Verordnung (EU) 2017/565 und für die Berichte an die Geschäftsleitung nach Artikel 25 Absatz 2 der Delegierten Verordnung (EU) 2017/565 betrauen (Compliance-Beauftragter), wenn dieser sachkundig ist und über die für die Tätigkeit erforderliche Zuverlässigkeit verfügt. [2] Das Wertpapierdienstleistungsunternehmen muss der Bundesanstalt den Mitarbeiter anzeigen, bevor der Mitarbeiter die Tätigkeit nach Satz 1 aufnimmt. [3] Ändern sich die von dem Wertpapierdienstleistungsunternehmen nach Satz 2 angezeigten Verhältnisse, sind die neuen Verhältnisse unverzüglich der Bundesanstalt anzuzeigen.

(6) [1] Liegen Tatsachen vor, aus denen sich ergibt, dass ein Mitarbeiter

1. nicht oder nicht mehr die Anforderungen nach Absatz 1 Satz 1, Absatz 2, 3, 4 Satz 1, jeweils auch in Verbindung mit § 96, oder Absatz 5 Satz 1 erfüllt, kann die Bundesanstalt unbeschadet ihrer Befugnisse nach § 6 dem Wertpapierdienstleistungsunternehmen untersagen, den Mitarbeiter in der angezeigten Tätigkeit einzusetzen, solange dieser die gesetzlichen Anforderungen nicht erfüllt, oder
2. gegen Bestimmungen dieses Abschnittes verstoßen hat, deren Einhaltung bei der Durchführung seiner Tätigkeit zu beachten sind, kann die Bundesanstalt unbeschadet ihrer Befugnisse nach § 6
   a) das Wertpapierdienstleistungsunternehmen und den Mitarbeiter verwarnen oder

b) dem Wertpapierdienstleistungsunternehmen für eine Dauer von bis zu zwei Jahren untersagen, den Mitarbeiter in der angezeigten Tätigkeit einzusetzen.

[2] Die Bundesanstalt kann unanfechtbar gewordene Anordnungen im Sinne des Satzes 1 auf ihrer Internetseite öffentlich bekannt machen, es sei denn, diese Veröffentlichung wäre geeignet, den berechtigten Interessen des Unternehmens zu schaden. [3] Die öffentliche Bekanntmachung nach Satz 2 hat ohne Nennung des Namens des betroffenen Mitarbeiters zu erfolgen. [4] Widerspruch und Anfechtungsklage gegen Maßnahmen nach Satz 1 haben keine aufschiebende Wirkung.

(7) Die Bundesanstalt führt über die nach den Absätzen 1, 4 und 5 anzuzeigenden Mitarbeiter sowie die ihnen zugeordneten Beschwerdeanzeigen nach Absatz 1 und die ihre Tätigkeit betreffenden Anordnungen nach Absatz 6 eine interne Datenbank.

(8) Die Absätze 1 bis 7 sind nicht anzuwenden auf diejenigen Mitarbeiter eines Wertpapierdienstleistungsunternehmens, die ausschließlich in einer Zweigniederlassung im Sinne des § 24a des Kreditwesengesetzes oder in mehreren solcher Zweigniederlassungen tätig sind.

(9) [1] Das Bundesministerium der Finanzen kann durch Rechtsverordnung[1)], die nicht der Zustimmung des Bundesrates bedarf, die näheren Anforderungen an

1. den Inhalt, die Art, die Sprache, den Umfang und die Form der Anzeigen nach den Absätzen 1, 4 oder 5,
2. die Sachkunde und die Zuverlässigkeit nach Absatz 1 Satz 1, den Absätzen 2, 3, 4 Satz 1, jeweils auch in Verbindung mit § 96, sowie Absatz 5 Satz 1 sowie
3. den Inhalt der Datenbank nach Absatz 7 und die Dauer der Speicherung der Einträge

einschließlich des jeweiligen Verfahrens regeln. [2] In der Rechtsverordnung nach Satz 1 kann insbesondere bestimmt werden, dass dem jeweiligen Wertpapierdienstleistungsunternehmen ein schreibender Zugriff auf die für das Unternehmen einzurichtenden Einträge in die Datenbank nach Absatz 7 eingeräumt und ihm die Verantwortlichkeit für die Richtigkeit und Aktualität dieser Einträge übertragen wird. [3] Das Bundesministerium der Finanzen kann die Ermächtigung durch Rechtsverordnung ohne Zustimmung des Bundesrates auf die Bundesanstalt übertragen.

(10) Die Absätze 1 bis 3 gelten nicht für Immobiliar-Verbraucherdarlehensverträge, die an die Vorbedingung geknüpft sind, dass dem Verbraucher eine Wertpapierdienstleistung in Bezug auf gedeckte Schuldverschreibungen, die zur Besicherung der Finanzierung des Kredits begeben worden sind und denen dieselben Konditionen wie dem Immobiliar-Verbraucherdarlehensvertrag zugrunde liegen, erbracht wird, und wenn damit das Darlehen ausgezahlt, refinanziert oder abgelöst werden kann.

§ 88 Überwachung der Meldepflichten und Verhaltensregeln. (1) Die Bundesanstalt kann zur Überwachung der Einhaltung

[1)] Siehe die WpHG-MitarbeiteranzeigeVO v. 21.12.2011 (BGBl. I S. 3116), zuletzt geänd. durch VO v. 24.11.2017 (BGBl. I S. 3810).

1. der Meldepflichten nach Artikel 26 der Verordnung (EU) Nr. 600/2014, auch in Verbindung mit gemäß den diesen Artikeln erlassenen technischen Regulierungsstandards,
2. der Verpflichtung zu Positionsmeldungen nach § 57 Absatz 1 bis 4,
3. der Anzeigepflichten nach § 23,
4. der in diesem Abschnitt geregelten Pflichten, auch in Verbindung mit technischen Regulierungsstandards, die gemäß Artikel 17 Absatz 7, Artikel 27 Absatz 10 und Artikel 32 Absatz 2 der Richtlinie 2014/65/EU erlassen wurden, sowie
5. der Pflichten aus
   a) den Artikeln 4, 16 und 20 der Verordnung (EU) Nr. 596/2014, auch in Verbindung mit gemäß diesen Artikeln erlassenen technischen Regulierungsstandards,
   b) den Artikeln 3 bis 15, 17, 18, 20 bis 23, 25, 27 und 31 der Verordnung (EU) Nr. 600/2014, auch in Verbindung mit gemäß diesen Artikeln erlassenen technischen Regulierungsstandards,
   c) der Delegierten Verordnung (EU) 2017/565,
   d) der Delegierten Verordnung (EU) 2017/567,
   e) § 29 Absatz 2 in Verbindung mit Artikel 4 Absatz 1 Unterabsatz 1 sowie Artikel 5a Absatz 1 der Verordnung (EG) Nr. 1060/2009

in der jeweils geltenden Fassung, auch ohne besonderen Anlass Prüfungen vornehmen bei den Wertpapierdienstleistungsunternehmen, den mit diesen verbundenen Unternehmen, den Zweigniederlassungen im Sinne des § 53b des Kreditwesengesetzes, den Unternehmen, mit denen eine Auslagerungsvereinbarung im Sinne des § 25b des Kreditwesengesetzes besteht oder bestand, und sonstigen zur Durchführung eingeschalteten dritten Personen oder Unternehmen.

(2) Die Bundesanstalt kann zur Überwachung der Einhaltung der in diesem Abschnitt geregelten Pflichten Auskünfte und die Vorlage von Unterlagen auch von Unternehmen mit Sitz in einem Drittstaat verlangen, die Wertpapierdienstleistungen gegenüber Kunden erbringen, die ihren gewöhnlichen Aufenthalt oder ihre Geschäftsleitung im Inland haben, sofern nicht die Wertpapierdienstleistung einschließlich der damit im Zusammenhang stehenden Wertpapiernebendienstleistungen ausschließlich in einem Drittstaat erbracht wird.

(3) Widerspruch und Anfechtungsklage gegen Maßnahmen nach den Absätzen 1 und 2 haben keine aufschiebende Wirkung.

(4) [1]Die Bundesanstalt kann Richtlinien aufstellen, nach denen sie nach Maßgabe der Richtlinie 2014/65/EU und der Delegierten Richtlinie (EU) 2017/593 für den Regelfall beurteilt, ob die Anforderungen dieses Abschnitts erfüllt sind. [2]Die Deutsche Bundesbank sowie die Spitzenverbände der betroffenen Wirtschaftskreise sind vor dem Erlass der Richtlinien anzuhören. [3]Die Richtlinien sind im Bundesanzeiger zu veröffentlichen.

§ 89 Prüfung der Meldepflichten und Verhaltensregeln; Verordnungsermächtigung. (1) [1]Unbeschadet des § 88 ist einmal jährlich durch einen geeigneten Prüfer zu prüfen, ob die folgenden Pflichten eingehalten werden:

1. die Meldepflichten nach Artikel 26 der Verordnung (EU) Nr. 600/2014, auch in Verbindung mit den gemäß diesen Artikeln erlassenen technischen Regulierungsstandards,
2. die Verpflichtung zu Positionsmeldungen nach § 57 Absatz 1 bis 4,
3. die Anzeigepflichten nach § 23,
4. die in diesem Abschnitt geregelten Pflichten, auch in Verbindung mit technischen Regulierungsstandards, die gemäß Artikel 17 Absatz 7, Artikel 27 Absatz 10 und Artikel 32 Absatz 2 der Richtlinie 2014/65/EU erlassen wurden, sowie
5. die Pflichten aus
   a) den Artikeln 4, 16 und 20 der Verordnung (EU) Nr. 596/2014, auch in Verbindung mit den gemäß diesen Artikeln erlassenen technischen Regulierungsstandards,
   b) den Artikeln 3 bis 15, 17, 18, 20 bis 23, 25, 27 und 31 der Verordnung (EU) Nr. 600/2014, auch in Verbindung mit den gemäß diesen Artikeln erlassenen technischen Regulierungsstandards,
   c) der Delegierten Verordnung (EU) 2017/565,
   d) der Delegierten Verordnung (EU) 2017/567,
   e) § 29 Absatz 2 in Verbindung mit Artikel 4 Absatz 1 Unterabsatz 1 sowie Artikel 5a Absatz 1 der Verordnung (EG) Nr. 1060/2009

in der jeweils geltenden Fassung. [2] Bei Kreditinstituten, die das Depotgeschäft im Sinne von § 1 Absatz 1 Satz 2 Nummer 5 des Kreditwesengesetzes betreiben, und bei Finanzdienstleistungsinstituten, die das eingeschränkte Verwahrgeschäft im Sinne des § 1 Absatz 1a Satz 2 Nummer 12 des Kreditwesengesetzes erbringen, hat der Prüfer auch diese Geschäfte besonders zu prüfen; diese Prüfung hat sich auch auf die Einhaltung des § 67a Absatz 3 und des § 67b, jeweils auch in Verbindung mit § 125 Absatz 1, 2 und 5 des Aktiengesetzes[1)] über Mitteilungspflichten und des § 135 des Aktiengesetzes über die Ausübung des Stimmrechts zu erstrecken. [3] Die Bundesanstalt kann auf Antrag von der jährlichen Prüfung, mit Ausnahme der Prüfung der Einhaltung der Anforderungen nach § 84, auch in Verbindung mit einer Rechtsverordnung nach § 84 Abs. 5, ganz oder teilweise absehen, soweit dies aus besonderen Gründen, insbesondere wegen der Art und des Umfangs der betriebenen Geschäfte angezeigt ist. [4] Das Wertpapierdienstleistungsunternehmen hat den Prüfer jeweils spätestens zum Ablauf des Geschäftsjahres zu bestellen, auf das sich die Prüfung erstreckt. [5] Bei Kreditinstituten, die einem genossenschaftlichen Prüfungsverband angehören oder durch die Prüfungsstelle eines Sparkassen- und Giroverbandes geprüft werden, wird die Prüfung durch den zuständigen Prüfungsverband oder die zuständige Prüfungsstelle, soweit hinsichtlich letzterer das Landesrecht dies vorsieht, vorgenommen. [6] Geeignete Prüfer sind darüber hinaus Wirtschaftsprüfer, vereidigte Buchprüfer sowie Wirtschaftsprüfungs- und Buchprüfungsgesellschaften, die hinsichtlich des Prüfungsgegenstandes über ausreichende Kenntnisse verfügen.

(2) [1] Der Prüfer oder die Prüfungsverbände oder Prüfungsstellen, soweit Prüfungen nach Absatz 1 Satz 5 von genossenschaftlichen Prüfungsverbänden oder Prüfungsstellen von Sparkassen- und Giroverbänden durchgeführt werden, haben über die Prüfung nach Absatz 1 einen Prüfungsbericht zu erstellen und

---

1) Nr. **2**.

auf Anforderung der Bundesanstalt oder der Deutschen Bundesbank der Bundesanstalt und der Deutschen Bundesbank einzureichen. [2]Die wesentlichen Prüfungsergebnisse sind in einem Fragebogen zusammenzufassen, der dem Prüfungsbericht beizufügen ist. [3]Der Fragebogen ist auch dann bei der Bundesanstalt und der zuständigen Hauptverwaltung der Deutschen Bundesbank einzureichen, wenn ein Prüfungsbericht nach Satz 1 nicht angefordert wird. [4]Der Prüfer hat den Fragebogen unverzüglich nach Beendigung der Prüfung einzureichen.

(3) [1]Das Wertpapierdienstleistungsunternehmen hat vor Erteilung des Prüfungsauftrags der Bundesanstalt den Prüfer anzuzeigen. [2]Die Bundesanstalt kann innerhalb eines Monats nach Zugang der Anzeige die Bestellung eines anderen Prüfers verlangen, wenn dies zur Erreichung des Prüfungszweckes geboten ist; Widerspruch und Anfechtungsklage hiergegen haben keine aufschiebende Wirkung. [3]Die Sätze 1 und 2 gelten nicht für Kreditinstitute, die einem genossenschaftlichen Prüfungsverband angehören oder durch die Prüfungsstelle eines Sparkassen- und Giroverbandes geprüft werden.

(4) [1]Die Bundesanstalt kann gegenüber dem Wertpapierdienstleistungsunternehmen Bestimmungen über den Inhalt der Prüfung treffen, die vom Prüfer zu berücksichtigen sind. [2]Sie kann insbesondere Schwerpunkte für die Prüfungen festlegen. [3]Bei schwerwiegenden Verstößen gegen die Pflichten, deren Einhaltung nach Absatz 1 Satz 1 zu prüfen ist, hat der Prüfer die Bundesanstalt unverzüglich zu unterrichten. [4]Die Bundesanstalt kann an den Prüfungen teilnehmen. [5]Hierfür ist der Bundesanstalt der Beginn der Prüfung rechtzeitig mitzuteilen.

(5) [1]Die Bundesanstalt kann die Prüfung nach Absatz 1 auch ohne besonderen Anlass anstelle des Prüfers selbst oder durch Beauftragte durchführen. [2]Das Wertpapierdienstleistungsunternehmen ist hierüber rechtzeitig zu informieren.

(6) [1]Das Bundesministerium der Finanzen kann durch Rechtsverordnung, die nicht der Zustimmung des Bundesrates bedarf, nähere Bestimmungen über Aufbau, Inhalt und Art und Weise der Einreichung der Prüfungsberichte nach Absatz 2 sowie nähere Bestimmungen über Art, Umfang und Zeitpunkt der Prüfung nach den Absätzen 1 und 2 erlassen, soweit dies zur Erfüllung der Aufgaben der Bundesanstalt erforderlich ist, insbesondere, um Missständen im Handel mit Finanzinstrumenten entgegenzuwirken, um auf die Einhaltung der der Prüfung nach Absatz 1 Satz 1 unterliegenden Pflichten hinzuwirken und um zu diesem Zweck einheitliche Unterlagen zu erhalten. [2]Das Bundesministerium der Finanzen kann die Ermächtigung durch Rechtsverordnung auf die Bundesanstalt übertragen.

§ 90 Unternehmen, organisierte Märkte und multilaterale Handelssysteme mit Sitz in einem anderen Mitgliedstaat der Europäischen Union oder in einem anderen Vertragsstaat des Abkommens über den Europäischen Wirtschaftsraum. (1) [1]Die in diesem Abschnitt und den Artikeln 14 bis 26 der Verordnung (EU) Nr. 600/2014 geregelten Rechte und Pflichten sind mit Ausnahme von § 63 Absatz 2, den §§ 72 bis 78, 80 Absatz 1 bis 6 und 9 bis 13, den §§ 81, 84 bis § 87 Absatz 1 Satz 2 bis 4 und Absatz 3 bis 8 entsprechend anzuwenden auf Zweigniederlassungen und vertraglich gebundene Vermittler mit Sitz oder gewöhnlichem Aufenthalt im Inland im Sinne des § 53b des Kreditwesengesetzes, die Wertpapierdienstleistungen erbringen. [2]Ein Unternehmen mit Sitz in einem anderen Mitgliedstaat der Europäischen

Union oder in einem anderen Vertragsstaat des Abkommens über den Europäischen Wirtschaftsraum, das Wertpapierdienstleistungen allein oder zusammen mit Wertpapiernebendienstleistungen erbringt und das beabsichtigt, im Inland eine Zweigniederlassung im Sinne des § 53b des Kreditwesengesetzes zu errichten, ist von der Bundesanstalt innerhalb der in § 53b Absatz 2 Satz 1 des Kreditwesengesetzes bestimmten Frist auf die Meldepflichten nach § 22 und die nach Satz 1 für die Zweigniederlassung geltenden Rechte und Pflichten hinzuweisen.

(2) [1] Die Bundesanstalt kann von der Zweigniederlassung Änderungen der getroffenen Vorkehrungen zur Einhaltung der für sie geltenden Pflichten verlangen, soweit die Änderungen notwendig und verhältnismäßig sind, um der Bundesanstalt die Prüfung der Einhaltung der Pflichten zu ermöglichen. [2] Stellt die Bundesanstalt fest, dass das Unternehmen die nach Absatz 1 Satz 1 für seine Zweigniederlassung geltenden Pflichten nicht beachtet, fordert es das Unternehmen auf, seine Verpflichtungen innerhalb einer von der Bundesanstalt zu bestimmenden Frist zu erfüllen. [3] Kommt das Unternehmen der Aufforderung nicht nach, trifft die Bundesanstalt alle geeigneten Maßnahmen, um die Erfüllung der Verpflichtungen sicherzustellen und unterrichtet die zuständigen Behörden des Herkunftsmitgliedstaates über die Art der getroffenen Maßnahmen. [4] Falls das betroffene Unternehmen den Mangel nicht behebt, kann die Bundesanstalt nach Unterrichtung der zuständigen Behörde des Herkunftsmitgliedstaates alle Maßnahmen ergreifen, um weitere Verstöße zu verhindern oder zu ahnden. [5] Soweit erforderlich, kann die Bundesanstalt dem betroffenen Unternehmen die Durchführung neuer Geschäfte im Inland untersagen. [6] Die Bundesanstalt unterrichtet die Europäische Kommission und die Europäische Wertpapier- und Marktaufsichtsbehörde unverzüglich von Maßnahmen nach den Sätzen 4 und 5.

(3) [1] Stellt die Bundesanstalt fest, dass ein Unternehmen im Sinne des Absatzes 1 Satz 2, das im Inland eine Zweigniederlassung errichtet hat, gegen andere als die in Absatz 1 Satz 1 genannten Bestimmungen dieses Gesetzes oder entsprechende ausländische Vorschriften verstößt, so teilt sie dies der zuständigen Stelle des Herkunftsmitgliedstaates nach Maßgabe des § 18 Absatz 8 Satz 1 mit. [2] Sind die daraufhin getroffenen Maßnahmen der zuständigen Behörde des Herkunftsmitgliedstaates unzureichend oder verstößt das Unternehmen aus anderen Gründen weiter gegen die sonstigen Bestimmungen dieses Abschnitts und sind dadurch Anlegerinteressen oder die ordnungsgemäße Funktion des Marktes gefährdet, ergreift die Bundesanstalt nach vorheriger Unterrichtung der zuständigen Behörde des Herkunftsmitgliedstaates alle erforderlichen Maßnahmen, um den Anlegerschutz und die ordnungsgemäße Funktion der Märkte zu gewährleisten. [3] Absatz 2 Satz 4 bis 6 gilt entsprechend.

(4) Absatz 3 gilt entsprechend für ein Unternehmen mit Sitz in einem anderen Mitgliedstaat der Europäischen Union oder in einem anderen Vertragsstaat des Abkommens über den Europäischen Wirtschaftsraum, das Wertpapierdienstleistungen oder Wertpapiernebendienstleistungen im Wege des grenzüberschreitenden Dienstleistungsverkehrs gegenüber Kunden erbringt, die ihren gewöhnlichen Aufenthalt oder ihre Geschäftsleitung im Inland haben, wenn das Unternehmen gegen Bestimmungen dieses Abschnitts oder entsprechende ausländische Vorschriften verstößt.

(5) Absatz 3 gilt für Betreiber organisierter Märkte, multilateraler Handelssysteme und organisierter Handelssysteme entsprechend mit der Maßgabe, dass

für Maßnahmen der Bundesanstalt gegenüber einem solchen Betreiber Verstöße gegen Bestimmungen dieses Abschnitts, des Börsengesetzes oder gegen entsprechende ausländische Vorschriften vorliegen müssen und dass zu den Maßnahmen nach Absatz 3 Satz 2 insbesondere auch gehören kann, dem Betreiber des organisierten Marktes, des multilateralen Handelssystems oder des organisierten Handelssystems zu untersagen, sein System Mitgliedern im Inland zugänglich zu machen.

(6) Die Bundesanstalt unterrichtet die betroffenen Unternehmen oder Märkte von den jeweils nach den Absätzen 2 bis 5 getroffenen Maßnahmen unter Nennung der Gründe.

(7) Die Bundesanstalt kann in den Fällen des Absatzes 2 Satz 2, des Absatzes 3 Satz 1 und des Absatzes 5 die Europäische Wertpapier- und Marktaufsichtsbehörde nach Maßgabe des Artikels 19 der Verordnung (EU) Nr. 1095/2010 um Hilfe ersuchen.

§ 91 Unternehmen mit Sitz in einem Drittstaat. [1]Vorbehaltlich der Regelungen in Titel VIII der Verordnung (EU) Nr. 600/2014 kann die Bundesanstalt im Einzelfall bestimmen, dass auf ein Unternehmen mit Sitz in einem Drittstaat, das im Inland im Wege des grenzüberschreitenden Dienstleistungsverkehrs gewerbsmäßig oder in einem Umfang, der einen in kaufmännischer Weise eingerichteten Geschäftsbetrieb erfordert, Wertpapierdienstleistungen erbringen will, § 63 Absatz 2, die §§ 72 bis 78, 80 Absatz 1 bis 6 sowie 9 bis 13, die §§ 81, 84 bis 87 Absatz 1 Satz 2 bis 4 und Absatz 3 bis 8 dieses Gesetzes nicht anzuwenden sind, solange das Unternehmen im Hinblick auf seine im Inland betriebenen Wertpapierdienstleistungen wegen seiner Aufsicht durch die zuständige Herkunftsstaatsbehörde insoweit nicht zusätzlich der Aufsicht durch die Bundesanstalt bedarf. [2]Die Befreiung kann mit Auflagen verbunden werden, insbesondere mit der Auflage, dass das Unternehmen eine Überwachung und Prüfung der Einhaltung der Vorschriften ermöglicht, die den §§ 6 bis 15, 88 und 89 gleichwertig ist.

§ 92 Werbung der Wertpapierdienstleistungsunternehmen. (1) [1]Um Mißständen bei der Werbung für Wertpapierdienstleistungen und Wertpapiernebendienstleistungen zu begegnen, kann die Bundesanstalt den Wertpapierdienstleistungsunternehmen bestimmte Arten der Werbung untersagen. [2]Ein Missstand liegt insbesondere vor, wenn das Wertpapierdienstleistungsunternehmen

1. nicht oder nicht ausreichend auf die mit der von ihm erbrachten Wertpapierdienstleistung verbundenen Risiken hinweist,
2. mit der Sicherheit einer Anlage wirbt, obwohl die Rückzahlung der Anlage nicht oder nicht vollständig gesichert ist,
3. die Werbung mit Angaben insbesondere zu Kosten und Ertrag sowie zur Abhängigkeit vom Verhalten Dritter versieht, durch die in irreführender Weise der Anschein eines besonders günstigen Angebots entsteht,
4. die Werbung mit irreführenden Angaben über die Befugnisse der Bundesanstalt nach diesem Gesetz oder über die Befugnisse der für die Aufsicht zuständigen Stellen in anderen Mitgliedstaaten des Europäischen Wirtschaftsraums oder Drittstaaten versieht.

(2) Vor allgemeinen Maßnahmen nach Absatz 1 sind die Spitzenverbände der betroffenen Wirtschaftskreise und des Verbraucherschutzes anzuhören.

§ 93 Register Unabhängiger Honorar-Anlageberater; Verordnungsermächtigung. (1) Die Bundesanstalt führt auf ihrer Internetseite ein öffentliches Register Unabhängiger Honorar-Anlageberater über alle Wertpapierdienstleistungsunternehmen, die die Unabhängige Anlageberatung erbringen wollen.

(2) [1] Die Bundesanstalt hat ein Wertpapierdienstleistungsunternehmen auf Antrag in das Register Unabhängiger Honorar-Anlageberater einzutragen, wenn es

1. eine Erlaubnis nach § 32 des Kreditwesengesetzes besitzt oder Zweigniederlassung eines Unternehmens nach § 53b Absatz 1 Satz 1 und 2 oder Absatz 7 des Kreditwesengesetzes ist,
2. die Anlageberatung im Sinne des § 2 Absatz 8 Satz 1 Nummer 10 erbringen darf und
3. der Bundesanstalt durch Bescheinigung eines geeigneten Prüfers nachweist, dass es in der Lage ist, die Anforderungen nach § 80 Absatz 7 zu erfüllen.

[2] Die Prüfung nach Absatz 2 Nummer 3 wird bei Kreditinstituten, die einem genossenschaftlichen Prüfungsverband angehören oder durch die Prüfungsstelle eines Sparkassen- und Giroverbandes geprüft werden, durch den zuständigen Prüfungsverband oder die zuständige Prüfungsstelle, soweit hinsichtlich Letzterer das Landesrecht dies vorsieht, vorgenommen. [3] Geeignete Prüfer sind darüber hinaus Wirtschaftsprüfer, vereidigte Buchprüfer sowie Wirtschaftsprüfungs- und Buchprüfungsgesellschaften, die hinsichtlich des Prüfungsgegenstandes über ausreichende Kenntnisse verfügen.

(3) Die Bundesanstalt hat die Eintragung im Register Unabhängiger Honorar-Anlageberater zu löschen, wenn

1. das Wertpapierdienstleistungsunternehmen gegenüber der Bundesanstalt auf die Eintragung verzichtet oder
2. die Erlaubnis eines Wertpapierdienstleistungsunternehmens nach § 32 des Kreditwesengesetzes insgesamt oder die Erlaubnis zum Erbringen der Anlageberatung erlischt oder aufgehoben wird.

(4) Ein Wertpapierdienstleistungsunternehmen, das die Unabhängige Honorar-Anlageberatung nicht mehr erbringen will, muss dies der Bundesanstalt anzeigen.

(5) Das Bundesministerium der Finanzen wird ermächtigt, durch Rechtsverordnung, die nicht der Zustimmung des Bundesrates bedarf, nähere Bestimmungen zu erlassen

1. zum Inhalt des Registers Unabhängiger Honorar-Anlageberater,
2. zu den Mitwirkungspflichten der Institute bei der Führung des Registers Unabhängiger Honorar-Anlageberater und
3. zum Nachweis nach Absatz 2 Satz 1 Nummer 3.

(6) Das Bundesministerium der Finanzen kann die Ermächtigung durch Rechtsverordnung auf die Bundesanstalt übertragen.

§ 94 Bezeichnungen zur Unabhängigen Honorar-Anlageberatung.

(1) Die Bezeichnungen „Unabhängiger Honorar-Anlageberater“, „Unabhängige Honorar-Anlageberaterin“, „Unabhängige Honorar-Anlageberatung“ oder „Unabhängiger Honoraranlageberater“, „Unabhängige Honoraranlageberaterin“, „Unabhängige Honoraranlageberatung“ auch in abweichender Schreibweise oder eine Bezeichnung, in der diese Wörter enthalten sind, dürfen, soweit durch Gesetz nichts anderes bestimmt ist, in der Firma, als Zusatz zur Firma, zur Bezeichnung des Geschäftszwecks oder zu Werbezwecken nur Wertpapierdienstleistungsunternehmen führen, die im Register Unabhängiger Anlageberater nach § 93 eingetragen sind.

(2) [1] Absatz 1 gilt nicht für Unternehmen, die die dort genannten Bezeichnungen in einem Zusammenhang führen, der den Anschein ausschließt, dass sie Wertpapierdienstleistungen erbringen. [2] Wertpapierdienstleistungsunternehmen mit Sitz im Ausland dürfen bei ihrer Tätigkeit im Inland die in Absatz 1 genannten Bezeichnungen in der Firma, als Zusatz zur Firma, zur Bezeichnung des Geschäftszwecks oder zu Werbezwecken führen, wenn sie zur Führung dieser Bezeichnung in ihrem Sitzstaat berechtigt sind und sie die Bezeichnung um einen auf ihren Sitzstaat hinweisenden Zusatz ergänzen.

(3) [1] Die Bundesanstalt entscheidet in Zweifelsfällen, ob ein Wertpapierdienstleistungsunternehmen zur Führung der in Absatz 1 genannten Bezeichnungen befugt ist. [2] Sie hat ihre Entscheidungen dem Registergericht mitzuteilen.

(4) Die Vorschrift des § 43 des Kreditwesengesetzes ist entsprechend anzuwenden mit der Maßgabe, dass an die Stelle der Erlaubnis nach § 32 des Kreditwesengesetzes die Eintragung in das Register Unabhängiger Honorar-Anlageberater nach § 93 tritt.

§ 95 Ausnahmen. [1] § 63 Absatz 1 und 3 bis 7 und 9, § 56 Absatz 1 sowie der §§ 69, 70 und 82 gelten nicht für Geschäfte, die an organisierten Märkten oder in multilateralen Handelssystemen zwischen Wertpapierdienstleistungsunternehmen oder zwischen diesen und sonstigen Mitgliedern oder Teilnehmern dieser Märkte oder Systeme geschlossen werden. [2] Wird ein Geschäft im Sinne des Satzes 1 in Ausführung eines Kundenauftrags abgeschlossen, muss das Wertpapierdienstleistungsunternehmen jedoch den Verpflichtungen des § 63 Absatz 1 und 3 bis 7 und 9, § 56 Absatz 1 sowie der §§ 69, 70 und 82 gegenüber dem Kunden nachkommen.

§ 96 Strukturierte Einlagen. Die §§ 63 und 64, mit Ausnahme von § 64 Absatz 2, § 67 Absatz 4, die §§ 68 bis 71, 80 Absatz 1 Satz 2 Nummer 2 und 3 und Absatz 7 bis 13, § 81 Absatz 1 bis 4, § 83 Absatz 1 und 2, § 87 Absatz 1 Satz 1, Absatz 2, 3, 4 Satz 1 und Absatz 6 sind auf Wertpapierdienstleistungsunternehmen und Kreditinstitute entsprechend anzuwenden, wenn sie strukturierte Einlagen verkaufen oder über diese beraten.

Abschnitt 12. Haftung für falsche und unterlassene Kapitalmarktinformationen

§ 97 Schadenersatz wegen unterlassener unverzüglicher Veröffentlichung von Insiderinformationen. (1) Unterlässt es ein Emittent, der für seine Finanzinstrumente die Zulassung zum Handel an einem inländischen

Handelsplatz genehmigt oder an einem inländischen regulierten Markt oder multilateralen Handelssystem beantragt hat, unverzüglich eine Insiderinformation, die ihn unmittelbar betrifft, nach Artikel 17 der Verordnung (EU) Nr. 596/2014 zu veröffentlichen, ist er einem Dritten zum Ersatz des durch die Unterlassung entstandenen Schadens verpflichtet, wenn der Dritte

1. die Finanzinstrumente nach der Unterlassung erwirbt und er bei Bekanntwerden der Insiderinformation noch Inhaber der Finanzinstrumente ist oder
2. die Finanzinstrumente vor dem Entstehen der Insiderinformation erwirbt und nach der Unterlassung veräußert.

(2) Nach Absatz 1 kann nicht in Anspruch genommen werden, wer nachweist, dass die Unterlassung nicht auf Vorsatz oder grober Fahrlässigkeit beruht.

(3) Der Anspruch nach Absatz 1 besteht nicht, wenn der Dritte die Insiderinformation im Falle des Absatzes 1 Nr. 1 bei dem Erwerb oder im Falle des Absatzes 1 Nr. 2 bei der Veräußerung kannte.

(4) Weitergehende Ansprüche, die nach Vorschriften des bürgerlichen Rechts auf Grund von Verträgen oder vorsätzlichen unerlaubten Handlungen erhoben werden können, bleiben unberührt.

(5) Eine Vereinbarung, durch die Ansprüche des Emittenten gegen Vorstandsmitglieder wegen der Inanspruchnahme des Emittenten nach Absatz 1 im Voraus ermäßigt oder erlassen werden, ist unwirksam.

§ 98 Schadenersatz wegen Veröffentlichung unwahrer Insiderinformationen. (1) Veröffentlicht ein Emittent, der für seine Finanzinstrumente die Zulassung zum Handel an einem inländischen Handelsplatz genehmigt oder an einem inländischen regulierten Markt oder multilateralen Handelssystem beantragt hat, in einer Mitteilung nach Artikel 17 der Verordnung (EU) Nr. 596/2014 eine unwahre Insiderinformation, die ihn unmittelbar betrifft, ist er einem Dritten zum Ersatz des Schadens verpflichtet, der dadurch entsteht, dass der Dritte auf die Richtigkeit der Insiderinformation vertraut, wenn der Dritte

1. die Finanzinstrumente nach der Veröffentlichung erwirbt und er bei dem Bekanntwerden der Unrichtigkeit der Insiderinformation noch Inhaber der Finanzinstrumente ist oder
2. die Finanzinstrumente vor der Veröffentlichung erwirbt und vor dem Bekanntwerden der Unrichtigkeit der Insiderinformation veräußert.

(2) Nach Absatz 1 kann nicht in Anspruch genommen werden, wer nachweist, dass er die Unrichtigkeit der Insiderinformation nicht gekannt hat und die Unkenntnis nicht auf grober Fahrlässigkeit beruht.

(3) Der Anspruch nach Absatz 1 besteht nicht, wenn der Dritte die Unrichtigkeit der Insiderinformation im Falle des Absatzes 1 Nr. 1 bei dem Erwerb oder im Falle des Absatzes 1 Nr. 2 bei der Veräußerung kannte.

(4) Weitergehende Ansprüche, die nach Vorschriften des bürgerlichen Rechts auf Grund von Verträgen oder vorsätzlichen unerlaubten Handlungen erhoben werden können, bleiben unberührt.

(5) Eine Vereinbarung, durch die Ansprüche des Emittenten gegen Vorstandsmitglieder wegen der Inanspruchnahme des Emittenten nach Absatz 1 im Voraus ermäßigt oder erlassen werden, ist unwirksam.

Abschnitt 13. Finanztermingeschäfte

§ 99 Ausschluss des Einwands nach § 762 des Bürgerlichen Gesetzbuchs. [1] Gegen Ansprüche aus Finanztermingeschäften, bei denen mindestens ein Vertragsteil ein Unternehmen ist, das gewerbsmäßig oder in einem Umfang, der einen in kaufmännischer Weise eingerichteten Geschäftsbetrieb erfordert, Finanztermingeschäfte abschließt oder deren Abschluss vermittelt oder die Anschaffung, Veräußerung oder Vermittlung von Finanztermingeschäften betreibt, kann der Einwand des §762 des Bürgerlichen Gesetzbuchs nicht erhoben werden. [2] Finanztermingeschäfte im Sinne des Satzes 1 und der §§ 100 und 101 sind die derivativen Geschäfte im Sinne des § 2 Absatz 3 und Optionsscheine.

§ 100 Verbotene Finanztermingeschäfte. (1) Unbeschadet der Befugnisse der Bundesanstalt nach § 15 kann das Bundesministerium der Finanzen durch Rechtsverordnung Finanztermingeschäfte verbieten oder beschränken, soweit dies zum Schutz der Anleger erforderlich ist.

(2) [1] Ein Finanztermingeschäft, das einer Rechtsverordnung nach Absatz 1 widerspricht (verbotenes Finanztermingeschäft), ist nichtig. [2] Satz 1 gilt entsprechend für

1. die Bestellung einer Sicherheit für ein verbotenes Finanztermingeschäft,
2. eine Vereinbarung, durch die der eine Teil zum Zwecke der Erfüllung einer Schuld aus einem verbotenen Finanztermingeschäft dem anderen Teil gegenüber eine Verbindlichkeit eingeht, insbesondere für ein Schuldanerkenntnis,
3. die Erteilung und Übernahme von Aufträgen zum Zwecke des Abschlusses von verbotenen Finanztermingeschäften,
4. Vereinigungen zum Zwecke des Abschlusses von verbotenen Finanztermingeschäften.

Abschnitt 14. Schiedsvereinbarungen

§ 101 Schiedsvereinbarungen. Schiedsvereinbarungen über künftige Rechtsstreitigkeiten aus Wertpapierdienstleistungen, Wertpapiernebendienstleistungen oder Finanztermingeschäften sind nur verbindlich, wenn beide Vertragsteile Kaufleute oder juristische Personen des öffentlichen Rechts sind.

Abschnitt 15. Märkte für Finanzinstrumente mit Sitz außerhalb der Europäischen Union

§ 102 Erlaubnis; Verordnungsermächtigung. (1) [1] Vorbehaltlich der Regelungen in Titel VIII der Verordnung (EU) Nr. 600/2014 sowie von Beschlüssen der Europäischen Kommission gemäß Artikel 25 Absatz 4 Unterabsatz 3 der Richtlinie 2014/65/EU und Artikel 28 Absatz 4 Unterabsatz 1 der Verordnung (EU) Nr. 600/2014 bedürfen Märkte für Finanzinstrumente mit Sitz im Ausland, die keine Handelsplätze im Sinne dieses Gesetzes sind, oder ihre Betreiber der schriftlichen Erlaubnis der Bundesanstalt, wenn sie Handelsteilnehmern mit Sitz im Inland über ein elektronisches Handelssystem einen unmittelbaren Marktzugang gewähren und sie diesbezüglich nicht einer Erlaubnispflicht nach dem Kreditwesengesetz unterliegen. [2]Der Erlaubnisantrag muss enthalten:

1. Name und Anschrift der Geschäftsleitung des Marktes oder des Betreibers,
2. Angaben, die für die Beurteilung der Zuverlässigkeit der Geschäftsleitung erforderlich sind,
3. einen Geschäftsplan, aus dem die Art des geplanten Marktzugangs für die Handelsteilnehmer, der organisatorische Aufbau und die internen Kontrollverfahren des Marktes hervorgehen,
4. Name und Anschrift eines Zustellungsbevollmächtigten im Inland,
5. die Angabe der für die Überwachung des Marktes und seiner Handelsteilnehmer zuständigen Stellen des Herkunftsstaates und deren Überwachungs- und Eingriffskompetenzen,
6. die Angabe der Art der Finanzinstrumente, die von den Handelsteilnehmern über den unmittelbaren Marktzugang gehandelt werden sollen, sowie
7. Namen und Anschrift der Handelsteilnehmer mit Sitz im Inland, denen der unmittelbare Marktzugang gewährt werden soll.

[3]Das Nähere über die nach Satz 2 erforderlichen Angaben und vorzulegenden Unterlagen bestimmt das Bundesministerium der Finanzen durch Rechtsverordnung[1)], die nicht der Zustimmung des Bundesrates bedarf. [4]Das Bundesministerium der Finanzen kann die Ermächtigung durch Rechtsverordnung auf die Bundesanstalt für Finanzdienstleistungsaufsicht übertragen.

(2) [1]Die Bundesanstalt kann die Erlaubnis unter Auflagen erteilen, die sich im Rahmen des mit diesem Gesetz verfolgten Zweckes halten müssen. [2]Vor Erteilung der Erlaubnis gibt die Bundesanstalt den Börsenaufsichtsbehörden der Länder Gelegenheit, innerhalb von vier Wochen zum Antrag Stellung zu nehmen.

(3) Die Bundesanstalt hat die Erlaubnis im Bundesanzeiger bekannt zu machen.

(4) [1]Wird der Austritt des Vereinigten Königreichs Großbritannien und Nordirland aus der Europäischen Union wirksam, ohne dass bis zu diesem Zeitpunkt ein Austrittsabkommen im Sinne von Artikel 50 Absatz 2 Satz 2 des Vertrages über die Europäische Union in Kraft getreten ist, so kann die Bundesanstalt zur Vermeidung von Nachteilen für die Funktionsfähigkeit oder die Stabilität der Finanzmärkte anordnen, dass Märkte für Finanzinstrumente mit Sitz im Vereinigten Königreich Großbritannien und Nordirland, die zum Zeitpunkt des Austritts des Vereinigten Königreichs Großbritannien und Nordirland aus der Europäischen Union als Handelsplätze im Register der Europäischen Wertpapier- und Marktaufsichtsbehörde verzeichnet sind, für einen Übergangszeitraum nach dem Austritt als Handelsplätze im Sinne dieses Gesetzes gelten. [2]Der im Zeitpunkt des Austritts beginnende Übergangszeitraum darf eine Dauer von 21 Monaten nicht überschreiten. [3]Die Anordnung kann auch durch Allgemeinverfügung ohne vorherige Anhörung getroffen und öffentlich bekannt gegeben werden.

§ 103 Versagung der Erlaubnis. Die Erlaubnis ist zu versagen, wenn

[1)] Siehe die MarktzugangsangabenVO v. 30.9.2004 (BGBl. I S. 2576), zuletzt geänd. durch G v. 23.6.2017 (BGBl. I S. 1693).

1. Tatsachen vorliegen, aus denen sich ergibt, dass die Geschäftsleitung nicht zuverlässig ist,
2. Handelsteilnehmern mit Sitz im Inland der unmittelbare Marktzugang gewährt werden soll, die nicht die Voraussetzungen des § 19 Abs. 2 des Börsengesetzes erfüllen,
3. die Überwachung des Marktes oder der Anlegerschutz im Herkunftsstaat nicht dem deutschen Recht gleichwertig ist oder
4. der Informationsaustausch mit den für die Überwachung des Marktes zuständigen Stellen des Herkunftsstaates nicht gewährleistet erscheint.

§ 104 Aufhebung der Erlaubnis. (1) Die Bundesanstalt kann die Erlaubnis außer nach den Vorschriften des Verwaltungsverfahrensgesetzes aufheben, wenn

1. ihr Tatsachen bekannt werden, welche die Versagung der Erlaubnis nach § 103 rechtfertigen würden, oder
2. der Markt oder sein Betreiber nachhaltig gegen Bestimmungen dieses Gesetzes, der auf Grund dieses Gesetzes erlassenen Rechtsverordnungen, der in § 1 Absatz 1 Nummer 8 aufgeführten europäischen Verordnungen einschließlich der hierzu erlassenen delegierten Rechtsakte und Durchführungsrechtsakte sowie auf Grund dieser Rechtsvorschriften erlassenen Anordnungen verstoßen hat.

(2) Die Bundesanstalt hat die Aufhebung der Erlaubnis im Bundesanzeiger bekannt zu machen.

§ 105 Untersagung. Die Bundesanstalt kann Handelsteilnehmern mit Sitz im Inland, die Wertpapierdienstleistungen im Inland erbringen, untersagen, Aufträge für Kunden über ein elektronisches Handelssystem eines ausländischen Marktes auszuführen, wenn diese Märkte oder ihre Betreiber Handelsteilnehmern im Inland einen unmittelbaren Marktzugang über dieses elektronische Handelssystem ohne Erlaubnis gewähren.

Abschnitt 16. Überwachung von Unternehmensabschlüssen, Veröffentlichung von Finanzberichten

Unterabschnitt 1. Überwachung von Unternehmensabschlüssen

§ 106 Prüfung von Unternehmensabschlüssen und -berichten. Die Bundesanstalt hat die Aufgabe, nach den Vorschriften dieses Abschnitts und vorbehaltlich § 342b Absatz 2 Satz 3 Nummer 1 und 3 des Handelsgesetzbuchs[1] zu prüfen, ob folgende Abschlüsse und Berichte, jeweils einschließlich der zugrunde liegenden Buchführung, von Unternehmen, für die als Emittenten von zugelassenen Wertpapieren die Bundesrepublik Deutschland der Herkunftsstaat ist, den gesetzlichen Vorschriften einschließlich der Grundsätze ordnungsmäßiger Buchführung oder den sonstigen durch Gesetz zugelassenen Rechnungslegungsstandards entsprechen:

1. festgestellte Jahresabschlüsse und zugehörige Lageberichte oder gebilligte Konzernabschlüsse und zugehörige Konzernlageberichte,

---

[1] Nr. **5**.

2. veröffentlichte verkürzte Abschlüsse und zugehörige Zwischenlageberichte sowie
3. veröffentlichte Zahlungs- oder Konzernzahlungsberichte.

§ 107 Anordnung einer Prüfung der Rechnungslegung und Ermittlungsbefugnisse der Bundesanstalt. (1) [1]Die Bundesanstalt ordnet eine Prüfung der Rechnungslegung an, soweit konkrete Anhaltspunkte für einen Verstoß gegen Rechnungslegungsvorschriften vorliegen; die Anordnung unterbleibt, wenn ein öffentliches Interesse an der Klärung offensichtlich nicht besteht. [2]Die Bundesanstalt kann eine Prüfung der Rechnungslegung auch ohne besonderen Anlass anordnen (stichprobenartige Prüfung). [3]Der Umfang der einzelnen Prüfung soll in der Prüfungsanordnung festgelegt werden. [4]Geprüft wird nur der zuletzt festgestellte Jahresabschluss und der zugehörige Lagebericht oder der zuletzt gebilligte Konzernabschluss und der zugehörige Konzernlagebericht, der zuletzt veröffentlichte verkürzte Abschluss und der zugehörige Zwischenlagebericht sowie der zuletzt veröffentlichte Zahlungsbericht oder Konzernzahlungsbericht; unbeschadet dessen darf die Bundesanstalt im Fall von § 108 Absatz 1 Satz 2 den Abschluss prüfen, der Gegenstand der Prüfung durch die Prüfstelle im Sinne von § 342b Abs. 1 des Handelsgesetzbuchs[1)] (Prüfstelle) gewesen ist. [5]Ordnet die Bundesanstalt eine Prüfung der Rechnungslegung an, nachdem sie von der Prüfstelle einen Bericht gemäß § 108 Absatz 1 Satz 2 Nummer 1 erhalten hat, so kann sie ihre Anordnung und den Grund nach § 108 Absatz 1 Satz 2 Nummer 1 im Bundesanzeiger bekannt machen. [6]Auf die Prüfung des verkürzten Abschlusses und des zugehörigen Zwischenlageberichts sowie des Zahlungsberichts und Konzernzahlungsberichts ist Satz 2 nicht anzuwenden. [7]Die Prüfung kann trotz Wegfalls der Zulassung der Wertpapiere zum Handel im organisierten Markt fortgesetzt werden, insbesondere dann, wenn Gegenstand der Prüfung ein Fehler ist, an dessen Bekanntmachung ein öffentliches Interesse besteht.

(2) [1]Prüfungsgegenstand nach Absatz 1 können auch die Abschlüsse und Berichte sein, die dasjenige Geschäftsjahr zum Gegenstand haben, das demjenigen Geschäftsjahr vorausgeht, auf das Absatz 1 Satz 4 erster Halbsatz Bezug nimmt. [2]Eine stichprobenartige Prüfung ist hierbei nicht zulässig.

(3) [1]Eine Prüfung des Jahresabschlusses und des zugehörigen Lageberichts durch die Bundesanstalt findet nicht statt, solange eine Klage auf Nichtigkeit gemäß § 256 Abs. 7 des Aktiengesetzes[2)] anhängig ist. [2]Wenn nach § 142 Abs. 1 oder Abs. 2 oder § 258 Abs. 1 des Aktiengesetzes ein Sonderprüfer bestellt worden ist, findet eine Prüfung ebenfalls nicht statt, soweit der Gegenstand der Sonderprüfung, der Prüfungsbericht oder eine gerichtliche Entscheidung über die abschließenden Feststellungen der Sonderprüfer nach § 260 des Aktiengesetzes reichen.

(4) Bei der Durchführung der Prüfung kann sich die Bundesanstalt der Prüfstelle sowie anderer Einrichtungen und Personen bedienen.

(5) [1]Das Unternehmen im Sinne des § 106, die Mitglieder seiner Organe, seine Beschäftigten sowie seine Abschlussprüfer haben der Bundesanstalt und den Personen, derer sich die Bundesanstalt bei der Durchführung ihrer Aufgaben bedient, auf Verlangen Auskünfte zu erteilen und Unterlagen vorzulegen,

[1)] Nr. 5.
[2)] Nr. 2.

soweit dies zur Prüfung erforderlich ist; die Auskunftspflicht der Abschlussprüfer beschränkt sich auf Tatsachen, die ihnen im Rahmen der Abschlussprüfung bekannt geworden sind. [2] Satz 1 gilt auch für die nach den Vorschriften des Handelsgesetzbuchs in den Konzernabschluss einzubeziehenden Tochterunternehmen. [3] Für das Recht zur Auskunftsverweigerung und die Belehrungspflicht gilt § 6 Absatz 15 entsprechend.

(6) [1] Die zur Auskunft und Vorlage von Unterlagen nach Absatz 5 Verpflichteten haben den Bediensteten der Bundesanstalt oder den von ihr beauftragten Personen, soweit dies zur Wahrnehmung ihrer Aufgaben erforderlich ist, während der üblichen Arbeitszeit das Betreten ihrer Grundstücke und Geschäftsräume zu gestatten. [2] § 6 Absatz 11 Satz 2 gilt entsprechend. [3] Das Grundrecht der Unverletzlichkeit der Wohnung (Artikel 13 des Grundgesetzes) wird insoweit eingeschränkt.

§ 108 Befugnisse der Bundesanstalt im Falle der Anerkennung einer Prüfstelle. (1) [1] Ist nach § 342b Abs. 1 des Handelsgesetzbuchs[1)] eine Prüfstelle anerkannt, so finden stichprobenartige Prüfungen nur auf Veranlassung der Prüfstelle statt. [2] Im Übrigen stehen der Bundesanstalt die Befugnisse nach § 107 erst zu, wenn

1. ihr die Prüfstelle berichtet, dass ein Unternehmen seine Mitwirkung bei einer Prüfung verweigert oder mit dem Ergebnis der Prüfung nicht einverstanden ist, oder
2. erhebliche Zweifel an der Richtigkeit des Prüfungsergebnisses der Prüfstelle oder an der ordnungsgemäßen Durchführung der Prüfung durch die Prüfstelle bestehen.

[3] Auf Verlangen der Bundesanstalt hat die Prüfstelle das Ergebnis und die Durchführung der Prüfung zu erläutern und einen Prüfbericht vorzulegen. [4] Unbeschadet von Satz 2 kann die Bundesanstalt die Prüfung jederzeit an sich ziehen, wenn sie auch eine Prüfung nach § 44 Abs. 1 Satz 2 des Kreditwesengesetzes, § 14 Satz 2 des Kapitalanlagegesetzbuchs oder § 306 Absatz 1 Nummer 1 des Versicherungsaufsichtsgesetzes durchführt oder durchgeführt hat und die Prüfungen denselben Gegenstand betreffen.

(2) Die Bundesanstalt kann von der Prüfstelle unter den Voraussetzungen des § 107 Absatz 1 Satz 1 die Einleitung einer Prüfung verlangen.

(3) Die Bundesanstalt setzt die Prüfstelle von Mitteilungen nach § 142 Abs. 7, § 256 Abs. 7 Satz 2 und § 261a des Aktiengesetzes[2)] in Kenntnis, wenn die Prüfstelle die Prüfung eines von der Mitteilung betroffenen Unternehmens beabsichtigt oder eingeleitet hat.

§ 109 Ergebnis der Prüfung von Bundesanstalt oder Prüfstelle.

(1) Ergibt die Prüfung durch die Bundesanstalt, dass die Rechnungslegung fehlerhaft ist, so stellt die Bundesanstalt den Fehler fest.

(2) [1] Die Bundesanstalt ordnet an, dass das Unternehmen den von der Bundesanstalt oder den von der Prüfstelle im Einvernehmen mit dem Unternehmen festgestellten Fehler samt den wesentlichen Teilen der Begründung der Feststellung bekannt zu machen hat. [2] Die Bundesanstalt sieht von einer Anordnung

---

1) Nr. **5**.
2) Nr. **2**.

nach Satz 1 ab, wenn kein öffentliches Interesse an der Veröffentlichung besteht. [3]Auf Antrag des Unternehmens kann die Bundesanstalt von einer Anordnung nach Satz 1 absehen, wenn die Veröffentlichung geeignet ist, den berechtigten Interessen des Unternehmens zu schaden. [4]Die Bekanntmachung hat unverzüglich im Bundesanzeiger sowie entweder in einem überregionalen Börsenpflichtblatt oder über ein elektronisch betriebenes Informationsverbreitungssystem, das bei Kreditinstituten, nach § 53 Abs. 1 Satz 1 des Kreditwesengesetzes tätigen Unternehmen, anderen Unternehmen, die ihren Sitz im Inland haben und die an einer inländischen Börse zur Teilnahme am Handel zugelassen sind, und Versicherungsunternehmen weit verbreitet ist, zu erfolgen.

(3) Ergibt die Prüfung durch die Bundesanstalt keine Beanstandungen, so teilt die Bundesanstalt dies dem Unternehmen mit.

§ 110 Mitteilungen an andere Stellen. (1) [1]Die Bundesanstalt hat Tatsachen, die den Verdacht einer Straftat im Zusammenhang mit der Rechnungslegung eines Unternehmens begründen, der für die Verfolgung zuständigen Behörde anzuzeigen. [2]Sie darf diesen Behörden personenbezogene Daten der betroffenen Personen, gegen die sich der Verdacht richtet oder die als Zeugen in Betracht kommen, übermitteln.

(2) [1]Tatsachen, die auf das Vorliegen einer Berufspflichtverletzung durch den Abschlussprüfer schließen lassen, übermittelt die Bundesanstalt der Abschlussprüferaufsichtsstelle beim Bundesamt für Wirtschaft und Ausfuhrkontrolle. [2]Tatsachen, die auf das Vorliegen eines Verstoßes des Unternehmens gegen börsenrechtliche Vorschriften schließen lassen, übermittelt sie der zuständigen Börsenaufsichtsbehörde. [3]Absatz 1 Satz 2 gilt entsprechend.

§ 111 Internationale Zusammenarbeit. (1) [1]Der Bundesanstalt obliegt die Zusammenarbeit mit den Stellen im Ausland, die zuständig sind für die Untersuchung möglicher Verstöße gegen Rechnungslegungsvorschriften durch Unternehmen, deren Wertpapiere zum Handel an einem organisierten Markt zugelassen sind. [2]Sie kann diesen Stellen zur Erfüllung dieser Aufgabe Informationen nach Maßgabe des § 18 Absatz 2 Satz 1 und 2, auch in Verbindung mit Absatz 10 übermitteln. [3]§ 107 Absatz 5 und 6 findet mit der Maßgabe entsprechende Anwendung, dass die dort geregelten Befugnisse sich auf alle Unternehmen, die von der Zusammenarbeit nach Satz 1 umfasst sind, sowie auf alle Unternehmen, die in den Konzernabschluss eines solchen Unternehmens einbezogen sind, erstrecken.

(2) [1]Die Bundesanstalt kann mit den zuständigen Stellen von Mitgliedstaaten der Europäischen Union oder von Vertragsstaaten des Abkommens über den Europäischen Wirtschaftsraum zusammenarbeiten, um eine einheitliche Durchsetzung internationaler Rechnungslegungsvorschriften grenzüberschreitend gewährleisten zu können. [2]Dazu kann sie diesen Stellen auch den Wortlaut von Entscheidungen zur Verfügung stellen, die sie oder die Prüfstelle in Einzelfällen getroffen haben. [3]Der Wortlaut der Entscheidungen darf nur in anonymisierter Form zur Verfügung gestellt werden.

(3) Die internationale Zusammenarbeit durch die Bundesanstalt nach den Absätzen 1 und 2 erfolgt im Benehmen mit der Prüfstelle.

§ 112 Widerspruchsverfahren. (1) [1]Vor Einlegung der Beschwerde sind Rechtmäßigkeit und Zweckmäßigkeit der Verfügungen, welche die Bundesanstalt nach den Vorschriften dieses Abschnitts erlässt, in einem Widerspruchsverfahren nachzuprüfen. [2]Einer solchen Nachprüfung bedarf es nicht, wenn der Abhilfebescheid oder der Widerspruchsbescheid erstmalig eine Beschwer enthält. [3]Für das Widerspruchsverfahren gelten die §§ 68 bis 73 und 80 Abs. 1 der Verwaltungsgerichtsordnung entsprechend, soweit in diesem Abschnitt nichts Abweichendes geregelt ist.

(2) Der Widerspruch gegen Maßnahmen der Bundesanstalt nach § 107 Absatz 1 Satz 1, 3 und 6 sowie Absatz 5 und 6, § 108 Absatz 1 Satz 3 und 4, Absatz 2 und § 109 Absatz 1 und 2 Satz 1 hat keine aufschiebende Wirkung.

§ 113 Beschwerde. (1) [1]Gegen Verfügungen der Bundesanstalt nach diesem Abschnitt ist die Beschwerde statthaft. [2]Die Beschwerde hat keine aufschiebende Wirkung.

(2) Die §§ 43 und 48 Abs. 2 bis 4, § 50 Abs.3 bis 5 sowie die §§ 51 bis 58 des Wertpapiererwerbs- und Übernahmegesetzes[1)] gelten entsprechend.

Unterabschnitt 2. Veröffentlichung und Übermittlung von Finanzberichten an das Unternehmensregister

§ 114 Jahresfinanzbericht; Verordnungsermächtigung. (1) [1]Ein Unternehmen, das als Inlandsemittent Wertpapiere begibt, hat für den Schluss eines jeden Geschäftsjahrs einen Jahresfinanzbericht zu erstellen und spätestens vier Monate nach Ablauf eines jeden Geschäftsjahrs der Öffentlichkeit zur Verfügung zu stellen, wenn es nicht nach den handelsrechtlichen Vorschriften zur Offenlegung der in Absatz 2 genannten Rechnungslegungsunterlagen verpflichtet ist. [2]Außerdem muss jedes Unternehmen, das als Inlandsemittent Wertpapiere begibt, spätestens vier Monate nach Ablauf eines jeden Geschäftsjahres und vor dem Zeitpunkt, zu dem die in Absatz 2 genannten Rechnungslegungsunterlagen erstmals der Öffentlichkeit zur Verfügung stehen, eine Bekanntmachung darüber veröffentlichen, ab welchem Zeitpunkt und unter welcher Internetadresse die in Absatz 2 genannten Rechnungslegungsunterlagen zusätzlich zu ihrer Verfügbarkeit im Unternehmensregister öffentlich zugänglich sind. [3]Das Unternehmen teilt die Bekanntmachung gleichzeitig mit ihrer Veröffentlichung der Bundesanstalt mit und übermittelt sie unverzüglich, jedoch nicht vor ihrer Veröffentlichung dem Unternehmensregister im Sinne des § 8b des Handelsgesetzbuchs[2)] zur Speicherung. [4]Es hat außerdem unverzüglich, jedoch nicht vor Veröffentlichung der Bekanntmachung nach Satz 2 die in Absatz 2 genannten Rechnungslegungsunterlagen an das Unternehmensregister zur Speicherung zu übermitteln, es sei denn, die Übermittlung erfolgt nach § 8b Abs. 2 Nr. 4 in Verbindung mit Abs. 3 Satz 1 Nr. 1 des Handelsgesetzbuchs.

(2) Der Jahresfinanzbericht hat mindestens zu enthalten

1. den Jahresabschluss, der
   a) im Falle eines Unternehmens, das seinen Sitz in einem Mitgliedstaat der Europäischen Union oder einem Vertragsstaat des Abkommens über den Europäischen Wirtschaftsraum hat, gemäß dem nationalen Recht des Sitzstaats des Unternehmens aufgestellt und geprüft wurde oder

---

[1)] Nr. **11**.
[2)] Nr. **5**.

b) im Falle eines Unternehmens, das seinen Sitz in einem Drittstaat hat, nach den Vorgaben des Handelsgesetzbuchs[1] aufgestellt und geprüft wurde und mit dem Bestätigungsvermerk oder dem Vermerk über dessen Versagung versehen ist,

2. den Lagebericht, der
   a) im Falle eines Unternehmens, das seinen Sitz in einem Mitgliedstaat der Europäischen Union oder einem Vertragsstaat des Abkommens über den Europäischen Wirtschaftsraum hat, gemäß dem nationalen Recht des Sitzstaats des Unternehmens aufgestellt und geprüft wurde oder
   b) im Falle eines Unternehmens, das seinen Sitz in einem Drittstaat hat, nach den Vorgaben des Handelsgesetzbuchs[1] aufgestellt und geprüft wurde,
3. eine den Vorgaben von § 264 Absatz 2 Satz 3, § 289 Absatz 1 Satz 5 des Handelsgesetzbuchs[2] entsprechende Erklärung und
4. eine Bescheinigung der Wirtschaftsprüferkammer gemäß § 134 Absatz 2a der Wirtschaftsprüferordnung über die Eintragung des Abschlussprüfers oder eine Bestätigung der Wirtschaftsprüferkammer gemäß § 134 Absatz 4 Satz 8 der Wirtschaftsprüferordnung über die Befreiung von der Eintragungspflicht.

(3) Das Bundesministerium der Finanzen kann im Einvernehmen mit dem Bundesministerium der Justiz und für Verbraucherschutz durch Rechtsverordnung, die nicht der Zustimmung des Bundesrates bedarf, nähere Bestimmungen erlassen über

1. den Mindestinhalt, die Art, die Sprache, den Umfang und die Form der Veröffentlichung nach Absatz 1 Satz 2,
2. den Mindestinhalt, die Art, die Sprache, den Umfang und die Form der Mitteilung nach Absatz 1 Satz 3,
3. die Sprache, in der die Informationen nach Absatz 2 abzufassen sind, sowie den Zeitraum, für den diese Informationen im Unternehmensregister allgemein zugänglich bleiben müssen und den Zeitpunkt, zu dem diese Informationen zu löschen sind.

§ 115 Halbjahresfinanzbericht; Verordnungsermächtigung. (1) [1]Ein Unternehmen, das als Inlandsemittent Aktien oder Schuldtitel im Sinne des § 2 Absatz 1 begibt, hat für die ersten sechs Monate eines jeden Geschäftsjahrs einen Halbjahresfinanzbericht zu erstellen und diesen unverzüglich, spätestens drei Monate nach Ablauf des Berichtszeitraums der Öffentlichkeit zur Verfügung zu stellen, es sei denn, es handelt sich bei den zugelassenen Wertpapieren um Schuldtitel, die unter § 2 Absatz 1 Nummer 2 fallen oder die ein zumindest bedingtes Recht auf den Erwerb von Wertpapieren nach § 2 Absatz 1 Nummer 1 oder Nummer 2 begründen. [2]Außerdem muss das Unternehmen spätestens drei Monate nach Ablauf des Berichtszeitraums und vor dem Zeitpunkt, zu dem der Halbjahresfinanzbericht erstmals der Öffentlichkeit zur Verfügung steht, eine Bekanntmachung darüber veröffentlichen, ab welchem Zeitpunkt und unter welcher Internetadresse der Bericht zusätzlich zu seiner Verfügbarkeit im Unternehmensregister öffentlich zugänglich ist. [3]Das Unternehmen teilt die Bekanntmachung gleichzeitig mit ihrer Veröffentlichung der Bundesanstalt mit und übermittelt sie unverzüglich, jedoch nicht vor ihrer

---

[1] Auszugsweise abgedruckt unter Nr. **5**.
[2] Nr. **5**.

Veröffentlichung dem Unternehmensregister im Sinne des § 8b des Handelsgesetzbuchs[1)] zur Speicherung. [4]Es hat außerdem unverzüglich, jedoch nicht vor Veröffentlichung der Bekanntmachung nach Satz 2 den Halbjahresfinanzbericht an das Unternehmensregister zur Speicherung zu übermitteln.

(2) Der Halbjahresfinanzbericht hat mindestens

1. einen verkürzten Abschluss,
2. einen Zwischenlagebericht und
3. eine den Vorgaben des § 264 Abs. 2 Satz 3, § 289 Abs. 1 Satz 5 des Handelsgesetzbuchs entsprechende Erklärung

zu enthalten.

(3) [1]Der verkürzte Abschluss hat mindestens eine verkürzte Bilanz, eine verkürzte Gewinn- und Verlustrechnung und einen Anhang zu enthalten. [2]Auf den verkürzten Abschluss sind die für den Jahresabschluss geltenden Rechnungslegungsgrundsätze anzuwenden. [3]Tritt bei der Offenlegung an die Stelle des Jahresabschlusses ein Einzelabschluss im Sinne des § 325 Abs. 2a des Handelsgesetzbuchs, sind auf den verkürzten Abschluss die in § 315e Absatz 1 des Handelsgesetzbuchs bezeichneten internationalen Rechnungslegungsstandards und Vorschriften anzuwenden.

(4) [1]Im Zwischenlagebericht sind mindestens die wichtigen Ereignisse des Berichtszeitraums im Unternehmen des Emittenten und ihre Auswirkungen auf den verkürzten Abschluss anzugeben sowie die wesentlichen Chancen und Risiken für die dem Berichtszeitraum folgenden sechs Monate des Geschäftsjahrs zu beschreiben. [2]Ferner sind bei einem Unternehmen, das als Inlandsemittent Aktien begibt, die wesentlichen Geschäfte des Emittenten mit nahe stehenden Personen anzugeben; die Angaben können stattdessen im Anhang des Halbjahresfinanzberichts gemacht werden.

(5) [1]Der verkürzte Abschluss und der Zwischenlagebericht kann einer prüferischen Durchsicht durch einen Abschlussprüfer unterzogen werden. [2]Die Vorschriften über die Bestellung des Abschlussprüfers sind auf die prüferische Durchsicht entsprechend anzuwenden. [3]Die prüferische Durchsicht ist so anzulegen, dass bei gewissenhafter Berufsausübung ausgeschlossen werden kann, dass der verkürzte Abschluss und der Zwischenlagebericht in wesentlichen Belangen den anzuwendenden Rechnungslegungsgrundsätzen widersprechen. [4]Der Abschlussprüfer hat das Ergebnis der prüferischen Durchsicht in einer Bescheinigung zum Halbjahresfinanzbericht zusammenzufassen, die mit dem Halbjahresfinanzbericht zu veröffentlichen ist. [5]Sind der verkürzte Abschluss und der Zwischenlagebericht entsprechend § 317 des Handelsgesetzbuchs geprüft worden, ist der Bestätigungsvermerk oder der Vermerk über seine Versagung vollständig wiederzugeben und mit dem Halbjahresfinanzbericht zu veröffentlichen. [6]Sind der verkürzte Abschluss und der Zwischenlagebericht weder einer prüferischen Durchsicht unterzogen noch entsprechend § 317 des Handelsgesetzbuchs geprüft worden, ist dies im Halbjahresfinanzbericht anzugeben. [7]§ 320 und § 323 des Handelsgesetzbuchs gelten entsprechend.

(6) Das Bundesministerium der Finanzen kann im Einvernehmen mit dem Bundesministerium der Justiz und für Verbraucherschutz durch Rechtsverord-

---

[1)] Nr. **5**.

nung[1]), die nicht der Zustimmung des Bundesrates bedarf, nähere Bestimmungen erlassen über

1. den Inhalt und die prüferische Durchsicht des Halbjahresfinanzberichts,
2. den Mindestinhalt, die Art, die Sprache, den Umfang und die Form der Veröffentlichung nach Absatz 1 Satz 2,
3. den Mindestinhalt, die Art, die Sprache, den Umfang und die Form der Mitteilung nach Absatz 1 Satz 3 und
4. die Sprache, in der der Halbjahresfinanzbericht abzufassen ist, sowie den Zeitraum, für den der Halbjahresfinanzbericht im Unternehmensregister allgemein zugänglich bleiben muss, und den Zeitpunkt, zu dem er zu löschen ist.

(7) Erstellt und veröffentlicht ein Unternehmen zusätzliche unterjährige Finanzinformationen, die den Vorgaben des Absatzes 2 Nummer 1 und 2 und der Absätze 3 und 4 entsprechen, gilt für die Prüfung oder prüferische Durchsicht dieser Finanzinformationen durch einen Abschlussprüfer Absatz 5 entsprechend.

§ 116 Zahlungsbericht; Verordnungsermächtigung. (1) [1]Ein Unternehmen, das als Inlandsemittent Wertpapiere begibt, hat unter entsprechender Anwendung der §§ 341r bis 341v des Handelsgesetzbuchs[2]) einen Zahlungsbericht beziehungsweise Konzernzahlungsbericht zu erstellen und diesen spätestens sechs Monate nach Ablauf des Berichtszeitraums der Öffentlichkeit zur Verfügung zu stellen, wenn

1. das Unternehmen oder eines seiner Tochterunternehmen im Sinne des § 341r Nummer 1 des Handelsgesetzbuchs[2]) in der mineralgewinnenden Industrie tätig ist oder Holzeinschlag in Primärwäldern im Sinne des § 341r Nummer 2 des Handelsgesetzbuchs[2]) betreibt und
2. auf das Unternehmen § 341q des Handelsgesetzbuchs[2]) nicht anzuwenden ist.

[2]Im Falle eines Unternehmens im Sinne des Satzes 1 mit Sitz in einem anderen Mitgliedstaat der Europäischen Union oder in einem anderen Vertragsstaat des Abkommens über den Europäischen Wirtschaftsraum treten anstelle der entsprechenden Anwendung der §§ 341s bis 341v des Handelsgesetzbuchs[2]) die in Umsetzung von Kapitel 10 der Richtlinie 2013/34/EU des Europäischen Parlaments und des Rates vom 26. Juni 2013 über den Jahresabschluss, den konsolidierten Abschluss und damit verbundene Berichte von Unternehmen bestimmter Rechtsformen und zur Änderung der Richtlinie 2006/43/EG des Europäischen Parlaments und des Rates und zur Aufhebung der Richtlinien 78/660/EWG und 83/349/EWG des Rates (ABl. L 182 vom 29.6.2013, S. 19) erlassenen nationalen Rechtsvorschriften des Sitzstaats.

(2) [1]Außerdem muss jedes Unternehmen im Sinne des Absatzes 1 Satz 1 Nummer 1 spätestens sechs Monate nach Ablauf des Berichtszeitraums und vor dem Zeitpunkt, zu dem der Zahlungsbericht oder Konzernzahlungsbericht erstmals der Öffentlichkeit zur Verfügung steht, eine Bekanntmachung darüber veröffentlichen, ab welchem Zeitpunkt und unter welcher Internetadresse der

---

[1]) Siehe die Transparenzrichtlinie-DurchführungsVO v. 13.3.2008 (BGBl. I S. 408), zuletzt geänd. durch G v. 23.6.2017 (BGBl. I S. 1693).

[2]) Nr. **5**.

Zahlungsbericht oder Konzernzahlungsbericht zusätzlich zu seiner Verfügbarkeit im Unternehmensregister öffentlich zugänglich ist. [2]Das Unternehmen teilt die Bekanntmachung gleichzeitig mit ihrer Veröffentlichung der Bundesanstalt mit und übermittelt sie unverzüglich, jedoch nicht vor ihrer Veröffentlichung dem Unternehmensregister im Sinne des § 8b des Handelsgesetzbuchs[1)] zur Speicherung. [3]Ein Unternehmen im Sinne von Satz 1 hat außerdem unverzüglich, jedoch nicht vor Veröffentlichung der Bekanntmachung nach Satz 2 den Zahlungsbericht oder Konzernzahlungsbericht an das Unternehmensregister zur Speicherung zu übermitteln, es sei denn, die Übermittlung erfolgt nach § 8b Absatz 2 Nummer 4 in Verbindung mit Absatz 3 Satz 1 Nummer 1 des Handelsgesetzbuchs[1)].

(3) [1]Die Bundesanstalt kann ein Unternehmen zur Erklärung auffordern, ob es im Sinne des § 341r des Handelsgesetzbuchs[1)] in der mineralgewinnenden Industrie tätig ist oder Holzeinschlag in Primärwäldern betreibt, und eine angemessene Frist setzen. [2]Die Aufforderung ist zu begründen. [3]Gibt das Unternehmen innerhalb der Frist keine Erklärung ab, so wird vermutet, dass das Unternehmen in den Anwendungsbereich des Absatzes 1 Satz 1 Nummer 1 fällt. [4]Die Sätze 1 und 2 sind entsprechend anzuwenden, wenn die Bundesanstalt Anlass zur Annahme hat, dass ein Tochterunternehmen des Unternehmens in der mineralgewinnenden Industrie tätig ist oder Holzeinschlag in Primärwäldern betreibt.

(4) Das Bundesministerium der Finanzen kann im Einvernehmen mit dem Bundesministerium der Justiz und für Verbraucherschutz durch Rechtsverordnung, die nicht der Zustimmung des Bundesrates bedarf, nähere Bestimmungen erlassen über

1. den Mindestinhalt, die Art, die Sprache, den Umfang und die Form der Veröffentlichung nach Absatz 2 Satz 1,
2. den Mindestinhalt, die Art, die Sprache, den Umfang und die Form der Bekanntmachung nach Absatz 2 Satz 2,
3. die Sprache, in der der Zahlungsbericht oder Konzernzahlungsbericht abzufassen ist, sowie den Zeitraum, für den der Zahlungsbericht oder Konzernzahlungsbericht im Unternehmensregister allgemein zugänglich bleiben muss, und den Zeitpunkt, zu dem er zu löschen ist.

§ 117 Konzernabschluss. Ist ein Mutterunternehmen verpflichtet, einen Konzernabschluss und einen Konzernlagebericht aufzustellen, gelten die §§ 114 und 115 mit der folgenden Maßgabe:

1. Der Jahresfinanzbericht hat auch den geprüften, im Einklang mit der Verordnung (EG) Nr. 1606/2002 des Europäischen Parlaments und des Rates vom 19. Juli 2002 betreffend die Anwendung internationaler Rechnungslegungsstandards (ABl. EG Nr. L 243 S. 1) aufgestellten Konzernabschluss, den Konzernlagebericht, eine den Vorgaben des § 297 Absatz 2 Satz 4, § 315 Absatz 1 Satz 5 des Handelsgesetzbuchs[1)] entsprechende Erklärung und eine Bescheinigung der Wirtschaftsprüferkammer gemäß § 134 Abs. 2a der Wirtschaftsprüferordnung über die Eintragung des Abschlussprüfers oder eine Bestätigung der Wirtschaftsprüferkammer gemäß § 134 Abs. 4 Satz 8 der

---

[1)] Nr. **5**.

Wirtschaftsprüferordnung über die Befreiung von der Eintragungspflicht zu enthalten.

2. Das Mutterunternehmen hat den Halbjahresfinanzbericht für das Mutterunternehmen und die Gesamtheit der einzubeziehenden Tochterunternehmen zu erstellen und zu veröffentlichen. § 115 Absatz 3 gilt entsprechend, wenn das Mutterunternehmen verpflichtet ist, den Konzernabschluss nach den in § 315e Absatz 1 des Handelsgesetzbuchs bezeichneten internationalen Rechnungslegungsstandards und Vorschriften aufzustellen.

§ 118 Ausnahmen; Verordnungsermächtigung. (1) [1]Die §§ 114, 115 und 117 sind nicht anzuwenden auf Unternehmen, die ausschließlich

1. zum Handel an einem organisierten Markt zugelassene Schuldtitel mit einer Mindeststückelung von 100 000 Euro oder dem am Ausgabetag entsprechenden Gegenwert einer anderen Währung begeben oder
2. noch ausstehende bereits vor dem 31. Dezember 2010 zum Handel an einem organisierten Markt im Inland oder in einem anderen Mitgliedstaat der Europäischen Union oder einem anderen Vertragsstaat des Abkommens über den Europäischen Wirtschaftsraum zugelassene Schuldtitel mit einer Mindeststückelung von 50 000 Euro oder dem am Ausgabetag entsprechenden Gegenwert einer anderen Währung begeben haben.

[2]Die Ausnahmen nach Satz 1 sind auf Emittenten von Wertpapieren im Sinne des § 2 Absatz 1 Nummer 2 nicht anzuwenden.

(2) § 115 findet keine Anwendung auf Kreditinstitute, die als Inlandsemittenten Wertpapiere begeben, wenn ihre Aktien nicht an einem organisierten Markt zugelassen sind und sie dauernd oder wiederholt ausschließlichSchuldtitel begeben haben, deren Gesamtnennbetrag 100 Millionen Euro nicht erreicht und für die kein Prospekt nach der Verordnung (EU) 2017/1129 veröffentlicht wurde.

(3) § 115 findet ebenfalls keine Anwendung auf Unternehmen, die als Inlandsemittenten Wertpapiere begeben, wenn sie zum 31. Dezember 2003 bereits existiert haben und ausschließlich zum Handel an einem organisierten Markt zugelassene Schuldtitel begeben, die vom Bund, von einem Land oder von einer seiner Gebietskörperschaften unbedingt und unwiderruflich garantiert werden.

(4) [1]Die Bundesanstalt kann ein Unternehmen mit Sitz in einem Drittstaat, das als Inlandsemittent Wertpapiere begibt, von den Anforderungen der §§ 114, 115 und 117, auch in Verbindung mit einer Rechtsverordnung nach § 114 Absatz 3 oder § 115 Absatz 6, ausnehmen, soweit diese Emittenten gleichwertigen Regeln eines Drittstaates unterliegen oder sich solchen Regeln unterwerfen. [2]Die Bundesanstalt unterrichtet die Europäische Wertpapier- und Marktaufsichtsbehörde über die erteilte Freistellung. [3]Die nach den Vorschriften des Drittstaates zu erstellenden Informationen sind jedoch in der in § 114 Absatz 1 Satz 1 und 2 und § 115 Absatz 1 Satz 1 und 2, jeweils auch in Verbindung mit einer Rechtsverordnung nach § 114 Absatz 3 oder § 115 Absatz 6, geregelten Weise der Öffentlichkeit zur Verfügung zu stellen, zu veröffentlichen und gleichzeitig der Bundesanstalt mitzuteilen. [4]Die Informationen sind außerdem unverzüglich, jedoch nicht vor ihrer Veröffentlichung

dem Unternehmensregister im Sinne des § 8b des Handelsgesetzbuchs[1] zur Speicherung zu übermitteln. [5]Das Bundesministerium der Finanzen kann durch Rechtsverordnung[2], die nicht der Zustimmung des Bundesrates bedarf, nähere Bestimmungen über die Gleichwertigkeit von Regeln eines Drittstaates und die Freistellung von Unternehmen nach Satz 1 erlassen.

Abschnitt 17. Straf- und Bußgeldvorschriften

§ 119 Strafvorschriften. (1) Mit Freiheitsstrafe bis zu fünf Jahren oder mit Geldstrafe wird bestraft, wer eine in § 120 Absatz 2 Nummer 3 oder Absatz 15 Nummer 2 bezeichnete vorsätzliche Handlung begeht und dadurch einwirkt auf

1. den inländischen Börsen- oder Marktpreis eines Finanzinstruments, eines damit verbundenen Waren-Spot-Kontrakts, einer Ware im Sinne des § 2 Absatz 5 oder eines ausländischen Zahlungsmittels im Sinne des § 51 des Börsengesetzes,
2. den Preis eines Finanzinstruments oder eines damit verbundenen Waren-Spot-Kontrakts an einem organisierten Markt, einem multilateralen oder organisierten Handelssystem in einem anderen Mitgliedstaat oder in einem anderen Vertragsstaat des Abkommens über den Europäischen Wirtschaftsraum,
3. den Preis einer Ware im Sinne des § 2 Absatz 5 oder eines ausländischen Zahlungsmittels im Sinne des § 51 des Börsengesetzes an einem mit einer inländischen Börse vergleichbaren Markt in einem anderen Mitgliedstaat oder in einem anderen Vertragsstaat des Abkommens über den Europäischen Wirtschaftsraum oder
4. die Berechnung eines Referenzwertes im Inland oder in einem anderen Mitgliedstaat oder in einem anderen Vertragsstaat des Abkommens über den Europäischen Wirtschaftsraum.

(2) Ebenso wird bestraft, wer gegen die Verordnung (EU) Nr. 1031/2010 der Kommission vom 12. November 2010 über den zeitlichen und administrativen Ablauf sowie sonstige Aspekte der Versteigerung von Treibhausgasemissionszertifikaten gemäß der Richtlinie 2003/87/EG des Europäischen Parlaments und des Rates über ein System für den Handel mit Treibhausgasemissionszertifikaten in der Gemeinschaft (ABl. L 302 vom 18.11.2010, S. 1), die zuletzt durch die Verordnung (EU) Nr. 176/2014 (ABl. L 56 vom 26.2.2014, S. 11) geändert worden ist, verstößt, indem er

1. entgegen Artikel 38 Absatz 1 Unterabsatz 1, auch in Verbindung mit Absatz 2 oder Artikel 40, ein Gebot einstellt, ändert oder zurückzieht oder
2. als Person nach Artikel 38 Absatz 1 Unterabsatz 2, auch in Verbindung mit Absatz 2,
   a) entgegen Artikel 39 Buchstabe a eine Insiderinformation weitergibt oder
   b) entgegen Artikel 39 Buchstabe b die Einstellung, Änderung oder Zurückziehung eines Gebotes empfiehlt oder eine andere Person hierzu verleitet.

---

[1] Nr. 5.
[2] Siehe die Transparenzrichtlinie-DurchführungsVO v. 13.3.2008 (BGBl. I S. 408), zuletzt geänd. durch G v. 23.6.2017 (BGBl. I S. 1693).

(3) Ebenso wird bestraft, wer gegen die Verordnung (EU) Nr. 596/2014 des Europäischen Parlaments und des Rates vom 16. April 2014 über Marktmissbrauch (Marktmissbrauchsverordnung) und zur Aufhebung der Richtlinie 2003/6/EG des Europäischen Parlaments und des Rates und der Richtlinien 2003/124/EG, 2003/125/EG und 2004/72/EG der Kommission (ABl. L 173 vom 12.6.2014, S. 1; L 287 vom 21.10.2016, S. 320; L 306 vom 15.11.2016, S. 43; L 348 vom 21.12.2016, S. 83), die zuletzt durch die Verordnung (EU) 2016/1033 (ABl. L 175 vom 30.6.2016, S. 1) geändert worden ist, verstößt, indem er

1. entgegen Artikel 14 Buchstabe a ein Insidergeschäft tätigt,
2. entgegen Artikel 14 Buchstabe b einem Dritten empfiehlt, ein Insidergeschäft zu tätigen, oder einen Dritten dazu verleitet oder
3. entgegen Artikel 14 Buchstabe c eine Insiderinformation offenlegt.

(4) Der Versuch ist strafbar.

(5) Mit Freiheitsstrafe von einem Jahr bis zu zehn Jahren wird bestraft, wer in den Fällen des Absatzes 1

1. gewerbsmäßig oder als Mitglied einer Bande, die sich zur fortgesetzten Begehung solcher Taten verbunden hat, handelt oder
2. in Ausübung seiner Tätigkeit für eine inländische Finanzaufsichtsbehörde, ein Wertpapierdienstleistungsunternehmen, eine Börse oder einen Betreiber eines Handelsplatzes handelt.

(6) In minder schweren Fällen des Absatzes 5 Nummer 2 ist die Strafe Freiheitsstrafe von sechs Monaten bis zu fünf Jahren.

(7) Handelt der Täter in den Fällen des Absatzes 2 Nummer 1 leichtfertig, so ist die Strafe Freiheitsstrafe bis zu einem Jahr oder Geldstrafe.

§ 120 Bußgeldvorschriften; Verordnungsermächtigung. (1) Ordnungswidrig handelt, wer

1. einer vollziehbaren Anordnung nach § 8 Absatz 2 Satz 1 oder Satz 2 zuwiderhandelt,
2. eine Information entgegen § 26 Absatz 1 oder Absatz 2 nicht oder nicht rechtzeitig übermittelt,
3. eine Mitteilung entgegen § 26 Absatz 1 nicht, nicht richtig, nicht vollständig oder nicht rechtzeitig macht,
4. eine Mitteilung entgegen § 26 Absatz 2 nicht oder nicht rechtzeitig macht oder
5. entgegen § 30 Absatz 3 Clearing-Dienste nutzt.

(2) Ordnungswidrig handelt, wer vorsätzlich oder leichtfertig

1. eine Information entgegen § 5 Absatz 1 Satz 2 nicht oder nicht rechtzeitig übermittelt,
2. entgegen
   a) § 5 Absatz 1 Satz 2,
   b) § 22 Absatz 3,
   c) § 23 Absatz 1 Satz 1, auch in Verbindung mit einer Rechtsverordnung nach Absatz 4 Satz 1,

d) § 33 Absatz 1 Satz 1 oder 2 oder Absatz 2, jeweils auch in Verbindung mit einer Rechtsverordnung nach § 33 Absatz 5,
e) § 38 Absatz 1 Satz 1, auch in Verbindung mit einer Rechtsverordnung nach § 38 Absatz 5, oder § 39 Absatz 1, auch in Verbindung mit einer Rechtsverordnung nach § 39 Absatz 2,
f) § 40 Absatz 2, auch in Verbindung mit einer Rechtsverordnung nach § 40 Absatz 3 Nummer 2,
g) § 41 Absatz 1 Satz 2, auch in Verbindung mit § 41 Absatz 2,
h) § 46 Absatz 2 Satz 1,
i) § 50 Absatz 1 Satz 1, auch in Verbindung mit einer Rechtsverordnung nach § 50 Absatz 2,
j) § 51 Absatz 2,
k) § 114 Absatz 1 Satz 3, auch in Verbindung mit § 117, jeweils auch in Verbindung mit einer Rechtsverordnung nach § 114 Absatz 3 Nummer 2,
l) § 115 Absatz 1 Satz 3, auch in Verbindung mit § 117, jeweils auch in Verbindung mit einer Rechtsverordnung nach § 115 Absatz 6 Nummer 3,
m) § 116 Absatz 2 Satz 2, auch in Verbindung mit einer Rechtsverordnung nach § 116 Absatz 4 Nummer 2 oder
n) § 118 Absatz 4 Satz 3

eine Mitteilung nicht, nicht richtig, nicht vollständig, nicht in der vorgeschriebenen Weise oder nicht rechtzeitig macht,

2a. entgegen § 12 oder § 23 Absatz 1 Satz 2 eine Person über eine Anzeige, eine eingeleitete Untersuchung oder eine Maßnahme in Kenntnis setzt,
2b. einer vollziehbaren Anordnung nach § 15 Absatz 1 zuwiderhandelt,
3. entgegen § 25 in Verbindung mit Artikel 15 der Verordnung (EU) Nr. 596/2014 eine Marktmanipulation begeht,
4. a) § 40 Absatz 1 Satz 1, auch in Verbindung mit einer Rechtsverordnung nach § 40 Absatz 3 Nummer 1, oder entgegen § 41 Absatz 1 Satz 1, auch in Verbindung mit § 41 Absatz 2, oder § 46 Absatz 2 Satz 1,
b) § 40 Absatz 1 Satz 2, in Verbindung mit § 40 Absatz 1 Satz 1, auch in Verbindung mit einer Rechtsverordnung nach § 40 Absatz 3,
c) § 49 Absatz 1 oder 2,
d) § 50 Absatz 1 Satz 1 in Verbindung mit einer Rechtsverordnung nach § 50 Absatz 2 oder entgegen § 51 Absatz 2,
e) § 114 Absatz 1 Satz 2 in Verbindung mit einer Rechtsverordnung nach § 114 Absatz 3 Nummer 1, jeweils auch in Verbindung mit § 117, oder entgegen § 118 Absatz 4 Satz 3,
f) § 115 Absatz 1 Satz 2 in Verbindung mit einer Rechtsverordnung nach § 115 Absatz 6 Nummer 2, jeweils auch in Verbindung mit § 117, oder
g) § 116 Absatz 2 Satz 1 in Verbindung mit einer Rechtsverordnung nach § 116 Absatz 4 Nummer 1

eine Veröffentlichung nicht, nicht richtig, nicht vollständig, nicht in der vorgeschriebenen Weise oder nicht rechtzeitig vornimmt oder nicht oder nicht rechtzeitig nachholt,

5. entgegen § 27 Satz 1 eine Aufzeichnung nicht, nicht richtig, nicht vollständig oder nicht rechtzeitig erstellt,
6. entgegen § 29 Absatz 5 Satz 1 der Stellung eines Billigungsantrags nicht eine dort genannte Erklärung beifügt,
7. *(aufgehoben)*
8. entgegen § 32 Absatz 1 Satz 1 die dort genannten Tatsachen nicht oder nicht rechtzeitig prüfen und bescheinigen lässt,
9. entgegen § 32 Absatz 4 Satz 1 eine Bescheinigung nicht oder nicht rechtzeitig übermittelt,
10. entgegen § 40 Absatz 1 Satz 1, § 41 Absatz 1 Satz 3, § 46 Absatz 2 Satz 2, § 50 Absatz 1 Satz 2, § 51 Absatz 2, § 114 Absatz 1 Satz 3, § 115 Absatz 1 Satz 3, § 116 Absatz 2 Satz 2 oder § 118 Absatz 4 Satz 3 eine Information oder eine Bekanntmachung nicht oder nicht rechtzeitig übermittelt,
11. entgegen § 48 Absatz 1 Nummer 2, auch in Verbindung mit § 48 Absatz 3, nicht sicherstellt, dass Einrichtungen und Informationen im Inland öffentlich zur Verfügung stehen,
12. entgegen § 48 Absatz 1 Nummer 3, auch in Verbindung mit § 48 Absatz 3, nicht sicherstellt, dass Daten vor der Kenntnisnahme durch Unbefugte geschützt sind,
13. entgegen § 48 Absatz 1 Nummer 4, auch in Verbindung mit § 48 Absatz 3, nicht sicherstellt, dass eine dort genannte Stelle bestimmt ist,
14. entgegen § 86 Absatz 1 Satz 1, 5 oder 6 eine Anzeige nicht, nicht richtig, nicht vollständig oder nicht rechtzeitig erstattet,
15. entgegen § 114 Absatz 1 Satz 4, § 115 Absatz 1 Satz 4, jeweils auch in Verbindung mit § 117, einen Jahresfinanzbericht einschließlich der Erklärung gemäß § 114 Absatz 2 Nummer 3 und der Eintragungsbescheinigung oder Bestätigung gemäß § 114 Absatz 2 Nummer 4 oder einen Halbjahresfinanzbericht einschließlich der Erklärung gemäß § 115 Absatz 2 Nummer 3 oder entgegen § 116 Absatz 2 Satz 3 einen Zahlungs- oder Konzernzahlungsbericht nicht oder nicht rechtzeitig übermittelt oder
16. einer unmittelbar geltenden Vorschrift in delegierten Rechtsakten der Europäischen Union, die die Verordnung (EG) Nr. 1060/2009 des Europäischen Parlaments und des Rates vom 16. September 2009 über Ratingagenturen (ABl. L 302 vom 17.11.2009, S. 1, L 350 vom 29.12.2009, S. 59, L 145 vom 31.5.2011, S. 57, L 267 vom 6.9.2014, S. 30), die zuletzt durch die Richtlinie 2014/51/EU (ABl. L 153 vom 22.5.2014, S. 1) geändert worden ist, ergänzen, im Anwendungsbereich dieses Gesetzes zuwiderhandelt, soweit eine Rechtsverordnung nach Absatz 28 für einen bestimmten Tatbestand auf diese Bußgeldvorschrift verweist.

(3) Ordnungswidrig handelt, wer vorsätzlich oder leichtfertig entgegen Artikel 74 oder Artikel 75 der Delegierten Verordnung (EU) 2017/565 der Kommission vom 25. April 2016 zur Ergänzung der Richtlinie 2014/65/EU des Europäischen Parlaments und des Rates in Bezug auf die organisatorischen Anforderungen an Wertpapierfirmen und die Bedingungen für die Ausübung ihrer Tätigkeit sowie in Bezug auf die Definition bestimmter Begriffe für die Zwecke der genannten Richtlinie (ABl. L 87 vom 31.3.2017, S. 1) eine Aufzeichnung nicht, nicht richtig, nicht vollständig oder nicht rechtzeitig erstellt.

(4) Ordnungswidrig handelt, wer als Person, die für ein Wertpapierdienstleistungsunternehmen handelt, gegen die Verordnung (EG) Nr. 1060/2009 verstößt, indem er vorsätzlich oder leichtfertig

1. entgegen Artikel 4 Absatz 1 Unterabsatz 1 ein Rating verwendet,
2. entgegen Artikel 5a Absatz 1 nicht dafür Sorge trägt, dass das Wertpapierdienstleistungsunternehmen eigene Kreditrisikobewertungen vornimmt,
3. entgegen Artikel 8c Absatz 1 einen Auftrag nicht richtig erteilt,
4. entgegen Artikel 8c Absatz 2 nicht dafür Sorge trägt, dass die beauftragten Ratingagenturen die dort genannten Voraussetzungen erfüllen oder
5. entgegen Artikel 8d Absatz 1 Satz 2 eine dort genannte Dokumentation nicht richtig vornimmt.

(5) Ordnungswidrig handelt, wer gegen die Verordnung (EU) Nr. 1031/2010 verstößt, indem er vorsätzlich oder leichtfertig

1. als Person nach Artikel 40
   a) entgegen Artikel 39 Buchstabe a eine Insiderinformation weitergibt oder
   b) entgegen Artikel 39 Buchstabe b die Einstellung, Änderung oder Zurückziehung eines Gebotes empfiehlt oder eine andere Person hierzu verleitet,
2. entgegen Artikel 42 Absatz 1 Satz 2 oder Satz 3 das Verzeichnis nicht, nicht richtig, nicht vollständig oder nicht rechtzeitig übermittelt,
3. entgegen Artikel 42 Absatz 2 eine Unterrichtung nicht, nicht richtig oder nicht innerhalb von fünf Werktagen vornimmt oder
4. entgegen Artikel 42 Absatz 5 die Behörde nicht, nicht richtig, nicht vollständig oder nicht rechtzeitig informiert.

(6) Ordnungswidrig handelt, wer gegen die Verordnung (EU) Nr. 236/2012 des Europäischen Parlaments und des Rates vom 14. März 2012 über Leerverkäufe und bestimmte Aspekte von Credit Default Swaps (ABl. L 86 vom 24.3.2012, S. 1), die durch die Verordnung (EU) Nr. 909/2014 (ABl. L 257 vom 28.8.2014, S. 1) geändert worden ist, verstößt, indem er vorsätzlich oder leichtfertig

1. entgegen Artikel 5 Absatz 1, Artikel 7 Absatz 1 oder Artikel 8 Absatz 1, jeweils auch in Verbindung mit Artikel 9 Absatz 1 Unterabsatz 1 oder Artikel 10, eine Meldung nicht, nicht richtig, nicht vollständig oder nicht rechtzeitig macht,
2. entgegen Artikel 6 Absatz 1, auch in Verbindung mit Artikel 9 Absatz 1 Unterabsatz 1 oder Artikel 10, eine Einzelheit nicht, nicht richtig, nicht vollständig oder nicht rechtzeitig offenlegt,
3. entgegen Artikel 12 Absatz 1 oder Artikel 13 Absatz 1 eine Aktie oder einen öffentlichen Schuldtitel leer verkauft,
4. entgegen Artikel 14 Absatz 1 eine Transaktion vornimmt oder
5. entgegen Artikel 15 Absatz 1 nicht sicherstellt, dass er über ein dort genanntes Verfahren verfügt.

(7) Ordnungswidrig handelt, wer gegen die Verordnung (EU) Nr. 648/2012 des Europäischen Parlaments und des Rates vom 4. Juli 2012 über OTC-Derivate, zentrale Gegenparteien und Transaktionsregister (ABl. L 201 vom 27.7.2012, S. 1; L 321 vom 30.11.2013, S. 6), die zuletzt durch die Verordnung (EU) 2019/834 (ABl. L 141 vom 28.5.2019, S. 42) geändert worden ist, verstößt, indem er vorsätzlich oder leichtfertig

1. entgegen Artikel 4 Absatz 1 und 3 einen OTC-Derivatekontrakt nicht oder nicht in der vorgeschriebenen Weise cleart,
1a. entgegen Artikel 4a Absatz 1 Unterabsatz 2 Buchstabe a eine Unterrichtung nicht oder nicht rechtzeitig vornimmt,
2. als Betreiber eines multilateralen Handelssystems im Sinne des § 72 Absatz 1 entgegen Artikel 8 Absatz 1 in Verbindung mit Absatz 4 Unterabsatz 1 Handelsdaten nicht, nicht richtig, nicht vollständig, nicht in der vorgeschriebenen Weise oder nicht rechtzeitig zur Verfügung stellt,
3. entgegen Artikel 9 Absatz 1 Satz 2 eine Meldung nicht, nicht richtig, nicht vollständig oder nicht rechtzeitig macht,
4. entgegen Artikel 9 Absatz 2 eine Aufzeichnung nicht oder nicht mindestens fünf Jahre aufbewahrt,
5. entgegen Artikel 10 Absatz 1 Unterabsatz 2 Buchstabe a eine Unterrichtung nicht oder nicht rechtzeitig vornimmt,
6. entgegen Artikel 11 Absatz 1 nicht gewährleistet, dass ein dort genanntes Verfahren oder eine dort genannte Vorkehrung besteht,
7. entgegen Artikel 11 Absatz 2 Satz 1 den Wert ausstehender Kontrakte nicht, nicht richtig oder nicht rechtzeitig ermittelt,
8. entgegen Artikel 11 Absatz 3 kein dort beschriebenes Risikomanagement betreibt,
9. entgegen Artikel 11 Absatz 4 nicht gewährleistet, dass zur Abdeckung der dort genannten Risiken eine geeignete und angemessene Eigenkapitalausstattung vorgehalten wird, oder
10. entgegen Artikel 11 Absatz 11 Satz 1 die Information über eine Befreiung von den Anforderungen des Artikels 11 Absatz 3 nicht oder nicht richtig veröffentlicht.

(8) Ordnungswidrig handelt, wer vorsätzlich oder leichtfertig

1. im Zusammenhang mit einer Untersuchung betreffend die Einhaltung der Pflichten nach den Abschnitten 9 bis 11 einer vollziehbaren Anordnung der Bundesanstalt nach den §§ 6 bis 9 zuwiderhandelt,
2. einer vollziehbaren Anordnung der Bundesanstalt nach § 9 Absatz 2 zuwiderhandelt, auch wenn im Ausland gehandelt wird,
3. als Betreiber eines inländischen Handelsplatzes, der im Namen eines Wertpapierdienstleistungsunternehmens Meldungen nach Artikel 26 Absatz 1 der Verordnung (EU) Nr. 600/2014 des Europäischen Parlaments und des Rates vom 15. Mai 2014 über Märkte für Finanzinstrumente und zur Änderung der Verordnung (EU) Nr. 648/2012 (ABl. L 173 vom 12.6. 2014, S. 84; L 6 vom 10.1.2015, S. 6; L 270 vom 15.10.2015, S. 4), die zuletzt durch die Verordnung (EU) 2016/1033 (ABl. L 175 vom 30.6. 2016, S. 1) geändert worden ist, vornimmt,
   a) entgegen § 22 Absatz 2 Satz 1 dort genannte Sicherheitsmaßnahmen nicht einrichtet oder
   b) entgegen § 22 Absatz 2 Satz 2 dort genannte Mittel nicht vorhält oder dort genannte Notfallsysteme nicht einrichtet,
4. ein von der Bundesanstalt für ein Warenderivat gemäß § 54 Absatz 1, 3, 5 festgelegtes Positionslimit überschreitet,
5. ein von einer ausländischen zuständigen Behörde eines Mitgliedstaates für ein Warenderivat festgelegtes Positionslimit überschreitet,

6. entgegen § 54 Absatz 6 Satz 1 nicht über angemessene Kontrollverfahren zur Überwachung des Positionsmanagements verfügt,
7. entgegen § 54 Absatz 6 Satz 4 eine Unterrichtung nicht, nicht richtig oder nicht vollständig vornimmt,
8. entgegen § 57 Absatz 2, 3 und 4 eine Übermittlung nicht, nicht richtig oder nicht vollständig vornimmt,
9. entgegen § 57 Absatz 1 eine Meldung nicht, nicht richtig, nicht vollständig oder nicht rechtzeitig vornimmt,
10. entgegen § 58 Absatz 1 Satz 1 nicht über die dort genannten Grundsätze und Vorkehrungen verfügt,
11. entgegen § 58 Absatz 2 Satz 1 eine Information nicht, nicht richtig, nicht vollständig, nicht in der vorgeschriebenen Weise oder nicht rechtzeitig zur Verfügung stellt,
12. entgegen § 58 Absatz 2 Satz 2 nicht in der Lage ist, Informationen in der vorgeschriebenen Weise zu verbreiten,
13. entgegen § 58 Absatz 3 Satz 1 nicht die dort genannten Vorkehrungen trifft,
14. entgegen § 58 Absatz 3 Satz 2, § 59 Absatz 3 Satz 2 oder § 60 Absatz 2 Satz 2 Informationen in diskriminierender Weise behandelt oder keine geeigneten Vorkehrungen zur Trennung unterschiedlicher Unternehmensfunktionen trifft,
15. entgegen § 58 Absatz 4 Satz 1 oder § 60 Absatz 3 Satz 1 dort genannte Mechanismen nicht einrichtet,
16. entgegen § 58 Absatz 4 Satz 2 oder § 60 Absatz 3 Satz 2 nicht über dort genannte Mittel und Notfallsysteme verfügt,
17. entgegen § 58 Absatz 5 nicht über dort genannte Systeme verfügt,
18. entgegen § 59 Absatz 1 Satz 2 nicht über dort genannte Grundsätze oder Vorkehrungen verfügt,
19. entgegen § 59 Absatz 1 Satz 2 nicht die genannten Grundsätze und Vorkehrungen trifft,
20. entgegen § 59 Absatz 1 Satz 3 nicht in der Lage ist, Informationen in der vorgeschriebenen Weise zur Verfügung zu stellen,
21. entgegen § 59 Absatz 2 Informationen nicht in der vorgeschriebenen Weise verbreitet,
22. entgegen § 59 Absatz 3 Satz 1 dort genannte Vorkehrungen nicht trifft,
23. entgegen § 59 Absatz 4 Satz 1 dort genannte Mechanismen nicht einrichtet,
24. entgegen § 59 Absatz 4 Satz 2 nicht über die dort genannten Mittel und Notfallsysteme verfügt,
25. entgegen § 60 Absatz 1 Satz 1 nicht über die dort genannten Grundsätze und Vorkehrungen verfügt,
26. entgegen § 60 Absatz 2 Satz 1 oder Absatz 4 keine Vorkehrungen trifft,
27. entgegen § 63 Absatz 2 Satz 1 in Verbindung mit Satz 2, auch in Verbindung mit dem auf Grundlage von Artikel 23 Absatz 4 in Verbindung mit Artikel 89 der Richtlinie 2014/65/EU des Europäischen Parlaments und des Rates vom 15. Mai 2014 über Märkte für Finanzinstrumente sowie zur Änderung der Richtlinien 2002/92/EG und 2011/61/EU (ABl. L 173 vom 12.6.2014, S. 349; L 74 vom 18.3.2015, S. 38; L 188

vom 13.7.2016, S. 28; L 273 vom 8.10.2016, S. 35; L 64 vom 10.3.2017, S. 116), die zuletzt durch die Richtlinie (EU) 2016/1034 (ABl. L 175 vom 30.6.2016, S. 8) geändert worden ist, erlassenen delegierten Rechtsakt der Europäischen Kommission, eine Darlegung nicht, nicht richtig, nicht vollständig, nicht in der vorgeschriebenen Weise oder nicht rechtzeitig vornimmt,

28. als Wertpapierdienstleistungsunternehmen entgegen § 63 Absatz 3 Satz 1, auch in Verbindung mit dem auf Grundlage von Artikel 24 Absatz 13 in Verbindung mit Artikel 89 der Richtlinie 2014/65/EU erlassenen delegierten Rechtsakt der Europäischen Kommission, keine Sicherstellung trifft,
29. als Wertpapierdienstleistungsunternehmen entgegen § 63 Absatz 3 Satz 2, auch in Verbindung mit dem auf Grundlage von Artikel 24 Absatz 13 in Verbindung mit Artikel 89 der Richtlinie 2014/65/EU erlassenen delegierten Rechtsakt der Europäischen Kommission, einen Anreiz setzt,
30. als Wertpapierdienstleistungsunternehmen ein Finanzinstrument vertreibt, das nicht gemäß den Anforderungen des § 63 Absatz 4, auch in Verbindung mit einer Rechtsverordnung nach § 80 Absatz 14 sowie dem auf Grundlage von Artikel 24 Absatz 13 in Verbindung mit Artikel 89 der Richtlinie 2014/65/EU erlassenen delegierten Rechtsakt der Europäischen Kommission, konzipiert wurde,
31. als Wertpapierdienstleistungsunternehmen entgegen § 63 Absatz 6 Satz 1, auch in Verbindung mit dem auf Grundlage von Artikel 24 Absatz 13 in Verbindung mit Artikel 89 der Richtlinie 2014/65/EU erlassenen delegierten Rechtsakt der Europäischen Kommission, Informationen zugänglich macht, die nicht redlich, nicht eindeutig oder irreführend sind,
32. als Wertpapierdienstleistungsunternehmen einer anderen Person eine Marketingmitteilung zugänglich macht, die entgegen § 63 Absatz 6 Satz 2 nicht eindeutig als solche erkennbar ist,
33. entgegen § 63 Absatz 7 Satz 1 in Verbindung mit den Sätzen 3 und 4, auch in Verbindung mit Satz 11, auch in Verbindung mit einer Rechtsverordnung nach Absatz 14 und auch in Verbindung mit dem auf Grundlage von Artikel 24 Absatz 13 in Verbindung mit Artikel 89 der Richtlinie 2014/65/EU erlassenen delegierten Rechtsakt der Europäischen Kommission, Informationen nicht, nicht richtig, nicht vollständig, nicht in der vorgeschriebenen Weise oder nicht rechtzeitig zur Verfügung stellt,
34. entgegen § 63 Absatz 7 Satz 5, auch in Verbindung mit dem auf Grundlage von Artikel 24 Absatz 13 in Verbindung mit Artikel 89 der Richtlinie 2014/65/EU erlassenen delegierten Rechtsakt der Europäischen Kommission, eine Aufstellung nicht, nicht richtig oder nicht vollständig zur Verfügung stellt,
35. entgegen § 64 Absatz 1, auch in Verbindung mit dem auf Grundlage von Artikel 24 Absatz 3 in Verbindung mit Artikel 89 der Richtlinie 2014/65/EU erlassenen delegierten Rechtsakt der Europäischen Kommission, einen Kunden nicht, nicht richtig, nicht vollständig, nicht in der vorgeschriebenen Weise oder nicht rechtzeitig informiert,
36. entgegen § 63 Absatz 9 Satz 1, auch in Verbindung mit dem auf Grundlage von Artikel 24 Absatz 3 in Verbindung mit Artikel 89 der Richtlinie 2014/65/EU erlassenen delegierten Rechtsakt der Europäischen Kommis-

sion, einen Kunden nicht oder nicht richtig informiert oder ihm nicht für jeden Bestandteil getrennt Kosten und Gebühren nachweist,

37. entgegen § 63 Absatz 9 Satz 2, auch in Verbindung mit dem auf Grundlage von Artikel 24 Absatz 3 in Verbindung mit Artikel 89 der Richtlinie 2014/65/EU erlassenen delegierten Rechtsakt der Europäischen Kommission, einen Privatkunden nicht oder nicht in angemessener Weise informiert,
38. entgegen § 64 Absatz 2 Satz 1 in Verbindung mit einer Rechtsverordnung nach § 64 Absatz 10 Satz 1 Nummer 1 ein dort genanntes Dokument nicht, nicht richtig, nicht vollständig oder nicht rechtzeitig zur Verfügung stellt,
39. entgegen § 64 Absatz 3 Satz 1, auch in Verbindung mit dem auf Grundlage von Artikel 25 Absatz 8 in Verbindung mit Artikel 89 der Richtlinie 2014/65/EU erlassenen delegierten Rechtsakt der Europäischen Kommission, die dort genannten Informationen nicht oder nicht vollständig einholt,
40. entgegen § 64 Absatz 3 Satz 2 bis 4 ein Finanzinstrument oder eine Wertpapierdienstleistung empfiehlt oder ein Geschäft tätigt,
41. entgegen § 64 Absatz 4 Satz 1 in Verbindung mit Satz 2, auch in Verbindung mit dem auf Grundlage von Artikel 25 Absatz 8 in Verbindung mit Artikel 89 der Richtlinie 2014/65/EU erlassenen delegierten Rechtsakt der Europäischen Kommission, eine Geeignetheitserklärung nicht, nicht richtig, nicht vollständig, nicht in der vorgeschriebenen Weise oder nicht rechtzeitig zur Verfügung stellt,
42. als Wertpapierdienstleistungsunternehmen, das einem Kunden im Verlauf einer Anlageberatung mitgeteilt hat, dass eine Unabhängige Honorar-Anlageberatung erbracht wird, dem Kunden gegenüber eine Empfehlung eines Finanzinstruments ausspricht, der nicht eine im Sinne von § 64 Absatz 5 Nummer 1, auch in Verbindung mit dem auf Grundlage von Artikel 24 Absatz 3 in Verbindung mit Artikel 89 der Richtlinie 2014/65/EU erlassenen delegierten Rechtsakt der Europäischen Kommission, ausreichende Palette von Finanzinstrumenten zugrunde liegt,
43. entgegen § 64 Absatz 6 Satz 1, auch in Verbindung mit einer Rechtsverordnung nach § 64 Absatz 10 Nummer 2, eine Information nicht, nicht richtig oder nicht vollständig oder nicht rechtzeitig gibt,
44. entgegen § 64 Absatz 6 Satz 2 einen Vertragsschluss als Festpreisgeschäft ausführt,
45. entgegen § 64 Absatz 7, auch in Verbindung mit einer Rechtsverordnung nach § 64 Absatz 10 Nummer 3, eine Zuwendung annimmt oder behält,

45a. entgegen § 65 Absatz 1 Satz 3 oder § 65a Absatz 1 Satz 3 einen Vertragsschluss vermittelt,

46. entgegen § 63 Absatz 10 Satz 1, auch in Verbindung mit Satz 2, jeweils auch in Verbindung mit dem auf Grundlage von Artikel 25 Absatz 8 in Verbindung mit Artikel 89 der Richtlinie 2014/65/EU erlassenen delegierten Rechtsakt der Europäischen Kommission, die dort genannten Informationen nicht oder nicht vollständig einholt,
47. entgegen § 63 Absatz 10 Satz 3 oder 4, auch in Verbindung mit dem auf Grundlage von Artikel 25 Absatz 8 in Verbindung mit Artikel 89 der Richtlinie 2014/65/EU erlassenen delegierten Rechtsakt der Europäi-

schen Kommission, einen Hinweis oder eine Information nicht oder nicht rechtzeitig gibt,

48. entgegen § 63 Absatz 12 Satz 1 in Verbindung mit Satz 2, auch in Verbindung mit § 64 Absatz 8, jeweils auch in Verbindung mit dem auf Grundlage von Artikel 25 Absatz 8 in Verbindung mit Artikel 89 der Richtlinie 2014/65/EU erlassenen delegierten Rechtsakt der Europäischen Kommission, einem Kunden nicht regelmäßig berichtet oder nicht den Ausführungsort eines Auftrags mitteilt,
49. entgegen § 68 Absatz 1 Satz 2 mit einer geeigneten Gegenpartei nicht in der dort beschriebenen Weise kommuniziert,
50. entgegen § 69 Absatz 1 Nummer 1 oder Nummer 2, auch in Verbindung mit dem auf Grundlage von Artikel 28 Absatz 3 in Verbindung mit Artikel 89 der Richtlinie 2014/65/EU erlassenen delegierten Rechtsakt der Europäischen Kommission, keine geeigneten Vorkehrungen in Bezug auf die Ausführung und Weiterleitung von Kundenaufträgen trifft,
51. entgegen § 69 Absatz 2 Satz 1, auch in Verbindung mit dem auf Grundlage von Artikel 28 Absatz 3 in Verbindung mit Artikel 89 der Richtlinie 2014/65/EU erlassenen delegierten Rechtsakt der Europäischen Kommission, einen Auftrag nicht, nicht in der vorgeschriebenen Weise oder nicht rechtzeitig bekannt macht,
52. entgegen § 70 Absatz 1 Satz 1, auch in Verbindung mit einer Rechtsverordnung nach § 70 Absatz 9 Nummer 1, eine Zuwendung annimmt oder gewährt,
53. entgegen § 70 Absatz 5, auch in Verbindung mit dem auf Grundlage von Artikel 24 Absatz 13 in Verbindung mit Artikel 89 der Richtlinie 2014/65/EU erlassenen delegierten Rechtsakt der Europäischen Kommission, einen Kunden nicht über Verfahren betreffend die Auskehrung von Zuwendungen an Kunden informiert,
54. entgegen § 72 Absatz 1 Nummer 1 die dort genannten Regelungen nicht oder nicht im vorgeschriebenen Umfang festlegt,
55. entgegen § 72 Absatz 1 Nummer 2 die dort genannten Regelungen nicht oder nicht im vorgeschriebenen Umfang festlegt,
56. entgegen § 72 Absatz 1 Nummer 3 nicht über angemessene Verfahren verfügt,
57. entgegen § 72 Absatz 1 Nummer 4 eine Veröffentlichung nicht, nicht richtig oder nicht vollständig vornimmt,
58. entgegen § 72 Absatz 1 Nummer 5 Entgelte nicht oder nicht im vorgeschriebenen Umfang verlangt,
59. entgegen § 72 Absatz 1 Nummer 6 die dort benannten Vorkehrungen nicht oder nicht im vorgeschriebenen Umfang trifft,
60. entgegen § 72 Absatz 1 Nummer 7 kein angemessenes Order-Transaktions-Verhältnis sicherstellt,
61. entgegen § 72 Absatz 1 Nummer 8 keine Festlegung über die angemessene Größe der kleinstmöglichen Preisänderung trifft,
62. entgegen § 72 Absatz 1 Nummer 9 die dort genannten Risikokontrollen, Schwellen und Regelungen nicht festlegt,
63. entgegen § 72 Absatz 1 Nummer 10 die dort genannten Regelungen nicht festlegt,

64. entgegen § 72 Absatz 1 Nummer 11 keine zuverlässige Verwaltung der technischen Abläufe des Handelssystems sicherstellt,
65. entgegen § 72 Absatz 1 Nummer 12 die dort genannten Vorkehrungen nicht trifft,
66. entgegen § 72 Absatz 1 Nummer 13 ein multilaterales oder organisiertes Handelssystem betreibt, ohne über mindestens drei Nutzer zu verfügen, die mit allen übrigen Nutzern zum Zwecke der Preisbildung in Verbindung treten können,
67. ein multilaterales oder organisiertes Handelssystem betreibt, ohne über die Systeme im Sinne von § 5 Absatz 4a des Börsengesetzes in Verbindung mit § 72 Absatz 1 zu verfügen,
68. als Betreiber eines multilateralen oder eines organisierten Handelssystems entgegen § 26c Absatz 2 Satz 1 des Börsengesetzes in Verbindung mit § 72 Absatz 1 nicht eine ausreichende Teilnehmerzahl sicherstellt,
69. als Betreiber eines multilateralen oder organisierten Handelssystems einen Vertrag im Sinne des § 26c Absatz 1 des Börsengesetzes in Verbindung mit § 72 Absatz 1 schließt, der nicht sämtliche in § 26c Absatz 3 des Börsengesetzes genannten Bestandteile enthält,
70. entgegen § 72 Absatz 2 Gebührenstrukturen nicht gemäß den dort genannten Anforderungen gestaltet,
71. entgegen § 72 Absatz 3 eine Beschreibung nicht, nicht richtig oder nicht vollständig vorlegt,
72. entgegen § 72 Absatz 6 Satz 1 eine Mitteilung an die Bundesanstalt über schwerwiegende Verstöße gegen Handelsregeln, über Störungen der Marktintegrität und über Anhaltspunkte für einen Verstoß gegen die Vorschriften der Verordnung (EU) Nr. 596/2014 nicht oder nicht rechtzeitig macht,
73. entgegen § 73 Absatz 1 Satz 2 den Handel mit einem Finanzinstrument nicht aussetzt oder einstellt,
74. entgegen § 73 Absatz 1 Satz 4 eine Entscheidung nicht oder nicht richtig veröffentlicht oder die Bundesanstalt über eine Veröffentlichung nicht oder nicht rechtzeitig informiert,
74a. einer vollziehbaren Anordnung nach § 73 Absatz 2 Satz 1 oder Absatz 3 Satz 3 zuwiderhandelt,
75. entgegen § 74 Absatz 1 und 2 als Betreiber eines multilateralen Systems nicht dort genannte Regeln vorhält,
76. entgegen § 74 Absatz 3 die dort genannten Vorkehrungen nicht oder nicht im vorgeschriebenen Umfang trifft,
77. entgegen § 74 Absatz 5 einen Kundenauftrag unter Einsatz des Eigenkapitals ausführt,
78. entgegen § 75 Absatz 1 die dort genannten Vorkehrungen nicht trifft,
79. entgegen § 75 Absatz 2 Satz 1 ohne Zustimmung des Kunden auf die Zusammenführung sich deckender Kundenaufträge zurückgreift,
80. entgegen § 75 Absatz 2 Satz 2 Kundenaufträge zusammenführt,
81. entgegen § 75 Absatz 2 Satz 3 bei der Ausführung eines Geschäfts nicht sicherstellt, dass
    a) er während der gesamten Ausführung eines Geschäfts zu keiner Zeit einem Marktrisiko ausgesetzt ist,

b) beide Vorgänge gleichzeitig ausgeführt werden oder

c) das Geschäft zu einem Preis abgeschlossen wird, bei dem er, abgesehen von einer vorab offengelegten Provision, Gebühr oder sonstigen Vergütung, weder Gewinn noch Verlust macht,

82. entgegen § 75 Absatz 3 als Betreiber eines organisierten Handelssystems bei dessen Betrieb ein Geschäft für eigene Rechnung abschließt, das nicht in der Zusammenführung von Kundenaufträgen besteht und das ein Finanzinstrument zum Gegenstand hat, bei dem es sich nicht um einen öffentlichen Schuldtitel handelt, für den es keinen liquiden Markt gibt,
83. entgegen § 75 Absatz 4 Satz 1 innerhalb derselben rechtlichen Einheit ein organisiertes Handelssystem und die systematische Internalisierung betreibt,
84. entgegen § 75 Absatz 4 Satz 2 ein organisiertes Handelssystem betreibt, das eine Verbindung zu einem systematischen Internalisierer in einer Weise herstellt, dass die Interaktion von Aufträgen in dem organisierten Handelssystem und Aufträgen oder Offerten in dem systematischen Internalisierer ermöglicht wird,
85. als Betreiber eines organisierten Handelssystems beim Umgang mit Aufträgen in anderen als den in § 75 Absatz 6 Satz 2 genannten Fällen ein Ermessen ausübt,
86. einem vollziehbaren Erklärungsverlangen nach § 75 Absatz 7 Satz 1 zuwiderhandelt,
87. entgegen § 75 Absatz 7 Satz 3 die dort genannten Informationen nicht, nicht richtig oder nicht vollständig zur Verfügung stellt,
88. entgegen § 77 Absatz 1 einen direkten elektronischen Zugang zu einem Handelsplatz anbietet, ohne über die dort genannten Systeme und Kontrollen zu verfügen,
89. entgegen § 77 Absatz 1 nicht sicherstellt, dass seine Kunden die dort genannten Anforderungen erfüllen oder die dort genannten Vorschriften einhalten,
90. entgegen § 77 Absatz 1 Nummer 4 Buchstabe c Geschäfte nicht überwacht, um Verstöße gegen die Regeln des Handelsplatzes, marktstörende Handelsbedingungen oder auf Marktmissbrauch hindeutende Verhaltensweisen zu erkennen,
91. als Wertpapierdienstleistungsunternehmen einem Kunden einen direkten elektronischen Zugang zu einem Handelsplatz anbietet, ohne zuvor einen schriftlichen Vertrag mit dem Kunden geschlossen zu haben, der den inhaltlichen Anforderungen des § 77 Absatz 1 Nummer 2 entspricht,
92. entgegen § 77 Absatz 2 Satz 1 eine Mitteilung nicht oder nicht richtig macht,
93. einer vollziehbaren Anordnung nach § 77 Absatz 2 Satz 2 zuwiderhandelt,
94. entgegen § 77 Absatz 3 nicht für die Aufbewahrung von Aufzeichnungen sorgt oder nicht sicherstellt, dass die Aufzeichnungen ausreichend sind,
95. als Wertpapierdienstleistungsunternehmen als allgemeines Clearing-Mitglied für andere Personen handelt, ohne über die in § 78 Satz 1 genannten Systeme und Kontrollen zu verfügen,
96. als Wertpapierdienstleistungsunternehmen als allgemeines Clearing-Mitglied für eine andere Person handelt, ohne zuvor mit dieser Person eine

nach § 78 Satz 3 erforderliche schriftliche Vereinbarung hinsichtlich der wesentlichen Rechte und Pflichten geschlossen zu haben,

97. entgegen § 80 Absatz 1 Satz 2 Nummer 1, auch in Verbindung mit dem auf Grundlage von Artikel 23 Absatz 4 in Verbindung mit Artikel 89 der Richtlinie 2014/65/EU erlassenen delegierten Rechtsakt der Europäischen Kommission, keine Vorkehrungen trifft,
98. als Wertpapierdienstleistungsunternehmen algorithmischen Handel betreibt, ohne über die in § 80 Absatz 2 Satz 3 genannten Systeme und Risikokontrollen zu verfügen,
99. als Wertpapierdienstleistungsunternehmen algorithmischen Handel betreibt, ohne über die in § 80 Absatz 2 Satz 4 genannten Notfallvorkehrungen zu verfügen,
100. entgegen § 80 Absatz 2 Satz 5 eine Anzeige nicht macht,
101. einer vollziehbaren Anordnung nach § 80 Absatz 3 Satz 3 zuwiderhandelt,
102. entgegen § 80 Absatz 3 Satz 1 in Verbindung mit Satz 2 eine Aufzeichnung nicht, nicht richtig, nicht vollständig oder nicht in der vorgeschriebenen Weise macht oder nicht für die Dauer von fünf Jahren aufbewahrt,
103. entgegen § 80 Absatz 4 Nummer 1 das Market-Making nicht im dort vorgeschriebenen Umfang betreibt,
104. als Wertpapierdienstleistungsunternehmen algorithmischen Handel unter Verfolgung einer Market-Making-Strategie im Sinne des § 80 Absatz 5 betreibt, ohne zuvor einen schriftlichen Vertrag mit dem Handelsplatz geschlossen zu haben, der zumindest die Verpflichtungen im Sinne des § 80 Absatz 4 Nummer 1 beinhaltet,
105. als Wertpapierdienstleistungsunternehmen algorithmischen Handel unter Verfolgung einer Market-Making-Strategie im Sinne des § 80 Absatz 5 betreibt, ohne über die in § 80 Absatz 4 Nummer 3 genannten Systeme und Kontrollen zu verfügen,
106. entgegen § 80 Absatz 9 Satz 1, auch in Verbindung mit einer Rechtsverordnung nach § 80 Absatz 14 Satz 1, ein Produktfreigabeverfahren nicht oder nicht in der vorgeschriebenen Weise unterhält oder betreibt oder nicht regelmäßig überprüft,
107. entgegen § 80 Absatz 10 Satz 1, auch in Verbindung mit einer Rechtsverordnung nach § 80 Absatz 14 Satz 1, die Festlegung eines Zielmarkts nicht regelmäßig überprüft,
108. entgegen § 80 Absatz 11 Satz 1, auch in Verbindung mit einer Rechtsverordnung nach § 80 Absatz 14 Satz 1, die dort genannten Informationen nicht, nicht richtig, nicht vollständig oder nicht in der vorgeschriebenen Weise zur Verfügung stellt,
109. entgegen § 80 Absatz 11 Satz 2, auch in Verbindung mit einer Rechtsverordnung nach § 80 Absatz 14 Satz 1, nicht über angemessene Vorkehrungen verfügt, um sich die in § 80 Absatz 11 Satz 1 genannten Informationen vom konzipierenden Wertpapierdienstleistungsunternehmen oder vom Emittenten zu verschaffen und die Merkmale und den Zielmarkt des Finanzinstruments zu verstehen,
110. entgegen § 81 Absatz 1 nicht die Organisation, Eignung des Personals, Mittel und Regelungen zur Erbringung von Wertpapierdienstleistungen und Wertpapiernebendienstleistungen, die Firmenpolitik und die Vergütungspolitik festlegt, umsetzt und überwacht,

111. entgegen § 81 Absatz 2 nicht die Eignung und die Umsetzung der strategischen Ziele des Wertpapierdienstleistungsunternehmens, die Wirksamkeit der Unternehmensführungsregelungen und die Angemessenheit der Firmenpolitik überwacht und überprüft oder nicht unverzüglich Schritte einleitet, um bestehende Mängel zu beseitigen,
112. entgegen § 81 Absatz 3 keinen angemessenen Zugang sicherstellt,
113. entgegen § 82 Absatz 1, auch in Verbindung mit dem auf Grundlage von Artikel 27 Absatz 9 in Verbindung mit Artikel 89 der Richtlinie 2014/65/EU erlassenen delegierten Rechtsakt der Europäischen Kommission, nicht sicherstellt, dass ein Kundenauftrag nach den dort benannten Grundsätzen ausgeführt wird,
114. entgegen § 82 Absatz 1 Nummer 1, auch in Verbindung mit dem auf Grundlage von Artikel 27 Absatz 9 in Verbindung mit Artikel 89 der Richtlinie 2014/65/EU erlassenen delegierten Rechtsakt der Europäischen Kommission, keine regelmäßige Überprüfung vornimmt,
115. entgegen § 82 Absatz 5 Satz 2, auch in Verbindung mit dem auf Grundlage von Artikel 27 Absatz 9 in Verbindung mit Artikel 89 der Richtlinie 2014/65/EU erlassenen delegierten Rechtsakt der Europäischen Kommission, einen dort genannten Hinweis nicht oder nicht rechtzeitig gibt oder eine dort genannte Einwilligung nicht oder nicht rechtzeitig einholt,
116. entgegen § 82 Absatz 6 Nummer 1, auch in Verbindung mit dem auf Grundlage von Artikel 27 Absatz 9 in Verbindung mit Artikel 89 der Richtlinie 2014/65/EU erlassenen delegierten Rechtsakt der Europäischen Kommission, einen Kunden nicht, nicht richtig, nicht in der vorgeschriebenen Weise oder nicht rechtzeitig informiert,
117. entgegen § 82 Absatz 6 Nummer 1 eine dort genannte Zustimmung nicht oder nicht rechtzeitig einholt,
118. entgegen § 82 Absatz 6 Nummer 2, auch in Verbindung mit dem auf Grundlage von Artikel 27 Absatz 9 in Verbindung mit Artikel 89 der Richtlinie 2014/65/EU erlassenen delegierten Rechtsakt der Europäischen Kommission, eine dort genannte Mitteilung nicht, nicht richtig, nicht in der vorgeschriebenen Weise oder nicht rechtzeitig macht,
119. entgegen § 82 Absatz 8 eine Vergütung, einen Rabatt oder einen nicht monetären Vorteil annimmt,
120. entgegen § 82 Absatz 9, auch in Verbindung mit einem technischen Regulierungsstandard nach Artikel 27 Absatz 10 Buchstabe b der Richtlinie 2014/65/EU, eine dort genannte Veröffentlichung nicht mindestens einmal jährlich vornimmt,
121. als Betreiber eines Handelsplatzes oder als systematischer Internalisierer, vorbehaltlich der Regelung zu § 26e des Börsengesetzes, entgegen § 82 Absatz 10, auch in Verbindung mit einer delegierten Verordnung nach Artikel 27 Absatz 9 sowie einem technischen Regulierungsstandard nach Artikel 27 Absatz 10 Buchstabe a der Richtlinie 2014/65/EU, eine dort genannte Veröffentlichung nicht mindestens einmal jährlich vornimmt,
122. als Betreiber eines Ausführungsplatzes, vorbehaltlich der Regelung zu § 26e des Börsengesetzes, entgegen § 82 Absatz 11, auch in Verbindung mit einer delegierten Verordnung nach Artikel 27 Absatz 9 sowie einem technischen Regulierungsstandard nach Artikel 27 Absatz 10 Buchstabe a

der Richtlinie 2014/65/EU, eine Veröffentlichung nicht mindestens einmal jährlich vornimmt,

123. entgegen § 83 Absatz 1 oder Absatz 2 Satz 1, auch in Verbindung mit einer Rechtsverordnung nach § 83 Absatz 10 Satz 1 und den Artikeln 58 sowie 72 bis 74 der Delegierten Verordnung (EU) 2017/565, eine dort genannte Aufzeichnung nicht, nicht richtig oder nicht vollständig erstellt,
124. entgegen § 83 Absatz 3 Satz 1, auch in Verbindung mit einer Rechtsverordnung nach § 83 Absatz 10 Satz 1 und Artikel 76 der Delegierten Verordnung (EU) 2017/565, ein Telefongespräch oder eine elektronische Kommunikation nicht, nicht richtig, nicht vollständig oder nicht in der vorgeschriebenen Weise aufzeichnet,
125. entgegen § 83 Absatz 4 Satz 1, auch in Verbindung mit einer Rechtsverordnung nach § 83 Absatz 10 Satz 1, nicht alle angemessenen Maßnahmen ergreift, um einschlägige Telefongespräche und elektronische Kommunikation aufzuzeichnen,
126. entgegen § 83 Absatz 5, auch in Verbindung mit einer Rechtsverordnung nach § 83 Absatz 10 Satz 1 und Artikel 76 Absatz 8 der Delegierten Verordnung (EU) 2017/565, einen Kunden nicht oder nicht rechtzeitig vorab in geeigneter Weise über die Aufzeichnung von Telefongesprächen nach § 83 Absatz 3 Satz 1 informiert,
127. entgegen § 84 Absatz 1 Satz 1 oder Absatz 4 Satz 1 keine geeigneten Vorkehrungen trifft, um die Rechte der Kunden an ihnen gehörenden Finanzinstrumenten oder Geldern zu schützen und zu verhindern, dass diese ohne ausdrückliche Zustimmung für eigene Rechnung verwendet werden,
128. entgegen § 84 Absatz 2 Satz 3 die Zustimmung des Kunden zur Verwahrung seiner Vermögensgegenstände bei einem qualifizierten Geldmarktfonds nicht oder nicht rechtzeitig einholt,
129. entgegen § 84 Absatz 2 Satz 5 eine treuhänderische Einlage nicht offenlegt,
130. entgegen § 84 Absatz 2 Satz 6 den Kunden nicht, nicht richtig oder nicht rechtzeitig darüber unterrichtet, bei welchem Institut und auf welchem Konto seine Gelder verwahrt werden,
131. entgegen § 84 Absatz 5 Satz 1 ein Wertpapier nicht oder nicht rechtzeitig zur Verwahrung weiterleitet,
132. entgegen § 84 Absatz 7 mit einem Privatkunden eine Finanzsicherheit in Form einer Vollrechtsübertragung nach Artikel 2 Absatz 1 Buchstabe b der Richtlinie 2002/47/EG abschließt,
133. entgegen § 84 Absatz 6 Satz 1, auch in Verbindung mit § 84 Absatz 6 Satz 2, ein Wertpapier für eigene Rechnung oder für Rechnung eines anderen Kunden nutzt,
134. entgegen § 87 Absatz 1 Satz 1, Absatz 2, 3, 4 Satz 1 oder Absatz 5 Satz 1, jeweils auch in Verbindung mit einer Rechtsverordnung nach § 87 Absatz 9 Satz 1 Nummer 2, einen Mitarbeiter mit einer dort genannten Tätigkeit betraut,
135. entgegen
    a) § 87 Absatz 1 Satz 2 oder Satz 3, Absatz 4 Satz 2 oder Satz 3 oder Absatz 5 Satz 2 oder Satz 3, jeweils auch in Verbindung mit einer Rechtsverordnung nach § 87 Absatz 9 Satz 1 Nummer 1, oder

b) § 87 Absatz 1 Satz 4 in Verbindung mit einer Rechtsverordnung nach § 87 Absatz 9 Satz 1 Nummer 1

eine Anzeige nicht, nicht richtig, nicht vollständig oder nicht rechtzeitig erstattet,

136. einer vollziehbaren Anordnung nach § 87 Absatz 6 Satz 1 Nummer 1 oder Nummer 2 Buchstabe b zuwiderhandelt oder

137. entgegen § 94 Absatz 1 eine dort genannte Bezeichnung führt.

(9) Ordnungswidrig handelt, wer gegen die Verordnung (EU) Nr. 600/2014 des Europäischen Parlaments und des Rates vom 15. Mai 2014 über Märkte für Finanzinstrumente und zur Änderung der Verordnung (EU) Nr. 648/2012 (ABl. L 173 vom 12.6.2014, S. 84) verstößt, indem er vorsätzlich oder leichtfertig

1. als Wertpapierdienstleistungsunternehmen im Sinne dieses Gesetzes entgegen
   a) Artikel 3 Absatz 1,
   b) Artikel 6 Absatz 1,
   c) Artikel 8 Absatz 1 Satz 2,
   d) Artikel 8 Absatz 4 Satz 2,
   e) Artikel 10 Absatz 1,
   f) Artikel 11 Absatz 3 Unterabsatz 3 in Verbindung mit Artikel 10 Absatz 1,
   g) Artikel 31 Absatz 2

   eine Veröffentlichung nicht, nicht richtig, nicht vollständig, nicht in der vorgeschriebenen Weise oder nicht rechtzeitig vornimmt,

2. als Wertpapierdienstleistungsunternehmen im Sinne dieses Gesetzes entgegen
   a) Artikel 3 Absatz 3,
   b) Artikel 6 Absatz 2

   nicht in der dort beschriebenen Weise Zugang zu den betreffenden Systemen gewährt,

3. als Wertpapierdienstleistungsunternehmen im Sinne dieses Gesetzes entgegen
   a) Artikel 8 Absatz 3,
   b) Artikel 10 Absatz 2

   nicht in der dort beschriebenen Weise Zugang zu den betreffenden Einrichtungen gewährt,

4. als Wertpapierdienstleistungsunternehmen im Sinne dieses Gesetzes entgegen
   a) Artikel 7 Absatz 1 Unterabsatz 3 Satz 1 eine Genehmigung nicht rechtzeitig einholt oder auf geplante Regelungen für eine Veröffentlichung nicht, nicht richtig, nicht vollständig, nicht in der vorgeschriebenen Weise oder nicht rechtzeitig hinweist,
   b) Artikel 11 Absatz 1 Unterabsatz 3 Satz 1 auf geplante Regelungen für eine Veröffentlichung nicht, nicht richtig, nicht vollständig, nicht in der vorgeschriebenen Weise oder nicht rechtzeitig hinweist,

c) Artikel 12 Absatz 1 eine Information nicht, nicht richtig, nicht vollständig, nicht in der vorgeschriebenen Weise oder nicht rechtzeitig offenlegt,

d) Artikel 13 Absatz 1 Satz 1 in Verbindung mit Satz 2 eine Angabe oder Information nicht, nicht richtig, nicht in der vorgeschriebenen Weise oder nicht rechtzeitig offenlegt oder bereitstellt oder keinen diskriminierungsfreien Zugang zu den Informationen sicherstellt,

e) Artikel 14 Absatz 1 Unterabsatz 1 in Verbindung mit Artikel 14 Absatz 3, 4, 5 und Artikel 15 Absatz 1 Unterabsatz 1 eine Kursofferte nicht, nicht vollständig, nicht in der vorgeschriebenen Weise, nicht rechtzeitig oder nicht im vorgeschriebenen Umfang offenlegt,

f) Artikel 25 Absatz 2 Satz 1 die betreffenden Daten eines Auftrags nicht, nicht richtig, nicht vollständig oder nicht in der vorgeschriebenen Weise aufzeichnet oder die aufgezeichneten Daten nicht für mindestens fünf Jahre zur Verfügung der zuständigen Behörde hält,

g) Artikel 26 Absatz 5 eine Meldung nicht, nicht richtig, nicht vollständig, nicht in der vorgeschriebenen Weise oder nicht rechtzeitig vornimmt,

h) Artikel 31 Absatz 3 Satz 1 eine Aufzeichnung nicht, nicht richtig, nicht vollständig oder nicht in der vorgeschriebenen Weise führt,

i) Artikel 31 Absatz 3 Satz 2 der Europäischen Wertpapier- und Marktaufsichtsbehörde eine Aufzeichnung nicht, nicht vollständig oder nicht rechtzeitig zur Verfügung stellt,

j) Artikel 35 Absatz 1 Unterabsatz 1 Satz 1 das Clearen nicht oder nicht auf nichtdiskriminierender und transparenter Basis übernimmt,

k) Artikel 35 Absatz 2 Satz 1 einen Antrag nicht in der vorgeschriebenen Form übermittelt,

l) Artikel 35 Absatz 3 Satz 1 dem Handelsplatz nicht, nicht in der vorgeschriebenen Weise oder nicht rechtzeitig antwortet,

m) Artikel 35 Absatz 3 Satz 2 einen Antrag ablehnt,

n) Artikel 35 Absatz 3 Satz 3, auch in Verbindung mit Satz 4, eine Untersagung nicht ausführlich begründet oder eine Unterrichtung oder Mitteilung nicht oder nicht in der vorgeschriebenen Weise vornimmt,

o) Artikel 35 Absatz 3 Satz 5 einen Zugang nicht oder nicht rechtzeitig ermöglicht,

p) Artikel 36 Absatz 1 Unterabsatz 1 Satz 1 Handelsdaten nicht auf nichtdiskriminierender und transparenter Basis bereitstellt,

q) Artikel 36 Absatz 3 Satz 1 einer zentralen Gegenpartei nicht, nicht in der vorgeschriebenen Weise oder nicht rechtzeitig antwortet,

r) Artikel 36 Absatz 3 Satz 2 einen Zugang verweigert, ohne dass die dort genannten Voraussetzungen für eine Zugangsverweigerung vorliegen,

s) Artikel 36 Absatz 3 Satz 5 einen Zugang nicht oder nicht rechtzeitig ermöglicht,

5. als Wertpapierdienstleistungsunternehmen im Sinne dieses Gesetzes im Zuge des Betriebs eines multilateralen Handelssystems oder eines organisierten Handelssystems ein System zur Formalisierung ausgehandelter Geschäfte betreibt, das nicht oder nicht vollständig den in Artikel 4 Absatz 3 Unterabsatz 1 beschriebenen Anforderungen entspricht,

6. entgegen Artikel 14 Absatz 1 Unterabsatz 2 in Verbindung mit Artikel 14 Absatz 3, 4 und 5 eine Kursofferte nicht, nicht vollständig, nicht in der vorgeschriebenen Weise oder nicht im vorgeschriebenen Umfang macht,
7. entgegen Artikel 15 Absatz 4 Satz 2 einen Auftrag nicht in der vorgeschriebenen Weise ausführt,
8. als systematischer Internalisierer entgegen Artikel 17 Absatz 1 Satz 2 in Verbindung mit Artikel 17 Absatz 1 Satz 1 nicht über eindeutige Standards für den Zugang zu Kursofferten verfügt,
9. entgegen Artikel 18 Absatz 1 in Verbindung mit Artikel 18 Absatz 9 eine dort genannte Kursofferte nicht veröffentlicht,
10. entgegen Artikel 18 Absatz 2 Satz 1 in Verbindung mit Artikel 18 Absatz 9 keine Kursofferte macht,
11. entgegen Artikel 18 Absatz 5 Satz 1 eine Kursofferte nicht zugänglich macht,
12. entgegen Artikel 18 Absatz 6 Unterabsatz 1 nicht eine Verpflichtung zum Abschluss eines Geschäfts mit einem anderen Kunden eingeht,
13. als systematischer Internalisierer entgegen Artikel 18 Absatz 8 die dort vorgeschriebene Bekanntmachung nicht oder nicht in der dort vorgeschriebenen Weise vornimmt,
14. entgegen
    a) Artikel 20 Absatz 1 Satz 1 in Verbindung mit Artikel 20 Absatz 1 Satz 2 und Absatz 2,
    b) Artikel 21 Absatz 1 Satz 1 in Verbindung mit Artikel 21 Absatz 1 Satz 2, Absatz 2, 3 und Artikel 10

    eine dort vorgeschriebene Veröffentlichung nicht, nicht richtig, nicht vollständig, nicht rechtzeitig oder nicht in der vorgeschriebenen Weise vornimmt,
15. als Wertpapierdienstleistungsunternehmen, als genehmigtes Veröffentlichungssystem oder als Bereitsteller konsolidierter Datenträger entgegen Artikel 22 Absatz 2 erforderliche Daten nicht während eines ausreichenden Zeitraums speichert,
16. entgegen Artikel 23 Absatz 1 ein Handelsgeschäft außerhalb der dort genannten Handelssysteme tätigt,
17. entgegen Artikel 25 Absatz 1 Satz 1 die betreffenden Daten eines Auftrags oder eines Geschäfts nicht, nicht richtig, nicht vollständig oder nicht in der vorgeschriebenen Weise aufzeichnet oder aufgezeichnete Daten nicht für mindestens fünf Jahre zur Verfügung der zuständigen Behörde hält,
18. entgegen Artikel 26 Absatz 1 Unterabsatz 1, auch in Verbindung mit Artikel 26 Absatz 4 Satz 2, eine Meldung nicht, nicht richtig, nicht vollständig, nicht in der vorgeschriebenen Weise oder nicht rechtzeitig vornimmt,
19. entgegen Artikel 26 Absatz 4 Satz 1 einem übermittelten Auftrag nicht sämtliche Einzelheiten beifügt,
20. als genehmigter Meldemechanismus oder als Betreiber eines Handelsplatzes entgegen Artikel 26 Absatz 7 Unterabsatz 1 eine Meldung nicht, nicht richtig oder nicht vollständig übermittelt,
21. als Betreiber eines Handelsplatzes im Sinne des Artikels 4 Absatz 1 Nummer 24 entgegen Artikel 26 Absatz 5 eine Meldung nicht, nicht richtig,

nicht vollständig, nicht in der vorgeschriebenen Weise oder nicht rechtzeitig vornimmt,
22. als Wertpapierdienstleistungsunternehmen, systematischer Internalisierer oder Betreiber eines Handelsplatzes entgegen Artikel 27 Absatz 1 Unterabsatz 1, 2 oder 3 Satz 2 identifizierende Referenzdaten in Bezug auf ein Finanzinstrument nicht, nicht richtig, nicht vollständig, nicht in der vorgeschriebenen Weise oder nicht rechtzeitig zur Verfügung stellt oder aktualisiert,
23. entgegen Artikel 28 Absatz 1, auch in Verbindung mit Artikel 28 Absatz 2 Unterabsatz 1, ein Geschäft an einem anderen als den dort bezeichneten Plätzen abschließt,
24. als zentrale Gegenpartei im Sinne des Artikels 2 Absatz 1 der Verordnung (EU) Nr. 648/2012 oder als Wertpapierdienstleistungsunternehmen im Sinne dieses Gesetzes entgegen Artikel 29 Absatz 2 Unterabsatz 1 nicht über die dort bezeichneten Systeme, Verfahren und Vorkehrungen verfügt,
25. entgegen Artikel 36 Absatz 2 einen Antrag nicht oder nicht in der vorgeschriebenen Weise übermittelt,
26. entgegen Artikel 37 Absatz 1 einen Zugang nicht, nicht in der vorgeschriebenen Weise oder nicht rechtzeitig gewährt,
27. als zentrale Gegenpartei im Sinne des Artikels 2 Absatz 1 der Verordnung (EU) Nr. 648/2012 oder als Wertpapierdienstleistungsunternehmen im Sinne dieses Gesetzes oder als mit einem der beiden Erstgenannten verbundenes Unternehmen entgegen Artikel 37 Absatz 3 eine dort genannte Vereinbarung trifft,
28. einem vollziehbaren Beschluss der Europäischen Wertpapier- und Marktaufsichtsbehörde nach Artikel 40 Absatz 1 zuwiderhandelt,
29. einem vollziehbaren Beschluss der Europäischen Bankenaufsichtsbehörde nach Artikel 41 Absatz 1 zuwiderhandelt oder
30. einer vollziehbaren Anordnung der Bundesanstalt nach Artikel 42 Absatz 1 zuwiderhandelt.

(10) Ordnungswidrig handelt, wer gegen die Verordnung (EU) 2015/2365 des Europäischen Parlaments und des Rates vom 25. November 2015 über die Transparenz von Wertpapierfinanzierungsgeschäften und der Weiterverwendung sowie zur Änderung der Verordnung (EU) Nr. 648/2012 (ABl. L 337 vom 23.12.2015, S. 1) verstößt, indem er vorsätzlich oder leichtfertig
1. entgegen Artikel 4 Absatz 1 eine Meldung nicht, nicht richtig, nicht vollständig, nicht in der vorgeschriebenen Weise oder nicht rechtzeitig vornimmt,
2. entgegen Artikel 4 Absatz 4 Aufzeichnungen nicht, nicht vollständig oder nicht mindestens für die vorgeschriebene Dauer aufbewahrt,
3. entgegen Artikel 15 Absatz 1 Finanzinstrumente weiterverwendet, ohne dass die dort genannten Voraussetzungen erfüllt sind oder
4. entgegen Artikel 15 Absatz 2 ein Recht auf Weiterverwendung ausübt, ohne dass die dort genannten Voraussetzungen erfüllt sind.

(11) Ordnungswidrig handelt, wer gegen die Verordnung (EU) 2016/1011 des Europäischen Parlaments und des Rates vom 8. Juni 2016 über Indizes, die bei Finanzinstrumenten und Finanzkontrakten als Referenzwert oder zur Messung der Wertentwicklung eines Investmentfonds verwendet werden, und zur

Änderung der Richtlinien 2008/48/EG und 2014/17/EU sowie der Verordnung (EU) Nr. 596/2014 (ABl. L 171 vom 29.6.2016, S. 1) verstößt, indem er vorsätzlich oder leichtfertig

1. als Administrator entgegen Artikel 4 Absatz 1 Unterabsatz 1 über keine Regelungen für die Unternehmensführung verfügt oder nur über solche, die nicht den dort genannten Anforderungen entsprechen,
2. als Administrator entgegen Artikel 4 Absatz 1 Unterabsatz 2 keine angemessenen Schritte unternimmt, um Interessenkonflikte zu erkennen, zu vermeiden oder zu regeln,
3. als Administrator entgegen Artikel 4 Absatz 1 Unterabsatz 2 nicht dafür sorgt, dass Beurteilungs- oder Ermessensspielräume unabhängig und redlich ausgeübt werden,
4. als Administrator einen Referenzwert entgegen Artikel 4 Absatz 2 nicht organisatorisch getrennt von den übrigen Geschäftsbereichen bereitstellt,
5. als Administrator einer vollziehbaren Anordnung der Bundesanstalt nach Artikel 4 Absatz 3 oder Absatz 4 zuwiderhandelt,
6. als Administrator Interessenkonflikte entgegen Artikel 4 Absatz 5 nicht, nicht richtig, nicht vollständig oder nicht unverzüglich veröffentlicht oder offenlegt, nachdem er von deren Bestehen Kenntnis erlangt hat,
7. als Administrator entgegen Artikel 4 Absatz 6 die dort genannten Maßnahmen nicht festlegt, nicht anwendet oder nicht regelmäßig überprüft oder aktualisiert,
8. als Administrator entgegen Artikel 4 Absatz 7 nicht dafür sorgt, dass Mitarbeiter und die dort genannten anderen natürlichen Personen die in Artikel 4 Absatz 7 Buchstabe a bis e genannten Anforderungen erfüllen,
9. als Administrator entgegen Artikel 4 Absatz 8 keine spezifischen Verfahren der internen Kontrolle zur Sicherstellung der Integrität und Zuverlässigkeit der Mitarbeiter oder Personen, die den Referenzwert bestimmen, festlegt oder den Referenzwert vor seiner Verbreitung nicht durch die Geschäftsleitung abzeichnen lässt,
10. als Administrator entgegen Artikel 5 Absatz 1 keine ständige und wirksame Aufsichtsfunktion schafft und unterhält,
11. als Administrator entgegen Artikel 5 Absatz 2 keine soliden Verfahren zur Sicherung der Aufsichtsfunktion entwickelt und unterhält oder diese der Bundesanstalt nicht, nicht richtig, nicht vollständig oder nicht unverzüglich nach Fertigstellung der Entwicklung zur Verfügung stellt,
12. als Administrator die Aufsichtsfunktion entgegen Artikel 5 Absatz 3 nicht mit den dort genannten Zuständigkeiten ausstattet oder diese nicht an die Komplexität, Verwendung und Anfälligkeit des Referenzwerts anpasst,
13. als Administrator entgegen Artikel 5 Absatz 4 die Aufsichtsfunktion nicht einem gesonderten Ausschuss überträgt oder durch andere geeignete Regelungen zur Unternehmensführung die Integrität der Funktion sicherstellt und das Auftreten von Interessenkonflikten verhindert,
14. als Administrator entgegen Artikel 6 Absatz 1, 2 oder 3 keinen oder keinen den dort genannten Anforderungen genügenden Kontrollrahmen vorhält,
15. als Administrator entgegen Artikel 6 Absatz 4 die dort genannten Maßnahmen nicht, nicht vollständig oder nicht wirksam trifft,

16. als Administrator entgegen Artikel 6 Absatz 5 den Kontrollrahmen nicht oder nicht vollständig dokumentiert, überprüft oder aktualisiert oder der Bundesanstalt oder seinen Nutzern nicht, nicht richtig, nicht vollständig oder nicht rechtzeitig zur Verfügung stellt,
17. als Administrator entgegen Artikel 7 Absatz 1 nicht über einen den dort genannten Anforderungen genügenden Rahmen für die Rechenschaftslegung verfügt,
18. als Administrator entgegen Artikel 7 Absatz 2 keine interne Stelle benennt, die ausreichend befähigt ist, die Einhaltung der Referenzwert-Methodik und dieser Verordnung durch den Administrator zu überprüfen und darüber Bericht zu erstatten,
19. als Administrator entgegen Artikel 7 Absatz 3 keinen unabhängigen externen Prüfer benennt,
20. als Administrator entgegen Artikel 7 Absatz 4 die dort bestimmten Informationen nicht, nicht richtig, nicht vollständig oder nicht rechtzeitig zur Verfügung stellt oder veröffentlicht,
21. als Administrator entgegen Artikel 8 Absatz 1 eine dort genannte Aufzeichnung nicht oder nicht vollständig führt,
22. als Administrator entgegen Artikel 8 Absatz 2 Satz 1 eine dort genannte Aufzeichnung nicht, nicht vollständig oder nicht mindestens für die Dauer von fünf Jahren aufbewahrt,
23. als Administrator entgegen Artikel 8 Absatz 2 Satz 2 eine dort genannte Aufzeichnung nicht, nicht richtig, nicht vollständig oder nicht rechtzeitig zur Verfügung stellt oder nicht mindestens für die Dauer von drei Jahren aufbewahrt,
24. als Administrator entgegen Artikel 9 Absatz 1 keine geeigneten Beschwerdeverfahren unterhält und diese nicht unverzüglich nach ihrer Bereitstellung veröffentlicht,
25. als Administrator entgegen Artikel 10 Absatz 1 Aufgaben in einer Weise auslagert, die seine Kontrolle über die Bereitstellung des Referenzwertes oder die Möglichkeit der zuständigen Behörde zur Beaufsichtigung des Referenzwertes wesentlich beeinträchtigt,
26. als Administrator entgegen Artikel 10 Absatz 3 Aufgaben auslagert, ohne dafür zu sorgen, dass die in Artikel 10 Absatz 3 Buchstabe a bis h genannten Bedingungen erfüllt sind,
27. als Administrator entgegen Artikel 11 Absatz 1 einen Referenzwert bereitstellt, ohne dass die in Artikel 11 Absatz 1 Buchstabe a bis c und e genannten Anforderungen erfüllt sind,
28. als Administrator entgegen Artikel 11 Absatz 1 einen Referenzwert bereitstellt, ohne dass die in Artikel 11 Absatz 1 Buchstabe d genannten Anforderungen erfüllt sind,
29. als Administrator entgegen Artikel 11 Absatz 2 nicht für Kontrollen im dort genannten Umfang sorgt,
30. als Administrator entgegen Artikel 11 Absatz 3 nicht auch aus anderen Quellen Daten einholt oder die Einrichtung von Aufsichts- und Verifizierungsverfahren bei den Kontributoren nicht sicherstellt,
31. als Administrator entgegen Artikel 11 Absatz 4 nicht die nach seiner Ansicht erforderlichen Änderungen der Eingabedaten oder der Methoden zur Ab-

bildung des Marktes oder der wirtschaftlichen Realität vornimmt oder die Bereitstellung des Referenzwertes nicht einstellt,

32. als Administrator bei der Bestimmung eines Referenzwertes entgegen Artikel 12 Absatz 1 eine Methodik anwendet, die die dort genannten Anforderungen nicht erfüllt,
33. als Administrator bei der Entwicklung einer Referenzwert-Methodik entgegen Artikel 12 Absatz 2 die dort genannten Anforderungen nicht erfüllt,
34. als Administrator entgegen Artikel 12 Absatz 3 nicht über eindeutige, veröffentlichte Regelungen verfügt, die festlegen, wann Menge oder Qualität der Eingabedaten nicht mehr den festgelegten Standards entspricht und keine zuverlässige Bestimmung des Referenzwertes mehr zulässt,
35. als Administrator entgegen Artikel 13 Absatz 1 Satz 2 oder Absatz 2 die dort genannten Informationen zur Entwicklung, Verwendung, Verwaltung und Änderung des Referenzwertes und der Referenzwert-Methodik nicht, nicht richtig, nicht vollständig oder nicht rechtzeitig veröffentlicht oder zur Verfügung stellt,
36. als Administrator entgegen Artikel 14 Absatz 1 keine angemessenen Systeme und wirksamen Kontrollen zur Sicherstellung der Integrität der Eingabedaten schafft,
37. als Administrator Eingabedaten und Kontributoren entgegen Artikel 14 Absatz 2 Unterabsatz 1 nicht oder nicht wirksam überwacht, damit er die zuständige Behörde benachrichtigen und ihr alle relevanten Informationen mitteilen kann,
38. als Administrator der Bundesanstalt entgegen Artikel 14 Absatz 2 Unterabsatz 1 die dort genannten Informationen nicht, nicht richtig, nicht vollständig oder nicht unverzüglich nach dem Auftreten eines Manipulationsverdachts mitteilt,
39. als Administrator entgegen Artikel 14 Absatz 3 nicht über Verfahren verfügt, um Verstöße seiner Führungskräfte, Mitarbeiter sowie aller anderen natürlichen Personen, von denen er Leistungen in Anspruch nehmen kann, gegen die Verordnung (EU) 2016/1011 intern zu melden,
40. als Administrator einen Verhaltenskodex für auf Eingabedaten von Kontributoren beruhende Referenzwerte entgegen Artikel 15 Absatz 1 Satz 1 in Verbindung mit Absatz 2 nicht oder nicht den dort genannten Anforderungen genügend ausarbeitet,
41. als Administrator die Einhaltung eines Verhaltenskodex entgegen Artikel 15 Absatz 1 Satz 2 nicht oder nicht ausreichend überprüft,
42. als Administrator einen Verhaltenskodex entgegen Artikel 15 Absatz 4 Satz 2 oder Absatz 5 Satz 3 in Verbindung mit Absatz 4 nicht rechtzeitig anpasst,
43. als Administrator die Bundesanstalt entgegen Artikel 15 Absatz 5 Satz 1 nicht, nicht richtig, nicht vollständig oder nicht rechtzeitig von dem Verhaltenskodex in Kenntnis setzt,
44. als beaufsichtigter Kontributor entgegen Artikel 16 Absatz 1 die dort genannten Anforderungen an die Unternehmensführung und Kontrolle nicht erfüllt,
45. als beaufsichtigter Kontributor entgegen Artikel 16 Absatz 2 oder Absatz 3 nicht über wirksame Systeme, Kontrollen und Strategien zur Wahrung der Integrität und Zuverlässigkeit aller Beiträge von Eingabedaten oder Expertenschätzungen nach Absatz 3 für den Administrator verfügt,

46. als beaufsichtigter Kontributor entgegen Artikel 16 Absatz 3 Satz 1 Aufzeichnungen nicht, nicht richtig, nicht vollständig oder nicht für die vorgeschriebene Dauer aufbewahrt,
47. als beaufsichtigter Kontributor entgegen Artikel 16 Absatz 4 bei der Prüfung und Beaufsichtigung der Bereitstellung eines Referenzwertes Informationen oder Aufzeichnungen nicht, nicht richtig oder nicht vollständig zur Verfügung stellt oder nicht uneingeschränkt mit dem Administrator und der Bundesanstalt zusammenarbeitet,
48. als Administrator die Bundesanstalt entgegen Artikel 21 Absatz 1 Unterabsatz 1 Buchstabe a nicht oder nicht rechtzeitig über die Absicht der Einstellung eines kritischen Referenzwertes benachrichtigt oder nicht oder nicht rechtzeitig eine in Buchstabe b genannte Einschätzung vorlegt,
49. als Administrator entgegen Artikel 21 Absatz 1 Unterabsatz 2 in dem dort genannten Zeitraum die Bereitstellung des Referenzwertes einstellt,
50. als Administrator einer vollziehbaren Anordnung der Bundesanstalt nach Artikel 21 Absatz 3 zuwiderhandelt,
51. als Administrator entgegen Artikel 23 Absatz 2 eine Einschätzung nicht, nicht richtig, nicht in der vorgeschriebenen Weise oder nicht rechtzeitig bei der Bundesanstalt einreicht,
52. als beaufsichtigter Kontributor dem Administrator eine Benachrichtigung entgegen Artikel 23 Absatz 3 Satz 1 nicht, nicht richtig, nicht in der vorgeschriebenen Weise oder nicht rechtzeitig mitteilt,
53. als Administrator die Bundesanstalt entgegen Artikel 23 Absatz 3 Satz 1 nicht oder nicht rechtzeitig unterrichtet,
54. als Administrator der Bundesanstalt entgegen Artikel 23 Absatz 3 Satz 3 eine dort bestimmte Einschätzung nicht oder nicht rechtzeitig unterbreitet,
55. als Kontributor einer vollziehbaren Anordnung der Bundesanstalt nach Artikel 23 Absatz 5, als beaufsichtigtes Unternehmen nach Artikel 23 Absatz 6 oder als beaufsichtigter Kontributor nach Artikel 23 Absatz 10 zuwiderhandelt,
56. als Kontributor eine Benachrichtigung entgegen Artikel 23 Absatz 11 nicht oder nicht rechtzeitig vornimmt,
57. als Administrator eine Benachrichtigung entgegen Artikel 24 Absatz 3 nicht oder nicht rechtzeitig vornimmt,
58. als Administrator der Bundesanstalt entgegen Artikel 25 Absatz 2 eine Entscheidung oder Informationen nicht, nicht richtig, nicht vollständig oder nicht rechtzeitig mitteilt,
59. als Administrator einer vollziehbaren Anordnung der Bundesanstalt nach Artikel 25 Absatz 3 Satz 1 zuwiderhandelt,
60. als Administrator eine Konformitätserklärung entgegen Artikel 25 Absatz 7 nicht, nicht richtig, nicht vollständig, nicht in der vorgeschriebenen Weise oder nicht rechtzeitig veröffentlicht oder diese nicht aktualisiert,
61. als Administrator entgegen Artikel 26 Absatz 2 Satz 1 die Bundesanstalt nicht, nicht richtig, nicht vollständig oder nicht rechtzeitig von der Überschreitung des in Artikel 24 Absatz 1 Buchstabe a genannten Schwellenwertes unterrichtet oder die in Satz 2 genannte Frist nicht einhält,
62. als Administrator eine Konformitätserklärung entgegen Artikel 26 Absatz 3

a) nach der Entscheidung, eine oder mehrere in Artikel 26 Absatz 1 genannte Bestimmungen nicht anzuwenden, nicht, nicht richtig, nicht vollständig oder nicht unverzüglich veröffentlicht oder
b) nach der Entscheidung, eine oder mehrere in Artikel 26 Absatz 1 genannte Bestimmungen nicht anzuwenden, der Bundesanstalt nicht, nicht vollständig oder nicht unverzüglich vorlegt oder diese nicht aktualisiert,

63. als Administrator einer vollziehbaren Anordnung der Bundesanstalt nach Artikel 26 Absatz 4 zuwiderhandelt,
64. als Administrator eine Referenzwert-Erklärung entgegen Artikel 27 Absatz 1 nicht, nicht richtig, nicht vollständig, nicht in der vorgeschriebenen Weise oder nicht rechtzeitig veröffentlicht,
65. als Administrator eine Referenzwert-Erklärung entgegen Artikel 27 Absatz 1 Unterabsatz 3 nicht oder nicht rechtzeitig überprüft und aktualisiert,
66. als Administrator entgegen Artikel 28 Absatz 1 dort genannte Maßnahmen nicht, nicht richtig, nicht vollständig, nicht in der vorgeschriebenen Weise oder nicht rechtzeitig veröffentlicht oder nicht oder nicht rechtzeitig aktualisiert,
67. als beaufsichtigtes Unternehmen entgegen Artikel 28 Absatz 2 einen den dort genannten Anforderungen genügenden Plan nicht, nicht richtig, nicht vollständig oder nicht in der vorgeschriebenen Weise aufstellt, nicht aktualisiert, ihn der Bundesanstalt nicht, nicht vollständig oder nicht rechtzeitig vorlegt oder sich daran nicht orientiert,
68. als beaufsichtigtes Unternehmen entgegen Artikel 29 Absatz 1 einen Referenzwert verwendet, der die dort genannten Anforderungen nicht erfüllt,
69. als Emittent, Anbieter oder Person, die die Zulassung eines Wertpapiers zum Handel an einem geregelten Markt beantragt, entgegen Artikel 29 Absatz 2 nicht sicherstellt, dass ein Prospekt Informationen enthält, aus denen hervorgeht, ob der Referenzwert von einem in das Register nach Artikel 36 eingetragenen Administrator bereitgestellt wird,
70. als Administrator entgegen Artikel 34 Absatz 1 tätig wird, ohne zuvor eine Zulassung oder Registrierung nach Absatz 6 erhalten zu haben,
71. als Administrator entgegen Artikel 34 Absatz 2 weiterhin tätig ist, obwohl die Zulassungsvoraussetzungen der Verordnung (EU) 2016/1011 nicht mehr erfüllt sind,
72. als Administrator der Bundesanstalt entgegen Artikel 34 Absatz 2 wesentliche Änderungen nicht, nicht richtig, nicht vollständig oder nicht unverzüglich nach ihrem Auftreten mitteilt,
73. einen Antrag entgegen Artikel 34 Absatz 3 nicht oder nicht rechtzeitig stellt,
74. entgegen Artikel 34 Absatz 4 unrichtige Angaben zu den zum Nachweis der Einhaltung der Anforderungen der Verordnung (EU) 2016/1011 erforderlichen Informationen macht oder
75. im Zusammenhang mit einer Untersuchung hinsichtlich der Einhaltung der Pflichten nach der Verordnung (EU) 2016/1011 einer vollziehbaren Anordnung der Bundesanstalt nach den §§ 6 bis 10 zuwiderhandelt.

(12) Ordnungswidrig handelt, wer vorsätzlich oder fahrlässig

1. einer vollziehbaren Anordnung nach
   a) § 6 Absatz 2a oder 2b,

b) § 6 Absatz 3 Satz 1,
c) § 87 Absatz 6 Satz 1 Nummer 1 oder Nummer 2 Buchstabe b,
d) § 92 Absatz 1,
e) § 107 Absatz 5 Satz 1 oder § 109 Absatz 2 Satz 1

zuwiderhandelt,

2. entgegen § 6 Absatz 11 Satz 1 oder 2 oder § 107 Absatz 6 Satz 1 ein Betreten nicht gestattet oder nicht duldet,
3. entgegen § 89 Absatz 1 Satz 4 einen Prüfer nicht oder nicht rechtzeitig bestellt,
4. entgegen § 89 Absatz 3 Satz 1 eine Anzeige nicht, nicht richtig, nicht vollständig oder nicht rechtzeitig erstattet oder
5. entgegen § 114 Absatz 1 Satz 1, § 115 Absatz 1 Satz 1, jeweils auch in Verbindung mit § 117, einen Jahresfinanzbericht, einen Halbjahresfinanzbericht oder entgegen § 116 Absatz 1 in Verbindung mit § 341w des Handelsgesetzbuchs[1] einen Zahlungs- oder Konzernzahlungsbericht nicht oder nicht rechtzeitig zur Verfügung stellt.

(13) Ordnungswidrig handelt, wer gegen die Verordnung (EU) Nr. 236/2012 des Europäischen Parlaments und des Rates vom 14. März 2012 über Leerverkäufe und bestimmte Aspekte von Credit Default Swaps (ABl. L 86 vom 24.3.2012, S. 1), die zuletzt durch die Verordnung (EU) Nr. 909/2014 des Europäischen Parlaments und des Rates vom 23. Juli 2014 zur Verbesserung der Wertpapierlieferungen und -abrechnungen in der Europäischen Union und über Zentralverwahrer sowie zur Änderung der Richtlinien 98/26/EG und 2014/65/EU und der Verordnung (EU) Nr. 236/2012 (ABl. L 257 vom 28.8.2014, S. 1) geändert worden ist, verstößt, indem er vorsätzlich oder fahrlässig einer vollziehbaren Anordnung nach Artikel 18 Absatz 2 Satz 2 oder Satz 3, Artikel 19 Absatz 2, Artikel 20 Absatz 2 oder Artikel 21 Absatz 1 oder Artikel 23 Absatz 1 zuwiderhandelt.

(14) Ordnungswidrig handelt, wer eine in § 119 Absatz 3 Nummer 1 bis 3 bezeichnete Handlung leichtfertig begeht.

(15) Ordnungswidrig handelt, wer gegen die Verordnung (EU) Nr. 596/2014 verstößt, indem er vorsätzlich oder leichtfertig

1. als Handelsplatzbetreiber entgegen Artikel 4 identifizierende Referenzdaten in Bezug auf ein Finanzinstrument nicht, nicht richtig, nicht vollständig, nicht in der vorgeschriebenen Weise oder nicht rechtzeitig zur Verfügung stellt oder aktualisiert,
2. entgegen Artikel 15 eine Marktmanipulation begeht,
3. entgegen Artikel 16 Absatz 1 Unterabsatz 1 oder Absatz 2 Satz 1 wirksame Regelungen, Systeme und Verfahren nicht schafft oder nicht aufrechterhält,
4. entgegen Artikel 16 Absatz 1 Unterabsatz 2 eine Meldung nicht, nicht richtig, nicht vollständig, nicht in der vorgeschriebenen Weise oder nicht rechtzeitig vornimmt,
5. entgegen Artikel 16 Absatz 2 Satz 2 eine Unterrichtung nicht, nicht richtig, nicht vollständig, nicht in der vorgeschriebenen Weise oder nicht rechtzeitig vornimmt,

---

[1] Nr. 5.

6. entgegen Artikel 17 Absatz 1 Unterabsatz 1 oder Artikel 17 Absatz 2 Unterabsatz 1 Satz 1 eine Insiderinformation nicht, nicht richtig, nicht vollständig, nicht in der vorgeschriebenen Weise oder nicht rechtzeitig bekannt gibt,
7. entgegen Artikel 17 Absatz 1 Unterabsatz 2 Satz 1 eine Veröffentlichung nicht sicherstellt,
8. entgegen Artikel 17 Absatz 1 Unterabsatz 2 Satz 2 die Veröffentlichung einer Insiderinformation mit einer Vermarktung seiner Tätigkeiten verbindet,
9. entgegen Artikel 17 Absatz 1 Unterabsatz 2 Satz 3 eine Insiderinformation nicht, nicht richtig, nicht vollständig, nicht in der vorgeschriebenen Weise oder nicht rechtzeitig veröffentlicht oder nicht mindestens fünf Jahre lang auf der betreffenden Website anzeigt,
10. entgegen Artikel 17 Absatz 4 Unterabsatz 3 Satz 1 die zuständige Behörde nicht, nicht richtig, nicht vollständig, nicht in der vorgeschriebenen Weise oder nicht rechtzeitig über den Aufschub einer Offenlegung informiert oder den Aufschub einer Offenlegung nicht, nicht richtig, nicht vollständig, nicht in der vorgeschriebenen Weise oder nicht rechtzeitig erläutert,
11. entgegen Artikel 17 Absatz 8 Satz 1 eine Insiderinformation nicht, nicht richtig, nicht vollständig, nicht in der vorgeschriebenen Weise oder nicht rechtzeitig veröffentlicht,
12. entgegen Artikel 18 Absatz 1 Buchstabe a eine Liste nicht, nicht richtig, nicht vollständig, nicht in der vorgeschriebenen Weise oder nicht rechtzeitig aufstellt,
13. entgegen Artikel 18 Absatz 1 Buchstabe b in Verbindung mit Artikel 18 Absatz 4 eine Insiderliste nicht, nicht richtig, nicht vollständig, nicht in der vorgeschriebenen Weise oder nicht rechtzeitig aktualisiert,
14. entgegen Artikel 18 Absatz 1 Buchstabe c eine Insiderliste nicht, nicht richtig, nicht vollständig, nicht in der vorgeschriebenen Weise oder nicht rechtzeitig zur Verfügung stellt,
15. entgegen Artikel 18 Absatz 2 Unterabsatz 1 nicht die dort genannten Vorkehrungen trifft,
16. entgegen Artikel 18 Absatz 5 eine Insiderliste nach einer Erstellung oder Aktualisierung nicht oder nicht mindestens fünf Jahre aufbewahrt,
17. entgegen Artikel 19 Absatz 1 Unterabsatz 1, auch in Verbindung mit Artikel 19 Absatz 7 Unterabsatz 1, jeweils auch in Verbindung mit einem technischen Durchführungsstandard nach Artikel 19 Absatz 15, eine Meldung nicht, nicht richtig, nicht vollständig, nicht in der vorgeschriebenen Weise oder nicht rechtzeitig vornimmt,
18. entgegen Artikel 19 Absatz 3 Unterabsatz 1 in Verbindung mit Artikel 19 Absatz 4, auch in Verbindung mit einem technischen Durchführungsstandard nach Artikel 19 Absatz 15, eine Veröffentlichung nicht, nicht richtig, nicht vollständig, nicht in der vorgeschriebenen Weise oder nicht rechtzeitig sicherstellt,
19. entgegen Artikel 19 Absatz 5 Unterabsatz 1 Satz 1 oder Unterabsatz 2 eine dort genannte Person nicht, nicht richtig, nicht vollständig oder nicht in der vorgeschriebenen Weise in Kenntnis setzt,
20. entgegen Artikel 19 Absatz 5 Unterabsatz 1 Satz 2 eine Liste nicht, nicht richtig oder nicht vollständig erstellt,

21. entgegen Artikel 19 Absatz 5 Unterabsatz 2 eine Kopie nicht oder nicht mindestens fünf Jahre aufbewahrt,
22. entgegen Artikel 19 Absatz 11 ein Eigengeschäft oder ein Geschäft für Dritte tätigt oder
23. entgegen Artikel 20 Absatz 1, auch in Verbindung mit einem technischen Regulierungsstandard nach Artikel 20 Absatz 3, nicht oder nicht in der vorgeschriebenen Weise dafür Sorge trägt, dass Informationen objektiv dargestellt oder Interessen oder Interessenkonflikte offengelegt werden.

(15a) Ordnungswidrig handelt, wer vorsätzlich oder leichtfertig entgegen Artikel 5 Absatz 5 der Delegierten Verordnung (EU) 2016/957 der Kommission vom 9. März 2016 zur Ergänzung der Verordnung (EU) Nr. 596/2014 des Europäischen Parlaments und des Rates im Hinblick auf technische Regulierungsstandards für die geeigneten Regelungen, Systeme und Verfahren sowie Mitteilungsmuster zur Vorbeugung, Aufdeckung und Meldung von Missbrauchspraktiken oder verdächtigen Aufträgen oder Geschäften (ABl. L 160 vom 17.6.2016, S. 1) eine Verdachtsmeldung nicht richtig ausfüllt.

(16) Ordnungswidrig handelt, wer gegen die Verordnung (EU) Nr. 1286/2014 des Europäischen Parlaments und des Rates vom 26. November 2014 über Basisinformationsblätter für verpackte Anlageprodukte für Kleinanleger und Versicherungsanlageprodukte (PRIIP) (ABl. L 352 vom 9.12.2014, S. 1; L 358 vom 13.12.2014, S. 50) verstößt, indem er vorsätzlich oder leichtfertig

1. entgegen
   a) Artikel 5 Absatz 1,
   b) Artikel 5 Absatz 1 in Verbindung mit Artikel 6,
   c) Artikel 5 Absatz 1 in Verbindung mit Artikel 7 Absatz 2,
   d) Artikel 5 Absatz 1 in Verbindung mit Artikel 8 Absatz 1 bis 3

   ein Basisinformationsblatt nicht, nicht richtig, nicht vollständig, nicht rechtzeitig oder nicht in der vorgeschriebenen Weise abfasst oder veröffentlicht,
2. entgegen Artikel 5 Absatz 1 in Verbindung mit Artikel 7 Absatz 1 ein Basisinformationsblatt nicht in der vorgeschriebenen Weise abfasst oder übersetzt,
3. entgegen Artikel 10 Absatz 1 Satz 1 ein Basisinformationsblatt nicht oder nicht rechtzeitig überprüft,
4. entgegen Artikel 10 Absatz 1 Satz 1 ein Basisinformationsblatt nicht oder nicht vollständig überarbeitet,
5. entgegen Artikel 10 Absatz 1 Satz 2 ein Basisinformationsblatt nicht oder nicht rechtzeitig zur Verfügung stellt,
6. entgegen Artikel 9 Satz 1 in Werbematerialien Aussagen trifft, die im Widerspruch zu den Informationen des Basisinformationsblattes stehen oder dessen Bedeutung herabstufen,
7. entgegen Artikel 9 Satz 2 die erforderlichen Hinweise in Werbematerialien nicht, nicht richtig oder nicht vollständig aufnimmt,
8. entgegen
   a) Artikel 13 Absatz 1, 3 und 4 oder
   b) Artikel 14

   ein Basisinformationsblatt nicht oder nicht rechtzeitig oder nicht in der vorgeschriebenen Weise zur Verfügung stellt,

9. entgegen Artikel 19 Buchstabe a und b nicht oder nicht in der vorgeschriebenen Weise geeignete Verfahren und Vorkehrungen zur Einreichung und Beantwortung von Beschwerden vorsieht oder
10. entgegen Artikel 19 Buchstabe c nicht oder nicht in der vorgeschriebenen Weise geeignete Verfahren und Vorkehrungen vorsieht, durch die gewährleistet wird, dass Kleinanlegern wirksame Beschwerdeverfahren im Falle von grenzüberschreitenden Streitigkeiten zur Verfügung stehen.

(17) [1] Die Ordnungswidrigkeit kann in den Fällen des Absatzes 2 Nummer 2 Buchstabe d und e, Nummer 4 Buchstabe a, b und e bis g und des Absatzes 12 Nummer 5 mit einer Geldbuße bis zu zwei Millionen Euro geahndet werden. [2] Gegenüber einer juristischen Person oder Personenvereinigung kann über Satz 1 hinaus eine höhere Geldbuße verhängt werden; die Geldbuße darf den höheren der folgenden Beträge nicht übersteigen:

1. zehn Millionen Euro oder
2. 5 Prozent des Gesamtumsatzes, den die juristische Person oder Personenvereinigung im der Behördenentscheidung vorangegangenen Geschäftsjahr erzielt hat.

[3] Über die in den Sätzen 1 und 2 genannten Beträge hinaus kann die Ordnungswidrigkeit mit einer Geldbuße bis zum Zweifachen des aus dem Verstoß gezogenen wirtschaftlichen Vorteils geahndet werden. [4] Der wirtschaftliche Vorteil umfasst erzielte Gewinne und vermiedene Verluste und kann geschätzt werden.

(18) [1] Die Ordnungswidrigkeit kann in den Fällen der Absätze 14 und 15 Nummer 2 mit einer Geldbuße bis zu fünf Millionen Euro, in den Fällen des Absatzes 2 Nummer 3, des Absatzes 15 Nummer 3 bis 11 sowie des Absatzes 15a mit einer Geldbuße bis zu einer Million Euro und in den Fällen des Absatzes 15 Nummer 1 und 12 bis 23 mit einer Geldbuße bis zu fünfhunderttausend Euro geahndet werden. [2] Gegenüber einer juristischen Person oder Personenvereinigung kann über Satz 1 hinaus eine höhere Geldbuße verhängt werden; diese darf

1. in den Fällen der Absätze 14 und 15 Nummer 2 den höheren der Beträge von fünfzehn Millionen Euro und 15 Prozent des Gesamtumsatzes, den die juristische Person oder Personenvereinigung im der Behördenentscheidung vorangegangenen Geschäftsjahr erzielt hat,
2. in den Fällen des Absatzes 15 Nummer 3 bis 11 und des Absatzes 15a den höheren der Beträge von zweieinhalb Millionen Euro und 2 Prozent des Gesamtumsatzes, den die juristische Person oder Personenvereinigung im der Behördenentscheidung vorangegangenen Geschäftsjahr erzielt hat und
3. in den Fällen des Absatzes 15 Nummer 1 und 12 bis 23 eine Million Euro

nicht überschreiten. [3] Über die in den Sätzen 1 und 2 genannten Beträge hinaus kann die Ordnungswidrigkeit mit einer Geldbuße bis zum Dreifachen des aus dem Verstoß gezogenen wirtschaftlichen Vorteils geahndet werden. [4] Der wirtschaftliche Vorteil umfasst erzielte Gewinne und vermiedene Verluste und kann geschätzt werden.

(19) [1] Die Ordnungswidrigkeit kann in den Fällen des Absatzes 16 mit einer Geldbuße von bis zu siebenhunderttausend Euro geahndet werden. [2] Gegenüber einer juristischen Person oder einer Personenvereinigung kann über Satz 1 hinaus eine höhere Geldbuße verhängt werden; diese darf den höheren der

Beträge von fünf Millionen Euro und 3 Prozent des Gesamtumsatzes, den die juristische Person oder Personenvereinigung im der Behördenentscheidung vorangegangenen Geschäftsjahr erzielt hat, nicht überschreiten. [3]Über die in den Sätzen 1 und 2 genannten Beträge hinaus kann die Ordnungswidrigkeit mit einer Geldbuße bis zum Zweifachen des aus dem Verstoß gezogenen wirtschaftlichen Vorteils geahndet werden. [4]Der wirtschaftliche Vorteil umfasst erzielte Gewinne und vermiedene Verluste und kann geschätzt werden.

(20) [1]Die Ordnungswidrigkeit kann in den Fällen der Absätze 8 und 9 mit einer Geldbuße bis zu fünf Millionen Euro geahndet werden. [2]Gegenüber einer juristischen Person oder Personenvereinigung kann über Satz 1 hinaus eine höhere Geldbuße in Höhe von bis zu 10 Prozent des Gesamtumsatzes, den die juristische Person oder Personenvereinigung im der Behördenentscheidung vorangegangenen Geschäftsjahr erzielt hat, verhängt werden. [3]Über die in den Sätzen 1 und 2 genannten Beträge hinaus kann die Ordnungswidrigkeit mit einer Geldbuße bis zum Zweifachen des aus dem Verstoß gezogenen wirtschaftlichen Vorteils geahndet werden. [4]Der wirtschaftliche Vorteil umfasst erzielte Gewinne und vermiedene Verluste und kann geschätzt werden.

(21) [1]Die Ordnungswidrigkeit kann in den Fällen des Absatzes 10 mit einer Geldbuße bis zu fünf Millionen Euro geahndet werden. [2]Gegenüber einer juristischen Person oder Personenvereinigung kann über Satz 1 hinaus eine höhere Geldbuße verhängt werden; diese darf

1. in den Fällen des Absatzes 10 Satz 1 Nummer 1 und 2 den höheren der Beträge von fünf Millionen Euro und 10 Prozent des Gesamtumsatzes, den die juristische Person oder Personenvereinigung im der Behördenentscheidung vorangegangenen Geschäftsjahr erzielt hat,
2. in den Fällen des Absatzes 10 Satz 1 Nummer 3 und 4 den höheren der Beträge von fünfzehn Millionen Euro und 10 Prozent des Gesamtumsatzes, den die juristische Person oder Personenvereinigung im der Behördenentscheidung vorangegangenen Geschäftsjahr erzielt hat,

nicht überschreiten. [3]Über die in den Sätzen 1 und 2 genannten Beträge hinaus kann die Ordnungswidrigkeit mit einer Geldbuße bis zum Dreifachen des aus dem Verstoß gezogenen wirtschaftlichen Vorteils geahndet werden. [4]Der wirtschaftliche Vorteil umfasst erzielte Gewinne und vermiedene Verluste und kann geschätzt werden.

(22) [1]Die Ordnungswidrigkeit kann in den Fällen des Absatzes 11 Satz 1 Nummer 1 bis 27, 29, 30 und 32 bis 74 mit einer Geldbuße bis zu fünfhunderttausend Euro und in den Fällen des Absatzes 11 Satz 1 Nummer 28, 31 und 75 mit einer Geldbuße bis zu einhunderttausend Euro geahndet werden. [2]Gegenüber einer juristischen Person oder Personenvereinigung kann über Satz 1 hinaus eine höhere Geldbuße verhängt werden; diese darf

1. in den Fällen des Absatzes 11 Satz 1 Nummer 27, 29, 30 und 32 bis 74 den höheren der Beträge von einer Million Euro und 10 Prozent des Gesamtumsatzes, den die juristische Person oder Personenvereinigung im der Behördenentscheidung vorangegangenen Geschäftsjahr erzielt hat,
2. in den Fällen des Absatzes 11 Satz 1 Nummer 28, 31 und 75 den höheren der Beträge von zweihundertfünfzigtausend Euro und 2 Prozent des Gesamtumsatzes, den die juristische Person oder Personenvereinigung im der Behördenentscheidung vorangegangenen Geschäftsjahr erzielt hat,

nicht überschreiten. [3] Über die in den Sätzen 1 und 2 genannten Beträge hinaus kann die Ordnungswidrigkeit mit einer Geldbuße bis zum Dreifachen des aus dem Verstoß gezogenen wirtschaftlichen Vorteils geahndet werden. [4] Der wirtschaftliche Vorteil umfasst erzielte Gewinne und vermiedene Verluste und kann geschätzt werden. [5] Die Sätze 1 bis 4 gelten für sonstige Vereinigungen entsprechend mit der Maßgabe, dass der maßgebliche Gesamtumsatz 10 Prozent des aggregierten Umsatzes der Anteilseigner beträgt, wenn es sich bei der sonstigen Vereinigung um ein Mutterunternehmen oder ein Tochterunternehmen handelt.

(22a) [1] Die Ordnungswidrigkeit kann in den Fällen des Absatzes 12 Nummer 1 Buchstabe a mit einer Geldbuße bis zu siebenhunderttausend Euro geahndet werden. [2] Gegenüber einer juristischen Person oder Personenvereinigung kann über Satz 1 hinaus eine höhere Geldbuße verhängt werden; diese darf den höheren der Beträge von fünf Millionen Euro und 3 Prozent des Gesamtumsatzes, den die juristische Person oder Personenvereinigung im der Behördenentscheidung vorangegangenen Geschäftsjahr erzielt hat, nicht überschreiten. [3] Über die in den Sätzen 1 und 2 genannten Beträge hinaus kann die Ordnungswidrigkeit mit einer Geldbuße bis zum Zweifachen des aus dem Verstoß gezogenen wirtschaftlichen Vorteils geahndet werden. [4] Der wirtschaftliche Vorteil umfasst erzielte Gewinne und vermiedene Verluste und kann geschätzt werden.

(23) [1] Gesamtumsatz im Sinne des Absatzes 17 Satz 2 Nummer 2, des Absatzes 18 Satz 2 Nummer 1 und 2, des Absatzes 19 Satz 2, des Absatzes 20 Satz 2, des Absatzes 21 Satz 2, des Absatzes 22 Satz 2 und des Absatzes 22a Satz 2 ist

1. im Falle von Kreditinstituten, Zahlungsinstituten und Finanzdienstleistungsinstituten im Sinne des § 340 des Handelsgesetzbuchs[1)] der sich aus dem auf das Institut anwendbaren nationalen Recht im Einklang mit Artikel 27 Nummer 1, 3, 4, 6 und 7 oder Artikel 28 Nummer B1, B2, B3, B4 und B7 der Richtlinie 86/635/EWG des Rates vom 8. Dezember 1986 über den Jahresabschluss und den konsolidierten Abschluss von Banken und anderen Finanzinstituten (ABl. L 372 vom 31.12.1986, S. 1) ergebende Gesamtbetrag, abzüglich der Umsatzsteuer und sonstiger direkt auf diese Erträge erhobener Steuern,
2. im Falle von Versicherungsunternehmen der sich aus dem auf das Versicherungsunternehmen anwendbaren nationalen Recht im Einklang mit Artikel 63 der Richtlinie 91/674/EWG des Rates vom 19. Dezember 1991 über den Jahresabschluss und den konsolidierten Abschluss von Versicherungsunternehmen (ABl. L 374 vom 31.12.1991, S. 7) ergebende Gesamtbetrag, abzüglich der Umsatzsteuer und sonstiger direkt auf diese Erträge erhobener Steuern,
3. im Übrigen der Betrag der Nettoumsatzerlöse nach Maßgabe des auf das Unternehmen anwendbaren nationalen Rechts im Einklang mit Artikel 2 Nummer 5 der Richtlinie 2013/34/EU.

[2] Handelt es sich bei der juristischen Person oder Personenvereinigung um ein Mutterunternehmen oder um eine Tochtergesellschaft, so ist anstelle des Gesamtumsatzes der juristischen Person oder Personenvereinigung der jeweilige Gesamtbetrag in dem Konzernabschluss des Mutterunternehmens maßgeblich,

---

1) Nr. **5**.

der für den größten Kreis von Unternehmen aufgestellt wird. [3]Wird der Konzernabschluss für den größten Kreis von Unternehmen nicht nach den in Satz 1 genannten Vorschriften aufgestellt, ist der Gesamtumsatz nach Maßgabe der den in Satz 1 Nummer 1 bis 3 vergleichbaren Posten des Konzernabschlusses zu ermitteln. [4]Ist ein Jahresabschluss oder Konzernabschluss für das maßgebliche Geschäftsjahr nicht verfügbar, ist der Jahres- oder Konzernabschluss für das unmittelbar vorausgehende Geschäftsjahr maßgeblich; ist auch dieser nicht verfügbar, kann der Gesamtumsatz geschätzt werden.

(24) Die Ordnungswidrigkeit kann in den Fällen des Absatzes 2 Nummer 2 Buchstabe f bis h, Nummer 2b und 4 Buchstabe c, Nummer 10 und 15 sowie des Absatzes 6 Nummer 3 bis 5 sowie des Absatzes 7 Nummer 5, 8 und 9 mit einer Geldbuße bis zu fünfhunderttausend Euro, in den Fällen des Absatzes 1 Nummer 2 und 3, des Absatzes 2 Nummer 1, 2 Buchstabe a, b und k bis n, Nummer 2a,[1)] und 16, des Absatzes 4 Nummer 5, des Absatzes 6 Nummer 1 und 2, des Absatzes 7 Nummer 1, 3 und 4 und des Absatzes 12 Nummer 1 Buchstabe b mit einer Geldbuße bis zu zweihunderttausend Euro, in den Fällen des Absatzes 1 Nummer 4, des Absatzes 2 Nummer 6 bis 8, 11 bis 13, des Absatzes 7 Nummer 2, 6 und 7 und des Absatzes 12 Nummer 1 Buchstabe c mit einer Geldbuße bis zu hunderttausend Euro, in den übrigen Fällen mit einer Geldbuße bis zu fünfzigtausend Euro geahndet werden.

(25) [1]§ 17 Absatz 2 des Gesetzes über Ordnungswidrigkeiten ist nicht anzuwenden bei Verstößen gegen Gebote und Verbote, die in den Absätzen 17 bis 22 in Bezug genommen werden. [2]Dies gilt nicht für Ordnungswidrigkeiten nach Absatz 2 Nummer 4 Buchstabe a, Absatz 8 Nummer 43 und 44, 134 bis 137 und Absatz 15 Nummer 1. [3]§ 30 des Gesetzes über Ordnungswidrigkeiten gilt auch für juristische Personen oder Personenvereinigungen, die über eine Zweigniederlassung oder im Wege des grenzüberschreitenden Dienstleistungsverkehrs im Inland tätig sind.

(26) Die Verfolgung der Ordnungswidrigkeiten nach den Absätzen 17 bis 22 verjährt in drei Jahren.

(27) [1]Absatz 2 Nummer 5 und 14, Absatz 3 sowie Absatz 12 Nummer 1 Buchstabe c, Nummer 3 und 4, jeweils in Verbindung mit Absatz 24, gelten auch für die erlaubnispflichtige Anlageverwaltung im Sinne des § 2 Absatz 13 Satz 3. [2]Absatz 8 Nummer 27 bis 37, 39 bis 53, 97 bis 100, 103 bis 112 und 123, jeweils in Verbindung mit Absatz 20, gilt auch für Wertpapierdienstleistungsunternehmen und Kreditinstitute, wenn sie im Sinne des § 96 strukturierte Einlagen verkaufen oder über diese beraten. [3]Absatz 8 Nummer 88 bis 96 und 98 bis 102, jeweils in Verbindung mit Absatz 20, gilt auch für Unternehmen im Sinne des § 3 Satz 1. [4]Absatz 8 Nummer 2, 27 bis 126 und 134 bis 136, jeweils in Verbindung mit Absatz 20, gilt auch für Unternehmen im Sinne des § 3 Absatz 3 Satz 1 und 2.

(28) Das Bundesministerium der Finanzen wird ermächtigt, soweit dies zur Durchsetzung der Rechtsakte der Europäischen Union erforderlich ist, durch Rechtsverordnung ohne Zustimmung des Bundesrates die Tatbestände zu bezeichnen, die als Ordnungswidrigkeit nach Absatz 2 Nummer 16 geahndet werden können.

---

1) Zeichensetzung amtlich.

§ 121 Zuständige Verwaltungsbehörde. Verwaltungsbehörde im Sinne des § 36 Abs. 1 Nr. 1 des Gesetzes über Ordnungswidrigkeiten ist die Bundesanstalt.

§ 122 Beteiligung der Bundesanstalt und Mitteilungen in Strafsachen.

(1) [1]Die Staatsanwaltschaft informiert die Bundesanstalt über die Einleitung eines Ermittlungsverfahrens, welches Straftaten nach § 119 betrifft. [2]Werden im Ermittlungsverfahren Sachverständige benötigt, können fachkundige Angehörige der Bundesanstalt herangezogen werden. [3]Der Bundesanstalt sind die Anklageschrift, der Antrag auf Erlass eines Strafbefehls und die Einstellung des Verfahrens mitzuteilen. [4]Erwägt die Staatsanwaltschaft, das Verfahren einzustellen, so hat sie die Bundesanstalt zuvor anzuhören.

(2) Das Gericht teilt der Bundesanstalt in einem Verfahren, welches Straftaten nach § 119 betrifft, den Termin der Hauptverhandlung und die Entscheidung, mit der das Verfahren abgeschlossen wird, mit.

(3) Der Bundesanstalt ist auf Antrag Akteneinsicht zu gewähren, sofern nicht schutzwürdige Interessen des Betroffenen entgegenstehen oder der Untersuchungserfolg der Ermittlungen gefährdet wird.

(4) [1]In Strafverfahren gegen Inhaber oder Geschäftsleiter von Wertpapierdienstleistungsunternehmen oder deren gesetzliche Vertreter oder persönlich haftende Gesellschafter wegen Straftaten zum Nachteil von Kunden bei oder im Zusammenhang mit dem Betrieb des Wertpapierdienstleistungsunternehmens, ferner in Strafverfahren, die Straftaten nach § 119 zum Gegenstand haben, sind im Falle der Erhebung der öffentlichen Klage der Bundesanstalt

1. die Anklageschrift oder eine an ihre Stelle tretende Antragsschrift,
2. der Antrag auf Erlass eines Strafbefehls und
3. die das Verfahren abschließende Entscheidung mit Begründung

zu übermitteln; ist gegen die Entscheidung ein Rechtsmittel eingelegt worden, ist die Entscheidung unter Hinweis auf das eingelegte Rechtsmittel zu übermitteln. [2]In Verfahren wegen fahrlässig begangener Straftaten werden die in den Nummern 1 und 2 bestimmten Übermittlungen nur vorgenommen, wenn aus der Sicht der übermittelnden Stelle unverzüglich Entscheidungen oder andere Maßnahmen der Bundesanstalt geboten sind.

(5) [1]Werden sonst in einem Strafverfahren Tatsachen bekannt, die auf Missstände in dem Geschäftsbetrieb eines Wertpapierdienstleistungsunternehmens hindeuten, und ist deren Kenntnis aus der Sicht der übermittelnden Stelle für Maßnahmen der Bundesanstalt nach diesem Gesetz erforderlich, soll das Gericht, die Strafverfolgungs- oder die Strafvollstreckungsbehörde diese Tatsachen ebenfalls mitteilen, soweit nicht für die übermittelnde Stelle erkennbar ist, dass schutzwürdige Interessen des Betroffenen überwiegen. [2]Dabei ist zu berücksichtigen, wie gesichert die zu übermittelnden Erkenntnisse sind.

§ 123 Bekanntmachung von Maßnahmen. (1) [1]Die Bundesanstalt kann unanfechtbare Maßnahmen, die sie wegen Verstößen gegen Verbote oder Gebote dieses Gesetzes getroffen hat, auf ihrer Internetseite öffentlich bekannt machen, soweit dies zur Beseitigung oder Verhinderung von Missständen nach § 6 Absatz 1 Satz 2 geeignet und erforderlich ist, es sei denn, diese Veröffentlichung würde die Finanzmärkte erheblich gefährden oder zu einem unverhältnismäßigen Schaden bei den Beteiligten führen. [2]Anordnungen nach § 6 Absatz 2 Satz 4 hat die Bundesanstalt unverzüglich auf ihrer Internetseite zu veröffentlichen.

(2) Zeitgleich mit der Veröffentlichung nach Absatz 1 Satz 1 oder Satz 2 hat die Bundesanstalt die Europäische Wertpapier- und Marktaufsichtsbehörde über die Veröffentlichung zu unterrichten.

(3) Die Bundesanstalt hat unanfechtbare Maßnahmen, die sie wegen Verstößen gegen Artikel 4 Absatz 1 der Verordnung (EG) Nr. 1060/2009 getroffen hat, unverzüglich auf ihrer Internetseite öffentlich bekannt zu machen, es sei denn, diese Veröffentlichung würde die Finanzmärkte erheblich gefährden oder zu einem unverhältnismäßigen Schaden bei den Beteiligten führen.

(4) [1] Die Bundesanstalt hat jede unanfechtbar gewordene Bußgeldentscheidung nach § 120 Absatz 7 unverzüglich auf ihrer Internetseite öffentlich bekannt zu machen, es sei denn, diese Veröffentlichung würde die Finanzmärkte erheblich gefährden oder zu einem unverhältnismäßigen Schaden bei den Beteiligten führen. [2] Die Bekanntmachung darf keine personenbezogenen Daten enthalten.

(5) [1] Eine Bekanntmachung nach den Absätzen 1, 3 und 4 ist fünf Jahre nach ihrer Veröffentlichung zu löschen. [2] Abweichend von Satz 1 sind personenbezogene Daten zu löschen, sobald ihre Bekanntmachung nicht mehr erforderlich ist.

§ 124 Bekanntmachung von Maßnahmen und Sanktionen wegen Verstößen gegen Transparenzpflichten. (1) Die Bundesanstalt macht Entscheidungen über Maßnahmen und Sanktionen, die wegen Verstößen gegen Verbote oder Gebote nach den Abschnitten 6, 7 und 16 Unterabschnitt 2 dieses Gesetzes erlassen oder der Bundesanstalt gemäß § 335 Absatz 1d des Handelsgesetzbuchs[1)] mitgeteilt wurden, auf ihrer Internetseite unverzüglich bekannt.

(2) [1] In der Bekanntmachung benennt die Bundesanstalt die Vorschrift, gegen die verstoßen wurde, und die für den Verstoß verantwortliche natürliche oder juristische Person oder Personenvereinigung. [2] Bei nicht bestands- oder nicht rechtskräftigen Entscheidungen fügt sie einen Hinweis darauf, dass die Entscheidung noch nicht bestandskräftig oder nicht rechtskräftig ist, hinzu. [3] Die Bundesanstalt ergänzt die Bekanntmachung unverzüglich um einen Hinweis auf die Einlegung eines Rechtsbehelfes gegen die Maßnahme oder Sanktion sowie auf das Ergebnis des Rechtsbehelfsverfahrens.

(3) Die Bundesanstalt macht die Entscheidung ohne Nennung personenbezogener Daten bekannt oder schiebt die Bekanntmachung der Entscheidung auf, wenn

1. die Bekanntmachung der personenbezogenen Daten unverhältnismäßig wäre,
2. die Bekanntmachung die Stabilität des Finanzsystems ernsthaft gefährden würde,
3. die Bekanntmachung eine laufende Ermittlung ernsthaft gefährden würde oder
4. die Bekanntmachung den Beteiligten einen unverhältnismäßigen Schaden zufügen würde.

[1)] Nr. **5**.

(4) [1] Eine Bekanntmachung nach Absatz 1 ist fünf Jahre nach ihrer Veröffentlichung zu löschen. [2] Abweichend von Satz 1 sind personenbezogene Daten zu löschen, sobald ihre Bekanntmachung nicht mehr erforderlich ist.

§ 125 Bekanntmachung von Maßnahmen und Sanktionen wegen Verstößen gegen die Verordnung (EU) Nr. 596/2014, die Verordnung (EU) 2015/2365 und die Verordnung (EU) 2016/1011. (1) [1] Die Bundesanstalt macht Entscheidungen über Maßnahmen und Sanktionen, die wegen Verstößen nach den Artikeln 14, 15, 16 Absatz 1 und 2, Artikel 17 Absatz 1, 2, 4, 5 und 8, Artikel 18 Absatz 1 bis 6, Artikel 19 Absatz 1, 2, 3, 5, 6, 7 und 11 und Artikel 20 Absatz 1 der Verordnung (EU) Nr. 596/2014 sowie den Artikeln 4 und 15 der Verordnung (EU) 2015/2365 erlassen wurden, unverzüglich nach Unterrichtung der natürlichen oder juristischen Person, gegen die die Maßnahme oder Sanktion verhängt wurde, auf ihrer Internetseite bekannt. [2] Dies gilt nicht für Entscheidungen über Ermittlungsmaßnahmen.

(2) In der Bekanntmachung benennt die Bundesanstalt die Vorschrift, gegen die verstoßen wurde, und die für den Verstoß verantwortliche natürliche oder juristische Person oder Personenvereinigung.

(3) [1] Ist die Bekanntmachung der Identität einer von der Entscheidung betroffenen juristischen Person oder der personenbezogenen Daten einer natürlichen Person unverhältnismäßig oder würde die Bekanntmachung laufende Ermittlungen oder die Stabilität der Finanzmärkte gefährden, so

1. schiebt die Bundesanstalt die Bekanntmachung der Entscheidung auf, bis die Gründe für das Aufschieben weggefallen sind,
2. macht die Bundesanstalt die Entscheidung ohne Nennung der Identität oder der personenbezogenen Daten bekannt, wenn hierdurch ein wirksamer Schutz der Identität oder der betreffenden personenbezogenen Daten gewährleistet ist oder
3. macht die Bundesanstalt die Entscheidung nicht bekannt, wenn eine Bekanntmachung gemäß den Nummern 1 und 2 nicht ausreichend wäre, um sicherzustellen, dass
   a) die Stabilität der Finanzmärkte nicht gefährdet wird oder
   b) die Verhältnismäßigkeit der Bekanntmachung gewahrt bleibt.

[2] Im Falle des Satzes 1 Nummer 2 kann die Bundesanstalt die Bekanntmachung der Identität oder der personenbezogenen Daten nachholen, wenn die Gründe für die anonymisierte Bekanntmachung entfallen sind.

(4) [1] Bei nicht bestands- oder nicht rechtskräftigen Entscheidungen fügt die Bundesanstalt einen entsprechenden Hinweis hinzu. [2] Wird gegen die bekanntzumachende Entscheidung ein Rechtsbehelf eingelegt, so ergänzt die Bundesanstalt die Bekanntmachung unverzüglich um einen Hinweis auf den Rechtsbehelf sowie um alle weiteren Informationen über das Ergebnis des Rechtsbehelfsverfahrens.

(5) [1] Eine Bekanntmachung nach Absatz 1 ist fünf Jahre nach ihrer Bekanntmachung zu löschen. [2] Abweichend von Satz 1 sind personenbezogene Daten zu löschen, sobald ihre Bekanntmachung nicht mehr erforderlich ist.

(6) Bei Entscheidungen über Maßnahmen und Sanktionen, die erlassen wurden wegen eines Verstoßes gegen die Artikel 4 bis 16, 21, 23 bis 29 und 34 der Verordnung (EU) 2016/1011 oder wegen eines Verstoßes gegen eine voll-

ziehbare Anordnung, die die Bundesanstalt im Zusammenhang mit einer Untersuchung betreffend die Pflichten nach dieser Verordnung gemäß § 6 Absatz 3 Satz 4 und Absatz 6, 8, 11 bis 13, § 7 Absatz 2, § 10 Absatz 2 Satz 2 Nummer 1 oder 2 erlassen hat, gelten die Absätze 1 bis 5 entsprechend mit der Maßgabe, dass die Aufhebung einer Entscheidung auch dann veröffentlicht wird, wenn sie nicht auf Grund eines Rechtsbehelfs erfolgt ist.

§ 126 Bekanntmachung von Maßnahmen und Sanktionen wegen Verstößen gegen Vorschriften der Abschnitte 9 bis 11 und gegen die Verordnung (EU) Nr. 600/2014. (1) [1]Die Bundesanstalt macht Entscheidungen über Maßnahmen und Sanktionen, die erlassen wurden wegen Verstößen gegen

1. die Verbote oder Gebote der Abschnitte 9 bis 11 dieses Gesetzes,
2. die Rechtsverordnungen, die zur Durchführung dieser Vorschriften erlassen wurden, oder
3. die Verbote oder Gebote der in den Titeln II bis VI enthaltenen Artikel der Verordnung (EU) Nr. 600/2014

auf ihrer Internetseite unverzüglich nach Unterrichtung der natürlichen oder juristischen Person, gegen die die Maßnahme oder Sanktion verhängt wurde, bekannt. [2]Dies gilt nicht für

1. Entscheidungen über Maßnahmen und Sanktionen, die wegen Verstößen gegen § 64 Absatz 6, die §§ 86, 87, 89 oder § 94 verhängt wurden,
2. Entscheidungen, mit denen Maßnahmen mit Ermittlungscharakter verhängt werden sowie
3. Entscheidungen, die gemäß § 50a des Börsengesetzes von den Börsenaufsichtsbehörden bekannt zu machen sind.

(2) Die Bundesanstalt hat in der Bekanntmachung die Vorschrift, gegen die verstoßen wurde, und die für den Verstoß verantwortliche natürliche oder juristische Person oder Personenvereinigung zu benennen.

(3) [1]Ist die Bekanntmachung der Identität der juristischen Person oder der personenbezogenen Daten der natürlichen Person unverhältnismäßig oder gefährdet die Bekanntmachung die Stabilität der Finanzmärkte oder laufende Ermittlungen, so kann die Bundesanstalt

1. die Entscheidung, mit der die Maßnahme oder Sanktion verhängt wird, erst dann bekannt machen, wenn die Gründe für einen Verzicht auf ihre Bekanntmachung nicht mehr bestehen, oder
2. die Entscheidung, mit der die Maßnahme oder Sanktion verhängt wird, ohne Nennung personenbezogener Daten bekannt machen, wenn eine anonymisierte Bekanntmachung einen wirksamen Schutz der betreffenden personenbezogenen Daten gewährleistet, oder
3. gänzlich von der Bekanntmachung der Entscheidung, mit der die Maßnahme oder Sanktion verhängt wird, absehen, wenn die in den Nummern 1 und 2 genannten Möglichkeiten nicht ausreichend gewährleisten, dass
   a) die Stabilität der Finanzmärkte nicht gefährdet wird,
   b) die Bekanntmachung von Entscheidungen über Maßnahmen oder Sanktionen, die als geringfügiger eingestuft werden, verhältnismäßig ist.

[2] Liegen die Voraussetzungen vor, unter denen eine Bekanntmachung nur auf anonymisierter Basis zulässig wäre, kann die Bundesanstalt die Bekanntmachung der einschlägigen Daten auch um einen angemessenen Zeitraum aufschieben, wenn vorhersehbar ist, dass die Gründe für die anonyme Bekanntmachung innerhalb dieses Zeitraums wegfallen werden.

(4) [1] Wird gegen die Entscheidung, mit der die Maßnahme oder Sanktion verhängt wird, ein Rechtsbehelf eingelegt, so macht die Bundesanstalt auch diesen Sachverhalt und alle weiteren Informationen über das Ergebnis des Rechtsbehelfsverfahrens umgehend auf ihrer Internetseite bekannt. [2] Ferner wird jede Entscheidung, mit der eine frühere Entscheidung über die Verhängung einer Sanktion oder Maßnahme aufgehoben oder geändert wird, ebenfalls bekannt gemacht.

(5) [1] Eine Bekanntmachung nach Absatz 1 ist fünf Jahre nach ihrer Veröffentlichung zu löschen. [2] Abweichend von Satz 1 sind personenbezogene Daten zu löschen, sobald ihre Bekanntmachung nicht mehr erforderlich ist.

(6) [1] Die Bundesanstalt unterrichtet die Europäische Wertpapier- und Marktaufsichtsbehörde über alle Maßnahmen und Sanktionen, die nach Absatz 3 Satz 1 Nummer 3 nicht bekannt gemacht wurden, sowie über alle Rechtsbehelfsmittel in Verbindung mit diesen Maßnahmen und Sanktionen und über die Ergebnisse der Rechtsmittelverfahren. [2] Hat die Bundesanstalt eine Maßnahme oder Sanktion bekannt gemacht, so unterrichtet sie die Europäische Wertpapier- und Marktaufsichtsbehörde gleichzeitig darüber.

Abschnitt 18. Übergangsbestimmungen

§ 127 Erstmalige Mitteilungs- und Veröffentlichungspflichten.

(1) Ein Unternehmen im Sinne des § 9 Absatz 1 Satz 1 in der Fassung dieses Gesetzes vom 26. Juli 1994 (BGBl. I S. 1749), das am 1. August 1997 besteht und nicht bereits vor diesem Zeitpunkt der Meldepflicht nach § 9 Absatz 1 in der Fassung dieses Gesetzes vom 26. Juli 1994 (BGBl. I S. 1749) unterlag, muss Mitteilungen nach § 9 Absatz 1 in der Fassung dieses Gesetzes vom 22. Oktober 1997 (BGBl. I S. 2518) erstmals am 1. Februar 1998 abgeben.

(2) [1] Wem am 1. April 2002 unter Berücksichtigung des § 22 Absatz 1 und 2 in der Fassung dieses Gesetzes vom 20. Dezember 2001 (BGBl. I S. 3822) 5 Prozent oder mehr der Stimmrechte einer börsennotierten Gesellschaft zustehen, hat der Gesellschaft und der Bundesanstalt unverzüglich, spätestens innerhalb von sieben Kalendertagen, die Höhe seines Stimmrechtsanteils unter Angabe seiner Anschrift schriftlich mitzuteilen; in der Mitteilung sind die zuzurechnenden Stimmrechte für jeden Zurechnungstatbestand getrennt anzugeben. [2] Eine Verpflichtung nach Satz 1 besteht nicht, sofern nach dem 1. Januar 2002 und vor dem 1. April 2002 bereits eine Mitteilung gemäß § 21 Absatz 1 oder 1a in der Fassung dieses Gesetzes vom 24. März 1998 (BGBl. I S. 529) abgegeben worden ist.

(3) Die Gesellschaft hat Mitteilungen nach Absatz 2 innerhalb von einem Monat nach Zugang nach Maßgabe des § 25 Absatz 1 Satz 1 in der Fassung dieses Gesetzes vom 24. März 1998 (BGBl. I S. 529) und Satz 2 in der Fassung dieses Gesetzes vom 22. Oktober 1997 (BGBl. I S. 2518) sowie Absatz 2 in der Fassung dieses Gesetzes vom 20. Dezember 2001 (BGBl. I S. 3822) zu ver-

öffentlichen und der Bundesanstalt unverzüglich einen Beleg über die Veröffentlichung zu übersenden.

(4) Auf die Pflichten nach den Absätzen 2 und 3 sind die §§ 23 und 24 in der Fassung dieses Gesetzes vom 24. März 1998 (BGBl. I S. 529), § 25 Absatz 3 Satz 2 und Absatz 4 in der Fassung dieses Gesetzes vom 26. Juli 1994 (BGBl. I S. 1749), § 27 in der Fassung dieses Gesetzes vom 24. März 1998 (BGBl. I S. 529) und § 28 in der Fassung dieses Gesetzes vom 20. Dezember 2001 (BGBl. I S. 3822) sowie die §§ 29 und 30 in der Fassung dieses Gesetzes vom 26. Juli 1994 (BGBl. I S. 1749) entsprechend anzuwenden.

(5) [1] Wer am 20. Januar 2007, auch unter Berücksichtigung des § 22 in der Fassung dieses Gesetzes vom 5. Januar 2007 (BGBl. I S. 10), einen mit Aktien verbundenen Stimmrechtsanteil hält, der die Schwelle von 15, 20 oder 30 Prozent erreicht, überschreitet oder unterschreitet, hat dem Emittenten, für den die Bundesrepublik Deutschland der Herkunftsstaat ist, spätestens am 20. März 2007 seinen Stimmrechtsanteil mitzuteilen. [2] Das gilt nicht, wenn er bereits vor dem 20. Januar 2007 eine Mitteilung mit gleichwertigen Informationen an diesen Emittenten gerichtet hat; der Inhalt der Mitteilung richtet sich nach § 21 Absatz 1 in der Fassung dieses Gesetzes vom 5. Januar 2007 (BGBl. I S. 10), auch in Verbindung mit einer Rechtsverordnung nach § 21 Absatz 2. [3] Wem am 20. Januar 2007 auf Grund einer Zurechnung nach § 22 Absatz 1 Satz 1 Nummer 6 in der Fassung dieses Gesetzes vom 5. Januar 2007 (BGBl. I S. 10) ein Stimmrechtsanteil an einem Emittenten, für den die Bundesrepublik Deutschland der Herkunftsstaat ist, von 5 Prozent oder mehr zusteht, muss diesen dem Emittenten spätestens am 20. März 2007 mitteilen. [4] Dies gilt nicht, wenn er bereits vor dem 20. Januar 2007 eine Mitteilung mit gleichwertigen Informationen an diesen Emittenten gerichtet hat und ihm die Stimmrechtsanteile nicht bereits nach § 22 Absatz 1 Satz 1 Nummer 6 in der Fassung dieses Gesetzes vom 20. Dezember 2001 (BGBl. I S. 3822) zugerechnet werden konnten; der Inhalt der Mitteilung richtet sich nach § 21 Absatz 1 in der Fassung dieses Gesetzes vom 5. Januar 2007 (BGBl. I S. 10), auch in Verbindung mit einer Rechtsverordnung nach § 21 Absatz 2. [5] Wer am 20. Januar 2007 Finanzinstrumente im Sinne des § 25 in der Fassung dieses Gesetzes vom 5. Januar 2007 (BGBl. I S. 10) hält, muss dem Emittenten, für den die Bundesrepublik Deutschland der Herkunftsstaat ist, spätestens am 20. März 2007 mitteilen, wie hoch sein Stimmrechtsanteil wäre, wenn er statt der Finanzinstrumente die Aktien hielte, die auf Grund der rechtlich bindenden Vereinbarung erworben werden können, es sei denn, sein Stimmrechtsanteil läge unter 5 Prozent. [6] Dies gilt nicht, wenn er bereits vor dem 20. Januar 2007 eine Mitteilung mit gleichwertigen Informationen an diesen Emittenten gerichtet hat; der Inhalt der Mitteilung richtet sich nach § 25 Absatz 1 in der Fassung dieses Gesetzes vom 5. Januar 2007 (BGBl. I S. 10), auch in Verbindung mit den §§ 17 und 18 der Wertpapierhandelsanzeige- und Insiderverzeichnisverordnung in der Fassung vom 5. Januar 2007 (BGBl. I S. 10). [7] Erhält ein Inlandsemittent eine Mitteilung nach Satz 1, 3 oder 5, so muss er diese bis spätestens zum 20. April 2007 nach § 26 Absatz 1 Satz 1 in der Fassung dieses Gesetzes vom 5. Januar 2007 (BGBl. I S. 10), auch in Verbindung mit einer Rechtsverordnung nach § 26 Absatz 3, veröffentlichen. [8] Er übermittelt die Information außerdem unverzüglich, jedoch nicht vor ihrer Veröffentlichung dem Unter-

nehmensregister im Sinne des § 8b des Handelsgesetzbuchs[1)] zur Speicherung. [9] Er hat gleichzeitig mit der Veröffentlichung nach Satz 7 diese der Bundesanstalt nach § 26 Absatz 2 in der Fassung dieses Gesetzes vom 5. Januar 2007 (BGBl. I S. 10), auch in Verbindung mit einer Rechtsverordnung nach § 26 Absatz 3 Nummer 2, mitzuteilen. [10] Auf die Pflichten nach den Sätzen 1 bis 9 sind § 23 in der Fassung dieses Gesetzes vom 5. Januar 2007 (BGBl. I S. 10), § 24 in der Fassung dieses Gesetzes vom 24. März 1998 (BGBl. I S. 529), § 27 in der Fassung dieses Gesetzes vom 5. Januar 2007 (BGBl. I S. 10), § 28 in der Fassung dieses Gesetzes vom 20. Dezember 2001 (BGBl. I S. 3822), § 29 in der Fassung dieses Gesetzes vom 28. Oktober 2004 (BGBl. I S. 2630) und § 29a Absatz 3 in der Fassung dieses Gesetzes vom 5. Januar 2007 (BGBl. I S. 10) entsprechend anzuwenden. [11] Auf die Pflichten nach Satz 4 ist § 29a Absatz 1 und 2 in der Fassung dieses Gesetzes vom 5. Januar 2007 (BGBl. I S. 10) entsprechend anzuwenden.

(6) [1] Wer, auch unter Berücksichtigung des § 22 in der Fassung dieses Gesetzes vom 12. August 2008 (BGBl. I S. 1666), einen mit Aktien verbundenen Stimmrechtsanteil sowie Finanzinstrumente im Sinne des § 25 in der Fassung dieses Gesetzes vom 12. August 2008 (BGBl. I S. 1666) hält, muss das Erreichen oder Überschreiten der für § 25 in der Fassung dieses Gesetzes vom 12. August 2008 (BGBl. I S. 1666) geltenden Schwellen, die er am 1. März 2009 ausschließlich auf Grund der Änderung des § 25 in der Fassung dieses Gesetzes vom 12. August 2008 (BGBl. I S. 1666) mit Wirkung vom 1. März 2009 durch Zusammenrechnung nach § 25 Absatz 1 Satz 3 in der Fassung dieses Gesetzes vom 12. August 2008 (BGBl. I S. 1666) erreicht oder überschreitet, nicht mitteilen. [2] Eine solche Mitteilung ist erst dann abzugeben, wenn erneut eine der für § 25 in der Fassung dieses Gesetzes vom 12. August 2008 (BGBl. I S. 1666) geltenden Schwellen erreicht, überschritten oder unterschritten wird. [3] Mitteilungspflichten nach § 25 in der Fassung dieses Gesetzes vom 5. Januar 2007 (BGBl. I S. 10), die nicht, nicht richtig, nicht vollständig oder nicht in der vorgeschriebenen Weise erfüllt wurden, sind unter Berücksichtigung von § 25 Absatz 1 Satz 3 in der Fassung dieses Gesetzes vom 12. August 2008 (BGBl. I S. 1666) zu erfüllen.

(7) [1] Wer, auch unter Berücksichtigung des § 22 in der Fassung dieses Gesetzes vom 12. August 2008 (BGBl. I S. 1666), einen mit Aktien verbundenen Stimmrechtsanteil hält, muss das Erreichen oder Überschreiten der für § 21 in der Fassung dieses Gesetzes vom 21. Dezember 2007 (BGBl. I S. 3089) geltenden Schwellen, die er am 19. August 2008 ausschließlich durch Zurechnung von Stimmrechten auf Grund der Neufassung des § 22 Absatz 2 in der Fassung dieses Gesetzes vom 12. August 2008 (BGBl. I S. 1666) mit Wirkung vom 19. August 2008 erreicht oder überschreitet, nicht mitteilen. [2] Eine solche Mitteilung ist erst dann abzugeben, wenn erneut eine der für § 21 in der Fassung dieses Gesetzes vom 21. Dezember 2007 (BGBl. I S. 3089) geltenden Schwellen erreicht, überschritten oder unterschritten wird. [3] Die Sätze 1 und 2 gelten für die Mitteilungspflicht nach § 25 in der Fassung dieses Gesetzes vom 12. August 2008 (BGBl. I S. 1666) entsprechend mit der Maßgabe, dass die für § 25 in der Fassung dieses Gesetzes vom 12. August 2008 (BGBl. I S. 1666) geltenden Schwellen maßgebend sind.

---

1) Nr. **5**.

(8) [1] Wer am 1. Februar 2012 Finanzinstrumente oder sonstige Instrumente im Sinne des § 25a Absatz 1 in der Fassung dieses Gesetzes vom 5. April 2011 (BGBl. I S. 538) hält, die es ihrem Inhaber auf Grund ihrer Ausgestaltung ermöglichen, 5 Prozent oder mehr der mit Stimmrechten verbundenen und bereits ausgegebenen Aktien eines Emittenten, für den die Bundesrepublik Deutschland der Herkunftsstaat ist, zu erwerben, hat dem Emittenten und gleichzeitig der Bundesanstalt unverzüglich, spätestens jedoch innerhalb von 30 Handelstagen, die Höhe seines Stimmrechtsanteils nach § 25a Absatz 2 entsprechend § 25a Absatz 1, auch in Verbindung mit einer Rechtsverordnung nach § 25a Absatz 4, jeweils in der Fassung dieses Gesetzes vom 5. April 2011 (BGBl. I S. 538), mitzuteilen. [2] § 24 in der Fassung dieses Gesetzes vom 24. März 1998 (BGBl. I S. 529) gilt entsprechend. [3] Eine Zusammenrechnung mit den Beteiligungen nach § 21 in der Fassung dieses Gesetzes vom 21. Dezember 2007 (BGBl. I S. 3089), § 22 in der Fassung dieses Gesetzes vom 12. August 2008 (BGBl. I S. 1666) und § 25 in der Fassung dieses Gesetzes vom 5. April 2011 (BGBl. I S. 538) findet statt.

(9) [1] Der Inlandsemittent hat die Informationen nach Absatz 8 unverzüglich, spätestens jedoch drei Handelstage nach ihrem Zugang gemäß § 26 Absatz 1 Satz 1 Halbsatz 1 in der Fassung dieses Gesetzes vom 5. April 2011 (BGBl. I S. 538) zu veröffentlichen und dem Unternehmensregister im Sinne des § 8b des Handelsgesetzbuchs[1] unverzüglich, jedoch nicht vor ihrer Veröffentlichung zur Speicherung zu übermitteln. [2] Gleichzeitig mit der Veröffentlichung hat der Inlandsemittent diese der Bundesanstalt mitzuteilen.

(10) [1] Wer, auch unter Berücksichtigung des § 22 in der Fassung dieses Gesetzes vom 20. November 2015 (BGBl. I S. 2029), am 26. November 2015 Stimmrechte im Sinne des § 21 in der Fassung dieses Gesetzes vom 20. November 2015 (BGBl. I S. 2029) hält und ausschließlich auf Grund der Änderung des § 21 mit Wirkung zum 26. November 2015 an einem Emittenten, für den die Bundesrepublik Deutschland der Herkunftsstaat ist, eine der für § 21 in der Fassung dieses Gesetzes vom 20. November 2015 (BGBl. I S. 2029) geltenden Schwellen erreicht, überschreitet oder unterschreitet, hat dies bis zum 15. Januar 2016 nach Maßgabe des § 21 in der Fassung dieses Gesetzes vom 20. November 2015 (BGBl. I S. 2029) mitzuteilen. [2] Wer am 26. November 2015 Instrumente im Sinne des § 25 in der Fassung dieses Gesetzes vom 20. November 2015 (BGBl. I S. 2029) hält, die sich nach Maßgabe des § 25 Absatz 3 und 4 in der Fassung dieses Gesetzes vom 20. November 2015 (BGBl. I S. 2029) auf mindestens 5 Prozent der Stimmrechte an einem Emittenten, für den die Bundesrepublik Deutschland der Herkunftsstaat ist, beziehen, hat dies bis zum 15. Januar 2016 nach Maßgabe des § 25 in der Fassung dieses Gesetzes vom 20. November 2015 (BGBl. I S. 2029) mitzuteilen. [3] Wer eine der für § 25a in der Fassung dieses Gesetzes vom 20. November 2015 (BGBl. I S. 2029) geltenden Schwellen ausschließlich auf Grund der Änderung des § 25a mit Wirkung zum 26. November 2015 erreicht, überschreitet oder unterschreitet, hat dies bis zum 15. Januar 2016 nach Maßgabe des § 25a in der Fassung dieses Gesetzes vom 20. November 2015 (BGBl. I S. 2029) mitzuteilen. [4] Absatz 9 gilt entsprechend.

(11) [1] Wer an einem Emittenten, für den die Bundesrepublik Deutschland der Herkunftsstaat ist, eine der für die §§ 21, 25 oder 25a, jeweils in der Fassung

---

[1] Nr. **5**.

dieses Gesetzes vom 20. November 2015 (BGBl. I S. 2029), geltenden Schwellen ausschließlich auf Grund der Änderung des § 1 Absatz 3 mit Wirkung zum 2. Juli 2016 erreicht, überschreitet oder unterschreitet, hat dies bis zum 23. Juli 2016 nach Maßgabe der §§ 21, 25 und 25a, jeweils in der Fassung dieses Gesetzes vom 20. November 2015 (BGBl. I S. 2029), mitzuteilen. [2] Absatz 10 gilt entsprechend.

(12) Ordnungswidrig handelt, wer vorsätzlich oder leichtfertig

1. entgegen Absatz 5 Satz 7 eine Veröffentlichung nicht, nicht richtig, nicht vollständig, nicht in der vorgeschriebenen Weise oder nicht rechtzeitig vornimmt,
2. entgegen Absatz 5 Satz 8 eine Information nicht oder nicht rechtzeitig übermittelt,
3. entgegen Absatz 5 Satz 1, 3, 5 oder 9, Absatz 8 Satz 1 oder Absatz 10 Satz 1, 2 oder Satz 3 eine Mitteilung nicht, nicht richtig, nicht vollständig, nicht in der vorgeschriebenen Weise oder nicht rechtzeitig macht,
4. entgegen Absatz 9 Satz 1 eine Veröffentlichung nicht, nicht richtig, nicht vollständig, nicht in der vorgeschriebenen Weise oder nicht rechtzeitig vornimmt.

(13) Die Ordnungswidrigkeit kann in den Fällen des Absatzes 12 mit einer Geldbuße bis zu zweihunderttausend Euro geahndet werden.

§ 128 Übergangsregelung für die Mitteilungs- und Veröffentlichungspflichten zur Wahl des Herkunftsstaats. Auf einen Emittenten im Sinne des § 2 Absatz 11 Satz 1 Nummer 1 Buchstabe b oder Nummer 2, für den die Bundesrepublik Deutschland am 27. November 2015 Herkunftsstaat ist und der seine Wahl der Bundesanstalt mitgeteilt hat, ist § 5 nicht anzuwenden.

§ 129 *(aufgehoben)*

§ 130 Übergangsregelung für die Mitteilungs- und Veröffentlichungspflichten für Inhaber von Netto-Leerverkaufspositionen nach § 30i in der Fassung dieses Gesetzes vom 6. Dezember 2011 (BGBl. I S. 2481).

(1) [1] Wer am 26. März 2012 Inhaber einer Netto-Leerverkaufsposition nach § 30i Absatz 1 Satz 1 in der Fassung dieses Gesetzes vom 6. Dezember 2011 (BGBl. I S. 2481) in Höhe von 0,2 Prozent oder mehr ist, hat diese zum Ablauf des nächsten Handelstages der Bundesanstalt nach § 30i Absatz 3 der vorgenannten Fassung dieses Gesetzes, auch in Verbindung mit einer Rechtsverordnung nach § 30i Absatz 5 der vorgenannten Fassung dieses Gesetzes, mitzuteilen. [2] Der Inhaber einer Netto-Leerverkaufsposition nach § 30i Absatz 1 Satz 2 der vorgenannten Fassung dieses Gesetzes in Höhe von 0,5 Prozent oder mehr hat diese zusätzlich zu ihrer Mitteilung nach Satz 1 innerhalb der Frist des Satzes 1 nach § 30i Absatz 3 der vorgenannten Fassung dieses Gesetzes, auch in Verbindung mit einer Rechtsverordnung nach § 30i Absatz 5 der vorgenannten Fassung dieses Gesetzes, im Bundesanzeiger zu veröffentlichen; eine solche Verpflichtung besteht nicht, sofern vor dem 26. März 2012 bereits eine gleichartige Mitteilung abgegeben worden ist.

(2) Ordnungswidrig handelt, wer vorsätzlich oder leichtfertig

1. entgegen Absatz 1 Satz 1 eine Mitteilung nicht, nicht richtig, nicht vollständig, nicht in der vorgeschriebenen Weise oder nicht rechtzeitig macht oder
2. entgegen Absatz 1 Satz 2 erster Halbsatz eine Veröffentlichung nicht, nicht richtig, nicht vollständig, nicht in der vorgeschriebenen Weise oder nicht rechtzeitig vornimmt.

(3) Die Ordnungswidrigkeit kann in den Fällen des Absatzes 2 mit einer Geldbuße bis zu zweihunderttausend Euro geahndet werden.

§ 131 Übergangsregelung für die Verjährung von Ersatzansprüchen nach § 37a der bis zum 4. August 2009 gültigen Fassung dieses Gesetzes. § 37a in der bis zum 4. August 2009 geltenden Fassung ist auf Ansprüche anzuwenden, die in der Zeit vom 1. April 1998 bis zum Ablauf des 4. August 2009 entstanden sind.

§ 132 Anwendungsbestimmung für das Transparenzrichtlinie-Umsetzungsgesetz. (1) § 37n und § 37o Abs. 1 Satz 4 sowie die Bestimmungen des Abschnitts 11 Unterabschnitt 2 in der Fassung des Gesetzes vom 5. Januar 2007 (BGBl. I S. 10) finden erstmals auf Finanzberichte des Geschäftsjahrs Anwendung, das nach dem 31. Dezember 2006 beginnt.

(2) Auf Emittenten, von denen lediglich Schuldtitel zum Handel an einem organisierten Markt im Sinne des Artikels 4 Abs. 1 Nr. 14 der Richtlinie 2004/39/EG des Europäischen Parlaments und des Rates vom 21. April 2004 über Märkte für Finanzinstrumente (ABl. EU Nr. L 145 S. 1) in einem Mitgliedstaat der Europäischen Union oder in einem anderen Vertragsstaat des Abkommens über den Europäischen Wirtschaftsraum zugelassen sind, sowie auf Emittenten, deren Wertpapiere zum Handel in einem Drittstaat zugelassen sind und die zu diesem Zweck seit dem Geschäftsjahr, das vor dem 11. September 2002 begann, international anerkannte Rechnungslegungsstandards anwenden, finden § 37w Abs. 3 Satz 2 und § 37y Nr. 2 in der Fassung des Gesetzes vom 5. Januar 2007 (BGBl. I S. 10) mit der Maßgabe Anwendung, dass der Emittent für vor dem 31. Dezember 2007 beginnende Geschäftsjahre die Rechnungslegungsgrundsätze des jeweiligen Vorjahresabschlusses anwenden kann.

(3) § 30b Abs. 3 Nr. 1 Buchstabe a in der Fassung des Gesetzes vom 5. Januar 2007 (BGBl. I S. 10) findet erstmals auf Informationen Anwendung, die nach dem 31. Dezember 2007 übermittelt werden.

§ 133 Anwendungsbestimmung für § 34 der bis zum 2. Januar 2018 gültigen Fassung dieses Gesetzes. Auf Ansprüche auf Herausgabe einer Ausfertigung des Protokolls nach § 34 Absatz 2a der bis zum 2. Januar 2018 gültigen Fassung dieses Gesetzes, die bis zum Ablauf des 2. Januar 2018 entstanden sind, findet § 34 Absatz 2b in der bis zum 2. Januar 2018 gültigen Fassung dieses Gesetzes weiterhin Anwendung.

§ 134 Anwendungsbestimmung für das Gesetz zur Umsetzung der Transparenzrichtlinie-Änderungsrichtlinie. (1) Die §§ 37n, 37o und 37p in der Fassung des Gesetzes vom 20. November 2015 (BGBl. I S. 2029) sind ab dem 1. Januar 2016 anzuwenden.

(2) § 37x in der Fassung des Gesetzes vom 20. November 2015 (BGBl. I S. 2029) ist erstmals auf Zahlungsberichte und Konzernzahlungsberichte für ein nach dem 26. November 2015 beginnendes Geschäftsjahr anzuwenden.

§ 135 Übergangsvorschriften zur Verordnung (EU) Nr. 596/2014.

[1] § 39 Absatz 3d Nummer 1 in der Fassung dieses Gesetzes vom 30. Juni 2016 (BGBl. I S. 1514) ist bis zu dem Tag, ab dem die Richtlinie 2014/65/EU des Europäischen Parlaments und des Rates vom 15. Mai 2014 über Märkte für Finanzinstrumente sowie zur Änderung der Richtlinien 2002/92/EG und 2011/61/EU (ABl. L 173 vom 12.6.2014, S. 349, L 74 vom 18.3.2015, S. 38), die durch die Verordnung (EU) Nr. 909/2014 (ABl. L 257 vom 28.8.2014, S. 1) geändert worden ist, nach ihrem Artikel 93 angewendet wird, nicht anzuwenden. [2] Bis zum Ablauf des 2. Januar 2018 ist für die Vorschriften dieses Gesetzes die Verordnung (EU) Nr. 596/2014 mit folgender Maßgabe anwendbar:

1. Handelsplatz im Sinne des Artikels 3 Absatz 1 Nummer 10 dieser Verordnung ist ein geregelter Markt im Sinne des Artikels 4 Absatz 1 Nummer 14 der Richtlinie 2004/39/EG sowie ein multilaterales Handelssystem im Sinne des Artikels 4 Absatz 1 Nummer 15 der Richtlinie 2004/39/EG;
2. algorithmischer Handel im Sinne des Artikels 3 Absatz 1 Nummer 18 dieser Verordnung ist der Handel mit Finanzinstrumenten in der Weise, dass ein Computeralgorithmus die einzelnen Auftragsparameter automatisch bestimmt, ohne dass es sich um ein System handelt, das nur zur Weiterleitung von Aufträgen zu einem oder mehreren Handelsplätzen oder zur Bestätigung von Aufträgen verwendet wird;
3. Hochfrequenzhandel im Sinne des Artikels 3 Absatz 1 Nummer 33 dieser Verordnung ist eine hochfrequente algorithmische Handelstechnik, die gekennzeichnet ist durch die Nutzung von Infrastrukturen, die darauf abzielen, Latenzzeiten zu minimieren, durch die Entscheidung des Systems über die Einleitung, das Erzeugen, das Weiterleiten oder die Ausführung eines Auftrags ohne menschliche Intervention für einzelne Geschäfte oder Aufträge und durch ein hohes untertägiges Mitteilungsaufkommen in Form von Aufträgen, Quotes oder Stornierungen.

§ 136 Übergangsregelung zum CSR-Richtlinie-Umsetzungsgesetz.

[1] Die §§ 37w und 37y in der Fassung des CSR-Richtlinie-Umsetzungsgesetzes vom 11. April 2017 (BGBl. I S. 802) sind erstmals auf Lageberichte und Konzernlageberichte anzuwenden, die sich auf ein nach dem 31. Dezember 2016 beginnendes Geschäftsjahr beziehen. [2] Auf Lage- und Konzernlageberichte, die sich auf vor dem 1. Januar 2017 beginnende Geschäftsjahre beziehen, bleiben die §§ 37w und 37y in der bis zum 18. April 2017 geltenden Fassung anwendbar.

§ 137 Übergangsvorschrift für Verstöße gegen die §§ 38 und 39 in der bis zum Ablauf des 1. Juli 2016 geltenden Fassung dieses Gesetzes.

(1) Straftaten nach § 119 in der bis zum Ablauf des 1. Juli 2016 geltenden Fassung werden abweichend von § 2 Absatz 3 des Strafgesetzbuches nach den zum Zeitpunkt der Tat geltenden Bestimmungen geahndet.

(2) Ordnungswidrigkeiten nach § 120 in der bis zum Ablauf des 1. Juli 2016 geltenden Fassung können abweichend von § 4 Absatz 3 des Gesetzes über

Ordnungswidrigkeiten nach den zum Zeitpunkt der Tat geltenden Bestimmungen geahndet werden.

§ 138 Übergangsvorschrift zur Richtlinie 2014/65/EU über Märkte für Finanzinstrumente. (1) C.6-Energiederivatkontrakte, die von einer nichtfinanziellen Gegenpartei im Sinne von Artikel 10 Absatz 1 der Verordnung (EU) Nr. 648/2012 oder von nichtfinanziellen Gegenparteien, die nach dem 3. Januar 2018 erstmals als Wertpapierdienstleistungsunternehmen zugelassen worden sind, eingegangen werden, unterliegen bis zum 3. Januar 2021 weder der Clearing-Pflicht nach Artikel 4 der Verordnung (EU) Nr. 648/2012 noch den Risikominderungstechniken nach Artikel 11 Absatz 3 der vorgenannten Verordnung.

(2) C.6-Energiederivatkontrakte gelten bis zum 3. Januar 2021 nicht als OTC-Derivatkontrakte für die Zwecke des Clearing-Schwellenwerts nach Artikel 10 Absatz 1 der Verordnung (EU) Nr. 648/2012.

(3) C.6-Energiederivatkontrakte unterliegen allen übrigen Anforderungen der Verordnung (EU) Nr. 648/2012.

(4) C.6-Energiederivatkontrakt im Sinne dieser Vorschrift ist eine Option, ein Terminkontrakt (Future), ein Swap oder ein anderer in Anhang I Abschnitt C Nummer 6 der Richtlinie 2014/65/EU, in der jeweils geltenden Fassung, genannter Derivatkontrakt in Bezug auf Kohle oder Öl, der an einem organisierten Handelssystem gehandelt werden und effektiv geliefert werden muss.

(5) [1]Die Ausnahmen nach den Absätzen 1 und 2 sind bei der Bundesanstalt zu beantragen. [2]Die Bundesanstalt teilt der Europäischen Wertpapier- und Marktaufsichtsbehörde mit, für welche C.6-Energiederivatkontrakte Ausnahmen nach den Absätzen 1 und 2 gewährt worden sind.

§ 139 Übergangsvorschriften zum Gesetz zur weiteren Ausführung der EU-Prospektverordnung und zur Änderung von Finanzmarktgesetzen. (1) § 76 Absatz 1 Satz 1 Nummer 3 in der bis zum 20. Juli 2019 geltenden Fassung findet weiterhin Anwendung für den Fall eines Prospekts, der nach dem Wertpapierprospektgesetz in der bis zum 20. Juli 2019 geltenden Fassung gebilligt wurde, solange dieser Prospekt Gültigkeit hat.

(2) Hat ein Kreditinstitut vor dem 21. Juli 2019 Schuldtitel begeben, bei denen es nach dem Wertpapierprospektgesetz in der bis zum 20. Juli 2019 geltenden Fassung nicht zur Veröffentlichung eines Prospekts verpflichtet war, findet insoweit § 118 Absatz 2 in der bis zum 20. Juli 2019 geltenden Fassung weiterhin Anwendung.

11. Wertpapiererwerbs- und Übernahmegesetz (WpÜG)[1)]

Vom 20. Dezember 2001
(BGBl. I S. 3822)

FNA 4110-7

zuletzt geänd. durch Art. 3 G zur Einführung von Sondervorschriften für die Sanierung und Abwicklung von zentralen Gegenparteien und zur Anpassung des WertpapierhandelsG an die Unterrichtungs- und Nachweispflichten nach den Art. 4a und 10 der VO (EU) Nr. 648/2012 v. 19.3.2020 (BGBl. I S. 529)

Inhaltsübersicht

[1)] Verkündet als Art. 1 G zur Regelung von öffentlichen Angeboten zum Erwerb von Wertpapieren und von Unternehmensübernahmen v. 20.12.2001 (BGBl. I S. 3822); Inkrafttreten gem. Art. 12 dieses G am 1.1.2002.

Abschnitt 1. Allgemeine Vorschriften

§ 1 Anwendungsbereich. (1) Dieses Gesetz ist anzuwenden auf Angebote zum Erwerb von Wertpapieren, die von einer Zielgesellschaft ausgegeben wurden und zum Handel an einem organisierten Markt zugelassen sind.

(2) Auf Übernahme- und Pflichtangebote zum Erwerb von Aktien einer Zielgesellschaft im Sinne des § 2 Abs. 3 Nr. 1, deren stimmberechtigte Aktien nicht im Inland, jedoch in einem anderen Staat des Europäischen Wirtschaftsraums zum Handel an einem organisierten Markt zugelassen sind, ist dieses Gesetz nur anzuwenden, soweit es die Kontrolle, die Verpflichtung zur Abgabe eines Angebots und hiervon abweichende Regelungen, die Unterrichtung der Arbeitnehmer der Zielgesellschaft oder des Bieters, Handlungen des Vorstands der Zielgesellschaft, durch die der Erfolg eines Angebots verhindert werden könnte, oder andere gesellschaftsrechtliche Fragen regelt.

(3) [1] Auf Angebote zum Erwerb von Wertpapieren einer Zielgesellschaft im Sinne des § 2 Abs. 3 Nr. 2 ist dieses Gesetz vorbehaltlich § 11a nur unter folgenden Voraussetzungen anzuwenden:

1. es handelt sich um ein europäisches Angebot zum Erwerb stimmberechtigter Wertpapiere, und
2. a) die stimmberechtigten Wertpapiere sind nur im Inland zum Handel an einem organisierten Markt zugelassen, oder
   b) die stimmberechtigten Wertpapiere sind sowohl im Inland als auch in einem anderen Staat des Europäischen Wirtschaftsraums, jedoch nicht in dem Staat, in dem die Zielgesellschaft ihren Sitz hat, zum Handel an einem organisierten Markt zugelassen, und
      aa) die Zulassung erfolgte zuerst zum Handel an einem organisierten Markt im Inland, oder
      bb) die Zulassungen erfolgten gleichzeitig, und die Zielgesellschaft hat sich für die Bundesanstalt für Finanzdienstleistungsaufsicht (Bundesanstalt) als zuständige Aufsichtsbehörde entschieden.

[2] Liegen die in Satz 1 genannten Voraussetzungen vor, ist dieses Gesetz nur anzuwenden, soweit es Fragen der Gegenleistung, des Inhalts der Angebotsunterlage und des Angebotsverfahrens regelt.

(4) Das Bundesministerium der Finanzen wird ermächtigt, durch *Rechtverordnung*[1)], die nicht der Zustimmung des Bundesrates bedarf, nähere Bestimmungen darüber, in welchem Umfang Vorschriften dieses Gesetzes in den Fällen des Absatzes 2 und des Absatzes 3 anwendbar sind, zu erlassen.

(5) [1] Eine Zielgesellschaft im Sinne des § 2 Abs. 3 Nr. 2, deren stimmberechtigte Wertpapiere gleichzeitig im Inland und in einem anderen Staat des Europäischen Wirtschaftsraums, jedoch nicht in dem Staat, in dem sie ihren Sitz hat, zum Handel an einem organisierten Markt zugelassen worden sind, hat zu entscheiden, welche der betroffenen Aufsichtsstellen für die Beaufsichtigung eines europäischen Angebots zum Erwerb stimmberechtigter Wertpapiere zuständig sein soll. [2] Sie hat ihre Entscheidung der Bundesanstalt mitzuteilen und zu veröffentlichen. [3] Das Bundesministerium der Finanzen wird ermächtigt, durch Rechtsverordnung, die nicht der Zustimmung des Bundesrates bedarf, nähere Bestimmungen über den Zeitpunkt sowie Inhalt und Form der Mitteilung und der Veröffentlichung nach Satz 2 zu erlassen. [4] Das Bundesministerium der Finanzen kann die Ermächtigung durch Rechtsverordnung auf die Bundesanstalt übertragen.

[1)] Richtig wohl: „Rechtsverordnung".

§ 2 Begriffsbestimmungen. (1) Angebote sind freiwillige oder auf Grund einer Verpflichtung nach diesem Gesetz erfolgende öffentliche Kauf- oder Tauschangebote zum Erwerb von Wertpapieren einer Zielgesellschaft.

(1a) Europäische Angebote sind Angebote zum Erwerb von Wertpapieren einer Zielgesellschaft im Sinne des Absatzes 3 Nr. 2, die nach dem Recht des Staates des Europäischen Wirtschaftsraums, in dem die Zielgesellschaft ihren Sitz hat, als Angebote im Sinne des Artikels 2 Abs. 1 Buchstabe a der Richtlinie 2004/25/EG des Europäischen Parlaments und des Rates vom 21. April 2004 betreffend Übernahmeangebote (ABl. EU Nr. L 142 S. 12) gelten.

(2) Wertpapiere sind, auch wenn für sie keine Urkunden ausgestellt sind,

1. Aktien, mit diesen vergleichbare Wertpapiere und Zertifikate, die Aktien vertreten,
2. andere Wertpapiere, die den Erwerb von Aktien, mit diesen vergleichbaren Wertpapieren oder Zertifikaten, die Aktien vertreten, zum Gegenstand haben.

(3) Zielgesellschaften sind

1. Aktiengesellschaften oder Kommanditgesellschaften auf Aktien mit Sitz im Inland und
2. Gesellschaften mit Sitz in einem anderen Staat des Europäischen Wirtschaftsraums.

(4) Bieter sind natürliche oder juristische Personen oder Personengesellschaften, die allein oder gemeinsam mit anderen Personen ein Angebot abgeben, ein solches beabsichtigen oder zur Abgabe verpflichtet sind.

(5) [1] Gemeinsam handelnde Personen sind natürliche oder juristische Personen, die ihr Verhalten im Hinblick auf ihren Erwerb von Wertpapieren der Zielgesellschaft oder ihre Ausübung von Stimmrechten aus Aktien der Zielgesellschaft mit dem Bieter auf Grund einer Vereinbarung oder in sonstiger Weise abstimmen. [2] Mit der Zielgesellschaft gemeinsam handelnde Personen sind natürliche oder juristische Personen, die Handlungen zur Verhinderung eines Übernahme- oder Pflichtangebots mit der Zielgesellschaft auf Grund einer Vereinbarung oder in sonstiger Weise abstimmen. [3] Tochterunternehmen gelten mit der sie kontrollierenden Person und untereinander als gemeinsam handelnde Personen.

(6) Tochterunternehmen sind Unternehmen, die als Tochterunternehmen im Sinne des § 290 des Handelsgesetzbuchs[1)] gelten oder auf die ein beherrschender Einfluss ausgeübt werden kann, ohne dass es auf die Rechtsform oder den Sitz ankommt.

(7) Organisierter Markt sind der regulierte Markt an einer Börse im Inland und der geregelte Markt im Sinne des Artikels 4 Abs. 1 Nr. 14 der Richtlinie 2004/39/EG des Europäischen Parlaments und des Rates vom 21. April 2004 über Märkte für Finanzinstrumente, zur Änderung der Richtlinien 85/611/EWG und 93/6/EWG des Rates und der Richtlinie 2000/12/EG des Europäischen Parlaments und des Rates und zur Aufhebung der Richtlinie 93/22/EWG des Rates (ABl. EU Nr. L 145 S. 1) in einem anderen Staat des Europäischen Wirtschaftsraums.

[1)] Nr. **5**.

(8) Der Europäische Wirtschaftsraum umfasst die Staaten der Europäischen Gemeinschaften sowie die Staaten des Abkommens über den Europäischen Wirtschaftsraum.

§ 3 Allgemeine Grundsätze. (1) Inhaber von Wertpapieren der Zielgesellschaft, die derselben Gattung angehören, sind gleich zu behandeln.

(2) Inhaber von Wertpapieren der Zielgesellschaft müssen über genügend Zeit und ausreichende Informationen verfügen, um in Kenntnis der Sachlage über das Angebot entscheiden zu können.

(3) Vorstand und Aufsichtsrat der Zielgesellschaft müssen im Interesse der Zielgesellschaft handeln.

(4) [1] Der Bieter und die Zielgesellschaft haben das Verfahren rasch durchzuführen. [2] Die Zielgesellschaft darf nicht über einen angemessenen Zeitraum hinaus in ihrer Geschäftstätigkeit behindert werden.

(5) Beim Handel mit Wertpapieren der Zielgesellschaft, der Bietergesellschaft oder anderer durch das Angebot betroffener Gesellschaften dürfen keine Marktverzerrungen geschaffen werden.

Abschnitt 2. Zuständigkeit der Bundesanstalt für Finanzdienstleistungsaufsicht

§ 4 Aufgaben und Befugnisse. (1) [1] Die Bundesanstalt übt die Aufsicht bei Angeboten nach den Vorschriften dieses Gesetzes aus. [2] Sie hat im Rahmen der ihr zugewiesenen Aufgaben Missständen entgegenzuwirken, welche die ordnungsmäßige Durchführung des Verfahrens beeinträchtigen oder erhebliche Nachteile für den Wertpapiermarkt bewirken können. [3] Die Bundesanstalt kann Anordnungen treffen, die geeignet und erforderlich sind, diese Missstände zu beseitigen oder zu verhindern.

(2) Die Bundesanstalt nimmt die ihr nach diesem Gesetz zugewiesenen Aufgaben und Befugnisse nur im öffentlichen Interesse wahr.

§ 5 Beirat. (1) [1] Bei der Bundesanstalt wird ein Beirat gebildet. [2] Der Beirat besteht aus

1. vier Vertretern der Emittenten,
2. je zwei Vertretern der institutionellen und der privaten Anleger,
3. drei Vertretern der Wertpapierdienstleistungsunternehmen im Sinne des § 2 Absatz 10 des Wertpapierhandelsgesetzes[1)],
4. zwei Vertretern der Arbeitnehmer,
5. zwei Vertretern der Wissenschaft.

[3] Die Mitglieder des Beirates werden vom Bundesministerium der Finanzen für jeweils fünf Jahre bestellt; die Bestellung der in Satz 2 Nr. 1 bis 4 genannten Mitglieder erfolgt nach Anhörung der betroffenen Kreise. [4] Die Mitglieder des Beirates müssen fachlich besonders geeignet sein; insbesondere müssen sie über Kenntnisse über die Funktionsweise der Kapitalmärkte sowie über Kenntnisse auf dem Gebiet des Gesellschaftsrechts, des Bilanzwesens oder des Arbeitsrechts verfügen. [5] Die Mitglieder des Beirates verwalten ihr Amt als unentgeltliches Ehren-

---

1) Nr. **10**.

amt. [6] Für ihre Teilnahme an Sitzungen erhalten sie Tagegelder und Vergütung der Reisekosten nach festen Sätzen, die das Bundesministerium der Finanzen bestimmt. [7] An den Sitzungen können Vertreter der Bundesministerien der Finanzen, der Justiz und für Verbraucherschutz sowie für Wirtschaft und Energie teilnehmen.

(2) [1] Das Bundesministerium der Finanzen kann durch Rechtsverordnung, die nicht der Zustimmung des Bundesrates bedarf, nähere Bestimmungen über die Zusammensetzung des Beirates, die Einzelheiten der Bestellung seiner Mitglieder, die vorzeitige Beendigung der Mitgliedschaft, das Verfahren und die Kosten erlassen. [2] Das Bundesministerium der Finanzen kann die Ermächtigung durch Rechtsverordnung auf die Bundesanstalt übertragen.

(3) [1] Der Beirat wirkt bei der Aufsicht mit. [2] Er berät die Bundesanstalt, insbesondere bei dem Erlass von Rechtsverordnungen für die Aufsichtstätigkeit der Bundesanstalt. [3] Er unterbreitet mit Zustimmung von zwei Dritteln seiner Mitglieder Vorschläge für die ehrenamtlichen Beisitzer des Widerspruchsausschusses und deren Vertreter.

(4) [1] Der Präsident der Bundesanstalt lädt zu den Sitzungen des Beirates ein. [2] Die Sitzungen werden vom Präsidenten der Bundesanstalt oder einem von ihm beauftragten Exekutivdirektor oder Beamten geleitet.

(5) Der Beirat gibt sich eine Geschäftsordnung.

§ 6 Widerspruchsausschuss. (1) [1] Bei der Bundesanstalt wird ein Widerspruchsausschuss gebildet. [2] Dieser entscheidet über Widersprüche gegen Verfügungen der Bundesanstalt nach § 4 Abs. 1 Satz 3, § 10 Abs. 1 Satz 3, Abs. 2 Satz 3, § 15 Abs. 1 und 2, § 20 Abs. 1, §§ 24, 28 Abs. 1, §§ 36 und 37.

(2) [1] Der Widerspruchsausschuss besteht aus

1. dem Präsidenten der Bundesanstalt oder einem von ihm beauftragten Exekutivdirektor oder Beamten, der die Befähigung zum Richteramt hat, als Vorsitzendem,
2. zwei vom Präsidenten der Bundesanstalt beauftragten Beamten als Beisitzern,
3. drei vom Präsidenten der Bundesanstalt bestellten ehrenamtlichen Beisitzern.

[2] Bei Stimmengleichheit entscheidet der Vorsitzende.

(3) Die ehrenamtlichen Beisitzer werden vom Präsidenten der Bundesanstalt für fünf Jahre als Mitglieder des Widerspruchsausschusses bestellt.

(4) [1] Das Bundesministerium der Finanzen kann durch Rechtsverordnung, die nicht der Zustimmung des Bundesrates bedarf, nähere Bestimmungen über das Verfahren, die Einzelheiten der Bestellung der ehrenamtlichen Beisitzer, die vorzeitige Beendigung und die Vertretung erlassen. [2] Das Bundesministerium der Finanzen kann die Ermächtigung durch Rechtsverordnung auf die Bundesanstalt übertragen.

§ 7 Zusammenarbeit mit Aufsichtsbehörden im Inland. (1) [1] Das Bundeskartellamt und die Bundesanstalt haben einander die für die Erfüllung ihrer Aufgaben erforderlichen Informationen mitzuteilen. [2] Die Bundesanstalt übermittelt dem Bundesministerium für Wirtschaft und Energie die ihr nach § 10 Abs. 2 Satz 1 Nr. 3 und § 35 Abs. 1 Satz 4 mitgeteilten Informationen und auf Ersuchen dieser Behörde die ihr nach § 14 Abs. 1 Satz 1 oder § 35 Abs. 2 Satz 1 übermittelte Angebotsunterlage. [3] Bei der Übermittlung personenbezogener Daten ist § 25 Absatz 1 und 3 des Bundesdatenschutzgesetzes anzuwenden.

(2) Die Bundesanstalt kann sich bei der Durchführung ihrer Aufgaben nach diesem Gesetz privater Personen und Einrichtungen bedienen.

§ 8 Zusammenarbeit mit zuständigen Stellen im Ausland. (1) Der Bundesanstalt obliegt die Zusammenarbeit mit den für die Überwachung von Angeboten zum Erwerb von Wertpapieren, Börsen oder anderen Wertpapier- oder Derivatemärkten sowie den Handel in Wertpapieren und Derivaten zuständigen Stellen anderer Staaten.

(2) [1] Im Rahmen der Zusammenarbeit nach Absatz 1 darf die Bundesanstalt Tatsachen übermitteln, die für die Überwachung von Angeboten zum Erwerb von Wertpapieren oder damit zusammenhängender Verwaltungs- oder Gerichtsverfahren erforderlich sind; hierbei kann sie von ihren Befugnissen nach § 40 Abs. 1 und 2 Gebrauch machen. [2] Bei der Übermittlung personenbezogener Daten hat die Bundesanstalt den Zweck zu bestimmen, für den diese verarbeitet werden dürfen. [3] Der Empfänger ist darauf hinzuweisen, dass die Daten nur zu dem Zweck verarbeitet werden dürfen, zu dessen Erfüllung sie übermittelt wurden. [4] Eine Übermittlung unterbleibt, soweit Grund zu der Annahme besteht, dass durch sie gegen den Zweck eines deutschen Gesetzes verstoßen wird. [5] Die Übermittlung unterbleibt außerdem, wenn durch sie schutzwürdige Interessen der betroffenen Person beeinträchtigt würden, insbesondere wenn im Empfängerland ein angemessener Datenschutzstandard nicht gewährleistet wäre. [6] Die Übermittlung personenbezogener Daten an Drittländer und internationale Organisationen muss im Einklang mit Kapitel V der Verordnung (EU) 2016/679 des Europäischen Parlaments und des Rates vom 27. April 2016 zum Schutz natürlicher Personen bei der Verarbeitung personenbezogener Daten, zum freien Datenverkehr und zur Aufhebung der Richtlinie 95/46/EG (Datenschutz-Grundverordnung) (ABl. L 119 vom 4.5.2016, S. 1; L 314 vom 22.11.2016, S. 72; L 127 vom 23.5.2018, S. 2) in der jeweils geltenden Fassung und mit den sonstigen allgemeinen datenschutzrechtlichen Vorschriften stehen.

(3) [1] Werden der Bundesanstalt von einer Stelle eines anderen Staates personenbezogene Daten mitgeteilt, so dürfen diese nur unter Beachtung der Zweckbestimmung durch diese Stelle verarbeitet werden. [2] Die Bundesanstalt darf die Daten unter Beachtung der Zweckbestimmung den Börsenaufsichtsbehörden und den Handelsüberwachungsstellen der Börsen mitteilen.

(4) Die Regelungen über die internationale Rechtshilfe in Strafsachen bleiben unberührt.

§ 9 Verschwiegenheitspflicht. (1) [1] Die bei der Bundesanstalt und bei Einrichtungen nach § 7 Abs. 2 Beschäftigten, die Personen, derer sich die Bundesanstalt nach § 7 Abs. 2 bedient, sowie die Mitglieder des Beirates und Beisitzer des Widerspruchsausschusses dürfen ihnen bei ihrer Tätigkeit bekannt gewordene Tatsachen, deren Geheimhaltung im Interesse eines nach diesem Gesetz Verpflichteten oder eines Dritten liegt, insbesondere Geschäfts- und Betriebsgeheimnisse, sowie personenbezogene Daten auch nach Beendigung ihres Dienstverhältnisses oder ihrer Tätigkeit nicht unbefugt offenbaren oder verwerten. [2] Dies gilt auch für andere Personen, die durch dienstliche Berichterstattung Kenntnis von den in Satz 1 bezeichneten Tatsachen erhalten. [3] Ein unbefugtes Offenbaren oder Verwerten im Sinne des Satzes 1 liegt insbesondere nicht vor, wenn Tatsachen weitergegeben werden an

1. Strafverfolgungsbehörden oder für Straf- und Bußgeldsachen zuständige Gerichte,
2. Stellen, die kraft Gesetzes oder im öffentlichen Auftrag mit der Bekämpfung von Wettbewerbsbeschränkungen, der Überwachung von Angeboten zum Erwerb von Wertpapieren oder der Überwachung von Börsen oder anderen Wertpapier- oder Derivatemärkten, des Wertpapier- oder Derivatehandels, von Kreditinstituten, Finanzdienstleistungsinstituten, Investmentgesellschaften, Finanzunternehmen oder Versicherungsunternehmen betraut sind, sowie von solchen Stellen beauftragte Personen,
3. das Bundesministerium für Wirtschaft und Energie,

soweit die Tatsachen für die Erfüllung der Aufgaben dieser Stellen oder Personen erforderlich sind. [4] Für die bei den in Satz 3 genannten Stellen beschäftigten oder von ihnen beauftragten Personen gilt die Verschwiegenheitspflicht nach den Sätzen 1 bis 3 entsprechend. [5] An eine ausländische Stelle dürfen die Tatsachen nur weitergegeben werden, wenn diese Stelle und die von ihr beauftragten Personen einer den Sätzen 1 bis 3 entsprechenden Verschwiegenheitspflicht unterliegen.

(2) [1] Die §§ 93, 97 und 105 Absatz 1, § 111 Absatz 5 in Verbindung mit § 105 Absatz 1 sowie § 116 Absatz 1 der Abgabenordnung gelten für die in Absatz 1 Satz 1 und 2 bezeichneten Personen nur, soweit die Finanzbehörden die Kenntnisse für die Durchführung eines Verfahrens wegen einer Steuerstraftat sowie eines damit zusammenhängenden Besteuerungsverfahrens benötigen. [2] Die in Satz 1 genannten Vorschriften sind jedoch nicht anzuwenden, soweit Tatsachen betroffen sind,

1. die den in Absatz 1 Satz 1 oder Satz 2 bezeichneten Personen durch eine Stelle eines anderen Staates im Sinne von Absatz 1 Satz 3 Nummer 2 oder durch von dieser Stelle beauftragte Personen mitgeteilt worden sind oder
2. von denen bei der Bundesanstalt beschäftigte Personen dadurch Kenntnis erlangen, dass sie an der Aufsicht über direkt von der Europäischen Zentralbank beaufsichtigte Institute mitwirken, insbesondere in gemeinsamen Aufsichtsteams nach Artikel 2 Nummer 6 der Verordnung (EU) Nr. 468/2014 der Europäischen Zentralbank vom 16. April 2014 zur Einrichtung eines Rahmenwerks für die Zusammenarbeit zwischen der Europäischen Zentralbank und den nationalen zuständigen Behörden und den nationalen benannten Behörden innerhalb des einheitlichen Aufsichtsmechanismus (SSM-Rahmenverordnung) (EZB/2014/17) (ABl. L 141 vom 14.5.2014, S. 1), und die nach den Regeln der Europäischen Zentralbank geheim sind.

(3) Die Mitglieder des Beirates und die ehrenamtlichen Beisitzer des Widerspruchsausschusses sind nach dem Verpflichtungsgesetz vom 2. März 1974 (BGBl. I S. 469, 547), geändert durch § 1 Nr. 4 des Gesetzes vom 15. August 1974 (BGBl. I S. 1942), in der jeweils geltenden Fassung von der Bundesanstalt auf eine gewissenhafte Erfüllung ihrer Obliegenheiten zu verpflichten.

Abschnitt 3. Angebote zum Erwerb von Wertpapieren

§ 10 Veröffentlichung der Entscheidung zur Abgabe eines Angebots.

(1) [1] Der Bieter hat seine Entscheidung zur Abgabe eines Angebots unverzüglich gemäß Absatz 3 Satz 1 zu veröffentlichen. [2] Die Verpflichtung nach Satz 1 besteht auch, wenn für die Entscheidung nach Satz 1 der Beschluss der Gesell-

schafterversammlung des Bieters erforderlich ist und ein solcher Beschluss noch nicht erfolgt ist. [3] Die Bundesanstalt kann dem Bieter auf Antrag abweichend von Satz 2 gestatten, eine Veröffentlichung erst nach dem Beschluss der Gesellschafterversammlung vorzunehmen, wenn der Bieter durch geeignete Vorkehrungen sicherstellt, dass dadurch Marktverzerrungen nicht zu befürchten sind.

(2) [1] Der Bieter hat die Entscheidung nach Absatz 1 Satz 1 vor der Veröffentlichung

1. den Geschäftsführungen der Börsen, an denen Wertpapiere des Bieters, der Zielgesellschaft und anderer durch das Angebot unmittelbar betroffener Gesellschaften zum Handel zugelassen sind,
2. den Geschäftsführungen der Börsen, an denen Derivate im Sinne des § 2 Absatz 3 des Wertpapierhandelsgesetzes[1)] gehandelt werden, sofern die Wertpapiere Gegenstand der Derivate sind, und
3. der Bundesanstalt

mitzuteilen. [2] Die Geschäftsführungen dürfen die ihnen nach Satz 1 mitgeteilten Entscheidungen vor der Veröffentlichung nur zum Zwecke der Entscheidung verwenden, ob die Feststellung des Börsenpreises auszusetzen oder einzustellen ist. [3] Die Bundesanstalt kann gestatten, dass Bieter mit Wohnort oder Sitz im Ausland die Mitteilung nach Satz 1 gleichzeitig mit der Veröffentlichung vornehmen, wenn dadurch die Entscheidungen der Geschäftsführungen über die Aussetzung oder Einstellung der Feststellung des Börsenpreises nicht beeinträchtigt werden.

(3) [1] Die Veröffentlichung der Entscheidung nach Absatz 1 Satz 1 ist

1. durch Bekanntgabe im Internet und
2. über ein elektronisch betriebenes Informationsverbreitungssystem, das bei Kreditinstituten, Finanzdienstleistungsinstituten, nach § 53 Abs. 1 des Gesetzes über das Kreditwesen tätigen Unternehmen, anderen Unternehmen, die ihren Sitz im Inland haben und an einer inländischen Börse zur Teilnahme am Handel zugelassen sind, und Versicherungsunternehmen weit verbreitet ist,

in deutscher Sprache vorzunehmen. [2] Dabei hat der Bieter auch die Adresse anzugeben, unter der die Veröffentlichung der Angebotsunterlage im Internet nach § 14 Abs. 3 Satz 1 Nr. 1 erfolgen wird. [3] Eine Veröffentlichung in anderer Weise darf nicht vor der Veröffentlichung nach Satz 1 vorgenommen werden.

(4) [1] Der Bieter hat die Veröffentlichung nach Absatz 3 Satz 1 unverzüglich den Geschäftsführungen der in Absatz 2 Satz 1 Nr. 1 und 2 erfassten Börsen und der Bundesanstalt zu übersenden. [2] Dies gilt nicht, soweit die Bundesanstalt nach Absatz 2 Satz 3 gestattet hat, die Mitteilung nach Absatz 2 Satz 1 gleichzeitig mit der Veröffentlichung vorzunehmen.

(5) [1] Der Bieter hat dem Vorstand der Zielgesellschaft unverzüglich nach der Veröffentlichung nach Absatz 3 Satz 1 die Entscheidung zur Abgabe eines Angebots schriftlich mitzuteilen. [2] Der Vorstand der Zielgesellschaft unterrichtet den zuständigen Betriebsrat oder, sofern ein solcher nicht besteht, unmittelbar die Arbeitnehmer, unverzüglich über die Mitteilung nach Satz 1. [3] Der Bieter hat die Entscheidung zur Abgabe eines Angebots ebenso seinem zuständigen Betriebsrat oder, sofern ein solcher nicht besteht, unmittelbar den Arbeitnehmern unverzüglich nach der Veröffentlichung nach Absatz 3 Satz 1 mitzuteilen.

[1)] Nr. **10**.

(6) Artikel 17 der Verordnung (EU) Nr. 596/2014 des Europäischen Parlaments und des Rates vom 16. April 2014 über Marktmissbrauch (Marktmissbrauchsverordnung) und zur Aufhebung der Richtlinie 2003/6/EG des Europäischen Parlaments und des Rates und der Richtlinien 2003/124/EG, 2003/125/EG und 2004/72/EG der Kommission (ABl. L 173 vom 12.6.2014, S. 1) in der jeweils geltenden Fassung gilt nicht für Entscheidungen zur Abgabe eines Angebots, soweit letztere unter Beachtung des Artikels 2 Absatz 1 der Durchführungsverordnung (EU) 2016/1055 der Kommission vom 29. Juni 2016 zur Festlegung technischer Durchführungsstandards hinsichtlich der technischen Mittel für die angemessene Bekanntgabe von Insiderinformationen und für den Aufschub der Bekanntgabe von Insiderinformationen gemäß Verordnung (EU) Nr. 596/2014 des Europäischen Parlaments und des Rates (ABl. L 173 vom 30.6.2016, S. 47) in der jeweils geltenden Fassung und des § 3a der Wertpapierhandelsanzeigeverordnung veröffentlicht wurden.

§ 11 Angebotsunterlage. (1) [1] Der Bieter hat eine Unterlage über das Angebot (Angebotsunterlage) zu erstellen und zu veröffentlichen. [2] Die Angebotsunterlage muss die Angaben enthalten, die notwendig sind, um in Kenntnis der Sachlage über das Angebot entscheiden zu können. [3] Die Angaben müssen richtig und vollständig sein. [4] Die Angebotsunterlage ist in deutscher Sprache und in einer Form abzufassen, die ihr Verständnis und ihre Auswertung erleichtert. [5] Sie ist von dem Bieter zu unterzeichnen.

(2) [1] Die Angebotsunterlage hat den Inhalt des Angebots und ergänzende Angaben zu enthalten. [2] Angaben über den Inhalt des Angebots sind

1. Name oder Firma und Anschrift oder Sitz sowie, wenn es sich um eine Gesellschaft handelt, die Rechtsform des Bieters,
2. Firma, Sitz und Rechtsform der Zielgesellschaft,
3. die Wertpapiere, die Gegenstand des Angebots sind,
4. Art und Höhe der für die Wertpapiere der Zielgesellschaft gebotenen Gegenleistung,

4a. die Höhe der für den Entzug von Rechten gebotenen Entschädigung nach § 33b Abs. 4,

5. die Bedingungen, von denen die Wirksamkeit des Angebots abhängt,
6. der Beginn und das Ende der Annahmefrist.

[3] Ergänzende Angaben sind

1. Angaben zu den notwendigen Maßnahmen, die sicherstellen, dass dem Bieter die zur vollständigen Erfüllung des Angebots notwendigen Mittel zur Verfügung stehen, und zu den erwarteten Auswirkungen eines erfolgreichen Angebots auf die Vermögens-, Finanz- und Ertragslage des Bieters,
2. Angaben über die Absichten des Bieters im Hinblick auf die künftige Geschäftstätigkeit der Zielgesellschaft sowie, soweit von dem Angebot betroffen, des Bieters, insbesondere den Sitz und den Standort wesentlicher Unternehmensteile, die Verwendung des Vermögens, künftige Verpflichtungen, die Arbeitnehmer und deren Vertretungen, die Mitglieder der Geschäftsführungsorgane und wesentliche Änderungen der Beschäftigungsbedingungen einschließlich der insoweit vorgesehenen Maßnahmen,

3. Angaben über Geldleistungen oder andere geldwerte Vorteile, die Vorstands- oder Aufsichtsratsmitgliedern der Zielgesellschaft gewährt oder in Aussicht gestellt werden,
4. die Bestätigung nach § 13 Abs. 1 Satz 2 unter Angabe von Firma, Sitz und Rechtsform des Wertpapierdienstleistungsunternehmens.

(3) Die Angebotsunterlage muss Namen und Anschrift, bei juristischen Personen oder Gesellschaften Firma, Sitz und Rechtsform, der Personen oder Gesellschaften aufführen, die für den Inhalt der Angebotsunterlage die Verantwortung übernehmen; sie muss eine Erklärung dieser Personen oder Gesellschaften enthalten, dass ihres Wissens die Angaben richtig und keine wesentlichen Umstände ausgelassen sind.

(4) Das Bundesministerium der Finanzen kann durch Rechtsverordnung[1)], die nicht der Zustimmung des Bundesrates bedarf,
1. nähere Bestimmungen über die Gestaltung und die in die Angebotsunterlage aufzunehmenden Angaben erlassen und
2. weitere ergänzende Angaben vorschreiben, soweit dies notwendig ist, um den Empfängern des Angebots ein zutreffendes und vollständiges Urteil über den Bieter, die mit ihm gemeinsam handelnden Personen und das Angebot zu ermöglichen.

(5) Das Bundesministerium der Finanzen kann die Ermächtigung nach Absatz 4 durch Rechtsverordnung auf die Bundesanstalt übertragen.

§ 11a Europäischer Pass. Die von der zuständigen Aufsichtsstelle eines anderen Staates des Europäischen Wirtschaftsraums gebilligte Angebotsunterlage über ein europäisches Angebot zum Erwerb von Wertpapieren einer Zielgesellschaft im Sinne des § 2 Abs. 3 Nr. 2, deren Wertpapiere auch im Inland zum Handel an einem organisierten Markt zugelassen sind, wird im Inland ohne zusätzliches Billigungsverfahren anerkannt.

§ 12 Haftung für die Angebotsunterlage. (1) Sind für die Beurteilung des Angebots wesentliche Angaben der Angebotsunterlage unrichtig oder unvollständig, so kann derjenige, der das Angebot angenommen hat oder dessen Aktien dem Bieter nach § 39a übertragen worden sind,
1. von denjenigen, die für die Angebotsunterlage die Verantwortung übernommen haben, und
2. von denjenigen, von denen der Erlass der Angebotsunterlage ausgeht,

als Gesamtschuldnern den Ersatz des ihm aus der Annahme des Angebots oder Übertragung der Aktien entstandenen Schadens verlangen.

(2) Nach Absatz 1 kann nicht in Anspruch genommen werden, wer nachweist, dass er die Unrichtigkeit oder Unvollständigkeit der Angaben der Angebotsunterlage nicht gekannt hat und die Unkenntnis nicht auf grober Fahrlässigkeit beruht.

(3) Der Anspruch nach Absatz 1 besteht nicht, sofern
1. die Annahme des Angebots nicht auf Grund der Angebotsunterlage erfolgt ist,

---

[1)] Siehe die WpÜG-AngebotsVO v. 27.12.2001 (BGBl. I S. 4263), zuletzt geänd. durch G v. 8.7.2019 (BGBl. I S. 1002).

2. derjenige, der das Angebot angenommen hat, die Unrichtigkeit oder Unvollständigkeit der Angaben der Angebotsunterlage bei der Abgabe der Annahmeerklärung kannte oder
3. vor der Annahme des Angebots in einer Veröffentlichung nach Artikel 17 der Verordnung (EU) Nr. 596/2014 oder einer vergleichbaren Bekanntmachung eine deutlich gestaltete Berichtigung der unrichtigen oder unvollständigen Angaben im Inland veröffentlicht wurde.

(4) Der Anspruch nach Absatz 1 verjährt in einem Jahr seit dem Zeitpunkt, zu dem derjenige, der das Angebot angenommen hat oder dessen Aktien dem Bieter nach § 39a übertragen worden sind, von der Unrichtigkeit oder Unvollständigkeit der Angaben der Angebotsunterlage Kenntnis erlangt hat, spätestens jedoch in drei Jahren seit der Veröffentlichung der Angebotsunterlage.

(5) Eine Vereinbarung, durch die der Anspruch nach Absatz 1 im Voraus ermäßigt oder erlassen wird, ist unwirksam.

(6) Weitergehende Ansprüche, die nach den Vorschriften des bürgerlichen Rechts auf Grund von Verträgen oder vorsätzlichen unerlaubten Handlungen erhoben werden können, bleiben unberührt.

§ 13 Finanzierung des Angebots. (1) [1]Der Bieter hat vor der Veröffentlichung der Angebotsunterlage die notwendigen Maßnahmen zu treffen, um sicherzustellen, dass ihm die zur vollständigen Erfüllung des Angebots notwendigen Mittel zum Zeitpunkt der Fälligkeit des Anspruchs auf die Gegenleistung zur Verfügung stehen. [2]Für den Fall, dass das Angebot als Gegenleistung die Zahlung einer Geldleistung vorsieht, ist durch ein vom Bieter unabhängiges Wertpapierdienstleistungsunternehmen schriftlich zu bestätigen, dass der Bieter die notwendigen Maßnahmen getroffen hat, um sicherzustellen, dass die zur vollständigen Erfüllung des Angebots notwendigen Mittel zum Zeitpunkt der Fälligkeit des Anspruchs auf die Geldleistung zur Verfügung stehen.

(2) Hat der Bieter die nach Absatz 1 Satz 2 notwendigen Maßnahmen nicht getroffen und stehen ihm zum Zeitpunkt der Fälligkeit des Anspruchs auf die Geldleistung aus diesem Grunde die notwendigen Mittel nicht zur Verfügung, so kann derjenige, der das Angebot angenommen hat, von dem Wertpapierdienstleistungsunternehmen, das die schriftliche Bestätigung erteilt hat, den Ersatz des ihm aus der nicht vollständigen Erfüllung entstandenen Schadens verlangen.

(3) § 12 Abs. 2 bis 6 gilt entsprechend.

§ 14 Übermittlung und Veröffentlichung der Angebotsunterlage.
(1) [1]Der Bieter hat die Angebotsunterlage innerhalb von vier Wochen nach der Veröffentlichung der Entscheidung zur Abgabe eines Angebots der Bundesanstalt zu übermitteln. [2]Die Bundesanstalt bestätigt dem Bieter den Tag des Eingangs der Angebotsunterlage. [3]Die Bundesanstalt kann die Frist nach Satz 1 auf Antrag um bis zu vier Wochen verlängern, wenn dem Bieter die Einhaltung der Frist nach Satz 1 auf Grund eines grenzüberschreitenden Angebots oder erforderlicher Kapitalmaßnahmen nicht möglich ist.

(2) [1]Die Angebotsunterlage ist gemäß Absatz 3 Satz 1 unverzüglich zu veröffentlichen, wenn die Bundesanstalt die Veröffentlichung gestattet hat oder wenn seit dem Eingang der Angebotsunterlage zehn Werktage verstrichen sind, ohne dass die Bundesanstalt das Angebot untersagt hat. [2]Vor der Veröffentlichung nach Satz 1 darf die Angebotsunterlage nicht bekannt gegeben werden. [3]Die Bundes-

anstalt kann vor einer Untersagung des Angebots die Frist nach Satz 1 um bis zu fünf Werktage verlängern, wenn die Angebotsunterlage nicht vollständig ist oder sonst den Vorschriften dieses Gesetzes oder einer auf Grund dieses Gesetzes erlassenen Rechtsverordnung nicht entspricht.

(3) [1] Die Angebotsunterlage ist zu veröffentlichen durch

1. Bekanntgabe im Internet und
2. Bekanntgabe im Bundesanzeiger oder durch Bereithalten zur kostenlosen Ausgabe bei einer geeigneten Stelle im Inland; im letzteren Fall ist im Bundesanzeiger bekannt zu machen, bei welcher Stelle die Angebotsunterlage bereit gehalten wird und unter welcher Adresse die Veröffentlichung der Angebotsunterlage im Internet nach Nummer 1 erfolgt ist.

[2] Der Bieter hat der Bundesanstalt die Veröffentlichung nach Satz 1 Nr. 2 unverzüglich mitzuteilen.

(4) [1] Der Bieter hat die Angebotsunterlage dem Vorstand der Zielgesellschaft unverzüglich nach der Veröffentlichung nach Absatz 3 Satz 1 zu übermitteln. [2] Der Vorstand der Zielgesellschaft hat die Angebotsunterlage unverzüglich dem zuständigen Betriebsrat oder, sofern ein solcher nicht besteht, unmittelbar den Arbeitnehmern zu übermitteln. [3] Der Bieter hat die Angebotsunterlage ebenso seinem zuständigen Betriebsrat oder, sofern ein solcher nicht besteht, unmittelbar den Arbeitnehmern unverzüglich nach der Veröffentlichung nach Absatz 3 Satz 1 zu übermitteln.

§ 15 Untersagung des Angebots. (1) Die Bundesanstalt untersagt das Angebot, wenn

1. die Angebotsunterlage nicht die Angaben enthält, die nach § 11 Abs. 2 oder einer auf Grund des § 11 Abs. 4 erlassenen Rechtsverordnung erforderlich sind,
2. die in der Angebotsunterlage enthaltenen Angaben offensichtlich gegen Vorschriften dieses Gesetzes oder einer auf Grund dieses Gesetzes erlassenen Rechtsverordnung verstoßen,
3. der Bieter entgegen § 14 Abs. 1 Satz 1 der Bundesanstalt keine Angebotsunterlage übermittelt,
4. der Bieter entgegen § 14 Abs. 2 Satz 1 die Angebotsunterlage nicht veröffentlicht hat oder
5. die Veröffentlichung der Angebotsunterlage gegen die Sperrfristen nach § 26 Absatz 1 oder 2 verstößt oder der Bieter entgegen § 26 Absatz 1 oder 2 die Entscheidung zur Veröffentlichung eines Angebots nach § 10 Absatz 3 Satz 1 veröffentlicht hat.

(2) Die Bundesanstalt kann das Angebot untersagen, wenn der Bieter die Veröffentlichung nicht in der in § 14 Abs. 3 Satz 1 vorgeschriebenen Form vornimmt.

(3) [1] Ist das Angebot nach Absatz 1 oder 2 untersagt worden, so ist die Veröffentlichung der Angebotsunterlage verboten. [2] Ein Rechtsgeschäft auf Grund eines nach Absatz 1 oder 2 untersagten Angebots ist nichtig.

§ 16 Annahmefristen; Einberufung der Hauptversammlung. (1) [1] Die Frist für die Annahme des Angebots (Annahmefrist) darf nicht weniger als vier Wochen und unbeschadet der Vorschriften des § 21 Abs. 5 und § 22 Abs. 2 nicht mehr als zehn Wochen betragen. [2]Die Annahmefrist beginnt mit der Veröffentlichung der Angebotsunterlage gemäß § 14 Abs. 3 Satz 1.

(2) [1]Bei einem Übernahmeangebot können die Aktionäre der Zielgesellschaft, die das Angebot nicht angenommen haben, das Angebot innerhalb von zwei Wochen nach der in § 23 Abs. 1 Satz 1 Nr. 2 genannten Veröffentlichung (weitere Annahmefrist) annehmen. [2]Satz 1 gilt nicht, wenn der Bieter das Angebot von dem Erwerb eines Mindestanteils der Aktien abhängig gemacht hat und dieser Mindestanteil nach Ablauf der Annahmefrist nicht erreicht wurde.

(3) [1]Wird im Zusammenhang mit dem Angebot nach der Veröffentlichung der Angebotsunterlage eine Hauptversammlung der Zielgesellschaft einberufen, beträgt die Annahmefrist unbeschadet der Vorschriften des § 21 Abs. 5 und § 22 Abs. 2 zehn Wochen ab der Veröffentlichung der Angebotsunterlage. [2]Der Vorstand der Zielgesellschaft hat die Einberufung der Hauptversammlung der Zielgesellschaft unverzüglich dem Bieter und der Bundesanstalt mitzuteilen. [3]Der Bieter hat die Mitteilung nach Satz 2 unter Angabe des Ablaufs der Annahmefrist unverzüglich im Bundesanzeiger zu veröffentlichen. [4]Er hat der Bundesanstalt unverzüglich die Veröffentlichung mitzuteilen.

(4) [1]Die Hauptversammlung nach Absatz 3 ist mindestens 14 Tage vor der Versammlung einzuberufen. [2]Der Tag der Einberufung ist nicht mitzurechnen. [3]§ 121 Abs. 7 des Aktiengesetzes gilt entsprechend. [4]Abweichend von § 121 Abs. 5 des Aktiengesetzes[1)] und etwaigen Bestimmungen der Satzung ist die Gesellschaft bei der Wahl des Versammlungsortes frei. [5]Wird die Frist des § 123 Abs. 1 des Aktiengesetzes[1)] unterschritten, so müssen zwischen Anmeldung und Versammlung mindestens vier Tage liegen und sind Mitteilungen nach § 125 Abs. 1 Satz 1 des Aktiengesetzes[1)] unverzüglich zu machen; § 121 Abs. 7, § 123 Abs. 2 Satz 4 und § 125 Abs. 1 Satz 2 des Aktiengesetzes[1)] gelten entsprechend. [6]Die Gesellschaft hat den Aktionären die Erteilung von Stimmrechtsvollmachten soweit nach Gesetz und Satzung möglich zu erleichtern. [7]Mitteilungen an die Aktionäre, ein Bericht nach § 186 Abs. 4 Satz 2 des Aktiengesetzes[1)] und fristgerecht eingereichte Anträge von Aktionären sind allen Aktionären zugänglich und in Kurzfassung bekannt zu machen. [8]Die Zusendung von Mitteilungen kann unterbleiben, wenn zur Überzeugung des Vorstands mit Zustimmung des Aufsichtsrats der rechtzeitige Eingang bei den Aktionären nicht wahrscheinlich ist.

§ 17 Unzulässigkeit der öffentlichen Aufforderung zur Abgabe von Angeboten. Eine öffentliche auf den Erwerb von Wertpapieren der Zielgesellschaft gerichtete Aufforderung des Bieters zur Abgabe von Angeboten durch die Inhaber der Wertpapiere ist unzulässig.

§ 18 Bedingungen; Unzulässigkeit des Vorbehalts des Rücktritts und des Widerrufs. (1) Ein Angebot darf vorbehaltlich § 25 nicht von Bedingungen abhängig gemacht werden, deren Eintritt der Bieter, mit ihm gemeinsam handelnde Personen oder deren Tochterunternehmen oder im Zusammenhang mit dem Angebot für diese Personen oder Unternehmen tätige Berater ausschließlich selbst herbeiführen können.

(2) Ein Angebot, das unter dem Vorbehalt des Widerrufs oder des Rücktritts abgegeben wird, ist unzulässig.

---

1) Nr. 2.

§ 19 Zuteilung bei einem Teilangebot. Ist bei einem Angebot, das auf den Erwerb nur eines bestimmten Anteils oder einer bestimmten Anzahl der Wertpapiere gerichtet ist, der Anteil oder die Anzahl der Wertpapiere, die der Bieter erwerben kann, höher als der Anteil oder die Anzahl der Wertpapiere, die der Bieter zu erwerben sich verpflichtet hat, so sind die Annahmeerklärungen grundsätzlich verhältnismäßig zu berücksichtigen.

§ 20 Handelsbestand. (1) Die Bundesanstalt lässt auf schriftlichen Antrag des Bieters zu, dass Wertpapiere der Zielgesellschaft bei den ergänzenden Angaben nach § 11 Abs. 4 Nr. 2, den Veröffentlichungspflichten nach § 23, der Berechnung des Stimmrechtsanteils nach § 29 Abs. 2 und der Bestimmung der Gegenleistung nach § 31 Abs. 1, 3 und 4 und der Geldleistung nach § 31 Abs. 5 unberücksichtigt bleiben.

(2) Ein Befreiungsantrag nach Absatz 1 kann gestellt werden, wenn der Bieter, die mit ihm gemeinsam handelnden Personen oder deren Tochterunternehmen

1. die betreffenden Wertpapiere halten oder zu halten beabsichtigen, um bestehende oder erwartete Unterschiede zwischen dem Erwerbspreis und dem Veräußerungspreis kurzfristig zu nutzen und
2. darlegen, dass mit dem Erwerb der Wertpapiere, soweit es sich um stimmberechtigte Aktien handelt, nicht beabsichtigt ist, auf die Geschäftsführung der Gesellschaft Einfluss zu nehmen.

(3) Stimmrechte aus Aktien, die auf Grund einer Befreiung nach Absatz 1 unberücksichtigt bleiben, können nicht ausgeübt werden, wenn im Falle ihrer Berücksichtigung ein Angebot als Übernahmeangebot abzugeben wäre oder eine Verpflichtung nach § 35 Abs. 1 Satz 1 und Abs. 2 Satz 1 bestünde.

(4) [1] Beabsichtigt der Bieter Wertpapiere, für die eine Befreiung nach Absatz 1 erteilt worden ist, nicht mehr zu den in Absatz 1 Nr. 1 genannten Zwecken zu halten oder auf die Geschäftsführung der Gesellschaft Einfluss zu nehmen, ist dies der Bundesanstalt unverzüglich mitzuteilen. [2] Die Bundesanstalt kann die Befreiung nach Absatz 1 außer nach den Vorschriften des Verwaltungsverfahrensgesetzes widerrufen, wenn die Verpflichtung nach Satz 1 nicht erfüllt worden ist.

§ 21 Änderung des Angebots. (1) [1] Der Bieter kann bis zu einem Werktag vor Ablauf der Annahmefrist

1. die Gegenleistung erhöhen,
2. wahlweise eine andere Gegenleistung anbieten,
3. den Mindestanteil oder die Mindestzahl der Wertpapiere oder den Mindestanteil der Stimmrechte, von dessen Erwerb der Bieter die Wirksamkeit seines Angebots abhängig gemacht hat, verringern oder
4. auf Bedingungen verzichten.

[2] Für die Wahrung der Frist nach Satz 1 ist auf die Veröffentlichung der Änderung nach Absatz 2 abzustellen.

(2) [1] Der Bieter hat die Änderung des Angebots unter Hinweis auf das Rücktrittsrecht nach Absatz 4 unverzüglich gemäß § 14 Abs. 3 Satz 1 zu veröffentlichen. [2] § 14 Abs. 3 Satz 2 und Abs. 4 gilt entsprechend.

(3) § 11 Abs. 1 Satz 2 bis 5, Abs. 3, §§ 12, 13 und 15 Abs. 1 Nr. 2 gelten entsprechend.

(4) Im Falle einer Änderung des Angebots können die Inhaber von Wertpapieren der Zielgesellschaft, die das Angebot vor Veröffentlichung der Änderung nach Absatz 2 angenommen haben, von dem Vertrag bis zum Ablauf der Annahmefrist zurücktreten.

(5) [1] Im Falle einer Änderung des Angebots verlängert sich die Annahmefrist um zwei Wochen, sofern die Veröffentlichung der Änderung innerhalb der letzten zwei Wochen vor Ablauf der Angebotsfrist erfolgt. [2] Dies gilt auch, falls das geänderte Angebot gegen Rechtsvorschriften verstößt.

(6) Eine erneute Änderung des Angebots innerhalb der in Absatz 5 genannten Frist von zwei Wochen ist unzulässig.

§ 22 Konkurrierende Angebote. (1) Konkurrierende Angebote sind Angebote, die während der Annahmefrist eines Angebots von einem Dritten abgegeben werden.

(2) [1] Läuft im Falle konkurrierender Angebote die Annahmefrist für das Angebot vor Ablauf der Annahmefrist für das konkurrierende Angebot ab, bestimmt sich der Ablauf der Annahmefrist für das Angebot nach dem Ablauf der Annahmefrist für das konkurrierende Angebot. [2] Dies gilt auch, falls das konkurrierende Angebot geändert oder untersagt wird oder gegen Rechtsvorschriften verstößt.

(3) Inhaber von Wertpapieren der Zielgesellschaft, die das Angebot angenommen haben, können bis zum Ablauf der Annahmefrist vom Vertrag zurücktreten, sofern der Vertragsschluss vor Veröffentlichung der Angebotsunterlage des konkurrierenden Angebots erfolgte.

§ 23 Veröffentlichungspflichten des Bieters nach Abgabe des Angebots.

(1) [1] Der Bieter ist verpflichtet, die Anzahl sämtlicher ihm, den mit ihm gemeinsam handelnden Personen und deren Tochterunternehmen zustehenden Wertpapiere der Zielgesellschaft einschließlich der Höhe der jeweiligen Anteile und der ihm zustehenden und nach § 30 zuzurechnenden Stimmrechtsanteile und die Höhe der nach den §§ 38 und 39 des Wertpapierhandelsgesetzes[1)] mitzuteilenden Stimmrechtsanteile sowie die sich aus den ihm zugegangenen Annahmeerklärungen ergebende Anzahl der Wertpapiere, die Gegenstand des Angebots sind, einschließlich der Höhe der Wertpapier- und Stimmrechtsanteile

1. nach Veröffentlichung der Angebotsunterlage wöchentlich sowie in der letzten Woche vor Ablauf der Annahmefrist täglich,
2. unverzüglich nach Ablauf der Annahmefrist,
3. unverzüglich nach Ablauf der weiteren Annahmefrist und
4. unverzüglich nach Erreichen der für einen Ausschluss nach § 39a Abs. 1 und 2 erforderlichen Beteiligungshöhe

gemäß § 14 Abs. 3 Satz 1 zu veröffentlichen und der Bundesanstalt mitzuteilen. [2] § 14 Abs. 3 Satz 2 und § 31 Abs. 6 gelten entsprechend.

(2) [1] Erwerben bei Übernahmeangeboten, bei denen der Bieter die Kontrolle über die Zielgesellschaft erlangt hat, und bei Pflichtangeboten der Bieter, mit ihm gemeinsam handelnde Personen oder deren Tochterunternehmen nach der Veröffentlichung der Angebotsunterlage und vor Ablauf eines Jahres nach der Veröffentlichung gemäß Absatz 1 Nr. 2 außerhalb des Angebotsverfahrens Aktien der Zielgesellschaft, so hat der Bieter die Höhe der erworbenen Aktien- und Stimm-

---

1) Nr. **10**.

rechtsanteile unter Angabe der Art und Höhe der für jeden Anteil gewährten Gegenleistung unverzüglich gemäß § 14 Abs. 3 Satz 1 zu veröffentlichen und der Bundesanstalt mitzuteilen. [2] § 31 Abs. 6 gilt entsprechend.

§ 24 Grenzüberschreitende Angebote. Hat der Bieter bei grenzüberschreitenden Angeboten zugleich die Vorschriften eines anderen Staates außerhalb des Europäischen Wirtschaftsraums einzuhalten und ist dem Bieter deshalb ein Angebot an alle Inhaber von Wertpapieren unzumutbar, kann die Bundesanstalt dem Bieter auf Antrag gestatten, bestimmte Inhaber von Wertpapieren mit Wohnsitz, Sitz oder gewöhnlichem Aufenthalt in dem Staat von dem Angebot auszunehmen.

§ 25 Beschluss der Gesellschafterversammlung des Bieters. Hat der Bieter das Angebot unter der Bedingung eines Beschlusses seiner Gesellschafterversammlung abgegeben, hat er den Beschluss unverzüglich, spätestens bis zum fünften Werktag vor Ablauf der Annahmefrist, herbeizuführen.

§ 26 Sperrfrist. (1) Ist ein Angebot nach § 15 Absatz 1 oder 2 untersagt worden, ist ein weiteres Angebot an die Aktionäre der Zielgesellschaft sowie die Veröffentlichung einer Entscheidung zur Abgabe eines solchen Angebots gemäß § 10 Absatz 3 Satz 1 vor Ablauf eines Jahres durch folgende Personen unzulässig:

1. den Bieter (des untersagten Angebots),
2. eine zum Zeitpunkt der Untersagung mit dem Bieter gemeinsam handelnde Person oder
3. eine Person, die zum Zeitpunkt der Veröffentlichung nach § 10 Absatz 3 Satz 1 gemeinsam mit dem Bieter oder einer Person nach Nummer 2 gemeinsam handelt.

(2) Hat der Bieter ein Angebot von dem Erwerb eines Mindestanteils der Wertpapiere abhängig gemacht und scheitert dieses Angebot, weil dieser Mindestanteil nach Ablauf der Annahmefrist nicht erreicht wurde, ist ein weiteres Angebot an die Aktionäre der Zielgesellschaft sowie die Veröffentlichung einer Entscheidung zur Abgabe eines solchen Angebots gemäß § 10 Absatz 3 Satz 1 vor Ablauf eines Jahres durch folgende Personen unzulässig:

1. den Bieter (des gescheiterten Angebots),
2. eine Person, die zwischen der Veröffentlichung des gescheiterten Angebots nach § 10 Absatz 3 Satz 1 und dem Ablauf der Annahmefrist mit dem Bieter gemeinsam handelte, oder
3. eine Person, die zum Zeitpunkt der Veröffentlichung nach § 10 Absatz 3 Satz 1 gemeinsam mit dem Bieter oder einer Person nach Nummer 2 gemeinsam handelt.

(3) [1] Die Jahresfrist nach Absatz 1 beginnt mit dem Tag der Bekanntgabe des Untersagungsbescheides. [2] Die Jahresfrist nach Absatz 2 beginnt mit dem Tag nach Ablauf der Annahmefrist des gescheiterten Angebots.

(4) Die Absätze 1 und 2 gelten nicht, wenn der jeweilige Bieter zur Veröffentlichung nach § 35 Absatz 1 Satz 1 und zur Abgabe eines Angebots nach § 35 Absatz 2 Satz 1 verpflichtet ist.

(5) Die Bundesanstalt kann den jeweiligen Bieter auf schriftlichen Antrag von dem Verbot nach den Absätzen 1 oder 2 befreien, wenn die Zielgesellschaft der Befreiung zustimmt.

§ 27 Stellungnahme des Vorstands und Aufsichtsrats der Zielgesellschaft. (1) [1]Der Vorstand und der Aufsichtsrat der Zielgesellschaft haben eine begründete Stellungnahme zu dem Angebot sowie zu jeder seiner Änderungen abzugeben. [2]Die Stellungnahme muss insbesondere eingehen auf

1. die Art und Höhe der angebotenen Gegenleistung,
2. die voraussichtlichen Folgen eines erfolgreichen Angebots für die Zielgesellschaft, die Arbeitnehmer und ihre Vertretungen, die Beschäftigungsbedingungen und die Standorte der Zielgesellschaft,
3. die vom Bieter mit dem Angebot verfolgten Ziele,
4. die Absicht der Mitglieder des Vorstands und des Aufsichtsrats, soweit sie Inhaber von Wertpapieren der Zielgesellschaft sind, das Angebot anzunehmen.

(2) Übermitteln der zuständige Betriebsrat oder, sofern ein solcher nicht besteht, unmittelbar die Arbeitnehmer der Zielgesellschaft dem Vorstand eine Stellungnahme zu dem Angebot, hat der Vorstand unbeschadet seiner Verpflichtung nach Absatz 3 Satz 1 diese seiner Stellungnahme beizufügen.

(3) [1]Der Vorstand und der Aufsichtsrat der Zielgesellschaft haben die Stellungnahme unverzüglich nach Übermittlung der Angebotsunterlage und deren Änderungen durch den Bieter gemäß § 14 Abs. 3 Satz 1 zu veröffentlichen. [2]Sie haben die Stellungnahme gleichzeitig dem zuständigen Betriebsrat oder, sofern ein solcher nicht besteht, unmittelbar den Arbeitnehmern zu übermitteln. [3]Der Vorstand und der Aufsichtsrat der Zielgesellschaft haben der Bundesanstalt unverzüglich die Veröffentlichung gemäß § 14 Abs. 3 Satz 1 Nr. 2 mitzuteilen.

§ 28 Werbung. (1) Um Missständen bei der Werbung im Zusammenhang mit Angeboten zum Erwerb von Wertpapieren zu begegnen, kann die Bundesanstalt bestimmte Arten der Werbung untersagen.

(2) Vor allgemeinen Maßnahmen nach Absatz 1 ist der Beirat zu hören.

Abschnitt 4. Übernahmeangebote

§ 29 Begriffsbestimmungen. (1) Übernahmeangebote sind Angebote, die auf den Erwerb der Kontrolle gerichtet sind.

(2) [1]Kontrolle ist das Halten von mindestens 30 Prozent der Stimmrechte an der Zielgesellschaft aus dem Bieter gehörenden Aktien der Zielgesellschaft oder dem Bieter nach § 30 zugerechneten Stimmrechten an der Zielgesellschaft. [2]Stimmrechte aus Aktien, die zu einem von einer Kapitalverwaltungsgesellschaft verwalteten Sondervermögen gehören, das kein Spezialsondervermögen ist und dessen Vermögensgegenstände im Miteigentum der Anleger stehen, gelten für die Anwendung von Satz 1 als Stimmrechte der Kapitalverwaltungsgesellschaft.

§ 30 Zurechnung von Stimmrechten; Verordnungsermächtigung.

(1) [1]Stimmrechten des Bieters stehen Stimmrechte aus Aktien der Zielgesellschaft gleich,

1. die einem Tochterunternehmen des Bieters gehören,
2. die einem Dritten gehören und von ihm für Rechnung des Bieters gehalten werden,
3. die der Bieter einem Dritten als Sicherheit übertragen hat, es sei denn, der Dritte ist zur Ausübung der Stimmrechte aus diesen Aktien befugt und be-

kundet die Absicht, die Stimmrechte unabhängig von den Weisungen des Bieters auszuüben,
4. an denen zugunsten des Bieters ein Nießbrauch bestellt ist,
5. die der Bieter durch eine Willenserklärung erwerben kann,
6. die dem Bieter anvertraut sind oder aus denen er die Stimmrechte als Bevollmächtigter ausüben kann, sofern er die Stimmrechte aus diesen Aktien nach eigenem Ermessen ausüben kann, wenn keine besonderen Weisungen des Aktionärs vorliegen,
7. aus denen der Bieter die Stimmrechte auf Grund einer Vereinbarung, die eine zeitweilige Übertragung der Stimmrechte ohne die damit verbundenen Aktien gegen Gegenleistung vorsieht, ausüben kann,
8. die bei dem Bieter als Sicherheit verwahrt werden, sofern dieser die Stimmrechte hält und die Absicht bekundet, sie auszuüben.

[2] Für die Zurechnung nach Satz 1 Nummer 2 bis 8 stehen dem Bieter Tochterunternehmen des Bieters gleich. [3] Stimmrechte des Tochterunternehmens werden dem Bieter in voller Höhe zugerechnet.

(2) [1] Dem Bieter werden auch Stimmrechte eines Dritten aus Aktien der Zielgesellschaft in voller Höhe zugerechnet, mit dem der Bieter oder sein Tochterunternehmen sein Verhalten in Bezug auf die Zielgesellschaft auf Grund einer Vereinbarung oder in sonstiger Weise abstimmt; ausgenommen sind Vereinbarungen in Einzelfällen. [2] Ein abgestimmtes Verhalten setzt voraus, dass der Bieter oder sein Tochterunternehmen und der Dritte sich über die Ausübung von Stimmrechten verständigen oder mit dem Ziel einer dauerhaften und erheblichen Änderung der unternehmerischen Ausrichtung der Zielgesellschaft in sonstiger Weise zusammenwirken. [3] Für die Berechnung des Stimmrechtsanteils des Dritten gilt Absatz 1 entsprechend.

(3) Für die Zurechnung nach dieser Vorschrift gilt ein Wertpapierdienstleistungsunternehmen hinsichtlich der Beteiligungen, die von ihm im Rahmen einer Wertpapierdienstleistung nach § 2 Absatz 8 Satz 1 Nummer 7 des Wertpapierhandelsgesetzes[1)] verwaltet werden, unter den folgenden Voraussetzungen nicht als Tochterunternehmen im Sinne des § 2 Absatz 6:
1. das Wertpapierdienstleistungsunternehmen übt die Stimmrechte, die mit den betreffenden Aktien verbunden sind, unabhängig vom Bieter aus,
2. das Wertpapierdienstleistungsunternehmen
   a) darf die Stimmrechte nur aufgrund von in schriftlicher Form oder über elektronische Hilfsmittel erteilten Weisungen ausüben oder
   b) stellt durch geeignete Vorkehrungen sicher, dass die Finanzportfolioverwaltung unabhängig von anderen Dienstleistungen und unter Bedingungen erfolgt, die gleichwertig sind denen der Richtlinie 2009/65/EG des Europäischen Parlaments und des Rates vom 13. Juli 2009 zur Koordinierung der Rechts- und Verwaltungsvorschriften betreffend bestimmte Organismen für gemeinsame Anlagen in Wertpapieren (OGAW) (ABl. L 302 vom 17.11. 2009, S. 32) in der jeweils geltenden Fassung,
3. der Bieter teilt der Bundesanstalt den Namen des Wertpapierdienstleistungsunternehmens und die für dessen Überwachung zuständige Behörde oder das Fehlen einer solchen Behörde mit und

---

[1)] Nr. **10**.

4. der Bieter erklärt gegenüber der Bundesanstalt, dass die Voraussetzungen der Nummer 1 erfüllt sind.

(4) Für die Zurechnung nach dieser Vorschrift gelten Kapitalverwaltungsgesellschaften im Sinne des § 17 Absatz 1 des Kapitalanlagegesetzbuchs und EU-Verwaltungsgesellschaften im Sinne des § 1 Absatz 17 des Kapitalanlagegesetzbuchs hinsichtlich der Beteiligungen, die zu den von ihnen verwalteten Investmentvermögen gehören, unter den folgenden Voraussetzungen nicht als Tochterunternehmen im Sinne des § 2 Absatz 6:

1. die Verwaltungsgesellschaft übt ihre Stimmrechte unabhängig vom Bieter aus,
2. die zum verwalteten Investmentvermögen gehörenden Beteiligungen im Sinne der §§ 29 und 30 werden nach Maßgabe der Richtlinie 2009/65/EG des Europäischen Parlaments und des Rates vom 13. Juli 2009 zur Koordinierung der Rechts- und Verwaltungsvorschriften betreffend bestimmte Organismen für gemeinsame Anlagen in Wertpapieren (OGAW) (ABl. L 302 vom 17.11.2009, S. 32), die zuletzt durch die Richtlinie 2014/91/EU (ABl. L 257 vom 28.8.2014, S. 186) geändert worden ist, verwaltet,
3. das Mutterunternehmen teilt der Bundesanstalt den Namen dieser Verwaltungsgesellschaft und die für deren Überwachung zuständige Behörde oder das Fehlen einer solchen mit und
4. das Mutterunternehmen erklärt gegenüber der Bundesanstalt, dass die Voraussetzungen der Nummer 1 erfüllt sind.

(5) Ein Unternehmen mit Sitz in einem Drittstaat, das nach § 32 Absatz 1 Satz 1 in Verbindung mit § 1 Absatz 1a Satz 2 Nummer 3 des Kreditwesengesetzes einer Zulassung für die Finanzportfolioverwaltung oder einer Erlaubnis nach § 20 oder § 113 des Kapitalanlagegesetzbuchs bedürfte, wenn es seinen Sitz oder seine Hauptverwaltung im Inland hätte, gilt nicht als Tochterunternehmen im Sinne dieses Abschnitts, wenn

1. das Unternehmen bezüglich seiner Unabhängigkeit Anforderungen genügt, die denen nach Absatz 3 oder Absatz 4, auch in Verbindung mit einer Rechtsverordnung nach Absatz 7, jeweils gleichwertig sind,
2. der Bieter der Bundesanstalt den Namen dieses Unternehmens und die für dessen Überwachung zuständige Behörde oder das Fehlen einer solchen Behörde mitteilt und
3. der Bieter gegenüber der Bundesanstalt erklärt, dass die Voraussetzungen der Nummer 1 erfüllt sind.

(6) Abweichend von den Absätzen 3 bis 5 gelten Wertpapierdienstleistungsunternehmen und Verwaltungsgesellschaften jedoch dann als Tochterunternehmen im Sinne des § 2 Absatz 6, wenn

1. der Bieter oder ein anderes Tochterunternehmen des Bieters seinerseits Anteile an der von dem Unternehmen verwalteten Beteiligung hält und
2. das Unternehmen die Stimmrechte, die mit diesen Beteiligungen verbunden sind, nicht nach freiem Ermessen, sondern nur auf Grund unmittelbarer oder mittelbarer Weisungen ausüben kann, die ihm vom Bieter oder von einem anderen Tochterunternehmen des Bieters erteilt werden.

(7) Das Bundesministerium der Finanzen kann durch Rechtsverordnung, die nicht der Zustimmung des Bundesrates bedarf, nähere Bestimmungen erlassen

über die Umstände, unter denen in den Fällen der Absätze 3 bis 6 eine Unabhängigkeit des Unternehmens vom Bieter gegeben ist.

§ 31 Gegenleistung. (1) [1]Der Bieter hat den Aktionären der Zielgesellschaft eine angemessene Gegenleistung anzubieten. [2]Bei der Bestimmung der angemessenen Gegenleistung sind grundsätzlich der durchschnittliche Börsenkurs der Aktien der Zielgesellschaft und Erwerbe von Aktien der Zielgesellschaft durch den Bieter, mit ihm gemeinsam handelnder Personen oder deren Tochterunternehmen zu berücksichtigen.

(2) [1]Die Gegenleistung hat in einer Geldleistung in Euro oder in liquiden Aktien zu bestehen, die zum Handel an einem organisierten Markt zugelassen sind. [2]Werden Inhabern stimmberechtigter Aktien als Gegenleistung Aktien angeboten, müssen diese Aktien ebenfalls ein Stimmrecht gewähren.

(3) Der Bieter hat den Aktionären der Zielgesellschaft eine Geldleistung in Euro anzubieten, wenn er, mit ihm gemeinsam handelnde Personen oder deren Tochterunternehmen in den sechs Monaten vor der Veröffentlichung gemäß § 10 Abs. 3 Satz 1 bis zum Ablauf der Annahmefrist insgesamt mindestens 5 Prozent der Aktien oder Stimmrechte an der Zielgesellschaft gegen Zahlung einer Geldleistung erworben haben.

(4) Erwerben der Bieter, mit ihm gemeinsam handelnde Personen oder deren Tochterunternehmen nach Veröffentlichung der Angebotsunterlage und vor der Veröffentlichung gemäß § 23 Abs. 1 Satz 1 Nr. 2 Aktien der Zielgesellschaft und wird hierfür wertmäßig eine höhere als die im Angebot genannte Gegenleistung gewährt oder vereinbart, erhöht sich die den Angebotsempfängern der jeweiligen Aktiengattung geschuldete Gegenleistung wertmäßig um den Unterschiedsbetrag.

(5) [1]Erwerben der Bieter, mit ihm gemeinsam handelnde Personen oder deren Tochterunternehmen innerhalb eines Jahres nach der Veröffentlichung gemäß § 23 Abs. 1 Satz 1 Nr. 2 außerhalb der Börse Aktien der Zielgesellschaft und wird hierfür wertmäßig eine höhere als die im Angebot genannte Gegenleistung gewährt oder vereinbart, ist der Bieter gegenüber den Inhabern der Aktien, die das Angebot angenommen haben, zur Zahlung einer Geldleistung in Euro in Höhe des Unterschiedsbetrages verpflichtet. [2]Satz 1 gilt nicht für den Erwerb von Aktien im Zusammenhang mit einer gesetzlichen Verpflichtung zur Gewährung einer Abfindung an Aktionäre der Zielgesellschaft und für den Erwerb des Vermögens oder von Teilen des Vermögens der Zielgesellschaft durch Verschmelzung, Spaltung oder Vermögensübertragung.

(6) [1]Dem Erwerb im Sinne der Absätze 3 bis 5 gleichgestellt sind Vereinbarungen, auf Grund derer die Übereignung von Aktien verlangt werden kann. [2]Als Erwerb gilt nicht die Ausübung eines gesetzlichen Bezugsrechts auf Grund einer Erhöhung des Grundkapitals der Zielgesellschaft.

(7) [1]Das Bundesministerium der Finanzen kann durch Rechtsverordnung, die nicht der Zustimmung des Bundesrates bedarf, nähere Bestimmungen über die Angemessenheit der Gegenleistung nach Absatz 1, insbesondere die Berücksichtigung des durchschnittlichen Börsenkurses der Aktien der Zielgesellschaft und der Erwerbe von Aktien der Zielgesellschaft durch den Bieter, mit ihm gemeinsam handelnder Personen oder deren Tochterunternehmen und die hierbei maßgeblichen Zeiträume sowie über Ausnahmen von dem in Absatz 1 Satz 2 genannten Grundsatz und die Ermittlung des Unterschiedsbetrages nach den Absätzen 4

und 5 erlassen. [2]Das Bundesministerium der Finanzen kann die Ermächtigung durch Rechtsverordnung auf die Bundesanstalt übertragen.

§ 32 Unzulässigkeit von Teilangeboten. Ein Übernahmeangebot, das sich nur auf einen Teil der Aktien der Zielgesellschaft erstreckt, ist unbeschadet der Vorschrift des § 24 unzulässig.

§ 33 Handlungen des Vorstands der Zielgesellschaft. (1) [1]Nach Veröffentlichung der Entscheidung zur Abgabe eines Angebots bis zur Veröffentlichung des Ergebnisses nach § 23 Abs. 1 Satz 1 Nr. 2 darf der Vorstand der Zielgesellschaft keine Handlungen vornehmen, durch die der Erfolg des Angebots verhindert werden könnte. [2]Dies gilt nicht für Handlungen, die auch ein ordentlicher und gewissenhafter Geschäftsleiter einer Gesellschaft, die nicht von einem Übernahmeangebot betroffen ist, vorgenommen hätte, für die Suche nach einem konkurrierenden Angebot sowie für Handlungen, denen der Aufsichtsrat der Zielgesellschaft zugestimmt hat.

(2) [1]Ermächtigt die Hauptversammlung den Vorstand vor dem in Absatz 1 Satz 1 genannten Zeitraum zur Vornahme von Handlungen, die in die Zuständigkeit der Hauptversammlung fallen, um den Erfolg von Übernahmeangeboten zu verhindern, sind diese Handlungen in der Ermächtigung der Art nach zu bestimmen. [2]Die Ermächtigung kann für höchstens 18 Monate erteilt werden. [3]Der Beschluss der Hauptversammlung bedarf einer Mehrheit, die mindestens drei Viertel des bei der Beschlussfassung vertretenen Grundkapitals umfasst; die Satzung kann eine größere Kapitalmehrheit und weitere Erfordernisse bestimmen. [4]Handlungen des Vorstands auf Grund einer Ermächtigung nach Satz 1 bedürfen der Zustimmung des Aufsichtsrats.

§ 33a Europäisches Verhinderungsverbot. (1) [1]Die Satzung einer Zielgesellschaft kann vorsehen, dass § 33 keine Anwendung findet. [2]In diesem Fall gelten die Bestimmungen des Absatzes 2.

(2) [1]Nach Veröffentlichung der Entscheidung zur Abgabe eines Angebots bis zur Veröffentlichung des Ergebnisses nach § 23 Abs. 1 Satz 1 Nr. 2 dürfen Vorstand und Aufsichtsrat der Zielgesellschaft keine Handlungen vornehmen, durch die der Erfolg des Angebots verhindert werden könnte. [2]Dies gilt nicht für

1. Handlungen, zu denen die Hauptversammlung den Vorstand oder Aufsichtsrat nach Veröffentlichung der Entscheidung zur Abgabe eines Angebots ermächtigt hat,
2. Handlungen innerhalb des normalen Geschäftsbetriebs,
3. Handlungen außerhalb des normalen Geschäftsbetriebs, sofern sie der Umsetzung von Entscheidungen dienen, die vor der Veröffentlichung der Entscheidung zur Abgabe eines Angebots gefasst und teilweise umgesetzt wurden, und
4. die Suche nach einem konkurrierenden Angebot.

(3) Der Vorstand der Zielgesellschaft hat die Bundesanstalt sowie die Aufsichtsstellen der Staaten des Europäischen Wirtschaftsraums, in denen Wertpapiere der Gesellschaft zum Handel an einem organisierten Markt zugelassen sind, unverzüglich davon zu unterrichten, dass die Zielgesellschaft eine Satzungsbestimmung nach Absatz 1 Satz 1 beschlossen hat.

§ 33b Europäische Durchbrechungsregel. (1) Die Satzung einer Zielgesellschaft kann vorsehen, dass Absatz 2 Anwendung findet.

(2) [1]Nach Veröffentlichung der Angebotsunterlage nach § 14 Abs. 3 Satz 1 gelten die folgenden Bestimmungen:

1. während der Annahmefrist eines Übernahmeangebots gelten satzungsmäßige, zwischen der Zielgesellschaft und Aktionären oder zwischen Aktionären vereinbarte Übertragungsbeschränkungen von Aktien nicht gegenüber dem Bieter,
2. während der Annahmefrist eines Übernahmeangebots entfalten in einer Hauptversammlung, die über Abwehrmaßnahmen beschließt, Stimmbindungsverträge keine Wirkung und Mehrstimmrechtsaktien berechtigen zu nur einer Stimme und
3. in der ersten Hauptversammlung, die auf Verlangen des Bieters einberufen wird, um die Satzung zu ändern oder über die Besetzung der Leitungsorgane der Gesellschaft zu entscheiden, entfalten, sofern der Bieter nach dem Angebot über mindestens 75 Prozent der Stimmrechte der Zielgesellschaft verfügt, Stimmbindungsverträge sowie Entsendungsrechte keine Wirkung und Mehrstimmrechtsaktien berechtigen zu nur einer Stimme.

[2]Satz 1 gilt nicht für Vorzugsaktien ohne Stimmrecht sowie für vor dem 22. April 2004 zwischen der Zielgesellschaft und Aktionären oder zwischen Aktionären vereinbarten Übertragungsbeschränkungen und Stimmbindungen.

(3) Der Vorstand der Zielgesellschaft hat die Bundesanstalt sowie die Aufsichtsstellen der Staaten des Europäischen Wirtschaftsraums, in denen Wertpapiere der Gesellschaft zum Handel an einem organisierten Markt zugelassen sind, unverzüglich davon zu unterrichten, dass die Zielgesellschaft eine Satzungsbestimmung nach Absatz 1 beschlossen hat.

(4) Für die Einberufung und Durchführung der Hauptversammlung im Sinne des Absatzes 2 Satz 1 Nr. 3 gilt § 16 Abs. 4 entsprechend.

(5) [1]Werden Rechte auf der Grundlage des Absatzes 1 entzogen, ist der Bieter zu einer angemessenen Entschädigung in Geld verpflichtet, soweit diese Rechte vor der Veröffentlichung der Entscheidung zur Abgabe des Angebots nach § 10 Abs. 1 Satz 1 begründet wurden und der Zielgesellschaft bekannt sind. [2]Der Anspruch auf Entschädigung nach Satz 1 kann nur bis zum Ablauf von zwei Monaten seit dem Entzug der Rechte gerichtlich geltend gemacht werden.

§ 33c Vorbehalt der Gegenseitigkeit. (1) Die Hauptversammlung einer Zielgesellschaft, deren Satzung die Anwendbarkeit des § 33 ausschließt, kann beschließen, dass § 33 gilt, wenn der Bieter oder ein ihn beherrschendes Unternehmen einer dem § 33a Abs. 2 entsprechenden Regelung nicht unterliegt.

(2) Die Hauptversammlung einer Zielgesellschaft, deren Satzung eine Bestimmung nach § 33b Abs. 1 enthält, kann beschließen, dass diese Bestimmung keine Anwendung findet, wenn der Bieter oder ein ihn beherrschendes Unternehmen einer dieser Bestimmung entsprechenden Regelung nicht unterliegt.

(3) [1]Der Vorbehalt der Gegenseitigkeit gemäß den Absätzen 1 und 2 kann in einem Beschluss gefasst werden. [2]Der Beschluss der Hauptversammlung gilt für höchstens 18 Monate. [3]Der Vorstand der Zielgesellschaft hat die Bundesanstalt und die Aufsichtsstellen der Staaten des Europäischen Wirtschaftsraums, in denen stimmberechtigte Aktien der Gesellschaft zum Handel an einem organisierten Markt zugelassen sind, unverzüglich von der Ermächtigung zu unterrichten. [4]Die Ermächtigung ist unverzüglich auf der Internetseite der Zielgesellschaft zu veröffentlichen.

§ 33d Verbot der Gewährung ungerechtfertigter Leistungen. Dem Bieter und mit ihm gemeinsam handelnden Personen ist es verboten, Vorstands- oder Aufsichtsratsmitgliedern der Zielgesellschaft im Zusammenhang mit dem Angebot ungerechtfertigte Geldleistungen oder andere ungerechtfertigte geldwerte Vorteile zu gewähren oder in Aussicht zu stellen.

§ 34 Anwendung der Vorschriften des Abschnitts 3. Für Übernahmeangebote gelten die Vorschriften des Abschnitts 3, soweit sich aus den vorstehenden Vorschriften nichts anderes ergibt.

Abschnitt 5. Pflichtangebote

§ 35 Verpflichtung zur Veröffentlichung und zur Abgabe eines Angebots. (1) [1] Wer unmittelbar oder mittelbar die Kontrolle über eine Zielgesellschaft erlangt, hat dies unter Angabe der Höhe seines Stimmrechtsanteils unverzüglich, spätestens innerhalb von sieben Kalendertagen, gemäß § 10 Abs. 3 Satz 1 und 2 zu veröffentlichen. [2] Die Frist beginnt mit dem Zeitpunkt, zu dem der Bieter Kenntnis davon hat oder nach den Umständen haben musste, dass er die Kontrolle über die Zielgesellschaft erlangt hat. [3] In der Veröffentlichung sind die nach § 30 zuzurechnenden Stimmrechte für jeden Zurechnungstatbestand getrennt anzugeben. [4] § 10 Abs. 2, 3 Satz 3 und Abs. 4 bis 6 gilt entsprechend.

(2) [1] Der Bieter hat innerhalb von vier Wochen nach der Veröffentlichung der Erlangung der Kontrolle über eine Zielgesellschaft der Bundesanstalt eine Angebotsunterlage zu übermitteln und nach § 14 Abs. 2 Satz 1 ein Angebot zu veröffentlichen. [2] § 14 Abs. 2 Satz 2, Abs. 3 und 4 gilt entsprechend. [3] Ausgenommen von der Verpflichtung nach Satz 1 sind eigene Aktien der Zielgesellschaft, Aktien der Zielgesellschaft, die einem abhängigen oder im Mehrheitsbesitz stehenden Unternehmen der Zielgesellschaft gehören, und Aktien der Zielgesellschaft, die einem Dritten gehören, jedoch für Rechnung der Zielgesellschaft, eines abhängigen oder eines im Mehrheitsbesitz stehenden Unternehmens der Zielgesellschaft gehalten werden.

(3) Wird die Kontrolle über die Zielgesellschaft auf Grund eines Übernahmeangebots erworben, besteht keine Verpflichtung nach Absatz 1 Satz 1 und Absatz 2 Satz 1.

§ 36 Nichtberücksichtigung von Stimmrechten. Die Bundesanstalt lässt auf schriftlichen Antrag zu, dass Stimmrechte aus Aktien der Zielgesellschaft bei der Berechnung des Stimmrechtsanteils unberücksichtigt bleiben, wenn die Aktien erlangt wurden durch

1. Erbgang, Erbauseinandersetzung oder unentgeltliche Zuwendung unter Ehegatten, Lebenspartnern oder Verwandten in gerader Linie und bis zum dritten Grade oder durch Vermögensauseinandersetzung aus Anlass der Auflösung einer Ehe oder Lebenspartnerschaft,
2. Rechtsformwechsel oder
3. Umstrukturierungen innerhalb eines Konzerns.

§ 37 Befreiung von der Verpflichtung zur Veröffentlichung und zur Abgabe eines Angebots. (1) Die Bundesanstalt kann auf schriftlichen Antrag den Bieter von den Verpflichtungen nach § 35 Abs. 1 Satz 1 und Abs. 2 Satz 1 befreien, sofern dies im Hinblick auf die Art der Erlangung, die mit der Erlangung der Kontrolle beabsichtigte Zielsetzung, ein nach der Erlangung der Kontrolle erfolgendes Unterschreiten der Kontrollschwelle, die Beteiligungsverhältnisse an der Zielgesellschaft oder die tatsächliche Möglichkeit zur Ausübung der Kontrolle unter Berücksichtigung der Interessen des Antragstellers und der Inhaber der Aktien der Zielgesellschaft gerechtfertigt erscheint.

(2) [1] Das Bundesministerium der Finanzen kann durch Rechtsverordnung, die nicht der Zustimmung des Bundesrates bedarf, nähere Bestimmungen über die Befreiung von den Verpflichtungen nach § 35 Abs. 1 Satz 1, Abs. 2 Satz 1 erlassen. [2] Das Bundesministerium der Finanzen kann die Ermächtigung durch Rechtsverordnung auf die Bundesanstalt übertragen.

§ 38 Anspruch auf Zinsen. Der Bieter ist den Aktionären der Zielgesellschaft für die Dauer des Verstoßes zur Zahlung von Zinsen auf die Gegenleistung in Höhe von fünf Prozentpunkten auf das Jahr über dem jeweiligen Basiszinssatz nach § 247 des Bürgerlichen Gesetzbuchs verpflichtet, wenn

1. er entgegen § 35 Abs. 1 Satz 1 keine Veröffentlichung gemäß § 10 Abs. 3 Satz 1 vornimmt,
2. er entgegen § 35 Abs. 2 Satz 1 kein Angebot gemäß § 14 Abs. 3 Satz 1 abgibt oder
3. ihm ein Angebot im Sinne des § 35 Abs. 2 Satz 1 nach § 15 Abs. 1 Nr. 1, 2 oder 3 untersagt worden ist.

§ 39 Anwendung der Vorschriften des Abschnitts 3 und 4. Für Angebote nach § 35 Abs. 2 Satz 1 gelten mit Ausnahme von § 10 Abs. 1 Satz 1, § 14 Abs. 1 Satz 1, § 16 Abs. 2, § 18 Abs. 1, §§ 19, 25, 26 und 34 die Vorschriften der Abschnitte 3 und 4 sinngemäß.

Abschnitt 5a. Ausschluss, Andienungsrecht

§ 39a Ausschluss der übrigen Aktionäre. (1) [1] Nach einem Übernahme- oder Pflichtangebot sind dem Bieter, dem Aktien der Zielgesellschaft in Höhe von mindestens 95 Prozent des stimmberechtigten Grundkapitals gehören, auf seinen Antrag die übrigen stimmberechtigten Aktien gegen Gewährung einer angemessenen Abfindung durch Gerichtsbeschluss zu übertragen. [2] Gehören dem Bieter zugleich Aktien in Höhe von 95 Prozent des Grundkapitals der Zielgesellschaft, sind ihm auf Antrag auch die übrigen Vorzugsaktien ohne Stimmrecht zu übertragen.

(2) Für die Feststellung der erforderlichen Beteiligungshöhe nach Absatz 1 gilt § 16 Abs. 2 und 4 des Aktiengesetzes[1)] entsprechend.

(3) [1] Die Art der Abfindung hat der Gegenleistung des Übernahme- oder Pflichtangebots zu entsprechen. [2] Eine Geldleistung ist stets wahlweise anzubieten. [3] Die im Rahmen des Übernahme- oder Pflichtangebots gewährte Gegenleistung ist als angemessene Abfindung anzusehen, wenn der Bieter auf Grund des Angebots Aktien in Höhe von mindestens 90 Prozent des vom Angebot betroffenen Grundkapitals erworben hat. [4] Die Annahmequote ist für stimmberechtigte Aktien und stimmrechtslose Aktien getrennt zu ermitteln.

[1)] Nr. 2.

(4) [1] Ein Antrag auf Übertragung der Aktien nach Absatz 1 muss innerhalb von drei Monaten nach Ablauf der Annahmefrist gestellt werden. [2] Der Bieter kann den Antrag stellen, wenn das Übernahme- oder Pflichtangebot in einem Umfang angenommen worden ist, dass ihm beim späteren Vollzug des Angebots Aktien in Höhe des zum Ausschluss mindestens erforderlichen Anteils am stimmberechtigten oder am gesamten Grundkapital der Zielgesellschaft gehören werden.

(5) Über den Antrag entscheidet ausschließlich das Landgericht Frankfurt am Main.

(6) Die §§ 327a bis 327f des Aktiengesetzes finden nach Stellung eines Antrags bis zum rechtskräftigen Abschluss des Ausschlussverfahrens keine Anwendung.

§ 39b Ausschlussverfahren. (1) Auf das Verfahren für den Ausschluss nach § 39a ist das Gesetz über das Verfahren in Familiensachen und in den Angelegenheiten der freiwilligen Gerichtsbarkeit anzuwenden, soweit in den nachfolgenden Absätzen nichts anderes bestimmt ist.

(2) Das Landgericht hat den Antrag auf Ausschluss nach § 39a in den Gesellschaftsblättern bekannt zu machen.

(3) [1] Das Landgericht entscheidet durch einen mit Gründen versehenen Beschluss. [2] Der Beschluss darf frühestens einen Monat seit Bekanntmachung der Antragstellung im Bundesanzeiger und erst dann ergehen, wenn der Bieter glaubhaft gemacht hat, dass ihm Aktien in Höhe des zum Ausschluss mindestens erforderlichen Anteils am stimmberechtigten oder am gesamten Grundkapital der Zielgesellschaft gehören. [3] Gegen die Entscheidung des Landgerichts findet die Beschwerde statt; sie hat aufschiebende Wirkung.

(4) [1] Das Landgericht hat seine Entscheidung dem Antragsteller und der Zielgesellschaft sowie den übrigen Aktionären der Gesellschaft, sofern diese im Beschlussverfahren angehört wurden, zuzustellen. [2] Es hat die Entscheidung ferner ohne Gründe in den Gesellschaftsblättern bekannt zu geben. [3] Die Beschwerde steht dem Antragsteller und den übrigen Aktionären der Zielgesellschaft zu. [4] Die Beschwerdefrist beginnt mit der Bekanntmachung im Bundesanzeiger, für den Antragsteller und für die übrigen Aktionäre, denen die Entscheidung zugestellt wurde, jedoch nicht vor Zustellung der Entscheidung.

(5) [1] Die Entscheidung ist erst mit Rechtskraft wirksam. [2] Sie wirkt für und gegen alle Aktionäre. [3] Mit rechtskräftiger Entscheidung gehen alle Aktien der übrigen Aktionäre auf den zum Ausschluss berechtigten Aktionär über. [4] Sind über diese Aktien Aktienurkunden ausgegeben, so verbriefen sie bis zu ihrer Aushändigung nur den Anspruch auf eine angemessene Abfindung. [5] Der Vorstand der Zielgesellschaft hat die rechtskräftige Entscheidung unverzüglich zum Handelsregister einzureichen.

(6) [1] Das Gericht ordnet an, dass die Kosten der Antragsgegner, die zur zweckentsprechenden Erledigung der Angelegenheit notwendig waren, ganz oder zum Teil vom Antragsteller zu erstatten sind, wenn dies der Billigkeit entspricht. [2] Gerichtskosten für das Verfahren erster Instanz können dem Antragsgegner nicht auferlegt werden.

§ 39c Andienungsrecht. [1] Nach einem Übernahme- oder Pflichtangebot können die Aktionäre einer Zielgesellschaft, die das Angebot nicht angenommen haben, das Angebot innerhalb von drei Monaten nach Ablauf der Annahmefrist annehmen, sofern der Bieter berechtigt ist, einen Antrag nach § 39a zu stellen. [2] Erfüllt der Bieter seine Verpflichtungen nach § 23 Abs. 1 Satz 1 Nr. 4 oder Satz 2 nicht, beginnt die in Satz 1 genannte Dreimonatsfrist erst mit der Erfüllung der Verpflichtungen zu laufen.

Abschnitt 6. Verfahren

§ 40 Ermittlungsbefugnisse der Bundesanstalt. (1) [1]Die Bundesanstalt kann von jedermann Auskünfte, die Vorlage von Unterlagen und die Überlassung von Kopien verlangen sowie Personen laden und vernehmen, soweit dies auf Grund von Anhaltspunkten für die Überwachung der Einhaltung eines Gebots oder Verbots dieses Gesetzes erforderlich ist. [2]Sie kann insbesondere die Angabe von Bestandsveränderungen in Finanzinstrumenten sowie Auskünfte über die Identität weiterer Personen, insbesondere der Auftraggeber und der aus Geschäften berechtigten oder verpflichteten Personen, verlangen. [3]Gesetzliche Auskunfts- oder Aussageverweigerungsrechte sowie gesetzliche Verschwiegenheitspflichten bleiben unberührt.

(2) [1]Während der üblichen Arbeitszeit ist Bediensteten der Bundesanstalt und den von ihr beauftragten Personen, soweit dies zur Wahrnehmung ihrer Aufgaben nach diesem Gesetz erforderlich ist, das Betreten der Grundstücke und Geschäftsräume der nach Absatz 1 auskunftspflichtigen Personen zu gestatten. [2]Das Betreten außerhalb dieser Zeit oder das Betreten von Geschäftsräumen, die sich in einer Wohnung befinden, ist ohne Einverständnis nur zulässig und insoweit zu dulden, wie dies zur Verhütung von dringenden Gefahren für die öffentliche Sicherheit und Ordnung erforderlich ist und bei der auskunftspflichtigen Person Anhaltspunkte für einen Verstoß gegen ein Verbot oder Gebot dieses Gesetzes vorliegen. [3]Das Grundrecht des Artikels 13 des Grundgesetzes wird insoweit eingeschränkt.

(3) [1]Der zur Erteilung einer Auskunft Verpflichtete kann die Auskunft auf solche Fragen verweigern, deren Beantwortung ihn selbst oder einen der in § 383 Abs. 1 Nr. 1 bis 3 der Zivilprozessordnung bezeichneten Angehörigen der Gefahr strafgerichtlicher Verfolgung oder eines Verfahrens nach dem Gesetz über Ordnungswidrigkeiten aussetzen würde. [2]Der Verpflichtete ist über sein Recht zur Verweigerung der Auskunft zu belehren.

§ 41 Widerspruchsverfahren. (1) [1]Vor Einlegung der Beschwerde sind Rechtmäßigkeit und Zweckmäßigkeit der Verfügungen der Bundesanstalt in einem Widerspruchsverfahren nachzuprüfen. [2]Einer solchen Nachprüfung bedarf es nicht, wenn der Abhilfebescheid oder der Widerspruchsbescheid erstmalig eine Beschwer enthält. [3]Für das Widerspruchsverfahren gelten die §§ 68 bis 73 der Verwaltungsgerichtsordnung, soweit in diesem Gesetz nichts Abweichendes geregelt ist.

(2) [1]Die Bundesanstalt trifft ihre Entscheidung innerhalb einer Frist von zwei Wochen ab Eingang des Widerspruchs. [2]Bei besonderen tatsächlichen oder rechtlichen Schwierigkeiten oder bei einer Vielzahl von Widerspruchsverfahren kann die Bundesanstalt die Frist durch unanfechtbaren Beschluss verlängern.

(3) [1]Die Beteiligten haben an der Aufklärung des Sachverhaltes mitzuwirken, wie es einem auf Förderung und raschen Abschluss des Verfahrens bedachten Vorgehen entspricht. [2]Den Beteiligten können Fristen gesetzt werden, nach deren Ablauf weiterer Vortrag unbeachtet bleibt.

(4) [1]Der Widerspruchsausschuss kann das Verfahren ohne mündliche Verhandlung dem Vorsitzenden durch unanfechtbaren Beschluss zur alleinigen Entscheidung übertragen. [2]Diese Übertragung ist nur zulässig, sofern die Sache keine

wesentlichen Schwierigkeiten in tatsächlicher und rechtlicher Hinsicht aufweist und die Entscheidung nicht von grundsätzlicher Bedeutung sein wird.

§ 42 Sofortige Vollziehbarkeit. Der Widerspruch gegen Maßnahmen der Bundesanstalt nach § 4 Abs. 1 Satz 3, § 15 Abs. 1 oder 2, § 28 Abs. 1 oder § 40 Abs. 1 und 2 hat keine aufschiebende Wirkung.

§ 43 Bekanntgabe und Zustellung. (1) [1] Verfügungen, die gegenüber einer Person mit Wohnsitz oder einem Unternehmen mit Sitz außerhalb des Geltungsbereichs dieses Gesetzes ergehen, gibt die Bundesanstalt der Person bekannt, die als Bevollmächtigte benannt wurde. [2] Ist kein Bevollmächtigter benannt, so erfolgt die Bekanntgabe durch öffentliche Bekanntmachung im Bundesanzeiger.

(2) [1] Ist die Verfügung zuzustellen, so erfolgt die Zustellung bei Personen mit Wohnsitz oder Unternehmen mit Sitz außerhalb des Geltungsbereichs dieses Gesetzes an die Person, die als Bevollmächtigte benannt wurde. [2] Ist kein Bevollmächtigter benannt, so erfolgt die Zustellung durch öffentliche Bekanntmachung im Bundesanzeiger.

§ 44 Veröffentlichungsrecht der Bundesanstalt. Die Bundesanstalt kann ihre Verfügungen nach § 4 Abs. 1 Satz 3, § 10 Abs. 2 Satz 3, § 15 Abs. 1 und 2, § 20 Abs. 1, § 28 Abs. 1, § 36 oder § 37 Abs. 1, auch in Verbindung mit einer Rechtsverordnung nach Abs. 2, auf Kosten des Adressaten der Verfügung im Bundesanzeiger veröffentlichen.

§ 45 Mitteilungen an die Bundesanstalt. [1] Anträge und Mitteilungen an die Bundesanstalt haben in schriftlicher Form zu erfolgen. [2] Eine Übermittlung im Wege der elektronischen Datenfernübertragung ist zulässig, sofern der Absender zweifelsfrei zu erkennen ist.

§ 46 Zwangsmittel. [1] Die Bundesanstalt kann Verfügungen, die nach diesem Gesetz ergehen, mit Zwangsmitteln nach den Bestimmungen des Verwaltungs-Vollstreckungsgesetzes durchsetzen. [2] Sie kann auch Zwangsmittel gegen juristische Personen des öffentlichen Rechts anwenden. [3] Widerspruch und Beschwerde gegen die Androhung und Festsetzung der Zwangsmittel nach den §§ 13 und 14 des Verwaltungs-Vollstreckungsgesetzes haben keine aufschiebende Wirkung. [4] Die Höhe des Zwangsgeldes beträgt abweichend von § 11 des Verwaltungs-Vollstreckungsgesetzes bis zu 500 000 Euro.

[§ 47 bis 30.9.2021:]
§ 47 Gebühren und Auslagen. [1] Die Bundesanstalt erhebt für individuell zurechenbare öffentliche Leistungen auf Grund des § 10 Absatz 2 Satz 3, der §§ 14 und 15 Absatz 1 oder 2, der §§ 20, 24, 28 Absatz 1, der §§ 36, 37 Absatz 1, auch in Verbindung mit einer Rechtsverordnung nach Absatz 2, oder des § 41 in Verbindung mit § 6 Gebühren und Auslagen. [2] Das Bundesministerium der Finanzen bestimmt die Gebührentatbestände im Einzelnen und die Höhe der Gebühren durch Rechtsverordnung, die nicht der Zustimmung des Bundesrates bedarf. [3] Das Bundesministerium der Finanzen kann die Ermächtigung durch Rechtsverordnung auf die Bundesanstalt übertragen.

[§ 47 ab 1.10.2021:]
§ 47 *(aufgehoben)*

Abschnitt 7. Rechtsmittel

§ 48 Statthaftigkeit, Zuständigkeit. (1) [1]Gegen Verfügungen der Bundesanstalt ist die Beschwerde statthaft. [2]Sie kann auch auf neue Tatsachen und Beweismittel gestützt werden.

(2) Die Beschwerde steht den am Verfahren vor der Bundesanstalt Beteiligten zu.

(3) [1]Die Beschwerde ist auch gegen die Unterlassung einer beantragten Verfügung der Bundesanstalt statthaft, auf deren Vornahme der Antragsteller ein Recht zu haben behauptet. [2]Als Unterlassung gilt es auch, wenn die Bundesanstalt den Antrag auf Vornahme der Verfügung ohne zureichenden Grund in angemessener Frist nicht beschieden hat. [3]Die Unterlassung ist dann einer Ablehnung gleich zu erachten.

(4) Über die Beschwerde entscheidet ausschließlich das für den Sitz der Bundesanstalt in Frankfurt am Main zuständige Oberlandesgericht.

§ 49 Aufschiebende Wirkung. Die Beschwerde hat aufschiebende Wirkung, soweit durch die angefochtene Verfügung eine Befreiung nach § 10 Abs. 1 Satz 3 oder § 37 Abs. 1, auch in Verbindung mit einer Rechtsverordnung nach Abs. 2, oder eine Nichtberücksichtigung von Stimmrechtsanteilen nach § 36 widerrufen wird.

§ 50 Anordnung der sofortigen Vollziehung. (1) Die Bundesanstalt kann in den Fällen des § 49 die sofortige Vollziehung der Verfügung anordnen, wenn dies im öffentlichen Interesse oder im überwiegenden Interesse eines Beteiligten geboten ist.

(2) Die Anordnung nach Absatz 1 kann bereits vor der Einreichung der Beschwerde getroffen werden.

(3) Auf Antrag kann das Beschwerdegericht die aufschiebende Wirkung von Widerspruch oder Beschwerde ganz oder teilweise anordnen oder wiederherstellen, wenn

1. die Voraussetzungen für die Anordnung nach Absatz 1 nicht vorgelegen haben oder nicht mehr vorliegen,
2. ernstliche Zweifel an der Rechtmäßigkeit der angefochtenen Verfügung bestehen oder
3. die Vollziehung für den Betroffenen eine unbillige, nicht durch überwiegende öffentliche Interessen gebotene Härte zur Folge hätte.

(4) [1]Der Antrag nach Absatz 3 ist schon vor Einreichung der Beschwerde zulässig. [2]Die Tatsachen, auf die der Antrag gestützt wird, sind vom Antragsteller glaubhaft zu machen. [3]Ist die Verfügung im Zeitpunkt der Entscheidung schon vollzogen, kann das Gericht auch die Aufhebung der Vollziehung anordnen. [4]Die Anordnung der aufschiebenden Wirkung kann von der Leistung einer Sicherheit oder von anderen Auflagen abhängig gemacht werden. [5]Sie kann auch befristet werden.

(5) [1]Beschlüsse über Anträge nach Absatz 3 können jederzeit geändert oder aufgehoben werden. [2]Soweit durch sie den Anträgen entsprochen ist, sind sie unanfechtbar.

§ 51 Frist und Form. (1) [1]Die Beschwerde ist binnen einer Notfrist von einem Monat bei dem Beschwerdegericht schriftlich einzureichen. [2]Die Frist beginnt mit der Bekanntgabe oder der Zustellung des Widerspruchsbescheides der Bundesanstalt.

(2) Ergeht auf einen Antrag keine Verfügung, so ist die Beschwerde an keine Frist gebunden.

(3) [1]Die Beschwerde ist zu begründen. [2]Die Frist für die Beschwerdebegründung beträgt einen Monat; sie beginnt mit der Einlegung der Beschwerde und kann auf Antrag von dem Vorsitzenden des Beschwerdegerichts verlängert werden.

(4) Die Beschwerdebegründung muss enthalten

1. die Erklärung, inwieweit die Verfügung angefochten und ihre Abänderung oder Aufhebung beantragt wird, und
2. die Angabe der Tatsachen und Beweismittel, auf die sich die Beschwerde stützt.

§ 52 Beteiligte am Beschwerdeverfahren. An dem Verfahren vor dem Beschwerdegericht sind der Beschwerdeführer und die Bundesanstalt beteiligt.

§ 53 Anwaltszwang. [1]Vor dem Beschwerdegericht müssen die Beteiligten sich durch einen Rechtsanwalt oder Rechtslehrer an einer deutschen Hochschule im Sinne des Hochschulrahmengesetzes mit Befähigung zum Richteramt als Bevollmächtigten vertreten lassen. [2]Die Bundesanstalt kann sich durch einen Beamten auf Lebenszeit mit Befähigung zum Richteramt vertreten lassen.

§ 54 Mündliche Verhandlung. (1) Das Beschwerdegericht entscheidet über die Beschwerde auf Grund mündlicher Verhandlung; mit Einverständnis der Beteiligten kann ohne mündliche Verhandlung entschieden werden.

(2) Sind die Beteiligten in dem Verhandlungstermin trotz rechtzeitiger Benachrichtigung nicht erschienen oder gehörig vertreten, so kann gleichwohl in der Sache verhandelt und entschieden werden.

§ 55 Untersuchungsgrundsatz. (1) Das Beschwerdegericht erforscht den Sachverhalt von Amts wegen.

(2) Das Gericht hat darauf hinzuwirken, dass Formfehler beseitigt, unklare Anträge erläutert, sachdienliche Anträge gestellt, ungenügende tatsächliche Angaben ergänzt, ferner alle für die Feststellung und Beurteilung des Sachverhalts wesentlichen Erklärungen abgegeben werden.

(3) [1]Das Beschwerdegericht kann den Beteiligten aufgeben, sich innerhalb einer zu bestimmenden Frist über aufklärungsbedürftige Punkte zu äußern, Beweismittel zu bezeichnen und in ihren Händen befindliche Urkunden sowie andere Beweismittel vorzulegen. [2]Bei Versäumung der Frist kann nach Lage der Sache ohne Berücksichtigung der nicht beigebrachten Beweismittel entschieden werden.

§ 56 Beschwerdeentscheidung; Vorlagepflicht. (1) [1]Das Beschwerdegericht entscheidet durch Beschluss nach seiner freien, aus dem Gesamtergebnis des Verfahrens gewonnenen Überzeugung. [2]Der Beschluss darf nur auf Tatsachen und Beweismittel gestützt werden, zu denen die Beteiligten sich äußern konnten. [3]Das Beschwerdegericht kann hiervon abweichen, soweit Beigeladenen aus berechtigten Interessen der Beteiligten oder dritter Personen Akteneinsicht nicht gewährt und der Akteninhalt aus diesen Gründen auch nicht vorgetragen worden ist. [4] Dies gilt nicht für solche Beigeladene, die an dem streitigen Rechtsverhältnis derart beteiligt sind, dass die Entscheidung auch ihnen gegenüber nur einheitlich ergehen kann.

(2) [1] Hält das Beschwerdegericht die Verfügung der Bundesanstalt für unzulässig oder unbegründet, so hebt es die Verfügung auf. [2] Hat sich die Verfügung vorher durch Zurücknahme oder auf andere Weise erledigt, so spricht das Beschwerdegericht auf Antrag aus, dass die Verfügung der Bundesanstalt unzulässig oder unbegründet gewesen ist, wenn der Beschwerdeführer ein berechtigtes Interesse an dieser Feststellung hat.

(3) Hält das Beschwerdegericht die Ablehnung oder Unterlassung der Verfügung für unzulässig oder unbegründet, so spricht es die Verpflichtung der Bundesanstalt aus, die beantragte Verfügung vorzunehmen.

(4) Die Verfügung ist auch dann unzulässig oder unbegründet, wenn die Bundesanstalt von ihrem Ermessen fehlerhaft Gebrauch gemacht hat, insbesondere wenn sie die gesetzlichen Grenzen des Ermessens überschritten oder durch die Ermessensentscheidung Sinn und Zweck dieses Gesetzes verletzt hat.

(5) Der Beschluss ist zu begründen und den Beteiligten zuzustellen.

(6) [1] Will das Beschwerdegericht von einer Entscheidung eines Oberlandesgerichts oder des Bundesgerichtshofs abweichen, so legt es die Sache dem Bundesgerichtshof vor. [2] Der Bundesgerichtshof entscheidet anstelle des Oberlandesgerichts.

§ 57 Akteneinsicht. (1) [1] Die in § 52 bezeichneten Beteiligten können die Akten des Beschwerdegerichts einsehen und sich durch die Geschäftsstelle auf ihre Kosten Ausfertigungen, Auszüge und Abschriften erteilen lassen. [2] § 299 Abs. 3 der Zivilprozessordnung gilt entsprechend.

(2) [1] Einsicht in Vorakten, Beiakten, Gutachten und Unterlagen über Auskünfte ist nur mit Zustimmung der Stellen zulässig, denen die Akten gehören oder die die Äußerung eingeholt haben. [2] Die Bundesanstalt hat die Zustimmung zur Einsicht in die ihr gehörigen Unterlagen zu versagen, soweit dies aus wichtigen Gründen, insbesondere zur Wahrung von berechtigten Interessen Beteiligter oder dritter Personen, geboten ist. [3] Wird die Einsicht abgelehnt oder ist sie unzulässig, dürfen diese Unterlagen der Entscheidung nur insoweit zugrunde gelegt werden, als ihr Inhalt vorgetragen worden ist. [4] Das Beschwerdegericht kann die Offenlegung von Tatsachen oder Beweismitteln, deren Geheimhaltung aus wichtigen Gründen, insbesondere zur Wahrung von berechtigten Interessen Beteiligter oder Dritter verlangt wird, nach Anhörung des von der Offenlegung Betroffenen durch Beschluss anordnen, soweit es für die Entscheidung auf diese Tatsachen oder Beweismittel ankommt, andere Möglichkeiten der Sachaufklärung nicht bestehen und nach Abwägung aller Umstände des Einzelfalles die Bedeutung der Sache für die Sicherung eines ordnungsgemäßen Verfahrens das Interesse des Betroffenen an der Geheimhaltung überwiegt. [5] Der Beschluss ist zu begründen. [6] In dem Verfahren nach Satz 4 muss sich der Betroffene nicht anwaltlich vertreten lassen.

§ 58 Geltung von Vorschriften des Gerichtsverfassungsgesetzes und der Zivilprozessordnung. Im Verfahren vor dem Beschwerdegericht gelten, soweit nichts anderes bestimmt ist, entsprechend

1. die Vorschriften der §§ 169 bis 197 des Gerichtsverfassungsgesetzes über Öffentlichkeit, Sitzungspolizei, Gerichtssprache, Beratung und Abstimmung und
2. die Vorschriften der Zivilprozessordnung über Ausschließung und Ablehnung eines Richters, über Prozessbevollmächtigte und Beistände, über die Zustellung von Amts wegen, über Ladungen, Termine und Fristen, über die Anordnung des persönlichen Erscheinens der Parteien, über die Verbindung mehrerer Prozesse, über die Erledigung des Zeugen- und Sachverständigenbeweises sowie über die sonstigen Arten des Beweisverfahrens, über die Wiedereinsetzung in den vorigen Stand gegen die Versäumung einer Frist.

Abschnitt 8. Sanktionen

§ 59 Rechtsverlust. [1] Rechte aus Aktien, die dem Bieter, mit ihm gemeinsam handelnden Personen oder deren Tochterunternehmen gehören oder aus denen ihm, mit ihm gemeinsam handelnden Personen oder deren Tochterunternehmen Stimmrechte gemäß § 30 Absatz 1 und 2 zugerechnet werden, bestehen nicht für die Zeit, für welche die Pflichten nach § 35 Abs. 1 oder 2 nicht erfüllt werden. [2] Dies gilt nicht für Ansprüche nach § 58 Abs. 4 des Aktiengesetzes[1)] und § 271 des Aktiengesetzes, wenn die Veröffentlichung oder das Angebot nach § 35 Abs. 1 Satz 1 oder Abs. 2 Satz 1 nicht vorsätzlich unterlassen wurde und nachgeholt worden ist.

§ 60 Bußgeldvorschriften. (1) Ordnungswidrig handelt, wer vorsätzlich oder leichtfertig

1. entgegen
   a) § 10 Abs. 1 Satz 1, § 14 Abs. 2 Satz 1 oder § 35 Abs. 1 Satz 1 oder Abs. 2 Satz 1,
   b) § 21 Abs. 2 Satz 1, § 23 Abs. 1 Satz 1 oder Abs. 2 Satz 1 oder § 27 Abs. 3 Satz 1 oder
   c) § 1 Abs. 5 Satz 2 in Verbindung mit einer Rechtsverordnung nach § 1 Abs. 5 Satz 3

   eine Veröffentlichung nicht, nicht richtig, nicht vollständig, nicht in der vorgeschriebenen Weise oder nicht rechtzeitig vornimmt,
2. entgegen
   a) § 10 Abs. 2 Satz 1, auch in Verbindung mit § 35 Abs. 1 Satz 4, § 14 Abs. 1 Satz 1 oder § 35 Abs. 2 Satz 1,
   b) § 10 Abs. 5, auch in Verbindung mit § 35 Abs. 1 Satz 4, oder § 14 Abs. 4, auch in Verbindung mit § 21 Abs. 2 Satz 2 oder § 35 Abs. 2 Satz 2, oder
   c) § 27 Abs. 3 Satz 2

   eine Mitteilung, Unterrichtung oder Übermittlung nicht, nicht richtig, nicht vollständig, nicht in der vorgeschriebenen Weise oder nicht rechtzeitig vornimmt,
3. entgegen § 10 Abs. 3 Satz 3, auch in Verbindung mit § 35 Abs. 1 Satz 4, oder § 14 Abs. 2 Satz 2, auch in Verbindung mit § 35 Abs. 2 Satz 2, eine Veröffentlichung vornimmt oder eine Angebotsunterlage bekannt gibt,

---

[1)] Nr. 2.

4. entgegen § 10 Abs. 4 Satz 1, auch in Verbindung mit § 35 Abs. 1 Satz 4, eine Veröffentlichung nicht, nicht richtig, nicht vollständig oder nicht rechtzeitig übersendet,
5. entgegen § 14 Abs. 3 Satz 2, auch in Verbindung mit § 21 Abs. 2 Satz 2, § 23 Abs. 1 Satz 2 oder § 35 Abs. 2 Satz 2, oder entgegen § 27 Abs. 3 Satz 3 eine Mitteilung nicht, nicht richtig oder nicht rechtzeitig macht,
6. entgegen § 15 Abs. 3 eine Veröffentlichung vornimmt,
7. entgegen § 26 Absatz 1 oder 2 ein Angebot abgibt,
7a. entgegen § 26 Absatz 1 oder 2 seine Absicht, ein Angebot abzugeben, gemäß § 10 Absatz 3 Satz 1 veröffentlicht,
8. entgegen § 33 Abs. 1 Satz 1 oder § 33a Abs. 2 Satz 1 eine dort genannte Handlung vornimmt,
9. entgegen § 33a Abs. 3, § 33b Abs. 3 oder § 33c Abs. 3 Satz 3 eine Unterrichtung nicht, nicht richtig, nicht vollständig oder nicht rechtzeitig vornimmt oder
10. entgegen § 33c Abs. 3 Satz 4 eine Veröffentlichung nicht, nicht richtig, nicht vollständig, nicht in der vorgeschriebenen Weise oder nicht rechtzeitig vornimmt.

(2) Ordnungswidrig handelt, wer vorsätzlich oder fahrlässig
1. einer vollziehbaren Anordnung nach § 28 Abs. 1 oder § 40 Abs. 1 Satz 1 zuwiderhandelt oder
2. entgegen § 40 Abs. 2 Satz 1 oder 2 ein Betreten nicht gestattet oder nicht duldet.

(3) Die Ordnungswidrigkeit kann in den Fällen des Absatzes 1 Nummer 1 Buchstabe a, Nummer 3, 6 bis 8 mit einer Geldbuße bis zu fünf Millionen Euro, in den Fällen des Absatzes 1 Nummer 1 Buchstabe b, Nummer 2 Buchstabe a und Nummer 4 mit einer Geldbuße bis zu zweieinhalb Millionen Euro und in den übrigen Fällen mit einer Geldbuße bis zu einer Million Euro geahndet werden.

(4) Gegenüber einer juristischen Person oder Personenvereinigung kann über Absatz 3 hinaus eine höhere Geldbuße verhängt werden; diese darf
1. in den Fällen des Absatzes 1 Nummer 1 Buchstabe a, Nummer 3, 6 bis 8 den höheren der Beträge von zehn Millionen Euro und 5 Prozent des Gesamtumsatzes, den die juristische Person oder Personenvereinigung im der Behördenentscheidung vorausgegangenen Geschäftsjahr erzielt hat,
2. in den Fällen des Absatzes 1 Nummer 1 Buchstabe b, Nummer 2 Buchstabe a und Nummer 4 den höheren der Beträge von fünf Millionen Euro und 2 Prozent des Gesamtumsatzes, den die juristische Person oder Personenvereinigung im der Behördenentscheidung vorangegangenen Geschäftsjahr erzielt hat, und
3. in den übrigen Fällen zwei Millionen Euro nicht überschreiten.

(5) [1] Über die in den Absätzen 3 und 4 genannten Beträge hinaus kann die Ordnungswidrigkeit mit einer Geldbuße bis zum Zweifachen des aus dem Verstoß gezogenen wirtschaftlichen Vorteils geahndet werden. [2] Der wirtschaftliche Vorteil umfasst erzielte Gewinne und vermiedene Verluste und kann geschätzt werden.

(6) Gesamtumsatz im Sinne des Absatzes 4 ist

1. im Falle von Kreditinstituten, Zahlungsinstituten und Finanzdienstleistungsinstituten im Sinne des § 340 des Handelsgesetzbuchs[1)] der Gesamtbetrag, der sich aus dem auf das Institut anwendbaren nationalen Recht im Einklang mit Artikel 27 Nummer 1, 3, 4, 6 und 7 oder Artikel 28 Nummer B1, B2, B3, B4 und B7 der Richtlinie 86/635/EWG des Rates vom 8. Dezember 1986 über den Jahresabschluss und den konsolidierten Abschluss von Banken und anderen Finanzinstituten (ABl. L 372 vom 31.12.1986, S. 1; L 316 vom 23.11.1988, S. 51), die zuletzt durch die Richtlinie 2006/46/EG (ABl. L 224 vom 16.8.2006, S. 1) geändert worden ist, ergibt, abzüglich der Umsatzsteuer und sonstiger direkt auf diese Erträge erhobener Steuern,
2. im Falle von Versicherungsunternehmen der Gesamtbetrag, der sich aus dem auf das Versicherungsunternehmen anwendbaren nationalen Recht im Einklang mit Artikel 63 der Richtlinie 91/674/EWG des Rates vom 19. Dezember 1991 über den Jahresabschluss und den konsolidierten Abschluss von Versicherungsunternehmen (ABl. L 374 vom 31.12.1991, S. 7), die zuletzt durch die Richtlinie 2006/46/EG (ABl. L 224 vom 16.8.2006, S. 1) geändert worden ist, ergibt, abzüglich der Umsatzsteuer und sonstiger direkt auf diese Erträge erhobener Steuern,
3. im Übrigen der Betrag der Nettoumsatzerlöse nach Maßgabe des auf das Unternehmen anwendbaren nationalen Rechts im Einklang mit Artikel 2 Nummer 5 der Richtlinie 2013/34/EU des Europäischen Parlaments und des Rates vom 26. Juni 2013 über den Jahresabschluss, den konsolidierten Abschluss und damit verbundene Berichte von Unternehmen bestimmter Rechtsformen und zur Änderung der Richtlinie 2006/43/EG des Europäischen Parlaments und des Rates und zur Aufhebung der Richtlinien 78/660/EWG und 83/349/EWG des Rates (ABl. L 182 vom 29.6.2013, S. 19; L 369 vom 24.12.2014, S. 79), die zuletzt durch die Richtlinie 2014/102/EU (ABl. L 334 vom 21.11.2014, S. 86) geändert worden ist.

(7) [1] Handelt es sich bei der juristischen Person oder Personenvereinigung nach Absatz 4 um ein Mutterunternehmen oder um eine Tochtergesellschaft, so ist anstelle des Gesamtumsatzes der juristischen Person oder Personenvereinigung der jeweilige Gesamtbetrag in dem Konzernabschluss des Mutterunternehmens maßgeblich, der für den größten Kreis von Unternehmen aufgestellt wird. [2] Wird der Konzernabschluss für den größten Kreis von Unternehmen nicht nach den in Absatz 6 genannten Vorschriften aufgestellt, ist der Gesamtumsatz nach Maßgabe der den in Absatz 6 Nummer 1 bis 3 vergleichbaren Posten des Konzernabschlusses zu ermitteln. [3] Ist ein Jahresabschluss oder Konzernabschluss für das maßgebliche Geschäftsjahr nicht verfügbar, ist der Jahres- oder Konzernabschluss für das unmittelbar vorausgehende Geschäftsjahr maßgeblich; ist auch dieser nicht verfügbar, kann der Gesamtumsatz geschätzt werden.

§ 61 Zuständige Verwaltungsbehörde. Verwaltungsbehörde im Sinne des § 36 Abs. 1 Nr. 1 des Gesetzes über Ordnungswidrigkeiten ist die Bundesanstalt.

§ 62 Zuständigkeit des Oberlandesgerichts im gerichtlichen Verfahren.

(1) [1] Im gerichtlichen Verfahren wegen einer Ordnungswidrigkeit nach § 60 entscheidet das für den Sitz der Bundesanstalt in Frankfurt am Main zuständige Oberlandesgericht; es entscheidet auch über einen Antrag auf gerichtliche Ent-

---

[1)] Nr. 5.

scheidung (§ 62 des Gesetzes über Ordnungswidrigkeiten) in den Fällen des § 52 Abs. 2 Satz 3 und des § 69 Abs. 1 Satz 2 des Gesetzes über Ordnungswidrigkeiten. [2] § 140 Abs. 1 Nr. 1 der Strafprozessordnung in Verbindung mit § 46 Abs. 1 des Gesetzes über Ordnungswidrigkeiten findet keine Anwendung.

(2) Das Oberlandesgericht entscheidet in der Besetzung von drei Mitgliedern mit Einschluss des vorsitzenden Mitglieds.

§ 63 Rechtsbeschwerde zum Bundesgerichtshof. [1] Über die Rechtsbeschwerde (§ 79 des Gesetzes über Ordnungswidrigkeiten) entscheidet der Bundesgerichtshof. [2] Hebt er die angefochtene Entscheidung auf, ohne in der Sache selbst zu entscheiden, so verweist er die Sache an das Oberlandesgericht, dessen Entscheidung aufgehoben wird, zurück.

§ 64 Wiederaufnahme gegen Bußgeldbescheid. Im Wiederaufnahmeverfahren gegen den Bußgeldbescheid der Bundesanstalt (§ 85 Abs. 4 des Gesetzes über Ordnungswidrigkeiten) entscheidet das nach § 62 Abs. 1 zuständige Gericht.

§ 65 Gerichtliche Entscheidung bei der Vollstreckung. Die bei der Vollstreckung notwendig werdenden gerichtlichen Entscheidungen (§ 104 des Gesetzes über Ordnungswidrigkeiten) werden von dem nach § 62 Abs. 1 zuständigen Gericht erlassen.

Abschnitt 9. Gerichtliche Zuständigkeit; Übergangsregelungen

§ 66 Gerichte für Wertpapiererwerbs- und Übernahmesachen. (1) [1] Für bürgerliche Rechtsstreitigkeiten, die sich aus diesem Gesetz ergeben, sind ohne Rücksicht auf den Wert des Streitgegenstandes die Landgerichte ausschließlich zuständig. [2] Satz 1 gilt auch für die in § 12 Abs. 6 genannten Ansprüche und für den Fall, dass die Entscheidung eines Rechtsstreits ganz oder teilweise von einer Entscheidung abhängt, die nach diesem Gesetz zu treffen ist. [3] Für Klagen, die auf Grund dieses Gesetzes oder wegen der in § 12 Abs. 6 genannten Ansprüche erhoben werden, ist auch das Landgericht zuständig, in dessen Bezirk die Zielgesellschaft ihren Sitz hat.

(2) Die Rechtsstreitigkeiten sind Handelssachen im Sinne der §§ 93 bis 114 des Gerichtsverfassungsgesetzes.

(3) [1] Die Landesregierungen werden ermächtigt, durch Rechtsverordnung bürgerliche Rechtsstreitigkeiten, für die nach Absatz 1 ausschließlich die Landgerichte zuständig sind, einem Landgericht für die Bezirke mehrerer Landgerichte zuzuweisen, wenn eine solche Zusammenfassung der Rechtspflege in Wertpapiererwerbs- und Übernahmesachen dienlich ist. [2] Sie werden ferner ermächtigt, die Entscheidungen über Berufungen und Beschwerden gegen Entscheidungen der nach Absatz 1 zuständigen Landgerichte in bürgerlichen Rechtsstreitigkeiten einem oder einigen der Oberlandesgerichte zuzuweisen, wenn in einem Land mehrere Oberlandesgerichte errichtet sind. [3] Die Landesregierungen können die Ermächtigungen auf die Landesjustizverwaltungen übertragen. [4] Durch Staatsverträge zwischen den Ländern kann die Zuständigkeit eines Landgerichts für einzelne Bezirke oder das gesamte Gebiet mehrerer Länder begründet werden.

§ 67 Senat für Wertpapiererwerbs- und Übernahmesachen beim Oberlandesgericht. In den ihm nach § 48 Abs. 4, § 62 Abs. 1, §§ 64 und 65 zugewiesenen Rechtssachen entscheidet das Oberlandesgericht durch einen Wertpapiererwerbs- und Übernahmesenat.

§ 68 Übergangsregelungen. (1) Auf Angebote, die vor dem 14. Juli 2006 veröffentlicht worden sind, findet dieses Gesetz in der vor dem 14. Juli 2006 geltenden Fassung Anwendung.

(2) Für Zielgesellschaften im Sinne des § 2 Abs. 3 Nr. 2, deren stimmberechtigte Wertpapiere am 20. Mai 2006 zum Handel an einem organisierten Markt zugelassen waren, ist § 1 Abs. 3 mit der Maßgabe anzuwenden, dass in Nummer 2 Buchstabe b Doppelbuchstabe bb an die Stelle der Entscheidung der Zielgesellschaft die Entscheidung der betroffenen Aufsichtsstellen tritt.

(3) Wird die Kontrolle über die Zielgesellschaft dadurch erlangt, dass ein vor dem 19. August 2008 abgestimmtes Verhalten auf Grund der Neufassung des § 30 Abs. 2 ab dem 19. August 2008 zu einer Zurechnung von Stimmrechten führt, besteht keine Verpflichtung nach § 35 Abs. 1 Satz 1 und Abs. 2 Satz 1.

(4) Auf Angebote, die vor dem 19. August 2008 nach § 14 Abs. 2 Satz 1 veröffentlicht worden sind, findet dieses Gesetz in der vor dem 19. August 2008 geltenden Fassung Anwendung.

(5) § 16 Abs. 4 in der Fassung des Gesetzes zur Umsetzung der Aktionärsrechterichtlinie vom 30. Juli 2009 (BGBl. I S. 2479) ist nicht auf Hauptversammlungen anzuwenden, zu denen vor dem 1. September 2009 einberufen wurde.

12. Umwandlungsgesetz (UmwG)[1)]

Vom 28. Oktober 1994

(BGBl. I S. 3210, ber. 1995 I S. 428)

FNA 4120-9-2

zuletzt geänd. durch Art. 1 Viertes ÄndG v. 19.12.2018 (BGBl. I S. 2694)

Inhaltsübersicht

[1)] Verkündet als Art. 1 UmwandlungsrechtsbereinigungsG v. 28.10.1994 (BGBl. I S. 3210); Inkrafttreten gem. Art. 20 dieses G am 1.1.1995.

Erstes Buch. Möglichkeiten von Umwandlungen

§ 1 Arten der Umwandlung; gesetzliche Beschränkungen. (1) Rechtsträger mit Sitz im Inland können umgewandelt werden

1. durch Verschmelzung;
2. durch Spaltung (Aufspaltung, Abspaltung, Ausgliederung);
3. durch Vermögensübertragung;
4. durch Formwechsel.

(2) Eine Umwandlung im Sinne des Absatzes 1 ist außer in den in diesem Gesetz geregelten Fällen nur möglich, wenn sie durch ein anderes Bundesgesetz oder ein Landesgesetz ausdrücklich vorgesehen ist.

(3) [1] Von den Vorschriften dieses Gesetzes kann nur abgewichen werden, wenn dies ausdrücklich zugelassen ist. [2] Ergänzende Bestimmungen in Verträgen, Satzungen oder Willenserklärungen sind zulässig, es sei denn, daß dieses Gesetz eine abschließende Regelung enthält.

Zweites Buch. Verschmelzung

Erster Teil. Allgemeine Vorschriften

Erster Abschnitt. Möglichkeit der Verschmelzung

§ 2 Arten der Verschmelzung. Rechtsträger können unter Auflösung ohne Abwicklung verschmolzen werden

1. im Wege der Aufnahme durch Übertragung des Vermögens eines Rechtsträgers oder mehrerer Rechtsträger (übertragende Rechtsträger) als Ganzes auf einen anderen bestehenden Rechtsträger (übernehmender Rechtsträger) oder
2. im Wege der Neugründung durch Übertragung der Vermögen zweier oder mehrerer Rechtsträger (übertragende Rechtsträger) jeweils als Ganzes auf einen neuen, von ihnen dadurch gegründeten Rechtsträger

gegen Gewährung von Anteilen oder Mitgliedschaften des übernehmenden oder neuen Rechtsträgers an die Anteilsinhaber (Gesellschafter, Partner, Aktionäre oder Mitglieder) der übertragenden Rechtsträger.

§ 3 Verschmelzungsfähige Rechtsträger. (1) An Verschmelzungen können als übertragende, übernehmende oder neue Rechtsträger beteiligt sein:

1. Personenhandelsgesellschaften (offene Handelsgesellschaften, Kommanditgesellschaften) und Partnerschaftsgesellschaften;
2. Kapitalgesellschaften (Gesellschaften mit beschränkter Haftung, Aktiengesellschaften, Kommanditgesellschaften auf Aktien);
3. eingetragene Genossenschaften;
4. eingetragene Vereine (§ 21 des Bürgerlichen Gesetzbuchs[1]);

---

[1] Nr. 1.

5. genossenschaftliche Prüfungsverbände;
6. Versicherungsvereine auf Gegenseitigkeit.

(2) An einer Verschmelzung können ferner beteiligt sein:

1. wirtschaftliche Vereine (§ 22 des Bürgerlichen Gesetzbuchs), soweit sie übertragender Rechtsträger sind;
2. natürliche Personen, die als Alleingesellschafter einer Kapitalgesellschaft deren Vermögen übernehmen.

(3) An der Verschmelzung können als übertragende Rechtsträger auch aufgelöste Rechtsträger beteiligt sein, wenn die Fortsetzung dieser Rechtsträger beschlossen werden könnte.

(4) Die Verschmelzung kann sowohl unter gleichzeitiger Beteiligung von Rechtsträgern derselben Rechtsform als auch von Rechtsträgern unterschiedlicher Rechtsform erfolgen, soweit nicht etwas anderes bestimmt ist.

Zweiter Abschnitt. Verschmelzung durch Aufnahme

§ 4 Verschmelzungsvertrag. (1) [1] Die Vertretungsorgane der an der Verschmelzung beteiligten Rechtsträger schließen einen Verschmelzungsvertrag. [2] § 311b Abs. 2 des Bürgerlichen Gesetzbuchs gilt für ihn nicht.

(2) Soll der Vertrag nach einem der nach § 13 erforderlichen Beschlüsse geschlossen werden, so ist vor diesem Beschluß ein schriftlicher Entwurf des Vertrags aufzustellen.

§ 5 Inhalt des Verschmelzungsvertrags. (1) Der Vertrag oder sein Entwurf muß mindestens folgende Angaben enthalten:

1. den Namen oder die Firma und den Sitz der an der Verschmelzung beteiligten Rechtsträger;
2. die Vereinbarung über die Übertragung des Vermögens jedes übertragenden Rechtsträgers als Ganzes gegen Gewährung von Anteilen oder Mitgliedschaften an dem übernehmenden Rechtsträger;
3. das Umtauschverhältnis der Anteile und gegebenenfalls die Höhe der baren Zuzahlung oder Angaben über die Mitgliedschaft bei dem übernehmenden Rechtsträger;
4. die Einzelheiten für die Übertragung der Anteile des übernehmenden Rechtsträgers oder über den Erwerb der Mitgliedschaft bei dem übernehmenden Rechtsträger;
5. den Zeitpunkt, von dem an diese Anteile oder die Mitgliedschaften einen Anspruch auf einen Anteil am Bilanzgewinn gewähren, sowie alle Besonderheiten in bezug auf diesen Anspruch;
6. den Zeitpunkt, von dem an die Handlungen der übertragenden Rechtsträger als für Rechnung des übernehmenden Rechtsträgers vorgenommen gelten (Verschmelzungsstichtag);
7. die Rechte, die der übernehmende Rechtsträger einzelnen Anteilsinhabern sowie den Inhabern besonderer Rechte wie Anteile ohne Stimmrecht, Vorzugsaktien, Mehrstimmrechtsaktien, Schuldverschreibungen und Genußrechte gewährt, oder die für diese Personen vorgesehenen Maßnahmen;
8. jeden besonderen Vorteil, der einem Mitglied eines Vertretungsorgans oder eines Aufsichtsorgans der an der Verschmelzung beteiligten Rechtsträger,

einem geschäftsführenden Gesellschafter, einem Partner, einem Abschlußprüfer oder einem Verschmelzungsprüfer gewährt wird;

9. die Folgen der Verschmelzung für die Arbeitnehmer und ihre Vertretungen sowie die insoweit vorgesehenen Maßnahmen.

(2) Befinden sich alle Anteile eines übertragenden Rechtsträgers in der Hand des übernehmenden Rechtsträgers, so entfallen die Angaben über den Umtausch der Anteile (Absatz 1 Nr. 2 bis 5), soweit sie die Aufnahme dieses Rechtsträgers betreffen.

(3) Der Vertrag oder sein Entwurf ist spätestens einen Monat vor dem Tage der Versammlung der Anteilsinhaber jedes beteiligten Rechtsträgers, die gemäß § 13 Abs. 1 über die Zustimmung zum Verschmelzungsvertrag beschließen soll, dem zuständigen Betriebsrat dieses Rechtsträgers zuzuleiten.

§ 6 Form des Verschmelzungsvertrags. Der Verschmelzungsvertrag muß notariell beurkundet werden.

§ 7 Kündigung des Verschmelzungsvertrags. [1] Ist der Verschmelzungsvertrag unter einer Bedingung geschlossen worden und ist diese binnen fünf Jahren nach Abschluß des Vertrags nicht eingetreten, so kann jeder Teil den Vertrag nach fünf Jahren mit halbjähriger Frist kündigen; im Verschmelzungsvertrag kann eine kürzere Zeit als fünf Jahre vereinbart werden. [2] Die Kündigung kann stets nur für den Schluß des Geschäftsjahres des Rechtsträgers, dem gegenüber sie erklärt wird, ausgesprochen werden.

§ 8 Verschmelzungsbericht. (1) [1] Die Vertretungsorgane jedes der an der Verschmelzung beteiligten Rechtsträger haben einen ausführlichen schriftlichen Bericht zu erstatten, in dem die Verschmelzung, der Verschmelzungsvertrag oder sein Entwurf im einzelnen und insbesondere das Umtauschverhältnis der Anteile oder die Angaben über die Mitgliedschaft bei dem übernehmenden Rechtsträger sowie die Höhe einer anzubietenden Barabfindung rechtlich und wirtschaftlich erläutert und begründet werden (Verschmelzungsbericht); der Bericht kann von den Vertretungsorganen auch gemeinsam erstattet werden. [2] Auf besondere Schwierigkeiten bei der Bewertung der Rechtsträger sowie auf die Folgen für die Beteiligung der Anteilsinhaber ist hinzuweisen. [3] Ist ein an der Verschmelzung beteiligter Rechtsträger ein verbundenes Unternehmen im Sinne des § 15 des Aktiengesetzes[1)], so sind in dem Bericht auch Angaben über alle für die Verschmelzung wesentlichen Angelegenheiten der anderen verbundenen Unternehmen zu machen. [4] Auskunftspflichten der Vertretungsorgane erstrecken sich auch auf diese Angelegenheiten.

(2) [1] In den Bericht brauchen Tatsachen nicht aufgenommen zu werden, deren Bekanntwerden geeignet ist, einem der beteiligten Rechtsträger oder einem verbundenen Unternehmen einen nicht unerheblichen Nachteil zuzufügen. [2] In diesem Falle sind in dem Bericht die Gründe, aus denen die Tatsachen nicht aufgenommen worden sind, darzulegen.

(3) [1] Der Bericht ist nicht erforderlich, wenn alle Anteilsinhaber aller beteiligten Rechtsträger auf seine Erstattung verzichten oder sich alle Anteile des übertragenden Rechtsträgers in der Hand des übernehmenden Rechtsträgers befinden. [2] Die Verzichtserklärungen sind notariell zu beurkunden.

[1)] Nr. 2.

§ 9 Prüfung der Verschmelzung. (1) Soweit in diesem Gesetz vorgeschrieben, ist der Verschmelzungsvertrag oder sein Entwurf durch einen oder mehrere sachverständige Prüfer (Verschmelzungsprüfer) zu prüfen.

(2) Befinden sich alle Anteile eines übertragenden Rechtsträgers in der Hand des übernehmenden Rechtsträgers, so ist eine Verschmelzungsprüfung nach Absatz 1 nicht erforderlich, soweit sie die Aufnahme dieses Rechtsträgers betrifft.

(3) § 8 Abs. 3 ist entsprechend anzuwenden.

§ 10 Bestellung der Verschmelzungsprüfer. (1) [1] Die Verschmelzungsprüfer werden auf Antrag des Vertretungsorgans vom Gericht ausgewählt und bestellt. [2] Sie können auf gemeinsamen Antrag der Vertretungsorgane für mehrere oder alle beteiligten Rechtsträger gemeinsam bestellt werden. [3] Für den Ersatz von Auslagen und für die Vergütung der vom Gericht bestellten Prüfer gilt § 318 Abs. 5 des Handelsgesetzbuchs[1)].

(2) [1] Zuständig ist jedes Landgericht, in dessen Bezirk ein übertragender Rechtsträger seinen Sitz hat. [2] Ist bei dem Landgericht eine Kammer für Handelssachen gebildet, so entscheidet deren Vorsitzender an Stelle der Zivilkammer.

(3) Auf das Verfahren ist das Gesetz über das Verfahren in Familiensachen und in den Angelegenheiten der freiwilligen Gerichtsbarkeit anzuwenden, soweit in den folgenden Absätzen nichts anderes bestimmt ist.

(4) [1] Gegen die Entscheidung findet die Beschwerde statt. [2] Sie kann nur durch Einreichung einer von einem Rechtsanwalt unterzeichneten Beschwerdeschrift eingelegt werden.

(5) [1] Die Landesregierung kann die Entscheidung über die Beschwerde durch Rechtsverordnung für die Bezirke mehrerer Oberlandesgerichte einem der Oberlandesgerichte oder dem Obersten Landesgericht übertragen, wenn dies der Sicherung einer einheitlichen Rechtsprechung dient. [2] Die Landesregierung kann die Ermächtigung auf die Landesjustizverwaltung übertragen.

§ 11 Stellung und Verantwortlichkeit der Verschmelzungsprüfer.

(1) [1] Für die Auswahl und das Auskunftsrecht der Verschmelzungsprüfer gelten § 319 Abs. 1 bis 4, § 319a Abs. 1, § 319b Abs. 1, § 320 Abs. 1 Satz 2 und Abs. 2 Satz 1 und 2 des Handelsgesetzbuchs[1)] entsprechend. [2] Soweit Rechtsträger betroffen sind, für die keine Pflicht zur Prüfung des Jahresabschlusses besteht, gilt Satz 1 entsprechend. [3] Dabei findet § 267 Abs. 1 bis 3 des Handelsgesetzbuchs[1)] für die Umschreibung der Größenklassen entsprechende Anwendung. [4] Das Auskunftsrecht besteht gegenüber allen an der Verschmelzung beteiligten Rechtsträgern und gegenüber einem Konzernunternehmen sowie einem abhängigen und einem herrschenden Unternehmen.

(2) [1] Für die Verantwortlichkeit der Verschmelzungsprüfer, ihrer Gehilfen und der bei der Prüfung mitwirkenden gesetzlichen Vertreter einer Prüfungsgesellschaft gilt § 323 des Handelsgesetzbuchs entsprechend. [2] Die Verantwortlichkeit besteht gegenüber den an der Verschmelzung beteiligten Rechtsträgern und deren Anteilsinhabern.

[1)] Nr. **5**.

§ 12 Prüfungsbericht. (1) [1] Die Verschmelzungsprüfer haben über das Ergebnis der Prüfung schriftlich zu berichten. [2] Der Prüfungsbericht kann auch gemeinsam erstattet werden.

(2) [1] Der Prüfungsbericht ist mit einer Erklärung darüber abzuschließen, ob das vorgeschlagene Umtauschverhältnis der Anteile, gegebenenfalls die Höhe der baren Zuzahlung oder die Mitgliedschaft bei dem übernehmenden Rechtsträger als Gegenwert angemessen ist. [2] Dabei ist anzugeben,

1. nach welchen Methoden das vorgeschlagene Umtauschverhältnis ermittelt worden ist;
2. aus welchen Gründen die Anwendung dieser Methoden angemessen ist;
3. welches Umtauschverhältnis oder welcher Gegenwert sich bei der Anwendung verschiedener Methoden, sofern mehrere angewandt worden sind, jeweils ergeben würde; zugleich ist darzulegen, welches Gewicht den verschiedenen Methoden bei der Bestimmung des vorgeschlagenen Umtauschverhältnisses oder des Gegenwerts und der ihnen zugrundeliegenden Werte beigemessen worden ist und welche besonderen Schwierigkeiten bei der Bewertung der Rechtsträger aufgetreten sind.

(3) § 8 Abs. 2 und 3 ist entsprechend anzuwenden.

§ 13 Beschlüsse über den Verschmelzungsvertrag. (1) [1] Der Verschmelzungsvertrag wird nur wirksam, wenn die Anteilsinhaber der beteiligten Rechtsträger ihm durch Beschluß (Verschmelzungsbeschluß) zustimmen. [2] Der Beschluß kann nur in einer Versammlung der Anteilsinhaber gefaßt werden.

(2) Ist die Abtretung der Anteile eines übertragenden Rechtsträgers von der Genehmigung bestimmter einzelner Anteilsinhaber abhängig, so bedarf der Verschmelzungsbeschluß dieses Rechtsträgers zu seiner Wirksamkeit ihrer Zustimmung.

(3) [1] Der Verschmelzungsbeschluß und die nach diesem Gesetz erforderlichen Zustimmungserklärungen einzelner Anteilsinhaber einschließlich der erforderlichen Zustimmungserklärungen nicht erschienener Anteilsinhaber müssen notariell beurkundet werden. [2] Der Vertrag oder sein Entwurf ist dem Beschluß als Anlage beizufügen. [3] Auf Verlangen hat der Rechtsträger jedem Anteilsinhaber auf dessen Kosten unverzüglich eine Abschrift des Vertrags oder seines Entwurfs und der Niederschrift des Beschlusses zu erteilen.

§ 14 Befristung und Ausschluß von Klagen gegen den Verschmelzungsbeschluß. (1) Eine Klage gegen die Wirksamkeit eines Verschmelzungsbeschlusses muß binnen eines Monats nach der Beschlußfassung erhoben werden.

(2) Eine Klage gegen die Wirksamkeit des Verschmelzungsbeschlusses eines übertragenden Rechtsträgers kann nicht darauf gestützt werden, daß das Umtauschverhältnis der Anteile zu niedrig bemessen ist oder daß die Mitgliedschaft bei dem übernehmenden Rechtsträger kein ausreichender Gegenwert für die Anteile oder die Mitgliedschaft bei dem übertragenden Rechtsträger ist.

§ 15 Verbesserung des Umtauschverhältnisses. (1) [1] Ist das Umtauschverhältnis der Anteile zu niedrig bemessen oder ist die Mitgliedschaft bei dem übernehmenden Rechtsträger kein ausreichender Gegenwert für den Anteil oder die Mitgliedschaft bei einem übertragenden Rechtsträger, so kann jeder

Anteilsinhaber dieses übertragenden Rechtsträgers, dessen Recht, gegen die Wirksamkeit des Verschmelzungsbeschlusses Klage zu erheben, nach § 14 Abs. 2 ausgeschlossen ist, von dem übernehmenden Rechtsträger einen Ausgleich durch bare Zuzahlung verlangen; die Zuzahlungen können den zehnten Teil des auf die gewährten Anteile entfallenden Betrags des Grund- oder Stammkapitals übersteigen. [2] Die angemessene Zuzahlung wird auf Antrag durch das Gericht nach den Vorschriften des Spruchverfahrensgesetzes[1)] bestimmt.

(2) [1] Die bare Zuzahlung ist nach Ablauf des Tages, an dem die Eintragung der Verschmelzung in das Register des Sitzes des übernehmenden Rechtsträgers nach § 19 Abs. 3 bekannt gemacht worden ist, mit jährlich 5 Prozentpunkten über dem jeweiligen Basiszinssatz nach § 247 des Bürgerlichen Gesetzbuchs zu verzinsen. [2] Die Geltendmachung eines weiteren Schadens ist nicht ausgeschlossen.

§ 16 Anmeldung der Verschmelzung. (1) [1] Die Vertretungsorgane jedes der an der Verschmelzung beteiligten Rechtsträger haben die Verschmelzung zur Eintragung in das Register (Handelsregister, Partnerschaftsregister, Genossenschaftsregister oder Vereinsregister) des Sitzes ihres Rechtsträgers anzumelden. [2] Das Vertretungsorgan des übernehmenden Rechtsträgers ist berechtigt, die Verschmelzung auch zur Eintragung in das Register des Sitzes jedes der übertragenden Rechtsträger anzumelden.

(2) [1] Bei der Anmeldung haben die Vertretungsorgane zu erklären, daß eine Klage gegen die Wirksamkeit eines Verschmelzungsbeschlusses nicht oder nicht fristgemäß erhoben oder eine solche Klage rechtskräftig abgewiesen oder zurückgenommen worden ist; hierüber haben die Vertretungsorgane dem Registergericht auch nach der Anmeldung Mitteilung zu machen. [2] Liegt die Erklärung nicht vor, so darf die Verschmelzung nicht eingetragen werden, es sei denn, daß die klageberechtigten Anteilsinhaber durch notariell beurkundete Verzichtserklärung auf die Klage gegen die Wirksamkeit des Verschmelzungsbeschlusses verzichten.

(3) [1] Der Erklärung nach Absatz 2 Satz 1 steht es gleich, wenn nach Erhebung einer Klage gegen die Wirksamkeit eines Verschmelzungsbeschlusses das Gericht auf Antrag des Rechtsträgers, gegen dessen Verschmelzungsbeschluß sich die Klage richtet, durch Beschluß festgestellt hat, daß die Erhebung der Klage der Eintragung nicht entgegensteht. [2] Auf das Verfahren sind § 247 des Aktiengesetzes[2)], die §§ 82, 83 Abs. 1 und § 84 der Zivilprozessordnung sowie die im ersten Rechtszug für das Verfahren vor den Landgerichten geltenden Vorschriften der Zivilprozessordnung entsprechend anzuwenden, soweit nichts Abweichendes bestimmt ist. [3] Ein Beschluss nach Satz 1 ergeht, wenn

1. die Klage unzulässig oder offensichtlich unbegründet ist oder
2. der Kläger nicht binnen einer Woche nach Zustellung des Antrags durch Urkunden nachgewiesen hat, dass er seit Bekanntmachung der Einberufung einen anteiligen Betrag von mindestens 1 000 Euro hält oder
3. das alsbaldige Wirksamwerden der Verschmelzung vorrangig erscheint, weil die vom Antragsteller dargelegten wesentlichen Nachteile für die an der Verschmelzung beteiligten Rechtsträger und ihre Anteilsinhaber nach freier

---

1) Nr. **19**.
2) Nr. **2**.

Überzeugung des Gerichts die Nachteile für den Antragsgegner überwiegen, es sei denn, es liegt eine besondere Schwere des Rechtsverstoßes vor.

[4] Der Beschluß kann in dringenden Fällen ohne mündliche Verhandlung ergehen. [5] Der Beschluss soll spätestens drei Monate nach Antragstellung ergehen; Verzögerungen der Entscheidung sind durch unanfechtbaren Beschluss zu begründen. [6] Die vorgebrachten Tatsachen, auf Grund derer der Beschluß nach Satz 3 ergehen kann, sind glaubhaft zu machen. [7] Über den Antrag entscheidet ein Senat des Oberlandesgerichts, in dessen Bezirk die Gesellschaft ihren Sitz hat. [8] Eine Übertragung auf den Einzelrichter ist ausgeschlossen; einer Güteverhandlung bedarf es nicht. [9] Der Beschluss ist unanfechtbar. [10] Erweist sich die Klage als begründet, so ist der Rechtsträger, der den Beschluß erwirkt hat, verpflichtet, dem Antragsgegner den Schaden zu ersetzen, der ihm aus einer auf dem Beschluß beruhenden Eintragung der Verschmelzung entstanden ist; als Ersatz des Schadens kann nicht die Beseitigung der Wirkungen der Eintragung der Verschmelzung im Register des Sitzes des übernehmenden Rechtsträgers verlangt werden.

§ 17 Anlagen der Anmeldung. (1) Der Anmeldung sind in Ausfertigung oder öffentlich beglaubigter Abschrift oder, soweit sie nicht notariell zu beurkunden sind, in Urschrift oder Abschrift der Verschmelzungsvertrag, die Niederschriften der Verschmelzungsbeschlüsse, die nach diesem Gesetz erforderlichen Zustimmungserklärungen einzelner Anteilsinhaber einschließlich der Zustimmungserklärungen nicht erschienener Anteilsinhaber, der Verschmelzungsbericht, der Prüfungsbericht oder die Verzichtserklärungen nach § 8 Abs. 3, § 9 Abs. 3, § 12 Abs. 3, § 54 Abs. 1 Satz 3 oder § 68 Abs. 1 Satz 3, ein Nachweis über die rechtzeitige Zuleitung des Verschmelzungsvertrages oder seines Entwurfs an den zuständigen Betriebsrat beizufügen.

(2) [1] Der Anmeldung zum Register des Sitzes jedes der übertragenden Rechtsträger ist ferner eine Bilanz dieses Rechtsträgers beizufügen (Schlußbilanz). [2] Für diese Bilanz gelten die Vorschriften über die Jahresbilanz und deren Prüfung entsprechend. [3] Sie braucht nicht bekanntgemacht zu werden. [4] Das Registergericht darf die Verschmelzung nur eintragen, wenn die Bilanz auf einen höchstens acht Monate vor der Anmeldung liegenden Stichtag aufgestellt worden ist.

§ 18 Firma oder Name des übernehmenden Rechtsträgers. (1) Der übernehmende Rechtsträger darf die Firma eines der übertragenden Rechtsträger, dessen Handelsgeschäft er durch die Verschmelzung erwirbt, mit oder ohne Beifügung eines das Nachfolgeverhältnis andeutenden Zusatzes fortführen.

(2) Ist an einem der übertragenden Rechtsträger eine natürliche Person beteiligt, die an dem übernehmenden Rechtsträger nicht beteiligt wird, so darf der übernehmende Rechtsträger den Namen dieses Anteilsinhabers nur dann in der nach Absatz 1 fortgeführten oder in der neu gebildeten Firma verwenden, wenn der betroffene Anteilsinhaber oder dessen Erben ausdrücklich in die Verwendung einwilligen.

(3) [1] Ist eine Partnerschaftsgesellschaft an der Verschmelzung beteiligt, gelten für die Fortführung der Firma oder des Namens die Absätze 1 und 2 entsprechend. [2] Eine Firma darf als Name einer Partnerschaftsgesellschaft nur unter

den Voraussetzungen des § 2 Abs. 1 des Partnerschaftsgesellschaftsgesetzes[1)] fortgeführt werden. [3] § 1 Abs. 3 und § 11 des Partnerschaftsgesellschaftsgesetzes sind entsprechend anzuwenden.

§ 19 Eintragung und Bekanntmachung der Verschmelzung. (1) [1] Die Verschmelzung darf in das Register des Sitzes des übernehmenden Rechtsträgers erst eingetragen werden, nachdem sie im Register des Sitzes jedes der übertragenden Rechtsträger eingetragen worden ist. [2] Die Eintragung im Register des Sitzes jedes der übertragenden Rechtsträger ist mit dem Vermerk zu versehen, daß die Verschmelzung erst mit der Eintragung im Register des Sitzes des übernehmenden Rechtsträgers wirksam wird, sofern die Eintragungen in den Registern aller beteiligten Rechtsträger nicht am selben Tag erfolgen.

(2) [1] Das Gericht des Sitzes des übernehmenden Rechtsträgers hat von Amts wegen dem Gericht des Sitzes jedes der übertragenden Rechtsträger den Tag der Eintragung der Verschmelzung mitzuteilen. [2] Nach Eingang der Mitteilung hat das Gericht des Sitzes jedes der übertragenden Rechtsträger von Amts wegen den Tag der Eintragung der Verschmelzung im Register des Sitzes des übernehmenden Rechtsträgers im Register des Sitzes des übertragenden Rechtsträgers zu vermerken und die bei ihm aufbewahrten Dokumente dem Gericht des Sitzes des übernehmenden Rechtsträgers zur Aufbewahrung zu übermitteln.

(3) Das Gericht des Sitzes jedes der an der Verschmelzung beteiligten Rechtsträger hat jeweils die von ihm vorgenommene Eintragung der Verschmelzung von Amts wegen nach § 10 des Handelsgesetzbuchs[2)] ihrem ganzen Inhalt nach bekanntzumachen.

§ 20 Wirkungen der Eintragung. (1) Die Eintragung der Verschmelzung in das Register des Sitzes des übernehmenden Rechtsträgers hat folgende Wirkungen:

1. Das Vermögen der übertragenden Rechtsträger geht einschließlich der Verbindlichkeiten auf den übernehmenden Rechtsträger über.
2. [1] Die übertragenden Rechtsträger erlöschen. [2] Einer besonderen Löschung bedarf es nicht.
3. [1] Die Anteilsinhaber der übertragenden Rechtsträger werden Anteilsinhaber des übernehmenden Rechtsträgers; dies gilt nicht, soweit der übernehmende Rechtsträger oder ein Dritter, der im eigenen Namen, jedoch für Rechnung dieses Rechtsträgers handelt, Anteilsinhaber des übertragenden Rechtsträgers ist oder der übertragende Rechtsträger eigene Anteile innehat oder ein Dritter, der im eigenen Namen, jedoch für Rechnung dieses Rechtsträgers handelt, dessen Anteilsinhaber ist. [2] Rechte Dritter an den Anteilen oder Mitgliedschaften der übertragenden Rechtsträger bestehen an den an ihre Stelle tretenden Anteilen oder Mitgliedschaften des übernehmenden Rechtsträgers weiter.
4. Der Mangel der notariellen Beurkundung des Verschmelzungsvertrags und gegebenenfalls erforderlicher Zustimmungs- oder Verzichtserklärungen einzelner Anteilsinhaber wird geheilt.

[1)] Nr. 7.
[2)] Nr. 5.

(2) Mängel der Verschmelzung lassen die Wirkungen der Eintragung nach Absatz 1 unberührt.

§ 21 Wirkung auf gegenseitige Verträge. Treffen bei einer Verschmelzung aus gegenseitigen Verträgen, die zur Zeit der Verschmelzung von keiner Seite vollständig erfüllt sind, Abnahme-, Lieferungs- oder ähnliche Verpflichtungen zusammen, die miteinander unvereinbar sind oder die beide zu erfüllen eine schwere Unbilligkeit für den übernehmenden Rechtsträger bedeuten würde, so bestimmt sich der Umfang der Verpflichtungen nach Billigkeit unter Würdigung der vertraglichen Rechte aller Beteiligten.

§ 22 Gläubigerschutz. (1) [1] Den Gläubigern der an der Verschmelzung beteiligten Rechtsträger ist, wenn sie binnen sechs Monaten nach dem Tag, an dem die Eintragung der Verschmelzung in das Register des Sitzes desjenigen Rechtsträgers, dessen Gläubiger sie sind, nach § 19 Abs. 3 bekannt gemacht worden ist, ihren Anspruch nach Grund und Höhe schriftlich anmelden, Sicherheit zu leisten, soweit sie nicht Befriedigung verlangen können. [2] Dieses Recht steht den Gläubigern jedoch nur zu, wenn sie glaubhaft machen, daß durch die Verschmelzung die Erfüllung ihrer Forderung gefährdet wird. [3] Die Gläubiger sind in der Bekanntmachung der jeweiligen Eintragung auf dieses Recht hinzuweisen.

(2) Das Recht, Sicherheitsleistung zu verlangen, steht Gläubigern nicht zu, die im Falle der Insolvenz ein Recht auf vorzugsweise Befriedigung aus einer Deckungsmasse haben, die nach gesetzlicher Vorschrift zu ihrem Schutz errichtet und staatlich überwacht ist.

§ 23 Schutz der Inhaber von Sonderrechten. Den Inhabern von Rechten in einem übertragenden Rechtsträger, die kein Stimmrecht gewähren, insbesondere den Inhabern von Anteilen ohne Stimmrecht, von Wandelschuldverschreibungen, von Gewinnschuldverschreibungen und von Genußrechten, sind gleichwertige Rechte in dem übernehmenden Rechtsträger zu gewähren.

§ 24 Wertansätze des übernehmenden Rechtsträgers. In den Jahresbilanzen des übernehmenden Rechtsträgers können als Anschaffungskosten im Sinne des § 253 Abs. 1 des Handelsgesetzbuchs[1)] auch die in der Schlußbilanz eines übertragenden Rechtsträgers angesetzten Werte angesetzt werden.

§ 25 Schadenersatzpflicht der Verwaltungsträger der übertragenden Rechtsträger. (1) [1] Die Mitglieder des Vertretungsorgans und, wenn ein Aufsichtsorgan vorhanden ist, des Aufsichtsorgans eines übertragenden Rechtsträgers sind als Gesamtschuldner zum Ersatz des Schadens verpflichtet, den dieser Rechtsträger, seine Anteilsinhaber oder seine Gläubiger durch die Verschmelzung erleiden. [2] Mitglieder der Organe, die bei der Prüfung der Vermögenslage der Rechtsträger und beim Abschluß des Verschmelzungsvertrags ihre Sorgfaltspflicht beobachtet haben, sind von der Ersatzpflicht befreit.

(2) [1] Für diese Ansprüche sowie weitere Ansprüche, die sich für und gegen den übertragenden Rechtsträger nach den allgemeinen Vorschriften auf Grund der Verschmelzung ergeben, gilt dieser Rechtsträger als fortbestehend. [2] Forde-

---

[1)] Nr. **5**.

rungen und Verbindlichkeiten vereinigen sich insoweit durch die Verschmelzung nicht.

(3) Die Ansprüche aus Absatz 1 verjähren in fünf Jahren seit dem Tage, an dem die Eintragung der Verschmelzung in das Register des Sitzes des übernehmenden Rechtsträgers nach § 19 Abs. 3 bekannt gemacht worden ist.

§ 26 Geltendmachung des Schadenersatzanspruchs. (1) [1]Die Ansprüche nach § 25 Abs. 1 und 2 können nur durch einen besonderen Vertreter geltend gemacht werden. [2]Das Gericht des Sitzes eines übertragenden Rechtsträgers hat einen solchen Vertreter auf Antrag eines Anteilsinhabers oder eines Gläubigers dieses Rechtsträgers zu bestellen. [3]Gläubiger sind nur antragsberechtigt, wenn sie von dem übernehmenden Rechtsträger keine Befriedigung erlangen können. [4]Gegen die Entscheidung findet die Beschwerde statt.

(2) [1]Der Vertreter hat unter Hinweis auf den Zweck seiner Bestellung die Anteilsinhaber und Gläubiger des betroffenen übertragenden Rechtsträgers aufzufordern, die Ansprüche nach § 25 Abs. 1 und 2 binnen einer angemessenen Frist, die mindestens einen Monat betragen soll, anzumelden. [2]Die Aufforderung ist im Bundesanzeiger und, wenn der Gesellschaftsvertrag, der Partnerschaftsvertrag oder die Satzung andere Blätter für die öffentlichen Bekanntmachungen des übertragenden Rechtsträgers bestimmt hatte, auch in diesen Blättern bekanntzumachen.

(3) [1]Der Vertreter hat den Betrag, der aus der Geltendmachung der Ansprüche eines übertragenden Rechtsträgers erzielt wird, zur Befriedigung der Gläubiger dieses Rechtsträgers zu verwenden, soweit die Gläubiger nicht durch den übernehmenden Rechtsträger befriedigt oder sichergestellt sind. [2]Für die Verteilung gelten die Vorschriften über die Verteilung, die im Falle der Abwicklung eines Rechtsträgers in der Rechtsform des übertragenden Rechtsträgers anzuwenden sind, entsprechend. [3]Gläubiger und Anteilsinhaber, die sich nicht fristgemäß gemeldet haben, werden bei der Verteilung nicht berücksichtigt.

(4) [1]Der Vertreter hat Anspruch auf Ersatz angemessener barer Auslagen und auf Vergütung für seine Tätigkeit. [2]Die Auslagen und die Vergütung setzt das Gericht fest. [3]Es bestimmt nach den gesamten Verhältnissen des einzelnen Falles nach freiem Ermessen, in welchem Umfange die Auslagen und die Vergütung von beteiligten Anteilsinhabern und Gläubigern zu tragen sind. [4]Gegen die Entscheidung findet die Beschwerde statt; die Rechtsbeschwerde ist ausgeschlossen. [5]Aus der rechtskräftigen Entscheidung findet die Zwangsvollstreckung nach der Zivilprozeßordnung statt.

§ 27 Schadenersatzpflicht der Verwaltungsträger des übernehmenden Rechtsträgers. Ansprüche auf Schadenersatz, die sich auf Grund der Verschmelzung gegen ein Mitglied des Vertretungsorgans oder, wenn ein Aufsichtsorgan vorhanden ist, des Aufsichtsorgans des übernehmenden Rechtsträgers ergeben, verjähren in fünf Jahren seit dem Tage, an dem die Eintragung der Verschmelzung in das Register des Sitzes des übernehmenden Rechtsträgers nach § 19 Abs. 3 bekannt gemacht worden ist.

§ 28 Unwirksamkeit des Verschmelzungsbeschlusses eines übertragenden Rechtsträgers. Nach Eintragung der Verschmelzung in das Register des Sitzes des übernehmenden Rechtsträgers ist eine Klage gegen die Wirksamkeit des Verschmelzungsbeschlusses eines übertragenden Rechtsträgers gegen den übernehmenden Rechtsträger zu richten.

§ 29 Abfindungsangebot im Verschmelzungsvertrag. (1) [1]Bei der Verschmelzung eines Rechtsträgers im Wege der Aufnahme durch einen Rechtsträger anderer Rechtsform oder bei der Verschmelzung einer börsennotierten Aktiengesellschaft auf eine nicht börsennotierte Aktiengesellschaft hat der übernehmende Rechtsträger im Verschmelzungsvertrag oder in seinem Entwurf jedem Anteilsinhaber, der gegen den Verschmelzungsbeschluß des übertragenden Rechtsträgers Widerspruch zur Niederschrift erklärt, den Erwerb seiner Anteile oder Mitgliedschaften gegen eine angemessene Barabfindung anzubieten; § 71 Abs. 4 Satz 2 des Aktiengesetzes[1)] und § 33 Abs. 2 Satz 3 zweiter Halbsatz erste Alternative des Gesetzes betreffend die Gesellschaften mit beschränkter Haftung[2)] sind insoweit nicht anzuwenden. [2]Das gleiche gilt, wenn bei einer Verschmelzung von Rechtsträgern derselben Rechtsform die Anteile oder Mitgliedschaften an dem übernehmenden Rechtsträger Verfügungsbeschränkungen unterworfen sind. [3]Kann der übernehmende Rechtsträger auf Grund seiner Rechtsform eigene Anteile oder Mitgliedschaften nicht erwerben, so ist die Barabfindung für den Fall anzubieten, daß der Anteilsinhaber sein Ausscheiden aus dem Rechtsträger erklärt. [4]Eine erforderliche Bekanntmachung des Verschmelzungsvertrags oder seines Entwurfs als Gegenstand der Beschlußfassung muß den Wortlaut dieses Angebots enthalten. [5]Der übernehmende Rechtsträger hat die Kosten für eine Übertragung zu tragen.

(2) Dem Widerspruch zur Niederschrift im Sinne des Absatzes 1 steht es gleich, wenn ein nicht erschienener Anteilsinhaber zu der Versammlung der Anteilsinhaber zu Unrecht nicht zugelassen worden ist oder die Versammlung nicht ordnungsgemäß einberufen oder der Gegenstand der Beschlußfassung nicht ordnungsgemäß bekanntgemacht worden ist.

§ 30 Inhalt des Anspruchs auf Barabfindung und Prüfung der Barabfindung. (1) [1]Die Barabfindung muß die Verhältnisse des übertragenden Rechtsträgers im Zeitpunkt der Beschlußfassung über die Verschmelzung berücksichtigen. [2]§ 15 Abs. 2 ist auf die Barabfindung entsprechend anzuwenden.

(2) [1]Die Angemessenheit einer anzubietenden Barabfindung ist stets durch Verschmelzungsprüfer zu prüfen. [2]Die §§ 10 bis 12 sind entsprechend anzuwenden. [3]Die Berechtigten können auf die Prüfung oder den Prüfungsbericht verzichten; die Verzichtserklärungen sind notariell zu beurkunden.

§ 31 Annahme des Angebots. [1]Das Angebot nach § 29 kann nur binnen zwei Monaten nach dem Tage angenommen werden, an dem die Eintragung der Verschmelzung in das Register des Sitzes des übernehmenden Rechtsträgers nach § 19 Abs. 3 bekannt gemacht worden ist. [2]Ist nach § 34 ein Antrag auf Bestimmung der Barabfindung durch das Gericht gestellt worden, so kann das Angebot binnen zwei Monaten nach dem Tage angenommen werden, an dem die Entscheidung im Bundesanzeiger bekanntgemacht worden ist.

---

1) Nr. 2.
2) Nr. 3.

§ 32 Ausschluß von Klagen gegen den Verschmelzungsbeschluß.

Eine Klage gegen die Wirksamkeit des Verschmelzungsbeschlusses eines übertragenden Rechtsträgers kann nicht darauf gestützt werden, daß das Angebot nach § 29 zu niedrig bemessen oder daß die Barabfindung im Verschmelzungsvertrag nicht oder nicht ordnungsgemäß angeboten worden ist.

§ 33 Anderweitige Veräußerung. Einer anderweitigen Veräußerung des Anteils durch den Anteilsinhaber stehen nach Fassung des Verschmelzungsbeschlusses bis zum Ablauf der in § 31 bestimmten Frist Verfügungsbeschränkungen bei den beteiligten Rechtsträgern nicht entgegen.

§ 34 Gerichtliche Nachprüfung der Abfindung. [1] Macht ein Anteilsinhaber geltend, daß eine im Verschmelzungsvertrag oder in seinem Entwurf bestimmte Barabfindung, die ihm nach § 29 anzubieten war, zu niedrig bemessen sei, so hat auf seinen Antrag das Gericht nach den Vorschriften des Spruchverfahrensgesetzes[1)] die angemessene Barabfindung zu bestimmen. [2] Das gleiche gilt, wenn die Barabfindung nicht oder nicht ordnungsgemäß angeboten worden ist.

§ 35 Bezeichnung unbekannter Aktionäre; Ruhen des Stimmrechts.

[1] Unbekannte Aktionäre einer übertragenden Aktiengesellschaft oder Kommanditgesellschaft auf Aktien sind im Verschmelzungsvertrag, bei Anmeldungen zur Eintragung in ein Register oder bei der Eintragung in eine Liste von Anteilsinhabern durch die Angabe des insgesamt auf sie entfallenden Teils des Grundkapitals der Gesellschaft und der auf sie nach der Verschmelzung entfallenden Anteile zu bezeichnen, soweit eine Benennung der Anteilsinhaber für den übernehmenden Rechtsträger gesetzlich vorgeschrieben ist; eine Bezeichnung in dieser Form ist nur zulässig für Anteilsinhaber, deren Anteile zusammen den zwanzigsten Teil des Grundkapitals der übertragenden Gesellschaft nicht überschreiten. [2] Werden solche Anteilsinhaber später bekannt, so sind Register oder Listen von Amts wegen zu berichtigen. [3] Bis zu diesem Zeitpunkt kann das Stimmrecht aus den betreffenden Anteilen in dem übernehmenden Rechtsträger nicht ausgeübt werden.

Dritter Abschnitt. Verschmelzung durch Neugründung

§ 36 Anzuwendende Vorschriften. (1) [1] Auf die Verschmelzung durch Neugründung sind die Vorschriften des Zweiten Abschnitts mit Ausnahme des § 16 Abs. 1 und des § 27 entsprechend anzuwenden. [2] An die Stelle des übernehmenden Rechtsträgers tritt der neue Rechtsträger, an die Stelle der Eintragung der Verschmelzung in das Register des Sitzes des übernehmenden Rechtsträgers tritt die Eintragung des neuen Rechtsträgers in das Register.

(2) [1] Auf die Gründung des neuen Rechtsträgers sind die für dessen Rechtsform geltenden Gründungsvorschriften anzuwenden, soweit sich aus diesem Buch nichts anderes ergibt. [2] Den Gründern stehen die übertragenden Rechtsträger gleich. [3] Vorschriften, die für die Gründung eine Mindestzahl der Gründer vorschreiben, sind nicht anzuwenden.

---

1) Nr. **19**.

§ 37 Inhalt des Verschmelzungsvertrags. In dem Verschmelzungsvertrag muß der Gesellschaftsvertrag, der Partnerschaftsvertrag oder die Satzung des neuen Rechtsträgers enthalten sein oder festgestellt werden.

§ 38 Anmeldung der Verschmelzung und des neuen Rechtsträgers.

(1) Die Vertretungsorgane jedes der übertragenden Rechtsträger haben die Verschmelzung zur Eintragung in das Register des Sitzes ihres Rechtsträgers anzumelden.

(2) Die Vertretungsorgane aller übertragenden Rechtsträger haben den neuen Rechtsträger bei dem Gericht, in dessen Bezirk er seinen Sitz haben soll, zur Eintragung in das Register anzumelden.

Zweiter Teil. Besondere Vorschriften

Erster Abschnitt. Verschmelzung unter Beteiligung von Personengesellschaften

Erster Unterabschnitt. Verschmelzung unter Beteiligung von Personenhandelsgesellschaften

§ 39 Ausschluß der Verschmelzung. Eine aufgelöste Personenhandelsgesellschaft kann sich nicht als übertragender Rechtsträger an einer Verschmelzung beteiligen, wenn die Gesellschafter nach § 145 des Handelsgesetzbuchs[1)] eine andere Art der Auseinandersetzung als die Abwicklung oder als die Verschmelzung vereinbart haben.

§ 40 Inhalt des Verschmelzungsvertrags. (1) [1] Der Verschmelzungsvertrag oder sein Entwurf hat zusätzlich für jeden Anteilsinhaber eines übertragenden Rechtsträgers zu bestimmen, ob ihm in der übernehmenden oder der neuen Personenhandelsgesellschaft die Stellung eines persönlich haftenden Gesellschafters oder eines Kommanditisten gewährt wird. [2] Dabei ist der Betrag der Einlage jedes Gesellschafters festzusetzen.

(2) [1] Anteilsinhabern eines übertragenden Rechtsträgers, die für dessen Verbindlichkeiten nicht als Gesamtschuldner persönlich unbeschränkt haften, ist die Stellung eines Kommanditisten zu gewähren. [2] Abweichende Bestimmungen sind nur wirksam, wenn die betroffenen Anteilsinhaber dem Verschmelzungsbeschluß des übertragenden Rechtsträgers zustimmen.

§ 41 Verschmelzungsbericht. Ein Verschmelzungsbericht ist für eine an der Verschmelzung beteiligte Personenhandelsgesellschaft nicht erforderlich, wenn alle Gesellschafter dieser Gesellschaft zur Geschäftsführung berechtigt sind.

§ 42 Unterrichtung der Gesellschafter. Der Verschmelzungsvertrag oder sein Entwurf und der Verschmelzungsbericht sind den Gesellschaftern, die von der Geschäftsführung ausgeschlossen sind, spätestens zusammen mit der Einberufung der Gesellschafterversammlung, die gemäß § 13 Abs. 1 über die Zustimmung zum Verschmelzungsvertrag beschließen soll, zu übersenden.

§ 43 Beschluß der Gesellschafterversammlung. (1) Der Verschmelzungsbeschluß der Gesellschafterversammlung bedarf der Zustimmung aller anwe-

---

[1)] Nr. **5**.

senden Gesellschafter; ihm müssen auch die nicht erschienenen Gesellschafter zustimmen.

(2) [1]Der Gesellschaftsvertrag kann eine Mehrheitsentscheidung der Gesellschafter vorsehen. [2]Die Mehrheit muß mindestens drei Viertel der abgegebenen Stimmen betragen. [3]Widerspricht ein Anteilsinhaber eines übertragenden Rechtsträgers, der für dessen Verbindlichkeiten persönlich unbeschränkt haftet, der Verschmelzung, so ist ihm in der übernehmenden oder der neuen Personenhandelsgesellschaft die Stellung eines Kommanditisten zu gewähren; das gleiche gilt für einen Anteilsinhaber der übernehmenden Personenhandelsgesellschaft, der für deren Verbindlichkeiten persönlich unbeschränkt haftet, wenn er der Verschmelzung widerspricht.

§ 44 Prüfung der Verschmelzung. [1]Im Fall des § 43 Abs. 2 ist der Verschmelzungsvertrag oder sein Entwurf für eine Personenhandelsgesellschaft nach den §§ 9 bis 12 zu prüfen, wenn dies einer ihrer Gesellschafter innerhalb einer Frist von einer Woche verlangt, nachdem er die in § 42 genannten Unterlagen erhalten hat. [2]Die Kosten der Prüfung trägt die Gesellschaft.

§ 45 Zeitliche Begrenzung der Haftung persönlich haftender Gesellschafter. (1) Überträgt eine Personenhandelsgesellschaft ihr Vermögen durch Verschmelzung auf einen Rechtsträger anderer Rechtsform, dessen Anteilsinhaber für die Verbindlichkeiten dieses Rechtsträgers nicht unbeschränkt haften, so haftet ein Gesellschafter der Personenhandelsgesellschaft für ihre Verbindlichkeiten, wenn sie vor Ablauf von fünf Jahren nach der Verschmelzung fällig und daraus Ansprüche gegen ihn in einer in § 197 Abs. 1 Nr. 3 bis 5 des Bürgerlichen Gesetzbuchs bezeichneten Art festgestellt sind oder eine gerichtliche oder behördliche Vollstreckungshandlung vorgenommen oder beantragt wird; bei öffentlich-rechtlichen Verbindlichkeiten genügt der Erlass eines Verwaltungsakts.

(2) [1]Die Frist beginnt mit dem Tage, an dem die Eintragung der Verschmelzung in das Register des Sitzes des übernehmenden Rechtsträgers nach § 19 Abs. 3 bekannt gemacht worden ist. [2]Die für die Verjährung geltenden §§ 204, 206, 210, 211 und 212 Abs. 2 und 3 des Bürgerlichen Gesetzbuchs sind entsprechend anzuwenden.

(3) Einer Feststellung in einer in § 197 Abs. 1 Nr. 3 bis 5 des Bürgerlichen Gesetzbuchs bezeichneten Art bedarf es nicht, soweit der Gesellschafter den Anspruch schriftlich anerkannt hat.

(4) Die Absätze 1 bis 3 sind auch anzuwenden, wenn der Gesellschafter in dem Rechtsträger anderer Rechtsform geschäftsführend tätig wird.

Zweiter Unterabschnitt. Verschmelzung unter Beteiligung von Partnerschaftsgesellschaften

§ 45a Möglichkeit der Verschmelzung. [1]Eine Verschmelzung auf eine Partnerschaftsgesellschaft ist nur möglich, wenn im Zeitpunkt ihres Wirksamwerdens alle Anteilsinhaber übertragender Rechtsträger natürliche Personen sind, die einen Freien Beruf ausüben (§ 1 Abs. 1 und 2 des Partnerschaftsgesellschaftsgesetzes[1)]). [2]§ 1 Abs. 3 des Partnerschaftsgesellschaftsgesetzes bleibt unberührt.

[1)] Nr. 7.

§ 45b Inhalt des Verschmelzungsvertrages. (1) Der Verschmelzungsvertrag oder sein Entwurf hat zusätzlich für jeden Anteilsinhaber eines übertragenden Rechtsträgers den Namen und den Vornamen sowie den in der übernehmenden Partnerschaftsgesellschaft ausgeübten Beruf und den Wohnort jedes Partners zu enthalten.

(2) § 35 ist nicht anzuwenden.

§ 45c Verschmelzungsbericht und Unterrichtung der Partner. [1] Ein Verschmelzungsbericht ist für eine an der Verschmelzung beteiligte Partnerschaftsgesellschaft nur erforderlich, wenn ein Partner gemäß § 6 Abs. 2 des Partnerschaftsgesellschaftsgesetzes[1)] von der Geschäftsführung ausgeschlossen ist. [2] Von der Geschäftsführung ausgeschlossene Partner sind entsprechend § 42 zu unterrichten.

§ 45d Beschluß der Gesellschafterversammlung. (1) Der Verschmelzungsbeschluß der Gesellschafterversammlung bedarf der Zustimmung aller anwesenden Partner; ihm müssen auch die nicht erschienenen Partner zustimmen.

(2) [1] Der Partnerschaftsvertrag kann eine Mehrheitsentscheidung der Partner vorsehen. [2] Die Mehrheit muß mindestens drei Viertel der abgegebenen Stimmen betragen.

§ 45e Anzuwendende Vorschriften. [1] Die §§ 39 und 45 sind entsprechend anzuwenden. [2] In den Fällen des § 45d Abs. 2 ist auch § 44 entsprechend anzuwenden.

Zweiter Abschnitt. Verschmelzung unter Beteiligung von Gesellschaften mit beschränkter Haftung

Erster Unterabschnitt. Verschmelzung durch Aufnahme

§ 46 Inhalt des Verschmelzungsvertrags. (1) [1] Der Verschmelzungsvertrag oder sein Entwurf hat zusätzlich für jeden Anteilsinhaber eines übertragenden Rechtsträgers den Nennbetrag des Geschäftsanteils zu bestimmen, den die übernehmende Gesellschaft mit beschränkter Haftung ihm zu gewähren hat. [2] Der Nennbetrag kann abweichend von dem Betrag festgesetzt werden, der auf die Aktien einer übertragenden Aktiengesellschaft oder Kommanditgesellschaft auf Aktien als anteiliger Betrag ihres Grundkapitals entfällt. [3] Er muss auf volle Euro lauten.

(2) Sollen die zu gewährenden Geschäftsanteile im Wege der Kapitalerhöhung geschaffen und mit anderen Rechten und Pflichten als sonstige Geschäftsanteile der übernehmenden Gesellschaft mit beschränkter Haftung ausgestattet werden, so sind auch die Abweichungen im Verschmelzungsvertrag oder in seinem Entwurf festzusetzen.

(3) Sollen Anteilsinhaber eines übertragenden Rechtsträgers schon vorhandene Geschäftsanteile der übernehmenden Gesellschaft erhalten, so müssen die Anteilsinhaber und die Nennbeträge der Geschäftsanteile, die sie erhalten sollen, im Verschmelzungsvertrag oder in seinem Entwurf besonders bestimmt werden.

[1)] Nr. 7.

§ 47 Unterrichtung der Gesellschafter. Der Verschmelzungsvertrag oder sein Entwurf und der Verschmelzungsbericht sind den Gesellschaftern spätestens zusammen mit der Einberufung der Gesellschafterversammlung, die gemäß § 13 Abs. 1 über die Zustimmung beschließen soll, zu übersenden.

§ 48 Prüfung der Verschmelzung. [1]Der Verschmelzungsvertrag oder sein Entwurf ist für eine Gesellschaft mit beschränkter Haftung nach den §§ 9 bis 12 zu prüfen, wenn dies einer ihrer Gesellschafter innerhalb einer Frist von einer Woche verlangt, nachdem er die in § 47 genannten Unterlagen erhalten hat. [2]Die Kosten der Prüfung trägt die Gesellschaft.

§ 49 Vorbereitung der Gesellschafterversammlung. (1) Die Geschäftsführer haben in der Einberufung der Gesellschafterversammlung, die gemäß § 13 Abs. 1 über die Zustimmung zum Verschmelzungsvertrag beschließen soll, die Verschmelzung als Gegenstand der Beschlußfassung anzukündigen.

(2) Von der Einberufung an sind in dem Geschäftsraum der Gesellschaft die Jahresabschlüsse und die Lageberichte der an der Verschmelzung beteiligten Rechtsträger für die letzten drei Geschäftsjahre zur Einsicht durch die Gesellschafter auszulegen.

(3) Die Geschäftsführer haben jedem Gesellschafter auf Verlangen jederzeit Auskunft auch über alle für die Verschmelzung wesentlichen Angelegenheiten der anderen beteiligten Rechtsträger zu geben.

§ 50 Beschluß der Gesellschafterversammlung. (1) [1]Der Verschmelzungsbeschluß der Gesellschafterversammlung bedarf einer Mehrheit von mindestens drei Vierteln der abgegebenen Stimmen. [2]Der Gesellschaftsvertrag kann eine größere Mehrheit und weitere Erfordernisse bestimmen.

(2) Werden durch die Verschmelzung auf dem Gesellschaftsvertrag beruhende Minderheitsrechte eines einzelnen Gesellschafters einer übertragenden Gesellschaft oder die einzelnen Gesellschaftern einer solchen Gesellschaft nach dem Gesellschaftsvertrag zustehenden besonderen Rechte in der Geschäftsführung der Gesellschaft, bei der Bestellung der Geschäftsführer oder hinsichtlich eines Vorschlagsrechts für die Geschäftsführung beeinträchtigt, so bedarf der Verschmelzungsbeschluß dieser übertragenden Gesellschaft der Zustimmung dieser Gesellschafter.

§ 51 Zustimmungserfordernisse in Sonderfällen. (1) [1]Ist an der Verschmelzung eine Gesellschaft mit beschränkter Haftung, auf deren Geschäftsanteile nicht alle zu leistenden Einlagen in voller Höhe bewirkt sind, als übernehmender Rechtsträger beteiligt, so bedarf der Verschmelzungsbeschluß eines übertragenden Rechtsträgers der Zustimmung aller bei der Beschlußfassung anwesenden Anteilsinhaber dieses Rechtsträgers. [2]Ist der übertragende Rechtsträger eine Personenhandelsgesellschaft, eine Partnerschaftsgesellschaft oder eine Gesellschaft mit beschränkter Haftung, so bedarf der Verschmelzungsbeschluß auch der Zustimmung der nicht erschienenen Gesellschafter. [3]Wird eine Gesellschaft mit beschränkter Haftung, auf deren Geschäftsanteile nicht alle zu leistenden Einlagen in voller Höhe bewirkt sind, von einer Gesellschaft mit beschränkter Haftung durch Verschmelzung aufgenommen, bedarf der Verschmelzungsbeschluss der Zustimmung aller Gesellschafter der übernehmenden Gesellschaft.

(2) Wird der Nennbetrag der Geschäftsanteile nach § 46 Abs. 1 Satz 2 abweichend vom Betrag der Aktien festgesetzt, so muss der Festsetzung jeder Aktionär zustimmen, der sich nicht mit seinem gesamten Anteil beteiligen kann.

§ 52 Anmeldung der Verschmelzung. [1] Bei der Anmeldung der Verschmelzung zur Eintragung in das Register haben die Vertretungsorgane der an der Verschmelzung beteiligten Rechtsträger im Falle des § 51 Abs. 1 auch zu erklären, daß dem Verschmelzungsbeschluß jedes der übertragenden Rechtsträger alle bei der Beschlußfassung anwesenden Anteilsinhaber dieses Rechtsträgers und, sofern der übertragende Rechtsträger eine Personenhandelsgesellschaft, eine Partnerschaftsgesellschaft oder eine Gesellschaft mit beschränkter Haftung ist, auch die nicht erschienenen Gesellschafter dieser Gesellschaft zugestimmt haben. [2] Wird eine Gesellschaft mit beschränkter Haftung, auf deren Geschäftsanteile nicht alle zu leistenden Einlagen in voller Höhe bewirkt sind, von einer Gesellschaft mit beschränkter Haftung durch Verschmelzung aufgenommen, so ist auch zu erklären, dass alle Gesellschafter dieser Gesellschaft dem Verschmelzungsbeschluss zugestimmt haben.

§ 53 Eintragung bei Erhöhung des Stammkapitals. Erhöht die übernehmende Gesellschaft zur Durchführung der Verschmelzung ihr Stammkapital, so darf die Verschmelzung erst eingetragen werden, nachdem die Erhöhung des Stammkapitals im Register eingetragen worden ist.

§ 54 Verschmelzung ohne Kapitalerhöhung. (1) [1] Die übernehmende Gesellschaft darf zur Durchführung der Verschmelzung ihr Stammkapital nicht erhöhen, soweit

1. sie Anteile eines übertragenden Rechtsträgers innehat;
2. ein übertragender Rechtsträger eigene Anteile innehat oder
3. ein übertragender Rechtsträger Geschäftsanteile dieser Gesellschaft innehat, auf welche die Einlagen nicht in voller Höhe bewirkt sind.

[2] Die übernehmende Gesellschaft braucht ihr Stammkapital nicht zu erhöhen, soweit

1. sie eigene Geschäftsanteile innehat oder
2. ein übertragender Rechtsträger Geschäftsanteile dieser Gesellschaft innehat, auf welche die Einlagen bereits in voller Höhe bewirkt sind.

[3] Die übernehmende Gesellschaft darf von der Gewährung von Geschäftsanteilen absehen, wenn alle Anteilsinhaber eines übertragenden Rechtsträgers darauf verzichten; die Verzichtserklärungen sind notariell zu beurkunden.

(2) Absatz 1 gilt entsprechend, wenn Inhaber der dort bezeichneten Anteile ein Dritter ist, der im eigenen Namen, jedoch in einem Fall des Absatzes 1 Satz 1 Nr. 1 oder des Absatzes 1 Satz 2 Nr. 1 für Rechnung der übernehmenden Gesellschaft oder in einem der anderen Fälle des Absatzes 1 für Rechnung des übertragenden Rechtsträgers handelt.

(3) [1] Soweit zur Durchführung der Verschmelzung Geschäftsanteile der übernehmenden Gesellschaft, die sie selbst oder ein übertragender Rechtsträger innehat, geteilt werden müssen, um sie den Anteilsinhabern eines übertragenden Rechtsträgers gewähren zu können, sind Bestimmungen des Gesellschaftsvertrags, welche die Teilung der Geschäftsanteile der übernehmenden Gesell-

schaft ausschließen oder erschweren, nicht anzuwenden; jedoch muss der Nennbetrag jedes Teils der Geschäftsanteile auf volle Euro lauten. [2]Satz 1 gilt entsprechend, wenn Inhaber der Geschäftsanteile ein Dritter ist, der im eigenen Namen, jedoch für Rechnung der übernehmenden Gesellschaft oder eines übertragenden Rechtsträgers handelt.

(4) Im Verschmelzungsvertrag festgesetzte bare Zuzahlungen dürfen nicht den zehnten Teil des Gesamtnennbetrags der gewährten Geschäftsanteile der übernehmenden Gesellschaft übersteigen.

§ 55 Verschmelzung mit Kapitalerhöhung. (1) Erhöht die übernehmende Gesellschaft zur Durchführung der Verschmelzung ihr Stammkapital, so sind § 55 Abs. 1, §§ 56a, 57 Abs. 2, Abs. 3 Nr. 1 des Gesetzes betreffend die Gesellschaften mit beschränkter Haftung[1)] nicht anzuwenden.

(2) Der Anmeldung der Kapitalerhöhung zum Register sind außer den in § 57 Abs. 3 Nr. 2 und 3 des Gesetzes betreffend die Gesellschaften mit beschränkter Haftung bezeichneten Schriftstücken der Verschmelzungsvertrag und die Niederschriften der Verschmelzungsbeschlüsse in Ausfertigung oder öffentlich beglaubigter Abschrift beizufügen.

Zweiter Unterabschnitt. Verschmelzung durch Neugründung

§ 56 Anzuwendende Vorschriften. Auf die Verschmelzung durch Neugründung sind die Vorschriften des Ersten Unterabschnitts mit Ausnahme der §§ 51 bis 53, 54 Absatz 1 bis 3 sowie des § 55 entsprechend anzuwenden.

§ 57 Inhalt des Gesellschaftsvertrags. In den Gesellschaftsvertrag sind Festsetzungen über Sondervorteile, Gründungsaufwand, Sacheinlagen und Sachübernahmen, die in den Gesellschaftsverträgen, Partnerschaftsverträgen oder Satzungen übertragender Rechtsträger enthalten waren, zu übernehmen.

§ 58 Sachgründungsbericht. (1) In dem Sachgründungsbericht (§ 5 Abs. 4 des Gesetzes betreffend die Gesellschaften mit beschränkter Haftung[1)]) sind auch der Geschäftsverlauf und die Lage der übertragenden Rechtsträger darzulegen.

(2) Ein Sachgründungsbericht ist nicht erforderlich, soweit eine Kapitalgesellschaft oder eine eingetragene Genossenschaft übertragender Rechtsträger ist.

§ 59 Verschmelzungsbeschlüsse. [1]Der Gesellschaftsvertrag der neuen Gesellschaft wird nur wirksam, wenn ihm die Anteilsinhaber jedes der übertragenden Rechtsträger durch Verschmelzungsbeschluß zustimmen. [2]Dies gilt entsprechend für die Bestellung der Geschäftsführer und der Mitglieder des Aufsichtsrats der neuen Gesellschaft, soweit sie von den Anteilsinhabern der übertragenden Rechtsträger zu wählen sind.

[1)] Nr. 3.

Dritter Abschnitt. Verschmelzung unter Beteiligung von Aktiengesellschaften

Erster Unterabschnitt. Verschmelzung durch Aufnahme

§ 60 Prüfung der Verschmelzung; Bestellung der Verschmelzungsprüfer. Der Verschmelzungsvertrag oder sein Entwurf ist für jede Aktiengesellschaft nach den §§ 9 bis 12 zu prüfen.

§ 61 Bekanntmachung des Verschmelzungsvertrags. [1] Der Verschmelzungsvertrag oder sein Entwurf ist vor der Einberufung der Hauptversammlung, die gemäß § 13 Abs. 1 über die Zustimmung beschließen soll, zum Register einzureichen. [2] Das Gericht hat in der Bekanntmachung nach § 10 des Handelsgesetzbuchs[1)] einen Hinweis darauf bekanntzumachen, daß der Vertrag oder sein Entwurf beim Handelsregister eingereicht worden ist.

§ 62 Konzernverschmelzungen. (1) [1] Befinden sich mindestens neun Zehntel des Stammkapitals oder des Grundkapitals einer übertragenden Kapitalgesellschaft in der Hand einer übernehmenden Aktiengesellschaft, so ist ein Verschmelzungsbeschluß der übernehmenden Aktiengesellschaft zur Aufnahme dieser übertragenden Gesellschaft nicht erforderlich. [2] Eigene Anteile der übertragenden Gesellschaft und Anteile, die einem anderen für Rechnung dieser Gesellschaft gehören, sind vom Stammkapital oder Grundkapital abzusetzen.

(2) [1] Absatz 1 gilt nicht, wenn Aktionäre der übernehmenden Gesellschaft, deren Anteile zusammen den zwanzigsten Teil des Grundkapitals dieser Gesellschaft erreichen, die Einberufung einer Hauptversammlung verlangen, in der über die Zustimmung zu der Verschmelzung beschlossen wird. [2] Die Satzung kann das Recht, die Einberufung der Hauptversammlung zu verlangen, an den Besitz eines geringeren Teils am Grundkapital der übernehmenden Gesellschaft knüpfen.

(3) [1] Einen Monat vor dem Tage der Gesellschafterversammlung oder der Hauptversammlung der übertragenden Gesellschaft, die gemäß § 13 Abs. 1 über die Zustimmung zum Verschmelzungsvertrag beschließen soll, sind in dem Geschäftsraum der übernehmenden Gesellschaft zur Einsicht der Aktionäre die in § 63 Abs. 1 bezeichneten Unterlagen auszulegen. [2] Gleichzeitig hat der Vorstand der übernehmenden Gesellschaft einen Hinweis auf die bevorstehende Verschmelzung in den Gesellschaftsblättern der übernehmenden Gesellschaft bekanntzumachen und den Verschmelzungsvertrag oder seinen Entwurf zum Register der übernehmenden Gesellschaft einzureichen; § 61 Satz 2 ist entsprechend anzuwenden. [3] Die Aktionäre sind in der Bekanntmachung nach Satz 2 erster Halbsatz auf ihr Recht nach Absatz 2 hinzuweisen. [4] Der Anmeldung der Verschmelzung zur Eintragung in das Handelsregister ist der Nachweis der Bekanntmachung beizufügen. [5] Der Vorstand hat bei der Anmeldung zu erklären, ob ein Antrag nach Absatz 2 gestellt worden ist. [6] Auf Verlangen ist jedem Aktionär der übernehmenden Gesellschaft unverzüglich und kostenlos eine Abschrift der in Satz 1 bezeichneten Unterlagen zu erteilen. [7] Die Unterlagen können dem Aktionär mit dessen Einwilligung auf dem Wege elektronischer Kommunikation übermittelt werden. [8] Die Verpflichtungen nach den Sätzen 1 und 6 entfallen, wenn die in Satz 1 bezeichneten Unterlagen für denselben Zeitraum über die Internetseite der Gesellschaft zugänglich sind.

[1)] Nr. 5.

(4) [1] Befindet sich das gesamte Stamm- oder Grundkapital einer übertragenden Kapitalgesellschaft in der Hand einer übernehmenden Aktiengesellschaft, so ist ein Verschmelzungsbeschluss des Anteilsinhabers der übertragenden Kapitalgesellschaft nicht erforderlich. [2] Ein solcher Beschluss ist auch nicht erforderlich in Fällen, in denen nach Absatz 5 Satz 1 ein Übertragungsbeschluss gefasst und mit einem Vermerk nach Absatz 5 Satz 7 in das Handelsregister eingetragen wurde. [3] Absatz 3 gilt mit der Maßgabe, dass die dort genannten Verpflichtungen nach Abschluss des Verschmelzungsvertrages für die Dauer eines Monats zu erfüllen sind. [4] Spätestens bei Beginn dieser Frist ist die in § 5 Absatz 3 genannte Zuleitungsverpflichtung zu erfüllen.

(5) [1] In Fällen des Absatzes 1 kann die Hauptversammlung einer übertragenden Aktiengesellschaft innerhalb von drei Monaten nach Abschluss des Verschmelzungsvertrages einen Beschluss nach § 327a Absatz 1 Satz 1 des Aktiengesetzes[1)] fassen, wenn der übernehmenden Gesellschaft (Hauptaktionär) Aktien in Höhe von neun Zehnteln des Grundkapitals gehören. [2] Der Verschmelzungsvertrag oder sein Entwurf muss die Angabe enthalten, dass im Zusammenhang mit der Verschmelzung ein Ausschluss der Minderheitsaktionäre der übertragenden Gesellschaft erfolgen soll. [3] Absatz 3 gilt mit der Maßgabe, dass die dort genannten Verpflichtungen nach Abschluss des Verschmelzungsvertrages für die Dauer eines Monats zu erfüllen sind. [4] Spätestens bei Beginn dieser Frist ist die in § 5 Absatz 3 genannte Zuleitungsverpflichtung zu erfüllen. [5] Der Verschmelzungsvertrag oder sein Entwurf ist gemäß § 327c Absatz 3 des Aktiengesetzes[1)] zur Einsicht der Aktionäre auszulegen. [6] Der Anmeldung des Übertragungsbeschlusses (§ 327e Absatz 1 des Aktiengesetzes[1)]) ist der Verschmelzungsvertrag in Ausfertigung oder öffentlich beglaubigter Abschrift oder sein Entwurf beizufügen. [7] Die Eintragung des Übertragungsbeschlusses ist mit dem Vermerk zu versehen, dass er erst gleichzeitig mit der Eintragung der Verschmelzung im Register des Sitzes der übernehmenden Aktiengesellschaft wirksam wird. [8] Im Übrigen bleiben die §§ 327a bis 327f des Aktiengesetzes[1)] unberührt.

§ 63 Vorbereitung der Hauptversammlung. (1) Von der Einberufung der Hauptversammlung an, die gemäß § 13 Abs. 1 über die Zustimmung zum Verschmelzungsvertrag beschließen soll, sind in dem Geschäftsraum der Gesellschaft zur Einsicht der Aktionäre auszulegen

1. der Verschmelzungsvertrag oder sein Entwurf;
2. die Jahresabschlüsse und die Lageberichte der an der Verschmelzung beteiligten Rechtsträger für die letzten drei Geschäftsjahre;
3. falls sich der letzte Jahresabschluß auf ein Geschäftsjahr bezieht, das mehr als sechs Monate vor dem Abschluß des Verschmelzungsvertrags oder der Aufstellung des Entwurfs abgelaufen ist, eine Bilanz auf einen Stichtag, der nicht vor dem ersten Tag des dritten Monats liegt, der dem Abschluß oder der Aufstellung vorausgeht (Zwischenbilanz);
4. die nach § 8 erstatteten Verschmelzungsberichte;
5. die nach § 60 in Verbindung mit § 12 erstatteten Prüfungsberichte.

(2) [1] Die Zwischenbilanz (Absatz 1 Nr. 3) ist nach den Vorschriften aufzustellen, die auf die letzte Jahresbilanz des Rechtsträgers angewendet worden

[1)] Nr. 2.

sind. [2]Eine körperliche Bestandsaufnahme ist nicht erforderlich. [3]Die Wertansätze der letzten Jahresbilanz dürfen übernommen werden. [4]Dabei sind jedoch Abschreibungen, Wertberichtigungen und Rückstellungen sowie wesentliche, aus den Büchern nicht ersichtliche Veränderungen der wirklichen Werte von Vermögensgegenständen bis zum Stichtag der Zwischenbilanz zu berücksichtigen. [5]§ 8 Absatz 3 Satz 1 erste Alternative und Satz 2 ist entsprechend anzuwenden. [6]Die Zwischenbilanz muss auch dann nicht aufgestellt werden, wenn die Gesellschaft seit dem letzten Jahresabschluss einen Halbjahresfinanzbericht gemäß § 115 des Wertpapierhandelsgesetzes veröffentlicht hat. [7]Der Halbjahresfinanzbericht tritt zum Zwecke der Vorbereitung der Hauptversammlung an die Stelle der Zwischenbilanz.

(3) [1]Auf Verlangen ist jedem Aktionär unverzüglich und kostenlos eine Abschrift der in Absatz 1 bezeichneten Unterlagen zu erteilen. [2]Die Unterlagen können dem Aktionär mit dessen Einwilligung auf dem Wege elektronischer Kommunikation übermittelt werden.

(4) Die Verpflichtungen nach den Absätzen 1 und 3 entfallen, wenn die in Absatz 1 bezeichneten Unterlagen für denselben Zeitraum über die Internetseite der Gesellschaft zugänglich sind.

§ 64 Durchführung der Hauptversammlung. (1) [1]In der Hauptversammlung sind die in § 63 Absatz 1 bezeichneten Unterlagen zugänglich zu machen. [2]Der Vorstand hat den Verschmelzungsvertrag oder seinen Entwurf zu Beginn der Verhandlung mündlich zu erläutern und über jede wesentliche Veränderung des Vermögens der Gesellschaft zu unterrichten, die seit dem Abschluss des Verschmelzungsvertrages oder der Aufstellung des Entwurfs eingetreten ist. [3]Der Vorstand hat über solche Veränderungen auch die Vertretungsorgane der anderen beteiligten Rechtsträger zu unterrichten; diese haben ihrerseits die Anteilsinhaber des von ihnen vertretenen Rechtsträgers vor der Beschlussfassung zu unterrichten. [4]§ 8 Absatz 3 Satz 1 erste Alternative und Satz 2 ist entsprechend anzuwenden.

(2) Jedem Aktionär ist auf Verlangen in der Hauptversammlung Auskunft auch über alle für die Verschmelzung wesentlichen Angelegenheiten der anderen beteiligten Rechtsträger zu geben.

§ 65 Beschluß der Hauptversammlung. (1) [1]Der Verschmelzungsbeschluß der Hauptversammlung bedarf einer Mehrheit, die mindestens drei Viertel des bei der Beschlußfassung vertretenen Grundkapitals umfaßt. [2]Die Satzung kann eine größere Kapitalmehrheit und weitere Erfordernisse bestimmen.

(2) [1]Sind mehrere Gattungen von Aktien vorhanden, so bedarf der Beschluß der Hauptversammlung zu seiner Wirksamkeit der Zustimmung der stimmberechtigten Aktionäre jeder Gattung. [2]Über die Zustimmung haben die Aktionäre jeder Gattung einen Sonderbeschluß zu fassen. [3]Für diesen gilt Absatz 1.

§ 66 Eintragung bei Erhöhung des Grundkapitals. Erhöht die übernehmende Gesellschaft zur Durchführung der Verschmelzung ihr Grundkapital, so darf die Verschmelzung erst eingetragen werden, nachdem die Durchführung der Erhöhung des Grundkapitals im Register eingetragen worden ist.

§ 67 Anwendung der Vorschriften über die Nachgründung. [1] Wird der Verschmelzungsvertrag in den ersten zwei Jahren seit Eintragung der übernehmenden Gesellschaft in das Register geschlossen, so ist § 52 Abs. 3, 4, 6 bis 9 des Aktiengesetzes[1)] über die Nachgründung entsprechend anzuwenden. [2] Dies gilt nicht, wenn auf die zu gewährenden Aktien nicht mehr als der zehnte Teil des Grundkapitals dieser Gesellschaft entfällt oder wenn diese Gesellschaft ihre Rechtsform durch Formwechsel einer Gesellschaft mit beschränkter Haftung erlangt hat, die zuvor bereits seit mindestens zwei Jahren im Handelsregister eingetragen war. [3] Wird zur Durchführung der Verschmelzung das Grundkapital erhöht, so ist der Berechnung das erhöhte Grundkapital zugrunde zu legen.

§ 68 Verschmelzung ohne Kapitalerhöhung. (1) [1] Die übernehmende Gesellschaft darf zur Durchführung der Verschmelzung ihr Grundkapital nicht erhöhen, soweit

1. sie Anteile eines übertragenden Rechtsträgers innehat;
2. ein übertragender Rechtsträger eigene Anteile innehat oder
3. ein übertragender Rechtsträger Aktien dieser Gesellschaft besitzt, auf die der Ausgabebetrag nicht voll geleistet ist.

[2] Die übernehmende Gesellschaft braucht ihr Grundkapital nicht zu erhöhen, soweit

1. sie eigene Aktien besitzt oder
2. ein übertragender Rechtsträger Aktien dieser Gesellschaft besitzt, auf die der Ausgabebetrag bereits voll geleistet ist.

[3] Die übernehmende Gesellschaft darf von der Gewährung von Aktien absehen, wenn alle Anteilsinhaber eines übertragenden Rechtsträgers darauf verzichten; die Verzichtserklärungen sind notariell zu beurkunden.

(2) Absatz 1 gilt entsprechend, wenn Inhaber der dort bezeichneten Anteile ein Dritter ist, der im eigenen Namen, jedoch in einem Fall des Absatzes 1 Satz 1 Nr. 1 oder des Absatzes 1 Satz 2 Nr. 1 für Rechnung der übernehmenden Gesellschaft oder in einem der anderen Fälle des Absatzes 1 für Rechnung des übertragenden Rechtsträgers handelt.

(3) Im Verschmelzungsvertrag festgesetzte bare Zuzahlungen dürfen nicht den zehnten Teil des auf die gewährten Aktien der übernehmenden Gesellschaft entfallenden anteiligen Betrags ihres Grundkapitals übersteigen.

§ 69 Verschmelzung mit Kapitalerhöhung. (1) [1] Erhöht die übernehmende Gesellschaft zur Durchführung der Verschmelzung ihr Grundkapital, so sind § 182 Abs. 4, § 184 Abs. 1 Satz 2, §§ 185, 186, 187 Abs. 1, § 188 Abs. 2 und 3 Nr. 1 des Aktiengesetzes[1)] nicht anzuwenden; eine Prüfung der Sacheinlage nach § 183 Abs. 3 des Aktiengesetzes[1)] findet nur statt, soweit übertragende Rechtsträger die Rechtsform einer Personenhandelsgesellschaft, einer Partnerschaftsgesellschaft oder eines rechtsfähigen Vereins haben, wenn Vermögensgegenstände in der Schlußbilanz eines übertragenden Rechtsträgers höher bewertet worden sind als in dessen letzter Jahresbilanz, wenn die in einer Schlußbilanz angesetzten Werte nicht als Anschaffungskosten in den Jahresbilanzen der übernehmenden Gesellschaft angesetzt werden oder wenn das Gericht Zweifel

---

[1)] Nr. 2.

hat, ob der Wert der Sacheinlage den geringsten Ausgabebetrag der dafür zu gewährenden Aktien erreicht. [2] Dies gilt auch dann, wenn das Grundkapital durch Ausgabe neuer Aktien auf Grund der Ermächtigung nach § 202 des Aktiengesetzes[1)] erhöht wird. [3] In diesem Fall ist außerdem § 203 Abs. 3 des Aktiengesetzes[1)] nicht anzuwenden. [4] Zum Prüfer kann der Verschmelzungsprüfer bestellt werden.

(2) Der Anmeldung der Kapitalerhöhung zum Register sind außer den in § 188 Abs. 3 Nr. 2 und 3 des Aktiengesetzes[1)] bezeichneten Schriftstücken der Verschmelzungsvertrag und die Niederschriften der Verschmelzungsbeschlüsse in Ausfertigung oder öffentlich beglaubigter Abschrift beizufügen.

§ 70 Geltendmachung eines Schadenersatzanspruchs. Die Bestellung eines besonderen Vertreters nach § 26 Abs. 1 Satz 2 können nur solche Aktionäre einer übertragenden Gesellschaft beantragen, die ihre Aktien bereits gegen Anteile des übernehmenden Rechtsträgers umgetauscht haben.

§ 71 Bestellung eines Treuhänders. (1) [1] Jeder übertragende Rechtsträger hat für den Empfang der zu gewährenden Aktien und der baren Zuzahlungen einen Treuhänder zu bestellen. [2] Die Verschmelzung darf erst eingetragen werden, wenn der Treuhänder dem Gericht angezeigt hat, daß er im Besitz der Aktien und der im Verschmelzungsvertrag festgesetzten baren Zuzahlungen ist.

(2) § 26 Abs. 4 ist entsprechend anzuwenden.

§ 72 Umtausch von Aktien. (1) [1] Für den Umtausch der Aktien einer übertragenden Gesellschaft gilt § 73 Abs. 1 und 2 des Aktiengesetzes[1)], bei Zusammenlegung von Aktien dieser Gesellschaft § 226 Abs. 1 und 2 des Aktiengesetzes über die Kraftloserklärung von Aktien entsprechend. [2] Einer Genehmigung des Gerichts bedarf es nicht.

(2) Ist der übernehmende Rechtsträger ebenfalls eine Aktiengesellschaft, so gelten ferner § 73 Abs. 3 des Aktiengesetzes sowie bei Zusammenlegung von Aktien § 73 Abs. 4 und § 226 Abs. 3 des Aktiengesetzes entsprechend.

Zweiter Unterabschnitt. Verschmelzung durch Neugründung

§ 73 Anzuwendende Vorschriften. Auf die Verschmelzung durch Neugründung sind die Vorschriften des Ersten Unterabschnitts mit Ausnahme der §§ 66, 67, 68 Abs. 1 und 2 und des § 69 entsprechend anzuwenden.

§ 74 Inhalt der Satzung. [1] In die Satzung sind Festsetzungen über Sondervorteile, Gründungsaufwand, Sacheinlagen und Sachübernahmen, die in den Gesellschaftsverträgen, Partnerschaftsverträgen oder Satzungen übertragender Rechtsträger enthalten waren, zu übernehmen. [2] § 26 Abs. 4 und 5 des Aktiengesetzes[1)] bleibt unberührt.

§ 75 Gründungsbericht und Gründungsprüfung. (1) [1] In dem Gründungsbericht (§ 32 des Aktiengesetzes[1)]) sind auch der Geschäftsverlauf und die Lage der übertragenden Rechtsträger darzustellen. [2] Zum Gründungsprüfer (§ 33 Absatz 2 des Aktiengesetzes[1)]) kann der Verschmelzungsprüfer bestellt werden.

[1)] Nr. 2.

(2) Ein Gründungsbericht und eine Gründungsprüfung sind nicht erforderlich, soweit eine Kapitalgesellschaft oder eine eingetragene Genossenschaft übertragender Rechtsträger ist.

§ 76 Verschmelzungsbeschlüsse. (1) Eine übertragende Aktiengesellschaft darf die Verschmelzung erst beschließen, wenn sie und jede andere übertragende Aktiengesellschaft bereits zwei Jahre im Register eingetragen sind.

(2) [1] Die Satzung der neuen Gesellschaft wird nur wirksam, wenn ihr die Anteilsinhaber jedes der übertragenden Rechtsträger durch Verschmelzungsbeschluß zustimmen. [2] Dies gilt entsprechend für die Bestellung der Mitglieder des Aufsichtsrats der neuen Gesellschaft, soweit diese nach § 31 des Aktiengesetzes[1)] zu wählen sind. [3] Auf eine übertragende Aktiengesellschaft ist § 124 Abs. 2 Satz 3, Abs. 3 Satz 1 und 3 des Aktiengesetzes entsprechend anzuwenden.

§ 77 *(aufgehoben)*

Vierter Abschnitt. Verschmelzung unter Beteiligung von Kommanditgesellschaften auf Aktien

§ 78 Anzuwendende Vorschriften. [1] Auf Verschmelzungen unter Beteiligung von Kommanditgesellschaften auf Aktien sind die Vorschriften des Dritten Abschnitts entsprechend anzuwenden. [2] An die Stelle der Aktiengesellschaft und ihres Vorstands treten die Kommanditgesellschaft auf Aktien und die zu ihrer Vertretung ermächtigten persönlich haftenden Gesellschafter. [3] Der Verschmelzungsbeschluß bedarf auch der Zustimmung der persönlich haftenden Gesellschafter; die Satzung der Kommanditgesellschaft auf Aktien kann eine Mehrheitsentscheidung dieser Gesellschafter vorsehen. [4] Im Verhältnis zueinander gelten Aktiengesellschaften und Kommanditgesellschaften auf Aktien nicht als Rechtsträger anderer Rechtsform im Sinne der §§ 29 und 34.

Fünfter Abschnitt. Verschmelzung unter Beteiligung eingetragener Genossenschaften

Erster Unterabschnitt. Verschmelzung durch Aufnahme

§ 79 Möglichkeit der Verschmelzung. Ein Rechtsträger anderer Rechtsform kann im Wege der Aufnahme mit einer eingetragenen Genossenschaft nur verschmolzen werden, wenn eine erforderliche Änderung der Satzung der übernehmenden Genossenschaft gleichzeitig mit der Verschmelzung beschlossen wird.

§ 80 Inhalt des Verschmelzungsvertrags bei Aufnahme durch eine Genossenschaft. (1) [1] Der Verschmelzungsvertrag oder sein Entwurf hat bei Verschmelzungen im Wege der Aufnahme durch eine eingetragene Genossenschaft für die Festlegung des Umtauschverhältnisses der Anteile (§ 5 Abs. 1 Nr. 3) die Angabe zu enthalten,

1. daß jedes Mitglied einer übertragenden Genossenschaft mit einem Geschäftsanteil bei der übernehmenden Genossenschaft beteiligt wird, sofern die Satzung dieser Genossenschaft die Beteiligung mit mehr als einem Geschäftsanteil nicht zuläßt, oder

---

1) Nr. 2.

2. daß jedes Mitglied einer übertragenden Genossenschaft mit mindestens einem und im übrigen mit so vielen Geschäftsanteilen bei der übernehmenden Genossenschaft beteiligt wird, wie durch Anrechnung seines Geschäftsguthabens bei der übertragenden Genossenschaft als voll eingezahlt anzusehen sind, sofern die Satzung der übernehmenden Genossenschaft die Beteiligung eines Mitglieds mit mehreren Geschäftsanteilen zuläßt oder die Mitglieder zur Übernahme mehrerer Geschäftsanteile verpflichtet; der Verschmelzungsvertrag oder sein Entwurf kann eine andere Berechnung der Zahl der zu gewährenden Geschäftsanteile vorsehen.

[2]Bei Verschmelzungen im Wege der Aufnahme eines Rechtsträgers anderer Rechtsform durch eine eingetragene Genossenschaft hat der Verschmelzungsvertrag oder sein Entwurf zusätzlich für jeden Anteilsinhaber eines solchen Rechtsträgers den Betrag des Geschäftsanteils und die Zahl der Geschäftsanteile anzugeben, mit denen er bei der Genossenschaft beteiligt wird.

(2) Der Verschmelzungsvertrag oder sein Entwurf hat für jede übertragende Genossenschaft den Stichtag der Schlußbilanz anzugeben.

§ 81 Gutachten des Prüfungsverbandes. (1) [1]Vor der Einberufung der Generalversammlung, die gemäß § 13 Abs. 1 über die Zustimmung zum Verschmelzungsvertrag beschließen soll, ist für jede beteiligte Genossenschaft eine gutachtliche Äußerung des Prüfungsverbandes einzuholen, ob die Verschmelzung mit den Belangen der Mitglieder und der Gläubiger der Genossenschaft vereinbar ist (Prüfungsgutachten). [2]Das Prüfungsgutachten kann für mehrere beteiligte Genossenschaften auch gemeinsam erstattet werden.

(2) Liegen die Voraussetzungen des Artikels 25 Abs. 1 des Einführungsgesetzes zum Handelsgesetzbuche[1)] in der Fassung des Artikels 21 § 5 Abs. 2 des Gesetzes vom 25. Juli 1988 (BGBl. I S. 1093) vor, so kann die Prüfung der Verschmelzung (§§ 9 bis 12) für die dort bezeichneten Rechtsträger auch von dem zuständigen Prüfungsverband durchgeführt werden.

§ 82 Vorbereitung der Generalversammlung. (1) [1]Von der Einberufung der Generalversammlung an, die gemäß § 13 Abs. 1 über die Zustimmung zum Verschmelzungsvertrag beschließen soll, sind auch in dem Geschäftsraum jeder beteiligten Genossenschaft die in § 63 Abs. 1 Nr. 1 bis 4 bezeichneten Unterlagen sowie die nach § 81 erstatteten Prüfungsgutachten zur Einsicht der Mitglieder auszulegen. [2]Dazu erforderliche Zwischenbilanzen sind gemäß § 63 Absatz 2 Satz 1 bis 4 aufzustellen.

(2) Auf Verlangen ist jedem Mitglied unverzüglich und kostenlos eine Abschrift der in Absatz 1 bezeichneten Unterlagen zu erteilen.

(3) Die Verpflichtungen nach Absatz 1 Satz 1 und Absatz 2 entfallen, wenn die in Absatz 1 Satz 1 bezeichneten Unterlagen für denselben Zeitraum über die Internetseite der Genossenschaft zugänglich sind.

§ 83 Durchführung der Generalversammlung. (1) [1]In der Generalversammlung sind die in § 63 Abs. 1 Nr. 1 bis 4 bezeichneten Unterlagen sowie die nach § 81 erstatteten Prüfungsgutachten auszulegen. [2]Der Vorstand hat den Verschmelzungsvertrag oder seinen Entwurf zu Beginn der Verhandlung mündlich zu erläutern. [3]§ 64 Abs. 2 ist entsprechend anzuwenden.

[1)] Nr. **5a**.

(2) [1]Das für die beschließende Genossenschaft erstattete Prüfungsgutachten ist in der Generalversammlung zu verlesen. [2]Der Prüfungsverband ist berechtigt, an der Generalversammlung beratend teilzunehmen.

§ 84 Beschluß der Generalversammlung. [1]Der Verschmelzungsbeschluß der Generalversammlung bedarf einer Mehrheit von drei Vierteln der abgegebenen Stimmen. [2]Die Satzung kann eine größere Mehrheit und weitere Erfordernisse bestimmen.

§ 85 Verbesserung des Umtauschverhältnisses. (1) Bei der Verschmelzung von Genossenschaften miteinander ist § 15 nur anzuwenden, wenn und soweit das Geschäftsguthaben eines Mitglieds in der übernehmenden Genossenschaft niedriger als das Geschäftsguthaben in der übertragenden Genossenschaft ist.

(2) Der Anspruch nach § 15 kann auch durch Zuschreibung auf das Geschäftsguthaben erfüllt werden, soweit nicht der Gesamtbetrag der Geschäftsanteile des Mitglieds bei der übernehmenden Genossenschaft überschritten wird.

§ 86 Anlagen der Anmeldung. (1) Der Anmeldung der Verschmelzung ist außer den sonst erforderlichen Unterlagen auch das für die anmeldende Genossenschaft erstattete Prüfungsgutachten in Urschrift oder in öffentlich beglaubigter Abschrift beizufügen.

(2) Der Anmeldung zur Eintragung in das Register des Sitzes des übernehmenden Rechtsträgers ist ferner jedes andere für eine übertragende Genossenschaft erstattete Prüfungsgutachten in Urschrift oder in öffentlich beglaubigter Abschrift beizufügen.

§ 87 Anteilstausch. (1) [1]Auf Grund der Verschmelzung ist jedes Mitglied einer übertragenden Genossenschaft entsprechend dem Verschmelzungsvertrag an dem übernehmenden Rechtsträger beteiligt. [2]Eine Verpflichtung, bei einer übernehmenden Genossenschaft weitere Geschäftsanteile zu übernehmen, bleibt unberührt. [3]Rechte Dritter an den Geschäftsguthaben bei einer übertragenden Genossenschaft bestehen an den Anteilen oder Mitgliedschaften des übernehmenden Rechtsträgers anderer Rechtsform weiter, die an die Stelle der Geschäftsanteile der übertragenden Genossenschaft treten. [4]Rechte Dritter an den Anteilen oder Mitgliedschaften des übertragenden Rechtsträgers bestehen an den bei der übernehmenden Genossenschaft erlangten Geschäftsguthaben weiter.

(2) [1]Übersteigt das Geschäftsguthaben, das das Mitglied bei einer übertragenden Genossenschaft hatte, den Gesamtbetrag der Geschäftsanteile, mit denen es nach Absatz 1 bei einer übernehmenden Genossenschaft beteiligt ist, so ist der übersteigende Betrag nach Ablauf von sechs Monaten seit dem Tage, an dem die Eintragung der Verschmelzung in das Register des Sitzes der übernehmenden Genossenschaft nach § 19 Abs. 3 bekannt gemacht worden ist, an das Mitglied auszuzahlen; die Auszahlung darf jedoch nicht erfolgen, bevor die Gläubiger, die sich nach § 22 gemeldet haben, befriedigt oder sichergestellt sind. [2]Im Verschmelzungsvertrag festgesetzte bare Zuzahlungen dürfen nicht den zehnten Teil des Gesamtnennbetrags der gewährten Geschäftsanteile der übernehmenden Genossenschaft übersteigen.

(3) Für die Berechnung des Geschäftsguthabens, das dem Mitglied bei einer übertragenden Genossenschaft zugestanden hat, ist deren Schlußbilanz maßgebend.

§ 88 Geschäftsguthaben bei der Aufnahme von Kapitalgesellschaften und rechtsfähigen Vereinen. (1) [1] Ist an der Verschmelzung eine Kapitalgesellschaft als übertragender Rechtsträger beteiligt, so ist jedem Anteilsinhaber dieser Gesellschaft als Geschäftsguthaben bei der übernehmenden Genossenschaft der Wert der Geschäftsanteile oder der Aktien gutzuschreiben, mit denen er an der übertragenden Gesellschaft beteiligt war. [2] Für die Feststellung des Wertes dieser Beteiligung ist die Schlußbilanz der übertragenden Gesellschaft maßgebend. [3] Übersteigt das durch die Verschmelzung erlangte Geschäftsguthaben eines Mitglieds den Gesamtbetrag der Geschäftsanteile, mit denen es bei der übernehmenden Genossenschaft beteiligt ist, so ist der übersteigende Betrag nach Ablauf von sechs Monaten seit dem Tage, an dem die Eintragung der Verschmelzung in das Register des Sitzes der übernehmenden Genossenschaft nach § 19 Abs. 3 bekannt gemacht worden ist, an das Mitglied auszuzahlen; die Auszahlung darf jedoch nicht erfolgen, bevor die Gläubiger, die sich nach § 22 gemeldet haben, befriedigt oder sichergestellt sind.

(2) Ist an der Verschmelzung ein rechtsfähiger Verein als übertragender Rechtsträger beteiligt, so kann jedem Mitglied dieses Vereins als Geschäftsguthaben bei der übernehmenden Genossenschaft höchstens der Nennbetrag der Geschäftsanteile gutgeschrieben werden, mit denen es an der übernehmenden Genossenschaft beteiligt ist.

§ 89 Eintragung der Genossen in die Mitgliederliste; Benachrichtigung. (1) [1] Die übernehmende Genossenschaft hat jedes neue Mitglied nach der Eintragung der Verschmelzung in das Register des Sitzes der übernehmenden Genossenschaft unverzüglich in die Mitgliederliste einzutragen und hiervon unverzüglich zu benachrichtigen. [2] Sie hat ferner die Zahl der Geschäftsanteile des Mitglieds einzutragen, sofern das Mitglied mit mehr als einem Geschäftsanteil beteiligt ist.

(2) Die übernehmende Genossenschaft hat jedem Anteilsinhaber eines übertragenden Rechtsträgers, bei unbekannten Aktionären dem Treuhänder der übertragenden Gesellschaft, unverzüglich in Textform mitzuteilen:

1. den Betrag des Geschäftsguthabens bei der übernehmenden Genossenschaft;
2. den Betrag des Geschäftsanteils bei der übernehmenden Genossenschaft;
3. die Zahl der Geschäftsanteile, mit denen der Anteilsinhaber bei der übernehmenden Genossenschaft beteiligt ist;
4. den Betrag der von dem Mitglied nach Anrechnung seines Geschäftsguthabens noch zu leistenden Einzahlung oder den Betrag, der ihm nach § 87 Abs. 2 oder nach § 88 Abs. 1 auszuzahlen ist, sowie
5. den Betrag der Haftsumme der übernehmenden Genossenschaft, sofern deren Mitglieder Nachschüsse bis zu einer Haftsumme zu leisten haben.

§ 90 Ausschlagung durch einzelne Anteilsinhaber. (1) Die §§ 29 bis 34 sind auf die Mitglieder einer übertragenden Genossenschaft nicht anzuwenden.

(2) Auf der Verschmelzungswirkung beruhende Anteile und Mitgliedschaften an dem übernehmenden Rechtsträger gelten als nicht erworben, wenn sie ausgeschlagen werden.

(3) [1]Das Recht zur Ausschlagung hat jedes Mitglied einer übertragenden Genossenschaft, wenn es in der Generalversammlung oder als Vertreter in der Vertreterversammlung, die gemäß § 13 Abs. 1 über die Zustimmung zum Verschmelzungsvertrag beschließen soll,

1. erscheint und gegen den Verschmelzungsbeschluß Widerspruch zur Niederschrift erklärt oder
2. nicht erscheint, sofern es zu der Versammlung zu Unrecht nicht zugelassen worden ist oder die Versammlung nicht ordnungsgemäß einberufen oder der Gegenstand der Beschlußfassung nicht ordnungsgemäß bekanntgemacht worden ist.

[2]Wird der Verschmelzungsbeschluß einer übertragenden Genossenschaft von einer Vertreterversammlung gefaßt, so steht das Recht zur Ausschlagung auch jedem anderen Mitglied dieser Genossenschaft zu, das im Zeitpunkt der Beschlußfassung nicht Vertreter ist.

§ 91 Form und Frist der Ausschlagung. (1) Die Ausschlagung ist gegenüber dem übernehmenden Rechtsträger schriftlich zu erklären.

(2) Die Ausschlagung kann nur binnen sechs Monaten nach dem Tage erklärt werden, an dem die Eintragung der Verschmelzung in das Register des Sitzes des übernehmenden Rechtsträgers nach § 19 Abs. 3 bekannt gemacht worden ist.

(3) Die Ausschlagung kann nicht unter einer Bedingung oder einer Zeitbestimmung erklärt werden.

§ 92 Eintragung der Ausschlagung in die Mitgliederliste. (1) Die übernehmende Genossenschaft hat jede Ausschlagung unverzüglich in die Mitgliederliste einzutragen und das Mitglied von der Eintragung unverzüglich zu benachrichtigen.

(2) Die Ausschlagung wird in dem Zeitpunkt wirksam, in dem die Ausschlagungserklärung dem übernehmenden Rechtsträger zugeht.

§ 93 Auseinandersetzung. (1) [1]Mit einem früheren Mitglied, dessen Beteiligung an dem übernehmenden Rechtsträger nach § 90 Abs. 2 als nicht erworben gilt, hat der übernehmende Rechtsträger sich auseinanderzusetzen. [2]Maßgebend ist die Schlußbilanz der übertragenden Genossenschaft.

(2) Dieses Mitglied kann die Auszahlung des Geschäftsguthabens, das es bei der übertragenden Genossenschaft hatte, verlangen; an den Rücklagen und dem sonstigen Vermögen der übertragenden Genossenschaft hat es vorbehaltlich des § 73 Abs. 3 des Genossenschaftsgesetzes[1)] keinen Anteil, auch wenn sie bei der Verschmelzung den Geschäftsguthaben anderer Mitglieder, die von dem Recht zur Ausschlagung keinen Gebrauch machen, zugerechnet werden.

(3) [1]Reichen die Geschäftsguthaben und die in der Schlußbilanz einer übertragenden Genossenschaft ausgewiesenen Rücklagen zur Deckung eines in dieser Bilanz ausgewiesenen Verlustes nicht aus, so kann der übernehmende Rechtsträger von dem früheren Mitglied, dessen Beteiligung als nicht erworben gilt, die Zahlung des anteiligen Fehlbetrags verlangen, wenn und soweit dieses Mitglied im Falle der Insolvenz Nachschüsse an die übertragende Genossen-

---

[1)] Nr. **4**.

schaft zu leisten gehabt hätte. [2]Der anteilige Fehlbetrag wird, falls die Satzung der übertragenden Genossenschaft nichts anderes bestimmt, nach der Zahl ihrer Mitglieder berechnet.

§ 94 Auszahlung des Auseinandersetzungsguthabens. Ansprüche auf Auszahlung des Geschäftsguthabens nach § 93 Abs. 2 sind binnen sechs Monaten seit der Ausschlagung zu befriedigen; die Auszahlung darf jedoch nicht erfolgen, bevor die Gläubiger, die sich nach § 22 gemeldet haben, befriedigt oder sichergestellt sind, und nicht vor Ablauf von sechs Monaten seit dem Tag, an dem die Eintragung der Verschmelzung in das Register des Sitzes des übernehmenden Rechtsträgers nach § 19 Abs. 3 bekannt gemacht worden ist.

§ 95 Fortdauer der Nachschußpflicht. (1) [1]Ist die Haftsumme bei einer übernehmenden Genossenschaft geringer, als sie bei einer übertragenden Genossenschaft war, oder haften den Gläubigern eines übernehmenden Rechtsträgers nicht alle Anteilsinhaber dieses Rechtsträgers unbeschränkt, so haben zur Befriedigung der Gläubiger der übertragenden Genossenschaft diejenigen Anteilsinhaber, die Mitglieder der übertragenden Genossenschaft waren, weitere Nachschüsse bis zur Höhe der Haftsumme bei der übertragenden Genossenschaft zu leisten, sofern die Gläubiger, die sich nach § 22 gemeldet haben, wegen ihrer Forderung Befriedigung oder Sicherstellung auch nicht aus den von den Mitgliedern eingezogenen Nachschüssen erlangen können. [2]Für die Einziehung der Nachschüsse gelten die §§ 105 bis 115a des Genossenschaftsgesetzes[1)] entsprechend.

(2) Absatz 1 ist nur anzuwenden, wenn das Insolvenzverfahren über das Vermögen des übernehmenden Rechtsträgers binnen zwei Jahren nach dem Tage eröffnet wird, an dem die Eintragung der Verschmelzung in das Register des Sitzes dieses Rechtsträgers nach § 19 Abs. 3 bekannt gemacht worden ist.

Zweiter Unterabschnitt. Verschmelzung durch Neugründung

§ 96 Anzuwendende Vorschriften. Auf die Verschmelzung durch Neugründung sind die Vorschriften des Ersten Unterabschnitts entsprechend anzuwenden.

§ 97 Pflichten der Vertretungsorgane der übertragenden Rechtsträger. (1) Die Satzung der neuen Genossenschaft ist durch sämtliche Mitglieder des Vertretungsorgans jedes der übertragenden Rechtsträger aufzustellen und zu unterzeichnen.

(2) [1]Die Vertretungsorgane aller übertragenden Rechtsträger haben den ersten Aufsichtsrat der neuen Genossenschaft zu bestellen. [2]Das gleiche gilt für die Bestellung des ersten Vorstands, sofern nicht durch die Satzung der neuen Genossenschaft anstelle der Wahl durch die Generalversammlung eine andere Art der Bestellung des Vorstands festgesetzt ist.

§ 98 Verschmelzungsbeschlüsse. [1]Die Satzung der neuen Genossenschaft wird nur wirksam, wenn ihm die Anteilsinhaber jedes der übertragenden Rechtsträger durch Verschmelzungsbeschluß zustimmen. [2]Dies gilt entsprechend für die Bestellung der Mitglieder des Vorstands und des Aufsichtsrats der neuen Genossenschaft, für die Bestellung des Vorstands jedoch nur, wenn dieser

---

[1)] Nr. 4.

von den Vertretungsorganen aller übertragenden Rechtsträger bestellt worden ist.

Sechster Abschnitt. Verschmelzung unter Beteiligung rechtsfähiger Vereine

§ 99 Möglichkeit der Verschmelzung. (1) Ein rechtsfähiger Verein kann sich an einer Verschmelzung nur beteiligen, wenn die Satzung des Vereins oder Vorschriften des Landesrechts nicht entgegenstehen.

(2) Ein eingetragener Verein darf im Wege der Verschmelzung Rechtsträger anderer Rechtsform nicht aufnehmen und durch die Verschmelzung solcher Rechtsträger nicht gegründet werden.

§ 100 Prüfung der Verschmelzung. [1] Der Verschmelzungsvertrag oder sein Entwurf ist für einen wirtschaftlichen Verein nach den §§ 9 bis 12 zu prüfen. [2] Bei einem eingetragenen Verein ist diese Prüfung nur erforderlich, wenn mindestens zehn vom Hundert der Mitglieder sie schriftlich verlangen.

§ 101 Vorbereitung der Mitgliederversammlung. (1) [1] Von der Einberufung der Mitgliederversammlung an, die gemäß § 13 Abs. 1 über die Zustimmung zum Verschmelzungsvertrag beschließen soll, sind in dem Geschäftsraum des Vereins die in § 63 Abs. 1 Nr. 1 bis 4 bezeichneten Unterlagen sowie ein nach § 100 erforderlicher Prüfungsbericht zur Einsicht der Mitglieder auszulegen. [2] Dazu erforderliche Zwischenbilanzen sind gemäß § 63 Absatz 2 Satz 1 bis 4 aufzustellen.

(2) Auf Verlangen ist jedem Mitglied unverzüglich und kostenlos eine Abschrift der in Absatz 1 bezeichneten Unterlagen zu erteilen.

§ 102 Durchführung der Mitgliederversammlung. [1] In der Mitgliederversammlung sind die in § 63 Abs. 1 Nr. 1 bis 4 bezeichneten Unterlagen sowie ein nach § 100 erforderlicher Prüfungsbericht auszulegen. [2] § 64 Abs. 1 Satz 2 und Abs. 2 ist entsprechend anzuwenden.

§ 103 Beschluß der Mitgliederversammlung. [1] Der Verschmelzungsbeschluß der Mitgliederversammlung bedarf einer Mehrheit von drei Vierteln der abgegebenen Stimmen. [2] Die Satzung kann eine größere Mehrheit und weitere Erfordernisse bestimmen.

§ 104 Bekanntmachung der Verschmelzung. (1) [1] Ist ein übertragender wirtschaftlicher Verein nicht in ein Handelsregister eingetragen, so hat sein Vorstand die bevorstehende Verschmelzung durch den Bundesanzeiger bekanntzumachen. [2] Die Bekanntmachung im Bundesanzeiger tritt an die Stelle der Eintragung im Register. [3] Sie ist mit einem Vermerk zu versehen, daß die Verschmelzung erst mit der Eintragung im Register des Sitzes des übernehmenden Rechtsträgers wirksam wird. [4] Die §§ 16 und 17 Abs. 1 und § 19 Abs. 1 Satz 2, Abs. 2 und Abs. 3 sind nicht anzuwenden, soweit sie sich auf die Anmeldung und Eintragung dieses übertragenden Vereins beziehen.

(2) Die Schlußbilanz eines solchen übertragenden Vereins ist der Anmeldung zum Register des Sitzes des übernehmenden Rechtsträgers beizufügen.

§ 104a Ausschluß der Barabfindung in bestimmten Fällen. Die §§ 29 bis 34 sind auf die Verschmelzung eines eingetragenen Vereins, der nach § 5

Abs. 1 Nr. 9 des Körperschaftsteuergesetzes von der Körperschaftsteuer befreit ist, nicht anzuwenden.

Siebenter Abschnitt. Verschmelzung genossenschaftlicher Prüfungsverbände

§ 105 Möglichkeit der Verschmelzung. [1] Genossenschaftliche Prüfungsverbände können nur miteinander verschmolzen werden. [2] Ein genossenschaftlicher Prüfungsverband kann ferner als übernehmender Verband einen rechtsfähigen Verein aufnehmen, wenn bei diesem die Voraussetzungen des § 63b Absatz 2 des Genossenschaftsgesetzes[1)] bestehen und die in § 107 Abs. 2 genannte Behörde dem Verschmelzungsvertrag zugestimmt hat.

§ 106 Vorbereitung, Durchführung und Beschluß der Mitgliederversammlung. Auf die Vorbereitung, die Durchführung und den Beschluß der Mitgliederversammlung sind die §§ 101 bis 103 entsprechend anzuwenden.

§ 107 Pflichten der Vorstände. (1) [1] Die Vorstände beider Verbände haben die Verschmelzung gemeinschaftlich unverzüglich zur Eintragung in die Register des Sitzes jedes Verbandes anzumelden, soweit der Verband eingetragen ist. [2] Ist der übertragende Verband nicht eingetragen, so ist § 104 entsprechend anzuwenden.

(2) Die Vorstände haben ferner gemeinschaftlich den für die Verleihung des Prüfungsrechts zuständigen obersten Landesbehörden die Eintragung unverzüglich mitzuteilen.

(3) Der Vorstand des übernehmenden Verbandes hat die Mitglieder unverzüglich von der Eintragung zu benachrichtigen.

§ 108 Austritt von Mitgliedern des übertragenden Verbandes. Tritt ein ehemaliges Mitglied des übertragenden Verbandes gemäß § 39 des Bürgerlichen Gesetzbuchs[2)] aus dem übernehmenden Verband aus, so sind Bestimmungen der Satzung des übernehmenden Verbandes, die gemäß § 39 Abs. 2 des Bürgerlichen Gesetzbuchs eine längere Kündigungsfrist als zum Schlusse des Geschäftsjahres vorsehen, nicht anzuwenden.

Achter Abschnitt. Verschmelzung von Versicherungsvereinen auf Gegenseitigkeit

Erster Unterabschnitt. Möglichkeit der Verschmelzung

§ 109 Verschmelzungsfähige Rechtsträger. [1] Versicherungsvereine auf Gegenseitigkeit können nur miteinander verschmolzen werden. [2] Sie können ferner im Wege der Verschmelzung durch eine Aktiengesellschaft, die den Betrieb von Versicherungsgeschäften zum Gegenstand hat (Versicherungs-Aktiengesellschaft), aufgenommen werden.

Zweiter Unterabschnitt. Verschmelzung durch Aufnahme

§ 110 Inhalt des Verschmelzungsvertrags. Sind nur Versicherungsvereine auf Gegenseitigkeit an der Verschmelzung beteiligt, braucht der Verschmel-

---

1) Nr. 4.
2) Nr. 1.

zungsvertrag oder sein Entwurf die Angaben nach § 5 Abs. 1 Nr. 3 bis 5 und 7 nicht zu enthalten.

§ 111 Bekanntmachung des Verschmelzungsvertrags. [1]Der Verschmelzungsvertrag oder sein Entwurf ist vor der Einberufung der obersten Vertretung, die gemäß § 13 Abs. 1 über die Zustimmung zum Verschmelzungsvertrag beschließen soll, zum Register einzureichen. [2]Das Gericht hat in der Bekanntmachung nach § 10 des Handelsgesetzbuchs[1)] einen Hinweis darauf bekanntzumachen, daß der Vertrag oder sein Entwurf beim Handelsregister eingereicht worden ist.

§ 112 Vorbereitung, Durchführung und Beschluß der Versammlung der obersten Vertretung. (1) [1]Von der Einberufung der Versammlung der obersten Vertretung an, die gemäß § 13 Abs. 1 über die Zustimmung zum Verschmelzungsvertrag beschließen soll, sind in dem Geschäftsraum des Vereins die in § 63 Abs. 1 bezeichneten Unterlagen zur Einsicht der Mitglieder auszulegen. [2]Dazu erforderliche Zwischenbilanzen sind gemäß § 63 Absatz 2 Satz 1 bis 4 aufzustellen.

(2) [1]In der Versammlung der obersten Vertretung sind die in § 63 Abs. 1 bezeichneten Unterlagen auszulegen. [2]§ 64 Abs. 1 Satz 2 und Abs. 2 ist entsprechend anzuwenden.

(3) [1]Der Verschmelzungsbeschluß der obersten Vertretung bedarf einer Mehrheit von drei Vierteln der abgegebenen Stimmen. [2]Die Satzung kann eine größere Mehrheit und weitere Erfordernisse bestimmen.

§ 113 Keine gerichtliche Nachprüfung. Sind nur Versicherungsvereine auf Gegenseitigkeit an der Verschmelzung beteiligt, findet eine gerichtliche Nachprüfung des Umtauschverhältnisses der Mitgliedschaften nicht statt.

Dritter Unterabschnitt. Verschmelzung durch Neugründung

§ 114 Anzuwendende Vorschriften. Auf die Verschmelzung durch Neugründung sind die Vorschriften des Zweiten Unterabschnitts entsprechend anzuwenden, soweit sich aus den folgenden Vorschriften nichts anderes ergibt.

§ 115 Bestellung der Vereinsorgane. [1]Die Vorstände der übertragenden Vereine haben den ersten Aufsichtsrat des neuen Rechtsträgers und den Abschlußprüfer für das erste Voll- oder Rumpfgeschäftsjahr zu bestellen. [2]Die Bestellung bedarf notarieller Beurkundung. [3]Der Aufsichtsrat bestellt den ersten Vorstand.

§ 116 Beschlüsse der obersten Vertretungen. (1) [1]Die Satzung des neuen Rechtsträgers und die Bestellung seiner Aufsichtsratsmitglieder bedürfen der Zustimmung der übertragenden Vereine durch Verschmelzungsbeschlüsse. [2]§ 76 Abs. 2 und § 112 Abs. 3 sind entsprechend anzuwenden.

(2) [1]In der Bekanntmachung der Tagesordnung eines Vereins ist der wesentliche Inhalt des Verschmelzungvertrags bekanntzumachen. [2]In der Bekanntmachung haben der Vorstand und der Aufsichtsrat, zur Wahl von Aufsichtsratsmitgliedern und Prüfern nur der Aufsichtsrat, Vorschläge zur Beschlußfassung zu machen. [3]Hat der Aufsichtsrat auch aus Aufsichtsratsmitgliedern der Arbeit-

[1)] Nr. **5**.

nehmer zu bestehen, so bedürfen Beschlüsse des Aufsichtsrats über Vorschläge zur Wahl von Aufsichtsratsmitgliedern nur der Mehrheit der Stimmen der Aufsichtsratsmitglieder der Mitglieder des Vereins.

§ 117 Entstehung und Bekanntmachung des neuen Vereins. [1] Vor der Eintragung in das Register besteht ein neuer Verein als solcher nicht. [2] Wer vor der Eintragung des Vereins in seinem Namen handelt, haftet persönlich; handeln mehrere, so haften sie als Gesamtschuldner.

Vierter Unterabschnitt. Verschmelzung kleinerer Vereine

§ 118 Anzuwendende Vorschriften. [1] Auf die Verschmelzung kleinerer Vereine im Sinne des § 210 des Versicherungsaufsichtsgesetzes sind die Vorschriften des Zweiten und des Dritten Unterabschnitts entsprechend anzuwenden. [2] Dabei treten bei kleineren Vereinen an die Stelle der Anmeldung zur Eintragung in das Register der Antrag an die Aufsichtsbehörde auf Genehmigung, an die Stelle der Eintragung in das Register und ihrer Bekanntmachung die Bekanntmachung im Bundesanzeiger nach § 119.

§ 119 Bekanntmachung der Verschmelzung. Sobald die Verschmelzung von allen beteiligten Aufsichtsbehörden genehmigt worden ist, macht die für den übernehmenden kleineren Verein zuständige Aufsichtsbehörde, bei einer Verschmelzung durch Neugründung eines kleineren Vereins die für den neuen Verein zuständige Aufsichtsbehörde die Verschmelzung und ihre Genehmigung im Bundesanzeiger bekannt.

Neunter Abschnitt. Verschmelzung von Kapitalgesellschaften mit dem Vermögen eines Alleingesellschafters

§ 120 Möglichkeit der Verschmelzung. (1) Ist eine Verschmelzung nach den Vorschriften des Ersten bis Achten Abschnitts nicht möglich, so kann eine Kapitalgesellschaft im Wege der Aufnahme mit dem Vermögen eines Gesellschafters oder eines Aktionärs verschmolzen werden, sofern sich alle Geschäftsanteile oder alle Aktien der Gesellschaft in der Hand des Gesellschafters oder Aktionärs befinden.

(2) Befinden sich eigene Anteile in der Hand der Kapitalgesellschaft, so werden sie bei der Feststellung der Voraussetzungen der Verschmelzung dem Gesellschafter oder Aktionär zugerechnet.

§ 121 Anzuwendende Vorschriften. Auf die Kapitalgesellschaft sind die für ihre Rechtsform geltenden Vorschriften des Ersten und Zweiten Teils anzuwenden.

§ 122 Eintragung in das Handelsregister. (1) Ein noch nicht in das Handelsregister eingetragener Alleingesellschafter oder Alleinaktionär ist nach den Vorschriften des Handelsgesetzbuchs[1] in das Handelsregister einzutragen; § 18 Abs. 1 bleibt unberührt.

(2) Kommt eine Eintragung nicht in Betracht, treten die in § 20 genannten Wirkungen durch die Eintragung der Verschmelzung in das Register des Sitzes der übertragenden Kapitalgesellschaft ein.

---

[1] Auszugsweise abgedruckt unter Nr. **5**.

Zehnter Abschnitt. Grenzüberschreitende Verschmelzung

§ 122a Grenzüberschreitende Verschmelzung. (1) Eine grenzüberschreitende Verschmelzung ist eine Verschmelzung, bei der mindestens eine der beteiligten Gesellschaften dem Recht eines anderen Mitgliedstaats der Europäischen Union oder eines anderen Vertragsstaats des Abkommens über den Europäischen Wirtschaftsraum unterliegt.

(2) [1] Auf die Beteiligung einer Kapitalgesellschaft (§ 3 Abs. 1 Nr. 2) an einer grenzüberschreitenden Verschmelzung sind die Vorschriften des Ersten Teils und des Zweiten, Dritten und Vierten Abschnitts des Zweiten Teils entsprechend anzuwenden, soweit sich aus diesem Abschnitt nichts anderes ergibt. [2] Auf die Beteiligung einer Personenhandelsgesellschaft (§ 3 Absatz 1 Nummer 1) an einer grenzüberschreitenden Verschmelzung sind die Vorschriften des Ersten Teils und des Ersten Unterabschnitts des Ersten Abschnitts des Zweiten Teils entsprechend anzuwenden, soweit sich aus diesem Abschnitt nichts anderes ergibt.

§ 122b Verschmelzungsfähige Gesellschaften. (1) An einer grenzüberschreitenden Verschmelzung können beteiligt sein

1. als übertragende, übernehmende oder neue Gesellschaften Kapitalgesellschaften im Sinne des Artikels 119 Nummer 1 der Richtlinie (EU) 2017/1132 des Europäischen Parlaments und des Rates vom 14. Juni 2017 über bestimmte Aspekte des Gesellschaftsrechts (ABl. L 169 vom 30.6.2017, S. 46), die nach dem Recht eines Mitgliedstaats der Europäischen Union oder eines anderen Vertragsstaats des Abkommens über den Europäischen Wirtschaftsraum gegründet worden sind und ihren satzungsmäßigen Sitz, ihre Hauptverwaltung oder ihre Hauptniederlassung in einem Mitgliedstaat der Europäischen Union oder einem anderen Vertragsstaat des Abkommens über den Europäischen Wirtschaftsraum haben,
2. als übernehmende oder neue Gesellschaften Personenhandelsgesellschaften im Sinne des § 3 Absatz 1 Nummer 1 mit in der Regel nicht mehr als 500 Arbeitnehmern.

(2) An einer grenzüberschreitenden Verschmelzung können nicht beteiligt sein:

1. Genossenschaften, selbst wenn sie nach dem Recht eines anderen Mitgliedstaats der Europäischen Union oder eines anderen Vertragsstaats des Abkommens über den Europäischen Wirtschaftsraum unter die Definition des Artikels 2 Nr. 1 der Richtlinie fallen;
2. Gesellschaften, deren Zweck es ist, die vom Publikum bei ihnen eingelegten Gelder nach dem Grundsatz der Risikostreuung gemeinsam anzulegen und deren Anteile auf Verlangen der Anteilsinhaber unmittelbar oder mittelbar zulasten des Vermögens dieser Gesellschaft zurückgenommen oder ausgezahlt werden. Diesen Rücknahmen oder Auszahlungen gleichgestellt sind Handlungen, mit denen eine solche Gesellschaft sicherstellen will, dass der Börsenwert ihrer Anteile nicht erheblich von deren Nettoinventarwert abweicht.

§ 122c Verschmelzungsplan. (1) Das Vertretungsorgan einer beteiligten Gesellschaft stellt zusammen mit den Vertretungsorganen der übrigen beteiligten Gesellschaften einen gemeinsamen Verschmelzungsplan auf.

(2) Der Verschmelzungsplan oder sein Entwurf muss mindestens folgende Angaben enthalten:

1. Rechtsform, Firma und Sitz der übertragenden und übernehmenden oder neuen Gesellschaft,
2. das Umtauschverhältnis der Gesellschaftsanteile und gegebenenfalls die Höhe der baren Zuzahlungen,
3. die Einzelheiten hinsichtlich der Übertragung der Gesellschaftsanteile der übernehmenden oder neuen Gesellschaft,
4. die voraussichtlichen Auswirkungen der Verschmelzung auf die Beschäftigung,
5. den Zeitpunkt, von dem an die Gesellschaftsanteile deren Inhabern das Recht auf Beteiligung am Gewinn gewähren, sowie alle Besonderheiten, die eine Auswirkung auf dieses Recht haben,
6. den Zeitpunkt, von dem an die Handlungen der übertragenden Gesellschaften unter dem Gesichtspunkt der Rechnungslegung als für Rechnung der übernehmenden oder neuen Gesellschaft vorgenommen gelten (Verschmelzungsstichtag),
7. die Rechte, die die übernehmende oder neue Gesellschaft den mit Sonderrechten ausgestatteten Gesellschaftern und den Inhabern von anderen Wertpapieren als Gesellschaftsanteilen gewährt, oder die für diese Personen vorgeschlagenen Maßnahmen,
8. etwaige besondere Vorteile, die den Sachverständigen, die den Verschmelzungsplan prüfen, oder den Mitgliedern der Verwaltungs-, Leitungs-, Aufsichts- oder Kontrollorgane der an der Verschmelzung beteiligten Gesellschaften gewährt werden,
9. die Satzung oder den Gesellschaftsvertrag der übernehmenden oder neuen Gesellschaft,
10. gegebenenfalls Angaben zu dem Verfahren, nach dem die Einzelheiten über die Beteiligung der Arbeitnehmer an der Festlegung ihrer Mitbestimmungsrechte in der aus der grenzüberschreitenden Verschmelzung hervorgehenden Gesellschaft geregelt werden,
11. Angaben zur Bewertung des Aktiv- und Passivvermögens, das auf die übernehmende oder neue Gesellschaft übertragen wird,
12. den Stichtag der Bilanzen der an der Verschmelzung beteiligten Gesellschaften, die zur Festlegung der Bedingungen der Verschmelzung verwendet werden,
13. im Fall der Verschmelzung auf eine Personenhandelsgesellschaft gemäß § 122b Absatz 1 Nummer 2
    a) für jeden Anteilsinhaber eines übertragenden Rechtsträgers die Bestimmung, ob ihm in der übernehmenden oder der neuen Personenhandelsgesellschaft die Stellung eines persönlich haftenden Gesellschafters oder eines Kommanditisten gewährt wird,
    b) der festgesetzte Betrag der Einlage jedes Gesellschafters.

(3) Befinden sich alle Anteile einer übertragenden Gesellschaft in der Hand der übernehmenden Gesellschaft, so entfallen die Angaben über den Umtausch der Anteile (Absatz 2 Nr. 2, 3 und 5), soweit sie die Aufnahme dieser Gesellschaft betreffen.

(4) Der Verschmelzungsplan muss notariell beurkundet werden.

§ 122d Bekanntmachung des Verschmelzungsplans. [1] Der Verschmelzungsplan oder sein Entwurf ist spätestens einen Monat vor der Versammlung der Anteilsinhaber, die nach § 13 über die Zustimmung zum Verschmelzungsplan beschließen soll, zum Register einzureichen. [2] Das Gericht hat in der Bekanntmachung nach § 10 des Handelsgesetzbuchs[1)] unverzüglich die folgenden Angaben bekannt zu machen:

1. einen Hinweis darauf, dass der Verschmelzungsplan oder sein Entwurf beim Handelsregister eingereicht worden ist,
2. Rechtsform, Firma und Sitz der an der grenzüberschreitenden Verschmelzung beteiligten Gesellschaften,
3. die Register, bei denen die an der grenzüberschreitenden Verschmelzung beteiligten Gesellschaften eingetragen sind, sowie die jeweilige Nummer der Eintragung,
4. einen Hinweis auf die Modalitäten für die Ausübung der Rechte der Gläubiger und der Minderheitsgesellschafter der an der grenzüberschreitenden Verschmelzung beteiligten Gesellschaften sowie die Anschrift, unter der vollständige Auskünfte über diese Modalitäten kostenlos eingeholt werden können.

[3] Die bekannt zu machenden Angaben sind dem Register bei Einreichung des Verschmelzungsplans oder seines Entwurfs mitzuteilen.

§ 122e Verschmelzungsbericht. [1] Im Verschmelzungsbericht nach § 8 sind auch die Auswirkungen der grenzüberschreitenden Verschmelzung auf die Gläubiger und Arbeitnehmer der an der Verschmelzung beteiligten Gesellschaft zu erläutern. [2] Der Verschmelzungsbericht ist den Anteilsinhabern sowie dem zuständigen Betriebsrat oder, falls es keinen Betriebsrat gibt, den Arbeitnehmern der an der grenzüberschreitenden Verschmelzung beteiligten Gesellschaft spätestens einen Monat vor der Versammlung der Anteilsinhaber, die nach § 13 über die Zustimmung zum Verschmelzungsplan beschließen soll, nach § 63 Abs. 1 Nr. 4 zugänglich zu machen. [3] § 8 Abs. 3 ist nicht anzuwenden, es sei denn, an der Verschmelzung ist als übernehmende oder neue Gesellschaft eine Personenhandelsgesellschaft gemäß § 122b Absatz 1 Nummer 2 beteiligt.

§ 122f Verschmelzungsprüfung. [1] Der Verschmelzungsplan oder sein Entwurf ist nach den §§ 9 bis 12 zu prüfen; die §§ 44 und 48 sind nicht anzuwenden. [2] Der Prüfungsbericht muss spätestens einen Monat vor der Versammlung der Anteilsinhaber, die nach § 13 über die Zustimmung zum Verschmelzungsplan beschließen soll, vorliegen.

§ 122g Zustimmung der Anteilsinhaber. (1) Die Anteilsinhaber können ihre Zustimmung nach § 13 davon abhängig machen, dass die Art und Weise der Mitbestimmung der Arbeitnehmer der übernehmenden oder neuen Gesellschaft ausdrücklich von ihnen bestätigt wird.

(2) Befinden sich alle Anteile einer übertragenden Gesellschaft in der Hand der übernehmenden Gesellschaft, so ist ein Verschmelzungsbeschluss der Anteilsinhaber der übertragenden Gesellschaft nicht erforderlich.

[1)] Nr. **5**.

§ 122h Verbesserung des Umtauschverhältnisses. (1) § 14 Abs. 2 und § 15 gelten für die Anteilsinhaber einer übertragenden Gesellschaft nur, sofern die Anteilsinhaber der an der grenzüberschreitenden Verschmelzung beteiligten Gesellschaften, die dem Recht eines anderen Mitgliedstaats der Europäischen Union oder eines anderen Vertragsstaats des Abkommens über den Europäischen Wirtschaftsraum unterliegen, dessen Rechtsvorschriften ein Verfahren zur Kontrolle und Änderung des Umtauschverhältnisses der Anteile nicht vorsehen, im Verschmelzungsbeschluss ausdrücklich zustimmen.

(2) § 15 gilt auch für Anteilsinhaber einer übertragenden Gesellschaft, die dem Recht eines anderen Mitgliedstaats der Europäischen Union oder eines anderen Vertragsstaats des Abkommens über den Europäischen Wirtschaftsraum unterliegt, wenn nach dem Recht dieses Staates ein Verfahren zur Kontrolle und Änderung des Umtauschverhältnisses der Anteile vorgesehen ist und deutsche Gerichte für die Durchführung eines solchen Verfahrens international zuständig sind.

§ 122i Abfindungsangebot im Verschmelzungsplan. (1) [1]Unterliegt die übernehmende oder neue Gesellschaft nicht dem deutschen Recht, hat die übertragende Gesellschaft im Verschmelzungsplan oder in seinem Entwurf jedem Anteilsinhaber, der gegen den Verschmelzungsbeschluss der Gesellschaft Widerspruch zur Niederschrift erklärt, den Erwerb seiner Anteile gegen eine angemessene Barabfindung anzubieten. [2]Die Vorschriften des Aktiengesetzes[1)] über den Erwerb eigener Aktien sowie des Gesetzes betreffend die Gesellschaften mit beschränkter Haftung[2)] über den Erwerb eigener Geschäftsanteile gelten entsprechend, jedoch sind § 71 Abs. 4 Satz 2 des Aktiengesetzes und § 33 Abs. 2 Satz 3 zweiter Halbsatz erste Alternative des Gesetzes betreffend die Gesellschaften mit beschränkter Haftung insoweit nicht anzuwenden. [3]§ 29 Abs. 1 Satz 4 und 5 sowie Abs. 2 und die §§ 30, 31 und 33 gelten entsprechend.

(2) [1]Die §§ 32 und 34 gelten für die Anteilsinhaber einer übertragenden Gesellschaft nur, sofern die Anteilsinhaber der an der grenzüberschreitenden Verschmelzung beteiligten Gesellschaften, die dem Recht eines anderen Mitgliedstaats der Europäischen Union oder eines anderen Vertragsstaats des Abkommens über den Europäischen Wirtschaftsraum unterliegen, dessen Rechtsvorschriften ein Verfahren zur Abfindung von Minderheitsgesellschaftern nicht vorsehen, im Verschmelzungsbeschluss ausdrücklich zustimmen. [2]§ 34 gilt auch für Anteilsinhaber einer übertragenden Gesellschaft, die dem Recht eines anderen Mitgliedstaats der Europäischen Union oder eines anderen Vertragsstaats des Abkommens über den Europäischen Wirtschaftsraum unterliegt, wenn nach dem Recht dieses Staates ein Verfahren zur Abfindung von Minderheitsgesellschaftern vorgesehen ist und deutsche Gerichte für die Durchführung eines solchen Verfahrens international zuständig sind.

§ 122j Schutz der Gläubiger der übertragenden Gesellschaft.

(1) [1]Unterliegt die übernehmende oder neue Gesellschaft nicht dem deutschen Recht, ist den Gläubigern einer übertragenden Gesellschaft Sicherheit zu leisten, soweit sie nicht Befriedigung verlangen können. [2]Dieses Recht steht

---

1) Nr. **2**.
2) Nr. **3**.

den Gläubigern jedoch nur zu, wenn sie binnen zwei Monaten nach dem Tag, an dem der Verschmelzungsplan oder sein Entwurf bekannt gemacht worden ist, ihren Anspruch nach Grund und Höhe schriftlich anmelden und glaubhaft machen, dass durch die Verschmelzung die Erfüllung ihrer Forderung gefährdet wird.

(2) Das Recht auf Sicherheitsleistung nach Absatz 1 steht Gläubigern nur im Hinblick auf solche Forderungen zu, die vor oder bis zu 15 Tage nach Bekanntmachung des Verschmelzungsplans oder seines Entwurfs entstanden sind.

§ 122k Verschmelzungsbescheinigung. (1) [1]Das Vertretungsorgan einer übertragenden Gesellschaft hat das Vorliegen der sie betreffenden Voraussetzungen für die grenzüberschreitende Verschmelzung zur Eintragung bei dem Register des Sitzes der Gesellschaft anzumelden. [2]§ 16 Abs. 2 und 3 und § 17 gelten entsprechend. [3]Die Mitglieder des Vertretungsorgans haben eine Versicherung abzugeben, dass allen Gläubigern, die nach § 122j einen Anspruch auf Sicherheitsleistung haben, eine angemessene Sicherheit geleistet wurde.

(2) [1]Das Gericht prüft, ob für die Gesellschaft die Voraussetzungen für die grenzüberschreitende Verschmelzung vorliegen, und stellt hierüber unverzüglich eine Bescheinigung (Verschmelzungsbescheinigung) aus. [2]Als Verschmelzungsbescheinigung gilt die Nachricht über die Eintragung der Verschmelzung im Register. [3]Die Eintragung ist mit dem Vermerk zu versehen, dass die grenzüberschreitende Verschmelzung unter den Voraussetzungen des Rechts des Staates, dem die übernehmende oder neue Gesellschaft unterliegt, wirksam wird. [4]Die Verschmelzungsbescheinigung darf nur ausgestellt werden, wenn eine Versicherung nach Absatz 1 Satz 3 vorliegt. [5]Ist ein Spruchverfahren anhängig, ist dies in der Verschmelzungsbescheinigung anzugeben.

(3) Das Vertretungsorgan der Gesellschaft hat die Verschmelzungsbescheinigung innerhalb von sechs Monaten nach ihrer Ausstellung zusammen mit dem Verschmelzungsplan der zuständigen Stelle des Staates vorzulegen, dessen Recht die übernehmende oder neue Gesellschaft unterliegt.

(4) Nach Eingang einer Mitteilung des Registers, in dem die übernehmende oder neue Gesellschaft eingetragen ist, über das Wirksamwerden der Verschmelzung hat das Gericht des Sitzes der übertragenden Gesellschaft den Tag des Wirksamwerdens zu vermerken und die bei ihm aufbewahrten elektronischen Dokumente diesem Register zu übermitteln.

§ 122l Eintragung der grenzüberschreitenden Verschmelzung.

(1) [1]Bei einer Verschmelzung durch Aufnahme hat das Vertretungsorgan der übernehmenden Gesellschaft die Verschmelzung und bei einer Verschmelzung durch Neugründung haben die Vertretungsorgane der übertragenden Gesellschaften die neue Gesellschaft zur Eintragung in das Register des Sitzes der Gesellschaft anzumelden. [2]Der Anmeldung sind die Verschmelzungsbescheinigungen aller übertragenden Gesellschaften, der gemeinsame Verschmelzungsplan und gegebenenfalls die Vereinbarung über die Beteiligung der Arbeitnehmer beizufügen. [3]Die Verschmelzungsbescheinigungen dürfen nicht älter als sechs Monate sein; § 16 Abs. 2 und 3 und § 17 finden auf die übertragenden Gesellschaften keine Anwendung.

(2) Die Prüfung der Eintragungsvoraussetzungen erstreckt sich insbesondere darauf, ob die Anteilsinhaber aller an der grenzüberschreitenden Verschmelzung beteiligten Gesellschaften einem gemeinsamen, gleichlautenden Ver-

schmelzungsplan zugestimmt haben und ob gegebenenfalls eine Vereinbarung über die Beteiligung der Arbeitnehmer geschlossen worden ist.

(3) Das Gericht des Sitzes der übernehmenden oder neuen Gesellschaft hat den Tag der Eintragung der Verschmelzung von Amts wegen jedem Register mitzuteilen, bei dem eine der übertragenden Gesellschaften ihre Unterlagen zu hinterlegen hatte.

§ 122m Austritt des Vereinigten Königreichs Großbritannien und Nordirland aus der Europäischen Union. Unterliegt die übernehmende oder die neue Gesellschaft dem deutschen Recht, gilt als grenzüberschreitende Verschmelzung im Sinne dieses Abschnitts auch eine solche, an der eine übertragende Gesellschaft beteiligt ist, die dem Recht des Vereinigten Königreichs Großbritannien und Nordirland (Vereinigtes Königreich) unterliegt, sofern der Verschmelzungsplan nach § 122c Absatz 4 vor dem Ausscheiden des Vereinigten Königreichs aus der Europäischen Union oder vor dem Ablauf eines Übergangszeitraums, innerhalb dessen das Vereinigte Königreich in der Bundesrepublik Deutschland weiterhin als Mitgliedstaat der Europäischen Union gilt, notariell beurkundet worden ist, und die Verschmelzung unverzüglich, spätestens aber zwei Jahre nach diesem Zeitpunkt mit den erforderlichen Unterlagen zur Registereintragung angemeldet wird.

Drittes Buch. Spaltung

Erster Teil. Allgemeine Vorschriften

Erster Abschnitt. Möglichkeit der Spaltung

§ 123 Arten der Spaltung. (1) Ein Rechtsträger (übertragender Rechtsträger) kann unter Auflösung ohne Abwicklung sein Vermögen aufspalten

1. zur Aufnahme durch gleichzeitige Übertragung der Vermögensteile jeweils als Gesamtheit auf andere bestehende Rechtsträger (übernehmende Rechtsträger) oder
2. zur Neugründung durch gleichzeitige Übertragung der Vermögensteile jeweils als Gesamtheit auf andere, von ihm dadurch gegründete neue Rechtsträger

gegen Gewährung von Anteilen oder Mitgliedschaften dieser Rechtsträger an die Anteilsinhaber des übertragenden Rechtsträgers (Aufspaltung).

(2) Ein Rechtsträger (übertragender Rechtsträger) kann von seinem Vermögen einen Teil oder mehrere Teile abspalten

1. zur Aufnahme durch Übertragung dieses Teils oder dieser Teile jeweils als Gesamtheit auf einen bestehenden oder mehrere bestehende Rechtsträger (übernehmende Rechtsträger) oder
2. zur Neugründung durch Übertragung dieses Teils oder dieser Teile jeweils als Gesamtheit auf einen oder mehrere, von ihm dadurch gegründeten neuen oder gegründete neue Rechtsträger

gegen Gewährung von Anteilen oder Mitgliedschaften dieses Rechtsträgers oder dieser Rechtsträger an die Anteilsinhaber des übertragenden Rechtsträgers (Abspaltung).

(3) Ein Rechtsträger (übertragender Rechtsträger) kann aus seinem Vermögen einen Teil oder mehrere Teile ausgliedern

1. zur Aufnahme durch Übertragung dieses Teils oder dieser Teile jeweils als Gesamtheit auf einen bestehenden oder mehrere bestehende Rechtsträger (übernehmende Rechtsträger) oder
2. zur Neugründung durch Übertragung dieses Teils oder dieser Teile jeweils als Gesamtheit auf einen oder mehrere, von ihm dadurch gegründeten neuen oder gegründete neue Rechtsträger

gegen Gewährung von Anteilen oder Mitgliedschaften dieses Rechtsträgers oder dieser Rechtsträger an den übertragenden Rechtsträger (Ausgliederung).

(4) Die Spaltung kann auch durch gleichzeitige Übertragung auf bestehende und neue Rechtsträger erfolgen.

§ 124 Spaltungsfähige Rechtsträger. (1) An einer Aufspaltung oder einer Abspaltung können als übertragende, übernehmende oder neue Rechtsträger die in § 3 Abs. 1 genannten Rechtsträger sowie als übertragende Rechtsträger wirtschaftliche Vereine, an einer Ausgliederung können als übertragende, übernehmende oder neue Rechtsträger die in § 3 Abs. 1 genannten Rechtsträger sowie als übertragende Rechtsträger wirtschaftliche Vereine, Einzelkaufleute, Stiftungen sowie Gebietskörperschaften oder Zusammenschlüsse von Gebietskörperschaften, die nicht Gebietskörperschaften sind, beteiligt sein.

(2) § 3 Abs. 3 und 4 ist auf die Spaltung entsprechend anzuwenden.

§ 125 Anzuwendende Vorschriften. [1] Auf die Spaltung sind die Vorschriften des Ersten Teils und des Ersten bis Neunten Abschnitts des Zweiten Teils des Zweiten Buches mit Ausnahme des § 9 Absatz 2 und des § 62 Absatz 5, bei Abspaltung und Ausgliederung mit Ausnahme des § 18 sowie bei Ausgliederung mit Ausnahme des § 14 Abs. 2 und der §§ 15, 29 bis 34, 54, 68 und 71 entsprechend anzuwenden, soweit sich aus diesem Buch nichts anderes ergibt. [2] Eine Prüfung im Sinne der §§ 9 bis 12 findet bei Ausgliederung nicht statt. [3] An die Stelle der übertragenden Rechtsträger tritt der übertragende Rechtsträger, an die Stelle des übernehmenden oder neuen Rechtsträgers treten gegebenenfalls die übernehmenden oder neuen Rechtsträger.

Zweiter Abschnitt. Spaltung zur Aufnahme

§ 126 Inhalt des Spaltungs- und Übernahmevertrags. (1) Der Spaltungs- und Übernahmevertrag oder sein Entwurf muß mindestens folgende Angaben enthalten:

1. den Namen oder die Firma und den Sitz der an der Spaltung beteiligten Rechtsträger;
2. die Vereinbarung über die Übertragung der Teile des Vermögens des übertragenden Rechtsträgers jeweils als Gesamtheit gegen Gewährung von Anteilen oder Mitgliedschaften an den übernehmenden Rechtsträgern;
3. bei Aufspaltung und Abspaltung das Umtauschverhältnis der Anteile und gegebenenfalls die Höhe der baren Zuzahlung oder Angaben über die Mitgliedschaft bei den übernehmenden Rechtsträgern;
4. bei Aufspaltung und Abspaltung die Einzelheiten für die Übertragung der Anteile der übernehmenden Rechtsträger oder über den Erwerb der Mitgliedschaft bei den übernehmenden Rechtsträgern;

5. den Zeitpunkt, von dem an diese Anteile oder die Mitgliedschaft einen Anspruch auf einen Anteil am Bilanzgewinn gewähren, sowie alle Besonderheiten in bezug auf diesen Anspruch;
6. den Zeitpunkt, von dem an die Handlungen des übertragenden Rechtsträgers als für Rechnung jedes der übernehmenden Rechtsträger vorgenommen gelten (Spaltungsstichtag);
7. die Rechte, welche die übernehmenden Rechtsträger einzelnen Anteilsinhabern sowie den Inhabern besonderer Rechte wie Anteile ohne Stimmrecht, Vorzugsaktien, Mehrstimmrechtsaktien, Schuldverschreibungen und Genußrechte gewähren, oder die für diese Personen vorgesehenen Maßnahmen;
8. jeden besonderen Vorteil, der einem Mitglied eines Vertretungsorgans oder eines Aufsichtsorgans der an der Spaltung beteiligten Rechtsträger, einem geschäftsführenden Gesellschafter, einem Partner, einem Abschlußprüfer oder einem Spaltungsprüfer gewährt wird;
9. die genaue Bezeichnung und Aufteilung der Gegenstände des Aktiv- und Passivvermögens, die an jeden der übernehmenden Rechtsträger übertragen werden, sowie der übergehenden Betriebe und Betriebsteile unter Zuordnung zu den übernehmenden Rechtsträgern;
10. bei Aufspaltung und Abspaltung die Aufteilung der Anteile oder Mitgliedschaften jedes der beteiligten Rechtsträger auf die Anteilsinhaber des übertragenden Rechtsträgers sowie den Maßstab für die Aufteilung;
11. die Folgen der Spaltung für die Arbeitnehmer und ihre Vertretungen sowie die insoweit vorgesehenen Maßnahmen.

(2) [1] Soweit für die Übertragung von Gegenständen im Falle der Einzelrechtsnachfolge in den allgemeinen Vorschriften eine besondere Art der Bezeichnung bestimmt ist, sind diese Regelungen auch für die Bezeichnung der Gegenstände des Aktiv- und Passivvermögens (Absatz 1 Nr. 9) anzuwenden. [2] § 28 der Grundbuchordnung ist zu beachten. [3] Im übrigen kann auf Urkunden wie Bilanzen und Inventare Bezug genommen werden, deren Inhalt eine Zuweisung des einzelnen Gegenstandes ermöglicht; die Urkunden sind dem Spaltungs- und Übernahmevertrag als Anlagen beizufügen.

(3) Der Vertrag oder sein Entwurf ist spätestens einen Monat vor dem Tag der Versammlung der Anteilsinhaber jedes beteiligten Rechtsträgers, die gemäß § 125 in Verbindung mit § 13 Abs. 1 über die Zustimmung zum Spaltungs- und Übernahmevertrag beschließen soll, dem zuständigen Betriebsrat dieses Rechtsträgers zuzuleiten.

§ 127 Spaltungsbericht. [1] Die Vertretungsorgane jedes der an der Spaltung beteiligten Rechtsträger haben einen ausführlichen schriftlichen Bericht zu erstatten, in dem die Spaltung, der Vertrag oder sein Entwurf im einzelnen und bei Aufspaltung und Abspaltung insbesondere das Umtauschverhältnis der Anteile oder die Angaben über die Mitgliedschaften bei den übernehmenden Rechtsträgern, der Maßstab für ihre Aufteilung sowie die Höhe einer anzubietenden Barabfindung rechtlich und wirtschaftlich erläutert und begründet werden (Spaltungsbericht); der Bericht kann von den Vertretungsorganen auch gemeinsam erstattet werden. [2] § 8 Abs. 1 Satz 2 bis 4, Abs. 2 und 3 ist entsprechend anzuwenden.

§ 128 Zustimmung zur Spaltung in Sonderfällen. [1]Werden bei Aufspaltung oder Abspaltung die Anteile oder Mitgliedschaften der übernehmenden Rechtsträger den Anteilsinhabern des übertragenden Rechtsträgers nicht in dem Verhältnis zugeteilt, das ihrer Beteiligung an dem übertragenden Rechtsträger entspricht, so wird der Spaltungs- und Übernahmevertrag nur wirksam, wenn ihm alle Anteilsinhaber des übertragenden Rechtsträgers zustimmen. [2]Bei einer Spaltung zur Aufnahme ist der Berechnung des Beteiligungsverhältnisses der jeweils zu übertragende Teil des Vermögens zugrunde zu legen.

§ 129 Anmeldung der Spaltung. Zur Anmeldung der Spaltung ist auch das Vertretungsorgan jedes der übernehmenden Rechtsträger berechtigt.

§ 130 Eintragung der Spaltung. (1) [1]Die Spaltung darf in das Register des Sitzes des übertragenden Rechtsträgers erst eingetragen werden, nachdem sie im Register des Sitzes jedes der übernehmenden Rechtsträger eingetragen worden ist. [2]Die Eintragung im Register des Sitzes jedes der übernehmenden Rechtsträger ist mit dem Vermerk zu versehen, daß die Spaltung erst mit der Eintragung im Register des Sitzes des übertragenden Rechtsträgers wirksam wird, sofern die Eintragungen in den Registern aller beteiligten Rechtsträger nicht am selben Tag erfolgen.

(2) [1]Das Gericht des Sitzes des übertragenden Rechtsträgers hat von Amts wegen dem Gericht des Sitzes jedes der übernehmenden Rechtsträger den Tag der Eintragung der Spaltung mitzuteilen sowie einen Registerauszug und den Gesellschaftsvertrag, den Partnerschaftsvertrag oder die Satzung des übertragenden Rechtsträgers in Abschrift, als Ausdruck oder elektronisch zu übermitteln. [2]Nach Eingang der Mitteilung hat das Gericht des Sitzes jedes der übernehmenden Rechtsträger von Amts wegen den Tag der Eintragung der Spaltung im Register des Sitzes des übertragenden Rechtsträgers zu vermerken.

§ 131 Wirkungen der Eintragung. (1) Die Eintragung der Spaltung in das Register des Sitzes des übertragenden Rechtsträgers hat folgende Wirkungen:

1. Das Vermögen des übertragenden Rechtsträgers, bei Abspaltung und Ausgliederung der abgespaltene oder ausgegliederte Teil oder die abgespaltenen oder ausgegliederten Teile des Vermögens einschließlich der Verbindlichkeiten gehen entsprechend der im Spaltungs- und Übernahmevertrag vorgesehenen Aufteilung jeweils als Gesamtheit auf die übernehmenden Rechtsträger über.
2. [1]Bei der Aufspaltung erlischt der übertragende Rechtsträger. [2]Einer besonderen Löschung bedarf es nicht.
3. [1]Bei Aufspaltung und Abspaltung werden die Anteilsinhaber des übertragenden Rechtsträgers entsprechend der im Spaltungs- und Übernahmevertrag vorgesehenen Aufteilung Anteilsinhaber der beteiligten Rechtsträger; dies gilt nicht, soweit der übernehmende Rechtsträger oder ein Dritter, der im eigenen Namen, jedoch für Rechnung dieses Rechtsträgers handelt, Anteilsinhaber des übertragenden Rechtsträgers ist oder der übertragende Rechtsträger eigene Anteile innehat oder ein Dritter, der im eigenen Namen, jedoch für Rechnung dieses Rechtsträgers handelt, dessen Anteilsinhaber ist. [2]Rechte Dritter an den Anteilen oder Mitgliedschaften des übertragenden Rechtsträgers bestehen an den an ihre Stelle tretenden Anteilen oder Mitgliedschaften der übernehmenden Rechtsträger weiter. [3]Bei Ausgliederung

wird der übertragende Rechtsträger entsprechend dem Ausgliederungs- und Übernahmevertrag Anteilsinhaber der übernehmenden Rechtsträger.

4. Der Mangel der notariellen Beurkundung des Spaltungs- und Übernahmevertrags und gegebenenfalls erforderlicher Zustimmungs- oder Verzichtserklärungen einzelner Anteilsinhaber wird geheilt.

(2) Mängel der Spaltung lassen die Wirkungen der Eintragung nach Absatz 1 unberührt.

(3) Ist bei einer Aufspaltung ein Gegenstand im Vertrag keinem der übernehmenden Rechtsträger zugeteilt worden und läßt sich die Zuteilung auch nicht durch Auslegung des Vertrags ermitteln, so geht der Gegenstand auf alle übernehmenden Rechtsträger in dem Verhältnis über, das sich aus dem Vertrag für die Aufteilung des Überschusses der Aktivseite der Schlußbilanz über deren Passivseite ergibt; ist eine Zuteilung des Gegenstandes an mehrere Rechtsträger nicht möglich, so ist sein Gegenwert in dem bezeichneten Verhältnis zu verteilen.

§ 132 *(aufgehoben)*

§ 133 Schutz der Gläubiger und der Inhaber von Sonderrechten.

(1) [1] Für die Verbindlichkeiten des übertragenden Rechtsträgers, die vor dem Wirksamwerden der Spaltung begründet worden sind, haften die an der Spaltung beteiligten Rechtsträger als Gesamtschuldner. [2] Die §§ 25, 26 und 28 des Handelsgesetzbuchs[1)] sowie § 125 in Verbindung mit § 22 bleiben unberührt; zur Sicherheitsleistung ist nur der an der Spaltung beteiligte Rechtsträger verpflichtet, gegen den sich der Anspruch richtet.

(2) [1] Für die Erfüllung der Verpflichtung nach § 125 in Verbindung mit § 23 haften die an der Spaltung beteiligten Rechtsträger als Gesamtschuldner. [2] Bei Abspaltung und Ausgliederung können die gleichwertigen Rechte im Sinne des § 125 in Verbindung mit § 23 auch in dem übertragenden Rechtsträger gewährt werden.

(3) [1] Diejenigen Rechtsträger, denen die Verbindlichkeiten nach Absatz 1 Satz 1 im Spaltungs- und Übernahmevertrag nicht zugewiesen worden sind, haften für diese Verbindlichkeiten, wenn sie vor Ablauf von fünf Jahren nach der Spaltung fällig und daraus Ansprüche gegen sie in einer in § 197 Abs. 1 Nr. 3 bis 5 des Bürgerlichen Gesetzbuchs bezeichneten Art festgestellt sind oder eine gerichtliche oder behördliche Vollstreckungshandlung vorgenommen oder beantragt wird; bei öffentlich-rechtlichen Verbindlichkeiten genügt der Erlass eines Verwaltungsakts. [2] Für vor dem Wirksamwerden der Spaltung begründete Versorgungsverpflichtungen auf Grund des Betriebsrentengesetzes beträgt die in Satz 1 genannte Frist zehn Jahre.

(4) [1] Die Frist beginnt mit dem Tage, an dem die Eintragung der Spaltung in das Register des Sitzes des übertragenden Rechtsträgers nach § 125 in Verbindung mit § 19 Abs. 3 bekannt gemacht worden ist. [2] Die für die Verjährung geltenden §§ 204, 206, 210, 211 und 212 Abs. 2 und 3 des Bürgerlichen Gesetzbuchs sind entsprechend anzuwenden.

[1)] Nr. 5.

(5) Einer Feststellung in einer in § 197 Abs. 1 Nr. 3 bis 5 des Bürgerlichen Gesetzbuchs bezeichneten Art bedarf es nicht, soweit die in Absatz 3 bezeichneten Rechtsträger den Anspruch schriftlich anerkannt haben.

(6) [1] Die Ansprüche nach Absatz 2 verjähren in fünf Jahren. [2] Für den Beginn der Verjährung gilt Absatz 4 Satz 1 entsprechend.

§ 134 Schutz der Gläubiger in besonderen Fällen. (1) [1] Spaltet ein Rechtsträger sein Vermögen in der Weise, daß die zur Führung eines Betriebes notwendigen Vermögensteile im wesentlichen auf einen übernehmenden oder mehrere übernehmende oder auf einen neuen oder mehrere neue Rechtsträger übertragen werden und die Tätigkeit dieses Rechtsträgers oder dieser Rechtsträger sich im wesentlichen auf die Verwaltung dieser Vermögensteile beschränkt (Anlagegesellschaft), während dem übertragenden Rechtsträger diese Vermögensteile bei der Führung seines Betriebes zur Nutzung überlassen werden (Betriebsgesellschaft), und sind an den an der Spaltung beteiligten Rechtsträgern im wesentlichen dieselben Personen beteiligt, so haftet die Anlagegesellschaft auch für die Forderungen der Arbeitnehmer der Betriebsgesellschaft als Gesamtschuldner, die binnen fünf Jahren nach dem Wirksamwerden der Spaltung auf Grund der §§ 111 bis 113 des Betriebsverfassungsgesetzes begründet werden. [2] Dies gilt auch dann, wenn die Vermögensteile bei dem übertragenden Rechtsträger verbleiben und dem übernehmenden oder neuen Rechtsträger oder den übernehmenden oder neuen Rechtsträgern zur Nutzung überlassen werden.

(2) Die gesamtschuldnerische Haftung nach Absatz 1 gilt auch für vor dem Wirksamwerden der Spaltung begründete Versorgungsverpflichtungen auf Grund des Betriebsrentengesetzes.

(3) Für die Ansprüche gegen die Anlagegesellschaft nach den Absätzen 1 und 2 gilt § 133 Abs. 3 Satz 1, Abs. 4 und 5 entsprechend mit der Maßgabe, daß die Frist fünf Jahre nach dem in § 133 Abs. 4 Satz 1 bezeichneten Tage beginnt.

Dritter Abschnitt. Spaltung zur Neugründung

§ 135 Anzuwendende Vorschriften. (1) [1] Auf die Spaltung eines Rechtsträgers zur Neugründung sind die Vorschriften des Zweiten Abschnitts entsprechend anzuwenden, jedoch mit Ausnahme der §§ 129 und 130 Abs. 2 sowie der nach § 125 entsprechend anzuwendenden §§ 4, 7 und 16 Abs. 1 und des § 27. [2] An die Stelle der übernehmenden Rechtsträger treten die neuen Rechtsträger, an die Stelle der Eintragung der Spaltung im Register des Sitzes jeder der übernehmenden Rechtsträger tritt die Eintragung jedes der neuen Rechtsträger in das Register.

(2) [1] Auf die Gründung der neuen Rechtsträger sind die für die jeweilige Rechtsform des neuen Rechtsträgers geltenden Gründungsvorschriften anzuwenden, soweit sich aus diesem Buch nichts anderes ergibt. [2] Den Gründern steht der übertragende Rechtsträger gleich. [3] Vorschriften, die für die Gründung eine Mindestzahl der Gründer *vorschreibt*[1]), sind nicht anzuwenden.

---

[1]) Richtig wohl: „vorschreiben".

§ 136 Spaltungsplan. [1]Das Vertretungsorgan des übertragenden Rechtsträgers hat einen Spaltungsplan aufzustellen. [2]Der Spaltungsplan tritt an die Stelle des Spaltungs- und Übernahmevertrags.

§ 137 Anmeldung und Eintragung der neuen Rechtsträger und der Spaltung. (1) Das Vertretungsorgan des übertragenden Rechtsträgers hat jeden der neuen Rechtsträger bei dem Gericht, in dessen Bezirk er seinen Sitz haben soll, zur Eintragung in das Register anzumelden.

(2) Das Vertretungsorgan des übertragenden Rechtsträgers hat die Spaltung zur Eintragung in das Register des Sitzes des übertragenden Rechtsträgers anzumelden.

(3) [1]Das Gericht des Sitzes jedes der neuen Rechtsträger hat von Amts wegen dem Gericht des Sitzes des übertragenden Rechtsträgers den Tag der Eintragung des neuen Rechtsträgers mitzuteilen. [2]Nach Eingang der Mitteilungen für alle neuen Rechtsträger hat das Gericht des Sitzes des übertragenden Rechtsträgers die Spaltung einzutragen sowie von Amts wegen den Zeitpunkt der Eintragung den Gerichten des Sitzes jedes der neuen Rechtsträger mitzuteilen sowie ihnen einen Registerauszug und den Gesellschaftsvertrag, den Partnerschaftsvertrag oder die Satzung des übertragenden Rechtsträgers in Abschrift, als Ausdruck oder elektronisch zu übermitteln. [3]Der Zeitpunkt der Eintragung der Spaltung ist in den Registern des Sitzes jedes der neuen Rechtsträger von Amts wegen einzutragen; gesetzlich vorgesehene Bekanntmachungen über die Eintragung der neuen Rechtsträger sind erst danach zulässig.

Zweiter Teil. Besondere Vorschriften

Erster Abschnitt. Spaltung unter Beteiligung von Gesellschaften mit beschränkter Haftung

§ 138 Sachgründungsbericht. Ein Sachgründungsbericht (§ 5 Abs. 4 des Gesetzes betreffend die Gesellschaften mit beschränkter Haftung[1)]) ist stets erforderlich.

§ 139 Herabsetzung des Stammkapitals. [1]Ist zur Durchführung der Abspaltung oder der Ausgliederung eine Herabsetzung des Stammkapitals einer übertragenden Gesellschaft mit beschränkter Haftung erforderlich, so kann diese auch in vereinfachter Form vorgenommen werden. [2]Wird das Stammkapital herabgesetzt, so darf die Abspaltung oder die Ausgliederung erst eingetragen werden, nachdem die Herabsetzung des Stammkapitals im Register eingetragen worden ist.

§ 140 Anmeldung der Abspaltung oder der Ausgliederung. Bei der Anmeldung der Abspaltung oder der Ausgliederung zur Eintragung in das Register des Sitzes einer übertragenden Gesellschaft mit beschränkter Haftung haben deren Geschäftsführer auch zu erklären, daß die durch Gesetz und Gesellschaftsvertrag vorgesehenen Voraussetzungen für die Gründung dieser Gesellschaft unter Berücksichtigung der Abspaltung oder der Ausgliederung im Zeitpunkt der Anmeldung vorliegen.

---

1) Nr. 3.

Zweiter Abschnitt. Spaltung unter Beteiligung von Aktiengesellschaften und Kommanditgesellschaften auf Aktien

§ 141 Ausschluss der Spaltung. Eine Aktiengesellschaft oder eine Kommanditgesellschaft auf Aktien, die noch nicht zwei Jahre im Register eingetragen ist, kann außer durch Ausgliederung zur Neugründung nicht gespalten werden.

§ 142 Spaltung mit Kapitalerhöhung; Spaltungsbericht. (1) § 69 ist mit der Maßgabe anzuwenden, daß eine Prüfung der Sacheinlage nach § 183 Abs. 3 des Aktiengesetzes[1)] stets stattzufinden hat.

(2) In dem Spaltungsbericht ist gegebenenfalls auf den Bericht über die Prüfung von Sacheinlagen bei einer übernehmenden Aktiengesellschaft nach § 183 Abs. 3 des Aktiengesetzes sowie auf das Register, bei dem dieser Bericht zu hinterlegen ist, hinzuweisen.

§ 143 Verhältniswahrende Spaltung zur Neugründung. Erfolgt die Gewährung von Aktien an der neu gegründeten Aktiengesellschaft oder an den neu gegründeten Aktiengesellschaften (§ 123 Absatz 1 Nummer 2, Absatz 2 Nummer 2) im Verhältnis zur Beteiligung der Aktionäre an der übertragenden Aktiengesellschaft, so sind die §§ 8 bis 12 sowie 63 Absatz 1 Nummer 3 bis 5 nicht anzuwenden.

§ 144 Gründungsbericht und Gründungsprüfung. Ein Gründungsbericht (§ 32 des Aktiengesetzes[1)]) und eine Gründungsprüfung (§ 33 Abs. 2 des Aktiengesetzes) sind stets erforderlich.

§ 145 Herabsetzung des Grundkapitals. [1] Ist zur Durchführung der Abspaltung oder der Ausgliederung eine Herabsetzung des Grundkapitals einer übertragenden Aktiengesellschaft oder Kommanditgesellschaft auf Aktien erforderlich, so kann diese auch in vereinfachter Form vorgenommen werden. [2] Wird das Grundkapital herabgesetzt, so darf die Abspaltung oder die Ausgliederung erst eingetragen werden, nachdem die Durchführung der Herabsetzung des Grundkapitals im Register eingetragen worden ist.

§ 146 Anmeldung der Abspaltung oder der Ausgliederung. (1) Bei der Anmeldung der Abspaltung oder der Ausgliederung zur Eintragung in das Register des Sitzes einer übertragenden Aktiengesellschaft hat deren Vorstand oder einer Kommanditgesellschaft auf Aktien haben deren zu ihrer Vertretung ermächtigten persönlich haftenden Gesellschafter auch zu erklären, daß die durch Gesetz und Satzung vorgesehenen Voraussetzungen für die Gründung dieser Gesellschaft unter Berücksichtigung der Abspaltung oder der Ausgliederung im Zeitpunkt der Anmeldung vorliegen.

(2) Der Anmeldung der Abspaltung oder der Ausgliederung sind außer den sonst erforderlichen Unterlagen auch beizufügen:

1. der Spaltungsbericht nach § 127;
2. bei Abspaltung der Prüfungsbericht nach § 125 in Verbindung mit § 12.

[1)] Nr. 2.

Dritter Abschnitt. Spaltung unter Beteiligung eingetragener Genossenschaften

§ 147 Möglichkeit der Spaltung. Die Spaltung eines Rechtsträgers anderer Rechtsform zur Aufnahme von Teilen seines Vermögens durch eine eingetragene Genossenschaft kann nur erfolgen, wenn eine erforderliche Änderung der Satzung der übernehmenden Genossenschaft gleichzeitig mit der Spaltung beschlossen wird.

§ 148 Anmeldung der Abspaltung oder der Ausgliederung. (1) Bei der Anmeldung der Abspaltung oder der Ausgliederung zur Eintragung in das Register des Sitzes einer übertragenden Genossenschaft hat deren Vorstand auch zu erklären, daß die durch Gesetz und Satzung vorgesehenen Voraussetzungen für die Gründung dieser Genossenschaft unter Berücksichtigung der Abspaltung oder der Ausgliederung im Zeitpunkt der Anmeldung vorliegen.

(2) Der Anmeldung der Abspaltung oder der Ausgliederung sind außer den sonst erforderlichen Unterlagen auch beizufügen:

1. der Spaltungsbericht nach § 127;
2. das Prüfungsgutachten nach § 125 in Verbindung mit § 81.

Vierter Abschnitt. Spaltung unter Beteiligung rechtsfähiger Vereine

§ 149 Möglichkeit der Spaltung. (1) Ein rechtsfähiger Verein kann sich an einer Spaltung nur beteiligen, wenn die Satzung des Vereins oder Vorschriften des Landesrechts nicht entgegenstehen.

(2) Ein eingetragener Verein kann als übernehmender Rechtsträger im Wege der Spaltung nur andere eingetragene Vereine aufnehmen oder mit ihnen einen eingetragenen Verein gründen.

Fünfter Abschnitt. Spaltung unter Beteiligung genossenschaftlicher Prüfungsverbände

§ 150 Möglichkeit der Spaltung. Die Aufspaltung genossenschaftlicher Prüfungsverbände oder die Abspaltung oder Ausgliederung von Teilen eines solchen Verbandes kann nur zur Aufnahme der Teile eines Verbandes (übertragender Verband) durch einen anderen Verband (übernehmender Verband), die Ausgliederung auch zur Aufnahme von Teilen des Verbandes durch eine oder zur Neugründung einer Kapitalgesellschaft erfolgen.

Sechster Abschnitt. Spaltung unter Beteiligung von Versicherungsvereinen auf Gegenseitigkeit

§ 151 Möglichkeit der Spaltung. [1]Die Spaltung unter Beteiligung von Versicherungsvereinen auf Gegenseitigkeit kann nur durch Aufspaltung oder Abspaltung und nur in der Weise erfolgen, daß die Teile eines übertragenden Vereins auf andere bestehende oder neue Versicherungsvereine auf Gegenseitigkeit oder auf Versicherungs-Aktiengesellschaften übergehen. [2]Ein Versicherungsverein auf Gegenseitigkeit kann ferner im Wege der Ausgliederung einen Vermögensteil auf eine bestehende oder neue Gesellschaft mit beschränkter Haftung oder eine bestehende oder neue Aktiengesellschaft übertragen, sofern damit keine Übertragung von Versicherungsverträgen verbunden ist.

Siebenter Abschnitt. Ausgliederung aus dem Vermögen eines Einzelkaufmanns

Erster Unterabschnitt. Möglichkeit der Ausgliederung

§ 152 Übernehmende oder neue Rechtsträger. [1]Die Ausgliederung des von einem Einzelkaufmann betriebenen Unternehmens, dessen Firma im Handelsregister eingetragen ist, oder von Teilen desselben aus dem Vermögen dieses Kaufmanns kann nur zur Aufnahme dieses Unternehmens oder von Teilen dieses Unternehmens durch Personenhandelsgesellschaften, Kapitalgesellschaften oder eingetragene Genossenschaften oder zur Neugründung von Kapitalgesellschaften erfolgen. [2]Sie kann nicht erfolgen, wenn die Verbindlichkeiten des Einzelkaufmanns sein Vermögen übersteigen.

Zweiter Unterabschnitt. Ausgliederung zur Aufnahme

§ 153 Ausgliederungsbericht. Ein Ausgliederungsbericht ist für den Einzelkaufmann nicht erforderlich.

§ 154 Eintragung der Ausgliederung. Das Gericht des Sitzes des Einzelkaufmanns hat die Eintragung der Ausgliederung auch dann abzulehnen, wenn offensichtlich ist, daß die Verbindlichkeiten des Einzelkaufmanns sein Vermögen übersteigen.

§ 155 Wirkungen der Ausgliederung. [1]Erfaßt die Ausgliederung das gesamte Unternehmen des Einzelkaufmanns, so bewirkt die Eintragung der Ausgliederung nach § 131 das Erlöschen der von dem Einzelkaufmann geführten Firma. [2]Das Erlöschen der Firma ist von Amts wegen in das Register einzutragen.

§ 156 Haftung des Einzelkaufmanns. [1]Durch den Übergang der Verbindlichkeiten auf übernehmende oder neue Gesellschaften wird der Einzelkaufmann von der Haftung für die Verbindlichkeiten nicht befreit. [2]§ 418 des Bürgerlichen Gesetzbuchs ist nicht anzuwenden.

§ 157 Zeitliche Begrenzung der Haftung für übertragene Verbindlichkeiten. (1) [1]Der Einzelkaufmann haftet für die im Ausgliederungs- und Übernahmevertrag aufgeführten Verbindlichkeiten, wenn sie vor Ablauf von fünf Jahren nach der Ausgliederung fällig und daraus Ansprüche gegen ihn in einer in § 197 Abs. 1 Nr. 3 bis 5 des Bürgerlichen Gesetzbuchs bezeichneten Art festgestellt sind oder eine gerichtliche oder behördliche Vollstreckungshandlung vorgenommen oder beantragt wird; bei öffentlich-rechtlichen Verbindlichkeiten genügt der Erlass eines Verwaltungsakts. [2]Eine Haftung des Einzelkaufmanns als Gesellschafter des aufnehmenden Rechtsträgers nach § 128 des Handelsgesetzbuchs[1)] bleibt unberührt.

(2) [1]Die Frist beginnt mit dem Tage, an dem die Eintragung der Ausgliederung in das Register des Sitzes des Einzelkaufmanns nach § 125 in Verbindung mit § 19 Abs. 3 bekannt gemacht worden ist. [2]Die für die Verjährung geltenden §§ 204, 206, 210, 211 und 212 Abs. 2 und 3 des Bürgerlichen Gesetzbuchs sind entsprechend anzuwenden.

[1)] Nr. 5.

(3) Einer Feststellung in einer in § 197 Abs. 1 Nr. 3 bis 5 des Bürgerlichen Gesetzbuchs bezeichneten Art bedarf es nicht, soweit der Einzelkaufmann den Anspruch schriftlich anerkannt hat.

(4) Die Absätze 1 bis 3 sind auch anzuwenden, wenn der Einzelkaufmann in dem Rechtsträger anderer Rechtsform geschäftsführend tätig wird.

Dritter Unterabschnitt. Ausgliederung zur Neugründung

§ 158 Anzuwendende Vorschriften. Auf die Ausgliederung zur Neugründung sind die Vorschriften des Zweiten Unterabschnitts entsprechend anzuwenden, soweit sich aus diesem Unterabschnitt nichts anderes ergibt.

§ 159 Sachgründungsbericht, Gründungsbericht und Gründungsprüfung. (1) Auf den Sachgründungsbericht (§ 5 Abs. 4 des Gesetzes betreffend die Gesellschaften mit beschränkter Haftung[1]) ist § 58 Abs. 1, auf den Gründungsbericht (§ 32 des Aktiengesetzes[2]) § 75 Abs. 1 entsprechend anzuwenden.

(2) Im Falle der Gründung einer Aktiengesellschaft oder einer Kommanditgesellschaft auf Aktien haben die Prüfung durch die Mitglieder des Vorstands und des Aufsichtsrats (§ 33 Abs. 1 des Aktiengesetzes) sowie die Prüfung durch einen oder mehrere Prüfer (§ 33 Abs. 2 des Aktiengesetzes) sich auch darauf zu erstrecken, ob die Verbindlichkeiten des Einzelkaufmanns sein Vermögen übersteigen.

(3) [1] Zur Prüfung, ob die Verbindlichkeiten des Einzelkaufmanns sein Vermögen übersteigen, hat der Einzelkaufmann den Prüfern eine Aufstellung vorzulegen, in der sein Vermögen seinen Verbindlichkeiten gegenübergestellt ist. [2] Die Aufstellung ist zu gliedern, soweit das für die Prüfung notwendig ist. [3] § 320 Abs. 1 Satz 2 und Abs. 2 Satz 1 des Handelsgesetzbuchs[3] gilt entsprechend, wenn Anlaß für die Annahme besteht, daß in der Aufstellung aufgeführte Vermögensgegenstände überbewertet oder Verbindlichkeiten nicht oder nicht vollständig aufgeführt worden sind.

§ 160 Anmeldung und Eintragung. (1) Die Anmeldung nach § 137 Abs. 1 ist von dem Einzelkaufmann und den Geschäftsführern oder den Mitgliedern des Vorstands und des Aufsichtsrats einer neuen Gesellschaft vorzunehmen.

(2) Die Eintragung der Gesellschaft ist abzulehnen, wenn die Verbindlichkeiten des Einzelkaufmanns sein Vermögen übersteigen.

Achter Abschnitt. Ausgliederung aus dem Vermögen rechtsfähiger Stiftungen

§ 161 Möglichkeit der Ausgliederung. Die Ausgliederung des von einer rechtsfähigen Stiftung (§ 80 des Bürgerlichen Gesetzbuchs) betriebenen Unternehmens oder von Teilen desselben aus dem Vermögen dieser Stiftung kann nur zur Aufnahme dieses Unternehmens oder von Teilen dieses Unternehmens durch Personenhandelsgesellschaften oder Kapitalgesellschaften oder zur Neugründung von Kapitalgesellschaften erfolgen.

---

[1] Nr. 3.
[2] Nr. 2.
[3] Nr. 5.

§ 162 Ausgliederungsbericht. (1) Ein Ausgliederungsbericht ist nur erforderlich, wenn die Ausgliederung nach § 164 Abs. 1 der staatlichen Genehmigung bedarf oder wenn sie bei Lebzeiten des Stifters von dessen Zustimmung abhängig ist.

(2) Soweit nach § 164 Abs. 1 die Ausgliederung der staatlichen Genehmigung oder der Zustimmung des Stifters bedarf, ist der Ausgliederungsbericht der zuständigen Behörde und dem Stifter zu übermitteln.

§ 163 Beschluß über den Vertrag. (1) Auf den Ausgliederungsbeschluß sind die Vorschriften des Stiftungsrechts für die Beschlußfassung über Satzungsänderungen entsprechend anzuwenden.

(2) Sofern das nach Absatz 1 anzuwendende Stiftungsrecht nicht etwas anderes bestimmt, muß der Ausgliederungsbeschluß von dem für die Beschlußfassung über Satzungsänderungen nach der Satzung zuständigen Organ oder, wenn ein solches Organ nicht bestimmt ist, vom Vorstand der Stiftung einstimmig gefaßt werden.

(3) Der Beschluß und die Zustimmung nach den Absätzen 1 und 2 müssen notariell beurkundet werden.

§ 164 Genehmigung der Ausgliederung. (1) Die Ausgliederung bedarf der staatlichen Genehmigung, sofern das Stiftungsrecht dies vorsieht.

(2) Soweit die Ausgliederung nach Absatz 1 der staatlichen Genehmigung nicht bedarf, hat das Gericht des Sitzes der Stiftung die Eintragung der Ausgliederung auch dann abzulehnen, wenn offensichtlich ist, daß die Verbindlichkeiten der Stiftung ihr Vermögen übersteigen.

§ 165 Sachgründungsbericht und Gründungsbericht. Auf den Sachgründungsbericht (§ 5 Abs. 4 des Gesetzes betreffend die Gesellschaften mit beschränkter Haftung[1)]) ist § 58 Abs. 1, auf den Gründungsbericht (§ 32 des Aktiengesetzes[2)]) § 75 Abs. 1 entsprechend anzuwenden.

§ 166 Haftung der Stiftung. [1] Durch den Übergang der Verbindlichkeiten auf übernehmende oder neue Gesellschaften wird die Stiftung von der Haftung für die Verbindlichkeiten nicht befreit. [2] § 418 des Bürgerlichen Gesetzbuchs ist nicht anzuwenden.

§ 167 Zeitliche Begrenzung der Haftung für übertragene Verbindlichkeiten. Auf die zeitliche Begrenzung der Haftung der Stiftung für die im Ausgliederungs- und Übernahmevertrag aufgeführten Verbindlichkeiten ist § 157 entsprechend anzuwenden.

Neunter Abschnitt. Ausgliederung aus dem Vermögen von Gebietskörperschaften oder Zusammenschlüssen von Gebietskörperschaften

§ 168 Möglichkeit der Ausgliederung. Die Ausgliederung eines Unternehmens, das von einer Gebietskörperschaft oder von einem Zusammenschluß von Gebietskörperschaften, der nicht Gebietskörperschaft ist, betrieben wird, aus dem Vermögen dieser Körperschaft oder dieses Zusammenschlusses kann

---

[1)] Nr. 3.
[2)] Nr. 2.

nur zur Aufnahme dieses Unternehmens durch eine Personenhandelsgesellschaft, eine Kapitalgesellschaft oder eine eingetragene Genossenschaft oder zur Neugründung einer Kapitalgesellschaft oder einer eingetragenen Genossenschaft sowie nur dann erfolgen, wenn das für die Körperschaft oder den Zusammenschluß maßgebende Bundes- oder Landesrecht einer Ausgliederung nicht entgegensteht.

§ 169 Ausgliederungsbericht; Ausgliederungsbeschluß. [1]Ein Ausgliederungsbericht ist für die Körperschaft oder den Zusammenschluß nicht erforderlich. [2]Das Organisationsrecht der Körperschaft oder des Zusammenschlusses bestimmt, ob und unter welchen Voraussetzungen ein Ausgliederungsbeschluß erforderlich ist.

§ 170 Sachgründungsbericht und Gründungsbericht. Auf den Sachgründungsbericht (§ 5 Abs. 4 des Gesetzes betreffend die Gesellschaften mit beschränkter Haftung[1)]) ist § 58 Abs. 1, auf den Gründungsbericht (§ 32 des Aktiengesetzes[2)]) § 75 Abs. 1 entsprechend anzuwenden.

§ 171 Wirksamwerden der Ausgliederung. Die Wirkungen der Ausgliederung nach § 131 treten mit deren Eintragung in das Register des Sitzes des übernehmenden Rechtsträgers oder mit der Eintragung des neuen Rechtsträgers ein.

§ 172 Haftung der Körperschaft oder des Zusammenschlusses. [1]Durch den Übergang der Verbindlichkeiten auf den übernehmenden oder neuen Rechtsträger wird die Körperschaft oder der Zusammenschluß von der Haftung für die Verbindlichkeiten nicht befreit. [2]§ 418 des Bürgerlichen Gesetzbuchs ist nicht anzuwenden.

§ 173 Zeitliche Begrenzung der Haftung für übertragene Verbindlichkeiten. Auf die zeitliche Begrenzung der Haftung für die im Ausgliederungs- und Übernahmevertrag aufgeführten Verbindlichkeiten ist § 157 entsprechend anzuwenden.

Viertes Buch. Vermögensübertragung

Erster Teil. Möglichkeit der Vermögensübertragung

§ 174 Arten der Vermögensübertragung. (1) Ein Rechtsträger (übertragender Rechtsträger) kann unter Auflösung ohne Abwicklung sein Vermögen als Ganzes auf einen anderen bestehenden Rechtsträger (übernehmender Rechtsträger) gegen Gewährung einer Gegenleistung an die Anteilsinhaber des übertragenden Rechtsträgers, die nicht in Anteilen oder Mitgliedschaften besteht, übertragen (Vollübertragung).

(2) Ein Rechtsträger (übertragender Rechtsträger) kann

1. unter Auflösung ohne Abwicklung sein Vermögen aufspalten durch gleichzeitige Übertragung der Vermögensteile jeweils als Gesamtheit auf andere bestehende Rechtsträger,

---

1) Nr. 3.
2) Nr. 2.

2. von seinem Vermögen einen Teil oder mehrere Teile abspalten durch Übertragung dieses Teils oder dieser Teile jeweils als Gesamtheit auf einen oder mehrere bestehende Rechtsträger oder
3. aus seinem Vermögen einen Teil oder mehrere Teile ausgliedern durch Übertragung dieses Teils oder dieser Teile jeweils als Gesamtheit auf einen oder mehrere bestehende Rechtsträger

gegen Gewährung der in Absatz 1 bezeichneten Gegenleistung in den Fällen der Nummer 1 oder 2 an die Anteilsinhaber des übertragenden Rechtsträgers, im Falle der Nummer 3 an den übertragenden Rechtsträger (Teilübertragung).

§ 175 Beteiligte Rechtsträger. Eine Vollübertragung ist oder Teilübertragungen sind jeweils nur möglich

1. von einer Kapitalgesellschaft auf den Bund, ein Land, eine Gebietskörperschaft oder einen Zusammenschluß von Gebietskörperschaften;
2. a) von einer Versicherungs-Aktiengesellschaft auf Versicherungsvereine auf Gegenseitigkeit oder auf öffentlich-rechtliche Versicherungsunternehmen;
   b) von einem Versicherungsverein auf Gegenseitigkeit auf Versicherungs-Aktiengesellschaften oder auf öffentlich-rechtliche Versicherungsunternehmen;
   c) von einem öffentlich-rechtlichen Versicherungsunternehmen auf Versicherungs-Aktiengesellschaften oder auf Versicherungsvereine auf Gegenseitigkeit.

Zweiter Teil. Übertragung des Vermögens oder von Vermögensteilen einer Kapitalgesellschaft auf die öffentliche Hand

Erster Abschnitt. Vollübertragung

§ 176 Anwendung der Verschmelzungsvorschriften. (1) Bei einer Vollübertragung nach § 175 Nr. 1 sind auf die übertragende Kapitalgesellschaft die für die Verschmelzung durch Aufnahme einer solchen übertragenden Gesellschaft jeweils geltenden Vorschriften des Zweiten Buches entsprechend anzuwenden, soweit sich aus den folgenden Vorschriften nichts anderes ergibt.

(2) [1] Die Angaben im Übertragungsvertrag nach § 5 Abs. 1 Nr. 4, 5 und 7 entfallen. [2] An die Stelle des Registers des Sitzes des übernehmenden Rechtsträgers tritt das Register des Sitzes der übertragenden Gesellschaft. [3] An die Stelle des Umtauschverhältnisses der Anteile treten Art und Höhe der Gegenleistung. [4] An die Stelle des Anspruchs nach § 23 tritt ein Anspruch auf Barabfindung; auf diesen sind § 29 Abs. 1, § 30 und § 34 entsprechend anzuwenden.

(3) [1] Mit der Eintragung der Vermögensübertragung in das Handelsregister des Sitzes der übertragenden Gesellschaft geht deren Vermögen einschließlich der Verbindlichkeiten auf den übernehmenden Rechtsträger über. [2] Die übertragende Gesellschaft erlischt; einer besonderen Löschung bedarf es nicht.

(4) Die Beteiligung des übernehmenden Rechtsträgers an der Vermögensübertragung richtet sich nach den für ihn geltenden Vorschriften.

Zweiter Abschnitt. Teilübertragung

§ 177 Anwendung der Spaltungsvorschriften. (1) Bei einer Teilübertragung nach § 175 Nr. 1 sind auf die übertragende Kapitalgesellschaft die für die

Aufspaltung, Abspaltung oder Ausgliederung zur Aufnahme von Teilen einer solchen übertragenden Gesellschaft geltenden Vorschriften des Dritten Buches sowie die dort für entsprechend anwendbar erklärten Vorschriften des Zweiten Buches auf den vergleichbaren Vorgang entsprechend anzuwenden, soweit sich aus den folgenden Vorschriften nichts anderes ergibt.

(2) [1] § 176 Abs. 2 bis 4 ist entsprechend anzuwenden. [2] An die Stelle des § 5 Abs. 1 Nr. 4, 5 und 7 tritt § 126 Abs. 1 Nr. 4, 5, 7 und 10.

Dritter Teil. Vermögensübertragung unter Versicherungsunternehmen

Erster Abschnitt. Übertragung des Vermögens einer Aktiengesellschaft auf Versicherungsvereine auf Gegenseitigkeit oder öffentlich-rechtliche Versicherungsunternehmen

Erster Unterabschnitt. Vollübertragung

§ 178 Anwendung der Verschmelzungsvorschriften. (1) Bei einer Vollübertragung nach § 175 Nr. 2 Buchstabe a sind auf die beteiligten Rechtsträger die für die Verschmelzung durch Aufnahme einer Aktiengesellschaft und die für einen übernehmenden Versicherungsverein im Falle der Verschmelzung jeweils geltenden Vorschriften des Zweiten Buches entsprechend anzuwenden, soweit sich aus den folgenden Vorschriften nichts anderes ergibt.

(2) § 176 Abs. 2 bis 4 ist entsprechend anzuwenden.

(3) Das für ein übernehmendes öffentlich-rechtliches Versicherungsunternehmen maßgebende Bundes- oder Landesrecht bestimmt, ob der Vertrag über die Vermögensübertragung zu seiner Wirksamkeit auch der Zustimmung eines anderen als des zur Vertretung befugten Organs des öffentlich-rechtlichen Versicherungsunternehmens oder einer anderen Stelle und welcher Erfordernisse die Zustimmung bedarf.

Zweiter Unterabschnitt. Teilübertragung

§ 179 Anwendung der Spaltungsvorschriften. (1) Bei einer Teilübertragung nach § 175 Nr. 2 Buchstabe a sind auf die beteiligten Rechtsträger die für die Aufspaltung, Abspaltung oder Ausgliederung zur Aufnahme von Teilen einer Aktiengesellschaft und die für übernehmende Versicherungsvereine auf Gegenseitigkeit im Falle der Aufspaltung, Abspaltung oder Ausgliederung von Vermögensteilen geltenden Vorschriften des Dritten Buches und die dort für entsprechend anwendbar erklärten Vorschriften des Zweiten Buches auf den vergleichbaren Vorgang entsprechend anzuwenden, soweit sich aus den folgenden Vorschriften nichts anderes ergibt.

(2) § 176 Abs. 2 bis 4 sowie § 178 Abs. 3 sind entsprechend anzuwenden.

Zweiter Abschnitt. Übertragung des Vermögens eines Versicherungsvereins auf Gegenseitigkeit auf Aktiengesellschaften oder öffentlich-rechtliche Versicherungsunternehmen

Erster Unterabschnitt. Vollübertragung

§ 180 Anwendung der Verschmelzungsvorschriften. (1) Bei einer Vollübertragung nach § 175 Nr. 2 Buchstabe b sind auf die beteiligten Rechtsträger die für die Verschmelzung durch Aufnahme eines Versicherungsvereins und die für eine übernehmende Aktiengesellschaft im Falle der Verschmelzung jeweils geltenden Vorschriften des Zweiten Buches entsprechend anzuwenden, soweit sich aus den folgenden Vorschriften nichts anderes ergibt.

(2) § 176 Abs. 2 bis 4 sowie § 178 Abs. 3 sind entsprechend anzuwenden.

(3) Hat ein Mitglied oder ein Dritter nach der Satzung des Vereins ein unentziehbares Recht auf den Abwicklungsüberschuß oder einen Teil davon, so bedarf der Beschluß über die Vermögensübertragung der Zustimmung des Mitglieds oder des Dritten; die Zustimmung muß notariell beurkundet werden.

§ 181 Gewährung der Gegenleistung. (1) Der übernehmende Rechtsträger ist zur Gewährung einer angemessenen Gegenleistung verpflichtet, wenn dies unter Berücksichtigung der Vermögens- und Ertragslage des übertragenden Vereins im Zeitpunkt der Beschlußfassung der obersten Vertretung gerechtfertigt ist.

(2) [1] In dem Beschluß, durch den dem Übertragungsvertrag zugestimmt wird, ist zu bestimmen, daß bei der Verteilung der Gegenleistung jedes Mitglied zu berücksichtigen ist, das dem Verein seit mindestens drei Monaten vor dem Beschluß angehört hat. [2] Ferner sind in dem Beschluß die Maßstäbe festzusetzen, nach denen die Gegenleistung auf die Mitglieder zu verteilen ist.

(3) [1] Jedes berechtigte Mitglied erhält eine Gegenleistung in gleicher Höhe. [2] Eine andere Verteilung kann nur nach einem oder mehreren der folgenden Maßstäbe festgesetzt werden:

1. die Höhe der Versicherungssumme,
2. die Höhe der Beiträge,
3. die Höhe der Deckungsrückstellung in der Lebensversicherung,
4. der in der Satzung des Vereins bestimmte Maßstab für die Verteilung des Überschusses,
5. der in der Satzung des Vereins bestimmte Maßstab für die Verteilung des Vermögens,
6. die Dauer der Mitgliedschaft.

(4) Ist eine Gegenleistung entgegen Absatz 1 nicht vereinbart worden, so ist sie auf Antrag vom Gericht zu bestimmen; § 30 Abs. 1 und § 34 sind entsprechend anzuwenden.

§ 182 Unterrichtung der Mitglieder. [1] Sobald die Vermögensübertragung wirksam geworden ist, hat das Vertretungsorgan des übernehmenden Rechtsträgers allen Mitgliedern, die dem Verein seit mindestens drei Monaten vor dem Beschluß der obersten Vertretung über die Vermögensübertragung angehört haben, den Wortlaut des Vertrags in Textform mitzuteilen. [2] In der Mitteilung ist auf die Möglichkeit hinzuweisen, die gerichtliche Bestimmung der angemessenen Gegenleistung zu verlangen.

§ 183 Bestellung eines Treuhänders. (1) [1] Ist für die Vermögensübertragung eine Gegenleistung vereinbart worden, so hat der übertragende Verein einen Treuhänder für deren Empfang zu bestellen. [2] Die Vermögensübertragung darf erst eingetragen werden, wenn der Treuhänder dem Gericht angezeigt hat, daß er im Besitz der Gegenleistung ist.

(2) [1] Bestimmt das Gericht nach § 181 Abs. 4 die Gegenleistung, so hat es von Amts wegen einen Treuhänder für deren Empfang zu bestellen. [2] Die

Gegenleistung steht zu gleichen Teilen den Mitgliedern zu, die dem Verein seit mindestens drei Monaten vor dem Beschluß der obersten Vertretung über die Vermögensübertragung angehört haben. [3] § 26 Abs. 4 ist entsprechend anzuwenden.

Zweiter Unterabschnitt. Teilübertragung

§ 184 Anwendung der Spaltungsvorschriften. (1) Bei einer Teilübertragung nach § 175 Nr. 2 Buchstabe b sind auf die beteiligten Rechtsträger die für die Aufspaltung, Abspaltung oder Ausgliederung zur Aufnahme von Teilen eines Versicherungsvereins auf Gegenseitigkeit und die für übernehmende Aktiengesellschaften im Falle der Aufspaltung, Abspaltung oder Ausgliederung geltenden Vorschriften des Dritten Buches und die dort für entsprechend anwendbar erklärten Vorschriften des Zweiten Buches auf den vergleichbaren Vorgang entsprechend anzuwenden, soweit sich aus den folgenden Vorschriften nichts anderes ergibt.

(2) § 176 Abs. 2 bis 4 sowie § 178 Abs. 3 sind entsprechend anzuwenden.

Dritter Abschnitt. Übertragung des Vermögens eines kleineren Versicherungsvereins auf Gegenseitigkeit auf eine Aktiengesellschaft oder auf ein öffentlich-rechtliches Versicherungsunternehmen

§ 185 Möglichkeit der Vermögensübertragung. Ein kleinerer Versicherungsverein auf Gegenseitigkeit kann sein Vermögen nur im Wege der Vollübertragung auf eine Versicherungs-Aktiengesellschaft oder auf ein öffentlich-rechtliches Versicherungsunternehmen übertragen.

§ 186 Anzuwendende Vorschriften. [1] Auf die Vermögensübertragung sind die Vorschriften des Zweiten Abschnitts entsprechend anzuwenden. [2] Dabei treten bei kleineren Vereinen an die Stelle der Anmeldung zur Eintragung in das Register der Antrag an die Aufsichtsbehörde auf Genehmigung, an die Stelle der Eintragung in das Register und ihrer Bekanntmachung die Bekanntmachung im Bundesanzeiger nach § 187.

§ 187 Bekanntmachung der Vermögensübertragung. Sobald die Vermögensübertragung von allen beteiligten Aufsichtsbehörden genehmigt worden ist, macht bei einer Vermögensübertragung auf ein öffentlich-rechtliches Versicherungsunternehmen die für den übertragenden kleineren Verein zuständige Aufsichtsbehörde die Vermögensübertragung und ihre Genehmigung im Bundesanzeiger bekannt.

Vierter Abschnitt. Übertragung des Vermögens eines öffentlich-rechtlichen Versicherungsunternehmens auf Aktiengesellschaften oder Versicherungsvereine auf Gegenseitigkeit

Erster Unterabschnitt. Vollübertragung

§ 188 Anwendung der Verschmelzungsvorschriften. (1) Bei einer Vollübertragung nach § 175 Nr. 2 Buchstabe c sind auf die übernehmenden Rechtsträger die für die Verschmelzung durch Aufnahme geltenden Vorschriften des Zweiten Buches sowie auf das übertragende Versicherungsunternehmen § 176 Abs. 3 entsprechend anzuwenden, soweit sich aus den folgenden Vorschriften nichts anderes ergibt.

(2) § 176 Abs. 2 und 4 sowie § 178 Abs. 3 sind entsprechend anzuwenden.

(3) [1]An die Stelle der Anmeldung zur Eintragung in das Register treten bei den öffentlich-rechtlichen Versicherungsunternehmen der Antrag an die Aufsichtsbehörde auf Genehmigung, an die Stelle der Eintragung in das Register und ihrer Bekanntmachung die Bekanntmachung nach Satz 2. [2]Die für das öffentlich-rechtliche Versicherungsunternehmen zuständige Aufsichtsbehörde macht, sobald die Vermögensübertragung von allen beteiligten Aufsichtsbehörden genehmigt worden ist, die Übertragung und ihre Genehmigung im Bundesanzeiger bekannt.

Zweiter Unterabschnitt. Teilübertragung

§ 189 Anwendung der Spaltungsvorschriften. (1) Bei einer Teilübertragung nach § 175 Nr. 2 Buchstabe c sind auf die übernehmenden Rechtsträger die für die Aufspaltung, Abspaltung oder Ausgliederung zur Aufnahme geltenden Vorschriften des Dritten Buches und die dort für entsprechend anwendbar erklärten Vorschriften des Zweiten Buches auf den vergleichbaren Vorgang sowie auf das übertragende Versicherungsunternehmen § 176 Abs. 3 entsprechend anzuwenden, soweit sich aus den folgenden Vorschriften nichts anderes ergibt.

(2) § 176 Abs. 2 und 4, § 178 Abs. 3 sowie § 188 Abs. 3 sind entsprechend anzuwenden.

Fünftes Buch. Formwechsel

Erster Teil. Allgemeine Vorschriften

§ 190 Allgemeiner Anwendungsbereich. (1) Ein Rechtsträger kann durch Formwechsel eine andere Rechtsform erhalten.

(2) Soweit nicht in diesem Buch etwas anderes bestimmt ist, gelten die Vorschriften über den Formwechsel nicht für Änderungen der Rechtsform, die in anderen Gesetzen vorgesehen oder zugelassen sind.

§ 191 Einbezogene Rechtsträger. (1) Formwechselnde Rechtsträger können sein:

1. Personenhandelsgesellschaften (§ 3 Abs. 1 Nr. 1) und Partnerschaftsgesellschaften;
2. Kapitalgesellschaften (§ 3 Abs. 1 Nr. 2);
3. eingetragene Genossenschaften;
4. rechtsfähige Vereine;
5. Versicherungsvereine auf Gegenseitigkeit;
6. Körperschaften und Anstalten des öffentlichen Rechts.

(2) Rechtsträger neuer Rechtsform können sein:

1. Gesellschaften des bürgerlichen Rechts;
2. Personenhandelsgesellschaften und Partnerschaftsgesellschaften;
3. Kapitalgesellschaften;
4. eingetragene Genossenschaften.

(3) Der Formwechsel ist auch bei aufgelösten Rechtsträgern möglich, wenn ihre Fortsetzung in der bisherigen Rechtsform beschlossen werden könnte.

§ 192 Umwandlungsbericht. (1) [1]Das Vertretungsorgan des formwechselnden Rechtsträgers hat einen ausführlichen schriftlichen Bericht zu erstatten, in dem der Formwechsel und insbesondere die künftige Beteiligung der Anteilsinhaber an dem Rechtsträger rechtlich und wirtschaftlich erläutert und begründet werden (Umwandlungsbericht). [2]§ 8 Abs. 1 Satz 2 bis 4 und Abs. 2 ist entsprechend anzuwenden. [3]Der Umwandlungsbericht muß einen Entwurf des Umwandlungsbeschlusses enthalten.

(2) [1]Ein Umwandlungsbericht ist nicht erforderlich, wenn an dem formwechselnden Rechtsträger nur ein Anteilsinhaber beteiligt ist oder wenn alle Anteilsinhaber auf seine Erstattung verzichten. [2]Die Verzichtserklärungen sind notariell zu beurkunden.

§ 193 Umwandlungsbeschluß. (1) [1]Für den Formwechsel ist ein Beschluß der Anteilsinhaber des formwechselnden Rechtsträgers (Umwandlungsbeschluß) erforderlich. [2]Der Beschluß kann nur in einer Versammlung der Anteilsinhaber gefaßt werden.

(2) Ist die Abtretung der Anteile des formwechselnden Rechtsträgers von der Genehmigung einzelner Anteilsinhaber abhängig, so bedarf der Umwandlungsbeschluß zu seiner Wirksamkeit ihrer Zustimmung.

(3) [1]Der Umwandlungsbeschluß und die nach diesem Gesetz erforderlichen Zustimmungserklärungen einzelner Anteilsinhaber einschließlich der erforderlichen Zustimmungserklärungen nicht erschienener Anteilsinhaber müssen notariell beurkundet werden. [2]Auf Verlangen ist jedem Anteilsinhaber auf seine Kosten unverzüglich eine Abschrift der Niederschrift des Beschlusses zu erteilen.

§ 194 Inhalt des Umwandlungsbeschlusses. (1) In dem Umwandlungsbeschluß müssen mindestens bestimmt werden:

1. die Rechtsform, die der Rechtsträger durch den Formwechsel erlangen soll;
2. der Name oder die Firma des Rechtsträgers neuer Rechtsform;
3. eine Beteiligung der bisherigen Anteilsinhaber an dem Rechtsträger nach den für die neue Rechtsform geltenden Vorschriften, soweit ihre Beteiligung nicht nach diesem Buch entfällt;
4. Zahl, Art und Umfang der Anteile oder der Mitgliedschaften, welche die Anteilsinhaber durch den Formwechsel erlangen sollen oder die einem beitretenden persönlich haftenden Gesellschafter eingeräumt werden sollen;
5. die Rechte, die einzelnen Anteilsinhabern sowie den Inhabern besonderer Rechte wie Anteile ohne Stimmrecht, Vorzugsaktien, Mehrstimmrechtsaktien, Schuldverschreibungen und Genußrechte in dem Rechtsträger gewährt werden sollen, oder die Maßnahmen, die für diese Personen vorgesehen sind;
6. ein Abfindungsangebot nach § 207, sofern nicht der Umwandlungsbeschluß zu seiner Wirksamkeit der Zustimmung aller Anteilsinhaber bedarf oder an dem formwechselnden Rechtsträger nur ein Anteilsinhaber beteiligt ist;
7. die Folgen des Formwechsels für die Arbeitnehmer und ihre Vertretungen sowie die insoweit vorgesehenen Maßnahmen.

(2) Der Entwurf des Umwandlungsbeschlusses ist spätestens einen Monat vor dem Tage der Versammlung der Anteilsinhaber, die den Formwechsel

beschließen soll, dem zuständigen Betriebsrat des formwechselnden Rechtsträgers zuzuleiten.

§ 195 Befristung und Ausschluß von Klagen gegen den Umwandlungsbeschluß. (1) Eine Klage gegen die Wirksamkeit des Umwandlungsbeschlusses muß binnen eines Monats nach der Beschlußfassung erhoben werden.

(2) Eine Klage gegen die Wirksamkeit des Umwandlungsbeschlusses kann nicht darauf gestützt werden, daß die in dem Beschluß bestimmten Anteile an dem Rechtsträger neuer Rechtsform zu niedrig bemessen sind oder daß die Mitgliedschaft kein ausreichender Gegenwert für die Anteile oder die Mitgliedschaft bei dem formwechselnden Rechtsträger ist.

§ 196 Verbesserung des Beteiligungsverhältnisses. [1] Sind die in dem Umwandlungsbeschluß bestimmten Anteile an dem Rechtsträger neuer Rechtsform zu niedrig bemessen oder ist die Mitgliedschaft bei diesem kein ausreichender Gegenwert für die Anteile oder die Mitgliedschaft bei dem formwechselnden Rechtsträger, so kann jeder Anteilsinhaber, dessen Recht, gegen die Wirksamkeit des Umwandlungsbeschlusses Klage zu erheben, nach § 195 Abs. 2 ausgeschlossen ist, von dem Rechtsträger einen Ausgleich durch bare Zuzahlung verlangen. [2] Die angemessene Zuzahlung wird auf Antrag durch das Gericht nach den Vorschriften des Spruchverfahrensgesetzes[1)] bestimmt. [3] § 15 Abs. 2 ist entsprechend anzuwenden.

§ 197 Anzuwendende Gründungsvorschriften. [1] Auf den Formwechsel sind die für die neue Rechtsform geltenden Gründungsvorschriften anzuwenden, soweit sich aus diesem Buch nichts anderes ergibt. [2] Vorschriften, die für die Gründung eine Mindestzahl der Gründer vorschreiben, sowie die Vorschriften über die Bildung und Zusammensetzung des ersten Aufsichtsrats sind nicht anzuwenden. [3] Beim Formwechsel eines Rechtsträgers in eine Aktiengesellschaft ist § 31 des Aktiengesetzes[2)] anwendbar.

§ 198 Anmeldung des Formwechsels. (1) Die neue Rechtsform des Rechtsträgers ist zur Eintragung in das Register, in dem der formwechselnde Rechtsträger eingetragen ist, anzumelden.

(2) [1] Ist der formwechselnde Rechtsträger nicht in einem Register eingetragen, so ist der Rechtsträger neuer Rechtsform bei dem zuständigen Gericht zur Eintragung in das für die neue Rechtsform maßgebende Register anzumelden. [2] Das gleiche gilt, wenn sich durch den Formwechsel die Art des für den Rechtsträger maßgebenden Registers ändert oder durch eine mit dem Formwechsel verbundene Sitzverlegung die Zuständigkeit eines anderen Registergerichts begründet wird. [3] Im Falle des Satzes 2 ist die Umwandlung auch zur Eintragung in das Register anzumelden, in dem der formwechselnde Rechtsträger eingetragen ist. [4] Diese Eintragung ist mit dem Vermerk zu versehen, daß die Umwandlung erst mit der Eintragung des Rechtsträgers neuer Rechtsform in das für diese maßgebende Register wirksam wird, sofern die Eintragungen in den Registern aller beteiligten Rechtsträger nicht am selben Tag erfolgen. [5] Der

---

1) Nr. **19**.
2) Nr. **2**.

Rechtsträger neuer Rechtsform darf erst eingetragen werden, nachdem die Umwandlung nach den Sätzen 3 und 4 eingetragen worden ist.

(3) § 16 Abs. 2 und 3 ist entsprechend anzuwenden.

§ 199 Anlagen der Anmeldung. Der Anmeldung der neuen Rechtsform oder des Rechtsträgers neuer Rechtsform sind in Ausfertigung oder öffentlich beglaubigter Abschrift oder, soweit sie nicht notariell zu beurkunden sind, in Urschrift oder Abschrift außer den sonst erforderlichen Unterlagen auch die Niederschrift des Umwandlungsbeschlusses, die nach diesem Gesetz erforderlichen Zustimmungserklärungen einzelner Anteilsinhaber einschließlich der Zustimmungserklärungen nicht erschienener Anteilsinhaber, der Umwandlungsbericht oder die Erklärungen über den Verzicht auf seine Erstellung, ein Nachweis über die Zuleitung nach § 194 Abs. 2 beizufügen.

§ 200 Firma oder Name des Rechtsträgers. (1) [1] Der Rechtsträger neuer Rechtsform darf seine bisher geführte Firma beibehalten, soweit sich aus diesem Buch nichts anderes ergibt. [2] Zusätzliche Bezeichnungen, die auf die Rechtsform der formwechselnden Gesellschaft hinweisen, dürfen auch dann nicht verwendet werden, wenn der Rechtsträger die bisher geführte Firma beibehält.

(2) Auf eine nach dem Formwechsel beibehaltene Firma ist § 19 des Handelsgesetzbuchs[1)], § 4 des Gesetzes betreffend die Gesellschaften mit beschränkter Haftung[2)], §§ 4, 279 des Aktiengesetzes[3)] oder § 3 des Genossenschaftsgesetzes[4)] entsprechend anzuwenden.

(3) War an dem formwechselnden Rechtsträger eine natürliche Person beteiligt, deren Beteiligung an dem Rechtsträger neuer Rechtsform entfällt, so darf der Name dieses Anteilsinhabers nur dann in der beibehaltenen bisherigen oder in der neu gebildeten Firma verwendet werden, wenn der betroffene Anteilsinhaber oder dessen Erben ausdrücklich in die Verwendung des Namens einwilligen.

(4) [1] Ist formwechselnder Rechtsträger oder Rechtsträger neuer Rechtsform eine Partnerschaftsgesellschaft, gelten für die Beibehaltung oder Bildung der Firma oder des Namens die Absätze 1 und 3 entsprechend. [2] Eine Firma darf als Name einer Partnerschaftsgesellschaft nur unter den Voraussetzungen des § 2 Abs. 1 des Partnerschaftsgesellschaftsgesetzes[5)] beibehalten werden. [3] § 1 Abs. 3 und § 11 des Partnerschaftsgesellschaftsgesetzes sind entsprechend anzuwenden.

(5) Durch den Formwechsel in eine Gesellschaft des bürgerlichen Rechts erlischt die Firma der formwechselnden Gesellschaft.

§ 201 Bekanntmachung des Formwechsels. Das für die Anmeldung der neuen Rechtsform oder des Rechtsträgers neuer Rechtsform zuständige Gericht hat die Eintragung der neuen Rechtsform oder des Rechtsträgers neuer Rechtsform nach § 10 des Handelsgesetzbuchs[1)] ihrem ganzen Inhalt nach bekanntzumachen.

---

1) Nr. **5**.
2) Nr. **3**.
3) Nr. **2**.
4) Nr. **4**.
5) Nr. **7**.

§ 202 Wirkungen der Eintragung. (1) Die Eintragung der neuen Rechtsform in das Register hat folgende Wirkungen:

1. Der formwechselnde Rechtsträger besteht in der in dem Umwandlungsbeschluß bestimmten Rechtsform weiter.
2. Die Anteilsinhaber des formwechselnden Rechtsträgers sind an dem Rechtsträger nach den für die neue Rechtsform geltenden Vorschriften beteiligt, soweit ihre Beteiligung nicht nach diesem Buch entfällt. Rechte Dritter an den Anteilen oder Mitgliedschaften des formwechselnden Rechtsträgers bestehen an den an ihre Stelle tretenden Anteilen oder Mitgliedschaften des Rechtsträgers neuer Rechtsform weiter.
3. Der Mangel der notariellen Beurkundung des Umwandlungsbeschlusses und gegebenenfalls erforderlicher Zustimmungs- oder Verzichtserklärungen einzelner Anteilsinhaber wird geheilt.

(2) Die in Absatz 1 bestimmten Wirkungen treten in den Fällen des § 198 Abs. 2 mit der Eintragung des Rechtsträgers neuer Rechtsform in das Register ein.

(3) Mängel des Formwechsels lassen die Wirkungen der Eintragung der neuen Rechtsform oder des Rechtsträgers neuer Rechtsform in das Register unberührt.

§ 203 Amtsdauer von Aufsichtsratsmitgliedern. [1] Wird bei einem Formwechsel bei dem Rechtsträger neuer Rechtsform in gleicher Weise wie bei dem formwechselnden Rechtsträger ein Aufsichtsrat gebildet und zusammengesetzt, so bleiben die Mitglieder des Aufsichtsrats für den Rest ihrer Wahlzeit als Mitglieder des Aufsichtsrats des Rechtsträgers neuer Rechtsform im Amt. [2] Die Anteilsinhaber des formwechselnden Rechtsträgers können im Umwandlungsbeschluß für ihre Aufsichtsratsmitglieder die Beendigung des Amtes bestimmen.

§ 204 Schutz der Gläubiger und der Inhaber von Sonderrechten. Auf den Schutz der Gläubiger ist § 22, auf den Schutz der Inhaber von Sonderrechten § 23 entsprechend anzuwenden.

§ 205 Schadenersatzpflicht der Verwaltungsträger des formwechselnden Rechtsträgers. (1) [1] Die Mitglieder des Vertretungsorgans und, wenn ein Aufsichtsorgan vorhanden ist, des Aufsichtsorgans des formwechselnden Rechtsträgers sind als Gesamtschuldner zum Ersatz des Schadens verpflichtet, den der Rechtsträger, seine Anteilsinhaber oder seine Gläubiger durch den Formwechsel erleiden. [2] § 25 Abs. 1 Satz 2 ist entsprechend anzuwenden.

(2) Die Ansprüche nach Absatz 1 verjähren in fünf Jahren seit dem Tage, an dem die anzumeldende Eintragung der neuen Rechtsform oder des Rechtsträgers neuer Rechtsform in das Register bekannt gemacht worden ist.

§ 206 Geltendmachung des Schadenersatzanspruchs. [1] Die Ansprüche nach § 205 Abs. 1 können nur durch einen besonderen Vertreter geltend gemacht werden. [2] Das Gericht des Sitzes des Rechtsträgers neuer Rechtsform hat einen solchen Vertreter auf Antrag eines Anteilsinhabers oder eines Gläubigers des formwechselnden Rechtsträgers zu bestellen. [3] § 26 Abs. 1 Satz 3 und 4, Abs. 2, Abs. 3 Satz 2 und 3 und Abs. 4 ist entsprechend anzuwenden; an die Stelle der Blätter für die öffentlichen Bekanntmachungen des übertragenden Rechtsträgers treten die entsprechenden Blätter des Rechtsträgers neuer Rechtsform.

§ 207 Angebot der Barabfindung. (1) [1]Der formwechselnde Rechtsträger hat jedem Anteilsinhaber, der gegen den Umwandlungsbeschluß Widerspruch zur Niederschrift erklärt, den Erwerb seiner umgewandelten Anteile oder Mitgliedschaften gegen eine angemessene Barabfindung anzubieten; § 71 Abs. 4 Satz 2 des Aktiengesetzes[1)] ist insoweit nicht anzuwenden. [2]Kann der Rechtsträger auf Grund seiner neuen Rechtsform eigene Anteile oder Mitgliedschaften nicht erwerben, so ist die Barabfindung für den Fall anzubieten, daß der Anteilsinhaber sein Ausscheiden aus dem Rechtsträger erklärt. [3]Der Rechtsträger hat die Kosten für eine Übertragung zu tragen.

(2) § 29 Abs. 2 ist entsprechend anzuwenden.

§ 208 Inhalt des Anspruchs auf Barabfindung und Prüfung der Barabfindung. Auf den Anspruch auf Barabfindung ist § 30 entsprechend anzuwenden.

§ 209 Annahme des Angebots. [1]Das Angebot nach § 207 kann nur binnen zwei Monaten nach dem Tage angenommen werden, an dem die Eintragung der neuen Rechtsform oder des Rechtsträgers neuer Rechtsform in das Register bekannt gemacht worden ist. [2]Ist nach § 212 ein Antrag auf Bestimmung der Barabfindung durch das Gericht gestellt worden, so kann das Angebot binnen zwei Monaten nach dem Tage angenommen werden, an dem die Entscheidung im Bundesanzeiger bekanntgemacht worden ist.

§ 210 Ausschluß von Klagen gegen den Umwandlungsbeschluß.

Eine Klage gegen die Wirksamkeit des Umwandlungsbeschlusses kann nicht darauf gestützt werden, daß das Angebot nach § 207 zu niedrig bemessen oder daß die Barabfindung im Umwandlungsbeschluß nicht oder nicht ordnungsgemäß angeboten worden ist.

§ 211 Anderweitige Veräußerung. Einer anderweitigen Veräußerung des Anteils durch den Anteilsinhaber stehen nach Fassung des Umwandlungsbeschlusses bis zum Ablauf der in § 209 bestimmten Frist Verfügungsbeschränkungen nicht entgegen.

§ 212 Gerichtliche Nachprüfung der Abfindung. [1]Macht ein Anteilsinhaber geltend, daß eine im Umwandlungsbeschluß bestimmte Barabfindung, die ihm nach § 207 Abs. 1 anzubieten war, zu niedrig bemessen sei, so hat auf seinen Antrag das Gericht nach den Vorschriften des Spruchverfahrensgesetzes[2)] die angemessene Barabfindung zu bestimmen. [2]Das gleiche gilt, wenn die Barabfindung nicht oder nicht ordnungsgemäß angeboten worden ist.

§ 213 Unbekannte Aktionäre. Auf unbekannte Aktionäre ist § 35 entsprechend anzuwenden.

---

1) Nr. **2**.
2) Nr. **19**.

Zweiter Teil. Besondere Vorschriften

Erster Abschnitt. Formwechsel von Personengesellschaften

Erster Unterabschnitt. Formwechsel von Personenhandelsgesellschaften

§ 214 Möglichkeit des Formwechsels. (1) Eine Personenhandelsgesellschaft kann auf Grund eines Umwandlungsbeschlusses nach diesem Gesetz nur die Rechtsform einer Kapitalgesellschaft oder einer eingetragenen Genossenschaft erlangen.

(2) Eine aufgelöste Personenhandelsgesellschaft kann die Rechtsform nicht wechseln, wenn die Gesellschafter nach § 145 des Handelsgesetzbuchs[1)] eine andere Art der Auseinandersetzung als die Abwicklung oder als den Formwechsel vereinbart haben.

§ 215 Umwandlungsbericht. Ein Umwandlungsbericht ist nicht erforderlich, wenn alle Gesellschafter der formwechselnden Gesellschaft zur Geschäftsführung berechtigt sind.

§ 216 Unterrichtung der Gesellschafter. Das Vertretungsorgan der formwechselnden Gesellschaft hat allen von der Geschäftsführung ausgeschlossenen Gesellschaftern spätestens zusammen mit der Einberufung der Gesellschafterversammlung, die den Formwechsel beschließen soll, diesen Formwechsel als Gegenstand der Beschlußfassung in Textform anzukündigen und einen nach diesem Buch erforderlichen Umwandlungsbericht sowie ein Abfindungsangebot nach § 207 zu übersenden.

§ 217 Beschluß der Gesellschafterversammlung. (1) [1]Der Umwandlungsbeschluß der Gesellschafterversammlung bedarf der Zustimmung aller anwesenden Gesellschafter; ihm müssen auch die nicht erschienenen Gesellschafter zustimmen. [2]Der Gesellschaftsvertrag der formwechselnden Gesellschaft kann eine Mehrheitsentscheidung der Gesellschafter vorsehen. [3]Die Mehrheit muß mindestens drei Viertel der abgegebenen Stimmen betragen.

(2) Die Gesellschafter, die im Falle einer Mehrheitsentscheidung für den Formwechsel gestimmt haben, sind in der Niederschrift über den Umwandlungsbeschluß namentlich aufzuführen.

(3) Dem Formwechsel in eine Kommanditgesellschaft auf Aktien müssen alle Gesellschafter zustimmen, die in dieser Gesellschaft die Stellung eines persönlich haftenden Gesellschafters haben sollen.

§ 218 Inhalt des Umwandlungsbeschlusses. (1) [1]In dem Umwandlungsbeschluß muß auch der Gesellschaftsvertrag der Gesellschaft mit beschränkter Haftung oder die Satzung der Genossenschaft enthalten sein oder die Satzung der Aktiengesellschaft oder der Kommanditgesellschaft auf Aktien festgestellt werden. [2]Eine Unterzeichnung der Satzung durch die Mitglieder ist nicht erforderlich.

(2) Der Beschluß zur Umwandlung in eine Kommanditgesellschaft auf Aktien muß vorsehen, daß sich an dieser Gesellschaft mindestens ein Gesellschafter der formwechselnden Gesellschaft als persönlich haftender Gesellschafter betei-

---

1) Nr. 5.

ligt oder daß der Gesellschaft mindestens ein persönlich haftender Gesellschafter beitritt.

(3) [1] Der Beschluß zur Umwandlung in eine Genossenschaft muß die Beteiligung jedes Mitglieds mit mindestens einem Geschäftsanteil vorsehen. [2] In dem Beschluß kann auch bestimmt werden, daß jedes Mitglied bei der Genossenschaft mit mindestens einem und im übrigen mit so vielen Geschäftsanteilen, wie sie durch Anrechnung seines Geschäftsguthabens bei dieser Genossenschaft als voll eingezahlt anzusehen sind, beteiligt wird.

§ 219 Rechtsstellung als Gründer. [1] Bei der Anwendung der Gründungsvorschriften stehen den Gründern die Gesellschafter der formwechselnden Gesellschaft gleich. [2] Im Falle einer Mehrheitsentscheidung treten an die Stelle der Gründer die Gesellschafter, die für den Formwechsel gestimmt haben, sowie beim Formwechsel in eine Kommanditgesellschaft auf Aktien auch beitretende persönlich haftende Gesellschafter.

§ 220 Kapitalschutz. (1) Der Nennbetrag des Stammkapitals einer Gesellschaft mit beschränkter Haftung oder des Grundkapitals einer Aktiengesellschaft oder einer Kommanditgesellschaft auf Aktien darf das nach Abzug der Schulden verbleibende Vermögen der formwechselnden Gesellschaft nicht übersteigen.

(2) In dem Sachgründungsbericht beim Formwechsel in eine Gesellschaft mit beschränkter Haftung oder in dem Gründungsbericht beim Formwechsel in eine Aktiengesellschaft oder in eine Kommanditgesellschaft auf Aktien sind auch der bisherige Geschäftsverlauf und die Lage der formwechselnden Gesellschaft darzulegen.

(3) [1] Beim Formwechsel in eine Aktiengesellschaft oder in eine Kommanditgesellschaft auf Aktien hat die Gründungsprüfung durch einen oder mehrere Prüfer (§ 33 Abs. 2 des Aktiengesetzes[1)]) in jedem Fall stattzufinden. [2] Die für Nachgründungen in § 52 Abs. 1 des Aktiengesetzes bestimmte Frist von zwei Jahren beginnt mit dem Wirksamwerden des Formwechsels.

§ 221 Beitritt persönlich haftender Gesellschafter. [1] Der in einem Beschluß zur Umwandlung in eine Kommanditgesellschaft auf Aktien vorgesehene Beitritt eines Gesellschafters, welcher der formwechselnden Gesellschaft nicht angehört hat, muß notariell beurkundet werden. [2] Die Satzung der Kommanditgesellschaft auf Aktien ist von jedem beitretenden persönlich haftenden Gesellschafter zu genehmigen.

§ 222 Anmeldung des Formwechsels. (1) [1] Die Anmeldung nach § 198 einschließlich der Anmeldung der Satzung der Genossenschaft ist durch alle Mitglieder des künftigen Vertretungsorgans sowie, wenn der Rechtsträger nach den für die neue Rechtsform geltenden Vorschriften einen Aufsichtsrat haben muß, auch durch alle Mitglieder dieses Aufsichtsrats vorzunehmen. [2] Zugleich mit der Genossenschaft sind die Mitglieder ihres Vorstandes zur Eintragung in das Register anzumelden.

(2) Ist der Rechtsträger neuer Rechtsform eine Aktiengesellschaft oder eine Kommanditgesellschaft auf Aktien, so haben die Anmeldung nach Absatz 1 auch alle Gesellschafter vorzunehmen, die nach § 219 den Gründern dieser Gesellschaft gleichstehen.

[1)] Nr. 2.

(3) Die Anmeldung der Umwandlung zur Eintragung in das Register nach § 198 Abs. 2 Satz 3 kann auch von den zur Vertretung der formwechselnden Gesellschaft ermächtigten Gesellschaftern vorgenommen werden.

§ 223 Anlagen der Anmeldung. Der Anmeldung der neuen Rechtsform oder des Rechtsträgers neuer Rechtsform sind beim Formwechsel in eine Kommanditgesellschaft auf Aktien außer den sonst erforderlichen Unterlagen auch die Urkunden über den Beitritt aller beitretenden persönlich haftenden Gesellschafter in Ausfertigung oder öffentlich beglaubigter Abschrift beizufügen.

§ 224 Fortdauer und zeitliche Begrenzung der persönlichen Haftung. (1) Der Formwechsel berührt nicht die Ansprüche der Gläubiger der Gesellschaft gegen einen ihrer Gesellschafter aus Verbindlichkeiten der formwechselnden Gesellschaft, für die dieser im Zeitpunkt des Formwechsels nach § 128 des Handelsgesetzbuchs[1] persönlich haftet.

(2) Der Gesellschafter haftet für diese Verbindlichkeiten, wenn sie vor Ablauf von fünf Jahren nach dem Formwechsel fällig und daraus Ansprüche gegen ihn in einer in § 197 Abs. 1 Nr. 3 bis 5 des Bürgerlichen Gesetzbuchs bezeichneten Art festgestellt sind oder eine gerichtliche oder behördliche Vollstreckungshandlung vorgenommen oder beantragt wird; bei öffentlich-rechtlichen Verbindlichkeiten genügt der Erlass eines Verwaltungsakts.

(3) [1] Die Frist beginnt mit dem Tage, an dem die Eintragung der neuen Rechtsform oder des Rechtsträgers neuer Rechtsform in das Register bekannt gemacht worden ist. [2] Die für die Verjährung geltenden §§ 204, 206, 210, 211 und 212 Abs. 2 und 3 des Bürgerlichen Gesetzbuchs sind entsprechend anzuwenden.

(4) Einer Feststellung in einer in § 197 Abs. 1 Nr. 3 bis 5 des Bürgerlichen Gesetzbuchs bezeichneten Art bedarf es nicht, soweit der Gesellschafter den Anspruch schriftlich anerkannt hat.

(5) Die Absätze 1 bis 4 sind auch anzuwenden, wenn der Gesellschafter in dem Rechtsträger anderer Rechtsform geschäftsführend tätig wird.

§ 225 Prüfung des Abfindungsangebots. [1] Im Falle des § 217 Abs. 1 Satz 2 ist die Angemessenheit der angebotenen Barabfindung nach § 208 in Verbindung mit § 30 Abs. 2 nur auf Verlangen eines Gesellschafters zu prüfen. [2] Die Kosten trägt die Gesellschaft.

Zweiter Unterabschnitt. Formwechsel von Partnerschaftsgesellschaften

§ 225a Möglichkeit des Formwechsels. Eine Partnerschaftsgesellschaft kann auf Grund eines Umwandlungsbeschlusses nach diesem Gesetz nur die Rechtsform einer Kapitalgesellschaft oder einer eingetragenen Genossenschaft erlangen.

§ 225b Umwandlungsbericht und Unterrichtung der Partner. [1] Ein Umwandlungsbericht ist nur erforderlich, wenn ein Partner der formwechselnden Partnerschaft gemäß § 6 Abs. 2 des Partnerschaftsgesellschaftsgesetzes[2] von

---

[1] Nr. **5**.
[2] Nr. **7**.

der Geschäftsführung ausgeschlossen ist. [2]Von der Geschäftsführung ausgeschlossene Partner sind entsprechend § 216 zu unterrichten.

§ 225c Anzuwendende Vorschriften. Auf den Formwechsel einer Partnerschaftsgesellschaft sind § 214 Abs. 2 und die §§ 217 bis 225 entsprechend anzuwenden.

Zweiter Abschnitt. Formwechsel von Kapitalgesellschaften

Erster Unterabschnitt. Allgemeine Vorschriften

§ 226 Möglichkeit des Formwechsels. Eine Kapitalgesellschaft kann auf Grund eines Umwandlungsbeschlusses nach diesem Gesetz nur die Rechtsform einer Gesellschaft des bürgerlichen Rechts, einer Personenhandelsgesellschaft, einer Partnerschaftsgesellschaft, einer anderen Kapitalgesellschaft oder einer eingetragenen Genossenschaft erlangen.

§ 227 Nicht anzuwendende Vorschriften. Die §§ 207 bis 212 sind beim Formwechsel einer Kommanditgesellschaft auf Aktien nicht auf deren persönlich haftende Gesellschafter anzuwenden.

Zweiter Unterabschnitt. Formwechsel in eine Personengesellschaft

§ 228 Möglichkeit des Formwechsels. (1) Durch den Formwechsel kann eine Kapitalgesellschaft die Rechtsform einer Personenhandelsgesellschaft nur erlangen, wenn der Unternehmensgegenstand im Zeitpunkt des Wirksamwerdens des Formwechsels den Vorschriften über die Gründung einer offenen Handelsgesellschaft (§ 105 Abs. 1 und 2 des Handelsgesetzbuchs[1)]) genügt.

(2) [1]Ein Formwechsel in eine Partnerschaftsgesellschaft ist nur möglich, wenn im Zeitpunkt seines Wirksamwerdens alle Anteilsinhaber des formwechselnden Rechtsträgers natürliche Personen sind, die einen Freien Beruf ausüben (§ 1 Abs. 1 und 2 des Partnerschaftsgesellschaftsgesetzes[2)]). [2]§ 1 Abs. 3 des Partnerschaftsgesellschaftsgesetzes bleibt unberührt.

§ 229 *(aufgehoben)*

§ 230 Vorbereitung der Versammlung der Anteilsinhaber. (1) Die Geschäftsführer einer formwechselnden Gesellschaft mit beschränkter Haftung haben allen Gesellschaftern spätestens zusammen mit der Einberufung der Gesellschafterversammlung, die den Formwechsel beschließen soll, diesen Formwechsel als Gegenstand der Beschlußfassung in Textform anzukündigen und den Umwandlungsbericht zu übersenden.

(2) [1]Der Umwandlungsbericht einer Aktiengesellschaft oder einer Kommanditgesellschaft auf Aktien ist von der Einberufung der Hauptversammlung an, die den Formwechsel beschließen soll, in dem Geschäftsraum der Gesellschaft zur Einsicht der Aktionäre auszulegen. [2]Auf Verlangen ist jedem Aktionär und jedem von der Geschäftsführung ausgeschlossenen persönlich haftenden Gesellschafter unverzüglich und kostenlos eine Abschrift des Umwandlungsberichts zu erteilen. [3]Der Umwandlungsbericht kann dem Aktionär und dem von der Geschäftsführung ausgeschlossenen persönlich haftenden Gesell-

---

1) Nr. **5**.
2) Nr. **7**.

schafter mit seiner Einwilligung auf dem Wege elektronischer Kommunikation übermittelt werden. [4]Die Verpflichtungen nach den Sätzen 1 und 2 entfallen, wenn der Umwandlungsbericht für denselben Zeitraum über die Internetseite der Gesellschaft zugänglich ist.

§ 231 Mitteilung des Abfindungsangebots. [1]Das Vertretungsorgan der formwechselnden Gesellschaft hat den Gesellschaftern oder Aktionären spätestens zusammen mit der Einberufung der Gesellschafterversammlung oder der Hauptversammlung, die den Formwechsel beschließen soll, das Abfindungsangebot nach § 207 zu übersenden. [2]Der Übersendung steht es gleich, wenn das Abfindungsangebot im Bundesanzeiger und den sonst bestimmten Gesellschaftsblättern bekanntgemacht wird.

§ 232 Durchführung der Versammlung der Anteilsinhaber. (1) [1]In der Gesellschafterversammlung oder in der Hauptversammlung, die den Formwechsel beschließen soll, ist der Umwandlungsbericht auszulegen. [2]In der Hauptversammlung kann der Umwandlungsbericht auch auf andere Weise zugänglich gemacht werden.

(2) Der Entwurf des Umwandlungsbeschlusses einer Aktiengesellschaft oder einer Kommanditgesellschaft auf Aktien ist von deren Vertretungsorgan zu Beginn der Verhandlung mündlich zu erläutern.

§ 233 Beschluß der Versammlung der Anteilsinhaber. (1) Der Umwandlungsbeschluß der Gesellschafterversammlung oder der Hauptversammlung bedarf, wenn die formwechselnde Gesellschaft die Rechtsform einer Gesellschaft des bürgerlichen Rechts, einer offenen Handelsgesellschaft oder einer Partnerschaftsgesellschaft erlangen soll, der Zustimmung aller anwesenden Gesellschafter oder Aktionäre; ihm müssen auch die nicht erschienenen Anteilsinhaber zustimmen.

(2) [1]Soll die formwechselnde Gesellschaft in eine Kommanditgesellschaft umgewandelt werden, so bedarf der Umwandlungsbeschluß einer Mehrheit von mindestens drei Vierteln der bei der Gesellschafterversammlung einer Gesellschaft mit beschränkter Haftung abgegebenen Stimmen oder des bei der Beschlußfassung einer Aktiengesellschaft oder einer Kommanditgesellschaft auf Aktien vertretenen Grundkapitals; § 50 Abs. 2 und § 65 Abs. 2 sind entsprechend anzuwenden. [2]Der Gesellschaftsvertrag oder die Satzung der formwechselnden Gesellschaft kann eine größere Mehrheit und weitere Erfordernisse bestimmen. [3]Dem Formwechsel müssen alle Gesellschafter oder Aktionäre zustimmen, die in der Kommanditgesellschaft die Stellung eines persönlich haftenden Gesellschafters haben sollen.

(3) [1]Dem Formwechsel einer Kommanditgesellschaft auf Aktien müssen ferner deren persönlich haftende Gesellschafter zustimmen. [2]Die Satzung der formwechselnden Gesellschaft kann für den Fall des Formwechsels in eine Kommanditgesellschaft eine Mehrheitsentscheidung dieser Gesellschafter vorsehen. [3]Jeder dieser Gesellschafter kann sein Ausscheiden aus dem Rechtsträger für den Zeitpunkt erklären, in dem der Formwechsel wirksam wird.

§ 234 Inhalt des Umwandlungsbeschlusses. In dem Umwandlungsbeschluß müssen auch enthalten sein:

1. die Bestimmung des Sitzes der Personengesellschaft;

2. beim Formwechsel in eine Kommanditgesellschaft die Angabe der Kommanditisten sowie des Betrages der Einlage eines jeden von ihnen;
3. der Gesellschaftsvertrag der Personengesellschaft. Beim Formwechsel in eine Partnerschaftsgesellschaft ist § 213 auf den Partnerschaftsvertrag nicht anzuwenden.

§ 235 Anmeldung des Formwechsels. (1) [1]Beim Formwechsel in eine Gesellschaft des bürgerlichen Rechts ist statt der neuen Rechtsform die Umwandlung der Gesellschaft zur Eintragung in das Register, in dem die formwechselnde Gesellschaft eingetragen ist, anzumelden. [2]§ 198 Abs. 2 ist nicht anzuwenden.

(2) Die Anmeldung nach Absatz 1 oder nach § 198 ist durch das Vertretungsorgan der formwechselnden Gesellschaft vorzunehmen.

§ 236 Wirkungen des Formwechsels. Mit dem Wirksamwerden des Formwechsels einer Kommanditgesellschaft auf Aktien scheiden persönlich haftende Gesellschafter, die nach § 233 Abs. 3 Satz 3 ihr Ausscheiden aus dem Rechtsträger erklärt haben, aus der Gesellschaft aus.

§ 237 Fortdauer und zeitliche Begrenzung der persönlichen Haftung. Erlangt ein persönlich haftender Gesellschafter einer formwechselnden Kommanditgesellschaft auf Aktien beim Formwechsel in eine Kommanditgesellschaft die Rechtsstellung eines Kommanditisten, so ist auf seine Haftung für die im Zeitpunkt des Formwechsels begründeten Verbindlichkeiten der formwechselnden Gesellschaft § 224 entsprechend anzuwenden.

Dritter Unterabschnitt. Formwechsel in eine Kapitalgesellschaft anderer Rechtsform

§ 238 Vorbereitung der Versammlung der Anteilsinhaber. [1]Auf die Vorbereitung der Gesellschafterversammlung oder der Hauptversammlung, die den Formwechsel beschließen soll, sind die §§ 230 und 231 entsprechend anzuwenden. [2]§ 192 Abs. 2 bleibt unberührt.

§ 239 Durchführung der Versammlung der Anteilsinhaber. (1) [1]In der Gesellschafterversammlung oder in der Hauptversammlung, die den Formwechsel beschließen soll, ist der Umwandlungsbericht auszulegen. [2]In der Hauptversammlung kann der Umwandlungsbericht auch auf andere Weise zugänglich gemacht werden.

(2) Der Entwurf des Umwandlungsbeschlusses einer Aktiengesellschaft oder einer Kommanditgesellschaft auf Aktien ist von deren Vertretungsorgan zu Beginn der Verhandlung mündlich zu erläutern.

§ 240 Beschluß der Versammlung der Anteilsinhaber. (1) [1]Der Umwandlungsbeschluß bedarf einer Mehrheit von mindestens drei Vierteln der bei der Gesellschafterversammlung einer Gesellschaft mit beschränkter Haftung abgegebenen Stimmen oder des bei der Beschlußfassung einer Aktiengesellschaft oder einer Kommanditgesellschaft auf Aktien vertretenen Grundkapitals; § 65 Abs. 2 ist entsprechend anzuwenden. [2]Der Gesellschaftsvertrag oder die Satzung der formwechselnden Gesellschaft kann eine größere Mehrheit und weitere Erfordernisse, beim Formwechsel einer Kommanditgesellschaft auf Aktien in eine Aktiengesellschaft auch eine geringere Mehrheit bestimmen.

(2) [1]Dem Formwechsel einer Gesellschaft mit beschränkter Haftung oder einer Aktiengesellschaft in eine Kommanditgesellschaft auf Aktien müssen alle Gesellschafter oder Aktionäre zustimmen, die in der Gesellschaft neuer Rechtsform die Stellung eines persönlich haftenden Gesellschafters haben sollen. [2]Auf den Beitritt persönlich haftender Gesellschafter ist § 221 entsprechend anzuwenden.

(3) [1]Dem Formwechsel einer Kommanditgesellschaft auf Aktien müssen ferner deren persönlich haftende Gesellschafter zustimmen. [2]Die Satzung der formwechselnden Gesellschaft kann eine Mehrheitsentscheidung dieser Gesellschafter vorsehen.

§ 241 Zustimmungserfordernisse beim Formwechsel einer Gesellschaft mit beschränkter Haftung. (1) Werden durch den Umwandlungsbeschluß einer formwechselnden Gesellschaft mit beschränkter Haftung die Aktien in der Satzung der Aktiengesellschaft oder der Kommanditgesellschaft auf Aktien auf einen höheren als den Mindestbetrag nach § 8 Abs. 2 oder 3 des Aktiengesetzes[1)] und abweichend vom Nennbetrag der Geschäftsanteile der formwechselnden Gesellschaft gestellt, so muß dem jeder Gesellschafter zustimmen, der sich nicht dem Gesamtnennbetrag seiner Geschäftsanteile entsprechend beteiligen kann.

(2) Auf das Erfordernis der Zustimmung einzelner Gesellschafter ist ferner § 50 Abs. 2 entsprechend anzuwenden.

(3) Sind einzelnen Gesellschaftern außer der Leistung von Kapitaleinlagen noch andere Verpflichtungen gegenüber der Gesellschaft auferlegt und können diese wegen der einschränkenden Bestimmung des § 55 des Aktiengesetzes bei dem Formwechsel nicht aufrechterhalten werden, so bedarf der Formwechsel auch der Zustimmung dieser Gesellschafter.

§ 242 Zustimmungserfordernis beim Formwechsel einer Aktiengesellschaft oder einer Kommanditgesellschaft auf Aktien. Wird durch den Umwandlungsbeschluß einer formwechselnden Aktiengesellschaft oder Kommanditgesellschaft auf Aktien der Nennbetrag der Geschäftsanteile in dem Gesellschaftsvertrag der Gesellschaft mit beschränkter Haftung abweichend vom Betrag der Aktien festgesetzt, so muß der Festsetzung jeder Aktionär zustimmen, der sich nicht mit seinem gesamten Anteil beteiligen kann.

§ 243 Inhalt des Umwandlungsbeschlusses. (1) [1]Auf den Umwandlungsbeschluß ist § 218 entsprechend anzuwenden. [2]Festsetzungen über Sondervorteile, Gründungsaufwand, Sacheinlagen und Sachübernahmen, die in dem Gesellschaftsvertrag oder in der Satzung der formwechselnden Gesellschaft enthalten sind, sind in den Gesellschaftsvertrag oder in die Satzung der Gesellschaft neuer Rechtsform zu übernehmen. [3]§ 26 Abs. 4 und 5 des Aktiengesetzes[1)] bleibt unberührt.

(2) Vorschriften anderer Gesetze über die Änderung des Stammkapitals oder des Grundkapitals bleiben unberührt.

(3) [1]In dem Gesellschaftsvertrag oder in der Satzung der Gesellschaft neuer Rechtsform kann der auf die Anteile entfallende Betrag des Stamm- oder Grundkapitals abweichend vom Betrag der Anteile der formwechselnden Ge-

---

[1)] Nr. 2.

sellschaft festgesetzt werden. [2] Bei einer Gesellschaft mit beschränkter Haftung muss er auf volle Euro lauten.

§ 244 Niederschrift über den Umwandlungsbeschluß; Gesellschaftsvertrag. (1) In der Niederschrift über den Umwandlungsbeschluß sind die Personen, die nach § 245 Abs. 1 bis 3 den Gründern der Gesellschaft gleichstehen, namentlich aufzuführen.

(2) Beim Formwechsel einer Aktiengesellschaft oder einer Kommanditgesellschaft auf Aktien in eine Gesellschaft mit beschränkter Haftung braucht der Gesellschaftsvertrag von den Gesellschaftern nicht unterzeichnet zu werden.

§ 245 Rechtsstellung als Gründer; Kapitalschutz. (1) [1] Bei einem Formwechsel einer Gesellschaft mit beschränkter Haftung in eine Aktiengesellschaft oder in eine Kommanditgesellschaft auf Aktien treten bei der Anwendung der Gründungsvorschriften des Aktiengesetzes[1)] an die Stelle der Gründer die Gesellschafter, die für den Formwechsel gestimmt haben, sowie beim Formwechsel einer Gesellschaft mit beschränkter Haftung in eine Kommanditgesellschaft auf Aktien auch beitretende persönlich haftende Gesellschafter. [2] § 220 ist entsprechend anzuwenden. [3] § 52 des Aktiengesetzes ist nicht anzuwenden, wenn die Gesellschaft mit beschränkter Haftung vor dem Wirksamwerden des Formwechsels bereits länger als zwei Jahre in das Register eingetragen war.

(2) [1] Beim Formwechsel einer Aktiengesellschaft in eine Kommanditgesellschaft auf Aktien treten bei der Anwendung der Gründungsvorschriften des Aktiengesetzes an die Stelle der Gründer die persönlich haftenden Gesellschafter der Gesellschaft neuer Rechtsform. [2] § 220 ist entsprechend anzuwenden. [3] § 52 des Aktiengesetzes ist nicht anzuwenden.

(3) [1] Beim Formwechsel einer Kommanditgesellschaft auf Aktien in eine Aktiengesellschaft treten bei der Anwendung der Gründungsvorschriften des Aktiengesetzes an die Stelle der Gründer die persönlich haftenden Gesellschafter der formwechselnden Gesellschaft. [2] § 220 ist entsprechend anzuwenden. [3] § 52 des Aktiengesetzes ist nicht anzuwenden.

(4) Beim Formwechsel einer Aktiengesellschaft oder einer Kommanditgesellschaft auf Aktien in eine Gesellschaft mit beschränkter Haftung ist ein Sachgründungsbericht nicht erforderlich.

§ 246 Anmeldung des Formwechsels. (1) Die Anmeldung nach § 198 ist durch das Vertretungsorgan der formwechselnden Gesellschaft vorzunehmen.

(2) Zugleich mit der neuen Rechtsform oder mit dem Rechtsträger neuer Rechtsform sind die Geschäftsführer der Gesellschaft mit beschränkter Haftung, die Vorstandsmitglieder der Aktiengesellschaft oder die persönlich haftenden Gesellschafter der Kommanditgesellschaft auf Aktien zur Eintragung in das Register anzumelden.

(3) § 8 Abs. 2 des Gesetzes betreffend die Gesellschaften mit beschränkter Haftung[2)] und § 37 Abs. 1 des Aktiengesetzes[1)] sind auf die Anmeldung nach § 198 nicht anzuwenden.

[1)] Nr. **2**.
[2)] Nr. **3**.

§ 247 Wirkungen des Formwechsels. (1) Durch den Formwechsel wird das bisherige Stammkapital einer formwechselnden Gesellschaft mit beschränkter Haftung zum Grundkapital der Gesellschaft neuer Rechtsform oder das bisherige Grundkapital einer formwechselnden Aktiengesellschaft oder Kommanditgesellschaft auf Aktien zum Stammkapital der Gesellschaft neuer Rechtsform.

(2) Durch den Formwechsel einer Kommanditgesellschaft auf Aktien scheiden deren persönlich haftende Gesellschafter als solche aus der Gesellschaft aus.

§ 248 Umtausch der Anteile. (1) Auf den Umtausch der Geschäftsanteile einer formwechselnden Gesellschaft mit beschränkter Haftung gegen Aktien ist § 73 des Aktiengesetzes[1)], bei Zusammenlegung von Geschäftsanteilen § 226 des Aktiengesetzes über die Kraftloserklärung von Aktien entsprechend anzuwenden.

(2) Auf den Umtausch der Aktien einer formwechselnden Aktiengesellschaft oder Kommanditgesellschaft auf Aktien gegen Geschäftsanteile einer Gesellschaft mit beschränkter Haftung ist § 73 Abs. 1 und 2 des Aktiengesetzes, bei Zusammenlegung von Aktien § 226 Abs. 1 und 2 des Aktiengesetzes über die Kraftloserklärung von Aktien entsprechend anzuwenden.

(3) Einer Genehmigung des Gerichts bedarf es nicht.

§ 249 Gläubigerschutz. Auf den Formwechsel einer Kommanditgesellschaft auf Aktien in eine Gesellschaft mit beschränkter Haftung oder in eine Aktiengesellschaft ist auch § 224 entsprechend anzuwenden.

§ 250 Nicht anzuwendende Vorschriften. Die §§ 207 bis 212 sind auf den Formwechsel einer Aktiengesellschaft in eine Kommanditgesellschaft auf Aktien oder einer Kommanditgesellschaft auf Aktien in eine Aktiengesellschaft nicht anzuwenden.

Vierter Unterabschnitt. Formwechsel in eine eingetragene Genossenschaft

§ 251 Vorbereitung und Durchführung der Versammlung der Anteilsinhaber. (1) [1] Auf die Vorbereitung der Gesellschafterversammlung oder der Hauptversammlung, die den Formwechsel beschließen soll, sind die §§ 229 bis 231 entsprechend anzuwenden. [2] § 192 Abs. 2 bleibt unberührt.

(2) Auf die Gesellschafterversammlung oder die Hauptversammlung, die den Formwechsel beschließen soll, ist § 239 Abs. 1 Satz 1, auf die Hauptversammlung auch § 239 Abs. 1 Satz 2 und Abs. 2 entsprechend anzuwenden.

§ 252 Beschluß der Versammlung der Anteilsinhaber. (1) Der Umwandlungsbeschluß der Gesellschafterversammlung oder der Hauptversammlung bedarf, wenn die Satzung der Genossenschaft eine Verpflichtung der Mitglieder zur Leistung von Nachschüssen vorsieht, der Zustimmung aller anwesenden Gesellschafter oder Aktionäre; ihm müssen auch die nicht erschienenen Anteilsinhaber zustimmen.

(2) [1] Sollen die Mitglieder nicht zur Leistung von Nachschüssen verpflichtet werden, so bedarf der Umwandlungsbeschluß einer Mehrheit von mindestens drei Vierteln der bei der Gesellschafterversammlung einer Gesellschaft mit

---

[1)] Nr. 2.

beschränkter Haftung abgegebenen Stimmen oder des bei der Beschlußfassung einer Aktiengesellschaft oder einer Kommanditgesellschaft auf Aktien vertretenen Grundkapitals; § 50 Abs. 2 und § 65 Abs. 2 sind entsprechend anzuwenden. [2]Der Gesellschaftsvertrag oder die Satzung der formwechselnden Gesellschaft kann eine größere Mehrheit und weitere Erfordernisse bestimmen.

(3) Auf den Formwechsel einer Kommanditgesellschaft auf Aktien ist § 240 Abs. 3 entsprechend anzuwenden.

§ 253 Inhalt des Umwandlungsbeschlusses. (1) [1]In dem Umwandlungsbeschluß muß auch die Satzung der Genossenschaft enthalten sein. [2]Eine Unterzeichnung der Satzung durch die Mitglieder ist nicht erforderlich.

(2) [1]Der Umwandlungsbeschluß muß die Beteiligung jedes Mitglieds mit mindestens einem Geschäftsanteil vorsehen. [2]In dem Beschluß kann auch bestimmt werden, daß jedes Mitglied bei der Genossenschaft mit mindestens einem und im übrigen mit so vielen Geschäftsanteilen, wie sie durch Anrechnung seines Geschäftsguthabens bei dieser Genossenschaft als voll eingezahlt anzusehen sind, beteiligt wird.

§ 254 Anmeldung des Formwechsels. (1) Die Anmeldung nach § 198 einschließlich der Anmeldung der Satzung der Genossenschaft ist durch das Vertretungsorgan der formwechselnden Gesellschaft vorzunehmen.

(2) Zugleich mit der Genossenschaft sind die Mitglieder ihres Vorstandes zur Eintragung in das Register anzumelden.

§ 255 Wirkungen des Formwechsels. (1) [1]Jeder Anteilsinhaber, der die Rechtsstellung eines Mitglieds erlangt, ist bei der Genossenschaft nach Maßgabe des Umwandlungsbeschlusses beteiligt. [2]Eine Verpflichtung zur Übernahme weiterer Geschäftsanteile bleibt unberührt. [3]§ 202 Abs. 1 Nr. 2 Satz 2 ist mit der Maßgabe anzuwenden, daß die an den bisherigen Anteilen bestehenden Rechte Dritter an den durch den Formwechsel erlangten Geschäftsguthaben weiterbestehen.

(2) Das Gericht darf eine Auflösung der Genossenschaft von Amts wegen nach § 80 des Genossenschaftsgesetzes[1] nicht vor Ablauf eines Jahres seit dem Wirksamwerden des Formwechsels aussprechen.

(3) Durch den Formwechsel einer Kommanditgesellschaft auf Aktien scheiden deren persönlich haftende Gesellschafter als solche aus dem Rechtsträger aus.

§ 256 Geschäftsguthaben; Benachrichtigung der Mitglieder. (1) Jedem Mitglied ist als Geschäftsguthaben der Wert der Geschäftsanteile oder der Aktien gutzuschreiben, mit denen es an der formwechselnden Gesellschaft beteiligt war.

(2) [1]Übersteigt das durch den Formwechsel erlangte Geschäftsguthaben eines Mitglieds den Gesamtbetrag der Geschäftsanteile, mit denen es bei der Genossenschaft beteiligt ist, so ist der übersteigende Betrag nach Ablauf von sechs Monaten seit dem Tage, an dem die Eintragung der Genossenschaft in das Register bekannt gemacht worden ist, an das Mitglied auszuzahlen. [2]Die Auszahlung darf jedoch nicht erfolgen, bevor die Gläubiger, die sich nach

[1] Nr. 4.

§ 204 in Verbindung mit § 22 gemeldet haben, befriedigt oder sichergestellt sind.

(3) Die Genossenschaft hat jedem Mitglied unverzüglich nach der Bekanntmachung der Eintragung der Genossenschaft in das Register in Textform mitzuteilen:

1. den Betrag seines Geschäftsguthabens;
2. den Betrag und die Zahl der Geschäftsanteile, mit denen es bei der Genossenschaft beteiligt ist;
3. den Betrag der von dem Mitglied nach Anrechnung seines Geschäftsguthabens noch zu leistenden Einzahlung oder den Betrag, der nach Absatz 2 an das Mitglied auszuzahlen ist;
4. den Betrag der Haftsumme der Genossenschaft, sofern die Mitglieder Nachschüsse bis zu einer Haftsumme zu leisten haben.

§ 257 Gläubigerschutz. Auf den Formwechsel einer Kommanditgesellschaft auf Aktien ist auch § 224 entsprechend anzuwenden.

Dritter Abschnitt. Formwechsel eingetragener Genossenschaften

§ 258 Möglichkeit des Formwechsels. (1) Eine eingetragene Genossenschaft kann auf Grund eines Umwandlungsbeschlusses nach diesem Gesetz nur die Rechtsform einer Kapitalgesellschaft erlangen.

(2) Der Formwechsel ist nur möglich, wenn auf jedes Mitglied, das an der Gesellschaft neuer Rechtsform beteiligt wird, als beschränkt haftender Gesellschafter ein Geschäftsanteil, dessen Nennbetrag auf volle Euro lautet, oder als Aktionär mindestens eine volle Aktie entfällt.

§ 259 Gutachten des Prüfungsverbandes. Vor der Einberufung der Generalversammlung, die den Formwechsel beschließen soll, ist eine gutachtliche Äußerung des Prüfungsverbandes einzuholen, ob der Formwechsel mit den Belangen der Mitglieder und der Gläubiger der Genossenschaft vereinbar ist, insbesondere ob bei der Festsetzung des Stammkapitals oder des Grundkapitals § 263 Abs. 2 Satz 2 und § 264 Abs. 1 beachtet sind (Prüfungsgutachten).

§ 260 Vorbereitung der Generalversammlung. (1) [1] Der Vorstand der formwechselnden Genossenschaft hat allen Mitgliedern spätestens zusammen mit der Einberufung der Generalversammlung, die den Formwechsel beschließen soll, diesen Formwechsel als Gegenstand der Beschlußfassung in Textform anzukündigen. [2] In der Ankündigung ist auf die für die Beschlußfassung nach § 262 Abs. 1 erforderlichen Mehrheiten sowie auf die Möglichkeit der Erhebung eines Widerspruchs und die sich daraus ergebenden Rechte hinzuweisen.

(2) [1] Auf die Vorbereitung der Generalversammlung sind § 230 Absatz 2 und § 231 entsprechend anzuwenden. [2] § 192 Abs. 2 bleibt unberührt.

(3) [1] In dem Geschäftsraum der formwechselnden Genossenschaft ist von der Einberufung der Generalversammlung an, die den Formwechsel beschließen soll, außer den sonst erforderlichen Unterlagen auch das nach § 259 erstattete Prüfungsgutachten zur Einsicht der Mitglieder auszulegen. [2] Auf Verlangen ist jedem Mitglied unverzüglich und kostenlos eine Abschrift dieses Prüfungsgutachtens zu erteilen. [3] Die Verpflichtungen nach den Sätzen 1 und 2 entfallen,

wenn das Prüfungsgutachten für denselben Zeitraum über die Internetseite der Genossenschaft zugänglich ist.

§ 261 Durchführung der Generalversammlung. (1) [1] In der Generalversammlung, die den Formwechsel beschließen soll, ist der Umwandlungsbericht, sofern er nach diesem Buch erforderlich ist, und das nach § 259 erstattete Prüfungsgutachten auszulegen. [2] Der Vorstand hat den Umwandlungsbeschluß zu Beginn der Verhandlung mündlich zu erläutern.

(2) [1] Das Prüfungsgutachten ist in der Generalversammlung zu verlesen. [2] Der Prüfungsverband ist berechtigt, an der Generalversammlung beratend teilzunehmen.

§ 262 Beschluß der Generalversammlung. (1) [1] Der Umwandlungsbeschluß der Generalversammlung bedarf einer Mehrheit von mindestens drei Vierteln der abgegebenen Stimmen. [2] Er bedarf einer Mehrheit von neun Zehnteln der abgegebenen Stimmen, wenn spätestens bis zum Ablauf des dritten Tages vor der Generalversammlung mindestens 100 Mitglieder, bei Genossenschaften mit weniger als 1 000 Mitgliedern ein Zehntel der Mitglieder, durch eingeschriebenen Brief Widerspruch gegen den Formwechsel erhoben haben. [3] Die Satzung kann größere Mehrheiten und weitere Erfordernisse bestimmen.

(2) Auf den Formwechsel in eine Kommanditgesellschaft auf Aktien ist § 240 Abs. 2 entsprechend anzuwenden.

§ 263 Inhalt des Umwandlungsbeschlusses. (1) Auf den Umwandlungsbeschluß sind auch die §§ 218, 243 Abs. 3 und § 244 Abs. 2 entsprechend anzuwenden.

(2) [1] In dem Beschluß ist bei der Festlegung von Zahl, Art und Umfang der Anteile (§ 194 Abs. 1 Nr. 4) zu bestimmen, daß an dem Stammkapital oder an dem Grundkapital der Gesellschaft neuer Rechtsform jedes Mitglied, das die Rechtsstellung eines beschränkt haftenden Gesellschafters oder eines Aktionärs erlangt, in dem Verhältnis beteiligt wird, in dem am Ende des letzten vor der Beschlußfassung über den Formwechsel abgelaufenen Geschäftsjahres sein Geschäftsguthaben zur Summe der Geschäftsguthaben aller Mitglieder gestanden hat, die durch den Formwechsel Gesellschafter oder Aktionäre geworden sind. [2] Der Nennbetrag des Grundkapitals ist so zu bemessen, daß auf jedes Mitglied möglichst volle Aktien entfallen.

(3) [1] Die Geschäftsanteile einer Gesellschaft mit beschränkter Haftung sollen auf einen höheren Nennbetrag als hundert Euro nur gestellt werden, soweit auf die Mitglieder der formwechselnden Genossenschaft volle Geschäftsanteile mit dem höheren Nennbetrag entfallen. [2] Aktien können auf einen höheren Betrag als den Mindestbetrag nach § 8 Abs. 2 und 3 des Aktiengesetzes[1)] nur gestellt werden, soweit volle Aktien mit dem höheren Betrag auf die Mitglieder entfallen. [3] Wird das Vertretungsorgan der Aktiengesellschaft oder der Kommanditgesellschaft auf Aktien in der Satzung ermächtigt, das Grundkapital bis zu einem bestimmten Nennbetrag durch Ausgabe neuer Aktien gegen Einlagen zu erhöhen, so darf die Ermächtigung nicht vorsehen, daß das Vertretungsorgan über den Ausschluß des Bezugsrechts entscheidet.

---

1) Nr. 2.

§ 264 Kapitalschutz. (1) Der Nennbetrag des Stammkapitals einer Gesellschaft mit beschränkter Haftung oder des Grundkapitals einer Aktiengesellschaft oder einer Kommanditgesellschaft auf Aktien darf das nach Abzug der Schulden verbleibende Vermögen der formwechselnden Genossenschaft nicht übersteigen.

(2) Beim Formwechsel in eine Gesellschaft mit beschränkter Haftung sind die Mitglieder der formwechselnden Genossenschaft nicht verpflichtet, einen Sachgründungsbericht zu erstatten.

(3) [1] Beim Formwechsel in eine Aktiengesellschaft oder in eine Kommanditgesellschaft auf Aktien hat die Gründungsprüfung durch einen oder mehrere Prüfer (§ 33 Abs. 2 des Aktiengesetzes[1)]) in jedem Fall stattzufinden. [2] Jedoch sind die Mitglieder der formwechselnden Genossenschaft nicht verpflichtet, einen Gründungsbericht zu erstatten; die §§ 32, 35 Abs. 1 und 2 und § 46 des Aktiengesetzes sind nicht anzuwenden. [3] Die für Nachgründungen in § 52 Abs. 1 des Aktiengesetzes bestimmte Frist von zwei Jahren beginnt mit dem Wirksamwerden des Formwechsels.

§ 265 Anmeldung des Formwechsels. [1] Auf die Anmeldung nach § 198 ist § 222 Abs. 1 Satz 1 und Abs. 3 entsprechend anzuwenden. [2] Der Anmeldung ist das nach § 259 erstattete Prüfungsgutachten in Urschrift oder in öffentlich beglaubigter Abschrift beizufügen.

§ 266 Wirkungen des Formwechsels. (1) [1] Durch den Formwechsel werden die bisherigen Geschäftsanteile zu Anteilen an der Gesellschaft neuer Rechtsform und zu Teilrechten. [2] § 202 Abs. 1 Nr. 2 Satz 2 ist mit der Maßgabe anzuwenden, daß die an den bisherigen Geschäftsguthaben bestehenden Rechte Dritter an den durch den Formwechsel erlangten Anteilen und Teilrechten weiterbestehen.

(2) Teilrechte, die durch den Formwechsel entstehen, sind selbständig veräußerlich und vererblich.

(3) [1] Die Rechte aus einer Aktie einschließlich des Anspruchs auf Ausstellung einer Aktienurkunde können nur ausgeübt werden, wenn Teilrechte, die zusammen eine volle Aktie ergeben, in einer Hand vereinigt sind oder wenn mehrere Berechtigte, deren Teilrechte zusammen eine volle Aktie ergeben, sich zur Ausübung der Rechte zusammenschließen. [2] Der Rechtsträger soll die Zusammenführung von Teilrechten zu vollen Aktien vermitteln.

§ 267 Benachrichtigung der Anteilsinhaber. (1) [1] Das Vertretungsorgan der Gesellschaft neuer Rechtsform hat jedem Anteilsinhaber unverzüglich nach der Bekanntmachung der Eintragung der Gesellschaft in das Register deren Inhalt sowie die Zahl und, mit Ausnahme von Stückaktien, den Nennbetrag der Anteile und des Teilrechts, die auf ihn entfallen sind, in Textform mitzuteilen. [2] Dabei soll auf die Vorschriften über Teilrechte in § 266 hingewiesen werden.

(2) [1] Zugleich mit der Mitteilung ist deren wesentlicher Inhalt in den Gesellschaftsblättern bekanntzumachen. [2] Der Hinweis nach Absatz 1 Satz 2 braucht in die Bekanntmachung nicht aufgenommen zu werden.

---

1) Nr. 2.

§ 268 Aufforderung an die Aktionäre; Veräußerung von Aktien.

(1) [1]In der Mitteilung nach § 267 sind Aktionäre aufzufordern, die ihnen zustehenden Aktien abzuholen. [2]Dabei ist darauf hinzuweisen, daß die Gesellschaft berechtigt ist, Aktien, die nicht binnen sechs Monaten seit der Bekanntmachung der Aufforderung in den Gesellschaftsblättern abgeholt werden, nach dreimaliger Androhung für Rechnung der Beteiligten zu veräußern. [3]Dieser Hinweis braucht nicht in die Bekanntmachung der Aufforderung in den Gesellschaftsblättern aufgenommen zu werden.

(2) [1]Nach Ablauf von sechs Monaten seit der Bekanntmachung der Aufforderung in den Gesellschaftsblättern hat die Gesellschaft neuer Rechtsform die Veräußerung der nicht abgeholten Aktien anzudrohen. [2]Die Androhung ist dreimal in Abständen von mindestens einem Monat in den Gesellschaftsblättern bekanntzumachen. [3]Die letzte Bekanntmachung muß vor dem Ablauf von einem Jahr seit der Bekanntmachung der Aufforderung ergehen.

(3) [1]Nach Ablauf von sechs Monaten seit der letzten Bekanntmachung der Androhung hat die Gesellschaft die nicht abgeholten Aktien für Rechnung der Beteiligten zum amtlichen Börsenpreis durch Vermittlung eines Kursmaklers und beim Fehlen eines Börsenpreises durch öffentliche Versteigerung zu veräußern. [2]§ 226 Abs. 3 Satz 2 bis 6 des Aktiengesetzes[1)] ist entsprechend anzuwenden.

§ 269 Hauptversammlungsbeschlüsse; genehmigtes Kapital. [1]Solange beim Formwechsel in eine Aktiengesellschaft oder in eine Kommanditgesellschaft auf Aktien die abgeholten oder nach § 268 Abs. 3 veräußerten Aktien nicht insgesamt mindestens sechs Zehntel des Grundkapitals erreichen, kann die Hauptversammlung der Gesellschaft neuer Rechtsform keine Beschlüsse fassen, die nach Gesetz oder Satzung einer Kapitalmehrheit bedürfen. [2]Das Vertretungsorgan der Gesellschaft darf während dieses Zeitraums von einer Ermächtigung zu einer Erhöhung des Grundkapitals keinen Gebrauch machen.

§ 270 Abfindungsangebot. (1) Das Abfindungsangebot nach § 207 Abs. 1 Satz 1 gilt auch für jedes Mitglied, das dem Formwechsel bis zum Ablauf des dritten Tages vor dem Tage, an dem der Umwandlungsbeschluß gefaßt worden ist, durch eingeschriebenen Brief widersprochen hat.

(2) [1]Zu dem Abfindungsangebot ist eine gutachtliche Äußerung des Prüfungsverbandes einzuholen. [2]§ 30 Abs. 2 Satz 2 und 3 ist nicht anzuwenden.

§ 271 Fortdauer der Nachschußpflicht. [1]Wird über das Vermögen der Gesellschaft neuer Rechtsform binnen zwei Jahren nach dem Tage, an dem ihre Eintragung in das Register bekannt gemacht worden ist, das Insolvenzverfahren eröffnet, so ist jedes Mitglied, das durch den Formwechsel die Rechtsstellung eines beschränkt haftenden Gesellschafters oder eines Aktionärs erlangt hat, im Rahmen der Satzung der formwechselnden Genossenschaft (§ 6 Nr. 3 des Genossenschaftsgesetzes[2)]) zu Nachschüssen verpflichtet, auch wenn es seinen Geschäftsanteil oder seine Aktie veräußert hat. [2]Die §§ 105 bis 115a des Genossenschaftsgesetzes sind mit der Maßgabe entsprechend anzuwenden, daß

[1)] Nr. 2.
[2)] Nr. 4.

nur solche Verbindlichkeiten der Gesellschaft zu berücksichtigen sind, die bereits im Zeitpunkt des Formwechsels begründet waren.

Vierter Abschnitt. Formwechsel rechtsfähiger Vereine

Erster Unterabschnitt. Allgemeine Vorschriften

§ 272 Möglichkeit des Formwechsels. (1) Ein rechtsfähiger Verein kann auf Grund eines Umwandlungsbeschlusses nur die Rechtsform einer Kapitalgesellschaft oder einer eingetragenen Genossenschaft erlangen.

(2) Ein Verein kann die Rechtsform nur wechseln, wenn seine Satzung oder Vorschriften des Landesrechts nicht entgegenstehen.

Zweiter Unterabschnitt. Formwechsel in eine Kapitalgesellschaft

§ 273 Möglichkeit des Formwechsels. Der Formwechsel ist nur möglich, wenn auf jedes Mitglied, das an der Gesellschaft neuer Rechtsform beteiligt wird, als beschränkt haftender Gesellschafter ein Geschäftsanteil, dessen Nennbetrag auf volle Euro lautet, oder als Aktionär mindestens eine volle Aktie entfällt.

§ 274 Vorbereitung und Durchführung der Mitgliederversammlung. (1) [1] Auf die Vorbereitung der Mitgliederversammlung, die den Formwechsel beschließen soll, sind die §§ 229, 230 Abs. 2 Satz 1 und 2, § 231 Satz 1 und § 260 Abs. 1 entsprechend anzuwenden. [2] § 192 Abs. 2 bleibt unberührt.

(2) Auf die Mitgliederversammlung, die den Formwechsel beschließen soll, ist § 239 Abs. 1 Satz 1 und Abs. 2 entsprechend anzuwenden.

§ 275 Beschluß der Mitgliederversammlung. (1) Der Umwandlungsbeschluß der Mitgliederversammlung bedarf, wenn der Zweck des Rechtsträgers geändert werden soll (§ 33 Abs. 1 Satz 2 des Bürgerlichen Gesetzbuchs[1)]), der Zustimmung aller anwesenden Mitglieder; ihm müssen auch die nicht erschienenen Mitglieder zustimmen.

(2) [1] In anderen Fällen bedarf der Umwandlungsbeschluß einer Mehrheit von mindestens drei Vierteln der abgegebenen Stimmen. [2] Er bedarf einer Mehrheit von mindestens neun Zehnteln der abgegebenen Stimmen, wenn spätestens bis zum Ablauf des dritten Tages vor der Mitgliederversammlung wenigstens hundert Mitglieder, bei Vereinen mit weniger als tausend Mitgliedern ein Zehntel der Mitglieder, durch eingeschriebenen Brief Widerspruch gegen den Formwechsel erhoben haben. [3] Die Satzung kann größere Mehrheiten und weitere Erfordernisse bestimmen.

(3) Auf den Formwechsel in eine Kommanditgesellschaft auf Aktien ist § 240 Abs. 2 entsprechend anzuwenden.

§ 276 Inhalt des Umwandlungsbeschlusses. (1) Auf den Umwandlungsbeschluß sind auch die §§ 218, 243 Abs. 3, § 244 Abs. 2 und § 263 Abs. 2 Satz 2, Abs. 3 entsprechend anzuwenden.

(2) Die Beteiligung der Mitglieder am Stammkapital oder am Grundkapital der Gesellschaft neuer Rechtsform darf, wenn nicht alle Mitglieder einen gleich hohen Anteil erhalten sollen, nur nach einem oder mehreren der folgenden Maßstäbe festgesetzt werden:

[1)] Nr. 1.

1. bei Vereinen, deren Vermögen in übertragbare Anteile zerlegt ist, der Nennbetrag oder der Wert dieser Anteile;
2. die Höhe der Beiträge;
3. bei Vereinen, die zu ihren Mitgliedern oder einem Teil der Mitglieder in vertraglichen Geschäftsbeziehungen stehen, der Umfang der Inanspruchnahme von Leistungen des Vereins durch die Mitglieder oder der Umfang der Inanspruchnahme von Leistungen der Mitglieder durch den Verein;
4. ein in der Satzung bestimmter Maßstab für die Verteilung des Überschusses;
5. ein in der Satzung bestimmter Maßstab für die Verteilung des Vermögens;
6. die Dauer der Mitgliedschaft.

§ 277 Kapitalschutz. Bei der Anwendung der für die neue Rechtsform maßgebenden Gründungsvorschriften ist auch § 264 entsprechend anzuwenden.

§ 278 Anmeldung des Formwechsels. (1) Auf die Anmeldung nach § 198 ist § 222 Abs. 1 und 3 entsprechend anzuwenden.

(2) [1] Ist der formwechselnde Verein nicht in ein Handelsregister eingetragen, so hat sein Vorstand den bevorstehenden Formwechsel durch das in der Vereinssatzung für Veröffentlichungen bestimmte Blatt, in Ermangelung eines solchen durch dasjenige Blatt bekanntzumachen, das für Bekanntmachungen des Amtsgerichts bestimmt ist, in dessen Bezirk der formwechselnde Verein seinen Sitz hat. [2] Die Bekanntmachung tritt an die Stelle der Eintragung der Umwandlung in das Register nach § 198 Abs. 2 Satz 3. [3] § 50 Abs. 1 Satz 4 des Bürgerlichen Gesetzbuchs[1] ist entsprechend anzuwenden.

§ 279 *(aufgehoben)*

§ 280 Wirkungen des Formwechsels. [1] Durch den Formwechsel werden die bisherigen Mitgliedschaften zu Anteilen an der Gesellschaft neuer Rechtsform und zu Teilrechten. [2] § 266 Abs. 1 Satz 2, Abs. 2 und 3 ist entsprechend anzuwenden.

§ 281 Benachrichtigung der Anteilsinhaber; Veräußerung von Aktien; Hauptversammlungsbeschlüsse. (1) Auf die Benachrichtigung der Anteilsinhaber durch die Gesellschaft, auf die Aufforderung von Aktionären zur Abholung der ihnen zustehenden Aktien und auf die Veräußerung nicht abgeholter Aktien sind die §§ 267 und 268 entsprechend anzuwenden.

(2) Auf Beschlüsse der Hauptversammlung der Gesellschaft neuer Rechtsform sowie auf eine Ermächtigung des Vertretungsorgans zur Erhöhung des Grundkapitals ist § 269 entsprechend anzuwenden.

§ 282 Abfindungsangebot. (1) Auf das Abfindungsangebot nach § 207 Abs. 1 Satz 1 ist § 270 Abs. 1 entsprechend anzuwenden.

(2) Absatz 1 und die §§ 207 bis 212 sind auf den Formwechsel eines eingetragenen Vereins, der nach § 5 Abs. 1 Nr. 9 des Körperschaftsteuergesetzes von der Körperschaftsteuer befreit ist, nicht anzuwenden.

---

[1] Nr. **1**.

Dritter Unterabschnitt. Formwechsel in eine eingetragene Genossenschaft

§ 283 Vorbereitung und Durchführung der Mitgliederversammlung.

(1) [1] Auf die Vorbereitung der Mitgliederversammlung, die den Formwechsel beschließen soll, sind die §§ 229 und 230 Abs. 2 Satz 1 und 2, § 231 Satz 1 und § 260 Abs. 1 entsprechend anzuwenden. [2] § 192 Abs. 2 bleibt unberührt.

(2) Auf die Mitgliederversammlung, die den Formwechsel beschließen soll, ist § 239 Abs. 1 Satz 1 und Abs. 2 entsprechend anzuwenden.

§ 284 Beschluß der Mitgliederversammlung. [1] Der Umwandlungsbeschluß der Mitgliederversammlung bedarf, wenn der Zweck des Rechtsträgers geändert werden soll (§ 33 Abs. 1 Satz 2 des Bürgerlichen Gesetzbuchs[1)]) oder wenn die Satzung der Genossenschaft eine Verpflichtung der Mitglieder der Genossenschaft zur Leistung von Nachschüssen vorsieht, der Zustimmung aller anwesenden Mitglieder; ihm müssen auch die nicht erschienenen Mitglieder zustimmen. [2] Im übrigen ist § 275 Abs. 2 entsprechend anzuwenden.

§ 285 Inhalt des Umwandlungsbeschlusses. (1) Auf den Umwandlungsbeschluß ist auch § 253 Abs. 1 und Abs. 2 Satz 1 entsprechend anzuwenden.

(2) Sollen bei der Genossenschaft nicht alle Mitglieder mit der gleichen Zahl von Geschäftsanteilen beteiligt werden, so darf die unterschiedlich hohe Beteiligung nur nach einem oder mehreren der in § 276 Abs. 2 Satz 1 bezeichneten Maßstäbe festgesetzt werden.

§ 286 Anmeldung des Formwechsels. Auf die Anmeldung nach § 198 sind die §§ 254 und 278 Abs. 2 entsprechend anzuwenden.

§ 287 *(aufgehoben)*

§ 288 Wirkungen des Formwechsels. (1) [1] Jedes Mitglied, das die Rechtsstellung eines Mitglieds der Genossenschaft erlangt, ist bei der Genossenschaft nach Maßgabe des Umwandlungsbeschlusses beteiligt. [2] Eine Verpflichtung zur Übernahme weiterer Geschäftsanteile bleibt unberührt. [3] § 255 Abs. 1 Satz 3 ist entsprechend anzuwenden.

(2) Das Gericht darf eine Auflösung der Genossenschaft von Amts wegen nach § 80 des Genossenschaftsgesetzes[2)] nicht vor Ablauf eines Jahres seit dem Wirksamwerden des Formwechsels aussprechen.

§ 289 Geschäftsguthaben; Benachrichtigung der Mitglieder. (1) Jedem Mitglied der Genossenschaft kann als Geschäftsguthaben auf Grund des Formwechsels höchstens der Nennbetrag der Geschäftsanteile gutgeschrieben werden, mit denen es bei der Genossenschaft beteiligt ist.

(2) § 256 Abs. 3 ist entsprechend anzuwenden.

§ 290 Abfindungsangebot. Auf das Abfindungsangebot nach § 207 Abs. 1 Satz 2 sind § 270 Abs. 1 sowie § 282 Abs. 2 entsprechend anzuwenden.

[1)] Nr. **1**.
[2)] Nr. **4**.

Fünfter Abschnitt. Formwechsel von Versicherungsvereinen auf Gegenseitigkeit

§ 291 Möglichkeit des Formwechsels. (1) Ein Versicherungsverein auf Gegenseitigkeit, der kein kleinerer Verein im Sinne des § 210 des Versicherungsaufsichtsgesetzes ist, kann auf Grund eines Umwandlungsbeschlusses nur die Rechtsform einer Aktiengesellschaft erlangen.

(2) Der Formwechsel ist nur möglich, wenn auf jedes Mitglied des Vereins, das an der Aktiengesellschaft beteiligt wird, mindestens eine volle Aktie entfällt.

§ 292 Vorbereitung und Durchführung der Versammlung der obersten Vertretung. (1) Auf die Vorbereitung der Versammlung der obersten Vertretung, die den Formwechsel beschließen soll, sind die §§ 229 und 230 Abs. 2 Satz 1 und 2, § 231 Satz 1 und § 260 Abs. 1 entsprechend anzuwenden.

(2) Auf die Durchführung der Versammlung der obersten Vertretung, die den Formwechsel beschließen soll, ist § 239 Abs. 1 Satz 1 und Abs. 2 entsprechend anzuwenden.

§ 293 Beschluß der obersten Vertretung. [1] Der Umwandlungsbeschluß der obersten Vertretung bedarf einer Mehrheit von mindestens drei Vierteln der abgegebenen Stimmen. [2] Er bedarf einer Mehrheit von neun Zehnteln der abgegebenen Stimmen, wenn spätestens bis zum Ablauf des dritten Tages vor der Versammlung der obersten Vertretung wenigstens hundert Mitglieder des Vereins durch eingeschriebenen Brief Widerspruch gegen den Formwechsel erhoben haben. [3] Die Satzung kann größere Mehrheiten und weitere Erfordernisse bestimmen.

§ 294 Inhalt des Umwandlungsbeschlusses. (1) [1] Auf den Umwandlungsbeschluß sind auch § 218 Abs. 1 und § 263 Abs. 3 Satz 2 und 3 entsprechend anzuwenden. [2] In dem Umwandlungsbeschluß kann bestimmt werden, daß Mitglieder, die dem formwechselnden Verein weniger als drei Jahre vor der Beschlußfassung über den Formwechsel angehören, von der Beteiligung an der Aktiengesellschaft ausgeschlossen sind.

(2) [1] Das Grundkapital der Aktiengesellschaft ist in der Höhe des Grundkapitals vergleichbarer Versicherungsunternehmen in der Rechtsform der Aktiengesellschaft festzusetzen. [2] Würde die Aufsichtsbehörde einer neu zu gründenden Versicherungs-Aktiengesellschaft die Erlaubnis zum Geschäftsbetrieb nur bei Festsetzung eines höheren Grundkapitals erteilen, so ist das Grundkapital auf diesen Betrag festzusetzen, soweit dies nach den Vermögensverhältnissen des formwechselnden Vereins möglich ist. [3] Ist eine solche Festsetzung nach den Vermögensverhältnissen des Vereins nicht möglich, so ist der Nennbetrag des Grundkapitals so zu bemessen, daß auf jedes Mitglied, das die Rechtsstellung eines Aktionärs erlangt, möglichst volle Aktien entfallen.

(3) Die Beteiligung der Mitglieder am Grundkapital der Aktiengesellschaft darf, wenn nicht alle Mitglieder einen gleich hohen Anteil erhalten sollen, nur nach einem oder mehreren der folgenden Maßstäbe festgesetzt werden:

1. die Höhe der Versicherungssumme;
2. die Höhe der Beiträge;
3. die Höhe der Deckungsrückstellung in der Lebensversicherung;
4. der in der Satzung bestimmte Maßstab für die Verteilung des Überschusses;
5. ein in der Satzung bestimmter Maßstab für die Verteilung des Vermögens;

6. die Dauer der Mitgliedschaft.

§ 295 Kapitalschutz. Bei der Anwendung der Gründungsvorschriften des Aktiengesetzes[1)] ist auch § 264 Abs. 1 und 3 entsprechend anzuwenden.

§ 296 Anmeldung des Formwechsels. Auf die Anmeldung nach § 198 ist § 246 Abs. 1 und 2 entsprechend anzuwenden.

§ 297 *(aufgehoben)*

§ 298 Wirkungen des Formwechsels. [1] Durch den Formwechsel werden die bisherigen Mitgliedschaften zu Aktien und Teilrechten. [2] § 266 Abs. 1 Satz 2, Abs. 2 und 3 ist entsprechend anzuwenden.

§ 299 Benachrichtung der Aktionäre; Veräußerung von Aktien; Hauptversammlungsbeschlüsse. (1) Auf die Benachrichtigung der Aktionäre durch die Gesellschaft ist § 267, auf die Aufforderung zur Abholung der ihnen zustehenden Aktien und auf die Veräußerung nicht abgeholter Aktien ist § 268 entsprechend anzuwenden.

(2) [1] Auf Beschlüsse der Hauptversammlung der Aktiengesellschaft sowie auf eine Ermächtigung des Vorstandes zur Erhöhung des Grundkapitals ist § 269 entsprechend anzuwenden. [2] Die Aufsichtsbehörde kann Ausnahmen von der entsprechenden Anwendung des § 269 Satz 1 zulassen, wenn dies erforderlich ist, um zu verhindern, daß der Aktiengesellschaft erhebliche Nachteile entstehen.

§ 300 Abfindungsangebot. Auf das Abfindungsangebot nach § 207 Abs. 1 Satz 1 ist § 270 Abs. 1 entsprechend anzuwenden.

Sechster Abschnitt. Formwechsel von Körperschaften und Anstalten des öffentlichen Rechts

§ 301 Möglichkeit des Formwechsels. (1) Soweit gesetzlich nichts anderes bestimmt ist, kann eine Körperschaft oder Anstalt des öffentlichen Rechts durch Formwechsel nur die Rechtsform einer Kapitalgesellschaft erlangen.

(2) Der Formwechsel ist nur möglich, wenn die Körperschaft oder Anstalt rechtsfähig ist und das für sie maßgebende Bundes- oder Landesrecht einen Formwechsel vorsieht oder zuläßt.

§ 302 Anzuwendende Vorschriften. [1] Die Vorschriften des Ersten Teils sind auf den Formwechsel nur anzuwenden, soweit sich aus dem für die formwechselnde Körperschaft oder Anstalt maßgebenden Bundes- oder Landesrecht nichts anderes ergibt. [2] Nach diesem Recht richtet es sich insbesondere, auf welche Weise der Gesellschaftsvertrag oder die Satzung der Gesellschaft neuer Rechtsform abgeschlossen oder festgestellt wird, wer an dieser Gesellschaft als Anteilsinhaber beteiligt wird und welche Person oder welche Personen den Gründern der Gesellschaft gleichstehen; die §§ 28 und 29 des Aktiengesetzes[1)] sind nicht anzuwenden.

---

1) Nr. **2**.

§ 303 Kapitalschutz; Zustimmungserfordernisse. (1) Außer den für die neue Rechtsform maßgebenden Gründungsvorschriften ist auch § 220 entsprechend anzuwenden.

(2) [1] Ein Formwechsel in eine Kommanditgesellschaft auf Aktien bedarf der Zustimmung aller Anteilsinhaber, die in dieser Gesellschaft die Stellung eines persönlich haftenden Gesellschafters haben sollen. [2] Auf den Beitritt persönlich haftender Gesellschafter ist § 221 entsprechend anzuwenden.

§ 304 Wirksamwerden des Formwechsels. [1] Der Formwechsel wird mit der Eintragung der Kapitalgesellschaft in das Handelsregister wirksam. [2] Mängel des Formwechsels lassen die Wirkungen der Eintragung unberührt.

§§ 305–312 *(aufgehoben)*

Sechstes Buch. Strafvorschriften und Zwangsgelder

§ 313 Unrichtige Darstellung. (1) Mit Freiheitsstrafe bis zu drei Jahren oder mit Geldstrafe wird bestraft, wer als Mitglied eines Vertretungsorgans, als vertretungsberechtigter Gesellschafter oder Partner, als Mitglied eines Aufsichtsrats oder als Abwickler eines an einer Umwandlung beteiligten Rechtsträgers bei dieser Umwandlung

1. die Verhältnisse des Rechtsträgers einschließlich seiner Beziehungen zu verbundenen Unternehmen in einem in diesem Gesetz vorgesehenen Bericht (Verschmelzungsbericht, Spaltungsbericht, Übertragungsbericht, Umwandlungsbericht), in Darstellungen oder Übersichten über den Vermögensstand, in Vorträgen oder Auskünften in der Versammlung der Anteilsinhaber unrichtig wiedergibt oder verschleiert, wenn die Tat nicht in § 331 Nr. 1 oder Nr. 1a des Handelsgesetzbuchs[1)] mit Strafe bedroht ist, oder
2. in Aufklärungen und Nachweisen, die nach den Vorschriften dieses Gesetzes einem Verschmelzungs-, Spaltungs- oder Übertragungsprüfer zu geben sind, unrichtige Angaben macht oder die Verhältnisse des Rechtsträgers einschließlich seiner Beziehungen zu verbundenen Unternehmen unrichtig wiedergibt oder verschleiert.

(2) Ebenso wird bestraft, wer als Geschäftsführer einer Gesellschaft mit beschränkter Haftung, als Mitglied des Vorstands einer Aktiengesellschaft, als zur Vertretung ermächtigter persönlich haftender Gesellschafter einer Kommanditgesellschaft auf Aktien oder als Abwickler einer solchen Gesellschaft in einer Erklärung nach § 52 über die Zustimmung der Anteilsinhaber dieses Rechtsträgers oder in einer Erklärung nach § 140 oder § 146 Abs. 1 über die Deckung des Stammkapitals oder Grundkapitals der übertragenden Gesellschaft unrichtige Angaben macht oder seiner Erklärung zugrunde legt.

§ 314 Verletzung der Berichtspflicht. (1) Mit Freiheitsstrafe bis zu drei Jahren oder mit Geldstrafe wird bestraft, wer als Verschmelzungs-, Spaltungs- oder Übertragungsprüfer oder als Gehilfe eines solchen Prüfers über das Ergebnis einer aus Anlaß einer Umwandlung erforderlichen Prüfung falsch berichtet oder erhebliche Umstände in dem Prüfungsbericht verschweigt.

[1)] Nr. **5**.

(2) Handelt der Täter gegen Entgelt oder in der Absicht, sich oder einen anderen zu bereichern oder einen anderen zu schädigen, so ist die Strafe Freiheitsstrafe bis zu fünf Jahren oder Geldstrafe.

§ 314a Falsche Angaben. Mit Freiheitsstrafe bis zu drei Jahren oder mit Geldstrafe wird bestraft, wer entgegen § 122k Abs. 1 Satz 3 eine Versicherung nicht richtig abgibt.

§ 315 Verletzung der Geheimhaltungspflicht. (1) Mit Freiheitsstrafe bis zu einem Jahr oder mit Geldstrafe wird bestraft, wer ein Geheimnis eines an einer Umwandlung beteiligten Rechtsträgers, namentlich ein Betriebs- oder Geschäftsgeheimnis, das ihm in seiner Eigenschaft als

1. Mitglied des Vertretungsorgans, vertretungsberechtigter Gesellschafter oder Partner, Mitglied eines Aufsichtsrats oder Abwickler dieses oder eines anderen an der Umwandlung beteiligten Rechtsträgers,
2. Verschmelzungs-, Spaltungs- oder Übertragungsprüfer oder Gehilfe eines solchen Prüfers

bekannt geworden ist, unbefugt offenbart, wenn die Tat im Falle der Nummer 1 nicht in § 85 des Gesetzes betreffend die Gesellschaften mit beschränkter Haftung[1)], § 404 des Aktiengesetzes[2)] oder § 151 des Genossenschaftsgesetzes[3)], im Falle der Nummer 2 nicht in § 333 des Handelsgesetzbuchs[4)] mit Strafe bedroht ist.

(2) [1] Handelt der Täter gegen Entgelt oder in der Absicht, sich oder einen anderen zu bereichern oder einen anderen zu schädigen, so ist die Strafe Freiheitsstrafe bis zu zwei Jahren oder Geldstrafe. [2] Ebenso wird bestraft, wer ein Geheimnis der in Absatz 1 bezeichneten Art, namentlich ein Betriebs- oder Geschäftsgeheimnis, das ihm unter den Voraussetzungen des Absatzes 1 bekannt geworden ist, unbefugt verwertet.

(3) [1] Die Tat wird nur auf Antrag eines der an der Umwandlung beteiligten Rechtsträgers verfolgt. [2] Hat ein Mitglied eines Vertretungsorgans, ein vertretungsberechtigter Gesellschafter oder Partner oder ein Abwickler die Tat begangen, so sind auch ein Aufsichtsrat oder ein nicht vertretungsberechtigter Gesellschafter oder Partner antragsberechtigt. [3] Hat ein Mitglied eines Aufsichtsrats die Tat begangen, sind auch die Mitglieder des Vorstands, die vertretungsberechtigten Gesellschafter oder Partner oder die Abwickler antragsberechtigt.

§ 316 Zwangsgelder. (1) [1] Mitglieder eines Vertretungsorgans, vertretungsberechtigte Gesellschafter, vertretungsberechtigte Partner oder Abwickler, die § 13 Abs. 3 Satz 3 sowie § 125 Satz 1, § 176 Abs. 1, § 177 Abs. 1, § 178 Abs. 1, § 179 Abs. 1, § 180 Abs. 1, § 184 Abs. 1, § 186 Satz 1, § 188 Abs. 1 und § 189 Abs. 1, jeweils in Verbindung mit § 13 Abs. 3 Satz 3, sowie § 193 Abs. 3 Satz 2 nicht befolgen, sind hierzu von dem zuständigen Registergericht durch Festsetzung von Zwangsgeld anzuhalten; § 14 des Handelsgesetzbuchs[4)] bleibt unberührt. [2] Das einzelne Zwangsgeld darf den Betrag von fünftausend Euro nicht übersteigen.

[1)] Nr. **3**.
[2)] Nr. **2**.
[3)] Nr. **4**.
[4)] Nr. **5**.

(2) Die Anmeldungen einer Umwandlung zu dem zuständigen Register nach § 16 Abs. 1, den §§ 38, 122k Abs. 1, § 122l Abs. 1, §§ 129 und 137 Abs. 1 und 2, § 176 Abs. 1, § 177 Abs. 1, § 178 Abs. 1, § 179 Abs. 1, § 180 Abs. 1, § 184 Abs. 1, §§ 186, 188 Abs. 1, § 189 Abs. 1, §§ 198, 222, 235, 246, 254, 265, 278 Abs. 1, §§ 286 und 296 werden durch Festsetzung von Zwangsgeld nicht erzwungen.

Siebentes Buch. Übergangs- und Schlußvorschriften

§ 317 Umwandlung alter juristischer Personen. [1] Eine juristische Person im Sinne des Artikels 163 des Einführungsgesetzes zum Bürgerlichen Gesetzbuche kann nach den für wirtschaftliche Vereine geltenden Vorschriften dieses Gesetzes umgewandelt werden. [2] Hat eine solche juristische Person keine Mitglieder, so kann sie nach den für Stiftungen geltenden Vorschriften dieses Gesetzes umgewandelt werden.

§ 318 Eingeleitete Umwandlungen; Umstellung auf den Euro.

(1) [1] Die Vorschriften dieses Gesetzes sind nicht auf solche Umwandlungen anzuwenden, zu deren Vorbereitung bereits vor dem 1. Januar 1995 ein Vertrag oder eine Erklärung beurkundet oder notariell beglaubigt oder eine Versammlung der Anteilsinhaber einberufen worden ist. [2] Für diese Umwandlungen bleibt es bei der Anwendung der bis zu diesem Tage geltenden Vorschriften.

(2) [1] Wird eine Umwandlung nach dem 31. Dezember 1998 in das Handelsregister eingetragen, so erfolgt eine Neufestsetzung der Nennbeträge von Anteilen einer Kapitalgesellschaft als übernehmendem Rechtsträger, deren Anteile noch der bis dahin gültigen Nennbetragseinteilungen entsprechen, nach den bis zu diesem Zeitpunkt geltenden Vorschriften. [2] Wo dieses Gesetz für einen neuen Rechtsträger oder einen Rechtsträger neuer Rechtsform auf die jeweils geltenden Gründungsvorschriften verweist oder bei dem Formwechsel in eine Kapitalgesellschaft anderer Rechtsform die Vorschriften anderer Gesetze über die Änderung des Stammkapitals oder des Grundkapitals unberührt läßt, gilt dies jeweils auch für die entsprechenden Überleitungsvorschriften zur Einführung des Euro im Einführungsgesetz zum Aktiengesetz[1)] und im Gesetz betreffend die Gesellschaften mit beschränkter Haftung[2)]; ist ein neuer Rechtsträger oder ein Rechtsträger neuer Rechtsform bis zum 31. Dezember 1998 zur Eintragung in das Handelsregister angemeldet worden, bleibt es bei der Anwendung der bis zu diesem Tage geltenden Gründungsvorschriften.

§ 319 Enthaftung bei Altverbindlichkeiten. [1] Die §§ 45, 133 Abs. 1, 3 bis 5, §§ 157, 167, 173, 224, 237, 249 und 257 sind auch auf vor dem 1. Januar 1995 entstandene Verbindlichkeiten anzuwenden, wenn

1. die Umwandlung danach in das Register eingetragen wird und
2. die Verbindlichkeiten nicht später als vier Jahre nach dem Zeitpunkt, an dem die Eintragung der Umwandlung in das Register bekannt gemacht worden ist, fällig werden oder nach Inkrafttreten des Gesetzes zur zeitlichen Begrenzung der Nachhaftung von Gesellschaftern vom 18. März 1994 (BGBl. I S. 560) begründet worden sind.

[1)] Nr. **2a**.
[2)] Nr. **3**.

[2]Auf später fällig werdende und vor Inkrafttreten des Gesetzes zur zeitlichen Begrenzung der Nachhaftung von Gesellschaftern vom 18. März 1994 (BGBl. I S. 560) entstandene Verbindlichkeiten sind die §§ 45, 49 Abs. 4, §§ 56, 56f Abs. 2, § 57 Abs. 2 und § 58 Abs. 2 des Umwandlungsgesetzes in der durch Artikel 10 Abs. 8 des Gesetzes vom 19. Dezember 1985 (BGBl. I S. 2355) geänderten Fassung der Bekanntmachung vom 6. November 1969 (BGBl. I S. 2081) mit der Maßgabe anwendbar, daß die Verjährungsfrist ein Jahr beträgt. [3]In den Fällen, in denen das bisher geltende Recht eine Umwandlungsmöglichkeit nicht vorsah, verjähren die in Satz 2 genannten Verbindlichkeiten entsprechend den dort genannten Vorschriften.

§ 320 Aufhebung des Umwandlungsgesetzes 1969. Das Umwandlungsgesetz in der Fassung der Bekanntmachung vom 6. November 1969 (BGBl. I S. 2081), zuletzt geändert durch Artikel 2 des Gesetzes vom 18. März 1994 (BGBl. I S. 560), wird aufgehoben.

§ 321 Übergangsvorschrift zum Gesetz zur Umsetzung der Aktionärsrechterichtlinie und zum Dritten Gesetz zur Änderung des Umwandlungsgesetzes. (1) Im Fall des § 15 Abs. 2 Satz 1 bleibt es für die Zeit vor dem 1. September 2009 bei dem bis dahin geltenden Zinssatz.

(2) § 16 Abs. 3 Satz 3 Nr. 2 in der Fassung des Gesetzes zur Umsetzung der Aktionärsrechterichtlinie vom 30. Juli 2009 (BGBl. I S. 2479) ist nicht auf Freigabeverfahren und Beschwerdeverfahren anzuwenden, die vor dem 1. September 2009 anhängig waren.

(3) § 62 Absatz 4 und 5, § 63 Absatz 2 Satz 5 bis 7, § 64 Absatz 1 sowie § 143 in der Fassung des Dritten Gesetzes zur Änderung des Umwandlungsgesetzes vom 11. Juli 2011 (BGBl. I S. 1338) sind erstmals auf Umwandlungen anzuwenden, bei denen der Verschmelzungs- oder Spaltungsvertrag nach dem 14. Juli 2011 geschlossen worden ist.

§ 322 Gemeinsamer Betrieb. Führen an einer Spaltung oder an einer Teilübertragung nach dem Dritten oder Vierten Buch beteiligte Rechtsträger nach dem Wirksamwerden der Spaltung oder der Teilübertragung einen Betrieb gemeinsam, gilt dieser als Betrieb im Sinne des Kündigungsschutzrechts.

§ 323 Kündigungsrechtliche Stellung. (1) Die kündigungsrechtliche Stellung eines Arbeitnehmers, der vor dem Wirksamwerden einer Spaltung oder Teilübertragung nach dem Dritten oder Vierten Buch zu dem übertragenden Rechtsträger in einem Arbeitsverhältnis steht, verschlechtert sich auf Grund der Spaltung oder Teilübertragung für die Dauer von zwei Jahren ab dem Zeitpunkt ihres Wirksamwerdens nicht.

(2) Kommt bei einer Verschmelzung, Spaltung oder Vermögensübertragung ein Interessenausgleich zustande, in dem diejenigen Arbeitnehmer namentlich bezeichnet werden, die nach der Umwandlung einem bestimmten Betrieb oder Betriebsteil zugeordnet werden, so kann die Zuordnung der Arbeitnehmer durch das Arbeitsgericht nur auf grobe Fehlerhaftigkeit überprüft werden.

§ 324 Rechte und Pflichten bei Betriebsübergang. § 613a Abs. 1, 4 bis 6 des Bürgerlichen Gesetzbuchs bleibt durch die Wirkungen der Eintragung einer Verschmelzung, Spaltung oder Vermögensübertragung unberührt.

§ 325 Mitbestimmungsbeibehaltung. (1) [1] Entfallen durch Abspaltung oder Ausgliederung im Sinne des § 123 Abs. 2 und 3 bei einem übertragenden Rechtsträger die gesetzlichen Voraussetzungen für die Beteiligung der Arbeitnehmer im Aufsichtsrat, so finden die vor der Spaltung geltenden Vorschriften noch für einen Zeitraum von fünf Jahren nach dem Wirksamwerden der Abspaltung oder Ausgliederung Anwendung. [2] Dies gilt nicht, wenn die betreffenden Vorschriften eine Mindestzahl von Arbeitnehmern voraussetzen und die danach berechnete Zahl der Arbeitnehmer des übertragenden Rechtsträgers auf weniger als in der Regel ein Viertel dieser Mindestzahl sinkt.

(2) [1] Hat die Spaltung oder Teilübertragung eines Rechtsträgers die Spaltung eines Betriebes zur Folge und entfallen für die aus der Spaltung hervorgegangenen Betriebe Rechte oder Beteiligungsrechte des Betriebsrats, so kann durch Betriebsvereinbarung oder Tarifvertrag die Fortgeltung dieser Rechte und Beteiligungsrechte vereinbart werden. [2] Die §§ 9 und 27 des Betriebsverfassungsgesetzes bleiben unberührt.

13. Gesetz über die Mitbestimmung der Arbeitnehmer (Mitbestimmungsgesetz – MitbestG)

Vom 4. Mai 1976

(BGBl. I S. 1153)

FNA 801-8

zuletzt geänd. durch Art. 7 G für die gleichberechtigte Teilhabe von Frauen und Männern an Führungspositionen in der Privatwirtschaft und im öffentlichen Dienst v. 24.4.2015 (BGBl. I S. 642)

Nichtamtliche Inhaltsübersicht

Erster Teil. Geltungsbereich

§ 1 Erfaßte Unternehmen (1) In Unternehmen, die

1. in der Rechtsform einer Aktiengesellschaft, einer Kommanditgesellschaft auf Aktien, einer Gesellschaft mit beschränkter Haftung oder einer Genossenschaft betrieben werden und
2. in der Regel mehr als 2 000 Arbeitnehmer beschäftigen,

haben die Arbeitnehmer ein Mitbestimmungsrecht nach Maßgabe dieses Gesetzes.

(2) Dieses Gesetz ist nicht anzuwenden auf die Mitbestimmung in Organen von Unternehmen, in denen die Arbeitnehmer nach

1. dem Gesetz über die Mitbestimmung der Arbeitnehmer in den Aufsichtsräten und Vorständen der Unternehmen des Bergbaus und der Eisen und Stahl erzeugenden Industrie[1)] vom 21. Mai 1951 (Bundesgesetzbl. I S. 347) – Montan-Mitbestimmungsgesetz –, oder
2. dem Gesetz zur Ergänzung des Gesetzes über die Mitbestimmung der Arbeitnehmer in den Aufsichtsräten und Vorständen der Unternehmen des Bergbaus und der Eisen und Stahl erzeugenden Industrie[2)] vom 7. August 1956 (Bundesgesetzbl. I S. 707) – Mitbestimmungsergänzungsgesetz –

ein Mitbestimmungsrecht haben.

(3) Die Vertretung der Arbeitnehmer in den Aufsichtsräten von Unternehmen, in denen die Arbeitnehmer nicht nach Absatz 1 oder nach den in Absatz 2 bezeichneten Gesetzen ein Mitbestimmungsrecht haben, bestimmt sich nach den Vorschriften des Drittelbeteiligungsgesetzes[3)] (BGBl. 2004 I S. 974).

(4) [1] Dieses Gesetz ist nicht anzuwenden auf Unternehmen, die unmittelbar und überwiegend

1. politischen, koalitionspolitischen, konfessionellen, karitativen, erzieherischen, wissenschaftlichen oder künstlerischen Bestimmungen oder
2. Zwecken der Berichterstattung oder Meinungsäußerung, auf die Artikel 5 Abs. 1 Satz 2 des Grundgesetzes anzuwenden ist,

---

1) Nr. **14**.
2) Nr. **15**.
3) Nr. **16**.

dienen. [2]Dieses Gesetz ist nicht anzuwenden auf Religionsgemeinschaften und ihre karitativen und erzieherischen Einrichtungen unbeschadet deren Rechtsform.

§ 2 Anteilseigner. Anteilseigner im Sinne dieses Gesetzes sind je nach der Rechtsform der in § 1 Abs. 1 Nr. 1 bezeichneten Unternehmen Aktionäre, Gesellschafter oder Mitglieder einer Genossenschaft.

§ 3 Arbeitnehmer und Betrieb. (1) [1]Arbeitnehmer im Sinne dieses Gesetzes sind

1. die in § 5 Abs. 1 des Betriebsverfassungsgesetzes bezeichneten Personen mit Ausnahme der in § 5 Abs. 3 des Betriebsverfassungsgesetzes bezeichneten leitenden Angestellten,
2. die in § 5 Abs. 3 des Betriebsverfassungsgesetzes bezeichneten leitenden Angestellten.

[2]Keine Arbeitnehmer im Sinne dieses Gesetzes sind die in § 5 Abs. 2 des Betriebsverfassungsgesetzes bezeichneten Personen.

(2) [1]Betriebe im Sinne dieses Gesetzes sind solche des Betriebsverfassungsgesetzes. [2]§ 4 Abs. 2 des Betriebsverfassungsgesetzes ist anzuwenden.

§ 4 Kommanditgesellschaft. (1) [1]Ist ein in § 1 Abs. 1 Nr. 1 bezeichnetes Unternehmen persönlich haftender Gesellschafter einer Kommanditgesellschaft und hat die Mehrheit der Kommanditisten dieser Kommanditgesellschaft, berechnet nach der Mehrheit der Anteile oder der Stimmen, die Mehrheit der Anteile oder der Stimmen in dem Unternehmen des persönlich haftenden Gesellschafters inne, so gelten für die Anwendung dieses Gesetzes auf den persönlich haftenden Gesellschafter die Arbeitnehmer der Kommanditgesellschaft als Arbeitnehmer des persönlich haftenden Gesellschafters, sofern nicht der persönlich haftende Gesellschafter einen eigenen Geschäftsbetrieb mit in der Regel mehr als 500 Arbeitnehmern hat. [2]Ist die Kommanditgesellschaft persönlich haftender Gesellschafter einer anderen Kommanditgesellschaft, so gelten auch deren Arbeitnehmer als Arbeitnehmer des in § 1 Abs. 1 Nr. 1 bezeichneten Unternehmens. [3]Dies gilt entsprechend, wenn sich die Verbindung von Kommanditgesellschaften in dieser Weise fortsetzt.

(2) Das Unternehmen kann von der Führung der Geschäfte der Kommanditgesellschaft nicht ausgeschlossen werden.

§ 5 Konzern. (1) [1]Ist ein in § 1 Abs. 1 Nr. 1 bezeichnetes Unternehmen herrschendes Unternehmen eines Konzerns (§ 18 Abs. 1 des Aktiengesetzes[1)]), so gelten für die Anwendung dieses Gesetzes auf das herrschende Unternehmen die Arbeitnehmer der Konzernunternehmen als Arbeitnehmer des herrschenden Unternehmens. [2]Dies gilt auch für die Arbeitnehmer eines in § 1 Abs. 1 Nr. 1 bezeichneten Unternehmens, das persönlich haftender Gesellschafter eines abhängigen Unternehmens (§ 18 Abs. 1 des Aktiengesetzes) in der Rechtsform einer Kommanditgesellschaft ist.

(2) [1]Ist eine Kommanditgesellschaft, bei der für die Anwendung dieses Gesetzes auf den persönlich haftenden Gesellschafter die Arbeitnehmer der Kommanditgesellschaft nach § 4 Abs. 1 als Arbeitnehmer des persönlich haftenden

---

[1)] Nr. **2**.

Gesellschafters gelten, herrschendes Unternehmen eines Konzerns (§ 18 Abs. 1 des Aktiengesetzes), so gelten für die Anwendung dieses Gesetzes auf den persönlich haftenden Gesellschafter der Kommanditgesellschaft die Arbeitnehmer der Konzernunternehmen als Arbeitnehmer des persönlich haftenden Gesellschafters. 2 Absatz 1 Satz 2 sowie § 4 Abs. 2 sind entsprechend anzuwenden.

(3) Stehen in einem Konzern die Konzernunternehmen unter der einheitlichen Leitung eines anderen als eines in Absatz 1 oder 2 bezeichneten Unternehmens, beherrscht aber die Konzernleitung über ein in Absatz 1 oder 2 bezeichnetes Unternehmen oder über mehrere solcher Unternehmen andere Konzernunternehmen, so gelten die in Absatz 1 oder 2 bezeichneten und der Konzernleitung am nächsten stehenden Unternehmen, über die die Konzernleitung andere Konzernunternehmen beherrscht, für die Anwendung dieses Gesetzes als herrschende Unternehmen.

Zweiter Teil. Aufsichtsrat

Erster Abschnitt. Bildung und Zusammensetzung

§ 6 Grundsatz. (1) Bei den in § 1 Abs. 1 bezeichneten Unternehmen ist ein Aufsichtsrat zu bilden, soweit sich dies nicht schon aus anderen gesetzlichen Vorschriften ergibt.

(2) 1 Die Bildung und die Zusammensetzung des Aufsichtsrats sowie die Bestellung und die Abberufung seiner Mitglieder bestimmen sich nach den §§ 7 bis 24 dieses Gesetzes und, soweit sich dies nicht schon aus anderen gesetzlichen Vorschriften ergibt, nach § 96 Absatz 4, den §§ 97 bis 101 Abs. 1 und 3 und den §§ 102 bis 106 des Aktiengesetzes[1)] mit der Maßgabe, daß die Wählbarkeit eines Prokuristen als Aufsichtsratsmitglied der Arbeitnehmer nur ausgeschlossen ist, wenn dieser dem zur gesetzlichen Vertretung des Unternehmens befugten Organ unmittelbar unterstellt und zur Ausübung der Prokura für den gesamten Geschäftsbereich des Organs ermächtigt ist. 2 Andere gesetzliche Vorschriften und Bestimmungen der Satzung (des Gesellschaftsvertrags, des Statuts) über die Zusammensetzung des Aufsichtsrats sowie über die Bestellung und die Abberufung seiner Mitglieder bleiben unberührt, soweit Vorschriften dieses Gesetzes dem nicht entgegenstehen.

(3) 1 Auf Genossenschaften sind die §§ 100, 101 Abs. 1 und 3 und die §§ 103 und 106 des Aktiengesetzes nicht anzuwenden. 2 Auf die Aufsichtsratsmitglieder der Arbeitnehmer ist § 9 Abs. 2 des Genossenschaftsgesetzes[2)] nicht anzuwenden.

§ 7 Zusammensetzung des Aufsichtsrats. (1) 1 Der Aufsichtsrat eines Unternehmens

1. mit in der Regel nicht mehr als 10 000 Arbeitnehmern setzt sich zusammen aus je sechs Aufsichtsratsmitgliedern der Anteilseigner und der Arbeitnehmer;

---

1) Nr. 2.
2) Nr. 4.

2. mit in der Regel mehr als 10 000, jedoch nicht mehr als 20 000 Arbeitnehmern setzt sich zusammen aus je acht Aufsichtsratsmitgliedern der Anteilseigner und der Arbeitnehmer;
3. mit in der Regel mehr als 20 000 Arbeitnehmern setzt sich zusammen aus je zehn Aufsichtsratsmitgliedern der Anteilseigner und der Arbeitnehmer.

[2]Bei den in Satz 1 Nr. 1 bezeichneten Unternehmen kann die Satzung (der Gesellschaftsvertrag) bestimmen, daß Satz 1 Nr. 2 oder 3 anzuwenden ist. [3]Bei den in Satz 1 Nr. 2 bezeichneten Unternehmen kann die Satzung (der Gesellschaftsvertrag) bestimmen, daß Satz 1 Nr. 3 anzuwenden ist.

(2) Unter den Aufsichtsratsmitgliedern der Arbeitnehmer müssen sich befinden

1. in einem Aufsichtsrat, dem sechs Aufsichtsratsmitglieder der Arbeitnehmer angehören, vier Arbeitnehmer des Unternehmens und zwei Vertreter von Gewerkschaften;
2. in einem Aufsichtsrat, dem acht Aufsichtsratsmitglieder der Arbeitnehmer angehören, sechs Arbeitnehmer des Unternehmens und zwei Vertreter von Gewerkschaften;
3. in einem Aufsichtsrat, dem zehn Aufsichtsratsmitglieder der Arbeitnehmer angehören, sieben Arbeitnehmer des Unternehmens und drei Vertreter von Gewerkschaften.

(3) Unter den Aufsichtsratsmitgliedern der Arbeitnehmer eines in § 1 Absatz 1 genannten, börsennotierten Unternehmens müssen im Fall des § 96 Absatz 2 Satz 3 des Aktiengesetzes[1)] Frauen und Männer jeweils mit einem Anteil von mindestens 30 Prozent vertreten sein.

(4) [1]Die in Absatz 2 bezeichneten Arbeitnehmer des Unternehmens müssen das 18. Lebensjahr vollendet haben und ein Jahr dem Unternehmen angehören. [2]Auf die einjährige Unternehmensangehörigkeit werden Zeiten der Angehörigkeit zu einem anderen Unternehmen, dessen Arbeitnehmer nach diesem Gesetz an der Wahl von Aufsichtsratsmitgliedern des Unternehmens teilnehmen, angerechnet. [3]Diese Zeiten müssen unmittelbar vor dem Zeitpunkt liegen, ab dem die Arbeitnehmer zur Wahl von Aufsichtsratsmitgliedern des Unternehmens berechtigt sind. [4]Die weiteren Wählbarkeitsvoraussetzungen des § 8 Abs. 1 des Betriebsverfassungsgesetzes müssen erfüllt sein.

(5) Die in Absatz 2 bezeichneten Gewerkschaften müssen in dem Unternehmen selbst oder in einem anderen Unternehmen vertreten sein, dessen Arbeitnehmer nach diesem Gesetz an der Wahl von Aufsichtsratsmitgliedern des Unternehmens teilnehmen.

Zweiter Abschnitt. Bestellung der Aufsichtsratsmitglieder

Erster Unterabschnitt. Aufsichtsratsmitglieder der Anteilseigner

§ 8 [Aufsichtsratsmitglieder der Anteilseigner] (1) Die Aufsichtsratsmitglieder der Anteilseigner werden durch das nach Gesetz, Satzung oder Gesellschaftsvertrag zur Wahl von Mitgliedern des Aufsichtsrats befugte Organ (Wahlorgan) und, soweit gesetzliche Vorschriften dem nicht entgegenstehen, nach Maßgabe der Satzung oder des Gesellschaftsvertrags bestellt.

[1)] Nr. **2**.

(2) § 101 Abs. 2 des Aktiengesetzes[1] bleibt unberührt.

Zweiter Unterabschnitt. Aufsichtsratsmitglieder der Arbeitnehmer, Grundsatz

§ 9 [Aufsichtsratsmitglieder der Arbeitnehmer, Grundsatz] (1) Die Aufsichtsratsmitglieder der Arbeitnehmer (§ 7 Abs. 2) eines Unternehmens mit in der Regel mehr als 8 000 Arbeitnehmern werden durch Delegierte gewählt, sofern nicht die wahlberechtigten Arbeitnehmer die unmittelbare Wahl beschließen.

(2) Die Aufsichtsratsmitglieder der Arbeitnehmer (§ 7 Abs. 2) eines Unternehmens mit in der Regel nicht mehr als 8 000 Arbeitnehmern werden in unmittelbarer Wahl gewählt, sofern nicht die wahlberechtigten Arbeitnehmer die Wahl durch Delegierte beschließen.

(3) 1 Zur Abstimmung darüber, ob die Wahl durch Delegierte oder unmittelbar erfolgen soll, bedarf es eines Antrags, der von einem Zwanzigstel der wahlberechtigten Arbeitnehmer des Unternehmens unterzeichnet sein muß. 2 Die Abstimmung ist geheim. 3 Ein Beschluß nach Absatz 1 oder 2 kann nur unter Beteiligung von mindestens der Hälfte der wahlberechtigten Arbeitnehmer und nur mit der Mehrheit der abgegebenen Stimmen gefaßt werden.

Dritter Unterabschnitt. Wahl der Aufsichtsratsmitglieder der Arbeitnehmer durch Delegierte

§ 10 Wahl der Delegierten. (1) In jedem Betrieb des Unternehmens wählen die Arbeitnehmer in geheimer Wahl und nach den Grundsätzen der Verhältniswahl Delegierte.

(2) 1 Wahlberechtigt für die Wahl von Delegierten sind die Arbeitnehmer des Unternehmens, die das 18. Lebensjahr vollendet haben. 2 § 7 Satz 2 des Betriebsverfassungsgesetzes gilt entsprechend.

(3) Zu Delegierten wählbar sind die in Absatz 2 Satz 1 bezeichneten Arbeitnehmer, die die weiteren Wählbarkeitsvoraussetzungen des § 8 des Betriebsverfassungsgesetzes erfüllen.

(4) 1 Wird für einen Wahlgang nur ein Wahlvorschlag gemacht, so gelten die darin aufgeführten Arbeitnehmer in der angegebenen Reihenfolge als gewählt. 2 § 11 Abs. 2 ist anzuwenden.

§ 11 Errechnung der Zahl der Delegierten. (1) 1 In jedem Betrieb entfällt auf je 90 wahlberechtigte Arbeitnehmer ein Delegierter. 2 Ergibt die Errechnung nach Satz 1 in einem Betrieb mehr als

1. 25 Delegierte, so vermindert sich die Zahl der zu wählenden Delegierten auf die Hälfte; diese Delegierten erhalten je zwei Stimmen;
2. 50 Delegierte, so vermindert sich die Zahl der zu wählenden Delegierten auf ein Drittel; diese Delegierten erhalten je drei Stimmen;
3. 75 Delegierte, so vermindert sich die Zahl der zu wählenden Delegierten auf ein Viertel; diese Delegierten erhalten je vier Stimmen;
4. 100 Delegierte, so vermindert sich die Zahl der zu wählenden Delegierten auf ein Fünftel; diese Delegierten erhalten je fünf Stimmen;

---

[1] Nr. 2.

5. 125 Delegierte, so vermindert sich die Zahl der zu wählenden Delegierten auf ein Sechstel; diese Delegierten erhalten je sechs Stimmen;
6. 150 Delegierte, so vermindert sich die Zahl der zu wählenden Delegierten auf ein Siebtel; diese Delegierten erhalten je sieben Stimmen.

[3] Bei der Errechnung der Zahl der Delegierten werden Teilzahlen voll gezählt, wenn sie mindestens die Hälfte der vollen Zahl betragen.

(2) [1] Unter den Delegierten müssen in jedem Betrieb die in § 3 Abs. 1 Nr. 1 bezeichneten Arbeitnehmer und die leitenden Angestellten entsprechend ihrem zahlenmäßigen Verhältnis vertreten sein. [2] Sind in einem Betrieb mindestens neun Delegierte zu wählen, so entfällt auf die in § 3 Abs. 1 Nr. 1 bezeichneten Arbeitnehmer und die leitenden Angestellten mindestens je ein Delegierter; dies gilt nicht, soweit in dem Betrieb nicht mehr als fünf in § 3 Abs. 1 Nr. 1 bezeichnete Arbeitnehmer oder leitende Angestellte wahlberechtigt sind. [3] Soweit auf die in § 3 Abs. 1 Nr. 1 bezeichneten Arbeitnehmer und die leitenden Angestellten lediglich nach Satz 2 Delegierte entfallen, vermehrt sich die nach Absatz 1 errechnete Zahl der Delegierten des Betriebs entsprechend.

(3) [1] Soweit nach Absatz 2 auf die in § 3 Abs. 1 Nr. 1 bezeichneten Arbeitnehmer und die leitenden Angestellten eines Betriebs nicht mindestens je ein Delegierter entfällt, gelten diese für die Wahl der Delegierten als Arbeitnehmer des Betriebs der Hauptniederlassung des Unternehmens. [2] Soweit nach Absatz 2 und nach Satz 1 auf die in § 3 Abs. 1 Nr. 1 bezeichneten Arbeitnehmer und die leitenden Angestellten des Betriebs der Hauptniederlassung nicht mindestens je ein Delegierter entfällt, gelten diese für die Wahl der Delegierten als Arbeitnehmer des nach der Zahl der wahlberechtigten Arbeitnehmer größten Betriebs des Unternehmens.

(4) Entfällt auf einen Betrieb oder auf ein Unternehmen, dessen Arbeitnehmer nach diesem Gesetz an der Wahl von Aufsichtsratsmitgliedern des Unternehmens teilnehmen, kein Delegierter, so ist Absatz 3 entsprechend anzuwenden.

(5) Die Eigenschaft eines Delegierten als Delegierter der Arbeitnehmer nach § 3 Abs. 1 Nr. 1 oder § 3 Abs. 1 Nr. 2 bleibt bei einem Wechsel der Eigenschaft als Arbeitnehmer nach § 3 Abs. 1 Nr. 1 oder § 3 Abs. 1 Nr. 2 erhalten.

§ 12 Wahlvorschläge für Delegierte. (1) [1] Zur Wahl der Delegierten können die wahlberechtigten Arbeitnehmer des Betriebs Wahlvorschläge machen. [2] Jeder Wahlvorschlag muss von einem Zwanzigstel oder 50 der jeweils wahlberechtigten in § 3 Abs. 1 Nr. 1 bezeichneten Arbeitnehmer oder der leitenden Angestellten des Betriebs unterzeichnet sein.

(2) Jeder Wahlvorschlag soll mindestens doppelt so viele Bewerber enthalten, wie in dem Wahlgang Delegierte zu wählen sind.

§ 13 Amtszeit der Delegierten. (1) [1] Die Delegierten werden für eine Zeit gewählt, die der Amtszeit der von ihnen zu wählenden Aufsichtsratsmitglieder entspricht. [2] Sie nehmen die ihnen nach den Vorschriften dieses Gesetzes zustehenden Aufgaben und Befugnisse bis zur Einleitung der Neuwahl der Aufsichtsratsmitglieder der Arbeitnehmer wahr.

(2) In den Fällen des § 9 Abs. 1 endet die Amtszeit der Delegierten, wenn

1. die wahlberechtigten Arbeitnehmer nach § 9 Abs. 1 die unmittelbare Wahl beschließen;

2. das Unternehmen nicht mehr die Voraussetzungen für die Anwendung des § 9 Abs. 1 erfüllt, es sei denn, die wahlberechtigten Arbeitnehmer beschließen, daß die Amtszeit bis zu dem in Absatz 1 genannten Zeitpunkt fortdauern soll; § 9 Abs. 3 ist entsprechend anzuwenden.

(3) In den Fällen des § 9 Abs. 2 endet die Amtszeit der Delegierten, wenn die wahlberechtigten Arbeitnehmer die unmittelbare Wahl beschließen; § 9 Abs. 3 ist anzuwenden.

(4) Abweichend von Absatz 1 endet die Amtszeit der Delegierten eines Betriebs, wenn nach Eintreten aller Ersatzdelegierten des Wahlvorschlags, dem die zu ersetzenden Delegierten angehören, die Gesamtzahl der Delegierten des Betriebs unter die im Zeitpunkt ihrer Wahl vorgeschriebene Zahl der auf den Betrieb entfallenden Delegierten gesunken ist.

§ 14 Vorzeitige Beendigung der Amtszeit oder Verhinderung von Delegierten. (1) Die Amtszeit eines Delegierten endet vor dem in § 13 bezeichneten Zeitpunkt

1. durch Niederlegung des Amtes,
2. durch Beendigung der Beschäftigung des Delegierten in dem Betrieb, dessen Delegierter er ist,
3. durch Verlust der Wählbarkeit.

(2) [1] Endet die Amtszeit eines Delegierten vorzeitig oder ist er verhindert, so tritt an seine Stelle ein Ersatzdelegierter. [2] Die Ersatzdelegierten werden der Reihe nach aus den nicht gewählten Arbeitnehmern derjenigen Wahlvorschläge entnommen, denen die zu ersetzenden Delegierten angehören.

§ 15 Wahl der unternehmensangehörigen Aufsichtsratsmitglieder der Arbeitnehmer. (1) [1] Die Delegierten wählen die Aufsichtsratsmitglieder, die nach § 7 Abs. 2 Arbeitnehmer des Unternehmens sein müssen, geheim und nach den Grundsätzen der Verhältniswahl für die Zeit, die im Gesetz oder in der Satzung (im Gesellschaftsvertrag) für die durch das Wahlorgan der Anteilseigner zu wählenden Mitglieder des Aufsichtsrats bestimmt ist. [2] Dem Aufsichtsrat muss ein leitender Angestellter angehören.

(2) [1] Die Wahl erfolgt auf Grund von Wahlvorschlägen. [2] Jeder Wahlvorschlag für

1. Aufsichtsratsmitglieder der Arbeitnehmer nach § 3 Abs. 1 Nr. 1 muss von einem Fünftel oder 100 der wahlberechtigten Arbeitnehmer des Unternehmens unterzeichnet sein;
2. das Aufsichtsratsmitglied der leitenden Angestellten wird auf Grund von Abstimmungsvorschlägen durch Beschluß der wahlberechtigten leitenden Angestellten aufgestellt. Jeder Abstimmungsvorschlag muß von einem Zwanzigstel oder 50 der wahlberechtigten leitenden Angestellten unterzeichnet sein. Der Beschluß wird in geheimer Abstimmung gefaßt. Jeder leitende Angestellte hat so viele Stimmen, wie für den Wahlvorschlag nach Absatz 3 Satz 2 Bewerber zu benennen sind. In den Wahlvorschlag ist die nach Absatz 3 Satz 2 vorgeschriebene Anzahl von Bewerbern in der Reihenfolge der auf sie entfallenden Stimmenzahlen aufzunehmen.

(3) [1] Abweichend von Absatz 1 findet Mehrheitswahl statt, soweit nur ein Wahlvorschlag gemacht wird. [2] In diesem Fall muss der Wahlvorschlag doppelt

so viele Bewerber enthalten, wie Aufsichtsratsmitglieder auf die Arbeitnehmer nach § 3 Abs. 1 Nr. 1 und auf die leitenden Angestellten entfallen.

§ 16 Wahl der Vertreter von Gewerkschaften in den Aufsichtsrat.

(1) Die Delegierten wählen die Aufsichtsratsmitglieder, die nach § 7 Abs. 2 Vertreter von Gewerkschaften sind, in geheimer Wahl und nach den Grundsätzen der Verhältniswahl für die in § 15 Abs. 1 bestimmte Zeit.

(2) [1] Die Wahl erfolgt auf Grund von Wahlvorschlägen der Gewerkschaften, die in dem Unternehmen selbst oder in einem anderen Unternehmen vertreten sind, dessen Arbeitnehmer nach diesem Gesetz an der Wahl von Aufsichtsratsmitgliedern des Unternehmens teilnehmen. [2] Wird nur ein Wahlvorschlag gemacht, so findet abweichend von Absatz 1 Mehrheitswahl statt. [3] In diesem Falle muß der Wahlvorschlag mindestens doppelt so viele Bewerber enthalten, wie Vertreter von Gewerkschaften in den Aufsichtsrat zu wählen sind.

§ 17 Ersatzmitglieder. (1) [1] In jedem Wahlvorschlag kann zusammen mit jedem Bewerber für diesen ein Ersatzmitglied des Aufsichtsrats vorgeschlagen werden. [2] Für einen Bewerber, der Arbeiternehmer nach § 3 Abs. 1 Nr. 1 ist, kann nur ein Arbeitnehmer nach § 3 Abs. 1 Nr. 1 und für einen leitenden Angestellten nach § 3 Abs. 1 Nr. 2 nur ein leitender Angestellter als Ersatzmitglied vorgeschlagen werden. [3] Ein Bewerber kann nicht zugleich als Ersatzmitglied vorgeschlagen werden.

(2) Wird ein Bewerber als Aufsichtsratsmitglied gewählt, so ist auch das zusammen mit ihm vorgeschlagene Ersatzmitglied gewählt.

(3) Im Fall des § 96 Absatz 2 Satz 3 des Aktiengesetzes[1)] ist das Nachrücken eines Ersatzmitgliedes ausgeschlossen, wenn dadurch der Anteil von Frauen und Männern unter den Aufsichtsratsmitgliedern der Arbeitnehmer nicht mehr den Vorgaben des § 7 Absatz 3 entspricht; § 18a Absatz 2 Satz 2 gilt entsprechend.

Vierter Unterabschnitt. Unmittelbare Wahl der Aufsichtsratsmitglieder der Arbeitnehmer

§ 18 [Unmittelbare Wahl] [1] Sind nach § 9 die Aufsichtsratsmitglieder der Arbeitnehmer in unmittelbarer Wahl zu wählen, so sind die Arbeitnehmer des Unternehmens, die das 18. Lebensjahr vollendet haben, wahlberechtigt. [2] § 7 Satz 2 des Betriebsverfassungsgesetzes gilt entsprechend. [3] Für die Wahl sind die §§ 15 bis 17 mit der Maßgabe anzuwenden, daß an die Stelle der Delegierten die wahlberechtigten Arbeitnehmer des Unternehmens treten.

Fünfter Unterabschnitt. Nichterreichen des Geschlechteranteils durch die Wahl

§ 18a [Nichterreichen des Geschlechteranteils] (1) Ergibt im Fall des § 96 Absatz 2 Satz 3 des Aktiengesetzes[1)] die Auszählung der Stimmen und ihre Verteilung auf die Bewerber, dass die Vorgaben des § 7 Absatz 3 nicht erreicht worden sind, ist folgendes Geschlechterverhältnis für die Aufsichtsratssitze der Arbeitnehmer herzustellen:

[1)] Nr. 2.

1. in Aufsichtsräten nach § 7 Absatz 2 Nummer 1 und 2 müssen unter den Aufsichtsratsmitgliedern der Arbeitnehmer nach § 3 Absatz 1 Nummer 1 jeweils mindestens eine Frau und mindestens ein Mann und unter den Aufsichtsratsmitgliedern der Gewerkschaften jeweils eine Frau und ein Mann vertreten sein;
2. in einem Aufsichtsrat nach § 7 Absatz 2 Nummer 3 müssen unter den Aufsichtsratsmitgliedern der Arbeitnehmer nach § 3 Absatz 1 Nummer 1 mindestens zwei Frauen und mindestens zwei Männer und unter den Aufsichtsratsmitgliedern der Gewerkschaften eine Frau und ein Mann vertreten sein.

(2) [1] Um die Verteilung der Geschlechter nach Absatz 1 zu erreichen, ist die Wahl derjenigen Bewerber um einen Aufsichtsratssitz der Arbeitnehmer unwirksam, deren Geschlecht in dem jeweiligen Wahlgang nach der Verteilung der Stimmen auf die Bewerber mehrheitlich vertreten ist und die
1. bei einer Mehrheitswahl in dem jeweiligen Wahlgang nach der Reihenfolge der auf die Bewerber entfallenden Stimmenzahlen die niedrigsten Stimmenzahlen erhalten haben oder
2. bei einer Verhältniswahl in dem jeweiligen Wahlgang nach der Reihenfolge der auf die Bewerber entfallenden Höchstzahlen die niedrigsten Höchstzahlen erhalten haben.

[2] Die durch unwirksame Wahl nach Satz 1 nicht besetzten Aufsichtsratssitze werden im Wege der gerichtlichen Ersatzbestellung nach § 104 des Aktiengesetzes[1)] oder der Nachwahl besetzt.

Sechster Unterabschnitt. Weitere Vorschriften über das Wahlverfahren sowie über die Bestellung und Abberufung von Aufsichtsratsmitgliedern

§ 19 Bekanntmachung der Mitglieder des Aufsichtsrats. [1] Das zur gesetzlichen Vertretung des Unternehmens befugte Organ hat die Namen der Mitglieder und der Ersatzmitglieder des Aufsichtsrats unverzüglich nach ihrer Bestellung in den Betrieben des Unternehmens bekanntzumachen und im Bundesanzeiger zu veröffentlichen. [2] Nehmen an der Wahl der Aufsichtsratsmitglieder des Unternehmens auch die Arbeitnehmer eines anderen Unternehmens teil, so ist daneben das zur gesetzlichen Vertretung des anderen Unternehmens befugte Organ zur Bekanntmachung in seinen Betrieben verpflichtet.

§ 20 Wahlschutz und Wahlkosten. (1) [1] Niemand darf die Wahlen nach den §§ 10, 15, 16 und 18 behindern. [2] Insbesondere darf niemand in der Ausübung des aktiven und passiven Wahlrechts beschränkt werden.

(2) Niemand darf die Wahlen durch Zufügung oder Androhung von Nachteilen oder durch Gewährung oder Versprechen von Vorteilen beeinflussen.

(3) [1] Die Kosten der Wahlen trägt das Unternehmen. [2] Versäumnis von Arbeitszeit, die zur Ausübung des Wahlrechts oder der Betätigung im Wahlvorstand erforderlich ist, berechtigt den Arbeitgeber nicht zur Minderung des Arbeitsentgelts.

§ 21 Anfechtung der Wahl von Delegierten. (1) Die Wahl der Delegierten eines Betriebs kann beim Arbeitsgericht angefochten werden, wenn gegen

---

[1)] Nr. 2.

wesentliche Vorschriften über das Wahlrecht, die Wählbarkeit oder das Wahlverfahren verstoßen worden und eine Berichtigung nicht erfolgt ist, es sei denn, daß durch den Verstoß das Wahlergebnis nicht geändert oder beeinflußt werden konnte.

(2) [1] Zur Anfechtung berechtigt sind

1. mindestens drei wahlberechtigte Arbeitnehmer des Betriebs,
2. der Betriebsrat,
3. der Sprecherausschuss,
4. das zur gesetzlichen Vertretung des Unternehmens befugte Organ.

[2] Die Anfechtung ist nur binnen einer Frist von zwei Wochen, vom Tage der Bekanntgabe des Wahlergebnisses an gerechnet, zulässig.

§ 22 Anfechtung der Wahl von Aufsichtsratsmitgliedern der Arbeitnehmer. (1) Die Wahl eines Aufsichtsratsmitglieds oder eines Ersatzmitglieds der Arbeitnehmer kann beim Arbeitsgericht angefochten werden, wenn gegen wesentliche Vorschriften über das Wahlrecht, die Wählbarkeit oder das Wahlverfahren verstoßen worden und eine Berichtigung nicht erfolgt ist, es sei denn, daß durch den Verstoß das Wahlergebnis nicht geändert oder beeinflußt werden konnte.

(2) [1] Zur Anfechtung berechtigt sind

1. mindestens drei wahlberechtigte Arbeitnehmer des Unternehmens,
2. der Gesamtbetriebsrat des Unternehmens oder, wenn in dem Unternehmen nur ein Betriebsrat besteht, der Betriebsrat sowie, wenn das Unternehmen herrschendes Unternehmen eines Konzerns ist, der Konzernbetriebsrat, soweit ein solcher besteht,
3. der Gesamt- oder Unternehmenssprecherausschuss des Unternehmens oder, wenn in dem Unternehmen nur ein Sprecherausschuss besteht, der Sprecherausschuss sowie, wenn das Unternehmen herrschendes Unternehmen eines Konzerns ist, der Konzernsprecherausschuss, soweit ein solcher besteht,
4. der Gesamtbetriebsrat eines anderen Unternehmens, dessen Arbeitnehmer nach diesem Gesetz an der Wahl der Aufsichtsratsmitglieder des Unternehmens teilnehmen, oder, wenn in dem anderen Unternehmen nur ein Betriebsrat besteht, der Betriebsrat,
5. der Gesamt- oder Unternehmenssprecherausschuss eines anderen Unternehmens, dessen Arbeitnehmer nach diesem Gesetz an der Wahl der Aufsichtsratsmitglieder des Unternehmens teilnehmen, oder, wenn in dem anderen Unternehmen nur ein Sprecherausschuss besteht, der Sprecherausschuss,
6. jede nach § 16 Abs. 2 vorschlagsberechtigte Gewerkschaft,
7. das zur gesetzlichen Vertretung des Unternehmens befugte Organ.

[2] Die Anfechtung ist nur binnen einer Frist von zwei Wochen, vom Tage der Veröffentlichung im Bundesanzeiger an gerechnet, zulässig.

§ 23 Abberufung von Aufsichtsratsmitgliedern der Arbeitnehmer.

(1) [1] Ein Aufsichtsratsmitglied der Arbeitnehmer kann vor Ablauf der Amtszeit auf Antrag abberufen werden. [2] Antragsberechtigt sind für die Abberufung eines

1. Aufsichtsratsmitglieds der Arbeitnehmer nach § 3 Abs. 1 Nr. 1 drei Viertel der wahlberechtigten Arbeitnehmer nach § 3 Abs. 1 Nr. 1,
2. Aufsichtsratsmitglieds der leitenden Angestellten drei Viertel der wahlberechtigten leitenden Angestellten,
3. Aufsichtsratsmitglieds, das nach § 7 Abs. 2 Vertreter einer Gewerkschaft ist, die Gewerkschaft, die das Mitglied vorgeschlagen hat.

(2) [1] Ein durch Delegierte gewähltes Aufsichtsratsmitglied wird durch Beschluß der Delegierten abberufen. [2] Dieser Beschluss wird in geheimer Abstimmung gefasst; er bedarf einer Mehrheit von drei Vierteln der abgegebenen Stimmen.

(3) [1] Ein von den Arbeitnehmern unmittelbar gewähltes Aufsichtsratsmitglied wird durch Beschluß der wahlberechtigten Arbeitnehmer abberufen. [2] Dieser Beschluss wird in geheimer, unmittelbarer Abstimmung gefasst; er bedarf einer Mehrheit von drei Vierteln der abgegebenen Stimmen.

(4) Die Absätze 1 bis 3 sind für die Abberufung von Ersatzmitgliedern entsprechend anzuwenden.

§ 24 Verlust der Wählbarkeit und Änderung der Zuordnung unternehmensangehöriger Aufsichtsratsmitglieder. (1) Verliert ein Aufsichtsratsmitglied, das nach § 7 Abs. 2 Arbeitnehmer des Unternehmens sein muß, die Wählbarkeit, so erlischt sein Amt.

(2) Die Änderung der Zuordnung eines Aufsichtsratsmitglieds zu den in § 3 Abs. 1 Nr. 1 oder § 3 Abs. 1 Nr. 2 genannten Arbeitnehmern führt nicht zum Erlöschen seines Amtes.

Dritter Abschnitt. Innere Ordnung, Rechte und Pflichten des Aufsichtsrats

§ 25 Grundsatz. (1) [1] Die innere Ordnung, die Beschlußfassung sowie die Rechte und Pflichten des Aufsichtsrats bestimmen sich nach den §§ 27 bis 29, den §§ 31 und 32 und, soweit diese Vorschriften dem nicht entgegenstehen,

1. für Aktiengesellschaften und Kommanditgesellschaften auf Aktien nach dem Aktiengesetz[1)],
2. für Gesellschaften mit beschränkter Haftung nach § 90 Abs. 3, 4 und 5 Satz 1 und 2, den §§ 107 bis 116, 118 Abs. 3, § 125 Abs. 3 und 4 und den §§ 170, 171 und 268 Abs. 2 des Aktiengesetzes,
3. für Genossenschaften nach dem Genossenschaftsgesetz[2)].

[2] § 4 Abs. 2 des Gesetzes über die Überführung der Anteilsrechte an der Volkswagenwerk Gesellschaft mit beschränkter Haftung in private Hand vom 21. Juli 1960 (Bundesgesetzbl. I S. 585), zuletzt geändert durch das Zweite Gesetz zur Änderung des Gesetzes über die Überführung der Anteilsrechte an der Volkswagenwerk Gesellschaft mit beschränkter Haftung in private Hand vom 31. Juli 1970 (Bundesgesetzbl. I S. 1149), bleibt unberührt.

(2) Andere gesetzliche Vorschriften und Bestimmungen der Satzung (des Gesellschaftsvertrags) oder der Geschäftsordnung des Aufsichtsrats über die

---

1) Nr. 2.
2) Nr. 4.

innere Ordnung, die Beschlußfassung sowie die Rechte und Pflichten des Aufsichtsrats bleiben unberührt, soweit Absatz 1 dem nicht entgegensteht.

§ 26 Schutz von Aufsichtsratsmitgliedern vor Benachteiligung. [1] Aufsichtsratsmitglieder der Arbeitnehmer dürfen in der Ausübung ihrer Tätigkeit nicht gestört oder behindert werden. [2] Sie dürfen wegen ihrer Tätigkeit im Aufsichtsrat eines Unternehmens, dessen Arbeitnehmer sie sind oder als dessen Arbeitnehmer sie nach § 4 oder § 5 gelten, nicht benachteiligt werden. [3] Dies gilt auch für ihre berufliche Entwicklung.

§ 27 Vorsitz im Aufsichtsrat. (1) Der Aufsichtsrat wählt mit einer Mehrheit von zwei Dritteln der Mitglieder, aus denen er insgesamt zu bestehen hat, aus seiner Mitte einen Aufsichtsratsvorsitzenden und einen Stellvertreter.

(2) [1] Wird bei der Wahl des Aufsichtsratsvorsitzenden oder seines Stellvertreters die nach Absatz 1 erforderliche Mehrheit nicht erreicht, so findet für die Wahl des Aufsichtsratsvorsitzenden und seines Stellvertreters ein zweiter Wahlgang statt. [2] In diesem Wahlgang wählen die Aufsichtsratsmitglieder der Anteilseigner den Aufsichtsratsvorsitzenden und die Aufsichtsratsmitglieder der Arbeitnehmer den Stellvertreter jeweils mit der Mehrheit der abgegebenen Stimmen.

(3) Unmittelbar nach der Wahl des Aufsichtsratsvorsitzenden und seines Stellvertreters bildet der Aufsichtsrat zur Wahrnehmung der in § 31 Abs. 3 Satz 1 bezeichneten Aufgabe einen Ausschuß, dem der Aufsichtsratsvorsitzende, sein Stellvertreter sowie je ein von den Aufsichtsratsmitgliedern der Arbeitnehmer und von den Aufsichtsratsmitgliedern der Anteilseigner mit der Mehrheit der abgegebenen Stimmen gewähltes Mitglied angehören.

§ 28 Beschlußfähigkeit. [1] Der Aufsichtsrat ist nur beschlußfähig, wenn mindestens die Hälfte der Mitglieder, aus denen er insgesamt zu bestehen hat, an der Beschlußfassung teilnimmt. [2] § 108 Abs. 2 Satz 4 des Aktiengesetzes[1)] ist anzuwenden.

§ 29 Abstimmungen. (1) Beschlüsse des Aufsichtsrats bedürfen der Mehrheit der abgegebenen Stimmen, soweit nicht in Absatz 2 und in den §§ 27, 31 und 32 etwas anderes bestimmt ist.

(2) [1] Ergibt eine Abstimmung im Aufsichtsrat Stimmengleichheit, so hat bei einer erneuten Abstimmung über denselben Gegenstand, wenn auch sie Stimmengleichheit ergibt, der Aufsichtsratsvorsitzende zwei Stimmen. [2] § 108 Abs. 3 des Aktiengesetzes[1)] ist auch auf die Abgabe der zweiten Stimme anzuwenden. [3] Dem Stellvertreter steht die zweite Stimme nicht zu.

Dritter Teil. Gesetzliches Vertretungsorgan

§ 30 Grundsatz. Die Zusammensetzung, die Rechte und Pflichten des zur gesetzlichen Vertretung des Unternehmens befugten Organs sowie die Bestellung seiner Mitglieder bestimmen sich nach den für die Rechtsform des Unternehmens geltenden Vorschriften, soweit sich aus den §§ 31 bis 33 nichts anderes ergibt.

[1)] Nr. 2.

§ 31 Bestellung und Widerruf. (1) [1] Die Bestellung der Mitglieder des zur gesetzlichen Vertretung des Unternehmens befugten Organs und der Widerruf der Bestellung bestimmen sich nach den §§ 84 und 85 des Aktiengesetzes[1)], soweit sich nicht aus den Absätzen 2 bis 5 etwas anderes ergibt. [2] Dies gilt nicht für Kommanditgesellschaften auf Aktien.

(2) Der Aufsichtsrat bestellt die Mitglieder des zur gesetzlichen Vertretung des Unternehmens befugten Organs mit einer Mehrheit, die mindestens zwei Drittel der Stimmen seiner Mitglieder umfaßt.

(3) [1] Kommt eine Bestellung nach Absatz 2 nicht zustande, so hat der in § 27 Abs. 3 bezeichnete Ausschuß des Aufsichtsrats innerhalb eines Monats nach der Abstimmung, in der die in Absatz 2 vorgeschriebene Mehrheit nicht erreicht worden ist, dem Aufsichtsrat einen Vorschlag für die Bestellung zu machen; dieser Vorschlag schließt andere Vorschläge nicht aus. [2] Der Aufsichtsrat bestellt die Mitglieder des zur gesetzlichen Vertretung des Unternehmens befugten Organs mit der Mehrheit der Stimmen seiner Mitglieder.

(4) [1] Kommt eine Bestellung nach Absatz 3 nicht zustande, so hat bei einer erneuten Abstimmung der Aufsichtsratsvorsitzende zwei Stimmen; Absatz 3 Satz 2 ist anzuwenden. [2] Auf die Abgabe der zweiten Stimme ist § 108 Abs. 3 des Aktiengesetzes anzuwenden. [3] Dem Stellvertreter steht die zweite Stimme nicht zu.

(5) Die Absätze 2 bis 4 sind für den Widerruf der Bestellung eines Mitglieds des zur gesetzlichen Vertretung des Unternehmens befugten Organs entsprechend anzuwenden.

§ 32 Ausübung von Beteiligungsrechten. (1) [1] Die einem Unternehmen, in dem die Arbeitnehmer nach diesem Gesetz ein Mitbestimmungsrecht haben, auf Grund von Beteiligungen an einem anderen Unternehmen, in dem die Arbeitnehmer nach diesem Gesetz ein Mitbestimmungsrecht haben, zustehenden Rechte bei der Bestellung, dem Widerruf der Bestellung oder der Entlastung von Verwaltungsträgern sowie bei der Beschlußfassung über die Auflösung oder Umwandlung des anderen Unternehmens, den Abschluß von Unternehmensverträgen (§§ 291, 292 des Aktiengesetzes[1)]) mit dem anderen Unternehmen, über dessen Fortsetzung nach seiner Auflösung oder über die Übertragung seines Vermögens können durch das zur gesetzlichen Vertretung des Unternehmens befugte Organ nur auf Grund von Beschlüssen des Aufsichtsrats ausgeübt werden. [2] Diese Beschlüsse bedürfen nur der Mehrheit der Stimmen der Aufsichtsratsmitglieder der Anteilseigner; sie sind für das zur gesetzlichen Vertretung des Unternehmens befugte Organ verbindlich.

(2) Absatz 1 ist nicht anzuwenden, wenn die Beteiligung des Unternehmens an dem anderen Unternehmen weniger als ein Viertel beträgt.

§ 33 Arbeitsdirektor. (1) [1] Als gleichberechtigtes Mitglied des zur gesetzlichen Vertretung des Unternehmens befugten Organs wird ein Arbeitsdirektor bestellt. [2] Dies gilt nicht für Kommanditgesellschaften auf Aktien.

(2) [1] Der Arbeitsdirektor hat wie die übrigen Mitglieder des zur gesetzlichen Vertretung des Unternehmens befugten Organs seine Aufgaben im engsten Einvernehmen mit dem Gesamtorgan auszuüben. [2] Das Nähere bestimmt die Geschäftsordnung.

[1)] Nr. 2.

(3) Bei Genossenschaften ist auf den Arbeitsdirektor § 9 Abs. 2 des Genossenschaftsgesetzes[1)] nicht anzuwenden.

Vierter Teil. Seeschiffahrt

§ 34 [Schiffe] (1) Die Gesamtheit der Schiffe eines Unternehmens gilt für die Anwendung dieses Gesetzes als ein Betrieb.

(2) [1] Schiffe im Sinne dieses Gesetzes sind Kauffahrteischiffe, die nach dem Flaggenrechtsgesetz die Bundesflagge führen. [2] Schiffe, die in der Regel binnen 48 Stunden nach dem Auslaufen an den Sitz eines Landbetriebs zurückkehren, gelten als Teil dieses Landbetriebs.

(3) Leitende Angestellte im Sinne des § 3 Abs. 1 Nr. 2 dieses Gesetzes sind in einem in Absatz 1 bezeichneten Betrieb nur die Kapitäne.

(4) Die Arbeitnehmer eines in Absatz 1 bezeichneten Betriebs nehmen an einer Abstimmung nach § 9 nicht teil und bleiben für die Errechnung der für die Antragstellung und für die Beschlußfassung erforderlichen Zahl von Arbeitnehmern außer Betracht.

(5) [1] Werden die Aufsichtsratsmitglieder der Arbeitnehmer durch Delegierte gewählt, so werden abweichend von § 10 in einem in Absatz 1 bezeichneten Betrieb keine Delegierten gewählt. [2] Abweichend von § 15 Abs. 1 nehmen die Arbeitnehmer dieses Betriebs unmittelbar an der Wahl der Aufsichtsratsmitglieder der Arbeitnehmer teil mit der Maßgabe, daß die Stimme eines dieser Arbeitnehmer als ein Neunzigstel der Stimme eines Delegierten zu zählen ist; § 11 Abs. 1 Satz 3 ist entsprechend anzuwenden.

Fünfter Teil. Übergangs- und Schlußvorschriften

§ 35 *(aufgehoben)*

§ 36 Verweisungen. (1) Soweit in anderen Vorschriften auf Vorschriften des Betriebsverfassungsgesetzes 1952 über die Vertretung der Arbeitnehmer in den Aufsichtsräten von Unternehmen verwiesen wird, gelten diese Verweisungen für die in § 1 Abs. 1 dieses Gesetzes bezeichneten Unternehmen als Verweisungen auf dieses Gesetz.

(2) Soweit in anderen Vorschriften für das Gesetz über die Mitbestimmung der Arbeitnehmer in den Aufsichtsräten und Vorständen der Unternehmen des Bergbaus und der Eisen und Stahl erzeugenden Industrie[2)] vom 21. Mai 1951 (Bundesgesetzbl. I S. 347) die Bezeichnung „Mitbestimmungsgesetz" verwendet wird, tritt an ihre Stelle die Bezeichnung „Montan-Mitbestimmungsgesetz".

§ 37 Erstmalige Anwendung des Gesetzes auf ein Unternehmen.

(1) [1] Andere als die in § 97 Abs. 2 Satz 2 des Aktiengesetzes[3)] bezeichneten Bestimmungen der Satzung (des Gesellschaftsvertrags), die mit den Vorschriften dieses Gesetzes nicht vereinbar sind, treten mit dem in § 97 Abs. 2 Satz 2 des Aktiengesetzes bezeichneten Zeitpunkt oder, im Falle einer gerichtlichen Ent-

---

[1)] Nr. **4**.
[2)] Nr. **14**.
[3)] Nr. **2**.

scheidung, mit dem in § 98 Abs. 4 Satz 2 des Aktiengesetzes bezeichneten Zeitpunkt außer Kraft. [2] Eine Hauptversammlung (Gesellschafterversammlung, Generalversammlung), die bis zu diesem Zeitpunkt stattfindet, kann an Stelle der außer Kraft tretenden Satzungsbestimmungen mit einfacher Mehrheit neue Satzungsbestimmungen beschließen.

(2) Die §§ 25 bis 29, 31 bis 33 sind erstmalig anzuwenden, wenn der Aufsichtsrat nach den Vorschriften dieses Gesetzes zusammengesetzt ist.

(3) [1] Die Bestellung eines vor dem Inkrafttreten dieses Gesetzes bestellten Mitglieds des zur gesetzlichen Vertretung befugten Organs eines Unternehmens, auf das dieses Gesetz bereits bei seinem Inkrafttreten anzuwenden ist, kann, sofern die Amtszeit dieses Mitglieds nicht aus anderen Gründen früher endet, nach Ablauf von fünf Jahren seit dem Inkrafttreten dieses Gesetzes von dem nach diesem Gesetz gebildeten Aufsichtsrat jederzeit widerrufen werden. [2] Für den Widerruf bedarf es der Mehrheit der abgegebenen Stimmen der Aufsichtsratsmitglieder, aller Stimmen der Aufsichtsratsmitglieder der Anteilseigner oder aller Stimmen der Aufsichtsratsmitglieder der Arbeitnehmer. [3] Für die Ansprüche aus dem Anstellungsvertrag gelten die allgemeinen Vorschriften. [4] Bis zum Widerruf bleiben für diese Mitglieder Satzungsbestimmungen über die Amtszeit abweichend von Absatz 1 Satz 1 in Kraft. [5] Diese Vorschriften sind entsprechend anzuwenden, wenn dieses Gesetz auf ein Unternehmen erst nach dem Zeitpunkt des Inkrafttretens dieses Gesetzes erstmalig anzuwenden ist.

(4) Absatz 3 gilt nicht für persönlich haftende Gesellschafter einer Kommanditgesellschaft auf Aktien.

§ 38 *(aufgehoben)*

§ 39 Ermächtigung zum Erlaß von Rechtsverordnungen. Die Bundesregierung wird ermächtigt, durch Rechtsverordnung[1)] Vorschriften über das Verfahren für die Wahl und die Abberufung von Aufsichtsratsmitgliedern der Arbeitnehmer zu erlassen, insbesondere über

1. die Vorbereitung der Wahl oder Abstimmung, die Bestellung der Wahlvorstände und Abstimmungsvorstände sowie die Aufstellung der Wählerlisten,
2. die Abstimmungen darüber, ob die Wahl der Aufsichtsratsmitglieder in unmittelbarer Wahl oder durch Delegierte erfolgen soll,
3. die Frist für die Einsichtnahme in die Wählerlisten und die Erhebung von Einsprüchen,
4. die Errechnung der Zahl der Aufsichtsratsmitglieder der Arbeitnehmer sowie ihre Verteilung auf die in § 3 Abs. 1 Nr. 1 bezeichneten Arbeitnehmer, die leitenden Angestellten und die Gewerkschaftsvertreter sowie das Verfahren zur Berücksichtigung der Geschlechter,
5. die Errechnung der Zahl der Delegierten,
6. die Wahlvorschläge und die Frist für ihre Einreichung,

[1)] Siehe die Erste WahlO zum MitbestimmungsG v. 27.5.2002 (BGBl. I S. 1682), zuletzt geänd. durch VO v. 26.8.2015 (BGBl. I S. 1443), die Zweite WahlO zum MitbestimmungsG v. 27.5.2002 (BGBl. I S. 1708), zuletzt geänd. durch VO v. 26.8.2015 (BGBl. I S. 1443) und die Dritte WahlO zum MitbestimmungsG v. 27.5.2002 (BGBl. I S. 1741), zuletzt geänd. durch VO v. 26.8.2015 (BGBl. I S. 1443).

7. die Ausschreibung der Wahl oder der Abstimmung und die Fristen für die Bekanntmachung des Ausschreibens,
8. die Teilnahme von Arbeitnehmern eines in § 34 Abs. 1 bezeichneten Betriebs an Wahlen und Abstimmungen,
9. die Stimmabgabe,
10. die Feststellung des Ergebnisses der Wahl oder der Abstimmung und die Fristen für seine Bekanntmachung,
11. die Aufbewahrung der Wahlakten und der Abstimmungsakten.

§ 40 Übergangsregelung. (1) Auf Wahlen von Aufsichtsratsmitgliedern der Arbeitnehmer, die bis zum 31. Dezember 2015 abgeschlossen sind, ist das Mitbestimmungsgesetz vom 4. Mai 1976 (BGBl. I S. 1153) in der Fassung des Artikels 2 Absatz 113 des Gesetzes vom 22. Dezember 2011 (BGBl. I S. 3044) anzuwenden.

(2) Auf Wahlen von Aufsichtsratsmitgliedern der Arbeitnehmer, die bis zum 31. Dezember 2015 nicht abgeschlossen sind, ist im Fall des § 96 Absatz 2 Satz 3 des Aktiengesetzes[1] das Mitbestimmungsgesetz in der durch Artikel 7 des Gesetzes vom 24. April 2015 (BGBl. I S. 642) geänderten Fassung anzuwenden.

(3) Eine Wahl von Aufsichtsratsmitgliedern der Arbeitnehmer gilt als abgeschlossen, wenn die Bekanntmachung der Mitglieder des Aufsichtsrates nach § 19 Satz 1 durch das zur gesetzlichen Vertretung des Unternehmens befugte Organ erfolgt ist.

§ 41 Inkrafttreten. Dieses Gesetz tritt am 1. Juli 1976 in Kraft.

---

[1] Nr. **2**.

14. Gesetz über die Mitbestimmung der Arbeitnehmer in den Aufsichtsräten und Vorständen der Unternehmen des Bergbaus und der Eisen und Stahl erzeugenden Industrie

Vom 21. Mai 1951
(BGBl. I S. 347)

BGBl. III/FNA 801-2

zuletzt geänd. durch Art. 5 G für die gleichberechtigte Teilhabe von Frauen und Männern an Führungspositionen in der Privatwirtschaft und im öffentlichen Dienst v. 24.4.2015 (BGBl. I S. 642)

Nichtamtliche Inhaltsübersicht

Erster Teil. Allgemeines

§ 1 [Arbeitnehmermitbestimmung in den Aufsichtsräten. Anwendungsbereich] (1) [1]Die Arbeitnehmer haben ein Mitbestimmungsrecht in den Aufsichtsräten und in den zur gesetzlichen Vertretung berufenen Organen nach Maßgabe dieses Gesetzes in

a) den Unternehmen, deren überwiegender Betriebszweck in der Förderung von Steinkohle, Braunkohle oder Eisenerz oder in der Aufbereitung, Verkokung, Verschwelung oder Brikettierung dieser Grundstoffe liegt und deren Betrieb unter der Aufsicht der Bergbehörden steht,

b) den Unternehmen der Eisen und Stahl erzeugenden Industrie in dem Umfang, wie er in Gesetz Nr. 27 der Alliierten Hohen Kommission vom 16. Mai 1950 (Amtsblatt der Alliierten Hohen Kommission für Deutschland S. 299) bezeichnet ist, soweit diese Unternehmen in „Einheitsgesellschaften" im Sinne des Gesetzes Nr. 27 überführt oder in anderer Form weiterbetrieben und nicht liquidiert werden,

c) den Unternehmen, die von einem vorstehend bezeichneten oder nach Gesetz Nr. 27 der Alliierten Hohen Kommission zu liquidierenden Unternehmen abhängig sind, wenn sie die Voraussetzungen nach Buchstabe a erfüllen oder überwiegend Eisen und Stahl erzeugen.

²Die Herstellung von Walzwerkserzeugnissen einschließlich Walzdraht, Röhren, Walzen, rollendem Eisenbahnmaterial, Freiformschmiedestücken und Gießereierzeugnissen aus Eisen oder Stahl ist als Erzeugung von Eisen und Stahl im Sinne von Satz 1 Buchstabe b und c anzusehen

1. in einem Unternehmen, dessen Aufsichtsrat am 1. Juli 1981 nach § 4 oder § 9 zusammengesetzt ist, oder
2. in einem anderen Unternehmen nach der Verschmelzung mit einem in Nummer 1 bezeichneten Unternehmen oder nach dem Übergang von Betrieben oder Betriebsteilen eines in Nummer 1 bezeichneten Unternehmens, die die genannten Erzeugnisse herstellen oder Roheisen oder Rohstahl erzeugen, auf das andere Unternehmen, wenn dieses mit dem in Nummer 1 bezeichneten Unternehmen verbunden ist (§ 15 des Aktiengesetzes[1]) und solange nach der Verschmelzung oder dem Übergang der überwiegende Betriebszweck des anderen Unternehmens die Herstellung der genannten Erzeugnisse oder die Erzeugung von Roheisen oder Rohstahl ist.

³Satz 2 Nr. 2 gilt entsprechend für die weitere Verschmelzung sowie für den weiteren Übergang von Betrieben oder Betriebsteilen.

(2) Dieses Gesetz findet nur auf diejenigen in Absatz 1 bezeichneten Unternehmen Anwendung, welche in Form einer Aktiengesellschaft oder einer Gesellschaft mit beschränkter Haftung betrieben werden und in der Regel mehr als eintausend Arbeitnehmer beschäftigten oder „Einheitsgesellschaften" sind.

(3) Erfüllt ein Unternehmen die in Absatz 1 bezeichneten Voraussetzungen nicht mehr oder beschäftigt es nicht mehr die nach Absatz 2 erforderliche Zahl von Arbeitnehmern, so sind die Vorschriften dieses Gesetzes über das Mitbestimmungsrecht erst dann nicht mehr anzuwenden, wenn in sechs aufeinanderfolgenden Geschäftsjahren eine dieser Voraussetzungen nicht mehr vorgelegen hat.

(4) ¹Ist ein Unternehmen, dessen Aufsichtsrat nach § 4 oder § 9 zusammenzusetzen ist, herrschendes Unternehmen eines Konzerns (§ 18 Abs. 1 des Aktiengesetzes) und ist für diesen Konzern ein Konzernbetriebsrat errichtet, so gelten für die Anwendung der §§ 4, 6 und 9 auf das herrschende Unternehmen die Arbeitnehmer der Konzernunternehmen als Arbeitnehmer des herrschenden Unternehmens und die in Konzernunternehmen vertretenen Gewerkschaften als im herrschenden Unternehmen vertreten. ²Liegen die Voraussetzungen des Satzes 1 vor, so tritt für die Anwendung der §§ 6 und 11 auf das herrschende Unternehmen der Konzernbetriebsrat an die Stelle der Betriebsräte.

§ 2 [Vorrang des Montan-Mitbestimmungsgesetzes] Auf die in § 1 bezeichneten Unternehmen finden die Vorschriften des Aktiengesetzes[1], des Gesetzes betreffend die Gesellschaften mit beschränkter Haftung[2], der Berggesetze und des Betriebsverfassungsrechts insoweit keine Anwendung, als sie den Vorschriften dieses Gesetzes widersprechen.

---

[1] Nr. **2**.
[2] Nr. **3**.

Zweiter Teil. Aufsichtsrat

§ 3 [Aufsichtsrat bei GmbH] (1) Betreibt eine Gesellschaft mit beschränkter Haftung ein Unternehmen im Sinne des § 1, so ist nach Maßgabe dieses Gesetzes ein Aufsichtsrat zu bilden.

(2) Auf den Aufsichtsrat, seine Rechte und Pflichten finden die Vorschriften des Aktienrechts sinngemäß Anwendung.

§ 4 [Zusammensetzung. Rechte und Pflichten der Mitglieder]

(1) [1] Der Aufsichtsrat besteht aus elf Mitgliedern. [2] Er setzt sich zusammen aus

a) vier Vertretern der Anteilseigner und einem weiteren Mitglied,
b) vier Vertretern der Arbeitnehmer und einem weiteren Mitglied,
c) einem weiteren Mitglied.

(2) Die in Absatz 1 bezeichneten weiteren Mitglieder dürfen nicht

a) Repräsentant einer Gewerkschaft oder einer Vereinigung der Arbeitgeber oder einer Spitzenorganisation dieser Verbände sein oder zu diesen in einem ständigen Dienst- oder Geschäftsbesorgungsverhältnis stehen,
b) im Laufe des letzten Jahres vor der Wahl eine unter Buchstabe a bezeichnete Stellung innegehabt haben,
c) in den Unternehmen als Arbeitnehmer oder Arbeitgeber tätig sein,
d) an dem Unternehmen wirtschaftlich wesentlich interessiert sein.

(3) [1] Alle Aufsichtsratsmitglieder haben die gleichen Rechte und Pflichten. [2] Sie sind an Aufträge und Weisungen nicht gebunden.

§ 5 [Wahl der Vertreter der Anteilseigner] Die in § 4 Abs. 1 Buchstabe a bezeichneten Mitglieder des Aufsichtsrats werden durch das nach Gesetz, Satzung oder Gesellschaftsvertrag zur Wahl von Aufsichtsratsmitgliedern berufene Organ (Wahlorgan) nach Maßgabe der Satzung oder des Gesellschaftsvertrags gewählt oder entsandt.

§ 5a [Geschlechteranteil] Unter den in § 4 Absatz 1 Buchstabe b bezeichneten Mitgliedern des Aufsichtsrates eines in § 1 genannten, börsennotierten Unternehmens müssen im Fall des § 96 Absatz 2 Satz 3 des Aktiengesetzes[1)] Frauen und Männer jeweils mit einem Anteil von mindestens 30 Prozent vertreten sein.

§ 6 [Wahl der Vertreter der Arbeitnehmer] (1) [1] Unter den in § 4 Abs. 1 Buchstabe b bezeichneten Mitgliedern des Aufsichtsrats müssen sich zwei Arbeitnehmer befinden, die in einem Betriebe des Unternehmens beschäftigt sind. [2] Diese Mitglieder werden durch die Betriebsräte der Betriebe des Unternehmens in geheimer Wahl gewählt und dem Wahlorgan nach Beratung mit den in den Betrieben des Unternehmens vertretenen Gewerkschaften und deren Spitzenorganisationen vorgeschlagen.

(2) [1] Die nach Absatz 1 gewählten Personen sind vor Weiterleitung der Vorschläge an das Wahlorgan innerhalb von zwei Wochen nach der Wahl den

---

[1)] Nr. 2.

Spitzenorganisationen mitzuteilen, denen die in den Betrieben des Unternehmens vertretenen Gewerkschaften angehören. [2]Jede Spitzenorganisation kann binnen zwei Wochen nach Zugang der Mitteilung Einspruch bei den Betriebsräten einlegen, wenn der begründete Verdacht besteht, daß ein Vorgeschlagener nicht die Gewähr bietet, zum Wohle des Unternehmens und der gesamten Volkswirtschaft verantwortlich im Aufsichtsrat mitzuarbeiten. [3]Lehnen die Betriebsräte den Einspruch mit einfacher Stimmenmehrheit ab, so können die Betriebsräte oder die Spitzenorganisation, welche den Einspruch eingelegt hat, das Bundesministerium für Arbeit und Soziales anrufen; dieses entscheidet endgültig.

(3) [1]Zwei der in § 4 Abs. 1 Buchstabe b bezeichneten Mitglieder werden von den Spitzenorganisationen nach vorheriger Beratung mit den im Betriebe vertretenen Gewerkschaften den Betriebsräten vorgeschlagen. [2]Die Spitzenorganisationen sind nach dem Verhältnis ihrer Vertretung in den Betrieben vorschlagsberechtigt; sie sollen bei ihren Vorschlägen die innerhalb der Belegschaften bestehenden Minderheiten in angemessener Weise berücksichtigen.

(4) Für das in § 4 Abs. 1 Buchstabe b bezeichnete weitere Mitglied gilt Absatz 3 entsprechend.

(5) [1]Die Mitglieder der Betriebsräte der Betriebe des Unternehmens wählen in geheimer Wahl auf Grund der nach den Absätzen 3 und 4 gemachten Vorschläge die Bewerber und schlagen diese dem Wahlorgan vor. [2]Wird von einer Spitzenorganisation nur ein Bewerber für ein Aufsichtsratsmitglied vorgeschlagen, so bedarf der Vorschlag gegenüber dem Wahlorgan der Mehrheit der Stimmen der Mitglieder der Betriebsräte.

(6) Bei börsennotierten Unternehmen kann im Fall des § 96 Absatz 2 Satz 3 des Aktiengesetzes[1)] ein Vorschlag an das Wahlorgan nur erfolgen, wenn die Vorgaben des § 5a durch eine Wahl nach den Absätzen 1 und 5 erfüllt worden sind.

(7) Das Wahlorgan ist an die Vorschläge der Betriebsräte gebunden.

§ 7 *(aufgehoben)*

§ 8 [Wahl des weiteren Mitglieds. Vermittlungsausschuss] (1) [1]Das in § 4 Abs. 1 Buchstabe c bezeichnete weitere Mitglied des Aufsichtsrats wird durch das Wahlorgan auf Vorschlag der übrigen Aufsichtsratsmitglieder gewählt. [2]Der Vorschlag wird durch diese Aufsichtsratsmitglieder mit Mehrheit aller Stimmen beschlossen. [3]Er bedarf jedoch der Zustimmung von mindestens je drei Mitgliedern, die nach § 5 und die nach § 6 gewählt sind.

(2) [1]Kommt ein Vorschlag nach Absatz 1 nicht zustande oder wird eine vorgeschlagene Person nicht gewählt, so ist ein Vermittlungsausschuß zu bilden, der aus vier Mitgliedern besteht. [2]Je zwei Mitglieder werden von den nach § 5 und den nach § 6 gewählten Aufsichtsratsmitgliedern gewählt.

(3) [1]Der Vermittlungsausschuß schlägt innerhalb eines Monats dem Wahlorgan drei Personen zur Wahl vor, aus denen das Wahlorgan das Aufsichtsratsmitglied wählen soll. [2]Kommt die Wahl auf Grund des Vorschlages des Vermittlungsausschusses aus wichtigen Gründen nicht zustande, insbesondere dann, wenn keiner der Vorgeschlagenen die Gewähr für ein gedeihliches

---

[1)] Nr. 2.

Wirken für das Unternehmen bietet, so muß die Ablehnung durch Beschluß festgestellt werden. [3]Dieser Beschluß muß mit Gründen versehen sein. [4]Über die Berechtigung der Ablehnung der Wahl entscheidet auf Antrag des Vermittlungsausschusses das für das Unternehmen zuständige Oberlandesgericht. [5]Im Falle der Bestätigung der Ablehung hat der Vermittlungsausschuß dem Wahlorgan drei weitere Personen vorzuschlagen; für diesen zweiten Vorschlag gilt die vorstehende Regelung (Sätze 2 bis 4) entsprechend. [6]Wird die Ablehnung der Wahl von dem Gericht für unberechtigt erklärt, so hat das Wahlorgan einen der Vorgeschlagenen zu wählen. [7]Wird die Ablehnung der Wahl aus dem zweiten Wahlvorschlag von dem Gericht für berechtigt erklärt, oder erfolgt kein Wahlvorschlag, so wählt das Wahlorgan von sich aus das weitere Mitglied.

(4) Wird die in Absatz 2 vorgesehene Anzahl von Mitgliedern des Vermittlungsausschusses nicht gewählt, oder bleiben Mitglieder des Vermittlungsausschusses trotz rechtzeitiger Einladung ohne genügende Entschuldigung einer Sitzung fern, so kann der Vermittlungsausschuß tätig werden, wenn wenigstens zwei Mitglieder mitwirken.

§ 9 [Größerer Aufsichtsrat] (1) [1]Bei Gesellschaften mit einem Nennkapital von mehr als zehn Millionen Euro kann durch Satzung oder Gesellschaftsvertrag bestimmt werden, daß der Aufsichtsrat aus fünfzehn Mitgliedern besteht. [2]Die Vorschriften der §§ 4 bis 8 finden sinngemäß Anwendung mit der Maßgabe, daß die Zahl der gemäß § 6 Abs. 1 und 2 zu wählenden Arbeitnehmer und die Zahl der in § 6 Abs. 3 bezeichneten Vertreter der Arbeitnehmer je drei beträgt.

(2) [1]Bei Gesellschaften mit einem Nennkapital von mehr als fünfundzwanzig Millionen Euro kann durch Satzung oder Gesellschaftsvertrag bestimmt werden, daß der Aufsichtsrat aus einundzwanzig Mitgliedern besteht. [2]Die Vorschriften der §§ 4 bis 8 finden sinngemäß Anwendung mit der Maßgabe, daß die Zahl der in § 4 Abs. 1 Buchstaben a und b bezeichneten weiteren Mitglieder je zwei, die Zahl der gemäß § 6 Abs. 1 und 2 zu wählenden Arbeitnehmer und die Zahl der in § 6 Abs. 3 bezeichneten Vertreter der Arbeitnehmer je vier beträgt.

§ 10 [Beschlussfähigkeit] [1]Der Aufsichtsrat ist beschlußfähig, wenn mindestens die Hälfte der Mitglieder, aus denen er nach diesem Gesetz oder der Satzung insgesamt zu bestehen hat, an der Beschlußfassung teilnimmt. [2]§ 108 Abs. 2 Satz 4 des Aktiengesetzes[1)] findet Anwendung.

§ 11 [Abberufung eines Aufsichtsratsmitglieds] (1) Auf die in § 5 bezeichneten Mitglieder des Aufsichtsrats findet § 103 des Aktiengesetzes[1)] Anwendung.

(2) [1]Auf die Abberufung eines in § 6 bezeichneten Mitglieds des Aufsichtsrats durch das Wahlorgan findet Absatz 1 entsprechende Anwendung mit der Maßgabe, daß die Abberufung auf Vorschlag der Betriebsräte der Betriebe des Unternehmens erfolgt. [2]Die Abberufung eines in § 6 Abs. 3 oder 4 bezeichneten Mitglieds kann nur auf Antrag der Spitzenorganisation, die das Mitglied vorgeschlagen hat, von den Betriebsräten vorgeschlagen werden.

---

1) Nr. 2.

(3) Eine Abberufung des in § 8 bezeichneten Mitgliedes des Aufsichtsrats kann auf Antrag von mindestens drei Aufsichtsratsmitgliedern durch das Gericht aus wichtigem Grunde erfolgen.

Dritter Teil. Vorstand

§ 12 [Bestellung durch Aufsichtsrat] Die Bestellung der Mitglieder des zur gesetzlichen Vertretung berufenen Organs und der Widerruf ihrer Bestellung erfolgen nach Maßgabe des § 76 Abs. 3 und des § 84 des Aktiengesetzes[1] durch den Aufsichtsrat.

§ 13 [Arbeitsdirektor] (1) [1] Als gleichberechtigtes Mitglied des zur gesetzlichen Vertretung berufenen Organs wird ein Arbeitsdirektor bestellt. [2] Der Arbeitsdirektor kann nicht gegen die Stimmen der Mehrheit der nach § 6 gewählten Aufsichtsratsmitglieder bestellt werden. [3] Das gleiche gilt für den Widerruf der Bestellung.

(2) [1] Der Arbeitsdirektor hat wie die übrigen Mitglieder des zur gesetzlichen Vertretung berufenen Organs seine Aufgaben im engsten Einvernehmen mit dem Gesamtorgan auszuüben. [2] Das Nähere bestimmt die Geschäftsordnung.

Vierter Teil. Schlußvorschriften

§ 14 [Ermächtigung zum Erlass von Rechtsverordnungen] Die Bundesregierung wird ermächtigt, durch Rechtsverordnung Vorschriften zu erlassen über

a) die Anpassung von Satzungen und Gesellschaftsverträgen an die Vorschriften dieses Gesetzes,

b) das Verfahren für die Aufstellung der in § 6 bezeichneten Wahlvorschläge.

---

[1] Nr. 2.

15. Gesetz zur Ergänzung des Gesetzes über die Mitbestimmung der Arbeitnehmer in den Aufsichtsräten und Vorständen der Unternehmen des Bergbaus und der Eisen und Stahl erzeugenden Industrie

Vom 7. August 1956
(BGBl. I S. 707)

BGBl. III/FNA 801-3

zuletzt geänd. durch Art. 6 G für die gleichberechtigte Teilhabe von Frauen und Männern an Führungspositionen in der Privatwirtschaft und im öffentlichen Dienst v. 24.4.2015 (BGBl. I S. 642)

Nichtamtliche Inhaltsübersicht

Art. 1. Mitbestimmung in herrschenden Unternehmen

§ 1 [Begriff] Die Mitbestimmung der Arbeitnehmer in den Aufsichtsräten und den zur gesetzlichen Vertretung berufenen Organen von Unternehmen in der Rechtsform einer Aktiengesellschaft oder einer Gesellschaft mit beschränkter Haftung, die ein Unternehmen beherrschen, in dem die Arbeitnehmer nach den Vorschriften des Gesetzes über die Mitbestimmung der Arbeitnehmer in den Aufsichtsräten und Vorständen der Unternehmen des Bergbaus und der Eisen und Stahl erzeugenden Industrie[1)] vom 21. Mai 1951 – Bundesgesetzbl. I S. 347 – (Montan-Mitbestimmungsgesetz) ein Mitbestimmungsrecht haben, regelt sich nach den Vorschriften dieses Gesetzes.

§ 2 [Anwendung des Montan-Mitbestimmungsgesetzes] [1] Liegen bei dem herrschenden Unternehmen nach seinem eigenen überwiegenden Betriebszweck die Voraussetzungen für die Anwendung des Montan-Mitbestimmungsgesetzes[1)] vor, so gilt für das herrschende Unternehmen das Montan-Mitbestimmungsgesetz. [2] Dies gilt auch, solange in dem herrschenden Unternehmen das Mitbestimmungsrecht nach § 1 Abs. 3 des Montan-Mitbestimmungsgesetzes fortbesteht.

§ 3 [Unternehmenszweck] (1) [1] Liegen bei dem herrschenden Unternehmen die Voraussetzungen für die Anwendung des Montan-Mitbestimmungsgesetzes[1)] nach § 2 nicht vor, wird jedoch der Unternehmenszweck des Konzerns durch Konzernunternehmen und abhängige Unternehmen gekennzeichnet, die unter das Montan-Mitbestimmungsgesetz fallen, so gelten für das herrschende Unternehmen die §§ 5 bis 13. [2] Ist das herrschende Unternehmen eine Gesellschaft mit beschränkter Haftung, so findet § 3 des Montan-Mitbestimmungsgesetzes entsprechende Anwendung.

(2) [1] Der Unternehmenszweck des Konzerns wird durch die unter das Montan-Mitbestimmungsgesetz fallenden Konzernunternehmen und abhängigen Unternehmen gekennzeichnet, wenn diese Konzernunternehmen und abhängigen Unternehmen insgesamt

1. mindestens ein Fünftel der Umsätze sämtlicher Konzernunternehmen und abhängigen Unternehmen erzielen, jeweils vermindert um die in den Umsätzen enthaltenen Kosten für fremdbezogene Roh-, Hilfs- und Betriebsstoffe und für Fremdleistungen, oder
2. in der Regel mehr als ein Fünftel der Arbeitnehmer sämtlicher Konzernunternehmen und abhängigen Unternehmen beschäftigen.

[2] Soweit Konzernunternehmen und abhängige Unternehmen Umsätze erzielen, die nicht auf der Veräußerung selbsterzeugter, bearbeiteter oder verarbeiteter Waren beruhen, ist ein Fünftel der unverminderten Umsätze anzurechnen.

§ 4 [Maßgebliches Umsatzverhältnis] (1) [1] Das nach § 3 maßgebliche Umsatzverhältnis hat der Abschlußprüfer des herrschenden Unternehmens zu ermitteln. [2] Ist der Jahresabschluß des herrschenden Unternehmens nicht auf Grund gesetzlicher Vorschriften durch Abschlußprüfer zu prüfen, so wird das Umsatzverhältnis von einem in entsprechender Anwendung der §§ 318, 319 Abs. 1 bis 4, § 319a Abs. 1 und § 319b des Handelsgesetzbuchs[2)] zu bestellenden Prüfer ermittelt.

(2) [1] Der Prüfer hat für jedes Geschäftsjahr vor Ablauf von fünf Monaten nach dessen Ende über das Ergebnis seiner Ermittlungen schriftlich zu berich-

---

1) Nr. **14**.
2) Nr. **5**.

ten. [2]Der Bericht ist den Verwaltungsträgern des herrschenden Unternehmens vorzulegen.

(3) [1]Der Prüfer hat, soweit dies für seine Ermittlungen erforderlich ist, gegenüber sämtlichen Konzernunternehmen und abhängigen Unternehmen die ihm nach § 320 Abs. 1 Satz 2, Abs. 2 des Handelsgesetzbuchs zustehenden Rechte. [2]§ 323 des Handelsgesetzbuchs ist anzuwenden.

(4) Hat der Aufsichtsrat Bedenken gegen die von dem Prüfer getroffenen Feststellungen, so hat der Prüfer auf Verlangen des Aufsichtsrats die beanstandeten Feststellungen zu überprüfen und über das Ergebnis zu berichten.

(5) Das zur gesetzlichen Vertretung berufene Organ des herrschenden Unternehmens hat das festgestellte Umsatzverhältnis und die abschließende Stellungnahme des Aufsichtsrats unverzüglich den Betriebsräten (Gesamtbetriebsräten) der Konzernunternehmen und abhängigen Unternehmen sowie den nach § 10d Absatz 2 Satz 1 im Konzern vertretenen Gewerkschaften mitzuteilen.

(6) Die Absätze 1 bis 5 sind nicht anzuwenden, wenn die Voraussetzungen des § 3 Abs. 2 Satz 1 Nr. 2 vorliegen.

§ 5 [Zusammensetzung des Aufsichtsrats] (1) [1]Der Aufsichtsrat besteht aus fünfzehn Mitgliedern. [2]Er setzt sich zusammen aus

a) sieben Vertretern der Anteilseigner,

b) sieben Vertretern der Arbeitnehmer,

c) einem weiteren Mitglied.

[3]Bei Unternehmen mit einem Gesellschaftskapital von mehr als fünfundzwanzig Millionen Euro kann durch Satzung oder Gesellschaftsvertrag bestimmt werden, daß der Aufsichtsrat aus einundzwanzig Mitgliedern besteht. [4]In diesem Fall beträgt die Zahl der in Satz 2 Buchstabe a und b bezeichneten Mitglieder je zehn.

(2) Für die Bestellung der in Absatz 1 Satz 2 Buchstabe a genannten Mitglieder gilt § 5 des Montan-Mitbestimmungsgesetzes[1)]; für ihre Abberufung gilt § 103 des Aktiengesetzes[2)].

(3) [1]Auf das in Absatz 1 Satz 2 Buchstabe c genannte Mitglied findet §4 Abs. 2 des Montan-Mitbestimmungsgesetzes Anwendung. [2]Für seine Bestellung gilt § 8 des Montan-Mitbestimmungsgesetzes, wobei an die Stelle des § 6 des Montan-Mitbestimmungsgesetzes die §§ 6 bis 10i dieses Gesetzes treten; für seine Abberufung gilt § 11 Abs. 3 des Montan-Mitbestimmungsgesetzes.

(4) § 4 Abs. 3 des Montan-Mitbestimmungsgesetzes findet Anwendung.

(5) [1]Arbeitnehmer im Sinne dieses Gesetzes sind die in § 5 Abs. 1 des Betriebsverfassungsgesetzes bezeichneten Personen. [2]Die in § 5 Abs. 2 des Betriebsverfassungsgesetzes bezeichneten Personen sind keine Arbeitnehmer im Sinne dieses Gesetzes.

(6) [1]Betriebe im Sinne dieses Gesetzes sind solche des Betriebsverfassungsgesetzes. [2]§ 4 Abs. 2 des Betriebsverfassungsgesetzes ist anzuwenden.

---

1) Nr. **14**.
2) Nr. **2**.

§ 5a [Anteil von Aufsichtsratsmitgliedern] Unter den Aufsichtsratsmitgliedern der Arbeitnehmer eines in § 1 genannten, börsennotierten Unternehmens müssen im Fall des § 96 Absatz 2 Satz 3 des Aktiengesetzes Frauen und Männer jeweils mit einem Anteil von mindestens 30 Prozent vertreten sein.

§ 6 [Arbeitnehmervertreter] (1) [1] Unter den Aufsichtsratsmitgliedern der Arbeitnehmer müssen sich fünf Arbeitnehmer von Konzernunternehmen und zwei Vertreter von Gewerkschaften befinden. [2] Besteht der Aufsichtsrat aus einundzwanzig Mitgliedern, so müssen sich unter den Aufsichtsratsmitgliedern der Arbeitnehmer sieben Arbeitnehmer von Konzernunternehmen und drei Vertreter von Gewerkschaften befinden.

(2) [1] Die in Absatz 1 bezeichneten Arbeitnehmer müssen das 18. Lebensjahr vollendet haben und ein Jahr einem Konzernunternehmen angehören. [2] Auf die einjährige Angehörigkeit zu einem Konzernunternehmen werden Zeiten der Angehörigkeit zu einem anderen Unternehmen, dessen Arbeitnehmer nach diesem Gesetz an der Wahl von Aufsichtsratsmitgliedern des Konzerns teilnehmen, angerechnet. [3] Diese Zeiten müssen unmittelbar vor dem Zeitpunkt liegen, ab dem die Arbeitnehmer zur Wahl von Aufsichtsratsmitgliedern des Konzerns berechtigt sind. [4] Die weiteren Wählbarkeitsvoraussetzungen des § 8 Abs. 1 des Betriebsverfassungsgesetzes müssen erfüllt sein.

(3) Die in Absatz 1 bezeichneten Gewerkschaften müssen im Konzern vertreten sein.

§ 7 [Wahl durch Delegierte] (1) [1] Die Aufsichtsratsmitglieder der Arbeitnehmer eines Konzerns mit in der Regel mehr als 8 000 Arbeitnehmern werden durch Delegierte gewählt, sofern nicht die wahlberechtigten Arbeitnehmer die unmittelbare Wahl beschließen. [2] Für die Wahl der Aufsichtsratsmitglieder der Arbeitnehmer durch Delegierte gelten die §§ 8 bis 10g und 10i.

(2) [1] Die Aufsichtsratsmitglieder der Arbeitnehmer eines Konzerns mit in der Regel nicht mehr als 8 000 Arbeitnehmern werden in unmittelbarer Wahl gewählt, sofern nicht die wahlberechtigten Arbeitnehmer die Wahl durch Delegierte beschließen. [2] Für die unmittelbare Wahl der Aufsichtsratsmitglieder der Arbeitnehmer gelten die §§ 10h und 10i.

(3) [1] Zur Abstimmung darüber, ob die Wahl durch Delegierte oder unmittelbar erfolgen soll, bedarf es eines Antrags, der von einem Zwanzigstel der wahlberechtigten Arbeitnehmer des Konzerns unterzeichnet sein muß. [2] Die Abstimmung ist geheim. [3] Ein Beschluß nach Absatz 1 oder 2 kann nur unter Beteiligung von mindestens der Hälfte der wahlberechtigten Arbeitnehmer und nur mit der Mehrheit der abgegebenen Stimmen gefaßt werden.

§ 8 [Wahl der Delegierten] (1) Sind nach § 7 die Aufsichtsratsmitglieder der Arbeitnehmer durch Delegierte zu wählen, so wählen in jedem Betrieb des Konzerns die Arbeitnehmer in geheimer Wahl und nach den Grundsätzen der Verhältniswahl Delegierte.

(2) [1] Wahlberechtigt für die Wahl von Delegierten sind diejenigen Arbeitnehmer der Konzernunternehmen, die das 18. Lebensjahr vollendet haben. [2] § 7 Satz 2 des Betriebsverfassungsgesetzes gilt entsprechend.

(3) Zu Delegierten wählbar sind die in Absatz 2 Satz 1 bezeichneten Arbeitnehmer, die die weiteren Wählbarkeitsvoraussetzungen des § 8 des Betriebsverfassungsgesetzes erfüllen.

(4) Wird für einen Wahlgang nur ein Wahlvorschlag gemacht, so gelten die darin aufgeführten Arbeitnehmer in der angegebenen Reihenfolge als gewählt.

§ 9 [Anzahl der Delegierten] (1) [1] In jedem Betrieb entfällt auf je 90 wahlberechtigte Arbeitnehmer ein Delegierter. [2] Ergibt die Berechnung nach Satz 1 in einem Betrieb mehr als

1. 25 Delegierte, so vermindert sich die Zahl der zu wählenden Delegierten auf die Hälfte; diese Delegierten erhalten je zwei Stimmen;
2. 50 Delegierte, so vermindert sich die Zahl der zu wählenden Delegierten auf ein Drittel; diese Delegierten erhalten je drei Stimmen;
3. 75 Delegierte, so vermindert sich die Zahl der zu wählenden Delegierten auf ein Viertel; diese Delegierten erhalten je vier Stimmen;
4. 100 Delegierte, so vermindert sich die Zahl der zu wählenden Delegierten auf ein Fünftel; diese Delegierten erhalten je fünf Stimmen;
5. 125 Delegierte, so vermindert sich die Zahl der zu wählenden Delegierten auf ein Sechstel; diese Delegierten erhalten je sechs Stimmen;
6. 150 Delegierte, so vermindert sich die Zahl der zu wählenden Delegierten auf ein Siebtel; diese Delegierten erhalten je sieben Stimmen.

[3] Bei der Errechnung der Zahl der Delegierten werden Teilzahlen voll gezählt, wenn sie mindestens die Hälfte der vollen Zahl betragen.

(2) [1] Entfällt auf einen Betrieb kein Delegierter, gelten die Arbeitnehmer dieses Betriebs für die Wahl der Delegierten als Arbeitnehmer des Betriebs der Hauptniederlassung des betreffenden Konzernunternehmens. [2] Soweit auf die Arbeitnehmer des Betriebs der Hauptniederlassung kein Delegierter entfällt, gelten diese für die Wahl der Delegierten als Arbeitnehmer des nach der Zahl der wahlberechtigten Arbeitnehmer größten Betriebs des betreffenden Konzernunternehmens.

(3) [1] Entfällt auf ein Konzernunternehmen kein Delegierter, gelten die Arbeitnehmer dieses Unternehmens für die Wahl der Delegierten als Arbeitnehmer des nach der Zahl der wahlberechtigten Arbeitnehmer größten Betriebs des herrschenden Unternehmens. [2] Soweit auf die Arbeitnehmer des herrschenden Unternehmens kein Delegierter entfällt, gelten diese für die Wahl der Delegierten als Arbeitnehmer des nach der Zahl der wahlberechtigten Arbeitnehmer größten Betriebs der Konzernunternehmen.

§ 10 [Wahlvorschläge] (1) [1] Zur Wahl der Delegierten können die wahlberechtigten Arbeitnehmer des Betriebs Wahlvorschläge machen. [2] Jeder Wahlvorschlag für Delegierte muss von einem Zwanzigstel oder 50 der wahlberechtigten Arbeitnehmer des Betriebs unterzeichnet sein.

(2) Jeder Wahlvorschlag soll mindestens doppelt so viele Bewerber enthalten, wie in dem Wahlgang Delegierte zu wählen sind.

§ 10a [Amtszeit der Delegierten] (1) [1] Die Delegierten werden für eine Zeit gewählt, die der Amtszeit der von ihnen zu wählenden Aufsichtsratsmitglieder entspricht. [2] Sie nehmen die ihnen nach den Vorschriften dieses Gesetzes zustehenden Aufgaben und Befugnisse bis zur Einleitung der Neuwahl der Aufsichtsratsmitglieder der Arbeitnehmer wahr.

(2) In den Fällen des § 7 Abs. 1 endet die Amtszeit der Delegierten, wenn

1. die wahlberechtigten Arbeitnehmer nach § 7 Abs. 1 die unmittelbare Wahl beschließen;
2. der Konzern nicht mehr die Voraussetzungen für die Anwendung des § 7 Abs. 1 erfüllt, es sei denn, die wahlberechtigten Arbeitnehmer beschließen, daß die Amtszeit bis zu dem in Absatz 1 genannten Zeitpunkt fortdauern soll; § 7 Abs. 3 ist entsprechend anzuwenden.

(3) In den Fällen des § 7 Abs. 2 endet die Amtszeit der Delegierten, wenn die wahlberechtigten Arbeitnehmer die unmittelbare Wahl beschließen; § 7 Abs. 3 ist anzuwenden.

(4) Abweichend von Absatz 1 endet die Amtszeit der Delegierten eines Betriebs, wenn nach Eintreten aller Ersatzdelegierten des Wahlvorschlags, dem die zu ersetzenden Delegierten angehören, die Gesamtzahl der Delegierten des Betriebs unter die im Zeitpunkt ihrer Wahl vorgeschriebene Zahl der auf den Betrieb entfallenden Delegierten gesunken ist.

§ 10b [Ende der Amtszeit der Delegierten] (1) Die Amtszeit eines Delegierten endet vor dem in § 10a bezeichneten Zeitpunkt

1. durch Niederlegung des Amtes,
2. durch Beendigung der Beschäftigung des Delegierten in dem Betrieb, dessen Delegierter er ist,
3. durch Verlust der Wählbarkeit.

(2) [1] Endet die Amtszeit eines Delegierten vorzeitig oder ist er verhindert, so tritt an seine Stelle ein Ersatzdelegierter. [2] Die Ersatzdelegierten werden der Reihe nach aus den nicht gewählten Arbeitnehmern derjenigen Wahlvorschläge entnommen, denen die zu ersetzenden Delegierten angehören.

§ 10c [Wahl der Arbeitnehmervertreter] (1) Die Delegierten wählen die Aufsichtsratsmitglieder, die nach § 6 Abs. 1 Arbeitnehmer von Konzernunternehmen sein müssen, geheim und nach den Grundsätzen der Verhältniswahl für die Zeit, die im Gesetz oder in der Satzung (im Gesellschaftsvertrag, im Statut) für die durch das Wahlorgan der Anteilseigner zu wählenden Mitglieder des Aufsichtsrats bestimmt ist.

(2) [1] Die Wahl erfolgt aufgrund von Wahlvorschlägen. [2] Jeder Wahlvorschlag muss von einem Fünftel oder 100 der wahlberechtigten Arbeitnehmer des Konzerns unterzeichnet sein.

(3) [1] Abweichend von Absatz 1 findet Mehrheitswahl statt, soweit nur ein Wahlvorschlag gemacht wird. [2] In diesem Fall muss der Wahlvorschlag mindestens doppelt so viele Bewerber enthalten, wie Aufsichtsratsmitglieder auf die Arbeitnehmer entfallen.

§ 10d [Wahl der Gewerkschaftsvertreter] (1) Die Delegierten wählen die Aufsichtsratsmitglieder, die nach § 6 Abs. 1 Vertreter von Gewerkschaften sind, in geheimer Wahl und nach den Grundsätzen der Verhältniswahl für die in § 10c Abs. 1 bestimmte Zeit.

(2) [1]Die Wahl erfolgt aufgrund von Wahlvorschlägen der Gewerkschaften, die im Konzern vertreten sind. [2]Wird nur ein Wahlvorschlag gemacht, so findet abweichend von Absatz 1 Mehrheitswahl statt. [3]In diesem Falle muß der Wahlvorschlag mindestens doppelt so viele Bewerber enthalten, wie Vertreter von Gewerkschaften in den Aufsichtsrat zu wählen sind.

§ 10e [Ersatzmitglieder des Aufsichtsrats] (1) [1]In jedem Wahlvorschlag kann zusammen mit jedem Bewerber für diesen ein Ersatzmitglied des Aufsichtsrats vorgeschlagen werden. [2]Ein Bewerber kann nicht zugleich als Ersatzmitglied vorgeschlagen werden.

(2) Wird ein Bewerber als Aufsichtsratsmitglied gewählt, so ist auch das zusammen mit ihm vorgeschlagene Ersatzmitglied gewählt.

(3) Im Fall des § 96 Absatz 2 Satz 3 des Aktiengesetzes ist das Nachrücken eines Ersatzmitgliedes ausgeschlossen, wenn dadurch der Anteil von Frauen und Männern unter den Aufsichtsratsmitgliedern der Arbeitnehmer nicht mehr den Vorgaben des § 5a entspricht; § 10f Absatz 2 Satz 2 gilt entsprechend.

§ 10f [Auszählung der Stimmen; Geschlechteranteil] (1) Ergibt im Fall des § 96 Absatz 2 Satz 3 des Aktiengesetzes die Auszählung der Stimmen und ihre Verteilung auf die Bewerber, dass die Vorgaben des § 5a nicht erreicht worden sind, ist zu gewährleisten, dass unter den Aufsichtsratsmitgliedern der Arbeitnehmer, die Arbeitnehmer von Konzernunternehmen sind, in einem Aufsichtsrat mit 15 Mitgliedern mindestens eine Frau und mindestens ein Mann und in einem Aufsichtsrat mit 21 Mitgliedern mindestens zwei Frauen und mindestens zwei Männer sowie unter den Aufsichtsratsmitgliedern der Gewerkschaften jeweils eine Frau und ein Mann vertreten sind.

(2) [1]Um diese Verteilung der Geschlechter nach Absatz 1 zu erreichen, ist die Wahl derjenigen Bewerber um einen Aufsichtsratssitz der Arbeitnehmer unwirksam, deren Geschlecht in dem jeweiligen Wahlgang nach der Verteilung der Stimmen auf die Bewerber mehrheitlich vertreten ist und die

1. bei einer Mehrheitswahl in dem jeweiligen Wahlgang nach der Reihenfolge der auf die Bewerber entfallenden Stimmenzahlen die niedrigsten Stimmenzahlen erhalten haben oder
2. bei einer Verhältniswahl in dem jeweiligen Wahlgang nach der Reihenfolge der auf die Bewerber entfallenden Höchstzahlen die niedrigsten Höchstzahlen erhalten haben.

[2]Die durch unwirksame Wahl nach Satz 1 nicht besetzten Aufsichtsratssitze werden im Wege der gerichtlichen Ersatzbestellung nach § 104 des Aktiengesetzes oder der Nachwahl besetzt.

§ 10g [Bekanntmachung des Wahlergebnisses] [1]Das zur gesetzlichen Vertretung berufene Organ des herrschenden Unternehmens hat die Namen der Mitglieder und der Ersatzmitglieder des Aufsichtsrats unverzüglich nach ihrer Bestellung in den Betrieben des Unternehmens bekanntzumachen und im Bundesanzeiger zu veröffentlichen. [2]Daneben ist in jedem abhängigen Konzernunternehmen das zur gesetzlichen Vertretung berufene Organ zur Bekanntmachung in dessen Betrieben verpflichtet.

§ 10h [Direkte Wahl] [1]Sind nach § 7 die Aufsichtsratsmitglieder der Arbeitnehmer in unmittelbarer Wahl zu wählen, so sind diejenigen Arbeitnehmer der

Konzernunternehmen, die das 18. Lebensjahr vollendet haben, wahlberechtigt. [2] § 7 Satz 2 des Betriebsverfassungsgesetzes gilt entsprechend. [3] Für die Wahl sind die §§ 10c bis 10g mit der Maßgabe anzuwenden, daß an die Stelle der Delegierten die wahlberechtigten Arbeitnehmer der Konzernunternehmen treten.

§ 10i [Schiffe] (1) Die Gesamtheit der Schiffe eines Unternehmens gilt für die Anwendung dieses Gesetzes als ein Betrieb.

(2) [1] Schiffe im Sinne dieses Gesetzes sind Kauffahrteischiffe, die nach dem Flaggenrechtsgesetz die Bundesflagge führen. [2] Schiffe, die in der Regel binnen 48 Stunden nach dem Auslaufen an den Sitz eines Landbetriebs zurückkehren, gelten als Teil dieses Landbetriebs.

(3) Die Arbeitnehmer eines in Absatz 1 bezeichneten Betriebs nehmen an einer Abstimmung nach § 7 nicht teil und bleiben für die Errechnung der für die Antragstellung und für die Beschlußfassung erforderlichen Zahlen von Arbeitnehmern außer Betracht.

(4) [1] Werden die Aufsichtsratsmitglieder der Arbeitnehmer durch Delegierte gewählt, so werden abweichend von § 8 in einem in Absatz 1 bezeichneten Betrieb keine Delegierten gewählt. [2] Abweichend von § 10c Abs. 1 nehmen die Arbeitnehmer dieses Betriebs unmittelbar an der Wahl der Aufsichtsratsmitglieder der Arbeitnehmer teil mit der Maßgabe, dass die Stimme eines dieser Arbeitnehmer als ein Neunzigstel der Stimme eines Delegierten zu zählen ist; § 9 Abs. 1 Satz 3 ist entsprechend anzuwenden.

§ 10k [Freie Wahl, Kosten] (1) [1] Niemand darf die Wahlen nach den §§ 8, 10c, 10d und 10h behindern. [2] Insbesondere darf niemand in der Ausübung des aktiven und passiven Wahlrechts beschränkt werden.

(2) Niemand darf die Wahlen durch Zufügung oder Androhung von Nachteilen oder durch Gewährung oder Versprechen von Vorteilen beeinflussen.

(3) [1] Die Kosten der Wahlen trägt das herrschende Unternehmen. [2] Versäumnis von Arbeitszeit, die zur Ausübung des Wahlrechts oder der Betätigung im Wahlvorstand erforderlich ist, berechtigt den Arbeitgeber nicht zur Minderung des Arbeitsentgelts.

§ 10l [Anfechtung der Delegiertenwahl] (1) Die Wahl der Delegierten eines Betriebs kann beim Arbeitsgericht angefochten werden, wenn gegen wesentliche Vorschriften über das Wahlrecht, die Wählbarkeit oder das Wahlverfahren verstoßen worden und eine Berichtigung nicht erfolgt ist, es sei denn, daß durch den Verstoß das Wahlergebnis nicht geändert oder beeinflußt werden konnte.

(2) [1] Zur Anfechtung berechtigt sind

1. mindestens drei wahlberechtigte Arbeitnehmer des Betriebs,
2. der Betriebsrat,
3. der Sprecherausschuss,
4. das zur gesetzlichen Vertretung berufene Organ des Unternehmens.

[2] Die Anfechtung ist nur binnen einer Frist von zwei Wochen, vom Tage der Bekanntgabe des Wahlergebnisses an gerechnet, zulässig.

§ 10m [Anfechtung der Wahl von Aufsichtsratsmitgliedern] (1) Die Wahl eines Aufsichtsratsmitglieds oder eines Ersatzmitglieds der Arbeitnehmer kann beim Arbeitsgericht angefochten werden, wenn gegen wesentliche Vorschriften über das Wahlrecht, die Wählbarkeit oder das Wahlverfahren verstoßen worden und eine Berichtigung nicht erfolgt ist, es sei denn, daß durch den Verstoß das Wahlergebnis nicht geändert oder beeinflußt werden konnte.

(2) [1] Zur Anfechtung berechtigt sind

1. mindestens drei wahlberechtigte Arbeitnehmer von Konzernunternehmen,
2. der Gesamtbetriebsrat des herrschenden Unternehmens oder, wenn in dem herrschenden Unternehmen nur ein Betriebsrat besteht, der Betriebsrat sowie der Konzernbetriebsrat, soweit ein solcher besteht,
3. der Gesamt- oder Unternehmenssprecherausschuss des herrschenden Unternehmens oder, wenn in dem herrschenden Unternehmen nur ein Sprecherausschuss besteht, der Sprecherausschuss sowie der Konzernsprecherausschuss, soweit ein solcher besteht,
4. der Gesamtbetriebsrat eines anderen Konzernunternehmens oder, wenn in dem anderen Konzernunternehmen nur ein Betriebsrat besteht, der Betriebsrat,
5. der Gesamt- oder Unternehmenssprecherausschuss eines anderen Konzernunternehmens oder, wenn in dem anderen Konzernunternehmen nur ein Sprecherausschuss besteht, der Sprecherausschuss,
6. jede nach § 10d Abs. 2 vorschlagsberechtigte Gewerkschaft,
7. das zur gesetzlichen Vertretung berufene Organ des herrschenden Unternehmens.

[2] Die Anfechtung ist nur binnen einer Frist von zwei Wochen, vom Tage der Veröffentlichung im Bundesanzeiger an gerechnet, zulässig.

§ 10n [Abberufung eines Aufsichtsratsmitglieds] (1) [1] Ein Aufsichtsratsmitglied der Arbeitnehmer kann vor Ablauf der Amtszeit auf Antrag abberufen werden. [2] Antragsberechtigt für die Abberufung eines Aufsichtsratsmitglieds, das nach

1. § 6 Abs. 1 Arbeitnehmer eines Konzernunternehmens ist, sind drei Viertel der wahlberechtigten Arbeitnehmer,
2. § 6 Abs. 1 Vertreter einer Gewerkschaft ist, ist die Gewerkschaft, die das Mitglied vorgeschlagen hat.

(2) [1] Ein durch Delegierte gewähltes Aufsichtsratsmitglied wird durch Beschluss der Delegierten abberufen. [2] Dieser Beschluss wird in geheimer Abstimmung gefasst und bedarf einer Mehrheit von drei Vierteln der abgegebenen Stimmen.

(3) [1] Ein von den Arbeitnehmern unmittelbar gewähltes Aufsichtsratsmitglied wird durch Beschluss der wahlberechtigten Arbeitnehmer abberufen. [2] Dieser Beschluss wird in geheimer, unmittelbarer Abstimmung gefasst und bedarf einer Mehrheit von drei Vierteln der abgegebenen Stimmen.

(4) Die Absätze 1 bis 3 sind für die Abberufung von Ersatzmitgliedern entsprechend anzuwenden.

§ 10o [Erlöschen des Amtes] Verliert ein Aufsichtsratsmitglied, das nach § 6 Abs. 1 Arbeitnehmer eines Konzernunternehmens sein muß, die Wählbarkeit, so erlischt sein Amt.

§ 11 [Beschlussfähigkeit des Aufsichtsrats] [1] Der Aufsichtsrat ist beschlußfähig, wenn mindestens die Hälfte der Mitglieder, aus denen er nach diesem Gesetz oder der Satzung insgesamt zu bestehen hat, an der Beschlußfassung teilnimmt. [2] § 108 Abs. 2 Satz 4 des Aktiengesetzes[1)] findet Anwendung.

§ 12 *(aufgehoben)*

§ 13 [Organvertretung, Bestellung und Widerruf] [1] Für die Bestellung der Mitglieder des zur gesetzlichen Vertretung berufenen Organs und für den Widerruf ihrer Bestellung gelten § 76 Abs. 3 und § 84 des Aktiengesetzes[1)] und § 13 Abs. 1 Satz 1 des Montan-Mitbestimmungsgesetzes[2)]. [2] § 13 Abs. 2 des Montan-Mitbestimmungsgesetzes findet Anwendung.

§ 14 *(aufgehoben)*

§ 15 [Zuständigkeit des Aufsichtsrats] (1) [1] Die einem Unternehmen, in dem die Arbeitnehmer nach dem Montan-Mitbestimmungsgesetz[2)] oder nach § 2 oder § 3 dieses Gesetzes ein Mitbestimmungsrecht haben, auf Grund von Beteiligungen an einem anderen Unternehmen zustehenden Rechte bei der Bestellung, dem Widerruf der Bestellung oder der Entlastung von Verwaltungsträgern sowie bei der Beschlußfassung über die Auflösung oder Umwandlung des anderen Unternehmens, über dessen Fortsetzung nach seiner Auflösung, über die Übertragung seines Vermögens können durch das zur gesetzlichen Vertretung berufene Organ nur auf Grund von Beschlüssen des Aufsichtsrats ausgeübt werden. [2] Diese Beschlüsse bedürfen nur der Mehrheit der Stimmen der nach § 5 des Montan-Mitbestimmungsgesetzes oder der nach § 5 Abs. 2 dieses Gesetzes bestellten Mitglieder; sie sind für das zur gesetzlichen Vertretung berufene Organ verbindlich.

(2) Absatz 1 gilt nicht, wenn die Beteiligung des Unternehmens an dem anderen Unternehmen weniger als ein Viertel beträgt.

§ 16 [Voraussetzung für die Anwendung der §§5 bis 13] (1) Die §§ 5 bis 13 sind auf das herrschende Unternehmen erst anzuwenden,

1. wenn in sechs aufeinanderfolgenden Geschäftsjahren der nach § 3 berechnete Anteil der unter das Montan-Mitbestimmungsgesetz[2)] fallenden Unternehmen an den Umsätzen sämtlicher Konzernunternehmen und abhängigen Unternehmen mehr als die Hälfte betragen hat oder
2. wenn auf dieses Unternehmen das Montan-Mitbestimmungsgesetz, nach dem die Arbeitnehmer bisher ein Mitbestimmungsrecht hatten, nicht mehr anwendbar ist.

(2) Die §§ 5 bis 13 sind auf das herrschende Unternehmen nicht mehr anzuwenden, wenn in sechs aufeinanderfolgenden Geschäftsjahren

1. die Voraussetzungen des § 3 nicht mehr vorliegen oder

[1)] Nr. **2**.
[2)] Nr. **14**.

2. kein Unternehmen, in dem die Arbeitnehmer nach den Vorschriften des Montan-Mitbestimmungsgesetzes ein Mitbestimmungsrecht haben, beherrscht wird.

§ 17 [Ermächtigung] Die Bundesregierung wird ermächtigt, durch Rechtsverordnung Vorschriften über das Verfahren für die Wahl und die Abberufung von Aufsichtsratsmitgliedern der Arbeitnehmer zu erlassen, insbesondere über

1. die Vorbereitung der Wahl oder Abstimmung, die Bestellung der Wahlvorstände und die Aufstellung der Wählerlisten,
2. die Abstimmungen darüber, ob die Wahl der Aufsichtsratsmitglieder in unmittelbarer Wahl oder durch Delegierte erfolgen soll,
3. die Frist für die Einsichtnahme in die Wählerlisten und die Erhebung von Einsprüchen,
4. die Verteilung der Aufsichtsratsmitglieder der Arbeitnehmer auf diejenigen, die Arbeitnehmer eines Konzernunternehmens sein müssen, und die Gewerkschaftsvertreter sowie das Verfahren zur Berücksichtigung der Geschlechter,
5. die Errechnung der Zahl der Delegierten,
6. die Wahlvorschläge und die Frist für ihre Einreichung,
7. die Ausschreibung der Wahl oder der Abstimmung und die Fristen für die Bekanntmachung des Ausschreibens,
8. die Teilnahme von Arbeitnehmern eines in § 10i Absatz 1 bezeichneten Betriebs an Wahlen und Abstimmungen,
9. die Stimmabgabe,
10. die Feststellung des Ergebnisses der Wahl oder der Abstimmung und die Fristen für seine Bekanntmachung,
11. die Aufbewahrung der Wahlakten und der Abstimmungsakten.

Art. 2. Anwendung und Änderung des Gesetzes über das Verfahren in Familiensachen und in den Angelegenheiten der freiwilligen Gerichtsbarkeit

§ 18 [Anwendung des FamFG] [1]Im Falle des § 8 Abs. 3 Satz 4 des Montan-Mitbestimmungsgesetzes[1)] sind auf das Verfahren des Oberlandesgerichts die Vorschriften des Gesetzes über das Verfahren in Familiensachen und in den Angelegenheiten der freiwilligen Gerichtsbarkeit entsprechend anzuwenden. [2]Gegen die Entscheidung des Oberlandesgerichts findet ein Rechtsmittel nicht statt.

§§ 19–20 *(aufgehoben)*

Art. 3. Übergangs- und Schlußvorschriften

§ 21 *(gegenstandslose Übergangsvorschrift)*

§ 22 [Übergangsregelung] (1) Auf Wahlen von Aufsichtsratsmitgliedern der Arbeitnehmer, die bis zum 31. Dezember 2015 abgeschlossen sind, ist das

---

1) Nr. **14**.

Gesetz zur Ergänzung des Gesetzes über die Mitbestimmung der Arbeitnehmer in den Aufsichtsräten und Vorständen der Unternehmen des Bergbaus und der Eisen und Stahl erzeugenden Industrie in der Fassung des Artikels 34 des Gesetzes vom 23. Juli 2013 (BGBl. I S. 2586) anzuwenden.

(2) Auf Wahlen von Aufsichtsratsmitgliedern der Arbeitnehmer, die bis zum 31. Dezember 2015 nicht abgeschlossen sind, ist im Fall des § 96 Absatz 2 Satz 3 des Aktiengesetzes das Gesetz zur Ergänzung des Gesetzes über die Mitbestimmung der Arbeitnehmer in den Aufsichtsräten und Vorständen der Unternehmen des Bergbaus und der Eisen und Stahl erzeugenden Industrie in der durch Artikel 6 des Gesetzes vom 24. April 2015 (BGBl. I S. 642) geänderten Fassung anzuwenden.

(3) Eine Wahl von Aufsichtsratsmitgliedern der Arbeitnehmer gilt als abgeschlossen, wenn die Bekanntmachung der Mitglieder des Aufsichtsrates nach § 10g Satz 1 durch das zur gesetzlichen Vertretung des herrschenden Unternehmens befugte Organ erfolgt ist.

§ 23 [Inkrafttreten] Dieses Gesetz tritt am Tage nach seiner Verkündung[1] in Kraft.

---

[1] Verkündet am 8.8.1956.

16. Gesetz über die Drittelbeteiligung der Arbeitnehmer im Aufsichtsrat (Drittelbeteiligungsgesetz – DrittelbG)[1]

Vom 18. Mai 2004

(BGBl. I S. 974)

FNA 801-14

zuletzt geänd. durch Art. 8 G für die gleichberechtigte Teilhabe von Frauen und Männern an Führungspositionen in der Privatwirtschaft und im öffentlichen Dienst v. 24.4.2015 (BGBl. I S. 642)

Teil 1. Geltungsbereich

§ 1 Erfasste Unternehmen. (1) Die Arbeitnehmer haben ein Mitbestimmungsrecht im Aufsichtsrat nach Maßgabe dieses Gesetzes in

1. einer Aktiengesellschaft mit in der Regel mehr als 500 Arbeitnehmern. Ein Mitbestimmungsrecht im Aufsichtsrat besteht auch in einer Aktiengesellschaft mit in der Regel weniger als 500 Arbeitnehmern, die vor dem 10. August 1994 eingetragen worden ist und keine Familiengesellschaft ist. Als Familiengesellschaften gelten solche Aktiengesellschaften, deren Aktionär eine einzelne natürliche Person ist oder deren Aktionäre untereinander im Sinne von § 15 Abs. 1 Nr. 2 bis 8, Abs. 2 der Abgabenordnung verwandt oder verschwägert sind;
2. einer Kommanditgesellschaft auf Aktien mit in der Regel mehr als 500 Arbeitnehmern. Nummer 1 Satz 2 und 3 gilt entsprechend;
3. einer Gesellschaft mit beschränkter Haftung mit in der Regel mehr als 500 Arbeitnehmern. Die Gesellschaft hat einen Aufsichtsrat zu bilden; seine Zusammensetzung sowie seine Rechte und Pflichten bestimmen sich nach § 90 Abs. 3, 4, 5 Satz 1 und 2, nach den §§ 95 bis 114, 116, 118 Abs. 3, § 125 Abs. 3 und 4 und nach den §§ 170, 171, 268 Abs. 2 des Aktiengesetzes[2];
4. einem Versicherungsverein auf Gegenseitigkeit mit in der Regel mehr als 500 Arbeitnehmern, wenn dort ein Aufsichtsrat besteht;
5. einer Genossenschaft mit in der Regel mehr als 500 Arbeitnehmern. § 96 Absatz 4 und die §§ 97 bis 99 des Aktiengesetzes sind entsprechend anzuwenden. Die Satzung kann nur eine durch drei teilbare Zahl von Aufsichtsratsmitgliedern festsetzen. Der Aufsichtsrat muss zwei Sitzungen im Kalenderhalbjahr abhalten.

(2) [1]Dieses Gesetz findet keine Anwendung auf

---

[1] Verkündet als Art. 1 G v. 18.5.2004 (BGBl. I S. 974); Inkrafttreten gem. Art. 6 Abs. 2 dieses G am 1.7.2004, mit Ausnahme von § 13, der gem. § 6 Abs. 1 dieses G bereits am 28.5.2004 in Kraft getreten ist.

[2] Nr. **2**.

1. die in § 1 Abs. 1 des Mitbestimmungsgesetzes[1], die in § 1 des Montan-Mitbestimmungsgesetzes[2] und die in den §§ 1 und 3 Abs. 1 des Montan-Mitbestimmungsergänzungsgesetzes[3] bezeichneten Unternehmen;
2. Unternehmen, die unmittelbar und überwiegend
   a) politischen, koalitionspolitischen, konfessionellen, karitativen, erzieherischen, wissenschaftlichen oder künstlerischen Bestimmungen oder
   b) Zwecken der Berichterstattung oder Meinungsäußerung, auf die Artikel 5 Abs. 1 Satz 2 des Grundgesetzes anzuwenden ist,

   dienen.

[2]Dieses Gesetz ist nicht anzuwenden auf Religionsgemeinschaften und ihre karitativen und erzieherischen Einrichtungen unbeschadet deren Rechtsform.

(3) Die Vorschriften des Genossenschaftsgesetzes[4] über die Zusammensetzung des Aufsichtsrats sowie über die Wahl und die Abberufung von Aufsichtsratsmitgliedern gelten insoweit nicht, als sie den Vorschriften dieses Gesetzes widersprechen.

§ 2 Konzern. (1) An der Wahl der Aufsichtsratsmitglieder der Arbeitnehmer des herrschenden Unternehmens eines Konzerns (§ 18 Abs. 1 des Aktiengesetzes[5]) nehmen auch die Arbeitnehmer der übrigen Konzernunternehmen teil.

(2) Soweit nach § 1 die Beteiligung der Arbeitnehmer im Aufsichtsrat eines herrschenden Unternehmens von dem Vorhandensein oder der Zahl von Arbeitnehmern abhängt, gelten die Arbeitnehmer eines Konzernunternehmens als solche des herrschenden Unternehmens, wenn zwischen den Unternehmen ein Beherrschungsvertrag besteht oder das abhängige Unternehmen in das herrschende Unternehmen eingegliedert ist.

§ 3 Arbeitnehmer, Betrieb. (1) Arbeitnehmer im Sinne dieses Gesetzes sind die in § 5 Abs. 1 des Betriebsverfassungsgesetzes bezeichneten Personen mit Ausnahme der in § 5 Abs. 3 des Betriebsverfassungsgesetzes bezeichneten leitenden Angestellten.

(2) [1]Betriebe im Sinne dieses Gesetzes sind solche des Betriebsverfassungsgesetzes. [2]§ 4 Abs. 2 des Betriebsverfassungsgesetzes ist anzuwenden.

(3) [1]Die Gesamtheit der Schiffe eines Unternehmens gilt für die Anwendung dieses Gesetzes als ein Betrieb. [2]Schiffe im Sinne dieses Gesetzes sind Kauffahrteischiffe, die nach dem Flaggenrechtsgesetz die Bundesflagge führen. [3]Schiffe, die in der Regel binnen 48 Stunden nach dem Auslaufen an den Sitz eines Landbetriebs zurückkehren, gelten als Teil dieses Landbetriebs.

Teil 2. Aufsichtsrat

§ 4 Zusammensetzung. (1) Der Aufsichtsrat eines in § 1 Abs. 1 bezeichneten Unternehmens muss zu einem Drittel aus Arbeitnehmervertretern bestehen.

---

[1] Nr. **13**.
[2] Nr. **14**.
[3] Nr. **15**.
[4] Nr. **4**.
[5] Nr. **2**.

(2) [1] Ist ein Aufsichtsratsmitglied der Arbeitnehmer oder sind zwei Aufsichtsratsmitglieder der Arbeitnehmer zu wählen, so müssen diese als Arbeitnehmer im Unternehmen beschäftigt sein. [2] Sind mehr als zwei Aufsichtsratsmitglieder der Arbeitnehmer zu wählen, so müssen mindestens zwei Aufsichtsratsmitglieder als Arbeitnehmer im Unternehmen beschäftigt sein.

(3) [1] Die Aufsichtsratsmitglieder der Arbeitnehmer, die Arbeitnehmer des Unternehmens sind, müssen das 18. Lebensjahr vollendet haben und ein Jahr dem Unternehmen angehören. [2] Auf die einjährige Unternehmensangehörigkeit werden Zeiten der Angehörigkeit zu einem anderen Unternehmen, dessen Arbeitnehmer nach diesem Gesetz an der Wahl von Aufsichtsratsmitgliedern des Unternehmens teilnehmen, angerechnet. [3] Diese Zeiten müssen unmittelbar vor dem Zeitpunkt liegen, ab dem die Arbeitnehmer zur Wahl von Aufsichtsratsmitgliedern des Unternehmens berechtigt sind. [4] Die weiteren Wählbarkeitsvoraussetzungen des § 8 Abs. 1 des Betriebsverfassungsgesetzes müssen erfüllt sein.

(4) Unter den Aufsichtsratsmitgliedern der Arbeitnehmer sollen Frauen und Männer entsprechend ihrem zahlenmäßigen Verhältnis im Unternehmen vertreten sein.

§ 5 Wahl der Aufsichtsratsmitglieder der Arbeitnehmer. (1) Die Aufsichtsratsmitglieder der Arbeitnehmer werden nach den Grundsätzen der Mehrheitswahl in allgemeiner, geheimer, gleicher und unmittelbarer Wahl für die Zeit gewählt, die im Gesetz oder in der Satzung für die von der Hauptversammlung zu wählenden Aufsichtsratsmitglieder bestimmt ist.

(2) [1] Wahlberechtigt sind die Arbeitnehmer des Unternehmens, die das 18. Lebensjahr vollendet haben. [2] § 7 Satz 2 des Betriebsverfassungsgesetzes gilt entsprechend.

§ 6 Wahlvorschläge. [1] Die Wahl erfolgt auf Grund von Wahlvorschlägen der Betriebsräte und der Arbeitnehmer. [2] Die Wahlvorschläge der Arbeitnehmer müssen von mindestens einem Zehntel der Wahlberechtigten oder von mindestens 100 Wahlberechtigten unterzeichnet sein.

§ 7 Ersatzmitglieder. (1) [1] In jedem Wahlvorschlag kann zusammen mit jedem Bewerber für diesen ein Ersatzmitglied des Aufsichtsrats vorgeschlagen werden. [2] Ein Bewerber kann nicht zugleich als Ersatzmitglied vorgeschlagen werden.

(2) Wird ein Bewerber als Aufsichtsratsmitglied gewählt, so ist auch das zusammen mit ihm vorgeschlagene Ersatzmitglied gewählt.

§ 8 Bekanntmachung der Mitglieder des Aufsichtsrats. [1] Das zur gesetzlichen Vertretung des Unternehmens befugte Organ hat die Namen der Mitglieder und der Ersatzmitglieder des Aufsichtsrats unverzüglich nach ihrer Bestellung in den Betrieben des Unternehmens bekannt zu machen und im Bundesanzeiger zu veröffentlichen. [2] Nehmen an der Wahl der Aufsichtsratsmitglieder des Unternehmens auch die Arbeitnehmer eines anderen Unternehmens teil, so ist daneben das zur gesetzlichen Vertretung des anderen Unternehmens befugte Organ zur Bekanntmachung in seinen Betrieben verpflichtet.

§ 9 Schutz von Aufsichtsratsmitgliedern vor Benachteiligung. [1] Aufsichtsratsmitglieder der Arbeitnehmer dürfen in der Ausübung ihrer Tätigkeit nicht gestört oder behindert werden. [2]Sie dürfen wegen ihrer Tätigkeit im Aufsichtsrat nicht benachteiligt oder begünstigt werden. [3]Dies gilt auch für ihre berufliche Entwicklung.

§ 10 Wahlschutz und Wahlkosten. (1) [1]Niemand darf die Wahl der Aufsichtsratsmitglieder der Arbeitnehmer behindern. [2]Insbesondere darf niemand in der Ausübung des aktiven und passiven Wahlrechts beschränkt werden.

(2) Niemand darf die Wahlen durch Zufügung oder Androhung von Nachteilen oder durch Gewährung oder Versprechen von Vorteilen beeinflussen.

(3) [1]Die Kosten der Wahlen trägt das Unternehmen. [2]Versäumnis von Arbeitszeit, die zur Ausübung des Wahlrechts oder der Betätigung im Wahlvorstand erforderlich ist, berechtigt nicht zur Minderung des Arbeitsentgelts.

§ 11 Anfechtung der Wahl von Aufsichtsratsmitgliedern der Arbeitnehmer. (1) Die Wahl eines Aufsichtsratsmitglieds oder eines Ersatzmitglieds der Arbeitnehmer kann beim Arbeitsgericht angefochten werden, wenn gegen wesentliche Vorschriften über das Wahlrecht, die Wählbarkeit oder das Wahlverfahren verstoßen worden und eine Berichtigung nicht erfolgt ist, es sei denn, dass durch den Verstoß das Wahlergebnis nicht geändert oder beeinflusst werden konnte.

(2) [1]Zur Anfechtung berechtigt sind

1. mindestens drei Wahlberechtigte,
2. die Betriebsräte,
3. das zur gesetzlichen Vertretung des Unternehmens befugte Organ.

[2]Die Anfechtung ist nur binnen einer Frist von zwei Wochen, vom Tag der Veröffentlichung im Bundesanzeiger an gerechnet, zulässig.

§ 12 Abberufung von Aufsichtsratsmitgliedern der Arbeitnehmer.

(1) [1]Ein Aufsichtsratsmitglied der Arbeitnehmer kann vor Ablauf der Amtszeit auf Antrag eines Betriebsrats oder von mindestens einem Fünftel der Wahlberechtigten durch Beschluss abberufen werden. [2]Der Beschluss der Wahlberechtigten wird in allgemeiner, geheimer, gleicher und unmittelbarer Abstimmung gefasst; er bedarf einer Mehrheit von drei Vierteln der abgegebenen Stimmen. [3]Auf die Beschlussfassung findet § 2 Abs. 1 Anwendung.

(2) Absatz 1 ist für die Abberufung von Ersatzmitgliedern entsprechend anzuwenden.

Teil 3. Übergangs- und Schlussvorschriften

§ 13 Ermächtigung zum Erlass von Rechtsverordnungen. Die Bundesregierung wird ermächtigt, durch Rechtsverordnung Vorschriften über das Verfahren für die Wahl und die Abberufung von Aufsichtsratsmitgliedern der Arbeitnehmer zu erlassen, insbesondere über

1. die Vorbereitung der Wahl, insbesondere die Aufstellung der Wählerlisten und die Errechnung der Zahl der Aufsichtsratsmitglieder der Arbeitnehmer;
2. die Frist für die Einsichtnahme in die Wählerlisten und die Erhebung von Einsprüchen gegen sie;
3. die Wahlvorschläge und die Frist für ihre Einreichung;
4. das Wahlausschreiben und die Frist für seine Bekanntmachung;

5. die Teilnahme von Arbeitnehmern eines in § 3 Abs. 3 bezeichneten Betriebs an der Wahl;
6. die Stimmabgabe;
7. die Feststellung des Wahlergebnisses und die Fristen für seine Bekanntmachung;
8. die Anfechtung der Wahl;
9. die Aufbewahrung der Wahlakten.

§ 14 Verweisungen. Soweit in anderen Gesetzen auf Vorschriften verwiesen wird, die durch Artikel 6 Abs. 2 des Zweiten Gesetzes zur Vereinfachung der Wahl der Arbeitnehmervertreter in den Aufsichtsrat aufgehoben werden, treten an ihre Stelle die entsprechenden Vorschriften dieses Gesetzes.

§ 15 *(aufgehoben)*

17. Gesetz über die Mitbestimmung der Arbeitnehmer bei einer grenzüberschreitenden Verschmelzung (MgVG)[1)2)]

Vom 21. Dezember 2006
(BGBl. I S. 3332)

FNA 801-17

geänd. durch Art. 11 G zur Umsetzung der AktionärsrechteRL (ARUG) v. 30.7.2009 (BGBl. I S. 2479)

Teil 1. Allgemeine Vorschriften

§ 1 Zielsetzung des Gesetzes. (1) [1]Das Gesetz regelt die Mitbestimmung der Arbeitnehmer (Arbeitnehmerinnen und Arbeitnehmer) in den Unternehmensorganen der aus einer grenzüberschreitenden Verschmelzung hervorgehenden Gesellschaft. [2]Ziel des Gesetzes ist, die in den an der Verschmelzung beteiligten Gesellschaften erworbenen Mitbestimmungsrechte der Arbeitnehmer zu sichern. [3]Diese Rechte sind maßgeblich für die Ausgestaltung der Mitbestimmung in der aus einer grenzüberschreitenden Verschmelzung hervorgehenden Gesellschaft.

(2) [1]Wenn das nationale Recht des Mitgliedstaats, in dem die aus einer grenzüberschreitenden Verschmelzung hervorgehende Gesellschaft ihren Sitz hat, keinen ausreichenden Schutz zur Sicherung der Mitbestimmung der Arbeitnehmer gewährt, wird eine Vereinbarung über die Mitbestimmung der Arbeitnehmer in der aus einer grenzüberschreitenden Verschmelzung hervorgehenden Gesellschaft getroffen. [2]Kommt es nicht zu einer Vereinbarung, wird die Mitbestimmung der Arbeitnehmer kraft Gesetzes sichergestellt.

(3) Die Vorschriften dieses Gesetzes sowie die nach Absatz 2 zu treffende Vereinbarung sind so auszulegen, dass das Ziel der Europäischen Gemeinschaft, die Mitbestimmung der Arbeitnehmer in der aus einer grenzüberschreitenden Verschmelzung hervorgehenden Gesellschaft sicherzustellen, gefördert wird.

§ 2 Begriffsbestimmungen. (1) [1]Der Begriff des Arbeitnehmers richtet sich nach den Rechtsvorschriften und Gepflogenheiten der jeweiligen Mitgliedstaaten. [2]Arbeitnehmer eines inländischen Unternehmens oder Betriebes sind Arbeiter und Angestellte einschließlich der zu ihrer Berufsausbildung Beschäftigten und der in § 5 Abs. 3 Satz 2 des Betriebsverfassungsgesetzes genannten leitenden Angestellten, unabhängig davon, ob sie im Betrieb, im Außendienst oder mit Telearbeit beschäftigt werden. [3]Als Arbeitnehmer gelten auch die in Heimarbeit Beschäftigten, die in der Hauptsache für das Unternehmen oder den Betrieb arbeiten.

---

1) **Amtl. Anm.:** Dieses Gesetz dient der Umsetzung von Artikel 16 der Richtlinie 2005/56/EG des Europäischen Parlaments und des Rates vom 26. Oktober 2005 über die Verschmelzung von Kapitalgesellschaften aus verschiedenen Mitgliedstaaten (ABl. EU Nr. L 310 S. 1).

2) Verkündet als Art. 1 G zur Umsetzung der Regelungen über die Mitbestimmung der Arbeitnehmer bei einer Verschmelzung von Kapitalgesellschaften aus verschiedenen Mitgliedstaaten v. 21.12. 2006 (BGB. I S. 3332); Inkrafttreten gem. Art. 4 dieses G am 29.12.2006.

(2) Beteiligte Gesellschaften sind die Kapitalgesellschaften, die unmittelbar an der Verschmelzung beteiligt sind.

(3) [1] Tochtergesellschaften sind rechtlich selbstständige Unternehmen, auf die eine andere Gesellschaft einen beherrschenden Einfluss im Sinne von Artikel 3 Abs. 2 bis 7 der Richtlinie 94/45/EG des Rates vom 22. September 1994 über die Einsetzung eines Europäischen Betriebsrates oder die Schaffung eines Verfahrens zur Unterrichtung und Anhörung der Arbeitnehmer in gemeinschaftsweit* operierenden Unternehmen und Unternehmensgruppen (ABl. EG Nr. L 254 S. 64) ausüben kann. [2] § 6 Abs. 2 bis 4 des Europäische Betriebsräte-Gesetzes vom 28. Oktober 1996 (BGBl. I S. 1548, 2022) ist anzuwenden.

(4) Betroffene Tochtergesellschaften oder betroffene Betriebe sind Tochtergesellschaften oder Betriebe einer beteiligten Gesellschaft, die zu Tochtergesellschaften oder Betrieben der aus einer grenzüberschreitenden Verschmelzung hervorgehenden Gesellschaft werden sollen.

(5) Leitung bezeichnet das Organ der unmittelbar an der Verschmelzung beteiligten Gesellschaften oder der aus einer grenzüberschreitenden Verschmelzung hervorgehenden Gesellschaft selbst, das die Geschäfte der Gesellschaft führt und zu ihrer Vertretung berechtigt ist.

(6) Arbeitnehmervertretung bezeichnet jede Vertretung der Arbeitnehmer nach dem Betriebsverfassungsgesetz (Betriebsrat, Gesamtbetriebsrat, Konzernbetriebsrat oder eine nach § 3 Abs. 1 Nr. 1 bis 3 des Betriebsverfassungsgesetzes gebildete Vertretung).

(7) Mitbestimmung bedeutet die Einflussnahme der Arbeitnehmer auf die Angelegenheiten einer Gesellschaft durch

1. die Wahrnehmung des Rechts, einen Teil der Mitglieder des Aufsichts- oder Verwaltungsorgans der Gesellschaft zu wählen oder zu bestellen, oder
2. die Wahrnehmung des Rechts, die Bestellung eines Teils oder aller Mitglieder des Aufsichts- oder Verwaltungsorgans der Gesellschaft zu empfehlen oder abzulehnen.

§ 3 Geltungsbereich. (1) [1] Dieses Gesetz gilt für eine aus einer grenzüberschreitenden Verschmelzung hervorgehende Gesellschaft mit Sitz im Inland. [2] Es gilt unabhängig vom Sitz dieser Gesellschaft auch für Arbeitnehmer der aus einer grenzüberschreitenden Verschmelzung hervorgehenden Gesellschaft, die im Inland beschäftigt sind, sowie für inländische beteiligte Gesellschaften, betroffene Tochtergesellschaften und betroffene Betriebe.

(2) Mitgliedstaaten im Sinne dieses Gesetzes sind die Mitgliedstaaten der Europäischen Union und die anderen Vertragsstaaten des Abkommens über den Europäischen Wirtschaftsraum.

§ 4 Anwendung des Rechts des Sitzstaats. Vorbehaltlich des § 5 finden auf die aus einer grenzüberschreitenden Verschmelzung hervorgehende Gesellschaft die Regelungen über die Mitbestimmung der Arbeitnehmer in den Unternehmensorganen des Mitgliedstaats Anwendung, in dem diese Gesellschaft ihren Sitz hat.

§ 5 Anwendung der Regelungen über die Mitbestimmung der Arbeitnehmer kraft Vereinbarung oder kraft Gesetzes. Die nachfolgenden Regelungen über die Mitbestimmung der Arbeitnehmer kraft Vereinbarung oder in den Fällen des § 23 die Regelungen über die Mitbestimmung kraft Gesetzes finden Anwendung, wenn

1. in den sechs Monaten vor der Veröffentlichung des Verschmelzungsplans mindestens eine der beteiligten Gesellschaften durchschnittlich mehr als 500 Arbeitnehmer beschäftigt und in dieser Gesellschaft ein System der Mitbestimmung im Sinne des § 2 Abs. 7 besteht;
2. das für die aus einer grenzüberschreitenden Verschmelzung hervorgehende Gesellschaft maßgebende innerstaatliche Recht nicht mindestens den gleichen Umfang an Mitbestimmung der Arbeitnehmer vorsieht, wie er in den jeweiligen an der Verschmelzung beteiligten Gesellschaften bestand; der Umfang an Mitbestimmung der Arbeitnehmer bemisst sich nach dem Anteil der Arbeitnehmervertreter
   a) im Verwaltungs- oder Aufsichtsorgan,
   b) in Ausschüssen, in denen die Mitbestimmung der Arbeitnehmer erfolgt oder
   c) im Leitungsgremium, das für die Ergebniseinheiten der Gesellschaften zuständig ist;

   oder
3. das für die aus einer grenzüberschreitenden Verschmelzung hervorgehende Gesellschaft maßgebende innerstaatliche Recht für Arbeitnehmer in Betrieben dieser Gesellschaft, die sich in anderen Mitgliedstaaten befinden, nicht den gleichen Anspruch auf Ausübung von Mitbestimmung vorsieht, wie sie den Arbeitnehmern in demjenigen Mitgliedstaat gewährt werden, in dem die aus der grenzüberschreitenden Verschmelzung hervorgehende Gesellschaft ihren Sitz hat.

Teil 2. Besonderes Verhandlungsgremium

Kapitel 1. Bildung und Zusammensetzung

§ 6 Information der Leitungen. (1) [1] Das besondere Verhandlungsgremium ist auf Grund einer schriftlichen Aufforderung der Leitungen zu bilden. [2] Es hat die Aufgabe, mit den Leitungen eine schriftliche Vereinbarung über die Mitbestimmung der Arbeitnehmer in der aus einer grenzüberschreitenden Verschmelzung hervorgehenden Gesellschaft abzuschließen.

(2) [1] Wenn die Leitungen eine grenzüberschreitende Verschmelzung planen, informieren sie die Arbeitnehmervertretungen und Sprecherausschüsse in den beteiligten Gesellschaften, betroffenen Tochtergesellschaften und betroffenen Betrieben über das Verschmelzungsvorhaben. [2] Besteht keine Arbeitnehmervertretung, erfolgt die Information gegenüber den Arbeitnehmern. [3] Die Information erfolgt unaufgefordert und unverzüglich nach Offenlegung des Verschmelzungsplans.

(3) Die Information erstreckt sich insbesondere auf

1. die Identität und Struktur der beteiligten Gesellschaften, betroffenen Tochtergesellschaften und betroffenen Betriebe und deren Verteilung auf die Mitgliedstaaten,
2. die in diesen Gesellschaften und Betrieben bestehenden Arbeitnehmervertretungen,

3. die Zahl der in diesen Gesellschaften und Betrieben jeweils beschäftigten Arbeitnehmer sowie die daraus zu errechnende Gesamtzahl der in einem Mitgliedstaat beschäftigten Arbeitnehmer und
4. die Zahl der Arbeitnehmer, denen Mitbestimmungsrechte in den Organen dieser Gesellschaften zustehen.

(4) Maßgeblicher Zeitpunkt für die Ermittlung der Zahl der Arbeitnehmer ist der Zeitpunkt der Information nach Absatz 2.

§ 7 Zusammensetzung des besonderen Verhandlungsgremiums.

(1) [1] Für die in jedem Mitgliedstaat beschäftigten Arbeitnehmer der beteiligten Gesellschaften, betroffenen Tochtergesellschaften und betroffenen Betriebe werden Mitglieder für das besondere Verhandlungsgremium gewählt oder bestellt. [2] Für jeden Anteil der in einem Mitgliedstaat beschäftigten Arbeitnehmer, der 10 Prozent der Gesamtzahl der in allen Mitgliedstaaten beschäftigten Arbeitnehmer der beteiligten Gesellschaften und der betroffenen Tochtergesellschaften oder betroffenen Betriebe oder einen Bruchteil davon beträgt, ist ein Mitglied aus diesem Mitgliedstaat in das besondere Verhandlungsgremium zu wählen oder zu bestellen.

(2) [1] Es sind so viele zusätzliche Mitglieder in das besondere Verhandlungsgremium zu wählen oder zu bestellen, wie erforderlich sind, um zu gewährleisten, dass jede eingetragene beteiligte Gesellschaft durch mindestens ein Mitglied in dem besonderen Verhandlungsgremium vertreten ist. [2] Diese Gesellschaft muss Arbeitnehmer in dem betreffenden Mitgliedstaat beschäftigen und als Folge der geplanten grenzüberschreitenden Verschmelzung als eigene Rechtspersönlichkeit erlöschen. [3] Die Wahl oder Bestellung darf nicht zu einer Doppelvertretung der betroffenen Arbeitnehmer führen.

(3) [1] Die Zahl der zusätzlichen Mitglieder darf 20 Prozent der sich aus Absatz 1 ergebenden Mitgliederzahl nicht überschreiten. [2] Kann danach nicht jede nach Absatz 2 besonders zu berücksichtigende Gesellschaft durch ein zusätzliches Mitglied im besonderen Verhandlungsgremium vertreten werden, so werden diese Gesellschaften in absteigender Reihenfolge der Zahl der bei ihnen beschäftigten Arbeitnehmer berücksichtigt. [3] Dabei ist zu gewährleisten, dass ein Mitgliedstaat nicht mehrere zusätzliche Sitze erhält, solange nicht alle anderen Mitgliedstaaten, aus denen die nach Absatz 2 besonders zu berücksichtigenden Gesellschaften stammen, einen Sitz erhalten haben.

(4) [1] Treten während der Tätigkeitsdauer des besonderen Verhandlungsgremiums solche Änderungen in der Struktur oder Arbeitnehmerzahl der beteiligten Gesellschaften, der betroffenen Tochtergesellschaften oder der betroffenen Betriebe ein, dass sich die konkrete Zusammensetzung des besonderen Verhandlungsgremiums ändern würde, so ist das besondere Verhandlungsgremium entsprechend neu zusammenzusetzen. [2] Über solche Änderungen haben die zuständigen Leitungen unverzüglich das besondere Verhandlungsgremium zu informieren. [3] § 6 Abs. 2 bis 4 gilt entsprechend.

§ 8 Persönliche Voraussetzungen der auf das Inland entfallenden Mitglieder des besonderen Verhandlungsgremiums. (1) Die persönlichen Voraussetzungen der Mitglieder des besonderen Verhandlungsgremiums richten sich nach den jeweiligen Bestimmungen der Mitgliedstaaten, in denen sie gewählt oder bestellt werden.

(2) [1] Zu Mitgliedern des besonderen Verhandlungsgremiums wählbar sind im Inland Arbeitnehmer der Gesellschaften und Betriebe sowie Gewerkschaftsvertreter. [2] Frauen und Männer sollen entsprechend ihrem zahlenmäßigen Verhältnis gewählt werden. [3] Für jedes Mitglied ist ein Ersatzmitglied zu wählen.

(3) Gehören dem besonderen Verhandlungsgremium mehr als zwei Mitglieder aus dem Inland an, ist jedes dritte Mitglied ein Vertreter einer Gewerkschaft, die in einer an der Verschmelzung beteiligten Gesellschaft, betroffenen Tochtergesellschaft oder einem betroffenen Betrieb vertreten ist.

(4) Gehören dem besonderen Verhandlungsgremium mehr als sechs Mitglieder aus dem Inland an, ist mindestens jedes siebte Mitglied ein leitender Angestellter.

§ 9 Verteilung der auf das Inland entfallenden Sitze des besonderen Verhandlungsgremiums. (1) Die Wahl oder Bestellung der Mitglieder des besonderen Verhandlungsgremiums nach § 7 erfolgt nach den jeweiligen Bestimmungen der Mitgliedstaaten.

(2) Bei der Wahl der auf das Inland entfallenden Mitglieder des besonderen Verhandlungsgremiums sollen alle an der Verschmelzung beteiligten Gesellschaften mit Sitz im Inland, die Arbeitnehmer im Inland beschäftigen, durch mindestens ein Mitglied im besonderen Verhandlungsgremium vertreten sein.

(3) Ist die Anzahl der auf das Inland entfallenden Mitglieder des besonderen Verhandlungsgremiums geringer als die Anzahl der an der Verschmelzung beteiligten Gesellschaften mit Sitz im Inland, die Arbeitnehmer im Inland beschäftigen, so erhalten die Gesellschaften in absteigender Reihenfolge der Zahl der Arbeitnehmer jeweils einen Sitz.

(4) Ist die Anzahl der auf das Inland entfallenden Mitglieder des besonderen Verhandlungsgremiums höher als die Anzahl der an der Verschmelzung beteiligten Gesellschaften mit Sitz im Inland, die Arbeitnehmer im Inland beschäftigen, so sind die nach erfolgter Verteilung nach Absatz 2 verbleibenden Sitze nach dem d'Hondtschen Höchstzahlverfahren auf die beteiligten Gesellschaften, die betroffenen Tochtergesellschaften oder die betroffenen Betriebe zu verteilen.

(5) Sind keine Gesellschaften mit Sitz im Inland an der Verschmelzung beteiligt, sondern von ihr nur Tochtergesellschaften oder Betriebe ausländischer Gesellschaften betroffen, gelten die Absätze 2 bis 4 entsprechend.

Kapitel 2. Wahlgremium

§ 10 Zusammensetzung des Wahlgremiums; Urwahl. (1) [1] Die nach diesem Gesetz oder dem Gesetz eines anderen Mitgliedstaats auf die im Inland beschäftigten Arbeitnehmer der an der Verschmelzung beteiligten Gesellschaften, betroffenen Tochtergesellschaften und betroffenen Betriebe entfallenden Mitglieder des besonderen Verhandlungsgremiums werden von einem Wahlgremium in geheimer und unmittelbarer Wahl gewählt. [2] Im Fall des § 8 Abs. 3 ist jedes dritte Mitglied auf Vorschlag einer Gewerkschaft zu wählen, die in einer an der Verschmelzung beteiligten Gesellschaft, einer betroffenen Tochtergesellschaft oder einem betroffenen Betrieb vertreten ist. [3] Wird nur ein Wahlvorschlag gemacht, muss dieser mindestens doppelt so viele Bewerber enthalten wie Vertreter von Gewerkschaften zu wählen sind. [4] Jeder Wahlvorschlag einer Gewerkschaft muss von einem Vertreter der Gewerkschaft unterzeichnet sein. 5 Im Fall des § 8 Abs. 4 ist jedes siebte Mitglied auf Vorschlag der Sprecherausschüsse zu wählen; Satz 3 gilt entsprechend. 6 Besteht in einer beteiligten Gesellschaft oder in einer der beteiligten Tochtergesellschaften oder den betroffenen Betrieben kein Sprecherausschuss, können die leitenden Angestellten Wahlvorschläge machen; ein Wahlvorschlag muss von einem Zwanzigstel oder 50 der wahlberechtigten leitenden Angestellten unterzeichnet sein.

(2) 1 Ist aus dem Inland nur eine Unternehmensgruppe an der Verschmelzung beteiligt, besteht das Wahlgremium aus den Mitgliedern des Konzernbetriebsrates oder, sofern ein solcher nicht besteht, aus den Mitgliedern der Gesamtbetriebsräte oder, sofern ein solcher in einem Unternehmen nicht besteht, aus den Mitgliedern des Betriebsrates. 2 Betriebsratslose Betriebe und Unternehmen einer Unternehmensgruppe werden vom Konzernbetriebsrat, Gesamtbetriebsrat oder Betriebsrat mit vertreten.

(3) 1 Ist aus dem Inland nur ein Unternehmen an der Verschmelzung beteiligt, besteht das Wahlgremium aus den Mitgliedern des Gesamtbetriebsrates oder, sofern ein solcher nicht besteht, aus den Mitgliedern des Betriebsrates. 2 Betriebsratslose Betriebe eines Unternehmens werden vom Gesamtbetriebsrat oder Betriebsrat mit vertreten.

(4) Ist aus dem Inland nur ein Betrieb von der Verschmelzung betroffen, besteht das Wahlgremium aus den Mitgliedern des Betriebsrates.

(5) 1 Sind an der Verschmelzung eine oder mehrere Unternehmensgruppen oder nicht verbundene Unternehmen beteiligt oder sind von der Gründung unternehmensunabhängige Betriebe betroffen, setzt sich das Wahlgremium aus den jeweiligen Arbeitnehmervertretungen auf Konzernebene, Unternehmensebene oder Betriebsebene zusammen. 2 Die Absätze 2 bis 4 gelten entsprechend. 3 Ist in den Fällen des Satzes 1 eine entsprechende Arbeitnehmervertretung nicht vorhanden, werden diese Mitglieder des Wahlgremiums von den Arbeitnehmern in Urwahl gewählt. 4 Die Wahl wird von einem Wahlvorstand eingeleitet und durchgeführt, der in einer Versammlung der Arbeitnehmer gewählt wird, zu der die inländische Konzernleitung, Unternehmensleitung oder Betriebsleitung einlädt. 5 Es sind so viele Mitglieder des Wahlgremiums zu wählen, wie eine bestehende Arbeitnehmervertretung in den Fällen der Absätze 2 bis 4 an gesetzlichen Mitgliedern hätte; für das Wahlverfahren gilt Absatz 7 Satz 3 bis 5 entsprechend.

(6) 1 Das Wahlgremium besteht aus höchstens 40 Mitgliedern. 2 Würde diese Höchstzahl überschritten, ist die Anzahl der Mitglieder in dem Wahlgremium entsprechend ihrem zahlenmäßigen Verhältnis nach dem d'Hondtschen Höchstzahlverfahren zu verringern.

(7) 1 Besteht in den Fällen der Absätze 2 bis 5 keine Arbeitnehmervertretung, wählen die Arbeitnehmer die Mitglieder des besonderen Verhandlungsgremiums in geheimer und unmittelbarer Wahl. 2 Die Wahl wird von einem Wahlvorstand eingeleitet und durchgeführt, der in einer Versammlung der Arbeitnehmer gewählt wird, zu der die inländische Konzernleitung, Unternehmensleitung oder Betriebsleitung einlädt. 3 Die Wahl der Mitglieder des besonderen Verhandlungsgremiums erfolgt nach den Grundsätzen der Verhältniswahl. 4 Sie erfolgt nach den Grundsätzen der Mehrheitswahl, wenn nur ein Wahlvorschlag eingereicht wird. 5 Jeder Wahlvorschlag der Arbeitnehmer muss von mindestens einem Zwanzigstel der wahlberechtigten Arbeitnehmer, mindestens jedoch von drei Wahlberechtigten, höchstens aber von 50 Wahlberech-

tigten unterzeichnet sein; in Betrieben mit in der Regel bis zu 20 wahlberechtigten Arbeitnehmern genügt die Unterzeichnung durch zwei Wahlberechtigte. [6]Absatz 1 Satz 2 bis 6 gilt entsprechend.

§ 11 Einberufung des Wahlgremiums. (1) Auf der Grundlage der von den Leitungen erhaltenen Informationen hat der Vorsitzende der Arbeitnehmervertretung auf Konzernebene oder, sofern eine solche nicht besteht, auf Unternehmensebene oder, sofern eine solche nicht besteht, auf Betriebsebene

1. Ort, Tag und Zeit der Versammlung des Wahlgremiums festzulegen;
2. die Anzahl der Mitglieder aus den jeweiligen Arbeitnehmervertretungen nach § 10 Abs. 6 festzulegen;
3. zur Versammlung des Wahlgremiums einzuladen.

(2) Bestehen auf einer Ebene mehrere Arbeitnehmervertretungen, treffen die Verpflichtungen nach Absatz 1 den Vorsitzenden der Arbeitnehmervertretung, die die meisten Arbeitnehmer vertritt.

§ 12 Wahl der Mitglieder des besonderen Verhandlungsgremiums.

(1) [1]Bei der Wahl müssen mindestens zwei Drittel der Mitglieder des Wahlgremiums, die mindestens zwei Drittel der Arbeitnehmer vertreten, anwesend sein. [2]Die Mitglieder des Wahlgremiums haben jeweils so viele Stimmen, wie sie Arbeitnehmer vertreten. [3]Die Wahl erfolgt mit einfacher Mehrheit der abgegebenen Stimmen.

(2) [1]Im Wahlgremium vertreten die Arbeitnehmervertretungen und die in Urwahl gewählten Mitglieder jeweils alle Arbeitnehmer der organisatorischen Einheit, für die sie nach § 10 Abs. 2 bis 5 zuständig sind. [2]Nicht nach Satz 1 vertretene Arbeitnehmer werden den Arbeitnehmervertretungen innerhalb der jeweiligen Unternehmensgruppe zu gleichen Teilen zugerechnet.

(3) [1]Sind für eine Arbeitnehmervertretung mehrere Mitglieder im Wahlgremium vertreten, werden die entsprechend der von ihnen vertretenen Arbeitnehmer bestehenden Stimmenanteile gleichmäßig aufgeteilt. [2]Dies gilt auch für die nach § 10 Abs. 5 Satz 3 gewählten Mitglieder des Wahlgremiums.

Kapitel 3. Verhandlungsverfahren

§ 13 Information über die Mitglieder des besonderen Verhandlungsgremiums. (1) [1]Die Wahl oder Bestellung der Mitglieder des besonderen Verhandlungsgremiums soll innerhalb von zehn Wochen nach der in § 6 Abs. 2 und 3 vorgeschriebenen Information erfolgen. [2]Den Leitungen sind unverzüglich die Namen der Mitglieder des besonderen Verhandlungsgremiums, ihre Anschriften sowie die jeweilige Betriebszugehörigkeit mitzuteilen. [3]Die Leitungen haben die örtlichen Betriebs- und Unternehmensleitungen, die dort bestehenden Arbeitnehmervertretungen und Sprecherausschüsse sowie die in inländischen Betrieben vertretenen Gewerkschaften über diese Angaben zu informieren.

(2) [1]Das Verhandlungsverfahren nach den §§ 14 bis 19 findet auch dann statt, wenn die in Absatz 1 Satz 1 genannte Frist aus Gründen, die die Arbeitnehmer zu vertreten haben, überschritten wird. [2]Nach Ablauf der Frist gewählte oder bestellte Mitglieder können sich jederzeit an dem Verhandlungsverfahren beteiligen.

§ 14 Sitzungen; Geschäftsordnung. (1) [1]Die Leitungen laden unverzüglich nach Benennung der Mitglieder oder im Fall des § 13 nach Ablauf der in § 13 Abs. 1 Satz 1 genannten Frist zur konstituierenden Sitzung des besonderen Verhandlungsgremiums ein und informieren die örtlichen Betriebs- und Unternehmensleitungen. [2]Das besondere Verhandlungsgremium wählt aus seiner Mitte einen Vorsitzenden und mindestens zwei Stellvertreter. [3]Es kann sich eine schriftliche Geschäftsordnung geben.

(2) Der Vorsitzende kann weitere Sitzungen einberufen.

§ 15 Zusammenarbeit zwischen besonderem Verhandlungsgremium und Leitungen. (1) [1]Das besondere Verhandlungsgremium schließt mit den Leitungen eine schriftliche Vereinbarung über die Mitbestimmung der Arbeitnehmer in der aus der grenzüberschreitenden Verschmelzung hervorgehenden Gesellschaft ab. [2]Zur Erfüllung dieser Aufgabe arbeiten sie vertrauensvoll zusammen.

(2) [1]Die Leitungen haben dem besonderen Verhandlungsgremium rechtzeitig alle erforderlichen Auskünfte zu erteilen und die erforderlichen Unterlagen zur Verfügung zu stellen. [2]Das besondere Verhandlungsgremium ist insbesondere über das Verschmelzungsvorhaben und den Verlauf des Verfahrens bis zur Eintragung der aus der grenzüberschreitenden Verschmelzung hervorgehenden Gesellschaft zu unterrichten. [3]Zeitpunkt, Häufigkeit und Ort der Verhandlungen werden zwischen den Leitungen und dem besonderen Verhandlungsgremium einvernehmlich festgelegt.

§ 16 Sachverständige und Vertreter von geeigneten außenstehenden Organisationen. (1) [1]Das besondere Verhandlungsgremium kann bei den Verhandlungen Sachverständige seiner Wahl, zu denen auch Vertreter von einschlägigen Gewerkschaftsorganisationen auf Gemeinschaftsebene zählen können, hinzuziehen, um sich von ihnen bei seiner Arbeit unterstützen zu lassen. [2]Diese Sachverständigen können, wenn das besondere Verhandlungsgremium es wünscht, an den Verhandlungen in beratender Funktion teilnehmen.

(2) Das besondere Verhandlungsgremium kann beschließen, die Vertreter von geeigneten außenstehenden Organisationen vom Beginn der Verhandlungen zu unterrichten.

§ 17 Beschlussfassung im besonderen Verhandlungsgremium.

(1) [1]Die Mitglieder des besonderen Verhandlungsgremiums, die in einem Mitgliedstaat gewählt oder bestellt werden, vertreten alle in dem jeweiligen Mitgliedstaat beschäftigten Arbeitnehmer. [2]Solange aus einem Mitgliedstaat keine Mitglieder in das besondere Verhandlungsgremium gewählt oder bestellt sind (§ 13 Abs. 2), gelten die betroffenen Arbeitnehmer als nicht vertreten.

(2) [1]Das besondere Verhandlungsgremium beschließt vorbehaltlich des Absatzes 3 und § 18 Abs. 1 mit der Mehrheit seiner Mitglieder, in der zugleich die Mehrheit der vertretenen Arbeitnehmer enthalten sein muss. [2]Jedes auf das Inland entfallende Mitglied vertritt gleich viele Arbeitnehmer.

(3) [1]Hätten die Verhandlungen eine Minderung der Mitbestimmungsrechte zur Folge, so ist für einen Beschluss zur Billigung einer solchen Vereinbarung eine Mehrheit von zwei Dritteln der Mitglieder des besonderen Verhandlungsgremiums erforderlich, die mindestens zwei Drittel der Arbeitnehmer in mindestens zwei Mitgliedstaaten vertreten. [2]Dies gilt, sofern sich die Mitbestim-

mung auf mindestens 25 Prozent der Gesamtzahl der Arbeitnehmer der beteiligten Gesellschaften und der betroffenen Tochtergesellschaften erstreckt.

(4) Minderung der Mitbestimmungsrechte bedeutet, dass

1. der Anteil der Arbeitnehmervertreter
   a) im Verwaltungs- oder Aufsichtsorgan,
   b) in Ausschüssen, in denen die Mitbestimmung der Arbeitnehmer erfolgt, oder
   c) im Leitungsgremium, das für die Ergebniseinheiten der Gesellschaften zuständig ist,

   geringer ist als der höchste in den beteiligten Gesellschaften bestehende Anteil oder
2. das Recht, Mitglieder des Aufsichts- oder Verwaltungsorgans der Gesellschaft zu wählen, zu bestellen, zu empfehlen oder abzulehnen, beseitigt oder eingeschränkt wird.

§ 18 Nichtaufnahme oder Abbruch der Verhandlungen. [1] Das besondere Verhandlungsgremium kann beschließen, keine Verhandlungen aufzunehmen oder bereits aufgenommene Verhandlungen abzubrechen. [2] Für diesen Beschluss ist eine Mehrheit von zwei Dritteln der Mitglieder erforderlich, die mindestens zwei Drittel der Arbeitnehmer in mindestens zwei Mitgliedstaaten vertreten. [3] Die Vorschriften über die Mitbestimmung der Arbeitnehmer, die in dem Mitgliedstaat gelten, in dem die aus der grenzüberschreitenden Verschmelzung hervorgehende Gesellschaft ihren Sitz haben wird, finden Anwendung.

§ 19 Niederschrift. [1] In eine Niederschrift, die vom Vorsitzenden und einem weiteren Mitglied des besonderen Verhandlungsgremiums zu unterzeichnen ist, sind aufzunehmen

1. ein Beschluss über den Abschluss einer Vereinbarung nach § 15 Abs. 1,
2. ein Beschluss über die Nichtaufnahme oder den Abbruch der Verhandlungen nach § 18 und
3. die jeweiligen Mehrheiten, mit denen die Beschlüsse gefasst worden sind.

[2] Eine Abschrift der Niederschrift ist den Leitungen zu übermitteln.

§ 20 Kosten des besonderen Verhandlungsgremiums. [1] Die durch die Bildung und Tätigkeit des besonderen Verhandlungsgremiums entstehenden erforderlichen Kosten tragen die beteiligten Gesellschaften und nach ihrer Verschmelzung die aus der grenzüberschreitenden Verschmelzung hervorgehende Gesellschaft als Gesamtschuldner. [2] Insbesondere sind für die Sitzungen in erforderlichem Umfang Räume, sachliche Mittel, Dolmetscher und Büropersonal zur Verfügung zu stellen sowie die erforderlichen Reise- und Aufenthaltskosten der Mitglieder des besonderen Verhandlungsgremiums zu tragen.

§ 21 Dauer der Verhandlungen. (1) [1] Die Verhandlungen beginnen mit der Einsetzung des besonderen Verhandlungsgremiums und können bis zu sechs Monate dauern. [2] Einsetzung bezeichnet den Tag, zu dem die Leitungen zur konstituierenden Sitzung des besonderen Verhandlungsgremiums eingeladen haben.

(2) Die Parteien können einvernehmlich beschließen, die Verhandlungen über den in Absatz 1 genannten Zeitraum hinaus bis zu insgesamt einem Jahr ab der Einsetzung des besonderen Verhandlungsgremiums fortzusetzen.

Teil 3. Mitbestimmung der Arbeitnehmer

Kapitel 1. Mitbestimmung kraft Vereinbarung

§ 22 Inhalt der Vereinbarung. (1) In der schriftlichen Vereinbarung zwischen den Leitungen und dem besonderen Verhandlungsgremium wird, unbeschadet der Autonomie der Parteien im Übrigen, festgelegt:

1. der Geltungsbereich der Vereinbarung, einschließlich der außerhalb des Hoheitsgebietes der Mitgliedstaaten liegenden Unternehmen und Betriebe, sofern diese in den Geltungsbereich einbezogen werden;
2. der Zeitpunkt des Inkrafttretens der Vereinbarung und ihre Laufzeit; ferner die Fälle, in denen die Vereinbarung neu ausgehandelt werden soll, und das dabei anzuwendende Verfahren;
3. die Zahl der Mitglieder des Aufsichts- oder Verwaltungsorgans der aus der grenzüberschreitenden Verschmelzung hervorgehenden Gesellschaft, welche die Arbeitnehmer wählen oder bestellen können oder deren Bestellung sie empfehlen oder ablehnen können;
4. das Verfahren, nach dem die Arbeitnehmer diese Mitglieder wählen oder bestellen oder deren Bestellung empfehlen oder ablehnen können, und
5. die Rechte dieser Mitglieder.

(2) [1] In der Vereinbarung soll festgelegt werden, dass auch vor strukturellen Änderungen der aus der grenzüberschreitenden Verschmelzung hervorgehenden Gesellschaft Verhandlungen über die Mitbestimmung der Arbeitnehmer aufgenommen werden. [2] Die Parteien können das dabei anzuwendende Verfahren regeln.

(3) Die Vereinbarung kann bestimmen, dass die Regelungen der §§ 23 bis 27 über die Mitbestimmung kraft Gesetzes ganz oder in Teilen gelten.

(4) Steht die Satzung der aus einer grenzüberschreitenden Verschmelzung hervorgehenden Gesellschaft im Widerspruch zu den Regelungen über die Mitbestimmung kraft Vereinbarung, ist die Satzung anzupassen.

Kapitel 2. Mitbestimmung kraft Gesetzes

§ 23 Voraussetzung. (1) [1] Die Regelungen dieses Kapitels finden ab dem Zeitpunkt der Eintragung der aus der grenzüberschreitenden Verschmelzung hervorgehenden Gesellschaft Anwendung, wenn

1. die Parteien dies vereinbaren oder
2. bis zum Ende des in § 21 angegebenen Zeitraums keine Vereinbarung zustande gekommen ist und das besondere Verhandlungsgremium keinen Beschluss nach § 18 gefasst hat oder
3. die Leitungen der an der Verschmelzung beteiligten Gesellschaften entscheiden, diese Regelungen ohne vorhergehende Verhandlung unmittelbar ab dem Zeitpunkt der Eintragung anzuwenden.

[2] In den Fällen des Satzes 1 Nr. 2 und 3 muss vor der Eintragung der aus der grenzüberschreitenden Verschmelzung hervorgehenden Gesellschaft in einer

oder mehreren der beteiligten Gesellschaften eine oder mehrere Formen der Mitbestimmung bestanden haben, die

1. sich auf mindestens ein Drittel der Gesamtzahl der Arbeitnehmer aller beteiligten Gesellschaften und betroffenen Tochtergesellschaften erstreckte oder
2. sich auf weniger als ein Drittel der Gesamtzahl der Arbeitnehmer aller beteiligten Gesellschaften und betroffenen Tochtergesellschaften erstreckte und das besondere Verhandlungsgremium einen entsprechenden Beschluss fasst.

(2) [1]Bestand in den Fällen von Absatz 1 mehr als eine Form der Mitbestimmung im Sinne des § 2 Abs. 7 in den verschiedenen beteiligten Gesellschaften, so entscheidet das besondere Verhandlungsgremium, welche von ihnen in der aus der grenzüberschreitenden Verschmelzung hervorgehenden Gesellschaft eingeführt wird. [2]Wenn das besondere Verhandlungsgremium keinen solchen Beschluss fasst und eine inländische Gesellschaft, deren Arbeitnehmern Mitbestimmungsrechte zustehen, an der Verschmelzung beteiligt ist, ist die Mitbestimmung nach § 2 Abs. 7 Nr. 1 maßgeblich. [3]Ist keine inländische Gesellschaft, deren Arbeitnehmern Mitbestimmungsrechte zustehen, beteiligt, findet die Form der Mitbestimmung nach § 2 Abs. 7 Anwendung, die sich auf die höchste Zahl der in den beteiligten Gesellschaften beschäftigten Arbeitnehmer erstreckt.

(3) Das besondere Verhandlungsgremium unterrichtet die Leitungen über die Beschlüsse, die es nach Absatz 1 Satz 2 Nr. 2 und Absatz 2 Satz 1 gefasst hat.

§ 24 Umfang der Mitbestimmung. (1) [1]Die Arbeitnehmer der aus der grenzüberschreitenden Verschmelzung hervorgehenden Gesellschaft, ihrer Tochtergesellschaften und Betriebe oder ihr Vertretungsorgan haben das Recht, einen Teil der Mitglieder des Aufsichts- oder Verwaltungsorgans der aus der grenzüberschreitenden Verschmelzung hervorgehenden Gesellschaft zu wählen oder zu bestellen oder deren Bestellung zu empfehlen oder abzulehnen. [2]Die Zahl dieser Arbeitnehmervertreter im Aufsichts- oder Verwaltungsorgan der aus der grenzüberschreitenden Verschmelzung hervorgehenden Gesellschaft bemisst sich nach dem höchsten Anteil an Arbeitnehmervertretern, der in den Organen der beteiligten Gesellschaften vor der Eintragung der aus der grenzüberschreitenden Verschmelzung hervorgehenden Gesellschaft bestanden hat.

(2) [1]Handelt es sich bei der aus einer grenzüberschreitenden Verschmelzung hervorgehenden Gesellschaft nach Absatz 1 um eine Gesellschaft mit beschränkter Haftung, so ist in dieser Gesellschaft ein Aufsichtsrat zu bilden. [2]§ 90 Abs. 3, 4, 5 Satz 1 und 2, §§ 95 bis 116, 118 Abs. 3, § 125 Abs. 3 und 4 und §§ 170, 171, 268 Abs. 2 des Aktiengesetzes[1)] sind entsprechend anzuwenden, soweit nicht in den Vorschriften dieses Gesetzes ein anderes bestimmt ist.

(3) Steht die Satzung der aus einer grenzüberschreitenden Verschmelzung hervorgehenden Gesellschaft im Widerspruch zu den Regelungen über die Mitbestimmung kraft Gesetzes, ist die Satzung anzupassen.

§ 25 Sitzverteilung. (1) [1]Das besondere Verhandlungsgremium verteilt die Zahl der Sitze im Aufsichts- oder Verwaltungsorgan auf die Mitgliedstaaten, in denen Mitglieder zu wählen oder zu bestellen sind. [2]Die Verteilung richtet sich

---

[1)] Nr. 2.

nach dem jeweiligen Anteil der in den einzelnen Mitgliedstaaten beschäftigten Arbeitnehmer der aus der grenzüberschreitenden Verschmelzung hervorgehenden Gesellschaft, ihrer Tochtergesellschaften und Betriebe. [3]Können bei dieser anteiligen Verteilung die Arbeitnehmer aus einem oder mehreren Mitgliedstaaten keinen Sitz erhalten, so hat das besondere Verhandlungsgremium den letzten zu verteilenden Sitz einem bisher unberücksichtigten Mitgliedstaat zuzuweisen. [4]Dieser Sitz soll, soweit angemessen, dem Mitgliedstaat zugewiesen werden, in dem die aus der grenzüberschreitenden Verschmelzung hervorgehende Gesellschaft ihren Sitz haben wird. [5]Dieses Verteilungsverfahren gilt auch in dem Fall, in dem die Arbeitnehmer der aus der grenzüberschreitenden Verschmelzung hervorgehenden Gesellschaft Mitglieder dieser Organe empfehlen oder ablehnen können.

(2) Soweit die Mitgliedstaaten über die Besetzung der ihnen zugewiesenen Sitze keine eigenen Regelungen treffen, bestimmt das besondere Verhandlungsgremium die Arbeitnehmervertreter im Aufsichts- oder Verwaltungsorgan der aus der grenzüberschreitenden Verschmelzung hervorgehenden Gesellschaft.

(3) [1]Die Ermittlung der auf das Inland entfallenden Arbeitnehmervertreter des Aufsichts- oder Verwaltungsorgans der aus einer grenzüberschreitenden Verschmelzung hervorgehenden Gesellschaft erfolgt durch ein Wahlgremium, das sich aus den Arbeitnehmervertretungen der aus einer grenzüberschreitenden Verschmelzung hervorgehenden Gesellschaft, ihrer Tochtergesellschaften und Betriebe zusammensetzt. [2]Für das Wahlverfahren gelten § 8 Abs. 2 bis 4, § 10 Abs. 1 Satz 2 bis 5, Abs. 2 bis 7 und die §§ 11 und 12 entsprechend mit der Maßgabe, dass an die Stelle der beteiligten Gesellschaften, betroffenen Tochtergesellschaften und betroffenen Betriebe die aus der grenzüberschreitenden Verschmelzung hervorgehende Gesellschaft, ihre Tochtergesellschaften und Betriebe treten. [3]Das Wahlergebnis ist der Leitung der aus der grenzüberschreitenden Verschmelzung hervorgehenden Gesellschaft, den Arbeitnehmervertretungen, den Gewählten, den Sprecherausschüssen und Gewerkschaften mitzuteilen. [4]Die Leitung hat die Namen der Gewählten in den Betrieben des Unternehmens bekannt zu machen.

§ 26 Abberufung und Anfechtung. (1) [1]Ein Mitglied oder ein Ersatzmitglied der Arbeitnehmer aus dem Inland im Aufsichts- oder Verwaltungsorgan kann vor Ablauf der Amtszeit abberufen werden. [2]Antragsberechtigt sind

1. die Arbeitnehmervertretungen, die das Wahlgremium gebildet haben;
2. in den Fällen der Urwahl mindestens drei wahlberechtigte Arbeitnehmer;
3. für ein Mitglied nach § 8 Abs. 3 nur die Gewerkschaft, die das Mitglied vorgeschlagen hat;
4. für ein Mitglied nach § 8 Abs. 4 nur der Sprecherausschuss, der das Mitglied vorgeschlagen hat.

[3]Für das Abberufungsverfahren gelten die §§ 10 bis 12 entsprechend mit der Maßgabe, dass an die Stelle der beteiligten Gesellschaften, betroffenen Tochtergesellschaften und betroffenen Betriebe die aus der grenzüberschreitenden Verschmelzung hervorgehende Gesellschaft, ihre Tochtergesellschaften und Betriebe treten; abweichend von § 10 Abs. 5 und § 12 Abs. 1 Satz 3 bedarf der Beschluss einer Mehrheit von drei Vierteln der abgegebenen Stimmen.

(2) [1]Die Wahl eines Mitglieds oder eines Ersatzmitglieds der Arbeitnehmer aus dem Inland im Aufsichts- oder Verwaltungsorgan kann angefochten wer-

den, wenn gegen wesentliche Vorschriften über das Wahlrecht, die Wählbarkeit oder das Wahlverfahren verstoßen worden und eine Berichtigung nicht erfolgt ist, es sei denn, dass durch den Verstoß das Wahlergebnis nicht geändert oder beeinflusst werden konnte. [2]Zur Anfechtung berechtigt sind die in Absatz 1 Satz 2 Genannten und die Leitung der aus der grenzüberschreitenden Verschmelzung hervorgegangenen Gesellschaft. [3]Die Klage muss innerhalb eines Monats nach der Bekanntgabe gemäß § 25 Abs. 3 Satz 2 oder 3 erhoben werden.

§ 27 Rechtsstellung; Innere Ordnung. (1) Die Arbeitnehmervertreter im Aufsichts- oder Verwaltungsorgan der aus der grenzüberschreitenden Verschmelzung hervorgehenden Gesellschaft haben die gleichen Rechte und Pflichten wie die Mitglieder, die die Anteilseigner vertreten.

(2) [1]Die Zahl der Mitglieder der Leitung beträgt mindestens zwei. [2]Einer von ihnen ist für den Bereich Arbeit und Soziales zuständig. [3]Dies gilt nicht für die Kommanditgesellschaft auf Aktien.

(3) Besteht in einer der beteiligten Gesellschaften das Aufsichtsorgan aus derselben Zahl von Anteilseigner- und Arbeitnehmervertretern sowie einem weiteren Mitglied, so ist auch im Aufsichts- oder Verwaltungsorgan der aus der grenzüberschreitenden Verschmelzung hervorgehenden Gesellschaft ein weiteres Mitglied auf gemeinsamen Vorschlag der Anteilseigner- und der Arbeitnehmervertreter zu wählen.

§ 28 Tendenzunternehmen. Auf eine aus einer grenzüberschreitenden Verschmelzung hervorgehende Gesellschaft, die unmittelbar und überwiegend

1. politischen, koalitionspolitischen, konfessionellen, karitativen, erzieherischen, wissenschaftlichen oder künstlerischen Bestimmungen oder
2. Zwecken der Berichterstattung oder Meinungsäußerung, auf die Artikel 5 Abs. 1 Satz 2 des Grundgesetzes anzuwenden ist,

dient, finden Kapitel 2 und § 30 keine Anwendung.

Kapitel 3. Verhältnis zum nationalen Recht

§ 29 Fortbestehen nationaler Arbeitnehmervertretungsstrukturen. [1]Regelungen über die Arbeitnehmervertretungen und deren Strukturen in einer beteiligten Gesellschaft mit Sitz im Inland, die durch die Verschmelzung als eigenständige juristische Person erlischt, bestehen nach Eintragung der aus der grenzüberschreitenden Verschmelzung hervorgehenden Gesellschaft fort. [2]Die Leitung der aus der grenzüberschreitenden Verschmelzung hervorgegangenen Gesellschaft stellt sicher, dass diese Arbeitnehmervertretungen ihre Aufgaben weiterhin wahrnehmen können.

§ 30 Nachfolgende innerstaatliche Verschmelzungen. [1]Bei innerstaatlichen Verschmelzungen, die einer grenzüberschreitenden Verschmelzung nachfolgen, richtet sich die Mitbestimmung der Arbeitnehmer entsprechend § 4 nach den nationalen Regelungen. [2]Sehen diese Regelungen nicht mindestens den in der aus der grenzüberschreitenden Verschmelzung hervorgegangenen Gesellschaft bestehenden Umfang an Mitbestimmung im Sinne des § 5 Nr. 2 vor, gelten die für diese Gesellschaft maßgeblichen Regelungen über die Mitbestimmung für die Dauer von drei Jahren ab deren Eintragung in der aus der innerstaatlichen Verschmelzung hervorgehenden Gesellschaft fort.

Teil 4. Schutzbestimmungen

§ 31 Geheimhaltung; Vertraulichkeit. (1) Informationspflichten der Leitungen und der Leitung der aus einer grenzüberschreitenden Verschmelzung hervorgehenden Gesellschaft nach diesem Gesetz bestehen nur, soweit bei Zugrundelegung objektiver Kriterien dadurch nicht Betriebs- oder Geschäftsgeheimnisse der an der Verschmelzung beteiligten Gesellschaften, der aus der grenzüberschreitenden Verschmelzung hervorgehenden Gesellschaft oder deren jeweiliger Tochtergesellschaften und Betriebe gefährdet werden.

(2) [1] Die Mitglieder und Ersatzmitglieder eines besonderen Verhandlungsgremiums sind unabhängig von ihrem Aufenthaltsort verpflichtet, Betriebs- oder Geschäftsgeheimnisse, die ihnen wegen ihrer Zugehörigkeit zum besonderen Verhandlungsgremium bekannt geworden und von der Leitung ausdrücklich als geheimhaltungsbedürftig bezeichnet worden sind, nicht zu offenbaren und nicht zu verwerten. [2] Dies gilt auch nach dem Ausscheiden aus dem besonderen Verhandlungsgremium.

(3) Die Pflicht zur Vertraulichkeit der Mitglieder und Ersatzmitglieder eines besonderen Verhandlungsgremiums nach Absatz 2 gilt nicht gegenüber

1. den Mitgliedern und Ersatzmitgliedern des besonderen Verhandlungsgremiums,
2. den Arbeitnehmervertretern im Aufsichts- oder Verwaltungsorgan der aus der grenzüberschreitenden Verschmelzung hervorgehenden Gesellschaft sowie
3. den Dolmetschern und Sachverständigen, die zur Unterstützung herangezogen werden.

(4) Die Pflicht zur Vertraulichkeit nach Absatz 2 gilt entsprechend für die Sachverständigen und Dolmetscher.

§ 32 Schutz der Arbeitnehmervertreter. [1] Bei der Wahrnehmung ihrer Aufgaben genießen

1. die Mitglieder des besonderen Verhandlungsgremiums und
2. die Arbeitnehmervertreter im Aufsichts- oder Verwaltungsorgan der aus der grenzüberschreitenden Verschmelzung hervorgehenden Gesellschaft,

die Beschäftigte der aus einer grenzüberschreitenden Verschmelzung hervorgehenden Gesellschaft, ihrer Tochtergesellschaften oder Betriebe oder einer der beteiligten Gesellschaften, betroffenen Tochtergesellschaften oder betroffenen Betriebe sind, den gleichen Schutz und die gleichen Sicherheiten wie die Arbeitnehmervertreter nach den Gesetzen und Gepflogenheiten des Mitgliedstaats, in dem sie beschäftigt sind. [2] Dies gilt insbesondere für

1. den Kündigungsschutz,
2. die Teilnahme an den Sitzungen der jeweiligen in Satz 1 genannten Gremien und
3. die Entgeltfortzahlung.

§ 33 Errichtungs- und Tätigkeitsschutz. Niemand darf

1. die Bildung des besonderen Verhandlungsgremiums oder die Wahl, Bestellung, Empfehlung oder Ablehnung der Arbeitnehmervertreter im Aufsichts-

oder Verwaltungsorgan behindern oder durch Zufügung oder Androhung von Nachteilen oder durch Gewährung oder Versprechen von Vorteilen beeinflussen;
2. die Tätigkeit des besonderen Verhandlungsgremiums oder die Tätigkeit der Arbeitnehmervertreter im Aufsichts- oder Verwaltungsorgan behindern oder stören oder
3. ein Mitglied oder Ersatzmitglied des besonderen Verhandlungsgremiums oder einen Arbeitnehmervertreter im Aufsichts- oder Verwaltungsorgan wegen seiner Tätigkeit benachteiligen oder begünstigen.

Teil 5. Straf- und Bußgeldvorschriften

§ 34 Strafvorschriften. (1) Mit Freiheitsstrafe bis zu zwei Jahren oder mit Geldstrafe wird bestraft, wer entgegen § 31 Abs. 2, auch in Verbindung mit Abs. 4, ein Betriebs- oder Geschäftsgeheimnis verwertet.

(2) Mit Freiheitsstrafe bis zu einem Jahr oder mit Geldstrafe wird bestraft, wer

1. entgegen § 31 Abs. 2, auch in Verbindung mit Abs. 4, ein Betriebs- oder Geschäftsgeheimnis offenbart,
2. entgegen § 33 Nr. 1 oder 2 eine dort genannte Tätigkeit behindert, beeinflusst oder stört oder
3. entgegen § 33 Nr. 3 eine dort genannte Person benachteiligt oder begünstigt.

(3) Handelt der Täter in den Fällen des Absatzes 2 Nr. 1 gegen Entgelt oder in der Absicht, sich oder einen anderen zu bereichern oder einen anderen zu schädigen, so ist die Strafe Freiheitsstrafe bis zu zwei Jahren oder Geldstrafe.

(4) [1] Die Tat wird nur auf Antrag verfolgt. [2] In den Fällen des Absatzes 2 Nr. 2 und 3 sind das besondere Verhandlungsgremium, jedes Mitglied des Aufsichts- oder Verwaltungsorgans, eine im Unternehmen vertretene Gewerkschaft sowie die Leitungen antragsberechtigt.

§ 35 Bußgeldvorschriften. (1) Ordnungswidrig handelt, wer entgegen § 6 Abs. 2 oder § 7 Abs. 4 Satz 2 eine Information nicht, nicht richtig, nicht vollständig oder nicht rechtzeitig gibt.

(2) Die Ordnungswidrigkeit kann mit einer Geldbuße bis zu zwanzigtausend Euro geahndet werden.

18. Gesetz über die Beteiligung der Arbeitnehmer in einer Europäischen Gesellschaft (SE-Beteiligungsgesetz – SEBG)[1)]

Vom 22. Dezember 2004
(BGBl. I S. 3675)

FNA 801-15

Inhaltsübersicht

[1)] Verkündet als Art. 2 SEEG v. 22.12.2004 (BGBl. I S. 3675); Inkrafttreten gem. Art. 9 am 29.12. 2004.

Teil 1. Allgemeine Vorschriften

§ 1 Zielsetzung des Gesetzes. (1) [1]Das Gesetz regelt die Beteiligung der Arbeitnehmer in einer Europäischen Gesellschaft (SE), die Gegenstand der Verordnung (EG) Nr. 2157/2001 des Rates vom 8. Oktober 2001 über das Statut der Europäischen Gesellschaft (ABl. EG Nr. L 294 S. 1) ist. [2]Ziel des Gesetzes ist, in einer SE die erworbenen Rechte der Arbeitnehmer (Arbeitnehmerinnen und Arbeitnehmer) auf Beteiligung an Unternehmensentscheidungen zu sichern. [3]Maßgeblich für die Ausgestaltung der Beteiligungsrechte der Arbeitnehmer in der SE sind die bestehenden Beteiligungsrechte in den Gesellschaften, die die SE gründen.

(2) [1]Zur Sicherung des Rechts auf grenzüberschreitende Unterrichtung, Anhörung, Mitbestimmung und sonstige Beteiligung der Arbeitnehmer wird eine Vereinbarung über die Beteiligung der Arbeitnehmer in der SE getroffen. [2]Kommt es nicht zu einer Vereinbarung, wird eine Beteiligung der Arbeitnehmer in der SE kraft Gesetzes sichergestellt.

(3) Die Vorschriften dieses Gesetzes sowie die nach Absatz 2 zu treffende Vereinbarung sind so auszulegen, dass die Ziele der Europäischen Gemeinschaft, die Beteiligung der Arbeitnehmer in der SE sicherzustellen, gefördert werden.

(4) Die Grundsätze der Absätze 1 bis 3 gelten auch für strukturelle Änderungen einer gegründeten SE sowie für deren Auswirkungen auf die betroffenen Gesellschaften und ihre Arbeitnehmer.

§ 2 Begriffsbestimmungen. (1) [1]Der Begriff des Arbeitnehmers richtet sich nach den Rechtsvorschriften und Gepflogenheiten der jeweiligen Mitgliedstaaten. [2]Arbeitnehmer eines inländischen Unternehmens oder Betriebs sind Arbeiter und Angestellte einschließlich der zu ihrer Berufsausbildung Beschäftigten und der in § 5 Abs. 3 Satz 2 des Betriebsverfassungsgesetzes genannten leitenden Angestellten, unabhängig davon, ob sie im Betrieb, im Außendienst oder mit Telearbeit beschäftigt werden. [3] Als Arbeitnehmer gelten auch die in Heimarbeit Beschäftigten, die in der Hauptsache für das Unternehmen oder den Betrieb arbeiten.

(2) Beteiligte Gesellschaften sind die Gesellschaften, die unmittelbar an der Gründung einer SE beteiligt sind.

(3) [1] Tochtergesellschaften sind rechtlich selbstständige Unternehmen, auf die eine andere Gesellschaft einen beherrschenden Einfluss im Sinne von Artikel 3 Abs. 2 bis 7 der Richtlinie 94/45/EG des Rates vom 22. September 1994 über die Einsetzung eines Europäischen Betriebsrats oder die Schaffung eines Verfahrens zur Unterrichtung und Anhörung der Arbeitnehmer in gemeinschaftsweit operierenden Unternehmen und Unternehmensgruppen (ABl. EG Nr. L 254 S. 64) ausüben kann. [2] § 6 Abs. 2 bis 4 des Europäische Betriebsräte-Gesetzes vom 28. Oktober 1996 (BGBl. I S. 1548, 2022) ist anzuwenden.

(4) Betroffene Tochtergesellschaften oder betroffene Betriebe sind Tochtergesellschaften oder Betriebe einer beteiligten Gesellschaft, die zu Tochtergesellschaften oder Betrieben der SE werden sollen.

(5) [1] Leitung bezeichnet das Organ der unmittelbar an der Gründung der SE beteiligten Gesellschaften oder der SE selbst, das die Geschäfte der Gesellschaft führt und zu ihrer Vertretung berechtigt ist. [2] Bei den beteiligten Gesellschaften ist dies das Leitungs- oder Verwaltungsorgan, bei der SE das Leitungsorgan oder die geschäftsführenden Direktoren.

(6) Arbeitnehmervertretung bezeichnet jede Vertretung der Arbeitnehmer nach dem Betriebsverfassungsgesetz (Betriebsrat, Gesamtbetriebsrat, Konzernbetriebsrat oder eine nach § 3 Abs. 1 Nr. 1 bis 3 des Betriebsverfassungsgesetzes gebildete Vertretung).

(7) SE-Betriebsrat bezeichnet das Vertretungsorgan der Arbeitnehmer der SE, das durch eine Vereinbarung nach § 21 oder kraft Gesetzes nach den §§ 22 bis 33 eingesetzt wird, um die Rechte auf Unterrichtung und Anhörung der Arbeitnehmer der SE, ihrer Tochtergesellschaften und Betriebe und, wenn vereinbart, Mitbestimmungsrechte und sonstige Beteiligungsrechte in Bezug auf die SE wahrzunehmen.

(8) Beteiligung der Arbeitnehmer bezeichnet jedes Verfahren – einschließlich der Unterrichtung, Anhörung und Mitbestimmung –, durch das die Vertreter der Arbeitnehmer auf die Beschlussfassung in der Gesellschaft Einfluss nehmen können.

(9) [1] Beteiligungsrechte sind Rechte, die den Arbeitnehmern und ihren Vertretern im Bereich der Unterrichtung, Anhörung, Mitbestimmung und der sonstigen Beteiligung zustehen. [2] Hierzu kann auch die Wahrnehmung dieser Rechte in den Konzernunternehmen der SE gehören.

(10) [1] Unterrichtung bezeichnet die Unterrichtung des SE-Betriebsrats oder anderer Arbeitnehmervertreter durch die Leitung der SE über Angelegenheiten, welche die SE selbst oder eine ihrer Tochtergesellschaften oder einen ihrer Betriebe in einem anderen Mitgliedstaat betreffen oder die über die Befugnisse der zuständigen Organe auf der Ebene des einzelnen Mitgliedstaats hinausgehen. [2] Zeitpunkt, Form und Inhalt der Unterrichtung sind so zu wählen, dass es den Arbeitnehmervertretern möglich ist, zu erwartende Auswirkungen ein-

gehend zu prüfen und gegebenenfalls eine Anhörung mit der Leitung der SE vorzubereiten.

(11) [1] Anhörung bezeichnet die Einrichtung eines Dialogs und eines Meinungsaustauschs zwischen dem SE-Betriebsrat oder anderer Arbeitnehmervertreter und der Leitung der SE oder einer anderen zuständigen mit eigenen Entscheidungsbefugnissen ausgestatteten Leitungsebene. [2] Zeitpunkt, Form und Inhalt der Anhörung müssen dem SE-Betriebsrat auf der Grundlage der erfolgten Unterrichtung eine Stellungnahme zu den geplanten Maßnahmen der Leitung der SE ermöglichen, die im Rahmen des Entscheidungsprozesses innerhalb der SE berücksichtigt werden kann.

(12) Mitbestimmung bedeutet die Einflussnahme der Arbeitnehmer auf die Angelegenheiten einer Gesellschaft durch

1. die Wahrnehmung des Rechts, einen Teil der Mitglieder des Aufsichts- oder Verwaltungsorgans der Gesellschaft zu wählen oder zu bestellen, oder
2. die Wahrnehmung des Rechts, die Bestellung eines Teils oder aller Mitglieder des Aufsichts- oder Verwaltungsorgans der Gesellschaft zu empfehlen oder abzulehnen.

§ 3 Geltungsbereich. (1) [1] Dieses Gesetz gilt für eine SE mit Sitz im Inland. [2] Es gilt unabhängig vom Sitz der SE auch für Arbeitnehmer der SE, die im Inland beschäftigt sind sowie für beteiligte Gesellschaften, betroffene Tochtergesellschaften und betroffene Betriebe mit Sitz im Inland.

(2) Mitgliedstaaten im Sinne dieses Gesetzes sind die Mitgliedstaaten der Europäischen Union und die anderen Vertragsstaaten des Abkommens über den Europäischen Wirtschaftsraum.

Teil 2. Besonderes Verhandlungsgremium

Kapitel 1. Bildung und Zusammensetzung

§ 4 Information der Leitungen. (1) [1] Das besondere Verhandlungsgremium ist auf Grund einer schriftlichen Aufforderung der Leitungen zu bilden. [2] Es hat die Aufgabe, mit den Leitungen eine schriftliche Vereinbarung über die Beteiligung der Arbeitnehmer in der SE abzuschließen.

(2) [1] Wenn die Leitungen die Gründung einer SE planen, informieren sie die Arbeitnehmervertretungen und Sprecherausschüsse in den beteiligten Gesellschaften, betroffenen Tochtergesellschaften und betroffenen Betrieben über das Gründungsvorhaben. [2] Besteht keine Arbeitnehmervertretung, erfolgt die Information gegenüber den Arbeitnehmern. [3] Die Information erfolgt unaufgefordert und unverzüglich nach Offenlegung des Verschmelzungsplans, des Gründungsplans für eine Holdinggesellschaft, des Umwandlungsplans oder nach Abschluss der Vereinbarung eines Plans zur Gründung einer Tochtergesellschaft.

(3) Die Information erstreckt sich insbesondere auf

1. die Identität und Struktur der beteiligten Gesellschaften, betroffenen Tochtergesellschaften und betroffenen Betriebe und deren Verteilung auf die Mitgliedstaaten;
2. die in diesen Gesellschaften und Betrieben bestehenden Arbeitnehmervertretungen;

3. die Zahl der in diesen Gesellschaften und Betrieben jeweils beschäftigten Arbeitnehmer sowie die daraus zu errechnende Gesamtzahl der in einem Mitgliedstaat beschäftigten Arbeitnehmer;
4. die Zahl der Arbeitnehmer, denen Mitbestimmungsrechte in den Organen dieser Gesellschaften zustehen.

(4) Maßgeblicher Zeitpunkt für die Ermittlung der Zahl der Arbeitnehmer ist der Zeitpunkt der Information nach Absatz 2.

§ 5 Zusammensetzung des besonderen Verhandlungsgremiums.

(1) [1] Für die in jedem Mitgliedstaat beschäftigten Arbeitnehmer der beteiligten Gesellschaften, betroffenen Tochtergesellschaften und betroffenen Betriebe werden Mitglieder für das besondere Verhandlungsgremium gewählt oder bestellt. [2] Für jeden Anteil der in einem Mitgliedstaat beschäftigten Arbeitnehmer, der 10 Prozent der Gesamtzahl der in allen Mitgliedstaaten beschäftigten Arbeitnehmer der beteiligten Gesellschaften und der betroffenen Tochtergesellschaften oder betroffenen Betriebe oder einen Bruchteil davon beträgt, ist ein Mitglied aus diesem Mitgliedstaat in das besondere Verhandlungsgremium zu wählen oder zu bestellen.

(2) [1] Wird die SE durch Verschmelzung gegründet, sind so viele zusätzliche Mitglieder in das besondere Verhandlungsgremium zu wählen oder zu bestellen, wie erforderlich sind, um zu gewährleisten, dass jede beteiligte Gesellschaft, die eingetragen ist und Arbeitnehmer in dem betreffenden Mitgliedstaat beschäftigt und die als Folge der geplanten Eintragung der SE als eigene Rechtspersönlichkeit erlöschen wird, in dem besonderen Verhandlungsgremium durch mindestens ein Mitglied vertreten ist. [2] Dies darf nicht zu einer Doppelvertretung der betroffenen Arbeitnehmer führen.

(3) [1] Die Zahl der zusätzlichen Mitglieder darf 20 Prozent der sich aus Absatz 1 ergebenden Mitgliederzahl nicht überschreiten. [2] Kann danach nicht jede nach Absatz 2 besonders zu berücksichtigende Gesellschaft durch ein zusätzliches Mitglied im besonderen Verhandlungsgremium vertreten werden, so werden diese Gesellschaften in absteigender Reihenfolge der Zahl der bei ihnen beschäftigten Arbeitnehmer berücksichtigt. [3] Dabei ist zu gewährleisten, dass ein Mitgliedstaat nicht mehrere zusätzliche Sitze erhält, solange nicht alle anderen Mitgliedstaaten, aus denen die nach Absatz 2 besonders zu berücksichtigenden Gesellschaften stammen, einen Sitz erhalten haben.

(4) [1] Treten während der Tätigkeitsdauer des besonderen Verhandlungsgremiums solche Änderungen in der Struktur oder Arbeitnehmerzahl der beteiligten Gesellschaften, der betroffenen Tochtergesellschaften oder der betroffenen Betriebe ein, dass sich die konkrete Zusammensetzung des besonderen Verhandlungsgremiums ändern würde, so ist das besondere Verhandlungsgremium entsprechend neu zusammenzusetzen. [2] Über solche Änderungen haben die zuständigen Leitungen unverzüglich das besondere Verhandlungsgremium zu informieren. [3] § 4 Abs. 2 bis 4 gilt entsprechend.

§ 6 Persönliche Voraussetzungen der auf das Inland entfallenden Mitglieder des besonderen Verhandlungsgremiums. (1) Die persönlichen Voraussetzungen der Mitglieder des besonderen Verhandlungsgremiums richten sich nach den jeweiligen Bestimmungen der Mitgliedstaaten, in denen sie gewählt oder bestellt werden.

(2) [1] Zu Mitgliedern des besonderen Verhandlungsgremiums wählbar sind im Inland Arbeitnehmer der Gesellschaften und Betriebe sowie Gewerkschaftsvertreter. [2] Frauen und Männer sollen entsprechend ihrem zahlenmäßigen Verhältnis gewählt werden. [3] Für jedes Mitglied ist ein Ersatzmitglied zu wählen.

(3) Gehören dem besonderen Verhandlungsgremium mehr als zwei Mitglieder aus dem Inland an, ist jedes dritte Mitglied ein Vertreter einer Gewerkschaft, die in einem an der Gründung der SE beteiligten Unternehmen vertreten ist.

(4) Gehören dem besonderen Verhandlungsgremium mehr als sechs Mitglieder aus dem Inland an, ist mindestens jedes siebte Mitglied ein leitender Angestellter.

§ 7 Verteilung der auf das Inland entfallenden Sitze des besonderen Verhandlungsgremiums. (1) Die Wahl oder Bestellung der Mitglieder des besonderen Verhandlungsgremiums nach § 5 erfolgt nach den jeweiligen Bestimmungen der Mitgliedstaaten.

(2) Bei der Wahl der auf das Inland entfallenden Mitglieder des besonderen Verhandlungsgremiums sollen alle an der Gründung der SE beteiligten Gesellschaften mit Sitz im Inland, die Arbeitnehmer im Inland beschäftigen, durch mindestens ein Mitglied im besonderen Verhandlungsgremium vertreten sein.

(3) Ist die Anzahl der auf das Inland entfallenden Mitglieder des besonderen Verhandlungsgremiums geringer als die Anzahl der an der Gründung der SE beteiligten Gesellschaften mit Sitz im Inland, die Arbeitnehmer im Inland beschäftigen, so erhalten die Gesellschaften in absteigender Reihenfolge der Zahl der Arbeitnehmer jeweils einen Sitz.

(4) Ist die Anzahl der auf das Inland entfallenden Mitglieder des besonderen Verhandlungsgremiums höher als die Anzahl der an der Gründung der SE beteiligten Gesellschaften mit Sitz im Inland, die Arbeitnehmer im Inland beschäftigen, so sind die nach erfolgter Verteilung nach Absatz 2 verbleibenden Sitze nach dem d'Hondtschen Höchstzahlenverfahren auf die beteiligten Gesellschaften zu verteilen.

(5) Sind keine Gesellschaften mit Sitz im Inland an der Gründung der SE beteiligt, sondern von ihr nur Betriebe ausländischer Gesellschaften betroffen, gelten die Absätze 2 bis 4 entsprechend.

Kapitel 2. Wahlgremium

§ 8 Zusammensetzung des Wahlgremiums; Urwahl. (1) [1] Die nach diesem Gesetz oder dem Gesetz eines anderen Mitgliedstaats auf die im Inland beschäftigten Arbeitnehmer der an der Gründung der SE beteiligten Gesellschaften, betroffenen Tochtergesellschaften und betroffenen Betriebe entfallenden Mitglieder des besonderen Verhandlungsgremiums werden von einem Wahlgremium in geheimer und unmittelbarer Wahl gewählt. [2] Im Fall des § 6 Abs. 3 ist jedes dritte Mitglied auf Vorschlag einer Gewerkschaft zu wählen, die in einem an der Gründung der SE beteiligten Unternehmen vertreten ist. [3] Wird nur ein Wahlvorschlag gemacht, muss dieser mindestens doppelt so viele Bewerber enthalten wie Vertreter von Gewerkschaften zu wählen sind. [4] Jeder Wahlvorschlag einer Gewerkschaft muss von einem Vertreter der Gewerkschaft unterzeichnet sein. [5] Im Fall des § 6 Abs. 4 ist jedes siebte Mitglied auf Vorschlag der Sprecherausschüsse zu wählen; Satz 3 gilt entsprechend. [6] Besteht in einem beteiligten Unternehmen oder in einer beteiligten Unternehmensgruppe kein Sprecherausschuss, können die leitenden Angestellten Wahlvorschläge machen; ein Wahlvorschlag muss von einem Zwanzigstel oder 50 der wahlberechtigten leitenden Angestellten unterzeichnet sein.

(2) [1] Ist aus dem Inland nur eine Unternehmensgruppe an der SE-Gründung beteiligt, besteht das Wahlgremium aus den Mitgliedern des Konzernbetriebsrats oder, sofern ein solcher nicht besteht, aus den Mitgliedern der Gesamtbetriebsräte, oder, sofern ein solcher in einem Unternehmen nicht besteht, aus den Mitgliedern des Betriebsrats. [2] Betriebsratslose Betriebe und Unternehmen einer Unternehmensgruppe werden vom Konzernbetriebsrat, Gesamtbetriebsrat oder Betriebsrat mit vertreten.

(3) [1] Ist aus dem Inland nur ein Unternehmen an der Gründung einer SE beteiligt, besteht das Wahlgremium aus den Mitgliedern des Gesamtbetriebsrats, oder, sofern ein solcher nicht besteht, aus den Mitgliedern des Betriebsrats. [2] Betriebsratslose Betriebe eines Unternehmens werden vom Gesamtbetriebsrat oder Betriebsrat mit vertreten.

(4) Ist aus dem Inland nur ein Betrieb von der Gründung einer SE betroffen, besteht das Wahlgremium aus den Mitgliedern des Betriebsrats.

(5) [1] Sind an der Gründung der SE eine oder mehrere Unternehmensgruppen oder nicht verbundene Unternehmen beteiligt oder sind von der Gründung unternehmensunabhängige Betriebe betroffen, setzt sich das Wahlgremium aus den jeweiligen Arbeitnehmervertretungen auf Konzernebene, Unternehmensebene oder Betriebsebene zusammen. [2] Die Absätze 2 bis 4 gelten entsprechend. [3] Ist in den Fällen des Satzes 1 eine entsprechende Arbeitnehmervertretung nicht vorhanden, werden diese Mitglieder des Wahlgremiums von den Arbeitnehmern in Urwahl gewählt. [4] Die Wahl wird von einem Wahlvorstand eingeleitet und durchgeführt, der in einer Versammlung der Arbeitnehmer gewählt wird, zu der die inländische Konzernleitung, Unternehmensleitung oder Betriebsleitung einlädt. [5] Es sind so viele Mitglieder des Wahlgremiums zu wählen, wie eine bestehende Arbeitnehmervertretung in den Fällen der Absätze 2 bis 4 an gesetzlichen Mitgliedern hätte; für das Wahlverfahren gilt Absatz 7 Satz 3 bis 5 entsprechend.

(6) [1] Das Wahlgremium besteht aus höchstens 40 Mitgliedern. [2] Würde diese Höchstzahl überschritten, ist die Anzahl der Mitglieder in dem Wahlgremium entsprechend ihrem zahlenmäßigen Verhältnis nach dem d'Hondtschen Höchstzahlverfahren zu verringern.

(7) [1] Besteht in den Fällen der Absätze 2 bis 5 keine Arbeitnehmervertretung, wählen die Arbeitnehmer die Mitglieder des besonderen Verhandlungsgremiums in geheimer und unmittelbarer Wahl. [2] Die Wahl wird von einem Wahlvorstand eingeleitet und durchgeführt, der in einer Versammlung der Arbeitnehmer gewählt wird, zu der die inländische Konzernleitung, Unternehmensleitung oder Betriebsleitung einlädt. [3] Die Wahl der Mitglieder des besonderen Verhandlungsgremiums erfolgt nach den Grundsätzen der Verhältniswahl. [4] Sie erfolgt nach den Grundsätzen der Mehrheitswahl, wenn nur ein Wahlvorschlag eingereicht wird. [5] Jeder Wahlvorschlag der Arbeitnehmer muss von mindestens einem Zwanzigstel der wahlberechtigten Arbeitnehmer, mindestens jedoch von drei Wahlberechtigten, höchstens aber von 50 Wahlberechtigten unterzeichnet sein; in Betrieben mit in der Regel bis zu 20 wahlberech-

tigten Arbeitnehmern genügt die Unterzeichnung durch zwei Wahlberechtigte. [6] § 8 Abs. 1 Satz 2 bis 6 gilt entsprechend.

§ 9 Einberufung des Wahlgremiums. (1) Auf der Grundlage der von den Leitungen erhaltenen Informationen hat der Vorsitzende der Arbeitnehmervertretung auf Konzernebene oder, sofern eine solche nicht besteht, auf Unternehmensebene oder, sofern eine solche nicht besteht, auf Betriebsebene

1. Ort, Tag und Zeit der Versammlung des Wahlgremiums festzulegen;
2. die Anzahl der Mitglieder aus den jeweiligen Arbeitnehmervertretungen nach § 8 Abs. 6 festzulegen;
3. zur Versammlung des Wahlgremiums einzuladen.

(2) Bestehen auf einer Ebene mehrere Arbeitnehmervertretungen, treffen die Verpflichtungen nach Absatz 1 den Vorsitzenden der Arbeitnehmervertretung, die die meisten Arbeitnehmer vertritt.

§ 10 Wahl der Mitglieder des besonderen Verhandlungsgremiums.

(1) [1] Bei der Wahl müssen mindestens zwei Drittel der Mitglieder des Wahlgremiums, die mindestens zwei Drittel der Arbeitnehmer vertreten, anwesend sein. [2] Die Mitglieder des Wahlgremiums haben jeweils so viele Stimmen, wie sie Arbeitnehmer vertreten. [3] Die Wahl erfolgt mit einfacher Mehrheit der abgegebenen Stimmen.

(2) [1] Im Wahlgremium vertreten die Arbeitnehmervertretungen und die in Urwahl gewählten Mitglieder jeweils alle Arbeitnehmer der organisatorischen Einheit, für die sie nach § 8 Abs. 2 bis 5 zuständig sind. [2] Nicht nach Satz 1 vertretene Arbeitnehmer werden den Arbeitnehmervertretungen innerhalb der jeweiligen Unternehmensgruppe zu gleichen Teilen zugerechnet.

(3) [1] Sind für eine Arbeitnehmervertretung mehrere Mitglieder im Wahlgremium vertreten, werden die entsprechend der von ihnen vertretenen Arbeitnehmer bestehenden Stimmenanteile gleichmäßig aufgeteilt. [2] Dies gilt auch für die nach § 8 Abs. 5 Satz 3 gewählten Mitglieder des Wahlgremiums.

Kapitel 3. Verhandlungsverfahren

§ 11 Information über die Mitglieder des besonderen Verhandlungsgremiums. (1) [1] Die Wahl oder Bestellung der Mitglieder des besonderen Verhandlungsgremiums soll innerhalb von zehn Wochen nach der in § 4 Abs. 2 und 3 vorgeschriebenen Information erfolgen. [2] Den Leitungen sind unverzüglich die Namen der Mitglieder des besonderen Verhandlungsgremiums, ihre Anschriften sowie die jeweilige Betriebszugehörigkeit mitzuteilen. [3] Die Leitungen haben die örtlichen Betriebs- und Unternehmensleitungen, die dort bestehenden Arbeitnehmervertretungen und Sprecherausschüsse sowie die in inländischen Betrieben vertretenen Gewerkschaften über diese Angaben zu informieren.

(2) [1] Das Verhandlungsverfahren nach den §§ 12 bis 17 findet auch dann statt, wenn die in Absatz 1 Satz 1 genannte Frist aus Gründen, die die Arbeitnehmer zu vertreten haben, überschritten wird. [2] Nach Ablauf der Frist gewählte oder bestellte Mitglieder können sich jederzeit an dem Verhandlungsverfahren beteiligen.

§ 12 Sitzungen; Geschäftsordnung. (1) [1]Die Leitungen laden unverzüglich nach Benennung der Mitglieder oder im Fall des § 11 nach Ablauf der in § 11 Abs. 1 Satz 1 genannten Frist zur konstituierenden Sitzung des besonderen Verhandlungsgremiums ein und informieren die örtlichen Betriebs- und Unternehmensleitungen. [2]Das besondere Verhandlungsgremium wählt aus seiner Mitte einen Vorsitzenden und mindestens zwei Stellvertreter. [3]Es kann sich eine schriftliche Geschäftsordnung geben.

(2) Der Vorsitzende kann weitere Sitzungen einberufen.

§ 13 Zusammenarbeit zwischen besonderem Verhandlungsgremium und Leitungen. (1) [1]Das besondere Verhandlungsgremium schließt mit den Leitungen eine schriftliche Vereinbarung über die Beteiligung der Arbeitnehmer in der SE ab. [2]Zur Erfüllung dieser Aufgabe arbeiten sie vertrauensvoll zusammen.

(2) [1]Die Leitungen haben dem besonderen Verhandlungsgremium rechtzeitig alle erforderlichen Auskünfte zu erteilen und die erforderlichen Unterlagen zur Verfügung zu stellen. [2]Das besondere Verhandlungsgremium ist insbesondere über das Gründungsvorhaben und den Verlauf des Verfahrens bis zur Eintragung der SE zu unterrichten. [3]Zeitpunkt, Häufigkeit und Ort der Verhandlungen werden zwischen den Leitungen und dem besonderen Verhandlungsgremium einvernehmlich festgelegt.

§ 14 Sachverständige und Vertreter von geeigneten außenstehenden Organisationen. (1) [1]Das besondere Verhandlungsgremium kann bei den Verhandlungen Sachverständige seiner Wahl, zu denen auch Vertreter von einschlägigen Gewerkschaftsorganisationen auf Gemeinschaftsebene zählen können, hinzuziehen, um sich von ihnen bei seiner Arbeit unterstützen zu lassen. [2]Diese Sachverständigen können, wenn das besondere Verhandlungsgremium es wünscht, an den Verhandlungen in beratender Funktion teilnehmen.

(2) Das besondere Verhandlungsgremium kann beschließen, die Vertreter von geeigneten außenstehenden Organisationen vom Beginn der Verhandlungen zu unterrichten.

§ 15 Beschlussfassung im besonderen Verhandlungsgremium.

(1) [1]Die Mitglieder des besonderen Verhandlungsgremiums, die in einem Mitgliedstaat gewählt oder bestellt werden, vertreten alle in dem jeweiligen Mitgliedstaat beschäftigten Arbeitnehmer. [2]Solange aus einem Mitgliedstaat keine Mitglieder in das besondere Verhandlungsgremium gewählt oder bestellt sind (§ 11 Abs. 2), gelten die betroffenen Arbeitnehmer als nicht vertreten.

(2) [1]Das besondere Verhandlungsgremium beschließt vorbehaltlich des Absatzes 3 und § 16 Abs. 1 mit der Mehrheit seiner Mitglieder, in der zugleich die Mehrheit der vertretenen Arbeitnehmer enthalten sein muss. [2]Jedes auf das Inland entfallende Mitglied vertritt gleich viele Arbeitnehmer.

(3) [1]Hätten die Verhandlungen eine Minderung der Mitbestimmungsrechte zur Folge, so ist für einen Beschluss zur Billigung einer solchen Vereinbarung eine Mehrheit von zwei Dritteln der Mitglieder des besonderen Verhandlungsgremiums erforderlich, die mindestens zwei Drittel der Arbeitnehmer in mindestens zwei Mitgliedstaaten vertreten. [2]Dies gilt

1. im Fall einer SE, die durch Verschmelzung gegründet werden soll, sofern sich die Mitbestimmung auf mindestens 25 Prozent der Gesamtzahl der

Arbeitnehmer der beteiligten Gesellschaften und der betroffenen Tochtergesellschaften erstreckt oder

2. im Fall einer SE, die als Holding-Gesellschaft oder als Tochtergesellschaft gegründet werden soll, sofern sich die Mitbestimmung auf mindestens 50 Prozent der Gesamtzahl der Arbeitnehmer der beteiligten Gesellschaften und der betroffenen Tochtergesellschaften erstreckt.

(4) Minderung der Mitbestimmungsrechte bedeutet, dass

1. der Anteil der Arbeitnehmervertreter im Aufsichts- oder Verwaltungsorgan der SE geringer ist als der höchste in den beteiligten Gesellschaften bestehende Anteil oder
2. das Recht, Mitglieder des Aufsichts- oder Verwaltungsorgans der Gesellschaft zu wählen, zu bestellen, zu empfehlen oder abzulehnen, beseitigt oder eingeschränkt wird.

(5) Wird eine SE durch Umwandlung gegründet, kann ein Beschluss nach Absatz 3 nicht gefasst werden.

§ 16 Nichtaufnahme oder Abbruch der Verhandlungen. (1) [1] Das besondere Verhandlungsgremium kann beschließen, keine Verhandlungen aufzunehmen oder bereits aufgenommene Verhandlungen abzubrechen. [2] Für diesen Beschluss ist eine Mehrheit von zwei Dritteln der Mitglieder erforderlich, die mindestens zwei Drittel der Arbeitnehmer in mindestens zwei Mitgliedstaaten vertreten. [3] Die Vorschriften für die Unterrichtung und Anhörung der Arbeitnehmer, die in den Mitgliedstaaten gelten, in denen die SE Arbeitnehmer beschäftigt, finden Anwendung.

(2) [1] Ein Beschluss nach Absatz 1 beendet das Verfahren zum Abschluss der Vereinbarung nach § 21. [2] Ist ein solcher Beschluss gefasst worden, finden die Regelungen der §§ 22 bis 33 über den SE-Betriebsrat kraft Gesetzes und der §§ 34 bis 38 über die Mitbestimmung kraft Gesetzes keine Anwendung.

(3) Wird eine SE durch Umwandlung gegründet, kann ein Beschluss nach Absatz 1 nicht gefasst werden, wenn den Arbeitnehmern der umzuwandelnden Gesellschaft Mitbestimmungsrechte zustehen.

§ 17 Niederschrift. [1] In eine Niederschrift, die vom Vorsitzenden und einem weiteren Mitglied des besonderen Verhandlungsgremiums zu unterzeichnen ist, ist aufzunehmen

1. ein Beschluss über den Abschluss einer Vereinbarung nach § 13 Abs. 1,
2. ein Beschluss über die Nichtaufnahme oder den Abbruch der Verhandlungen nach § 16 Abs. 1 und
3. die jeweiligen Mehrheiten, mit denen die Beschlüsse gefasst worden sind.

[2] Eine Abschrift der Niederschrift ist den Leitungen zu übermitteln.

§ 18 Wiederaufnahme der Verhandlungen. (1) [1] Frühestens zwei Jahre nach dem Beschluss nach § 16 Abs. 1 wird auf schriftlichen Antrag von mindestens 10 Prozent der Arbeitnehmer der SE, ihrer Tochtergesellschaften und Betriebe oder von deren Vertretern ein besonderes Verhandlungsgremium erneut gebildet, mit der Maßgabe, dass an die Stelle der beteiligten Gesellschaften, betroffenen Tochtergesellschaften und betroffenen Betriebe die SE, ihre Tochtergesellschaften und Betriebe treten. [2]Die Parteien können eine frühere Wiederaufnahme der Verhandlungen vereinbaren.

(2) Wenn das besondere Verhandlungsgremium die Wiederaufnahme der Verhandlungen mit der Leitung der SE nach Absatz 1 beschließt, in diesen Verhandlungen jedoch keine Einigung erzielt wird, finden die §§ 22 bis 33 über den SE-Betriebsrat kraft Gesetzes und die §§ 34 bis 38 über die Mitbestimmung kraft Gesetzes keine Anwendung.

(3) [1]Sind strukturelle Änderungen der SE geplant, die geeignet sind, Beteiligungsrechte der Arbeitnehmer zu mindern, finden auf Veranlassung der Leitung der SE oder des SE-Betriebsrats Verhandlungen über die Beteiligungsrechte der Arbeitnehmer der SE statt. [2]Anstelle des neu zu bildenden besonderen Verhandlungsgremiums können die Verhandlungen mit der Leitung der SE einvernehmlich von dem SE-Betriebsrat gemeinsam mit Vertretern der von der geplanten strukturellen Änderung betroffenen Arbeitnehmer, die bisher nicht von dem SE-Betriebsrat vertreten werden, geführt werden. [3]Wird in diesen Verhandlungen keine Einigung erzielt, sind die §§ 22 bis 33 über den SE-Betriebsrat kraft Gesetzes und die §§ 34 bis 38 über die Mitbestimmung kraft Gesetzes anzuwenden.

(4) In den Fällen der Absätze 1 und 3 gelten die Vorschriften des Teils 2 mit der Maßgabe, dass an die Stelle der Leitungen die Leitung der SE tritt.

§ 19 Kosten des besonderen Verhandlungsgremiums. [1]Die durch die Bildung und Tätigkeit des besonderen Verhandlungsgremiums entstehenden erforderlichen Kosten tragen die beteiligten Gesellschaften und nach ihrer Gründung die SE als Gesamtschuldner. [2]Insbesondere sind für die Sitzungen in erforderlichem Umfang Räume, sachliche Mittel, Dolmetscher und Büropersonal zur Verfügung zu stellen sowie die erforderlichen Reise- und Aufenthaltskosten der Mitglieder des besonderen Verhandlungsgremiums zu tragen.

§ 20 Dauer der Verhandlungen. (1) Die Verhandlungen beginnen mit der Einsetzung des besonderen Verhandlungsgremiums und können bis zu sechs Monate dauern. Einsetzung bezeichnet den Tag, zu dem die Leitungen zur konstituierenden Sitzung des besonderen Verhandlungsgremiums eingeladen haben.

(2) Die Parteien können einvernehmlich beschließen, die Verhandlungen über den in Absatz 1 genannten Zeitraum hinaus bis zu insgesamt einem Jahr ab der Einsetzung des besonderen Verhandlungsgremiums fortzusetzen.

Teil 3. Beteiligung der Arbeitnehmer in der SE

Kapitel 1. Beteiligung der Arbeitnehmer kraft Vereinbarung

§ 21 Inhalt der Vereinbarung. (1) In der schriftlichen Vereinbarung zwischen den Leitungen und dem besonderen Verhandlungsgremium wird, unbeschadet der Autonomie der Parteien im Übrigen und vorbehaltlich des Absatzes 6, festgelegt:

1. der Geltungsbereich der Vereinbarung, einschließlich der außerhalb des Hoheitsgebietes der Mitgliedstaaten liegenden Unternehmen und Betriebe, sofern diese in den Geltungsbereich einbezogen werden;

2. die Zusammensetzung des SE-Betriebsrats, die Anzahl seiner Mitglieder und die Sitzverteilung, einschließlich der Auswirkungen wesentlicher Änderungen der Zahl der in der SE beschäftigten Arbeitnehmer;
3. die Befugnisse und das Verfahren zur Unterrichtung und Anhörung des SE-Betriebsrats;
4. die Häufigkeit der Sitzungen des SE-Betriebsrats;
5. die für den SE-Betriebsrat bereitzustellenden finanziellen und materiellen Mittel;
6. der Zeitpunkt des Inkrafttretens der Vereinbarung und ihre Laufzeit; ferner die Fälle, in denen die Vereinbarung neu ausgehandelt werden soll und das dabei anzuwendende Verfahren.

(2) [1] Wenn kein SE-Betriebsrat gebildet wird, haben die Parteien die Durchführungsmodalitäten des Verfahrens oder der Verfahren zur Unterrichtung und Anhörung festzulegen. [2] Absatz 1 gilt entsprechend.

(3) [1] Für den Fall, dass die Parteien eine Vereinbarung über die Mitbestimmung treffen, ist deren Inhalt festzulegen. [2] Insbesondere soll Folgendes vereinbart werden:
1. die Zahl der Mitglieder des Aufsichts- oder Verwaltungsorgans der SE, welche die Arbeitnehmer wählen oder bestellen können oder deren Bestellung sie empfehlen oder ablehnen können;
2. das Verfahren, nach dem die Arbeitnehmer diese Mitglieder wählen oder bestellen oder deren Bestellung empfehlen oder ablehnen können und
3. die Rechte dieser Mitglieder.

(4) [1] In der Vereinbarung soll festgelegt werden, dass auch vor strukturellen Änderungen der SE Verhandlungen über die Beteiligung der Arbeitnehmer in der SE aufgenommen werden. [2] Die Parteien können das dabei anzuwendende Verfahren regeln.

(5) Die Vereinbarung kann bestimmen, dass die Regelungen der §§ 22 bis 33 über den SE-Betriebsrat kraft Gesetzes und der §§ 34 bis 38 über die Mitbestimmung kraft Gesetzes ganz oder in Teilen gelten.

(6) [1] Unbeschadet des Verhältnisses dieses Gesetzes zu anderen Regelungen der Mitbestimmung der Arbeitnehmer im Unternehmen muss in der Vereinbarung im Fall einer durch Umwandlung gegründeten SE in Bezug auf alle Komponenten der Arbeitnehmerbeteiligung zumindest das gleiche Ausmaß gewährleistet werden, das in der Gesellschaft besteht, die in eine SE umgewandelt werden soll. [2] Dies gilt auch bei einem Wechsel der Gesellschaft von einer dualistischen zu einer monistischen Organisationsstruktur und umgekehrt.

Kapitel 2. Beteiligung der Arbeitnehmer kraft Gesetzes

Abschnitt 1. SE-Betriebsrat kraft Gesetzes

Unterabschnitt 1. Bildung und Geschäftsführung

§ 22 Voraussetzung. (1) Die Regelungen der §§ 23 bis 33 über den SE-Betriebsrat kraft Gesetzes finden ab dem Zeitpunkt der Eintragung der SE Anwendung, wenn
1. die Parteien dies vereinbaren oder

2. bis zum Ende des in § 20 angegebenen Zeitraums keine Vereinbarung zustande gekommen ist und das besondere Verhandlungsgremium keinen Beschluss nach § 16 gefasst hat.

(2) Absatz 1 gilt entsprechend im Fall des § 18 Abs. 3.

§ 23 Errichtung des SE-Betriebsrats. (1) [1]Zur Sicherung des Rechts auf Unterrichtung und Anhörung in der SE ist ein SE-Betriebsrat zu errichten. [2]Dieser setzt sich aus Arbeitnehmern der SE, ihrer Tochtergesellschaften und Betriebe zusammen. [3]Für die Errichtung des SE-Betriebsrats gelten § 5 Abs. 1, § 6 Abs. 1 und 2 Satz 2 und 3, die §§ 7 bis 10 und 11 Abs. 1 Satz 2 und 3 entsprechend mit der Maßgabe, dass an die Stelle der beteiligten Gesellschaften, betroffenen Tochtergesellschaften und betroffenen Betriebe die SE, ihre Tochtergesellschaften und Betriebe treten. [4]Im Fall des § 22 Abs. 1 Nr. 2 ist für die Feststellung der Zahl der beschäftigten Arbeitnehmer das Ende des in § 20 angegebenen Zeitraums maßgeblich. [5]Die Mitgliedschaft im SE-Betriebsrat beginnt mit der Wahl oder Bestellung. [6]Die Dauer der Mitgliedschaft der aus dem Inland kommenden Mitglieder beträgt vier Jahre, wenn sie nicht durch Abberufung oder aus anderen Gründen vorzeitig endet. [7]Für die Abberufung gelten die §§ 8 bis 10 entsprechend mit der Maßgabe, dass an die Stelle der beteiligten Gesellschaften, betroffenen Tochtergesellschaften und betroffenen Betriebe die SE, ihre Tochtergesellschaften und Betriebe treten.

(2) [1]Die Leitung der SE lädt unverzüglich nach Benennung der Mitglieder zur konstituierenden Sitzung des SE-Betriebsrats ein. [2]Der SE-Betriebsrat wählt aus seiner Mitte einen Vorsitzenden und dessen Stellvertreter.

(3) [1]Der Vorsitzende oder im Fall seiner Verhinderung der Stellvertreter vertritt den SE-Betriebsrat im Rahmen der von ihm gefassten Beschlüsse. [2]Zur Entgegennahme von Erklärungen, die dem SE-Betriebsrat gegenüber abzugeben sind, ist der Vorsitzende oder im Fall seiner Verhinderung der Stellvertreter berechtigt.

(4) [1]Der SE-Betriebsrat bildet aus seiner Mitte einen Ausschuss von drei Mitgliedern, dem neben dem Vorsitzenden zwei weitere zu wählende Mitglieder angehören. [2]Der Ausschuss führt die laufenden Geschäfte des SE-Betriebsrats (geschäftsführender Ausschuss).

§ 24 Sitzungen und Beschlüsse. (1) Der SE-Betriebsrat soll sich eine schriftliche Geschäftsordnung geben, die er mit der Mehrheit seiner Mitglieder beschließt.

(2) [1]Vor Sitzungen mit der Leitung der SE ist der SE-Betriebsrat oder der geschäftsführende Ausschuss – gegebenenfalls in der nach § 29 Abs. 3 erweiterten Zusammensetzung – berechtigt, in Abwesenheit der Vertreter der Leitung der SE zu tagen. [2]Mit Einverständnis der Leitung der SE kann der SE-Betriebsrat weitere Sitzungen durchführen. [3]Die Sitzungen des SE-Betriebsrats sind nicht öffentlich.

(3) [1]Der SE-Betriebsrat ist beschlussfähig, wenn mindestens die Hälfte seiner Mitglieder anwesend ist. [2]Die Beschlüsse des SE-Betriebsrats werden, soweit in diesem Gesetz nichts anderes bestimmt ist, mit der Mehrheit der anwesenden Mitglieder gefasst.

§ 25 Prüfung der Zusammensetzung des SE-Betriebsrats. [1]Alle zwei Jahre, vom Tage der konstituierenden Sitzung des SE-Betriebsrats an gerechnet, hat die Leitung der SE zu prüfen, ob Änderungen der SE und ihrer Tochtergesellschaften und Betriebe, insbesondere bei den Arbeitnehmerzahlen in den einzelnen Mitgliedstaaten eingetreten sind. [2]Sie hat das Ergebnis dem SE-Betriebsrat mitzuteilen. [3]Ist danach eine andere Zusammensetzung des SE-Betriebsrats erforderlich, veranlasst dieser bei den in den jeweiligen Mitgliedstaaten zuständigen Stellen, dass die Mitglieder des SE-Betriebsrats in diesen Mitgliedstaaten neu gewählt oder bestellt werden. [4]Mit der neuen Wahl oder Bestellung endet die Mitgliedschaft der bisherigen Arbeitnehmervertreter aus diesen Mitgliedstaaten.

§ 26 Beschluss zur Aufnahme von Neuverhandlungen. (1) Vier Jahre nach seiner Einsetzung hat der SE-Betriebsrat mit der Mehrheit seiner Mitglieder einen Beschluss darüber zu fassen, ob über eine Vereinbarung nach § 21 verhandelt werden oder die bisherige Regelung weiter gelten soll.

(2) [1]Wird der Beschluss gefasst, über eine Vereinbarung nach § 21 zu verhandeln, so gelten die §§ 13 bis 15, 17, 20 und 21 entsprechend mit der Maßgabe, dass an die Stelle des besonderen Verhandlungsgremiums der SE-Betriebsrat tritt. [2]Kommt keine Vereinbarung zustande, findet die bisherige Regelung weiter Anwendung.

Unterabschnitt 2. Aufgaben

§ 27 Zuständigkeiten des SE-Betriebsrats. Der SE-Betriebsrat ist zuständig für die Angelegenheiten, die die SE selbst, eine ihrer Tochtergesellschaften oder einen ihrer Betriebe in einem anderen Mitgliedstaat betreffen oder die über die Befugnisse der zuständigen Organe auf der Ebene des einzelnen Mitgliedstaats hinausgehen.

§ 28 Jährliche Unterrichtung und Anhörung. (1) [1]Die Leitung der SE hat den SE-Betriebsrat mindestens einmal im Kalenderjahr in einer gemeinsamen Sitzung über die Entwicklung der Geschäftslage und die Perspektiven der SE unter rechtzeitiger Vorlage der erforderlichen Unterlagen zu unterrichten und ihn anzuhören. [2]Zu den erforderlichen Unterlagen gehören insbesondere

1. die Geschäftsberichte,
2. die Tagesordnung aller Sitzungen des Leitungsorgans und des Aufsichts- oder Verwaltungsorgans,
3. die Kopien aller Unterlagen, die der Hauptversammlung der Aktionäre vorgelegt werden.

(2) Zu der Entwicklung der Geschäftslage und den Perspektiven im Sinne von Absatz 1 gehören insbesondere

1. die Struktur der SE sowie die wirtschaftliche und finanzielle Lage;
2. die voraussichtliche Entwicklung der Geschäfts-, Produktions- und Absatzlage;
3. die Beschäftigungslage und ihre voraussichtliche Entwicklung;
4. Investitionen (Investitionsprogramme);
5. grundlegende Änderungen der Organisation;
6. die Einführung neuer Arbeits- und Fertigungsverfahren;
7. die Verlegung von Unternehmen, Betrieben oder wesentlichen Betriebsteilen sowie Verlagerungen der Produktion;

8. Zusammenschlüsse oder Spaltungen von Unternehmen oder Betrieben;
9. die Einschränkung oder Stilllegung von Unternehmen, Betrieben oder wesentlichen Betriebsteilen;
10. Massenentlassungen.

(3) Die Leitung der SE informiert die Leitungen über Ort und Tag der Sitzung.

§ 29 Unterrichtung und Anhörung über außergewöhnliche Umstände. (1) [1] Über außergewöhnliche Umstände, die erhebliche Auswirkungen auf die Interessen der Arbeitnehmer haben, hat die Leitung der SE den SE-Betriebsrat rechtzeitig unter Vorlage der erforderlichen Unterlagen zu unterrichten. [2] Als außergewöhnliche Umstände gelten insbesondere

1. die Verlegung oder Verlagerung von Unternehmen, Betrieben oder wesentlichen Betriebsteilen;
2. die Stilllegung von Unternehmen, Betrieben oder wesentlichen Betriebsteilen;
3. Massenentlassungen.

(2) Der SE-Betriebsrat hat das Recht, auf Antrag mit der Leitung der SE oder den Vertretern einer anderen zuständigen, mit eigenen Entscheidungsbefugnissen ausgestatteten Leitungsebene innerhalb der SE zusammenzutreffen, um zu den außergewöhnlichen Umständen angehört zu werden.

(3) [1] Auf Beschluss des SE-Betriebsrats stehen die Rechte nach Absatz 2 dem geschäftsführenden Ausschuss (§ 23 Abs. 4) zu. [2] Findet eine Sitzung mit dem geschäftsführenden Ausschuss statt, so haben auch die Mitglieder des SE-Betriebsrats, die von diesen Maßnahmen unmittelbar betroffene Arbeitnehmer vertreten, das Recht, daran teilzunehmen.

(4) Wenn die Leitung der SE beschließt, nicht entsprechend der von dem SE-Betriebsrat oder dem geschäftsführenden Ausschuss abgegebenen Stellungnahme zu handeln, hat der SE-Betriebsrat das Recht, ein weiteres Mal mit der Leitung der SE zusammenzutreffen, um eine Einigung herbeizuführen.

§ 30 Information durch den SE-Betriebsrat. [1] Der SE-Betriebsrat informiert die Arbeitnehmervertreter der SE, ihrer Tochtergesellschaften und Betriebe über den Inhalt und die Ergebnisse der Unterrichtungs- und Anhörungsverfahren. [2] Sind keine Arbeitnehmervertreter vorhanden, sind die Arbeitnehmer zu informieren.

Unterabschnitt 3. Freistellung und Kosten

§ 31 Fortbildung. [1] Der SE-Betriebsrat kann Mitglieder zur Teilnahme an Schulungs- und Bildungsveranstaltungen bestimmen, soweit diese Kenntnisse vermitteln, die für die Arbeit des SE-Betriebsrats erforderlich sind. [2] Der SE-Betriebsrat hat die Teilnahme und die zeitliche Lage rechtzeitig der Leitung der SE mitzuteilen. [3] Bei der Festlegung der zeitlichen Lage sind die betrieblichen Notwendigkeiten zu berücksichtigen.

§ 32 Sachverständige. [1] Der SE-Betriebsrat oder der geschäftsführende Ausschuss können sich durch Sachverständige ihrer Wahl unterstützen lassen, soweit dies zur ordnungsgemäßen Erfüllung ihrer Aufgaben erforderlich ist. [2] Sachverständige können auch Vertreter von Gewerkschaften sein.

§ 33 Kosten und Sachaufwand. [1] Die durch die Bildung und Tätigkeit des SE-Betriebsrats und des geschäftsführenden Ausschusses entstehenden erforderlichen Kosten trägt die SE. [2] Im Übrigen gilt § 19 Satz 2 entsprechend.

Abschnitt 2. Mitbestimmung kraft Gesetzes

§ 34 Besondere Voraussetzungen. (1) Liegen die Voraussetzungen des § 22 vor, finden die Regelungen über die Mitbestimmung der Arbeitnehmer kraft Gesetzes nach den §§ 35 bis 38 Anwendung

1. im Fall einer durch Umwandlung gegründeten SE, wenn in der Gesellschaft vor der Umwandlung Bestimmungen über die Mitbestimmung der Arbeitnehmer im Aufsichts- oder Verwaltungsorgan galten;
2. im Fall einer durch Verschmelzung gegründeten SE, wenn
   a) vor der Eintragung der SE in einer oder mehreren der beteiligten Gesellschaften eine oder mehrere Formen der Mitbestimmung bestanden und sich auf mindestens 25 Prozent der Gesamtzahl der Arbeitnehmer aller beteiligten Gesellschaften und betroffenen Tochtergesellschaften erstreckten oder
   b) vor der Eintragung der SE in einer oder mehreren der beteiligten Gesellschaften eine oder mehrere Formen der Mitbestimmung bestanden und sich auf weniger als 25 Prozent der Gesamtzahl der Arbeitnehmer aller beteiligten Gesellschaften und betroffenen Tochtergesellschaften erstreckten und das besondere Verhandlungsgremium einen entsprechenden Beschluss fasst;
3. im Fall einer durch Errichtung einer Holding-Gesellschaft oder einer Tochtergesellschaft gegründeten SE, wenn
   a) vor der Eintragung der SE in einer oder mehreren der beteiligten Gesellschaften eine oder mehrere Formen der Mitbestimmung bestanden und sich auf mindestens 50 Prozent der Gesamtzahl der Arbeitnehmer aller beteiligten Gesellschaften und betroffenen Tochtergesellschaften erstreckten oder
   b) vor der Eintragung der SE in einer oder mehreren der beteiligten Gesellschaften eine oder mehrere Formen der Mitbestimmung bestanden und sich auf weniger als 50 Prozent der Gesamtzahl der Arbeitnehmer aller beteiligten Gesellschaften und betroffenen Tochtergesellschaften erstreckten und das besondere Verhandlungsgremium einen entsprechenden Beschluss fasst.

(2) [1] Bestanden in den Fällen von Absatz 1 Nr. 2 und 3 mehr als eine Form der Mitbestimmung im Sinne des § 2 Abs. 12 in den verschiedenen beteiligten Gesellschaften, so entscheidet das besondere Verhandlungsgremium, welche von ihnen in der SE eingeführt wird. [2] Wenn das besondere Verhandlungsgremium keinen solchen Beschluss fasst und eine inländische Gesellschaft, deren Arbeitnehmern Mitbestimmungsrechte zustehen, an der Gründung der SE beteiligt ist, ist die Mitbestimmung nach § 2 Abs. 12 Nr. 1 maßgeblich. [3] Ist keine inländische Gesellschaft, deren Arbeitnehmern Mitbestimmungsrechte zustehen, beteiligt, findet die Form der Mitbestimmung nach § 2 Abs. 12 Anwendung, die sich auf die höchste Zahl der in den beteiligten Gesellschaften beschäftigten Arbeitnehmer erstreckt.

(3) Das besondere Verhandlungsgremium unterrichtet die Leitungen über die Beschlüsse, die es nach Absatz 1 Nr. 2 Buchstabe b und Nr. 3 Buchstabe b und Absatz 2 Satz 1 gefasst hat.

§ 35 Umfang der Mitbestimmung. (1) Liegen die Voraussetzungen des § 34 Abs. 1 Nr. 1 (Gründung einer SE durch Umwandlung) vor, bleibt die Regelung zur Mitbestimmung erhalten, die in der Gesellschaft vor der Umwandlung bestanden hat.

(2) [1] Liegen die Voraussetzungen des § 34 Abs. 1 Nr. 2 (Gründung einer SE durch Verschmelzung) oder des § 34 Abs. 1 Nr. 3 (Gründung einer Holding-SE oder Tochter-SE) vor, haben die Arbeitnehmer der SE, ihrer Tochtergesellschaften und Betriebe oder ihr Vertretungsorgan das Recht, einen Teil der Mitglieder des Aufsichts- oder Verwaltungsorgans der SE zu wählen oder zu bestellen oder deren Bestellung zu empfehlen oder abzulehnen. [2] Die Zahl dieser Arbeitnehmervertreter im Aufsichts- oder Verwaltungsorgan der SE bemisst sich nach dem höchsten Anteil an Arbeitnehmervertretern, der in den Organen der beteiligten Gesellschaften vor der Eintragung der SE bestanden hat.

§ 36 Sitzverteilung und Bestellung. (1) [1] Der SE-Betriebsrat verteilt die Zahl der Sitze im Aufsichts- oder Verwaltungsorgan auf die Mitgliedstaaten, in denen Mitglieder zu wählen oder zu bestellen sind. [2] Die Verteilung richtet sich nach dem jeweiligen Anteil der in den einzelnen Mitgliedstaaten beschäftigten Arbeitnehmer der SE, ihrer Tochtergesellschaften und Betriebe. [3] Können bei dieser anteiligen Verteilung die Arbeitnehmer aus einem oder mehreren Mitgliedstaaten keinen Sitz erhalten, so hat der SE-Betriebsrat den letzten zu verteilenden Sitz einem bisher unberücksichtigten Mitgliedstaat zuzuweisen. [4] Dieser Sitz soll, soweit angemessen, dem Mitgliedstaat zugewiesen werden, in dem die SE ihren Sitz haben wird. [5] Dieses Verteilungsverfahren gilt auch in dem Fall, in dem die Arbeitnehmer der SE Mitglieder dieser Organe empfehlen oder ablehnen können.

(2) Soweit die Mitgliedstaaten über die Besetzung der ihnen zugewiesenen Sitze keine eigenen Regelungen treffen, bestimmt der SE-Betriebsrat die Arbeitnehmervertreter im Aufsichts- oder Verwaltungsorgan der SE.

(3) [1] Die Ermittlung der auf das Inland entfallenden Arbeitnehmervertreter des Aufsichts- oder Verwaltungsorgans der SE erfolgt durch ein Wahlgremium, das sich aus den Arbeitnehmervertretungen der SE, ihrer Tochtergesellschaften und Betriebe zusammensetzt. [2] Für das Wahlverfahren gelten § 6 Abs. 2 bis 4, § 8 Abs. 1 Satz 2 bis 5, Abs. 2 bis 7 und die §§ 9 und 10 entsprechend mit der Maßgabe, dass an die Stelle der beteiligten Gesellschaften, betroffenen Tochtergesellschaften und betroffenen Betriebe die SE, ihre Tochtergesellschaften und Betriebe treten. [3] Das Wahlergebnis ist der Leitung der SE, dem SE-Betriebsrat, den Gewählten, den Sprecherausschüssen und Gewerkschaften mitzuteilen.

(4) [1] Die nach den Absätzen 2 und 3 ermittelten Arbeitnehmervertreter werden der Hauptversammlung der SE zur Bestellung vorgeschlagen. [2] Die Hauptversammlung ist an diese Vorschläge gebunden.

§ 37 Abberufung und Anfechtung. (1) [1]Ein Mitglied oder ein Ersatzmitglied der Arbeitnehmer aus dem Inland im Aufsichts- oder Verwaltungsorgan kann vor Ablauf der Amtszeit abberufen werden. [2]Antragsberechtigt sind

1. die Arbeitnehmervertretungen, die das Wahlgremium gebildet haben;
2. in den Fällen der Urwahl mindestens drei wahlberechtigte Arbeitnehmer;
3. für ein Mitglied nach § 6 Abs. 3 nur die Gewerkschaft, die das Mitglied vorgeschlagen hat;
4. für ein Mitglied nach § 6 Abs. 4 nur der Sprecherausschuss, der das Mitglied vorgeschlagen hat.

[3]Für das Abberufungsverfahren gelten die §§ 8 bis 10 entsprechend mit der Maßgabe, dass an die Stelle der beteiligten Gesellschaften, betroffenen Tochtergesellschaften und betroffenen Betriebe die SE, ihre Tochtergesellschaften und Betriebe treten; abweichend von § 8 Abs. 5 und § 10 Abs. 1 Satz 3 bedarf der Beschluss einer Mehrheit von drei Vierteln der abgegebenen Stimmen. [4]Die Arbeitnehmervertreter sind von der Hauptversammlung der SE abzuberufen.

(2) [1]Die Wahl eines Mitglieds oder eines Ersatzmitglieds der Arbeitnehmer aus dem Inland im Aufsichts- oder Verwaltungsorgan kann angefochten werden, wenn gegen wesentliche Vorschriften über das Wahlrecht, die Wählbarkeit oder das Wahlverfahren verstoßen worden und eine Berichtigung nicht erfolgt ist, es sei denn, dass durch den Verstoß das Wahlergebnis nicht geändert oder beeinflusst werden konnte. [2]Zur Anfechtung berechtigt sind die in Absatz 1 Satz 2 Genannten, der SE-Betriebsrat und die Leitung der SE. [3]Die Klage muss innerhalb eines Monats nach dem Bestellungsbeschluss der Hauptversammlung erhoben werden.

§ 38 Rechtsstellung; Innere Ordnung. (1) Die Arbeitnehmervertreter im Aufsichts- oder Verwaltungsorgan der SE haben die gleichen Rechte und Pflichten wie die Mitglieder, die die Anteilseigner vertreten.

(2) [1]Die Zahl der Mitglieder des Leitungsorgans (§ 16 des SE-Ausführungsgesetzes[1)]) oder der geschäftsführenden Direktoren (§ 40 des SE-Ausführungsgesetzes[1)]) beträgt mindestens zwei. [2]Einer von ihnen ist für den Bereich Arbeit und Soziales zuständig.

(3) Besteht in einer der beteiligten Gesellschaften das Aufsichtsorgan aus derselben Zahl von Anteilseigner- und Arbeitnehmervertretern sowie einem weiteren Mitglied, so ist auch im Aufsichts- oder Verwaltungsorgan der SE ein weiteres Mitglied auf gemeinsamen Vorschlag der Anteilseigner- und der Arbeitnehmervertreter zu wählen.

Abschnitt 3. Tendenzschutz

§ 39 Tendenzunternehmen. (1) Auf eine SE, die unmittelbar und überwiegend

1. politischen, koalitionspolitischen, konfessionellen, karitativen, erzieherischen, wissenschaftlichen oder künstlerischen Bestimmungen oder
2. Zwecken der Berichterstattung oder Meinungsäußerung, auf die Artikel 5 Abs. 1 Satz 2 des Grundgesetzes anzuwenden ist,

---

[1)] Nr. **8a**.

dient, findet Abschnitt 2 keine Anwendung.

(2) Eine Unterrichtung und Anhörung beschränkt sich auf die Gegenstände des § 28 Abs. 2 Nr. 5 bis 10 und des § 29 und erfolgt nur über den Ausgleich oder die Milderung der wirtschaftlichen Nachteile, die den Arbeitnehmern infolge der Unternehmens- oder Betriebsänderung entstehen.

Teil 4. Grundsätze der Zusammenarbeit und Schutzbestimmungen

§ 40 Vertrauensvolle Zusammenarbeit. Die Leitung der SE und der SE-Betriebsrat oder die Arbeitnehmervertreter im Rahmen eines Verfahrens zur Unterrichtung und Anhörung arbeiten zum Wohl der Arbeitnehmer und des Unternehmens oder der Unternehmensgruppe vertrauensvoll zusammen.

§ 41 Geheimhaltung; Vertraulichkeit. (1) Informationspflichten der Leitungen und der Leitung der SE nach diesem Gesetz bestehen nur, soweit bei Zugrundelegung objektiver Kriterien dadurch nicht Betriebs- oder Geschäftsgeheimnisse der an der Gründung beteiligten Gesellschaften, der SE oder deren jeweiliger Tochtergesellschaften und Betriebe gefährdet werden.

(2) [1] Die Mitglieder und Ersatzmitglieder eines SE-Betriebsrats sind unabhängig von ihrem Aufenthaltsort verpflichtet, Betriebs- oder Geschäftsgeheimnisse, die ihnen wegen ihrer Zugehörigkeit zum SE-Betriebsrat bekannt geworden und von der Leitung der SE ausdrücklich als geheimhaltungsbedürftig bezeichnet worden sind, nicht zu offenbaren und nicht zu verwerten. [2] Dies gilt auch nach dem Ausscheiden aus dem SE-Betriebsrat.

(3) Die Pflicht zur Vertraulichkeit des SE-Betriebsrats nach Absatz 2 gilt nicht gegenüber den

1. Mitgliedern des SE-Betriebsrats;
2. Arbeitnehmervertretern der SE, ihrer Tochtergesellschaften und Betriebe, wenn diese auf Grund einer Vereinbarung nach § 21 oder nach § 30 über den Inhalt der Unterrichtung und die Ergebnisse der Anhörung zu informieren sind;
3. Arbeitnehmervertretern im Aufsichts- oder Verwaltungsorgan der SE sowie
4. Dolmetschern und Sachverständigen, die zur Unterstützung herangezogen werden.

(4) Die Pflicht zur Vertraulichkeit nach Absatz 2 gilt entsprechend für

1. die Mitglieder und Ersatzmitglieder des besonderen Verhandlungsgremiums;
2. die Arbeitnehmervertreter der SE, ihrer Tochtergesellschaften und Betriebe;
3. die Arbeitnehmervertreter, die in sonstiger Weise an einem Verfahren zur Unterrichtung und Anhörung teilnehmen;
4. die Sachverständigen und Dolmetscher.

(5) [1] Die Ausnahme von der Pflicht zur Vertraulichkeit nach Absatz 3 Nr. 1 gilt für den Personenkreis nach Absatz 4 Nr. 1 bis 3 entsprechend. [2] Die Pflicht zur Vertraulichkeit gilt ferner nicht für

1. die Mitglieder des besonderen Verhandlungsgremiums gegenüber Dolmetschern und Sachverständigen;
2. die Arbeitnehmervertreter nach Absatz 4 Nr. 3 gegenüber Arbeitnehmervertretern im Aufsichts- oder Verwaltungsorgan der SE, gegenüber Dolmet-

schern und Sachverständigen, die vereinbarungsgemäß zur Unterstützung herangezogen werden und gegenüber Arbeitnehmervertretern der SE, ihrer Tochtergesellschaften und Betriebe, sofern diese nach der Vereinbarung (§ 21) über den Inhalt der Unterrichtungen und die Ergebnisse der Anhörung zu unterrichten sind.

§ 42 Schutz der Arbeitnehmervertreter. [1]Bei der Wahrnehmung ihrer Aufgaben genießen die

1. Mitglieder des besonderen Verhandlungsgremiums;
2. Mitglieder des SE-Betriebsrats;
3. Arbeitnehmervertreter, die in sonstiger Weise bei einem Verfahren zur Unterrichtung und Anhörung mitwirken;
4. Arbeitnehmervertreter im Aufsichts- oder Verwaltungsorgan der SE;

die Beschäftigte der SE, ihrer Tochtergesellschaften oder Betriebe oder einer der beteiligten Gesellschaften, betroffenen Tochtergesellschaften oder betroffenen Betriebe sind, den gleichen Schutz und die gleichen Sicherheiten wie die Arbeitnehmervertreter nach den Gesetzen und Gepflogenheiten des Mitgliedstaats, in dem sie beschäftigt sind. [2]Dies gilt insbesondere für

1. den Kündigungsschutz,
2. die Teilnahme an den Sitzungen der jeweiligen in Satz 1 genannten Gremien und
3. die Entgeltfortzahlung.

§ 43 Missbrauchsverbot. [1]Eine SE darf nicht dazu missbraucht werden, den Arbeitnehmern Beteiligungsrechte zu entziehen oder vorzuenthalten. [2]Missbrauch wird vermutet, wenn ohne Durchführung eines Verfahrens nach § 18 Abs. 3 innerhalb eines Jahres nach Gründung der SE strukturelle Änderungen stattfinden, die bewirken, dass den Arbeitnehmern Beteiligungsrechte vorenthalten oder entzogen werden.

§ 44 Errichtungs- und Tätigkeitsschutz. Niemand darf

1. die Bildung des besonderen Verhandlungsgremiums, die Errichtung eines SE-Betriebsrats oder die Einführung eines Verfahrens zur Unterrichtung und Anhörung nach § 21 Abs. 2 oder die Wahl, Bestellung, Empfehlung oder Ablehnung der Arbeitnehmervertreter im Aufsichts- oder Verwaltungsorgan behindern oder durch Zufügung oder Androhung von Nachteilen oder durch Gewährung oder Versprechen von Vorteilen beeinflussen;
2. die Tätigkeit des besonderen Verhandlungsgremiums, des SE-Betriebsrats oder der Arbeitnehmervertreter nach § 21 Abs. 2 oder die Tätigkeit der Arbeitnehmervertreter im Aufsichts- oder Verwaltungsorgan behindern oder stören oder
3. ein Mitglied oder Ersatzmitglied des besonderen Verhandlungsgremiums, des SE-Betriebsrats oder einen Arbeitnehmervertreter nach § 21 Abs. 2 oder einen Arbeitnehmervertreter im Aufsichts- oder Verwaltungsorgan wegen seiner Tätigkeit benachteiligen oder begünstigen.

Teil 5. Straf- und Bußgeldvorschriften; Schlussbestimmung

§ 45 Strafvorschriften. (1) Mit Freiheitsstrafe bis zu zwei Jahren oder mit Geldstrafe wird bestraft, wer

1. entgegen § 41 Abs. 2, auch in Verbindung mit Abs. 4, ein Betriebs- oder Geschäftsgeheimnis verwertet oder
2. entgegen § 43 Satz 1 eine SE dazu missbraucht, Arbeitnehmern Beteiligungsrechte zu entziehen oder vorzuenthalten.

(2) Mit Freiheitsstrafe bis zu einem Jahr oder mit Geldstrafe wird bestraft, wer

1. entgegen § 41 Abs. 2, auch in Verbindung mit Abs. 4, ein Betriebs- oder Geschäftsgeheimnis offenbart,
2. entgegen § 44 Nr. 1 oder 2 eine dort genannte Tätigkeit behindert, beeinflusst oder stört oder
3. entgegen § 44 Nr. 3 eine dort genannte Person benachteiligt oder begünstigt.

(3) Handelt der Täter in den Fällen des Absatzes 2 Nr. 1 gegen Entgelt oder in der Absicht, sich oder einen anderen zu bereichern oder einen anderen zu schädigen, so ist die Strafe Freiheitsstrafe bis zu zwei Jahren oder Geldstrafe.

(4) [1] Die Tat wird nur auf Antrag verfolgt. [2] In den Fällen des Absatzes 1 Nr. 2 und des Absatzes 2 Nr. 2 und 3 sind das besondere Verhandlungsgremium, der SE-Betriebsrat, die Mehrheit der Arbeitnehmervertreter im Rahmen eines Verfahrens zur Unterrichtung und Anhörung, jedes Mitglied des Aufsichts- oder Verwaltungsorgans, eine im Unternehmen vertretene Gewerkschaft sowie die Leitungen antragsberechtigt.

§ 46 Bußgeldvorschriften. (1) Ordnungswidrig handelt, wer

1. entgegen § 4 Abs. 2 oder § 5 Abs. 4 Satz 2, jeweils auch in Verbindung mit § 18 Abs. 4, eine Information nicht, nicht richtig, nicht vollständig oder nicht rechtzeitig gibt oder
2. entgegen § 28 Abs. 1 Satz 1 oder § 29 Abs. 1 Satz 1 den SE-Betriebsrat nicht, nicht richtig, nicht vollständig, nicht in der vorgeschriebenen Weise oder nicht rechtzeitig unterrichtet.

(2) Die Ordnungswidrigkeit kann mit einer Geldbuße bis zu zwanzigtausend Euro geahndet werden.

§ 47 Geltung nationalen Rechts. (1) Dieses Gesetz berührt nicht die den Arbeitnehmern nach inländischen Rechtsvorschriften und Regelungen zustehenden Beteiligungsrechte, mit Ausnahme

1. der Mitbestimmung in den Organen der SE;
2. der Regelung des Europäische Betriebsräte-Gesetzes, es sei denn, das besondere Verhandlungsgremium hat einen Beschluss nach § 16 gefasst.

(2) [1] Regelungen und Strukturen über die Arbeitnehmervertretungen einer beteiligten Gesellschaft mit Sitz im Inland, die durch die Gründung der SE als eigenständige juristische Person erlischt, bestehen nach Eintragung der SE fort. [2] Die Leitung der SE stellt sicher, dass diese Arbeitnehmervertretungen ihre Aufgaben weiterhin wahrnehmen können.

19. Gesetz über das gesellschaftsrechtliche Spruchverfahren (Spruchverfahrensgesetz – SpruchG)[1)]

Vom 12. Juni 2003
(BGBl. I S. 838)

FNA 315-23

zuletzt geänd. durch Art. 16 2. Kostenrechtsmodernisierungsgesetz v. 23.7.2013 (BGBl. I S. 2586)

Nichtamtliche Inhaltsübersicht

§ 1 Anwendungsbereich. Dieses Gesetz ist anzuwenden auf das gerichtliche Verfahren für die Bestimmung

1. des Ausgleichs für außenstehende Aktionäre und der Abfindung solcher Aktionäre bei Beherrschungs- und Gewinnabführungsverträgen (§§ 304 und 305 des Aktiengesetzes[2)]);
2. der Abfindung von ausgeschiedenen Aktionären bei der Eingliederung von Aktiengesellschaften (§ 320b des Aktiengesetzes);
3. der Barabfindung von Minderheitsaktionären, deren Aktien durch Beschluss der Hauptversammlung auf den Hauptaktionär übertragen worden sind (§§ 327a bis 327f des Aktiengesetzes);
4. der Zuzahlung an Anteilsinhaber oder der Barabfindung von Anteilsinhabern anlässlich der Umwandlung von Rechtsträgern (§§ 15, 34, 122h, 122i, 176 bis 181, 184, 186, 196 oder § 212 des Umwandlungsgesetzes[3)]);

[1)] Verkündet als Art. 1 SpruchverfahrensneuordnungsG v. 12.6.2003 (BGBl. I S. 838); Inkrafttreten gem. Art. 7 Satz 2 dieses G am 1.9.2003 mit Ausnahme der §§ 2 Abs. 4 und 12 Abs. 3, die gem. Art. 7 Satz 1 am 18.6.2003 in Kraft getreten sind.

[2)] Nr. **2**.

[3)] Nr. **12**.

5. der Zuzahlung an Anteilsinhaber oder der Barabfindung von Anteilsinhabern bei der Gründung oder Sitzverlegung einer SE (§§ 6, 7, 9, 11 und 12 des SE-Ausführungsgesetzes[1]);
6. der Zuzahlung an Mitglieder bei der Gründung einer Europäischen Genossenschaft (§ 7 des SCE-Ausführungsgesetzes).

§ 2 Zuständigkeit. (1) [1]Zuständig ist das Landgericht, in dessen Bezirk der Rechtsträger, dessen Anteilsinhaber antragsberechtigt sind, seinen Sitz hat. [2]Sind nach Satz 1 mehrere Landgerichte zuständig oder sind bei verschiedenen Landgerichten Spruchverfahren nach Satz 1 anhängig, die in einem sachlichen Zusammenhang stehen, so ist § 2 Abs. 1 des Gesetzes über das Verfahren in Familiensachen und in den Angelegenheiten der freiwilligen Gerichtsbarkeit entsprechend anzuwenden. [3]Besteht Streit oder Ungewissheit über das zuständige Gericht nach Satz 2, so ist § 5 des Gesetzes über das Verfahren in Familiensachen und in den Angelegenheiten der freiwilligen Gerichtsbarkeit entsprechend anzuwenden.

(2) [1]Der Vorsitzende einer Kammer für Handelssachen entscheidet

1. über die Abgabe von Verfahren;
2. im Zusammenhang mit öffentlichen Bekanntmachungen;
3. über Fragen, welche die Zulässigkeit des Antrags betreffen;
4. über alle vorbereitenden Maßnahmen für die Beweisaufnahme und in den Fällen des § 7;
5. in den Fällen des § 6;
6. über Geschäftswert, Kosten, Gebühren und Auslagen;
7. über die einstweilige Einstellung der Zwangsvollstreckung;
8. über die Verbindung von Verfahren.

[2]Im Einverständnis der Beteiligten kann der Vorsitzende auch im Übrigen an Stelle der Kammer entscheiden.

§ 3 Antragsberechtigung. [1]Antragsberechtigt für Verfahren nach § 1 ist in den Fällen

1. der Nummer 1 jeder außenstehende Aktionär;
2. der Nummern 2 und 3 jeder ausgeschiedene Aktionär;
3. der Nummer 4 jeder in den dort angeführten Vorschriften des Umwandlungsgesetzes[2] bezeichnete Anteilsinhaber;
4. der Nummer 5 jeder in den dort angeführten Vorschriften des SE-Ausführungsgesetzes[1] bezeichnete Anteilsinhaber;
5. der Nummer 6 jedes in der dort angeführten Vorschrift des SCE-Ausführungsgesetzes bezeichnete Mitglied.

[2]In den Fällen der Nummern 1, 3, 4 und 5 ist die Antragsberechtigung nur gegeben, wenn der Antragsteller zum Zeitpunkt der Antragstellung Anteilsinhaber ist. [3]Die Stellung als Aktionär ist dem Gericht ausschließlich durch Urkunden nachzuweisen.

---

[1] Nr. **8a**.
[2] Nr. **12**.

§ 4 Antragsfrist und Antragsbegründung. (1) [1]Der Antrag auf gerichtliche Entscheidung in einem Verfahren nach § 1 kann nur binnen drei Monaten seit dem Tag gestellt werden, an dem in den Fällen

1. der Nummer 1 die Eintragung des Bestehens oder einer unter § 295 Abs. 2 des Aktiengesetzes[1)] fallenden Änderung des Unternehmensvertrags im Handelsregister nach § 10 des Handelsgesetzbuchs[2)];
2. der Nummer 2 die Eintragung der Eingliederung im Handelsregister nach § 10 des Handelsgesetzbuchs;
3. der Nummer 3 die Eintragung des Übertragungsbeschlusses im Handelsregister nach § 10 des Handelsgesetzbuchs;
4. der in Nummer 4 genannten §§ 15, 34, 176 bis 181, 184, 186, 196 und 212 des Umwandlungsgesetzes[3)] die Eintragung der Umwandlung im Handelsregister nach den Vorschriften des Umwandlungsgesetzes;
5. der in Nummer 4 genannten §§ 122h und 122i des Umwandlungsgesetzes die Eintragung der grenzüberschreitenden Verschmelzung nach den Vorschriften des Staates, dessen Recht die übertragende oder neue Gesellschaft unterliegt;
6. der Nummer 5 die Eintragung der SE nach den Vorschriften des Sitzstaates;
7. der Nummer 6 die Eintragung der Europäischen Genossenschaft nach den Vorschriften des Sitzstaates

bekannt gemacht worden ist. [2]Die Frist wird in den Fällen des § 2 Abs. 1 Satz 2 und 3 durch Einreichung bei jedem zunächst zuständigen Gericht gewahrt.

(2) [1]Der Antragsteller muss den Antrag innerhalb der Frist nach Absatz 1 begründen. [2]Die Antragsbegründung hat zu enthalten:

1. die Bezeichnung des Antragsgegners;
2. die Darlegung der Antragsberechtigung nach § 3;
3. Angaben zur Art der Strukturmaßnahme und der vom Gericht zu bestimmenden Kompensation nach § 1;
4. konkrete Einwendungen gegen die Angemessenheit der Kompensation nach § 1 oder gegebenenfalls gegen den als Grundlage für die Kompensation ermittelten Unternehmenswert, soweit hierzu Angaben in den in § 7 Abs. 3 genannten Unterlagen enthalten sind. Macht der Antragsteller glaubhaft, dass er im Zeitpunkt der Antragstellung aus Gründen, die er nicht zu vertreten hat, über diese Unterlagen nicht verfügt, so kann auf Antrag die Frist zur Begründung angemessen verlängert werden, wenn er gleichzeitig Abschrifterteilung gemäß § 7 Abs. 3 verlangt.

[3]Aus der Antragsbegründung soll sich außerdem die Zahl der von dem Antragsteller gehaltenen Anteile ergeben.

§ 5 Antragsgegner. Der Antrag auf gerichtliche Entscheidung in einem Verfahren nach § 1 ist in den Fällen

1. der Nummer 1 gegen den anderen Vertragsteil des Unternehmensvertrags;
2. der Nummer 2 gegen die Hauptgesellschaft;
3. der Nummer 3 gegen den Hauptaktionär;

---

1) Nr. **2**.
2) Nr. **5**.
3) Nr. **12**.

4. der Nummer 4 gegen die übernehmenden oder neuen Rechtsträger oder gegen den Rechtsträger neuer Rechtsform;
5. der Nummer 5 gegen die SE, aber im Fall des § 9 des SE-Ausführungsgesetzes[1] gegen die die Gründung anstrebende Gesellschaft;
6. der Nummer 6 gegen die Europäische Genossenschaft

zu richten.

§ 6 Gemeinsamer Vertreter. (1) [1] Das Gericht hat den Antragsberechtigten, die nicht selbst Antragsteller sind, zur Wahrung ihrer Rechte frühzeitig einen gemeinsamen Vertreter zu bestellen; dieser hat die Stellung eines gesetzlichen Vertreters. [2] Werden die Festsetzung des angemessenen Ausgleichs und die Festsetzung der angemessenen Abfindung beantragt, so hat es für jeden Antrag einen gemeinsamen Vertreter zu bestellen, wenn aufgrund der konkreten Umstände davon auszugehen ist, dass die Wahrung der Rechte aller betroffenen Antragsberechtigten durch einen einzigen gemeinsamen Vertreter nicht sichergestellt ist. [3] Die Bestellung eines gemeinsamen Vertreters kann vollständig unterbleiben, wenn die Wahrung der Rechte der Antragsberechtigten auf andere Weise sichergestellt ist. [4] Das Gericht hat die Bestellung des gemeinsamen Vertreters im Bundesanzeiger bekannt zu machen. [5] Wenn in den Fällen des § 1 Nr. 1 bis 3 die Satzung der Gesellschaft, deren außenstehende oder ausgeschiedene Aktionäre antragsberechtigt sind, oder in den Fällen des § 1 Nr. 4 der Gesellschaftsvertrag, der Partnerschaftsvertrag, die Satzung oder das Statut des übertragenden oder formwechselnden Rechtsträgers noch andere Blätter oder elektronische Informationsmedien für die öffentlichen Bekanntmachungen bestimmt hatte, so hat es die Bestellung auch dort bekannt zu machen.

(2) [1] Der gemeinsame Vertreter kann von dem Antragsgegner in entsprechender Anwendung des Rechtsanwaltsvergütungsgesetzes den Ersatz seiner Auslagen und eine Vergütung für seine Tätigkeit verlangen; mehrere Antragsgegner haften als Gesamtschuldner. [2] Die Auslagen und die Vergütung setzt das Gericht fest. [3] Gegenstandswert ist der für die Gerichtsgebühren maßgebliche Geschäftswert. [4] Das Gericht kann den Zahlungsverpflichteten auf Verlangen des Vertreters die Leistung von Vorschüssen aufgeben. [5] Aus der Festsetzung findet die Zwangsvollstreckung nach der Zivilprozessordnung statt.

(3) [1] Der gemeinsame Vertreter kann das Verfahren auch nach Rücknahme eines Antrags fortführen. [2] Er steht in diesem Falle einem Antragsteller gleich.

§ 6a Gemeinsamer Vertreter bei Gründung einer SE. [1] Wird bei der Gründung einer SE durch Verschmelzung oder bei der Gründung einer Holding-SE nach dem Verfahren der Verordnung (EG) Nr. 2157/2001[2] des Rates vom 8. Oktober 2001 über das Statut der Europäischen Gesellschaft (SE) (ABl. EG Nr. L 294 S. 1) gemäß den Vorschriften des SE-Ausführungsgesetzes[1] ein Antrag auf Bestimmung einer Zuzahlung oder Barabfindung gestellt, bestellt das Gericht auf Antrag eines oder mehrerer Anteilsinhaber einer sich verschmelzenden oder die Gründung einer SE anstrebenden Gesellschaft, die selbst nicht antragsberechtigt sind, zur Wahrung ihrer Interessen einen gemein-

[1] Nr. **8a**.
[2] Nr. **8**.

samen Vertreter, der am Spruchverfahren beteiligt ist. [2] § 6 Abs. 1 Satz 4 und Abs. 2 gilt entsprechend.

§ 6b Gemeinsamer Vertreter bei Gründung einer Europäischen Genossenschaft. [1] Wird bei der Gründung einer Europäischen Genossenschaft durch Verschmelzung nach dem Verfahren der Verordnung (EG) Nr. 1435/2003 des Rates vom 22. Juli 2003 über das Statut der Europäischen Genossenschaft (SCE) (ABl. EU Nr. L 207 S. 1) nach den Vorschriften des SCE-Ausführungsgesetzes ein Antrag auf Bestimmung einer baren Zuzahlung gestellt, bestellt das Gericht auf Antrag eines oder mehrerer Mitglieder einer sich verschmelzenden Genossenschaft, die selbst nicht antragsberechtigt sind, zur Wahrung ihrer Interessen einen gemeinsamen Vertreter, der am Spruchverfahren beteiligt ist. [2] § 6 Abs. 1 Satz 4 und Abs. 2 gilt entsprechend.

§ 6c Gemeinsamer Vertreter bei grenzüberschreitender Verschmelzung. [1] Wird bei einer grenzüberschreitenden Verschmelzung (§ 122a des Umwandlungsgesetzes[1)]) gemäß § 122h oder § 122i des Umwandlungsgesetzes ein Antrag auf Bestimmung einer Zuzahlung oder Barabfindung gestellt, bestellt das Gericht auf Antrag eines oder mehrerer Anteilsinhaber einer beteiligten Gesellschaft, die selbst nicht antragsberechtigt sind, zur Wahrung ihrer Interessen einen gemeinsamen Vertreter, der am Spruchverfahren beteiligt ist. [2] § 6 Abs. 1 Satz 4 und Abs. 2 gilt entsprechend.

§ 7 Vorbereitung der mündlichen Verhandlung. (1) Das Gericht stellt dem Antragsgegner und dem gemeinsamen Vertreter die Anträge der Antragsteller unverzüglich zu.

(2) [1] Das Gericht fordert den Antragsgegner zugleich zu einer schriftlichen Erwiderung auf. [2] Darin hat der Antragsgegner insbesondere zur Höhe des Ausgleichs, der Zuzahlung oder der Barabfindung oder sonstigen Abfindung Stellung zu nehmen. [3] Für die Stellungnahme setzt das Gericht eine Frist, die mindestens einen Monat beträgt und drei Monate nicht überschreiten soll.

(3) [1] Außerdem hat der Antragsgegner den Bericht über den Unternehmensvertrag, den Eingliederungsbericht, den Bericht über die Übertragung der Aktien auf den Hauptaktionär oder den Umwandlungsbericht nach Zustellung der Anträge bei Gericht einzureichen. [2] In den Fällen, in denen der Beherrschungs- oder Gewinnabführungsvertrag, die Eingliederung, die Übertragung der Aktien auf den Hauptaktionär oder die Umwandlung durch sachverständige Prüfer geprüft worden ist, ist auch der jeweilige Prüfungsbericht einzureichen. [3] Auf Verlangen des Antragstellers oder des gemeinsamen Vertreters gibt das Gericht dem Antragsgegner auf, dem Antragsteller oder dem gemeinsamen Vertreter unverzüglich und kostenlos eine Abschrift der genannten Unterlagen zu erteilen.

(4) [1] Die Stellungnahme nach Absatz 2 wird dem Antragsteller und dem gemeinsamen Vertreter zugeleitet. [2] Sie haben Einwendungen gegen die Erwiderung und die in Absatz 3 genannten Unterlagen binnen einer vom Gericht gesetzten Frist, die mindestens einen Monat beträgt und drei Monate nicht überschreiten soll, schriftlich vorzubringen.

[1)] Nr. **12**.

(5) [1]Das Gericht kann weitere vorbereitende Maßnahmen erlassen. [2]Es kann den Beteiligten die Ergänzung oder Erläuterung ihres schriftlichen Vorbringens sowie die Vorlage von Aufzeichnungen aufgeben, insbesondere eine Frist zur Erklärung über bestimmte klärungsbedürftige Punkte setzen. [3]In jeder Lage des Verfahrens ist darauf hinzuwirken, dass sich die Beteiligten rechtzeitig und vollständig erklären. [4]Die Beteiligten sind von jeder Anordnung zu benachrichtigen.

(6) Das Gericht kann bereits vor dem ersten Termin eine Beweisaufnahme durch Sachverständige zur Klärung von Vorfragen, insbesondere zu Art und Umfang einer folgenden Beweisaufnahme, für die Vorbereitung der mündlichen Verhandlung anordnen oder dazu eine schriftliche Stellungnahme des sachverständigen Prüfers einholen.

(7) [1]Sonstige Unterlagen, die für die Entscheidung des Gerichts erheblich sind, hat der Antragsgegner auf Verlangen des Antragstellers oder des Vorsitzenden dem Gericht und gegebenenfalls einem vom Gericht bestellten Sachverständigen unverzüglich vorzulegen. [2]Der Vorsitzende kann auf Antrag des Antragsgegners anordnen, dass solche Unterlagen den Antragstellern nicht zugänglich gemacht werden dürfen, wenn die Geheimhaltung aus wichtigen Gründen, insbesondere zur Wahrung von Fabrikations-, Betriebs- oder Geschäftsgeheimnissen, nach Abwägung mit den Interessen der Antragsteller, sich zu den Unterlagen äußern zu können, geboten ist. [3]Gegen die Entscheidung des Vorsitzenden kann das Gericht angerufen werden; dessen Entscheidung ist nicht anfechtbar.

(8) Für die Durchsetzung der Verpflichtung des Antragsgegners nach Absatz 3 und 7 ist § 35 des Gesetzes über das Verfahren in Familiensachen und in den Angelegenheiten der freiwilligen Gerichtsbarkeit entsprechend anzuwenden.

§ 8 Mündliche Verhandlung. (1) [1]Das Gericht soll aufgrund mündlicher Verhandlung entscheiden. [2]Sie soll so früh wie möglich stattfinden.

(2) [1]In den Fällen des § 7 Abs. 3 Satz 2 soll das Gericht das persönliche Erscheinen der sachverständigen Prüfer anordnen, wenn nicht nach seiner freien Überzeugung deren Anhörung als sachverständige Zeugen zur Aufklärung des Sachverhalts entbehrlich erscheint. [2]Den sachverständigen Prüfern sind mit der Ladung die Anträge der Antragsteller, die Erwiderung des Antragsgegners sowie das weitere schriftliche Vorbringen der Beteiligten mitzuteilen. [3]In geeigneten Fällen kann das Gericht die mündliche oder schriftliche Beantwortung von einzelnen Fragen durch den sachverständigen Prüfer anordnen.

(3) Die §§ 138 und 139 sowie für die Durchführung der mündlichen Verhandlung § 279 Abs. 2 und 3 und § 283 der Zivilprozessordnung gelten entsprechend.

§ 9 Verfahrensförderungspflicht. (1) Jeder Beteiligte hat in der mündlichen Verhandlung und bei deren schriftlicher Vorbereitung seine Anträge sowie sein weiteres Vorbringen so zeitig vorzubringen, wie es nach der Verfahrenslage einer sorgfältigen und auf Förderung des Verfahrens bedachten Verfahrensführung entspricht.

(2) Vorbringen, auf das andere Beteiligte oder in den Fällen des § 8 Abs. 2 die in der mündlichen Verhandlung anwesenden sachverständigen Prüfer voraussichtlich ohne vorhergehende Erkundigung keine Erklärungen abgeben können, ist vor der mündlichen Verhandlung durch vorbereitenden Schriftsatz

so zeitig mitzuteilen, dass die Genannten die erforderliche Erkundigung noch einziehen können.

(3) Rügen, welche die Zulässigkeit der Anträge betreffen, hat der Antragsgegner innerhalb der ihm nach § 7 Abs. 2 gesetzten Frist geltend zu machen.

§ 10 Verletzung der Verfahrensförderungspflicht. (1) Stellungnahmen oder Einwendungen, die erst nach Ablauf einer hierfür gesetzten Frist (§ 7 Abs. 2 Satz 3, Abs. 4) vorgebracht werden, sind nur zuzulassen, wenn nach der freien Überzeugung des Gerichts ihre Zulassung die Erledigung des Rechtsstreits nicht verzögern würde oder wenn der Beteiligte die Verspätung entschuldigt.

(2) Vorbringen, das entgegen § 9 Abs. 1 oder 2 nicht rechtzeitig erfolgt, kann zurückgewiesen werden, wenn die Zulassung nach der freien Überzeugung des Gerichts die Erledigung des Verfahrens verzögern würde und die Verspätung nicht entschuldigt wird.

(3) § 26 des Gesetzes über das Verfahren in Familiensachen und in den Angelegenheiten der freiwilligen Gerichtsbarkeit ist insoweit nicht anzuwenden.

(4) Verspätete Rügen, die die Zulässigkeit der Anträge betreffen und nicht von Amts wegen zu berücksichtigen sind, sind nur zuzulassen, wenn der Beteiligte die Verspätung genügend entschuldigt.

§ 11 Gerichtliche Entscheidung; Gütliche Einigung. (1) Das Gericht entscheidet durch einen mit Gründen versehenen Beschluss.

(2) [1] Das Gericht soll in jeder Lage des Verfahrens auf eine gütliche Einigung bedacht sein. [2] Kommt eine solche Einigung aller Beteiligten zustande, so ist hierüber eine Niederschrift aufzunehmen; die Vorschriften, die für die Niederschrift über einen Vergleich in bürgerlichen Rechtsstreitigkeiten gelten, sind entsprechend anzuwenden. [3] Die Vollstreckung richtet sich nach den Vorschriften der Zivilprozessordnung.

(3) Das Gericht hat seine Entscheidung oder die Niederschrift über einen Vergleich den Beteiligten zuzustellen.

(4) [1] Ein gerichtlicher Vergleich kann auch dadurch geschlossen werden, dass die Beteiligten einen schriftlichen Vergleichsvorschlag des Gerichts durch Schriftsatz gegenüber dem Gericht annehmen. [2] Das Gericht stellt das Zustandekommen und den Inhalt eines nach Satz 1 geschlossenen Vergleichs durch Beschluss fest. [3] § 164 der Zivilprozessordnung gilt entsprechend. [4] Der Beschluss ist den Beteiligten zuzustellen.

§ 12 Beschwerde. (1) [1] Gegen die Entscheidung nach § 11 findet die Beschwerde statt. [2] Die Beschwerde kann nur durch Einreichung einer von einem Rechtsanwalt unterzeichneten Beschwerdeschrift eingelegt werden.

(2) [1] Die Landesregierung kann die Entscheidung über die Beschwerde durch Rechtsverordnung für die Bezirke mehrerer Oberlandesgerichte einem der Oberlandesgerichte oder dem Obersten Landesgericht übertragen, wenn dies zur Sicherung einer einheitlichen Rechtsprechung dient. [2] Die Landesregierung kann die Ermächtigung auf die Landesjustizverwaltung übertragen.

§ 13 Wirkung der Entscheidung. [1] Die Entscheidung wird erst mit der Rechtskraft wirksam. [2] Sie wirkt für und gegen alle, einschließlich derjenigen

Anteilsinhaber, die bereits gegen die ursprünglich angebotene Barabfindung oder sonstige Abfindung aus dem betroffenen Rechtsträger ausgeschieden sind.

§ 14 Bekanntmachung der Entscheidung. Die rechtskräftige Entscheidung in einem Verfahren nach § 1 ist ohne Gründe nach Maßgabe des § 6 Abs. 1 Satz 4 und 5 in den Fällen

1. der Nummer 1 durch den Vorstand der Gesellschaft, deren außenstehende Aktionäre antragsberechtigt waren;
2. der Nummer 2 durch den Vorstand der Hauptgesellschaft;
3. der Nummer 3 durch den Hauptaktionär der Gesellschaft;
4. der Nummer 4 durch die gesetzlichen Vertreter jedes übernehmenden oder neuen Rechtsträgers oder des Rechtsträgers neuer Rechtsform;
5. der Nummer 5 durch die gesetzlichen Vertreter der SE, aber im Fall des § 9 des SE-Ausführungsgesetzes[1] durch die gesetzlichen Vertreter der die Gründung anstrebenden Gesellschaft, und
6. der Nummer 6 durch die gesetzlichen Vertreter der Europäischen Genossenschaft

bekannt zu machen.

§ 15 Kosten. (1) Die Gerichtskosten können ganz oder zum Teil den Antragstellern auferlegt werden, wenn dies der Billigkeit entspricht.

(2) Das Gericht ordnet an, dass die Kosten der Antragsteller, die zur zweckentsprechenden Erledigung der Angelegenheit notwendig waren, ganz oder zum Teil vom Antragsgegner zu erstatten sind, wenn dies unter Berücksichtigung des Ausgangs des Verfahrens der Billigkeit entspricht.

§ 16 Zuständigkeit bei Leistungsklage. Für Klagen auf Leistung des Ausgleichs, der Zuzahlung oder der Abfindung, die im Spruchverfahren bestimmt worden sind, ist das Gericht des ersten Rechtszuges und der gleiche Spruchkörper ausschließlich zuständig, der gemäß § 2 mit dem Verfahren zuletzt inhaltlich befasst war.

§ 17 Allgemeine Bestimmungen; Übergangsvorschrift. (1) Sofern in diesem Gesetz nichts anderes bestimmt ist, finden auf das Verfahren die Vorschriften des Gesetzes über das Verfahren in Familiensachen und in den Angelegenheiten der freiwilligen Gerichtsbarkeit Anwendung.

(2) [1] Für Verfahren, in denen ein Antrag auf gerichtliche Entscheidung vor dem 1. September 2003 gestellt worden ist, sind weiter die entsprechenden bis zu diesem Tag geltenden Vorschriften des Aktiengesetzes[2] und des Umwandlungsgesetzes[3] anzuwenden. [2] Auf Beschwerdeverfahren, in denen die Beschwerde nach dem 1. September 2003 eingelegt wird, sind die Vorschriften dieses Gesetzes anzuwenden.

---

[1] Nr. **8a**.
[2] Nr. **2**.
[3] Nr. **12**.

20. Insolvenzordnung (InsO)

Vom 5. Oktober 1994
(BGBl. I S. 2866)

FNA 311-13

zuletzt geänd. durch Art. 24 Abs. 3 Zweites FinanzmarktnovellierungsG v. 23.6.2017 (BGBl. I S. 1693)

– Auszug –

Zweiter Teil. Eröffnung des Insolvenzverfahrens. Erfaßtes Vermögen und Verfahrensbeteiligte

Erster Abschnitt. Eröffnungsvoraussetzungen und Eröffnungsverfahren

§ 15 Antragsrecht bei juristischen Personen und Gesellschaften ohne Rechtspersönlichkeit. (1) [1] Zum Antrag auf Eröffnung eines Insolvenzverfahrens über das Vermögen einer juristischen Person oder einer Gesellschaft ohne Rechtspersönlichkeit ist außer den Gläubigern jedes Mitglied des Vertretungsorgans, bei einer Gesellschaft ohne Rechtspersönlichkeit oder bei einer Kommanditgesellschaft auf Aktien jeder persönlich haftende Gesellschafter, sowie jeder Abwickler berechtigt. [2] Bei einer juristischen Person ist im Fall der Führungslosigkeit auch jeder Gesellschafter, bei einer Aktiengesellschaft oder einer Genossenschaft zudem auch jedes Mitglied des Aufsichtsrats zur Antragstellung berechtigt.

(2) [1] Wird der Antrag nicht von allen Mitgliedern des Vertretungsorgans, allen persönlich haftenden Gesellschaftern, allen Gesellschaftern der juristischen Person, allen Mitgliedern des Aufsichtsrats oder allen Abwicklern gestellt, so ist er zulässig, wenn der Eröffnungsgrund glaubhaft gemacht wird. [2] Zusätzlich ist bei Antragstellung durch Gesellschafter einer juristischen Person oder Mitglieder des Aufsichtsrats auch die Führungslosigkeit glaubhaft zu machen. [3] Das Insolvenzgericht hat die übrigen Mitglieder des Vertretungsorgans, persönlich haftenden Gesellschafter, Gesellschafter der juristischen Person, Mitglieder des Aufsichtsrats oder Abwickler zu hören.

(3) [1] Ist bei einer Gesellschaft ohne Rechtspersönlichkeit kein persönlich haftender Gesellschafter eine natürliche Person, so gelten die Absätze 1 und 2 entsprechend für die organschaftlichen Vertreter und die Abwickler der zur Vertretung der Gesellschaft ermächtigten Gesellschafter. [2] Entsprechendes gilt, wenn sich die Verbindung von Gesellschaften in dieser Art fortsetzt.

§ 15a Antragspflicht bei juristischen Personen und Gesellschaften ohne Rechtspersönlichkeit. (1) [1] Wird eine juristische Person zahlungsunfähig oder überschuldet, haben die Mitglieder des Vertretungsorgans oder die Abwickler ohne schuldhaftes Zögern, spätestens aber drei Wochen nach Eintritt der Zahlungsunfähigkeit oder Überschuldung, einen Eröffnungsantrag zu stellen. [2] Das Gleiche gilt für die organschaftlichen Vertreter der zur Vertretung der Gesellschaft ermächtigten Gesellschafter oder die Abwickler bei einer Gesellschaft ohne Rechtspersönlichkeit, bei der kein persönlich haftender Gesellschafter eine natürliche Person ist; dies gilt nicht, wenn zu den persönlich haftenden Gesellschaftern eine andere Gesellschaft gehört, bei der ein persönlich haftender Gesellschafter eine natürliche Person ist.

(2) Bei einer Gesellschaft im Sinne des Absatzes 1 Satz 2 gilt Absatz 1 sinngemäß, wenn die organschaftlichen Vertreter der zur Vertretung der Gesellschaft ermächtigten Gesellschafter ihrerseits Gesellschaften sind, bei denen kein persönlich haftender Gesellschafter eine natürliche Person ist, oder sich die Verbindung von Gesellschaften in dieser Art fortsetzt.

(3) Im Fall der Führungslosigkeit einer Gesellschaft mit beschränkter Haftung ist auch jeder Gesellschafter, im Fall der Führungslosigkeit einer Aktiengesellschaft oder einer Genossenschaft ist auch jedes Mitglied des Aufsichtsrats zur Stellung des Antrags verpflichtet, es sei denn, diese Person hat von der Zahlungsunfähigkeit und der Überschuldung oder der Führungslosigkeit keine Kenntnis.

(4) Mit Freiheitsstrafe bis zu drei Jahren oder mit Geldstrafe wird bestraft, wer entgegen Absatz 1 Satz 1, auch in Verbindung mit Satz 2 oder Absatz 2 oder Absatz 3, einen Eröffnungsantrag

1. nicht oder nicht rechtzeitig stellt oder
2. nicht richtig stellt.

(5) Handelt der Täter in den Fällen des Absatzes 4 fahrlässig, ist die Strafe Freiheitsstrafe bis zu einem Jahr oder Geldstrafe.

(6) Im Falle des Absatzes 4 Nummer 2, auch in Verbindung mit Absatz 5, ist die Tat nur strafbar, wenn der Eröffnungsantrag rechtskräftig als unzulässig zurückgewiesen wurde.

(7) Auf Vereine und Stiftungen, für die § 42 Absatz 2 des Bürgerlichen Gesetzbuchs[1)] gilt, sind die Absätze 1 bis 6 nicht anzuwenden.

§ 19 Überschuldung. (1) Bei einer juristischen Person ist auch die Überschuldung Eröffnungsgrund.

(2) [1] Überschuldung liegt vor, wenn das Vermögen des Schuldners die bestehenden Verbindlichkeiten nicht mehr deckt, es sei denn, die Fortführung des Unternehmens ist nach den Umständen überwiegend wahrscheinlich. [2] Forderungen auf Rückgewähr von Gesellschafterdarlehen oder aus Rechtshandlungen, die einem solchen Darlehen wirtschaftlich entsprechen, für die gemäß § 39 Abs. 2 zwischen Gläubiger und Schuldner der Nachrang im Insolvenzverfahren hinter den in § 39 Abs. 1 Nr. 1 bis 5 bezeichneten Forderungen vereinbart worden ist, sind nicht bei den Verbindlichkeiten nach Satz 1 zu berücksichtigen.

(3) [1] Ist bei einer Gesellschaft ohne Rechtspersönlichkeit kein persönlich haftender Gesellschafter eine natürliche Person, so gelten die Absätze 1 und 2 entsprechend. [2] Dies gilt nicht, wenn zu den persönlich haftenden Gesellschaftern eine andere Gesellschaft gehört, bei der ein persönlich haftender Gesellschafter eine natürliche Person ist.

[1)] Nr. 1.

Zweiter Abschnitt. Insolvenzmasse. Einteilung der Gläubiger

§ 39 Nachrangige Insolvenzgläubiger. (1) Im Rang nach den übrigen Forderungen der Insolvenzgläubiger werden in folgender Rangfolge, bei gleichem Rang nach dem Verhältnis ihrer Beträge, berichtigt:

1. die seit der Eröffnung des Insolvenzverfahrens laufenden Zinsen und Säumniszuschläge auf Forderungen der Insolvenzgläubiger;
2. die Kosten, die den einzelnen Insolvenzgläubigern durch ihre Teilnahme am Verfahren erwachsen;
3. Geldstrafen, Geldbußen, Ordnungsgelder und Zwangsgelder sowie solche Nebenfolgen einer Straftat oder Ordnungswidrigkeit, die zu einer Geldzahlung verpflichten;
4. Forderungen auf eine unentgeltliche Leistung des Schuldners;
5. nach Maßgabe der Absätze 4 und 5 Forderungen auf Rückgewähr eines Gesellschafterdarlehens oder Forderungen aus Rechtshandlungen, die einem solchen Darlehen wirtschaftlich entsprechen.

(2) Forderungen, für die zwischen Gläubiger und Schuldner der Nachrang im Insolvenzverfahren vereinbart worden ist, werden im Zweifel nach den in Absatz 1 bezeichneten Forderungen berichtigt.

(3) Die Zinsen der Forderungen nachrangiger Insolvenzgläubiger und die Kosten, die diesen Gläubigern durch ihre Teilnahme am Verfahren entstehen, haben den gleichen Rang wie die Forderungen dieser Gläubiger.

(4) [1] Absatz 1 Nr. 5 gilt für Gesellschaften, die weder eine natürliche Person noch eine Gesellschaft als persönlich haftenden Gesellschafter haben, bei der ein persönlich haftender Gesellschafter eine natürliche Person ist. [2] Erwirbt ein Gläubiger bei drohender oder eingetretener Zahlungsunfähigkeit der Gesellschaft oder bei Überschuldung Anteile zum Zweck ihrer Sanierung, führt dies bis zur nachhaltigen Sanierung nicht zur Anwendung von Absatz 1 Nr. 5 auf seine Forderungen aus bestehenden oder neu gewährten Darlehen oder auf Forderungen aus Rechtshandlungen, die einem solchen Darlehen wirtschaftlich entsprechen.

(5) Absatz 1 Nr. 5 gilt nicht für den nicht geschäftsführenden Gesellschafter einer Gesellschaft im Sinne des Absatzes 4 Satz 1, der mit 10 Prozent oder weniger am Haftkapital beteiligt ist.

§ 44a Gesicherte Darlehen. In dem Insolvenzverfahren über das Vermögen einer Gesellschaft kann ein Gläubiger nach Maßgabe des § 39 Abs. 1 Nr. 5 für eine Forderung auf Rückgewähr eines Darlehens oder für eine gleichgestellte Forderung, für die ein Gesellschafter eine Sicherheit bestellt oder für die er sich verbürgt hat, nur anteilsmäßige Befriedigung aus der Insolvenzmasse verlangen, soweit er bei der Inanspruchnahme der Sicherheit oder des Bürgen ausgefallen ist.

Dritter Teil. Wirkungen der Eröffnung des Insolvenzverfahrens

Dritter Abschnitt. Insolvenzanfechtung

§ 135 Gesellschafterdarlehen. (1) Anfechtbar ist eine Rechtshandlung, die für die Forderung eines Gesellschafters auf Rückgewähr eines Darlehens im Sinne des § 39 Abs. 1 Nr. 5 oder für eine gleichgestellte Forderung

1. Sicherung gewährt hat, wenn die Handlung in den letzten zehn Jahren vor dem Antrag auf Eröffnung des Insolvenzverfahrens oder nach diesem Antrag vorgenommen worden ist, oder
2. Befriedigung gewährt hat, wenn die Handlung im letzten Jahr vor dem Eröffnungsantrag oder nach diesem Antrag vorgenommen worden ist.

(2) Anfechtbar ist eine Rechtshandlung, mit der eine Gesellschaft einem Dritten für eine Forderung auf Rückgewähr eines Darlehens innerhalb der in Absatz 1 Nr. 2 genannten Fristen Befriedigung gewährt hat, wenn ein Gesellschafter für die Forderung eine Sicherheit bestellt hatte oder als Bürge haftete; dies gilt sinngemäß für Leistungen auf Forderungen, die einem Darlehen wirtschaftlich entsprechen.

(3) [1] Wurde dem Schuldner von einem Gesellschafter ein Gegenstand zum Gebrauch oder zur Ausübung überlassen, so kann der Aussonderungsanspruch während der Dauer des Insolvenzverfahrens, höchstens aber für eine Zeit von einem Jahr ab der Eröffnung des Insolvenzverfahrens nicht geltend gemacht werden, wenn der Gegenstand für die Fortführung des Unternehmens des Schuldners von erheblicher Bedeutung ist. [2] Für den Gebrauch oder die Ausübung des Gegenstandes gebührt dem Gesellschafter ein Ausgleich; bei der Berechnung ist der Durchschnitt der im letzten Jahr vor Verfahrenseröffnung geleisteten Vergütung in Ansatz zu bringen, bei kürzerer Dauer der Überlassung ist der Durchschnitt während dieses Zeitraums maßgebend.

(4) § 39 Abs. 4 und 5 gilt entsprechend.

§ 143 Rechtsfolgen. (1) [1] Was durch die anfechtbare Handlung aus dem Vermögen des Schuldners veräußert, weggegeben oder aufgegeben ist, muß zur Insolvenzmasse zurückgewährt werden. [2] Die Vorschriften über die Rechtsfolgen einer ungerechtfertigten Bereicherung, bei der dem Empfänger der Mangel des rechtlichen Grundes bekannt ist, gelten entsprechend. [3] Eine Geldschuld ist nur zu verzinsen, wenn die Voraussetzungen des Schuldnerverzugs oder des § 291 des Bürgerlichen Gesetzbuchs vorliegen; ein darüber hinausgehender Anspruch auf Herausgabe von Nutzungen eines erlangten Geldbetrags ist ausgeschlossen.

(2) [1] Der Empfänger einer unentgeltlichen Leistung hat diese nur zurückzugewähren, soweit er durch sie bereichert ist. [2] Dies gilt nicht, sobald er weiß oder den Umständen nach wissen muß, daß die unentgeltliche Leistung die Gläubiger benachteiligt.

(3) [1] Im Fall der Anfechtung nach § 135 Abs. 2 hat der Gesellschafter, der die Sicherheit bestellt hatte oder als Bürge haftete, die dem Dritten gewährte Leistung zur Insolvenzmasse zu erstatten. [2] Die Verpflichtung besteht nur bis zur Höhe des Betrags, mit dem der Gesellschafter als Bürge haftete oder der dem Wert der von ihm bestellten Sicherheit im Zeitpunkt der Rückgewähr des Darlehens oder der Leistung auf die gleichgestellte Forderung entspricht. [3] Der Gesellschafter wird von der Verpflichtung frei, wenn er die Gegenstände, die dem Gläubiger als Sicherheit gedient hatten, der Insolvenzmasse zur Verfügung stellt.

21. Gesetz zur vorübergehenden Aussetzung der Insolvenzantragspflicht und zur Begrenzung der Organhaftung bei einer durch die COVID-19-Pandemie bedingten Insolvenz (COVID-19-Insolvenzaussetzungsgesetz – COVInsAG)[1)]

Vom 27. März 2020
(BGBl. I S. 569)
FNA 311-19

§ 1 Aussetzung der Insolvenzantragspflicht. [1] Die Pflicht zur Stellung eines Insolvenzantrags nach § 15a der Insolvenzordnung[2)] und nach § 42 Absatz 2 des Bürgerlichen Gesetzbuchs[3)] ist bis zum 30. September 2020 ausgesetzt. [2] Dies gilt nicht, wenn die Insolvenzreife nicht auf den Folgen der Ausbreitung des SARS-CoV-2-Virus (COVID-19-Pandemie) beruht oder wenn keine Aussichten darauf bestehen, eine bestehende Zahlungsunfähigkeit zu beseitigen. [3] War der Schuldner am 31. Dezember 2019 nicht zahlungsunfähig, wird vermutet, dass die Insolvenzreife auf den Auswirkungen der COVID-19-Pandemie beruht und Aussichten darauf bestehen, eine bestehende Zahlungsunfähigkeit zu beseitigen. [4] Ist der Schuldner eine natürliche Person, so ist § 290 Absatz 1 Nummer 4 der Insolvenzordnung mit der Maßgabe anzuwenden, dass auf die Verzögerung der Eröffnung des Insolvenzverfahrens im Zeitraum zwischen dem 1. März 2020 und dem 30. September 2020 keine Versagung der Restschuldbefreiung gestützt werden kann. [5] Die Sätze 2 und 3 gelten entsprechend.

§ 2 Folgen der Aussetzung. (1) Soweit nach § 1 die Pflicht zur Stellung eines Insolvenzantrags ausgesetzt ist,

1. gelten Zahlungen, die im ordnungsgemäßen Geschäftsgang erfolgen, insbesondere solche Zahlungen, die der Aufrechterhaltung oder Wiederaufnahme des Geschäftsbetriebes oder der Umsetzung eines Sanierungskonzepts dienen, als mit der Sorgfalt eines ordentlichen und gewissenhaften Geschäftsleiters im Sinne des § 64 Satz 2 des Gesetzes betreffend die Gesellschaften mit beschränkter Haftung[4)], des § 92 Absatz 2 Satz 2 des Aktiengesetzes[5)], des § 130a Absatz 1 Satz 2, auch in Verbindung mit § 177a Satz 1,[6)] des Handelsgesetzbuchs[7)] und des § 99 Satz 2 des Genossenschaftsgesetzes[8)] vereinbar;
2. gilt die bis zum 30. September 2023 erfolgende Rückgewähr eines im Aussetzungszeitraum gewährten neuen Kredits sowie die im Aussetzungszeitraum erfolgte Bestellung von Sicherheiten zur Absicherung solcher Kre-

---

[1)] Verkündet als Art. 1 G v. 27.3.2020 (BGBl. I S. 569); Inkrafttreten gem. Art. 6 Abs. 1 dieses G am 1.3.2020.
[2)] Nr. **20**.
[3)] Nr. **1**.
[4)] Nr. **3**.
[5)] Nr. **2**.
[6)] Zeichensetzung amtlich.
[7)] Nr. **5**.
[8)] Nr. **4**.

dite als nicht gläubigerbenachteiligend; dies gilt auch für die Rückgewähr von Gesellschafterdarlehen und Zahlungen auf Forderungen aus Rechtshandlungen, die einem solchen Darlehen wirtschaftlich entsprechen, nicht aber deren Besicherung; § 39 Absatz 1 Nummer 5 und § 44a der Insolvenzordnung[1] finden insoweit in Insolvenzverfahren über das Vermögen des Schuldners, die bis zum 30. September 2023 beantragt wurden, keine Anwendung;

3. sind Kreditgewährungen und Besicherungen im Aussetzungszeitraum nicht als sittenwidriger Beitrag zur Insolvenzverschleppung anzusehen;
4. sind Rechtshandlungen, die dem anderen Teil eine Sicherung oder Befriedigung gewährt oder ermöglicht haben, die dieser in der Art und zu der Zeit beanspruchen konnte, in einem späteren Insolvenzverfahren nicht anfechtbar; dies gilt nicht, wenn dem anderen Teil bekannt war, dass die Sanierungs- und Finanzierungsbemühungen des Schuldners nicht zur Beseitigung einer eingetretenen Zahlungsunfähigkeit geeignet gewesen sind. Entsprechendes gilt für
   a) Leistungen an Erfüllungs statt oder erfüllungshalber;
   b) Zahlungen durch einen Dritten auf Anweisung des Schuldners;
   c) die Bestellung einer anderen als der ursprünglich vereinbarten Sicherheit, wenn diese nicht werthaltiger ist;
   d) die Verkürzung von Zahlungszielen und
   e) die Gewährung von Zahlungserleichterungen.

(2) Absatz 1 Nummer 2, 3 und 4 gilt auch für Unternehmen, die keiner Antragspflicht unterliegen, sowie für Schuldner, die weder zahlungsunfähig noch überschuldet sind.

(3) Absatz 1 Nummer 2 und 3 gilt im Fall von Krediten, die von der Kreditanstalt für Wiederaufbau und ihren Finanzierungspartnern oder von anderen Institutionen im Rahmen staatlicher Hilfsprogramme anlässlich der COVID-19-Pandemie gewährt werden, auch dann, wenn der Kredit nach dem Ende des Aussetzungszeitraums gewährt oder besichert wird, und unbefristet für deren Rückgewähr.

§ 3 Eröffnungsgrund bei Gläubigerinsolvenzanträgen. Bei zwischen dem 28. März 2020 und dem 28. Juni 2020 gestellten Gläubigerinsolvenzanträgen setzt die Eröffnung des Insolvenzverfahrens voraus, dass der Eröffnungsgrund bereits am 1. März 2020 vorlag.

§ 4 Verordnungsermächtigung. Das Bundesministerium der Justiz und für Verbraucherschutz wird ermächtigt, durch Rechtsverordnung ohne Zustimmung des Bundesrates die Aussetzung der Insolvenzantragspflicht nach § 1 und die Regelung zum Eröffnungsgrund bei Gläubigerinsolvenzanträgen nach § 3 bis höchstens zum 31. März 2021 zu verlängern, wenn dies aufgrund fortbestehender Nachfrage nach verfügbaren öffentlichen Hilfen, andauernder Finanzierungsschwierigkeiten oder sonstiger Umstände geboten erscheint.

---

[1] Nr. **20**.

22. Gesetz über Maßnahmen im Gesellschafts-, Genossenschafts-, Vereins-, Stiftungs- und Wohnungseigentumsrecht zur Bekämpfung der Auswirkungen der COVID-19-Pandemie[1)]

Vom 27. März 2020
(BGBl. I S. 569, 570)

FNA 4121-6

§ 1 Aktiengesellschaften; Kommanditgesellschaften auf Aktien; Europäische Gesellschaften (SE); Versicherungsvereine auf Gegenseitigkeit.

(1) Die Entscheidungen über die Teilnahme der Aktionäre an der Hauptversammlung im Wege elektronischer Kommunikation nach § 118 Absatz 1 Satz 2 des Aktiengesetzes[2)] (elektronische Teilnahme), die Stimmabgabe im Wege elektronischer Kommunikation nach § 118 Absatz 2 des Aktiengesetzes[2)] (Briefwahl), die Teilnahme von Mitgliedern des Aufsichtsrats im Wege der Bild- und Tonübertragung nach § 118 Absatz 3 Satz 2 des Aktiengesetzes[2)] und die Zulassung der Bild- und Tonübertragung nach § 118 Absatz 4 des Aktiengesetzes[2)] kann der Vorstand der Gesellschaft auch ohne Ermächtigung durch die Satzung oder eine Geschäftsordnung treffen.

(2) [1]Der Vorstand kann entscheiden, dass die Versammlung ohne physische Präsenz der Aktionäre oder ihrer Bevollmächtigten als virtuelle Hauptversammlung abgehalten wird, sofern

1. die Bild- und Tonübertragung der gesamten Versammlung erfolgt,
2. die Stimmrechtsausübung der Aktionäre über elektronische Kommunikation (Briefwahl oder elektronische Teilnahme) sowie Vollmachtserteilung möglich ist,
3. den Aktionären eine Fragemöglichkeit im Wege der elektronischen Kommunikation eingeräumt wird,
4. den Aktionären, die ihr Stimmrecht nach Nummer 2 ausgeübt haben, in Abweichung von § 245 Nummer 1 des Aktiengesetzes[2)] unter Verzicht auf das Erfordernis des Erscheinens in der Hauptversammlung eine Möglichkeit zum Widerspruch gegen einen Beschluss der Hauptversammlung eingeräumt wird.

[2]Der Vorstand entscheidet nach pflichtgemäßem, freiem Ermessen, welche Fragen er wie beantwortet; er kann auch vorgeben, dass Fragen bis spätestens zwei Tage vor der Versammlung im Wege elektronischer Kommunikation einzureichen sind.

(3) [1]Abweichend von § 123 Absatz 1 Satz 1 und Absatz 2 Satz 5 des Aktiengesetzes[2)] kann der Vorstand entscheiden, die Hauptversammlung spätestens am 21. Tag vor dem Tag der Versammlung einzuberufen. [2]Abweichend von § 123 Absatz 4 Satz 2 des Aktiengesetzes[2)] hat sich der Nachweis des Anteilsbesitzes bei börsennotierten Gesellschaften auf den Beginn des zwölften Tages vor der Versammlung zu beziehen und muss bei Inhaberaktien der Gesellschaft an die in der

---

[1)] Verkündet als Art. 2 G v. 27.3.2020 (BGBl. I S. 569); Inkrafttreten am 28.3.2020 und Außerkrafttreten mit Ablauf des 31.12.2021 gem. Art. 6 Abs. 2 dieses G.

[2)] Nr. **2**.

Einberufung hierfür mitgeteilte Adresse bis spätestens am vierten Tag vor der Hauptversammlung zugehen, soweit der Vorstand in der Einberufung der Hauptversammlung keine kürzere Frist für den Zugang des Nachweises bei der Gesellschaft vorsieht; abweichende Satzungsbestimmungen sind unbeachtlich. [3] Im Fall der Einberufung mit verkürzter Frist nach Satz 1 hat die Mitteilung nach § 125 Absatz 1 Satz 1 des Aktiengesetzes[1)] spätestens zwölf Tage vor der Versammlung und die Mitteilung nach § 125 Absatz 2 des Aktiengesetzes[1)] hat an die zu Beginn des zwölften Tages vor der Hauptversammlung im Aktienregister Eingetragenen zu erfolgen. [4] Abweichend von § 122 Absatz 2 des Aktiengesetzes[1)] müssen Ergänzungsverlangen im vorgenannten Fall mindestens 14 Tage vor der Versammlung der Gesellschaft zugehen.

(4) [1] Abweichend von § 59 Absatz 1 des Aktiengesetzes[1)] kann der Vorstand auch ohne Ermächtigung durch die Satzung entscheiden, einen Abschlag auf den Bilanzgewinn nach Maßgabe von § 59 Absatz 2 des Aktiengesetzes[1)] an die Aktionäre zu zahlen. [2] Satz 1 gilt entsprechend für eine Abschlagszahlung auf die Ausgleichszahlung (§ 304 des Aktiengesetzes[1)]) an außenstehende Aktionäre im Rahmen eines Unternehmensvertrags.

(5) Der Vorstand kann entscheiden, dass die Hauptversammlung abweichend von § 175 Absatz 1 Satz 2 des Aktiengesetzes[1)] innerhalb des Geschäftsjahres stattfindet.

(6) [1] Die Entscheidungen des Vorstands nach den Absätzen 1 bis 5 bedürfen der Zustimmung des Aufsichtsrats. [2] Abweichend von § 108 Absatz 4 des Aktiengesetzes[1)] kann der Aufsichtsrat den Beschluss über die Zustimmung ungeachtet der Regelungen in der Satzung oder der Geschäftsordnung ohne physische Anwesenheit der Mitglieder schriftlich, fernmündlich oder in vergleichbarer Weise vornehmen.

(7) Die Anfechtung eines Beschlusses der Hauptversammlung kann unbeschadet der Regelung in § 243 Absatz 3 Nummer 1 des Aktiengesetzes[1)] auch nicht auf Verletzungen von § 118 Absatz 1 Satz 3 bis 5, Absatz 2 Satz 2 oder Absatz 4 des Aktiengesetzes[1)], die Verletzung von Formerfordernissen für Mitteilungen nach § 125 des Aktiengesetzes[1)] sowie nicht auf eine Verletzung von Absatz 2 gestützt werden, es sei denn, der Gesellschaft ist Vorsatz nachzuweisen.

(8) [1] Für Unternehmen, die in der Rechtsform der Kommanditgesellschaft auf Aktien verfasst sind, gelten die vorstehenden Absätze entsprechend. [2] Für eine Europäische Gesellschaft nach der Verordnung (EG) Nr. 2157/2001[2)] des Rates vom 8. Oktober 2001 über das Statut der Europäischen Gesellschaft (SE) (ABl. L 294 vom 10.11.2001, S. 1), die zuletzt durch die Verordnung (EU) Nr. 517/2013 (ABl. L 158 vom 10.6.2013, S. 1) geändert worden ist, gelten die Absätze 1 bis 7 mit Ausnahme des Absatzes 5 entsprechend. [3] In einer Gesellschaft nach § 20 des SE-Ausführungsgesetzes[3)] vom 22. Dezember 2004 (BGBl. I S. 3675), das zuletzt durch Artikel 9 des Gesetzes vom 12. Dezember 2019 (BGBl. I S. 2637) geändert worden ist, (Gesellschaft mit monistischem System) trifft die Entscheidungen nach den Absätzen 1 bis 4 der Verwaltungsrat; Absatz 6 findet auf eine solche Gesellschaft keine Anwendung.

---

1) Nr. **2**.
2) Nr. **8**.
3) Nr. **8a**.

(9) Die Absätze 1 und 2, Absatz 3 Satz 1 und 3 sowie die Absätze 4 bis 7 sind entsprechend auf Versicherungsvereine auf Gegenseitigkeit im Sinne des § 171 des Versicherungsaufsichtsgesetzes anzuwenden.

§ 2 Gesellschaften mit beschränkter Haftung. Abweichend von § 48 Absatz 2 des Gesetzes betreffend die Gesellschaften mit beschränkter Haftung[1] können Beschlüsse der Gesellschafter in Textform oder durch schriftliche Abgabe der Stimmen auch ohne Einverständnis sämtlicher Gesellschafter gefasst werden.

§ 3 Genossenschaften. (1) [1] Abweichend von § 43 Absatz 7 Satz 1 des Genossenschaftsgesetzes[2] können Beschlüsse der Mitglieder auch dann schriftlich oder elektronisch gefasst werden, wenn dies in der Satzung nicht ausdrücklich zugelassen ist. [2] Der Vorstand hat in diesem Fall dafür zu sorgen, dass der Niederschrift gemäß § 47 des Genossenschaftsgesetzes[2] ein Verzeichnis der Mitglieder, die an der Beschlussfassung mitgewirkt haben, beigefügt ist. [3] Bei jedem Mitglied, das an der Beschlussfassung mitgewirkt hat, ist die Art der Stimmabgabe zu vermerken. [4] Die Anfechtung eines Beschlusses der Generalversammlung kann unbeschadet der Regelungen in § 51 Absatz 1 und 2 des Genossenschaftsgesetzes[2] nicht auf Verletzungen des Gesetzes oder der Mitgliederrechte gestützt werden, die auf technische Störungen im Zusammenhang mit der Beschlussfassung nach Satz 1 zurückzuführen sind, es sei denn, der Genossenschaft ist Vorsatz oder grobe Fahrlässigkeit vorzuwerfen.

(2) Abweichend von § 46 Absatz 1 Satz 1 des Genossenschaftsgesetzes[2] kann die Einberufung im Internet auf der Internetseite der Genossenschaft oder durch unmittelbare Benachrichtigung in Textform erfolgen.

(3) Abweichend von § 48 Absatz 1 Satz 1 des Genossenschaftsgesetzes[2] kann die Feststellung des Jahresabschlusses auch durch den Aufsichtsrat erfolgen.

(4) Der Vorstand einer Genossenschaft kann mit Zustimmung des Aufsichtsrats nach pflichtgemäßem Ermessen eine Abschlagszahlung auf eine zu erwartende Auszahlung eines Auseinandersetzungsguthabens eines ausgeschiedenen Mitgliedes oder eine an ein Mitglied zu erwartende Dividendenzahlung leisten; § 59 Absatz 2 des Aktiengesetzes[3] gilt entsprechend.

(5) [1] Ein Mitglied des Vorstands oder des Aufsichtsrats einer Genossenschaft bleibt auch nach Ablauf seiner Amtszeit bis zur Bestellung seines Nachfolgers im Amt. [2] Die Anzahl der Mitglieder des Vorstands oder des Aufsichtsrats einer Genossenschaft darf weniger als die durch Gesetz oder Satzung bestimmte Mindestzahl betragen.

(6) Sitzungen des Vorstands oder des Aufsichtsrats einer Genossenschaft sowie gemeinsame Sitzungen des Vorstands und des Aufsichtsrats können auch ohne Grundlage in der Satzung oder in der Geschäftsordnung im Umlaufverfahren in Textform oder als Telefon- oder Videokonferenz durchgeführt werden.

§ 4 Umwandlungsrecht. Abweichend von § 17 Absatz 2 Satz 4 des Umwandlungsgesetzes[4] genügt es für die Zulässigkeit der Eintragung, wenn die Bilanz auf einen höchstens zwölf Monate vor der Anmeldung liegenden Stichtag aufgestellt worden ist.

---

[1] Nr. **3**.
[2] Nr. **4**.
[3] Nr. **2**.
[4] Nr. **12**.

§ 5 Vereine und Stiftungen. (1) Ein Vorstandsmitglied eines Vereins oder einer Stiftung bleibt auch nach Ablauf seiner Amtszeit bis zu seiner Abberufung oder bis zur Bestellung seines Nachfolgers im Amt.

(2) Abweichend von § 32 Absatz 1 Satz 1 des Bürgerlichen Gesetzbuchs[1] kann der Vorstand auch ohne Ermächtigung in der Satzung Vereinsmitgliedern ermöglichen,

1. an der Mitgliederversammlung ohne Anwesenheit am Versammlungsort teilzunehmen und Mitgliederrechte im Wege der elektronischen Kommunikation auszuüben oder
2. ohne Teilnahme an der Mitgliederversammlung ihre Stimmen vor der Durchführung der Mitgliederversammlung schriftlich abzugeben.

(3) Abweichend von § 32 Absatz 2 des Bürgerlichen Gesetzbuchs[1] ist ein Beschluss ohne Versammlung der Mitglieder gültig, wenn alle Mitglieder beteiligt wurden, bis zu dem vom Verein gesetzten Termin mindestens die Hälfte der Mitglieder ihre Stimmen in Textform abgegeben haben und der Beschluss mit der erforderlichen Mehrheit gefasst wurde.

§ 6 Wohnungseigentümergemeinschaften. (1) Der zuletzt bestellte Verwalter im Sinne des Wohnungseigentumsgesetzes bleibt bis zu seiner Abberufung oder bis zur Bestellung eines neuen Verwalters im Amt.

(2) Der zuletzt von den Wohnungseigentümern beschlossene Wirtschaftsplan gilt bis zum Beschluss eines neuen Wirtschaftsplans fort.

§ 7 Übergangsregelungen. (1) § 1 ist nur auf Hauptversammlungen und Abschlagszahlungen auf den Bilanzgewinn anzuwenden, die im Jahr 2020 stattfinden.

(2) § 2 ist nur auf Gesellschafterversammlungen und -beschlüsse anzuwenden, die im Jahr 2020 stattfinden.

(3) § 3 Absatz 1 und 2 ist auf General- und Vertreterversammlungen, die im Jahr 2020 stattfinden, § 3 Absatz 3 ist auf Jahresabschlussfeststellungen, die im Jahr 2020 erfolgen, § 3 Absatz 4 ist auf Abschlagszahlungen, die im Jahr 2020 stattfinden, § 3 Absatz 5 ist auf im Jahr 2020 ablaufende Bestellungen von Vorstands- oder Aufsichtsratsmitgliedern und § 3 Absatz 6 ist auf Sitzungen des Vorstands oder des Aufsichtsrats einer Genossenschaft oder deren gemeinsame Sitzungen, die im Jahr 2020 stattfinden, anzuwenden.

(4) § 4 ist nur auf Anmeldungen anzuwenden, die im Jahr 2020 vorgenommen werden.

(5) § 5 ist nur auf im Jahr 2020 ablaufende Bestellungen von Vereins- oder Stiftungsvorständen und im Jahr 2020 stattfindende Mitgliederversammlungen von Vereinen anzuwenden.

§ 8 Verordnungsermächtigung. Das Bundesministerium der Justiz und für Verbraucherschutz wird ermächtigt, durch Rechtsverordnung ohne Zustimmung des Bundesrates die Geltung der §§ 1 bis 5 gemäß § 7 bis höchstens zum 31. Dezember 2021 zu verlängern, wenn dies aufgrund fortbestehender Auswirkungen der COVID-19-Pandemie in der Bundesrepublik Deutschland geboten erscheint.

---

[1] Nr. **1**.

Sachverzeichnis

Die fetten Zahlen bezeichnen die Gesetze, die mageren Zahlen bezeichnen deren Artikel oder Paragraphen. Die Buchstaben ä, ö und ü sind wie a, o und u in das Alphabet eingeordnet.